U0895698

1. 2007年6月1日，胡锦涛总书记来到北京市大兴区庞各庄镇田园幼儿园，同孩子们一起欢度“六一”国际儿童节

新华社　供稿

2. 2007 年 9 月 9 日，温家宝总理与北京师范大学免费师范生座谈

新华社　供稿

3. 2007 年 7 月 5 日，中共中央政治局常委、全国政协主席贾庆林在北京会见全国高校统战工作会议代表

新华社　供稿

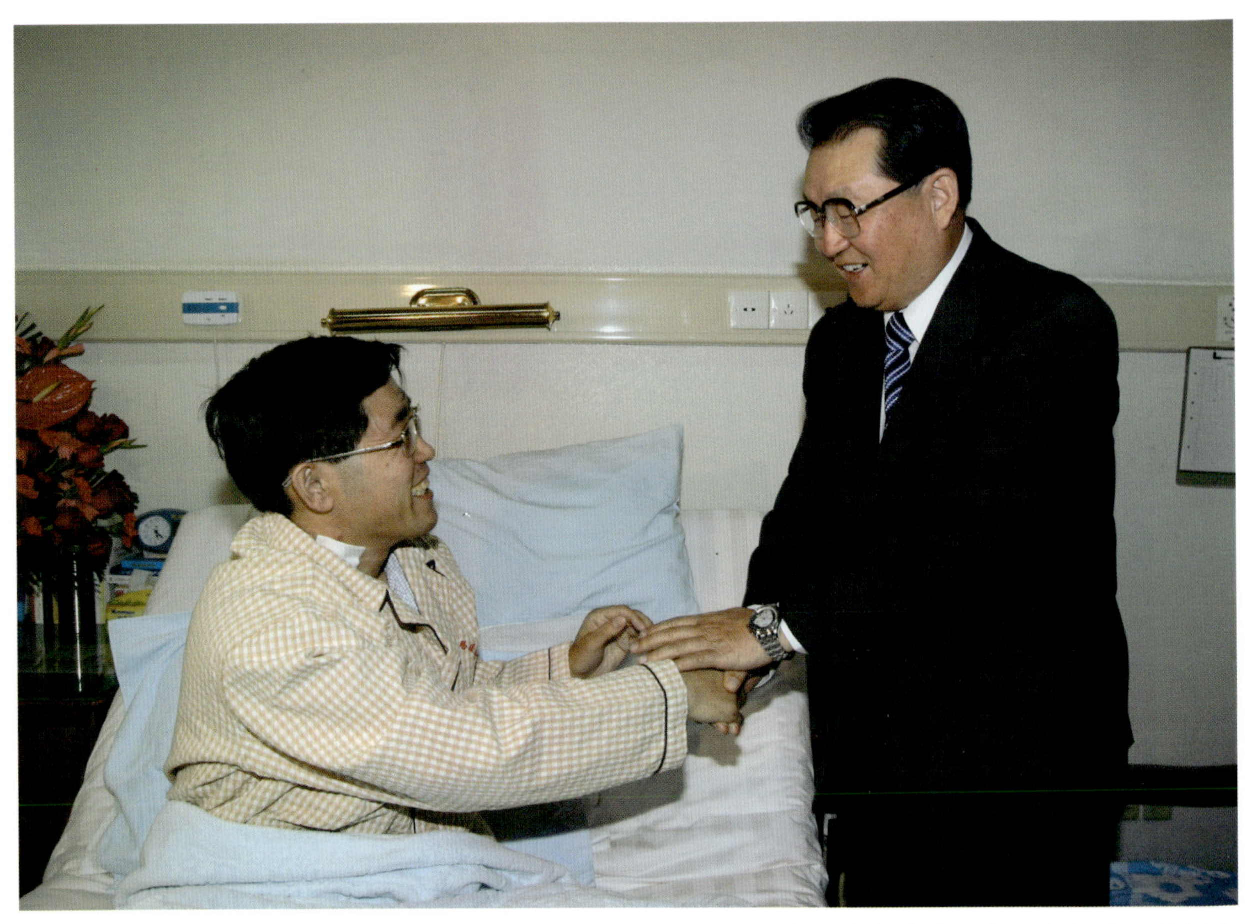

4. 2007 年 4 月 9 日，中共中央政治局常委李长春看望正在住院治疗的海军大连舰艇学院教授方永刚

新华社　供稿

20. 2007 年 7 月，第八届大学生运动会在广州市大学城举办。图为开幕式现场

教育部门户网站　供稿

21. 2007年9月9日，庆祝第23个教师节暨全国教育系统先进集体和先进个人表彰大会在人民大会堂举行

鲍效农　摄

22. 重庆三峡职业学院生物技术专业的学生在组培室做实验

鲍效农　摄

23. 天津工程师范学院机械制造及自动化专业学生在学习数控机床实际操作技术

鲍效农　摄

24. 北京交通大学电子信息专业的学生在网上浏览党的十七大开幕式的报道，学习胡锦涛总书记的报告

教育部　供稿

25. 位于国家级贫困县的内蒙古达茂联合旗满都拉小学是一所以蒙古族学生为主的边境学校。实行“两免一补”后，学生领到免费的教科书

张学军　摄

26. 镇江船艇学院一大队全体毕业学员举行“接受组织挑选，到祖国最需要的地方去”签名仪式，表达用青春和知识报效祖国的情怀和志向

教育部　供稿

27. 沈阳农业大学的师生们在塑料大棚内细心观察蔬菜生长情况

张学军　摄

28. 高考服务管理走向现代化，沈阳市的高考工作人员利用电脑进行网上巡查，严防舞弊行为的发生

新华社　供稿

29. 2007年5月18日，国务院批转《国家教育事业发展“十一五”规划纲要》，中央投入100亿元加强职业教育基础能力建设，提高职业教育人才培养质量

教育报　供稿

30. 建设高等教育强国成为教育发展新目标。“十一五”期间中央财政将投入25亿元实施“高等学校本科教学质量与教学改革工程”

《神州学人》杂志　供稿

31. 2007年4月29日，“全国亿万青少年学生阳光体育运动”全面启动

鲍效农　摄

32. 从2007年春季开学，全国农村义务教育阶段学生全部免除学杂费

教育报　供稿

33. 沈阳市砂山四校首批10名农民工子弟荣获“阳光少年”称号

新华社　供稿

34. 图为云南省大理白族自治洲云龙县团结中心完小的学生们喜迁新教学楼

教育报　供稿

35. 图为山东省临沭县井店小学学生通过网络视频和远在广东务工的妈妈互致新春问候

教育报　供稿

36. 银川市第十二小学在学生中开展“交通安全知识进课堂”活动。图为学生们在展示自己制作的“交通安全小报”

新华社　供稿

37. 2007年是我国伟大的人民教育家陶行知先生诞辰116周年。图为上海市宝山区行知小学大队辅导员在陶行知雕像前给学生讲课

教育报　供稿

38. 新学期伊始，新疆生产建设兵团农五师1.7万名贫困学生受益于国家“两免一补”政策，领到了免费提供的课本

新华社　供稿

39. 2007年9月22日，西藏自治区浪卡县普玛江塘完小举行庄严的升国旗仪式，进行反分裂、爱祖国教育

张学军　摄

40. 图为四川遂宁市高级实验学校的学生在锻炼

教育报　供稿

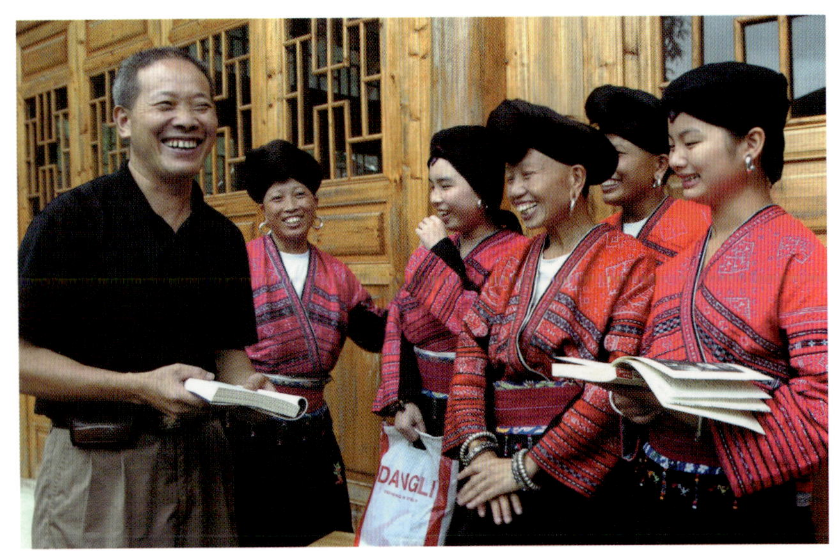

41. 广西龙胜各族自治县和平乡扫盲和成人文化技术中心的教师向参加扫盲教育培训的瑶族妇女授课

新华社　供稿

《中国教育年鉴》编辑部

中国教育年鉴

（2008）

《中国教育年鉴》编辑部

人民教育出版社

·北京·

《中国教育年鉴》（2007卷）获第四届全国年鉴编校质量检查评比一等奖。

图书在版编目（CIP）数据

中国教育年鉴．2008/中华人民共和国教育部编．—北京：人民教育出版社，2008
ISBN 978-7-107-21350-2

Ⅰ．中…
Ⅱ．中…
Ⅲ．教育事业—中国—2008—年鉴
Ⅳ．G52-54

中国版本图书馆CIP数据核字（2008）第187264号

人民教育出版社出版发行
网址：http://www.pep.com.cn
山东新华印刷厂德州厂印装　全国新华书店经销
2008年9月第1版　2008年12月第1次印刷
开本：890毫米×1 240毫米　1/16　印张：72.75　插页：44
字数：2031千字　印数：0 001～2 000册
ISBN 978-7-107-21350-2
G·14460　定价：270.00元

如发现印、装质量问题，影响阅读，请与本社出版科联系调换。
（联系地址：北京市海淀区中关村南大街17号院1号楼　邮编：100081）

编 辑 说 明

一、《中国教育年鉴》是中华人民共和国教育部组织编纂的逐年反映全国教育改革和发展情况的资料性工具书。它是各级教育行政部门、各级各类学校执行党和国家的教育法律法规与方针政策、做好教育工作的经验总结，是中国教育事业发展进程的真实记录。编纂本书是为教育管理决策、教育科研提供参考；为教育战线沟通信息、交流经验开辟园地；为宣传中国教育改革与发展成就设立窗口；并为热心关注和研究中国教育的读者提供信息资料。

二、年鉴的基本栏目有：党和国家领导人有关教育工作的重要讲话，国家教育行政部门负责人的讲话或专文，党和国家领导人有关教育活动的报道，综述，年度教育工作要点，教育发展统计，教育综合管理（教育新闻宣传、教育政务公开、教育法制建设等），重要教育活动，基础教育，职业教育与成人教育，高等教育，师范教育，民族教育，民办教育，学校体育、卫生、艺术与国防教育，教育信息化建设与远程教育，教育考试，教育人事管理，先进集体和先进个人，教育财务与审计，国际及与港、澳、台教育合作交流，语言文字工作，教材建设、出版管理与教学仪器研究，教育科研、学术活动，教育新闻宣传，各省、自治区、直辖市教育（按行政区划顺序排列），香港、澳门特别行政区教育情况简介，教育热点关注、教育工作文件选编，资料汇编，教育大事记。

三、按目前国际国内通例，当年的年鉴反映上一年教育工作的基本情况，某些多年才能完成的工作任务，主要记述当年此项工作的进展情况。

四、年鉴发布的统计数据，均由教育部发展规划司统计处提供，引用应以此为准。某些条目中的数据，因统计口径不一，可能有不尽一致之处，请读者使用时注意。

五、年鉴的统计数据不包括香港、澳门特别行政区和台湾地区。

六、在年鉴编纂过程中，虽力求做到内容全面系统，资料准确无误，文字简明精练，但由于我们水平所限，仍有需要改进之处，欢迎读者批评指正。

《中国教育年鉴》编辑部

2008年6月

目　录

在全国优秀教师代表座谈会上的讲话
（2007年8月31日）…… 胡锦涛（1）
政府工作报告（节选）
——在第十届全国人民代表大会第五次会议上
（2007年3月5日）…… 温家宝（3）
对同济大学的祝愿
——在同济大学建筑与城市规划学院的讲话
（2007年5月14日）…… 温家宝（5）
加强领导　精心实施　把资助家庭经济困难学生各项政策落到实处
——在全国家庭经济困难学生资助工作会议上的讲话
（2007年5月16日）…… 陈至立（7）
认真学习贯彻党的十七大精神　以提高质量为核心　加快从高等教育大国向高等教育强国迈进的步伐
——在教育部直属高校工作咨询委员会第十八次全体会议上的讲话
（2007年12月22日）…… 陈至立（13）
推进教育事业科学发展　为建设人力资源强国而奋斗
——在教育部2008年度工作会议上的讲话
（2007年12月26日）…… 周　济（20）
弘扬老一辈教育家风采　永远忠诚党的教育事业 …… 袁贵仁（38）
在首都教育外事工作会议上的讲话
（2007年6月14日）…… 章新胜（41）
大学需要文化　文化需要大学 …… 赵沁平（48）
我国工程教育的改革与发展 …… 吴启迪（51）
努力成长为新时代的人民教育家 …… 陈小娅（55）
抓住根本　立德树人　切实把高校辅导员队伍建设提高到一个新的水平 …… 李卫红（59）
加强高校党风廉政建设　为构建和谐校园奠定政治基础 …… 田淑兰（65）
综述 ……（69）
胡锦涛总书记与孩子们欢度“六一”儿童节 ……（69）
胡锦涛总书记出席全国优秀教师代表座谈会 ……（70）
温家宝总理在“五四”青年节之际前往中国人民大学看望青年学生 ……（72）

温家宝总理在同济大学100周年校庆之际前往学校考察 …… (73)
温家宝总理前往北京四中考察 …… (74)
温家宝总理与北京师范大学免费师范生座谈 …… (75)
温家宝总理在大连考察职业教育 …… (77)
贾庆林主席出席全国内地西藏班办学和教育援藏工作会议 …… (78)
贾庆林主席会见出席全国高校统战工作会议代表 …… (79)
李长春同志出席"全国亿万青少年学生阳光体育运动"启动仪式 …… (80)
李长春同志前往华中科技大学调研 …… (81)
习近平同志会见出席第十六次全国高校党建工作会议代表 …… (82)
陈至立国务委员出席庆祝第23个教师节暨全国教育系统先进集体和先进个人表彰大会 …… (83)
陈至立国务委员在湖北考察高等教育和职业教育工作 …… (84)
陈至立考察北京高校奥运场馆建设工程 …… (85)
教育部党组召开教育系统学习贯彻党的十七大精神座谈会 …… (86)
教育部党组召开务虚会研讨教育改革发展有关问题 …… (87)

国家教育事业发展"十一五"规划纲要 …… (89)

教育部2007年工作要点 …… (101)

努力保障人民群众接受良好教育的机会
——十六大以来我国促进教育公平的重大举措 …… (107)

教育发展统计 …… (112)
2007年全国教育事业发展统计公报 …… (112)
2007年各类教育发展基本情况 …… (115)
2007年科研活动基本情况 …… (146)

教育综合管理 …… (154)
教育新闻宣传 …… (154)
综述 2007年教育部自主新闻发布会 2007年教育部通气会情况
教育政务公开 …… (157)
综述 政务公开平台建设 学校校务公开工作
教育法制建设 …… (158)
教育立法取得新进展 依法行政工作 "五五"普法规划实施 颁布《民办高等学校办学管理若干规定》
全国人大代表建议、全国政协委员提案的承办工作 …… (160)
教育纪检监察 …… (161)
2007年教育系统反腐倡廉工作 全国教育纪检监察工作会议 治理教育乱收费 治理教育乱收费部际联席会议 高校招生执法监察 "加强高校管理，进一步治理商业贿赂"视

频会议　奥运场馆建设监督工作

教育督导……………………………………………………………………………………………(166)

“两基”新进展　（附一　全国第十四批基本普及九年义务教育、基本扫除青壮年文盲县名单　附二　第十三批“两基”县（市、区）复查结果）　对中西部地区九省（自治区、直辖市）进行“两基”国检　中部九省农村义务教育经费保障机制改革专项督导检查　开展基础教育监测试点工作　规范普通中小学校检查评估　成立基础教育质量监测中心　第八届国家督学会议　教育督导机构、队伍建设（附一　省级教育督导机构概况　附二　地级教育督导机构概况　附三　县级教育督导机构概况）

教育信访工作………………………………………………………………………………………(177)

2007年信访工作基本情况　群众信访反映的主要问题　认真做好十七大期间的信访工作　贯彻落实5号文件和第六次全国信访工作会议精神　努力解决教育信访突出问题

关心下一代工作……………………………………………………………………………………(179)

表彰全国教育系统关心下一代工作先进集体和个人　开展高校关心下一代工作经验交流与研讨　加强区域协作，开展理论研究　开展形式多样的教育活动，积极参与社会主义核心价值体系建设

热点关注……………………………………………………………………………………………(181)

切实加大财政投入　进一步完善农村义务教育经费保障机制　努力建设适应科学发展的服务型机关

基础教育 ………………………………………………………………………………………(186)

管理工作……………………………………………………………………………………………(186)

全国人大常委会检查义务教育法实施情况　免费教科书和教科书循环使用　开办“形势教育大课堂”　中小学幼儿园安全工作　学籍管理　和谐校园创建活动

课程与教学改革……………………………………………………………………………………(189)

启动义务教育课程标准修订工作　农村中小学现代远程教育工程实施情况

热点关注……………………………………………………………………………………………(190)

巩固“两基”攻坚成果 不断提高我国农村义务教育水平　西部地区“两基”攻坚目标如期实现

职业教育与成人教育 …………………………………………………………………………(192)

职业教育的战略地位进一步巩固和加强　2007年中职学校招生规模超过800万人　职业教育基础能力建设　新认定一批国家级重点中等职业学校（附　教育部2007年认定的国家级重点中等职业学校名单）　继续实施技能紧缺人才培养培训计划　启动新一轮中职学校德育课课程改革　中职学校毕业生就业情况　中职师资队伍建设　教育部职业教育专项研究课题　举办“全国中等职业教育技能大赛”等三项活动　中国—澳大利亚（重庆）职业教育与培训合作项目结束　推动行业企业职工教育工作　社区教育工作取得新进展　农村劳动力转移培训　农村实用技术培训　教育扶贫和定点扶贫工作

热点关注……………………………………………………………………………………………(203)

国家资助上中职 就学打工出路宽

高等教育 …………………………………………………………………………………………（205）

高等学校发展改革………………………………………………………………………………（205）

评审各地高等学校设置“十一五”规划　2007年高校审批和变动情况（附一　2007年教育部批准设置和调整的普通高校名单　附二　2007年省、自治区、直辖市人民政府自行审批设立的高等职业学校名单）　2007年高等教育发展宏观管理和调控　“211工程”建设　“985工程”建设　国家重点学科建设　后勤社会化改革进展情况

教育教学管理……………………………………………………………………………………（212）

印发《关于进一步深化本科教学改革全面提高教学质量的若干意见》　高校本科教学质量与教学改革工程启动　高校本科教学水平评估　对口支援西部地区高等学校　高校特色专业建设点　建设高校本科专业设置预测系统项目　表彰“第三届高等学校教学名师奖”获奖教师（附　第三届高等学校教学名师奖获奖教师名单）　建设2007年国家级教学团队　继续推进国家精品课程建设　实施精品课程师资培训项目　评审2007年度双语教学示范课程　高校实验教学示范中心评审和建设　大学生创新性实验计划　人才培养模式创新实验区建设　制订普通高等教育“十一五”国家级教材补充规划　高职高专教育

教育部直属高校工作……………………………………………………………………………（222）

咨询委员会第十七次全体会议　咨询委员会第十八次全体会议　直属高校巡视工作　共建高校工作　教育部直属高校“两院院士”当选情况　附　2007年教育部直属高校新增中国科学院院士名单　2007年教育部直属高校新增中国工程院院士名单　中国—莱斯大学领导高级研讨班　中国—密歇根大学领导高级研讨班回访工作　中国—耶鲁大学领导暑期研讨班（西安）　直属高校领导干部培训　直属高校领导班子及领导干部年度考核　同济大学建校100周年

高校思想政治工作………………………………………………………………………………（230）

第十六次全国高校党的建设工作会议　全国高校统战工作会议　大中小学全面开展廉洁教育工作　高校辅导员培训和研修基地建设（附　第一批教育部高校辅导员培训和研修基地名单）　高校校园文化建设优秀成果评选　组织全国大学生先进事迹报告会　表彰全国高校优秀辅导员和思想政治教育工作者　加强和改进大学生心理健康教育　高校校园网络文化建设和管理

高校社会科学研究………………………………………………………………………………（235）

高校思想政治理论课新教材建设　高校思想政治理论课教师全员培训和骨干教师研修　推进高校思想政治理论课教学方法改革　第四届中国高校人文社会科学研究颁奖大会　高校哲学社会科学教学科研骨干研修班　教育部人文社会科学重点研究基地工作会议　高校出版社体制改革第一批试点工作启动　第六次全国高校出版社工作会议

高校学生工作……………………………………………………………………………………（238）

2007年全国普通高等学校招生工作电视电话会议　普通高校招生　研究生招生　高校学生管理　普通高校毕业生就业工作

学位工作与研究生教育…………………………………………………………………………（242）

国务院学位委员会第二十三次会议　国务院学位委员会第二十四次会议　中国博士质量分析　专业学位教育　研究生教育创新计划　2007年全国优秀博士学位论文评选（附　2007年全国优秀博士学位论文名单）　研究生培养机制改革　研究生院建设及院长联席会　中国学位与研究生教育信息分析研究　学位证书版式及格式内容调整　中外互相承认学位证书协议

签署情况 名誉博士授予情况（附 2007年国务院学位委员会批准授予境外人士名誉博士人员名单）

高校科技及产业……(250)

高校科技工作主要数据 教育部科技委战略研究及《专家建议》 第一届“高校科技创新高层论坛” 中国高等学校十大科技进展 实验室建设与管理 重大科学研究计划 “973计划” 国家重大科技计划 国家重大科技基础设施建设 工程（技术）研究中心、工程实验室 高技术产业化 产学研结合 知识产权工作 国家大学科技园建设 教育部科学技术研究项目 高等学校学科创新引智计划 教育部科技基础资源数据平台 创新团队与新世纪优秀人才 高校科技产业管理 高校校办产业统计 高等学校博士学科点专项科研基金 专利工作与科技成果管理 高校科技奖励工作 科技成果推广 科研环境建设 中国教育和科研计算机网建设进展

热点关注……(272)

创新是研究型大学的成功之道 思政课成为大学生喜爱的课程 高校管理者肩负引领和谐文化建设重任 高校毕业生供求形势与高教结构调整 改革创新推进教育硕士专业学位教育发展

师范教育……(288)

综述 深入学习贯彻胡锦涛总书记在全国优秀教师代表座谈会上的重要讲话精神 教育部直属师范大学师范生免费教育试点工作 “农村义务教育阶段学校教师特设岗位计划”实施情况 教育部组织实施2007年暑期中小学教师培训“三项计划” 师范生实习支教工作情况 城镇教师支援农村教育工作情况 师范教育类特色专业评审工作（附 2007年度第一批高等学校师范教育类特色专业建设点名单） “全国教师教育网络联盟计划”实施情况 “全国中小学班主任培训计划”实施情况 “2003—2007年中小学教师培训计划”基本完成

热点关注……(295)

以师范生免费教育为契机创新教师教育体系 师范生回归免费 好政策惠教惠民

民族教育……(300)

2007年民族教育发展概况 召开教育支援西藏工作会议 《全日制民族中小学汉语课程标准(试行)》解读及培训 举办少数民族语言文字教材审查工作会议 加强内地西藏班、新疆高中班思想政治和德育工作 少数民族人才培养工作 组织内地班管理干部赴澳大利亚培训

民办教育……(302)

概况 审批民办高等学校设置 《国务院办公厅关于加强民办高校规范管理 引导民办高等教育健康发展的通知》贯彻落实情况督导检查 核查独立学院基本办学条件和资产权属 召开“加强民办高校规范管理 引导民办高等教育健康发展座谈会” 加强民办学前教育机构管理

热点关注……(304)

加强规范管理 引导民办高等教育健康发展

学校体育、卫生、艺术与国防教育 …………………………………………………………………… (307)

全面贯彻中央7号文件，切实加强青少年体育　广泛开展全国亿万学生阳光体育运动　举办第八届全国大学生运动会　学校突发公共卫生事件预防与控制工作　学校预防艾滋病教育　推进学校卫生设施改造工作　全国第二届中小学生艺术展演活动　2007年高雅艺术进校园活动　推广第一套全国中小学校园集体舞　印发《关于加强和改进中小学艺术教育活动的意见》　发布《学生军事训练工作规定》　印发新修订的《普通高等学校军事课教学大纲》　加强军事理论课教师队伍建设　学校国防教育活动

热点关注…………………………………………………………………………………………………… (312)

阳光体育进学校 素质教育突破口　高校国防生培养工作生机勃勃　高雅艺术进校园的思考

教育信息化建设与远程教育 …………………………………………………………………………… (319)

教育信息化建设…………………………………………………………………………………………… (319)

网络运行维护与开发　《教育管理信息化标准》的制定和完善　教育培训工作

中央广播电视大学………………………………………………………………………………………… (320)

综述　"中央广播电视大学人才培养模式改革和开放教育试点"项目顺利通过教育部评估　召开全国电大党委书记、校长会议　召开2007年全国电大教学工作会议　完成对西部地区100所县级电大援助计划　首次利用远程监控系统对全国电大期末统考远程抽检　《中央广播电视大学毕业生追踪调查测评工具》通过知识产权保护审核　推动电大系统中等职业教育发展　开通"飞跃时空·电大人·学校文化网"　首个教育部"数字化学习港"项目典型应用示范学习中心建成　中国国际远程教育大会　国际远程教育高端论坛　残疾人教育学院迎来首届毕业生

中央电化教育馆…………………………………………………………………………………………… (323)

全国电化教育馆馆长会议　第十一届全国多媒体教育软件大奖赛　第八届全国中小学电脑制作活动　中加政府合作的"加强中国西部基础教育能力项目"　《架起通向未来的桥梁——中国农村中小学现代远程教育工程》出版

教育考试 ………………………………………………………………………………………………… (326)

综述……………………………………………………………………………………………………… (326)

题库建设　纪念恢复高考三十年　《教育考试与评价制度创新研究》课题立项　《教育考试公平性及其评价标准研究》课题立项　学生能力国际评价PISA试测研究项目　高考评价工作　考生成绩报告试点

考务管理…………………………………………………………………………………………………… (327)

进一步加强考试安全保密工作　考务管理与服务平台第一阶段实施工作完成　国家教育考试诚信档案系统网站试开通

高校入学考试……………………………………………………………………………………………… (328)

课改后首次高考　分省命题工作　硕士农学门类联考命题　成人高考尝试题库命题方式

自学考试…………………………………………………………………………………………………… (329)

综述　2007年全国考办主任工作会在京召开　自学考试专业建设工作情况　自学考试大纲建设　全国统考课程概况　自学考试进入题库命题模式　全国高等教育自学考试命题中心工作会议　自学考试助学组织登记工作　自学考试教材建设　自学考试宣传工作

非学历教育证书考试……………………………………………………………………………………(331)

全国计算机等级考试（NCRE） 全国英语等级考试（PETS） 全国外语翻译证书考试（NAETI） 全国外语水平考试（WSK） 全国中小学教师教育技术水平考试（NTET） 剑桥少儿英语考试 中英合作商务管理与金融管理课程考试 SQA项目 剑桥办公管理国际证书考试 中国书画等级考试 全国计算机应用技术证书考试（NIT） 全国计算机职业技能考试（NIT - Pro） 全国少儿计算机考试（少儿NIT）

海外考试……………………………………………………………………………………………………(333)

综述 托福考试 研究生入学考试（GRE） 工商管理研究生入学考试 美国法学院入学考试 外国护校毕业生委员会考试 信息技术证书考试 剑桥商务英语证书考试 剑桥英语主体考试 国际英语语言测试系统 伦敦工商会国际认证 日本语能力测试 德福考试 韩国语水平考试

热点关注……………………………………………………………………………………………………(334)

制度创新是高考改革的关键 阳光工程：确保高校招生公平公正

教育人事管理……………………………………………………………………………………………(342)

综合管理……………………………………………………………………………………………………(342)

教育系统岗位设置管理改革 教育部机关与直属单位机构设置及变动情况 2007年教育系统事业单位收入分配制度改革 中小学人事制度改革进展情况 2007年教育部机关、直属单位、直属高等学校及驻外教育机构干部任免情况

高层次人才培养……………………………………………………………………………………………(350)

2006年度长江学者特聘教授、讲座教授受聘仪式暨长江学者成就奖颁奖典礼 实施“长江学者奖励计划”情况（附一 2007年度长江学者特聘教授、讲座教授人选名单 附二 2007年度“长江学者成就奖”人选名单） 实施“高层次创造性人才计划”情况

教育管理干部培训…………………………………………………………………………………………(359)

综述 制定印发《全国教育系统干部培训“十一五”规划》 成立教育部干部培训工作领导小组 教育系统干部培训情况 中国移动中小学校长培训项目实施 实施中小学校长“校园安全”专题培训项目 组织开展 “爱生学校与学校管理”国际项目

教师管理……………………………………………………………………………………………………(361)

优秀教师和教育专家代表应邀赴北戴河休假

国家教育行政学院培训工作………………………………………………………………………………(362)

概述 教育管理干部培训 全国高校思想政治理论课骨干教师培训 培训质量建设工程 远程培训工作 教育科研工作 国际交流与合作 《中小学校长》杂志正式公开出版发行

先进集体和先进个人………………………………………………………………………………………(364)

庆祝教师节暨全国教育系统先进集体和先进个人表彰大会 全国教育系统先进集体和先进个人评选表彰工作（附2007年全国教育系统先进集体和个人表彰名单） 全国教育系统深入开展向方永刚同志学习活动 人事部、教育部决定授予郭力华同志“全国模范教师”荣誉称号 林强、李明素、阿木冬·吐鲁甫同志先进事迹 教育部作出决定追授李莹同学“全国优秀大学生”荣誉称号

热点关注……………………………………………………………………………………………………(430)

努力开创教育人事人才工作新局面 为高校发展提供强有力的组织保障

教育财务与审计 ……………………………………………………………………………… (434)

教育财务…………………………………………………………………………………………… (434)

教育部　国家统计局　财政部关于2006年全国教育经费执行情况统计公告（2007年12月29日）（附2006年全国教育经费执行情况统计表）　建立健全中等职业教育家庭经济困难学生资助政策体系　建立健全高校家庭经济困难学生资助政策体系　贯彻落实家庭经济困难学生新资助政策体系　召开全国家庭经济困难学生资助工作会议　职业教育实训基地建设计划进展情况　2007年农村义务教育经费保障机制改革进展情况　国家西部地区“两基”攻坚计划圆满完成　中、初等学校勤工俭学（校办产业）

教育审计…………………………………………………………………………………………… (448)

加强教育审计指导工作　完成领导干部经济责任审计　教育战线审计工作情况

热点关注…………………………………………………………………………………………… (449)

努力增加投入 推进中国特色社会主义教育事业发展　高等学校学生资助政策简介

国际及与港、澳、台教育合作交流 ……………………………………………………… (455)

留学工作…………………………………………………………………………………………… (455)

出国留学工作　来华留学工作　加强教育涉外监管

对外合作与交流…………………………………………………………………………………… (458)

对外合作与交流活动　汉语国际推广　智力引进工作　中外合作办学

与香港、澳门特别行政区和台湾地区的合作交流……………………………………………… (461)

与香港的合作交流　与澳门的合作交流　与台湾的合作交流　接受港澳台教育捐款情况

民间交流…………………………………………………………………………………………… (463)

中国教育国际交流协会2007年度全国工作会议　参与和举办国际多边活动　推动民间教育国际交流取得新进展　进一步改进和加强出国团组管理工作　2007中国国际教育年会

中国教科文组织活动……………………………………………………………………………… (465)

教科文组织亚太地区扫盲会议　第二届联合国教科文组织“孔子教育奖”颁奖仪式　组团出席教科文组织第34届大会　成功当选世界遗产委员会成员　圆满结束执行局主席任期　组团出席第176届、第177届和第178届执行局会议　召开教科文全委会第25次全体会议　业务领域国际合作　中国教科文协会联合会活动

留学基金管理……………………………………………………………………………………… (469)

公派出国留学　来华留学工作　国际合作与交流

热点关注…………………………………………………………………………………………… (471)

回归十年，香港教育变化大

语言文字工作 ………………………………………………………………………………… (474)

2007年度语言文字工作会议　国家语委2007年度全体委员会议　国家语委咨询委员会第七次会议　制定《国家语言文字工作“十一五”规划》　语言文字法制建设工作　全国语言文字工作先进集体和全国语言文字先进工作者表彰活动　第十届全国推广普通话宣传周　城市语言文字工作评估　普通话水平测试开始步入信息化阶段　汉字应用水平测试　少数民族教师普通话培训工作　2007年暑期海峡两岸大学生携手迎奥运交流活动　语言文字应用“十一五”科研工作启动　《规范汉字表》研制完成　发布2006年中国语言生活

状况报告　中国少数民族语言文字工作成就展暨民族语文国际学术研讨会召开　召开全国少数民族语言文字标准化工作会议　举办第四届两岸四地中文数字化合作论坛

教材建设与教学仪器研究 ……………………………………………… (480)

人民教育出版社…………………………………………………………… (480)

综述　编辑出版工作持续稳定发展　中小学教材与配套教学资源的编写出版　继续加强实验教材的培训和回访调研　编辑其他教育图书、教材　教育期刊　认真推进课程教材研究　全面加强版权管理　社会捐赠

高等教育出版社…………………………………………………………… (482)

完成马克思主义理论研究与建设工程重点教材的编辑出版　积极参与国家本科教学质量与教学改革工程、国家示范性高职院校建设　推进产业结构调整和升级，提高教学资源集成服务水平　推出一系列对外汉语教材和教程并收效显著　进入全球出版业前50位　获首届中国出版政府奖先进出版单位奖

教学仪器管理与技术工作………………………………………………… (484)

全国幼儿园优秀自制玩教具展评活动　实验教学与教育技术装备发展论坛

教育科研、学术活动 …………………………………………………… (485)

中央教育科学研究所……………………………………………………… (485)

中央教育科学研究所成立五十周年庆典　中央教育科学研究所基本科研业务费专项基金课题　第三届中国教育科学论坛　进城务工就业农民子女与农村留守儿童教育问题研究　中国高中阶段教育发展调研

高等学校社会科学发展研究中心………………………………………… (488)

邓小平理论和“三个代表”重要思想研究中心工作　哲学社会科学各学科学术研究活动　《高校理论战线》（月刊）办刊工作

中国教育学会……………………………………………………………… (489)

学术研究和交流活动　积极开展海峡两岸教育领域学术交流与合作　召开著名教育家吕型伟教育思想研讨会　为青少年健康成长搭建平台　推进地方教育改革

中国高等教育学会………………………………………………………… (492)

综述　科研水平与质量不断提高　充分发挥学会咨询、中介、服务职能　报刊建设和宣传工作　进一步加强学会的自身建设和对外交流协作

热点关注…………………………………………………………………… (494)

中国特色社会主义教育现代化之路　优化教育结构 促进各级各类教育协调发展　区域教育协调是教育事业发展的重要选择　教育科学研究应为建设创新型国家奠基

教育新闻媒体 ………………………………………………………… (508)

中国教育报………………………………………………………………… (508)

学习宣传党的十七大精神　唱响“教育优先发展，办好人民满意的教育”的主旋律　创新宣传报道内容、形式和方法　改进和加强热点报道和批评监督报道　网、报建设

《人民教育》杂志 ………………………………………………………… (509)

加强对教育公平、素质教育和未成年人思想道德建设工作的宣传报道　确立标志性理念，

以理论突破深化教育宣传报道　以思想的深度，挖掘新闻报道的深度　用专业视角关注教育改革热点，传播先进的理念及经验

《中国高等教育》杂志 …………………………………………………………………… (511)

综述　把握大局，坚持正确舆论导向　理性求索，精心策划和组织重点稿件　关注质量，为深化教学改革鼓与呼　点面结合，办好相关栏目

《神州学人》杂志及网站 ……………………………………………………………… (513)

综述　《神州学人》杂志　神州学人网站　组织参与活动

《中国民族教育》杂志 ………………………………………………………………… (514)

综述　宣传国家的教育方针政策　坚持特色，做好民族教育重点工作的宣传　重视宣传民族地区教育的典型经验和先进人物　服务教师，引领教师专业成长

中国教师报……………………………………………………………………………… (515)

综述　为教师的专业成长提供专业服务　加强舆论导向，迈向“主流媒体”　打造创新型“互动媒体”　加强经营工作

中国教育电视台………………………………………………………………………… (517)

2006中国教育年度新闻人物评选活动　大型文献纪录片《千秋基业——邓小平与中国教育》荣获“中国文献纪录片二十年经典作品”　“中国教育新媒体产业协作体（筹）论坛暨媒体见面会”在京召开　《阳光伙伴》（第二季）　《音乐伙伴》（第二季）　《今天我在家》栏目

北京市教育 ……………………………………………………………………… (520)

概况……………………………………………………………………………………… (520)

基本情况　总体工作完成情况　教育体制改革　教育法制工作　教育资助工作　学校安全稳定工作　教育督导工作　素质教育　奥林匹克教育　教育交流与合作　教师队伍建设

基础教育………………………………………………………………………………… (525)

综述　义务教育均衡发展　基础教育课程改革　普通高中课程改革　办学体制改革　中考中招改革　学生管理工作　特殊教育　民族教育

职业教育与成人教育…………………………………………………………………… (526)

综述　发展农村成人教育　重点学校建设　专业建设　改革成人中等学历教育教学模式　职业技能训练　学习型城市建设

高等教育………………………………………………………………………………… (528)

综述　高等学校精品课程　高等教育精品教材　高等学校实验教学示范中心　成人高等教育管理　高等职业院校建设

天津市教育 ……………………………………………………………………… (530)

概况……………………………………………………………………………………… (530)

基本情况　教育固定资产投资　教育信息化建设　汉语国际推广　形成两级助学政策服务体系

基础教育………………………………………………………………………………… (534)

综述　推进滨海新区基础教育规划建设　义务教育经费保障机制改革　天津市基础教育学业水平评估中心成立　农村地区义务教育教学装备工程完成　继续清理整顿改制学校　加强

农村教师队伍建设　小学建立均衡发展合作学区　撤并和规范农村小学教学点　历史名校建设工程

职业教育与成人教育……(537)

综述　国家职教改革试验区第二次领导小组工作会议在津召开　校外实训基地　举办天津国际职业教育论坛　推进职业院校硕士学位青年教师引进工作　成人高等教育管理　天津市数字化学习超市与学习城市建设示范教改项目启动

高等教育……(539)

综述　实施高校“十一五”综合投资项目　人文社科重点研究基地评估　考核本市第二、三批特聘教授学术业绩　实施研究生教育创新计划　天津大学生网站

河北省教育……(541)

概况……(541)

基本情况　综述　关注和解决涉及群众利益的问题　提高教师队伍素质

基础教育……(545)

义务教育均衡发展　加强特殊教育工作　民族教育和海外同胞教育基金会表彰活动　加快普及高中阶段教育步伐　学前教育普及程度进一步提高　继续实施远程教育工程　明德小学工程建设　红领巾主题教育活动　“一托二”联合办校模式　新长城贫困高中生自强班项目　全省首个“女孩子日”　全省农村学区建设

职业教育与成人教育……(547)

加强职业教育建设和改革步伐　开展实训基地建设　中等职业教育师资队伍建设　职技学校师生共建服务公司　组建省级职教集团　河北钢铁冶金职教集团

高等教育……(549)

提高高等教育水平和质量　加强高校党建和学生思想政治工作　国家奖、助学金申请评选

山西省教育……(551)

概况……(551)

基本情况　教育经费收入与支出　落实《教育法》规定的教育经费“二个增长”的情况　深入学习贯彻党的十七大精神　高校党建和学生思想政治工作　未成年人思想道德建设　隆重庆祝第二十三个教师节　中小学教师队伍建设　学校安全工作　建立完善贫困家庭学生政策资助体系　教育法制建设　教育交流与合作

基础教育……(557)

义务教育　大力改善农村中小学办学条件　努力提高义务教育标准化建设　素质教育　高中教育　教育督导　中小学教师继续教育　规范中小学办学行为　幼儿教育及特殊教育

职业教育与成人教育……(559)

综述　中等职业教育　职业学校德育工作　农村教育综合改革　成人高等教育与民办教育

高等教育……(560)

综述　研究生教育　研究生创新计划　重点建设　高校科技创新　高校教学工作

内蒙古自治区教育……(563)

概况……(563)

基本情况　加强教育法制建设　党风廉政建设和行风建设　资助政策体系进一步完善　教师队伍建设　中小学校办学条件明显改善，高校新校区建设进展顺利　大中小学德育工作　语言文字规范化工作　教育对外合作与交流

基础教育……………………………………………………………………………………（568）

顺利通过国家"两基"达标验收　加强"两基"巩固提高工作　义务教育全面纳入公共财政保障范围　全面启动化解农村牧区义务教育债务工作　全面推进新一轮基础教育课程改革，逐步推进中考改革　在"普九"的基础上向两头延伸

职业教育与成人教育………………………………………………………………………（569）

大力发展职业教育　基础建设进一步加强　民办教育和成人教育工作取得新的进展

高等教育……………………………………………………………………………………（570）

教学改革进一步深化，教学质量明显提高　切实加强重点学科建设，积极推进学位与研究生教育工作　科技工作健康发展　高校党建工作和稳定工作　体育、卫生、艺术教育　高校辅导员队伍建设　高校招生与毕业生就业工作

民族教育……………………………………………………………………………………（572）

加大工作指导力度　争取资金支持和国家部属院校的招生计划　民族文字教材建设和蒙古语中小学教学课件开发

辽宁省教育 ……………………………………………………………………………（573）

概况…………………………………………………………………………………………（573）

基本情况　深入学习贯彻党的十七大精神　完善扶困助学体系　学校体育和艺术教育　教育国际交流与合作　民办教育　学校安全教育与管理　教育行风建设　语言文字工作

基础教育……………………………………………………………………………………（577）

加强和改进中小学德育工作　义务教育课程改革　增加农村中小学公用经费　农村九年一贯制（寄宿制）学校建设和危房改造　农村现代远程教育　中小学师资队伍建设　学前教育、特殊教育、民族教育　普通高中教育　教育督导工作

职业教育与成人教育………………………………………………………………………（579）

中等职业教育工作　就业培训和农村劳动力转移培训

高等教育……………………………………………………………………………………（580）

加强和改进高校党建工作　提高高等教育质量　高等职业教育工作　重点学科建设　高校科技工作　优化高等教育结构，改善高校办学条件　高校辅导员队伍建设和大学生思想政治工作　高校毕业生就业工作　高校贷款置换工作

大连市教育…………………………………………………………………………………（582）

基本情况　综述　基础教育　职业教育　成人教育　高等教育

吉林省教育 ……………………………………………………………………………（588）

概况…………………………………………………………………………………………（588）

基本情况　加强农村中小学建设和对贫困生的资助　加强对民办教育的管理　民族教育　体育卫生美育　表彰奖励　建立公开办事制度　高校毕业生及就业情况　加强校园安全稳定工作　加强廉政建设　规范教育收费　进城务工人员子女入学

基础教育……………………………………………………………………………………（593）

贯彻新《义务教育法》　建立和修改评估体系　加强薄弱校建设　中小学现代远程教育工程　师资培训和通用语言指导工作　高中新课程实验　"控辍"工作　德育工作　邵氏基金教育赠款项目

职业教育…………(594)

中职基础能力建设、招生和师资培训　资助中等职业教育贫困家庭学生　中等职业学校建设国债项目

高等教育…………(595)

高等学校布局结构调整和校舍建设　高校评估　特色专业、精品课和教学名师　重点学科和重点实验室建设　示范性高职校建设　研究生教育　高校科研　学士学位授权　高校领导班子建设　大学生思想政治教育　汉语国际推广和孔子学院建设　留学进修

黑龙江省教育…………(598)

概况…………(598)

基本情况　概况　依法治教，纠正行风　义务教育课程改革　教育投入　师资队伍建设　健全各级各类教育助学体系　建设和谐校园　对外交流与合作

基础教育…………(602)

综述　民族教育协作　中小学德育教育　高中学生全面实施综合素质评价　普通高中通用技术课程师资配备与教学设备配置

职业教育与成人教育…………(604)

综述　努力扩大职业教育招生规模　开展专业技能大赛　加强农村劳动力转移和初、高中毕业返乡人员培训　加强中职学校基础能力、实训基地建设和学校评估工作　启动远程职业教育试点工作　实施职业教育教师素质培训工程

高等教育…………(606)

综述　加强学科建设　教学水平评估　学生学籍管理　教育教学设施设备建设　师资队伍建设　科技创新　继续实施"村村大学生"计划　加强就业指导与服务　高校安全保卫和稳定

上海市教育…………(609)

概况…………(609)

基本情况　教育投入与支出　在德育工作中实施"两纲"教育　加强未成年人校外教育工作　加强中小学教师师德与育德能力培训　加强学生思想政治和心理健康等教育　改革思想政治理论课　加强对思政工作的研究　加强教师支教工作　加强教育立法和监督工作　加强民办教育管理工作　加强教育国际（境内外）合作与交流　加强学校安全稳定工作　开展多种形式体育活动　努力适用法律、行政和教育手段推动语言文字工作

基础教育…………(616)

学前教育　解决基础教育中的民生问题　加强郊区农村教育　加强高中建设　加强中小学课程教材改革

职业教育与成人教育…………(617)

组建职教集团　职业教育课程教材改革　开放实训中心建设　完善职教人才培养模式和机制　开展学生职业技能比赛活动　落实国家中职学生助学政策　完成"郊区劳动力职业教

育三年行动计划” 构建学习型社会

高等教育…………………………………………………………………………………………………(619)

加强高校建设与管理 高校招生及毕业生就业工作 做好帮困助学工作 努力提高高校教育教学质量 重点学科建设与科研工作 研究生教育 高职高专教育

江苏省教育……………………………………………………………………………………………(622)

概况………………………………………………………………………………………………………(622)

基本情况

基础教育…………………………………………………………………………………………………(626)

综述 素质教育 义务教育均衡发展 高中教育 幼儿教育 未成年人思想道德建设 特殊教育

职业教育与成人教育…………………………………………………………………………………(627)

综述 职业学校基础能力建设 职教师资队伍建设 中等职业教育持续健康发展 专业建设和课程改革 全省职业学校技能大赛和创新大赛 承办全国职业学校校园文化建设交流研讨会 评选表彰职业学校“三创”优秀学生 服务社会主义新农村建设 深化社区教育实验 科学规划与规范管理成人高等教育

高等教育…………………………………………………………………………………………………(629)

综述 评选省政府教学成果奖 专业建设 课程与教材建设 实践教学与实训基地建设 教学团队建设 省级示范高职院校建设 大学生实践创新能力培养 软件人才培养 教育教学评估 组建教学指导委员会 教学改革研究

浙江省教育……………………………………………………………………………………………(631)

概况………………………………………………………………………………………………………(631)

基本情况 全省教育局长会议 教育投入 科学和谐发展业绩考核 校园安全稳定 “作风建设年”活动 高雅艺术进校园 教育对外开放

基础教育…………………………………………………………………………………………………(636)

综述 学前教育普及水平逐步提高 特殊教育备受关注 高中段教育办学质量稳步提高 全面启动义务教育经费保障机制改革 书香校园工程 启动第二轮教育对口支援工程 大力推进教师支教 提高农村教师待遇 推进实施素质教育 认真做好学校体育工作

职业教育与成人教育…………………………………………………………………………………(638)

综述 中职学校办学条件有所改善 中职学校师资队伍建设得到加强 加快成人教育转型 实训基地建设 实施爱心营养餐工程 预备劳动力培训

高等教育…………………………………………………………………………………………………(639)

综述 优化学科、层次结构，努力适应市场需求 强化学科和科研建设 全省高等教育工作会议 本科院校书记校长读书会 高校升格更名 加强教学管理工作 学科、专业和学位点建设 拔尖人才培养 平行志愿 建立首个高校产学研联盟工作站 继续开展教师互聘工作 首批高校校园文化品牌认定活动 高校学生就业情况

宁波市教育………………………………………………………………………………………………(642)

基本情况 综述 基础教育 职业教育 成人教育 高等教育

安徽省教育 …………………………………………………………………………………… (650)
概况 ……………………………………………………………………………………………… (650)
基本情况　年度教育工作方针　教育投入与支出　教师队伍建设　体育卫生艺术和国防教育　国际交流合作　教育纪检监察工作
基础教育 ………………………………………………………………………………………… (656)
综述　义务教育均衡发展　义务教育经费保障机制改革　农村中小学建设　农村中小学现代远程教育工程　新课程改革　规范中小学办学行为　幼儿及学前教育
职业教育与成人教育 …………………………………………………………………………… (658)
综述　基础能力建设　教育教学改革　中职学生资助　成人高等教育与自学考试
高等教育 ………………………………………………………………………………………… (659)
综述　高校质量工程建设　学位与研究生教育　高校科研与科技开发工作　高校学籍学历管理　高校贫困学生资助工作　高校毕业生就业工作　高校党建工作　高校安全稳定

福建省教育 …………………………………………………………………………………… (662)
概况 ……………………………………………………………………………………………… (662)
基本情况　教育部与省政府签订教育发展备忘录　教育部参与主办第五届中国·福建项目成果交流会　落实教育惠民政策　完善家庭经济困难学生资助体系　出台台商子女在闽就读优惠政策　构筑闽台教育交流合作平台　提升教师队伍素质　大力加强高校党的建设　提高思想政治工作实效　加大教育系统党风廉政建设力度
基础教育 ………………………………………………………………………………………… (667)
概况　“两基”巩固提高和“双高普九”　推进义务教育均衡发展　农民工子女接受义务教育　中小学现代远程教育工程建设　课程改革　高中教育　幼儿教育　特殊教育　中小学科技教育
职业教育与成人教育 …………………………………………………………………………… (670)
概况　中等职业教育规模扩大　中等职业学校专业结构调整和重点专业建设　教师培训和学校建设　中等职业教育改革　中职学校学生实践能力和就业能力不断提高　终身教育工作扎实推进　自学考试有新的发展　扫盲工作
高等教育 ………………………………………………………………………………………… (672)
概况　重点建设工作　高校教学工作　高校专业结构调整　高职高专教育　学位与研究生教育　高校科技创新
厦门市教育 ……………………………………………………………………………………… (674)
基本情况　综述　基础教育　职业教育　高等教育

江西省教育 …………………………………………………………………………………… (679)
概况 ……………………………………………………………………………………………… (679)
基本情况　综述　“两基”工作通过国家验收　高中阶段教育实现重大突破　高等教育内涵建设初见成效　素质教育　教育总体实力显著提升　开展“学习贯彻十七大精神 推动教育事业新发展”调研活动月　规范民办高校招生行为　教育“民生工程”　招生“阳光工程”　教师队伍建设
基础教育 ………………………………………………………………………………………… (684)

落实了“两免一补”政策　推动普通高中新课程实验　加强幼儿教育研究和教师培训　特殊教育　支援协作工作　德育工作　学校安全工作　基础教育工程建设

职业教育与成人教育……(686)

中等职业学校基础能力建设　中等职业学校师资培养培训和教学改革工作　努力提高中等职业学校学生技能　加强重点中等职业学校建设　成人继续教育工作稳步推进　建立中职学生培养新模式

高等教育……(688)

教学质量和教学评估　专业和精品课程建设　人才培养模式改革　教师队伍建设　创新创业教育　科研平台和科技创新　学位与研究生教育　推动产学研结合

山东省教育……(690)

概况……(690)

基本情况　教育发展的指导思想和总体思路　教育投入　教师队伍建设　教育督导与教育法制建设　家庭经济困难学生资助政策　国家助学贷款　师范类毕业生就业工作　教育行风建设　平安校园建设　教育对外交流与合作

基础教育……(696)

基础教育进一步巩固和提高　义务教育经费保障机制　义务教育均衡发展　素质教育

职业教育与成人教育……(697)

职业教育规模扩大　校企合作　成人教育　民办教育

高等教育……(698)

教学质量保障　高校科技创新平台建设和科研工作　重点学科建设　高层次创新人才培养　高等教育规模

青岛市教育……(700)

基本情况　综述　基础教育　职业教育与成人教育　高等教育

河南省教育……(706)

概况……(706)

基本情况　年度教育指导思想　教育经费投入增长高于财政收入　生均公用教育经费支出除高校外均有大幅增长　大力资助家庭经济困难学生　加强学校体育工作　民办学校数和在校生数都有增长　教育对外合作与交流不断扩大　规范招生和收费行为

基础教育……(710)

综述　通过“两基”评估验收　努力促进义务教育均衡发展　加强中小学师资队伍建设　改善和提高农村中小学校办学条件　进城务工农民子女入学工作

职业教育……(711)

综述　加强职业教育改革　加强基础能力建设　组建职教集团　创建第二批职业教育强县　大力加强中职教师队伍建设

高等教育……(712)

综述　加强高校党建工作　加强和改进大学生思想政治教育　努力提高高校教学质量　加强高校教师队伍建设　加大高校科技成果转化力度　加强高校基本建设管理　高校学生食堂补贴　努力做好高校毕业生就业工作

湖北省教育……………………………………………………………………………………………(715)
概况……………………………………………………………………………………………………(715)
基本情况　加强农村教师培养　修订完善“楚天学者计划”　实施师范生免费教育　建立健全家庭经济困难学生资助体系　全面推进农村义务教育经费保障机制改革　改善办学条件　举办“中俄高校高等教育交流会”　对外汉语教学　建立青少年学生每天一小时阳光体育运动的长效机制
基础教育………………………………………………………………………………………………(720)
召开推进义务教育均衡发展座谈会　关注弱势群体教育　普通高中招生阳光工程　中小学德育工作　湖北省实现“两基”　胡锦涛回信鼓励湖北宜昌残疾学生
职业教育与成人教育…………………………………………………………………………………(722)
《湖北省实施〈中华人民共和国职业教育法〉办法》获得通过　积极扩大中等职业教育招生规模　职业技能竞赛　开展农村劳动力转移培训和农民实用技术培训工作
高等教育………………………………………………………………………………………………(723)
实施“湖北省高等学校教学改革与质量提高工程”　教学质量监督保障体系建设　省委召开第十五次全省高校党建会暨大学生思想政治教育工作现场经验交流会　加强高校辅导员队伍建设　实施思想政治理论课课程设置新方案　高校科技自主创新能力建设取得新进展　开展“高校与市州科技合作行动”　做好高等教育学籍学历学位电子注册工作　抓好高校毕业生就业工作

湖南省教育……………………………………………………………………………………………(726)
概况……………………………………………………………………………………………………(726)
基本情况　教育事业发展概述　建设教育强省工作会议　省委省政府颁布《关于建设教育强省的决定》　教师队伍建设　体育卫生艺术教育　教育对外合作与交流　民办教育　家庭经济困难学生资助　招生考试工作
基础教育………………………………………………………………………………………………(731)
“两基”通过国家验收　完成农村中小学现代远程教育工程　全面实施农村义务教育经费保障机制改革　两项督导评估考核　全面启动高中课程改革　幼儿教育　民族教育与教育援藏援疆工作
职业教育与成人教育…………………………………………………………………………………(732)
研究制订《职业教育基础能力建设计划实施方案》　积极推进职业教育基础能力建设　职业教育模块式教学改革　组织开展高职学院单独招生试点　成立湖南省职业院校教育教学评估与咨询专家委员会　举办高职院校教务处长和系部主任培训班　参加全国中等职业教育技能大赛　积极参加农村劳动力资源开发
高等教育………………………………………………………………………………………………(734)
加强专业建设和管理　实施高等学校教学质量与教学改革工程　参加全国大学生学科竞赛　学位工作与研究生教育　高校科技创新能力建设　高校思想政治工作　高校毕业生就业

广东省教育……………………………………………………………………………………………(736)
概况……………………………………………………………………………………………………(736)
基本情况　年度工作指导思想　教育投入与支出　语言文字工作　扎实推进素质教育　加强

学校安全管理　加强政风行风与党风廉政建设
基础教育……………………………………………………………………………………………………（742）
巩固提高普及九年义务教育　积极实施“扩容促优”工程，加快普通高中教育发展　学前教育发展有了明显进步　加强民族教育、特殊教育和流动人口子女教育工作
职业教育与成人教育………………………………………………………………………………（743）
中等职业教育规模再创新高　中等职业教育战略性结构调整初见成效　创新中等职业教育培养模式成效大　基础能力建设得到进一步加强　以技能为中心的职教改革进一步深化　社区教育、成人教育培训规模不断扩大
高等教育……………………………………………………………………………………………………（744）
注重分类指导，引导高校加强教学基本建设　组织实施本科教育教学质量和教学改革工程、省高职高专教育改革与实践工程　构建全省高等教育质量保障体系　推进高校科研创新　推进高校产学研结合和科技成果转化　实施研究生创新培养计划，提高研究生培养质量　认真做好考试招生、助学和高校毕业生就业指导工作
深圳市教育…………………………………………………………………………………………………（746）
基本情况　综述　基础教育　职业教育与成人教育　高等教育

广西壮族自治区教育 ………………………………………………………………………………（753）
概况………（753）
基本情况　教育投入　学校基本建设　体育艺术与卫生教育　语言文字工作　国际交流与合作　民族教育　家庭经济困难学生资助　反腐倡廉建设和教育内部审计
基础教育……………………………………………………………………………………………………（758）
积极解决进城务工子女和农村留守儿童上学问题　全面实现“两基”　加强农村学校建设　努力减轻学生负担　全面启动农村初中改造等四项基础教育建设工程　农村现代远程教育工程　义务教育课程改革　教师和校长培训工作　进一步解决代课人员的问题　幼儿教育　特殊教育
职业教育与成人教育………………………………………………………………………………（761）
振兴职业教育“九大工程”进展良好，职业教育质量明显提高　招生与就业　职业教育攻坚动员大会
高等教育……………………………………………………………………………………………………（762）
高校党建工作　大学生思想政治教育　教学改革　高等教育创新能力建设　师资队伍建设　抗洪保考　毕业生就业

海南省教育 ………………………………………………………………………………………………（765）
概况………（765）
基本情况　教育投入与支出　教育部领导抵琼调研　高考移民　中小学教师绩效工资　各级各类学校师资学历及结构　中小学教师培训　教育移民（扶贫）试点　顶岗支教与脱产培训　农村义务教育阶段学校教师特设岗位计划　教师职称评审与资格认定　教师节评优表彰及慰问活动　上海市支援海南省基础教育师资培训计划　教育收费管理　教育普法　教育督导　体育、卫生与艺术教育　资助贫困学生就学　大中专毕业生就业　教育国际交流与合作　教育信息化建设　勤工俭学　语言文字工作　民办教育

基础教育……………………………………………………………………………………………………(772)
义务教育经费保障机制改革 农村学校建设 中小学德育 基础教育课程改革 普通高中教育 幼儿教育 特殊教育 中小学安全工作 中招工作 高中会考
职业教育与成人教育………………………………………………………………………………………(774)
职业教育工作会议 中等职业学校基础能力建设 深化职业教育教学改革 中等职业教育师资队伍建设 成人高校招生 自学考试与社会考试
高等教育……………………………………………………………………………………………………(776)
组建新海南大学 高校党建工作 大学生思想政治教育 实施高等教育质量工程 高校科研工作 学位与研究生教育 高校实验室建设 桂林洋高校区建设 普通高校招生

重庆市教育 ……………………………………………………………………………………………(778)
概况……(778)
基本情况 工作思路 十大工作亮点 开展教育发展战略研究 争取成为统筹城乡教育综合改革试验区 教育人事制度改革 教育人才队伍建设 教育干部队伍建设 教育法制建设 党风廉政建设 师德师风建设 “作风建设年”活动 师资培训 体育卫生艺术教育 教育国际合作与交流 民办教育 安全稳定工作 对口支援工作 语言文字工作
基础教育……………………………………………………………………………………………………(785)
综述 “两基”工作 切实加强幼儿教育和特殊教育 普通高中教育水平进一步提高 加强农村建设和资助工作，着力推进义务教育均衡发展 进一步提高义务教育经费保障水平 深入推进义务教育课程改革 加强中小学生德育工作 中招考试改革 规范办学行为 确保农民工子女入学 教育督导 扫盲工作
职业教育与成人教育………………………………………………………………………………………(788)
发展目标 中职招生规模再创新高 中职学生资助实现了“全覆盖” 深入推进中职教育改革创新 加强基础能力建设 服务经济
高等教育……………………………………………………………………………………………………(789)
综述 质量工程 研究生教育 学科建设 思想政治教育 科技工作 新生学籍电子注册工作 毕业生就业指导工作 校区建设 成人高等教育 学生资助

四川省教育 ……………………………………………………………………………………………(792)
概况……(792)
基本情况 年度工作方针 教育投入与支出 学习贯彻党的十七大精神 制定《教育事业发展“十一五”规划》 学生思想政治和德育工作 高校党建工作 教育资助行动 教师队伍建设 对外交流与合作
基础教育……………………………………………………………………………………………………(798)
综述 农村义务教育经费保障机制改革 义务教育均衡发展 留守学生教育管理 普通高中教育 幼儿教育 素质教育 “两基”攻坚工作
职业教育与成人教育………………………………………………………………………………………(800)
综述 中等职业教育 实训基地建设 农村劳动力转移培训 民办教育
高等教育……………………………………………………………………………………………………(801)
综述 教学工作 示范性高职院校建设 成人高等教育 学位与研究生教育 科技工作

毕业生就业工作　高校后勤工作

贵州省教育……………………………………………………………………………………………(803)

概况……………………………………………………………………………………………………(803)

基本情况　综述　全省教育经费统计情况　教育事业基建投资　全面完成资产清查　制定民办学校管理办法　贫困生资助工作

基础教育………………………………………………………………………………………………(808)

落实义务教育经费保障机制　教育督导检查　获西部地区“两基”攻坚成就奖　颁布普通中小学办学条件标准　农村学校建设工程　“明德小学”建设　邵氏基金　素质教育　弘扬和培育民族精神月活动　高中教育　加强幼儿教育　普通中小学优秀班主任评选工作　新一轮“贵州省中小学教师继续教育（2006—2010）”　中小学教师培训　确定“十一五”中小学省级骨干教师培训对象及首批中小学教育名师培训对象　教师队伍建设

职业教育与成人教育…………………………………………………………………………………(811)

综述　职业院校教育教学改革　建立职业教育国家助学贷款体系　成人高校招生工作　自学考试工作

高等教育………………………………………………………………………………………………(812)

普通高校招生工作　普通高等学校毕业生就业情况　大学生到基层就业工作　确定省属重点大学　本科教学　顺利完成了贵州大学“十五”“211工程”项目验收工作　国家助学工作　民办高校督导专员制度　思想政治教育　首次举行全省高校突发公共事件应急预案演练　国家全额资助和西部地区人才培养特别项目选派工作　古巴政府单方奖学金项目顺利实施　完成高等教育学历证书电子注册工作　普通高等学校新生学籍电子注册

民族教育………………………………………………………………………………………………(815)

综述　继续实施培养少数民族高层次骨干人才计划　召开全省民族民间文化进校园现场会　正式出版发送苗、侗民汉双语教材　举办普通高校少数民族班　举办首届全省民族高中校长论坛

云南省教育……………………………………………………………………………………………(817)

概况……………………………………………………………………………………………………(817)

基本情况　教育经费收入与支出　教育经费“三个增长”执行情况　“两个比例”的增长情况　高校和中职校经济困难学生资助情况　职称评审工作　云南教育基金会揭牌　中小学布局结构调整　各级各类教育毛入学率

基础教育………………………………………………………………………………………………(822)

普九和扫盲“两基”工作评估验收　加大农村义务教育经费保障机制改革力度　教育对口支援工作　民汉双语教材审定工作　双语教师培训成效显著　明德小学建设项目　民族团结教育　玉溪市农村教师安居工程建设　特岗教师招聘工作　普通高中教育　农村中小学现代远程教育工程

职业教育与成人教育…………………………………………………………………………………(824)

实行中等职业学校“特聘教师”制度　采取重大措施发展中等职业教育　社会力量办学　农村成人教育　成人高校招生工作　扩大职业高中招生规模

高等教育………………………………………………………………………………………………(825)

呈贡高校新校区建设项目　高等教育质量工程　教育国际合作与交流　省属院校教育合作　科学研究基金评审立项情况　普通高校招生考试工作　研究生招生工作　云南省高等院校设置“十一五”规划

西藏自治区教育……(828)

概况……(828)

基本情况　加大教育投入和学生资助　采取各种措施保证招生考试工作顺利进行　加强教育督导工作　积极发展现代教育技术　全国内地西藏班办学和教育援藏工作会议　全国教育对口支援西藏工作部署会议　教育部启动实施援助西藏中小学教师培训计划

基础教育……(833)

加强幼儿教育　“两基”攻坚工作顺利进行　加强中小学校管理　加强师资队伍建设　深化课程和教学改革　建立义务教育保障体系

职业教育与成人教育……(835)

加强职业教育管理　加强职业学校建设　加强职教师资培训　继续与德国开展职教合作项目

高等教育……(836)

西藏大学接受教育部教学水平评估　加强高校党建和大学生思想政治教育工作　努力提高高等学校教学质量　积极帮助高校做好对口援助工作

陕西省教育……(838)

概况……(838)

基本情况　年度工作方针　进一步加强党风廉政建设　教育地方立法取得新进展　加强师资队伍建设　加强对民办教育机构的管理

基础教育……(843)

陕西全省“两基”工作顺利通过国家验收　普通高中一年级全面进入课程改革实验　深化义务教育改革　加强中小学信息化建设　加强中小学实验教学普及工作

职业教育与成人教育……(844)

实施“人人技能工程”　召开2007年度全省职成教工作会议　超额完成中职招生任务　继续实施“一网两工程”　组建职业教育集团

高等教育……(846)

加强优质教学资源建设　加强重点学科建设　加强高校科研科技工作　做好毕业生就业工作　加强高等职业教育

甘肃省教育……(849)

概况……(849)

基本情况　年度工作思路　学习宣传贯彻党的十七大精神　民族教育　学校体育艺术工作　教育国际交流与合作　语言文字工作　教育执法与法制建设　教育工程项目建设　教育审计　教育乱收费治理

基础教育……(855)

综述　“两基”工作　普通高中教育　幼儿教育和特殊教育　中小学德育工作　基础教育课程

改革　农村义务教育经费保障机制改革　教师队伍建设　教育督导　中小学幼儿园安全工作
职业教育……………………………………………………………………………………………(857)
综述　职业教育联合办学工作　重点学校建设　职业教育基础能力建设　职教师资队伍建设　职业技能大赛　贫困生资助工作
高等教育……………………………………………………………………………………………(858)
综述　高校党建和思想政治工作　教学评估　高等教育质量工程　管理体制改革　高校学科专业建设　生源地信用助学贷款和贫困生资助工作

青海省教育 ……………………………………………………………………………………(860)
概况…………………………………………………………………………………………………(860)
基本情况　年度工作思路　教育投入　农村寄宿制学校建设工程　农村初中校舍改造工程　赠款项目建设　教师队伍建设　教育交流与合作　体育艺术国防教育　高校毕业生就业工作　高校和中等职业学校学生资助工作
基础教育……………………………………………………………………………………………(866)
获“两基”攻坚成就奖　农村义务教育经费全面纳入公共财政保障范围　中小学德育工作　教学改革工作　学校安全工作　语言文字工作
职业教育……………………………………………………………………………………………(868)
中等职业教育招生工作　基础能力建设　职业教育教师队伍建设　职业技能培训　职业教育质量
高等教育……………………………………………………………………………………………(869)
综述　实施六项工程　学生及学籍管理工作　研究生教育工作　科研工作　申报项目工作
民族教育……………………………………………………………………………………………(871)
综述　少数民族汉语水平等级考试　“双语”教学　异地办班工作　教育对口支援工作　青海藏区政策研究调研工作　民族教育改革综合实验工作　高层次人才培训计划

宁夏回族自治区教育 ……………………………………………………………………………(873)
概况…………………………………………………………………………………………………(873)
基本情况　综述　贯彻十七大精神　校舍建设及改造　保障机制及资助体系　特岗教师　化解债务工作　师资队伍建设　语言文字工作
基础教育……………………………………………………………………………………………(878)
思想道德教育　青少年学生校外教育工作　心理健康教育工作　巩固提高“两基”成果　进城务工人员子女就学工作　进一步规范义务教育办学行为　基础教育课程改革工作　师资培训　幼儿教育　高中教育　支教工作　爱心资助工作　联合办学工作
职业教育与成人教育………………………………………………………………………………(881)
东西部中等职业教育联合办学　中职招生工作　职业学校基础设施建设工作　职教师资培训工作　规范民办教育　中职毕业生资格审查和就业指导工作　全区职业教育现场观摩会
高等教育……………………………………………………………………………………………(883)
综述　提高高等教育的办学层次和水平　高等学校内涵建设工作
民族教育……………………………………………………………………………………………(884)
回族学生比例增加　自治区百所回民中小学标准化建设工程　民族预科培养基地建设工作

少数民族高层次骨干人才培养

新疆维吾尔自治区教育 …… (886)

概况 …… (886)

基本情况 新疆教育新成就 实现“两基”攻坚目标 获国家西部地区“两基”攻坚成就奖 毕业生就业 贫困家庭学生资助工作

基础教育 …… (892)

综述 乌鲁木齐实验小学推广“网上作业” 招生制度改革 建立健全学生资助制度

职业教育与成人教育 …… (893)

综述 中职教育教学改革 初高中生选读“职教分流班”

高等教育 …… (894)

综述 少数民族高层次骨干人才培养计划 大学生赴基层实习支教

民族教育 …… (895)

综述 “双语”教学 特培生和特岗教师

新疆生产建设兵团教育 …… (896)

概况 …… (896)

基本情况 综述 中央代表团赠送新疆电教设备项目工程 继续实施第二轮“西部项目” 接受邵逸夫捐款 治理教育乱收费

基础教育 …… (898)

义务教育经费保障工作 团场寄宿制学校建设工程 团场初中校舍改造工程 中小学水冲式厕所建设 教师特设岗位计划 中小学教师培训 中小学少数民族教师双语培训

职业教育与成人教育 …… (900)

加强对职业教育的统筹管理 中职发展和学校建设 提高中等职业学校教师素质 中职困难学生资助工作 万名中专生计划

高等教育 …… (901)

高校本科教学质量和教学改革工程 高校新增专业和精品课程审批 高校学生资助工作

香港特别行政区教育情况简介 …… (902)

澳门特别行政区教育情况简介 …… (903)

文件选编 …… (904)

中共中央国务院关于加强青少年体育增强青少年体质的意见 …… (904)

国务院关于建立健全普通本科高校、高等职业学校和中等职业学校家庭经济困难学生资助政策体系的意见 …… (907)

教育部 财政部关于加强农村义务教育经费保障机制改革督导工作的意见 …… (909)

教育部 中央统战部 国家民委关于进一步加强教育对口支援西藏工作的意见 …… (910)

教育部 新闻出版总署关于印发《高等学校出版体制改革工作实施方案》的通知…………… (912)
国家发展改革委 教育部关于印发《中西部农村初中校舍改造工程总体方案》的通知………… (915)
教育部 新闻出版总署关于高校出版社体制改革试点工作的若干意见………………………… (917)
共青团中央 教育部 人事部 全国少工委关于印发《少先队辅导员管理办法（试行）》的通知 … (918)
财政部 教育部关于印发《普通本科高校、高等职业学校国家奖学金管理暂行办法》的通知…… (921)
教育部 财政部关于印发《高等学校学生勤工助学管理办法》的通知………………………… (922)
教育部 财政部关于认真做好高等学校家庭经济困难学生认定工作的指导意见……………… (925)
财政部 教育部关于印发《普通本科高校、高等职业学校国家励志奖学金管理暂行办法》的通知…… (926)
财政部 教育部关于印发《普通本科高校、高等职业学校国家助学金管理暂行办法》的通知…… (928)
教育部 财政部关于印发《国家示范性高等职业院校建设计划管理暂行办法》的通知………… (930)
教育部 财政部关于印发《高等学校本科教学质量与教学改革工程项目管理暂行办法》的通知…… (934)
教育部 财政部关于印发《国家公派出国留学研究生管理规定（试行）》的通知 ……………… (936)
教育部 公安部 国家工商行政管理总局关于开展防止传销进校园工作的通知…………………… (940)
教育部 国家发展改革委 财政部 人事部 科技部 国资委关于进一步加强国家重点领域紧缺人才培养工作的意见……………………………………………………………………………… (942)
教育部 公安部 国家安全监管总局关于加强农村中小学生幼儿上下学乘车安全工作的通知 … (944)
民办高等学校办学管理若干规定……………………………………………………………………… (945)
教育部关于进一步加强中小学校校舍建设与管理工作的通知……………………………………… (948)
教育部关于全面提高高等职业教育教学质量的若干意见…………………………………………… (949)
教育部关于进一步深化本科教学改革全面提高教学质量的若干意见……………………………… (952)
教育部关于进一步加强引进海外优秀留学人才工作的若干意见…………………………………… (955)
教育部关于印发《普通高等学校新生学籍电子注册暂行办法》的通知…………………………… (957)
教育部关于进一步规范中外合作办学秩序的通知…………………………………………………… (958)
教育部关于进一步改进和加强国家教育考试工作的几点意见……………………………………… (960)
中共教育部党组关于加强普通高等学校基层党组织建设的意见…………………………………… (962)
教育部关于进一步做好高等学校各类招生管理工作的通知………………………………………… (965)
教育部关于加快研究型大学建设 增强高等学校自主创新能力的若干意见……………………… (967)
教育部关于进一步做好农村义务教育经费保障机制改革有关工作的通知………………………… (969)
教育部关于印发《教育部科学技术研究项目管理办法（修订）》的通知 ………………………… (971)
教育部关于加强民办学前教育机构管理工作的通知………………………………………………… (975)
教育部办公厅 外交部办公厅关于驻外使领馆工作人员随任子女回国报考普通高等学校或插班学习有关事项的通知……………………………………………………………………………… (976)
教育部办公厅关于启动实施全国中小学班主任培训计划的通知…………………………………… (977)
教育部办公厅关于学习宣传和贯彻落实《中小学幼儿园安全管理办法》的通知………………… (978)
教育部办公厅关于 2007 年推进普通高中新课程实验工作的通知 ………………………………… (979)
教育部办公厅关于清理评比达标表彰活动的通知…………………………………………………… (980)
教育部办公厅关于不受理义务教育阶段学生参加英语等级考试的通知…………………………… (981)
教育部办公厅关于印发《中小学学生学籍信息化管理基本信息规范》的通知…………………… (981)
教育部办公厅关于印发《普通高等学校本科教学工作水平评估学校工作规范（试行）》和《普通高等学校本科教学工作水平评估专家组工作规范（试行）》的通知 ……………………………… (981)

教育部办公厅关于做好教育系统施行《中华人民共和国政府信息公开条例》准备工作的通知…… (984)

资料汇编 …… (986)

2007 年全国十大教育新闻 …… (986)

2007 中国教育年度新闻人物 …… (987)

高校获 2007 年度国家技术发明奖项目（部分） …… (988)

高校获 2007 年度国家自然科学奖项目（部分） …… (990)

高校获 2007 年度国家科学技术进步奖项目 …… (991)

2007 年具有普通高等学历教育招生资格的高等学校名单 …… (998)

2007 年具有成人高等学历教育招生资格的成人高等学校名单 …… (1030)

2007 年度第一批高等学校特色专业建设点名单 …… (1035)

2007 年度第二批高等学校特色专业建设点名单 …… (1047)

西部地区“两基”攻坚先进表彰名单 …… (1062)

2007 年教育大事记 …… (1067)

Contents

Speech Delivered at the Forum with Representatives of National Outstanding Teachers

(August 31, 2007) ········ *Hu Jintao* (1)

A Report on the Affairs of State (Excerpts)

——Speech Delivered at the Fifth Session of the Tenth National People's Congress

(March 5, 2007) ········ *Wen Jiabao* (3)

Best wishes for Tongji University

——Speech delivered in the School of Construction and Urban Planning, Tongji University

(May 14, 2007) ········ *Wen Jiabao* (5)

Strengthen leadership, emphasizing implementation, and applying effectively all the policies supporting students from needy families

——Speech delivered at the National Conference on the Work of Supporting Students from Needy Families

(May 16, 2007) ········ *Chen Zhili* (7)

Conscientiously studying and carrying out the spirit of the 17th National Congress of the Communist Party of China, with quality improvement as the core, speeding up the advancement from a higher education big country to a higher education strong country

——Speech delivered at the 18th General Meeting of the Advisory Committee for Universities Affiliated to the Ministry of Education (MOE)

(December 22, 2007) ········ *Chen Zhili* (13)

Promoting the scientific development of education and striving to build a country rich in high quality human resources

——Speech delivered at the MOE 2008 Annual Conference

(December 26, 2007) ········ *Zhou Ji* (20)

Promoting the models of elder generation educators and remaining forever loyal to the education cause of the Communist Party of China ········ *Yuan Guiren* (38)

Speech delivered at the Conference on the Education Foreign Affairs in Beijing

········ *Zhang Xinsheng* (41)

Universities need culture and Culture needs universities ········ *Zhao Qinping* (48)

Reform and Development of Engineering Education in China ········ *Wu Qidi* (51)

Endeavoring to become the new generation people's educators ········ *Chen Xiaoya* (55)

Developing foundations, establishing moral standards and building characters, and making a conscientious

effort to elevate the development of HEI advisors to a new level …………………… *Li Weihong* (59)

Strengthening the development of a healthy work tradition of the party and a clean and honest government and establishing the political foundations for developing harmonious campuses ………… *Tian Shulan* (65)

Overview …………………………………………………………………………………… (69)

President Hu Jintao spent the International Children's Day with children …………………… (69)

President Hu Jintao attended the forum with representatives of national outstanding teachers ……… (70)

Premier Wen Jiabao went to Renmin University of China to visit with students during the May 4th Youth Day ……………………………………………………………………………… (72)

Premier Wen Jiabao visited Tongji University on the occasion of the 100th Anniversary of the University ……………………………………………………………………………… (73)

Premier Wen Jiabao visited No. 4 Middle School of Beijing ……………………………………… (74)

Premier Wen Jiabao met and talked with state-funded teacher-to-be students from Beijing Normal University ……………………………………………………………………… (75)

Premier Wen Jiabao inspected vocational education in Dalian city …………………………… (77)

Chinese People's Political Consultative Conference Chairman Jia Qinglin attended the National Conference on Offering Classes to Tibetan Students in Inland Areas Aiding Tibet through Education ……………………………………………………………………………… (78)

CPPCC Chairman Jia Qinglin met with participants in the National Conference on the Work of the United Front in HEIs …………………………………………………………………… (79)

Mr. Li Changchun attended the inauguration ceremony of the "Sunshine Physical Education Project for Youth Nationwide" ………………………………………………………… (80)

Mr. Li Changchun went to Huazhong University of Science and Technology for inspection and research ……………………………………………………………………………… (81)

Mr. Xi Jinping met with participants in the 16th National Conference on Party Building in HEIs ……… (82)

State Councilor Chen Zhili attended the Conference on celebrating the 23rd Teachers' Day and extending appreciation of outstanding units and individuals in the education sector nationwide …… (83)

State Councilor Chen Zhili inspected the development of higher education and vocational education in Hubei Province ……………………………………………………………………… (84)

State Councilor Chen Zhili inspected the construction of Olympic stadiums in universities in Beijing ……………………………………………………………………………… (85)

MOE party leadership convened a seminar on studying and carrying out the spirit of the 17th National Congress of the Communist Party of China in the education sector ……………… (86)

MOE party leadership convened a seminar on the issues of the development of education reform ……………………………………………………………………………… (87)

Guidelines of "11th Five-year" Plan of National Education Development ………………… (89)

Salient Features of the Work of MOE in 2007 ……………………………………………… (101)

Striving to Ensure Access to Quality Education for All Citizens—Important measures taken since the 16th National Congress of the Communist Party of China to promote equal opportunity in education in China ······ (107)

Statistical Information on Educational Development ······ (112)

Statistical bulletin for national educational development for 2007 ······ (112)

Basic data on development in various sectors of education for 2007 ······ (115)

Educational Administration and Management of General Concern ······ (154)

Education News and Publicity ······ (154)

Overview. MOE press conferences in 2007. MOE press briefing in 2007.

Open Administration in the Education Sector ······ (157)

Overview. Open administration platform development. Open administration in schools.

Education legal System Development ······ (158)

New developments in educational legislation. The work of administering by rule of law. Implementing the fifth five-year plan for promulgating laws and regulations. Issuing *Provisions on Running and Management of Non-state HEIs*.

Follow-up Actions on Handling the Recommendations and Proposals Submitted by NPC Deputies and CPPCC Members ······ (160)

Discipline Inspection and Supervision in the Education sector ······ (161)

2007 anti-corruption and building a clean and honest government in the education sector. National conference on discipline inspection and supervision in the education sector. Work on curbing unauthorized educational charges. Cross-ministerial conference on curbing unauthorized educational charges. Supervision on law enforcement in HEI admissions. The video-conference on strengthening HEI administration and further curbing commercial bribery. Inspection on the construction of Olympic stadiums in universities.

Educational Inspection ······ (166)

New progresses of "Two Basics" [Appendix: List of the 14th batch of counties (cities, districts) that have realized the goal of "basically universalizing the nine-year compulsory education; basically eradicating illiteracy among young and middle-aged adults"; Counter-check results of the 13th "Two Basics" countries (cities, districts)]. National level counterchecks of the development of "Two Basics" in nine mid-western provinces (autonomous regions, municipalities). Special inspection of the mechanism for guaranteeing the funding for compulsory education in nine provinces in mid-China. Pilot project for assessing the quality of basic education. Standardizing primary and middle school inspection and evaluation. Establishing the center for monitoring the quality of basic education. The 8th Meeting of National Education Inspectors. The organizational and personnel development for educational inspection (Appendix 1: Fact sheet of provincial educational inspection organizations. Appendix 2: Fact sheet of prefecture level educational inspection organizations. Appendix 3: Fact sheet of county level educational inspection organizations).

Work of the Ombudsman's Office ······ (177)

Basic information on letters and visits in 2007. Major problems reflected in letters and visits. Conscientiously performing well the duties of the Ombudsman's Office during the 17th National Congress of CPC. Implementing the spirit of the No. 5 Document and the 6th National Conference on the Duties of the Ombudsman's Office. Making sincere efforts to solve the main problems raised in the letters and visits to the Ombudsman's Office.

Work about Caring for the Next Generation ······ (179)

Extending appreciation to model institutions and individuals in caring for the next generation in the education sector nationwide. Starting experience exchange and discussion on caring for the next generation in HEIs. Strengthening regional cooperation and carrying out theoretical research. Promote various educational activities and take an active role in the development of the socialist core value system.

Hot Issues of General Concern ······ (181)

Conscientiously increasing financial input in education to further improve the mechanism for guaranteeing funding for compulsory education in rural areas. Strive to build a service-oriented Ministry fit for scientific development.

Basic education ······ (186)

Administration and Management ······ (186)

National People's Congress inspected the implementation of *The Compulsory Education Law*. Free textbooks and re-use of textbooks. Initiating "Big Classroom for Current Affairs". Safety work in kindergarten, primary and middle schools. Student records management. Activities in establishing harmonious campuses.

Teaching and Curricular Reforms ······ (189)

Starting the revision of curricular standards for compulsory education. Information on carrying out the Project of Modern Distance Education in primary and secondary schools in rural areas.

Hot Issues of General Concern ······ (190)

Consolidating the results of "two basics." Continuously improving compulsory education in rural areas. The goal of "two basics" realized as planned in western areas.

Vocational education and adult education ······ (192)

The strategic position of vocational education further supported and strengthened. The number of students enrolled in secondary vocational schools exceeded 8 million in 2007. Basic capacity building in vocational education. A batch of newly recognized national key secondary vocational education institutions (Appendix: List of national key vocational schools recognized by MOE). Continuing implementing the program for training much needed skilled workers. Starting a new round of curricular reform for value education in secondary vocational schools. Information on employment of secondary vocational school graduates. Teachers development for secondary vocational schools. MOE's special research topics on vocational education. Initiating three activities including "National Skills Competition in Secondary Vocational Education." China-Australia (Chongqing) joint project on vocational education and training concluded. Promoting education for workers in both service and manufacture industries. New developments in community-based education. Rural labor transfer training. Applied technology training in rural areas. Aiding the poor through education and partnerships.

Hot Issues of General Concern ………… (203)

Pursuing secondary vocational education with financial assistant from the state. Studying and working at the same time to prepare for better future.

Higher education ………… (205)

Development and Reform of Higher Education Institutions (HEIs) ………… (205)

Reviewing the 11th five-year Plan for HEIs setup by the provinces (autonomous regions, municipalities). Information on review, approval and adjustment of HEIs in 2007 (Appendix 1: List of regular HEIs established or adjusted with the approval of MOE in 2007. Appendix 2: List of tertiary vocational schools established with the approval of relevant authorities of provinces, autonomous regions and the municipalities directly under the Central Government in 2007). Macro-management and adjustment of higher education development in 2007. Progress of the "211 Project." Progress of the "985 Project." Development of national key disciplines. Information on logistic reform of out sourcing to off campus providers.

Management of Education and Teaching ………… (212)

Proposals on Further Reforming Undergraduate Teaching for Comprehensive Quality Improvement issued. Project for Undergraduate Education Quality and Teaching Reform initiated in HEIs. Evaluation of undergraduate teaching quality in HEIS. Aiding HEIs in western areas through partnerships. Establishment of featured HEI disciplines. Establishing a future planning system for undergraduate discipline setup in HEIs. Promulgating teachers receiving awards at "the 3rd Outstanding Teachers' Award in HEIs." (Appendix: List of awardees). Developing a national teaching cohort in 2007. Continued effort in developing Nationally recognized model courses. Teacher training program for nationally recognized model courses. Reviewing and evaluating the 2007 bilingual teaching model courses. Evaluation and development of university demonstration centers for experimental teaching. University Students Creative Experimental Plan. Development of Experimental Area for initiating new Creative Model for preparing talented personnel. Drafting supplemental plans for national textbooks for regular higher education during the 11th Five-Year period. Tertiary professional and vocational education.

Work related to HEIs Affiliated to MOE ………… (222)

17th and 18th Plenary Sessions of the Consultative Committee for HEIs directly affiliated with MOE. Inspection tours to HEIs directly affiliated with MOE. Developing HEIs jointly. Information about newly elected academicians to China Academy of Sciences and China Academy of Engineering. China-Rice University Forum for Senior Administrators. China-Michigan University Forum for Senior Administrators returning visits. China-Yale Summer

Seminar for senior university administrators (Xi'an). Training for university leaders of HEIs directly affiliated with MOE. Annual review for university leadership and individual administrators at HEIs directly affiliated with MOE. Tongji University celebrates its 100th anniversary.

Value Education in HEIs ………………………………………………………………… (230)

16th National Conference on Party Building in HEIs. National Conference on the Work of United Front in HEIs. Promoting clean education on all fronts in universities and schools. Establishing training and study bases for HEIs advisors. Evaluation and selection of outstanding achievements in campus culture development. Organizing nationwide Reports on the model achievements of college students. Promulgating outstanding college advisors and others in value education. Strengthening and improving psychological health education of college students. Development and management of campus network culture in HEIs.

Research in social sciences in HEIs ……………………………………………………… (235)

Developing new textbooks for value and political theory courses in HEIs. Training for all teachers of value and political theory courses and advanced training for backbone teachers. Promoting pedagogical reform for value and political theory courses in HEIs. 4th Award Conference of Humanity and Social Science Research Achievements in HEIs in China. Advanced training program for backbone teachers and researchers in the field of philosophy and social sciences in HEIs. MOE conference on the key research bases for humanistic studies. Initiating the task with the first group of experimental sites for reforming the higher education press system. The 6th National Conference of Publishing Houses affiliated to HEIs.

Student Affairs in HEIs ………………………………………………………………… (238)

2007 National Video-and Tele-conference on recruitment in HEIs. Recruitment in regular HEIs. Recruitment of postgraduate students. Management of HEI students. Employment of regular HEI graduates.

Degree Work and Graduate Education ……………………………………………………… (242)

The 23rd Session of the Academic Degree Committee of the State Council. The 24th Session of the Academic Degree Committee of the State Council. Analysis of the quality of Chinese doctoral students. Professional degree education. Graduate Education Innovation Project. Nationwide evaluation and selection of outstanding doctoral dissertations in 2007. (Appendix: List of the dissertations in 2007). Reform of the mechanisms of graduate education. Development of graduate schools and the Council of Graduate Schools Deans. Analysis and research on information of Chinese degrees and graduate education. Adjustment of format and content of degree certificates. Information about agreement signing to mutually recognize credentials of academic degrees between China and other countries. Information on awarding honorary doctoral degrees (Appendix: Name list of to individuals from abroad who received honorary doctoral degrees in 2007 with the approval from the Academic Degree Committee of the State Council).

Science & Technology (S&T) in HEIs and S&T-Based Enterprises Affiliated to HEIs ……… (250)

Essential data on S&T in HEIs. Strategy research by the MOE S&T committee and expert recommendations. 1st High-level Forum on HEIs' S&T Innovation. Top 10 S&T developments in Chinese HEIs. Lab development and management. The "973 Project". Key national S&T infrastructure developments. Engineering (Technology) Research Center and engineering labs. Industrialization of high-tech innovations. Streamlining S&T by combining production, university and research. Work related to intellectual property. Development of national university S&T parks. S&T research projects of MOE. Recruitment of first-class scholars for discipline innovations in HEIs. MOE platform for basic resource and data of S&T. Innovative groups and new century outstanding individuals. Management of HEI-affiliated S&T enterprises. Statistics on HEI-affiliated enterprises. Special research funds for designated doctoral programs in HEIs. Information on patent and management of S&T outcomes. Awarding S&T achievements in HEIs. Dissemination of S&T outcomes. Building a good environment for scientific research. Development of CERNET.

Hot Issues of General Concern ………… (272)

Innovation is the basis for success of the research-oriented universities. Value and political education courses: a new favorite of university students. The administrators of universities have the serious responsibility of taking a leadership role in developing the "culture of harmony." Information on supply and demand of university graduates and structural adjustments of higher education. Reform, innovation, and promotion in the development of Education Master's (Ed. M) Programs.

Teacher Education ………… (288)

Overview. In depth studying and carrying out the spirit of the important speech by President Hu Jintao delivered at the Meeting of Representatives of National Outstanding Teachers. Pilot programs of free education for teacher-to-be students in normal universities affiliated to MOE. Information on the implementation of "Plans for Specially Designated Posts for Teachers in Section Schools of Compulsory Education in Rural Areas." MOE organizing to carry out the "Three Plans" for training of primary and middle school teachers in summer 2007. Teacher-to-be students doing their internships and assisting teaching. Teachers in towns and cities helping education in rural areas. Review of disciplines with special features in teacher education (Appendix: 1st batch of HEIs with disciplines with special features in teacher education). Information on the implementation of "the National Plan for On Line Networking in Teacher Education." Information on the implementation of "the National Plan for training program for head teachers in primary and secondary schools." "2003-2007 Training Plan for Primary and Secondary School Teachers" nearing completion.

Hot Issues of General Concern ………… (295)

With free education for teacher-to-be students as the springboard creating a new system for teacher education. Fully covered returning for teacher-to-be students. This good policy will benefit both education and the general public.

Ethnic Minority Education ………………………………………………………………… (300)

An overview of the development of ethnic minority education in 2007. Conference on Supporting Tibet through Education convened. Explanation and training for the *Standard for Chinese Curricula in Primary and Secondary Schools of Ethnic Minorities (trial version)*. Working Meeting on Reviewing the Textbooks in the Language of Ethnic Minorities. Enhancing value education for Tibetan and Xinjiang Uighur students in inland schools. Training of talented personnel of ethnic minorities. Organizing administrators of Tibetan and Xinjiang classes in inland schools for training in Australia.

Non-state/Private Education ………………………………………………………………… (302)

An overview. Review and approval of non-state/private HEI setups. Inspection of implementing the Notice by the General Office of the State Council of Strengthening Regulatory Management and Promoting Healthy Development of Non-State/Private HEIs. Inspecting and auditing basic operational requirements and assets ownership of independent colleges. Convening "Seminar on Strengthening Regulatory Management and Promoting Healthy Development of Non-State/Private HEIs." Enhancing the management of non-state / private preschool education.

Hot Issues of General Concern ………………………………………………………………… (304)

Strengthening regulatory management and promoting healthy development of non-state/ private higher education.

Physical, Health, Art and National Defense Education in Schools ……………………………… (307)

Fully implementing the No. 7 Document of CPC Central Committee to conscientiously strengthen physical education for youth. Campaign for the Sunshine Physical Activities Plan in schools nationwide. 8th University Sports Meet held. Prevention and control of public health emergencies in schools. AIDS prevention education in schools. Upgrading health facilities in schools. 2nd national art performances by primary and secondary school students. Activities of elegant art into the campuses in 2007. Promoting the first set of campus group dance for primary and secondary schools. *MOE's Proposals on Improving Art Education and Activities in Primary and Secondary Schools* issued. *Regulations on Students Military Training* issued. *Newly revised Curricula Guidelines for Military Education Courses in Regular HEIs* issued. Strengthening the development of military theory teachers. National defense education activities in schools.

Hot Issues of General Concern ………………………………………………………………… (312)

Sunshine Physical Activities Plan entering schools as a turning point for quality education. Plan of training designated national defense students in HEIs is full of vitality. Thoughts on elegant art into campuses.

Educational Informatization Construction and Distance Education ………………………… (319)

Educational Informatization Construction ……………………………………………………… (319)

Operation safeguard and development of network. The stipulation and improvement of *Standards of Informatization of Education Management*. Education and training.

Central Radio and Television University (CRTVU) ………… (320)

An overview. The "CRTVU Reform of Graduates Development Model and Open Education Experimental Sites Program" successfully passing the evaluation by MOE. National seminar of party secretaries and presidents of television universities. National conference on television university education in 2007 convened. Plan of aiding 100 county-level television universities in western areas completed. First time using distance monitoring system for random check of semester-end general exams in television universities nationwide issued to the *Tracking and research system of CRTVU graduates* passing the examination for Intellectual property protection. Promoting secondary vocational education in television universities. Launching the website for CRTVU alumni's cultural activities. MOE's first model application and demonstration study center for "Digital Learning Portal" established. Seminar held on news media in television universities nationwide. International Distance Education Conference of China. High-level Forum on International Distance Education. First class of graduates from the College of Education for the Disabled.

Distance Education of National Center for Educational Technology (NCET) ………… (323)

National Conference of Directors of Educational Technology Centers. 11th National competition for multi-media education software. 8th national computer designing and producing activity by primary and secondary students. China-CIDA Project of Strengthening Capacity in Basic Education in Western China. The book *Building the Bridge to the Future—Rural China Primary and Secondary School Modern Distance Education Project* published.

Examinations in the Education sector ………… (326)

Overview ………… (326)

Development of exam questions bank. Commemorating the 30th anniversary of resumption of the college entrance exam. The establishment of the research project of *Research on Innovations in Examinations and Evaluation System in Education*. The establishment of the Research Project of *Fairness and Its Evaluation Standards of Educational Examinations*. Research project PISA pilot study of evaluating student ability by international standards. The evaluation of college entrance exams. Pilot program of reporting examinees' test scores.

Management of Examination Affairs ………… (327)

Further strengthening test security protection. Examination affairs management and the completion of the first phrase of constructing a service platform. The website for the reliable national examination records system launched.

College Entrance Examinations ………… (328)

First college entrance exam since curricular reform in basic education. Setting examination papers by respective provinces. Setting systematic subject exam papers in agriculture for

Master's candidates. Trial of questions bank in adult HEIs entrance exams.

State-administered Examinations for Self-directed Learners (SAEfSDL) .... (329)

An overview. 2007 National Meeting of Directors of Examination Offices held in Beijing. Disciplines development for SAEfSDL. Development of guidelines for SAEfSDL. Information on courses of a general exam nationwide. Adopting the model of test questions bank for SAEfSDL. National Meeting of Centers for Setting Exam Papers for SAEfSDL. Registration of organizations aiding SAEfSDL. Textbook development for SAEfSDL. Publicity for SAEfSDL.

Examinations for Non-formal Qualifications .... (331)

NCRE. PETS. NAETI. WSK. NTET. CMEP. LSSEP. CPLM. CMAT. SQA. NIT. NIT-Pro. NIT-kid.

Overseas Examinations .... (333)

An overview. TOEFL. GRE. GMAT. LSAT. BEC. IELTS. JLPT. TOPIK. KLT.

Hot Issues of General Concerns .... (334)

System innovation is the key to reform of college entrance exam. Sunshine project: ensuring the fairness and justice of admissions to HEIs.

Personnel Management in the Education Sector .... (342)

Comprehensive Management .... (342)

Positions establishment and management reform in education sector. Organizational structure and changes in MOE and its affiliates. Reform of income distribution system in institutions in the education sector in 2007. Development in personnel system reform in primary and secondary schools. Appointment and removal list of leaders in MOE, institutions, units, HEIs and oversea education offices directly affiliated to MOE in 2007.

Training of higher level qualified personnel .... (350)

Appointment ceremony of the 2006 specially invited professors and lecture professors for the Cheung Kong Scholar Incentive program and Award Ceremony of Cheung Kong Scholar Achievement Award. Information of launching the "Cheung Kong Scholar Incentive Program." (Appendix 1: List of Specially Invited Professors and Lecture Professors for the Cheung Kong Scholar Incentive program in 2007. Appendix 2: List of scholars awarded the "Cheung Kong Scholar Achievement Award" in 2007.) The implementation of the "Higher Level Innovative Qualified Personnel Program".

Training of Education Administrators .... (359)

An overview. Drafting and issuing *the 11th Five-Year Plan for Training Administrators in the Education Sector*. Establishing the MOE leadership group for administer training. Information on training of administrators in the education sector nationwide. Implementing training plan of primary and secondary school principals sponsored by China Mobile. Special training of "Campus Safety" for primary and secondary school principals. Implementing the Child-friendly School and School Management project with UNICEF.

Teacher Management .... (361)

Outstanding teachers and representatives of education specialists invited to enjoy their summer vacation at Beidaihe summer resort.

Training work of the National Academy of Education Administration ························ (*362*)

An overview. Training of administrators of education. Training of backbone teachers of value and political education in HEIs nationwide. Enhancing training quality project. Training through distance education. Teaching and Research. International cooperation and exchanges. The magazine *Primary and Secondary School Principals* began its publication.

Outstanding Units and Individuals ·· (364)

Conference for celebrating the 23rd Teachers' Day and promulgating outstanding units and individuals in the education sector nationwide. Information on the promulgation of outstanding units and individuals in the education sector nationwide. (Appendix: Name list of the 2007 outstanding units and individuals in the education sector nationwide). In depth participation in the activities of learning from Yonggang Fang. Decisions from the Ministry of Human Resources and Ministry of Education to award the honorary title of "National Model Teacher" to Lihua Guo. The outstanding achievements of Qiang Lin, Mingsu Li, and Amudong • Tulufu. MOE Decision to posthumously award student Ying Li the honorary title of "National Outstanding Student."

Hot Issues of General Concerns ·· (430)

Striving for new developments in human resources and qualified personnel management in the education sector. Providing the HEIs development with strong leadership.

Educational Finance and Auditing ·· (434)

Educational Finance ··· (434)

Statistical Bulletin of Educational Finance for 2006 jointly released by MOE, State Statistics Bureau, and Ministry Of Finance on December 29, 2007. (Appendix: National Statistical data of Educational Expenditures for 2006). Establishing and improving the policy system for providing financial aid for students from needy families in secondary vocational schools. Establishing and improving the policy system for providing financial aid for students from needy families in HEIs. Thoroughly implementing the new policy system for providing financial aid for students from needy families. National Conference on Providing Financial Aid for Students from Needy Families. Information on the development of the Taining Base for Vocational Education. Information on the reform of the fund guarantee mechanism for compulsory education in rural areas in 2007. The plan to consolidate "Two Basics" in the western areas completed with success. School-run enterprises affiliated to primary and secondary schools.

Auditing in the Education Sector ··· (448)

Strengthening guidance on auditing work in the education sector. Completing the examination of administrators' economic responsibility. Information on auditing in the education sector.

Hot Issues of General Concerns …… (449)

Striving to increase financial input to education. Promoting the development of socialist education with special Chinese characteristics. Brief introduction to the state policy of providing financial aid for HEI students from needy families.

International Cooperation and Exchanges in Education and Similar Activities Conducted with Hong Kong, Macao and Taiwan …… (455)

Study Abroad …… (455)

Chinese Students Studying Abroad. International Students Studying in China. Strengthening the supervision of international educational activities.

International Cooperation and Exchange …… (458)

International cooperation and exchange programs. Promoting the study of Chinese overseas. Recruitment of qualified foreign personnel. Information on cooperative educational programs jointly provided by Chinese and foreign institutions.

Educational Cooperation and Exchanges with Institutions in Hong Kong, Macao and Taiwan …… (461)

Cooperation and exchanges with Hong Kong. Cooperation and exchanges with Macao. Cooperation and exchanges with Taiwan. Receiving educational donaticns from Hong Kong, Macao, and Taiwan.

Exchanges among Non-governmental Education Institutions …… (463)

2007 National Conference of China Educational Association of International Exchanges. Participating in and organizing international multilateral activities. New development in promoting international non-governmental exchanges in the education area. Further improving and strengthening the management of groups visiting abroad. The 2007 Annual Conference on International Education of China.

Activities of the National Commission for UNESCO of China …… (465)

UNESCO Conference on Eradicating Illiteracy in the Asia Pacific Region. 2nd Award Ceremony of the "Confucius Education Award" by UNESCO. Organizing a delegation to attend the 34th General Assembly of UNESCO. Successfully China elected as a member of the World Heritage Committee. China's Chairmanship of the Executive Board of UNESCO concluded with success. Attending the 176th, 177th and 178th Meeting of the Executive Board of UNESCO. 25th Plenary Session of the National Commission for UNESCO of China. International cooperation in professional and business areas. Activities of UNESCO Clubs and Associations.

Study Abroad Scholarship Management …… (469)

Chinese students studying abroad sponsored by the government. Foreign students studying in China. International cooperation and exchanges.

Hot Issues of General Concern …… (471)

Great changes have taken place in Hong Kong's education since China resumed sovereignty over the territory ten years ago.

Language Work ······ (474)

Annual Conference on Language Work 2007. The 2007 Plenary Meeting of National Commission for Language Work. 7th Session of the Advisory Committee of the National Commission for Language Work held. *11th Five Year Plan for Language Work of China* formulated. Legislative development in the filed of language work. Promulgation of outstanding units and individuals for promoting language work. 10th national publicity week promoting *Putonghua*. Evaluating language work in the cities. *Putonghua* proficiency tests starting to enter the digital phase. Application level testing of Chinese characters. *Putonghua* training for teachers of ethnic minority origins. The 2007 summer exchange activities in welcoming the Olympic games for university students across the Taiwan Straits. The research plan for language applications during the 11th Five Year period commenced. Completing the research on and the compilation of *the Table of Standardized Chinese Characters*. Releasing the 2006 Report on China Language Situation. Exhibition of the Achievements in Language Work for Ethnic Minority Languages in China and the International Academic Seminar on Ethnic Minority Languages. Conference on standardizing ethnic minority languages and characters. The 4th Forum of Cooperation on the Digitalization of Chinese Characters with participants from mainland, Hong Kong, Macao, and Taiwan.

Development of Textbooks and R&D in Teaching Equipment ······ (480)

People's Education Press ······ (480)

An overview. Steady and continued development in editing and publishing. Drafting and publishing of primary and secondary school textbooks and series teaching resources. Continuously strengtherning investigative research on the training for the use of experimental textbooks. Compilation of other educational titles and textbooks. Publication of Newspapers and Magazines. Conscientiously promoting scientific research. Advancing copyright management on all fronts. Donations to the society.

Higher Education Press ······ (482)

Completing the compilation and publishing of the key textbooks for the project of theoretical research and development of Marxism. Actively participating in the national project of undergraduate education quality and teaching reform and the development of national model tertiary vocational education institutions. Advancing the structural adjustment and upgrading for manufactural industries and improving the comprehensive service level of teaching resources. A number of textbooks and teaching series on teaching Chinese to foreigners published and well received. Higher Education Press entering top 50 of global publishing houses. Receiving the outstanding publishing house award at the first State Publishing Award of China.

Teaching Equipment Management and Technological ······ (484)

Activities in exhibiting and evaluating outstanding teaching instruments self developed by kindergartens nationwide. Forum on experimental teaching and development of educational technological equipment.

Educational Research and Academic Activities ········ (485)

China National Institute of Educational Research ········ (485)

50th anniversary of CNIER. Research topics funded by a specifically designated fund under the basic research fund of CNIER. 3rd Forum on Educational Sciences in China. Research on the issue of educating children of migrant villagers studying in urban schools or hometown schools. Research on the development of high school education in China.

Center for HEI-based Social Sciences Development and Research ········ (486)

Work of the Center for Deng Xiaoping Theory and the "Three Representatives" Important Thought. Research and scholarly activities conducted in various fields of philosophy and social sciences. Information on the publication of "HEI Theory Front" monthly.

Chinese Society of Education ········ (489)

Academic research and exchanges. Active participation in academic exchanges and cooperation across the Taiwan Straits. Conducting seminar on educational thoughts of the outstanding educator Lu Xingwei. Establishing a platform for healthy development of the youth. Facilitating regional educational reform.

Chinese Society of Higher Education ········ (492)

An overview. Continued improvement in research level and quality. Fully extending the function of the Society in consulting, connecting, and servicing. Publication of Newspapers and magazines and publicity work. Further strengthening self development of the Society and international cooperation and exchanges.

Hot Issues ········ (494)

The way to modernize the socialist education with Chinese characteristics. Structural upgrading of education. Promoting coordinated development of education at different levels and in different areas. Regional educational coordination being the important choice in educational development. Research in educational sciences should provide a foundation for the development of China towards a innovation-oriented country.

Press in the Education Sector ········ (508)

China Education Daily ········ (508)

Studying and promulgating the spirit of the 17th National Congress of CPC. Publicity for "Giving priority to education, running a satisfactory education for the people". Innovations in content, form, and method of news reporting. Improving and strengthening hot issue reporting and critical and examining reporting. Development of websites and newspapers.

People's Education Magazine ········ (509)

Strengthening news reporting on education equity, quality education, and value education for minors. Firmly establishing the concept of character and striving towards in depth educational news reporting with theoretical breakthroughs. More depth into news reporting with thought depth. From professional perspective paying attention to the hot issues in education reform and promulgating advanced ideas and experiences.

China Higher Education Magazine .... (511)

An overview. With the general situation in view, striving for correctness in opinion guidance. Theoretically inquiring and carefully planning and organizing important contributions. Focusing on quality of higher education and promoting in depth educational reform. Viewing the parts in relation to the whole and improving some columns of the magazine.

Chinese Scholars Abroad Magazine and Website .... (513)

An overview. Magazine of *Chinese Scholars Abroad*. Website of *Chinese Scholars Abroad*. Organizing and participation in some activities.

Chinese Ethnic Minority Education Magazine .... (514)

An overview. Promulgating the state's educational policies and measures. Keeping its unique character and promoting the promulgation of the importance of ethnic minority education. Paying attention to the promulgation of typical experiences and outstanding individuals in education in ethnic minority areas. Serving teachers and guiding their professional development.

Chinese Teachers Weekly .... (515)

An overview. Providing professional service to teachers for their professional development. Strengthening opinion guidance and endeavoring to enter "the mainstream media." Developing an innovative "interactive media". Strengthening management.

China Education Television .... (517)

Annual selection of People Making Headlines in Education News 2006. Large scale documentary *Deng Xiaoping and Education in China* receiving the Classic Documentary of China for the Past 20 Years award. Forum on New Media Consortium of Education in China and Media Briefing held in Beijing. TV series "Sunshine Partners (Season 2)" and "Music Partners (Season 2)". Program *I am at home today*.

Education in Beijing Municipality .... (520)

An Overview .... (520)

Essential information. General information of the work accomplished. Structural reform for education. Education legal system development. Financial assistance to needy students. Safety and stability in schools. Discipline inspection and supervision in education. Quality education. Education for the Olympic Games. Educational exchanges and cooperation. Establishment of teacher cohorts.

Basic Education .... (525)

An overview. Balanced development in compulsory education. Curricular reform in basic education. Curricular reform in regular high schools. Reform of the school system. Reform in entrance examine and recruitment procedures to enter high school. Administration of student affairs. Special education. Ethnic minority education.

Vocational Education and Adult Education .... (526)

An overview. Developing vocational education in rural areas. Development of key vocational schools. Discipline development. Reform in adult secondary education and teaching models. Vocational and technical training. Building a learning-oriented city.

Higher Education .... (528)

An overview. Exemplary courses in HEIs. Exemplary textbooks in higher education. The center for experimental teaching demonstration in HEIs. Management of adult higher education. Development of tertiary vocational education institutions.

Education in Tianjin Municipality .... (530)

An Overview .... (530)

Essential information. Educational investment in equipment and infrastructure. Informatization in education. Promoting Chinese language overseas. Formulating a two-tiered financial aid policy system.

Basic Education .... (534)

An overview. Advancing the planning and development of basic education in Binhai New District. Reform of the mechanism to guarantee funding for compulsory education. Center for Basic Education Achievement Assessment of Tianjin established. The completing of the project of educational equipment for compulsory education in rural areas. Continuously inspecting and regularizing the transformed schools. Promoting teaching cohort development in rural areas. Balanced development in establishing primary schools. Cooperative school districts. Removing, combining, and regularizing teaching sites in rural areas. Construction projects of historically renowned schools.

Vocational Education and Adult Education .... (537)

An overview. 2nd Meeting of the Leadership Group of the National Experimental Zone for Vocational Education Reform held in Tianjin. Internship bases for vocational education outside the campus. International Forum on Vocational Education (Tianjin) held. Promoting the recruitment of young teachers with Master's Degrees to teach in vocational education institutions. Management of adult higher education. Launching the project of Tianjin e-learning supermarket and the development of an exemplary educational reform in a learning-oriented city.

Higher Education .... (539)

An overview. Comprehensive investment projects for HEIs in the 11th Five Year Period. Evaluation of key research bases for humanities and social sciences. Evaluating the academic achievements of the 2nd and 3rd batches of specially invited professors. Implementing the innovation plan for graduate education. Web portal for university students in Tianjin.

Education in Hebei Province .... (541)

An Overview .... (541)

Essential information. Paying attention to and solving the problems concerning the interest of the general public. Improving the quality of teachers.

Basic Education .... (545)

Balanced development of compulsory education. Improving special education. Promulgation activities with the Ethnic Minority Education and Overseas Chinese Education Foundation. Accelerating the speed of providing regular high school education for everyone. Further improvement in the level of providing early childhood education for all children. Continuously implementing the Distance Education Project. Development of Mingde Primary Schools Project. Educational activities under the theme of the red tie. Cooperation among schools through the "one helps two" partnership. The project of the self reliance class of the New Great Wall high school students from financially difficult families. The province's first "Girls' Day". Development of school districts in rural areas in the province.

Vocational Education and Adult Education .... (547)

Making greater efforts for the development and reform of vocational education. Establishing internship bases. Development of a teaching cohort for secondary vocational education. Teachers and students joint efforts to develop service companies. Establishing the Provincial Consortium of Vocational Education. Hebei Steel and Iron Vocational Education Corp.

Higher Education .... (549)

Improving higher education level and quality. Strengthening the party building and political education to students in HEIs. Reviewing and selecting applications for financial aid and State and provincial scholarships.

Education in Shanxi Province .... (551)

An Overview .... (551)

Essential information. Educational funding and expenditure. Information on the implementation of the "Three Growths" stipulated by the "Education Law." In depth studying and implementing the spirit of the 17th National Congress of CPC. Strengthening the party building and political education to students in HEIs. Value education for minors. Grand celebration of the 23rd Teachers' Day. Building a teaching cohort for primary and secondary schools. School safety. Establishing and improving the policy system of providing financial aid for needy students. Legislative development for education. Educational exchanges and cooperation.

Basic Education .... (557)

Compulsory education. Striving to improve the infrastructure for primary and secondary schools in rural areas. Striving to improve the standardization development of compulsory education. Quality education. High school education. Educational inspection. Continuing education for primary and secondary school teachers. Regularizing the operating procedures in primary and secondary schools. Early childhood education and special education.

Vocational Education and Adult Education .... (559)

An overview. Secondary vocational education. Value education in vocational education institutions. Comprehensive education reform in rural areas. Adult higher education and non-state/private education.

Higher Education ………………………………………………………… (560)

An overview. Graduate education. Innovation Plans for graduate education. Development of key projects. S&T innovation in HEIs. Teaching in HEIs.

Education in Inner Mongolia Autonomous Region ………………………… (563)

An Overview ………………………………………………………… (563)

Essential information. Strengthening legislative development for education. Developing a clean Party and correcting the ill practices. Further improving the policy and mechanism for aiding needy students. Teachers development. Obvious improvement in the infrastructure and facilities in primary and secondary schools. Smooth development in building new HEI campuses. Value education in primary and secondary schools and colleges and universities. Language work on language and character standardization. Education exchanges and cooperation.

Basic Education ………………………………………………………… (568)

Successfully passing the inspection of "Two Basics." Further consolidating and improving the outcomes of "Two Basics." Compulsory education entirely entering the guaranteeing mechanism for public funding. Launching the initiative on all fronts to liquidate the debts by compulsory education development in rural and pasture areas. Further advancing a new round of curricular reform in basic education. Gradually reforming the entrance exams for high schools. Developing early childhood education and high school education based on the outcomes of "nine year compulsory education."

Vocational Education and Adult Education ………………………………… (569)

Making great efforts to promote the development of vocational education. Strengthening the basic capacity building. New progress in non-state/private education and adult education.

Higher Education ………………………………………………………… (570)

Further advancing curricular reform with obvious improvement in teaching quality. Conscientiously strengthening the development of key disciplines, actively promoting degree and graduate education. Healthy development of S&T. Party building and stability effort in HEIs. Physical, health and art education. Developing a cohort of advisors in HEIs. Recruitment of new entrants and employment of graduates in HEIs.

Ethnic Minority Education ………………………………………………… (572)

Providing more guidance in the educational development. Striving for more funding and the quota of new entrants to ministry affiliated HEIs. Development of textbooks in ethnic minority languages and courseware in Mongolian

Education in Liaoning Province ………………………………………… (573)

An Overview ………………………………………………………… (573)

Essential information. In depth studying and carrying out the spirit of the 17th National Congress of CPC. Improving the policy and mechanism for aiding needy students. Physical and art education in schools. International cooperation and exchanges in education. Non-state/private education. School safety education and management. Efforts towards building a clean education sector. Language work.

Basic Education ·· (577)

Strengthening and improving value education in primary and secondary schools. Curricular reform in compulsory education. Increasing funding for public use in rural primary and secondary schools. Construction of boarding schools for nine-year compulsory education and rebuilding of dilapidated school buildings in rural areas. Modern distance education in rural areas. Establishment of a teaching cohort in primary and secondary schools. Early childhood education, special education, and ethnic minority education. Regular high school education. Educational inspection.

Vocational Education and Adult Education ···································· (579)

Information on secondary vocational education. Training for employment and transferring rural labors.

Higher Education ·· (580)

Strengthening and improving party building in HEIs. Improving higher education quality. Tertiary vocational education. Development of key disciplines. S&T research in HEIs. Restructuring higher education and improving facilities in HEIs. Development of an advisors cohort and value and political education for college students. Employment of graduates. Liquidation of university loans.

Education in the City of Dalian ·· (582)

Essential information. An overview. Basic education. Vocational education. Adult education. Higher education.

Education in Jilin Province ·· (588)

An Overview ··· (588)

Essential information. Strengthening the development of primary and secondary schools in rural areas and financial aid for needy students. Strengthening the management of non-state/private education. Ethnic minority education. Physical, health and art education. Promulgation and awards. Building a transparent governmental system. College graduates and their employment. Strengthening school safety and stability. Strengthening the development of a clean government. Curbing unreasonable educational charges. Schooling of the children of migrant workers.

Basic Education ·· (593)

Implementing the new *Compulsory Education Law*. Establishment and revisions of assessment mechanism. Strengthening development of weak schools. Modern distance education in rural primary and secondary schools. Teacher training and guidance for the common language. Trial of the new curricula in high schools. Controlling school dropout rate. Moral education. Projects supported by the educational donations from the Shao family foundation.

Vocational Education and Adult Education ························ (594)

Basic capacity building, recruitment and teacher training of secondary vocational schools. Financial aid to needy students in secondary vocational schools. Secondary vocational schools development projects funded by state loans.

Higher Education ························ (595)

Layout adjustment and construction of school buildings in HEIs. Evaluation of HEIs. Disciplines with special features, outstanding courses and renowned teachers. Development of key disciplines and key labs. Development of model tertiary vocational colleges and schools. Graduate education. S&T research in HEIs. Information on conferring academic degrees. Leadership development in HEIs. Value and political education in HEIs. Promoting Chinese learning overseas and efforts in the establishment of Confucius Institute. Study abroad and further training.

Education in Heilongjiang Province ························ (598)

An Overview ························ (598)

Essential information. An overview. Managing education by rule of law. Correcting illegal practices. Curricular reform in compulsory education. Educational investment. Teacher cohort development. Establishing a multi-tiered system in all types of education for aiding needy students. Building a harmonious campus. International exchanges and cooperation .

Basic Education ························ (602)

An overview. Cooperation in ethnic minority education. Value education in primary and secondary schools. Fully implementing the comprehensive quality assessment for high school students. Providing teachers for regular high school general technology courses and the supply of teaching equipment .

Vocational Education and Adult Education ························ (604)

An overview. Striving to increase the enrollment of vocational education. Launching large scale professional skills competitions. Strengthening the training for transferring labors from and the junior/senior middle school graduates returning to rural areas. Strengthening the development of basic capacity and internship bases of secondary vocational schools and assessment of vocational schools. Pilot project of distance education for vocational education. Implementing the training project for vocational education and teacher quality.

Higher Education ························ (606)

An overview. Strengthening the development of disciplines. Teaching quality assessment in HEIs. Management of student records. Development of educational facilities and equipment. Teacher development. S& T innovations. Further implementing the project of "One University Student for Every Village. " Strengthening guidance and service for the employment of university graduates. Safety, security, and stability in HEIs.

Education in Shanghai Municipality ························ (609)

An Overview ························ (609)

Essential information. Educational funding and expenditure. Implementing the "two guidelines" education in value education. Strengthening outside-school education for minors. Strengthening the training of professionalism of primary and secondary school teachers and their ability to teach with high value standards. Strengthening the political education and mental heath education of students. Reforming the value and political education courses. Strengthening research into value and political education. Strengthening the effort to send teachers to poorer areas to teach. Strengthening legislative effort in education and monitoring . Strengthening management of non-state/private education. Strengthening international (inside and outside China) cooperation and exchanges. Strengthening school safety and stability. Promoting various sports activities among students. Striving to promote language work by legislative, administrative and educational means and resources.

Basic Education ………… (616)

Early childhood education. Solving the problems of their daily lives of the general public in education. Promoting educational development in suburban areas. Strengthening high school development. Strengthening curricular and textbook reforms in primary and secondary schools.

Vocational Education and Adult Education ………… (617)

Establishing vocational education consortium. Curricular and textbook reforms in vocational education. Construction of open internship bases of vocational education. Improving the model and mechanisms for producing qualified graduates in vocational education. Launching students professional skills competitions activities. Implementing the state polity of aiding needy students in secondary vocational schools. Completing the "Three Year Action Plan of Vocational Education for Labors in Suburban Areas." Developing a learning-oriented society.

Higher Education ………… (619)

Strengthening development and management of HEIs. HEI recruitment and employment of graduates. Aiding needy students. Striving to Improve education and teaching quality in HEIs. Development of key disciplines and S&T work. Graduate education Tertiary vocational and professional education.

Education in Jiangsu Province ………… (622)

An Overview ………… (622)

Essential information.

Basic Education ………… (626)

An overview. Quality education. Balanced development of compulsory education. High school education. Early childhood education. Value education for minors. Special education.

Vocational Education and Adult Education ………… (627)

An overview. Basic capacity development for vocational schools. Teacher development for vocational schools. Continue healthy development of secondary vocational education. Major development and curricular reform. Provincial Skills and Creativity Competition for vocational schools. Hosting the National Seminar on Development of Campus Culture in Vocational Education Institutions. Selecting and promulgating outstanding students in "Three creations" in vocational schools. Serving the development of new socialist villages. In depth experiment community-based education. Scientific planning and regularized management of adult education.

Higher Education …… (629)

An overview. Review and selection of the provincial government teaching achievements awards. Discipline development. Courses and textbook development. Practicum teaching and the development of internship bases. Development of a teaching cohort. Development of provincial model tertiary vocational colleges. Fostering the development of practice and innovation ability of college students. Training of software specialists. Evaluation and teaching assessment. Establishing the steering committee for teaching in HEIs. Research on education reform.

Education in Zhejiang Province …… (631)

An Overview …… (631)

Essential information. Provincial Meeting of Education Bureau Chiefs. Educational funding. Achievement assessment in the harmonious development in science. Campus safety and stability. Activities of "the work ethic development year". Introducing classic arts into campuses. International cooperation and exchanges.

Basic Education …… (636)

An overview. Gradual improvement in the level of universal early childhood education. Special education receiving great attention. Steady quality improvement in high school education. Launching on all fronts the reform of the fund guarantee mechanism for compulsory education. Project to promote reading among students. Launching the second round of the project of aiding educational development through partnerships. Making greater effort to promote the initiative of sending teachers to teach in schools in poorer areas. Increasing salaries for teachers in rural areas. Promoting the implementation of quality education. Striving to improve physical education in schools.

Vocational Education and Adult Education …… (638)

An overview. Some improvement in operating conditions of secondary vocational schools. Progress made in the development of secondary vocational teachers. Accelerating the transformation of adult education. Development of internship bases. Implementation of the project of loving heart nutritious meals. Training of preparatory labors.

Higher Education …… (639)

An overview. Optimizing the structure of disciplines and levels and striving to meet the needs of the market. Strengthening the development of discipline and S&T research. Provincial Conference on Higher Education Development. Reading seminar for party chiefs and presidents of undergraduate HEIs. HEI upgrading and name revisions. Strengthening the management of teaching. Development of disciplines, majors, and academic degree offering sites. Training of top-notch talents. Parallel application for college entrance exam. Establishing the first work station for streamlining S&T by combining production, university, and research. Continuing invited cross-teaching for HEI teachers. First brand name recognition activity of HEI campus culture. Employment of HEI graduates.

Education in the City of Ningbo .... (642)

Essential information. An overview. Basic education. Vocational education. Adult education. Higher education.

Education in Anhui Province .... (650)

An Overview .... (650)

Essential information. Annual policies and plans for education. Educational funding and expenditure. Establishment of a teaching cohort. Physical, health, art and national defense education. International cooperation and exchanges. Supervision of discipline inspection.

Basic Education .... (656)

An overview. Balanced development of compulsory education. Reform of the fund guarantee mechanism for compulsory education. Development of primary and secondary schools in rural areas. Project of Modern Distance Education in Primary and Secondary Schools in Rural Areas. New curricula reform. Regulating education operating procedures of primary and secondary schools. Early childhood and pre-school education.

Vocational Education and Adult Education .... (658)

An overview. Basic capacity development. Education and teaching reform. Financial aid to students in secondary vocational schools. Higher education for adults and SAEfSDL.

Higher Education .... (659)

An overview. Quality project for HEIs. Academic degrees and graduate education. S&T research and development in HEIs. Registration and students records management in HEIs. Supporting poor students in HEIs. Employment of HEI graduates. Party building in HEIs. Safety and stability in HEIs.

Education in Fujian Province .... (662)

An Overview .... (662)

Essential information. The memo on educational development signed by MOE and the Fujian provincial government. MOE participating in sponsoring the 5th Achievement Exchange Symposium of the China (Fujian) Projects. Implementing the policies of benefiting the people through education. Improving the financial aid system for students from needy families. Formulating favorable policies for the children of Taiwan businessmen studying in Fujian. Establishing a platform for educational cooperation between Fujian and Taiwan. Improving teacher quality. Striving to strengthen party building in HEIs. Enhancing the effectiveness of political education. Intensifying the effort to develop a good work ethic of the party and an honest and clean government in the education sector.

Basic Education …… (667)

An overview. Strengthening and improving the "Two Basics" and "High level, High quality and Nine-year Compulsory education." Promoting balanced development of compulsory education. Compulsory education for the children of migrant workers from rural areas. The development of modern distance education in primary schools and secondary schools. Curricular reform. High school education. Early childhood education. Special education. S&T education in primary and secondary schools.

Vocational Education and Adult Education …… (670)

An overview. Increasing the scale of secondary vocational education. Discipline adjustment and development of key disciplines in secondary vocational schools. Teacher training and institutional development. Reform of secondary vocational education. Continuous improvement of practical ability and employability of students of secondary vocational schools. Steady progress in promoting lifelong learning. New development in SAEfSDL. Work on eradicating illiteracy.

Higher Education …… (672)

An overview. Development of key HEIs and disciplines. Teaching in HEIs. Discipline adjustment in HEIs. Tertiary vocational and professional education. Academic degrees and graduate education. S&T innovations in HEIs.

Education in the City of Xiamen …… (674)

Essential information. An overview. Basic education. Vocational education. Higher education.

Education in Jiangxi Province …… (679)

An Overview …… (679)

Essential information. Overall statement. The "Two Basics" passing the national inspection. Important breakthroughs in high school education. Initial results of content development of higher education. Quality education. Obvious improvement of overall strengths in education. Launching the inspective research month activity of "Studying and Implementing the Spirit of 17th National Conference of CPC to Promote Educational Development." Regulating the recruiting procedures of non-state/private HEIs. Caring for the People Education Project. "Sunshine Project" for university recruitment. Teacher cohort development.

Basic Education …… (684)

Having Implemented the policy of "two exemptions and one subsidy." Promoting the new curricular experiment in high schools. Strengthening research on early childhood education and teacher training. Special education. Aiding education in poor areas through partnerships. Value education. School safety. Project for developing basic education.

Vocational Education and Adult Education …… (686)

Basic capacity development in secondary vocational schools. Teacher training and development and teaching reform for secondary vocational education. Striving to improve the professional skills of secondary vocational school students. Strengthening development of key secondary vocational schools. Steady development in continuing education for adults. Developing new models for training secondary vocational school students.

Higher Education ………………………………………………………………………… (688)

Teaching quality and teaching evaluation. Development of discipline and exemplary courses. Reform of the model to produce quality graduates. Teacher cohort development. Innovations in innovation and entrepreneurship education. S&T research platforms and innovation. Academic degrees and graduate education. Developing the connection of production, university and research.

Education in Shandong Province ………………………………………………………… (690)

An Overview ………………………………………………………………………… (690)

Essential information. Guiding principles and general framework for educational development. Educational funding. Establishment of a teaching cohort. Educational inspection and legislative development for education. Policies about providing financial support to needy students. State loans for needy students. Employment of normal school graduates. Work ethic development in the education sector. Development of safe campuses. International exchanges and cooperation.

Basic Education ………………………………………………………………………… (696)

Further strengthening and improving basic education. The fund Guarantee mechanism for compulsory education. Balanced development of compulsory education. Quality education.

Vocational Education and Adult Education ……………………………………………… (697)

Increasing the scale of vocational education. Cooperation between vocational schools and enterprises. Adult education. Non-state/Private education.

Higher Education ………………………………………………………………………… (698)

Quality assurance in university teaching. Development of platforms for S&T innovation and research in HEIs. Development of key disciplines. Training of high level talents. The scale of higher education.

Education in the City of Qingdao ………………………………………………………… (700)

Essential information. An overview. Basic education. Vocational education and adult education. Higher education.

Education in Henan Province …………………………………………………………… (706)

An Overview ………………………………………………………………………… (706)

Essential information. Annual guiding principles for educational development. Educational funding increasing faster than revenues. Large scale increase in educational funding per student for all levels (expect HEIs). Making greater effort to provide financial assistance to needy students. Strengthening physical education in schools. Increase in both the number of non-state/private educational institutions and the number of their students. Continued expansion in international exchanges and cooperation. Regulating recruiting and fee charging procedures.

Basic Education ………………………………………………………………………… (710)

An overview. Passing the review and inspection of "Two Basics". Striving to promote a balanced development of compulsory education. Strengthening teacher development for primary and secondary schools. Improving the operating conditions of primary and secondary schools in rural areas. The education and employment of children of migrant workers from rural areas working in cities.

Vocational Education .... (711)

An overview. Further promoting reform of vocational education. Strengthening basic capacity development. Establishing consortium for vocational education. Developing a second group of counties with strong vocational education. Striving to strengthen teacher development for secondary vocational education.

Higher Education .... (712)

An overview. Strengthening party building in HEIs. Strengthening and improving value and political education for university students. Striving to improve teaching quality in HEIs. Strengthening teacher development in HEIs. Making more efforts to transform S&T outcomes to industry production. Management of HEI infrastructure construction. Providing subsidies to dining halls in HEIs. Striving to improve the employment of HEI graduates.

Education in Hubei Province .... (715)

An Overview .... (715)

Essential information. Strengthening the training of teachers for rural areas. Revision and improvement of "Chutian Scholar Plan." Implementing the policy of providing state-funded/free education for teacher-to-be students. Establishing and improving the financial aid system of assisting students from needy families. Promoting on all fronts the reform of fund guarantee mechanism for compulsory education in rural areas. Improving school operating conditions. Sponsoring the Sino-Russia Seminar on HEI and Higher Education Exchanges. Promoting Chinese language overseas. Establishing a lasting mechanism to guarantee one hour a day outdoor physical activities for each student.

Basic Education .... (720)

Organizing the seminar on Balanced Development of Compulsory Education. Promoting education for disadvantaged groups. Sunshine Project of recruiting for high schools. Value education in primary and secondary schools. Universalizing "Two Basics" in Hubei Province. In his returning letter President Hu Jintao encouraging disabled students in Yichang, Hubei Province.

Vocational Education and Adult Education .... (722)

Approval of *The Implementing Procedures in Hubei Province of Vocational Education Law of the People's Republic of China*. Striving to increase the scale of recruitment for secondary vocational education. Professional skills competitions. Organizing the training for transforming rural labors and practical techniques for villagers.

Higher Education .... (723)

Implementation of the "Hubei Project for Teaching Reform and Quality Improvement in HEIs." Developing a monitoring and guaranteeing mechanism for teaching quality. The Provincial CCP Committee convening the 15th Provincial on Site Experience Exchange Seminar on Party Building and Political Education for Students in HEIs. Development of an advisors cohort in HEIs. New framework for political education courses. New progress in the development of S&T innovation ability of HEIs. Initiating cooperation between HEIs and prefectures. Maintaining the quality of electronic registration of academic degrees and students records in HEIs. Paying attention to employment of graduates.

Education in Hunan Province …………………………………………………………… (726)

An Overview ……………………………………………………………………………… (726)

Essential information. General information about educational development. Conference on Developing a Province with Abundant and High Quality Education Resources. *Decisions on Developing A Province with Abundant and High Quality Education Resources* issued by the provincial government. Establishment of a teaching cohort. Physical, health and art education and national defense education. Scientific research on education. International cooperation and exchanges. Non-state/private education. Financial aid to students from needy families. Recruitment and testing.

Basic Education ……………………………………………………………………………… (731)

Passing the national inspection of "Two Basics". Completing the project of modern distance education for primary and secondary schools in rural areas. Fully implementing the reform of the fund guarantee mechanism for compulsory education in rural areas. Review and evaluation of the two item education inspections. Initiating on all fronts curricular reform for high school education. Early childhood education. Ethnic minority education and aiding Tibet and Xinjiang through education.

Vocational Education and Adult Education …………………………………………………… (732)

Studying and Formulating *the Implementing Procedures of Infrastructure Development for Vocational Education*. Actively advancing the development of basic capacity for vocational education. Model teaching reform in vocational education. Initiating the pilot program of independent admissions by tertiary vocational colleges. Forming the expert committee for teaching assessment and consultation in vocational education institutions in Hunan Province. Organizing training courses for directors of teaching affairs and deans from tertiary vocational education institutions. Participation in the National Skills Competition of Secondary Vocational School Students. Active participation in developing human resources in rural areas.

Higher Education ……………………………………………………………………………… (734)

Strengthening development and management of disciplines. Implementing the project for improving teaching quality and promoting teaching reform. Participation in National University Students Competition by Disciplines. Academic degrees and graduate education. Development of HEI S&T innovation abilities. Political education HEIs. Employment of graduates.

Education in Guangdong Province ………………………………………………………………… (736)

An Overview ………………………………………………………………………………………… (736)

Essential information. Annual guiding principles for educational development. Educational funding and expenditure. Language work. Promoting steady progress in quality education. Strengthening the management of school safety. Strengthening the development of a good work ethic and a clean operation of the government, the individual sector, and the party.

Basic Education ………………………………………………………………………………………… (742)

Strengthening and improving universalizing the nine-year compulsory education. Actively implementing the "Expanding Capacity and Encouraging Excellence" project to accelerate the development of regular high school education. Remarkable progress in early childhood education. Strengthening ethnic minority education, special education, and the education of the children of migrant workers.

Vocational Education and Adult Education ……………………………………………………… (743)

Another new record of increasing the scale of secondary vocational education. Initial progress in the strategic structural adjustments for secondary vocational education. The effective results of the new teaching models for secondary vocational education. Further improvement in basic capacity development. Continued development of skills-centered reform for vocational education. Increasing the scales of community education, adult education and training.

Higher Education ……………………………………………………………………………………… (744)

Emphasizing sector instruction and providing guidance for HEIs to strengthen the development of the basics in teaching. Organizing to implement the project of undergraduate education and teaching quality and teaching reform. The provincial project of education reform and practice in tertiary vocational and professional education. Establishing a provincial higher education quality assurance system. Promoting S&T innovations. Promoting the integration of production, university and research and transforming S&T into production in HEIs. Implementing a new plan for innovation in training graduate students and improving their training quality. Giving due attention to examination and recruitment, financial aid to needy students and providing employment guidance for college graduates.

Education in the City of Shenzhen ………………………………………………………………… (746)

Essential information. An overview. Basic education. Vocational education and adult education. Higher education.

Education in Guangxi Zhuang Autonomous Region ………………………………………… (753)

An Overview ………………………………………………………………………………………… (753)

Essential information. Educational funding. Infrastructure construction for schools. Physical, art, and health education. Language work. International cooperation and exchanges. Ethnic minority education. Financial aid to students from needy families. Combating corruption and promoting clean operation and inner auditing in the education sector.

Basic Education .... (758)

Conscientiously solving the schooling problem for migrant workers' children (staying either in urban areas with their parents or remaining in their hometowns). Fully realizing "Two Basics." Strengthening the development of rural schools and striving to alleviate students' burden. Initiating on all fronts the three projects for basic education including improving junior high schools in rural areas. The project of modern distance education in rural areas. Curricula reform in compulsory education. Training of teachers and principals. Further resolving the issue of substitute teachers. Early childhood education. Special education.

Vocational Education and Adult Education .... (761)

Satisfactory progress in the nine projects to promote vocational education development. Obvious improvement in the quality of vocational education. Recruitment and employment. Mobilization conference on achieving breakthroughs in vocational education.

Higher Education .... (762)

Party building in HEIs. Ideological and political education for college students. Teaching reform. The development of higher education innovation ability. Development of a teaching cohort. Fighting against the floods to ensure a smooth college entrance exam. Employment of graduates.

Education in Hainan Province .... (765)

An Overview .... (765)

Essential information. Educational funding and expenditure. Leaders from MOE coming to Hainan to conduct investigative research. The issue of migrant examinees in college entrance examination. Performance-based salary for primary and secondary school teachers. Faculty credentials and structure of various schools at different levels. Training of primary and secondary school teachers. Pilot program for transforming poor areas and people through education. Supporting educational development in poor areas on the job and off-the-job training. The plan for specially designated posts for teachers of compulsory education in rural areas. Evaluation of teachers' professional titles and qualification recognition. Selecting and promulgating and visiting the outstanding during the Teachers' Day. The Plan of training Hainan teachers in basic education supported by Shanghai. Regularizing educational charges. Educating the general public on laws and regulations in education. Educational inspection. Physical, health and art education. Financial aid for needy students. Employment of graduates from tertiary and secondary professional and vocational training institutions. Educational international cooperation and exchanges. Development of informatization in education. Work study. Language work. Non-state/private education.

Basic Education .... (772)

Reform of the fund guarantee mechanism for compulsory education. Development of rural schools. Value education in primary and secondary schools. Curricular reform in basic education. Regular high school education. Early childhood education. Special education. Safety in primary and secondary schools. Recruitment for high schools. The joint graduation exam in high schools.

Vocational Education and Adult Education ………………………………………… (774)

Conference on vocational education. Basic capacity development of secondary vocational schools. Deepening the reform of teaching in vocational education. Teacher development of secondary vocational education. Recruitment of adult HEIs. Self-taught examinations and other exams open to the general public.

Higher Education ………………………………………… (776)

Establishing the new Hainan University. Party building in HEIs. Political education for college students. Implementing the higher education quality assurance project. S&T research in HEIs. Academic degrees and graduate education. Development of university labs. Development of the new university town in Guilin Yang. Recruitment for regular HEIs.

Education in Chongqing Municipality ………………………………………… (778)

An Overview ………………………………………… (778)

Essential information. Guiding principles for educational development. Ten highlights. Conducting strategic research for educational development. Endeavoring to become an experimental zone for education integration between urban and rural areas. Reform in personnel management. Development of qualified teachers. Development of education administrators. Legislative development for education. Development of a good work ethic of the party and a clean government. Development of moral character and a good work ethic of the teachers. Activities of "the work ethic development year." Teachers' training. Physical, health and art education. Educational international cooperation and exchanges. Non-state/private education. Safety and stability issues. Educational assistance through partnerships. Language work.

Basic Education ………………………………………… (785)

An overview. "Two Basics". Making a conscientious effort to strengthen early childhood education and special education. Further improvement in quality of high school education. Strengthening village development in rural areas and provision of financial assistance and striving to promote a balanced development of compulsory education. Further Improving the level of fund guarantee for compulsory education. Further advancing curricular reform in compulsory education. Strengthening value education in primary and secondary schools. Reform in entrance exam of high schools. Regulating operating procedures in schools. Ensuring access to education for children of migrant workers. Education inspection. Eradicating illiteracy.

Vocational Education and Adult Education ………………………………………… (788)

Goal for development. Another new record for the scale of recruitment for secondary vocation education. Financial aid to all needy students in secondary vocational education. Further advancing reform and innovation in secondary vocational education. Strengthening basic capacity development. Contribution to economic development.

Higher Education ………… (789)

An overview. Quality assurance. Graduate education. Development of disciplines. Political education for college students. S&T development in HEIs. Electronic registration for new entrants. Employment guidance for graduates. Campus development . Adult higher education. Students financial aid.

Education in Sichuan Province ………… (792)

An Overview ………… (792)

Essential information. Annual policies and plans for education. Funding and expenditure in education. Studying and implementing the spirit of the 17th National Congress of CPC. Formulating the 11th Five Year Plan for Educational Development. Value education and political education for college students. Party building in HEIs. Providing financial aid to needy students. Teacher development. International exchanges and cooperation.

Basic Education ………… (798)

An overview. Reform of the fund guarantee mechanism for compulsory education in rural areas. Balanced development of compulsory education. Taking care of the rural students whose parents have left for cities to earn a living. Regular high school education. Early childhood education. Quality education. Making breakthroughs in "Two Basics."

Vocational Education and Adult Education ………… (800)

An overview. Secondary vocational education. Developing internship bases. Training for transferring rural labors. Non-state/private education.

Higher Education ………… (801)

An overview. Teaching in HEIs. Development of model tertiary vocational colleges. Adult higher education. Academic degrees and graduate education. S&T development in HEIs. Employment of graduates. Logistic services of HEIs.

Education in Guizhou Province ………… (803)

An Overview ………… (803)

Essential information. Statistics about funding for education of the province. Information on investment in infrastructure construction in education. Completion of registration of educational assets. Formulating the *Regulations on Non-state/private Educational Institutions Management*. Providing financial aid to needy students.

Basic Education ………… (808)

Implementing the fund Guarantee mechanism for compulsory education. Review of education inspection. Guizhou Provinces receiving the achievement award for its breakthroughs in "Two Basics" in western areas. *Standards for Facilities and Conditions in Regular Primary and Secondary Schools* issued. Construction of schools in rural areas. Development of "Mingde Primary Schools." The Shao Family Foundation. Quality education. Activities in the promulgating and cultivating national spirit month. High school education. Strengthening early childhood education. The review and selection of outstanding head-teachers in primary and secondary schools. New round of continuing education for primary and secondary school teachers in Guizhou Province (2006—2010). Training of primary and secondary school teachers. Identifying the trainees in the provincial training of core teachers and the first group of renowned teachers in primary and secondary schools during the 11th Five-Year period. Teacher development.

Vocational Education and Adult Education …… (811)

An overview. Education and teaching reform in vocational education institutions. Establishing the mechanism for providing financial aids and loans from the state to needy students in vocational education institutions. Recruitment of adult HEIs. SAEfSDL.

Higher Education …… (812)

Recruitment of regular HEIs. Information on the employment of graduates of regular HEIs. College graduates going for grassroots level jobs. Identifying key provincial universities. Guizhou College of Finance receiving excellent rating by the MOE-designated assessment expert panel for undergraduate teaching. Successfully completing the inspection of the "Fifteen 211 Project" of Guizhou University. State funding for needy students. Mechanism of specially designated inspectors for non-state/private HEIs. Political education. The first provincial rehearsal of responding to emergencies in HEIs. The selection of qualified candidates from the Western Area for the specially designated training program fully financially supported by the government. Smoothly carrying out the unilateral scholarship project by the Cuba government. Completing the electronic registration of higher education diplomas and certificates. Electronic registration of new entrants to regular HEIs.

Ethnic Minority Education …… (815)

An overview. Continuous implementation of plan for training high-level core qualified individuals of ethnic minority. Educational assistance through partnerships. Convening the provincial on site conference on promoting ethnic and folk culture on campuses. Officially Publishing bilingual textbooks in Miao-Han and Dong-Han languages. Specially organized classes for ethnic minorities in regular HEIs. Sponsoring the First Provincial Forum of Principals of Ethnic Minority High Schools.

Education in Yunnan Province …… (817)

An Overview …… (817)

Essential information. Funding and expenditure in education. Information on the implementation of "Three Growths" in educational funding. Information about the increase of "Two Percentages." Information on financial aid to students from needy families in HEIs and secondary vocational schools. Evaluation of professional titles. Unveiling of the Yunnan Education Foundation. Layout and structural adjustments in primary and secondary schools. Gross enrollment rate in various type of education at different levels.

Basic Education ··· (822)

Review and evaluation of the "Two Basics" of universal education for the first nine years and eradicating illiteracy. Intensify the effort to reform the fund guarantee mechanism for compulsory education in rural areas. Educational assistance through partnerships. Development and review of bilingual (ethnic minority vs. Han languages) textbooks. Obvious success in training of bilingual (ethnic minority vs. Han languages) teachers. The project of Developing the "Mingde Primary Schools." Education on unity among different nationalities. Building houses for rural teachers in Yuxi. Recruitment of teachers for specially designated posts. Regular high school education. Modern distance education in primary and secondary schools in rural areas.

Vocational Education and Adult Education ··· (824)

Implementing the system for "specially invited teachers" in secondary vocational schools. Major measures to develop secondary vocational education. Developing education with resources from various sectors in societies. Adult education in rural areas. Recruitment in adult HEIs. Increasing the scale of enrollment of vocational high schools.

Higher Education ··· (825)

The project of Developing the new university town of Chenggong. HEI Quality assurance project. Educational international cooperation and exchanges. Educational collaboration among provincial HEIs in Yunnan. Information about revision and approval of research plans for the S&T funding. Recruitment and examination in regular HEIs. Enrollment in graduate schools. 11th Five Year Plan for HEI setup in Yunnan Province.

Education in Tibet Autonomous Region ··· (828)

An Overview ··· (828)

Essential information. Increasing educational funding and financial aid to students. Instituting various measures to ensure the successful administration of college entrance exams. Strengthening educational inspection. Actively Developing modern education technology. National Conference on Conducting Inland Classes for Tibetan Students and Supporting Tibet through Education. National Conference on Assigning Tasks for Supporting Tibet through Education. MOE initiating and implementing a plan for training primary and secondary school teachers supporting Tibet.

Basic Education ··· (833)

Strengthening early childhood education. Smooth development in making breakthroughs towards the goal of "Two Basics." Strengthening management of primary and secondary schools. Strengthening teacher development. Deepening curricular and teaching reform. Establishing the fund guarantee mechanism for compulsory education.

Vocational Education and Adult Education ··· (835)

Strengthening management of vocational education. Strengthening development of vocational education institutions. Strengthening teacher training for vocational education. Continuing the joint project on vocational education with Germany.

Higher Education ………………………………………………………… (836)

University of Tibet receiving evaluation of its teaching quality from MOE. Strengthening party building and political education of college students. Striving to improve teaching quality in HEIs. Actively facilitating HEI assistance through partnerships.

Education in Shaanxi Province ………………………………………………………… (838)

An Overview ………………………………………………………… (838)

Essential information. Annual policies and plans. Further strengthening the development of a good work ethic of the party and a clean government. New development in local educational legislation. Strengthening teacher development. Strengthening the management of non-state/private educational institutions.

Basic Education ………………………………………………………… (843)

Shaanxi Province successfully passing the national inspection for "Two Basics." The first year of regular high schools fully entering curricular reform experiment. Deepening the reform of compulsory education. Strengthening the informatization development in primary and secondary schools. Strengthening the effort to introduce experimental teaching to all primary and secondary schools.

Vocational Education and Adult Education ………………………………………………………… (844)

Implementing the "Skills for All" Project. Convening the 2007 Provincial Conference on Vocational Education and Adult Education. Enrollment into secondary vocational schools exceeding expected numbers. Continuing the development of "One network, Two projects." Establishing consortium of vocational education.

Higher Education ………………………………………………………… (846)

Strengthening development of high quality teaching resources. Development of key disciplines. S&T research in HEIs. Paying attention to employment of graduates. Strengthening tertiary vocational education.

Education in Gansu Province ………………………………………………………… (849)

An Overview ………………………………………………………… (849)

Essential information. Annual polices and plans. Studying and implementing the spirit of the 17th National Congress of CPC. Ethnic minority education. Physical, health and arts education. Educational international cooperation and exchanges. Language work. Enforcement and development of the law in education. Construction of projects in the education sector. Auditing in the education sector. Curbing unauthorized charges in the education sector.

Basic Education ………………………………………………………… (855)

An overview. The status of the "Two Basics." Regular high school education. Early childhood education and special education. Value education in primary and secondary schools. Curricular reforms in basic education. Reform of the fund guarantee mechanism for compulsory education in rural areas. Teacher development. Educational inspection.

Safety issues of kindergarten, primary and secondary schools.

Vocational Education and Adult Education ………… (857)

An overview. Joint efforts in developing vocational education. Development of key vocational schools. Basic capacity development in vocational education. Teacher development for vocational education. Professional skills competition. Financial aid to needy students.

Higher Education ………… (858)

An overview. HEI Party building and political education of college students. Teaching evaluation. Projects to enhance higher education quality. Reform of the governance system. Development of disciplines and majors in HEIs. Credit student loans to students at their home province and financial aid to needy students.

Education in Qinghai Province ………… (860)

An Overview ………… (860)

Essential information. Annual polices and plans. Educational investment. Construction of boarding schools in rural areas. Rebuilding and renovations of school buildings in rural middle schools. Construction projects supported by donations. Teacher development. Educational international cooperation and exchanges. Physical, art and national defense education. Employment of high school graduates. Student financial aid in HEIs and secondary vocational schools.

Basic Education ………… (866)

Receiving award for achievements in realizing the goal of "Two Basics." Funding for compulsory education in rural areas receiving full protection of public finance. Value education in primary and secondary schools. Teaching reform. School safety. Language work.

Vocational Education and Adult Education ………… (868)

Recruitment in secondary vocational schools. Basic capacity development. Teacher development for vocational education. Training of professional skills. Quality assurance of vocational education.

Higher Education ………… (869)

An overview. Implementing the six projects for development of higher education. Student affairs and student records management. Graduate education. S&T research in HEIs. Funding application for projects.

Ethnic Minority Education ………… (871)

An overview. Test of Chinese language to ethnic minority students. Bilingual teaching. Conducting classes in other places. Educational assistance through partnerships. Investigative research of education policy in the Tibetan-populated areas in Qinghai. Comprehensive experiments for ethnic minority education. Training plans for high-level qualified individuals.

Education in Ningxia Hui Autonomous Region ………… (873)

An Overview ………… (873)

Essential information. General discussion. Implementing the spirit of the 17th National Congress of CPC. Construction and renovation of school buildings. Mechanisms for guaranteeing funding for education and supporting needy students. Specially designated posts for teachers. Debt liquidation. Teacher development. Language work.

Basic Education ………………………………………………………………… (878)

Value education. Off-campus education for the youth. Education of psychological health of students. Consolidating and improving the results of "Two Basics". Access to education for the children of migrant workers. Further regulating school operating procedures in compulsory education. Curricula reform in basic education. Teacher training. Early childhood education. High school education. Sending teachers to less developed areas. Loving heart donations for needy students. Joint operation of schools.

Vocational Education and Adult Education ……………………………………… (881)

Joint operation of secondary vocational schools between eastern and western areas. Recruitment of secondary vocational schools. Infrastructure development for vocational schools. Teacher training. Regulating non-state/private vocational education. Qualification inspection and employment guidance of graduates of secondary vocational schools. On-site Inspective Study Meeting of Vocational education of the region.

Higher Education ………………………………………………………………… (883)

An overview. Enhancing the quality and management level of higher education. Developing HEIs with features.

Ethnic Minority Education ……………………………………………………… (884)

The increase in the percentage of Hui students. The standardization development for one hundred primary and secondary schools for Hui students of the rigion. Development of pre-college training bases for ethnic minority students. Training of high-level core qualified individuals of ethnic minority.

Education in Xinjiang Uigur Autonomous Region ……………………………… (886)

An Overview ……………………………………………………………………… (886)

Essential information. New achievements in education in Xinjiang. Realizing the goals for strategic breakthroughs in "Two Basics". Receiving award for achievements in "Two Basics" in western areas. Employment of graduates. Financial aid to needy students.

Basic Education ………………………………………………………………… (892)

An overview. "Online Homework" promoted by the Urumuqi Experimental Primary School. Reform of the student recruiting system. Financial aid to students from needy families.

Vocational Education and Adult Education ……………………………………… (893)

An overview. Education and teaching reform in secondary vocational education. Junior and senior high school students choosing "Vocation oriented class" as an elective.

Higher Education ………………………………………………………………… (894)

An overview. Plan for training of high-level core qualified individuals of ethnic minority.

University students going to the basic level for internship supporting teaching.

Ethnic Minority Education …… (895)

An overview. Bilingual teaching. Specially selected students and teachers for specially designated posts.

Education in Xinjiang Production and Construction Corps …… (896)

An Overview …… (896)

Essential information. General discussion. Delegation of the central government donating instruments and equipment of educational technology to Xinjiang. Continuing the implementation of 2nd round of the "Western Program". Donations received from Shaw Foundation. Curbing unauthorized charges in the education sector.

Basic Education …… (898)

Fund guarantee mechanism for compulsory education. Construction of boarding schools in XPCC. Reconstruction of dilapidated buildings in secondary schools in XPCC. Construction of flush toilets in primary and secondary schools. Plan of specially designated posts for teachers. Training of primary and secondary school teachers. Bilingual training for teachers of ethnic minority in primary and secondary schools.

Vocational Education and Adult Education …… (900)

Strengthening the coordinated management for vocational education. Development of secondary vocational schools and their infrastructure. Enhancing the quality of teachers of secondary vocational schools. Financial aid to the needy students in secondary vocational schools. Plan of "10 000 Secondary Vocational Schools Students".

Higher Education …… (901)

The project of undergraduate teaching quality and teaching reform in HEIs. Review and approval of HEI newly added disciplines and exemplary courses. Financial aid to needy students in HEIs.

Information on Education in Hong Kong SAR …… (902)

Information on Education in Macao SAR …… (903)

Selected Documents …… (904)

The CPC Central Committee and the State Council's Proposals on Strengthening Physical Education in Schools and Improving Students' Health Conditions …… (904)

The State Council's Proposals on Establishing and Improving the Mechanisms of Providing Financial Aid to Students from Needy Families in Regular HEIs, Secondary and Tertiary Vocational Education Institutions …… (907)

MOE and Ministry of Finance (MOF)'s Proposals on Strengthening the Inspection of the reform of the fund Guarantee Mechanism for Compulsory Education in Rural Areas …… (909)

MOE, CPC's Department of United Front and State Ethnic Affairs Commission's Proposals on

Strengthening Educational Aid to Tibet through Partnerships ······ (910)

MOE and General Administration of Press and Publication's Notice on Issuing the *Provisions of Implementing Structural Reform of Publishing Houses Affiliated to HEIs* ······ (912)

State Development and Reform Commission and MOE's Notice on Issuing the *General Provisions of Reconstruction of Buildings in Rural Middle Schools in Mid-Western China* ······ (915)

MOE and State General Administration of Press and Publication's proposals on the pilot structural reform of publishing houses affiliated to HEIs ······ (917)

Communist Youth League Central Committee, MOE, Ministry of Personnel and National Commission of Work Concerning Youths' Notice on Issuing the *Provisions of Management of Advisors for Pioneers (trial)* ······ (918)

MOF and MOE's Notice on issuing *Provisional Regulations on Management of State Scholarships in Regular HEIs and Tertiary Vocational Colleges* ······ (921)

MOE and MOF's Notice on Issuing *Regulations on Management of Supporting Study through Work Activities of HEI Students* ······ (922)

MOE and MOF's Guiding Principles on Identifying HEI Students from Financially Difficult Families ······ (925)

MOF and MOE's Notice on Issuing *Provisional Regulations on Management of State Lizhi Scholarships in Regular HEIs and Tertiary Vocational Colleges* ······ (926)

MOF and MOE's Notice on issuing *Provisional Regulations on Management of State Subsidies in Regular HEIs and Tertiary Vocational Colleges* ······ (928)

MOE and MOF's Notice on Issuing *Provisional Regulations on Development Plan of National Model Tertiary Vocational Colleges* ······ (930)

MOE and MOF's Notice on Issuing *Provisional Regulations on Management of Projects for Undergraduate Teaching Quality and Teaching Reform in HEIs* ······ (934)

MOE and MOF's Notice on Issuing *Regulations on Management of State-funded Graduate Studies Abroad (Provisional)* ······ (936)

MOE, Ministry of Public Security and State Administration of Industry and Commerce's Notice on Preventing Pyramid Sales Activities on Campuses ······ (940)

MOE, SDRC, MOF, MOP, MOST and 2State Council's State-owned Assets Supervision and Administration Commission's Proposals on Strengthening the Training of Direly Needed Qualified Individuals in National Key Areas ······ (942)

MOE, MOPS and State Administration of Work Safety's Notice on Strengthening Riding Safety for Students of Primary and Secondary Schools and Children of Kindergartens during Their Transportation between Home and School in Rural Areas ······ (944)

MOE's Order (No. 25) ······ (945)

MOE's Notice on Further Strengthening Development and Management of Primary and Secondary School Buildings ······ (948)

MOE's Proposal on Comprehensively Enhancing Teacher Quality in Tertiary Vocational Education ······ (949)

MOE's Proposals on Further Deepening Undergraduate Teaching Reform and Improving

Teaching Quality …… (952)

MOE's Proposals on Further Attracting Outstanding Overseas Chinese Scholars to Work in China …… (955)

MOE's Notice on Issuing *Provisional Regulations on Electronic Registration for New Entrants of Regular HEIs* …… (957)

MOE's Notice on Further Regulating Activities of Sino-Foreign Joint Operation of Schools …… (958)

MOE's Proposals on Further Improving and Strengthening the Management of State Educational Exams …… (960)

CPC MOE Committee's Notice on Strengthening the Building of Basic Level CPC Branches in Regular HEIs …… (962)

MOE's Notice on Further Improving Enrollment Management of Various Categories in HEIs …… (965)

MOE's Proposals on Speeding up the Development of Research-oriented Universities and Enhancing the Independent Innovation Capacities of HEIs …… (967)

MOE's Notice on Further Improving the Work Related to the Reform of the Fund Guarantee Mechanism for Compulsory Education in Rural Areas …… (969)

MOE's Notice on Issuing *Provisions of Management of MOE's S& T Research Projects (revised)* …… (971)

MOE's Notice on Strengthening Management of Non-state/Private Pre-school Education Institutions …… (975)

General Offices of MOE and Ministry of Foreign Affairs' Notice on Issues Related to Chinese Diplomats' Children Going Overseas with Their Parents but Coming Back to Apply for Regular HEI Admissions or Joining Classes …… (976)

MOE General Office's Notice on Initiating the Training Plan for Primary and Secondary School Head-teachers Nationwide …… (977)

MOE General Office's Notice on Learning, Publicizing and Implementing *Provisions on Safety Management in Kindergartens, Primary and Secondary Schools* …… (978)

MOE General Office's Notice on Promoting Experiments of New Curricula in Regular High Schools in 2007 …… (979)

MOE General Office's Notice on Examining and Streamlining Activities of Evaluation. Goal Reaching, and Promulgation …… (980)

MOE General Office's Notice on Not Accepting Applications for Taking English Proficiency Level Tests from Students When Receiving Compulsory Education …… (981)

MOE General Office's Notice on Issuing the Basic Informatization Standards for the Informatized Management of Primary and Secondary School Students' Records …… (981)

MOE General Office's Notice on Issuing *Work Standards for Administrators during the Assessment of Undergraduate Teaching Quality in Regular HEIs (Provisional) and Work Standards for Expert Panels during the Assessment of Undergraduate Teaching Quality (Provisional) in Regular HEIs* …… (981)

MOE General Office's Notice on Adequate Preparation for Implementing the *People's Repub-*

lic of China Regulations on Government Information Open to the Public in the Education Sector …… (984)

Selected Information Sources …… (986)

Top 10 National Education News Headlines in 2007 …… (986)

Annual People in the News of Chinese Education in 2007 …… (987)

List of National Technology Inventions Award Items in HEIs in 2007 …… (988)

List of National Natural Science Award Items in HEIs in 2007 …… (990)

List of S & T Development Award Items in HEIs in 2007 …… (991)

List of HEIs Qualified for Recruiting Students for Regular Higher Education Degrees in 2007 …… (998)

List of Adult HEIs Qualified for Recruiting Students for Adult Higher Education Degrees in 2007 … (1030)

List of First Batch of Sites for Developing Disciplines with Special Features in HEIs in 2007 …… (1035)

List of Second Batch of Sites for Developing Disciplines with Special Features in HEIs in 2007 …… (1047)

List of Outstanding Individuals and Units Promulgated for Achieving Breakthroughs in "Two Basics" in Western China …… (1062)

Chronology of Major Education Events in 2007 …… (1067)

在全国优秀教师代表座谈会上的讲话

（2007年8月31日）

胡锦涛

各位老师，同志们：

大家好！在教师节即将来临之际，有机会同各位全国优秀教师代表见面，并听取大家的意见，我感到十分高兴。刚才，听了5位老师的发言，很受启发，很受教育。大家在教书育人的岗位上勤奋工作，作出了突出成绩，我向你们表示崇高的敬意！在这里，我代表党中央、国务院，向全国广大教师和教育工作者，致以节日的祝贺和诚挚的问候！

长期以来，全国广大教师自觉贯彻党的教育方针，认真做好本职工作，为我国教育事业发展和社会主义现代化建设作出了重要贡献，赢得了全社会广泛赞誉和普遍尊重。全国优秀教师是我国教师队伍的杰出代表。在你们身上，集中体现了人民教师胸怀祖国、热爱人民，学为人师、行为世范，默默耕耘、无私奉献的高尚精神。你们为全社会树立了光辉榜样，党和政府感谢你们，人民感谢你们！

当今世界，经济全球化深入发展，科技进步日新月异，国际竞争日趋激烈，知识越来越成为提高综合国力和国际竞争力的决定性因素，人才资源越来越成为推动经济社会发展的战略性资源，教育的基础性、先导性、全局性地位和作用更加突出。中国的未来发展，中华民族的伟大复兴，归根结底靠人才，人才培养的基础在教育。教育是提高人民思想道德素质和科学文化素质的基本途径，是发展科学技术和培养人才的基础工程。大力发展教育事业，是发挥我国人力资源优势、建设创新型国家、加快推进社会主义现代化的必然选择。

在新的时代条件下，我们必须坚持以邓小平理论和“三个代表”重要思想为指导，深入贯彻落实科学发展观，全面实施科教兴国战略和人才强国战略，继续坚持好、落实好把教育摆在优先发展的战略地位的方针，大力倡导尊师重教，大力发展教育事业，大力提高全民族素质，为全面建设小康社会、加快推进社会主义现代化、实现中华民族伟大复兴提供强大的人才和人力资源保证。

要加强对教育工作的领导，全面贯彻党的教育方针，坚持教育为社会主义现代化建设服务、为人民服务，努力办好让人民满意的教育。要全面实施素质教育，按照普及和巩固义务教育、大力发展职业教育、提高高等教育质量的要求，以更大的决心、更多的财力支持教育事业，经济社会发展规划要优先安排教育发展，财政资金要优先保障教育投入，公共资源要优先满足教育和人力资源开发需要。要坚持育人为本、德育为先，把立德树人作为教育的根本任务，加强爱国主义教育，深入开展理想信念教育，加强和改进学生思想政治工作，把社会主义核心价值体系融入国民教育体系，引导学生树立正确的世界观、人生观、价值观、荣辱观，努力培养德智体美全面发展的社会主义建设者和接班人。要把促进教育公平作为国家基本教育政策，统筹城乡、区域教育，统筹各级各类教育，统筹教育发展的规模、结构、质量，认真研究解决教育改革发展中的重大问题，不断满足人民日益增长的教育需求。要推进教育体制改革和创新，围绕构建现代国民教育体系的目标，建立健全教育管理体制、教育投入体制，改进培养模式、教育内容、教育方法，着力提高教育质量，为我国教育事业发展提供强大动力和体制保证。

教师是人类文明的传承者。推动教育事业又好又快发展，培养高素质人才，教师是关键。没有高水平的教师队伍，就没有高质量的教育。尊重教师是重视教育的必然要求，是社会文明进步的重要标志，是尊重劳动、尊重知识、尊重人才、尊重创造的具体体现。要进一步在全社会弘扬尊师重教的良好风尚，把广大教师的积极性、主动性、创造性更好地发挥出来。

——必须高度重视和切实加强教师队伍建设。要采取有力措施，保障教师的政治地位、社会地位、职业地位，维护教师合法权益。要随着经济发展不断提高教师待遇，依法保障教师收入水平，完善教师医疗、养老、住房等社会保障。要特别重视农村教师队伍建设，千方百计帮助农村教师排忧解难。要满腔热情关心教师，努力改善教师的工作、学习、生活条件，为教师教书育人创造良好环境。

——必须吸引和鼓励优秀人才从事教育工作。要制定切实可行的政策措施，注重吸引优秀人才当教师，鼓励优秀人才长期从教、终身从教，鼓励有志青年到农村、到边远地区、到祖国最需要的地方为国家教育事业发展建功立业。要高度重视教师培养和培训，加大对师范教育支持力度，积极推进教师教育创新，提高教师整体素质和业务水平。要改革和完善教师管理制度，严格教师资格准入制度，健全教师考核评价机制，合理配置教师资源。

——必须形成尊师重教的良好社会风气。教师是神圣的职业，应该受到全党全社会的尊敬。要营造良好舆论氛围，大力宣传优秀教师先进事迹，让全社会广泛了解教师工作的重要性和特殊性，让教师成为社会上最受尊敬的职业，让尊师重教蔚然成风。

全社会尊重教师，广大教师更应该自尊自励，努力成为无愧于党和人民的人类灵魂工程师，以人民教师特有的人格魅力、学识魅力和卓有成效的工作赢得全社会的尊重。这里，我想对全国广大教师提几点希望。

一是希望广大教师爱岗敬业、关爱学生。切实承担教育者的社会责任，满怀对受教育者的真心关爱，是党和人民对广大教师的基本要求。广大教师要忠诚于人民教育事业，树立崇高的职业理想和坚定的职业信念，把全部精力和满腔真情献给教育事业，做爱岗敬业的模范。要关爱每一名学生，关心每一名学生的成长进步，以真情、真心、真诚教育和影响学生，努力成为学生的良师益友，成为学生健康成长的指导者和引路人。

二是希望广大教师刻苦钻研、严谨笃学。教师是知识的重要传播者和创造者。在当今时代知识层出不穷的条件下，要成为合格教育者，就必须不断学习、不断充实自己，广大教师要崇尚科学精神，树立终身学习理念，如饥似渴地学习新知识、新技能、新技术，拓宽知识视野，更新知识结构，不断提高教学质量和教书育人本领。要养成求真务实和严谨自律的治学态度，恪守学术道德，发扬优良学风。

三是希望广大教师勇于创新、奋发进取。教师从事的是创造性工作。教师富有创新精神，才能培养出创新人才。广大教师要踊跃投身教育创新实践，积极探索教育教学规律，更新教育观念，改革教学内容、方法、手段，注重培育学生的主动精神，鼓励学生的创造性思维，引导学生在发掘兴趣和潜能的基础上全面发展，努力培养适应社会主义现代化建设需要、具有创新精神和实践能力的一代新人。

四是希望广大教师淡泊名利、志存高远。高尚的师德，是对学生最生动、最具体、最深远的教育。广大教师要自觉坚持社会主义核心价值体系，带头实践社会主义荣辱观，不断加强师德修养，把个人理想、本职工作与祖国发展、人民幸福紧密联系在一起，树立高尚的道德情操和精神追求，甘为人梯，乐于奉献，静下心来教书，潜下心来育人，努力做受学生爱戴、让人民满意的教师。

最后，祝大家身体健康、工作顺利、阖家幸福，在今后的工作中不断创造新的业绩！

政府工作报告（节选）

——在第十届全国人民代表大会第五次会议上

（2007年3月5日）

温家宝

各位代表：

现在，我代表国务院，向大会作政府工作报告，请予审议，并请全国政协各位委员提出意见。

一、2006年工作回顾

……

（五）大力发展社会事业。增加社会事业的投入。全年中央财政用于科技、教育、卫生和文化事业的支出分别为774亿元、536亿元、138亿元和123亿元，比上年增长29.2％、39.4％、65.4％和23.9％。

推进科技创新。历时两年研究制定的国家中长期科学和技术发展规划纲要颁布实施，并制定了相关专项规划和配套政策措施。大型油气田和煤层气开发、新一代宽带无线移动通信网、大型飞机设计与制造、载人航天与探月工程等16个重大专项陆续启动。高性能计算机、超级优质杂交水稻、第三代移动通信、数字电视等一些关键技术取得突破，自主创新能力增强。

优先发展教育事业。全国财政安排农村义务教育经费1 840亿元，全部免除了西部地区和部分中部地区农村义务教育阶段5 200万名学生的学杂费，为3 730万名贫困家庭学生免费提供教科书，对780万名寄宿学生补助了生活费。410个“两基”（基本普及九年义务教育和基本扫除青壮年文盲）攻坚县已有317个县实现目标，西部地区“两基”人口覆盖率由2003年的77％提高到96％。中央财政连续三年累计投入90亿元，用于农村寄宿制学校建设工程，7 651所学校受益。农村中小学现代远程教育工程已投入80亿元，覆盖中西部地区80％以上的农村中小学，1亿多中小学生得以共享优质教育资源。中等职业学校招生规模扩大到741万人，在校学生总数1 809万人。高等教育在学人数2 500万人，毛入学率提高到22％。

加强医疗卫生工作。覆盖城乡、功能比较完善的疾病预防控制体系和突发公共卫生事件医疗救治体系，已经基本建成。启动了农村卫生服务体系建设，中央财政安排27亿元国债资金用于县、乡、村三级医疗卫生基础设施建设。新型农村合作医疗试点范围扩大到1 451个县（市、区），占全国总数的50.7％，有4.1亿农民参加；中央财政支出42.7亿元，地方财政也相应增加支出，较大幅度提高参加合作医疗农民的补助标准。以社区为基础的城市医疗服务体系建设加快推进。城乡医疗救助工作有所加强。中央财政安排51亿元，用于支持地方加强公共卫生服务，艾滋病等重大疾病防控取得明显进展。

积极发展文化、体育事业。新闻出版、广播影视、文学艺术、哲学社会科学进一步繁荣。文化基础设施尤其是农村基层文化设施建设得到加强，广播电视村村通工程由行政村向自然村延伸，社区和乡镇综合文化站工程、全国文化信息资源共享工程建设继续推进。文化体制改革进一步深化，文化产业加快发展，对外文化交流更加活跃。全民体育活动广泛开展，竞技体育水平不断提高。社会主义精神文明建设继续加强。

……

四、推进社会主义和谐社会建设

社会和谐稳定，百姓安居乐业，是广大人民的共同愿望，也是政府工作的重要任务。今年要认真贯彻党的十六届六中全会精神，采取更加有力的举措，在构建社会主义和谐社会方面迈出重要步伐。

（一）加快教育、卫生、文化、体育等社会事业发展

教育是国家发展的基石，教育公平是重要的社会公平。要坚持把教育放在优先发展的战略地位，加快各级各类教育发展。总体布局是，普及和巩固义务教育，加快发展职业教育，着力提高高等教育质量。今年，要在全国农村全部免除义务教育阶段的学杂费，这将使农村 1.5 亿中小学生的家庭普遍减轻经济负担；继续对农村贫困家庭学生免费提供教科书并补助寄宿生活费。要完善农村义务教育经费保障机制，不断提高保障水平。今年全国财政安排农村义务教育经费 2 235 亿元，比去年增加 395 亿元。“十一五”时期中央财政将投入 100 亿元，实施农村初中学校改造计划，地方政府也要相应增加这方面的投入。同时，继续解决好城市困难家庭和农民工子女接受义务教育问题。今年还要确保全面完成西部地区“两基”攻坚计划和农村中小学现代远程教育工程。让所有孩子都能上得起学，都能上好学，我们一定能够实现这个目标。要把发展职业教育放在更加突出的位置，使教育真正成为面向全社会的教育，这是一项重大变革和历史任务。重点发展中等职业教育，健全覆盖城乡的职业教育和培训网络。深化职业教育管理体制改革，建立行业、企业、学校共同参与的机制，推行工学结合、校企合作的办学模式。高等教育要以提高质量为核心，加快教育教学改革，相对稳定招生规模，加强高水平学科和大学建设，创新人才培养模式，优化人才培养结构，努力造就大批杰出人才。支持和规范民办教育发展，发挥社会力量办学的积极性。

为了促进教育发展和教育公平，我们将采取两项重大措施：一是从今年新学年开始，在普通本科高校、高等职业学校和中等职业学校建立健全国家奖学金、助学金制度，为此中央财政支出将由上年 18 亿元增加到 95 亿元，明年将安排 200 亿元，地方财政也要相应增加支出；同时，进一步落实国家助学贷款政策，使困难家庭的学生能够上得起大学、接受职业教育。这是继全部免除农村义务教育阶段学杂费之后，促进教育公平的又一件大事。二是在教育部直属师范大学实行师范生免费教育，建立相应的制度。这个具有示范性的举措，就是要进一步形成尊师重教的浓厚氛围，让教育成为全社会最受尊重的事业；就是要培养大批优秀的教师；就是要提倡教育家办学，鼓励更多的优秀青年终身做教育工作者。

继续实施人才强国战略。加快推进以高层次、高技能人才为重点的各类人才队伍建设，大力培养一批自主创新的领军人物和中青年高级专家。加快人事制度改革，促进人才合理流动。鼓励出国留学人员回国工作、为国服务，进一步做好吸引、聘用境外高级专门人才工作。要在全社会弘扬尊重劳动、尊重知识、尊重人才、尊重创造的良好风气。

……

对同济大学的祝愿

——在同济大学建筑与城市规划学院的讲话

（2007 年 5 月 14 日）

温家宝

没有讲稿，同老师和同学们谈谈心。

我刚下飞机就来同济大学，这是我这次在上海考察的第一个地点。之所以这样安排，有两个考虑。第一，再过几天就是同济大学 100 周年校庆，我是来给老师们、同学们祝贺的。百年沧桑，同济走过了一条光辉的道路，培养了数十万工作在祖国各条战线的人才，你们经常提到的知名院士有贝时璋、李国豪、裘法祖、吴孟超，其实不止这几位。长江后浪推前浪，一代新人胜旧人。同济还将会出现更多的杰出人才。我祝愿同济大学百尺竿头，更进一步。第二，大学在经济社会发展中具有十分重要的作用。考察历史，许多国家的发展、民族的振兴，是从办教育开始的。中国什么时候有大学，历史学家有考证。我知道起码在西汉时期或者还早，在孔子的时代就有，那时称太学也可以叫大学。“大学之道，在明明德，在亲民，在止于至善。”《礼记》这段话，就是在讲大学的生命在于它的日新之德。如果我们看看西方发展的历史，意大利最早的博洛尼亚大学，有近千年的历史，法国的巴黎大学、美国的哈佛大学、英国的牛津大学，这些大学在培养和造就国家栋梁人才中都起过重大作用。

我认为，一个国家要发展必须靠三个方面：一是靠人、人才、人的智慧和心灵。二是靠能够调动和发挥人的积极性和创造活力的政治体制和经济体制。三是靠科学技术和创新能力。而这三者都离不开人、人才，离不开现代大学的培养。

在纪念同济大学一百周年的时候，我想提几点祝愿。

第一，要树立为社会服务的办学理念。同济，就是同舟共济。在古籍中最早见于《孙子兵法》。《孙子兵法》讲：“夫吴人与越人相恶也。当其同舟而济，遇风，其相救也如左右手。”许多事情非常巧合。《孙子兵法》讲的吴越之间，就在你们这里，北边是吴，南边是越，中间是震泽或者叫太湖。“同舟共济”告诉我们一个什么哲理呢？就是要把学校的命运，每一个老师和同学的命运同国家和民族的命运紧紧联系在一起。无论在困难的时候，还是在顺利的时候，都要与国家和民族同舟共济，都要为国家和民族学习和工作。

第二，要把学校办出特色。我们对学校的要求绝不是千人一面，而应该是各具特点。我坐在飞机上想，同济有什么特点？除了她的精神以外，就是她的综合性与专业性的结合，就是她的学科与社会的结合。我概括得不准确，但是我提出了一个题目，这篇文章你们可以继续做。无论什么样的大学，都要有综合性。有一位教育界的前辈说的好，没有一流的文科，就没有一流的理科；没有一流的理科，就没有一流的工科。这就是说，我们培养的人，应该是全面的、具有综合素质的人。爱因斯坦曾经讲过这样一句话，大学出来的人，应该是全面发展的人，而不仅仅是某个方面的专门人才。我又给他加了一句话，大学出来的人，应该是关心国家命运的人，而不是自私自利的人。学习理工科的，也要学习人文科学，学习文学和艺术。同样，学习人文科学和文学艺术的，也要学习自然科学。这就是大批杰出人才成长所走过的道路。钱学森是这样的，李四光也是这样的。钱学森能画很好的画，李四光谱写了我国第一部小提琴协奏曲。无论什么样的大学，都要有专业性，特别是要有自己杰出的专业、杰出的老师和杰出的人才，学术上有自己的一席之地。

第三，要培养全面发展的人才。在这里，我特别强调学生的独立思考和老师的启发式教育。我常引用孔子的话，叫“不愤不启，不悱不发”。这是对老师讲的，也是对学生讲的，学生尤其要重视独立思考。每位学生都有自己的头脑、自己的智慧、自己的创造能力，要使他们充分发挥独立思考的能力。学生在学习期间，知识要广博，但是必须善于独立思考和创新思维。这样，你才会有真知灼见，有与众不同的见解。一位哲人说，发现一个问题比解决一个问题更重要，就是告诉我们，要善于发现问题，追求真理，追求真知。我今天看了同济大学生科技成果展，觉得同学们很有创造潜力。我们这个民族确实需要一大批人才。有一句哲言：一个民族有一些关注天空的人，他们才有希望；一个民族只是关心脚下的事情，那是没有未来的。我们的民族是大有希望的民族！我希望同学经常地仰望天空，学会做人，学会思考，学会知识和技能，做一个关心世界和国家命运的人。

第四，要开放办学。一个民族只有开放才能进步，只有开放才能够海纳百川，吸收世界先进的文化、知识和技术。我们一方面要继承前人，继承我们民族的文化传统；另一方面又要眼睛盯着世界的变化，盯着世界每一项新的发明成果和新的进步，这样的学校胸怀是广阔的，这样的老师和学生胸怀也是广阔的。同济因为历史的原因与世界上许多国家和学校有着密切的联系，比如德国、意大利、法国，当然和德国的渊源更深。我希望你们与这些国家的一些优秀大学加强交流、相互学习、共同进步。

第五，要勤俭办学。一所好的大学，不在高楼大厦，不在权威的讲坛，也不在那些张扬的东西，而在有自己独特的灵魂，这就是独立的思考、自由的表达。要通过讨论与交流，师生共进，教学相长，形成一种独具特色的学术氛围，并不断完善和发扬，影响越来越多的人。这样，真正的大学就形成了，就会有一批有智慧的杰出人才出现，整个国家就有了希望。

这就是大学的精神，也是同济的精神。有人告诉我，有一千年历史的博洛尼亚大学，现在的墙壁四周还是断壁残垣，有的地方不得不用一根水泥柱顶起来，防止它倒掉。当然，它一方面保护了千年的古迹和文化，但我以为更重要的是保护了一种精神、一种美德。我希望我们的同学要认真地做人，刻苦地做学问，要长真本事，不图虚名，不骛虚声，来不得半点的虚伪和骄傲、半点的弄虚作假。真理，包括一切文化和科学成果，都需要经得住考验，最终的判断是实践。我希望同济借百年校庆，发扬你们光荣的历史传统，规划你们美好的未来，大步向前走！

同济的未来是美好的！

加强领导　精心实施
把资助家庭经济困难学生各项政策落到实处

——在全国家庭经济困难学生资助工作会议上的讲话

（2007年5月16日）

陈至立

全国家庭经济困难学生资助工作会议是一次十分重要的会议。这次会议的主要任务是：以邓小平理论和"三个代表"重要思想为指导，贯彻落实《国务院关于建立健全普通本科高校高等职业学校和中等职业学校家庭经济困难学生资助政策体系的意见》（国发［2007］13号，以下简称《意见》），部署建立健全家庭经济困难学生资助政策体系的各项工作。下面，我讲三点意见：

一、深刻认识家庭经济困难学生资助工作的重大意义

党中央、国务院历来高度重视家庭经济困难学生资助工作。党的十六大和十六届三中、六中全会对这项工作提出了明确要求。胡锦涛总书记和温家宝总理等中央领导同志多次作出重要指示。去年，胡锦涛总书记在中央政治局第34次集体学习时指出，要完善帮助贫困家庭学生上学的资助制度和扶持政策，保证人民享有接受教育的机会。今年，温家宝总理在十届人大五次会议的《政府工作报告》中郑重宣布，在普通本科高校、高等职业学校和中等职业学校建立健全国家奖学金、助学金制度。5月9日，国务院常务会议讨论并通过了《意见》，这是继农村义务教育经费保障机制改革之后，中央为促进教育公平做出的又一重大决策。

近年来，为保证家庭经济困难学生顺利完成学业，中央和地方各级政府采取了一系列措施，对农村义务教育阶段学生全部免除学杂费，并为家庭经济困难学生提供免费教科书、补助寄宿生生活费，建立中等职业学校国家助学金制度，在高等教育阶段初步建立"奖、贷、助、补、减"有机结合的高校家庭经济困难学生资助政策体系。经过各有关方面的共同努力，义务教育阶段家庭经济困难学生的上学问题已经得到较好解决，非义务教育阶段家庭经济困难学生学习和生活困难问题也在一定程度上得到了缓解。但是，目前我国的家庭经济困难学生资助政策体系还不够完善，尤其是普通本科高校、高等职业学校和中等职业学校面临的问题比较突出，这同当前经济社会发展形势和人民群众对教育的需求不相适应，在一定程度上也制约着教育事业的持续健康发展。

党中央、国务院总揽全局、高瞻远瞩，作出了建立健全家庭经济困难学生资助政策体系的重大决策。我们要深刻领会，充分认识实施这一政策的重大意义。

（一）建立健全家庭经济困难学生资助政策体系，是构建社会主义和谐社会的基本要求。

教育是提高人民科学文化素质和思想道德素质

的基本途径，是构建社会主义和谐社会的重要基石。党的十六届六中全会强调，要着力发展社会事业，重点解决好人民群众最关心、最直接、最现实的利益问题。教育，是实现个人发展的重要途径，也是经济困难家庭摆脱贫困的希望所在。现阶段，我国地区之间、家庭之间收入仍存在较大差距，部分学生因家庭经济困难不能顺利完成学业，影响了社会主义和谐社会建设。建立健全家庭经济困难学生资助政策体系，切实减轻经济困难家庭的教育负担，充分体现了党和政府对民生问题的高度关注和对生活困难群众的关心，体现了发展为了人民、发展依靠人民、发展成果由人民共享，体现了社会主义制度的优越性。

（二）建立健全家庭经济困难学生资助政策体系，是促进教育公平和教育事业持续协调健康发展的重要举措。

教育公平是社会公平的重要内容。保障人人享有接受教育的机会，是政府义不容辞的责任，是我国教育发展的基本政策，也是当前和今后一段时期我国教育工作的重要任务。建立健全家庭经济困难学生资助政策体系，就是通过加大财政投入，落实各项助学政策，扩大受助学生比例，提高资助水平，从制度上基本解决家庭经济困难学生的就学问题，促进教育公平。同时，我们必须以科学发展观统领教育全局，统筹城乡、区域教育，统筹各级各类教育，实现教育事业又好又快地发展。实施新的资助政策体系，有助于加快发展职业教育，优化高校学科专业结构，提高高等教育质量，促进城乡、区域教育和普通、职业教育的协调发展。因此，这一举措不仅能帮助家庭经济困难学生顺利完成学业，还有利于进一步优化教育结构，促进教育持续协调健康发展。

（三）建立健全家庭经济困难学生资助政策体系，是实施科教兴国战略，为建设创新型国家提供人才支撑的客观要求。

全面推进中国特色社会主义事业，实现中华民族的伟大复兴，必须实施科教兴国和人才强国战略。当今世界，科技进步日新月异，科技创新已成为增强国家综合实力的主要途径和方式，成为国家间竞争的焦点。国家中长期科学和技术发展规划纲要描绘了我国未来 15 年科技发展的宏伟蓝图，提出了建设创新型国家的总体目标。科技创新，人才为本。建设创新型国家，需要一支结构合理、素质优良的各级各类人才队伍。大力发展教育事业，就是要造就数以亿计的高素质劳动者、数以千万计的专门人才和一大批拔尖创新人才。高等教育和中等职业教育的大门必须向每一位具备资质的青年敞开，决不能让他们因经济困难而被拒在校门之外。建立健全家庭经济困难学生资助政策体系，就是要帮助家庭经济困难的孩子接受职业教育和高等教育，成长为合格的社会主义建设者和接班人；就是要帮助他们当中一些有潜力的孩子成长为创新人才，为建设创新型国家作出贡献。

（四）建立健全家庭经济困难学生资助政策体系，是履行政府公共财政职能的重要体现。

公共财政的核心是满足社会公共需要，实现经济社会的协调发展。教育是重要的社会公共事业，发展教育是政府的重要职责。随着我国公共财政体制的建立和完善，国家财政逐步调整和优化了支出结构，把更多的资金投向公共服务领域，加大了对教育的投入力度，取得了显著成效。当前及今后一个时期，必须更加注重维护家庭经济困难学生的教育权益，更加注重经济欠发达地区特别是农村的教育发展。建立健全资助政策体系，充分体现了公共财政的职能作用，是政府实现基本公共服务的重大举措。

（五）建立健全家庭经济困难学生资助政策体系，是做好育人工作的重要内容。

加强和改进学生的思想政治教育，必须与解决学生的实际困难相结合。结合学校的思想政治教育工作，实施好新的资助政策，把党中央、国务院的关怀和爱护传递给每一位家庭经济困难学生，做到物质上帮助学生，精神上培育学生，能力上锻炼学生，可以更好地达到育人的目的。

二、全面理解和把握家庭经济困难学生资助政策体系的内容和特点

建立健全家庭经济困难学生资助政策体系工作，是在胡锦涛总书记的亲自关心、温家宝总理的亲自部署和指导下进行的。财政部和教育部结合当前教育改革和发展的新形势、新任务，认真总结经验，深入调查研究、广泛征求意见，在充分论证和详细测算的基础上提出了具体实施方案，形成现在这个《意见》。办好资助家庭经济困难学生这件利国利民的大事，必须全面准确地理解和把握《意见》的内容和特点。

（一）着眼于系统性和长期性的制度设计。

《意见》从系统性和长期性的角度，对资助工作做出了制度设计。

一是既帮助家庭经济困难学生，又鼓励优秀学生。国家奖学金奖励对象是普通本科高校和高等职业学校中特别优秀的学生，这个奖励名额比较少，无论家庭经济是不是困难，只要满足条件都可获得。国家励志奖学金奖励资助对象是高校家庭经济困难学生中品学兼优的学生。国家助学金主要是解决家庭经济困难学生的生活费用问题。二是既增加财政投入，又注重多种渠道助学。新的资助政策体系在强调大幅度增加财政投入的同时，要求拓宽助学渠道，完善和落实国家助学贷款政策，学校从事业收入中提取一定比例经费用于助学工作，落实和完善鼓励捐资助学的相关优惠政策措施等。三是既有政策体系的统一性，又兼顾地区差别。国家励志奖学金和国家助学金，采取了中央与地方共同设立、经费合理分担的办法，在资金投入、资助范围、资助标准及资助方式等方面，统筹考虑中央和地方，兼顾地区差别，使之更加科学合理、符合实际，体现了政策体系的整体设计。四是既扩大资助面，又提高资助强度。让更多的家庭经济困难学生得到更多必要的帮助。五是既增加教育投入，又注重改善教育结构。助学政策不仅是帮助家庭经济困难学生就学，而且鼓励学生学习国家最需要的专业或接受职业教育。

（二）确定了合理的资金分担机制。

《意见》明确了各方资金投入责任。国家奖学金所需资金由中央财政负担。中央部门所属高校国家励志奖学金和国家助学金所需资金由中央负担；地方所属高校国家励志奖学金和国家助学金所需资金由中央和地方按比例分担，其中，西部地区，不分生源，中央与地方分担比例为8：2；中部地区，生源为西部的，中央与地方分担比例为8：2，生源为其他地区的，中央与地方分担比例为6：4；东部地区，生源为西部和中部的，中央与地方分担比例分别为8：2和6：4，生源为东部的，中央与地方分担比例根据财力及生源状况等因素分省确定。同时，还规定人口较少民族家庭经济困难学生资助资金全部由中央负担。采取这种资金分担办法，既借鉴了农村义务教育经费保障机制改革的成功经验，又考虑了高校和中等职业学校生源的特点，应当说是合理的。另外，《意见》中还明确了学校要按照国家有关规定从事业收入中足额提取一定比例的经费用于助学，强调了学校在资金投入上的责任，同时指出了这部分资金的主要用途。

（三）提高了资助保障水平。

一是财政投入大幅度提高。2006年，中央财政直接安排的高等教育和中等职业教育资助经费是18亿元，地方财政投入也很有限。新的资助政策体系建立后，中央和地方财政2007年秋季新学年开始后半年投入的经费将达到154亿元左右，其中，中央财政投入95亿元，地方财政投入约59亿元。2008年全年，中央和地方财政投入将达308亿元。这是自建国以来中央和地方财政安排助学经费数量最多、力度最大的一次，充分体现了党和政府对教育的高度重视和对家庭经济困难学生的亲切关怀。

二是资助强度明显加大。国家励志奖学金由过去每生每年4 000元，增加到5 000元。高校国家助学金由过去生均1 500元，增加到生均2 000元，具体标准由地方在每生每年1 000元至3 000元范围内分档确定。中等职业学校国家助学金由过去生均1 000元，增加到生均1 500元，不分档次；中等职业学校农村学生和城市家庭经济困难学生在校第一、二年享受国家助学金，第三年则实行工学结合、顶岗实习。

还需要指出的是，《意见》强调了要进一步完善和落实国家助学贷款政策，特别提出了要大力开展生源地信用助学贷款，目前，财政部会同教育部、国家开发银行正在研究开展生源地信用助学贷款的具体办法，争取早日出台。希望各地大力支持和开展生源地信用助学贷款。这项工作将在部分地区试点的基础上推开。

总之，经测算，各项政策都真正落实到位后，每年用于助学的财政投入、助学贷款和学校安排的助学经费将达 500 亿元，将为解决家庭经济困难学生上学问题，提供强有力的财力保障。

（四）扩大了资助范围。

原中央财政设立的国家奖学金，每年奖励资助 5 万名高校品学兼优的家庭经济困难学生，约占在校生总数的 0.3%；新设立的国家励志奖学金每年将奖励资助约 51 万名学生，约占在校生总数的 3%，资助面相当于过去的 10 倍。原中央财政设立的高校国家助学金，每年资助 53 万名家庭经济困难学生，约占在校生总数的 3%；新设立的高校国家助学金每年将资助约 340 万名家庭经济困难学生，约占在校生总数的 20%，资助面相当于过去的 7 倍。原中央财政设立的中等职业学校国家助学金，每年资助 80 万名家庭经济困难学生，约占在校生总数的 5%；新设立的中等职业学校国家助学金，每年将资助 1 620 万名家庭经济困难学生，约占在校生总数的 90%，相当于过去的 18 倍。中等职业学校国家助学金的资助面达到在校生的 90%，主要是覆盖了所有在校的农村学生（全国 83%的中等职业学校学生来自农村）和城市家庭经济困难学生。

（五）体现了政策导向作用。

家庭经济困难学生资助政策体系特别强调了政策导向作用。一是通过加大对中等职业学校学生的资助力度，吸引更多的初中毕业生报考中等职业学校，促进中等职业教育发展、优化高中阶段教育结构。二是在国家奖助学金的安排上，不搞平均分配，要考虑不同类别学校和不同专业的特点，适当向国家最需要的农林水地矿油核等专业倾斜，引导学生学习国家最需要的专业，促进高校进一步优化学科专业结构。三是通过实施国家助学贷款代偿政策，引导高校毕业生到艰苦地区基层单位就业，促进我国人才资源的合理分布。四是发挥中央与地方经费分担比例的杠杆作用，鼓励学校面向经济欠发达地区增加招生数量，促进区域教育协调发展。同样，高校国家助学金平均资助面为 20%，并不是各地区高校的资助面都是 20%，财政部、教育部将综合考虑各种因素，确定具体比例。

三、加强领导，精心组织，确保各项资助政策落到实处

新的资助政策自 2007 年秋季开学起在全国实施。现在离新学年招生录取工作只有两个月左右时间，离新生入学也只有四个月左右时间。落实各项资助政策时间紧、任务重、要求高，各地区、各有关部门和各学校务必加强领导，周密部署，精心组织，全力以赴把这件好事办好。在此，我强调以下几点：

（一）各负其责，紧密协作。

新的资助政策体系涉及面广，情况复杂，中央和地方、各相关部门以及学校要共同努力，精心做好这项工作。财政部门和教育部门要密切配合，按照国务院《意见》精神，尽快制定和发布相关配套文件。教育部门要将学校家庭经济困难学生资助工作情况纳入办学水平评估指标体系。各级政府要尽快建立相应的工作机制，在整合现有资源的基础上，建立健全学生资助管理机构，制订具体的管理办法。各学校要把资助家庭经济困难学生工作摆在突出位置，认真细致地做好国家奖学金、国家励志奖学金、国家助学金的评审、发放和管理工作。要实行校长负责制，设立专门的助学管理机构，选拔配备专职工作人员，建立完善的学校助学工作管理制度，确保学校助学工作顺利进行。

（二）落实资金，保障投入。

确保资金按时足额拨付到位是此项工作成败的关键。中央和地方财政要根据国务院《意见》规定的经费分担办法，足额安排应当负担的资金并及时拨付到位。目前，中央财政已经在预算中安排了应负担的 95 亿元资金。中央在确定地方分担资金的问题上充分考虑了地方财政的实际困难，中央资金将按照秋季学期 5 个月下达，地方今年在预算中实际可按 4 个月来安排，这给地方留了一定的资金调度空间，减轻了地方的压力；对今年实施这项政策后财政负担较重的省份，财政部还将视情况给予必要支持。各省级人民政府一定要落实好应负担的资金，做好统筹协调，制订本行政区域内具体的分担办法，完善省对下转移支付制度，确保应承担的资金不折不扣地落实到位。各学校要严格按照国家有关规定，从事业收入中足额提取一定比例的经费，用于学费减免、国家助学贷款风险补偿、勤工助学、校内无息借款、校内奖助学金和特殊困难补助等方面的开支。

（三）严格管理，强化监督。

今年，各方面对财政支出需求都很大，特别是在公务员工资制度改革、事业单位收入分配制度改革、农村义务教育经费保障机制改革以及实施农村新型合作医疗制度等都需要大幅度增加财政投入的情况下，国家能下决心为资助家庭经济困难学生拿出这么多钱，实属不易。按照新的资助政策要求，各级财政每年用于助学的资金投入达300亿元左右，这些钱是给那些家庭经济困难孩子的读书钱，是他们实现梦想的希望。一定要把这些钱管好、用好，真正用在那些家庭经济困难的孩子身上。要通过完善制度，严格程序，细化管理，确保资金专款专用。要建立健全监督检查机制，加大监督检查力度，严肃查处资金落实不到位、挤占挪用资金、弄虚作假套取资金等违法违规行为。各学校要严格收费管理，规范收费行为，严禁乱收费。绝不允许一边加大助学力度，一边擅自设立收费项目，提高收费标准。

（四）加强教育，培养诚信。

要将国家助学贷款政策与诚信教育密切结合，塑造学生诚实守信的良好品格；要通过奖学金的发放激发学生积极向上、奋发学习的热情；要鼓励学生参加勤工俭学活动，培育学生勇于面对困难、自立自强、艰苦奋斗的优良作风。

（五）广泛宣传，引导舆论。

要通过多种形式向社会广泛宣传，使党和政府的这项惠民政策家喻户晓，深入人心。要充分发挥新闻媒体的重要作用，宣传实行资助政策的意义和成效，并加强舆论引导和监督。教育部门要认真组织各高校和中等职业学校向学生及其家长宣传资助政策。

这里我还想讲一讲实行师范生免费教育的有关工作。根据十届全国人大五次会议通过的《政府工作报告》，教育部会同财政部、人事部、中央编办研究起草了《教育部直属师范大学师范生免费教育实施办法（试行）》（以下简称《办法》）。5月9日，国务院常务会议讨论通过了这个《办法》，决定从2007年秋季起，在教育部直属师范大学实行师范生免费教育。免费教育师范生在校学习期间免除学费，免缴住宿费，并补助生活费。所需经费由中央财政安排。免费师范生要签订协议，毕业后长期从事中小学教育工作。目前。国务院办公厅已正式转发了这个《办法》。

在教育部直属师范大学实行师范生免费教育是建设德才兼备的教师队伍，提高中小学教育质量和水平，进一步促进教育发展和教育公平的一项示范性举措，具有重大而深远的意义。昨天晚上教育部召开专门会议，对师范生免费教育实施工作做了具体部署，下面我再强调五点意见：

一要进一步明确工作目标。培养一支具有先进教育理念、良好职业道德、坚实业务基础和较强教育教学能力的优秀教师队伍，造就杰出的教育家，是事关教育发展全局的一项战略任务。在部属师范大学实行师范生免费教育，就是要采取有力措施，把优秀的学生吸引到师范院校来，把有才华的学生培养成优秀教师；就是要提倡教育家办学，鼓励更多的优秀青年长期从教、终身从教；就是要重视和加强师范教育，加大对师范院校改革和支持的力度；就是要进一步形成尊师重教的浓厚氛围，让教育成为全社会最受尊重的事业。

二要认真做好免费师范生招生工作。这是实施师范生免费教育的首要环节。要择优选拔热爱教育事业，有志于长期从教、终身从教的优秀高中毕业生读师范。要鼓励优秀学生特别是家庭经济困难的优秀农民子弟报考师范专业，使他们享受国家资助，接受良好教育，毕业后长期从教、终身从教，服务社会、回报社会。各地和有关学校要深入细致地做好招生宣传工作，让广大学生及其家长了解师范生免费教育的意义和相关政策。要用好部属师范大学师范专业实行提前批次录取的政策，切实保证生源质量。

三要进一步改革和加强师范教育。把好学生培养成优秀教师是实施师范生免费教育的根本目标，是部属师范大学的光荣任务。老百姓把自己的孩子送进了师范大学，国家也花了钱，我们就应该千方百计把他们教育好、培养好，使他们真正成为优秀的人民教师。各地、各高校要采取切实措施，从根本上扭转弱化、淡化师范教育的现象，从思想认识上、工作实践上全面改革和加强师范教育。部属师范大学要抓住实行师范生免费教育的良好机遇，进一步明确办学方向和指导思想，在发展思路、培养目标、学科专业、课程改革、实践教学、师德教育等方面加大改革创新力度，全面提高教师教育质量。同时，要为免费师范毕业生的继续教育和长远发展创造条件，促进他们终身学习，尽快成长为优秀教师。

四要为免费师范毕业生提供就业保障。为免费师范毕业生落实中小学教师岗位是实施这项工作的关键环节。今年入学的免费师范生虽然四年以后才毕业，但现在就要做出整体考虑，做到未雨绸缪。各地政府要统筹规划，在配合师范大学做好免费师范生招生计划工作的同时，提前做好免费师范毕业生的接收计划和相关工作，确保四年后每一位到中小学校任教的免费师范毕业生有编有岗。省级教育行政部门负责组织用人单位与毕业生双向选择，安排落实任教学校。中央财政对接收免费师范毕业生的中西部地区给予一定的支持。地方政府和农村学校要为免费师范毕业生到农村任教服务提供必要的工作生活条件。要让每一位免费师范生了解就业政策，对未来的工作岗位有良好的心理预期，以利于他们在校安心学习，将来长期从教。

五要扎实做好有关组织实施工作。在部属师范大学实行免费师范教育，是党中央、国务院做出的重大决策，是政府对全社会做出的庄严承诺。这是一个新事物，社会广泛关注，试点工作能否取得成功，关系到能否在更大范围推行师范生免费教育，关系到教师教育改革发展和教师队伍建设的全局，关系到广大免费师范生及其家庭的切身利益，也关系到政府在人民群众中的公信力。因此，各地区、各有关部门和学校要从大局出发，切实负起责任，按照“自愿、择优、公开、改革”的原则，加强组织领导，精心部署实施。要切实把握好保证生源质量、改革师范教育、落实教师岗位、履行服务协议等重点环节，研究制定相关政策，落实配套措施，确保试点工作顺利开展，努力形成优秀学生读师范、优秀人才当教师的良好局面。

建立健全家庭经济困难学生资助政策体系和在教育部直属师范大学实行师范生免费教育，是当前教育工作的两项重要而又紧迫的任务。让我们在以胡锦涛同志为总书记的党中央的正确领导下，以邓小平理论和“三个代表”重要思想为指导，全面贯彻落实科学发展观和构建社会主义和谐社会的重大战略思想，全力以赴，扎实工作，把中央的这两项重大决策贯彻好、落实好，为促进教育公平、开创教育工作新局面做出新的贡献。

认真学习贯彻党的十七大精神 以提高质量为核心 加快从高等教育大国向高等教育强国迈进的步伐

——在教育部直属高校工作咨询委员会第十八次全体会议上的讲话

（2007 年 12 月 22 日）

陈 至 立

这次会议是在全党全国兴起学习贯彻党的十七大精神热潮的形势下召开的。党的十七大指出，要优先发展教育，建设人力资源强国；强调要提高高等教育质量，努力造就世界一流科学家和科技领军人才，注重培养一线的创新人才。这对新时期教育工作提出了明确的要求。会议代表们在会上提出，要推动我国从高等教育大国向高等教育强国迈进。这是结合我国高等教育实际，落实十七大精神的具体行动，具有深远的意义。

下面，我谈三点意见，与大家一起讨论。

一、我国高等教育正站在一个新的历史起点上

世纪之交，面对经济全球化深入发展、知识经济方兴未艾、科学技术日新月异、国际竞争日趋激烈的形势，党中央、国务院做出了一系列推进高等教育改革、加快高等教育发展的重大决策和部署，把充满生机活力的中国高等教育推向 21 世纪。我国高等教育事业经历了不平凡的 10 年，谱写了我国教育发展史上浓墨重彩的篇章。

第一，高等教育发展实现历史性跨越，为现代化建设提供了强有力的人才支撑，使我国迈出了由人口大国转向人力资源强国的关键性一步。1999 年，党中央、国务院审时度势，根据当时经济社会发展的需求和人民群众的愿望，做出扩大高等教育招生规模的重大决策。1998 年我国高等教育毛入学率仅为 9.8%，2002 年达到 15%，进入国际公认的大众化阶段。2007 年高等教育毛入学率预计达 23%。应特别指出的是，目前全国的高等职业学校已达到 1 000 余所，比 2000 年前净增 900 多所，无论是从学校数还是从在校生数来看，高等职业教育都已占高等教育的“半壁江山”；全国地级市几乎都设立了至少一所高校，高等教育区域布局结构趋于合理。现在，全国普通高校在校生达 1 800 万，规模居世界第一；受过高等教育的人口超过 7 000 万人，有高等教育学历的从业人员总数居世界第二。我国已成为高等教育大国。

10 年来，我们始终强调高等教育工作要把握好规模、质量、结构、效益的关系，提出并贯彻“巩固成果、深化改革、提高质量、持续发展”的方针。2001 年起采取切实措施，狠抓教学质量提高。2004 年起着力控制招生增长幅度，相对稳定招生规模，把高等教育发展的重点放在提高质量上，保证了我国高等教育的健康发展。

第二，一批大学和重点学科实力进一步提升，缩小了与世界高等教育强国的差距。实施高等教育“211 工程”和“985 工程”以来，一流大学和高水平大学以及重点学科建设得到切实加强。10 年来，

“211工程”学校科研经费增长了7倍，SCI论文数增长了近7倍。“211工程”和“985工程”的实施，还带动了高等教育整体水平和竞争力的提高，缩小了与世界高等教育强国的差距，得到国际高等教育界的普遍肯定。

高校解决国民经济和社会发展重大科技问题的能力大幅度增强。“十五”期间，高校承担各类科研课题61.9万项，其中作为第一承担单位承担“973计划”项目占立项总数的54.5%，承担的“863计划”项目数和经费额始终保持在全国的40%左右。目前，全国高校科研经费比1998年增长了5倍，国家重点实验室有63%建在高校。高校科研取得了一批标志性创新成果。近5年来，高校累计获得国家自然科学奖90项，占授奖总数的57.7%；获得技术发明奖89项，占授奖总数的64%；获得科技进步奖543项，占授奖总数的54.8%。在2006年国家科学技术奖励中，高校获得了自然科学奖和技术发明奖的全部一等奖（共3项）。截至2006年底，全国高校专利拥有量达4.5万项，其中发明专利拥有量2.6万项。

高校哲学社会科学研究进一步繁荣发展。目前，高校拥有占全国80%以上的哲学社会科学研究人员，创造了占全国80%以上的哲学社会科学成果，为丰富和发展中国特色社会主义理论体系做出了积极贡献，较好地发挥了现代化建设“思想库”和智囊团的作用。

第三，高水平教师队伍和高层次人才队伍建设有了新进展，教育教学改革不断深化。教育大计，教师为本。10年来，我们采取了一系列措施加强教师队伍建设，吸引高层次人才。成功实施了“长江学者奖励计划”，全国110所高校面向海内外聘任长江学者特聘教授、讲座教授1 107名。目前已有24位长江学者当选为两院院士，57位长江学者担任“973计划”首席科学家，175项由长江学者主持或作为主要完成人参加的科研成果获得国家三大科技奖励。“长江学者奖励计划”还带动了高校人才队伍建设和分配制度改革。实施“高层次创造性人才培养计划”，有力地加强了高校高水平学科带头人、中青年学术带头人、学术骨干和优秀创新团队的培养，推动高校不断增强集聚高层次人才的能力。目前高校拥有全国2/5的两院院士，2/3的国家杰出青年基金获得者。加强师德建设和学风建设，涌现出一批为人师表、品德高尚、严谨治学、无私奉献的优秀教师和先进典型，如大家熟知的孟二冬、方永刚、张光斗等同志，都是高校教师队伍的优秀代表。

狠抓教学内容、课程体系和教学方法的改革及教学管理。加强国家精品课程建设，积极吸收国际科技与学术前沿知识；利用信息化手段改造课程结构，深化教学内容的改革创新；大力提倡启发式教学，积极推进名师、教授讲授本科课程，加强教学团队建设，高校教师的业务能力不断提高。

第四，高等教育各项改革取得重大突破，对外开放成效显著，初步建立了与社会主义市场经济相适应的高等教育体制机制。以国务院机构改革为契机，大力推进高等教育管理体制改革。高等教育实行中央和省两级管理、以省级政府管理为主的体制，加大了省级政府对高等教育的统筹力度，改变了计划经济条件下部门和地方条块分割、重复办学的局面，初步形成了与社会主义市场经济相适应的高等教育管理新体制。通过“共建、调整、合作、合并”，优化资源配置和布局结构，主动适应当今世界科学技术与人才培养的发展趋势，增强了高校为经济社会发展服务的能力。

高等教育各项改革都取得突破性进展。人事分配制度改革充分调动了广大教师的积极性、主动性和创造性。初步建立起高等教育成本分担机制，促进了高等教育多元化投入体制的形成。招生和毕业生就业制度改革取得明显成效。办学体制改革不断深化，高校后勤社会化改革成效明显，为高等教育发展提供了保障。

高等教育对外开放不断扩大，国际合作和交流更加广泛深入。目前，我国已与184个国家和地区以及联合国教科文组织等国际组织建立了教育合作与交流关系，与有关国家政府部门签署了近190个高层次人才联合培养协议，与32个国家和地区签订了相互承认学历学位协议，构建了中外大学校长论坛、中欧高等教育合作磋商会议等高等教育国际交流平台。我国大学的国际化程度明显提高，通过与世界知名大学和科研机构强强合作，联合培养、合作研究，不断加大开放式培养力度，使高校师生特别是学术骨干、学术带头人有了越来越多的接触国际学术前沿和参与国际竞争的机会，这对培养造就科技尖子人才和领军人才发挥了巨大的促进作用。近30年来，我国出国留学人员达106万，其中已有27.5万人学成回国，近几年回国人数呈逐年增加趋势。一大批留学归国人员充实到高校教学科研一线，大大增强了我国高校了解和参与国际学术前沿领域的能力。我国高等教育国际地位不断提高，影响不断扩大，目前共有来自184个国家和地区的16.2万余名国际学生在我国高校等机构学习，越来越多国家的青少年将我国作为留学主要目的国。孔子学院建设成效显著、影响广泛，已在海外建立的210所孔子学院成为我国汉语对外推广的重要基地。这些事实充分说明，改革开放特别是近10年来高等教育对外开放的不断扩大，高层次交流与合作的日益深入，为我国高等教育大改革、大发展发挥了重要的促进作用，同时也大大提升了我国高等教育的国际影响力。

第五，多渠道加大投入，改善高校办学条件，校园面貌焕然一新。多渠道筹集资金成效显著，高等教育经费增长较快。“九五”时期中央教育财政支出比例每年提高1个百分点的政策的实施，以及高校经费多元化投入机制的建立，有力地推进了高等教育的改革与发展。2005年高等教育经费总量为2 550亿元，是1998年549亿元的4.6倍，年均增长24.5%。其中，全国普通高校财政性教育经费为1 091亿元，是1998年357亿元的3.1倍，年均增长17.3%。1998年至2006年，全国普通高校校园占地面积增加了2.6倍，教学行政用房面积增加了3.7倍，教学仪器设备值增加了4.7倍，固定资产增加了6.4倍，办学条件得到改善。

第六，不断完善家庭经济困难学生资助政策体系，促进教育公平。国家建立健全了对普通本科高校、高等职业学校和中等职业学校学生的国家奖学金、助学金制度。中央和地方财政投入每年将达到308亿元左右，资助总额比原来增加了10倍以上，资助力度明显加大、资助面明显扩大，享受国家奖、助学金的大学生每年约400万名，占高校在校生总数的20%以上。以国家奖、助学金和助学贷款为主体，勤工助学、特殊困难补助、学费减免有机结合的资助政策体系，保证了家庭经济困难学生能上得起大学或接受职业教育。

第七，高校思想政治工作取得显著成效，高校持续保持稳定。贯彻落实中央16号文件精神，坚持育人为本、德育为先；进一步落实马克思主义中国化的最新成果进教材、进课堂、进学生头脑，广大师生高度认同邓小平理论、“三个代表”重要思想和科学发展观；坚持每年召开1次全国高校党建工作会议，大学生和青年教师中党员比例不断提高；处理好改革、发展、稳定的关系，把维护高校稳定作为做好高等教育各项工作的前提和基础。高校连续18年保持稳定，为全社会稳定做出了积极贡献。

总之，世纪之交，我国高等教育实现了大发展、大改革，成就巨大、举世瞩目。这些成就，是在党中央、国务院的正确领导下，高等教育战线广大领导干部、师生员工开拓创新、团结进取、艰苦奋斗的结果。在座的高校领导同志都亲身参与了这段不平凡的历程，付出了艰辛努力，做出了突出贡献。在此，我向在座的全体同志，并通过你们向高等教育战线的广大师生员工，表示亲切的慰问和诚挚的感谢！

10年的实践和探索，进一步深化了我们对建设什么样的高等教育、如何建设中国特色社会主义高等教育等重大问题的认识。我们深深体会到，要办好中国的高等教育，必须坚持高举中国特色社会主义伟大旗帜，确保高等教育事业沿着正确的方向不断前进；坚持贯彻落实科学发展观，以人为本，保证高等教育持续、健康、协调发展；坚持为现代化建设服务，为人民服务，为全面建设小康社会提供人才支撑和知识贡献；坚持解放思想，改革创新，使高等教育充满生机活力；坚持教育的公益性质，在实行高等教育成本分担机制的同时，建立和完善资助体系，促进教育公平；坚持处理好改革、发展、稳定的关系，加强和改进高校党的建设和思想政治工作，切实维护高校稳定。

在充分肯定高等教育取得的成就和经验的同时，我们也要清醒地看到，我国虽已成为高等教育大国，但与世界高等教育强国还有很大差距。一是高等教育资源配置、结构布局和学科专业设置还不适应国家现代化建设和经济社会发展的现实需要。二是教育教学观念、人才培养方式、教学内容和教学方法较落后，不利于学生创新精神的培养和实践能力的提高，教学质量还有待大力提高。三是拔尖创新人才培养成效不明显。四是缺少大师级教师和领军人才，教师业务素质和师德水平以及创新能力需要进一步提高。五是高校科学研究和学科发展还缺乏核心竞争力，科技创新能力有待进一步提高。六是高等教育投入与高等教育发展需求还有较大差距；高校债务数额较大，贷款比例较高，存在潜在的风险。高校管理也存在不少薄弱环节，自我发展、自我约束的机制亟待建立和完善。这些问题的核心，是高等教育的人才培养能力、科技创新能力还不够强，质量还不够高。

可以说，我国高等教育既站在一个新的历史起点上，也正处在一个新的发展阶段。科学提出高等教育下一步发展方向和目标，是关系我国高等教育持续健康发展的大问题。我同意会议代表们提出的有关以提高质量为核心、加快从高等教育大国向高等教育强国迈进步伐的一系列重要建议。

二、科学认识建设高等教育强国的战略意义

党的十七大明确提出要建设人力资源强国。高等教育担负着培养各类高质量人才、创造高水平科研成果、提供一流社会服务的重任，在建设人力资源强国过程中具有重要的战略地位。发达的高等教育是人力资源强国的重要保障。贯彻落实党的十七大精神，建设人力资源强国，就必须建设高等教育强国。我们要从夺取全面建设小康社会新胜利的大局和实现中华民族伟大复兴的高度出发，认识建设高等教育强国的重大战略意义。

首先，建设高等教育强国是走中国特色新型工业化道路，加快我国现代化建设的必然要求。我国已经成为世界第四大经济体，创造了世界经济奇迹。但是，我们必须清醒地认识到，我国自主创新能力不强，粗放型经济增长方式没有根本转变，西方大国对我国的经济科技压力仍然十分突出。要使国民经济继续保持又好又快发展，就必须使经济发展方式转到依靠科技进步、劳动者素质提高和管理创新上来。

胡锦涛同志在不久前召开的中央经济工作会议上提出，我国要加快从工业大国向工业强国转变的历史进程。这就对高等教育提出了新的更高的要求。很难想象，一个高等教育薄弱的国家能成为工业化、现代化强国。因此，提出建设高等教育强国的目标是必要的、及时的。

第二，建设高等教育强国是落实人才强国战略，增强我国综合国力和国际竞争力的必然要求。当今世界，经济全球化深入发展，科技革命加速推进，国际竞争日趋激烈，知识越来越成为提高综合国力和国际竞争力的决定性因素，人才资源越来越成为国际竞争格局中的关键性、战略性资源。联合国教科文组织与世界银行曾在 2000 年《发展中国家的高等教育：危机与出路》一文中提出：没有更多更高质量的高等教育，发展中国家将会越来越难以从全球性知识经济中受益。接受高等教育的国民越多、层次越高，国民素质就越高，国际竞争力就越强。发达国家国际竞争力之所以较强，很大程度上得益于其充满活力的、发达的高等教育，得益于拥有大批高素质创新人才。必须建设高等教育强国，培养大批拔尖优秀人才和一批大师级人才，我国才能掌握发展的主动权，提高综合国力和国际竞争力。

第三，建设高等教育强国是增强自主创新能力，建设创新型国家的必然要求。创新是一个民族进步的灵魂，是一个国家兴旺发达的不竭动力。在汹涌澎湃的世界新科技革命浪潮中，谁在科技创新方面占有优势，谁就能在国际竞争中占据主动。中华人民共和国建国 58 年来特别是改革开放以来，我国取得了一大批具有世界先进水平的科技成果，这对我国经济社会发展和国防建设做出了重大贡献。但是，目前我国科技水平同发达国家相比还存在较大差距，科技自主创新能力还不强，关键技术自给率低，发明专利少，科技成果转化率低。面对发达国家科技优势的压力和在核心关键技术领域对我国进行的封锁，我们必须大力增强自主创新能力，建设创新型国家。

高校是国家创新体系的重要组成部分。高校培养的素质优良、结构合理的各类人才，支撑着科技进步和创新，这是自主创新的基础和源泉；高校汇聚科技创新团队，形成持续产生重大科研成果的创新平台和基地，这是实现自主创新的重要支撑，在建设创新型国家中发挥着不可替代的重要作用。建设高等教育强国，正是增强自主创新能力、建设创新型国家的必然要求。

第四，建设高等教育强国是建设社会主义先进文化，推动文化大发展大繁荣的必然要求。文化是民族凝聚力和创造力的重要源泉，是综合国力的重要因素。大学从来就是孕育新思想、新学术、新文化的摇篮，是文化传承发展创新的重要基地，在社会文化建设中发挥着既服务文化建设，又引领文化发展的独特作用。

高校要用社会主义核心价值体系教育学生，系统地向学生传授马克思主义中国化的最新成果，宣传中国特色社会主义共同理想，帮助大学生树立正确的世界观、人才观、价值观。高校要培养造就一批马克思主义理论家，推进马克思主义理论研究和建设工程，繁荣发展哲学社会科学，进一步发挥“思想库”的作用。高校要在加强中华优秀文化传统教育，挖掘和保护中国优秀文化，倡导并培育和谐理念与和谐精神，培育文明风尚，推动我国文化成果和优秀人才走向世界方面发挥独特优势。在文化大发展大繁荣的伟大历史进程中，高等教育应该也完全能够发挥重要作用。

总之，我们要从国家现代化建设全局和战略高度，从贯彻落实科学发展观和全面建设小康社会的高度，进一步深刻认识高等教育在经济社会发展中的重要地位与关键作用，采取有力措施，切实加强高等教育工作，努力建设高等教育强国。

三、科学把握建设高等教育强国的基本思路和战略重点

建设高等教育强国是一项艰巨的历史任务，需要长期坚持不懈的努力。综合大家的意见，我想，要建设高等教育强国，我国高等教育大体上应朝着以下几个方面的目标努力：

一是高等教育的布局、层次、类型和学科结构优化，高等职业教育、本科教育和研究生教育协调发展，形成各类高校相互促进、各具特色、健康发展的格局。

二是高等教育质量全面提高，培养一批拔尖创新人才和大批各级各类优秀人才。

三是高校拥有一批具有国际领先水平的学科带头人和具有国际竞争力的教学科研队伍，具有国际影响力和吸引力。

四是相当一批重点学科达到世界一流水平，具有若干所世界一流大学和一批国际知名的高水平大学，取得一批在国际上具有重大影响的科研成果，支撑发展，引领未来。

五是高等教育为社会提供一流的服务，成为科技成果转化为现实生产力的生力军，推动经济社会发展的“思想库”和“人才库”，对经济社会发展的贡献率高。

六是高校具有一流的管理，依法自主办学的自主权得到切实落实，高校拥有民主、宽松、开放、和谐的良好学术环境和精神文化氛围。

这样的高等教育，将是培养和造就世界一流科学家、思想家、科技领军人才和一线优秀人才的摇篮，将是知识创新、推动科技成果向现实生产力转化的重要力量，将是推动文化大发展大繁荣的坚强阵地。只有拥有这样的高等教育，我国才能真正成为高等教育强国。

建设高等教育强国，要高举中国特色社会主义伟大旗帜，认真学习贯彻党的十七大精神，深入贯彻落实科学发展观，以优化结构为基础，以提高质量为核心，以建设高素质教师队伍为关键，以改革开放为动力，以加大投入和提高管理水平为保障，以培养拔尖人才和各类优秀人才为根本任务，为实现全面建设小康社会、为中华民族的伟大复兴提供强有力的人才支撑和知识贡献。

第一，培养拔尖人才和各类优秀人才，提高我国核心竞争力。胡锦涛总书记深刻指出，“世界范围的综合国力竞争，归根到底是人才特别是创新型人才的竞争。谁能够培养、吸引、凝聚、用好人才特别是创新型人才，谁就抓住了在激烈的国际竞争中掌握战略主动、实现发展目标的第一资源。”为国家培养大批优秀人才特别是拔尖创新人才是建设高等教育强国的根本任务。培养拔尖创新人才，一要创新教育观念和人才培养模式。抓住创新精神和实践能力这个关键，将科学研究和工程实践与人才培养紧密结合起来，深化教育教学改革，使教育理念、内容、方法、手段和模式等适应时代进步、科技创新和人的全面发展的要求。二要坚持开放式培养。通过鼓励科研院所、高等院校同海外研究开发机构建立联合实验室或研究开发中心，共同培养高层次创新人才。三要为拔尖创新人才的成长提供良好的制度和环境。从政策体系入手，完善激励机制，为拔尖创新人才潜心钻研学问营造环境，为他们脱颖而出提供条件。与此同时，各级各类学校要主动适应现代化建设的需求，为各行各业培养各类优秀人才。

第二，以提高质量为核心开展各项工作。提高高等教育质量是建设高等教育强国的核心。一是要把教学放在高校工作的中心位置，加大教学投入，强化教学管理，改革培养模式、教育教学方法和考试评价制度，更新教材内容，强化研究型学习和实践环节，着力培养学生的创新精神和实践能力，增强学生的创业能力。二是要对“985工程”和“211工程”建设高校提出更高的质量要求。这些高校要自觉在提高教育质量上做出表率，带动全国高校教育质量的提高。三是所有高校都要科学确定人才培养目标，适应经济社会发展对人才的多样化需求，为各行各业培养大批优秀专门人才和高素质劳动者。四是要处理好规模、质量、结构、效益之间的关系，按照中央的要求，相对稳定招生规模，切实把高等教育发展的重点放在提高质量上。

第三，坚持人才强校，建设高素质教师队伍。教师队伍建设是建设高等教育强国的关键环节。一要弘扬大学精神，建设大学精神家园，为大师级人才的成长创造良好的环境。在人才的成长过程中，大学的文化和精神至关重要。追求真理、发扬学术民主是大学精神的核心。大学要有追求真理、坚持真理的骨气和勇气，鼓励师生自由探索，敢于挑战权威和传统观念，努力形成敢于创新、勇于探索、奋发向上、宽松和谐的学术氛围和严谨治学的优良学风。二要采取特殊政策，通过有效的机制与制度保障，吸引和汇聚一批具有国际先进水平的学术大师和学科带头人。三要加大人事和分配制度改革力度，破除制约创新、束缚创新的一切障碍，激发生机和活力，促进拔尖创新人才成长。

第四，根据我国现代化建设的需要和世界科技发展的趋势，优化高等教育结构和布局。我们要建设的高等教育强国，应该具有一个多样化、多层次、多类型、布局结构合理、开放的高等教育体系。优化高等教育的结构和布局，一要立足国家发展战略，做好人才需求预测工作，调整高校人才培养结构，既满足当前经济社会发展的紧迫需要，又适应长远发展。二要适应世界科技发展的趋势和科技创新的要求，调整学科布局和专业设置，培养新兴产业需要的各类紧缺人才。三要根据区域发展战略，统筹东中西部地区高等教育的协调发展，为区域发展提供有力的人才支撑。四要鼓励各级各类学校办出特色、办出水平，培养各类优秀人才，做出独特贡献。

第五，坚定不移地推进一流大学、高水平大学和高水平学科建设，增强高校创新能力。一个国家没有若干所世界一流大学和高水平大学，没有一批世界一流的学科，就不可能成为高等教育强国。加快建设一流大学和高水平学科，是提高自主创新能力、增强国家核心竞争力的战略需要，也是这些年来我国高等教育发展的成功实践和有益探索。一要继续实施“211工程”和“985工程”，推动一批大学和重点学科达到或接近世界先进水平。二要积极发展特色学科、优势学科、前沿新型学科和交叉学科，主动承担国家重大科技项目和重点实验室建设，大力推进产学研结合，增强高校创新能力和服务水平。三要加大国家对高校科研基地和创新团队建设的投入。

第六，继续深化改革，不断提高对外交流与合作水平。建设高等教育强国，必须深化改革，扩大开放。一要创新高等教育宏观管理体制，进一步调整政府与学校的关系，在落实高校办学自主权上有新的突破。二要支持和规范民办高等教育发展，发挥社会力量办学积极性。三要深化高校内部管理体制改革，充分调动专家学者、广大教师办好学校的积极性。

要不断提高对外交流与合作水平，增强我国高等教育国际竞争力。一是国内著名高校要与境外高水平大学强强合作、强项合作，在广泛的对外交流与合作中博采众长。二是要不断拓宽高校培养人才的国际视野，有针对性地向世界各国的名校、名实验室、名导师派出留学人员；进一步完善政策，促使留学人员学成回国。三是要引进国外优质教育资源，借鉴国外先进的办学经验。

第七，加大投入，创新管理。投入和管理是建设高等教育强国面临的两个突出问题。一是各级政府要站在现代化建设和中华民族伟大复兴的战略高度，更加重视和关心高等教育，按照党的十七大的要求，坚持教育公益性质，加大财政对教育包括对高等教育的投入，为建设高等教育强国提供强大保障。二是要在深入调查研究的基础上，采取切实措施，解决影响稳定和发展的突出问题。要把高校负债等问题提到议事日程上来。三是要创新管理模式，积极探索中国特色的高校管理模式，进一步提高高校管理水平；要充分发扬民主，注重制度建设，坚持依法治校，不断提高管理的科学化、民主化、法制化水平。

推进高等教育强国建设需要强调和把握以下几个问题：

一要坚持正确的指导思想。要以党的十七大精神为指导，深入贯彻落实科学发展观，以提高质量为核心，努力建设高等教育强国。

二要遵循客观规律。建设高等教育强国是一个长期的、循序渐进的过程。要坚持在我国高等教育现有基础上提高水平，提高质量，充实内涵，不要搞外延扩张，重复建设。要坚持埋头苦干、长期奋斗，反对急功近利、浮夸浮躁。

三要加强战略研究和规划。建设高等教育强国作为一个重大课题，很多问题需要进一步深入系统研究，必须加强规划，明确重点和措施、阶段和步骤，稳步推进。

四要集中精力，抓质量、抓管理、抓队伍建设。建设高等教育强国，归根到底是要办好每一所学校。各位书记、校长使命崇高，责任重大，必须潜心办学，真正把精力和财力集中用在优化育人环境上，扎扎实实抓质量、抓管理、抓人才队伍建设。

我国高等教育改革和发展取得了巨大成就。实现中华民族的伟大复兴，赋予了我们更加艰巨的使命。让我们以党的十七大精神为指导，高举中国特色社会主义伟大旗帜，更加紧密地团结在以胡锦涛同志为总书记的党中央周围，开拓进取，求真务实，为建设高等教育强国而努力奋斗。

推进教育事业科学发展
为建设人力资源强国而奋斗

——在教育部2008年度工作会议上的讲话

(2007年12月26日)

周　济

2008年度教育工作会议的主要任务是：认真学习贯彻党的十七大精神，高举中国特色社会主义伟大旗帜，以邓小平理论和"三个代表"重要思想为指导，深入贯彻落实科学发展观，回顾、总结十六大以来特别是2007年的教育工作，研究、部署2008年和今后一个时期的教育工作，进一步统一思想，振奋精神，推进我国教育事业科学发展，办好人民满意的教育，为建设人力资源强国而奋斗。下面，我讲三个问题。

一、关于学习贯彻党的十七大精神

党的十七大是在我国改革发展关键阶段召开的一次十分重要的大会，对于党和国家事业的发展具有重大而深远的意义。胡锦涛总书记所作的重要报告，以马克思列宁主义、毛泽东思想、邓小平理论和"三个代表"重要思想为指导，深入贯彻落实科学发展观，科学回答了党在改革发展关键阶段举什么旗、走什么路、以什么样的精神状态、朝着什么样的发展目标继续前进的重大问题，为推动党和国家的事业发展指明了方向。

学习好、领会好、贯彻好、落实好党的十七大精神，是当前和今后一个时期教育战线的首要政治任务。全面准确学习领会党的十七大精神，重点要把握好三个方面：

(一) 高举中国特色社会主义伟大旗帜

中国特色社会主义伟大旗帜，是当代中国发展进步的旗帜，是全党全国各族人民团结奋斗的旗帜。高举中国特色社会主义伟大旗帜，最根本的就是要坚持中国特色社会主义道路和中国特色社会主义理论体系。改革开放以来，我国经济社会发展的实践已经充分证明，在当代中国，坚持中国特色社会主义道路，就是真正坚持社会主义；坚持中国特色社会主义理论体系，就是真正坚持马克思主义。

在这面旗帜的指引下，经过改革开放以来的艰辛努力和探索，我们已经开辟出一条中国特色社会主义教育发展道路，使我国教育不断焕发出旺盛的生机和活力。在邓小平理论的指引下，我国教育率先冲破"两个凡是"的桎梏，从恢复高考到大规模地派遣留学生，教育作为解放思想、改革开放的重要领域，迎来了发展的春天，教育优先发展的战略地位得到确立，尊重知识、尊重人才成为时代强音。随着我国经济社会的发展，以"三个代表"重要思想为指导，党中央提出了科教兴国战略和人才强国战略，进一步强化了教育优先发展的战略地位。进入新时期新阶段，全面建设小康社会、构建社会主义和谐社会对教育事业提出了新的要求，贯彻落实科学发展观，推动教育事业优先发展、科学发展，教育事业走入了又好又快发展的轨道。改革开放以来的实践证明，只有高举中国特色社会主义伟大旗帜，全面贯彻党的教育方针，全面实施素质教育，才能在教育工作中始终坚持正确的方向，培养德智体美全面发展的社会主义建设者和接班人；只有高举中国特色社会主义伟大旗帜，坚持解放思想、实事求是、与时俱进，推进教育的改革开放，才能不断突破教育发展面临的困难和障碍，推动教育事业的持续健康发展；只有高举中国特色社会主义伟大旗帜，坚持教育为现代化建设服务，为人民服务，才能办好人民满意的教育。我们要用中国特色社会主义伟大旗帜统一思想、凝聚力量，始终不渝地贯彻执行党的基本理论、基本路线、基本纲领、基本经验，加快发展中国特色社会主义教育事业，为实现党的十七大确定的目标和任务而努力奋斗。

（二）深入贯彻落实科学发展观

学习贯彻党的十七大精神，最重要的是要进一步深入贯彻落实科学发展观。科学发展观，是立足社会主义初级阶段基本国情，总结我国发展实践，借鉴国外发展经验，适应新的发展要求提出来的。科学发展观，是对党的三代领导集体关于发展的重要思想的继承和发展，是马克思主义关于发展的世界观和方法论的集中体现，是同马克思列宁主义、毛泽东思想、邓小平理论和“三个代表”重要思想既一脉相承又与时俱进的科学理论，是我国经济社会发展的重要指导方针，是发展中国特色社会主义必须坚持和贯彻的重大战略思想。

近年来，我国教育事业之所以取得巨大成就，一条重要的经验，就是坚持以科学发展观统领教育事业的改革发展。在新的历史阶段推进教育发展，关键是要全面把握科学发展观的科学内涵和精神实质，增强贯彻落实科学发展观的自觉性和坚定性，着力改变不适应不符合科学发展观的思想观念，着力解决制约科学发展的突出问题，把科学发展观贯彻落实到教育改革发展的各个方面。党的十七大报告明确指出，科学发展观，第一要义是发展，核心是以人为本，基本要求是全面协调可持续，根本方法是统筹兼顾。从我们教育工作来说，要从这样四个方面来加以落实：一是进一步实施科教兴国战略和人才强国战略，坚持教育优先发展；二是坚持教育为人民服务的宗旨，努力办好人民满意的教育，坚持教育以育人为本、以学生为主体，办学以人才为本、以教师为主体；三是按照“巩固、深化、提高、发展”的方针，巩固成果，深化改革，提高质量，持续发展，进一步促进我国教育事业持续协调健康发展；四是统筹教育的规模、结构、质量和效益协调发展，统筹各级各类教育协调发展，统筹城乡和区域教育协调发展，统筹教育的发展、改革和稳定。

（三）贯彻落实党的十七大对教育工作的新要求

党的十七大对我国教育事业的改革发展提出了新的更高要求，进行了全面部署。在党的十七大报告“加快推进以改善民生为重点的社会建设”部分，提出要“努力使全体人民学有所教、劳有所得、病有所医、老有所养、住有所居”，明确提出“优先发展教育、建设人力资源强国”。这是党中央着眼于我国经济社会发展的新要求，进一步实施科教兴国战略和人才强国战略提出的新的重大战略任务。建设人力资源强国和建设创新型国家一起，构成了新世纪新阶段贯彻落实科学发展观，推进科教兴国战略和人才强国战略的两个奋斗目标和两大战略支柱。

经过新中国建立 58 年、改革开放 29 年、特别是世纪之交 10 年来的奋斗，我们国家已经全面普及了九年义务教育，职业教育有了很大的发展，高等教育已经进入了大众化发展阶段。现在，我们已经实现了从人口大国到人力资源大国的历史性转变；我国教育已经进入了一个新的发展阶段；从新的历史起点出发，实现我们国家从人力资源大国向人力资源强国的根本性转变，是时代赋予我们的新的伟大使命。

这个战略任务是与党的十七大提出的实现全面建设小康社会奋斗目标的新要求相适应的。教育既是这个更高要求的重要组成部分，又为这个更高要求的实现提供人力资源和智力支持。党的十七大报告提出的“现代国民教育体系更加完善，终身教育体系基本形成，全民受教育程度和创新人才培养水平明显提高”的奋斗目标，集中到一点，就是要优先发展教育，加快建设人力资源强国的步伐。

要在全国教育系统不断把学习贯彻落实党的十七大精神引向深入。各级教育行政部门和各级各类学校都要按照中央的要求和部署进一步抓好学习贯彻工作，用党的十七大精神教育全体干部和师生，把教育系统全体同志的思想统一到党的十七大精神上来。

首要是抓好学习工作。中央已经作出部署，2008 年上半年要对处级以上领导干部进行轮训，集中一段学习时间，认真研读党的十七大文件，原原本本地学习党的十七大报告和党章；2008 年下半年，要开展学习实践科学发展观的活动。教育部党组将按照中央的要求对这项工作进行专门部署。教育系统的同志们要增强学习贯彻党的十七大精神的自觉性和坚定性，广大党员干部、党员专家学者要带头学，在改造客观世界的同时，改造主观世界，提高马克思主义的理论修养，用党的十七大精神武装头脑，用中国特色社会主义理论体系武装头脑。

同时，要坚持用党的十七大精神指导实践、推动工作。理论联系实际，是我们党一贯坚持的马克思主义学风，也是学习贯彻好党的十七大精神的保证。要紧紧围绕当前教育改革与发展的重大理论和实际问题，把党的十七大精神贯彻到工作中，继续解放思想，坚持改革开放，坚定不移地走中国特色社会主义教育发展道路。这里要强调三个重点：一是总结过去，二是研究现在，三是谋划未来。

一是要深刻总结教育改革和发展的历史经验。

明年我们将迎来改革开放 30 周年。学习贯彻党的十七大精神，首先要联系改革开放以来教育工作的实际，对 30 年来尤其是世纪之交以来的教育改革和发展进行认真总结。在发展中国特色社会主义教育的实践中，我们已经形成了对今后的工作具有重要指导意义的基本经验。我们的初步体会有这么六条：

第一，坚持把教育摆在优先发展的战略地位，推进教育事业全面协调可持续发展。优先发展教育是我们党提出并长期坚持的一条战略方针。我们必须高举中国特色社会主义伟大旗帜，全面实施科教兴国战略和人才强国战略，继续坚持好、落实好把教育摆在优先发展的战略地位的方针，大力倡导尊师重教，大力发展教育事业，大力提高全民族素质，为全面建设小康社会、加快推进社会主义现代化、实现中华民族伟大复兴提供强大的人才和人力资源保证。要坚持教育科学发展的道路，着力把握教育发展规律、创新教育发展理念、转变教育发展方式、破解教育发展难题，提高教育发展质量，促进教育事业全面协调可持续发展。

第二，坚持全面贯彻教育方针，把培养德智体美全面发展的社会主义事业建设者和接班人作为根本任务。要坚持育人为本、德育为先，全面落实立德树人的要求，加强和改进学生思想政治工作，把社会主义核心价值体系融入国民教育全过程，引导学生树立正确的世界观、人生观、价值观、荣辱观。要全面推进素质教育，坚持面向全体学生，促进学生的全面发展，努力办好每一所学校，不断促进人才培养模式的创新，不断提高各级各类教育的质量，培养数以亿计的高素质劳动者、数以千万计的专门人才和一大批拔尖创新人才。

第三，坚持教育为现代化建设服务、为人民服务的宗旨，办好人民满意的教育。教育事业关系亿万学子，关系人民群众最根本、最长远利益，衡量教育工作是不是贯彻落实科学发展观，最终体现在人民对教育的满意程度上。衡量办好人民满意的教育的标准，一是要看教育为国家和人民的事业作出的贡献，二是要看能不能解决好人民群众最关心、最直接、最现实的教育问题。因此，办好人民满意的教育，一方面要坚持发展这个硬道理，通过科学发展来满足现代化建设和人民群众对教育的需求；二是坚持教育公平，把促进教育公平作为国家的基本教育政策，使广大人民群众都能学有所教，享有良好的教育。

第四，坚持解放思想，深化改革开放。从 1985 年《中共中央关于教育体制改革的决定》到《中国教育改革和发展纲要》，从世纪之交高等教育体制改革的重大突破到进入新世纪以来农村义务教育管理体制和经费保障机制的重大转变；从改革开放之初大规模派遣留学生到全方位的教育国际合作与交流，教育的大改革、大开放促进了教育的大发展。过去取得的成就靠的是改革开放，今后的发展仍然要靠改革开放。我们要以改革开放为强大动力，不断增强教育体系的生机活力，提高教育对社会主义市场经济、民主政治、先进文化和和谐社会建设的适应力、贡献力，拓宽中国特色社会主义教育的发展道路。

第五，坚持加强党对教育工作的领导。教育担负着培养社会主义建设者和接班人的使命，旗帜问题、政治方向问题，永远是第一位的。中国特色社会主义教育的发展，必须始终置于党的坚强领导之下，这是总结改革开放以来教育工作正反两方面经验教训得出来的必然结论。我们要以改革创新的精神推进教育系统党的建设，使教育系统的各级党组织始终站在时代的前列，经得起改革开放的考验，经得起市场经济的考验，经得起在复杂环境下领导和推进教育事业的考验，成为宣传贯彻中国特色社会主义理论体系的坚强阵地，为优先发展教育、建设人力资源强国的新征程提供坚强的政治保证和组织保证。

第六，坚持和发扬忠诚、奉献、艰苦奋斗的优良作风。在我们这样一个发展中人口大国，面对人民群众对良好教育的期盼，面对穷国办大教育的基本国情，优先发展教育事业，要靠各级党委、政府的重视，要靠广大人民群众的支持，还需要教育工作者忠诚于党和人民的教育事业，以高度的责任感、使命感，“下定决心，不怕牺牲，排除万难，去争取胜利”。今年教师节，胡锦涛总书记充分肯定了广大教师“胸怀祖国、热爱人民，学为人师、行为世范，默默耕耘、无私奉献”的高尚精神。这种精神体现在过去几十年的艰苦奋斗之中，体现在基础教育实现“两基”目标的攻坚之中，体现在高等教育的跨越式发展之中，体现在职业教育的历史性进步之中，体现在亿万青少年的健康成长之中。我们要永远弘扬这样的优良作风，为进一步发展教育事业、建设人力资源强国而不懈努力。

二是要认真研究当前教育工作的阶段性特征以及面临的矛盾和问题。

教育发展到一个新阶段，就必然面临新的课题，我们要以党的十七大精神为指导，组织力量进行深入细致的调查研究，积极探索改革发展的新思路。

总的来说，我国教育仍然是处于并将长期处于社会主义初级阶段的教育，但在当前，我国教育呈现出鲜明的阶段性特征。最基本的阶段性特征，就是进入了从人力资源大国向人力资源强国转变的新阶段，进入了全面提高教育质量的新阶段。现在，有学上的问题已经基本解决，上好学的问题成为突出矛盾；数量和规模的问题已经基本解决，质量和结构的问题成为突出矛盾；国民教育体系已经基本形成，中国特色社会主义现代化教育体系还有待进一步发展和完善。从义务教育来看，99%的人口地区已经实现普及九年义务教育，但义务教育的巩固提高和均衡发展的任务极为艰巨；从职业教育来看，规模快速扩展的阶段已经基本结束，但提高技能型人才培养质量的要求日益迫切；从高等教育来看，提高质量尤其是提高拔尖创新人才的培养水平，始终是高等教育的工作重点。因此，尽管教育的规模仍然有一定的发展空间，但从总体上看，今后各级各类教育的发展重点都要放在提高质量上。人民群众不仅要求享有接受教育的机会，更加要求享有接受良好教育的机会。

在新的历史阶段，教育面临的各种矛盾都在转化，教育改革发展的深层次矛盾正在全面显现，如深入实施素质教育的问题、义务教育均衡发展的问题、高素质教师队伍建设的问题、创新型人才培养的问题、进城农民工子女入学和留守儿童的问题，等等。这些问题既有教育内部的体制性障碍，又受到教育外部经济社会文化环境的深刻影响，要求我们以科学发展观为指导，进行系统的、深入的调查研究，提出解决问题的思路和办法，提出在新的历史阶段科学发展的思路和办法。

教育部党组决定大力加强教育改革和发展战略与政策研究，已确定了13个重大课题，包括人力资源强国研究、推进教育优先发展的政策与制度研究、促进教育公平的阶段性目标与政策措施研究、教育投入保障机制研究、中小学教师队伍建设研究、提高高校人才培养质量研究、农民工子女和农村留守儿童教育问题研究、职业教育集团化办学研究、高等学校发展特点与布局结构研究、现代大学制度研究、教育信息化建设与应用研究、学前教育发展研究、继续教育研究，等等。这项工作还要制度化，还要向广度和深度进军。各地也要组织力量，对本地区教育改革和发展中的突出问题进行认真深入的调查研究。

三是要加强对未来教育事业的宏观思考和战略谋划。

贯彻落实党的十七大精神，要进一步谋划推进教育改革发展、实现我国从人力资源大国向人力资源强国转变的战略规划和重大政策举措。

“凡事预则立，不预则废”。我们要以科学发展观为指导，在总结经验、研究问题的基础上谋划发展、规划未来。当前，要切实做好《2008—2012年教育振兴行动计划》研制工作，这是推进人力资源强国建设的一项重要任务。过去这些年的事实表明，教育振兴行动计划作为教育改革和发展的重要行动方案，在推动教育事业发展方面发挥了重要作用。我们要结合落实《国家教育事业发展“十一五”规划纲要》，针对教育改革和发展中的突出问题，提出各类教育发展的主要建设计划，科学地规划、设计若干教育重大工程建设项目。今后一段时间，我们更要集中力量，制订《2020年中国教育发展纲要》，谋划建设人力资源强国的历史伟业。

各级教育行政部门和学校都要在认真学习领会党的十七大精神的基础上制定好本部门、本学校的发展规划。高等学校要紧密结合建设高等教育强国的总要求，进一步思考“建设一所什么样的大学”、“怎样建设这样的大学”这样两个核心问题，进一步完善学校的发展战略规划、学科和师资队伍建设规划、校园建设规划，确定新的发展目标，制定新的发展举措，把科学发展观贯彻落实到学校工作的方方面面。

二、关于过去五年的工作

过去的五年，是新世纪新阶段我国全面建设小康社会取得辉煌成就的五年，也是在科学发展观指导下我国教育的各项事业又好又快发展的五年。

十六大以来，以胡锦涛同志为总书记的党中央高度重视教育，始终把教育放在优先发展的战略地位。在去年8月29日中央政治局集体学习会议上和今年8月31日全国优秀教师代表座谈会上，胡锦涛总书记两次对教育工作发表重要讲话，丰富和发展了马克思主义教育思想，指明了新世纪新阶段我国教育改革和发展的方向。温家宝总理在中南海先后四次召开座谈会，亲自听取来自全国各地的教师、校长和教育专家对教育工作的意见和建议。党中央、国务院采取了一系列重大举措推动教育改革和发展，先后召开了关于加强未成年人思想道德建设和大学生思想政治教育的两次全国工作会议，颁布了加强未成年人思想道德建设、大学生思想政治工作和青少年体育等三个中央文件；国务院先后召开全国农村教育工作会议、全国职业教育工作会议等重要会议，对建立义务教育保障机制、西部地区“两基”攻坚、提高高等教育质量、促进高校毕业生就业、建立和完善家庭经济困难学生资助体系等各项工作进行部署。特别是本届政府的历次政府工作报告都提出了一系列发展教育的重大方针和政策，赢得了掌声，赢得了民心，推动了教育事业的发展。地方各级人民政府先后提出率先基本实现教育现代化、建设教育强省等战略举措。教育优先发展的战略地位不断得到加强和落实。

在党中央、国务院的领导下，教育系统认真贯彻落实科学发展观，坚持“巩固、深化、提高、发展”的方针，不断推进教育改革和发展，努力办好人民满意的教育。我国教育事业迈出新的步伐，取得新的进展，呈现出新的气象，做出了新的贡献。

（一）以加强和发展农村教育为重点，义务教育进入历史新阶段

新中国建立以来，我们一直在为普及义务教育的目标而奋斗。以西部地区“两基”攻坚和农村义务教育全面纳入公共财政保障为重要标志，我国义务教育迈入了全面普及的历史新阶段。

——农村免费义务教育全面实现，实现了义务教育体制的深刻历史变革。2003年，国务院召开了新中国建立以来第一次全国农村教育工作会议，要求把农村教育摆在教育工作重中之重的战略地位，作出新增教育经费主要用于农村的重大决策；2005年底，国务院决定建立中央和地方分项目、按比例分担的农村义务教育经费保障新机制，2007年已经在全国农村地区全面推开。向着既定的目标，根据形势的需要，改革逐步深入，保障范围逐步扩大，有步骤地实现了我国农村义务教育保障机制的根本转变。在全国农村普遍实行免除学杂费的

义务教育，将义务教育全面纳入公共财政保障体系，这是我国教育发展史上的一个重要里程碑，必将对提高全民族素质产生重大而深远的影响。

——西部地区“两基”攻坚取得全面胜利，农村义务教育的面貌发生了根本性变化。实施国家西部地区“两基”攻坚计划，经过四年的努力，西部地区“两基”人口覆盖率从2003年的77%提高到2007年的98%。五年来，国家财政投入数百亿元的资金，建设7 000多所寄宿制学校，支持数以万计的学校改造危房和生活设施，使广大农村地区和边疆地区孩子的学习生活条件得到根本改善。实施“农村中小学现代远程教育工程”，中央和地方政府累计投入110多亿元资金，建设了覆盖全国农村的远程教育网络，农村孩子们共享到了优质教育资源。孩子们高兴地说，“大山再也挡不住知识了”，“同在蓝天下，共同成长进步”。

——全面推进农村义务教育阶段学生的“两免一补”，切实保障了所有学生接受义务教育的权利。全部免除农村义务教育阶段学生学杂费，向全部农村义务教育阶段学生免费提供教科书，补助家庭经济困难寄宿生生活费，惠及了1.5亿农村孩子，解决了农村孩子上学难问题。广大农民群众高兴地说：“种田不纳税，上学不缴费，农民得实惠，和谐好社会”。

——认真贯彻实施新修订的《义务教育法》。新的《义务教育法》明确国家将义务教育全面纳入财政保障范围，将义务教育经费保障机制以法律的形式固定下来，将素质教育上升为法律的规定，将促进义务教育均衡发展作为方向性要求确定下来，为在新的起点上高质量实施九年义务教育提供了法律保障。教育系统认真学习贯彻新的《义务教育法》，促进了义务教育的健康发展。

——农村义务教育和整个基础教育的发展，已经成为实现中国教育振兴的基石。到2007年底，我国“两基”人口覆盖率达到99%，义务教育均衡发展取得初步成果；普通高中教育和中等职业教育协调发展，2006年高中阶段教育毛入学率达到59.2 %，比2002年提高16.4个百分点；青壮年文盲率进一步下降到3.58%。学前教育、特殊教育都在改革创新中不断前进，展现出强劲的发展势头。

（二）以服务为宗旨，以就业为导向，职业教育的发展和改革取得了重大突破

2002年和2005年，国务院两次作出大力发展职业教育的决定，两度召开全国职业教育工作会议，坚持职业教育面向人人、面向全社会的发展方向和大力发展职业教育的方针，推动职业教育步入发展和改革的快车道。

——加快职业教育的发展步伐，基本适应了经济社会和人民群众对职业教育的强烈需求。中等职业教育持续快速发展，2005年、2006年，中等职业学校连续两年分别扩招100万人，2007年再扩大招生50万人，当年招生规模达到801万人，占整个高中阶段教育的半壁江山，普通高中和中等职业教育已经大体相当。高等职业教育又好又快发展，培养了大批现代化建设需要的高技能人才。今年，高等职业教育和中等职业教育加起来招生数达到1 100万人，在校生数超过3 000万人，实现了教育结构调整的战略意图，实现了我国教育结构的深刻变革。

——加快了职业教育办学思想、办学体制、培养模式的变革，一个适应社会主义现代化建设需要的现代职业教育体系基本形成。明确了“以服务为宗旨、以就业为导向”的方针，职业教育办学思想实现了重大转变，局面豁然开朗，路子越走越宽。在办学方向上，坚持面向社会、面向市场、面向企业、面向农村，把加快职业教育发展与繁荣经济、促进就业、消除贫困、维护稳定和建设先进文化紧密结合起来。在培养模式上，坚持与生产劳动相结合，着力培养学生的实践能力和就业能力，大力推行工学结合、校企合作和半工半读，积极推广“订单式”培养。在办学体制上，坚持办好骨干公办院校，积极引导和推动民办职业教育发展，鼓励发展职业教育集团。在办学机制上，坚持实行政府主导、面向市场、多元办学的机制，充分发挥行业、企业的作用，大力推动职业院校与企业密切合作、共同发展。在布局结构上，充分发挥城市和东部地区优质职业教育资源和就业市场的优势，积极推进东西部之间、城乡之间的职业院校联合招生、合作培养、联动发展。

——加强了职业教育的基础能力建设，提高了职业教育对社会主义现代化建设事业的支撑能力。启动了旨在提高职业教育基础能力的职业教育实训基地、县级职教中心、示范性中等职业学校、示范性高等职业技术学院的建设计划，“十一五”期间，中央财政用于这方面建设的经费将超过100亿元，大大改善了职业院校的办学条件。职业教育服务经济社会的意识和能力显著增强。职业教育认真组织实施“国家技能型人才培养培训工程”、“国家农村劳动力转移培训工程”、“农村实用人才培训工程”、“成人继续教育和再就业培训工程”，年培训城乡劳动者达到1.5亿人次。职业教育事业的发展为经济发展作出了贡献，为促进就业作出了贡献，为社会和谐作出了贡献。

（三）高等教育的人才培养质量不断提高，为现代化建设作出了新贡献

1999年，党中央、国务院决定大幅度扩大高等教育招生规模，这是中央审时度势作出的重大决策，是时代要求，是民心所向。从1999年到现在，我国高等教育取得了跨越式的发展，改革取得了重大突破。2006年我国高等教育招生规模达到540万人，是1998年的整5倍，高等教育在学总规模超过2 500万人，毛入学率达到22%。过去几年中，我国高等教育规模先后超过俄罗斯、印度、美国，成为世界第一。高等教育的跨越式发展基本满足了进入新世纪后我国现代化建设对专门人才的需求，是把我国建设成为人力资源大国的战略举措。本届政府以来，我们进一步强化了质量是高等学校生命线的意识，着力提高高等教育质量，高等教育的改革和发展取得了新的成就，继续保持了高等教育的稳定，为全国改革发展稳定的大局作出了突出的贡献。

——切实加强了对高等教育的宏观调控。近年来，特别是2006年国务院第135次常务会议之后，我们采取更加严格的调控政策，适当控制招生增长幅度，相对稳定招生规模，使招生增幅逐年趋缓，平稳下降。2006年、2007年招生人数增幅已下降到6%、5%。

——切实推进质量建设工程。在实施“高等学校教学质量与教学改革工程”的基础上，2006年启动了高等教育的新的质量工程，着力于促进各级各类高等院校科学定位，狠抓质量，特色发展。从2003年到2007年底，基本完成了五年一轮的高校本科教学水平评估工作，试点推进了高职教学水平评估工作，以评促建，以评促改，有力地促进了高等教育质量的提高。推动了学科专业结构的调整，加强了教学团队建设，促进人才培养模式变革，强化了学生的实践能力、创造能力、就业能力和创业能力培养。研究生教育改革稳步推进，创新型人才培养得到加强。示范性高等职业技术学院的建设引领了全国高等职业教育的持续健康发展。

——科技创新和社会服务水平提高，为现代化建设作出更大贡献。高校成为基础研究的主力军、高新技术研究的重要方面军和科技成果转化的强大生力军。高等学校积极主动地投入到发展中国特色社会主义的伟大事业中，大力促进产学研结合，在国家和区域创新体系中正在发挥越来越重要的作用。“十五”期间，全国高校累计争取科技活动经费1 300多亿元，承担各类课题61.9万项，发表论文146.3万篇。截至2006年底，高校专利拥有量达4.5万项。“十五”期间高校共获国家自然科学奖75项，技术发明奖64项，科技进步奖433项，分别占全国总数的55.1%、64.4%、53.6%。2004年，两项国家技术发明一等奖均为高校所摘取，填补了该奖项六年的空白。2006年高等学校又囊括了体现我国重大原始创新能力的自然科学奖和技术发明奖的全部3项一等奖。实施了“高校哲学社会科学繁荣计划”。高校师生积极参与“马克思主义理论研究和建设工程”，推进哲学社会科学学科体系和教材体系建设，加强教学和科研队伍建设，成为各级党委、政府和社会各方面的“思想库”和“智囊团”。目前，全国有80%以上的哲学社会科学人员在高校，有80%以上的哲学社会科学研究成果来自高校，推动了理论创新，为社会主义现代化事业作出了重要贡献。

——更好更快地建设高水平大学和重点学科。基本完成了“211工程”和“985工程”二期建设，进行了认真总结和科学评估。“211工程”和“985工程”高校，培养和会聚了一大批高层次创新人才，产生了一批具有国际先进水平的学科，建设了

一批重要科技创新平台，初步形成了一批具有中国特色的高水平大学，同时带动了整个中国高等教育水平的提高。事实证明，这是我们这样一个发展中国家建设高水平大学的成功之路，是我国参与更加激烈的全球科技、人才竞争的正确选择，是建设创新型国家的重要基础条件。

（四）把素质教育作为教育工作的主题，实施素质教育取得新进展

党的十六大以来，党中央、国务院始终把全面贯彻党的教育方针、全面推进素质教育摆在教育工作的首要位置，并第一次鲜明地提出，素质教育是全部教育工作的主题，将实施素质教育推向了新阶段。

——全面贯彻教育方针、全面实施素质教育是关系社会主义前途命运和中华民族伟大复兴的一件大事。1999 年素质教育进入国家重大政策范畴，丰富了教育方针的时代内涵。2004 年，中央先后颁发了两个具有重大现实意义和深远历史意义的 8 号、16 号文件。2005 年，胡锦涛等中央领导同志就素质教育工作作出重要批示，要求进行系统调研，提出对策建议。2007 年，中共中央、国务院发出了关于加强青少年体育增强青少年体质的意见，把加强体育作为推进素质教育的突破口和重要工作方面。按照中央的要求，各部门联合开展了素质教育的系统调研，提出了进一步推进素质教育的思路和举措。经过广泛而深入的素质教育大讨论，关于素质教育的认识有了很大提高，素质教育正在形成全党全社会共同关心、各部门齐心协力的工作格局。素质教育进入到了国家推进、重点突破、全面展开的阶段。

——加强和改进了大中小学德育工作。“育人为本、德育为先”的理念深入人心，形成共识。整体规划了大中小学德育体系，努力把社会主义核心价值体系融入国民教育全过程，把德育融入学校工作的各个环节，学校成为德育的主课堂、主渠道、主阵地，学校、家庭、社会紧密结合推进德育，未成年人思想道德建设和大学生思想政治教育都取得了显著成绩，得到了切实的加强和改进。特别是全面实施了高校思想政治理论课新的课程方案，完成了《马克思主义基本原理概论》、《毛泽东思想、邓小平理论和“三个代表”重要思想概论》、《中国近代史纲要》和《思想道德修养与法律基础》四本教材的编写，已在全国高校进行了第一轮教学，受到学生的普遍欢迎，思想政治理论课教学状况得到了初步改善，有力地推进了马克思主义中国化最新成果进教材、进课堂、进学生头脑的工作。形势政策教育、社会实践、校园文化建设蓬勃开展，网络思想政治教育不断推进，校外教育活动更加丰富多彩。出台了新的《普通高等学校学生管理规定》，寓思想政治教育于服务和管理之中，高校辅导员和中小学班主任队伍得到加强。

——新一轮基础教育课程改革取得突破性进展，使用新课程的学生累计总数达 1.5 亿，普通高中新课程实验省份扩大到 16 个，在实验基础上的新课程标准的修订和完善工作逐步展开，教育观念和培养模式正在发生深刻变革。这样短的时间、这样广阔的范围进行这样深刻的基础教育课程改革，这在世界各国是绝无仅有的，对于全面推进素质教育奠定了坚实基础。同时，以实行综合素质评价、均衡分配重点高中部分招生名额为关键举措的中考改革取得重要突破并在全国范围内推开；与新课改相适应的高考内容改革、高校自主招生改革，高职单独招生考试改革试点，16 省市高考自命题改革等稳步推进并不断深化，2007 年 4 个高中课改省的高考改革顺利进行，促进了课程改革和高考改革的进一步深入。“全国亿万青少年学生阳光体育运动”广泛开展，每天锻炼一小时和上好体育课的要求不断落实，学校的体育、卫生条件得到改善。

——建设高素质的教师队伍，推动了素质教育的实施和教育质量的提高。党和国家明确提出，要鼓励优秀青年长期从教、终身从教，培养和造就一批教育家。我们把师德建设摆在教师队伍建设的首位，近年来涌现了如孟二冬、方永刚等一大批先进典型。在刚刚过去的教师节，集中表彰了一大批新时期人民教师的优秀代表。新中国成立以来首次评选表彰道德模范，在当选“全国道德模范”的 53 位同志中，有 18 名教师和学生荣获这一殊荣，从一个侧面反映了我国教育系统同志们的精神风貌和道德素质。我们把加强农村教师队伍建设作为教师队伍建设的重点，通过实施农村教师特设岗位计划

和西部志愿者计划，城镇教师支援农村教育制度，定期选派城镇学校教师到农村学校交流任教，积极推动区域内城镇学校教师向农村学校流动，使农村中小学教师培养补充机制不断创新。2007年，国务院决定，在教育部直属师范大学实行师范生免费教育，首次免费师范生招生工作取得了显著成效，对于加强教师队伍建设起到了积极而又深远的推动作用。职业教育“双师型”教师建设取得新的进展。高等学校实施“人才强校”战略取得显著成效，加强了学科带头人、中青年学术骨干、优秀人才和创新团队建设，高校教师队伍的整体素质有了很大提高。中宣部等中央有关部门联合举办了18期哲学社会科学科研骨干研修班，对高校思想政治理论课教师进行骨干研修和全员培训，成效显著，开创了教师队伍建设新局面。

（五）把坚持教育的公益性和促进教育公平作为国家的基本教育政策，促进了人民更好地共享教育发展的成果

五年来，我们始终把坚持教育公益性和促进教育公平作为国家基本教育政策，推动各级政府落实发展教育的责任，反对教育产业化，努力办好人民满意的教育。

——坚持科学发展，形成有利于促进教育公平的总体发展布局。一方面，坚持用发展的办法促进教育公平，又好又快地增加教育供给特别是优质教育资源总量。我国义务教育的普及程度，高中阶段教育的发展规模和高等教育的大众化水平都取得长足进展，提高了满足人民群众对各级各类教育的需求的能力。另一方面，优化教育资源配置的布局结构，统筹城乡、区域教育的协调发展。我们把发展农村教育摆在重中之重的地位，中央用于教育的投入坚持向农村地区、中西部地区、边远地区和少数民族地区倾斜，加强东部对中西部、城市对农村的教育对口支援工作，加快了经济欠发达地区和少数民族地区教育面貌的改变。

——完善受教育权利保障机制，建立和完善家庭经济困难学生的资助政策体系。在义务教育阶段，全部免除了农村义务教育阶段学生的学杂费和书本费，同时为家庭经济困难学生提供寄宿生生活补助。健全了普通本科高校、高等和中等职业学校国家奖学金、助学金制度，健全了国家助学贷款制度；在职业教育阶段，设立了中等职业教育国家助学金；在高等教育阶段，初步形成了奖、贷、助、补、减和勤工俭学有机结合的高校家庭经济困难学生资助政策体系；国家每年用于资助职业教育和高等教育家庭贫困学生的财政投入和学校安排的助学经费总额将达到500亿元，惠及2 000万学生，使家庭经济困难学生都能上得起大学、接受职业教育，此外普通高中家庭经济困难学生资助体系已经部署启动。同时，坚持以公办学校为主、以流入地为主，对农民工子女接受义务教育实行与当地学生同等对待的政策，更好地保障了进城农民工子女接受义务教育的权利；进一步加强了对农村留守儿童学习、生活的管理，初步建立起了学校、家庭、社会三结合的教育管理网络。

——努力解决好关系人民群众切身利益的教育热点难点问题，促进教育公开、公正，形成有利于促进教育公平的制度环境。坚决治理教育乱收费，坚持标本兼治，加大教育投入和规范教育收费并举，教育乱收费现象得到了有效遏制，人民群众对教育行风评价明显好转。加强规范办学工作，开展了中小学转制和出国留学中介等问题的清理整顿。全面实施高校招生“阳光工程”，全程公开、信息透明、接受监督，一举解决了高校招生中存在的突出问题，维护了高考的公开、公平、公正，受到广大人民群众的欢迎和支持。切实做好高校毕业生就业工作，完善了促进高校毕业生充分就业的制度和政策体系，建立健全了就业指导和服务体系，唱响了到农村、到基层、到祖国最需要的地方去建功立业的时代强音，高校毕业生就业率保持在较高水平。积极推进教育政务公开、校务公开，减少行政审批，使教育管理更加民主、公开、透明。

（六）进一步促进教育改革开放，中国特色社会主义现代化教育体制更加充满活力

——教育体制在深化改革中进一步完善，依法治教向深层次推进。农村义务教育管理体制更加完善，职业教育管理体制基本建立，高等学校管理体制逐渐成熟，高校共建工作不断深化，高校后勤社会化改革取得新进展，教师人事制度和收入分配制度改革逐步推进。加强了对民办教育的支持和规

范，民办教育持续健康发展。中国特色社会主义教育法律法规体系进一步完善。2002 年以来，我国先后颁布了《民办教育促进法》及其实施条例、《中外合作办学条例》和新的《义务教育法》，制订了《学生伤害事故处理办法》、《普通高等学校学生管理规定》一系列重要规章。教育督导工作进一步加强，教育行政审批改革成果显著，依法治校深入开展，全国教育普法工作取得新的成绩。

——教育对外合作交流向更高层次、更广领域发展，我国教育国际竞争力进一步提升。目前，我国已经与 184 个国家和地区以及联合国教科文组织等国际组织建立了教育合作交流关系，与 28 个国家（地区）签订了学历学位互认协议。按照“选拔一流学生，派往一流院校，师从一流导师”这“三个一流”的要求，公派出国留学人员的结构更加合理、层次不断提高，成为培养高层次人才的重要渠道。优秀自费留学生奖励政策取得了良好效果，吸引优秀留学人员回国工作、服务和创业的政策更加完善。来华留学事业不断发展。我国大学与世界知名大学和科研机构的“强强合作”不断推进，有力地促进了高水平大学的科技创新和人才培养。汉语国际推广工作取得显著成效，在全球建立了 205 所孔子学院，国际上学习汉语的人数快速增加，汉语正在加快走向世界。

——坚持从严治教、规范管理，有力地保障了教育系统安全、和谐、稳定。正确处理规范和发展的辩证关系，从严治教、规范管理是近年来教育工作的一个鲜明特点。全面推进了教育、制度、监督并重的惩治和预防腐败体系建设，狠抓了党风廉政和行风建设；坚持学校安全工作警钟长鸣，常抓不懈，安全制度建设和安全管理工作取得显著成效；大力推进和谐校园建设和校园周边环境治理，为青少年成长营造了健康、和谐环境；坚持稳定压倒一切，不断创新和完善维护学校稳定的工作机制，及时化解各种矛盾和纠纷，妥善处理校内突发公共事件，高等学校保持了长期持续稳定的局面。

——教育系统特别是高等学校党的建设工作扎实推进。中组部、中宣部、教育部党组每年召开一次全国高校党的建设工作会议，高校党政领导班子和干部队伍建设、基层党组织建设以及教师和学生的思想政治工作等都取得了新进展。通过保持共产党员先进性教育活动，党组织的凝聚力、战斗力和创造力明显加强，为教育事业的科学发展提供了坚强的保证。

五年来，教育系统各方面的工作都取得新的进展，民族教育、语言文字、直属机关建设、老干部工作，等等，都卓有成效。

同志们，经过新中国建立五十八年、改革开放二十九年、特别是世纪之交十年来的奋斗，我国教育的整体水平实现了历史性跨越。目前全国 15 岁以上人口平均受教育年限超过 8.5 年，比世界平均水平高一年，新增劳动力平均受教育年限达到 11 年，总人口中大学以上文化程度的超过 7 000 万人，位居世界第二，初中以上文化程度的劳动力在世界上遥遥领先。我们完全可以说，我国已经成为人力资源大国，开始向人力资源强国进军。

面向现代化、面向世界、面向未来，我们国家教育事业的发展正站在一个新的历史起点上。

这些成就，是在党中央、国务院的英明领导下取得的，是在全国人民的积极参与和热情支持下取得的，是在全国几代教育工作者的努力工作和艰苦奋斗中取得的，是在地方各级党委、政府和教育行政部门的艰苦工作下取得的。其中也包含着在座诸位的贡献。借此机会，我代表教育部党组向你们并通过你们向全体教育工作者致以崇高的敬意和衷心的感谢！

在这样的时候，我们必须保持清醒的头脑。我们要深刻地认识到，从总体上看，我国人力资源开发仍然是低水平、不全面、发展很不平衡的，教育事业的发展仍然面临着严峻的挑战，存在着许多困难和问题。特别是人才培养的质量和学校的知识贡献，还远远不能满足现代化建设和人民群众对教育的巨大需求，创新型人才特别是拔尖创新人才的培养严重不足；城乡之间、区域之间教育发展不协调，义务教育发展不均衡问题突出，农村教育仍然薄弱，办学条件、教师队伍水平亟待提高，城市义务教育阶段择校问题非常突出；素质教育的推进仍然面临很大的困难和阻力，片面追求升学率的倾向还很严重，中小学学生课业负担过重的现象普遍存在，学生身心健康状况令人担忧，德育的实效性有待增强；公共教育投入不足，资源总量性短缺问题十分突出，各级各类教育仍然不同程度地面临着经费不足等问题。可以预见，随着经济社会发展对教育的要求越来越高，人民群众对教育的期望越来越高，教育事业的发展既面临新的发展机遇，也必将不断迎接新的更加严峻的挑战。

这些困难和问题是前进和发展中的困难和问题，有的是社会深刻变革中的矛盾和问题在教育工作中的反映，有的是教育大发展中伴生并发的问题，有的是社会主义初级阶段长时期的问题和深层次的矛盾，今后前进中还会出现许许多多新的困难和问题。总之，只要我国仍处于并将长期处于社会主义初级阶段的基本国情没有变，我国教育改革和发展的基本矛盾仍然是现代化建设事业和人民群众对于良好教育的强烈需求和良好教育资源供给不足的矛盾。所有这些都必须通过改革和发展的办法予以解决。

三、关于建设人力资源强国

优先发展教育、建设人力资源强国，这是党中央在新的历史阶段为进一步实施科教兴国战略和人才强国战略作出的重大战略决策。我们要从夺取全面建设小康社会新胜利的大局和实现中华民族伟大复兴的高度出发，深刻认识这一决策的重大战略意义。

首先，优先发展教育，建设人力资源强国，是加快推进现代化建设、实现中华民族伟大复兴的迫切需要。

改革开放以来，我国国民经济持续健康发展，经济实力、综合国力和国际地位都有了显著的提高，特别是我国经济以平均每年 9.6 %的增长速度，连续保持高速增长，创造了世界的奇迹。这些成就的取得都是与教育紧密相关的，都得益于这些年来我国教育事业培养了大量的高素质劳动者和各类优秀人才。反过来说，也正是现代化建设的强烈需求推动了教育事业的发展，开辟了中国教育发展的广阔空间。

当今世界，科技进步日新月异，知识经济方兴未艾，知识和人才越来越成为提高综合国力和国际竞争力的决定性因素。胡锦涛总书记深刻指出，“世界范围的综合国力竞争，归根到底是人才特别是创新人才的竞争。谁能够培养、吸引、凝聚、用好人才特别是创新型人才，谁就抓住了在激烈的国际竞争中掌握战略主动、实现发展目标的第一资源。”在中国，由于资源、环境、人口等方面的不利条件，又面对着世界发达国家知识经济突飞猛进的严峻挑战，传统工业化的道路是走不通的，我们必须走一条新型工业化的道路，必须把经济发展方式转移到依靠科技进步和提高劳动者素质上来，必须推进科教兴国战略和人才强国战略。13 亿人口，这是我们的基本国情。这么多人口，素质低，就是沉重的人口负担；素质高，就是巨大的人力资源优势。优先发展教育，是把沉重的人口负担转化为巨大的人力资源优势的根本途径。无论是提高自主创新能力、建设创新型国家，加快转变经济发展方式、推动产业结构优化升级，还是建设社会主义新农村，建设资源节约型、环境友好型社会，归根到底靠人才，人才培养的基础在教育。总之，优先发展教育，建设人力资源强国，是“发挥我国人力资源优势，建设创新型国家，加快推进社会主义现代化建设的必然选择。”

第二，优先发展教育，建设人力资源强国，是构建社会主义和谐社会的必然要求。

党的十七大对构建社会主义和谐社会进行了新的全面部署，明确提出，必须在经济发展的基础上，发展社会主义民主政治，推动社会主义文化大发展大繁荣，加快推进以改善民生为重点的社会建设，实现科学发展，和谐发展，和平发展。

教育是构建社会主义和谐社会的基石。努力使全体人民学有所教，是构建社会主义和谐社会的重要内容和必要条件。社会和谐的根本是人的和谐，需要广大人民群众思想道德素质和科学文化水平的普遍提高。教育是提高人的素质最直接的手段，是淳风化俗、提高社会文明程度的最有效办法。我们要进一步发展教育事业，使全体人民都能享有接受良好教育的机会，普遍提高全民族的思想道德素质和科学文化水平，培育有理想、有道德、有文化、有纪律的公民。要大力促进教育公平，把教育公平作为社会公平的重要基础，作为实现基本公共服务均等化的重点，使亿万人民群众共享教育发展的成果，共享社会主义教育的优越性，共同建设社会主义和谐社会。

第三，优先发展教育，建设人力资源强国，是落实以人为本，满足广大人民群众不断提高的教育需求的必然选择。

科学发展观的核心是以人为本，这就要求把人民利益作为一切工作的出发点和落脚点。实现人的自由而全面的发展，是马克思主义的基本观点，是科学社会主义的最高价值追求，是我们党为之奋斗的长远目标。要落实以人为本的科学发展观，就是要使每一个社会成员都能享有良好的教育，得到充分的发展；就是要贯彻党的教育方针，促进人的全面发展。只有在这样的基础上，我们才能建设成为人力资源强国，办好人民满意的教育。

需求是推动教育事业发展的最强大力量。中华民族历来有尊师重教的优良传统，可以说，这是我们发展教育最可宝贵的资源，这也是中国教育发展的特殊国情。回顾几十年来特别是世纪之交教育事业的发展，无论是义务教育的“两基”攻坚，还是高等教育的大众化进程、职业教育的蓬勃发展，都得益于人民群众对教育的重视、支持和参与。人民群众对教育事业的巨大热情转化为推动教育发展的巨大动力和丰富资源。随着经济社会的发展、人民生活水平的提高，人民群众对教育尤其是优质教育的需求正在不断高涨。优先发展教育，建设人力资源强国，从根本上来讲，就是要在更高的层次上满足人民群众的教育需求，就是要通过教育的发展促进全体人民的发展，实现人的现代化，为国家的现代化、中华民族的伟大复兴奠定坚实的基础。

历史昭示着未来。世界各国发展的历史表明，国家的发展与强盛关键在于人，在于这个国家的国民素质。回顾工业革命以来的世界历史，我们可以看到，工业化推进的历程同时是现代学校制度建立和完善的进程；大国崛起的进程，更是与人力资源的开发相伴随。进入新世纪以来，世界大多数国家都把教育摆到了国家发展战略的优先位置，列入国家发展的重要计划之中，积极谋划教育的改革和发展。只有教育兴、人力兴，才有经济兴、国力兴。中国作为后起国家、追赶型国家，要掌握发展的主动权，提高我国的综合国力和国际竞争力，就必须紧紧把握世界教育发展的趋势，优先发展教育事业，实现人力资源开发上的追赶和超越。

建设人力资源强国是一项长期艰巨的历史任务，需要长期坚持不懈地努力。要实现建设人力资源强国这个历史性目标，必须完成三个方面战略性任务：一是现代国民教育体系更加完善，终身教育体系基本形成。我们要加快建设一个充满生机和活力的中国特色社会主义现代化教育体系，建设一个全民学习、终身学习的学习型社会，使广大人民群众都享有接受良好教育的机会。二是全面贯彻党的教育方针，全面推进素质教育，切实提高各级各类教育的质量。我们要培养数以亿计的高素质劳动者、数以千万计的专门人才和一大批拔尖创新人才，培养一代又一代德智体美全面发展的社会主义建设者和接班人。三是全民受教育程度和创新人才培养水平明显提高，为社会主义事业提供强大的人才支持和知识贡献。我们在这样三个方面实现了目标，就有可能建设成为一个人力资源强国。

当前和今后一个时期，建设人力资源强国主要是从以下六个方面努力：

（一）坚持教育优先发展

我们必须从中国特色社会主义建设总体布局和民族前途命运出发，从树立和落实科学发展观的高度出发，认真学习、深刻领会党的十七大关于新世纪新阶段教育优先发展的战略定位，努力把党中央的重大决策转化为政府、学校和社会的高度共识和实际行动。

要按照党中央、国务院的要求，把教育摆在优先发展的战略地位。胡锦涛总书记在2007年8月31日的重要讲话中强调指出，要“以更大的决心、更多的财力支持教育事业，经济社会发展规划要优先安排教育发展，财政资金要优先保障教育投入，公共资源要优先满足教育和人力资源开发需要。”各级党委、政府都在采取更加有力的举措，落实胡锦涛总书记的要求，把教育优先发展落实到现代化建设的进程中。

坚持教育公益性质，加大财政对教育的投入，努力实现国家财政性教育经费占GDP比例达到4%的目标，是党中央、国务院作出的重大决策，对于我国教育事业的改革发展，意义十分重大。实现这个目标，要进一步落实各级政府对公共教育的责任和对公共财政投入的要求，从体制制度上保障教育投入，要依法保障教育经费的“三个增长”，特别是保证财政性教育经费增长幅度明显高于财政经常性收入增长幅度。2008年教育工作的一项重要任务，就是要配合财政部门研究制订实现4%目标切实可行的政策措施。当前我国经济持续快速发展，国家和地方财力迅速增长，为实现这个目标提供了切实可能。我们要通过坚持不懈的努力，积极推动这一目标的尽快实现。

（二）全面贯彻党的教育方针，全面实施素质教育

胡锦涛总书记指出，全面实施素质教育，核心是要解决好培养什么人、怎样培养人的重大问题，这应该成为教育工作的主题。党的十七大报告提出，要全面贯彻党的教育方针，坚持育人为本、德育为先，实施素质教育，提高教育现代化水平，培养德智体美全面发展的社会主义建设者和接班人，办好人民满意的教育。

素质教育是针对中国自己的教育问题提出来的，是中国人用自己的智慧解决教育问题的理论探索，是在毛泽东思想、邓小平理论和“三个代表”重要思想指导下，改革开放以来带有标志性的教育理论创新，是中国特色社会主义教育理论的核心组成部分。全面实施素质教育，是在新的历史条件下落实以人为本的科学发展观、贯彻党的教育方针的集中体现。

全面推进素质教育，我们可以从两个方面深刻理解：一是要促进人的全面发展。马克思主义认为，发展生产力的终极目标，人类社会发展的最高级形态，是实现人的“全面而自由的发展”。素质教育是促进人的全面发展的教育，是全面贯彻党的教育方针的内在要求。二是要切实提高教育质量。各级各类教育都要根据时代发展的要求，把工作重点放在提高人才培养质量上。

坚持育人为本、德育为先，把立德树人作为教育的根本任务。切实加强和改进学校德育，提高德育的针对性、实效性和吸引力、感染力。按照大中小学生身心发展的特点，确定不同教育阶段的德育目标、内容和方法。将社会主义核心价值体系融入国民教育全过程，将德育有机融入各学科教育教学中，坚持以马克思主义为指导，引导学生树立中国特色社会主义的共同理想，大力弘扬以爱国主义为核心的民族精神和以改革开放为核心的时代精神，努力践行社会主义荣辱观，培养学生良好的道德修养和行为习惯。2008年要根据党的十七大精神，进一步做好中小学思想、政治、语文、历史、地理等课程教材建设；高校要深入推进中国特色社会主义理论体系“三进”工作，修订好思想政治理论课教材，抓好高校思想政治理论课教材骨干研修和全员培养工作，使高校思想政治理论课的教学状况得到明显改善。课余是思想政治教育的重要阵地，要发挥学生党团组织的重要作用，加强校园文化建设和社会实践工作，注重人文关怀和心理疏导，掌握网络思想政治工作主动权。倡导教师职工全员育人，特别要加强辅导员和班主任队伍建设。

深化人才培养模式改革，加强学生创新精神和实践能力培养。推进课程体系、教学内容和教学方法改革，加强学生科学文化基础知识，使学生具备较强的学习能力和良好的学习习惯。倡导启发式教学和探究式学习，因材施教，鼓励学生独立思考、积极探索，充分开发学生的发展潜能，培养学生的创新思维。加强教育与生产劳动和社会实践相结合，增强学生的社会责任感、实践能力和热爱劳动、艰苦奋斗的观念。2008年要全面推进并深化基础教育课程改革，颁布修订后的义务教育新课程标准，扩大普通高中新课程改革范围，改进和完善中小学教材审查工作。要大力推进教学改革，切实减轻中小学生的课业负担。

坚持“健康第一”，进一步贯彻落实好《中共中央国务院关于加强青少年体育增强青少年体质的意见》。让“每天锻炼一小时，健康工作50年，幸福生活一辈子”深入人心，确保学生每天锻炼一小时，养成体育锻炼的习惯。深入开展“全国亿万青少年学生阳光体育运动”，让亿万青少年跑起来、跳起来、动起来，强身健体，磨炼意志，快快乐乐地健康成长。要抓住北京2008奥运会的机遇，让广大青少年参与到奥运会中来，激发学生的爱国热情和民族自豪感。

加强美育。将美育渗透于学校教育教学活动，增强学生的审美体验和审美能力，引导学生形成正

确的审美观，陶冶情操，开启心智，丰富想象力和创造力。

深化考试评价制度改革是推进素质教育的关键环节。要继续完善和全面实施义务教育就近免试入学制度。全面实施初中毕业生学业考试与综合素质评价相结合的高中阶段招生考试制度改革，推广将普通高中招生指标均衡分配到区域内初中的办法。深入推进高校招生考试制度改革，重点放在考试内容改革上，建立健全普通高中学业水平考试，完善学生综合素质评价体系，扩大并深化高校自主选拔录取改革试点工作。完善对政府、学校、校长、教师及学生的评价机制、评价标准，坚决纠正片面追求升学率的倾向。

大力推进和谐校园建设，建设平安校园、文明校园、健康校园，激发校园活力，凝聚师生合力，为师生创造安定有序、和谐融洽的学习、工作、生活环境。做好学校安全工作。切实维护教育系统特别是高等学校的稳定。

加强教育督导，完善国家教育督导制度，完善教育质量的监测和督导机制，推进素质教育的持续健康发展。

要加强学校、家庭和社会的紧密结合，形成全社会共同推进素质教育的强大合力和良好氛围。

（三）优化教育结构、提高教育质量

党的十七大报告提出，要“优化教育结构，促进义务教育均衡发展，加快普及高中阶段教育，大力发展职业教育，提高高等教育质量”。党的十七大报告还提出，“发展远程教育和继续教育，建设全民学习、终身学习的学习型社会”。这就明确了以提高质量为重点，促进各级各类教育协调发展的总体要求。

一是普及和巩固义务教育，促进义务教育均衡发展。

我国义务教育整体上正在由全面普及进入到高质量高水平普及的新阶段。要继续把普及和巩固义务教育的重点放在农村。全面落实农村义务教育经费保障新机制。要进一步加强农村寄宿制学校建设，全面实施“农村初中校舍改造工程”和“新农村卫生新校园建设工程”，进一步推进农村中小学现代远程教育。落实中央财政以奖代补的激励政策，推动各地在三年内化解“普九”债务。依法均衡配置义务教育资源，加强薄弱学校建设，努力办好每一所学校。

要全面贯彻落实《义务教育法》。促进义务教育尤其是区域内义务教育均衡发展。2008 年的一项重要工作，是在试点的基础上，全面免除城市义务教育学杂费。这项工作意义重大，难度也很大，要精心部署，扎扎实实推进。严格执行义务教育阶段就近、免试入学政策和不得举办重点学校或重点班的规定，下决心解决义务教育阶段“择校”问题。各地已经创造了宝贵的成功经验。关键是加快促进义务教育均衡发展，特别是要做到办学条件均衡、教师水平均衡、升学机会均衡，特别要实施校长和教师的定期交流、优质高中招生指标均衡分配到初中学校等重大举措。保障进城务工人员子女平等接受义务教育，是新阶段的一项重点工作，一方面要完善和落实“两为主”的保障进城务工人员子女平等接受义务教育的政策措施；另一方面要大力加强农村留守儿童的教育工作。

普通高中发展问题，要认真研究，总体考虑，在严格控制规模的基础上，着力提高教育质量，大力推进新课程改革，为培养创新型人才奠定基础。鼓励和引导普通高中注重质量，办出特色，形成风格。要重视学前教育，关心特殊教育。

二是大力发展职业教育。

把发展职业教育放在更加突出的位置，使教育真正成为面向全社会的教育，这是一项重大变革和历史任务。今后，要健全面向全体劳动者的职业教育培训制度，要把工作重点放在提高质量上。

真正确立起以就业为导向、以服务为宗旨的观念，实现职业教育办学思想、办学模式、发展思路的根本转变。继续推进“四大工程”的实施，培养大量高素质技能型人才，更好地为经济社会发展服务。加强“三教统筹”，促进“农科教结合”。大力推进“一网两工程”建设，完善县域职业教育网络，全面推进农村实用人才和农村富余劳动力转移就业的职业教育和培训。深化公办职业院校体制和机制改革，积极推广“三段式”办学模式，加强校企合作、城乡合作、东西部地区合作，积极推动联合招生和合作办学，引导和推进集团化办学。支持民办职业教育健康发展。

切实提高职业教育办学质量，关键是大力推进产教结合，校企结合。要把顶岗实习、工学结合、半工半读作为基本教学制度固定下来，健全并实施中等职业教育顶岗实习一年、高等职业教育顶岗实习半年的制度。2008年，要把这项工作作为重点，争取有重大的突破和全面的进展。要推进订单培养和弹性学习制度。要举办好职业学校职业技能大赛，把提高职业技能水平作为提高职业教育质量的重点。

继续下大气力加强职业教育基础能力建设，努力提高职业学校的办学水平。继续实施实训基地、县级职教中心、示范性中等职业学校建设等计划。大力推进国家示范性高职院校建设计划，启动国家优秀中等职业学校建设计划，加强自身建设，注重总结推广，引导全国职业教育持续健康发展。

三是着力提高高等教育质量。

要认真落实陈至立国务委员在教育部直属高校咨询工作委员会第18次全体会议上的讲话精神，以提高质量为核心，加快从高等教育大国向高等教育强国迈进的步伐。

加大高等学校学科专业结构调整力度，使人才培养结构更加适应国家经济社会发展需要。注重不同学科特别是自然科学和人文科学之间的渗透与交叉，加强创新、紧缺人才培养。引导、鼓励高等学校找准办学定位，明确培养目标，走特色发展之路。

全面实施高等学校本科教学质量与教学改革工程。把教学作为学校中心工作，加大教学投入，深化教学改革，强化教学管理，建立质量保障制度。教学评估是国家对高等教育实施宏观指导和政府监控的重要手段，要坚持做下去，并在实践中不断发展和完善，使之逐步制度化、规范化和科学化。强化高等职业教育办学特色，创新高职人才培养模式。

以提高研究生教育质量为中心，启动新一轮研究生教育创新计划。深入推进研究生培养机制改革，进一步完善和落实以科学研究为主导的导师负责制和资助制度。深化研究生招生制度改革，大力推进以初试、复试和推荐免试为重点的改革措施，更加重视创新人才的选拔。要通过改革和创新，从根本上激发和调动研究生和导师的创新热情和积极性，为社会主义现代化事业培养大批拔尖创新人才。

坚持以服务为宗旨，在贡献中发展，将学校的发展融入中国特色社会主义现代化建设的伟大事业之中。充分发挥高校在建设创新型国家中的重要作用，贯彻落实国家中长期科技发展规划，积极参与国家和区域创新体系建设。建设一批高水平的研发基地和科技创新平台，培育一批服务国家和地方发展战略的创新人才和创新团队，增强自主创新能力。要坚持顶天立地的科研方向，面向国家发展战略的需要，加强基础研究、前沿技术研究和社会公益研究等领域的创新，加强国防科技合作，推动省部之间、部门之间、校企、行业和区域之间科技创新合作，大力推进产学研的紧密结合，努力实现高科技成果产业化，高校要更好地为国家和地方经济社会发展服务。继续办好大学科技园。继续深入推进高校科技产业规范化。

紧紧抓住社会主义文化大发展大繁荣的历史性机遇，切实承担起重大责任，积极投入马克思主义理论研究和建设工程建设，进一步繁荣发展高校哲学社会科学，推进理论创新，推动当代中国马克思主义大众化，为党和人民事业发挥思想库作用，为中国特色社会主义经济建设、政治建设、文化建设、社会建设作出更大贡献。努力构建以马克思主义为指导的中国特色中国风格中国气派的哲学社会科学学科体系和教材体系，全面加强高校哲学社会科学教学和科研队伍建设，不断提高高校哲学社会科学教学和科研水平，产生更多更好的研究成果。

坚定不移地推进建设若干所世界一流大学和一批世界知名的高水平大学，使一批高等学校学术水平和创新能力明显增强，充分发挥其在培养创新人才和在知识创新中的核心作用，尽快使一批重点学科达到或接近世界先进水平，造就一批具有国际水平的学术大师和领军人物，引领我国高等教育水平的全面提高。

四是大力发展远程教育、继续教育。

发展远程教育、继续教育是基本形成终身教育体系的必然要求。我们要把发展远程教育、继续教育作为今后一个时期教育发展的重点之一，在试点的基础上全面部署和努力推进学习型社会建设工作。

以应用为先导推进现代远程教育。继续以农村为重点，完善现代远程教育的网络，坚持班班通、堂堂用，进一步促进优质教育资源共享，建立教育信息化可持续发展机制。大力开发优质远程教育资源，促进教育信息化与素质教育、师资培训、教学和学校管理、农科教结合、发展农村和社区继续教育等紧密结合，以信息技术推动教育观念、教学技术和培养模式的全方位深刻变革。

进一步完善成人教育和高等教育自学考试制度，加强对各种在职学习成果进行评定和认可的制度建设；进一步开放学校和其他公共教育资源，建立更加灵活的入学制度和学籍管理制度。

大力发展继续教育。以国民教育体系为依托，充分发挥广播电视大学、自学考试等系统的平台作用，建立更加开放性和多样性的教育体制框架。以企事业单位继续教育和岗位培训为重点，推动学习型组织建设。要以鼓励在职学习提高为重点，促进普通教育和职业教育相互沟通，职前教育与继续教育相互衔接，学校教育、家庭教育和社会教育紧密联系，学历教育与非学历教育、全日制与非全日制学习、有组织教育与自主学习相互补充，满足学习者终身学习需求，推进形成全民学习、终身学习的学习型社会。

（四）切实加强教师队伍建设

新时期新阶段我国各级各类教育都要把工作重点放在提高质量上，这就必须把加强教师队伍建设摆在教育工作全局中特殊重要的战略地位。胡锦涛总书记在全国优秀教师代表座谈会上的重要讲话，具有里程碑式的重要意义。讲话充分肯定了广大人民教师的高尚精神和为教育事业做出的巨大贡献，对切实加强教师队伍建设提出了明确的要求，对全体教师提出了殷切的希望，是加强教师队伍建设的指导性文献。

重点抓好农村教师队伍建设。积极推进农村学校教师补充机制，扎实推进并全力推广农村义务教育阶段特设岗位计划，健全城镇教师到农村任教服务和师范生实习支教制度，使农村学校逐步形成稳定、规范的师资补充渠道。教师的收入分配制度、职务聘任制度、绩效评价制度、社会保障制度、资格准入制度和表彰奖励制度都要有利于鼓励优秀教师到农村学校任教的激励和约束机制。教师培训主要向农村教师倾斜。2008 年要着重完善农村教师的工资、津补贴制度，重点做好保障农村义务教育教师工资水平落实工作。

制定切实可行的政策措施，吸引优秀人才当教师，鼓励优秀人才长期从教、终身从教，鼓励有志青年到农村、到边远地区、到祖国最需要的地方为国家教育事业发展建功立业。在高等学校进一步实施人才强校战略。加强职业院校教师队伍建设。要始终把切实解决好教师的收入待遇作为教师队伍建设的重点之一，进一步提高教师的经济地位、政治地位、社会地位，使教师真正成为受全社会尊重的职业。

建设中国特色社会主义的教师教育体系。继续在部属师范大学实行师范生免费教育试点，有条件的地方也可以实行试点。实施国家教师教育创新平台建设计划，深入推进教师教育教学改革。高度重视教师培训工作，提高教师整体素质和业务水平。完善现代教师管理制度，为教师教书育人创造良好的环境，加强师德教育，增强教师的责任感和使命感，激发教师内在创造性和积极性。2008 年要启动新一轮中小学教师培训计划，深入推进全国教师教育网络联盟计划，大规模高质量地开展教师特别是农村教师培训工作，提高教师教书育人的能力。

形成尊师重教的良好社会风气，营造良好舆论氛围，大力宣传优秀教师先进事迹，让全社会广泛了解教师工作的重要性和特殊性，让教师成为社会上最受尊敬的职业，让尊师重教蔚然成风。

（五）大力促进教育公平，办好人民满意的教育

教育涉及千家万户，惠及子孙后代，是体现发展为了人民、发展依靠人民、发展成果由人民共享的重要方面。从根本上说，要通过加快教育发展，保障人民享有接受良好教育的机会。要坚持把农村教育放在更加基础的重要地位，扶持贫困地区教育，发展民族地区教育，特别要加强对西部地区、民族地区教育的对口支援工作，逐步缩小城乡、区

域教育发展差距，推动城乡、区域教育协调发展。同时，要切实解决好人民群众关心的教育问题，特别要保障弱势群体的受教育权利。

进一步做好家庭经济困难学生资助工作。落实普通本科高校、高等职业学校和中等职业学校国家奖学金、助学金制度，进一步落实国家助学贷款政策，要总结推广和全面实施生源地贷款工作。2008年要进一步推动各项政策的落实，切实加强资助资金的管理。

认真做好高校毕业生就业工作。努力创造有利于毕业生就业的制度化环境，千方百计拓展毕业生到基层就业和自主创业的空间，做好就业服务工作。

从严治教，规范管理，大力提高教育管理水平。完善规范教育收费的长效机制，坚决制止教育乱收费。要全面推进高校招生“阳光工程”制度化，使高校招生考试录取的各个环节，包括试题、制卷、考纪、评卷、录取等都切实落实公平性的要求，提高人民群众的满意度。

（六）坚持教育改革开放，构建中国特色社会主义现代化教育体系

继续深化教育管理体制和机制改革，不断巩固和完善这些年来业已建立的农村义务教育、职业教育、高等教育的新的管理体制。进一步加强分区规划、分类指导，支持地方教育综合改革和统筹发展。切实转变政府职能，增强服务意识，提高管理水平。进一步理顺政府、学校和社会的关系，明确各自的职责和权利，建立健全现代学校制度。落实和规范高等学校办学自主权，形成自我发展、自我激励、自我约束的机制。完善党委领导下的校长负责制，健全高等学校的决策、议事、监督制度，发挥教授在治学中的主导作用，保障教职工和学生参与学校民主管理的权利，推进“党委领导，校长负责，教授治学，民主管理”。进一步落实《民办教育促进法》，鼓励和规范社会力量兴办教育。深化高校招生考试、毕业生就业制度改革。深化高校科技管理体制、后勤社会化等方面的改革。深化学校内部管理体制、人事分配制度的改革，这是一项带根本性的改革，要从根本上调动广大教师的积极性和创造力，建设一支高素质人民教师队伍。

推进教育法制建设，完善教育法律法规体系。切实落实教育部新一轮教育立法规划，配合做好制定《教育督导条例》和《考试法》工作，加快起草修订《学校法》、《终身学习法》、《职业教育法》、《学前教育法》和《学位法》工作进程，不断提高教育立法质量。要加强普法教育，全面推进依法治教、依法行政、依法治校。

把教育对外开放作为推动我国教育改革和发展的战略措施，全方位、多层次、宽领域地开展教育国际合作与交流。进一步加强与联合国教科文组织等国际组织的合作，继续加强和完善与各国政府的教育合作磋商机制。要继续按照“支持留学、鼓励回国、来去自由”的方针，着眼于现代化建设对人才的要求，进一步完善公派留学制度，按照“三个一流”的要求，加大高层次创新人才的选派工作力度。进一步加大来华留学工作力度，努力为来华留学人员创造更好的学习和深造环境，提高来华留学生的层次和比例。继续促进高水平大学与国外知名院校、研究机构和跨国公司开展“强强合作”，提升人才培养和科学研究的合作水平。进一步落实《中外合作办学条例》等教育涉外法规政策。高度重视汉语国际推广工作，进一步加强海外孔子学院建设，使汉语教学进入更多国家的国民教育体系，促进汉语逐步成为国际广泛运用的语言。

加强和改善教育领导和管理方式。要坚持统筹兼顾这个根本方法，进一步统筹好教育事业的协调发展，统筹好当前工作和可持续发展。要大力推进教育决策的科学化、民主化，更加注重运用法律、规划、拨款、标准、信息公开等手段，加强教育宏观管理。

全面实施“金教工程”，建立和完善全国教育系统信息化公共服务和管理体系。积极推进教育电子政务快速发展，大力加强招生就业、学籍管理、学生资助、办学质量监控、大学生就业、公派留学和教育涉外监管等应用平台建设，面向社会提供良好信息服务，进一步加强公共管理。

深化改革，扩大开放，通过坚持不懈的努力奋斗，构建中国特色社会主义现代化教育体系，包括健全的现代国民教育体系和终身教育体系，满足人民群众终身学习和发展的需求，形成全民学习、终

身学习的学习型社会。

同志们，2008 年和今后一个时期教育改革和发展任重而道远，我们一定要按照党的十七大的要求，以改革创新精神加强教育系统特别是高等学校党的建设，全面加强教育系统党组织的思想建设、组织建设、作风建设、制度建设和反腐倡廉建设，特别是加强各级领导班子队伍建设，为教育改革和发展提供坚强政治保证和组织保证。刚刚召开的第十六次全国高校党的建设工作会议，对这项工作进行了全面部署，我们要认真贯彻落实。

2008 年是贯彻落实党的十七大精神的第一年，也是新一届政府的起步之年，同时又是北京 2008 奥运会的举办之年，教育改革和发展面临新的机遇，也面临新的挑战，机遇大于挑战。做好明年的教育工作十分重要，会前我们已将《教育部 2008 年工作要点（讨论稿）》印发给大家，在听取大家的意见后将正式印发，贵仁同志在总结讲话中还要专门强调，这里我就不具体展开讲了。

让我们紧密团结在以胡锦涛同志为总书记的党中央周围，高举中国特色社会主义伟大旗帜，深入贯彻落实科学发展观，坚持教育优先发展，推进教育科学发展，努力办好人民满意的教育，为把我国建设成为人力资源强国而奋斗。

弘扬老一辈教育家风采　永远忠诚党的教育事业

袁贵仁

编辑、出版、发行《共和国老一辈教育家风采》系列电视专题片，对整个教育战线意义重大、影响深远。借此机会，我首先代表教育部、代表周济同志，感谢大江同志、开轩同志倡导这个活动，感谢中国高等教育学会精心组织这项活动，感谢中国教育电视台等媒体的通力配合和辛勤劳动。

党和国家历来重视教育工作，历来重视高校领导的选拔配备。从共和国的成立，到改革开放，到新世纪新阶段，每个时期，都从全社会选调优秀人才担任高校党委书记和校长。这次首批宣传的18位共和国老一辈教育家，他们是新中国高等教育的奠基者、开创者，为我国高等教育事业做出了卓越的、历史性的贡献。我国高等教育有今天，不能忘记他们的辛劳和贡献。宣传共和国老一辈教育家，对于我们学习他们的教育思想、教育理念、教育经验，学习他们的理想信念、思想作风以及学术道德，都有非常重要的意义。

学习、宣传、研究共和国老一辈教育家，我觉得有三点最重要，值得我们很好学习，也是老一辈教育家身上独具特色和魅力之处。

第一，忠诚党的教育事业，热爱党的教育事业，献身党的教育事业。老一辈教育家中有些是革命家，长期从事革命战争的领导工作：有些是杰出的思想家、科学家，长期从事科学研究工作。他们中许多人原本并不是从事教育工作的，是因为党和国家的需要，把他们抽调到教育岗位上来的。他们一到新的工作岗位，就聚精会神、心无旁骛地做好本职工作。当高校的书记、校长，也可能并不是他们本人的意愿，但他们到了高教战线一干就是一辈子；有的还转战南北，当过几个学校的书记或校长。他们真心实意地热爱教育、关心教育；真心实意地尊重知识、尊重人才，真心实意地把教育当成一个终身奋斗的事业。这一点是非常难得的。作为科学家、老革命家，他们可以做也一定能做好很多其他的工作，却在高校做了一辈子教育工作，而且始终满腔热情、兴致勃勃。他们这种对教育事业的无比挚爱，对教育事业的无私奉献，很值得我们今天所有的教育工作者学习。

第二，始终不渝地贯彻党的教育方针，坚持正确的办学方向，把培养又红又专、德才兼备的人才放在第一位。老一辈教育家在学校的管理、教学改革、学校的党建等方面做了大量艰苦细致的工作，最集中、最突出的就是坚定不移地贯彻党的教育方针。教育工作要做的事很多，但根本的一条是全面贯彻落实党的教育方针。现在全国学宪法，全党学党章，我认为教育战线的广大工作者，在学好宪法、党章的同时，一件最重要的事，就是要学习好宣传好、贯彻好落实好党的教育方针。党的教育方针是教育工作的根本指导思想，是办教育、办学校的总方针。党的教育方针强调教育为社会主义现代化建设服务，为人民服务，要求与生产劳动和社会实践相结合，提出培养德智体美全面发展的社会主义建设者和接班人。因此，抓住了教育方针，就抓住了教育的根本、学校的根本。我们应当像老一辈教育家那样，始终高举党的教育方针的旗帜，坚持把党的教育方针贯彻到学校工作的全过程，落实到教育教学的各方面，努力培养更多更好的社会主义事业的建设者和接班人。当前，就是要全面实施素质教育，坚持学校教育育人为本，德智体美德育为先，始终把立德树人、人才培养放在第一位，把帮助学生树立正确的世界观、人生观、价值观、荣辱观放在第一位。

第三，善于学习，深入实践，潜心思考，形成自己的教育思想和教育风格。老一辈教育家在理论的指导下从事教育实践，又在实践中不断地总结、提炼、升华，形成自己的教育思想和教育风格，这些思想、风格带有很鲜明的时代特性、学校特点和个人特征。他们不仅在特定时期勇于担任高等学校的书记、校长，而且热爱教育，学习教育，研究教育，思考教育，在贯彻落实党的教育方针的工作中，形成自己独特的办学思想和办学风格。今天的学校书记、校长以及教育管理者，也应该有自己的教育思想、教育风格和自己的办学、治校特色。每个学校，其历史、环境、传统都不一样，应该有在国家宏观政策指导下形成的特色，有在自身长期发展中形成的风格，大家各安其位、各尽所能、各得其所，争创一流，充分体现和展现出多样性、丰富性，百花竞放、春色满园。要像老一辈教育家那样学习、潜心研究、大胆实践，求真务实、开拓进取，创造性地贯彻党的教育方针，不断培育和弘扬学校的优势、特色，形成各自的风格、品牌，更好地满足社会主义现代化建设和广大人民群众对多样性、高质量的教育需求。

进入新时期，党和国家坚持把教育摆在优先发展战略地位，提出办好让人民群众满意的教育。党的十六届六中全会特别强调，坚持教育优先发展，促进教育公平。在建设创新型国家、构建和谐社会的进程中，教育发挥着越来越重要的作用。经济社会发展所取得的一切成就，都离不开教育，发展过程中存在的这样那样的不足和问题，也直接或间接地与教育有关。教育在国家富强、民族振兴中具有基础性、先导性、全局性的地位和作用，有一流的教育，才能有一流的国家，已越来越成为全社会的共识。在这种情况下，培养造就更多的教育家，就显得尤为重要、尤为迫切。教育需要全社会的大力支持，更需要广大教育工作者的艰苦奋斗，这其中书记、校长的作用至关重要。江泽民同志提出，大学的书记、校长应当成为社会主义的政治家、教育家。胡锦涛总书记明确要求，要努力培养造就一大批坚持正确方向、精通各自业务、做出突出成绩、受到人民欢迎的专家。温家宝总理多次强调，我们需要大批教育家，要造就一批杰出的教育家，要宣传有贡献的教育家。陈至立国务委员在为《教育家成长》丛书所作的序言中要求，广大教师都要努力成为师德表率、育人模范、教学专家。我们现在制作《共和国老一辈教育家风采》电视专题片，开展学习宣传共和国老一辈教育家的活动，是落实中央领导同志指示的一项重要举措和具体行动。现在，《共和国老一辈教育家风采》电视专题片已经制作出来并准备播出，我们要进一步把工作做得更好。

一是进一步丰富作品内容，使之更加丰满、感人。要充分展示老一辈教育家的学识魅力和人格魅力，既要以科学的思想引导人，也要以火热的情感感染人。要将老一辈教育家热爱祖国、热爱教育、热爱学生、热爱知识分子的感人事例生动地展示出来，让大家看到他们的可敬和可亲，感受到一位革命家、一位学者、一位长者的风采。

二是进一步丰富宣传形式，多角度、多渠道地进行宣传。对于现在确定的这 18 位教育家，还可以通过更多的形式进行宣传。比如，在为每个人制作一部电视专题片的基础上，再为每个人写一本传记，出一本文集。三者表现形式不一样，但目的是一样的，可以相互补充、相得益彰。研究好，是宣传好的前提和保证。如果能对他们的教育思想再进行深入的发掘和探讨，出一本教育思想研究，那就更好了。我们的研究工作才刚刚开始，研究的任务还很重。我们可以研究外国教育家的思想，出一本一本的书，也应当或者说更应当花些时间和精力研究我们自己的教育家的思想，系统推出一批高质量高水平的成果。

三是高度重视成果的运用。这是一份极其宝贵的精神财富。实事求是地说，现在，有的教育工作者，对外国的东西可能比对中国传统的东西更熟悉。这 18 位教育家，都十分杰出，但他们的教育思想我们并不是十分熟悉、并不是十分清楚。当然，在经济全球化背景下，不能闭关自守，我们需要学习借鉴外国的先进的做法和经验，但是，我们首先要学习掌握自己的、实践已经证明是成功的、而且至今仍有价值的东西。作为教育工作者，要了解这些老一辈教育家的教育思想，何况这些教育思想中也包含着这些老一辈教育家对外国有益东西的批判吸收。我希望，这套书出来之后，从事教育管理工作的同志们都能很好地读一读。我们不能割断历史。只有了解了我们是从哪里来的，才能更好地知道我们要到哪里去。

要宣传所有为中国教育事业发展做出杰出贡献的教育家。不仅要宣传共和国老一辈的教育家，也要宣传新中国成立之前的教育家，如陶行知、蔡元培、张伯苓等，还要宣传当代的、还健在的教育家。不仅要宣传高等教育的教育家，也要宣传基础教育、职业教育的教育家；不仅要宣传公办教育的教育家，也要宣传民办教育的教育家。这里，我想起中央电视台的一个栏目，叫《艺术人生》，我们可不可以开一个《教育人生》的栏目？请我们健在的，不论是离职的还是现任的书记校长、老师，谈谈他们是怎样爱教育、怎样办教育的，反映他们的所思所想、他们的所作所为、他们的所忧所乐。现在，社会上对教育有些批评意见，这很正常。这是因为，教育是一个民族根本的事业、高尚的事业，人民群众对我们的教育寄托着更多更高的期望。我们要很好地研究并不断地改进我们的工作。同时，我们的责任还在于要让全社会更多的人、更加全面地了解我们的教育，看看我们高校的以及中小学的书记校长、教师是怎样为教育呕心沥血地工作，怎样千方百计地提高教学质量，怎样满腔热忱地关爱每一位学生。从而展示一下我们的教育工作者的喜怒哀乐、酸甜苦辣。这不就是他们的“教育人生”吗？当前，教育的确还存在着一些问题，有不少不尽如人意之处，但这些问题是发展中的问题，我们有信心也有能力解决好。更主要的是，成绩是最主要的，而且是巨大的，教育战线的广大干部、教师是值得尊重和信赖的。中国教育改革发展的每一个成就，都是党中央坚强领导的结果，全国人民大力支持的结果，其中也无不包含着教育战线干部师生的心血和汗水。

共和国老一辈教育家的丰功伟绩彪炳史册。我们要以这次活动为契机，进一步宣传好学习好老一辈教育家以及更多教育家的教育思想。只有做好这项工作，我们才对得起历史，对得起前人，对得起未来。这是我们的责任。希望大家共同努力，为我国新时期更多教育家的成长营造良好的氛围，不断促进教育事业全面协调可持续发展，努力办好让人民群众满意的教育，为建设创新型国家和社会主义和谐社会做出更大的贡献。

在首都教育外事工作会议上的讲话

（2007年6月14日）

教育部副部长　章　新　胜

同志们：

这几年来，在党中央、国务院的正确领导下，北京市委、市政府按照落实科学发展观、构建社会主义和谐社会的要求，高度重视教育事业，市领导提出了首都教育的概念，坚持教育优先发展，各项教育改革和发展取得了巨大成就，北京已经成为我国最具影响力的教育中心。这次召开的首都教育外事工作会议，对于促进北京教育事业的全面发展，特别是教育对外开放以及北京经济社会的发展，具有重要的战略意义。下面，我想讲三个方面的问题。

一、我国教育的改革和发展

党中央、国务院高度重视教育事业，把教育摆在极为重要的战略地位，采取了一系列重大部署。中央进一步明确了新世纪新阶段教育改革和发展的目标和任务，特别是党的十六届六中全会把优先发展教育摆在构建社会主义和谐社会的重要位置，明确提出逐步使财政性教育经费在国内生产总值的比重达到4%，这是全会决议中唯一的数字型指标。中央领导和教育部都特别强调只要抓住这个数字，就抓住了牛鼻子。当然这个决定也是以胡锦涛总书记去年8月19号的讲话为根本指导思想和基础的。这个讲话大家都学习过了，我的理解是“三个确定”。一是确定了教育的公益性质。二是确定了教育优先发展的战略地位。农业、城市、工业、高技术和卫生都要发展，但教育要优先发展。三是确定了教育投入的方针，胡锦涛总书记讲了要逐步使财政性教育经费占GDP的4%。2006年8月29日，胡锦涛总书记在中央政治局第34次集体学习的时候强调了这几条，而且特别强调要建设人力资源强国，要办人民群众满意的教育。7月到11月，温家宝总理在中南海四次召开座谈会，分别围绕教育形势、基础教育、职业教育和高等教育，与来自全国各地的教师、校长和教育专家亲切交谈，听取对教育工作的意见。他强调了以下几个方面：

第一，要全面推进义务教育。关于教育财政经费保证机制问题，温家宝总理在政府工作报告中大概讲了7分多钟，人大代表多次报以热烈掌声。2006年春季，中央决定实施义务教育经费保障机制，实行真正的免费义务教育。这是一个重大举措，特别是新修订的义务教育法，用法律的形式把义务教育均衡发展确定下来。

第二，要重视素质教育。2005年胡锦涛总书记对素质教育问题作出重要批示，要求对素质教育问题进行系统调研，今年1月又对增强青少年体质作出重要批示。中央政治局常委开会专门讨论印发了关于青少年体育、增强青少年体质的意见。教育部讨论的时候，就觉得这是一个抓手，素质教育的重要突破点就是这个抓手，就是抓体育。这里我给大家举一个例子，我们在举办第二届中外大学校长论坛的时候，一位记者问美国的一位著名教育专家，说你们的中小学生、大学生为什么这么重视体育，但是好像你们学生的考试成绩，特别是数学、物理、化学和生物的成绩并不突出。这位教育专家说，我们美国社会有一个默契，就是18岁以前不能太用功。如果听卫生专家、健康专家、体育专家和教育专家的意见，孩子从生下来到18岁、到22岁确实非常重要，肺活量到底多大，肌肉的纤维素到底有多少，脑容量增加到底有多少？据说22岁以后纤维素数量不再增加，只有纤维的直径在扩大。体育对于团队精神的培养，对于百折不挠意志的磨练，对于在对抗中学习合作等等，具有重要作用。他们还经过统计分析得出结论，凡是搞过体育运动的人在未来创业中基本上都是成功的。

第三，今年“两会”再次提出促进教育发展的重大举措，温家宝总理特别宣布了师范生免费的措施。当然，要落实好这些措施还要进一步调研，实事求是地做好工作。同时，还要建立健全家庭经济困难学生资助体系。

此外，国务院还连续召开有关会议，对职业教育、高等教育进行了部署。中央、国务院如此重视教育，对新时期、新阶段的教育工作提出了一系列新任务，要求我们坚持教育优先发展，建立人力资源强国。这里，我想强调几点：

第一是全面落实科学发展观的基本要求。中央提出以人为本的治国理念，坚持转变发展观念、创新发展模式，提出“五个统筹”，提出节约型经济、环境优化经济的目标。坚持科学发展观和构建和谐社会，是建设有中国特色社会主义理论的新的发展。

第二是建设创新型国家的客观需要。去年1月26日胡锦涛总书记发表重要讲话，谈的就是关于建设创新型国家的问题。中央特别强调自主创新，提出要进行原始创新问题。日本、法国、美国、英国、澳大利亚这些国家都有原始创新。特别是日本原来有教训，20世纪90年代以后泡沫经济出现，十几年经济一蹶不振，所以它由技术立国转为技术创新立国。因为它开始时走模仿的道路，模仿是日本明治维新以来经济发展的特点。那么现在我们可以看到日本已经开始有诺贝尔奖获得者了。我们中国也有了不起的四大发明：造纸、印刷、火药和指南针。但是从爱迪生发明电开始，一系列问题以及上个世纪的三大发明，不论是相对论也好，还是TNT的发明等等，确实和我们中国距离远了。所以，建设创新型国家的问题是非常关键和重要的问题，教育对外开放要坚持引进国外优质资源，在人才培养模式等方面确实要真正引进、吸收国外先进经验。我们现在的中国制造和美国制造、德国制造、日本制造甚至韩国制造还有距离，当然北京中关村等地区确实有些新的东西，包括联想、北大方正等等。但是，有几个问题值得关注。第一，研发大多数不在我们手里。汽车制造我们只有奇瑞和吉利是完全自主研发的。大家知道我国三大汽车集团都是50%的外国股份，但他们的创新关键技术拿来没有呢？也就是胡锦涛总书记说的要解决关键技术长期受制于人的状况。我到一些汽车集团调研怎么改革我们的教育问题，他们说关键是发动机的模型数据积累不在我们手里。我在联合国教科文组织工作的时候，阿拉伯国家非常欢迎我们的汽车，现在奇瑞、吉利进去了，但是我们长春、上海和武汉三大集团就进不去，为什么？因为外方挡住你了，他是瞄准中国市场进来的。阿拉伯国家有另外的市场掌握者，拉美国家、东亚、南亚国家也都是另外一块市场。我在地方工作的时候，国家计委说你引进了第一个飞利浦研发中心。两年以后我发现并不是这样，飞利浦研发中心实际上是投放中国市场前两三年的适应性技术，属于研发的下游，中游都不到，更谈不上原创性的研发，而是以怎么在中国市场扩大销售，适应性设计、造型和花样的改变等为主的。因此，关键技术还是要靠自己。第二，国际融资渠道掌握在他们手里。第三，销售、分销和物流，大部分掌握在他们手里。特别是纺织工业，大家知道意大利和中国纺织工业规模最大，但是意大利就是控制着几条。第四就是品牌。品牌是所有的结晶，质量、售后服务、技术、管理和信用最后都集中在品牌上。大家知道，买东西实际上是买牌子，连买个方便面和矿泉水都要买牌子，实际上是买它的信誉。这四条在家电领域、机电领域乃至装备工业大多数都是依靠进口，我们只有少数完全自主（如华威、海尔等）。但是，我们自己的品牌，外国都要花高价买走。品牌是最重要的，所以建设创新型国家，培养创新型人才，建设创新型大学是中央作出的重大战略决策。

第三是构建社会主义和谐社会的重要基础。构建社会主义和谐社会必须以提高全民族素质为基础，要树立共同的理想和追求，倡导共同的价值中央提出建立社会主义核心价值体系，这一点非常重要。否则社会上全是西方的价值取向，很令人担忧。我们仔细看一下，西方价值观确实是无孔不入的，可口可乐、麦当劳汉堡包等，无形中渗透着西方的价值取向和价值体系。所以说，没有强大的精神力量，没有良好的中华民族优秀的道德规范和准则，归根到底没有教育的普及和发展，是无法实现构建和谐社会的目标。

第四是经济全球化竞争加快、国际竞争日趋激烈的要求。经济全球化是按照其自身规律发展且不以人的意志为转移的，推进速度越来越快。那么，人们的生活、工作方式等都在发生极大的改变。

根据新形势的要求，经国务院批准教育部已经发布了“十一五”教育发展规划，今后一个时期教育改革和发展的任务已经明确。重点有以下几条，这也是教育对外开放需要主动服务的重点工作。

第一，坚持教育优先发展，加快建设人力资源强国。邓小平同志在20世纪80年代初曾经提出，把12亿沉重的人口负担变成12亿的人力资源。我们现在得益于成为世界生产的中心，世界两个中心，生产中心在中国，消费中心在美国。当然美国高技术生产是很强的。生产中心在中国是世界承认的。那么，最关键的是各级党委和政府的重视，把教育实实在在摆在优先发展的突出地位。那么，我们想要实现的目标就是4%的问题，现在分母在加大，这也说明对教育的需求、对人才的需求、对国民素质的需求也在加大。

第二，大力推进教育公平，保障人民享有良好教育的机会。教育公平是一切公平的起点，受教育权是一切人权的首权，如果一个人不能享受到受教育权，其他的权利都会落空的。这个意义不用多说，我们教育界同志是最明白的。

第三，进一步加强素质教育，促进青少年一代健康成长。实施素质教育是我国教育的主题，要面向全体学生，以培养学生的创新精神、实践能力为重点，全面提高学生的思想道德素质、科学文化素质和健康素质，促进学生德智体美全面发展，培养和造就有理想、有道德、有文化、有纪律的社会主义建设者、接班人。要贯彻落实好8号文件和16号文件，以及学习和贯彻中央的7号文件，进一步加强学校的体育工作，认真落实关于健康第一的要求。大家知道，毛主席早就指出，三好学生，第一是身体好，然后才是学习好，我们在坐的老同志都非常清楚。前面说到的美国所谓的默契，最后产生了很多大家。现在，美国在世界上还是处于领先地位，不论是在数学、物理、化学，还是在生物技术、纳米技术、材料科学等方面都处于领先地位，全世界的专利大多数是在美国产生的，超过了欧洲。所以，这个问题是怎么样符合教育规律，怎么样按照温家宝总理说的培养教育家来指导教育的问题。我觉得，实施素质教育确实不是一句空话。

第四，提高教育质量，培养适应现代化教育、现代化建设需要的各类人才。教育部明确提出，要把教育工作的重点转移到提高教育质量上来，质量是生命。为什么有些国家的名校能够经久不衰？牛津大学已经800多年，哈佛大学也是360多年。最早的学校波罗尼亚大学在意大利，已经1 000年了。第二早的大学叫彭多瓦大学也在意大利，已经900多年了，还是经久不衰。经久不衰的关键是质量，质量是生命。特别是北京制定了8万人来华留学的计划和目标，教育质量的问题就更加突出，更何况我们要办人民满意的教育。

第五，不断加强教师队伍建设，培养一流的教育家。首先，温家宝总理向我们提出了培养一流教育家的重要任务。办一流的教育，当然首先要有一流的教师，教师是关键。国务院决定首先在部属6所师范院校实施师范生免费教育，进一步强调了培养教师的重要性。回想一下，“九五”、“十五”期间我们提出高等教育的八字方针，即“合并、合作、调整、共建”。当时一个非常难的决策就是师范院校改不改的问题。西方国家由于实行政客制，英美很多学校都改了名，大家知道老布什的农工大学原来就是以师范教育为主，英国的一些师范高职现在都变成了大学，结果质量成问题，因为政客要选票，很容易变化。当时中央还是决定师范院校不变，现在看来这个决策是很正确的，因为办教育是百年大计，不可能当年种当年收，马上见政绩、见效益。教育的问题特别要靠实践来检验，所以说培养一流的教师是非常重要的措施。教育部和有关部门将大力推进城镇教师支援农村教师工作，以及实施农村义务教育教师特色岗位计划等。

二、教育外事工作面临的国际形势

了解国际教育发展的趋势和特点，就是想从国际的视角来看，教育对外开放如何为提高我国教育的国际竞争力，如何为共建和谐世界这样的大目标服务，从而落实到我们的行动计划上。

我想先谈一下去年 G8+5 会议。现在，世界上那些发达国家认识到 8 个强国来开会解决不了世界问题了。因为当时 G8 的时候，他们占世界 GDP 的 60%，现在已经不是这个局面了，中国、印度、巴西和墨西哥等国加起来，已经占世界 GDP 的比重非常大了。所以说，现在只能 8+5，每次会议胡锦涛主席都是亲自出席，他们叫 L13，就是 13 个国家。去年的会议俄罗斯作为东道国，三个主题其中之一就是教育。最后通过的部长会议宣言指出，21 世纪的特征就是由科技创新带来的经济、社会的迅速变化，强调教育的发展、新思想的产生是人类发展、经济增长、市场生产力的关键，强调各级教育都应该促进社会和跨文化的技能以及对其他文化和社会价值历史的理解和尊重，承诺要促进教育公平、提高教育质量，要求发挥通信和信息的作用，促进教育的国际化。促进教育的创新，社会的公平，多样化和全球合作的重要性，得到了各个大国的高度重视。

今年 3 月，欧洲在里斯本召开了欧洲大学校长协会会议，欧洲现有 47 个国家，800 多所大学。大家知道，现代大学教育起源于欧洲。会议专门邀请中国去做主旨发言，同时还邀请了美国大学理事会主席和欧盟教育文化部长。我们在上一届政府的时候，就提出来全国要统一学制，6+6+4 把学制统一起来。而欧洲是五花八门的，所以波罗尼亚进程提出了高等教育一体化。我记得三年前和欧洲的教育文化专员商谈的时候，难度很大，该怎么办？他说是大学本科 3 年，加两年就是硕士，再加 3 年就是博士，全欧洲进行统一。这个事情特别难，特别在德法，因为德法没有本科，一直都是 5 年制相当于硕士，有自己的理念和哲理。但是在全球化的冲击下，在知识社会的冲击下，专员说他们只有一个办法，从硕士突破，因为硕士是两年制，容易突破。今年 3 月我出席这次会议的时候我得知，欧洲 800 多所大学的 80%，就是 600 多所已经实现了波罗尼亚进程提出的一体化要求。到 2010 年，全部实现一体化。支持波罗尼亚进程的有三大计划。第一个计划是伊拉斯姆斯计划，就是本科生的流动。在欧洲 47 个国家（包括俄罗斯）的大学生，在校四年的学习，如果在三年级觉得丹麦的设计很好，就可以去丹麦学习一年或一个学期，学位学历互认，学分也可以互认。学生可以在欧洲 800 多所大学中选择。那他的竞争力是很强的，他全能的培养，全球的视野欧洲的视野，以及他国际交往沟通的能力会很强是可想而知的。第二个计划是莱昂纳多达芬奇计划，职业技术教育的流动，就是哥本哈根宣言。第三个计划是亚历士多德计划，支持青年教师和学者的流动。所以说，这个步子跨越是很大的，震动了美国。

我将于后天去美国出席中美教育部长协调机制会议。美国也在重点考虑和中国教师、学生的交流问题。美国已经制定了迎接风暴计划，美国这个国家既是及时行乐的高消费国家，但是也是居安思危的国家。大家记得上个世纪 80 年代一个题为“国家处在危急之中，教育改革势在必行”的报告，现在它又在呼喊中国的教育发展、印度的软件教育发展和欧洲的波罗尼亚进程的发展等等，所以就提出了迎接风暴这样的报告。该报告的重点是：第一，强调了教育的公平，美国教育部非常关注教育收费过高问题。美国的教育收费是全世界最高的，特别是公立学校被私立学校带动。第二，提出了美国科学人才、工程技术人才远远赶不上中国和印度等国家。我们在学习国外东西的时候，不要学习他们错误的地方，要改正的学习。比如美国要学我们开始考试制度，我们还有一部分人要求取消考试。我想这样肯定是不对的，我们只能是改革高考制度而不是取消它。中国的考试制度 15 世纪才传到法国，西方的公务员制度都是从中国的科举制度学过去的，只是明朝以后的八股才使其落后了。哲学应该是扬弃，而不应该是绝对否定。像中国这些国家非常重视科学人才、工程技术人才的培养，美国也非常重视，但他们太注重于赚快钱，学习法律、商科的学生比重太大。当然 20 世纪 80 年代我们还没有商科，我们应该搞，但是要从实际出发。

日本1987年超过了德国成为世界第二大经济强国，但是在1990年就出现泡沫经济了，然后日本一蹶不振，但是也能维持第二的地位。由于它是在危急中存在着机会，所以它经过10年的变革，在2005年日本国会通过了日本教育改革法律叫“法人化规划”。这些都学习了中国的“985”、“211”工程等改革。有些他们学不去，比如大学的合并问题，建立多学科大学。所以日本文部大臣和我说，他们98所高校（包括9所帝国高校），合并一所以后，他就要下台了。但是他也看到非走合并的道路不可，但是日本“法人化规划”布置是非常实的，措施是非常具体的，改革是非常系统的。

谈到评估体系，大家知道现在德国的步子很大，他们建立了创新的大学评估，其结果是最著名的大学没有评上，而是慕尼黑大学、慕尼黑工业大学和一所原来不知名的大学首轮被评为创新型大学，然后拨款机制就配合上去了。当然他们也学习借鉴我们的“985”、“211”工程，但是德国建立评估创新型大学的措施是很严格的。俄罗斯也评出了第一轮创新型大学。这就是一个非常激烈的竞争机制。

联合国教科文组织是国际教育领域最重要的多边舞台，为教育的多边发展提出了一系列的思想和举措。比如终身教育的问题，全民教育的问题，创新型社会问题和知识社会的问题。由于联合国教科文组织的工作范围涉及教育、科学、文化和信息传媒四大领域，所以对世界贸易组织是一个非常重大的平衡机制。有可能我们对世界贸易组织宣传得比较多，当然世界贸易组织有它非常重要的作用和绝妙的机制，就是有解决争端的牙齿和机制。但是，世界贸易组织要推进的是把教育特别是知识和知识产权都商品化、商业化。这背后最大的动力是谁？我解剖一个案例，联合国教科文组织2005年10月通过的《文化多样性公约》。这个公约最后的结果是联合国教科文组织192个成员国，大家都支持，只有美国坚决反对，像反对京都协定书一样。主要因为经济利益，1980年以前美国第一大出口产业是汽车，1980年以后就让位于飞机了，1995年以后是信息产业，现在是文化产业、知识产权产业。所以说，联合国教科文组织的公约是对世界贸易组织一个极大的制衡，世界贸易组织是以美国作为最主要动力在推行的。

21世纪最主要的两个特点是：全球化和知识社会的形成。它对教育事业带来的影响，可以归纳成以下8条：

1. 差距在加大。谁把教育摆在优先发展地位的国家，重视教育投入、素质教育、科研及科研成果的转化，把高校作为区域、国家和地方经济发展的中心位置，谁就得益。这是经济和社会的鸿沟问题。

2. 新知识的传播、提供和成熟更为便捷。特别是信息产业的发展。

3. 电子、多媒体和网络技术推动教学方式的革新。

4. 远程教育使学生接受高等教育的成本降低。

5. 超越时空的全球范围的培养成为可能。中国每年有12万人出国留学，北京制定了8万人来华留学目标。没有全球化、网络时代、通讯成本的极大降低，怎么可能有全球培养呢？而全球化的最大特征是成本极大的降低，这是由于交通、通讯成本的降低使全球化生产和分工转移，哪里增值最快就在哪里落户。北京为什么有这么多的三资企业，因为政治社会稳定、劳动力成本相对低而且素质高等环境因素。所以全球化并不是所有国家受益，相反我们看到的是一部分国家受益，相当一部分国家被全球化边缘化了。

6. 因材施教、定制教育成为可能。孔子的两大贡献：教育公平有教无类、因材施教。由于有了信息技术、多媒体等才有可能量身定制教育。

7. 教师授课和学生实验在虚拟的环境中进行。如果通过多媒体讲述机械传动、化学、电子的放电过程，要容易得多。

8. 终身学习成为通则。大学四年学习再多的专业知识也是不够的，何况知识在不断的更新。因为技术的周期越来越短，特别是扰乱性的技术，一个技术成长出来，不是改良了前一个技术，而是替代了前一个技术，这就是日本吃亏的地方。我们看电话电视很快进入数字，手表日本越做越精成了精工电表，但是美国很快发明了石英表，后来又有了液晶表，所以手表变成了消费品不是收藏品。这种替代性的技术、扰乱性的技术天天可见。科学是发现，技术是创新。所以大学四年学得再多，你的知识也是有限的，而且知识是要更新的。

我们在谈教育对外开放的时候，必须要明确国际形势四个大的特征，不是就教育看教育，而是在国际大格局，在经济、社会、文化和精神领域，来看教育对外开放和需求。当前国际政治的特点是：一超多霸，美国确实在制定先发制人的战略，但是多边主义的呼声越来越高，强调要多边多极化。看看中国在国际政治的方针，在毛主席时代是三个世界的划分，我们做第三世界的旗手。到了第二代领导人，改革开放时期邓小平同志说一方面不当头，但要有作为，同时要构建国际新秩序。秩序是以规则和标准为准则，联合国组织包括世界贸易组织等制定的规则，都是以西方过去的规则为基础的，我们现在建立国际新秩序谈何容易。到了第三代领导集体的时候，提出的经济单极化，全世界一个市场、全球化，政治要多极、文化要多元。现在，我们更多提出的是共建和谐世界，是更高的谋略和战略，是中国现在发展的需要，也是针对中国威胁论的。

国际政治第三个特点是区域化进程加快，因为全球化的很大特征就是相互依存，没有任何一个国家在全球化中完全的收益，只有那些在全球化中注重自己的策略和政策，而且在区域化进程加快推进的国家才能受益。国际文化冲击着全世界，文化是双重属性，一个是价值意识形态的属性，还有产业的属性。中央 14 号文件界定得非常清晰，文化的公益性和经营性的产业化，文化产业的比重日益加大。文化多元的呼声越来越高。

当前国际教育的主要特点和趋势，首先是把发展教育、培养人才作为关系国家未来的战略；促进教育公平，特别是机会公平；重视教育质量的问题；以创新为导向的教育改革，建设创新型学校、培养创新型人才。创新型国家是创新指数明显高于其他国家，科技贡献率在 70%以上，科技研发的经费投入一般都在 GDP 的 20%左右，对外技术的依存度一般都在 30%以下。我们确实有很大差距。在创新人才教育方面，国际上特别重视通识教育、全人发展的问题，在高校中专业界限越来越模糊，但各高校要从实际出发，抓住区域经济发展的需要，以服务取得支持、以贡献取得发展。

高等教育大众化特别是多样化的趋势，在中国是非常紧迫和现实的。因为经济社会对人才的需要是多样化的，21 世纪需要的是终身学习的人才。大学四年再也不能保终身了。多样化的问题，真正形成立交桥的问题，确实是很迫切的。要想多样化就要各安其位，要想各安其位就要各展其长，要想各展其长必须各得其所。我们要培养具有全球视野和国际交往沟通能力的人才。国外大学本科特别强调分析问题的能力、创新和创业的能力、学会学习和共处的能力。

三、当前教育外事工作的重点工作

1. 推进高层次的双边和多边互动的国际合作与交流，教育部已与有关国家政府部门和国际组织形成了若干稳定的工作磋商机制。

2. 构建和完善区域性教育合作与交流平台。

3. 加强我国高校与国外知名大学的“强强合作”，培养高层次人才。重点是实施好国家高水平大学公派研究生培养项目，按照“三个一流”的要求，选送一流的学生到世界一流的大学和学科专业，师从一流大师。同时，要继续坚持“支持留学，鼓励回国，来去自由”的方针，吸引在外留学人员回国工作和为祖国服务。

4. 努力扩大来华留学生规模，加强来华留学教育的质量保障。

5. 加大汉语国际推广工作力度，实现六大战略转变：

(1) 工作方式从对外汉语教学向全方位的汉语国际推广转变。

(2) 工作重心从将外国人请进来学汉语到汉语加快走出去转变。

(3) 推广理念要从专业汉语教学向大众化、普及型、应用性的转变。

(4) 要从教育系统内向系统内外，政府，民间和国内外共同推进的转变。

(5) 推广模式要从政府行政主导向政府推动的市场运作的转变。

(6) 教学方法要从纸质教材、面授为主向充分利用现代技术、多媒体网络教学为主的转变。

6. 一手抓教育对外开放，一手抓教育涉外秩序。要把好审批关和入口关，切实引进优质资源，切实管好中介机构。教育对外开放既要坚持以我为主、为我所用，又要注意双方关切的利益，做到互惠互利，合作共赢。对外合作交往、借鉴国外先进经验，要全面地看、系统地看、拨开外壳地看，不要脱离经济、社会的大背景，盲目地引进一些东西，要结合我国国情，去伪存真、去粗取精、由表及里、由此及彼，不要丢掉我们的长处和优势。

最后，希望同志们抓住奥运的机遇，带动北京包括教育在内的各项经济、社会事业的发展。我们相信，在北京市委教工委、市教委的领导下，通过大家的共同努力，一定能够开创首都教育对外开放的新局面。

大学需要文化 文化需要大学

赵沁平

大学和文化有天然的紧密关系。大学对文化的作用和人才培养一样，是大学与生俱来的功能。大学的发展和人才培养需要大学文化，社会文化的发展也需要大学。要全面认识大学的作用，充分发挥大学在建设创新型国家和构建和谐社会中的基础性、综合性作用。

一、对文化的浅显认识

文化发展体现在三个方面：继承并发扬优秀的传统文化；借鉴并传播先进的外来文化；创造并培育时代的新型文化。这三个方面互相结合，任何一方面都不可缺少，否则文化难以得到健康发展。首先要继承并发扬优秀的传统文化，特别是我们中华民族的传统文化。我们拥有数千年深厚的优秀传统文化，要大力传承，并通过广泛的国际交流使中华文化走向世界，让世界认识了解中华文化，让中华文化为全人类文明做出新的贡献；其次要不断借鉴和传播外来的先进文化。一个不注重吸收外来先进文化的民族长远看是没有希望的；最后，也是非常重要的就是要不断创造和培育时代的新型文化，要使我们的民族文化、优秀的传统文化不断地与时俱进、发展进步。

文化发展需要条件。首先，文化发展要有主体，要有文化的生产者，同时还要有文化的消费者。另外，文化得以繁荣需要发展的软硬件条件，特别是软件条件，包括社会环境、政治环境和政策环境。文化只有在社会安定、国泰民安、百花齐放、百家争鸣的环境下才能得到繁荣发展。我们国家经过三十年的改革开放，经济持续高速增长，国力不断增强，社会趋于和谐，具备了文化大发展的条件。

关于文化的内涵、文化的定义有上百种说法。一般说来，文化是价值观、信仰、习俗和制度等的综合，有价值观、制度、环境和产品四个层面的体现。文化的价值观层面包括理想信念、宗教信仰和习俗等，比如基督教文化、伊斯兰教文化，我国的儒教文化等，它们有不同的价值观。文化的四个层面会互相影响，不同的价值观会导致不同的制度，而某种制度长期执行也会影响其文化的价值观。

文化的社会作用是巨大的，具有塑制、化人、聚族、立国的作用。文化会对制度发生作用，有什么样的价值观会形成什么样的制度；文化对人有潜移默化的影响；文化对一个民族有巨大的凝聚作用，是民族永恒的凝聚力，也是一个民族对抗外侵的最根本力量；文化是国家的软实力，文化对国家的稳定、民风的教化、国际地位的提升，对经济社会的发展都会产生深远的影响。所以我国要大力倡导科教兴国、以德立国，有的专家还提出文教立国等观点，也是有一定道理的。

二、大学需要文化

上面提到文化有四个层面的体现，相应地，大学的文化也有四个层面，即精神、制度、环境和产品。大学的精神文化包括价值观念、理想信念、传统风气、道德规范，制度文化包括教育模式、科研体制、组织架构、运行规则等；环境文化由校园环境、物质设施、生活方式、人际关系等构成；大学的文化产品可以说是最齐全的，有自然科学、社会科学等研究成果，有文化、艺术、体育等人文产品。

我们说一所大学需要历史积淀，主要就是因为大学需要一种大学文化。建校时间不长的大学可以把大楼盖得很好，甚至也可以请到一些大师，但是大学的文化需要历史积淀，大学的贡献需要社会认可，从人才培养素质等整体水平看，它难以成为高水平大学。我认为“文化大革命”对大学的最大伤害是对大学文化的割裂，特别是对大学精神文化的割裂，对大学优秀传统文化的割裂。这种割裂和人才断层不一样，文化断层弥补起来是非常困难的。例如现在教师队伍的人才断层问题可以说已经基本解决，但是师德培养和教师风范的养成还需下大力气，还须假以时日。

大学文化的四个层面彼此依存、相互影响，形成一个和谐的大学文化。其中精神文化是核心和动力。一般来说，不同的精神文化会驱动产生不同的制度文化和环境文化。反过来，制度文化和环境文化也会对精神文化产生一定的或强化或抑制的影响。大学文化对人才培养具有不可替代、潜移默化的影响和熏陶作用，可以有改善、发展和塑造人的作用；同时，如果大学文化发生问题的话，也可以产生压抑、扭曲、扼制人的作用。大学自身文化建设出现问题不但不能很好地担负起继承和发扬优秀的传统文化、借鉴和传播先进的外来文化、创造和培育时代的新型文化的积极作用，而且还会严重影响大学的人才培养质量、科学研究水平和社会服务成效，甚至通过大学对社会文化的辐射，对社会发展产生负面的影响。

顺便说一下，现在的网络大学和电视大学是伴随着现代科学技术发展和人民群众接受高等教育的愿望不断提高所必然产生的一类高等教育模式，大众化高等教育需要这种人才培养模式。但是网络大学和电视大学有一个天然的缺失，这就是缺少校园文化和传统的大学文化，因此这种模式不大适合于精英教育。

新中国成立以后，特别是改革开放以来，我国高等教育迎来了发展的春天。几十年来，大学通过不断改革，大力提高和积极发挥人才培养、科学研究和社会服务三大职能的作用，为我国经济建设、社会发展、科技进步做出了巨大贡献，可以说没有我国高等教育的发展就没有我国今天的建设成就。与此同时，我国大学也全面发展，面貌一新，一批高水平大学正在稳步向世界一流大学迈进，令世界瞩目。我国大学发展翻开了历史的新篇章。

然而我们也不可否认，在改革发展，特别是和社会的互动过程中一些大学也多少滋生出了有悖于大学精神的文化问题，一些值得担忧的风气影响学生的价值观，腐蚀着我们的大学文化。一些大学功利主义过热，急功近利，学术浮躁，揠苗助长，造假抄袭现象屡有发生。文化积淀薄化，官本位倾向也在或多或少影响着学术的发展，大学作为时代和社会精神灯塔的角色和地位有渐渐失去之忧。造成这种情况的原因是复杂的，有现实的原因，也有历史的原因；有大学自身的原因，也有社会的原因。就大学自身的问题而言，最为重要的就是大学的文化建设没有得到足够重视。

大学创新文化是大学文化的精髓，健康的有生命力的大学文化一定是创新文化主导的大学文化，因此必须高度重视大学创新文化的培育、建设和发展。

发展大学的创新文化首先要建设大学的精神文化。建设大学的精神文化，核心就是要坚持和弘扬科学、民主、创新的大学精神，坚定不移地守护大学的精神家园，抵制急功近利、学术浮躁等不良的文化倾向的侵蚀。大学文化要与时俱进，同时也要保持自己永恒的不变量，这就是大学精神，就是科学、民主、创新的大学精神。

发展大学的创新文化需要建设大学的个性文化。有个性的大学文化才是有活力的大学文化。社会对大学的需求是多样的，因此，应该建设多样化的大学以满足多样化的社会需求。每所大学都应有自己特色的办学目标、办学理念、人文精神、优势学科，并努力营造有个性的大学文化。多年以来，我国大学办学目标严重趋同，众多大学都要建设研究型大学，都要向综合性大学发展，从而导致了趋同的发展建设模式和趋同的大学文化。

大学文化的趋同是一个复杂的问题，不能一概而论。这一方面反映出中华优秀传统文化对大学文化的深刻影响和大学对传统文化的高度认可，也反映了大学对高等教育共同规律的普遍共识。另一方面，大学文化的盲目趋同也暴露了我国大学办学理念、办学思想存在的问题，反映了我国大学管理体制和大学评价体系对大学个性的抑制。就目前来说，主要还是应该鼓励大学建设和发展具有特色的个性文化，这样从整个国家来说才能形成丰富多彩的，不同大学之间互补、和谐的整体大学文化，才能培养出不同层次、不同类型、不同风格、各有所长的人才，从而满足社会对人才的多样化需求。

发展大学的创新文化必须建立有利于创新人才培养的教育模式和创新激励机制。现在，我国大学在教学方面基本上是以教师为中心，以“传道、授业、解惑”为主要目标的知识传授型文化，对学生而言就是被动的知识接受者的文化。而创新文化需要一种鼓励学生主动学习，教师、学生互动，教师、学生同为知识探究者的文化。

在科学研究方面，基本上还是跟踪追赶型文化。追求的目标是发达国家的科学技术水平，技术路线是确保少走弯路，科技评价和管理营造了只争朝夕的紧迫感。而有利于科技创新，特别是原始创新的文化则以探索自然规律和发明创造为目标，鼓励探索、鼓励批判，尊重个性、尊重失败、宽松从容、崇尚十年磨一剑的科学精神。我国科技在今后相当长时期仍然需要大力跟踪追赶，同时要努力提高自主创新能力，加强自主创新。因此，大学要根据《国家中长期科技发展规划纲要》制定的“自主创新、重点跨越、支撑发展、引领未来”的指导思想，充分发挥优势，全面鼓励自由探索研究，提高原始创新成果的比重，同时根据自己的优势特色有选择地组织科研团队进行既定的国家目标的研究。现在对“跨越式发展”这一口号谈点看法。“跨越式发展”本质上是追赶型发展的概念，是发展道路已知情况下的，容易导向重数量、规模的“大跃进”发展理念。完全的探索创新发展不存在“跨越”概念。“跨越式”发展在某些科技和产业领域是可以实现的，“重点跨越”作为我国今后一段时期科技发展的指导思想之一是符合国情，非常必要的。但是在教育领域应该慎提“跨越式”发展，教育的质量、结构这些重要指标是难以实现“跨越式”发展的，教育发展还是应强调科学、协调。

三、文化需要大学

可以对文化发展产生重要影响的社会实体很多，主要有人民群众、政党和政府、文化艺术界、科技社科界、媒体和教育界等。人民群众对文化的影响是历史性的、长久的、朴素的；政党和政府可以通过制度、政策和运动推动文化的发展，但也可能阻碍或破坏文化的发展，这主要看它是否代表先进文化的发展方向；文化艺术界是文艺产品的生产者；科技社科界是自然科学、社会科学知识的生产者；媒体是文化的传播者；中小学在培养人才过程中传承着文化。它们都以自己的方式、责任从某个方面影响着文化的发展。

大学是最高教育机构，包含众多学科领域，集精神建构、学术研究、科学发现、人文培育以及人才培养于一体。它有科学、民主、创新的精神理念，有开放、平等、自由的学术氛围，有几十，甚至数百年的文化积淀。大学不断促进探索和争鸣，激励新思想、新学术的产生，成为新文化的孵化器，为人类社会的文化发展做出了重要贡献。

大学在文化发展的所有方面都发挥着重要作用，也就是继承并发扬优秀的传统文化，借鉴并传播先进的外来文化，创造并培育时代的新型文化。大学的人才培养、科学研究和越来越直接的社会服务是大学发展、引领文化的三大引擎。大学的三大职能和发展、引领文化的功能相互支撑、互为依托，共同促进社会文化的发展。可以说在对文化产生影响的所有社会实体中，大学对文化发展的影响最为深厚、深刻、深远，大学是社会文化发展的中心。

四、要全面认识并发挥大学的作用

无论是政府、社会，还是大学自身，都要全面认识大学在社会发展中的作用，要充分发挥大学在建设创新型国家和构建和谐社会中的基础性、综合性作用。大学要为国家提供全面有力的高层次人才支持，提供源源不断的知识创新贡献，提供强大有效的社会服务。

我国社会已进入新的历史发展阶段，正在迅速向社会主义现代化强国迈进。各种深层次社会问题的解决、发展模式的转型、国民素质的提高、世界大国地位的确立，比以往任何时候都有赖于文化的发展和积淀。我们的大学要担负起崇高的历史责任，为发展和引领文化，特别是有利于创新的社会文化做出自己的贡献。

我国工程教育的改革与发展

吴 启 迪

高等教育改革取得新的进展

经过前几年的改革和发展，高等教育进入了新的历史阶段。

第一、高等教育实现了又好又快的发展

1998年至2006年间，普通高校当年招生数从108万增加到540万，高等教育总规模由不到800万人增加到2500万人，规模居世界第一，高等教育毛入学率由9.8%提高到23%，进入高等教育大众化阶段。“十五”期间，高等教育向社会输送了1 397万毕业生，目前，我国受过高等教育的人口已经达到6 800万人。高等教育规模基本适应了建设创新型国家、建设小康社会，推进社会主义现代化建设对高层次人才的需求，较好地满足了人民群众接受高等教育的愿望，促进了国民素质、综合国力和国际竞争力的提升。

第二、高等学校的办学水平不断提高

通过实施“211工程”和“985工程”，集中力量加强了一批大学的基础设施、办学条件、重点学科、科技创新平台和创新团队的建设，在高校中凝聚了一大批高层次人才，产生了一批具有国际先进水平的学科，有力地推动了我国争创世界一流大学和高水平大学的进程。我国已与世界上178个国家和地区以及国际组织建立了教育合作与交流关系，与包括英、法、德、澳等26个发达国家在内的32个国家和地区签订了学历学位互认协议。高校在科学研究、技术开发和科技成果转化等方面做出了重要贡献，“十五”期间，全国高校累计获得科技经费1 700亿元，承担各类课题83.9万项，获得国家自然科学奖75项，占全国授奖总数的55%；国家技术发明奖64项，占全国授奖总数的64%；国家科技进步奖433项，占全国授奖总数的54%。目前，全国有61.7%的国家重点实验室、35.3%的国家工程研究中心建在高校。高校直接参与了神舟号宇宙飞船、三峡水利工程、世界上海拔最高线路最长的青藏铁路等一系列国家大型工程的建设，并发挥了重要作用。

第三、切实提高高等教育质量

为贯彻落实党中央、国务院切实把高等教育的重点放在提高质量上的部署，在“十五”期间，教育部实施了第一期“高等学校本科教学质量与教学改革工程”。2007年，经国务院批准，教育部、财政部决定继续实施“质量工程”（二期）。在“十一五”期间，积极推进高等教育的专业结构调整与专业认证；大力开展课程和教材建设与资源共享；积极开展实验教学示范中心与人才培养模式创新实验区设；加强高水平教师队伍建设；完善教学评估与教学状态基本数据公布制度；积极开展对口支援西部地区高等学校。通过质量工程的实施，基本形成高等教育规模、结构、质量、效益协调发展和可持续发展的机制，改革人才培养模式，增强学生实践能力和创新精神，提高教师队伍整体素质，促进科技创新和人才培养的密切结合，切实提高高等教育质量。

我国工程教育的现状和主要问题

我国工程教育伴随着经济社会的巨大变革和高等教育事业的历史性跨越，取得了长足的进步，已经形成多层次、多类型的工程教育人才培养体系。

截止到2006年，全国开设有工科专业的学校数达到1 653所，占普通高校数的88.5%；工科专业在校生为600.5万人，占普通高等教育在校生总数的34.6%。规模上，基本适应我国经济社会发展的需要。从世界上看，我国工程教育的规模也是最大的。在规模扩大的同时，我们也一直强调要努力提高教育质量。教育部2001年专门制定了文件，提出了一系列措施，包括要求教授必须为本科生上课，因为我们认为，高校的科研应该为人才培养服务。从2002年开始，教育部组织进行了国家精品课程建设工程，目前已经建设1100多门国家精品课程，初步实现了优质资源的共享。在强化实践教学改革方面，教育部积极推进实验室、工程训练中心和实训基地的建设。为提高高校教师的水平，教育部每年组织教师培训班。同时，教育部积极推动高等学校进行学科专业结构的调整，加大了信息安全、数控技术、汽车维修等紧缺人才的培养力度。

在我国高等工程教育取得快速发展的同时，也面临不少问题与挑战。主要表现在：

- 投入严重不足。我国高等教育投入占GDP的比例只有0.6%，而国际上大多数国家，包括大部分发展中国家都在1%以上，有的甚至达到2%。投入不足，直接导致办学条件得不到有效改善。
- 工程教育的发展战略和目标定位还不清晰，不同类型学校目标趋同。
- 工程教育与工业界脱节，工程设计和实践教育严重不足。
- 工科专业课程体系相对陈旧，与我国产业结构的调整不相适应。
- 工科教师队伍普遍缺乏工程经历，严重影响工程教育质量。
- 工程师职业资格制度缺失，工程师培养体系不够健全。

我国工程教育改革不仅要解决上述问题，确保工程教育的基本质量，而且还要应对工程全球化、工程复杂性的挑战，建立具有大工程观、大系统观、大集成观的工程教育体系。

深化工程教育改革的措施

针对工程教育快速发展过程中面临的问题与挑战，我们将采取一系列的改革措施，切实把重点放在提高质量上。

第一、以能力培养为核心，加强实践教学，深化人才培养模式改革与创新

今后一段时间，高等学校提高人才培养质量的重心要放在提高学生的能力上。能力来自于实践，各种实践教学环节对于培养学生的能力尤其重要。加强能力培养，必须进一步强化实践教学环节，深化人才培养模式改革与创新。

建设500个国家级实验教学示范中心。通过实验教学示范中心建设，推进高等学校实验教学模式的创新，加快实验教学内容、方法、手段改革和实验教学管理机制改革，加强实验教学仪器设备建设和师资建设，使实验教学的设备条件明显改善、师资队伍建设明显加强、教学水平明显提高，为高等学校实验教学改革提供可借鉴的模式和示范经验。

资助15000个大学生创新性实验项目和一批有较大影响力的全国性大学生竞赛活动。探索并建立以问题和课程为核心的教学模式，体现学生主体地位和教师主导作用，充分发挥学生自主性和能动性，给学生创造较大的探索空间。鼓励高等学校探索建立大学生尽早参与科学研究制度，培养学生发现、分析和解决问题的兴趣和能力。积极推动大学生参与校外学习、实践和创新，以各项竞赛为平台，激发大学生学习和研究的潜能，培养大学生团队协作意识、实践能力和创新精神。

建设500个人才培养模式创新实验区。支持高校在教学内容、课程体系、实践环节、教学运行和管理机制等方面进行人才培养模式的综合改革，形成一批创新人才培养基地，满足国家对复合型拔尖创新人才和应用人才的需要。

第二、适应国家经济建设的需要，推进产学研合作教育

研制高等学校本科专业设置预测系统。对高等学校各专业人才培养状况数据的分析和人才市场需求的预测，形成各专业人才供需情况的报告，引导高等学校调整专业结构、优化专业布局、培养急需

人才，为高校科学设置专业和国家宏观调控提供科学依据。

制订指导性专业规范。根据科学技术发展的特点，结合我国高等教育实际，研究建立适应国家经济与社会发展需要的本科专业设置和调整制度，保证基本人才培养质量。

针对人才培养和企业需求脱节的问题，实施特色专业建设计划。特色专业建设要求在人才培养目标制定、课程设置、教学内容改革等方面充分考虑行业和产业的需求，要有行业、企业界人士参与培养方案的制定，积极聘请行业、企业的一线专家为兼职教师，选派教师到企业学习，建立“双师型”教师队伍。

为了解决国家重点领域人才紧缺的问题，加大软件、微电子、生命科学、农业、林业、水利、地质、煤矿、核工业、动漫产业等重点领域的人才培养力度，给予政策和项目扶持，促进高校形成一批急需和紧缺人才培养基地，保证基础学科、重点领域和艰苦行业的紧缺人才培养。比如，国家示范性软件学院就是探索了一种新的办学模式，目的是在较短的时间培养出较多的国家急需人才。

第三、利用信息技术加强优质教育资源建设与共享

要充分发挥我们制度上的优越性，集中力量。加大使用信息技术的力度，进一步加强课程、教材、仪器设备等优质教育资源建设与共享。

建设3000门精品课程。带动形成校、省、国家三级精品课程体系，引导高校进行课程内容改革和建设，形成优质教学资源。开展精品课程集成系统研究建设，在此基础上建立精品课程资源中心，为广大教师和学生提供免费享用的优质教育资源。

建设万种新教材。集中全国高等学校和有关出版社的力量，建成供普通高等学校学生使用的一万种高质量教材，通过推广使用这些新教材，改变高等学校一些教材内容陈旧、单一的现状。

建设网络教育资源共享平台。通过采用现代化信息技术，搭建网络教育资源共享和学习支持服务平台，使学生在任意时间、任意地点享受最需要的优质教育资源，并通过大学英语和网络教育考试系统的建设，实现考试的安全、便捷和高效率。

加快高等学校大型仪器设备和优质资源共享系统、高校数字图书馆、数字化学习港系统等优质资源建设，扩大优质教学资源的领域和共享范围。优质教学资源共享主要依靠信息化手段，要把高校信息化建设的重点转移到教学应用上来，以优质教学资源应用促进教学信息化。

第四、推进工程教育专业认证，构建我国工程教育质量监控体系

工程教育专业认证在国际上很多国家已经开展，其对工程教育发展的促进作用也在很大程度上得到了证实。加入 WTO 以后。工程与教育面临越来越严峻的国际竞争。在经济全球化背景下，高等工程教育专业认证制度是促进我国工程技术人才参与国际流动的重要保证。建立高等工程教育专业认证制度对于提高我国高等工程教育的国际竞争力以及确保我国高等工程教育的质量都具有十分重要的作用。(1) 通过专业认证，明确工程教育专业的标准和基本要求，促进各院校和专业进一步办出自己的特色；改善教学条件、增加教学经费的投入，促进教师队伍的建设和专业化发展；发现大学相关专业院系教学管理的薄弱环节，促进建立科学规范的教学质量管理和监控体系，从而提高大学教学管理水平。(2) 通过专业认证，加强高等工程教育与工业界的联系。把工业界对工程师的要求及时地反馈到工程师培养的过程中来，引导高等工程教育专业改革与发展方向，密切高等工程教育和工业界的关系，使工业界参与工程师培养过程中的培养方案的制定、培养过程的改进与培养成果的验收，促进工业界对高等工程教育的了解和支持。改善高等工程教育的产业适应性，促进高等工程教育为工业提供合格的工程师。(3) 通过专业认证，推动工程教育改革。近年来随着科学技术和社会经济的迅速发展，各国高等工程教育对质量提出的要求越来越高。美国工程与技术认证委员会 ABET 近几年在高等工程教育方面提出 11 项学生核心能力指标 (EC——2000)，这些能力指标旨在评价学生的综合能力，包括沟通、合作、专业知识技能、终生学习的能力及世界观等等，为教师、教育机构在设计课程上提出了明确方向与要求。(4) 通过专业认证，促进高等工程教育的国际交流，提升我国高等

工程教育的国际竞争力。使我国的工程技术人员能够公平地参与国际就业市场的竞争，满足进入国际就业市场的现实要求并获得公平待遇，提升国际竞争力。

经过一年多的努力，工程教育专业认证工作已经起步，初步确立了全国工程教育专业认证的组织体系。全国工程教育专业认证专家委员会已经正式成立，拟在机械等10个专业领域成立认证分委员会（或试点工作组）。制定了认证试点工作需要的文件体系，包括认证的标准、程序等。认证试点工作稳步进行。自2006年3月工程教育专业认证相关工作启动以后，机械工程与自动化、电气工程及其自动化、化学工程与工艺、计算机科学与技术四个试点工作组先后成立，完成了8个学校的认证试点。今年我们进一步扩大了试点认证的范围，选择与国计民生、国家安全、人身安全关系密切的专业领域，成立了机械类、化工类2个专业认证分委员会和电气类、计算机类、环境类、水利类、交通运输类、轻工与食品类、地矿类等7个专业认证试点工作组，并已确定18所学校开展认证试点。加上去年的4个试点专业和建设部组织进行的土建类专业评估，至今年底总共在10个专业开展80多个专业次认证试点工作。通过完善认证组织体系，稳步开展认证试点，我们将为2009年申请加入《华盛顿协议》做好准备工作。

与“创新型工程科技人才培养研究”相结合，实施工程教育改革实践项目

潘云鹤院长、周济部长共同牵头进行“创新型工程科技人才培养研究”项目的研究，我们相信，研究成果一定会对我国工程教育的改革具有指导作用。为探索工程教育的改革，提高人才培养质量和创新能力，也为了配合“创新型工程科技人才培养研究”项目的研究，教育部和中国工程院决定共同实施工程教育改革实践项目。集中力量支持工程教育比较强的若干所大学，深入进行工程教育改革，探索工程教育发展的新思路，构建新的工科人才培养模式。首批我们选择了工科基础较好清华大学、天津大学、哈尔滨工业大学、大连理工大学、同济大学、上海交通大学、东南大学、浙江大学、华中科技大学、西安交通大学等10所大学，进行工程教育改革的实践探索。参与高校正在按照要求，在学校内部进行研讨，制订本校的改革方案。我们希望请中国工程院对应专业的学部对有关高校的建设方案提出指导意见，同时确定一些院士具体指导各校方案的实施。我们也希望行业、企业参与高校工程教育改革项目，也请工程院合作委员会介绍相关企业参加到这项改革中来。

为了使改革项目尽快启动，教育部已从“质量工程”项目经费中先期给与支持。在此基础上，我们正在研究申请设立工程教育改革专项经费的可能性，并希望进一步选择不同类型的工科院校进行改革试点。通过研究和改革探索，形成一批工科专业人才培养的新模式，更新相关专业的课程体系和教学内容，推动工程教育与产业更紧密联系，提升工程教育的质量和水平，更好地满足经济社会发展对工程人才的迫切需求。

努力成长为新时代的人民教育家

陈小娅

党的十七大明确提出了优先发展教育，建设人力资源强国的战略任务，强调教育是民族振兴的基石，教育公平是社会公平的重要基础，要求全面贯彻党的教育方针，坚持育人为本、德育为先，实施素质教育，提高教育现代化水平，培养德智体美全面发展的社会主义建设者和接班人，办好人民满意的教育，进一步完善现代国民教育体系，基本形成终身教育体系，使全民受教育程度和创新人才培养水平明显提高。当前，教育战线都在认真学习贯彻党的十七大精神。学习贯彻好党的十七大精神，关系党和国家工作全局，关系中国特色社会主义事业长远发展，对于教育战线的师生员工坚定对党作为中国特色社会主义事业领导核心的信念，深刻领会党的基本理论、基本路线和基本纲领，把智慧和力量凝聚在落实党的十七大提出的重大战略部署和各项重大任务上来，推动教育事业科学发展，具有重要的现实意义和深远的历史意义。中学校长要按照党的要求努力成长为新时代的人民教育家。

在整个基础教育事业中，中小学校长的岗位非常特殊、职责特别神圣、工作格外重要。从一定意义来说，对学校，有一个好校长就有一所好学校；对学生，有一个好校长就有许多好老师；对国家，有一个好校长就有一批好学生。说到底，中小学教育是校长带领全体教职员工实施的，中小学教育目标是校长们带领全体教职员工实现的。目前，全国有40多万所中小学，有40多万名中小学校长，带领着千万名中小学教职员工，教育和影响着2亿多名中小学生。校长的教育理念、教育思想、专业素养、管理能力如何，工作开展的效果如何，直接关系到整个中小学教育的质量，关系到党和国家教育方针的落实，关系到一代甚至几代人的健康成长，关系到中华民族的未来。因此，校长的作用影响重大，牵动教育工作全局。

在我国国民经济发展水平从温饱不足到总体小康再到建设全面小康的历史进程中，在我国基础教育发展特别是义务教育阶段从不普及到基本普及再到全面普及和巩固提高的发展历程中，广大校长们承担着重要责任，付出了艰辛努力，做出了突出贡献。校长们的工作非常辛苦，既要组织教学，又要管理学校；既要牵挂学生，又要关注教师；既要建设学校，还要发展学校。在广大的农村地区，许多校长为了让孩子们都能受到基本的教育夙夜在心；在各个城市，许多校长为了建设高水平的学校而呕心沥血。在实施西部地区“两基”攻坚计划中，在新一轮学校布局调整的工作中，在素质教育推进的过程中，在基础教育课程改革的实践中，在基础教育各项事业快速发展的进程中，都凝聚着广大校长们的心血，都书写着校长们的功勋！

高度重视、大力加强校长队伍建设，是整个教师队伍建设的重要组成部分，是整个基础教育战线具有战略意义的重要工作。近年来，各级教育行政部门在各级党委政府的领导下，采取切实有效措施，校长队伍建设取得了初步成效，一大批热爱教育事业、追求教育理想、富有改革创新精神和科学管理理念的校长在教育改革与发展的实践中不断成长。当前，我们要抓住中央提出必须高度重视和切实加强教师队伍建设的契机，在保障教师的政治地位、社会地位、职业地位的同时，注重提高校长的职务荣誉感；要抓住中央提出必须吸引和鼓励优秀人才从事教育工作的契机，在注重吸引优秀人才当教师，鼓励优秀人才长期从教、终身从教的同时，把最优秀的教育管理人才放到校长的岗位上；要抓住中央提出必须形成尊师重教的良好社会风气的契机，努力为校长们开展工作创造更好的条件和更宽松的环境，把广大校长的积极性、主动性、创造性更加充分地发挥出来。

我国基础教育有着优良的传统和特色，经过新中国50多年的发展，特别是改革开放以来的跨越发展，新世纪的中国基础教育已经站在了一个新的历史起点上，其重要标志是：基础教育战略性地位进一步确立，建立在公共财政基础上的义务教育经费保障机制基本形成，省级统筹、以县为主的教育管理体制逐步完善，广大农村和边疆地区学校面貌焕然一新，所有适龄儿童都能接受免费义务教育的历史性任务即将完成，基础教育课程改革全面展开，基础教育各项事业保持了良好的发展态势。同时，我们也必须清醒地看到，基础教育还面临着许多困难和挑战，概括起来就是人民群众不断增长的对优质教育的需求和优质教育资源不足的矛盾日益凸显，教育体制和机制还不适应教育事业发展的需要，教育的培养模式和我们的质量水平还不完全适应创新型国家和现代化建设对人才的需要。教育工作使命崇高、任务艰巨，责任重大。基础教育的改革和发展要在政府主导和公共财政的优先保证下更加体现公益性，更加注重提高质量和水平，更加关注学生的全面发展，在发展内涵、重点、重心、机制、形态、阶段上实现深刻变革。坚持优先发展，要把普及和巩固九年义务教育作为重中之重；坚持均衡发展，要高度重视基础教育的公平和公正；坚持内涵发展，要把全面推进素质教育和提高教育质量摆在教育工作的核心位置；坚持协调发展，要促进基础教育各项事业不断取得新进展；坚持规范发展，就要切实加强中小学的管理和安全。

新形势、新挑战、新任务要求教育家办教育，呼吁学校校长努力成长为新时代的人民教育家。今年教师节前夕，胡锦涛总书记等中央领导同志在中南海亲切接见了全国优秀教师代表，对广大教师提出了“爱岗敬业、关爱学生；刻苦钻研、严谨笃学；勇于创新、奋发进取；淡泊名利、志存高远”的殷切希望。温家宝总理在北京师范大学看望刚入学的免费师范生时强调“教育事业是人类最崇高的事业，教师是太阳下最光辉的职业。国家兴衰在于教育，教育好坏在于教师”。温家宝总理还多次强调，要培养大批优秀的教师，造就教育家，提倡教育家办教育，教育家办学。这些都充分表明党中央、国务院对教育工作的高度重视，对广大教师和校长们寄予殷切希望。

教育家校长与非教育家校长的重要区别在于，是否把促进学生健康成长作为学校工作至高无上的追求，作为学校一切工作的出发点和落脚点。因此，教育家校长一定不挑剔学生的出身、相貌、性格和天资，一定会从心底真心地爱每一个来到他学校的学生；而不会只喜爱能给自己和学校争得所谓的名声和荣誉的学生。教育家校长一定要把学校的一切工作都变为教育的机会和手段，让自己和教师的一言一行，让学校的一砖一石、一草一木、一角一景都体现着教育；而不会为了省心省事、甚至急功近利地去简单管理学生，逃避应承担的风险和责任。教育家校长对事情的选择和判断一定是来源于学校的教育活动是否有利于学生健康成长，对教师的评价一定是取决于教师教书育人的态度；而不会只以分数给学生排队，也不会简单地以升学的情况来评价教师。教育家校长一定把自己的理想变成每一天的努力，把日常的繁杂工作与追求理想融为一体；不会因为困难、挫折、寂寞、不理解、甚至影响自己的名利而动摇其信念。教育家校长由于客观条件和发展阶段的限制，有时也会采取一些不得已的办法和措施，但一定有清醒的头脑和保持清醒的认识，尽最大努力减少其中对教育的负面影响，不会把它作为教育本身。一切为了学生的健康成长，应该是教育家校长的品格和精神。

要成长为新时代的人民教育家，迫切需要校长的专业化发展，建设专业化的校长队伍。

新时代教育家的校长要有专业化的视野，着眼于世界发展全局、中国发展全局、教育发展大势。校长要清醒地了解和洞察：在当今世界，经济全球化深入发展，科技进步日新月异，国际竞争日趋激烈，知识越来越成为提高综合国力和国际竞争力的决定性因素，人才资源越来越成为推动经济社会发展的战略性资源。人才培养的水平和质量决定着人力资源强国的基础，要求我们的教育，特别是学校教育要去适应这种新的发展和新的要求。校长们要深刻地感受和理解：在今天的中国，中国特色社会主义经济建设需要掌握科技、面向世界、富于创造的建设者，中国特色社会主义政治建设需要民主参与、遵守法纪、富有责任的主人翁，中国特色社会主义文化建设需要崇尚先进、追求崇高、胸怀理想的传承者，中国特色社会主义社会建设需要诚实守信、富有爱心、身心健康的参与者。青少年成长环境的变化，特别是信息时代的到来，使学校原有的教育功能受到挑战。校长一定要提高适应能力、应对能力，坚持与时俱进，改革创新。

新时代教育家的校长要有专业化的目标，着眼于培养人这一教育的根本问题。校长要深刻地认识：教育教学过程必须时时回答“培养什么人，怎样培养人”这一教育本原问题，实践“育人为本，德育为先”的办学理念。“培养什么人”要体现在办学指向上，体现在教育教学细微之处；“怎样培养人”要体现在教育教学方式方法中，体现在教书育人的过程中。校长要在日常工作中努力做到：立德树人，把社会主义核心价值体系融入教育教学全过程，把德育与学校教育教学管理工作作为一件事来做，抓学校教育教学管理工作一定要考虑对学生的品德培育起了什么作用。德育必须与学校生活、与师生日常行为结合起来。学校育人工作必须突出认知、实践和环境三个环节，并把三者有机地衔接起来。抓好课堂教学，认知离不开课堂，学生大部分时间是在上课，各学科的课堂也必须同时是德育的课堂；抓好社会实践，认识内化离不开实践和体验，社会实践要与课堂教学紧密相连，使之成为课堂和书本知识的实践环节；抓好校园文化，学生成长离不开环境，学生的成长必须有良好的氛围和环境，良好的校园文化是学生健康成长适宜的土壤。

新时代教育家的校长要有专业化的理念，要着眼于学校有质量的可持续发展。校长要深刻地理解：学校贯彻落实科学发展观核心是以学生为本，以育人为本；基本要求是使学校教学和管理统筹协调、兼顾各方面，并使学校具有发展的潜力和后劲。校长要努力做到：“促进发展”要分析学校发展的客观条件，根据当地经济社会发展状况和学校学生实际，明确学校的发展思路，努力为学校实施素质教育创造良好条件，并努力办出学校的特色。学校建设首先要保证满足基本办学要求，保证开齐开足国家规定的课程，并伴随当地经济社会发展不断改善学校的办学条件。学校的发展，更多要体现在内涵上、特色上，学校的建设要防止铺张浪费，不搞超大规模和豪华学校。“以人为本”要使学校的一切工作都把每个学生在原本基础上获得真正成长放在首位，激发学生学习进步的主动性和自觉性。要从学生自身发展的需求出发，既教育人又服务人，不仅仅把学生当成教育和管理的对象；还要适应学生的接受能力，因势利导、循循善诱，不提大而空的口号，不提做不到的要求；要适应当代学生的学习生活特点，在育人中体现知识性、学科性、趣味性、娱乐性，不用过去眼光看待现在的学生，不用成人的标准要求我们的学生；要充分考虑学生个性差别，关注每一个学生的学习生活状态和心理状况，促进学生个性的健全发展，不按一个标准、一个模式简单划一地进行教育。

新时代教育家的校长要有专业化的能力，着眼于学校建设和发展所要求的组织、开发、实施、指导、检测、评价等一切工作。校长要十分明确：学校的建设与发展必须有体现先进教育理念的明确的发展思路和符合本校实际的独特的办学模式。学校校长的精力应该百分百的集中在学校工作上，校长要在日常的管理工作中努力做到：认真分析学校工作的实情，查找薄弱环节，确定推动工作发展的重点和突破口，完善学校现代管理制度，明确工作目标责任，层层分解落实、环环相扣；团结学校领导班子，凝聚全体教职员工，努力把学校建成和谐之家，以正确的思想引导人、以高尚的情操熏陶人、以科学的制度规范人、以实干的精神带动人，相信人、激励人、成就人，给教师创造充分的发展空间，让每个人在自己的岗位上都体现出自身的价值，特别还要关注教职工的精神需求和切身利益，努力为教职员工排忧解难，创造良好的工作、学习、生活条件。好的校长要有两个境界：一是带出一所好学校，就是前面提到的“有一个好校长就有一所好学校”，这就是把正确的办学理念融入到教育教学的各个环节，使校长的作用现实地体现出来。二是构建好学校文化，继往开来，对已有的校风、教风和优良传统不断发扬光大，“一个好校长走了还是一所好学校”，使校长的作用长远地体现出来。新时代教育家的校长应该追求并达到这两种境界。

今天在座的都是高中校长，而且很多都是名校的校长，在当地都有很大的影响，所在的学校也都是当地百姓信赖和渴求的，也就是说都是质量比较高的学校。借这个机会，愿与各位共同交流、研讨有关高中教育发展的四个问题：一是各地“示范性”高中究竟“示范”什么，如何更好地起到示范作用；二是如何发挥和传承各自学校的优势和特色，避免高中办学“千校一面”；三是学校如何为培养创新人才奠定基础，适应建设创新型国家的需要；四是在学校改革与发展中，如何进一步坚持教育公益性，增强学校的社会责任感。

培养中国特色社会主义事业建设者和接班人，是时代赋予教育工作者的神圣使命，努力成长为新时代的人民教育家是当代中学校长应有的追求。我国基础教育事业的发展寄希望于国家经济社会的发展，寄希望于科学发展观的落实与和谐社会的构建，也必须寄希望于教育工作者自身的努力，寄希望于学校校长们！

抓住根本 立德树人
切实把高校辅导员队伍建设提高到一个新的水平

李卫红

同志们：

大家好！

今天，我们在这里召开教育部高校辅导员培训和研修基地建设工作会议，把各地教育部门和有关高校的相关负责同志请来，共同商讨基地建设工作，十分必要，也很重要。前不久，周济同志主持召开部长专题办公会，进一步研究了高校辅导员队伍建设工作，并审定了第一批高校辅导员培训和研修基地名单。在这里，我首先代表部党组向获准建设教育部高校辅导员培训和研修基地的高校表示热烈的祝贺！借这个机会，我讲四个问题。

一、坚定德育为先的理念，把立德树人作为教育的根本任务

中央16号文件明确指出，加强和改进大学生思想政治教育基本原则之一，就是要坚持教书与育人相结合。学校教育要坚持育人为本、德育为先，把人才培养作为根本任务，把思想政治教育摆在首要位置。2006年8月29日，在中共中央政治局第三十四次集体学习会上，胡锦涛总书记强调，全面实施素质教育，核心是要解决好培养什么人、怎样培养人的重大问题，这应该成为教育工作的主题。要坚持育人为本、德育为先，把立德树人作为教育的根本任务，努力培养德智体美全面发展的社会主义建设者和接班人。要加强爱国主义教育，深入开展理想信念教育，引导学生树立正确的世界观、人生观、价值观、荣辱观，增强学生热爱祖国、服务人民的使命感和责任感。今年8月31日，在全国优秀教师代表座谈会上，胡锦涛总书记强调，要坚持育人为本、德育为先，把立德树人作为教育的根本任务，加强爱国主义教育，深入开展理想信念教育，加强和改进学生思想政治工作，把社会主义核心价值体系融入国民教育体系，引导学生树立正确的世界观、人生观、价值观、荣辱观，努力培养德智体美全面发展的社会主义建设者和接班人。胡锦涛总书记的重要讲话，深刻阐述了中国特色社会主义教育的根本性质，明确强调教育的根本任务，为全面贯彻党的教育方针指明了方向，对进一步加强改进大学生思想政治教育提出了更高要求。

把立德树人作为教育的根本任务，是深入贯彻落实中央16号文件精神，加强和改进大学生思想政治教育的必然要求。以胡锦涛同志为总书记的党中央高度重视大学生思想政治教育工作。2004年以来，中央先后颁发16号文件，召开全国加强和改进大学生思想政治教育工作会议，组织力量对16号文件的贯彻落实情况进行督查。党和国家领导人对加强大学生思想政治教育多次作出重要批示，指导有关部门制订下发了一系列配套文件。大学生思想政治教育在改进中加强，在创新中发展，学校教育、育人为本，德智体美、德育为先的思想观念初步确立，整体工作全面推进，重点工作取得突破性进展。学科和教材建设成效显著，队伍建设迈出新步伐，素质教育扎实推进，师德建设呈现出新气象，方法途径不断创新，育人环境明显改善，学校保持持续稳定局面。总体来看，大学生思想政治教育工作的领导体制和工作机制进一步得到完善，相关部门各司其责共同做好工作的合力正在初步形成，在实践中积累了许多好的经验、好的做法，呈现出稳步推进的良好态势。

大学生思想政治教育工作取得了一定的成绩，但面临的任务仍然十分艰巨，我们要清醒地看到，在实际工作中还存在许多困难和问题。特别值得注意的是，目前高校虽然在全员育人方面的认识上达到了一定高度，但还缺乏一些实际、有力、系统的措施和办法，全员育人的氛围尚未完全形成。此外，思想政治教育与业务工作的有机结合还有待加强。创新思想政治新方法、新途径，增强工作的吸引力、感染力、针对性、有效性的问题还不同程度地存在。要强化“育人为本、德育为先”的理念，从战略的高度来看待思想政治教育工作，把思想政治教育工作融入到高校育人的各个环节，体现在育人的全过程，才能更有持续性和感染力。所有教师都要履行育人职责，学校各门课程都要发挥育人功能。要通过机制建设，加大学校内部育人力量的整合，把课内、课外教育更加紧密结合起来，使不同队伍更加紧密配合，通过制度来进一步推进全员、全方位、全过程育人格局的完善和巩固。要加强工作研究和创新，适应环境的变化，紧跟时代脉搏，体现时代气息，解决实践领域中的新问题，永葆大学生思想政治教育工作的生机和活力。

把立德树人作为教育的根本任务，是适应新的教育发展形势，提高高等教育质量的必然要求。教育在现代化建设中具有基础性、先导性和全局性的作用，处在优先发展的战略地位。我国的高等教育在数量和质量方面都取得了很快的发展。1998 年我国全日制的高等学校招生规模是 108 万。到 2006 年，招生规模已达 540 万，招生人数是原来的五倍。高等教育的毛入学率已经达到了 22%，进入了国际公认的高等教育大众化发展阶段。温家宝总理在今年的政府工作报告中明确提出，我们各级各类教育发展的总体布局是：普及和巩固义务教育，加快发展职业教育，提高高等教育质量。所以说，当前高等教育的工作重点就是提高质量，提高人才培养的质量，这是在新的历史起点上的更高要求。

思想道德素质是最重要的素质。提高高等教育质量，必须着眼于大学生全面素质的提高，必须推动大学生思想道德素质、科学文化素质和健康素质协调发展。要克服“重智轻德”的倾向，克服“重硬件建设、学校扩张、教学科研，而忽视思想政治工作”的倾向，克服“党务重视，行政忽视；专职重视，专业轻视”的现象。坚持立德树人，要引导和帮助广大学生树立崇高理想和远大志向，打好思想道德基础，这样学习才有动力，前进才有方向，成才才有保障。如果有才无德，即使学有所成，也不可能成为真正高质量的人才。坚持立德树人，广大教师要按照胡锦涛总书记在今年教师节前讲话中提出的“四点希望”去做，爱岗敬业、关爱学生，刻苦钻研、严谨笃学，勇于创新、奋发进取，淡泊名利、志存高远，自觉坚持社会主义核心价值体系，静下心来教书，潜下心来育人。

把立德树人作为教育的根本任务，是贯彻落实科教兴国和人才强国战略，培养社会主义合格建设者和可靠接班人的必然要求。培养什么人、怎样培养人，是我们教育工作的重大问题、核心问题。把大学生们培养成中国特色社会主义事业的建设者和接班人，对于全面实施科教兴国和人才强国战略，确保我国在激烈的国际竞争中始终立于不败之地，确保实现全面建设小康社会、加快推进社会主义现代化的宏伟目标，确保中国特色社会主义事业兴旺发达、后继有人，具有重大而深远的战略意义。社会主义的合格建设者和可靠接班人，必须德智体美全面发展。特别是要有坚定的理想信念，要有正确的世界观、人生观、价值观和荣辱观，能够正确认识社会发展规律，认识国家的前途命运，认识自己的社会责任，确立在中国共产党领导下走中国特色社会主义道路、实现中华民族伟大复兴的共同理想和坚定信念。同时，要不断追求更高的目标，树立共产主义的远大理想，确立马克思主义的坚定信念。要有深厚的爱国主义情感，强烈的民族自尊心、自信心和自豪感，能够在中国特色社会主义事业的伟大实践中，在时代和社会的发展进步中汲取营养，培养改革精神和创新能力，始终保持艰苦奋斗的作风和昂扬向上的精神状态。

立德树人，是党中央几代领导人的共同心愿

毛泽东、邓小平、江泽民同志曾先后反复强调学校要培养又红又专，德才兼备，富有创新活力的“四有”新人。现在，我国已进入了全面建设小康社会，加快推进社会主义现代化的新的发展阶段，全国各族人民正在为实现现代化建设的第三步战略目标而努力奋斗。在这个时候，在国与国之间的竞争，就是人才竞争的情况下，胡锦涛总书记进一步强调把立德树人作为教育的根本任务，这对于努力培养德智体美全面发展的社会主义建设者和接班人，具有十分重要的现实意义和深远的历史意义。只有坚持立德树人，才能真正培养出实施科教兴国和人才强国战略所需要的人才，也才能真正培养出社会主义合格建设者和可靠接班人。

二、抓住关键，建设队伍，为加强大学生思想政治教育提供强有力的组织保证

政治路线确定之后，干部就是决定因素。就大学生思想政治教育而言，中央16号文件及系列配套文件已经做出了系统规划和部署。路线已定，关键是抓好落实。我们知道，大学生思想政治教育工作队伍主体是学校党政干部和共青团干部，思想政治理论课和哲学社会科学课教师，辅导员和班主任。三支队伍中，辅导员是高校教师队伍和管理队伍的重要组成部分，工作在大学生思想政治教育的第一线，对大学生的成长起着至关重要的作用，是做好大学生日常思想政治教育和管理的骨干队伍。辅导员要统筹班主任等各方力量，把大学生们动员起来、组织起来，共同开展日常思想政治教育工作。要做好服务育人工作，为学生的成长成才服务好，通过服务育人，使大学生深切感受到党和政府的关怀。要开展深入细致的思想政治工作和心理健康教育，经常性地开展谈心活动，有针对性地帮助大学生处理好学习成才、择业交友、健康生活等方面的具体问题，释疑解惑，疏导情绪，提高思想认识和精神境界。要协助学校党委做好维护稳定工作。因此，大学生思想政治教育能否进一步加强和改进，大学生能否健康成长，决定的因素之一是看我们能不能建设一支高水平的辅导员队伍。加强高校辅导员队伍建设，是进一步贯彻落实中央16号文件精神，加强和改进大学生思想政治教育工作的组织保证。

一直以来，辅导员队伍建设得到了中央的高度重视，中央领导同志先后多次对辅导员队伍建设工作作出重要批示。2005年12月，胡锦涛总书记在中办《督促检查情况》（第34期）上批示：“此件反映的情况值得重视。必须从思想认识、体制机制、明确政策、培养人才等方面采取有力措施，调动广大辅导员的积极性，提高辅导员工作的水平。”2006年4月，为落实总书记批示精神，在上海召开了建国以来第一次全国高校辅导员队伍建设工作会议，陈至立国务委员出席会议并作重要讲话，周济部长作了工作报告。去年底，为筹备十七大召开，胡锦涛总书记专门听取有关部委专项调研工作汇报。在教育部的汇报中有一项是关于大学生思想政治教育工作的。胡锦涛总书记针对此问了两个问题，其中一个问题就是目前高校辅导员队伍建设的情况。

教育部把辅导员队伍建设作为推进大学生思想政治教育的根本，放在落实大学生思想政治教育各项任务的前列，积极采取有力措施切实加以推动。先后出台了《教育部关于加强高等学校辅导员班主任队伍建设的意见》、《普通高等学校辅导员队伍建设规定》和《2006－2010年普通高等学校辅导员培训计划》等政策性文件，从思想认识、体制机制、明确政策和培养人才等方面制定了一系列措施，深入推动和加强辅导员队伍建设。通过这些文件，进一步明确了辅导员的角色定位和工作职责，指出辅导员是开展大学生思想政治教育的骨干力量，是大学生日常思想政治教育和管理工作的组织者、实施者和指导者，是大学生的人生导师，是大学生健康成长的知心朋友。进一步健全和完善了辅导员队伍建设的领导和管理体制，对辅导员实行学校和院系双重领导，实行双重身份管理，给予辅导员双轨晋升的倾斜政策，既可以按照辅导员职称评审标准评聘思想政治教育学科或其他相关学科的专业技术职务，也可以根据辅导员工作年限和实际表现晋升相应的职务待遇。进一步完善了辅导员队伍选聘机制、管理机制、培养机制和发展机制，鼓励和支持专职辅导员长期从事辅导员工作，成为思想政治教育工作方面的专业人才。

为推动有关政策的贯彻落实，教育部前一阶段专门下发文件，要求各高校结合贯彻落实《普通高等学校辅导员队伍建设规定》对辅导员队伍建设情况开展自查，要求各地要全面检查，教育部也将组织抽查。同时，教育部还注重抓好辅导员的示范培养培训工作。从2005年开始，连续举办了十一期全国高校辅导员班主任骨干示范培训班，共培训辅导员班主任骨干2400多人。实施辅导员学位提升计划，按照《2006－2010年普通高等学校辅导员培训计划》安排，5年内，分批选拔5000名优秀辅导员攻读思想政治教育专业硕士学位，分批选拔500名优秀辅导员定向攻读思想政治教育专业博士学位。2006年，已委托34所具有思想政治教育博士点的高校招收了首批1000余名辅导员攻读硕士学位。有关辅导员骨干攻读思想政治教育专业博士学位工作将于明年正式开始。从2005年开始，每年选派30名左右辅导员骨干赴英国参加为期三个月的专题研修，帮助辅导员开阔视野。同时，在今年教育部会同人事部开展的全国优秀教师评选表彰工作中，单列指标用于表彰优秀辅导员，充分肯定辅导员在大学生思想政治教育中的贡献。实践证明，正是由于抓住了高校辅导员队伍建设这个根本，才使得大学生思想政治教育工作得到顺利进行，不断呈现出崭新局面。

三、加大培训，提高素质，夯实辅导员队伍建设的基础工程

中央16号文件及相关配套文件下发以后，在中央领导和各有关部门的重视下，辅导员队伍建设得到进一步加强。各地各高校积极探索和制定相关配套政策，积极协调和组织各方资源为队伍建设提供保障，在解决人员配备、培养培训、发展空间等方面，做了大量工作，取得了一定成效。广大辅导员精于业务、勤于育人、乐于奉献，在开展大学生思想政治教育、引导大学生健康成长、维护高校和社会稳定、推进高等教育改革发展等方面，发挥了积极的不可替代的重要作用。但是，总体上看，辅导员队伍建设还不能完全适应新形势下加强和改进大学生思想政治教育的需要，还存在一些问题和困难。主要表现在：一是工作不适应。部分辅导员对工作面临的新形势、新情况、新任务不适应，缺乏新办法、新手段，影响了工作开展的质量。二是配备不足。专职辅导员数量配备的落实情况不平衡，总体数量还不足，多数高校仍有一定缺口。三是队伍不稳。辅导员自身发展序列不畅通，社会地位和职业评价不高，导致队伍流动过快。四是整体素质不够高。总体上学历层次还不高，工作经验积累不足，且培养培训不系统，力度不够。

总结辅导员队伍存在的问题，大的方面就是两个。一个是数量问题，一个是质量问题。抓高校辅导员队伍建设，在保证足够数量的基础上，重点是抓辅导员的培养培训工作。只有这项工作跟上了，才能够全面提高辅导员的素质和工作水平，更好地发挥辅导员在大学生思想政治教育中的作用，为辅导员的发展打下坚实的基础。近年来，高校辅导员队伍的学历学位层次有较大提高，但多数辅导员缺少大学生思想政治教育的专业背景和知识储备，因此，面对大学生思想政治教育的新要求和各种复杂局面，仍不同程度地存在“知识恐慌”和“本领危机”。加强专业化培养，是提高辅导员队伍职业素质的关键。我们要像重视业务学术骨干的选拔培养一样重视辅导员的选拔培养，像关心业务学术骨干的成长一样关心辅导员的成长。

加强辅导员队伍的培养培训，要统筹规划，系统推进。要制订培训计划。教育部已制订《2006年－2010年普通高等学校辅导员培训计划》，各地各高校也要制订相应的培养规划，有计划、有步骤地安排辅导员参加岗前和在岗培训，不断提高辅导员的政治理论素养和政策水平。在培训规划中，要突出重点，大力培养那些政治素质好、业务能力强、有发展潜力的辅导员骨干。要完善培训体系。以教育部举办的全国辅导员骨干示范培训为龙头，以辅导员培训基地和研修基地举办的培训为重点，以高校举办的日常培训为基础，逐步构建分层次的培训体系。各地各高校可根据示范培训的要求组织好本地本校的辅导员培训工作，从而分层次、有针对性地开展辅导员的轮训工作。要提高培训质量。重视辅导员培训师资队伍的建设，在政策和资金上给予优先保证。要从具有较深理论功底和丰富实践经验的高校党政领导干部、专家学者和优秀辅导员中选聘兼职教师，不断优化师资配置。要坚持日常培训和专题培训相结合，中长期学习与短期培训相结合，学历教育与在职培训相结合，国内培训与国外研修相结合，努力提高培训质量。

四、明确职责，创新机制，把基地建设成为培养辅导员的人才摇篮

为切实加强辅导员培养培训工作，教育部决定建设一批高校辅导员培训和研修基地。设立基地，就是要搭建辅导员培养培训的平台。通过基地，进一步汇聚力量，加强工作研究和交流，科学规范地提升辅导员工作水平。有关通知下发后，各地各高校高度重视，积极申报。教育部两次组织专家评审会，对申报材料进行了严格评审，初评出21家申报单位作为教育部高校辅导员培训和研修基地候选单位。今年上半年，思政司陆续组织专家组对候选单位进行了实地考察，通过听取汇报、查阅资料、实地查看、专家评议等环节，现场形成考察意见，并将整体考察结果向部党组做了专门的汇报。现在，第一批教育部高校辅导员培训和研修基地已经正式建立，下一步还要加强和推进相关工作，计划在全国建立起一批能真正起到示范带动作用的培训和研修基地，就是要在培养培训辅导员队伍、提升队伍工作整体水平上发挥作用。关于辅导员培训和研修基地建设，我代表部党组提几点要求：

一是要明确辅导员培训和研修基地的职责与任务，高度重视基地建设。教育部高校辅导员培训和研修基地要承担所在区域内高等学校辅导员的岗前培训、日常培训和骨干培训，对辅导员进行思想政治教育、时事政策、管理学、教育学、社会学和心理学以及就业指导、学生事务管理等方面的专业化辅导与培训，开展与辅导员工作相关的科学研究。培养培训、理论研究和决策咨询作为辅导员基地的三大任务，要具体体现在基地的日常工作中。各基地高校要进一步提高认识，统一思想，加强领导，高度重视辅导员培训和研修基地建设。要有相应的政策支持和配套措施，特别是在资金、办公场所和办公设备方面的投人。各基地高校每年要按照要求为基地投人不少于30万元的专项经费，用于辅导员基地的日常办公、辅导员培训和研修、购买图书资料、科研费用等。高校辅导员培训和研修基地建设，是一项系统的工程。这不是学校内部某一部门的事情，而是要加强校内相关资源的整合，加强学校有关部门的协作，特别是要充分发挥思想政治教育学科、学生工作两支队伍的作用，形成辅导员培训工作的合力。

二要完善辅导员培训和研修基地的管理体制和运行机制，保障基地顺畅运行。教育部将建立专门的辅导员基地管理办公室，设在思政司，负责有关的政策制订、基地培训和研修的任务分工和协调。要加强政策把握、宏观管理和监督指导。围绕辅导员培训和研修基地建设和发展，研究制定相关政策。组织专家对基地的建设和培训工作给予指导，加强对辅导员培训和研修基地的监督和培训质量的检查，制订辅导员培训质量评估标准，建立质量评估制度。在两年建设周期内，教育部将定期组织专家对辅导员基地进行随机抽查。对抽查优秀的基地，将在政策方面予以倾斜。对抽查不合格的基地，予以警告，限期整改；一年后复查结果仍不合格的，撤销辅导员基地资格。要对辅导员培训和研修基地给予政策支持。在教育部每年的哲学社会科学研究重大课题委托项目立项招标评审工作中，涉及大学生思想政治教育的有关课题，向辅导员基地倾斜，对基地的学科发展和理论研究提供支持。辅导员攻读思想政治教育专业硕士、博士学位的培养指标分配，也要向辅导员基地所在高校进行倾斜。

省级教育部门要有专人负责辅导员培训和研修基地的建设和管理工作。要根据本地区辅导员培训的实际需求，编制培训计划，明确培训任务，充分发挥辅导员基地作用。教育部高校辅导员培训和研修基地不仅是教育部的基地，也是省里的辅导员基地；不仅要承担教育部下达的培训培养任务，也要承担省里的任务，开展省内高校辅导员的上岗培训、日常培训和高级研修。省级教育部门要研究制定推动辅导员基地建设和发展的有关政策，积极协调有关部门和单位，在政策倾斜、资金投入等方面对辅导员培训和研修基地给予必要的支持。辅导员基地所依托高校要设立基地建设和管理机构。基地主任由学校领导担任，办公室挂靠相关职能部门或教学单位，并要有专人负责日常工作。

三要科学规范地推动辅导员培训和研修基地建设，充分发挥基地的作用。要建立辅导员培训师资专家库，组织力量编写高质量的培训教材、教学大纲和参考材料。定期召开全国高校辅导员培训和研修基地建设工作会、研讨会，推广总结各基地建设和管理的成功做法与经验。各基地要注意培训方案的科学性。辅导员成长、发展的要求是多样化的，对培训的形式和内容也存在不同的需求。加强辅导员培训和研修工作，推进辅导员队伍的专业化发展，增强培训的针对性、实效性，就需要以基地为依托，构建长期与短期，初级、中级与高级相结合的多层次培训体系，拓宽培训的渠道，丰富培训的形式，形成纵横结合、分层递进的培训格局。各基地要在教育部和省级教育部门总体的培训计划和培训要求基础上，积极组织专家进行认真研究和论证，针对辅导员上岗培训、日常培训、高级研修、学位提升等多层次培养培训的实际需要，科学合理设置每一类培训的相关课程，既要注重理论支撑，又要注重辅导员工作实践能力的培养，形成科学的培训模块。要加强辅导员培训的学科体系建设，特别是思想政治教育专业学科建设，积极开展大学生思想政治教育和辅导员队伍建设等方面的理论研究，为辅导员培训基地的建设提供强有力的学科支撑。加强科学研究和学术交流，积极开展辅导员队伍建设及大学生思想政治教育等方面的理论研究，主动承担相关研究课题，推动理论创新。

同志们，作为第一批教育部高校辅导员培训和研修基地的建设者和管理者，大家肩上的担子很重，任务很重。希望我们共同努力，认真抓好基地建设的各项工作，不辜负部党组的期望，高质量地完成辅导员培训培养任务，为把高校辅导员队伍建设提高到一个新的水平，为全面、深入地推进大学生思想政治教育做出应有的贡献！

谢谢大家！

加强高校党风廉政建设为构建和谐校园奠定政治基础

田 淑 兰

高校作为培养德、智、体、美全面发展的社会主义事业建设者和接班人的摇篮，作为传播文化和服务社会的重要阵地，是构建社会主义和谐社会的重要领域和示范区。没有高校校园的和谐，难有整个社会的和谐。因此，切实加强高校党的建设，努力构建社会主义和谐校园，既是高校面临的现实课题，是高教战线贯彻落实十六届六中全会精神的重大举措，也是关系国家长治久安的基础建设。

和谐校园建设是一个复杂、庞大的系统工程，涉及方方面面。高校党风廉政建设作为党的建设的重要组成部分，不仅是和谐校园建设的重要内容，也是和谐校园建设的重要途径和保障，在和谐校园建设中具有政治基础作用。

一、建设和谐的领导班子是构建和谐校园的组织保证

建设和谐校园首先要建设和谐的领导班子，核心是党委书记和校长的和谐。和谐出凝聚力、出执行力、出公信力，和谐也出干部。营造领导班子的和谐局面，是和谐校园建设的重中之重。

一要谋大局、强素质。高校领导干部应该按照社会主义政治家和教育家的要求，坚定社会主义理想信念，多谋事业、谋发展，戒谋个人、小团体私利，牢固树立“权为民所用、利为民所谋、情为民所系”的执政意识。要按照“政治坚定、求真务实、开拓创新、勤政廉政、团结协调”的要求，提高领导班子的整体素质，把领导班子建设成为坚强的领导集体。

二要抓机制、重配合。实践证明，要避免“一言堂”和“两驾马车”的现象，就要坚持和完善党委领导下的校长负责制，认真贯彻民主集中制。现在的关键是具体落实中的程序和细则。细节决定成败。要不断使制度程序化、细节化，做到党委、行政各领其职，各负其责，在工作中分工不分家，补台不拆台，配合不推诿，尊重不发难。在班子当中，既要考虑成员之间年龄梯次结构、性格互补、学术型干部与管理型干部的配合，又要对一些可能影响班子和谐的问题事先加以考虑，做到未雨绸缪，防患于未然。

三要做典范、讲原则。党委书记和校长在团结问题上首先要觉悟更高一些，心胸更开阔一些，要求更严一些。书记、校长如果对自己要求不严，就没有亲和力、公信力，即使领导能力再强、学术水平再高，群众也不会服气。因此，“班长”一定要以身作则，坚定政治信仰，在市场经济的考验下能够耐得往寂寞，抗得住歪理，顶得住诱惑，管得住小节。

需要指出的是，和谐并不是一团和气，而是要有正气。要把“与人为善”的朴素心态，升华到在坚持原则基础上求和谐。班子成员之间应从团结的愿望出发，经常沟通思想，交换意见，积极开展批评与自我批评，增进相互理解、支持和团结。只有坚持原则，敢于思想交锋，才能不断地克服班子自身不足，实现更高质量的和谐。

二、树正气、知荣辱是构建和谐校园的思想道德基础

校园文化建设是和谐校园的一个重要方面，也是和谐校园的思想根基，具有不可替代的作用。当前高校面对各种思想文化相互激荡的复杂形势，必须坚持以社会主义核心价值为根本，牢牢把握和谐校园建设的正确方向，紧紧围绕“培养什么人、如何培养人”这个高校办学的根本问题，营造积极、健康、向上的校园文化。要把廉政文化建设纳入和谐校园文化建设之中，区分不同层次，有针对性地进行。

一要着力解决党员干部的“三观”问题。现实生活中，利益的驱使、权力的失控、道德的失落，是影响领导干部廉洁从政的主要因素。一些领导干部犯错误甚至堕落为腐败分子，其根本原因是价值取向偏离了正确方向。在权力观上表现为私权意识膨胀，在利益观上表现为追逐个人名利，在道德观上表现为丧失荣辱。要坚持权与责的统一，强化岗位意识和责任意识，使党员干部牢记“权力就是责任”、“权力越大责任也越大”，真正为人民掌好权、执好政。要教育党员干部处理好义与利的关系，大力弘扬奉献精神，不为杂念所扰，不为亲情所困，不为私利所动。要教育领导干部带头树立以“八荣八耻”为主要内容的社会主义荣辱观，模范遵守社会公德、职业道德、家庭美德。

二要加强师德建设。教师是和谐校园建设的重要成员，教风对校风、学风建设具有示范作用。广大高校教师尽心尽责，辛勤耕耘，为学生的健康成长付出了大量的心血，得到社会的普遍尊敬。但近些年，个别高校干部以权谋私，个别高校教师“以岗谋私”，有的甚至在学术上“造假”，令人痛心。随着高校参与经济活动的日益频繁，市场陷阱无处不在，校园内部的人稍不注意就会成为别人腐蚀的对象、进攻的目标。在这个特殊的阶段，加强师德教育显得尤为重要。必须大力提高教师队伍的思想道德和职业素质，把职业道德与学术道德的具体要求结合起来，用共同的价值理想、共同的事业追求凝聚人心、凝聚队伍，使广大教师真正做到“学为人师、行为世范”，以高尚的人格感染人，以文明的言行引导人，以敬业的精神教育人，以渊博的学识折服人。

三要坚持育人为本、德育为先。联合国教科文组织发表的权威性报告《学会生存》中指出：“应该把培养人的自我生存能力，促进人的个性的全面和谐发展，作为当代教育的基本宗旨。”我国2003年签署的《联合国反腐败公约》，对在国民教育中开展廉洁教育、开展不容忍腐败的宣传活动有明确要求。高校在培养全面和谐发展的人的过程中，应使荣辱观教育、公民教育、廉洁教育、诚信教育、法制教育等德育工作相互渗透、互相交织，使之成为一种相互和谐、统一完整的过程。当前，大学生队伍总体上是积极向上的，但受社会影响，校园中不讲诚信的问题时有发生。必须把学生德育工作作为一项长期任务，从诚实守信抓起，从日常小事做起，引导学生养成爱国守法、明礼诚信、团结友善、勤俭自强、敬业奉献的道德品质和行为习惯，增强辨别是非、抵御腐蚀、自省悔过的能力。要大力弘扬校园正气，营造文明、祥和、友爱的氛围，创建良好育人环境。

四要注重教育的亲和力、感染力和时效性。当前，高校在廉政文化建设方面已做了不少工作，并取得了一定成效。但尽管千教育万教育，有些人就是抵御不住金钱的诱惑。一位犯了错误的高校领导在自省中说：“学校确实开展了各种反腐倡廉教育，但我的躯壳在现场，却没有入耳，更谈不上入心。”当思想道德的约束抵御不了金钱物质的诱惑时，教育的效果就要大打折扣。这反映了当前部分高校反腐倡廉教育注重实效不够的问题。要有效解决部分人心理失衡、道德失序、行为失范、价值失向等问题，必须进一步转变反腐倡廉教育观念，拓展有效途径，创造有效载体，增强教育的亲和力、感染力和实效性，让广大党员干部、师生员工最大限度地接受教育，筑牢防腐拒变的思想道德防线。否则，贪如火，不遏则燎原；欲如水，不遏则滔天。要充分发挥反面教材的警示作用，利用切肤之痛来警醒周围的人。

三、依法治校、规范管理是建设和谐校园的制度保障

法律和制度是建设和谐校园的基础。只有依法治校、规范管理，充分发挥法律和制度的调节功能，才有可能从根本上协调、平衡各种利益关系，促进校园和谐。构建和谐校园的过程，就是深化改革、创新制度、从源头上逐步化解矛盾的过程，同时能为反腐倡廉制度建设提供新的契机。

一要坚持依法治权。这是依法治校的核心。高校各级党组织和党员领导干部，要带头遵守《教育法》、《高等教育法》等法律法规，在法律许可的范围内开展办学和治校活动，规范决策行为，规范权力运行。要抓住权力运行中容易产生问题的薄弱环节，坚持不懈地抓改革、抓制度、抓预防，形成靠制度管人、管权、管钱、管事的制度机制，不断拓展源头防腐的领域，使领导干部少犯或不犯错误。

二要规范学校管理各个环节。依法治校、规范管理贯穿于学校各项工作之中，涉及各个方面乃至每一个工作岗位、每一个人。学校各部门都要根据各自职能，不断规范工作流程，完善制约措施。这次教育系统治理商业贿赂的重点是解决教材图书采购方面的问题，今后还要进行其他方面的专项治理。在和谐校园建设中，要积极争取主动，把学校管理不够规范、可能存在漏洞的部门和环节，全面地、认真地进行梳理，把问题解决在萌芽状态，解决在校园内。要通过严格管理最大限度地爱护干部，不要让小问题酿成大问题。

三要提高制度执行力。通过落实《建立健全教育、制度、监督并重的惩治和预防腐败体系实施纲要》和开展治理商业贿赂专项活动，各高校按照工作计划相继出台了一大批规章制度。要进一步把工作做细、做实，争取在2007年底基本建立相互衔接、配套的反腐倡廉制度体系。尤其要重视严格执行制度，防止制度成为一纸空文。要加强规章制度的宣传教育，增强按制度办事意识，形成人人自觉学法、守法、用法的环境氛围。要加大对制度执行情况的检查力度，定期对制度执行情况进行跟踪反馈，保证制度的落实。

四、切实维护师生利益是建设和谐校园的群众基础

广大师生是和谐校园建设的主体，主体之间利益的和谐是和谐校园建设的核心。因此，要把切实维护师生根本利益作为和谐校园建设的着力点。

一要重点解决师生关心的热点、难点问题。学校发展过程中的难点、热点问题，往往是广大师生最关心、与师生切身利益联系最密切的问题。这些问题处理不好，直接影响和谐校园建设。要从师生“最急、最盼、最忧、最怨”的问题入手，把师生的呼声作为第一信号，急师生之所急、想师生之所想、办师生之所盼、解师生之所怨，认真研究招生、收费、就业以及人才培养、科学研究、学科建设、校园生活、教职员工福利待遇等方面的突出问题，着力纠正各种侵害师生利益以及与师生争利的行为。要以解决问题的实际成效取信于人，理顺师生情绪，维护校园公平和正义。

二要积极协调各方利益，妥善化解各种矛盾。和谐不是没有矛盾、没有差异、没有斗争。转型时期高校利益格局呈现多元化趋势，各种矛盾错综复杂。其中既有学校内部与外部的利益关系，又有学校内部干群之间、师生之间以及教师之间的利益关系，还有长远发展与眼前利益之间的关系；既有历史矛盾的积累，又有发展过程中新出现的矛盾，还有社会矛盾在高校的反映。随着高等教育改革的深化，利益关系调整难度将越来越大。构建和谐校园，必须抓紧完善利益协调机制、矛盾调处机制、权益保障机制，从而有效化解矛盾、消除矛盾和预防矛盾激化，最大限度增加和谐因素、减少不和谐因素。

三要深入推进校务公开、院务公开。阳光政策不仅是最好的防腐剂，也是扩大民主、加强监督的有效平台。要进一步推进决策的民主化和科学化，探索推行“阳光财务”，不断扩大校务公开内容。要完善党代会、教代会、职代会制度，畅通利益诉求渠道，把群众利益诉求纳入制度化、规范化轨道，充分保障广大教职工的知情权、参与权、表达权和监督权，从而调动各方面的积极性，凝聚力量，同谋发展，共建和谐。

四要优化教育发展环境，激发校园活力。和谐校园是充满活力的校园。目前，高校已成为国家科技创新的重要方面军。国家重点实验室61.7%建在高校，国家工程研究中心35.3%建在高校，两院院士38.7%在高校任教；高校哲学社会科学研究人员约占全国研究队伍总数的90%。要全面贯彻尊重劳动、尊重知识、尊重人才、尊重创造的方针，支持和鼓励一切有利于社会进步的改革实践，不断激发广大师生的创造活力，让想干事的有环境、肯干事的有机会、能干事的有平台、干成事的有前途。

五、强化监督和惩治，及时消除隐患是构建和谐校园的必要条件

民主法治、安定有序是和谐社会的基本特征，也是构建和谐校园的基本要素。从最近几年对高校的调查问卷来看，腐败仍是广大师生最为关注的焦点问题之一。腐败现象和问题的存在或隐蔽存在，直接影响校园的法治和稳定，影响和谐校园的构建。由不正之风和腐败现象引发的矛盾，必须通过加强党风廉政建设来解决。这就需要我们采取有效监督措施，加大惩治力度，以维护法制和纪律，保障校园秩序。

一要拓宽监督渠道，提高监督效能。和谐校园建设对高校监督工作提出了新的要求。要在试点基础上全面推行对教育部直属高校领导班子的巡视制度，健全诫勉谈话、民主生活会等制度，严格执行党员领导干部报告个人有关事项规定，进一步加强高校行政监察工作。要以保证廉洁从教为目标，整合监督力量，最大限度堵塞以权谋私的漏洞。

二要强化监管，消除隐患。如果监管不到位，很多隐患得不到解决，和谐校园的构建就要遇到问题。必须从当前高校容易出问题的薄弱环节、重点部位入手加强监管：一是进一步加强对独立学院、成人自考、中外合作办学、民办高校等方面的监管，保证招生的公平公正；二是进一步加强对高校服务性收费、代收费等收费项目监管，防止损害教育形象的高收费、乱收费；三是进一步加强对科研经费尤其是横向科研经费的监管，防止科研经费“跑冒滴漏”，提高科研管理专业化水平；四是进一步加强对校办产业改制的监管，防止资产流失以及科研成果转化、课题研究衍生经费使用等方面的失范；五是进一步加强对图书教材、大宗物资采购、基建工程以及附属医院的监管，防止商业贿赂的发生；五是维护校园稳定，防止管理不当引发的腐败给学校带来不稳定。

三要依纪依法办案。查办违纪违法案件是贯彻从严治党方针的重要体现。在查办案件工作指导思想上，要把纪律和法律作为行为的最终导向，作为规范行为的最高标准和终极力量，切实维护党纪政纪的权威性。要坚持以人为本，正确处理惩治与保护的关系，充分尊重和保障党员干部的人格、人身和其他合法权益，旗帜鲜明地支持改革者，鼓励勤奋者，教育失足者，惩治腐败者，追究诬陷者，充分保护和调动好广大党员干部的积极性、主动性和创造性。要坚持惩前毖后、治病救人的方针，正确运用政策和策略，严格区分不同性质的矛盾，综合运用多种方式和手段，体现宽严相济，注重办案的政治、经济和社会效果。

总之，和谐可以凝聚人心，和谐可以团结力量，和谐可以发展事业。我们要倍加珍惜已有的团结和谐的局面，始终用和谐的理念推动高教事业科学持续发展，以发展增和谐、以改革促和谐、以公平求和谐、以稳定保和谐，构建和谐的大学校园。另一方面，党风廉政建设好坏是校园和谐与否的重要标志。高校纪检监察工作要不断适应和谐校园建设的新要求，思考和探索党风廉政建设的新特点和新规律，为和谐校园建设作出积极贡献。

综 述

胡锦涛总书记与孩子们欢度“六一”儿童节

2007年6月1日，中共中央总书记、国家主席、中央军委主席胡锦涛到北京市大兴区庞各庄镇田园幼儿园和第二中心小学考察少年儿童工作，同孩子们一起欢度节日。胡锦涛代表中共中央，向全国广大少年儿童表示节日的祝贺，向全国广大少年儿童工作者表示崇高的敬意。

胡锦涛首先来到田园幼儿园，小班的孩子正在用彩纸粘贴西瓜娃娃，中班的孩子正在演唱自编的儿歌《庞各庄的西瓜就是甜》，胡锦涛走到孩子们中间看他们做游戏，连声夸奖他们游戏做得好。接着，胡锦涛又走进大班教室，坐在小椅子上，观看孩子们搭积木。在幼儿园的院子里，胡锦涛兴致勃勃地和孩子们一起观看他们自编自演的节目。表演结束后，孩子们兴奋地围拢到胡爷爷身边。胡锦涛对他们说，小朋友们都是祖国的花朵，希望你们在老师的精心培育下，做爱祖国、爱学习、爱劳动、爱父母、爱老师的好孩子。

随后，胡锦涛又来到第二中心小学，亲切看望正在备课的老师，了解他们的工作和生活情况。胡锦涛深情地对老师们说，教育培养下一代的工作，关系我们国家和民族的未来，十分光荣，十分重要，十分崇高。他勉励老师们热爱农村教育事业，做好教书育人工作，努力把学校办得更好，为国家、为社会、为农村培养更多有用之才。在三年级“泥塑班”和五年级“葫芦班”的教室，胡锦涛观看同学们亲手制作泥塑，在葫芦上绘画、雕刻。校园里的综合实践基地，种满了玉米、西瓜、豆角、油菜等农作物，一些同学正在老师的指导下学习农业种植技能。胡锦涛走过去，与师生们亲切交谈，还同他们一起种下两棵西红柿苗并鼓励他们多参与这些有益的活动，在劳动实践中学习课外知识。学校操场上，同学们正在开展阳光体育活动，胡锦涛等一来到操场上，就被这欢腾雀跃的锻炼场面吸引住了，他饶有兴致地走到孩子们中间，同大家一起跳绳、投篮。

胡锦涛亲切地对孩子们说，看了同学们富有乡土气息的课外实践活动，又看了同学们充满活力的阳光体育活动，都给我留下了深刻的印象。这些活动的开展，使同学们不仅掌握了丰富的知识，而且增强了动手的能力；不仅培育了智力，而且锻炼了身体。学校办得很有特色，为促进学生德智体美全面发展提供了良好条件。希望同学们珍惜大好时光，树立远大志向，勤奋学习知识，培养优良品德，锻炼强健体魄，长大以后为建设家乡、建设祖国贡献自己的力量。

中共中央政治局委员、北京市委书记刘淇，中共中央政治局候补委员、中央书记处书记、中央办公厅主任王刚，国务委员陈至立和北京市市长王岐山等陪同前往。

撰稿　孙明春

胡锦涛总书记出席全国优秀教师代表座谈会

2007年8月31日上午，中共中央总书记、国家主席、中央军委主席胡锦涛在中南海怀仁堂出席全国优秀教师代表座谈会，与来自全国各地的一百多位优秀教师代表共商教育发展大计。胡锦涛强调，在新的时代条件下，我们必须坚持以邓小平理论和“三个代表”重要思想为指导，深入贯彻落实科学发展观，全面实施科教兴国战略和人才强国战略，继续坚持好、落实好把教育摆在优先发展的战略地位的方针，大力倡导尊师重教，大力发展教育事业，大力提高全民族素质，为全面建设小康社会、加快推进社会主义现代化、实现中华民族伟大复兴提供强大的人才和人力资源保证。

中共中央政治局常委、国务院总理温家宝，中共中央政治局常委、国家副主席曾庆红，中共中央政治局常委李长春出席座谈会。

座谈会上，南京大学教授、中国科学院院士、全国优秀教师闵乃本，新疆维吾尔自治区皮山县固玛镇小学高级教师、全国模范教师克丽比努尔·吐拉甫，陕西省山阳县山阳中学高级教师、全国模范教师仰孝升，山西省长治市第一职业高中校长、全国教育系统先进工作者张素珍，广东省佛山市顺德区启智学校中学一级教师、全国模范教师申承林先后发言。大家各抒己见、畅所欲言，结合各自的工作体会，对进一步发展我国教育事业提出了意见和建议。

在认真听取教师们的发言后，胡锦涛发表了重要讲话。他首先代表党中央、国务院，向参加座谈会的全国优秀教师代表，向全国广大教师和教育工作者，致以节日的祝贺和诚挚的问候。胡锦涛说，长期以来，全国广大教师自觉贯彻党的教育方针，认真做好本职工作，为我国教育事业发展和社会主义现代化建设作出了重要贡献，赢得了全社会广泛赞誉和普遍尊重。

胡锦涛指出，教育是提高人民思想道德素质和科学文化素质的基本途径，是发展科学技术和培养人才的基础工程。要加强对教育工作的领导，全面贯彻党的教育方针，坚持教育为社会主义现代化建设服务、为人民服务，努力办好让人民满意的教育。要全面实施素质教育，按照普及和巩固义务教育、大力发展职业教育、提高高等教育质量的要求，以更大的决心、更多的财力支持教育事业。要坚持育人为本、德育为先，把立德树人作为教育的根本任务，努力培养德智体美全面发展的社会主义建设者和接班人。要把促进教育公平作为国家基本教育政策，统筹城乡、区域教育，统筹各级各类教育，不断满足人民日益增长的教育需求。

胡锦涛指出，教师是人类文明的传承者。推动教育事业又好又快发展，培养高素质人才，教师是关键。尊重教师是重视教育的必然要求，是社会文明进步的重要标志，是尊重劳动、尊重知识、尊重人才、尊重创造的具体体现。要进一步在全社会弘扬尊师重教的良好风尚，把广大教师的积极性、主动性、创造性更好地发挥出来，必须高度重视和切实加强教师队伍建设，维护教师合法权益，为教师教书育人创造良好环境。必须吸引和鼓励优秀人才从事教育工作，鼓励优秀人才长期从教、终身从教，鼓励有志青年到农村、到边远地区、到祖国最需要的地方为国家教育事业发展建功立业。必须形成尊师重教的良好社会风气，大力宣传优秀教师先进事迹，让教师成为社会上最受尊敬的职业，让尊师重教蔚然成风。

胡锦涛向广大教师提出四点希望。一是希望广大教师爱岗敬业、关爱学生，忠诚于人民教育事业，把全部精力和满腔真情献给教育事业，做爱岗敬业的模范。二是希望广大教师刻苦钻研、严谨笃学，崇尚科学精神，拓宽知识视野，不断提高教学质量和教书育人本领。三是希望广大教师勇于创新、奋发进取，踊跃投身教育创新实践，积极探索教育教学规律，引导学生在发掘兴趣和潜能的基础上全面发展。四是希望广大教师淡泊名利、志存高远，自觉坚持社会主义核心价值体系，静下心来教书，潜下心来育人，努力做受学生爱戴、让人民满意的教师。

座谈会前，胡锦涛、温家宝、曾庆红、李长春亲切会见了全国优秀教师代表。

座谈会由国务委员陈至立主持。王刚、路甬祥、华建敏、罗豪才以及中央有关部门负责人出席座谈会。

撰稿　孙明春

温家宝总理在“五四”青年节之际前往中国人民大学看望青年学生

2007年5月4日上午，中共中央政治局常委、国务院总理温家宝来到中国人民大学看望青年学生，与大家共度“五四”青年节，代表党中央、国务院向全国广大青年朋友表示亲切的慰问并致以节日的祝贺。

上午10时许，温家宝来到学校图书馆前热情地与同学们握手，祝大家青年节快乐并对同学们提出三点希望，他说，一是要坚持理论联系实际的学风。人民大学是培养国家建设各方面管理人才的学校，因此，学生必须首先要懂得社会，懂得国情，既要学好理论，更要勇于实践，只有这样，才能担当起建设祖国的重任。改革开放和现代化建设是一个大课堂，教师和学生都要在这个大课堂中学习，增长才干。二是要有追求真理的精神。要学会独立思考，勇于创新，敢于超越前人。世界是无穷的，只有在不断实践中才能认识世界，改造世界；真理也是无穷的，只有在不断实践中才能追求真理，发现真理。青年人最少保守思想，要敢于打破束缚，敢于挑战和创新，这样才能出杰出的人才。三是要树立对国家和人民强烈的责任感。只有对国家和人民爱得深，这种责任感才会更强烈，这是学习的动力、生活的动力和工作的动力。同学们在学校就要培养踏实、严谨的作风，不图虚名，不骛虚声，惟以求真的态度做踏实的工作。

在即席回答了同学们的问题后，温家宝步入学校图书馆，并与同学们围坐在桌前，亲切地聊了起来。在谈到如何读书时，温家宝说，在以人文社会科学为主的学校，大家应该多读些书，特别是多读些课外书。要博览群书，多学知识、多积累，这样总会有益处。他把“非知之难，行之惟难；非行之难，终之斯难”这句话送给同学们，希望同学们知难而前行，善始而敬终。

离开图书馆，温家宝先后来到女生宿舍楼和男生宿舍楼，走进一间一间宿舍看望同学们，并坐在床上与同学们亲切交谈。温家宝总理十分关心同学们的生活状况，对国防生的就业情况表示了关心，详细询问了助学贷款的发放情况，告诉同学们国家正在逐步增加助学贷款及奖学金方面的相关财政投入，让同学们感到格外的贴心。

到了午饭时分，温总理来到北区学生食堂和同学们一起买饭共进午餐，总理仔细询问大家学习、家庭、就业等方面的情况，同学们也不断向总理提出各种问题，他和同学们边吃边聊，亲切交谈。温家宝说，对国家和人民的热爱不是凭空产生的，是在对国情、历史、人民走过的道路深刻理解的基础上产生的，没有深刻的理解就不会产生深厚的爱。他希望同学们不仅在学校认真学习，还要走到实践中去，向实践学习，向人民学习。

国务委员陈至立，教育部部长周济及国务院有关部门负责同志陪同前往。

撰稿　孙明春

温家宝总理在同济大学100周年校庆之际前往学校考察

2007年6月14日上午，中共中央政治局常委、国务院总理温家宝在上海期间前往同济大学考察并看望师生。温家宝观看了大学生创新成果展览，电动汽车、污水净化装置、热水器节水技术、新农村人居环境建设规划等一系列科技创新成果深深吸引着温家宝总理，他高兴地鼓励学生们多搞创新、多出成果，对学校提出殷切希望并勉励师生"与民族、国家、人民同舟共济"。

温家宝首先向同济大学百年校庆表示了衷心的祝贺，他说，同济大学走过了一条光辉的道路，培养了数十万工作在祖国各条战线的人才，还将会出现更多的杰出人才。祝愿同济大学百尺竿头，更进一步。

温家宝说，大学教育在经济社会发展中具有十分重要的作用。历史上许多国家的发展、民族的振兴，是从办教育开始的，大学在培养和造就国家栋梁人才中都起过重大作用。一个国家的发展必须靠三个方面，第一要靠人，靠人才，靠人的智慧和精神；第二要靠能够调动人们积极性和创造活力的政治体制和经济体制；第三要靠先进的科学技术和创新能力。这三者都离不开人，离不开现代大学的培养。

温家宝强调，同学们要认真地做人，刻苦地做学问，学会做人，学会思考，学会知识和技能，不图虚名，不务虚声。真理，包括一切文化和科学成果，都需要经得住考验，最终的判断是实践。要把学校的命运、个人的命运同民族、国家、人民的命运紧紧连在一起。不论在困难的时候，还是在顺利的时候，都要与民族、国家、人民同舟共济。他勉励同济大学要树立为社会服务的办学理念，开放办学，勤俭办学，办出特色，培养全面发展的人才。

撰稿　孙明春

温家宝总理前往北京四中考察

2007年9月4日上午，中共中央政治局常委、国务院总理温家宝前往北京四中考察工作并看望师生。

上午8时许，温家宝总理首先来到科技实验楼的物理实验室，饶有兴趣地观看学生的实验，认真询问有关情况。他说，物理学是探索自然界的奥秘，这是无穷尽的。这种探索既有艰辛，又有快乐。在生物实验室，看到同学们对生命科学很感兴趣，温家宝十分高兴。他说，我国生物工程虽然有杂交水稻这样先进的领域，但总体上比较落后，要有自己的药品专利，就要发展生物技术，生物领域大有可为。

接着，温家宝来到艺术楼音乐教室，观摩学校合唱团的排练。在钢琴的伴奏声中，优美的旋律，动听的和声，吸引温总理屏气凝神，专心静听。听完合唱后，温家宝对在场的师生说，荀子说音乐可“正身行”，就是让你站得正，行得稳，堂堂正正做人；“广教化”，就是让音乐面向大众，让人们爱生活；“美风俗”，就是让社会风尚得到美化，而音乐本身就是美的。因此要更注重音乐对人思想的启迪，学理工的要学一点文艺，学文艺的也要学一点理工。这一点在中学尤为重要。

随后，温家宝来到学校的多功能厅和教师们座谈。教师们在发言中介绍了学校教学方法改革和变化，包括请科学家来学校指导，派学生到科研单位、到社会实习，开展科学实践、创新能力培养活动的情况，温家宝很感兴趣，不时询问有关情况。他说，学校的大门应该敞开，请各界的知名学者到学校来，不仅要培养学生动脑的能力，还要培养学生实践和动手的能力。

在听了八位教师的发言后，温家宝说，学校代表着国家的未来。中学要培养全面发展的人才，为学生今后成才奠定坚实的基础。一所好的中学在于它有深厚的传统，有好的办学理念，有优秀的教师，有培养和开启学生智力的教学。老师要具有爱心和知识。在学校中有两件事情永远需要，永远不会完结，一是爱，要热爱科学、热爱教学、热爱学生，二是知识，知识就是力量，知识就是安全，知识就是幸福。知识可以改变人生，也可以改变世界。要教育学生目光远大，抬头走路。要教育学生终生学习、终生受教育、终生做有益国家和人民的事情。

中共中央政治局委员、北京市委书记刘淇，北京市市长王岐山陪同考察。

撰稿　孙明春

温家宝总理与北京师范大学免费师范生座谈

2007年9月9日上午9时，中共中央政治局常委、国务院总理温家宝来到北京师范大学，看望刚刚入学的免费师范生，并与学生和老师们进行座谈。

温总理说，目前师范生免费教育制度已在全国六所师范大学试点。实施这一制度，就是要在全社会真正形成尊师重教的浓厚氛围，让教育真正成为最受尊重的事业，鼓励更多的优秀青年终身做教育工作者。

温总理说，我们的国家要早日实现现代化，在世界上受到尊重。要靠发达的经济、先进的科技、充分的民主、完善的法制、高尚的道德和高水平的国民素质，其中最根本的是国民素质。师范院校肩负培养和提高国民素质的重大责任。国家兴衰在于教育，教育好坏在于教师。从这一点来说，师范教育可以兴邦。重视师范教育，就是重视国家和民族的前途，因为师范教育造就的是教师，是与国家和民族的前途紧密相连的。只有真正同国家和民族命运紧密相连的师范教育，才是真正的师范教育。

温总理向师生们讲述他在基层看到的贫困家庭孩子渴望上学的情景。他深情地说，我们的国家太大，尽管这些年经济社会发展很快，但发展很不平衡，很多地方特别是农村还很困难。因此必须大力发展教育事业，努力使教育体现出最大的社会公平，让所有的孩子都能圆上学梦。无论是做教师，还是做人，都应该有一颗同情心、一颗爱心。同情和爱心是道德的基础。希望同学们懂得农民的甘苦，把他们记在心里；希望教育部门、学校和老师更多地关注贫困家庭和孩子。学校的大门是向人人敞开的。让所有贫困家庭的子女都能上学，真正享有受教育的平等权利，这就是穷人教育学。

温总理说，做师范生要懂得两点：一是要有爱心。老师要爱学生，学生要尊重老师，同学之间要互爱。二是要有知识。知识是无止境的，知识可以改变人生，可以为每个人创造美好的未来。外面的世界五光十色，诱惑确实很大。但同学们必须要坚守心里的道德底线，必须有正确的人生观、世界观，把自己的一切献给社会、献给人民、献给祖国。只要怀着极大的社会责任感去学习、工作，我们的生活就会是多彩的，我们的精神就会是高尚的。

温总理强调，办教育要用心力，还要用财力，两者不可偏废。用心力，就是学校要目光远大、勇于创新，把最新的知识和最好的技能教给学生；用财力，就是要不断加大对教育事业的投入。今后无论是国家还是教育部门，都要用更大的心力、用更多的财力，保证师范生免费教育试点获得成功。近年来，教师待遇正在逐步提高，但是不均衡。有些地方财政困难，教师收入较低。对此政府要给予关注，财政要给予支持。

温总理表示，实施免费师范生制度，目前是试点阶段，今后会在实践中进一步加以完善。师范大学和一般大学有共同点，也有不同点。一是师范大学学习的综合性更强。一般大学的学生学习重点在于知识本身的研究，为学问而学；而师范大学的学生学习还包括知识关系的研究，为教育而学。一般大学的学生可以“独善其身”，而师范大学的学生则要“兼善天下”。二是师范大学造就的应是堪称人师的教育家，要学为人师，行为世范。因此，对师范生的道德要求就更高。教育，不仅要言教，还要身教；不仅要立己，还要立人。为此，师范教育必须贯彻教学和科研相结合，学知识、教书、做人相结合。

最后，温家宝动情地对大家说，教育事业是人类最崇高的事业，教师是太阳下最光辉的职业。教师不仅可以影响一个学校的孩子，还可以影响整个社会。希望同学们在这所有光荣传统的学校里，接受文化的熏陶，感受人文情怀的温暖，呼吸自由的空气，真正享有智慧之光、仁爱之美，成为德才兼备的人民教师。

国务委员陈至立，教育部部长周济及国务院有关部门负责同志陪同前往。

撰稿　孙明春

温家宝总理在大连考察职业教育

2007 年 9 月 7 日下午，中共中央政治局常委、国务院总理温家宝在辽宁考察工作期间，专程来到大连市轻工业学校考察职业教育情况。温家宝先后参观了服装实训室、数控技术实训基地，并和学生们一起练习使用复合冲材模具。

温家宝说，教育是我们国家发展的根本。我们的目标是使人人都享有教育的权利。而教育的目的就是要使每一个学生、每一个人都成为一个全面发展的人。职业学校最大的特征就是把教学、求知与做事和技能结合在一起。教、学、做不是三件事，而是一件事，在做中学才是真学，在做中教才是真教，职业教育最大的特征就是把求知、教学、做事和技能结合在一起。职业学校的教师不仅要培养孩子们求知，而且要培养思想道德，学会共处，学会做人。

温家宝指出，我国政府重视职业教育，今年普遍提高了职业教育和高等教育奖学金和助学金覆盖的比例，其中对职业教育采取的措施最为有力。国家的政策也是一种导向，我们要培养孩子们特别是农村的孩子们，能够通过职业教育的学习掌握一门本领，使他们长大以后就能够有自己的职业。职业教育的大门是向所有的孩子们开的。

温家宝强调，职业学校在我们整个教育格局当中地位十分重要，要把职业教育放在大力发展的地位，因为只有职业教育才是面向人人的终身教育，因此我国确定了大力发展职业教育的方针。我们一定要把职业教育办好，也一定能办好。中国的职业教育普遍发展了，整个社会就进步了，我国的新型工业化、农业现代化水平就会提高，整个现代化事业就会向前发展。

撰稿　孙明春

贾庆林主席出席全国内地西藏班办学和教育援藏工作会议

2007年1月26日，全国内地西藏班办学和教育援藏工作会议在京召开，中共中央政治局常委、全国政协主席贾庆林出席会议并发表重要讲话。他强调，要坚持以邓小平理论和“三个代表”重要思想为指导，牢固树立和落实科学发展观，全面贯彻党的民族政策和教育方针，大力实施“科教兴藏”和“人才强藏”战略，坚持西藏自力更生与国家扶持、内地支援相结合，推动西藏各级各类教育的快速、协调、健康发展，为促进西藏的繁荣发展和社会稳定提供强有力的保障。

贾庆林说，党和国家历来高度重视西藏工作和西藏教育事业的发展。20年来，全国先后有20个省、直辖市的28所学校开办内地西藏班，有53所内地重点高中、90多所高等学校招收西藏插班生，为西藏培养输送了1.4万名各类建设人才。有关省、直辖市和企事业单位教育援藏资金达5.76亿元，派出援藏教师、干部2 000多人。现在，西藏各级各类学校在校生已达53万人，比1985年增长了近3倍；西藏中专以上各级各类人才队伍由1985年的2万多人增加到7万多人，全区青壮年文盲率从1990年69.34%下降到10%以下。实践证明，党中央、国务院创办内地西藏班和开展教育援藏的决策符合西藏实际情况，体现了西藏各族人民的根本利益，对于加快西藏经济社会发展的步伐，实现西藏跨越式发展和长治久安，已经并将继续产生重大而深远的影响。

贾庆林指出，要继续把办好内地西藏班作为一项政治任务，毫不动摇地坚持下去，切实提高人才培养的质量和水平。坚持优先加强爱国主义和民族团结教育，优先加强教师队伍建设，积极推进办学布局、培养方式、教学和管理制度等方面的改革，认真落实示范性学校建设计划，把内地西藏班办成增强民族团结、维护祖国统一、促进西藏发展的坚强阵地，把学生培养成为政治可靠、有真才实学的合格人才。要进一步做好教育援藏工作，切实促进西藏教育事业发展。承担教育援藏任务的有关省市要采取“分片、分校负责，定点对口支援，包干落实对口任务”的办法，设立专项经费，资助对口地区高中阶段家庭贫困学生完成学业，落实教师和管理人员的培训任务，提高教学和管理水平。承担教育援藏任务的内地高校要继续做好对口支援工作，使受援学校的综合办学和科研能力得到显著增强，继续积极承担为西藏培养急需人才和培训干部的任务，多渠道为西藏培养人才。教育部有关直属单位要加强对口支援工作，支持西藏教育事业单位改善工作条件。

贾庆林强调，要进一步提高思想认识，切实增强做好内地办学和教育援藏工作的责任感和紧迫感，进一步加强组织领导，切实形成内地办学和教育援藏工作的合力。有关省市党委、政府要建立健全工作领导机构，明确相关部门的责任，形成有效的组织领导制度和协调管理机制，制定和完善相关的政策措施；国家有关部委要积极支持内地办学和教育援藏工作，确保内地办学和教育援藏工作有序、有效开展，按期完成任务，实现预期目标。

会议由全国政协副主席、中央统战部部长刘延东主持。周永康、徐才厚、热地出席了会议。会上，对内地西藏班办学和教育援藏工作作出突出成绩的先进集体和先进个人进行了表彰，教育部部长周济、西藏自治区主席向巴平措等在会上发言。

撰稿　孙明春

贾庆林主席会见出席全国高校统战工作会议代表

2007 年 7 月 5 日，中共中央政治局常委、全国政协主席贾庆林在北京京西宾馆会见全国高校统战工作会议代表并发表重要讲话。他强调，要认真学习贯彻胡锦涛总书记在中央党校的重要讲话精神，切实将高校统一战线成员的思想和行动统一到中央的决策和部署上来，把智慧和力量凝聚到继续解放思想、坚持改革开放、推动科学发展、促进社会和谐、全面建设小康社会上来，以优异的成绩迎接党的十七大胜利召开。

贾庆林指出，长期以来，高校统战工作始终坚持围绕中心、服务大局，广泛团结高校中的统一战线成员，引导他们积极投身改革开放和现代化建设，积极促进高校各项事业的发展，开展了大量卓有成效的工作，培养了一大批高素质的党外代表人士，为坚持和完善中国共产党领导的多党合作和政治协商制度、巩固壮大最广泛的爱国统一战线，作出了重要贡献。实践证明，高校是统一战线各方面成员发挥作用的重要平台，高校统战工作是党的统一战线工作的重要领域。

贾庆林强调，胡锦涛总书记在中央党校发表的重要讲话，科学分析了当前我国面临的新形势新任务，全面阐述了以邓小平理论和“三个代表”重要思想为指导、深入贯彻落实科学发展观的基本要求，深刻回答了党和国家未来发展的一系列理论和实践问题，为党的十七大胜利召开奠定了重要的政治、思想和理论基础，对于统一全党思想认识、凝聚各方智慧力量，更好地为夺取全面建设小康社会新胜利、开创中国特色社会主义事业新局面而团结奋斗，具有重大而深远的意义。在建设中国特色社会主义伟大事业中，高校承担着越来越重要的使命，发挥着越来越突出的作用。要认真学习贯彻胡锦涛总书记的重要讲话精神，认真做好思想政治工作，增强在中国共产党领导下走中国特色社会主义道路的坚定信念，巩固高校统一战线成员团结奋斗的共同思想基础；认真做好服务引导工作，引导高校统一战线成员把个人价值与党和国家事业发展需要结合起来，为国家的经济社会发展献计出力；认真做好物色培养工作，努力壮大党外代表人士队伍，为统一战线事业的长远发展提供重要的组织保障；认真做好协调沟通工作，积极理顺情绪、化解矛盾，为促进社会和谐作出应有的贡献。

贾庆林指出，各级党委、政府和统战、教育部门、高校党委要充分认识高校统战工作的重要意义，深入贯彻中央关于统一战线工作的方针政策，进 步重视和关心高校统战工作，在机构、干部、经费等方面给予必要的支持和帮助，努力开创高校统战工作的新局面。

国务委员陈至立，全国政协副主席、中央统战部部长刘延东，教育部部长周济及中央和国家机关有关部门负责同志参加会见。

撰稿　孙明春

李长春同志出席“全国亿万青少年学生阳光体育运动”启动仪式

2007年4月29日上午，中共中央政治局常委李长春出席“全国亿万青少年学生阳光体育运动”全面启动仪式。

上午10时许，李长春在北京主会场朝阳公园宣布“全国亿万青少年学生阳光体育运动”全面启动，并为“全国亿万青少年学生阳光体育运动”北京青少年集体长跑活动鸣枪。随后，他兴致勃勃地观看了青少年健身项目展示，还与正在公园里锻炼的青少年学生一起参加体育活动，共同感受体育的魅力，分享体育的快乐。

中共中央政治局委员、北京市委书记刘淇参加启动仪式。国务委员陈至立主持启动仪式。

我国启动“全国亿万青少年学生阳光体育运动”，是新时期加强青少年体育、增强青少年体质的战略举措。这一活动的目的，就是要通过阳光体育的抓手作用，促进各级各类学校形成浓郁的校园体育锻炼氛围和全员参与的群众性体育锻炼风气，吸引广大青少年学生走向操场、走进大自然、走到阳光下，积极主动参与体育锻炼，培养体育锻炼的兴趣和习惯，有效提高学生体质健康水平。

“全国亿万青少年学生阳光体育运动”启动仪式由教育部、国家体育总局、共青团中央和北京市人民政府联合举办。北京市近万名大中小学生参加了主会场丰富多彩的体育活动。全国各地各级各类学校的亿万学生全程收听收看了北京主会场启动仪式，并在同一时间因地制宜地开展了各种体育活动。

撰稿　孙明春

李长春同志前往华中科技大学调研

2007年9月5日，中共中央政治局常委李长春在华中科技大学调研时强调，要认真学习贯彻胡锦涛总书记在全国优秀教师代表座谈会上的重要讲话精神，坚持以立德树人为根本，把育人为本、德育为先的思想贯彻到高校教育各方面工作中去，不断开创大学生思想政治教育工作新局面。

在大学生思想政治教育工作座谈会上，李长春就学习贯彻胡锦涛总书记在全国优秀教师代表座谈会上的重要讲话、加强和改进大学生思想政治教育工作，与教育部门负责人、高校领导、教师和学生代表进行讨论和交流。他强调，胡锦涛总书记的重要讲话站在全面推进中国特色社会主义事业的战略高度，突出强调了把教育摆在优先发展的战略地位、大力发展我国教育事业，突出强调了坚持育人为本、德育为先，把立德树人作为教育的根本任务，突出强调了加强教师队伍建设、推动教育事业又好又快发展，为新世纪新阶段大力发展我国教育事业指明了方向，对新形势下进一步加强和改进大学生思想政治教育提出了新的更高要求。各级党委政府和教育战线要把学习贯彻胡锦涛总书记重要讲话精神作为一件大事抓紧抓好。要按照胡锦涛总书记的要求，坚持把教育摆在优先发展的战略地位，坚持教育为社会主义现代化建设服务、为人民服务，努力办好让人民满意的教育，坚持育人为本、德育为先，把立德树人作为教育的根本任务。要高度重视和切实加强教师队伍建设，吸引和鼓励优秀人才从事教育工作，在全社会形成尊师重教的良好风气。广大教师要自尊自励，不辜负胡锦涛总书记的殷切期望，以人民教师特有的人格魅力、学识魅力和卓有成效的工作赢得全社会的尊重。要认真总结党的十六大以来大学生思想政治教育的成功经验，不断改进高校思想政治理论课教学，积极探索大学生思想政治教育的新途径、新办法、新领域，把大学生思想政治教育不断引向深入。

座谈会结束后，李长春来到学生食堂，与同学们一道排队领取饭菜，共进晚餐，和学生亲切交谈，详细询问伙食价格，了解高校食堂管理体制。他说，高校后勤管理和服务是教书育人的重要组成部分，是全方位育人的重要环节。在当前农副产品价格上涨的情况下，要千方百计克服困难，采取措施办好学生食堂，努力为学生提供价格合理、保质保量的饭菜。随后，李长春又来到学生宿舍，实地察看同学们的住宿情况。他仔细了解学生在校生活费用情况和解决贫困家庭学生困难的具体办法。他强调，要落实好“绿色通道”的各项措施，保证每一个家庭困难学生都能顺利报到入学，心情愉快地投入学习。要加强和改善学生宿舍的管理，努力以班级为单位安排学生住宿，把大学生思想政治教育贯穿于学生日常学习和生活之中。

撰稿　孙明春

习近平同志会见出席第十六次全国高校党建工作会议代表

2007年12月24日，中共中央组织部、中共中央宣传部、中共教育部党组在北京联合召开第十六次全国高等学校党的建设工作会议。中共中央政治局常委、中央书记处书记习近平在会前会见出席会议的代表并发表重要讲话。他强调，当前和今后一个时期高校党建工作的首要任务，是认真学习、深入贯彻、全面落实党的十七大精神，坚持以邓小平理论和“三个代表”重要思想为指导，深入贯彻落实科学发展观，以改革创新精神全面推进高校党的建设，为开创高等教育改革发展新局面提供坚强保证。

习近平指出，高等学校承担着人才培养、知识创新和社会服务的重要任务。做好高校党建工作，对于高等教育科学发展至关重要。在深入学习贯彻党的十七大精神、进一步办好高等教育的实践中，高校党建工作要始终高举中国特色社会主义伟大旗帜，坚定社会主义办学方向，坚持用马克思主义中国化的最新成果武装党员、教育师生，引导广大师生员工坚定不移走中国特色社会主义道路，为全面建设小康社会、实现中华民族伟大复兴贡献力量；要牢牢把握高校贯彻落实好科学发展观这个主题，以提高教育质量为重点，以办好人民满意的教育为目标，切实抓好学校领导班子建设、党组织和党员队伍的先进性建设，更好地维护和推动高校的改革发展稳定；要全面贯彻党的教育方针，坚持育人为本、德育为先，在培养德智体美全面发展的社会主义建设者和接班人、培养造就一支勇于开拓创新的高水平教师队伍方面，发挥应有的作用；要继承优良传统，深入研究新情况新问题，以改革创新的精神状态、改革创新的思维方式、改革创新的思想作风、改革创新的工作方法，大力推进党的各方面建设的创新，不断提高工作水平。

中共中央政治局委员、中央书记处书记、中央组织部部长李源潮出席了会议并讲话。他强调要全面贯彻党的十七大精神，根据高校党组织的根本任务、高等教育事业发展呈现的新特征和广大师生员工的新期待，以改革创新精神推进高校党的建设，为高等教育事业的科学发展提供政治保证和组织保证。

会议由国务委员陈至立主持，教育部部长周济以及中央和国家机关有关部门、解放军总政治部负责同志出席会议。

撰稿　孙明春

陈至立国务委员出席庆祝第23个教师节暨全国教育系统先进集体和先进个人表彰大会

2007年9月9日下午，国务委员陈至立出席了庆祝第23个教师节暨全国教育系统先进集体和先进个人表彰大会。她强调，要深入学习贯彻胡锦涛总书记8月31日在全国优秀教师代表座谈会上的重要讲话精神，大力弘扬尊师重教传统，切实加强教师队伍建设，努力办好让人民满意的教育。

陈至立首先代表国务院向受到表彰的全国教育系统先进集体和先进个人表示热烈祝贺，向全国教师和教育工作者致以节日问候。她说，长期以来，广大教师和教育工作者辛勤耕耘，努力工作，涌现出一大批先进模范人物，表现出对广大学生、对祖国的真情挚爱，赢得了全社会的普遍尊重和广泛赞誉。

陈至立指出，教师节前夕，胡锦涛总书记、温家宝总理等中央领导同志接见了全国优秀教师代表并与他们亲切座谈，胡锦涛总书记发表了重要讲话。这充分体现了党中央、国务院对教育工作的高度重视、对广大教师和教育工作者的亲切关怀。总书记的讲话高屋建瓴、内涵丰富，是指导全党全社会更加重视教育、办好让人民满意教育的纲领性文献。各级政府和各级各类学校、广大教师与教育工作者，一定要认真学习，深刻领会，全面贯彻落实胡锦涛总书记重要讲话精神，不断开创教育工作新局面。

陈至立强调，要认真学习、全面贯彻胡锦涛总书记重要讲话精神，进一步落实教育优先发展的战略地位，必须把加强教师队伍建设作为一项重大战略任务抓紧、抓实、抓好。一是各级政府要切实加强对教育工作的领导，更加关心和支持教师队伍建设，依法保障教师特别是农村教师地位和收入水平，努力改善他们的工作、学习和生活条件，增强教师职业的吸引力。二是各级教育行政部门和各级各类学校要始终坚持全心全意依靠教师队伍，坚定不移建设好教师队伍。要大力实施人才强校战略，积极推进教师教育改革，完善师德建设长效机制，深化学校人事分配制度改革，努力建设一支师德高尚、业务精湛、富有创新精神和创新能力的高素质教师队伍，培养和造就一大批教育家。三是广大教师和教育工作者要牢记使命，努力践行胡锦涛总书记提出的“爱岗敬业、关爱学生，刻苦钻研、严谨笃学，勇于创新、奋发进取，淡泊名利、志存高远”的要求，积极探索教学改革，勇于创新教学方法，不断提高教书育人能力。四是全社会要更加尊重教师，关心和支持教育发展与改革，理解和支持教师在教育教学改革中的探索与创新，大力宣传广大教师的先进事迹和崇高精神，形成社会、学校和家庭共同育人的良好环境。

会上对全国教育系统先进集体与先进个人代表、第三届高等学校教师名师奖获奖代表进行了表彰。教育部部长周济以及中央和国家机关有关部门负责同志出席大会。

撰稿　孙明春

陈至立国务委员在湖北考察高等教育和职业教育工作

2007年10月25至26日，国务委员陈至立前往湖北考察高等教育和职业教育情况。

在考察华中农业大学时，陈至立指出，目前我国高等教育在学总规模已达2 500万人，其中在校生1 800万人，毛入学率达到22%，已成为高等教育大国。她强调，质量是高等学校的生命线。高等教育要坚持以提高质量为核心，努力培养数以千万计的专门人才和一大批拔尖创新人才，为全面建设小康社会提供人才支撑和智力保障。要改革培养模式，改进教学方法，更新教学内容，注重培养学生的社会责任感、实践能力和创造精神。要调整学科布局，优化专业设置，注重发展新兴学科和交叉学科。要继续实施“211工程”和“985工程”，建设一批高水平大学和学科，推动高校人才培养与科技创新紧密结合，提高人才培养水平和创新能力，加快我国从高等教育大国迈向高等教育强国的步伐。

在武汉市仪表电子学校考察中等职业教育时，陈至立说，职业教育在现代化建设中具有特殊的作用，要采取有效措施推进职业教育快速发展。一要坚持以就业为导向，大力推行校企合作、工学结合，高度重视实践和实训环节教学，提高职业院校学生的实践能力和职业技能。二要切实增强职业教育基础能力，重点抓好实训基地建设、职教中心建设和高水平示范性高职建设，进一步加强“双师型”教师队伍建设。三要落实好各项资助政策措施，使更多的学生能接受职业教育。四要严格实行就业准入制度，完善职业资格证书制度，提高技能型人才的社会地位、经济收入和社会保障水平。陈至立强调，各级政府要切实把职业教育放在更加突出的位置，进一步加大财政投入，加快建立覆盖城乡的职业教育与培训网络。

陈至立最后强调，要认真学习贯彻党的十七大精神，以邓小平理论和“三个代表”重要思想为指导，深入贯彻落实科学发展观，坚持教育优先发展，优化教育结构，促进义务教育均衡发展，加快普及高中阶段教育，大力发展职业教育，提高高等教育质量，推动我国教育事业全面协调可持续发展，建设人力资源强国。

教育部部长周济、湖北省省长罗清泉及国务院有关部门负责同志陪同考察。

撰稿　孙明春

陈至立考察北京高校奥运场馆建设工程

2007年6月30日和7月4日，国务委员、北京奥组委第一副主席陈至立考察了北京高校奥运场馆建设工程，并召开会议听取有关高校的汇报。她强调，各有关部门和高校要进一步认真学习贯彻胡锦涛总书记在考察奥运会工程建设时的重要讲话精神，高度重视奥运场馆建设的安全问题，加强领导，精心组织，严格管理，确保按时高质量地完成高校奥运场馆建设任务。

陈至立指出，将部分奥运场馆建在高校是中央的重要决策。建设好高校奥运场馆，是举办“有特色、高水平”奥运会的重要保障，对于推动高校体育运动的蓬勃发展和奥林匹克精神在高校的普及具有重要意义，对于提高我国竞技体育水平将发挥重要作用。

陈至立强调，今年是2008年北京奥运会筹办工作的决战之年，高校奥运场馆建设也到了决战阶段。各有关高校要以高度的责任感继续扎扎实实地做好奥运场馆建设工作。一要加强组织领导，强化质量管理，确保场馆按时高质量地交付使用；二要高度重视奥运场馆建设的安全问题，加强监督检查和应急管理，确保安全；三要高度重视场馆运行团队建设和培训，充分利用好运北京体育赛事锻炼队伍，磨合机制，把握规律，积累经验，确保达到奥运比赛要求；四要厉行节约，大力实践“绿色奥运、科技奥运、人文奥运”理念，提高场馆建设的节能、环保水平，同时要做好校园内部和周边环境的整治工作，以崭新的面貌迎接奥运；五要广泛动员高校师生积极关注奥运、支持奥运、参与奥运，在校园中营造“我参与、我奉献、我快乐”的浓厚氛围，促进高校精神文明建设。她要求有关部门加大对高校奥运场馆建设的支持力度，及时解决工程建设中遇到的实际问题。

2008北京奥运会共有6座高校体育馆将承担奥运赛事。其中有4座场馆是新建场馆，分别是北京大学体育馆、北京工业大学体育馆、中国农业大学体育馆和北京科技大学体育馆；另外两座场馆是改扩建场馆，分别是北京理工大学体育馆和北京航空航天大学体育馆。

撰稿　孙明春

教育部党组召开教育系统学习贯彻党的十七大精神座谈会

2007年10月24日下午，教育部党组召开教育系统学习贯彻党的十七大精神座谈会，认真学习领会十七大精神，对教育系统学习十七大精神有关工作作出具体部署。

教育部党组书记、部长周济在座谈时强调，教育战线要把学习好、宣传好、贯彻好党的十七大精神作为当前和今后一个时期的首要政治任务，要高举中国特色社会主义伟大旗帜，深入贯彻落实科学发展观，进一步推动教育优先发展，为办好人民满意的教育、建设人力资源强国而努力奋斗。

周济指出，党的十七大是在我国改革发展关键阶段召开的一次十分重要的大会，对于党和国家事业的发展具有重大而深远的意义。胡锦涛总书记所作的重要报告，以马克思列宁主义、毛泽东思想、邓小平理论和“三个代表”重要思想为指导，深入贯彻落实科学发展观，科学回答了党在改革开放关键阶段举什么旗、走什么路、以什么样的精神状态、朝着什么样的发展目标继续前进等重大问题，为党和国家的事业发展指明了前进方向。各级教育行政部门和各级各类学校都要高度重视，加强领导，精心组织，周密部署，迅速兴起学习宣传贯彻党的十七大精神的热潮。

周济代表教育部党组对教育战线学习贯彻党的十七大精神工作提出了明确要求，一是各级教育行政部门和各级各类学校要精心组织、周密安排好学习活动。要组织党员干部，集中一段时间，认真研读党的十七大文件，原原本本地学习党的十七大报告和党章，全面准确学习领会党的十七大精神，把思想统一到党的十七大精神上来。二是大力发扬理论联系实际的学风。把用十七大精神武装头脑、指导实践、推动工作作为学习的出发点和落脚点。特别是要认真学习十七大报告中关于教育工作的论述，深刻认识教育在全面建设小康社会中的重要作用，围绕党的十七大对教育工作提出的新要求，创造性推动教育的改革发展。三是教育系统各级领导干部要带头学习宣传十七大精神。要重点加强处级以上领导干部的学习和培训。各级领导干部要充分认识自己肩负的责任，带头学习好、领会好、掌握好、贯彻好十七大精神。四是各教育新闻出版宣传部门要做好十七大精神的宣传工作。要把学习贯彻十七大精神作为当前和今后一个时期宣传工作的重点，大力宣传、积极报道广大干部、师生学习十七大精神、深入贯彻落实科学发展观、推进教育改革和创新的成就与经验。

座谈会上，北京大学党委书记闵维方，清华大学党委书记陈希，北京市教委主任、教育工委副书记刘利民，北京市商业学校校长史晓鹤，北京四中党委书记张云裳，中国人民大学马克思主义学院院长秦宣，北京师范大学哲学与社会学学院硕士研究生高耀华先后发言，结合各自工作、学习实际，畅谈了学习十七大精神的感受和体会。

座谈会由教育部党组副书记、副部长袁贵仁主持。教育部党组成员、副部长吴启迪、陈小娅、李卫红和部分大中小学师生代表以及教育部有关司局负责人参加了座谈会。

会后教育部党组发出通知，要求各地教育部门和各级各类学校把学习贯彻党的十七大精神作为首要政治任务，紧密联系工作实际，迅速兴起学习贯彻党的十七大精神的热潮。

撰稿　孙明春

教育部党组召开务虚会研讨教育改革发展有关问题

2007年8月17日至19日，教育部党组召开务虚会，就当前我国教育事业改革和发展的重大问题进行研究讨论。教育部党组全体成员、机关各司局和有关直属单位的主要负责同志参加了会议。

这次务虚会是在教育系统深入学习胡锦涛总书记6月25日在中央党校发表的重要讲话，迎接党的十七大胜利召开的形势下举行的。在3天的会议上，大家围绕“教育投入和重大项目安排”、“教师队伍建设”、“素质教育特别是思想道德教育和思想政治工作”、“义务教育均衡发展”、“职业教育发展”、“高等教育发展”、“终身教育体系建设及发展”等议题开展了认真热烈的讨论。会议充分发扬民主，大家聚精会神，畅所欲言，对当前教育的各项重要工作进行了系统梳理和深入讨论，认真分析了当前教育工作面临的新形势，明确了新世纪新阶段教育改革发展的新任务，提出了进一步贯彻落实科学发展观推进教育改革和发展的新思路。大家表示，要以更加优异的工作成绩迎接党的十七大的召开。

教育部党组书记、部长周济回顾了党的十六大以来我国教育事业改革和发展的情况，指出，过去5年中，在党中央、国务院的正确领导下，教育系统坚持以邓小平理论和“三个代表”重要思想为指导，全面树立和落实科学发展观，巩固成果，深化改革，提高质量，持续发展，努力办好让人民满意的教育，我国教育事业迈出了新的步伐，取得了新的进展，呈现出新的气象，作出了新的贡献。5年来，不断提高普及义务教育的水平，农村教育被摆在重中之重的战略地位，面貌发生了深刻变化；职业教育以服务为宗旨，以就业为导向，在改革中加快发展；高等教育持续健康发展，质量不断提高，为现代化建设服务的能力不断增强；全面贯彻党的教育方针，切实加强和改进德育、素质教育的推进取得突破性进展；教育的各项改革不断深化，教育事业发展的基础和保障条件更加坚实；坚持教育的公益性，大力促进教育公平，认真解决好关系人民群众切身利益的教育热点、难点问题。

周济强调，胡锦涛总书记6月25日在中央党校发表的重要讲话，为我们思考我国教育事业的改革发展指明了方向。我们必须从党和国家事业全局的高度，深刻认识教育在社会主义现代化建设中的地位和作用，深刻认识党和国家、广大人民群众对教育工作的新要求，深刻认识教育事业改革发展面临的新机遇、新挑战，从社会主义初级阶段的国情出发，深入思考“办什么样的教育”和“如何办好这样的教育”，不断深化对教育改革发展规律的认识，科学制定适应时代要求和人民愿望的教育改革发展的方针政策，选择正确的教育发展思路和战略，创造性地研究和解决教育改革和发展中的重大问题。

周济指出，“巩固、深化、提高、发展”的方针，已经被证明是正确的方针，应该成为今后一个时期我们必须继续坚持的方针。我们要有这样的思想准备，有一个比较长的时间，来认认真真、踏踏实实地做好巩固成果、深化改革、提高质量、持续发展的工作。当前和今后一个时期，要围绕着这样五个方面展开工作。一是坚持教育优先发展，建设人力资源强国，建立起保障教育优先发展的机制和制度，切实加大教育投入。二是坚持优先发展教育的总体布局，普及和巩固义务教育，切实贯彻落实

《义务教育法》；加快发展职业教育，坚持以服务为宗旨、以就业为导向，实现中等职业教育和普通高中规模大体相当的目标；着力提高高等教育质量，实现高等教育协调健康发展；将教师队伍建设摆在更加突出的战略位置，全面提高教师队伍素质；大力推进教育信息化，积极推进学习型社会建设。三是要把实施素质教育作为教育工作的主题，形成全社会共同推进素质教育的强大合力和良好氛围。四是坚持教育改革开放，构建中国特色社会主义现代化教育体系。五是大力促进教育公平，努力办好让人民群众满意的教育。

周济要求，当前教育发展改革处在重要的时刻、关键的时刻，我们要大兴学习之风，大兴调查研究之风，深入推进教育战略思考和政策研究，认真回答我国教育事业推进过程中提出的一系列重大理论和实践问题。我们要在“谋”字上做好文章，进一步思考未来，谋划教育发展大计，科学地设计教育重大工程建设项目，规划进一步推进教育改革和发展的重大政策举措，作为进一步落实科教兴国战略和人才强国，推进教育优先发展的抓手。

撰稿　孙明春

国家教育事业发展“十一五”规划纲要

为全面落实科学发展观，坚持教育优先发展，充分发挥教育在现代化建设中的基础性、先导性、全局性作用，依据《中华人民共和国国民经济和社会发展第十一个五年规划纲要》，特制定本纲要。

一、教育事业发展面临的形势

（一）“十五”时期教育事业发展取得显著成就。

到2005年，全国普及九年义务教育人口覆盖率和初中毛入学率均达到95％以上，进入全面普及的新阶段。西部地区“两基”攻坚取得重大进展，中西部地区农村义务教育普及程度和质量明显提高，农村教育面貌发生深刻变化。高中阶段教育规模继续增加，在校生达4 031万人。职业教育在改革中加快发展。高等教育实现历史性跨越，毛入学率达21％，进入大众化发展阶段，高水平大学和重点学科建设取得重大进展，高校科技创新能力增强，成为国家创新体系的重要组成部分。素质教育进一步推进，未成年人思想道德建设和大学生思想政治教育工作得到加强。教师队伍建设取得新进展，教育投入不断增长，办学条件得到改善，教育信息化建设成效明显，教育质量稳步提升，办学效益进一步提高。教育改革不断深化，教育开放进一步扩大，很多方面取得突破性进展。人民群众关心的教育问题得到高度重视并在逐步解决。各级各类教育稳步发展，国民受教育水平显著提升，15岁以上人口平均受教育年限达到8.5年左右。教育发展为我国国民素质提高，为科技创新、经济增长和社会进步作出了重要贡献，也为“十一五”时期的进一步发展奠定了良好基础。

专栏1：教育事业“十五”时期主要成就

	2000年	2005年	2005年比2000年提高
学前教育阶段：			
学前三年毛入园率（％）	37.7	41.4	3.7
义务教育阶段：			
小学毕业生升学率（％）	94.9	98.4	3.5
初中毛入学率（％）	88.6	95	6.4
初中三年保留率（％）	90.1	92.8	2.7
初中毕业生升学率（％）	51.2	69.7	18.5
高中阶段：			
毛入学率（％）	42.8	52.7	9.9
在校生（万人）	2 518	4 031	1 513
其中：普通高中	1 201	2 409	1 208
中等职业教育	1 284	1 600	316
高等教育：			
毛入学率（％）	12.5	21	8.5
在学总规模（万人）	1 230	2 300	1 070
其中：普通本专科	556	1 562	1 006
研究生	30	98	68
成人本专科	354	436	82
高校科技创新与服务：			
普通高校获得授权的专利数（项）	1 952	7 399	5 447
高校科技成果获国家奖数	53	143	90

（二）全面建设小康社会要求坚持教育优先发展。

全面建设小康社会，构建社会主义和谐社会，教育肩负着重要的历史使命。走新型工业化道路，建设创新型国家，必须充分发挥人力资源优势。加快教育发展，是把我国巨大的人口压力转化为人力资源优势的根本途径。建设社会主义新农村，缩小城乡、区域发展差距，改善民生，促进社会公平正义，迫切要求推进教育公平，促进教育协调发展。弘扬社会主义思想道德，传承民族优秀文化，培养合格的社会主义建设者和接班人，迫切要求实施素质教育，促进人的全面发展。城镇化进程加快，城乡居民生活水平不断提高，教育人口的数量和结构发生明显变化，就业压力较大，对多样化、高质量的教育需求日益增长。新形势新任务对教育发展提出了新的更高的要求，也提供了难得的历史机遇。

我们清醒地看到，我国人均受教育水平仍然不高，从业人员平均受教育年限仍低于发达国家平均水平 3 年以上，创新型人才和高技能人才不足，杰出人才缺乏。城乡、区域、各级各类教育之间发展不平衡。实施素质教育尚未取得根本性突破，教师队伍的素质和水平需要进一步提高，人才培养模式需要进一步改进。教育投入不足，与教育事业持续健康发展的需求有较大差距，一些关系人民群众切身利益的教育问题还没有得到很好解决。

当今世界，知识成为提高综合国力和国际竞争力的决定性因素，人力资源成为推动经济社会发展的战略性资源，各国纷纷把发展教育作为国家发展的战略举措。能否培养和造就数以亿计的高素质劳动者、数以千万计的专门人才和一大批拔尖创新人才，关系到全面建设小康社会宏伟目标的实现，关系到我国社会主义现代化建设的全局，关系到党和国家的兴旺发达，关系到中华民族的前途命运。必须增强使命感、紧迫感和责任感，切实把教育摆在优先发展的战略地位，抓住机遇，振奋精神，以更大的精力、更多的财力，推进教育事业持续协调健康发展。

二、指导思想、发展思路和主要目标

（一）指导思想。

“十一五”时期，教育事业的发展要以邓小平理论和“三个代表”重要思想为指导，以科学发展观统领全局，大力实施科教兴国战略和人才强国战略，坚持教育优先发展、促进教育公平，全面贯彻党的教育方针，坚持教育为社会主义现代化建设服务、为人民服务，全面实施素质教育，深化教育改革，提高教育质量，统筹城乡、区域教育，统筹各级各类教育，统筹教育发展的规模、结构、质量、效益，构建现代国民教育体系和终身教育体系，保障人民享有接受良好教育的机会，办好让人民群众满意的教育，为全面建设小康社会、构建社会主义和谐社会、实现建设创新型国家和人力资源强国的奋斗目标做出新的贡献。

（二）发展思路。

——以素质教育为主题。坚持育人为本、德育为先，把立德树人作为教育的根本任务，将素质教育贯穿于各级各类教育，贯穿于学校教育、家庭教育和社会教育，努力培养德智体美全面发展的社会主义建设者和接班人。

——以“普及、发展、提高”为主要任务。以中西部农村地区为重点，普及和巩固九年义务教育；以中等职业教育为重点，加快发展职业教育，培养高素质劳动者和高技能人才；以培养学生创新精神和实践能力为重点，着力提高高等教育质量，积极推进高水平大学和重点学科建设，提高高校人才培养、科技创新与服务能力，培养和造就一批杰出人才。

——以协调发展为主线。分区规划，分类指导，优化教育结构，完善教育体系，提高教育质量和效益，坚持公共教育资源向农村、中西部地区、贫困地区、边疆地区、民族地区倾斜，国家财政新增教育经费主要用于农村，逐步缩小城乡、区域教育发展差距，推动公共教育协调发展。

——以加强教师队伍建设为关键。加强和改进教师教育，强化教师培训，提高师资特别是农村师资水平。改革和完善教师管理制度，努力建设高素质教师队伍，培养和造就一批教育家。

——以体制和机制改革为动力。着力推进教育管理体制、投入体制、办学体制、学校内部管理体制改革，加强教育法制建设，依法治教，转变政府职能和管理方式，扩大教育对外开放，形成更加有利于教育发展的体制机制。

——以办好让人民群众满意的教育为宗旨。坚持教育的社会主义性质和公益性原则，把促进教育公平作为国家基本教育政策，加大对困难群体的扶持力度，认真解决社会关心的教育热点难点问题，保障人民享有接受良好教育的机会。

（三）主要目标。

1. 教育事业持续发展，教育体系更加完善。

全面普及和巩固九年义务教育，小学净入学率保持在99%以上，初中毛入学率达到98%以上，初中三年保留率达到95%。青壮年文盲率降到2%左右。学前教育和特殊教育进一步发展，学前三年毛入园率达到55%以上，努力普及有学习能力的残疾儿童少年的九年义务教育。高中阶段教育普及程度明显提高，在校生规模达到4 510万人，毛入学率达到80%左右，中等职业教育与普通高中规模基本相当。高等教育要适当控制招生增长幅度，相对稳定招生规模，在学人数达到3 000万人，毛入学率达到25%左右，其中普通本专科在校生规模达到2 000万人，在学研究生约130万人，高等职业教育的招生规模继续保持在普通高等教育招生总量的一半左右。成人教育和继续教育得到较大发展，各类职业培训规模不断扩大，培训质量明显提高，年培训城乡劳动者达到上亿人次，其中农村劳动力转移培训和农民工培训达6 000万人次。民办教育健康发展。中国特色社会主义现代化教育体系不断完善，学习型社会建设取得明显进展。

专栏2：教育事业发展2010年主要目标

	2005年	2010年	2010年比2005年提高
学前教育阶段：			
学前三年毛入园率（%）	41.4	55	13.6
义务教育阶段：			
初中毛入学率（%）	95	98	3
初中三年保留率（%）	92.8	95	2.2
扫盲：			
青壮年文盲率（%）	3	2	−1
高中阶段：			
毛入学率（%）	52.7	80	27.3
在校生（万人）	4 031	4 510	479
其中：普通高中	2 409	2 410	持平
中等职业教育	1 600	2 100	500
高等教育：			
毛入学率（%）	21	25	4
在学总规模（万人）	2 300	3 000	700
其中：普通本专科	1 562	2 000	438
研究生	98	130	32
成人本专科	436	600	164

2. 城乡、区域教育更加协调，义务教育趋于均衡。

欠发达地区与全国教育平均水平的差距逐步缩小。完成“两基”攻坚任务，初中毛入学率达到95%以上，青壮年文盲率降到4%以下。中等职业教育较快发展，基本建立城乡职业教育和培训网络。学前教育、高中阶段教育和高等教育规模稳步扩大。现代远程教育覆盖面显著扩大。

中等发达地区教育发展水平明显提高。农村义务教育得到切实巩固。多种形式的职业教育得到较大发展，建立比较完善的城乡职业教育与培训网络。学前教育进一步发展，高中阶段教育毛入学率达到80%左右，高等教育大众化水平进一步提高。城乡之间教育发展的差距明显缩小。

发达地区初步实现教育现代化。在高质量普及九年义务教育的基础上，基本普及学前教育，基本普及高中阶段教育，学前三年毛入园率和高中阶段教育毛入学率均达到85%以上，建立起较为完善的城乡一体化教育体系。

义务教育公共资源均衡配置取得重要进展，所有学校的办学条件和教学质量均达到基本标准。基本实现区域内义务教育的均衡发展。进一步做好教育支持西部开发、振兴东北地区等老工业基地和促进中部崛起等工作，教育发展更加适应区域经济社会发展需要。

3. 教育质量明显提高，创新能力稳步增强。

各级各类教育办学条件进一步改善。教师队伍整体素质特别是农村地区中小学教师水平明显提升。教育信息化程度显著提高。教育教学改革取得明显成效，学生的思想道德素质、科学文化素质和健康素质得到全面提高，创新精神和实践能力明显增强。

若干所高校成为国际知名高水平大学，建成一批世界一流学科，在培养和造就杰出人才方面取得重要进展，使我国高校在国际上的影响力显著上升。高校创新能力进一步增强，取得一大批高质量的科研成果，与经济社会发展的结合更加紧密，服务能力进一步提高。

4. 教育机会不断增加，国民受教育水平进一步提高。

15岁以上人口平均受教育年限达到9年左右，新增劳动力平均受教育年限达到11年以上，从业人员中大专及以上学历的人员比例增至10%左右。

三、主要任务

（一）全面贯彻党的教育方针，全面实施素质教育。

1. 切实加强德育工作。

进一步加强和改进中小学思想道德教育和大学生思想政治教育，提高学生的思想道德素质。以马克思主义为指导，深入开展中国特色社会主义共同理想教育，加强以爱国主义为核心的民族精神和以改革创新为核心的时代精神教育，多种形式地开展社会主义荣辱观教育。大力推进文明习惯的养成教育，继续加强国情和形势政策教育、法制教育、国防教育和民族团结教育。完成中小学德育课程标准修订工作，落实高校思想政治理论课新课程方案，推进研究生思想政治理论课改革，改进教学方法和考评办法，进一步增强吸引力、感染力和针对性、实效性。丰富和活跃校园文化生活，推广校园文化建设优秀成果。在学校全体教职员工中牢固树立育人为本的思想，不断加强学校德育和思想政治工作队伍建设，着力建设高水平的辅导员和班主任队伍。强化校园网络的应用与管理，掌握网络思想政治教育工作主动权。建立和完善学生社会实践的长效机制，促进学生学习成长与社会实践的有机结合。

2. 深化教育教学改革。

端正教育思想，转变教育观念，更新教育内容，改进培养模式和教育方法，倡导启发式教学，着力培养学生的创新思维、独立思考能力和动手能力。以促进学生全面发展为目标，改革和完善考试评价制度，探索综合评价、多样化选拔的招生录取机制。全面推进基础教育课程改革，建立对基础教育的质量评价和指导体系。克服片面追求升学率的错误倾向，切实减轻中小学生过重的课业负担，使学生有更多的时间接触社会、接触生活、接触实践。加强对幼儿教育的科学研究。注重对残疾儿童少年生活能力和各种实用技能的培养。全面推进职业教育和高等教育的教育教学改革。坚持健康第一，加强和改进学校体育卫生工作，按国家规定开足上好体育课程并保证学生每天锻炼一小时，加强学生的心理健康教育和珍爱生命教育，切实提高学生的健康水平。加强和改进学校美育工作，提高学生审美素质。强化对学生课余活动和生活的引导与管理。倡导和组织学生积极参加各种有益的生产劳动和公益活动，增强学生热爱劳动和尊重劳动的观念，树立艰苦奋斗的精神。

3. 形成推进素质教育的合力。

各级政府和有关部门要树立和落实科学的人才观、正确的教育观，通力协作，加强相关制度的协调，改革偏重学历的人才评价体系和用人制度，建立实施素质教育的监测机制和表彰奖励机制，为实施素质教育创造良好的政策环境。建立素质教育评估检查体系，逐级考核各级政府落实素质教育工作的情况。加强学校教育、家庭教育和社会教育的结合，大力普及科学的家庭教育知识，提高家庭教育水平，社会各方面要共同加强对青少年的教育工作。加强对校园周边环境的治理整顿，进一步加强青少年校外活动场所的建设，各类公益性的文化、体育场所和设施要向学生免费或优惠开放，为青少年健康成长营造良好环境。

（二）贯彻实施义务教育法，普及巩固九年义务教育。

1. 确保义务教育的普及巩固。

落实义务教育经费保障新机制。制订出台生均公用经费基准定额，提高农村义务教育阶段中小学公用经费保障水平。如期实现西部地区“两基”攻坚目标。采取有效措施巩固义务教育普及的成果，把普及九年义务教育提高到一个新水平。发展农村学前教育，重视发展儿童早期教育。在大力发展中等职业教育的同时，稳步发展普通高中教育，着力提高教育质量和办学水平，继续办好内地西藏班、新疆高中班。

2. 推进义务教育均衡发展。

国家制订义务教育基本办学标准和质量标准，省级政府负责统筹规划实施，县级以上政府要均衡配置教育资源。进一步加大薄弱学校改造力度，努力办好每一所学校，使各学校办学条件、经费、投入和校长、教师的配备及其待遇大致均衡。运用远程教育，共享优质教育资源。加大政府对困难地区和困难群体的支持力度，加大东部地区对西部地区农村教育发展的支持力度，做好各地区城市对农村学校的对口支援工作，努力缩小地区、城乡之间的差距。加大对民族地区的支持力度，推进民族中小学民汉“双语”教学，提高人口较少民族的教育水平。以输入地全日制公办中小学为主，与所在城市学生享受同等政策，解决农民工义务教育阶段子女入学问题。解决好农民工托留在当地子女的教育问题。重视女童教育，推进特殊教育学校建设。努力让每个孩子都能接受合格的义务教育。

3. 改善农村学校的办学条件。

落实农村义务教育阶段中小学校舍维修改造长效机制，确保校舍安全。加强基本办学条件建设，使所有农村中小学具备基本的校园、校舍、教学设备、图书和体育活动设施。实施中西部农村初中校舍改造工程和新农村卫生校园建设工程，逐步解决超大班额问题，加强农村学校的食堂、饮水设施和厕所建设，改善卫生条件。继续推进农村中小学现代远程教育工程，使所有农村初中具备计算机教室，所有农村小学具备卫星教学接收和播放系统，普及利用光盘教学或辅助教学，基本建成遍及乡村学校的远程教育网络。

专栏 3：农村地区义务教育重点工程

西部地区农村寄宿制学校建设工程：

2004—2007 年，中央安排资金 100 亿元，重点支持尚未实现“两基”的西部农村地区，新建和改建 7 700 余所农村寄宿制学校。

中西部农村初中校舍改造工程：

“十一五”时期，中央安排资金 100 亿元，推动未纳入“两基”攻坚计划实施范围的中西部地区农村初中校舍改造，改善办学条件，提高初中三年保留率。

农村中小学现代远程教育工程：

2003—2007 年，中央和地方共同安排资金 100 亿元，为中西部地区 3.75 万所农村初中建设计算机教室，为 38.4 万所农村小学配备卫星教学接收设备，为 11 万个小学教学点配备教学光盘播放设备和成套教学光盘。

4. 提高农村义务教育师资水平。

实施农村教师培训计划，到 2010 年，使中西部地区 50％的农村教师得到一次专业培训。充分发挥现代远程教育在提高农村地区师资教育教学水平中的作用。加强民族地区骨干教师和“双语”教师的培养培训。实施农村学校教师特设岗位计划，实施农村学校教育硕士师资培养计划，实施大学生志愿服务西部计划，引导大学毕业生到农村基层学校任教。加大城镇教师服务农村教育工作的力度，推进师范生到农村学校顶岗实习支教，使之成为经常性制度。完善农村中小学教师工资经费保障机制，确保工资按时足额发放。改善贫困边远地区农村教师的生活条件，努力解决贫困地区骨干教师流失问题。

（三）加快发展职业教育，提高劳动者素质。

1. 加快培养高素质劳动者和高技能专门人才。

实施国家技能型人才培养培训工程，加快培养生产、服务一线急需的技能型人才，特别是现代制造业和现代服务业紧缺的高素质高技能专门人才。实施国家农村劳动力转移培训工程和农村实用人才培训工程，促进农村劳动力的合理有序转移，提高进城农民工的职业技能和适应能力，加强"三教统筹"，促进"农科教"结合，培育有文化、懂技术、会经营的新型农民，为建设社会主义新农村服务。实施成人继续教育和再就业培训工程，加强对在职职工、初高中毕业生、城镇失业人员、农村转移劳动力的职业技能培训和创业培训。健全覆盖城乡的职业教育和培训网络，努力使城乡劳动力人人有知识、个个有技能。

2. 深化职业教育的教育教学改革。

坚持以就业为导向，积极开展订单式培养，大力推行校企合作、工学结合、半工半读的人才培养模式。更新教学内容，改进教学方法，提高学生的实践能力、职业技能和就业能力。加快建立弹性学习制度，逐步实施学分制和选修制。积极推动东西部之间、城乡之间职业院校实行联合招生、合作办学。加强对学生的职业道德教育和就业指导工作。优化职业教育专业结构，大力发展面向新兴产业和现代服务业的专业。

3. 加强职业教育基础能力建设。

继续实施职业教育实训基地建设计划，在重点专业领域建设 2 000 个专业门类齐全、装备水平较高、优质资源共享的实训基地。继续实施县级职教中心建设计划，重点扶持建设 1 000 个县级职教中心。实施示范性高水平职业院校建设计划，重点建设 1 000 所示范性中等职业学校和 100 所示范性高等职业院校。实施职业院校教师素质提高计划，支持师资培训工作，建立教师社会实践制度，加强"双师型"教师队伍建设。

专栏 4：职业教育基础能力建设工程

中央投入 100 亿元，加强职业教育基础能力建设：

职业教育实训基地建设。在重点专业领域建成 2 000 个专业门类齐全、装备水平较高、优质资源共享的职业教育实训基地。设立中央财政职业教育专项资金，以奖励等方式支持市场需求大、机制灵活、效益突出的实训基地建设。

县级职教中心建设。国家重点支持建设 1 000 个县级职教中心，使其成为人力资源开发、农村劳动力转移培训、技术培训与推广、扶贫开发和普及高中阶段教育的重要基地。

高水平示范性院校建设。国家重点支持建设 1 000 所高水平示范性中等职业学校和 100 所示范性高等职业院校，大力提升这些学校培养高素质技能型人才的能力，促进他们在深化改革、创新体制和机制中起到示范作用，带动全国职业院校办出特色，提高水平。

职业院校教师素质提高计划。地方各级财政要继续支持职业教育师资培养培训基地建设和师资培训工作，支持职业院校面向社会聘用工程技术人员、高技能人才担任专业课教师或实习指导教师，加强"双师型"教师队伍建设。

4. 营造职业教育发展的良好制度环境。

各级政府要切实把发展职业教育放在更加突出更加重要的位置，加强领导和统筹，建立、完善职业教育工作联席会议制度，协调处理好有关部门之间、学校与企业之间的关系，逐步增加公共财政对职业教育的投入，重点支持面向农村学生的中等职业教育发展，支持少数民族地区职业教育和成人教育发展。落实企业合理分担职业教育办学经费的相关政策，采取税收优惠等措施，鼓励企业为职业院校学生提供更多的实习岗位，支持行业企业参与职业教育办学和技能型人才培养，形成政府主导、行业企业与学校紧密合作的职业教育新格局。完善职业资格证书制度。逐步提高技能型人才的社会地位、经济收入和社会保障水平，形成全社会关心、重视和支持职业教育发展的良好氛围。

（四）着力提高高等教育质量，努力增强高校创新与服务能力。

1. 切实提高人才培养质量。

切实把高等教育发展的重点放到提高质量上，着力培养学生的创新精神和创新思维，增强学生的实践能力、创造能力和就业能力、创业能力。实施高等学校本科教学质量与教学改革工程，高校要把教学作为中心工作，加大教学投入，改善教学条件特别是实验实习条件。推动新一轮课程体系和教学内容改革，继续做好精品课程建设工作。加强教学研究，改进教学方法和手段，探索创新型人才的培养模式，倡导研究性学习和本科生科研活动，建立学生到企业和科研院所实习的长效机制。强化教学管理，改进教风和学风。加强教育教学质量监控，建立和完善高等教育的质量保证体系和高校教学质量评估制度。完善高校教学名师奖励制度，推动教授和名师讲授本科生基础课。积极推进研究生选拔方式和培养机制改革，鼓励高校与科研院所通过合作培养、联合培养等有效形式培养研究生。

2. 优化人才培养结构。

以社会需求为导向，积极调整学科布局和专业设置，加快培养经济、社会、文化、国防等方面的高素质人才，特别是农业、资源、能源和环境方面的紧缺人才。引导高校根据国内外人才市场的变化，适时调整招生专业和教育内容。优化高等职业教育、本科教育、硕士和博士研究生教育的结构。引导高校科学合理定位，办出水平，办出特色。加强统筹规划，适度控制高校数量的增长，优化结构与布局。继续做好对口支援西部地区高等学校工作。加强少数民族地区人才培养工作，继续办好普通高校民族班、民族预科班，实施好培养少数民族高层次骨干人才计划。

3. 造就和凝聚一支高层次创新人才队伍。

进一步实施高层次创造性人才计划，大力推进人才强校战略。构建优秀人才可持续发展的培养和支持体系，培养和汇聚一批具有国际领先水平的学科带头人和创新团队，培养和支持一大批优秀中青年学术带头人和数以万计的青年骨干教师。建立和完善有利于高校人才队伍建设的体制机制，形成有利于杰出人才脱颖而出的环境。加强学术道德建设，树立良好的学术风气，提高教师队伍的整体水平。积极推进以学科带头人为核心凝聚创新团队的组织模式，加强创新团队建设和杰出人才培养。支持教师参与重大科研和建设项目、企业关键技术攻关，鼓励自由探索。支持教师主持或参加国际重大科学研究计划和高水平国际学术领域的合作研究，提升在国际学术领域的影响力和竞争力。制定特殊政策措施，支持高校引进一批年富力强、世界一流的学术大师和科技尖子人才。

4. 进一步推进高水平大学和重点学科建设。

继续实施“211工程”和“985工程”，推进一流大学和高水平大学建设，尽快使若干所大学和一批重点学科达到或接近世界先进水平，努力造就大批杰出人才，成为建设创新型国家的重要力量。重视发展前沿新兴学科和交叉学科。通过高水平大学和重点学科建设的带动，在全国范围内初步形成布局合理、各具特色和优势的重点学科体系，使高校成为国家和地方解决经济、科技和社会发展重大问题的基地，推动高等教育整体水平的提高。

5. 提高高校科技创新与服务能力。

贯彻实施《国家中长期科学和技术发展规划纲要（2006—2020年）》，充分发挥高校在国家创新体系中的重要作用。鼓励和支持高校承担国家经济和社会发展的重大研究课题，特别是基础研究和前沿技术的战略性研究的课题，推动高等教育与科技创新的有机结合。加强高校科技创新平台建设，建成一批具有世界一流水平的国家重点实验室和国家工程技术研究中心。推进科研基础设施的开放与共享。加强校企合作、校际合作、高校和科研院所之间的合作，形成产学研结合的良性机制，强化高校科技成果转化和工程化能力建设，提高大学科技园的产业孵化能力。鼓励高校充分利用科技优势，为社会特别是农村广泛提供科技服务，为政府和企事业单位决策提供咨询服务。

6. 繁荣发展高校哲学社会科学。

充分发挥高校人才密集、力量雄厚、学科齐全的优势，深入推进马克思主义理论研究与建设工程。组织实施高校思想政治课教材、哲学社会科学重点教材的编写、审定和使用，建设充分体现马克思主义中国化最新成果，具有中国特色、中国风格、中国气派的哲学社会科学学科和教材体系。加强高校哲学社会科学骨干教师的研修和培训工作，培养和造就更多政治强、业务精、作风正的学术名家、学科带头人和中青年优秀人才。把握高校哲学社会科学发展的战略重点，确定重点领域，抓住重大课题，实施重大专项，建设创新基地，培育创新团队，切实提高高校哲学社会科学创新能力和服务能力。

（五）切实加强教师队伍建设，全面提高教师队伍素质。

1．加强教师教育与培训。

不断提高教师的师德水平和业务水平。倡导教师为人师表、教书育人、爱岗敬业、关爱学生的职业精神，增强教师的责任感和使命感。推进教师教育和师范院校改革，加强师范院校建设。吸引优秀青年读师范，鼓励优秀人才当教师。在教育部直属师范大学实行师范生免费教育，积累经验，逐步推开，鼓励更多的优秀青年终身做教育工作者。鼓励和支持具备条件的综合大学培养和培训中小学教师，逐步形成开放灵活、规范有序的教师教育体系，提高教师教育的层次和水平。加快实施全国教师教育网络联盟计划，进一步完善培训制度，创新培训机制，加强教师培训，进一步提高教师专业水平和学历水平。

2．完善现代教师管理制度。

严格教师资格准入制度和中小学新任教师公开招聘制度，把好教师入口关。转换用人机制，实行教职工全员聘用制，进一步改革完善教师职务聘任制度。制定和完善吸引优秀人才从教的政策措施，建立吸引优秀人才到农村任教的机制。加强中小学编制管理，合理配置教师资源。建立区域内公办学校之间中小学教师和校长定期交流和轮岗制度。完善职业教育兼职教师的聘任与管理制度，积极鼓励职业院校从行业企业招聘教师。改进高校教师人事管理制度。完善教师岗位分类管理、公开招聘、业绩评价和薪酬分配办法。健全教师考核评价机制，严格管理，不断优化教师队伍。

3．弘扬尊师重教的良好社会风尚。

各级政府要在政治上、思想上和生活上关心教师，努力改善教师尤其是农村教师的工作、学习和生活条件，解决实际困难，维护教师合法权益。切实依法保障教师的平均工资水平不低于或者高于国家公务员平均水平，并逐步提高。健全教师医疗、养老等社会保障制度。大力宣传优秀教师和教育工作者的模范事迹。

（六）加强学校领导干部队伍建设和党建工作。

1．加强学校领导干部队伍建设。

提倡教育家办学。选拔一批忠诚于党的教育事业、能力突出、潜心办学的优秀人才担任各级各类学校的主要领导。改进对学校主要领导干部的管理与考核制度，加强对各级各类学校领导干部的培训，不断提高领导学校发展与改革的能力。

加强各级各类学校领导班子的思想建设、组织建设和作风建设，增强建设和谐校园的能力。坚持和完善高校党委领导下的校长负责制，贯彻民主集中制，努力形成党委统一领导、党政分工合作的运行机制。坚持和完善中小学校长负责制，强化学校领导班子任期考核。进一步加强中等职业学校领导班子建设。继续完善民办学校董事会、理事会领导的校长负责制。

2．加强学校党建工作。

全面推进学校党的思想、组织、作风和制度建设，建立健全保持共产党员先进性的长效机制，提高党建工作水平。改进和创新学校基层党组织的工作和活动方式，扩大党的工作覆盖面，增强党组织的工作活力。做好在教师特别是青年教师和大学生中发展党员的工作。进一步推进学生党建工作。抓好民办高校党建工作，为民办高校的健康发展提供坚强有力的保证。

（七）加快构建现代化教育体系，积极推进学习型社会建设。

1．完善终身教育体系。

进一步理顺各级各类教育的关系，形成普通教育与职业教育、职前教育与继续教育相互衔接，学历教育与非学历教育、有组织学习与自学相互补充的良好格局，建立各级各类教育相互衔接、相互沟通的教育体系，为国民构筑更加畅通的成才之路。

2．积极推进学习型社会建设。

完善教育资源服务与应用系统，促进全社会学习资源的整合与共享，建设开放、灵活、方便的全民学习、终身学习平台。构建学习型机关、学习型企业、学习型社区和学习型乡镇，努力形成全民学习、终身学习的理念和良好社会风尚。

充分发挥各级各类学校在终身学习中的作用。改革成人教育办学模式，大力发展多样化的继续教育和社区教育。加大投入，健全工作机制，巩固和扩大扫盲教育的成果。整合各类教育资源，建设城乡社区学习中心。办好老年大学，扩大覆盖面。实行职业资格证书与学历证书并重的制度。建立非义务教育阶段弹性学习制度，完善学分制，方便学习者分阶段完成学业。完善自学考试制度。积极发展非学历教育，鼓励自主学习，促进学习途径、模式和方法的多样化。

3. 加快教育信息化步伐。

以教育信息化带动教育现代化。大力发展现代远程教育，建设覆盖全国城乡的现代远程教育网络。多形式、多渠道向全国特别是中西部农村地区输送优质教育资源，提高农村学校的教育教学质量，并为农民学习实用技术服务，为农村基层党员和干部培训服务。加快普及信息技术教育，全面提高教师和学生运用信息技术的能力，实现信息技术与教育教学的有机结合。加快教育管理信息化，提高教育管理水平。

努力构建教育信息化公共服务体系。继续加强教育信息化基础设施建设，加强农村学校现代远程教育网络建设和高校校园网建设，创建国家级教育信息化应用支撑平台。加快教育信息资源开发，形成国家信息教育资源服务体系。建立和完善教育信息化技术服务支撑体系。加快教学科研网络、教育政务信息化、高校数字图书馆等应用工程建设。加强教育信息化标准体系建设和专业人才培养，组织对关键技术问题的攻关，为教育信息化提供保障。

4. 进一步加强语言文字工作。

贯彻《中华人民共和国国家通用语言文字法》，巩固、发展汉语言文字规范化、标准化、信息化成果，大力推广普通话和推行规范汉字。提高学生普通话交际能力、汉字书写能力和语文应用能力，积极开展少数民族汉语课教师的普通话培训。加强普通话水平测试管理，开展汉字应用水平测试。加强语言文字规范标准和语言研究工程建设，推动中国文字的国际标准化和民族语言文字的信息化。

（八）加强教育国际合作与交流，提高教育对外开放水平。

1. 坚持教育对外开放。

积极开展教育国际合作与交流，增强我国教育的国际竞争力。完善中外教育工作磋商机制，构建双边、多边教育合作与交流平台。扩大对发展中国家教育援助。推进与外国政府互认学历学位。健全教育涉外法规体系和质量保障机制。鼓励高校积极参与国际教育服务竞争。

2. 扩大留学规模。

继续坚持“支持留学、鼓励回国、来去自由”的方针。改革和完善国家公派出国留学选派和管理制度，加大高层次人才选派力度，为我国重大科研攻关和重点学科建设服务。采取切实措施，大力吸引海外优秀人才回国工作，鼓励他们以多种形式为国服务。不断扩大来华留学教育规模，建立和完善来华留学教育工作的管理机制和模式，逐步提高来华留学的层次。

3. 推动中外合作办学。

全面落实《中华人民共和国中外合作办学条例》，积极引进国外优质教育资源。加强管理与引导，办好若干具有示范作用的中外合作办学机构和办学项目。推动我国高校与世界知名大学和科研机构进行“强强合作”和“强项合作”。

4. 加强汉语国际推广工作。

完善汉语国际推广的统筹协调机构，加快建设汉语国际推广基地和网络平台。加快推进孔子学院建设，规范管理、提高教学质量。适应多样化的需求，加强汉语国际推广教材的开发和应用，做好汉语国际推广教师的培训和选拔工作，改进汉语水平考试及其管理模式。加强汉语国际推广的研究工作。

（九）建立健全资助体系，保障家庭经济困难学生的受教育机会。

1. 建立健全高校家庭经济困难学生资助体系。

建立高等教育国家奖学金助学金制度，加大资助力度，扩大受助学生比例，帮助家庭经济困难学生顺利完成学业。完善和落实国家助学贷款政策，改进高校毕业生到艰苦地区和行业工作的助学贷款国家代偿制度。继续实行高校家庭经济困难学生就学的"绿色通道"。鼓励社会捐资助学。

2. 完善中等职业教育资助政策体系。

建立中等职业教育国家助学金制度，资助所有农村学生和城市家庭经济困难学生接受职业教育，国家资助两年，第三年实行学生工学结合、顶岗实习。鼓励地方政府、企业和社会团体设立多种形式的中等职业学校学生奖学金、助学金。完善以国家助学金为主，多种形式的奖学金、学生工学结合、顶岗实习、学校减免学费等为辅的资助政策体系。

3. 依法落实义务教育阶段资助政策。

在农村并逐步在城市免除义务教育阶段学杂费。全面落实对农村家庭经济困难学生免费提供课本和补助寄宿生生活费政策。城市低保家庭义务教育阶段学生也享受免除学杂费、免费提供课本和补助寄宿生生活费政策。

四、保障措施

（一）深化体制机制改革，增强教育发展的生机与活力。

1. 推进教育管理体制改革。

进一步明确中央、省、市（地）、县、乡各级人民政府对教育的管理责任。实行国务院领导，省、自治区、直辖市人民政府统筹规划实施，县级人民政府为主管理的义务教育管理体制。完善中央和省级人民政府两级管理、以省级人民政府为主的高等教育管理体制。完善在国务院领导下，分级管理、地方为主、政府统筹、社会参与的职业教育管理体制。

进一步明确和落实各级各类学校的法律地位，完善学校法人制度，建立和完善现代大学制度。积极推进学校人事制度和收入分配办法改革。依法规范和落实学校办学自主权，鼓励学校开拓创新，办出风格和特色。继续推进高校后勤社会化改革，逐步建立健全新型高校后勤保障体系。

2. 建立健全学校内部管理制度。

建立健全办学规范、管理有序、监督有效、保障安全的学校内部管理制度。加强学校管理，推进科学民主办学和依法办学。建立和完善学校安全与卫生管理制度、安全预警机制，健全师生意外保险和医疗卫生保险制度及健康体检制度，努力建设平安、健康、文明的和谐校园。

3. 引导民办教育健康发展。

进一步贯彻落实《中华人民共和国民办教育促进法》及其实施条例，引导民办教育健康发展。依法落实对民办学校的有关扶持政策，特别是税收优惠政策，保障民办学校教职工在业务培训、职务聘任、教龄和工龄计算等方面与同级同类公办学校教职工享受同等的权利，落实民办学校学生在升学、评奖评优等方面与同级同类公办学校学生享受同等的权利。政府对为民办教育事业作出突出贡献的集体和个人给予表彰奖励。

各级政府要切实加强对民办学校的规范管理，落实民办高校督导制度，实行民办学校年检制度，确保民办学校法人财产权。加强对民办学校招生工作的督察和财务状况的监管，督促民办高等学校稳定规模、规范管理、提高质量。尽快形成政府依法管理、民办学校依法办学、行业自律和社会监督相结合的管理格局。

（二）加大教育投入，加强经费管理。

1. 加大公共财政对教育的投入力度。

明确各级政府提供教育公共服务的职责，并按照建立公共财政体制的要求，将教育列入公共财政支出的重点领域。各级政府要依法落实教育经费的"三个增长"，财政年度预算和执行结果都要达到教育经费支出的法定增长水平，并确保财政性教育经费增长幅度明显高于财政经常性收入增长幅度，逐步使财政性教育经费占国内生产总值的比例达到4%。

2. 完善教育经费保障机制。

政府对义务教育负全责，逐步将义务教育全面纳入公共财政保障范围。建立和完善中央和地方政府分项目、按比例分担的农村义务教育经费保障机制。高中教育以政府投入为主，逐步增加政府对职业教育的投入力度。在政府增加对高等教育投入的同时，鼓励和引导社会资金投入，形成政府投入与社会投入相互补充的高等教育投入格局。拓宽经费来源渠道，形成多元化的教育投入体制。制订各级各类学校办学条件基本标准和生均拨款标准。根据事业发展需要，不断增加预算内教育经费支出，提高生均经费标准，改善办学条件。各级政府教育经费支出，按照事权和财权相统一的原则，在财政预算中单独列项，并报同级人民代表大会批准且向社会公布，确保落实到位。完善教育财政转移支付制度。进一步落实税收优惠政策，积极鼓励企业、个人和社会团体对教育捐赠或出资办学，研究并适时出台对外商投资企业按照国民待遇原则征收教育费附加的有关政策。

3. 切实加强教育经费管理。

牢固树立勤俭办教育的思想，建立科学、规范的教育经费管理制度。改革拨款办法，建立激励和约束机制，完善公共教育经费绩效评价制度，进一步规范、改进各类学校的财务管理，加强项目管理，坚决反对一切浪费现象，反对学校建设中追求奢华的现象，努力提高经费使用效益。加强对公办学校贷款的管理，控制贷款规模，注重防范并努力化解贷款风险。严禁挪用、截留、挤占、平调教育经费。建立健全教育系统内部审计制度，完善监督机制并加大监督力度，预防和查处各种违法违规行为，确保经费安全。

（三）转变政府职能，加强依法治教。

1. 加强教育法制建设。

加快完善中国特色社会主义教育法律法规体系。推进教育法、教师法、职业教育法、高等教育法和学位条例的修订工作，适时启动学校法、考试法、终身学习法、学前教育法和教育督导条例的起草工作。积极推动各地制定必要的配套性教育法规。

2. 改进教育行政管理。

明确各级教育行政部门的管理和服务职责，坚持依法行政，减少审批项目，规范行政审批。改进管理方式，更加注重运用法律、规划、拨款、标准、信息服务等手段，对教育进行宏观管理。全面加强教育规划工作，建立规划的动态调整和实施监测机制。完善科学、民主和依法决策机制，加大决策环节的制度化建设，推动教育政务公开工作，促进决策与管理的科学化和民主化。积极开展教育行政管理干部培训，提高行政管理干部素质。落实行政执法责任，加强行政执法工作，完善监督机制，健全权益救济制度。

3. 大力加强教育督导工作。

建立健全对地方各级政府履行教育职责的督导评价体系，建立和完善对学校科学有效的督导评估体系，逐步建立教育实施状况的监测体系。进一步改进教育督导的工作机制，逐步建立和完善督导检查的限期整改制度、督导检查结果的公报制度、教育重大问题的监测报告制度。进一步加强教育督导机构和队伍建设。

4. 从严治教，加强管理。

规范学校收费行为，坚决制止教育乱收费。实行义务教育免试就近入学，认真解决义务教育阶段“择校”问题，进一步规范公办高中收费政策，加强对高校收费项目和标准的管理。坚决执行教育收费公示和校务公开制度，接受广大群众和社会的监督。

维护高校招生工作的公平公正。严格考试管理，确保考试安全、公正，继续实施高校招生“阳光工程”，强化招生工作责任制和责任追究制，严格新生学籍电子注册制度。坚决制止非法社会中介机构参与高校招生。

切实加强对各级各类学校的监督与管理，特别是对基本办学条件、办学行为和教学质量的监督与管理。依法规范各级各类学校的办学行为，切实维护学生的合法权益。

大力加强教育系统党风廉政建设和行风建设，落实党风廉政建设责任制，强化责任追究，建立健全有教育系统特点的教育、制度、监督并重的惩治和预防腐败体系，抓好教育系统预防职务犯罪工作。

（四）全社会共同努力，开创教育发展新局面。

1. 加强各级政府对教育的统筹领导。

保证人民享有接受教育的机会，是政府义不容辞的职责。各级政府要切实把教育摆在优先发展的战略地位，列入重要议事日程，作为考核领导政绩的重要指标，确保教育优先发展落到实处。要研究解决教育发展和改革中的重大问题，深化相关领域改革，改善教育发展环境，为教育多办实事。要结合本地实际，制定科学的教育发展规划和政策措施，认真落实关于推动教育发展与改革的政策，组织实施好教育发展的重大工程项目，完善支持高校毕业生就业的政策措施，协调相关部门，做好毕业生就业工作。整治校园及周边环境，保障校园的安全、稳定。从人民群众的根本利益出发，妥善解决人民群众关心的教育热点难点问题。

2. 全社会共同努力推进教育事业发展。

教育事业的发展需要全社会的关心和支持。要深入动员、广泛宣传，在全社会营造尊重劳动、尊重知识、尊重人才、尊重创造的氛围。鼓励社会各界和广大人民群众，采取多种形式和办法，支持学校建设，参与学校管理，积极为教育发展贡献力量。新闻媒体要以高度的社会责任感，坚持正确的舆论导向，加强舆论监督，积极宣传教育发展和改革的成就。加强文化建设，为青少年提供内容健康向上、具有艺术魅力的精神产品。充分发挥群众组织、社会团体在促进青少年健康成长等方面的积极作用，形成社会各界和广大人民群众共同关心、支持和参与教育发展与改革的局面。

教育部2007年工作要点

2007年教育工作的总体要求是：以邓小平理论和“三个代表”重要思想为指导，全面落实科学发展观，坚持教育优先发展，全面贯彻党的教育方针，进一步加强素质教育，提高教育质量，深化教育改革，促进教育公平，推动教育持续协调健康发展，努力办好让人民群众满意的教育，以优异成绩迎接党的十七大胜利召开。

一、深入学习贯彻党的十六大和十六届三中、四中、五中、六中全会精神，推动教育持续协调健康发展

1. 深入学习邓小平理论和“三个代表”重要思想，深入贯彻落实科学发展观和构建社会主义和谐社会的重大战略思想，在武装头脑、指导实践、推动工作上狠下功夫。进一步加强理论学习和调查研究，提高政策措施的针对性和有效性。学习宣传贯彻党的十七大精神，以党的十七大精神指导教育改革与发展。

2. 以科学发展观统领教育工作全局，研究制订、报送和实施《中国教育发展纲要（2006—2020年）》、《关于进一步加强素质教育的意见》和《国家教育事业发展第十一个五年规划》。做好全国教育工作会议筹备工作，认真抓好会议精神的学习贯彻。

3. 全面推进依法治教、依法治校。贯彻实施新修订的《义务教育法》等教育法律法规，加大教育行政执法力度。做好《教育法》修订工作，制订《教育督导条例》，加快《考试法》和《学校法》起草进程，研究修改《职业教育法》。全面落实“教育系统‘五五’普法规划”。

4. 完善保障教育优先发展的政策措施。明确各级政府提供教育公共服务的职责，研究制订保证财政性教育经费增长幅度明显高于财政经常性收入增长幅度的政策措施，推动地方各级政府确保教育投入按时足额到位。坚持公共教育资源向农村、中西部地区、贫困地区、边疆地区和民族地区倾斜。进一步加强教育对口支援工作。

5. 推进教育行政部门转变职能和管理创新。强化宏观指导和统筹协调，完善教育公共服务政策体系。积极推行政务公开。加强电子政务建设。深化教育行政审批制度改革。

6. 深入推进学习型机关建设。统筹机关、高校、事业单位和驻外教育机构干部队伍建设，进一步完善干部培养、选拔、评价、任用和监督制度。大力加强干部培训工作。继续做好老干部工作。

7. 大力加强教育系统党的建设和思想政治工作。加强党的先进性建设，巩固保持共产党员先进性教育成果。完善高校党委领导下的校长负责制，强化学校领导班子思想政治建设。健全科学高效的领导机制和工作机制。做好直属高校巡视工作。加强各级各类学校党的基层组织建设。着力加强民办学校党的建设。切实维护学校安全稳定，扎实做好各项工作，彻底排查并及时整改工作薄弱环节；充分发挥思想政治工作优势，及时化解工作中出现的矛盾和纠纷；建立健全应急管理体系，妥善处理校内突发公共事件。

二、把社会主义核心价值体系融入国民教育全过程，进一步加强素质教育

8. 深入贯彻落实中央8号文件精神，进一步加强和改进中小学思想道德教育。完成中小学德育课程标准修订工作，改进教学方法和考评办法，进一步增强针对性和实效性。深入开展理想信念教育，继续开展弘扬和培育民族精神月宣传教育活动。广泛开展多种形式的社会主义荣辱观教育活动，引导中小学生将“知荣明耻”变成日常的自觉行为。丰富和活跃校园文化生活，加强中小学科普教育工作。制订《中小学校班主任工作规定》，全面落实全国中小学班主任培训计划，大力推进班主任队伍建设。研究制订中小学校外教育事业“十一五”发展规划，推动校外教育基地建设。

9. 深入贯彻落实中央16号文件精神，进一步加强和改进大学生思想政治教育。全面落实高校思想政治理论课新课程方案，抓好新课程教材建设、教师培训和督导检查工作。进一步加强和改进研究生思想政治教育工作，推进研究生思想政治理论课改革。加强国情和形势政策教育。强化校园网络的应用与管理，掌握网络思想政治教育工作主动权。推广校园文化建设优秀成果。建立和完善社会实践长效机制，促进社会实践与学生学习和成长的有机结合。加强大学生心理健康教育。落实《普通高等学校辅导员队伍建设规定》，建设高素质的辅导员队伍。

10. 贯彻落实全国体育工作会议精神，广泛深入开展“全国亿万学生阳光体育运动”，结合《学生体质健康标准》的全面实施，上好体育课，实现青少年学生每天锻炼一小时，在全国各级各类学校中掀起群众性体育锻炼的热潮。举办好第八届全国大学生运动会。巩固和提高艺术课的开课率和教学质量，继续推进高雅艺术进校园。开展第二届全国中小学生艺术展演活动。开展“新农村新卫生校园建设工程”试点，进一步改善农村学校卫生设施。采取积极措施，改善农村地区寄宿学生营养状况。大力加强健康教育。继续加强国防教育，做好学生军训工作。

11. 进一步深化教育教学改革，着力提高学生科学文化素质，重点培养学生的创新精神和实践能力。树立正确的教育思想和观念，关心学生学习，注重学生全面发展，克服片面追求升学率的错误倾向，切实减轻中小学生过重的课业负担。加大基础教育课程改革推进力度，强化教学研究和教师培训，提高课程管理水平。逐步完成义务教育课程标准的修订，进一步扩大高中新课程改革实验范围。改进和完善中小学教材审查标准和程序。大力倡导和推行启发式教学，引导学生接触实践、接触生活、接触社会。

12. 加快推进考试评价制度改革。大力推进中考招生制度改革，积极推行初中毕业生学业考试与综合素质评价相结合的招生制度，逐步推广将普通高中招生指标均衡分配到初中的招生制度。深入推进高校招生考试制度改革，将重点放在考试内容改革。做好首批高中课改实验省（区）高考命题工作，推动高中课改与高考改革的有机衔接。进一步完善高校自主选拔录取改革试点办法，开展高职单独招生考试试点。

13. 建立推进素质教育的激励机制，表彰奖励实施素质教育富有成效的地区、学校和教育工作者，开展创建全国教育工作先进市活动。完善推进素质教育的政策措施，加快构建以素质教育为核心的教育质量标准体系和教育工作评价办法。支持和鼓励各地因地制宜、改革创新，培育一批成片连片的素质教育示范区。做好关心下一代工作。加强学校、家庭和社会教育的结合，推动全社会形成推进素质教育的强大合力。

三、贯彻实施《义务教育法》，普及和巩固九年义务教育

14. 在全国农村地区免除义务教育学杂费，落实对家庭经济困难学生免费提供课本和补助寄宿生生活费政策，全面推进农村义务教育经费保障新机制。推动省级政府加强统筹和落实责任，建立健全农村中小学预算制度，把维持学校正常运转和事业发展的经费全部纳入地方政府预算。建立和完善农村中小学预算执行审计制度，确保每笔合理开支有保障、有效益、有监督。以保障教师工资按规定正常发放为重点，制定解决新机制实施过程中出现的新问题的政策措施。鼓励和支持学校开展勤工俭学。

15. 全面完成国家西部地区“两基”攻坚计划。进一步加大工作力度，确保西部地区农村寄宿制学校建设工程质量，确保“两基”攻坚各项目标任务圆满完成。推进基础教育各项事业持续协调发展，继续加强幼儿教育和特殊教育，进一步提高高中教育质量，切实抓好扫盲工作。积极发展民族教育，加强少数民族双语教学和教师培训，办好内地西藏班（校）和新疆高中班。

16. 全面完成农村中小学现代远程教育工程，

形成遍及乡村学校的现代远程教育网络。充分发挥现代远程教育的作用，坚持以应用为主，抓紧抓好教学光盘的普及应用，重在提高农村中小学教学质量，把远程教育与推进素质教育、教师培训、促进农科教结合和农村党员培训、提高农民素质紧密结合起来。

17. 启动实施“中西部农村初中校舍改造工程”，重点支持农村地区初级中学的生活服务用房建设，提高寄宿率和巩固率。抓紧完善国家义务教育学校办学条件基本标准和生均公用经费拨款标准。进一步加大薄弱学校改造力度，努力办好每一所学校，使各校办学条件、经费、投入和校长、教师的配备及其待遇大致均衡，推进区域内义务教育均衡发展。严格执行义务教育阶段免试就近入学政策，严格执行义务教育阶段不得举办重点学校或重点班的规定，认真研究解决义务教育阶段择校问题。完善以流入地为主、以公办学校为主，保障农民工子女接受义务教育的政策措施。加强农村“留守儿童”的教育工作。

18. 建设新时期国家教育督导体系。继续开展对中西部未实现“两基”的省（区、市）和农村义务教育经费保障机制改革的督导检查。研究制订推进素质教育的督导评估标准和指标体系，加强学校督导评估工作。建立国家教育质量监测中心，开展中小学生学业情况监测试点。继续完善国家教育督导报告制度。

四、重点支持中等职业教育，加快发展城乡职业教育和培训网络

19. 深入贯彻全国职业教育工作会议精神，巩固和扩大职业教育发展成果。在巩固中等职业教育扩大招生成果的基础上，继续扩招50万人，实现中职招生800万人的目标。做好中职学校招收和培养未升学的高中毕业生工作。以就业为导向、以服务为宗旨，深化职业教育教学改革，提高职业院校办学水平。有计划有组织地开展东西部之间、城乡之间职业院校的联合招生和合作办学。深化公办职业学校改革，支持民办职业教育健康发展。

20. 全面实施职业教育的“四大工程”，即国家技能型人才培养培训工程、国家农村劳动力转移培训工程、农村实用人才培训工程、成人继续教育和再就业培训工程。充分发挥县级职教中心的作用，加强“三教统筹”，促进“农科教”结合，推进农村职业教育的“一网两工程”，实现农村劳动力转移培训和农民工培训超过3 500万人，农村实用人才培训超过6 000万人的目标。拓宽“制造业和现代服务业技能型紧缺人才培养计划”专业覆盖领域，进一步加强技能型人才培养。广泛开展灵活多样的成人继续教育和再就业培训。

21. 大力推进校企合作、工学结合、半工半读的理念和制度。深化招生、学籍、教学等管理制度改革，加快建立弹性学习制度。加强职业教育专业课程和教材建设，总结和推广中职学生顶岗实习一年和高职学生顶岗实习半年的经验与做法，强化实践能力和职业技能的培养。加大对半工半读试点学校的支持力度，推动学校和企业合作互惠、共同发展。

22. 全面推进职业教育基础能力建设。协调安排好中央专项资金，支持建设320个左右职业教育实训基地、200个县级职教中心、200所示范性中等职业学校、40所示范性高等职业院校，全面推动职业院校改善办学条件，提高人才培养水平。

五、切实把重点放在提高质量上，进一步提升高等学校人才培养质量和自主创新能力

23. 全面实施高等学校教学质量与教学改革工程。适当控制招生增长幅度，相对稳定招生规模，做好2007年招生计划安排和管理工作，进一步把发展的积极性引导到提高质量上来。主动适应经济社会发展需要，完善本科专业设置与调整办法，建立专业设置预测机制。进一步加强分类指导，加强特色专业建设，引导和鼓励各级各类高校办出水平、办出特色。深化人才培养模式改革，抓好教学内容、课程体系和实践环节的综合改革，支持和鼓励大学生开展研究性学习、创新性实验。创新高等职业教育培养模式，将职业岗位所需的关键能力培养融入专业教学体系，增强毕业生就业竞争能力。继续推进大学英语教学改革、国家精品课程建设和实验教学示范中心建设。做好“十一五”规划教材的编写指导工作。积极推进网络教育资源开发和共享平台建设。稳步提高现代远程教育试点工作水平和质量。完善高等教育自学考试制度。加强教学团队和高水平教师队伍建设，促进教学研讨和教学经验交流。加强和改进本科教学评估工作，以评促建、以评促改、评建结合，重在建设。积极推进工程技术、医学教育等领域的专业认证试点。

24. 研究制订学位和研究生教育发展战略和中长期规划，深入实施“研究生教育创新计划”。积极开展研究生培养机制改革试点工作，建立和完善以科学研究为主导的导师负责制和资助制度。调整研究生教育的学位类别与质量标准，加强复合型、应用型人才培养，统筹研究生学位授予权审核改革和专业目录设置。深化研究生招生制度改革，积极稳妥推进初试、复试和推免生制度改革，提高研究生选拔质量。

25. 深入推进高水平大学和重点学科建设，继续推进“985工程”二期建设，启动实施“十一五”“211工程”建设。进一步做好国家重点学科考核评估工作，推动国家、地方（部门）和学校三级重点学科滚动发展、合理布局，带动全国高等教育整体水平和质量的提高。积极推动高校共建工作。

26. 围绕国家创新体系建设目标，加强高校科技工作规划和组织协调，进一步提高自主创新能力。鼓励和支持高校积极争取和承担国家中长期科技规划项目，主动参与企业技术创新和区域创新体系建设，加大为企业技术进步、地方经济社会发展和社会主义新农村建设的贡献力度。鼓励教师开展自由探索研究。进一步加强产学研紧密结合，加强技术中介服务，促进科技成果转化和应用。继续规范高校科技企业的发展。

27. 深入推进以马克思主义为指导的中国特色中国风格中国气派的哲学社会科学学科体系和教材体系建设。制订教材建设总体规划，启动第二批、第三批教材研究与编写工作。继续举办高校哲学社会科学教学科研骨干研修班。深入推进高校哲学社会科学繁荣计划，完善一般项目、重点项目和重大攻关项目的研究项目体系，整体推进重点研究基地建设。总结和推广高校哲学社会科学名刊建设经验。完善高校哲学社会科学研究管理体系和评价体系。

六、把教师队伍建设放在更加突出的战略地位，提高师资特别是农村师资水平

28. 深入贯彻胡锦涛总书记给孟二冬同志女儿回信精神，将师德建设放在教师队伍建设的首位。继续深入开展向孟二冬等模范教师学习的活动，培育教师的学术魅力和人格魅力，弘扬学为人师、行为世范的职业道德，进一步加强新时期师德建设。完善教师职业道德规范和考核管理制度，进一步加强和改进师德教育。

29. 将教师队伍建设放在更加突出的战略位置，进一步营造尊师重教的良好社会氛围。认真做好全国优秀教师和教育工作者表彰奖励工作，在教师节表彰一批全国模范教师和全国教育系统先进工作者、全国优秀教师和全国教育系统优秀工作者。召开全国教师工作会议。

30. 加强教师教育改革和发展，开展师范生免费教育的试点，引导各地建立鼓励优秀人才当教师的新机制。大力推进教师教育课程与教学改革，颁布和试行《教师教育课程标准》，加强教师培养专业指导和质量评估。加快教师教育精品课程资源建设。大力推进师范生实习支教工作，强化对教育教学实践能力的要求。完善教师资格制度，研究教师资格考试和定期认证办法，提高中小学教师的专业素质。

31. 提高中小学教师特别是农村教师的水平。大力推进全国教师教育网络联盟计划，基本完成新一轮中小学教师全员培训，扩大实施新课程教师的远程培训规模。加大城镇教师服务农村教育工作的力度，推进农村学校教师特设岗位计划，扩大农村学校教育硕士师资培养规模。继续加强中小学校长培训。

32. 全面实施职业院校教师素质提高计划，大力加强职业学校教师培养培训工作。进一步加强“双师型”教师培养培训，完善职业学校教师到企业实践制度。继续加强职业院校聘请兼职教师工作。

33. 切实落实高校人才强校战略。深入实施“高层次创造性人才计划”，继续完善以学科带头人为核心凝聚创新团队的组织新模式。全面落实学科创新引智计划，加强学科创新引智基地建设，加大引进海外人才力度。

34. 深化教育人事制度改革，组织实施各级各类学校岗位设置和收入分配制度改革。建立和完善以岗位管理为基础的教师聘用制度，研究制订实行绩效工资分配的指导意见和义务教育阶段实行统一教师职务制度的政策措施。完善中小学和高校编制管理制度。深入推进中小学新任教师公开招聘制度改革，严格教师准入制度。完善教师的交流机制、保障机制和激励机制，促进教师资源的合理配置。

七、深入推进教育改革开放，进一步提高教育管理水平

35. 进一步规范和落实学校办学自主权，促进学校建立健全自我发展、自我约束的机制。深化学校内部管理体制改革，完善内部治理结构，积极推进依法办学、民主治校和科学决策，保护师生合法权益。继续推进高校后勤社会化改革。

36. 坚持从严治校和从严治教、规范管理。依法严格规范学校办学行为，进一步完善制度，加强对学校收费、基建工程、物资采购、后勤等项工作的管理和监督。加强学校财务管理和内部审计，提高经费使用效益。提倡勤俭办学。规范教学、科研和学术交流活动，强化学术道德和学风建设。严格执行学习纪律、考试纪律和生活纪律，教育学生严格遵守校纪校规。

37. 贯彻落实中央外事工作会议精神，进一步加强教育国际合作与交流。深化与世界各国的全方位、多层次教育合作交流，巩固和加强各种类型教育合作平台建设，扩大我国在国际教育舞台的作用和影响。积极支持和配合国家重大发展战略和高水平大学建设，实施“国家公派出国留学研究生选派项目”，鼓励和支持出国留学人员回国工作和为国服务。鼓励高水平的科研合作，支持有条件的高校参与全球性和区域性科技合作计划，与海外科研机构建立联合实验室和研究开发机构，共同培养高层次创新人才。完善自费出国留学监管和引导机制。继续加强来华留学教育工作。提高中外合作办学水平和质量，切实引进优质教育资源，进一步加强监管。深入开展与联合国教科文组织的合作，组织好国际孔子扫盲教育奖颁奖活动，做好出席联合国教科文组织第34届大会筹备工作。继续加强与国际大学生体育联合会的合作。

38. 加强汉语国际推广工作。积极发展，严格管理，加速推进海外孔子学院的布局和建设。大规模培养汉语国际推广专业师资和管理队伍，大幅度增加汉语教师和志愿者派出数量，切实保证选派人员质量。积极做好对外汉语教材开发工作，加速推进面向海外大众汉语学习的多媒体教材建设。积极推动汉语教学进入国外正规教育体系。

39. 加强对民办高校的积极扶持和规范管理，引导民办高等教育健康发展。依法落实有关扶持政策，规范办学行为和内部管理，促进民办学校改善办学条件，健全教学管理机构，提高教育教学质量。

40. 进一步加强语言文字应用和管理工作，全面推进学校和社会语言文字的规范化。广泛开展创建语言文字示范校活动，继续推动城市语言文字工作评估。加强普通话测试管理和信息化建设，积极推进汉字应用水平测试试点。做好《规范汉字表》送审发布工作，加快制定与中文信息处理相关的规范标准。加快国家语言资源监测与研究中心建设，发布年度语言生活状况报告。积极推进少数民族语言文字规范化、信息化。

41. 加强和改进教育新闻宣传工作，积极营造教育改革与发展的良好舆论环境。充分发挥新闻舆论导向作用，加大正面宣传和舆论监督的工作力度，提高教育新闻宣传工作质量。加强新闻发布、先进典型宣传、教育政策解读、舆情分析引导和对外宣传工作。

八、认真解决人民群众关心的教育问题，努力创建和谐校园

42. 健全资助体系，保障家庭经济困难学生的受教育机会。完善高等教育国家奖学金、助学金制度，加大资助力度；采取有力措施，全面落实国家助学贷款政策；改进高校毕业生到国家需要的艰苦地区和行业工作的国家助学贷款代偿制度；加强和改进高校贫困家庭学生就学“绿色通道”的工作；建立和完善高中阶段国家奖学金、助学金制度，重点做好中等职业教育贫困家庭学生资助工作。继续动员、鼓励全社会开展多种形式的捐资助学。

43. 深入实施高校招生“阳光工程”。进一步改进和加强高校招生管理，严格执行国家下达的招生计划，实施民办高校招生章程及广告审查制度。启动普通高校新生学籍电子注册制度。继续完善公开透明的招生工作体系，进一步加大信息公开力度，把学校的办学资格、招生计划、收费项目与标准、录取规则与结果向社会公开。加强高校招生环境综合治理，坚决制止社会中介机构和个人参与高校招生，严厉打击各种欺诈行为，确保国家教育招生考试公正、安全。

44. 全力以赴做好高校毕业生就业工作，保持毕业生就业人数和到基层就业人数的稳定增长。加强督查工作力度，切实落实鼓励高校毕业生到基层就业政策，认真组织实施各项到基层就业或服务的专项计划，拓展基层就业空间。把2007年作为高校毕业生就业服务年，完善全国高校毕业生就业网络联盟，全面加强就业指导服务体系建设，大力加强和改进就业指导教育，培育和规范毕业生就业市场。做好高校毕业生就业状况监测和统计工作。

45. 坚决制止教育乱收费。建立和完善规范教育收费的长效机制，取消全国农村义务教育阶段学校各项行政事业性收费，完善公办高中招收择校生的“三限”政策，制订《高等学校生均成本核定办法》，继续强化高校服务性收费管理。全面推行教育收费公示制度。

46. 切实加强学校安全管理。健全学校安全制度和安全应急机制，深入开展安全知识教育和应急演练，提高师生安全意识和自救互救能力。研究制订《中小学管理章程》。开展全国中小学安全教育日宣传教育活动。严格执行学校突发公共安全事件报告制度，做好预防和处置工作。完善校园安全联防制度和督促检查制度，深入开展学校及周边治安综合治理。

47. 广泛开展创建和谐校园活动。进一步明确创建和谐校园的具体目标要求，努力建设和谐的校园文化，形成良好的校园文明，创建积极向上的校园氛围，努力建设平安、健康、文明、和谐的校园。深入推进校风、学风和制度建设。

48. 深入开展教育系统行风建设和党风廉政建设。加强党员干部作风建设，深入推进教育、制度、监督并重的惩治和预防腐败体系建设，完善反腐倡廉制度。广泛开展廉洁教育和廉政文化建设。按照中央统一部署和教育系统的实际，巩固治理商业贿赂专项工作成果，建立和完善防治商业贿赂的长效机制。做好教育信访工作。

努力保障人民群众接受良好教育的机会

——十六大以来我国促进教育公平的重大举措

中共教育部党组

保障人民群众接受良好教育的机会，是十六大确立的全面建设小康社会的重要目标，是建设社会主义和谐社会的重要内容，也是教育全面协调可持续发展的重要着眼点，是教育为社会主义现代化建设服务、为人民服务，办让人民满意教育的核心命题。

十六大以来，在党中央、国务院的领导下，全国教育战线以邓小平理论和“三个代表”重要思想为指导，深入贯彻落实科学发展观，围绕这一重要着眼点和核心命题，坚持“巩固成果、深化改革、提高质量、持续发展”的方针，在注重城乡区域各级各类教育的协调发展、推进教育公平、认真解决人民群众关心的教育热点难点问题方面下大气力，使我国教育事业出现了又好又快发展的局面。各级教育的入学率不断提高，国民平均受教育年限提高到8.5年，新增劳动力平均受教育年限提升到10年以上；在人民群众受教育机会大大增加的同时，教育质量也不断提高。

一、把农村教育摆在“重中之重”的战略地位，全面免除农村义务教育学杂费，建立农村义务教育经费保障新机制，促进义务教育均衡发展

十六大以来，党和国家坚持把农村教育摆在重中之重的战略地位，采取了一系列重大措施，加快农村教育发展，努力缩小城乡、区域教育差距。

全面免除农村义务教育学杂费。2003年全国农村教育工作会议以来，国家坚持将“新增教育经费主要用于农村”。2006年，率先对西部农村义务教育实行了免收学杂费的政策，2007年进一步扩展到全国农村的义务教育学校，惠及1.5亿农村学生。农民的教育负担得到切实减轻，平均每年每个小学生家庭减负140元、初中生家庭减负180元。农民群众高兴地说，“种田不纳税，上学不缴费，农民得实惠，和谐好社会。”此外，免除城市义务教育学杂费已纳入规划，正在逐步推进。

大力实施西部地区“两基”攻坚计划。为了加快西部地区、贫困地区、边疆地区、民族地区义务教育的发展，2003年国家开始实施西部地区“两基”攻坚计划。目前，全国410个西部“两基”攻坚县中，已有317个实现“两基”。“两基”攻坚计划的实施，有力促进了西部地区农村义务教育的发展，使农村学校的办学条件大大改善，质量得到提高。其中“农村寄宿制学校建设工程”，中央财政总计投入100亿元资金，可满足200万新增寄宿生的学习、生活所需，使他们不必再为上学每天翻山越岭、长途跋涉。“农村中小学现代远程教育工程”将在2007年底完成，中央和地方政府投入111亿元资金，建设了遍及全国农村的远程教育网络，使所有中西部农村中小学生可以与城市学生共享优质教育资源。孩子们高兴地说，“大山再也挡不住知识了!”

建立农村义务教育经费保障机制。2005年，国务院决定将农村义务教育全面纳入国家公共财政保障范围，建立了中央和地方分项目、按比例分担的农村义务教育经费保障新机制，提高了农村义务教育阶段学校公用经费的保障水平，建立了农村中小学校舍维修改造长效机制，加强了农村中小学教师工资保障。这项具有重大而深远意义的机制创新，2006年从西部农村地区开始，目前已经在全国农村地区全面推开。建立义务教育经费保障新机制，是我国教育发展史上的重要里程碑，必将对促进教育公平、全面提高国民素质产生重大而深远的影响。

积极推进区域内义务教育均衡发展。2006年新修订的《中华人民共和国义务教育法》，为义务教育均衡发展提供了法律保障。2005年以来，教育部制定政策措施，并先后组织了现场会和经验交流会，在全国统一部署、大力推进义务教育均衡发展。各地加大了对农村和城镇薄弱学校的改造力度，努力缩小学校间的差距。有些地方逐步推进城乡义务教育生均经费的均衡拨付，促进了办学条件的均衡；有的建立起校际教师交流制度和教师轮换制度等，初步实现了教师资源的均衡配置；很多地区通过加大对薄弱学校的改造力度，缩小了学校间的差距，群众关心的中小学择校问题正在逐步妥善解决之中。

重视农民工子女和农村留守儿童的教育问题。近年来，根据“以流入地政府管理为主，以全日制公办中小学为主”的方针，各地积极采取措施，使进城农民工子女就学保障状况得到很大改善。同时，各地把做好留守儿童教育、管护工作列入本地巩固提高义务教育工作的重要内容，按照教育部的要求建立农村留守儿童档案，健全动态监测机制，制定了有效的教育与管护措施。

以上各项措施有力推动了我国“两基”工作的巩固和提高。2006年底，我国实现“两基”地区的人口覆盖率已提高到98%。小学学龄儿童净入学率提高到99.27%，初中阶段毛入学率达到97%。全国青壮年文盲率下降到4%以下。

二、坚持各级各类教育的协调发展，大力发展面向人人的职业教育，以提高质量为重点稳步发展高等教育，积极推进继续教育和终身学习

以服务为宗旨、以就业为导向，加快职业教育发展。职业教育是面向人人的教育，是促进就业、改善民生的有效途径。党中央、国务院高度重视职业教育的发展，2002年和2005年，两次召开全国职业教育工作会议，作出大力发展职业教育的决定，加快了我国职业教育改革和发展的步伐。一是进一步明确了“以服务为宗旨、以就业为导向”的发展思路，使职业教育办学的路子越走越宽，职业教育服务经济社会的意识和能力显著增强。各级职业学校根据市场和社会需要，转变教育观念和办学模式，大力推进校企合作、订单培养、工学结合、半工半读的培养模式。国家近年组织实施了“国家技能型人才培养培训工程”、“国家农村劳动力转移培训工程”、“农村实用人才培训工程”、“以提高职业技能为重点的成人继续教育和再就业培训工程”等四项工程。目前参加“制造业和现代服务业技能型紧缺人才培养培训工程”的职业院校达1 000多所，企业达2 000多家。大力推进农村劳动力转移培训和农民工培训，年培训约3 500万人次，积极开展农村实用技术培训，年培训约4 500万人次。全国企业职工年培训达9 100万人次。二是大力加强职业教育基础能力建设，启动实施了“职业教育实训基地建设计划”、“县级职教中心建设计划”、“示范性中等职业学校建设计划”、“中等职业学校教师素质提高计划”和“国家示范性高等职业院校建设计划”。“十一五”期间，中央财政用于职业教育基础能力建设的经费将超过100亿元，使职业院校办学条件和教学质量得到切实改善，办学能力有很大提高。三是中等职业学校招生规模迅速扩大。2005、2006年，中等职业学校连续两年分别扩招100万人。2006年中等职业学校招生748万人，在校生规模达到1 810万人，创历史最高纪录。2007年中等职业教育招生规模计划再扩大50万人，从而实现招生800万人的目标。

着力提升高等教育质量。2002年我国高等教育毛入学率达到15%，进入国际公认的大众化发展阶段。2006年，高等教育招生规模达到540万人，是1998年的整5倍，高等教育在学总规模达到2 500万人，高等教育毛入学率达到22%。高等教育就学机会的大幅增加，较好地满足了人民群众接受高等教育的迫切愿望，促进了高等教育的机会公平。据统计，2001年以来，全国高校招生录取新生中农村户口学生所占比例呈现逐步提高的趋势，2005年已提高到53%，农村青年接受高等教育的机会明显增加。2006年以来，根据中央的部署，国家在合理把握高等教育发展节奏、稳定招生规模的同时，把提高质量作为高等教育发展的重点。中央财政投入25亿元，启动实施了新一轮“高等学校本科教学质量与教学改革工程”。高水平大学建设带动了高等教育整体水平的提升。我国高校的科技创新能力和社会服务能力显著增强。

积极推进继续教育和终身学习。以现代国民教育体系为依托，以现代信息技术为重要手段，促进全社会各种学习资源的整合与共享，打造开放、灵活、方便的全民学习、终身学习平台，不断满足人民群众多样化的学习需求。2006年，全国各种非学历高等教育结业者达366万人次，各种非学历中等教育结业者达6 508万人次，扫除文盲164.6万人。

三、坚持教育的公益性，着力促进教育公平，建立健全家庭经济困难学生资助体系，从严治教，规范管理，保障每一个孩子上得起学

十六大以来，党和政府把不让一个孩子因家庭经济困难失去学习机会，作为促进教育公平的重大举措，着力推进家庭经济困难学生资助体系建设，使我国家庭经济困难学生资助政策不断完善，覆盖面逐步拓宽。

建立为义务教育阶段家庭经济困难学生免费提供教科书和寄宿生活补助费制度。从2001年开始，国家对贫困地区家庭经济困难的中小学生进行免费提供教科书制度的试点。2006年，在对西部地区和部分中部地区农村义务教育阶段5 200万名学生全部免除学杂费的同时，对农村地区3 730万名家庭经济困难学生免费提供教科书，对其中的780万名寄宿学生补助生活费。这些资助措施大大减轻了经济困难家庭子女接受义务教育的经济负担，促进了义务教育就学率的提高。

建立健全高校家庭经济困难学生资助政策体系。我国基本形成了以国家奖助学金和助学贷款为主体，勤工助学、特殊困难补助、学费减免有机结合的高校家庭经济困难学生资助政策体系。2004年，建立了以风险补偿金为核心的国家助学贷款新机制，贷款学生在校期间的利息全部由财政补贴，还贷年限延长到学生毕业后6年内。实行了国家助学贷款国家代偿制度，对自愿到西部地区和艰苦边远地区基层单位从事生产第一线工作达到一定年限的中央部门高校毕业生，其在校期间获得的国家助学贷款本金和全部偿还之前产生的利息，由国家代为偿还。为进一步加大对高校家庭经济困难学生资助力度，确保高校家庭经济困难学生都能上得起大学、接受职业教育，国务院决定，从2007年秋季开学起，进一步建立健全普通本科高校、高等职业学校家庭经济困难学生资助政策体系。新资助政策体系加大了资助力度，扩大了资助面，提高了资助标准。其中，“国家奖学金”，每生每年8 000元，每年奖励5万名；国家励志奖学金，每生每年5 000元，每年奖励资助约51万人，约占在校生总数的3%；国家助学金，资助标准平均为每生每年2 000元，每年资助约340万人，约占在校生总数的20%。此外，“绿色通道”制度确保了每一位考入公办高校的学生不因家庭经济困难而失去学习机会。

建立中等职业教育学生资助制度。2006年，国家启动了中等职业教育学生助学金制度。这项具有普惠性的国家助学金政策，资助对象覆盖了所有在校农村学生和城市家庭经济困难学生，对一二年级学生每生每年资助1 500元。此项资助政策落实到位后，受惠学生将达1 600万人，占中等职业学校在校生的90%。国家将采取有力措施，实行中职学生第三年“顶岗实习、半工半读”的政策，实施高质量的职业教育。

规范教育收费，坚决治理教育乱收费。教育乱收费现象一度成为群众关心的热点问题。近年来，各级政府及教育部门共同努力，通过标本兼治、齐抓共管的治理，使教育乱收费现象得到遏制。

在义务教育阶段，随着农村义务教育学校免除学杂费和学生公用经费保障水平的提高，农村学校乱收费问题已基本解决；对城市学校实行规范的“一费制”收费办法，实行就近入学和取消实验班、重点班，加强了收费监管力度。在非义务教育阶段，国家也采取了规范收费政策、清理收费项目、实行教育收费公示和听证制度、健全问责机制、加强检查审计等措施。对公办普通高中招收“择校生”实行“限分数、限人数、限钱数”的“三限”政策，对高校学费和住宿费标准采取了稳定在2000年水平上的政策。近年，人民群众对教育行风的评价明显好转。

实施普通高校招生的“阳光工程”。该工程旨在把招生政策、高校招生资格及有关考生资格、招生计划、录取信息、考生咨询及申诉渠道、重大违规事件及处理结果全部公开，将招生录取工作置于群众监督和舆论监督之下，建立并完善招生考试工作责任制和责任追究制。“阳光工程”2005年实施以来，取得明显效果。我国高考考风考纪进一步好转，招生乱收费、违规录取现象大幅减少，考生、社会投诉率大幅度下降，成为教育战线落实公平公正的民心工程。

四、深入实施素质教育，全面提高教育质量，努力让所有孩子都能上好学

办让人民满意的教育，不仅要提供更多的教育机会，而且要提高教育的质量，让所有孩子都能上好学。近年来，教育系统坚持以育人为本，全面推进素质教育，着力提高教育质量，努力培养德智体美全面发展的社会主义建设者和接班人。

大力提高青少年学生的思想道德素质。党中央、国务院非常重视青少年德育工作，根据中央的统一部署，教育系统坚持把立德树人作为学校的根本任务，采取各种积极措施，加强和改进未成年人思想道德建设和大学生思想政治教育。针对市场经济、对外开放、信息化带来的挑战，我们不断完善学校德育体系，注重加强青少年德育工作的有效性和针对性，坚持把学校教育作为青少年学生思想道德建设的主课堂、主阵地、主渠道，把德育融入学校工作的各个环节，在马克思主义最新成果进教材、进课堂、进学生头脑工作、校园文化建设、社会德育环境建设等方面取得重要进展。

全面推进教育教学改革。在基础教育领域，2005年秋季，全国所有小学、初中起始年级已经开始实施新课程，很多省份启动了普通高中课程改革实验。从各地情况看，课程改革在促进学生的全面发展、培养学生的创新精神和实践能力、培育学生的主动精神和求知欲、挖掘学生的潜能与兴趣等方面取得了积极的效果，学校教学工作正在发生深刻的变革。为提升高等教育的整体实力和教育质量，国家扎实推进高等学校教学改革与教学质量工程，建设国家精品课程，积极开展教学水平评估，不断加大学科专业结构的调整力度。积极推进名师、教授讲授本科课程。大学英语教学改革取得突破，实践教学环节不断强化。招生和考试评价制度改革取得进展。小学升初中实行免试就近入学，各地普遍开展了初中升高中的中考改革试点，积极探索对学生进行综合素质评价的方法。差额投档、优秀生面试保送、将优质高中部分招生名额定向分配给各初中等做法初见成效。稳步推进高校招生考试改革，使招生考试内容和形式逐渐趋于多样化。在16个省实施高考分省命题，在已经启动高中课程改革的省份，实施相应的高考改革方案，扩大高校招生自主权。

切实增强青少年体质。2007年5月，中共中央国务院发布了《关于加强青少年体育增强青少年体质的意见》，提出了全面实施《国家学生体质健康标准》，开展“全国亿万学生阳光体育运动”，切实减轻学生过重的课业负担，确保学生每天锻炼一小时，确保青少年休息睡眠时间，加强学校体育设施建设等重大举措。教育部门认真落实“健康第一”的要求，把加强体育作为推进素质教育的突破口和重要工作。

加强教师队伍建设，努力提高教师素质和水平。教育大计，教师为本。教师队伍建设是提高教育质量的关键。近年来，国家加强了师德建设和教师在职培训，特别是农村教师队伍的建设。中小学教师人事制度改革迈出新的步伐，实施“农村学校教师特设岗位计划”、“农村学校教育硕士师资培养计划”，推动城镇教师支援农村、师范生实习支教，缩小城乡教师质量差距，农村教师素质迅速提高。为了吸引优秀人才报考师范专业、从事教师工作，国家决定试行师范生免费教育制度。从2007年秋季入学的新生起，国家在6所教育部所属师范大学实行师范生免费教育，免除师范生的学费、住宿费，并补助生活费。这一具有示范性的举措，就是要进一步形成尊师重教的浓厚氛围，让教育成为全社会最受尊重的事业；就是要培养大批优秀教师；就是要提倡教育家办学，鼓励更多的优秀青年终身做教育工作者。我国教师的素质不断提高，2006年，全国普通小学、普通初中、普通高中专任教师的学历合格率分别提高到98.87%、96.34%和86.46%，中等职业学校专任教师学历合格率达到74.28%。通过人才强校计划的实施，高校教师的水平有了明显提升。

面向现代化、面向世界、面向未来，中国教育站在一个新的历史起点上。让我们紧密团结在以胡锦涛同志为总书记的党中央周围，以科学发展观统领教育改革与发展的全局，坚持教育优先发展，着力促进教育公平，努力构建中国特色社会主义现代化教育体系，切实保障人民群众接受良好教育的机会，办好让人民满意的教育，为把我国建设成为人力资源强国而奋斗。

教育发展统计

2007年全国教育事业发展统计公报

教 育 部

（2008年4月）

2007年是我国教育事业发展进程中的重要一年。在党中央、国务院的正确领导下，教育系统认真贯彻落实科学发展观，不断推进教育事业的改革和发展，努力办好人民满意的教育。经过各级政府和社会各界的共同努力，各级各类教育取得了新进展，为我国经济社会发展作出了新的贡献。

义 务 教 育

到2007年底，实现“两基”验收的县（市、区）累计达到3 022个（含其他县级行政区划单位205个），占全国总县数的98.5 %，“两基”人口覆盖率达到99%。

小学招生数略有增加，校数、毕业生数和在校生数继续减少。2007年全国共有小学32.01万所，比上年减少2.15万所；招生1 736.07万人，比上年增加6.71万人；在校生10 564万人，比上年减少147.53万人；小学毕业生数1 870.17万人，比上午减少58.31万人。小学学龄儿童净入学率达到99.49%，其中男女童净入学率分别为99.46%和99.52%，女童高于男童0.06个百分点。

小学教职工和专任教师略有增加，专任教师学历合格率继续提高。全国小学教职工613.38万人，比上年增加1.38万人；其中专任教师561.26万人，比上年增加2.60万人。小学专任教师学历合格率99.1%，比上年提高0.23个百分点，小学生师比18.82：1，比上年的19.17：1有所降低。

由于学龄人口的逐年减少，初中校数、招生数、在校生数和毕业生数略有减少，初中阶段毛入学率和初中毕业生升学率继续提高。全国共有初中学校5.94万所（其中职业初中0.03万所），比上年减少0.15万所。招生1 868.5万人，比上年减少61.06万人；在校生5 736.19万人，比上年减少221.75万人；毕业生1 963.71万人，比上年减少107.87万人。初中阶段毛入学率98%，比上年提高1个百分点。初中毕业生升学率80.48%，比上年提高4.78个百分点。

全国初中专任教师347.3万人，比上年减少0.2万人。初中专任教师学历合格率97.18%，比上年提高0.84个百分点。生师比16.52：1，比上年的17.15：1有所降低。

普通中小学校办学条件进一步改善。全国普通中小学校舍建筑面积135 320万平方米，比上年增加2 210.5万平方米。小学体育运动场（馆）面积达标校数的比例为55.24%，体育器械配备达标校数的比例为49.35%，音乐器械配备达标校数的比例为44.68%，美术器械配备达标校数的比例为43.12%，数学自然实验仪器达标校数的比例为54.27%。普通初中体育运动场（馆）面积达标校数的比例为69.23%，体育器械配备达标校数的比例为66.40%，音乐器械配备达标校数的比例为59.34%，美术器械配备达标校数的比例为58.04%，理科实验仪器达标校数的比例为73.54%。各项指标均比上年有所提高。

学前教育与特殊教育

学前教育进一步发展。在园幼儿数、幼儿园园长和教师数均有增加。2007年全国共有幼儿园12.91万所，比上年减少0.14万所，在园幼儿（包括学前班）2 348.83万人，比上年增加84.98万人。幼儿园园长和教师共95.19万人，比上年增加5.37万人。

2007年全国共有特殊教育学校1 618所，比上年增加13所；招收残疾儿童6.34万人，比上年增加1.36万人；在校残疾儿童41.93万人，比上年增加5.64万人。其中在盲人学校就读的学生4.48万人，在聋人学校就读的学生11.85万人，在弱智学校及辅读班就读的学生25.60万人。在普通学校随班就读和附设特教班就读的残疾儿童招生数和在校生数分别占特殊教育招生总数和在校生总数的67.11%和64.88%。残疾儿童毕业人数5.03万人，比上年增加0.51万人。

高中阶段教育

全国高中阶段教育发展较快。高中阶段教育（包括普通高中、成人高中、中等职业学校）共有学校31 255所，比上年减少430所；招生1 650.18万人，比上年增加31.15万人；在校学生4 527.49万人，比上年增加185.63万人。高中阶段毛入学率66%，比上年提高6.2个百分点。其中：

全国普通高中15 681所，比上年减少472所；招生840.16万人，比上年减少31.05万人，下降3.56%；在校生2 522.40万人，比上年增加7.90万人，增长0.31%；毕业生788.31万人，比上年增加61.24万人，增长8.42%。

普通高中专任教师144.31万人，比上年增加5.59万人，生师比17.48：1，比上年的18.13：1有所降低，专任教师学历合格率89.30%，比上年提高2.84个百分点。普通高中体育运动场（馆）面积达标校数的比例为78.39%；体育器材配备达标校数的比例为78.31%；音乐器材配备达标校数的比例为72.61%；美术器材配备达标校数的比例为73.31%；理科实验仪器达标校数的比例为82.82%；建立校园网的学校占普通高中学校总数的比例为67.80%。各项办学条件均比上年有所改善。

全国成人高中742所，比上年减少97所；在校生18.08万人，比上年增加0.61万人；毕业生16.47万人，比上年增加4.06万人。成人高中教职工0.71万人，比上年减少0.11万人；其中专任教师0.48万人，比上年减少0.03万人。

全国中等职业教育（包括普通中等专业学校、职业高中、技工学校和成人中等专业学校）共有学校14 832所，比上年增加139所。招生810.02万人，比上年增加62.2万人；在校生1 987.01万人，比上年增加177.12万人。其中：

全国普通中等专业学校3 801所，比上年增加103所；招生297.29万人，比上年增加18.40万人；在校生781.63万人，比上年增加55.79万人；毕业生202.27万人，比上年增加19.90万人。教职工38.85万人，比上年增加2.17万人；其中专任教师24.90万人，比上年增加1.98万人。

全国职业高中5 916所，比上年增加151所；招生302.18万人，比上年增加14.16万人；在校生725.25万人，比上年增加69.61万人；毕业生190.88万人，比上年增加20.57万人。职业高中教职工41.73万人，比上年增加1.36万人；其中专任教师30.87万人，比上年增加1.28万人。

全国技工学校2 995所，比上年增加115所；招生数158.55万人，比上年增加23.79万人；在校生367.15万人，比上年增加46.33万人；毕业生99.66万人，比上年增加13.23万人。技工学校教职工24万人，比上年增加2.47万人；其中专任教师20.43万人，比上年增加2.71万人。

全国成人中等专业学校2 120所，比上年减少230所；招生52万人，比上年增加5.84万人；在校生 112.98 万人，比上年增加 5.39 万人；毕业生 38.09 万人，比上年减少 1.85 万人。教职工 10.62 万人，比上年减少 0.29 万人；其中专任教师 6.76 万人，比上年减少 0.27 万人。

高等教育

高等教育稳步发展。2007 年，全国共有普通高等学校和成人高等学校 2 321 所。其中，普通高等学校 1 908 所，比上年增加 41 所，成人高等学校 413 所，比上年减少 31 所。普通高校中本科院校 740 所，高职（专科）院校 1 168 所。全国共有培养研究生单位 795 个，其中高等学校 479 个，科研机构 316 个。

高等教育招生数和在校生规模持续增加。2007 年全国各类高等教育总规模超过 2 700 万人，高等教育毛入学率达到 23%。

全国招收研究生 41.86 万人，比上年增加 2.07 万人，增长 5.20%；其中博士生 5.80 万人，硕士生 36.06 万人。在学研究生 119.50 万人，比上年增加 9.03 万人，增长 8.17%；其中博士生 22.25 万人，硕士生 97.25 万人。毕业研究生 31.18 万人，比上年增加 5.59 万人，增长 21.84%；其中博士生 4.14 万人，硕士生 27.04 万人。

普通高等教育本专科共招生 565.92 万人，比上年增加 19.87 万人；在校生 1 884.90 万人，比上年增加 146.06 万人，增长 8.4%；毕业生 447.79 万人，比上年增加 70.32 万人，增长 18.63%。成人高等教育本专科共招生 191.11 万人，在校生 524.16 万人，毕业生 176.44 万人。全国高等教育自学考试报考 956.27 万人次，取得毕业证书 54.23 万人。

普通高等学校（不含独立学院和分校点）本科、高职（专科）全日制在校生平均规模由上年的 8 148 人提高到 8 571 人。

普通高等学校教职工 197.45 万人，比上年增加 10.19 万人；其中专任教师 116.83 万人，比上年增加 9.23 万人。生师比为 17.28∶1。成人高等学校教职工 13.63 万人，比上年减少 0.37 万人；其中专任教师 8.02 万人，比上年减少 0.12 万人。

成人培训与扫盲教育

2007 年，全国接受各种非学历高等教育的学生 252.89 万人次，当年已结业 412.61 万人次；接受各种非学历中等教育的学生达 5 554.84 万人次，当年已结业 6 810.82 万人次。

全国职业技术培训机构 17.89 万所；教职工 52.80 万人，其中专任教师 26.38 万人。

成人初等学校 1.60 万所，比上年增加 0.15 万所；毕业生 133.48 万人，比上年增加 22.55 万人；在校生 122.11 万人，比上年增加 24.40 万人。教职工 2.29 万人，比上年减少 0.23 万人，其中专任教师 1.17 万人，比上年减少 0.07 万人。

2007 年全国共扫除文盲 95.78 万人，比上年减少 68.83 万人；另有 103.76 万人正在参加扫盲学习，比上年减少 63.70 万人。扫盲教育教职工 7.23 万人，比上年减少 1.01 万人，其中专任教师 2.79 万人，比上年减少 0.10 万人。

民办教育

民办教育持续发展。2007 年全国共有各级各类民办学校（教育机构）9.52 万所（不含民办培训机构 2.23 万所），各类学历教育在校学生达 2 583.50 万人。其中：民办幼儿园 77 616 所，在园儿童 868.75 万人；民办普通小学 5 798 所，在校生 448.79 万人；民办普通初中 4 482 所，在校生 412.55 万人；民办职业初中 6 所，在校生 2 250 人；民办普通高中 3 101 所，在校生 245.96 万人；民办中等职业学校 2 958 所，在校生 257.54 万人，另有非学历教育学生 29.34 万人；民办高校 297 所，在校生 163.07 万人，其中本科生 21.12 万人，专科生 141.94 万人，另有其他形式教育的学生 22.36 万人；独立学院 318 所，在校生 186.62 万人，其中本科生 165.68 万人，专科生 20.94 万人，另有其他形式教育的学生 0.87 万人；民办的其他高等教育机构 906 所，各类注册学生 87.34 万人。

另外，还有民办培训机构 22 322 所，884.68 万人次接受了培训。

2007 年各类教育发展基本情况

各级各类学校校数、教职工、专任教师情况

	学校数(所)	教职工数(人)	专任教师数(人)
一、高等教育			
（一）研究生培养机构（不计校数）	(795)		
1. 普通高校	(479)		
2. 科研机构	(316)		
（二）普通高等学校	1 908	1 974 526	1 168 300
1. 本科院校	740	1 292 872	717 173
2. 专科院校	1 168	542 382	354 817
其中：职业技术学院	1 015	469 151	307 443
3. 其他机构（点）（不计校数）	(425)	139 272	96 310
其中：独立学院	(318)	128 531	89 911
（三）成人高等学校	413	136 264	80 173
（四）民办的其他高等教育机构	906	43 338	20 560
二、中等教育	92 267	7 030 865	5 783 980
（一）高中阶段教育	31 255	7 012 905	2 306 762
1. 高中	16 423	5 816 840	1 447 865
普通高中	15 681	5 809 730	1 443 104
成人高中	742	7 110	4 761
2. 中等职业教育	14 832	1 196 065	858 897
普通中专	3 801	388 457	248 974
成人中专	2 120	106 201	67 566
职业高中	5 916	417 291	308 660
技工学校	2 995	239 989	204 297
其他机构（教学点）（不计校数）	(2 868)	44 127	29 400
（二）初中阶段教育	61 012	17 960	3 477 218
1. 普通初中	59 109		3 464 296
2. 职业初中	275	10 405	8 699
3. 成人初中	1 628	7 555	4 223
三、初等教育	369 063	6 229 018	5 652 160
（一）普通小学	320 061	6 133 815	5 612 563
（二）成人小学	49 002	95 203	39 597
其中：扫盲班	33 024	72 310	27 940
四、工读学校	76	2 524	1 658
五、特殊教育	1 618	44 862	34 990
六、学前教育	129 086	1 317 247	826 765

注：普通高中的教职工数中包含普通初中的教职工数。

各级各类学历教育学生情况

	毕业生数(人)	招生数(人)	在校生数(人)
一、高等教育			
(一) 研究生	311 839	418 612	1 195 047
博　士	41 464	58 022	222 508
硕　士	270 375	360 590	972 539
(二) 普通本专科	4 477 907	5 659 194	18 848 954
本　科	1 995 944	2 820 971	10 243 030
专　科	2 481 963	2 838 223	8 605 924
(三) 成人本专科	1 764 400	1 911 132	5 241 550
本　科	674 890	820 858	2 227 218
专　科	1 089 510	1 090 274	3 014 332
(四) 其他各类高等学历教育			
1. 在职人员攻读博士、硕士学位		126 884	346 068
2. 网络本专科生	828 225	1 234 385	3 104 800
本　科	377 161	497 993	1 369 091
专　科	451 064	736 392	1 735 709
3. 学历文凭考试	60 844		19 677
4. 其他	6 882		6 695
二、中等教育	34 060 580	35 186 853	103 216 047
(一) 高中阶段教育	13 356 902	16 501 885	45 274 908
1. 高中	8 047 870	8 401 644	25 404 843
普通高中	7 883 143	8 401 644	25 224 008
成人高中	164 727		180 835
2. 中等职业教育	5 309 032	8 100 241	19 870 065
普通中专	2 022 662	2 972 924	7 816 263
成人中专	380 934	520 001	1 129 842
职业高中	1 908 837	3 021 829	7 252 485
技工学校	996 599	1 585 487	3 671 475
(二) 初中阶段教育	20 703 678	18 684 968	57 941 139
1. 普通初中	19 568 428	18 637 499	57 208 992
2. 职业初中	68 630	47 469	152 955
3. 成人初中	1 066 620		579 192
三、初等教育	20 994 369	17 360 672	107 898 711
(一) 普通小学	18 701 708	17 360 672	105 640 027
(二) 成人小学	2 292 661		2 258 684
其中：扫盲班	957 820		1 037 592
四、工读学校	3 422	4 382	9 090
五、特殊教育	50 283	63 424	419 316
六、学前教育	10 491 152	14 336 066	23 488 300

注：特殊教育学生数中包括普通中小学随班就读的学生。

各级学校毕业生升学率

地区	小学升初中（%）	初中升高级中学（%）	高中升高等教育（%）
合　计	99.91	79.27	71.79
北　京	99.50	134.77	200.73
天　津	91.97	110.53	146.95
河　北	99.86	75.06	62.39
山　西	99.94	78.27	59.39
内蒙古	100.00	90.76	54.77
辽　宁	99.44	88.64	90.01
吉　林	103.57	78.39	85.83
黑龙江	99.78	68.08	96.61
上　海	100.24	100.00	141.15
江　苏	101.13	90.03	86.07
浙　江	99.48	99.82	78.60
安　徽	103.62	69.45	59.74
福　建	98.61	82.68	69.02
江　西	100.82	84.00	85.48
山　东	101.48	88.56	64.69
河　南	100.47	67.95	51.69
湖　北	104.77	89.47	73.53
湖　南	102.91	85.39	68.84
广　东	96.67	77.35	73.30
广　西	97.58	68.83	66.28
海　南	95.05	61.87	101.25
重　庆	100.06	96.70	89.06
四　川	101.47	84.66	63.24
贵　州	95.59	55.81	50.58
云　南	96.18	58.70	61.02
西　藏	98.39	53.12	65.24
陕　西	99.67	87.09	75.81
甘　肃	98.96	72.82	52.60
青　海	104.40	96.32	35.04
宁　夏	96.68	82.76	45.19
新　疆	100.47	63.18	48.33

各级学校毕业生升学率

年　份	小学升初中（%）	初中升高级中学（%）	高中升高等教育（%）
1990	74.6	40.6	27.3
1991	77.7	42.6	28.7
1992	79.7	43.6	34.9
1993	81.8	44.1	43.3
1994	86.6	47.8	46.7
1995	90.8	50.3	49.9
1996	92.6	49.8	51.0
1997	93.7	51.5	48.6
1998	94.3	50.7	46.1
1999	94.4	50.0	63.8
2000	94.9	51.2	73.2
2001	95.5	52.9	78.8
2002	97.0	58.3	83.5
2003	97.9	59.6	83.4
2004	98.1	63.8	82.5
2005	98.4	69.7	76.3
2006	100.1	75.7	72.9
2007	99.9	80.5	70.3

注：高中升学率为普通高校招生数与普通高中毕业生数之比。

各级各类非学历教育学生情况

	结业生数（人）	注册生数（人）
总　计	72 234 326	58 077 293
一、高等教育	4 126 109	2 528 866
（一）研究生课程进修班	60 209	60 747
（二）自考助学班	199 007	996 251
（三）普通预科生		28 043
（四）进修及培训	3 866 893	1 443 825
其中：资格证书培训	1 103 023	347 653
岗位证书培训	830 503	310 235
二、中等职业教育	68 108 217	55 548 427
其中：资格证书培训	5 525 208	4 328 380
岗位证书培训	7 214 153	5 831 131
（一）中等职业学校	8 076 454	4 871 008
其中：资格证书培训	2 087 996	1 121 938
岗位证书培训	1 917 519	1 137 028
（二）职业技术培训机构	60 031 763	50 677 419
其中：资格证书培训	3 437 212	3 206 442
岗位证书培训	5 296 634	4 694 103

各级各类民办教育基本情况

	学校数（所）	毕业生数（人）	招生数（人）	在校生数（人）	教职工数（人）	专任教师数（人）	另有其他学生数(人)
一、民办高等教育							
（一）民办高校	297	367 420	599 652	1 630 661	144 022	89 376	223 573
本科学生		30 176	72 555	211 242			
专科学生		337 244	527 097	1 419 419			
（二）独立学院（不计校数）	(318)	210 606	590 914	1 866 243	128 531	89 911	8 692
本科学生		161 404	517 973	1 656 797			
专科学生		49 202	72 941	209 446			
（三）民办其他高等教育机构					43 338	20 560	873 356
二、民办中等教育							
（一）高中阶段教育	6 059	1 309 829	2 021 068	5 035 003	606 701	425 759	
1. 民办普通高中	3 101	724 275	833 008	2 459 561	450 494	329 556	
2. 民办中等职业教育	2 958	585 554	1 188 060	2 575 442	156 207	96 203	293 426
（二）初中阶段教育	4 488	1 224 296	1 385 849	4 127 735	225	144	
1. 民办普通初中	4 482	1 223 441	1 385 221	4 125 485			
2. 民办职业初中	6	855	628	2 250	225	144	
三、民办普通小学	5 798	689 659	767 564	4 487 915	268 842	195 526	
四、民办幼儿园	77 616	2 899 019	4 524 106	8 687 481	714 152	422 780	
另有：民办培训机构（不计校数）	(22 322)				227 613	118 827	8 846 830

注：1. “另有其他学生数”包括：学历文凭考试学生、自考助学班学生、预科生、进修及培训学生数。

2. 民办普通高中的教职工和专任教师数中包含民办普通初中的教职工和专任教师数。

3. “（ ）”内数据为不计校数。

各级各类学校女学生数

单位：万人

	总计	男	女学生	
			人数	占学生总数的比重(%)
一、高等教育				
(一) 研究生	119.50	66.04	53.46	44.74
博　士	22.25	14.67	7.58	34.07
硕　士	97.25	51.36	45.89	47.19
(二) 普通本专科	1 884.90	959.06	925.84	49.12
本　科	1 024.30	539.18	485.12	47.36
专　科	860.59	419.87	440.72	51.21
(三) 成人本专科	524.16	249.95	274.21	52.31
本　科	222.72	106.58	116.14	52.15
专　科	301.43	143.35	158.08	52.44
(四) 其他各类高等学历教育				
1. 在职人员攻读博士、硕士学位	34.61	23.69	10.92	31.55
2. 网络本专科生	310.48	156.90	153.58	49.47
本　科	136.91	67.80	69.11	50.48
专　科	173.57	89.10	84.47	48.67
3. 学历文凭考试	1.97	1.01	0.96	48.73
4. 其他	0.67	0.33	0.34	50.75
二、中等教育				
(一) 高中阶段教育				
1. 高中				
普通高中	2 522.40	1 330.36	1 192.04	47.26
成人高中	18.08	10.95	7.13	39.44
2. 中等职业教育				
普通中专	781.63	371.42	410.21	52.48
成人中专	112.98	60.08	52.90	46.82
职业高中	725.25	378.26	346.98	47.84
技工学校	320.82	221.62	99.20	30.92
(二) 初中阶段教育				
1. 普通初中	5 720.90	3 013.09	2 707.81	47.33
2. 职业初中	15.30	8.23	7.06	46.17
3. 成人初中	57.92	31.78	26.14	45.14
三、初等教育				
(一) 普通小学	10 564.00	5 651.51	4 912.49	46.50
(二) 成人小学	225.87	105.08	120.79	53.48
其中：扫盲班	103.76	44.80	58.96	56.82
四、工读学校	0.91	0.78	0.12	13.70
五、特殊教育	41.31	27.06	14.26	34.50
六、学前教育	2 348.83	1 297.04	1 051.79	44.78

注：2007 年技工学校数据用 2006 年数据代替。

各级各类学校少数民族学生数

单位：万人

	总计	少数民族学生	
		人数	占学生总数的比重（%）
一、高等教育			
（一）研究生	119.50	5.75	4.81
博　士	22.25	0.93	4.18
硕　士	97.25	4.82	4.96
（二）普通本专科	1 884.90	115.35	6.12
本　科	1 024.30	69.13	6.75
专　科	860.59	46.22	5.37
（三）成人本专科	524.16	30.93	5.90
本　科	222.72	13.55	6.08
专　科	301.43	17.38	5.77
（四）其他各类高等学历教育			
1. 在职人员攻读博士、硕士学位	34.61	0.00	0.00
2. 网络本专科生	310.48	12.08	3.89
本　科	136.91	5.62	4.10
专　科	173.57	6.46	3.72
3. 学历文凭考试	1.97	0.05	2.54
4. 自学考试	99.63	3.95	3.97
5. 其他	0.67	0.05	7.46
二、中等教育			
（一）高中阶段教育			
1. 高中			
普通高中	2 522.40	175.12	6.94
成人高中	76.00	0.64	0.85
2. 中等职业教育			
普通中专	781.63	53.20	6.81
成人中专	112.98	5.33	4.72
职业高中	725.25	27.19	3.75
技工学校			
（二）初中阶段教育			
1. 普通初中	5 720.90	510.34	8.92
2. 职业初中	15.30	3.10	20.25
3. 成人初中			
三、初等教育			
（一）普通小学	10 564.00	1 074.18	10.17
（二）成人小学			
其中：扫盲班			
四、工读学校			
五、特殊教育	41.31	3.25	7.87
六、学前教育	2 348.83	157.99	6.73

注：1. 成人高中数据为成人中学数据，包括成人初中。

2. 中等职业教育数据中未含技工学校数据。

小学学龄儿童入学率

单位：万人

年份	学龄儿童入学率		
	全国学龄儿童数	已入学学龄儿童数	入学率（%）
1965	11 603.2	9 829.1	84.7
1980	12 219.6	11 478.2	93.0
1985	10 362.3	9 942.8	95.9
1990	9 740.7	9 529.7	97.8
1999	12 991.4	12 872.8	99.1
2000	12 445.3	12 333.9	99.1
2001	11 766.4	11 561.2	99.1
2002	11 310.4	11 150.0	98.6
2003	10 908.3	10 761.6	98.7
2004	10 548.1	10 437.1	98.9
2005	10 207.0	10 120.3	99.2
2006	10 075.5	10 001.5	99.3
2007	9 947.9	9 896.8	99.5

注：1991 年以前的入学率是按 7—11 周岁统一计算的。从 1991 年起入学率是按各地不同入学年龄和学制分别计算的。

高等教育学校（机构）数

单位：所

	计	中央部委			地方部门			民办
		计	教育部	其他部委	计	教育部门	其他部门或非教育部门	
1. 研究生培养机构	795	371	73	298	424	358	66	
普通高校	479	98	73	25	381	357	24	
科研机构	316	273		273	43	1	42	
2. 普通高校	1 908	111	73	38	1 502	852	650	295
本科院校	740	106	73	33	604	532	72	30
专科院校	1 168	5		5	898	320	578	265
其中：高等职业学校	1 015	2		2	754	251	503	259
3. 成人高等学校	413	14	1	13	397	161	236	2
4. 民办的其他高等教育机构	906							906

小学净入学率分省情况

地区	男女合计			其中：女学生		
	校内外学龄人口总数	在校学龄人口总数	入学率（%）	校内外学龄人口总数	在校学龄人口总数	入学率（%）
合计	**98 968 235**	**99 479 263**	**99.49**	**46 077 985**	**46 300 266**	**99.52**
北京	651 931	651 959	100.00	304 199	304 207	100.00
天津	467 805	469 408	99.66	219 687	220 475	99.64
河北	4 446 469	4 469 808	99.48	2 106 165	2 116 912	99.49
山西	3 218 886	3 233 745	99.54	1 539 934	1 546 880	99.55
内蒙古	1 469 909	1 474 189	99.71	693 842	695 848	99.71
辽宁	2 223 119	2 225 907	99.87	1 046 992	1 048 185	99.89
吉林	1 395 518	1 401 119	99.60	662 433	665 103	99.60
黑龙江	1 936 718	1 963 477	98.64	929 262	941 678	98.68
上海	512 162	512 170	100.00	239 921	239 925	100.00
江苏	4 133 205	4 152 089	99.55	1 886 539	1 894 851	99.56
浙江	3 190 089	3 190 173	100.00	1 469 642	1 469 683	100.00
安徽	5 129 834	5 139 854	99.81	2 369 505	2 373 948	99.81
福建	2 466 073	2 467 694	99.93	1 112 825	1 113 422	99.95
江西	3 782 199	3 788 490	99.83	1 715 783	1 717 789	99.88
山东	6 091 067	6 095 362	99.93	2 870 311	2 872 426	99.93
河南	9 660 108	9 666 036	99.94	4 484 975	4 487 315	99.95
湖北	3 447 738	3 454 927	99.79	1 547 273	1 550 593	99.79
湖南	4 215 094	4 222 479	99.83	1 962 556	1 965 760	99.84
广东	9 635 764	9 656 897	99.78	4 388 773	4 398 263	99.78
广西	4 315 313	4 355 551	99.08	1 989 589	2 008 336	99.07
海南	913 447	915 720	99.75	402 503	403 294	99.80
重庆	2 141 351	2 142 177	99.96	1 015 531	1 016 694	99.89
四川	6 380 506	6 453 786	98.86	3 024 118	3 060 018	98.83
贵州	4 210 103	4 271 067	98.57	2 001 044	2 009 278	99.59
云南	4 148 429	4 250 866	97.59	1 952 590	2 002 714	97.50
西藏	298 778	299 163	99.87	143 047	143 678	99.56
陕西	2 878 784	2 896 780	99.38	1 315 448	1 323 706	99.38
甘肃	2 586 633	2 614 302	98.94	1 228 117	1 242 449	98.85
青海	477 500	484 264	98.60	228 442	232 150	98.40
宁夏	627 438	629 730	99.64	302 539	303 585	99.66
新疆	1 916 265	1 930 074	99.28	924 400	931 101	99.28

高等教育学校（机构）学生数

单位：人

	毕(结)业生数	授予学位数	招生数			在校学生数	预计毕业生数
			计	其中			
				应届生	春季招生		
研究生	**311 839**	**307 746**	**418 612**	**242 410**		**1 195 047**	**407 184**
博士	41 464	39 592	58 022	21 930		222 508	95 171
硕士	270 375	268 154	360 590	220 480		972 539	312 013
普通本科、专科生	**4 477 907**	**1 820 516**	**5 659 194**	**4 847 549**	**23 339**	**18 848 954**	**5 235 175**
本科	1 995 944	1 820 516	2 820 971	2 386 911	4 137	10 243 030	2 324 882
专科	2 481 963		2 838 223	2 460 638	19 202	8 605 924	2 910 293
成人本科、专科生	**1 764 400**	**90 935**	**1 911 132**	**329 865**		**5 241 550**	**1 721 998**
本科	674 890	90 935	820 858	110 636		2 227 218	683 126
专科	1 089 510		1 090 274	219 229		3 014 332	1 038 872
网络本科、专科生	**828 225**	**29 312**	**1 234 385**	**150 843**	**586 839**	**3 104 800**	
本科	377 161	29 312	497 993	67 807	247 709	1 369 091	
专科	451 064		736 392	83 036	339 130	1 735 709	
研究生课程进修班	60 209					60 747	
在职人员攻读博士硕士学位		72 811	126 884			346 068	
学历文凭考试	60 844					19 677	
电大注册视听生	6 882					6 695	
自考助学班	199 007		374 559			996 251	
普通预科生						28 043	
进修及培训	3 866 893					1 443 825	
留学生	46 322	6 071	66 509		16 980	92 491	

分学科研究生数(总计)

单位：人

	毕业生数			招生数			在校学生数			预计毕业生数		
	计	博士	硕士	计	博士	硕士	计	博士	硕士	计	博士	硕士
总计	**311 839**	**41 464**	**270 375**	**418 612**	**58 022**	**360 590**	**1 195 047**	**222 508**	**972 539**	**407 184**	**95 171**	**312 013**
其中：女	140 521	14 384	126 137	194 027	20 963	173 064	534 643	75 776	458 867	175 166	30 949	144 217
哲学	3 738	547	3 191	5 441	869	4 572	14 708	2 982	11 726	5 002	1 232	3 770
经济学	17 239	2 149	15 090	20 162	2 737	17 425	56 738	11 065	45 673	21 357	5 279	16 078
法学	22 556	1 871	20 685	31 385	2 987	28 398	80 311	9 575	70 736	25 943	3 880	22 063
教育学	9 854	821	9 033	14 961	1 043	13 918	40 980	3 604	37 376	12 880	1 447	11 433
文学	25 064	1 892	23 172	35 749	2 576	33 173	93 935	8 816	85 119	30 506	3 773	26 733
历史学	4 424	725	3 699	5 334	925	4 409	16 389	3 635	12 754	6 120	1 697	4 423
理学	35 266	8 051	27 215	51 389	11 084	40 305	146 146	38 489	107 657	48 160	15 349	32 811
工学	114 621	14 479	100 142	146 318	21 647	124 671	436 352	92 751	343 601	152 359	41 394	110 965
农学	11 297	1 903	9 394	15 733	2 395	13 338	45 285	8 493	36 792	14 649	3 502	11 147
医学	32 453	5 907	26 546	44 161	7 125	37 036	128 471	22 952	105 519	42 452	8 199	34 253
军事学	163	22	141	244	32	212	704	132	572	213	31	182
管理学	35 164	3 097	32 067	47 735	4 602	43 133	135 028	20 014	115 014	47 543	9 388	38 155

分学科研究生数（普通高校）

单位：人

	毕业生数			招生数			在校学生数			预计毕业生数		
	计	博士	硕士	计	博士	硕士	计	博士	硕士	计	博士	硕士
总计	**299 614**	**36 270**	**263 344**	**401 694**	**51 916**	**349 778**	**1 143 637**	**201 129**	**942 508**	**390 830**	**87 098**	**303 732**
其中：女	136 277	12 619	123 658	188 344	19 030	169 314	517 429	69 184	448 245	169 695	28 461	141 234
哲学	3 622	514	3 108	5 284	811	4 473	14 231	2 804	11 427	4 833	1 166	3 667
经济学	16 748	1 955	14 793	19 640	2 525	17 115	55 156	10 386	44 770	20 840	5 032	15 808
法学	22 140	1 767	20 373	30 866	2 862	28 004	78 892	9 219	69 673	25 478	3 745	21 733
教育学	9 820	797	9 023	14 877	1 009	13 868	40 753	3 490	37 263	12 811	1 401	11 410
文学	24 880	1 832	23 048	35 510	2 503	33 007	93 215	8 601	84 614	30 271	3 701	26 570
历史学	4 348	711	3 637	5 258	902	4 356	16 156	3 573	12 583	6 040	1 676	4 364
理学	30 918	5 384	25 534	44 660	8 018	36 642	125 543	27 672	97 871	41 832	11 317	30 515
工学	109 698	12 852	96 846	139 801	19 657	120 144	416 387	85 646	330 741	145 875	38 642	107 233
农学	10 806	1 712	9 094	15 010	2 177	12 833	43 269	7 774	35 495	13 996	3 211	10 785
医学	31 694	5 708	25 986	43 341	6 946	36 395	125 881	22 269	103 612	41 586	7 951	33 635
军事学	162	22	140	242	32	210	696	132	564	210	31	179
管理学	34 778	3 016	31 762	47 205	4 474	42 731	133 458	19 563	113 895	47 058	9 225	37 833

分学科研究生数(科研机构)

单位:人

	毕业生数			招生数			在校学生数			预计毕业生数		
	计	博士	硕士	计	博士	硕士	计	博士	硕士	计	博士	硕士
总计	**12 225**	**5 194**	**7 031**	**16 918**	**6 106**	**10 812**	**51 410**	**21 379**	**30 031**	**16 354**	**8 073**	**8 281**
其中:女	4 244	1 765	2 479	5 683	1 933	3 750	17 214	6 592	10 622	5 471	2 488	2 983
哲学	116	33	83	157	58	99	477	178	299	169	66	103
经济学	491	194	297	522	212	310	1 582	679	903	517	247	270
法学	416	104	312	519	125	394	1 419	356	1 063	465	135	330
教育学	34	24	10	84	34	50	227	114	113	69	46	23
文学	184	60	124	239	73	166	720	215	505	235	72	163
历史学	76	14	62	76	23	53	233	62	171	80	21	59
理学	4 348	2 667	1 681	6 729	3 066	3 663	20 603	10 817	9 786	6 328	4 032	2 296
工学	4 923	1 627	3 296	6 517	1 990	4 527	19 965	7 105	12 860	6 484	2 752	3 732
农学	491	191	300	723	218	505	2 016	719	1 297	653	291	362
医学	759	199	560	820	179	641	2 590	683	1 907	866	248	618
军事学	1		1	2		2	8		8	3		3
管理学	386	81	305	530	128	402	1 570	451	1 119	485	163	322

普通本、专科分性质类别学生数

单位：人

	毕业生数			招生数			在校学生数			毕业班学生数		
	合计	本科	专科	合计	本科	专科	合计	本科	专科	合计	本科	专科
总计	**4 477 907**	**1 995 944**	**2 481 963**	**5 659 194**	**2 820 971**	**2 838 223**	**18 848 954**	**10 243 030**	**8 605 924**	**5 235 175**	**2 324 882**	**2 910 293**
其中:女	2 145 717	924 510	1 221 207	2 993 876	1 361 980	1 631 896	9 258 435	4 851 214	4 407 221	2 493 663	1 050 289	1 443 374
一、普通高等学校	**4 319 487**	**1 991 006**	**2 328 481**	**5 551 665**	**2 819 581**	**2 732 084**	**18 424 493**	**10 230 332**	**8 194 161**	**5 049 868**	**2 319 235**	**2 730 633**
本科院校	2 616 141	1 804 284	811 857	2 804 821	2 276 155	528 666	10 401 991	8 480 349	1 921 642	2 789 338	2 018 210	771 128
专科院校	1 428 580	479	1 428 101	2 097 924	647	2 097 277	5 950 697	3 042	5 947 655	1 851 355	798	1 850 557
其中:高等职业学校	1 220 354		1 220 354	1 826 224		1 826 224	5 165 185		5 165 185	1 603 780		1 603 780
其他	274 766	186 243	88 523	648 920	542 779	106 141	2 071 805	1 746 941	324 864	409 175	300 227	108 948
其中:独立学院	209 838	161 287	48 551	589 167	517 566	71 601	1 861 098	1 655 285	205 813	341 484	277 496	63 988
综合大学	1 106 830	515 034	591 796	1 449 819	745 278	704 541	4 785 810	2 678 727	2 107 083	1 307 389	599 445	707 944
理工院校	1 591 154	661 578	929 576	2 071 827	920 650	1 151 177	6 744 874	3 342 305	3 402 569	1 889 017	770 736	1 118 281
农业院校	194 621	112 661	81 960	236 831	139 967	96 864	813 480	521 707	291 773	221 810	125 270	96 540
林业院校	31 012	20 343	10 669	43 841	25 834	18 007	140 641	94 777	45 864	36 504	22 532	13 972
医药院校	220 849	102 969	117 880	280 348	156 579	123 769	1 053 741	640 511	413 230	262 720	122 343	140 377
师范院校	565 996	322 412	243 584	627 697	430 092	197 605	2 188 838	1 528 437	660 401	600 632	360 626	240 006
语文院校	50 019	22 026	27 993	80 450	35 906	44 544	253 065	131 404	121 661	65 767	30 052	35 715
财经院校	372 144	140 521	231 623	517 266	229 283	287 983	1 634 007	793 646	840 361	445 024	172 821	272 203
政法院校	79 424	20 622	58 802	93 882	33 370	60 512	299 979	119 002	180 977	89 912	30 184	59 728
体育院校	22 607	17 823	4 784	25 909	20 506	5 403	92 526	78 205	14 321	23 994	18 616	5 378
艺术院校	50 232	25 934	24 298	80 257	43 914	36 343	259 080	159 516	99 564	69 144	34 279	34 865
民族院校	34 599	29 083	5 516	43 538	38 202	5 336	158 452	142 095	16 357	37 955	32 331	5 624
二、成人高等学校	**158 420**	**4 938**	**153 482**	**107 529**	**1 390**	**106 139**	**424 461**	**12 698**	**411 763**	**185 307**	**5 647**	**179 660**

普通本、专科分学科学生数

单位：人

	毕业生数			招生数			在校学生数			预计毕业生数		
	合计	本科	专科	合计	本科	专科	合计	本科	专科	合计	本科	专科
总计	**4 477 907**	**1 995 944**	**2 481 963**	**5 659 194**	**2 820 971**	**2 838 223**	**18 848 954**	**10 243 030**	**8 605 924**	**5 235 175**	**2 324 882**	**2 910 293**
其中：女	2 145 717	924 510	1 221 207	2 993 876	1 361 980	1 631 896	9 258 435	4 851 214	4 407 221	2 493 663	1 050 289	1 443 374
哲学	1 325	1 325		2 337	2 337		7 637	7 637		1 626	1 626	
经济学	235 925	126 807	109 118	287 701	169 225	118 476	971 043	617 443	353 600	264 967	144 049	120 918
法学	204 798	105 964	98 834	191 377	115 696	75 681	703 132	453 366	249 766	211 540	120 173	91 367
教育学	352 729	72 408	280 321	267 253	98 017	169 236	1 038 604	358 610	679 994	354 356	83 802	270 554
文学	635 004	345 792	289 212	878 088	539 633	338 455	2 895 580	1 876 688	1 018 892	758 475	415 617	342 858
其中:外语	272 307	130 398	141 909	345 115	184 504	160 611	1 153 148	655 412	497 736	319 085	151 936	167 149
其中:艺术	212 036	113 548	98 488	357 667	217 639	140 028	1 125 928	724 633	401 295	276 657	146 161	130 496
历史学	12 316	12 316		14 937	14 937		54 640	54 640		12 956	12 956	
理学	230 883	228 090	2 793	297 972	296 510	1 462	1 105 990	1 100 855	5 135	262 001	259 939	2 062
工学	1 594 130	633 744	960 386	2 085 292	890 510	1 194 782	6 720 538	3 205 516	3 515 022	1 898 582	734 610	1 163 972
农学	88 330	43 270	45 060	103 557	53 755	49 802	350 970	197 269	153 701	100 695	47 214	53 481
医学	300 389	122 815	177 574	366 068	173 795	192 273	1 386 289	736 800	649 489	362 274	140 329	221 945
管理学	822 078	303 413	518 665	1 164 612	466 556	698 056	3 614 531	1 634 206	1 980 325	1 007 703	364 567	643 136
总计中:师范生	545 822	279 328	266 494	459 063	295 217	163 846	1 785 461	1 139 450	646 011	554 472	300 669	253 803

成人本、专科分性质类别学生数

单位:人

	毕业生数			招生数			在校学生数			预计毕业生数		
	合计	本科	专科	合计	本科	专科	合计	本科	专科	合计	本科	专科
总计	**1 764 400**	**674 890**	**1 089 510**	**1 911 132**	**820 858**	**1 090 274**	**5 241 550**	**2 227 218**	**3 014 332**	**1 721 998**	**683 126**	**1 038 872**
其中:女	908 589	352 638	555 951	998 276	432 294	565 982	2 742 104	1 161 351	1 580 753	883 735	346 933	536 802
一、成人高等学校	**253 525**	**48 006**	**205 519**	**233 880**	**39 015**	**194 865**	**630 661**	**121 220**	**509 441**	**247 855**	**47 009**	**200 846**
其中:全脱产	122 677	9 387	113 290	105 416	8 650	96 766	264 539	21 427	243 112	122 453	11 058	111 395
职工高等学校	69 248	1 117	68 131	91 429	2 087	89 342	225 694	4 830	220 864	76 476	2 220	74 256
农民高等学校	916		916	1 073		1 073	2 209		2 209	1 007		1 007
管理干部学院	32 515	4 371	28 144	25 553	4 756	20 797	71 036	13 675	57 361	30 135	5 641	24 494
教育学院	74 773	41 664	33 109	54 792	30 481	24 311	163 327	99 981	63 346	66 742	38 810	27 932
独立函授学院												
广播电视大学	75 429	854	74 575	59 435	1 691	57 744	165 029	2 734	162 295	72 657	338	72 319
其他机构	644		644	1 598		1 598	3 366		3 366	838		838
二、普通高等学校办	**1 510 875**	**626 884**	**883 991**	**1 677 252**	**781 843**	**895 409**	**4 610 889**	**2 105 998**	**2 504 891**	**1 474 143**	**636 117**	**838 026**
函授	879 468	409 936	469 532	908 880	460 073	448 807	2 580 151	1 284 186	1 295 965	806 458	386 473	419 985
业余	295 775	120 551	175 224	500 988	214 837	286 151	1 357 726	541 776	815 950	374 979	137 408	237 571
脱产	335 632	96 397	239 235	267 384	106 933	160 451	673 012	280 036	392 976	292 706	112 236	180 470

成人本、专科分学科学生数

单位：人

	毕业生数			招生数			在校学生数			预计毕业生数		
	合计	本科	专科	合计	本科	专科	合计	本科	专科	合计	本科	专科
总计	**1 764 400**	**674 890**	**1 089 510**	**1 911 132**	**820 858**	**1 090 274**	**5 241 550**	**2 227 218**	**3 014 332**	**1 721 998**	**683 126**	**1 038 872**
其中:女	908 589	352 638	555 951	998 276	432 294	565 982	2 742 104	1 161 351	1 580 753	883 735	346 933	536 802
成人高等学校	**253 525**	**48 006**	**205 519**	**233 880**	**39 015**	**194 865**	**630 661**	**121 220**	**509 441**	**247 855**	**47 009**	**200 846**
哲学												
经济学	13 302	488	12 814	13 797	350	13 447	31 991	1 038	30 953	11 730	405	11 325
法学	16 229	3 750	12 479	8 370	3 274	5 096	25 392	7 571	17 821	12 978	2 927	10 051
教育学	22 383	7 716	14 667	21 844	9 137	12 707	66 133	28 644	37 489	24 958	8 839	16 119
文学	56 116	21 516	34 600	38 925	16 634	22 291	115 614	50 591	65 023	52 571	19 524	33 047
其中:外语	15 571	8 502	7 069	11 035	5 097	5 938	31 671	16 584	15 087	14 585	7 364	7 221
艺术	9 884	2 656	7 228	8 187	1 216	6 971	22 124	4 221	17 903	9 518	1 733	7 785
历史学	1 204	841	363	501	444	57	1 745	1 640	105	712	692	20
理学	10 522	8 650	1 872	5 375	3 355	2 020	18 852	14 611	4 241	8 390	7 370	1 020
工学	36 080	1 675	34 405	47 555	1 316	46 239	116 594	4 730	111 864	34 998	1 831	33 167
农学	1 146	42	1 104	1 147	35	1 112	2 458	83	2 375	1 066	24	1 042
医学	19 909	726	19 183	17 831	1 549	16 282	54 979	3 462	51 517	20 486	1 738	18 748
管理学	76 634	2 602	74 032	78 535	2 921	75 614	196 903	8 850	188 053	79 966	3 659	76 307
总计中:师范生	65 473	38 027	27 446	44 454	27 522	16 932	138 341	90 298	48 043	57 882	35 368	22 514
普通高等学校办	**1 510 875**	**626 884**	**883 991**	**1 677 252**	**781 843**	**895 409**	**4 610 889**	**2 105 998**	**2 504 891**	**1 474 143**	**636 117**	**838 026**
哲学	24		24	297		297	532		532	83		83
经济学	85 821	23 940	61 881	81 609	26 685	54 924	232 438	79 096	153 342	76 839	23 476	53 363
法学	102 352	62 459	39 893	81 869	59 465	22 404	242 540	176 506	66 034	86 329	58 293	28 036
教育学	107 024	37 175	69 849	96 966	44 650	52 316	269 789	123 999	145 790	92 306	40 204	52 102
文学	288 055	153 239	134 816	241 695	160 824	80 871	675 220	442 027	233 193	244 553	147 510	97 043
其中:外语	92 795	54 570	38 225	82 494	54 065	28 429	220 023	147 737	72 286	79 098	51 755	27 343
艺术	56 282	30 495	25 787	49 521	25 256	24 265	131 951	73 934	58 017	48 849	26 984	21 865
历史学	7 727	5 463	2 264	3 371	3 025	346	10 986	9 728	1 258	4 147	3 583	564
理学	72 023	58 238	13 785	48 808	39 212	9 596	157 055	127 753	29 302	60 747	49 122	11 625
工学	288 757	104 226	184 531	405 996	160 534	245 462	1 081 973	426 779	655 194	312 397	114 956	197 441
农学	29 613	8 316	21 297	27 186	13 538	13 648	75 212	35 628	39 584	23 993	9 480	14 513
医学	140 894	66 682	74 212	220 705	108 691	112 014	654 929	250 620	404 309	197 566	70 211	127 355
管理学	388 585	107 146	281 439	468 750	165 219	303 531	1 210 215	433 862	776 353	375 183	119 282	255 901
总计中:师范生	313 060	181 288	131 772	224 207	167 605	56 602	675 398	485 179	190 219	248 800	165 769	83 031

网络本、专科分学科学生数

单位：人

	毕业生数			招生数			在校学生数		
	合计	本科	专科	合计	本科	专科	合计	本科	专科
总计	**828 225**	**377 161**	**451 064**	**1 234 385**	**497 993**	**736 392**	**3 104 800**	**1 369 091**	**1 735 709**
其中：女	402 552	190 935	211 617	607 914	256 148	351 766	1 535 764	691 052	844 712
哲学	1	1		68	68		135	135	
经济学	40 878	23 780	17 098	51 217	29 252	21 965	149 614	91 444	58 170
法学	143 338	71 214	72 124	142 950	68 287	74 663	416 004	216 007	199 997
教育学	42 752	11 272	31 480	43 261	15 561	27 700	123 790	39 895	83 895
文学	89 581	70 619	18 962	121 909	80 133	41 776	341 057	239 783	101 274
其中：外语	23 030	14 275	8 755	29 892	17 325	12 567	91 910	55 660	36 250
历史学	123	123		740	740		1 620	1 620	
理学	7 822	7 626	196	12 167	11 534	633	35 024	34 038	986
工学	78 644	38 046	40 598	147 295	60 678	86 617	345 730	157 369	188 361
农学	7 069	707	6 362	13 212	2 262	10 950	32 477	4 290	28 187
医学	23 986	7 512	16 474	54 103	24 163	29 940	123 366	48 863	74 503
管理学	394 031	146 261	247 770	647 463	205 315	442 148	1 535 983	535 647	1 000 336
总计中：师范生	26 330	23 818	2 512	50 380	42 500	7 880	133 670	118 001	15 669

普通高中校数、班数

	学校数(所)			班数(个)
	合计	高级中学	完全中学	
总计	**15 681**	**6 551**	**9 130**	**434 827**
教育部门和集体办	12 122	5 427	6 695	381 280
民办	3 101	1 020	2 081	46 332
其他部门办	458	104	354	7 215
城市	**6 132**	**2 434**	**3 698**	**163 533**
教育部门和集体办	4 299	1 818	2 481	137 838
民办	1 604	568	1 036	21 608
其他部门办	229	48	181	4 087
县镇	**7 637**	**3 451**	**4 186**	**235 077**
教育部门和集体办	6 341	3 041	3 300	212 679
民办	1 188	376	812	20 832
其他部门办	108	34	74	1 566
农村	**1 912**	**666**	**1 246**	**36 217**
教育部门和集体办	1 482	568	914	30 763
民办	309	76	233	3 892
其他部门办	121	22	99	1 562
总计中：其他学校附设初中班				6 247
独立设置少数民族学校	2 138			8 627

普通初中校数、班数

	学校数(所)			班数(个)				
	合计	初级中学	九年一贯制	计	一年级	二年级	三年级	四年级
总计	**59 109**	**47 602**	**11 507**	**1 037 011**	**340 604**	**342 766**	**340 136**	**13 505**
教育部门和集体办	53 556	44 852	8 704	942 362	308 697	311 322	310 272	12 071
民办	4 482	2 213	2 269	79 915	27 188	26 643	25 159	925
其他部门办	1 071	537	534	14 734	4 719	4 801	4 705	509
城市	**7 594**	**5 382**	**2 212**	**204 270**	**66 859**	**66 766**	**64 650**	**5 995**
教育部门和集体办	5 741	4 588	1 153	165 018	53 483	53 761	52 542	5 232
民办	1 537	666	871	34 077	11 704	11 269	10 404	700
其他部门办	316	128	188	5 175	1 672	1 736	1 704	63
县镇	**18 650**	**16 096**	**2 554**	**421 243**	**140 493**	**139 523**	**137 173**	**4 054**
教育部门和集体办	16 868	15 168	1 700	385 959	128 481	127 713	125 943	3 822
民办	1 579	812	767	32 431	11 099	10 885	10 288	159
其他部门办	203	116	87	2 853	913	925	942	73
农村	**32 865**	**26 124**	**6 741**	**411 498**	**133 252**	**136 477**	**138 313**	**3 456**
教育部门和集体办	30 947	25 096	5 851	391 385	126 733	129 848	131 787	3 017
民办	1 366	735	631	13 407	4 385	4 489	4 467	66
其他部门办	552	293	259	6 706	2 134	2 140	2 059	373
总计中:四年制初中				52 841	12 212	13 556	13 568	13 505
其他学校附设初中班				13 109	4 260	4 350	4 432	67
独立设置少数民族学校				27 151	8 854	8 962	9 165	170

中等职业学校(机构)数

单位:所

	计	中央部门	地方部门			民办
			计	教育部门	非教育部门	
中等职业学校	11 837	67	8 812	6 379	2 433	2 958
其中:普通中等专业学校	3 801	34	2 885	1 549	1 336	882
成人中等专业学校	2 120	22	1 904	1 383	521	194
职业高中学校	5 916	11	4 023	3 447	576	1 882
其他机构(教学点)(不计校数)	2 868	10	2 363	1 612	751	495

注:中等职业学校未含技工学校数据(以下各表均同)。

小学校数、教学点数及班数

	学校数(所)	教学点数(个)	班数(个)
总计	**320 061**	**84 992**	**2 872 008**
教育部门和集体办	312 530	84 001	2 734 302
民办	5 798	772	107 369
其他部门办	1 733	219	30 337
城市	**17 535**	**273**	**369 147**
教育部门和集体办	15 407	244	315 346
民办	1 703	29	44 582
其他部门办	425		9 219
县镇	**30 942**	**1 601**	**524 242**
教育部门和集体办	29 251	1 565	485 175
民办	1 372	29	33 717
其他部门办	319	7	5 350
农村	**271 584**	**83 118**	**1 978 619**
教育部门和集体办	267 872	82 192	1 933 781
民办	2 723	714	29 070
其他部门办	989	212	15 768
总计中：六年制			2 796 301
一贯制学校小学部			146 804
其他学校附设			11 547
独立设置的少数民族学校	10 505		71 109

幼儿园园数、班数

	园数(所)		班数(个)	
	计	其中:少数民族幼儿园	计	其中:学前班
总计	**129 086**	**1 027**	**799 135**	**280 203**
教育部门	26 697	680	374 936	220 579
集体办	19 710	107	74 074	7 348
民办	77 616	237	312 802	47 900
其他部门办	5 063	3	37 323	4 376
城市	**32 946**	**105**	**204 560**	**25 944**
教育部门	4 066	51	45 110	9 211
集体办	2 750	13	16 174	1 168
民办	22 391	38	114 656	13 450
其他部门办	3 739	3	28 620	2 115
县镇	**34 797**	**288**	**215 968**	**51 182**
教育部门	7 670	161	89 394	33 800
集体办	3 218	19	18 919	1 453
民办	23 127	108	102 276	15 039
其他部门办	782		5 379	890
农村	**61 343**	**634**	**378 607**	**203 077**
教育部门	14 961	468	240 432	177 568
集体办	13 742	75	38 981	4 727
民办	32 098	91	95 870	19 411
其他部门办	542		3 324	1 371
总计中:独立设置幼儿园、小学附设幼儿园、独立设置学前班			559 260	79 849
小学附设幼儿班、学前班			239 875	200 354

普通高中学生数

单位:人

	毕业生数	招生数	在校学生数				
			合计	其中:女	一年级	二年级	三年级
总计	**7 883 143**	**8 401 644**	**25 224 008**	**11 920 372**	**8 416 487**	**8 309 696**	**8 497 825**
其中:女	3 689 577	3 993 313	11 920 372		3 997 415	3 927 196	3 995 761
教育部门和集体办	7 032 825	7 447 199	22 391 994	10 642 116	7 459 982	7 378 795	7 553 217
民办	724 275	833 008	2 459 561	1 092 696	834 771	809 306	815 484
其他部门办	126 043	121 437	372 453	185 560	121 734	121 595	129 124
城市	**2 842 344**	**2 932 179**	**8 932 723**	**4 339 698**	**2 934 566**	**2 942 021**	**3 056 136**
教育部门和集体办	2 430 121	2 519 786	7 658 508	3 753 889	2 521 476	2 527 735	2 609 297
民办	336 749	342 888	1 057 403	478 715	343 321	343 864	370 218
其他部门办	75 474	69 505	216 812	107 094	69 769	70 422	76 621
县镇	**4 373 897**	**4 770 935**	**14 198 003**	**6 605 300**	**4 779 518**	**4 673 818**	**4 744 667**
教育部门和集体办	4 022 017	4 328 548	12 920 992	6 037 995	4 336 627	4 246 152	4 338 213
民办	326 319	415 838	1 196 066	526 698	416 318	400 881	378 867
其他部门办	25 561	26 549	80 945	40 607	26 573	26 785	27 587
农村	**666 902**	**698 530**	**2 093 282**	**975 374**	**702 403**	**693 857**	**697 022**
教育部门和集体办	580 687	598 865	1 812 494	850 232	601 879	604 908	605 707
民办	61 207	74 282	206 092	87 283	75 132	64 561	66 399
其他部门办	25 008	25 383	74 696	37 859	25 392	24 388	24 916
总计中:其他学校附设初中班	148 284	98 852	317 577	153 471	98 924	104 952	113 701
重读生			187 099	74 656	14 843	8 926	163 330
重读中:女			74 656		4 102	3 250	67 304
少数民族学生	512 336	618 288	1 751 235	826 782	618 743	568 108	564 384
独立设置少数民族学校	131 385	157 108	443 806	231 901	157 316	143 931	142 559
残疾人			16 148	5 802	5 808	5 639	4 701

普通初中学生数

单位:人

	毕业生数	招生数	在校学生数						毕业班学生数
			合计	其中:女	一年级	二年级	三年级	四年级	
总计	**19 568 428**	**18 637 499**	**57 208 992**	**27 078 134**	**18 693 843**	**19 074 114**	**18 811 321**	**629 714**	**18 814 165**
其中:女	9 317 777	8 800 592	27 078 134		8 821 178	9 007 995	8 943 452	305 509	8 867 962
教育部门和集体办	18 120 713	17 029 306	52 402 578	25 051 209	17 080 551	17 453 688	17 299 612	568 727	17 304 186
民办	1 223 441	1 385 221	4 125 485	1 704 350	1 389 688	1 396 054	1 300 453	39 290	1 297 674
其他部门办	224 274	222 972	680 929	322 575	223 604	224 372	211 256	21 697	212 305
城市	**3 187 500**	**3 445 473**	**10 475 859**	**4 926 531**	**3 448 855**	**3 466 118**	**3 286 511**	**274 375**	**3 274 698**
教育部门和集体办	2 659 242	2 795 163	8 583 893	4 098 208	2 797 866	2 834 282	2 710 237	241 508	2 701 236
民办	442 018	565 558	1 637 803	709 088	566 235	545 790	495 296	30 482	492 954
其他部门办	86 240	84 352	254 163	119 235	84 754	86 046	80 978	2 385	80 508
县镇	**8 074 770**	**8 052 741**	**24 299 955**	**11 459 923**	**8 078 934**	**8 133 497**	**7 897 799**	**189 725**	**7 896 097**
教育部门和集体办	7 497 057	7 417 453	22 391 139	10 683 425	7 440 168	7 482 710	7 287 422	180 839	7 286 000
民办	533 853	592 839	1 777 141	714 843	596 176	607 230	567 939	5 796	567 580
其他部门办	43 860	42 449	131 675	61 655	42 590	43 557	42 438	3 090	42 517
农村	**8 306 158**	**7 139 285**	**22 433 178**	**10 691 680**	**7 166 054**	**7 474 499**	**7 627 011**	**165 614**	**7 643 370**
教育部门和集体办	7 964 414	6 816 690	21 427 546	10 269 576	6 842 517	7 136 696	7 301 953	146 380	7 316 950
民办	247 570	226 724	710 541	280 419	227 277	243 034	237 218	3 012	237 140
其他部门办	94 174	95 871	295 091	141 685	96 260	94 769	87 840	16 222	89 280
总计中:四年制			2 423 397	1 143 327	550 658	616 358	626 766	629 615	591 178
九年一贯制学校	1 449 160	1 524 112	4 532 181	2 083 932	1 529 007	1 516 902	1 423 220	63 052	1 418 278
其他学校附设初中班	385 751	227 341	691 569	323 648	227 923	230 458	230 521	2 667	231 082
重读生			83 635	31 204	56 344	13 761	13 220	310	
重读中女			31 204		20 586	5 175	5 321	122	
少数民族学生	1 682 418	1 731 450	5 103 372	2 364 691	1 738 346	1 711 224	1 636 243	17 559	1 592 807
独立设置少数民族学校	452 660	421 335	1 295 261	626 377	424 631	431 054	432 814	6 762	434 037

职业初中学生数

单位：人

	毕业生数	招生数	在校学生数						毕业班学生数
			合计	其中：女	一年级	二年级	三年级	四年级	
总计	**68 630**	**47 469**	**152 955**	**70 621**	**48 438**	**49 650**	**51 897**	**2 970**	**51 969**
其中：女	31 976	21 826	70 621		22 292	22 750	24 130	1 449	23 951
教育部门和集体办	67 621	46 526	149 910	69 585	47 495	48 407	51 038	2 970	51 155
民办	855	628	2 250	664	628	961	661		661
其他部门办	154	315	795	372	315	282	198		153
城市	**2 316**	**2 322**	**8 104**	**3 643**	**2 322**	**2 464**	**3 290**	**28**	**3 318**
教育部门和集体办	2 056	2 131	7 342	3 499	2 131	2 128	3 055	28	3 083
民办	179	113	409	19	113	142	154		154
其他部门办	81	78	353	125	78	194	81		81
县镇	**25 669**	**16 708**	**51 994**	**23 968**	**16 709**	**16 910**	**18 056**	**319**	**17 951**
教育部门和集体办	25 232	16 280	50 753	23 550	16 281	16 454	17 699	319	17 594
民办	364	366	1 064	341	366	413	285		285
其他部门办	73	62	177	77	62	43	72		72
农村	**40 645**	**28 439**	**92 857**	**43 010**	**29 407**	**30 276**	**30 551**	**2 623**	**30 700**
教育部门和集体办	40 333	28 115	91 815	42 536	29 083	29 825	30 284	2 623	30 478
民办	312	149	777	304	149	406	222		222
其他部门办		175	265	170	175	45	45		
总计中：四年制			10 254	5 087	1 896	2 555	2 898	2 905	2 781
普通中学附设班	11 380	3 841	13 130	5 997	4 714	2 524	5 892		5 892
其他单位(学校)办班	8 967	6 076	15 993	7 160	6 076	5 044	4 765	108	4 798
重读生			1 096	530	969	92	35		
重读中：女			530		466	45	19		
少数民族学生	11 332	12 300	30 979	13 532	13 021	8 626	9 034	298	8 793
独立设置少数民族学校	763	306	1 581	693	306	559	647	69	649

小学学生数

单位：人

	毕业生数	招生数		在校学生数								毕业班学生数
		计	其中受过学前教育	合计	其中:女	一年级	二年级	三年级	四年级	五年级	六年级	
总计	**18 701 708**	**17 360 672**	**15 143 293**	**105 640 027**	**49 124 929**	**17 618 531**	**16 990 799**	**16 910 053**	**17 686 900**	**18 457 171**	**17 976 573**	**18 681 833**
其中:女	8 790 377	8 015 297	6 934 383	49 124 929		8 124 139	7 876 356	7 847 796	8 236 122	8 621 774	8 418 742	8 737 907
教育部门和集体办	17 786 905	16 407 634	14 284 211	99 955 442	46 745 140	16 655 341	16 073 493	15 993 284	16 737 227	17 469 296	17 026 801	17 693 551
民办	689 659	767 564	691 273	4 487 915	1 821 731	773 195	723 866	720 548	743 269	774 610	752 427	772 518
其他部门办	225 144	185 474	167 809	1 196 670	558 058	189 995	193 440	196 221	206 404	213 265	197 345	215 764
城市	**2 967 205**	**2 957 250**	**2 825 477**	**17 610 813**	**8 094 813**	**2 966 160**	**2 924 252**	**2 867 845**	**2 977 586**	**3 041 964**	**2 833 006**	**3 051 947**
教育部门和集体办	2 615 711	2 553 091	2 449 516	15 331 935	7 117 167	2 558 976	2 539 068	2 496 438	2 600 225	2 664 286	2 472 942	2 678 931
民办	273 649	338 194	314 514	1 857 987	781 297	340 840	316 106	302 486	305 811	304 767	287 977	299 031
其他部门办	77 845	65 965	61 447	420 891	196 349	66 344	69 078	68 921	71 550	72 911	72 087	73 985
县镇	**4 627 000**	**4 057 036**	**3 787 662**	**25 521 904**	**11 678 939**	**4 094 740**	**3 930 150**	**3 989 927**	**4 275 581**	**4 585 010**	**4 646 496**	**4 816 754**
教育部门和集体办	4 359 081	3 791 153	3 541 666	23 867 011	11 025 483	3 826 829	3 674 696	3 729 336	3 999 181	4 287 487	4 349 482	4 512 380
民办	229 617	233 283	215 071	1 448 996	556 478	235 299	222 863	227 644	241 334	259 712	262 144	267 138
其他部门办	38 302	32 600	30 925	205 897	96 978	32 612	32 591	32 947	35 066	37 811	34 870	37 236
农村	**11 107 503**	**10 346 386**	**8 530 154**	**62 507 310**	**29 351 177**	**10 557 631**	**10 136 397**	**10 052 281**	**10 433 733**	**10 830 197**	**10 497 071**	**10 813 132**
教育部门和集体办	10 812 113	10 063 390	8 293 029	60 756 496	28 602 490	10 269 536	9 859 729	9 767 510	10 137 821	10 517 523	10 204 377	10 502 240
民办	186 393	196 087	161 688	1 180 932	483 956	197 056	184 897	190 418	196 124	210 131	202 306	206 349
其他部门办	108 997	86 909	75 437	569 882	264 731	91 039	91 771	94 353	99 788	102 543	90 388	104 543
总计中:六年制		463 111	445 563	2 642 991	1 248 989	471 003	463 686	477 200	525 847	705 255		1 361
一贯制学校小学部	1 195 387	978 466	872 110	6 347 497	2 858 261	987 797	951 038	980 574	1 068 249	1 167 618	1 192 221	1 256 583
其他学校附设	209 142	46 495	42 024	500 085	216 240	47 049	46 174	51 309	59 872	77 160	218 521	221 438
少数民族	1 713 894	1 836 943	1 178 550	10 741 779	5 024 872	1 899 816	1 822 795	1 766 567	1 782 967	1 773 034	1 696 600	1 708 719
重读生				303 768	126 618	257 859	19 241	11 809	8 117	5 659	1 083	
重读中女				126 618		108 842	7 765	4 468	3 064	2081	398	
小学教学点	341 380	1 016 314	721 311	3 834 454	1 804 600	1 040 697	967 091	691 160	509 047	355 109	271 350	272 979
复式班		231 588	141 779	917 852	431 644	273 419	287 068	166 274	112 372	53 146	25 573	25 603

中等职业学校(机构)学生分科类情况(总计)

单位:人

	毕业生数		招生数			在校学生数	预计毕业生数
	计	其中:获得职业资格证书	计	其中:初中毕业			
				计	应届毕业生		
总计	**4 312 433**	**2 535 815**	**6 514 754**	**6 078 414**	**5 816 666**	**16 198 590**	**4 797 747**
其中:女	2 182 861	1 236 614	3 189 979	2 989 962	2 872 302	8 100 917	2 387 194
农林类	175 404	97 428	246 993	229 376	198 020	589 056	181 667
资源与环境类	34 642	17 087	51 290	36 117	31 507	125 508	37 767
能源类	34 845	18 139	43 858	33 938	31 143	119 921	42 196
土木水利工程类	101 340	55 024	154 996	138 547	131 629	400 464	119 969
加工制造类	899 915	608 071	1 682 908	1 584 564	1 527 256	3 933 142	1 072 154
交通运输类	124 150	75 823	220 341	203 793	194 515	521 174	145 468
信息技术类	1 108 660	722 192	1 638 954	1 556 298	1 495 964	3 931 972	1 178 336
医药卫生类	360 584	103 911	477 527	435 907	410 805	1 371 676	413 767
商贸与旅游类	380 218	238 290	525 027	498 269	479 242	1 357 189	404 308
财经类	276 196	172 302	379 049	351 170	339 167	969 843	298 921
文化艺术与体育类	236 846	129 357	345 431	325 334	314 917	897 787	260 615
社会公共事物类	138 813	71 268	164 821	144 689	138 164	418 863	145 694
师范类	212 242	107 433	254 321	233 604	228 296	690 872	218 734
其他	228 578	119 490	329 238	306 808	296 041	871 123	278 151

工读学校基本情况

单位:人

	学校数(所)	班数(个)	离校人数	入校人数	在校生数	教职工数	
						计	其中:专任教师
合 计	**76**	**424**	**3 422**	**4 383**	**9 090**	**2 524**	**1 658**
其中:女			363	664	1 245	856	582

中等职业学校（机构）各类学生数

单位：人

	毕业生数		招生数			在校学生数					预计毕业生数
	计	其中：获得职业资格证书	计	其中：初中毕业		计	一年级	二年级	三年级	四年级及以上	
				计	应届毕业生						
合计	**4 312 433**	**2 535 815**	**6 514 754**	**6 078 414**	**5 816 666**	**16 198 590**	**6 522 475**	**5 407 261**	**4 132 406**	**136 448**	**4 797 747**
其中：中职全日制学生	4 188 370	2 497 601	6 367 617	6 010 060	5 779 524	15 910 809	6 374 828	5 309 979	4 092 546	133 456	4 684 803
中职非全日制学生	124 063	38 214	147 137	68 354	37 142	287 781	147 647	97 282	39 860	2 992	112 944
1. 普通中专学生	2 022 662	1 078 784	2 972 924	2 780 045	2 670 881	7 816 263	2 978 162	2 557 766	2 159 467	120 868	2 281 954
2. 成人中专学生	380 934	151 555	520 001	385 389	308 850	1 129 842	520 781	394 418	210 720	3 923	386 161
3. 职业高中学生	1 908 837	1 305 476	3 021 829	2 912 980	2 836 935	7 252 485	3 023 532	2 455 077	1 762 219	11 657	2 129 632
培训学生	**8 076 454**					**4 871 008**					
外国留学生	**3 343**					**4 014**					

注：SSSs＝中等专业学校

职业技术培训机构基本情况

单位：人次

	学校数（所）	教学班（点）（个）	结业生数		注册学生数		教职工数		聘请校外教师
			计	其中：女	计	其中：女	计	其中：专任教师	
总计	**178 900**	**639 177**	**60 031 763**	**28 365 437**	**50 677 419**	**24 055 077**	**528 002**	**263 825**	**381 817**
职工技术培训学校（机构）	**3 719**	**35 167**	**2 646 635**	**1 133 759**	**2 515 951**	**1 082 498**	**65 474**	**33 847**	**18 070**
教育部门和集体办	1 252	12 455	1 118 186	529 385	1 026 578	490 328	40 432	18 070	6 827
其他部门办	1 069	17 017	1 185 371	451 079	1 140 210	427 586	13 420	8 318	7 267
民办	1 398	5 695	343 078	153 295	349 163	164 584	11 622	7 459	3 976
农村成人文化技术培训学校（机构）	**153 303**	**401 805**	**46 703 495**	**21 792 460**	**37 876 621**	**17 632 928**	**223 665**	**102 823**	**238 820**
教育部门和集体办	149 208	390 481	45 537 481	21 262 033	36 735 821	17 119 777	214 201	97 240	223 902
其中：县办	1 262	9 439	1 214 242	552 313	1 164 527	533 720	11 562	7 074	6 995
乡办	19 880	136 033	21 088 784	9 827 896	16 870 676	7 749 716	72 940	39 625	79 191
村办	128 066	245 009	23 234 455	10 881 824	18 700 618	8 836 341	129 699	50 541	137 716
其他部门办	3 271	9 866	995 351	441 512	961 270	426 878	6 162	3 007	13 844
民办	824	1 458	170 663	88 915	179 530	86 273	3 302	2 576	1 074
其他培训机构（含社会培训机构）	**21 878**	**202 205**	**10 681 633**	**5 439 218**	**10 284 847**	**5 339 651**	**238 863**	**127 155**	**124 927**
教育部门和集体办	689	9 476	747 817	382 574	771 029	392 199	12 526	9 109	5 584
其他部门办	1 089	18 928	1 180 704	574 142	1 195 681	603 033	13 648	9 254	8 786
民办	20 100	173 801	8 753 112	4 482 502	8 318 137	4 344 419	212 689	108 792	110 557
总计中：少数民族			4 110 257	1 939 979	3 983 731	1 924 695	17 336	4 170	13 254
培训时间：一周至一个月以下			42 723 742	19 944 778	34 295 057	16 081 345			
一个月至半年以下			12 265 781	5 861 422	11515029	5 563 972			
半年以上			5 042 240	2 559 237	4 867 333	2 409 760			
培训形式：资格证书培训			3 437 212	1 568 146	3 206 442	1 481 020			
岗位证书培训			5 296 634	2 322 121	4 694 103	2 135 987			
培训科目：外语			2 240 999	1 244 658	2 157 896	1 175 161			
会计			902 104	562 723	858 583	539 257			
计算机			1 903 775	945 096	1 737 088	866 677			
农业技术			27 932 336	12 550 662	20 919 317	9 674 341			

特殊教育基本情况

单位：人

	学校数（所）	班数（个）	毕业生数	招生数	在校学生数												
					合计	小学阶段						初中阶段				高中阶段		
						一年级	二年级	三年级	四年级	五年级	六年级	一年级	二年级	三年级	四年级	一年级	二年级	三年级
总计	**1 618**	**14 742**	**49 135**	**62 358**	**413 143**	**49 992**	**51 002**	**52 588**	**53 070**	**52 457**	**47 824**	**34 202**	**32 540**	**29 860**	**2 475**	**2 937**	**1 973**	**2 223**
其中：女			17 461	21 510	142 552	17 102	17 309	17 846	18 001	17 970	16 308	12 092	11 503	10 628	991	1 162	757	883
盲人学校	33	923			43 067	3 746	4 158	4 515	5 027	5 053	4 494	4 896	4 776	4 941	90	453	328	590
聋人学校	579	8 584			117 850	14 895	14 255	14 430	13 861	13 312	12 323	10 742	9 820	8 654	693	2 007	1 385	1 473
弱智学校	380	5 235			206 097	26 071	27 946	28 910	29 238	29 090	26 312	12 350	12 308	11 352	1 626	476	258	160
其他学校	626				46 129	5 280	4 643	4 733	4 944	5 002	4 695	6 214	5 636	4 913	66	1	2	
特殊教育学校		**14 064**	**13 293**	**20 857**	**147 266**	**22 106**	**19 264**	**18 098**	**16 745**	**15 304**	**13 679**	**12 632**	**11 014**	**9 629**	**1 662**	**2 937**	**1 973**	**2 223**
盲人学校		911			8 213	1 028	905	845	927	883	477	632	598	465	82	453	328	590
聋人学校		8 517			89 798	11 817	10 610	10 558	10 084	9 608	9 198	8 477	7 417	6 495	669	2 007	1 385	1 473
弱智学校		4 636			48 311	9 052	7 579	6 536	5 626	4 744	3 932	3 483	2 937	2 624	904	476	258	160
其他学校					944	209	170	159	108	69	72	40	62	45	7	1	2	
小学附设特教班		**655**	**446**	**973**	**4 817**	**848**	**891**	**891**	**887**	**667**	**633**							
盲人学校		11			90	19	9	24	13	22	3							
聋人学校		63			442	99	105	78	82	32	46							
弱智学校		581			4 213	712	759	778	787	600	577							
其他学校					72	18	18	11	5	13	7							
小学随班就读			**20 291**	**21 038**	**196 885**	**27 025**	**30 847**	**33 589**	**35 433**	**36 479**	**33 512**							
盲人学校					21 833	2 699	3 244	3 646	4 082	4 148	4 014							
聋人学校					20 729	2 966	3 540	3 784	3 695	3 665	3 079							
弱智学校					125 885	16 307	19 608	21 596	22 825	23 746	21 803							
其他学校					28 438	5 053	4 455	4 563	4 831	4 920	4 616							
普通（职业）初中附设特教		**23**	**31**	**51**	**209**	**13**		**10**	**5**	**7**		**49**	**74**	**3**	**48**			
盲人学校		1			5				5									
聋人学校		4			38	13		10		7			8					
弱智学校		18			165							49	66	3	47			
其他学校					1										1			
普通（职业）初中随班就读			**15 074**	**19 439**	**63 966**							**21 521**	**21452**	**20 228**	**765**			
盲人学校					12 926							4 264	4 178	4 476	8			
聋人学校					6 843							2 265	2 395	2 159	24			
弱智学校					27 523							8 818	9 305	8 725	675			
其他学校					16 674							6 174	5 574	4 868	58			
合计中：																		
城市	735	8 161	14 810	17 066	118 893	13 515	12 795	12 952	13 062	13 353	12 032	11 388	11 272	10 194	1 743	2 658	1 784	2 145
县镇	810	5 949	14 976	20 486	123 969	15 551	14 833	14 718	14 783	14 503	13 726	12 802	11 460	10 453	671	246	155	68
农村	73	632	19 349	24 806	170 281	20 926	23 374	24 918	25 225	24 601	22 066	10 012	9 808	9 213	61	33	34	10

每十万人口各级学校平均在校生数

单位：人

地区	高等学校	高中阶段	初中阶段	小学	幼儿园
全　国	**1 924**	**3 409**	**4 364**	**8 037**	**1 787**
北　京	6 826	3 223	2 106	4 216	1 356
天　津	4 600	3 686	2 985	4 784	1 774
河　北	1 712	3 715	4 442	6 747	1 965
山　西	1 863	4 051	5 557	9 879	1 861
内蒙古	1 507	3 567	3 927	6 611	1 211
辽　宁	2 498	3 090	3 462	5 742	1 705
吉　林	2 493	2 905	3 531	5 644	1 143
黑龙江	2 207	2 580	3 830	5 338	1 117
上　海	4 317	2 393	2 355	2 938	1 726
江　苏	2 542	4 029	3 949	5 685	2 236
浙　江	2 246	3 351	3 604	6 736	2 967
安　徽	1 485	3 744	5 275	8 993	1 280
福　建	1 788	3 813	4 387	7 259	2 584
江　西	2 111	3 631	3 915	9 623	2 032
山　东	1 917	3 661	3 618	6 811	1 754
河　南	1 455	3 940	5 401	10 847	1 697
湖　北	2 683	4 347	5 014	6 505	1 151
湖　南	1 838	3 618	3 526	7 014	1 478
广　东	1 718	3 244	5 191	10 937	2 393
广　西	1 273	2 935	4 706	9 589	2 169
海　南	1 602	2 956	5 678	11 763	1 554
重　庆	2 043	3 523	4 689	8 492	1 907
四　川	1 500	3 103	4 460	8 527	1 911
贵　州	904	2 435	5 436	12 412	1 950
云　南	1 081	2 218	4 367	10 112	1 925
西　藏	1 174	2 248	4 865	11 409	395
陕　西	2 683	4 532	5 456	8 180	1 314
甘　肃	1 548	3 515	5 460	10 922	1 267
青　海	930	3 119	4 012	9 694	1 624
宁　夏	1 518	3 527	4 771	11 602	1 756
新　疆	1 414	3 131	5 442	10 043	1 766

注：1. 高等学校包括普通高等学校和成人高等学校。

2. 高中阶段合计数据包括普通高中、成人高中、普通中专、职业高中、技工学校和成人中专。

3. 初中阶段包括普通初中和职业初中。

各级学校生师比

单位：%

地区	小学	初中	普通高中	职业高中	普通中专	普通高校		
						全国	本科院校	专科院校
合　计	**18.82**	**16.52**	**17.48**	**23.50**	**31.39**	**17.28**	**17.31**	**17.20**
北　京	13.83	11.18	11.99	12.85	31.86	14.90	15.92	12.67
天　津	13.28	12.21	13.61	16.28	24.13	16.47	16.34	16.69
河　北	14.73	15.21	17.35	23.51	29.34	17.62	17.73	17.40
山　西	17.14	15.37	16.18	19.82	33.85	17.30	17.72	15.77
内蒙古	13.75	14.19	18.78	17.30	29.08	17.45	17.51	17.29
辽　宁	15.96	14.44	18.05	18.56	19.30	16.29	16.22	16.36
吉　林	11.69	13.93	18.88	19.21	19.64	18.32	18.20	18.54
黑龙江	12.84	13.99	16.25	15.63	26.28	16.76	17.17	16.09
上　海	13.87	12.80	12.76	18.63	24.88	16.51	16.07	17.19
江　苏	16.61	15.74	15.64	21.59	41.68	18.14	18.09	18.21
浙　江	20.26	15.74	14.68	22.92	27.01	19.08	19.42	18.66
安　徽	21.57	20.74	22.70	38.37	41.07	16.41	15.96	17.32
福　建	16.05	15.85	14.89	25.13	16.60	17.36	13.20	
江　西	21.08	15.10	17.25	26.72	47.34	17.66	17.85	17.23
山　东	16.40	13.07	16.29	21.03	27.31	18.30	18.32	18.27
河　南	21.09	18.05	21.72	24.08	41.50	17.92	17.51	18.59
湖　北	18.07	17.05	19.11	33.13	33.84	17.81	17.94	17.60
湖　南	17.79	12.56	17.81	24.07	54.51	17.56	17.34	17.96
广　东	24.55	20.26	16.67	19.95	27.69	17.44	17.53	17.35
广　西	20.96	18.84	18.93		26.23	16.59	17.33	15.57
海　南	18.79	20.50	17.55	20.20	50.85	17.03	16.64	17.61
重　庆	19.90	18.29	18.61	29.27	52.53	17.66	18.08	16.75
四　川	22.75	19.05	17.99	27.40	33.19	18.11	17.80	18.72
贵　州	24.29	19.75	18.68	33.40	41.38	17.16	16.09	19.44
云　南	20.36	18.34	15.67	21.08	29.57	16.42	16.75	15.66
西　藏	18.00	17.91	18.39		40.44	15.65	16.79	12.47
陕　西	16.70	17.48	19.36	28.45	37.42	16.39	16.76	15.55
甘　肃	20.75	18.67	18.07	22.64	22.55	18.18	18.02	18.48
青　海	19.46	15.96	14.79	29.35	26.14	14.54	13.82	16.87
宁　夏	21.23	17.61	17.63	27.69	47.28	16.98	15.81	19.08
新　疆	15.41	13.90	14.78	14.18	25.42	16.42	16.95	15.50

2007年科研活动基本情况

普通高等学校科技经费情况

单位：千元

	拨入				支出				
	合计	政府资金	企事业单位委托	其他	合计	劳务费	业务费	转拨外单位经费	其他
合计	**54 535 569**	**29 605 132**	**20 955 403**	**3 975 034**	**46 951 529**	**7 577 788**	**22 857 440**	**4 151 895**	**12 364 406**
按学校规格分									
“211”及省部共建高等学校	38 837 808	22 025 230	14 789 971	2 022 607	32 670 376	5 160 180	16 406 684	3 345 976	7 757 536
其他本科院校	15 457 704	7 454 945	6 096 642	1 906 117	14 066 994	2 361 112	6 364 710	803 721	4 537 451
高等专科学校	240 057	124 957	68 790	46 310	214 159	56 496	86 046	2 198	69 419
按学校隶属分									
部委院校	6 730 121	4 660 639	1 899 894	169 588	5 550 555	672 309	2 745 098	884 385	1 248 763
教育部直属院校	29 145 125	15 731 571	11 782 907	1 630 647	24 372 676	4 032 425	12 428 910	2 340 450	5 570 891
地方院校	18 660 323	9 212 922	7 272 602	2 174 799	17 028 298	2 873 054	7 683 432	927 060	5 544 752
按学校类型分									
综合大学	17 707 702	10 665 932	5 912 130	1 129 640	14 873 874	2 691 936	7 071 960	987 077	4 122 901
工科院校	29 150 193	13 280 433	13 990 367	1 879 393	25 223 921	3 662 080	12 789 187	2 573 768	6 198 886
农林院校	2 933 252	2 324 080	395 680	213 492	2 549 087	359 779	1 242 096	363 132	584 080
医药院校	2 334 046	1 840 874	156 524	336 648	2 121 046	489 725	815 265	177 453	638 603
师范院校	2 089 173	1 283 850	438 911	366 412	1 921 463	337 242	825 091	47 090	712 040
其他院校	321 203	209 963	61 791	49 449	262 138	37 026	113 841	3 375	107 896

普通高等学校科技人力情况

单位:人

	教学与科研人员		研究与发展人员		研究与发展全时人员		R&D 成果应用及科技服务人员		R&D 成果应用及科技服务全时人员	
	计	其中:科学家和工程师	计	其中:科学家和工程师	计	其中:科学家和工程师	计	其中:科学家和工程师	计	其中:科学家和工程师
合计:	**727 616**	**691 973**	**284 026**	**275 829**	**170 380**	**165 457**	**46 157**	**44 550**	**27 696**	**26 732**
按学校规格分										
“211”及省部共建高等学校	270 460	255 551	134 434	129 720	80 657	77 830	25 474	24 243	15 283	14 546
其他本科院校	418 604	399 797	144 465	141 055	86 651	84 602	20 196	19 826	12 121	11 897
高等专科学校	38 552	36 625	5 127	5 054	3 072	3 025	487	481	292	289
按学校隶属分										
部委院校	27 887	26 596	16 400	15 592	9 839	9 355	1 520	1 485	913	890
教育部直属院校	197 055	185 885	94 502	91 471	56 697	54 881	19 641	18 711	11 785	11 231
地方院校	502 674	479 492	173 124	168 766	103 844	101 221	24 996	24 354	14 998	14 611
按学校类型分										
综合大学	226 544	215 445	95 042	91 662	57 020	54 989	17 493	16 594	10 494	9 959
工科院校	229 368	219 505	96 638	94 589	57 974	56 745	21 243	20 794	12 746	12 476
农林院校	42 086	38 962	17 762	17 016	10 657	10 207	3 350	3 211	2 014	1 927
医药院校	166 237	157 114	50 201	48 673	30 107	29 190	1 678	1 638	1 006	982
师范院校	53 787	51 674	20 973	20 504	12 577	12 295	1 781	1 711	1 068	1 028
其他院校	9 594	9 273	3 410	3 385	2 045	2 031	612	602	368	360

普通高等学校研究与发展课题、成果情况

单位：千元

	科技课题			出版科技专著(部)	发表学术论文(篇)	成果获奖		技术转让		知识产权授权数	专利出售	
	课题数（项）	投入人数	实际支出			合计	其中：国家奖	合同数	收入		项数	实现金额
合计：	**273 068**	**220 042**	**31 886 414**	**10 477**	**610 662**	**5 006**	**265**	**6 920**	**1 316 542**	**14 111**	**711**	**447 608**
按学校规格分												
"211"及省部共建高等学校	140 918	106 592	22 841 004	3 375	307 767	2 575	197	3 440	852 314	9 585	329	295 871
其他本科院校	128 695	109 723	8 935 177	6 051	287 177	2 384	68	3 434	463 046	4 393	382	151 737
高等专科学校	3 455	3 727	110 233	1 051	15 718	47		46	1 182	133		
按学校隶属分												
部委院校	17 411	11 945	3 736 723	435	38 733	299	23	563	104 109	927	57	17 455
教育部直属院校	104 037	76 085	17 364 899	2 307	229 216	1 979	165	2 458	622 831	7 755	265	274 706
地方院校	151 620	132 012	10 784 792	7 735	342 713	2 728	77	3 899	589 602	5 429	389	155 447
按学校类型分												
综合大学	85 699	75 007	9 501 464	2 470	194 414	1 465	83	1 630	343 500	5 426	146	76 537
工科院校	110 962	78 562	18 594 258	4 074	249 868	2 005	128	4 250	845 718	7 208	505	321 640
农林院校	21 698	14 072	1 899 125	922	36 353	440	21	586	61 106	621	26	7 451
医药院校	31 534	34 564	839 705	2 138	76 398	867	28	242	39 352	297	10	22 840
师范院校	20 037	15 159	957 602	764	46 290	172	4	186	24 874	495	20	17 480
其他院校	3 138	2 679	94 260	109	7 339	57	1	26	1 992	64	4	1 660

教育基本建设投资完成情况(总计)

学校类别	投资合计	本年完成投资按资金来源分(万元)							本年竣工建筑面积(平方米)			
		国家预算内			自筹资金			其他	合 计	教学及辅助用房	行政办公用房	其他用房
		计	中央	省级	计	其中						
						学校自筹	个人捐资					
总计	**17 102 854**	**6 213 690**	**1 044 481**	**5 169 209**	**10 035 351**	**9 040 036**	**198 991**	**853 813**	**103 173 214**	**59 236 686**	**3 851 727**	**40 084 801**
普通高等学校	9 586 788	1 290 544	461 492	829 052	7 880 443	7 374 409	18 336	415 801	39 673 961	18 583 495	1 402 777	19 687 689
中等职业学校	752 973	417 406	49 157	368 249	302 811	255 405	7 812	32 756	5 318 748	3 165 588	188 517	1 964 643
普通中学	4 085 052	2 661 476	296 320	2 365 156	1 192 148	947 507	74 417	231 429	33 300 959	18 960 120	1 271 798	13 069 041
职业初中	76 527	67 650	4 042	63 608	7 850	6 692	1 036	1 027	287 418	158 869	21 106	107 443
小学	2 160 197	1 575 667	222 573	1 353 094	455 107	291 694	88 539	129 423	22 063 193	16 767 936	815 737	4 479 520
幼儿园	27 381	19 211	1 551	17 660	6 104	3 117	1 227	2 066	240 320	152 560	14 888	72 872
特殊教育学校	122 893	51 260	536	50 724	62 479	44 776	3 652	9 155	895 388	762 372	31 366	101 650
其他	291 043	130 477	8 810	121 666	128 409	116 436	3 973	32 157	1 393 227	685 746	105 538	601 943

教育基本建设投资完成情况

学校类别	投资合计	本年完成投资按资金来源分(万元)							本年竣工建筑面积(平方米)			
		国家预算内			自筹资金			其他	合计	教学及辅助用房	行政办公用房	其他用房
		计	中央	省级	计	其中：学校自筹	其中：个人捐资					
总计	**15 291 151**	**5 769 379**	**644 621**	**5 124 758**	**8 709 181**	**7 713 866**	**198 991**	**812 590**	**98 076 533**	**57 642 272**	**3 658 231**	**36 776 030**
北京	197 804	93 230	1 021	92 209	101 366	101 366		3 209	718 158	442 305	35 337	240 516
天津	297 170	25 508		25 508	257 826	257 826		13 836	390 446	232 040	31 446	126 960
河北	653 264	242 215	36 526	205 689	376 003	336 973	5 139	35 046	4 907 405	3 075 773	209 642	1 621 990
山西	232 788	57 120	2 414	54 706	167 708	136 473	467	7 961	1 016 636	745 957	22 113	248 566
内蒙古	406 830	196 803	11 091	185 712	186 095	157 976	4 978	23 932	2 622 737	1 521 866	114 618	986 253
辽宁	566 660	188 428	2 151	186 277	351 690	341 334	1 300	26 542	2 889 659	1 997 443	99 396	792 820
大连	26 066	16 210	230	15 980	3 039	1 895	1 144	6 817	179 559	138 858	6 931	33 770
吉林	228 454	58 220	7 320	50 900	160 641	152 683	2 342	9 593	1 455 953	973 891	37 840	444 222
黑龙江	288 534	91 855	8 769	83 087	176 158	160 635	1 376	20 521	1 696 357	993 909	57 183	645 265
上海	512 502	232 765		232 765	259 053	259 053		20 684	1 423 643	1 157 297	35 969	230 377
江苏	1 666 569	533 454	1 235	532 219	1 027 493	966 579	15 430	105 622	7 910 442	4 649 962	412 976	2 847 504
浙江	1 040 020	558 734	2 643	556 091	440 968	419 609	6 136	40 319	5 102 737	2 515 168	225 277	2 362 292
宁波	109 854	98 806	1 200	97 606	11 033	2 953	7 150	15	478 760	303 997	30 167	144 596
安徽	592 016	174 812	28 325	146 487	385 903	301 993	6 192	31 301	4 646 078	3 050 528	188 463	1 407 087
福建	395 293	76 817	2 529	74 289	269 970	253 939	6 685	48 506	2 399 301	1 469 967	56 930	872 404
厦门	99 045	46 231		46 231	47 453	47 373	80	5 361	460 178	332 195	39 842	88 141
江西	338 353	89 544	23 510	66 034	212 060	192 965	9 862	36 749	3 051 505	1 852 955	65 634	1 132 916
山东	993 493	176 343	10 994	165 349	745 041	701 727	2 037	72 110	6 306 446	3 517 136	280 251	2 509 059
青岛	53 602	27 420		27 420	25 164	24 364		1 018	299 123	205 899	31 528	61 696
河南	710 164	196 051	39 084	156 967	489 577	370 361	3 373	24 535	7 293 283	3 953 643	375 635	2 964 005
湖北	657 210	114 551	20 124	94 427	506 815	487 294	3 487	35 844	4 489 936	2 325 758	105 228	2 058 950
湖南	515 173	139 147	21 798	117 349	355 857	324 527	8 816	20 170	3 909 597	2 178 787	126 766	1 604 044
广东	1 265 694	812 831	1 920	810 911	393 167	281 742	52 868	59 696	9 493 131	5 697 358	273 015	3 522 758
深圳	141 947	133 662		133 662	8 285	285		0	305 526	175 733	13 859	115 934
广西	421 177	143 888	45 718	98 170	275 620	224 007	4 729	1 669	3 514 934	1 772 464	105 633	1 636 837
海南	130 605	38 343	4 127	34 215	87 562	72 940	2 534	4 700	796 488	355 264	18 643	422 581
重庆	466 763	70 665	12 026	58 639	333 260	260 416	4 209	62 839	2 976 041	1 358 525	109 757	1 507 759
四川	548 455	252 583	48 499	204 085	274 641	246 982	7 576	21 230	4 323 519	2 458 623	127 766	1 737 130
贵州	178 761	109 366	30 503	78 863	68 196	53 819	4 459	1 199	1 745 820	1 206 087	49 473	490 260
云南	501 021	209 881	33 820	176 061	258 703	231 492	9 422	32 437	2 882 008	1 701 505	26 615	1 153 888
西藏	76 169	72 368	67 273	5 094	3 144	2 616	348	657	511 952	249 785	3 696	258 471
陕西	422 630	143 973	24 640	119 333	260 644	218 245	3 101	18 014	3 289 109	2 150 739	182 705	955 665
甘肃	228 699	139 016	71 522	67 493	76 946	56 538	7 278	12 737	2 039 716	1 229 787	107 323	702 606
青海	51 205	22 066	9 012	13 054	27 804	7 586	5 231	1 335	387 142	167 986	4 970	214 186
宁夏	70 141	48 209	19 328	28 881	21 094	19 244	1 545	837	389 656	278 555	7 158	103 943
新疆	167 680	110 363	30 384	79 979	51 765	26 826	9 492	5 552	1 456 519	976 544	37 446	442 529
新疆生产建设兵团	39 342	27 902	24 886	3 016	11 440	11 233	207	0	317 033	227 983	1 000	88 050

普通高等学校人文、社会科学研究与发展经费情况

单位：百元

		学校数（所）	拨入											支出										转拨给外单位经费
			合计	科研事业费	科研基建费	国家社科规划、基金项目经费	中央其他部门社科专项经费	省市自治区社科专项经费	企事业单位委托项目经费	金融机构贷款	自筹经费	国外资金	其他收入	合计	内部支出									
															小计	科研人员费	业务费	科研基建费	仪器设备费	图书资料费	管理费	其他		
按学校规格分	合计：	837	42 881 632	16 978 066	155 458	1 511 601.1	2 269 190	3 998 687.2	9 647 145	4 320	5 332 997	1 360 444	1 623 724	38 285 008	37 835 151	11 232 057	15 660 987	261 810	3 526 618.7	3 721 996	1 051 101	2 380 581		419 857
	本科院校	72	18 391 135	4 813 673	1 080	556 630.27	1 533 070	1 204 941.7	5 841 945	1 320	2 125 847	1 141 514	1 171 114	15 652 048	15 340 682	3 039 501	8 260 959	5 000	1 000 735.4	1 205 108	582 062	1 247 317		311 366
	专科院校	32	1 662 270	591 585		97 305.73	300 226.4	127 244.96	376 198.5		111 806.3	37 288.87	17 614.16	1 438 773.4	1 433 525.2	385 278.1	538 850.8		200 711.72	194 658.9	45 057.6	68 968.15		5 248.15
按学校隶属关系分	教育部直属院校	733	22 828 227	11 569 808	154 378	857 665.08	435 894	2 666 590.5	3 429 001	3 000	3 095 344	181 641.2	434 995.8	21 194 187	21 060 943	7 807 278	6 861 178	256 810	2 325 171.5	2 322 229	423 981	1 064 296		133 243
	其他部委院校	686	42 113 516	16 533 192	154 808	1 506 131.1	2 260 190	3 918 595.6	9576 107	4 320	5 186 297	1 360 444	1 613 431	37 609 432	37 162 030	10 838 502	15 539 962	251 830	3 467 952.1	3 675 381	1 034 245	2 354 158		447 402
	地方院校	151	768 116.2	444 873.8	650	5 470	9 000	80 091.6	71 037.81		146 700.3		10 292.8	675 576.01	673 120.77	393 554.8	121 025.1	9 980	58 666.61	46 615.28	16 855.9	26 423.09		2 455.24
按学校类型分	综合大学	156	16 220 445	5 517 818	860	643 844.67	686 003.8	1 390 165.9	4 454 170		2 234 155	540 325.4	753 101.8	13 841 387	13 740 137	3 828 307	6 192 554	18 981.2	987 871.21	1 230 520	411 604	1 070 299		101 250
	理工农医院校	357	9 608 207	2 789 669	9 170	192 446	992 328.9	1 249 311.4	2 902 096	1 320	811 759	416 800.3	243 306.5	8 799 836	8 633 282.9	2 423 929	3 865 924	22 960	787 757.6	801 461.1	342 255	388 995.9		166 553
	师范院校	154	8 083 411	4 236 261	56 184	308 843.81	146 171.9	568 112.77	963 233.5	3 000	1 120 491	259 623.8	421 489	7 223 896.1	7 076 239.2	2 456 030	2 375 676	51 770	789 898.05	862 441.6	122 792	417 632.2		147 657
	语文院校	15	1 035 655	362 708.2		33 711	31 180	142 833.72	93 129.86		343 560.9	21 492.04	7 038.86	1 015 635.1	1 013 989.1	368 745.6	309 035.2	4 680	78 915.37	101 382.3	9 843.79	141 386.8		1 646
	财经院校	65	4 398 023	2 147 492	32 450	162 137.44	115 836.1	369 345.1	924 057.5		514 457.4	12 933.32	119 314	4 125 284.8	4 101 998.8	1 273 499	1 618 136	106 509	370 722.48	106 335.9	103 151	223 645.2		23 286
	政法院校	35	1 290 393	675 113.1	13 250	52 680	139 594.1	56 312.26	119 414		123 320.7	95 710.83	14 998.16	1 193 449.4	1 192 229.4	300 389.1	536 855.5	5 900	130 750.8	113 825.3	28 713.6	75 795.09		1 220
	艺术院校	15	577 259.4	251 821.2	32 844	16 526.33	68 699.75	125 170.75	32 888.9		18 644.47		30 664	592 493.74	590 448.74	159 228.8	153 541.5	26 500	167 787.35	34 891.69	16 803.7	316 95.65		2 045
	民族院校	29	978 619.5	640 619.8	10 700	7 606	51 956.91	68 004.75	85 192.75		97 603.51	4 500	12 435.75	866 961.69	860 761.69	234 418.7	395 250.1	24 510	108 160.81	65 703.22	6 946.72	25 772.07		6 200
	体育院校	11	689 619.3	356 563		93 805.83	37 419	29 430.5	72 962		69 005	9 058	21 376	626 061.11	626 064.11	187 509	214 014.4		104 755	105 435	8 991.96	5 358.75		

普通高等学校人文、社会科学人力情况

		学校数（所）	社科活动人员（人）					研究与发展人员（人）					研究与发展全时人员（人年）				
			合计	高级	中级	初级	辅助人员	合计	高级	中级	初级	辅助人员	合计	高级	中级	初级	辅助人员
	合计	**837**	**381 627**	**137 935**	**143 225**	**95 005**	**5 462**	**163 624**	**85 725**	**53 807**	**23 526**	**566**	**52 750.8**	**30 382.8**	**15 989.05**	**6 242.5**	**136.4**
按学校规格分	本科院校	72	57 651	28 715	20 753	7 531	652	30 372	19 692	8 325	2 211	144	11 230.3	7 800.6	2 743	643.9	42.8
	专科院校	32	12 909	5 561	4 851	2 337	160	5 615	3 286	1 759	539	31	1 916.5	1 197	585.4	128.1	6
按学校隶属关系分	教育部直属院校	733	311 067	103 659	117 621	85 137	4 650	127 637	62 747	43 723	20 776	391	39 604	21 385.2	12 660.65	5 470.5	87.6
	其他部委院校	686	355 247	130 942	133 318	85 906	5 081	156 058	82 264	51 039	22 218	537	50 657.7	29 361.9	15 250	5 916.8	129
	地方院校	151	26 380	6 993	9 907	9 099	381	7 566	3 461	2 768	1 308	29	2 093.05	1 020.9	739.05	325.7	7.4
按学校类型分	综合大学	156	105 814	42 346	39 089	22 944	1 435	49 845	28 397	15 379	5 905	164	17 254.4	10 829.3	4 830.5	1 552.5	42.1
	理工农医院校	357	109 223	34 654	42 385	30 348	1 836	40 828	19 244	14 670	6 808	106	12 176	6 231.7	4 155.8	1 760.4	28.1
	师范院校	154	83 978	29 394	31 072	22 447	1 065	36 125	18 478	11 878	5 649	120	11 694.8	6 514.2	3 579.05	1 567.4	34.1
	语文院校	15	9 177	3 479	3 754	1 873	71	4 135	2 232	1 386	504	13	1 239.1	791.3	318	123.3	6.5
	财经院校	65	39 040	14 757	14 826	8 936	521	19 847	10 225	6 658	2 851	113	6 011.5	3 404.4	1 864.6	726.9	15.6
	政法院校	35	11 648	4 704	4 387	2 412	145	4 624	2 561	1 450	596	17	1 344.5	808.2	384.9	147.7	3.7
	艺术院校	15	5 659	2 015	1 815	1 690	139	2 108	1 154	620	323	11	833.7	482.1	254.6	94.2	2.8
	民族院校	29	10 243	3 719	3 554	2 796	174	2 310	1 352	582	373	3	863.4	540	201.5	121.4	0.5
	体育院校	11	6 845	2 867	2 343	1 559	76	3 802	2 082	1 184	517	19	1 333.4	781.6	400.1	148.7	3

普通高等学校人文、社会科学研究与发展课题、成果情况

		课题数（项）	当年投入人数（人）		当年拨入经费（百元）	当年支出经费（百元）	出版专著（部）	发表论文（篇）				应用成果（项）	
				其中：研究生				合计	国内学术刊物		国外学术刊物	提交有关部门数	鉴定成果数
									国内外公开发行	国内公开发行			
	合计	**146 050**	**62 237**	**11 864**	**23 544 176**	**18 031 367**	**10 948**	**295 323**	**186 570**	**104 470**	**4 283**	**15 286**	**2 626**
按学校规格分	本科院校	42 353	16 677	5 722	13 119 845	9 915 875	3 973	66 333	39 414	24 827	2 092	5 865	949
	专科院校	5 682	2 313	501	1 095 400	774 101	531	11 930	6 233	5 305	392	388	60
按学校隶属关系分	教育部直属院校	98 015	43 247	5 641	9 328 932	7 341 390	6 444	217 060	140 923	74 338	1 799	9 033	1 617
	其他部委院校	141 951	60 198	11 829	23 296 398	17 866 238	10 800	282 634	179 563	98 827	4 244	14 385	2 545
	地方院校	4 099	2 039	35	247 778	165 129	148	12 689	7 007	5 643	39	901	81
按学校类型分	综合大学	50 433	22 268	5 907	9 931 245	7 324 454	4 224	94 157	57 793	34 704	1 660	5 270	856
	理工农医院校	35 782	14 300	2 611	6 488 879	5 336 328	1 777	72 120	41 630	29 437	1 053	4 252	568
	师范院校	30 071	13 154	1 877	3 252 782	2 456 777	2 386	65 311	44 823	19 957	531	2 227	317
	语文院校	2 852	1 409	171	451 910.4	332 572	276	5 674	3 364	2 150	160	120	27
	财经院校	16 117	6 231	494	1 966 776	1 563 667	1 043	35 366	24 876	9 936	554	2 452	643
	政法院校	4 157	1 398	72	563 941.7	388 081	371	10 466	6 716	3 524	226	718	165
	艺术院校	1 588	969	167	280 746.2	202 598	65	2 745	1 222	1 499	24	74	35
	民族院校	2 310	1 096	255	271 623.1	213 891	409	3 600	2 101	1 475	24	76	6
	体育院校	2 740	1 415	310	336 273.3	213 000	397	5 884	4 045	1 788	51	97	9

教育综合管理

教育新闻宣传

〔**综述**〕 2007年，重点开展了以下十方面工作的宣传：一是做好教育系统深入学习贯彻落实党的十七大精神的宣传；二是做好教育系统深入学习贯彻落实胡锦涛总书记“8·31”重要讲话精神和第23个教师节的宣传；三是做好国家资助家庭经济困难学生政策的宣传；四是做好在教育部直属师范大学实行师范生免费教育政策的宣传；五是做好各地各校积极开展“全国亿万青少年学生阳光体育运动”的宣传；六是做好国家西部地区“两基”攻坚成就暨全国农村义务教育经费保障机制改革工作的宣传；七是做好《国家教育事业发展“十一五”规划纲要》的宣传；八是做好“两会”期间教育热点问题及高考、大学生就业等工作的舆论引导；九是做好党的十六大以来教育改革与发展成就的宣传；十是做好联合国教科文组织亚太地区扫盲会议、第8届全国大学生运动会、第24届世界大学生运动会、第十届推普周、高雅艺术进校园、对外汉语推广等活动的宣传。

截至2007年底，教育部在国务院新闻办召开新闻发布会1次，自主召开新闻发布会25次、新闻通气会7次、记者招待会4次、媒体座谈会19次、专题策划会6次、政策解读会1次。组织16路中央新闻单位采访团，安排记者采访活动247次，协助各司局发新闻通稿329篇。中央暨首都100余家新闻媒体共刊播教育部新闻3 700余篇次，中国政府网、教育部门户网站、人民网、新华网、中国网、中国教育新闻网、中国教育电视台同时或单独直播教育部发布会50余次，各大网站多次转载教育部新闻。此外，还编发《教育新闻宣传工作》94期，《教育舆情快报》13期，《教育舆情快报专辑》57期，编辑出版《教育部2006年新闻发布会实录》、《教育部2007年新闻发布会实录》。

〔2007年教育部自主新闻发布会〕

场次	发布时间	发布人	发布内容	备注
1	1月25日	吴启迪　张尧学　黄　尧　王旭明	介绍“中等职业学校教师素质提高计划”有关情况	例行新闻发布会
2	2月27日	王旭明　赵　路　田祖荫	介绍农村义务教育经费保障机制改革的有关情况	例行新闻发布会
3	3月26日	王旭明　韩　进　宋德民　李志民　黄兴胜	介绍民办高校规范管理，引导民办高等教育健康发展及近期教育改革与发展有关情况	例行新闻发布会

续表

场次	发布时间	发布人	发布内容	备注
4	4月4日	李捍东　杨贵仁　刘国永　杨立国	介绍第八届全国大学生运动会有关情况	
5	4月25日	王旭明　廖文科　王龙龙　张浩明　张凤有　宁小华	介绍教育部贯彻落实中央政治局会议精神，进一步加强青少年体育工作全面实施《国家学生体质健康标准》以及近期教育工作有关情况	例行新闻发布会
6	5月18日	宋永刚　史宁中　韩震	介绍教育部直属师范大学实施师范生免费教育工作有关情况	
7	5月21日	张少春　杨周复　赵　路　崔邦焱	介绍《国务院关于建立健全普通本科高校、高等职业学校和中等职业学校家庭经济困难学生资助政策体系的意见》有关情况	
8	5月25日	王旭明　李旭炎	发布近期教育改革与发展有关情况并请几位依靠国家资助政策成长成才的大学生发言	例行新闻发布会
9	6月4日	袁贵仁　杨周复　韩　进　陈伟光　季　平　姜　钢　柯春晖	介绍《国家教育事业发展“十一五”规划纲要》有关情况	
10	6月12日	杨贵仁　尹鸿祝　耿培新　黄明珠	介绍教育部推广《第一套全国中小学校园集体舞》有关情况	
11	6月25日	王旭明　宋　海　李捍东　李兴华　雷朝滋　付恒升	介绍广东省、教育部、科技部开展省部产学研结合工作情况及近期教育改革与发展情况	例行新闻发布会
12	7月2日	赵　路　崔邦焱　董德刚　刘小华　张光明　何光彩　周春树　喻小明	介绍普通本科高校高等职业学校家庭经济困难学生资助政策暂行管理办法有关情况	
13	7月9日	赵　路　陈伟光　黄　尧　张光明	介绍中等职业学校家庭经济困难学生资助政策体系有关情况	
14	7月16日	杨贵仁　罗伟其　王旭明　盛志国　周长奎　杨立国　李学明	介绍第八届全国大学生运动会筹备工作有关情况	
15	7月25日	王旭明　马文华　何光彩　周春树	国家资助家庭经济困难学生政策咨询	例行新闻发布会
16	7月30日	章新胜　郭向远　杨立国　蒋志学　廖文科	第24届世界大学生夏季运动会中国大学生体育代表团成立新闻发布会	
17	8月16日	赵沁平　王登峰　李宇明　王铁琨	介绍2006年中国语言生活基本状况	
18	8月27日	王旭明　管培俊　吕玉刚　杨志坚	介绍2007年教师节活动安排及全国教育系统奖励表彰情况	例行新闻发布会
19	9月4日	赵沁平　王登峰　李宇明	介绍第十届推普周有关情况	
20	9月25日	王旭明	近期教育改革发展及各地各校开展阳光体育运动有关情况	例行新闻发布会

续表

场次	发布时间	发布人	发布内容	备注
21	10月25日	王旭明	介绍教育系统学习贯彻党的十七大精神及近期教育改革与发展有关情况	例行新闻发布会
22	11月26日	王旭明 孙光奇 王凤玲 田祖荫 李天顺 于 芳 葛 华	介绍国家西部地区“两基”攻坚计划完成情况	例行新闻发布会
23	12月21日	张保庆 孙光奇 王纪新 陈伟光 姜沛民	介绍资助中西部地区普通高中家庭特困生情况	
24	12月25日	王旭明 崔邦焱	介绍国家资助家庭经济困难学生政策体系及2007年教育新闻宣传工作情况	例行新闻发布会
25	12月30日	杨贵仁 王 丰 鲍学军 万丽君 王志泉	介绍2007高雅艺术进校园活动有关情况	

〔**2007年教育部通气会情况**〕

场次	时间	主办司局	发布人	发布内容
1	3月7日	规划司	季 平	介绍2006年各级各类教育发展有关情况
2	4月23日	体卫艺司	王旭明	通报《中共中央、国务院关于加强青少年体育增强青少年体质的意见》和“全国亿万青少年学生阳光体育运动”宣传工作有关情况
3	5月23日	督导办 财务司	陈小娅 郑富芝 田祖荫	通报我国农村义务教育发展及西部地区“两基”攻坚计划进展情况
4	5月28日	学生司考试中心	林蕙青 戴家干	通报2007高考招生工作有关情况并部署相关宣传工作
5	6月7日	体卫艺司	史贻云 卢 逊等	研究部署撰写《关于加强青少年体育增强青少年体质的意见》宣传文章工作
6	11月22日	财务司	陈小娅、田祖荫 何 平	通报国家西部地区“两基”攻坚成就的有关情况
7	12月12日	思政司	杨振斌	通报全国高校党建工作有关情况

撰稿 赵建武
审稿 王旭明

教育政务公开

〔综述〕 为切实加强对政务公开工作的领导，进一步健全政务公开领导机制。2007 年 9 月，教育部对依法行政和政务公开领导小组进行了调整，党组书记、部长周济任组长，党组副书记、副部长袁贵仁，党组成员、副部长章新胜，党组成员、纪检组长田淑兰，党组成员、部长助理郭向远任副组长，11 个司局的主要负责同志为成员。11 月 16 日，领导小组召开会议，研究进一步做好政务公开工作的有关问题，部署实施《条例》的各项准备工作。周济部长在会上强调指出，做好政务公开工作是贯彻落实党的十七大精神的具体体现，是办好人民满意教育的必然要求，也是践行科学发展观的一项重要工作。

为确保《政府信息公开条例》2008 年 5 月 1 日起施行，教育部除了完善领导体制、建立工作机构、配备工作人员外，还开展了以下工作：

一是做好《条例》的宣传学习和教育培训工作。制定了《教育部机关贯彻〈条例〉学习培训方案》。购买《条例》和《〈条例〉读本》供机关干部学习、培训使用；在部机关开展学习《条例》知识问答活动；在教育部内网上开设了《条例》学习专栏。

二是制定了《教育部贯彻落实〈条例〉工作分解方案》，列出了各项工作任务，包括进一步加强宣传学习和教育培训、建立健全相关的工作机制和工作制度、编制信息公开目录和指南、落实各项配套措施、加强对教育系统信息公开工作的指导等，明确了职责分工。

三是部署教育部政府信息公开指南和目录编制工作。制定了《教育部信息公开目录编制方案和说明》，印发了《教育部政务公开办公室关于开展教育部信息公开目录编制工作的通知》，启动了教育部信息公开目录管理和查询系统的开发工作。

〔政务公开平台建设〕 一是重点建设教育部政府门户网站。以教育部门户网站建设为核心，组织直属机关开展政务信息公开、在线办事服务、公众互动参与等服务。2007 年教育部门户网站共发布各类信息 12 035 篇，其中政策性文件 133 篇，各种教育统计数据千余篇，网络公告 40 余篇。向中央政府门户网站报送权威政务信息 204 条，央网从教育部门户网站自动抓取信息 560 条。同时利用网站积极配合做好新闻发布工作。全年网站发布新闻通稿 190 篇，媒体报道 1 647 篇，直播例行新闻发布会 12 场，直播专题新闻发布会 13 场，直播国新办新闻发布会 1 场，报道记者见面会 3 次，记者座谈会 19 场，并制作各种专题 12 个。11月，经国务院办公厅考核确定，教育部政府信息发布情况在国务院所属 81 个部委和直属机构中名列第 7。

二是围绕部党组中心工作和群众关心的热点难点问题，建设重点网站，做好信息服务。目前，教育部已重点建设了高校毕业生就业服务信息网、教育涉外监管信息网、高等教育学历认证网、中国教育经济信息网、全国教师教育网络联盟（网）、高校农业科技与教育联盟（网）、中国高等教育学生信息网、中国研究生招生信息网等二级品牌专业网站，并正在建设中小学电子教学资源、高等学校精品课程库和电子政务信息资源库，初步建立起了面向全国师生和社会服务的中央级应用平台，为进一步畅通政务公开渠道创造了良好的条件。

三是探索建立教育部在线办事系统，为办事公开搭建平台。办事公开是政务公开的重要内容。教育部科技奖励实行网上申报和网络初评，大大提高了工作效率，很好地维护了评审的客观、公正，得到了申报单位及参评专家的高度肯定。

〔学校校务公开工作〕 截至 2007 年底，全国普通高校和 95%以上的中小学校都开展了校务公开工作。10 月，教育部办公厅印发了《关于做好教育系统施行〈条例〉准备工作的通知》，要求充分认识制定实施《条例》的重大意义，切实加强对贯彻实施《条例》的组织领导，有效开展对工作人员的教育培训，抓紧编制或修订信息公开指南和公开目录，尽快建立健全信息公开工作机制及制度规范。各级各类学校逐步建立健全了校务公开的组织领导机构。成立了由党政主要领导任组长，各分管领导任副组长，校办、工会、纪检监察等部门负责人参加的校务公开工作领导小组以及相应的监督小组。学校将校务公开工作列入重要议事日程。制定了一系列校务公开工作的规章制度或实施办法，将涉及招生考试、教育收费、项目审批等有关教育教学管理的重大事项，高校党风廉政建设中的重大问题为重点，加大公开力度，多方面确保职工的民主权益，收到了很好的效果。

撰稿　杜柯伟
审稿　牟阳春

教育法制建设

〔**教育立法取得新进展**〕《国务院批转教育部国家教育事业发展“十一五”规划纲要的通知》要求，加强教育法制建设，加快完善中国特色社会主义教育法律法规体系。明确了“十一五”期间要推进《教育法》、《教师法》、《职业教育法》、《高等教育法》和《学位条例》的修订工作，适时启动《学校法》、《考试法》、《终身学习法》、《学前教育法》和《教育督导条例》的起草工作。

2007 年，受国务院法制办的委托，教育部牵头完成了《考试法》的调研、研究和草案的起草工作，并原则通过部长办公会议的审议。同时，全面启动了《职业教育法》的修订和《终身学习法》的研究工作。为配合新修订的《义务教育法》的实施工作，教育部起草了《教育督导条例》草案，并上报国务院审议。为落实党的十六届六中全会关于“引导民办教育健康发展”的要求，制定了《民办高等学校办学管理若干规定》；根据党的十七大关于“鼓励和规范社会力量兴办教育”的精神，认真起草《独立学院设置与管理办法》。

根据《国务院办公厅关于开展行政法规规章清理工作的通知》要求，从 2007 年 4 月开始，教育部对现行规章进行了一次全面清理。截至 2007 年底，教育行政部门的执法依据共有教育类法律 7 件，行政法规及国务院批准的规章 12 件，重要的法规性文件 13 件，教育部规章 70 件。

〔**依法行政工作**〕 进一步调整充实了教育部依法行政和政务公开领导小组，并下设依法行政办公室和政务公开办公室。根据《国务院办公厅关于进一步清理取消和调整行政审批项目的通知》要求，对教育类行政审批项目进行了全面清理和研究，进一步完善行政审批事项的配套制度建设，规范了行政许可项目的实施程序。认真落实《政府信息公开条例》，积极起草教育部贯彻落实《条例》的实施办法。全面总结了教育部贯彻落实国务院《全面推进依法行政实施纲要》工作情况，进一步明确了推进依法行政的工作思路。认真贯彻《行政复议法》和《行政复议法实施条例》，2007 年教育部共处理行政复议案件 15 件，充分发挥行政复议在构建和谐教育中的作用。

〔**“五五”普法规划实施**〕 根据《全国教育系统法制宣传教育的第五个五年规划》实施的要求，2007 年教育系统普法的重点是进一步宣传贯彻《义务教育法》，同时狠抓中小学法制教育工作。2007 年 7 月 24 日，《中共中央宣传部、教育部、司法部、全国普及法律常识办公室关于印发〈中小学法制教育指导纲要〉的通知》发布，进一步明确中小学法制教育的总体要求、基本原则和主要任务、内容、实施途径、措施。《通知》要求各级党委宣传部门、政府教育行政和司法行政部门要高度重视，加强对中小学法制教育工作的领导，将此项工作纳入实施“五五”普法规划目标责任制的考核范围，要充分发挥学校课堂教学的主渠道作用。教育行政部门要从实际出发，制订法制教育的实施计划，整合当地德育、教研、科研等部门的力量，进行法制教育的研究和实践；学校由校长（或分管校长）负责，把法制教育作为教育教学和课程改革的重要内容。从而努力形成多角度、宽领域、全方位的中小学法制教育新格局。

〔**颁布《民办高等学校办学管理若干规定》**〕为贯彻党的十六届六中全会关于引导民办教育健康发展的要求，根据《民办教育促进法》及其实施条例、《国务院办公厅关于加强民办高校规范管理，引导民办高等教育健康发展的通知》和《中共中央组织部、中共教育部党组关于加强民办高校党的建设工作的若干意见》的精神，结合民办高等教育实际，教育部颁布《民办高等学校办学管理若干规定》（以下简称《若干规定》），于 2007 年 2 月 10 日施行。

《民办教育促进法》实施以来，民办高等教育获得了较快发展，成为我国高等教育事业的重要组成部分。《若干规定》将《民办教育促进法》及其实施条例的有关奖励与扶持政策进一步具体化。《若干规定》要求教育行政部门应当将民办高等教育纳入教育事业发展规划，对民办高等教育事业作出突出贡献的集体和个人予以表彰奖励；要做好引导民办高等教育健康发展的舆论宣传工作，营造有利于民办高校健康发展的舆论环境；要会同民政部门加强对民办高等教育领域行业协会的业务指导和监督管理，充分发挥行业协会在民办高等教育健康发展中提供服务、反映诉求、行业自律的作用。

针对实践中一些民办高校办学指导思想不端正，内部管理体制不健全，法人财产权不落实，办学行为不规范，在招生、管理、教学等方面存在一些问题等，《若干规定》对民办高校的办学行为进行了进一步的规范。《若干规定》要求，民办高校应当依法将招生简章和广告报审批机关或其委托的机关备案，发布的招生简章和广告必须与备案的内容相一致；未经备案的招生简章和广告不得发布。对纳入国家计划、经省级招生部门统一录取的学生发放录取通知书。民办高校对自行招收的非学历教育学生，发放学习通知书，学习通知书必须明确学习形式、学习年限、取得学习证书办法等。民办高校必须根据有关规定，建立健全党团组织，民办高校应当按照国家有关规定建立学生管理队伍；按不低于 1：200 的师生比配备辅导员，每个班级配备 1 名班主任。民办高校应当建立教师、学生校内申诉渠道，依法妥善处理教师、学生提出的申诉。民办高校的法定代表人为学校安全和稳定工作第一责任人。

《若干规定》进一步明确了省级教育行政部门管理民办高校的职责。具体包括：办学许可证管理；民办高校招生简章和广告备案的审查；民办高校相关信息的发布；民办高校的年度检查；民办高校的表彰奖励；民办高校违法违规行为的查处；法律法规规定的其他职责。

《若干规定》根据国务院有关文件要求，将督导专员制度具体化。明确规定民办高校的督导专员由省级教育部门委派，须具有法定的条件，主要职责为：监督民办高校贯彻执行有关法律、法规、政策的情况；监督、引导学校的办学方向、办学行为和办学质量；可参加学校发展规划、人事安排、财产财务管理、基本建设、招生、收退费等重大事项的研究讨论；向委派机构报告学校办学情况，提出意见建议；有关党政部门规定的其他职责。

《若干规定》还完善了防范办学风险的法律制度。一是规定民办高校的资产必须于批准设立之日起一年内过户到学校名下。本规定发布前已设立但资产未过户的民办高校，在本规定发布后一年内过户到学校名下。民办高校资产未过户到学校名下前，举办者对学校债务承担连带责任。学校名义贷款形成的资产不得作为举办者的投入。二是规定民办高校必须接受省级教育行政部门对其进行的年度检查，并规定了年度检查的主要内容。三是规定民办高校必须接受省级教育行政部门在必要时会同有关部门进行的财务审计。

此外，《若干规定》还对民办高校的一些违法行为，比如学校资产不按期过户的、办学条件不达标的、发布未经备案的招生简章和广告的、年度检查不合格的，设定了法律责任。

撰稿 黄兴胜
审稿 孙霄兵

全国人大代表建议、全国政协委员提案的承办工作

2007年“两会”期间，教育部接到全国人大代表建议、全国政协委员提案共1 195件，总量比上年（1 226件）减少了31件，减幅为2.53%。其中，全国人大代表建议、议案633件，比上年（662件）减少了29件，减幅为4.38%；全国政协委员提案562件，比上年（564件）减少了2件，减幅为0.35%。从总体数量上看，仍居国务院各部委的第三位。

建议、提案涉及的主要问题有：完善农村义务教育投入保障机制；切实减轻中小学生课业负担，大力推进素质教育，促进我国未成年人全面发展；加强职业教育，推进职业健康发展，构建终身教育体系；进一步深化高等职业教育改革，全面提高劳动者素质；深化高等教育体制改革，提高高等教育质量；建立健全师资培养制度，建立教师教学评价体系，加强师德师风建设；启动民办高校教学工作水平评估，促进民办教育可持续发展；制定《学位法》，修改《高等教育法》、《职业教育法》、《教育法》等。建议、提案的办理共涉及教育部29个单位。

教育部党组高度重视建议、提案的办理工作，并将此项工作列入到了4月份党组的重点工作。教育部部长周济对此专门作出批示。2007年4月中旬，教育部办公厅召开了由承办单位主要领导同志参加的“两会”建议、提案承办工作动员会，部党组成员、部长助理郭向远出席会议并讲话。他对教育部2006年建议、提案的办复工作给予了充分肯定，并指出了存在的问题和不足。对做好2007年建议、提案的承办工作，提出如下意见：一要高度重视建议、提案的办理工作。要从办好让人民满意的教育的高度出发，进一步提高对建议、提案办理工作重要性的认识，切实加强领导，把建议、提案办理工作纳入重要议事日程，要通过建议、提案的办理，来进一步推进工作。二要全面落实人大、政协的办理要求，切实提高办复质量。各承办司局要严格按照上级和教育部要求，规范办理程序，指派专人负责，要把办理工作与干部年终考核结合起来，进一步调动具体办理同志的积极性。三要切实做到突出重点，做好重点建议、提案的办理工作。四要加强协调和配合，司局之间、司局与办公厅之间要加强沟通交流，共同办理好建议、提案。五是办公厅要加强督促检查，严格把关，切实提高建议、提案的办复质量和效率。

根据要求，教育部进一步充实、修订了《关于建议、提案办理工作暂行规定》及《关于加强全国人大建议、政协提案办理工作的几点意见》，并制定了《2007年教育部办理全国人大代表建议的工作方案》和《2007年教育部“两会”建议、提案承办要求》，进一步规范了办理工作；在2007年建议、提案的办理工作中，教育部进一步完善了由承办单位办公室统筹协调、各业务处室具体办理、单位领导把关、主管部领导签发的办理工作机制，进一步明确了办理责任；办公厅对办理过程适时进行督促检查，并把办理进程及时上网公布，调动了承办单位工作的积极性，确保了建议、提案的办复质量，提高了办复工作效率。

由于领导高度重视，措施得力，各承办单位克服了任务重、困难大、时限紧的困难，较好地完成了2007年建议、提案承办工作。办理工作结束后，办公厅组织各有关单位对2007年建议、提案的办理工作进行了认真总结，并组织评选出了82件优秀建议、提案，8个优秀承办单位。2007年11月，在政协第十届全国委员会优秀提案和先进承办单位表彰会上，教育部被评为提案承办先进单位（已连续三届先进）。从全国人大代表、全国政协委员的反馈意见看，代表、委员对教育部建议、提案的办理工作表示满意。

撰稿 王进保
审稿 安钰峰

教育纪检监察

〔**2007年教育系统反腐倡廉工作**〕 2007年，驻教育部纪检组、监察局按照中央纪委、监察部的统一部署和要求，围绕中心，服务大局，积极推进《实施纲要》贯彻落实，认真履行职责，不断加强纪检监察干部队伍建设。经过全系统的共同努力，党风廉政建设和反腐败斗争取得了新的进展，一些重点工作取得明显成效。

一、以制度建设为重点，推进《实施纲要》贯彻落实。构建惩防体系的制度框架，计划用三年时间形成惩防体系的制度框架，2007年协调教育部机关各司局按原定计划完成出台16项制度；坚持廉政谈话制度，对2006年3月以来新任的直属机关司局级干部进行了集体廉政谈话，对新任干部提出了要求；配合机关党委，组织教育部直属机关党员干部参观由最高人民检察院主办的“全国检察机关惩治和预防职务犯罪展览”；驻教育部纪检组、监察局领导多次作党风廉政建设报告，编印了教育行政学院廉洁教育读本；全面推进青少年廉洁教育和廉政文化进校园工作。

认真履行对驻在部门党组和行政领导班子及其成员的监督职责，印发《教育部党组、驻部纪检组关于落实中央纪委派驻纪检组履行监督职责意见的办法（试行）》。加强对教育部干部选拔任用工作的监督，结合信访和查办案件工作建立廉政档案，掌握监督对象在党风廉政方面的情况。2007年，教育部全面开展了对直属高校的巡视工作，分四批对16所直属高校进行巡视。

二、严肃查处违纪违法案件，加强预防教育系统职务犯罪工作。充分发挥办案治本职能，加强对案件查处和治理商业贿赂工作的指导。发出《关于报送商业贿赂案件查处情况的通知》和《关于对商业贿赂自查自纠工作进行抽查的通知》，强化办案手段，严肃查处了一批商业贿赂案件。据不完全统计，2006年5月开展治理商业贿赂专项工作以来，教育系统共查结商业贿赂案件341件，涉案金额5 398.9万元，受到刑事处理255人。2007年，组成调查组对浙江、四川等9个省市教育系统职务犯罪情况进行跟踪调研，9月，教育部党组专题听取了汇报，11月，就预防教育系统职务犯罪问题向国家预防腐败局主要领导作了专题汇报。2007年，共收到信访2 628件（次），均按照有关规定及时予以处理。

三、进一步规范教育收费行为，推进教育系统行风建设。一是继续把治理教育乱收费作为一项重点工作来抓，积极组织协调有关部门抓好落实工作。1月，召开了全国规范教育收费、进一步治理教育乱收费工作电视电话会议。2月，发出《关于做好春季开学后教育收费检查工作的通知》，参加联合督查组，对十余个省市推进农村义务教育经费保障机制改革情况进行了专项督查。努力建立规范教育收费的长效机制，一是清理整顿改制学校；二是促进义务教育均衡发展，积极探索解决城市义务教育“择校”乱收费问题；三是继续推动创建规范教育收费示范县工作。全国共评出规范教育收费示范县（市、区）485个（含正在公示的13个），占全国县（市、区）总数的16.4%。

四、积极发挥行政监察职能。发挥行政监察职能作用，继续实行高校招生阳光工程，高校招生执法监察工作进一步规范和深入。加强对直属高校奥运场馆建设的监督。继续深入扎实地落实“廉洁奥运”、“节俭办奥运”和“五统一”的要求，加强奥运场馆建设的监督工作。强化对行政审批权行使的监督，组局参与教育部制定《教育部政务公开管理办法》，监察局局长兼任教育部政务公开办公室成员。积极推动校务公开，健全民主监督机制，编制政务公开、校务公开目录，逐步做到制度化、规范化、程序化。

五、加强自身建设，不断提高工作能力和水平。积极开展干部培训。举办了“2007年直属高校纪检监察干部办案骨干培训班”、“2007年直属高校纪委书记专题研讨班”、“教育行政监察干部第二期海外培训班”，总计210人（次）参加了国内外培训。深入开展调查研究和反腐倡廉理论研究，深入各地开展专题调研，集中力量开展预防教育系统职务犯罪跟踪调研，围绕作风建设和高校管理推动直属高校开展调研，完成了一批调研报告，为领导决策发挥了应有的作用。8月，与中央纪委研究室共同组织在湖南大学召开理论研讨会。加强信息宣传工作。在各地各直属高校建立信息员队伍负责信息报送，通过《教育纪检监察重要信息》、《各地各高校工作信息摘报》、《教育纪检监察信息专报》等载体向委部领导和相关部门及时上报和发布工作动态和重要信息。

〔全国教育纪检监察工作会议〕 1月18日—20日，教育部党组在海南召开2007年全国教育纪检监察工作会议，学习贯彻中央纪委第七次全会精神，总结2006年教育系统党风廉政建设和反腐败工作，部署2007年工作任务。教育部党组书记、部长周济出席会议并讲话。

周济强调，教育系统各级党组织要按照胡锦涛总书记重要讲话中提出的要求，紧密结合实际，认真对照检查，着力解决领导干部作风建设中存在的突出问题。要把领导干部作风建设作为党的建设和干部队伍建设的重要内容，纳入年度干部考核和干部监督的范围。周济要求，教育纪检监察工作要围绕中心、服务大局，重点加强五个方面的监督检查：一是对落实科学发展观的监督检查，维护中央的权威和党的团结统一，保证政令畅通；二是对领导干部作风建设的监督检查，促进领导干部廉洁自律；三是对构建和谐校园的监督检查，加强领导班子建设、教师队伍建设，积极推进廉政文化进校园；四是对涉及群众切身利益问题的监督检查，维护教育公平公正；五是对高校资金安全的监督检查，防止有章不循、有规不依、资金安全发生问题。周济强调，加强管理、从严治教是当务之急。教育系统各级党委、行政和纪委要把党风廉政建设与加强管理统筹安排、相互协调、整体推进，不断提高依法管理、民主管理、科学管理的能力和水平。要强化责任制的落实，狠抓制度执行。各级领导干部尤其是主要领导干部要带头遵守制度，以良好的作风，促进教育事业持续协调健康发展。

教育部党组成员、中央纪委驻教育部纪检组组长田淑兰作了工作报告。她要求，2007年教育纪检监察工作要全面贯彻落实科学发展观，围绕教育事业持续协调健康发展的大局，深入贯彻落实《实施纲要》，抓紧推进惩防体系建设，进一步加大预防腐败力度，推动廉政建设与业务建设深度融合，努力拓展从源头上防治腐败工作领域。重点抓好六项工作：认真履行监督职责，促进教育发展各项任务的落实；以领导干部为重点，深入开展党风廉政教育；全面推进青少年廉洁教育和廉政文化进校园工作；严格规范教育收费行为，坚决纠正损害群众利益的不正之风；继续加大工作力度，严肃查处违纪违法案件；深化改革，创新制度，拓展源头治理领域。她强调，各级教育纪检监察部门要进一步增强政治意识、大局意识和责任意识，严格执行制度，深入调查研究，努力加强自身建设，慎之又慎、深之又深、细之又细、实之又实地抓好各项工作任务落实。

撰稿　李海亮

〔**治理教育乱收费**〕 2007年，教育部、国务院纠风办、监察部、国家发展改革委、财政部、审计署和新闻出版总署与各省、自治区和直辖市一起，认真贯彻落实国务院第五次廉政工作会议和中央纪委第七次全会精神，突出工作重点，加大治本力度，强化舆论监督和检查。经过各地和各成员单位的共同努力，治理教育乱收费整体工作稳步推进，专项治理工作成绩显著。

一、全国农村义务教育经费保障机制改革开局良好，享受义务教育的学生得到了实惠，农村地区教育乱收费现象得到了有效遏制。2007年春季开学起，全国农村义务教育经费保障机制改革全面推行。中央财政免杂费、补助公用经费资金共204.6亿元已全部下达到省，惠及全国40多万所农村中小学，近1.5亿名农村中小学生。

二、大力促进义务教育均衡发展，积极探索解决城市义务教育"择校"乱收费问题。2007年6月，在沈阳召开了全国规范城市义务教育收费工作交流会。会议要求当地结合实际，制订工作方案，促进区域内义务教育均衡发展。会后，一些地方采取有力措施，解决城市义务教育阶段"择校"收费问题取得了好的成效。

三、清理整顿改制学校，严格规范办学行为。据统计，全国共有改制学校2 314所。一年多来，在各级政府的大力支持下，已完成清理整顿1 604所，占原改制学校总数的69.3%。

四、严格执行公办高中招收择校生"三限"政策。各地加强了对公办高中"择校生"招生、录取、收费的监督管理，及时向社会公示"择校生"招生比例、收费标准、最低录取分数线和录取结果。部分地方择校生比例偏大的现象得到纠正，违规收费现象明显减少。

五、继续实施高校招生"阳光工程"，进一步规范高校收费工作。高校招生工作进展平稳，群众认可度和满意度进一步提高。2007年全国治理教育乱收费部际联席会议办公室共接到有关高校违规收费的举报197件，比2006年下降63.7%。

六、加强长效机制建设，积极推进规范教育收费示范县（市、区）创建活动。截至2007年底，全国共评出规范教育收费示范县（市、区）492个，占全国县（市、区）总数的17%。

〔**治理教育乱收费部际联席会议**〕 2007年1月25日，在国务院小礼堂召开了全国进一步治理教育乱收费部际联席会议。会议由国务院副秘书长项兆伦主持，监察部、教育部、国家发展改革委、财政部、审计署、新闻出版总署等成员单位领导和湖北省、天津市、沈阳市代表参加了会议。监察部副部长、国务院纠风办副主任屈万祥、教育部部长周济、国家发展改革委副主任张茅、财政部部长助理丁学东、审计署副审计长刘家义和新闻出版总署副署长孙寿山等先后在会上讲话。湖北省副省长郭生练、天津市副市长张俊芳、沈阳市副市长王玲分别作了典型发言，国务委员陈至立参加会议并作了讲话。

会议的指导思想是：认真贯彻落实党的十六届六中全会和中央纪委第七次全会精神，提高认识，统一思想，增加责任感和紧迫感，进一步加强治理教育乱收费工作，促进社会主义和谐社会建设。

会议指出，治理教育乱收费事关人民群众切身利益，是办好让人民群众满意的教育、构建社会主义和谐社会的要求，是加强党风廉政建设和反腐败工作的重要内容。党中央、国务院先后采取了一系列重大措施，各级政府及有关部门共同努力，齐抓共管，教育乱收费蔓延的势头得到有效遏制，学校收费行为逐步规范，治理教育乱收费工作的长效机制正在形成，规范教育收费工作取得阶段性成效。但是，当前治理教育乱收费的任务仍然很重，一些地方和学校乱收费行为还时有发生，有的问题还很突出，群众反映仍比较强烈。

会议要求，进一步加大治理教育乱收费工作力度，坚持标本兼治，力争取得新成效。一是全面落实农村义务教育经费保障新机制，完成2007年春季全国农村义务教育阶段免除学杂费、向贫困家庭学生免费提供课本、补助贫困家庭寄宿生生活费等工作，使农村适龄儿童义务教育"上学难、上学贵"问题得到解决，从根本上消除农村中小学乱收费现象。二是大力推进公共教育协调发展特别是区域内义务教育均衡发展，解决和规范城市择校收费问题。三是加强管理、从严治教，严禁违规出台收费项目和标准，落实责任追究制度，维护政策和纪律的严肃性。四是要在预防和教育上下功夫，扎实推进全国规范教育收费示范县创建活动。五是狠抓落实，确保治理教育乱收费和各项工作落到实处。

撰稿 张其华

〔**高校招生执法监察**〕 2007 年，全国各地各高校继续大力推进高校招生“阳光工程”，坚持从严规范管理。各级教育监察部门与招生考试管理部门密切配合，围绕招生考试工作重点积极开展监察工作，维护高校招生公平公正，促进了高校招生考试工作顺利完成。

一、精心部署、明确任务。2007 年 3 月，在全国普通高校招生工作电视电话会议上，教育部党组成员、驻部纪检组组长田淑兰围绕加强教育系统党风廉政建设工作，进一步提出强化招生考试管理工作的要求，强调要严格执行招生工作责任制和责任追究制度，加大对违规违法案件的查处力度，切实维护招生考试的公平公正。5 月，教育部印发《关于做好 2007 年普通高等学校招生执法监察工作的通知》，对招生监察工作提出具体要求。

二、加强监督，促进“阳光工程”全面深入推进。2007 年，各级教育监察部门配合招生考试管理部门进一步加大信息公开力度，加强规范管理，深入推进“阳光工程”，将“阳光工程”的内涵融入到高校招生日常管理工作之中。督促各地、各高校通过信息平台及时准确地向社会发布招生政策、录取规则、录取情况、高校性质、招生计划、收费标准等信息，落实招生重大事项集体决策制度，建立公开透明的招生工作体制和机制。驻教育部监察局与招生考试管理部门共同参加中央政府网站举行的网上论坛，就高校招生实施“阳光工程”的情况进行宣传，解答网友关于招生监督方面的问题。

三、突出重点，提高监察工作的成效。各级教育监察部门在坚持全程参与的同时，突出监督重点，提高监督实效。一是加强对独立学院、民办高校的监督，严防违规招生问题发生。二是加大对体育、美术、音乐等术科考试的监督。督促各地针对上述易发问题的考试，完善制度规定，严格操作程序，加大监督力度。此外，驻教育部监察局首次参加民族教育司组织全国内地西藏班、新疆班招生录取工作，提出了加强管理的工作建议。三是各地教育监察部门发挥组织协调作用，与招生考试管理部门、高校建立起相互协调配合的信访处理机制，畅通群众举报渠道，及时解决招生问题，强化群众和社会监督。

四、加大督查力度，严肃查处违规违纪行为。高考前夕，招生考试管理部门与监察部门对一些地方的高考准备工作进行巡视检查。录取期间，又组成联合督查组对 6 省的录取工作、招生工作责任制及责任追究制落实情况进行督查，其中对河南省民权县高考舞弊、云南宣威高考舞弊等事件进行了重点督查，并责成当地按照干部管理权限严肃处理违规案件责任人，追究有关领导的责任。

撰稿 王春青

〔**“加强高校管理，进一步治理商业贿赂”视频会议**〕 2007 年 8 月 29 日，教育部党组在京召开“加强高校管理，进一步治理商业贿赂”视频会议。教育部党组书记、部长周济出席会议并讲话。

周济指出，党的十六大以来，教育部党组在统筹直属高校改革发展中，坚持一手抓持续健康发展不动摇，一手抓党风廉政建设不放松，取得明显成效。周济强调，加强高校党风廉政建设，必须坚持党委统一领导、党政共管，把中央部署与高校实际紧密结合起来，把反腐倡廉、规范管理作为先进性建设的长效机制，作为班子建设和队伍建设的重要内容，常抓不懈。必须坚持一流大学一流管理的理念，深刻认识“从严治教、规范管理”的重要性，切实加强教育、管理、监督、惩治工作。必须坚持靠制度管人管事管权，适应现代大学要求，构建反腐倡廉制度体系。必须坚持办好人民满意的教育，坚决制止教育乱收费，构建和谐校园。周济要求，高校党委、行政要联系实际，把规范管理和加强党风廉政建设紧密结合起来，把加强党风廉政建设放在更加突出的位置，坚持标本兼治、综合治理、惩防并举、注重预防的方针，抓紧建立健全具有高校特点的惩治和预防腐败体系，在坚决惩治腐败的同时，更加注重治本，更加注重预防，更加注重制度建设。当前尤其要重视加强高校收费、财务、校办产业、基建工程、科研经费、助学资金等方面的管理工作。

教育部党组成员、中央纪委驻教育部纪检组长田淑兰对教育系统治理商业贿赂专项工作情况进行了通报。田淑兰指出，教育系统治理商业贿赂工作取得了阶段性成果，但任务依然艰巨，要扎实推进治理商业贿赂专项工作。田淑兰强调，要深入分析本地区、本单位商业贿赂的主要表现形式、发生规律和特点，切实找准存在的突出问题，着眼长效机制建设，提出有效治理对策并抓好落实。

会议由教育部党组成员、副部长吴启迪主持。吴启迪强调，各地各高校要坚决落实以下要求：高校所属内设机构，一律不得直接对外开展任何形式的经营活动和投资活动，高校不得从事或组织教职工集资活动，不得引导教职工参与投资性集资活动；严格执行高校领导干部在高校资产公司和企业中兼职的规定，禁止高校领导干部违反规定通过奖励性渠道持有高校企业的股份；高校取得的各类科研经费，不论其资金来源渠道，均为学校收入，必须全部纳入学校财务部门统一管理、集中核算，并确保科研经费专款专用。

清华大学、中国人民大学、山东大学、上海交通大学、浙江省教育厅等五个单位作交流发言，从不同角度介绍了加强党风廉政建设、强化内部管理等方面的情况。在京教育部党组成员，中央纪委有关部门负责人，教育部机关有关司局、直属单位负责人，在京直属高校主要负责人等在主会场出席会议。此外，大会在全国设有100多个分会场。

撰稿　杨火林

〔**奥运场馆建设监督工作**〕　2007年是奥运筹办工作决战之年，教育部直属高校奥运场馆建设任务十分繁重。根据北京奥组委、北京市“2008办”和教育部党组的要求，教育部直属高校奥运场馆建设领导小组办公室紧紧围绕场馆建设监督，坚决落实党中央国务院关于奥运筹办的方针和指示，加强监督，全面落实廉洁奥运和节俭办奥运的要求，坚持监督和服务并重，与学校共同克服困难完成任务。

通过会议、座谈、简报、专题网站等形式，继续部署组织学习宣传好党中央、国务院和胡锦涛总书记、温家宝总理关于奥运筹办工作的重要指示和决战之年的各项工作要求。专题组织传达学习了北京奥组委四次全会、奥监委十四次全会、十五次全会精神和具体工作要求，组织各校和工程总包方结合实际情况，开展了形式多样的宣传教育、慰问和劳动竞赛等活动，每个工地都设有宣传栏，工程进度一览表，节点任务分解，进一步激发参建干部职工的政治责任感和工作紧迫感，克服种种困难，以饱满的热情和奉献精神做好决战之年的工作。

3月28日，组织召开了教育部奥运场馆建设监督工作领导小组第三次全体会议。认真总结2006年工作，分析场馆建设形势，具体研究制定了全面加强场馆建设和监督工作的各项措施。会上，教育部领导袁贵仁和田淑兰作了讲话，分别就场馆建设和监督工作提出明确要求。承担场馆建设任务的8所高校先后召开有关会议，贯彻落实会议精神，研究了落实措施。教育部监督办公室对贯彻落实情况组织了检查。

在深入调研的基础上，建立起训练场馆改造工程监督工作机制。教育部监督办公室深入到承担奥运训练场馆改造工程的高校，对7个改造场馆逐一考察，摸清底数，指导学校建立起监督工作的领导体制和工作机制，印发了有关文件和规章制度，组织签署了《直属高校奥运场馆建设廉政承诺书》和《直属高校奥运场馆建设监督工作责任书》，使场馆建设和监督工作的责任落实到学校，落实到相关部门和重要岗位，并就场馆改造工程招标和施工以及工程质量、安全、工期、材料采购、资金使用等提出了落实监督措施的具体要求。

坚持深入场馆建设现场，抓好各项监督工作的落实。加强监督和检查力度，先后15次深入建设现场，组织全面或专项的检查，会同部规划司等部门加强与上级有关部门的协调，努力帮助学校解决建设中的实际困难和具体问题。直接参与或协调处理了涉及场馆建设的事故和重大问题，会同学校总结教训，不断健全和完善施工管理，保证了场馆建设的顺利进行。

根据北京奥组委的要求，教育部监督工作办公室年内先后完成了向比赛场馆派驻专职监督审计干部的工作，配合北京奥组委监督审计部对场馆团队监督工作人员进行了业务培训，协助比赛场馆运行团队做好“好运北京”有关赛事的相关准备工作，上报场馆监督工作信息60余条，多数为奥监委工作简报采用。继续编发《教育部直属高校奥运场馆建设监督工作信息》简报及相关监督工作文件，对教育部奥运场馆建设监督工作主题网站进一步充实和完善。

教育部党组高度重视奥运场馆建设监督工作，6月19日和11月22日，在场馆后期施工的关键时刻，袁贵仁和田淑兰同志对比赛场馆和训练场馆改造工程进行巡视和检查，并就加强场馆后期建设和监督工作做出重要指示。

截至2007年底，教育部直属高校已全部完成10个场馆总计15万平方米的建设和改造任务，7.2亿建设资金运行严密安全。所有场馆均已通过工程验收，其中北京大学、中国农业大学、北京科技大学的三个比赛场馆已经受了国际赛事的检验，得到了北京奥组委、北京市“2008办”以及国际奥组委的充分肯定。

撰稿 王新民
审稿 曲吉山

教育督导

〔**“两基”新进展**〕 2007年是按规划实现西部地区“两基”攻坚目标的最后一年，也是我国义务教育发展史上具有里程碑意义的一年。西部地区“两基”攻坚计划胜利完成，农村寄宿制学校建设工程全面完工，建设了7 000多所寄宿制学校，使广大农村地区和边疆地区孩子的学习生活条件得到根本改善；实施“农村中小学现代远程教育工程”累计投入110多亿元资金，建设了覆盖全国农村的远程教育网络，农村孩子们共享到了优质教育资源；农村义务教育阶段的“两免一补”政策惠及了1.5亿农村孩子，解决了上学难问题；按照新修订的《义务教育法》进行义务教育经费保障机制改革，为义务教育的普及与巩固提高提供了有力保障。年内，国家教育督导团组织了对湖南、湖北、江西、陕西、广西、内蒙古、黑龙江、重庆、河南等9省（自治区、直辖市）的“两基”国检，对这9个省（自治区、直辖市）以及全国“两基”工作起到了极大的推进作用。

2007年底，经国家教育督导团审查，教育部批准，有51个县（市、区）达到现阶段“两基”工作的各项指标要求，被列入第十四批实现“两基”县（市）名单予以公布，其中有7个县“两基”工作还存在薄弱环节，需要复查。同时，在第十三批实现“两基”的县（市、区）中，经审查，12个县消除了薄弱环节，达到了“两基”要求，还有3个县需要再次复查。

截至2007年底，全国实现“两基”的县（市、区）累计达到2 817个，占全国总县数的98.5%，全国“两基”人口覆盖率为99%。西部地区累计有1 035个县（市、区）实现“两基”，占西部地区县（市、区）总数的96.1%，西部地区“两基”人口覆盖率为98%。

撰稿 陈卫军
核稿 于 芳

附一

全国第十四批基本普及九年义务教育、基本扫除青壮年文盲县名单

（51个）

广西壮族自治区 1

都安瑶族自治县

四川省 9

壤塘县、阿坝县、红原县、新龙县、德格县、白玉县、金阳县、昭觉县、木里藏族自治县

云南省 5

贡山独龙族怒族自治县、德钦县、维西傈僳族自治县、广南县、勐海县

西藏自治区 13

那曲县、申扎县、索县、尼玛县、江达县、贡觉县、丁青县、八宿县、墨脱县、定日县、昂仁县、噶尔县、措勤县

甘肃省 5

岷县、康县、礼县、康乐县、夏河县

青海省 7

刚察县、河南蒙古族自治县、玛沁县、久治县、玛多县、玉树县、称多县

新疆维吾尔自治区 11

莎车县、伽师县、巴楚县、拜城县、和田县、墨玉县、皮山县、于田县、阿克陶县、伊宁县、巩留县

其中需要复查的县名单

（7个）

西藏自治区 2

那曲县、索县

青海省 2

玛沁县、久治县

新疆维吾尔自治区 3

伽师县、墨玉县、于田县

附二

第十三批“两基”县（市、区）复查结果

（15个）

一、通过复查的县名单（12个）

重庆市 1

巫溪县

四川省 4

道孚县、喜德县、越西县、雷波县

贵州省 1

赫章县

西藏自治区 4

察隅县、吉隆县、聂拉木县、札达县

陕西省 1

横山县

青海省 1

兴海县

二、需再次复查的县名单（3个）

贵州省 1

威宁彝族回族苗族自治县

云南省 1

盐津县

西藏自治区 1

普兰县

〔对中西部地区九省（自治区、直辖市）进行“两基”国检〕 “两基”国检是对省级全面实现“两基”目标的认定，也是新时期推进“两基”巩固提高的有效工作机制。2007 年 2 月，教育部印发了《关于进一步加强和改进对省级实现“两基”进行全面督导检查的意见》，对新形势下做好“两基”国检的重点、方式、程序等提出了明确要求。根据湖南、湖北、江西、陕西、广西、内蒙古、黑龙江、重庆、河南九省（自治区、直辖市）人民政府的申请，国家教育督导团于 2007 年 4 月至 12 月先后对以上九省（自治区、直辖市）进行了“两基”国检。

赴九省的“两基”国检分别由张天保、陶西平、王湛、刘仲、吴恒等省部级领导带队，近 80 人次的国家督学参加。检查组在每省分 3—4 路，每路抽查 2—3 个县，每县抽查 2—3 个乡镇和若干所学校，共检查了 48 个市（州、盟）、52 个县（市、旗）、95 个乡镇和 298 所学校。所抽查的既有经济较发达的县，也有国家或省级贫困县；既有“两基”攻坚县，也有“两基”巩固提高县；同时兼顾地区、民族、人口等特点，使抽查的县具有一定的代表性。督导检查的重点是义务教育的经费投入、办学条件、师资队伍、普及程度、教育质量、学校安全管理和扫除青壮年文盲情况。教育部领导对“两基”国检高度重视，部党组专门听取了“两基”国检的情况报告。周济部长参加了内蒙古的反馈意见会并讲话，陈小娅副部长参加了九省（自治区、直辖市）的反馈意见会并讲话。

九省（自治区、直辖市）党委政府高度重视“两基”和迎“国检”工作，把“两基”作为最大的民心工程，摆在教育工作重中之重的位置。各级政府层层签订责任书，实行“两基”工作一把手负责制和责任追究制。省、市、县政府都将“两基”职责具体分解到政府各有关职能部门。九省（自治区、直辖市）政府认真履行教育责任，加大省级统筹力度，基本做到了义务教育经费由县级政府统筹管理，农村中小学教师工资由县级政府统筹发放。2002 年以后九省（自治区、直辖市）均做到了按时足额发放教师工资。按照新修订的《义务教育法》，九省（自治区、直辖市）普遍加大了对义务教育的投入，积极实施国家二期义教工程、中小学危房改造工程、农村寄宿制学校工程等项目，中小学办学条件得到明显改善。九省（自治区、直辖市）重视师资队伍建设，采取创新教师补充机制，积极推进中小学人事制度改革，加强教师培训，建立教师交流制度等措施，提高教育质量。同时，关注弱势群体，狠抓控辍保学，确保每一个适龄儿童、少年接受义务教育。

九省（自治区、直辖市）“两基”工作虽然取得了历史性成就，但目前“两基”在义务教育的普及程度、经费投入、办学条件、师资队伍建设、均衡发展等方面还存在一些薄弱环节。教育经费投入仍然不足，教育投入的有些规定未能落实，有的市县在农村义务教育经费保障机制改革中存在“挤出效应”。义务教育经费保障水平比较低，农村中小学办学条件仍有缺口。教师队伍结构性矛盾比较突出，特别是农村中小学教师队伍普遍存在学科结构、职称结构、年龄结构不合理的现象。教学质量和管理水平等方面的差距仍然较大，进一步增强“两基”巩固提高工作任重而道远。

“两基”国检进一步促进了各级政府尤其是省级政府主要领导对义务教育的重视程度。九省（自治区、直辖市）政府主要领导出席了“两基”国检汇报会或反馈意见会，对检查组提出的问题和整改意见一致表示要认真研究、采取措施、限期整改。在迎国检过程中，各省自下而上普遍开展了自查工作，对存在的薄弱环节及时整改，拾遗补缺、填平补齐，充分利用迎国检契机，加大教育投入，改善办学条件，加强教师队伍建设，使一直困扰义务教育的重点难点问题得到较好地解决，推动“两基”工作再上一个新台阶。据不完全统计，六个省区在国检过程中，追补欠拨的教育经费达57.87亿元。在迎国检过程中，各省根据本地实际，开拓创新，创造了许多好的工作机制，得到了基层干部和社会群众的高度评价，进一步提高了“两基”国检的权威性和影响力。

教育部结合九省（自治区、直辖市）“两基”整改结果，于2007年年底前向九省（自治区、直辖市）人民政府印发了“两基”督导检查的意见，认定九省（自治区、直辖市）全面实现了“两基”。

撰稿　张贵勇

〔**中部九省农村义务教育经费保障机制改革专项督导检查**〕　2007年春季开学后，国家教育督导团和全国农村义务教育经费保障机制改革领导小组办公室联合组成8个督查组，对中部地区的河北、山西、吉林、黑龙江、河南、湖北、湖南、安徽、江西等9省的农村义务教育经费保障机制改革工作进行了专项督导检查。

督查结果表明：各地对改革工作高度重视，认真部署，预拨资金基本到位，学校正常开学，新机制在中部地区开局良好，进展顺利。主要表现在：(1) 党政领导重视，组织机构落实。各省普遍召开了省委常委会、省政府常务会议或专门会议，对改革进行研究和部署，成立了由省政府领导担任组长，宣传、监察、人事、财政、发展改革、教育等相关部门负责人参加的新机制改革领导小组。(2) 政府分担责任明确，基本做到“省拿大头”。除个别省外，地方应承担的改革资金省级承担的比例均超过了60%。(3) 健全制度，强化管理。各省出台了一系列配套文件，各市、县按照省政府要求，结合实际，细化管理，制定了相应的实施细则和办法。(4) 严格要求，学校收费行为进一步规范。检查组所到的学校，均按“一费制”标准收取课本费、作业本费和寄宿生住宿费，取消服务性收费和代收费。(5) 广泛宣传，为改革营造了良好氛围。各省、市、县通过张贴公告、发放宣传卡、致家长公开信、刊登专题文章、接受媒体采访、播放公益广告等方式，对新机制进行了广泛宣传。据督查情况汇总，2007年春季学期，中部地区15万多所农村中小学校已经按新机制运行，免除了5 800万余名农村中小学生的学杂费，为1 300多万名家庭经济困难学生免费提供了教科书。为此，中央投入49.04亿元，地方投入28亿元。改革最直接的受益者是农民。经初步测算，仅免除学杂费一项，中部地区平均每个小学生年减负约180元，初中生年减负约230元，比西部地区多40—50元。

督导检查中发现的主要问题：(1) 实行新机制后，一些地区教师实际收入下降。(2) 一些财力薄弱的县落实贫困寄宿生生活费补助资金有一定难度。(3) 大部分地区的农村中小学校长和财会人员都没有掌握预算编制的要求和方法。此外，一些学校还存在不同程度的服务性收费和“代收费”现象。

针对各省存在的问题，国家教育督导团和全国保障办向中部九省人民政府印发了整改意见书，要求限期整改，对一些工作比较薄弱的地方，加强督促和指导。

撰稿 马书义
审稿 于 芳

〔**开展基础教育监测试点工作**〕 10月23日，教育部督导办组织开展了对浙江、湖北、陕西三省15个县（市、区）的300所中小学校，共12 000多名中小学学生的数学学习质量和心理健康状况的试点监测工作，并对所属300所中小学校校长和300名数学教师进行了问卷调查。这次试测，严格按照国家规定程序进行，确保了监测的权威性、严肃性、客观性、真实性。试测结束后，根据结果对中小学学生数学学习质量监测标准和心理健康监测方案进行了修订。

撰稿 刘 洋

〔**规范普通中小学校检查评估**〕 2007年1月22日，教育部印发了《关于规范普通中小学校检查、评估工作的意见》（以下简称《意见》）。《意见》要求各部门要依法开展对学校的检查评估工作，教育行政部门要严格控制对学校检查评估的项目和次数，要以学校自检、自评为主，无特殊情况一般不进校检查。《意见》规定，要建立检查评估年审制度、公告制度和免检制度。《意见》进一步提出各部门要加强管理，改进工作方法、改革创新检查评估手段，提高检查评估工作的实效性。教育行政部门要不定期地开展对中小学校检查评估工作的督查，对一些重复、交叉及基层学校不满意的检查评估活动，要及时通报，限期整改。对未经批准而擅自进行的检查评估，教育行政部门应取消该检查评估项目，追究相关责任人的责任。各级教育督导机构要建立和完善对学校综合督导评估制度，要将学校办学条件、教育经费、校长教师、教学管理、教育质量、安全、卫生等内容全部纳入综合督导评估体系，定期对学校进行综合督导评估。《意见》最后提出，省级教育行政部门应参照本意见，结合自身实际，建立和完善对学校检查评估的管理办法。

撰稿 元爱彬

〔**成立基础教育质量监测中心**〕 2007年9月12日中央机构编制委员会办公室印发了《关于北京师范大学加挂教育部基础教育质量监测中心牌子的批复》，同意教育部依托北京师范大学成立教育部基础教育质量监测中心。

11月12日教育部向北京师范大学下发《教育部办公厅关于成立教育部基础教育质量监测中心的通知》（以下简称《通知》）。《通知》进一步明确了监测中心主要职责：拟定基础教育质量监测标准；研究开发基础教育质量监测工具；受教育部委托具体实施全国基础教育质量监测工作；为各地开展基础教育质量监测工作提供技术支持和业务指导。基础教育质量监测结果的使用和发布由教育部决定。同时，为保证基础教育质量监测的权威性和科学性，教育部成立了教育部基础教育质量监测指导委员会，以加强对全国基础教育质量监测工作的统筹和指导。

11月30日，教育部在北京师范大学举行了监测中心揭牌仪式。周济部长出席揭牌并做了重要讲话，陈小娅副部长做了专题报告，全国31个省、自治区、直辖市教育厅（教委）的负责同志参加，四个省、市的代表做了发言。教育部基础教育质量监测中心的成立，标志着我国基础教育质量监测工作开始启动。

撰稿 刘 洋
审稿 林仕梁

〔**第八届国家督学会议**〕 2007年1月28日—29日第八届国家督学会议在北京召开。教育部部长周济出席会议并讲话。中央统战部副部长楼豪才、新一届教育部总督学顾问韦钰、张天保、李连宁、陶西平和全体第八国家督学及特约教育督导员出席会议。

周济在讲话中指出，进一步加强素质教育，是党中央、国务院从中国特色社会主义事业和全面建设小康社会全局出发，着眼于经济社会发展的现实需要和实现中华民族伟大复兴的目标提出的重大战略任务。教育督导是进一步加强素质教育的重要突破口和重大举措，必须把推进实施素质教育作为督导评估的中心任务，完善实施素质教育的督导制度，进一步加强和改进对实施素质教育各项方针政策的监督、检查，确保加强素质教育的各项措施落到实处。

周济回顾了我国教育督导制度恢复重建20多年来取得的成绩，他说，目前我国已经初步形成了具有中国特色的社会主义教育督导体系，走出了一条行之有效的教育督导新路，基本形成了中央、省、市、县四级教育督导网络，初步建立了一支专兼结合的督导队伍，为办好让人民群众满意的教育作出了重要贡献。

周济强调，新的形势对教育督导工作提出了新的任务。实践证明，教育事业的改革与发展，只有决策和执行是不够的，对决策和执行情况必须严格监督，对教育发展水平和质量必须科学评估。对于我国教育事业来说，对于新时期新阶段的历史任务来说，教育督导尤其显得重要。要推进素质教育的实施，我们需要督导。要办好让人民满意的教育，需要高水平的督导。我们可以看到，哪个地方的教育督导工作开展得好，哪个地方的教育改革和发展就会得到有力的促进和保障，哪个地方的人民群众就比较满意。当前，教育监督保障的责任更加重大，完善督导评估制度成为实施素质教育的迫切需要，规范办学行为的任务也越来越重，建立监控和沟通制度已是当务之急，必须在改革和发展中不断完善中国特色的教育督导体系。

他指出，要按照建立健全“决策、执行、监督相协调”的行政管理体系的要求，以保障教育改革与发展为中心，以理顺督导体制和创新工作机制为重点，以建立一支专业化的督学队伍为关键，以完善督导法律法规为基础，坚持督政与督学并重、监督和指导并重，统筹规划、分步推进，不断开创督导工作的新局面。首先是要抓紧建立科学的评估标准体系，对县级政府教育工作的督导评估等工作都要紧紧围绕推进实施素质教育这一中心工作进行。要切实扭转当前以考试成绩和升学率为主要标准评价学生、教师和学校的做法；二是要建立教育发展水平与质量监测体系，逐步形成国家、省、市、县四级基础教育监测网络；三是要改革和创新教育督导工作机制，包括完善督导检查限期整改制度、建立督导检查结果公报制度、健全教育重大问题报告制度等；四是要提高督导队伍素质和水平；五是要健全督导法规，实现教育督导工作法制化，抓紧制定《教育督导条例》。

周济最后强调，国家督学代表国家教育意志，行使对教育工作的监督和指导职责，具有很高的水平和权威。建设一支高素质的督导队伍，是做好新时期教育督导工作的关键。他要求，新一届国家督学要珍惜“国家督学”的光荣称号，用爱和责任做督导工作，要加强学习、提高工作水平，要认真履行职责、积极主动开展工作，要坚持原则、发扬优良作风。

教育部副部长、国家总督学陈小娅主持会议并作讲话，对加强和改进教育督导工作提出了明确要求。她指出，今后要进一步调整改进教育督导工作机制，抓好建立教育督导公告、公报制度等基础性工作。要完善“两基”国检机制，依据新修订的《义务教育法》，进一步明确政府责任，改进检查程序，调整检查方式。她强调，当前教育工作正处于新的发展起点上，教育督导工作面临着新的发展机遇，她希望各级督学要进一步增强紧迫感、使命感、责任感，不断创新，把督导工作推向一个新阶段。

会议期间，教育部基础教育司、发展规划司、财务司等负责同志向与会国家督学介绍了素质教育、农村教育和义务教育经费保障机制改革等工作情况。

〔**教育督导机构、队伍建设**〕 2007年，在各级政府高度重视下，教育督导机构、队伍建设得到加强。目前，全国32个省级（含新疆生产建设兵团）人民政府教育督导团（室），有20个省、自治区、直辖市（含新疆生产建设兵团）设有专职正、副厅级总督学或副总督学，河南省、新疆维吾尔自治区人民政府继辽宁、广西、西藏3个省（自治区）副省长、副主席兼任总督学之后，也确定了由副省长兼任总督学。五省（自治区）的副省长、副主席兼任总督学以来，建立了定期召开教育督导工作会议、研究部署督导工作的制度，有力地推进了当地教育督导制度建设，有力地推动了素质教育的实施，使教育督导成为本省（自治区）教育改革与发展的有力保障。目前，地（市、行署）除个别地级单位外，已经全部建立了教育督导机构。县级除极少数的县未建督导机构，全国有93%的县（市、区）建立了教育督导机构。地、县级教育督导机构的一把手基本上由政府主管教育的副市长、副县长或教育行政部门的一把手兼任，不少地方都高一级配备了专职教育督导负责人。

各级政府在对加强教育督导工作的领导，完善教育督导机构与队伍建设，建立决策、执行、监督相协调的行政管理体制方面做了积极的探索。例如，北京市委市政府为改变教育行政部门在教育工作中“既当运动员又当裁判员”的双重身份，增强教育督导的客观性、公正性，以更好地督促市区政府、教育行政部门及各级各类学校全面贯彻教育方针、推动教育改革的可持续发展、保障素质教育的实施。2007年11月，任命一名正厅级干部为专职市政府教育督导室主任，使政府教育督导室独立开展工作的机制得到进一步保证。

在加快督学专业化发展的进程中，各地十分注意督学的专业结构和队伍构成。在聘任督学的工作中，既要求熟悉督导业务，管理经验丰富，解决实际问题能力强，又强调教育教学方面的专业特长，严把聘任督学入口关，保证了督学质量。同时，各地特别重视对督学的培训工作，2007年，各级督导机构开展岗位培训，共有10 964名督导人员参加培训，占全国专职督导人员的83%，督导队伍的专业水平得到了整体提升。

据统计，现省级教育督导人员为184人，其中事业编制人员30人，占16.3%；厅级专职督学31人，占16.8%；处级专职督学90人，占48.9%。兼职督学1 814人，其中特约教育督导员186人，占10.3%。地市级教育督导人员1 826人，其中专职督导人员1 183人，处级专职督学及以上487人，占41.2%。兼职督学8 475人，其中特约督导员1 331人，占15.7%。县级督导人员11 106人，其中专职督学4 481人，处级专职督学425人，占9.5%；兼职督学24 751人，其中特约教育督导员4 044人，占16.3%。从各地统计情况反映出，地、县两级教育督导机构中事业编制人员占的比例较大。

全国教育督导人员的平均年龄整体趋向年轻化。据2007年统计，省级督导人员平均年龄为45岁，比2003年平均年龄减少了2.7岁；地级督导人员平均年龄为44岁；县级督导人员平均年龄44岁。特别是近年来，督导队伍人员学历发生了明显变化，学历呈逐年上升趋势，省级专职督导人员研究生学历20人，占督导人员总数的11%；本科学历190人，占督导人员总数的79%。地级督导人员研究生学历148人，占督导人员总数的8.1%；本科学历1 663人，占督导人员总数的91.1%。县级督导人员研究生学历374人，占督导人员总数的3.4%；本科学历7 061人，占督导人员总数的63.6%。

撰稿　元爱彬

审稿　程锦慧

附一

省级教育督导机构概况

省级机构名称	实有人数	总督学（主任）		专职督学数		督导人员学历状况（人）				兼职督学数		接受岗位培训数
		专任	兼任	厅级	处级	研究生	本科	大专	中专	总数	其中特约人员	
北京市人民政府教育督导室	21	主任（正局）		4	5	1	9	0	0	79	10	2
天津市人民政府教育督导室	6		教委主任	3	3	0	3	1	0	34	10	2
河北省人民政府教育督导室	3	总督学（副厅）		1	3	0	3	1	0	80	16	4
山西省人民政府教育督导室	11		副厅长	1	2	0	3	0	0	96	0	2
内蒙古自治区人民政府教育督导室	6		厅长	0	2	0	1	1	0	50	9	19
黑龙江省人民政府教育督导室	3			0	2	0	3	0	0	33	0	0
吉林省人民政府教育督导团	4	总督学（副厅）		1	5	0	5	0	0	48	7	41
辽宁省人民政府教育督导团	1		副省长	3	5	0	4	1	0	47	0	4
上海市人民政府教育督导室	5		副主任	0	3	1	5	0	1	168	11	168
江苏省人民政府教育督导团	4		厅长	1	1	0	60	0	0	56	8	0
浙江省人民政府教育督导室	7		副厅长	0	2	2	1	0	0	112	9	0
安徽省人民政府教育督导团	3		厅长	1	2	2	3	1	0	60	7	58
福建省人民政府教育督导室	5		副厅长	0	0	1	10	0	0	15	15	9
江西省人民政府教育督导室	5		正厅	0	3	0	8	0	0	19	0	5
山东省人民政府教育督导室	5	主任（副厅）		2	4	3	2	2	0	69	9	70
河南省人民政府教育督导团	4		副省长	1	4	0	5	0	0	74	6	0

续表

省级机构名称	实有人数	总督学（主任）		专职督学数		督导人员学历状况（人）				兼职督学数		接受岗位培训数
		专任	兼任	厅级	处级	研究生	本科	大专	中专	总数	其中特约人员	
湖北省人民政府教育督导室	8		厅长	1	0	0	3	35	0	33	0	36
湖南省人民政府教育督导室	5		正厅	3	2	2	5	0	0	62	0	62
广东省人民政府教育督导室	2		副厅长	0	0	1	2	0	0	100	0	3
海南省人民政府教育督导室	6		副厅长	0	2	0	5	0	0	23	0	3
广西壮族自治区人民政府教育督导团	10		副主席	0	4	0	4	0	0	50	3	3
四川省人民政府教育督导团	7	总督学（副厅）		1	3	0	4	0	0	45	11	4
重庆市人民政府教育督导室	3		厅长	0	0	0	5	1	0	51	5	4
贵州省人民政府教育督导团	7		厅长	0	1	0	1	0	0	48	8	2
云南省人民政府教育督导团	7		厅长	0	5	1	5	0	0	50	4	6
西藏自治区教育督导委员会	4		副主席	1	3	0	2	1	0	39	3	2
陕西省人民政府教育督导团	4	总督学（副厅）		1	3	0	7	0	0	82	15	75
甘肃省人民政府教育督导团	3	总督学（副厅）		1	4	2	2	2	0	47	6	1
青海省人民政府教育督导室	10		厅长	0	5	0	5	2	0	24	8	6
宁夏回族自治区人民政府教育督导室	6		副厅长	1	3	2	4	0	0	28	3	1
新疆维吾尔自治区人民政府教育督导团	3		副主席	3	7	2	8	0	0	54	3	9
新疆生产建设兵团教育督导团	6	主任（副厅）		1	2	0	3	0	0	38	0	1
合计	184			31	90	20	190	48	1	1 814	186	602

附二

地级教育督导机构概况

省（自治区、直辖市）	地（市）数	已建机构数	实有人数	专职督学数		督导人员学历状况（人）				岗位培训数	兼职督学数	
				处级	科级	研究生	本科	大专	中专		总数	其中特约人员
北京	19	19	121	25	63	17	80	19	3	88	331	36
天津	15	15	69	3	13	4	35	25	5	62	453	127
河北	11	11	52	15	15	6	39	7	0	45	178	11
山西	11	11	48	6	13	0	12	19	17	3	582	46
内蒙	12	12	34	12	45	8	93	17	5	24	186	5
黑龙江	13	13	51	25	14	1	40	10	0	51	164	20
吉林	9	9	59	12	23	7	48	4	0	59	65	14
辽宁	14	14	76	41	21	6	59	11	0	0	0	0
上海	19	19	147	12	57	11	104	29	3	129	358	127
江苏	13	13	55	14	28	6	43	10	0	45	337	142
浙江	11	11	33	13	17	0	31	2	0	26	390	64
安徽	17	17	51	19	15	1	37	13	0	16	65	11
福建	9	9	88	4	38	0	73	19	12	28	55	39
江西	11	11	41	9	19	3	39	10	1	43	110	34
山东	17	17	73	35	29	14	58	4	1	59	703	105
河南	18	18	91	11	37	7	235	40	2	150	650	109
湖北	17	17	72	19	18	8	207	152	2	234	297	19
湖南	14	14	75	51	14	2	65	16	1	162	323	50
广东	21	21	93	7	15	14	57	17	7	321	872	73
海南	2	2	6	0	3	1	3	2	0	5	36	2
广西	14	14	36	4	23	4	31	1	0	28	397	21
四川	21	21	53	46	7	10	35	7	1	121	409	66
贵州	9	9	21	5	16	0	17	4	0	10	199	0
云南	16	16	42	11	17	2	27	12	1	34	467	43
西藏	7	7	25	0	9	0	9	13	3	5	87	0
陕西	11	11	90	25	41	12	50	4	0	65	0	0
甘肃	14	14	71	26	23	1	49	19	2	44	220	22
青海	8	8	33	3	8	1	13	16	3	12	117	29
宁夏	5	5	17	11	6	0	17	0	0	2	48	11
新疆	14	14	80	15	39	2	41	36	0	46	307	103
新疆生产建设兵团	14	13	23	8	10	0	16	7	0	17	69	2
合计	406	405	1 826	487	696	148	1 663	545	69	1 934	8 475	1 331

附三

县级教育督导机构概况

省（自治区、直辖市）	县(市、区、团)数	实有人数	专职督学数		督导人员学历状况（人）				接受岗位培训数	兼职督学数		未建机构数
			处级	科级	研究生	本科	大专	中专		总数	其中特约人员	
天津	3	9	1	4	1	2	4	2	8	41	3	0
河北	172	694	2	111	19	405	252	18	995	1 023	649	0
山西	119	521	0	237	0	83	153	285	2	1 289	0	0
内蒙	101	471	2	127	3	307	242	19	151	423	34	0
黑龙江	132	368	17	241	10	276	78	4	343	819	35	6
吉林	60	371	0	167	27	243	87	14	294	270	44	0
辽宁	100	532	66	224	32	301	187	8	222	205	0	0
江苏	106	388	31	213	0	353	11	24	256	1 661	0	0
浙江	90	290	1	145	7	231	116	21	322	1 055	273	1
安徽	105	270	1	95	4	169	84	13	74	149	11	0
福建	85	538	1	130	3	198	240	97	343	568	189	0
江西	99	358	34	122	12	290	223	40	255	638	186	0
山东	140	642	77	254	105	540	115	209	347	1 996	444	0
河南	164	668	5	138	16	380	317	65	582	2 776	391	13
湖北	98	469	19	221	28	683	486	8	645	766	83	0
湖南	125	580	11	333	9	403	264	27	704	1 795	342	0
广东	125	344	22	94	23	150	278	22	462	925	325	5
海南	20	54	0	3	1	17	31	5	11	240	32	0
广西	110	260	2	22	6	154	90	19	118	1 056	16	1
四川	181	807	54	219	30	642	390	35	330	1 370	246	17
重庆	40	162	55	62	5	98	53	6	121	632	114	0
贵州	88	241	0	16	0	219	40	5	240	597	0	0
云南	129	278	1	71	0	126	135	17	146	2 010	330	1
西藏	73	102	0	34	0	28	66	13	13	27	0	15
陕西	107	450	0	107	15	242	160	33	501	0	0	0
甘肃	87	475	18	209	2	182	270	82	357	951	52	2
青海	46	201	4	197	6	54	125	16	59	447	92	3
宁夏	19	65	0	28	0	65	0	0	0	0	0	0
新疆	95	458	1	216	10	200	230	13	118	984	153	2
新疆生产建设兵团	175	40	0	16	0	20	20	0	3	38	0	126
合计	2 994	11 106	425	4 056	374	7 061	4 747		8 022	24 751	4 044	192

教育信访工作

〔**2007年信访工作基本情况**〕 2007年，教育部信访办共受理人民群众来信、来访和电话信访33 920件（人、个），比上年同期38 327件（人、个）减少4 407件（人、个），减幅为11.50%。其中：处理群众来信16 760件，比上年同期（19 174件）减少2 414件，减幅为12.59%。接待群众来访6 660人，比上年同期（6 153人）增加507人，增幅为8.24%。其中接待集体访146批、2 309人，批次、人数分别比去年同期（158批、2 086人）减少12批和增加223人，减幅为7.59%，增幅为10.69%。接听和处理群众电话信访10 500个，比上年同期（13 000个）减少2 500个，减幅为19.23%。

2007年，就群众反映的教育热点难点问题，编发《人民群众来信来访摘报》1期；就教育系统贯彻落实上级文件精神情况和信访先进经验，编发《信访简报》17期；向中央办公厅、国务院办公厅、中央联席会议办公室和国家信访局，报送各类信息及信访数据统计分析材料40多份；并对群众反映的重要信访问题，向省级教育行政部门和部直属高校等单位发交办公函44件。

〔**群众信访反映的主要问题**〕 1. 民办教师和代课教师反映转正、待遇及老有所养等问题4 242件，占信访总量的18.11%；2. 检举揭发教育系统领导干部违规、违纪问题1 994件，占信访总量的8.51%；3. 基础教育中反映中小学布局调整、人事制度改革、学生负担过重、教材教法等问题1 500件，占信访总量的6.41%；4. 教育乱收费问题1 255件，占信访总量的5.36%；5. 历史遗留问题1 240件，占信访总量的5.29%；6. 企业办各类学校及幼儿园退休教师反映待遇问题1 232件，占信访总量的5.26%。此外，高校招生和研究生招生、教师工资福利、中小学学生伤害及事故纠纷等问题，也是2007年群众反映较突出的问题。

〔**认真做好十七大期间的信访工作**〕 在教育系统深入开展排查化解矛盾纠纷工作。截至2007年7月底，教育系统共排查出矛盾纠纷8 018件，经多方努力，共化解矛盾纠纷5 927件。同时，对群众来信来访进行了认真排查梳理，共排查出民办教师、教育系统干部违纪、教育乱收费、历史遗留、企业办学校退休教师待遇、高校招生和研究生招生等六类较为突出的问题。

在十七大召开前夕，加大了对大规模集体访的处置工作力度。建立健全了联合接访工作机制，完善了联席会议制度，工作取得了很好的效果。2007年，共受理20人以上的群众集体访27批、1 376人次，在地方政府驻京办、各级教育行政部门、厅保卫处、公安部门等单位的大力支持和配合下，有效平稳地处置了5起规模大、影响大的群众集体访。

采取有力措施，切实加强十七大期间信访工作。一是成立了教育部信访办处置重大群体性上访事件（20人以上）应急工作协调指挥部，下设四个工作小组，即民师和国企教师工作小组，中国防卫科技学院工作小组，信访信息报送工作小组，后勤服务工作小组，并积极开展相关工作，随时应对重大突发事件。二是加强值班工作。十七大期间，建立了双休日双人值班制度。双休日全天开门接待群众来访。此外，还取消了原定每周二、五下午的学习，开门接待群众上访，做到了随来随接，不接待完不下班。三是加强信访信息报送工作。

〔**贯彻落实5号文件和第六次全国信访工作会议精神**〕 2007年3月，中共中央、国务院印发了《关于进一步加强新时期信访工作的意见》，召开了第六次全国信访工作会议。为贯彻落实《意见》和

"会议"精神，重点做了以下五方面工作：1. 加强学习，及时传达《意见》和"会议"精神。2. 进一步完善规章制度。制定并印发了《教育部办公厅关于进一步加强新时期教育信访工作的几点意见》，修订并印发了《教育信访工作规定》。3. 加强督查督办和工作调研，努力解决信访突出问题。2007年，信访办对重要信访问题，加大了督查督办工作力度，共向地方有关部门发出交办函 44 件。对信访量较大和问题比较突出的地区和高校，组织了 5 个调研组，分别赴宁夏、甘肃、新疆自治区、新疆生产建设兵团、河南、山东、黑龙江、吉林、辽宁、上海 10 个地区，开展督查督办和工作调研。4. 进一步加强办信工作。完善了来信分类制度，分省办信专人负责制度，来信登记制度；完善了初信办理工作机制，重要信件的呈阅、发函交办和催办工作机制，定期工作研讨机制，信息反映机制。5. 开展工作交流和业务研讨。2007 年 8 月，信访办在内蒙古召开了部分省（区、市）教育信访工作经验交流会，会议研究交流了各地贯彻落实《几点意见》和"会议"工作情况，深入讨论了各地处理信访突出问题的经验和做法，以及存在的一些问题。

〔**努力解决教育信访突出问题**〕 1. 协调解决高考和招生问题。2007 年年初，辽宁、黑龙江、河北等省考生到教育部上访，反映他们 2007 年报考中央音乐学院，因学院专业测试时间与本省专业测试时间冲突，致使考生利益受到影响，要求予以协调处理。经信访办与部学生司招生处、中央音乐学院多次沟通、协商，最终，中央音乐学院允许这些考生在学院单独进行专业测试，使这一问题得到了妥善解决，考生利益得到了维护。2007 年 8 月，湖北省武汉市胡东方等 6 位考生家长到教育部上访，反映华南理工大学 2007 年高水平运动员和体育特长生招生存在问题，希望协调有关部门，帮助他们解决孩子上学问题。经信访办与部学生司招生处多次沟通联系，最终这 6 名考生被安排到其他高校学习，彻底解决了上学问题。山西介休市考生张涟漪多次来访，反映其 2006 年考入大连艺术职业技术学院，因当时无力缴纳学费，被迫离开学校，2007 年已将学费凑齐，希望继续回校学习，但学校不予接收。经信访办与辽宁省教育厅、部学生司多次沟通、协商。最终学生司同意为其重新办理入学手续，解决了张涟漪的上学问题。2. 督办解决拖欠教师工资问题。河南省唐河县 18 个乡镇退休教师致信教育部，反映地方政府拖欠教师工资问题。信访办即函请河南省人民政府调查处理。根据调查，退休教师反映的问题基本属实。唐河县委、县政府研究制定了整改意见，决定在县财力十分紧张的情况下挤出一部分资金，然后从银行融一部分资金，保证在两年内，将未按国标发放的教师工资补发到位。3. 督办解决伤害学生问题。在教育部信访办的督办下，河南省汤阴县、甘肃省礼县、江苏省东台市等地教育行政部门，妥善处理了几起教师伤害学生事件，相关责任人均受到了党纪、政纪处理。4. 督办解决学校周边环境治理问题。云南省呈贡县斗南镇中学 200 多名师生联名致信教育部，反映松南经贸有限公司塑料泡沫厂建在学校附近，排放的废气污染校园环境，严重危害全校师生的身体健康。在信访办的督办下，云南省呈贡县环保局根据有关规定，已对泡沫厂存在的问题给予了三次行政处罚，并责成该公司泡沫箱生产线搬迁。目前，搬迁工作已全部完成，废气污染校园环境等问题已得到解决。5. 督办解决学校收费问题。在信访办的督办下，山东省定陶县、重庆市彭水县等地教育行政部门，认真查处了几起教育乱收费问题，切实维护了群众的合法权益。

撰稿 王进保

审稿 安钰峰

关心下一代工作

〔**表彰全国教育系统关心下一代工作先进集体和个人**〕 为了更好地发挥先进典型的示范作用，推动关心下一代的工作，按照国家关心下一代工作委员会（简称关工委）表彰激励制度，经报教育部党组批准，从2007年上半年开始，教育部关工委在全国教育系统自下而上开展了先进集体和先进个人评选宣传活动。各地高度重视，精心组织，把评选先进的过程作为总结经验、提高工作水平的良好时机。经过充分酝酿、民主推荐、逐级审定，共评选出全国教育系统关心下一代工作先进集体203个，先进个人435名，突出贡献奖36名，荣誉奖19名。12月28日上午，教育部关工委在北京召开了全国教育系统关工委先进集体、先进个人表彰视频会议。教育部党组副书记、副部长袁贵仁，教育部有关司局领导，教育部关工委领导和委员，北京市教育系统关工委负责同志，以及先进集体和先进个人代表共计150余人出席会议。各省、自治区、直辖市教育部门设置分会场，各教育厅（教委）主管领导和省、市教育行政部门及高校关工委负责人参加会议。会议由教育部关工委常务副主任朱新均主持，副主任郑树山宣读表彰决定。

袁贵仁同志代表教育部党组作了重要讲话。他指出，优先发展教育，建设人力资源强国，办好人民满意教育是党的十七大赋予我们的光荣艰巨任务。要完成这项任务，需要全体教育工作者同心同德，努力奋斗，也离不开老教育工作者的关心和支持。教育系统各级党政领导都要重视、支持关工委的工作，把关心下一代工作列入党委的工作议事日程，建立关工委工作的长效机制，为老同志搭建老有所教、老有所学、老有所为的平台，保障关工委开展工作所必需的人、财、物条件。要加强“五老”队伍建设，组织动员更多的老同志参加到关工委的工作中来。教育系统各级关工委都要深入学习贯彻党的十七大精神，继续贯彻落实中央8号、16号文件精神，从各级各类学校的实际出发，从老同志的实际出发，按照关工委“围绕中心、配合补充，因地制宜、量力而为，立足基层、注重实效”的工作方针，创造更多的业绩，为青少年的健康成长，为教育事业的科学发展，为社会主义和谐社会的建设做出更大的贡献。

中共河北省委教育工委、省教育厅厅长靳宝栓，沈阳市教育局局长、局关工委主任李梦玲，陕西省渭南市教育局副局长、市教育系统关工委主任惠孟虎，西南科技大学关工委常务副主任彭启瑞分别代表荣获先进集体和先进个人称号的单位、个人在会上介绍经验。与会领导向受到表彰的先进集体和个人的代表颁发了奖牌、奖杯、奖章和荣誉证书。之后，全国各地教育部门纷纷召开会议，深入学习贯彻党的十七大精神和表彰会议精神；同时，通过报纸、杂志、工作简报等，大力宣传先进典型的事迹和经验。《中国教育报》、《中国德育》杂志、“教育部关心下一代工作简报”等在显著位置相继对全国教育系统关心下一代工作所取得的成绩和先进典型的优秀事迹进行了报道。

〔**开展高校关心下一代工作经验交流与研讨**〕 2007年教育部关工委工作重点之一是进一步推动和加强高等学校关心下一代工作。首先是深入学校开展调查研究。先后在黑龙江、辽宁、北京、河北、陕西、上海、江苏、福建、湖北、贵州等地召开了10余次座谈会，30多所高校的分管领导和关工委负责人以及参加关心下一代工作的老同志参加了座谈；同时深入到10余所学校对关心下一代工作进行了考察和调研；随后，印发了《教育部直属高校关工委组织建设及工作情况调查表》，对70余所教育部所属高校关工委组织、领导班子和队伍建设，以及工作开展等方面的情况做了较全面的调查。第二，经过比较充分的准备，9月22日—24

日，教育部关工委和安徽财经大学联合在安徽财经大学召开了全国部分高校关心下一代工作经验交流与研讨会。来自全国 25 所高校的关工委负责同志近 80 人出席了会议。会议以胡锦涛总书记 6 月 25 日在中央党校的重要讲话、党的十六届六中全会和中央 8 号、16 号文件精神为指导，交流了工作经验和体会，并根据高等学校的任务和特点，就关工委组织队伍建设、长效机制建设，工作内容、方法、途径以及开拓创新、科学发展等方面的问题进行了较深入的研讨。

通过交流和研讨，与会人员一致认为，自 2002 年广州第三次高校关工委工作会议以来，高等学校关心下一代工作取得长足发展。高校党委高度重视，不断加强对关工委工作的领导和支持力度，高校关工委组织和工作队伍不断加强发展，高校关心下一代工作成效显著。其基本经验：第一，学习贯彻中央精神，围绕中心，服务大局，是做好关心下一代工作的根本；第二，现职党政领导加强对关工委的领导，搞好关工委领导班子建设，提供条件保障，是做好关心下一代工作的关键；第三，始终准确把握关工委的性质和工作方针，是做好关心下一代工作的前提；第四，拓宽工作领域、内容和完善工作方式方法，是加强和改进关工委工作的保证；第五，加强关工委自身建设，开展深入的调查研究，是保证关心下一代工作持续发展的重要基础；第六，建立健全规章制度和运行机制，是关心下一代工作持续、稳定、健康发展的必要条件；第七，善于发挥秘书处或办公室的参谋、协调、枢纽作用，是做好关工委工作的重要环节。

与会人员认为，在高校关心下一代工作取得一定成绩、发展势头良好的同时，也存在一些问题。主要是对组织发动离退休老同志开展关心下一代工作的重要性和必要性认识不到位，重视不够；地域和校际之间存在差距，工作发展很不平衡；由于种种原因，关工委队伍重点是领导班子后继乏人的问题等等。根据高校关工委工作面临的新形势新任务，大家对今后工作提出如下建议：一、加强宣传力度，进一步提高对关心下一代工作重要性和必要性的认识。二、进一步加强关工委领导班子建设。三、积极主动争取领导支持，解决好关工委工作的必要条件。四、进一步加强制度和长效机制建设。

〔**加强区域协作，开展理论研究**〕 坚持区域协作会议制度，开展工作研讨。东北、华北、西北、华东、中南、西南六大行政区域教育系统关工委，根据本区域经济建设和教育发展的需求，从关工委工作实际出发，精心选择好主题，认真召开了区域协作会，并收到较好的实效。协作会主要围绕“在构建和谐校园中关工委如何发挥作用”、“如何深入贯彻中央 8 号、16 号文件和党的十六届六中全会精神，进一步加强‘五老’队伍建设，充分发挥关工委在青少年理想信念、思想道德教育中的优势和作用”、“从实际出发，充分发挥关工委组织和老同志在家庭教育工作中的作用”、“学习贯彻党的十七大精神，进一步开创教育系统关工委工作新局面”等专题，进行了较深入的交流和研讨。各地通过实践形成共识，坚持运用区域协作制度，交流情况、沟通信息、研讨工作，是推动关心下一代工作健康、持续、科学发展的有效途径，也是建立长效工作机制的重要内容。

通过举办培训班、论坛等形式开展理论研究。为深入贯彻落实中央 8 号、16 号文件精神，更有效地配合学校做好德育工作，切实提高关心下一代工作的针对性和实效性。教育部关工委社区教育中心于 5 月中旬在四川成都举办了德育工作论坛。全国 20 多个省、自治区、直辖市教育系统关工委和部分高校关工委的同志近 400 人踊跃参加。论坛会根据高校和中小学校的不同特点设立了高教、普教两个分论坛。大家就以社会主义核心价值体系领校园文化建设，扎实有效地开展德育工作，进行了广泛深入的研讨。教育部关工委培训中心征得部基础教育司的同意，配合学校和教育行政部门于 7 月中旬在北京举办了全国中小学班主任培训班。全国 450 余名中小学班主任教师参加了培训班的学习。学习的内容有：中小学班主任工作内容的规定、关注未成年人的心理健康成长、让班主任工作走向智慧、中小学班主任工作十问、班主任工作新模式等。除此，各地各高校还积极开展调查研究，选择关工委工作或青少年教育工作的难点、热点问题，组织老同志从实际出发，做了大量调研工作，形成了一批有质量、有水平、有价值的调查研究报告，为领导决策及创新关工委工作提供了科学依据。不少地方和学校专门成立课题组，申请科研课题立项研究。如北京交通大学关工委开展的《创造性社会主义新人才培养与高校关心下一代工作研究》的科研课题，受到专家们的高度评价，已顺利通过专家评审，完成结题。理论研究的不断深入对关工委的工作实践起到指导和引领作用。

〔开展形式多样的教育活动，积极参与社会主义核心价值体系建设〕 建设社会主义核心价值体系，是党的十六届六中全会关于构建社会主义和谐社会若干重大问题决定中提出的战略要求。坚持以社会主义核心价值体系引领社会思潮，教育青少年是关工委的首要根本任务。全国教育系统各级关工委按照党的十六届六中全会提出的要求，坚持育人为本、德育为先，从实际出发，充分发挥关工委组织和老同志的优势，积极主动配合各级教育部门和各级各类学校，结合重大节庆日、纪念日开展了内容丰富、形式多样、为广大青少年喜闻乐见的教育活动。活动的主要形式和内容有：成立宣讲团或报告团，召开座谈会或专题报告会，组织参观或社会实践，举办征文研讨或读书教育，建立“谈心屋”或心理咨询室，深入学生班级、食堂或宿舍，开展结对“忘年交”，义务举办校外辅导站或家庭图书室，融入社区或家庭优化育人环境，应聘做党建工作组织员、学生党校教员，参与学校教学研究督导、传帮带青年教师，参与指导学生社团，关注弱势群体开展帮困助学，等等。多所高校开展的“新老党员共话十七大”，北京交通大学开展的“人生大课堂”系列讲座，中国农业大学组织老教授下乡服务“三农”，帮助大学生“村官”带领村民科技致富，广西自治区教育系统关工委组织老同志开展的“十个一”活动等都取得了显著成效。

教育部关工委与中国关心下一代工作委员会、全国妇联等单位联合，坚持数年开展爱国主义、“中华魂”等主题教育活动，引导、帮助广大青少年树立正确理想信念；树立正确世界观、人生观、价值观、荣辱观、发展观；继承革命传统，弘扬爱国主义、集体主义和社会主义思想；养成良好道德品质和行为习惯，增强遵纪守法意识等。教育部关工委自1998年开始依托“课堂内外”杂志社举办“我是五好小公民”读书教育征文活动。为总结10年开展活动的经验，活动组委会于8月4日在北京教育部礼堂召开了总结表彰大会。全国教育系统关工委和中小学师生代表400余人参加大会，教育部副部长赵沁平莅会并颁奖。《中国教育报》对会议及征文活动所取得的成绩给予了全面报道。

撰稿　郭春开
审稿　原永堂

热点关注

切实加大财政投入　进一步完善农村义务教育经费保障机制

这次会议，是在全国上下深入学习贯彻党的十七大精神的新形势下召开的。在昨天西部“两基”攻坚工作总结表彰会上，至立同志作了重要讲话，一会儿至立同志还要作重要指示。各级财政部门要深刻学习领会这次会议和至立同志的重要讲话精神，认真抓好贯彻落实。下面，我就财政部门做好调整完善农村义务教育经费保障机制改革相关政策的工作，先谈几点意见，供大家参考。

一、调整完善农村义务教育经费保障机制相关政策是新形势的必然要求

党的十七大报告，把教育放在十分重要的战略位置。在实现全面建设小康社会奋斗目标中，对教育提出了新的更高要求；部署了优先发展教育、建设人力资源强国的任务；强调教育是民族振兴的基石，教育公平是社会公平的重要基础。这充分说明党中央对教育的高度重视，也充分说明教育在实现全面建设小康社会奋斗目标和实现中华民族伟大复兴中的重要作用。义务教育，是我国国民教育体系的基础，是每个适龄少年儿童都必须接受的教育，是最重要的公共事业和公共产品。保障义务教育的健康发展，使每个孩子都能享受平等的教育权利和机会，不仅是教育事业的重要任务，而且也是公共财政的重要责任。

党和国家一直关心和重视义务教育，逐步把义务教育纳入公共财政的保障范围，不断加大财政投入力度。尤其是在2005年底，国务院根据农村税费改革后农村义务教育面临的新形势和新问题，作出了深化农村义务教育经费保障机制改革的重大决策，把农村义务教育全面纳入了公共财政的保障范围，建立了中央与地方分项目、按比例分担的农村义务教育经费保障新机制。两年来，在国务院的正确领导下，通过地方各级政府的共同努力，改革进展顺利，成效显著。2006年，中央和地方共落实改革资金361亿元；2007年，中央和地方预计将安排改革资金565亿元。全国近1.5亿名农村中小学生免交了学杂费，3 800万名家庭经济困难学生得到了免费教科书，780万名家庭经济困难的寄宿生得到了生活费补助，切实减轻了农民负担；农村中小学经费保障水平有了较明显的提高，40多万所农村中小学运转正常。改革得到了广大农民群众的衷心拥护和社会各界的广泛赞誉。温家宝总理指出免除农村义务教育学杂费具有划时代的意义，标志着我们在农村真正实现了义务教育。另外，一些地区在推进农村义务教育经费保障机制改革的同时，对完善城市义务教育保障机制进行了积极探索，免除了城市中小学的学杂费，也取得了较好成效。

但是，我们应当清醒地认识到，深化农村义务教育保障机制改革，是一项长期而艰巨的任务，不可能毕其功于一役。在农村义务教育经费保障机制方面，与十七大报告的要求还有不小的差距，存在许多需要进一步研究解决的问题。

比如，农村义务教育经费的总体投入水平还比较低，与城市的差距还比较大，推进均衡发展的任务十分繁重，等等。当然，解决这些问题，除了进一步完善经费保障机制外，还需要通过推进教育综合改革等方方面面的工作，付出长期不懈的努力，方能取得预期的效果。

中央领导同志对调整完善农村义务教育经费保障机制改革相关政策问题，十分重视和关心，多次作出重要指示。经国务院同意，财政部、教育部印发了《关于调整完善农村义务教育经费保障机制改革有关政策的通知》。针对当前农村义务教育经费保障机制中亟需解决的突出问题，进一步强化了政府对农村义务教育的保障责任，对于全面落实《义务教育法》，促进义务教育均衡发展和教育公平，保障和改善民生、构建和谐社会，都具有十分重要的意义。各级财政部门一定要按照国务院的要求，统一思想，精心组织，扎实工作，把这件利国利民的大事办好。

二、全面把握调整完善农村义务教育经费保障机制改革相关政策的主要内容

国务院关于深化农村义务教育经费保障机制改革的政策，已经十分明确和全面了。这次调整完善政策，主要是在现行总体政策框架下，针对当前亟需解决的突出问题，加大落实力度，适当提高标准，加快实施步伐。

（一）进一步落实家庭经济困难寄宿生生活费补助政策。解决好家庭经济困难寄宿学生的生活费补助问题，是关系到这些孩子健康成长、顺利完成学业的重要问题。按照国务院的规定，落实寄宿生生活费补助政策属于地方政府责任，所需资金由地方承担。各地积极采取措施，取得了较好成效。但近年来，随着“两基”攻坚任务的基本完成和“普九”水平的提高，各地寄宿生数量持续增加。据不完全统计，中西部地区农村义务教育阶段寄宿生已经接近2 800万人。由于财力困难等原因，一些地区补助范围偏小，补助标准偏低，资金落实存在一定困难。为进一步落实好这项政策，两部文件明确，从2007年秋季学期起，中央出台中西部地区寄宿生生活费基本补助标准，地方确定补助比例。中央财政对中西部地区按照落实基本

标准所需经费总额的50%，给予奖励性补助。对于东部地区，中央财政将根据其政策落实情况及财力状况等因素，给予适当奖励。

（二）向全国农村义务教育阶段学生免费提供教科书。按照现行政策，免费教科书政策的对象为农村义务教育阶段家庭经济困难学生，中西部地区的免费教科书资金由中央财政全部负担。目前，中部和西部地区享受免费教科书政策的覆盖面，分别为30%和50%左右。执行中，许多地方反映家庭经济困难学生界定难度较大，有的地方或学校甚至出现学生轮流享受政策的现象。同时，社会有关方面要求全部免费提供教科书、进一步推进免费义务教育的呼声也比较高。从公共财政角度看，一方面，推进免费义务教育是公共财政义不容辞的责任；另一方面，目前国家财力也完全可以承担向农村义务教育阶段学生免费提供教科书所需要的资金。为此，两部文件明确，从2007年秋季学期开始，中央财政免费教科书覆盖范围扩大到全国农村义务教育阶段的所有学生，实行这项政策，中央财政每年需增加支出130多亿元。与此同时，地方课程教科书要从2008年春季学期起免费提供，所需资金由地方财政负担。

为贯彻落实《义务教育法》关于鼓励循环使用教科书的要求，落实发展循环经济、节约资源和保护环境的基本国策，从2008年春季学期起，建立部分教科书的循环使用制度，当年中央财政按照全部学生人数和全部科目配齐国家课程教科书；从2009年开始，对循环使用的教科书，中央财政将安排一部分补充更新资金。根据目前教材价格的实际情况以及教科书循环使用的需要，提高教科书质量，从2008年春季学期开始，中央财政对免费教科书年补助标准，从生均小学70元、初中140元，提高到小学90元、初中180元。

（三）提前落实公用经费基准定额。公用经费，是保证农村中小学正常运转、提高教育教学质量的重要基础。农村义务教育经费保障新机制改革实施后，多数省份提前落实了省定公用经费基本标准，希望中央提早出台并落实公用经费基准定额。同时，西部地区一些省份原来省定的公用经费基本标准比较低，希望调高标准。为加大对中西部地区农村中小学公用经费的保障力度，两部文件规定，从2007年秋季学期开始，对中西部地区农村中小学生均公用经费省定基本标准，小学低于150元或初中低于250元的省份，分别提高到150元和250元的标准。将原定中央2009年出台、并分两年落实到位的公用经费基准定额，提前到2008年出台、2009年落实到位。初步确定，基准定额的标准，中西部地区小学年生均300元，初中500元；东部地区小学350元，初中550元。中央与地方公用经费的分担比例，仍按现行规定执行。

（四）提高中西部地区校舍维修改造测算单价标准。从2006年起建立的农村中小学校舍维修改造长效机制，不仅使校舍维修改造得到了稳固的经费保障，而且保障程度比过去有了大幅度提高。执行中，一些地区从巩固校舍维修改造长效机制、为农村学校提供较好条件的角度，希望适当提高测算单价标准。为此，中央财政将从2007年起，提高校舍维修改造的测算单价标准，中西部地区每平方米普遍上调100元。在此基础上，加大对高寒、高海拔地区的支持力度，进一步提高测算单价标准。提高测算单价标准的新增支出，中央与中西部地区仍按照5：5比例分担。对东部地区，中央财政将根据其财力状况及校舍维修改造成效等情况，继续给予适当奖励。

另外，按照国务院有关规定，对中部六省享受西部大开发政策的243个县（市、区），其免除农村义务教育阶段学生学杂费和提高公用经费保障水平所需资金，从2007年起，中央与地方财政分担比例按照8：2的比例执行。

经测算，2007年至2009年，调整完善农村义务教育经费保障机制改革相关政策，全国财政将累计新增经费约470亿元，其中，中央财政约350亿元，地方财政约120亿元。2006—2010年整个农村义务教育经费保障机制改革累计新增经费，将由原来的约2 182亿元增加到约2 652亿元，其中：中央财政约1 604亿元，地方财政约1 048亿元。

三、各级财政部门要提高认识，确保各项政策落实到位

在调整完善农村义务教育经费保障机制改革政策的工作中，财政部门负有重要的责任。我们一定要按照会议要求和至立同志讲话精神，在各级党委、政府的领导下，与有关部门密切配合，充分发挥财政职能作用，确保调整完善农村义务教育经费保障机制改革的各项政策落实到位。

（一）提高思想认识。各级财政部门一定要深刻认识调整完善农村义务教育经费保障机制改革政策在全面建设小康社会和构建和谐社会、促进义务教育均衡发展和教育公平、完善公共财政体系和推进基本公共服务均等化过程中的重大意义，把思想统一到国务院的决策上来，以高度的政治责任感和使命感，切实履行好工作职责。同时，我们还要增强大局意识、服务意识和协作意识，与教育等相关部门加强协调配合，共同把工作做好。

（二）确保资金落实。这次调整完善农村义务教育经费保障机制改革相关政策，需要新增经费比较多。按照国务院的部署和要求，财政部经过深入调研，与地方进行多次沟通和测算后，提出了具体的经费安排方案。这个方案，充分考虑了当前的财政形势，考虑了中央一般性转移支付和地方财力增长因素与趋势，考虑了各省应分担的经费因素。我们认为，无论是中央财政还是地方财政，是完全能够承担的。各级财政部门要按照国务院的要求，调整支出结构，把义务教育作为保障的重点，确保这次调整完善农村义务教育经费保障机制改革政策所需经费全部落实到位。

（三）科学精细管理。在加大财政对农村义务教育投入力度的同时，必须进一步提高财政管理水平。农村义务教育规模庞大，点多面广，情况复杂，资金投入量大且传递链条长，这就要求我们要借助现代化、信息化手段，逐步实现科学化、精细化的管理。各级财政部门要从实际出发，树立精益思想和治理理念，精确、深入、细致地实施管理。要继续完善农村义务教育经费保障机制专项资金的支付制度，加快拨付进度，对经费运行的全过程实施严密监控。要加强农村中小学财务管理基础工作，建立规范的中小学预决算制度，切实抓好预算执行和决算工作。

（四）加强监督检查。各级财政部门要与教育等有关部门加强协调，密切配合，逐步建立农村义务教育经费监督检查机制，确保各项资金分配使用的规范、安全和有效，对弄虚作假、挤占挪用资金等问题，必须及时纠正、严肃处理。同时，也要按照政务公开的要求，适时披露农村义务教育经费保障机制实施中的政策信息，接受社会监督。

另外，关于免除城市义务教育阶段学生学杂费，教育部、财政部已经研究起草了《关于免除城市义务教育阶段学生学杂费促进义务教育均衡发展的意见》，这次会上将发给大家征求意见。会后，教育部、财政部将根据会议讨论意见，修改完善后报国务院。

这次调整完善农村义务教育经费保障机制改革相关政策，是国务院作出的一项重大决策，涉及亿万人民群众的切身利益，关系到农村义务教育事业的持续健康发展。各级财政部门一定要按照国务院的要求，全力以赴做好各项工作，为办好人民满意的教育作出我们的贡献。

本文是财政部部长谢旭人，2007 年 11 月 29 日在《完善义务教育经费保障机制工作会议》上的讲话，原载 2007 年 12 月 6 日《中国教育报》第 1 版

努力建设适应科学发展的服务型机关

胡锦涛总书记在党的十七大报告中深刻指出，我们党要始终站在时代前列带领人民不断开创具有中国特色社会主义事业的新局面，就必须以改革创新的精神继续加强执政能力建设。总书记特别强调，要着力转变职能，切实改进作风，加强调查研究，精简会议和文件，提高工作效能，建设权责一致、分工合理、决策科学、执行顺畅、监督有力的行政管理体制，以求真务实的作风推进各项工作。办公厅作为教育部机关内的综合协调部门，在协调推进机关主动适应科学发展需要，进一步转变工作职能、工作方式和工作作风，努力建设“行为规范、运转协调、公正透明、廉洁高效”的行政机关，不断提高执政能力，更好地为教育改革与发展和广大人民群众服务方面承担着重要职责。

党的十六大以来，教育部党组坚持以邓小平理论和“三个代表”重要思想为指导，认真贯彻落实科学

发展观，高度重视执政能力建设，深入开展了保持共产党员先进性教育活动，大力建设学习型机关，切实加强调查研究，着力推进职能转变，不断改进工作方式和工作作风，努力增强科学执政、民主执政、依法执政的水平，各方面的工作都取得了显著成绩。按照部党组的要求，办公厅充分发挥职能作用，积极推进机关转变工作职能，大力倡导勤政、务实、廉洁、高效的工作作风，广泛运用现代科技手段创新和改进工作方式，大力精简会议和文件，初步建立起应急处置的协调工作机制，在中央国家机关中率先试行定时定点新闻发布制度，积极推进教育电子政务建设和政务公开，一大批事关群众切实利益的信访问题得到解决，机关内部建设不断加强，有力地推动了执政能力的不断提高。

党的十七大为发展中国特色社会主义事业指明了前进方向，对社会各个领域的改革和发展作出了总体部署，对建设公共服务型政府提出了明确的目标和要求。学习贯彻党的十七大精神，就要求我们必须理论联系实际，必须以开拓创新、求真务实的精神状态做好本职工作。

一要牢固树立全心全意为人民服务的宗旨，不断增强执政为民的责任感、使命感和紧迫感。按照胡锦涛总书记在报告中提出的“创新执政理念、转变执政方式、改进执政作风”的要求，以高度的责任感和使命感，协调机关各有关部门，统筹运用各种资源和有效手段，以更大的气力推进机关建设，不断提高为部党组服务、为教育战线服务、为广大人民群众服务的能力和水平。

二要积极推进机关转变工作职能、工作方式和工作作风，努力提高工作质量和工作效率。积极推进行政管理体制改革，切实转变工作职能。着力加强机关制度建设，不断健全科学决策、民主决策、集体决策的制度和各项办事程序。改进工作作风，加强调查研究，完善公文审批和会议审核的工作机制，从严控制会议数量，切实提高公文质量，力戒官僚主义和形式主义。

三要不断健全应急管理体制，提高应急处置能力和水平，切实维护教育系统的稳定和广大师生的生命财产安全。认真贯彻落实《国务院关于全面加强应急管理工作的意见》和教育部教育系统突发公共事件应急预案，进一步完善协调高效的应急反应和处置机制，建立覆盖教育战线的信息报送网络，全力做好应急值守和重大突发事件信息处理工作，不断提高应急处置能力，切实维护教育系统的稳定与安全。

四要积极适应形势和任务发展的需要，充分发挥综合协调作用，大力推进新闻宣传工作和政务公开。进一步健全教育新闻发布制度，及时解读教育政策，加强舆情分析，引导社会舆论，为教育改革与发展创造良好的社会氛围和舆论环境。以广大师生和人民群众最关心、最需要的事项为突破口，加快推进政务公开和校务公开。充分发挥教育部政府门户网站在推进政务公开方面的基础性作用，大力提高网上政务信息发布的数量和质量，推进行政决策的科学化、民主化和公开化。

五要认真贯彻“为民掌权、为民解难、为民谋利”的工作理念，脚踏实地地做好教育信访工作。落实《信访条例》和《中共中央、国务院关于进一步加强新时期信访工作的意见》，进一步健全和完善教育信访工作规章制度，不断创新信访工作机制，推动构建教育大信访工作格局，形成部门协调、上下联动共同做好教育信访工作的强大合力，坚持以人为本，加大工作调研和督查督办的力度，以满腔的工作热情，切实抓好涉及广大师生和人民群众切身利益信访问题的处理和解决。

我们一定要在教育部党组的领导下，同教育战线的全体同志一道，认真学习贯彻党的十七大精神，全面深入贯彻落实科学发展观，努力建设适应科学发展的服务型机关，不断提高执政能力和水平，为推进教育改革与发展、办好人民满意的教育，落实教育优先发展和建设人力资源强国的战略决策作出新的贡献。

作者系教育部办公厅主任、党总支书记牟阳春，原载2007年10月24日《中国教育报》第1版

基础教育

管理工作

〔**全国人大常委会检查义务教育法实施情况**〕2007年3月至5月，全国人大常委会路甬祥、成思危、许嘉璐、盛华仁四位副委员长亲自率队，分五个小组赴安徽、江西、广西、河南、陕西、北京等6个省（区、市）检查新发布的《义务教育法》的实施情况，并委托内蒙古、辽宁、上海等11个省（区、市）人大常委会在本行政区域内进行检查。教育部积极配合全国人大常委会参与了此次执法检查。这次检查，深入基层和农村学校，召开各种形式的座谈会，全面了解和重点检查了学习宣传法律的情况和制定配套法规规章的情况、新机制的落实情况和治理教育乱收费的情况以及政府促进义务教育均衡发展的措施等。

2007年6月28日，十届全国人大常委会第28次会议专门听取和审议了《全国人大常委会执法检查组关于检查〈中华人民共和国义务教育法〉实施情况的报告》（以下简称《报告》）。《报告》和审议意见对近一个时期以来义务教育工作给予了充分肯定，认为新《义务教育法》实施的时间虽然不长，但在各级政府及全社会的共同努力下，已取得初步成效。同时也指出，目前义务教育仍面临着许多困难，存在着一些薄弱环节和突出问题，需要统一研究解决。《报告》和审议意见紧紧抓住了当前我国义务教育改革与发展中的关键环节和突出矛盾，并就如何解决这些问题提出了有针对性的整改建议。

国务院对此高度重视，国务委员华建敏、陈至立迅速作出重要批示。教育部会同国家发展改革委、财政部、审计署、国务院法制办、扶贫办等部门和单位，认真研究全国人大常委会执法检查报告所提出的意见和建议，针对《报告》中提出的在义务教育经费保障、农村教师队伍建设、“普九”欠债和学校危房等历史遗留问题、农村进城务工人员随迁子女和农村“留守儿童”的义务教育、义务教育阶段的民办学校五个方面的问题，共同研究提出下一步工作的整改意见。2007年10月9日，教育部副部长陈小娅向全国人大常委会教科文卫委员会作了《关于落实全国人大常委会〈义务教育法〉执法检查报告有关建议的初步汇报》。2008年1月，教育部向国务院办公厅和全国人大常委会办公厅书面报告了关于落实全国人大常委会执法检查组对义务教育法实施情况意见和建议的工作情况。

此次执法检查对贯彻落实新《义务教育法》起到了良好的推动作用。各地进一步加大宣传力度，落实政府责任，加大政府投入，完善农村义务教育经费保障机制；大力加强中小学管理，规范义务教育办学行为，规范教育收费和治理教育乱收费；进一步推进义务教育均衡发展，全面推进素质教育。

撰稿　马嘉宾

审稿　王定华

〔**免费教科书和教科书循环使用**〕　为贯彻《中华人民共和国义务教育法》有关规定，落实财政部、教育部《关于调整完善农村义务教育经费保障机制改革有关政策的通知》精神，国家从2007年秋季学期开始全面实施农村义务教育教科书免费提供工作，从 2008 年春季学期开始建立部分学科免费教科书循环使用制度。

从 2007 年秋季学期开始，中央财政对全国农村地区义务教育阶段学生全部免费提供国家课程的教科书。从 2008 年春季学期起，各地组织编写、选用的地方课程教材一律对农村义务教育阶段学生实行免费提供，所需资金由地方财政承担。对全国农村义务教育阶段学生免费提供教科书后，严禁向农村义务教育阶段学生预收教科书费用，严禁组织向学生统一收费征订各种教辅材料，地方各级教育行政部门和学校不得再以任何名目向学生收取涉及教材的一切费用。

根据教育部、财政部《关于全面实施农村义务教育教科书免费提供和做好部分教科书循环使用工作的意见》精神，免费教科书由省级财政和教育行政部门共同负责，在各地选用的基础上实行政府采购，同时加强省级教育行政部门对教材选用工作的统筹领导。

从 2008 年春季学期开始，全国在农村义务教育阶段建立部分国家课程教科书循环使用制度。纳入循环使用的教科书包括：小学《科学》，《音乐》，《美术》（或《艺术》），《信息技术》；初中《音乐》，《美术》（或《艺术》），《体育与健康》，《信息技术》。同时，鼓励各地对地方课程免费教材也实行循环使用。

根据有关要求，省级教育行政部门负责组织实施本地区免费教科书的循环使用工作，并制订教科书循环使用的管理办法和实施细则。

教育部要求地方各级教育行政部门和学校在实施教科书循环使用工作中，积极引导教师更新教育理念、改变教学方式，教育学生爱护课本、节约资源、养成良好的学习习惯，增强学生的责任意识和环境保护意识。

撰稿　秦　伟
审稿　杨念鲁

〔**开办“形势教育大课堂”**〕　2007 年 9 月新学期开学之时，中宣部、中央文明办、教育部、共青团中央组织开办了以“感受新变化，迎接十七大”为主题的“形势教育大课堂”，以深入浅出的讲解、丰富的影视资料、生动活泼的形式，向中小学生展示我国改革开放特别是党的十六大以来取得的伟大成就，使他们了解经济、政治、文化和社会建设的发展进步，感受以爱国主义为核心的民族精神和以改革创新为核心的时代精神，构建社会主义核心价值观念，增强中小学生对中国共产党的热爱和对中国特色社会主义道路的认同，逐步树立为构建社会主义和谐社会和中华民族伟大复兴作贡献的志向，并努力把远大志向化为每一天的具体行动，健康成长。

“形势教育大课堂”由教育部基础教育司和中央文明办未成年人组承办，人教社、人教音像出版社、中宣部《时事报告》杂志社、北京教科院等单位协办，中央电视台社教中心制作。共分“生活新变化”、“社会新气象”、“农村新面貌”、“科技新发展”、“国际新形象”、“未来新蓝图”六课，通过农村远程教育平台、中国教育电视台、互联网、DVD 机等传输和播放手段，组织全国亿万中小学生统一上形势教育课，创新了形势政策教育形式，广泛宣传十七大精神。各地还结合开展了热爱家乡、了解社会等社会实践、主题班队会等活动。

形势教育大课堂，得到了广大师生、学校和社会的积极评价和热烈反响，收到良好效果。其间《人民日报》、新华社、中央电台、中央电视台、《光明日报》、《中国青年报》、《中国教育报》及新浪、搜狐等主要门户网站等媒体都多次进行了报道。

撰稿　于长学
审稿　高　洪

〔**中小学幼儿园安全工作**〕　加强灾害预警和防御工作。针对全球气象变暖，各类气象灾害和地质灾害增多的现状，加强了对各类灾害的预警与防御工作。2007 年先后印发了《中国气象局、教育部关于加强学校防雷安全工作的紧急通知》、《教育部、中国气象局关于做好 2007 年秋季中小学和幼儿园气象灾害防御工作的通知》、《教育部关于做好 2007 年秋冬季中小学幼儿园安全工作的预警通知》、《教育部关于做好 2008 年寒假和春节期间中小学幼儿园安全工作的预警通知》、《教育部关于做好灾区开学前中小学安全工作的紧急通知》，要求各地教育行政部门和中小学幼儿园提前做好防范工作，严密防范各类自然灾害和次生灾害，切实保障广大师生安全。

加强校车管理。2007 年 8 月 23 日，公安部和教育部联合印发了《关于实施国家标准〈机动车运行安全技术条件〉(GB7258—2004) 第 2 号修改单的通知》，要求各地公安和教育部门认真做好校车核定工作，细化校车管理，做好统一校车外观标识和标牌工作。

开展安全大检查。2007 年 9 月，教育部会同公安和安全监管部门开展了秋季新学期全国中小学幼儿园安全大检查，重点检查了“黑校车”、“黑幼儿园”整顿情况；校园基础设施安全情况；校园周边环境；学校食堂卫生及改水改厕情况；学校安全管理、安全制度建设和安全教育等情况。通过检查整改了一大批安全隐患，确保了秋季新学期师生安全。

认真开展中小学安全教育。2007 年 2 月，国务院办公厅转发了教育部制定的《中小学公共安全教育指导纲要》，要求各地结合实际情况针对小学低年级、小学高年级、初中和高中四个不同年龄阶段学生的认知特点，积极开展公共安全教育与自救逃生演练活动。另外，教育部还向中西部中小学生捐赠了 160 亿元保额的意外伤害保险和校方责任险，向全国中小学幼儿园发放了 50 万张安全知识挂图、8 000 册安全知识书籍和 50 万张安全知识书签。主动送培下乡，在中部 10 省举办了 10 期“全国中小学校长‘校园安全’专题培训”，培训近万名中小学校长；通过举办中国移动西部中小学校长安全专题培训项目和暑期西部农村中小学教师安全教育远程培训项目，对西部各省中小学校长进行了国家级安全专题培训。

〔**学籍管理**〕 为规范中小学学生学籍管理，加快推进中小学学生学籍管理信息化工作，2007 年 9 月 4 日，教育部办公厅印发了《中小学学生学籍信息化管理基本信息规范》。“规范”结合我国中小学学生学籍管理的实际需要和有关规范在实际使用中存在的问题，定义了中小学学生学籍管理中涉及入学、转学、借读、休学、复学、升级、毕业、综合素质评价、学业考试、奖励、处分等管理工作所需的基本信息。规范编制遵照了《教育管理信息化标准》，参考了《高等学校学生学籍管理信息规范》，规定了中小学学生学籍管理所需的数据内容及其技术属性，为实现全国范围的中小学学生学籍数据共享和分析利用奠定了基础。“规范”是实施全国中小学学生学籍信息化管理工作的重要内容。

〔**和谐校园创建活动**〕 2007 年各地围绕“平安、健康、文明、和谐”的主题，持续深入开展和谐校园创建活动，积极制订和谐校园标准，深入开展创建和谐校园系列宣传活动。为深入贯彻落实十六届六中全会精神和教育部《关于在全国中小学开展创建和谐校园的意见》，2007 年 4 月至 10 月，教育部与中央文明办联合组织开展了“全国中小学创建和谐校园系列宣传”活动，中国教育电视台采访了 25 个省、自治区、直辖市的 100 所中小学，制作了 100 期电视节目，并以“和谐校园采访纪行”为主题在中国教育电视台《国视 60 分》节目中每周一至周五进行展播和滚动播放。《中国教育报》开设了专题栏目对各地创建和谐校园情况进行了深入报道，共刊发了 20 多篇专题报道。新华网、新浪、搜狐、网易等媒体也对和谐校园创建与系列宣传活动进行了深入报道，在社会上引起了强烈反响。北京红螺寺中学、天津市河北区江南寄宿小学、辽宁省大连市第七十九中学等学校创建和谐校园情况在电视节目中播放后，引起了社会各界的广泛关注，并创下收视率新高。

撰稿 李静波

审稿 郑增仪

课程与教学改革

〔**启动义务教育课程标准修订工作**〕 自2001年启动基础教育课程改革实验工作以来，经过六年的改革实践，义务教育各学科课程标准经过至少一个周期的实验，取得了经验，发现了不足，收集了丰富的修改建议。2007年，教育部全面启动义务教育课程标准（实验稿）修订工作。组织了19个学科课程标准修订工作组，邀请了180余位来自中科院、社科院、高等学校的专家、学者和中小学优秀教师、教研员参与课程标准修订工作。4月，教育部基础教育司组织召开了“义务教育课程标准修订工作会议”，各学科课程标准修订组的专家参加了会议。教育部部长周济到会就课程标准修订工作作了指示。各修订组结合领导讲话精神，讨论了修订本学科课程标准的基本原则、策略和方式，初步商定了修订本学科课程标准的工作计划、工作机制、人员分工等问题。各课程标准修订组采取“集中”与“分散”相结合的修订工作模式，确定了调查研究、筛选归类、集体讨论、分块修订、集中审读、返回修改、形成定稿与修订报告的工作流程。

为做好各科课程标准的修订，2007年上半年，教育部办公厅分别发文，要求29个省（自治区、直辖市）教育厅（教委）和42个国家实验区开展义务教育各科课程标准（实验稿）使用情况的调查工作，调查采取问卷调查和组织座谈两种方式，参加调查总人数约达11万人。调查结果显示，课程标准（实验稿）体现了素质教育的精神和新时代对国民素质的基本要求，各学科课程性质、内容要求基本适宜。同时，各地结合六年实践中反映的情况，对各学科课程标准（实验稿）修改完善提出了具体的意见和建议。调研结果成为各学科课程标准修订组修订工作的基本依据。

2007年11月，教育部基础教育司召开了“义务教育课程标准第二次修订工作会议”，各课程标准组在认真研究梳理各地修订建议的基础上进行了沟通与交流，明确了修订课程标准的具体意见。

撰稿　杨秀梅

审稿　朱慕菊

〔**农村中小学现代远程教育工程实施情况**〕 农村中小学远程育工程继续稳步进行，2007年共投入23.2亿元，其中中央投入10亿元，地方投入13.2亿元。2003—2007年，中央和地方共投入110亿元，工程覆盖了所有农村中小学校，初步形成农村教育信息化的环境，实现优质教育资源共享。工程共配备教学光盘播放设备40.2万套，卫星教学收视系统27.9万套，计算机教室和多媒体设备4.5万套。1亿多农村中小学生得以共享优质教育资源，形成了基本适应农村中小学教学需要的资源体系。以小班教学为主的教学光盘已经覆盖小学所有年级和学科，为农村初中提供了示范课、教学实验、教学素材等教学光盘。教学多媒体资源覆盖初中9个学科和小学8个学科，共4 129个学时。视频资源达到2 099小时，教学素材资源已有7 692条。工程投入500万元用于国家级培训，先后培训了约14 000名一线骨干教师。各地采取不同方式，对100多万教师进行了远程教育应用培训，培训了一支初步掌握应用能力的教师和技术人员队伍，并建立了一支技术骨干队伍。为推广普及模式一的应用，工程免费发放了6 000多万张教学光盘，并向全国农村教学点免费发放8.7万张培训农村教师的应用光盘。充分发挥模式二快速、大面积、大容量传输优质教育资源的优势，按照教学进度，每周三次向农村中小学免费发送教学资源。模式三应用改变了农村学校开不出信息技术课的局面，农村初中开设信息技术课的比例达到90%左右，农村小学开设信息技术课的比例显著提高。农村中小学现代远程教育工程的实施，按照“整体规划、分步实施、因地制宜、重点突破”的原则，走出了一条低成本、高效益、符合中国国情的农村教育信息化之路，为缩小城乡之间教育差距，促进义务教育均衡发展奠定了重要基础。

撰稿　袁　磊
审稿　李天顺

热点关注

巩固“两基”攻坚成果　不断提高我国农村义务教育水平

国家西部地区“两基”攻坚总结表彰大会11月28日在京隆重召开。国务委员陈至立出席大会并强调，要认真学习贯彻党的十七大精神，深入贯彻落实科学发展观，全面总结基本普及九年义务教育、基本扫除青壮年文盲的攻坚经验，着力巩固攻坚成果，不断提高我国农村义务教育水平。

陈至立说，《国家西部地区“两基”攻坚计划（2004—2007年）》提出的各项任务如期完成，西部地区“两基”人口覆盖率达到98%，比攻坚计划实施前的77%提高了21个百分点，初中毛入学率达到了90%以上，青壮年文盲率降到5%以下。西部地区“两基”攻坚计划的成功实施，让知识的阳光普照到西部偏远乡村数百万农村孩子，体现了党中央、国务院对农村义务教育的高度重视，体现了科学发展观的要求，谱写了我国教育发展史的壮丽篇章。

陈至立指出，近年来，各级政府通过调整农村义务教育管理体制、实施农村义务教育经费保障新机制、改善中小学办学条件、推进教育教学改革和开展教育对口支援等一系列措施，推动我国农村义务教育迈上了新的台阶，站在新的历史起点上。她强调，在新的历史条件下，要从全面建设小康社会和改善民生的新要求出发，埋头苦干，努力开创农村义务教育新局面。一要巩固“两基”成果，集中力量解决西部剩余42个县的“两基”攻坚，继续改善已完成“两基”任务地区的农村学校办学条件。二要继续推进义务教育均衡发展，优先支持农村教育发展。三要更加重视素质教育，不断深化农村学校课程改革，全面提升学生综合素质。四要大力加强农村教师队伍建设，加强中小学教师培训，实施好免费师范教育，推进城镇教师支援农村教育工作，改善农村教师的工作、学习和生活条件。五要进一步落实各级政府对教育的保障责任，建立健全义务教育预算制度，将义务教育全面纳入财政保障范围。

会议表彰了国家西部地区“两基”攻坚先进地区、先进单位和先进个人。各省（区、市）人民政府和新疆生产建设兵团、国家西部地区“两基”攻坚领导小组成员单位和中央国家机关有关部门的负责人等200余人参加会议。

会后，陈至立出席了“中西部农村初中校舍改造工程”责任书签署仪式。

原载2007年11月29日《中国教育报》第1版

西部地区“两基”攻坚目标如期实现

国务委员陈至立11月15日主持召开国家西部地区“两基”攻坚领导小组会议，听取国家西部地区“两基”攻坚计划完成情况汇报。她强调，“两基”攻坚计划已基本完成，“两基”攻坚成就巨大，我国农村义务教育发展正站在一个新的起点上。要总结经验，巩固成果，再接再厉，推动我国农村义务教育持续健康发展。

2004年西部地区“两基”攻坚计划实施以来，在国务院的统一领导下，经过地方各级政府和各有关部门的共同努力，“两基”攻坚取得了巨大成就，攻坚目标如期实现。一是410个攻坚县中有368个县实现了“两基”目标，其他42个县达到“普六”标准，西部地区“两基”人口覆盖率达到98%。二是中央财政投入100亿元资金实施了“农村寄宿制学校建设工程”，新建、改扩建7 651所寄宿制学校，满足了195.3万名新增学生的就学需求和207.3万名新增寄宿生的寄宿需求，有效解决了农村学生“进得来”的问题。三是从2006年起国家对西部地区农村义务教育学生全部免除学杂费，2007年秋季起全部免费提供国家课程教科书，近50%的寄宿生享受了家庭经济困难寄宿生生活补助，基本解决了农村学生“留得住”的问题。四是中央和地方财政投入110亿元资金实施了“农村中小学现代远程教育工程”，覆盖36万所农村中小学，1亿多中小学生共享优质教育资源。五是实施了农村义务教育阶段学校教师特设岗位计划、城镇教师支援农村教育计划和农村教师远程培训计划等，招聘特岗教师3.3万名，培训农村教师130余万名，西部地区农村教师整体素质逐步提高。

陈至立指出，实施西部地区“两基”攻坚计划是党中央、国务院的重大决策，是落实科学发展观的重要举措，是惠及千家万户的民心工程，是关系国家和民族未来的奠基工程。要认真总结“两基”攻坚在科学规划、保障经费、创新体制机制、精心组织实施等方面的好做法和经验，切实巩固“两基”攻坚成果。对西部地区42个尚未实现“两基”的县，要制定计划，加大支持和指导力度，尽快实现“两基”。

要进一步完善农村义务教育经费保障机制有关政策，提高农村义务教育保障水平和发展水平；采取切实措施加强农村教师队伍建设，不断提高农村教育教学质量。

原载2007年11月16日《中国教育报》第1版

职业教育与成人教育

〔职业教育的战略地位进一步巩固和加强〕2007年3月5日，温家宝总理在《政府工作报告》中指出："要把发展职业教育放在更加突出的位置，使教育真正成为面向全社会的教育，这是一项重大变革和历史任务。""要重点发展中等职业教育，健全覆盖城乡的职业教育和培训网络，深化职业教育管理体制改革，建立行业、企业、学校共同参与的价值，推动工学结合、校企合作的办学模式。"同年9月，温家宝总理在视察大连市轻工业学校时指出，"职业教育是面向人人的终身教育"。"职业学校最大的特征就是教学、求知、做事与技能结合在一起"。"我们一定要把职业教育办好，我们一定能把职业教育办好！"

2007年10月15日，胡锦涛总书记在党的十七大报告中强调指出，要"优先发展教育，建设人力资源强国"，要"优化教育结构，促进义务教育均衡发展，加快普及高中阶段教育，大力发展职业教育，提高高等教育质量"，"健全面向全体劳动者的职业教育培训制度"，"建设全民学习、终身学习的学习型社会"。

这些重要论述，体现了党中央、国务院对新时期职业教育工作的高度重视，极大地提高了全党全社会对发展职业教育重大意义的认识，使我国职业教育改革与发展的政策环境、舆论环境和社会环境进一步改善，职业教育的战略地位更加巩固。各地各部门认真贯彻落实科学发展观，坚持职业教育面向人人的方向和以服务为宗旨、以就业为导向的办学方针，采取有力措施，推动职业教育事业出现了规模持续扩大、改革不断深入、质量日益提高的良好局面，我国职业教育的发展站在了一个新的历史起点上。

撰稿　刘建同
审稿　黄　尧

〔**2007年中职学校招生规模超过800万人**〕在2007年度职成教工作会议暨中职招生工作会议上，教育部提出，2007年中等职业教育招生规模要在2006年的基础上再扩大招生50万人，达到800万人，基本实现《国务院关于大力发展职业教育的决定》提出的中等职业教育与普通高中招生规模大体相当的目标。会议印发了《教育部关于做好2007年中等职业学校招生工作的通知》、《教育部办公厅关于2007年中等职业学校指导性招生计划的通知》等，对完成2007年800万人招生任务，着力做好2007年中职招生工作进行动员、部署，提出了具体要求。

为进一步做好招生工作，确保完成招生任务，7月下旬至8月上旬，教育部分西部、中部、东部三片，召开了落实中等职业教育国家助学政策及2007年招生任务工作座谈会，教育部部长周济，副部长吴启迪出席会议并发表讲话，要求把抓好招生工作和落实资助政策作为当前工作的重中之重，作为一把手工程，全力抓好。会议提出了贯彻落实中等职业教育国家助学政策，进一步做好2007年中职招生工作的思路和工作要求。

为创新招生工作机制和办法，深化招生制度改革，切实做好中职招生服务及管理工作。招生前夕，教育部印发了《关于建立健全高中阶段教育学校招生工作机构的通知》，明确提出了建立健全省（区、市）、市（地）、县（市、区）三级高中阶段教育学校招生工作办公室（简称中招办），进一步规范招生秩序，改变目前高中阶段教育学校招生归属于不同部门管理，各自为政、自行招生，缺乏统一组织和领导，服务管理不到位的状况；进一步明确了省（区、市）、市（地）、县（市、区）中招办的具体工作责任；明确规定要把技工学校和实施高中阶段学历教育的民办学校纳入当地高中阶段教育学校招生规划，实行统一管理。

各地高度重视，加强领导，通过召开专门会议，统一思想，提高认识，研究落实扩大中等职业教育招生规模的政策措施，切实加强了对高中阶段教育学校招生的统筹管理，加大高中阶段教育结构的调整力度，深化招生制度改革，切实做好中职招生服务及管理工作，建立健全高中阶段教育招生工作协调领导机构，创新招生工作机制和办法，严格执行招生工作纪律，严格规范招生工作秩序。进一步加强了招生工作的宣传力度，采取多种形式，广泛宣传国家大力发展中等职业教育的政策，尤其是中等职业学校国家助学政策。加大东西部合作，统筹城乡教育资源，千方百计扩大中职招生规模，全力以赴落实教育部分解下达的中等职业学校招生目标任务。据初步统计，2007 年全国中等职业学校招生达 810 万人，提前两年实现了《国务院关于大力发展职业教育的决定》提出的到 2010 年，中等职业学校招生规模达到 800 万人的目标任务。中等职业教育发展实现了重大突破，对提高我国高中阶段毛入学率，扩大初中毕业生接受职业教育的机会，为经济社会发展培养更多的高素质劳动者做出了重要贡献。

撰稿　安　钢
审稿　张昭文

〔**职业教育基础能力建设**〕 2007 年，职业教育基础能力建设工作进一步推进。职业教育实训基地建设步入规范化轨道。4 月至 8 月，教育部、财政部组织专家对 2004—2006 年度职业教育实训基地建设项目的执行情况进行了专项检查，实地抽查了东中西部 12 个省、自治区的部分项目。2007 年 8 月，教育部办公厅印发了中等职业教育数控加工技术、汽车运用与维修、电子电工和计算机应用与软件技术等四个专业的《职业教育实训基地基本设备配置推荐标准》。国家发改委、教育部、劳动保障部印发了《中等职业教育基础能力建设规划（2005—2010 年）》，就今后四年职业教育基础能力建设中的“县级职教中心建设计划”和“示范性中等职业学校建设计划”进行全面部署，提出了要求。同时，“中等职业学校教师素质提高计划”稳步实施。

2007 年，国家发改委安排 10 亿元，共支持 360 多个县级职教中心和示范性中等职业学校建设。财政部安排 5 亿元，支持了 310 多个职业教育实训基地的建设；安排 8 亿元支持了 70 所示范性高等职业院校的建设；安排 2 亿元支持中等职业学校教师素质提高计划，完成国家级骨干教师培训 1.2 万人。至此，2003 年以来，中央财政已经累计投入 53 亿元，重点支持了 1 080 个职业教育实训基地、1 235 个县级职教中心和示范性中等职业学校、70 所示范性高等职业技术学院的建设，推动了中等职业学校骨干专业教师培训工作。职业教育基础能力建设工作的推进，进一步改善了职业院校的办学条件，增强了职业院校的发展实力，支持了中等职业教育规模的快速发展和质量的稳步提高，提升了职业教育服务经济社会发展的能力。

撰稿　刘建同
审稿　黄　尧

〔**新认定一批国家级重点中等职业学校**〕 自 2003 年起，教育部开展了新一轮的国家级重点中等职业学校调整和认定工作，逐年审批、公布一批国家级重点中等职业学校，有力推动了中等职业学校的建设和布局结构调整工作。

2007 年，各省级教育行政部门上报国家级重点中等职业学校备选学校 132 所。经组织专家组对各省级教育行政部门上报的国家级重点中等职业学校备选学校进行审核，2008 年初，教育部公布了新认定的北京市商务管理学校等国家级重点中等职业学校 115 所。

撰稿　杨　健
审稿　张昭文

附

教育部2007年认定的国家级重点中等职业学校名单

北京市（3所）
北京市商务管理学校
北京市自动化工程学校
北京市经济管理学校

河北省（9所）
廊坊市卫生学校
邢台市市工业学校
张家口机械工业学校
定兴县职业技术教育中心
滦南县职业教育中心
衡水工程技术学校
井陉县职业技术教育中心
霸州市职业技术中学
衡水兆华科技学校

山西省（4所）
长治市体育运动学校
清徐县职业教育中心
运城市农业机电工程学校
山西省运城市卫生学校

内蒙古自治区（3所）
内蒙古阿荣旗职业中等专业学校
巴彦淖尔职业技术学校
呼和浩特市商贸旅游职业学校

辽宁省（8所）
大连市金州区职业教育中心
凤城市职业教育中心
沈阳市苏家屯区职业技术教育中心
普兰店市职业教育中心
北镇市职业教育中心
阜新蒙古族自治县职业技术教育中心
西丰县职业技术教育中心
义县职业教育中心

吉林省（1所）
敦化市职业教育中心

黑龙江省（3所）
绥芬河市职业技术教育中心学校
黑龙江省水利水电学校
大庆体育运动学校

上海市（2所）
上海市航空服务学校
上海市第二轻工业学校

江苏省（2所）
灌云县职业教育中心
宝应县职业高级中学

浙江省（18所）
宁波外事学校
杭州市西湖职业高级中学
宁波市经贸职业中等专业学校
宁波市北仑职业高级中学
上虞市职业教育中心
龙泉市中等职业学校
绍兴市中等专业学校
江山职教中心
丽水市职业高级中学
宁波东钱湖旅游学校
宁波市甬江职业高级中学
慈溪市锦堂高级职业中学
绍兴县财经学校
温州华侨职业中等专业学校
杭州市萧山区第四中等职业学校
仙居县职业中等专业学校
余姚市职业技术学校
安吉县上墅私立职业高级中学

安徽省（3所）
来安县高级职业中学
贵池职业教育中心
中国科学院合肥科学技术学校

福建省（6所）
福清卫生学校
长乐职业中专学校
仙游职业中专学校
莆田华侨职业中专学校
福建二轻工业学校
莆田职业技术学校

江西省（4所）
江西机电学校

上高县职业技术学校
上饶市职业教育中心
修水县职业中专
山东省（7所）
胶南市高级职业技术学校
山东省商贸学校
青岛第二卫生学校
滨州市滨城区职业教育中心
东平县职业中等专业学校
济阳县职业中等专业学校
惠民县职业教育中心
河南省（10所）
新乡市第一职业中等专业学校
平顶山市理工学校
栾川县中等职业学校
浚县职业中等专业学校
信阳商业学校
郑州市金融学校
汝州市职业中等专业学校
夏邑县职业教育中心
洛阳市美术职业中等专业学校
焦作护理学校
湖北省（6所）
十堰市技术工程学校
湖北省工业设计学校
武汉市供销商业学校
荆州市创业职业中等专业学校
湖北省孝感生物工程学校
湖北省丹江口职业技术学校
广西壮族自治区（3所）
柳州市卫生学校
南宁市卫生学校
南宁机电工程学校
重庆市（5所）
重庆市大足职业教育中心
重庆市轻工业学校
重庆市黔江区民族职业教育中心
重庆市永川职业教育中心
重庆市工交职业教育中心
四川省（6所）
四川石油学校
中江县职业中专学校
仁寿县第二高级职业中学
广元市利州中等专业学校
遂宁市民进中等专业学校
攀枝花市建筑工程学校
贵州省（1所）
盘县职业技术学校
云南省（2所）
云南中医药中等专业学校
德宏州潞西市职业教育中心
陕西省（4所）
陕西省建筑材料工业学校
旬阳县职业教育中心
陕西医科学校
南郑县职业教育中心
甘肃省（4所）
甘肃省理工中等专业学校
金塔汽车维修中等专业学校
兰州市商业学校
天水市卫生学校
新疆维吾尔自治区（1所）
新疆维吾尔自治区林业学校

〔**继续实施技能紧缺人才培养培训计划**〕“职业院校制造业和现代服务业技能型紧缺人才培养培训计划”（以下简称“计划”）是“国家技能型人才培养培训工程”的重要组成部分。2007年，教育部继续实施“计划”：

1. 根据行业需求，继续拓展人才培养培训专业领域。与公安部、劳动和社会保障部联合制定保安专业教学指导方案，启动保安专业人才培养培训计划；联合国家安全生产监督管理总局等组织摄制了系列培训音像教材《全国煤矿工人安全生产》（共14集），免费提供给煤矿，促进对一线工人特别是对农民工的培训。

2. 实施合作项目，引入企业优质教学资源，深入推动校企合作开展技能型紧缺人才培养。通过与丰田汽车公司合作，在25所职业院校开展TEAM21一级、二级课程试验项目；与上海通用汽车合作启动了ASEP和AYEC项目；与神州数码（中国）有限公司、锐捷网络公司等合作项目，分别在汽车运用与维修专业领域、计算机应用与软件技术专业领域，推动校企共同开发教育培训课程，引入企业设备、师资培训、奖学金等支持，促进了优质课程资源建设和人才培养水平提高。

3. 制定技能型紧缺人才相关专业实训基地设备配置标准，加强了专业规范化建设。组织行业企业与学校制定并发布了数控加工技术、汽车运用与维修、计算机应用与软件技术专业实训基地基本设备配置推荐标准；着手制订建筑、护理、煤炭、物流等四个专业的实训基地设备基本配置标准。

4. 继续推动各地根据区域经济社会发展需求，在更广泛的专业领域开展技能型人才培养培训工作。在“计划”推动之下，各地根据区域经济社会发展需要，制定实施了本地区的技能型人才培养培训计划，专业领域已扩展到约 43 个，其中一产专业 8 个，二产专业 14 个，三产专业 21 个。

通过实施“计划”，有效地缓解了劳动力市场上技能型人才的紧缺状况，促进了以就业为导向办学方针的落实，推动了职业院校进一步深化教育教学改革，提高了职业教育的质量和服务经济社会发展的水平。

撰稿　郝雅梅
审稿　黄　尧

〔**启动新一轮中职学校德育课课程改革**〕　本次德育课课程改革是职业教育战线贯彻落实党的十七大精神和《中共中央国务院关于进一步加强和改进未成年人思想道德建设的若干意见》的一项重要举措，是深化教育教学改革、提高职业教育质量的一项重要工作。课程改革将以中国特色社会主义理论体系为指导，充分反映党和国家对中等职业学校德育工作的新要求，适应我国职业教育改革与发展的新形势，坚持“以服务为宗旨，以就业为导向”的办学方针，体现“贴近实际，贴近生活，贴近学生”的原则，增强针对性、实效性和时代感。

〔**中职学校毕业生就业情况**〕　2007 年 4 月，教育部向社会公布了 2006 年度全国中等职业学校毕业生就业率为 95.6%。

统计数据显示，毕业生的就业去向是：到各种所有制企事业单位就业的毕业生为 255.04 万人，占就业学生数的 73.23%；合法从事个体经营的毕业生为 36.19 万人，占就业学生数的 10.40%；升入各类高一级学校的毕业生为 57.01 万人，占就业学生数的 16.37%。各产业就业分布情况是：从事第一产业的毕业生数为 25.45 万人，占就业学生数的 7.31%；从事第二产业的毕业生数为 134.15 万人，占就业学生数的 38.53%；从事第三产业的毕业生数为 188.64 万人，占就业学生数的 54.16%。本地、异地和境外就业情况是：在本省（区、市）就业的毕业生数为 219.24 万人，占就业学生数的 62.95%；到异地就业的毕业生数为 127.20 万人，占就业学生数的 36.53%；到境外就业的毕业生数为 1.81 万人，占就业学生数的 0.52%。就业渠道情况是：通过学校推荐就业的毕业生数为 274.32 万人，占就业学生数的 78.77%；通过中介介绍就业的毕业生为 33.90 万人，占就业学生数的 9.74%；其他渠道就业的毕业生数为 40.03 万人，占就业学生数的 11.49%。

各专业类具体就业情况是：加工制造类专业就业情况最好，为 97.55%；其次是土木水利工程类、商贸与旅游类、交通运输类，信息技术类专业，就业率分别为 96.80%、96.44%、96.26%、96.10%；资源与环境类、能源类、财经类、社会公共事务等专业，就业率均在 95%以上，处在中等职业学校毕业生就业率的平均水平；医药卫生类、文化艺术与体育类专业，就业率低于全国平均水平，但高于 90%；农业类专业就业率最低，为 89.75%。从毕业生数量看，信息技术类专业毕业生数量最多，为 88.47 万人，占毕业生总数的 24.29%；其次是加工制造类专业，毕业生数为 78.95 万人，占毕业生总数的 21.67%；毕业生数最少的是资源与环境类、能源类专业，毕业生数分别为 4.54 万人和 5.51 万人，分别占毕业生总数的 1.25%和 1.51%。

各省（区、市）就业情况是：上海、浙江、江西、山东、河南、四川、大连、宁波、厦门等 9 个省（市）中等职业学校毕业生就业率在 97%以上，其中上海、宁波、大连最高，分别为 98.55%、98.41%、98.30%；天津、江苏、安徽、湖北、湖南、广东、重庆、陕西、青岛、深圳等 10 个省

（市）中等职业学校毕业生就业率在96%以上，高于全国平均水平；辽宁、广西、青海等3个省（区）中等职业学校毕业生就业率在95%以上，接近或略高于全国平均水平；北京、河北、内蒙古、吉林、黑龙江、福建、海南、甘肃、贵州、云南、宁夏、新疆生产建设兵团等12个省（区、市）中等职业学校毕业生就业率在90%以上，但低于全国平均水平；山西、西藏等2个省（区）中等职业学校毕业生就业率在90%以下，分别为87.14%和86.34%。

中等职业学校毕业生持续保持较高的就业率，各地工作一是努力转变办学的指导思想，坚持以就业为导向，面向社会、面向市场办学，适应市场和社会需要，大力发展面向新兴产业和现代服务业的专业，努力突出职业教育的特色。二是进一步深化教育教学改革，不断更新人才培养模式和教学内容，改善教学方法，突出能力培养。大力推行校企合作、工学结合的培养模式。改变以学校和课堂为中心的传统人才培养模式，推进产教结合和校企合作，积极开展“订单式”培养。三是加强职业指导、创业教育和就业服务。河南、上海、广东、江苏、陕西等地都建立了本地中等职业学校就业信息网络，积极做好毕业生就业的信息服务、组织服务和跟踪服务工作。此外，为促进毕业生顺利择业、就业，搭建了中等职业学校毕业生就业信息服务平台。

撰稿　刘宝民

审稿　王继平

〔**中职师资队伍建设**〕　2007年4月22日—23日，教育部在南京召开全国中等职业教育师资工作会议，回顾和总结了“十五”期间中等职业教育师资队伍建设工作，对“十一五”期间中等职业教育师资队伍建设进行了动员和部署。教育部副部长吴启迪出席会议并作工作报告。会前，教育部印发了《关于“十一五”期间加强中等职业学校教师队伍建设的意见》，提出了“十一五”期间中等职业学校教师队伍建设的指导思想、任务目标、工作重点和政策措施。

全面实施中等职业学校教师素质提高计划。2006年12月，教育部、财政部印发了《关于实施中等职业学校教师素质提高计划的意见》，决定“十一五”期间中央财政安排5亿元专项资金，用于实施中等职业学校教师素质提高计划。该计划包括中等职业学校专业骨干教师培训、中等职业学校重点专业师资培训包开发、中等职业学校紧缺专业特聘兼职教师资助计划三个项目。2007年，计划的各个项目全部启动，取得了初步成效。一是教育部、财政部统一组织1.175万名教师参加中等职业学校专业骨干教师国家级培训，并从中选派了250名培训成绩优异者赴国外进修6周，各地完成中等职业学校专业骨干教师省级培训约4万人。二是完成了80个中等职业学校重点专业师资培训包开发项目的立项和开题评审。三是部署推进中等职业学校紧缺专业特聘兼职教师资助计划，1 100余所学校得到资助，聘请兼职教师约5 000人。为了规范项目管理，提高计划执行质量，教育部、财政部9月印发了《中等职业学校教师素质提高计划专项资金管理暂行办法》，两部办公厅5月和8月先后印发了《关于组织实施中等职业学校专业骨干教师培训工作的指导意见》、《中等职业学校重点专业师资培养培训方案、课程和教材开发项目实施办法》和《中等职业学校紧缺专业特聘兼职教师资助项目实施办法》；依托中国职业技术教育学会职教师资专业委员会（办公地点在天津工程师范学院）、北京师范大学、同济大学成立了3个项目管理办公室；开通了中等职业学校专业骨干教师国家级培训网，对国家级培训实行电子注册与网上管理。从11月中上旬开始，2007年中央财政支持的2亿元专项资金陆续拨付。

稳步推进高层次师资培养和骨干校长培训工作。继续推进中等职业学校教师在职攻读硕士学位工作，重点增加了与制造业和现代服务业相关的招生专业及招生计划，招生单位共28个，覆盖34个专业，计划招生1 180人。贯彻落实《教育部关于进一步加强职业技术学校校长培训工作的若干意见》和《全国教育系统干部培训“十一五”规划》，继续实施全国中等职业学校骨干校长高级研修计划，采取在职自学、国内集中学习和国外考察相结合的形式，共培训约120人。

进一步加强职教师资培养培训体系建设。10月，教育部下发通知，批准清华大学、北京理工大学为全国重点建设职教师资培养培训基地，批准北京首都旅游集团有限责任公司、武汉华中数控股份有限公司为全国职教师资专业技能培训示范单位。至此，全国重点建设职教师资培养培训基地增加到56个，全国职教师资专业技能培训示范单位增加到8个。各地加快省级职教师资培养培训基地建设，已建成省级基地约230个。职教师资基地的区域布局进一步优化，整体实力进一步增强。

继续加强职教师资对外交流与合作。4月23—24日，教育部、德国国际继续教育与发展协会在南京召开"中德职教师资进修项目"成果总结大会，对2004—2006年双方共同实施的"中德职教师资进修项目"进行总结，吴启迪副部长出席会议并致辞。在前期合作基础上，教育部、德国国际继续教育与发展协会5月4日在德国波恩签署协议，启动了新一轮"中德职教师资进修项目"，2007年双方面向数控技术应用、汽车运用与维修等重点专业和领域，选派了230名中等职业学校专业骨干教师赴德国进修6周。同时，教育部选派了20名旅游服务与管理专业的中等职业学校专业骨干教师赴奥地利进修6周。

9月4日，在人事部、教育部组织的全国模范教师、全国教育系统先进工作者、全国优秀教师和全国优秀教育工作者表彰活动中，共有195名中等职业学校教师和先进工作者获表彰，占表彰总人数的7%，在历次表彰中比例最高。8月31日，在胡锦涛总书记出席的全国优秀教师代表座谈会上，山西省长治市第一职业高中校长、全国教育系统先进工作者张素珍代表全国职教战线发言。9月9日，在人民大会堂召开的庆祝第23个教师节暨全国教育系统先进集体和先进个人表彰大会上，天津市第一商业学校校长、全国优秀教育工作者郭葳代表受表彰的500个全国教育系统先进集体发言。在教育部和中央电视台为庆祝第23个教师节联合制作的《2007——奠基》大型专题晚会上，天津工程师范学院附属技工学校教师、全国模范教师易贵平发表了教师节感言。通过一系列表彰宣传活动，进一步在职教战线营造了尊师重教的浓厚氛围，激发了广大教师投身职业教育事业的历史使命感和职业光荣感。

撰稿 刘宏杰
审稿 王继平

〔**教育部职业教育专项研究课题**〕 为深入研究中等职业教育教学改革中的热点、难点问题，教育部职业教育与成人教育司于2007年7月设立了"以就业为导向的中等职业教育教学改革的理论探索"等15项"教育部职业教育专项研究课题"。课题分别委托职业技术教育中心研究所、部分地方教科研机构、教育行政部门、高校的研究人员、专家学者等承担。课题周期为4个月，10月底完成课题报告。11月和12月组织专家分两批对课题进行了评审。课题报告均按照研究重点的要求，理论联系实际，研究较为深入。有的分别以文献综述的形式对中等职业教育教学改革的若干关系、培养目标、学制、课程体系等进行了梳理归纳，提出政策建议；有的在调查分析的基础上，研究当前中职学生文化知识水平、学分制、教材建设、师资等方面的现状、存在的主要问题和对策建议；有的围绕教学模式，工学结合、半工半读的教学管理，如何发挥行业企业在教学改革中的作用等热点问题进行研究，并提出了相应的政策建议。研究报告基本达到预期成果，将成为新一轮教学改革中制定相关政策措施的重要参考。

撰稿 黄 辉
审稿 黄 尧

〔**举办"全国中等职业教育技能大赛"等三项活动**〕 在重庆直辖十周年之际，教育部与重庆市人民政府、中国职业技术教育学会、中华职业教育社、国家有关部委、行业组织等部门（单位）以及与澳大利亚教育科学与培训部等有关方面联合，于2007年6月21日—30日，在重庆举办"2007年全国中等职业教育技能大赛"，"第三届中国澳大利亚职业教育论坛"和"第五届全国职业教育现代技术装备展览会”。

一、2007年全国中等职业教育技能大赛

2007年6月26日—28日，2007年全国中等职业教育技能大赛在重庆举办。此次技能大赛是由教育部联合重庆市人民政府、交通部、信息产业部、中国职业技术教育学会、中华职教社等部门（单位）主办，教育部职成教司、重庆市教委、有关行业组织和重庆市五所职业院校等单位承办，相关企业协办。各省、自治区、直辖市和新疆生产建设兵团、计划单列市的教育行政部门组成了36支代表队，约3 300多人参加，其中参赛选手1 500人，参赛选手、指导教师和领队、观摩人员等共有上万人，是参赛人数和竞赛项目最多、规模最大的一次全国中等职业教育技能大赛。比赛过程中，参赛选手本着“重在参与、重在学习、重在交流、重在提高”的宗旨，相互学习，共同提高，赛出了好成绩、好水平、好风格。大赛展示了近年来我国职业教育教学改革成果，展现了职业学校广大师生奋发进取的精神风貌和精湛的职业技能，是对我国职业教育人才培养、办学水平和教学质量的一次大检阅。

二、第三届中国澳大利亚职业教育论坛

2007年6月22日—23日，中华人民共和国教育部、商务部、重庆市人民政府和澳大利亚联邦教育科学和培训部、国际发展署、驻华大使馆在重庆市联合举办了第三届中国—澳大利亚职业教育论坛。教育部部长助理杨周复，重庆市人民政府常务副市长黄奇帆，澳大利亚驻华大使馆谢博德公使出席论坛并分别致辞。来自中澳两国政府有关部门的官员、行业企业的代表、研究机构的专家学者、职业院校的校长和教师约400人参加了论坛，是历届中澳职教论坛中规模最大的一次。

这届论坛的主题是：“合作、共享、展望”。中澳双方的十位官员和专家进行了主题演讲，围绕中澳（重庆）职教项目的成果和经验、中澳两国职业教育改革与发展中共同关心的问题进行了交流和研讨。出席论坛的代表们认为，学习推广中澳职教项目的成果和经验，要结合贯彻落实全国职业教育工作会议和《国务院关于大力发展职业教育的决定》精神，要与当地职业教育发展的实际相结合，努力取得实效。一是要转变职业教育办学思想。从计划培养向市场驱动转变，从政府直接管理向宏观引导转变，从传统的升学导向向就业导向转变。二是要坚持以就业为导向、以能力为本位，深化职业教育教学改革。三是要充分依靠行业企业发展职业教育。四是要认真学习借鉴和积极推广中澳职教项目在推进职业教育体制改革、机制创新、教育教学改革、课程和教材开发、资格证书、教学方法、教师队伍建设等方面的好经验。

三、第五届全国职教现代技术装备展览会

2007年6月28日—30日，第五届全国职业教育现代技术装备展览会在重庆市举行。有近两百家国内企业、二十多家国外知名厂商、近千所职业院校参加，有30多家新闻媒体的记者到会采访，参观人数过万人，是历届职业教育技术装备展中，规模最大、技术装备水平最高的一次。通过举办技术装备展览会，参展企业充分展示技术装备成果，了解职业教育教学需求，生产更多更新的技术装备，开发体现新知识、新工艺、新技术、新水平的教材，从仪器、设备、教材等方面为广大职业院校提供服务；与会的职业院校加强与企业的合作，了解现代技术装备发展现状，根据学校需要，以进一步提高技术装备水平和教育教学质量。

撰稿 刘建同 谢 俐
审稿 黄 尧

〔**中国—澳大利亚（重庆）职业教育与培训合作项目结束**〕 2007年8月21日，中国—澳大利亚（重庆）职业教育与培训项目章程委员会举行第六次会议，会议宣布，启动于2002年3月的中国—澳大利亚（重庆）职业教育与培训项目，经过5年半的实施，自即日起结束。

中国—澳大利亚（重庆）职业教育与培训项目是迄今为止中澳两国在职业教育领域由政府组织实施的最大的合作项目。项目由中华人民共和国商务部、教育部、重庆市人民政府，澳大利亚国际发展与援助署、澳大利亚哈索国际公司共同组织实施。项目于1998年开始设计，自2002年3月正式启动，至2007年8月结束。在此期间，中澳双方共投入2 472万澳元（其中：澳方投入1 942万澳元，中方配套投入530万澳元）。中澳双方上千名职业教育专家学者、行业企业专家、教师、政府官员以及其他社会人士参与了项目活动。

五年多来，在中澳两国政府领导人和相关部门的高度重视和关心下，中澳双方项目工作者互相学习、密切配合，围绕学习借鉴澳大利亚职业教育和培训改革的经验与做法、大力推进中国职业教育的改革创新与快速发展的目标，精心组织和开展了一系列项目活动，使项目的实施取得了丰硕的成果：更新了职业教育理念，促进了政府对职业教育工作的统筹协调，探索建立了行业参与职业教育的机制，制定了一批岗位职业能力标准，开发了一批以能力为本位的课程和教材，改革了传统的教学模式和方法，改善了项目学校的办学条件，加强了实训基地建设，探索了新的学生职业能力评价体系，为重庆市经济社会发展培养了一批新型的高素质的适应行业企业岗位需求的技能型人才，制定了重庆市中等职业学校专业教师能力标准，培养锻炼了一批具有现代职业教育理念和管理能力的职业教育管理队伍，培养培训了一批适应现代职业教育发展需要的教师，建立了中澳职业院校网络交流平台，促进了职业教育的国际合作与交流。会议认为，这些成果和经验，不仅对重庆市职业教育的改革与发展起到了巨大的推动作用，而且对全国职业教育的改革与发展具有重要的借鉴意义和普遍的推广价值。

项目中方、教育部职业教育与成人教育司黄尧司长在会上提出，宣传推广中澳职教项目的成果和经验，要重点把握住三点：一是要转变职业教育办学思想，推动职业院校面向社会、面向市场、面向企业、面向农村办学；二是要坚持以就业为导向、以能力为本位，深化职业教育教学改革；三是要充分依靠行业企业，推动校企合作、工学结合。他表示，中国政府将会为项目成果的宣传推广提供必要的条件和支持，同时也希望澳方能够继续参与项目的有关后续工作，以使项目的成果和经验在更广的范围内得到推广，使中澳职业教育领域的合作与交流取得更大的成果。

撰稿　刘建同
审稿　黄　尧

〔推动行业企业职工教育工作〕 2007年教育部与各有关部门、行业、企业共同努力，充分发挥行业企业作用，积极推进学习型企业创建，加强行业的横向合作，同时与全国总工会等单位联合开展“创建学习型企业，争做知识型职工活动”，促进行业企业教育培训的发展。

一、举办《第三届中国培训发展论坛》

2007年11月30日至12月1日，教育部职业教育与成人教育司和中国电子商务协会等22个全国性行业协会共同举办了“第三届中国培训发展论坛”，主题为“终身学习、行业合作、企业推动”。教育部副部长吴启迪、中国钢铁工业协会党委书记、副会长刘振江，教育部职成教司、交通部科教司等单位领导出席论坛并讲话，有关专家学者和知名企业家以及来自全国各地的企业代表约2 400人参加了论坛的相关活动。教育部副部长吴启迪致开幕辞。论坛宣读了各有关行业制定和参与的“行业合作系列计划”，宣读了《全国行业职工教育工作协作会关于表彰优秀成员单位的决定》并举行了颁奖仪式。24名有关企业领导、专家学者在主论坛和6个分论坛上专题演讲。

二、组织行业企业参与全国职工教育统计工作

根据国家统计局要求，教育部继续依靠全国各省（自治区、直辖市）教育厅（教委）以及电力、煤炭、钢铁、铁道、建设、水利、机械7个试点部门（行业）组织实施了2006年全国职工教育统计工作。据统计，2006年参加各类培训和学历教育的企业职工共计4 621万人，9 174万人次，全国企业职工全员培训率为43.7%，比2005年提高0.4个百分点。部门和行业的各项指标更高一些，其中5个行业的全员培训率超过了50%。教育部办公厅通过《关于印发〈2006年全国职工教育培训统计（汇总）表及分析报告〉的通知》公布了统计结果。全国职工教育统计工作为各级领导全面掌握教育发展状况，制定相关政策提供了重要的基础数据，对依靠行业企业发展职业教育和培训，推动我国成人教育发展，发挥了积极的作用。

三、进一步促进行业交流与合作

在教育部职业教育与成人教育司指导下，行业间的交流与合作进一步发展。如中国电子商务协会

与钢铁、铁路、石油化工等行业协会在电子商务人才培养方面的合作，取得新进展。钢铁行业与有色金属、建材、核工业等行业也开展了关于职业经理人、生产安全管理等多种专业人才培训项目的合作。为进一步加大行业合作力度，各行业协会经认真研究，于2007年下半年提出了“行业合作系列计划”，首批7项合作计划项目已开始实施，成为进一步加强行业合作的平台。

四、依托行业表彰优秀培训机构和培训工作者

2007年依托全国行业职工教育工作协作会对5年来积极参加协作会活动、大力推动本行业教育培训并作出显著成绩的中国煤炭教育协会等26个优秀成员单位进行了表彰。表彰活动进一步调动了行业企业的积极性，鼓励广大教育培训工作者不断创造新经验，取得新成绩。

撰稿　李一扬

审稿　张昭文

〔**社区教育工作取得新进展**〕 2007年，社区教育实验工作范围继续扩大，工作取得新的进展。

教育部采取以下主要措施推动社区教育深入发展：1. 2007年10月，在省（区、市）教育部门评审推荐的基础上，教育部印发《关于确定第四批全国社区教育实验区的通知》，确定了33个全国社区教育实验区，使全国社区教育实验区达到了114个，基本覆盖了除西藏以外的各省、自治区、直辖市。2. 2007年10月，教育部印发《关于推荐全国社区教育示范区的通知》，要求各省（区、市）教育部门11月底前将推荐材料报送到教育部。

各地积极推动社区教育，构建终身教育体系和建设学习型社会。2007年4月，北京市召开建设学习型城市工作会议，印发了中共北京市委、北京市人民政府《关于大力推进首都学习型城市建设的决定》。2007年4月中共上海市委、市政府召开“上海市推进学习型社会建设大会”，提出努力发展学习型组织；打造学习活动品牌；提供丰富的终身学习服务；整合学习教育资源；搭建市民公共学习平台；突破“学分互认”等瓶颈，创新终身教育的制度建设。上海市成立推进学习型社会建设指导委员会办公室，在市教委设立了终身教育处，推动终身教育、成人教育、社区教育和学习型城市建设工作。采取以项目管理的形式推进社区教育实验工作，全市19个区县的所有社区教育实验街道（乡镇）都有明确的社区教育实验项目。浙江省提出，到2010年，初步建立起形式多样、结构合理、手段先进的终身教育体系，基本构建起富有浙江特色的学习型社会框架。江苏省启动了社区教育基础建设行动计划，加快构建城乡一体的乡镇社区教育网络，“十一五”期间，推进1 000余所乡镇成人教育中心校向乡镇社区教育中心的转变。此外，浙江、江苏、上海三省市联合举办了第五届“长三角”社区教育论坛。

全国社区教育实验区大力开展教育培训活动，并取得显著成效。根据对60个全国社区教育实验区的统计，2007年培训各类人员2 262万人次，实验区居民全员培训率达56.48%，其中，青少年校外培训率达到85.8%，老年教育培训率达到66.87%，培训进城务工人员1 107万人次，占辖区农民工总数的56.36%。

“学习型组织”创建活动取得新的成果。2007年，根据对60个全国社区教育实验区的统计，共创建学习组织169万个，其中学习型家庭976万个。

社区教育自身基本建设有了长足发展。根据对60个全国社区教育实验区的统计，区、街道、居委会三级社区教育中心、社区教育学校总数达到11 333所。社区教育队伍继续壮大，社区教育专职人员达到8 125人，兼职人员达到95 044人。2007年全年经费总投入达到近10亿元，其中日常活动经费达到1.5亿元。

撰稿　张志坤　蔡　妍

审稿　张昭文

〔**农村劳动力转移培训**〕 2007年，为建设社会主义新农村，构建和谐社会，教育系统充分利用职业教育和成人教育资源，继续大力实施《教育部农村劳动力转移培训计划》。《教育部2007年工作要点》和2007年度职业教育与成人教育工作会议

对农村劳动力转移培训提出了明确要求，要求充分发挥县级职教中心的作用，推进农村职成教育的“一网两工程”，实现农村劳动力转移培训和农民工培训超过 3 500 万人的目标。教育部办公厅印发了《关于 2006 年教育系统农村劳动力转移培训情况的通报》，公布了各地开展农村劳动力转移培训数据，总结推广各地开展农村劳动力转移培训的经验。

教育部与中央统战部联合实施“温暖工程李兆基基金百万农民培训项目”，在广西、四川、云南、陕西和河北等 5 省（区）培训 20 万拟转移农民。项目从 2007 年 5 月开始启动，到年底基本完成了培训任务，转移就业率达 85%以上。

教育部继续参与六部委实施的农村劳动力转移培训“阳光工程”，联合印发了《关于 2007 年农村劳动力转移培训“阳光工程”实施意见》，并参与了 2007 年部分省实施情况检查工作。据统计，“阳光工程”中约有三分之一的培训任务由教育系统的职业学校和成人学校等培训机构完成。

据统计，教育系统 2007 年劳动力转移培训数 3 800 万人次，其中技能性培训数 1 370 万人次。

〔**农村实用技术培训**〕 2007 年，围绕“国家农村实用人才培训工程”，教育系统认真组织实施《教育部农村实用技术培训计划》。《教育部 2007 年工作要点》和 2007 年度职业教育与成人教育工作会议对农村实用技术培训提出了明确要求，要求加强“三教统筹”，促进“农科教”结合，实现农村实用人才培训超过 6 000 万人的目标。教育部办公厅印发了《关于 2006 年教育系统农村实用技术培训情况及 2007 年工作计划的通报》，公布了各地开展农村实用技术培训的数据，总结推广各地开展农村实用技术培训的经验，提出了 2007 年培训工作的具体要求。

教育部职成教司与中国成人教育协会农村成人教育专业委员会联合召开了“农村职成教育为新农村建设服务研讨会”。会议通报了教育部两个“计划”的实施情况，交流了一些地方利用职成教育资源培育新型农民、建设社会主义新农村的经验，对完成 2007 年培训任务提出了明确要求。经教育部门和成人教育协会组织推荐，中国成人教育协会表彰了 198 个农村成人教育先进单位。

据统计，教育系统 2007 年农村实用技术培训 4 500 万人次，提高了农民生产能力，促进了新型农民培育工作。

〔**教育扶贫和定点扶贫工作**〕 2007 年，教育系统认真贯彻落实《中国农村扶贫开发纲要（2001 年—2010 年）》，积极开展教育扶贫和定点扶贫工作，取得了明显成效。

2007 年春季学期起，农村义务教育经费保障机制改革已覆盖全国农村地区，农村家庭孩子接受义务教育得到进一步保障。2007 年秋季学期起，高等教育阶段建立起国家励志奖学金、国家助学贷款等多种形式的高校家庭经济困难学生资助政策体系。中等职业教育阶段在校一、二年级所有农村户籍学生和城市家庭经济困难学生，每人每年补助 1 500 元，保障了农村学生和城市家庭经济困难学生能够接受职业教育。教育部门还实施“三支一扶计划”、“农村教师特设岗位计划”、“大学生志愿服务西部计划”、“村官计划”等项目，引导高校毕业生到农村基层服务和就业，被招募毕业生中有 20%直接参与了扶贫开发工作。

2007 年，教育部在河北省涞源、武邑、青龙三个定点扶贫县共落实扶贫专款 270 万元。安排“温暖工程培训项目”培训资金 39 万元，对 1 663 名贫困家庭农民开展了劳动力转移培训，其中 1 248 名受训农民实现了转移就业。2007 年春节期间，协调人民教育出版社、高等教育出版社出资 12 万元，慰问了 30 位困难教师和 30 户贫困农户。

撰稿 陈建华 陈亚伟

审稿 张昭文

热点关注

国家资助上中职 就学打工出路宽

2007秋开学新生报到，河南省登封职业中专就来了300多人，校长景国敏乐得合不拢嘴："是国家实行对中职生资助的新政策起了作用。"

入冬时节，北京市商业学校学生代楠楠的银行卡上划入了第一笔国家助学金，她高兴不已："奶奶不用再借钱供我上学了。"

回首2007年，一个个令人感动和欣喜的片断闪现在人们眼前。"让每一个想上职业学校的学生上得起学"，新的中等职业教育国家助学政策的出台和实施，不仅是加快我国中等职业教育发展的一项重要制度设计，更是贯彻落实党的十七大精神的一项"民心工程"。

一项重大的政策导向

每一项重大政策的出台，都离不开党和国家关注民生的意志和决心，中职教育国家助学政策也不例外。

在此次国家建立健全的家庭经济困难学生资助政策体系中，无论是受益学生的数量，还是中央财政专项经费的分配，中等职业学校都是大头。按照政策设计，在中央财政今年下半年安排的95亿元中，给中等职业学校安排的资金超过一半；地方财政相应投入的59亿元中，用于中等职业学校的也超过一半。从制度涉及对象来看，除了普通高校和高等职业学校以外，只将中等职业学校列入新的资助政策体系，更是充分体现了党和国家鲜明的政策导向，也清楚地指引着中央部门和地方各级政府的工作方向。

为迅速贯彻落实这一惠民政策，教育部、财政部精心策划，及时行动。《中等职业学校国家助学金管理暂行办法》和《中等职业学校学生实习管理办法》两个配套文件接连出台，为政策实施保驾护航；《中等职业学校国家助学政策解答》小册子更是散发到各地中职师生的手中；与此同时，以部署、督促地方落实政策为目的的工作会议先后召开，6月份的座谈会、7月和8月间的西、中、东部片区工作座谈会、10月初的视频会议，半年内加起来竟有5次之多。

2007秋是中职国家助学金的首次发放，考虑到评审与发放工作时间紧、任务重，为使地方做好前期准备工作，财政部9月初下达了国家助学金预算控制数，9月下旬，教育部和财政部又联合下达了国家助学金中央预算，10月下旬以来，还联合组成调研组赴四川、重庆，调研政策落实情况，力争使助学金发放工作万无一失。

地方配套措施相继到位

一方面是中央部门推动得力，另一方面，地方各级政府也是雷厉风行，齐心协力地将这件惠及百姓的好事办好、实事办实。

"要毫不含糊地执行8：2的经费分担机制，真正把中职资助这项'民心工程'办好，让群众满意，让党中央、国务院放心。"陕西省省长袁纯清的明确表态很有代表性。在湖北、上海、福建、河北、四川、云南等地，省市党政负责同志纷纷从政治和战略发展的高度出发，结合当地实际情况，对做好中职资助工作或作出重要批示，或进行专题研究，或重点追踪督办，为推动各地做好国家助学金的发放工作奠定了坚实的基础。

思路统一了，认识到位了，面对秋季入学后就要发放的助学金，地方配套资金如何迅速到位、足额发放，成为重中之重。根据相关规定，中等职业学校国家助学金由中央财政和地方财政共同分担，西部地区中央与地方的分担比例为8：2，中部地区6：4，东部地区分省确定，考虑到地方财力状况，各省在最短时间内确定了省、市、县三级财政分担比例。北京、湖北、重庆、云南、西藏、甘肃、宁夏和新疆生产建设兵团，地方承担资金全部由省级财政承担，其他省份的地方配套经费也由省级财政拿大头。为进一步增加职业教育对初中毕业生的吸引力，有些省份还健全了地方中职资助政策体系，扩大国家助学金的资助力度。

在上海，建立了以助学金、奖学金和顶岗实习为主要内容的中等职业教育资助政策体系。其中，“助学金”资助对象涵盖所有在沪就读的中职学生，对其中来自农村、海岛的学生和城市家庭经济困难学生资助标准提高到 3 090 元至 4 490 元；“奖学金”分为专业奖学金和市政府奖学金两类，分别奖励报考紧缺专业的学生和优秀学生，今年共奖励 1.8 万人。北京、天津、福建、浙江、云南等省市则积极筹措资金，对中职学生实施资助“全覆盖”，吸引了更多学生、特别是农村学生接受中等职业教育。

截至目前，各地中等职业学校国家助学金已经按月足额发放到受资助学生手中，教育部、财政部将于近期对部分地区追加一定的经费预算，以弥补预算经费缺口。

中职规模实现历史突破

与原有的资助力度相比，新的国家助学政策具有明显的普惠性，有望从根本上改变我国中等职业学生的就学、生活状况。

资助覆盖面从在校生总数的 5%猛增到 90%，资助对象从家庭经济困难学生延伸到所有农村学生和城市贫困学生……自 10 月以来，国家助学政策的实施，如一股暖流涌进中职学校，给寒冬的校园增添了几许温暖。

四川新都职业中学学生曾德兴，父母双亡，初中毕业后本来已经外出打工，爷爷听说国家要实施中职助学金政策后，又把他送进中职学校读书。曾德兴高兴地说：“国家助学政策出台后，家庭贫困已经不是影响学业的主要因素了，我继续读书的愿望终于实现了。”在全国各地，中等职业学校都在第一时间给学生办理相关资助手续，钱到位后第一时间划拨到学生银行卡上。许多中职学生在拿到国家助学金时，喜悦之情溢于言表，纷纷表示要好好学习，以优异成绩报效国家，毕业后也要像现在国家资助自己一样，去帮助其他人。

国家助学政策使中等职业教育的发展如沐春风。“国家资助上职专，升学打工出路宽”，“资助政策就是好，就读中职花钱少”，在四川、安徽、河南等一些地方的乡镇街道、学校社区，处处都张贴着这样通俗易懂、群众喜闻乐见的宣传标语和海报。一些中职学校校长反映，学生“招不来、留不住”的现象不再出现，许多初中毕业生主动选择上中职，一些休学外出打工的学生重返校园。

由于国家助学政策的引导，今年陕西省中职学校招生势头良好，招生数量较上年增长 10%，超额完成了 34 万人的招生任务；秋季招生，云南省玉溪市，职业学校与普通高中招生比达 1.05∶1，首次突破 1∶1……纵观全国中等职业学校招生的总体情况，计划中的招生 800 万大关已彻底突破，这一数字在以前是难以想象的，这有力地说明了中等职业教育生机勃勃的良好发展态势。作为这一了不起成就背后的重要推手，中职国家助学政策将在中等职业教育发展史上留下浓墨重彩的一笔。

原载 2007 年 12 月 27 日《中国教育报》第 2 版

高 等 教 育

高等学校发展改革

〔**评审各地高等学校设置“十一五”规划**〕 为加强高等学校设置的宏观规划，保证高等学校设置工作的有序进行，教育部要求全国各省、自治区、直辖市制定高等学校设置“十一五”规划。4—7月，组织全国高等学校设置评议委员会专家40余人，对全国31个省、自治区、直辖市的省级高等学校设置“十一五”规划草案逐一进行了评审。通过评审，进一步宣传了政策、统一了思想，对在全国范围内控制“十一五”期间高等学校设置的规模，将地方政府和高等学校对院校设置的认识和理念统一到中央关于“十一五”期间高等教育发展的战略方针上来，提高高等教育质量、优化高等教育结构，对增进全国高等学校设置工作的科学性、加强高等教育的宏观统筹和规范管理起到了重要作用。同时也是教育部落实科学发展观、科学执政的重要标志。

撰稿 徐 晴 韩 筠
审稿 宋德民

〔**2007年高校审批和变动情况**〕 2007年共批准设置和调整的普通高校97所，其中教育部批准设置和调整的普通高校39所（名单详见附一），省、自治区、直辖市人民政府自行审批设立的高等职业学校58所（名单详见附二）。

在教育部批准设置和调整的39所学校中，新设高等专科学校6所，新设本科院校21所（其中：公办学校20所，民办学校1所），本科“学院”单独更名为“大学”11所，同层次合并的普通高校1所。

各地自行审批设立的58所高等职业学校中，新设立的高等职业学校43所（其中：公办学校25所，民办学校18所），同层次合并的高等职业学校4所，同层次更改名称的高等职业学校11所（其中：公办学校5所，民办学校6所）。

在上述97所学校中，公办高校72所，民办高校25所。

撰稿 杨 青
审稿 宋德民

附一

2007年教育部批准设置和调整的普通高校名单

计39所

序号	学校名称	主管部门	建校基础名称
一、高等专科学校（6所）			
1	运城幼儿师范高等专科学校	山西省	运城幼儿师范学校
2	黑龙江幼儿师范高等专科学校	黑龙江省	牡丹江师范学校
3	安庆医药高等专科学校	安徽省	安庆卫生学校
4	厦门医学高等专科学校	福建省	厦门卫生学校
5	益阳医学高等专科学校	湖南省	益阳卫生学校
6	临沧师范高等专科学校	云南省	临沧教育学院
二、本科院校（21所）			
1	保定学院	河北省	保定师范专科学校
2	河北金融学院	河北省	保定金融高等专科学校
3	河北传媒学院	河北省教育厅	石家庄影视艺术职业学院
4	太原工业学院	山西省	华北工学院分院（资源）
5	吉林工商学院	吉林省	吉林财税高等专科学校 吉林商业高等专科学校 吉林粮食高等专科学校
6	上海海关学院	海关总署	上海海关高等专科学校
7	浙江警察学院	浙江省	浙江公安高等专科学校
8	合肥师范学院	安徽省	安徽教育学院
9	池州学院	安徽省	池州师范专科学校
10	蚌埠学院	安徽省	蚌埠高等专科学校 蚌埠教育学院 蚌埠职工大学
11	武夷学院	福建省	南平师范高等专科学校
12	福建警察学院	福建省	福建公安高等专科学校
13	山东政法学院	山东省	山东省政法管理干部学院
14	济宁学院	山东省	济宁师范专科学校
15	河南工程学院	河南省	郑州经济管理干部学院 河南纺织高等专科学校
16	新乡学院	河南省	新乡师范高等专科学校 平原大学 新乡市教育学院
17	洛阳理工学院	河南省	洛阳工业高等专科学校 洛阳大学
18	湖北第二师范学院	湖北省	湖北教育学院

续表

序号	学校名称	主管部门	建校基础名称
19	荆楚理工学院	湖北省	荆门职业技术学院 沙洋师范高等专科学校
20	湖南工学院	湖南省	湖南建材高等专科学校 湖南大学衡阳分校（资源）
21	昆明学院	云南省	昆明师范高等专科学校 昆明大学
三、本科“学院”单独更名为“大学”的学校名单（11所）			
1	天津商业大学	天津市	天津商学院
2	辽宁工业大学	辽宁省	辽宁工学院
3	大连工业大学	辽宁省	大连轻工业学院
4	华东政法大学	上海市	华东政法学院
5	杭州师范大学	浙江省	杭州师范学院
6	南昌航空大学	江西省	南昌航空工业学院
7	东华理工大学	江西省	东华理工学院
8	井冈山大学	江西省	井冈山学院
9	青岛农业大学	山东省	莱阳农学院
10	海南师范大学	海南省	海南师范学院
11	新疆财经大学	新疆区	新疆财经学院
四、合并院校（1所）			
1	海南大学	海南省	海南大学 华南热带农业大学

附二

2007年省、自治区、直辖市人民政府自行审批设立的高等职业学校名单

计58所

序号	学校名称	主管部门	建校基础名称
一、新设立的高等职业学校名单（43所）			
1	天津广播影视职业学院	天津市	新建
2	冀中职业学院	河北省	保定师范专科学校定州分校（资源）
3	山西老区职业技术学院	山西省教育厅	新建
4	辽宁地质工程职业学院	辽宁省	新建
5	白城职业技术学院	吉林省	白城职工大学

续表

序号	学 校 名 称	主 管 部 门	建校基础名称
6	哈尔滨科学技术职业学院	黑龙江省	哈尔滨市教师体育学院
7	黑龙江粮食职业学院	黑龙江省	黑龙江省粮食干部培训基地（资源）
8	苏州卫生职业技术学院	江苏省	苏州卫生学校 苏州第二卫生学校
9	盐城卫生职业技术学院	江苏省	盐城卫生学校
10	浙江电力职业技术学院	浙江省	浙江电力职工大学 富春江水电职工大学
11	浙江体育职业技术学院	浙江省	浙江职工体育运动技术学院 省体育局萧山体育运动训练基地（资源）
12	浙江同济科技职业学院	浙江省	新建
13	台州科技职业学院	浙江省	新建
14	浙江邮电职业技术学院	浙江省	浙江邮电专修学院（资源） 浙江邮电培训中心（资源）
15	合肥共达职业技术学院	安徽省教育厅	新建
16	安徽绿海商务职业学院	安徽省教育厅	安徽绿海商务职业学院（筹）
17	安徽涉外经济职业学院	安徽省教育厅	安徽农业大学涉外经济职业学院（资源）
18	蚌埠经济技术职业学院	安徽省教育厅	新建
19	漳州城市职业学院	福建省	漳州教育学院
20	漳州卫生职业学院	福建省	漳州卫生学校
21	厦门南洋职业学院	福建省教育厅	厦门南洋专修学院（资源）
22	福建卫生职业技术学院	福建省	福建卫生学校
23	厦门东海职业技术学院	福建省教育厅	新建
24	漳州天福茶职业技术学院	福建省教育厅	新建
25	漳州吉马印刷职业技术学院	福建省教育厅	新建
26	武夷山职业学院	福建省教育厅	新建
27	菏泽家政职业学院	山东省	菏泽家政师培训中心（资源）
28	湖北青年职业学院	湖北省	共青团湖北省团校（资源）
29	湖北科技职业学院	湖北省教育厅	新建
30	湖南电子科技职业学院	湖南省教育厅	湖南职业专修学院（资源）
31	湖南都市职业学院	湖南省教育厅	湖南信息管理专修学院（资源）
32	广州城建职业学院	广东省教育厅	广州大学城建学院（资源）
33	广州松田职业学院	广东省教育厅	新建
34	广州珠江职业技术学院	广东省教育厅	广州华粤科技专修学院（资源）
35	湛江现代科技职业学院	广东省教育厅	新建
36	重庆财经职业学院	重庆市	重庆商业职工大学
37	广西工程职业学院	广西区教育厅	新建

续表

序号	学校名称	主管部门	建校基础名称
38	贵阳职业技术学院	贵州省	贵阳学院职业技术学院（资源）
39	四川财经职业学院	四川省	四川省财政学校
40	四川艺术职业学院	四川省	四川省舞蹈学校 四川省川剧学校 （四川省艺术学校）
41	云南锡业职业技术学院	云南省	云南锡业集团人才培训中心（资源）
42	甘肃钢铁职业技术学院	甘肃省	酒泉钢铁公司职工大学
43	新疆职业大学	新疆区	新疆职工大学
二、更名的高等职业学校名单（11所）			
1	天津国土资源和房屋职业学院	天津市	天津工商职业技术学院
2	保定科技职业学院	河北省教育厅	保定虎振职业技术学院
3	辽宁职业学院	辽宁省	铁岭农业职业技术学院
4	江苏城市职业学院	江苏省	南京动力高等专科学校
5	太湖创意职业技术学院	江苏省教育厅	培尔职业技术学院
6	绍兴越秀外国语职业学院	浙江省教育厅	绍兴越秀外国语职业学院（更正为民办）
7	泉州理工职业学院	福建省教育厅	泉州中营职业学院
8	广东食品药品职业学院	广东省	广东化工制药职业技术学院
9	三亚城市职业学院	海南省教育厅	三亚桌达旅游职业学院
10	宁夏民族职业技术学院	宁夏区教育厅	吴忠职业技术学院
11	宁夏工商职业技术学院	宁夏区	宁夏经贸职业技术学院
三、合并的高等职业学校名单（4所）			
1	河北旅游职业学院	河北省	承德旅游职业学院 承德职业学院
2	武汉软件工程职业学院	湖北省	武汉公交职业学院 武汉软件职业学院
3	武汉工程职业技术学院	湖北省	武汉工程职业技术学院 湖北黄石机电职业技术学院
4	重庆电子工程职业学院	重庆市	重庆电子科技职业学院 重庆职业技术学院

〔**2007年高等教育发展宏观管理和调控**〕 第一，落实“适当控制招生增长幅度，相对稳定招生规模”的要求，科学、合理安排下达2007年普通高校招生计划。根据2006年5月国务院第135次常务会议有关精神和教育事业“十一五”规划纲要确定的目标，2007年全国普通高等教育招生计划安排567万人，比2006年增长5%。这一安排既充分考虑了各地应届普通高中毕业生进入高峰期的实际情况，又为提高高等教育质量创造了必要条件，体现了“适当控制招生增长幅度，相对稳定招生规模”的要求。第二，贯彻落实十六届六中全会精神，着力推进区域协调发展和教育公平。按照六中全会提出的“保障人民享有接受良好教育的机会，逐步缩小城乡、区域教育发展差距，推动公共教育协调发展”的要求，教育部在2007年招生计划管理工作中突出强调利用招生计划调节手段，努

力促进区域高等教育的协调发展和教育公平，特别是加强了对生源计划的宏观引导和调控，重点向中西部地区和人口、生源大省倾斜，努力缩小区域差距，促进高等教育入学机会公平。2007 年，教育部协调天津、上海、浙江等 6 省市在上年生源计划的基础上，再增加上万人的生源计划投放到升学压力较大的安徽、河南、甘肃等 8 省。支援省份积极支持，受援省份十分拥护，取得了很好的工作效果。第三，进一步规范并加强高校招生和办学管理，引导高校切实将发展重点放在改善办学条件、提高办学质量上。一是加强招生计划执行情况督查，敦促各地严格执行计划。教育部会同国家发改委联合下发督查通知并组成联合督查组，分赴有关省市进行实地督查，要求各地进一步贯彻落实国务院 135 次常务会议关于高等教育工作决策部署精神，切实把握好高等教育规模发展节奏，认真执行国家下达计划，确保高等教育宏观管理目标的实现；二是严格审核普通高校招生资格，进一步坚持和强化以条件定发展的指导思想，对全国高等学校的基本办学条件进行严格审核，确定 2007 年具有普通高等学历教育招生资格的高等学校名单，同时对基本办学条件达不到国家规定要求的普通高校和独立学院，在计划安排上给予必要限制；三是规范并加强高校各类招生管理工作，印发《教育部关于进一步做好高等学校各类招生管理工作的通知》，就进一步做好高校各类招生管理工作提出了明确意见和要求，并通过教育报、教育信息网等有关媒体就《通知》精神进行广泛宣传。

撰稿　徐小强
审稿　蔦　华

〔**"211 工程"建设**〕　为全面总结"211 工程"十年建设经验，充分展示"211 工程"十年建设取得的辉煌成果，在"十五"、"211 工程"验收工作的基础上，组织数十位专家历时半年研究撰写了《"211 工程"发展报告（1995—2005）》，该报告包括概要、成效、经验、展望等四个主要部分。该报告于 2007 年 7 月由高等教育出版社出版。

国家发展改革委、教育部、财政部根据《"211 工程"总体建设规划》和新阶段的发展要求，对"211 工程"三期建设的指导思想、总体目标、主要任务和建设内容、建设资金安排及实施与管理等问题，进行了反复研究，听取了部分高校校长和专家的意见建议，形成了《高等教育"211 工程"三期建设总体方案》（送审稿），2007 年 10 月上报国务院审批。

〔**"985 工程"建设**〕　2007 年 4—6 月，教育部、财政部"985 工程"办公室部署了对"985 工程"二期建设情况进行阶段性检查工作，此次检查采取以学校自查为主的方式进行，检查的重点是"985 工程"二期建设计划执行情况。检查显示，"985 工程"二期建设计划进展顺利，各校坚持以人为本，广纳贤才，把师资队伍建设作为学校工作的重中之重，不断加强对人才工作的领导，全面实施人才队伍建设计划；以国际科技前沿和国家重大需求为导向，以突出特色、实现跨越式发展为宗旨，围绕经济建设和社会发展中的重大问题，建设平台和基地共计 372 个，其中Ⅰ类基地 76 个，Ⅱ类基地 38 个，Ⅰ类平台 86 个，Ⅱ类平台 172 个；围绕公共服务体系、公共基础设施和实验室等内容进行了一系列的条件支撑建设；深入贯彻实施全方位、开放式发展战略，不断扩大学校的对外开放，丰富国际合作交流的内容，坚持务实、高效和长久的合作，逐步提升国际化水平；通过管理体制创新，运行机制创新，积极探索世界一流大学建设的新机制。截至 2007 年底，财政部已安排"985 工程"二期建设资金 155.98 亿元。

〔**国家重点学科建设**〕　2007 年，根据《教育部关于加强国家重点学科建设的意见》和《国家重点学科建设与管理暂行办法》的精神，教育部组织进行了对已有国家重点学科进行考核评估、国家重点学科的增补、一级学科国家重点学科的认定以及部署编制国家重点学科建设规划等工作。

在国家重点学科考核评估工作中，进行了一些有益的尝试，改革了考评办法，改进了评价标准，增加了考评工作的公开、透明度。这些改进措施，较好地避免了非学术因素对考评工作的影响，进一步保证了考评工作的科学公正和考评结果的客观准确。考核评估结果充分显示了国家重点学科经过五年多建设取得的显著成绩，同时也反映出各校认真组织专家评议，实事求是地对各学科进行评价。2007年5月底，国家重点学科考核评估工作顺利完成，教育部公布了考核评估结果，全国共有44个国家重点学科，因排名靠后需重新申报。

2007年6月，根据“调整结构，优化布局，择优确定，公平竞争”的指导思想，教育部部署了国家重点学科的增补工作。增补工作与国家和区域发展的重大需求相结合，采取单位申请，主管部门审查和推荐，同行专家评议和行政审批的方式进行。2007年8月，在国家重点学科的增补和一级学科国家重点学科的认定工作全部完成后，教育部下发了关于公布国家重点学科名单的通知，共审核批准了一级学科国家重点学科287个，二级学科国家重点学科693个。教育部要求各有关高校逐一制订国家重点学科（2007—2010）的建设与发展规划，该规划将作为今后国家重点学科考核评估的重要依据。

2007年11月，教育部决定在国家重点学科评选的基础上，从申报学科中再择优确定一批水平较高的学科，作为国家重点学科的培育对象，予以重点扶持。教育部共审核批准了国家重点（培育）学科219个。

撰稿　赵玉霞
审稿　杨玉良　李　军
郭新立　梁国雄

〔**后勤社会化改革进展情况**〕 高校后勤社会化改革持续发展，并取得显著成绩。一是高校后勤以较快的速度由计划经济体制向社会主义市场经济体制转变。越来越多的高校在越来越大的程度上开放市场，引入优质企业提供服务，如安徽省由社会企业经营的学生食堂已经占到全省学生食堂的52.4%。二是高校对后勤服务市场管理能力逐步加强，高校后勤服务市场有序竞争的机制逐步完善。三是在市场机制的作用下，促成一批面向高校后勤服务的企业（包括从学校分离出来的后勤服务实体）加速向专业化、规模化的方向发展，而且发展速度越来越快，一批餐饮企业连锁食堂已经达到几十家，甚至上百家，高水平的企业促成了高水平的竞争、高水平的服务，并且拉动了全国高校后勤整体保障水平的提升。四是教育行政部门的学校后勤管理职能逐步转变。中国高教学会后勤管理分会的工作越来越实，越来越好，在推动全国改革中发挥了重要的作用。黑龙江、重庆、四川已经正式注册成立了学校后勤行业协会，更多的省市正在利用高校后勤研究会探索向行业协会方向发展，开展了标准化学生食堂、学生公寓建设、数字化后勤建设、地区性集中采购、高校后勤市场准入制等大量深入细致卓有成效的工作。这些工作的开展有效地促进了当地的高校后勤改革，高校后勤的服务质量、运行效率、保障能力都有明显的提高。

为继续推进高校后勤社会化改革，教育部发展规划司于3月31日在重庆召开部分省市高校后勤改革座谈会，4月1日全体会议代表参加了中国高教学会后勤管理专业委员会八届二次会议，共商推进全国高校后勤改革大事，重点研究加快政府职能转变，推进学校后勤行业管理工作。

2006年以来，市场粮、油、肉、水、电、气等价格相继上涨，特别是2007年上半年猪肉价格上涨幅度较大，按照党中央、国务院的指示精神，教育部、财政部、国家发改委等部门高度重视高校学生食堂工作，为稳定高校学生食堂饭菜价格，保证好学生的伙食需求，采取了一系列措施。教育部多次下发文件，对有关工作提出要求，并派出人员到各地督促检查；财政部先后两次下达专项资金分别对家庭经济困难学生和中央部门所属高校学生食堂给予临时补贴，并两次和教育部联合下发通知，对学生食堂补贴等有关工作提出要求；国家发改委和教育部为减轻学校负担，联合下发《关于学校水电气价格有关问题的通知》，明确规定对学校教学和学生生活用电、用水、用气价格分别按居民使用价格执行；中宣部通过各种媒体开展了大量正面宣传工作；商务部要求地方商务部门加强与高校食堂的联系，配合做好肉食品的定点直供，在安排储备肉的投放中优先供应高校食堂。

撰稿　朱宝铜
审稿　张泰青

教育教学管理

〔**印发《关于进一步深化本科教学改革全面提高教学质量的若干意见》**〕 为贯彻落实党中央、国务院关于高等教育要全面贯彻科学发展观，切实把重点放在提高质量上的战略部署，2007 年 2 月，教育部印发《关于进一步深化本科教学改革全面提高教学质量的若干意见》，就今后一段时期进一步深化高等教育本科教学改革，全面提高教学质量的工作提出了六个方面的意见。

一、全面贯彻落实科学发展观，进一步加强对教学工作的领导和管理。1. 切实加强对教学工作的领导。2. 按照把重点放在提高质量上的要求，进一步加强教学管理制度建设。3. 进一步加大对教学工作的经费投入，切实保证教学工作所需的各项经费。4. 树立科学的质量观，促进学生德智体美全面发展。

二、适应国家经济社会发展需要，加强专业结构调整。5. 以社会需求为导向，合理设置学科专业。6. 密切与产业和行业的联系，加强紧缺人才培养。

三、深化教育教学改革，全面加强大学生素质和能力培养。7. 深化教学内容改革，建立与经济社会发展相适应的课程体系。8. 推进人才培养模式和机制改革，着力培养学生创新精神和创新能力。9. 高度重视实践环节，提高学生实践能力。10. 进一步推进和实施大学英语教学改革。11. 大力推进文化素质教育，营造良好的育人环境。12. 加强人才培养的国际合作。

四、加大教师队伍建设力度，发挥教师提高教学质量的重要作用。13. 坚持教授上讲台，保证为学生提供高质量教学。14. 进一步建立和完善青年教师助教制度，不断提升青年教师的教育教学能力。15. 建设教学团队，培养可持续发展的教学队伍。

五、加强教学评估，建立保证提高教学质量的长效机制。16. 进一步加强高等学校教学评估工作。17. 进一步完善高等学校的内部质量监控和评价体系。

六、加强教学基础建设，提高人才培养的能力和水平。18. 加强教学实验室和校内实习基地的建设。19. 把信息技术作为提高教学质量的重要手段。20. 进一步加强教材建设。

《意见》要求，各级教育行政部门和高等学校要根据本意见精神，及时制定本地区、本学校的具体措施和办法，加大教学投入，强化教学管理，深化教学改革，提高教学质量。

〔**高校本科教学质量与教学改革工程启动**〕 “高等学校本科教学质量与教学改革工程质量工程”（以下简称“质量工程”）在“十一五”期间中央财政的总预算为 25 亿元左右，项目建设分年度、分项目逐步实施。“质量工程”将资助 15 000 名学生自主开展创新性试验；建设 10 000 种高质量教材、3 000 门国家级精品课程和 3 000 个特色专业点；资助 3 000 名教师和管理干部开展对口支援交流；遴选 1 000 个国家级教学团队；建设 500 个实验教学示范中心、500 个人才培养模式创新实验区和 500 门国家级双语教学示范课程，奖励 500 名国家级高等学校教学名师。

2007 年，“质量工程”全面启动实施。一是加强学科建设与专业结构调整。启动了专业设置与人才培养数据库及预测机制研究。委托 150 个教学指导委员会进行了专业规范的制订。启动了 12 个理工类专业点、4 个医学专业点的认证工作和 4 个专业点的专业评估工作。完成 2007 年度特色专业建设点的遴选工作。二是加强优质教育资源建设与共享。完成了660门精品课程的评审工作。启动了"国家精品课程集成项目"建设工作。完成了高等教育"十一五"国家级教材规划选题的补充立项工作，从已出版的"十一五"国家级规划教材中评选了218种精品教材。开展了哲学社会科学重点教材研究和管理工作。推进了"网络教育资源共享平台建设项目"、"现代远程教育公共服务体系试点建设项目"的实施及数字化学习示范中心、网络教育质量监管系统、中国现代远程与继续教育网建设等。开展了网络教育计算机应用基础等4门课程考试系统及试题库建设工作。组织开展了"大学英语四六级考试大型题库和基于互联网的考试系统"的研究和开发工作。三是深化人才培养模式的改革与创新。完成了16个类别135个国家级实验教学示范中心的评审工作。完成了第一批大学生创新性实验计划的申报和评审工作，共批准60所高校实施这一项目，安排3 000个创新性实验。完成了300个人才培养模式创新实验区的申报、会评和网评工作。四是加强教师队伍和教学团队建设。完成了100名教学名师评选、100个国家级教学团队和100门双语课程的申报和评审工作。五是加强高校本科教学评估工作。启动了"全国高校教学基本状态数据库系统项目"与"高等学校本科教学工作分类评估方案项目"的申报和评审工作。六是加强东西部高等学校对口支援工作。组织了35所受援高校共560人次教师和120人次干部分别到61所支援高校进修和学习锻炼。完成了30个数字化教室的评审工作。

〔**高校本科教学水平评估**〕 2007年4月1日，组织召开了教育部本科教学专家委员会第四次全体会议。会议按照"坚持标准、严格要求、保证质量、公正合理"的原则，对2006年133所参评高校现场考察专家组的建议评估结论进行审议。在审阅评估材料、认真讨论的基础上，全体委员对参评学校的评估结论投票。根据投票结果，获得优秀结论的高校100所，占参评高校的76%；获得良好结论的高校24所，占参评高校的18%；获得合格结论的高校9所，占参评高校的7%。

为进一步建立高等学校教学质量保证体系，根据"高等学校本科教学质量与教学改革工程"整体部署，教育部开展了对"完善高等学校教学质量定期评估制度"和"研制全国高校教学基本状态数据库系统"的立项研究工作。在有关高校进行申报的基础上，经过专家评审程序，教育部与财政部共同批准北京师范大学、复旦大学（与武汉大学共同）分别牵头成立课题组，承担高等学校本科教学工作分类评估方案项目建设；中山大学（与北京师范大学共同）、华中科技大学分别牵头成立课题组，承担全国高校教学基本状态数据库系统项目建设。资助经费分别为300万元和700万元，分4个年度划拨。两个项目已于2008年1月和2月分别启动，研究工作正在有序进行。

〔**对口支援西部地区高等学校**〕 经国务院批准，教育部、财政部于2007年初联合启动了"高等学校本科教学质量与教学改革工程"。对口支援西部地区高等学校工作成为该工程中的重要组成部分。教育部3月1日印发了《关于上报"质量工程"2007年对口支援工作有关事宜的通知》，4月12日—13日召开了教师进修和干部学习锻炼专家评审会，4月24日印发了《关于执行"质量工程"2007年对口支援工作教师进修和干部学习锻炼任务及划拨相关经费的通知》。各相关高校高度重视、积极参与，工作展开顺利。许多受援高校于2007年上半年就派遣了教师和干部到支援高校进修和学习锻炼，在2007年下半年全面开展工作，并取得了很好的效果。教育部高教司选择一批较好的教师进修学习总结，转发给了各对口支援高校，要求他们认真做好教师和干部的学习总结和论文撰写，充分体现质量工程的成效。同时，教育部、财政部初步完成了质量工程中2007、2008年数字化教室的评审工作。7月2日印发《关于公布"质量工程"2007、2008年对口支援工作数字化教室建设项目指南和开展申报等工作的通知》，10月9日—10日组织专家评审，10月15日印发《关于填报〈"质量工程"对口支援工作数字化教室建设任务书〉的通知》。

另外，教育部高教司于2007年8月8日—11

日在青海大学举办了“2007年对口支援西部地区高等学校管理人员高级研修班”。对口支援高校的管理人员进行了研讨和交流，有力促进了对口支援工作。

撰稿　康　凯

审稿　杨志坚

〔**高校特色专业建设点**〕　根据《教育部　财政部关于实施高等学校本科教学质量与教学改革工程的意见》的总体安排，质量工程领导小组办公室分别于2007年8月和10月正式启动了“第二类特色专业建设点”和“第一类特色专业建设点”的申报工作。

“第二类特色专业建设点”主要面向国家需求，在优先发展、紧缺专门人才和艰苦行业中的32个专业领域遴选。申报工作启动后，共收到455所学校申报的1 809个项目。经网上公示，2007年10月24日—26日在北京组织了“第二类特色专业建设点”专家评审会议，150名专家分学科组对各学校申报材料进行认真审议，形成了建议意见。

“第一类特色专业建设点”主要面向国家、区域经济社会发展的需要，规划建设2 500个特色专业建设点，分四年度分批遴选建设。为体现分类指导的原则，第一类特色专业建设点按中央部委所属高等学校和地方高等学校分配名额，分开操作。中央部委所属高校建设点由中央部委所属高校按照年度规划名额自行遴选推荐；地方高校建设点由各地方教育行政部门按照年度规划名额组织遴选推荐。

2007年12月17日，教育部、财政部联合发出《关于批准2007年第一批高等学校特色专业建设点的通知》，批准北京大学经济学专业等420个专业点为2007年度第一批高等学校特色专业建设点（高职高专的80个点待评审产生）。12月29日，教育部、财政部联合发出《关于批准第二批高等学校特色专业建设点的通知》，批准北京大学哲学专业等707个专业点为第二批高等学校特色专业建设点，其中中央财政资金支持建设的590个，各高校自筹经费建设的117个。

《通知》强调，建设高等学校特色专业是优化专业结构，提高人才培养质量，办出专业水平和特色的重要举措。项目负责学校和项目负责人要大力加强课程体系和教材建设，改革人才培养方案，强化实践教学，加强教师队伍建设，紧密结合国家和区域经济社会发展需要推进专业建设和人才培养，切实为同类型高校相关专业建设和改革起到示范和带动作用。各地教育行政部门和中央有关部门（单位）要负责指导、检查、监督所属高等学校特色专业建设点项目的建设工作。

〔**建设高校本科专业设置预测系统项目**〕　高等学校本科教学质量与教学改革工程领导小组办公室于2007年8月正式启动了“高等学校本科专业设置预测系统项目”的申报工作。“高等学校本科专业设置预测系统项目”是质量工程中公共系统建设项目之一，其建设内容包括：建立包括各专业人才培养的规模、变化趋势和供求状况等方面内容的专业设置预测数据库，开发适用的预测数学模型和预测系统平台；在预测系统平台建设的基础上，参照世界主要国家专业设置和人才培养变化趋势，系统分析我国经济、科技和社会发展对人才的需求状况，定期发布各专业的人才需求预测及专业设置的建议报告，为高校前瞻性地调整专业结构、优化专业布局提供科学依据；在项目实施基础上开展长期性的预测研究，形成专门的专业设置预测研究基地。

2007年11月14日，教育部和财政部组织召开了“高等学校本科专业设置预测系统项目”评审会议，有关学校和单位参加了项目评审答辩。专家组在认真审阅申报单位的相关材料，听取答辩的基础上形成了建议意见。12月17日，教育部、财政部联合发出《关于批准“高等学校本科专业设置预测系统项目”建设项目的通知》，批准“高等学校本科专业设置预测系统项目”由同济大学牵头，同济大学、中山大学共同承担，分别成立两个研究小组。其中，同济大学研究小组负责建立全国范围可支撑本科专业设置预测系统的基础数据库和进行人才需求预测研究；中山大学研究小组负责建立基于全国范围的、以泛珠江三角洲为实验区域的可支撑本科专业设置预测的基础数据库和进行人才需求预测研究。

〔**表彰“第三届高等学校教学名师奖”获奖教师**〕 作为“高等学校本科教学质量与教学改革工程”重要组成部分，教育部决定从2007年开始，将原来每三年评选一次的“高等学校教学名师奖”改为每年开展一次。开展教学名师奖评选，旨在表彰长期从事本科基础课教学工作的教授和高等职业教育中高素质的“双师型”教师，影响和带动广大教师切实把主要精力投入到培养高素质人才上，为办好让人民满意的高等教育、促进高等教育事业的改革和发展、全面提高高等教育质量作出新的更大贡献。

根据《意见》要求，2007年4月，教育部办公厅印发了《关于组织开展第三届高等学校教学名师奖评选表彰工作的通知》，启动“第三届高等学校教学名师奖”的评选表彰工作。评选工作正式启动后，各地方教育行政部门、有关高等学校分别组织了省级教学名师、校级教学名师的评选表彰工作，掀起了总结获奖教师经验、宣传获奖教师精神、开展向获奖教师学习的活动热潮。经过省市推荐、同行专家网络评审、会议评审三个程序，北京工业大学左铁镛等100位教师成为“第三届高等学校教学名师奖”的获得者。2007年9月10日，教育部、人事部、北京市人民政府联合召开庆祝教师节暨全国教育系统先进集体和先进个人表彰大会，30位“第三届高等学校教学名师奖”获奖代表参加了会议。

第三届高等学校教学名师奖100名获奖教师中，从事本科教育的教师82名，从事高等职业教育的教师18名。获奖教师来自27个省、自治区、直辖市，海南省和新疆自治区也实现了名师奖获得者零的突破。从区域分布来看，西部地区获奖教师占获奖总数的20%；从学科分布来看，11个学科门类均有获奖教师，有5名院士入选；从学校分布来看，有51名教师来自部属高校，46名教师来自地方高校，3名教师来自军队院校。获奖教师的平均年龄为53岁，年龄最大的75岁，最小的39岁（来自高等职业院校）。获奖教师中，女教师占19%。

与上两届名师奖的评选相比，第三届高等学校教学名师奖评选的突出特点是加大了对从事高等职业教育教师的表彰力度。为进一步推动高等职业教育改革，提高教育教学质量，促进高等职业教育健康快速发展，第三届高等学校教学名师奖评选对以往高等本科教育和高等职业教育名师评选共用一个指标体系的做法进行了改革，单独制定高等职业教育教学名师奖的评选指标体系，并专门拿出名额用于对高等职业教育名师的表彰，鼓励高素质“双师型”教师在推进高等职业教育工学结合、产学合作方面发挥模范带头作用，保证高等职业教育教师队伍建设的正确导向。

附

第三届高等学校教学名师奖获奖教师名单

姓　名	单　位	姓　名	单　位
黄蔚雯	安徽电气工程职业技术学院	李宇峙	长沙理工大学
汪青松	安庆师范学院	李波勇	郴州职业技术学院
阎步克	北京大学	成　虹	成都电子机械高等专科学校
张恭庆	北京大学	李学锋	成都航空职业技术学院
左铁镛	北京工业大学	黄润秋	成都理工大学
杨　屹	北京化工大学	刘永泽	东北财经大学
陈后金	北京交通大学	王洪斌	东北农业大学
韩伯棠	北京理工大学	柳海民	东北师范大学
郑光美	北京师范大学	戴先中	东南大学

续表

姓　名	单　位	姓　名	单　位
王　炜	东南大学	王如竹	上海交通大学
关俊良	番禺职业技术学院	胡颂恩	上海医药高等专科学校
陈思和	复旦大学	刘　军	沈阳建筑大学
黄格胜	广西艺术学院	吴英绵	石家庄职业技术学院
王焕定	哈尔滨工业大学	侯一平	四川大学
方永刚	海军大连舰艇学院	郁道银	天津大学
谭　兵	海南大学	元英进	天津大学
朱士信	合肥工业大学	尹贻林	天津理工大学
张子戍	河南理工大学	王建华	天津医科大学
张家骅	黑龙江大学	吕景泉	天津中德职业技术学院
邱葭菲	衡阳财经工业职业技术学院	顾　牲	同济大学
白解红	湖南师范大学	马费成	武汉大学
李　浏	华东师范大学	赵　林	武汉大学
骆世明	华南农业大学	刘　泉	武汉理工大学
莫　雷	华南师范大学	谢　苏	武汉职业技术学院
王建枝	华中科技大学	傅丰林	西安电子科技大学
胡亚敏	华中师范大学	刘雨棣	西安航空技术高等专科学校
李玉林	吉林大学	杨晓阳	西安美术学院
滕利荣	吉林大学	葛文杰	西北工业大学
张福贵	吉林大学	宋保维	西北工业大学
邓国良	江西公安专科学校	邹志荣	西北农林科技大学
李双江	解放军艺术学院	龚　晖	西南交通大学
李　军	空军工程大学	田平安	西南政法大学
宁　平	昆明理工大学	张　馨	厦门大学
王乃昂	兰州大学	文卫平	湘潭大学
朝伦巴根	内蒙古农业大学	宋清龙	襄樊职业技术学院
朱传喜	南昌大学	张建龙	新疆医科大学
沈坤荣	南京大学	段昌群	云南大学
徐士进	南京大学	施　凯	浙江工贸职业技术学院
杨孝平	南京理工大学	季永青	浙江交通职业技术学院
赵明生	南京森林公安高等专科学校	边传周	郑州牧业工程高等专科学校
佟家栋	南开大学	王爱玲	中北大学
黄春波	南宁职业技术学院	霍剑青	中国科学技术大学
王　燕	青岛理工大学	施蕴渝	中国科学技术大学
华成英	清华大学	陈　岳	中国人民大学
柳冠中	清华大学	龙翼飞	中国人民大学
钱　易	清华大学	姚文兵	中国药科大学
刘桂真	山东大学	刘德海	中国音乐学院
王育济	山东大学	张亚林	中南大学
牟志美	山东农业大学	王庭槐	中山大学
戴国强	上海财经大学	张兴国	重庆大学

〔**建设 2007 年国家级教学团队**〕 为提高高等学校教师素质和教学能力，确保高等教育教学质量的不断提高，在高等学校本科教学质量与教学改革工程中设立了教学团队建设项目。2007 年的 100 个国家级教学团队已立项建设。项目的实施，旨在通过建立团队合作的机制，改革教学内容和方法，开发教学资源，促进教学研讨和教学经验交流，推进教学工作的传、帮、带和老中青相结合，提高教师的教学水平。

项目拟根据地域分布和行业分布现状，分年度在全国高校中建立 1 000 个老中青搭配合理、教学效果明显、在师资队伍建设方面可以起到示范作用的国家级教学团队，资助其开展教学研究、编辑出版教材和教研成果、培养青年教师、接受教师进修等工作。

项目采取学校先行建设，教育部组织评审，教育部、财政部联合批复立项的方式进行。2007 年评审、资助 100 个国家级教学团队，2008 年至 2010 年，每年评审、资助 300 个国家级教学团队，并加强对教学团队的评估。

2007 年上半年，教育部高教司在广泛调研的基础上，吸收高校教学管理人员和一线教师的意见，研究提出了国家级教学团队的基本要求，包括团队及组成、带头人、教学工作、教学研究、教材建设五个方面。经过省级教育行政部门推荐，教育部组织专家进行网络、会议评审，教育部、财政部确定了北京大学的“基础数学教学团队”等 100 个教学团队为 2007 年国家级教学团队。

撰稿　李晓明
审稿　杨志坚

〔**继续推进国家精品课程建设**〕 教育部、财政部《关于实施高等学校本科教学质量与教学改革工程的意见》提出，继续推进国家精品课程建设，在前期建设的基础上，2006—2010 年再遴选 3 000 门课程进行重点建设。2007 年，共有 30 个省、自治区、直辖市和新疆生产建设兵团以及 74 个教学指导委员会和专家组织申报的 1 190 门课程参加国家精品课程评审，共覆盖本科高校 377 所。经网络评审和会议终审，最终产生了本年度 660 门国家精品课程，其中本科课程 411 门，高职高专课程 172 门，网络教育课程 49 门，军队（含武警）院校课程 28 门。

精品课程建设五年来，已经评审出国家精品课程 1 798 门，覆盖了全国 30 个省、自治区、直辖市（除西藏外）和新疆生产建设兵团。按照分类体系，全部覆盖了本科的 13 个一级学科门类（11 个学科加文化素质教育类和“两课”类），70 个二级学科，课程分布情况为：哲学 12 门，经济学 50 门，法学 45 门，教育学 40 门，文学 109 门，历史学 22 门，理学 243 门，工学 397 门，农学 77 门，医学 135 门，管理学 101 门，文化素质类课程 22 门，“两课”类课程 22 门；高职课程 414 门。另有军队院校国家精品课程 91 门。此外，完成了 2007 年度教育部—IBM 精品课程建设项目立项工作，评选出 20 门课程并给予支持；完成了教育部—英特尔精品课程建设项目，评选出 12 门课程并给予支持；启动教育部—微软精品课程项目。

目前，国家精品课程的优质资源受到高校越来越多的关注和采用，辐射作用更加明显。据统计，截至 2007 年 12 月，全国高等学校精品课程建设工作网页（www. jpkcnet. com）和国家精品课程资源共享系统（http://166. 111. 229. 73/courses/）总点击数已超过 2 亿次。

为进一步加强精品课程资源共享应用，2007 年教育部批准了“国家精品课程集成项目”，建设适应对精品课程进行存储、检索、服务运行需求的支撑环境和共享服务平台。此外，还建立了全国高校教师网络培训中心，组织开展精品课程建设和应用推广培训。

〔**实施精品课程师资培训项目**〕 为进一步推进教学改革，促进通过质量工程建设的优质教学资源广泛应用和共享，使国家精品课程发挥示范作用，不断提高高校教师的教学水平，2007 年开始实施精品课程师资培训项目。该项目的指导思想是：“利用信息化和网络化技术，创新高校教师培训模式，建立全国师资网络培训中心，形成与各省会城市数字化分中心互动的师资培训新体系，使师资培训工作网络化、信息化、常规化，以提高师资培训效果，加快师资培训步伐，达到大面积培训师资的目的。”

2007 年 6 月，教育部办公厅批准在高等教育出版社设立“教育部全国高校教师网络培训中心”（以下简称网培中心)，负责组织实施精品课程师资网络培训项目。2007 年 10 月，完成了网培中心和 20 个省级分中心和城市分中心的组织建设，投资建设了 21 个网络教室，布设了覆盖全国的互联网网络架构，建立了精品课程网络师资培训的规章制度，基本形成了全国高校教师网络培训系统和运作体系。10月中旬，教育部高教司公布了第一批教育部全国高校教师网络培训省级分中心、城市分中心名单，印发了《关于实施精品课程师资培训项目的指导意见》，转发了《精品课程师资培训项目管理办法》，制定了 2007 年精品课程师资网络培训计划。高校教师网络培训工作在全国范围内逐步展开。

精品课程师资培训项目以国家精品课程的建设经验、内容体系、技术手段和资源使用方法以及新理论、新方法、新技术等为主要培训内容，由国家精品课程项目主持人和高等学校教学名师奖获奖教师担任主讲。在北京的网培中心设立主播教室，通过互联网将各个分中心连接起来，参加培训的教师利用计算机终端完成报名选课，以分中心为单位建立班级，通过视频、语音和文字等多种方式参与学习和实时互动，同时通过网站的教学论坛进行专题研讨和作业提交。参加培训的教师在通过考核后获得由教育部人事司和高教司共同签章的“高等学校骨干教师培训证书”。培训结束后，将不定期地组织网络沙龙，为参训学员就感兴趣的问题与主讲教师及其他学员进行经验分享搭建长期可持续的交流平台，同时将在培训过程中积累的资源以及和培训课程相关的内容收集整理，汇总成课程纪念册，促进优质教学资源在更大范围内的共享。

2007 年开展了线性代数、无机化学与实验、工程图学、货币银行学、文学概论等五门课程的试培训，有 1 900 多名教师参加。根据匿名问卷调查，对培训表示“很满意”和“满意”的参训老师达 86.25%，表示愿意再次参加同类培训的老师占 98%以上。

撰稿 张庆国
审稿 刘 桔

〔**评审 2007 年度双语教学示范课程**〕 双语教学示范课程建设（以下简称“双语课”）是“高等学校本科教学质量与教学改革工程质量工程”中教学团队与高水平教师队伍建设内容的重要项目之一。

“双语课”项目旨在培养一批双语教学教师，学习国际先进教学理念与教学方法，形成符合中国实际、具有一定示范性和借鉴意义的双语课程教学模式，为培养学生的国际竞争意识和能力发挥重要作用。

教育部决定 2007—2010 年期间，在全国范围内确定 500 门双语教学示范课程，每门课程资助经费 10 万元进行重点建设。

2007 年 8 月 13 日，教育部印发了《关于启动 2007 年度双语教学示范课程建设项目的通知》，全面启动了 2007 年度双语教学示范课程的申报评审工作。申报工作启动后，各相关高校积极申报，108 所“211 工程”重点大学中，共 105 所高校申报了 373 门课程。经专家网络评审，2007 年 12 月 17 日，教育部、财政部联合发出《关于批准 2007 年度双语教学示范课程建设项目的通知》，批准北京大学的病理学等 100 门课程为 2007 年度双语教学示范课程。

2007 年立项建设的 100 门双语教学示范课程是全国开展双语教学的优秀成果，共覆盖了 18 个省市的 57 所高校。其中，生物类 15 门，信息类 22 门，金融类 9 门，法律类 7 门，医学类 15 门，其他学科共 32 门。

2007 年是实施“双语课”项目建设的第一年。项目启动以来，各有关高校积极行动，通过组织校级双语教学示范课程、选派教师出国学习等多种方式，努力提高双语师资水平。广大高校普遍认为，双语课项目有利于提升我国高校双语教学水平，加强国际化人才培养，进一步提高高等教育质量。

〔**高校实验教学示范中心评审和建设**〕 为推进高等学校实验教学内容、方法、技术、手段、队伍、管理及实验教学模式的改革与创新，加强学生实践能力和创新精神培养，教育部决定在2005年高等学校实验教学示范中心建设和评审工作的基础上，继续开展国家级实验教学示范中心的建设和评审工作，至2010年重点建设500个左右国家级实验教学示范中心。

2007年4月，教育部发出《教育部关于开展高等学校实验教学示范中心建设和评审工作的补充通知》，指出国家级实验教学示范中心建设范围涵盖理学、工学、农学、医学、经济学、管理学、法学、文学、历史学等主要学科领域，包括公共基础实验教学中心、学科大类基础实验教学中心、专业实验教学中心和综合性实验教学中心等不同类型的实验教学中心。

按照“高等学校本科教学质量与教学改革工程”实施工作的总体部署，国家级实验教学示范中心建设采取申报评审、建设改革、评估验收的方式进行。由学校先行建设、自主申请，省、自治区、直辖市教育行政部门选优推荐，教育部组织专家评审立项并对学校建设情况进行评估验收。从2007年至2009年，教育部按年度分三批组织评审，产生国家级实验教学示范中心建设单位，2010年对全部建设单位进行评估验收，验收合格的授予“国家级实验教学示范中心”称号。

教育部于2007年在物理类、化学化工类、生物类、电子电气信息类、力学类、机械类、计算机类、材料类、地学类、植物类、动物类、医学基础类、药学类、经济管理类、传媒类、综合性工程训练中心等16个类别开展了建设和评审工作，共评审出135个国家级实验教学示范中心建设单位。

撰稿　高东锋

审稿　杨志坚

〔**大学生创新性实验计划**〕 大学生创新性实验计划（以下简称“计划”）是国家级的直接面向大学生，注重自主性、探索性、过程性、协作性和学科性的创新训练项目，由大学生创新性实验项目和项目奖励组成，旨在培养大学生从事科学研究和探索未知的兴趣，从而激发大学生的创新思维和创新意识，同时在项目实践中逐渐学会思考问题、解决问题的方法、锻炼其解决问题的能力，培养学生从事科学研究和创造发明的素质。

2006年，教育部高教司开展了“国家大学生创新训练计划”试点工作，在北京大学等10所高校开展试点，当年资助项目549项，资助总经费537.3万元。2007年3月，教育部高教司在总结试点经验的基础上，开始组织实施大学生创新性实验计划。经过申报、专家评审等程序，5月产生了第一批60所项目参与学校，6月20日召开了项目学校参加的启动工作会议，9月印发《教育部财政部关于批准第一批大学生创新性实验计划项目的通知》，随后各参与高校启动了本校的学生项目申报立项工作，并将本校的管理办法、实施方案以及评选出的学生项目报教育部高教司备案。2007年，大学生创新性实验计划60所参与高校共上报学生项目3 095项，其中团队申报2 707项，占申报数的87%；个人申报388项，占申报数的13%。项目总计资助经费为8 948万元，其中教育部资助金额3 000万，学校配套5 948万元，生均项目经费1.023 4万元。

计划的实施得到了高校师生的欢迎，参与高校普遍认为，通过该计划的实施，将使学生在本科阶段得到科学研究与发明创造的初步训练，激发学生的创新思维和创新意识，提高其创新和实践能力，改变目前高校培养过程中学生实践环节薄弱、动手能力不强的现状，促进高校探索创新性人才培养的新模式。

〔**人才培养模式创新实验区建设**〕 人才培养模式创新实验区（以下简称“实验区”）是“质量工程”中实践教学与人才培养模式改革创新建设内容下的一个重要项目。实验区项目的实施，旨在鼓励和支持高等学校进行人才培养模式方面的综合改革，在教学理念、管理机制等方面进行创新，努力形成有利于多样化创新人才成长的培养体系，满足国家对社会紧缺的复合型拔尖创新人才和应用人才的需要。重点支持高等学校在教学内容、课程体系、实践环节、教学运行和管理机制、教学组织形式等多方面进行人才培养模式的综合改革，形成一批创新人才培养基地。2007 年是实施人才培养模式创新实验区建设项目的开局之年。

教育部决定 2007 至 2010 年期间，在全国范围内重点建设 500 个实验区，每个实验区资助建设经费 50 万元。2007 年 8 月 24 日，教育部印发了《关于申报 2007 年度人才培养模式创新实验区的通知》，正式启动 2007 年度实验区的申报评审工作。

申报工作启动后，在 2007 年 9 月 25 日—10 月 8 日的申报期内，共 412 所高校申报了 749 个项目。2007 年 10 月 24 日—26 日，在北京召开实验区初评会议，有 381 个项目进入网络评审阶段。进入网络评审的项目分布是：工学 83 个，经济学 25 个，管理学 55 个，法学 20 个，农学 23 个，医学 49 个，大学生文化素质教育 42 个，艺术类 44 个，跨学科 40 个。

10 月 30 日—11 月 6 日，经过专家网络评审，最终形成了 220 个实验区的建议名单。在网评阶段，聘请了以相关教学指导委员会委员和高校教务处长为主体的 479 位网评专家进行网络评审，基本保证每组专家不少于 30 人，每位专家评审的项目数量不多于 25 个。另外，有 80 个工学学科门类指标直接均分给清华大学等 10 所工程教育改革集成项目参与学校。

12 月 17 日，教育部、财政部联合印发了《关于批准 2007 年度人才培养模式创新实验区建设项目的通知》（以下简称《通知》），公布了北京大学“元培学院（元培计划）”等 220 个实验区和清华大学“面向现代工业的自动化综合人才培养新模式”等 80 个实验区的名单。资助经费分年度拨付，2007 年划拨 17 万元。

2007 年立项建设的 220 个实验区分布在除海南省、青海省和宁夏回族自治区以外的 28 个省（自治区、直辖市）、173 所高校，其中，教育部所属院校 64 所，共 97 个实验区，占 44%；其他部属院校 14 所，共 20 个实验区，占 9%；地方院校 95 所，共 103 个实验区，占 47%。从类别来看，工学学科门类 40 个，大学生文化素质类和艺术类均为 30 个，农学学科门类 18 个，医学学科门类 32 个，经济学学科门类 12 个，管理学学科门类 27 个，法学学科门类 9 个，跨学科门类综合改革 22 个。

〔**制订普通高等教育“十一五”国家级教材补充规划**〕　为更好地满足教学需求，及时将 2004—2005 两年出版的教材中质量较高、在教学中反映较好的教材，修订后纳入“普通高等教育‘十一五’国家级教材规划”，教育部组织了普通高等教育“十一五”国家级教材规划补充申报工作。

制订“普通高等教育‘十一五’国家级教材补充规划”的原则、学科范围与制订“普通高等教育‘十一五’国家级教材规划”相一致。共有 186 个出版社申报了 9 735种教材。经专家评审、网上公示，最后确定 2 049 种选题补充列入“十一五”国家级教材规划，其中本科教材 1 453 种（理工 742 种，农林医药 91 种，哲学社会科学 620 种），高职高专教材 596 种。并印发了《教育部关于印发普通高等育“十一五”国家级教材规划补充选题的通知》，就做好“十一五”国家级教材规划提出了要求。

撰稿　董锦岐

〔**高职高专教育**〕　2007 年，完成了国家示范性高等职业院校建设计划 2007 年立项任务。确定北京工业职业技术学院等 42 所学校为年度立项建设院校。国家示范性高等职业院校建设计划实施一年成效明显。2006 年度中央财政累计投入 4 亿元，带动地方财政到位资金 8.17 亿元，企业行业支持投入 1.63 亿元。2007 年度，中央财政继续投入 4 亿元，带动更多的地方资金、企业行业资金对该项目的投入。建设院校紧密联系行业企业，共同开发课程，建设实训基地，以工学结合为切入点，在专业建设、课程设置、教学内容和教学方法改革等方面形成了一批特色鲜明的典型案例。首批 28 所建设院校共建设有5 334个校外实习基地，聘请5 394位行业企业技术骨干和能工巧匠担任兼职教师；与5 009家企业签订合作协议，安排接收实习学生23.7万人月、就业毕业生3.5万人。建设院校生均预算内经费标准逐步升高，平均升幅为20%，最大达到370%；跨省招生平均比例从16%提高到22%，最高达到51%。中、东部建设院校对西部招生平均比例从4.4%提高到8.6%，最高达到20%；对口支援培训教师与学生近万人，对口支援188所院校，面向社会开展技能培训与鉴定21万人次，8.8万名贫困学生获得助学金奖。为保证国家示范性高等职业院校的建设，项目建设办公室建立了项目绩效评价机制，根据建设院校自定的目标、自定的检测指标等进行建设全过程监测，不断交流和反馈建设进展和建设成果。制定并实施了《国家示范性高等职业院校建设专项资金管理暂行办法》。

启动“中德高职师资进修项目”。根据教育部与德国国际继续教育与发展协会（InWent）2007—2009年职教合作协议中高职师资培训的安排，中德双方首次共同出资对中国高职教师开展培训。参加进修教师主要从“国家示范性高等职业院校建设计划”立项建设单位中遴选。2007年度培训以“基于工作过程的课程开发和教学设计理论与方法”为主题，从20所高职院校选派数控技术、机电一体化技术、电子技术、汽车运用与维修和建筑技术等5个专业领域的2批共120名骨干教师赴德参加了为期8周的进修。作为项目的延伸，5位德国培训专家于2007年底来华与完成赴德进修的教师一起，分别在深圳职业技术学院、成都航空职业技术学院、四川建筑职业技术学院、青岛职业技术学院4所院校举办了5个专业为期10天的中德师资国内培训班，共培训34所高职院校5个专业的专业带头人和骨干教师178名。

高职单独招生试点。作为落实教育部 财政部《关于实施国家示范性高等职业院校建设计划 加快高等职业教育改革与发展的意见》的具体措施，以及提高高等职业教育的生源质量与办学水平，优化和完善高等教育多元化选拔录取机制的有益尝试，2007年教育部批复同意在浙江、江苏、广东、湖南4省的示范高职建设院校中开展高职单独招生改革试点，效果良好。8所试点院校合计计划招生1 822人，报名9 825人，平均报名人数与招生人数之比为7.5∶1，平均报到率为98.6%。单独招生试点工作遵循公平、公正、公开的原则，进一步完善了高等教育多元化选拔录取机制，创新了高职院校优秀生源选拔模式。对增强高中毕业生选择和接受高职教育的信心，引导普通高中毕业生向高等职业院校的合理分流，起到了良好作用，得到社会、学校、考生和家长的一致好评。

初步建立起高等职业教育主要教学环节质量评价标准。2007年起，在国家精品课程、国家级教学团队、国家教学名师奖评选工作中，全面建立起专门的高职教育评价体系。高职评价体系力图引导高职教育各主要教学环节的改革方向，突出工学结合、校企合作人才培养模式的探索，以服务为宗旨，以就业为导向强化高职特色。通过高职评价体系的初步建立和实施，2007年共评选产生体现高职改革方向与特点的高职国家精品课程172门、高职国家级教学团队6个，共有18名高职教师获得第三届高等学校教学名师奖。

撰稿 林 宇
审稿 刘 桔

教育部直属高校工作

〔咨询委员会第十七次全体会议〕 教育部直属高校工作咨询委员会第十七次全体会议于2007年1月8日—9日在北京召开。国务委员陈至立、国务院副秘书长项兆伦，教育部领导周济、袁贵仁、赵沁平、吴启迪、李卫红、郑树山、郭向远，教育部有关司局负责同志，咨询委员会全体委员出席会议。有关部委所属高校、中西部地区实行省部共建和重点支持的高校领导列席会议。

会议围绕贯彻党的十六大和十六届五中、六中全会精神，以科学发展观统领工作全局，以“管理、质量、特色”为主题进行交流、咨询和研讨。

国务委员陈至立到会听取了部分咨询委员的发言，并就坚持用科学发展观统领高等教育工作全局，以提高质量为中心，切实加强管理，努力办出特色发表了重要讲话。陈至立强调，质量是高等学校的生命线，必须切实把高等教育工作的重点放在提高质量上，着力培养学生的社会责任感、实践能力和创造精神。高校要合理定位，突出优势学科建设，致力于办出特色；要坚持依法治教、严格管理，促进高等教育持续协调健康发展。提出了当前要着重抓好的几个方面工作和要处理好的几个关系。

教育部部长周济就大学发展和科学管理发表了讲话。指出，一流的大学管理应该以科学发展观为指导，围绕人才培养、科学研究、社会服务三大任务，切实促进一流的学科、一流的队伍和一流的基地三大建设，要着重抓好办学经费的筹措与使用管理、学校内部管理以及国际合作交流的管理三件大事。

本次会议有4名咨询委员分别代表第三届中外大学校长论坛各课题组，就相关课题的研究成果向大会作了报告。有11位咨询委员进行了大会交流发言。会议就教育部有关工作及大家关注的热点问题开展了分组咨询活动。会议还选举产生了新一届咨询会执行主席。

撰稿 张晓清 田川

〔咨询委员会第十八次全体会议〕 教育部直属高校工作咨询委员会第十八次全体会议于2007年12月21日—22日在北京召开。国务委员陈至立、国务院副秘书长项兆伦，教育部领导周济、袁贵仁、赵沁平、吴启迪、李卫红、田淑兰，郭向远、杨周复及教育部有关司局负责人，咨询委员会全体委员出席会议。有关部委所属高校、地方的“211工程”建设高校和中西部地区实施省部共建的高校领导列席了会议。

本次会议以“学习贯彻党的十七大精神，努力建设高等教育强国”为主题进行交流、咨询和研讨。

国务委员陈至立到会听取了部分咨询委员的发言并发表讲话。陈至立在讲话中全面回顾、系统总结了过去十年我国高等教育改革发展历程和宝贵经验，深刻阐述了努力把我国建设成为高等教育强国的重要性和必要性，明确提出了努力建设高等教育强国的基本思路和战略重点，特别强调要以提高质量为核心，加快从高等教育大国向高等教育强国迈进。为今后一个时期高等教育改革发展指明了前进方向。

周济作了大会总结讲话，对如何贯彻落实陈至立的讲话精神提出了三点要求。强调要深入学习贯彻党的十七大精神，用科学发展观统领我国高等教育事业改革发展的全局；要继续解放思想，坚持改革开放，走中国特色高等教育强国发展之路；要聚精会神抓质量，一心一意谋发展。

北京大学、清华大学、中国人民大学、北京师范大学等 14 所高校围绕会议主题进行了交流发言。会议还围绕有关工作以及会议主题展开了分组咨询和讨论活动。

撰稿　田　川

审稿　高文兵

〔**直属高校巡视工作**〕　在 2006 年试点工作的基础上，2007 年教育部直属高校巡视工作全面开展，全年共对 16 所部直属高校开展了巡视工作。其中，4 月 3 日—25 日，对南开大学、天津大学、河海大学、西南大学开展了巡视工作；5 月 9 日—29 日，对吉林大学、对外经济贸易大学、中国石油大学（北京）、华东师范大学开展了巡视工作；10 月 10 日—31 日对武汉大学、北京语言大学、华东理工大学、陕西师范大学开展了巡视工作；11 月 14 日—12 月 5 日对中国人民大学、东北师范大学、中南财经政法大学、西南财经大学开展了巡视工作。在巡视工作中，各巡视组按照"定期体检、发现问题、排除隐患、健康发展"的工作定位，分别通过听取学校党委及有关部门工作汇报、列席有关会议、个别谈话、召开座谈会、调阅资料、受理群众来信来访等方式，深入调查研究，广泛听取意见，对学校贯彻落实科学发展观，推进学校改革发展稳定；学校领导班子贯彻执行民主集中制和党委领导下的校长负责制；学校建立健全管理规章制度及落实；巩固和保持共产党员先进性教育活动成果；干部选拔任用的情况以及学校领导班子及其成员党风廉政建设方面的情况进行了比较全面、深入的调查和了解。在此基础上，各巡视组经过综合分析、集体讨论，分别形成了巡视工作报告，向教育部巡视工作领导小组作了专题汇报。巡视组还撰写了巡视工作反馈意见，经教育部直属高校巡视工作领导小组同意后，由巡视办有关负责同志陪同各巡视组组长分别向被巡视学校领导班子进行了反馈，并向党政一把手单独进行了当面反馈。

教育部党组高度重视直属高校巡视工作，部直属高校巡视工作领导小组先后召开 7 次会议，部党组书记、部长周济主持会议，听取各巡视组的巡视工作报告，研究解决巡视报告中提出的学校存在的各类问题。教育部党组成员、驻教育部纪检组组长田淑兰主持巡视办工作，组织实施巡视工作的开展，协调解决巡视工作中有关具体问题。巡视组到校前，均安排行前集中培训。

为切实加强教育部直属高校巡视工作，教育部党组经过多次研究讨论、反复斟酌，聘任了 30 位已退出领导岗位，具有丰富高等教育领导工作经验，熟悉高校情况和工作规律，有较高的政策水平和较强的组织领导能力的同志作为教育部直属高校巡视专员，由教育部党组正式颁发聘书，聘期三年。巡视组的组长全部由高校副部长级领导干部担任。4 月教育部党组召开巡视专员聘任大会，巡视工作领导小组全体成员出席，周济在聘任大会上讲话。

为进一步规范教育部直属高校巡视工作，加强教育部直属高校巡视专员队伍建设，保证巡视工作顺利进行，根据中央有关文件精神，经教育部党组同意，2007 年 3 月教育部办公厅制定并印发了《教育部直属高校巡视专员工作规则》。

巡视工作取得了明显成效。通过巡视工作，使教育部党组对学校改革发展及运行状况和党政领导班子及其主要成员有了全面、准确、真实的了解，促进了学校领导班子建设和学校事业发展。巡视工作也得到了中央巡视办的充分肯定，6 月，根据中央巡视办要求，教育部在部分中央国家机关巡视工作座谈会上作了《紧密结合高校实际，找准定位、突出重点，做好直属高校巡视工作》的典型发言。

撰稿　张爱龙　林东伟

审稿　贾德永

〔**共建高校工作**〕　2007 年，实际完成的高等学校共建工作主要有以下几项：

一、"985 工程"二期重点共建工作

1. 2007 年 5 月 27 日，教育部与山东省人民政府、国家海洋局、青岛市人民政府在青岛签署继续重点共建中国海洋大学的协议。

2. 2007 年 8 月 5 日，教育部与福建省人民政府、厦门市人民政府在厦门签署继续重点共建厦门大学的协议。

二、教育部与有关地方政府、行业部门和企业的共建工作

1. 2007年1月21日，教育部与西安市人民政府在西安举行合作建设西安电子科技大学签字仪式。

2. 2007年1月22日，教育部与中共中央对外联络部签订共建北京外国语大学的意见。

3. 2007年6月8日，国防科工委、教育部、黑龙江省人民政府、海军在哈尔滨举行共建哈尔滨工程大学协议签字仪式。

4. 2007年7月4日，教育部与中国石油化工集团公司签订共建北京化工大学的意见。

5. 2007年8月20日，教育部与外交部签订共建北京外国语大学的意见。

6. 2007年12月16日，教育部、卫生部、国家中医药管理局在北京举行共建北京中医药大学协议签字仪式。

三、省（区、兵团）部共建地方高校布点工作

教育部与部分省级政府开展共建部分地方高校工作，是进一步推动高等教育协调发展的重要举措。2007年10月28日，江西省人民政府与教育部在井冈山签署共同重点支持井冈山大学的协议。2007年11月21日，海南省人民政府与教育部签订共建海南大学的意见。至此，教育部已同14个省（自治区、兵团）签署了共建新疆大学等14所地方高校的协议，并同4个省（自治区）签署了共同重点支持延安大学等4所大学建设的协议。截至目前，省部共建（共同重点支持）的高校总数达18所，整体布点工作已基本完成。

2007年，教育部积极落实共建协议内容：一是组织专家先后对山西大学、湘潭大学、云南大学、河北大学、郑州大学、西藏大学、南昌大学、延安大学、延边大学9所共建高校的发展战略规划的制订进行咨询指导。二是在新疆大学和石河子大学组织召开了第四届省部共建工作研讨会。咨询专家和各共建省、区的教育厅负责同志首次参加会议，会议规模和成效均较往届有明显提升。

省部共建几年来，通过对共建高校的项目投入、规划论证、干部培训、吸收共建高校参加相关会议、在学位点和重点实验室建设等方面给予政策倾斜等方式，共建高校的建设和发展实现了新的历史跨越，其引领和带动地方高等教育、服务地方经济建设和社会发展的能力和水平显著提升。

撰稿　范海林　田京霭

审稿　牛燕冰

〔教育部直属高校“两院院士”当选情况〕 2007年12月27日，中国科学院院士增选工作顺利结束，确认29人当选为中国科学院院士。其中教育部直属高校新增中国科学院院士16人（当选名单附后），分别是数学物理学部3人，化学部5人，生命科学和医学学部3人，地学部1人，技术科学部4人。信息技术科学部无人入选。年龄最大的69岁，最小的41岁，平均年龄为53.2岁。

2007年12月29日，中国工程院院士增选工作也圆满完成，共有33人当选为中国工程院院士。其中教育部直属高校和部机关新增中国工程院院士10人（当选名单附后），分别是机械与运载工程学部1人，信息与电子工程学部1人，化工、冶金与材料工程学部2人，能源与矿业工程学部1人，土木、水利与建筑工程学部1人，环境与轻纺工程学部1人，农业学部2人，工程管理学部1人。医药卫生学部无人入选。年龄最大的77岁，最小的44岁，平均年龄58.1岁。

附

2007年教育部直属高校新增中国科学院院士名单

序号	姓名	年龄	学部	学校
1	龙以明	58	数学物理学部	南开大学
2	邢定钰	62	数学物理学部	南京大学
3	张伟平	43	数学物理学部	南开大学
4	宋礼成	69	化学部	南开大学
5	张 希	41	化学部	清华大学
6	段 雪	50	化学部	北京化工大学
7	赵东元	44	化学部	复旦大学
8	高 松	43	化学部	北京大学
9	孟安明	43	生命科学和医学学部	清华大学
10	武维华	50	生命科学和医学学部	中国农业大学
11	赵进东	50	生命科学和医学学部	北京大学
12	张 经	49	地学部	华东师范大学
13	王克明	68	技术科学部	山东大学
14	任露泉	63	技术科学部	吉林大学
15	祝世宁	57	技术科学部	南京大学
16	程时杰	61	技术科学部	华中科技大学

2007年教育部直属高校新增中国工程院院士名单

序号	姓名	年龄	学部	学校
1	谭建荣	52	机械与运载工程学部	浙江大学
2	张尧学	51	信息与电子工程学部	教育部
3	张兴栋	69	化工、冶金与材料工程学部	四川大学
4	姜德生	58	化工、冶金与材料工程学部	武汉理工大学
5	彭苏萍	48	能源与矿业工程学部	中国矿业大学（北京）
6	雷志栋	69	土木、水利与建筑工程学部	清华大学
7	张全兴	68	环境与轻纺工程学部	南京大学
8	邓秀新	45	农业学部	华中农业大学
9	李 宁	44	农业学部	中国农业大学
10	许庆瑞	77	工程管理学部	浙江大学

撰稿 钟贤坤

审稿 高文兵

〔**中国—莱斯大学领导高级研讨班**〕 2007年3月19日—30日，中国教育部与美国莱斯大学(Rice University)联合举办的中国—莱斯大学领导高级研讨班在美国休斯敦莱斯大学举行。清华大学、浙江大学等19所国内著名高校的校级领导，有关单位负责同志等24人参加了研讨班。

中国—莱斯大学领导高级研讨班是教育部面向"985工程"高校主要领导的一个重点海外培训项目，是近年来教育部继中国—耶鲁大学领导高级研讨班和中国—密歇根大学领导高级研讨班之后与美国著名高校合作举办的又一次高层次重点培训项目。

在研讨和参观访问活动中，围绕现代大学组织构架、大学发展战略、大学校长职能、科学研究、本科生教育、教师发展、大学财政、筹款、校友工作、医学院的管理和发展、院和系的发展、大学如何为当地经济和社会服务等问题，美方近60位大学校长、副校长、院长、系主任和教授，参加了研讨班的讲座与对话交流。研讨班访问了德州农工大学、休斯敦大学这两所具有代表性的公立研究型大学，访问了具有世界领先水平的贝勒医学院、德州医疗中心及德州大学医学部。美国前国务卿贝克就中美关系向研讨班发表演讲，联邦教育部部长斯佩琳丝女士办公厅主任大卫·邓肯介绍了美国高等教育发展面临的问题和挑战，休斯敦市市长比尔·怀特会见代表团。

代表团团长、浙江大学校长杨卫，华南理工大学校长李元元，同济大学校长万钢，西安电子科技大学校长段宝岩，华东理工大学校长钱旭红，兰州大学校长周绪红，北京科技大学校长徐金梧，分别就大学校长职能、中国高等教育改革与发展、学校办学特色等问题，在莱斯大学发表演讲。研讨班期间浙江大学、同济大学、北京师范大学、山东大学等与莱斯大学草签了校际合作框架备忘录。

中国—莱斯大学领导高级研讨班取得成功，成为我著名大学与莱斯大学等美国高水平大学建立联系，加强交流与合作的有效平台，对我国高校领导海外培训工作具有重要的示范意义。

〔**中国—密歇根大学领导高级研讨班回访工作**〕 2006年5月，中国教育部与美国密歇根大学合作举办了中国—密歇根大学领导高级研讨班（以下简称密歇根班），国内19所著名高校的领导参加研讨班，在中美双方的共同努力下，研讨班取得了圆满成功。

根据教育部与密歇根大学达成的谅解，2007年4月15日—27日，密歇根大学副教务长、教学研究中心主任、密歇根班美方主任C. E. Cook博士一行访华，对密歇根班学员进行了跟踪回访，借此全面评估培训效果，以规划密歇根大学与中方更具效率的合作。Cook博士一行先后赴北京、青岛、成都、杭州、上海等地访谈了曾参与密歇根班学习的16位高校领导同志。回访结束前，Cook博士就此次回访的情况、成果及收获向我方进行了详细通报。

接受回访的高校领导表示，参与密歇根班的学习开阔了思路，启迪了思想，深化了对于高校组织及领导问题的认识，使其有机会将管理理念和方法系统化、成熟化，收获很大。学员普遍认为收益最大的培训主题分别为校友关系及校友组织建设、以学生为中心的管理方式、技术转让和经济发展及学校与政府和社区的关系等。

在校友关系及校友组织建设方面，接受回访的校领导表示，自密歇根班学习后，认识到校友工作对学校长远发展的重要作用，加大了对校友工作的投入力度。希望进一步学习国外校友工作的先进理念和方法，以扩大学校的融资渠道，争取社会支持，促进学校的长远发展。

谈及以学生为中心的管理方式，很多校领导表示，自密歇根班学习后，日益重视体验学生生活，分别采取了建立校长信箱，定期与学生会面、座谈，支持建立各种正当的学生组织，丰富课余文化生活等方式加强与学生的交流与沟通。此外，校领导们还普遍认识到以学生为中心还包括对高校教学质量的重视和保障措施。在工作中重视学生对教师教学的评估，亲自深入教室听课，并着力于培养学生批判反思性思维，进一步完善学校教学质量的评估和保障体系，促进师生共同发展。

随着教育与社会经济关系的日益密切，大部分校领导对技术转让和经济发展及学校与政府和社区关系日益重视起来。不断加强与学校所在地政府的沟通，了解地区发展需要，并与当地企业建立了紧密的合作关系。随着高校与当地社会、经济关系的日益紧密，不仅促进了当地的发展，而且学校获得了更多的资金、土地、设施等方面的资助和发展空间。

此外，学校发展战略和教师聘用，教师评估，分权管理，跨学科教学与研究，科学研究的管理和医学院的管理等培训主题也受到了此次受访校领导的欢迎和肯定。

以上问题不仅反映了密歇根班教学培训的重点，而且也是世界范围内高校管理领域的焦点问题。对上述问题的关注反映出校领导们锐意进取、改革创新的管理思路和实践，充分体现了密歇根班教学成果对于学员实际工作的重要意义和促进作用。

〔**中国—耶鲁大学领导暑期研讨班（西安）**〕2007年8月1日—4日，中国教育部与美国耶鲁大学合作举办的中国—耶鲁大学领导暑期研讨班（西安）在西安交通大学举行。耶鲁大学校长雷文、副校长罗琳达、金沙纳和助理校务卿王芳，中国内地34所著名高校45位领导参加本次暑期研讨班。教育部副部长吴启迪出席了开班仪式并致辞。

7月31日，国务委员陈至立、教育部长周济、副部长吴启迪在中南海亲切会见了雷文校长为首的耶鲁大学一行，并对耶鲁大学长期以来重视与我国高等教育界的合作交流给予了高度评价。8月2日，中共陕西省委书记赵乐际会见了雷文校长一行。

在研讨班开班晚宴上，教育部副部长吴启迪发表讲话，指出：耶鲁大学是享誉世界的国际一流大学，长期以来重视与中国的交流与合作，耶鲁大学成功的办学经验给中国高等教育很多启示，是中国高水平大学建设中值得借鉴的典范。同时，耶鲁班本身也成为中国推进高校领导职业发展的成功榜样。吴部长高度评价举办耶鲁班的意义。她指出，举办耶鲁班，学习借鉴世界著名大学的成功办学经验，对进一步加强我国高校领导干部素质与能力建设，增进高等教育国际交流与合作，推进我国高水平大学建设，提升中国高等教育的质量效益和国际竞争力有着十分重要的意义。

与以往耶鲁班相比，本次研讨班规模有所扩大，参加人员除参加过前几届耶鲁班的有关高校领导外，还包括了未参加过耶鲁班的其他“985工程”重点建设的直属高校的领导。研讨班的形式与内容上也有所创新，研讨班的主要形式为主题演讲及互动讨论，主题演讲中增加了中国大学领导关于中国高等教育改革发展的探索与反思的相关环节；研讨班的主要内容为立足中国高等教育发展的实际与需要，如何借鉴耶鲁大学等世界一流大学在预算和财政运作方面的革新、对新媒体的创新运用、校园环境可持续发展等方面的先进经验，促进中国大学改革的新发展。

耶鲁大学校长雷文、北京大学校长许智宏对研讨班基本情况作了概要介绍，耶鲁大学校长雷文、副校长罗琳达、副校长金沙纳分别就美国研究型大学的使命、组织、对外联系和财政、优秀大学的基石—教师和学生、战略性学术规划、大学在预算和财政运作方面的革新、大学对新媒体的创新运用、财务管理的创新等问题作了主题演讲，北京师范大学校长钟秉林、北京大学常务副校长柯杨、南京大学常务副校长施建军、西安交通大学校长郑南宁等分别就中国高等教育发展面临的机遇与挑战、中国医学教育现状与北大医学教育改革思路、加强中青年教师培养提高师资队伍水平、社会的变化与大学的责任等作了专题演讲。中外大学校长们还对未来合作计划和中国大学如何建设世界一流大学等普遍关注的问题展开了深入的讨论和交流。

中国—耶鲁大学领导暑期研讨班（西安）是中美双方迄今为止举办的第四期耶鲁班。在国务委员陈至立的提议和美国耶鲁大学的积极响应下，2004年、2005年中国教育部与美国耶鲁大学在耶鲁大学举办了中国—耶鲁大学领导高级研讨班，并于2006年暑期再次在厦门大学举办了中国—耶鲁大学领导暑期研讨班（厦门）。通过这个平台，耶鲁大学与中国著名大学之间加强了沟通交流，促进了彼此的合作发展，同时也积极推动了国内高校之间在诸多领域的交流研讨，对中国高等教育事业的健康发展起到了推动作用。许多参加过耶鲁培训的高校领导在各自的学校里积极推行新的改革和实践，取得了良好的效果。

〔**直属高校领导干部培训**〕　根据中共中央大规模培训干部、大幅度提高干部素质的战略部署，按照《干部教育培训工作条例（试行）》的要求和教育部干训规划的安排，2007年直属高校领导干部培训工作紧密围绕培养社会主义政治家、教育家的目标，着眼于提高党对高校工作的领导水平，提高高校领导班子以科学发展观统领高校改革发展全局工作的能力，提高高校人才培养、科技创新和服务社会的水平，推进和谐校园建设，坚持把思想政治建设放在首位。直属高校领导干部培训工作包括国内培训及海外培训两种形式。

国内培训工作主要依托国家教育行政学院进行。2007年组织实施了第三十期高校领导干部进修班和第二十七期、二十八期高校中青年干部培训班，共培训学员323人次。学员主要来自教育部直属高校、中央部委所属高校以及进入“211工程”建设的地方普通高校现职副校级以上领导干部和全国普通高校中青年后备干部。教育部部长周济同志参加了培训班开班仪式并讲话。

2007年国内培训突出强调教学计划科学合理，教学内容全面系统，教学形式灵活多样，教学组织规范有序，主要围绕科学发展观与我国经济社会发展战略、创新型国家建设与高等教育发展、现代大学的发展理念与制度创新、加强和改进大学生思想政治工作、高校管理的科学化与规范化、高校干部思想政治素质与领导能力建设等专题，通过专家授课、交流研讨等形式进行培训，取得较好效果。

通过学习，学员们进一步理解和掌握了科学发展观的本质，深刻领会了全面贯彻、落实科学发展观在构建社会主义和谐社会中的意义和作用，进一步认识了科学发展观在教育特别是高等教育中的统领作用。通过学习，对当前高等教育的宏观形势和发展目标有了更加深刻的认识和更加准确的把握，提高了分析解决问题的能力。学员们普遍认为，通过培训，学习了理论，增长了知识，开阔了视野，转变了观念。

2007年继续与国家外专局合作，组织实施高校领导赴海外培训项目。全年共计划派出五个团组（其中第五期赴澳大利亚、新西兰团于2008年3月组织实施），学员共101人，主要来自教育部直属高校、其他部委有关高校、省部共建高校以及部分地方院校的校级领导，分别赴美国、加拿大、澳大利亚、新西兰、日本、韩国等国著名高校进行为期三周左右的国外培训考察。教育部副部长吴启迪同志亲自参加了该项目的总结会并做重要讲话。

为进一步提高海外培训工作的针对性和实效性，2007年高校领导赴海外培训项目加大了参团人员遴选比例。要求各校被推荐人选应结合本人工作分工选择培训主题。共有93所学校136人申请参加2007年高校领导赴海外培训项目第2—5期培训，实际选拔参团人员88人。为进一步加强海外培训项目成果的总结和开发工作，2007年在原有参团工作人员数量不变的情况下，进一步明确工作人员职责，在各培训团组中分别指定一位适当人选担任学术秘书，负责培训期间资料的收集整理、协助团组完成总结报告、参与后期培训成果的总结开发工作，取得较好效果。

在海外培训期间各团组采用点面结合、培训与交流相结合的方式，在全面了解有关国家高等教育发展一般特点的基础上，重点剖析一两所著名大学的办学思想与实践，通过实地考察著名大学、政府教育管理机构和高等教育中介团体，参加反映现代高等教育发展和高等学校管理重点、热点问题的专题研讨及各种类型的座谈会，深入研究培训主题和重点关注问题，使学员在更广泛视野中进一步深入思考和认识高等教育相关问题。

通过培训考察，学员们对发达国家高等教育发展和著名大学的组织管理有了全面、系统和深入的了解；对如何借鉴发达国家发展高等教育的先进经验进行了深刻思考。同时促进了高等教育的国际交流，提升了中国高等教育的国际地位。

撰稿　刘晶玉

〔**直属高校领导班子及领导干部年度考核**〕　为做好2006年度直属高校领导班子和领导干部年度考核工作，教育部直属司于2006年11月印发了《关于做好2006年直属高校领导班子和领导干部年度考核工作的通知》，对2006年度直属高校领导班子和领导干部考核工作作了总体部署和具体要求。为了进一步贯彻胡锦涛同志在中央纪委第七次全体会议上的讲话精神，切实加强直属高校领导干部作风建设，教育部直属司于2007年1月又印发了《教育部直属高校工作司关于开好以加强领导干部作风建设为主题的专题民主生活会的通知》，要求各学校在开好年度考核专题民主生活会的基础上，再增开一次以加强领导干部作风建设为主题的专题民主生活会。

截至2007年3月底，各直属高校普遍开展了领导班子和领导干部年度考核工作。其中，中国政法大学等学校因为巡视试点、筹备党代会或教代会上已进行过领导班子和领导干部民主测评等原因，在考核程序上有所简化，未进行民主测评工作。北京科技大学等36所学校对领导班子进行了民主测评，平均优秀率达64.4%，平均称职率是98.9%。中国人民大学等52所高校对领导班子成员进行了民主测评。党委书记的平均优秀率是76%，平均称职率是98.8%；校长的平均优秀率为74.6%，平均称职率为98.3%。

各直属高校都按要求分别召开了年度考核工作专题民主生活会和以加强领导干部作风建设为主题的专题民主生活会。各校党委都通过召开座谈会、个别走访、发放征求意见表、设立书记校长信箱等多种形式广泛征求群众意见，并及时反馈给领导班子成员。在民主生活会上，领导班子成员结合本职工作和群众意见，深入开展批评和自我批评，认真落实整改措施，取得了预期的效果。中组部、教育部直属司、人事司、各省市高校（教育）工委分别派员参加了有关高校的民主生活会，加强了指导和监督。

各直属高校党委高度重视年度考核工作，把年度考核工作与贯彻“三个代表”重要思想、落实科学发展观、加强学校领导班子思想政治建设、能力建设、党风廉政建设相结合。成立了年度考核工作领导小组，专门召开会议研究部署。各直属高校重视“大会述职、民主测评、广泛征求群众意见、召开民主生活会”等主要环节，严格程序，规范操作。部分高校结合学校实际，针对领导班子和领导干部现状，积极探索有学校自身特色的年度考核和民主测评方法，完善考核指标体系，增强考核工作的针对性。各校通过座谈会、个别谈话、问卷调查等多种形式，广泛征求意见和建议，动员广大教职工积极参与年度考核工作。领导干部述职都能够客观总结工作，查找工作差距，认真分析原因，提出整改措施，明确努力方向；民主生活会上，领导干部立足学校发展和班子团结，突出认识交流，触及思想深处，积极开展批评和自我批评。

2006年度领导班子和领导干部考核工作总体进展顺利，成效显著，达到了预期的目的。通过年度考核工作，全面总结了工作成绩，客观地分析了问题和不足，明确了今后努力方向；增进了与广大教职工的沟通与交流，推动了学校民主管理进程，密切了党群干群关系，增强了领导班子的凝聚力和战斗力；促进了领导班子和领导干部队伍建设，领导班子和领导干部队伍的整体理论素养、政策水平、思想政治素质有了新的提高，思想作风、领导作风和工作作风有了新的转变。

撰稿　张爱龙　芦小兵

审稿　贾德永

〔**同济大学建校100周年**〕　2007年5月20日，同济大学迎来建校百年庆典。中共中央总书记、国家主席胡锦涛发来贺信表示祝贺。吴邦国、温家宝、贾庆林、曾庆红、黄菊、吴官正、李长春、罗干和乔石、朱镕基、李岚清也分别以不同形式对同济大学建校百年表示了祝贺。

胡锦涛在贺信中指出，高等学校是实施科教兴国战略和人才强国战略的重要阵地。希望同济大学坚持以邓小平理论和“三个代表”重要思想为指导，认真贯彻落实科学发展观，弘扬传统，开拓创新，大力培养德智体美全面发展的高水平创新人才，为全面建设小康社会、加快推进社会主义现代化作出新的更大的贡献。

国务委员陈至立出席庆祝大会并发表讲话。她指出，一流大学要把创新型人才培养放在首要位置，要主动融入国家创新体系，成为自主创新的强大生力军，要坚持办出特色，要主动走向国际舞台，加强国际合作与交流。她希望同济大学继续深化改革，进一步提高教育教学质量，提高创新能力，为建设创新型国家做出更大贡献。

出席庆祝大会的领导同志还有全国人大常委会副委员长李铁映、顾秀莲等。教育部部长周济、中共上海市委书记习近平分别致辞。德国前总理施罗德出席大会。意大利总理普罗迪、法国前总统希拉克、日本前首相羽田孜也分别致信祝贺。

撰稿 张树剑

审稿 高文兵

高校思想政治工作

〔第十六次全国高校党的建设工作会议〕 2007年12月24日—25日，中共中央组织部、中共中央宣传部、中共教育部党组在北京联合召开第十六次全国高等学校党的建设工作会议。中共中央政治局常委、中央书记处书记习近平在会前会见了出席会议的代表并发表讲话。他强调，当前和今后一个时期高校党建工作的首要任务，是认真学习、深入贯彻、全面落实党的十七大精神，坚持以邓小平理论和“三个代表”重要思想为指导，深入贯彻落实科学发展观，以改革创新精神全面推进高校党的建设，为开创高等教育改革发展新局面提供坚强保证。习近平指出，高等学校承担着人才培养、知识创新和社会服务的重要任务。做好高校党建工作，对于高等教育科学发展至关重要。在深入学习贯彻党的十七大精神、进一步办好高等教育的实践中，高校党建工作要始终高举中国特色社会主义伟大旗帜，坚定社会主义办学方向，坚持用马克思主义中国化的最新成果武装党员、教育师生，引导广大师生员工坚定不移走中国特色社会主义道路，为全面建设小康社会、实现中华民族伟大复兴贡献力量；要牢牢把握高校贯彻落实好科学发展观这个主题，以提高教育质量为重点，以办好人民满意的教育为目标，切实抓好学校领导班子建设、党组织和党员队伍的先进性建设，更好地维护和推动高校的改革发展；要全面贯彻党的教育方针，坚持育人为本、德育为先，在培养德智体美全面发展的社会主义建设者和接班人、培养造就一支勇于开拓创新的高水平教师队伍方面，发挥应有的作用；要继承优良传统，深入研究新情况新问题，以改革创新的精神状态、改革创新的思维方式、改革创新的思想作风、改革创新的工作方法，大力推进党的各方面建设的创新，不断提高工作水平。

中共中央政治局委员、中央书记处书记、中央组织部部长李源潮出席会议并讲话。国务委员陈至立主持会议。李源潮强调要全面贯彻党的十七大精神，根据高校党组织的根本任务、高等教育事业发展呈现的新特征和广大师生员工的新期待，以改革创新精神全面加强高校党的思想建设、组织建设、作风建设、制度建设和反腐倡廉建设，为促进高等教育事业又好又快发展提供坚强有力的政治保证和组织保证。要坚持不懈地用中国特色社会主义理论体系武装党员干部、教育广大师生，着力提高高校领导班子办学治校能力，积极推进高校党内民主建设，着力加强院系级党组织建设和青年教师党员队伍建设，加强拔尖人才培养和教师队伍建设，继续加强学生党支部建设和在大学生中发展党员工作，进一步提高大学生思想政治教育的针对性、实效性，深入开展高校党的建设理论研究，推动高校党建工作迈上新台阶。

中共教育部党组书记、部长周济代表中央组织部、中央宣传部和教育部党组作了总结讲话。

会议期间，中共新疆维吾尔自治区委员会、江苏省委教育工委等10个单位作了大会发言。中央和国家机关有关部门的负责同志，解放军总政治部、各省区市和新疆生产建设兵团领导和有关部门负责同志，以及全国部分高校的党委书记、校长参加了会议。

〔**全国高校统战工作会议**〕 2007年7月5日—6日，中央统战部和中共教育部党组在北京联合召开全国高校统战工作会议。中共中央政治局常委、全国政协主席贾庆林在会前会见了出席会议的代表并发表讲话。他强调，要认真学习贯彻胡锦涛总书记在中央党校的重要讲话精神，切实将高校统一战线成员的思想和行动统一到中央的决策和部署上来，把智慧和力量凝聚到继续解放思想、坚持改革开放、推动科学发展、促进社会和谐、全面建设小康社会上来，以优异成绩迎接党的十七大胜利召开。

贾庆林指出，长期以来，高校统战工作始终坚持围绕中心、服务大局，广泛团结高校中的统一战线成员，引导他们积极投身改革开放和现代化建设，积极促进高校各项事业的发展，开展了大量卓有成效的工作，培养了一大批高素质的党外代表人士，为坚持和完善中国共产党领导的多党合作和政治协商制度、巩固壮大最广泛的爱国统一战线，作出了重要贡献。实践证明，高校是统一战线各方面成员发挥作用的重要平台，高校统战工作是党的统一战线工作的重要领域。贾庆林强调，在建设中国特色社会主义伟大事业中，高校承担着越来越重要的使命，发挥着越来越突出的作用。要认真学习贯彻胡锦涛总书记在中央党校的重要讲话精神，认真做好思想政治工作，增强在中国共产党领导下走中国特色社会主义道路的坚定信念，巩固高校统一战线成员团结奋斗的共同思想基础；认真做好服务引导工作，引导高校统一战线成员把个人价值与党和国家事业发展需要结合起来，为国家的经济社会发展献计出力；认真做好物色培养工作，努力壮大党外代表人士队伍，为统一战线事业的长远发展提供重要的组织保障；认真做好协调沟通工作，积极理顺情绪、化解矛盾，为促进社会和谐作出应有的贡献。各级党委、政府和统战、教育部门、高校党委要深入贯彻中央关于统一战线的方针政策，进一步重视和关心高校统战工作，在机构、干部、经费等方面给予必要的支持和帮助，努力开创高校统战工作的新局面。

全国政协副主席、中共中央统战部部长刘延东出席会议并讲话。她强调，要坚持以邓小平理论和“三个代表”重要思想为指导，深入贯彻落实科学发展观，坚定不移地走中国特色社会主义道路，紧紧围绕改革、发展、稳定的大局，着眼实施科教兴国、人才强国和建设创新型国家的战略，突出特色、发挥优势，创新思路、拓宽渠道，为促进高校改革、发展与和谐服务，为巩固和壮大最广泛的爱国统一战线服务，为夺取全面建设小康社会新胜利、开创中国特色社会主义事业新局面服务，不断推动新世纪新阶段高校统战工作实现新的跨越。刘延东指出，要充分发挥高校统战成员的优势，为社会主义经济、政治、文化和社会建设作贡献；要切实加强高校民主党派和无党派人士工作，进一步推进党领导的多党合作和政治协商制度建设；要大力加强高校党外代表人士队伍建设，为统一战线各方面输送更多优秀人才；要进一步发挥高校在统战理论研究方面的优势，努力以理论创新推动工作创新；要切实加强对高校统战工作的领导，为工作开展提供有力支持和必要条件。

中共教育部党组书记、部长周济作了总结讲话。

会议期间，中共北京市委教育工委、上海市委统战部等10个单位作了大会发言。中央和国家机关有关部门负责同志，各省区市和新疆生产建设兵团党委统战部负责同志，教育部门负责同志，以及部分高校党委书记参加了会议。

〔**大中小学全面开展廉洁教育工作**〕 2007年3月，教育部印发《关于在大中小学全面开展廉洁教育的意见》。为推动文件精神的贯彻落实，教育部于3月30日召开全国大中小学全面开展廉洁教育工作视频会议，教育部党组成员、副部长李卫红，教育部党组成员、中纪委驻教育部纪检组组长田淑兰出席会议并讲话。会议要求各地统一部署，按照《建立健全教育、制度、监督并重的惩治和预防腐败体系实施纲要》要求，切实履行《联合国反腐败公约》规定的义务，从2007年起在大中小学全面开展廉洁教育，全面提高青少年学生的思想道德素质。团中央、全国妇联、广电总局和新闻出版总署有关部门负责同志应邀出席了会议。各省、自治区、直辖市党委教育工委和新疆生产建设兵团教育局主管负责同志、纪工委书记，教育部直属高校主管负责同志、纪委书记和相关职能部门负责同志参加了会议。

11月20日，在广东召开了全国青少年廉洁教育工作交流会，总结交流教育系统开展廉洁教育的经验和成果，深入推进大中小学廉洁教育工作。中央纪委副书记李玉赋，教育部党组成员、副部长李卫红，教育部党组成员、中纪委驻教育部纪检组组长田淑兰，广东省委常委、省纪委书记朱明国出席会议并讲话。广东省教育厅和上海市委科教党委等7个单位分别介绍了各自开展廉洁教育和廉政文化建设的经验。

撰稿　张明星

〔**高校辅导员培训和研修基地建设**〕　为进一步推进高校辅导员培训和研修基地建设，教育部于2007年11月29日召开了教育部高校辅导员培训和研修基地建设工作推进及研讨会。会议就认真贯彻落实《普通高等学校辅导员队伍建设规定》和《2006—2010年普通高等学校辅导员培训计划》精神，研究部署了教育部高校辅导员培训和研修基地建设的具体工作，特别是就做好招收辅导员在职攻读思想政治教育专业硕士、博士学位工作，广泛征求了与会代表对《2008年招收高校辅导员在职攻读思想政治教育专业博士学位研究生工作办法》、《2008年招收高校辅导员在职攻读思想政治教育专业博士学位研究生简章》和《普通高等学校辅导员培训大纲》的意见，并深入研讨了高校辅导员培训和研修教材编写的事宜。

为加强高校辅导员培训工作，提高辅导员工作水平，落实《普通高等学校辅导员队伍建设规定》和《2006—2010年普通高等学校辅导员培训计划》，经高校申报、专家评审和实地考察，教育部决定依托北京师范大学、南开大学、河北师范大学等设有思想政治教育博士学位授权点的部分高校建立第一批共21个教育部高校辅导员培训和研修基地。基地主要承担所在区域内高校辅导员的岗前培训、日常培训和骨干培训，对辅导员进行思想政治教育、时事政策、管理学、教育学、社会学和心理学以及就业指导、学生事务管理等方面的专业化辅导，组织开展与辅导员工作相关的科学研究和决策咨询。2007年9月，教育部召开专门会议向第一批教育部高校辅导员培训和研修基地授牌，同时要求各基地明确职责与任务，尽快建立健全工作机制，落实培训计划，完善培训方案，切实推进基地建设，大力加强辅导员培训工作。

撰稿　王　非

附

第一批教育部高校辅导员培训和研修基地名单

省（区、市）	所在高校	省（区、市）	所在高校
北　京	北京师范大学	山　东	山东大学
天　津	南开大学	河　南	郑州大学
河　北	河北师范大学	湖　北	武汉大学
辽　宁	辽宁大学	湖　南	中南大学、湘潭大学（联合）
吉　林	东北师范大学	广　东	华南师范大学
黑龙江	哈尔滨师范大学	广　西	广西师范大学

续表

省（区、市）	所在高校	省（区、市）	所在高校
上　海	复旦大学	重　庆	西南大学
江　苏	南京师范大学	四　川	西南交通大学
浙　江	浙江大学	陕　西	陕西师范大学、延安大学（联合）
安　徽	安徽师范大学	甘　肃	西北师范大学
福　建	福建师范大学		

〔**高校校园文化建设优秀成果评选**〕　为大力建设校园文化，2007 年 5 月，教育部组织开展了 2007 年高校校园文化建设优秀成果评选活动。教育部组织专家对全国 277 所高校申报的 342 项成果进行了认真评审，共评出特等奖 4 项，一等奖 10 项，二等奖 20 项，三等奖 42 项，优秀奖 60 项，并在此基础上编写出版了《高校校园文化建设理论与实践》。获奖成果以优秀的校风、教风、学风建设为主线，以加强大学生人文素质教育为重点，是全国高校建设体现社会主义特点、时代特征和学校特色校园文化优秀成果的集中体现。

撰稿　赵英丽

〔**组织全国大学生先进事迹报告会**〕　2007 年 5 月 14 日，“励志青春——全国大学生先进事迹报告会”首场报告在教育部礼堂举行。教育部党组书记、部长周济接见了报告团成员。报告团成员是由各省区市推荐的优秀大学生代表，他们结合自己的亲身经历，讲述了在平凡的生活中不平凡的生活态度和人生追求。教育部机关和直属单位的部分干部职工和第六期全国高校辅导员班主任骨干培训班全体学员，以及在京高校学生代表共 700 余人参加了报告会。首场报告会结束后，报告团先后赴辽宁、山东、河南等地 30 多所高校作了 9 场巡回报告。9 月，教育部党组成员、副部长李卫红率报告团赴新疆维吾尔自治区和新疆生产建设兵团高校作巡回报告，12 所高校数万名大学生到场聆听了报告。教育部通过组织全国大学生先进事迹报告会，进一步宣传了大学生的先进典型，展示了当代大学生积极健康、蓬勃向上的精神风貌，引起了广大同学的强烈共鸣。

撰稿　王　非

〔**表彰全国高校优秀辅导员和思想政治教育工作者**〕　自中共中央、国务院印发《关于进一步加强和改进大学生思想政治教育的意见》以来，全国高校涌现出一批优秀辅导员和思想政治教育工作者。为表彰先进，教育部决定在全国教育系统先进评比中，将“全国高校优秀辅导员”和“全国高校优秀思想政治教育工作者”纳入表彰范围，每三年表彰一次，以进一步调动全国高校辅导员和思想政治教育工作者的积极性、主动性和创造性，推动大学生思想政治教育工作再上新台阶。2007 年教师节期间，教育部印发有关文件，授予包涵等 32 名同志“全国高校优秀辅导员”荣誉称号，授予赵锋等 32 名同志“全国高校优秀思想政治教育工作者”荣誉称号，并在庆祝第 23 个教师节暨全国教育系统先进集体和先进个人表彰大会上进行了表彰。

撰稿　赵英丽

〔**加强和改进大学生心理健康教育**〕　2007 年，大学生心理健康教育工作得到进一步加强和改进。一是推动宣传，积极营造心理健康教育工作氛围。5 月，教育部会同团中央继续举办“5·25”全国大学生心理健康节，通过心理学知识宣传、心理学讲座、放映心理影片等形式，推动全社会共同关心大学生心理健康，营造全社会关心、关注、关爱大学生心理健康的良好氛围。二是开展专题研讨，深入探索大学生心理健康教育工作有关问题。6 月，在清华大学召开大学生心理健康教育工作座谈研讨会，就当前大学生心理健康教育面临的新形势、新任务及存在的突出问题进行了深入研讨。三是重视培训，大力强化大学生心理健康教育工作队伍建设。7月，教育部举办了高校学生辅导员心理健康教育专题培训，对近百名全国高校辅导员进行了大学生心理健康教育主要理论基础、工作方法和实务操作的专题培训；8月，教育部举办了大学生心理健康教育工作研讨培训班，各省级教育部门相关处室负责大学生心理健康教育工作的主管处长及部属高校心理健康教育中心主任参加了培训；11月，教育部举办了大学生心理健康教育与心理咨询工作专题研讨培训班，来自全国70多所高校的大学生心理健康教育与心理咨询工作的骨干教师或负责同志参加了培训，促进了大学生心理健康教育师资水平的提高。

撰稿 赵英丽
审稿 刘贵芹

〔**高校校园网络文化建设和管理**〕 为落实《中共中央办公厅国务院办公厅关于加强网络文化建设和管理的意见》文件精神，教育部结合学习贯彻十七大精神，进一步加强校园网络信息安全工作，积极推动校园网络文化阵地建设，大力营造良好的校园网络文化环境。

推动校园网络文化阵地建设，打造思想政治教育品牌网站。加强中国大学生在线网站建设，开展第二届全国高校百佳网站网络评选活动。经各高校推荐和专家评选，从全国28个省、自治区、直辖市338所高等院校报送的1 018个参评网站中评选出十大类共95个网站。活动受到高校大学生的高度关注，共收到网友评论2.5万余条，网络投票63万余张，增强了校园网络文化的吸引力和影响力。

利用网络新技术拓宽高校思想政治教育工作渠道，丰富校园网络文化内容。总结推广高校网站建立实名“思政博客”的经验，促进高校辅导员博客相互链接，搭建交流平台，鼓励优秀大学生建立博客。中国大学生在线上建立的高校辅导员教师博客已达600余个，注册的学生用户1.1万个，浏览页面超过4 070万个，日点击量超过80万次，建立博客圈子120余个。

落实校园网络管理措施，加强制度建设，确保网络信息安全。印发《教育部办公厅关于进一步加强高等学校校园网络信息安全工作的意见》，对校园网络资源管理、校内上网场所管理、校园网站安全检查、技术维护和校园网上突发事件应急处置等提出要求。及时收集、报送影响和危害网络与信息安全的各种信息，及时发现、删除和阻断有害信息，切实保证了重要时期和敏感时期的校园网络信息安全。印发《教育部办公厅关于进一步加强部机关和直属单位网络信息安全工作的通知》，开展部内互联网网站（网页）信息安全备案和自查，排除网络信息安全隐患。

开展校园网络文化建设和管理调研工作，加强网络文化建设和管理理论研究。根据中央开展校园网络文化调研任务的统一部署，通过采取委托调研、问卷调查和访谈调研结合的方式，梳理了党的十六大以来校园网络文化建设和管理工作的成就和基本经验，分析了校园网络建设和管理的现状问题，对下一步加强校园网络文化建设和管理工作提出了建议，并汇编部分省市教育工作部门和高校开展校园网络文化建设和管理工作的经验材料，为校园网络文化建设和管理工作提供借鉴与参考，促进高校校园网络文化建设和管理工作整体水平提高。

召开全国高校校园网络文化建设和管理研讨会暨中国大学生在线理事会2007年度工作会议。会议认真学习贯彻党的十七大精神，总结交流了加强高校校园网络文化建设和管理的经验、思路和举措，并研究了进一步做好中国大学生在线的工作。教育部副部长李卫红同志出席会议并作了题为《深入贯彻党的十七大精神，不断开创高校校园网络文化建设和管理工作新局面》的讲话。全国30多所高校和部分地方教育工委代表参加了会议。

撰稿 许敏敏
审稿 迟刚毅

高校社会科学研究

〔**高校思想政治理论课新教材建设**〕 2007年，高校思想政治理论课教材建设取得重要进展。一是完成《毛泽东思想、邓小平理论和“三个代表”重要思想概论》、《中国近现代史纲要》和《马克思主义基本原理概论》三本新教材编写工作。2007年2月、8月，三本新教材经审定后先后出版，并自春季开学起陆续在540万2006级本专科学生中使用。二是完成对《思想道德修养与法律基础》教材修订工作。2007年3月，为充分反映党的十六届六中全会精神，特别是和谐文化建设和社会主义核心价值体系等党的理论创新成果，充分吸收高校广大师生对《基础》教材第一版使用过程中提出的意见和建议，进一步提高教材质量，中宣部、教育部成立了教材修订课题组，组织对教材进行修订。8月，经审定出版后，供560万2007级本专科新生使用。三是组织对四本教材进行修订。党的十七大召开后，根据中央要求，为充分体现党的理论创新和实践发展的最新成果，充分反映党的十七大报告确定的重大理论观点、重大战略思想、重大工作部署，充分吸收高校广大师生对教材使用过程中提出的意见和建议，进一步推进党的十七大精神进教材、进课堂、进学生头脑工作，中宣部、教育部启动了四本教材的修订工作。四本教材（2008年修订版）经审定，都已正式出版，并从2008年春季开学陆续在高校投入使用。四是加强教材管理，规范教材使用。教育部办公厅发出《教育部办公厅关于重申高校思想政治理论课教材编写、出版、使用要求的通知》，要求各地各高校加强对高校思想政治理论课教材编写、出版、使用的管理，做好新教材使用及检查工作。

撰稿 王 杨

〔**高校思想政治理论课教师全员培训和骨干教师研修**〕 组织开展高校思想政治理论课骨干教师研修。中宣部、教育部从2007年起，联合组织了高校思想政治理论课骨干教师研修，并纳入中央马克思主义理论研究和建设工程，每年举办6期，每期培训100人，计划用5年左右时间，对3 000名骨干教师分期分批进行系统轮训。2007年成功举办6期，培训600人。研修班紧紧围绕高质量全面实施新课程方案、提高思想政治理论课教育教学质量这一主题，着力于提高政治理论水平、统一思想认识，着力于领会教材精神、钻研教学内容，着力于改进教学方法、讲究教学艺术。研修采取专题报告、专家讲座、经验交流、教学观摩、优秀课件演示、小组讨论、学员论坛，以及赴中国井冈山干部学院、中国延安干部学院社会考察等多种形式进行。

组织开展“马克思主义基本原理概论”、“毛泽东思想、邓小平理论和‘三个代表’重要思想概论”、“中国近现代史纲要”、“思想道德修养与法律基础”四门新课程教师全员培训。通过部级示范培训、省级培训和各高校集体备课三个层次的培训，2007年，共培训高校思想政治理论课教师40 000余名，做到了讲授思想政治理论课新课程的教师先培训再上岗，不培训不上岗，为高质量实施思想政治理论课新课程方案奠定了坚实的基础。

建立和完善高校思想政治理论课教师激励机制，评选表彰全国高校优秀思想政治理论课教师。教育部在全国教育系统先进评比中，将“高校优秀思想政治理论课教师”纳入了表彰范围，北京大学陈占安等34名同志被授予“全国高校优秀思想政治理论课教师”荣誉称号，并在庆祝第23个教师节暨全国教育系统先进集体和先进个人表彰大会上受到了表彰。

〔**推进高校思想政治理论课教学方法改革**〕 为帮助广大教师准确掌握新教材，确保新课程开课质量，以教育部高校哲学社会科学研究重大课题委托项目的方式，分别组织《毛泽东思想、邓小平理论和“三个代表”重要思想概论》、《中国近现代史纲要》、《马克思主义基本原理概论》三本新教材编写组首席专家、主要成员和省级教育部门推荐的经验丰富的教师组成授课教师队伍，精心制作了“概论”、“纲要”、“原理”“精彩一门课”全程教学示范片，为一线任课教师提供了一套示范性、实用性强的教学参考资料，对高质量地开设相关课程发挥了重要作用。

征集、评选“思想道德修养与法律基础”、“毛泽东思想、邓小平理论和‘三个代表’重要思想概论”、“中国近现代史纲要”“精彩一课”教学片。13 部（章）“基础”教学片、12 部（章）“概论”教学片、10 部（章）“纲要”教学片约计 200 学时分别入选首批高校思想政治理论课“精彩一课”。

组编有关配套参考书。委托出版单位组织有关专家学者和一线教师编辑出版了与“毛泽东思想、邓小平理论和‘三个代表’重要思想概论”、“中国近现代史纲要”、“马克思主义基本原理概论”三门课程新教材配套的《教师参考书》、《学生辅学读本》、《教学案例解析》等。同时，继续组织编写《高校思想政治理论课教育教学热点难点问题解析》，继续建设高校思想政治理论课教育教学数据库，为思想政治理论课教学提供相关支撑。

撰稿　陈　睿

审稿　杨　光　徐维凡

〔**第四届中国高校人文社会科学研究颁奖大会**〕 2007 年 4 月 20 日，第四届中国高校人文社会科学研究优秀成果奖颁奖大会在人民大会堂召开。国务委员陈至立出席颁奖大会并发表题为《发挥高校优势，积极推进马克思主义理论研究和建设工程》的讲话。讲话充分肯定了“十五”期间高校哲学社会科学繁荣发展的局面和取得的显著成绩，并对高校哲学社会科学提出了更高的要求。她强调，高校哲学社会科学工作者要积极参与马克思主义理论研究和建设工程，为丰富和发展马克思主义作出新的贡献；以现代化建设中的重大理论和现实问题为主攻方向，为构建和谐社会作出新的贡献；发挥高校基础雄厚、学科齐全的优势，为传承文明作出新的贡献；充分发挥哲学社会科学的育人功能，为培养社会主义事业合格建设者和可靠接班人作出新的贡献；加强领导，为高校哲学社会科学进一步繁荣发展提供有力保障。

教育部部长周济主持颁奖大会。教育部副部长李卫红宣读《教育部关于颁发第四届中国高校人文社会科学研究优秀成果奖的决定》。颁奖大会的召开体现了党和政府对高校哲学社会科学工作的高度重视，展示了高校哲学社会科学工作者取得的突出成绩和优秀成果，对进一步繁荣发展高校哲学社会科学具有重要意义。

“中国高校人文社会科学优秀成果奖”评选工作自 1995 年实施以来已评选四届，共有 1 742 项优秀成果获奖。本次评选范围是 2001 年 1 月 1 日至 2004 年 12 月 31 日期间出版的著作、发表的论文或提交的研究咨询报告。获奖成果经专家严格评审，并在有关媒体上公示后确定，共评选出一等奖 26 项、二等奖 106 项、三等奖 294 项。

撰稿　马建通

〔**高校哲学社会科学教学科研骨干研修班**〕 为贯彻落实中组部、中宣部、中央党校、教育部、总政治部《关于组织高校哲学社会科学教学科研骨干研修的意见》和中组部、中宣部、教育部《关于进一步加强地方哲学社会科学教学科研骨干研修工作的意见》，2007 年，中央五部门共举办 6 期研修班，培训学员 670 人。各省区市全年共举办研修班 80 余期，培训学员 7 100 余人。中央和地方两个层面的研修工作顺利开展，卓有成效，进一步实现了全国研修工作的整体推进。

第一期中央五部委研修班于 3 月 1 日参加了中央党校春季开学典礼，中央政治局常委曾庆红出席并作重要讲话。研修期间，学员们听取了 14 位中央和国务院部委领导同志的专题报告，进行了交流研讨。着重学习了胡锦涛总书记在中央党校省部级干部进修班上的重要讲话、在全国优秀教师代表座谈会上的重要讲话和党的十七大报告。还分赴中国井冈山和延安干部学院考察学习，到北京及周边地区进行新农村和现代化建设的参观考察。

4月份，中宣部、教育部联合召开地方哲学社会科学教学科研骨干研修工作会议，加强对地方研修工作指导力度，进行全面部署。7月中下旬，中宣部、教育部组成三个联合调研组，分赴上海、湖北、四川等九省市，就地方研修情况进行调研，深入了解各地研修工作开展情况。各地参照中央五部委研修要求，结合各地实际认真制定地方研修工作计划和实施方案，明确研修内容、人员、时间、方式和方法等，推进研修工作不断取得实效。

研修活动切实提高了教学科研骨干的政治素质、思想素质和业务素质，得到广大学员踊跃参与和充分认可。随着研修工作的持续开展，研修活动的社会影响和社会效益日益显现，不仅得到社科理论界的高度评价，更被中央领导同志誉为“理论队伍建设的品牌项目”。

撰稿　王日春

〔教育部人文社会科学重点研究基地工作会议〕
教育部人文社会科学重点研究基地工作会议于2007年10月8日—9日在京召开。会议主题是，以科学发展观为指导，深入学习胡锦涛总书记讲话精神，研讨高校哲学社会科学面临的新机遇、新挑战、新任务，迎接党的十七大以后哲学社会科学发展的新高潮，为切实推进中国特色社会主义伟大事业作出新的更大的贡献。教育部党组副书记、副部长袁贵仁出席会议并讲话，教育部副部长李卫红作总结讲话。

会议总结了重点研究基地八年来在科学研究、人才培养、社会服务、学术交流、基础建设等方面取得的令人瞩目的成绩及建设经验，提出重点研究基地建设下一步的目标就是要使基地成为聚集学科领域内高端人才的平台，产出一批具有国际影响的精品力作和具有重大文化价值的传世佳作，使基地真正成为世界学术舞台上有影响的研究机构。要加强制度创新，进一步激发基地科研活力；要强化国家意识，提高应对重大问题的综合能力；要立足本土，放眼世界，提高国际对话能力；要着力做好战略规划，提高前瞻性预测能力；要加强基础建设，提高基地可持续发展能力；要启动基地二期建设计划，推进基地建设全面发展。

会议要求，教育战线要深入学习宣传贯彻胡锦涛总书记在中央党校的讲话精神，在全面准确、把握实质上下功夫，紧密联系当前高校在繁荣发展哲学社会科学中的任务和使命，在指导实践、推动工作上下功夫，要切实加大对讲话精神的研究和宣传力度，努力探索中国特色社会主义发展规律，在引导舆论、营造氛围上下功夫。

来自全国高校151个重点研究基地的基地主任以及部分省市教育厅和高校负责同志200余人参加了会议。北京大学、中国人民大学、武汉大学、江西省教育厅及山西大学科学技术哲学研究中心、中南财经政法大学知识产权研究中心、华南师范大学应用教育心理研究中心、上海外国语大学中东研究所等重点研究基地作了大会交流发言。

撰稿　段洪波
审稿　杨　光　张东刚

〔高校出版社体制改革第一批试点工作启动〕
根据《中共中央、国务院关于深化文化体制改革的若干意见》精神和中央关于文化体制改革工作的总体部署，教育部、新闻出版总署制定、印发了《关于高校出版体制改革的实施方案》和《关于高校出版社体制改革的若干意见》，两个文件明确了高校出版社体制改革的指导思想、原则、任务、改革步骤，以及相关政策，是指导和推动高校出版社体制改革的重要依据。

教育部与新闻出版总署于4月22日—23日，在北京联合召开了“高校出版体制改革试点工作会议”，教育部副部长李卫红和新闻出版总署副署长邬书林出席会议并讲话。中宣部改革办副主任高书生出席了会议。列入首批试点的清华大学、北京大学、中国人民大学、北京师范大学、北京外国语大学、中央广播电视大学、北京航空航天大学、华东师范大学、浙江大学、东南大学、大连理工大学、广西师范大学、中山大学、上海财经大学、武汉大学、华中科技大学和天津大学等高校的主管校领导和出版社社长参加了会议。这次会议的召开，标志着高校出版社体制改革第一批试点工作正式启动。

参加第一批高校出版社体制改革试点的高校，按照会议精神和两个文件的要求，结合学校和出版社的实际制定了具体的实施方案，已经全国出版体制改革领导小组批复。有关高校正在按实施方案，积极稳妥地推进体制改革。

撰稿 魏小波

〔**第六次全国高校出版社工作会议**〕 2007 年 9 月 2 日—4 日，教育部和新闻出版总署联合召开了“第六次全国高校出版社工作会议”。

会议认为，自 2001 年 11 月召开的第五次全国高校出版社工作会议以来，高校出版社的发展取得了很大成绩：第一，不断壮大规模、增强实力，已发展成为中国出版业的生力军。从数量上看，高校出版社已由 2001 年的 94 家发展到现在的 102 家，增长 8.5%。图书重版重印率达到 62%，超过了全国平均重版重印率 45%近 17 个百分点。第二，始终坚持办社宗旨，教材和学术著作成果丰硕，已成为中国专业出版领域的主力军。五年多来，出版的高等教育、基础教育、职业教育、继续教育教材达到 67 400 多种，其中新出版的高校教材品种占全国高校教材总量的 75%。第三，充分发挥自身优势，逐步形成特色和品牌，实现了稳定、高效、可持续的发展，走出了特色品牌兴社之路。第四，不断深化内部改革，为体制改革奠定了基础。已有 18 家高校出版社列入了首批高校出版体制改革试点。第五，积极实施“走出去”战略，国际合作业绩突出。充分发挥高校在汉语教学和中华文化研究方面的优势，积极参与实施“走出去”战略，加大投入，多种渠道、多种模式、深层次、多层面地开展国际合作与交流，在扭转我国版权贸易严重逆差方面做出了卓有成效的工作。2001 年以来，高校出版社输出版权 2 000 多种，其中教材 1 000 多种，学术著作 270 多种。在“中国图书对外推广计划”首批 28 家成员单位中，高校出版社有 5 家。第六，重视人才建设，形成了一支讲政治、懂经营、善管理的出版队伍。

会议提出，“十一五”时期高校出版社的发展目标和主要任务是：建设中国特色高校出版体系。形成一批有较高知名度和较强影响力的高校出版社品牌；加快数字化、网络化出版进程；努力为各级各类教育教学提供更多的优质教育资源，构建为教学科研服务的资源平台和现代出版服务体系，建设导向正确、结构合理、技术先进、管理有序、社会效益和经济效益俱佳的现代高校出版业。

撰稿 林 丽

审稿 杨 光 徐维凡

高校学生工作

〔**2007 年全国普通高等学校招生工作电视电话会议**〕 2007 年 3 月 1 日，教育部在京召开 2007 年全国普通高等学校招生工作电视电话会议。教育部党组书记、部长周济，教育部党组成员、中纪委驻教育部纪检组组长田淑兰在北京主会场出席会议并讲话。教育部副部长赵沁平主持会议。会议回顾和总结了 2006 年高校招生工作，部署了 2007 年的工作任务。会议要求进一步认清形势，明确责任，

全面深入实施“阳光工程”，平稳推进高考改革，肩负神圣的责任，带着深厚的感情做好高校招生工作，努力办好让人民满意的高考。

周济部长在讲话中首先肯定2006年招生工作取得了显著成绩，实现了“十一五”的良好开局。2006年全国共有近950万考生参加高考，录取新生约540万人。经过30年不断改革和完善，高考为我国各级各类高校人才选拔作出了巨大贡献，其科学性、公平性、权威性得到了全社会和广大人民群众的广泛认可。周济在谈到2007年高校招生工作时，特别强调：

一是要维护良好考风考纪，采取综合措施严厉打击团伙作弊。在继续开展诚信考试教育、大力倡导诚信高考的同时，教育系统要进一步加强与公安机关的配合，严厉打击涉及高考的各类违法犯罪活动，对于重大典型案件实行挂牌督办，更加有效地防范和打击有组织、有预谋地利用现代通讯工具团伙作弊，切实保障考场秩序。

二是要从严治招，全面深入推进高校招生“阳光工程”。要把有效防范和治理体制外招生、严打招生诈骗作为今年招生工作综合治理重点。省级教育行政部门要对本地区的民办高校、独立学院、中外合作办学等招生章程和广告进行严格审核，严禁虚假蒙骗招生宣传。从今年开始，国家实行严格的新生学籍电子注册制度，杜绝任何体制外招生。

三是要平稳推进改革，让人民群众对高考更加满意。高考自命题省市要进一步深化高考内容改革，强化能力立意；今年有首届毕业生的高中新课改实验区要精心组织，确保新的高考改革方案平稳顺利实施；高水平大学自主选拔录取改革和京、津、沪等高职单独招生考试改革，要精心操作、平稳实施。

北京市教委，河北省、浙江省教育厅作了大会发言。国家教育考试部际联席会议成员单位、国务院有关部门和教育部有关司局的负责同志，各省（自治区、直辖市）高校招生委员会、教育厅（教委）和招生考试机构的负责同志，部分高校负责人参加了会议。

撰稿 黄 蔚

〔**普通高校招生**〕 2007年普通高校招生实际录取约570万人。招生“阳光工程”全面深入推进，招生管理更加严格规范，招生诈骗得到有效地遏制。

一是“阳光工程”进一步落实到各个环节。招生战线全面加强“全程公开、信息透明、接受监督”的工作体系和机制建设，进一步完善国家、省两级“阳光高考”信息综合发布系统。教育部“阳光高考”平台设置招生政策、计划、章程、资格等公示板块，公示各类特殊资格考生名单近4万人，做到了未经公示者无一人录取，已经公示者无一起举报。各地严格执行招生政策和录取标准，严格录取现场管理，严格招生计划的执行和调整，主动接受社会监督，增加录取过程透明度。招生信访量比2006年明显下降，群众对招生工作的满意度进一步提高。

二是高考改革有序平稳推进。积极做好教育部直属师范大学免费师范生招生工作，确保免费师范生在提前批顺利录取，部属师范大学的师范生报考比例提高，生源质量整体好于往年。山东、广东、宁夏、海南等省区为配合高中新课程改革进行了高考内容和科目设置改革，措施到位，改革平稳顺利。北京、天津、上海的高职院校及江苏、浙江、湖南、广东等省的国家示范性高职院校探索适合职业教育特点的招生考试改革。59所高水平大学稳步深化优秀创新人才自主选拔录取改革，进一步推进了高校多样化人才选拔机制的建立和完善。

三是加强对民办高校招生工作监管。严格审查招生院校资格，清理、停办各类无资质办学点；严格审查民办高校和独立学院的招生章程和广告，对发现问题的高校责令改正；针对以往少数民办高校存在的违规乱发录取通知书等现象，由省级招办试行对独立学院及民办高校录取的考生加发《录取考生信息确认表》，与往年比民办高校违规招生现象明显减少。

四是打击中介招生诈骗工作取得显著成效。教育部与公安部、信息产业部密切协作，对招生诈骗进行联合监控、联合打击，查处非法网站15个，破获招生诈骗案件50起，抓获犯罪嫌疑人近百人。根据招生工作不同阶段的特点，加强了招生政策与严防诈骗的宣传教育，多次向社会发出招生预警，并且通过召开新闻通气会、组织网上咨询周等多种形式宣传政策、解答疑问，曝光各种招生诈骗伎俩。

五是为考生提供更加优质的招生服务。各地进一步加强志愿填报服务、改进志愿填报和投档办法，普遍建立志愿填报指导网络，对未完成的计划普遍实行多次公开征集志愿，提高考生志愿满足率，增加了考生的录取机会。

撰稿　苟人民

〔**研究生招生**〕 2007 年全国共有 520 所普通高等学校、313 个科研机构、中央党校及 14 所地方党校招收硕士研究生；共有 261 所普通高校、125 个科研机构及中央党校招收博士研究生。

2007 年全国报考攻读硕士学位研究生 1 254 873 人（不含军队院校和港澳台生，下同），比 2006 年增长 0.8%。其中应届本科毕业生 700 170 人，占 2007 年应届本科毕业生总数的 34%，占报考总数的 55.80%。全国报考攻读博士学位研究生约 146 778 人，比 2006 年增长 0.5%。

2007 年全国共录取硕士研究生和博士研究生 420 014 人，比 2006 年增长 5.50%。其中硕士研究生 361 952 人，比 2006 年增长 5.89%；博士研究生 58 062人，比 2006 年增长 3.13%。

录取的硕士研究生中，应届本科毕业生为 229 042 人，占 63.28%；在职或其他人员为 132 910 人，占 36.72%。各学科门类录取人数分别为：哲学 4 212 人，经济学 17 438 人，法学 29 503 人，教育学 12 886 人，文学 33 454 人，历史学 4 457 人，理学 46 105 人，工学 123 119 人，农学 14 524 人，医学 34 034 人，军事学 219 人，管理学 42 001 人。

此外，2007 年香港、澳门特别行政区及台湾省报考内地（祖国大陆）高校和科研机构研究生的考生共 2 867 人，其中报考硕士生 1 832 人，报考博士生 1 035 人；录取 1 780 人，其中硕士生 1 102 人，博士生 678 人。

2007 年研究生招生工作特点：

1. 研究生招生制度改革得以巩固、完善和深化，创新人才选拔力度进一步加大。2007 年紧紧围绕建设创新型国家对拔尖创新人才需要，根据高等教育的发展实际情况，遵循高层次人才选拔培养规律，在充分调研、达成广泛共识的基础上，稳妥推进改革，探索、创新工作机制，在全面提高选拔质量的基础上，进一步突出创新人才选拔。

2. 2007 年，教育学、历史学、医学三个学科门类初试科目改革顺利完成。按照拓宽专业范围，提高命题质量和水平，突出考察考生基本素质、一般能力和学科基本素养的功能要求，整合、优化、规范初试科目，改革考试内容。总体上，初试的科学性、公平性、安全性和有效性进一步提高。

3. 2007 年全面实施《加强硕士研究生招生复试工作的指导意见》，各招生单位在建立健全制度、规范复试工作程序的基础上，逐步优化复试内容，不断创新复试工作方法手段，提高复试质量，继续探索体现多元性、创新性和整体性的科学考核体系。各招生单位积极开展培训，着力提高研究生导师教育评价的专业能力，推动复试工作向制度化、程序化、专业化方向发展。

4. 改革推免生工作管理办法。2007 年出台了推免生工作管理办法，完善了管理选拔机制，进一步扩大了推免生工作高校的范围，扩大了推免比例，完善了共性化与个性化相结合的选拔制度，加大了生源校际的交流力度，注重发挥推免生在提高生源质量、促进学科交叉、引导本科阶段实施素质教育，加大拔尖创新人才选拔力度等方面的有效作用，探索多元化人才选拔模式。

5. 考试组织管理工作进一步加强。各级管理部门加大了管理和人员培训力度，突出强化安全保密工作责任制，“分级管理、逐级负责”，自上而下形成了严密的“工作责任链”。增加安全硬件设施投入，更新技术手段，加大反作弊工作力度。充分发挥国家教育考试部际联席会议机制作用，加强同公安、信息产业等部门协作、联动，加强有害信息监控，打击团伙舞弊，净化考试环境。

6. 更加重视为考生服务、维护考生合法权益工作。各级招生管理部门和招生单位充分利用研究生招生信息网和媒体广泛宣传招生政策，开展咨询活动，招生信息更加公开透明；改进调剂办法，全面实施硕士生网上调剂，为考生调剂提供更加便利、规范和有效的服务；更加重视考生信访和申诉工作，认真调查处理考生反映的问题，树立研招工作良好风气。

7. 港澳台招生工作得到改进。2007 年开通了“内地（祖国大陆）高校面向港澳台地区招生信息网站”，组织举办了“内地（祖国大陆）高校面向港澳台地区招收研究生网上集中咨询活动”，有效解决了港澳台招生信息传输不畅等问题，受到港澳台人士和招生单位的好评。

撰稿　陈瑞武

审稿　姜　钢

〔**高校学生管理**〕　实施新生学籍电子注册制度。为规范高校招生办学行为，加强高校学生学籍管理，教育部决定自 2007 年开始实施普通高等学校本专科新生学籍电子注册制度。12 月 1 日，全国 570 万新生学籍电子注册全部完成并上网，接受入学新生查询本人学籍状态，学生、学校和社会反应良好。为配合学籍电子注册制度的顺利实施，教育部加大政策宣传力度，将国家学籍学历管理政策的核心内容印制成《高校学生获得学籍暨取得学历证书政策告知》，并制作了数万张大型宣传报发到全国所有普通高校，明确要求张贴于学生集中的公共场所，使每个学生都清楚“经过省级招办办理录取手续，入学复查合格、进行学籍电子注册才能获得学籍”，“具有学籍的学生才能获得毕业证书”等国家学籍学历管理政策。

完成学历证书电子注册工作。2007 年注册高等教育学历证书 726 万份（包括毕业研究生，普通、成人、网络教育毕业生），全部上网提供社会查询。学历证书电子注册对遏制伪造、买卖假学历证书的效果进一步显现，直接在全国高等学校学生信息咨询与就业指导中心网站查询和申请认证学历的数量已从 2005 年的 427 万份逐年上升到 2007 年的 1 112 万份，现场申请学历认证的数量已从 2002 年的 3 900 多份逐年上升到 2007 年的 12 万份，在申请认证时发现的有问题的毕业证书比例已从 2002 年的 28.5%下降到 2007 年的 4.2%。

国防生培养工作取得显著成绩。自 2000 年国务院、中央军委发出了《关于建立依托普通高等教育培养军队干部制度的决定》，截至 2007 年，已有 116 所普通高校与解放军各部队、各兵种及武警部队签约为军队培养人才，全国累计招收选拔国防生 6.5 万名，目前在校国防生 4.8 万名，平均每年向部队输送万余名毕业国防生。

撰稿　唐小平

〔**普通高校毕业生就业工作**〕　2007 年全国普通高校毕业生总人数达到 495 万，比 2006 年增加 82 万，毕业生总量和增量都是最大的一年。截至 2007 年 9 月 1 日，全国普通高校毕业生实现就业人数 351 万人，比 2006 年同期增加 54 万，高校毕业生初次就业率保持稳定，达到 71%，其中，到基层和中西部地区就业的毕业生人数稳步增加。

2007 年高校毕业生就业工作的主要特点：一是各级政府和就业工作系统推进高校毕业生就业工作力度进一步加大。国务院召开高校毕业生就业部际联席会议和电视电话会议，印发《国务院办公厅关于切实做好 2007 年普通高等学校毕业生就业工作的通知》，各部门、各地和高校以前所未有的力度出台了大量新举措。二是全国性、行业性、区域性的网上招聘活动丰富、活跃，就业服务信息化再上新台阶。全国高校毕业生就业网络联盟共为 2007 届毕业生举办 13 场全国性大型招聘会和数百场小型招聘会，并带动了地方和高校的网上就业服务。三是引导毕业生面向基层就业工作取得新进展。中央部门精心实施国家项目，各地组织的地方项目招募人数总和比 2006 年增加约 20%，社会影响进一步扩大。四是各地和高校普遍加强了对困难家庭毕业生的就业帮扶。通过政策支持、经济资助、免收招聘会门票、一对一就业服务和对零就业家庭毕业生提供公益性岗位等多种方式，千方百计帮助困难家庭毕业生就业。五是高职院校教育教学改革成效显著，初次就业率连续四年稳步上升，涌现出一大批办学质量高、毕业生供不应求的高职院校。

2008年，全国普通高校毕业生将达559万人，比2007年增加64万。2007年12月5日，教育部在牵头召开高校毕业生就业工作部际联席会议的基础上，又召开了2008年全国普通高校毕业生就业工作视频会议，教育部部长周济作工作报告。会议总结了过去五年来高校毕业生就业工作取得的巨大成绩，结合学习领会十七大精神，研究分析了高校毕业生就业工作面临的形势和任务，对2008年高校毕业生就业工作进行了全面部署。会议要求，教育系统要着重抓好六方面工作：一是切实加强领导，进一步完善工作体系和制度体系，加大毕业生就业工作力度。二是全面加强就业指导工作，特别要加强对就业困难毕业生的帮扶，努力提高就业服务水平。三是加快建设现代化信息服务体系，切实为毕业生提供及时、丰富、有效的岗位信息，力争在信息化服务方面取得重点突破和全面进展。四是把引导毕业生到基层就业作为重中之重，狠抓政策和项目落实，力争有突破性进展。五是推动以社会需求为导向的高等教育改革取得新的突破，着力提升毕业生的实践能力、就业能力、创新能力和创业能力。六是搞好离校前思想政治工作和毕业教育活动，努力形成积极促进就业的社会舆论氛围。

撰稿 冯 佳

审稿 张浩明

学位工作与研究生教育

〔国务院学位委员会第二十三次会议〕 2007年1月24日—25日，国务院学位委员会第二十三次会议在北京召开。42位委员出席了会议。国务委员、国务院学位委员会主任委员陈至立出席会议并作讲话。国务院学位委员会副主任委员、中国科学院院长路甬祥，副主任委员、中国工程院院长徐匡迪，副主任委员、中国社会科学院院长陈奎元，常务副主任委员、教育部部长周济，副主任委员、教育部副部长赵沁平出席了会议。副主任委员兼秘书长、教育部副部长吴启迪作了《国务院学位委员会2006年度工作报告及2007年主要工作的说明》。会议审议并原则通过了《国际汉语硕士专业学位设置方案》（根据会议决议，经会后广泛征求意见，该专业学位名称调整为“汉语国际教育硕士专业学位”）、《翻译硕士专业学位设置方案》、《国务院学位委员会2007年工作要点》。委员们还就学位工作与研究生教育的有关问题进行了讨论。

陈至立在讲话中强调，要坚持以科学发展观统领学位和研究生教育工作，瞄准建设创新型国家和构建社会主义和谐社会的战略目标，深化学位与研究生教育工作改革，着力抓好创新人才培养，进一步提高研究生培养质量，为实施科教兴国和人才强国战略提供人才保证。学位工作与研究生教育必须服从和服务于创新型国家建设，要紧密结合国家发展战略，制定科学的学位与研究生教育发展规划，进一步调整结构，培养各类高层次高素质人才。提高创新能力是研究生教育的紧迫任务，要大力推进素质教育、加强创新能力培养，营造创新人才成长的文化环境。要加强创新人才培养基地建设，继续实施“211工程”、“985工程”。要特别重视在产学研结合研究中培养创新人才，将研究生的培养与科技创新活动及生产实践结合起来，让优秀创新人才脱颖而出。陈至立要求，要深化改革，以提高质量为核心，进一步促进研究生教育健康、持续、协调发展。一要突出重点，严格要求，建立综合、有效、简约的研究生教育质量监控体系；二要不断完善学位制度，进一步明确中央、地方、学校以及中介机构在学位与研究生教育发展中的定位；三要促进学位与研究生教育的规模、结构、质量、效益协调发展；四要努力提高国际交流与合作的水平。

会议审议并一致通过了《国务院学位委员会2006年度工作报告及2007年主要工作的说明》。

会议审议并原则通过了《国务院学位委员会2007年工作要点》，2007年学位委员会的工作以邓小平理论和“三个代表”重要思想为指导，全面落实科学发展观，按照建设创新型国家和构建社会主义和谐社会的要求，深化学位工作改革，抓好创新人才的培养工作，进一步提高研究生培养质量。

〔**国务院学位委员会第二十四次会议**〕 2007年8月24日，国务院学位委员会第二十四次会议在北京召开。31位委员出席了会议。会议围绕《中国博士质量分析（总体方案）》、《关于改革博士、硕士学位授权审核办法的思考》、《关于改革研究生培养机制的思考》、《关于积极实施研究生教育创新计划的思考》等进行了深入讨论。委员们认为，30年的研究生教育发展取得了巨大的成就。当前，我国经济快速发展，综合国力迅速增强，国际竞争日益激烈，研究生教育面临难得的发展机遇，也面临严峻的挑战。必须将提高质量作为我们当前和今后研究生教育工作的中心任务，这是研究生教育发展新阶段的重要使命，也是国家发展战略的迫切需要；要群策群力，形成共识，尽快将我国研究生教育提高到一个新水平。

陈至立在讲话中首先对当前提高我国研究生教育质量的影响因素进行了总体分析。指出，经过30年的发展，我国研究生教育总体实力显著增强，研究生教育质量不断提高；但总体来看，与国家发展战略目标的要求和发达国家研究生教育的水平相比，还有较大差距。这种情况，一方面与我们国家的经济实力和科研水平有关，另外，我们在质量观念、政策导向、学科水平、导师责任、培养机制、管理措施等方面，还存在一些问题，主要表现为：在对于提高质量的认识上，尚未得到足够的重视；在学科水平的国际比较上，差距还较大；在研究生培养机制上，还不能很好地激发导师、研究生的积极性；在经费投入和科研项目安排上，也不利于研究生培养质量的提高等等。关于如何进一步提高研究生教育质量，陈至立强调指出，一是要尽快在研究生教育战线形成研究生教育质量文化，将提高质量作为研究生教育工作改革和发展的重要指导思想和原则，切实将工作重心转移到提高质量上来；二是要积极推进学位授权审核制度改革，建立权责分工更加明确合理、调整和适应能力进一步增强、调控和监督机制更加健全的学位授权审核制度和研究生教育管理体制；三是加快推进研究生培养机制改革，优化研究生奖学金和助学金的奖励激励机制，完善研究生培养的协调机制，健全研究生培养的过程管理机制；四是积极推进研究生教育创新计划，紧密围绕研究生创新能力的提高，深入研究研究生教育规律，为研究生提供更多的学术交流的机会，营造浓厚的研究生教育的创新环境；五是要在国家重大的科研和基金项目中，积极促进与研究生培养的紧密结合。

陈至立强调，要高度重视研究生教育质量，采取切实有力的措施，使我国研究生教育尽快接近和达到发达国家水平，从研究生教育大国走向研究生教育强国行列。

撰稿 马 玲

〔**中国博士质量分析**〕 为全面贯彻落实科学发展观和以质量为核心的发展要求，国务院学位委员会办公室于2007年5月设立“《中国博士质量报告》研究”项目，委托北京大学和中国人事科学研究院共同承担相关研究工作，在博士质量理论研究的基础上，通过对学位制度建立以来的历史数据分析和实证研究，系统阐述博士质量观和保障过程；全面分析和判定博士质量，探讨提高博士质量面临的主要问题，提出相应的改进建议。

根据国务院学位委员会第二十四次会议审定的研究工作总体方案，2007年9月国务院学位委员会、教育部、人事部联合向博士学位授予单位发出《关于开展全国博士质量调查工作的通知》，人事部面向全国16个省、自治区、直辖市发出《关于开展博士发展质量调查工作的通知》。此次工作呈现出以下几个特点：第一，由教育部门与人事部门共同开展，采用了访谈、问卷调查和单位自查相结合的方法。第二，各培养单位高度重视，均成立专门工作小组，由相关领导亲自负责，落实有关工作，并以本次博士质量调查为契机，认真组织调查问卷的发放、回收工作，高质量完成了调查报告的撰写。不少单位还拨专款，组织有关专家进行问卷调查和分析总结工作。第三，样本量大，调研涉及我国绝大多数省、自治区、直辖市，包括全部博士授予单位300余家，机关和事业单位近200家，企业100余家。截至2007年12月31日，共收到单位质量总结报告289份，有效博士生问卷20 666份，博士生导师问卷9 928份，研究生教育负责人问卷2 633份，毕业博士发展质量问卷31 251份，毕业博士个性特征问卷806份。第四，注重实证分析，"让事实说话"。第五，引起社会各界的极大关注。自9月底开始，人民网、新浪网、搜狐网、《中国教育报》、《中国青年报》等各大媒体纷纷对此次调查活动进行了报道，并被其他媒体及网络论坛转载，引起了社会各界的广泛关注。11月底，有关调查素材、数据及问卷等基本回收完成，数据初步的处理和分析顺利进行，总报告初稿正在撰写中。

撰稿　张　帅

〔**专业学位教育**〕　2007年招收全日制工商管理硕士14 939人，法律硕士4 692人，教育硕士535人。2007年在职人员攻读硕士专业学位报考人数达到21.5万人。其中，报考人数最多的是工程硕士专业学位，共92 761人；其他专业学位的报考人数分别为：法律硕士19 386人、教育硕士27 499人、工商管理硕士18 256人、农业推广硕士10 983人、兽医硕士823人、公共管理硕士22 875人、公共卫生硕士2 158人、军事硕士1 286人、会计硕士4 160人、体育硕士3 672人、艺术硕士6 727人、风景园林硕士1 487人、汉语国际教育硕士1 715人、翻译硕士987人。至2007年底，我国专业学位累计招生达到72万人。

启动汉语国际教育硕士、翻译硕士专业学位的试点工作。国务院学位委员会第二十三次会议审议通过了《汉语国际教育硕士专业学位设置方案》、《翻译硕士专业学位设置方案》，决定在我国设置汉语国际教育硕士、翻译硕士专业学位。经申报，批准24所高等院校为汉语国际教育硕士专业学位研究生培养单位、15所高等院校为翻译硕士专业学位研究生培养单位。进一步推进工程硕士专业学位标准制定与实施工作。完成材料工程、电子与通信工程、控制工程、化学工程、工业工程五个工程领域学位标准制订工作，启动机械工程、仪器仪表工程、集成电路工程、水利工程、测绘工程、石油与天然气工程、环境工程、车辆工程、制药工程、项目管理十个工程领域的学位标准的研究制订工作。

开展"全国教育硕士专业学位教学合格评估"工作。此次评估是教育硕士专业学位自1996年设置以来的首次评估。经过评估，29所教育硕士专业学位培养单位教学工作均合格。完成农业推广硕士专业学位首次优秀学位论文评选，组织开展农业推广硕士研究生教学组织与管理专项检查。16个培养单位进行了自查，根据自查结果，专家组对5个单位进行了抽查。

改革兽医博士专业学位研究生入学考试办法：从2007年起实行部分科目联考制度，外语、兽医专业课继续由各招生单位自行命题、自行阅卷，兽医基础课改由指导委员会统一命题、分步实行统一阅卷；统一规定兽医博士研究生录取标准和生源准入条件；改进录取方式，实行年度录取工作会议制度，对各单位拟录取考生的基本条件、报考资格、考试试卷等进行审核抽查。并再次重申，兽医博士学位论文审阅和答辩继续坚持博士培养单位互相审阅和互派答辩委员。

2007年共批准新增法律硕士培养单位30个，教育硕士8个，工商管理硕士（MBA）31个，公共管理硕士（MPA）17个，会计硕士（MPAcc）4个，工程硕士7个，兽医博士1个，兽医硕士3个，农业推广硕士8个。

撰稿　陆　敏　雍翠菊　欧百钢

〔**研究生教育创新计划**〕　2007年，教育部共投入专项经费2 000万元，支持77个单位组织实施研究生教育创新计划项目115项。其中，分学科领域举办全国博士生学术论坛10个，全国博士生学术会议3个，共有3 000余名博士研究生参加了学术论坛、学术会议的学术交流活动；分学科领域举办全国研究生暑期学校23个，共有9 000多名研究生、青年教师和研究人员参加了暑期学校的课程学习；资助16所高校和科研院所接受校外博士生200多人来本单位重点学科或重点实验室访学研究；支持7所高校在校内外建设研究生创新中心，为研究生创新研究提供平台；支持14所高校进行研究生培养模式改革的探索；支持各省市自治区开展研究生教育创新探索和区域合作项目34项；此外，还开展改革研究等其他类型项目8项。2007年研究生教育创新计划的项目类型、项目数量、参与单位、参与人数均较往年有较大提升。

2007年3月，在浙江大学召开了2007年全国研究生教育创新计划工作会议，总结交流研究生教育创新计划的实施经验，探讨研究生创新能力培养问题并部署2007年研究生教育创新计划项目实施工作，进一步规范了项目实施管理，完善了项目跟踪评价体系。

2007年底，教育部学位管理与研究生教育司与国家自然科学基金委员会计划局联合召开了“基础学科后备人才培养模式研讨会”。会议结合《国内外基础学科后备人才情况分析及人才培养模式有关问题研究》课题研究成果，就如何促进国家自然科学基金与研究生培养相结合，提高研究生创新能力等问题进行了讨论，并对今后新一轮全国研究生暑期学校以及研究生教育创新计划的实施提出了意见和建议。

撰稿　朱　瑞

〔2007年全国优秀博士学位论文评选〕 根据《全国优秀博士学位论文评选办法》，经学位授予单位推荐、省级初选、同行专家通讯评议、专家会复审并对外公布征询异议后，2007年11月2日，教育部和国务院学位委员会批准了2007年全国优秀博士学位论文名单（98篇）和提名论文名单（158篇），向优秀论文的作者及其指导教师颁发了证书。根据《高等学校全国优秀博士学位论文作者专项资金资助办法》，教育部对在高等学校工作的优秀论文作者给予了科研资助。

撰稿　郝彤亮

审稿　杨玉良　李　军　郭新立　梁国雄

附

2007年全国优秀博士学位论文名单

论文题目	作者	指导教师	学位授予单位
清代漕粮海运与社会变迁研究	倪玉平	徐　凯	北京大学
核受体协同激活因子SRC家族的功能特异性研究	张　华	尚永丰	北京大学
非均质材料力学中的界面效应	段慧玲	王建祥	北京大学
福柯的主体解构之旅——从知识考古学到“人之死”	刘永谋	刘大椿	中国人民大学
“三元悖论”原则：理论与实证研究	周　晴	陈雨露	中国人民大学
论股东表决权——以公司控制权争夺为中心展开	梁上上	王保树	清华大学，北京协和医学院—清华大学医学部
第三代电子动量谱仪的研制及若干样品的实验研究	任雪光	邓景康	清华大学，北京协和医学院—清华大学医学部
低维功能纳米材料的液相合成、表征与性能研究	孙晓明	李亚栋	清华大学，北京协和医学院—清华大学医学部
斑马鱼Dapper2的表达、调控及其对中胚层发育的作用机理	张丽霞	孟安明	清华大学，北京协和医学院—清华大学医学部

续表

论文题目	作者	指导教师	学位授予单位
双壁碳纳米管的合成及其电学与光学性能的研究	韦进全	吴德海	清华大学，北京协和医学院—清华大学医学部
基于微分代数模型的电力系统非线性控制	刘　锋	卢　强	清华大学，北京协和医学院—清华大学医学部
MEMS集成室温红外探测器研究	董　良	刘理天	清华大学，北京协和医学院—清华大学医学部
北京市含碳气溶胶污染特征及来源研究	段凤魁	贺克斌	清华大学，北京协和医学院—清华大学医学部
液质联用蛋白质组学鉴定方法的建立及其在正常人尿蛋白质组鉴定中的应用	孙　伟	高友鹤	北京协和医学院—清华大学医学部，清华大学
一种研究血液中肺癌相关游离蛋白的新策略	肖　汀	程书钧	北京协和医学院—清华大学医学部，清华大学
小檗碱降低血清胆固醇的作用与分子机理研究	孔维佳	蒋建东	北京协和医学院—清华大学医学部，清华大学
宽带光纤放大器及其在超长距离DWDM系统中的应用	童　治	简水生	北京交通大学
昆虫的高升力机理及果蝇、熊蜂、鹰蛾前飞时的气动力和能耗	吴江浩	孙　茂	北京航空航天大学
基于微生物形体的生物约束成形基础研究	蔡　军	张德远	北京航空航天大学
番茄中病毒诱导基因沉默体系的建立及LeEIN2基因功能分析	傅达奇	罗云波	中国农业大学
共轭亚油酸对断奶仔猪免疫应激的调控	赖长华	李德发	中国农业大学
中国古北区林木钻蛀害虫天敌姬蜂（膜翅目：姬蜂科）分类研究	盛茂领	李镇宇	北京林业大学
基因表达谱权衡清开灵组分配伍治疗脑缺血药效特征研究	张占军	王永炎	北京中医药大学
字词识别的认知和神经机制及经验的作用机制——来自人工语言训练的研究的证据	薛　贵	董　奇	北京师范大学
肽键光解离的理论研究	陈雪波	方维海	北京师范大学
二十世纪前三十年俄罗斯小说中的表现主义倾向	王宗琥	张建华	北京外国语大学
飞秒激光脉冲在光子晶体光纤中传输特性的研究	胡明列	王清月	天津大学
煤基纳米和微米炭材料的电弧法制备研究	李永峰	邱介山	大连理工大学
强磁场下钢的扩散型相变的理论与实验研究	张宇东	左　良	东北大学
原位颗粒增强镁基复合材料的制备	王慧远	姜启川	吉林大学
基于参数依赖Lyapunov函数的不确定动态系统的分析与综合	高会军	王常虹	哈尔滨工业大学
MnOx/GAC多相催化臭氧氧化降解水中高稳定性有机污染物效能与机理	隋铭皓	马　军	哈尔滨工业大学
B-C-N新材料的实验合成与相关材料的第一性原理研究	何巨龙	李东春	燕山大学
心血管、肿瘤及胃肠道钾通道的药理学意义研究	董德利	杨宝峰	哈尔滨医科大学
动力系统与复杂网络：理论与应用	卢文联	陈天平	复旦大学
新型介观结构材料的合成：从无定形到晶态	田博之	赵东元	复旦大学
胶质细胞源性神经营养因子在大鼠神经痛及电针镇痛中的作用及其机制研究	董志强	吴根诚	复旦大学
阳离子白蛋白结合聚乙二醇-聚乳酸纳米粒的脑内递药研究	陆　伟	蒋新国	复旦大学

续表

论文题目	作者	指导教师	学位授予单位
铆接钢桥剩余寿命与使用安全评估	王春生	陈艾荣	同济大学
碳纳米管的原位 ATRP 可控功能化	孔　浩	颜德岳	上海交通大学
基于风险的船体结构检测及维修规划	李典庆	张圣坤	上海交通大学
纤维在喷嘴高速气流场中运动的研究和应用	曾泳春	郁崇文	东华大学
国家控股、超额雇员与公司价值——一项基于中国证券市场的实证研究	曾庆生	陈信元	上海财经大学
西藏传统音乐的结构形态研究	觉　嘎	贾达群	上海音乐学院
伽玛射线暴及其余辉——喷流、环境和辐射机制	吴雪峰	戴子高	南京大学
防治煤炭自燃的三相泡沫理论与技术研究	秦波涛	王德明	中国矿业大学
南水北调工程泵装置理论与关键技术研究	仇宝云	袁寿其	江苏大学
稻麦轮作生态系统温室气体（CO_2、CH_4 和 N_2O）排放研究	邹建文	黄　耀	南京农业大学
褐飞虱对吡虫啉的抗性及其机理研究	刘泽文	韩召军	南京农业大学
复杂激光束的变换与符合成像研究	蔡阳健	林　强	浙江大学
气固两相自由剪切流动的直接数值模拟和实验研究	罗　坤	樊建人	浙江大学
猪乳铁蛋白基因克隆、表达及其产物对断奶仔猪生长、免疫和抗菌肽基因表达影响的研究	汪以真	许梓荣	浙江大学
扫描隧道显微术在特殊纳米体系中的应用与发展	王克东	侯建国	中国科学技术大学
教育产权与大学制度构建的相关性研究	胡赤弟	邬大光	厦门大学
非线性数学期望——g-期望理论及其在金融中的应用	江　龙	陈增敬	山东大学
MeV 重离子注入光电晶体光波导的制备和特性研究	王雪林	王克明	山东大学
青岛沿海管口目纤毛虫的分类学研究及科属级阶元的系统修订	龚　骏	宋微波	中国海洋大学
一个新的遗传性牙龈纤维瘤病基因座的定位和关键区域分析	叶晓茜	边　专	武汉大学
中国国家信息政策法规体系构成研究——基于“国家信息政策法规数据库”的实证分析	杜　佳	马费成	武汉大学
榴辉岩高温高压变形实验研究	章军峰	金振民	中国地质大学
柑橘体细胞胞质遗传及叶绿体 SSR 引物开发研究	程运江	邓秀新	华中农业大学
硫化铜矿石的综合利用及新型捕收剂研究	刘广义	戴塔根	中南大学
信念、觉知与二维逻辑	刘　虎	鞠实儿	中山大学
中国省区经济增长分布的演进：1978—1998	徐现祥	舒　元	中山大学
杂剧形成史	刘晓明	康保成	中山大学
农林废弃物超微结构、制浆性能及细胞壁主要组分的分离与结构鉴定的研究	许　凤	孙润仓	华南理工大学
水稻 BT 型细胞质雄性不育基因和恢复基因的克隆及其互作机理研究	王中华	刘耀光	华南农业大学
英国哥特小说与中国六朝志怪小说比较研究	李伟昉	曹顺庆	四川大学
中国经济学社研究（1923—1953）	孙大权	陈廷湘	四川大学
完备格的关系表示理论及其应用	徐晓泉	刘应明	四川大学

续表

论文题目	作者	指导教师	学位授予单位
直肠癌系膜区域转移与微转移的研究	王　存	周总光	四川大学
高速铁路列车-线路-桥梁耦合振动理论及应用研究	蔡成标	翟婉明	西南交通大学
小波有限元理论与裂纹故障诊断的研究	陈雪峰	何正嘉	西安交通大学
钛锡酸钡铁电陶瓷的介电性能及电场可调机理研究	魏晓勇	姚　熹	西安交通大学
液-固挤压非连续增强复合材料工艺系统优化研究	齐乐华	史忠科	西北工业大学
苹果园土壤-植物-大气系统水分传输动力学机制与模拟	龚道枝	康绍忠	西北农林科技大学
明清陕西商业地理研究	张　萍	朱士光	陕西师范大学
敦煌归义军职官制度——唐五代藩镇官制个案研究	冯培红	郑炳林	兰州大学
动力学方程（组）的全局古典解	喻洪俊	肖　玲	中国科学院数学与系统科学研究院
基于 TEI@I 方法论框架下外汇汇率与国际原油价格波动预测研究	余乐安	汪寿阳	中国科学院数学与系统科学研究院
Si(111)衬底上 Pb 薄膜的低温生长、电子结构和量子效应研究	张艳锋	薛其坤	中国科学院物理研究所
量子绝热过程与非绝热跃迁的若干理论问题研究	张　芃	孙昌璞	中国科学院理论物理研究所
分子器件的制备和性能研究	肖　恺	朱道本	中国科学院化学研究所
有机-金属手性自负载催化剂的设计、合成及其在某些催化不对称反应中的应用	王兴旺	丁奎岭	中国科学院上海有机化学研究所
贵金属纳米粒子的化学合成和自组装纳米结构	程文龙	汪尔康	中国科学院长春应用化学研究所
铁电单晶 PMN－PT 电光性能和结构本质的研究	万新明	罗豪甦	中国科学院上海硅酸盐研究所
南半球大气环流与东亚春季气候及沙尘的关系研究	范　可	王会军	中国科学院大气物理研究所
分子水平上研究地质流体的物理化学性质	张志刚	段振豪	中国科学院地质与地球物理研究所
TRPC 离子通道在脑源性神经营养因子介导的神经元轴突转向过程中的作用	李　艳	蒲慕明	中国科学院上海生命科学研究院
东亚人群线粒体 DNA 系统发育基因组学研究	孔庆鹏	张亚平	中国科学院昆明动物研究所
姜科植物传粉生物学的研究	王英强	陈忠毅	中国科学院华南植物园
基于率失真优化的视频编码研究	马思伟	高　文	中国科学院计算技术研究所
低质量指纹图像的特征提取与识别技术的研究	祝　恩	殷建平	国防科学技术大学
利用 CHAMP 卫星轨道和加速度计数据推求地球重力场模型	徐天河	杨元喜	解放军信息工程大学
凋亡信号和免疫微环境对树突状细胞的免疫调控作用	郭振红	曹雪涛	第二军医大学
无源阵列高分辨波达方向估计方法研究	齐崇英	张永顺	空军工程大学
水下制权战略研究	张继禹	葛振峰	军事科学院
母系遗传药物性聋与非综合征性聋的分子遗传机制与功能研究	赵　辉	杨伟炎	军医进修学院

〔研究生培养机制改革〕　在 2006 年哈尔滨工业大学、华中科技大学、西安交通大学 3 所高校试点基础上，2007 年北京大学、清华大学、大连理工大学、复旦大学、上海交通大学、同济大学、华东师范大学、南京大学、东南大学、浙江大学、武汉大学、中山大学、华南理工大学、四川大学等 14 所高校也进入试点工作实施阶段。

改革试点以提高培养质量为目标，以合理配置研究生教育资源、完善导师负责制和资助制为切入点，激发了试点高校的办学活力，进一步理顺学校、导师和研究生之间的关系，更加明确彼此间的责任和权利，也增进了三方的互动和合作；进一步强化研究生培养过程的管理与制度建设，发挥研究生导师的主观能动作用，进而有效地培养研究生创新的精神，增强研究生创新的动力，提升研究生创新的能力；优化了研究生奖学金和助学金的奖励激励机制，积极为研究生提供研究助理、教学助理和管理助理岗位，加大对全日制研究生的奖助力度。

试点开展研究生培养机制改革的高校，较大幅度提高了对研究生的奖助强度，使更多的研究生获得奖助，对吸引优质生源、促进研究生专心学习起到了较好作用。改革试点取得了预期效果。

撰稿　欧百钢

〔**研究生院建设及院长联席会**〕　“研究生院院长联席会2007年年会”于11月2—4日在成都召开，年会的主题是“提高研究生培养质量”。教育部学位管理与研究生教育司副司长郭新立在大会报告中提出要切实提高研究生教育质量，加快从研究生教育大国向研究生教育强国迈进；教育部学位管理与研究生教育司副巡视员梁国雄解读了“关于当前研究生培养机制改革工作的几点意见”；教育部学生司有关部门负责人介绍了“关于研究生招生工作的基本形式和改革思路”。清华大学、中国科技大学、上海交通大学、华东师范大学、浙江大学、西北工业大学、中国科学院研究生院等研究生院院长分别就其在确保研究生培养质量上的措施和做法进行了大会交流。会议还听取了研究生院院长联席会出访团组的汇报以及结合考察访问提出的关于提高研究生培养质量的建议。会议根据“研究生院院长联席会条例”，同意哈尔滨工程大学研究生院、河海大学研究生院、西北农林科技大学研究生院成为联席会的正式会员；同意有关联席会主席单位研究生院关于换届的提议。

撰稿　赵玉霞

〔**中国学位与研究生教育信息分析研究**〕　根据国务院学位委员会第二十三次会议的意见，设立“中国学位与研究生教育信息分析研究”项目，并委托以中国人民大学为主承担该研究项目。

该研究项目将基于对学位与研究生教育有关数据的实证分析，从规模、结构等方面，采用多种分析方法，通过对有关信息的纵向和横向对比分析，研究我国学位与研究生教育发展的规律。同时，将根据我国学位与研究生教育所面临的新形势和新任务，在新的起点上，全方位考虑政治、经济、科技、文化的发展与研究生教育的关系，深入研究，发现我国学位与研究生教育发展中存在的问题与不足，预测发展趋势，提出发展建议。

撰稿　郝彤亮

〔**学位证书版式及格式内容调整**〕　2007年7月25日，国务院学位委员会、教育部联合印发了《关于调整学位证书版式及格式内容的通知》，对现行学位证书的版式和格式内容进行了调整。学位证书版式由“开本式”调整为“单页式”，证书内容不再包含学位获得者的“籍贯”和“学习年限”等信息，相关信息通过其他渠道采集，证书编号方式也作了一定调整。调整后的学位证书加强了防伪措施，降低了成本。新版学位证书自2008年6月1日启用。

撰稿　马　玲

〔**中外互相承认学位证书协议签署情况**〕　2007年我国又与丹麦、西班牙、泰国三国和加拿大的阿尔伯塔省、曼尼托巴省和诺瓦斯科舍省签署了关于互相承认学历、学位和文凭的合作协议或备忘录。另外我国还和法国、澳大利亚在原先的基础上又续签了协议，使和我国签署有关互相承认学位证书协议的国家和地区总数为30个。相关协议的签订促进了我国和签约国之间人员往来的便利。

〔**名誉博士授予情况**〕　2007年国务院学位委员会审批通过了11位境外著名专家学者和社会活动家的中国名誉博士学位的授予，其中有国民党副主席江丙坤、微软总裁比尔·盖茨等人。名誉博士的授予促进了中国教育、科技、文化、体育等工作的国际或地区交流与合作，对中国教育事业的发展起到了积极的推动作用。

附

2007年国务院学位委员会批准授予境外人士名誉博士人员名单

授名誉博士人员名单	国家或地区	授予学校
乔治·舒尔茨	美国	北京大学
安德逊	美国	清华大学
柏敬诺·罗伯特	美国	清华大学
蒙民伟	香港	清华大学
比尔·盖茨	美国	清华大学
尹衍樑	台湾	北京大学
乔姆斯基	美国	北京大学
王度	台湾	北京大学
鱼允大	韩国	中国人民大学
江丙坤	台湾	南开大学
李兆基	香港	复旦大学

撰稿 徐伯良

审稿 杨玉良 李军 郭新立 梁国雄

高校科技及产业

〔**高校科技工作主要数据**〕 2007年全国高校理工农医学科领域科技工作主要数据指标如下：

1. 科技人力

全国高校从事科技活动的人数为36.6万，其中科学家和工程师35.5万人，占97.0%；研究与发展人员31.4万人，其中科学家和工程师30.5万人，占97.1%；全时研究与发展人员18.9万人，其中科学家和工程师18.3万人，占96.8%。

2. 科技经费

2007年全国高校通过各种渠道共获得科技经费544.4亿元，比上年增长19.0%。经费主要来自国家自然科学基金及国家各类科技计划以及地方、部门和企事业单位委托项目等。

3. 研究与发展机构

2007年全国高校有上级主管部门批准的研究与发展机构3 551个，机构中从事研究与发展人员6.3万人，其中高级职务人员折合3.4万人年，培养研究生16.6万人。

4. 科技课题

2007年全国高校共承担各类科技课题27.2万项，其中研究与发展课题22.8万项，非研究与发展课题4.4万项。当年投入课题经费426.0亿元。

其中基础研究经费占 21.9%，应用研究经费占 41.5%，试验发展研究经费占 13.9%。

5. 国际科技交流

2007 年高校开展了广泛的国际科技交流活动。全年有 9.7 万人次出席国际学术会议，交流学术论文 6.5 万篇。当年派遣进修访问学者 2.6 万人次，接受进修访问学者 2.5 万人次。

6. 科技成果及技术转让

在 2007 年度国家科学技术奖授奖项目中，全国高等学校获得国家自然科学奖 26 项，占总数（39 项）的 66.7%；国家技术发明奖 27 项，占通用项目总数（39 项）的 69.2%；国家科学技术进步奖 117 项，占通用项目总数（192 项）的 60.9%（以上统计不包含国防专用项目）。此外，国家技术发明奖（专用项目）一等奖 1 项为高校获得。

2007 年全国高校共出版科技专著 2 603 部，在国外学术刊物上发表学术论文 10.3 万篇，鉴定科技成果 8 200 多项，签订技术转让合同 6 908 项，当年实际收入 13.2 亿元。

2007 年高校申请专利近 3 万件，比上年增长 20%；获得专利授权 1.5 万件，比上年增长 25%，其中获国外专利授权 45 件。

撰稿 张建华

审稿 陈盈晖

〔教育部科技委战略研究及《专家建议》〕

1. 重大专项

“高等学校国际科技合作与交流的战略研究”、“面向创新型国家的研究型大学建设”两个专项分别由清华大学“科技—教育发展战略研究中心”和上海交通大学“世界一流大学研究中心”两个战略研究基地牵头组织实施。研究成果——《中国高等学校国际科技合作与交流战略研究》和《面向创新型国家的研究型大学建设》由中国人民大学出版社正式出版。

2. 专家建议

2007 年《专家建议》编辑出版 12 期，反响强烈，受到了有关领导、部门和高校的高度重视和广泛关注。题目分别是：《加强我国运用知识产权制度能力建设》、《关于设立专业科学硕士学位的建议》、《国内外部分大学规划机构的分析与建议》、《我国名牌大学的学科领域离世界一流有多远》、《改革工程教育　培育创新人才》、《从企业视角看技术创新中的产学合作之路》、《“十一五”期间大学科技园健康发展的思考》、《高校技术转移的模式、借鉴与启示》、《我国高等学校知识产权保护和管理工作亟待加强》、《产学研战略联盟是推动技术创新的重要途径》、《抓住第二次学术革命机遇　建设中国特色创业型大学》、《建立开放型、知识型的高校科技成果转化机制》。

〔第一届“高校科技创新高层论坛”〕 2007 年 10 月 30 日—31 日，由教育部科技委主办，重庆市教委和重庆交通大学共同承办的第一届“高校科技创新高层论坛”在重庆市召开。教育部，全国各省、自治区、直辖市教育厅（教委），新疆生产建设兵团教育局，全国部分地方高等学校等 100 余个单位的 200 余名领导和专家出席了论坛。

论坛的宗旨是：启迪领导智慧，加强战略思考，促进合作交流，推动科技创新。主题是“产学研与区域创新能力”和“创新人才与创新文化”。17 位领导和嘉宾作了精彩的主题报告，并就大家关心的科技创新能力建设、科技评价、东西部科技创新能力协调发展、不同层次高校协调发展、高校如何与企业实现产学研合作、如何培养高校科技创新人才、如何提升高校的自主创新能力等问题展开了深入互动交流。

〔中国高等学校十大科技进展〕 由科技委各学部遴选推荐，经主任办公会议终审，评选出 2007 年度“中国高等学校十大科技进展”，入选项目如下表：

序号	项目名称	主持单位	主持人
1	禽流感病毒可以母传胎儿且造成多器官感染	北京大学	顾　江
2	高端彩色打印控制关键技术	北京大学	杨　斌
3	首次发现共价键晶体及非晶结构一维纳米材料的大应变塑性形变	北京工业大学	张　泽
4	铁路综合数字移动通信系统（GSM-R）理论、关键技术及工程应用	北京交通大学	钟章队
5	一株重要采油微生物的全基因组破译和重油降解分子机制的研究	南开大学	王　磊
6	三维协调的新一代电网能量管理系统、关键技术及应用	清华大学	张伯明
7	二十四面体铂纳米晶体催化剂	厦门大学	孙世刚
8	中国南方早寒武世带附肢的冠群甲壳动物	云南大学	张喜光
9	光量子计算机的物理实现和算法应用	中国科学技术大学	潘建伟
10	深层油气成藏机理与分布预测	中国石油大学（北京）	郝　芳

注：所有入选项目名单按主持单位拼音顺序排序。

撰稿　朱小萍

审稿　谢焕忠

〔实验室建设与管理〕

一、国家实验室建设管理

在科技部的指导下，经过教育部和中科院反复修改、论证，北京分子科学国家实验室凝聚北京大学和中国科学院化学所的研究骨干队伍、整合优势资源，于2007年12月通过了科技部组织的建设计划专家论证。

二、国家重点实验室建设管理

1．2007年依托高校新建了18个国家重点实验室，占总立项数66.67%，名单如下：

序号	实验室名称	依托单位
1	核物理与核技术国家重点实验室	北京大学
2	地表过程与资源生态国家重点实验室	北京师范大学
3	油气资源与探测国家重点实验室	中国石油大学（北京）
4	超分子结构与材料国家重点实验室	吉林大学
5	精密光谱科学与技术国家重点实验室	华东师范大学
6	深部岩石力学与地下工程国家重点实验室	中国矿业大学（徐州、北京）
7	食品科学与技术国家重点实验室	江南大学、南昌大学
8	传染病诊治国家重点实验室	浙江大学
9	亚热带建筑科学国家重点实验室	华南理工大学
10	口腔疾病研究国家重点实验室	四川大学
11	输配电装备及系统安全与新技术国家重点实验室	重庆大学
12	虚拟现实技术与系统国家重点实验室	北京航空航天大学
13	机器人技术与系统国家重点实验室	哈尔滨工业大学
14	城市水资源与水环境国家重点实验室	哈尔滨工业大学

续表

序号	实验室名称	依托单位
15	材料化学工程国家重点实验室	南京工业大学
16	作物生物学国家重点实验室	山东农业大学
17	呼吸疾病国家重点实验室	广州医学院
18	地质灾害防治与地质环境保护国家重点实验室	成都理工大学

2. 高校国家重点实验室评估。组织 18 个高校国家重点实验室和 3 个教育部重点实验室参加了 2007 年度信息科学领域国家重点实验室评估。评估产生了 3 个优秀类高校国家重点实验室（共 6 个优秀），14 个良好类高校国家重点实验室，参评的 3 个教育部重点实验室中 2 个评为良好类实验室。

三、教育部重点实验室建设管理

1. 教育部重点实验室新建。为加快国家科技创新体系（大学）建设，进一步完善和优化教育部重点实验室的布局，经专家评审和考察评议，2007 年度新立项建设了 28 个教育部重点实验室，47 个省部共建教育部重点实验室。

附

2007 年教育部重点实验室立项建设名单

序号	实验室名称	依托单位
1	恶性肿瘤发病机制及应用研究	北京大学
2	生态规划与绿色建筑	清华大学
3	木材料科学与应用	北京林业大学
4	海相储层演化与油气富集机理	中国地质大学（北京）
5	定量系统生物工程	天津大学
6	环境污染过程与基准	南开大学
7	多金属共生矿生态利用	东北大学
8	海洋能源利用与节能	大连理工大学
9	高密度人居环境生态与节能	同济大学
10	极化材料与器件	华东师范大学
11	模式动物与疾病研究	南京大学
12	岩土力学与堤坝工程	河海大学
13	恶性肿瘤预警与干预	浙江大学
14	过程优化与智能决策	合肥工业大学
15	亚热带湿地生态系统研究	厦门大学
16	植物细胞工程与种质创新	山东大学
17	神经系统重大疾病	华中科技大学
18	水力机械过渡过程	武汉大学
19	构造与油气资源	中国地质大学

续表

序号	实验室名称	依托单位
20	微纳光电器件及应用	湖南大学
21	有色金属资源化学	中南大学
22	干细胞与组织工程	中山大学
23	再生医学	暨南大学
24	发光与实时分析	西南大学
25	高原医学	第三军医大学
26	智能感知与图像理解	西安电子科技大学
27	过程控制与效率工程	西安交通大学
28	文化遗产研究与保护技术	西北大学

2007年省部共建教育部重点实验室立项建设名单

序号	实验室名称	依托单位	共建单位
1	太赫兹光电子学	首都师范大学	北京市
2	耳鼻咽喉头颈科学	首都医科大学	
3	显示材料与光电器件	天津理工大学	天津市
4	食品营养与安全	天津科技大学	
5	现代冶金技术	河北理工大学	河北省
6	道路与铁道工程安全保障	石家庄铁道学院	
7	药物化学与分子诊断	河北大学	
8	特种电机与高压电器	沈阳工业大学	辽宁省
9	污染环境的生态修复与资源化技术	沈阳大学	
10	生物医药工程	哈尔滨医科大学	黑龙江
11	工程电介质及其应用技术	哈尔滨理工大学	
12	白云鄂博矿稀土及铌资源高效利用	内蒙古科技大学	内蒙古
13	牧草与特色作物生物技术	内蒙古大学	
14	煤矿灾害防治	河南理工大学	河南省
15	黄淮水环境与污染防治	河南师范大学	
16	细胞生理学	山西医科大学	山西省
17	煤矿安全高效开采	安徽理工大学	安徽省
18	分子与纳米探针	山东师范大学	山东省
19	制浆造纸科学与技术	山东轻工业学院	
20	生态化工	青岛科技大学	
21	肝肾疾病病证	上海中医药大学	上海市
22	特种光纤与光接入网	上海大学	上海市

续表

序号	实验室名称	依托单位	共建单位
23	林木遗传与生物技术	南京林业大学	江苏省
24	神经再生	南通大学	
25	现代农业装备与技术	江苏大学	
26	制药工程	浙江工业大学	浙江省
27	射频电路与系统	杭州电子科技大学	
28	离散数学及其应用	福州大学	福建省
29	载运工具与装备	华东交通大学	江西省
30	南方农业机械与装备关键技术	华南农业大学	广东省
31	中药资源科学	广州中医药大学	
32	机械装备制造及控制技术	广东工业大学	
33	新型纺织材料绿色加工及其功能化	武汉科技学院	湖北省
34	中药资源与中药复方	湖北中医学院	
35	绿色化工过程	武汉工程大学	
36	环境友好化学与应用	湘潭大学	湖南省
37	量子结构与调控	湖南师范大学	
38	区域性高发肿瘤早期防治研究	广西医科大学	广西
39	动物抗病营养	四川农业大学	四川省
40	固体废物处理与资源化	西南科技大学	
41	水利水运工程	重庆交通大学	重庆市
42	汽车零部件制造及检测技术	重庆工学院	
43	现代制造技术	贵州大学	贵州省
44	微生物多样性可持续利用	云南大学	云南省
45	光电油气测井与检测	西安石油大学	陕西省
46	合成与天然功能分子化学	西北大学	
47	数字制造技术与应用	兰州理工大学	甘肃省

2. 教育部重点实验室评估。根据《教育部重点实验室评估规则》，组织对工程、材料科学领域教育部重点实验室进行了评估。共 39 个实验室参加了评估，其中“硅酸盐材料与工程”等 7 个实验室为优秀类实验室，“有激光电子与分子工程”等 30 个实验室为良好类实验室，“洁净煤发电及燃烧技术”等 2 个实验室为较差类实验室。较差类实验室不再列入教育部重点实验室序列。

〔**重大科学研究计划**〕 2007 年，在蛋白质研究、量子调控研究、纳米研究和发育与生殖研究四个领域，根据专家评审结果和专家综合咨询意见，科技部共批准 42 个项目立项，其中教育部作为依托部门的有 17 项（与中科院作为共同依托部门的 1 项），高校专家担任首席科学家的有 19 项。

附

2007年重大科学研究计划项目高校承担情况统计表

序号	项目名称	首席科学家	第一承担单位
1	膜蛋白相关的信号蛋白的分离富集及鉴定的新技术新方法研究	郭　林	武汉大学
2	具有重大意义的蛋白质及其复合物的三维结构和功能研究	沈月全	南开大学
3	重要功能蛋白质的定位、转位、修饰及相互作用网络	李　蓬	清华大学
4	代谢性疾病的蛋白质功能与代谢组学研究	贾　伟	上海交通大学
5	肿瘤和免疫细胞相互作用过程中蛋白质功能研究	尹芝南	南开大学
6	分子及自旋体系中的量子调控	左景林	南京大学
7	基于核自旋量子调控的固态量子计算研究	杜江峰	中国科学技术大学
8	纳米尺度亚光波长结构的制备、光学性质与器件研究	贾金峰	清华大学
9	全高清和敏感功能的场发射平板显示器的关键纳米材料、微纳结构研制及器件物理探索	李志兵	中山大学
10	导向性纳米载药系统及其在脑部疾病治疗与诊断中的应用基础研究	蒋新国	复旦大学
11	纳米材料在再生医学和器官修复应用的机理研究	李玉宝	四川大学
12	准一维半导体纳米材料的结构调控、物性测量及器件基础	刘忠范	北京大学
13	半导体纳米线结构调控、集成及光电器件应用基础	施　毅	南京大学
14	纳米复合能源材料制备、表征及其在锂二次电池中应用的关键基础研究	陈立泉	北京航空航天大学
15	纳米尺度光学、电学、力学高分辨检测研究	朱　星	北京大学
16	信号通路对骨骼发育及相关疾病影响的机理研究	郭熙志	上海交通大学
17	卵泡发育的分子调控	史庆华	中国科学技术大学
18	植物授粉细胞识别的分子机理研究信号通路	张宪省	山东农业大学
19	干细胞表面分子特征与功能	曾凡一	上海交通大学

〔**"973计划"**〕　2007年，围绕农业、能源、信息、资源环境、人口与健康、材料、综合交叉和重要科学前沿等领域，经过三轮专家评审，科技部共批准73个项目立项，其中教育部作为依托部门的有39项，占总立项数53.4%，高校专家担任首席科学家的有50项，占总立项数68.5%。

附

2007年国家重点基础研究发展计划项目高校承担情况统计表

项目名称	首席科学家	第一承担单位
植物生殖发育与育性的分子基础及其在农业中的应用	孙蒙祥	武汉大学
中国西部牧草、乡土草遗传及选育的基础研究	南志标	兰州大学
主要农作物杂种优势形成机理及利用途径研究	孙其信	中国农业大学
煤矿突水机理与防治基础理论研究	缪协兴	中国矿业大学
非均质油气藏地球物理探测的基础研究	王尚旭	中国石油大学（北京）

续表

项目名称	首席科学家	第一承担单位
电动汽车用低成本、高密度蓄电（氢）体系基础科学问题研究	马紫峰	上海交通大学
超临界水堆关键科学问题的基础研究	程　旭	上海交通大学
“均质压燃、低温燃烧”新一代内燃机燃烧技术的基础研究	苏万华	天津大学
生物质转化为高品位燃料的基础问题研究	朱清时 骆仲泱	浙江大学 中国科学技术大学
大规模非并网风电系统的基础研究	顾为东	南京航空航天大学
微纳生物医学传感器及超敏感探测相关基础研究	王太宏	湖南大学
多域协同宽带无线通信基础研究	陆建华	清华大学
可测可控可管的 IP 网的基础研究	孟洛明	北京邮电大学
需求工程—对复杂系统的软件工程的基础研究	李德毅	武汉大学
计算系统虚拟化基础理论与方法研究	金　海	华中科技大学
基于视觉认知的非结构化信息处理理论与关键技术	徐宗本	西安交通大学
北太平洋副热带环流变异及其对我国近海动力环境的影响	吴立新	中国海洋大学
中国人口重大出生缺陷遗传和环境交互作用机理研究	郑晓瑛	北京大学
心力衰竭与恶性心律失常的防治基础研究	杨宝峰	哈尔滨医科大学
重大心脏疾病分子机理和干预策略的基础研究	程和平	北京大学
我国重要神经性致盲眼病的发病机制及防治研究	葛　坚	中山大学
抑郁症和精神分裂症的基因与环境相互作用机理研究	赵春杰	东南大学
免疫识别、免疫调节与免疫相关性疾病发生和干预的基础研究	曹雪涛	中国人民解放军第二军医大学
基于临床的针麻镇痛的基础研究	韩济生	北京大学
中药药性理论相关基础问题研究	王振国	山东中医药大学
基于中医特色疗法的理论基础研究	房　敏	上海中医药大学
乙型肝炎重症化临床监测及防治的基础研究	宁　琴	华中科技大学
肠道微生态与感染的基础研究	项春生	浙江大学
疟疾、血吸虫病防治的基础研究	潘卫庆	中国人民解放军第二军医大学
人工结构材料的能带设计、制备和效应的基础研究	资　剑	复旦大学
光催化材料及其应用的基础研究	邹志刚	南京大学
硅基发光材料与光互连的基础研究	杨德仁	浙江大学
战略有色金属难处理资源高效分离提取的科学基础	陈启元	中南大学
高性能镁合金加工与制备中的关键基础问题	刘　庆	重庆大学
高性能轻质非晶态合金若干关键基础问题研究	张　涛	北京航空航天大学
全断面大型掘进装备设计制造中的基础科学问题	杨华勇	浙江大学
复杂条件下坝堤溃决机理与风险调控理论	王光谦	清华大学
工业生物技术的过程科学基础研究	谭天伟	北京化工大学
微流控学在化学和生物医学中的应用基础研究	杨芃原	复旦大学

续表

项目名称	首席科学家	第一承担单位
大型风力机的空气动力学基础研究	王同光	南京航空航天大学
高速列车安全服役关键基础问题研究	张卫华	西南交通大学
非线性科学核心问题及其重要应用	王　炜	南京大学
金融风险控制中的定量分析与计算	彭实戈	山东大学
放射性核束物理与核天体物理	叶沿林	北京大学
物质性能的分子设计与结构调控	郑兰荪	厦门大学
若干生命活动中矿化作用的环境响应机制研究	鲁安怀	北京大学
免疫系统起源的亿年超前追溯	徐安龙	中山大学
大洋碳循环与气候演变的热带驱动	翦知湣	同济大学

撰稿　李渝红

〔**国家重大科技计划**〕 2007 年教育部作为牵头部门，共有 5 个农业和社会发展领域的科技支撑计划项目得到国家立项支持。至此，“十一五”期间教育部在农业和社会发展领域共牵头组织实施了 17 项科技支撑计划项目，获国家专项经费支持共计近 7 亿元。

2007 年，教育部围绕农业和社会发展领域的 5 个国家科技重大专项进行了认真的组织工作。到 2007 年底，“重大新药创制”和“水体污染与控制”两个专项已通过国家论证，即将启动实施。

2007 年，高校在农业和社会发展领域的其他国家科技任务也得到了相应的发展。国家科技基础条件平台项目和国家农业科技成果转化资金等项目继续保持平稳的增长。在国家“863 计划”的“海洋技术”、“生物与医药技术”、“环境技术”和“农业技术”领域中，高校承担任务的数量增长迅速，几乎占有了近一半的项目经费。

〔**国家重大科技基础设施建设**〕 2007 年高校承担国家重大科技基础设施建设项目进入了实质性操作阶段。在通过了项目立项建议后，各项目先后完成了可行性研究、初步设计、概算评审、开工批复等阶段。到 2007 年底，“中国大陆构造环境监测网络”项目已正式开工建设，“脉冲强磁场实验装置”已完成了开工设计，“重大工程材料服役安全研究评价设施”完成了可行性研究。

撰稿　明　炬

〔**工程（技术）研究中心、工程实验室**〕 2007 年，北京交通大学轨道交通运行控制系统、清华大学燃气轮机与煤气化联合循环 2 个国家工程研究中心通过国家发改委立项审批。华中科技大学制造装备数字化、河海大学水资源高效利用与工程安全国家工程研究中心分别获得国家建设投入 2 000 万元和 2 800 万元。重庆大学国家镁合金材料工程技术研究中心、山东大学国家糖工程技术研究中心得到科技部立项建设。由中国铁路工程总公司牵头，依托中南大学建设的“高速铁路建造技术国家工程实验室”获得国家发改委批复。依托北京大学第一医院建设的“国家泌尿、男性生殖系肿瘤研究中心”获得国家发改委批复。为加强高校技术创新能力建设、建设国家创新体系（大学）、强化高校社会服务功能，根据“十一五”国家创新体系（大学）规划目标，开展了教育部工程研究中心建设的项目申报、评审、立项批复建设等工作。2007 年，共受理教育部工程研究中心建设项目申请155项，其中部委直属高校90项，地方高校65项。批准立项建设107项，其中部委直属高校61项，地方高校46项。从新立项教育部工程研究中心的技术领域分布来看，电子与通信10项、网络与计算机应用12项、生物医药12项、现代农业14项、材料12项、制造业13项、化工轻纺13项、能源交通12项、资源环境9项。截至2007年底，教育部工程研究中心总数为279个。

撰稿　董维国　邰忠智

〔**高技术产业化**〕　2007年，组织高校专家参与国家发改委“生物产业发展十一五规划实施方案”编制工作，完成了生物医学工程专项实施方案编制工作。组织高校申报生物育种、信息安全、电子专用设备仪器、新型电子元器件及材料等高技术产业化项目。北京北农大动物科技有限责任公司节粮小型蛋鸡育种基地与产业化工程、北京中农大康科技开发有限公司高淀粉玉米新品种高技术产业化、北大方正集团有限公司基于流量矩阵分析的第三代网络病毒主动防范系统产业化、武汉华中数控股份有限公司高性能RFID电子标签封装设备产业化、北京师大科技园科技发展有限责任公司渤海海冰淡化关键设备研制及工程试验技术创新等项目获得国家支持。

2007年，清华大学新型辐射成像技术、陶瓷刀具与氮化物陶瓷制品等国家产业化示范工程项目通过国家验收。

撰稿　邰忠智

〔**产学研结合**〕　继2005年9月广东省和教育部联合签署《关于提高自主创新能力加快广东经济社会发展合作协议》、2006年3月广东省、教育部、科技部联合成立产学研结合协调领导小组之后，2007年6月又在广东省召开了“广东省教育部科技部产学研结合工作会议”。有来自全国100多所高校和广东省的科研院所、专业镇、企业代表共1 000多人参加会议。

省部合作两年多来，有关方面制定了一系列相关的政策、办法、规划等，已经有167所高校和2 368家企业参与其中。建立了五个体系和一个对接机制，组建了13个产学研战略联盟、20多个研究院等技术创新平台、45个产学研结合示范基地。2007年广东省财政投入2亿元，带动了地方各级财政多达10倍、企业和社会超过100倍的资金投入。组织实施重大项目、课题等数百项。高校累计发布科技成果3 000多项，促成高校与广东企业成功对接的产学研结合项目超过500项。

〔**知识产权工作**〕　2007年1月，由教育部牵头，中宣部、人事部、司法部等9个责任单位参加的《国家知识产权战略纲要》第二专题《知识产权人才队伍和宣传普及研究》通过结题验收。所完成的《知识产权人才队伍和宣传普及研究报告》分析了我国知识产权人才队伍建设和宣传普及工作存在的不足，预测了未来一个时期我国对知识产权人才队伍建设和宣传普及工作需求，提出了未来15年的战略目标、发展思路和应对措施。形成分课题报告5份、专题报告3份、调研报告5份、专著1部。有关内容已纳入《国家知识产权战略纲要》。

撰稿　舒　华　付恒升

〔**国家大学科技园建设**〕　根据《国务院关于印发实施〈国家中长期科学和技术发展规划纲要(2006—2020年)〉若干配套政策的通知》，作为《纲要》及《纲要配套政策》实施细则之一，2007年8月20日，教育部与科技部共同配合财政部、国家税务总局制定发布了《财政部　国家税务总局关于国家大学科技园有关税收政策问题的通知》。

截至2007年底，经科学技术部和教育部认定的国家大学科技园为62个，分布在全国23个省(自治区、直辖市)的29个城市。据不完全统计，62个国家大学科技园有孵化面积516.5万平方米，其中孵化用房219.5万平方米，研发用房83.1万平方米，生产用房103.8万平方米。园内在孵企业数量近7 000家，在孵企业创造的年总收入为300亿元。2007年，有4个国家大学科技园获国家知识产权局批准建设国家“第一批企业专利工作交流站”；有2个国家大学科技园获批新建“国家高新技术创业服务中心”。截止到2007年，依托在国家大学科技园建设的高新技术创业服务中心共20个。

2007年，国家大学科技园在运行机制、发展模式等方面进行了深度的探索和实践。在区域环境下积极构建战略联盟，如：北京地区的14个大学科技园（包括全部12个国家大学科技园）在北京市有关部门特别是中关村科技园区的支持下，于2007年5月成立了“中关村大学科技园联盟”。该联盟旨在进一步完善大学科技园的孵化体系，加快科技成果转化、推动品牌创新、提升服务水平、加强与区域内各大高校、企业间的产学研互动结合。上海地区8个国家大学科技园也正在积极筹备成立“国家大学科技园（上海）联盟”，其目的在于整合资源、优势互补、突出特色、信息共享，拓展和深化服务功能，促进交叉、边缘学科的科技成果转化，搭建超越单个科技园局限的为区域经济发展服务的综合性平台。

撰稿　王　翊　付恒升

审稿　武贵龙

〔**教育部科学技术研究项目**〕　2007年度教育部科学技术研究重大项目瞄准国家目标和学科前沿，集中组织涉及新能源技术和力学共2个领域的研究工作，共有25项研究课题被批准立项，总资助经费1 250万元。

2007年度高等学校科技创新工程重大培育资金项目重点支持人口与健康、农业、工程材料、信息与现代服务业共4个领域的研究工作，共有57项研究课题被批准立项，总资助经费2 000万元。

继续实施教育部科学技术研究重点项目计划。2007年度共批复立项341项，其中直属高校165项，地方高校176项，资助总经费2 442.8万元。

资助软课题研究5项，总资助经费70万元。

附

2007年度教育部科学技术研究重大项目立项名单

序号	学校名称	项目名称	负责人
1	北京大学	代谢综合征及其心血管病变研究	韩启德
2	清华大学	SARS冠状病毒复制、转录的结构机制研究	饶子和
3	清华大学	酶法制备生物柴油产业化前期关键技术研究	刘德华
4	北京化工大学	低温高剪切原位改性方法制备高性能胶粉改性沥青	张立群
5	北京邮电大学	空间柔性机器人动力学/控制耦合系统的研究	贾庆轩
6	北京林业大学	应用SNP技术选育优质毛白杨工业用材新品种	张德强
7	北京师范大学	西北区盆地构造反转与油气富集成藏研究	陶明信
8	中国石油大学（北京）	烃类催化裂解制低碳烯烃反应历程和机理研究	徐春明
9	东北大学	我国含钛高炉废渣的整体生态化利用理论与方法	薛向欣
10	复旦大学	用于车载氢源系统的轻质贮氢材料与贮氢器	孙大林
11	上海交通大学	燃用生物柴油的压燃式柴油发动机的研究	黄　震
12	南京大学	太阳能规模制氢及高效存储，使用的基础研究	邹志刚
13	东南大学	新型潜能蓄能方式的机理及其关键技术的基础研究	张小松
14	中国矿业大学	煤矿区地面直井原位-卸压煤层气一体化开发利用技术-以淮北矿区为例	桑树勋
15	江南大学	负载杂多酸催化共溶剂法合成生物柴油关键技术研究	王兴国
16	浙江大学	污泥燃料化焚烧集成系统的关键技术研究	严建华

续表

序号	学校名称	项目名称	负责人
17	厦门大学	再生式固体酸/碱催化两步法制生物柴油	方维平
18	武汉大学	高等植物有性生殖若干重要过程的分子机制	孙蒙祥
19	武汉大学	空间等离子体探测和计算机模拟研究	邓晓华
20	中山大学	恒河猴实验性近视眼发病机制与干预研究	葛 坚
21	重庆大学	燃料电池二维尺度“核/壳”结构催化剂的构筑与催化特性研究	魏子栋
22	四川大学 武汉大学	口腔重要遗传性疾病的分子遗传学与代谢特征研究	李 伟
23	四川大学	麻疯树油资源生物柴油产业化基础问题研究	梁 斌
24	兰州大学	优良生物柴油原料作物油莎豆高产高油突变体及转基因植株的获得	刘 恒
25	云南农业大学	水稻遗传多样性控制稻瘟病中致病蛋白的功能与效应	朱有勇

高等学校科技创新工程重大项目培育资金项目2007年度资助名单

序号	依托学校	项目名称	负责人
1	北京大学	移动终端病毒检测技术	邹 维
2	北京大学	镁—锂超轻金属高容量储氢材料的制备和性能研究	李星国
3	北京大学	对肿瘤组织具有程序杀伤作用的新型聚合物胶束给药系统	张 强
4	清华大学	光电功能材料的光子带隙调制效应及其应用	周 济
5	清华大学	无线媒体网络的协同编码和信任管理研究	戴琼海
6	北京交通大学	网络舆情传播与预警关键技术研究	杨 维
7	北京科技大学	结构/功能一体化新型电子封装复合材料的应用基础研究	杨 滨
8	中国农业大学	棉花钾营养高效利用的根系激素调节机制	李召虎
9	北京中医药大学	运用规范化方案开展中医药对抑郁症及阈下抑郁的防治研究	唐启盛
10	中国石油大学（北京）	高温高压酸性气田用橡胶密封材料腐蚀机理研究及其开发	周 琼
11	南开大学	农业生境新型复合污染形成机理及控制途径	周启星
12	天津大学	自适应无铅焊料形成机理及可靠性研究	刘永长
13	华北电力大学	特高压直流换流阀破坏机理的研究	李成榕
14	内蒙古农业大学	内蒙古中西部共生微生物多样性及其在退化生态系统修复中作用机制的重大基础研究	闫 伟
15	大连理工大学	活性基材表面改性工艺基础研究	董 闯
16	大连理工大学	细胞内若干重要活性物质的荧光可视化及在诊断中的应用	彭孝军
17	东北大学	强磁场环境下Ni－Co－Mn－In磁控形状记忆合金的制备和表征	左 良
18	沈阳工业大学	1 000kV交流特高压断路器瞬态特性及GIS绝缘性能研究	林 莘
19	吉林大学	孔道结构无机固体材料的功能组装	朱广山
20	吉林大学	心血管疾病危险因素在青少年时期的早期预警及干预研究	李 凡

续表

序号	依托学校	项目名称	负责人
21	哈尔滨工业大学	基于瓷质体的新型药物靶向可控释放技术	戴志飞
22	复旦大学	细菌核糖体功能区抗生素新靶点的研究	A. Murchie
23	复旦大学	环境响应性复合功能微球制备及在生物分子分离中的应用	汪长春
24	同济大学	电可调复合微波陶瓷材料及其低温共烧多层陶瓷器件的研制	翟继卫
25	上海交通大学	镁合金表面熔盐自发置换扩散铝涂层的基础研究	胡文彬
26	东华大学	以离子液体为溶剂的纤维素纤维纺丝工程关键技术研究	王华平
27	南京大学	酸铝环境中大豆根际微生物群落对根系分泌物的生态响应	杨永华
28	南京大学	肿瘤组织敏感的高分子纳米给药系统研究	蒋锡群
29	东南大学	高清晰度平板显示（PDP）用荧光粉材料的研制	蒋建清
30	江南大学	基于智能入侵检测与联动防御的安全保障关键技术研究与应用示范	王士同
31	南京航空航天大学	高性能无铅压电陶瓷材料的新工艺研究	裘进浩
32	南京邮电大学	杂化型稀土功能材料与半导体器件	黄　维
33	中国药科大学	农产品生物活性成分快速发现、在线检测及高效分离技术研究	孔令义
34	浙江大学	果蔬生物活性因子高新提取与分离技术研究	叶兴乾
35	浙江大学	半导体 ZnO 的稳定高效 p 型掺杂和 LED 应用研究	叶志镇
36	中国科学技术大学	通过抑制蛋白质剪接设计新型抗结核药物	刘扬中
37	厦门大学	可调控型核/壳复合粉体材料的制备技术及其在电子材料中的应用	刘兴军
38	江西师范大学	超高强度聚合物纳米纤维的制备及应用研究	侯豪情
39	山东大学	SiC 单晶衬底的超精密加工	胡小波
40	山东大学	BDNFVal66Met 单核苷酸多态性与抑郁症的防治研究	陈哲宇
41	中国海洋大学	中国海洋贝类 DNA 条形码系统构建	李　琪
42	中国海洋大学	IGFBP－3 抗肿瘤作用机理及其在肿瘤干预中应用的可行性探讨	段存明
43	武汉大学	药物与基因的靶向传递与可控释放	张先正
44	华中科技大学	微波辅助湿化学法合成(Bi,Sb)2(Te,Se)3 一维纳米热电材料研究	杨君友
45	华中农业大学	水稻水分和养分高效利用的资源鉴定及其分子机理研究	熊立仲
46	中南大学	重型模锻液压机平稳运动的确定性研究及控制	黄明辉
47	华南理工大学	基于网络处理器的高速入侵检测系统	谢胜利
48	暨南大学	桑属植物多羟基生物碱成分及其抑制糖苷酶的作用机制研究	叶文才
49	重庆大学	交、直流及脉冲复合电压下特高压换流变压器内绝缘局部放电研究	廖瑞金
50	四川大学	a－Fe203 薄膜光解水制氢特性的研究	王瑞林
51	西藏大学	西藏拉萨地区酒精性肝病的监控与防治	欧珠罗布
52	西安交通大学	高速旋转系统稳定性新原理	赵万华
53	西安交通大学	特高压电力设备绝缘可靠性设计及评估方法的建立	吴　锴
54	西北农林科技大学	野生麦类节水抗旱遗传资源的鉴定、筛选及水分高效利用机制的探讨	宋卫宁
55	西北工业大学	特种光电信息功能材料晶体生长技术与缺陷控制	介万奇
56	兰州大学	西部旱寒生境下植物抗逆相关基因的适应性进化	刘建全
57	石河子大学	干旱区膜下滴灌条件下棉花氮素高效利用机制与调控技术	梁永超

〔**高等学校学科创新引智计划**〕 根据教育部和国家外国专家局的年度工作重点，结合国家需求，以及前两批资助学科领域情况，确定了2008年度高等学校学科创新引智计划（简称“111计划”）支持的重点领域，主要包括能源、资源、信息、生物医药、先进制造等，此外，对国家需求的特色和前沿领域方向给予适当支持。2007年共收到包括资源环境、信息科学等9个领域69所高校72项有效申请。经专家委员会建议，以及教育部科技司与国家外国专家局及相关行业部门的积极沟通，最后确定三类方式支持方案。其中2008年度引智基地建设计划项目40项，与相关部门共建项目9项，作为“111计划”二期培育项目17项。

附

高等学校学科创新引智计划2008年度立项项目名单

序号	学科创新引智基地名称	依托学校	负责人
1	北京大学分子科学创新引智基地	北京大学	高　松
2	信息科学与技术创新引智基地	北京交通大学	张宏科
3	先进炭材料及特种高分子创新引智基地	北京化工大学	杨万泰
4	高等智能与网络服务创新引智基地	北京邮电大学	郭　军
5	林业工程与森林培育学科创新引智基地	北京林业大学	孙润仓
6	中医药与中药学科创新引智基地	北京中医药大学	田金洲
7	重大疾病发生发展的机理研究（基础医学）创新引智基地	北京协和医学院（清华大学医学部）	蒋澄宇
8	综合灾害风险管理创新引智基地	北京师范大学	史培军；Roger Kasperson
9	航空推进理论与工程创新引智基地	北京航空航天大学	陈懋章
10	能源科学技术创新引智基地	中国矿业大学（北京）	朱书全
11	功能蛋白质科学创新引智基地	南开大学	尹芝南
12	内燃动力工程学科创新引智基地	天津大学	黄　田
13	大电网保护与安全防御创新引智基地	华北电力大学	杨奇逊
14	重大土木水利工程防灾减灾学科创新引智基地	大连理工大学	李宏男　张洪武
15	一体化过程控制学科创新引智基地	东北大学	柴天佑
16	林业工程学科创新引智基地	东北林业大学	李　坚
17	重大仪器技术创新引智基地	哈尔滨工业大学	谭久彬
18	复旦大学现代应用数学创新引智基地	复旦大学	程　晋
19	节能与环保汽车创新引智基地	同济大学	余卓平
20	先进数字化微创医学工程创新引智基地	上海交通大学	任秋实
21	化学反应工程科学与技术创新引智基地	华东理工大学	袁渭康　周兴贵
22	河口海岸水安全创新引智基地	华东师范大学	俞立中
23	南京大学资源与环境学科创新引智基地	南京大学	高　抒
24	东南大学学习科学和工程创新研究基地	东南大学	陆祖宏
25	作物遗传与种质创新学科创新引智基地	南京农业大学	盖钧镒
26	能源清洁利用科学与技术学科创新引智基地	浙江大学	倪明江

续表

序号	学科创新引智基地名称	依托学校	负责人
27	厦门大学表面物理化学与生物物理化学创新引智基地	厦门大学	田中群
28	油气田开发工程创新引智基地	中国石油大学（华东）	姚　军
29	分子生物物理创新引智基地	华中科技大学	刘剑峰
30	生物地质与环境地质创新引智基地	中国地质大学（武汉）	谢树成
31	高性能船舶关键技术学科创新引智基地	武汉理工大学	刘祖源
32	作物生物能源物质高效合成和转化的分子机理创新引智基地	华中农业大学	彭良才
33	夸克物质物理创新引智基地	华中师范大学	蔡　勖
34	化学生物学与创新药物创新引智基地	中南大学	段燕文
35	光电及功能分子固体材料创新引智基地	中山大学	许宁生
36	输变电设备与系统安全创新引智基地	重庆大学	孙才新
37	山地资源工程与生态安全创新引智基地	四川大学	谢和平
38	现代无线信息网络基础理论与技术学科创新引智基地	西安电子科技大学	李建东
39	干旱半干旱地区水文生态及水安全学科创新引智基地	长安大学	李佩成
40	先进材料及其成形技术创新引智基地	西北工业大学	李贺军

高等学校学科创新引智计划 2008 年度共建项目名单

序号	学科创新引智基地名称	依托学校	负责人
1	金融管理与金融工程创新引智基地	中国人民大学	陈雨露
2	数字媒体工程创新引智基地	中国传媒大学	吕　锐
3	特种机动平台设计制造科学与技术学创新引智基地	北京理工大学	黄　强
4	民族生物学与生物资源保护利用技术创新引智基地	中央民族大学	薛达元
5	运动人体科学与竞技体育训练创新引智基地	北京体育大学	池　建
6	交通信息工程及控制学科创新引智基地	大连海事大学	刘正江
7	核动力安全与仿真创新引智基地	哈尔滨工程大学	张志俭
8	水文学及水资源学科创新引智基地	河海大学	任立良
9	水产健康养殖理论与技术（学科）创新引智基地	中国海洋大学	董双林

高等学校学科创新引智计划二期培育项目名单

序号	学科创新引智基地名称	依托学校	负责人
1	数学科学中的若干前沿问题及其应用创新引智基地	清华大学	冯克勤　文志英
2	新能源与节能环保技术创新引智基地	北京科技大学	张欣欣
3	作物遗传改良与分子育种创新引智基地	中国农业大学	刘志勇
4	纤维材料先进制造技术与科学创新引智基地	东华大学	陈大俊

续表

序号	学科创新引智基地名称	依托学校	负责人
5	新型人工电磁材料（Metamaterial）创新引智基地	东南大学	崔铁军
6	应用微生物及其生物制造技术学科创新引智基地	江南大学	徐　岩　陈　坚
7	药物生物合成和生物转化的创新引智基地	中国药科大学	陈依军
8	机电产品可持续制造理论与技术创新引智基地	合肥工业大学	刘光复
9	环境考古学创新引智基地	山东大学	方　辉
10	先进能源、信息与医用材料创新引智基地	武汉大学	秦金贵
11	车辆与交通安全先进理论和关键技术研究创新引智基地	湖南大学	杨济匡
12	癌变与侵袭原理创新引智基地	中南大学	李桂源
13	建筑物理环境与建筑节能创新引智基地	华南理工大学	吴硕贤
14	无线通信与信息编码创新引智基地	西南交通大学	范平志
15	集成电路与集成系统创新引智基地	电子科技大学	马建国
16	旱区现代节水农业技术创新引智基地	西北农林科技大学	吴普特
17	药物化学创新引智基地	兰州大学	涂永强

〔教育部科技基础资源数据平台〕　为推动和指导教育部科技基础资源数据平台更好的建设，并为各在建平台的调整和重组作好前期调研，根据《教育部科技基础资源数据平台建设管理办法》要求，组织平台专家委员会专家对教育部17个平台进行了中期检查。中期检查工作自2006年10月开始，至2007年2月结束。专家委员会成员分别参加了不同领域平台的检查工作。本次中期检查目的旨在全面检查和了解17个在建平台的建设进展，总结经验，发现问题，推动和指导各个在建平台更好的发展，根据检查情况，对部分在建的平台进行了调整、重组。

2007年新资助北京交通大学牵头的“铁路基础数据整合及信息服务平台”及北京邮电大学牵头的“网络安全科研基础资源和科学实验平台”2个平台。资助启动经费共计100万元。

撰稿　朱正茂　张拥军　杨雪琴

审稿　谢焕忠

〔创新团队与新世纪优秀人才〕　2007年创新团队项目和新世纪优秀人才支持计划继续实施。经过专家评审、实地考察和网上公示，共支持创新团队63个。经过专家评审和网上公示，共遴选支持新世纪优秀人才914人，其中自然科学领域699人，人文社会科学领域215人。

附

2007年度教育部创新团队名单

带头人	研究方向	单位
周　专	细胞钙离子信号学研究	北京大学
黄晓军	血液恶性肿瘤的诊治	北京大学
刘忠军	脊柱疑难重症治疗与研究	北京大学

续表

带头人	研究方向	单位
张平文	偏微分方程的数值计算及其应用	北京大学
张广军	精密光机电一体化技术	北京航空航天大学
杨万泰	高性能有机高分子材料集成制备	北京化工大学
张宏科	未来互联网络体系研究	北京交通大学
朱鸿民	钛金属低成本、清洁冶金新技术	北京科技大学
龙　腾	新体制雷达与实时信息处理	北京理工大学
罗跃嘉	高级认知功能与大脑可塑性	北京师范大学
张淑芬	光转化功能分子设计合成及应用	大连理工大学
黄跃生	严重创伤细胞保护机制和干预研究	第三军医大学
孙旭东	材料各向异性与微结构的设计和控制	东北大学
苏忠民	多酸构筑单元的设计组装与功能特性	东北师范大学
王　炜	城市交通系统供需平衡的基础理论研究	东南大学
周　亿	偏微分方程与数学物理	复旦大学
余钟波	大气-陆面-水文过程耦合机理研究	河海大学
李光耀	汽车车身先进设计制造	湖南大学
曾光明	城市生活垃圾堆肥环境生物与控制基础理论与方法研究	湖南大学
刘宗德	电站设备状态监测与失效预防	华北电力大学
刘洪来	大型石油化工反应过程工程化理论方法与关键技术	华东理工大学
谢胜利	智能信息处理与精密电子制造装备的关键问题研究	华南理工大学
朱兴全	重要动物源性人兽共患病病原的功能基因组学	华南农业大学
王建枝	神经推行性疾病发病机制及其保护	华中科技大学
冯　丹	信息存储系统与技术	华中科技大学
陈焕春	动物传染病基础与防治技术研究	华中农业大学
陈启军	人兽共患病	吉林大学
孙洪波	超快激光技术与前沿光电器件物理	吉林大学
李凤民	干旱农业生态系统研究	兰州大学
江风益	半导体照明技术	南昌大学
姜　勇	炎症相关疾病的细胞信号机制研究及其新药筛选	南方医科大学
陆小华	材料化学工程	南京工业大学
陈　钱	光谱成像技术与信息处理	南京理工大学
严小军	高效海水养殖与灾害响应机制	宁波大学
周　坚	Langlands 纲领和几何 Langlands 纲领相关的数学问题	清华大学
聂建国	土木工程现代结构的基础理论与关键技术研究	清华大学
胡盛寿	心力衰竭的综合防治研究	北京协和医学院－清华大学医学部
姜健壮	分子及功能材料化学	山东大学
任忠鸣	特种物理场下冶金与材料制备过程研究	上海大学

续表

带头人	研究方向	单位
丁文江	镁合金及其精密成型技术	上海交通大学
孟　光	复杂装备的数字化设计与制造	上海交通大学
罗懋康	不确定性处理与信息理论及技术中的数学问题	四川大学
付　丽	中国女性乳腺癌发生、转移机制及防治的研究	天津医科大学
蒋昌俊	嵌入式服务计算	同济大学
吴建国	人类重要病毒的感染与致病机制	武汉大学
李连生	压缩机与制冷系统的基础理论及关键技术	西安交通大学
荣命哲	超/特高电压电力设备可靠性设计与寿命管理	西安交通大学
唐　明	西北农林微生物资源与植物抗逆性研究	西北农林科技大学
邵明安	黄土高原流域生态系统中水土迁移机制及其调控原理	西北农林科技大学
夏庆友	家蚕突变基因及重要性状功能基因组研究	西南大学
赵　勇	磁浮技术与磁浮列车	西南交通大学
吴　玮	复杂体系的计算化学	厦门大学
郑树森	终末期肝病综合治疗研究	浙江大学
许祝安	非常规超导电性和强关联电子体系	浙江大学
成秋明	成矿复杂系统与资源定量化预测	中国地质大学
黄伟新	先进催化材料的结构-性能关系：试验与理论	中国科技大学
刘志勇	主要农作物种质创新与分子育种	中国农业大学
王孝群	计算物理方法的发展及其在新奇量子现象研究中的应用	中国人民大学
刘晨光	重质油高效转化的绿色化学与工程	中国石油大学（华东）
高兴华	免疫相关性皮肤病的实验与临床研究	中国医科大学
陈晓红	复杂经济环境下不确定性问题决策理论研究	中南大学
李夕兵	金属矿深部开采与灾害控制	中南大学
王家序	高性能机电传动系统	重庆大学

撰稿　李　楠　邹　晖

审稿　陈盈晖

〔**高校科技产业管理**〕　高校产业规范化建设工作作为教育部2007年的重点工作，部领导高度重视，2007年专门召开两次部长办公会，国务委员陈至立还专门听取了高校产业规范化建设工作的汇报，提出近阶段高校产业主要任务是进行清理、整顿和规范。按照工作部署，2007年3月组织部属高校开展了产业规范化建设自查工作。组织专家对75所部属高校上报的自查报告进行审查，逐校给出评鉴意见并反馈至各高校。8月组织部属高校开展产业规范化建设工作总结，并最终形成向部党组汇报的部属高校产业规范化建设工作报告。

2007年，采取多种有效措施督促高校推进产业规范化建设工作的进程。有针对性地加大对工作进展较为缓慢的部分高校的指导力度，通过现场检查和让学校专题汇报的方式，解答工作中的疑难问题，有效地推动了各校的工作进度。利用部直属高校咨询会议期间，分别召开了7所推进产业规范化建设较慢和9所未上报资产公司组建方案的部直属高校座谈会，会议由副部长赵沁平主持，这些部属高校的党委书记或校长参加了座谈会。2007年12月利用召开中国高校校办产业协会年会，通报了前期高校产业规范化建设工作情况，提出高校产业规范化建设工作作为一项长期、复杂、艰巨的工作，要加大力度继续推进；相关高校交流了产业规范化建设的经验。有利地推动地方高校的产业规范化建设工作。

各高校充分认识到产业规范化建设工作的重要性，认识到这项工作是高校产业发展到新阶段所必须采取的措施。做好产业规范化建设工作不仅是教育部的要求，同时也是各高校产业自身发展的要求。各校对高校产业规范化建设各项工作进行了实质性的启动，75所直属高校（校区）中，51所高校推进产业规范化建设工作已达到或基本达到教育部的要求，还有1/3左右的部属高校没有达到教育部的基本工作要求。截至2007年底，部属高校中已有52所高校组建了资产公司并开始按照新体制运行；6所高校因产业规模较小或没有产业，暂不组建资产公司；有9所高校已取得教育部批复正在组建资产公司，其余各校要在2008年6月底以前全部组建完毕。初步统计，中央其他部委属高校和地方高校有70余所高校组建了资产公司，另有140余所高校筹备组建资产公司。

2007年度经教育部批复同意部直属高校组建资产经营有限公司或股份有限公司、企业股权转让等批复72件。经教育部科技发展中心批复同意部直属高校企业改制或直接设立有限公司、投资参股、企业增加注册资本、转让股权、资产划转等批文132件。

〔**高校校办产业统计**〕 组织2006年度全国普通高校校办产业统计工作。对2006年度高校校办产业统计数据进行了汇总和分析，并出版《2006年度中国高等学校校办产业统计报告》一书。2006年度全国高校校办产业收入总额1 167.31亿元，比2005年增加了95.97亿元，增长率为8.96%；其中科技型企业收入总额992.12亿元，占全国高校校办产业收入总额的84.99%。2006年度全国高校校办产业实现利润总额59.53亿元，其中科技型企业实现利润总额49.02亿元。2006年度全国高校校办产业应分配给学校的股利为7.41亿元，向国家交纳税费44.73亿元。2006年末高校校办企业的资产总额1 806.50亿元，负债1 008.52亿元，所有者权益797.98亿元。

〔**高等学校博士学科点专项科研基金**〕 2007年高等学校博士学科点专项科研基金219所高校共申报自然科学类课题5 749项，经形式审查有5 739项合格，申报总经费37 905.7万元。其中，博士生导师申报3 031项，申报总经费24 302.3万元；新教师申报2 708项，申报总经费13 603.4万元。

根据专家通讯评审和网络投票结果，2007年高等学校博士学科点专项科研基金资助219所高校申请的1 863项课题，其中中央部委所属高校1 586项，占85.1%；地方高校277项，占14.9%。在1 863项资助课题中，博士生导师申请课题902项（含联合资助152项），占48.4%；新教师申请课题961项，占51.6%。博士生导师申请课题每项资助6万元，资助率为29.8%；新教师申请课题每项资助3.6万元，资助率为35.5%；使用经费8 415.6万元（含联合资助456万元）。

资助博士生导师申请课题中，重点学科、重点实验室597项，占66.2%。基础研究课题379项，占42.0%；应用基础研究课题520项，占57.6%；应用开发研究课题3项，占0.4%。受资助者中，66岁以上24人，占2.6%；46—65岁403人，占44.7%；45岁以下的年轻教师475人，占52.7%。

资助新教师申请课题中，重点学科、重点实验室594项，占62.8%。基础研究课题332项，占34.5%；应用基础研究课题627项，占65.3%；应用开发研究课题2项，占0.2%。受资助者中，40岁以上23人，占2.4%；36—40岁182人，占18.9%；30—35岁464人，占48.3%；30岁以下的年轻教师292人，占30.4%。

〔**专利工作与科技成果管理**〕 据国家知识产权局规划发展司统计，截止到2007年底，全国高等院校共申请专利133 541件。2007年，全国高校共申请专利32 680件，比上一年（2006年为22 950件）增长42.4%；全国高校当年共获授权专利14 773件，比上一年（2006年为10 455件）增长41.3%。

2007年，教育部直属高校共申请专利15 020件，占申请总数的45.96%，获授权专利7 463件，占授权总数的50.52%；"985"高校共申请专利12 759件，占申请总数的39.04%，获授权专利6 426件，占授权总数的43.50%；"211工程"高校共申请专利18 059件，占申请总数的55.26%，获授权专利8 638件，占授权总数的58.47%。

教育部批准科技成果鉴定申请277项，主要集中在国家自然基金项目（23项）、教育部计划项目（7项）、攻关项目（6项）、"863"计划项目（5项）、军工项目（28项）、省市计划项目（22项）、横向项目（16项）和自选项目（131项）、博士点基金项目（1项）、其他部委计划项目（4项，社会项目134项）等。

2007年，共进行各类科研成果项目登记1 157项，并将登记项目报科技部备案。

〔**高校科技奖励工作**〕 2007年度高等学校科学技术奖全面实现网络申报、网络评审。经专家评审和奖励委员会审核，教育部批准授奖项目314项，其中一等奖129项，二等奖185项。在授奖项目中，自然科学奖为118项（一等奖53项，二等奖65项），技术发明奖为32项（一等奖14项，二等奖18项），科技进步奖为158项（一等奖60项，二等奖98项），专利奖为6项（一等奖2项，二等奖4项）。

自国家设立科学技术奖以来，截至2007年，高校获国家自然科学奖共457项，占授奖总数的52.4%；获国家技术发明奖共1 130项，占授奖总数的35.9%；获国家科技进步奖共2 851项，占授奖总数的30.2%（以上统计不包含国防专用项目）。

〔**科技成果推广**〕 2007年全国高校入选国家级星火计划89项，占总入选数的4.9%，经费支持2 030万元；入选国家级火炬计划43项，占总入选数的2.3%，经费支持1 400万元；入选国家级新产品计划20项，占总入选数的1.3%，经费支持190万元。

2007年，继续做好教育部科技基础资源数据平台重点项目——"全国高校科技成果推广信息平台"的组织实施工作。各示范子网及专业频道基本完成了系统程序调试和试运行，平台门户网站——"中国高校科技成果转化网"完成了改版工作，并开发了平台专用搜索引擎"搜果网"、短信系统以及平台内部信息共享软件，完成了对各示范子网及专业频道数据共享的测试。在做好平台硬件建设的同时，各参建高校技术转移中心依托信息平台建设，在一些地市开设技术转移分中心，为当地中小企业引进高校技术成果和技术人才提供信息服务。2007年，平台建设通过了由教育部资源数据平台专家组组织的检查评估。

为探索中国高校与国际产业巨头开展全方位产学研战略合作模式，提升高校引进消化吸收再创新能力。2007年5月8日，教育部与通用汽车公司签署了科技发展合作备忘录。双方将在为期三年的合作期内开展一系列互惠合作，主要内容包括：面向中国高校科研人员设立"通用汽车中国高校汽车领域创新人才奖"，奖励在汽车领域基础研究和前沿技术研究中取得重要成果，实现产学研有机结合，并为企业技术创新做出突出贡献的高校科研人员；组织通用汽车全球高水平研发人员与中国高校专家学者开展汽车前沿技术系列研讨交流活动，研讨国际汽车产业前瞻性发展趋势，探讨共性技术和关键技术攻关难题，提高双方在汽车领域重点研究方向的创新能力；推动实施教育推进伙伴计划（PACE），帮助中国高校培养具有国际化工程经验的科研人员，向通用汽车公司输送高水平汽车技术人才；同时合作双方还将在条件成熟时，推进通用汽车公司在中国高校设立联合研发机构等。

2007年各项合作进展顺利。2007年度"通用汽车中国高校汽车领域创新人才奖"揭晓，共有15位高校科研人员获奖。"2007国际汽车领域前沿技术研讨会”全年共举办五场，研讨主题分别为：汽车自主驾驶方向、虚拟制造与智能装配方向、车用能源战略、生物燃料方向、燃料电池方向。教育部科技发展中心共组织国内30余所高校及科研院所的百余位研究人员与GM专家进行了深入交流，促成了一批研发项目的合作。5月12日，同济大学PACE中心成立，通用汽车联合4家跨国公司捐赠了价值4.78亿美元的软硬件设备。9月份，在5个城市的大学举办了汽车先进技术巡展。10月下旬，通用汽车瓦格纳总裁宣布将在清华大学投资500万美元设立中国车用能源研究中心。此外，通用汽车还将投资400万美元在上海交通大学设立联合研究院。

在2007年中国国际工业博览会上，由教育部主办，教育部科技发展中心和上海市教委承办的中国高校展区继续取得历史最好成绩。51所高校（其中沪外高校34所）参加11月6日至10日在上海举办的中国国际工业博览会中国高校展区的展览，共展出478个项目。本届中国高校展区高质量的展品是以重点展示和多样化展示的两种方式进行，显示了高校的创新技术，吸引了海内外客商和社会各界人士的关注。中国高校展区参展项目交易成交额达到4.62亿元。中国高校获得中国工博会的1金、4银、3铜和6个创新奖，共计14项大奖，是历届以来获奖最多的一年。

〔**科研环境建设**〕 2007年“中国学术会议在线”本着服务科研、服务学术交流的宗旨，积极做好学术会议的信息发布和综合服务。发起建立“高校学术讲座资源交流平台”，首批共21所高校加入。加强了学术会议视频互联网转播的力度，达到平均日播8小时以上。先后转播了近百场高水平的学术会议，采录学术报告2 500余部，发布会议论文摘要1万余篇。2007年预告境内学术会议1 000余场，境外学术会议2 000余场。网站年访问量300余万人次。

“中国科技论文在线”作为科研环境建设的重要平台。2007年，在大幅提高已建栏目论文数量的基础上，保证了论文质量。结合网站快速发展的需要，完成了全新改版。多维论文的研发工作进展顺利，已完成第一版的程序开发，并完成服务器布局及上线工作。发布了“网络时代的科技论文快速共享”专项研究课题指南，确定了第一批资助项目，并召开了专题研讨，为网站的持续发展创造了良好的环境和技术条件。截至2007年底，注册用户152 054人，总访问量以IP计达490万人次，日均访问量约8 000人次；在线发表论文18 936篇，送审论文15 317篇，发布评审结果8 330条，用户在线发表评论1 625条；知名学者栏目已为3 362名优秀学者建立学术专栏，其中院士143名、国家杰出青年科学基金获得者227名、长江学者163名，收录论文40 895篇；“科技期刊”栏目已收录了186家学报的51 331篇论文；名家荐精品栏目论文3 334篇。论文总数已达到114 496篇。

高校实验室资质认定。2007年，重点在评审员队伍建设、实验室评审、实验室质量管理体系转换等方面做好高校实验室资质认定工作。在国家认监委支持下，分期分批组织高校实验室人员参加由国家认监委组织的国家级评审员培训。前后分4批，培训了75位评审员，其中组长8人，分别取得国家级评审员资格。这些新培训的评审员已在评审工作中发挥了很好的作用，也直接推动了各实验室的管理工作。2007年完成北京大学医药卫生分析中心、吉林大学分析中心、华中科技分析测试中心等15家实验室的监督、复查、首次申请评审，共计派出国家级评审专家42人次。按照国家认监委要求，2008年实验室管理、评审将全部使用新体系，为帮助各实验室做好管理体系转换，在浙江大学、中山大学先期进行质量体系转换试点。

2007年科技发展中心网站运用宣传、报道和服务三大功能，继续为高校科技管理及科研人员提供有价值的资讯服务。2007年网站共发布信息12 162条，自5月至8月份进行网站的改版工作，主要完成了网站首页及二级页面的设计、服务器部署、CMS其他功能开发和完善、bug修改及后期人员的培训等工作。2007年，科技发展中心网站总访问量为488 843人次，日均访问量1 340人次，最高月访问量为71 715次。

〔**中国教育和科研计算机网建设进展**〕 到

2007年底，中国教育和科研计算机网CERNET传输网主干线光纤超过30 000公里，实际安装传输网设备18 000公里，机站198个，设备422台。形成了以160×10G密集波分复用（DWDM）为基础，DWDM和SDH自愈环网为业务承载平台的网络结构。CERNET IP地址数为12 716 544个，EDU.CN域名数为3 240；CERNET网络国际和港澳地区带宽13.432G；CERNET国内与其他互联网单位互联带宽17.4G；CERNET主干网核心带宽达到5—20Gbps；一般带宽达到155M—2.5Gbps；覆盖全国31个省、市、自治区的36个城市，通达全国200多座城市，联网的大学、教育机构和科研等单位超过2 000个，用户超过2 000万人，CERNET已成为世界上最大国家级公益性计算机互联网。

“中国下一代互联网示范工程CNGI示范网络核心网建设项目CNGI—CERNET2/6IX”是经国家发改委批复立项，中国工程院组织协调，教育部主管，由清华大学等25所高校承担的国家重大项目，是中国下一代互联网示范工程CNGI的重要组成部分。对我国下一代互联网发展具有重要的示范作用。

CNGI－CERNET2主干网全面支持IPv6协议，以2.5Gbps/10Gbps连接了我国20个城市的25个核心节点。其中，北京—武汉—广州和武汉—南京—上海的主干网传输速率达10Gbps。各核心节点均具有支持用户网以1Gbps/2.5Gbps/10Gbps速率接入的能力。北京国内/国际互联中心CNGI—6IX分别以1Gbps/2.5Gbps/10Gbps速率连接了中国电信、中国联通、中国网通/中科院、中国移动和中国铁通的CNGI示范网络核心网，并以155Mbps速率连接美国Internet2，622Mbps速率连接欧洲GEANT2和1Gbps速率连接亚太地区APAN。

CNGI—CERNET2主干网已经连接了160多个大学和科研单位的IPv6用户网，支持了我国下一代互联网科学研究、技术试验和应用示范等一大批课题，为我国参与全球范围的下一代互联网及其应用的研究提供了一个很好的开放性试验环境。

撰稿　李淑萍　初庆春　杨健安　贾一伟　刘红斌　金　涛　万　猛　王　岩

审稿　李志民

热点关注

创新是研究型大学的成功之道

创新，是当今中国与世界的热门话题。如何认识与推进教育创新，也是当前中外教育界共同面临的重要课题与挑战。下面我结合清华的实际，谈谈对研究型大学创新与发展中有关问题的看法。

创新是各国研究型大学的共同特征

创新是国家发展的根本，也是大学成功的关键。以世界一流为建设目标的研究型大学，都要努力走创新之路；世界顶尖的研究型大学要保持其领先地位，也必须坚持不断创新。

我们知道，大学的核心价值在于：培养和造就人才，探索和发现知识，服务和贡献社会，承继和发扬文明。为了实现其使命，大学需要在理念、制度、组织和办学方式上不断创新，以适应社会变迁、知识革命及其所带来的人才培养模式等方面的巨大变化。我们之所以首先强调研究型大学的理念和制度创新，目的在于通过观念的变革，促进大学创建最适合学术发展的思想文化环境和制度环境，更好更快地促进人类思想的进步、知识的增长、科学技术的发展，即实现研究型大学的学术创新。

历史表明，正是凭借先进的大学理念和制度，德国研究型大学在19世纪后期成为世界科学技术的领导者和国际学术与高等教育的中心，美国研究型大学则在20世纪以后使美国的科学技术和学术研究走在世界前列。在当今的知识经济时代，研究型大学的创新更为活跃。自20世纪80年代以来，发达国家为回应世界范围内日益激烈的经济竞争，迫切希望研究型大学在科技创新与技术转化方面承担起更重要的作用。以斯坦福大学、麻省理工学院等世界名校为代表的研究型大学，正是在这一背景下，首创性地开办了大学科技园区。这不仅缩小了基础研究与应用研究之间的距离，而且引领了新一轮科技革命的浪潮，不少研究型大学更在此过程中形成了创业型大学（entrepreneurial university）的新模式。

创新是研究型大学所共同具备的普遍特征。但同时我们也看到，无论是19世纪的德国，还是20世纪的美国，或是今天的欧洲，其研究型大学崛起和成长道路是有所不同的，都具有各自国家和民族的特色。

创新是研究型大学发展的必然选择

中国具有古老的文明和悠久的文化传统，对教育极为重视。当前中国的研究型大学建设，不仅是中华文化复兴的关键环节之一，本质上也是中华民族伟大复兴的重要组成部分。因此，中国研究型大学的发展必须从自己的文化基础出发，既要努力继承传统文化中的积极方面，又要注意摒弃其中的消极因素，既要积极学习借鉴发达国家教育发展的经验，又不能照搬西方研究型大学的发展模式，而必须通过创新来探索具有中国特色的发展道路。

经过近30年的改革开放，中国取得了辉煌成就，经济实力大为提升，人民生活显著改善。应对经济社会的快速发展和人民群众的迫切需要，近10年来高等教育更以前所未有的速度增长。统计显示，从1998年到2006年，高等学校本专科生的招生数由108万增长到546万，在校生数由340万增长到1 738万；研究生招生数从7.25万增长到39.79万，在学研究生数从将近20万增长到110万。而且，从中国人均GDP增长与研究生教育规模的关系对比可以看出，中国高等教育的发展并不完全是经济发展所导致的。中国高等教育的发展在很大程度上受到经济之外的政策、社会舆论等其他因素的影响。与社会发展一样，高等教育在快速发展中，也产生和面临着众多的问题和深层次的矛盾。因此，中国党和政府提出，必须“更好实施科教兴国战略、人才强国战略、可持续发展战略，着力把握发展规律、创新发展理念、转变发展方式、破解发展难题，提高发展质量和效益，实现又好又快发展”，对高等教育，特别提出了着力“提高高等教育质量”以及转变教育观念、深化教育改革等要求。面对中国经济社会转型和国家长期发展战略的转变，中国研究型大学的建设必须进一步改革创新，探索适应国际高等教育发展趋势和国家建设需要的有自身特色的发展道路。

当前，中国高等教育正处在阶段性的重大转变时期，将由外延式的规模增长转向内涵式的质量发展，由高速增长转向稳定发展，由宏观体制改革转向大学制度和机制改革，由引进借鉴为主转向自主创新为主。在这种高等教育的总体发展状况下，要建设中国的研究型大学，唯有立足国情，勇于创新，努力开创新局面。

在创新中探索中国研究型大学发展道路

就清华大学和中国的研究型大学来说，我们已初步具备了以创新求发展的条件，形成了一定的创新实力。

当然，我们也必须看到在创新发展中所面临的困难和挑战。首先，当今世界大学之间的竞争日益激烈，中国研究型大学要在世界范围内获得各种资源，必然面临着巨大挑战。其次，中国政府已明确提出要建设创新型国家，把增强自主创新能力，作为科技发展的战略基点和调整产业结构、转变经济增长方式的中心环节，大力提高原始创新能力、集成创新能力和引进消化吸收再创新的能力。高水平研究型大学在培养高层次创新人才、推进科技创新、建设国家创新体系中发挥了关键作用。第三，我们虽然已采取很多措施推动大学的创新发展，但在理念和制度上仍有很多需要改进的地方，如何进一步营造良好氛围、鼓励原创性探索，如何在不断加强与市场和企业界联系的过程中，坚持学术职业的核心价值，如何在信息爆炸、知识多元的时代，保持学术研究的独立性，同时鼓励跨学科、多学科的交叉融合乃至国际合作等，都是我们必须面对并解决的问题。中国有悠久的高等教育历史和学术传统，有自己的国情和社会基础，在全球化、信息化的时代，中国的大学特别是研究型大学日益进入国际知识和学术体系，其创新能力和学术水平必然要参照世界顶尖大学来比较和衡量，如何立足本土的传统和现实，又吸收国际研究型大学的基本精神和制度建设中的成功因素，这对高校在建立现代大学制度、提升创新能力和水平等方面都提出了新的课题。

面向未来，我们已经做好了以开放的心态、坚定的信念、乐观的精神、务实的作风，迎接挑战、求得发展的准备。清华人的作风是“行胜于言”，清华大学今后一个时期的努力方向和基本措施，主要有以下五个方面：

第一，大力弘扬创新精神，建设有中国特色的大学创新文化。当今时代，文化越来越成为民族凝聚力和创造力的重要源泉，越来越成为综合国力竞争的重要因素。国家如此，大学也不例外。我们建设高水平的研究型大学，尤其要融合中国传统和西方现代大学的理念，把尊重个人首创精神与强调国家意识、集体精神结合起来，培育以人为本、尊重学术的自由探索精神；把学习、继承与批判、扬弃结合起来，形成崇尚创新、勇于进取的学术氛围。要努力营造不畏风险又宽容失败的学术环境，创建兼容并包、和谐民主的学术文化。在当前特别要克服在创新方面的形式主义、急功近利与浮躁情绪，真正沉下心来思考问题。

第二，大力推进制度创新，努力探索中国特色研究型大学的发展规律。清华大学早在创办之初就曾提出：“现在中国所谓新教育，大都抄袭欧美各国，欲谋自动，必须本中国文化精神，悉心研究。”而当时成立的清华研究院，集中了王国维、梁启超、赵元任、陈寅恪等一批学术大师，创立了“中西融会、古今贯通”的清华学派，既重视吸收欧美日本等国际学术前沿的积极成果，又结合中国实际研究新资料、提出新问题、采用新方法。它不同于西方的大学教育模式，更强调学习与研究的结合，是一种难得的制度创新。今天，在学术结构、学科发展、管理体制、激励机制等许多方面的探索还刚刚开始，有许多问题要认真研究、解决。

第三，大力培养和引进具有世界水平的学术大师，形成有能力推进学科发展和学术创新的教师队伍。清华的师资队伍在国内是一流的，但与国际顶尖大学相比还有很大差距。我们要进一步实施“人才强校”战略，加强人才培养与引进，全面提升教师队伍的水平。

第四，完善研究型大学人才培养体系，致力于培养拔尖创新人才。要全面提高人才培养的质量，包括学生的学术水平与素养，也包括学生的社会意识与责任感，还包括学生在特定领域与岗位上创造性运用知识、造福社会的能力。清华大学拥有优秀的本科生生源，在保持高质量本科教育的基础上，我们将继续着力提高研究生特别是博士生教育的质量，通过博士生论文的国外同行评审、学科参与国际认证等方式，推动研究生教育的水平提升。

第五，大力提高筹资能力，为学校发展提供更好的物质条件。清华大学在未来将继续寻求政府的公共资金支持，同时用更灵活和创新的方式争取获得国内外各方面资金的支持。

无论从世界高等教育的发展历史，还是从清华大学的成长进程看，在继承传统的基础上不断创新是大学成功的不二法门。研究型大学必须把创新作为自己的不懈追求，努力建设大学的创新文化，不断树立高标准，超越过去、超越自我，自强不息、追求卓越，真正实现大学的理念创新、制度创新和学术创新。

作者系清华大学校长、中国科学院院士顾秉林，原载2007年11月19日《中国教育报》第6版

思政课成为大学生喜爱的课程

——加强和改进高校思想政治理论课综述

党的十六大以来，高校思想政治理论课课程建设、教材建设、学科建设、教师队伍建设、教学方法改革和宏观指导得到全面加强。特别是2004年以来，高校政治理论课被纳入中央马克思主义理论研究和建设工程，以4本新教材编写使用和新课程方案实施为标志，马克思主义中国化最新成果“进教材、进课堂、进学生头脑”工作取得重要进展，高校思想政治理论课呈现出蓬勃生机和良好发展态势，对大学生进行思想政治教育的主渠道作用日益凸显，在高校思想理论建设中发挥了重要作用。

全面完成新教材编写和新课程方案实施

2004年3月，胡锦涛总书记从培养什么人、怎样培养人的战略高度作出力争在几年内，使高校思想政治理论课教学情况有明显改善的重要指示。

为贯彻落实胡锦涛总书记重要指示精神，中宣部、教育部开展了大规模的调研活动。在中央统一部署和安排下，在全国有关学科专家、理论研究人员、教学人员以及实际工作部门同志的广泛参与下，《马克思主义基本原理概论》、《毛泽东思想、邓小平理论和“三个代表”重要思想概论》、《中国近现代史纲要》和《思想道德修养与法律基础》4门高校思想政治理论课新教材编写工作全面完成，并经党中央审定通过，现已全部投入使用。

高校思想政治理论课新课程方案于2006年秋季开始全面实施，首先在2006级540万名本、专科新生中普遍开设了“思想道德修养与法律基础”课；2007年春季开始，在2006级本、专科生中普遍开设了“毛泽东思想、邓小平理论和‘三个代表’重要思想概论”课，在2006级本科生中普遍开设了“中国近现代史纲要”课；2007年秋季开始，在2006级本科生中普遍开设了“马克思主义基本原理概论”课。

教材是课程之本，高校思想政治理论课新教材的编写更被称为是“新世纪新阶段党的理论武装工作的重要组成部分”。这是一项富有开创性的工作。经过数万个课堂教学实践的检验，新教材满足了教学的急需，受到了高校师生的普遍欢迎。

《毛泽东思想、邓小平理论和“三个代表”重要思想概论》教材编写组首席专家召集人、北京大学教授吴树青表示，以往很多教材把气力放在“是什么”的知识层面，不仅造成了与中学教材内容重复，而且也促成了学生的死记硬背。我们在编写过程中把重点放在“为什么”的理论层面，努力使教材不再是简单的传授知识，而是立足于帮助大学生树立正确的世界

观、人生观、价值观和荣辱观。

围绕新课程新教材大规模培训思政课教师

高质量的教材需要高水平的讲授，要让马克思主义中国化最新成果进大学生头脑，必须加强对高校思想政治理论课教师的培训工作。

为了保证开课质量，中宣部、教育部以及各地各高校高度重视思想政治理论课教师培训，首先抓了课前全员培训。从2006年开始，组织开展了以帮助任课教师准确把握新教材的基本内容和基本精神为目标的短期培训。中宣部、教育部和各地教育部门在每门思想政治理论课开设之前，均对这门课的任课教师进行了一次为期一周左右的全员培训，第一轮共培训教师4万余名，实现了先培训再上岗，满足了第一轮课程开设的急需。在今年秋季开设“思想道德修养与法律基础”课第二轮教学前，又对1.8万名任课教师进行了第二次培训。

其次是对骨干教师的培训。从今年5月开始，中宣部、教育部联合组织了高校思想政治理论课骨干教师研修，并纳入中央马克思主义理论研究和建设工程，每年举办6期，每期培训100人，时间1个月，计划用5年左右的时间，分期分批对全国高校思想政治理论课骨干教师进行一次系统轮训。目前已成功举办5期，效果明显。

教育部还着力于思想政治理论课教师理论素养提高、科研能力建设，狠抓学科建设和长期培训。主要通过进一步凝练学科方向、会聚学术队伍、构筑学科基地，充分发挥马克思主义理论一级学科及其所属二级学科对第一线教学的支撑作用，通过狠抓中青年教学带头人和学术带头人的培养，加大重点扶持的力度，扩大他们的学术影响，并采取加强思想政治理论课教学科研组织建设、完善制度政策等有力举措，吸引更多优秀的哲学社会科学工作者长期、终身从事高校思想政治理论课教学工作。

教学方法改进创新赢得学生欢迎

教学有法，教无定法，贵在得法。为了开设好思想政治理论课新课程，各地各高校纷纷在教学方法和手段上进行改进创新，受到学生的欢迎和好评。

中宣部、教育部采取措施，积极引导和推进教学方法改革。教育部以高校哲学社会科学研究重大课题委托项目的方式，组织和征集制作了思想政治理论课“精彩一课”全程教学示范片，用具体、直观的方式作出了示范。

同时，面向全国高校思想政治理论课教师广泛征集、评选了近200学时的“精彩一课”教学片。通过示范和引导，任课教师的教学观念发生了转变，由教材体系向教学体系转化，集体备课不仅重视教学内容的探讨，而且也更加关注教学方法的研究，综合运用启发式、参与式、研究式、多媒体课件、网络教学等多种教学手段，丰富教学模式，大大增强了思想政治理论课教育教学的感染力和说服力。

中国科技大学人文学院每位思政课主讲教师都准备了两套备课材料，既有文本文字，也有多媒体课件，把“教师言传口授”与“学生能动思考”结合起来，采用启发式、引导式、互动式教学方法，极大调动了大学生参与思想政治理论课的积极性。北京科技大学把大学生社会实践作为思想政治理论课教学的一部分纳入教学计划，理论教学占3/4，实践环节占1/4。中南大学的思想政治理论课集中教师智慧，集体备课，发掘理论课的“时尚魅力”。

大学生们对思政课从“抵触”到喜欢，从被动变主动。华中科技大学调查显示，该校2006到2007学年第一学期“思想道德修养与法律基础”课的优质课堂率达到100%。在听完学校的“中国近现代史纲要”课后，中国人民大学学生张孟写下了这样的话语：“先辈回眸应笑慰，擎旗自有后来人。”有关部门日前调研显示，绝大多数大学生对教师课堂教学表示满意或基本满意。高校思想政治理论课正在逐步成为大学生真心喜爱的课程。

作者系《中国教育报》记者杨晨光，原载2007年12月25日《中国教育报》第1版

高校管理者肩负引领和谐文化建设重任

胡锦涛同志在党的十七大报告中指出："当今时代，文化越来越成为民族凝聚力和创造力的重要源泉、越来越成为综合国力竞争的重要因素"，并对和谐文化建设提出了明确要求。这就将文化的重要价值与和谐文化建设提到了前所未有的高度。毫无疑问，和谐文化建设，赋予中国高等教育以新的使命，对高校管理者提出了新的更高的要求。我们必须以高度的文化自觉，重视研究和加强高校自身的和谐文化建设，促进高等教育质量管理与特色发展，增强高校"软实力"，进而肩负起文化育人、引领社会和谐文化的重任。

高校管理者应自觉肩负起和谐文化建设的新使命

高校管理者必须清醒地意识到，要构建社会主义和谐社会，必须致力于建设和谐文化。"和谐文化"是以和谐为思想内核和价值取向，以倡导、研究、阐释、传承和奉行和谐理念为主要内容，融思想观念、理想信仰、价值体系、思维方式、行为规范、制度体制为一体的文化形态。和谐文化建设，对我国高等教育的改革与发展，特别是对建设中国特色的高等教育赋予了新的使命，提出了新的更高要求，也因而成为高等教育管理者面临的新的重大课题。和谐文化是高校的灵魂所在，是高校管理的精神支柱。在一定意义上说，高校管理是高层次、高水准、高境界的文化管理。这样的文化管理所带来的凝聚力和感召力，是只靠强制性的行政命令所难以替代的。

高校肩负倡导、研究、阐释、传承、奉行和引领和谐文化的神圣使命。高校学科齐全，多领域多学科学者云集，拥有研究和谐文化的独特优势和多元视角，既可有古老智慧的历史挖掘，又可作多元文化背景下和谐理念的哲学审视。高校是和谐文化传承的殿堂，教师以传承文化为己任，学生沐浴着和谐文化的阳光雨露，耳濡目染，受益无穷，和谐理念得以培育，和谐精神得以弘扬。高校是和谐文化建设的基地，高校和谐文化是社会和谐文化的重要组成部分，在和谐文化建设中发挥着既服务于社会文化又引领社会文化的独特作用。成功的高校和谐文化建设，将有益于引领社会形成共同的理想信念和道德规范，使崇尚和谐、维护和谐成为全社会的共同追求。如果忽视高校和谐文化，全社会的和谐文化就必然不完整，其发展也必然受到制约。忽视高校和谐文化的管理者，难以管理好现代大学。

面对社会利益关系日益多样、价值观念日益多元之现状，高校管理者只有致力于建设和谐文化，最大限度地调动各方面的积极性、主动性和创新潜能，才能凝聚全体教职员工的意志、智慧和力量，形成广泛认同和共同为之奋斗的美好愿景，树立协调发展的思想意识和思维方式，用正确的立场、观点和方法去观察、分析事物，用宽容理性的态度看待和处理问题，避免思想认识上的片面性和极端化，使和谐成为高校发展的主旋律，形成人人追求和谐、维护和谐、共享和谐的局面。

把社会主义核心价值体系融入高校管理全方位

《中共中央关于构建社会主义和谐社会若干重大问题的决定》提出："社会主义核心价值体系是建设和谐文化的根本。"《决定》明确将马克思主义指导思想、中国特色社会主义共同理想、以爱国主义为核心的民族精神和以改革创新为核心的时代精神、社会主义荣辱观作为社会主义核心价值体系的基本内容。《决定》首次提出了建设社会主义核心价值体系的战略任务，阐明了社会主义核心价值体系的内涵及其与建设和谐文化的必然联系，深化了对中国特色社会主义本质的认识，体现了时代的要求，实现了重大理论创新。十七大报告中充分反映了这一理论创新成果，明确提出社会主义核心价值体系是"社会主义意识形态的本质体现"，还强调指出，建设社会主义核心价值体系，关系到能否"增强社会主义意识形态的吸引力和凝聚力"。

国家和民族的核心价值体系，历来是统摄社会各个层面、各个领域、各项文化活动的纲领和灵魂，必须贯穿于国民教育的全过程。高等教育领域肩负着教书育人的重任，更应自觉地接受社会主义核心价值体系的规范。作为高校管理者，必须全面准确地理解社会主义核心价值体系的深刻内涵，牢牢把握和谐文化建设的正确方向，重视社会主义核心价值体系的主导和引领，尤其是在当今思想活跃、观念交锋、文化交融的时代，以具有广泛感召力和凝聚力的社会主义核心价值观，引领和整合多样化的思想意识和社会思潮，使先进文化在高校发扬光大，健康文化为广大师生所共享。

在高等院校，建设社会主义核心价值体系，就要把社会主义核心价值体系的基本要求融入高等教育的全过程、人才培养的各环节、文化建设的各方面。作为高校管理者，要加强马克思主义理论研究和课程建设，要坚持用马克思主义中国化的最新成果武装和教育师生员工；要加强理想信念教育、国情教育和形势政策教育，树立中国特色社会主义共同理想，不断增强师生员工对全面建设小康社会目标的信念和信心；要加强民族精神和时代精神的研究，用以爱国主义为核心的民族精神和以改革创新为核心的时代精神凝聚高校的力量，激发高校的活力；广泛开展社会主义荣辱观教育，分清是非荣辱，明辨善恶美丑，形成师生员工正确的价值判断和良好的道德风尚；要不断增强高校党的思想理论工作的创造力、说服力和感召力，善于以社会主义核心价值体系引领和整合多样化的思想观念和社会思潮，在尊重差异中最大限度地增强核心价值认同，在包容多样化中最大限度地增进共识。要用社会主义核心价值体系建设和研究成果，充实相关学科的教学内容，渗透到教师教书育人的全过程各环节。要把社会主义核心价值体系建设融入师生群体和个体发展的需求之中，通过生动有效的教育和理念引领，使社会主义核心价值观成为师生员工人生发展的实际需要和自觉追求。切实加强高校自身的观念文化、制度文化、行为文化、环境文化的建设，并使各方面文化建设形成整体合力，增强文化的整体辐射能力。要把社会主义核心价值体系融入高校管理全方位，无论是教学管理、科研管理、人力资源管理或是服务保障，都应以社会主义核心价值体系为指导，以利于实现管理目标。

倡导和谐理念，注重特色发展，提升高校管理品位

和谐理念的基本价值取向是中华文化的古老智慧——“和而不同”。坚持“和而不同”，就是要以认识事物的矛盾和差异为前提，包容“和”的前提下的多样化与多元性，尊重个体的相对独立性，其目标是理性地追求动态中的相对平衡、差异中的大致协调、纷繁中的井然有序、多样中的有机统一。这种值得大力倡导的和谐理念与“和而不同”精神，对高等教育管理具有特别重要的启示。

1．“和而不同”精神用于高校管理，首先要科学定位，突出“特色”，实现特色发展。

每所高校，都归属于高等教育体系的某一类型，都是高等教育体系某一类型中不可替代的一员。每所院校，由于其文化传统、历史地位、所在地域、所处环境、学科类型、专业设置等各有所不同，因而其办学理念、发展目标、办学定位必然各异。基于“和而不同”精神，高校管理者要全面而客观地分析自身在所属高校类型中的位置，明确自身的培养目标和使命，切不可盲目追求不合实际的类型，而应准确定位，努力成为自己所属类型中的佼佼者。为此，需要摸清自己的“家底”，清楚自身的比较优势，有所为有所不为，在可为之处大有作为。中外高校发展历史表明，著名高校都具有鲜明的办学特色，而有特色的学校均有良好的发展前景。高校管理者，既要遵循高等教育的本质和院校办学的普遍规律，又要立足于高校自身实际，因地制宜，发挥自身文化优势，展现学校独特的个性追求，以特色培育人才，以特色立住自身，以特色谋发展，以特色求强盛。

2．基于和谐理念，高校管理者必须致力于提升学校管理的品质，增强管理效能。

和谐文化的多元性、包容性、创新性、引领性，决定了高校管理的复杂程度和运行难度。高校管理者必须基于和谐理念，妥善处理高校管理中的各种复杂关系，切实提升高校管理品质。

一要坚持多样性的统一。高校作为特殊的文化组织，其文化内容极为丰富多彩。高校管理中，在紧紧抓住社会主义核心价值体系这个根本的同时，要充分尊重高校文化丰富多样的特性，做到既保持各种文化的相对独立性，使各种文化自由发展，又使各种文化有利于共同的价值目标和理想追求；既要坚持核心价

值体系的一以贯之，又要珍惜学校文化传统，注重学校历史文化资源的挖掘整理，还要在学校管理文化中及时融入时代精神，汲取多元文化的智慧。

二要兼顾一般与重点。高校管理是一个系统工程，在这个系统工程中，要着眼全局，突出重点，统筹兼顾，不可顾此失彼。既发展适度规模，更应狠抓质量管理；既重视建筑“大楼”，又要特别重视培育“大师”，胸有“大度”，创立“大业”；既要重视科学研究，又要致力于各科教学，重视基于研究而提高教育效果；既要强化统一规范管理，又要形成有效的多样化运行机制；既要鼓励先进，以特殊的政策激励部分学人脱颖而出，又要最大限度地调动全体员工的积极主动性，让校园呈现生机与活力；既要善于“行政”，更要大力发展“学术”，理性把握行政与学术的关系。高校行政工作应普遍养成尊重学术的风气，以利于学术问题的探究。若顾此失彼或平均用力，必然造成管理目标的偏失，引发管理效能的降低。

3. 基于和谐理念，高校在管理目标上，应致力于培育和谐发展而富有个性的创新型人才，努力增强育人效果。

人是建设和谐文化的核心要素，而文化直接作用于人的心灵与言行。高校管理的根本目的是育人。

基于和谐理念，高校所育之人，应该是和谐发展而富有个性的创新型人才。基于和谐理念，高校在人才培养目标的实现中，必须准确把握并切实处理好如下关系：

——坚持全面发展与个性发展的统一。全面发展绝非排斥个性发展。在全面育人的同时，要因材施教，启发诱导，最大限度地挖掘个体的潜力，促进个性充分而自由地发展。

——坚持专业与通识的结合、科技精神与人文精神的融通。加强通识教育，以丰富专业教育的内涵，把科技的人文底蕴和人文的科学精神有机结合起来，促进科技教育与人文教育的和谐发展，培养健全的人格。

——坚持传承、借鉴与创新的统一。继承和创新是文化发展的两个重要轮子。高校管理者的文化自觉，应像十七大报告所要求的那样，“弘扬中华文化”，“全面认识祖国传统文化”，大力推动优秀文化传承，同时要以自觉开放的心态，“吸收各国优秀文明成果”，借鉴各民族的优质文化资源，并重视在传承与借鉴的基础上积极“推进文化创新”，增强高校文化发展活力，为“建设中华民族共有精神家园”，增强中华文化“软实力”和“国际影响力”，发挥独特的作用。

——坚持尊重权威与鼓励探索的统一。宽容创新过程中的失败，包容对权威的冒犯。有道是：我尽管不同意你所说的，但我誓死捍卫你说话的权利。要坚持“以真理为友”，善于激发创新者追求真理的热情，鼓励创新者勇于探索。

“士不可以不弘毅，任重而道远。”高等院校管理的重任，需要一大批深悟和谐文化之道、具有文化品位而富于智慧的高校管理者来担当。这样的高校管理者，才会在更深的层次上准确理解高校和谐文化，更加自觉地构建和谐文化，更加有效地促进高校和谐文化发展；也才会从文化境界的高度理解高校管理，更加自觉而有效地从事高校管理，提升管理品位，完成时代赋予高校管理者的光荣使命。

作者系国家教育行政学院院长兼党委书记、中国高教学会高教管理研究会理事长郑树山，原载 2007 年 11 月 12 日《中国教育报》第 5 版

高校毕业生供求形势与高教结构调整

链接：我国高等教育的快速发展与人才供求态势

● 改革开放以后，我国高等教育有了较大发展。上世纪 80 年代末，毛入学率上升到 4%；上世纪 90 年代末，毛入学率进一步上升到 9%，但每年普通高校毕业生还不到 100 万人，人才供求比在 1∶2 左右，

远远满足不了社会主义建设对人才的需求。

● 2000 年，第五次人口普查数据显示，我国 7.5 亿就业人员中具有大专及以上文化程度的只有 4.7%，远远低于世界平均水平。

党中央、国务院在 1999 年作出了高等教育扩招的决策，使我国高等教育进入了加速发展的新阶段。经过连续八年的扩招，我国普通高校全日制在校生人数由 1998 年的 340 万人增长为 2006 年的 1 800 万人。

● 随着招生规模的持续增长，全国普通高校的应届毕业生人数已由 1998 年的 100 万人增长为 2006 的 400 万人以上，预计到 2008 年将突破 500 万人，2010 年将突破 600 万人。人才供应的增长，一方面有利于我国人力资本积聚、就业者科学文化素质的提高，以及综合国力的增强；但另一方面囿于我国劳动力总体供大于求，传统提供给大学生的城镇单位就业岗位的年增长量远远滞后于毕业生增长的人数，导致全国人才供求形势发生了逆转。原先的高等教育卖方市场已转变为完全意义上的买方市场，开始出现了大学生就业难的现象。

● 据《中国劳动统计年鉴 2006》提供的数据，2005 年高等学校毕业生有 337 万人，当年城镇各种所有制单位实际录用的高校毕业生为 202 万人，除去 25 万左右录取为研究生和出国留学的人以外，有六七十万人未找到正式岗位。2006 年全国高校毕业生 403 万人，估计当年新录用的毕业生为 250 万至 270 万人左右，除去录取为研究生和出国留学的人外，当年未就业的大学生人数为 100 万人左右，这对我国高等教育的发展和就业问题都提出了严峻的挑战。

上篇：我国劳动力结构状况与人才需求预测

20 世纪八九十年代，我国高等教育还处于普及水平很低的精英化阶段，每年的大学毕业生只有几十万人，主要面向各级政府机关、事业单位和国有大中型企业就业。在新世纪我国全面建设小康社会的新时期，高等教育步入了大众化发展阶段，每年大学毕业生的规模相当于过去的五六倍，传统的就业市场已无法提供足够的岗位，必须开拓新的就业空间。为此，我们必须全方位研究我国劳动力就业市场。本文根据《中国统计年鉴》、《中国劳动统计年鉴》和全国人口普查、抽样调查的有关资料，对城乡、所有制类型和行业、职业的构成状况等进行分析并提出相关建议。

城乡及分经济类型的就业岗位结构

2005 年我国总在业人口 7.6 亿人。其中城市及县镇 2.8 亿人，占 37%；乡镇农村 4.8 亿人，占 63%。

全国城镇就业人员扣除近 1 亿从事第一产业和做农民工的城镇郊区农民外，第二、第三产业就业的岗位数只有 1.8 亿；在这 1.8 亿人中，再扣除私营、个体工商户就业人员和自由职业者 7 000 万人后，真正在国营、集体、外商投资及其他股份制等城镇单位就业的职工仅为 1.1 亿人，而这些单位正是历年来我国大学毕业生传统的主要就业去向。

据国家发改委和劳动人事部公布的数据，“十五”期间每年全国城镇单位提供的正规新就业岗位均为 1 000 万左右，“十一五”期间也将大致保持在 1 000 万人至 1 200 万人之间。由以上数据分析，2000 年大学毕业生 100 万人，占当年城镇单位新增就业岗位的比例为 10%，当时找到满意的就业岗位比较容易；而到了 2006 年大学毕业生增长为 400 万人，如全部在城镇单位就业，将要占去这些单位新增就业岗位的 40%，但是其中只有一半（约 200 万人）能去传统的白领岗位（公务员、专业技术人员和办事人员），其他人则要到企业基层单位做灰领或蓝领。预计到 2008 年，大学应届毕业生人数将相当于城镇单位全部新增就业岗位数的 50%以上，要找到主要从事脑力劳动工作岗位的难度就更大了。

今后的大学毕业生必须面向新的就业空间，未能在城镇单位传统岗位就业的大学毕业生，要从事管理和技术工作，只能有两个去向：

一是在 10 人左右规模的城镇私人企业或工商个体户就业，其从业人员有 7 000 万人，而大专及以上文化程度的人员还不足 1%，可以吸纳相当数量的高等学校毕业生去从事专业技术和管理工作。但其工作环境、待遇和社会地位都相对较低，要求应聘者的就业观念、期望值作较大的调整。同时，还要求毕业生“能文能武”，既做技术人员，又做普通劳动者。据初步估计，每年的吸纳能力在 50 万人以上。

二是去全国乡镇企业就业，其从业人员总数有 1.4 亿人，而大专及以上文化程度的人员也不到 1%。这些乡镇企业中，有一部分是出口加工型企业，还有一部分生产国营大中型企业和外商投资企业的配套产品，迫切需要补充一批大学生从事专业技术和管理工作，每年的吸纳能力也在50万人以上，但同样需要大学毕业生转变就业观念，乐于到工作、生活条件相对艰苦一些的乡镇、农村去就业和创业。

分产业、行业的就业岗位人才结构分析与需求预测

一、分产业、行业的岗位结构分析

2005年全国第一、二、三产业的在业人员和比例结构分别为3.4亿人、1.8亿人、2.4亿人和44.7%、23.7%和31.6%。其中：第二产业的工业劳动人口为1.3亿人，建筑业为0.5亿人；第三产业的交通仓储邮电业为0.5亿人，商业、餐饮、金融、房地产和生活服务业为1.3亿人，教科文卫体及软件与咨询服务业为0.41亿人，机关与社会团体为0.19亿人。也就是说，企业有3.6亿个就业岗位，机关、事业单位和中介机构仅有0.6亿个就业岗位，两者的比例为6：1，在二、三产业中吸纳人才潜力最大的是城乡经济部门和企业。

根据我国经济、社会发展趋势，今后高等学校毕业生绝大多数要到二、三产业就业，但在以往处于精英高等教育阶段的二三十年中，我国大学毕业生的传统去向60%以上是机关和事业单位，40%是工业、建筑、交通和商业服务业。但在进入高等教育大众化发展阶段后，大学毕业生人数增加为过去的四到六倍，已不可能维持原有的就业格局了，在新的形势下必须作大的转变。

二、分产业、行业的人才现状分析

根据2005年1%人口抽样调查统计资料推算，全国近7.6亿在业人口中具有高等教育文化程度的为5 160万人，占6.8%，只相当于经济合作组织(OECD)国家平均水平(24%)的1/3。

同时，我国各产业、行业之间的人才分布状况又极不平衡：第一产业中的具有高等教育文化程度者仅占本行业、就业人口的0.2%；第二产业中的工业和建筑业分别为6.5%和4%；第三产业中的交通邮电业、商业与生活服务业分别为6.6%和5.2%，高等教育文化程度的人才密度均很低。人才密度较高的只有两个大行业：一是以事业单位为主的教科文卫体、软件、咨询服务业，大专及以上文化程度者占51.2%；二是履行公共管理职能的机关与社会团体，大专及以上文化程度者占50%。这个状况也说明了二、三产业的各经济部门比机关、事业单位更需要提高人才密度，可以吸纳更多的大学毕业生。

三、分产业、行业的人才需求预测

党中央提出了“加快转变经济发展方式、推动产业升级，主要依靠科技进步、劳动者素质提高，促进国民经济又好又快发展”的要求。为此，我国必须在2020年初步建成人力资源强国。前不久，由上海市教科院受国家发改委委托完成的“中国人力资源开发与教育发展战略研究”课题，经过研究和论证提出，到2020年我国全社会就业人口的平均受教育年限将由2000年的8年提高为11年以上，具有高等教育文化程度的比例将提高为18%至20%。按照这个期望目标进行测算，2015年全国就业人口具有大专及以上文化程度的比例应当达到13%以上。

结合各个行业目前人才现状的基础和技术发展梯度的区别，我们对2015年分行业就业人口中的高等教育文化程度拥有量和比例作了如下预测：

农林牧渔行业人才拥有量由2005年的70万人增长为2015年的310万人，人才密度由0.2%提高为1.1%；工业由840万人增长为1 820万人，人才密度由6.5%提高为10.1%；建筑业由200万人增长为450万人，人才密度由4%提高为8.2%；交通邮电业由330万人增长为750万人，人才密度由6.6%提升为12.5%；商业服务业由670万人增长为1 250万人，人才密度由5.2%提升为10%；教科文卫及软件咨询业由2 100万人增长为4 000万人，人才密度由51.2%提升为80%；公共管理业(机关与社会团体)由900万人增长为50%，人才密度由50%提升为80%。

2015年预测，第一产业人才密度为1.1%，仅相当于目前OECD国家平均值的1/5左右；第二产业工业、建筑业的人才平均密度是10.1%；第三产业中的交通邮电和商业服务业的人才平均密度也是10.1%，仅相当于上世纪末OECD国家平均值的一半，要求不能算高。

到2015年全国在业人口中大专及以上文化程度拥有量将达到10 580万人，比2005年实际拥有量净增5 420万人。考虑到2006年至2015年期间，全国在业人口中的高等教育文化程度者将有近1 000万人退休，因此十年实际需要补充的高等教育文化程度人才将在6 000余万人，平均每年为600余万人，与今后十年普通高等学校的年平均毕业生预测数相近。

分职业大类的就业岗位结构分析与需求预测

从全国职业岗位人数的分布情况看，2005 年全国城乡的各类单位负责人、专业技术人员和职员分别为 1 150 万、5 700 万和 2 800 万人。这三类从事管理与专业技术工作、以脑力劳动为主的白领岗位占全国在业总人口的 12.7%，其中在城市、县镇和农村乡镇工作岗位的比例是 57∶23∶20。商业服务人员、生产工人和农民这三类以蓝领工作为主的人员数分别为 1.32 亿人、1.9 亿人和 3.4 亿人，合计占全国在业岗位总人数的 87.3%。当然，其中也有少部分是灰领岗位或称技术蓝领岗位，担任技师、高级技工、领班，或生产者兼任质量检验、生产统计等工作。他们既在生产一线从事体力劳动或服务工作，又带有某些管理或技术职能，其人数估计占蓝领岗位总人数的 8%至 10%，也就是在 6 000 万人至 7 000 万人之间。

从各大类职业人口中的人才拥有量和所占比例来看：单位负责人中的大专以上毕业生程度者人数为 420 万人，比例为 37%；专业技术岗位人员中的大专及以上者 2 400 万人，比例为 40%；办事人员中的大专以上毕业生为 1 180 万人，其比例为 42%；商业服务人员中的大专以上毕业生为 570 万人，其中大多数是在第一线从事服务工作。但带有部分管理或技术服务职能的灰领，比例为 4.4%；生产工人岗位中的大专以上毕业生也为 570 万人左右，其中大多数为技师、高级技工或带有部分管理职能的领班者，比例为 3%；农林牧渔劳动者中，大专以上毕业生的仅为 0.1%。

按照 2015 年全国就业规模和大专以上毕业生拥有量的预测，我们对该目标年度的分职业大类人口的规模和人才拥有量作了如下结构预测：2015 年各单位负责人总数达到 1 300 万人，其中大专以上毕业生拥有量比 2005 年净增 350 万人左右，人才密度达到 60%；2015 年专业技术人员总数达到 6 500 万人，其中大专以上毕业生拥有量净增 2 000 万人左右，人才密度为 68%（美国在 1986 年为 78%）；2015 年职员总规模达到 3 200 万人，大专以上毕业生拥有量净增 700 万人左右，人才密度为 60%；2015 年商业服务人员总规模达到 1.8 亿人，大专以上毕业生拥有量净增 1 000 万人左右，人才密度为 9%（美国 1986 年已达到 34%）；2015 年生产工人总规模达到 2.3 亿人，大专以上毕业生拥有量净增 1 000 万人左右，人才密度达到 7%（美国 1986 年已达到 22%）；2015 年农民总规模下降为 2.8 亿人，大专以上毕业生拥有量净增 250 万人左右，人才密度达到 1%（美国 1986 年为 18%）。

对未来若干年大学毕业生供求形势的粗略判断

从地域上看：城市、县城和乡镇农村的新就业人才需求结构大约是：城市为 60%，县城为 25%，乡镇农村为 15%。

从经济类型看：国有单位、股份制、集体合作制单位和外商投资单位的人才需求大约占 60%；私营、个体工商户和城镇其他非正规单位的人才需求大约占 20%；乡镇企业和农村的人才需求占 20%；分产业、行业来看：第一产业的人才需求大约占 4%；第二产业占 23%，其中工业占 18%，建筑业占 5%；第三产业占 73%，其中交通仓储邮电通讯业占 8%；商业、金融、餐旅和生活服务业占 18%；教科文卫体和软件、咨询服务业占 35%；机关、社会团体占 12%。

分职业大类看：专业技术类人员岗位的人才需求大约占 40%；职员岗位的需求占 13%；商业服务类人员岗位的需求占 21%；机器操作者和一线生产工人岗位的需求占 22%；农林牧渔从业者中的人才需求占 4%。考虑到“单位负责人”的绝大多数岗位需有一定管理、技术经验和工作经验的积累，大学毕业生直接进入的可能性极小，故将其对人才的需求分解到其他职业类中。

综上所述，三类白领岗位的人才需求大约占 53%，三类蓝领岗位的人才需求大约占 47%，基本上各占一半。

下篇：开拓就业空间需调整高等教育结构

新形势下高校的重新定位

除了少数“985 工程”大学和“211 工程”大学外，其他高等学校都要把培养应用型人才作为自己的主要任务

目前，全国已进入高等教育大众化的中期阶段，这一新形势要求全国高等学校重新定位，注意高等教育“生态结构”的合理化。前一时期，全国高等学校的发展存在着研究型大学热、综合型大学热、多学科大学热，片面追求成为高水平大学，造成高等教育生态结构失调。今后十多年，我国仍将处于

工业化进程中，是发展中国家，大量需要的是应用型人才、技艺型人才、技能型人才。除了少数“985工程”大学和“211工程”大学外，其他高等学校都要把培养面向经济建设和社会事业发展主战场的应用型人才，也就是中、初级人才作为自己的主要任务，既要培养专业技术人才和管理人才，也要培养第一线的操作型人才。全国需要创建更多的特色院校、专门院校，多数学校要有学科特色和行业特色，要加强与行业企业合作办学，创建更多的科研、技术开发和学生实习的校外平台。教育教学要更多地以就业为导向，花大力气提高大学生的社会实践能力和创业能力。

培养目标与人才规格的调整

本科毕业生的培养目标应该调整为中级人才

长期以来，处于精英教育阶段的我国各级各类高等学校，都把培养高级人才定为自己的目标。在新的形势下，各级各类高等学校有必要对学校的定位作出重大调整。未来几年，全国硕士生、博士生年毕业人数将突破40万人，比上世纪80年代初每年本专科毕业生的总和还要多出一半以上，他们将成为我国高级人才的主要后备力量，可以培养学术型人才、工程技术开发型为主。而本科毕业生的培养目标应该调整为中级人才，以培养应用型岗位人才为主。相应的大专、高职毕业生的培养目标应调整为初级人才，以培养知识技能复合的第一线操作型人才（俗称“灰领”或“技术蓝领”）为主。

科类、专业结构的调整

地矿类、能源动力类、机械类、轻纺食品类、化工与制药类等学科的毕业生需求比较大

前几年，在人才市场热门专业和低办学成本的双重驱动下，许多高校不顾自身条件，盲目争上社会热门专业，造成部分学科专业规模严重失控。

第一是管理学科专业（包括工商管理、公共管理、管理科学与工程三个中类），本科在校生规模接近130万人，专科在校生规模超过了150万人，合计达到280万人。

第二是经济类专业（包括经济学、国际经济与贸易、金融三个中类），本科在校生规模达到57万人，专科在校生规模达到34万人，合计超过了90万人。

第三是计算机与电气信息类专业，本科在校生规模达到140万人，专科在校生规模达到163万人，合计超过了300万人。

第四是外语类专业，本科在校生规模达到60万人，专科在校生规模达到47万人，合计超过了100万人。

第五是艺术类专业，本科在校生规模达到62万人，专科在校生规模达到35万人，合计接近100万人。

第六是新闻传播学类专业，本科在校生规模达到15.5万人，专科在校生规模达到1.2万人，合计接近17万人。

上述这些学科规模发展过快，远远超出了人才市场的吸纳能力，需要在今后几年适度调减招生规模。

与此同时，国家工业发展急需的地矿类、能源动力类、机械类、轻纺食品类、化工与制药类等这几年招生规模增长速度相对较慢，在高等教育总规模中的比例有所下降。而这些学科的毕业生需求却比较大，近几年就业率都比较高，许多小企业和县镇两级的工业企业都招不到大学毕业生，市场空间较大，应该适度扩大招生规模。

教学计划和课程设置的调整

大多数本专科专业的教学计划都要调整课堂教学和实习、实训时间的比例

随着高等教育大众化进程的加快，我国除少数以“985工程”大学为主的研究型大学之外，其他各类高等学校都应把培养应用型人才作为自己的工作重点，本专科生都要着重培养其在基层单位或第一线的工作能力。因此，大多数本专科专业的教学计划都要调整课堂教学和实习、实训时间的比例，加强实践教学、现场教学，要加强工科类、商科类、农科类大学生的技能训练。

专业目录和专业方向的创新

各高等学校的专业设置应与相应的行业和职业岗位相衔接

今后高等学校本专科毕业生绝大部分要培养成为应用型人才，走向各种职业岗位，因此专业目录应具有学科和职业双重特性。各高等学校的专业设置应从本校的优势和当地经济社会发展的实际需要出发，与相应的行业与职业岗位相衔接，注重特色专业、特色人才的培养。目前，多数高等学校的专业设置过于强

调通用人才的培养，缺少特色，到实际工作岗位上手较慢，缺少职业知识。以会计学专业为例，全国有近500个本科院校和900所专科学校设置这同一专业，教学计划雷同，应该根据各行业需要分别细化为工业会计、农业会计、商业会计、卫生会计、行政事业会计等；又如热加工专业可细分为铸造、锻造、焊接等，分别增加与对口行业相关的特色课程，通过专业与行业复合，就容易形成特色。

教师知识能力结构的调整

教师进修除了学科继续教育外，还应加强到企业和其他用人单位兼职从事项目开发、技术改造

以培养应用型人才为主的大众化高等教育，要求我们的高等学校专业教师“能文能武”，更多地成为复合型的双师型人才。教师的进修除了学科继续教育以外，还应加强到企业和其他用人单位兼职从事项目开发、技术改造，加强技能训练和挂职锻炼。教师职称的晋升不能光看论文发表了多少，还要看他的项目开发和技术应用的成果，与用人单位合作指导学生实习、实训的能力等。

学生就业观念的转变

未能应聘专业技术岗位和管理岗位的，可以先从事生产第一线的操作性岗位，以后有机会再发展

从入学开始，学校就要对大学生进行大众化高等教育条件下的就业观念和人才市场环境的教育。要从我国社会主义初级阶段的国情出发，不能光眼睛朝上，更多的是要眼睛向下：在就业地区面向上，更多地走向中西部地区和小城市与县镇；在单位取向上，未能应聘机关事业单位的，更多地面向企业，特别是中小企业、民营企业和乡镇企业；在职业取向上，未能应聘专业技术岗位和管理岗位的，可以先从事生产第一线的操作性岗位，以后有机会再发展；未能被单位应聘的，可以向浙江许多民营企业创业人学习，在家庭、社会或政府的资助下，自主创业或与其他同学合伙创业，自己做小业主和老板。

作者系上海市教育科学研究院院长胡瑞文，原载2008年1月28日《中国教育报》第5版

改革创新推进教育硕士专业学位教育发展

庆祝教育硕士专业学位教育十周年

1996年4月，国务院学位委员会决定设置教育硕士专业学位。1997年9月，首批攻读教育硕士专业学位的学员入学。由此，掀开了我国教育硕士专业学位教育事业发展的序幕。

十年来，在国务院学位委员会、教育部的正确领导下，在社会各界的大力支持下，全国教育硕士专业学位教育指导委员会和各培养院校以邓小平理论、“三个代表”重要思想和科学发展观为指导，以服务我国基础教育的改革与发展、服务新时期中小学教师队伍建设和教师专业化为宗旨，解放思想，大胆探索，不断深化改革，努力构建和完善具有中国特色的教育硕士专业学位教育体系，培养了一大批高素质的中小学教师和教育管理干部，为推进我国基础教育的改革与发展，加快我国教育现代化进程，作出了重要的贡献。正如中国教育学会会长顾明远教授所指出的那样，教育硕士专业学位的设置是“中国教育发展史上的里程碑”。

一、教育硕士专业学位教育的发展历程

1995年，为进一步提高中小学教师和教育管理干部的综合素质，适应基础教育改革与发展对优质教师资源的迫切需求，国务院学位委员会办公室组织国内部分教育专家、中学校长和地方教育行政部门负责人，就开办教育硕士专业学位进行论证。在充分论证和广泛征求意见的基础上，1996年4月13日，国务院学位委员会第14次会议批准设置教育硕士专业学位，并决定北京师范大学等16所高校为首批试点培

养单位，同时成立了全国教育硕士专业学位专家指导小组，由国务院学位委员会教育学科评议组召集人、北京师范大学顾明远教授任组长，秘书处设在北京师范大学研究生院。

1999 年 7 月，国务院学位委员会、国家教育委员会决定成立第一届“全国教育硕士专业学位教育指导委员会”，顾明远教授为主任委员，国务院学位委员会教育学科评议组召集人、华东师范大学叶澜教授，华南师范大学何艳茹教授，国务院学位委员会心理学科评议组召集人、天津师范大学沈德立教授为副主任委员，北京师范大学裴娣娜教授任秘书长，秘书处仍设在北京师范大学研究生院。2006 年 2 月，国务院学位委员会、教育部批准成立第二届“全国教育硕士专业学位教育指导委员会”，国务院学位委员会委员、北京师范大学校长钟秉林教授为主任委员，叶澜教授、教育部基础教育司朱慕菊副司长、教育部师范教育司宋永刚副司长为副主任委员，北京师范大学教育学院院长张斌贤教授任秘书长。

专家指导小组（1996.6——1999.7）

顾明远、叶澜、何艳茹、沈德立、阎金铎、邓宗琦、张大均、王斌华、尚永亮、单墫、赵卫、袁锐锷、魏义钧、阎治身、吴昌顺（15 人）

第一届教指委（1999.7——2006.2）

顾明远、叶澜、何艳茹、沈德立、王选章、邓宗琦、吕九如、乔际平、孙名符、张大均、杨启亮、周庆元、范禄燕、胡晓莺、赵庆刚、赵彦修、袁锐锷、康岫岩、傅诚、傅维利、裴娣娜（21 人）

第二届教指委（2006.2——）

钟秉林、叶澜、朱慕菊、宋永刚、马云鹏、万明钢、王选章、卢家楣、石鸥、阴国恩、刘登义、吴国通、张斌贤、张民选、张大均、吴康宁、李继凯、范禄燕、周谷平、涂艳国、袁锐锷、梁景和、戚万学、康岫岩、蒋春澜、韩增林、马重奇（27 人）

从 1996 年到 2007 年，由全国教育硕士专业学位教育指导委员会审议、国务院学位委员会办公室批准，承担教育硕士培养的院校从最初的 16 所增至 57 所。在这 57 所院校中，既有教育部直属师范大学，又有省属师范大学；既有长期从事教师教育的高等师范院校，又有学术实力雄厚的综合性大学。培养院校的设置不仅充分考虑到高等教育机构的类型，同时兼顾到区域的平衡。在 57 所培养院校中，位于东部省份的 43 所，位于西部省份的 14 所。

随着培养院校的增加，教育硕士的招生规模也不断扩大。1997 年，教育硕士首次招生不足百人（无当年报名数据）。到 2007 年，全国报考教育硕士的人数为 27 499 人，招收 11 944 人。从 1997 年到 2007 年，全国教育硕士累计招生约 6.5 万人，目前在校生规模为 3.5 万人。截止到 2007 年 6 月，先后有近 3 万人获教育硕士专业学位，其中有 2 000 多人走上教育局长、中小学校长、幼儿园园长岗位。教育硕士专业已成为我国培养规模最大的专业学位教育类型之一。

二、教育硕士专业学位教育的全面探索

在我国，教育硕士专业学位教育是一个全新的事业，既无先例可循，也没有可以直接搬用的现成方案。十年来，在教育部和国务院学位委员会办公室的领导下、全国教育硕士专业学位教育指导委员会和各培养院校积极进取，不断创新，对教育硕士专业学位教育进行了全方位的探索，取得了丰富的经验。

1. 扩大招生对象。十年来，为适应我国基础教育和教师教育发展的客观需要，教育硕士的招生对象经历了一个不断调整的过程。从最初只招收普通高中在职教师或教育管理人员扩大到初中专任教师或教育管理人员和中等师范学校在职专任教师，1999 年又进一步扩大到中等教育其他类型学校的文化基础课专任教师和具有中学专业技术职务的教研员。到 2003 年，教育硕士的招生对象涵盖了基础教育各级各类学校的专任教师和教育管理者以及各级教育行政部门中具有（或相当于）中小学、幼儿园专业技术职务的管理干部，形成了一个全方位、多层次的服务于基础教育战线的教育硕士招生体系。

2. 增设专业领域。十年来，为适应我国基础教育事业发展的需要，教育硕士招生和培养的专业领域稳步扩大。1997 年，教育硕士招生和培养的专业领域仅有教育管理和学科教育 2 个专业、6 个专业方向。从 2002 年起，先后增设了 4 个专业和 11 个专业方向。到目前为止，教育硕士招生和培养的专业领域包括：教育管理、学科教学、现代教育技术、小学教育、科学与技术教育、心理健康教育 6 个专业、17 个专业方向，基本形成了适应我国基础教育需要的教育硕士专业学位专业体系。

3. 探索培养目标。十年来，全国教育硕士专业

学位教育指导委员会与各培养院校广泛借鉴国外先进经验，深入分析我国教育发展的宏观趋势，积极探索教育硕士专业学位教育的发展模式和教育硕士的培养目标。经过十年的探索和实践，教育硕士专业学位教育逐渐形成了不同于现行教育学硕士的培养目标，即为我国基础教育学校培养高层次、高素质的教师和教育管理人才，从而开辟了与学术型人才培养渠道相平行的职业型人才培养的新途径，不仅进一步丰富了我国学位与研究生教育的类型，而且为基础教育界输送了大批高学历、高素质的教育教学和教育管理人才，为提升中小学教师队伍的整体素质，加快教师专业化进程发挥了积极的作用。

4. 创新培养模式。教育硕士学员主要是由在职中小学教师和教育管理干部组成的特殊的学习群体，他们具有需求广、时间紧、差异大等特点，单一、固定的培养方式很难满足他们的多种多样的需求。此外，与全日制在校学生相比，教育硕士学员面临着突出的“工学矛盾”。十年来，各培养院校本着为基础教育服务的宗旨，从实际出发，在保证教育硕士研究生培养质量的前提下，锐意改革，探索出了灵活多样的培养模式和多样化的学时安排，满足了不同地区、不同群体教育硕士学员的需要，大大调动了广大中小学教师攻读教育硕士专业学位的积极性。

5. 改革教学方式。十年来，为确保教育硕士培养目标的实现，各教育硕士培养院校积极探索，在改革教育教学方式上开展了富有创造性的改革。一些院校根据不同课程的特点和教学要求，采取灵活多样的教学方式，在课程教学中注重学员实践反思能力的培养，增设实践环节，强化观摩教学和案例教学，并要求学员提交实践活动报告。有的院校通过建立“教育硕士仿真学校”的形式，模拟学校运行方式，为教育硕士学员提供交流研讨、模拟教学实践的平台。部分院校结合教师所承担的科研课题，通过吸收教育硕士学员参与课题研究和调查活动，不仅很好地处理了理论学习与实践应用之间的关系，而且提高了学员的科研能力。部分院校根据区域特点，组成了包括联谊会、委员会和学习小组等多种形式的教育硕士学员的“互助”组织，把学习和培养工作延伸到校外，扩展到学员生活和工作单位的所在地。大多数院校都注重引导学员把教学实践经验与理论相结合，积极鼓励学员从中小学教育教学或教育管理的实践出发，联系教学实践过程中遇到的问题并将其作为学位论文的选题，通过自己的理论思考和研究加以解决。有的培养院校尝试把学员的学位论文答辩安排在中小学进行。

这种形式既促进了教育硕士学员积极开展教学实际问题的研究，也使中小学参与检验教育硕士毕业生的实践水平，从而实现了理论与实践、教学与科研、导师与学生、培养单位与被培养单位的双向互动，取得了较好的效果。

6. 建立培养基地。实践能力和技能的提高，是培养职业型人才的关键。为了不断提高教育硕士学员的实践能力，一些教育硕士研究生培养院校通过自身努力以及与中小学的密切合作，建立不同形式的教育硕士教学科研基地。在这些基地中，教师和学员可以自由地开展各种形式的教学研讨和科研实践活动，包括考察学习、观摩教学、调查研究、论文开题和论文答辩等。基地的建立，为广大教育硕士学员提供了运用理论学习成果、提高教育教学实践能力和技能的重要场所。

部分院校依据教师校本发展、教学研一体化等教育理念，借鉴博士流动站建设的成功经验，选择部分管理富有特色、教学质量高、新课程改革卓有成效的中小学建立教育硕士流动站，为教育硕士培养提供一个集教科研于一体的基地，并探究新的教育硕士培养的校本模式，提高教育硕士培养的针对性和有效性，同时也有助于促进教育硕士指导教师的业务发展。

7. 建设教师队伍。名师出高徒，没有一支政治业务素质过硬的任课教师和指导教师队伍，是难以保证教育硕士培养的高质量的。十年来，随着教育硕士招生规模的不断扩大，数量与质量的矛盾成为制约教育硕士专业学位教育事业发展的瓶颈。在国务院学位委员会办公室的直接领导下，全国教育硕士专业学位教育指导委员会先后采取了一系列措施，大力推进教育硕士任课教师和指导教师队伍的建设。各培养院校积极探索，通过颁布管理规定、开展新导师上岗培训、聘请名师开设讲座等形式，努力提高广大教师的政治业务素质，加深他们对教育硕士专业学位教育特点的认识。为提高培养质量，各培养院校积极采取措施，在严格标准的前提下，不断扩大教育硕士的指导教师队伍，并从基础教育学校聘请部分具有丰富教学和管理经验的高级教师、特级教师和管理干部担任教育硕士指导教师。与此同时，各培养院校先后制定了一系列规章制度，对教育硕士学员的任课教师和指导教师进行严格考核，以不断提高教育质量。

8. 变革管理机制。教育硕士专业学位教育的设立，不仅是我国学位与研究生教育和教师教育发展史上的一个重要事件，也是宏观教育管理机制的一次重要变革。从酝酿设立教育硕士专业学位之初，专家学者就发挥了积极的作用。国务院学位委员会批准设立教育硕士专业学位之后，教育部和国务院学位委员会办公室先后成立教育硕士专业学位专家指导小组和教育指导委员会，作为业务指导组织，履行相关管理职能，教育行政部门则从直接管理转向间接管理。十年来的实践充分证明，这种管理机制的创新对于推进教育硕士专业学位教育事业的发展发挥了重要的作用。

9. 强化理论研究。随着教育硕士专业学位教育的开展，围绕着教育硕士专业学位教育的理论研究、政策研究、比较研究和应用研究逐渐兴起，并成为教育研究的一个重要的新兴领域。十年来，先后发表了大量与教育硕士专业学位教育相关的研究论文和学位论文。与诸多教育研究领域不同的是，教育硕士专业学位教育的研究是由现实需要引发，并为了解决现实中存在的问题而兴起的，它更多地是作为一个综合的研究领域而出现的，这种研究范式对于推进我国的教育研究有着非常重要的启示。

10. 拓展社会影响。十年来，随着一批又一批教育硕士学员先后完成学业，在基础教育战线发挥着日益重要的作用，教育硕士专业学位教育的社会影响日益扩大。十年间，各教育硕士培养院校先后为基础教育界输送了近3万名获得教育硕士专业学位的、高素质的骨干教师和教育管理干部。他们中的许多人或者成为特级教师和教学名师，或者走上基础教育学校的管理岗位，或者成为地方教育行政部门的领导干部，对基础教育的改革发展发挥了重要作用。

十年来，在全国教育界的共同努力下，教育硕士专业学位教育从无到有，从小到大，业已成为我国专业学位教育体系的重要组成部分。

十年来，教育硕士专业学位教育积累了丰富的办学经验，形成了具有中国特色的高层次、高素质的教育职业型人才的培养体系。

十年来，教育硕士专业学位教育事业取得了丰硕的成果，对基础教育和教师教育的改革发展发挥了重要作用，产生了巨大的社会影响。

三、教育硕士专业学位教育的未来展望

2006年3月，教育部副部长吴启迪代表国务院学位委员会和教育部正式宣布，经过十年的探索，教育硕士专业学位教育将由试办阶段进入规范发展的新阶段。

在新的历史阶段，教育硕士专业学位教育发展的总体战略是，加快改革发展、注重制度建设、提高教育质量、打造学位品牌。为实现这个战略目标，全国教育硕士专业学位教育指导委员会将在国务院学位委员会和教育部的领导下，在国务院学位委员会办公室的指导下，在地方教育行政部门的紧密配合下，在各培养院校的大力支持下，多方面开展工作，进一步推进我国教育硕士专业学位教育事业的改革和发展。

1. 牢固树立质量为本的观念，推进各项制度建设，不断提高教育硕士专业学位的教育质量，为基础教育输送更多高素质教师和教育管理干部。

教育硕士专业学位教育结束试办、转向规范发展，意味着教育硕士专业学位教育工作重心的转移，意味着在招生规模和招生专业领域扩大的同时，应当把上水平、创品牌作为工作的中心。为此，应当牢固树立质量是教育硕士专业学位教育生命线的意识，应当把不断提高教育质量摆在教育硕士全部培养工作的首位，应当从政策、体制、机制、内容和手段等多方面，建立健全各项规章制度，形成稳定有效的质量保障机制和监控机制，不断提高教育硕士专业学位的教育质量，为教育硕士专业学位教育的可持续发展奠定坚实的基础。

2. 深化教育硕士专业学位教育管理的改革，建立健全分工明确、责任明晰、相互协调的教育硕士专业学位教育管理机制和方式，以适应事业发展的客观需要。

经过十年的探索，业已形成了一整套符合我国国情的教育硕士专业学位教育的管理体制和机制。在教育部和国务院学位委员会办公室的领导下，全国教育硕士专业学位教育指导委员会将进一步强化宏观业务指导和政策引导，充分调动各培养院校的积极性，鼓励各培养院校建立健全旨在自我管理、自我发展的内部管理体制和机制，并结合校情、区情，开展富有创造性的探索，以形成统一性与多样性、原则性与灵活性有机结合的管理格局。与此同时，应当牢固树立

“开放办学”的意识，进一步吸收社会各界特别是基础教育界的力量参与教育硕士专业学位教育工作，加快建设培养院校—教育行政部门—中小学密切合作、优势互补、共同发展的教育硕士培养平台，为不断提高教育硕士的培养质量建立稳定的基地。

3. 不断推进理论研究、政策研究和应用研究，加快学科建设，为教育硕士专业学位教育事业的改革发展奠定坚实的知识基础。

要推动教育硕士专业学位教育事业的可持续发展，既需要在实践的过程中不断探索，同样需要在科学和理论的层面上开展深入的研究，从而使实践更具有方向和目标。全国教育硕士专业学位教育指导委员会将采取各种切实有效的措施，与各培养院校通力合作，调动各方面的积极性，开展多种形式的科研攻关，不断增强教育硕士专业学位教育研究的科学性，进一步提升研究的水平。

4. 采取各种形式，进一步扩大教育硕士专业学位教育的社会影响，积极争取相关政策的支持，以不断推进教育硕士专业学位教育事业更好更快地发展。

教育硕士专业学位教育从设立至今仅有十年时间，仍然面临着种种困难和挑战。“百年大计，教育为本。教育大计，教师为本”。要办好人民满意的教育，不断提高教师素质是一项具有战略意义的基础工程。在现行的学位与研究生教育体制下，教育硕士专业学位教育是中小学教师所能受到的最高学历教育，对于教师学历提高和素质提高具有重要作用。对于这样一项具有特殊意义的事业，社会各界尤其是教育界需要给予更多的关注和重视，需要有关部门从人事政策、培养经费、条件保障等诸多方面给予大力支持，以便为教育硕士专业学位教育的可持续发展创造更为有利的条件。

5. 进一步开展对外交流与合作，充分吸收和借鉴国外境外一切优秀的经验，以开阔视野，拓展思路，不断丰富和深化对教育硕士专业学位教育的认识和理解。

相对于许多发达国家，我国的教育硕士专业学位教育开展的时间不长，缺乏必要的经验积累和知识储备。因此，我们需要不断拓展对外交流的渠道和途径，采取多种方式，与国外境外相关组织和机构建立制度化的交流合作关系，丰富和拓展我们对国外境外教育硕士培养的经验教训的了解，在此基础上，更好地借鉴他人已有的经验，汲取教训，使我国的教育硕士专业学位教育始终保持健康发展的势头。与此同时，应当积极鼓励各培养院校主动开展与国外境外相关组织和机构建立多种形式的合作关系，以快速提升教育硕士的培养质量，培养出一大批具有全球和世界眼光的教育家。

教育硕士专业学位教育已经走过了第一个十年。这十年留下了大量宝贵的精神财富，为今后十年乃至更长时期的发展奠定了坚实的基础。

教育硕士专业学位教育即将迎来第二个十年，即将进入发展的战略机遇期。我们要在胡锦涛总书记十七大报告精神的指引下，继往开来，锐意改革，不断创新，迎接教育硕士专业学位教育事业发展的新高潮。

全国教育硕士专业学位教育指导委员会供稿，原载2007年12月15日《中国教育报》第3版

师范教育

〔综述〕 2007年，全国培养本科、专科和中师层次师范生的院校分别有341所、409所和2 198所。其中，师范大学38所、师范学院59所、综合性院校218所、中等师范学校196所。

2007年，全国普通院校师范类在校生247.64万人，其中本科生113.95万人、专科生64.6万人、中师生69.09万人；普通院校师范类招生总计71.33万人，其中本科29.52万人、专科16.38万人、中师25.43万人；普通院校师范类毕业生75.8万人，其中本科27.93万人、专科26.65万人、中师21.22万人。

2007年，全国普通中小学专任教师1 052万人，其中小学专任教师561.26万人，比上年增加2.5万人；初中专任教师346.43万人，比上年增加0.08万人；高中专任教师144.31万人，比上年增加5.59万人。城乡分布上，城市教师210.70万人，县镇349.56万人，农村491.73万人，县镇以下中小学教师占到80%。

普通小学、初中、高中专任教师学历合格率分别为99.1%、97.19%、89.3%，比上年分别提高0.23、0.85、2.84个百分点。城市、县镇、农村普通小学专任教师学历合格率分别为99.79%、99.62%、98.72%，比2006年提高0.06、0.09、0.29个百分点；城市、县镇、农村初中专任教师学历合格率分别为99.03%、97.51%、95.98%，比2006年提高0.25、0.56、1.18个百分点；城市、县镇、农村高中专任教师学历合格率分别为94.16%、87.21%、81.21%，比2006年提高1.23、2.92、5.35个百分点。

小学专任教师具有专科以上学历的比例为66.88%；初中专任教师具有本科学历的比例为47.27%；高中专任教师具有研究生学历的比例为1.77%，分别比2006年提高4.81、6.17、0.39个百分点。城市、县镇、农村小学专任教师具有专科以上学历者分别为85.30%、75.87%、58.53%；比上年提高2.76、3.46、4.92个百分点；城市、县镇、农村初中专任教师具有本科以上学历者分别为71.96%、46.79%、35.97%；比上年提高3.49、5.64、6个百分点；城市、县镇、农村高中专任教师具有研究生学历者分别为2.96%、1.12%、0.69%；比上年提高0.61、0.21、0.03个百分点。

撰稿　邬　跃

〔深入学习贯彻胡锦涛总书记在全国优秀教师代表座谈会上的重要讲话精神〕 2007年8月31日，胡锦涛总书记在中南海亲切接见全国优秀教师代表，与优秀教师代表座谈并发表重要讲话。总书记的讲话高屋建瓴、内涵深刻、意义深远，充分体现了党中央大力实施科教兴国、人才强国战略的坚定决心和对教育事业的高度重视以及对广大教师和教育工作者的亲切关怀。教育部党组高度重视，迅速部署并组织开展深入学习宣传和贯彻落实总书记重要讲话精神的活动。

8月31日，教育部召开了全国教育系统深入学习贯彻胡锦涛总书记重要讲话精神座谈会。同日，印发《教育部党组关于学习贯彻胡锦涛总书记在全国优秀教师代表座谈会上重要讲话精神的通知》。按照教育部要求，全国各级教育行政部门和各级各类学校抓住庆祝第23个教师节有利时机，制订本地（本校）学习计划，提出明确举措和要求，通过组织各种类型的报告会、学习会、座谈会、研讨会等途径和方式，迅速掀起学习贯彻总书记重要讲话精神的热潮。

为推进深入学习、深刻领会总书记重要讲话的重大意义和精神实质。9月1日，教育部党组在中央媒体发表署名文章《尊师重教 开辟未来》。从9月开始，组织有关专家学者、教育工作者和各级各类学校教师撰写学习体会文章，连续在中央主要媒体刊发，进一步引导全国广大教师深刻认识自己的神圣职责和重要使命，树立远大的职业理想，胸怀祖国，热爱人民，爱岗敬业，创新奉献，教书育人，为人师表，不断提升人民教师的人格魅力和学识魅力，以卓有成效的工作赢得全社会的尊重。

与此同时，教育部抓住教师节庆祝活动和优秀教师表彰年的有利时机，在中央有关部门的支持下，大力表彰优秀教师高尚师德，引导广大教师深入学习优秀教师先进事迹；与人事部联合表彰2 800多名全国模范教师和优秀教师，先后作出向郭力华、符爱起、桑杰顿珠、阿木冬·吐鲁甫、林强、李明素等优秀教师学习的决定；印发《关于开展缅怀为保护学生英勇献身教师、慰问教师家属活动的通知》，深入开展缅怀英雄教师、慰问教师家属和学习优秀教师先进事迹的活动。教师节前后，中央电视台《新闻联播　劳动者之歌》栏目集中连续播出闵乃本、胡安梅等10位模范教师先进事迹；中央人民广播电台开辟“尊师重教，奠基未来”专栏，连续播出柳茹、戴春霞等20位优秀教师先进事迹；9月10日晚，中央电视台播出《2007奠基中国》教师节专题节目；其他中央各大媒体都开辟了专栏、制作专题节目，宣传优秀教师先进事迹。通过广泛深入的宣传，弘扬了新时期人民教师的高尚师德，在全社会营造了尊师重教的良好氛围。

撰稿　王海英　赵建军

〔**教育部直属师范大学师范生免费教育试点工作**〕　2007年3月5日，温家宝总理在十届全国人大五次会议《政府工作报告》中提出：“在教育部直属师范大学实行师范生免费教育，建立相应的制度。”5月9日，温家宝总理主持国务院第176次常务会议，讨论并原则通过教育部、财政部、人事部、中央编办联合制定的《教育部直属师范大学师范生免费教育实施办法》（以下简称《实施办法》）。同日，国务院办公厅转发《教育部直属师范大学师范生免费教育实施办法（试行）》。

《实施办法》规定：从2007年秋季入学的新生起，北京师范大学、华东师范大学、东北师范大学、华中师范大学、陕西师范大学和西南大学六所教育部直属师范大学实行师范生免费教育；免费教育师范生在校学习期间免除学费，免缴住宿费，并补助生活费，所需经费由中央财政安排；六所师范大学的师范专业实行提前批次录取，择优选拔热爱教育事业，有志于长期从教、终身从教的优秀高中毕业生；免费师范生入学前与学校和生源所在地省级教育行政部门签订协议，承诺毕业后从事中小学教育十年以上；免费师范毕业生一般回生源所在省份中小学任教。《实施办法》要求有关省级政府要统筹规划，做好接收免费师范毕业生的各项工作，确保每一位到中小学校任教的免费师范毕业生有编有岗；六所师范大学要抓住实行师范生免费教育的良好机遇，围绕培养造就优秀教师和教育家的目标，大力推进教师教育改革，通过培养教育，使学生树立先进的教育理念，热爱教育事业，具有长期从教的职业理想，为将来成为优秀教师和教育专家打下牢固的根基。

在国务院领导直接关心和指导下，教育部、财政部、人事部和中央编办会同六所部属师范大学和各地教育部门，认真贯彻落实中央精神，按照温家宝总理提出的“自愿、择优、公开、改革”的要求，精心组织，狠抓落实，师范生免费教育工作进展顺利。

——政策宣传广泛深入。5月15日，教育部召开师范生免费教育实施工作会议，要求各地和有关学校认真学习贯彻落实国务院文件精神，切实做好实施工作。及时举行新闻发布会，宣讲师范生免费教育政策。组织新闻媒体深入报道，努力营造师范生免费教育的良好舆论氛围。由于措施得力，宣传到位，师范生免费教育政策得到社会广泛认同和支持，受到考生、家长的热烈拥护。

——招生工作成效显著。考生认同度高，报考踊跃，生源数量充足，重点线上报考免费师范生人数大大超出计划招生数；招生向中西部倾斜的政策得到落实，来源于中西部20个省份的免费师范生占90.8%；生源质量整体好于往年，中西部地区更为明显，六所部属师范大学免费师范生在各地的提档线平均高出省重点线约30分，比2006年提高6分；生源结构得到改善，农村优秀生源比例提高，男生比例增加，有利于免费师范生毕业后回所在省份任教，有利于提高农村教育质量，推进义务教育均衡发展。

——入学教育认真细致。温家宝总理9月8日在北京师范大学免费师范生座谈会上的讲话在部属师范大学中引起强烈反响。六所师大以温家宝总理对华中师范大学免费师范生王潇同学提出的“努力学习，全面发展，立志成才”为主题，整体规划并开展免费师范生入学教育系列活动，对免费师范生开展深刻的理想信念和师德教育，增强其从事教师职业的光荣感、责任感和使命感，激励他们长期从教、终身从教。

——教学改革大力推进。六所部属师范大学积极落实培养方案，精心设计加强和改革教师培养工作的总体要求、措施和办法。按照培养优秀教师的目标，创新教师培养模式，努力实现学科教育与教师教育更好的融合。强化教育实践环节，加大实践教学力度。加强教育实践基地建设，探索建立教师教育综合改革和高师院校服务基础教育试验区，促进师生积极参与当地教育改革实践。整合校内优质教学资源，选拔优秀教师和名师为师范生授课，建立师范生培养双导师制度，保证为学生提供高质量的教学，全面提高培养质量。

撰稿　于兴国

〔**“农村义务教育阶段学校教师特设岗位计划”实施情况**〕 2007年，农村义务教育阶段学校教师特设岗位计划进一步推进实施，整体工作进展顺利。今年共招聘特岗教师16 252人，其中初中教师12 320人，占75.8%；小学教师3 932人，占24.2%。覆盖了约400个县，4 000多所学校，其中初中2 700多所，小学1 300多所。招聘的特岗教师中，本科及以上学历11 157人，占68.7%；专科学历5 095人，占31.3%。从总体数量上看，2007年招聘人数比2006年略有增加；从学历来看，本科以上高校毕业生比例大幅提高，由2006年的39.0%提高到2007年的68.7%，提高了近30个百分点；另外较多地补充了农村学校紧缺的英语、信息技术、体育等学科教师，教师的学科结构得到优化。

从2007年起，用于特岗教师工资性支出的中央财政专项资金支持标准，由2006年的年人均15 000元提高到18 960元，月均提高330元，全年提高3 960元。

2007年10月，教育部在宁夏召开农村学校教师特设岗位计划工作座谈会，总结交流两年来各地实施特岗计划的工作情况和经验，研讨进一步推进工作的思路和举措。教育部副部长陈小娅出席会议并发表重要讲话，教育部师范司、基础司、督导办、财务司有关负责人、财政部教科文司有关人员参加会议。相关省（自治区、直辖市）教育行政部门分管领导和相关处室负责人参加座谈会，介绍了本省实施计划取得的成效、存在的问题，并对计划的实施工作提出了建议。

陈小娅副部长在讲话中对各地特岗计划实施工作给予了充分肯定，强调实施特岗计划是完成西部地区“两基”攻坚任务的一项重要举措，有助于解决西部学生“进得来”、“留得住”和“学得好”的问题，同时对加强中西部农村教师队伍建设、创新农村教师补充机制具有重要意义。她指出，实施特岗计划既要着眼于现实，也要着眼于长远，探索一套新的教师补充机制；在特岗计划实施时，要和学校岗位设置，学校人事制度改革等问题紧密结合，周密考虑，做到宁缺毋滥；在特岗教师的录取、报名、培训等环节，各地要根据实际情况进一步完善；要把特岗教师和提高农村教育质量更紧密结合起来，同时要关注他们的成长和生活。

撰稿　邬　跃　葛振江

〔**教育部组织实施2007年暑期中小学教师培训“三项计划”**〕 为充分发挥“农村中小学现代远程教育工程”和全国教师教育网络联盟的作用，加强农村教师培训，提高西部地区中小学教师素质，促进义务教育均衡发展，2007年暑期，教育部分别组织实施了西部农村教师远程培训、援助西藏中小学教师培训和援助新疆中小学教师培训“三项计划”。

“西部农村教师远程培训计划”采用以卫星电视为主、网络和光盘学习为辅的远程教育方式培训西部农村教师。该计划在2007年首先直接对中西部16个省份、100个县约15万名农村一线骨干教师进行一次远程集中培训，同时通过互联网、卫星电视资源下载和光盘等方式间接培训了100余万农村教师。“援助西藏中小学教师培训计划”采用“送培进藏”集中培训和光盘培训相结合的方式培训西藏中小学教师。2007年对西藏1 000多名骨干教师进行了为期10天的免费集中培训，同时将培训资源制作成光盘免费发放给2万多名西藏中小学一线教师。“援助新疆中小学教师培训计划”采用“送培进疆”集中培训、光盘培训和网络培训相结合的方式培训新疆中小学教师。2007年，该计划对新疆1 100多名中小学骨干教师进行了为期10天的免费集中培训，同时将培训资源制作成光盘免费发送参训学员并上传新疆远程教师网覆盖全疆教师。

“三项计划”的实施受到了中西部地区教育行政部门和广大中小学教师的热烈欢迎，反映强烈。“三项计划”是第一次依托“农远工程”，大规模、低成本、高效益地培训西部和少数民族地区农村教师的成功实践；是第一次采用“天网、地网、人网”有机结合，发挥教师网联作用，创新教师培训机制的成功探索；是第一次通过教师培训对口支援西藏、新疆和西部地区教育的成功尝试。“三项计划”培训效果显著，有力地促进了中西部和西藏、新疆地区教师素质的提高，创新了培训机制，促进了高师院校为农村教育服务和教师网联计划的深入开展，为农村教师培训做出了示范。

撰稿 周 新 唐京伟

〔**师范生实习支教工作情况**〕 2007年，教育部在总结经验的基础上，推动师范生实习支教工作在更大范围展开。6月，教育部在河北廊坊召开师范生实习支教工作座谈会，要求各地师范院校要不断创新，加强对实习支教工作的研究，在实践中发现问题、解决问题，创新机制、完善制度。7月，教育部印发《关于大力推进师范生实习支教工作的意见》，要求地方各级教育行政部门和有关学校要高度重视，精心组织，密切配合，大力推进师范生实习支教工作；要建立完善高年级师范生到中小学进行不少于一学期的教育实习制度；要建立相对稳定的师范生实习基地，进一步加大支持力度。9月，贯彻国务院领导批示精神，教育部组成由部领导带队的调研组，对山西省忻州师范学院师范生实习支教工作进行实地调研并向国务院报送了实习支教专题汇报。此外，进一步加大宣传力度，通过连续编发教育部简报，组织中国教育报等新闻媒体进行专题报道等形式，集中宣传一些地区和师范院校开展师范生实习支教的典型经验和做法。

新疆、山西等一些地区以及河北师大、江西师大、海南师大、信阳师院、忻州师院等一批高等师范院校认真贯彻教育部文件要求，结合当地实际不断扩大高年级师范生实习支教的规模。新疆维吾尔自治区把师范生实习支教作为提高全疆少数民族教育质量的一项长效机制，设立专款，组织一批师范院校开展师范生实习支教。山西省继忻州师院实习支教取得成效后，将山西师大作为实习支教的新试点，忻州师院将实习支教县由5个扩大到8个。

撰稿 陈 武

〔**城镇教师支援农村教育工作情况**〕 2006年2月，教育部印发《关于大力推进城镇教师支援农村教育工作的意见》，提出做好大中城市中小学教师到农村支教工作。《意见》要求各地把城镇教师支援农村教育工作纳入农村教育发展总体规划并摆在突出位置，因地制宜、创造性地开展工作，逐步形成制度并长期坚持。《意见》印发后，全国各教育部门认真贯彻落实文件精神，积极推进城镇教师支援农村教育工作，多数省区行动迅速、工作扎实，取得积极进展和成效。

2007 年 7 月，教育部在北京召开城镇教师支援农村教育工作座谈会，交流工作经验，研究进一步推进城镇教师支援农村教育工作的措施。教育部部长周济出席座谈会并讲话、副部长陈小娅主持会议，北京等 15 个省（自治区、直辖市）教育厅（教委）负责人参加了会议。

周济充分肯定了近年来各地推进城镇教师支援农村教育工作的成效和经验，指出城镇教师支援农村教育是加强教师队伍建设的一项重要举措，推进城镇教师支援农村教育工作，对于提高农村教育质量、促进义务教育均衡发展、构建和谐社会、加快社会主义新农村建设具有重要的战略意义和现实意义。他要求，各地要进一步深入推进城镇教师支援农村教育工作。一是要进一步统一思想，提高认识。要从落实科学发展观、构建社会主义和谐社会的高度，从教育改革发展全局的高度，充分认识支教工作的重大意义；要把支教工作作为推进教育改革发展的一项重大举措，作为加强教师队伍建设的一项长期工程，切实抓紧抓好。二是要加强领导，扎实推进。各地要学习借鉴好的做法和经验，采取更有力的措施，大力推进城镇教师支援农村教育工作；从新学期开始，各地城镇教师支教工作要有新的进展，取得新的成效。三是要完善政策，创新机制。要将支教工作纳入到教师队伍建设整体规划和总体部署，进一步建立和完善城镇中小学教师到农村任教服务期制度，结合本地实际，创造性地开展工作，形成良好的工作机制。四是要加强宣传，营造氛围。要大力宣传城镇教师服务农村教育工作，努力营造良好的社会氛围，形成积极的舆论导向，促进城镇教师支援农村教育工作深入开展。

2007 年，各地因地制宜，积极采取有力措施，探索有效机制，创造性地开展工作。

撰稿 郇 跃 葛振江

〔**师范教育类特色专业评审工作**〕 根据《教育部 财政部关于实施高等学校本科教学质量与教学改革工程的意见》、《教育部关于进一步深化本科教学改革全面提高教学质量的若干意见》和《关于启动“第二类特色专业建设点”申报工作的通知》精神，教育部决定遴选出 50 个师范教育类特色专业，进行重点建设，发挥其在培养中小学教师中的示范引领作用。

师范教育类特色专业评审和建设要求是：紧紧围绕培养优秀中小学教师的目标，调整教师培养方案，改革课程体系和教学内容；强化教育实践，教育实习原则上不少于一个学期，有相对稳定的中小学实习基地；形成教师主动参与中小学教育教学研究、并且聘请中小学一线教师兼职兼课制度；毕业生到中小学就业率较高；为基础教育服务并有较大影响。

按照教育部“第二类特色专业建设点”评审统一安排和要求，2007 年 10 月 24 日—25 日，教育部师范司组织专家对“师范教育第二类特色专业建设点”进行了评审。师范教育类特色专业共有 123 所高校的 385 个专业点申报，其中 6 所教育部直属师范大学申报 63 个、32 所省属师范大学申报 172 个、25 所综合大学申报 48 个、21 所师范学院申报 41 个、39 所地方综合性学院申报 61 个。评审分为初审和复审两个阶段进行，根据评审原则并考虑到地区、学校、专业布局，经专家组投票表决，最后评选出 40 所学校的 50 个专业作为师范教育类特色专业。其中教育部直属师范大学入选 16 个专业点，省属师范大学入选 29 个，综合性大学入选 2 个，师范学院入选 3 个。

附

2007年度第一批高等学校师范教育类特色专业建设点名单

序号	项目编号	学校名称	专业名称
1	TS2069	北京师范大学	特殊教育
2	TS2070	北京师范大学	汉语言文学
3	TS2071	北京师范大学	数学与应用数学
4	TS2072	北京师范大学	物理学
5	TS2073	首都师范大学	小学教育
6	TS2102	天津师范大学	思想政治教育
7	TS2104	天津工程师范学院	机械制造工艺教育
8	TS2110	河北师范大学	思想政治教育
9	TS2114	山西师范大学	汉语言文学
10	TS2115	忻州师范学院	汉语言文学
11	TS2118	内蒙古师范大学	历史学
12	TS2129	辽宁师范大学	计算机科学与技术
13	TS2142	东北师范大学	英语
14	TS2143	东北师范大学	历史学
15	TS2144	东北师范大学	数学与应用数学
16	TS2145	吉林师范大学	物理学
17	TS2147	长春师范学院	科学教育
18	TS2165	哈尔滨师范大学	音乐学
19	TS2187	华东师范大学	汉语言文学
20	TS2188	华东师范大学	历史学
21	TS2189	华东师范大学	心理学
22	TS2192	上海师范大学	小学教育
23	TS2226	南京师范大学	汉语言文学
24	TS2228	徐州师范大学	汉语言文学
25	TS2246	浙江师范大学	学前教育
26	TS2254	安徽师范大学	地理科学
27	TS2259	福建师范大学	美术学
28	TS2261	江西师范大学	公共事业管理（教育管理方向）
29	TS2281	山东师范大学	教育学
30	TS2282	曲阜师范大学	汉语言文学
31	TS2288	河南师范大学	物理学
32	TS2313	华中师范大学	英语
33	TS2314	华中师范大学	化学
34	TS2324	湖南师范大学	体育教育
35	TS2336	华南师范大学	教育技术学

续表

序号	项目编号	学校名称	专业名称
36	TS2341	广西师范大学	物理学
37	TS2344	海南师范大学	生物科学
38	TS2345	西南大学	教育学
39	TS2346	西南大学	生物科学
40	TS2353	重庆师范大学	数学与应用数学
41	TS2370	四川师范大学	汉语言文学
42	TS2375	贵州师范大学	数学与应用数学
43	TS2380	云南师范大学	旅游管理与服务教育
44	TS2382	西藏大学	数学与应用数学
45	TS2407	陕西师范大学	汉语言文学
46	TS2408	陕西师范大学	数学与应用数学
47	TS2412	西北师范大学	英语
48	TS2413	青海师范大学	数学与应用数学
49	TS2414	宁夏大学	生物科学
50	TS2420	新疆师范大学	中国少数民族语言文学

撰稿　于兴国

〔**"全国教师教育网络联盟计划"实施情况**〕2007年，全国教师教育网络联盟计划实施工作取得了积极进展。

——教师远程培训迅猛发展。2007年，教师网络联盟系统师范专业远程学历教育学生累计达90多万人，教师非学历远程培训每年达100万人次。特别是教师网联"继续教育网"积极开展教师非学历远程培训，建设830门网上课程，在2006年21个省（自治区、直辖市）的基础上扩展到全国31省（自治区、直辖市），建立了440个教师学习中心，较之2006年增加了一倍多。教育部师范司帮助建设的40多家地方网站，注册学习教师由去年的16万人增加到50多万人，累计注册学习教师达到近90万人，日均点击次数超过60万次。

——课程资源建设取得重要进展。各成员单位开发学历教育网络课程3 000多门，非学历培训网络课程1万多门。教育部组织实施"全国中小学教师远程非学历培训课程资源开发项目"，北大、北师大等84家单位共计报送了201项资源开发课题，评审专家择优选择了28项课程资源开发课题。

——区域教师网络联盟建设取得积极进展。继四川、福建、广东、海南、上海等省（直辖市）之后，2007年，广西成立了省级区域性教师教育网络联盟。11月，教育部师范司在广州组织召开"全国中小学教师远程培训暨教育技术能力建设计划实施工作经验交流会"，研究中小学教师远程培训的主要思路和工作规划。

撰稿　曹叠峰　唐京伟

〔**"全国中小学班主任培训计划"实施情况**〕为全面提高中小学班主任队伍的素质和能力，根据《教育部关于进一步加强中小学班主任工作的意见》，2006年教育部启动实施全国中小学班主任培训计划，组织对全国中小学班主任进行不低于30学时的专题培训。

2007年，教育部组织实施了"万名中小学班主任国家级远程培训项目"和"全国中小学骨干班主任高级研修项目”。远程培训项目依托全国中小学教师继续教育网络平台，采取学员不脱产，以网络学习为主，分散学习与网上网下集中学习相结合的方式，利用网络平台提供的视频点播系统和交流互动系统，对全国30个省（自治区、直辖市）及新疆生产建设兵团共100个县的万名一线班主任进行了培训。同时，依托高等院校资源采取“集中培训”方式，对全国32个省份（含新疆生产建设兵团）选送的200名获得省级（或地、市级）以上表彰的中小学优秀班主任进行了四期免费高级研修。此次培训采取两个项目相结合的方式进行，以案例为引导，结合当代班主任工作的现实问题展开，突出了可操作性和实效性，培训成效显著，受到参训学员和地方教育部门好评。

在教育部大力推动下，各省（自治区、直辖市）教育部门，采取多种方式广泛开展了中小学班主任培训。据不完全统计，2007年，全国大约有160万名中小学班主任接受了一次专业培训，班主任素质显著提高。

撰稿　陈　岚　唐京伟

〔**“2003—2007年中小学教师培训计划”基本完成**〕　为紧密配合实施素质教育和新一轮基础教育课程改革。根据《中小学教师继续教育规定》，2003—2007年，教育部实施了以“新理念、新课程、新技术和师德教育”为主要内容的新一轮中小学教师全员培训计划。

为推动全国新一轮中小学教师全员培训计划的开展，教育部相继启动实施了“基础教育新课程培训计划”、“全国中小学教师教育技术能力建设计划”、“全国中小学班主任培训计划”、“西部农村教师远程培训计划”、“援藏教师培训计划”、“援疆教师培训计划”等重要项目。通过现代远程教育和集中培训、送培下省等方式直接培训了近30万名中小学教师，全国各地近100万农村教师受益。按照教育部的总体部署，在各级教育行政部门的组织下，各级各类师范院校和教育机构采取院校集中培训、现代远程教育、校本研修、专家送教上门、省际对口支援培训等多种方式，有计划、有步骤地开展了1 000万中小学教师岗位培训。同时，各级政府还支持广大教师通过成人教育、自学考试、卫星电视教育和计算机网络教育等途径，进行学历、学位提高培训。

通过计划的实施，2003—2007年，全国1 000多万中小学教师绝大部分通过各种途径和方式，接受了一轮比较系统的教育教学能力和综合素质提高培训。一大批骨干教师迅速成长，广大中小学教师的精神风貌发生了很大变化，终身学习理念进一步深入人心，师德修养和综合素质进一步提高，教育教学能力显著增强。

撰稿　曹叠峰　唐京伟
审稿　管培俊

热点关注

以师范生免费教育为契机创新教师教育体系

我国现行的教师教育体系形成于20世纪50年代初，基本特点是以高等师范院校为培养主体，综合性大学参与教师教育的比重还比较低，教师队伍来源呈现出单一性的弊端。从培养的空间上看，教师教育主要局限在师范院校内部进行，高等师范院校对基础教育的改革和发展缺乏积极主动的回应。在培养的方法上，先进理论与技术和教师教育的融合有待加强，教师特别是农村教师由于各种困难职后培训无法保证。

在培养的时间上，职前教育与职后尚未有效贯通，二者相对分离，不利于教师职业的发展。

作为教育部直属的全国重点师范大学，华中师范大学以免费师范生教育为契机，积极发挥自身优势，正努力构建一个具有中国特色的教师教育体系。这个体系的基本构想是，以师范大学为主体，以认知科学、IT技术等手段为支撑，以教师教育综合实验区为依托，校内校外有机衔接，职前职后教育一体化，在更加开放、更加广阔的空间中培养和培训教师。开放性、广阔性、一体化是这个体系的三个关键点。

所谓开放性是指，教师教育不再局限在高等师范院校内部进行，而是高等教育与基础教育紧密结合，高等师范院校与地方政府紧密结合，充分发挥大学的理论、技术与资源优势，基础教育的实践优势，地方政府的组织优势，实现三者之间的优势互补。

所谓广阔性是指，教师教育要在搞好校内教育的同时，积极运用信息技术和认知科学等先进技术和理论，使其向外延伸，发挥虚拟空间和基础教育阵地的作用。

所谓一体化是指，教师教育要努力实现职前职后教育的一体化、城市与农村的一体化、校本培养与远程培训的一体化。

在构建新型教师教育体系方面华中师范大学作了以下设想和探索。

一、以学科群建设为手段，创新教师教育职前培养体系

职前培养是教师教育一个十分重要的环节。要培养造就优秀教师和未来教育家，就要求培养的师范生必须是宽口径、厚基础、高素质、强能力的创新型师资。要实现这个目标就必须突破单一师范培养的局限，建设教师教育学科群，增强学科之间的交叉和融合。

教师教育学科群建设就是通过交叉实现学科的高度综合。一个学科群可分三个层次，第一层次是核心学科层，即教育学和心理学等；第二层次是辅助学科层，即信息技术等；第三层次是基础学科层，即历史学、数学、化学等基础学科。长期以来，师范院校对教育学等核心学科层本身的建设关注较多，而对于辅助学科、基础学科与核心学科的交叉融合重视不够，需要通过学科群的建设，提高学科的综合化水平，更好地服务于教师教育的发展。

根据自身特点，华中师大尝试以“教师教育创新”为纽带，选择若干个具有鲜明特色的方向，以一个或若干个重点学科为核心，以学校相关的研究中心、实验室和工程中心以及待建的实验区为依托平台，集约具有一定内涵联系的相关学科，共同组建“教师教育创新特色学科群体”，以提高“教师教育”的教学水平、科研能力为目标，进行学术间相互渗透，技术上互补增强，集约现有的软、硬件的效能，通过科学合理的组合调整，提高学科的综合实力和竞争力，从而更好地服务于教师教育的发展。

学科群建设还必须与完善教师教育课程体系、创新教学方法结合起来，落实到培养高素质的师资上来。针对新形势发展的要求，我校以“主修专业课程＋教师教育课程模块”（主修专业课程合计大约三学年＋教师教育课程合计大约一学年，简称“3＋1”模式）的基本模式来整体设计师范专业课程体系。

二、借助认知科学与信息技术，深化教师教育的改革与发展

中国教师教育发展的最大问题在于职前教育与职后教育的分离，广大的农村教师职后培训无法得到保障；师范院校对教师成长规律的研究与认识还相当薄弱，教师的专业地位和专业化水平难以提高。从目前来看，迫切需要借助当代先进的认知科学和信息技术，深化教师教育改革才能从根本上解决。

认知科学是当今世界科学界和学术界共同关注的一个前沿交叉的学科领域，研究的范围包括知觉、注意、记忆、动作、语言、推理、思考乃至意识在内的各个层次和方面的人类的认知和智力活动。认知科学的理论研究成果必将为我们的教育学、心理学、教育技术学等多个教师教育重要支撑学科的发展带来强有力的理论支撑。借助认知科学的理论，开展教师教育的研究，探讨人的心理活动的神经机制与规律、大脑功能分区与人的情感、思维、记忆之间的关系等，对于教师教育课程体系的建设、教学方法的革新、教学形式的组织等都将产生重大影响，有可能使我们的教师教育更加科学化和专业化。

结合学校实际，华中师大拟开展教师教育与脑认知研究，构筑相关研究平台，确立教育心理学与脑认知和可塑性研究、记忆与脑认知研究等学科领域，着重在大学生心理健康的认知神经机制研究、教师人格特征的建立与脑认知机制研究等方向开展重点研究，以科学理论指导教师教育的改革与发展。

21世纪是信息化时代，信息技术在教育领域的广泛应用，对教师教育提出了挑战，以信息化引领教师教育的发展已成为教育界的广泛共识。目前，结合师范生免费教育，学校正在积极运用信息技术，建设教育发展数字博物馆、“师德教育”资源库、文化素质拓展网络联盟、校园文化建设与创新工程等师范生综合素质教育资源库，从而放大部属师范大学所拥有的优质资源效应。

三、建立教师教育综合实验区，构建一体化的教师教育体系

我国传统的教师教育基本上是以大学为基地，处于一个相对封闭的体系之中，基层教育单位在教师培养中的实质作用没有完全发挥，得到基层政府的支持也相当有限，教师教育出现了供给与需求、理论与实际相脱离等严重问题。一方面，师范生实践技能薄弱，不关注基层教育，不了解基层教育，不熟悉基层教育，另一方面，基层教师也遇到学历提高、知识更新、职后培训、综合素质提高等难题。已进行了多年的教师教育改革主要局限于在大学内部的改革，大学与基层教育单位、大学与基层政府的伙伴关系还没有真正建立。因此，建设一个综合实验区，通过大学与基层教育单位、基层政府建立长期巩固的伙伴合作关系，把各种资源纳入教师教育的各个环节中来，探索“合作培养”教师的模式和机制，是十分迫切并且必要的。

华中师大目前正在筹备建设的“中部地区教师教育创新与服务综合改革实验区”就是对这个方面的一个探索。我们的基本构想是：通过实验区建设，发挥学校教师教育研究、教师教育人才培养、教师教育服务的综合优势，探索构建“教师教育创新体系”所面临的重大理论问题和重大现实问题；探索大学与基层政府、基层教育单位合作，协同培养师范生的示范性途径和机制；实施与师范生免费教育相衔接的教育硕士专业学位教育计划，远程研修计划等措施，构建职前职后一体化的教师终身教育体系；拓展“师范生免费政策”宣传渠道，稳定师范生优质生源，促进社会主义教育价值观的建立和弘扬。

实验区是一个开放的、动态的、呈现协同效应的创新与服务系统，包括“一个核心，四个创新平台”。一个核心，即以构建“教师教育创新体系”为核心，把教师教育的模式创新、机制创新、体制创新作为实验区建设的主线。四个创新平台，即教师职业技能培训与综合素质拓展创新平台，师范生优质生源选拔、教师教育实习、服务创新基地，教师教育创新与服务技术研发平台，“教师教育创新体系”理论研究基地。

实验区的建设以知识创新为基础，以服务实践为根本，以IT技术为纽带，通过人才培养、服务实践、理论研究、政策研究和技术开发的整体互动，探索教师教育的模式创新和机制创新，探索大学与基层政府、基层教育单位合作，将实现五个功能：

一是辐射功能。广大的农村教师可以在实验区通过信息技术就近参加在职培训，免费师范生毕业以后通过实验区可以继续接受学校的远程培训，从而真正逐步实现教师教育的一体化。二是提升功能。实验区的基地建设为免费师范生提供稳定的实习、见习机会。三是服务功能。实验区实施“双导师制度”，由学校专任教师、中学优秀教师组成指导教师队伍，在教育实践中对免费师范毕业生进行定期或不定期的指导等。四是监测功能。每一个共建学校都可以成为教师教育、基础教育改革与发展的观测点，为国家宏观教育决策和教育变革提供信息、知识和实践上的支持。五是示范功能。实验区既是学校的实习基地、实践基地、研究基地、服务基地，又可以成为国家教师教育改革和创新的试验田，在推动教师教育改革与发展方面必将发挥重要的示范作用。

师范生免费教育政策的实施为教师教育改革和发展提供了难得的历史性机遇，同时也提出了更高的要求。学校将以师范生免费教育为契机，利用好自身所具备的理论、技术和资源优势，大胆实践，积极探索，努力构建一个充满生机与活力的具有中国特色的教师教育体系，真正实现培养和造就大批优秀教师和教育家的目的。

作者系华中师范大学校长马敏，原载2007年12月24日《中国教育报》第6版

师范生回归免费　好政策惠教惠民

2007年9月，一万多名十八九岁的青年人，走入6所部属师范大学的校门。与普通大学生唯一不同的是，他们有个集体的名字——免费师范生。

因为这个名字，一代年轻人的个人命运和青春岁月，将与家乡的教育紧紧地联系在一起；因为这个名字，国家振兴农村教育事业的强烈意志，再一次得到浓墨重彩的印证；因为这个名字，几代人奔走呼吁的教育家办学的追求，再一次让人们深刻地思索与探寻。

教育优先发展的强烈信号

部属师范大学实行师范生免费教育，意味着近代中国在相当长时间内实行的师范生免费制度重返大学校园。

回顾我国近代师范教育建立的历史，国家对师范生一直给予优惠待遇，免学费和其他费用。自1997年以来，在受教育者普遍按照成本分担原则缴费入学和高等师范院校转型的背景下，师范教育出现被弱化的倾向。

因此，温家宝总理在政府工作报告中有段经典论述被广为流传：就是要进一步形成尊师重教的浓厚氛围，让教育成为全社会最受尊重的事业；就是要培养大批优秀的教师；就是要提倡教育家办学，鼓励更多的优秀青年终身做教育工作者。

“三个要”成为理解中央政府推出师范生免费教育的一个根本出发点。有评论指出，师范教育具有公共产品属性，师范教育免费政策出台，是我国落实教育优先发展战略、促进教育公平的一个积极信号，也是政府公共服务职能的一种回归。

这一认识得到了广泛认同，在各界人士的热切期望下，师范生免费教育在2007年顺利推进，每一步的进展都影响广泛，成为媒体、家长、师生的关注焦点：

——5月9日，国务院通过教育部等四部门研究起草的《教育部直属师范大学师范生免费教育实施办法（试行）》，决定从2007年秋季起实施，所需经费由中央财政安排；

——随后，北京师范大学等6所部属高校按照实施办法的要求，紧锣密鼓地精心制作培养方案；

——7月，高校招生期间，6所高校免费师范生生源充足，甚至出现6个考生争一个名额的火爆局面，选择免费师范生成为很多有志青年的自觉选择。

同时，不少学者呼吁给予地方师范院校更大的关注和支持，中央政府可根据各地区的实际情况，加大对中西部地区的财政转移支付的力度，重点助推西部地区，分类实施、逐步推进、整体发展师范生免费教育。

激活教师培养模式创新

有学者指出，师范生免费政策还不能从根本上确保高素质中小学教师的供给，关键要靠教师教育体制、模式的创新。

一万余名免费师范生在2007年走进大学校门，4年后，走出校门的他们会是怎样的教育工作者？这个问题涉及免费师范生培养的核心环节，决定这一惠民、惠教政策的成功与否。6所师范院校调动集体智慧，在培养方案的定制上精心酝酿、各有特色：

华东师范大学构建通识教育、专业教育、教师教育一体的新的课程体系，其中一批课程由两院院士、终身教授担任主讲教师；重点建设8至10门专业核心课程，同时加大实验实践课程的建设力度。东北师范大学为每个免费师范生配备了一名学科专业导师，一名专职辅导员和一名课外辅导员，实行“三维辅导制”。北京师范大学聘请重点中学的校长、教学经验丰富的特级教师走上讲台，为免费师范生言传身教，使他们尽早走进基础教育教学……

通观各校的培养方案，虽然具体设计不一样，但都体现出一些共同特点：重实践、重熏陶、重专业、重体验，突出核心课程建设，强化职业生涯指导，贴近中小学教育教学实际。总的来说，是越来越回归师范教育的本义，坚持了师范教育本身的特点和规律。

近年来，师范教育存在一种被弱化的倾向，让人忧虑：一些学校对师范教育采取不积极的态度，培养模式轻实践、脱离中小学实际，导致师范生生源质量滑坡。新实施的师范生免费政策，旗帜鲜明地强调创新培养模式，对于匡正师范教育弱化倾向、激活教师培养模式创新提供了难得的契机。

其实，育才的渠道可以有多种选择，可以百花齐放，不必拘泥固定模式，但检验的关口只有一个——在中小学校的岗位上，能否成为一名优秀教育工作者。教师培养模式创新影响的不仅仅是师范生们，还有他们身后数以亿计的孩子们，从这个意义上说，师范生免费教育是一项高瞻远瞩的好政策。

时代呼唤新一代教育家

很长一段时间以来，关于教育家的争论此起彼伏。如今，提倡教育家办学的宏大命题重新被提出，希望也寄托在免费师范生身上。

“要提倡教育家办学，鼓励更多的优秀青年终身做教育工作者”，这是温家宝总理在论述实行师范生免费教育论述中最根本、最深切的厚望。他多次指出，“要像宣传劳动模范，宣传科学家那样宣传教育家”，“要培养一支德才兼备的教师队伍，造就一批杰出的教育家”。

但是，如何实现温总理免费师范生成为未来教育家的希望？教育家个体的成长和教育家群体之涌现有无规律可循？应当如何探索、如何遵循这些规律？

孙楚航是西南大学地理科学学院174名免费师范生的辅导员老师，他在学生中作过一项调查，结果显示，52%的学生选择免费师范专业首选理由是家庭经济困难；23%的学生首选理由是教师具有稳定的经济来源和良好的社会地位；只有25%的学生首选理由是成为优秀的教师和教育家能够更好地实现人生价值。

可见，大多数学生高考填报志愿时教师职业理想并不明确，对教师职业的价值判断也不够正确。“即便如此，也不影响把他们培养成为优秀的教师和教育家。刚跨入校门的学生好比是一块璞玉，其世界观、人生观和价值观还没有定形，正是需要大学教育进行雕琢的关键时期。”孙楚航肯定地说。

像孙楚航一样，试点师范大学的一大批老中青工作者为着一个共同目标——为培养未来的教育家而奋斗。虽然没有现成的模式，但都在充分挖掘多方面的资源，探求更大的突破：6所试点校在入学教育时注重用冯志远等师德模范感召学生；部分试点校的学生在老师帮助下自发成立未来教育家协会，开始他们对教育家这一神圣标杆的稚嫩而可贵的思考之旅。

一个时代的梦想得以从2007年开始变成现实。我们有理由相信，新一代教育家将在免费师范生中崛起。

作者系《中国教育报》记者赵秀红，原载2007年12月28日《中国教育报》第2版

民族教育

〔**2007年民族教育发展概况**〕 2007年，教育部民族教育司全面贯彻党的教育方针和民族政策，用科学发展观统领民族教育工作全局，进一步解放思想，实事求是，抓住机遇，突出重点，努力推进民族教育的改革与发展；召开教育支援西藏工作会议，教育支援西藏工作稳步推进；大力加强双语教学调研工作；积极做好民族地区师资培训工作；进一步抓好少数民族预科和少数民族高层次骨干人才培养工作；开展藏区和新疆教育研究工作；继续办好内地西藏班和新疆高中班；做好阿语学校管理等相关工作。

截至2007年底，全国各级各类学校中少数民族在校学生总数为2 174.55万人。其中，普通高等学校的少数民族在校生数为121.1万人，占学生总数的6.04%，比上年增长7.46%；普通中学的少数民族在校生数为685.46万人，占学生总数的8.32%；普通小学少数民族在校生数为1 074.18万人，占学生总数的10.17%。目前，全国各级各类学校中少数民族专任教师数已达109.41万人。在中央的大力支持下，通过各级政府和广大教育工作者的艰苦努力，民族地区“两基”攻坚取得了显著成效。2002年民族地区实现“两基”的县只有369个，到2007年底，已增加到662个。

撰稿　田晓勤
审稿　阿布都

〔**召开教育支援西藏工作会议**〕 2007年1月26日，教育部、中央统战部、西藏自治区人民政府在北京联合召开了全国内地西藏班办学和教育援藏工作会议，中共中央政治局常委、全国政协主席贾庆林等中央领导同志出席会议，贾庆林同志做了重要讲话。会议总结了经验，举办了成就展，表彰了先进集体和先进个人，部署了今后一段时期的工作。为落实会议精神，教育部印发了《教育部 中央统战部 国家民委关于进一步加强教育对口支援西藏工作的意见》；先后在北京召开了教育部直属单位、内地高校和内地省教育对口援藏的协调会议；7月，在西藏拉萨召开了全国教育对口支援西藏工作部署会议，全国17个省（直辖市）、35所高校、教育部11个单位与西藏受援单位签订了对口支援协议书，明确了“十一五”期间教育对口支援西藏的任务和措施。会后，各地根据《协议书》确定的任务，按年度任务逐项落实，工作进展顺利。

撰稿　李　彬
审稿　次仁多布杰

〔**《全日制民族中小学汉语课程标准（试行）》解读及培训**〕 《全日制民族中小学汉语课程标准（试行）》已于2006年10月由教育部颁布。为帮助广大少数民族中小学汉语教师、教研人员和教学管理人员更好地学习和理解，教育部民族教育司组织有关专家编写了《〈全日制民族中小学汉语课程标准（试行）〉解读》，由人民教育出版社出版。2007年7月，教育部民族教育司在成都举办了《全日制民族中小学汉语课程标准（试行）》国家级培训班，来自9个民族省区的省、地州两级教研员、部分汉语骨干教师和民文教材编译机构汉语教材编写人员约 120 人参加了培训。

〔举办少数民族语言文字教材审查工作会议〕 为进一步加强少数民族语言文字教材审查工作、提高少数民族语言文字教材质量、总结少数民族语言文字教材审查工作经验。2007 年，教育部民族教育司于 2007 年 11 月 27 日在四川成都召开了全国少数民族语言文字教材审查工作会议。各省、自治区民族教育处（基础教育处）处长、各审查单位在会议上作了经验交流、研讨，并对少数民族语言文字教材审查工作存在的问题提出了意见和建议。有关省、自治区民族教育处（基础教育处）处长、各少数民族语言文字教材审查委员会（机构）办公室主任及推荐的代表 30 余人参加了会议。

撰稿 赵 卫
审稿 张 强

〔加强内地西藏班、新疆高中班思想政治和德育工作〕 2007 年 3 月 21 日，教育部民族教育司在江西南昌与西藏自治区教育厅联合召开了内地西藏班思想政治和德育工作研讨会，全国 27 所西藏班学校校长参加了会议。2007 年 9 月，民族司又在上海举办了内地西藏班思想政治和德育工作培训班，对 27 所西藏班学校分管思想政治和德育工作的校长、德育教师进行了培训；培训班还邀请了中央统战部、国家民委和西藏自治区党校的有关专家进行了专题讲座，专题讲座内容包括西藏反分裂斗争的形势和任务，党的民族、宗教政策以及国际国内民族、宗教问题对我国的影响，西藏经济社会发展基本情况等。参加培训的学员反映，培训内容丰富，针对性强，信息量大，解惑效果好。

5 月 24 日，教育部民族司在北京与中央新疆工作协调小组办公室联合召开了内地新疆高中班思想政治工作座谈会。12 个省（直辖市）教育行政部门和 50 所内地新疆高中班所在学校的主要负责同志参加了会议，并对《关于进一步加强内地新疆高中班思想政治教育工作的意见》进行了研究。

〔少数民族人才培养工作〕 2007 年，教育部民族司修改完善了少数民族高层次骨干人才有关招生、管理等方面的政策和措施，完成了 2007 年度招收硕士研究生 1 400 名任务。6 月 14 日—15 日，民族司在内蒙古锡林浩特召开了少数民族高层次骨干人才工作会议，总结了经验，部署了 2008 年度招生工作任务；下达了 2008 年少数民族高层次骨干人才招生计划，其中硕士研究生 3 400 名，博士研究生 800 名。9 月 12 日—15 日在新疆召开了内地高校支援西藏、新疆培养少数民族人才工作研讨会，对加强高校少数民族预科生的管理，做好稳定工作及今后进一步做好教育支援西藏、支援新疆工作等提出了明确的要求。

〔组织内地班管理干部赴澳大利亚培训〕 为了使内地西藏班和新疆班的办学水平更上一个台阶，吸取国外少数民族教育的长处，民族司于 2007 年 12 月 7 日—20 日组织了内地西藏班和新疆班办班学校领导参加的“少数民族教育培训团”赴澳大利亚进行为期两周的考察培训。培训期间听取了澳大利亚政府教育部门官员的介绍和有关专家学者的专题讲座，参观了有关学校，初步了解了澳大利亚土著人教育的基本情况和特点。通过培训，进一步增强了与澳大利亚教育部门的交流和友谊。

撰稿 李 彬
审稿 次仁多布杰

民办教育

〔**概况**〕 据2007年教育事业统计，全国共有各级各类民办学校（教育机构）9.5万所，在校生2 723.4万人，其中学历教育在校生2 583.5万人，非学历教育学生139.9万人。其中：民办幼儿园77 616所，在园儿童868.7万人；民办小学5 798所，在校生448.8万人；民办普通初中4 482所，在校生412.5万人；民办职业初中6所，在校生0.2万人；民办普通高中3 101所，在校生246.0万人；民办中等职业学校2 958所，学历教育在校生257.5万人，非学历教育学生29.3万人；民办高校297所，学历教育在校生163.1万人，其中本科学生21.1万人，专科学生141.9万人，非学历教育学生22.4万人；独立学院318所，学历教育在校生186.6万人，其中本科学生165.7万人，专科学生20.9万人，非学历教育学生0.9万人；民办高等教育机构906所，注册学生87.3万人。另外，还有民办培训机构22 322所，884.7万人次接受了培训。

撰稿　金平一　王德林

〔**审批民办高等学校设置**〕 2007年主要进行民办高等学校的设置工作。全国各地共提出申报设置民办高等学校30所，经全国高等学校设置评议委员会五届二次评议会评议通过正式设立民办高等学校13所，筹建2所。制订了《民办院校内涵建设考核指标体系》。该《指标体系》就“办学资质”、“资产状况”、“办学理念”、“内部管理”、“招生就业”五个方面，分别设定了相应的考核指标，共16项，同时一并设定了每项指标对应的具体考核内容、要求及方式；并对这16项指标划分了权重，确定了“决定性指标”和“一般指标”。

撰稿　徐　晴　韩　筠

〔**《国务院办公厅关于加强民办高校规范管理引导民办高等教育健康发展的通知》贯彻落实情况督导检查**〕 2007年5月17日—23日，在教育部党组副书记、副部长袁贵仁的带领下，教育部组成三个督查组，分赴四川、江西、上海、湖北、浙江、江苏六个省、市督导检查《国务院办公厅关于加强民办高校规范管理 引导民办高等教育健康发展的通知》（以下简称《通知》）的贯彻落实情况。

袁贵仁在四川、江西两省分别召开了两个座谈会，四川、广西、重庆、云南、贵州、江西、安徽、河北、福建、山东、广东等11个省（自治区、直辖市）的教育行政部门负责同志参加了会议。与会同志介绍了本地区贯彻落实《通知》的情况、民办高校和独立学院发展情况、存在的主要问题及对策建议、维护民办高校和独立学院稳定的措施等。袁贵仁作了重要讲话，对进一步贯彻落实《通知》提出了明确要求：一是深入排查，化解矛盾，确保民办高校稳定；二是健全组织，做好服务，规范管理，确保民办高等教育健康发展；三是加强长效机制建设，确保民办高校持续发展；四是全力做好2007年民办高校毕业生就业和新生招生工作。袁贵仁特别强调了维护民办高校稳定问题，要求各地有关部门和民办高校，对困难问题考虑多一些、原则政策考虑细一些、措施办法考虑实一些、工作安排早一些。

〔**核查独立学院基本办学条件和资产权属**〕 按

照《民办教育促进法》和《国务院办公厅关于加强民办高校规范管理 引导民办高等教育健康发展的通知》的要求，为促进独立学院资产过户，落实学校法人财产权，防范办学风险，教育部对2006年度独立学院的基本办学条件和资产权属进行了核查，印发了《教育部办公厅关于2006年度独立学院资产权属和校园土地、教学行政用房核查情况的通报》，对不符合国家政策规定的独立学院予以通报批评，并责成省级教育行政部门区分不同情况，采取有力措施，促其整改。这一举措对于促进独立学院改善办学条件、规范办学行为，引导独立学院健康发展起到了积极的作用。

〔**召开“加强民办高校规范管理 引导民办高等教育健康发展座谈会”**〕 为进一步贯彻落实《国务院办公厅关于加强民办高校规范管理 引导民办高等教育健康发展的通知》（以下简称《通知》）、《中共中央组织部 中共教育部党组关于加强民办高校党的建设工作的若干意见》（以下简称《意见》）和《民办高校办学管理若干规定》（以下简称《规定》）精神，了解和掌握各地贯彻落实文件的情况，共同研究在文件执行过程中出现的新问题，2007年3月1日，教育部发展规划司在大连组织召开了“加强民办高校规范管理 引导民办高等教育健康发展座谈会”。参加会议的有来自全国政协、财政部、民进中央、民盟中央、有关省市教育行政部门的负责人、专家，以及部分民办高校的代表。教育部党组副书记、副部长袁贵仁出席会议并作了讲话。

袁贵仁在讲话中指出，我国民办高校近年来发展迅速并取得很大成绩，已经成为高等教育事业的重要组成部分。但同时，民办高校还存在着一些问题。为加强民办高校管理规范，引导民办高等教育健康发展，中央和国务院有关部门先后出台了《通知》、《意见》和《规定》。2007年是全面贯彻落实这些文件的关键年，各地要扎实开展工作，真正落实中央和国务院要求，引导和促进民办高校健康发展。袁贵仁强调，引导和促进民办高校健康发展要做到鼓励扶持和规范管理并重，不断加强民办高校制度建设，依法治校，依法治教，维护民办高校稳定。

与会同志认为，《通知》、《意见》、《规定》等文件出台得非常及时，体现了中央和国务院对民办高等教育的高度重视。民办高校不规范办学既危害社会利益，也危害学校自身利益，对于违规学校要坚决作出处理，要规范与促进并举，引导和支持相结合。各地和各有关部门要制定和完善相关配套法规和政策，切实加强民办高校规范管理，解决民办高校中存在的矛盾和问题，引导和促进民办高等教育健康发展。

撰稿 金平一 王德林
审稿 宋德民

〔**加强民办学前教育机构管理**〕 2007年9月20日，教育部印发了《关于加强民办学前教育机构管理工作的通知》，针对当前部分民办学前教育机构存在非法办园、审批不严、管理不规范、从业人员素质不高等问题，要求各地按照《民办教育促进法》及其实施条例和《幼儿园管理条例》的有关规定，区分不同情况，认真清理整顿经县级以上教育行政部门审批的各类民办学前教育机构的举办资格，重新核发办学许可证，定期复核审验。对不具备基本办园（所）条件、卫生条件不达标、存在明显安全隐患且未经许可的学前教育机构，要限期整改；整改仍不合格的，要坚决查禁停办，依法吊销办学许可证；对符合或接近当地基本办园（所）要求，但未取得办学许可证的，可按照《民办教育促进法》有关规定，限期补办办学许可证。未经审批许可，任何单位和个人不得新设学前教育机构。凡由于审批把关不严，向不合格民办学前教育机构发放办学许可证，造成重大幼儿安全事故的，要严肃追究审批责任。各地教育行政部门要依据《教师资格条例》的有关规定，严格实行民办学前教育机构教职工资格准入制度，实行持证上岗，加强对民办学前教育机构教职工的日常管理与考核，淘汰不合格从业人员。各地要定期开展对民办学前教育机构校车的专项排查行动，严格检查校车车况和驾驶员资质，严禁租用拼装车、报废车和个人机动车接送幼儿，严禁聘用不合格驾驶人，严禁校车超载。使用校车的民办学前教育机构要建立教师跟车制度和收车验车制度，跟车教师负责在幼儿上下校车时清点核对人数，校车驾驶员负责在收车锁门前检查车内幼儿是否全部下车，严防将幼儿遗漏在车内。托儿所幼儿应由家长接送，并提请家长负责孩子道路交通安全。

撰稿　李静波

审稿　郑增仪

热点关注

加强规范管理　引导民办高等教育健康发展

我国民办高等教育发展的基本情况

《民办教育促进法》及其实施条例颁布实施以后，各级政府按照“积极鼓励、大力支持、正确引导、依法管理”的16字方针，采取积极措施，鼓励、扶持民办高校发展，引导民办高校规范内部管理体制、完善规章制度、改善办学条件、规范办学行为，教育教学质量得到了提高。

经过全社会的共同努力，民办高校发展迅速并取得了很大的成绩。据2006年教育事业统计，现有民办高校278所，比上一年增长10.3%，比2002年增长109%；在校生133.8万人，比上一年增长27.2%，比2002年增长318.4%。另外，还有独立学院318所，比上一年增长7.8%；在校生146.7万人，比上一年增长36.1%。这两部分加起来，在校生数已经超过280万，民办高等教育已经成为我国高等教育事业的重要组成部分。民办高校的发展为国家培养了各类适用人才，对于我国高等教育进入大众化阶段发挥了积极的作用，满足了人民群众接受高等教育多样化的需求；同时，在深化高等教育办学体制改革方面，也起到了积极作用。

民办高等教育发展中存在的主要问题

第一，《民办教育促进法》规定的扶持政策，还有一部分有待进一步落实，主要有以下几点：

——一些地方没有落实民办高校的税收优惠政策。出资人不要求取得合理回报的民办高校，没有依法享受与公办高校同等的税收优惠政策；出资人要求取得合理回报的民办高校的税收政策尚未制订。

——国家未出台民办高校出资人取得合理回报的标准和办法，使合理回报的取得难以实施。

——一些地方民办高校教师在人事档案管理、职称评定等方面，没有享受到与公办高校教师的同等待遇。

——一些地方民办高校学生在升学、就业、档案管理、评奖评优等方面没有享受与公办高校学生同等的权利。

第二，对民办高校的监管需要进一步加强。这是一个问题的两个方面，一方面是扶持，一方面是监管。主要表现为：

——管理力量薄弱，职责不清。一些地方政府对民办高校疏于管理，管理中存在缺位、不到位和重审批、轻管理的现象。

——有关部门的协调、配合不够。民办高校监管涉及到教育、财政、税务、审计、工商、物价、民政、公安等多个部门。但目前部门间相互沟通、共同研究、协调解决问题的工作机制有待进一步完善。

——社会对民办高校进行监督的渠道不完善，尚未形成政府依法管理、民办高校依法办学、行业自律和社会监督相结合的民办高校管理格局。

第三，民办高校的内部管理和办学行为需要进一步规范，主要体现在六个方面：

——个别民办高校举办者办学指导思想不端正，对坚持社会主义办学方向和教育事业的公益性原则存在认识上的偏差。按照《民办教育促进法》的规定，民办高等教育是公益性事业。但是，个别民办高校举办者却将办学作为谋取个人和组织利益的途径，注重经济效益，忽视社会效益。

——一些民办高校的内部管理体制不健全，董事会、理事会，董事长、理事长、校长的职责不够明确，"家族式管理"、"出资人一人说了算"等情况比较普遍。

——一些民办高校的党团组织不健全，学生管理和思想政治工作队伍薄弱，对出现的问题或者是对问题发生之前的苗头，不能够及时发现并加以疏导，出现问题也不能及时控制。

——绝大部分民办高校出资者投入学校的资产没有过户到学校名下。《民办教育促进法》规定，民办学校享有法人财产权。这就要求把投入学校的资产过户到学校名下，而不是在出资者的名下。民办高校法人财产权不落实，办学存在风险。一些民办高校财务管理不规范，没有专门的机构和具有任职资格的专职财会人员，记账方式混乱；部分民办高校的财务甚至是由公司管理。

——一些民办高校招生行为不规范。如招生宣传时，模糊校名、毕业证书类别、所提供教育的性质，或者是借用其他学校的校园进行虚假宣传，夸大办学实力，误导考生，以及利用中介机构违规招生，滥发录取通知书等。

——一些民办高校没有依法保障教师的工资和福利待遇，没有按照国家有关规定为教师缴纳社会保险费，导致教师队伍在一定程度上存在不稳定的问题。

民办高等教育面临的形势和主要任务

第一，全面落实《民办教育促进法》及其实施条例，才能够促进民办高校健康发展。应正确理解和全面贯彻"积极鼓励、大力支持、正确引导、依法管理"的16字方针，坚持鼓励扶持和规范管理两者并重，不能只管理不支持，也不能只支持不管理，两者缺一不可。健康发展是民办高校的目标，是教育部门的目标，也是社会的目标。因此，促进民办高校健康发展要抓两个方面，一方面是鼓励扶持，一方面是规范管理。

第二，建设和谐的民办高校校园是构建社会主义和谐社会的必然要求。民办高校要站在党和国家大局的高度，深刻认识构建社会主义和谐社会的重要性和紧迫性，把构建社会主义和谐社会的要求和学校自身发展的实际结合起来，大力推进和谐校园建设。要着力转变发展观念，提高办学质量，自觉地把学校各项事业的发展转入全面协调可持续发展的轨道。这既是今后一段时间内我国高等教育的发展重点和目标，也是民办高等教育在今后一段时间内需重点考虑的问题。作为民办高校，一要坚持社会主义的办学方向，全面贯彻党的教育方针；二要扎实推进党的思想、组织、作风和制度建设，充分发挥党组织凝聚人心、促进和谐的重要作用；三要把维护安全稳定摆在突出位置，全力维护学校的和谐稳定；四要规范内部管理，努力提高教育管理能力和服务水平。

第三，民办高校的发展重点应转移到稳定规模、规范管理、提高质量的轨道上来。经过几年的发展，我国高等教育规模取得了历史性成就，步入了大众化阶段，为现代化建设培养了大批高素质人才，为国家经济、社会发展作出了重要贡献。但我国高等教育还面临着许多矛盾和问题，特别是高等教育质量还不能完全适应经济、社会发展的需要。为此，党中央、国务院作出了高等教育要"适当控制招生增长幅度，相对稳定招生规模，把重点放在提高办学质量上"的决策部署。随着党和国家把高等教育发展重点放到提高质量上，民办高校发展的重点也应有所调整，"稳定规模、规范管理、提高质量"是"十一五"期间对民办高校发展提出的新的要求。

加强对民办高校的规范管理

在贯彻落实国务院办公厅《关于加强民办高校规范管理 引导民办高等教育健康发展的通知》（以下简称《国办通知》）过程中，教育部主要开展了以下几方面工作：

第一，依据《民办教育促进法》及其实施条例和《国办通知》、中共中央组织部和教育部党组《关于加强民办高等学校党的建设工作的若干意见》的原则精神，制定了《民办高等学校办学管理若干规定》（以下简称《若干规定》）。其目的是规范民办高校的办学行为，维护民办高校举办者和学校、教师、学生的合法权益，引导民办高校健康发展。《若干规定》对民办高校的内部管理机构、关键岗位人员的任职、资产和管理、校园安全和教学秩序、招生广告简章的审核、出现违规行为的处罚，以及国务院和省级教育部门对民办高校的管理职责等都作出了比较具体的规定。

第二，加强了与有关部门的沟通、配合，建立工作协调机制。积极与财政、税务、审计、工商、公安、民政等有关部门进行沟通、交流，配合有关部门加强对民办高校招生宣传、财务状况、收费退费等的监管，以及对非法办学机构、非法中介和民办高校违规办学行为的查处，努力建立促进民办高校健康发展的工作协调机制。

第三，推进民办高校督导制度的建立。《若干规定》规定了省级教育部门向民办高校委派的督导专员的任职条件、任期及职权。同时，教育部积极与省级教育部门沟通，共同研究、探索向民办高校委派督导专员的有关做法。目前，江西省委教育工委会同省委组织部，已经完成了向十所民办高校派遣督导专员的工作。督导专员同时兼任这些学校党组织的负责人。

第四，开展了民办高校基本办学条件核查工作，促进民办高校不断充实和完善办学条件。按照《教育部关于印发〈普通高等学校〉基本办学条件指标（试行）的通知》（教发［2004］2号）的要求，每年开展对民办高校基本办学条件的核查工作，并根据核查的结果，对达不到要求的民办高校给予限制招生或者暂停招生的处罚。

第五，为落实民办高校法人财产权，《若干规定》对民办高校的资产过户作了具体规定，明确要求“民办高校的资产必须于批准设立之日起一年内过户到学校名下”，“本规定下发前资产未过户到学校名下的，自本规定下发之日起一年内完成过户工作”。

第六，加强民办高校招生工作监管，规范招生简章、广告发布。《若干规定》对民办高校的招生工作进行了比较详细的规定。比如，招生简章和广告必须载明有关内容，必须报审批机关或其委托的机关备案方可发布，发布的内容必须与备案的内容相一致；对纳入国家计划、经省级招生部门统一录取的学生发放“录取通知书”，对学校自主招收的非学历教育学生发放“学习通知书”；省级教育行政部门可对发布未经备案的招生简章和广告的民办高校予以处罚等。

第七，积极发挥民办教育行业组织在民办高等教育发展中提供服务、反映诉求、规范管理的作用，构建政府依法管理、民办高校依法办学、行业自律和社会监督相结合的民办高校管理工作格局。

积极鼓励扶持　加强行政监管

国家积极鼓励扶持民办高校发展，保障民办高校举办者、教职工、受教育者的合法权益。民办高校和公办高校具有同等的法律地位，民办高校的教师、受教育者与公办高校的教师、受教育者具有同等的法律地位，民办高校学生在升学、就业、档案管理、评奖评优等方面与同级同类公办高校学生享受同等待遇。县级以上人民政府可以设立专项资金，对为民办高等教育作出突出贡献的集体和个人，按有关规定给予奖励和表彰。这些在《民办教育促进法》中都已作了规定，正在进一步落实。

除此之外，《国办通知》明确了一些措施，现在正在落实之中：

第一，关于税收优惠政策。《国办通知》明确：“出资人要求取得合理回报的民办高校，享受的税收优惠政策由财政、税务部门会同有关部门尽快制定。”这将促进民办高校税收优惠政策尽快得到落实。

第二，关于合理回报。《国办通知》明确：“财政部门要依据《中华人民共和国民办教育促进法》及其实施条例规定的原则与程序，制定民办高校合理回报的标准和办法。”这一规定明确了责任主体和做这项工作的责任人，将加快民办高校的出资人取得合理回报的工作步伐。

第三，关于教师人事档案管理和职称的评定。《国办通知》明确：“各地政府人事部门所属人才交流服务机构负责管理民办高校教师的人事档案。民办高校教师职称评定纳入省级高校教师职称评定工作范围，参照同级同类公办高校教师评聘办法和有关政策规定执行。”这为民办高校师资队伍建设提供了有力的政策支持，是落实《民办教育促进法》的一项具体措施。

国家加强对民办高校的行政监管，确保其健康发展。教育部要切实履行对全国民办教育统筹规划、综合协调、宏观管理的职责，省级教育行政部门要履行本行政区域内民办教育管理的职责。财政、审计、工商、公安、民政、新闻等有关部门对民办高校的管理职责，《国办通知》分别作了明确规定。同时，对民办高校违反有关规定的行为，规定了一些处罚方式，尤其是对发布虚假广告，《国办通知》作了详细规定。

作者系教育部发展规划司司长韩进，原载2007年5月18日《中国教育报》第8版

学校体育、卫生、艺术与国防教育

〔**全面贯彻中央7号文件，切实加强青少年体育**〕 2007年5月7日，中共中央、国务院印发了《关于加强青少年体育增强青少年体质的意见》（中发［2007］7号，简称中央7号文件），这是新时期加强青少年体育工作的纲领性文件，对增强青少年体质、提高全民族健康素质具有重要意义。文件印发后，国务院于2007年5月25日召开了"加强青少年体育增强青少年体质"全国电视电话会议，对学习宣传和贯彻落实中央7号文件作了全面部署，国务委员陈至立作了讲话。会议分会场设到了县（市、区、旗）一级，全国共设分会场2 383个，参加会议的各部门领导和学校校长168 633人。为切实加强对青少年体育工作的领导，国务院还批准设立了由教育部、中央文明办、发展改革委、财政部、卫生部、国家体育总局、团中央7个部门和单位组成的"加强青少年体育部际联席会议制度"，为形成齐抓共管的长效机制奠定了基础。

根据中央7号文件的要求，教育部把加强学校体育工作摆在突出重要位置，先后印发了《教育部关于学习贯彻〈中共中央 国务院关于加强青少年体育增强青少年体质的意见〉的通知》和《教育部办公厅关于在新学年贯彻落实中央7号文件精神切实加强学校体育工作的通知》，对学习贯彻中央7号文件专门进行了部署，要求学校体育工作要以落实"每天锻炼一小时"为核心，广泛开展全国亿万学生阳光体育运动，全面实施《国家学生体质健康标准》，积极推进学校体育教学和考试、评价的改革。强调要进一步制订有效的制度措施，建立长效机制，保证中央7号文件健康、持久地贯彻下去。许多省（自治区、直辖市）已制订了落实中央7号文件政策和措施，在全社会形成了关注青少年体育的良好氛围和舆论环境。

〔**广泛开展全国亿万学生阳光体育运动**〕 为贯彻中央7号文件精神，推动全国亿万学生阳光体育运动的开展，掀起青少年学生体育锻炼的热潮，教育部与国家体育总局、团中央共同成立了全国亿万学生阳光体育运动领导小组，举办了多起以"全国亿万学生阳光体育运动"为主题的大型体育活动。2007年4月29日，教育部会同国家体育总局、团中央和北京市共同在北京朝阳公园举行"全国亿万青少年学生阳光体育运动"启动仪式，李长春、刘淇、陈至立等中央领导同志出席启动仪式，全国各省、自治区、直辖市同时举行启动仪式，各级各类学校在同一时间组织学生锻炼一小时。教育部还会同国家体育总局、团中央等部门设计完成了"阳光体育奖章"，推广传唱《阳光体育之歌》，举办了"和谐中国畅想奥运——万名青少年学生文体活动"、"全国亿万学生阳光体育运动展示大会"和"全国亿万学生阳光体育与奥运同行冬季长跑活动"等活动，进一步推动了全国各地广泛开展阳光体育运动，形成了加强青少年体育的氛围和声势，促进了广大青少年学生积极参加体育锻炼。

〔**举办第八届全国大学生运动会**〕 2007年7月16日，教育部会同国家体育总局、共青团中央在广州举办了第八届全国大学生运动会，中共中央政治局委员、广东省委书记张德江和国务委员陈至立出席了开幕式。第八届全国大运会是我国大运会历史上规模最大、竞赛项目最全、参赛人数最多的一届运动会。比赛共设田径、游泳、篮球、排球、足球等12个大项，运动成绩和竞技体育水平明显提高，有2人打破了2项全国记录，86人次打破了42项全国大运会记录。大运会还成功举办了体育科学论文报告会，共评出一等奖69篇，二等奖228篇，三等奖709篇。以“团结、奋进、文明、育人”为宗旨的第八届大运会取得了成功。

撰稿 卢 逊
审稿 杨贵仁

〔**学校突发公共卫生事件预防与控制工作**〕 2007年7月，教育部办公厅印发《关于成立学校卫生防疫与食品卫生专家指导组的通知》，组建成立了由20位专家组成的学校卫生防疫与食品卫生专家指导组，旨在进一步发挥专家在学校卫生防疫与食品卫生安全管理方面的咨询指导作用，提高学校突发公共卫生事件的防控能力。

2007年8月，教育部启动了“防控学校突发公共卫生事件”专题培训计划，旨在组织学校卫生防疫与食品卫生安全方面的专家通过送“培训到地方”的形式，对中西部地区基层教育行政部门管理人员和农村中小学校长进行防控学校突发公共卫生事件的培训，以促进各地对学校突发公共卫生事件防控工作的重视、提升其管理水平，构建平安、文明、卫生的和谐校园。该项专题培训计划为期三年，2007年已在安徽、海南、西藏、青海四省（自治区）举办4期专题培训班，约600名来自基层教育行政部门管理人员和农村中小学校长接受了培训，收到了很好的效果。

2007年3月，教育部、卫生部联合发出《关于开展全国学校卫生专项检查工作的通知》，对学校卫生专项检查工作进行部署，本次检查重点为学校食品卫生、饮用水卫生、传染病防控工作。11月至12月，教育部联合卫生部对安徽、山东、湖南、青海四省学校食品卫生、饮用水卫生和传染病防控进行了抽查，共抽查学校55所（其中大学8所、中等职业学校8所、中学22所、小学17所），另外还随机抽查了学校周边的9家餐饮单位。

〔**学校预防艾滋病教育**〕 继续推进少数民族地区预防艾滋病教育工作。2007年3月为云南省文山、临沧、红河、昭通、迪庆、怒江、曲靖7地（州、市）共993所中学配发预防艾滋病专题教育教学资料（包括教学挂图1套、教学幻灯片1套、教师教学用书5本、多媒体教学片1套）；筹措经费4万美元，支持青海、西藏开展学校预防艾滋病教育工作。

多渠道、多形式推进河南、重庆、新疆等14个省（自治区、直辖市）学校预防艾滋病教育工作。一是积极争取联合国儿童基金会、联合国教科文组织、全球基金等国际组织对学校预防艾滋病教育的经费支持；二是组织专家，通过送培训下乡，为这些地区开展预防艾滋病教育提供技术支持；三是配备教学资料，为学校开展预防教育提供教学资料保障。据统计，2007年共为这些地区培训骨干教师1 000余名，配发学校预防艾滋病相关教学资料200余套，使200余所中学学生受益。

积极推进中等职业学校、高等学校等重点人群的预防教育工作。一是举办全国100所重点中等职业主管校长和骨干教师参加的学校预防艾滋病教育培训班，推进了中等职业学校预防艾滋病、禁毒教育工作。二是与卫生部等联合编制印发了《青少年预防艾滋病基本知识》、《大学生预防爱滋病宣传教育读本》，以及共同举办大学生演讲比决赛活动，推进大学生预防艾滋病教育工作。

〔**推进学校卫生设施改造工作**〕 2007年12月18日—20日，教育部体卫艺司、发展规划司、财务司联合在江苏省南京市召开了“学校卫生设施改造研讨会”。本次会议旨在实施“中西部农村初中校舍建设工程”、“新农村卫生新校园建设工程”建设中，更好地贯彻落实《中共中央 国务院关于加强青少年体育增强青少年体质的意见》提出的“切实加大学校食堂、饮用水设施、厕所、体育场地的改造力度”要求。会议邀请有关专家就学校卫生设施改造中的卫生要求进行了专题讲座。江苏、河南、陕西省教育厅分别介绍了实施学校卫生设施改造工作的经验和做法。通过专题讲座、经验交流、现场参观和研讨，总结交流了各地在卫生设施改造中的做法和经验，规范了学校卫生设施改造中的卫生要求，强化了学校卫生设施改造的“建、管、用”并举原则，对进一步推进各地学校卫生设施改造工作起到了积极作用。河北、吉林、福建、江西、河南、湖北、湖南、广西、海南、重庆、四川、云南、陕西、甘肃14省（自治区、直辖市）教育部门的代表参加了会议。

撰稿　张　芯

审稿　廖文科

〔**全国第二届中小学生艺术展演活动**〕　根据《学校艺术教育工作规程》，全国中小学生艺术展演活动每三年举办一届。2007年3月，举办了全国第二届中小学生艺术展演活动。

本届展演活动的主题是“阳光下成长”。活动项目包括艺术表演（声乐、器乐、舞蹈和校园剧）和艺术作品（绘画、书法篆刻、摄影等）两大类，同时举行中小学艺术教育科研论文报告会。为推动少儿歌曲的创作和推广，展演活动专门设立了优秀少儿歌曲创作奖。

国务委员陈至立给展演活动组委会发来贺信，对展演活动这一形式给予了充分肯定，并指出，要“本着贴近孩子、贴近校园的原则，把今后的展演活动办得更加成功，使展演活动成为孩子们特别喜爱的活动，成为孩子们文化生活中不可分割的一部分，成为对孩子们终生有益的体验”。教育部部长周济、副部长陈小娅担任了展演活动组委会主任、副主任，对活动给予了直接指导，并出席了现场展演活动和闭幕颁奖晚会。

在各地广泛组织、层层遴选的基础上，组委会共收到艺术表演节目录像522件（其中小学组252件，中学组270件），艺术作品1 200余件，艺术教育论文1 500余篇。

2007年2月下旬至3月上旬，在深圳市举办了艺术表演节目的8场现场展演（其中声乐2场、器乐2场、舞蹈3场、校园剧1场）、全国中小学生优秀艺术作品展、全国中小学生艺术教育论文报告会，以及本届展演活动的闭幕颁奖晚会。

本届展演活动评出省级优秀组织奖29个，地县级优秀组织奖434个，精神风貌奖21个；艺术表演节目一等奖159个，二等奖206个，三等奖155个；艺术作品类一等奖243件，二等奖369件，三等奖596件；艺术教育论文一等奖69篇，二等奖187篇，三等奖335篇。

本届展演活动旨在让每一个学生都成为艺术教育的受益者。据统计，全国城乡中小学校参加展演活动的覆盖面达到了80%，形成了“人人都参与，班班有歌声，校校有活动”的良好局面。很多地方把展演活动覆盖到外来民工子弟学校和盲聋哑特殊教育学校，充分体现了教育公平的理念。

〔**2007年高雅艺术进校园活动**〕　2007年，教育部与文化部、财政部紧密合作，各省（自治区、直辖市）教育行政部门和有关高校高度重视，艺术教育专家悉心指导，各演出院团积极配合，广大青年学生热情参与，高雅艺术进校园活动取得了成果。12月30日，2007年高雅艺术进校园活动闭幕仪式及新闻发布会在浙江省杭州市举行，《光明日报》、《中国教育报》等多家媒体对此项活动进行了报道。

2007年高雅艺术进校园活动的内容包括：与文化部、财政部共同组织10个国家级艺术演出院团到17个省（自治区、直辖市）115所高校为大学生免费演出京剧、昆曲、话剧、歌剧、交响乐、芭蕾舞、民族民间音乐歌舞等经典节目135场，学生观众人数达到20万余人；37个高校学生乐团和15个地方院团参加的交响音乐普及活动，在全国28个省（自治区、直辖市）的部分高校和中学共组织246场交响乐及民族音乐会，学生观众超过50万人；全国高校艺术教育专家讲学团赴15个省（自治区、直辖市）讲学146场，讲学内容涉及音乐、美术、书法、审美等领域，听众人数近10万。另据不完全统计：天津、山西、浙江、江西、湖北、广西、云南等省（自治区、直辖市），在组织上述活动的基础上，安排专项资金，增加演出场次累计达200余场，受众学生约为40万人。

2007年高雅艺术进校园活动有四个显著特点：

一是各方面高度重视，精心组织，扩大活动的参与面，让更多的青年学生成为艺术教育的受益者、高雅艺术的欣赏者；二是更加注重活动的人文内涵，让同学们在活动中接受优秀文化，丰富审美体验，提升精神境界；三是更加注重优秀民族文化艺术的普及，让高校学子在了解世界经典艺术的同时更增强对本民族优秀文化艺术的认同与热爱；四是更加注重活动的形式和效果，演出者和学生观众在相互交流中，加深了解，使高雅艺术在广大莘莘学子心中扎下了根。

为了解各地高校学生对高雅艺术进校园活动的意见和建议，进一步推动此项工作的开展，教育部对观看国家级艺术院团演出的观众组织了问卷调查。调查共回收问卷 12 445 份。问卷调查表明，高雅艺术进校园活动受到了大学生的热烈欢迎和广泛赞誉。

〔推广第一套全国中小学校园集体舞〕 根据《中共中央 国务院关于加强和改进未成年人思想道德建设的若干意见》和《中共中央 国务院关于加强青少年体育增强青少年体质的意见》的精神，为进一步丰富中小学生艺术活动的内容和形式，提供优质艺术教育资源，营造良好的校园文化环境，引导中小学生参加丰富多彩的课外文体活动，促进青少年健康成长、和谐发展，教育部组织创编了第一套全国中小学校园集体舞。2007 年 6 月，印发了《教育部关于推广〈第一套全国中小学校园集体舞〉的通知》，并在北京召开了推广校园集体舞活动新闻发布会，这项活动引起了社会舆论的广泛关注。

参加全国中小学校园集体舞创编的是舞蹈教育界的有关专家和长期从事中小学舞蹈教育的第一线教师。创编工作经过了一个科学、有序的过程。为保证该项目的科学性和可行性，进行了前期调查研究，分别对北京、上海、深圳、福州等地的中小学生进行了问卷调查。调研报告表明，学生普遍认为参加校园集体舞活动能够调节情绪、活跃身心、增强同学之间的合作交流。

第一套全国中小学校园集体舞包括 7 个舞蹈：小学组，《好朋友》（低年级）、《阳光校园》（中年级）、《小白船》（高年级）；初中组，《青春旋律》、《校园秧歌》；高中组，《青春风采》、《校园华尔兹》。

为进一步做好校园集体舞的推广工作，7 月上旬，在北京举办了第一套全国中小学校园集体舞辅导教师培训班，并向中西部 14 个省（自治区、直辖市）免费发放教学光碟 1 万套。各省（自治区、直辖市）充分重视该项活动，陆续举办了省级辅导教师培训，9 月起，开始在全国中小学校逐步推广。

〔印发《关于加强和改进中小学艺术教育活动的意见》〕 为规范对中小学艺术教育活动的管理，加强对课外艺术活动的正确引导，保障中小学生健康成长，针对当前一些地方中小学校课外艺术活动中存在的“专业化”、“成人化”、“庸俗化”等不良风气，重名次、重奖牌的功利主义倾向，以及各种艺术竞赛活动过多过滥等问题，教育部印发了《关于加强和改进中小学艺术教育活动的意见》。文件在研制过程中多次听取了各省（自治区、直辖市）教育行政部门和有关学校的意见、建议，征求了教育部艺术教育委员会有关专家的意见。教育部文件印发后，各地及相关社会部门反映，该文件对于规范中小学艺术课外活动管理、推动校园文化建设产生了积极的导向作用。

撰稿　陈蓓蓓
审稿　杨贵仁

〔发布《学生军事训练工作规定》〕 为加强学生军事训练工作，根据《国防法》、《兵役法》、《国防教育法》关于开展学生军事训练的规定，2007 年 3 月 22 日，教育部、总参谋部、总政治部共同制订并印发了《学生军事训练工作规定》。《规定》共分 7 章 48 条，内容涉及学生军事训练工作的组织领导与实施、军事技能训练和军事理论教学、军事教师和派遣军官、学生军事训练保障、奖励和惩处等方面的内容。《规定》要求各级各类学校要加强学生军事训练工作，普通高等学校军事技能训练和军事理论教学是在校学生的必修课，高中阶段学校的学生军事训练纳入社会实践活动中组织实施。《规定》是各级教育行政部门、军事机关、普通高等学校、高中阶段学校和承训部队组织实施学生军事训练工作的基本依据，是学生军训工作近 20 年的成功经验的总结，对于推进学生军训工作的制度化、规范化建设具有重要作用。

为落实《学生军事训练工作规定》，2007 年 6 月 5 日—6 日，教育部在北京召开了“全国学生军事训练工作研讨会”。会议就如何贯彻落实《规定》相关问题，进一步加强学生军事训练工作的制度化、规范化建设进行了部署。来自全国各省、自治区、直辖市教育厅（教委）的代表出席了会议，教育部体卫艺司负责人对《规定》进行了解读，对如何贯彻落实《规定》提出了要求。会后，各地教育行政部门积极贯彻落实《规定》，许多省（自治区、直辖市）还结合本地区的实际情况制定了实施细则或实施办法，推进了学生军事训练工作向制度化、规范化方向发展。

〔**印发新修订的《普通高等学校军事课教学大纲》**〕 2007 年 1 月 24 日，教育部、总参谋部、总政治部联合印发了新修订的《普通高等学校军事课教学大纲》（以下简称新《大纲》）。

新《大纲》共分 7 个部分 17 条，内容涉及课程性质、课程目标、课程要求、课程内容、课程建设和课程评价等内容。新《大纲》规定，军事课程是普通高等学校本、专科学生的必修课，要列入普通高等学校的教学计划，考试成绩记入学生档案，军事理论教学时数为 36 学时，军事技能训练时间为 2～3 周，实际训练时间不得少于 14 天。

新《大纲》增加了胡锦涛同志关于国防与军队建设的重要论述和信息化战争的重要内容，对于加强高等学校军事理论课课程建设具有重要的指导意义。新《大纲》要求，普通高等学校要切实保障学生军事技能训练和军事理论教学时间、内容和要求的落实。新《大纲》于 2007 年 9 月实施，同时，2002 年制定的《大纲》停止使用。

〔**加强军事理论课教师队伍建设**〕 为进一步提高普通高等学校军事理论课教师的授课水平，针对当前普通高等学校军事理论课实施教学中存在的实际问题，2007 年 3 月 25 日—31 日，在江西省南昌航空大学举办了全国普通高等学校军事理论课多媒体课件制作培训班。全国 150 余名普通高等学校军事理论课青年优秀教师参加了培训班的学习。此次培训聘请军队和地方有关专家进行指导和授课，同时，培训期间组织学员交流了普通高等学校军事理论课多媒体课件制作的经验，达到了相互借鉴、共同提高的目的，取得了良好成效。

为加强普通高等学校军事理论课教学工作，检验普通高等学校军事教师的教学成果，2007 年 10 月 19 日—22 日，在西安交通大学举办了“全国普通高等学校军事理论教学授课竞赛”。经各省（自治区、直辖市）层层选拔，全国约 70 名高校教师参加了竞赛。通过开展军事理论课教学竞赛，达到了以赛促学、以赛促教的目的，提高了普通高等学校军事课教师的授课水平和军事理论课教学质量。

〔**学校国防教育活动**〕 为增强学生的国防观念，检验学生军训成果，2007 年 8 月 5 日—8 日，在内蒙古自治区呼和浩特市举办了第四届全国大学生军用枪射击比赛，全国 66 所高等学校 500 余名运动员参加了比赛。大赛在运动成绩和精神文明方面都取得了历届最好成绩。

为纪念中国人民解放军建军 80 周年，教育部国防教育办公室于 2007 年 7 月至 10 月，举办了“青少年学生国防教育网络知识竞赛”，全国 20 万名大中学生参加活动，网络点击 1.8 亿次。此次活动在加强青少年国防观念，增强国家安全意识，增长国防知识方面起到了重要作用，达到了预期的效果。教育部副部长陈小娅出席颁奖仪式并做了讲话。

撰稿　谭　钢
审稿　廖文科

热点关注

阳光体育进学校 素质教育突破口

自2006年12月起，在近一年的时间内，体育工作“第一次”的身影频繁出现：第一次召开全国学校体育工作会议；第一次举行全国性“阳光体育运动”大型活动；中共中央、国务院第一次就青少年体育专门印发《关于加强青少年体育 增强青少年体质的意见》；国务院第一次召开“加强青少年体育，增强青少年体质”电视电话会议……

“阳光体育”以国家意志的形式强势进入公众视野，开启了全新的教育发展模式和教育评价视野，为国家建设锻造健康向上的一代青少年的梦想由此复苏。满怀期待中，“阳光体育”迈上了由边缘向内核的回归之路。

一个呼之欲出的时代命题

> 把学校体育工作作为全面推进素质教育的重要突破口和主要工作方面，对广大青少年学生身心健康和学校体育工作的关注提高到了国家层面。

在2007年即将到来之际召开的全国学校体育工作会议发出的强烈信号，似乎注定了接踵而至的2007年教育必将因“阳光体育”而改变既往的轨迹。在国家政策的强力推动下，“大课间体育活动时间”、“课外文体活动时间”逐渐成为学校教育的有机组成部分，多年不见的充满活力与激情的体育锻炼场面重现校园内外，学校体育“说起来重要、做起来次要、忙起来不要”的状况日渐改观。

2005年有关部门对全国10多万名学生的调查表明，66%的学生每天锻炼时间不足1小时，近24.8%的学生每天基本不锻炼；60.4%的学生没有养成体育锻炼的习惯，有74.6%的学生将体质差归因于体育锻炼不足；28.9%的学生表示没有时间进行体育锻炼……社会的发展、生活水平的提高，让这一代青少年的生活方式发生了“由动到静”的转变，日常运动量大为减少。随之而来的，是体育精神的缺失，缺乏吃苦耐劳、团结协作精神，以个人为中心，喜欢独断专行，几乎成为新青少年一代的标签。“在构成人才质量的诸多要素中，身心健康是一个基本的要素；而真正的健康是从生理、心理到社会性的广义的健康。”清华大学党委书记陈希深信，在培养高层次人才的诸多手段中，体育是一个重要手段。

学校体育该如何承载时代赋予的人才培养使命？如何发挥其特有的教育作用？国家层面已经给出了答案。党的十七大报告从实现社会公平、建设人力资源强国、实现民族振兴的高度，强调了培养德智体美全面发展的社会主义建设者和接班人的重要性，指出“全面实施素质教育，核心是要解决好培养什么人、怎样培养人的重大问题，这应该成为教育工作的主题”。

现实困境下的理性选择

> 以培养青少年的身心素质为目标，并依此面向未来审视学校教育时，作为素质锻造重要手段的“阳光体育”在整个学校教育中的重要地位不言而喻。

今年5月，中共中央、国务院下发的《关于加强青少年体育 增强青少年体质的意见》，要求“全国各级各类学校广泛开展全国亿万学生阳光体育运动，大课间体育活动形成制度，各中小学校认真组织学生每天进行一小时体育锻炼，掌握至少两项体育锻炼技能，培养终身体育锻炼的意识，养成自觉进行体育锻炼的习惯”。

然而，新生的“阳光体育”不可避免地遭遇了传统教育思想影响下的现实困境，首当其冲的是运动场地和设施设备的匮乏。学生密度过大，教室、操场等严重超员的情况，在不少中小学校普遍存在，人口密度的增加加上学校基础设施扩充艰难，导致生均运动场地自然缩小。几年前，某省会城市有8所学校生均体育场地不足1平方米；另一省会城市2 700多所中小学没有一个操场达到国家标准。

在一些西部地区，很多学校不仅体育场地和器材严重短缺，体育课也陷入可有可无、常被挤占的尴尬境地，在这一现实境遇下，体育教师和体育课在学校逐渐被边缘化。很多偏远地区中小学没有专职体育教师，西部某县300多所小学，只有三四所有专职的体育教师，体育课往往变成了"放羊课"，或是课程表上的"理论课"。

为促进"阳光体育"的广泛开展，机制性的变革面越来越广。辽宁省全面建立了中小学校体育工作约束机制，学生体质不合格将问责校长、班主任；福建省规定在校学生体质测试成绩达到良好及以上者，方可参加三好学生、奖学金评选；湖南省长沙市教育局也下文，"不参加学校的体育活动，甚至不参加课间集体舞的学生，不能参评三好学生、优秀学生干部"。

对学校体育而言，"在保证体育课开足开好、不被挤占的前提下，保证学生每天参加一小时体育锻炼"只是最基本的指标要求，切实转变教育观念，让"每天锻炼一小时，健康生活一辈子"的理念深入人心；剔除影响"阳光体育"开展的体制性壁垒，为青少年创造一个全面的体育锻炼体系，应是学校当前的头等大事，因为体育毕竟要回归人性、回归生活。

着眼未来的战略突围

国家对"阳光体育"的强力张扬，其目标指向是让科学的人生观、价值观成为教育的常态。

今年4月，中共中央政治局召开会议，研究加强青少年体育工作和网络文化建设工作，会议将"全面完善学校、社区、家庭相结合的青少年体育工作网络，形成全社会珍视健康、重视体育的氛围，培养青少年良好的锻炼习惯和健康的生活方式，在广大青少年中形成热爱体育、崇尚运动、健康向上的良好风气"作为当前和今后一个时期加强青少年体育工作的总体要求加以强化。

从学校体育、到社区网络，进而在全社会营造热爱体育的良好氛围，因为体育不只是对身体素质的培养，更是对人格的培养，树立一个目标、坚定一种意志、保持一种信念和信心、塑造一种锲而不舍的精神。在培养学生遵守规则、团队精神、形成良好的精神状态的同时，还要将体育运动内化为一种常态的生活方式。

"积极推进在高中毕业学业考试中增加体育考试的做法，将体育考试成绩作为高校录取新生的重要参考依据。""教育部直属高校新生《学生体质健康标准》测试结果，应作为调整直属高校招生计划区域分配方案的依据。"在教育部和国家体育总局日前发出的《关于进一步加强学校体育工作，切实提高学生健康素质的意见》中提出了不少这样的新举措，明确要求通过建立更加完善的保障监督机制，确保学校体育工作各项政策措施的落实。教育部和有关部门酝酿的一项中西部阳光体育运动器材资助计划，第一批将投入10亿元，推出一批适于农村中小学生锻炼的体育器材，配送给中西部18个省份的学校。上行下效，针对一些地方体育课时、体育老师编制被挤占的状况，甘肃省将在"十一五"期间力争实现全省各级各类学校体育课程教学规范化，并为全省所有的学校都配齐体育老师。

作者系《中国教育报》记者柴葳，原载2007年12月31日《中国教育报》第2版

高校国防生培养工作生机勃勃

八年前，党中央、国务院、中央军委作出依托普通高等教育培养军队干部的战略决策，逐步走开了军队干部由自己培养和依托普通高等教育培养并举的路子。北大、清

华、复旦等一批重点高校率先担负起培养国防生的任务。短短几年间，由最初的21所试点高校扩大到目前的116所，培养的国防生所学专业95%以上都是部队紧缺急需的。

在大学校园里，人们常常会发现身边不时有一队身着绿色军装的年轻人静静地走过，他们的步伐坚定而整齐，眉宇间流露出执著的军人气质，他们就是后备役军官——国防生，大学校园里的一道亮丽风景。

莘莘学子报国情，虎虎生威国防生。目前全国共有116所普通高校与解放军各部队及武警部队签约，八年来累计招收选拔国防生6.5万名。在校国防生4.8万名，每年可向部队输送万余名毕业生。军队依托普通高校培养国防生，从无到有，从小到大，已显现出勃勃生机。

严把招生质量关，夯实献身国防事业的思想基础

"祖国终将选择那些选择了祖国的人"已成为清华大学国防生的立志箴言。清华大学把为军队培养人才作为神圣使命和光荣责任，1996年率先提出为军队培养高素质人才的设想，1998年开始从在校学生中选拔国防生，2000年开始从高中毕业生中招收第一批国防生。

为了把"爱国奉献、建设强大国防"的理想信念注入学生的血脉之中，该校先后开展了"科技发展，成才报国"、"军旗别样红——国防英才进清华"等主题活动，邀请杨振宁、姚期智等著名专家教授畅谈人生，用正确的价值观引导、用先进的典型激励学生。九年来，已有332名清华学子走入部队岗位并受到好评，涌现出"全国三好学生标兵"、"全国大学生年度人物"谷振丰和在基层建功立业的赵志升、章文强等一批先进典型。

该校把军事人才培养作为推进一流大学建设的重要内容，纳入整个人才培养体系，确定每年拿出两个10%的指标招收国防定向本科生和研究生。成立由学校主要领导担任组长的国防工作领导小组和定向生工作领导小组，制定国防生培养方案。

招生工作是国防生培养系统工程的第一环节。为了提高人才培养起点，清华大学采取有效措施争取优质生源。召开"全国百所重点中学校长座谈会"，面对面宣传国防生政策，在各重点省份和中学举办大型招生咨询活动。该校国防生生源质量逐年提高，50%以上的国防生入学分数高于统招生录取分数线，理工科国防生第一志愿录取率达到了100%。对不符合录取条件的学生，少1分坚决不予录取，对复查、复试不合格的取消国防生资格。

为了提高国防生整体素质，该校挑选最优秀的教师担任国防生班班主任，对学习成绩严重下滑、不及格课程增多的国防生，采取"亮黄牌"等办法进行警告；对不符合培养要求的国防生，坚决予以淘汰。今年60%的国防生班级成为学校的"优良学风班"。

紧贴部队任职需要，加强国防生作风纪律养成

哈尔滨理工大学今年首届毕业的55名国防生全部一次性通过了第二炮兵组织的综合考核。据介绍，该校自2003年与第二炮兵签订依托培养协议以来，共招收、选拔国防生近600名。

相对于地方需求的人才来讲，军事人才有着更高、更特殊的要求。为此，该校坚持把作风纪律养成贯穿到国防生培养的全过程，把学习军人常识、条令条例与学习校纪校规结合起来。毕业考核时，把作风纪律表现作为综合素质评定的重要内容。

如何培养新型军事人才，对许多高校来说都是一个全新的课题。黑龙江大学国防生分布在17个学院27个专业，集中教育和训练存在一定的难度。为了整合资源，该校2004年成立了实体国防教育学院，设置党总支部、团委、军政理论教研室、国防生大队等组织机构，配备了专职辅导员，初步形成了"分院学习、统一管理、集中训练、共同培养"的体制，避免了许多矛盾和问题，从而保证国防生培养工作步入正规。

过硬的思想素质是国防生的立身之本和成才之基。哈尔滨工业大学计算机科学与技术学院针对国防生思想发展轨迹，专门制订"启航·导航·远航"特别教育计划，将计算机专业创始人陈光熙先生一生追求真理、永远跟党走的"光熙精神"和"特别能吃苦、特别能战斗、特别能攻关、特别能奉献"的载人航天精神作为核心价值观，始终把着眼点放在培养适应军队信息化建设急需的尖端人才上。该校国防生在学习中表现出强烈的使命感，养成了主动跟踪专业前沿、自行查找文献资料、自主拓宽学习范围的良好习惯，学习成绩普遍比较出色。

在对毕业生的跟踪调查中，部队一致反映，哈工

大培养的国防生基础牢固、踏实肯干，上手快、后劲足。

发挥学科优势，将军工文化注入学生心灵

今天校园砺剑，明朝沙场亮剑。哈尔滨工程大学秉承“哈军工”优良传统，以服务国防为第一使命，把“国家利益至上”的军工文化根植于国防生心灵。

多年来，该校形成了历史文化、景观文化和船海文化特色为一体的“哈军工文化”。国防生一入学，便通过组织瞻仰首任院长陈庚、甲午海战英雄邓世昌、七下西洋的郑和，以及哈军工首席顾问奥列霍夫等人的铜像，从历史文化的积淀中增强建设强大海军的责任感和使命感。

由船舶工业、海军装备、海洋开发和核能应用组成的“三海一核”学科，一直是哈尔滨工程大学的特色学科。在发挥优势学科的基础上，该校紧贴部队对国防生知识、能力与素质结构等方面的需求，对国防生的课程设置和教学体系制定了优化方案。除专业必修课之外，还开设了军事运筹学、新概念武器、世界军事名著导读、心理素质训练等选修课程。

将实验教学与学生科技实践活动紧密结合，是该校国防生教育教学的一大特色。开设综合性、设计性实验的课程比例达84%，形成了以国防生科研训练计划、科研立项、工程创新训练、校内外科技竞赛等多位一体的实践体系。

组织实践锻炼，提高基层岗位任职素质

实践能力是大学生综合素质的表现，也是军事人才的重要能力。武汉大学在对毕业生的跟踪调查中发现，国防生专业扎实、知识面广、思维活跃，创新意识强，但缺乏对部队的了解，带兵能力和组织管理能力相对较弱。

针对学生的特点，该校把实践锻炼的目标定位在帮助国防生了解部队、熟悉基层、增长才干、坚定信念上。专题研究国防生实践锻炼工作，成立“国防生实践锻炼指挥部”，把国防生到部队实践锻炼与专业实习同等对待，纳入教学体系计算学分。实践锻炼期间，虽然国防生身在部队，但学校“放手”不“撒手”，及时解决国防生在部队实践锻炼期间思想、学习、训练和生活中遇到的问题。

去年7月，广州军区召开国防生部队实践锻炼现场观摩会，介绍了武汉大学的经验和做法。

据介绍，为了强化国防生专业学习效果，签约高校在海军部队设立了15个教学实践基地。2003年暑期，海军首次组织国防生航海实习，进行“三防”演练，从2004年起，国防生航海实习已统一纳入海军军事训练计划。

整合军地优势，共同打造军事“人才航母”

南昌航空大学的“昌航模式”被誉为精心打造军事“人才航母”的助推器。该校自2003年培养国防生以来，先后有57名学生受到国家级和省级表彰奖励，独具特色的人才培养模式曾吸引30多所签约高校前往考察、观摩。“建设信息化军队、打赢信息化战争，呼唤高素质新型军事人才。”谈起“昌航模式”，驻南昌航空大学选培办主任卢潾介绍说，提高国防生的培养质量，关系到军队现代化建设的未来。部队驻南昌航空大学选培办和南昌航空大学经过研究达成共识：完全依赖高校，把国防生混同于一般大学生，势必导致国防生军人意识不强，身上“兵味”不足；单纯依靠选培办，严格按军校模式教育管理，又会违背一般教育规律，引起国防生的抵触情绪。实践使我们认识到，国防生培养只有军地双方“同频共振”，才能形成育人合力。

“依托就是依靠，并举就是并肩”，该校成立了国防生工作领导小组，选配办与南昌航空大学一起先后召开了50多次座谈会，切磋、研讨如何优化国防生培养方案，军地双方研究、制定了《国防生教育管理规定》、《招收和在校选拔国防生工作细则》、《国防生考核淘汰实施细则》等。除了完成学校一般专业课程要求和总部规定的军政训练计划的同时，选配办多次组织学校领导和专家、教授到部队调研，了解部队岗位目标和专业知识需求，先后开设了军事思想、海洋和海战法规、舰船原理等课程。充分利用学校在航空航天领域的学科优势，设置了17个国防类专业，努力实现军队人才需求与高校人才培养目标的“对接”。

热血青年携笔从戎，绿色军营放飞梦想。据统计，许多高校国防生中学生干部、“三好学生”比例高达72%，不少学校国防生100%递交了入党申请书，有的学校国防生党员比例高达90%。毕业国防生100%服从组织分配，到部队的国防生三分之一立功受奖，部队普遍反映国防生的政治素质好、业务水

平高，为部队带来了生机与活力。

依托普通高校培养国防生是人才强军、科技强军之路，全速推动培养工作的改革之舟已扬帆启航。

链接：招收培养国防生高校名单

北京理工大学、哈尔滨工业大学、南京大学、河南大学、北京大学、清华大学、南开大学、天津大学、北京师范大学、首都医科大学、西安科技大学、西南大学、西安交通大学、中国科技大学、上海交通大学、河海大学、华中科技大学、西安理工大学、哈尔滨工程大学、宁波大学、中国海洋大学、江苏科技大学、东华理工大学、南昌航空大学、南昌大学、燕山大学、南华大学、河南科技大学、北京航空航天大学、沈阳工业大学、沈阳航空工业学院、山东理工大学、东南大学、南京航空航天大学、南京信息工程大学、河北工业大学、湖南大学、长沙理工大学、兰州大学、兰州交通大学、西安电子科技大学、武汉理工大学、长春理工大学、长春工业大学、电子科技大学、西华大学、西北工业大学、合肥工业大学、哈尔滨理工大学、武汉科技大学、北京科技大学、成都信息工程学院、吉林大学、东北大学、沈阳理工大学、大连理工大学、大连海事大学、黑龙江大学、长春工程学院、北京交通大学、天津科技大学、河北大学、河北科技大学、山西大学、中北大学、太原理工大学、内蒙古大学、西北大学、西安邮电学院、兰州理工大学、宁夏大学、新疆大学、石河子大学、山东大学、中国石油大学（华东）、聊城大学、郑州大学、河南理工大学、烟台大学、同济大学、华东理工大学、南京理工大学、南京邮电大学、浙江大学、安徽大学、安徽理工大学、厦门大学、集美大学、华东交通大学、中南大学、湘潭大学、武汉大学、中国地质大学（武汉）、华南理工大学、华南师范大学、广东工业大学、广西大学、桂林电子科技大学、四川大学、重庆大学、西南交通大学、西南政法大学、昆明理工大学、贵州大学、中国人民大学、北京林业大学、中国政法大学、复旦大学、中山大学、西南财经大学、中国地质大学（北京）、长安大学、辽宁大学、华东政法学院、湖南师范大学、云南大学。

作者系《中国教育报》记者冯华，原载 2007 年 12 月 19 日《中国教育报》第 5 版

高雅艺术进校园的思考

正确引导大学生弘扬优秀文化，吸纳人类先进文化成果，提高他们的文化素质和艺术修养，促进德、智、体、美全面发展，直接关系到中国特色社会主义事业的兴旺发达。因此，在大学教育的全过程中，有计划、有引导地贯穿艺术审美教育，对于全面拓展学生的科学文化知识领域，激发和培养想象力和主观创造力，提高文化素养、审美情趣和艺术鉴赏能力，健全人格品位和精神境界，具有其他学科和专业技能教育所不可替代的作用。

今年春季，央视《戏苑百家》栏目携手海峡两岸戏曲名家走进厦门大学校园，于魁智、赵葆秀、吴琼、小香玉等名家纷纷登台亮相，为近四千名厦大师生奉献了一台精彩纷呈的民族艺术盛宴。《戏苑百家》走进厦大不仅是一次美丽的邂逅，更是缘自双方共同的追求，就是让高雅艺术在青年人中觅寻知音，让大学生在高雅的艺术中触摸中华文化根脉。

思考之一：大学校园需要高雅艺术

大学校园不仅要在学术上包容并蓄，也要在艺术上百花齐放，在大学的舞台上，不仅要有流行的“庞龙”，也要有高雅的“郑小瑛”和国粹的“于魁智”。在大众文化抢足风头、流行主导青年一代的同时，更要继承和弘扬高雅的文化艺术。“高雅艺术进校园”活动可以给大学生一个更好地亲近艺术、提升艺术素养、感受艺术魅力的平台，也是大学素质教育中不可缺少的重要方面。

首先，高雅艺术可以提升校园文化品位。高雅艺术是先进文化的组成部分，蕴含深厚文化思想内涵，

蕴藏其创作时代社会、自然、以及人际交流所必需的各种形象化感性知识，能够陶冶人、教育人、培养人、传承世界各民族文化精髓，并经得起时间的考验。比起通俗文化、流行音乐等，高雅艺术更能给大学生以震撼和鼓舞。《戏苑百家》走进厦门大学，让大学生们欣赏到了广为传唱的戏曲名段，领略到了艺术家们唱念做打、一招一式的优雅与考究，大学生们不仅感受到了民族传统艺术的无穷魅力，更了解了所谓高雅艺术的门槛并没有想象中的那么高。很多同学看过《戏苑百家》演出之后深有体会，认为广大青年学生喜欢流行的，并非不喜欢传统和高雅的，更多的是因为没接触，不了解。通过观看艺术家们精彩的演出，没有理由不喜欢这些国粹和民族的传统文化，大学校园需要多一点精英意识和高雅的文化品位。

其次，高雅艺术发挥育人功能。中国传统教育思想把艺术的教育视为教育的重要内容。所谓“兴于诗，立于礼，成于乐”（《论语·泰伯》），就是指吟诵诗歌可以启兴人心，感奋情志；欣赏音乐，可以调和情感，修养性情。蔡元培认为：“若要把感性的人变为理性的人，唯一的路径是先使他成为审美的人。”艺术教育的目的就是通过艺术的手段，让学生充分感受、理解、评价各种美的情感，培养美的情操和文明行为。

再次，“高雅艺术进校园”活动是弘扬民族优秀传统文化、培养全面发展的新一代人才、建设社会主义精神文明和构建和谐社会的需要。大学是构建和谐社会的有机组成。校园文化具有重要的教化和引导功能，体现社会主义特色、时代特征和学校特点的校园文化，并形成良好的校风，不仅对于当代大学生健康成长具有重要作用，也有利于形成良好的社会氛围，促进社会主义精神文明建设和和谐社会的构建。

思考之二：高雅艺术应走进大学校园

当前，高雅艺术存在脱离生活、脱离群众、陷入相对封闭的倾向。有的专家指出，中国传统戏曲少人问津，一半是部分作品本身缺乏感染力，一半是戏曲人的不作为，高雅艺术必须在继承和创新中前进。

大学有着传承和弘扬文化的功能和作用。大学的文化层次代表的是一个时代的文化标尺，大学的文化取向引导着社会文化的未来；大学校园更是先进文化的传播地，是精神文明的辐射源。青年学子最具热情，也最具创造力，对高雅艺术教育充满向往和需求。如果我们的戏曲创作家、艺术家深入大学校园进行创作、从事教育普及和演出，在和广大青年学生的接触过程中把他们的向往和需求反馈到我们的艺术实践活动中来，在实践中吸取新鲜的养分、焕发创作活力，这样高雅艺术才能与时俱进，长盛不衰。同时，也培养了最具潜力的未来观众。正如中央民族歌舞团在为厦门高校近两万师生演出时，台下经久不息的掌声给台上演员一种非凡的支持，高雅艺术在大学校园产生了强烈的共鸣。

高雅艺术要深入大学校园寻找培育自身成长的沃土。高雅艺术只有给人以感动、激励和启迪的力量，才能拥有一定的观众和市场。高雅艺术要能感动人、激励人，就要深入观众、深入大学校园与广大青年学生进行思想碰撞，培育自身成长的沃土。要拥有观众和市场，就需要加大高雅艺术在大学校园的教育和普及推广力度，在全社会形成尊重高雅文艺、仰慕高雅文艺的社会风气。

思考之三：需要建立长效机制

在校园开展高雅艺术教育备受学生欢迎。但提高大学生的艺术修养，不是一朝一夕就能够实现的，因此，要建立长效机制，努力推动“高雅艺术进校园”活动长期深入开展下去。

国家制定相应的规划，建立健全机制，加大资金投入和推广力度，在高校建设大学生文化素质教育基地，为大学生创造学习、欣赏和参与高雅艺术的条件，从而达到培养全面高素质人才的目的。

高校要进一步把艺术教育纳入规范化的教学轨道。像《戏苑百家》等高雅艺术走进大学校园活动虽然是推广高雅艺术行之有效的方法，但要真正帮助广大学生理解和接受艺术作品，提高他们艺术鉴赏水平和文化素养，关键还在长期教育引导和艺术氛围的熏陶。因此，大学要在教学体制改革和课程建设时，把艺术教育纳入规范的教学轨道，通过艺术教育活动和经常性地组织艺术家进校园和学生开展面对面的研讨、交流活动，进行更多的现场讲解和欣赏辅导，使学生的艺术素养从兴趣、娱乐的层面提升到鉴赏与认知层面。厦门大学在艺术学院成立公共艺术教学部，其主旨就是加强对学生的美学教育，将艺术教学作为选修课，分不同课目列入学分计算的范畴，以此调动更多的学生参与进来。

思考之四：需要媒体宣传和推广

高雅艺术的传播需要载体。作为大众媒体的电视、电影、网络等，应该更多地承担高雅艺术传承的责任和使命，利用现代的传媒工具和手段激活传统高雅艺术文化，用全新的方式宣传和推广传统文化，让更多的青年学生接触并了解高雅艺术。《戏苑百家》走进厦门大学活动，不仅让大学生亲身感受到高雅艺术震撼力和艺术家个人的魅力，同时通过中央电视台、地方电视台的多次转播、介绍，以及网络、报纸等媒体对活动的报道，也让我们的大学生对自己学校更加热爱，对高雅艺术更加喜爱；高雅艺术也在深入校园，和青年学生的思想碰撞中得以充分展现和营养补充，并在媒体的影响下得以推广并吸引更多的观众。

高雅艺术的宣传和推广需要借鉴其他艺术形式的传播和推广经验。高雅艺术经历各个时代流传沉淀至今，本身就有强大的生命力，如果能积极融合时尚因素，并从其他艺术形式的传播和推广中吸取经验，展现出新的艺术表现形式，方便和吸引更多青年学生去了解、欣赏和接受，这样才能真正地使高雅艺术从“走进校园”演化为“扎根校园”，高雅艺术一定会在大学校园得以传承和弘扬，广大青年学生也一定会成为高雅艺术的热爱者和传播者。

作者系厦门大学党委副书记兼副校长潘世墨，原载2007年9月24日《中国教育报》第6版

教育信息化建设与远程教育

教育信息化建设

〔**网络运行维护与开发**〕 2007年教育管理信息中心在完成教育部机关政府门户网站和网络系统正常管理维护工作基础上，为贯彻落实《政府公开信息条例》，对教育部政府门户网站进行了改版，新增栏目14个，并增订或修订了一些工作流程，加强了网站管理。改版后的网站已于10月1日投入运行。为确保部机关网络安全、高速、稳定运行，信息中心完成了ChinaNET网络带宽到100Mb的扩容，机关院内网络室外线缆的入地工程；业务楼机房解决了双路供电问题，增加了40KVA的UPS供电容量和12个服务器机柜。为推进部机关信息化建设，协助教育部各司局开发了各类应用系统，例如完成了办公厅“全国会议管理系统”、人事司“教育部机关工资查询系统”、体卫艺司“全国学生体质健康评价系统”以及政务信息公开办公室“教育部信息公开目录编制系统”的开发工作，目前部分系统已经投入正式运营。

在对战线服务方面，完成了广东省教育厅、江西省教育厅、广州市教育局及部分“教育电子政务试点工程”建设工作，较好的发挥了作为教育部公文与信息交换和应急指挥平台的重要作用。启动了教育电子证书与身份认证系统，组织起草了《国家教育电子证书认证系统建设方案》等有关材料，该方案已经国家密码管理局专家审定。在全国教育系统，包括各级教育行政管理部门及高校进行抽样调查，采集教育电子政务建设的基本数据，进行统计分析，为了解教育电子政务总体建设情况提供依据。为推进教育信息公开，更好地服务于民，积极协助教育部办公厅申请全国教育事业公益服务电话号码12391。目前正在组织系统建设和运营方案设计。

〔**《教育管理信息化标准》的制定和完善**〕《教育管理信息化标准》覆盖我国各级教育管理部门和各级各类学校管理工作各个方面，为我国各级教育行政部门和各级各类学校管理信息系统建设、学校基础数据建设及教育管理数据信息在全国范围的交流与共享打下了良好的基础，推动了我国教育管理信息化工作健康、规范化发展。2007年，教育管理信息中心在完成《教育管理信息化标准》的制定基础上，逐步对其予以完善，建立了《教育管理信息化标准》服务体系，制定相关标准推广政策和行业规范，推动标准的普及应用，形成标准的推广应用激励保障机制，并通过认证等手段强调对其的贯彻实施。在《教育管理信息化标准》的宣传和培训工作方面，按照统一领导，分工负责的原则，分批、逐级开展《教育管理信息化标准》的宣传与培训，原则上培训和宣传到每一级教育行政部门和每一所学校。选择部分有条件的地区和学校进行示范性建设，建立区域内的教育网和基于《教育管理信息化标准》的管理信息系统、基础数据库系统及一卡通系统，实现区域内教育管理数据信息及相关资源的交流与共享，并以此推动《教育管理信息化标准》的宣传、推广和应用。随着信息技术不断创新，教育信息化基础设施建设取得了长足的进步和飞跃式发展。

为更好的对《教育管理信息化标准》实施状况进行监测，教育管理信息中心开发了《教育管理信息化标准》检测软件，实现了对各地方教育行政部门、学校和教育管理软件开发单位的管理信息系统的贯标情况进行监测。

〔**教育培训工作**〕 2007 年教育管理信息中心继续承担全国“信息技术应用培训教育工程”（简称 ITAT 教育工程）及“全国高级信息技术人才培养项目”（简称 ITAT —PRO 项目）的实施及推广工作，2007 年累计培训人数 40 万，组织考试认证 68 033 人次，并组织“第三届全国 ITAT 教育工程就业技能大赛，参赛学校近 404 所，参赛人数达 4 万；承担“中国教育资源网”的建设工作及“全国多媒体课件大赛”组织工作。2007 年组织的第七届全国多媒体课件大赛，收集教学课件 2 179 个。

撰稿 欧阳航
审稿 戚立亭

中央广播电视大学

〔**综述**〕 中央广播电视大学是教育部直属高等学校，是基于计算机网络、卫星电视网络，运用文字教材、音像教材、多媒体课件、网络课程等多种媒体，面向全国开展现代远程教育的开放大学。中央电大和全国 44 所省级电大、956 所地（市）级电大分校、1 875 个县级电大工作站、51 665 个教学班（点）组成了一个统筹规划、分级管理、分工协作的现代远程教育教学系统。

2007 年，经教育部批复、备案，中央电大开放教育本科（专科起点，下同）、专科、教育部“一村一名大学生计划”共开设专业 67 个，其中开放教育本科专业 18 个、专科专业 34 个、教育部“一村一名大学生计划”专业 15 个。

2007 年，经教育部批准，中央电大进行了机构调整，现设有文法学院、经济管理学院、工学院、教育学院、外语学院、农林医药学院等 6 个学科学院和直属学院、继续教育学院以及西藏学院、八一学院、总参学院、残疾人教育学院，专设中国电视师范学院、中国燎原广播电视学校、中央广播电视中等专业学校。

截止到 2007 年，中央电大开放教育在校生 205.00 万人，其中本科 72.76 万人，专科 125.11 万人，教育部“一村一名大学生计划”7.13 万人。2007 年度开放教育招生 77.87 万人，其中本科 24.91 万人，专科 49.24 万人，教育部“一村一名大学生计划”招生 3.72 万人。毕业生 56.56 万人，其中本科 20.93 万人（授予学士学位 5 709 人），专科 34.11 万人，教育部“一村一名大学生计划”毕业学生 1.52 万人。

中央电大教职工总数 439 人，其中专任教师 131 人（教授、副教授 87 人）。图书馆藏书 7.8 万册，电子图书 5.9 万种。

〔**“中央广播电视大学人才培养模式改革和开放教育试点”项目顺利通过教育部评估**〕 4 月 24 日—27 日，教育部组织专家对“中央广播电视大学人才培养模式改革和开放教育试点”项目进行总结性评估。专家组认为，开放教育试点经过八年的探索与实践，尤其是在中期评估和总结性评估的大力推进下，取得了丰硕成果，表现在：一是试点的指导思想明确，措施有力，成效显著；二是初步形成了以天网地网人网结合，三级平台互动，多种媒体教学资源综合应用为特色的网络教学环境；三是人才培养模式改革成效显著，形成了现代远程教育环境下应用型人才培养模式的基本框架。四是教学质量保证体系的建设得到加强，人才培养质量得到社会认可。

教育部办公厅于2007年12月印发了《教育部办公厅关于公布“中央广播电视大学人才培养模式改革和开放教育试点”项目总结性评估结论的通知》。《通知》指出，试点项目实现了预期目标，形成了开放教育人才培养模式的基本框架，以及相应的教学模式、管理模式和运行机制，为广播电视大学的发展奠定了基础，为国家现代远程教育的发展积累了经验。开放教育已经成为推进远程教育和继续教育发展的一种重要形式。《通知》要求，中央广播电视大学要统筹规划，科学管理，发挥系统优势，办好开放教育。地方各级教育行政部门要以科学发展观为指导，加强对当地广播电视大学的领导，明确开放教育在其发展中的主体地位，促进开放教育持续健康发展。

6月7日，中央电大印发《关于公布省级广播电视大学实施“中央广播电视大学人才培养模式改革和开放教育试点”项目总结性评估结果的通知》，向各省级电大通报评估结论。北京广播电视大学等14所省级电大评估结论为优秀，天津广播电视大学等26所省级电大评估结论为良好，厦门市广播电视大学等4所省级电大评估结论为合格。

〔召开全国电大党委书记、校长会议〕 5月28日—29日，2007年全国电大党委书记校长会议在京召开。会议主题是总结“中央广播电视大学人才培养模式改革和开放教育试点”项目实施工作，通报试点项目总结性评估结果；通报实施《中央电大“十一五”发展规划纲要》的主要思路，研究继续推进开放教育工作的主要任务和措施；交流深化开放教育教学及教学管理模式改革的经验和做法。教育部副部长吴启迪出席开幕式并讲话，对电大开放教育下一步的发展提出意见。中央电大校长葛道凯作了题为《齐心协力开拓创新为建设中国特色的远程开放大学而奋斗》的主题报告，总结了电大开放教育试点工作及总结性评估情况，通报对省级及以下电大的评估情况，部署了下一步工作主要是实施六项工程、推展六项计划等工作。

中央电大校领导及来自全国44所省级电大的党委书记、校长和中央电大中层干部等近百人参加了会议。

〔召开2007年全国电大教学工作会议〕 10月11日—13日，2007年全国广播电视大学教学工作会议在甘肃兰州召开。会议内容是：通报中央电大总结性评估情况及整改措施，交流各地电大总结性评估整改以及专项教学改革试点工作进展情况和取得的成果与经验；研究进一步加强教学工作、完善教学质量保证体系、建立教学工作长效机制的相关问题与思路；研讨落实《中央广播电视大学2006—2010年教学改革要点》的有关具体方案。

中央电大校长葛道凯就中国高等教育的开放历程，近期电大教育教学改革的思路和教学工作建议发表了讲话。会议还举行了颁奖仪式，表彰全国电大优秀教务管理集体和优秀教务管理工作者以及“MDER杯”全国电大多媒体课件大赛获奖作品和获奖单位。

44所省级电大校领导和教务处长、部分教学部门负责人，中央电大各学院、学习中心、部分教学实验基地及合作办学高校、部委及行业代表共约200人参加会议。

〔完成对西部地区100所县级电大援助计划〕 中央电大从2004年开始实施的“西部地区百所县级电大援助计划”至2007年已全部完成。中央电大从内蒙古、广西、四川、重庆、贵州、云南、陕西、甘肃、青海、宁夏、新疆、西藏等12个省、自治区、直辖市和湖南湘西、湖北鄂西、吉林延边3个地区，遴选100所县级电大，投资1 000万元人民币，对提升其教学现代化水平，推动电大远程开放教育向下延伸，培养基层更多的应用型人才起到了极大的推动与促进作用。

〔首次利用远程监控系统对全国电大期末统考远程抽检〕 2007年1月，中央广播电视大学决定在全国电大期末统一考试期间，首次利用远程监控系统对全国电大期末统考远程抽检。考试期间，各省级电大将安装有考场监控设备的所有教室作为期末考试的考场，按照随机编排的要求，安排考生在这些考场中进行考试。各省级电大在此期间开启监控设备，中央电大则利用远程监控系统随机调取考场图像进行监控。

〔**《中央广播电视大学毕业生追踪调查测评工具》通过知识产权保护审核**〕 1月25日，《中央广播电视大学毕业生追踪调查测评工具》通过了北京市版权局知识产权保护中心审核登记。该测评工具主要用于检验电大远程教育的人才培养质量，测量电大远程教育教学效果，其评价数据来自电大远程教育的毕业生及其社会用人单位。该测评工具的主要内容包括测评指标体系、评价模型、测评量表、调查问卷、数学模型。

〔**推动电大系统中等职业教育发展**〕 继2006年12月19日，教育部办公厅向各省级教育行政部门印发《关于进一步做好广播电视大学系统中等职业教育工作的通知》后，中央电大于2007年3月9日向电大系统印发《中央广播电视大学关于贯彻〈教育部办公厅关于进一步做好广播电视大学系统中等职业教育工作的通知〉的意见》。

《意见》就进一步加强对广播电视大学中等职业教育工作的领导；进一步加强广播电视大学中等职业教育机构的基础能力建设；进一步扩大中等职业教育招生规模；继续深化教育教学改革，不断提高教育教学质量和加强职业指导和就业服务工作等方面提出了意见。

〔**开通“飞跃时空·电大人·学校文化网”**〕 3月22日，“飞跃时空·电大人·学校文化网”（以下简称文化网）开通仪式在中央电大远程会议中心举行，中央电大校长葛道凯，副校长孙绿怡，党委副书记、副校长阮智勇共同点击鼠标。文化网拥有“校园活动”、“星光灿烂”、“信息博览”、“论坛”等频道，立足中央电大，面向全系统，是与中央电大教学、科研、管理、学习支持服务等业务平台相辅相成的文化传播阵地。

〔**首个教育部“数字化学习港”项目典型应用示范学习中心建成**〕 5月31日，北京首个教育部“数字化学习港”项目典型应用示范学习中心奥鹏远程教育北京阜成门学习中心（直属）建成并对市民开放。国内首个数字化学习港专业网站同时开通。不同地区的学习者根据自己需要，可以在适当的地点选择适当的知识和教育，这样既满足了教育的个性化需要，又实现了教育资源的公平性。

〔**中国国际远程教育大会**〕 9月20日—21日，2007中国国际远程教育大会在京召开，本次大会的主题为“新进展、新趋势、新课题”。教育部高等教育司司长张尧学出席大会并致辞。中央电大校长葛道凯出席开幕式并做了《八年开放教育对高等继续教育的启示》的主题报告，会议围绕电大开放教育实践对我国高等继续教育进行了深入探讨。

〔**国际远程教育高端论坛**〕 10月25日—26日，由全国高校远程教育协作组、北京大学、中央广播电视大学和英国开放大学共同主办的“2007年国际远程教育高端论坛”在京举行。论坛的主题为“远程教育的质量与成效”。来自欧洲、美洲、大洋洲、亚洲20个国家和地区200多名代表参加论坛。

本次论坛名誉主席、人大常委会副委员长韩启德会见了部分国内外代表。教育部副部长吴启迪出席会议。

吴启迪在开幕式上发表讲话。中央电大校长葛道凯做了题为《中国远程教育实践和发展前景》的主题报告。英国开放大学校长 Brenda Gourley 教授等30余位国内国际远程教育界专家在论坛发言。

与会代表分别从远程教育的质量保证、远程教育中的学生支持、新技术与远程教育、远程教育研究等四个研究领域进行了深入交流和广泛探讨。

〔**残疾人教育学院迎来首届毕业生**〕 11月27日，中央电大残疾人教育学院暨深圳学习中心2007秋毕业典礼在深圳电大举行。本届毕业学生共计249人，其中残疾学生221人，占总毕业生人数的88.8%。这些毕业生分别来自南京、武汉、青岛、江门、哈尔滨、郑州、广州、深圳及浙江和贵州的各个城市等教学中心和教学点。

撰稿 徐建新
审稿 葛道凯

中央电化教育馆

〔**全国电化教育馆馆长会议**〕 2008年1月，全国电化教育馆馆长会议在北京举行。教育部副部长陈小娅出席会议并作重要讲话。出席会议的有教育部基础教育司、师范教育司，中央电教馆、教育部基础教育资源中心的负责同志。各省、自治区、直辖市电教馆（基础教育资源中心）馆长（主任），计划单列市电教馆、新疆生产建设兵团中小学电教馆馆长，部分省会城市和地市电教馆馆长等100多人参加会议。

会议的主题是：深入学习贯彻党的十七大精神，全面落实科学发展观，进一步加强电教馆系统能力建设，更好地为深化教育改革、促进教育公平、提高教育质量和教育现代化水平服务。会议总结了电教馆系统过去五年的主要工作，交流了各地电教馆在推进教育资源共建共享，开展信息技术应用指导，建立技术支持服务体系和促进教育信息化可持续发展的经验和做法；研究了电教馆系统2008年及今后一个时期的主要工作任务；通报了中央电教馆、教育部基础教育资源中心2008年主要工作安排。

陈小娅副部长作了题为《贯彻落实党的十七大精神，推进基础教育信息化科学发展》的重要讲话。她指出，我国教育信息化将进入一个快速、科学发展的新阶段。发展远程教育，推进教育公平，促进义务教育均衡发展，充分利用信息化手段，让所有的孩子都能够接受良好的教育，是新时期义务教育工作新的、更高的目标。她强调，要坚持把以信息化带动教育现代化作为推进基础教育改革与发展的重要战略举措；坚持以农村教育信息化为重点，继续发展农村中小学远程教育；要重点加强农村中小学现代远程教育资源建设；全面提高中小学教师的信息素养、教育技术应用能力和水平；逐步建立覆盖城乡的信息化支持服务体系。讲话中，陈小娅充分肯定了电教馆系统在发展农村教育、推进基础教育课程改革、提高教师队伍素质等方面发挥的积极作用。

撰稿 郭忠民
审稿 陈志龙

〔**第十一届全国多媒体教育软件大奖赛**〕 2007年11月，由教育部指导、中央电化教育馆主办的第十一届全国多媒体教育软件大奖赛（以下简称“大奖赛”）颁奖大会在北京举行。教育部副部长、大奖赛组委会名誉主任陈小娅出席颁奖大会并作重要讲话。中国人民解放军总参谋部军训和兵种部训练保障局，教育部基础教育司、职业教育与成人教育司、高等教育司、科学技术司，高等教育出版社，中央电化教育馆，AMD（中国）有限公司战略合作发展部等单位的负责人出席颁奖大会。本次大奖赛现场决赛专家代表，部分省、自治区、直辖市电教馆馆长，31个省、自治区、直辖市及新疆生产建设兵团中小学和有关高校、职业学校的获奖作者以及新闻界的朋友近300人参加了颁奖大会。

陈小娅在讲话中充分肯定了大奖赛对推动教育教学资源建设及应用、促进教育信息化发展的作用。她希望各地教育部门、电教馆等单位，要将这项活动作为推进本地区教育信息化建设和农村中小学现代远程教育工程实施的一项举措，精心做好这项活动的组织工作。各类学校要将其作为提高多媒体教育软件资源开发制作水平和质量、推动信息技术教育普及和信息技术应用、促进教育技术学科建设和人才培养的一个载体，积极参与这项赛事。同时也希望致力于促进教育资源建设、推动教育信息化发展的企事业单位继续关心和支持这项竞赛活动，齐心协力，发挥各自的优势，共同促进我国教育资源整体建设与应用水平的提升。她相信，大奖赛的举办对优质教育资源的共建共享、对信息技术人才的培养、对我国现代远程教育的发展和教育信息化的建设会起到更加有力的推动作用。

本届大奖赛共收到 2 462 件参赛作品。其中：基础教育组选送作品 1 993 件，内容涵盖了语文、数学、英语、音乐、信息技术等所有学科；中等职业教育组参赛作品 58 件，内容覆盖平面设计、计算机、通信技术、电子技术、电子商务、经济学和文秘等专业学科；高等教育组参赛作品 411 件，内容涉及本专科的基础学科和部分专业学科的教学领域。按照教育部办公厅的有关要求，在基础教育组、高等教育组还增设了“Science Word 优秀教案设计”项目，共有 826 件作品参评。经过技术测试、网上公示、专家评审和现场决赛，整个大赛共有 755 件作品获奖，占作品总数的 30.7%。

〔**第八届全国中小学电脑制作活动**〕 2007 年 7 月，由中央电教馆和河南省教育厅主办的第八届全国中小学电脑制作活动作品面试、电脑机器人竞赛暨夏令营在郑州市举行。近 1 500 名来自全国各地的中小学教师、学生和教育工作者参加了夏令营和颁奖仪式。

本届活动“评选类项目”包括：电脑绘画、电脑动画、电子报刊、网页、程序设计和电脑平面设计；“竞赛类项目”包括：机器人足球竞赛、机器人灭火竞赛和机器人工程挑战赛——海洋探险竞赛。全国 32 个省级教育部门从几十万件作品中遴选并推荐了 1 675 件电脑作品（每省限报 60 件作品）参加“评选类项目”。经过技术测试、网上公示、专家评审和作者面试，有 442 件作品获奖。有 27 个省级教育部门推荐 167 个代表队参加本届“竞赛类项目”，其中 21 个代表队分别获得七个组别项目的前三名，有 35 个代表队分别获得第 4～8 名，有 12 个省级教育部门获得最佳组织奖。

在 2007 年的电脑制作活动中，全国各地广大中小学生结合课堂教学及生活实际，积极探索、勇于创新，运用信息技术手段设计、创作了大量的优秀电脑作品。其特点主要表现在：一是作品选题不断深化，除奥运、乡土人情等主题外，很多学生将视角转向关心人类自身的生存与发展。选题也更加注重中国传统文化艺术的研究与弘扬，更加注重个性表现。二是作品内容与中小学生的学习紧密结合，指导学生学习和辅助教师教学的作品明显增多。网页作品研究性学习特点比较突出，电子报刊作品注重叙述故事情节、关注生活细节，反映了学生综合实践活动和探究性学习的成绩，展现了信息技术与课程教学整合的成果。三是采用的制作工具和技术手段更加丰富，参评作品越来越美观生动，富有吸引力。

撰稿　郭忠民

审稿　王晓芜

〔**中加政府合作的“加强中国西部基础教育能力项目”**〕 加强中国西部基础教育能力项目（以下简称“CIDA 项目”）于 2007 年 9 月正式结束。该项目是中国政府和加拿大政府间 2003—2007 年合作的 5 年期项目。项目实施的目的是：在中国西部选定的较贫困地区，利用远距离教学，完善教师受教育制度，促进基础教育的发展。

CIDA 项目在商务部、教育部、加拿大国际发展署（CIDA）的指导下，由中央电化教育馆和以 Agriteam Canada 公司牵头的加方机构共同负责实施。加方机构包括：卡尔加里大学、阿塞巴斯卡大学、阿尔伯塔省教育部、阿尔伯塔大学。

CIDA 项目选择了四川的康定县（90%为藏族）和天全县、新疆的阿勒泰市（50%为哈萨克族，2%为维吾尔族和蒙古族）和鄯善县（65%为维吾尔族，还有回族、哈萨克族和蒙古族）、宁夏的西吉县（50%以上为回族）和原州区（43%是回族）6 个县为项目县，共有 360 所学校作为项目实施单位。

CIDA 项目在教育部和李嘉诚基金会“西部中小学现代远程教育项目”实施的基础上，利用已建成的农村中小学现代远程教育卫星 IP 频道，结合教师需求开发了《基础教育中以学生为中心的教学法》、《支持有效远程学习的理论与方法》、《信息技术在教学中的应用》和《教育领导》4 门远程课程，以及《小学数学资源》、《英语教学资源》和

《小学科学资源》3门学科资源，共出版《基础教育中以学生为中心的教学法》、《多媒体教学资源开发手册》、《学习支持中心手册》、《以学生为中心的教学与评价策略》、《项目工作案例研究》和《基础教育专业发展战略规划框架》6本书。

CIDA项目通过对360所项目学校在技术、硬件设施建设和人员培训等方面的支持，建立了360个学习支持中心，成为项目开展远程教师培训和校本培训的中心。同时还建立了项目的辅助教育平台，为项目学校的教师和学生提供辅导、答疑和在线支持。经过5年的时间，共培训教师41 774名，校长1 771名，教育管理人员855名。

CIDA项目5年来通过开展以学生为中心的课堂教学等培训、课题研究、评估以及考察等多种活动，增加了课堂学习资料和提高了教师远程教育课程的质量；提升了校长和教师帮助学校和社区的能力；加强了中央电化教育馆和项目省电化教育馆的多媒体课程和远程课程的制作和生产能力；提高了国家、省和县级教育管理人员制定远程教育政策及策略的能力，以及在制定这些政策和策略中充分考虑性别平等和少数民族利益的自觉性，促进了国家和省级教育管理人员进行监督评价能力的提高。

2007年5月17日—18日，教育部国际合作与交流司主持召开了项目的第二次国家级论坛，教育部副部长赵沁平和加拿大驻华大使罗岚先生出席论坛并讲话，他们对项目获得的成果以及今后可持续发展的安排表示祝贺和赞赏。

撰稿　章雪梅

〔**《架起通向未来的桥梁——中国农村中小学现代远程教育工程》出版**〕　经过5年的努力，中国农村中小学现代远程教育工程提出的建设目标基本实现。为全面反映工程的突出成就，全国农村中小学现代远程教育工程办公室组织编写了《架起通向未来的桥梁——中国农村中小学现代远程教育工程》一书。该书图文并茂，数据翔实，内容主要包括：奠基农村教育未来的战略决策、惠及农村亿万孩子的民心工程、直达农村学校的免费教育资源、造就具有远程教育应用能力的教师队伍、普及应用引发农村学校变革、总结与展望等六个部分，全面介绍了全国农村中小学现代远程教育工程的建设成就和应用效益，旨在让更多的人了解中国世纪之交的农村远程教育现状以及实施农村中小学现代远程教育工程的重大战略意义和必将产生的深远影响。

撰稿　张静然

审稿　王珠珠

教育考试

综述

〔**题库建设**〕 根据教育部关于建设教育考试国家题库的部署和教育部考试中心“十一五”事业发展规划对题库建设的要求，2006 年 9 月，考试中心拟制、报批了《建设教育考试国家题库的实施意见》。《意见》明确了题库建设的指导思想、工作目标和工作原则，并将题库建设规划为三期工程，同时制定了《教育考试国家题库建设的工作计划》。2007 年，教育考试国家题库建设工作主要从四个方面全面展开：一是提高认识，加强业务。通过培训、学习、交流，尤其通过对欧美等国家题库的考察等活动，促进业务人员思维方式的转变，拟打造一支专业化、职业化、高水准的命题管理队伍。二是依据题库建设工作“分解细化”的原则，制定了《试卷生成程序》、《学科命题工作手册》、《试题（卷）审校规范》、《命题部门保密工作手册》等多项基础文件，为题库工作的指导和依据。三是实行“双轨制”，即在确保年度命题质量的同时，进行题库命题的实践，努力实现新旧工作方式的过渡。四是通过扩大命题队伍、增加命题组别、加快工作频率，在保证试题质量的前提下，加快了试题的积累。

撰稿　关丹丹

审稿　刘　芃

〔**纪念恢复高考三十年**〕 2007 年是国务院批转教育部《关于一九七七年高等学校招生工作的意见》发表 30 周年。为纪念这一具有重大历史意义的教育事件，教育部考试中心于 3 月上旬在广州召开了有部分省当年从事教育考试招生工作的老同志参加的座谈会，并在全国范围向当年从事招生工作的老同志和 77、78 级考生征集稿件，经整理编辑出版了纪念文集《难忘 1977》一书。

〔**《教育考试与评价制度创新研究》课题立项**〕 由教育部考试中心组织申报、中心主任戴家干牵头的国家社会科学基金“十一五”规划课题《教育考试与评价制度创新研究》，于 2007 年 10 月 26 日获准立项。项目级别和类别为国家社科重点课题，获资助经费 10.5 万元。本课题为全国教育科学 2007 年规划项目中八大国家重点招标课题之一，拟从社会环境研究、理论与技术发展、现状调查总结、质量和公平性、保障条件等几个方面进行深入探索，形成专题报告和研究成果。

〔**《教育考试公平性及其评价标准研究》课题立项**〕 由考试中心组织申报、戴家干牵头的课题《教育考试公平性及其评价标准研究》，于 2007 年 6 月 25 日获准为北京市 2007 年哲学社会科学规划项目。项目级别为部级重点课题，获资助经费 8 万元。本课题将系统研究在教育考试命题、实施和结果报告过程中如何保证公正公平的问题并研制可操作性的评定标准和规范。

撰稿　陈京波

审稿　韩家勋

〔**学生能力国际评价 PISA 试测研究项目**〕 该项目2007年进行了PISA试测研究，抽取了来自北京海淀区和朝阳区、天津市、山东省潍坊市各50所抽样中学5 000余名15岁学生样本，施测了OECD提供的试题册、学生问卷、学校问卷，进行了编码评卷、评价指标量尺转换、数据分析和报告撰写工作；利用参与PISA2006的57个国家和地区大规模调查收集到的近40万学生样本数据自主分析，上报了国际比较评价报告；组织学科专家完成了PISA试测研究阅读、数学、物理、化学、生物和地理6学科的学科评价报告，为改进能力水平测试和题库建设提供了十分重要的参考借鉴。

撰稿　王　蕾
审稿　马世晔

〔**高考评价工作**〕 2007年，考试中心从社会调查和数据抽样统计两方面实施了高考评价工作。社会调查方法包括问卷调查和座谈会，依据随机抽样原则，选取了有代表性的12个省（自治区、直辖市）相关工作人员和学生作为调查样本，在11个抽样省（自治区、直辖市）召开了座谈会。数据抽样统计则从16个自主命题省份中选取了6个有代表性的省（直辖市）进行。

撰稿　焦丽亚

〔**考生成绩报告试点**〕 2007年，考试中心在天津进行了NCRE（一级）考生成绩报告试点，在浙江进行了《经济学（二）》和《课程与教学论》两门自学考试课程的考生成绩报告试点。考生成绩报告包括考生的考试成绩、答题的表现和考试结果分析，有利于考生了解自己在一门课程中的学习状况，从而加强学习的针对性。这次试验是首次在国内大规模考试中采用成绩报告的形式向考生报告考试结果，对于探索考试的科学化和利用考试数据为考生开展评价服务具有积极的意义。

撰稿　张伟明
审稿　马世晔

考务管理

〔**进一步加强考试安全保密工作**〕 按照教育部总体工作部署，教育部考试中心针对2007年各项国家教育统一考试工作，考前专门发文对安全保密工作提出要求，并采取领导带队检查、保密室电话夜查及网上指挥平台巡查保密室等方式，进一步强化各级教育考试机构安全保密意识。各级教育考试机构按照要求加强值班报告制度，狠抓安全保密工作落实。2007年国家教育统一考试安全保密工作总体平稳，没有出现失泄密事件。

撰稿　王　伟

〔**考务管理与服务平台第一阶段实施工作完成**〕 国家教育考试考务管理与服务平台是教育部考试中心“十一五”事业发展规划的五大重点建设工程之一，规划建立国家级、省级、地市级三级考务指挥中心，实现应急指挥、考务综合管理、视频指挥、网上巡查、考生服务、网上考试及网上助学等七大功能。2007年3月1日，教育部下发了《教育部关于做好国家教育考试考务管理与服务平台相关工作的通知》，部署平台总体工作任务和要求。

2007年，考试中心成立了以中国工程院吴佑寿院士为组长的专家顾问组，经过调研、论证、标准试验和试点，《国家教育考试网上巡查系统视频标准技术规范》于2007年1月30日通过专家组论证并下发全国。该《规范》是目前国内第一个大区域化应用、多级联网、充分利用现有资源，第一个基于SIP协议的教育考试行业标准（JY/T—KS—

JS—2007—1)。

截至2007年10月，平台第一阶段的建设工作已顺利完成，并在普通高考、成人高考、自学考试、全国大学英语四六级考试、全国计算机等级考试以及海外考试等项目中多次应用。目前，考试中心通过考务专网可与21个省级考务指挥中心进行视频会议，通过互联网可对12个省（自治区、直辖市）的500余个考点、17 000多个考场的考试实施情况及部分保密室试卷保管情况进行实时网上巡查。

2007年6月7日—9日高考期间，教育部赵沁平副部长、财政部赵路司长等领导在考试中心通过平台对全国高考进行视频指挥和网上巡查，听取有关省（自治区、直辖市）的情况汇报，并慰问了高考一线工作人员。

撰稿　蔡武越

〔**国家教育考试诚信档案系统网站试开通**〕　按照教育部要求，考试中心于2007年6月启动了“国家教育考试考生诚信档案系统网站”建设，目标是整体规划设计，分步实施，建立统一的国家教育考试诚信档案系统网络平台，把参加各项国家教育考试考生的违规行为记入国家教育考试诚信档案数据库，并依法向社会提供查询服务。2007年12月28日试点开通。

撰稿　褚庆军

高校入学考试

〔**课改后首次高考**〕　2007年，山东、广东、海南和宁夏四个实验省区首次进行了实施新课程标准后的高考。高考试题努力体现新课程标准理念，系统考查学科基础知识，突出学科的核心内容和主干知识；注重理论联系实际、突出能力立意命题，着重对学生基本素质的考查，注重分析、解决问题能力和探究能力的考查。试卷设问具有探究性，给学生丰富的思维空间，学生能从不同角度发现问题、分析问题，并鼓励学生有不同见解，动态考查学生对知识的理解和运用能力。试卷体现了新课程标准所倡导的自主探索、动手实践，进行“再创造”的“探究”理念。各学科都设计了选考试题，考生从中选做规定分值的题目，选做部分各模块的题目难度基本相当、区分度等均衡，对选修各模块的考生背景公平。

2007年11月19日，考试中心在广西南宁召开了新课程改革后高考命题总结和交流会。山东、广东、海南和宁夏四个实验省区介绍了课程改革后高考命题工作的情况，即将实施新课程标准高考的天津、辽宁、浙江、安徽和福建等五个省（市）参加了会议。

撰稿　任子朝

〔**分省命题工作**〕　2007年，考试中心继续加强对分省命题的指导、培训、监督和评价工作，特别是对实行高中课程改革后高考命题省的管理工作。2007年全国高考分省命题省（市）保持16个，形成稳定格局。其中，北京、天津、上海、江苏、山东、广东、重庆、四川等8个省（市）命制语文、数学（文/理）、英语、文科综合、理科综合，或语文、数学（文/理）、英语、政治、历史、地理、物理、化学、生物等学科考题；辽宁、浙江、福建、安徽、江西、湖北、湖南等8个省自行命制语文、英语、数学（文/理）等三个学科考题，其他学科使用考试中心命制的试题。所有小语种考试仍由国家教育考试中心命题。

2007年，各命题省市进一步加强制度建设和保密安全工作，强化命题教师队伍建设并加强对命题教师的保密教育和培训，进一步提高命题质量。

撰稿 李 勇

〔**硕士农学门类联考命题**〕 根据《教育部办公厅关于优化调整全国硕士研究生统一入学考试农学门类初试科目及内容的通知》精神，教育部拟从2008年起对农学门类硕士研究生招生的初试科目和内容进行优化调整，调整后的初试科目为政治理论、外国语、农学门类公共基础、农学学科基础综合。2007年，考试中心接手了农学门类数学、化学、植物生理学与生物化学、动物生理学与生物化学4个考试科目的命题任务，组建了命题教师队伍，编写了《考试大纲》，成功命制了2008年农学门类研究生招生正式考试用试题。

撰稿 陈 睿

〔**成人高考尝试题库命题方式**〕 根据教育考试国家题库建设规划，教育部考试中心从2006年下半年开始实施成人高等学校招生全国统一考试的题库建设工作。按照考试标准准确、内容科学、格式规范、素材公平和难度稳定的原则，中心在2007年命制了全部17个学科的多套平行试题，初步完成了项目的题库建设任务。在2007年的成人高考中，尝试了采取各个学科从题库中随机抽取试题用于考试的办法，成人高考开始实现从封闭式入闱命题向日常题库方式命题的转变。

撰稿 胡传勇

审稿 余仁胜

自学考试

〔**综述**〕 2007年全国全年自学考试报考955万人次、2 216万科次，与2006年相比增加5.8万人次和51.5万科次，分别增加0.62%和2.38%。其中：本科报考567万人次（占59.41%），专科报考388人次（占40.59%）；本科报考1 308万科次（占59.04%），专科报考科次908万（占40.96%）。

〔**2007年全国考办主任工作会在京召开**〕 2007年4月8日，2007年全国考办主任工作会在北京召开。教育部副部长、全国考委副主任赵沁平出席会议并作重要讲话，指出自学考试应坚持“以人为本，适应终身；职培为主，多样发展；优质服务、保证质量”的方针，加强机构与队伍建设，主动与行业、企业合作，在高级专门人才和高素质劳动者的培养上力争大有作为，成为构建继续教育、终身教育体系的主要形式。会议对近年来各地自学考试事业的发展状况进行了总结和交流，并对《高等教育自学考试改革发展纲要（2007—2012年）》（征求意见稿）等文件进行了讨论。

撰稿 刘素娟

〔**自学考试专业建设工作情况**〕 2007年，全国考委共修订了20个和新开设了22个自学考试全国统一计划专业；对各省申请开考的76个专业点进行了审批，对364个专业点进行了备案。目前，全国共开设自学考试专业796个，专业点3 838个（各省专业数简单相加，有重复），全国考委发布并正在执行的全国统一计划专业达到141个，占开考专业总数的17.7%；在全国开考的796个专业中，专科层次专业347个（占44%），本科层次专业449个（占56%）；在3 838个专业点中，专科层次1 802个（占47%），本科层次2 036个（占

53%)。从开考的专业数和专业点数看，专科专业比重逐步减少，本科专业比重越来越大。

撰稿 杨 榭
审稿 鲁欣正

〔**自学考试大纲建设**〕 2007年，考试中心完成了法律、监所管理、律师、计算机信息管理、社区护理、文化产业、采购与供应管理、建筑工程、新闻等专业的38门课程自学考试大纲的审定工作和27门课程自学考试大纲的编前准备工作。

〔**全国统考课程概况**〕 2007年高等教育自学考试开考全国统考课程632门，其中全国自学考试办公室负责命题课程121门，北京等16个命题中心共负责命题课程491门。全国考办对2006年10月考试的310门和2007年4月考试的307门全国统考课程命题质量与考试情况进行了问卷调查。6月在北京召开了全国统考课程命题质量评估工作会议，组织全国考委电子电工信息类等7个专业委员会的37位专家对10门全国统考课程命题质量进行评估。

撰稿 东晓华

〔**自学考试进入题库命题模式**〕 2007年全国考办进入自学考试题库建设命题工作模式，完成《物理（工）》等10门A类题库建设的课程命题工作手册的编制和年度题库建设命题任务，每门课程分别完成2至8倍量的入库试题；B类题库建设方面，共完成自学考试106门课程272套试卷的题库建设命题任务。

撰稿 冯加根

〔**全国高等教育自学考试命题中心工作会议**〕 2007年12月3日—5日，2007年全国高等教育自学考试命题中心工作会议在福州召开。会议内容主要是总结命题中心综合评估工作，推进命题信息管理平台建设，加强命题工作的科学化、规范化管理，提高命题质量、确保试题安全，推进自学考试发展。

撰稿 姚 刚
审稿 柳 博

〔**自学考试助学组织登记工作**〕 2007年全国29个省（自治区、直辖市）共报送1 451个助学组织的信息，比2006年增加了5个。其中，普通高校505个，成人高校72个，民办高校236个，部门委托办学143个，其他助学组织495个。参加助学组织的学员共有161.34万人。在所有参加助学的学员中，全日制方式学习的学员占42%，业余方式学习的学员占58%。

撰稿 汤新国
审稿 鲁欣正

〔**自学考试教材建设**〕 全国教育科学“十一五”规划科研课题“自学考试立体化教材建设中网络课程评价标准与适应性研究”2007年4月3日顺利通过开题评审。截至2007年10月，全国考办已经开发了143门自考课程的网络课件并对已开发网络课件的课程教材进行“书配卡”，每本教材配发6小时的免费网络学习卡。2007年共配卡180万张。

撰稿 沈 漪
审稿 王建民

〔**自学考试宣传工作**〕 根据全国考办的布署，2007年，全国各地自学考试机构积极开展自考宣传周（月）、自考文化节、纪念自学考试制度在当地建立25周年等主题宣传活动，并对农村进行重点宣传。全国考办组织《中国教育报》、《光明日报》等多家媒体进行专题报道，并编写《高等教育自学考试2006年工作报告》、《高等教育自学考试2006年大事记》和《自学考试简报》12期；配合教育部考试中心成立20周年，制作自学考试展览。

撰稿 刘素娟

非学历教育证书考试

〔**全国计算机等级考试（NCRE）**〕 2007年全国计算机等级考试（NCRE）的报考人数达389.9万，比上年度增长9.6%，获证人数167.7万。截至2007年底，逐年累计报考人数超过2 456.4万，累计获证人数达905万。

2007年，中心制定了2007年版考试大纲，推出各考试科目的2008年版教材，开发了四级网络工程师、NCRE、职业英语一级等五个科目；开发二级Delphi上机考试系统等。

撰稿 黄啸波
审稿 王 莉

〔**全国英语等级考试（PETS）**〕 该考试共分五个级别，其中每个级别下设一个附属级为PETS—1B。每个级别都包含笔试和口试，考生可根据自己的需求，只报考单项考试（笔试或口试）。单项合格者将获得单项成绩合格证；两者均合格者，方可获得考试中心颁发的合格证书。2007年全国英语等级考试（PETS）考生人数首次突破百万，达到100.52万。截至2007年底，全国累计考生人数为480.7万（含1997、1998两年的PETS—1B的考生人数）；发放合格证书达162.11万张。

撰稿 李 英

〔**全国外语翻译证书考试（NAETI）**〕 2007年度召开了“全国外语翻译证书考试第二届考委会第一次会议”，会议就项目推广、大纲修订、级别延伸等问题进行了讨论，并决定推出针对外语专业专科毕业生和外语类高职、高专学生的NAETI四级考试，为项目的进一步发展奠定了基础。2007年举办了两次考试，其中5月份举办了英语、日语的三级、二级与一级的口译和笔译考试，10月份举办了英语、日语的三级与二级的口译和笔译考试，两次考试的报名人数合计1 861人。

撰稿 高 升

〔**全国外语水平考试（WSK）**〕 该项考试2007年6月和12月分别举办了两次。6月份考试科目为英语（PETS五级）、德语和法语；12月份考试科目为英语（PETS五级）、日语和俄语。全年报名人数为19 761人，获证人数为1 865人。

撰稿 孙玉荣
审稿 刘庆思

〔**全国中小学教师教育技术水平考试（NTET）**〕 2007年184 122名考生参加了在辽宁、江苏、河南、四川、重庆、广西、云南、海南、宁夏、西藏等10个省（自治区、直辖市）举行的NTET考试，156 264人取得了教学人员初级合格证书。考试组织管理完全基于网络完成，考试平稳顺利，考风考纪良好。全年完成264套试题的命题、审题、测试工作。

考试中心2007年制定并实施了“NTET命题、审题工作流程、职责和技术规范”、“NTET试题调用优化方案”，考试系统的稳定性有新的提高；中级考试大纲完成起草并通过考试委员会审定；制定并开始实施题库建设规划。

撰稿 孙显福

〔**剑桥少儿英语考试**〕 该考试是英国剑桥大学考试委员会为非英语母语国家6～12岁少年儿童提

高英语能力而设计的考试，目前在全国 30 个省份建立了两级管理体制及专家督察队伍，参加考试的人数累计已过 170 万余人，是全世界参加考试人数最多的国家。现全国持证上岗的教师有 3 万余人，培训合格的口试考官 5 千余人。

2007 年“剑桥少儿英语首届教师优秀论文评选活动”结束，最终评选出一等奖 10 篇，二等奖 25 篇，三等奖 29 篇，获奖的优秀论文编入《剑桥少儿英语优秀论文集》并已正式出版；11 月 28 日—12 月 1 日在广州召开了“2007 年剑桥少儿英语全国工作会”；设计完成了“剑桥少儿英语 2.0 版本”的考务软件，并于 12 月 21 日在北京召开了“剑桥少儿英语新考务软件培训会”。

〔**中英合作商务管理与金融管理课程考试**〕 高等教育自学考试中英合作商务管理专业、金融管理专业课程考试，从 2000 年 1 月起在部分省市开考。取得 9 门商务管理专业课程或金融管理专业指定课程合格证的考生，可获得剑桥大学考试委员会签发的证书；取得本专业 15 门课程合格证的考生，可获得中国高等教育自学考试该专业专科毕业证书，同时，获得剑桥大学考试委员会签发的相应专业证书。

中英合作商务管理和金融管理专业考试自 2000 年开考以来累计报考人数达到 290 641 人。2007 年，中英合作商务管理和金融管理专业考试全年报考人次为 57 194 ，在北京、天津等 17 个省（自治区、直辖市）开考，报考科次达 129 659，较 2006 年增长 14.65%。

撰稿 韩 雁

〔**SQA 项目**〕 2007 年 10 月 29 日，教育部考试中心（NEEA）和英国苏格兰学历管理委员会（SQA）在北京举行合作备忘录签字仪式，决定共同推出“中英合作职业资格证书考试项目”。考试中心主任戴家干和 SQA 总裁珍妮特·布朗（Janet Brown）分别代表双方机构签署合作备忘录并致辞。

“中英合作职业资格证书考试项目”将通过整合 NEEA 与 SQA 的资源优势，为考生既提供双方联合签章的职业资格证书，又将证书课程与中国高等教育自学考试的学历课程衔接，满足考生多样化的学习需求。

撰稿 吴 莎

〔**剑桥办公管理国际证书考试**〕 该考试是面向办公室管理人员、行政人员、助理人员、文员及秘书从业人员的国际证书考试，由教育部考试中心和英国剑桥大学考试委员会联合在中国推出。2007 年分别于 5 月和 11 月开考两次，共有 7 个承办机构 375 人参加。2007 年完成了计算机速录模块开发工作，并经过了输入法等市场上使用率比较高的输入法测试，效果良好。项目管理体系工作进一步完善，建立了证书和成绩单管理制度。

撰稿 邱静远

〔**中国书画等级考试**〕 该考试是教育部考试中心主办，面向全国书画学习者的技能培训和测评。2007 年共报考了 3 043 科次，其中书法 754 科次，硬笔书法 2 289 科次。

2007 年完成了中国书画等级考试的 VI 设计，并印制了证书、评价报告、宣传页和封套；制定了中国书画等级考试命题工作手册及阅卷工作手册；分别在北京和广东组织了师资培训会，培训教师百余人；在北京举办了硬笔书法考官第一次培训会。

撰稿 王连晓
审稿 王 莉

〔**全国计算机应用技术证书考试（NIT）**〕 该考试于 1996 年开考，它借鉴了英国剑桥大学考试委员会举办的剑桥信息技术的成功经验 NIT，针对用人单位录用干部、评定职称、晋升职务和上岗培训的需求，采用了系统化的设计、模块化的结构、个性化的教学、规范化的考试和国际化的标准。

2007 年 NIT 开考了《计算机应用基础（Windows XP 环境）》等 17 个模块，考试人次达到 40 万，培训机构和考试点达到 1 800 多个。

〔**全国计算机职业技能考试（NIT-Pro）**〕 该考试是面向计算机软件专业岗位的全新职业技能类考试，根据专业岗位需求并结合真实企业项目案例，将理论考试与实践考核相结合，对考生的理论应用、实践操作、团队协作等能力进行全面测评。2007 年在全国 15 个省（自治区、直辖市）建立了 40 个直属培训点和考点，考生近 5 000 人。

2007 年，考试中心有关部门配合成都市政府软件产业兴城计划，使用 NIT-Pro 考试对数千名计算机专业大学生进行了计算机职业技能评测，取得了良好的社会效益；组织命题专家和教师对 9 个专业的不同级别考试进行了命题，共命制 36 套试题；同时根据考生及社会需求，新开设了建筑装潢设计师和国际软件工程师（Java/日语）2 个考试专业。

〔**全国少儿计算机考试（少儿 NIT）**〕 全国少儿计算机考试（简称少儿 NIT），是教育部考试中心组织全国计算机专家、计算机教育专家、教育心理学专家，针对 5～16 岁少年儿童的认知能力和心理特点研究设计的计算机应用能力培训与考试系统。2007 年报考人数近 5 万，获证人数超过 4.3 万。

2007 年 NIT 数码绘画、数码图形设计 2 个新模块开考，第二届全国少儿计算机考试优秀作品评选活动顺利开展，考试中心有关部门与《少年电脑世界》合作，进行少儿计算机优秀作品展示与宣传。

撰稿 赵英华
审稿 王 莉

海外考试

〔**综述**〕 2007 年，考试中心负责的 13 项海外考试项目在经过了考试方式、报名方式等一系列技术变革后，考试各个环节进一步提高了效率，降低了运营成本，为规模扩大打下了坚实的技术基础。2007 年海外考试报考规模创历史新高，达到 707 687 人，比 2006 年增长 28%。

〔**托福考试**〕 2007 年，实施计算机化网络考试 42 次，增设 30 个考点。全年网考报名总数 66 587 人，实际参加考试总数 62 998 人。到 2007 年年底，全国托福网考共设有考点 52 个，考场 87 个。

〔**研究生入学考试（GRE）**〕 2007 年，一般能力双模式纸笔考试（词汇和数学考试）2 次（6 月、10 月），考生 34 195 人，一般能力双模式考试机考人数为 35 719 人；纸考和机考共计 69 914 人，比去年增长 172.6%。专业测验考试 1 次（11 月），考生总人数为 2 368 人，比去年增长 12%。

〔**工商管理研究生入学考试**〕 2007 年，全国 12 个（9 个兼用、3 个专用）考场共有 8 764 名考生，均为机考，比上一年度增长 47.2%。

〔**美国法学院入学考试**〕 2007 年考试 2 次，6 月报考 180 人，12 月报考 274 人，共计 454 人。比 2006 年增长了 39%。

〔**外国护校毕业生委员会考试**〕 2007 年，新增加了上海、广州、成都 3 个专用考点。自 3 月 14 日起，成绩查询方式从邮寄改为网站查询。全年共进行了 3 次（3、7、11 月）考试，考生人数

205人，比上一年度增长4%。

〔信息技术证书考试〕 2007年共有12 555名考生参加，比2006年增长了17.1%。

〔剑桥商务英语证书考试〕 2007年4月在洛阳召开了“2007年全国口试考官组长会议”，对口试考官进行了培训及认证。2007年BEC考试全年2次，考生人数为69 098人，比2006年增长了19%。

〔剑桥英语主体考试〕 2007年全年举行2次考试，考生人数4 048人，比2006年增长9%。

〔国际英语语言测试系统〕 2007年，新设立北京教育考试指导中心、上海财经大学、太原理工大学等3个考点和广东外语外贸大学1个封闭式考点。7月1日起IELTS考试写作和口语考试实施半分制。7月16日起IELTS报名程序由先定座后付费改为先付费后定座。2007全年考生200 516人，比2006年增长49%。

〔伦敦工商会国际认证〕 2007年，又批准广州市花都区成人教育培训中心、深圳赛格人才培训中心、深圳职业技术学院应用外语学院、南京师范大学外国语学院等4所院校成为LCCI考点，撤消了南京审计学院考点。目前全国共有22个考点。2007全年共举行3期固定考试，并为上海华东师范大学、广州市花都区成人教育培训中心、北京国家发展与改革委员会培训中心举行了7次即期考试。全年共计考试2 211科次，比2006年增长了48%。

〔日本语能力测试〕 2007年，在上海、大连等地新增上海财经大学、上海师范大学、大连大学3个考点。至此，已在全国23个省（自治区、直辖市）的29个城市设立了59个考点，使得考点总容量达到25.5万人以上，基本上缓解了考生报名难的问题。2007年，全国共有254 893名考生报名参考，比上一年增加了20.5%。

〔德福考试〕 自2007年7月开始，由每年举办2次（4月，11月）增加为3次（4月，7月，11月）。2007年度报考2 526人，比上年增加67.6%。

〔韩国语水平考试〕 2007年开始实行一般韩国语能力考试每年2次，在原有的4月份考试之外增加了9月份的考试。新增加了实务韩国语考试，即B-TOPIK。两项考试都使用考试中心专用报名网站实行网上报名，首次在线报名于7月4日正式实施。2007年在重庆等城市增设了四川外国语学院继续教育学院，解放军外国语学院教务处，华中科技大学，扬州大学，山东科技职业学院，无锡科技职业学院等6个考点，全年报名人数53 987人，比上一年增加334.5%。

撰稿 陈　可
审稿 张　进

热点关注

制度创新是高考改革的关键

——从恢复高考30年大型公众调查看高考改革

高等学校招生全国统一考试（以下简称高考）制度自1952年建立，迄今已有55年。1977年恢复高考至今，也已30周年。恢复高考不是简单地恢复了一个考试的制度，而是社会公平与公正的重建，是公平公正原则的重要制度设计和社会实践。30年来，尤其是近年来，高考在内容、科目设置、高考时间、录取体制、录取手段、体检标准等方面的改革不断深化。为纪念高考恢复30年，为了解公众对高考的评价和看法，为高考改革提供借鉴和参考，教育部考试中心、《中国青年报》联合进行了“纪念恢复高考30年大型公众调查”。通过网上填卷问答、报纸邮寄问卷和计算机辅助电话采访3种方法的全国抽样调查，其结果对于我们科学、理性地分析高考、明确改革方向具有重要意义。

促进社会公平公正是高考发展的生命线

公平与公正是引领人类社会发展的基本观念，也是构建理性社会、和谐社会的基本准则，更是一个社会正常运行的基本保证。高考制度的建立和恢复，反映了人人享有教育资源的价值观念，反映了人们对这一观念的认同和信心，反映了社会的理性和进步。高考是摈弃出身、血统、关系、户口等不公平因素而采取能力、学识、自身素质等公平因素的一种文化选择。因此，高考在一定意义上就是社会公正的象征。通过常模性考试尤其是高考，使社会弱势群体有机会实现社会阶层的向上流动，从而改变命运。参与调查的被访者，80%以上的人参加过高考，90%以上的被访者在参加高考时，家庭经济条件都在中等偏下，尤其是农村考生，大多数人的家庭经济条件较差。尽管家庭经济条件不好，大多数受访者并没有放弃对高考的追求。究其原因，能够继续读书深造是高考能够吸引被访者的主要因素。有三分之一的被访者认为高考是改变命运的唯一出路。对于农村考生来说，高考使他们改变了身份。90%的被访者认为高考在一定程度上的确改变了自己的命运。

公平、公正一直是支撑高考制度的核心理念。我国恢复高考30年来，高考改革始终没有停止过，高考制度的一系列改革，如阳光工程、网上录取、保送规模压缩、公布保送名单、二次高考、取消年龄与婚姻限制、分批次在不同地区推进“3＋X”方案等，都是对公平、公正的有力推进与保障。在调查中，约50%的被访者认为现行的高考制度是公平的，其中学历越高者，越认可高考制度的公平性。大多数被访者对高校自主招生持肯定的态度，认为高校自主招生应该有限制、有选择地推进。尽管认为“腐败侵蚀高考，越来越不公平”的比例仍在40%左右，但认为腐败影响高考公平性的比例在下降。这反映出高考制度在选拔人才的公平性上是大家认可的。

目前高考存在的主要问题

在调查报告中，95.7%的受访者对现行的高考制度给予了充分肯定，同时92%的人提出高考制度要进行改革和完善。总之，反映高考存在的主要问题表现在以下几个方面：

一、高考给考生和家长带来很大精神压力。高考在让考生获取知识、改变命运的同时，也给考生和家长带来很大的经济负担和精神压力。调查显示，58.6%的考生在高考之前曾经因紧张或焦虑而失眠，而70.8%的考生家长在孩子高考时感到焦虑。

二、高考对素质教育实施的影响。在我国，高考与基础教育有着密切的关联，高考对基础教育具有引导和评价作用。第一，高考是对基础教育的文化素质及对考生掌握知识和能力的评价，它不可能替代素质教育全过程的评价。第二，高考的评价之所以具有权威性，是由于它和录取相联系，因此高考的科学性就显得非常重要，因为科学的录取要依靠科学的评价，这也是高考注重考试内容与形式改革的原因之一。第三，高考的评价具有普适性。由于高考获得的是应试者的全样本，所以其数据结论就具有真实客观反映问题实质的性质。但现实中，高考成为“指挥棒”，引领着教育目的和引导着教育过程。一切教育教学活动皆以高考为中心，教与学的内容完全放在设考科目上，以考试代替评价，高考成为评价教育结果的唯一尺度。

三、人才选拔方式和标准的单一化导致高考的“负荷”加重。高考在担负为高校选拔人才任务的同时，还对教育、文化、政治和经济发展产生多方面的影响，与未来的求职就业、职称晋升、干部选拔、福利待遇、职业资格等方面紧密联系，因而造成了举国大考。高考“大一统”造成如下弊端：一是考试标准单一，长期实行“千校一卷”，一张试卷既考研究型大学的精英，又考接受职业教育的高技能劳动者，使层次、类型各异的高校无法根据自己的定位和需要选拔人才，没有真正的招生自主权；二是录取标准单一，高考分数成为录取的唯一标准，忽视了学生的平时学业水平测试成绩、品行修养和综合素质评价、其他能力及对社会或学校的贡献等因素。

推进制度创新是深化高考改革的关键

构建具有中国特色的现代高考制度，涉及理念、体制、内容、形式、手段等方面，需要各方共同努力。在众多的高考改革措施中，被访者认为比较成功的措施主要有网上公开录取、考试时间从7月改到6月等。此外，阳光招生和考试科目从“3＋2”变成“3＋X”也得到不少被访者的认可。关于高考改革的方向，70.1％的被访者认为高考改革要经过充分论证，慎重改革，不能轻易改变现有的制度。当前学历越高，越认为高考的改革要深思熟虑，这在一定程度上反映出高考制度的稳定有利于选拔人才。《国家教育事业发展“十一五”规划纲要》提出：“以促进学生全面发展为目标，改革和完善考试评价制度，探索综合评价、多样化选拔的招生录取机制”。在不断深化高考内容和形式改革的基础上，从促进教育民主化和社会公平的角度，高考改革的制度创新显得更加紧迫和关键。积极稳妥地推进高考改革，需要在以下四个方面进行制度创新：

一、根据终身教育的理念和体系，建立多渠道、多层次的教育“立交桥”。统一考试是我国选拔人才的基本形式或主体形式，通过多年的实践，统一考试的公平性、高效率得到社会广泛认可。但是每个人受教育的年限、环境、家庭等各方面的影响是不一样的，每个人的兴趣、爱好、个性以及职业理想也是不一样的，而我们现在的教育模式在很大程度上是为了上大学的人才标准而设计的。

目前我国的教育体制和制度分为国民教育体制和非国民教育体制。国民教育体制以学历教育为主，非国民教育体制以技能培训为主。这两种体制在教育形式之间没有相互沟通和衔接的渠道。这不仅使社会的教育资源没有充分发挥效益，而且限制了人们的教育选择权，束缚了人的全面发展。一个好的考试，应考出学生的长处和优点，能够反映学生的兴趣、能力、潜质等，鼓励和引导学生发展自己的特长，并在某种程度上对人力资源的合理配置发挥重要的作用。克服统一考试“一考定终身”、考生精神压力大等弊端，进一步满足当今时代对以人为本、注重个性特长的选拔方面提出的更高要求，关键是根据终身教育的理念，促进现代国民教育体系的形成。新一轮基础教育改革，呼唤着与之相衔接、相协调的高考内容、形式和选拔方式。根据不同类型、不同层次的教育形式的差异性需求，推进多元化选拔、多样化录取的改革，搭建多渠道、多层次的教育“立交桥”，把国民教育体系和非国民教育体系、各种教育制度和多样办学形式结合起来，形成全方位、立体化的教育格局和相互沟通、交叉互认的教育模式。只有摆脱高考一次性评价的压力，学生的各种才能与创新意识才能得到自由发展，每个人才有接受各种教育和选择适合自己的教育形式的机会。

二、从单一考试到多元评价，是实现教育科学发展的重要途径。现代社会注重对学生的全面评价，事实上这也是当代重要的教育和评价理念。社会发展多元化、高等教育发展多元化、高考录取率的显著提高、高等教育办学形式多样化为高考改革提供了有利的外部环境。传统的单一的分数报告和“一考定终身”已经不符合时代和教育发展的要求。目前存在着以考试为目的的教育、教学倾向，这主要应由教育评价制度来纠正，考试更侧重于技术手段，评价更强调价值取向。改造我们的考试，首先要充分利用考试资源，使考试具有较多的评价内涵，加强和深化对人的能力、学力和潜质的测评等。利用评价的观念和方法改造我们的考试，利用考试的数据开展评价工作，是实现高考改革和推动教育评价的最佳结合点。为推进教育评价改革，2003年教育部发布了《关于积极推进中小学评价与考试制度改革的通知》，强调突出学生的主体地位，注重过程性评价，关注学生的成长发展，把形成性评价与终结性评价结合起来。这也是近年来世界各国教育考试和评价改革的主要趋势。现在的问题是需要建立一整套科学的教育评价标准和体系，对教育过程和教育对象进行有效评估。我国的教育考试机构也提出了强化评价的理念，即评价教育、评价考试、评价考生。强化评价，就是不仅要为考生提供分数，更要通过考试的各种数据，为考生提供知识、能力、特长和潜质的评价报告——“成绩报告单”，让考生了解自己的强项和弱项，要考出学生的长处和优点，使考生知道今后往哪个方向发展，才能使个人得到更好的发展。

三、建立科学的人才观和人才选拔制度，为高考

“减负”。高考选拔标准的制定，来源于社会和高等学校对人才选拔标准的主流认识。在调查中，被访者期待的高考改革政策主要有：考题更注重考核考生的素质和能力；提高招生录取过程中的透明度；录取时更多考虑考生平时的全面表现。因此，转变思想观念，建立科学的人才观和人才选拔制度，将为深化高考改革创造良好的社会氛围和环境。信息化时代和建设创新型国家的人才战略对高考人才选拔标准的制定有3个方面的规定。其一，具有扎实的学科基础知识。对知识的驾驭能力和创造潜力首先来自于完整的学科体系和科学的知识结构，并不是首先来自于某种方法，因此愈是信息多元和创新要求高的时代，愈是要重视学科知识体系的建构。其二，具有良好的思维素质。良好的思维素质主要表现在思维的系统性、思维的综合性和思维的创造性上，这实际上是信息时代和创新型人才观对高考选拔标准的核心要求。其三，具有批判意识和实践技能。批判意识和实践技能是学习潜质和创造力的主要体现，也是应该纳入高考选拔标准的重要内容。为了将这些选拔标准科学化，高考在内容和形式上作了大量艰苦细致的工作，如在以往学科能力要求的基础上，建立更加科学合理的考核目标体系；强化考试的情景设计，鼓励和引导积极的思维活动；加强评分标准的操作性和可控性，保证选拔的可靠性。高考选拔标准的新观念就是“考能力”。配合能力考查的需要，考试的科目也变得更加合理和具有现代意识。在上个世纪末，推出了综合考试和“3+X”的考试科目改革，实现了考试内容与形式的同步变革，当然也有许多需要改进的地方。应该说，在我国当代考试的发展中，“考能力”的观念及其实践完成了由对学科知识的再认、再现向深层智力活动进行测量与评价的转变，迈出了从考试大国向考试强国的第一步，也使公平、公正的理念在高考中得到了更充分的体现。

四、深化高校招生考试制度综合改革，逐步形成符合现代经济、社会、人才发展要求的选拔机制。高考不仅仅是考试，还包括录取。讨论高考的改革不仅限于考试内容和考试方式的改革，这是高考的一个方面，考试的主要目的是录取新生，所以必须在更大的范围、更广的视野里研究系统、配套的招生考试制度综合改革，进行整体的制度设计。

第一，要深化考试内容和方式的改革，统考科目设置要符合高校人才选拔需要和学生学科性向特点。强调命题内容的改革，使考试内容进一步贴近时代、社会、考生的实际，注重对考生运用知识分析问题和解决问题能力的考查，为人的全面发展发挥积极导向的作用。第二，建立在国家指导下由各省组织实施的普通高中学业水平测试，对学生在高中阶段的文化课进行考查，包括必修课和选修课。可以采用等级制，分为A、B、C、D几个等级。第三，建立综合素质评价标准和评价体系，从道德品质、公民素养、合作精神、学习能力、运动与健康等方面对高中毕业生给予客观、全面的评价。在此基础上把学业水平测试和综合素质评价与国家统一考试相结合，从文化知识、能力水平、成长过程、综合素质等几个方面共同构成普通高等学校录取的依据。高职高专院校也可以尝试以学业水平测试和综合素质评价为录取依据的招生改革。第四，建立普通高等院校自主招生、自我约束，政府宏观调控、指导，社会有效监控的具有中国特色的现代高校招生录取制度。这样才能满足高等院校在高等教育进入大众化阶段多元化选拔人才的需要，满足中等教育实施新课程改革、全面推进素质教育的需要，满足建立教育的公正、公平的需要。

总之，强调引进中学教育的学业水平考试和综合素质评价两个指标后，把学生的成长过程与其以后的升学就业联系起来，可以改进目前“一考定终身”的局面。从而实现倡导的“四个结合”，即考知识与考能力相结合，统一考试与学业水平测试相结合，统一考试与学生综合素质评价相结合，考试改革与高校录取方式改革相结合。建立更加全面、综合、多元化的考试评价制度和多样化的选拔录取制度，为学生自主选择接受高等教育的机会提供更多的可能；为高校全面、客观地选拔人才提供科学的依据；为全面贯彻党的教育方针，推进素质教育起到积极作用，使高考制度更趋公平、公正。

作者系考试中心主任戴家干，原载2007年11月14日《中国教育报》第5版

阳光工程：确保高校招生公平公正

一年一度的高校招生录取工作正在如火如荼地进行中，今年全国高校的招生情况如何，国家招生政策怎样，是广大考生和家长普遍关心的问题。日前，教育部高校学生司姜钢副司长、驻教育部监察局来启华主任，就2007年高招工作的有关情况接受中国政府网的访谈，在线解答网友提问。

信息公开：让高招录取更加公平公正

问：今年多少人参加高考，录取多少人，今年的录取比例较往年是否会有所提高？

答：今年全国大约有1 100万人报名参加高等学校招生考试，这个人数比去年大约增加了60万，是历史上报名人数最多的一年。在报名的考生中，应届普通高中毕业生占报名总数的71.4%，大约有721万人。在整个报名考生里又分成文理两大类，其中文科类考生占总数的40%，理科类考生占60%。今年全国普通高校招生计划安排数量是567万，比去年增加了27万，也是历年最多的。预计今年整个普通高等学校招生的录取率去比去年略有提高。

问：这些年来，通过各方面的完善，高招的各个环节越来越公平公正。实施高校招生"阳光工程"，取得的总体成效如何？

答：高校招生事关千百万考生和家庭的利益，社会各方面都很关注，确保公平公正是整个招生工作的第一要务。为了进一步规范高校的招生管理，更好地维护广大考生的合法权益，防止违规违纪现象的发生，确保录取的公平公正，2005年，教育部在不断改进和完善招生办法的基础上，在高校招生中实施了"阳光工程"。通过两年的实践，"阳光工程"已经成为高校招生的一项基本制度，也已经成为教育战线规范招生工作的自觉意识和行动。现在各地的招生办法、录取程序更加严格规范，录取结果也更加透明，监督保障机制也更加健全，违规录取和投诉大幅度减少，人民群众对高考的满意度也在不断提高。

问：公开一切能够公开的信息，实行阳光招生是考生和家长最迫切的愿望。高招工作的公开表现在哪些方面？对于细节问题如何做到公平公开？

答："阳光工程"一个主要方面就是要信息公开，这也是教育部要求各地和高校做到的一个重要方面，全面深入实施"阳光工程"，加强管理，从严治招，确保公平公正。建立以"六公开"为主的信息公开政策。"六公开"是指招生政策公开、高校招生资格及考生资格公开、招生计划公开、录取信息公开、考生咨询以及申诉渠道和重大违规事件及处理结果公开。

在信息公开方面，今年教育部采取了一系列措施，首先教育部通过"阳光高考"信息服务平台，在这个平台上设置了招生政策、招生计划、招生章程以及高校招生资格等八大信息板块，进一步完善了公开、透明的高校招生信息综合发布系统。除了教育部有"阳光高考"信息平台之外，各地招生机构结合本地实际情况，把教育部的要求进一步作了延伸，进一步加大了信息公开的力度。实施"阳光工程"两年来，绝大多数考生和家长对政府有关部门和高校发布的信息感到基本对称。

另外，教育部还要求各省级招生考试机构和高等学校加强对特殊类型招生录取考生的管理，特别是资格的公示。据统计，今年通过教育部"阳光高考"平台进行公示的各类特殊类型的招生考生资格，超过32 000人。与此同时，地方招生考试机构和高校，包括中学，也分级公示了相关学生名单。从现在来看，还没有收到一起这方面的投诉或举报。

问：有的家长为了子女上好大学出现请客吃饭拉关系等情况，是否影响了高招录取的公平公正？

答：我们不希望出现"请吃饭"、"拉关系"的现象。其实，即使请吃饭也不能解决问题，因为在高校招生工作中，特别是调整计划的使用，我们都有一个严格规范的程序，就是要进行集体研究、集体决策。"阳光工程"实施两年来，可以用这样两句话来概括，"分够了，谁也不用找；分不够，找谁也没用"。在这个问题上，绝大多数高校，以及各级招生部门，都是会秉公处理这些事情的。如果说不符合学校的提档线，省里不给你投档，学校就见不到这些学生的名单，你说怎么来录取？招生的原则就是学校负责、招办监督。在这个问题上，我们有机制作保障，各种程序保证了招生规范化。

"内部指标"：不得不提防的招生陷阱

问：每年在高校招生录取阶段，都有人传言可以搞到"内部指标"，这是否是招生诈骗？如何防范以免上当受骗？

答：近年来在招生录取阶段，都有不法分子谋取钱财的诈骗行为。作为招生机构均积极配合公安机关的打击行动。从去年情况来看，上当受骗的考生和家长上千名，但是被骗学生无一例入学。最典型的例子就是吉林龙凤集团的诈骗案，涉案金额超过 3 000 万元，涉及人数超过百人，但是没有一个人办成入学的。再次提醒广大考生和家长，切勿心存侥幸，以免给诈骗分子可乘之机。如何识别招生诈骗呢？建议考生和家长把握几个关键点。

第一，教育部明确规定，高校招生不会委托任何中介和个人。第二，高校招生不会收取与录取挂钩的任何费用。第三，特殊类型的招生，包括保送生、艺术特长生、高水平运动员招生，考生的资格必须事先进行公示。第四，不存在公布计划以外的所谓的内部指标。第五，没有经省级招生机构办理录取手续的都是虚假录取。有关招生诈骗的形式和花样，各省级招生机构都会在本地进行警示宣传。最近，很多媒体对招生诈骗形式也进行了披露，希望考生和家长对此密切关注。

为了防止诈骗行为，切实保护考生的合法利益，今年教育部也采取了进一步措施，主要要求各省级招生机构和高校进一步加强考生录取信息的管理服务工作，也就是说考生拿到的录取通知书是否真实有效，可以通过"三关"进行确认。第一关就是收到的录取通知书必须是教育部公布的具有普通高等学校学历教育资格的学校，这些学校的名单都可以在教育部的网站、省级招生机构网站上查到。第二关就是各省级招生机构和高校都会在自己的网站上公布录取结果和信息，考生可以通过自己的报名号、准考证号和姓名等，在网上查询核实本人录取结果的真实性。第三关就是教育部要求今年开始，新生入学后，要和省级招生机构进行信息核对。核对无误后，可以在本校以及在学校所在地的教育行政部门的学籍注册网上查询自己是否已经取得了学籍。此外，很多省级招生机构还在各县、市、州设置了查询接待点，省内的主要媒体也会刊登录取的主要信息，请考生家长留意。

除了这三关，教育部还针对独立学院、民办学校违规招生以及诈骗分子发布假录取通知书的现象，今年在这类院校中使用录取信息确认表，就是学生除了要拿到学校的录取通知，他还要拿到一张省级招办给高校寄送的录取信息确认表，学校在寄发录取通知书的同时，把省市招办提供的录取信息确认表给考生，考生只有拿到这两样材料才能够确认自己是被正式录取了。

监督机制：高招公平公正的重要保障

问：教育纪检监察部门负责监督高校招生工作，具体是从哪些方面进行监督制约的？发现在招生过程中有徇私舞弊行为，该向哪个部门举报？

答：怎么看待高考和招生？它的灵魂、最关键点，也是大家最关心的，一个是公平公正，另一个就是招生的秩序。应该说在高校招生工作当中，如果我们有一个公平公正的结果公布于社会，老百姓都会感到满意。如果有一个稳定的、有章可循的工作秩序，招生工作就能够顺利完成。

教育部党组和驻部的监察局把高招的公平公正问题作为第一要务。2000 年教育部制定关于高校招生监察工作的暂行规定，2003 年教育部出台关于高校招生工作的监督办法，2005 年出台高校招生责任制和责任追究办法。应该说通过这三个制度，已经初步建立起比较完善的高校招生监督机制。在这方面，纪检监察部门要起到两个方面的作用，第一，监督招生人员是不是正确地履行职责，按照政策规定办事。第二，保障高校招生工作的顺利进行，维护广大考生的合法权益。

这个机制主要包括六个方面：

第一，源头防范机制。主要体现在两方面：一个是教育培训制度，就是对招生工作人员，包括参与招生监督的工作人员要进行国家有关法律、政策和规定的教育；另一个是回避制度，也就是招生工作人员，如果你的子女、亲属今年要参加高考，那么你应该主动提出要求回避，拒不执行回避制度的，将要受到责任追究。我们一定要用这样的制度、措施来保证公平、公正。

第二，我们还有一个集体决策机制，也就是在招生过程中，遇到一些重要事情、重大事项，比如调整计划、确定学校的提档线、录取名单、退档名单等，都要拿到会议上进行集体研究、集体决策。在这个过程中，各个省级招生管理部门和学校都有一个招生领导小组，还有一个招生监察监督小组，全程参与、重点监督。这样避免了人为因素的干扰，防止个人说了算，同时也有效地遏制了暗箱操作。

第三，有效的监督制约机制。刚才提到招生监督办法，这个办法最核心的就是解决了一个问题，也就是在录取学生过程当中，学校招生管理部门要进行审核把关，同时要求纪检监察部门参与复核，最后请主管学校招生工作的领导审定。

第四，督查机制。也就是在每年招生录取期间，作为教育部也好，作为省级教育行政部门也好，或者说各省级的招生部门，他们也有这方面的责任。今年招生录取开始后，教育部的有关司局，如监察局、学生司、规划司、财务司，将要组成若干小组，去检查部分省市和学校的招生录取工作，看他们的招生工作是不是规范，是不是按照程序进行，有没有突破国家所下达的招生计划，也就是招生的规模。如果发现问题，就需要和当地招生部门和学校进行沟通，研究解决。

第五，咨询和受理举报的机制。在每年高考招生录取期间，各省级教育行政部门和招生管理部门、高校，他们都会设立咨询招生政策热线和投诉反映问题的监督电话。

第六，快速反应机制，即“有诉必应、有错必纠、有责必问、有案必查”。对于高考和招生中的舞弊问题，教育部的态度坚决，旗帜鲜明，在这方面有一套严格的政策措施和督查工作制度。今年高考中，河南郸城、安徽砀山发生了“替考未遂”事件，教育部立即责成有关司局进行了督查。当地政府有关部门对参与这两起未遂事件的个别教育部门工作人员、招生部门工作人员，包括学校的校长、老师，也包括有的纪检监察部门干部，都按照有关规定进行了责任追究，有的给予了纪律处分，有的已经移送司法部门追究刑事责任。

体检规范：以人为本，切实维护考生权益

问：据了解，每年都有因身体健康问题而不能上学的考生，请问高校对体检标准是如何掌握的？

答：这个问题在每年高校招生录取中都会遇到，有些情况也比较复杂。随着我们国家社会经济的快速发展，社会文明程度不断提高，高等教育已经进入大众化阶段，大学生就业也实行了双向选择，原来在高校招生中使用的体检标准已经不适应新形势的要求。为此，我们在充分征求高校、教育和卫生行政部门意见的基础上，教育部、卫生部和中国残联联合制定了普通高校招生的指导意见，这个指导意见从2003年开始执行。这个指导意见和以前的体检标准大不相同。

第一，对患有传染性疾病、精神性疾病、血液病、心脏病、高血压病等不能完成学业的疾病以及学习生活不能自理的考生，高校可以不录取外，对患其他疾病的考生，只要不影响专业学习和其他学生，录取时不应当受到限制。

第二，该指导意见对原来体检标准中，对患有某种疾病或存在生理缺陷的考生不能录取的专业作了调整。明确了由于患了某种疾病或存在生理缺陷不能按照培养方案完成学业的录取受限专业，另一方面对患有不影响专业学习的某种疾病或者身体缺陷，但对今后在该领域里就业有影响的，提出了不适宜就读的建议，考生可以根据自己的情况来决定学习哪些专业。

第三，由于视力和肝功不正常等方面原因，高校可以限定部分专业不招哪类考生。

第四，对肢体残疾、学习生活能够自理，又不影响所报专业学习，高考成绩又达到了学校的要求，高校不能因为考生身体的残疾而不录取。

第五，新生入学以后，高校还要对学生的身体状况进行复查，对复查不合格的，不能进行正常学习的，或者身体所患的疾病会影响其他学生正常学习的，将按照学校的学籍管理规定进行处理。

应该说这五条改进措施充分体现了以人为本的理念，体现了对考生权益的保护，特别是对残疾考生的关爱。另一方面还体现了对于学生身体健康状况的要求，以学校负责为基础的一种机制。这个文件的发布只是作为高校招生时对考生健康的一个指导性意见。高校还可以根据自己的办学条件和专业培养要求，提出对考生健康状况的补充规定。

但是，要求学校所作出的补充规定必须合法合理，而且有详细的说明和解释。同时还要在学校对外发布的招生简章上向社会公布，让所有考生和家长了解，这样可以对自己未来的学习和发展作一些比较正确的判断。关心体检方面的考生和家长，建议要详细阅读招生简章以及指导意见里的详细条款，有必要进一步咨询体检医院的医生。

原载 2007 年 7 月 25 日《中国教育报》第 5 版

教育人事管理

综　合　管　理

〔**教育系统岗位设置管理改革**〕　2007年5月7日，与人事部联合发出《关于印发高等学校、义务教育学校、中等职业学校等教育事业单位岗位设置管理的三个指导意见的通知》。5月22日，教育部印发《教育部直属高等学校岗位设置管理暂行办法》（以下简称《暂行办法》），对直属高校岗位设置管理实施工作作出部署。《暂行办法》对岗位设置管理的基本原则、工作程序、岗位总量与结构比例、岗位聘用、岗位设置审核与管理等方面作出了明确规定，尤其对岗位总量的确定、专业技术高级职务结构比例、岗位内部结构比例、职员职务职级制等方面做出了切实可行的政策规定。7月7日—8日，教育部在北京召开直属高校岗位设置管理工作部署会，对直属高校全面开展岗位设置管理工作进行全面部署和工作动员。教育部部长周济、副部长李卫红出席会议并讲话。举办了直属高校岗位设置管理工作培训班，教育部组成由人事管理经验丰富的高校老领导、人事处长和人事司有关负责同志参加的六个工作小组，分东北、华北、华东、中南、西南、西北六个片对所有直属高校逐一进行沟通协商，对学校岗位设置管理工作进行指导。从12月开始，各直属高校全面进入岗位设置实施阶段。

全面部署教育部直属单位岗位设置管理工作。根据人事部《事业单位岗位设置管理试行办法》及其实施意见的有关精神和要求，研究制定了符合直属单位特点的《教育部直属事业单位岗位设置管理实施意见》（以下简称实施意见），经报人事部备案同意后，2007年9月21日印发各直属单位。为全面部署直属单位岗位设置管理实施工作，9月25日，在北京召开了“教育部直属单位岗位设置管理实施部署工作会议”，直属单位的主要负责同志、分管人事工作的领导以及人事部门的负责人共计78人参加了会议。部党组成员、副部长李卫红出席会议并作重要讲话。12月12日，直属单位岗位设置方案经部领导批准，各直属单位进入岗位设置实施阶段。

加强对全国教育系统岗位设置管理工作的宏观指导。6月，召开全国省（自治区、直辖市）教育厅（教委）人事处长会议，全面部署落实2007年全国教育系统人事人才工作的各项任务，重点研究部署教育系统岗位设置实施工作，交流各地的工作情况。

撰稿　黄小华　潘　逹　张国辉　王光彦
审稿　谢志敏　许　涛　吕玉刚

〔**教育部机关与直属单位机构设置及变动情况**〕
1．为进一步加强德育和校外教育工作，2007年1月9日基础教育司撤消德育和校外教育处，成立学校德育处和校外教育处。1月12日在基础教育司设立教育部中小学思想道德教育工作办公室，对内为基础教育司的内设机构，对外以教育部中小学思想道德教育工作办公室名义开展工作，同时承担“全国青少年校外教育工作联席会议办公室”有关工作。2．为加强中俄两国之间以及中国与上海合作组织成员国之间的教育交流活动，12月4日，国际司成立欧亚处。3．为进一步加强汉语国际推广工作，2月20日，在教育部对外汉语教学发展中心加挂“孔子学院总院”的牌子，对外可使用“孔子学院总部”的名称开展工作，编制由 45 名调整为 95 名。4. 为完成研究生考试改革，建成并运行教育考试国家题库，加强考试的测评，3 月 8 日，教育部考试中心的编制由 132 名调整为 152 名。5. 为适应形势发展的需要，加快孔子学院总部建设，7 月 20 日，明确孔子学院总部设立发展规划处、教务处、院长工作处、财务与审计处、法律事务处、对外联络处和网络孔子学院管理处等 7 个处室。调整了教育部对外汉语教学发展中心的内设机构：撤销孔子学院工作处，重大项目处和交流处合并为“重大项目与交流处”，增设人事处和后勤服务中心等 2 个处，“教学质量评估处”更名为“标准与认证处”，“资源建设与管理处”更名为“教材处”。6. 为适应事业的发展，进一步理顺职能，7 月 22 日，调整了中央广播电视大学的内设机构。增设发展规划办公室、新闻宣传办公室和教学资源管理处等 3 个处室。更名 7 个内设机构：文法部更名为文法学院、财经部更名为经济管理学院、外语部更名为外语学院、理工部更名为工学院、农医部更名为农林医药学院（挂靠在中国燎原广播电视学校）、师范部更名为教育学院（挂靠在中国电视师范学院）、网络教育中心更名为信息管理处（对外仍可以网络教育中心的名义开展工作）。归并和加挂牌子：将继续教育处归并到教务处，按照“一个机构，两块牌子”的模式运行；在党委办公室加挂纪监审计办公室的牌子。调整后，中央广播电视大学内设机构由 25 个增加到 28 个。7. 为进一步推动全面实施素质教育，提高基础教育质量，11 月 8 日，在北京师范大学加挂教育部基础教育质量监测中心的牌子。8. 11 月 19 日，调整了教育部职业技术教育中心研究所职业教育教材发展部的管理方式，将该部挂靠在教学过程研究室，其财务纳入统一预算管理。

撰稿　潘　逵　张国辉
审稿　许　涛

〔**2007 年教育系统事业单位收入分配制度改革**〕 按照党中央、国务院的统一部署，根据“统筹考虑、分步实施、制度入轨、逐步到位”的总体思路，教育部继续积极推进教育事业单位收入分配制度改革并取得新进展。一是指导各地基本完成了各级各类学校工作人员基本工资套改，及时兑现了增资，完成了岗位绩效工资制度的初步入轨，总体进展顺利，操作比较平稳。二是贯彻落实《中华人民共和国义务教育法》关于义务教育教师的平均工资水平不低于当地公务员的平均工资水平的规定，按照事业单位收入分配制度改革总体部署和规范津贴补贴工作与实施绩效工资结合的思路，会同人事部研究提出了做好义务教育学校工资待遇保障工作以及义务教育学校实施绩效工资的政策建议和要求。三是会同有关部门制定出台了关于提高中小学特级教师津贴标准政策，特级教师每个月的津贴标准由原来的每人每月 80 元，提高到 300 元。四是经请示中组部，明确了按部长级配备的教育部直属高校党委书记、校长工资由教育部党组审批。五是组织力量开展了与收入分配制度改革密切相关的绩效工资总量核定办法、教育事业单位专业技术人员兼职兼薪管理办法、高等学校主要领导绩效工资激励约束机制、延期分配和高等学校教师社会保障制度改革等多项课题的研究。

〔**中小学人事制度改革进展情况**〕 2007 年，教育部认真贯彻落实胡锦涛总书记在 8 月 31 日全国优秀教师代表座谈会上重要讲话精神，不断深化中小学人事制度改革，加强教师队伍建设。一是会同人事部制定印发了《中小学岗位设置管理指导意见》，对中小学校的岗位总量、岗位分类、各类岗位等级划分、结构比例及审核程序等做出了原则规定，为各地中小学顺利实施岗位设置管理工作奠定了良好的基础。二是落实《义务教育法》关于“国家建立统一的义务教育教师职务制度”的规定，会同人事部研究起草深化中小学职称制度改革的意见。三是贯彻落实《义务教育法》关于义务教育教师平均工资水平不低于当地公务员平均工资水平的规定，按照将解决义务教育教师津贴补贴问题和实施绩效工资结合进行的思路，会同人事部研究起草了做好义务教育学校工资待遇保障工作的通知以及义务教育学校绩效工资分配指导意见。四是对全国农村义务教育学校教职工编制和人数进行摸底调查，在此基础上就调整完善农村中小学编制标准问题进行了测算。五是加强农村教师队伍建设，在收入分配制度改革、岗位设置、表彰奖励等文件中，进一步完善了引导和鼓励大学毕业生和城镇教师到边远贫困地区任教的政策。六是加强对农村中小学代课人员问题的调查研究，分别到河北、甘肃、宁夏、重庆等地调研，对当地代课人员情况进行了分析；了解了重庆、广西等地“不等不靠”，积极采取措施，加大工作力度，妥善解决代课人员问题的有益经验。七是根据国家统一部署，开展了教育事业单位分类及养老保险制度改革试点的研究，召开了山西、上海、浙江、广东、重庆5个试点省份教育厅人事处负责同志座谈会，研究部署了改革试点的准备工作，在调研和测算的基础上对国家有关部门制定的改革试点方案提出了修改意见。

撰稿　卢波辉　郑保国

审稿　谢志敏　吕玉刚

2007年教育部机关、直属单位、直属高等学校及驻外教育机构干部任免情况

教育部机关干部任免名单

陈伟光　3月9日　任财务司司长

朱慕菊　7月9日　任基础教育司巡视员

何秀超　7月24日　任职业教育与成人教育司巡视员

孙也刚　7月24日　任学位管理与研究生教育司（国务院学位委员会办公室）巡视员（援疆）

张学忠　8月27日　任中国联合国教科文组织全国委员会秘书处巡视员

张秀琴　12月28日　任国际合作与交流司司长兼港澳台办主任

方茂田　12月28日　任中国联合国教科文组织全国委员会秘书处秘书长

刘凤泰　12月28日　免高等教育司巡视员职务

曹国兴　12月28日　免国际合作与交流司司长、港澳台办主任职务

田小刚　12月28日　因另有任用，免中国联合国教科文组织全国委员会秘书处秘书长职务

柯春晖　3月9日　任政策研究与法制建设司副巡视员

王定华　3月9日　任基础教育司副巡视员

石鹏建　3月9日　任高等教育司副司长

梁国雄　3月9日　任学位管理与研究生教育司（国务院学位委员会办公室）副巡视员

刘昌亚　7月9日　任发展规划司副巡视员

杨念鲁　7月9日　任基础教育司副司长

彭兴颀　7月9日　任语言文字应用管理司副巡视员

胡延品　12月28日　任财务司副司长

刘建同　12月28日　任职业教育与成人教育司副司长

张东刚　12月28日　任社会科学司副司长

娄　晶　12月28日　任科学技术司副司长

直属单位司局级干部任免名单

国家教育行政学院

牛文起　6月1日　任副院长

李　鑫　6月1日　免副院长

中央教育科学研究所

袁振国　9月30日　任所长

徐长发　9月30日　任党委书记

朱小蔓　9月30日　免所长、党委书记职务

高等学校社会科学发展研究中心

冯　刚　12月28日　任主任

田心铭　12月28日　免主任职务

语言文字应用研究所

魏　晖　3月9日　任副所长

中央广播电视大学

阮智勇　12月28日　任党委书记

教育管理信息中心

罗方述　9月30日　任副主任

周全胜　9月30日　免副主任职务

人民教育出版社

徐　岩　12月28日　任总编辑

罗先友　6月1日　任副社长

包卫国　6月1日　任副社长
韦志榕　6月1日　任副总编辑
魏国栋　12月28日　免总编辑职务
王冀良　6月1日　免副社长职务

高等教育出版社

李　鑫　6月1日　任副社长
刘　援　6月1日　任副社长
苏雨恒　6月1日　任副社长
龙　杰　6月1日　任副总编辑
杨　祥　6月1日　任副总编辑
杨松涛　6月1日　免副社长职务
顾恩祥　6月1日　免副社长职务
李兴植　6月1日　免副社长职务
王军伟　6月1日　免副总编辑职务

考试中心

来启华　7月24日　任党委副书记兼纪委书记
李光明　9月30日　任副主任
应书增　9月30日　免副主任职务

全国高等学校学生信息咨询与就业指导中心

刘大为　12月28日　任主任
张凤有　3月9日　任副主任
胡扶功　12月28日　免主任职务

语文出版社

王晓庆　12月28日　任总编辑
杨曙望　12月28日　免总编辑职务

高等教育教学评估中心

季　平　12月28日　任主任
刘凤泰　12月28日　免主任职务

直属高校领导干部任免名单

北京大学

柯　杨　3月15日　确定职级为正局级

清华大学

胡和平　12月4日　确定职级为正局级，免副校长职务
史宗恺　12月4日　任党委副书记
顾秉林　12月5日　任校长（连任，副部长级）
陈吉宁　12月4日　任常务副校长（正局级）
康克军　12月4日　任副校长（连任）
汪劲松　12月4日　任副校长（连任）
张凤昌　12月4日　任副校长（连任）
谢维和　12月4日　任副校长（连任）
陈　旭　12月4日　任副校长，免党委副书记职务
袁　驷　12月4日　任副校长
何建坤　12月4日　免常务副校长职务
岑章志　12月4日　免副校长职务
龚　克　1月1日　免副校长职务

北京邮电大学

方滨兴　12月13日　任校长
张英海　12月13日　任副校长（连任）
任晓敏　12月13日　任副校长（连任）
薛忠文　12月13日　任副校长（连任）
杨放春　12月13日　任副校长（连任）
温向明　12月13日　任副校长（连任）
林金桐　12月13日　免校长职务

北京科技大学

王维才　6月13日　任副校级干部

北京化工大学

王子镐　1月23日　任校长（连任）
王　贵　1月23日　任副校长（连任）
任新钢　1月23日　任副校长（连任）
郭广生　1月23日　任副校长（连任）
付志峰　1月23日　任副校长
陈标华　1月23日　任副校长
谭天伟　11月19日　任副校长（试用期一年）
李显扬　11月19日　任副校长（试用期一年）
左　禹　1月23日　免副校长职务
丁巨元　1月23日　免副校长职务
郭广生　11月19日　免副校长职务

北京林业大学

钱　军　1月7日　任副校长
张启翔　1月7日　任副校长
陈晓阳　1月7日　免副校长职务

北京中医药大学

吴建伟　12月13日　任党委书记
高思华　12月13日　任校长
乔旺忠　12月13日　任副校长（连任）
王庆国　12月13日　任副校长（连任）
魏天卯　12月13日　任副校长（连任）
徐　孝　12月13日　任副校长（连任）
郑英良　12月13日　免党委书记职务

郑守曾 12月13日 免校长职务

中央财经大学

王广谦 6月26日 任校长（连任）

李俊生 6月26日 任副校长（连任）

陈 明 6月26日 任副校长（连任）

王国华 6月26日 任副校长（连任）

侯慧君 6月26日 任副校长（连任）

王瑶琪 6月26日 任副校长

北京外国语大学

杨学义 12月7日 当选党委书记（第八次党代会，连任）

曹文泽 12月7日 当选党委副书记、纪委书记（第八次党代会，连任）

周 烈 12月7日 当选党委副书记（第八次党代会，连任）

彭 龙 8月31日 任副校长

白 刚 8月31日 免副校长职务

李朋义 8月31日 免副校长职务

中央音乐学院

郭淑兰 1月18日 当选党委书记（第一次党代会，连任）

李 续 1月18日 当选党委副书记（第一次党代会，连任）

逄焕磊 1月18日 当选党委副书记、纪委书记（第一次党代会，连任）

中央美术学院

徐 冰 12月28日 任副院长（试用期一年）

中央戏剧学院

徐 翔 6月26日 任院长（连任）

刘立滨 6月26日 任副院长（连任）

徐秀明 6月26日 任副院长（连任）

廖向红 6月26日 任副院长（连任）

中国传媒大学

陈维嘉 6月3日 当选党委书记（第一次党代会，连任）

田维义 6月3日 当选党委副书记（第一次党代会，连任）

李焕生 6月3日 当选党委副书记、纪委书记（第一次党代会，连任）

高福安 11月30日 任副校长（试用期满，正式任职）

丁俊杰 11月30日 任副校长（试用期满，正式任职）

袁 军 11月30日 任副校长（试用期满，正式任职）

胡正荣 11月30日 任副校长（试用期满，正式任职）

吕 锐 11月30日 任副校长（试用期满，正式任职）

天津大学

刘建平 11月3日 当选党委书记（第八次党代会，连任）

杨贤金 11月3日 当选党委副书记（第八次党代会，连任），12月15日任党委常务副书记（正局级）

于立军 11月3日 当选党委副书记（第八次党代会，连任）

邢 敏 11月3日 当选党委副书记、纪委书记（第八次党代会，连任）

胡小唐 1月26日 任副校长（连任）

于立军 1月26日 任副校长（连任）

钟登华 1月26日 任副校长（连任）

余建星 1月26日 任副校长（连任）

舒歌群 1月26日 任副校长

冯亚青 1月26日 任副校长

刘东志 10月27日 任副校长

苏全忠 1月26日 免副校长职务

于立军 10月27日 免副校长职务

大连理工大学

张德祥 8月30日 任党委书记（副部长级）

宁桂玲 6月13日 任副校长

林安西 8月30日 免党委书记职务

东北师范大学

盛连喜 7月5日 当选党委书记（第十三次党代会，连任）

杨晓慧 7月5日 当选党委副书记（第十三次党代会，连任）

马 尚 1月12日 任党委副书记，免副校长职务；7月5日当选党委副书记（第十三次党代会，连任）

赵 莹 7月5日 当选党委副书记、纪委书记（第十三次党代会，连任）

史宁中 1月12日 任校长（连任）

张治国 1月12日 任副校长（连任）

薛 康 1月12日 任副校长（连任）

杨晓慧 1月12日 任副校长（连任）

柳海民 1月12日 任副校长，免党委副书记职务

刘益春 1月12日 任副校长（连任）

张绍杰 1月12日 任副校长

杨 忠 1月12日 免副校长职务

东北林业大学

王学全 12月15日 当选党委书记（第十一次党代会，连任）

陈文斌 3月2日 任党委副书记、纪委书记，12月15日当选党委副书记、纪委书记（第十一次党代会，连任）

胡万义 3月2日 任党委副书记，免副校长职务；12月15日当选党委副书记（第十一次党代会，连任）

孙正林 3月2日 任党委副书记、副校长，12月15日当选党委副书记（第十一次党代会，连任）

杨传平 1月5日 任校长

曹 军 3月2日 任副校长（连任）

吴国春 3月2日 任副校长，免党委副书记、纪委书记职务

赵 鑫 3月2日 任副校长，免党委副书记职务

赵雨森 3月2日 任副校长

李 坚 1月5日 免校长职务

复旦大学

金 力 6月2日 任副校长

同济大学

周祖翼 6月2日 任党委常务副书记（正局级）

姜富明 6月2日 任党委副书记、纪委书记

裴 钢 7月24日 任校长（副部长级）

郑惠强 12月10日 任副校长

朱绍中 6月2日 免党委副书记、纪委书记职务

万 钢 7月24日 免校长职务

上海交通大学

苏 明 12月10日 任党委常务副书记（正局级）

蔡 威 12月10日 任副校长

东华大学

朱绍中 2月7日 任党委书记，12月15日当选党委书记（第九次党代会，连任）

吴楚武 12月15日 当选党委副书记（第九次党代会，连任）

王以刚 12月15日 当选党委副书记、纪委书记（第九次党代会，连任）

浦解明 12月15日 当选党委副书记（第九次党代会，连任）

薛有义 2月7日 免党委书记职务

华东师范大学

罗国振 4月26日 任党委副书记，免副校长职务

林在勇 4月26日 任副校长

朱 民 4月26日 任副校长

王小明 4月26日 免党委副书记职务

上海外国语大学

王 静 2月7日 任党委副书记

南京大学

徐泽华 6月7日 任党委常务副书记（正厅级）

张大良 12月6日 免党委副书记

中国矿业大学

葛世荣 8月15日 任校长

赵跃民 8月15日 任副校长（连任）

宋学锋 8月15日 任副校长（连任）

王建平 8月15日 任副校长（连任）

缪协兴 8月15日 任副校长（连任）

刘炯天 8月15日 任副校长

秦 勇 8月15日 任副校长

王悦汉 8月15日 免校长职务

周建国 8月15日 免副校长职务

中国矿业大学（北京校区）

安里千 7月25日 免副校长职务

南京农业大学

管恒禄 6月23日 当选党委书记（第十次党代会，连任）

庄娱乐 6月23日 当选党委副书记、纪委书记（第十次党代会，连任）

花亚纯　6月23日　当选党委副书记（第十次党代会，连任）

江南大学

张大良　6月26日　任党委书记

简大钧　6月26日　免党委书记职务

浙江大学

胡建森　12月6日　免副校长职务

合肥工业大学

李　廉　8月29日　任党委书记

朱新民　8月29日　免党委书记职务

徐惠鹏　11月20日　免党委副书记职务

厦门大学

朱之文　9月28日　当选党委书记（第九次党代会，连任）

魏洪沼　6月7日　任党委常务副书记（正厅级）

陈力文　9月28日　当选党委副书记（第九次党代会，连任）

陈国凤　9月28日　当选党委副书记、纪委书记（第九次党代会），免副校长职务

辜芳昭　9月28日　当选党委副书记（第九次党代会）

潘世墨　6月7日　任常务副校长（正厅级）

邬大光　9月25日　任副校长

赖虹凯　9月25日　任副校长

杨　勇　9月25日　免副校长职务

山东大学

尹　薇　12月3日　任党委常务副书记（正厅级）

王琪珑　12月4日　任常务副校长（正厅级）

中国石油大学（北京）

柳贡慧　6月20日　免副校长职务

武汉大学

谢红星　6月2日　任副校长

胡德坤　6月2日　免副校长职务

华中科技大学

杨　勇　8月29日　任副校长

骆清铭　8月29日　任副校长

王延觉　8月29日　免副校长职务

武汉理工大学

夏江敬　7月24日　任党委副书记

邱观建　7月24日　任纪委书记

王乾坤　7月24日　任副校长，免党委副书记、纪委书记职务

李海婴　3月22日　免副校长职务

陶德馨　7月24日　免副校长职务

中国地质大学（武汉）

成金华　6月7日　任副校长

唐辉明　6月7日　任副校长

姚书振　6月7日　免副校长职务

中国地质大学（北京）

王鸿冰　11月24日　当选党委书记（第九次党代会，连任）

王　聪　11月24日　当选党委副书记、纪委书记（第九次党代会，连任）

刘志芳　11月24日　当选党委副书记（第九次党代会，连任）

王训练　7月25日　任副校长

万　力　7月25日　任副校长

帅开业　7月25日　免党委副书记职务

张汉凯　7月25日　免副校长职务

华中师范大学

马　敏　11月20日　任校长（连任）

乐政龙　11月20日　任副校长（连任）

逢广洲　11月20日　任副校长（连任）

李向龙　11月20日　任副校长（连任）

杨宗凯　11月20日　任副校长（连任）

黄永林　11月20日　任副校长（连任）

华中农业大学

李忠云　12月30日　当选党委书记（第八次党代会，连任）

李桂芳　12月30日　当选党委副书记、纪委书记（第八次党代会，连任）

唐　峻　6月26日　任党委副书记，12月30日当选党委副书记（第八次党代会，连任）

邓秀新　6月26日　任校长

李名宦　6月26日　任副校长（连任）

刘贵友　6月26日　任副校长（连任）

陈焕春　6月26日　任副校长（连任）

谢从华　6月26日　任副校长（连任）

高　翅　6月26日　任副校长（连任）

张端品　6月26日　免校长职务

湖南大学

王耀中　2月7日　免党委副书记职务

中南大学

周庆柱　4月3日　免党委副书记职务

中山大学

郑德涛　7月25日　当选党委书记（第十一次党代会，连任）

李　萍　7月25日　当选党委副书记、纪委书记（第十一次党代会，连任党委副书记）

梁庆寅　7月25日　当选党委副书记（第十一次党代会）

朱孔军　7月25日　当选党委副书记（第十一次党代会，连任）

华南理工大学

王迎军　11月12日　任党委书记，免副校长职务

杜小明　11月12日　任党委副书记（正厅级）、纪委书记

张振刚　11月12日　任党委副书记

李元元　11月12日　任校长（连任）

彭新一　11月12日　任副校长（连任）

李　琳　11月12日　任副校长（连任）

彭说龙　11月12日　任副校长（连任）

邱学青　11月12日　任副校长

朱　敏　11月12日　任副校长

刘树道　11月12日　免党委书记职务

陈建新　11月12日　免党委副书记职务

袁文俊　11月12日　免纪委书记职务

陈铁群　11月12日　免副校长职务

瞿金平　11月12日　免副校长职务

四川大学

李　虹　8月31日　任常务副校长（正厅级）

李光宪　8月31日　任常务副校长（正厅级）

西南交通大学

朱健梅　1月22日　任党委副书记

何云庵　1月22日　任党委副书记

陈春阳　1月22日　任校长

蒋葛夫　1月22日　任副校长（连任）

黄　庆　1月22日　任副校长（连任）

濮德章　1月22日　任副校长（连任）

蔺安林　1月22日　任副校长（连任）

陈志坚　1月22日　任副校长（连任）

范平志　1月22日　任副校长

周本宽　1月22日　免校长职务

杨立中　1月22日　免副校长职务

电子科技大学

胡树祥　6月10日　当选党委书记（第七次党代会，连任）

王志强　6月10日　当选党委副书记（第七次党代会，连任）

罗佳慧　1月22日　任党委副书记、纪委书记，6月10日当选党委副书记、纪委书记（第七次党代会，连任）

王亚非　6月10日　当选党委副书记（第七次党代会）

熊彩东　1月22日　任副校长

朱　宏　1月22日　任副校长

杨晓波　8月22日　任副校长

聂在平　1月22日　免副校长职务

韩春林　8月22日　免副校长职务

重庆大学

杨　丹　12月16日　任副校长

西南大学

黄蓉生　7月16日　当选党委书记（第一次党代会，连任）

张跃光　7月16日　当选党委副书记（第一次党代会，连任）

徐晓黎　7月16日　当选党委副书记（第一次党代会，连任）

李胜元　7月16日　当选党委副书记、纪委书记（第一次党代会，连任纪委书记）

西安交通大学

张晓岚　3月22日　免副校长职务

西安电子科技大学

靳雅静　3月6日　任党委副书记、纪委书记

长安大学

雷　达　9月29日　当选党委书记（第二次党代会，连任）

杜向民　9月29日　当选党委副书记（第二次党代会，连任）

董小林　9月29日　当选党委副书记（第二次党代会，连任）

白　华　9月29日　当选党委副书记（第二次党代会，连任）

王振华　9月29日　当选党委副书记、纪委书记（第二次党代会）

兰州大学

陈德文　9月18日　当选党委书记（第八次党代会，连任）

阎孟辉　9月18日　当选党委副书记（第八次党代会，连任）

李恒滨　9月18日　当选党委副书记（第八次党代会，连任）

甘　晖　9月18日　当选党委副书记（第八次党代会，连任）

周　玲　9月18日　当选党委副书记、纪委书记（第八次党代会，连任）

安黎哲　8月22日　任副校长（试用期一年）

陈发虎　8月22日　任副校长（试用期一年）

徐生诚　8月22日　任副校长（试用期一年）

杨　恕　8月22日　免副校长职务

李　廉　9月27日　免常务副校长职务

撰稿　张　宇　饶劲松　吕　杰　彭　实
审稿　魏士强

驻外教育机构领导干部任免名单

驻欧盟使团教育文化处

马燕生　5月12日　任参赞衔领事（副司级）

驻瑞士使馆教育处

黄　颖（女）　6月1日　提任参赞（副司级）

驻大阪总领馆教育组

刘占山　6月5日　任参赞衔领事（副司级）

孙建明　6月5日　免参赞衔领事

常驻联合国教科文组织代表团

师淑云（女）　6月12日　任代表（大使衔）

张学忠　6月12日　另有任用，免代表（大使衔）

驻日本大使馆教育处

孙建明　6月26日　任公使衔参赞（副司级）

李东翔　6月26日　免公使衔参赞（正司级）

驻芝加哥总领馆教育组

王晓卫　9月15日　任参赞衔领事（副司级）

包同曾　9月15日　免参赞衔领事

驻韩国使馆教育处

艾宏歌　7月30日　任参赞（正处级）

安玉祥　7月30日　另有任用，免参赞（副司级）

驻新加坡使馆教育处

周建平　12月15日　任参赞（正处级）

王永利　12月15日　另有任用，免参赞（副司级）

撰稿　杨大研　刘立国　吴　强　陈向阳
审稿　许　涛

高层次人才培养

〔**2006年度长江学者特聘教授、讲座教授受聘仪式暨长江学者成就奖颁奖典礼**〕 2007年3月28日，2006年度长江学者特聘教授、讲座教授受聘仪式暨长江学者成就奖颁奖典礼在人民大会堂举行，国务委员陈至立出席会议并讲话，教育部部长周济主持会议。

陈至立在讲话中充分肯定了“长江学者奖励计划”所取得的成绩，要求继续实施好这项人才计划，并从经济社会发展战略全局和高等教育改革与发展大局出发，全面阐述了加强高校人才队伍建设在提高民族素质、建设创新型国家、构建社会主义和谐社会中的重要作用，明确提出了加强高校人才队伍建设的指导思想、主要任务和工作要求，并对高校高层次人才队伍提出了希望。

“长江学者奖励计划”是教育部与香港李嘉诚基金会于1998年共同实施的高层次人才计划，包括长江学者特聘教授、讲座教授岗位制度和“长江学者成就奖”。1998—2006年，共有906位长江学者特聘教授、讲座教授受聘，10位优秀学者荣获“长江学者成就奖”。截至2006年，有24位长江学者特聘教授当选为中国科学院院士、中国工程院院士；有57位长江学者特聘教授担任“973”计划首席科学家；有30位长江学者特聘教授取得的39项重大成果分别入选“中国十大科技进展新闻”、“中国基础研究十大新闻”以及“中国高校十大科技进展”；有175项由长江学者特聘教授主持或作为主要完成人参加的科研成果获得了国家三大科技奖。经专家评审、顾问组审核，2006年共有103位长江学者特聘教授和99位长江学者讲座教授受聘；“长江学者成就奖”一等奖授予中国科学院昆明动物研究所张亚平研究员、西南交通大学翟婉明教授，二等奖分别授予香港中文大学卢煜明教授、北京大学方精云教授。

在受聘仪式和颁奖典礼上，长江学者代表、清华大学教授冯铃，“长江学者成就奖”获奖代表、中国科学院昆明动物研究所研究员张亚平，复旦大学校长王生洪，长江学者评审专家代表、南京大学闵乃本院士等先后发言。

教育部副部长袁贵仁主持受聘仪式和颁奖典礼，国家有关部门、高校负责人及香港李嘉诚基金会代表出席了受聘仪式和颁奖典礼。

〔**实施“长江学者奖励计划”情况**〕 2007年是“长江学者奖励计划”实施的第九年，教育部在总结以往工作经验的基础上，对实施工作进行了改进和完善，主要措施包括：进一步促进长江学者岗位与科技创新平台、科研基地、重点学科的紧密结合；加大吸引海外高层次人才的工作力度，对于申报数量较多的高校，要求推荐的特聘教授候选人海外人选应占一半；完善对不同学科的分类评价导向；加强同行专家通讯评审工作，组织开发了集网上申报、通讯评审、后期管理、信息发布等功能于一体的长江学者信息管理系统，完善充实评审专家库，对每位长江学者特聘教授和讲座教授候选人，邀请5名同行专家进行网上通讯评审，按照评审指标体系对候选人进行评分、提出评审意见以及对候选人今后发展的建议，2007年共有1 270位专家参加了通讯评审，其中海外专家占1/3，共收回评审意见3 375份。

高校共推荐了602位长江学者特聘教授、讲座教授候选人，经国内知名专家评审和长江学者聘任顾问组审核，共遴选出109位特聘教授人选、96位讲座教授人选。在这205位长江学者人选中，自然科学领域173人，人文社会科学领域32人，平均年龄44岁，具有博士学位202人，具有在海外留学或工作经历195人，特聘教授中直接从海外应聘和近三年全职回国工作的28人，96位讲座教授全部从海外应聘，绝大部分为国外知名大学教授或副教授。

2007年，为进一步贯彻落实科学发展观，奖掖英才，激励创新，促进国家自主创新能力的提升，教育部和李嘉诚基金会再次对“长江学者成就奖”的评审办法进行了改革，主要有三项：一是调整了设奖方式，参考诺贝尔奖、何梁何利奖、陈嘉庚奖等有关奖项的实施办法，把综合评奖改为学科性单项奖，共设五个奖项，分别为数理化科学奖、生命科学奖、信息科学奖、工程科学奖、环境科学奖，每个单项奖评选获奖者一名，奖金100万元；二是扩大了申报范围，环境科学奖扩大到国家环保总局所属研究机构；三是提高了奖励经费总额，年度经费由250万元增加到500万元，奖金仍由李嘉诚基金会全额捐赠。“长江学者成就奖”的遴选条件仍坚持高标准，获奖者应为科学道德高尚，年龄在50岁以下，在相应学科领域取得国际公认领先水平的重大科研成果或者突破性进展的杰出华人学者。

有关单位共报送了44名长江学者成就奖候选人，其中内地高校30人，香港高校7人，中国科学院所属研究机构5人，国家环保总局所属研究机构2人。经长江学者同行专家会议评审和聘任顾问组审核，评选出生命科学奖、工程科学奖、环境科学奖获奖者人选各一人。

撰稿 栾宗涛 王 磊 周家贵

附一

2007年度长江学者特聘教授、讲座教授人选名单

一、特聘教授（109人）

申报学校	设岗学科	姓名	国籍	现任职单位	现任专业技术职务
北京大学	应用数学	姜　明	中国	北京大学	教授
北京大学	固体力学	王建祥	中国	北京大学	教授
北京大学	植物分子生物学	瞿礼嘉	中国	北京大学	教授
北京大学	中国古代史	荣新江	中国	北京大学	教授
北京工业大学	材料学	聂祚仁	中国	北京工业大学	教授
北京工业大学	结构工程	杜修力	中国	北京工业大学	教授级高级工程师
北京航空航天大学	微波遥感理论与技术	苗俊刚	中国	北京航空航天大学	教授
北京航空航天大学	精密仪器及机械	房建成	中国	北京航空航天大学	教授
北京交通大学	固体力学	汪越胜	中国	北京交通大学	教授
北京理工大学	车辆工程	项昌乐	中国	北京理工大学	教授
北京师范大学	概率论与数理统计	李增沪	中国	北京师范大学	教授
北京师范大学	认知神经科学	余　聪	中国	北京师范大学	研究员
北京师范大学	教育学原理	石中英	中国	北京师范大学	教授
北京协和医学院	药物化学	庾石山	中国	北京协和医学院	研究员
北京协和医学院	遗传医学	张　学	中国	北京协和医学院	教授
大连海事大学	热能工程	马鸿斌	美国	[美国]University of Missouri	副教授
大连理工大学	应用化学（精细化工）	彭孝军	中国	大连理工大学	教授
第三军医大学	心血管内科学	祝之明	中国	第三军医大学	教授
第四军医大学	生理学与病理生理学	高　峰	中国	第四军医大学	教授
第四军医大学	口腔医学	金　岩	中国	第四军医大学	教授
电子科技大学	电路与系统	马建国	新加坡	电子科技大学	教授
电子科技大学	材料科学与工程	林　媛	中国	[美国]Intel公司	Assembly TD Senior Process Integrator
东北林业大学	生态学	王传宽	中国	东北林业大学	教授
东南大学	生物医学工程	顾　宁	中国	东南大学	教授
东南大学	哲学伦理学	樊和平	中国	东南大学	教授
复旦大学	基础数学	陈　猛	中国	复旦大学	教授
复旦大学	宏观经济学	袁志刚	中国	复旦大学	教授
复旦大学	医疗卫生政策	郝　模	中国	复旦大学	教授
复旦大学	中国古典文献学	刘　钊	中国	复旦大学	教授
国防科技大学	计算机科学与技术	王怀民	中国	国防科学技术大学	教授

续表

申报学校	设岗学科	姓名	国籍	现任职单位	现任专业技术职务
哈尔滨工业大学	工程力学	冷劲松	中国	哈尔滨工业大学	教授
哈尔滨工业大学	导航、制导与控制	姚　郁	中国	哈尔滨工业大学	教授
哈尔滨工业大学	工程热物理	刘林华	中国	哈尔滨工业大学	教授
哈尔滨工业大学	管理科学与工程	李一军	中国	哈尔滨工业大学	教授
河海大学	岩土工程	刘汉龙	中国	河海大学	教授
湖南大学	材料物理与化学	陈江华	中国	湖南大学	教授
华东理工大学	生物材料工程	刘昌胜	中国	华东理工大学	教授
华东理工大学	控制理论与控制工程	钱　锋	中国	华东理工大学	教授
华东理工大学	材料学	施剑林	中国	中国科学院上海硅酸盐研究所	研究员
华南农业大学	预防兽医学	朱兴全	中国	华南农业大学	教授
华中科技大学	药理学	陈建国	中国	华中科技大学	教授
华中科技大学	生物医学光子学	曾绍群	中国	华中科技大学	教授
华中科技大学	机械制造及其自动化	熊蔡华	中国	华中科技大学	教授
华中科技大学	电机与电器	李　亮	美国	华中科技大学	教授
华中科技大学	电力电子与电力传动	阮新波	中国	南京航空航天大学	教授
华中农业大学	蔬菜学	匡汉晖	中国	美国 University of California, Berkeley	Associate Specialist
吉林大学	凝聚态物理	崔　田	中国	吉林大学	教授
吉林大学	有机化学	王　悦	中国	吉林大学	教授
暨南大学	生物化学（生物无机化学）	何庆瑜	中国	暨南大学	教授
兰州大学	生态学	刘建全	中国	兰州大学	教授
南京大学	凝聚态物理	吴兴龙	中国	南京大学	教授
南京大学	物理化学	胡　征	中国	南京大学	教授
南京大学	分析化学	鞠熀先	中国	南京大学	教授
南京大学	材料物理与化学	陆延青	中国	南京大学	教授
南京理工大学	电磁场与微波技术	陈如山	中国	南京理工大学	教授
南京理工大学	控制理论与控制工程	徐胜元	中国	南京理工大学	教授
南开大学	无机化学	程　鹏	中国	南开大学	教授
南开大学	肿瘤免疫	向　荣	中国	南开大学	教授
南开大学	微生物学	尹芝南	中国	南开大学	教授
南开大学	中国古代文学	张　毅	中国	南开大学	教授
南开大学	国际贸易	佟家栋	中国	南开大学	教授
清华大学	应用数学	张友金	中国	清华大学	教授
清华大学	天体物理	张双南	中国	清华大学	教授
清华大学	环境工程	贺克斌	中国	清华大学	教授

续表

申报学校	设岗学科	姓名	国籍	现任职单位	现任专业技术职务
清华大学	生命科学	张林琦	中国	美国洛克菲勒大学	副教授
清华大学	微电子与纳电子学	陈 炜	中国	清华大学	教授
清华大学	计算机应用技术	胡事民	中国	清华大学	教授
清华大学	高分子材料	石高全	中国	清华大学	教授
清华大学	材料科学与工程	周 济	中国	清华大学	教授
清华大学	工程热物理	张 辉	中国	美国纽约州立大学石溪分校	副教授
清华大学	动力工程及机械	李 政	中国	清华大学	教授
清华大学	哲学	万俊人	中国	清华大学	教授
清华大学	管理科学与工程	陈 剑	中国	清华大学	教授
山东大学	化学	郝京诚	中国	山东大学	教授
山东大学	岩土工程	李术才	中国	山东大学	教授
陕西师范大学	自然地理学	董治宝	中国	中国科学院寒区旱区环境与工程研究所	研究员
上海交通大学	物理学（等离子体物理）	盛政明	中国	中国科学院物理研究所	研究员
上海交通大学	材料加工工程	孙宝德	中国	上海交通大学	教授
上海交通大学	机械电子工程	朱向阳	中国	上海交通大学	教授
首都医科大学	心血管病理生理学	杜 杰	美国	美国 Baylor College of Medicine	副教授
四川大学	无线电物理	黄卡玛	中国	四川大学	教授
四川大学	水力学及河流动力学	林鹏智	中国	四川大学	教授
天津大学	工业催化	李永丹	中国	天津大学	教授
天津大学	仪器学科与技术	房丰洲	新加坡	天津大学	教授
武汉大学	摄影测量与遥感	张良培	中国	武汉大学	教授
西安交通大学	制冷及低温工程	邢子文	中国	西安交通大学	教授
西安交通大学	电机与电器	荣命哲	中国	西安交通大学	教授
西北工业大学	流体力学	蔡晋生	中国	新加坡国立大学	Research Scientist
厦门大学	经济学	林伯强	美国	厦门大学	教授
浙江大学	凝聚态物理	袁辉球	中国	美国拉斯阿拉莫斯国家实验室	Research Scientist
浙江大学	高分子化学与物理	高长有	中国	浙江大学	教授
浙江大学	发育生物学	彭金荣	中国	新加坡新加坡细胞分子生物所	副教授
浙江大学	土壤学	徐建明	中国	浙江大学	教授
浙江大学	计算机应用	周 昆	中国	微软亚洲研究院	研究员
中国传媒大学	广播电视艺术学	胡智锋	中国	中国传媒大学	教授
中国地质大学（武汉）	矿物学，岩石学，矿床学	郑建平	中国	中国地质大学（武汉）	教授
中国科学技术大学	量子物理和量子信息	杜江峰	中国	中国科学技术大学	教授
中国科学技术大学	有机化学	龚流柱	中国	中国科技大学	教授

续表

申报学校	设岗学科	姓名	国籍	现任职单位	现任专业技术职务
中国科学技术大学	环境科学与工程	俞汉青	中国	中国科学技术大学	教授
中国科学技术大学	生物物理学	毕国强	中国	中国科学技术大学	教授
中国农业大学	农业机械化工程	韩鲁佳	中国	中国农业大学	教授
中国人民大学	诉讼法学	陈卫东	中国	中国人民大学	教授
中国人民大学	行政管理	张康之	中国	中国人民大学	教授
中国石油大学（北京）	地球探测与信息技术	王尚旭	中国	中国石油大学（北京）	教授
中国政法大学	民商法	赵旭东	中国	中国政法大学	教授
中山大学	无机化学	苏成勇	中国	中山大学	教授
中山大学	材料物理与化学	杨国伟	中国	中山大学	教授
重庆大学	生物医学工程	邓林红	加拿大	重庆大学	教授
重庆大学	电气工程	司马文霞	中国	重庆大学	教授

二、讲座教授（96人）

申报学校	设岗学科	姓名	国籍	现任职单位	现任专业技术职务
北京大学	基础数学	郭　岩	美国	美国 Brown University	教授
北京大学	流体力学	徐　昆	中国	香港科技大学	教授
北京航空航天大学	材料物理与化学	杨世和	中国	香港科技大学	教授
北京航空航天大学	控制理论与控制工程	葛树志	新加坡	新加坡国立大学	教授
北京航空航天大学	计算机图形学	秦　洪	美国	美国纽约州立大学	教授
北京交通大学	管理科学与工程	许立达	美国	美国 Old Dominion University	教授
北京科技大学	材料物理与化学	张志良	挪威	挪威科技大学	教授
北京理工大学	概率论与数理统计	陈振庆	美国	美国 University of Washington	教授
北京理工大学	机械工程	蔡海龙	美国	美国密苏里大学罗拉分校	教授
北京语言大学	语言学及应用语言学	黄正德	美国	美国哈佛大学	教授
长安大学	地质工程	陈洵洪	美国	美国内布拉斯加大学林肯校区	教授
大连理工大学	应用化学	侯召民	中国	日本理化学研究所	Chief Scientist
大连理工大学	管理科学与工程	陈超美	英国	美国 Drexel University，Philadelphia，PA	副教授
第二军医大学	心血管药理学	陈丰原	美国	美国密歇根州立大学	副教授
电子科技大学	机械电子工程	左明健	加拿大	加拿大 University of Alberta	教授
东北大学	控制理论与控制工程	苏春翌	加拿大	加拿大 Concordia 大学	教授
东北大学	管理科学与工程	刘继印	中国	英国 Loughborough University	教授
东北师范大学	数理统计学	何旭铭	新加坡	美国伊利诺伊大学厄巴尼—尚佩恩分校	教授
东华大学	材料学	Ben Hsiao	美国	美国纽约州立大学石溪分校	教授

续表

申报学校	设岗学科	姓名	国籍	现任职单位	现任专业技术职务
东华大学	纺织工程	Ramakrishna	新加坡	新加坡国立大学	教授
东南大学	电机与电器	邹国棠	中国	香港大学	教授
对外经济贸易大学	国际贸易	王家骁	美国	美国华盛顿大学	教授
复旦大学	遗传学－植物表观遗传学	沈文辉	中国	法国国家科学研究中心植物分子生物学研究所	Directeur de recherche
复旦大学	计算认知发育	翁巨扬	美国	美国密歇根州立大学	教授
复旦大学	传播学	潘忠党	中国	美国 the University of Wisconsin-Madison	教授
复旦大学	中国思想文化史	B. Elman	美国	美国普林斯顿大学	教授
哈尔滨工业大学	计算机科学技术	樊文飞	美国	英国爱丁堡大学	教授
哈尔滨工业大学	控制科学与控制工程	刘国平	中国	英国格拉摩根大学	教授
哈尔滨工业大学	生物医学图像处理	I. E. Magnin	法国	法国国家科学研究中心，国家健康与医学研究院，法国国家应用科学院，里昂一大	一级终身主任研究员，教授
哈尔滨医科大学	药理学	王志国	加拿大	加拿大蒙特利尔心脏研究所	chercheur boursier
华东师范大学	基础数学	林华新	中国	美国俄勒岗大学	教授
华南理工大学	应用化学	李　静	美国	美国罗塔基斯大学	教授
华中科技大学	病理学与病理生理学	蔡立慧	美国	美国麻省理工学院	教授
华中科技大学	临床医学	邹伟平	中国	美国密歇根大学	副教授
华中科技大学	生物物理学	贺　熹	美国	美国哈佛大学，波士顿儿童医院	副教授
华中科技大学	发育生物学与肿瘤学	蒋　进	中国	美国得克萨斯大学达拉斯西南医学中心	副教授
华中科技大学	激光科学与技术	K. Midorikawa	日本	日本理化学研究所	首席科学家，教授
华中科技大学	系统工程	陈　杰	中国	美国加州大学河滨分校	教授
华中科技大学	固体力学	李少凡	美国	美国加州大学伯克利分校	副教授
吉林大学	数学	易英飞	美国	美国佐治亚理工学院	教授
江南大学	纺织科学与工程	杨一奇	美国	美国内布拉斯加大学	教授
兰州大学	大气物理与大气环境学	付　强	美国	美国华盛顿大学	教授
兰州大学	病原生物学	张　颖	美国	美国约翰霍普金斯大学	教授
南京大学	自旋电子学物理与器件	肖　钢	美国	美国 Brown University	教授
南京大学	植物学	栾　升	美国	美国 University of California, Berkely	教授
南京大学	材料物理与化学	潘晓晴	中国	美国密歇根大学	教授
南京大学	西方经济学	王苏生	中国	香港科技大学	副教授
南京航空航天大学	流体力学	舒　昌	中国	新加坡国立大学	教授
清华大学	概率论与数理统计	林希虹	美国	美国哈佛大学	教授
清华大学	材料化工	马晓龙	美国	美国 University of Michigan	教授

续表

申报学校	设岗学科	姓名	国籍	现任职单位	现任专业技术职务
清华大学	生命科学	薛　定	美国	美国科罗拉多大学	教授
清华大学	模式识别与智能系统	王　瑶	美国	美国 Polytechnic University，Brooklyn，New York	教授
清华大学	科学技术哲学	刘　闯	美国	美国 University of Florida	教授
山东大学	数学	叶扬波	美国	美国 The University of Iowa	教授
山东大学	内科学（心血管病学）	王兴利	美国	美国贝勒医学院	教授
山东大学	控制理论与控制工程	付敏跃	澳大利亚	澳大利亚 NEWCASTLE 大学	教授
山东大学	电力系统及其自动化	陈通文	加拿大	加拿大 Alberta 大学	教授
山西大学	物理学	牛　谦	美国	美国得克萨斯州立大学澳斯汀分校	教授
上海财经大学	应用经济学	谭国富	加拿大	美国南加州大学	教授
上海交通大学	固体力学	叶　林	澳大利亚	澳大利亚悉尼大学	教授
上海交通大学	凝聚态物理	刘惠春	加拿大	加拿大国家研究院	首席研究员
上海交通大学	神经生物学	何志刚	中国	美国 Havard Medical University	副教授
上海交通大学	口腔颌面外科学	毛　力	美国	美国得克萨斯大学	教授
上海交通大学	植物生殖发育	马　红	美国	美国宾州州立大学	教授
上海交通大学	智能计算	王　钧	中国	香港中文大学	教授
上海交通大学	船舶与海洋工程	刘　浩	日本	日本国立千叶大学	教授
上海交通大学	应用经济学	陈　岩	美国	美国密歇根大学	副教授
四川大学	基础数学	董崇英	美国	美国加州大学 Santa Cruz 分校	教授
四川大学	凝聚态物理	郭　鸿	加拿大	加拿大麦吉尔大学	教授
天津大学	机械设计及理论	戴建生	英国	英国伦敦大学	教授
天津大学	供热，供燃气，通风及空调工程	陈清焰	美国	美国普度大学	教授
天津医科大学	肿瘤学	郑　苇	中国	美国范登堡大学	教授
武汉大学	物理化学	曾适之	英国	英国牛津大学	教授
武汉大学	地图制图学与地理信息工程	湛飞并	美国	美国 Texas State University-San Marcos	教授
武汉大学	免疫学	董　晨	中国	美国得克萨斯大学	副教授
武汉大学	企业管理	周　南	加拿大	香港城市大学	教授
武汉理工大学	材料物理与化学	苏宝连	比利时	比利时那慕尔大学	教授
西安电子科技大学	通信与信息系统	方玉光	美国	美国 the University of Florida	教授
西安交通大学	机械制造及其自动化	靳忠民	英国	英国里兹大学	教授
西北农林科技大学	植物病理学	许金荣	美国	美国普度大学	副教授
西南财经大学	管理科学与工程	陈滨桐	中国	美国华盛顿州立大学	教授
西南大学	基础数学	张高勇	美国	美国 Polytechnic University，New York	教授
浙江大学	材料化学工程	严玉山	中国	美国加州大学河滨分校	教授

续表

申报学校	设岗学科	姓名	国籍	现任职单位	现任专业技术职务
浙江大学	核技术及应用（农药环境毒理）	甘剑英	美国	美国加州大学河滨分校	教授
浙江大学	经济学	王汝渠	加拿大	加拿大皇后大学	教授
中国地质大学（北京）	地球物理学及海洋地质学	沈 旸	美国	美国罗得岛州立大学	副教授
中国地质大学（武汉）	古生物学与地层学	董海良	中国	美国迈阿密大学	副教授
中国海洋大学	气象学	谢尚平	中国	美国 University of Hawaii	教授
中国科学技术大学	基础数学	陈秀雄	中国	美国 University of Wisconsin at Madison	教授
中国科学技术大学	光学	姜弘文	美国	美国加州大学洛杉矶分校	教授
中国农业大学	动物营养与饲料科学	伍国耀	美国	美国 Texas A& M University	教授
中国人民大学	统计学	林共进	中国	美国宾夕法尼亚州立大学	教授
中南大学	计算材料学	刘梓葵	中国	美国宾州州立大学	教授
中山大学	生物化学与分子生物学	杨子恒	英国	英国伦敦大学	教授
中山大学	亚太研究，国际关系	刘 宏	中国	英国曼彻斯特大学	教授
重庆大学	传动系统动力学	Teik C. Lim	美国	美国辛辛那提大学	教授

附二

2007 年度“长江学者成就奖”人选名单

生命科学奖：香港中文大学　陈小章

工程科学奖：哈尔滨工业大学　马 军

环境科学奖：中国科学院　江桂斌

〔**实施“高层次创造性人才计划”情况**〕“高层次创造性人才计划”实施四年来，不但直接支持和培养了一批高校中青年优秀人才和创新团队，而且有力带动了地方和高校高层次人才队伍建设，进一步推进了人才强校战略的实施。

2007 年，“高层次创造性人才计划”取得新的进展。第一层次的“长江学者和创新团队发展计划”有两个项目，长江学者项目评选出 109 名特聘教授人选和 96 名讲座教授人选，以及长江学者成就奖生命科学奖、工程科学奖、环境科学奖的获奖者人选各一人；创新团队项目共资助 63 个创新团队。第二层次的“新世纪优秀人才支持计划”共资助 914 人，其中“985”高校 603 人，非“985”高校 311 人。第三层次的“青年骨干教师培养计划”共有六个项目，其中：“高校青年骨干教师在职学位提升项目”计划录取 28 000 余人；“全国优秀博士学位论文作者资助项目”资助 98 人；“留学回国人员科研启动基金项目”资助留学回国的博士和博士后研究人员 1 149 名；“高校青年骨干教师出国研修项目”选派高校教师出国研修 4 200 人；“高校青年骨干教师国内访问学者项目”培养 850 人；“高校青年骨干教师高级研修班”共 70 个，预计培训教师约 6 000 人次。

各地和高校也实施了一批相应的人才计划，支持和培养了一大批优秀人才，有力加强了高校人才队伍建设。

撰稿　栾宗涛　王　磊　周家贵

教育管理干部培训

〔综述〕 2007年，教育部党组制定印发了《中共教育部党组关于印发〈全国教育系统干部培训“十一五”规划〉的通知》，对“十一五”期间全国教育干部培训工作作出全面部署。同时成立了教育部干部培训工作领导小组，切实加强了对全国教育干部培训工作的领导。全国教育干部培训工作围绕中心、服务大局、突出重点、创新思路、扩大规模、提高质量，取得了积极成效。全年完成国家级培训10 909人次。其中完成中央调训任务22人；指导国家教育行政学院和教育部中学校长培训中心、教育部小学校长培训中心培训2 061人；完成各级各类教育干部专题培训项目，共培训8 826人。

〔制定印发《全国教育系统干部培训“十一五”规划》〕 为贯彻中央颁布的《干部教育培训工作条例（试行）》和《2006—2010年全国干部教育培训规划》精神，紧密配合“十一五”教育事业发展的总体部署，统筹教育系统各级各类干部培训全面协调发展，扎实做好2006—2010年全国教育系统干部培训工作，教育部党组制订印发了《全国教育系统干部培训“十一五”规划》。《规划》系统分析了教育系统干部培训工作面临的新形势，全面总结了“十五”期间教育培训工作取得的成绩和经验，明确提出了“十一五”期间教育系统干部培训工作的指导思想、总体目标、工作原则、主要任务和保障措施，对“十一五”期间教育系统干部培训工作作出了全面部署。“十一五”期间教育系统干部培训工作要坚持以马克思列宁主义、毛泽东思想、邓小平理论和“三个代表”重要思想为指导，全面贯彻落实科学发展观，切实加强社会主义荣辱观教育，针对不同层次、不同类别干部实际需要，以政治理论、政策法规、业务知识、文化素养、实务管理和技能训练等为基本培训内容，以提高干部培训质量为重点，以提升教育系统各级各类干部贯彻党的教育方针、组织实施素质教育能力水平为目标，大规模培训干部，大幅度提高干部素质，认真完成党政教育部门干部、高校领导干部、普通中小学校长、中等职业学校校长等各类教育管理干部和高校哲学社会科学教研骨干及思想政治理论课教学骨干的培训任务。为保障培训任务和培训目标顺利完成，《规划》还从制度建设、机制完善、师资与基地建设、培训课程教材与教学改革、干部培训的信息化建设、经费投入与保障、加强组织领导等七个方面提出了相关要求和政策举措。

〔成立教育部干部培训工作领导小组〕 为贯彻落实中央关于干部教育培训工作的方针政策，加强对全国教育系统干部培训工作的组织领导，建立健全教育系统干部培训工作领导体制和工作机制，教育部党组决定成立教育系统干部培训工作领导小组，教育部党组书记、部长周济任组长，副部长李卫红、国家教育行政学院院长郑树山任副组长，成员单位由人事司、财务司、直属高校工作司、基础教育司、职业教育与成人教育司、高等教育司、社会科学司、国际合作与交流司、学位管理与研究生教育司和国家教育行政学院组成。干部培训工作领导小组办公室设在人事司。干部培训工作领导小组的主要职能是：贯彻落实中央关于干部教育培训工作的方针政策，协调完成中央有关干部调训任务；研究拟订全国教育系统干部培训的总体规划和政策，宏观指导和统筹推进各级各类教育干部培训事业协调发展；审定全国教育系统干部培训年度工作计划和重点班次培训方案；负责组织全国教育系统干部培训的质量监控和督导检查等相关工作，指导地方教育行政部门和教育系统国家级干部培训机构开展培训工作。

撰稿　张　杨　王光彦

〔**教育系统干部培训情况**〕　2007 年是贯彻落实《全国教育系统干部培训“十一五”规划》的第一年。根据《规划》要求，2007 年教育干部培训工作围绕教育工作中心任务，以提升常规重点培训班次质量为重点，努力创新干部培训工作的新方法新途径，切实加强对常规培训班的组织实施监督检查，干部培训工作的针对性和时效性不断增强，培训质量进一步提高。全年常规重点班次培训 2 061 人，其中，委托国家教育行政学院举办 2 期高校领导干部进修班和 2 期高校中青年干部培训班，培训高校干部 470 人，举办 2 期地（市）教育局长培训班和 2 期县级教育局长培训班，培训县地市教育行政官员 569 人；委托教育部中学校长培训中心和教育部小学校长培训中心，举办 4 期中学骨干校长研修班，6 期小学骨干校长研修班，培训中小学骨干校长 620 人。

撰稿　张　峰　张　杨　王光彦

〔**中国移动中小学校长培训项目实施**〕　2007 年，教育部与中国移动通信公司继续联合组织实施“中国移动西部农村中小学校长培训”项目。4 月 28 日，教育部人事司发出《关于组织实施 2007 年“中国移动西部农村中小学校长培训项目”有关工作的通知》，全面启动本年度培训项目工作。6 月，在甘肃兰州举行了 2007 年中国移动西部农村中小学校长培训项目的启动仪式；6 月—11 月，在各地移动分公司的积极配合下，西部 12 省（自治区、直辖市）以及新疆生产建设兵团科学规划、合理安排、精心组织，分别举办了 13 期培训班；11 月，在西安举办了“中国移动西部农村中小学校长培训项目”实施工作总结交流会；12 月，教育部人事司印发了《“中国移动西部农村中小学校长培训项目”2007 年度总结》，为项目省份学习交流培训经验、提高培训水平提供了借鉴。

2007 年度“中国移动西部农村中小学校长培训项目”紧密结合国家西部大开发战略以及西部地区“两基”攻坚计划，从全面推进素质教育需要出发，以“校园安全”管理、义务教育经费的管理使用、基础教育课程改革、未成年人思想道德建设、寄宿制学校管理、中小学人事制度改革为主要内容，采用政策学习、专家讲授、案例分析、专题讨论和教育考察等多种方式，共培训 1 200 名西部农村中小学校长，提高了参训校长实施素质教育的能力和水平，取得了良好的社会反响。

〔**实施中小学校长“校园安全”专题培训项目**〕　为贯彻落实国务院召开的全国中小学管理工作电视电话会议精神，进一步加强学校管理，全面提高中小学校长的安全意识、法制意识和校园安全管理能力，自 2006 年 12 月教育部人事司会同有关司局在江西赣州举办了第一期全国中小学校长“校园安全”专题培训班后，2007 年，又分别在湖北宜昌、河南焦作、安徽亳州、山西晋中和河北廊坊组织举办了第二至六期全国中小学校长“校园安全”专题培训班，共培训 1 500 多名中小学校长和教育行政部门校园安全管理的负责人。12 月，在举办“校园安全”专题培训班的基础上，教育部人事司不断创新中小学校长培训模式，首次依托中小学教师继续教育网，对黑龙江、吉林、辽宁和湖南四省中小学校长近 4 000 人组织开展中小学校长“校园安全”远程专题培训，进一步扩大了培训的范围和影响力，培训工作取得突破性进展。

中小学校长“校园安全”专题培训工作是国家实施中小学校长培训整体部署的一个重要组成部分，培训工作由教育部直接投入经费，直接邀请组织专家，深入基层，直接面向薄弱地区学校，在地（市）一级举办校长培训班，或通过远程网络集中培训，把经验、知识、管理、措施直接送到一线校长的手中；培训以解读政策文件为基础，以剖析事故案例为主体，密切结合学校安全管理中存在的问题，强化理性分析和实践操作指导，提高了参训人员的理论水平和实际操作能力。

〔**组织开展“爱生学校与学校管理”国际项目**〕　2007 年是联合国儿童基金会“爱生学校与学校管

理”计划实施新周期的第二个执行年，在教育部人事司的统一指导下，项目执行办公室与西部10省（自治区）教育厅及相关培训机构通力合作、有效协调，在项目省份全面实施计划方案并取得了一定的效果。项目活动从“爱生学校”的视角关注学校管理、关注学校发展规划出发，通过“爱生学校”的学校管理活动的开展，最终使各个项目学校的管理者能够从儿童的视角、性别的视角，从建立安全、快乐、健康的校园环境的视角，对学校进行有效管理，制订学校的发展规划。取得的主要成果表现在：一是制定爱生学校的发展规划（CFP）。开发并改进了爱生学校理念下的学校发展规划（CFP）培训模块教材；召开了CFP国家级培训者培训会，培训了10个项目省的50名培训者；在10个省份分别实施了CFP省级培训研讨会，培训了400余名省、县级培训者；在19个项目县分别开展了CFP县级培训活动；500名校长接受了培训；50%的项目学校制定出了爱生学校的发展规划文本。二是促进爱生学校的儿童参与。开发并确定了爱生学校的儿童参与培训者培训模块教材；召开了爱生学校的儿童参与国家级培训者培训会，培训了10个项目省的50名培训者；在4个省的6个项目县（贵州印江、广西隆林、云南永平和玉龙、甘肃西和和崆峒）完成了儿童参与多步骤培训，500余名学生、校长、教师和家长参与了培训活动。三是完成了底线调研报告的撰写与翻译。四是开发了爱生学校的学校管理项目实施指南，为2008年中期评估做准备。五是开发了项目影响评估的实施方案和调研工具，实施了影响力评估实地调研，涉及72所学校，问卷发放抽样范围涉及144名校长、2 000名教师、5 040名学生、5 040名家长。六是完成了“爱生学校管理”项目运动包和教具包的定制工作，为云南、西藏、新疆和甘肃等省（自治区）435所项目学校发放了体育运动包、教具包。七是在云南创新了爱生学校管理项目的执行模式。

撰稿　张　峰　王光彦

教师管理

〔**优秀教师和教育专家代表应邀赴北戴河休假**〕经中央批准，8月3日—9日，中组部会同国务院机关事务管理局、教育部等有关部门，以党中央、国务院名义邀请60位来自全国各地的优秀教师和教育专家代表到北戴河休假。受中央领导同志委托，8月4日，中共中央政治局委员、书记处书记、中央组织部部长、中央人才工作协调小组组长贺国强、国务委员陈至立代表党中央、国务院到北戴河专家驻地看望休假的教师和教育专家及家属，教育部周济部长等陪同。休假活动充分体现了党中央、国务院对广大教师和教育工作者的关怀，在全社会特别是教育系统和广大知识分子中产生了良好的反响，对于进一步营造尊师重教的良好社会氛围起到了积极作用。

撰稿　张　旭　朱保江
审稿　谢志敏　吕玉刚

国家教育行政学院培训工作

〔**概述**〕 2007年，国家教育行政学院高质量高水平地完成了全年的培训工作任务，拓展了新的培训类型，扩大了培训规模。共举办各类培训班44期，培训人数4 928人，共计94 432人天。培训班次比2006年增长15.8%，培训人次增长6.6%，培训天数增长5.9%。教育部重点规划班比例提高，新承办了6期中宣部与教育部联合举办的全国高校思想政治理论课骨干教师研修班，并将全国高校辅导员班主任骨干培训班纳入到重点规划班序列。培训类型又扩展了政治理论骨干教师培训。

〔**教育管理干部培训**〕 国家教育行政学院2007年完成培训各级各类教育管理干部4 356人。主要包括：第三十期、第三十一期高校领导干部进修班221人；第二十七期、第二十八期高校中青年干部培训班259人；第二十一期、第二十二期全国地市教育局长研修班205人；第十三期、第十四期全国县市教育局长培训班364人。“高校领导海外培训中国—莱斯大学领导高级研讨班”和“日本韩国高水平大学建设研讨班”两期44人；全国高校辅导员班主任骨干培训班、大学生心理健康教育工作研讨班、教育部机关党校第二十三期党员干部理论进修班、教育部第十八期驻外后备干部岗前培训班共898人；学院自主招生培训2 365人，主要包括：基础教育改革动态专题研修班、全国地县督学培训班、全国高校组织人事干部专题研修班等。

教育行政学院的培训工作在2007年有两个鲜明特点。一是紧密结合学院培训教学工作实际，切实做好党的十七大精神进教材、进课堂、进头脑的工作。各个培训班次都专门安排学习贯彻党的十七大精神的教学单元，邀请教育部领导、中央有关部委领导、中央党校有关领导、教师以及有关专家学者宣讲解读党的十七大精神。二是以党的十七大精神为指导，积极推进培训教学工作的深化改革，提高培训质量。其主要做法是：(1) 进一步准确把握培训对象的特点和需求，深入研究把握教育干部培训的规律性及不同培训班次的特殊性，加强培训工作的前期调研，确保培训计划的针对性和科学性；(2) 加强启发式、互动式教学及研究性学习，加大对教学案例的开发与研究力度，加快开发建设教育干部培训教学案例库，积极实施案例教学，加强教学考察基地建设，开发考察基地资源，丰富学习考察形式；(3) 积极引入体验式培训、现场教学等培训形式，在教学过程中大力应用数字化技术手段，确保培训工作的感染力和实效性。

〔**全国高校思想政治理论课骨干教师培训**〕 2007年，教育行政学院圆满完成了中宣部、教育部委托举办的6期全国高校思想政治理论课骨干教师培训任务。2007年，经党中央批准，中宣部、教育部联合举办的全国高校思想政治理论课骨干教师培训项目正式启动。该项目计划实施5年，每年举办6期，培训600人。中宣部、教育部领导高度重视，中宣部常务副部长吉丙轩、教育部部长周济亲自为每期学员授课。每期研修班都组织学员赴中国井冈山干部学院和中国延安干部学院，开展实地教学和情景教学，受到参训学员的好评，得到了两部领导的充分肯定。学院认真进行各种培训工作准备，精心选配培训组织员，全力做好各项培训服务工作，优质高效地完成了2007年6期的培训任务，共培训高校思想政治课骨干教师572名。

〔**培训质量建设工程**〕 2007年，学院启动了提高培训质量建设工程，进一步加大了改革创新力度。一是进一步优化教学计划，对重点培训项目的课程目标进行了系统的梳理，分类加以完善。对新举办的培训项目加强前期调研，充分论证。二是加强了对培训工作规律性的研究。启动了“教育干部培训管理研究”重点课题，系统探讨具有学院特色的干部培训理念和实践模式，积极参与了由中组部培训中心牵头的“部门行业教育培训机构核心能力建设”课题研究。三是启动了重点课程开发计划。学院在以往课程开发的基础上，初步确定了2008年拟重点建设三门核心课程。同时，各教研部还可根据培训工作需要，结合教师研究专长，提出课程开发计划。为确保课程开发的质量，引入了课程开发的竞争机制。四是创新培训组织形式与管理模式，培训手段更加灵活多样。进一步明确了各教研部的学科定位，更好地发挥了各教研部的专业优势；成功举办了春秋两季教育论坛，取得了良好的反响；结构式研讨逐步在各类培训班中推广，效果显著；不断改进、丰富和完善了案例教学的各种组织形式；拓展参观考察范围，丰富参观考察形式。五是改进培训评估形式。将随堂评估与一次性评估、集体座谈、深入访谈相结合，以获得学员对培训工作更为真实有效的具体意见建议，改进培训教学工作。六是教师队伍建设有新举措。加大力度，抓好教师试讲工作；继续开展了院内培训者培训；在各类培训教学活动中，积极鼓励教师参与专题研讨、专题论坛、专题考察、专题研究等教学活动；积极采取多种措施加强教师队伍建设，如到教育部有关司局工作、挂职锻炼、选派出国进修等；2007年共聘请48位在教育系统和全国较有影响、具有较高水平的专家学者为学院兼职教授。

〔**远程培训工作**〕 2007年，国家教育行政学院教育干部远程培训网建设取得重要进展。院长办公会将实施干部教育远程培训工程确定为重点工作，研究决定了学院远程教育组织架构和管理体制，成立了远程教育工作领导小组，组建了中国教育干部远程培训网理事会，管理体制为领导小组领导下的理事会负责制。截至2007年底，中国教育干部培训网共签约合作办学单位31家，其中，中小学校长培训平台25家，高校管理者培训平台6家，另与15家单位达成中小学校长培训平台合作意向，中小学校长培训平台已注册学员4 861人，有效拓展了教育干部培训事业成长的新空间和新的增长点。

〔**教育科研工作**〕 2007年，教育行政学院不断深化科研与培训工作的紧密结合，进一步加强了调研咨询平台和教育科学研究平台的建设。学院党委理论学习中心组撰写的《学习贯彻中央干部教育培训规划精神 扎实推动教育干部培训事业持续发展》一文，全面介绍了学院干部培训“十一五”规划，并在《中国教育报》发表。学院精心组织专兼职教师积极申报全国、北京市、中国教育学会等年度相关课题。其中，《跨区域职业教育办学模式研究》列为全国教育科学“十一五”规划2007年度国家一般课题；《北京市高等学校内部资源配置结构与组织效能研究》被确立为北京市哲学社会科学“十一五”规划2007年度一般课题；《均衡发展北京市城乡义务教育的政策思考——以密云县为个案》列入北京市教育科学规划2007年度一般课题；《和谐校园建设的文化视角与案例研究》列入中国教育学会“十一五”教育科研规划重点课题；《现代大学管理制度研究——中美公立大学管理体制的案例分析与比较研究》列为教育部“留学回国人员科研启动基金”资助课题。学院专、兼职教师承担的科研启动基金项目课题以及院内2007—2008年度立项课题共23项课题2007年全部完成了开题工作。学院教职工出版著作（译著）11部，发表学术论文137篇。为鼓励和激励教职工多出高水平的科研精品，学院修订了科研成果奖励办法，大幅提高了奖励力度，并在2007年开始实施。

2007年，学院重视发挥高教学会高教管理研究会的积极作用，加强了与参训学员及所在单位的密切联系，利用高校资源开展高教管理领域学术研究的工作。积极推动、筹建在教育学会下设“教育行政专业委员会”，该专业委员会的成立，将为地、县教育局长搭建起教育行政研究平台。

〔**国际交流与合作**〕 2007年，教育行政学院稳步推进国际交流与合作，不断拓展教育干部培训国际交流与合作的平台：(1) 2007年3月圆满地完成了重点班“中国—莱斯大学领导高级研讨班”的海外培训工作；（2）开辟了在日本、韩国和澳大利亚、新西兰举办的新的培训项目，学院领导带队考察做好前期准备工作；（3）赴日本、韩国“高水平大学建设研讨班”于2007年11月完成培训，效果良好；（4）与英国伦敦南岸大学签署了合作备忘录，启动了学院教师和管理骨干在英国大学进行短期进修的工作；（5）与新加坡南洋理工大学国立教育学院、加拿大阿尔伯特大学签署了合作备忘录，在人员互访、合作研究、举办国际会议、资料共享等领域进行全面的合作与交流。2007年学院先后接待了来自法国、芬兰、世界银行学院、新加坡、澳大利亚、英国、美国、日本、加拿大等国家的大学或机构代表。

〔**《中小学校长》杂志正式公开出版发行**〕 2007年4月10日，经国家新闻出版总署批准，学院主办了12年的内部刊物《中小学校长》杂志正式公开出版发行。国务委员陈至立为刊物题词：“建设中小学校长的精神家园，促进中小学校长队伍建设”；教育部部长周济撰文致辞：《努力建设高素质的中小学校长队伍》。《中小学校长》正式公开出版发行，学院培训工作在全国教育干部培训系统中的辐射作用进一步增强。

撰稿 温晓阳

审稿 庄益群

先进集体和先进个人

〔**庆祝教师节暨全国教育系统先进集体和先进个人表彰大会**〕 2007年9月9日下午，在第23个教师节即将来临之际，教育部、人事部、北京市人民政府在人民大会堂举行“庆祝教师节暨全国教育系统先进集体和先进个人表彰大会”。国务委员陈至立出席大会并讲话。教育部部长周济主持会议。国务院办公厅、教育部、人事部、北京市、全国总工会、全国妇联的有关领导同志参加会议，并向获得全国教育系统先进集体荣誉称号的代表颁发奖牌、证书，向获得全国模范教师、全国教育系统先进工作者、全国优秀教师、全国优秀教育工作者荣誉称号的代表颁发奖章、证书。四川省泸州市合江县五通镇顶子小学教师税少莲、清华大学教授邱勇、天津市第一商业学校校长郭葳代表获奖教师和先进集体发言。来自全国各地受表彰的全国教育系统先进集体和先进个人代表、第三届高等学校教学名师奖获奖教师代表、首都师生代表，共700多人参加了表彰会。

〔**全国教育系统先进集体和先进个人评选表彰工作**〕 为进一步表彰先进，弘扬尊师重教的良好社会风尚，激励广大教师和教育工作者献身教育事业，吸引优秀人才长期从教，建设高素质、高水平的教师队伍和教育管理干部队伍，促进教育事业的改革与发展，2007年，人事部、教育部联合开展了全国教育系统先进集体和先进个人评选表彰工作。5月中旬，印发了《人事部 教育部关于认真做好2007年全国教育系统先进集体和全国模范教师、全国教育系统先进工作者评选表彰工作的通知》和《教育部关于认真做好2007年全国优秀教师和全国优秀教育工作者评选表彰工作的通知》。9月4日，印发了《人事部 教育部关于表彰全国教育系统先进集体和全国模范教师、全国教育系统先进工作者的决定》、《教育部关于表彰全国优秀教师和全国优秀教育工作者的决定》、《教育部关于表彰全国中小学优秀班主任和高校优秀辅导员等先进个人的决定》、《教育部 全国妇联关于表彰全国教育系统巾帼建功标兵的决定》。

2007年教师节，共表彰全国教育系统先进集体500个和先进个人2 804名，其中：

——人事部、教育部联合表彰“全国教育系统先进集体”500个。其中，基础教育领域310个

(农村学校占 53.4%，义务教育阶段学校占 52.7%)，中等职业教育领域 100 个，高等教育领域 90 个。

——人事部、教育部联合表彰“全国模范教师”720 人，“全国教育系统先进工作者”77 人，并追授阿木冬·吐鲁甫、贺宝根两名同志“全国模范教师”荣誉称号，追授傅伦旭同志“全国教育系统先进工作者”荣誉称号。为激励广大女教师和女教育工作者在本职岗位上做出更大的贡献，教育部、全国妇联对受表彰的全国模范教师、全国教育系统先进工作者中的 317 名女同志同时授予“全国教育系统巾帼建功标兵”荣誉称号。

——教育部表彰“全国优秀教师”1 810 人，“全国优秀教育工作者”194 人。

——为深入贯彻落实《中共中央 国务院关于进一步加强和改进未成年人思想道德建设的若干意见》和《中共中央 国务院关于进一步加强和改进大学生思想政治教育的意见》文件精神，加强中小学生德育和大学生思想政治教育工作，促进广大德育和思想政治教育工作者的积极性、创造性，在 2 804 名先进个人中，教育部同时表彰“全国中小学优秀班主任”200 名、“全国优秀中小学德育课教师”100 名、“全国中小学德育先进工作者”100 名、“全国高校优秀辅导员”32 名、“全国高校优秀思想政治理论课教师”34 名、“全国高校优秀思想政治教育工作者”32 名。

在受表彰的 2 804 名全国教育系统先进个人中，中共党员 2 119 人，占 75.6%；女性 1 095 人，占 39.1%；少数民族 280 人，占 10.0%；具有本科及以上学历的 2 199 人，占 78.4%；具有副高以上专业技术职务的 1 758 人，占 62.7%。基础教育领域 2 018 人，占 72.0%（其中，义务教育阶段学校 1 066 人，占普通中小学获奖人数的 54.4%；特殊教育学校 21 人，占普通中小学获奖人数的 1.0%；乡村教师 782 人，占普通中小学人选的 39.9%）；中等职业教育领域 200 人，占 7.1 %；高等教育领域 473 人，占 16.9%；教育行政部门及其他教育机构 113 人，占 4.0%。民办学校 23 人，占 0.8%。

撰稿　张　旭　朱保江

审稿　谢志敏　吕玉刚

附

2007 年全国教育系统先进集体和个人表彰名单

附一　2007 年全国教育系统先进集体名单

北京市

大兴区庞各庄镇第二中心小学

广渠门中学

密云县石城镇中心小学

首都师范大学附属中学

顺义区尹家府中心幼儿园

通州区漷县镇中心小学

中国人民大学附属中学

北京市建筑材料工业学校

北京市商业学校

北京大学中文系

中国人民大学民商事法律科学研究中心

清华大学工程物理系

北京师范大学资源学院

北京理工大学毛二可创新团队

北京工商大学会计学院

天津市

静海县第一中学

蓟县第一中学

和平区岳阳道小学

宁河县芦台第一中学

东丽区实验小学

天津市第三中学

天津市南开中学
天津市汉沽区中等专业学校
天津市第一商业学校
天津大学化工学院
天津师范大学心理与行为研究院
天津中德职业技术学院信息工程系

河北省

石家庄市第四十三中学
保定市青年路幼儿园
邯郸市第一中学
衡水中学
黄骅市官庄中学
井陉县皆山中学
内邱中学
青龙县祖山中学
三河市一中
石家庄市特殊教育学校
唐山市路北区光明实验小学
张家口市宣化区第一中学
张家口市职业技术教育中心
涿州市职业技术教育中心
定州市职业技术教育中心
唐山市丰南区职业技术教育中心
承德卫生学校
石家庄铁路运输学校
河北师范大学生命科学学院
河北农业大学农学院
河北工业大学电气与自动化学院

山西省

长治市屯留一中
大同市实验小学
晋城市高平第三中学
晋中市太谷中学
临汾第一中学校
吕梁市方山县马坊镇开府寄宿制小学
山西大学附属中学
朔州市怀仁县第一中学校
忻州市第六中学
阳泉市郊区坡头寄宿制小学
运城市康杰中学
太原市交通学校
山西省工贸学校
阳泉煤矿技工学校
山西大学光电研究所
太原科技大学机电工程学院
山西机电职业技术学院数控工程系

内蒙古自治区

巴彦淖尔市杭锦后旗三道桥学区顺利实验学校
包头市第三十三中学
赤峰市弘亚学校
呼和浩特市第二中学
呼伦贝尔市牙克石市博克图第四小学
通辽市实验中学
锡林郭勒盟蒙古族中学
兴安盟乌兰浩特市第五中学
乌海市职业技术学校
内蒙古警官学校
内蒙古农业大学职业技术学院

辽宁省

东北育才学校
本溪市教师进修学校
盘锦市高级中学
大连市甘井子区周水小学
鞍山市第一中学
沈阳师范大学附属学校
辽宁省农村实验中学
铁岭市开原民主小学
辽阳市第十四中学
营口市鲅鱼圈区实验中学
沈阳市金融学校
阜新蒙古自治县中等职业技术专业学校
北票市职教中心
大连理工大学化工学院
东北大学材料电磁过程研究教育部重点实验室
大连工业大学服装学院
沈阳工业大学风能技术研究所

吉林省

白山市长白二中

长春市十一高中
吉林省第二实验学校
九台市第二十二中学
辽源市实验中学
吉林市第一实验小学
梅河口市湾龙乡中学
松原市实验高中
延边第一中学
双辽市职业中专
白城市镇赉县职业技术教育中心
吉林大学化学学院
东北师范大学生命科学学院
长春中医药大学基础医学院

黑龙江省

拜泉县特殊教育学校
大庆市第一中学
大庆市东湖圣爱小天使幼儿园
哈尔滨师范大学附属中学
佳木斯市第一中学
佳木斯市郊区莲江口中学
宁安市东京城镇下马河小学
泰来县大兴镇中心校
依安农场学校
哈尔滨市第二职业中学
齐齐哈尔铁路工程学校
黑龙江中医药大学方剂研究所
哈尔滨理工大学电气与电子工程学院
哈尔滨工程大学水下智能机器人团队

上海市

宝山区江湾中心校
华东师范大学第二附属中学
静安区教育学院附属学校
久隆模范中学
嘉定区南翔小学
七宝中学
山阳中学
江南造船集团职业技术学校
上海石化工业学校
同济大学建筑与城市规划学院
上海交通大学机械与动力工程学院
华东理工大学化学工程与工艺品牌专业建设团队
上海理工大学低温医学与食品冷冻研究所

江苏省

常州市武进区湖塘桥中心小学
丹阳高级中学
南菁高级中学
南京市中山小学
南通中学
泗阳中学
苏州市盲聋学校
泰州中学
新海高级中学
徐州西苑中学
盐城中学
常州市刘国钧职业教育中心
张家港职业教育中心校
仪征职业教育中心校
南京职业教育中心
江苏省淮阴农业学校
扬州市天海职业技术学校
南京大学固体微结构物理国家重点实验室
河海大学国家工科基础课程（力学）教学基地
南京林业大学森林资源与环境学院
扬州大学预防兽医学创新团队
无锡职业技术学院机械技术学院

浙江省

义乌市实验小学
宁波市镇海中学
杭州第二中学
浦江县堂头中学
诸暨市实验小学
温州第二中学
湖州中学
缙云县长坑小学
嘉兴市实验小学
绍兴市职业教育中心
温州华侨职业中等专业学校
衢州中等专业学校

舟山职业技术学校
温岭市技工学校
浙江理工大学材料与纺织学院
浙江林学院森林培育学科
浙江交通职业技术学院汽车系

安徽省

淮南市直机关幼儿园
安庆市第二中学
蚌埠市第二中学
亳州市谯城区张集中心小学
巢湖市庐江中学
池州市青阳县杜村初级中学
合肥市第三十五中学
淮北市第十二中学
黄山市电化教育馆
六安市舒城县桃溪中学
铜陵师范学校附属小学
芜湖市第一中学
马鞍山职业教育中心
阜阳市宁老庄高级职业中学
宣城市泾县高级职业中学
合肥服装学校
中国科技大学合肥微尺度物质科学国家实验室（筹）
安徽大学电子科学与技术学院
安徽工业大学建筑工程学院

福建省

福安市坂中中心小学
福州第三中学
福州第一中学
龙岩市第一中学
厦门实验小学
福建省邵武第一中学
莆田市荔城区北高岱峰中学
三明市特殊教育学校
石狮石光华侨联合中学
漳州第一中学
长汀职业中专学校
福建省理工学校
福建省经济学校
厦门大学固体表面物理化学国家重点实验室
福建师范大学教育科学与技术学院

江西省

浮梁县第一中学
赣州市第三中学
贵溪市罗河中心小学
吉安市第一中学
江西省上高二中
永新县城厢小学
九江第一中学
南昌市第十中学
萍乡市第四中学
抚州市第一中学
新建县第二中学
南康市职业中等专业学校
新余市职业教育中心
南昌市第一中等专业学校
南昌大学第一临床医学院
江西农业大学江西省动物生物技术重点开放实验室
江西师范大学人事处

山东省

滨州市阳信县河流镇初级中学
德州市禹城市伦镇中学
东营市特殊教育学校
菏泽市牡丹区第二小学
济宁市兖州市谷村镇中学
莱芜市钢城区黄庄镇丈八丘联小
聊城市茌平县杜郎口乡中学
临沂市沂南县依汶镇初级中学
青岛第二中学
日照市实验小学
山东省实验中学
枣庄市滕州市西岗镇中心幼儿园
泰安市新泰市第二中学
潍坊第一中学
烟台经济技术开发区职业中等专业学校
平度市职业教育中心
淄川第二职业中专学校

诸城市职业中等专业学校
青岛市胶南电子学校
胜利石油学校
威海工业技术学校
山东大学数学与系统科学学院
山东科技大学资源与环境工程学院
山东农业大学农学院
青岛大学电工电子实验教学中心

河南省

三门峡市卢氏县实验小学
安阳市第五中学
河南宏力学校
驻马店市第一高级中学
濮阳市实验小学
信阳市高级中学
南阳市社旗县饶良镇初级中学
洛阳市第一中学
河南省针灸推拿学校
项城市第二高级中学
商丘市柘城县陈青集镇中心学校
商丘市第一实验小学
焦作市博爱县群英中学
新乡市育才小学
漯河市高级中学
沁阳市职业中等专业学校
濮阳县职业技术学校
河南省经济管理学校
河南省财经学校
开封人民警察学校
河南省轻工业学校
河南大学特种功能材料重点实验室
郑州大学材料科学与工程学院
河南农业大学科技处
河南师范大学人事处
华北水利水电学院教务处

湖北省

大悟县第二中学
鹤峰县燕子民族中心学校
黄石市广场路小学
荆门市龙泉中学
神农架林区下谷中心学校
十堰市柳林中学
荆州市实验小学
天门中学
武汉市第二中学
宜昌市特殊教育学校
应城市实验小学
罗田理工中等专业学校
武汉市第一轻工业学校
荆州市机械电子工业学校
十堰市计算机技术学校
东风汽车公司高级技工学校
武汉大学经济与管理学院
华中科技大学电气与电子工程学院
华中农业大学植物科学技术学院
湖北经济学院金融学院

湖南省

郴州市湘南学院附属小学
常德市第一中学
湖南第一师范第二附属小学
怀化溆浦县卢峰镇警予学校
娄底市涟源市伏口镇中心学校
湘潭市第一中学
湘西州龙山县华塘小学
益阳市特殊教育学校
永州市江永县黄甲岭乡中学
岳阳市第一中学
株洲市炎陵十都学校
沅江市职业中等专业学校
常德市澧县职业中专学校
邵东县职业中专学校
湘潭县第二职业中等专业学校
中南大学基础医学院
吉首大学体育科学学院
长沙师范学校学前教育系

广东省

潮州市湘桥区城南小学
佛山市顺德区第一中学

珠海市启雅幼儿园

广东北江中学

广州市青少年学生社会实践示范基地

广东广雅中学

广东实验中学

惠州龙门县龙江镇中心小学

揭东县第一中学

梅县东山中学

汕头市潮阳实验学校

深圳元平特殊教育学校

湛江市第二中学

中山市中山纪念中学

广东省财政职业技术学校

广东省贸易职业技术学校

广东省电子技术学校

广东省旅游职业技术学校

广东省农工商职业技术学校

中山大学管理学院会计学系

华南农业大学“水稻功能基因组与分子育种”团队

广东工业大学机电工程学院

深圳职业技术学院电子与信息工程学院

广西壮族自治区

百色祈福高级中学

上思县那琴乡中心小学

都安瑶族自治县高级中学

桂平市西山镇中心小学

柳州高级中学

南宁市滨湖路小学

南宁市第二中学

梧州市民主路小学

浦北县浦北中学

象州县城东小学

永福县实验中学

北海市中等职业技术学校

玉林市电子工业学校

贺州市钟山县职业技术学校

广西大学土木建筑工程学院

广西师范大学文学院

广西南宁职业技术学院教务处

海南省

海南华侨中学

三亚市第九小学

海南中学

农垦实验中学

琼海市嘉积中学

文昌中学

乐东黎族自治县佛罗中学

海口旅游职业学校

海南师范大学生物系

重庆市

九龙坡区谢家湾小学

渝中区教师进修学院

凤鸣山中学

重庆市人民小学校

巴县中学校

酉阳土家族苗族自治县龙潭希望小学

永川中学校

万州区红光小学

北碚区晏阳初中学

重庆市女子职业高级中学

重庆市龙门浩职业中学校

重庆市渝北职业教育中心

西南政法大学教务处

重庆交通大学土木建筑学院

四川省

资阳中学

巴中中学

内江市东兴区机关幼儿园

自贡市第一中学校

绵阳市三台县芦溪中学

攀枝花市盐边县红格小学

凉山州西昌市川兴中学

南充市白塔中学

犍为第一中学

甘孜藏族自治州康定中学

青川中学

宜宾市第二中学校

天全县初级中学
成都市财贸职业高级中学
绵竹市职业技术教育中心
合江县少岷职业技术学校
眉山科学技术学校
遂宁市射洪县职业中专学校
成都市高级技工学校
四川大学化学学院
电子科技大学成都学院计算机系
成都理工大学能源学院
四川师范大学文学院

贵州省

贵阳市开阳县双流镇高云小学
黔西南州兴义一中
黔东南州民族特殊教育学校
遵义市遵义县第一中学
六盘水市盘县教师进修学校
遵义市桐梓县第一中学
铜仁地区思南中学
毕节地区威宁民族中学
安顺市实验学校
金沙县沙土镇初级中学
黔南州荔波县职业高级中学
黔东南州锦屏县中等职业技术学校
贵州大学材料科学与冶金工程学院

云南省

昌宁县第二中学
昭通市水富县第一小学
个旧市第一高级中学
昆明市第一中学
丽江市古城区福慧学校
普洱市宁洱县普洱中学
曲靖市第一中学
文山州第一中学
西双版纳州景洪市第一小学
玉溪市澄江县第一中学
云南建设学校
楚雄农业学校
云南农业大学植物保护学院
云南师范大学太阳能研究所

西藏自治区

那曲地区索县完全小学
拉萨市北京中学
拉萨中学
日喀则地区江孜县江热小学
昌都地区芒康县盐井中学
阿里地区葛尔县孔繁森小学
山南地区浪卡子县中学
日喀则地区中等职业技术学校
西藏大学理学院

陕西省

宝鸡中学
西乡县北后街小学
三原县南郊中学
商洛中学
西安市碑林区何家村小学
太白县王家塄乡初级中学
西安市盲哑学校
延安中学
宜君县尧生中学
榆林市第一中学
眉县职业教育中心
陕西省电子工业学校
西北工业学校
西北工业大学现代设计与集成制造技术教育部重点实验室
陕西师范大学历史文化学院
西安电子科技大学雷达信号处理国防科学技术重点实验室
西北大学地质学系
西安外事学院七方教育研究所

甘肃省

兰州第一中学
会宁县东关小学
天水市一中
张掖中学
环县第一中学

天祝藏族自治县第一中学
陇西县第一中学
康县周家坝中学
庄浪县良邑乡初级中学
兰州市女子职业学校
甘肃省机械工业学校
兰州大学生命科学学院

青海省

西宁市贾小庄小学
海南州民族中学
青海油田教育管理中心第一中学
果洛州玛多县黑河乡藏文寄宿小学
海西州茫崖行委中学
门源县第二中学
称多县第一民族完全中学
青海省工业学校
青海大学医学院高原医学研究中心

宁夏回族自治区

银川一中
吴忠市回民中学
石嘴山市第十三小学
中宁中学
银川唐徕回民中学
固原市原州区头营中学
银川市西夏区芦花中学
宁夏机电工程学校
宁夏医学院基础学院

新疆维吾尔自治区

阿克苏地区第一中学
博尔塔拉蒙古自治州精河县第一小学
塔城地区沙湾县第一中学
和田地区于田县高级中学
乌鲁木齐市第16中学
伊犁哈萨克自治州巩留县阿尕尔森乡中学
巴音郭楞蒙古自治州焉耆回族自治县回民中学
新疆幼儿师范学校
新疆化学工业学校
新疆农业大学水利与土木工程学院

新疆生产建设兵团

农二师华山中学
农六师五家渠第一小学
石河子市第一中学
新疆生产建设兵团第一中学
农九师一六七团中学
新疆生产建设兵团工贸学校
塔里木大学植物科技学院

附二　2007年全国模范教师名单

北京市

潘维松　怀柔区喇叭沟门满族中学
甄　珍（女）　北京第一实验小学
郑丹娜（女）　朝阳区垂杨柳中心小学
严　耕　北京林业大学
康　震　北京师范大学
霍劲松　密云县教研中心
贾长宽　通州区潞河中学
姜伯驹　北京大学
孟朝晖（女）　顺义区第一中学
欧阳中石　首都师范大学
彭永臻　北京工业大学
邱　勇　清华大学
孙　楠（女）　北京教育学院丰台分院
田毅敏（女，土家族）　延庆县第一职业学校
王慧萍（女）　北京市供销学校
魏保童　平谷区镇罗营学区
吴易凤　中国人民大学

天津市

曹树华（女）　天津市第109中学
王贵勇　天津市东堤头中学
邵凤鸣（女）　天津市第二十一中学
韩宗英（女）　天津市苏家园学校
胡建玲（女）　天津市河北区育婴里小学
李　晶（女）　天津市河东区实验小学
李学军　天津市武清区杨村第一中学

孙红文（女） 南开大学

易贵平 天津工程师范学院附属高级技术学校

周桂桐 天津中医药大学

河北省

白秀琴（女） 张家口市宣化县洋河南镇羊坊小学

冷继英（女） 邯郸市广平县第二中学

刘文举 保定市徐水县义联庄乡西丁庄小学

屈湘玲（女） 秦皇岛市昌黎县马坨店乡施各庄完全小学

沈道营 衡水市故城县郑口中学

辛 明（女） 保定市涿州西丁小学

杨 福（满族） 承德市平泉县第一中学

马双梅（女） 张家口市职业技术教育中心

安 忠 河北师范大学

邓俊国（女） 保定学院

董 杰（蒙古族） 承德市承德县实验小学

甘双友 河北交通职业技术学院

郭立稳 河北理工大学

韩雪冬（女，满族） 青龙满族自治县凤凰山乡初级中学

贾 玲（女） 石家庄石门小学

兰世芳 衡水冀州市冀州中学

李 朝（女） 张家口市第一中学

李 岭（女） 河北省廊坊市高级技工学校

李汝启 唐山市丰南区大新庄镇中学

梁忠堂 平山县营里乡东沙岭小学

刘 东（女） 滦南县长凝镇温庄初级中学

刘建臣 河北建筑工程学院

路 梅（女） 河北工程技术高等专科学校

马俊玺（女） 肃宁县第四中学

马文波 永清县北辛六中学

牟兆新 沧州医学高等专科学校

秦 喆 河北省邯郸市第一中学

王金兰（女） 沧州市第二幼儿园园长

王探宇（女） 唐山市路北区娘娘庙小学

魏风烨 河北省威县第二中学

武 红（女） 石家庄市第一中学

张 欣（女，回族） 唐山市盲聋哑学校

赵景文 华北煤炭医学院

赵 毅（满族） 华北电力大学

山西省

巨亚宏 晋中市左权宏远学校

周灵梅（女） 运城师范附属小学

李百萍（女） 运城市盐湖区陶村中心校

常连香（女） 临汾市安泽县二中

董彩芬（女） 长治市武乡县城关小学

董 川 山西大学

段晓丽（女） 吕梁市中阳县宁兴学校

荆广兴 阳泉市实验中学

康 亮 大同市阳高县长城中学

李世桃（女） 大同第四中学校

刘文德 晋城市第一中学校

吕元吉 太原市第五中学校

罗志远 朔州市二中

马焱华（女） 忻州市五中

孟金萍（女） 山西大学附属中学

孙西欢 太原理工大学

王 平（女） 晋城市泽州县水东中学

阎小玲（女） 山西省实验中学

赵芬莲（女） 阳泉市平定县岔口乡岔口中心小学校

赵瑞萍（女） 晋中市榆次区第五中学

郑俊兰（女） 吕梁市交口县双池第一小学校

内蒙古自治区

崔红艳（女） 乌海市第一中学

崔云联 赤峰市宁城县天义职业高级中学

鞠凤丽（女） 包头市蒙古族中学

娜仁德力格尔（女，蒙古族） 锡林郭勒盟东乌珠穆沁旗蒙古族中学

高崇毅 巴彦淖尔市五原县第六中学

刘景林（蒙古族） 兴安盟科右中旗巴彦呼舒第二中学

陈明清（女） 呼伦贝尔市鄂伦春旗大杨树第二中学

冯爱群（女） 呼和浩特市第二职业中专

根 柱（蒙古族） 兴安盟科右前旗第一中学

李　忠　赤峰市翁牛特旗乌丹第一中学

梁希侠　内蒙古大学

刘　华（女）　包头市第二十九中学

娜仁高娃（女，蒙古族）　通辽市科左中旗蒙古族中学

史宏峰（女，满族）　乌兰察布市凉城县第二小学

隋子平（蒙古族）　赤峰市松山区蒙古族中学

王　顺　通辽市科尔沁区第二中学

王骁睿　阿拉善盟第一中学

云锦凤（女，蒙古族）　内蒙古农业大学

张子亮　包头市固阳县第一中学

辽宁省

卢丽红（女）　沈阳新民市第二高级中学

王传梅（女）　丹东市第十九中学

王　芳（女）　大连市沙河口区中山路小学

杨秀云（女）　鞍山市台安县高力房镇中心小学

张敬芝（女）　抚顺市抚顺县小东初级中学

郑　辉（女）　锦州市锦州中学

柏　剑（满族）　鞍山市第二中学

白玉明（蒙古族）　阜新蒙古族自治县哈达户稍蒙古族学校

刁淑霞（女）　朝阳市第一中学

丁凤娟（女）　铁岭开原市第三中学

傅维利　大连市辽宁师范大学

高　闯　辽宁大学

葛丽萍（女）　东北育才学校

何　水（女）　大连市庄河市教师进修学校

何　臻（女）　大连市西岗区西岗中学

刘　洋　沈阳市装备制造工程学校

齐士民（满族）　葫芦岛兴城市一高中

王维国　东北财经大学

王正斌　大连综合中等专业学校

吴春梅（女）　朝阳市第十八中学

武越英（女）　沈阳市第120中学

袁志凤（女）　营口市第四中学

张文琴（女）　营口盖州市什字街镇初级中学

赵　波　辽宁省交通高等专科学校

赵　平（女）　本溪市高级中学

赵姝剑（女）　沈阳市大东区东盛小学

吉林省

丁秀芬（女）　敦化市实验中学

李亚芹（女）　四平市第一高级中学

臧　博（女）　辽源市第五中学

朱学明　吉林市船营区大绥河镇通气沟小学

邵永存　长春市实验中学

陈　晔（女）　白城洮南市第八中学

李大雁（女）　榆树市实验高级中学

刘　磊（满族）　北华大学师范分院

娄洪珍（女）　长春市第十中学

裴东河（朝鲜族）　东北师范大学

史丽英（女）　长春市解放大路小学

滕利荣　吉林大学

王　成　吉林省第二实验学校

王雅静（女）　松原市乾安县腾宇种畜场子弟小学

徐继迎　临江市蚂蚁河乡贾家营小学

杨华民　长春理工大学

殷彩霞（女）　通化市十三中学分校

袁洪吉　松原市扶余县实验小学

张　玲（女）　吉林市第九中学

赵鲁欣（女）　四平市实验中学

黑龙江省

卢元莉（女）　虎林市宝东镇中心学校

宋维威（女）　佳木斯市第二中学

王冰洁（女）　齐齐哈尔市第二十八中学

尹　硕（女）　绥化市青冈县中和镇育新小学

柴文华　黑龙江大学

陈　超　北安市第三中学

陈晓红（女）　牡丹江市爱民区北安乡八达学校

董爱国　齐齐哈尔市泰来县大兴乡中心校

杜智敏（女）　哈尔滨医科大学

段海燕（女）　伊春市铁力林业局第二小学

高永红（女）　佳木斯向阳区万发村小学

何钟怡　哈尔滨工业大学

姜　丽（女）　牡丹江市第二中学

姜晓霞（女，赫哲族）　双鸭山市集贤县第二小学

鞠正宏（女）　牡丹江市职教中心学校

刘奎春　大庆市大庆实验中学
刘　欣（女，蒙古族）　哈尔滨市府明中学校
卢双舫　大庆石油学院
宋桂范（女）　齐齐哈尔市实验中学
宋建军（女）　大庆市让湖路区富强村西苑小学
孙艳琴（女）　肇东市实验小学
王传贤　哈尔滨市复华小学校
张丽芳（女）　黑龙江省农垦总局宝泉岭分局高级中学
张信章　哈尔滨市第一中学校

上海市

叶翠英（女）　上海市黄浦学校
陈　寅　上海市继光高级中学
包　涵（女）　复旦大学
戴鸿英（女）　上海交通大学医学院附属卫生学校
戴世强　上海大学
方肇勤　上海中医药大学
凤光宇　上海市嘉定区教师进修学院
贺宝根　上海师范大学
雷绮梅（女）　上海市三好中学
马龙生　华东师范大学
夏玉蓉（女）　上海市育人中学
叶佩玉（女）　上海市普陀区教育学院
郁秀敏（女）　浦东新区园西小学
周云燕（女）　上海市第一师范学校附属小学
朱佩明　上海南汇中学

江苏省

齐文友　徐州市第一中学
史长兰（女）　南京市营防中学
夏季云　江苏省高淳高级中学
周玉娟（女）　宿迁市宿豫区实验初级中学
赵建华　江苏省运河中学
昂海松　南京航空航天大学
蔡　明（女）江苏省苏州中学园区校
曹　慧（女）　句容市实验小学
陈　建　南通市小学教师培训中心
顾冲时　河海大学
顾凤祥　江苏省太湖高级中学
郭宗雨　盐城市第一中学
何献春　宝应县氾水镇中心初级中学
侯喜林　南京农业大学
李彩香（女）　宿迁市沭阳县第二实验小学
李建中　常熟市浒浦中学
陆祖宏　东南大学
吕金榕（女）　扬州市新华中学
潘建明　金坛市华罗庚实验学校
眭碧霞（女）　常州信息职业技术学院
王家宏　苏州大学
王寿兵　江苏省平潮高级中学
魏　清　江苏省淮阴中学
吴书亮　江苏省郑集高级中学
谢颖超　徐州师范大学
徐　杰　江苏省镇江中学
徐梅菊（女）　淮安市实验小学
徐其军　南京六合区竹镇镇枣林中心小学
阎伦亮　赣榆县柘汪第二中学
杨建华（女）　江苏省城镇建设学校
姚　瑶（女）　盐城市迎宾路小学
袁文娟（女）　常州市第二实验小学
张　纯　江苏省靖江高级中学
赵士祥　江苏省东海高级中学
周洪池　江苏省上冈高级中学
朱金宝　江苏省泰兴中学
朱玉如（女）　南通市实验小学
朱卓君　江苏省天一中学

浙江省

方菊凤（女）　金华师范学校附属小学
杨　华（女）　温州医学院
柴丽华（女）　杭州市清河中学
陈　红　天台中学
陈　耀　温州市实验小学
杜军义　瑞安中学
方世国　宁波市北仑区芦渎中学
郭跃安　遂昌中学
胡建军　宁波市效实中学
黄丽君（女）　湖州市吴兴高级中学
黄伟民　淳安县千岛湖镇青溪初级中学
金英姿（女）　浙江科技工程学校

李小年　浙江工业大学
骆仲泱　浙江大学
裘香芹（女）　嵊州中学
沈小玲（女）苍南县龙港镇第二辅导中心小学
孙亦器　衢州第一中学
王爱娣（女）　余姚中学
翁丽芬（女）　台州市椒江区大陈实验学校
徐双莲（女）　浦江县教育研究与教师培训中心
余全利（女）诸暨中学
赵　匀　浙江理工大学

安徽省

戴春霞（女）　铜陵市铜陵县太平中心小学
方配秀（女）　六安市霍邱县第一中学
倪晓祥　芜湖市南陵县第一中学
杨英红（女）　安庆市太湖县太平初级中学
赵士兵　六安市寿县第一中学
白　莽　阜阳市第十五中学
常秀兰（女）　淮南师范附属小学
丁和平　泾县云岭初级中学
范绍红　宿州市埇桥区永安初级中学
方小培　合肥市第一中学
方跃进　黄山市歙县长陔中心学校
冯德连　安徽财经大学
顾　宏（女）　淮北工业学校
何多慧　中国科技大学
胡可托　池州市贵池区殷汇镇龙庄小学
胡立新　安庆市枞阳县浮山中学
李　魁　界首市第一中学
李茂竹　亳州市蒙城第一中学
李忠武　滁州市南谯区沙河中学
彭　年　安庆市桐城市桐城中学
任素贞（女）　萧县实验小学
沈秋发　马鞍山市第二中学
水恒福　安徽工业大学
孙尚楼　蚌埠市怀远县第一中学
王志耕　安徽农业大学
王左辉　合肥工业大学
吴继锋　安徽医科大学
徐文立　亳州市涡阳一中
叶名文　巢湖市黄麓师范学校
余传平　长丰县庄墓职业中学

福建省

陈宝淑（女）　漳平市永福中心小学
顾海燕（女）　福建师范大学附属中学
林爱凤（女）　福鼎市秦屿中心小学
郭丽香（女）　莆田市湄洲岛高朱小学
邱守雄　建阳第一中学
冯锦生　宁德职业中专学校
蔼敦宇　福州第四中学
郭德翊　莆田第二中学
黄李力（女）　厦门集美中学
兰　臻（女，畲族）　漳州市龙溪师范学校附属小学
李艺玲（女）　漳州第二职业中专学校
林　斌　长乐市阜山小学
阮文发　龙文区翁建中心小学
童纪宏　连城县第一中学
谢婉彬（女）　泉州市南安国光中学
叶洪康　宁德第一中学
曾志兴　华侨大学
赵艺阳　泉州市安溪县第一中学
郑仕标　福州大学
郑秀萍（女）　沙县富口中心小学

江西省

柏宗材　新建县南矶初级中学
胡朝霞（女）　萍乡中学
李庆河　赣县茅店镇大龙小学
徐　斌　都昌县苏山中心小学
曾长根　临川第一中学
刘金秀（女）　万安县顺峰中学
陈云根　樟树市店下镇芦岭教学点
胡旺发　鄱阳县谢家滩镇潼北小学
周利生　江西师范大学
刘步英　江西农业大学
陈东萍（女）　上饶市逸夫小学
樊经纬　鹰潭市实验中学
刘光炎　南康市隆木乡邹家地教学点
刘华珍（女）　景德镇市第二小学
倪永年　南昌大学

欧阳群昌　吉安县第二中学
王祖麟　江西理工大学
吴国强　抚州市临川区青泥镇中心小学
吴永芳　宜丰中学
许统生　江西财经大学
曾宪国　德安县塘山教学点
张　荣（女）　江西省电子信息工程学校

山东省

杜玉堂　临沂市蒙阴县巨山中心小学
刘延云（女）　淄博市张店区公园新村小学
周瑞芹（女）　青岛市城阳第八中学
李元峰　中国海洋大学
任晓勤（女）　山东建筑大学
蔡善云　高密市第四中学
陈　波　枣庄市第三中学
丁　旭　泗水县第一中学
段淑君（女）　临沂市罗庄区一中
范大文　武城县第二中学
高树林　垦利县第一中学
高天祥　无棣第一中学
耿庆运　梁山县馆驿镇第一初级中学
姜振昌　青岛大学
李殿毅　青岛育才中学
李秀玲（女）　莱芜市第十七中学
李志岭　山东农业大学
栗　伟　章丘市第七中学
刘茂新　单县第五中学
刘明华（女）　济南市东方双语实验学校
刘　莹（女）　滨州市邹平县第二实验小学
聂廷生　淄博第六中学
乔德金　济宁市第一中学
任建兰（女）　山东师范大学
邵林勇　泰安市宁阳一中
盛希华　青岛平度市电子职业中等专业学校
史晓慧（女）　阳谷县实验小学
孙衍明　东营市胜利第一中学
王翠萍（女）　滕州市鲍沟镇中心小学
王道河　山东省济北中学
王惠丽（女）　菏泽市牡丹区第二小学
王世范　山东科技大学
王树臣　聊城第一中学
王维珍（女）　烟台市招远市金岭镇邵家初级中学
王英昌　荣成市第四中学
武玉强　曲阜师范大学
薛仁贵　烟台市海阳市盘石店镇中心小学
颜　诺（女）　潍坊市奎文区幸福街小学
杨建维　烟台市芝罘区毓璜顶小学
印兴耀　中国石油大学（华东）
张红霞（女）　日照市实验学校
张景玉　郓城师范学校
张增东　泰安市泰山中学
周百刚　潍坊中学
周文富　临沭第一中学
周育玲（女）　烟台市莱州市第一中学
周忠莲（女）　夏津县香赵庄镇香赵庄中学

河南省

任俊峰　鹤壁市浚县实验初级中学
左刚武　信阳高级中学
蒋中兴　开封高级中学
王　东（女）　洛阳市第二实验中学
白电平（女）　濮阳市华龙区高级中学
卜春霞（女）　郑州大学
陈天义　信阳市第四高级中学
陈向炜　商丘师范学院
党红英（女）　焦作市第一中学
郭星杰　临颍县第一高级中学
贺素芝（女）　柘城县实验小学
黄　芳（女）　安阳市自由路小学
姜建辉　汝州市第一高级中学
李福有　三门峡市卢氏县第一高级中学
李世平　南召县第一高级中学
刘　红（女，回族）　郑州市第102中学
刘　萍（女）　河南师范大学
卢广峰　郑州市信息技术学校
卢正纲　南阳市内乡县高级中学
吕纪增　河南教育学院
潘留占　洛阳师范学院
齐明理　新野县第一高级中学
秦耀辰　河南大学

申祥云（女） 新乡市延津县榆林乡第二初级中学

师　黎（女） 郑州大学

时广郑 河南省基础教育教学研究室

宋文秀（女） 南阳市唐河县第一高级中学

孙　敏（女） 洛阳市中信重型机械公司第二小学

王格现 濮阳市范县城关镇西李庄小学

王全来 周口市商水县张庄乡八里王学校

魏　超 许昌县第二高级中学

肖　婷（女） 驻马店市第四初级中学

许培援 郑州轻工业学院

薛龙奎 济源市大峪镇第二初级中学

杨振中 华北水利水电学院

姚　莹（女） 郑州市二七区陇海西马路小学

余发山（土家族） 河南理工大学

袁全超 郑州市第一中学

张广中 睢县回族高级中学

张丽曼（女） 安阳县第一高级中学

张倩红（女） 河南大学

赵继红（女） 河南工业大学

赵明礼 驻马店确山县任店镇鄢庄小学

赵全志 河南农业大学

朱坚民 河南科技大学

朱　丽（女） 鹿邑县城关镇中心学校

湖北省

陈　骏（女） 荆州市沙市实验小学

桂贤娣（女） 武汉市汉阳区钟家村小学

徐金菊（女） 安陆市王义贞镇初级中学

闵文娥（女） 孝感市文昌中学

宋国珍（女） 保康县城关镇三道峡教学点

吴东华（女） 中国地质大学（武汉）

陈贻汉 湖北大学

程英姿（女） 黄石市龚家巷小学

邓从新 临利县黄歇镇中心小学

杜良柱 十堰外国语学校

樊　恽 华中师范大学

何天海 襄樊市第四中学

侯建华 中南民族大学

胡少龙 宜昌市点军区土城乡车溪小学

姜中启 随州市二中

李爱玲（女） 潜江市实验小学

李爱荣（女） 武汉市蔡甸区成功中学

刘柏林 麻城市三河口中心学校

邵仲文 鄂州市第五中学

沈　斌 钟祥市第一中学

宋发刚（土家族） 巴东县第一高级中学

汪　苏（女） 武汉铁路桥梁学校

王社荣（女） 天门市实验小学

吴宇华 神农架林区高级中学

肖忠友（土家族） 恩施市中等职业技术学校

杨金水 武汉市教育科学研究院

殷小兵 咸宁市咸安区桂花镇五爱小学

游　泓（女） 浠水县望城实验中学

余来宁 江汉大学

张安全 湖北轻工职业技术学院

朱公瑾 武汉市第十二中学

朱厚祥 仙桃中学

湖南省

李　慧（女） 怀化市中方县泸阳小学黄花树教学点

盘晓红（女，瑶族） 永州市蓝山县楠市镇中心小学

彭佩文（女） 益阳市南县茅草街镇中心学校

吴启珍（女） 常德市桃源县漳江镇渔父小学

王道根 娄底市双峰县沙塘乡板洞小学

赵夏泉（土家族） 常德市石门县第一中学

曹益民 益阳市一中

陈真雄 永州市新田县第一中学

付　德（女） 株洲市芦淞区教育局教科中心

郭玉良（女） 岳阳市岳阳县第二中学

韩　茹（女，土家族） 湘西自治州民族中学

金展鹏 中南大学

李真清 邵阳市邵阳县黄荆乡腊树小学

廖志文 怀化市第三中学

刘翠霞（女） 邵阳市新邵县第一中学

罗李勇 株洲市茶陵县云阳中学

彭世芳（女，土家族） 湘西自治州花垣县国土希望小学

彭永谦（土家族） 张家界市慈利县第一中学

申福求　邵阳市邵东县第一中学

沈蒲生　湖南大学

唐桂兰（女）　衡阳市衡南县花桥镇花桥完小

万畅红　长沙市望城县职业中等专业学校

汪礼忠　衡阳市衡山县新桥镇梅溪学校

向期中　长沙市长郡中学

肖培丰　娄底市第二中学

晏　敏（女）长沙市雨花区教科中心

姚守拙　湖南师范大学

曾庆祥　郴州市桂东县黄洞中心小学

张春良　南华大学

张海良　湘潭大学

邹晓婷（女）　湘潭市雨湖区金庭学校

广东省

黄桂兰（女）　韶关市仁化县仁化中学

江润浓（女）　惠州市龙门县蓝田瑶族乡中心小学

丘慧云（女）　江门台山市端芬镇汀江小学

曾春苑（女）　梅州市五华县第一小学

曾伟玲（女）　四会市周开泉小学

洪喜亮　茂名市第一中学

李　嘉（女）　华南理工大学

陈　刚　广东海洋大学

陈艺群（女）　广东省石油化工职业技术学校

范天旺　广州市花都区第一中学

符光锋（黎族）　广州市天河区先烈东小学

何惠玲（女）　华南师范大学附属中学

何庆生　广州市第九十七中学

胡美英（女）　华南农业大学

黄柳平（女）兴宁市第一幼儿园

黄永兴　兴宁市下堡中心小学

江树元　高州市云潭镇珍珠小学

金海淑（女，朝鲜族）　深圳市西乡中学

赖桂超　阳江市第一中学

雷海彬（女）　清远市新北江小学

黎振辉（女）中山市华侨中学

李　广　肇庆市怀集县怀城镇第六小学

李康生　汕头大学

李赛美（女）　广州中医药大学

李秀萍（女）　韶关市建国路小学

廖统生　河源市连平县陂头中学

林如鹏　暨南大学

刘殿林　东莞中学

申承林　佛山市顺德区启智学校

申志杰　汕头澄海鹤浦小学

汤凤娟（女）　清远市第一中学

夏书章　中山大学

谢　侨　湛江市遂溪县第一中学

谢晓霜（女）　佛山市禅城区第二中学

鄢秀锦（女）　深圳市沙头角中学

杨冠玲（女）　华南师范大学

曾小龙　广东教育学院

张国雄　五邑大学

赵克森　南方医科大学

郑立华　广东外语外贸大学

广西壮族自治区

林喜媚（女）　藤县太平镇中心校

张　红（女）　南宁市宾阳县芦圩完小

张　华（女）　玉林市福绵管理区福绵镇沙浪小学

戴　蓓（女）　柳州市景行小学

封清池（女）　玉林市第一中学

冯家勋　广西大学

冯　林　玉林市博白县双凤镇均田小学

黄彩贞（女，壮族）　靖西县新靖实验小学

黄河清（回族）　南宁市第三中学

黄林茂（壮族）　崇左市职业技术学校

李长荣（女）　桂林市平乐县平乐镇一小

李广兴　钦州市浦北中学

李丽华（女）　桂林市大河初级中学

廖　焱（女）　北海市机关幼儿园园长

罗三元（瑶族）　贺州市富川瑶族自治县油沐中心校黄沙完小

莫邦哲（壮族）　柳州铁一中学

欧阳缮　桂林电子科技大学

覃超华（女）　平南县平南镇第三中学

覃　露（女，壮族）　崇左市龙州县金龙中心小学

唐　玲（女）贵港市港北区新世纪学校

陶华凤（女，瑶族）　金秀瑶族自治县长垌中心

校道江小学

王志锦　玉林市第一职业中等专业学校

温福华（瑶族）　金秀瑶族自治县忠良乡中心校

徐　华　南宁市二中

牙丽英（女，壮族）　河池市金城江区第二中学

海南省

潘华莉（女，壮族）　海口市第九小学

陈　辉　海南中学

王秀丽（女）　三亚市第九小学

吴孔智　定安县黄竹镇中心学校

张　莹（女）　海口市第二十五小学

周有健　临高县临城镇中学

重庆市

李永渔　武隆县双河乡中心校

张志淑（女）　涪陵第五中学校

汪红霞（女）　重庆市巴蜀中学校

周　娟（女）　梁平县明达镇中心小学

李太刚　铜梁县侣俸镇文曲小学

陈光翔　江津中学

廖伯琴（女）　西南大学

刘　飞　重庆大学

卢家毅　巫山县大昌中学

彭晓群（女）　南岸区教师进修学校

盛玉兰（女）　忠县新立镇中心小学校

王道凡　合川区涞滩镇杜坝村小学

吴仕清（苗族）　黔江新华中学校

谢一新　大足中学

严于华　重庆教育管理学校

余国源　渝北区教师进修校

余秀兰（女，土家族）　秀山土家族苗族自治县龙池镇中心校

四川省

彭天富　眉山市眉山中学

税少莲（女）　泸州市合江县五通镇顶子小学

张德刚　巴中市巴州区石城乡中心小学

刘汉威　宣汉县双河中学

张国琼（女）　宜宾市第一中学校

郭多华（女）　广元中学

赵一明（藏族）　成都市礼仪职业中学

陈　华（女）　南充市第五中学

陈明英（女）　名山县第一中学

丁体明　四川农业大学

董洵慧（女）　眉山市仁寿县幼儿园

高朝林　乐山市峨边彝族自治县西河中学

高云贵　雅安中学

龚红英（女）　炉霍县仁达乡中心小学

辜应兵　广汉市三水镇中学

胡红梅（女）　武胜县中学

胡　兰（女）　成都市郫县花园学校

黄国林　甘孜州泸定中学

李桂林（彝族）　甘洛县乌史大桥乡二坪村小学

李良贤　达州市通川区第七小学校

李燕萍（女）　自贡市富顺县第二中学

廖安泽　遂宁中学校

刘绍奎　资阳中学

龙晓彤（女）　成都市石室中学

莫方林　汶川县威州中学

邱寄帆　成都航空职业技术学院

孙正德　苍溪县石马镇中心小学校

唐瑞国　广安市广安区石桥小学

唐映祥　营山县涌泉完全小学校

王晓路　四川大学

王　宇　遂宁市顺南街小学

魏　东　绵阳中学

吴云军（羌族）阿坝州松潘县镇江中小学校

夏时木　什邡职业中专学校

熊秋霞（女）　犍为县第一中学

曾　荣　平昌中学

张灵萍（女）　西昌市第一小学

张玉彬　泸州市泸县二中

朱　玲（女）　内江市市中区教师进修校

卓小康　隆昌县第二中学

贵州省

晏祖福（土家族）　铜仁地区印江县凉水完全小学

杨　蓓（女）　毕节地区毕节市第二中学

张明声　黔南州独山县民族中学

王忠华（苗族）　贵阳市息烽县安马小学

徐德光　遵义市红花岗区金鼎山镇扇子林教学点

岑桂莲（女，布依族）　黔南州平塘民族中学

傅安辉（侗族）　贵州省凯里学院

何腾兵（土家族）贵州大学

黎道洪　贵州师范大学

李龙平（土家族）　铜仁地区江口县龙眉小学

孟云峰（女）　遵义市航天中学

潘　红（侗族）　黔东南州黎平县第一民族中学

孙天翔（女）　安顺市第二高级中学

王光祥　六盘水市第二中学

王鸿懿（女）　贵阳市第六中学

王济和（女）　毕节一中

韦正雄（布依族）　黔西南州望谟县油迈瑶族乡教育辅导站

赵家庸　遵义市遵义县第一中学

云南省

白元慧（女，傈僳族）　楚雄高级技工学校

王绍梅（女）　临沧市农业学校

盛汝芬（女）　楚雄州姚安县第一中学

邓立周（彝族）　普洱市景东县文井镇者后中学

董华川（女）　昆明市东川区高级中学

段惠莲（女）　红河州文澜高级中学

何国江（白族）　大理州云龙县民建乡边江学校

罗仁辛　腾冲县第一中学

马俊玲（女，回族）　弥勒县第二中学

盘云发（瑶族）　文山州麻栗坡县猛硐瑶族乡响水兴边小学

施秀红（女，彝族）玉溪市峨山县职业高级中学

束洪春　昆明理工大学

魏国祥（佤族）　普洱市澜沧县上允镇翁板村小学

尹庆山　德宏州陇川县城子镇中心学校

玉炳图（壮族）　文山州广南县第一中学

袁石丽（女）　曲靖市麒麟区沿江乡中心学校牛街小学

张　英（女）　昭通市昭阳区大山包乡中心校

张再良　曲靖市第二中学

张子义　临沧市镇康县凤尾中心学校福和希望小学

赵新祥（白族）　普洱市第一中学

西藏自治区

才　俄（藏族）　阿里地区改则县麻米乡小学

次仁尼玛（藏族）　西藏那曲地区第三小学

高卫星　昌都地区第一高级中学

尼玛仓决（女，藏族）　拉萨市城关区第二小学

陕西省

邓国财　石泉县后柳镇牛石川小学

付崇德　洋县金水镇许家村教学点

李　晔（女）　西北工业大学附属中学

齐爱萍（女）　定边县向阳小学

张远玖　安康市汉滨区江北高级中学

薄寒柏　户县第一中学

柴双政　宝鸡市渭滨中学

陈妮鸽（女）　咸阳市实验小学

程全民　周至县楼观镇中心学校

霍廷刚　榆林农业学校

介万奇　西北工业大学

李　刚　西安航空发动机集团有限公司第一子弟中学

李　玲（女）　延安中学

刘加平　西安建筑科技大学

刘　莉（女）岐山县城关小学

任淑艳（女）淳化县马家中学

任天民　澄城县城关镇第二小学

宋立群　杨凌示范区邰城中学

唐　明（女）　西北农林科技大学

田小莉（女）　蒲城县尧山中学

王雪莲（女）　彬县城关小学

温　霞（女）　汉中师范附属小学

颜光宇　韩城市象山中学

仰孝升　山阳县中学

赵教育　铜川市耀州中学

甘肃省

邓育成　兰州市红古区花庄镇洞子小学

程昌盛　临夏县黄泥湾学区程家川中心小学

陈文贤　酒泉市酒泉职业技术学院

贾富海　甘肃定西职业中等专业学校

李　平　定西市岷县小寨初级中学

柳荣春　平凉市第四中学

卢同朱　嘉峪关市酒钢三中

罗　沙　天水市第三中学

慕政重　庆阳第二中学

牛俊义　甘肃农业大学

宋小红（女）西北师范大学附属中学

田玉荣　武威市凉州区张义镇上泉中学

温明德　陇南市第一中学

尹　瑛（女）金昌市幼儿园

扎西东智（藏族）合作市那吾乡卡四合村小

张　平　张掖市民乐县一中

张晓春　白银市实验中学

青海省

代　保（女，藏族）刚察县沙柳河镇民族寄小

陈文燕（女）天峻县生格乡寄宿制九年一贯制学校

贺生杰　互助土族自治县第五中学

赛毛措（女，藏族）班玛县藏文中学

刘淑珍（女）青海昆仑中学

马海成（回族）青海民族学院

宁夏回族自治区

白玉娥（女）宁夏石嘴山市第七小学

钱芙蓉（女）宁夏海原县职业中学

孔　亮　宁夏大学

李世强　宁夏银川市西夏区华西中学

马彦文（回族）宁夏固原市原州区彭堡镇撖门小学

马义海（回族）同心县窑山中心学校

孙剑峰（回族）宁夏固原市农业学校

岳维鹏　宁夏育才学校

新疆维吾尔自治区

阿合买提哈力·沙尔散拜（哈萨克族）新疆额敏县杰勒阿尕什乡牧业寄宿制学校

克丽比努尔·吐拉甫（女，维吾尔族）和田地区皮山县固玛镇小学

唐达勇　阿克苏地区拜城县第二小学

丑武江　新疆农业职业技术学院

阿木冬·吐鲁甫（维吾尔族）喀什地区叶城县依提木孔乡恰斯木克小学

艾力卡木江·阿不列孜（维吾尔族）哈密地区第一中学

关丽华（女）乌鲁木齐县甘沟乡中心学校

黄　明　喀什地区莎车县佰什坎镇双语小学

刘志惠（女）新疆残疾人职业中专

玛　嘎（女，蒙古族）博尔塔拉蒙古自治州蒙古中学

牛　霞（女，回族）米泉市第一中学

沙达提·卡力毛力到（柯尔克孜族）伊犁哈萨克自治州特克斯县第五中学

托合提肉孜·拜迪（维吾尔族）和田地区洛浦县杭桂乡第二中学

依力亚孜·阿布都哈孜（柯尔克孜族）克孜勒苏柯尔克孜自治州阿合奇县哈拉布拉克中心小学

新疆生产建设兵团

王新建（回族）塔里木大学

刘海军　农七师高级中学

剡根强　石河子大学

周丽萍（女）兵团一中

中国人民解放军

韩　英（女）西藏军区拉萨八一学校

刘　敏（女）63600部队东风中学

马　萍（女）95948部队子女学校

王建设　91458部队八一中学

附三　2007年全国教育系统先进工作者名单

北京市

王淑清（女）海淀区巨山小学校长、党支部书记

柳　茹（女）北海幼儿园党支部书记、园长

天津市

孙克林　武清区教育局党委书记、局长

河北省

苏富梅（女）张家口市特殊教育学校校长

曹广辉　承德石油高等专科学校

陈同计　邢台市教育局副书记、副局长

徐　华　迁西县教育局局长

徐树清（满族）　承德市教育局党组书记、局长

山西省

张　玲（女）　太原市第十八中学校校长

张素珍（女）　长治市第一职业高级中学校校长

内蒙古自治区

宋生贵　内蒙古大学

杨茂盛　鄂尔多斯市卫生学校校长

辽宁省

张百清　盘锦市大洼县新兴中学校长

冯春和　抚顺市第一中学校长

刘　辉　沈阳市第二中学校长

吉林省

贝世琴（女）　长春市宽城区教育局局长

崔贞姬（女，朝鲜族）　吉林大学附属中学校长

黑龙江省

宋士臣　鹤岗市第一中学校长

于学书　黑龙江省实验中学校长

张玉华　哈尔滨市第十四中学校长

上海市

王志刚　上海市曹杨第二中学校长

江苏省

樊志瑾（女）　江苏省如东高级中学党委书记、副校长

胡建军　溧阳市后六初级中学校长

陈　群　江苏工业学院

刘国荣　镇江市教育局市委教育工委书记、局长

浙江省

林　丽（女）　舟山市定海小学校长

尚　可　浙江大学附属中学校长

安徽省

闵济林　滁州市天长市炳辉中学校长

福建省

袁景林　三明学院附属小学校长

吴炎泉　南平市浦城第一中学校长

江西省

许建成　南昌市第十九中学校长

张　亢　中山电子计算机中等专业学校

山东省

张　宇　山东大学

迟本理　山东省轻工工程学校校长

刘卫东　济南市历城职业中等专业学校校长

马　飞　菏泽信息工程学校校长、党委副书记

孟昭君　临沂市第三中学党委书记

河南省

李　涵（女）　河南省第二实验中学校长

徐昌德　信阳市光山县教育局局长

别荣海　郑州大学

何照伟　平顶山市教育局局长

司福亭　郑州市教育局党委书记、局长

湖北省

韩德锋　宜昌市教育局局长

杨万军（土家族）　恩施州鹤峰县教育局局长

姚　莉（女）　中南财经政法大学

湖南省

刘宏业　娄底市教育局党组书记、局长

肖正章　湘潭市湘潭县江声实验学校校长

许祖彬　衡阳市衡阳县教育局党委书记、局长

郑　达　湘潭钢铁集团有限公司第一子弟中学书记、校长

广东省

傅伦旭　华南师范大学

梁世安　广东省佛山市南海区九江镇初级中学

校长

彭伟洒　汕尾市陆河县实验小学校长

张森镇　潮州市职业技术学校校长

周炳权　广州市交通运输中等专业学校校长

朱叶青　广东省化州市第一中学校长

广西壮族自治区

林小峰　广西大学

伍志伟　防城港市防城实验高级中学校长

夏建军　南宁市教育局党委书记、局长

海南省

刘晓朝　琼海市嘉积镇嘉积中学校长兼琼海市教育局局长

重庆市

李　亮　重庆市育才中学校校长、党委书记

袁　宇　沙坪坝区树人小学

四川省

蔡晓鹏　宜宾市教育局局长

李　玲（女）　资阳市简阳市草池镇初级中学校长

王和金　绵阳市教育局党委书记、局长

熊　勇　自贡市第一中学校校长

张　庆　都江堰市教育局局长

贵州省

王　超　毕节地区赫章县白果初级中学校长

陈琼书（女）　贵阳市第十九中学党支部书记、校长

云南省

李世华　玉溪市教育局党委书记、局长

刘振昆　昆明市第十中学党委书记、校长

西藏自治区

永旦扎巴（藏族）　那曲地区教育体育局局长

陕西省

韩春明　绥德县教育局副局长

孙明贤　宜川县宜川中学校长

甘肃省

陈永奎（藏族）　兰州市城关区西北民族大学

雷志辉　静宁县职业技术教育中心主任

青海省

角　巴（藏族）　果洛州教育局局长

新疆维吾尔自治区

田　征　新疆教育学院实验小学校长、党支部书记

新疆生产建设兵团

杨学东　兵团第二中学校长

附四　2007年全国优秀教师名单

北京市

万　平（女）　东城区史家胡同小学

赵建玲（女）　大兴区第一中学

刘卫红（女）　昌平区南口学校

史宏华（女）　顺义区杨镇第一中学

张　鹏（女）　石景山区古城中心小学

陈占安　北京大学

李　刚　清华大学

陈　洪　北京市第十七中学

成正维　北京交通大学

戴　斌　北京第二外国语学院

丁　一（女）　北京市六一幼儿园

董俊娟（女）　北京市第22中学

冯海明　北京工业职业技术学院

甘兰佑　北京市十一学校

郭凤昌　北京市海淀区艺术职业学校

李应淑（女）　北京市第十二中学

刘志敏（女）　中央广播电视大学

马思勇　昌平区第二中学

彭　涛（女）　西城区育翔小学

邱学玲（女）　延庆县第五中学

水小平　北京理工大学

苏万青（女） 北京师范大学良乡附属中学
孙建宁（女） 北京中医药大学
田玉平（女） 平谷区黄松峪中学
童隆正（女，回族） 首都医科大学
王成善 中国地质大学（北京）
王红民（女） 北京市盲人学校
王　杰（女） 大兴区青云店镇第一中心小学
王黎明 北京城市建设学校
王灵荣（女） 燕山前进第二小学
王文丽（女） 崇文区教育研究中心
王　岳 北京市第九中学
吴　巍（女） 北京市第五幼儿园
武维华 中国农业大学
武维民（女） 房山区良乡第二小学
徐　锷（女） 北京电子科技职业学院
许占玲（女） 密云县大城子镇中心小学
阎　萍（女） 北京市医药器械学校
杨朝辉 北京市工贸高级技工学校
曾　路（女） 北京市三帆中学
张守和 北京舞蹈学院
钟群鹏 北京航空航天大学

天津市

王　敬（女） 天津市南开艺术小学
郑云娟（女） 天津市河西区台湾路小学
姚广静（女） 东丽区小东庄中学
张月萍（女） 天津市第二十中学
王秀阁（女） 天津师范大学
胡建平 天津城市建设学院
段宏泉 天津医科大学
贾士儒 天津科技大学
贾秀艳（女） 武清区河北屯振华小学
姜恩永 天津大学
刘顺凯 大港区太平镇第三小学
卢大明 天津市燕山中学
马福凯 西青区张家窝中学
王健伟（女） 天津市耀华中学
王秀芬（女） 蓟县礼明庄乡徐各庄中心小学
魏欣宇（女） 天津市第四十二中学
吴宝庆 天津市大港第一中学
武春江 天津市机电工艺学院
张弘武 天津国土资源和房屋职业学院
张力群 天津财经大学
张文辉 天津市宁河县中等专业学校
赵　勇 天津市汉沽区第一中学
周长华（苗族） 天津市塘沽区第一职业中等专业学校

河北省

梁　辉 衡水市衡水中学
王春文（满族） 承德市丰宁县波罗诺镇中学
韩志清 保定市第四职业中学
马金梅（女） 石家庄市白佛小学
冯海荣（女） 文安县新镇中学
刘　娜（女） 秦皇岛市海港区新一路小学
伦玉华（女） 唐山市第十六中学
吴正琴（女） 保定市易县流井乡中心校
肖贵清 河北师范大学
白平丽（女） 保定市阜平县城厢小学
鲍金锋 临西县第一中学
边灵芝（女） 灵寿县寨头乡苏家庄小学
陈庆荣 邯郸市临漳县第二中学
陈义广 沧县中学
程万哲（女） 邯郸市峰峰矿区春光小学
邓　芳（女） 任县栾村中学
杜玉凤（女） 承德医学院
方洪江 保定市满城县中学
方　强 邯郸学院
高海霞（女） 张家口市尚义县第二中学
郭小华（女） 邯郸市馆陶县第一中学
何金英（女） 廊坊市第六中学
侯雅莉（女） 衡水深州市深州中学
惠兴杰 东北大学秦皇岛分校
霍京磊 衡水市枣强县枣强中学
蒋树欣 保定市蠡县大百尺中学
李　斌 井陉矿区贾庄学区北寨学校
李长林 承德市围场县第一中学
李桂娥（女） 张家口市赤城县后城镇后城小学
李怀东（满族） 邢台市第一中学
李　敏（女） 邯郸市邯山区渚河路小学
李树林 承德市平泉县小寺沟中学
李文化 衡水市饶阳县饶阳中学

李小美（女）　新河县城关镇校区南关学校
李雪生　保定市定州中学
李有才　邢台县浆水中学
李正平　河北大学
刘凤英（女）　南皮县冯家口镇冯家口中学
刘富玲（女）　大厂县第五中学
刘国红（女）　保定市定兴县小朱庄乡中学
刘金霞（女）　河北经贸大学
刘素琴（女）　保定市安新县刘李庄镇刘李庄小学
马丽霞（女）　河北机电职业技术学院
马跃进　河北农业大学
毛　磊　河北科技大学
牟卫华　石家庄铁道学院
裴晓莉（女）　邯郸市复兴区前进小学
秦国卫　巨鹿县巨鹿中学
任喜胜　张家口市蔚县西合营中学
容仕霖　河北体育学院
沈秀玲（女）　保定市涞源县职教中心
石志彦　保定市清苑县清苑中学
苏献启　邢台学院
孙瑞齐（女）　保定市雄县朱各庄乡西王槐小学
孙淑元（女）　唐山市丰润区杨官林镇曹庄子中学
孙哲平　邢台市第二中学
田丽霞（女）　石家庄市第42中学
王进琴（女）　张家口市怀安县柴沟堡实验小学
王立伟（女）河北省直机关第五幼儿园
王民会　鹿泉市第一中学
王永利　河北医科大学
武分涉　石家庄实验中学
夏瑞素（女）　赵县石塔实验学校
信金栋　河间市职教中心
许振东　廊坊师范学院
薛丽敏（女）　晋州市第一中学
闫振凯　香河县第六中学
杨大顺（满族）　承德市滦平县职教中心
杨淑婷（女）　廊坊市安次区落垡镇柴刘杨中心小学
杨正午　河北正定中学
姚春凤（女）　保定市容城县容城镇第一中学
岳建海　邯郸市第二十五中学
张爱荣（女）　泊头市实验小学
张广宇（女）　保定市唐县第二小学
张洪慈　广宗县中学
张立华（女）　秦皇岛市卢龙县蛤泊乡杨柳河小学
张善仲　乐亭县综合职业技术学校
张少峰　河北工业大学
张学勇　宁晋县第二实验小学
张玉信　东光县南霞口镇中学
张云芹（女，回族）　黄骅市第二中学
赵如何　邯郸市鸡泽县第一中学
赵淑英（女）　玉田县实验小学
赵永生　燕山大学
郑艳娟（女）　河北金融学院
周晓娜（女）　沧州市教育局石油分局一处小学
朱凤岚（女）　固安县第一中学
朱玉伟（女）　迁安市第一实验小学
朱增合（女）　邢台市桥西区李村小学

山西省

杜　芸（女）　晋城市城区第三小学校
高瑞琼（女）　忻州市特殊教育学校
时俊萍（女）　太原市万柏林区东社中学
朱秀珍（女）　晋中市介休市第三中学
王有平　阳泉市平定县张庄镇张庄小学
冯建刚　晋中市榆社县太星小学
胡仲林　朔州市应县职业技术学校
武星亮　山西农业大学
崔亚嵘（女）　运城学院
卜爱婵（女）　吕梁市岚县北村小学
陈红灿　运城市万荣县汉薛镇三文中学
陈杰芳（女）　临汾一中
崔秀平（女）　晋城市沁水县示范初中
范福生　太原市第十二中学校
高宏举　朔州市平鲁区阻虎乡阻虎小学
郭素英（女）　临汾市翼城县南梁中心小学
韩金芳（女）　山西师大实验中学
何迎春（女）　运城市临猗县贵戚坊小学
滑红霞（女）　太原市幼儿师范学校
霍礼林　晋中市灵石县第一中学校

靳淑焱（女）　晋城市高平市东方红小学

靳　祯　中北大学

亢亚平（女）　临汾市尧都区段店联校东张学校

李秀云（女）　长治市黎城县东阳关镇东阳关联校

李艳红　长治学院附属太行中学

梁民英（女）　临汾市浮山县天坛中学

梁元成　运城市康杰中学

刘晋生　吕梁市汾阳中学

刘志清（女）　吕梁市离石区第一小学

穆润林（女）　大同市广灵县斗泉乡七咀小学

孙晓红　朔州市第二小学

孙晓菊（女）　运城市永济市城北中心校晓朝学校

田变庆（女）　长治市长治县贾掌联校会里小学

田景润（女）　阳泉市城区培智学校

王纯林　临汾市第三中学

王艺平（女）　阳泉市盂县秀水联校南村小学

王永平　吕梁市柳林县金家庄乡前庄上小学

温添凤（女）　太原市外国语学校

武占斌　大同市第二中学校

徐向英（女）　忻州市五台县东冶实验小学

续　烨（女）　大同市第五中学校

杨贵云　长治市沁县南泉乡庶纪小学

杨建红（女）　太原市古交市河口联校火山学校

杨文军　大同市浑源县大磁窑中心校

杨　霄　运城市芮城中学

张　虹（女）　太原大学外语师范学院第一附属小学

张桂枝（女）　忻州市宁武县实验小学

张江霞（女）　晋城市阳城县驾岭学校

张金红（女）　长治市城区一中

张婧靓（女）　运城市盐湖区实验小学

张旺田　忻州市第八中学

张永英（女）　晋中职业技术学院

张育慧（女）临汾市曲沃县直幼儿园

赵立新　晋中市平遥中学

周玲玲（女）　运城市幼儿师范学校

内蒙古自治区

张　峻　呼和浩特市清水河县第一中学

张浩韫（女）　呼和浩特市第一中学

高　娃（女，蒙古族）　锡林郭勒盟阿巴嘎旗蒙古族中学

刘济生　内蒙古民族大学

汪建平　内蒙古农业大学

刘　峰（女）　内蒙古科技大学

巴特尔（蒙古族）　赤峰市阿鲁科尔沁旗天山第二中学

白禅恒　巴彦淖尔市乌拉特前旗大佘太中学

毕克富　赤峰市林西县新林镇寄宿制小学

布仁班泽尔（蒙古族）　内蒙古民族幼儿师范艺术学校

曹　权　包头市第三十三中学

长　青（蒙古族）　内蒙古工业大学

陈凤君（女）　兴安盟特殊教育学校

陈申宽　呼伦贝尔市扎兰屯农牧学校

达古拉（女，蒙古族）　呼和浩特市兴安路民族小学

傅绍东　乌兰察布市卓资县旗下营中学

格日勒（女，蒙古族）　内蒙古化工职业学院

郭文艳（女）　乌兰察布市化德县第一小学

何福莉（女，蒙古族）　通辽市扎鲁特旗第一中学

吉格木德（蒙古族）　赤峰市蒙古族中学

金　云（女，蒙古族）　大兴安岭林业管理局牙克石林业第二小学

李凤良　包头市达茂旗百灵庙中学

李建华（女，满族）　赤峰市喀喇沁旗蒙古族实验小学

李锦超　乌海市乌达区高级中学

李　忠　乌兰察布市集宁区第二中学

吕龙清　赤峰市敖汉旗新惠中学

栾永金　通辽市开鲁县第一中学

马占全　赤峰市巴林左旗上京高级中学

孟广军　赤峰市克什克腾旗经棚第二中学

那顺和希格（蒙古族）　巴彦淖尔市蒙古族中学

乔淑英（女，满族）　锡林郭勒盟多伦县第三中学

任海燕（女）　包头市土默特右旗萨拉齐第二中学

任淑芳（女）　阿拉善盟额济纳旗完全小学

石俊义　呼和浩特市武川县民族小学

史静娟（女）　呼和浩特市玉泉区梁山街小学

双达来（蒙古族）　鄂尔多斯市蒙古族小学

陶　克（蒙古族）　通辽市第五中学

王志荣　呼伦贝尔市牙克石市第一中学

魏秀丽（女）　兴安盟幼儿园

吴贵铎　锡林郭勒盟正镶白旗察汉淖中学

吴厚斌　呼伦贝尔学院

许华玲（女）　鄂尔多斯市鄂托克旗乌兰镇中学

玉　山（蒙古族）　通辽市科左后旗甘旗卡第一高级中学

张汝贵　包头职业技术学院

辽宁省

支艳茹（女）　锦州市义县文昌宫小学

常　静（女）　抚顺市教师进修学院

王铁军（女）　本溪市第二十一中学

杨春红（女）　沈阳市计算机学校

孙颖杰（女，蒙古族）　沈阳工程学院

佟　艳（女）　辽宁辽阳职业技术学院

曹　军（女）　沈阳农业大学

白凤库　渤海大学附属高级中学

白　红（女）　抚顺市第一中等职业技术专业学校

毕庶安（满族）　辽宁师范大学附属中学

薄　云（女）　鞍山市东方中学

陈永兴　朝阳市建平县热水畜牧农场小学

范立南　沈阳大学

冯广华　丹东市第二中学

富雅杰（女，满族）　阜新市清河门区河西镇芹菜沟小学

高文珍（女）　沈阳市第五十六中学

管会云（女）　阜新市彰武县高级中学

郭红伟（女）　沈阳市大东区教育局幼儿园

韩　民　辽宁省农村实验中学

韩艳梅（女）　葫芦岛市站前小学

姜淑敏（女）　本溪市化学工业学校

康　英（女，朝鲜族）　沈阳市和平区朝鲜族幼儿园

李辉春　盘锦市辽河油田第一高级中学

李　慧（女）　阜新市海州高级中学

李进玲（女）　盘锦市第一完全中学

李　君（女）　营口市高级中学

李　梅（女）　辽阳市第一高级中学

李丕鹏　沈阳师范大学

李云华　朝阳凌源市实验中学

刘朝忠　辽宁省实验中学

刘　芳（女）　铁岭市第四高级中学

刘　季（女）　辽宁省城市建设学校

刘　力（满族）　丹东凤城市职业教育中心

刘晓丹（女，蒙古族）　朝阳市喀左县羊角沟乡中心小学

刘艳苓（女）　大连市西岗区大连市第一中学

陆　涛　辽阳市第二十中学

罗福海　鞍山市第八中学

马　燕（女）　铁岭调兵山市二中

齐建珍（女）　朝阳市朝阳县高级中学

苏　坤（女）　沈阳市辽中县城镇一中

苏　凌（女）　锦州市铁路高级中学

孙桂萍（女，满族）　丹东市宽甸满族自治县青椅山逸夫学校

孙红柳（女）　大连市甘井子区教师进修学校

孙　丽（女）　盘锦市盘山县东郭学校

万朝燕（女）　大连交通大学

王怀良　中国医科大学

王　璐（女）　丹东市六纬路小学

王玫玫（女）　大连市中山区实验中学

王　阳（女）　沈阳市铁西区聋人学校

吴　娟（女）　鞍山市千山区宁远镇小学中心校

谢艳平（女）　锦州市黑山北关实验学校

徐少辉　葫芦岛市第二高级中学

徐玉涣（女，蒙古族）　朝阳市双塔区育红小学

许化东　葫芦岛市第一高级中学

姚树伟　大连市瓦房店市高级中学

于福玲（女）　抚顺市清原县清原镇逸夫小学

张惠丽（女）　营口盖州市第五初级中学

张艳敏（女）　大连市金州区金州高级中学

赵　波（女）　丹东东港市小甸子镇中心小学

赵洪霞（女，满族）　沈阳市苏家屯区特殊教育学校

赵连贺　葫芦岛市建昌县第三高中

郑　东　鞍山市第一中学

周红娣（女） 抚顺市望花区雷锋小学

周凯茹 营口大石桥市高级中学

朱瑞华（女） 铁岭市昌图县育才实验学校

邹春艳（女） 沈阳市沈河区二十七中学

吉林省

王玉萍（女） 白山市八道江区六道江镇中心小学

赵秀丽（女） 松原市特殊教育学校

易连发 吉林市第五十五中学

姜迎雪（女） 通化市东昌区胜利小学

李海英（女） 长春市第二实验小学

薛 岩（女） 镇赉县第四中学

韩喜平 吉林大学

苗 晶（女） 吉林华桥外国语学院

艾庆华（女） 东北师范大学附属小学

蔡文国 东北师范大学附属中学

单丽梅（女） 松原市长岭县第一中学

杜 逊（女） 长春市第六十中学

付明忠 梅河口市第五中学

关 敏（女，满族） 四平市第十七中学

韩丛一（女，满族） 伊通满族自治县实验小学

韩秋红（女，满族） 东北师范大学

胡 明 长春工业大学

荆志宇 白城市通榆县第一中学

郎秀娟（女，满族） 延边州安图县安林中学

李春媛（女） 柳河县职业教育中心

李庆勇 延吉市职业高级中学

李彦生 长春市第二实验中学

林武英（女） 东北师范大学附属实验学校

权英子（女，朝鲜族） 延边第一中学

石 瑛（女） 白山市第二中学

宋 慧（女） 吉林农业大学

孙成群 长春外国语学校

孙连鹏 蛟河市天岗镇五道河小学

滕淑艳（女） 长春德惠市五台乡中心小学

王登峰 吉林大学

王立娟（女） 通化市第一中学

王 薇（女） 长春市第一实验小学

王玉清（女，满族） 九台市第三十一中学

肖洪颖（女） 舒兰市第二实验小学

许雪飞 长春市第一外国语中学

杨光辉（女） 长春市希望高中

杨 萍（女） 吉林大学

姚玉君（女） 磐石市第三中学

衣文辉（女） 城市建设学校

尹炳柱（朝鲜族） 延边大学

张凤杰（女） 四平市第三中学

张淑芳（女） 杨大城子第一中学

张淑华（女） 吉林师范大学辽源分院

张玉晶（女） 长春市宽城区奋进中心校

张月秋 农安县实验中学

赵春玲（女） 梨树县第一高级中学

赵淑丽（女） 长春市双阳区第一实验小学

朱长河 双辽市第一中学

朱继丽（女） 长白山管委会池南区九年制学校

黑龙江省

官春喜 鸡西市第一中学

廖有利 绥化市第一中学

于百红（女） 七台河市第五小学

张玉环（女） 大庆市大庆中学

王凤英（女） 哈尔滨市虹桥学校

房 萍（女） 黑龙江省农垦总局宝泉岭分局局直小学

胡明霞（女） 哈尔滨市阿城区第二中学校

陈桂芝（女） 黑龙江科技学院

刘忠孝 哈尔滨师范大学

李 飞（女） 哈尔滨工业大学

毕海燕（女） 双鸭山市第五中学

陈立波 双鸭山市集贤县腰屯乡中学

陈允红（女） 黑龙江省农垦总局北安分局赵光农场初级中学

崔玉波（女） 哈尔滨铁道职业技术学院

范 勇 哈尔滨理工大学

高梅兰（女） 双鸭山市长胜乡建龙学校

谷继山 嫩江市第二中学

郝晓峰 安达市火石山乡中学

郝学英（女） 大兴安岭地区呼玛县第一中学

黄 昆（女） 七台河市茄子河区铁山乡中学

李春良 伊春市朗乡林业局第三中学

李翠霞（女） 东北农业大学

李凤芹（女，满族） 佳木斯桦南县桦南镇中心校

李佳宁（女） 哈尔滨市第六中学校

李连松 伊春市南岔区梧桐学校

李万臣 大庆市杏树岗镇宏伟小学

李　霞（女） 鸡西市职业教育中心

李耀东 兰西县第一中学

李仲杰（女） 鹤岗市第三中学

刘　梅（女） 大庆市林甸县第四中学

刘维莲（女） 黑龙江省农垦总局八五二农场六分场小学

刘业英（女） 绥化市庆安县第一中学

马建国 漠河县北极乡中心校

时传朴 哈尔滨市教育研究院

唐亚江 黑龙江铁道高级技工学校

王　帆（女） 哈尔滨市第九中学

王国瑛（女） 讷河市同义镇升平学校

王佳莹（女） 哈尔滨市巴彦县巴彦镇临城小学

王立场 牡丹江市阳明区桦林乡中心校

王永成 哈尔滨师范大学附属中学

王志民 哈尔滨市呼兰区第一中学校

吴丽萍（女，达斡尔族） 黑河市卫生学校

武　侠 齐齐哈尔市龙江县第二中学

辛嘉英 哈尔滨商业大学

徐永梅（女） 绥化市北林区西长发镇双合一村小学

薛淑丽（女） 齐齐哈尔市富裕县实验小学

闫春晖 哈尔滨市大同小学

杨继成 伊春市第一中学

尤永菊（女） 北安市通北乡第三小学

翟玉友 密山市第一中学

展　爽（女，蒙古族） 大庆市肇源县超等蒙古族乡博尔诺小学

张恩学 黑龙江省政法管理干部学院

张慧敏（女） 哈尔滨市第二十四中学

张树军 齐齐哈尔大学

张祥洲 哈尔滨市第三中学

郑淑敏（女） 黑河市第五小学

钟　玲（女） 大庆市石化教育中心第一小学

周俊龙 佳木斯市第一中学

周玉华（女） 东北林业大学

朱　博（女） 海伦市第五中学

上海市

史　蓁（女） 上海市莘光学校

周士良 上海市第二初级中学

于基泰 上海市建平中学

陈　绮（女） 上海市上海中学

王桂明 上海市青浦高级中学

张　雯（女） 上海市吴淞中学

陈锡喜 华东师范大学

施索华（女） 上海交通大学

陈大文 上海理工大学

耿绍宁（女） 东华大学

陈红专 上海交通大学医学院

陈竹君（女） 上海市高级技工学校

范康年 复旦大学

龚　彦（女） 浦东新区龚路中心小学

顾锡家 崇明县崇东中学

胡文亮 闸北区青少年活动中心

黄　晨（女） 上海理工大学

瞿新忠 上海市闵行区浦江第三中学

刘定一 华东师范大学第一附属中学

鲁习文 华东理工大学

陆岱月（女） 上海市宝山区培智学校

陆亚芳（女） 同济大学第一附属中学

裴根宝（女） 上海市平乐中学

齐沪扬 上海师范大学

钱毓琴（女） 上海市二十五中学

沈力田 上海市闵行区教师进修学院

宋家骝 上海工商信息学校

田作华 上海交通大学

王　武 上海水产大学

王雅琴（女） 南汇区三灶学校

吴　弘 华东政法大学

吴晓云（女） 上海市共康中学

肖作兵 上海应用技术学院

谢红宝（女） 上海市洋泾中学

徐惠英（女） 上海外国语大学附属双语学校

朱玉萍（女） 上海市城市科技学校

江苏省

陈国兵 高邮市界首中学

房元品　江苏省泗阳实验小学
顾欣菊（女）海门市悦来中学
梁　杰　灌南县中学
王　凌　南京市南湖第二小学
张达富　江苏省响水中学
姚敬华（女）吴江市中学
周顺珍（女）宜兴市张渚高级中学
陈秀强　宿迁市宿城区罗圩中心小学
孟炳忠　江苏省射阳中学
张　凡　江苏省泗阳中学
姚润皋　南京大学
朱冬梅（女）南京师范大学
仓定权　江苏省阜宁中学
曹伯高　江苏省兴化中学
曹兴戈　灌云县板浦中学
陈保乾　盐城市大冈中学
陈大庆　江苏省扬中高级中学
陈　静（女）南京市北京东路小学
陈丽苹（女）启东市永阳初级中学
陈永高　南京师范大学
陈悦南　江苏省南菁高级中学
程　旭（女）淮安市第六中学
范金花（女）苏州市吴中区木渎实验中学
冯　建（女）南通市沿河桥小学
高井祥　中国矿业大学
高明柱　连云港市新坝中学
高志雄　江苏省姜堰中学
葛江文　江苏省经贸高级技工学校
韩英灵（女）沛县初级中学
胡企中　江苏省苏州中学
胡玉娟（女）南京市第二十七高级中学
黄　银　射阳县陈洋中学
季春华　南通市小海初级中学
季自祥　江苏省大丰高级中学
蒋建伟　江苏省前黄高级中学
蒋志良　徐州建筑职业技术学院
景文惠（女）仪征市真州小学
孔令义　中国药科大学
李国庆　徐州财经学校
李淮生　南京市第三十九中学
李　健（女）江苏省无锡通德桥实验小学
李文星　徐州市第七中学
刘　建　江苏省如皋中学
刘金华　丰县大沙河镇李寨初级中学
柳方平　江苏省侯集高级中学
卢国田　扬州市邗江区瓜洲中学
卢金辉　江苏省泗洪中学
苗芝生　邳州市八义集镇中心小学
缪宇虹（女）无锡市五爱小学
彭志祥　常州市西林实验学校
钱红伟　苏州市吴中区太湖实验学校
钱科英（女）无锡新区实验小学
钱文良　常州市武进区湟里高级中学
石　庆　苏州旅游学校
时春华　淮安市钦工中学
树如同　江苏省盐城中学
孙德军　金湖县吕良中学
孙智宏　淮阴师范学院
谭长存（女）新沂市实验学校
汤世东　溧水县永阳镇成人教育中心校
唐英华（女）昆山市新镇中学
陶勑恒　南京晓庄学院
汪　燕（女）连云港师范高等专科学校第一附属小学
王长青　姜堰市娄庄中学
王大章　江苏省盱眙中学
王贵成　江苏大学
王金云　太仓市明德高级中学
王乐平　昆山市锦溪中心小学校
王　梅（女）兴化市中堡镇中心小学
王献章　睢宁县李集中学
王艳辉（女）张家港市沙洲职业工学院
王永强　丹阳高级中学
王玉仁　大丰市新丰中学
吴建英（女）海门市东洲小学
徐长久　连云港市花果山中学
徐思华　江苏省丰县华山中学
徐　岩　江南大学
杨静宇　南京理工大学
殷小平（女）江都市育才中学
殷志忠　泰州市二中附属初中
尹淑梅（女）徐州市苏山初级中学

应汉杰 南京工业大学
于 萍（女） 江苏省栟茶高级中学
袁保金 江苏省睢宁高级中学
张 弘（女） 沭阳县卫星幼儿园
周 建 铜山县柳新镇中心中学
周建洋 清江中学
周 茜（女） 南京市雨花台中学
周晓蕾（女） 无锡连元街小学
朱伟中 启东市教育局教研室
卓成金 江苏省宿迁中学

浙江省

程 红（女） 长兴中学
范 群（女） 嵊泗中学
李春艳（女） 杭州第十一中学
李伟儿（女） 浙江省盲人学校
徐崇德 开化县苏庄镇中心学校
李 琴（女） 平阳县凤卧镇红军小学
许 宏（女） 杭州市学军小学
薛瑞芬（女） 宁海县跃龙教育集团跃龙中学
蔡宗乃 乐清中学
朱秋蓉（女） 杭州市浦沿中学
朱云方 宁波市鄞州中学
周光迅 杭州电子科技大学
徐 骏 浙江警察学院
邹 健（女） 浙江工商大学
陈小东 舟山市定海区第六中学
陈秀华（女） 温州中学
陈优珍（女） 安吉县实验初中
程惠芳（女） 浙江工业大学
戴海林 瑞安中学
范东晖 江山中学
方家鸿 金华市第八中学
方 青（女） 金华市赤松中心小学
费 蔚（女） 杭州市江干区教师进修学校
顾建新 浙江师范大学
黄小梅（女） 温州市建设小学
金永生 杭州第二中学
李 青 中国计量学院
刘为邦 丽水第二高级中学
楼晓明 浙江省磐安中学
吕峰波 嘉兴市第一中学
莫素君（女） 温岭市第二中学
裘建浩 宁波外国语学校
邵爱珠（女） 宁波市幸福苑实验学校
沈 坚 浙江大学
帅学华 温州市瓯海区职业中等专业学校
王国梁 中国美术学院
王 正 台州学院
王治文 浙江教育学院
邬建芬（女） 舟山市岱山实验学校
谢亚芳（女） 平湖市新仓中学
杨丽芳（女） 仙居县第一小学
杨永兴 嘉善县西塘镇中心小学
姚丽雅（女） 庆元县实验小学
叶世祥 温州大学
叶永平 青田县高湖镇中心小学
喻景权 浙江大学
詹国华 杭州师范大学
张 炜（女） 桐乡市高级中学
张贤祺 奉化中学
张 耀 浙江机电职业技术学院
周洪美 义乌大成中学
周雪峰 绍兴县职业教育中心
朱建国 杭州外国语学校
朱晓华 德清县高级中学
卓铭阳 绍兴市第一中学

安徽省

耿新红（女） 灵璧县实验小学
孙秀芝（女） 合肥市第五十中学
任大宝 宣城市职业教育中心
杨祖明 池州市东至县第二中学
周正芝（女） 含山县仙踪中学
董 斌 和县石杨镇中心小学
焦明珍（女） 阜阳市第九中学
徐英柏 淮北市实验高级中学
吴学琴（女） 安徽大学
张 敬 安徽师范大学
蔡年红（女） 黄山市屯溪区新潭中心小学
陈芬萍（女） 合肥学院
陈其韬 安庆市岳西县高级职业中学

陈　新　蚌埠第一中学
程　曦　合肥市肥西中学
董　文　六安市城南中学
郭中干　安庆市岳西县头陀中心学校大枧教学点
何洪志　蒙城县第六中学
胡善风　黄山学院
胡刁之　阜阳师范学院
胡周新　绩溪县伏岭镇中心小学
黄勤安（女）　皖南医学院
蒋华平　亳州市第二高级职业中学
李福华　淮北煤炭师范学院
李广元　淮北市濉溪中学
李奎杰　阜南县第一高级职业中学
李良进　泗县刘圩镇四山中学
梁文珍（女）　安徽中医学院
凌有铸　安徽工程科技学院
刘　兵　安庆市怀宁县雷埠乡中心学校
刘　刚　淮南市第三中学
刘瑞林　蚌埠医学院
刘书超　涡阳县实验中学
刘秀云（女）　宿州市宿城第一中学
马德武　亳州市谯城区大杨中心中学
马育良　皖西学院
钱友祥　蚌埠市五河县双庙职业中学
宋传中　合肥工业大学
孙学会　颍上县耿棚镇淮北小学
田　颖（女）　芜湖工业学校
王凤武　淮南师范学院
王敬波　安庆市潜山县野寨中学
王炬平　六安市金安区卅铺镇史祠小学
王丽萍（女）　宁国市青龙初级中学
王廷虎　无为县教子湾初中
王永庆　阜阳市一中
吴从早　滁州市明光市古沛中心小学
吴明松　六安市舒城第二中学
吴晓天　蚌埠工艺美术学校
吴亚平（女）　庐江县职业与成人教育中心
徐河水　安庆市宿松县程集中学
徐茂林　安庆市望江县望江中学
徐　勤（女）　滁州市来安县新安小学
徐善民　铜陵市郊区马鞍小学
许晓天　合肥市第七中学
宣　沫　肥东县第一中学
闫　华　太和县坟台镇中心小学
杨　斌（女）　芜湖市环城南路幼儿园
袁龙喜　芜湖职业技术学院
张　建　滁州市滁州中学
张久旗　砀山县第五中学
张学光　阜阳市颍东区插花镇二学区中心学校
张训海　安徽科技学院
赵孔辉　六安市金寨县江店高级职业中学
赵振华　滁州学院
郑　超　宿州市埇桥区朱仙庄二铺小学
周孟然　安徽理工大学
周莳田　黄山市徽州区第二中学
朱　艺　滁州市凤阳县临淮中学
祝士乔　利辛县江集高级职业中学
邹元明　霍山县太平畈乡栗树岭小学
左振华　安庆市杨桥中学

福建省

雷贤平（畲族）　古田第一中学
林保平　三明市第二中学
许秋芳（女）　福州市台江区第四中心小学
李志忠　泉州师院附属小学
叶诚良　福州教育学院
郑文锋　泉州市惠安涂寨岩峰小学
綦正芳（女）　福建师范大学
张敏坚（女）　福建医科大学
蔡雪峰（女）　福建工程学院
陈聪颖　厦门双十中学
陈金华　莆田笏石职业中学
陈丽霞（女）　龙岩市中街小学
陈淑慧（女）　漳浦县实验小学
陈挺伟　厦门旅游职业中专学校
陈兴忠　三明市梅列区小蕉小学
范善康　南平市政和县石屯中学
何景福　永泰县岭路乡云山小学
洪亚臻（女）　泉州市南安市教师进修学校
胡方平　福建农林大学
黄宝郊　泉州市晋江安海职业中专学校
黄清柱　泉州市永春教师进修学校

江　燊（女）　福州市仓山区实验幼儿园
李昌荣　松溪县郑墩中心小学
李亚莲（女）　厦门市内厝中学
林奕生　南平市高级中学
刘世良　武平职业中专学校
沈开荣　永定县堂堡中心小学
沈巧珍（女）　福安市下白石中心小学
沈世豪　厦门城市职业学院
汤川玮　福州经济技术开发区职业中专学校
涂景春　三明市农业学校
王俊勇　龙海第一中学
王　庸　武夷山一中
魏诗明　柘荣县第一中学
吴龙忠　南靖县第二中学
吴兴旺　南平市武夷旅游商贸学校
吴泽玉　长汀县南山中学
吴志强　云霄县实验小学
谢友辉　闽清县第三中学
徐庆堂　周宁县泗桥中心小学
徐玉烟（女）　仙游县郊尾中心小学
杨承军（女）　福州实验小学
杨芝萍（女）　漳州职业技术学院
杨忠鹏　莆田学院数学系
叶诚佳　平和县芦溪学区华丰小学
叶红梅（女）　涵江区白塘集奎小学
袁苏雄　霞浦职业中专学校
张启荣　三明市建宁县溪口镇中心小学
郑毓青　莆田第五中学
周文富　三明学院
庄旭美（女）　泉州市惠安县第一中学

江西省

郭　岿　遂川中学
邓　玲（女）　鹰潭市第一小学
张二珠　新余市渝水区新甫小学
雷　莉（女）　南昌市松柏小学
刘平建　江西公安专科学校
陈定财　宜春市袁州区慈化镇花园小学
陈日新　江西中医学院
陈　胜　湖口县屏峰中学
陈文辉　东乡实验中学
陈永生　南昌县向塘实验学校
程爱良　万年中学
丁锦标　安远县中等职业技术学校
付胜祥　临川第二中学
龚晓洛　丰城市第二中学
郭江槐　江西大宇职业技术学院
黄彩平　兴国县平川中学
黄秀华（女）　乐平市第三中学
琚红旗（女）　资溪县马头山镇中心小学
况　庆　高安市龙潭镇初级中学
乐长高　东华理工大学
李开鹏　崇义县上堡中学
廖　频　南昌大学科学技术学院
林学英（女）　宜春市第三中学
刘　昌（女）　南昌市育新学校
刘　荔（女）　南昌师范附属实验小学
刘凌云　永丰县第二中学
刘浔赣　龙南中学
刘自亮　九江市职业中等专业学校
鲁世强　南昌航空大学
吕冬明　婺源县许村中学
罗万青　定南中学
罗亦奇　江西师范大学附属中学
聂健如　新干县城北学校
饶水贵　广昌县千善乡初级中学
邵新忠　黎川县第二中学
石　磊　江西省医药学校
史　洁（女）　景德镇市第十七小学
舒　俊　南昌市第一中学
谭厚坚　任弼时中学
唐昱喜　井冈山市龙江初级中学
王　芸（女）　华东交通大学
谢真东　弋阳县漆工乡中心小学
熊贻华　武宁县横路丰良教学点
徐洪春　铅山县第一中学
徐有运　万年县职业教育中心
叶存洪　江西教育学院
余富兴　余干中学
余敏祥　吉安市第一中学
曾宪赵　奉新县柳溪学校
张　斌　南昌市第二中学

张全福　江西省通用技术工程学校
钟起平　瑞金市第三中学
周登峰　彭泽县和团中心完小
周菁霞（女）横峰县葛源中学
朱曼璟（女）　南昌市豫章路小学
左德鸿（女）　萍乡市第四中学
左和平　景德镇陶瓷学院

山东省

安殿民　山东金乡第一中学
付　军（女）　聊城第三中学
关　茜（女）　青岛26中
郝翠娟（女）烟台第二中学
李卫红（女）　济南第三中学
李秀莲（女）　枣庄市峄城区阴平镇金陵寺中学
刘秋元　成武第一中学
王庆钦　临沭县石门镇前庄完小
王秀红（女）　德州市第五中学
尹德玲（女）　青州市王坟小学
赵红梅（女）　泰安市肥城市泰西中学
陈　静（女）　威海市环翠国际中学
李春芬（女）　烟台市莱阳市赤山小学
李　芝（女）　日照市第二实验小学
王爱岭　博兴县第二中学
崔军华（女）　莱芜市钢城区朱家庄小学
马悦辉　济南市历城第二中学
毛玉振　兖州市实验高级中学
王玉兴　临清市第二中学
辛增荣（女）安丘市英华双语学校
巴新燕（女）　滨州市沾化县冯家镇中心小学
曹秋玲（女）临邑县翟家中学
车　华（女）东明县第一中学
陈　凤（女）泰安市东岳中学
陈　杰（女）　青岛第六十一中学
陈　文（女）　青岛市崂山二中
陈晓兰（女）　山东财政学院
崔如民　禹城市职业中专
刁默君（女）　聊城市第七中学
丁　元　郓城第一中学
董广海　定陶县第二中学
董　明　泰安市新泰市第二中学
董占军　山东工艺美术学院
杜文安　沂源县历山中学
范　辉　山东工商学院
高德福　山大华特卧龙学校
耿彩娜（女）　曹县桃源集镇五大庄小学
郭祥勇　潍坊市寒亭区第一中学
郭育晖（女）　青岛台东六路小学
韩进宏（女）　山东理工大学
韩新芳（女）　聊城市冠县贾镇中学
侯代平　济宁市实验中学
黄道青　苍山县第一中学
黄　勇　聊城大学
焦成鸽（女）　曹县第一中学
金永超　枣庄市第四十中学
寇介芳（女）　五莲县第三中学
李安县　鱼台一中
李常立　山东泰安东平县州城镇第一中学
李红梅（女）　烟台市福山第一中学
李洪忠　沂水县第一中学
李金山　泰安英雄山中学
李奎花（女）　郯城县第一实验小学
李　丽（女）　潍坊商业学校
李鸣琴（女）　烟台市栖霞市翠屏街道第一初级中学
李兴兰（女）　菏泽市开发区岳程办事处中心小学
李养杰　济南市济钢高级中学
李允富　寿光市第二中学
李志朋　济宁市育才中学
刘宝海　临朐第四中学
刘红霞（女）　东营市广饶县花官乡中心小学
刘家义　山东中医药大学
刘可明　滨州市惠民县石庙镇梁家小学
刘孟安　滨州医学院
刘升超　邹城市第六中学
刘素文（女）　山东轻工业学院
刘同海　青岛市胶南市第八中学
刘晓华（女）　临沂市莒南县十字路镇第一初级中学
吕明武　青岛市经济技术开发区第一中学
吕　谋　青岛理工大学

毛凤山　高密市第一中学
潘庆杰　青岛农业大学
曲本锋　烟台市龙口职业中等专业学校
阮澍铭（女）　烟台大学
孙　健　山东体育学院
孙勤枢　济宁医学院
汪传生　青岛科技大学
王爱国　山东经济学院
王春英（女）　临沂市罗庄区盛庄办事处中心小学
王德君　临沂市河东区实验小学
王凤斌（女）　潍坊医学院
王桂春（女）　济南西藏中学
王红梅（女）　东明县东明集镇中心学校
王郡华　临沂师范学院
王乐收　潍坊第四中学
王立军　东营市胜利第二中学
王世慧（女）　山东艺术学院
王守海　昌乐县尧沟镇中学
王小春（女）　陵县丁庄乡中心小学
王　燕（女）高唐县职教中心
魏　琴（女）　济南大学
咸　慧（女）　临沂第六中学
徐法英（女）　临沂市职业技术教育处
徐延明　日照市岚山区高兴镇初级中学
燕乐法　东营市第一中学
杨传路　鲁东大学
杨晓香（女）　滨州市滨城区第一中学
杨志杰　嘉祥县第三中学
伊茂学　桓台第二中学
于爱莲（女）　泰山医学院
于　海　威海市乳山市金岭中学
于京尧　即墨市第二中学
于美霞（女）　昌邑市饮马镇杨屯小学
于　伟　烟台市牟平第一中学
张大勤　平邑县第一中学
张海华（女）　文登第三中学
张立新（女）　济南市小辛庄小学
张学爱　济南市商河县实验中学
张兆端　山东警察学院
赵洪金　德州市实验中学
赵连运　费县职业中专学校
周　勇　枣庄市第四十一中学
周喆直　济宁市十三中
朱红霞（女）　淄博市淄川区峨庄乡中心学校
朱美云（女）　青岛胶州市杜村镇杜村小学
朱启礼　单县第二中学
朱玉荣（女）　潍坊第三中学

河南省

侯定旺　南阳市唐河县城关镇第一小学
李正勤（女）　郑州市第六十一中学
刘　红（女）　郑州市惠济区东风路小学
马彩枝（女）　焦作市第十七中学
吴运伟　信阳工业学校
许艳新（女）安阳市第八中学
杨殿勇　商丘市第一高级中学
周耀威　漯河市召陵区召陵镇第二初级中学
周永奎　周口市淮阳中学
郭朝云　镇平县雪枫中学
李俊杰　郏县二高
卢焕民　舞钢市实验小学
张新杰　新密市第一高级中学
金绪泽　河南师范大学
陈业宏　新乡师范高等专科学校
张洪良　河南理工大学
卜喜军　尉氏县第三高级中学
曹中潭　南阳市方城县第五高级中学
陈维国　潢川幼儿师范学校
成宝琴（女）郑州市金水区文化路第一小学
程露萍（女）　南阳市第十三中学
程天海　南阳市淅川县第一高级中学
崔立志（女）　南阳市桐柏县城关镇第一小学
邓会玉（女）　济源市北海办事处纸坊小学
董联军　南阳市西峡县第一高级中学
董　鑫　民权第一高级中学
范玉华（女）　平顶山财贸学校
范云霞（女）　伊川高中
高东升　长垣十中
高建森　登封市实验高级中学
高新战　许昌学院
耿国鸣　河南省实验幼儿园

耿相真（女） 河南省民政学校
龚新亮 周口市教育局基础教育教研室
郭建理 上蔡县第二高级中学
郭巧菊（女） 郑州电力高等专科学校
郭仙菊（女） 三门峡灵宝市朱阳镇中心小学
郭新峰 安阳市第一中学
郭义元 泌阳县泌水镇中心学校
韩中强 息县第一高级中学
侯锋道 鹤壁市山城区第十九中学
侯现增 长葛市第一高级中学
黄金书 南阳师范学院
靳磊华 嵩县第二高级中学
雷 鹏（女） 河南科技学院
李国英（女） 宝丰县第二高级中学
李群力 鹤壁职业技术学院
李士田 周口市郸城县经委中学
李雪琴（女） 栾川县第三实验小学
李亚萍（女） 洛阳市孟津县县直中学
李艳玲（女） 林州市姚村镇上陶学校
连喜莲（女） 焦作市第十五中学
林建才 辉县市第一高级中学
刘炳英（女） 郑州市第四十二中学
刘广运 商丘市睢县高级中学
刘 夏（女） 许昌市古槐街小学
刘晓红（女） 安阳市内黄县第一中学
柳玉朝 邓州市第一高级中学
鲁祖义 南阳市第十二小学
罗洪智（女） 清丰县实验初级中学
马国亮 河南机电高等专科学校
马晓辉（女） 濮阳县第二实验小学
苗 琛 河南大学
聂建斌 中原工学院
牛慧丽 新乡市育才小学
秦 永 新郑市第一中学分校
上官留锁 渑池县坡头乡茹窑学校
邵巧敏（女） 开封市东郊中学
宋耀民 许昌市襄城县实验高中
孙群杰 驻马店市第八中学
孙文平 罗山县高级中学
陶文言（女，满族） 新乡白鹭化纤集团公司子弟学校
田瑞华（女） 濮阳市南乐一中
汪莉芳（女） 开封市第二师范附属小学
王 志 郑州43中
王丙建 鄢陵县第一高级中学
王福亮 夏邑县第一高级中学
王红艳（女，回族） 汝南县汝宁镇第三小学
王宏芳 平顶山市第二十八中学
王 俊 周口市第一高级中学
王利红（女） 郑州航空工业管理学院
王树勋 新乡市延津县胙城乡初级中学
王秀菊（女） 周口市川汇区教体局教研室
王永芬（女） 郑州牧业工程高等专科学校
吴建华 河南职业技术学院
吴新华 河南正阳高级中学
吴泽云（女） 商城县职业高中
武学哲 安阳市滑县第一高级中学
相兴玲（女） 新安县磁涧镇第一初级中学
谢 昭 濮阳县第三中学
徐玉凤（女） 河南广播电视大学
闫福林 新乡医学院
杨碧成 漯河市第四高级中学
杨素云（女） 永城市实验中学
尹爱霞（女） 焦作市温县赵堡镇初级中学
于祥杰 周口师范学院
于星群（女） 信阳市新县高级中学
袁付顺 安阳师范学院
张国栋 商丘市民主路第二小学
张良萍（女） 淮滨县实验小学分校
张梅兰（女） 西平县高级中学
张同斌 河南工业大学
张现周 河南师范大学
赵洞生 平舆县万家乡第一初级中学
赵红霞（女） 洛阳市第二十三中学
赵美玲（女） 开封市第二十七中学
赵善志 商丘市第二高级中学
郑丙彦 河南省实验中学
郑 红（女） 郑州大学
郑新霞（女） 新乡市卫滨区化工路小学
周法根 扶沟县高级中学
周淑萍（女） 太康县毛庄一中
朱长山 周口市商水县化河乡第一初级中学

朱英萍（女）　中州大学
祝清华（女）　虞城县第一初级中学

湖北省

常皓明　咸丰县第一中学
邓格枝（女）　武汉市黄陂区前川一小
耿　涛（女）　神农架林区实验初级中学
屈红燕（女）　襄樊市第七中学
王楚兵　蕲春县第一高级中学
邹正明　大冶市第一中学
付　慧　十堰市房县第一中学
万爱萍（女）　枝江市一中
严少林　武穴市武穴中学
华林飞　武汉市第十一中学
李洪祥　天门市干驿镇初级中学
周克文　荆门市东宝区象山小学
杨洪林　武汉科技学院
边红平　武汉市武钢三中
蔡文林　武汉市汉南第一中学
陈金明　云梦县第一高级中学
陈立学　江汉油田广华中学
陈　锐　英山县第一中学
陈万勤　湖北襄樊市第35中学
戴国乔　罗田县第一中学
丁秋武　京山县一中
董美南　阳新县浮屠镇华道完全小学
杜胜安（女）　公安县第一中学
杜支万　宜昌市夷陵区鸦鹊岭高中
范汉成　湖北美术学院
范献龙　神农架下谷中心学校
高德会（女）　宜都市聂家河镇中心小学
耿协凯　红安县两道桥中学
何士兵　天门市职业技术教育中心
胡安梅（女）　郧西县湖北口回族乡桃园沟小学
胡　媞（女）　武汉市武昌实验小学
黄敦全　谷城县南河镇温坪中心小学
黄健红　襄樊市职业中专学校
蒋记刘　黄梅县八角亭中学
李代珍（女）　荆门市职业中等专业学校
李冬生　湖北工业大学
李咸善　三峡大学
林　涛　潜江市园林高级中学
刘本洲　恩施市实验小学
刘　飞　武汉市盲童学校
刘文斌　鄂南高中
楼一珊　长江大学
卢圣龙　洪湖市第一中学
罗家忠　荆门市沙洋县沙洋中学
罗　俊　华中科技大学
罗秀萍（女）　武汉市卓刀泉中学
马荷花（女）　鄂州市新庙镇文塘小学
毛耀南　武汉市新洲区第四中学
闵国明　广水市应山办事处中心中学
聂　虹（女）　湖北省实验幼儿师范学校
欧阳冰　汉川市第一高级中学
潘传振　江陵县第二高级中学
彭桂云（女）　孝昌县邹岗中学
乔长英（女）兴山县职业教育中心
孙　杰　十堰市郧县大柳乡天井山初级小学
田清杰（女）　荆州市江陵中学
万先荣　南漳县薛坪镇初级中学
汪海涛　团风县团风中学
王继焕（女）　武汉工业学院
王建军　荆州市沙市区红星路小学
王　伟　孝感生物工程学校
魏汉萍（女）武汉音乐学院
温　力　武汉体育学院
吴传生　武汉理工大学
吴怀宇　武汉科技大学
吴能文　鄂州高中
吴显品　武汉经济技术开发区第一中学
吴志光　崇阳县第一中学
伍国华　松滋市刘家场小学
熊贵忠　随州市曾都区第四中学
熊慧群（女）　武汉市江夏区赤矶中学
熊忠武　湖北第二师范学院
徐高本　大悟县第一中学
许汉林　湖北中医学院
许正敏　襄樊职业技术学院
杨谷田　孝感市孝南区朱湖初级中学
余竹兰（女）　黄石中等专业学校
袁家亮（女）　宜昌市远安县外国语学校

张怀强　襄樊市襄阳区张湾镇红星村小学
张玉高　宜城市第一中学
郑　昭（女）　仙桃市实验小学
朱小丽（女）　武汉市东西湖区吴家山一小
朱玉清（女）　当阳市庙前镇中心小学

湖南省

黄植芳（女）　衡阳市雁峰区中南路小学
刘贞健　郴州市安仁县第三中学
彭放蓓（女）　株洲市第十三中学
伍菊萍（女，土族）张家界市桑植县洪家关乡八一希望小学
张小广　岳阳市汨罗市第一中学
曹艳丽（女）　郴州市资兴聋哑学校
王定根　益阳市桃江县第四中学
杨素群（女）长沙市岳麓区高新博才寄宿小学
曾淑琼（女）　永州市第四中学
陈　久　邵阳学院
蔡少铿（女）　湖南公安高等专科学校
陈　挚（女）　益阳市南县第一中学
陈海波　郴州市郴州工业学校
陈志标　郴州市临武县西瑶乡桃源坪民族学校
董明辉　湖南文理学院
杜登高　常德市临澧县第一中学
段春艳（女）衡阳市常宁市胜桥镇大塘完小
方翠英（女）　岳阳市第三中学
费希斌（瑶族）永州市江华瑶族自治县江华二中
冯　伟　岳阳市湘阴县第一中学
龚林荣　永州市祁阳县职业中专
桂卫华　中南大学
贺熙德　衡阳市第八中学
侯建国　长沙市长沙县实验中学
胡群武　长沙市宁乡县实验中学
华玉凤（女）　邵阳市五中
黄贤明（回族）湖南工业大学
黄忠何（苗族）邵阳市城步苗族自治县第一民族中学
江清明　益阳市沅江市第三中学
李恩普　益阳市箴言中学
李寿佛　湘潭大学
李曙光　岳阳市临湘市第二中学
李雄飞　株洲市攸县第三中学
李宇峙　长沙理工大学
廖冬云　常德市鼎城区第一中学
廖湘楚　衡阳市衡东一中
林菊娥（女）娄底市工贸职业中专
刘建春　常德市汉寿县月明潭中心学校
刘金国（侗族）怀化市芷江侗族自治县芷江一中
刘金旺　湖南科技大学
刘邵军　娄底市新化县第一中学
刘永跃　邵阳市绥宁县第二中学
龙　平　衡阳市珠晖区实验小学
满家云（女，苗族）怀化市靖洲苗族侗族自治县第一中学
彭伏尧　长沙市天心区黄兴小学
蒲和清（苗族）怀化市新晃县新晃镇三完小
邱葭菲　衡阳财经工业职业技术学院
邱小燕（女）长沙市开福区清水塘小学
石俊英（女，苗族）湘西自治州龙山县民安一小
石振欢　娄底市涟源市第一中学
宋国芳（女）湖南交通工程职业技术学院
谭启荣　常德市津市市第一中学
谭晓燕（女）　湘西民族财会学校
谭玉文　衡阳市耒阳沙明高峰小学
汤美群（女）　湘潭市工业贸易中专学校
唐明再　怀化市溆浦县第一中学
陶莉莎（女）益阳市人民路小学
滕召胜（苗族）　湖南大学
仝显顺（蒙古族）永州市宁远县第一中学
汪美玲（女）衡阳市实验小学
王常龙　邵阳市武冈市二中
王燕山（女）湘潭市湘乡市第一中学
吴　龙（达斡尔族）长沙医学院
吴名昶　张家界市武陵源区第一中学
吴秀山　湖南师范大学
吴章文（女）　中南林业科技大学
肖岩顺（苗族）　湘西自治州永顺县第一中学
谢晓初　娄底市冷水江市第六中学
熊和平　永州市双牌县第二中学

徐桂荣（女，土家族）　吉首大学师范学院
杨梅芳（女）　常德市武陵区北正街小学
杨山高　岳阳市华容县第一中学
姚精兵　益阳市安化县职业中专
袁利盛　郴州市汝城县第一中学
袁章军　长沙市浏阳市第一中学
袁作钰　永州市东安县第一中学
赵灵玲（女）　邵阳市大祥区沙井头小学
周仁仪　湖南商学院
周文迪　长沙市长沙县职业中专学校
朱爱朝（女）　长沙市芙蓉区育英学校
朱健来　娄底市第一中学
邹冬生　湖南农业大学
邹忽明　岳阳市平江县启明中学

广东省

陈伟斌　汕头市金山中学
李　娟（女）　广州市越秀区朝天路小学
彭志彬　罗定市素龙中心小学
巫郁兰　深圳实验学校
薛淑銮（女）　潮州市潮安县浮洋六联小学
杨　斗　广州市第六十五中学
白惠冰（女）　佛山市南海区南海中学
黄彩珍（女）　阳江市阳东实验学校
黄锦强　惠州市小金口中学
孟宪萍（女）　佛山市顺德区大良镇西山小学
林冬妹（女）广东水利电力职业技术学院
甘乃添　广东工贸职业技术学院
敖建大　阳江市第一职业高级中学
蔡丽花（女）　湛江市徐闻县南山镇长乐小学
蔡艳萍（女）　惠州市南坛小学
陈春燕（女）清远市清城区第一中学
陈道恒　阳江市海陵区海陵镇平章小学
陈峰丽（女，壮族）广州市番禺区培智学校
陈　杰（女）　广东省民政职业技术学校
陈小英（女）　鹤山市鹤华中学
成建武　连州市保安中学
程小鸥　梅州市丰顺中学
崔德銮　广东粤剧学校
范劲松　佛山科学技术学院
房竞业　梅州市大埔县虎山中学
郭爱民（女）　汕头林百欣科技中专
郭柏春　嘉应学院
何继扬　清远市佛冈县第一中学
何祖东　茂名市茂港区大同初级中学
贺海峰　深圳市福田区新莲小学
胡开初　梅州市丰顺县汤西中心小学
黄国林　云浮市云安县云安中学
黄荣胜　廉江市石颈镇大田小学
黄少君（女）　揭阳市揭东县白塔镇玉陇小学
黄滕娇（女）　河源市龙川县岩镇山池小学
黄卫华（女）　佛山市第一中学
黄友华　潮州市饶平县华侨中学
江　桥　韶关市乳源瑶族自治县乳源中学
赖南星　梅州市五华县河东镇黄坑小学
黎孔锋　肇庆市怀集县大岗镇谭珠小学
黎秋红（女）　梅州市梅县松口镇松南小学
黎文超　茂名市第九小学
李　方　湛江师范学院
李锦雄　南雄市湖口镇华夏新逐小学
李立新　广东白云学院
梁淑娴（女）　从化市流溪小学
梁素娴（女）　恩平市横陂镇中心小学
梁　添　梅州市梅江区作新小学
林金花（女）　雷州市松竹镇中心小学
林　玲（女）　广东省外语艺术职业学院
林燕华（女）　汕头市潮阳区和平中寨小学
林友利　阳春市岗美镇那漠小学
刘　舸（女）　广东省环境保护职业技术学校
刘辉容（女）　河源市紫金县乌石镇荷光小学
刘仲泉　揭阳市揭西县河婆河东小学
罗桂文　广州市旅游商贸职业学校
罗健东　广州医学院
罗静芳（女）　汕头市南澳县后宅镇中心小学
穆　红（女）　星海音乐学院
潘伙生　清远市清新县第一中学
潘绮萍（女）　佛山市三水区河口小学
彭小沙（女）　广州美术学院附属中等美术学校
钱　华（女）　江门市第一中学
施向添　汕尾市海丰县大湖镇湖仔小学
宋静波　广州民航职业技术学院
王金养　韶关市翁源县新江镇油溪小学

王景华　湛江市遂溪县城月镇高古塘小学
王　珊（女）　肇庆市端州中学
温　和　惠州市第一中学
温　晖（女）　广州市第二中学
邬丽玲（女）　肇庆市鼎湖区沙浦镇中心小学
毋福海　广东药学院
吴伦学　湛江市实验中学
吴章炬　廉江市廉江中学
肖胜中　广东农工商职业技术学院
谢石冲　英德市东华镇（黄陂）东升小学
徐武刚　梅州市蕉岭县蕉岭中学
阎长娥（女）　珠海市第一中学
颜进棠　惠州市博罗县园洲中学
杨安旗　茂名市信宜中学
杨水清　吴川市塘缀中心小学
杨　亭　广东省理工职业技术学校
杨玉明（瑶族）　韶关市始兴县沈所镇民族学校
于逢明　肇庆市肇庆中学
曾福辉　广东省高级技工学校
曾金财　清远市阳山县江英镇黄坭塘小学
曾祖剑　韶关市翁源县翁源中学
张常红　中山市石岐区北区中学
张光云　湛江市徐闻县徐闻中学
张结昂　开平市第一中学
张文燕（女）　广州市第一幼儿园
赵焕强　珠海市斗门区第一中学
赵玉屏（女）　佛山市高明区更合镇合水小学
郑文佳　揭阳市惠来县慈云实验中学
钟军红（女）　广东技术师范学院
周焕油　增城市新塘镇仙村中学
周　谨（女）东莞市第一中学
周　凌（女）　广东理工职业学院
周巧莲（女）　高要市乐城镇仙仁坑小学
朱培坤　罗定市廷锴纪念中学
朱如葆　东莞市石龙中学
庄秀屏（女）　汕尾市城区新港街道中心小学
邹宇珍　河源市紫金中学

广西壮族自治区

方　慧（女）　南宁市第十四中学
付小燕（女）　崇左市凭祥镇中心小学
梁　宇　北流市高级中学
麦筱林（壮族）来宾市忻城县大塘镇第二初级中学
王　静（女）　柳州市第一中学
花芳泰（女）　北海市合浦县党江镇中心小学
廖开宁　钦州市小董中学
吴凤清（女）　陆川县马坡镇中心小学
谭培文　广西师范大学
韩广梅（女）　广西医科大学
闭柳蓉（女，壮族）　柳州市第一职业技术学校
蔡前德　钦州市第二中学
陈恒坚（女）　岑溪市第二小学
杜小鹭（女）　南宁市人民路东段小学
甘容娟（女）平南县平南镇中心小学
桂　华（女）　桂林市榕湖小学
胡曼如（女）　南宁市天桃实验学校中学部
黄金丹（壮族）　来宾市兴宾区五山乡六贝小学
黄　丽（女，壮族）河池市金城江区实验小学
黄平化（壮族）　崇左市天等县城关小学
黄献英（女，壮族）南宁市西乡塘区秀田小学
黄雪英（女）　百色市右江区大楞乡龙和小学
黄以杰　桂平市浔州高中
蒋德明（瑶族）　防城港市防城区那梭镇小学
蒋小宏（女）　桂林市七星幼儿园
蓝广标（壮族）　桂平市紫荆镇花雷小学
李佳茂　贵港市高级中学
李江泳（女，壮族）　南宁市盲聋哑学校
李艳华（女）　柳州市第二职业技术学校
廖先祥　柳州市教育科学研究所
凌小冰（女）　南宁市第四职业技术学校
刘　智（女）　桂平市逸夫实验小学
刘彦臻（女）　柳州城市职业学院
刘祖莲（女）　钦州市灵山县实验小学
龙立祥（壮族）　象州县运江中学
罗　聪（女）　玉林市陆川县第一小学
罗德凤（女）　合浦县教育局教研室
罗永保（壮族）巴马县高级中学
蒙　坤（壮族）　百色高级中学
欧阳群壮（瑶族）　桂林市第十八中学
潘扬文（壮族）　扶绥县特殊教育学校
庞继广　玉林市博白县博白镇第一小学

彭　红（女）　桂林市育才小学

容小玲（女）　钦州市浦北县实验小学

石秋香（女，壮族）　宜州市第二小学

覃彩莉（女，壮族）　南宁市马山县加方初级中学

覃干超　广西师范大学

覃素琴（女，壮族）　河池市环江毛南族自治县第一中学

覃晓云（女，壮族）　贺州市八步实验小学

唐高华　广西师范学院

唐凯英（女，壮族）　防城港市上思县思阳镇中心小学

王　瑾（女）　博白县中学

韦秀红（女，壮族）　柳州市柳城县龙头镇佳用希望小学

吴卓红（女）　贵港市覃塘区樟木中心小学

吴晓刚（侗族）　柳州市三江县林溪乡中学

徐远飞　贺州市八步区贺街镇双莲小学

阳志清　桂林市教育科学研究所

张永红（女）　南宁地区机关保育院

赵善民（壮族）　广西右江民族医学院

周桂红（女，壮族）　百色市平果县第一小学

周胜群（女）　桂平市西山镇碧滩小学坪冲分校

海南省

陈　明　五指山市农垦实验中学

潘美娟（女）　文昌市华侨中学

吴雪霞（女）　五指山市第一小学

陈吉灵　澄迈县澄迈中学

陈立刚　万宁市万城镇北坡中学

黄忆军　海南师范大学

符成彦　海南大学

曾　武　海南医学院

符史云　文昌市公坡办事处英敏小学

符元万　儋州市那大中学

黎　明　保亭县新政镇初级中学

李春桂（女）　屯昌县乌坡镇中心小学

利庆海　白沙县第一小学

麦泽荣　东方市板桥镇中沙小学

孙定锋　乐东县乐东中学

孙定兴　昌江县昌江中学

颜业岸　琼海市嘉积中学

张　峭　海南省高级技工学校

郑绪国　陵水县椰林镇建设路中山小学

重庆市

卢德容（女）　璧山县保家小学校

谭周永　巫溪县中学校

唐晓玲（女，土家族）　重庆市南开中学校

钟　轶（女）　渝中区第一实验小学

卢本康　重庆市清华中学

张达勇　重庆市铜梁一中

余章华　重庆三峡学院

魏光辉　重庆医科大学

张善英（女）　重庆文理学院

岑学鹏　丰都县武平镇中心校

陈发平　垫江中学校

陈仕田　奉节县朱衣镇砚瓦小学分水村小

陈中文（土家族）　石柱中学校

陈宗银　潼南县小渡镇青云小学校

邓　伟　重庆市第十八中学

段治德　荣昌县盘龙镇云台村小

胡泽芳（土家族）　黔江区鹅池镇中心小学校

蒋理进　重庆市双桥中学

李明素（女）　回龙坝镇中心小学

刘寅齐（女）　重庆科技学院

罗家琮（女）　重庆文理学院附属中学校

罗砚耘　万州武陵中学

毛　伟　重庆市第三十七中学校

聂海英（女）　重庆市旅游学校

庞茂琨　四川美术学院

冉从琼（土家族）　酉阳县南腰界乡大坝村小

冉泽明　长寿区第一实验小学校

石　坚　重庆市工业学校

孙光成　城口县双河乡天星村小学

孙　虹（女）　重庆市第七中学

汤国民　大足县珠溪中学

陶　忠　云阳县凤鸣中学

田维敏（女）　綦江县永新镇紫荆学校

王　平　重庆邮电大学

杨克选　开县南雅镇书香中心小学

余昭霞（女）江津区付家学校

张希希　重庆师范大学
张　晓（女）　北碚区朝阳小学校
张学毅　万盛区田家炳中学
张　勇　南川中学校
张勇国　杨家坪中学

四川省

江建华（女）　德阳外国语学校
廖　霞（女）　康定县藏文中学
刘贵凤（女，藏族）　汶川县映秀镇渔子溪小学
潘建春（女）　内江市第二中学
魏振云　雅安市雨城区第七中学
伍小波（女）自贡市荣县旭阳镇西街小学校
周学静（女）　成都市实验小学
柳映昌　凉山州西昌市川兴镇小学
苏思容（女）资阳市雁江区杨柳初级中学
吴明禹　绵阳市南山中学
陈长河　遂宁市大英中学
向文利　广安市岳池县秦溪小学校
杨正龙　乐山市第一中学校
朱云生　攀枝花学院
侯德芳（女）西南财经大学
马　涛（女）　四川大学
柏子富　达县福善初级中学
蔡秀兰（女）　乐山外国语学校
常中光　德阳中江县联合镇中心学校
车振明　西华大学
陈代发　遂宁市三家中学
陈　富　乐至中学
陈　刚　成都市特殊教育学校
陈　健　邻水县邻水中学
陈仁忠　攀枝花市盐边县渔门中学
陈润良　威远县新场中学
陈晓梅（女）　宜宾县二中
程宗杰　平昌县镇龙中学
邓红梅（女）　广元市利州区杨家浩小学
邓玉高　南部县太霞乡小学
杜光全　旺苍职业中学
冯　军　蓬溪中学校
冯蓉波　攀枝花市第三高级中学
冯　勋　绵阳外国语学校
冯永忠　四川国际标榜职业学院
高元彬（女，藏族）　丹巴县中学
何　斌　南江县小河职业中学
何昌淑（女）　华蓥市观音溪初级中学
何道清　西南石油大学
胡北川　四川江油工业学校
胡洪军（藏族）　阿坝州马尔康中学
胡文斌　南充市嘉陵区龙岭小学
黄　楠　西南交通大学
黄显钦　射洪中学校
黄以民　南溪县第一中学校
江蓉秋（女）　成都铁路运输学校
蒋亚东　电子科技大学
李华志（女）　成都电子机械高等专科学校
李黎明　南充市职业技术学院附中
李庆九　乐山市峨眉山市绥山镇第三小学
李世荣　罗江县德安明德小学
李素芬（女）　崇州市怀远中学
李维兵　泸州市师范附属小学
李卫萍（女）　雅安市荥经县严道一中
李以渝　四川工程职业技术学院
刘海洋　达州市开江县任市中学
刘胜富　大竹中学
毛　学（彝族）石棉县擦罗乡晏如村小学
欧家建　万源市大沙学校
潘甫强　古蔺县古蔺镇椒坪营上村小
秦　练（女）长宁县竹海初级中学校
饶代彬　泸州市龙马潭区齐家学校
沙全文（女，回族）　凉山州西昌市红旗幼儿园
舒　镜（女）　眉山市彭山县青龙镇第一小学
宋　军　通江县空山乡中心小学校
苏俊清（女）　简阳中学
孙荣虎　内江市第十二中学
唐明生　阆中市洪山初级中学校
唐　亚　四川大学
田秀敏　广安市友谊中学
汪国蓁（女，布依族）　会东县淌塘区新田小学
王文灿　自贡市蜀光中学校
王晓菊（女）攀枝花市米易县第一小学
王学才（藏族）　阿坝州小金县美兴中学校
夏　虹（女）成都市盐道街小学

向贵超 巴中市第二中学
谢学强 康定民族师范高等专科学校
谢元鲁 四川师范大学
谢正武 康定中学
熊永伦（苗族） 兴文县大坝苗族乡小寨小学
许 勇 成都七中
杨方秀（女） 自贡市沿滩区逸夫小学校
杨 平 绵阳市富乐实验中学
杨习奎 广元市朝天区羊木初级中学
杨 椰 宜宾市翠屏区南广镇文星基点校
杨忠秀（女，彝族） 西昌学院
叶 皓 绵阳市三台县芦溪中学
尹达卿 资中县马沿小学
余菊芬（女） 乐山市职业技术学院
余琼英（女） 温江区和盛中学
余树军 青神中学
俞永一 成都市新都区大丰小学
张 莉（女） 自贡市盲聋哑学校
赵国英（女） 眉山市丹棱县唐河小学
赵兴俊 南充高级中学
郑亚琼（女） 眉山市第一小学
周昌国 安岳实验中学
周大薇（女） 成都农业科技职业技术学院
周厚继（彝族） 凉山州盐源县职业中学
周家明 渠县中学
周久华 德阳市黄许职业中专学校
周林芳（女） 蒲江县职业中学
邹 鲁 泸州市泸州二中

贵州省

黄德敏（女，布依族） 黔西南州安龙县平乐乡龙蛇小学
邹 颖 六盘水市水矿一中
秦忠荣（女） 安顺市第二小学
白明政（布依族） 贵州民族学院
杨德琴（女，壮族） 遵义医学院
陈道学 毕节地区黔西县第三中学
陈秀兰（女） 贵阳市花溪区青岩镇中心完小
崔德虎（土家族） 铜仁学院初等教育分校
邓福源 贵州省建筑材料工业学校
丁 芳（女） 贵阳市教育科学研究所
方 颖（女） 贵阳医学院
顾晓艳（女） 黔南民族师范学院
韩明忠 毕节地区毕节市燕子口中学
黄碧红（女，苗族） 铜仁地区玉屏侗族自治县印山民族小学
黄顺权（苗族） 铜仁地区思南县第三中学
姬 宁（彝族） 六盘水市水城县玉舍乡舍戛学校
雷国成（苗族） 黔东南州黄平县谷陇镇板细小学
雷良银 贵阳市清镇市第十二中学
李 峰 黔南州福泉中学
李梦花（女，苗族） 铜仁地区特殊教育学校
刘 芳（女，侗族） 黔东南州天柱县白市小学
刘运辉（女，苗族） 黔东南州麻江县第二中学
罗 静（女） 安顺市平坝县白云镇新场小学
罗明梅（女，布依族） 黔南州瓮安三中
罗文帝 安顺学院附属中学
罗 旭 贵航高级技工学校
罗亚薇（女） 遵义市绥阳县育红小学
罗 勇（哈尼族） 遵义市余庆县余庆中学
罗元良（布依族） 黔西南州册亨县民族中学
麻明贵（苗族） 铜仁地区桃松县蓼皋镇第二完小
马仲凡（回族） 毕节地区威宁县中水中学
蒙文星 毕节地区纳雍县寨乐乡中心学校
彭佑举 毕节地区大方县中路中学
邱国俊（女） 黔西南民族职业技术学院
石金志（仡佬族） 遵义市第四中学
宋邦华（女） 贵州省六盘水市六枝特区第一小学
田 杰 黔西南州兴仁县兴仁一中
王国华（苗族） 黔东南州雷山县达地水族乡小乌小学
王 宁（女） 遵义市第五中学
王小月（女） 贵阳市第一中学
吴人和（布依族） 黔南州罗甸中等职业学校
徐 娟（女） 遵义师范学校
杨秀怀（侗族） 黔东南州榕江县乐里中学
袁 曜 贵阳市修文中学
袁泽铭（女） 遵义市仁怀市第一中学

曾双全　毕节地区黔西县水西中学
郑全才　贵阳市第一高级技工学校
周传英（女）　遵义市赤水市第三中学
朱家彦　六盘水市第三中学
左庆生　遵义师范学院

云南省

和双萍（女，白族）　怒江州兰坪县城区中学
李金龙　德宏州盈江县第一中学
陶正先　保山市第一中学
旃凤鸣（女，蒙古族）　玉溪市民族中学
张德华（白族）　大理州下关第一中学
蔡建春（女，彝族）　红河州建水县第一中学
吴学锋　昭通市威信县石坎中学
朱杰雄　丽江市玉龙县第一中学
李贵明（佤族）　双江县第一完全中学
马献力（回族）　曲靖市民族中学
张玲姝（女）　昆明市官渡区南站小学
张建国　云南民族大学
李建宇　云南大学
杨永锋　昆明冶金高等专科学校
毕加云（哈尼族）　昆明市晋宁县夕阳中心小学
陈厚华　彝良县职业技术高级中学
陈学智　保山市昌宁县第一中学
方建红（女，傈僳族）　大理州南涧县第一中学
格　追（女，藏族）　云南艺术学院附属艺术学校
何永娟（女）临沧市临翔区第一中学
侯申贤　大关县高桥乡太华村赵家坪小学
黄　斌　曲靖市富源县第一中学
蒋华贵　楚雄州禄丰县第一中学
蒋启龙（达斡尔族）　德宏州路西市芒市中学
晋家兴　昭通市镇雄县木卓乡六井小学
李伟道　文山州马关县都龙镇中心学校
李兴芬（女，彝族）　红河州屏边县第四中学
李云生　西双版纳州景洪市第四中学
刘洪琼（女）　红河州河口县城区小学
卢丽萍（女）　文山州第二中学
卢奕和　开远市第一职业高级中学
吕　燕（女）　红河州个旧市第一高级中学
潘加海　昆明市禄劝县民族中学
彭寿恒（白族）　丽江市宁蒗民族中学
苏文税　楚雄州牟定县第一中学
苏月涛（女，白族）　怒江州民族中学
孙建东　云南艺术学院
王迎春（女，傣族）　西双版纳州勐海县第一中学
吴　林（白族）　迪庆州香格里拉县第五中学
徐家发　临沧市云县茶房乡茶房中心校
杨光琼（女）　楚雄州元谋县元马中学
杨盈川（白族）　大理州洱源县第三中学
杨永富　楚雄州第一中学
杨志明　普洱市思茅第一中学
余四海　西双版纳州民族中学
余　晏（傈僳族）　怒江州贡山县省定民族完小
张永德（彝族）　玉溪市新平县平甸乡小学
钟汝达　临沧市第二中学
周　群（女）　云南师范大学附属小学
朱红波　玉溪市红塔区第二中学
朱晓雯（女）大理卫生学校
朱　正　昆明铁路机械学校
朱正华　曲靖市宣威市长征中学校

西藏自治区

边巴卓嘎（女，藏族）　林芝地区第二小学
格桑江村（藏族）　山南地区错那县曲卓木乡第二小学
中欧珠（藏族）　西藏日喀则地区南木林县第一中学
达娃次仁（藏族）西藏大学
杨维周　西藏民族学院
次　松（藏族）　日喀则地区仲巴县隆嘎尔乡中心小学
刘　凯　西藏职业技术学院
尼玛央宗（女，藏族）　西藏自治区实验幼儿园
欧珠旦巴（门巴族）　拉萨市墨竹工卡县中学
强巴央金（女，藏族）　西藏大学
索朗次仁（藏族）　西藏藏医学院
扎西桑珠（藏族）　拉萨师范高等专科学校

陕西省

王广胜　汉阴县汉阴中学

卫晓琴（女） 武功县普集高中
余建新 商南县高级中学
姜小卫 渭南市临渭区杜桥中学
赵保元 铜川市王益区黄堡镇郝口南沟小学
晋小棠（女） 西安市莲湖区青年路小学
谭云正 西安市灞桥区三阳院八年制学校
肖敏侠（女）华县毕家乡渭滨中心小学
杨忠泰 宝鸡文理学院
高旭阔 西安建筑科技大学
白延琴（女） 延安育才学校
包新安 西安市第六十六中学
陈丽华（女） 咸阳师范学院附属中学
董新庄 蒲城县蒲城中学
冯振华 佛坪县中学
郭启军 永寿县中学
过 振 西安电子科技大学
何有钰 靖边县靖边中学
黄 瑾 神木县锦界九年制学校
姬林娜（女） 白水县城关镇第一初级中学
李宝通 咸阳市乾县一中
李彩英（女） 高陵县第一中学
李 浩 西北大学
李俊花（女） 吴堡县第一完全小学
李生茂 兴平市马嵬镇羊圈小学
李书君 陕西省丹凤中学
李文兰（女） 宝鸡市金台区西街小学
刘 宏 宁陕县蒲河九年制学校
刘黎明（女） 志丹县市镇小学
刘慕玲（女） 府谷县华阳学校
刘文林 宝鸡市陈仓区阳平镇初中
刘武宏 麟游县镇头小学
路小华 城固县第一中学
马保国 延安大学
马华丽（女） 西安铁路分局临潼职工子弟第一小学
邵宏利 商洛市聋哑学校
苏仁安 紫阳县紫阳中学
唐文举 勉县漆树坝乡唐家坝小学
王宏民 洛川县中学
王建学 渭南市经济开发区东兴街高新中学
王俊贤 西安市田家炳中学
王书正 商州区中学
王水侠（女） 武功县教育局教研室
王先林 白河县职业教育中心
王晓凤（女） 大荔县城关镇中心小学
王养民 西安市雁塔区教师进修学校
王迎辉（女） 西安市四棉中学
王喆之 陕西师范大学
魏 微 榆林中学
文庆华 南郑县南郑中学
吴保印 西安市第八十三中学
邢建东 西安交通大学
薛 野 宝鸡市凤县中学
杨 黎（女）华阴市城关中学
俞从正 陕西科技大学
张华文（女） 大荔县大荔中学
张 霞（女）富县高级中学
张新宽 富平县迤山中学

甘肃省

景效华 华亭县第一中学
李书荣（女） 徽县西街小学
裴可仁 天水二中
王吉祥 清水县第六中学
蒋永红 武威第一中学
景兆云 瓜州县河东学校
王双荣 平凉信息工程学校
李 斌 临洮县洮阳初级中学
王 慧（女，藏族）甘南州迭部县城关小学
叶 进 兰州理工大学
马忠丽（女） 兰州城市学院
安之均 成县职业中等专业学校
樊成斌 民勤县第一中学
顾春燕（女） 临泽县一中
雷玉芳（女，土家族） 临夏中学
雷自强 西北师范大学
李 鸿 古浪县第一中学
李克锋 灵台县第一中学
李玉芳（女） 山丹县霍城镇周庄小学
李育效 镇原县屯字中学
罗克宏 成县纸坊学校
罗天斌 酒泉市肃州区西洞中学

马尚福（回族） 广河县上集小学

邵杰伟 陇南市礼县第二中学

孙 瑞（女） 兰州市兰炼二中

滕铭娟（女）兰州市西固区玉门街小学

王建军 张掖市第二中学

王世民 兰州市永登县第二中学

王旭泽 定西市通渭县马营中学

魏 嵋 定西市第一中学

武繁善 白银市靖远县乌兰小学

谢永强 甘谷第一中学

轩辕晓骊（女）合水县西华池小学

杨建明 嘉峪关市第二中学

姚金凤（女） 白银公司三中

张兰萍（女） 白银市白银区白茨滩小学

赵尚雄 金昌市永昌县第一中学

朱彩虹（女） 崇信县木林小学

青海省

姚 红（女） 乐都县城镇学校

袁 青（女） 共和县中学

宋 斌（女） 青海师范大学

张传友 青海大学

宋瑞萍（女） 青海广播电视大学

范承瑛（女） 民和回族土族自治县川口小学

更登尖措（藏族） 贵南县森多乡学区

韩玉成（撒拉族） 化隆县第二中学

彭 娟（女） 西宁市北大街小学

仁青多杰（藏族） 治多县民族中学

仁青扎西（藏族） 同仁县民族中学

索南旦巴（藏族） 果洛州藏文中学

王彩华（女） 德令哈市第六中学

夏吾先加（藏族） 黄南州中等职业技术学校

张 存（女，蒙古族） 海北州祁连山中学

张秀邦（女） 湟川中学第一分校

宁夏回族自治区

金忠礼（回族） 吴忠市红寺堡二中

田彦福（回族） 海原县正旗乡中心学校

闫学军 平罗县陶乐一中

高玉铭 中卫市永康中学

王春山 青铜峡市甘城子中心学校

马惠兰（女，回族） 西北第二民族学院

景天时 宁夏师范学院

强兴国（回族） 宁夏民族职业技术学院

马生军（回族） 彭阳县新集乡初级中学

石 君 固原市泾源县大湾中学

苏银涛 银川市灵武市第一中学

闻淑华（女）西北外事中专学校

张 丽 银川市永宁县闽宁镇中心小学

张永春 银川市第二中学

赵保利 宁夏六盘山高级中学

赵炳庭 西吉县中学

新疆维吾尔自治区

龙 毅 乌鲁木齐市41中学

闫蔚莘（女） 阿勒泰地区青河县小学

张 英（女）克拉玛依第五中学

章菊兰（女） 昌吉市第十小学

钟 波（女） 阿克苏地区第二中学

高 艳（女，回族） 吐鲁番市第七小学

李太江 博尔塔拉蒙古自治州精河县阿合其小学

马凤强 新疆师范大学法经学院

匡延昌 新疆农业大学人文社会科学学院

阿依古丽·日介甫（女，维吾尔族） 和田地区第一中学

阿依木尼沙·吾守尔（女，维吾尔族） 喀什地区岳普湖县阿其克乡中学

阿依夏木·阿孜（女，维吾尔族） 阿克苏地区新和县尤鲁都斯巴格镇中学

艾合买提·艾买提（维吾尔族） 巴音郭楞蒙古自治州尉犁县古勒巴格乡兴地山小学

艾来提·托乎提（维吾尔族） 克克孜勒苏柯尔克孜自治州第一中学

陈胜利 阿勒泰地区福海县第一高级中学

陈小勇 伊宁市第三中学

何国江 库尔勒市第四中学

贺志强 塔城市第一小学

刘遵举 巴音郭楞蒙古自治州博湖县塔温觉肯乡中心校

鲁 燕（女） 新疆电力学校

马秀华（女，回族） 伊犁哈萨克自治州巩留县东买里乡中学

米吉提·达依木（维吾尔族） 阿克苏地区阿瓦提县英艾日克乡中学

努尔比亚·阿西木（女，维吾尔族） 喀什地区疏附县阿瓦提乡中心小学

努尔布比·赛提霍加（女，哈萨克族） 伊犁哈萨克自治州昭苏县第一中学

努尔兰（哈萨克族） 昌吉市阿什里乡中心学校

帕尔哈提·司马义（维吾尔族） 乌鲁木齐市第二十中学

热西旦·沙德克（女，维吾尔族） 伊犁哈萨克自治州伊宁县卡拉亚尕奇乡中心学校

吐尔洱·阿不都热依木（维吾尔族） 喀什地区英吉沙县职业高中

西热甫·艾麦提（维吾尔族） 喀什市第一中学

许 燚 和田地区实验中学

杨玉芹（女） 石河子市第一中学

易延坚 伊犁师范学院

尤红梅（女，回族） 巴音郭楞蒙古自治州和静县乃门莫墩乡中心学校幼儿园

赵 莉（女） 新疆农业大学农学院

朱雪梅（女） 阿勒泰地区哈巴河县萨尔塔木乡中学

新疆生产建设兵团

顾丽华（女） 农四师一中

谢贤碧（女） 农十四师一牧场学校

刘文晓 石河子大学

阿不都色米·吾拉依木（维吾尔族） 农三师民族中学

何 娟（女） 农十二师高中

林剑英 建工师一中

张来全 石河子工程技术学校

张秀霞（女） 农一师十三团中学

中国人民解放军

段春梅（女） 北京军区政治部幼儿园

韩雅莉（女） 阜新 65667 部队幼儿园

李爱华（女） 联勤第二十分部幼儿园

李金玲（女） 71146 部队机关幼儿园

刘江莉（女） 新疆军区政治部幼儿园

刘秋红（女） 武警河南总队机关幼儿园

马丽君（女） 舟山警备区幼儿园

孙美英（女） 96401 部队八一幼儿园

附五 2007 年全国优秀教育工作者名单

北京市

张淑荣（女） 门头沟区东辛房小学校长

赵 锋 北京科技大学

孙荣燕 北京学生活动管理中心主任

吴欣萍（女） 宣武区实验幼儿园园长

天津市

马 昕（女，回族） 天津师范大学

郭 葳（女） 天津市第一商业学校校长

贾德奎 蓟县城关小学

河北省

蔡建英（女） 石家庄经济学院

冯云生 邯郸市武安市教育局局长

李志交 路南区教育局局长

刘得洋 邯郸市涉县文化教育体育局局长

马惠元 唐山市教育局局长

尚小鹏 石家庄市第二十四中学校长

谭玉平 石家庄市第二职业中专学校校长

王建国 秦皇岛市第七中学校长

徐亚丽（女） 保定市教育科学研究所

尹国祥 廊坊市第一中学校长

山西省

曹迎春（女） 大同市同煤集团第一中学校长

师龙虎 临汾市洪洞职业中学校长

王贵明 山西财经大学

冯贵耀 忻州市一中校长

朱 琦 山西省工业管理学校校长

内蒙古自治区

高日武 乌兰察布市商都县职业技术学校校长

李兴伦 兴安盟扎赉特旗旗长助理、教育局党委书记

刘 斌 内蒙古师范大学附属中学校长

温继峰　呼和浩特市招生考试管理中心主任

辽宁省

冯守信　阜新市彰武县高级中学校长

薛　徽　大连理工大学

潘义红（女）大连市沙河口区教师幼儿园园长

任守彬　沈阳市翔宇中学校长

王丽杰（女）鞍山市第一中等职业技术专业学校校长

张晓霞（女）本溪市第十二中学校长

朱丽娅（女）锦州市凌河区解放小学校长

吉林省

潘永兴　吉林省实验中学党委书记

付宏政　东北师范大学

金海今（女，朝鲜族）延吉市延南小学校校长

南欣元（女，满族）白城市第十中学

齐毓祥　东丰县教育局党委书记、局长

王彦增　吉林市教育局副局长

黑龙江省

龚　赞　哈尔滨市风华中学校校长

陈　娟（女）佳木斯市第六小学党支部书记、校长

郝云新　黑龙江省农垦总局红兴隆分局第一中校长

黎广强　鹤岗市卫生学校校长

刘　丽（女）齐齐哈尔市龙沙区公园路小学校长

石玉成　绥化市教育局副局长、督学

张培良　宁安市教育局党委书记、局长

上海市

金哲民　奉贤区实验小学校长

郑惠萍（女）闸北区芷江中路幼儿园园长

江苏省

封留才　江苏省口岸中学校长、党委书记

王景平（女）南京医科大学

常逢生　盐城市教育局党委书记、局长

高国强　无锡市学校管理中心主任

乐文进　扬州教育学院附属中学党总支书记、校长

林　荣　张家港市双山学校校长

马　敏（女）连云港市连云区教育局

史先进　徐州市第三中学校长

汪立群　淮安市淮阴区职业高级中学校长

杨　昭（回族）南京市教学研究室主任

浙江省

冯志敏　宁波大学

胡效军（女）绍兴第一中学

陆建平　临海市中等职业技术学校校长

徐钢良　金华市环城小学校长

徐惠银　宁波市鄞江中学校长

徐建平　衢州第二中学校长

安徽省

朱灿平　中国科学技术大学

陈爱娥（女）宿州市工业学校校长

丁胜奇　六安市教育局局长

刘传厚　安徽电气工程学校校长

孙全玉（女）淮南市教育局党委书记、局长

韦　伟　临泉县教育局党组书记、局长

福建省

王福贵　福建省邮电学校党委书记、校长

黄爱斌（女）集美大学

廖秀梅（女）福州市钱塘小学校长

林佩珊（女）泉州市晋江实验小学校长、副书记

温文荣　上杭县第一中学校长

江西省

陈宗炫　兴国县教育局局长

程晓曙　南昌大学

段火香（女）九江外国语学校校长、书记

黄少珍（女）南昌市昌北第二小学校长

黄献民　上高县教育局局长

杨发先　上饶县中学

山东省

陈传军　莱芜第一中学校长

陈建华 阳信县第二高级中学
陈贞凯 淄博第一中学校长
崔其升 茌平县杜郎口中学校长
董学军 济宁市教育局
黄志勇 枣庄台儿庄区涧头集镇教委
李宪阳 诸城第一中学校长
宋卫忠 东营市河口区第一中学校长
王曰年 威海市教育教学研究中心副主任
王祖丽（女） 泰安市实验学校校长、党委书记
徐建敏 烟台市教育科学研究院院长
薛彦友 莒县第四中学校长、党支部书记
张有来 德州市第一中学校长

河南省

毛 杰（女） 郑州市外国语学校校长
魏秀勤（女） 新蔡县宋岗乡杜湾小学校长
方 蒙 河南大学
孔东征 济源市教育体育局党组书记、副局长
李宗阳 南阳市教育局副局长
路爱国 安阳市教育局党委书记、局长
茹秀荣（女） 河南省电化教育馆党总支书记
尚成富 洛阳市教育局局长
唐学亭 许昌市教育局局长
王平灿 三门峡市教育局局长
张素霄（女） 濮阳县教育局教研室

湖北省

李 勤 武汉大学
胡维国 枣阳市教育局党组书记、局长
刘东升 石首市第一中学党委书记、校长
莫益喜 十堰市郧西县教育局局长
施来生 黄石市第三中学党委书记
汪金月 咸宁市实验小学校长
王 华 黄冈市教育局党组成员、副局长
杨吉方 武汉市第三中学党委书记、校长
殷世德 孝感市教育局
张彦铎 武汉工程大学

湖南省

卢次之 常德市澧县职业中专学校校长
张云峰 衡阳师范学院
陈天星 株洲市教育局局长
段学文 益阳市沅江市第一中学校长
何中良 岳阳市汨罗市教育局局长
黄礼彬（瑶族） 郴州市汝城县教育局局长
彭 新 长沙市教育局局长
张 伟（土家族） 怀化市沅陵县清浪乡九年一贯制学校校长
张新民 湖南商务职业技术学院

广东省

杜小宜（女） 深圳市螺岭外国语实验学校校长
李能尧 雷州市白沙中心小学校长
叶茂和 东莞市长安实验中学校长
钟秀梅（女） 韶关市红星小学校长
陈玉云（女） 肇庆市封开县江口中学校长
郭冠东 惠州市惠东县教育局教研室
何小京 广东省培英职业技术学校校长
黄宏国 揭阳市第一中学校长
林圣基 中山市小榄镇建斌中等职业技术学校校长
刘仕森 广州市执信中学校长
曾志新 华南理工大学
朱锦鹏 河源市连平县附城中学校长、党支部书记

广西壮族自治区

韦悦珍 崇左市教育局书记、局长
农克忠（壮族） 广西民族大学
黄升标（壮族） 武鸣县双桥镇中心学校校长
龙陵英（女） 柳州市第三职业技术学校校长
肖荣斌 灵川县兰田瑶族乡民族学校校长
赵劲民 广西医科大学

海南省

蒋培福 海南省工业学校校长
席小琴（女） 海口市寰岛实验小学校长

重庆市

景槐鱼 涪陵区第十二中学校校长
杜晓阳（女） 万州区职业教育中心校长
李小川 四川外语学院

肖蕙蕙（女） 重庆工学院

四川省

陈功全 南充高级中学党委书记、校长

杜中贵 广元市剑阁县教育局局长

丰贵宝（彝族） 普格县螺髻山镇中心校校长

李镇西 成都武侯实验中学

李渝江 泸州市泸州高中

林　强 四川省语言文字工作委员会

刘国华 安岳中学校长

毛君甫 德阳市教育局党委书记、局长

米云林 成都市教育科学研究所副所长

舒　洪 南溪县职业高级中学校校长

文正堂 遂宁市射洪县教育局局长

杨大荣 达州市教育局党委书记、局长

张应辉 成都东软信息技术职业学院

贵州省

贺孝忠 遵义市遵义县教育局局长

李晓亮（女） 凯里市第八小学党支部书记

景亚萍（女） 贵州财经学院

秦先敏（女） 安顺市第一高级中学校长、党总支书记

鄢文松 黔西南州兴义市第八中学校长

云南省

何红斌 昭通市第一中学校长

陆永金（壮族） 文山州民族职业技术学校校长

松海明（藏族） 迪庆州教育局局长

杨国旺 大理州祥云县第四中学校长

张绍良 丽江市教育局局长

字耀芳（彝族） 怒江州泸水县第一中学校长兼泸水县人大副主任

西藏自治区

仁青巴桑（藏族） 阿里地区札达县教育局局长

赵建国 昌都地区教育局党委书记

陕西省

韩　新 西安市教育局

贺　鹏 西安航天工业学校校长

李保平 眉县教育局局长

李文涛 西安市长安区第四中学校长

刘存善 乾县教育局局长

王文科 长安大学

张天鹏 三原县南郊中学校长

赵立中 宁强县教育体育局局长

甘肃省

李爱春 兰州交通大学

李春芮 甘肃省教育厅

卢化栋 庆阳市教育局局长

张　军 兰州市城关区教育局局长

召玛杰（藏族） 甘南州教育局局长

青海省

罗健康 青海油田教育管理中心实验中学校长

李积彪 乐都县职业技术学校校长

宁夏回族自治区

路彦国 石嘴山市第六中学

刘银良 吴忠市吴忠中学

新疆维吾尔自治区

努尔扎提·克尔克孜毛拉（哈萨克族） 塔城地区额敏县萨尔也木勒牧业寄宿制学校校长

孟　浪 乌鲁木齐市66中校长

新疆生产建设兵团

黄煜霞（女） 农十师教育局局长

附六　2007年全国中小学优秀班主任名单

北京市

潘维松 怀柔区喇叭沟门满族中学

甄　珍（女） 北京第一实验小学

郑丹娜（女） 朝阳区垂杨柳中心小学

万　平（女） 东城区史家胡同小学

赵建玲（女） 大兴区第一中学

天津市

曹树华（女） 天津市第109中学

王贵勇　天津市东堤头中学

河北省

白秀琴（女）　张家口市宣化县洋河南镇羊坊小学

冷继英（女）　邯郸市广平县第二中学

刘文举　保定市徐水县义联庄乡西丁庄小学

屈湘玲（女）　秦皇岛市昌黎县马坨店乡施各庄完全小学

沈道营　衡水市故城县郑口中学

辛　明（女）　保定市涿州西丁小学

杨　福（满族）　承德市平泉县第一中学

梁　辉　衡水市衡水中学

王春文（满族）　承德市丰宁县波罗诺镇中学

山西省

巨亚宏　晋中市左权宏远学校

周灵梅（女）　运城师范附属小学

杜　芸（女）　晋城市城区第三小学校

高瑞琮（女）　忻州市特殊教育学校

时俊萍（女）　太原市万柏林区东社中学

朱秀珍（女）　晋中市介休市第三中学

内蒙古自治区

崔红艳（女）　乌海市第一中学

崔云联　赤峰市宁城县天义职业高级中学

鞠凤丽（女）　包头市蒙古族中学

娜仁德力格尔（女，蒙古族）　锡林郭勒盟东乌珠穆沁旗蒙古族中学

张　峻　呼和浩特市清水河县第一中学

辽宁省

卢丽红（女）　沈阳新民市第二高级中学

王传梅（女）　丹东市第十九中学

王　芳（女）　大连市沙河口区中山路小学

杨秀云（女）　鞍山市台安县高力房镇中心小学

张敬芝（女）　抚顺市抚顺县小东初级中学

郑　辉（女）　锦州市锦州中学

支艳茹（女）　锦州市义县文昌宫小学

吉林省

丁秀芬（女）　敦化市实验中学

李亚芹（女）　四平市第一高级中学

臧　博（女）　辽源市第五中学

朱学明　吉林市船营区大绥河镇通气沟小学

王玉萍（女）　白山市八道江区六道江镇中心小学

赵秀丽（女）　松原市特殊教育学校

黑龙江省

卢元莉（女）　虎林市宝东镇中心学校

宋维威（女）　佳木斯市第二中学

官春喜　鸡西市第一中学

廖有利　绥化市第一中学

于百红（女）　七台河市第五小学

张玉环（女）　大庆市大庆中学

上海市

叶翠英（女）　上海市黄浦学校

史　蓁（女）　上海市莘光学校

周士良　上海市第二初级中学

江苏省

齐文友　徐州市第一中学

史长兰（女）　南京市营防中学

夏季云　江苏省高淳高级中学

周玉娟（女）　宿迁市宿豫区实验初级中学

陈国兵　高邮市界首中学

房元品　江苏省泗阳实验小学

顾欣菊（女）　海门市悦来中学

梁　杰　灌南县中学

王　凌　南京市南湖第二小学

张达富　江苏省响水中学

浙江省

方菊凤（女）　金华师范学校附属小学

程　红（女）　长兴中学

范　群（女）　嵊泗中学

李春艳（女）　杭州第十一中学

李伟儿（女）　浙江省盲人学校

徐崇德　开化县苏庄镇中心学校

安徽省

戴春霞（女）　铜陵市铜陵县太平中心小学

方配秀（女） 六安市霍邱县第一中学
倪晓祥 芜湖市南陵县第一中学
杨英红（女） 安庆市太湖县太平初级中学
耿新红（女） 灵璧县实验小学
孙秀芝（女） 合肥市第五十中学

福建省

陈宝淑（女） 漳平市永福中心小学
顾海燕（女） 福建师范大学附属中学
林爱凤（女） 福鼎市秦屿中心小学
雷贤平（畲族） 古田第一中学
林保平 三明市第二中学
许秋芳（女） 福州市台江区第四中心小学

江西省

柏宗材 新建县南矶初级中学
胡朝霞（女） 萍乡中学
李庆河 赣县茅店镇大龙小学
徐 斌 都昌县苏山中心小学
曾长根 临川第一中学
郭 岿 遂川中学

山东省

杜玉堂 临沂市蒙阴县巨山中心小学
刘延云（女） 淄博市张店区公园新村小学
安殿民 山东金乡第一中学
付 军（女） 聊城第三中学
关 茜（女） 青岛26中
郝翠娟（女） 烟台第二中学
李卫红（女） 济南第三中学
李秀莲（女） 枣庄市峄城区阴平镇金陵寺中学
刘秋元 成武第一中学
王庆钦 临沭县石门镇前庄完小
王秀红（女） 德州市第五中学
尹德玲（女） 青州市王坟小学
赵红梅（女） 泰安市肥城市泰西中学

河南省

任俊峰 鹤壁市浚县实验初级中学
左刚武 信阳高级中学
侯定旺 南阳市唐河县城关镇第一小学
李正勤（女） 郑州市第六十一中学
刘 红（女） 郑州市惠济区东风路小学
马彩枝（女） 焦作市第十七中学
吴运伟 信阳工业学校
许艳新（女） 安阳市第八中学
杨殿勇 商丘市第一高级中学
周耀威 漯河市召陵区召陵镇第二初级中学
周永奎 周口市淮阳中学

湖北省

陈 骏（女） 荆州市沙市实验小学
桂贤娣（女） 武汉市汉阳区钟家村小学
徐金菊（女） 安陆市王义贞镇初级中学
常皓明 咸丰县第一中学
邓格枝（女） 武汉市黄陂区前川一小
耿 涛（女） 神农架林区实验初级中学
屈红燕（女） 襄樊市第七中学
王楚兵 蕲春县第一高级中学
邹正明 大冶市第一中学

湖南省

李 慧（女） 怀化市中方县泸阳小学黄花树教学点
盘晓红（女，瑶族） 永州市蓝山县楠市镇中心小学
彭佩文（女） 益阳市南县茅草街镇中心学校
黄植芳（女） 衡阳市雁峰区中南路小学
刘贞健 郴州市安仁县第三中学
彭放蓓（女） 株洲市第十三中学
伍菊萍（女，土族） 张家界市桑植县洪家关乡八一希望小学
张小广 岳阳市汨罗市第一中学

广东省

黄桂兰（女） 韶关市仁化县仁化中学
江润浓（女） 惠州市龙门县蓝田瑶族乡中心小学
丘慧云（女） 江门台山市端芬镇汀江小学
曾春苑（女） 梅州市五华县第一小学
曾伟玲（女） 四会市周开泉小学
陈伟斌 汕头市金山中学

李　娟（女）　广州市越秀区朝天路小学
彭志彬　罗定市素龙中心小学
巫郁兰　深圳实验学校
薛淑銮（女）　潮州市潮安县浮洋六联小学

广西壮族自治区

林喜媚（女）　藤县太平镇中心校
张　红（女）　南宁市宾阳县芦圩完小
方　慧（女）　南宁市第十四中学
付小燕（女）　崇左市凭祥镇中心小学
梁　宇　北流市高级中学
麦筱林（壮族）　来宾市忻城县大塘镇第二初级中学
王　静（女）　柳州市第一中学

海南省

陈　明　五指山市农垦实验中学
潘美娟（女）　文昌市华侨中学
吴雪霞（女）　五指山市第一小学

重庆市

李永渔　武隆县双河乡中心校
张志淑（女）　涪陵第五中学校
卢德容（女）　璧山县保家小学校
谭周永　巫溪县中学校
唐晓玲（女，土家族）　重庆市南开中学校
钟　轶（女）　渝中区第一实验小学

四川省

彭天富　眉山市眉山中学
税少莲（女）　泸州市合江县五通镇顶子小学
张德刚　巴中市巴州区石城乡中心小学
江建华（女）　德阳外国语学校
廖　霞（女）　康定县藏文中学
刘贵凤（女，藏族）　汶川县映秀镇渔子溪小学
潘建春（女）　内江市第二中学
魏振云　雅安市雨城区第七中学
伍小波（女）　自贡市荣县旭阳镇西街小学校
周学静（女）　成都市实验小学

贵州省

晏祖福（土家族）　铜仁地区印江县凉水完全小学
杨　蓓（女）　毕节地区毕节市第二中学
张明声　黔南州独山县民族中学
黄德敏（女，布依族）　黔西南州安龙县平乐乡龙蛇小学
邹　颖　六盘水市水矿一中

云南省

白元慧（女，傈僳族）　楚雄高级技工学校
王绍梅（女）　临沧市农业学校
和双萍（女，白族）　怒江州兰坪县城区中学
李金龙　德宏州盈江县第一中学
陶正先　保山市第一中学
旃凤鸣（女，蒙古族）　玉溪市民族中学
张德华（白族）　大理州下关第一中学

西藏自治区

边巴卓嘎（女，藏族）　林芝地区第二小学
格桑江村（藏族）　山南地区错那县曲卓木乡第二小学

陕西省

邓国财　石泉县后柳镇牛石川小学
付崇德　洋县金水镇许家村教学点
李　晔（女）　西北工业大学附属中学
齐爱萍（女）　定边县向阳小学
张远玖　安康市汉滨区江北高级中学
王广胜　汉阴县汉阴中学
卫晓琴（女）　武功县普集高中
余建新　商南县高级中学

甘肃省

邓育成　兰州市红古区花庄镇洞子小学
景效华　华亭县第一中学
李书荣（女）　徽县西街小学
裴可仁　天水二中
王吉祥　清水县第六中学

青海省

代　保（女，藏族）　刚察县沙柳河镇民族寄小
姚　红（女）　乐都县城镇学校

袁　青（女）　共和县中学

宁夏回族自治区

白玉娥（女）　宁夏石嘴山市第七小学

钱芙蓉（女）　宁夏海原县职业中学

金忠礼（回族）　吴忠市红寺堡二中

田彦福（回族）　海原县正旗乡中心学校

新疆维吾尔自治区

阿合买提哈力·沙尔散拜（哈萨克族）　新疆额敏县杰勒阿尕什乡牧业寄宿制学校

龙　毅　乌鲁木齐市41中学

闫蔚苹（女）　阿勒泰地区青河县小学

张　英（女）　克拉玛依第五中学

章菊兰（女）　昌吉市第十小学

新疆生产建设兵团

顾丽华（女）　农四师一中

附七　2007年全国中小学优秀德育课教师名单

北京市

刘卫红（女）　昌平区南口学校

史宏华（女）　顺义区杨镇第一中学

张　鹏（女）　石景山区古城中心小学

天津市

邵凤鸣（女）　天津市第二十一中学

姚广静（女）　东丽区小东庄中学

张月萍（女）　天津市第二十中学

河北省

冯海荣（女）　文安县新镇中学

刘　娜（女）　秦皇岛市海港区新一路小学

伦玉华（女）　唐山市第十六中学

吴正琴（女）　保定市易县流井乡中心校

山西省

李百萍（女）　运城市盐湖区陶村中心校

冯建刚　晋中市榆社县太星小学

胡仲林　朔州市应县职业技术学校

内蒙古自治区

高　娃（女，蒙古族）　锡林郭勒盟阿巴嘎旗蒙古族中学

辽宁省

白玉明（蒙古族）　阜新蒙古族自治县哈达户稍蒙古族学校

王铁军（女）　本溪市第二十一中学

杨春红（女）　沈阳市计算机学校

吉林省

姜迎雪（女）　通化市东昌区胜利小学

李海英（女）　长春市第二实验小学

薛　岩（女）　镇赉县第四中学

黑龙江省

尹　硕（女）　绥化市青冈县中和镇育新小学

房　萍（女）　黑龙江省农垦总局宝泉岭分局局直小学

胡明霞（女）　哈尔滨市阿城区第二中学校

上海市

陈　绮（女）　上海市上海中学

王桂明　上海市青浦高级中学

张　雯（女）　上海市吴淞中学

江苏省

赵建华　江苏省运河中学

胡建军　溧阳市后六初级中学校长

陈秀强　宿迁市宿城区罗圩中心小学

孟炳忠　江苏省射阳中学

张　凡　江苏省泗阳中学

浙江省

蔡宗乃　乐清中学

朱秋蓉（女）　杭州市浦沿中学

朱云方　宁波市鄞州中学

安徽省

董　斌　和县石杨镇中心小学

焦明珍（女）　阜阳市第九中学
徐英柏　淮北市实验高级中学

福建省

袁景林　三明学院附属小学校长
叶诚良　福州教育学院
郑文锋　泉州市惠安涂寨岩峰小学

江西省

陈云根　樟树市店下镇芦岭教学点
胡旺发　鄱阳县谢家滩镇潼北小学
雷　莉（女）　南昌市松柏小学

山东省

崔军华（女）　莱芜市钢城区朱家庄小学
马悦辉　济南市历城第二中学
毛玉振　兖州市实验高级中学
王玉兴　临清市第二中学
辛增荣（女）　安丘市英华双语学校

河南省

蒋中兴　开封高级中学
王　东（女）　洛阳市第二实验中学
郭朝云　镇平县雪枫中学
李俊杰　郏县二高
卢焕民　舞钢市实验小学
张新杰　新密市第一高级中学

湖北省

宋国珍（女）　保康县城关镇三道峡教学点
华林飞　武汉市第十一中学
李洪祥　天门市干驿镇初级中学
周克文　荆门市东宝区象山小学

湖南省

王道根　娄底市双峰县沙塘乡板洞小学
赵夏泉（土家族）　常德市石门县第一中学
曾淑琼（女）　永州市第四中学
卢次之　常德市澧县职业中专学校校长

广东省

洪喜亮　茂名市第一中学
白惠冰（女）　佛山市南海区南海中学
黄彩珍（女）　阳江市阳东实验学校
黄锦强　惠州市小金口中学
孟宪萍（女）　佛山市顺德区大良镇西山小学

广西壮族自治区

张　华（女）　玉林市福绵管理区福绵镇沙浪小学
廖开宁　钦州市小董中学
吴凤清（女）　陆川县马坡镇中心小学

海南省

陈立刚　万宁市万城镇北坡中学

重庆市

李太刚　铜梁县侣俸镇文曲小学
卢本康　重庆市清华中学
张达勇　重庆市铜梁一中

四川省

郭多华（女）　广元中学
赵一明（藏族）　成都市礼仪职业中学
陈长河　遂宁市大英中学
向文利　广安市岳池县秦溪小学校
杨正龙　乐山市第一中学校

贵州省

王忠华（苗族）　贵阳市息烽县安马小学
徐德光　遵义市红花岗区金鼎山镇扇子林教学点
秦忠荣（女）　安顺市第二小学

云南省

盛汝芬（女）　楚雄州姚安县第一中学
李贵明（佤族）　双江县第一完全中学
马献力（回族）　曲靖市民族中学
张玲妹（女）　昆明市官渡区南站小学

西藏自治区

中欧珠（藏族）　西藏日喀则地区南木林县第一中学

陕西省

晋小棠（女） 西安市莲湖区青年路小学
谭云正 西安市灞桥区三阳院八年制学校
肖敏侠（女） 华县毕家乡渭滨中心小学

甘肃省

程昌盛 临夏县黄泥湾学区程家川中心小学
李 斌 临洮县洮阳初级中学
王 慧（女，藏族） 甘南州迭部县城关小学

青海省

贺生杰 互助土族自治县第五中学
赛毛措（女，藏族） 班玛县藏文中学

宁夏回族自治区

高玉铭 中卫市永康中学
王春山 青铜峡市甘城子中心学校

新疆维吾尔自治区

唐达勇 阿克苏地区拜城县第二小学
高 艳（女，回族） 吐鲁番市第七小学
李太江 博尔塔拉蒙古自治州精河县阿合其小学

附八 2007年全国中小学德育先进工作者名单

北京市

王淑清（女） 海淀区巨山小学校长、党支部书记
张淑荣（女） 门头沟区东辛房小学校长

天津市

王 敬（女） 天津市南开艺术小学
郑云娟（女） 天津市河西区台湾路小学

河北省

马双梅（女） 张家口市职业技术教育中心
苏富梅（女） 张家口市特殊教育学校校长
韩志清 保定市第四职业中学
马金梅（女） 石家庄市白佛小学

山西省

王有平 阳泉市平定县张庄镇张庄小学
曹迎春（女） 大同市同煤集团第一中学校长
师龙虎 临汾市洪洞职业中学校长

内蒙古自治区

高崇毅 巴彦淖尔市五原县第六中学
刘景林（蒙古族） 兴安盟科右中旗巴彦呼舒第二中学
张浩榀（女） 呼和浩特市第一中学

辽宁省

柏 剑（满族） 鞍山市第二中学
张百清 盘锦市大洼县新兴中学校长
常 静（女） 抚顺市教师进修学院
冯守信 阜新市彰武县高级中学校长

吉林省

邵永存 长春市实验中学
易连发 吉林市第五十五中学
潘永兴 吉林省实验中学党委书记

黑龙江省

王冰洁（女） 齐齐哈尔市第二十八中学
王凤英（女） 哈尔滨市虹桥学校
龚 赞 哈尔滨市风华中学校校长

上海市

陈 寅 上海市继光高级中学
王志刚 上海市曹杨第二中学校长
于基泰 上海市建平中学

江苏省

樊志瑾（女） 江苏省如东高级中学党委书记、副校长
姚敬华（女） 吴江市中学
周顺珍（女） 宜兴市张渚高级中学
封留才 江苏省口岸中学校长、党委书记

浙江省

李 琴（女） 平阳县凤卧镇红军小学

许　宏（女）　杭州市学军小学
薛瑞芬（女）　宁海县跃龙教育集团跃龙中学

安徽省

赵士兵　六安市寿县第一中学
任大宝　宣城市职业教育中心
杨祖明　池州市东至县第二中学
周正芝（女）　含山县仙踪中学

福建省

郭丽香（女）　莆田市湄洲岛高朱小学
邱守雄　建阳第一中学
李志忠　泉州师院附属小学
王福贵　福建省邮电学校党委书记、校长

江西省

刘金秀（女）　万安县顺峰中学
邓　玲（女）　鹰潭市第一小学
张二珠　新余市渝水区新甫小学

山东省

周瑞芹（女）　青岛市城阳第八中学
陈　静（女）　威海市环翠国际中学
李春芬（女）　烟台市莱阳市赤山小学
李　芝（女）　日照市第二实验小学
王爱岭　博兴县第二中学

河南省

李　涵（女）　河南省第二实验中学校长
徐昌德　信阳市光山县教育局局长
毛　杰（女）　郑州市外国语学校校长
魏秀勤（女）　新蔡县宋岗乡杜湾小学校长

湖北省

闵文娥（女）　孝感市文昌中学
付　慧　十堰市房县第一中学
万爱萍（女）　枝江市一中
严少林　武穴市武穴中学

湖南省

吴启珍（女）　常德市桃源县漳江镇渔父小学
曹艳丽（女）　郴州市资兴聋哑学校
王定根　益阳市桃江县第四中学
杨素群（女）　长沙市岳麓区高新博才寄宿小学

广东省

杨　斗　广州市第六十五中学
杜小宜（女）　深圳市螺岭外国语实验学校校长
李能尧　雷州市白沙中心小学校长
叶茂和　东莞市长安实验中学校长
钟秀梅（女）　韶关市红星小学校长

广西壮族自治区

花芳泰（女）　北海市合浦县党江镇中心小学
韦悦珍　崇左市教育局书记、局长

海南省

潘华莉（女，壮族）　海口市第九小学
陈吉灵　澄迈县澄迈中学

重庆市

汪红霞（女）　重庆市巴蜀中学校
周　娟（女）　梁平县明达镇中心小学
李　亮　重庆市育才中学校校长、党委书记
景槐鱼　涪陵区第十二中学校校长

四川省

刘汉威　宣汉县双河中学
张国琼（女）　宜宾市第一中学校
柳映昌　凉山州西昌市川兴镇小学
苏思容（女）　资阳市雁江区杨柳初级中学
吴明禹　绵阳市南山中学

贵州省

王　超　毕节地区赫章县白果初级中学校长
贺孝忠　遵义市遵义县教育局局长
李晓亮（女）　凯里市第八小学党支部书记

云南省

蔡建春（女，彝族）　红河州建水县第一中学
吴学锋　昭通市威信县石坎中学
朱杰雄　丽江市玉龙县第一中学

陕西省

姜小卫　渭南市临渭区杜桥中学
赵保元　铜川市王益区黄堡镇郝口南沟小学
韩　新　西安市教育局

甘肃省

蒋永红　武威第一中学
景兆云　瓜州县河东学校
王双荣　平凉信息工程学校

青海省

陈文燕（女）　天峻县生格乡寄宿制九年一贯制学校
罗健康　青海油田教育管理中心实验中学校长

宁夏回族自治区

闫学军　平罗县陶乐一中
路彦国　石嘴山市第六中学

新疆维吾尔自治区

克丽比努尔·吐拉甫（女，维吾尔族）　和田地区皮山县固玛镇小学
钟　波（女）　阿克苏地区第二中学
努尔扎提·克尔克孜毛拉（哈萨克族）　塔城地区额敏县萨尔也木勒牧业寄宿制学校长

新疆生产建设兵团

谢贤碧（女）　农十四师一牧场学校

附九　2007年全国高校优秀辅导员名单

北京市

康　震　北京师范大学
李　刚　清华大学

天津市

马　昕（女，回族）　天津师范大学

河北省

蔡建英（女）　石家庄经济学院

山西省

崔亚嵘（女）　运城学院

内蒙古自治区

刘　峰（女）　内蒙古科技大学

辽宁省

曹　军（女）　沈阳农业大学

吉林省

苗　晶（女）　吉林华桥外国语学院

黑龙江省

李　飞（女）　哈尔滨工业大学

上海市

包　涵（女）　复旦大学
耿绍宁（女）　东华大学

江苏省

朱冬梅（女）　南京师范大学

浙江省

邹　健（女）　浙江工商大学

安徽省

张　敬　安徽师范大学

福建省

张敏坚（女）　福建医科大学

江西省

刘平建　江西公安专科学校

山东省

任晓勤（女）　山东建筑大学

河南省

张洪良　河南理工大学

湖北省

李　勤　武汉大学

广东省

李　嘉（女）　华南理工大学

广西壮族自治区

韩广梅（女）　广西医科大学

海南省

曾　武　海南医学院

重庆市

张善英（女）　重庆文理学院

四川省

马　涛（女）　四川大学

贵州省

杨德琴（女，壮族）　遵义医学院

云南省

杨永锋　昆明冶金高等专科学校

陕西省

高旭阔　西安建筑科技大学

甘肃省

马忠丽（女）　兰州城市学院

青海省

宋瑞萍（女）　青海广播电视大学

宁夏回族自治区

强兴国（回族）　宁夏民族职业技术学院

新疆维吾尔自治区

匡延昌　新疆农业大学人文社会科学学院

新疆生产建设兵团

刘文晓　石河子大学

附十　2007 年全国高校优秀思想政治理论课教师名单

北京市

严　耕　北京林业大学

陈占安　北京大学

天津市

王秀阁（女）　天津师范大学

河北省

肖贵清　河北师范大学

山西省

武星亮　山西农业大学

内蒙古自治区

刘济生　内蒙古民族大学

辽宁省

孙颖杰（女，蒙古族）　沈阳工程学院

佟　艳（女）　辽宁辽阳职业技术学院

吉林省

韩喜平　吉林大学

黑龙江省

陈桂芝（女）　黑龙江科技学院

上海市

陈锡喜　华东师范大学

施索华（女）　上海交通大学

江苏省

姚润皋　南京大学

浙江省

周光迅　杭州电子科技大学

安徽省

吴学琴（女） 安徽大学

福建省

綦正芳（女） 福建师范大学

江西省

周利生 江西师范大学

山东省

李元峰 中国海洋大学

河南省

金绪泽 河南师范大学

湖北省

吴东华（女） 中国地质大学（武汉）

湖南省

陈 久 邵阳学院

广东省

林冬妹（女） 广东水利电力职业技术学院

广西壮族自治区

谭培文 广西师范大学

海南省

黄忆军 海南师范大学

重庆市

余章华 重庆三峡学院

四川省

朱云生 攀枝花学院

贵州省

白明政（布依族） 贵州民族学院

云南省

张建国 云南民族大学

西藏自治区

达娃次仁（藏族） 西藏大学

陕西省

杨忠泰 宝鸡文理学院

甘肃省

叶 进 兰州理工大学

青海省

宋 斌（女） 青海师范大学

宁夏回族自治区

马惠兰（女，回族） 西北第二民族学院

新疆维吾尔自治区

马凤强 新疆师范大学法经学院

附十一 2007年全国高校优秀思想政治教育工作者名单

北京市

赵 锋 北京科技大学

天津市

胡建平 天津城市建设学院

河北省

曹广辉 承德石油高等专科学校

山西省

王贵明 山西财经大学

内蒙古自治区

汪建平 内蒙古农业大学

辽宁省

薛 徽 大连理工大学

吉林省

付宏政　东北师范大学

黑龙江省

刘忠孝　哈尔滨师范大学

上海市

陈大文　上海理工大学

江苏省

王景平（女）　南京医科大学

浙江省

杨　华（女）　温州医学院
徐　骏　浙江警察学院

安徽省

朱灿平　中国科学技术大学

福建省

黄爱斌（女）　集美大学

江西省

刘步英　江西农业大学

山东省

张　宇　山东大学

河南省

别荣海　郑州大学
陈业宏　新乡师范高等专科学校

湖北省

杨洪林　武汉科技学院

湖南省

张云峰　衡阳师范学院

广东省

甘乃添　广东工贸职业技术学院

广西壮族自治区

农克忠（壮族）　广西民族大学

海南省

符成彦　海南大学

重庆市

魏光辉　重庆医科大学

四川省

侯德芳（女）　西南财经大学

云南省

李建宇　云南大学

西藏自治区

杨维周　西藏民族学院

甘肃省

李爱春　兰州交通大学

青海省

张传友　青海大学

宁夏回族自治区

景天时　宁夏师范学院

新疆维吾尔自治区

丑武江　新疆农业职业技术学院

新疆生产建设兵团

王新建（回族）　塔里木大学

附十二　2007全国教育系统巾帼建功标兵名单

北京市

甄　珍　北京第一实验小学
郑丹娜　朝阳区垂杨柳中心小学
孟朝晖　顺义区第一中学

孙　楠　北京教育学院丰台分院

田毅敏（土家族）　延庆县第一职业学校

王慧萍　北京市供销学校

王淑清　海淀区巨山小学校长、党支部书记

柳　茹　北海幼儿园党支部书记、园长

天津市

曹树华　天津市第109中学

邵凤鸣　天津市第二十一中学

韩宗英　天津市苏家园学校

胡建玲　天津市河北区育婴里小学

李　晶　天津市河东区实验小学

孙红文　南开大学

河北省

白秀琴　张家口市宣化县洋河南镇羊坊小学

冷继英　邯郸市广平县第二中学

屈湘玲　秦皇岛市昌黎县马坨店乡施各庄完全小学

辛　明　保定市涿州西丁小学

马双梅　张家口市职业技术教育中心

邓俊国　保定学院

韩雪冬（满族）　青龙满族自治县凤凰山乡初级中学

贾　玲　石家庄石门小学

李　朝　张家口市第一中学

李　岭　河北省廊坊市高级技工学校

刘　东　滦南县长凝镇温庄初级中学

路　梅　河北工程技术高等专科学校

马俊玺　肃宁县第四中学

王金兰　沧州市第二幼儿园

王探宇　唐山市路北区娘娘庙小学

武　红　石家庄市第一中学

张　欣（回族）　唐山市盲聋哑学校

苏富梅　张家口市特殊教育学校校长

山西省

周灵梅　运城师范附属小学

李百萍　运城市盐湖区陶村中心校

常连香　临汾市安泽县二中

董彩芬　长治市武乡县城关小学

段晓丽　吕梁市中阳县宁兴学校

李世桃　大同第四中学校

马焱华　忻州市五中

孟金萍　山西大学附属中学

王　平　晋城市泽州县水东中学

阎小玲　山西省实验中学

赵芬莲　阳泉市平定县岔口乡岔口中心小学校

赵瑞萍　晋中市榆次区第五中学

郑俊兰　吕梁市交口县双池第一小学校

张　玲　太原市第十八中学校校长

张素珍　长治市第一职业高级中学校校长

内蒙古自治区

崔红艳　乌海市第一中学

鞠凤丽　包头市蒙古族中学

娜仁德力格尔（蒙古族）　锡林郭勒盟东乌珠穆沁旗蒙古族中学

陈明清　呼伦贝尔市鄂伦春旗大杨树第二中学

冯爱群　呼和浩特市第二职业中专

刘　华　包头市第二十九中学

娜仁高娃（蒙古族）　通辽市科左中旗蒙古族中学

史宏峰（满族）　乌兰察布市凉城县第二小学

云锦凤（蒙古族）　内蒙古农业大学

辽宁省

卢丽红　沈阳新民市第二高级中学

王传梅　丹东市第十九中学

王　芳　大连市沙河口区中山路小学

杨秀云　鞍山市台安县高力房镇中心小学

张敬芝　抚顺市抚顺县小东初级中学

郑　辉　锦州市锦州中学

刁淑霞　朝阳市第一中学

丁凤娟　铁岭开原市第三中学

葛丽萍　东北育才学校

何　水　大连市庄河市教师进修学校

何　臻　大连市西岗区西岗中学

吴春梅　朝阳市第十八中学

武越英　沈阳市第120中学

袁志凤　营口市第四中学

张文琴　营口盖州市什字街镇初级中学

赵　平　本溪市高级中学

赵姝剑　沈阳市大东区东盛小学

吉林省

丁秀芬　敦化市实验中学
李亚芹　四平市第一高级中学
臧　博　辽源市第五中学
陈　晔　白城洮南市第八中学
李大雁　榆树市实验高级中学
娄洪珍　长春市第十中学
史丽英　长春市解放大路小学
王雅静　松原市乾安县腾字种畜场子弟小学
殷彩霞　通化市十三中学分校
张　玲　吉林市第九中学
赵鲁欣　四平市实验中学
贝世琴　长春市宽城区教育局局长
崔贞姬（朝鲜族）　吉林大学附属中学校长

黑龙江省

卢元莉　虎林市宝东镇中心学校
宋维威　佳木斯市第二中学
王冰洁　齐齐哈尔市第二十八中学
尹　硕　绥化市青冈县中和镇育新小学
陈晓红　牡丹江市爱民区北安乡八达学校
杜智敏　哈尔滨医科大学
段海燕　伊春市铁力林业局第二小学
高永红　佳木斯向阳区万发村小学
姜　丽　牡丹江市第二中学
姜晓霞（赫哲族）　双鸭山市集贤县第二小学
鞠正宏　牡丹江市职教中心学校
刘　欣（蒙古族）　哈尔滨市府明中学校
宋桂范　齐齐哈尔市实验中学
宋建军　大庆市让湖路区富强村西苑小学
孙艳琴　肇东市实验小学
张丽芳　黑龙江省农垦总局宝泉岭分局高级中学

上海市

叶翠英　上海市黄浦学校
包　涵　复旦大学
戴鸿英　上海交通大学医学院附属卫生学校
雷绮梅　上海市三好中学
夏玉蓉　上海市育人中学
叶佩玉　上海市普陀区教育学院
郁秀敏　浦东新区园西小学
周云燕　上海市第一师范学校附属小学

江苏省

史长兰　南京市营防中学
周玉娟　宿迁市宿豫区实验初级中学
蔡　明　江苏省苏州中学园区校
曹　慧　句容市实验小学
李彩香　宿迁市沭阳县第二实验小学
吕金榕　扬州市新华中学
眭碧霞　常州信息职业技术学院
徐梅菊　淮安市实验小学
杨建华　江苏省城镇建设学校
姚　瑶　盐城市迎宾路小学
袁文娟　常州市第二实验小学
朱玉如　南通市实验小学
樊志瑾　江苏省如东高级中学党委书记、副校长

浙江省

方菊凤　金华师范学校附属小学
杨　华　温州医学院
柴丽华　杭州市清河中学
黄丽君　湖州市吴兴高级中学
金英姿　浙江科技工程学校
裘香芹　嵊州中学
沈小玲　苍南县龙港镇第二辅导中心小学
王爱娣　余姚中学
翁丽芬　台州市椒江区大陈实验学校
徐双莲　浦江县教育研究与教师培训中心
余全利　诸暨中学
林　丽　舟山市定海小学校长

安徽省

戴春霞　铜陵市铜陵县太平中心小学
方配秀　六安市霍邱县第一中学
杨英红　安庆市太湖县太平初级中学
常秀兰　淮南师范附属小学
顾　宏　淮北工业学校
任素贞　萧县实验小学

福建省

陈宝淑　漳平市永福中心小学

顾海燕　福建师范大学附属中学
林爱凤　福鼎市秦屿中心小学
郭丽香　莆田市湄洲岛高朱小学
黄李力　厦门集美中学
兰　臻（畲族）　漳州市龙溪师范学校附属小学
李艺玲　漳州第二职业中专学校
谢婉彬　泉州市南安国光中学
郑秀萍　沙县富口中心小学

江西省

胡朝霞　萍乡中学
刘金秀　万安县顺峰中学
陈东萍　上饶市逸夫小学
刘华珍　景德镇市第二小学
张　荣　江西省电子信息工程学校

山东省

刘延云　淄博市张店区公园新村小学
周瑞芹　青岛市城阳第八中学
任晓勤　山东建筑大学
段淑君　临沂市罗庄区一中
李秀玲　莱芜市第十七中学
刘明华　济南市东方双语实验学校
刘　莹　滨州市邹平县第二实验小学
任建兰　山东师范大学
史晓慧　阳谷县实验小学
王翠萍　滕州市鲍沟镇中心小学
王惠丽　菏泽市牡丹区第二小学
王维珍　烟台市招远市金岭镇邵家初级中学
颜　诺　潍坊市奎文区幸福街小学
张红霞　日照市实验学校
周育玲　烟台市莱州市第一中学
周忠莲　夏津县香赵庄镇香赵庄中学

河南省

王　东　洛阳市第二实验中学
白电平　濮阳市华龙区高级中学
卜春霞　郑州大学
党红英　焦作市第一中学
贺素芝　柘城县实验小学
黄　芳　安阳市自由路小学
刘　红（回族）　郑州市第102中学
刘　萍　河南师范大学
申祥云　新乡市延津县榆林乡第二初级中学
师　黎　郑州大学
宋文秀　南阳市唐河县第一高级中学
孙　敏　洛阳市中信重型机械公司第二小学
肖　婷　驻马店市第四初级中学
姚　莹　郑州市二七区陇海西马路小学
张丽曼　安阳县第一高级中学
张倩红　河南大学
赵继红　河南工业大学
朱　丽　鹿邑县城关镇中心学校
李　涵　河南省第二实验中学校长

湖北省

陈　骏　荆州市沙市实验小学
桂贤娣　武汉市汉阳区钟家村小学
徐金菊　安陆市王义贞镇初级中学
闵文娥　孝感市文昌中学
宋国珍　保康县城关镇三道峡教学点
吴东华　中国地质大学（武汉）
程英姿　黄石市龚家巷小学
李爱玲　潜江市实验小学
李爱荣　武汉市蔡甸区成功中学
汪　苏　武汉铁路桥梁学校
王社荣　天门市实验小学
游　泓　浠水县望城实验中学
姚　莉　中南财经政法大学

湖南省

李　慧　怀化市中方县泸阳小学黄花树教学点
盘晓红（瑶族）　永州市蓝山县楠市镇中心小学
彭佩文　益阳市南县茅草街镇中心学校
吴启珍　常德市桃源县漳江镇渔父小学
付　德　株洲市芦淞区教育局教科中心
郭玉良　岳阳市岳阳县第二中学
韩　茹（土家族）　湘西自治州民族中学
刘翠霞　邵阳市新邵县第一中学
彭世芳（土家族）　湘西自治州花垣县国土希望小学
唐桂兰　衡阳市衡南县花桥镇花桥完小
晏　敏　长沙市雨花区教科中心

邹晓婷 湘潭市雨湖区金庭学校

广东省

黄桂兰 韶关市仁化县仁化中学
江润浓 惠州市龙门县蓝田瑶族乡中心小学
丘慧云 江门台山市端芬镇汀江小学
曾春苑 梅州市五华县第一小学
曾伟玲 四会市周开泉小学
李 嘉 华南理工大学
陈艺群 广东省石油化工职业技术学校
何惠玲 华南师范大学附属中学
胡美英 华南农业大学
黄柳平 兴宁市第一幼儿园
金海淑（朝鲜族） 深圳市西乡中学
雷海彬 清远市新北江小学
黎振辉 中山市华侨中学
李赛美 广州中医药大学
李秀萍 韶关市建国路小学
汤凤娟 清远市第一中学
谢晓霜 佛山市禅城区第二中学
鄢秀锦 深圳市沙头角中学
杨冠玲 华南师范大学

广西壮族自治区

林喜娟 藤县太平镇中心校
张 红 南宁市宾阳县芦圩完小
张 华 玉林市福绵管理区福绵镇沙浪小学
戴 蓓 柳州市景行小学
封清池 玉林市第一中学
黄彩贞（壮族） 靖西县新靖实验小学
李长荣 桂林市平乐县平乐镇一小
李丽华 桂林市大河初级中学
廖 焱 北海市机关幼儿园
覃超华 平南县平南镇第三中学
覃 露（壮族） 崇左市龙州县金龙中心小学
唐 玲 贵港市港北区新世纪学校
陶华凤（瑶族） 金秀瑶族自治县长垌中心校道江小学
牙丽英（壮族） 河池市金城江区第二中学

海南省

潘华莉（壮族） 海口市第九小学
王秀丽 三亚市第九小学
张 莹 海口市第二十五小学

重庆市

张志淑 涪陵第五中学校
汪红霞 重庆市巴蜀中学校
周 娟 梁平县明达镇中心小学
廖伯琴 西南大学
彭晓群 南岸区教师进修学校
盛玉兰 忠县新立镇中心小学校
余秀兰（土家族） 秀山土家族苗族自治县龙池镇中心校

四川省

税少莲 泸州市合江县五通镇顶子小学
张国琼 宜宾市第一中学校
郭多华 广元中学
陈 华 南充市第五中学
陈明英 名山县第一中学
董洵慧 眉山市仁寿县幼儿园
龚红英 炉霍县仁达乡中心小学
胡红梅 武胜县中学
胡 兰 成都市郫县花园学校
李燕萍 自贡市富顺县第二中学
龙晓彤 成都市石室中学
熊秋霞 犍为县第一中学
张灵萍 西昌市第一小学
朱 玲 内江市市中区教师进修校
李 玲 资阳市简阳市草池镇初级中学校长

贵州省

杨 蓓 毕节地区毕节市第二中学
岑桂莲（布依族） 黔南州平塘民族中学
孟云峰 遵义市航天中学
孙天翔 安顺市第二高级中学
王鸿畿 贵阳市第六中学
王济和 毕节一中
陈琮书 贵阳市第十九中学党支部书记、校长

云南省

白元慧（傈僳族） 楚雄高级技工学校

王绍梅　临沧市农业学校

盛汝芬　楚雄州姚安县第一中学

董华川　昆明市东川区高级中学

段惠莲　红河州文澜高级中学

马俊玲（回族）　弥勒县第二中学

施秀红（彝族）　玉溪市峨山县职业高级中学

袁石丽　曲靖市麒麟区沿江乡中心学校牛街小学

张　英　昭通市昭阳区大山包乡中心校

西藏自治区

尼玛仓决（藏族）　拉萨市城关区第二小学

陕西省

李　晔　西北工业大学附属中学

齐爱萍　定边县向阳小学

陈妮鸽　咸阳市实验小学

李　玲　延安中学

刘　莉　岐山县城关小学

任淑艳　淳化县马家中学

唐　明　西北农林科技大学

田小莉　蒲城县尧山中学

王雪莲　彬县城关小学

温　霞　汉中师范附属小学

甘肃省

宋小红　西北师范大学附属中学

尹　瑛　金昌市幼儿园

青海省

代　保（藏族）　刚察县沙柳河镇民族寄小

陈文燕　天峻县生格乡寄宿制九年一贯制学校

赛毛措（藏族）　班玛县藏文中学

刘淑珍　青海昆仑中学

宁夏回族自治区

白玉娥　宁夏石嘴山市第七小学

钱芙蓉　宁夏海原县职业中学

新疆维吾尔自治区

克丽比努尔·吐拉甫（维吾尔族）　和田地区皮山县固玛镇小学

关丽华　乌鲁木齐县甘沟乡中心学校

刘志惠　新疆残疾人职业中专

玛　嘎（蒙古族）　博尔塔拉蒙古自治州蒙古中学

牛　霞（回族）　米泉市第一中学

新疆生产建设兵团

周丽萍　兵团一中

中国人民解放军

韩　英　西藏军区拉萨八一学校

刘　敏　63600部队东风中学

马　萍　95948部队子女学校

〔**全国教育系统深入开展向方永刚同志学习活动**〕 2007年4月8日，中共教育部党组向各地、部属各高校发出通知，决定在全国教育系统深入开展向方永刚同志学习的活动，号召广大教师和教育工作者努力向方永刚同志学习。

通知指出，目前，中共中央总书记、国家主席、中央军委主席胡锦涛同志亲切看望了海军大连舰艇学院政治系中国特色社会主义理论教研室教授方永刚同志，高度赞扬他深入学习、坚定信仰、积极传播、模范践行党的理论，体现了共产党员的高度政治觉悟和优秀教师的高尚师德师风，号召向方永刚同志学习。

方永刚现为海军大连舰艇学院政治系中国特色社会主义理论教研室教授、硕士研究生导师，专业技术7级。他的事迹突出表现在四个方面：

一、刻苦钻研、与时俱进，自觉做党的创新理论的深入学习者。方永刚几乎把业余时间全都用在刻苦学习党的创新理论上，并及时把学习研究成果运用到教学实践中，先后主编了16部党的创新理论研究专著，发表学术论文100多篇，其中在国家和军队核心期刊上发表40多篇，荣获“全军政治理论研究优秀成果”一等奖等28个奖项，完成了国家社科基金项目军队重点理论研究课题7项。

二、追求真理、矢志不渝，自觉做党的创新理论的坚定信仰者。方永刚出生在一个贫穷的农民家庭，是党改革开放的好政策使他有机会上大学，参军入伍，光荣入党，成为一名军队政治理论教员。他经常对别人讲，自己是在党的创新理论哺育下成长成才的，是党的创新理论的直接受益者，对党有着发自内心的深厚感情。

学习、研究、宣传党的创新理论，使他深深地体会到：在当代中国，只有党的创新理论才能解决面临的发展问题，才是指引中国走向繁荣富强之路、人民过上和谐富裕生活的唯一正确的理论；党的创新理论是建设中国特色社会主义的科学指南，是实现国家发展、民族复兴的伟大真理。正是靠着这种坚定的信仰，他一直把学习、研究、传播党的创新理论作为自己最神圣的职责，看作是太阳底下最神圣的事业，当成自己生命中最重要的一部分。他始终认为，如果他的宣讲可以使广大官兵和人民群众对党的信任更坚定一点、对党的创新理论的理解更深入一步、对建设中国特色社会主义的信心更充足一些，那么，研究和传播党的创新理论就是他人生的最大价值和全部意义！

三、不辱使命、甘愿奉献，自觉做党的创新理论的积极传播者。方永刚认真履行一名思想理论工作者的神圣职责，近6年来累计完成1 000多课时的教学任务，年均超额完成200%的教学工作量，连续多年教学质量被学院评为A等。同时，他还利用课余时间为学院教职员工和学员举办了200多场学术讲座。

四、师德高尚、知行统一，自觉做党的创新理论的模范践行者。方永刚把本职岗位作为践行党的创新理论的平台，不知疲倦地为党工作。在被确诊为结肠癌晚期的情况下，他一方面以乐观主义精神和顽强毅力与病魔作斗争，一方面争分夺秒地抓紧工作。他表示："不管癌症是中期是晚期，研究党的创新理论没有限期。我能舍弃我的生命，但不能舍弃我的事业；我不惧怕癌症，但害怕离开最钟爱的三尺讲台。只要不倒下，就要不停地学、不停地写、不停地讲，以实际行动践行党的创新理论。"方永刚同志用忠诚和青春诠释了对党的无限热爱，对党的创新理论的不懈追求。

〔**人事部、教育部决定授予郭力华同志"全国模范教师"荣誉称号**〕 2007年4月27日，人事部、教育部做出决定，授予海南师范大学生物系教师郭力华"全国模范教师"荣誉称号。同时号召全国教育系统广大教师和教育工作者向郭力华同志学习。

郭力华同志是海南师范大学生物系教授、党总支书记，海南省教育课程与教学科研基地副主任。她1984年从东北师范大学毕业后志愿到青海师范大学工作，1992年到海南师范大学工作。多年来，郭力华同志忠于职守、爱岗敬业，教书育人、为人师表。她严谨治学，每一堂课都精心准备，力求达到最佳效果。她授课有方，寓教于乐，被学生称为"魅力老师"。她工作忘我，经常带病指导学生进行科研，带着学生到野外考察、采集标本，就连生病做手术期间都念念不忘教学工作，利用手提电脑通过网络对学生进行指导。她追求卓越，时刻不忘学习提高，作为中青年教师教学改革的典型，她在海南省高校青年教师教学大赛中两次获得一等奖。郭力华同志爱生如子，用一颗慈爱之心扶助学生成长成才。面对贫困学生，她不顾自己身患重病、家庭困难，慷慨解囊、捐款捐物；面对心理遭受挫折的学生，她循循善诱，语重心长，为学生解开心理难题；对待遭遇不幸的学生，她像对待自己的亲生儿女一样，给予无微不至的关怀和照顾，成为学生们最知心的朋友。她的高尚师德，赢得了全校师生的尊敬。1994年，荣获海南师范大学十佳优秀教师称号，1998年被评为海南师范大学师德先进个人，并连续7年在海南师范大学"你最喜爱的老师"评选活动中荣居榜首。2006年暑假，郭力华同志被确诊患胆总管癌，并已到晚期。面对如此残酷的现实，她没有退缩，而是顽强地与病魔抗争，手术后仍坚持上班、上课，直至倒在工作岗位上。

〔**林强、李明素、阿木冬·吐鲁甫同志先进事迹**〕 林强现任四川省教育厅语言文字工作委员会办公室主任、党支部书记。他1969年参加工作，1973年入伍，1987年转业到四川省教育厅工作至今。在教育战线工作20年来，他始终牢记全心全意为人民服务的宗旨，多次深入甘孜、阿坝、凉山、巴中等高寒山区和革命老区了解学校工作情况，并为贫困山区的学校争取了50余万元的教学经费，使70多所乡村学校的办学条件得到较大改善。近年来，他克服各种困难，不顾个人安危，九进凉山州布拖县麻风康复村，关心帮助村民，并在家庭经济不宽裕的情况下捐资7万余元，建起了林川小学，使村里的孩子们受到教育，被当地群众誉为好党员、好干部。

李明素系原重庆市沙坪坝区回龙坝镇中心小学高级教师，2003年7月退休。她任教28年来，忠诚党的教育事业，教书育人，为人师表。她对学生充满爱，特别是对身患重病或有残疾的学生更是给予无微不至的关心和照顾；早年她曾在一乡村小学任教时，冒着生命危险冲进即将倒塌的教室，救出被困的七名学生。她多次获得市区优秀教师、优秀辅导员荣誉称号。2007年7月17日下午，重庆市沙坪坝区遭受百年不遇的暴雨袭击，面对突如其来的洪水，在生死关头，她挺身而出，奋不顾身地组织家人营救出了32名被洪水围困的群众，关键时刻充分表现出一位优秀共产党员、人民教师的大无畏精神和高尚品德。

阿木冬·吐鲁甫生前是新疆维吾尔自治区叶城县依提木孔乡恰斯木克小学一级教师。任教14年来，他爱岗敬业，好学上进，努力提高自身素质和教育教学水平，积极改革教学方法，激发学生学习兴趣，培养学生良好学习习惯。2001年5月，在发生车祸意外时，不顾自己身受重伤，奋勇抢救遇险同事。2007年6月14日，为了营救不慎落水的学生，在近7公里浑浊湍急的河流中，他一次又一次把孩子托出水面，并把能够救命的木棒让给落水的学生，最终学生得救，而阿木冬·吐鲁甫同志却献出了年仅33岁的宝贵生命。他用舍己救人的英雄壮举诠释了人民教师的高尚师德。

〔教育部作出决定追授李莹同学“全国优秀大学生”荣誉称号〕 教育部11月22日作出决定，追授李莹同学“全国优秀大学生”荣誉称号，并号召广大青年学生向李莹同学学习，学习她热爱党、热爱人民的崇高品德，勤俭节约、勇于担当的高尚情怀，刻苦学习、热心助人的优秀品质，自觉树立跟党走，服务人民，奉献社会的坚定理想信念。

李莹同学生前系内蒙古农业大学2004级学生，不久前因病去世，年仅22岁。李莹同学在校期间，积极向上、刻苦学习、热心学生工作。身患重病后，仍然保持坚强乐观的情绪，坚持边治疗、边学习。在生命的最后阶段，她坚持向党组织递交思想汇报，表达自己希望成为一名共产党员的强烈愿望，并在病房中参加了学校党委为她举行的庄严的入党仪式。她还留下遗愿，去世后捐献自己的眼角膜，作为第一次也是最后一次党费。逝世后，她的眼角膜成功移植给了深圳的两个年轻人，促成了南国北疆的光明大接力和爱心大串联。李莹同学在病痛和死亡面前表现出坚定的理想信念和高尚的道德情操，在大学生中引起了广泛反响和强烈共鸣。她用实际行动展示了当代大学生的良好精神风貌，是当代大学生的优秀代表。

教育部要求各地教育工作部门和各高等学校精心组织，加强领导，认真开展向李莹同学学习的活动，大力加强和改进大学生思想政治教育。充分发挥先进典型的示范、引导作用，教育广大青年学生进一步提高思想道德素质，努力学习科学文化知识，服务祖国，报效社会，以实际行动贯彻落实党的十七大精神。

撰稿 《中国教育年鉴》编辑部

热点关注

努力开创教育人事人才工作新局面

党的十七大报告指出，“优先发展教育，建设人力资源强国”。这是党中央在新的历史阶段进一步推进科教兴国战略和人才强国战略的动员令，是改革发展的新时期新阶段，做好教育工作的重大战略目标和行动指南。特别是胡锦涛总书记在报告中强调，要“着力建设高素质领导班子，改进领导班子思想作风，提高领导班子执政本领。不断深化干部人事制度改革，着力造就高素质干部队伍和人才队伍。创新人才工作体制机制，激发各类人才创造活力和创业热情，开创人才辈出、人尽其才新局面”，为新时期干部人事人才工作进一步指明了方向，提出了明确的任务。

党的十六大以来，在教育部党组的正确领导下，教育人事工作始终坚持以邓小平理论和“三个代表”重要思想为指导，深入贯彻落实科学发展观，紧密围绕中心工作和重点任务，努力加强领导班子、干部队伍和人才队伍建设，不断深化人事制度改革，各项工作取得了新的进展。领导班子思想政治建设全面加强，领导班子的凝聚力、战斗力不断增强；《公务员法》得到全面贯彻，干部队伍的结构不断优化；干部培养培训工作持续开展，干部素质全面提高；驻外干部队伍力量进一步加强；高等学校党委领导下的校长负责制得到进一步坚持和完善，高校教师队伍结构进一步优化，高层次人才队伍进一步壮大。教育人事人才工作为教育事业的快速健康发展提供了坚实的干部和人才支持。

新时期新阶段，我国教育事业的发展已经进入一个新的历史起点。政治路线确定以后，干部就是决定的因素。“优先发展教育、建设人力资源强国”，对教育人事人才工作提出了新的、更高的要求，加强党的执政能力建设、建设高素质领导班子，深化干部人事制度改革、造就高素质干部队伍和人才队伍，是人事人才工作长期而艰巨的历史任务。我们要不断增强工作责任感、使命感和紧迫感，认真学习贯彻党的十七大精神，以更加务实的工作作风、更加奋发有为的精神状态，努力开创教育人事人才工作的新局面。

一要着力建设高素质领导班子，切实加强直属高校、部机关和直属事业单位领导班子的思想建设、组织建设、作风建设、制度建设和廉政建设。坚持用马克思主义中国化的最新成果武装干部头脑，不断改进领导班子思想作风，把思想作风建设放在更加突出的地位；按照科学执政、民主执政、依法执政的要求，不断提高干部领导水平和执政能力。

二要统筹直属高校、部机关、直属事业单位和驻外干部队伍建设，着力造就高素质教育管理干部队伍。认真贯彻落实党的十七大提出的“坚持正确用人导向，按照德才兼备、注重实绩、群众公认原则选拔干部”的要求，大力选拔贯彻科学发展观、德才兼备、政绩突出、群众拥护的优秀干部。进一步完善体现科学发展观和正确政绩观要求的干部考核评价体系，坚持民主、公开、竞争、择优的原则，完善公开选拔、竞争上岗办法；进一步落实党员群众对干部选拔任用工作的知情权、参与权、选择权和监督权。进一步推动干部交流，加大培养优秀年轻干部的力度，鼓励年轻干部到基层和艰苦地区锻炼成长。认真贯彻中央《干部教育培训工作条例（试行）》精神，创新工作机制，增强针对性和实效性，依托国家教育行政学院等培训机构大规模培训干部，大幅度提高干部素质。

三要不断深化教育人事制度改革，切实建立适应“优先发展教育、建设人力资源强国”要求的人事制度。进一步加强编制管理，科学制定各类学校教职工编制标准；规范新任教师公开招聘制度，提升各类学校新进人员的学术水平和综合素质要求。适应教育公平的要求，进一步完善中小学教师定期交流制度，促进教师资源均衡配置。继续推进教育系统各级各类事业单位收入分配制度改革，继续深化以岗位设置管理为基础的聘任制改革，提高用人效益和质量。切实加强对教师职称制度改革的政策研究和工作指导，研究制定统一的义务教育教师职务办法。推进教育事业单位分类改革、社会保障制度改革。

四要继续加强人才队伍建设，努力培养造就世界一流科学家和科技领军人才。认真落实十七大提出的“坚持党管人才原则，统筹抓好以高层次人才和高技能人才为重点的各级人才队伍建设”要求，不断创新工作机制，完善优秀人才可持续发展培养和支持体系。认真研究制定新一轮“高层次创造性人才计划”，继续做好“长江学者奖励计划”实施工作，进一步加大吸引海外高层次人才的工作力度。

五要切实加强教育人事工作队伍的自身建设。按照“政治坚定靠得住、业务精湛有本事、作风优良过得硬、公道正派树形象”的要求，努力建设高素质的人事人才工作队伍。始终保持头脑清醒和政治上的坚定，准确判断形势，努力体现干部人事人才工作的时代性；加强学习，刻苦钻研，苦练内功，努力把握干部人事人才工作的规律性；不断改进工作方法，创新工作机制，努力提高工作的科学性；甘为人梯，不断增强服务意识和改革意识，努力使工作富于创造性。同时，我们要进一步转变组织人事工作作风，坚持以人为本，不断探索人事工作促进社会和谐的切入点、结合点和着力点，拓展工作思路，开拓工作领域，努力为构建和谐社会和教育工作的新发展提供坚强的组织人事和人才保证。

作者系教育部人事司司长、党支部书记吴德刚，原载2007年10月29日《中国教育报》第1版

为高校发展提供强有力的组织保障

——教育部加强直属高校领导班子和干部队伍建设纪实

党的十六大以来，教育部直属高校中75个党委班子、89个行政班子完成了换届，上世纪50年代出生的同志成为高校领导班子的主体和骨干力量，一批60年代出生的年轻同志逐步走上高校党委书记、校长的岗位，平稳顺利地实现了直属高校领导班子的整体性新老交替。5年来，贯彻干部队伍“四化”方针和德才兼备原则，以加强高校领导班子的执政能力建设和先进性建设为重点，高校领导班子和干部队伍建设取得了新进展。

以能力建设为重点，加强领导班子思政建设

思想政治建设是领导班子和干部队伍建设的灵魂。多年来，教育部党组高度重视思想理论建设，坚持用邓小平理论、“三个代表”重要思想和科学发展观武装头脑、统一思想、指导实践。

中国政法大学党委书记石亚军在接受记者采访时认为，学校党委中心组是加强直属高校领导班子思想理论建设的有效载体。该校党委中心组学习每月一次，形成了理论学习制度化、规范化。巡视组对中国政法大学的评价是“中心组学习不走过场，很有质量，很有成效”。据了解，各高校党委中心组注重理论学习及在自学和调研基础上的集中学习研讨，很多学校还把干部参加中心组学习情况贯穿到干部述职、民主评议和年度考核的各个环节，使理论学习由“软任务”变成了“硬指标”。

在高校领导班子的组织建设中，教育部党组始终坚持干部“四化”方针和德才兼备原则，以社会主义政治家、教育家的目标作为选人用人的导向，努力按照“政治坚定、求真务实、开拓创新、勤政廉政、团结协调”的要求，选好配强直属高校领导班子。与此同时，全力开展以培养教育为主要内容的思想政治建设。5年来，教育部党组坚持党组主要领导同志与高校党政一把手谈心的制度，坚持召开一年一度高校党政一把手参加的高校党建工作会议和直属高校咨询工作会议；坚持部党组领导与新任（转任、连任）同志的任前个别谈话和干部宣布大会前与党政领导班子全

体成员集体谈话；坚持选派特邀联络员和直属高校巡视工作组到校巡视、派员参加领导班子民主生活会、领导班子年度考核测评会、开展专项工作调研等，及时摸清高校领导班子的基本情况，找准高校领导班子思想政治建设和能力建设的重点、难点和突破口，使思想政治建设更加有目的性和针对性。

干部培训堪称高校领导干部能力建设的重要抓手。谈及干部培训，山东大学校长展涛和华南理工大学校长李元元均表示"收获很大"。展涛37岁任山东大学校长，至今已有7年。他连续3次参加教育部组织的"中外大学校长论坛"。作为十七大代表进京开会前夕，展涛接受了记者采访。他说："参加三届中外校长论坛，感觉中外大学的问题很相似，我们在同一个平台上思考当前问题和把握未来走向。"谈及在中央党校一年的学习，李元元校长认为："这是一个值得珍视的学习机会。我国的经济社会发展正在开始逐步转入科学发展轨道，高等教育发展也进入了一个新阶段，我们的发展环境发生了重大变化。脱产学习期间，我一直在思考两大问题：一是发展环境在不断变化，如何积极应对；二是学校实现了跨越式发展后，如何更上一层楼。"

5年来，教育部积极选派高校主要领导干部赴中央党校、国家行政学院学习，并以国家教育行政学院为主要培训基地，有计划、按步骤培训高校领导干部和后备干部，同时，拓展加强高校领导干部能力建设的新途径。教育部、国家外国专家局联合开展了"高校领导赴海外培训"项目；选派一批副校长到国外大学的相应职位学习。5年来，教育部选派了104位高校领导赴中央党校、干部学院学习；连续举办直属高校中青年校级领导干部专题研修班4班次、高校领导干部进修班7班次、高校中青年干部培训班13班次，500余位现任校领导和600余位学校中层干部参加了培训；组织实施了15期"高校领导赴海外培训"项目，360位高校领导干部接受了培训；成功组织了三届"中外大学校长论坛"，300多名大学校长参加论坛，为高校领导干部拓宽国际视野，提高能力，提供了平台，开拓了渠道。

以优化结构为目标，做好领导班子和干部队伍调整

"政治路线确定之后，干部就是决定因素"。多年来，教育部党组多次强调，要办好一所社会主义的新型大学，关键要有一个坚强有力的领导班子，特别是要按照社会主义政治家、教育家标准选配好党委书记、校长。

在工作中，教育部坚持严把思想政治素质关，牢牢把握选人用人的标准和条件，始终树立正确的用人导向；坚持德才兼备原则，凭德才用干部，严把组织考察关；坚持把广大干部师生赞成和拥护作为衡量干部的标尺，不断落实群众"四权"，严把民主透明关；坚持党的民主集中制原则，充分发挥集体领导的作用，始终采用"票决制"讨论决定干部任用。5年来，按照部党组的总体部署和安排，教育部直属高校中75个党委班子、89个行政班子完成了换届，先后共调整干部1 483人，其中，正职271人，提拔任职505人，连任571人，交流任职173人，免职348人。

教育部人事司司长吴德刚在接受记者采访时指出，在注重全面提高高校领导班子和领导干部整体素质和驾驭全局工作能力的同时，力争在班子年龄结构上形成梯次，在知识和专业结构上实现互补。目前，教育部直属高校领导干部760人。其中，中共党员723人，占总数的94.9%。在年龄结构上，50岁以下的362人，占总数的47.5%，其中45岁以下的177人，占总数的23.2%，平均年龄50.8岁，基本实现了年龄结构上的合理梯次配备。从学历来看，具有博士学位的372人，占总数的49.7%；具有硕士学位的160人，占总数的21.4%。与5年前相比，班子成员平均年龄下降了4.3岁，具有博士学位的比例提高了20.8个百分点。此外，80%的直属高校党政班子中配备了妇女干部，还有一批党外人士走上了领导岗位。

按照"一手抓配备、一手抓后备"的工作思路，教育部党组始终把建设一支素质优良、数量充足、结构合理的高校后备干部队伍作为事关全局、事关长远的战略任务。各直属高校党委严格按照教育部党组的要求，注意发扬民主，坚持工作程序。在人选推荐上，坚持扩大视野，拓宽渠道，杜绝由少数人选人和在少数人中选人，充分听取各方意见。在后备人选的培养方面，注重长期培养和近期使用相统一，制定后备干部近、中、长期使用规划，按培养使用的方向，把素质好、有发展前途的优秀后备干部，有计划、有目的地安排到一定层次岗位上经受锻炼，积累经验，增长领导才干。

高校领导班子建设工作涉及面广，做好高校领导班子的建设和管理工作需要组织人事部门与有关地方、部门密切配合、通力合作。目前，从中央到地方、从教育部机关到各直属高校，有关部门协调配合，积极工作，形成了全方位推动高校领导班子建设工作的局面。在制度建设和中管干部的管理方面，教育部积极配合中央组织部完成《部分高等学校领导干部职务任期办法（试行）》的修改、完善工作，完成有关中管干部的考察、任免职工作；在高校领导干部的考察、任免方面，认真征求地方党委意见，会同地方党委等有关部门共同到校考察了解情况，积极推动高校干部交流；在干部监督方面，会同纪检部门共同组织好廉政谈话，与新任高校领导干部签订廉政责任书等工作，会同审计部门加强对高校领导干部的任期经济责任和离任审计，实现了对行政换届高校100%进行经济责任审计的工作目标等。

以完善工作制度和机制为先导，推动干部人事制度改革

十七大代表、武汉大学党委书记顾海良，在十六大前夕被任命为武汉大学党委书记。顾海良深有体会地说："回忆武汉大学合校当初，校领导班子13人，平均年龄54岁。5年来，选拔了一批40多岁的副校长进入班子，班子实现了年轻化，专业化程度也得到进一步提高。公开选拔、竞争上岗、任前公示、任职试用期的推行，使党的群众路线在高校干部选拔任用工作中落到实处。"

据了解，教育部党组在总结过去民主推举校长试点和部机关公开选拔司局级领导干部工作经验的基础上，先后在中国农业大学、上海交通大学、西安交通大学等高校进行了公开选拔（竞争上岗）副校长的试点。中国农业大学一次拿出5名副校长岗位面向校内外进行公开选拔的做法，在全国高校中开创了先例。西安交通大学在公开选拔中出现了三个突破：首次拿出学校全部副校长岗位进行公选；首次从海外引进人才担任副校长；首次有国家机关正司级干部通过公选应聘到学校担任副校长。5年来，中国农业大学等13所直属高校先后进行的公开选拔副校长工作，使51名同志走上了高校领导岗位。这些新任副校长全部具有大本以上学历，其中，博士31人，7人是来自国外和国内其他部门或高校。

2006年，教育部党组决定对直属高校开展巡视工作。这项工作从2006年10月开始试点，2007年上半年全面展开，将在5年之内对所有直属高校巡视一遍。巡视工作按照"定期体检、发现问题，排除隐患、健康发展"的基本定位，主要从执行党的路线、方针、政策情况，贯彻教育部党组决议、决定情况，处理学校重大问题情况，执行民主集中制情况，选拔任用干部情况，落实党风廉政建设责任制情况等方面对直属高校领导班子及其成员，特别是党政一把手进行监督检查。

干部"能上能下"问题，是干部选拔任用制度改革的难点。教育部人事司副司长魏士强向记者介绍，几年来，教育部在这方面进行了积极的尝试和探索。一是坚持高校领导班子和领导干部实行严格的任期制。二是不断推进干部任前公示制和试用制。三是积极探索符合高校特点的干部"能上能下"机制。既鼓励高学历、高职务、年富力强的专家学者从事管理工作，又要求他们在任职期间必须投入足够的时间、精力，切实履行职责。此外，一部分学术水平高、业务能力强的干部，在学校领导岗位上工作一段时间之后将适时退下来，重新回到教学科研第一线，集中精力从事教学科研工作。在教育部组织实施的"高层次创造性人才计划"等项目中还明文规定：受聘"长江学者"特聘教授或担任创新团队带头人的校级领导干部必须辞去所担任的领导职务。

5年来，一大批政治上靠得住，工作上有本事，作风上过得硬，广大群众信得过的优秀干部走上了校级领导岗位。与此同时，注重以组织建设推动学校领导班子思想政治建设，把思想政治建设贯穿于组织建设的始终，高校领导干部队伍的思想作风建设得到全面加强和改进，为推进高等学校事业发展提供了坚强有力的组织保障。

作者系《中国教育报》记者唐景莉，原载2007年10月12日《中国教育报》第1版

教育财务与审计

教育财务

教育部　国家统计局　财政部
关于2006年全国教育经费执行情况统计公告

（2007年12月29日）

一、全国教育经费情况

2006年，全国教育经费为9 815.31亿元，比上年的8 418.84亿元增长16.59%。其中，国家财政性教育经费（包括各级财政对教育的拨款、教育费附加、企业办学中的企业拨款以及校办产业减免税等项）为6 348.36亿元，比上年的5 161.08亿元增长23.00%。

二、落实《教育法》规定的“三个增长”情况

1. 中央和地方各级政府预算内教育拨款（不包括城市教育费附加）为5 795.61亿元，比上年的4 665.69亿元增长24.22%。其中，中央财政教育支出538.33亿元，比上年增长53.88%，高于中央本级财政经常性收入18%的增长幅度。

2. 各级教育生均预算内教育事业费支出增长情况

2006年全国普通小学、普通初中、普通高中、职业中学、普通高等学校生均预算内教育事业费支出情况是：

（1）全国普通小学生均预算内事业费支出为1 633.51元，比上年的1 327.24元增长23.08%。其中，农村普通小学生均预算内事业费支出为1 505.51元，比上年的1 204.88元增长24.95%。普通小学生均预算内事业费支出增长最快的是重庆市（42.54%）。

（2）全国普通初中生均预算内事业费支出为1 896.56元，比上年的1 498.25元增长26.59%。其中，农村普通初中生均预算内事业费支出为1 717.22元，比上年的1 314.64元增长30.62%。普通初中生均预算内事业费支出增长最快的是四川省（48.32%）。

（3）全国普通高中生均预算内事业费支出为2 240.96元，比上年的1 959.24元增长14.38%。普通高中生均预算内事业费支出增长最快的是湖南省（30.06%）。

（4）全国职业中学生均预算内事业费支出为2 163.69元，比上年的1 980.54元增长9.25%。职业中学生均预算内事业费支出增长最快的是重庆市（46.42%）。

（5）全国普通高等学校生均预算内事业费支出为 5 868.53 元，比上年的 5 375.94 元增长 9.16％。普通高等学校生均预算内事业费支出增长最快的是宁夏回族自治区（85.61％）。

3. 各级教育生均预算内公用经费支出增长情况

2006 年全国普通小学、普通初中、普通高中、职业中学、普通高等学校生均预算内公用经费支出情况是：

（1）全国普通小学生均预算内公用经费支出为 270.94 元，比上年的 166.52 元增长 62.71％。其中，农村普通小学生均预算内公用经费支出为 248.53 元，比上年的 142.25 元增长 74.71％。普通小学生均预算内公用经费支出增长最快的是陕西省（250.91％）。

（2）全国普通初中生均预算内公用经费支出为 378.42 元，比上年的 232.88 元增长 62.50％。其中，农村普通初中生均预算内公用经费支出为 346.04 元，比上年的 192.75 元增长 79.53％。普通初中生均预算内公用经费支出增长最快的是四川省（213.11％）。

（3）全国普通高中生均预算内公用经费支出为 449.15 元，比上年的 363.54 元增长 23.55％。普通高中生均预算内公用经费支出增长最快的是湖北省（112.10％）。

（4）全国职业中学生均预算内公用经费支出为 407.28 元，比上年的 336.66 元增长 20.98％。职业中学生均预算内公用经费支出增长最快的是重庆市（151.35％）。

（5）全国普通高等学校生均预算内公用经费支出为 2 513.33 元，比上年的 2 237.57 元增长 12.32％。普通高等学校生均预算内公用经费支出增长最快的是甘肃省（58.23％）。

三、预算内教育经费占财政支出比例情况

按预算内教育经费包含城市教育费附加的口径计算，2006 年全国预算内教育经费占财政支出 40 422.73 亿元（2007 年《中国统计年鉴》公布数）比例为 15.18％，比上年 14.58％增加了 0.6 个百分点。从全国情况看，有 18 个省、自治区、直辖市预算内教育经费占财政支出比例比上年有不同程度的下降。

四、国家财政性教育经费占国内生产总值比例情况

据统计，2006 年全国国内生产总值为 210 871 亿元，国家财政性教育经费占国内生产总值比例为 3.01％，比上年的 2.81％增加了 0.2 个百分点。

2006 年全国教育经费执行情况监测结果表明，政府教育投入总量继续增加，国家财政性教育经费占 GDP 的比例以及预算内教育经费占财政支出比例均比上年有所增加，但有一些省、自治区、直辖市没有达到《教育法》规定的教育投入增长要求。

注：1. 公告中所列教育经费数据不包括党政工团的教育经费、职工培训费、党政群干训费。
2. 公告中所涉及的全国性统计数据，均不包括台湾省、香港特别行政区、澳门特别行政区。
3. 公告中的 2006 年全国国内生产总值 210 871 亿元、全国财政收入 38 760.2 亿元和财政支出 40 422.73 亿元等数据来源于 2007 年《中国统计年鉴》。

附

2006年全国教育经费执行情况统计表

表一 2006年预算内教育拨款增长与财政经常性收入增长比较

地区	预算内教育拨款本年比上年增长（%）	财政经常性收入本年比上年增长（%）	增长幅度比较
中央	53.88	18.00	35.88
北京市	20.31	17.25	3.06
天津市	21.89	18.77	3.12
河北省	12.42	13.66	－1.24
山西省	21.21	17.80	3.41
内蒙古自治区	18.36	22.68	－4.31
辽宁省	19.96	15.94	4.02
吉林省	20.11	7.67	12.44
黑龙江省	20.84	17.54	3.29
上海市	9.52	9.42	0.11
江苏省	16.85	21.54	－4.70
浙江省	19.10	21.77	－2.68
安徽省	21.63	22.33	－0.70
福建省	21.14	22.23	－1.09
江西省	20.94	13.50	7.44
山东省	18.09	15.49	2.60
河南省	22.01	22.64	－0.63
湖北省	18.70	41.24	－22.54
湖南省	17.47	17.37	0.10
广东省	16.21	16.36	－0.15
广西壮族自治区	27.96	32.07	－4.11
海南省	22.15	21.86	0.29
重庆市	22.17	17.88	4.29
四川省	26.82	12.75	14.07
贵州省	18.82	17.61	1.21
云南省	20.05	13.65	6.40
西藏自治区	－8.70	26.42	－35.12
陕西省	43.47	30.50	12.97
甘肃省	30.44	21.59	8.85
青海省	34.68	10.59	24.09
宁夏回族自治区	19.61	22.19	－2.58
新疆维吾尔自治区	22.17	19.88	2.29

注：1. 预算内教育拨款包括教育事业费、科研经费、基建经费和其他经费。

2. 考虑地方财政经常性收入增长比例无法统一测算，表中各地财政经常性收入增长比例采用财政收入自然口径增长比例作为参考。

表二 2006年预算内教育经费占财政支出比例情况

地 区	预算内教育经费（亿元）			预算内教育经费占财政支出比例（%）		
	2005年	2006年	增长比例%	2005年	2006年	增减百分点
总 计	**4 946.04**	**6 135.35**	**24.05**	**14.58**	**15.18**	**0.60**
北京市	208.42	250.14	20.02	19.69	19.29	−0.40
天津市	78.50	95.22	21.30	17.76	17.53	−0.23
河北省	203.95	230.21	12.88	20.83	19.50	−1.33
山西省	119.29	145.99	22.38	17.84	15.95	−1.89
内蒙古自治区	94.87	113.56	19.70	13.91	13.98	0.07
辽宁省	186.73	221.84	18.80	15.50	15.59	0.09
吉林省	95.60	114.98	20.27	15.15	16.01	0.86
黑龙江省	122.95	146.76	19.37	15.61	15.15	−0.46
上海市	234.44	255.11	8.82	14.24	14.21	−0.03
江苏省	319.33	377.15	18.11	19.08	18.73	−0.35
浙江省	275.23	328.11	19.21	21.75	22.29	0.54
安徽省	140.41	172.76	23.04	19.69	18.37	−1.32
福建省	143.54	174.87	21.83	24.20	24.00	−0.20
江西省	95.89	115.67	20.63	17.00	16.61	−0.39
山东省	278.10	330.27	18.76	18.97	18.01	−0.96
河南省	231.26	282.80	22.29	20.72	19.64	−1.08
湖北省	127.43	151.91	19.21	16.36	14.51	−1.85
湖南省	152.07	180.01	18.37	17.41	16.91	−0.50
广东省	449.17	523.32	16.51	19.62	20.50	0.88
广西壮族自治区	117.83	150.87	28.04	19.27	20.68	1.41
海南省	28.58	34.79	21.73	18.90	19.93	1.03
重庆市	85.24	104.27	22.33	17.49	17.55	0.06
四川省	178.31	227.02	27.32	16.48	16.85	0.37
贵州省	99.07	115.07	16.15	19.03	18.84	−0.19
云南省	150.29	180.14	19.86	19.61	20.16	0.55
西藏自治区	28.82	26.34	−8.61	15.54	13.16	−2.38
陕西省	96.57	138.19	43.10	15.11	16.77	1.66
甘肃省	76.81	99.98	30.17	17.89	18.91	1.02
青海省	24.42	32.81	34.36	14.39	15.28	0.89
宁夏回族自治区	26.41	31.26	18.36	16.48	16.18	−0.30
新疆维吾尔自治区	98.23	119.65	21.81	18.93	17.64	−1.29

注：表中预算内教育经费含城市教育费附加。

表三（1） 各级教育生均预算内教育事业费增长情况

单位：元

地区	普通小学			普通初中			普通高中		
	2005年	2006年	增长率（%）	2005年	2006年	增长率（%）	2005年	2006年	增长率（%）
总　计	**1 327.24**	**1 633.51**	**23.08**	**1 498.25**	**1 896.56**	**26.59**	**1 959.24**	**2 240.96**	**14.38**
北京市	4 619.52	5 401.01	16.92	5 515.76	7 063.76	28.07	6 587.17	7 788.41	18.24
天津市	3 518.92	4 139.48	17.63	3 525.42	4 289.78	21.68	5 600.20	6 011.04	7.34
河北省	1 440.57	1 737.06	20.58	1 371.84	1 703.78	24.20	1 667.84	1 891.36	13.40
山西省	1 256.66	1 506.87	19.91	1 373.53	1 686.86	22.81	1 710.76	2 112.86	23.50
内蒙古自治区	1 846.70	2 294.16	24.23	1 835.57	2 269.05	23.62	1 802.65	2 012.62	11.65
辽宁省	1 731.11	2 221.21	28.31	2 150.64	2 769.06	28.76	2 088.08	2 334.39	11.80
吉林省	1 715.13	2 114.31	23.27	1 669.25	2 130.07	27.61	1 487.76	1 924.20	29.34
黑龙江省	2 204.08	2 781.09	26.18	1 875.99	2 452.30	30.72	2 003.93	2 464.89	23.00
上海市	7 940.77	9 409.78	18.50	8 421.50	10 325.89	22.61	8 131.85	9 585.78	17.88
江苏省	2 032.86	2 473.95	21.70	1 823.30	2 281.50	25.13	2 384.86	2 594.06	8.77
浙江省	2 497.84	2 940.32	17.71	3 216.47	3 798.71	18.10	3 376.60	3 763.69	11.46
安徽省	990.39	1 264.00	27.63	922.75	1 205.37	30.63	1 230.23	1 394.68	13.37
福建省	1 574.96	1 986.62	26.14	1 478.73	1 945.84	31.59	2 108.29	2 378.59	12.82
江西省	1 003.76	1 163.82	15.95	1 074.62	1 320.60	22.89	1 225.18	1 432.45	16.92
山东省	1 390.31	1 645.46	18.35	1 803.72	2 282.32	26.53	1 841.50	2 122.15	15.24
河南省	744.46	948.57	27.42	908.05	1 195.42	31.65	1 052.06	1 303.74	23.92
湖北省	982.45	1 232.04	25.40	1 137.76	1 422.81	25.05	1 118.96	1 325.05	18.42
湖南省	1 282.57	1 480.02	15.39	1 341.57	1 821.84	35.80	1 310.16	1 703.93	30.06
广东省	1 305.60	1 580.18	21.03	1 807.03	2 119.48	17.29	3 220.02	3 474.74	7.91
广西壮族自治区	1 038.79	1 409.66	35.70	1 067.18	1 497.68	40.34	1 500.39	1 794.81	19.62
海南省	1 289.49	1 602.62	24.28	1 459.42	1 659.91	13.74	2 219.65	2 479.31	11.70
重庆市	874.04	1 245.82	42.54	1 145.65	1 500.15	30.94	1 429.00	1 684.57	17.88
四川省	847.82	1 139.06	34.35	924.38	1 371.03	48.32	1 172.25	1 405.26	19.88
贵州省	885.91	1 055.44	19.14	1 010.96	1 190.65	17.77	1 575.45	1 714.30	8.81
云南省	1 274.90	1 500.77	17.72	1 450.98	1 760.62	21.34	2 294.96	2 626.57	14.45
西藏自治区	2 480.68	2 661.58	7.29	2 911.89	2 949.28	1.28	3 836.88	3 789.08	−1.25
陕西省	1 091.17	1 523.27	39.60	1 045.77	1 475.79	41.12	1 185.56	1 522.56	28.43
甘肃省	1 006.92	1 363.45	35.41	1 112.26	1 549.88	39.35	1 465.95	1 738.27	18.58
青海省	1 904.25	2 113.94	11.01	2 069.91	2 257.97	9.09	2 812.29	2 886.45	2.64
宁夏回族自治区	1 173.92	1 390.92	18.49	1 561.62	1 838.84	17.75	2 090.80	2 376.94	13.69
新疆维吾尔自治区	1 721.97	2 068.84	20.14	1 815.37	2 526.29	39.16	2 542.78	3046.86	19.82

表三（1） 各级教育生均预算内教育事业费增长情况（续）

单位：元

地　区	职业中学			普通高等学校		
	2005 年	2006 年	增长率（%）	2005 年	2006 年	增长率（%）
总　计	**1 980.54**	**2 163.69**	**9.25**	**5 375.94**	**5 868.53**	**9.16**
北京市	5 338.43	6 742.16	26.29	17 036.50	18 228.36	7.00
天津市	3 532.19	4 480.07	26.84	9 134.45	9 158.63	0.26
河北省	1 474.09	1 565.87	6.23	2 757.33	3 625.97	31.50
山西省	1 806.65	1 810.20	0.20	4 049.50	3 939.48	−2.72
内蒙古自治区	2 338.66	2 570.02	9.89	3 314.83	4 109.84	23.98
辽宁省	3 010.60	3 341.14	10.98	4 352.45	4 386.89	0.79
吉林省	2 163.98	2 405.44	11.16	3 992.94	4 024.89	0.80
黑龙江省	3 297.42	3 502.06	6.21	3 511.08	3 844.39	9.49
上海市	6 188.90	6 586.88	6.43	11 500.73	11 942.85	3.84
江苏省	1 932.14	2 055.23	6.37	4 971.73	5 315.15	6.91
浙江省	2 768.80	3 199.68	15.56	6 417.74	7 154.51	11.48
安徽省	1 059.10	1 198.95	13.20	3 468.17	3 485.29	0.49
福建省	1 670.84	2 090.78	25.13	4 914.56	4 522.93	−7.97
江西省	1 138.51	1 348.59	18.45	2 206.07	2 219.41	0.60
山东省	2 183.70	2 583.45	18.31	3 195.17	3 371.39	5.52
河南省	1 148.29	1 188.14	3.47	3 727.09	4 487.95	20.41
湖北省	1 117.53	1 259.81	12.73	2 636.97	3 325.72	26.12
湖南省	1 361.60	1 565.24	14.96	2 685.48	2 722.43	1.38
广东省	3 493.54	3 675.32	5.20	7 529.40	8 272.89	9.87
广西壮族自治区	1 767.38	1 924.46	8.89	3 968.03	4 084.73	2.94
海南省	2 390.26	2 662.45	11.39	3 968.48	2 693.09	−32.14
重庆市	1 407.03	2 060.23	46.42	3 652.81	3 597.32	−1.52
四川省	1 168.09	1 140.81	−2.34	2 076.09	2 352.76	13.33
贵州省	1 544.75	1 588.98	2.86	3 721.96	3 905.26	4.92
云南省	1 953.24	1 985.89	1.67	4 874.59	4 663.75	−4.33
西藏自治区	—	—	—	11 864.34	9 872.67	−16.79
陕西省	1 212.24	1 495.12	23.34	3 283.87	3 466.76	5.57
甘肃省	1 908.77	2 242.85	17.50	3 979.20	4 734.26	18.98
青海省	3 476.13	3 639.46	4.70	5 972.89	7 343.27	22.94
宁夏回族自治区	1 666.20	1 694.72	1.71	3 157.96	5 861.48	85.61
新疆维吾尔自治区	3 291.86	3 157.78	−4.07	3 135.87	3 651.19	16.43

表三（2） 各级教育生均预算内公用经费增长情况

单位：元

地区	普通小学			普通初中			普通高中		
	2005 年	2006 年	增长率（%）	2005 年	2006 年	增长率（%）	2005 年	2006 年	增长率（%）
总 计	**166.52**	**270.94**	**62.71**	**232.88**	**378.42**	**62.50**	**363.54**	**449.15**	**23.55**
北京市	1 235.38	1 619.42	31.09	1 794.44	2 460.80	37.13	2 372.61	2 809.14	18.40
天津市	411.62	511.94	24.37	469.08	728.88	55.39	1 382.83	1 391.42	0.62
河北省	140.54	171.00	21.67	169.34	235.18	38.88	313.38	391.31	24.87
山西省	177.70	212.01	19.31	237.41	315.56	32.92	289.62	368.81	27.34
内蒙古自治区	227.57	428.87	88.46	385.13	555.95	44.35	380.27	399.08	4.95
辽宁省	355.88	530.01	48.93	487.16	709.92	45.73	555.00	612.94	10.44
吉林省	253.59	330.19	30.21	333.19	399.05	19.77	298.95	418.97	40.15
黑龙江省	277.42	361.76	30.40	285.07	425.24	49.17	301.74	362.61	20.17
上海市	1 865.70	2 308.80	23.75	2 114.13	2 614.74	23.68	2 285.87	2 589.08	13.26
江苏省	95.09	196.38	106.52	114.25	247.24	116.40	208.44	236.49	13.46
浙江省	295.29	434.18	47.04	460.24	642.20	39.54	641.92	797.23	24.19
安徽省	63.50	102.38	61.23	76.98	135.63	76.19	77.10	100.81	30.75
福建省	170.02	308.40	81.39	232.93	402.44	72.77	326.10	333.12	2.15
江西省	103.96	163.96	57.71	129.73	211.50	63.03	98.96	121.97	23.25
山东省	95.88	136.21	42.06	130.48	210.64	61.43	255.08	336.06	31.75
河南省	100.07	169.76	69.64	154.19	251.97	63.42	247.40	372.84	50.70
湖北省	96.58	153.51	58.95	124.56	206.73	65.97	92.13	195.41	112.10
湖南省	137.64	208.47	51.46	173.04	279.35	61.44	194.40	392.55	101.93
广东省	233.68	315.98	35.22	373.55	522.37	39.84	769.10	796.78	3.60
广西壮族自治区	59.22	205.50	247.01	96.96	299.42	208.81	139.71	227.36	62.74
海南省	239.85	367.11	53.06	358.36	448.32	25.10	493.22	572.21	16.02
重庆市	222.99	464.56	108.33	334.98	599.58	78.99	399.07	573.67	43.75
四川省	132.76	334.49	151.95	137.53	430.62	213.11	170.49	281.99	65.40
贵州省	70.90	139.94	97.38	170.15	246.70	44.99	188.05	234.70	24.81
云南省	158.46	248.94	57.10	230.80	367.02	59.02	472.29	576.79	22.13
西藏自治区	394.45	409.22	3.74	344.01	361.74	5.15	450.36	486.21	7.96
陕西省	104.98	368.39	250.91	162.33	453.41	179.31	202.91	354.28	74.60
甘肃省	121.03	298.88	146.95	184.65	399.78	116.51	163.55	251.88	54.01
青海省	377.29	524.61	39.05	491.75	530.32	7.84	553.66	562.00	1.51
宁夏回族自治区	182.88	288.72	57.87	319.07	467.77	46.60	483.11	539.39	11.65
新疆维吾尔自治区	288.26	317.66	10.20	437.19	625.75	43.13	644.57	729.43	13.17

表三（2） 各级教育生均预算内公用经费增长情况（续）

单位：元

地区	职业中学			普通高等学校		
	2005 年	2006 年	增长率（%）	2005 年	2006 年	增长率（%）
总 计	**336.66**	**407.28**	**20.98**	**2 237.57**	**2 513.33**	**12.32**
北京市	1 444.79	2 045.06	41.55	10 688.17	11 389.27	6.56
天津市	478.29	478.91	0.13	4 021.63	4 458.83	10.87
河北省	225.28	231.67	2.84	635.49	974.93	53.41
山西省	329.10	285.87	−13.14	1 100.27	1 128.57	2.57
内蒙古自治区	395.80	443.66	12.09	709.46	889.36	25.36
辽宁省	927.27	932.63	0.58	1 596.77	1 613.14	1.03
吉林省	519.92	635.69	22.27	1 994.67	2 104.04	5.48
黑龙江省	301.66	482.78	60.04	1 131.22	1 158.20	2.39
上海市	1 703.35	1 207.95	−29.08	6 865.05	7 043.95	2.61
江苏省	196.84	259.10	31.63	2 189.23	2 227.27	1.74
浙江省	598.93	783.50	30.82	2 273.32	2 331.51	2.56
安徽省	93.37	136.15	45.82	548.77	671.21	22.31
福建省	240.64	396.72	64.86	1 885.04	1 531.68	−18.75
江西省	120.09	230.00	91.52	625.15	503.11	−19.52
山东省	155.16	257.34	65.85	787.01	848.02	7.75
河南省	179.06	234.01	30.69	1 280.46	1 873.67	46.33
湖北省	78.65	196.61	149.98	1 009.59	1 367.31	35.43
湖南省	137.88	195.37	41.70	970.47	840.62	−13.38
广东省	860.78	824.61	−4.20	3 399.36	3 591.04	5.64
广西壮族自治区	231.71	279.48	20.62	1 408.09	1 444.92	2.62
海南省	425.83	455.09	6.87	1011.47	386.68	−61.77
重庆市	352.65	886.39	151.35	2 095.82	2 045.05	−2.42
四川省	199.15	196.35	−1.41	940.53	1 207.24	28.36
贵州省	204.77	346.40	69.17	939.30	891.12	−5.13
云南省	338.26	409.06	20.93	1 873.91	2 100.14	12.07
西藏自治区	—	—	—	4 596.24	2 932.52	−36.20
陕西省	134.59	294.66	118.93	1 266.14	1 249.96	−1.28
甘肃省	219.62	432.28	96.83	980.48	1 551.38	58.23
青海省	714.89	1 183.26	65.52	1 216.21	1 126.37	−7.39
宁夏回族自治区	226.87	361.35	59.28	883.17	1 238.84	40.27
新疆维吾尔自治区	1 077.15	992.42	−7.87	925.64	1 357.19	46.62

〔**建立健全中等职业教育家庭经济困难学生资助政策体系**〕 为促进教育公平，确保广大家庭经济困难学生都能上得起学，接受职业教育，2007年5月，国务院印发了《关于建立健全普通本科高校、高等职业学校和中等职业学校家庭经济困难学生资助政策体系的意见》，决定从2007年秋季学期起，普通本科高校、高等职业学校和中等职业学校开始实施新的资助政策。《意见》规定，中等职业教育实行以国家助学金为主，以校内奖学金、学生工学结合、顶岗实习、学校减免学费等为辅的资助政策体系；国家助学金的资助对象是中等职业学校中所有在校一二年级农村户籍的学生、县镇非农户口的学生和城市家庭经济困难学生，资助标准为每生每年1 500元，连续资助两年；在校三年级学生通过工学结合、顶岗实习获得一定报酬，用于支付学习和生活费用；学校要按照国家有关规定从事业收入中按5%的比例足额提取经费，用于学费减免、勤工助学、校内奖助学金等。

为落实好《意见》，教育部、财政部和地方各级政府做了大量工作，采取了一系列措施，扎实推进了新的中等职业教育资助政策的落实。一是制定配套文件，从制度上保证资助政策的顺利实施。2007年6月，教育部和财政部联合印发了《中等职业学校国家助学金管理暂行办法》和《中等职业学校学生实习管理办法》两个配套文件，对中等职业学校国家助学金政策的适用范围和用途、资助对象、发放程序、资金管理、学生实习等方面作出了明确规定。二是积极落实资金，确保国家助学金足额发放到位。在财政部、教育部和各级地方政府的共同努力下，2007年秋季学期，各级政府共安排中等职业学校国家助学金资金100多亿元，其中中央财政49.2亿元。三是加强机构建设，为中等职业学校国家助学金的落实提供组织保障。8月，财政部、教育部联合印发了《关于要求县级教育行政部门成立学生资助管理中心的紧急通知》，对建立县级学生资助管理机构提出指导意见。所有中等职业学校也都成立了专门的资助机构，具体负责学生资助管理工作。到2007年底，中央、省、市、县和学校自上而下的学生资助工作管理系统基本形成。四是召开各类工作会议，推动各地落实好中等职业教育国家助学政策。五是大力宣传、全面解读中等职业教育国家助学政策体系。

截至2007年12月，各地中等职业学校国家助学金已按规定发放到学生手中，受资助学生达1 200多万人。中等职业教育国家助学政策的实施，推进了教育公平，有力地促进了中等职业教育的发展。

撰稿　刘　景
审稿　徐孝民

〔**建立健全高校家庭经济困难学生资助政策体系**〕 为确保广大家庭经济困难学生上得起大学、接受职业教育，2007年3月5日，温家宝总理在十届全国人大五次会议《政府工作报告》中郑重宣布：从2007年新学年开始，在普通本科高校、高等职业学校和中等职业学校建立健全国家奖学金、助学金制度。同时，进一步落实国家助学贷款政策。5月13日，国务院发布实施了《关于建立健全普通本科高校高等职业学校和中等职业学校家庭经济困难学生资助政策体系的意见》，决定从2007年秋季学期开始，进一步建立健全高校家庭经济困难学生资助政策体系。新的资助政策体系从完善制度、创新机制入手，进一步优化教育结构，维护教育公平，促进教育持续健康发展；通过加大财政投入，落实各项助学政策，扩大受助学生比例，提高资助水平，从制度上基本解决家庭经济困难学生的就学问题。

高校家庭经济困难学生新资助政策体系的主要内容包括：一、中央继续设立国家奖学金。用于奖励普通本科高校和高等职业学校全日制本专科在校生中特别优秀的学生。每年奖励5万人，奖励标准为每生每年8 000元，所需资金由中央负担。二、中央和地方共同设立国家励志奖学金。用于奖励资助普通本科高校和高等职业学校全日制本专科在校生中品学兼优的家庭经济困难学生。每年奖励资助约52万人，平均约占全国高校在校生总数的3%，奖励资助标准为每生每年5 000元。国家励志奖学金适当向国家最需要的农林水地矿油核等专业倾斜。中央高校国家励志奖学金所需资金由中央负担。地方高校国家励志奖学金所需资金根据各地财力及生源状况由中央与地方按比例分担。三、完善国家助学金制度。用于资助普通本科高校和高等职业学校全日制本专科在校生中家庭经济困难学生。每年资助约 340 万人，平均约占在校生总数的 20%，平均资助标准为每生每年 2 000 元，具体标准由各地根据实际情况在每生每年 1 000 元～3 000 元范围内确定，可以分为 2～3 档。四、进一步完善和落实国家助学贷款政策。大力开展生源地信用助学贷款，确保家庭经济困难学生应贷尽贷。对普通本科高校和高等职业学校全日制本专科生，在校期间获得国家助学贷款，毕业后自愿到艰苦地区基层单位从事第一线工作且服务达到一定年限的，国家实行国家助学贷款代偿政策。五、实行师范生免费教育试点工作。从 2007 年起，对教育部直属的北京师范大学、华东师范大学、东北师范大学、华中师范大学、陕西师范大学和西南大学 6 所师范大学新招收的师范生，实行免费教育。免费教育师范生在校学习期间，免除学费、免缴住宿费，并补助生活费。六、高校从事业收入中足额提取 4%～6%的经费。用于学费减免、国家助学贷款风险补偿、勤工助学、校内无息借款、校内奖助学金和特殊困难补助等方面的开支。七、进一步落实、完善鼓励捐资助学的相关优惠政策措施，充分发挥中国教育发展基金会等非营利组织的作用，积极引导和鼓励地方政府、企业和社会团体等面向各级各类学校设立奖学金、助学金。

新的资助体系建立后，中央和地方财政 2007 年半年投入的经费将达到 154 亿元左右，其中，中央财政投入 95 亿元，地方财政投入约 59 亿元左右。2008 年全年，中央和地方财政投入将在此基础上翻一番，达到 308 亿左右。新资助体系各项政策落实到位后，每年用于助学的中央和地方财政投入、助学贷款以及学校安排的助学经费将达 500 亿元，每年将有约 400 万大学生和 1 600 万中职学生获得资助，基本上能够解决我国高校和中等职业学校家庭经济困难学生的就学问题。国家奖学金由过去每生每年 4 000 元增加到 8 000 元。国家励志奖学金由过去每生每年 4 000 元，增加到 5 000 元。高校国家助学金由过去生均 1 500 元，增加到生均 2 000 元，具体标准由地方在每生每年 1 000 元至 3 000 元范围内分档确定；中职国家助学金由过去生均 1 000 元，增加到生均 1 500 元，不分档次。国家励志奖学金由过去在校生总数的 0.3%扩大到 3%，资助面相当于过去的 10 倍。高校国家助学金由在校生总数的 3%扩大到 20%，资助面相当于过去的 7 倍。中职国家助学金由原来的 5%扩大到 90%，资助面相当于过去的 18 倍。

撰稿 何光彩 周春树 王振亚

审稿 崔邦焱 张光明 马文华

〔贯彻落实家庭经济困难学生新资助政策体系〕为建立健全家庭经济困难学生新资助政策体系开展了一系列工作。

一、制定配套文件，完善新资助政策体系。2007 年 5 月—8 月，财政部、教育部制定并印发了《普通本科高校、高等职业学校国家奖学金管理暂行办法》、《普通本科高校、高等职业学校国家励志奖学金管理暂行办法》、《普通本科高校、高等职业学校国家助学金管理暂行办法》、《教育部直属师范大学师范生免费教育实施办法（试行）》等一系列配套文件。

二、周密部署，全面落实新资助政策。

1. 国家奖助学金评审发放。2007 年 9 月，财政部、教育部下发全国高校国家奖学金名额 5 万人，中央财政安排专项资金 4 亿元；国家励志奖学金名额 52.15 万人，中央和地方财政共计安排专项资金 26.07 亿元，其中，中央财政安排 15.35 亿元，各省（自治区、直辖市）、计划单列市财政安排 10.72 亿元；高校国家助学金秋季学期名额 347.66 万人，中央和地方财政共计安排专项资金 34.76 亿元，其中，中央财政安排 22.14 亿元，各省（自治区、直辖市）、计划单列市财政安排 12.62 亿元。中等职业学校国家助学金名额 1 200 万人，专项资金 90.43 亿元，其中中央财政 49.76 亿元。11 月，财政部、教育部成立了国家奖学金评审领导小组，设立了评审委员会，制定了《国家奖学金评审管理办法》，在各地、各有关部门初审的基础上，开展国家奖学金评审工作。12 月，国家奖学金评审工作结束，教育部印发《关于 2006—2007 学年度国家奖学金获奖者的公告》。截至 12 月底，国家奖学金、国家励志奖学金、高校国家助学金、中职国家助学金绝大多数已发放完毕。

2. 国家助学贷款稳步发展。2007 年教育部、财政部、银监会等有关部门继续督促各地各高校及有关金融机构大力开展国家助学贷款业务，高校国家助学贷款工作进一步稳步发展，截至 2007 年 12 月底，全国累计已审批贷款学生 368.7 万人，累计已审批贷款合同金额 341.3 亿元。2007 年新增审批贷款学生 76.4 万人，新增审批贷款合同金额 88.7 亿元，继续创历史新高。

3. 生源地信用助学贷款试点工作成效显著。2007 年 8 月，财政部、教育部、国家开发银行联合召开了生源地信用助学贷款试点工作会议，部署启动生源地信用助学贷款试点工作。至 2007 年 12 月，重庆、甘肃、陕西、江苏、湖北开展了生源地信用助学贷款试点工作，五省市共计 443 个县（区）实现了生源地信用助学贷款全覆盖，签订贷款合同 11.3 万人，签订合同金额 13.5 亿元，已发放贷款 6 亿元。

4. 国家助学贷款代偿稳步推进。根据教育部、财政部《高等学校毕业生国家助学贷款代偿资助暂行办法》规定，在各方努力协调配合下，国家助学贷款代偿稳步推进。2007 年度，中央部属高校申请国家助学贷款代偿学生人数 1 602 人，审批通过 732 人，代偿金额总计1 061 万元。

三、加强监督检查宣传工作，确保新资助政策体系取得实效。2007 年 10 月—12 月，财政部、教育部先后安排近 20 人组成 4 个督查组，赴新疆、四川、重庆、福建、广西等 8 个省（自治区、直辖市），深入高校和中职学校调研了解、监督检查新资助政策配套文件的制定、资金到位、资助机构的建立、资助人数、覆盖比例、发放标准等情况，并针对发现的问题进行了现场督办。教育部、财政部共召开了七次新闻发布会，三次记者见面会，宣传国务院《意见》精神，解读新资助政策；编印《高等学校学生资助政策简介》、《中等职业学校学生资助政策问答》和《中等职业学校国家助学金申请指南》，进行政策解答，取得了良好效果。

撰稿　周春树　王振亚

审稿　张光明　马文华

〔召开全国家庭经济困难学生资助工作会议〕2007 年 5 月 16 日，全国家庭经济困难学生资助工作会议在京西宾馆召开，对建立健全我国家庭经济困难学生资助政策体系工作进行全面部署。国务委员陈至立出席会议并讲话。

陈至立在会上指出，党中央、国务院高度重视家庭经济困难学生的就学问题。胡锦涛、温家宝等中央领导同志多次做出重要指示，要求尽快研究完善我国家庭经济困难学生资助政策体系。近年来，国家采取了一系列措施，对农村义务教育阶段学生全部免除学杂费，并为家庭经济困难学生免费提供教科书、寄宿生补助生活费；对普通高等学校家庭经济困难学生建立了以国家助学贷款为主体，奖、贷、助、补、减多种措施有机结合的助学体系等，取得了良好成效。但是，目前我国家庭经济困难学生资助政策体系还不够完善，尤其是普通本科高校、高等职业学校和中等职业学校家庭经济困难学生资助面偏窄、资助标准偏低的问题比较突出，必须从理顺政策体系入手，通过加大财政投入，落实各项助学政策，扩大受助学生比例，提高资助水平，为家庭经济困难学生的就学提供良好的制度保障，使这些孩子能够上得起大学，接受职业教育。

陈至立强调，建立健全家庭经济困难学生资助政策体系，是党中央、国务院总揽全局、高瞻远瞩、审时度势，做出的一项重大决策，是继全部免除农村义务教育阶段学生学杂费之后，促进教育公平的又一件大事，具有重大的现实意义和深远的历史意义。各地区、各有关部门和各学校要深入领会国务院《意见》的精神，进一步增强责任感、使命感和紧迫感，认真作好贯彻落实工作。一是要加强组织领导，把资助家庭经济困难学生工作摆在更加突出的位置上，建立相应工作机制，做出周密部署，尽快制定具体实施办法，全力以赴，把好事办好、实事做实。二是各级财政部门要足额安排并及时拨付资金，确保资金落实。各学校要按照规定，从事业收入中足额提取一定比例的经费用于助学。三是各有关部门要明确责任，各司其职，加强协作，形成合力。四是要严格管理，强化监督，确保资金专款专用。要规范收费管理，坚决制止乱收费。五是要广泛宣传，营造氛围，使党和政府的这项惠民政策家喻户晓，深入人心。

会议由国务院副秘书长项兆伦主持。教育部部长周济、财政部副部长张少春分别作了发言。各省（自治区、直辖市）、新疆生产建设兵团分管财政或教育工作的负责人，财政、教育部门主要负责人，以及中央有关部门负责人参加了会议。

撰稿　何光彩
审稿　崔邦焱

〔**职业教育实训基地建设计划进展情况**〕　为落实《国务院关于大力发展职业教育的决定》，加强职业教育基础能力建设，“十一五”时期，中央财政安排专项资金继续实施职业教育实训基地建设计划，目标是在重点专业领域建成 2 000 个专业门类齐全、装备水平较高、优质资源共享的职业教育实训基地。2007 年 7 月，教育部、财政部联合印发了《关于 2007 年申报中央财政支持的职业教育实训基地建设项目有关事项的通知》，要求各地认真做好本地的实训基地评审和申报工作，确定将中央财政支持的重点由数控技术、电工电子、计算机应用、建筑技术、汽车维修、煤矿安全、护理、生物技术等 8 个专业，扩大到物流、化工、能源环保、服装纺织、农副产品加工、种植养殖业及具有本地经济特色、市场需求量大、技能型人才紧缺的其他专业。各地项目上报后，教育部、财政部共同组织专家，对各地申报的实训基地项目进行了复核，确定了年度奖励支持项目。10 月，财政部会同教育部下达了 2007 年职教实训基地中央专项资金 5 亿元，共支持建设职业教育实训基地 313 个，其中高等职业教育项目 107 个，中等职业教育项目 206 个。从 2004—2007 年中央财政已累计安排专项资金 18.6 亿元，支持建设了 1 076 个职业教育实训基地，占计划建设 2 000 个基地任务的 54%，较大地改善了各地职业学校的办学条件。

撰稿　刘　景
审稿　徐孝民

〔**2007 年农村义务教育经费保障机制改革进展情况**〕　在 2006 年西部地区和部分中部地区实施农村义务教育经费保障机制改革（以下简称“新机制”）的基础上，从 2007 年春季学期开始，新机制扩大至中东部地区。为确保新机制的顺利实施，2 月初，国务院召开了中东部地区各主管省长参加的座谈汇报会，国务委员陈至立主持会议，逐省听取汇报并作重要讲话，对中东部地区推行改革再次提出明确要求。3 月初，为督促各地落实各项改革政策，国家教育督导团和全国保障办，对河北、山西、吉林、黑龙江、安徽、江西、河南、湖北、湖南、海南 10 省新机制落实情况逐省进行了全面督查。从检查的总体情况看，各地均高度重视，认真部署，资金基本到位，开局良好，进展顺利。

为妥善解决改革实施过程中存在的困难和问题，进一步提高农村义务教育保障水平，2007 年 11 月，经国务院批准，财政部、教育部完善了新机制的有关政策，主要包括四个方面内容。一是进一步落实农村义务教育阶段家庭经济困难寄宿生生活费补助政策。对中西部地区，中央出台基本补助标准，小学生每生每天 2 元，初中生每生每天 3 元，按每年 250 天计算，从 2007 年秋季学期起执行，所需资金中央按照 50% 比例给予奖励性补助。东部地区所需资金主要由地方财政承担，中央财政给予奖励性补助。二是向全国农村义务教育阶段学生免费提供教科书，提高中央财政免费教科书补助标准，推进教科书循环使用。免费提供教科书所需资金，国家课程部分由中央财政承担，地方课程部分由地方财政承担。三是提高中西部地区部分省份农村义务教育阶段生均公用经费基本标准。四是提高农村义务教育阶段中小学校舍维修改造补助标准，西部地区每平方米由 300 元提高到 400 元，中部地区由 400 元提高到 500 元。对一些校舍维修改造成本较高的高寒地区，进一步提高补助标准。

截至 2007 年底，各级财政共投入改革资金

732 亿元，比 2006 年增加 371 亿元。其中中央财政资金 364.8 亿元，地方财政资金 367.2 亿元，惠及全国约 45 万所农村中小学校，近 1.5 亿名农村中小学生。调整完善政策后，农民负担进一步减轻，据测算，从 2008 年春季学期开始，仅免杂费和免费教科书两项，中西部地区平均每个学生可减轻经济负担 230～410 元；享受生活费补助的家庭经济困难寄宿生，每个学生可减轻经济负担 710～1 160 元。教育乱收费行为进一步得到有效遏制，农村中小学乱收费明显减少，不少地方出现了教育收费“零投诉”。

撰稿　赵应生

审稿　田祖荫

〔国家西部地区“两基”攻坚计划圆满完成〕 2007 年是《国家西部地区“两基”攻坚计划（2004—2007 年）》（以下简称“攻坚计划”）实施的最后一年，为确保攻坚目标如期实现，根据国务院领导指示精神，教育部重点加大了对云南、甘肃、新疆、西藏等省区困难较大、差距较大和工作不够到位的攻坚县的支持、指导和督促力度。教育部、国家发展改革委和财政部联合发文督促各地认真检查《〈国家西部地区“两基”攻坚计划〉责任书》落实情况。同时，国家“两基”攻坚办组织各地开展了“农村寄宿制学校建设工程”（以下简称“寄宿制工程”）质量专项检查，确保建成“放心工程”和“精品工程”。西部地区 410 个攻坚县中，368 个通过了省级政府的“两基”检查验收并经国家教育督导团审查认定。其余 42 个最困难的县也按“攻坚计划”要求，达到了“普六”标准。西部地区“两基”人口覆盖率达到 98%，比 2002 年底的 77% 提高了 21 个百分点，超出计划目标（85%）13 个百分点；西部各省初中毛入学率均超过计划提出的 90%，西部地区到 2007 年底累计扫除 600 多万文盲，青壮年文盲率下降到 5%以下。西部各省均按照“两基”攻坚责任书的要求，实现了各自的攻坚目标。经相关省级人民政府自检后申请，国家教育督导团对陕西、广西、内蒙古、重庆 4 省（自治区、直辖市）的“两基”工作进行了全面检查和认定，陈至立国务委员分别向这些省份颁发了实现“两基”的纪念牌。“两基”攻坚目标的实现，让知识的阳光普照西部偏远乡村数百万农村孩子，为西部地区经济社会发展打下了坚实的人力资源基础；同时也推动了全国义务教育普及水平的进一步提高，“两基”人口覆盖率将达到 99%以上，青壮年文盲率下降到 4%以下，标志着中国的义务教育步入一个新的发展阶段。2007 年 11 月，国务院在北京召开了国家西部地区“两基”攻坚总结表彰大会，总结“两基”攻坚取得的成就和经验，表彰“两基”攻坚先进地区、先进单位和先进个人。

新建、改扩建一大批寄宿制学校，有效地解决了农村孩子“进得来”的问题。截至 2007 年底，中央已累计投入专项资金 100 亿元实施“寄宿制工程”（财政、国债各 50 亿），其中，2004—2006 年下达总体规划资金 90 亿元，2007 年下达“以奖代补”资金 10 亿元。共批复项目学校 8 300 余所，批复建设面积 1 509.1 万平方米。截至 2007 年底，2004—2006 年批复的 7 651 所项目学校已全部竣工并交付使用。“寄宿制工程”的实施为西部地区新增校舍面积 1 237.4 万平方米，可满足 208.5 万新增学生的就学需求，超出“攻坚计划”提出的新增 150 万学生的目标。同时，工程也较大改善了边远山区学校的寄宿条件，可满足 222.6 万新增寄宿生的寄宿需求，使确需寄宿的山区、牧区、高原和边远地区学生能进入具备基本办学条件的寄宿制学校学习，为这些地区实现“两基”奠定了坚实的基础。

“两免一补”政策得到广泛落实，基本解决了西部农村孩子“留得住”的问题。2007 年，在全部免除学杂费的基础上，对全国农村义务教育阶段学生全部免费提供教科书，1.5 亿学生受益；西部地区 732 万家庭经济困难寄宿生享受了生活费补助，约占西部农村义务教育阶段寄宿生总数的 63%。

农村中小学现代远程教育工程的实施为广大农村孩子“学得好”奠定了基础。到 2007 年底，此项工程共投入 111 亿元，其中中央投入 50 亿元，地方投入 61 亿元。工程共配备教学光盘播放设备

40.2万套，卫星教学收视系统27.9万套，计算机教室和多媒体设备4.5万套，覆盖了中西部36万所农村中小学校，1亿多农村中小学生也能和城市孩子一样共享优质教育资源。

创新农村教师补充机制，农村义务教育师资水平得到提高。2006年起，教育部、财政部、人事部、中编办启动实施“农村义务教育阶段学校教师特设岗位计划”，两年共从应届大学毕业生中直接招聘特岗教师3.3万名，覆盖了13个省（自治区）395个县的4 074所农村中小学，累计130余万名西部农村教师参加了各种培训，缓解了“两基”攻坚地区教师不足、素质不高的问题。

撰稿　韩冬升

审稿　田祖荫

〔**中、初等学校勤工俭学（校办产业）**〕　2007年全国中、初等学校勤工俭学（校办产业）基本情况：

一、勤工俭学（校办产业）基地情况。2007年，全国有20.90万所中、初等学校开展了各种形式的勤工俭学（校办产业）活动，接纳学生参加劳动实践1.50亿人次。有各类勤工俭学（校办产业）基地24.61万个，比2006年减少2.50万个。其中：农、林、牧、渔基地13.42万个；工业企业基地0.62万个；第三产业网点7.70万个；其他勤工俭学基地2.87万个。

2007年，全国农村学校有各类勤工俭学基地15.77万个。农村寄宿制学校有勤工俭学基地2.36万个，蔬菜、副食品基本自给的学校0.53万所，部分自给的学校1.29万所（农村寄宿制学校勤工俭学基地提供的蔬菜、副食品满足本校食堂60%以上的为基本自给，60%以下的为部分自给）。

二、勤工俭学（校办产业）规模及效益。2007年，全国中、初等学校勤工俭学（校办产业）资产总额为249.30亿元，比2006年增加0.12亿元，上升0.05%；负债117.01亿元，资产负债率为46.94%；所有者权益132.29亿元（其中实收资本52.12亿元）。全国从事勤工俭学（校办产业）的各类职工达113.83万人，其中教职工19.61万人。2007年，全国中、初等学校勤工俭学（校办产业）销售收入及营业额达313.95亿元（农村学校92.76亿元），比2006年减少42.38亿元，下降11.89%。其中：农业销售收入17.30亿元；工业销售收入124.90亿元；第三产业营业额130.91亿元；其它勤工俭学收入40.84亿元。全国勤工俭学（校办产业）净收益达49.79亿元（农村学校23.40亿元），比2006年减少6.81亿元，下降12.03%。

三、勤工俭学（校办产业）收益分配情况。2007年，全国中、初等学校勤工俭学（校办产业）净收益用于补充教育经费的部分为41.99亿元，占勤工俭学（校办产业）净收益的84.33%，比2006年减少3.74亿元，下降8.17%。其中：用于改善办学条件的资金为23.19亿元（农村学校为10.84亿元）；用于劳动实践基地建设3.22亿元。此外，用于师生集体福利的资金为10.45亿元（农村学校为4.82亿元）；用于资助困难学生的资金为5.13亿元（农村学校为2.89亿元），共资助483.70万人（农村学校为346.21万人）。上缴国家税金10.06亿元。

撰稿　张　丽　关　毅

审核　胡延品

教育审计

〔**加强教育审计指导工作**〕 为切实做好2007年的各项审计工作，1月27日，教育部办公厅印发了《关于做好2007教育审计工作的通知》。《通知》提出2007年教育审计工作要坚持“全面审计，突出重点”的方针，增强审计力度；要认真实施预算执行与决算审计；加强对各类重大项目、科研经费、各项收费等专项资金的管理与使用情况的审计；开展对所属单位的审计；继续做好经济责任审计；积极开展内部控制制度审计等。各省、自治区、直辖市教育厅（教委）、各计划单列市教育局和部直属高校根据《通知》要求纷纷制定本部门、本单位的审计工作计划。

为加强审计队伍建设，财务司于8月13日—8月16日在兰州大学举办了教育系统审计处长培训班，各省、自治区、直辖市以及计划单列市教育行政部门和教育部直属高校的审计处长共120多人参加了学习。主管教育审计工作的副司长徐孝民同志在学习班上做了重要讲话，全面阐述了“十一五”期间教育审计工作的指导思想、工作目标；提出了教育内部审计的八项任务，特别是对这八项任务在“十一五”期间的新意义、新内涵进行了全面、深刻的分析。会后各部门、各高校围绕领导讲话纷纷制定了本部门、本单位“十一五”期间内审工作的规划或计划。

为全面贯彻落实《教育系统内部审计工作规定》（以下简称“17号令”），财务司于2007年9月5日印发了《关于对贯彻落实〈教育系统内部审计工作规定〉情况进行专项调查的通知》，要求各省、自治区、直辖市教育行政部门对贯彻落实“17号令”情况进行专项自查。在自查的基础上，又组织4个调查组，对13个省、自治区、直辖市教育部门贯彻落实“17号令”的情况及存在的问题进行实地抽查。通过调查，全面掌握全国教育系统教育审计工作的情况，总结先进经验，发现不足，及时提出有关指导意见，促进有关部门进行整改，对教育审计工作的发展起到了重要的推动作用。

为进一步加强和规范建设工程的全过程审计，教育部印发了《关于加强和规范建设工程项目全过程审计的意见》，规定了各部门、各单位的大中型建设工程应实施全过程审计，并对建设项目全过程审计的内容、实施机构、方式作出明确规定。开展基建工程全过程审计，对有效控制并真实反映工程造价、降低工程建设成本、完善建设工程管理、提高资金使用效益、维护教育部门和单位的合法权益、促进廉政建设等具有积极的重要作用。

指导中国教育审计学会召开第四届会员代表大会并选举产生了新一届理事会、常务理事会及领导班子，对学会章程进行了修订，制定了《学会秘书处工作管理办法》、《学会财务工作管理办法》、《学会会刊工作管理办法》、《学会培训工作管理办法》等，为学会的下一步工作打下基础。

〔**完成领导干部经济责任审计**〕 为进一步规范直属高校、直属单位领导干部经济责任审计工作，教育部印发了《教育部关于做好领导干部经济责任审计报告交接工作的通知》，通知中规定要将经济责任审计报告作为领导干部工作交接的内容，并对交接的目的、内容、要求作出了具体规定。

为进一步加强对经济责任审计工作的领导、规范审计程序、保证审计质量、加强对审计结果的利用，教育部办公厅印发了《关于成立经济责任审计工作领导小组的通知》。《通知》明确提出根据中共中央办公厅、国务院办公厅的有关要求，决定成立教育部经济责任审计工作领导小组，由副部长袁贵仁担任组长，人事司、财务司、中纪委驻教育部纪检组、直属高校工作司等为成员单位。领导小组在教育部党组领导下，对经济责任审计工作进行统一领导和组织，管理和指导教育系统经济责任审计工作；领导小组成员的各所在单位分工协作、各司其职、各负其责。

根据教育部人事司委托，完成了同济大学、北京邮电大学、东北师范大学、北京化工大学、北京中医药大学、华南理工大学、华中农业大学、上海交通大学、中国矿业大学、中央财经大学、中央戏剧学院、中央广播电视大学等12位直属高校校长和人民教育出版社社长任职期间经济责任审计。此外，根据国防军工委的委托，完成国防军工固定资产投资项目竣工财务决算审计4项。

〔**教育战线审计工作情况**〕 各省、自治区、直辖市、各计划单列市的教育行政部门和部直属高校的教育内审机构围绕教育改革和发展的中心任务积极开展内审工作。据统计，2007年，36个省、自治区、直辖市、计划单列市及部直属高校共完成财务收支审计、预算执行与决算审计、基本建设审计、修缮项目审计、经济责任审计、经济效益审计、专项资金审计（包括《国家西部地区“两基”攻坚计划》、“农村中小学现代远程教育工程”、《面向21世纪教育振兴行动计划》、“211工程”）等各项审计187 383项，审计资金约5 239.69亿元，查出管理不规范的资金40.87亿元；纠正违规金额3.97亿元；发现经济案件线索，移送纪检部门97件；在上述审计项目中有基建、修缮工程审计89 364个项目，送审额769.59亿元，审减额80.14亿元，审减率达10.41%，取得了较好的经济效益。同时，各部门、各单位注重建立健全内审工作规章制度，制定或修订各项内审制度4 858个，使教育内审工作进一步规范化、制度化。

2007年，全国省级及地、市、县级教育部门和高校重视加强机构和队伍建设，建立内审机构5 504个，配备内审人员21 834名。各审计机构认真执行审计人员继续教育制度，加强审计队伍培训，提高审计人员素质。根据审计工作开展的需要，有针对性地选择培训内容，如内部审计准则、审计技术与方法、预算执行审计、内部控制审计等。2007年，各地共有45 698人次参加了审计培训。

全国各级教育行政部门和高校积极开展教育审计理论研究。2007年，公开发表教育审计理论文章923篇，完成了《管理与绩效审计框架研究》、《计算机审计的理论与实践应用》、《高校内部审计信息化建设研究》、《关于高校建设工程项目经济效益审计的研究》等科研课题，其中《信息环境下的审计风险与控制》和《内部审计信息化展望》课题论文分别获得中国内部审计协会组织的《全国信息化环境下的内部审计理论研讨会》二等奖和三等奖。

撰稿 刘 宜
审稿 胡延品

热点关注

努力增加投入 推进中国特色社会主义教育事业发展

胡锦涛总书记在党的十七大报告中，提出了实现全面建设小康社会奋斗目标的新要求，号召全党高举中国特色社会主义伟大旗帜，以邓小平理论和“三个代表”重要思想为指导，深入贯彻落实科学发展观，继续解放思想，坚持改革开放，推动科学发展，促进社会和谐，为夺取全面建设小康社会新胜利而努力奋斗。报告指出，“教育是民族振兴的基石，教育公平是社会公平的重要基础”，强调“优先发展教育，建设人力资源强国”，明确提出了“现代国民教育体系要更加完善，终身教育体系基本形成，全民受教育程度和创新人才培养水平明显提高”的小康社会教育发展目标。学习贯彻党的十七大精神，落实十七大提出的教育改革和发展目标，推进中国特色社会主义教育事业发展，把我国建设成人力资源强国，为全面建设小康社会、实现中华民族的伟大复兴提供智力支持和人才保障，是广大教育工作者光荣的历史使命和义不容辞的责任。

党的十六大以来，在党中央、国务院的高度重视下，在各级政府和各级教育、财政等部门的共同努力下，教育投入不断增长，经费总量不断增多，为各级各类教育迅速发展、农村免费义务教育全面实现提供了有力保障，推动了科教兴国战略的落实。一是组织实施一系列重大“计划”和“工程”，完善农村义务教育经费保障机制，切实落实农村义务教育重中之重的战略地位，推进了义务教育均衡发展。二是建立健全家庭经济困难学生资助政策体系，加大资助力度，保证家庭经济困难学生都能上得起学、上好学，促进了教育公平。三是建立制度、机制，完善政策，学校收费管理进一步规范。通过采取清理收费项目、稳定收费标准等一系列措施，使学校乱收费蔓延的势头得到了有效遏制。四是建立健全制度、措施，加强管理，确保了教育经费使用的规范、安全、有效。五是进一步完善教育经费筹措机制，保证了教育经费的稳定增长。

虽然教育经费投入、教育财务管理工作取得了很大的成就，但面对中国特色社会主义的建设新阶段，面对发展中国特色社会主义教育事业的新要求，仍存在一些困难和挑战：教育快速发展与经费投入不足的矛盾，在社会主义初级阶段这一基本国情下将长期存在，如何根据国情，进一步完善教育经费筹措机制，建立与公共财政体制相适应的公共教育财政体制，为发展中国特色教育事业提供条件保障，仍是教育财务工作面临的重要任务；推进教育均衡、协调发展，促进教育公平，要求进一步合理配置教育资源；防范财务风险，提高资金使用效益，要求进一步加强制度、机制建设，等等。要解决好这些问题，我们必须认真贯彻十七大精神，高举中国特色社会主义伟大旗帜，全面落实科学发展观，切实做好以下几项工作：

一、进一步增加财政教育投入，保障教育优先发展，建设人力资源强国。完善机制、措施，推动各级政府以更大的决心、更多的财力支持教育事业，经济社会发展规划要优先安排教育发展，财政资金要优先保障教育投入，公共资源要优先满足教育和人力资源开发需要，进一步调整财政支出结构，将教育列为公共财政支出的重点领域，依法落实教育经费的“三个增长”，提高财政支出中教育经费所占比例，确保教育财政拨款的增长幅度明显高于财政经常性收入的增长幅度，尽快实现国家财政性教育经费支出占 GDP 比例达到 4%的目标。

进一步完善和落实优惠政策措施，鼓励社会力量投资、捐资教育，扩大教育资源总量，不断满足人民群众的多样性教育需求，推动学习型社会建设。

二、进一步合理调整教育经费支出结构，优化教育资源配置，推动教育又好又快地发展。教育投入继续向中西部农村地区、贫困地区、民族地区倾斜。

要加大投入，优化教育结构，促进义务教育均衡发展、加快普及高中阶段教育、大力发展职业教育、提高高等教育质量。要加强教师队伍建设，重点提高农村教师素质。

三、健全学生资助制度，确保家庭经济困难学生都能上得起大学、接受职业教育，促进教育公平。切实落实家庭经济困难学生各项资助政策，加强资助机构建设，及时到位资助资金，建立和完善生源地助学贷款机制。要保障经济困难家庭、进城务工人员子女平等接受义务教育。探索建立高中学校家庭经济困难学生资助制度。

四、进一步完善政策，建立长效机制，使规范学校收费管理工作取得让人民群众更加满意的成效。健全学校收费听证、公示制度。稳定各级各类学校学费、住宿费收费标准，严格收费资金“收支两条线”管理，加大收费资金使用的监查、审计力度。

五、进一步加强管理，切实提高教育资金使用的规范性、安全性、有效性。完善教育财务管理制度，加强教育经费使用全过程的监督、审计。推行“阳光财务”，增强教育资金分配和使用的透明度。认真研究并采取积极措施解决学校建设发展中的突出问题，防范学校财务风险。坚持勤俭办学，推进节约型学校建设。加强学校财务队伍建设，提高财务管理水平和效率。

作者系教育部财务司司长、党支部书记陈伟光，原载 2007 年 10 月 30 日《中国教育报》第 1 版

高等学校学生资助政策简介

一、高校家庭经济困难学生资助政策体系

党中央、国务院高度重视家庭经济困难学生资助工作。建立健全家庭经济困难学生资助政策体系，使家庭经济困难学生能够顺利进入高校，接受高等职业教育，完成学业，是实践“三个代表”重要思想、落实科学发展观、构建社会主义和谐社会的重要举措；是实施科教兴国和人才强国战略，优化教育结构，促进教育公平和社会公正的有效手段；是切实履行公共财政职能，推进基本公共服务均等化的必然要求。

1. 高校家庭经济困难学生资助政策体系主要内容。《国务院关于建立健全普通本科高校、高等职业学校和中等职业学校家庭经济困难学生资助政策体系的意见》（国发〔2007〕13号）及其配套办法颁布实施后，国家在高等教育阶段建立起国家奖学金、国家励志奖学金、国家助学金、师范生免费教育、国家助学贷款、勤工助学、学费减免等多种形式的高校家庭经济困难学生资助政策体系。家庭经济困难学生考上大学，首先可以通过“绿色通道”按时报到。入校后，学校对其家庭经济情况进行核实，再分别采取不同办法予以资助。其中，解决生活费问题，以国家助学金为主，以勤工助学等为辅；解决学费、住宿费问题，以国家助学贷款为主，以国家励志奖学金等为辅。此外，国家还积极引导和鼓励社会团体、企业和个人面向高校设立奖学金、助学金，共同帮助家庭经济困难学生顺利入学并完成学业。

2. 高校家庭经济困难学生。家庭经济困难学生是指学生本人及其家庭所能筹集到的资金，难以支付其在校学习期间学习和生活基本费用的学生，由学校根据有关部门设置的标准和规定的程序、以民主评议方式认定。学生申请家庭经济困难认定时，需提交家庭所在地乡、镇或街道民政部门加盖公章予以确认的《高等学校学生及家庭情况调查表》，以证明自己的家庭经济状况。

3. 高校资助政策实施范围。所有公办普通本科高校、高等职业学校和高等专科学校的全日制普通本专科（含高职、第二学士学位）在校学生，符合国家规定条件的，享受国家的资助政策。按照国家有关规定规范办学、从事业收入中足额提取4%～6%的经费用来资助家庭经济困难学生的民办高校（含独立学院），它们招收的全日制普通本专科（含高职、第二学士学位）学生，符合国家规定条件的，也可享受国家资助政策，具体办法，由各省（自治区、直辖市）依据国家有关规定制订。

二、国家助学金

国家助学金是为了体现党和政府对普通本科高校、高等职业学校和高等专科学校家庭经济困难学生的关怀，由中央与地方政府共同出资设立的，用于资助家庭经济困难的全日制普通本专科（含高职、第二学士学位）在校学生的助学金。

1. 资助标准。全国平均每人每年2 000元，具体标准在每人每年1 000～3 000元范围内确定，分为2～3档。中央高校分档及具体标准由财政部商有关部门确定，地方高校由各省（自治区、直辖市）确定。

2. 基本申请条件。在校生符合以下条件：①热爱社会主义祖国，拥护中国共产党的领导；②遵守宪法和法律，遵守学校规章制度；③诚实守信，道德品质优良；④勤奋学习，积极上进；⑤家庭经济困难，生活俭朴。

3. 申请、评审和发放。国家助学金每学年评定一次。每年9月30日前，学生向学校提出申请，各高校于当年11月15日前完成评审。国家助学金按10个月发放，高校按月将国家助学金发放到受助学生手中。

4. 相关事项。同一学年内，申请并获得国家助学金的学生，可同时申请并获得国家奖学金或国家励志奖学金。试行免费教育的教育部直属师范院校师范类专业学生，不再同时获得国家助学金。

三、国家励志奖学金

国家励志奖学金是为了激励普通本科高校、高等

职业学校和高等专科学校的家庭经济困难学生勤奋学习、努力进取，在德、智、体、美等方面全面发展，由中央和地方政府共同出资设立的，奖励资助品学兼优的家庭经济困难学生的奖学金。

1. 奖励标准。每人每年5 000元。

2. 基本申请条件。二年级以上（含二年级）的全日制普通本专科（含高职、第二学士学位）在校生，符合以下条件：①热爱社会主义祖国，拥护中国共产党的领导；②遵守宪法和法律，遵守学校规章制度；③诚实守信，道德品质优良；④在校期间学习成绩优秀；⑤家庭经济困难，生活俭朴。

3. 申请、评审和发放。国家励志奖学金每学年评选一次，实行等额评审。每年9月30日前，学生向学校提出申请，各高校于当年10月31日前完成评审。高校每年11月30日前将国家励志奖学金一次性发放给获奖学生，并记入学生的学籍档案。

4. 相关事项。同一学年内，申请国家励志奖学金的学生可以同时申请并获得国家助学金，但不能同时获得国家奖学金。试行免费教育的教育部直属师范院校师范类专业学生不再同时获得国家励志奖学金。

四、国家奖学金

国家奖学金是为了激励普通本科高校、高等职业学校和高等专科学校学生勤奋学习、努力进取，在德、智、体、美等方面全面发展，由中央政府出资设立的奖励特别优秀学生的奖学金。

1. 奖励标准。每人每年8 000元。

2. 基本申请条件。二年级以上（含二年级）的全日制普通本专科（含高职、第二学士学位）在校生，符合以下条件：①热爱社会主义祖国，拥护中国共产党的领导；②遵守宪法和法律，遵守学校规章制度；③诚实守信，道德品质优良；④在校期间学习成绩优异，社会实践、创新能力、综合素质等方面特别突出。

3. 评审和发放。国家奖学金每学年评选一次，实行等额评审。各高校于每学年开学初启动评审工作，当年10月31日前完成评审。高校每年11月30日前将国家奖学金一次性发放给获奖学生，颁发国家统一印制的奖励证书，并记入学生的学籍档案。

4. 相关事项。学生无论家庭经济是否困难，只要符合规定条件，均可获得国家奖学金。同一学年内，获得国家奖学金的家庭经济困难学生可以同时申请并获得国家助学金，但不能同时获得国家励志奖学金。试行免费教育的教育部直属师范院校师范类专业学生符合规定条件的，可以获得国家奖学金。

五、师范生免费教育

从2007年秋季入学的新生起，国家在北京师范大学、华东师范大学、东北师范大学、华中师范大学、陕西师范大学和西南大学6所部属师范大学实行师范生免费教育。免费教育师范生在校学习期间，免除学费、免缴住宿费，并补助生活费。

1. 享受条件。2007年开始，录取为部属师范大学免费师范生的学生，入学前与学校和生源所在地省级教育行政部门签订协议，承诺毕业后从事中小学教育10年以上。2007年新招收的有志从教并符合条件的非师范专业优秀学生，在入学两年内，也可在教育部和学校核定的计划内转入师范专业，并由学校按标准返还学费、住宿费，补发生活费补助。

2. 履行义务。享受师范生免费教育的学生毕业后，一般回生源所在省份中小学任教，并从事中小学教育10年以上。到城镇学校工作的免费师范毕业生，应先到农村义务教育学校任教服务2年。国家鼓励免费师范毕业生长期从教、终身从教。免费师范生毕业前及在协议规定服务期内，一般不得报考脱产研究生。

3. 优惠政策。①由中央财政负责安排免费师范生在校学习期间的学费、住宿费和生活费补助；②在相关省级政府统筹下，由省级教育行政部门负责落实免费师范毕业生的教师岗位，确保每一个免费师范生毕业后在中小学任教有编有岗；③免费师范毕业生在协议规定服务期内，可在学校间流动或从事教育管理工作；④为免费师范毕业生在职攻读教育硕士提供便利的入学条件，任教考核合格并通过论文答辩的，颁发硕士研究生毕业证书和教育硕士专业学位证书。

六、国家助学贷款

国家助学贷款是由政府主导、财政贴息、财政和高校共同给予银行一定风险补偿金，银行、教育行政部门与高校共同操作的，帮助高校家庭经济困难学生支付学生在校学习期间所需的学费、住宿费及生活费的银行贷款。国家助学贷款是信用贷款，学生不需要办理贷款担保或抵押，但需要承诺按期还款，并承担相关法律责任。

1. 申请条件。公办全日制普通高等学校在校学生具备以下条件可以申请国家助学贷款：①家庭经济困难的本专科生（含高职生）、第二学士学位学生和研究生；②具有中华人民共和国国籍，且持有中华人民共和国居民身份证；③具有完全民事行为能力（未成年人申请国家助学贷款须由其法定监护人书面同意）；④诚实守信，遵纪守法，无违法违纪行为；⑤学习努力，能够正常完成学业；⑥因家庭经济困难，学生本人及其家庭所能筹集到的资金，不足以支付其在校学习期间的学习和生活基本费用。

2. 申请材料。学生在新学年开学后通过学校向银行提出贷款申请。需要提供的材料：①国家助学贷款申请书；②本人学生证和居民身份证复印件（未成年人提供法定监护人的有效身份证明和书面同意申请贷款的证明）；③本人对家庭经济困难情况说明；④学生家庭所在地有关部门出具的家庭经济困难证明。

3. 申请金额。原则上每人每学年最高不超过6 000元。

4. 贷款审批。学校有关部门负责对学生提交的国家助学贷款申请进行资格审查，并核查学生提交材料的真实性和完整性；银行负责最终审批学生的贷款申请。

5. 贷款发放。国家助学贷款实行一次申请、一次授信、分期发放的方式，即学生可以与银行一次签订多个学年的贷款合同，但银行要分年发放。一个学年内的学费、住宿费贷款，银行应一次性发放给学生；一个学年内的生活费贷款，银行（或学校）按10个月逐月发放给学生。

6. 贷款利息。国家助学贷款利率按照中国人民银行公布的法定贷款利率和国家有关利率政策执行。贷款学生在校学习期间的国家助学贷款利息全部由财政补贴，毕业后的利息由贷款本人全额支付。2004年8月份以前签订贷款合同的学生，其在校学习期间以及毕业后到最终还款前的利息，一半由财政负担，一半由学生本人负担。

7. 还款期限。学生根据个人毕业后的就业和收入情况，在毕业后的1～2年内选择开始偿还本金的时间，6年内还清贷款本息。2004年8月份以前签订的贷款合同（包括毕业生还款协议），一般规定贷款学生在毕业后4年内还清贷款本息。

8. 违约后果。①国家助学贷款的借款学生如未按照与经办银行签订的还款协议约定的期限、数额偿还贷款，经办银行将对其违约还款金额计收罚息；②经办银行将违约情况录入中国人民银行的个人信用信息基础数据库，供全国各金融机构依法查询；③对于连续拖欠还款行为严重的借款人，有关行政管理部门和银行将通过新闻媒体和网络等信息渠道公布其姓名、公民身份证号码、毕业学校及具体违约行为等信息；④严重违约的贷款人还将承担相关法律责任。

9. 生源地信用助学贷款。生源地信用助学贷款是指学生或其合法监护人，向家庭所在地的农村信用社、银行等金融机构申请办理的无需担保或抵押的助学贷款。全国部分地区的金融机构已开办了生源地信用助学贷款业务，这是国家助学贷款的有机组成部分。目前，财政部、教育部等有关部门正在研究制订全国范围内推行生源地信用助学贷款的办法。

10. 代偿制度。从2006年起，中央部门所属全日制普通高校国家助学贷款应届毕业生，自愿到西部地区和艰苦边远地区基层单位从事第一线工作，服务期达到3年以上（含3年）的，其在校学习期间的国家助学贷款本金及其全部偿还之前产生的利息，由中央财政代为偿还。

七、勤工助学

勤工助学是指学生在学校的组织下利用课余时间，通过自己的劳动取得合法报酬，用于改善学习和生活条件的社会实践活动。勤工助学是学校学生资助工作的重要组成部分，是提高学生综合素质和资助家庭经济困难学生的有效途径。

1. 活动管理。学生在学有余力的前提下，向学校提出勤工助学的申请，接受必要的勤工助学岗前培训和安全教育，再由学校统一安排到校内或校外的岗位上进行勤工助学活动。学校不得安排学生参加有毒、有害和危险的生产作业以及超过身体承受能力、有碍健康的劳动。任何单位和个人未经学校同意，不得聘用在校学生打工。

2. 时间安排。学生参加勤工助学不应当影响学业，原则上每周不超过8小时，每月不超过40小时。

3. 劳动报酬。学生参加校内固定岗位的勤工助学，其劳动报酬由学校按月计算。每月40个工时的酬金原则上不低于当地政府或有关部门制定的最低工资标准或居民最低生活保障标准，可以适当上下浮动。学生参加校内临时岗位的勤工助学，其劳动报酬由学校按小时计算。每小时酬金原则上不低于8元人民币。学生参加校外勤工助学的酬金标准不低于学校所在地政府或有关部门规定的最低工资标准，具体数额由用人单位、学校与学生协商确定，并写进聘用协议。

4. 权益保护。学生在开始勤工助学活动前应当与有关单位签订协议，保护自身的合法权益。学生在进行校内勤工助学前，应当与学校的学生勤工助学管理服务组织签订具有法律效力的协议书。学生在进行校外勤工助学前，应当与代表学校的学生勤工助学管理服务组织、用人单位签订具有法律效力的三方协议书。协议书应当明确学校、用人单位和学生三方的权利和义务，意外伤害事故的处理办法以及争议解决方法。

八、其他资助政策与措施

1. 学费减免。国家对公办全日制普通高校中家庭经济特别困难，无法缴纳学费的学生，特别是其中的孤残学生、少数民族学生及烈士子女、优抚家庭子女等，实行减免学费政策。

2. 辅助措施。各高校利用自有资金、社会组织和个人捐赠资金等，设立奖学金、助学金；对发生临时困难的学生发放特殊困难补助等。

3. “绿色通道”。为切实保证家庭经济困难学生顺利入学，教育部、国家发改委、财政部规定各公办全日制普通高等学校都必须建立“绿色通道”制度，即对被录取入学、家庭经济困难的新生，学校一律先办理入学手续，然后再根据核实后的情况，分别采取不同办法予以资助。

本文作者为中华人民共和国财政部教科文司、中华人民共和国教育部财务司、全国学生资助管理中心，原载2007年7月14日《中国教育报》第3版

国际及与港、澳、台教育合作交流

留　学　工　作

〔出国留学工作〕　2007年度，各类出国留学人员总数为14.45万，其中国家公派0.89万，单位公派0.69万，自费留学12.87万；各类留学回国人员总数为4.45万人。从1978年到2007年底，各类出国留学人员总数达121.17万人，留学回国人员总数达31.97万人；截至2007年底，在外的89.20万留学人员中有65.72万人进行本科、硕士、博士阶段学习以及从事博士后研究或学术访问等。

为贯彻落实人才强国战略，推进高水平大学建设，增强其为建设创新型国家服务的能力，经国务院批准，教育部与财政部设立了"国家建设高水平大学公派研究生项目"，从2007年至2011年连续五年面向重点建设的高水平大学每年选拔5 000名一流学生，派往国外一流院校、专业，并师从一流导师。该项目2007年度录取公派研究生3 952人，其中重点资助领域录取人数占总录取人数的95%。

为进一步加强和改进国家公派出国留学工作，提高选派层次和国家公派出国留学效益，规范公派出国留学研究生管理工作，教育部与财政部共同制定了《国家公派出国留学研究生管理规定（试行)》，对公派研究生的选拔与派出、国外管理与联系、回国与服务、违约追偿均做出了详细的说明与规范。

2007年进一步补充和完善引进海外优秀留学人才信息，已建成的"高校需求海外留学人才信息库"目前包括了"211"工程、"985"工程高校以及部分国内科研单位等121家单位的留学人才需求信息近万个。同时，通过中国留学网、我驻外使领馆教育处组、中国留学人员广州科技交流会组委会等机构和媒体对外发布相关需求信息。

2007年，"春晖计划"继续支持海外优秀留学人才短期回国服务，全年共资助"'春晖杯'创新创业大赛优秀学者赴重庆、贵州、内蒙、黑龙江服务团"、"留瑞典学者赴贵州服务团"、"留新加坡学者赴重庆服务团"、"留德学者赴内蒙服务团"等18个团组赴西部及东北各地开展服务，支持西部及东北地区的人才建设。回国服务内容涉及医药、电子、金融、机械、化工、能源等多个专业领域。

在此基础上，组织申报了《2007年"春晖计划"科研合作项目》232项，经评审，共有125项获得资助。同时，2007年"'春晖计划'学术休假回国工作项目"共资助6名集成电路专业领域优秀留学人才回国进行科研交流与讲学活动。

教育部与科技部共同主办第二届"'春晖杯'中国留学人员创新创业大赛"，建立了由海外优秀留学人才、留学人员创业园、大学科技园区、风险投资机构共同参与的创业平台。本次大赛共收到符合受理条件的参赛项目230个，经过由风险投资机构、企业、留学人员创业园三方面专家组成的大赛评委会认真、仔细的评审，最终确定了172个参赛项目入围。

继续加强对"留学回国人员科研启动基金"的管理，缩短"留学回国人员科研启动基金"的评审周期。组织完成了第三十一批、第三十二批《留学回国人员科研启动基金》的评审和资助工作，共有1 378人（第三十一批1 149人，第三十二批229人）获得“留学回国人员科研启动基金”资助。

教育部会同科技部、人事部、中科院和广州市人民政府主办了第十届中国留学人员广州科技交流会，搭建留学回国创业平台；教育部举办了留学人员创业投融资论坛、高校校长沙龙、高校与海外高层次人才交流平台、“春晖杯”中国留学人员创新创业大赛项目洽谈、评奖和颁奖大会等活动。

撰稿　张　宁　徐培祥　梁　霄
审稿　张秀琴　刘宝利

〔**来华留学工作**〕　一、总体统计数据

2007年，共有188个国家和地区195 503名国际学生在我国31个省（自治区、直辖市，不含台湾省和香港、澳门特别行政区）544所高等学校和其他教学科研机构学习，是新中国成立以来国际学生数量最多、生源国家和地区数量最多、接受国际学生学校数量最多的一年。同比增加人数32 808（增长20.17%）；新增所罗门群岛、瓜德罗普、开曼群岛、圣文森特和格林纳丁斯、摩纳哥和圣马力诺6个国家（减少百慕大群岛，马提尼克）；新增接受国际学生的学校25所。

按学习期限统计，长期留学生（学习期限6个月以上，含6个月）144 163名，同比增加20.4%；短期留学生（留学期限6个月以内）51 340名，同比增加19.5%。

按洲别统计，来自亚洲的国际学生人数仍居首位，为141 689名，占在华国际学生总数的72.47%；来自欧洲国际学生人数为26 339名，占13.47%；来自美洲国际学生人数为19 673名，占10.06%；来自非洲国际学生人数为5 915名，占3.03%；来自大洋洲国际学生人数为1 887名，占0.97%。

按国别统计，留学生人数名列前10位的国家有韩国64 481名、日本18 640名、美国14 758名、越南9 702名、泰国7 306名、俄罗斯7 261名、印度7 190名、印度尼西亚6 590名、法国4 698名、巴基斯坦4 450名。国际学生数量超过2 000名的国家还有：哈萨克斯坦3 827名，蒙古3 618名，德国3 554名，尼泊尔3 520名，英国2 077名。

按留学生类别统计，学历生68 213名，占总数34.89%，同比增加24.34%，高于平均增长速度。其中，专科生和本科生57 367名，占84.10%，硕士研究生7 628名，占11.18%，博士研究生3 218名，占4.72%。非学历生127 290名，占总数65.11%，同比增加19 454人，增幅18.04%。其中，普通进修生（含语言生）74 933名，高级进修生（已获硕士以上学位者）1 017名，短期学生51 340名。

按学科类别统计，文科135 477名（含汉语类119 147名、艺术类2 508名），占总人数69.30%；医科25 573名（含西医16 902名、中医8 671名），占总人数13.08%；经济8 804名，占总人数4.50%；管理8 587名，占总人数4.39%；工科6 785名，占总人数3.47%；法学4 700名，占总人数2.40%；教育1 878名（含体育类1 361名），占总人数0.96%；理科1 411名，占总人数0.72%；历史853名，占总人数0.44%；农科755名，占总人数0.39%；哲学680名，占总人数0.35%。

按地区分布统计，北京54 906名；上海34 809名；天津11 433名；辽宁10 475名；江苏9 961名；广东8 986名；山东8 388名；黑龙江5 787名；云南5 721名；浙江5 338名；湖北5 166名；吉林5 132名；陕西4 946名；福建3 674名；四川3 641名；广西3 276名；新疆2 550名；河南1 971名；河北1 779名；重庆1 514名；湖南1 291名；内蒙古1 192名；江西1 138名；安徽718名；甘肃496名；海南457名；青海240名；宁夏227名；山西156名；贵州100名；西藏35名。

二、中国政府奖学金国际学生统计数据

2007年，根据我国与有关国家和地区的教育交流协议和交流计划，我国向172个国家提供了中国政府奖学金，共有来自168个国家10 151名享受中国政府奖学金的外国留学生在华学习，占全年

国际学生总数的5.19％，同比增加1667人。

按洲别统计，来自亚洲4 171名，占奖学金生总数的41.09％；非洲2 733名，占26.92％；欧洲2 107名，占20.76％；美洲954名，占9.40％；大洋洲186名，占1.83％。接受学历教育的奖学金生共有6 615名，占奖学金生总数的65.17％。

按学生类别统计，博士研究生1 250名，比2006年增长26.39％；硕士研究生2 554名，比2006年增长24.71％；大学本科生2 811名，比2006年增长24.66％；高级进修生有527名，同比增长12.61％；普通进修生521名，语言生2 365名。

三、自费留学生统计数据

2007年，我国高等学校通过各种国际交流渠道和个人申请，接受了183个国家和地区的185 352名自费留学生，占全年国际学生总数94.81％，同比增加20.19％；其中长期生134 135名，同比增长20.42％，短期生51 217名，同比增长19.61％。

学历生61 598名，同比增长24.44％。其中博士研究生1 968名，硕士研究生5 074名，大学本科生53 437名，专科生1 119名。

四、重大事项和重要举措

（一）国家领导人高度重视来华留学事业

2007年8月16日，胡锦涛主席在上海合作组织元首理事会第七次会议发言时承诺："设立上海合作组织成员国来华留学奖学金项目，在现有双边协议以外，每年再向每个成员国提供20个中国政府奖学金名额，共提供100个"。

（二）开拓来华留学奖学金渠道

1. 落实中国和沙特阿拉伯两国元首2006年初互访成果，2007年开始接受沙特阿拉伯政府派遣国际学生。

2. 与国家留学基金管理委员会秘书处密切合作，落实教育部与卢旺达政府、国家留学基金管理委员会与坦桑尼亚政府签订的合作协议，接受上述两国政府全额资助的本科国际学生。同时，继续落实新加坡、泰国、巴基斯坦等国家政府派遣本科生、硕士生、博士生来华学习工作。

3. 北京、上海、天津、重庆、云南、湖北、江西、内蒙古等地方政府先后设立地方政府奖学金，年度总量超过7 000万元。部分高校也设立了学校奖学金，资助额度与中国政府奖学金相同。此外，国家开发银行、华为技术有限公司、中石油公司、路桥公司等也设立了国际学生企业奖学金。

（三）进一步优化来华留学环境，保证提高来华留学教育质量

1. 颁布《国际学生医学本科教育（英语授课）质量控制标准暂行规定》，规范我国国际学生医学本科教育管理工作。

2. 在全国范围内进一步推广国际学生信息管理系统。印发《关于试行普通高等学校外国留学生新生学籍和外国留学生学历证书电子注册的通知》，加强普通高等学校外国留学生招生行为监督管理，建立外国留学生学历生从入学到毕业的完整信息，供外国留学生和有关机构网上查询。在接受外国留学生的544所高校中，已经全部使用来华留学信息管理系统报送统计数据。

3. 印发《关于加强国际学生管理工作的通知》，从维稳高度，对留学生管理工作提出更高要求。

4. 印发《关于加强留华毕业生工作的通知》，要求学校加强与留华学成归国毕业生的联系。

5. 2007年9月，在北京举办了"留华毕业生中秋晚会"。

6. 继续开展国际学生教育管理干部培训，有71名国际学生教育管理处级领导参加研讨班。

（四）为外交全局服务

接受2007年6月1日与我复交的乍得在台湾学生来大陆学习。

撰稿　赵灵山

审稿　刘宝利

〔**加强教育涉外监管**〕　根据教育部党组关于进一步加强对中外合作办学行政监管的指示，重点推动加强中外合作办学行政监管的四项措施的实施。依托教育部教育涉外监管信息网建立的中外合作办学监管工作信息平台已经通过测试上网试运行。在

总结教育部留学服务中心对国外学历学位认证工作基础上，决定从2008年开始实施中外合作办学颁发证书认证工作平台建设工作方案。确定了包含九个大方面，23个二级指标，58个评估观测点的中外合作办学质量评估工作方案和2008年试点评估方案。围绕合作办学执法和处罚机制建设，基本明确省级教育部门监管职责，推动监管工作分级负责制。筹备公布中外合作办学的监督举报方式和途径。

就自费出国留学中出现的突出问题发布留学预警4期，累计发布留学预警38期。留学预警发布工作在解决自费出国留学重大和突出问题中的快速预防和应急救助功能，对维护出国留学人员实际利益起到重要作用，受到我驻外机构的重视以及社会各界更广泛的关注和广大留学人员的欢迎。其中，就赴德国留学存在的学生利益受损害问题发布的留学预警，对赴德国留学提出了比较全面的指导意见，起到了比较好的社会效果。针对赴南非留学安全问题发布的留学安全警示，对相关问题的解决起到了引导和预防作用。继续做好我国公民主要留学国家学校名单公布工作，所公布的33个国家学校名单不只成为自费出国留学选择学校的标准，也对中外合作办学和国际教育展中筛选国外教育资源产生了一定影响。没有列在公布院校名单中的国外院校，一直在通过相互磋商等途径，力争早日列入公布名单。就我国公民出国留学相关利益维护问题，先后与一些国家政府部门或其驻华使馆进行了交涉或磋商。继续加强教育部教育涉外监管信息网建设，网站访问人数继续增长，日访问量达5万人，累计已达5 400万人次。网站在教育涉外监管工作中的“电子政务平台”作用得到进一步发挥。

撰稿　陶洪建

审稿　姜　锋

对外合作与交流

〔对外合作与交流活动〕 自改革开放以来，我国与世界上188个国家和地区建立了教育合作与交流关系。教育高层往来不断加强，教育高层磋商机制逐步完善。2007年，教育部领导率团出访21次；接待外国副部级以上和知名人士教育团组72个，其中正部级19个，副部级21个；教育部领导参加中外教育高层工作磋商126次。

认真落实党和国家领导人出访后续工作。配合全国学联接待应主席胡锦涛邀请来访的美国耶鲁大学百名师生团；执行2006年初国务委员陈至立访问古巴时启动的古巴政府赠华奖学金项目，现已派出三批1 260人；积极推进与巴基斯坦合作在巴建立工程技术大学项目，派遣教育部工作组赴巴实地考察和进行工作磋商，并取得阶段性成果。

发挥双边及区域性教育合作与交流平台的辐射作用，成功举办了中新（西兰）、中澳（大利亚）高等教育论坛、中西（班牙）、中日、中韩、中国—东盟大学校长论坛；召开了中俄人文合作委员会第八次会议，组织实施了俄罗斯“中国年”教育系列活动，并确定了8项机制化活动，如中俄大学校长论坛、高等教育展、中学生冬（夏）令营、大学生艺术联欢节、语言比赛、电影节、青少年运动会、文化季等；密切配合我大学生体育协会，确保深圳市获得2011年世界大学生运动会主办权和章新胜副部长高票连任国际大体联副主席。

加大与重点国家和高校高水平科研和高层次人才培养合作平台建设工作力度，稳步实施中法博士生学院、大学生赴英实习、中英高等院校科研合作、中德博士生联合培养、与德国亥姆霍兹基金会合作、“促进与美大地区科研合作与高层次人才培养”（中外24所高校参加）、中国高校与美国加州大学系统“10+10”合作科研联盟、中加联合培养博士生/博士后奖学金、中澳联合培养博士生奖学金、每年选派110名博士生留日等项目。

与丹麦、西班牙、泰国以及加拿大三省新签订相互承认学历学位协议。与我国签订相互承认学历学位协议的国家和地区增至32个。

完成与新西兰自由贸易区协定（FTA）教育领域谈判；与澳大利亚、智利等国家FTA教育谈判取得积极进展。

推进校企合作，全年共有20多家跨国公司捐赠各种设备、软件和现金，总计折合约15亿元人民币。

撰稿　戴继强
审稿　姜　锋

〔**汉语国际推广**〕　2007年汉语国际推广朝着又好又快的方向发展，国家财政对汉语国际推广的投入为6.3亿元人民币。

一、孔子学院建设

截至2007年底，孔子学院（课堂）已达到226所，分布于66个国家和地区。其中亚洲64所，非洲18所，欧洲81所，美洲56所，大洋洲7所。另外还有60多个国家的200多个机构正在提出申请。与此同时，广播孔子学院、网络孔子学院已正式开通。国内近百所高校和机构参与孔子学院建设。

孔子学院管理进一步加强。《孔子学院章程》《孔子学院申办流程》《孔子学院院长工作指南》和《孔子学院教师任职条件》等规章制度陆续出台；12月，举办首期孔子学院院长研修班，中外方院长288人参加培训；评选出17个国家的20所孔子学院为“2007年先进孔子学院”。

4月9日，孔子学院总部在京举行揭牌仪式，国务委员陈至立任总部理事会主席。总部理事会由中外33名成员组成。12月12日，陈至立主持召开孔子学院总部第一届理事会第一次会议，通过了《孔子学院章程》。

12月11日—12日，第二届孔子学院大会在北京举行。来自64个国家和地区的200多所孔子学院院长和所在大学校长，100多个国家驻华使节，国家汉语国际推广领导小组12个部委办负责人，国内27个省、自治区、直辖市教育厅（教委）领导、90多所高校领导、60多个驻外使领馆教育文化处组负责同志以及有关出版社和企业代表，共计1100多人出席了大会。国务委员陈至立作了《共同办好孔子学院，搭建增进友谊和了解的桥梁》的演讲，教育部部长周济作了工作报告。大会交流了孔子学院建设经验，展示了办学成果，明确了今后任务。

二、国家公派汉语教师和志愿者教师派出

2007年国家公派教师分布在世界90个国家和地区，国外总岗位数达306个，全年教育部派出教师276人；其他部委和地方以及校际交流派出的汉语教师1 256人。2007年共向全球42个国家和地区派出汉语教师志愿者1 426名，比上年增长35.81%。2004年以来共派出志愿者教师3 454人。

三、汉语国际推广资源建设

标准建设。制订了《国际汉语能力标准》《国际汉语教师标准》和《国际汉语教学通用课程大纲》，使国际上汉语教学有了参照值，结束了长期以来各国汉语教学无章可循的历史。

教材资源建设。出版发行《中国历史常识》、《中国地理常识》和《中国文化常识》9个语种，英语版全部完成FLASH课件制作；将《体验汉语》成功推至泰国；开发中小学网络游戏汉语教材《新乘风汉语》，编写《奥运汉语30句》等。

基地建设。在26个省市建立了100个汉语国际推广中学基地，接待来华夏令营，支持国外开展汉语教学。

国际汉语专业硕士招生，全国24所大学招收国际汉语专业硕士生1 020人。

四、培训国外汉语教师

2007年共接受39个国家的4 852名汉语教师来华培训；在境外培训当地教师共计约11 042人次，另有888人接受函授培训。

五、汉语考试

2007年海外考试总数为136 446人次，比2006年增长了87.11%。商务汉语考试试点拓展到美国、加拿大等6国，少儿汉语考试试点拓展到美国、韩国等11个国家。全年在国外新增考点10

个。已在海外 47 个国家和地区设立了 116 个考点。

六、国外中小学汉语教学

为加快汉语进入外国中小学正规教育体系，2007 年国家汉办邀请美国、英国、日本、韩国等教育官员和中小学校长 1 200 人，中学生 1 200 人来华交流、学习。其中美国 20 多个州教育局和 150 多所中小学校长与我 16 个省、自治区、直辖市的教育厅局和学校签署了语言教学交流协议 190 多份。

撰稿　刘成钢

审稿　岑建君

〔**智力引进工作**〕 2007 年，教育部直属高校聘请长、短期外籍教师 22 049 人次；用于聘请外籍教师总经费 4.42 亿元人民币，其中中央财政拨款为 2.79 亿元人民币，自筹经费 1.63 亿元人民币。

为提高教育部所属高等院校聘请外籍教师的效益，继续加强了对国家重点项目、重点学科的支持，通过组织专家对各校申报的项目进行评审，共确定了 799 个重点资助项目。有 2 所部属高校的 2 名外籍教师获得国家外专局颁发的“友谊奖”。

为积极配合实施公安部颁发的《外国人在中国永久居留审批管理办法》，印发《关于配合实施〈外国人在中国永久居留审批管理办法〉有关事项的通知》，会同教育部人事司、科技司、社科司，建立部内工作机制，完善工作制度和操作程序。

5 月，教育部、国家外专局联合实施了“海外名师引进计划”，在 36 所高校首批试点，旨在进一步推动我高等学校对外合作与交流，促进我高层次人才培养和科研合作，扩大我国教育国际影响。根据专家评审意见，确定批复 61 个项目作为 2007 年“海外名师引进计划”试点项目。

为提高聘请外籍教师质量，加大聘用外籍教师管理工作的政策服务力度，委托北京邮电大学研发“外籍教师管理信息系统”，计划 2008 年施行。

启动第二期“大学校长海外培训计划”。全年共派出 4 个培训团，共 97 名高校领导分赴美国、澳大利亚、加拿大、日本和韩国的大学进行培训，使高校领导开拓视野，提高管理水平。

8 月，中国高等教育学会引进国外智力工作分会年会暨“21 世纪大学国际化—新思路新视野”学术研讨会在云南召开。来自全国百余所大学及有关单位近 150 名代表出席了会议。

12 月，引智研究会在厦门大学召开常务理事会暨“大学国际合作与交流工作研讨会”，就大学国际合作与交流工作的理念和管理机制，以及开展双边和多边合作与交流的现状和发展思路等问题进行研讨。国内常务理事院校代表及国外知名大学代表近百人与会。

撰稿　田立新

审稿　岑建君

〔**中外合作办学**〕 2007 年 4 月教育部印发了《关于进一步规范中外合作办学秩序的通知》，要求各地教育行政部门和高校高度重视中外合作办学工作中的一些突出问题，进一步规范中外合作办学秩序。更加深化引进境外优质教育资源的认识，促进中外合作办学在深化教育改革、创新办学模式、促进学科建设、提高师资水平、拓宽人才培养途径等方面发挥积极作用。

中外合作办学机构和项目的复核工作取得阶段性成果。截至 2007 年 12 月，在 25 个上报复核申请的省市区中，全部完成或部分完成中外合作办学机构和项目复核工作的已达 23 个，核准通过复核的中外合作办学机构和项目累计已达 831 个（其中机构 126 个，项目 705 个）。

2007 年教育部批准设立中国民航大学中欧航空工程师学院、东北财经大学萨里国际学院等 2 个中外合作办学机构；批准举办 2 个中外合作办学项目（含内地与港澳台地区合作办学项目）；准予备案和编号的中外合作办学机构和项目 40 个。

撰稿　聂瑞麟

审稿　姜　锋

与香港、澳门特别行政区和台湾地区的合作交流

〔与香港的合作交流〕 2007年是香港回归祖国十周年。教育部邀请、接待了80个香港教育界团组、6 000人次到内地参观访问。

——配合特区政府教育局在港积极推行国民教育。为期3年、共10期的第一轮“香港领袖生奖励计划：北京国情教育课程班”，共培训2 000名优秀中学生；从北京大学、清华大学、中国人民大学等高校选派专家，赴港培训承担新高中通识教育科《当代中国社会及文化的发展》课程的中小学教师，共有1 050人次参加；举办“国情教育系列讲座”，约有15 000人次参加；在清华大学、北京师范大学、南京大学、中山大学为中小学教师举办国情教育培训班；组织了香港学生国民教育“薪火相传系列活动”访京团，受到中共中央政治局常委、全国政协主席贾庆林的接见。

——继续大力加强香港和内地青少年之间的交流。在北京大学、清华大学等28所高校举办了46个对港重点交流项目，约有1 300余名香港高校学生到内地，参加专题研习、学术论坛、文体竞赛、交流联谊等活动；举办、协办了“我的祖国2007——京港澳学生交流营”、“第八届海外杰青汇中华”等大型青少年交流活动。

——深化、发展内地与香港在基础教育领域的交流合作。从内地有关省市选派58位中小学优秀语文、数学教师赴港，到120余所中小学担任教学指导；推动内地中小学与香港中小学结对“姊妹学校”，广泛开展互派教师、交换学生、网络视频会议、联谊联欢等活动；邀请250名教育界人士（主要是各类中小学校长）到北京参加“2007港澳教育界国庆访京团”；在香港成功举办“华夏园丁大联欢——2007香江之旅”活动。

——深化、发展内地与香港在高等教育领域的交流合作。邀请刘遵义、张信刚、郑耀宗等香港知名专家，参与北京大学、清华大学等一批“985工程”学校本科教学水平评估；聘请戴希立、黄玉山等21名香港教育界知名人士担任中国教育学会、高教学会、成人教育协会等的常务理事、理事、名誉理事；北京市教委与香港特区大学校长会合作在港举办第二届京港大学校长高峰论坛。

撰稿 宋 磊 宋 波

审稿 丁雨秋

〔与澳门的合作交流〕 2007年，邀请并接待了30个澳门教育团组，澳门特区教育行政部门负责人，大、中、小学、幼儿园的负责人及行政管理人员，教师，教育社团负责人等约700人来内地交流访问。中国人民大学为澳门的中学生举办了一期国情教育课程班，清华大学为澳门的大学生举办了一期国情教育课程班，北京师范大学为澳门的中小学教师举办了一期国情教育课程班，600名澳门的中学生、大学生和60名中小学教师参加了课程班的学习。南京师范大学、北京师范大学、华东师范大学分别为澳门的幼儿园园长、小学校长、中学校长和行政管理人员举办了一期研修班，参加研修的人员为75人。南京师范大学为澳门的幼儿园教师举办了一期培训班，参加培训的教师为30人。北京师范大学为澳门的中小学数学教师各举办了一期培训班，参加培训的教师为60人。

邀请50名澳门优秀大中学生来北京参加京港澳学生交流营活动；邀请50名澳门优秀中小学教师参加在香港举行的华夏园丁大联欢活动；邀请了由澳门教育暨青年局的负责人和中小学校长、优秀教师及教育社团的负责人组成的澳门教育界国庆访

京团一行 45 人来北京交流访问。

委托人民教育出版社为澳门的中小学生编写《品德与公民》教材及为澳门市民使用的《品德与公民》多媒体材料，部分教材预计 2008 年暑期可交付使用。

应澳门特区政府高等教育辅助办公室的邀请，内地高校访问团一行 30 人访澳，并举办内地高教展览。应澳门特区政府教育暨青年局的邀请，内地 20 个省、自治区、直辖市教育厅（教委）港澳台事务办公室负责人赴澳门交流访问。

内地高校招收澳门学生 1 648 人，其中博士研究生 33 人，硕士研究生 215 人，本科生 1 270 人，预科生 129 人，插班生 1 人。

〔**与台湾的合作交流**〕 2007 年，在两岸第三届经贸文化论坛闭幕式上，教育部副部长袁贵仁宣布“欢迎台湾的高校来大陆招生”，在台湾社会和教育界产生了积极反响。

教育部有关直属高校组织实施了 55 个在祖国大陆举办的交流项目，活动形式多样，内容丰富多彩，既有传统项目，也有新策划的项目，应邀参加活动的台湾大学生、研究生、教师和行政管理人员约 3 500 余人，规模逐年扩大。有的传统项目已连续举办多年，由于有较强的吸引力，已成为品牌和精品，如吉林大学举办的台湾学生“北国风情冬令营”活动已连续举办六届，在台湾大学生中的影响力越来越大，每年都有不少台湾大学生通过不同的形式和渠道表达参加活动的愿望；山东大学已连续七年举办由两岸大学生参加的“孔孟故里寻根夏令营”活动，参加活动的台湾大学生无不为祖国博大精深的中华传统文化而折服；吉林大学举办的“两岸知名高校两岸交流事务部门负责人联谊活动”，为两岸高校搭建了联系的渠道和平台；清华大学举办的“两岸同心大学生志愿者西部行支教活动”，内容新颖，主题鲜明。

教育部直属高校聘请 5 名台湾知名人士为名誉博士、名誉教授、兼职教授，聘请 30 名台湾学者任教、讲学、合作研究；举办了 30 余个由海峡两岸专家学者参加的两岸学术研讨会；协助中央电视台和台湾中天电视台在福建省厦门市举办由海峡两岸和香港、澳门地区高校参加的“第六届海峡两岸知识大赛”活动。

首次邀请并接待台湾部分高校学生会干部、社团负责人一行 36 人来北京、山东交流访问。接待了台湾嘉南药理科技大学校长一行。邀请台湾部分中小学教师参加在香港举行的华夏园丁大联欢活动。

教育部部分直属高校党政一把手、在校大学生、研究生和教育部机关直属单位赴台交流人员约 1 500 人，进行访问考察、参加学术研讨会、合作研究、研修、参加交流营、研习营、文体比赛等；大陆高教访问团，考试中心访问团，大学生体育协会访问团分别应邀赴台交流访问。

祖国大陆高校及科研院所招收台湾学生 2 235 人，其中博士研究生 533 人，硕士研究生 760 人，本科生 621 人，预科生 129 人，插班生 193 人。

撰稿　张　栋
审稿　丁雨秋

〔**接受港澳台教育捐款情况**〕 2007 年，香港邵逸夫基金会向内地提供第 20 批教育赠款 2 亿港元，用以重点支持西部及中部贫困地区教育事业发展，采取与各地方政府资金配套的方式，共兴建了大、中、小学校教学用房 341 所；上述中小学项目已陆续完工，大学项目按计划在建设中。

香港嘉华集团董事长吕志和先生决定 2007 年向内地捐赠 900 万港币，在中部老少边穷地区建设 27 栋教学楼或实验楼，帮助改善当地中小学办学条件。

霍英东教育基金会举行第二十一届理事会暨顾问委员会联席会议。会上讨论并通过了获得 2007 年高等院校青年教师基金及青年教师奖资助和奖励的青年教师名单。

曾宪梓教育基金会、周凯旋基金会等秉承“科教兴国，培育英才”宗旨，分别出资 630 万元和 330 万元继续资助在内地高校就读的家境贫寒、品学兼优的大学生完成学业。王宽诚教育基金会 2007 年捐赠 18.81 万美元，用于资助高等院校举办或派人出席国际会议。新鸿基地产郭氏基金资助

100 万港币在香港举办“内地高校就业指导教师培训班”。此外，邵方逸华职教贫困学生奖学金、刘家昌/章家甄职教贫困学生奖学金、太古奖学金、新鸿基郭氏奖学金、华夏学子奖学金等项目继续实施。

据不完全统计，2007 年，教育部接受来自港澳台教育基金会和爱国人士的捐款和各项目费用总计为 5.5 亿元人民币，220 万美元，折合人民币约 5.66 亿元。各项教育捐款极大地促进了内地，特别是中、西部贫困地区教育事业的发展。

撰稿　余　彬

审稿　丁雨秋

民间交流

〔**中国教育国际交流协会 2007 年度全国工作会议**〕 1 月 18 日—19 日，中国教育国际交流协会 2007 年度全国工作会议在湖南长沙举行，来自全国 23 个省（市）教育厅、教育交流协会和 70 多所院校的 150 多名代表出席了会议。全国人大常委、中国教育国际交流协会会长柳斌，湖南省副省长郭开朗，湖南省人大副主任、中国教育国际交流协会副会长唐之享出席会议并讲话。江波代表协会秘书处作了 2007 年工作总结并对 2008 年工作提出了要求。

会议全面总结了协会成立 26 年来，特别是近五年来所取得的成绩，分析了协会面临的新挑战和新机遇，提出了在新的历史阶段和新的起点上，以科学发展观为指导，实现协会又好又快发展的若干意见和建议。教育部国际合作与交流司司长曹国兴、外交部国际司副司长沈永祥、国家留学基金管理委员会秘书长张秀琴、教育部教育发展与研究中心副主任周满生分别就教育国际交流与合作的形势与政策、国家公费留学的形势与政策、国际非政府组织的现状与发展趋势、国家教育“十一五”规划与 2020 年发展纲要作了专题报告。

会议以科学发展观为指导，根据我国教育对外开放工作的方针政策和教育外事“三个服务”的要求，从总体上进一步明确了协会今后一段时间的发展定位和发展思路。

〔**参与和举办国际多边活动**〕 认真研究并做好中国教育国际交流协会获得“联合国经社理事会特别咨商地位”后续工作，积极参加联合国非政府组织活动。出席第 60 届公共新闻部/非政府组织年会。9 月 5 日—7 日，协会秘书长江波率团参加“联合国第 60 届公共信息部非政府组织年会”。工作组积极参与主题为“气候变化如何影响我们”的系列圆桌会议和边会的研讨；深入了解了联合国非政府组织系统运作情况；并启动我国申请成为联合国公共新闻部有联系的非政府组织的有关工作。

参加第 23 届享有联合国咨商地位的非政府组织大会。12 月 5 日—7 日，享有联合国经社理事会咨商地位的非政府组织大会（CONGO）在瑞士日内瓦召开第二十三届大会，协会和全国妇联、对外友协、联合国协会等 7 个民间组织的 17 名代表出席了会议。工作组积极参加讨论，有针对性地开展宣传工作，达到了参会预期目的。

参加了联合国亚太区域网络第二次会议和中国非政府组织展。6 月 22 日，协会秘书长江波出席了由中国民间组织国际交流促进会主办的第二届联合国—非政府组织非正式区域网络亚太地区研讨会，并主持相关专题讨论会，作了《教育与扶贫》的专题报告，与联合国经社事务部 NGO 处主管哈妮法·梅祖伊、联合国 DPI/NGO 年会执委会当选主席赫法斯进行了工作会谈。协会还参加了“消除贫困与饥饿”的主题展览。

与联合国教科文组织共同组织了“2007 年国际母语日”活动。3 月 9 日—10 日，中国教育国际交流协会与中国联合国教科文组织全国委员会、联合国教科文组织北京代表处共同在北京语言大学举办“2007 年国际母语日”庆祝活动。中国教育国际交流协会会长柳斌、中国联合国教科文组织全国委员会秘书长田小刚、教育部语言文字信息管理司司长李宇明、北京语言大学校务委员会主任王路江和有关单位领导出席开幕式并致词。协会副秘书长吴早凤主持了开幕式，联合国教科文组织北京代表处青岛泰之先生、孟加拉国的驻华大使阿什法库尔·拉赫曼先生也在开幕式上致辞。本次活动以“弘扬多元文化，共建和谐世界”为主题，与会代表在专题交流中充分探讨了母语在世界各民族发展中的使用、发展，促进了我国多元文化的和谐发展，进一步增进了中外文化的相互理解。“国际母语日”活动是第二次在中国举办，已经成为中外庆祝母语文化的一个高层次平台。全国各地有关院校和外事部门的 100 多名中方代表，以及来自孟加拉国、法国、日本、瑞士、美国、希腊、印度、印度尼西亚、菲律宾和波兰等国家驻华使馆和世界粮食计划署、联合国儿童基金会等国际组织的外方代表 30 多人出席了本次活动。

协会还提出了成为联合国公共新闻部有联系的非政府组织的申请，组织参加了中国民间组织国际交流促进会组织的第三次培训会议、“非洲工作”、“奥运宣传”等会议。加强对国外非政府教育组织的情况调研。与中国政法大学合作共建“国际教育非政府组织研究中心”。

〔**推动民间教育国际交流取得新进展**〕 协会秘书处与地方协会、高等院校等民间教育机构一起，加强与国外高层次的教育非政府组织、著名大学的双边磋商与合作。成功举办和开展了中美、中芬、中澳、中新（新西兰）、中日高等教育论坛（研讨会），中巴（巴西）、中阿（阿根廷）、中西（西班牙）大学校长论坛，中澳高职院长、大学中层领导能力建设项目，中英大学校长能力建设项目，日本语教学研讨会，中日创新型人才培养交流研讨会，“牵手行动”——中西部英语教师培训项目，连瀛洲纪念奖学金项目和中国国际动漫教育人才培养计划等活动。

集成整合资源，强化质量意识，推动“品牌”建设，加强对各项目的分类研究，初步整合成项目平台，按照“特色、水平、质量、效益”的要求，稳步进行核心和重点项目建设。协会秘书处全年接待来华团组 107 批计 1 214 人次；聘请外籍教师 284 人，接待来华留学人员 202 人，派出教师和进修人员 77 人，帮助学生赴国外文化交流或留学达 2 778 人次，全年参加与国际文化交流组织（AFS）合作项目的交流人员超过 2 000 人次；在国内举办短训班 14 批计 1 372人参加；编辑出版宣传资料 42 辑。全年组织召开学术研讨会 37 个，参与人数达 5 276 人；在境内外举办国际教育展 5 次，观众达 70 526 人次。

努力提高政府委托项目政策把握、专业化程度和服务水平。通过规范管理，努力提高“美中友好志愿者项目”、“艾森豪威尔学者项目”、“富布赖特—海斯”、“日本霞山会访问学者项目”等政府委托项目执行能力。圆满完成承办的中国与日本、韩国、西班牙、澳大利亚、新西兰、俄罗斯等国家级双边教育交流活动，如中日政府间青少年交流项目、全国日语演讲大赛、中日韩教育部外事局长磋商会议、中国—东盟学生交流项目、俄罗斯“中国年”等。

〔**进一步改进和加强出国团组管理工作**〕 提高团组工作专业化程度和服务质量，提出“总量控制、有序发展，分类指导、加强管理，保证质量、提高效益，改进工作、完善机制”的工作原则。紧密结合教育部中心工作，为各级各类教育实施“走出去”战略服务，切实做好工作访问、协议项目和境外培训三类出国团组工作，创新组团方式，积极面向会员和合作单位。2007 年全年共派出团组 73 个，其中计划内团组 59 个，计划外团组 14 个，参访人员达 2 030 人次，有力地增进了中外人民相互了解。如有的工作团组访问了美中关系委员会和纽约市立大学、亨利·露斯基金会、国际教育协会、美国芝加哥市政府、美国芝加哥伊利诺伊大学、美国中北部芝加哥 Whitney M. Young Magnet 高中、芝加哥孔子学院，商谈了有关合作事宜；展览团组“21世纪中国高等教育展（2007巴西、阿根廷）”成为宣传我国教育成就、促进中外交流的重要平台。建立健全出国团组工作的管理机制，工作组发出有关团组工作满意度问卷调查表，认真收集出访团组的总结报告，并将其中优秀报告以不同形式呈报有关领导或部门。

〔**2007中国国际教育年会**〕 对“中国教育国际论坛暨中国国际教育展”这一“品牌”项目进行资源整合，提出了“中国国际教育年会”的大概念，按“融学术研讨、政策咨询、信息交流、展览展示和项目洽谈五位一体”的要求进行重点建设。10月19日—21日在北京举办“2007中国国际教育年会”（第八届中国教育国际论坛暨2007中国国际教育展），全国人大常委会副委员长顾秀莲、全国政协副主席张怀西出席开幕式并剪彩，教育部副部长吴启迪在开幕式上致词。来自30多个国家和地区的近千位中外代表参加了年会招待会。年会的国际论坛围绕“教育、创新、质量、和谐”主题，邀请中、美、英、法、日、加、澳、西、意、新和欧盟等国家和地区的代表分别就基础教育、高等教育、职业教育、国际学生流动等专题进行了研讨。中外嘉宾的演讲主题突出，观点明确，反映并代表了国内外教育界的观点、政策动态及发展趋势，受到了与会听众的欢迎。年会的“国际教育展”在北京、青岛、武汉、上海、西安、成都和深圳先后举办，共有40个国家和地区的700多所中外院校机构参加。其中，欧盟组织了27个成员国的200多所欧洲大学集体亮相，逾七万人次参观了本届教育展。

撰稿　孙家宁

审稿　江　波　吴早凤

中国教科文组织活动

〔**教科文组织亚太地区扫盲会议**〕 2007年7月31日—8月1日，中国教育部和联合国教科文组织共同主办的亚太地区扫盲会议在北京举行。国务委员陈至立出席会议并致开幕辞；联合国教科文组织总干事、印度尼西亚和蒙古国总统夫人以及15个国家的教育部长、副部长、22个国家和国际组织代表、驻华使领馆官员以及专家学者等130多位外国代表参加了会议。联合国扫盲大使、美国第一夫人向会议发来录像致辞。

陈至立在开幕式致辞中指出，中国政府一向高度重视扫除文盲工作，把它作为国家最基本的政策目标之一，先后制定一系列政策措施，使得我国的扫盲工作取得了举世瞩目的成就。中国政府将继续与联合国教科文组织和亚太地区各国一道，积极参与“联合国扫盲十年”的各项活动，确保实现到2010年“青壮年文盲率降低到2%左右”和到2015年将“成人文盲总数减少一半”的目标。

陈至立在与教科文组织总干事的谈话中表示，希望与联合国教科文组织在教育、文化遗产、非物质文化遗产保护方面进行更有深度、更有质量的合作。中国欢迎联合国教科文组织的工作机构、地区机构等在中国建立，同时也希望能够派合适人选到教科文组织里工作。

联合国教科文组织总干事认为这次会议在中国召开具有非常大的意义，中国扫盲工作在过去的15年中取得了巨大的成功，已经成为其他国家学习的榜样。

教育部部长周济主持了会议，副部长章新胜作为教科文组织执行局主席在第一次全会上作了专题讲话，副部长陈小娅出席了会议。

〔**第二届联合国教科文组织“孔子教育奖”颁奖仪式**〕　2007年9月27日，第二届联合国教科文组织“孔子教育奖”颁奖仪式在山东曲阜孔子研究院举行。全国政协副主席罗豪才、教育部副部长李卫红以及山东省、济宁市领导出席了颁奖仪式。李卫红、教科文组织总干事代表等在仪式上致辞。罗豪才和省委副书记、代省长姜大明分别向美国和尼日利亚的获奖代表颁奖。

〔**组团出席教科文组织第34届大会**〕　2007年10月，我国派出以教育部副部长章新胜为团长，由外交部、科技部、文化部、中科院、社科院等有关单位组成的代表团出席了联合国教科文组织第34届大会。科技部部长万钢和教育部副部长章新胜分别出席了会议期间举办的科技部长和教育部长圆桌会。

章新胜在大会总政策辩论会上发言中肯定了教科文组织中期战略规划具有目标明确、计划重点突出、行动注重实效的特点；支持将全民教育计划作为本组织的重中之重，是减少贫困的关键。他强调应加强包括海洋、地质、水科学和人与生物圈等政府间计划；支持社会科学与人文科学部门开展前瞻性研究，提出引领性的思想和理念。他赞赏本组织在维护文化多样性和促进文明间对话中所发挥的重要作用；强调保护世界遗产、非物质遗产和文化多样性等三份公约在促进国际合作中的基础性作用；章新胜在会议期间还会见了日本文部省副大臣，越南主管教科文事务的外交部副部长、塞内加尔教育部长和乌干达教育部长、尼日利亚教育部长等。

在第34届大会上，我国提出建立由教科文组织赞助的亚太地区世界遗产研究与培训中心的建议被正式批准，这标志着中心的建设进入了新的阶段。遗产研培中心的建立有利于为我国高校正在建设中的遗产保护相关交叉学科建设发展服务，有利于为保护我国世界遗产开展科研和培养专门人才，有利于落实为发展中国家培养人才的承诺，为我国整体外交战略服务。

我国提出建立由教科文组织赞助的国际岩溶中心的建议也在本次大会上得到批准，这是教科文组织在地球科学领域审批的第一个II类机构，具有特殊重要意义。

〔**成功当选世界遗产委员会成员**〕　10月24日，《保护世界文化与自然遗产公约》缔约国第16届大会在巴黎举行。我国以103票历史性高票首轮胜出，成功当选世界遗产委员会成员。此次当选将有利于加大对我国文化和自然遗产保护力度，有利于加强我国遗产的申报工作，有利于落实和完善相关政策与协调工作，有利于和谐社会建设和推进文化领域国际合作。

〔**圆满结束执行局主席任期**〕　教育部副部长章新胜圆满完成了执行局主席两年任期内的各项职责，于2007年11月卸任。他利用担任主席的机遇，结合教科文组织的工作特点，全面和系统地阐述“和谐”思想，使之渐入人心，并得到多数会员国的认同和支持。

在章新胜的主持下，执行局制订了34 C/4和C/5文件，首次突破了6年来预算名义零增长局面，使下一双年度预算达到了6.31亿美元；为应对联合国改革，提出了教科文组织应“提高其为全球制订标准和开展检测工作的能力，更好地发挥其受到普遍认可的知识管理者和保存者的作用”；加强了有重大国际影响并对我国有利的保护世界文化与自然遗产、保护非物质文化遗产、国际地质科学计划、国际海洋学计划、国际水文计划等；成功处理了数起可能引发危机的敏感事件，如丹麦卡通事件、黎以冲突中教育设施遭到破坏、以色列在耶路撒冷老城考古引发的冲突、二战文物返还国际公约草案的制订等。

〔**组团出席第176届、第177届和第178届执行局会议**〕　第176和177届会议分别于2007年4月和9月在巴黎总部举行，会议主要审议了总干事提出的C/4和C/5文件、有关联合国改革对教科文组织的影响、教育部门助理总干事（美籍）违规事件以及筹备第34届大会工作等议题。我代表团深入参与了会议各项议题审议，提出了建设性意见，如加强农村、职业技术和高等教育、建立和谐世界等均被吸收到修改后的文件中。

第178届会议于第34届大会结束后召开。会议选举贝宁常驻教科文组织大使为新一届执行局主席，议定了下一双年度例会的时间、建议议题等，并进行了新老主席工作的交接。

第176届和第177届会议公约与建议委员会继续对涉我所谓人权个案进行了审议。

〔**召开教科文全委会第25次全体会议**〕 中国联合国教科文组织全国委员第25次全体会议于9月10日在北京召开，来自全委会委员单位以及相关部委、省市教育委员会、研究机构、高等院校、新闻媒体、教科文组织二类中心等130多位代表出席了会议。

教科文全委会主任、教育部副部长章新胜做了“如何利用国际组织为我国和平崛起服务”的主题发言。他指出，随着中国的综合国力的提高，中国参与教科文组织活动的整体水平在不断提高，促进了国内教育科学文化事业的进步与发展，扩大了我国在国际社会的影响和作用，成为我国整体外交的重要组成部分。他强调要加大力度培养一批多边人才，更好地利用教科文组织这个国际舞台，培养中国参与国际事务的人才和多边外交人才，更好地为国家服务。

会议还特邀了亚太地区教科文组织协会联合会主席、前北京市人大常委会副主任陶西平、中国科学院院士孙鸿烈、中国艺术研究院副院长田青等就我国教育、科学和非物质文化遗产等领域发展状况作了专题发言。

〔**业务领域国际合作**〕 一、教育领域

2007年，我国共派出专家学者和教育领域官员出席各类教育研讨会与会议约40余个；与教科文组织和地方省市大学共同举办具有一定规模和层次的地区、分地区和国际会议近20个；近10个合作研究项目和5个参与计划项目。上述项目与活动促进了中外教育领域的合作与交流，受到了广大参与方特别是地方政府与院校的欢迎。

继续开展国家和省级（5省）全民教育中期评估项目与研究，获得了较好的成果。国际农村教育研究与培训中心迁址北京的工作已告一段落。上海教科院陈国良教授经我推荐成功竞选为教科文统计所理事会理事。

中国可持续发展教育项目全国工作委员会编制了《北京市中小学可持续发展教育指导纲要》，使可持续发展教育在促进中国基础教育的改革与发展方面取得突破性进展。

中国成人教育协会已连续三年成功开展了“全民终身学习活动周”活动，参与的城市由最初的10个发展到22个。该活动为落实中央提出的建设全民学习、终身学习的学习型社会做出了贡献，产生了良好的社会影响。

8月7日，第一届中国西部全民教育发展国际研讨会在甘肃举行。此次会议以“关注弱势群体，推进全民教育”为主题，其主要目的是研讨西部地区全民教育的现状，分析弱势群体教育存在的问题，论证提高西部全民教育质量的政策与措施。

二、自然科学领域

海委会第24届大会6月在巴黎举行，我国在此次会议上再次成功连任海委会执行理事国，为扩大我国影响和促进我海洋科研发展与国际合作奠定了有利条件。国家海洋局还积极参与了全球海洋环境评估、全球海洋观测、国际会议资料与信息交换、全球海啸预警以及海委会西太分委会等诸多领域的工作。

国际水文计划中国国家委员会继续与教科文组织水教育学院开展培训与研究方面的实质性合作，组织实施国际国内培训与学术交流项目。在教科文组织第34届大会上我国再次当选国际水文计划政府间理事会成员，显示了我国在水科学领域的重要作用。

国土资源部继续推动世界地质公园的申报与建设工作。2007年我国向教科文组织提交了2个国家地质公园项目。截至目前，我国列入世界地质公园总数为18处，名列世界第一。

中国人与生物圈国家委员会召开了“文化多样性促进生物多样性保护和可持续发展大会”“从草原环境与发展看本土文化的价值”国际研讨会等有关会议，开展了保护区评估考察。我国广东车八岭和黑龙江兴凯湖两个保护区加入世界生物圈保护区网络，使我国世界自然保护区增加到了28个。

全国妇联、中国科协等单位成功主办了第四届欧莱雅“中国女科学家奖”评选和颁奖活动，颁奖仪式于12月17日在钓鱼台国宾馆举行。全国人大常委会副委员长、全国妇联主席顾秀莲出席颁奖仪式并为5位女科学家获奖者颁奖。

三、社会与人文科学领域

由中国社会科学院推动和实施的“东亚城市移民反贫困”研究项目已经结题，该项目关注农村劳动力流动与相关社会政策问题，研究结论对相关政策制定起到积极作用；美国所所长黄平被总干事任命为教科文组织中期战略编制工作组成员，参与了2008—2013年中期战略编制工作。

全国青联积极参与教科文组织青年领域的活动，先后派人出席了教科文组织第五届青年论坛和首届亚太地区青年论坛，扩大了我国青年组织的影响，展现了新时期我国青年一代积极参与国际事务的精神风貌。

四、文化领域

6月，第31届世界遗产委员会会议批准我国南方喀斯特和开平碉楼列入《世界遗产名录》，使我国世界遗产地总数增加到35处。会议还审议了我国遗产地三江并流、北京的文化遗产和布达拉宫、丽江古城、苏州历史街区的保护状况。

经批准，我国正式对外提交2008年世界遗产提名项目为福建土楼、三清山风景名胜区。

积极推进亚太世界遗产研究与培训中心的建立。5月20日在上海同济大学举办了中心运作与机制研讨会和三地（北京大学、同济大学和苏州市）联合的揭牌仪式，章新胜副部长、世界遗产中心主任以及有关国际组织负责人应邀出席。

由辽宁省主办的沈阳世界遗产博览会于6月—10月在沈阳成功举办。国务委员陈至立、全国政协副主席陈奎元出席了6月9日举行的开幕式，教科文组织总干事专门为此发来贺电，感谢中国对世界遗产保护的贡献。

5月25日，建设部和国家文物局在人民大会堂共同举办了世界遗产颁证仪式，为殷墟和大熊猫栖息地颁发了证书，国务委员陈至立出席了仪式。

5月23日，教科文组织非物质文化遗产委员会特别会议在我国成都举行，教育部副部长章新胜以执行局主席身份出席会议。会议主要制定了非物质文化遗产保护的有关规则。

6月18日，《保护和促进文化表现形式多样性公约》缔约国大会在巴黎召开，我国在此次会议上当选为委员会委员。我国于1月30日向教科文组织正式递交了由胡锦涛主席签署的批约文本。

五、信息传播领域

8月28日，科技部中国科技信息研究所在京举办了“提高中国英文版科技期刊学术质量和水平研讨班”，派人出席了全民信息计划有关会议。

中国残疾人福利基金会与教科文组织合作，在推动有各种障碍的残疾人共享信息沟通方面做出了巨大的努力，并取得突出成绩。教科文组织信息传播助理总干事对该活动的开展给以高度评价。

国家档案局积极参加教科文组织的“保护世界记忆计划”，我国提交的“中国清代样式雷建筑图档案”列入教科文组织“世界记忆”遗产名录。

〔**中国教科文协会联合会活动**〕 2007年7月11日，联合国教科文组织俱乐部协会世界联合会大会在希腊雅典举行，我国教科文组织俱乐部协会全国联合会主席陶西平再次当选世界联合会副主席。

7月31日，第六届东亚儿童艺术节在辽宁省沈阳市举行。教育部副部长章新胜出席艺术节并发表讲话；辽宁省委书记李克强会见了教科文组织总干事和东亚各国教科文官员。在沈阳还召开了第八届东亚地区联合国教科文组织全委会秘书长会议，决定2008年东亚儿童艺术节在韩国举行。

8月20日第八届中国蓬莱“和平颂”国际青少年文化艺术盛典活动在蓬莱举行。盛典活动组织了“长城之夜”大型文艺晚会及以和平为文题的各项青少年文化交流联谊活动。活动期间，还举行了“蓬莱和平论坛”，主题是“世界遗产教育促进可持续发展”。

撰稿　窦春祥

审稿　田小刚

留学基金管理

〔**公派出国留学**〕 根据建设创新型国家、"十一五"规划和国家中长期科技发展规划等国家发展战略对高层次人才的需要，按照"创新机制，集成资源，突出重点，跨越发展"的总体思路，以"国家建设高水平大学公派研究生项目"的设立和实施为契机，科学规划，优化结构，加大了公派出国攻读博士学位研究生的比例；改革选派办法，将研究生、博士后奖学金项目、全额资助项目和国家建设高水平大学公派研究生项目统一进行网上报名、专家评审和录取；在国家建设高水平大学公派研究生项目中采取了推选单位、国内外导师和院校、留学基金委三级审核的方式。形成了机制合理、渠道多样、规模大、层次高的新时期国家公派出国留学工作的新局面。

2007 年共录取各类留学人员 12 402 人，其中，研究生 5 093 人，访问学者（含博士后）和其他类别 7 309 人。录取人员来自中央 35 个有关部委和单位；留学国别也更加广泛，分布在 80 个国家，其中美国 5 130 人，英国 1 537 人，澳大利亚 869 人，德国 807 人，加拿大 738 人，日本 514 人，俄罗斯 490 人，法国 459 人，其他国家 1 858 人。

2007 年已派出 9 550 人，到期应回国 5 815 人，已回国报到 5 705 人，保持了达 98.11%的高回归率。1996—2007 年共派出 38 308 人，到期应回国 29 889 人，实际回国 29 135 人，总回归率为 97.48%。

一、精心部署、创新机制，做好重点项目的实施工作。

1. 国家建设高水平大学公派研究生项目。该项目自 2007 年 1 月获国务院批准设立后，教育部、财政部领导高度重视项目的实施，教育部部长周济亲自主持召开"985 工程"院校主要负责人会议部署工作；教育部多次召开部长专题会，各有关司局共同研究项目实施及相关政策问题。该项目突出国家战略、国家重大工程、重大项目的需要，围绕国家科技发展规划确定了重点资助领域；按照"面向学校、依靠学校、服务学校"的工作方针和"三个一流"的选派原则，采取了推选单位、国内外导师和院校、留学基金委三级审核的新的选拔模式。

2007 年该项目录取 3 952 人，其中联合培养博士研究生 3 549 人；攻读博士学位研究生 403 人。录取人员的留学专业属《国家中长期科技发展规划纲要（2006—2020）》确定的重点领域及其优先主题、前沿技术、基础研究的人员 3 135 人，占录取总数的 80%，人文及应用社会科学约占 16%；来自"985 工程"二期基地和平台的人员 3 282 人，占录取总数的 83%；62%学生的国外留学院校为世界知名大学。留学人员的国外导师大多为在某一领域有影响的学者，其中包括诺贝尔奖获得者和美、英、澳、加、俄等国科学院、工程院院士。

2. 继续执行青年骨干教师出国研修项目，2007 年共录取 3 604 人。青年骨干教师出国研修项目（2005—2007）首期执行完毕，三年共录取 11 403 人，其中全额资助 2 919 人，配套资助 3 357 人，国际旅费资助 5 127 人，该项目的执行有力地配合了教育部"高层次创作型人才计划"的实施，为高校教师队伍建设及创建世界一流大学提供了人才支持。

3. 改革互换奖学金项目选派办法，支持专门人才培养。充分利用中国政府与有关国家互换奖学金项目，有目的、连续地支持小语种专业和特色专业人才培养工作。2007 年共录取 861 人，选赴 60 多个国家。

4. 努力配合国家西部大开发战略的实施，培养西部急需的高层次人才，2007 年西部地区人才培养特别项目共录取 704 人。

5. 调整地方合作项目配套经费结构，加大了对项目合作省份的支持力度，地方合作项目 2007 年共录取 231 人。在保持国家公派留学总经费不变的情况下，将地方合作项目总经费由 1 700 万元增加到 2 700 万元（占非研究生类留学总经费的比例由 5%提高到 8%）。

二、立足长远、以人为本、提高管理和服务水平

1. 留学基金委启动了国家公派留学管理信息平台建设工作，该平台是以国家公派留学人员为中心的资源共享平台；是教育部国际司、财务司、留学基金委、留学服务中心、驻外使领馆教育处组及有关单位的工作平台；是实时监测国家公派出国留学的全过程工作的平台。按照“建立统一的数据采集、处理和发布平台，实现信息的实时共享、信息的互联、互查、互用和互认”的目标，根据“统筹规划、突出重点、分步实施”的原则，正在进行总体方案设计和开发，计划 2008 年试运行。

2. 制定了《国家公派出国留学研究生管理规定（试行）》，对国家公派研究生坚持“签约派出、违约赔偿”的规范化、法制化管理，同时强调充分发挥国家主管部门、推选单位、驻外机构、学生导师作用，构建多层次管理和服务体系，并发挥留学生组织的自我管理能力，为人才成长提供有力环境和条件。

3. 积极配合驻外使领馆，加强在国外留学人员管理工作。2007 年处理提前回国、转变留学身份或留学国别等各类非正常事例 480 余起。

对违约行为坚决进行追偿。2007 年共确定违约人员 7 人（均为逾期不归），1996—2007 年共有 455 人违约，359 人赔付完毕，其余的正在追偿之中。违约类型：逾期不归的占 74.5%，逾期回国的 10.7%，再次出国的 8.8%。

三、积极推动国家优秀自费留学生奖学金项目的实施

奖励规模保持稳定，2006 年有 302 人获奖，2007 年奖励规模为 300 人；密切联系驻外使馆教育处（组）做好报名和初审，精心组织国内专家终审，确保评审工作的“公平、公正、公开”，同时扩大项目的宣传和影响；加强对历届奖学金获奖者回国、为国服务情况的调查和了解，逐步建立人才信息服务系统。

〔**来华留学工作**〕　认真贯彻落实国家主席胡锦涛 2006 年在非洲论坛上的讲话精神，积极配合教育部“十一五”发展规划和来华留学“万人计划”工作重点，继续坚持“扩大规模，提高层次，保证质量，规范管理”的原则，按期完成了中国政府奖学金生的招生录取及年度评审工作。认真做好日常管理工作，妥善处理在华留学生突发事件。

1. 按期完成中国政府奖学金招生录取工作

2007 和 2008 学年度，中国政府计划向 172 个国家提供 5 340 个奖学金新生名额，比 2006 年增加了 656 个名额。共收到 4 689 份申请材料，经审核，共安排 119 所高校录取了 156 个国家的 4 363 名新生，录取率为 93.05%。其中，学历生 2 338 名，占总数的 53.59%，比上一学年度提高了 1.89 个百分点；非学历生 2 025 名，占总数的 46.41%；研究生、高级进修生和访问学者等高层次学生共计 1 800 名，占录取总数的 41.26%；用英语授课的学生 539 名，占录取总数的 12.35%。

2007 年，共有 168 个国家的 10 151 名中国政府奖学金生在 118 所高校学习。其中亚洲 4 171 名，非洲 2 733 名，欧洲 2 107 名，美洲 954 名，大洋洲 186 名。

2. 认真完成中国政府奖学金年度评审工作

2007 年共有 102 所高校的 3 941 名中国政府奖学金生参加了奖学金年度评审。经审核，共批准 3 889 名学生获奖学金继续在华学习；批准 6 名学生恢复奖学金资格；通过率为 98.68%。批准中止 28 名学生的奖学金；取消 18 名学生的奖学金资格。

3. 积极开展各类合作项目奖学金工作

在认真落实中国政府奖学金的同时，积极开展与外国政府、有关企业的合作。2007 年录取了巴基斯坦政府奖学金项目新生 32 名；沙特政府奖学金项目新生 143 名；商务部援非奖学金项目新生 1 名；中石油援助哈萨克斯坦政府奖学金项目新生 16 名；华为技术有限公司委托培养项目新生 23

名；国家开发银行奖学金项目新生 11 名；全国总工会外国人来华留学奖学金项目 1 人。目前在华学习的外国政府奖学金、商务部援非奖学金、有关企业奖学金等项目学生共计 571 人。这些学生全部为学历生，学习专业以理、工、农、医、经济、法律和管理为主。

4. 不断提高管理水平，妥善处理突发事件

认真完成来华留学生毕业证书发放、毕业生电子注册和全国来华留学生数据统计等项工作；密切与中国政府奖学金院校的联系，妥善处理留学生突发事件。紧急安排了 12 名因体检不合格的学生离境；应驻外或驻华使馆请求为部分学生安排了转学和转专业。

5. 成功举办境外中国教育展

2007 年组织中国高校赴蒙古、尼泊尔、巴基斯坦、越南、汶莱、肯尼亚、南非、澳大利亚和新西兰举办中国高等教育及中国高校推介说明会和中国教育展。这些教育展（说明会）的举办宣传了中国高等教育近年来取得的突出成就，提升了中国高等学校在国际上的知名度和影响力，推动了中国高校“走出国门”的步伐，受到我驻各办展（会）所在国使（领）馆的大力支持和高度评价。

〔**国际合作与交流**〕 认真组织对外交流，积极开拓与国外知名高校、机构的合作，建立将学生派往一流院校专业，师从一流导师的稳定渠道，已经取得了显著成效。

1. 2007 年与国际水稻研究所、爱尔兰都柏林大学、澳大利亚纽尔卡斯大学、阿德雷德大学、加拿大不列颠哥伦比亚大学、维多利亚大学、法中科学及应用基金会签署了合作协议，与英国外交部续签了联合“志奋领”奖学金项目谅解备忘录。留学基金委已与牛津大学、剑桥大学、哈佛大学、耶鲁大学等 50 多所世界知名大学签订了研究生培养协议。

2. 成功举办了中国—欧盟高等教育合作论坛。论坛在教育部国际司的指导下，首次由国家留学基金委和欧洲委员会共同主办。会议就中欧高等教育政策与合作为主要议题进行了研讨，为中欧政府官员、学术界代表提供了一个高层次对话平台。

3. 第三届“国际研究生奖学金会议”由国家留学基金委、华中科技大学、美国伍德·威尔逊奖学金基金会和圣路易斯华盛顿大学四方联合举办，中国的 35 所高校和 16 所美国高校代表出席会议，就研究生教育与国际科研合作进行了探讨，约 800 名学生参加了奖学金信息说明会。

4. 不断扩大与跨国公司的合作。认真落实中国大学生赴英实习项目。该项目至今已派出三批学生赴英国实习。进一步深化与 HP、IBM 等有关公司合作项目的内容，不断拓展合作领域。2007 年各类奖学（教）金奖励金额 160 余万元人民币，共有 300 余名优秀学生和教师获奖，近 30 个项目获得资金支持，近 70 个单位获得合作项目捐赠。

撰稿　卢春生　张　健
审稿　李建民

热点关注

回归十年，香港教育变化大

——高中和大学：2009 年起实行新学制

从 2009 年开始，香港的高中和大学将实行全面的学制改革，这是目前香港教育界讨论最多的话题。实行新学制后，所有学生均应接受三年初中及三年高中教育，现存的中学七年级将不再属于中学教育，而

是归入大专教育；大学学士学位课程的一般修读时间将从三年延长至四年。

高中新学制的改革并不是简单的学习时间的变化，它涉及高中及大学课程、学习模式、学生评价制度、公开考试和大学招生准则等多个方面的变革，从某种程度上也反映出香港教育的未来走向。在香港，这次学制改革被认为是里程碑式的，是自1978年实施九年基础教育以来最重大的改革措施。

为更多学生提供机会

事实上，早在2000年，香港特区政府就开始了回归以来的首轮教育改革，而高中学制改革可视为这项庞大工程的一部分。2005年5月，香港教育统筹局公布了名为《高中及高等教育新学制—投资香港未来的行动方案》的报告，标志着高中及高等教育学制改革开始落实。

过去，香港受英国教育体制的影响，初中三年，高中两年，然后为两年的延续教育，学生依据在延续教育期间的成绩升入大学。在这样的教育体制下，大部分学生在中学的学习时间为五年，只有1/3的学生能够享受两年的延续教育，也才有机会进入大学本科阶段学习。而大学本科的学习时间也只有三年。

改革后，高中和大学阶段均延长了一年的时间。对此，香港教育统筹局副秘书长王启思表示，“随着社会和经济的发展，香港不只需要培育少数尖子，更要让大多数的下一代成为推动社会进步的人才。新学制让全部中学生多念一年高中，让大学生多念一年大学，确实能大幅度提高下一代的整体素质；尽可能发掘每一个人的潜能、开发人力的所有资源，让更多学生接受高质量的学校教育，会为社会带来莫大裨益”。

高中将实行新课程

此次学制改革涵盖初中至大学阶段，但变化最大的应数高中。作为配套措施，香港的高中课程也将进行较大规模的调整。

新高中课程将以中国语文、英国语文、数学和通识教育作为四个核心科目，培养学生的语文和运算能力，并通过通识教育帮助学生从个人、社会、国家和世界的层面，了解时事及当代问题，应用各科知识，从多角度思考和分析问题。

此外，学生可以选修两至三个科目，较深入地探讨个别学科的内容，再辅以德育及公民教育、文体活动、社会服务及其他学习经历，来巩固和应用他们所学的知识。除学术科目外，可选修的科目中也有实用性较强的职业导向教育课程，学生可更全面地探索自己的兴趣，选择不同的学术及应用科目组合。整体的课程架构，要在专与广之间取得平衡。

重视国民认同感教育

在即将实施的新高中课程中，香港教育统筹局特别强调了“将培育学生国民身份认同置于重要位置，加强学生对国家历史、文化和国情的认识”。

香港教育统筹局总课程发展主任张永雄认为，香港在回归前，年轻人普遍对国家了解不足。当时学校推行国民教育的重点，都集中于学科知识的探讨，较少将“培养学生的国民身份认同”作为发展方向。那时，香港青年对自己的国民身份的理解比较模糊。1997年以后，社会开始期望年轻一代，能够逐步形成清晰的国民身份认同，并为香港实施“一国两制”作出贡献。近年国家的蓬勃发展成为世界的焦点，也为国民教育的开展创造了有利条件。

他指出，香港近年来的课程改革强调了培育国民身份认同的重要性。例如，将“认识自己的国民身份，致力于贡献国家和社会”列为七个学校课程宗旨之一；将“德育及公民教育”定为课程改革四个关键项目之一；将“国民身份认同”确立为“德育及公民教育”的五个优先培养的价值观之一。在即将推出的新高中课程中，这一趋势不会减弱。

中文不好影响上大学

一直以来，香港特区政府都鼓励学校以中文为主要教学语言，并致力于提高学生的语文水平。在新学制之下，中文成为高中的四个必修核心科目之一。而高中的四个核心科目将成为香港各所大学基本的入学条件。

教育统筹局首席助理秘书长陈嘉琪博士表示，世界各地在校内学习中文的人数不断上升，这个现象反映了在全球经济一体化的趋势下，学习中文已成为一股势不可挡的热潮和优势。而香港的发展，也需要精通“两文三语”的人才。

因此，香港鼓励不以中文为母语的学生修读中国语文，通过有效沟通和理解本地文化，能有助于他们积极投入本地生活。陈嘉琪认为，改革后的中文课程适合于所有学生修读，同时香港还为不同程度的学生提供不同难度的中文考试。大部分香港学生需要报考“香港中学文凭考试”中的中国语文科，而非以中文为母语的学生则可报考香港考试及评核局执行的海外中国语文课程考试（例如国际普通中学文凭）。从外国回流香港的学生也应修读中国语文，他们可选择参加新高中中国语文科考试，或上述其他海外中国语文科考试。

由于香港大部分高校采用全英文授课，不少家长曾担心学习母语会影响孩子大学课程的学习。对此，陈嘉琪表示，大学校长会已发表声明，宣布新高中课程落实后，中国语文达到指定水平将会是一般大学招生的一项核心条件。因此学生必须明白，如果不报考香港中学文凭考试的中国语文科，他们在申请入读香港的部分学士学位课程时，可能会遇到困难。

新文凭获国际认可

作为一个国际城市，香港的优势也在教育中有所体现。新的学制改革怎样保持这一优势呢？

王启思指出，即将推行的“三三四”学制下的初中、高中和大学教育，可与内地和海外的教育更好地衔接和联系。这对香港作为国际大都会的全球定位十分重要。

此外，新学制实施后，现有的“香港中学会考”及“高等程度会考”将由“香港中学文凭考试”代替。香港教育统筹局常任秘书长罗范淑芬表示，香港考试及评核局正积极向海外知名大学，包括英国的牛津大学、剑桥大学，美国的耶鲁大学、纽约大学，澳大利亚的新南威尔士大学等，介绍新高中课程的理念和架构，争取他们认可香港中学文凭，并作为招生的基本条件。这些海外院校都给予了积极的响应，赞同新高中课程的理念、架构及新的学生评价方式。未来的香港中学文凭将提供契机，让香港学生的成绩能更广泛地为其他地方接受。（本文资料及本版图片由香港特区政府教育统筹局提供）

原载 2007 年 6 月 25 日《中国教育报》第 8 版

语言文字工作

〔**2007年度语言文字工作会议**〕 2007年3月6日—7日，国家语委在京召开2007年度语言文字工作会议。国家语委成员单位联络员，部分地方教育厅主管副厅长和民语委主任、各省级语委办主任以及国家语言资源监测与研究机构、文字整理与字体设计机构、语言文字标准化机构、有关学会负责人以及部分专家学者约120多人出席了会议。

教育部副部长、国家语委主任赵沁平在会上做题为《营造和谐语言生活，为构建社会主义和谐社会做贡献》的报告。对2007年和“十一五”期间的工作做了部署，并为2006年通过一类城市语言文字工作评估的厦门市、深圳市颁牌，为“语文星空”征文活动获奖代表颁发了证书。有关专家、学者分别作“《规范汉字表》研制有关重大问题的处理方案”、“《中国语言文字使用情况的调查资料》的数据分析”和“汉语国际推广工作”的专题报告。会议进行了分组讨论，代表们就进一步扩大工作影响、加强基层机构建设、建设执法机制、加大部门协调力度、表彰先进、加强对地方工作的指导和调研等方面，向国家语委提出了意见和建议。

〔**国家语委2007年度全体委员会议**〕 2007年4月26日，国家语委2007年度全体委员会议在北京召开。国家语委委员、语委委员代表及语委成员单位联络员和教育部语言文字应用管理司、语言文字信息管理司、语言文字应用研究所、语文出版社的负责同志出席了会议。

语用司、语信司分别汇报了2006年工作情况及2007年的工作安排，教育部副部长、国家语委主任赵沁平通报了2006年工作情况和2007年工作计划，强调要加强与各委员单位、相关行业系统的协调配合。

委员们在发言中肯定了国家语委进一步拓宽工作领域、加大宣传力度的思路和做法，研究讨论了《国家语言文字工作委员会议事规则》（征求意见稿）、《〈规范汉字表〉研制有关重大问题的处理方案》、《“汉语口语水平测试”课题研究简介》，通报了本部门、本系统近年来开展语言文字工作的情况，并结合实际，就如何做好本行业系统的语言文字规范化工作提出了想法和思路。

赵沁平在总结讲话中希望各部门从不同的工作角度出发，充分发挥各自的特长和优势，共同参与、积极配合教育部、国家语委做好语言文字工作。

〔**国家语委咨询委员会第七次会议**〕 2007年2月7日，国家语委咨询委员会第七次会议在北京召开。全国人大常委会副委员长、国家语委咨询委员会主任许嘉璐，教育部副部长、国家语委主任赵沁平，国家语委咨询委员以及教育部语用司、语信司、语言文字应用研究所和语文出版社的负责同志出席了会议。语用司和语信司分别向委员会汇报了2006年工作情况和2007年的工作安排，并就建立语言文字立体测试体系——《国家语言文字应用研究“十一五”科研规划》和《规范汉字表》等有关问题征求意见。委员们肯定了近年和2006年国家语委的工作思路和措施，针对2007年工作和咨询的问题，提出了进一步加强宣传引导、开展地方语委干部培训、发动社会力量共同做好语言文字工作、积极参与语文教学新课程改革活动等意见、建议。

许嘉璐在讲话中指出，国家语委要紧紧把握时代特点，进行理性思考、科学研究，工作既要有继承，又要有发展。语言文字工作者的视野应该更宽，工作应该更实，手段应该更新，气魄应该更大。要充分发挥政府的引导作用，同时要依法管理，建立有效的执法机制。利用迎奥运契机，进一步改善语言文字环境。《规范汉字表》的发布将会产生深远的影响，要充分听取各方面的意见，积极稳妥地做好研制和发布、宣传工作。加强少数民族双语教学工作，扩大少数民族普通话培训规模。进一步突出重点，继续抓好教育、广播影视、新闻出版和窗口服务行业等领域的工作。加强基础建设，善于借势借力，做好语言文字应用管理和科学研究工作。

赵沁平表示，今后国家语委要抓住机遇，做好各项基础性工作，逐项落实委员们的建议，全面推动语言文字工作的发展。

〔**制定《国家语言文字工作“十一五”规划》**〕为全面落实科学发展观，深入贯彻《国家通用语言文字法》，促进国家语言文字工作的协调发展和构建和谐语言生活，从2005年开始，国家语委开始研究、起草《国家语言文字工作“十一五”规划》(以下简称《规划》)。两年来，通过召开会议、发文征求意见等形式，听取了语言文字专家学者、国家语委咨询委员会委员、国家语委委员、地方语言文字工作部门、教育部相关司局的意见，并依据《中华人民共和国国民经济和社会发展第十一个五年规划纲要》以及《国家教育事业发展“十一五”规划纲要》(征求意见稿)对《规划》(草案)进行了修改。4月10日，教育部、国家语委发布了《规划》。《规划》全面总结了“十五”期间语言文字工作的进展，分析了“十一五”期间语言文字工作面临的新形势和新任务，明确了“十一五”期间语言文字工作的指导思想、基本原则、主要目标和工作思路，提出了“十一五”期间主要工作措施，对“十一五”期间的语言文字工作具有重要指导作用。

撰稿　周道娟

〔**语言文字法制建设工作**〕　2007年7月2日至6日，由全国人大常委会委员、全国人大教科文卫委员会副主任委员邢世忠任组长，全国人大教科文卫委员会、教育部、国家语委组成的联合调研组对广东省宣传贯彻《国家通用语言文字法》(以下简称《文字法》)情况进行了为期5天的调研。期间，召开了广东省和东莞、惠州、汕头三个地市教育、语言文字及有关部门和行业系统等人员参加的座谈会，听取了情况汇报；考察了解了东莞广播电视台、海雅大厦、《惠州日报》社、汕头市谢易初中学和莲下中心小学等单位的语言文字工作情况；实地考察了三条商业街的语言文字应用现状。通过调研，对广东省近年来学习宣传和贯彻落实《文字法》的情况有了进一步的了解，并就如何推进《文字法》宣传贯彻的有关问题进行了深入探讨。

11月5日至6日，国家语委在上海召开语言文字依法管理工作现场会，来自全国人大系统、法制部门、教育行政和语言文字工作部门的代表100多人出席会议。全国人大常委会委员、教科文卫委员会副主任委员邢世忠，教育部副部长、国家语委主任赵沁平出席会议并作重要讲话，国家语委副主任、教育部语用司司长王登峰作总结讲话。会议认为，进一步加强法制建设依然是语言文字工作中的一项主要任务。要继续推动地方加快立法步伐，健全语言文字法律法规体系及其配套政策，做到有法可依；建立、完善执法监督体制和机制，积极探索执法途径，强化依法行政、依法管理，努力形成“政府主导、社会参与”的工作格局，将语言文字工作全面纳入法制轨道，努力开创语言文字工作的新局面。

2007年，在教育部语用司的指导、推动下，贵州、内蒙、陕西、河北等地通过了语言文字地方性法规。

撰稿　魏　丹

〔**全国语言文字工作先进集体和全国语言文字先进工作者表彰活动**〕　为表彰广大语言文字工作者对语言文字事业做出的突出贡献，进一步激励语言文字工作者和相关单位的积极性、创造性，大力营造语言文字规范化工作的良好社会氛围和努力开创语言文字工作的新局面，8 月 29 日，国家语委授予首都师范大学等 220 个单位“全国语言文字工作先进集体”荣誉称号，授予潘国霖等 534 位同志“全国语言文字先进工作者”荣誉称号。先进集体涵盖了党政机关、学校、新闻媒体、公共服务等行业和部门。先进个人中年龄最大的 73 岁，最小的 23 岁；从事语言文字工作时间最长的 50 年，最短的 3 年。

撰稿 张映川

〔**第十届全国推广普通话宣传周**〕 2007 年 9 月 9 日—15 日，第十届全国推广普通话宣传周在全国各地隆重展开。本届推普周以“构建和谐语言生活，弘扬中华优秀文化”为宣传主题，以井冈山市、曲阜市、涞源县为重点活动城市，体现了与时俱进的工作思路和将活动重心进一步向基层地区延伸的指导思想。全国人大常委会副委员长许嘉璐分别给三个重点城市发去贺信。教育部副部长、国家语委主任赵沁平，共青团中央书记处书记贺军科等分别出席了推普周系列宣传活动。

教育部语用司组织开展了全国推普周系列宣传品（电视专题片、文艺节目、电视公益广告片、宣传画、宣传标语）征集评比活动。京、津、冀、晋、蒙、辽、吉、黑、沪、苏、浙、赣、鄂、粤、桂、渝、川、甘、宁等 19 个省（自治区、直辖市）积极遴选、推荐了各类宣传品共 1 262 件。经专家评审，有 37 件作品获奖。

9 月 4 日举行了第十届推普周新闻发布会，教育部副部长、国家语委主任赵沁平和中宣部、人事部、解放军总政治部、文化部等国家语委成员单位、全国推普周领导小组成员单位的代表及相关方面人士出席会议；国家语委副主任、教育部语用司司长、全国推普周领导小组办公室主任王登峰通报了“十一五”期间国家语言文字工作的总体思路，并全面介绍了第十届推普周的系列重点活动；新华社、人民日报、中国教育报、中国政府网、教育部网站、新华网等多家媒体的 70 多名记者参与了新闻报道。

撰稿 郝阿庆

〔**城市语言文字工作评估**〕 2007 年城市语言文字工作评估有较大发展，通过组织观摩研讨、观察视导，评估工作的规范化、科学化水平进一步提高。

广州、贵阳、大连等三个一类城市相继通过评估认定。长春、济南积极开展城市语言文字工作评估的宣传动员、自查自评及整改提高工作。北京等已达标城市通过组织专门领域的检查评估，开展语言文字规范化示范街、示范单位创建等工作，不断巩固、深化评估工作成果。

12 月，教育部语用司分别在新疆伊宁市、湖北宜昌市召开二类城市评估工作观摩研讨会。浙江、江西、福建、湖北、广西、四川、甘肃等地加大了对二类城市评估的推进力度，更加注重规范评估组织工作和操作程序，注重过程性的指导监督，提高评估工作水平。2007 年通过评估认定达标的二类城市有 35 个。

2007 年全国超过半数的省份已经部署开展三类城市评估工作。江苏、黑龙江两省在 2006 年全部完成本省的二类城市评估认定工作后，2007 年将工作重点向三类城市转移，通过评估认定达标的三类城市有 44 个。

截至 2007 年底，全国通过评估认定达标的一类城市 30 个，二类城市 114 个，三类城市 73 个。

撰稿 张映川

〔**普通话水平测试开始步入信息化阶段**〕 2007 年 9 月 4 日，普通话水平测试信息化系统正式启动，国家普通话水平测试信息管理系统与计算机智能评测系统进入实际应用阶段。

国家普通话水平智能评测系统是国家语委“十五”重点科研攻关项目，2004 年 11 月由安徽科技大学讯飞公司协同上海市普通话培训测试中心研发。系统以《普通话水平测试实施纲要》为依据，以数十位一级甲等播音员的语音为标准，以由国家级测试员评分的数千份普通话水平实测样本为范例，建立起计算机普通话水平测试的算法策略、标准发音模型以及综合评价模块，从而实现了使用计算机对普通话水平测试应试人的发音水平进行评价和诊断。2006 年 1 月，国家语委组织的专家鉴定委员会认为："项目研究取得了突破性进展，核心技术已经达到国内和国际的领先水平。项目主要成果可以减轻人工测试和培训的工作量，提高效率，促进普通话学习和测试手段的现代化，是我国推广普通话历史上一次重大的技术创新。"

国家普通话水平测试信息管理系统是在智能评测系统上开发的，目前已经通过了系统测试。该系统具有全国各省市管理系统导航，全国范围普通话水平测试信息查询和测试报表统计与分析，一级甲等成绩复审管理、查询，随时听取考试语音信息，提供国家级测试员的统一管理子系统和系统本身管理、数据上传等基本功能。

沪、皖、津、辽、渝、晋、吉、苏、鲁、鄂等省市相继在国家普通话水平测试信息化工作小组指导下开展测试信息化试点工作。

撰稿 郝阿庆

〔**汉字应用水平测试**〕 汉字应用水平测试是教育部、国家语委组织实施的语言类标准化水平测试，主要用来衡量具有中等以上受教育程度的人或文化程度与此相当的人掌握汉字的规范字形、正确读音及现代汉语义项和用法，并能在实践中正确运用的水平和能力。2007 年 2 月 1 日，由教育部和国家语委以语言文字规范形式发布的《汉字应用水平等级及测试大纲》试行。

2007 年，教育部语用司在上海、河北、天津开展测试试点，成立了测试推进领导小组，并召开 3 次研讨会研究部署相关工作。截至 2007 年底，上述 3 个试点地区共开展测试 7 次，参测人员 2 万 7 千余人，覆盖党政机关、学校、新闻媒体、公共服务行业等四大重点领域。上海成立了由市教委主任任组长、相关部门领导组成的领导小组，成立了专门课题组开展科学研究，编印了指导手册；河北组织了最大规模的测试，并及时总结经验，明确了一系列工作规程和相关制度；天津成立"汉字应用教学研究室"、技术攻关及考务工作小组，研制了一体化报名管理系统并投入使用，并就测试内容、形式、信度、效度在相关人员中进行了调查。测试试点在三个试点地区及北京等城市产生了积极反响，受到舆论普遍关注，为推动汉字应用水平测试工作的成熟和健康发展积累了经验。

撰稿 于 虹

〔**少数民族教师普通话培训工作**〕 2007 年 5 月 15 日，教育部语言文字应用管理司和国家民委文化宣传司联合在昆明召开了"少数民族教师语言培训工作研讨会"。内蒙古等 12 个省（自治区）语委办、民语委办等有关人员 40 多人参加会议；教育部民族教育司、语言文字应用管理司，国家民委文化宣传司负责人出席会议并作重要讲话。会议全面总结、交流了六年来开展民族教师普通话和民族语言培训工作取得的成效和经验，就如何从各地实际和社会需求出发，进一步提高对培训工作的认识，并就克服困难、创造条件、努力扩大培训规模等问题展开了研讨并达成共识。

7—8 月，教育部语用司在新疆、西藏、云南、贵州、广西、青海、内蒙、甘肃和海南等 9 个省（自治区）委托当地教育行政部门举办了 11 个培训班，培训乡村少数民族教师 845 人，涉及维、藏、苗、壮、傣、黎等 23 个少数民族。培训班受到当地教育行政部门高度重视，相关省（自治区）教育厅语委办和承办院校精心组织教学，聘请国家级、省级测试员担任主讲教师和辅导教师。通过强化训练，学员们了解了国家语言文字工作方针政策，普通话水平在原有基础上有较大的提高。

撰稿 魏 丹

〔**2007 年暑期海峡两岸大学生携手迎奥运交流活动**〕 2007 年 7 月 27 日—8 月 5 日，在教育部港澳台办公室的指导、支持下，教育部语言文字应用管理司和体育卫生与艺术教育司联合在奥运城市青岛举办了以"迎奥运九州同音、舞太极天地人和"为主题的海峡两岸大学生暑期交流活动。本次活动被列为北京奥运会倒计时一周年重点活动。北京大学、浙江大学、南京大学、复旦大学、清华大学、中国协和医科大学、天津师范大学、青岛职业技术

学院等8所内地高校的151人，以及台湾地区的台湾大学、台湾师范大学、台湾海洋大学、中正大学、中兴大学、东吴大学、中国医药大学等7所高校的52人参加了此次活动。

8月4日，在山东青岛“五四广场”举行了交流活动启动仪式暨两岸共同语文化与太极文化回顾展，参与交流活动的200多名师生表演了太极拳和文艺节目。活动期间，还开展了海峡两岸大学生太极武艺交流营和演讲、摄影（DV）大赛及参观青岛职业技术学院实训技术馆、海尔学院、青岛市区考察交流等活动。参加交流活动的两岸师生一致认为，以“迎奥运九州同音、舞太极天地人和”为主题的2007年海峡两岸大学生携手迎奥运活动，对于宣传语文规范、促进两岸文化交流、推动人文奥运城市建设，展示中华文化、弘扬奥林匹克精神具有积极作用。

撰稿　张映川

审稿　张世平

〔**语言文字应用“十一五”科研工作启动**〕 国家语委于2007年4月印发《国家语委语言文字应用科研工作“十一五”规划》。该规划充分肯定了“十五”期间我国语言文字应用研究取得的成就，分析了“十一五”期间语言文字应用科研工作面临的形势，提出“十一五”期间国家语委语言文字应用科研工作的7个重点研究方向：(1) 国家语言战略研究；(2) 语言文字规范标准的研制；(3) 建立符合时代需求的语言能力评测体系；(4) 加强面向信息处理的语言文字应用研究和基础工程建设；(5) 加强对社会语言生活的监测和研究；(6) 促进汉语走向世界；(7) 加强应用语言学学科建设。

随后启动“十一五”科研立项工作。国家语委科研办根据国家语言战略和标准化工作的需要，以委托的方式设立了国外语言规划经典研究、国家外语发展战略研究、中国当代语境下的语言教育问题研究、语言教育对语言能力的解释度与华人社区汉语规范的宽式原则、夹用英文的中文文本的标点符号用法、ISO10646汉字字际关系研究、语言普查与数字化等一批科研项目。

〔**《规范汉字表》研制完成**〕 2001年立项的《规范汉字表》于2007年底完成了研制、征求意见和上报准备工作，即将上报国务院。9月30日，教育部党组召开会议研究《规范汉字表》工作，肯定了字表的研制工作，认为研制发布字表意义重大，影响深远。11月至12月，教育部语信司和字表专家委员会组织召开三次座谈会，重点审核调整了字表的类推简化字和微观字形，指导中国文字字体设计与研究中心制作了字表字稿，形成字表报送稿。教育部语信司起草并反复修改了上报国务院的相关文件代拟稿。同时，为配合字表的实施，启动了《简繁汉字对照表》《正异汉字对照表》等配套规范的制定和字表使用手册的编制工作。

〔**发布2006年中国语言生活状况报告**〕 2007年8月16日，“中国语言生活状况报告（2006）新闻发布会”在北京召开。教育部副部长、国家语委主任赵沁平出席新闻发布会。2006年中国语言生活生机盎然，和谐健康，语言文字观念正在发生重大变化。随着社会经济的快速发展，思想意识的空前活跃，新事物、新观念、新词语及其新用法大量涌现。新语言现象的传播速度、传播方向、传播范围和传播方式也在发生改变。语言作为国家的文化资源和“软实力”的重要组成部分，渐获重视。国民的母语意识不断增强，外语学习依然火爆。海外华文教育持续进步，汉语在世界各地快速传播。构建和谐的语言生活，成为社会新理念，成为国家语委新世纪语言文字工作的新目标。从珍爱语言资源的角度看待语言、方言和外语，以科学的态度、宽容的气度看待当前出现的各种语言问题，在尊重汉语方言的同时加大推广普通话的力度，在尊重少数民族意愿的基础上开展好少数民族语言和汉语的双语教学，在尊重母语的前提下加强外语学习。

发布会发布了2006年若干领域的语言生活状况及语言生活中的若干热点问题，包括少数民族语言文字工作和研究，奥运会语言环境建设，旅游服务，产品说明书及医疗文书，方言及农民工语言；语文纠错，辞书出版准入制度，人名用字问题，私塾读经学校，海峡两岸语言学术交流等。同时发布了国家语言资源监测与研究中心通过对2006年若干媒体语言文字使用情况进行调查得到的若干数据以及与2005年数据进行的比较，还发布了2006年度的流行语和部分新词语。

〔**中国少数民族语言文字工作成就展暨民族语文国际学术研讨会召开**〕 由教育部语信司、国家民委文化宣传司联合主办，中央民族大学承办的“中国少数民族语言文字工作成就展暨民族语文国际学术研讨会”开幕式于2007年11月24日在中央民族大学举行。全国人大常委会副委员长司马义·艾买提、乌云其木格，全国政协副主席阿不来提·阿不都热西提出席开幕式并参观中国少数民族语言文字工作成就展。国家语言文字工作委员会主任、教育部副部长赵沁平在开幕式上致辞。赵沁平指出，我国是统一的多民族的国家，少数民族语言文字是中华民族宝贵的文化资源。《中华人民共和国宪法》《中华人民共和国民族区域自治法》《中华人民共和国国家通用语言文字法》等法律，明确规定“各民族都有使用和发展自己的语言文字的自由”，并通过一系列语言规划推动少数民族语言文字的学习、使用和发展，取得了令人瞩目的成就。本次成就展以“构建和谐语言生活，弘扬优秀民族文化”为主题，有12个省、自治区和16个相关单位参展，集中展示建国以来我国在少数民族语言文字新闻出版、广播影视、翻译、规范化标准化、信息处理、古籍整理、书法等领域的成就。成就展期间，同时举办了民族语言电影周活动和民族语文国际学术研讨会。来自中国、美国、澳大利亚、挪威、西班牙、荷兰、加纳、泰国、马来西亚和印度尼西亚等10个国家的专家学者共100余人出席了研讨会。

〔**召开全国少数民族语言文字标准化工作会议**〕 2007年12月1日—3日，全国少数民族语言文字标准化工作会议在云南省昆明市召开。与会代表就少数民族语言文字标准化工作展开了讨论，并对研制中的少数民族语言文字规范标准项目进行了交流和协调。与会代表进一步提高了对民族语言文字标准化工作重要性和紧迫性的认识，更加明确了民族语言文字规范标准研制的目标和任务。会议的召开对民族语言文字标准化工作起到了重要的推动作用。

〔**举办第四届两岸四地中文数字化合作论坛**〕 第四届两岸四地中文数字化合作论坛于2007年1月24日—26日在澳门举行。来自两岸四地的50多位语言文字、计算机信息处理专家出席了会议，澳门本地众多政府部门机构领导层的代表和IT界和社团的代表数十人参加了会议。

教育部语信司副司长王铁琨在致辞中说，举办两岸四地中文数字化合作论坛的目的，旨在透过两岸四地语言文字学界、信息处理界在汉字及其属性的数字化，乃至汉语词语、篇章等层面的数字化课题的交流研讨，促进两岸四地加强在中文数字化方面的合作，走国际标准化道路，架设起互联共通的中文数字化平台，携手构建健康和谐的语言生活。

与会代表重点就两岸四地中文数字化的进展、存在问题及解决办法等进行了讨论和交流，相互沟通了信息，达成了许多共识。一致认为两岸四地通过CDF论坛进行交流与沟通非常必要，也很有成效，希望论坛继续开办下去，不断取得丰硕成果。建议近期主要在简繁汉字转换、基础教育汉字部件规范、古汉字编码等方面加强交流合作，逐步协调统一。

会议共结集31篇论文，其中大陆代表17篇。第五届两岸四地中文数字化合作论坛将于2008年在大陆举行。

撰稿 王 奇 王丹卉

审稿 王铁琨

教材建设与教学仪器研究

人民教育出版社

〔**综述**〕 2007年是实施《人民教育出版社“十一五”发展规划》的第二年，具有承上启下的重要意义。在教育部党组的正确领导下，在中宣部和新闻出版总署的指导下，全社员工以邓小平理论和“三个代表”重要思想为指导，认真学习贯彻党的十七大精神，全面落实科学发展观，不断完善各项规章制度，加强管理，团结进取，奋力拼搏，较好地完成了年度工作计划中提出的各项工作任务。经过全社员工共同努力，人教社出版的图书和电子音像产品在实现经济效益的同时，也实现了突出的社会效益，产生了良好的社会影响。2007年，《现代教学论》（三卷本）和《盛世钟韵》（DVD－ROM）、《鲁迅笔下人物》（DVD）分别荣获首届中国出版政府奖图书奖和音像电子网络奖；《盛世钟韵》（DVD－ROM）还被评为第二届中国数字出版博览会数字出版优秀作品；《亲亲大自然丛书——红点点和绿点点的神奇世界》和《知荣辱 辨是非 重践行——社会主义荣辱观中学生读本》获“三个一百”原创工程文艺少儿类原创图书奖。另外还有多种教育图书荣获第七届全国高校出版社优秀畅销书奖、全国教育科研成果奖、全国人文社会科学优秀成果奖等。

〔**编辑出版工作持续稳定发展**〕 2007年全年纸质教材图书发稿4 017种，完成出版品种共计3 922种，印制总册数1.47亿册，用纸133.8万令。电子音像产品完成录音制品163种，198盒；录像制品DVD光盘178片；VCD光盘175片，CD－ROM 150片，投影片102片。2003年启动的国家农村中小学现代远程教育工程项目，2007年是一期工程的最后一年。自农村中小学现代远程教育工程启动以来，人教社共完成制作远程教育教学光盘79种631片，其他教学素材资料教学光盘26种78片。教学光盘全面涵盖了人教社小学各个学科与学段教材的所有内容，部分涵盖了人教社初中部分学科与学段教材的内容。

〔**中小学教材与配套教学资源的编写出版**〕 2007年，人教社完成了普通高中课程标准实验教材日语和数学部分选修模块的编写和送审，共有11个模块通过了教育部审查；根据实验区使用情况和反馈意见，对153种新课标教材进行了修订；完成了“形势教育大课堂”光盘的策划制作工作；完成了《中学思想政治课贯彻十七大精神指导纲要》的编写出版工作；参与了教育部组织的初中历史课标的修订工作。

〔**继续加强实验教材的培训和回访调研**〕 为了进一步完善对中小学教材实验区的服务工作，人教社连续第七年利用寒暑期对新课程标准教材实验区进行了教师和教研人员培训。2007年，共组织教师培训1 904场，5 361单元，派出培训专家3 532人次，培训教师达46万人；组织召开了各省代理单位培训总结会和16个学科的高中培训者培训会，对教材培训的内容进行研究和讨论；策划制作培训资料7本，光盘79张，复制2 500套，免费发送各省、地市、县的教育局、教研室；策划编辑了17个学科的高中《教师培训手册》，印制2 000册，各省代理单位再根据本省培训情况，自行印制并免费发送到培训现场。通过不断总结经验，在各方面的配合下，人教社的培训工作越来越有序，培训质量和效率不断提高，受到教育部门和一线教师的好评，为教师开展教学实验打下良好的基础。

同时，为进一步做好服务工作，不断提高教材质量，继续组织了对新课标高中教材和义务教育教材实验区的回访工作。人教社2007年组织召开了北京、黑龙江、吉林、陕西、江西、湖南六省市地市教育局长、教研室主任和地市级学科教研员的征求意见座谈会，听取了各地对人教版教材的意见和建议。

〔**编辑其他教育图书、教材**〕 2007年，人教社承担的“十一五”国家重点图书出版规划项目图书编辑出版工作按计划稳步推进，完成了《潘菽全集》《教学心理学丛书》《张伯苓年谱长编》3套丛书共33册的编辑工作并全面启动了普通高等教育“十一五”规划教材编辑出版工作。其中，大学本科应用型“十一五”规划教材（非师范用书）已出版15册；教育部师范教育司组编的《中国特级教师文库》已出版第四辑；完成高等院校小学教育专业系列教材10册；《外国教育名著丛书》全面再版。另外，人教社2007年还完成了教育部基础司布置的设计、制作、印制中小学安全教育挂图任务，并在党的十七大会议召开前，按教育部要求分送到了各省（自治区、直辖市）教育厅局；完成了教育部下达的《民生之本、强国之基——西部地区“两基”攻坚总结报告》和《同在蓝天下、共享优质教育资源——农村中小学现代远程教育工程总结报告》两本书的编辑出版任务。

为落实新闻出版总署提出的“走出去”战略，人教社2007年集中组织编写出版了《汉语2008》丛书和《中国文化读本》。其中，《汉语2008》已入选北京市出版工程。人教社开发的对外汉语教材有汉英、汉日、汉韩、汉法、汉德、汉西、汉俄、汉阿等8种语言的对照本共40个品种，2007年已经出版了英、俄、德3种语言13个品种。

合作编写教材工作进展顺利。2007年，人教社与澳门教育暨青年局合作，编写制作供澳门特别行政区使用的小学至高中《品德与公民》教材和教师用书及配套多媒体光盘；与香港出版机构合作，编写香港地区使用的高中语文教材；受新加坡教育部委托，完成了《小学华文》《小学高级华文》四年级（上册、下册）的编写工作。此外，还与河北省教育厅合作编写了《中小学生文明礼仪》丛书8册，与辽宁教育电子音像社合作编写地方课程《生命教育》小学一年级到高中二年级11册。

〔**教育期刊**〕 2007年，人教社主办的教育期刊《课程·教材·教法》、《小学语文》、《小学数学》和《试教通讯》的编辑、出版和发行工作进展顺利。《课程·教材·教法》的社会影响和学术影响进一步扩大；《小学语文》杂志创办成功，被全国小学语文教学专业委员会确定为会刊，期发行量已近3万册，并被中宣部选为优秀期刊赠送给青海、宁夏有关学校。

〔**认真推进课程教材研究**〕 为有效推进课程教材研究工作，2007年，人教社按照《科研管理条例》有关规定，积极组织了相关的科研工作，并把科研工作情况列入了编辑室和职工个人的年度考核指标。

2007年，人教社共有5项课题获准立项为国家或教育部“十一五”课题，课题数量为历年来最多。国家课题“中小学生学科学业评价标准的研究与开发”共有24个子课题，2007年已召开了三次课题研讨会，并分为4个学科组进行了研讨，确定了研究的框架和研究范式。国家课题“新课改后各类教材特点的比较研究”共有23个子课题，2007年召开了两次研讨会，大部分子课题已经完成了文本研究任务。教育部重点课题“课程资源促进有效教学的研究与实验”共有20个子课题，除社内一些学科人员参与外，还组织了全国12个省、自治区、直辖市的教研部门和学校进行系统性研究。教育部重点课题“国外中小学教材有关中国内容的研究”和国家青年基金课题“课堂教学行为分析与评价的实验研究”于2007年10月立项。另外，2007

年，人教社还审批立项了教材实验区申报的重点研究课题 21 个。

〔**全面加强版权管理**〕 2007 年，人教社进一步加强版权管理基础工作，重视和规范合同管理，全年签署各类版权合同共计 243 份。积极开拓版权贸易，在评估上一个合同期著作权许可使用工作的基础上，开展新的许可使用授权，2007 年已签署 19 份国内著作权许可使用合同；人教社 2007 年对外版权输出 99 个单项，是 2006 年的两倍多，协议金额近 100 万元人民币；引进图书 20 本，主要是教育、生物和英语类图书。2007 年，人教社积极配合新闻出版、工商管理和公安部门、司法部门，鉴定出版物 26 批次，涉及 52 册图书；新注册"标准日本语"等新商标 6 个，续展商标 2 个。

〔**社会捐赠**〕 2007 年，人教社在社会捐赠方面做了大量工作。根据国家援藏工作统一部署，人教社开始实施对西藏教材编译中心的四年援助计划。根据教育部领导的指示和建议，人教社分别对江西省井冈山市，云南省怒江州、临沧市、迪庆州，四川省凉山州，甘肃省甘南州等少数民族地区的中小学进行了资金、远程教学光盘和图书等多项捐赠；对于革命老区江西省瑞金市教育局修复和扩建苏维埃教育部旧址纪念馆，给予资金支持；向四川省眉山市洪雅县中小学，三峡重庆库区学校捐赠了图书。根据教育部统一部署，向贵州、云南等 14 个西部贫困地区捐赠《中小学校园集体舞》光盘 1 万套。为体现社会责任感，人教社向云南省普洱市地震受灾地区，重庆璧山、安徽灵璧县等洪水受灾地区，及青海遭受雪灾的地区进行了资金和图书的捐赠。中宣部、中央文明办在青海和宁夏启动"第一本课外书·少儿期刊"捐赠助读活动，人教社也捐赠了期刊及图书。另外，人教社还向吉林白城师范学校、贵州台江县、北师大 2007 级免费师范生等捐赠了大量图书；为中央电视台拍摄《奠基中国》节目和中央电教馆举办第八届全国中小学电脑制作活动赞助了经费。据统计，2007 年，人教社各种捐助折合现金近 500 万元。

撰稿 李 俏

审稿 李志军 徐 岩

高等教育出版社

〔**完成马克思主义理论研究与建设工程重点教材的编辑出版**〕 2007 年，高等教育出版社围绕高校思想政治理论课课程设置新方案开展相关工作，出版了马克思主义理论研究与建设工程中的 4 种重点教材、18 种辅导教材，以及配套的教师参考用书、学生参考用书和数字化教学资源库。2007 年，高等教育出版社继续主办《思想理论教育导刊》。举办了以"马克思主义理论学科建设与高校思想政治理论课"为主题的"全国高校马克思主义理论学科建设论坛"；围绕高校思想政治理论课研制完成了 4 个教学资源库，出版了与高校"形势与政策"课程配套的教学光盘《时事》，圆满完成了新课程教材的编辑出版任务。为普及以马克思主义为指导的中国特色哲学社会科学学科理论，积极推进高校思想政治理论课教育教学改革，推动马克思主义理论学科建设，满足高校思想政治理论新课程方案的需求，加强和改进大学生思想政治教育工作做出了积极努力。

〔**积极参与国家本科教学质量与教学改革工程、国家示范性高职院校建设**〕 2007 年，高等教育出版社积极参与"高等学校本科教学质量与教学改革工程”和“国家示范性高等职业院校建设计划”两大工程的有关项目建设，承接了全国高校精品课程培训中心平台、本科精品课程集成平台以及全国教师网络培训中心等项目。在高等教育出版社与清华大学、华中科技大学共同承担的“国家精品课程集成项目”中，高教社承担国家精品课程全国资源中心与共享服务平台的建设与运营工作。2007 年，高等教育出版社承接的全国高校教师网络培训中心建设项目完成了近 20 个网络培训教室、主播放室的地址选择与设备安装，以及系统软硬件的安装、测试和培训分中心的认定等工作，开展了 5 次试培训，培训教师 2 000 人，为加强教师队伍建设，提高教师师资水平提供了良好的沟通平台。

〔**推进产业结构调整和升级，提高教学资源集成服务水平**〕 2007 年，高等教育出版社根据国家教育事业、文化产业改革发展的趋势，以服务为宗旨、需求为导向，积极推进教学资源建设工作。2007 年，根据各级各类院校教学实际需求，高等教育出版社着手制定了“高等教育出版社教学资源建设纲要”以及有关教育类型、教学层次、学科、专业/课程等不同层次的教学资源建设规划，启动了教学资源建设的相关项目，力求通过基于现代信息技术，集优质教材、数字化资源和网络平台为一体的教学资源建设，加快推进产业结构调整、产业升级和业务模式的转型，努力构建教学资源研发、集成、服务基地，致力于为各级各类院校的教学提供优质服务。

〔**推出一系列对外汉语教材和教程并收效显著**〕 2007 年，高等教育出版社大力贯彻中国出版业“走出去”战略，全力做好对外汉语教材研发、生产与销售推广工作。高等教育出版社遵循“本地化定制、数字化开发、实用性内容、体验式教学、多语种配套”的产品研发理念，针对不同国家、不同学习目的、不同内容范畴和不同学时长短的需求，推出了 15 个语言版本的“体验汉语”系列教材。其中，《体验汉语》中小学系列教材泰国版，被泰国政府教育部指定为全国推广教材，目前在泰发行 30 多万册，全面进入泰国国民教育体系；《体验汉语·生活篇》德语版，在德国市场广泛使用，目前已经成为德国发行量最大的短期汉语教材之一；《综合汉语系列教程》成为哈佛大学采用的唯一的核心汉语教程；“体验汉语交互式学习系统”通过人机互动，促进个性化学习、自主化学习，开创了崭新的教学模式，该学习系统已在泰国、日本、英国等国家开始试用，泰国政府一次性采购了 20 个单位的使用权，在全国中小学推广。另外，《中国文化常识》、《中国地理常识》和《中国历史常识》行销世界各地。此外，高等教育出版社通过与美国加州校董会和英国 SSAT（特色学校联合会）的中文特色学校 Kingsford 多次互访、深入调研，为美国和英国中小学汉语教学提供了本地化定制的汉语教学整体解决方案，包括学生用书、练习册、教辅资料、文化读物、多媒体互动学习系统、远程教育平台等；通过与英国外交部合作，开发《信心汉语》系列教程，该系列教程已成为英国外交官培训的正式使用教材，其版权受英国政府保护；通过与泰国教育部基教司合作，针对全泰国中小学国民教育体系，提供全套的汉语教育整体解决方案，包含小学、初中、高中学生用书、练习册、配套教师用书、教辅资料、挂图、识字卡片及“体验汉语交互式多媒体学习系统”等。

〔**进入全球出版业前 50 位**〕 2007 年，由总部设在法国巴黎的 Livres Hebdo 公司资助，由奥地利著名出版顾问罗蒂格尔·维辛巴特率领的研究团队合力制定的 2006 年全球出版业排名新鲜出炉。在全球排名前 45 位的出版机构中，欧美国家占据了大多数席位，其中美国占 9 席，德国占 9 席，法国占 6 席，英国占 5 席。亚洲地区共有 6 个席位，其中日本 4 个，中国和韩国各 1 个。高等教育出版社以 2.05 亿欧元的总收入，在排名中列第 44，是第一家也是唯一进入全球排名前 50 位的中国出版机构。

〔**获首届中国出版政府奖先进出版单位奖**〕 2007 年，在首届评出的中国出版政府奖中，高等教育出版社荣膺先进出版单位称号，六种出版物分别在图书、电子音像出版物和装帧设计的获奖名单上榜上有名，分别是：《从人口大国迈向人力资源强国》获图书奖提名奖；《环境保护与可持续发展》获音像电子网络奖；《中国名著半小时》《数字物理教学演示》《电工技能与实训》获音像电子网络奖提名奖；《汉英对照论语》获装帧设计奖提名奖。

撰稿 谢 丹 陈 瑛
审稿 苏雨恒

教学仪器管理与技术工作

〔**全国幼儿园优秀自制玩教具展评活动**〕 由教育部教学仪器研究所、全国妇联儿童工作部和中国学前教育研究会联合主办的全国幼儿园优秀自制玩教具展评活动于2007年11月17日—21日在北京中国儿童中心举行。全国妇联书记处书记甄砚、教育部基础教育司副司长李天顺及各主办单位负责人出席颁奖大会并参观了展览。此次活动共有33个省区市推荐的678件作品参加了展评。根据教育性、科学性、趣味性、创新性、简易性和安全性的评审标准，经过公平、公开、公正的严格评审，442件作品获奖，北京市和上海市获得团体奖第一名，河南省和辽宁省分别获得第二、三名。

这些优秀的自制玩教具作品针对幼儿身心发展特点和幼教工作的实际需求，巧妙利用生活中随手可得的简易物品进行制作，充分展示出广大幼儿教师与时俱进的教育理念和源源不断的创作智慧，深刻反映了近年来学前教育改革和发展的成果，是各地学前教育工作的一次大汇报、大展示、大交流。这次活动对于更新幼儿教师的教育理念，引导和提高幼儿教师的动手能力，丰富和拓展幼儿园教育教学资源，继承和发扬我国幼儿园自制玩教具的优良传统，推进各级教育部门进一步落实《幼儿园教育指导纲要》，提高幼儿园教育质量，促进和谐社会与节约型社会的建设具有积极的意义。

撰稿 顾 敏
审稿 刘诗海

〔**实验教学与教育技术装备发展论坛**〕 2007年1月23日—25日，教育部教学仪器研究所在广西南宁举办了“实验教学与教育技术装备发展论坛”。教育部基础教育司、教仪所的领导出席论坛并讲话，来自各省、自治区、直辖市及计划单列市教育技术装备部门的负责人和特邀企业代表80余人参加了论坛。

会议围绕着如何配合教育部颁布的《中小学理科实验室装备规范》《初中理科教学仪器配备标准》等四个教育行业标准的宣传、贯彻以及当前教育技术装备的热点问题进行了研讨。

会议认为，“十一五”期间是教育技术装备发展的重要战略机遇期，在全面推进素质教育，实施新课程实验中，教育技术装备工作的重要性进一步凸现。“四个标准”的颁布实施，对提高我国基础教育技术装备的整体水平，实现教育技术装备的标准化、均衡化、现代化具有重要的意义。

会议建议，教育行政部门要加大对“四个标准”贯彻落实的指导和检查，出台便于实际操作的指导性文件；加快对音、体、美等其他学科教学仪器配备标准的制定工作；加强教育技术装备的理论和实践的科学研究，以科研促进教育装备的技术进步；积极探索实验教学的评价指标体系；创新教学仪器产品质量监督控制机制，防止不合格产品进入学校。

教育科研、学术活动

中央教育科学研究所

〔**中央教育科学研究所成立五十周年庆典**〕 2007年1月26日，中央教育科学研究所在北京友谊宾馆隆重举行成立五十周年庆典大会。教育部专门发来贺信表示祝贺。原中共中央政治局常委李岚清，全国人大副委员长顾秀莲、韩启德，国务委员陈至立，全国政协副主席胡启立、董建华等分别给中央教育科学研究所题词。全国政协副主席张怀西、教育部副部长陈小娅出席庆典大会并致辞。教育部各司局及直属单位负责人，美国、英国、俄罗斯、加拿大、瑞典、新西兰等国家和香港地区的学者，以及中央教育科学研究所离退休人员和在职职工，共计六百多人出席了大会。此前，教育部部长周济专程到中央教育科学研究所视察，勉励全所职工坚定信念，理论联系实际，为中国教育改革发展事业作出更大贡献。

教育部在贺信中高度评价了中央教育科学研究所的发展历程和重要贡献。贺信指出，中央教育科学研究所建所五十年来，认真贯彻党的教育方针，秉承“求真笃行，弘道创新”的所训，坚持为社会主义教育服务，为繁荣和发展教育科学服务，艰苦奋斗，锐意进取，突出特色，形成优势，在理论创新、决策服务、实验实践、人才培养、社会服务等方面取得丰硕成果，为中国教育改革和发展作出了重要贡献。希望中央教科所继续高举邓小平理论和“三个代表”重要思想伟大旗帜，全面贯彻落实科学发展观，继承和发扬优良传统，进一步深化教育科研体制改革，抓住机遇，开拓创新，为早日成为“国内高水平、国际有影响”的教育科研强所而奋斗，为建设中国特色、中国气派和中国风格的社会主义教育科学体系而努力，为办好让人民满意的教育作出更大的贡献。

张怀西副主席在致辞中认为，中央教育科学研究所五十年来艰苦探索，与时俱进，为我国教育事业的发展作出了重要贡献。陈小娅副部长对中央教育科学研究所予以充分肯定，她殷切希望中央教育科学研究所以五十年所庆为契机，进一步树立和全面落实科学发展观，抓住机遇，开拓创新，注重实践，深化改革，不断提升研究水平，努力增强核心竞争力和服务社会的能力，为中国教育改革发展和教育科学的繁荣提供更大的理论支持和知识贡献。

为总结成就、展望未来，谋求新时期更快更好的发展，中央教育科学研究所还同时举行了第六届全国教育科学研究所（院）长工作联席会议、“十五”期间科研教改实验工作总结表彰大会和教育科研与教育发展国际论坛等重要会议。还与美国圣地亚哥大学、日本东京大学教育学院、新西兰教育研究委员会等六个国外教育机构签订了合作协议。

〔**中央教育科学研究所基本科研业务费专项基金课题**〕 近年来，国家加大对中央级公益性科研机构科研事业的支持力度，逐步形成了稳定的专项科研经费拨款机制。从2006年度开始，在财政部的支持下，教育部每年下拨基本科研业务费专项基金资助中央教育科学研究所科研事业发展。

2007年3月—6月，中央教育科学研究所正式启动了2006年度基本科研业务费专项基金课题的申报评审工作。此项工作旨在紧密围绕教育部“十一五”事业发展规划和中心工作，立足服务国家教育决策和科研工作重点，充分发挥中央教科所传统科研优势、培育和孵化新的科研生长点、促进和提高中央教科所的持续发展创新能力。经过评审，共有36个项目获得资助。这36个项目是：《我国素质教育的深化研究》等4个重大攻关项目；《中俄职业教育调查与比较研究》等7个重大教育问题调研项目；《我国教育科学基本数据库建设》等3个基本数据库项目；《中外重大教育发展战略与改革政策的比较研究》等6个国际比较研究项目；《新时期以来我国教育实验推进学校变革的经验、问题与对策》等12个“1030”中青年培养计划项目以及《公民与道德教育研究》等4个博士后研究项目。为确保专项基金课题顺利完成，中央教育科学研究所专门成立了“专项科研经费课题评审委员会”，制定了《基本科研业务专项资金使用与管理的实施方案》，并完善了相关规章制度。

在总结经验的基础上，2007年12月，中央教育科学研究所启动2007年度基本科研业务费专项基金课题的评审工作。该年度课题尝试向全国省级教育科研机构公开招标，以期带动全国教科院所研究能力的整体提升，形成整个教育科研系统的合作研究、协作攻关的新机制。中央教育科学研究所确立了“中国特色社会主义教育理论体系研究”、“中国进城务工农民子女教育研究及数据库建设”等十个重大课题。29个单位的申报者参加竞标，其中省级科研院所占55.2%。经过评审，中央教育科学研究所5位专家、上海市教育科学研究院等5位专家中标。2007年度基本业务费专项基金课题设首席主持人、共同主持人，涉及11个省、自治区、直辖市科研院所。

〔**第三届中国教育科学论坛**〕 2007年11月15日—16日，由中央教育科学研究所和陕西省教育厅共同主办的第三届中国教育科学论坛在陕西省西安市召开。此次论坛的主题是“高举中国特色社会主义伟大旗帜、深入研究中国特色社会主义教育理论、坚持走中国特色社会主义发展道路”。教育部副部长陈小娅莅临论坛，并作了题为“探索教育规律，破解教育难题”的主题报告。全国各省（自治区、直辖市）、计划单列市教育科研院所长、部分高校专家学者、基层教育行政部门负责人、教研员和一线中小学校长、科研骨干教师逾千人出席了论坛。陕西省副省长朱静芝出席了论坛开幕式和闭幕式。

陈小娅在报告中指出，教育科研是教育事业又好又快发展的深厚基础和强大动力，是科学制定教育政策的智力支撑和理论保证。我国教育的改革发展，需要加强专门科研机构的能力建设，科研机构需要把主要精力和研究方向调整到国家发展需要和教育改革与发展的重点工作上来。各级教育科研机构要科学定位，整体规划，形成特色；要整合资源，团结协作，联合攻关，形成合力做大事。中央教育科学研究所要更好地发挥龙头作用，应在重大问题研究上有更高的水平和更大的成果，在方向性的问题上要进一步发挥引领作用、指导作用，切实发挥中国教育改革发展关键时期赋予“中央所”的功能和作用。她同时指出，各级教育行政部门要继续加强对教育科研工作的领导，继续加大对教育科研工作支持的力度，充分发挥教育科研在制定教育政策、推进素质教育、促进教育又好又快地发展中的作用。

与会者还围绕会议主题，集中讨论了“中国特色社会主义教育发展道路与理论建设”、“教育优先发展与推进教育公平”、“素质教育与高素质教师队伍建设”、“以创新方法促进学校变革与特色发展”等四个方面的议题。会上，基础教育司司长姜沛民、武汉大学党委书记顾海良、中央教育科学研究所所长袁振国、陕西省教育厅厅长杨希文、中国教育学会常务副会长谈松华、中国教育报副总编辑翟博等多位领导和专家作了专题报告。

论坛期间，同时举办了“第七届全国教育科学研究所（院）长工作联席会议”，共同谋划全国教育科研战线开展合作研究事宜。中央教育科学研究所所长袁振国提出，教育科研机构发展的方向应该是“强化功能、提升地位、更大贡献”。与会者经过讨论一致认为，教育科研战线要通过协调机制提升整体功能，要坚持整体协作与强化特色相结合，要建立全国性的教育数据库，更好地为教育决策服务。

〔**进城务工就业农民子女与农村留守儿童教育问题研究**〕 中国改革开放以来，大批进城务工就业农民子女随着父母进入城市，在居留城市接受教育时遇到一系列的问题，而那些未随父母进城留在农村的少年儿童，由于缺乏必要的监护，在学习和成长过程中也出现了一些问题。这两个问题相互联系、相互沟通，近年来引起社会各界和学术界的广泛关注。

中央教育科学研究所对此问题给予了重点关注。较早设立“中国进城务工就业农民子女义务教育问题研究”与“中国农村留守儿童教育问题研究”两个大型专项课题进行系统研究，还相继承担教育部特别委托项目以及世界银行、韩国教育开发院资助的研究项目。目前正承担教育部2007年哲学社会科学研究重大课题攻关项目“农民工子女教育问题研究”。从2003年起，中央教育科学研究所对全国20多个省市进行了系列专题调研，形成有价值的调研报告和决策建议报告提交给国务院有关部门和教育部、中宣部等，得到各方面的好评。

2007年，受教育部委托，中央教育科学研究所还协调北京大学、北京师范大学、中国人民大学、华中师范大学等单位协同开展了“农民工子女教育问题研究”。重点对北京、上海、广州、杭州、无锡、成都、乌鲁木齐、郑州、义乌、顺德、沈阳、石家庄等12个城市开展专题调研。调研发现，进城务工就业农民子女义务教育面临的问题主要是：进城务工就业农民子女不能适龄入学及失学问题严重；进城务工就业农民子女入学、就学过程中的不公平现象明显；学校既有的教育教学、管理方式与频繁流动的进城务工就业农民子女的生活方式矛盾突出；区域间教育内容衔接问题日益彰显；农民工子弟学校的资质与大量进城务工农民子女接受义务教育的要求之间的矛盾加大。课题组经过分析认为，这些问题不是一个孤立的教育问题，而是社会发展中、在我国经济体制转型过程中存在的问题，这一问题的解决必须依靠整个社会系统的共同努力。课题组向教育部提出了初步解决进城务工就业农民子女义务教育问题的对策建议。

同时，中央教育科学研究所还就“中国农村留守儿童教育问题研究”课题，在河北、安徽、河南、甘肃、江苏、贵州、四川等地农村开展了较深入的调研，并在全国成立了12个公益性“留守儿童教育问题”研究基地，开展相关跟踪研究。

〔**中国高中阶段教育发展调研**〕 为了贯彻落实党的十七大报告提出的“加快普及高中阶段教育”的精神，并且系统研究中国高中阶段教育发展的经验教训和突出问题，2007年，中央教育科学研究所组成了“我国高中教育发展战略”专项调研组。调研组于2007年11月—12月，先后对陕西、上海、浙江、江苏、广东、广西等省、自治区、直辖市进行了专题调研。该调研得到了六个省、自治区、直辖市教育行政部门、教育科研机构和高中校长的大力支持和全力配合。

调研发现，随着近年来中国九年义务教育的快速普及和高等教育的跨越式发展，中国高中教育阶段尤其是普通高中教育发展的问题突出、矛盾凸显。例如，高中教育投入机制不明确，办学经费不足；高中校办学特色不鲜明，“同质化”倾向严重；学校经济负担过重，课程改革举步维艰；优质教育资源聚集在少数重点高中，“县中现象”依然存在；区域之间、学校之间教育质量存在明显差距等。

在专题调研的基础上，调研组采取归类分级统计、归因分析的方法，从如何适应中国改革开放、建设社会主义和谐社会和如何促进地区经济社会发展水平的视角，综合分析中国国民经济、社会政治、人口财政、民族文化等因素，拟对中国高中教育发展的成绩、经验、问题、矛盾和成因，作出客观准确的判断，提出对策建议。

为了深化调研成果，中央教育科学研究所还将“中国高中教育发展战略研究”列入中央教科所2007年度基本科研业务费专项基金课题，与江苏省教育科学研究院、辽宁省教育科学研究院、甘肃省教育科学研究所开展合作研究，力图将研究范围扩大到全国，为国家教育政策的制订、执行和调整，提供具有代表性的研究报告。

撰稿 陈如平

审稿 田慧生

高等学校社会科学发展研究中心

〔**邓小平理论和“三个代表”重要思想研究中心工作**〕 2007年，教育部邓小平理论和“三个代表”重要思想研究中心（以下简称“理论中心”）开展的主要工作有以下几项。

学习座谈胡锦涛同志“6·25”讲话。7月3日召开在京高校负责同志和专家学者座谈会，学习胡锦涛同志6月25日在中央党校的重要讲话。

马克思主义理论研究和建设工程的课题研究。“理论中心”承担了马克思主义理论研究和建设工程中“‘三个代表’重要思想的科学内涵和精神实质”课题的研究任务。2007年在撰写综述和论文的基础上，撰写课题最终成果《从“三个代表”重要思想到科学发展观》一书，于9月由高等教育出版社出版。

“新时期大学生思想政治教育问题”课题的研究。该课题是2005年度国家社科基金重大项目，于2005年7月启动，分11个子课题进行。2007年在审读各子课题报告、组织修改的基础上，进入统稿工作，在子课题报告基础上撰写总报告，完成由总报告和11份子报告构成的最终成果《大学生思想政治教育“十个如何”研究》，已交出版社。课题研究的阶段性成果《新时期大学生思想政治教育探讨》一书的编辑工作也已完成。

组织撰写由“理论中心”署名的理论文章在中央主要报刊上发表。2007年，组织撰写了18篇由理论中心署名的文章在中央主要报刊上发表。这些文章是：《保障公平正义 促进社会和谐》、《在正确处理改革发展稳定关系中促进社会和谐》、《以马克思主义为指导建设社会主义核心价值体系》、《领导干部要增强“三个意识”》、《让党的创新理论之光照亮千家万户——学习方永刚的崇高精神》、《社会主义核心价值体系是建设和谐文化的根本》、《如何用马克思主义理论教育大学生》、《如何深入进行爱国主义、集体主义、社会主义教育》、《社会主义核心价值体系是和谐文化建设的根本》、《如何提高思想政治理论课和哲学社会科学课程质量》、《一幅哲学社会科学繁荣发展的壮美画卷——评大型系列丛书〈学习理论文库〉》、《如何引导大学生吸收优秀文明成果》、《如何把思想政治教育做到大学生心坎上》、《如何引导大学生形成健康心理素质》、《如何以信息手段进行思想文化教育》、《如何形成思想政治教育有效机制》、《如何培养思想政治教育骨干力量》、《如何形成思想政治教育整体合力》。

调查研究工作。受中宣部理论局、中央马克思主义理论研究和建设工程办公室委托，就科学发展观的科学内涵和精神实质、增强国家软实力等问题，开展课题研究；为编写好《理论热点面对面·2008》通俗理论读物，就当前干部群众普遍关注的热点、难点问题开展调研，提交了调研报告。受中宣部舆情局委托，于11月开展关于思想理论界对十七大报告理解和认识的调研，提交了调研报告。

〔**哲学社会科学各学科学术研究活动**〕 开展哲学社会科学各学科的多项课题研究，并结合课题研究工作跟踪学术理论动态，编报系列简报，供教育部领导和中央有关部门决策参考。

社会主义问题研究。2007年1月，召开“坚持中国特色社会主义道路”研讨会，研讨民主社会主义思潮的表现、性质、危害等，提出反对民主社会主义思潮是一项重要的长期的任务。7月，召开“中国特色社会主义与民主社会主义”研讨会，结合胡锦涛总书记“6·25”讲话精神，进一步探讨中国特色社会主义与民主社会主义的根本区别及民主社会主义思潮的动向。

经济问题研究。国家社科基金特别委托项目“公有经济为主体，国有经济为主导，多种经济共荣”课题研究继续推进。完成了四份研究报告。围绕中国特色现代企业制度、农村合作经济、外资并购与经济安全、经济形势与金融安全等问题开展专题研究，召开了系列研讨会。社科中心与中华外国经济学说研究会联合召开“西方经济学教学工作研讨会”，贯彻教育部“高等学校本科教学质量与教学改革工程”启动视频会议精神，研讨如何实施“质量工程”、提高西方经济学教学质量。

史学问题研究。2007 年 1 月，为宣传中央关于开设“中国近现代史纲要”课程的决策和中央马克思主义理论研究和建设工程的成果《中国近现代史纲要》教材，社科中心与中国史学会联合召开了《中国近现代史纲要》研讨会，研讨这一课程设置的意义、教材的体系和特点以及对高校教师的要求等。11 月，社科中心与中国史学会联合召开“十月革命道路与中国特色社会主义”学术研讨会，纪念十月革命 90 周年，研讨十月革命的意义、十月革命与中国革命、十月革命与中国特色社会主义等问题。

美育问题研究。“民族文化传承与学校艺术教育”、“信息科技在学校艺术教育中的应用”两个课题进入研究项目结束阶段。“学校艺术教育实践研究”课题继续延伸。

为迎接十七大召开，学习宣传 2006 年 10 月党的六中全会决议关于建设社会主义核心价值体系的精神，社科中心、中国社会科学院马克思主义学部和中国教育电视台联合制作了 8 集大型电视谈话节目《社会主义核心价值体系纵横谈》，10 月国庆期间作为迎接十七大召开的节目在教育电视台黄金时间播出。该片组织了 10 多位专家学者出讲，是理论宣传工作的一种新的尝试。中央电视台从 12 月 24 日起播出了这套节目。

〔**《高校理论战线》（月刊）办刊工作**〕《高校理论战线》立足高校，面向全国，紧密联系当代现实和建设中国特色社会主义实践，反映高校理论研究和教学的最新成果，致力于哲学社会科学的繁荣和发展，为高校理论教学和科研服务。2007 年，《高校理论战线》杂志共编辑出版 12 期杂志，计 170 余篇文章、130 余万字。

《高校理论战线》杂志继续开设“科学发展观研究”、“‘三个代表’重要思想科学内涵和精神实质”、“马克思主义经典著作研读”、“社科学人”、“经济理论与实践”等栏目。发表了一批迎接十七大和贯彻十七大精神的文章，研究中国特色社会主义理论体系、科学发展观、社会主义核心价值体系、大学生思想政治教育的文章，研究、阐释马克思主义经典著作的文章，各学科领域中具有导向作用的文章，研究、介绍社科学者的学术思想、学术成果的文章，批评错误思想、开展学术争鸣的文章。

撰稿　王炳权
审稿　田心铭

中国教育学会

〔**学术研究和交流活动**〕　召开第二届中国中学校长大会。2007 年 11 月 19 日—21 日，中国教育学会与广东省教育厅、华南师范大学共同举办了以“中学教育的发展与创新”为主题的第二届中国中学校长大会。全国人大常委会副委员长许嘉璐，教育部副部长陈小娅，广东省常务副省长黄龙云等领导出席大会并作报告。陈小娅副部长在《努力成长为新时代的人民教育家》讲话中指出“新形势、新任务、新挑战要求有更多的教育家办教育”，呼吁“学校校长努力成长为新时代的人民教育家”。她强调：“作为新时代教育家的校长要有专业化的视野，专业化的目标，专业化的理念和专业化的能力。”

中国教育学会副会长陶西平、中国工程院院士钟南山、中央党校原副教育长王瑞璞等作了专题报告。与会校长普遍认为，中学校长面对的挑战来自改革时代的动态性、不确定性及因被过分重视而异化出来的非理性，特别是用分数改变人命运的考试文化与我们肩负的教育使命相冲突。

召开第20次全国学术年会。2007年10月27日—28日，学会在山东泰安召开以“素质教育背景下的教与学、人的发展与培养模式”为主题的学术年会。年会围绕“学校变革在素质教育实现过程中的地位，课堂教学在素质教育实践中的重要作用，学校、家庭、社会教育三位一体的优势与特点”等问题进行深入讨论。

开展地方课程建设研究和展示活动。2007年10月14日—15日，为总结各地实施新课程以来制定和开发中小学地方（校本）课程建设的经验，研讨解决问题的策略，学会和贵州省教育厅共同主办了“2007年中小学地方课程发展论坛暨优秀地方（校本）课程资源展示活动”。中国教育学会副会长郭振有指出：地方课程建设在对人的全面提升，对地方文化的选择、传承和创新，促进地方社会发展等方面具有重要价值。与会专家提出，地方课程设计要体现地方特色，甚至社区特色，避免趋同化。要正确处理地方课程灵活性与稳定性之间的关系，摆正地方课程与国家课程、学校课程之间的关系。

召开“2007年基础教育改革座谈会”。2007年1月20日，学会高中教育专业委员会和民进中央教育委员会在京举办了“2007年基础教育改革座谈会”。全国人大常委会副委员长、民进中央主席许嘉璐，全国政协副主席张怀西，民进中央副主席严隽琪，教育部副部长陈小娅等出席座谈会并讲话。来自15个省（自治区、直辖市）的26位著名高中校长做了大会发言。大家分别就当前基础教育的现状、问题与出路，素质教育科学界定与主要目标，制约优秀创新人才脱颖而出的主要因素与有效培养途径，课程改革方案设计存在的不足与推进中面临的问题，多元文化价值观念冲击下学校德育工作面临的新问题、新挑战等诸方面问题展开热烈讨论。

召开“师范教育与农村教育改革研讨会”。为贯彻落实国务院领导同志对山西省阳曲县坚持农教结合的办学方向和忻州师范学院坚持“师范教育下乡去”为社会主义新农村建设服务经验重要批示，2007年6月23日—24日，中国教育学会与山西省教育厅、中国陶行知研究会、中华职业教育社、中国高等教育学会教师教育分会联合举行“落实国务院领导批示精神，促进师范教育与农村教育改革研讨会”。十年来，山西忻州师范学院坚持组织师范生到贫困地区顶岗实习支教，培养师范生具有正确的世界观、人生观和价值观，而且使师范生具有中学教师应有的专业知识、文化素养和教学技能。温家宝总理、国务委员陈至立均对忻州师院的经验作了批示。与会专家学者认为，师范教育和农村教育改革是基础教育乃至我国整个教育的热点、难点和重点。讨论这两方面的改革对我国教育改革与发展意义深远，山西省在这两方面为我们提供了宝贵的经验。两个典型都有为“三农”服务的正确方向，都有得力的改革措施，都有显著的改革成果。在讨论中，太原师范学院院长王尚义认为，要真正做好这件工作，关键在于变学校行为为政府行为。中国陶行知研究会副会长周德藩指出，农村教育要走“农教结合”、“三教统筹”的路子，要像阳曲县前元庄那样持之以恒。

召开“第四届中国学校体育科学大会”。2007年6月30日—7月1日，中国教育学会与中国高等教育学会、教育部体卫艺司联合主办了第4届中国学校体育科学大会。教育部体卫艺司副司长廖文科重点介绍了中央文件精神及贯彻落实的意见，提出全面实施《国家学生体质健康标准》；全面组织实施初中毕业升学体育考试；开展“全国亿万学生阳光体育运动”；切实减轻学生过重的课业负担；确保学生每天锻炼一小时；举办多层次多形式的学生体育运动会，积极开展竞技性和群众性体育活动；帮助青少年掌握科学用眼知识和方法；确保青少年睡眠时间；加强学校体育设施和安全管理等。会议研讨交流了提高学生健康水平的研究成果和做法，针对问题提出了相应的对策建议。

〔积极开展海峡两岸教育领域学术交流与合作〕 为促进海峡两岸在教育领域的交流与合作，2007

年7月8日—11日，中国教育学会和中国宋庆龄基金会、台湾省教育会在北京共同举办了以“突破校园围墙，架设育人桥梁，推进学校教育与社会教育的良性互动”为主题的“首届两岸青少年社会教育论坛”。中央统战部副部长黄跃金，国务院台办副主任王富卿，中国宋庆龄基金会副主席俞贵麟、唐闻生、叱利群，中国教育学会会长顾明远、副会长陶西平、郭永福，台湾代表团顾问杨朝祥（台湾原“教育部”部长）、孙震（台湾原“国防部”部长）、杨国赐（台湾原“教育部”次长），台湾省教育会理事长郭添财等出席了论坛。全国政协原副主席、中国宋庆龄基金会主席胡启立在开幕式前会见了台方80位代表。交流期间，两岸16位学者分别作了专题发言。台湾学者认为：台湾社会在追求经济快速发展与创造财富的过程中，青少年的价值观发生转向，可能产生五种社会病态：享乐心理的蔓延、诈欺心理的感染、仇视心理的潜伏、待救心理的引发、求生心理的低落。大陆学者提出，素质教育的核心是培养学生健全的人格，而责任心是学生健全人格的关键因素；弘扬中华美德，培育民族精神，奠定人生根基，这是学校教育必须承担的责任；在学校教育大力传承中华美德的同时，更需要家庭、社会的鼎力支持。闭幕式上两岸教育工作者还发表了《共同倡议》，倡议中写道：面对世界的发展和挑战，我们有责任携起手来针对青少年社会教育面临的新情况、新挑战，展开教育科研和创新实践活动，为两岸教育事业的发展、为两岸青少年营造良好的教育和发展环境作出积极贡献。

举办第六届两岸四地小学语文教学观摩交流活动。2007年12月底，学会小学语文教学专业委员会在京主办了第六届大陆、香港、澳门和台湾两岸四地小学语文教学观摩交流活动，两岸四地近七百位教育工作者通过现场课堂教学和观摩、校长语文专题研讨等交流活动增加了共识，促进了两岸四地语文界的学术交流。该活动于2002年开始，每年举办一次，由两岸四地轮流承办。

〔**召开著名教育家吕型伟教育思想研讨会**〕2007年是学会顾问、著名教育家吕型伟先生90华诞。9月15日，学会在上海举行“吕型伟教育思想研讨会暨《吕型伟教育文集》首发式”，顾明远等学会领导和国内著名教育专家以及吕老的老校友、老朋友等百余人与会。吕老是我国老一辈教育家，17岁担任小学校长，在教育园地辛勤耕耘了七十多年，见证了中国教育的百年变迁。吕老的“开发潜能、发展个性、振兴基础”的核心理念，指导了东中西部几十所中小学幼儿园开展了各具特色的研究。他非常重视脑科学及手的运用研究。顾明远会长在《吕型伟教育文集》序中写道：“吕老是我国教育思想的一座宝库。《吕型伟教育文集》为我们提供了比较全面的研究资料。”与会者还就吕老的成长历程、思想内涵、主要来源及特点、对后人的启迪等进行了研讨。上海市教委领导和承办会议的浦东新区及杨浦区的领导到会祝贺。

〔**为青少年健康成长搭建平台**〕2007年，学会与政府有关部门、社会团体联合开展了一系列活动：与中央教育科学研究所、中国发明协会、绵阳市人民政府联合举办“全国中小学劳动技能教育创新邀请赛”；与国家知识产权局联合举办“新新杯”首届中国青少年创意大赛，全国政协副主席张怀西出席并为获奖选手颁奖；与中华慈善总会联合举办“2007青艾工程公益善款拍卖晚会”，全国政协副主席张怀西、全国人大原副委员长彭珮云出席；与中央电视台、中国广播电视协会联合举办“首届CCTV校园文化周”；与中国书法家协会、吴忠市人民政府联合举办“2007全国中小学书法节”；与苏州市人民政府、北京奥组委宣传委员会联合举办“北京奥运会世界画信展”征文启动仪式；与中国关心下一代工作委员会、发展战略学会、宇航学会联合启动“全国校园文化航天科普活动”。这些活动为学校教师、专家、学者、教研人员提供了交流平台，为中小学生提供了展示的舞台，扩大了学会的影响。

〔**推进地方教育改革**〕2007年学会新建立了五个教育改革实验区，包括以“创新教育改革”为主题的山东潍坊市教改实验区、以“迈上一体化，学校社会家庭教育相结合的实践与思考”为主题的山东泰安市教改实验区（市）、以“少年儿童主体多元发展实验研究”为主题的河南安阳市殷都区教改实验区、以“深化区域教育均衡发展，大力提升内涵质量的策略研究”为主题的黑龙江鸡西市教改实验区、以“地方课程——农村初中实用技术课程建设与实验研究”为主题的贵州省农村教改实验区。

撰稿 王 燕

审稿 马建华

中国高等教育学会

〔**综述**〕 2007年，中国高等教育学会紧密围绕教育部的中心工作，努力推动教育思想和观念的变革，积极开展一系列有创新、有特色、有高度、有深度的学术活动，组织、参与系列科研活动，进一步推动群众性高等教育科学研究，不断促进提高科研质量与水平；结合自身优势和特点不断深挖潜力，拓新思路，推进学会的咨询、中介、服务等职能的发挥；加大自身宣传力度，加强报刊宣传工作；进一步完善学会自身建设，密切与团体会员、个人会员和分支机构的联系；逐步加强和进一步拓展对外的交流与协作，学会工作取得了新进展。

〔**科研水平与质量不断提高**〕 2007年10月，由中国高等教育学会与辽宁省人民政府主办、辽宁省教育厅和辽宁省高等教育学会承办的“2007年高等教育国际论坛”在沈阳隆重召开。论坛的主题是“建设和谐文化和中国高等教育”。周远清会长在报告中提出，要提高高等教育的文化自觉，要提高学校的文化品位，要提高校长的文化意识，要提高教师的文化素养，要提高学生的文化素质，为建设社会主义和谐文化作出新的贡献。参加会议的有来自美国、挪威、澳大利亚、香港等6个国家和地区的高等教育专家，国内部分地区的教育行政部门领导、高等学校的党委书记或校长和高等教育界的专家、学者350余人。启动“改革开放30年中国高等教育改革发展研究”大型课题。组织了“高等学校管理领域质量标准及评价体系研究”课题的立项、开题工作。根据全国教育科学规划领导小组的部署，2007年，学会组织力量，以“高等学校管理领域质量标准及评价体系研究”为题申报国家社会科学基金“十一五”规划教育学2007年一般课题获批。该课题于12月在广西北海正式开题。组织了第三届高等教育学优秀博士学位论文的评选和表彰活动。经过专家组通讯评议和9月8日的专家评审会，评选出5篇高等教育学优秀博士学位论文。学会在“2007年高等教育国际论坛”上对获得优秀博士学位论文的作者和导师进行了表彰。组织开展了第二届全国优秀高等教育研究机构的评选活动。经单位总结、自荐，省级高等教育学会和省级教育研究机构联合评选推荐，最后确定116个为第二届全国优秀高等教育研究机构，约占全国高等教育研究机构总数的5%左右，数量比第一届增加约一半。

〔**充分发挥学会咨询、中介、服务职能**〕 2007年，中国高等教育学会充分利用自身特点和优势，创新思维、开拓思路，积极充分发挥学会的咨询、中介、服务职能。

成功举办春秋两届“全国高教仪器设备展示会”。2007年5月和10月，中国高等教育学会分别在哈尔滨和青岛两市成功举办春季和秋季“全国高教仪器设备展示会”。为中国高等教育的改革与发展提供了一个很好的技术保障平台，在高等教育界和社会上赢得较高的声誉。在哈尔滨展示会上，中国高等教育学会高校技术物资中心在开展一系列调查研究的基础上，提出《高校教学仪器设备的生产与使用》年度报告，分发给参会的供需方代表，受到广泛的欢迎。

适应高等教育改革与发展的需要，举办各种类型的干部、教师培训活动。2007 年，中国高等教育学会主要依托培训中心先后独立或协助教育部有关司局举办了“全国高职高专领导能力建设培训班”、“全国高职高专院校骨干教师培训班”等各种类型的培训活动 28 次，培训高校干部、教师5 500余人次。

配合教学质量工程的实施，组编有关教材的工作有了新的进展。一年来，学会组编出版了 4 本“十一五”国家级规划教材和 10 本教育部规划教材。其中包括《应用数学（理工类）》、《应用数学（经济类）》、《大学实用语文》、《实用协作》、《计算机公共基础》、《使用创新英语（1、2、3）》等。

进一步加强“中国高等教育改革与发展网”的建设与管理。在学会把握正确的学术导向的前提下，网站的点击率稳步增加，特别是海外的点击率一直占到总数的 30%以上。2007 年，网站以新的角度重新对高等教育领域进行更细致的板块划分，同时为学会的分会、专业委员会增加了自助建站系统服务。

西部教育顾问工作又有新进展。中国高等教育学会介入以发动东、中部学校帮扶西部基础教育为宗旨的西部教育顾问活动已经 6 年。2007 年 3 月，中国高等教育学会与中国职业技术教育学会、老干部协会和《中国教育报》联合在北京召开了第七次西部教育顾问工作会议。根据会议安排，西部教育顾问工作秘书处于 9 月、10 月间组织了 800 名教育顾问赴西藏、新疆、云南、青海和宁夏，对贫困地区的基础教育情况进行考察。在考察过程中，教育顾问在西部地区做学术报告、进行示范教学 30 场，西部受益教师 3 000 余名；走访学生家庭 100 余户，资助经济困难学生 1 000 余名；有 400 所顾问学校同西部学校建立了结对帮扶关系。以思想帮扶、培训教师为主的西部教育顾问活动已在西部产生了广泛的社会影响。

〔**报刊建设和宣传工作**〕 为大力推动学会群众性教育科研活动的开展，更加广泛地服务于高等教育领域的广大干部、教师的科研活动，2007 年，学会注重加大自身宣传，扩大影响，进一步加强与新华社新闻中心、《光明日报》、《中国教育报》等媒体单位的联系，加大对学会重大活动，尤其是关于“高等教育国际论坛”、“共和国老一辈教育家宣传活动”、高等教育学优秀博士学位论文评选及表彰等活动的报道。

《中国高教研究》杂志的建设与发展有了新的进展，杂志质量进一步提高。由中国学术期刊（光盘版）电子杂志社中国科学文献量评价研究中心发布的《中国学术期刊综合引证年度报告（2007）》显示，《中国高教研究》杂志的影响因子达到 1.451，比 2006 年的 1.008 又有了较大提高。2007 年所发文章被教育论文引用次数为 2 715 次，比 2006 年的 1 824 次有大幅提高。所发表的一批重要文章，引起教育部领导的关注，分别被《新华文摘》、中国人民大学《报刊复印资料》全文转发。杂志的发行量稳步增加，社会声誉也在提高。

《中国教育科研参考》的影响逐步上升。从 2006 年 7 月恢复了《中国教育科研参考》的编辑出版，一年半来共出刊 36 期，发给学会常务理事、个人会员和学会系统各个单位。《参考》针对性强、信息量大，每期主题集中，得到高等教育界人士的好评。

继续做好各高校在高教类全国中文核心期刊上发表论文情况的统计排序工作。自 2000 年起，《中国高教研究》编辑部对各高校在全国 14 家高教类中文核心期刊上发表教育科研论文的情况进行统计排序，到 2007 年已发布 5 期排序结果。此项工作已在各高校中产生较大的影响，在一定程度上促进了部分高校对高教研究工作的重视，促进了高教研究水平的不断提高和群众性高教研究活动的开展。

〔**进一步加强学会的自身建设和对外交流协作**〕 2007 年，中国高等教育学会加强了对个人会员的管理工作。根据中国高等教育学会五届一次常务理事会的决议，2006 年学会启动了发展个人会员的工作。2007 年，学会保证按时向个人会员寄送《中国高教研究》和《中国教育科研参考》，并及时传递学会重大学术活动信息。7 月 28 日—31 日，“中国高等教育学会首届个人会员学术年会”在青岛召开。

学会秘书处内部运行机制进一步健全，组织建设有了新进展。2007年，经民政部批准，中国高等教育学会新设立了三个分支机构：创新创业教育分会、联合办学研究分会、辅导员工作研究分会。同时，根据分支机构的实际情况，注销了基本建设分会、发展规划管理分会等两个分支机构。学会所属的分支机构总数达到61个。

2007年，学会加强了《中国高等教育学会简讯》的建设，以加强学会系统的沟通。

撰稿 李 燕
审稿 张晋峰

热点关注

中国特色社会主义教育现代化之路

党的十七大报告指出："改革开放以来我们取得一切成绩和进步的根本原因，归结起来就是：开辟了中国特色社会主义道路，形成了中国特色社会主义理论体系。"中国特色社会主义教育是中国特色社会主义事业的重要组成部分，为推进中国特色社会主义建设提供人力资源保障和重要动力。教育现代化，是中国特色社会主义教育的必然选择。早在1983年，邓小平同志就提出了"教育要面向现代化，面向世界，面向未来"的指导方针，1993年中共中央、国务院印发《中国教育改革和发展纲要》，明确提出了"建立起比较成熟和完善的社会主义教育体系，实现教育的现代化"的目标。党的十七大报告提出："要全面贯彻党的教育方针，坚持育人为本、德育为先，实施素质教育，提高教育现代化水平，培养德智体美全面发展的社会主义建设者和接班人，办好人民满意的教育。"这一表述不仅强调教育现代化是中国教育发展的目标，而且强调教育现代化是中国教育发展的内容和途径。

中国教育的现代化绝不是西方国家教育现代化的翻版，而是中国特色社会主义的教育现代化。早在1945年4月，毛泽东同志在《论联合政府》一文中就指出："中国国民文化和国民教育的宗旨，应当是新民主主义的；就是说，中国应当建立自己的民族的、科学的、人民大众的新文化和新教育。"1949年9月，中国人民政治协商会议第一次会议通过的《共同纲领》规定："中华人民共和国的文化教育为新民主主义的，即民族的、科学的、大众的文化教育。"在以后的五十多年中，我国不断探索具有中国特色社会主义教育的现代化之路，使这条路越走越宽广。

以科学发展观为指导，实施优先发展教育战略，办人民满意的教育

党的十七大报告指出："科学发展观，第一要义是发展，核心是以人为本，基本要求是全面协调可持续，根本方法是统筹兼顾。"这为为什么要实现教育现代化、怎样实现教育现代化、为谁实现教育现代化提供了根本指导思想。

党的十七大报告把优先发展教育作为社会建设的第一个重要方面，明确要求加大财政对教育投入。2007年8月31日，胡锦涛总书记在全国优秀教师代表座谈会上的讲话中有更加具体的要求，提出"三个优先"，"要以更大的决心、更多的财力支持教育事业，经济社会发展规划要优先安排教育发展，财政资金要优先保障教育投入，公共资源要优先满足教育和人力资源开发需要"。国际组织对教育现代化的定量指标包括：15岁以上人口的识字率、平均预期受教育年限、中等教育的毛入学率、高等教育的毛入学率、每万人口在校大学生人数、公共教育经费占GDP的比例、人均公共教育经费等。根据我国的实际情况，我们应该把"三个优先"作为衡量教育现代化的重要指标，把它作为一个地方教育可持续发展的

重要指标。

胡锦涛总书记指出，教育涉及千家万户，惠及子孙后代，是体现发展为了人民、发展依靠人民、发展成果由人民共享的重要方面。保证人民享有接受教育的机会，是党和政府义不容辞的职责，也是促进社会公平正义、构建社会主义和谐社会的客观要求。中国特色社会主义教育的现代化首先要实现教育在现代化的道路上又好又快发展。

实施素质教育，培养德智体美全面发展的社会主义建设者和接班人

优先发展教育是实现中国特色社会主义教育现代化的外部条件，而实施素质教育则是教育现代化的内在要求。胡锦涛总书记指出，全面实施素质教育，核心是要解决好培养什么人、怎样培养人的重大问题，这应该成为教育工作的主题。要坚持育人为本、德育为先，把立德树人作为教育的根本任务，努力培养德智体美全面发展的社会主义建设者和接班人。在人的素质中，政治意识、价值取向、思想方法是最重要的素质。把个人的发展与社会的贡献结合起来，把个人的自由与社会的责任结合起来，把知识的掌握、能力的发展与社会道德的养成结合起来，是社会主义教育的内在要求。只有充分发展的人，只有个人的潜在能力得到最大的挖掘和实现，个人才能对社会作出最大的贡献。只有把国家的利益、人民的利益放在首要的位置，个人的价值才能最大化。素质教育正是努力追求这种完美的结合。通过素质教育，坚持不懈地用马克思主义中国化最新成果武装学生，用中国特色社会主义共同理想凝聚力量，用以爱国主义为核心的民族精神和以改革创新为核心的时代精神鼓舞斗志，用社会主义荣辱观引领风尚，使中国特色社会主义理论体系进课堂、进教材、进头脑，造就千百万能够辨别是非、抵御风浪、战胜非马克思主义挑战的一代代新人。

根据我国教育的实际情况，素质教育还特别强调提高学生的创新精神和社会实践能力。创新能力和社会实践能力是国际人力竞争最重要的能力，是社会发展的核心推动力。1999年《中共中央国务院关于深化教育改革全面推进素质教育的决定》中明确指出，素质教育以培养学生的创新精神和社会实践能力为重点。这是审时度势的正确判断，也是具有鲜明针对性的明确要求。当今世界各国综合国力竞争的实质是创新人才优势和民族创新能力的竞争。学校教育是提高学生的创新精神和实践能力的主阵地，家庭教育、社会教育、学校教育应相互协调、融为一体，形成创新文化氛围，共同发挥培养创新人才的作用。为此，特别要“更新教育观念，深化教学内容方式、考试招生制度、质量评价制度等改革，减轻中小学生课业负担，提高学生综合素质”，激发学生的创新精神，培养高水平创新人才。

坚持教育的公益性，努力缩小差距，大力促进教育公平

发展中国特色社会主义教育现代化必须坚持教育的公益性，这是由教育的本质属性所决定的。教育是面向全体人民的公共产品，发展教育，政府必须负主要责任。为全体人民提供均衡化的公共教育服务，努力缩小教育差距，不断提高教育公平水平，是“发展为了人民、发展依靠人民、发展成果由人民共享”的社会主义原则的要求。教育涉及人民群众的切身利益和社会发展的各个方面，历来被看作人们发展、提高，缩小社会差别的重要手段。党和国家一直重视并持续推进教育公平，成效显著。党的十六大以来，党和国家坚持把农村教育摆在重中之重的战略地位，采取了一系列重大措施，加快农村教育发展，努力缩小城乡、区域教育差距。全面免除农村义务教育学杂费，建立农村义务教育经费保障新机制，重视农民工子女和农村留守儿童的教育问题，促进义务教育均衡发展；建立健全家庭经济困难学生资助体系，保障每一个孩子上得起学；高等教育入学机会的城乡差距不断缩小，农村户口学生比例已提高到52%，各级各类教育中男女生比例趋于平衡。但是我们还应该看到，虽然我国教育公平总体状况明显改善，然而区域之间、城乡之间、学校之间的办学条件、师资水平、教育理念、公共教育资源的配置尚有不少差距。

党的十七大报告明确指出：“教育是民族振兴的基石，教育公平是社会公平的重要基础。”保障人民群众接受良好教育的机会，促进教育公平，是全面建设小康社会的重要目标，也是我国教育发展的基本政策。要“重视学前教育，关心特殊教育”，“扶持贫困地区、民族地区教育，健全学生资助制度，保障经济困难家庭、进城务工人员子女平等接受义务教育”，

公共资源向弱势群体倾斜。这些为推进教育公平工作指明了方向。

立足国情，分步实施，区域推进，稳步推进中国教育现代化进程

党的十七大报告强调："我们必须始终保持清醒头脑，立足社会主义初级阶段这个最大的实际，科学分析我国全面参与经济全球化的新机遇新挑战，全面认识工业化、信息化、城镇化、市场化、国际化深入发展的新形势新任务，深刻把握我国发展面临的新课题新矛盾，更加自觉地走科学发展道路，奋力开拓中国特色社会主义更为广阔的发展前景。"

改革开放以来，我国经济社会发展成就辉煌。但我国人口众多，幅员辽阔，发展很不平衡。教育发展必须立足国情，把握阶段特点，既坚持整体推进，又保证突出发展重点。当前要以农村义务教育为战略重点，推动整个基础教育发展；以中等职业教育为战略重点，大力发展整个职业教育；以高水平大学建设为战略重点，继续发展整个高等教育。

在发展的形式上，要分步实施，区域推进。我国将力争做到 2020 年"现代国民教育体系更加完善，终身教育体系基本形成，全民受教育程度和创新人才培养水平明显提高"。近年内，首先让全国城乡所有学龄人口都能接受免费、均衡的义务教育，青壮年文盲率控制在 1%以内，学前教育和特殊教育发展顺利；同时，努力使高中阶段教育的人口覆盖率和毛入学率 2010 年达到 80%，2020 年超过 90%，中等职业教育更好地满足行业产业需要；高等教育毛入学率 2010 年达到 25%，2020 年达到 40%左右，达到中等发达国家的水平。有条件的地区可以提前实现这个目标，为其他地区提供经验和榜样。

依法治教，建立与社会主义市场经济相适应的现代教育制度

党的十七大报告指出，我国"社会主义市场经济体制初步建立"，"社会主义文化更加繁荣，同时人民精神文化需求日趋旺盛，人们思想活动的独立性、选择性、多变性、差异性明显增强，对发展社会主义先进文化提出了更高要求"。经济发展和文化繁荣为教育发展提供了机遇，也提出了挑战。当前我国教育领域面临的基本矛盾是，经济社会发展和人民群众对教育有强烈需求，而现有教育供给不足；教育自身发展对资源有巨大需求，而财政性投入经费和高质量师资供给严重不足。因此，建立与社会主义市场经济相适应的教育制度，坚持以政府为主，充分调动社会资源，鼓励和规范社会力量兴办教育，是贯彻落实党的十七大精神，走中国特色社会主义教育现代化之路的有机组成部分。

管理的科学化和法制化保障

世界各国的经验证明，教育越是大改革、大发展，越是需要管理的科学化和法制化保障。

一方面丰富多彩、迅速发展的社会生活需要有较大的发展空间，以保证创造性和个性特色的发展，减少行政管理的统一性和强制性，从管理型政府向服务型政府转变；另一方面，不同的利益诉求对社会公共利益的挑战性加大，政府的社会责任加大，保证社会公共利益底线的法律保障的重要性和迫切性增强。面对新的发展机遇和挑战，我们必须强化教育的法制化管理，不断提高办学质量和效率，学校特别是民办学校要在法律、法规框架内运行，加强现代学校制度建设，明晰产权、依法办学、规范管理，这是中国特色社会主义教育现代化发展的重要内容。

现代学校制度是规范与调节政府、学校、社会乃至市场之间的关系，调节学校与学校之间，学校与政府之间，学校内部人、财、物、事之间等各种关系的制度体系。党的十七大报告指出，要"加快行政管理体制改革，建设服务型政府"，"着力转变职能、理顺关系、优化结构、提高效能，形成权责一致、分工合理、决策科学、执行顺畅、监督有力的行政管理体制"，为建立和完善现代学校制度提供了制度保证和政策导向。

提高信息技术用于教育的国家能力，以教育信息化带动教育现代化

党的十七大报告在提出社会发展的新任务时，除了以往的四大任务——工业化、城镇化、市场化、国际化外，特别增加和强调了一项任务——信息化。信息化是当今世界发展的大趋势，是推动经济社会变革的重要力量。信息化水平已成为衡量综合国力和国家竞争力的重要指标。党中央和国务院高度重视信息化工作，把信息化提到了国家发展战略的高度，作出了

加快国民经济和社会信息化、以信息化带动工业化等一系列战略决策，先后启动了一系列重大信息化应用工程。在教育工作中，国家确定了大力普及信息技术教育，以信息化带动教育现代化的发展战略。

教育信息化对教育和教育的发展具有重要的意义。没有教育的信息化，就不可能实现教育的现代化。教育信息化的实施、以现代信息技术建构的开放式远程教育网络的实现，使受教育者的学习不受时空限制，改变了传统的教育体系，有助于保障国民接受教育的平等性，从而促进了教育公平，为终身学习和构建学习型社会提供了条件。

以教育信息化带动教育现代化，要求大力增强将信息和通信技术用于教育的国家能力，加强战略设计，整合资源，提高效益，逐步形成与信息化时代相适应的教育理念，切实提高教师和学生的信息素养，建立国家虚拟教育系统，加快教育数字化进程，实现教学条件、课程形态、教学形式、学习方式、管理手段的现代化。

中国教育现代化的进程正在加快，中国教育现代化的方向已经明确，但我们的现代化水平还不够高，还是初级的现代化。我们需要聚精会神，开拓奋进，不断开辟中国特色社会主义教育现代化的新境界。

作者系中央教育科学研究所所长、教授、博士生导师袁振国，原载2007年11月10日《中国教育报》第3版

优化教育结构 促进各级各类教育协调发展

党的十七大报告指出，“优先发展教育，建设人力资源强国”。作为教育全面协调可持续发展的重要任务，报告提出要优化教育结构，促进义务教育均衡发展，加快普及高中阶段教育，大力发展职业教育，提高高等教育质量。重视学前教育，关心特殊教育。发展远程教育和继续教育，建设全民学习、终身学习的学习型社会。

教育领域贯彻党的十七大精神和科学发展观，重要任务之一是着力促进教育发展的平衡性和全面性。优化教育结构是实现教育全面协调可持续发展的必然要求，其主要着眼点是统筹城乡、区域教育发展，统筹各级各类教育发展，统筹教育发展的规模、结构、质量和效益，努力使全体人民学有所教，办好人民满意的教育。

优化我国的教育结构，促进各级各类教育协调发展，是构建中国特色社会主义教育体系，加快实现教育现代化，实现教育全面协调可持续发展的重要任务，是建设人力资源强国和学习型社会的客观需要，同时也是教育为人民服务，办好人民满意的教育的必然要求。篇幅所限，以下仅就优化教育结构中更带有基础性和普遍性的义务教育均衡发展、发展学前教育、普及高中阶段教育等部分问题谈几点看法。

义务教育均衡发展面临新课题

近年来，随着农村义务教育财政保障机制逐步确立，西部“两基”攻坚计划顺利实施，农村义务教育免除杂费，义务教育阶段薄弱学校改造取得进展，我国义务教育均衡发展成效显著。但今后的任务依然很艰巨。随着义务教育发展的重点逐渐转向提高质量，均衡发展的要求更高，工作难度增大。同时，学龄人口流动与城乡分布结构变化也给城乡义务教育均衡发展带来新课题。

我国义务教育阶段学生数急剧减少，但城乡分布结构发生重大变化。统计显示，与2001年相比，2006年，全国小学生减少1 832万人，初中生减少556万人。从义务教育阶段学生增减的城乡结构看，农村学校学生绝对数减幅巨大，城市学校学生绝对数略有减少，而县镇学校学生绝对数增加。同期，城市、县镇与农村学校学生数之比，小学从13：18：69变为15：23：62，普通初中从17：35：48变为16：41：43。可见，农村学校的学生占比下降，城市和县镇学校学生占比上升。城乡之间小学毕业生初中升学率上的巨大差距也是一个例证。我国“小升初”升学率提高到100%，但城市与县镇的升学率分别为

114%和183%，而农村学校为67%。西部地区县镇的小升初升学率更是高达200%，而农村只有62%。出现这种巨大反差，除了因乡变镇带来的统计上的变化外，农村学校学生进入城市和县镇学校就读，特别是大量农民工子女进入城市学校也是一个重要原因。目前尚无关于农民工子女就学情况的准确统计，但根据2000年我国第五次人口普查资料，18周岁以下的流动人口达1 982万。以此估计，义务教育阶段流动学生的规模至少应有数百万。

学生分布的结构性变化对义务教育资源配置的影响也在显现。比如，从义务教育学校的班额情况看，全国小学中超过规定人数的大班所占比例2005年为28%，比2000年的60%虽有大幅下降，但城市和县镇学校大额班的比例高达53%和55%；25人以下的小额班所占比例农村小学校从2000年的5%猛增到2005年的40%。初中大额班所占比重从2000年的79%（城市、县镇、农村分别为71%、82%、80%）上升到81%（城市、县镇、农村分别为74%、87%、80%），城市和县镇初中大额班所占比重有所增大。

以上分析表明，我国义务教育正在出现重大的结构性变化，最主要的趋势是学生从农村流向城镇。这种趋势的出现，部分缘于近年农村学校布局调整，但进城务工就业农民子女以及为追求更高质量教育而进入城镇学校“借读”的“教育移民”的增加也是不可忽视的影响因素。不难预见，今后，随着户籍制度改革的进展和迁徙政策的宽松，进城务工农民工作与生活环境的好转，农民工子女就学环境的改善，以及城市义务教育全面免除杂费政策的影响等，义务教育阶段学生从农村流向城镇的趋势可能会更快。

面对学生流动性增大和学生分布结构上的巨大变化，统筹规划城乡义务教育发展，建立城乡一体化的义务教育资源配置机制，调整和完善流动人口子女就学政策，统筹考虑教育的机会公平、资源配置效率和教育质量，是今后我国义务教育均衡发展面临的重大而紧迫的政策课题。

学前教育发展需要加快步伐

党的十七大报告强调，要重视学前教育。学前教育是现代教育体系的重要组成部分。我国的学前教育近年来虽然有所发展，但仍是教育结构体系中相对薄弱和滞后的环节，与人民群众日益增长的学前教育需求不相适应。学前教育发展当前面临的困难和问题主要有以下方面。

首先，我国学前教育的毛入学率较低。过去5年来，虽然我国学前教育的总规模有所扩大，毛入学率逐步提高，但截至2006年，我国3岁至6岁幼儿教育毛入学率仅为42.5%，毛入学率和预期受教育年限不仅大大低于发达国家水平，而且低于巴西、埃及、秘鲁和泰国等很多发展中国家水平。学前教育发展在区域、城乡之间存在很大差距。目前，还无法从统计上确认学前教育毛入学率的城乡差距。从小学一年级新生中受过学前教育者的比例看，2006年，我国东、中、西部省份分别为92%、88%和75%，差距明显。

其次，学前教育财政投入不足。2005年，我国幼儿教育的财政性经费约占幼儿教育总经费的63%，占财政性教育经费总额的1.3%，公共财政支持力度较低。由于公共资源短缺，近年学前教育对民办教育的依赖程度越来越大，民办幼儿园的数量和比重增长较快。2006年，民办幼儿园占全国幼儿园数的比例已从2000年的25%提高到58%，在城市、县镇、农村幼儿园中所占比例分别为65%、65%和51%；东、中、西部农村幼儿园中民办幼儿园的比例分别为40%、62%和66%，经济欠发达的中、西部农村地区对民办幼儿园的依赖程度反而更大。民办学前教育的发展对学前教育机会的增加起到一定积极作用，但一些民办幼儿园，特别是农村民办幼儿园办学条件简陋，师资水平低，管理不规范，公益性和质量较差，有些幼儿园办学秩序混乱，指导思想不端正，甚至存在安全隐患等问题。

再次，学前教育质量亟待提高。比如，从幼儿园生师比看，2006年全国平均为29：1，西部省份高达39：1，农村地区高达55：1，大大超出了国家规定的幼儿园生师比标准，严重影响了学前教育质量。目前，我国一些地区特别是农村地区，幼儿教育的主要形式仍然是学前班。2006年，全国入园幼儿新生中学前班所占比例为51%，东、中、西部省份分别为36%、56%和62%，城市、县镇和农村分别为25%、38%和65%。学前班虽对普及学前教育有促进作用，但普遍存在“小学化”倾向，违背了学前教育的规律。

当前，要加快发展学前教育，首先要加深对学前教育重要性和迫切性的认识。学前教育不仅对于个人的全面发展至关重要，对建设人力资源强国，全面建设小康社会和建设社会主义和谐社会也具有十分重要的意义。学前教育是学校教育体系、全民素质教育的重要组成部分，是“从摇篮到坟墓”的全民终身教育体系的奠基阶段。发展心理学的研究表明，幼儿期是人的全面可持续发展的重要阶段。幼儿保育和早期教育，对儿童身心健康发展、智力开发、素质与能力培养、人格与行为习惯的形成至关重要。教育经济学的研究也证明，幼儿教育具有很高的投入产出率。因此，联合国教科文组织把幼儿保育与早期教育摆在十分重要的地位，将其列入全民教育六大发展目标。鉴于学前教育的重要战略意义，越来越多的国家将学前教育纳入免费义务教育的范围。

加快学前教育发展，必须加强政府对学前教育的责任，特别是财政投入。建议在教育预算中设立“幼儿教育发展专项经费”，加强对学前教育发展的政策引导。普及学前教育的难点在农村，因此农村地区应当是学前教育政策关注和扶持的重点。应把农村地区的幼儿保育与教育作为社会主义新农村建设的重要内容，纳入农村公共服务体系，加大对农村幼儿教育的公共财政支持力度。建议有条件延长义务教育年限的地区，优先考虑将学前教育纳入义务教育。要积极扶持和规范民办幼儿园的发展，同时，对那些公益性强，办学比较规范，收费较低廉的民办幼儿园给予公共资源支持。

加快普及高中阶段教育任务艰巨

加快普及高中阶段教育是我国教育发展的一项重要任务。2005年以来，我国高中阶段毛入学率迅速攀升，2006年已提高到59.8%，高中阶段教育中职业教育所占的比重也呈逐步提高趋势。但是，要实现“十一五”规划提出的2010年高中阶段毛入学率达到80%的目标，任务仍很艰巨。当前我国的高中阶段教育在一些方面还不能适应普及化阶段的要求。

一是入学机会上存在较大的城乡、区域与校际差距。目前，我国大、中城市和经济发达地区已经基本普及了高中阶段教育，但中、西部经济欠发达地区和农村地区普及程度较低。据统计，2004年，东部地区高中阶段毛入学率和初中毕业生升学率平均为59%和75%；西部地区平均为41%和57%。2005年，农村地区（指县及以下）初中毕业生升入普通高中的比例仅为30%多，远低于城市地区80%以上的水平。高中阶段教育办学条件上的区域间差距也十分明显。比如，2005年，我国普通高中、职业中学生均教育经费支出最高地区均为最低地区的6倍多。高中阶段学校办学条件和质量上的校际差距也值得关注。以普通高中为例，巨大的校际差距与优质教育资源的供需矛盾，加剧了高中的入学竞争，催生了择校高收费，影响了教育机会公平。有调查显示，缴纳高额择校费进入优质高中的学生，大多数来自私营企业主、高中层管理技术人员等高收入家庭。

二是高中阶段教育的成本分担结构不适应普及化的要求。2005年，我国高中阶段教育经费投入中财政性教育经费所占比例，中专为53%，技工学校为47%，高中为49%，职业中学为57%，其中学杂费所占比例分别为32%、28%、25%和24%。我国公共财政投入占高中阶段教育投入的比例远低于那些已经普及高中阶段教育的发达国家和发展中国家。由于公共投入不足，高中阶段教育对学生缴费的依赖程度大，对中、低收入家庭来说，高中阶段就学花费的相对负担比较重。据调查，各地高中每年生均学费大多在1 000元以上，加上寄宿生活费、教材费、教辅费，每年至少需要3 000元。有的地区高中教育年均支出占城镇居民家庭平均收入的约1/3，占农村居民家庭平均收入的40%以上。据2006年对北京、安徽、贵州等10个省市高中贫困学生情况的调研，城市高中家庭经济困难学生比例约为5%至10%，农村（包括县镇）约为20%至30%。按此比例推算，全国普通高中家庭经济困难学生约有300万人。2006年，国家启动了具有普惠性的中等职业教育学生助学金制度。去年又决定，中央财政从彩票公益金中安排3亿元专款，用来支持中、西部普通高中家庭困难学生。这些对于促进高中阶段教育机会公平，加快普及高中阶段教育意义重大。但随着普及程度的提高，高中阶段教育对公共投入的需求也将持续增大。

三是高中阶段学校的办学条件和质量有待提高。近年中等职业学校在持续扩大招生的过程中，规模发展与办学条件改善出现矛盾，校舍面积、图书、教学仪器设备等方面的生均办学条件呈下降趋势，办学质量的提高与健康持续发展面临潜在危机。普通高中的办学条件虽趋向好转，但情况仍不容乐观。由于校舍和师资相对不足，普通高中大班额现象严重。2006年，全国普通高中平均班额达58人，56人以上大班占班级总数的比例高达59%，有的班级甚至超过百人。一些学校技术装备不达标，全国仍有18%的高中理科实验室尚未达标。教师在数量、结构以及素质上不适应高中教育发展的需要。教师学科结构不尽合理，英语、信息技术、通用技术和音、体、美教师普遍缺乏。

四是普通高中教育的办学思想和培养模式需要转变。目前，普通高中教育模式仍带有很强的精英教育、高校升学准备教育的色彩，与走向普及化阶段的高中教育需求不相适应，离素质教育的要求也有很大距离。高中阶段的普通教育作为九年义务教育基础上进一步提高国民素质的大众化基础教育，对培养人的基本素质和能力，促进人的终身学习与全面可持续发展的重要性越来越大。普通高中教育不应再被简单地视为高校预科教育，而应面向更加广泛的人群，拓展教育功能，从精英教育、应试教育转向国民素质教育，既为高校输送合格人才，同时也要为社会培养高素质的合格劳动力，为学生的终身学习和继续教育奠定更加坚实的基础。这是走向普及化过程中普通高中教育面临的重大改革课题。

要加快高中阶段教育的普及化进程，必须切实增加对高中阶段教育的公共投入，加大对中、西部地区和农村地区学校的扶持，健全和完善对家庭经济困难学生的资助政策；坚持高中教育阶段普通教育与职业教育的统筹规划与协调发展；合理配置教育资源，缩小区域内普通高中办学条件与质量上的校际差距，加快推进将优质高中的升学指标平均分配到初中的招生制度，逐步取消高收费择校政策；进一步促进高中阶段教育办学模式的多样化，大力发展面向成人的各种非全日制高中，如部分时间制、半工半读、夜校、学分制、远程教育等办学形式，积极探索普通教育与职业教育有机结合、相互沟通的高中教育模式。

作者系国家教育发展研究中心副主任、研究员韩民，原载2008年2月16日《中国教育报》第3版

区域教育协调是教育事业发展的重要选择

党的十七大报告站在新的历史起点上，对全面建设小康社会的宏伟目标进行了新的谋划，提出了新的更高要求，对全面建设小康社会的教育目标也提出了新要求，到2020年，“现代国民教育体系更加完善，终身教育体系基本形成，全民受教育程度和创新人才培养水平明显提高”，这些目标的实现离不开区域教育的协调发展。党的十七大报告指出，要“推动区域协调发展”，“缩小区域发展差距，必须注重实现基本公共服务均等化”，“扶持贫困地区、民族地区教育”，这些论述为进一步推进区域教育协调发展指明了方向。

区域教育协调发展是贯彻科学发展观，落实国家区域发展总体战略，实现教育事业协调发展的必然要求

区域教育协调发展是贯彻落实科学发展观的要求。党的十七大报告指出：“科学发展观，第一要义是发展，核心是以人为本，基本要求是全面协调可持续，根本方法是统筹兼顾。”这一精辟概括，深刻揭示了科学发展观的科学内涵和精神实质。区域教育协调发展首先强调的是发展，其次强调的是教育的协调发展。区域教育协调发展的根本方法是统筹兼顾，核心是坚持以人为本，办好人民满意的教育。因此，区域教育协调发展是教育事业贯彻落实科学发展观的必然要求。

区域教育协调发展是落实国家区域发展总体战略的重要组成部分。区域协调发展问题是一个关系现代化建设全局的重大战略问题。早在20世纪50年代，毛泽东同志在《论十大关系》一文中就指出，要处理好沿海工业和内地工业的关系。20世纪80年代，邓小平同志提出了“要顾全两个大局”的地区发展战略构想。一个大局是沿海地区加快对外开放，较快地先发展起来，内地要顾全这个大局。另一个大局是，当全国达到小康水平时，全国就要拿出更多力量帮助中、西部发展，东部沿海地区也要服从这个大局。江

泽民同志高度重视这个具有全局意义的重大问题，并多次就解决地区发展差距、实施西部大开发战略问题发表重要讲话。党的十六大以来，先后提出了振兴东北老工业基地和促进中部地区崛起等地区发展战略。党的十七大进一步指出，“要继续实施区域发展总体战略，深入推进西部大开发，全面振兴东北地区等老工业基地，大力促进中部地区崛起，积极支持东部地区率先发展”。

区域教育协调发展是国家区域发展战略的重要组成部分。近年来，国家加大了统筹区域教育发展的力度，缩小了区域教育发展的差距，为促进区域经济社会协调发展做出了巨大努力。2003 年，国家实施了西部地区“两基”攻坚计划，有力地促进了西部地区农村义务教育的发展，使农村学校的办学条件大大改善，教育质量得到提高。同时，国家还加大了对东北地区的教育支持力度。

区域教育协调发展是我国教育事业发展的必然选择。党的十六大以来，我国教育事业取得了举世瞩目的成就，国民教育体系进一步完善，各级各类教育的入学率进一步提高。同时，我们还应该清醒地看到，我国区域教育发展的差距仍十分巨大。

1935 年，我国地理学界的老前辈胡焕庸先生发表了第一张中国等值人口密度图。在图上，胡焕庸先生从黑龙江的爱珲（今黑河）到云南的腾冲画了一条直线（美国俄亥俄州立大学田心源教授称之为“胡焕庸线”），将中国分为东南、西北两半壁，东南约占全国总面积的 36％，集中了全国 96％的人口，而西北约占全国总面积的 64％，仅占全国人口的 4％。笔者发现，这条半个多世纪以前的人口分布结构线竟然完全适用于当今教育人口分布。根据 2005 年资料显示，东南在学人口约占全国的 93.56％，西北约占 6.44％。从高等学校、普通高中、中等职业学校、普通初中和普通小学的学校分布情况看，东南约占全国总量的 92.61％、89.87％、93.2％、91.92％和 91.17％，西北仅为 7.39％、10.13％、6.80％、8.08％和 8.83％。从校舍面积、教学科研仪器设备资产及一般图书等办学条件的配置情况看，东南约占全国总量的 94.73％、95.86％和 94.68％，西北仅为 5.27％、4.14％和 5.32％。因此，以“胡焕庸线”为界，东南部和西北部无论在就学人数、学校分布还是教育资源配备上都存在巨大差距，这种情况再也不能继续下去了。

为了更好地促进区域教育协调发展，应根据区域经济社会发展水平，按照分区推进、分步实施的原则，逐步形成以东带西，东、中、西部教育事业共同发展的有效机制。

欠发达地区要努力缩小与全国教育平均水平的差距，实现跨越式发展

欠发达地区主要分布在西部地区。西部地区由于自然、历史、文化等原因，社会、经济发展迟缓，大多数地区处于工业化的初期，少数边远农村地区仍处于前工业化社会，教育基础和发展水平滞后。实施西部大开发战略以来，西部地区教育事业发展取得了显著成绩。为了进一步加快西部地区的教育发展，需要采取更为有效的措施和办法，实现西部教育的跨越式发展。

着力推进西部义务教育的发展。在重点实施国家西部地区“两基”攻坚计划的基础上，进一步巩固提高九年义务教育成果，“十一五”期间，使初中毛入学率提高到 95％以上，青壮年文盲度降到 4％以下。

以就业市场需求为导向，加快发展职业教育。继续实施西部地区职业教育振兴工程，着力提升教师与管理队伍素质，努力在提高劳动力素质和教育质量与管理水平方面取得突破性进展。

继续实施西部高校创新与发展工程，扩大高等教育和高中阶段教育规模。多种途径支持西部地区扩大高等教育和优质高中阶段教育资源，改善办学条件，调整布局结构，使高等教育和高中阶段教育发展跃上新台阶。

大力发展西部农村中小学现代远程教育。继续实施西部教育信息化工程，积极推进普及信息技术教育，以信息化带动现代化，努力实现西部农村教育跨越式发展。

加大中央对中部地区教育支持力度，实现教育发展水平明显提高

中等发达地区主要分布在我国的中部地区。中部地区是我国文明昌盛之邦，中部教育人口占全国教育人口的近三分之一，中部教育在中国教育发展中具有重要地位。近年来，随着东部经济的加速发展和西部大开发战略的实施，中部经济呈现塌陷之势。中部教

育，特别是中部农村教育发展出现较大困难。加快中部地区教育的发展，应在深化中部地区教育改革基础上，加大中央对中部地区教育发展的支持力度。

切实巩固提高农村义务教育成果。进一步做好“防流控辍”，“十一五”期间，使小学实现零辍学，初中年辍学率降到2%左右。应实施中部地区农村寄宿制学校建设工程和农村中小学改水改厕工程，改、扩建一批农村乡镇寄宿制学校，尽快解决农村学校饮水难、如厕难、交通难等问题，努力缩小县域内中小学之间的差距。

大力发展职业教育和培训。实施中部地区职业院校教学改革工程，以就业为导向，深化教育教学改革，加强“双师型”教师队伍建设，提高学生的实践能力和就业能力，增强职业教育服务区域经济社会发展的能力。

进一步提高高等教育质量。实施中部地区高等学校特色和优势学科建设工程，加强高校特色和优势学科建设；实施中部地区人才培养和创新工程，加强学生实践能力、创造能力和就业能力、创业能力的培养，促进高校毕业生就业；实施中部地区高等学校科技自主创新能力建设和高新技术成果培育工程，提高服务区域经济社会发展的水平；实施中部地区高等教育国际交流与合作工程，扩大其对外开放水平。同时，进一步规范高等学校管理，完善质量保障和评估体系，促进中部地区高等教育持续、健康、协调发展。

加大对中部地区教育改革与发展的支持力度。一是建议中部地区的农村义务教育保障新机制享受西部的优惠政策，同时，建议中央帮助中部地区化解“普九”债务，安排专项普通高中建设和改造资金，解决普通高中建设的困难。二是建议国家职业教育实训基地建设、示范性职业院校建设和职业院校教师素质提高计划等项目适当向中部地区倾斜。三是建议中央增加中部地区高等学校的招生计划，特别是在研究生教育创新计划的项目安排和中部地区增列博士和硕士授予单位等问题上参照对西部的优惠政策。四是建议中央在长江学者计划、新世纪优秀人才计划、国家级专家选拔、留学回国创业等方面向中部倾斜。

发达地区要扩展教育现代化内涵，率先实现教育现代化

发达地区主要集中在东部沿海地区。我国经济社会发展的三大增长极（珠江三角洲、长江三角洲和京津冀都市圈）均位于东部沿海地区。长江三角洲的上海市、江苏省，京津冀都市圈的北京市、天津市都提出了要在2010年率先实现教育现代化的发展目标；广东省也提出了在珠江三角洲地区和其他地区的中等城市率先基本实现教育现代化的发展目标。发达地区经济社会发展水平已经具备了全面推进教育现代化的条件，应进一步加快教育现代化进程，扩展教育现代化的内涵，向更高水平的教育现代化目标迈进。

加快普及15年教育。发达地区已经实现了“双基”目标。今后，一方面，要在普及的基础上向高水平、高质量普及九年义务教育的目标迈进；另一方面，应加速普及15年教育，使学前三年毛入学率和高中阶段毛入学率均达到85%以上，建立起较为完善的城乡一体化教育体系。实施东部地区义务教育标准化学校建设工程，逐步实现义务教育均衡发展。

进一步提高高等教育质量。实施东部地区高水平大学和重点学科建设工程，使东部地区高校人才培养质量、科学研究及创新水平、社会服务能力明显提高，建设一批世界一流水平的高水平大学。同时，高等教育的普及水平进一步提高。

建立以实现终身教育制度和学习化社会为主要标志的区域现代化教育体系。实施东部地区示范性终身教育体系建设工程，大力发展自学考试、远程教育、社区教育，开展多种需求的继续教育和职业培训，发展老年教育，开展幼儿教育，建立广覆盖、多层次、多形式的终身教育网络，初步建成“人人皆学、时时能学、处处可学”的学习型社会。

建设高水平教师队伍。实施东部地区高水平教师队伍建设工程，加强教师培养，构筑适应素质教育需求的教师教育新体系，形成师范大学、综合大学、相关教育研究机构、中小学联合培养教师的多元化格局。建立和完善促进教师和校长专业发展的管理制度与机制，基本形成高度开放、流动有序、适度竞争的高校师资队伍建设良性循环体系。

建立东、中、西部教育协调发展互动机制，促进教育事业全面协调可持续发展

我国幅员辽阔，区域之间自然环境、历史传统相差较大，推进区域教育协调发展是一项具有长期性的系统工程，需要社会各界共同关注，特别是中央政府

发挥主导作用，加大对区域教育协调发展的统筹力度。

重视促进区域教育协调发展的相关法制建设。为了促进区域发展，西方一些发达国家都颁布了区域发展和开发方面的相关法规，比如德国的《联邦改善区域结构共同任务法》、日本的《北海道开发法》等。建议制定我国的《国土规划法》和《区域开发法》，对区域发展包括区域教育协调发展作出法律规定。

进一步加强对区域教育协调发展工作的领导。建议在教育部成立促进区域教育协调发展办公室，配备专门人员，建立区域教育发展情况数据库，研究区域教育协调发展的现状、问题，协调区域教育发展工作，建立东、中、西教育发展良性互动机制。

进一步加大中央政府对中、西部地区教育的投入力度。加大中央对西部地区教育的财政转移支付力度，继续利用国债资金支持中、西部教育，同时加大省级政府对贫困地区教育的财政转移支付力度，减少财政转移支付中间环节，确保转移支付经费使用到位。进一步加大中央和地方专项经费投入力度，实施好各项重大教育工程项目。

进一步加强促进区域协调发展的制度建设，做好教育对口支援工作。继续实施好“东部地区学校对口支援西部贫困地区学校工程”、“对口支援西部地区高等学校计划”。建议采取“县对县”和“校对校”方式，促进东部地区对口支援中西部地区教育发展。

充分利用市场化在人才资源配置中的基础性作用，制定更加优惠的政策，吸引优秀人才到欠发达地区学校工作。鼓励东、中部地区和海外人士、组织以各种形式支持西部教育，鼓励社会各界向西部地区教育捐赠。制定中西部边远贫困地区津贴、补贴政策，积极引导和鼓励教师以及其他具备教师资格的人员到中、西部地区任教。

加强区域和教育合作与交流。建立跨区域的专家学者互访、互派机制，开展互派访问学者、互聘客座教授、互带博士（硕士）研究生活动。加强博士后科研流动站、科研工作站、研发中心和产业基地间的交流与合作，实现资源共享。联合举办各类教育理论高级研讨班和国际教育研讨会，促进区域间、国际教育学术交流。

随着我国经济实力的增强，区域发展总体战略的实施，区域教育发展的差距将进一步缩小，协调性将进一步增强，党的十七大提出的公共服务均等化的目标将更快地实现。

作者系湖北省教育厅副厅长周洪宇，原载 2007 年 12 月 22 日《中国教育报》第 3 版

教育科学研究应为建设创新型国家奠基

建设创新型国家不是少数精英的事，它需要整个民族科学文化素质的提高，是一个创新文化的培育过程。在这个过程中，教育不可缺席，而且必须从娃娃抓起。教育要为这一重大历史使命做什么准备？教育科学研究应该在其中承担起什么使命？记者就此采访了中国工程院院士、中国科协副主席、教育部原副部长、东南大学学习科学研究中心创建人韦钰。

在采访韦钰的过程中，始终可以感受到她对教育、科学、未来的忧患意识和责任感。她对教育科学、创新人才培养、科学文化养成等方面的苦苦思索，就是在这种深厚的忧患意识中展开的。

教育科学研究要为教育改革提供科学依据

记者：您是中国工程院院士、全国科协副主席、教育部原副部长，近些年，您牵头建立了东南大学学习科学研究中心，并启动了“做中学”探究式科学教育实验项目。您认为我国的教育科学研究目前面临哪些问题？

韦钰：现在教育科学研究和实践需要面对和探索的问题有：教育是科学吗？对教育能进行科学研究吗？什么是科学的教育研究？教育科学研究对我国教育改革的作用是什么？教育科学研究和实践怎样促进儿童的全面发展和培养儿童的创新能力？等等。进行

教育科学研究，必须在新的形势下重新审视并回答这些问题。

记者：您提出教育科学目前要从两方面加强，一是研究教育和认知科学、脑科学的关系，二是与教育实践结合。为什么？

韦钰：我提出这样两个问题是基于这样的考虑：

第一，现在，世界上认知神经科学和情感神经科学研究正成为科学研究的前沿和热点，这是国内教育科学发展迈向新阶段的契机，教育科学研究不应该错过这次机遇。

美国老布什总统宣布20世纪90年代为“脑的十年”，这并非只为加强有关脑的科学研究而提出，更重要的是要向公众普及脑的知识，提高公众对脑科学的关注。继美国之后，日本和欧洲的一些发达国家如英国、法国、荷兰、瑞典等也相继建立了类似的脑科学研究计划。在“脑的十年”前后这段时间里，人类所取得的有关脑的新知识，超过历史上所获得的所有有关脑的知识的总和。现在脑科学发展得非常快，几乎没有一个发达国家的研究型大学没有建立脑科学方面的研究队伍。2003年国际上成立了“国际心智、脑与教育学会”，集合了世界上一批有志于开拓这个新研究领域的一流的神经学家、教育学家，如著名教育学者加德纳、费什尔，神经科学家达马西、达翰都在其中。

最初，教育的发展主要受到哲学的指导，比如说孔子的思想直到今天还在指导教育。心理学是从哲学里分立出来的，后来发展成为心理科学，又发展成为认知科学和认知神经科学。脑科学和分子生物学在过去几十年里取得了划时代的进展。教育的对象既然是人，教育的执行者也主要是人，那么它一定会随着上述科学的发展而发展，因此我们认为，今天有可能在脑科学进步的基础上，把从哲学、心理学、认知科学延续下来的对教育的探讨，推进到逐步地和脑科学研究相关。这是教育要发生的一个重大变化，已经在逐步地变成现实。

在我国，由于历史和文化原因，在神经认知科学发展起来之前的两门科学——心理科学和认知科学并没有发展起来，我们也一直缺乏心理科学和认知科学领域的杰出人才补充到教育研究中来。但是在国外，教育家一般都具有心理科学和认知科学的良好基础。

第二，教育科学应该研究教育实践。

我们自己也许不会生活在未来，但我们都应该为未来做准备。未来靠教育，教育在为我们的学生、家庭、民族和世界准备未来。今天的教育要为未来负责，这是很困难的事，特别是在科学技术迅速发展的今天。因为我们不知道提供怎样的教育，才能让他们在未来生活得更好。

越是思考未来，对未来充满忧患，就越是关注现在。教育是实践性非常强的科学，我们应该加强和教育第一线紧密结合的实证性教育科学研究，只有这样的研究才能帮助我们选择一条较好的道路。

强调实证研究并不排斥教育研究中所运用的一些哲学、社会学的研究方法，也不是只强调运用实验手段的实证研究，但不管哪种方法，都应包括基于长期的实地调查研究。教育研究不能只靠感觉，更不能靠词句的演绎。

教育要为建设创新型国家做好人才准备

记者：《国家教育事业发展“十一五”规划纲要》提出，教育要为实现创新型国家和人力资源强国的奋斗目标作出新的贡献。您怎么理解这个问题？

韦钰：加强教育发展，不仅是数量的增加，更重要的是质量的提高，没有质量的数量是没有意义的。建设创新型国家不是少数精英的事，它需要整个民族科学文化素质的提高，是一个创新文化的培育过程。在这个过程中，教育不可缺席，而且必须从娃娃抓起，从基础教育抓起。

党的十六届六中全会提出，到2020年把中国基本建设成创新型国家，这是一个战略部署。对于教育工作者来说，就需要研究如何落实。创新型国家一定要由创新型人才组成，虽然创新活动的类型可以不同，所具有的基本素质和文化应该是相同的。

记者：创新型人才必定是具有创新思维的，创新思维是一种什么样的思维？

韦钰：创新思维是激情驱动下的直觉思维。这种直觉产生于复杂情况下的决策过程之中，在创新过程中必不可少，它是一种快速的意会，你并不知道它怎么来的，也没办法明确地解释它怎么能突然呈现在脑海里。没有激情就没有创新。当然直觉并不意味着都是对的，有一类直觉我们称做灵感，它是比较有用的直觉。某一个灵感，某一个创新思维出现之初不是细节，而是思路；不是思想的重复，而是思想的飞跃；

不是冷静地逐步通过逻辑思维推理产生，而是突然浮现的。

2002年“诺贝尔经济学奖”获得者普林斯顿大学卡尼曼教授的研究结论指出，人有两种决策系统，第一种决策系统是直觉决策系统，第二种是推理决策系统。直觉决策系统快速、平行和自动地处理信息，需要联想，不是刻意追求可以得到的，也不容易学到。推理决策过程是一个较慢的、串连的、可控的、费力的、有规则可循的过程。如果我们积累了较多的知识，又有一个良好的认知模型，在一定的情境下就有可能启动直觉决策系统。重大创新一般出在研究基础比较好的团队里。

记者：怎样培养学生的创新思维？

韦钰：创新有自己的特点和产生的条件与规律。

什么是我们可以训练的呢？是推理决策系统、良好的社会情绪能力、学生的好奇心和探究精神。近三十年来，认知科学研究的进展揭示了人如何有效学习和进行知识综合的规律。但是，认知科学在我国没有得到很好的重视。

记者：怎样才能训练可以培育有利于创新思维的推理决策系统？

韦钰：这就需要我们研究怎样让孩子有效地学习。

从脑科学的观点看，学习就是获取信息，把它存储在脑中，需要的时候把它提取出来，去影响行为的过程，这个过程受到情绪的影响。学习过程中的每一步都可以从基因、突触、通路、系统，最后到行为等不同层次上展开研究。学习科学就是要在不同的层次上，在心理科学和认知神经科学发展的基础上，把这个研究再推进一步。

我们可以用这个思路研究不同的问题。譬如说，脑是怎么记住信息的？记忆的信息有几种？它存储在脑的哪个部位？怎么会记住那些能“学到手”的知识(形成长期记忆)？什么因素影响我们的长期记忆能力？

记者：教育从中得到什么启示？教育科学研究应注意哪些问题？

韦钰：教育应首先回答这样一个关键问题——我们现今对人有什么样的了解？教育科学研究更不应该回避这个问题。

教育在建构着孩子的脑，孩子记住的那些东西是先天和后天作用的结果。因此我们不主张让孩子去自我发现，而是要孩子在教师指导下主动地、有效地学习，有效地建构。

社会建构主义理论认为，在孩子的发展过程中，教师和成人要为孩子搭建合适的“脚手架”，要了解孩子的前概念，在课程设计以及学习指导和评价上需要考虑“最近发展区”。除此之外，有效的学习还需要强调儿童主动参与；需要在学习过程中间建立概念的推理模型；需要应用发展性评测，也就是在学习过程中建立很多评测点；需要逐步建立儿童的元认知，让他知道自己是怎么认识这个问题的。这些都不是只讲理论，都必须贯彻在教师培训、课程设计、教材编写和教学实践中。

科学教育不仅要建构概念，更要培育一种文化

记者：科学教育强调建立正确的概念，这会不会影响创新思维的发挥？

韦钰：这不会。自然科学和社会科学有很多的不同，但是，只要被称为科学，就要实事求是，就要基于实证的研究，教育科学也是如此。我们进行科学教育就是要帮助孩子尽早建立起正确的科学概念来，发展探究能力、语言和交流能力、社会情绪能力等，以利于他们进一步的发展。

建立一个科学的概念并非易事。我现在到学校去观摩科学课，看见几乎所有的教师在让孩子做沉浮实验时都是这样做的：把橡皮泥捏成团会沉入水中，把橡皮泥捏成小船就会浮在水面。这实际上在加强一个错误的直觉——“形状改变，影响物体沉浮”。在法国我看到科学教师为了帮助学生纠正这种错误概念，专门为孩子设计了一个实验。她先取出一根粗的钉子和一根细的火柴棒，让学生实验哪个沉下去了，结果是铁钉沉下去了，火柴杆浮在水面上，铁钉比火柴粗。但是，这位教师接着出示了一根很细的针，针照样沉入了水底，针可比火柴细得多。为了加深学生的印象，这位教师特地出示了一个很大的塑料衣架，把它和一根很细的针一起丢进水里，结果大衣架浮在水面上，而细针沉入了水里。孩子深刻地记住了，不是形状改变而是物质的密度决定物体沉浮。从中国和法国教师的教学过程对比中，可以看到我们的差距。

记者：科学教育对于今天的孩子到底意味着什么？

韦钰：学习科学要学习知识，让学生建立概念和推理模型，但科学教育不仅仅要建构概念，更重要的

是建构一种生活的方式和生活的态度，培育一种科学文化。让孩子从小就学会科学思维的方法，才会让科学精神去影响他们的生活方式和态度，形成一种可以持续影响他们的科学文化。这种文化对于科学传统相对薄弱、科技相对不发达的中国来说非常重要。

记者：您为什么在科学教育中突出关注孩子的社会情绪能力？

韦钰：这还是要从脑科学的研究进展说起。

神经科学家经过研究发现，人脑有两种记忆系统，一种叫做陈述性的记忆，和认知科学讲的明晰性学习相对应。我们天天教给孩子的知识，是那些有意识的、回忆得起来的、可以用语言和文字表述的知识，它存储在海马和副海马区附近。但是情绪，特别是孩子小时候受到的伤害或忽视，这些信息虽然不能明确地表达出来，却会进入他的情绪记忆，变成他性格的一部分。此外，动作、习惯、母语的文法，等等，这是我们不假思索就执行的行为，它是通过隐性学习，经过潜移默化而习得的，这些称为非陈述性记忆。脑边缘系统中杏仁体的部位是情绪记忆的主要区域，基底节包括尾核、壳核和小脑，是程序性记忆的区域。

这里我想特别强调一下非陈述性记忆中的情绪记忆。杏仁体被称为情绪的发动机，它是人对恐惧情绪进行反应和记忆的区域。恐惧会影响到身体的激素系统，影响身体状态。譬如说，在我们的身体里，脑和脑之外的部分可以通过下丘脑—垂体—肾上腺（HPA 轴）相通。简单地说，如果孩子长期受到慢性压力和恐吓，他的可的松（Cortisol）水平会不正常。如果长期如此，海马会萎缩，学习能力会下降。

记者：现在的孩子面临什么样的情绪问题？科学会为他们解答这些问题吗？

韦钰：我现在非常关注一个问题，就是“面对‘80 后’孩子的生长环境以及社会的急剧转型，中国的教育如何应对？”“80 后”中比较常见的问题是缺少“同感力”（Empathy）。

同感力是社会情绪能力中十分重要的组成部分，而且是起基础作用的部分。同感指一个人对他人感觉和愿望的关注和敏感程度，能否理解别人的看法，并欣赏不同人对事物和事件的不同观点。同感是人产生同情心、怜悯心的基础，它有助于建立合作互助的人际关系，有助于培养利他和服务社会的道德品质。

目前的研究结果揭示，同感在婴儿出生后不久就会出现，通过模拟教养者的行为而逐渐生成。儿童到四岁时已具有读出别人意向的能力，而这种能力的基础是同感。

所以我们的一个研究项目就是让幼儿园的孩子通过注意别人的表情去揣摩别人是怎么想的，目的是从小培养起孩子对别人的感受能力和同情能力。

记者：我们应该通过科学为未来做好什么样的准备？

韦钰：我前面说过，我们并不知道未来是什么样的，但是我们要为未来做准备。在对未来充满期望之时，要有忧患意识。

一个美国人制作的短片中说：“在中国智商排名前 1/4 的人数，比北美洲的总人口还要多，与印度排名前 28％的人数相当。这对教师的意义是，他们的优秀学生比我们所有的学生还要多。”

“美国教育部前部长理查德·瑞利认为，2010 年最迫切需要的 10 种工作，在 2004 年时根本不存在。我们必须教导现代的学生毕业后投入目前还不存在的工作，使用还没有发明过的科技，解决我们从未想象过的问题。”

短片还让人“猜猜看这是哪个国家？军力最强大；世界商业金融中心；最好的教育系统；世界的创意与发明中心；货币是世界的标准金融规范；最高的生活水准。”“是美国吗？”短片回答：“不，在公元 1900 年是英国。不到 50 年，世界最强的国家已经更替。”

美国人的忧患意识让人印象深刻，短片内容也是我一直在沉思和忧虑的问题之一。

很多科学家都对未来进行认真思考。在一次会议上，著名的诺贝尔奖获得者查尔帕克说，现在的孩子长大以后会面对许多挑战，需要对许多问题和信息作出判断和选择，如克隆人、虚拟世界的真实性和真实世界的区别等，这都需要孩子长大以后作出正确判断和选择。现在网络技术和多媒体技术这么发达，孩子不可能与之隔绝。没有实事求是的科学态度，不学会正确地作出决策，他们可能会生活在虚拟世界里而不能自拔。

在这样的挑战中，我们必须教会孩子一种科学的思维和生活态度，这是一种批判性思维，是一种探究的态度，面对问题要问为什么，作出自己的判断，然后力求以实事求是的态度进行求证。只有拥有了这样的思维、这样的态度才能保证科学技术的发展为全人类造福，而不是在人类自己创造的科学技术中毁坏人类的文明和环境。这就是世界上的一些科学家联合起来，通过“世界科学院联合组织”（IAP）——一个由92个国家的科学院组成的国际组织，在世界范围内，包括在发展中国家和发达国家中，积极推动幼儿园和小学探究式科学教育的原因。现在已经有三十多个国家启动了类似“做中学”科学教育的教育改革，而且相互之间一直保持了交流和合作关系。

作者系《中国教育报》记者杨桂青，原载2007年7月21日《中国教育报》第3版

教育新闻媒体

中国教育报

〔**学习宣传党的十七大精神**〕 2007年，中国教育报以高度的政治意识，紧扣十七大主题，结合教育事业改革发展的实际，全方位、大规模、持续性地开展党的十七大的宣传报道。十七大召开前，教育报在新闻版开设了“十七大代表谈教育发展”专栏，以生动活泼的形式，从不同侧面反映改革开放，尤其是十六大以来教育战线取得的巨大成就。十七大召开期间，除充分做好规定性、程序性和专题性报道外，教育报的记者专访了三位参会的教育部长，及时、全面地向教育界和广大读者阐述十七大的重要精神和教育领域如何学习、理解、贯彻十七大精神，为教育界迅速掀起学习热潮起到积极促进作用。十七大后，教育报精心制订宣传方案，在新闻版开辟学习动态的专栏、理论专刊和教育科学专刊，及时组织刊发系列文章，请著名专家、学者撰文解读十七大精神和新的论点，为读者学习十七大精神提供及时、深度的咨询。

〔**唱响“教育优先发展，办好人民满意的教育”的主旋律**〕 2007年，中国教育报精心策划，全面、及时、深入报道农村义务教育经费保障改革以及改革给教育发展带来的新变化、新气象。报道农村免费义务教育全面实施，西部地区两基攻坚如期实现，组织九路记者深入中部农村地区，深入报道农村教育具有里程碑意义的深刻变化，同时反映了农村教育改革中有关教师、经费投入机制等方面的一些新问题、新动向。

城乡之间、区域之间教育均衡、协调发展，是落实科学发展观，推动素质教育，实现教育公平的重要之举。2007年，中国教育报着重就河北承德、成都锦江区、沈阳市、北京东城区等地推进教育均衡发展的典型经验进行了重点报道，并对上海市崇明中学、南京市、厦门市、陕西蓝田等地推进素质教育、实施新课改的经验进行报道。

在职业教育宣传报道上，中国教育报体现了以服务为宗旨，以就业为导向，又好又快发展职业教育的主题，对四川德阳、河南省、上海市等地建立职教新体系，面向社会、市场、农业、农村培养学生就业创业能力，在办学体制上发展职教集团，大力推动职业院校与企业密切合作等经验进行报道。在高等教育方面的宣传报道则以提高高等教育质量为核心，在加强高教管理，培养创新人才，加强师资队伍建设，以服务为宗旨，加强科研成果转化，服务地方经济建设等方面进行重点报道。

2007年，中国教育报以宣传落实胡锦涛总书记关于各级各类教育必须把加强教师队伍建设摆在重要战略地位的讲话精神，把加强师资队伍建设作为一个全年性的报道重点。先后推出了云南、江西、湖北、济南、南京、四川什邡等实行特岗教师计划、力推城镇教师支援农村学校以及改革学校人事分配制度等方面的经验，报道了河北师大、山西忻州师范学院学生顶岗实习的经验，还及时对教育部六所师范大学免费师范生教育进行了充分报道。教师节前后，教育报推出了几十个优秀教师典型。

〔**创新宣传报道内容、形式和方法**〕 2007年，中国教育报编委会要求各新闻报道组每月要有重点选题，编辑部每月在新闻版推出一个重要典型，并提出抓重要典型报道要从发现和研究选题入手。按照“三贴近”的要求，总编辑分头率队下基层抓重要典型报道，并把抓典型报道与锻炼采编队伍，尤其是与加强年轻记者培养结合起来，争取做到出作品育人才的双赢效应。2007年，教育报共推出工作经验类典型报道五十余篇，其中河北承德学区建设、厦门10年小升初电脑派位、陕西蓝田管理评价创新、威海环翠区学科教改、南京市深化素质教育、山西忻州师院、河北师大学生顶岗实习、河南职教集团实践等重要典型报道，都在社会上引起较大反响。

2007年，教育报在新闻版开设专栏，做好阶段性宣传工作的主题报道，推出“聚焦农村义务教育经费保障新机制”、“学习方永刚，弘扬高尚师德”、“学习胡总书记8.31讲话”等二十余个专栏，做到“全年不断线，阶段有主题”。而各个阶段的主题报道构成了报纸全年的宣传报道主题，抓好重要典型报道和主题性报道，则成为教育报全年工作的一大亮点。

2007年，教育报对重要的方针、政策，重要新闻事件和读者感兴趣的话题，除报道新闻事实外，还及时、全面地提供背景分析、相关链接、权威访谈等，以拓宽和深化新闻内涵，满足读者的阅读需求，体现报纸受众本位的传播理念。2007年，教育报在新闻版和专刊、周刊就“‘十一五’教育规划”、“两基攻坚如期完成”、“高校阳光招生”等一系列重点、热点问题进行了及时的整合和解说。

〔**改进和加强热点报道和批评监督报道**〕 2007年，教育报的新闻报道在坚持正面宣传为主，坚持团结、稳定、鼓劲的同时，正视教育内部存在的深层次矛盾和严峻挑战，正视教育发展与现代化建设和人民群众对优质教育资源渴求的严重不适应，发挥好热点引导和批评监督作用，促进和谐舆论建设。通过新闻聚焦、热点透视、新闻圆桌等栏目，教育报2007年就“‘减负’为何难过家长关”，“高校如何应对学生欠费难”、“小心另类图书侵蚀孩子”、“名教授过劳死要引起关注”等话题，从百姓的视角，对这些记者热议、群众关注、领导重视的问题进行报道和分析，发挥了解疑释惑、扬清激浊、共建和谐的作用。

〔**网、报建设**〕 2007年，中国教育报彩报正式出版，版面色彩和印刷质量稳定，达到了预期效果。

中国教育新闻网建立一年来，实现了快速发展，月均访问量达百万人次，比2006年提高50%；年访问量为1.02亿，比2006年增加60%。全年保持每天信息更新，通过报网互动，提高了中国教育报的社会影响力。

撰稿　刘　微
审稿　刘仁镜

《人民教育》杂志

〔**加强对教育公平、素质教育和未成年人思想道德建设工作的宣传报道**〕 2007年，《人民教育》确立的宣传报道主题是三个：促进教育公平，实施素质教育，加强未成年人思想道德建设。围绕这三个主题，加大选题策划的力度，准确把握宣传报道方向，力争做到理论引领与实践创新相结合，全方位、多角度地进行系列报道。

2007年，《人民教育》陆续组织专家学者撰写了《以制度设计和体制创新保障教育公平》《教育改革的制度伦理：教育公平与政府的责任》《教育优先发展的两大“永恒话题”》以及《树立公共教育资源为纳税人共同享有的意识——对北京市东城区促进教育优质均衡发展的思考》等一批具有思想深度和理论创新的文章，以敦促各级政府及教育行政部门进一步加大教育投入，保障和促进教育公平政策的实施。

围绕“阳光体育”工程，精心策划、推出了由领导和专家的文章、地方及学校经验典型、本刊专访及评论员文章组成的系列报道：陈至立文章《切实加强学校体育工作 促进广大青少年全面健康成长》，教育部体卫艺司司长杨贵仁文章《切实加强青少年体育 提高青少年体质健康水平》，专访《体育使教育有一种向上的精神——钟南山院士谈改善中小学生体质》，评论《到了必须关注学生体质的时候了》，专家文章《中小学生体质下降的七大原因及五项对策》、《用“阳光 60 分”打造学生阳光人生》，以及《健康第一 学习第二——山西省长治市梅辉坡小学体育工作纪实》、《走进阳光 走进健康——“阳光伙伴”活动福建赛区总决赛侧记》两篇通讯，有力地推动了教育界乃至全社会对青少年体质健康问题的关注，配合了教育部的重点工作。

牢牢把握加强未成年人思想道德建设是中小学德育工作的首要任务这个主题，深入基层调查采访获取大量鲜活的德育工作先进典型，相继发表了《直登云麓三千尺——湖南省长沙市构建中小学德育整体工程纪实》、《为了明天——广东省佛山市南海区德育工作创新纪实》、《大爱无垠——安徽省安庆市第二中学“爱的教育”纪实》、《爱心·责任·争议——江苏省常州高级中学德育工作改革纪实》等长篇通讯，切实加大对加强未成年人思想道德建设的宣传报道力度。这些德育工作的典型经验从创新思路、创新内容到制度创新、方法创新涵盖了德育工作的方方面面，对各地中小学校加强未成年人思想道德建设起到了思想引领、榜样示范和巨大的推动作用。

〔**确立标志性理念，以理论突破深化教育宣传报道**〕 2007 年，《人民教育》及时挖掘具有改变教育教学行为方式的理念，并将其打造成刊物的标志理念，以理论的突破深化教育宣传报道，扩大刊物的影响力。针对一些学校和教师依然没有摆脱传统教育中教师中心观念的影响，在教育教学活动中还存在着束缚孩子手脚、不利孩子全面发展的行为，《人民教育》把宣传的切入点放在儿童观和儿童立场上，先后发表了《儿童立场，教育从这儿出发》、《儿童是什么——反思当前小学语文教学中的儿童观》、《儿童的数学思维呈现怎样的严密性》、《兴趣源自丰富的“课文”形式——关于图画书与儿童语文的对话》、编辑随笔《让儿童以能够接受的方式成长》，及其以嘟嘟的故事引出的《教育何为？教师何为？——儿童、儿童文化、儿童社会化的讨论》等等。

《人民教育》7 月的合刊在关注国家教育质量监测的栏目下，刊登了董奇教授的《构建具有中国特色的基础教育质量检测体系》，李希贵等的《教育质量监测：为了国家教育目标》，辛涛等的《基础教育质量监测的国际视野》一组文章，并在编者按中明确指出：“这是我国教育改革与发展实现重大转变的一个标志性的工作机构”。表明主流媒体对教育问题的专业见解。

2007 年，《人民教育》还陆续刊登了陆士桢的《如何开展社会主义核心价值观教育》、杨东平的《和谐社会的教育发展观与价值观》、迟希新的《社会主义核心价值体系对青少年教育的深刻影响》、袁振国的《素质教育与中国特色社会主义》等文章，从理论的高度理清了社会主义核心价值观教育与青少年自身道德发展的关系及其健康成长的重要作用，对加强和改善中小学的思想道德教育，更新观念，改革教育方法和手段，创新途径具有深远的意义。

〔**以思想的深度，挖掘新闻报道的深度**〕 2007 年，《人民教育》注重刊物思想含量，不断挖掘新闻报道的深度，以适应新形势下广大教育工作者对新思想、新观念的渴求。为探索基础教育如何为建设创新型国家奠基，《人民教育》2007 年抓住实施素质教育的两个重点之一——培养学生的“创新意识”，在 2 月以合刊形式策划推出了“创新教育”

专辑。该专辑从《建构创新课程》、《实施创新教学》、《营造创新文化》、《培育创新教师》等四个部分介绍了山东“创新教育”重大典型。同时，配发了教育部基础司司长姜沛民的文章《积极开展创新教育 努力建设创新型国家》，中央教科所副所长田慧生的文章《素质教育研究的新领域——山东省对“创新教育”内涵的智慧性解读与超越》。两篇文章分别从工作指导和理论阐述两方面发表了权威性的见解，增强了专辑的分量和深度，对整个基础教育战线工作具有前瞻性的指导作用。

7月，《人民教育》合刊推出了“教育现代化”专辑，全面介绍了江苏省苏州市率先基本实现教育现代化的实施策略，及其在教育思想、教育发展水平、办学条件、教学体系、师资队伍、教育管理诸方面实现现代化的经验。8月合刊推出了安徽省安庆市“班主任工作策略”专辑，从班主任工作理念、班级文化建设、学校与家庭互动、班主任教育方法与技巧等方面系统地作了介绍。这两个专辑一经推出立即得到各地学校的欢迎，纷纷来电来函索取，供不应求。

〔**用专业视角关注教育改革热点，传播先进的理念及经验**〕 2007年，新一轮基础教育课程改革进入关键时刻，首批实行高中新课程的广东、山东、海南、宁夏四省区陆续出台的新高考方案，在全国引起轰动。《人民教育》将关注的目光投向这四个省区，同时深入广东和山东若干样本校和普通高中采访调查，紧紧扣住了选修课的开设、学分制、基本能力测试等新课程中的矛盾与焦点，考察了新高考对高中新课程乃至义务教育新课程的实际影响，抢在高考进行前推出了独家调查与分析文章——《新高考与高中新课程：热点与困惑》。这篇文章调查材料客观、真实，代表了专业深度和眼界。文章刊出后，立刻引起教育部有关领导以及一线教师的关注。

课堂是课程教学的主阵地。《人民教育》立足课堂传播先进的教学观念，激发思想波澜，以专业的视角引领新课程的深入推进。一方面从教学案例中提取新鲜的、有价值的话题，例如《可否给技能教学来一次革命?》《被文学温润的课堂》《教育，给儿童成长更富人道的影响》《让学生亲近还是远离经典》。另一方面，策划改进课堂教学的重要选题：《感受小学数学思想的力量——写给小学数学教师们》和《洞察美国课堂系列》，并发表了一些有影响力的文章，如郑毓信教授的《数学的文化价值何在、何为》、《“素读”经典》和《用什么牵引校本研修前行》等。文章从理论高度上剖析传统教学观念及教学行为中存在的问题，从专业的见解上提出对课堂教学的重新认识。

为配合新课程的全面实施，《人民教育》还推出了一些在全国很有推广意义的典型教育教学改革经验，如通讯《以整体力量擎起每一个人——记山东省邹平县黛溪中学的“师师科主任，生生科代表”制度》、《让学校成为师生终生留恋的地方——上海交通大学第二附属中学办学纪事》、《唤醒学校——黑龙江省哈尔滨市南岗区“学习共同体”建设记略》等。这些通讯报道中的经验引起了广大一线校长、教师们的关注，推动了课程教学改革前进的脚步。

撰稿 胡久红
审稿 傅国亮 喻 让

《中国高等教育》杂志

〔**综述**〕 2007年，《中国高等教育》把提高宣传质量和舆论引导能力放在首位，努力引领高教重大理论和实践问题探讨，关注高教思想理论创新，注重深层观察思考，传达时代强音，品牌意识进一步提升。刊物发行量继续保持全国同类期刊中的领先地位，并稳中略升。

〔**把握大局，坚持正确舆论导向**〕 2007年，为配合全国上下学习贯彻科学发展观，《中国高等教育》年初发表了言论《推动高等教育走上科学发展轨道》。之后，又发表国务委员陈至立文章《坚持用科学发展观统领高等教育全局 加强管理 提高质量 办出特色》。10月，党的十七大胜利召开，刊物把学习好、宣传好、贯彻好十七大精神作为重大的政治任务，切实抓紧抓好。刊物为此开辟了“学习贯彻十七大精神”专栏，刊发了教育部部长周济的文章《高举中国特色社会主义伟大旗帜，推进我国教育事业科学发展》，并组织高校的部分十七大代表撰写稿件，发表了一批理论与实践紧密结合的宣传贯彻十七大精神的文章，还配发了《在科学发展中办好人民满意的教育》、《用理论创新引领工作创新》等评论性文章。之后又约请了教育部有关司局领导及部分高校领导、专家学者撰写文章，对高教战线学习、宣传、贯彻十七大精神的相关理论和实践成果作出及时回应。

〔**理性求索，精心策划和组织重点稿件**〕 2007年，针对高等教育的宣传工作、特别是深层次问题的理性探讨，难度越来越大，读者的要求也越来越高的情况，《中国高等教育》秉承在高教重大问题上不失语，在深层理性探讨上要引领的理念，强化问题意识，坚持从高教现实中找话题，精心组织对高教理论和实践创新有指导性和重要参考的重点稿件。本年度做的一些重点话题如“创新人才培养模式”、“学科专业和人才培养结构调整”、“深化教学科研基层学术组织结构改革”、“大学创新文化建设”、“创新管理与现代大学制度构建”、“推动产学研深度融合”、“加强民办高校规范管理”等等，都具有很强的针对性、前瞻性、引领性，在读者中引起很大反响。其中，教育部副部长赵沁平的《大学需要文化 文化需要大学》和《我国大学文化建设的创新空间》等文章，思考理性，深入浅出，很多一线工作者的所思所想与之产生强烈共鸣。除此外，刊物的“非常关注”、“专稿”、“专题研讨”、“理性求索”等几个栏目对高等教育改革和发展中的重大实践和理论问题进行了宣传探索，力争为高教界提供更多的理论支持和政策参考。

〔**关注质量，为深化教学改革鼓与呼**〕 2007年年初，经国务院批准，教育部、财政部联合下发了《关于实施高等学校本科教学质量和教学改革工程的意见》，正式启动新的“质量工程”。《中国教育报》认为，这是我国高等教育领域实施的又一项重要工程，是提高我国高等学校本科教学质量的重大举措。编辑部把提高高等教育质量作为刊物全年宣传重点之一，积极组织有实践有思考有启迪的教改文稿。第6期刊发了教育部部长周济的《实施质量工程 全面提高高等教育质量》一文，并多次刊发评论文章，如第5期刊发《点面结合抓质量》，第6期刊发《提高教育质量：亟待教学方法大变革》，第17期刊发《坚定不移地推进高教改革开放》等。全年各期还就实施质量工程，提高本科教育教学质量专门策划组织了一系列重点稿件。在“教改新视野”、“高校教学评估”、“创新研究生教育”等多个常规性栏目中，每期都有大量的版面刊登教学改革和全面提升教育教学质量方面的文章。尤其是本刊提出的教学改革相对滞后，亟待打破僵局、整体设计、成体系改革等论点，引起读者广泛关注。

〔**点面结合，办好相关栏目**〕 《中国高等教育》刊物办有多个常设栏目，如“德育与党建”、“社科创新论坛”、“科研纵横”、“招生与就业”、“民办高教视窗”、“高职教育在线”、“放眼世界”等，对高等教育各个方面的工作进行理论研究和实践探索。在相关栏目刊登的教育部副部长袁贵仁《加强民办高校规范管理 引导民办高等教育健康发展》、教育部副部长李卫红《落实责任 形成合力 推动大学生思想政治教育上新台阶》等文章，都有较强指导性，加上与之配合的专题文章，理论与实践紧密结合，取得了较好宣传效果。

撰稿 李石纯

审稿 陈 浩

《神州学人》杂志及网站

〔**综述**〕 2007年，神州学人编辑部贯彻党的十六届六中全会和十七大精神，坚持以对在国外留学人员进行爱国主义教育，鼓励在外留学人员回国工作、创业或以适当方式为祖国服务的宗旨，围绕全国经济社会发展大势和留学工作新形势，多角度、多层次、全方位进行规模报道，为我国建立创新型国家，构建社会主义和谐社会，为推动全国留学工作的顺利开展提供了舆论支持。

〔**《神州学人》杂志**〕 2007年，《神州学人》杂志开设“新闻·专题”、“人物”、“文苑”、“服务”四大板块，除常规栏目和内容外，所开展的重点报道和选题主要包括：对国家建设高水平大学公派研究生项目的报道；本刊记者专程赴意大利、比利时、瑞典、俄罗斯、乌克兰、波兰、德国、法国、英国、澳大利亚、新西兰、新加坡采访有关留学人员和驻外教育处组的深度报道；对教育部“春晖计划”十周年的报道；对教育部“春晖计划”资助留学人员短期回国服务的系列报道；对“春晖杯”创新创业大赛的系列报道；对《神州学人》杂志创刊二十周年纪念活动的系列报道；对全国“两会”留学人员代表参与治国理政的报道；对2006年度“长江学者成就奖”获奖者的报道；对教育部创新团队的报道；对“国家优秀自费留学生奖学金”获得者的报道；对海外中国留学生团体的介绍；对中国留学人员广州科技交流会、中国北京国际科技产业博览会留学人员项目交流会和中国海外学子辽宁（大连）创业周三个重要交流平台的报道，等等。

2007年，《神州学人》杂志推出了一批杰出的留学回国人员和在外留学人员代表：厦门大学王亚南经济研究院院长洪永淼、华中师范大学校长马敏、山东大学密码技术与信息安全实验室主任王小云、南京大学校长陈骏、西南大学校长王小佳、东华大学校长徐明稚、上海外国语大学校长曹德明、山西医科大学校长郭政、大连海事大学校长王祖温、陕西师范大学校长房喻、南京师范大学校长宋永忠、对外经济贸易大学校长陈准民等，继续发挥《神州学人》杂志在报道和推出优秀留学人员方面的引领作用。

〔**神州学人网站**〕 2007年，《神州学人》网站完成了又一次的改版升级，建立了社团主页、学人主页、创业园主页、用人单位主页、直播访谈、人才注册等互动平台；增设了网络视频互动功能和回国政策查询数据库；并对原有频道、栏目进行整合，更加突出出国留学、回国发展特色内容和留学人员需求的服务信息。

2007年，《神州学人》网站举办了两次海外高层次人才网络视频招聘会，为海外高层次人才搭建回国服务平台，得到了广大海外留学人员和参会高校的认可和好评。

〔**组织参与活动**〕 2007年，神州学人编辑部作为“春晖杯”中国留学人员创新创业大赛的宣传基地，与教育部留学服务中心、科技部火炬中心等共同举办第二届大赛，承担了大赛各个环节的新闻报道和宣传工作，扩大了大赛影响。

撰稿 杨 宇

审稿 许 珑

《中国民族教育》杂志

〔**综述**〕 2007年，《中国民族教育》杂志坚持正确的舆论导向，不断提高杂志品质，办刊思路更加明确，内容更加丰富多彩。主要体现在以下几个方面：第一，注重权威性。紧紧围绕教育部的工作中心和重点以及教育方针政策展开宣传报道，提高了“卷首语”、“本期视点”等栏目的质量，突出了杂志的指导功能。第二，增强思想性。进一步提高了杂志的思想深度和理论深度，对民族教育的一些热点、难点问题作了深入的反映和分析。第三，提高可读性。从读者的需求出发，对报道的内容、宣传的方式进行了一些新的尝试，在版式编排上也有所改进，提高了杂志的吸引力和感染力。第四，注重知识性。从不同方面、不同角度对民族教育的特点进行了介绍，增设了“民族风情”板块，以生动活泼的形式向读者介绍少数民族的日常生活、传统文化、风俗习惯，增进读者对少数民族的认识和理解。

〔**宣传国家的教育方针政策**〕 2007年，《中国民族教育》杂志及时、准确、深入地报道国家的教育方针政策和民族教育的指导方针。围绕胡锦涛总书记《在全国优秀教师代表座谈会上的讲话》和《中共中央国务院关于加强青少年体育增强青少年体质的意见》等，杂志刊发了一组文章，并对学习贯彻党的十七大精神、推动民族教育事业科学发展，以及西部地区“两基”攻坚如期完成等重大主题和事件进行了比较深入系统的宣传报道。2007年，《国家教育事业发展“十一五”规划纲要》和《少数民族事业“十一五”规划》颁布，杂志分别约请教育部和国家民委的相关领导进行了权威性的解读，刊发了《落实科学发展观 促进我国教育事业健康发展——解读国家教育事业发展“十一五”规划纲要》和《“十一五”：少数民族事业迈向新的里程碑——访国家民委副主任丹珠昂奔》等文章，产生了良好的宣传效果。

〔**坚持特色，做好民族教育重点工作的宣传**〕“双语教学”、“民族团结教育”、“内地办学”是民族教育的三项重点工作，也是《中国民族教育》杂志特色比较突出的栏目。2007年，这些特色栏目内容的广度和深度，都有了一定的提升。

“双语教学”栏目不断挖掘双语教学方面的成功经验，深入探讨双语教学的规律，刊发了《少数民族汉语课程建设新的里程碑》、《体现第二语言教学特点 培养学生汉语基本素养——解读汉语课程的性质和基本理念》、《民族中小学汉语教学重新定位为第二语言教学——从“汉语文”到“汉语”的课程称谓之变的解读》等一系列对双语教学工作具有重要启示和借鉴意义的文章。

“内地办学”栏目围绕内地西藏班（校）、内地新疆高中班、预科班在教育教学、管理等方面的经验进行了深入的报道。刊发了《民族情育西藏才 鉴湖水哺格桑花》、《辛勤培育二十载 西藏遍开格桑花——北京西藏中学成立二十周年》、《了解学生 正确定位 精心选材——少数民族预科汉语系列教材编写三步谈》等文章，为内地西藏班（校）、新疆高中班、预科班交流经验提供了良好的平台，也为其他读者了解内地办学情况提供了渠道。

“民族团结教育”栏目2007年增设了“民族风情”板块，介绍民族常识。刊发了《树立科学发展观 促进民族自治区域的协调持续发展》、《中国民族区域自治理论要点概说》、《捐资助学见真情 军民鱼水心连心——广州军区援建湖北长阳凉水寺希望小学纪实》等近二十篇文章，其中既有专家学者对民族理论和政策的解读，也有学校民族团结教育经验的介绍，还有反映民族团结感人事迹的通讯。

2007年，《中国民族教育》杂志注重提升刊物的思想含量。刊发了《制度——提高学校德育实效性的有力杠杆》、《民族文化与女童教育》、《教师聘任制实施中对校长权力的制约》等一系列文章。其中第九期刊发的《少数民族考生高考加分特殊政策的价值分析》，是一篇既体现民族教育特色，又有一定思想深度的好文章，得到了教育部民族教育司的重视。

〔**重视宣传民族地区教育的典型经验和先进人物**〕《中国民族教育》的“本期报道”栏目2007年推出了一系列有深度、有分量的典型经验报道。如，《让草原的孩子更好地成长——内蒙古新巴尔虎右旗实施“两主一公”办学纪实》、《倾听，黑龙江的波涛——黑龙江省少数民族教育走笔》、《让每一个孩子都得到发展——吉林省长春市宽城区朝鲜族小学办学85周年纪实》等通讯，开阔了民族地区教育工作者的视野。2007年9月，教育部、人事部对全国教育系统500个先进集体、2 804名先进个人进行了表彰，其中，有280多位少数民族教师获得了“全国模范教师”、“全国优秀教师”等荣誉称号，杂志的“耕耘者足迹”栏目及时对其中的部分获奖教师进行了深入的宣传。该栏目刊发的《许瑶乡教育一个未来——记全国模范教师温福华》一文，深入地报道了广西一位锐意改革、敢为人先的优秀校长温福华，他在极其困难的条件下，将一所农村寄宿制学校发展为自治区级的示范学校。他的先进事迹，在读者中引起了强烈的反响，这篇报道也被《教育文摘周报》在2008年第8期的头版头条转载。

〔**服务教师，引领教师专业成长**〕 2007年，《中国民族教育》杂志充分发挥刊物的教育服务功能，继续办好“教师教育”、“名师谈教学”、“关注新课程”、“教学研究”等栏目，为民族地区的教师介绍成功的教学方法和先进的教学理念，为教师的专业成长服务。

“教师教育”栏目围绕教师的专业成长和师德建设两大主题，年初编发了教育部师范司有关同志的文章《新时期教师职业道德新要求探析》，在7—8期，又推出了以师德建设为主题的一组文章，刊发了《敬业爱生：师德的核心与根本——访中国教育学会会长顾明远先生》一文，并组织作者从不同角度对师德建设问题进行了讨论，取得了较好的宣传效果。

“关注新课程”栏目刊发了《民族地区基础教育课程改革问题与探索》、《新课程实施中应处理好的基本关系》、《数学世界与日常生活世界关系的审视》等一组理论与实践相结合的文章，促进了民族地区教师对新课程理念认识的深化。

“名师谈教学”栏目约请了清华附中、北京潞河中学、北京市十一学校的特级教师撰稿，刊发了《我们今天该怎样站讲台》、《语文在“叛逆”中回归》、《教学中的激励》等数篇深受民族地区教师欢迎的好文章。

“教学研究”、“教师漫笔”栏目，坚持以民族地区的普通教师为撰稿主体，宣传他们在教育教学实践中的好经验、好方法，为民族地区教师之间的交流提供了良好的平台。“世界之窗”栏目为民族地区教育工作者打开了一扇了解国外教育的窗口，为读者开阔视野、更新教育理念提供了借鉴和参考。

撰稿　钟慧笑　赵　岩

审稿　傅国亮　喻　让

中国教师报

〔**综述**〕 2007年，《中国教师报》继续坚持“零距离贴近教师”的办报宗旨，努力做到贴近素质教育和新课改的实际，真实反映基础教育改革的现状和各地的实践经验；贴近广大一线教师的工作和生活，宣传先进教师事迹；贴近教师的所思所急，反映教师的呼声，维护教师的权益，同时也帮助广大教师提高专业素养，增强自身素质。

〔**为教师的专业成长提供专业服务**〕 2007 年，《中国教师报》坚持零距离贴近教师的办报理念，为教师的专业成长提供专业服务，做好以教师为本的“教育媒体”。第一，为教师问题大声疾呼。全国两会期间，《中国教师报》及时反映了政协委员提出的农村教师老龄化的问题，并多次就农村教师的住房问题、工资问题、补助津贴问题推出专门报道，对湖北省“资教”计划的成功经验进行了重点报道，得到了广大读者和教育行政部门的好评。第二，推出优秀教师典型。2007 年 6 月，《中国教师报》以上万字的篇幅推出人物通讯《播撒阳光的人》，报道了湖南省优秀教师盘晓红的感人事迹。教育部副部长陈小娅对这期报纸做出批示：“各方面要像这样加大对最基层一线教师的宣传。”在 2007 年教师节前夕，盘晓红作为全国优秀教师代表在北京受到了胡锦涛总书记的接见。第三，让教师说话，为教师说话，说教师的话。2007 年，《中国教师报》教师节特刊在延续上一年风格的基础上，特别推出“教师年度发言”，评选最能代表中国教师精神风貌和职业形象的文章，作为头版言论刊发。第四，打造教师的精神家园和成长阶梯。为了提高教师的综合素质特别是人文素质，《中国教师报》2007 年推出“非常月末”，打破日常版面，为教师提供全方位的精神食粮。在 9 月推出了“教师专业成长阅读专刊”，为教师提供优秀读物的精彩书摘，让教师“一报在手，阅万卷书”。

〔**加强舆论导向，迈向“主流媒体”**〕 2007 年年初，《中国教师报》在头版头条发出了“终身从教”的倡导。3 月，温家宝总理在 2007 年的《政府工作报告》中提出：“要提倡教育家办学，鼓励更多的优秀青年终身做教育工作者”。《中国教师报》的倡导与中央精神一致，使报纸的权威性得到极大的提升。

2007 年，《中国教师报》头版头条报道了《免费师范教育在湖南》、《免费师范教育：华东师范大学在行动》等文章。配合国家“阳光体育”工程，特别推出“健康第一”特刊。为宣传国家的“两基”攻坚成果，特辟五个版面，刊登了江苏省人大常委会副主任、教育部总督学顾问王湛的特稿《湖北“‘两基’国检”随记》。“特稿”在全国基础教育界引发了强烈反响。教育部副部长陈小娅对此专门批示，予以充分肯定。

〔**打造创新型“互动媒体”**〕 2007 年，《中国教师报》通过读者论坛开展的评报活动，已成为网上颇有影响的教师与媒体的互动平台。网上评报开展以来，仅评报专帖就有文章 800 多篇，点击量达到 6.5 万。读者评价说：“‘报网互动’是《中国教师报》发展壮大的法宝之一”。

〔**加强经营工作**〕 2007 年，《中国教师报》在经营方面主要做了以下工作。一是在发行上不断学习国内外先进经验，结合报纸特色，走出了特色之路。始终面向市场，进而置身市场，感受市场脉搏，搏风击浪；不断另辟蹊径，在邮发系统以外开拓新的发行渠道，让新华书店来推进报纸发行，使发行量大幅度上升；努力寻找合作伙伴，与已经成熟的发行网络合作，实现双赢；调整内部机构成立师范教育部，专职负责报纸在各师范院校的宣传、征订及广告业务，将发行网络覆盖到未来的教师群体。2007 年初，《中国教师报》的发行量突破十万大关。二是在广告方面严格遵守国家法律法规的要求，坚持正派办报，拒绝不适宜的工商广告，同时开拓优质工商广告市场，使报纸广告走向了良性发展轨道。

撰稿　李　茂　杨伟广
审稿　刘堂江　王　琰

中国教育电视台

〔**2006中国教育年度新闻人物评选活动**〕“2006中国教育年度新闻人物”评选活动是由中国教育电视台和中国教育报两家国家级教育专业媒体联合发起并主办的，以立志、创新、责任、爱心、奉献为主题，旨在展示教育战线广大教育工作者心系祖国，情系教育，为人师表，教书育人，开拓创新，刻苦学习的风采。“2006中国教育年度新闻人物”评选活动自2006年12月20日启动以来，充分运用报纸、电视、网络等多种媒体，全方位进行宣传，扩大活动的社会覆盖面和影响力。为了确保“2006中国教育年度新闻人物”评选活动的客观公正，活动组委会严格限定了评选对象和入选条件，并对评选活动的各个阶段和环节进行了精心设计，组织了权威、公正的评委会班子。评选活动得到了社会各界的广泛参与和高度关注。据统计，全国共有百余万读者、观众和网民，通过网络、短信、传真、邮件等多种方式参与了评选活动，在短短一个多月的时间里，组委会共收到260多万张选票。颁奖晚会于2007年2月10日在CETV－1首播之后，立即引起社会反响，此活动得到充分肯定。

〔**大型文献纪录片《千秋基业——邓小平与中国教育》荣获“中国文献纪录片二十年经典作品”**〕《千秋基业——邓小平与中国教育》是中央党史研究室、国家教育发展研究中心、中央电视台、中国教育电视台联合创作的，是一部反映邓小平与中国教育改革开放20年的大型文献纪录片，该片以纪实的手法、深情的基调、广阔的视野充分展现邓小平同志对发展我国教育事业倾注的毕生心血和作出的丰功伟绩，生动形象地反映了中国教育界亿万师生员工对邓小平同志的深情厚爱，以及在邓小平理论的指导下中国教育事业的巨大成就和美好前景。《千秋基业——邓小平与中国教育》在“2007·中国文献纪录片论坛”作品评选中荣获“中国文献纪录片二十年经典作品”奖。评选活动收到来自央视及各省、市台以及各部委和社会影视制作公司等制作的五百多部上千集主题鲜明、风格迥异的作品，经组委会推选，大型文献纪录片《千秋基业——邓小平与中国教育》同《毛泽东》、《邓小平》、《刘少奇》、《周恩来》、《故宫》、《再说长江》等30部作品被推选为经典之作，而该纪录片是教育题材中唯一一部获奖作品。

〔**“中国教育新媒体产业协作体（筹）论坛暨媒体见面会”在京召开**〕2007年7月3日，由中国教育电视台主办，北京华清峰凌科技有限公司、韩国学习公司协办的“中国教育新媒体产业协作体（筹）论坛暨媒体见面会”在京召开。27家在教育和新媒体领域具有强大业界影响力的单位作为第一批协作体成员参加了会议。会上，27家单位秉持平等、发展、共享、共赢理念，带着在教育新媒体领域共同发展、共创未来、和谐发展教育新媒体产业，服务公共文化服务体系的目标走到一起。会上，与会的协作体成员代表深入分析了新媒体的发展对社会生活的重大影响，占领新媒体所形成的新的思想阵地的重大意义，教育和新媒体结合所产生的巨大的新兴文化市场产业。热烈讨论了如何在协作体的统一框架下，充分利用教育新媒体技术，更好地服务于国家公共文化服务体系的建设，更好地服务于终身教育、全民教育学习型社会的建设，抢占新媒体思想阵地，并在提供继续教育、提高劳动者就业转岗能力方面开拓更大市场。会议达成了共识，签署了成立协作体的谅解备忘录，正式筹备成立了中国教育新媒体产业协作体，掀开了中国教育新媒体发展的新篇章。

〔《阳光伙伴》（第二季）〕《阳光伙伴》全国少年集体体育竞赛活动（第二季）是由教育部、国家广电总局、国家体育总局批准并指导，中国教育电视台联合全国14个省市区的教育部门和电视媒体共同举办的一项全国少年集体体育竞赛活动。活动是以班级为单位，由28个小学五年级孩子组队参赛，队友之间两两绑腿、肩搭着肩，以“28人29足”的方式进行50米集体计时赛跑活动。活动旨在提高学生身体素质，磨练坚强性格，培养团队精神。

2007年第二季的《阳光伙伴》活动被列为由党中央倡导，教育部、国家体育总局、团中央共同推进的“全国亿万青少年学生阳光体育运动”重点项目和教育部“十一五”期间中小学校常驻体育项目，活动范围拓展到半个中国，北京、天津、辽宁、吉林、上海、江苏、浙江、福建、江西、湖南、重庆、四川、云南、新疆14个省市区，180多个地市（含直辖市城区），1 000支队伍，近50 000名学生（含啦啦队）参加，涉及师生、家长近千万人。

《阳光伙伴》全国少年集体体育竞赛活动（第二季）展示了当代少年儿童天真活泼、团结向上、勇于拼搏的精神风貌，符合青少年成长时期的心理特点，得到了全国广大少年儿童、学生和家长、教育工作者的高度认同和喜爱，被教育专家称为“培养孩子健康体魄、坚强意志和集体主义精神，集运动、教育、娱乐为一体的少儿励志活动”。

在举办活动的14个赛区，活动得到了当地教委、教育厅的高度重视，85%以上的赛区都由地方教育行政部门主办。在政府的大力推动下，学校广泛参与，参与面包括城市、农村以及一些打工子弟学校。中国教育电视台和13家省级教育电视台共同配合，全程介入。《阳光伙伴》（第二季）活动及电视节目推出后，在社会各界引起了强烈的反响，100多家报刊、广播、电视、网络等媒体对《阳光伙伴》进行了报道，累计发稿近400篇，网络点击率超过2 600万次，在《阳光伙伴》（第二季）电视竞赛全国总决赛当天，中央人民广播电台、部分联合承办电视台、新浪网、搜狐网、腾讯网等门户网站都对总决赛进行了直播。其中，中央人民广播电台《中国之声》频率对全程近两个半小时的总决赛进行了同步直播，这也是建国以来广播媒体第一次使用如此之长的时间对少年儿童的活动进行全程同步直播。

〔《音乐伙伴》（第二季）〕 融音乐、歌唱、舞蹈、表演于一体，孩子们自编自导自演，由孩子做评委自评自选，用孩子的眼光去看待儿童歌舞剧、选出他们喜欢的儿童歌舞剧，这就是全国首创的少儿歌舞剧创作与展示竞赛活动——《音乐伙伴》。

《音乐伙伴》（第二季）活动自2007年9月1日启动以来，在全国14个省市自治区如火如荼地开展，其中北京市14个区县47所学校参与比赛；江苏省60个班级创作出儿童歌舞剧作品80个；上海赛区有60所学校报名参加比赛；天津赛区36所学校表演了近50个剧目。第二季节目主题鲜明，质量又上台阶，小评委风趣到位的点评形成亮点。

中国教育电视台联合14个省市区的教育部门和电视媒体，共同制作播出200多部优秀儿童歌舞剧剧目，播出了200余小时的节目。有40家媒体报道了《音乐伙伴》活动，包括新华社、人民日报、光明日报、中央电视台、工人日报、中国教育报、北京晚报、京华时报等，形成了报纸、杂志、广播、网络全覆盖，点面结合，有效地宣传《音乐伙伴》活动。《中国少年报》为《音乐伙伴》辟出专门版面做宣传。互联网相关页面点击率累计达80余万人次。《音乐伙伴》受到了广大师生家长和电视观众的普遍欢迎，收视率在中国教育电视台同类、同时段节目中遥遥领先。

〔《今天我在家》栏目〕《今天我在家》栏目是中国教育电视台倾情打造的大型演播室现场直播、互动益智性青少节目，该栏目将益智性、娱乐性、时尚性、应用性融为一体，在形式上力求新颖、在风格上追求活泼，内容上追求益智有趣，是一档引爆青少年智慧竞技的益智栏目。

本栏目于2003年非典期间，在国家领导人的关怀下创办，几年来一直秉承“一切为了孩子”的宗旨，不断探索创新节目形式，服务于素质教育。

作为中国第一档、也是唯一的大型青少年益智互动直播电视节目，《今天我在家》主要形态为直播现场两队 PK 竞答益智视频题，时空连线现场嘉宾的场外家长、老师、观众，通过网络工具与场外观众实现即时网络互动、以及短信互动、电讯互动，使节目的参与程度在短期内快速增强，节目直播现场短信量增长较快，日最高短信量已突破 3 000 条，日最高参与人数达一千人。栏目已经与北京近六百多所中小学校有过合作，在北京及周边地区的中小学生中已具有相当的知名度和影响力。

撰稿　杨春光

审稿　康　宁

北京市教育

概　　况

〔基本情况〕

2007 年各级各类学校校数、教职工、专任教师情况

	学校数（所）	教职工数（人）	专任教师数（人）
一、高等教育			
（一）研究生培养机构（不计校数）	(168)		
1. 普通高校	(50)		
2. 科研机构	(118)		
（二）普通高等学校	79	124 799	54 586
1. 本科院校	58	110 183	47 331
2. 专科院校	21	11 534	5 327
其中：职业技术学院	20	11 211	5 108
3. 其他机构（点）（不计校数）	(10)	3 082	1 928
其中：独立学院	(4)	1 329	789
（三）成人高等学校	29	3 693	1 590
（四）民办的其他高等教育机构	50	7 683	3 099
二、中等教育	863	95 158	62 649
（一）高中阶段教育	502	95 158	32 875
1. 高中	328	73 945	20 333
普通高中	328	73 945	20 333
成人高中			
2. 中等职业教育	174	21 213	12 542
普通中专	41	6 194	3 089
成人中专	11	749	333
职业高中	76	9 961	5 750
技工学校	46	4 086	3 187
其他机构（教学点）（不计校数）	(16)	223	183
（二）初中阶段教育	361		29 774

续表

	学校数（所）	教职工数（人）	专任教师数（人）
1．普通初中	361		29 774
2．职业初中			
3．成人初中			
三、初等教育	12 35	60 973	48 192
（一）普通小学	1 235	60 973	48 192
（二）成人小学			
其中：扫盲班			
四、工读学校	6	364	233
五、特殊教育	24	1 099	782
六、学前教育	1 306	30 465	17 013

注：普通高中的教职工数中包含普通初中的教职工数。

2007 年各级各类学历教育学生情况

	毕业生数（人）	招生数（人）	在校生数（人）
一、高等教育			
（一）研究生	53 207	65 677	189 185
博　士	10 675	14 259	53 527
硕　士	42 532	51 418	135 658
（二）普通本专科	141 990	157 387	578 206
本　科	97 437	113 961	447 467
专　科	44 553	43 426	130 739
（三）成人本专科	100 627	110 041	311 765
本　科	49 368	57 808	161 560
专　科	51 259	52 233	150 205
（四）其他各类高等学历教育			
1．在职人员攻读博士、硕士学位		16 878	49 169
2．网络本专科生	622 805	850 359	2 249 862
本　科	256 732	306 981	889 413
专　科	366 073	543 378	1 360 449
3．学历文凭考试	17 516		1 602
4．其他			
二、中等教育	274 969	255 653	835 167
（一）高中阶段教育	166 287	143 881	502 208
1．高中	78 408	71 590	243 818
普通高中	78 408	71 590	243 818
成人高中			
2．中等职业教育	87 879	72 291	258 390
普通中专	30 936	21 560	98 410

续表

	毕业生数（人）	招生数（人）	在校生数（人）
成人中专	4 694	8 060	15 553
职业高中	24 951	20 637	73 860
技工学校	27 298	22 034	70 567
（二）初中阶段教育	108 682	111 772	332 959
1. 普通初中	108 682	111 772	332 959
2. 职业初中			
3. 成人初中			
三、初等教育	112 332	109 203	666 617
（一）普通小学	112 332	109 203	666 617
（二）成人小学			
其中：扫盲班			
四、工读学校	444	516	920
五、特殊教育	1 384	864	7 473
六、学前教育	70 681	83 969	214 423

注：特殊教育学生数中包括普通中小学随班就读的学生。

2007 年各级各类非学历教育学生情况

	毕（结）业生数（人）	注册生数（人）
总 计	3 222 173	1 969 357
一、高等教育	564 391	448 829
（一）研究生课程进修班	26 923	20 807
（二）自考助学班	48 849	241 689
（三）普通预科生		2 453
（四）进修及培训	488 619	183 880
其中：资格证书培训	62 953	26 563
岗位证书培训	52 119	26 239
二、中等教育	2 657 782	1 520 528
其中：资格证书培训	214 639	161 689
岗位证书培训	213 305	128 586
（一）中等职业教育	72 714	34 837
其中：资格证书培训	23 929	13 704
岗位证书培训	17 892	4 239
（二）职业技术培训机构	2 585 068	1 485 691
其中：资格证书培训	190 710	147 985
岗位证书培训	195 413	124 347

2007 年各级各类民办教育基本情况

	学校数（所）	毕业生数（人）	招生数（人）	在校生数（人）	教职工数（人）	专任教师数（人）	另有其他学生数（人）
一、民办高等教育							
（一）民办高校	9	13 360	17 731	59 078	6 910	3 064	52 260
本科学生		800	2469	8552			
专科学生		12 560	15 262	50 526			
（二）独立学院（不计校数）	(4)		5 278	15 767	1 329	789	387
本科学生			5 278	15 767			
专科学生							
（三）民办其他高等教育机构					7 683	3 099	213 132
二、民办中等教育							
（一）高中阶段教育	99	7 488	8 036	28 764	5 048	2 990	
1. 民办普通高中	76	6 003	6 245	22 478	3 673	2 295	
2. 民办中等职业教育	23	1 485	1 791	6 286	1 375	695	615
（二）初中阶段教育	16	5 306	6 722	18 749			
1. 民办普通初中	16	5 306	6 722	18 749			
2. 民办职业初中							
三、民办普通小学	19	2 402	4 513	21 643	1 374	907	
四、民办幼儿园	343	13 026	17 648	49 085	8 934	5 050	
另有：民办培训机构（不计校数）	(1 796)				31 067	13 920	768 690

注：1. “另有其他学生数”包括：学历文凭考试学生、自考助学班学生、预科生、进修及培训学生数；
2. 民办普通高中的教职工和专任教师数中包含民办普通初中的教职工和专任教师数；
3. “（ ）”内数据为不计校数。

〔**总体工作完成情况**〕 年内，北京市各级各类教育协调发展。义务教育阶段学校招生入学制度进一步完善，妥善解决“小升初”工作中出现的矛盾和问题。高中阶段教育计划招生 11 万人，普通高中实际录取 9.3 万人。参加高考人数近 11 万人，普通高等学校实际录取 80 859 人，录取率为 73.6%。市属高校实际录取本科生 42 825 人，高职生 38 462 人，硕士研究生 5 943 人，博士研究生 548 人。成人高等教育共有 107 所高校在京招生，计划招生 84 915 人，市属高校成人高等学历教育计划招生 44 100 人。

〔**教育体制改革**〕 继续将示范高中部分招生计划分配到初中校，分配比例由上年的 3% 提高到 6%，并扩大到全市 18 个区县 65 所示范高中校。扩大高职教育自主招生试点院校和招生规模，试点院校由上年的 3 所增加到 10 所，并重点向农村户口考生倾斜。探索高等教育多元化人才选拔途径，扩展中等职业教育服务面向，在北京市交通学校等 9 所中等职业学校进行招收未升学高中毕业生试点。鼓励区县及学校如期完成中小学办学体制改革试点校转制工作，在经费和人员安置等重点问题上给予政策支持，确保平稳过渡。

〔**教育法制工作**〕 修订《北京市实施〈中华人民共和国义务教育法〉办法》，开展《北京市教育督导条例》调研，启动《北京市中小学校学生学籍管理办法》修订工作，完成《考试法》等法规草案的意见征询。落实行政执法责任制，做好执法监督，对2所中外合作办学机构和1所民办学校实施行政处罚。

〔**教育资助工作**〕 设立普通高中人民助学金，制定中专生均定额标准。成立北京市学生资助管理中心，推进完善本科院校、高职院校和中职学校家庭经济困难学生资助政策体系建设。在公办普通高等学校就读的家庭困难学生能够享受饮用水、洗澡和电话费用专项补贴，8.1万名学生受益。畅通北京地区高校“绿色通道”，9 224名公办普通高校家庭经济困难新生借助“绿色通道”开始大学生活。通过在部分区县举办宏志班和宏志中学、设立宏志奖学金及普通高中人民助学金等方式，支持和鼓励普通高中贫困学生完成学业。配合劳动保障部门全面启动学生儿童大病医疗保险，全市大中小幼128.8万名学生参保，做到应保尽保。

〔**学校安全稳定工作**〕 采取措施稳定食堂饭菜价格，对学生食堂给予临时补助，为高等学校、中等职业学校家庭经济困难学生发放临时生活补助。持续进行校园周边环境综合治理，推动“平安奥运”建设。参与全市网吧集中整治，妥善处置不稳定事件。深化高校科技创安工程，启动高校校园警备工作站建站工作，规范中小学幼儿园校园安全技术。妥善处理京诚学院学生罢餐、蓝旗营小区信访等突发事件，处置突发事件能力和应急管理水平不断提高。

〔**教育督导工作**〕 加强教育督导制度建设，制定加强和改进教育督导和教育评价工作若干意见。进行“初中建设工程”和“加强学校体育工作确保学生每天一小时体育锻炼”专项督导检查。推动九年义务教育发展水平和教育教学质量监测督导，启动市属中专学校教育教学质量网上监测系统并进行综合督导，探索职业院校和民办高等学校专项督导检查工作模式。发挥教育督导员民主监督作用。

〔**素质教育**〕 思想道德教育分层次进行。各学段逐渐形成有效德育载体，小学生传唱“新童谣”，初中学生开展“寻找身边道德榜样”实践活动，高中学生推广“模拟联合国”活动等。推进党的十七大精神进课堂，举办首都百万大学生同上一堂课系列讲座，举办2007年首都大学生心理健康节。积极搭建研究生思想政治教育工作平台，建立研究生实习实践与创新创业基地。

广泛开展“阳光体育运动”。首次举办中小学生体质健康标准测试赛，让群众了解学生体质健康状况。制定关于加强青少年体育增强青少年体质的实施意见，确保学生每天一小时体育锻炼活动时间。举办篮球等60余项学生体育竞赛，参与学生几万人次。加强高校军事课教学，确保学生军训质量，全市近30万大中学生参加军训。

艺术教育逐渐形成品牌。开展丰富多彩、健康向上的艺术活动。近百万中小学生参加北京市学生艺术节活动，10万大学生参加第二届北京大学生艺术展演，1 000多场次的“民族艺术”、“高雅艺术”进校园。促进国际文化交流，30个国家和地区的学生在京参加“我眼中的2008北京奥运”国际青少年画展，20多个国家的表演团队参加“北京王府井国际青少年音乐节”，选派10支团队分别赴国外参加中俄文化年、中美文化年等国际交流活动。

校外教育资源形成合力。确定22个市属博物馆、展览馆、纪念馆对中小学生集体参观实行免费，组织全市近百所中小学校2万余名学生参观。利用寒暑假开展“阳光少年行动”系列主题活动。

〔**奥林匹克教育**〕 发挥“奥林匹克示范校”的辐射功能，使奥林匹克教育走进山区、走进乡村、走进城市的每个社区，形成790所中小学校共享奥林匹克教育资源的良好态势。积极推进“同心结”交流活动，在209所“同心结”学校中，120所中小学校建立姊妹校关系，使世界少年儿童因北京奥运联结到一起。开展全员体育和德育教师培训，至年底，完成培训任务60%。积极开展中小学生环保教育，推进绿色学校创建活动。在高校，奥运志愿者报名达47万人，志愿者通用培训、赛会志愿者场馆培训和岗位培训等陆续展开。

〔**教育交流与合作**〕 扩大教育国际交流与合作，增强首都教育影响力。积极扩大来华留学生规模，选择27所中央在京院校和16所市属院校进行外国学生与学者奖学金项目试点，2 400名外国留学生获得奖学金。促进汉语国际推广工作，开拓海外汉语市场，加大向国外派遣教师力度，落实1 500万元汉语国际推广专项经费。举办2007年北京国际教育博览会，不断扩大首都教育国际影响力。与香港大学校长会共同举办第二届京港大学校长高峰论坛。组织"北京高校优秀港澳台学生赴西部社会实践"和"2007京港澳青少年与奥运同行北京夏令营"、"2007海峡两岸高中生北京长城夏令营"等活动，促进京港澳台青少年沟通与交流。

〔**教师队伍建设**〕 树立师德楷模，注重师德建设。授予北京市十一学校甘兰佑等20名教师"孟二冬式优秀教师"荣誉称号，在教育系统广泛宣传师德楷模先进事迹。继续开展"绿色耕耘"、"春风化雨"、"金色种子"、英语教师专项培训，培训各类教师4 000人次。选派1 000名优秀城镇教师赴13个区县农村中小学全职支教。重点建设10个职业院校教师培训基地，支持专业创新团队和优秀青年骨干教师成长，加快双师型教师队伍建设，定期组织教师到企业实践。继续实施高等学校人才强教计划。遴选拔尖创新人才、创新团队及中青年骨干教师，资助经费1.5亿元。

基础教育

〔**综述**〕 2007年，北京市完善义务教育经费保障体制，中小学生生均公用经费标准比原标准提高51%，市级补助区县公用经费定额2.02亿元。投入19.18亿元支持区县中小学改善办学条件、改造基础设施等项目。投入1.9亿元用于"两免一补"市级补助经费，对城八区公办学校义务教育阶段学生免收杂费，其中农村户口学生免收教科书费，该政策惠及城八区公办学校近40万中小学生。

推行多项补免政策，支持残疾学生完成学业。改善特殊教育学校办学条件，加快北京市盲人学校和北京联合大学特殊教育学院校舍改扩建工程。加强流动人员自办学校安全管理，做好流动人口子女接受义务教育工作。

启动普通高中课程改革工作，确立实施高中新课改基本策略，明确课程改革在课程设置、师资培训、学生选课指导等方面的主要任务。

着手构建0至6岁托幼一体化体系，提高0至3岁教育质量。召开加强农村学前教育工作现场会，关注农村学前教育、残疾儿童教育以及低收入家庭儿童的教育。

〔**义务教育均衡发展**〕 义务教育推进"四个倾斜"（即：向农村倾斜、向不发达地区倾斜、向基础薄弱学校倾斜、向弱势群体倾斜）的总体思路。启动小学规范化建设工程，连续五年每年重点改造100所小学，到2012年底，使全市小学办学条件在主要项目上基本达到均衡。市级投入3.8亿元对城乡200所中小学进行改造，使其达到新颁办学标准。将10个远郊区和朝阳、海淀农村地区中小学300余所厕所改造成水冲式，9月1日开学前已全部投入使用。加强学生电子学籍管理，为全市约135万中小学生建立电子学籍档案，有效控制"小升初"跨区流动。

〔**基础教育课程改革**〕 制定并实施《北京市基础教育课程改革实验工程实施方案》，确定"加强义务教育课程改革中的德育"、"建设义务教育新课程体系、教材体系和课程资源体系"等8个子工程及主要措施。"绿色耕耘"、"春风化雨"计划、金色种子计划共培训各类教学人员4 000人次。解决基础教育课程改革的配套政策和所需经费、教学设备等问题，下达 7 000 万元市级课程改革研究项目经费，落实 2 000 万元。

〔**普通高中课程改革**〕 启动普通高中课程改革，确立实施高中新课改基本策略，明确课程改革在课程设置、师资培训、学生选课指导等方面的主要任务。制定高中课程改革实验实施方案等十余项指导性文件，近万名高一年级教师参加通识培训，课改制度框架基本建立。

〔**办学体制改革**〕 深化中小学办学体制改革试点，下发《关于做好规范中小学办学体制改革试点工作有关事项的通知》和《关于对终止办学体制改革试点学校给予支持政策等有关事项的通知》。各区县规范办学体制改革试点校规划初步完成，其中，一所学校停止招生、三所学校调整收费政策。至年底，批复五所学校终止办学体制改革试点，并转为公办。

〔**中考中招改革**〕 扩大试行示范高中招生指标分配到初中学校的实验工作，将指标分配比例由上年的 3%提高到 6%，享受指标分配并进入示范高中的学生1 100 余名。燕山地区实现初中毕业生除考入外区示范高中外，其他所有学生均可升入本区示范高中，接受优质教育。

〔**学生管理工作**〕 为全市 135 万中小学生建立电子学籍档案，数据完整率已达到 96%。落实“奖、助、贷”制度，体现向农村倾斜、向弱势群体倾斜政策，关注边远及经济欠发达区域贫困学生。增加宏志奖学金受奖比例，奖励面从 1997 年设立之初每年奖励 500 名，扩大到奖励 4 000 名。截至 2007 年，全市共奖励高中贫困学生 2.3 万名，资助款 1 150 万元，年获奖面占高中在校生 1.55%。

〔**特殊教育**〕 有步骤开展“培智学校中度弱智课程设置方案”研究。对 23 所特殊教育学校配备教学和康复设备进行绩效考评。组织首届随班就读优秀学校评选工作和随班就读学生论文大赛评比活动。以市特殊教育师资培训中心为依托，对特教工作干部和教师进行专业培训。在东城区特殊教育学校组织模拟残奥会活动。

〔**民族教育**〕 年内，市教委投入 2 011.64 万元改善西城区民族小学等 17 所民族中小学校，开展民族团结教育示范学校评选活动。委托市教育学院举办首届民族学校校长高研班 。完成在北京农大附中、怀柔红螺寺中学扩大内地新疆班招生工作。2007 年，通州潞河中学、顺义杨镇一中、朝阳和平街一中、昌平二中、北京农大附中和怀柔红螺寺中学六所学校招收内地新疆高中班学生 1 725 名。截至 9 月，西藏中学成立 20 年共培养 13 届 1 135 名初中毕业生，16 届 2 343 名高中毕业生，其中有 24 人考入清华大学、北京大学。有 1 500 多名学生大学毕业后返回西藏参加工作。

职业教育与成人教育

〔**综述**〕 围绕首都经济建设和社会发展需求，大力发展农村教育、提升职业教育办学水平和教学质量、推动各行业、各地区人力资源开发，推进各类学习型组织的创建，学习型城市建设取得突破性进展。

实施职业教育实训基地建设工程，推进中等职业教育布局调整，制定汽车运用与维修等十个重点专业实训基地建设标准，对市区县 10 个重点实训基地进行绩效考评。支持实训基地与社会服务、科技开发、技术推广相结合，增强综合服务能力。深化职业教育课程体系改革，在动漫、会展专业开展“基于工作过程系统化”课程改革试点。举办职业技能竞赛，加强技能型人才培养。

实施首都郊区新型农民行动计划，改善农村成人文化技术学校办学条件，加强100个新农村建设试点村的成人文化学校建设，扩大和完善区（县）、乡（镇）、村三级数字化远程教育网络。

召开北京市建设学习型城市工作会议，明确未来三年首都学习型城市建设目标和任务。举办“迎奥运首都市民终身学习日”活动；创建北京学习型城市网站，初步建成全市终身学习重点远程教育网络服务平台；开办“2007·北京周末社区学习大讲堂”和“首都市民大讲堂”，组织高校教师走进社区讲授科学文化知识。

组织20余所重点职业学校与英国、德国职业教育赴北京考察团进行洽谈，积极发展合作项目。积极引进国外先进课程、教材、教学方法，在开发与国外职业教育相衔接的国内学习、国外实习的教学模式等方面取得初步合作意向。

〔**发展农村成人教育**〕 实施培养和造就首都郊区社会主义新型农民行动计划。整合基础教育资源，进一步改善区（县）乡镇成人文化技术学校及村成人文化技术学校的办学条件，配合市农委100个新农村建设试点村重点进行村成人文化学校建设，使之达到示范级村文化技术学校标准。组织专家对20所乡镇成人学校进行视导评估。推动农村地区数字化远程教育的普及，扩大和完善区（县）、乡（镇）、村三级数字化远程教育网络。发挥职成教资源优势，全力开展农村劳动力转移培训和实用技术培训。动员全市各中等职业学校、成人学校和其他教育机构，积极参加农村劳动力转移培训，对农民开展各种实用技术培训达50万人次。

〔**重点学校建设**〕 通过布局结构调整，加大资源重组、资产盘活的力度，保证教育资产不流失，使优质教育资源向重点学校集聚。1月，教育部批准北京市园林学校、北京市怀柔区第一职业高中、北京市商务科技学校、北京市电气工程学校、北京市外贸学校、北京市密云县职业学校等七所学校为国家级重点中等职业学校。6月，市教委组织专家组对北京市自动化工程学校、北京市商务管理学校、北京市经济管理学校三校进行国家级重点学校建设视导和评估工作。10月，对中国音乐学院附中进行省部级重点校建设视导和评估工作。

〔**专业建设**〕 调整学校的专业结构布局，批准43所中职学校新增和调整78个专业（专门化），并列入招生计划。实施《职业教育实训基地建设工程》，加快提高职业学校实训基地装备水平。制定汽车运用与维修等10个重点专业实训基地建设标准；对2006年全市重点建设的10个达到较高水平的市级、区县级重点实训基地进行绩效考评，取得较好的成果，进一步推动了实训基地的建设。

〔**改革成人中等学历教育教学模式**〕 在重点职业学校中确定51所中等职业学校22个重点专业开展“技能＋基础”成人学历教育教学模式改革试点，面向企业在职人员、农村劳动者和外地来京务工人员招生。组织专家编写语文、数学、英语三门文化基础课考试大纲和教材，指导试点学校开展培训工作。

〔**职业技能训练**〕 举办汽车运用与维修、电工电子、计算机应用、烹饪、服装设计与制作五个专业大类职业技能竞赛。邀请行业企业专家与专业教师组成评判与集训工作组，编制预赛、集训工作方案，组织学校师生进行预赛与集训。组织职业学校代表团参加全国职业教育技能大赛，45名选手在汽车运用与维修、烹饪、计算机应用等项目获奖牌总数25枚。其中一等奖5个、二等奖9个、三等奖11个。代表团获得教育部颁发的“2007年全国职业教育技能大赛组织奖”。

〔**学习型城市建设**〕 建立北京学习型城市网站，初步建成全市终身学习重点远程教育网络服务平台。投资900万元，在东城、西城等六个城区社区学院建设区县级远程教育服务平台，与市级平台链接。编辑出版《建设首都学习型城市辅导读本》及《北京学习型组织创建工作手册》，举办区县教委主任及主管职成教副主任的培训班、“区县创建学习型组织指导专家”培训班及企业、街道主管负责人培训班。指导各区县结合区域社会经济发展实际，制定本地区建设学习型区县实施规划。制定创建学习型机关、学校、企业、社区、乡镇等评估指标体系，并制定相应实施细则。举办“北京周末社区大讲堂”、“首都市民大讲堂”、“市直机关学习大讲堂”、“网上大讲堂”、“首都科学讲堂”普及宣传科学文化知识，举办“迎奥运，健康心理促和谐”活动，开展市民的心理调适教育。2007 年该活动共组织 100 场讲座，对社区干部、社区老人、社区青少年等群体市民进行心理调适教育，18 个区县 55 万市民受益。

高 等 教 育

〔综述〕 坚持内涵发展，增强服务能力。深入进行教育改革，启动本科教学质量与教学工程，重点建设一批特色专业和紧缺专业，改革实践教学与人才培养模式，加快优秀教学团队和高水平教学队伍建设步伐，增强高等教育对经济社会发展的贡献力；探索高校学分制收费改革试点，评选出 150 门市级精品课程，对 7 所高校进行本科教学预评估；推进高职“双证书”教育试点，8 所高职院校实现“单免”（学生考取资格证书免考理论知识内容）。

注重产学研结合。开通“首都高校科技信息网”，实施高新技术产业化工程；支持 9 个技术转移中心建设项目、9 个大学科技园孵化孵育项目和 38 个发明专利实施转化项目；新增 2 个省部共建教育部重点实验室和 2 个北京市重点实验室；市属市管高校 15 个学科被评为国家级重点学科；积极促进跨学科联合、产学研联系、国内外联合培养研究生工作机制。

加强毕业生就业工作。2007 年，北京地区高等教育毕业生全员就业率达 94.2%，比上年的 93.46%提高一个百分点。共有 16 818 名高校毕业生到基层就业，比上年增加 31.9%。5 459 名毕业生到西部地区就业，比上年稍有增加。首次安排 316 位高校即将毕业的博士、博士后到机关企事业单位挂职锻炼。首批 123 名高校毕业生到昌平、大兴的 62 所中小学进行支教试点，工作进展顺利。“大学生村官”报名踊跃，16 588 名高校毕业生报名，比上年增加五千余人。规范民办高等教育，出台《北京市实施〈中华人民共和国民办教育促进法〉办法》，加强对全市民办教育的指导与协调。重点对民办学校招生、联合办学、增设和变更办学地点等行为开展专项治理，清理、整顿。查处北京飞视影视艺术学院、北京生物研修国防科技学院、北京现代管理大学国防科学技术学院的违法违规办学行为。

〔**高等学校精品课程**〕 5 月，北京市教委开展精品课程评审工作。共有 75 所高校 384 门课程申报参加精品课程评审，59 所高校 150 门课程获 2007 年度北京市级精品课程。其中本科课程 129 门，高职高专类课程 21 门。经教育部评审，90 门北京高校课程获得国家精品课程称号，包括 70 门本科课程，1 门高职课程，19 门网络课程。自 2003 年启动高等学校教学质量和教学改革工程——精品课程建设工作以来，北京市共建设和评审了 289 门国家级精品课程和 613 门市级精品课程，建立了“北京市精品课程资源网”，向社会免费发布北京市级精品课程、北京高等学校国家级精品课程资源。

〔**高等教育精品教材**〕 10 月，北京市教委组织完成 2007 年北京市高等教育精品教材建设立项评审工作。共有 77 所高等学校（本科院校 57 所，高职及独立设置的成人院校20所）申报立项教材1 531项，其中本科以上层次教材1 373项、高职（高专）层次教材158项。经评审，有582项教材被确认为2007年北京高等教育精品教材立项项目，其中本科以上层次教材510项，高职（高专）层次教材158项。市教委对每项（本）立项教材给予1万元资助。

〔**高等学校实验教学示范中心**〕 7月，北京市教委组织物理类、化学化工类、生物类、电子电气信息类、力学类、机械类、计算机类、材料类、地学类、植物类、动物类、医学基础类、药学类、经济管理类、传媒类、综合性工程训练中心16个类别的市级实验教学示范中心的申报评审工作。共有44所高校的72个实验教学中心申报。经评审，清华大学力学实验教学中心、北京大学计算机实验教学中心等52个实验教学中心被评为北京市级高等学校实验教学示范中心，并挂“北京市高等学校实验教学示范中心”标志牌。清华大学计算机实验教学中心等13个实验教学中心被教育部评为国家级实验教学示范中心。2005至2007年，北京市共建设和评审了99个市级实验教学示范中心和25个国家级实验教学示范中心。

〔**成人高等教育管理**〕 4月、10月，组织全国现代远程教育公共基础课北京考区统考（国家级考试）。推动成人高等职业教育“学分银行”计划，完成由市总工会职工大学与燕山石化集团首期三个专业100名学员的招生录取工作，启动所学习专业按技术等级进行学分当量计算的试点程序。进行燕化公司第二批100名学员招生阶段（参加全国成人高考），在北汽集团首批试点招生工作有序展开（计划100人）。组织召开在京18所网络教育学院“进一步规范管理、提高教学质量”专题研讨会。

〔**高等职业院校建设**〕 8月，北京工业职业技术学院、北京电子科技职业学院两所学校进入国家示范性高等职业院校建设计划项目。首批评审市级职业教育重点实训基地建设项目25项，并向教育部推荐5项，获批准3项。启动市级高职重点建设专业计划，首批评审认定公布49个高职专业为北京市高职重点建设专业。参与职业院校教师素质提高工程，有12个专业团队进入职业教育专业创新团队。启动专业教师实践能力培训，选派16位骨干教师赴北京经济技术开发区（亦庄）SMC（中国）有限公司培训。围绕计算机软件类专业人才培养计划，在8所院校2006级学生中选择一千余人进行试点，探索人才培养和课程开发新模式，带动学校课程开发业建设。推进与北京市劳动与社会保障局的合作，开展高职产学结合和“双证书”教育试点，有8所学校实现“单免”，推进其他专业“双证书”工作。严控高职教育专业审批，以专业设置为手段带动高职院校专业结构调整。年内批准新设18个专业，撤销5个专业。研究高等职业教育弹性学习制度，开展信息化教学管理平台建设，开设校际选修课14门，6所院校4 000人参与选课。

撰稿 张永凯 李 奕 邵和平 徐宝力 任 彧

审稿 李 壑

天津市教育

概　况

〔基本情况〕

2007 年各级各类学校校数、教职工、专任教师情况

	学校数（所）	教职工数（人）	专任教师数（人）
一、高等教育			
（一）研究生培养机构（不计校数）	(18)		
1. 普通高校	(18)		
2. 科研机构			
（二）普通高等学校	46	42 391	25 166
1. 本科院校	18	28 430	15 744
2. 专科院校	28	10 912	7 392
其中：职业技术学院	27	10 355	7 030
3. 其他机构（点）（不计校数）	(10)	3 049	2 030
其中：独立学院	(10)	3 049	2 030
（三）成人高等学校	16	5 371	2 981
（四）民办的其他高等教育机构			
二、中等教育	741	70 860	52 679
（一）高中阶段教育	366	70 860	26 398
1. 高中	226	53 974	15 409
普通高中	221	53 921	15 380
成人高中	5	53	29
2. 中等职业教育	140	16 886	10 989
普通中专	41	5 562	3 635
成人中专	16	541	331
职业高中	36	4 307	2 959
技工学校	47	5 664	3 675
其他机构（教学点）（不计校数）	(12)	812	389
（二）初中阶段教育	375		26 281

续表

	学校数（所）	教职工数（人）	专任教师数（人）
1. 普通初中	375		26 281
2. 职业初中			
3. 成人初中	2		
三、初等教育	1 003	46 304	38 725
（一）普通小学	1 003	46 304	38 725
（二）成人小学			
其中：扫盲班			
四、工读学校	3	75	19
五、特殊教育	20	589	430
六、学前教育	1 573	14 631	9 196

注：普通高中的教职工数中包含普通初中的教职工数。

2007年各级各类学历教育学生情况

	毕业生数（人）	招生数（人）	在校生数（人）
一、高等教育			
（一）研究生	11 196	11 778	30 601
博　士	1 584	1 904	6 904
硕　士	9 612	9 874	23 697
（二）普通本专科	92 288	106 054	371 136
本　科	43 753	60 477	227 082
专　科	48 535	45 577	144 054
（三）成人本专科	23 356	33 082	92 810
本　科	8 186	14 729	40 956
专　科	15 170	18 353	51 854
（四）其他各类高等学历教育			
1. 在职人员攻读博士、硕士学位		1 568	4 752
2. 网络本专科生	4 095	5 590	11 567
本　科	3 760	3 204	8 356
专　科	335	2 386	3 211
3. 学历文凭考试			
4. 其他			
二、中等教育	237 101	220 503	716 965
（一）高中阶段教育	128 773	123 626	396 125
1. 高中	72 609	63 942	209 686
普通高中	72 169	63 942	209 319
成人高中	440		367
2. 中等职业教育	56 164	59 684	186 439
普通中专	25 933	26 365	87 695

续表

	毕业生数（人）	招生数（人）	在校生数（人）
成人中专	860	1 254	2 759
职业高中	15 021	13 107	48 179
技工学校	14 350	18 958	47 806
（二）初中阶段教育	108 328	96 877	320 840
1. 普通初中	108 328	96 877	320 840
2. 职业初中			
3. 成人初中			
三、初等教育	105 340	86 424	514 284
（一）普通小学	105 340	86 424	514 284
（二）成人小学			
其中：扫盲班			
四、工读学校			
五、特殊教育	332	220	2 429
六、学前教育	72 965	74 697	190 679

注：特殊教育学生数中包括普通中小学随班就读的学生数。

2007年各级各类非学历教育学生情况

	毕（结）业生数（人）	注册生数（人）
总　　计	860 585	596 837
一、高等教育	92 038	63 751
（一）研究生课程进修班	62	59
（二）自考助学班	4 620	19 563
（三）普通预科生		25
（四）进修及培训	87 356	44 104
其中：资格证书培训	32 927	16 209
岗位证书培训	20 683	13 266
二、中等教育	768 547	533 086
其中：资格证书培训	42 932	44 031
岗位证书培训	120 388	92 427
（一）中等职业教育	56 746	11 949
其中：资格证书培训	14 594	9 898
岗位证书培训	3 999	261
（二）职业技术培训机构	711 801	521 137
其中：资格证书培训	28 338	34 133
岗位证书培训	116 389	92 166

2007年各级各类民办教育基本情况

	学校数（所）	毕业生数（人）	招生数（人）	在校生数（人）	教职工数（人）	专任教师数（人）	另有其他学生数（人）
一、民办高等教育							
（一）民办高校	1	514	1 177	3 421	280	200	
本科学生							
专科学生		514	1 177	3 421			
（二）独立学院（不计校数）	(10)		11 723	37 978	3 049	2 030	
本科学生			11 723	37 978			
专科学生							
（三）民办其他高等教育机构							
二、民办中等教育							
（一）高中阶段教育	35	8 643	7 538	24 100	2 578	1 579	
1. 民办普通高中	32	7 756	6 212	20 684	2 349	1 402	
2. 民办中等职业教育	3	887	1 326	3 416	229	177	
（二）初中阶段教育	18	6 906	5 423	18 711			
1. 民办普通初中	18	6 906	5 423	18 711			
2. 民办职业初中							
三、民办普通小学	13	869	1 281	6 089	349	247	
四、民办幼儿园	323	9 288	12 005	30 560	2 831	1 617	
另有：民办培训机构（不计校数）	(482)				6 303	3 069	195 844

注：1. “另有其他学生数”包括：学历文凭考试学生、自考助学班学生、预科生、进修及培训学生数；

2. 民办普通高中的教职工和专任教师数中包含民办普通初中的教职工和专任教师数；

3. “（ ）”内数据为不计校数。

〔**教育固定资产投资**〕 2007年，天津市教育系统基本建设完成投资26.14亿元。其中高等学校完成21.53亿元，基础教育完成4.61亿元，比市政府下达的26亿元投资目标超出0.14亿元。新增固定资产8.19亿元。本年资金来源合计22.28亿元，其中国内贷款3.40亿元，自筹资金18.68亿元（单位自筹6.51亿元），其他资金来源0.2亿元。2007年，基本建设固定资产投资单位28个，施工项目45个，其中新开工项目22个，施工建筑面积256.80万平方米；竣工项目13个，竣工建筑面积28.72万平方米，新增学生席位7 871个。建设项目中，高等院校16所（单位），在施项目24个，新开工12个，在施建筑面积203.78万平方米；竣工项目5个，竣工建筑面积11.24万平方米；基础教育11个区、县教育局及市1所教委直属学校，在施项目21个，新开工10个，在施建筑面积53.02万平方米；竣工项目8个，竣工建筑面积17.48万平方米。

〔**教育信息化建设**〕 2007年，本市教育信息化建设不断向深层次发展。市教委制定了骨干网升级改造技术方案和《天津教育信息化数据资源中心建设一期工程平台建设方案》；积极推动数字化校园建设，启动高校数字化校园试验工作；制订《天津教育科研网多出口设计与实现方案》，开通了天津教育科研网第二出口。

〔**汉语国际推广**〕 2007年，经国家汉办批准，本市有7所境外孔子学院和1家孔子课堂正式成立。5月，天津大学在斯洛伐克建立的斯洛伐克工业技术大学孔子学院正式挂牌启用；9月，天津外国语学院在韩国顺天乡孔子学院正式挂牌；南开大学在葡萄牙米尼奥大学、哥伦比亚安第斯大学、美国南佛罗里达的孔子学院，天津外国语学院在葡萄牙里斯本大学，天津理工学院在波兰密茨凯奇的孔子学院以及天津中医药大学在日本神户东洋医疗专修学院设立的孔子课堂也于年内获得批准。天津南开中学、耀华中学、实验中学被国家汉办确定为汉语国际推广中小学基地。2007年，全市215名汉语教师志愿者及37名公派教师赴美国、英国、泰国、新加坡、墨西哥、西班牙、韩国、白俄罗斯等21个国家任教，为韩国、泰国的151名汉语教师进行汉语教学培训。市教委承接美国、韩国52名中小学校长、学监及教育者访问本市7所中小学以及韩国、泰国100名中学生来天津进行短期汉语学习和中国文化体验工作。

〔**形成两级助学政策服务体系**〕　2007年，市政府下发《关于建立健全天津市普通本科高校、高等职业学校和中等职业学校家庭经济困难学生资助政策体系的实施意见》。市教委组建了大学生资助管理中心，起草下发《天津市中等职业学校国家助学金管理暂行办法实施细则》和《天津市政府助学金管理暂行办法实施细则》，出台了设立政府奖学金的资助政策等，以政府为主导的国家和地方两级助学政策体系基本形成。9月，召开天津市普通本科高校、高等职业学校和中等职业学校家庭经济困难学生资助工作会议。2007年，经评选共有622名学生获国家奖学金，发放高校国家奖学金497.6万元；9 467名学生获国家励志奖学金，发放奖学金4 733.5万元；53 080名学生获国家助学金，发放助学金9 378.02万元；800名学生获天津市人民政府奖学金。市教委、市红十字会等单位通过社会捐款为100名经济困难大学生发放红十字博爱助学金10万元；市教委、天津农村合作银行、天津市教育发展基金会为420名经济困难大学生发放63万元帮困助学金；2007年市属高校获得国家助学贷款7 932人，贷款金额12 105.3万元。市属高校按新机制累计已向2.21万名学生发放国家助学贷款3.3亿元。

基 础 教 育

〔**综述**〕　2007年，天津市基础教育学前三年入园率超过92%，义务教育适龄儿童和残障儿童入学率分别保持99%和95%以上，高中阶段教育普及率达到93%，普职比大体相当。义务教育经费保障水平进一步提高，在全市范围推行"两免一补"政策。春季开始，城市义务教育阶段学生实施免交学杂费，对困难学生免费提供教科书，受益学生达85万人。采取与本市居民同等待遇的政策，解决9万余名来津务工人员子女教育问题。农村中小学教学装备升级工程圆满完成，共装备311所中、小学，投入资金3 709万元。此项工程3年累计投入1.47亿元，全市13个区县1 338所农村中、小学按国家一类标准，更新了各类教学仪器装备。3年城乡教育对口合作项目落实，市区和农村各有百所中小学建立了对口支援机制，740余名城镇教师和250余名应届大学毕业生被选派到农村学校顶岗任教，城乡教育差距进一步缩小。在小学阶段推行均衡发展合作学区工作，区域内校际均衡发展机制初步形成。撤并和规范农村小学教学点。新评审29所市一级幼儿园，至此，市一级幼儿园达100所。全面推进农村学前教育发展重点的乡（镇）中心幼儿园规范化建设，有71所中心幼儿园被命名为达标中心幼儿园。学前教育改革取得新突破，4个国家级基地和25个基地园在项目研究工作中发挥了引领和示范作用。

〔**推进滨海新区基础教育规划建设**〕 2007年，天津市教委研究制定《天津滨海新区中小学校建设规划纲要》和《天津滨海新区基础教育事业发展指导纲要》。《纲要》以高标准均衡发展为主线，以现代化为标志，为在滨海新区建立高水平均衡化的基础教育体系，高标准普及12年义务教育提供有力支撑。《纲要》提出完善与新区发展相适应的教育管理体制，创设良好的政策环境，支持新区先行开展区域教育改革试点，率先落实义务教育学校现代化标准，努力办好优质高中，高标准普及12年教育，并确保流动人口子女享有同等的教育机会。还提出完善新区基础教育管理体制，加大政府统筹力度，合理配置教育资源，构建高水平均衡化的义务教育学校布局，使新区的现代化标准学校达标率超过90%；推动基础教育课程改革，在新区全面推行高中新课改；加快新区“六升七”和“中考”等招生考试制度改革，探索素质教育新模式。

〔**义务教育经费保障机制改革**〕 为推动义务教育经费保障机制改革工作，天津市教委下发《关于市内六区实施义务教育“两免一补”政策补充意见的通知》，在全市范围内实行义务教育阶段公办学校免收学杂费、对家庭经济困难学生免费提供课本和寄宿生生活补助。12月，市教委、财政局出台《关于印发〈天津市中小学公用经费管理暂行办法〉的通知》和《关于调整天津市中小学公用经费定额标准的通知》，确定全市城乡公办小学每年生均公用经费不低于420元，初中每年生均公用经费不低于560元，为义务教育经费保障水平的提高和经费的规范管理提供了依据。2007年，天津市在农村区县全面实施免费教科书工程。

〔**天津市基础教育学业水平评估中心成立**〕 6月，天津市基础教育学业水平评估中心成立。评估中心由市教育招生考试院负责组建，在天津市教委和天津市政府教育督导室指导下开展工作。该中心以“服务领导决策、服务基层实践”为宗旨，开展调查与评估，研讨与培训，交流与合作，对全市基础教育的整体质量状况进行监测。主要进行四方面工作：利用天津市中考、高考实测数据资源，挖掘数据深层信息，发挥大规模考试的反馈与评价作用，向社会各界提供统计分析报告，为中学教学服务；自主开发面向小学三年级和五年级数学、科学学科的学科基本能力测试系统，有效评价学生对课程标准的掌握状况，指导教师和学校改进教学工作；完成由国际经合组织主办的“国际学生评价(PISA)项目”、教育部基础教育司主持的“中小学生学业质量分析、反馈与指导系统项目”在本市的抽样与测试工作；聘请三十余位专家和江西师范大学、厦门大学、华中师范大学和天津师范大学共建教科研基地，与美国伊利诺伊大学、澳大利亚新南威尔士大学、香港考试与评核局等专业考试机构建立合作关系，开展考试与评价项目合作和联合举办测评技术培训。

〔**农村地区义务教育教学装备工程完成**〕 2007年，天津市农村地区311所中、小学完成义务教育教学装备工程，投入资金3 709万元。自2005年来，共装备全市13个区县的农村中、小学1 338所，其中中学369所，小学969所，涉及电教、理科实验、体育、音乐、美术、卫生等学科的相关装备，实际投入资金14 687万元。农村地区义务教育教学装备工程的实施进一步提高了农村中小学教学设备水平，对缩小城乡教育差距起到推进作用。

〔**继续清理整顿改制学校**〕 根据天津市政府《关于进一步深化改革，加强规范中小学改制学校的通知》精神，天津市教委指导全市各区县本着“深化改革、有进有退、加强规范、稳步推进”的原则，对改制学校进行清理整顿。年初，确定了清理整顿改制学校的规划，截至6月中旬，19所改制学校停止初中招生，回归公办学校行列，为吸引小学毕业生免试就近到公办学校就读创造了条件，社会反响良好。根据《天津市改制中小学依法规范成为民办学校的意见》，2007年，2所改制学校依法规范进入民办学校行列。

〔**加强农村教师队伍建设**〕 2007年，天津市城市、城镇学校对口支援农村教育共选派300名教师到农村学校顶岗任教，其中市区教师111名，实现了优质教师教育资源共享。天津市教委继续组织特级教师、城市骨干教师到农村举办教师专业化系列讲座。根据农村地区的需要，采取订单式讲学，共举办讲座50次。为提高农村教师队伍的整体素质和专业化水平，市教委会同市机构编制委员会下发《关于进一步加强农村中小学教师队伍建设的意见》，就加强农村学校编制管理、改善农村教师工作条件、加大对农村教师培养、培训力度提出明确要求。

〔**小学建立均衡发展合作学区**〕　6月，天津市教委印发《关于在小学建立均衡发展合作学区意见的通知》，要求市内六区小学在大片协作的基础上，统筹教育资源，组建均衡发展合作学区，逐步建立具有实效性、普惠性的校际合作发展机制，促进本地区落实素质教育的各项要求，形成义务教育较高水平均衡发展的新格局。均衡发展合作学区的主要做法是：学区内由一所学校牵头，组建领导小组，制定工作计划，整合学区内各校的活动场馆、设施设备、校园网络、图书资料等优质教育资源，最大限度向其他学校开放服务，实现资源共享；组织开展学区教师教学研究活动；多种形式实行干部、教师互派交流，跨校开展专题合作研究，促进教师专业发展；合作开展学生艺术、体育、科技和社会实践等方面的课外、校外活动，活跃学生生活，培养学生兴趣，促进全面发展。《通知》要求塘沽、汉沽、大港的市区小学及其他区县的城镇结合本地区实际，试行均衡发展合作学区制度。2007年，天津市教委多次召开研讨会，推广河西区建立教育发展联合学区、南开区抽调优秀教师组成教学视导组、和平区学区内学校对口互派教师的经验。中央电视台专题报道了河西区建立教育发展联合学区，缩小校际之间差距，促进教育均衡发展的经验。

〔**撤并和规范农村小学教学点**〕　9月，天津市教委下发《关于撤并和规范农村小学教学点的通知》，《通知》一是要求各区县按照合理布局、稳步推进的原则，“十一五”期间原则上撤销全部教学点，现有教学点就近并入独立设置的小学。二是办学规模不少于6个教学班，办学条件基本达到规范要求的教学点，可以独立设置小学或实行校区管理。三是近三年内确需保留的教学点，名称一律改为××小学××分校。分校要实行分班制教学，保证课程开齐开足，达到设置标准，确保符合办学规范要求。四是要求区县加大政府统筹协调，做好此项工作的整体规划。在撤并教学点的过程中，确保接收教学点学校的办学条件和师资配置。五是区县要按照农村义务教育学校的教学装备升级项目的要求，继续加强小学和分校建设，加大经费投入，改善学校内外环境，配齐教育教学装备，加强教师队伍建设，实现区域内小学教育资源标准化、均衡化，努力缩小校际之间的办学差距。2007年，全市共有农村小学教学点173个，撤销教学点12个，改为分校25个。

〔**历史名校建设工程**〕　为发掘优质教育资源的影响力和辐射力，展现天津市教育丰厚的历史底蕴，进一步深化全市中小学布局调整工作。以“有着深厚历史背景，建校时间原则上80年以上，教学质量高，在社会上有一定影响和较高声誉，被群众普遍认可的中小学校”作为历史名校而实施的历史名校建设工程，进一步得到推动。截至年底，和平区耀华小学和塘沽区明星小学等历史名校已竣工并交付使用，第四十一中学、第二十五中学和北辰区普育学校正在建设中。

职业教育与成人教育

〔综述〕 2007年，天津市教委全面实施职业教育“十一五”投资规划，15所中职学校被列为首批示范性职业院校重点建设单位；12个中职实训基地被列入首批建设项目，分别完成“十一五”投资规划的50%和80%。4所中职学校实训基地建设获国家发改委和天津市发改委1 200万元的支持；5所中职学校实训基地建设项目得到财政部700万元支持。确定30所中职学校为市级“半工半读”试点校，探索“车间即教室，工人即学生，师傅即教师”的人才培养方式。33所中职学校的43个校外实训基地被批准为天津市职业院校校外实训基地。2007年，天津市中职学校与中西部16个省份举行“联合招生合作办学”洽谈会十余次，招收外省市学生3.2万人，共辐射30个省市。天津大学、天津工程师范学院、天津中德职业技术学院3个中职师资培养培训基地完成844名国家级骨干教师培训任务，同时，为各地培训管理人员和教师1 270人次。天津市中等职业学校助学工作全面启动，设立市政府助学金，出台《天津市中等职业学校国家助学金管理暂行办法实施细则》和《天津市人民政府助学金管理暂行办法》。

高等职业教育首批启动航空机电及现代制造业、石油化工、渤海化工、现代冶金、电子信息产业、现代物流、服务外包、生物技术等8大滨海新区技能型紧缺人才培养基地重点建设。天津国土资源与房屋职业学院建筑技术专业、天津对外经济贸易职业学院物流管理专业、天津铁道职业技术学院轨道运输专业、天津海运职业学院轮机工程专业被列为2007年度申报中央财政支持的职业教育实训基地建设项目，设备采购工作正在进行中。

10月，天津市台办、天津市教委和台湾有关方面联合举办2007年首届两岸青年学生职业技能竞赛，津台两地53名青年学生参加。

2007年，天津市教委制定下发《进一步规范成人高等教育管理的通知》《天津市普通高等学校成人教育评估指标体系》，实施对全市普通高校成人教育的检查评估工作，推进成人高教学制设置、专业设置、教学过程中的质量监管等方面的改革。将普通高等学校函授教育辅导站的建立与专业的确定纳入全市成人教育整体布局。2007年，共有26个函授站（含1个新建站）在津招生，5个函授站暂停招生，1个函授站撤销。天津市河东区和红桥区进入国家级社区教育实验区行列，天津的国家级社区教育实验区已有6个，占全市区县教育实验区总数的1/3。天津市教委实施社区教育建设项目（“十一五”期间，市财政每年支出1 000万元用于社区教育建设），引导各区县整合社区教育资源，发挥社区学院和区县职成教（成教）中心在本地区社区教育中的龙头作用；启动“天津市数字化学习超市与学习城市建设示范”教改项目，组织全市社区教育成果展览展示活动，1万余人参加。

2007年，天津市加强了对农村劳动力的培训和乡镇成人文化技术学校的队伍建设。全市教育系统培训农村劳动力63万人次，其中第一产业从业者39万人次，第二、三产业从业者24万人次，占农村劳动力总量的37%。农村劳动力转移培训中的技能培训人数达12万人，教育系统培训后直接推介就业率为50%；农村新增劳动力培训2万人，推介就业率90%。加强乡镇成人文化技术学校的队伍建设，举办首届全市乡镇成校校长培训班；6所乡镇成人文化技术学校被评为全国先进单位；涉农区县成人教育系统8个单位和20人受到市级表彰；1所镇成校培育的农作物新品种“双味葱”在年度中国农业高新科技博览会上被评为最新农业科技产品。

〔**国家职教改革试验区第二次领导小组工作会议在津召开**〕　8月23日，国家职业教育改革试验区工作领导小组第二次会议在天津召开。教育部部长周济和天津市市长戴相龙分别代表教育部和天津市政府签署会议纪要。会议就共建滨海新区技能型紧缺人才培养基地、筹办全国职业院校职业技能大赛、天津率先完善就业准入制度、进一步加强试验区基础能力建设、做好职业院校学生资助工作、提前完成《国家职业教育改革试验区建设实施方案》中的投资任务、加快推进人才培养模式创新、深入推进社区教育和继续教育等多项内容达成共识。会议提出试验区下一步重点工作为教育部和天津市政府共建若干个滨海新区技能型紧缺人才培养基地，力争建立起紧跟市场、贴近行业、依托企业新的职业教育联动机制，进一步落实工学结合、校企结合人才培养模式，在职业教育为经济建设主战场服务方面，创造新鲜经验。试验区建立两年来，天津市有10所高职院校、15所中职学校被列入首批示范性职业院校重点建设单位，21个高职实训基地、12个中职实训基地被列入首批实训基地建设项目。天津职业大学被教育部、财政部列入首批国家级示范校建设行列。2005年—2006年，教育部、财政部和国家发改委支持天津项目37个，总计投入资金9 430万元。

〔**校外实训基地**〕　2007年，天津市教委制定《天津市职业院校校外实训基地评审标准》(试行)，明确要求各高职院校校外实训基地应与学校有长期稳定的合作关系且签订规范的合作协议，同时还应该具备连续安排高职学生实习、实训3年以上，特色鲜明，实践教学效果显著等条件。申报工作由高职学院会同企业联合申报，并要完成校外实训基地的基本情况、运行情况、制度建设、协议等方面的自查工作，形成自查报告；各学院要严格按照坐落在天津市区内校外实训基地总数5%的比例进行遴选、推荐。2007年，共有24所高职学院申报了107个校外实训基地。11月，天津市教委组织专家组到相关企业对校外实训基地进行实地检查评审，经天津市职业院校校外实训基地专家委员会审议，命名天津市钢管公司等50个企事业单位为天津市高职院校首批校外实训基地，并予以挂牌。

〔**举办天津国际职业教育论坛**〕　9月11日—13日，由中国联合国教科文组织全国委员会、联合国教科文组织国际职业技术教育中心、联合国教科文组织亚太国际教育与价值教育联合会、国际农村研究与培训中心、联合国教科文组织北京办事处与天津市教委共同举办的国际职业教育论坛在天津国土资源和房屋职业学院举行，来自联合国教科文组织及其国际组织的官员，国际知名职业教育专家，全国职业教育专家及各地教育厅、局的领导等近百人参加了会议。论坛以“经济全球化与市场化背景下的职业技术教育政策框架，联合创新与国际合作”为主题，展开充分研讨、达成共识，并形成《天津宣言》。教育部副部长吴启迪到会祝贺并讲话，天津市副市长张俊芳致辞。会议期间，天津市教委主任靳润成向与会代表详细介绍了天津市职业教育发展情况和取得的成就。

〔**推进职业院校硕士学位青年教师引进工作**〕年初，天津市教委在职业院校全面部署引进硕士学位研究生教师工作，各高职院校根据自身专业发展需求，制定了切实可行的招聘计划和优惠政策，通过各种招聘渠道，吸引名牌大学的优秀硕士毕业生到学校工作。截至6月20日，天津市24所独立设置高职学院共引进183名硕士研究生（含2006下半年引进10名），其中有148名专业课教师，35名基础课教师；各中等职业学校共引进16名硕士研究生，涉及机械电子工程、企业管理等10个专业。入校第一年全部送到企业培训，学习专业技能，了解企业生产的各个环节及企业的用人标准等，为职业院校的教学工作奠定基础。市教委给予每人补贴5 000元培训费。

〔**成人高等教育管理**〕　2007年，天津市教委下发《进一步规范成人高等教育管理的通知》，要求各类院校要将成人高等教育纳入学校整体发展规划中，加强管理、加大投入、规范办学；要统一归口管理招生工作，进一步规范招生行为；要加强对成人高等教育教学过程的管理，加强学风建设，严肃考风考纪；从 2007 年起，成人高校招生全面实行新生学籍电子注册制度，对新生入学资格要进行认真核查。新生入学后，各校要进行新生入学教育，并严格按照录取的专业、学习形式、学习年限、层次等组织教学，不得随意更改；要严格遵照各项规章制度对学生实施管理，特别要严格执行证书审核和发放制度。

〔**天津市数字化学习超市与学习城市建设示范教改项目启动**〕 2007 年，天津市教委启动“天津市数字化学习超市与学习城市建设示范”教改项目，它既是教育部数字化学习港典型应用示范教改项目的推广项目，也是天津市级数字化学习超市与学习城市示范的新一轮教改实验项目。该项目由天津广播电视大学牵头组织，有关区县参与实施，依托天津广播电视大学奥鹏现代远程教育公共服务体系开展相关的理论与实践研究，并进行数字化学习型社区，学习型乡镇典型应用示范。天津市教委拨付 200 万元专项经费，参与项目实施的有关单位按不低于 1∶1 的比例落实配套经费。经过专家组评议，和平崇仁里小区等第一批 10 个数字化学习中心初步建成。

高等教育

〔**综述**〕 2007 年，天津市教委狠抓高等教育质量工程建设，根据教育部有关文件精神，组织第三届高等学校教学名师奖评审工作，天津市高等学校教学名师奖获得者 31 人，其中 6 名教授获国家级第三届高等学校教学名师奖。普通高校 19 门本科课程被评为 2007 年度国家精品课程，46 门课程被确认为天津市精品课程，累计本科院校有国家精品课程 56 门，天津市精品课程 212 门；高职高专有 10 门课程为国家级精品课程，30 门课程为市级精品课程，累计国家级精品课程 22 门，市级精品课程 73 门。市 4 所高校实验教学中心被确定为 2007 年度国家级实验教学示范中心建设单位，9 所高等学校的 28 个教学实验室（中心）被授予天津市优秀教学实验室称号。至此，全市累计拥有国家级实验教学示范中心 9 个，市级优秀教学实验室 78 个。在新一轮国家重点学科遴选中，高校共获得一级国家重点学科 13 个，二级国家重点学科 27 个。评选出市级优秀博士学位论文 14 篇，其中 1 篇入选全国优秀博士学位论文。高校新增 6 个专业硕士培养单位。深入实施研究生教育创新计划。圆满完成成人高教本科学士学位评估工作。修订天津市成人高等教育本科毕业生申请学士学位外语水平考试大纲。

〔**实施高校“十一五”综合投资项目**〕 2007 年，天津市教委继续实施天津市高等学校“十一五”综合投资规划。陆续出台《天津市高等学校“十一五”综合投资规划实施方案》《天津市高等学校“十一五”综合投资规划学科建设项目实施方案》及《天津市高等学校“十一五”综合投资规划信息化建设项目实施方案》，对天津市高等学校“十一五”综合投资学科及信息化建设提出指导性意见。天津市高等学校“十一五”综合投资规划的项目为学科建设和教育信息化建设，五年投资规划总计 18 亿元，其中政府投入 11 亿元，学校和社会筹集 7 亿元。2007 年，经专家组审核，领导小组批准，各市属高校“十一五”综合投资规划学科建设 2007—2009 年度投资额度已经下达完毕，并将 2007 年度财政投资额度拨付到位。

〔**人文社科重点研究基地评估**〕 2007 年 4 月，天津市教委组织专家对 2004 年以来认定的 9 个天津市人文社科重点研究基地进行评估。三年间，高校人文社科重点研究基地科研项目新增 548 项，其中国家级项目 43 项，省部级项目 263 项，科研经费总计4 310.63 万元；举办国际学术会议 6 场，参加国际学术会议 101 场，参加国际学术会议人数 407 人，提交论文 280 篇；共发表论文 2 331 篇，其中 CSSCI 数据库收录 924 篇，出版各类著作 203 部，同时还推出了一批精品成果，共有 106 项科研成果获省部级优秀成果奖，其中国家级奖励 19 项。高校人文社科基地培养博士 384 名、硕士 2 522 名，引进博士 35 名，4 人获教育部新世纪优秀人才基金，1 人获国家杰出青年基金，6 人获天津市优秀青年人才（科技）奖。三年间，各基地还面向各级政府及社会各界开展咨询服务，解决重大实践问题的综合能力和参与重大项目决策的能力显著提高。经过三年的建设，部分基地科学研究的整体水平已达到国内领先水平。

〔**考核本市第二、三批特聘教授学术业绩**〕 6 月—9 月，按照《天津市特聘教授制度实施与管理办法》要求，天津市教委组织特聘教授专家委员会分四批对吴尚为等 5 位市级第二批特聘教授任聘期满和王硕等 8 位市级第三批特聘教授任聘期中所取得的学术业绩分别进行评估和考核。天津市第二、三批特聘教授在聘期内，共完成或正承担的国家级科研项目 44 项，省部级项目 50 项；总科研经费达 7 761.6 万元；获国家级教学成果奖 2 项，省部级教学科研奖 14 项；发表论文 510 篇，其中被 SCI、EI、ISTP 收录共计 326 篇；出版专著 19 部；获得专利 99 项；指导博士研究生毕业 52 人，在读 94 人；指导硕士研究生毕业 84 人，在读 138 人。

〔**实施研究生教育创新计划**〕 2007 年，市教委把握滨海新区开发开放的契机，支持本市高校研究生教育创新基地建设。天津中医药大学与清华大学、天津大学、天津药物研究院、天士力集团等单位合作，积极筹建中药学研究生创新中心，全面探索创新型研究生培养模式；天津工业大学以纺织工程（国家重点学科）为主体，与天津高新纺织工业园签署合作协议，共同建设天津工业大学研究生创新基地，改革和完善产学研结合的研究生办学模式。为进一步提升天津市高校研究生教育创新能力和水平，激发广大师生及研究生教育管理人员的创新积极性，经学校申请，专家审核，对南开大学等 14 所高校申请的 16 个天津市高校研究生教育创新计划项目批准立项。

〔**天津大学生网站**〕 12 月 7 日，天津大学生网站开通，网站开设教育、高校资讯、网上学习、展示风采、活动竞技、师生交流、辅导员之家等栏目。该网站是以“弘扬先进文化、塑造高尚人格、引导健康成才”为主旨，高效利用及整合天津市高校资源、提高高校思想政治教育网络化运用工作水平、活跃大学生校园文化生活、面向全市大学生进行思想政治教育的综合性网络平台，同时也是天津市教育信息化数字资源中心的重要组成部分。天津大学生网站一期工程于 2007 年 8 月启动，由天津市委教卫工委网络处、宣传处，天津市教委科研处、德育处、教育信息化管理中心共同组织建设。

撰稿 丁新珊

审稿 林炎生

河北省教育

概　　况

〔基本情况〕

2007年各级各类学校校数、教职工、专任教师情况

	学校数（所）	教职工数（人）	专任教师数（人）
一、高等教育			
（一）研究生培养机构（不计校数）	(19)		
1. 普通高校	(17)		
2. 科研机构	(2)		
（二）普通高等学校	88	86 152	52 497
1. 本科院校	33	49 165	28 019
2. 专科院校	55	27 874	17 558
其中：职业技术学院	48	22 736	14 354
3. 其他机构（点）（不计校数）	(19)	9 113	6 920
其中：独立学院	(17)	8 900	6 794
（三）成人高等学校	14	3 958	2 181
（四）民办的其他高等教育机构	39	2 307	1 193
二、中等教育	5 171	417 225	339 721
（一）高中阶段教育	1 728	416 984	138 188
1. 高中	786	335 750	81 447
普通高中	761	335 392	81 190
成人高中	25	358	257
2. 中等职业教育	942	81 234	56 741
普通中专	300	23 968	14 571
成人中专	194	8 714	5 822
职业高中	287	28 269	21 870
技工学校	161	13 096	10 209
其他机构（教学点）（不计校数）	(74)	7 187	4 269
（二）初中阶段教育	3 443	241	201 533
1. 普通初中	3 403		201 370
2. 职业初中	4	130	103
3. 成人初中	36	111	60
三、初等教育	18 057	340 920	316 440
（一）普通小学	17 340	340 019	315 977
（二）成人小学	717	901	463

续表

	学校数（所）	教职工数（人）	专任教师数（人）
其中：扫盲班	168	49	49
四、工读学校			
五、特殊教育	134	2 843	2 210
六、学前教育	6 441	58 630	40 114

注：普通高中的教职工数中包含普通初中的教职工数。

2007年各级各类学历教育学生情况

	毕业生数（人）	招生数（人）	在校生数（人）
一、高等教育			
（一）研究生	5 154	8 404	22 687
博　士	295	464	1 650
硕　士	4 859	7 940	21 037
（二）普通本专科	240 674	294 659	930 516
本　科	87 451	120 535	427 268
专　科	153 223	174 124	503 248
（三）成人本专科	75 641	79 368	228 019
本　科	21 242	30 589	75 338
专　科	54 399	48 779	152 681
（四）其他各类高等学历教育			
1. 在职人员攻读博士、硕士学位		1 796	3 156
2. 网络本专科生		344	487
本　科		126	221
专　科		218	266
3. 学历文凭考试	1 375		658
4. 其他			
二、中等教育	1 973 018	1 872 707	5 672 761
（一）高中阶段教育	799 259	938 593	2 593 289
1. 高中	475 286	452 498	1 413 049
普通高中	472 248	452 498	1 408 566
成人高中	3 038		4 483
2. 中等职业教育	323 973	486 095	1 180 240
普通中专	113 231	179 788	427 497
成人中专	31 613	28 673	78 254
职业高中	132 390	201 681	514 203
技工学校	46 739	75 953	160 286
（二）初中阶段教育	1 173 759	934 114	3 079 472
1. 普通初中	1 153 189	933 650	3 062 442
2. 职业初中	1 720	464	1 426
3. 成人初中	18 850		15 604
三、初等教育	975 164	885 244	4 702 453
（一）普通小学	935 394	885 244	4 654 366
（二）成人小学	39 770		48 087
其中：扫盲班	911		1 229
四、工读学校			
五、特殊教育	1 087	1 969	12 786
六、学前教育	517 534	881 652	1 355 563

注：特殊教育学生数中包括普通中小学随班就读的学生数。

2007 年各级各类非学历教育学生情况

	毕（结）业数（人）	注册生数（人）
总　　计	3 550 393	3 164 854
一、高等教育	40 913	26 660
（一）研究生课程进修班	704	427
（二）自考助学班	4 964	18 687
（三）普通预科生		524
（四）进修及培训	35 245	7 022
其中：资格证书培训	8 157	647
岗位证书培训	16 994	670
二、中等教育	3 509 480	3 138 194
其中：资格证书培训	385 990	392 663
岗位证书培训	257 979	212 001
（一）中等职业教育	393 916	228 475
其中：资格证书培训	102 217	58 486
岗位证书培训	97 460	40 104
（二）职业技术培训机构	3 115 564	2 909 719
其中：资格证书培训	283 773	334 177
岗位证书培训	160 519	171 897

2007 年各级各类民办教育基本情况

	学校数（所）	毕业生数（人）	招生数（人）	在校生数（人）	教职工数（人）	专任教师数（人）	另有其他学生数（人）
一、民办高等教育							
（一）民办高校	14	7 241	22 036	54 887	5 877	3 867	2 336
本科学生			818	1 232			
专科学生		7 241	21 218	53 655			
（二）独立学院（不计校数）	（17）	20 328	43 062	145 072	8 900	6 794	405
本科学生		19 733	43 062	145 063			
专科学生		595		9			
（三）民办其他高等教育机构					2 307	1 193	19 319
二、民办中等教育							
（一）高中阶段教育	409	79 355	114 130	286 241	40 945	28 377	
1. 民办普通高中	154	47 672	44 057	139 880	29 126	21 436	
2. 民办中等职业教育	255	31 683	70 073	146 361	11 819	6 941	7 534
（二）初中阶段教育	258	97 904	90 735	292 006			
1. 民办普通初中	258	97 904	90 735	292 006			
2. 民办职业初中							
三、民办普通小学	292	42 108	25 754	166 645	13 152	9 032	
四、民办幼儿园	1 694	62 461	123 631	231 895	20 672	12 667	
另有：民办培训机构（不计校数）	（2 826）				23 598	6 412	288 296

注：1. “另有其他学生数”包括：学历文凭考试学生、自考助学班学生、预科生、进修及培训学生数；

2. 民办普通高中的教职工和专任教师数中包含民办普通初中的教职工和专任教师数；

3. “（　）”内数据为不计校数。

〔**综述**〕　一是全力推进农村义务教育经费保障机制改革。按照国务院统一部署，从本年春季学期开始，河北省实施农村义务教育经费保障机制改革。全部免除了本省农村义务教育阶段686万名学生的学杂费；135万名家庭贫困学生免费领到教科书；8万多名贫困寄宿生得到生活补助。二是农村义务教育办学条件显著改善。开展了农村中小学危房改造和布局结构调整、农村寄宿制学校建设两大工程，改造危房400多万平方米；继续实施现代远程教育工程，工程已覆盖141个县（市）的中小学校，工程完成后将覆盖全省，使农村地区学生都能享受到优质教育资源。三是农村义务教育均衡发展取得突破。打破乡村行政区划，整合教育资源，大力推进学区建设，充分发挥了现有资源的最大效益。不断深化考试评价与招生制度改革，制发了《初中毕业与普通高中招生制度改革意见》，明确规定：各县（市、区）（城市市区由设区市负责）要将所属公办省级示范性高中至少50%的公助生招生指标，按比例平均分配到每所初中学校。省政府办公厅印发了《关于清理规范义务教育阶段试行办学体制改革学校指导意见》，全省共有140所农村（含县城）学校，从2007年秋季开始恢复“就近免试入学”。认真做好农民工子女接受义务教育工作，坚持与城市家庭子女一视同仁。实施师范学校大学生到农村学校顶岗实习工程，鼓励城镇教师到农村支教，促进了农村义务教育均衡发展取得突破性进展。四是高中教育、学前教育、特殊教育继续发展。2007年，普通高中完成招生48万人，在校生达到145万人；进一步扩大优质高中教育资源，又有一批高中学校达到省级示范性高中标准，组织评估认定了省级示范性高中15所。抓住农村中小学布局调整的契机，利用调整后富余下来的农村中小学教师和校舍，改建、新建规范化幼儿园，使河北省的学前三年教育得到较快发展，学前三年教育毛入园率达到58.15%。继续推进“特殊教育普及工程”，加强了特殊教育师资队伍建设，组织开展了全省第一届特殊教育学校教师教学基本功大赛。职业教育方面，继续扩大职业教育规模。2007年中职招生45万人，已经圆满完成招生任务。全省现有中等职业学校878所，在校生总规模已超过百万人。独立设置的高等职业院校57所，在校生41.22万人；民办职业院校204所。基本上形成了以中等职业教育为主体，初、中、高等职业教育相互衔接的职业教育体系框架。全省中、高等职业院校开展订单培养的比率已达70%。高等教育方面，取得显著成绩。加强了省属10所骨干大学重点建设工作。河北工业大学“211工程”三期建设项目可行性论证各项准备工作圆满结束。

〔**关注和解决涉及群众利益的问题**〕　2006年12月，胡锦涛总书记到承德看望群众师生，充分体现了党中央亲民、爱民、为民的作风。省教育厅要求，要按照总书记的指示，高度关注民生，着力解决教育工作中人民群众最关心最直接最现实的利益问题。认真做好资助贫困家庭学生工作。义务教育阶段，2007年要为农村135万城乡贫困家庭学生免费提供课本，为8万多名寄宿制贫困生提供生活补助；还要为特殊教育学校贫困学生免除杂费和补助生活费，为2.7万名城市低收入家庭和贫困农民工子女免除杂费。高中教育阶段，要在继续资助中等职业教育贫困家庭学生的同时，着手建立普通高中贫困家庭学生资助制度。高等教育阶段，要进一步完善资助政策体系，特别是要加快推进国家开发银行在本省高校开展国家助学贷款工作。深入实施好“阳光招生”工程。进一步完善高校招生工作“六公开”制度，增加信息公开范围和透明度；要改革招生录取办法，在切实维护公平、公正基础上，进一步提高报到率，为更多考生提供上大学的机会。积极开展高校毕业生就业服务年活动，加快构建和完善本省高校毕业生就业网络联盟，切实有效地为高校毕业生充分就业提供服务。严格规范学校办学行为，本年要加大对义务教育阶段公办改制学校的清理力度，到2008年完成清理规范工作。切实做好学校安全和后勤保障工作。始终把广大师生的人身安全放在第一位，加强安全教育，落实安全工作机制。广泛开展和谐校园创建活动，建设平安校园、卫生校园、文明校园。进一步完善学校后勤保障体系，重点做好高校饮食物资定点直供工作。

〔**提高教师队伍素质**〕 2007年初，省教育厅就提高教师队伍素质制定年度工作目标，要求进一步将师德建设放在教师队伍建设的首位，大力弘扬新时期人民教师的高尚师德。要切实强化教师编制管理，深入推进中小学教师全员聘用改革，积极探索科学定编、按需设岗、按岗聘任的新机制，努力优化教师队伍结构。要加强对特级教师、骨干教师的管理，充分发挥其辐射带头作用。有重点、分步骤、渐进式地开展中小学教师全员培训，2007年要投入1 500万元，重点用于省级骨干教师、农村中小学教师全员培训。要有效利用高校学生顶岗实习为教师进修创造的有利机会和现代远程教育等先进手段，在中小学教师中开展新技术、新课程、新理念的培训。不断加强基础教育教师队伍建设工作，加强了对校长和教师队伍的管理，积极推进中小学校长竞聘制度和教职工全员制度，促进校长队伍和教师队伍的专业化建设，逐步建立了校长、教师合理流动制度。

全省高等学校教师的结构逐步改善。高学历（学位）教师人数不断提升，到2006年底，全省共有院士4人、长江学者6人、燕赵学者6人、享受国务院特殊津贴专家（在职）292人、国家级有突出贡献的中青年专家34人、河北省省管优秀专家77人、河北省有突出贡献的中青年专家132人、河北省优秀专业技术人才26人、河北省“三三三”人才工程第一层次、第二层次人才分别为56人、52人，河北省高校中青年骨干教师501人。

基础教育

〔**义务教育均衡发展**〕 2007年初，省教育厅制定年度工作目标，对加大推进义务教育的均衡发展提出了明确要求：一是认真贯彻落实省委省政府指示精神，全面推广承德经验，深化学区建设改革。全省每个县（市、区）都要完成学区建设规划，搞好学校布局调整，优化教师队伍结构。全省将重点抓好10个设区市20个县（市）的试点。二是继续改善农村中小学办学条件。本年的重大项目包括100万平方米的农村中小学校舍建设工程、新农村卫生安全校园建设试点工程、农村初中改造工程，以及台塑集团捐资项目等。三是继续实施现代远程教育工程。本年是工程的最后一年，资金投入达1.6亿元，涉及衡水、沧州两市和其他工程尚未覆盖地区，到2007年底工程将覆盖全省所有县市。四是加大城镇教师到农村支教力度，实施城镇教师“万人支教计划”；扩大顶岗实习规模，选派3 000名高校大学生到30个县的农村学校顶岗实习。

〔**加强特殊教育工作**〕 一是继续推进“特殊教育普及工程”。截至2007年底，普及特殊教育县（市、区）达到121个。二是加强特殊教育师资队伍建设。组织开展了全省第一届特殊教育学校教师教学基本功大赛，加强了特殊教育师资队伍建设。选拔4位特殊教育教师参加了全国第一届特殊教育学校培智专业教师教学基本功大赛，获得2个一等奖、2个二等奖。三是全面做好特教学校管理工作。组织召开了特殊教育学校校长论坛，举办了全省第一次特殊教育学校中层管理人员培训班，对198名中层管理人员进行了培训，对加强特教学校管理、提高特殊教育办学水平工作进行了全面部署。四是组织开展了对全省特殊教育学校2004—2006年情况的调研，并撰写了调查报告。五是启动了全省特殊教育学校培智教材建设的省级课题研究工作，组织全省特殊教育优秀教师进行培智教材建设研究。六是参与组织了省残联、教育厅、文化厅和广电局联合举办的河北省第四届盲、聋、培智学校学生艺术汇演。

〔**民族教育和海外同胞教育基金会表彰活动**〕 河北省教育厅认真抓好民族地区教育工作，一是深入到丰宁满族自治县和青龙满族自治县开展现场办公活动，帮助解决工作中的实际困难和问题。二是深入开展民族团结教育活动，在广大中小学生中大力普及党的民族宗教政策和民族常识，努力维护和推进各民族共同繁荣与进步的大好局面。工作中狠抓“课程、教材、教师”三个关键环节并注意活动的多样性和灵活性，收到了良好效果。三是会同省海外同胞教育基金会开展了第十五次优秀师生评选活动，对全省40个国家级扶贫开发工作重点县的280名优秀师生进行了表彰，发放奖金12.4万元。进一步激发和调动了全省贫困地区广大师生的工作和学习热情，有力地促进了河北省贫困地区基础教育持续健康发展。

〔**加快普及高中阶段教育步伐**〕 按照稳定规模，调整布局，加强管理，努力提高办学水平和办学效益的工作指导思想。普通高中完成招生48万人，在校生达到145万人，万人均在校生达到212人；进一步扩大优质高中教育资源，又有一批高中学校达到省级示范性高中标准，组织评估认定了省级示范性高中15所。

〔**学前教育普及程度进一步提高**〕 2007年，河北省教育厅召开了全省普及学前三年教育经验交流现场会，积极推动农村学前三年教育的普及；组织普及学前三年教育工作评估验收，使全省基本普及学前三年教育县（市、区）程度进一步提高；全省幼儿园数和在园幼儿数均有一定数量的增长。教育部对河北省的“普三”工作给予了充分肯定。

〔**继续实施远程教育工程**〕 河北省2007年度农村中小学现代远程教育工程预计投资1.65亿元，其中，中央专项资金5 492万元，省级专项资金3 700万元，市、县（市、区）配套资金7 298万元。工程涉及3 685个农村中小学校和教学点，共建设561个模式一项目校（即教学光盘播放点），2 279个模式二项目校（即卫星教学收视点），845个模式三（即计算机和多媒体教室）项目校。经过四年的努力，农村中小学现代远程教育工程将基本覆盖河北省所有的农村义务教育阶段的中小学，真正实现优质教育资源共享，缩小城乡“数字鸿沟”，让农村的孩子和城市的孩子站在同一个起跑线上。

〔**明德小学工程建设**〕 河北省教育厅与省财政厅、省台办密切配合下，明德小学建设进展顺利。截至2007年底，全省60个台塑集团捐建明德小学项目中，已有53个项目主体封顶装修（其中有13个项目已经竣工），其余7个项目正在进行主体施工。本期明德小学项目建筑总面积达11.5万平方米，工程预算资金为7 162万元，其中台塑集团捐赠2 700万元，省财政安排配套资金2 700万元，项目地区落实配套资金1 762万元。60所明德小学建成后，将根本改善项目地区农村小学办学条件，使3万多名农村儿童搬入宽敞明亮的新教学楼学习。

〔**红领巾主题教育活动**〕 2007年，河北省教育厅、团省委、省少工委联合决定，从本年6月至2008年12月，在全省少先队员中开展“心向沿海—爱我河北”红领巾主题教育活动，教育引导全省少年儿童时刻准备着为建设家乡做贡献。主题教育活动以少先队“体验教育”思想为指导，突出少先队实践活动在少年儿童思想道德形成、创新精神和实践能力培养方面的重要作用。通过开展主题教育活动，使“沿海开放意识”成为广大少年儿童的思想主流，让少年儿童在丰富多彩的少先队活动中不断提高素质，增强本领。活动以“蓝色回想曲”——了解认识家乡、“蓝色进行曲”——体验感悟大海、“蓝色畅想曲”——憧憬美好未来等三个层面为线索，以基层少先队组织广泛开展主题鲜明的系列教育活动为主体，分阶段推进逐步形成合力，唱响河北少先队“蓝色三部曲”。不断引导少年儿童全面、深入地了解河北，培育新时期河北人文精神，激发他们对河北大地、河北人民的热爱之情。尽可能的发挥少年儿童的创新意识和丰富的想象力，为建设沿海经济社会发展强省储备力量。

〔**“一托二”联合办校模式**〕 当前河北省城市

中义务教育阶段普遍存在着强、弱校间的办学差距，影响了教育的均衡发展。石家庄市桥西区实施“一托二”联合办校模式，将区内一所义务教育阶段的优质学校与对应学段的一所城郊学校、一所城区薄弱学校捆绑成相对固定、紧密联系的办学共同体，实行“不同法人单位、联校协调管理”的新机制。联合校实行工作计划、管理制度、活动安排、质量要求、年终考核等“五统一”，定期召开行政联席会议，每年有占教师总数5%的授课教师和中层管理干部进行交流，联合校的各类教育资源实行共享。该模式实行一年以来全区教育教学水平明显提高。省教育厅要求，2007年起，全省各地都要选择城市市区开展“一托二”模式试点工作，在推广发展中研究解决新出现的问题，进一步丰富联合校模式的内涵。

〔**新长城贫困高中生自强班项目**〕 11月7日，由中国扶贫基金会主办的“新长城贫困高中生自强班项目首班开班仪式”在河北献县一中举行。这标志着全国首个贫困高中生大型社会资助项目在全国范围内全面启动。该项目是在国家级贫困县高中生中选拔家庭经济特别困难，学习成绩十分优秀的贫困高一学生50—60人组成一个班级，并为每名学生每年提供1 800元的资助，同时通过自强班学生与大学生、捐赠人的互动对自强班学生进行精神鼓励，确保每名贫困高中生都能如期完成学业。

〔**全省首个“女孩子日”**〕 11月12日是秦皇岛市山海关第二中学的首个“女孩子日”。早在2005年山海关二中就在教学活动中对女孩子进行特色教育，培养她们自尊自爱、自强自立、善良豁达的品质，在此基础上，在全省率先举办了“女孩子日”活动。山海关二中的女孩子特色活动内容是：关注女学生心理健康，培养独立自强、豁达乐观的品质，实施文明礼仪及才艺拓展教育，并通过拓展训练及传授立志教育，培养女生的团队协作精神，积极组织女生才艺大赛，评选“阳光女孩”等。为女中学生施展才艺创造了一个良好的平台。

〔**全省农村学区建设**〕 截至2007年底，河北省农村学区建设规划基本完成，将有680万农村孩子享受到更加优质的教育资源。学区改革是加快本省农村基础教育发展的一项重大举措。主要内容是：以县为单位，打破乡镇行政区划的界限，将全县所辖中小学、幼儿园，划分成若干个集约式教育单位——学区，代替以往的中心校管理模式，从而实现区域教育资源的优化配置。河北省将以2至4个乡镇或覆盖人口3万人为单位设一个学区，每个学区设立一个中心校。各县在编制学区规划时，与中小学标准化建设、危房改造、城镇建设规划等紧密结合。为配合学区建设，小学取消包班制，实行分科教学，实现任课教师专业化，并将空余教师编制重点用于解决小学英语、信息技术教育和体音美课程教师不足问题，从而实现学科间的均衡发展，为素质教育全面推进奠定基础。

职业教育与成人教育

〔**加强职业教育建设和改革步伐**〕 2007年初，省教育厅制定了全省职业教育的年度工作目标，明确要求：巩固扩大职业教育发展成果，切实提高职业教育质量和水平。2007年进一步扩大中等职业学校招生规模，努力实现中职招生与普通高中招生比例的大体相当。全面实施职业教育技能型人才培养工程、劳动力转移培训工程、农村实用人才培训工程、企业职工继续教育和再就业培训工程，培养更多的技能人才。要加强督导评估，真正落实国家和省关于城市教育费附加用于职业教育的比例不低于30%等优惠政策，支持职业教育发展。要切实加强职业教育基础能力建设。加大对国家支持的10个高职实训基地的建设力度，再建一批新的国家支持实训基地。支持建设30个左右中职实训基地、20所示范性中等职业学校，力争5所职业学校进入国家重点支持行列。加强县级职教中心建设，到2010年所有职教中心都要达到省重点职业学校水平。进一步实施职业学校师资建设计划，培训专业骨干教师1 000名。要以就业为导向，深化职业教育教学改革。大力推进以校企合作、工学结合、半工半读为主要内容的办学模式改革，积极推广中职学生顶岗实习一年和高职学生顶岗实习半年的经验，强化实践能力和职业技能的培养。启动河北省中等职业教育课程教学改革计划，加强职业教育专业课程和教材建设。深化职业学校管理制度改革，加快建立弹性学习制度。积极探索建立以骨干职业学校为龙头、带动其他职业学校和培训机构参加的职业教育发展集团。

〔**开展实训基地建设**〕 一是与有关部门配合建立了实训基地建设项目库，确定中等职业学校建设项目173个，研究制定了《河北省职业教育实训基地建设总体规划》和《2007年中等职业教育实训基地实施方案》；二是重点在装备制造、医药化工、现代农业、汽车运用与维修、数控技术应用、电子信息、建材建筑、物流、计算机应用技术、钢铁冶金等领域，支持了30个实训基地项目的建设；三是遴选了14个项目上报教育部，争取国家建设项目资金支持；四是做好招标采购工作；五是在落实国家和省级实训基地建设项目的同时，指导各地积极落实市级实训基地建设计划。

〔**中等职业教育师资队伍建设**〕 结合教育部中等职业学校教师素质提高计划的实施，在全省以往中职教师资培训工作的基础上，修订了《河北省中等职业教育师资队伍建设意见》，以全面提高职业学校教师素质为中心，以培养专业带头人和骨干教师为抓手，以建设“双师型”教师队伍为重点，加大了培训力度。遴选了30个专业的1 000名专业教师参加国家级骨干教师培训；组织开展了省级重点专业师资培训、课程和教材开发工作。本年安排500万元专项资金，在全省8个师资培训基地开展了23个专业的1 600多名骨干教师培训。此外中等职业学校紧缺专业特聘兼职教师资助计划和教师到企业实践工作也在进行中。

〔**职技学校师生共建服务公司**〕 1月，秦皇岛职业技术学校德创电器服务有限公司挂牌。在三个月时间里师生们共维修各种电器数百件。公司由12名专业教师和海信机电专业的学生共同组成，业务包括家电产品安装、维修和维护，音响工程设计、安装、调试和维修等，该公司还承担了海信彩电在山海关区售后服务的所有业务，收入利润的50%发放给学生，每个学生每月平均有500元左右的收入。解决了学生实践操作和半工半读的费用问题，深受学生和家长的欢迎。

〔**组建省级职教集团**〕 根据产业布局和经济结构调整后对技能型人才的需求，本省围绕装备制造、钢铁冶金、化工医药、轨道运输等重点产业和新兴产业，先后建成了12大省级专业职业教育集团。这标志着河北省的职业教育开始由分散状态走向集约化、规模化。随着本省建设沿海经济社会发展强省目标的提出，特别是首都钢铁公司曹妃甸工程的启动，对技工人才的需求大幅提升；同时作为一个农业大省，有1 000多万农村剩余劳动力需向城镇转移，为此河北省采取以高等职业技术学院或国家级重点职业学校为龙头，以特色骨干专业为纽带，以行业、企业为依托，联合有关职业院校，组建一批集约化、规模化、跨区域的职业教育集团，推动职业教育走内涵发展的路子。河北省决定每年重点建设30个装备水平高、资源共享的专业实训基地；选择部分高校和企业，建立10个省级职教师资培训基地，重点培养500名专业带头人和4 000名“双师型”骨干教师。本省职教集团建成以后，每年将培养6万名高技能人才、20万名中级技能劳动者、8万名初级技工劳动者；每年可完成农民实用技术普及培训600万人次。

〔**河北钢铁冶金职教集团**〕 河北钢铁冶金职教

集团成立于2007年9月，集团成员包括河北工业职业技术学院等高职院校、中职院校和职教中心、行业协会，以及唐钢、邯钢等一批知名钢铁企业集团。河北钢铁冶金职教集团决定实行学分互认、工学交替的学习管理制度，以有效满足钢铁企业对技能型人才的需求。学分互认是指学籍属中职院校的学生，在本校学习基础课后，到集团内高职院校继续就读，在两校区的学分都相互认可，从而实现中、高知人才培养的有序衔接；工学交替弹性学习制度，指学生在校期间安排到职教集团内部企业实地学习，中职院校学生则实行中职一年、高职一年和企业一年的“1+1+1”培养模式。另外，集团还决定建立企业职工培训记分卡制度，为企业职工培训与学历教育的对接创造条件；建立双向信息员制度，畅通职业技术人才供求信息，围绕企业人才需求情况，调整专业设置，实现职业教育与产业协调发展；实施工学结合的课程改革，以企业、行业标准考核学生技能，实现学生毕业即上岗的“零距离对接”。

高 等 教 育

〔**提高高等教育水平和质量**〕 2007年，省教育厅制定了提高高等教育水平和质量的年度工作目标。一是要进一步加强高水平大学建设。促进学科管理水平的提高，推动高水平大学建设。加强10所重点骨干大学建设，启动河北工业大学“211”工程三期建设，搞好河北大学和燕山大学省部共建。国家重点学科建设不断取得新突破。燕山大学、河北工大、河北医大3校4个学科顺利通过国家评估。燕山大学、河北师大2校5个学科被批准为国家重点学科，其中燕山大学的机械工程一级学科被批准为国家重点学科；河北大学等3校3个学科被批准为国家重点（培育）学科。河北省地方高校国家重点学科总数由4个增加到11个。组织完成了11个国家重点学科2010年建设发展规划制定工作。河北省24个强势特色学科（群）和98个省级重点学科建设进展顺利。二是进一步深化高等教育教学改革。进一步健全和完善教学质量监控与保障体系，切实做好各类教育教学评估工作。组织开展了以品牌特色专业建设为重点的本科教育创新高地建设。遴选建设首批30个高地和60个品牌特色专业，其中21个专业列入国家特色专业建设序列。上报教育部新增本科专业96个，专科专业208个。组织开展第二轮精品课程建设，首批省精品课程滚动发展164门，新增国家精品课程14门，现国家精品课程达到40门。三是高校科技研发能力进一步加强。燕山大学“亚稳材料实验室”被列入国家重点实验室序列，已通过省政府组织的预验收；河北农业大学“北方山区农业工程技术研究中心”已正式立项建设，进入国家工程技术研究中心序列，新建教育部重点实验室3个。继续实施高职示范性学校建设工程，建设35个高职教育示范专业。高职高专重点建设取得重大进展。邢台职业技术学院、承德石油高等专科学校、石家庄铁路职业技术学院3所院校已进入国家示范性高等职业院校建设计划，省重点建设的示范性高职院校达到6所。河北软件职业技术学院被列为国家示范性软件职业技术学院建设单位。加强了20个国家级精品和示范专业建设，深入推进24个国家级现代制造业和服务业等紧缺人才培养项目建设工作。组织完成了2007年至2010年省高职实训基地遴选工作，共遴选省重点建设的实训基地63个，其中5校5专业被教育部确定为第4批中央财政支持实训基地，本省中央财政支持的高职实训基地总数达到15个。

遴选首批省级人才培养模式创新实验区改革试点18个，其中4个被教育部列入国家人才培养模式创新实验区改革试点。加强创新队伍建设，顺利完成燕赵学者增补工作，燕赵学者总数达 10 人，完成了首批“百人优秀创新人才”遴选，有 2 人列入教育部“新世纪优秀人才支持计划”；不断探索产学研合作新形式，进一步拓宽“太行山道路”，研究制定了“服务新农村建设规划纲要”，为新农村建设服务的能力不断提高。截至 2007 年底，全省高校从事科技研究项目的全时人员 6 263 人，承担课题 9 224 项，出版专著 857 部，发表学术论文 27 728 篇，转让科技成果 311 项。高等学校的人才培养工作要主动适应建设沿海经济社会发展强省需要，在布局结构上、学科专业结构上及时进行调整、转型。加大海洋工程、现代物流、交通运输等港口经济所需专业人才培养规模，支持河北农大秦皇岛海洋学院、河北交通职业技术学院黄骅航海分院等学校建设，为本省发展沿海经济多出人才，快出人才，出好人才。以提高质量为核心，进一步推动学位和研究生教育全面健康协调发展。

〔**加强高校党建和学生思想政治工作**〕 深入开展高校系列党建工程。召开了第十五次全省高校党建工作会议。积极构建社会主义和谐校园，启动了“阵地建设工程”、“党员示范工程”和“素质提高工程”三项党建工程。切实加强和改进基层党组织建设，推动基层党组织工作创新。不断完善党员教育管理制度，强化党员教育管理工作，大幅度开展了干部教育培训工作。召开了大学生思想政治教育工作会议，出台了《进一步加强和改进大学生思想政治教育的意见》，各高校普遍成立了大学生思想政治教育工作领导小组并制定了工作规划，每所高校确定了一名党委副书记（副校长）具体负责大学生思想政治教育工作。

〔**国家奖、助学金申请评选**〕 2007 年，河北省高等学校国家奖学金、国家励志奖学金、国家助学金总金额达到 25 892.4 万元，河北省约 25%的高校学生可获奖、获助。基本能实现对贫困在校生的全覆盖。国家励志奖学金由中央和地方政府共同出资，于 2007 年首次设立。河北省将有 1 558 名高校学生获得国家奖学金，每人 8 000 元。助学金名额 183 524 人，金额分别为 3 000 元、2 000 元和 1 000 元。首次评选的国家励志奖学金河北省将有 25 177 名学生得到资助，每人奖金 5 000元。

撰稿　刘立新　刘良业
马贵明　冯荣光
审稿　靳宝栓

山西省教育

概　况

〔基本情况〕

2007 年各级各类学校校数、教职工、专任教师情况

	学校数（所）	教职工数（人）	专任教师数（人）
一、高等教育			
（一）研究生培养机构（不计校数）	(11)		
1. 普通高校	(8)		
2. 科研机构	(3)		
（二）普通高等学校	59	53 750	33 356
1. 本科院校	17	33 559	19 892
2. 专科院校	42	16 711	10 824
其中：职业技术学院	37	14 007	9 216
3. 其他机构（点）（不计校数）	(8)	3 480	2 640
其中：独立学院	(8)	3 480	2 640
（三）成人高等学校	16	4 237	2 399
（四）民办的其他高等教育机构	38	2 077	1 005
二、中等教育	4 132	246 378	198 789
（一）高中阶段教育	1 334	244 387	76 654
1. 高中	680	202 407	47 728
普通高中	569	202 150	47 626
成人高中	111	257	102
2. 中等职业教育	654	41 980	28 926
普通中专	88	11 057	6 546
成人中专	140	4 871	3 050
职业高中	306	16 039	12 127
技工学校	120	8 963	6 507
其他机构（教学点）（不计校数）	(122)	1 050	696
（二）初中阶段教育	2 798	1 991	122 135

续表

	学校数（所）	教职工数（人）	专任教师数（人）
1. 普通初中	2 509		120 624
2. 职业初中	50	1 714	1 422
3. 成人初中	239	277	89
三、初等教育	23 996	215 858	196 259
（一）普通小学	19 527	211 230	194 574
（二）成人小学	4 469	4 628	1 685
其中：扫盲班	1 369	1 322	821
四、工读学校	2	100	73
五、特殊教育	43	1 318	1 079
六、学前教育	4 477	37 833	24 798

注：普通高中的教职工数中包含普通初中的教职工数。

2007 年各级各类学历教育学生情况

	毕业生数（人）	招生数（人）	在校生数（人）
一、高等教育			
（一）研究生	4 075	6 364	16 604
博　士	203	373	1 334
硕　士	3 872	5 991	15 270
（二）普通本专科	132 101	137 639	484 490
本　科	49 590	65 276	234 326
专　科	82 511	72 363	250 164
（三）成人本专科	50 017	41 283	127 747
本　科	13 599	18 930	51 402
专　科	36 418	22 353	76 345
（四）其他各类高等学历教育			
1. 在职人员攻读博士、硕士学位		1 922	4 279
2. 网络本专科生			
本　科			
专　科			
3. 学历文凭考试			
4. 其他			
二、中等教育	1 032 033	1 096 060	3 272 064
（一）高中阶段教育	403 327	516 767	1 390 944
1. 高中	236 196	260 875	775 333
普通高中	231 748	260 875	770 812
成人高中	4 448		4 521
2. 中等职业教育	167 131	255 892	615 611
普通中专	75 377	75 381	221 585

续表

	毕业生数（人）	招生数（人）	在校生数（人）
成人中专	6 140	18 306	26 030
职业高中	52 026	108 851	240 369
技工学校	33 588	53 354	127 627
（二）初中阶段教育	628 706	579 293	1 881 120
1. 普通初中	595 929	571 968	1 851 469
2. 职业初中	8 047	7 325	24 029
3. 成人初中	24 730		5 622
三、初等教育	799 834	535 376	3 493 618
（一）普通小学	579 615	535 376	3 334 307
（二）成人小学	220 219		159 311
其中：扫盲班	11 144		23 126
四、工读学校	21	58	166
五、特殊教育	630	1 433	8 735
六、学前教育	279 855	364 977	628 078

注：特殊教育学生数中包括普通中小学随班就读的学生数。

2007 年各级各类非学历教育学生情况

	毕（结）业生数（人）	注册生数（人）
总　计	2 301 037	2 134 101
一、高等教育	48 646	22 816
（一）研究生课程进修班	183	291
（二）自考助学班	1 149	8 243
（三）普通预科生		
（四）进修及培训	47 314	14 282
其中：资格证书培训	23 730	8 268
岗位证书培训	7 113	1 370
二、中等教育	2 252 391	2 111 285
其中：资格证书培训	274 664	226 375
岗位证书培训	632 628	638 502
（一）中等职业教育	233 047	85 867
其中：资格证书培训	80 225	32 150
岗位证书培训	35 700	17 350
（二）职业技术培训机构	2 019 344	2 025 418
其中：资格证书培训	194 439	194 225
岗位证书培训	596 928	621 152

2007年各级各类民办教育基本情况

	学校数（所）	毕业生数（人）	招生数（人）	在校生数（人）	教职工数（人）	专任教师数（人）	另有其他学生数（人）
一、民办高等教育							
（一）民办高校	6	2 120	5 278	12 915	1 414	848	
本科学生							
专科学生		2 120	5 278	12 915			
（二）独立学院（不计校数）	(8)	4 547	16 446	51 201	3 480	2 640	
本科学生		3 506	16 446	51 201			
专科学生		1 041					
（三）民办其他高等教育机构					2 077	1 005	22 102
二、民办中等教育							
（一）高中阶段教育	315	49 588	79 847	200 082	37 544	26 828	
1. 民办普通高中	194	40 090	51 062	147 579	32 695	23 765	
2. 民办中等职业教育	121	9 498	28 785	52 503	4 849	3 063	4 512
（二）初中阶段教育	321	71 635	75 496	254 445	113	90	
1. 民办普通初中	320	71 155	75 187	253 221			
2. 民办职业初中	1	480	309	1 224	113	90	
三、民办普通小学	259	36 702	29 807	183 167	15 802	11 071	
四、民办幼儿园	1 125	58 364	90 489	164 592	14 861	9 127	
另有：民办培训机构（不计校数）	(721)				9 173	5 392	234 507

注：1. “另有其他学生数”包括：学历文凭考试学生、自考助学班学生、预科生、进修及培训学生数；

2. 民办普通高中的教职工和专任教师数中包含民办普通初中的教职工和专任教师数；

3. “（ ）”内数据为不计校数。

〔**教育经费收入与支出**〕 2007年，山西全省教育经费收入264.99亿元，较上年增长20.53%。其中预算内教育经费拨款（不含城市教育费附加）173.41亿元，较上年增长28.32%；各级政府征收用于教育的税费收入达15.03亿元，较上年增长37.64%；其中，城市教育费附加14.77亿元，较上年增长36.13%。企业办学教育经费5.24亿元，比上年下降了21.2%；校办产业和社会服务收入用于教育的经费0.13亿元，较上年下降75.03%；社会团体和公民个人办学经费4.54亿元，较上年下降58.41%；社会捐、集资办学经费1.24亿元，较上年下降54.71%；事业收入（学杂费等）61.16亿元，较上年增长了23.18%。

2007年山西全省地方教育部门教育经费总支出223.60亿元，较上年增长20.33%。其中人员经费支出134.67亿元，占总支出的60.23%，较上年降低0.16个百分点；公用经费支出82.58亿元，占总支出的36.93%，较上年降低3.42个百分点。

2007年度教育部门财政预算内事业性经费总支出149.6亿元，较上年的120.2亿元增长24.46%。

〔**落实《教育法》规定的教育经费“三个增长”的情况**〕 （1）2007年全省各级人民政府预算内教育拨款增长速度略低于省财政经常性收入的增长速度。2007年全省各级人民政府预算内教育拨款（不包括城市教育费附加）为174.44亿元，比上年

135.14 亿元增长 29.08%。同年全省财政一般预算收入为 597.6 亿元，比上年增长 31.4%，全省预算内教育拨款增长速度低于财政一般预算收入的增长速度 2.32 个百分点。(2) 2007 年各类教育生均预算内教育事业费支出均有增长。普通小学生均预算内教育事业费支出 2 057.54 元，较上年的 1 506.87 元增长 36.54%。普通初中生均预算内教育事业费 2 345.91 元，较上年的 1 686.86 元增长 39.07%。普通高中生均预算内教育事业费支出 2 557.23 元，较上年的 2 112.86 元增长 21.03%。职业中学生均预算内教育事业费支出 2 463.72 元，较上年的 1 810.20 元增长 36.1%。普通高等学校生均预算内教育事业费支出 4 669.90 元，较上年的 3 939.48 元增长 18.54%。(3) 各类教育生均预算内公用经费支出均有增长。普通小学生均预算内公用经费支出 458.90 元，较上年的 212.01 元增长 116.45%。普通初中生均预算内公用经费支出 629.64 元，比上年的 315.56 元增长 93.53%。普通高中生均预算内公用经费支出 553.03 元，较上年的 368.81 元增长 49.95%。职业中学生均预算内公用经费支出 430.75 元，较上年的 285.87 元增长 50.68%。普通高校生均预算内公用经费支出 1 388.36 元，较上年的 1 128.57 元增长 23.02%。

〔**深入学习贯彻党的十七大精神**〕 2007 年，山西省教育厅党组、高校工委联合下发了《关于全省教育系统深入学习贯彻党的十七大精神的通知》。10 月 26 日，教育厅机关召开了全厅干部大会，集中学习传达贯彻党的十七大精神。11 月，举办了全省高校领导干部党的十七大精神报告会和全省高校辅导员培训班，邀请省委常委、宣传部长高建民等领导同志为高校师生作了专题报告。在抓好学习的同时，教育厅党组认真对照党的十七大对教育工作提出的新要求，密切联系工作实际，提出今后教育改革发展基本思路。

〔**高校党建和学生思想政治工作**〕 2007 年 2 月，山西省委组织部和省教育厅联合召开了全省高校党建工作会议，就进一步加强高校党建工作，推进和谐校园建设进行了安排部署；制订了《关于加强民办高校党的建设工作的实施意见》，向山西工商职业学院、山西兴华职业学院、山西华澳商贸职业学院、山西信息职业技术学院等民办高校委派了党委书记、督导专员，进一步加强对民办高校的领导和管理。2007 年，山西各高校认真贯彻中央四个长效机制要求，积极探索建立健全保持共产党员先进性的长效机制，不断巩固和扩大高校保持共产党员先进性教育成果，扎实做好高校党员教育管理工作，进一步加强大学生思想政治教育，认真实施高校思想政治理论课新课程方案。省教育厅开展了全省第三届高校思想政治理论课“精彩一课”的评选，山西师范大学王艳主讲的“中国近代史纲要”入选教育部“精彩一课”，并被列入教育部哲学社会科学重大委托项目。为强化高校的心理健康教育，山西成立了山西省心理健康教育专家指导委员会，召开了全省高校心理健康教育工作经验交流会。

〔**未成年人思想道德建设**〕 2007 年 5 月，山西召开了全省县级德育管理工作经验交流会，研究部署“十一五”期间全省中小学德育工作。继续实施二期德育工程，又有 80 多所学校通过验收，全省德育示范校达到 400 所。广泛开展弘扬和培育民族精神月活动，利用远程教育网在全省中小学开设了“形势教育大课堂”系列课程。11 月，省教育厅在晋城市召开全省中小学生行为习惯养成教育现场会，副省长张少琴出席会议并做重要讲话。为加强青少年学生校外教育工作，成立了全省青少年学生校外教育协会。

〔**隆重庆祝第二十三个教师节**〕 2007 年 9 月 6 日，山西省委、省政府隆重召开教师节庆祝大会。省委书记、省人大常委会主任张宝顺，省委副书记、代省长孟学农，省委副书记金银焕，省政协主席刘泽民，省委常委、常务副省长薛延忠，省委常委、秘书长申联彬，省人大常委会常务副主任纪馨芳，省人大常委会副主任赵劲夫，副省长张少琴，省政协副主席聂向庭等出席大会并向受表彰的先进集体和个人代表颁奖。出席大会的还有受教育部、人事部、省政府、省教育厅、省人事厅表彰的先进集体和先进个人代表以及省城各级各类学校师生代表共900余人。张宝顺书记发表了重要讲话，他要求，全省各级党委、政府特别是教育战线要认真学习、全面贯彻胡锦涛总书记8月31日在全国优秀教师代表座谈会上的重要讲话精神，切实将总书记的重要讲话精神转化为推动教育改革发展、加强教师队伍建设的实际成果，转化为广大教师和教育工作者爱岗敬业的强大动力。各级领导干部要重视抓教育、真情抓教育、善于抓教育，进一步加强对教育工作的组织领导。

会上，获得全国、全省教育系统先进集体、先进工作者和优秀教育工作者、模范教师、优秀教师，全国、全省中小学优秀班主任、中小学优秀德育课教师、中小学德育先进工作者、高校优秀辅导员、高校优秀思想政治理论课教师、高校优秀思想政治教育工作者，山西省第七批特级教师，全省捐资助教先进单位和个人等荣誉称号的先进集体和个人受到了表彰和奖励。9月7日晚，省教育厅举办了庆祝2007年教师节"红烛颂"文艺晚会。省政协主席刘泽民，省委常委、省纪委书记金道铭，副省长张少琴，省政协常务副主席薛荣哲，省政协副主席聂向庭、韩儒英，省军区副政委刁建业以及部分省级老领导和优秀教师代表、受表彰和奖励的教育系统先进集体、先进个人代表和省城学校师生代表，共同观看了演出。

〔**中小学教师队伍建设**〕 2007年，山西省认真开展农村中学教育硕士师资培养工作，举办了2008年山西省贫困县中学教育硕士师资双向选择签约会，共有150余名山西大学和山西师范大学应届毕业生报名参加。大力推广忻州师院学生实习顶岗支教经验，制定了《山西省城镇教师支援农村教育工作暂行办法》。组织了山西省第七批特级教师评选，共评选出367名特级教师。圆满完成了2007年全国和全省优秀教师、优秀教育工作者的评选表彰工作。评选出山西师范大学化学和材料科学学院等61个单位为省教育系统先进集体、王美萍等361名同志为省模范教师、吕中秋等64名同志为省教育系统先进工作者；评出崔昕平等299名同志为省优秀教师、王秀中等51名同志为优秀教育工作者、郭美兰等54名同志为省中小学优秀班主任、张年丰等28名同志为省中小学优秀德育课教师、吕中秋等8名同志为省中小学德育先进工作者；评出秦志敏等7名同志为省高校优秀思想政治理论课教师、张书林等5名同志为省高校优秀思想政治教育工作者、高俊杰等3名同志为省高校优秀辅导员。进一步加强师德师风建设，制定下发了《中小学校师德建设工作评估指标体系》，教师节期间开展了一系列向师德模范教师学习的活动。

〔**学校安全工作**〕 2007年3月和5月，山西省教育厅先后两次召开学校安全工作会议，安排部署全省学校安全工作。举办了全省各市分管局长和农村寄宿制小学校长、薄弱初中校长参加的"校园安全教育"培训班，组织开展了多次全省各级各类学校安全隐患大检查。9月，又与公安、工商、文化等部门密切配合，在全省深入开展为期一个月的学校及周边综合治理专项整治活动。取缔和清理整顿了一批校园及周边地区非法、违规经营的网吧、电子游戏厅、录像厅、歌舞厅等娱乐场所，以及音像书刊点、不洁饮食摊点和其他各类非法商业流动摊点。

〔**建立完善贫困家庭学生政策资助体系**〕 在义务教育阶段落实"两免一补"政策的基础上，2007年，山西全部免除了农村义务教育阶段学生的学杂费，并建立农村义务教育经费保障新机制；全省共安排资金10.67亿元，其中中央7.43亿元，省本级为2.24亿元，市、县分别分担0.45亿元和0.55亿元，惠及农村义务教育阶段学生433.8万人，直接减轻农民负担10多亿元。秋季开学起，山西在普通高校进一步建立和完善贫困学生政策资助体系，设立国家励志奖学金，资助标准为每生每年5 000元，奖励资助约1.34万人，占在校生总数的3%；完善国家助学金制度，资助标准平均为每生每年2 000元，资助约8.9万人，占在校生总数的20%。各高校2007年都开通"绿色通道"，设立学生勤工助学岗位，初步形成以国家助学贷款为主体，国家奖学金、助学金和勤工助学、特殊困难补助、学费减免相结合的高校家庭经济困难学生资助政策体系，确保了每一位考入公办高校的学生不因家庭经济困难而失去学习机会。在中等职业学校建立健全国家助学金制度，资助对象为所有在校农村学生和城市家庭经济困难学生。助学金的发放办法是：一、二年级学生每生每年资助1 500元，三年级学生通过顶岗实习获得一定收入，完成学业。

〔**教育法制建设**〕 2007年4月，教育部在山西太原召开了全国法制工作座谈会，20多个省(自治区、直辖市）教育行政部门法规处的负责同志30余人参会。会议主要就《教育督导条例》和《考试法》征求了意见，围绕教育法制工作进行了座谈，交流了经验。6月，山西省教育厅配合省人大常委会对山西省贯彻执行《中华人民共和国义务教育法》的情况进行了全面执法检查，9月听取了省人大常委会的反馈意见。7月，与省委依法治省领导组、省司法厅联合举办第二届“十校千名”大学生暑期送法下乡社会实践活动。

〔**教育交流与合作**〕 山西省教育厅2007年共审批出国和赴港澳台人员102人次，邀请赴国外留学人员短期回国讲学和进行合作研究13人次，外国及港澳台人士短期来华交流196人次。派出教育考察团组6个，校际交流教育考察团18个，国家公费留学人员21人，公派留学人员回国126人。累计聘请、延聘外籍教师180名，短期外国专家72人，接收短期来华留学生84名，长期留学生75名。加强省筹资金留学回国人员科研资助管理工作，全年共落实资助项目91项，资金403万元。继续强化对山西省七家自费出国留学中介服务机构和中外合作办学项目的管理工作，山西农业大学中德学院、山西财经大学中德学院、太原师范学院外国语专科部等三家中外合作办学机构和太原理工大学与澳大利亚北墨尔本技术与继续教育学院合作举办国际商务专业、信息技术专业高等专科教育项目等两个中外合作办学项目经教育部审核通过。全省共有中外合作办学机构3个，中外合作办学项目7个。加强汉语国际推广力度，山西大学附属中学和太原市外国语学校成为全国首批汉语国际推广中学实习基地。

基础教育

〔**义务教育**〕 2007年，全省有小学19 527所(其中单人校4 258所)，比上年减少2 120所；在校学生333.43万人，比上年减少4.3万人；毕业生57.96万人，比上年减少5.57万人。其中，民办小学校数259所，在校生18.32万人，分别占小学校数和在校生数的1.33%和5.49%。小学学龄儿童入学率99.54%，比上年减少了0.09个百分点；小学辍学率为0.17%，比上年降低了0.51个百分点；小学五年巩固率为98.67%，比上年下降了1.22个百分点；小学毕业生升学率为99.94%，比上年下降了1个百分点。小学教职工和专任教师均比上年有所增加，专任教师合格率继续提高。全省小学教职工有211 230人，比上年增加1 745人，其中专任教师194 574人，比上年增加了1 188人；小学专任教师学历合格率为99.45%，比上年提高了0.13个百分点。全省小学校舍建筑面积1 792.91万平方米，比上年增加6.7万平方米；危房面积47.88万平方米，比上年减少了0.31个百分点。

初中阶段教育（包括普通初中、职业初中）共有学校2 559所，比上年减少114所；在校生数187.55万人，比上年减少4.15万人。普通初中校数2 509所（含九年一贯制学校），比上年减少109所；在校生185.15万人，比上年减少4.07万人；毕业生数59.59万人，比上年减少1.11万人。普通初中专任教师120 624人，比上年增加660

人。职业初中校数 50 所，比上年减少 5 所；在校生 24 029 人，比上年增加 763 人；毕业生 8 047 人，比上年减少 1 643 人。全省初中校舍建筑总面积为 18.13 万平方米，危房 0.8 万平方米，危房率 4.41%，比上年增加了 0.47 个百分点。初中阶段学龄人口入学率 98.69%，比上年降低了 0.29 个百分点；初中阶段辍学率 0.95%，比上年降低了 0.55 个百分点；初中毕业生升学率 77.73%，比上年提高了 1.85 个百分点。

〔**大力改善农村中小学办学条件**〕 2007 年 8 月，山西省政府办公厅转发了教育厅《关于“十一五”期间中小学布局调整工作的指导意见》，提出了今后一段时期内中小学布局调整的工作思路和具体目标。2007 年，山西省教育厅在晋西北、太行山革命老区新改扩建了 200 余所农村寄宿制学校，建设面积达到 31.88 万平方米，在城市和县镇新建、扩建了一批中小学校；为全省 588 所边远贫困地区农村寄宿制学校配置暖气；积极争取省编办增加中小学教师编制 37 100 人，其中 8 248 名专门配备农村寄宿制学校生活教师；会同省发改委编制了 2007～2010 年农村初中校舍改造工程规划和 2007 年投资计划；争取国家专项投资 3.5 亿元用于 47 个县农村初中学校学生宿舍、食堂和厕所等生活设施改造；认真实施农村中小学现代远程教育工程，完成了太原、长治、吕梁、朔州、阳泉、大同、忻州 7 个市的工程建设任务，全省 11 个市全部进入远程教育工程，为优质教育共享搭建了平台。

〔**努力提高义务教育标准化建设**〕 依据新的《中华人民共和国义务教育法》，山西省 2007 年修订了义务教育标准化建设标准和评估办法并组织对 2006 年通过初评的 8 个县（市、区）和 2005 年通过初评的原平市的义务教育标准化建设工作进行复查。11 月，省政府授予通过复查的原平市、大同南郊区、清徐县、太原小店区、灵石县、高平市、阳城县、乡宁县、新绛县等 9 个县（市、区）“义务教育标准化建设达标县”称号。在各县申报、各市预评的基础上，省教育厅对太原市尖草坪区等 14 个县（市、区）义务教育标准化建设工作进行了评估验收。

〔**素质教育**〕 2007 年，山西全省 119 个县（市、区）全部进入中考改革。4 月，省政府办公厅转发了《山西省初中毕业与普通高中招生工作改革意见（试行）的通知》，要求各地将初中毕业与高中招生工作统一安排进行，减轻学生负担；录取工作中要坚持综合评价、择优录取的原则，注重对学生各方面素质的综合考核；鼓励各地采取多种办法进行招生，并加大对薄弱学校的倾斜力度。中考整体情况良好，取得了显著成效。

〔**高中教育**〕 2007 年，山西全省共有普通高中学校 569 所，高中阶段毛入学率达到 76%。在校生 770 812 人，比上年增加 23 719 人。其中，民办普通高中学校数有 194 所，在校生 147 579 人，分别占普通高中总校数和在校生数的 34.09% 和 19.15%，均比上年有所减少。普通高中专任教师 47 626 人，比上年增加 2 468 人；专任教师学历合格率 86.48%，比上年提高 2.94 个百分点。普通高中校舍建筑总面积 1 159.47 万平方米，比上年增加 60.13 万平方米，办学条件得到了进一步的改善。示范高中建设工程取得新进展，全省省级示范高中达到 70 所。省教育厅进一步规范高中教育管理，规范普通高中的招生行为。

〔**教育督导**〕 2007 年，山西教育厅组织实施对农村义务教育经费保障机制改革情况的督导检查，推动了义务教育经费改革工作，保证山西省中小学在经费改革过程中的正常运转；组织实施了对全省 119 个县级政府主要领导教育工作责任的督导考核；针对山西省当前中小学教师队伍建设方面存在的问题，组织全省中小学教师队伍建设的督导检查；6 月份针对山西省小学、初中辍学情况，在 18 个县进行了义务教育普及程度调研和督导检查并提出了进一步巩固山西省义务教育阶段普及程度的意见。

〔**中小学教师继续教育**〕 2007 年，山西省教育厅顺利完成中小学幼儿教师全员培训工作，全省共有 303 000 名教师参加了继续教育。其中，参加国家级培训 340 人，省级培训 2 751 人，参加继续教育的教师占全省教师总数的 85.7%。成立了“山西省教育厅中小学教师继续教育工作指导委员会”，利用专家资源优势，科学指导全省教师继续教育工作。对省级学科带头人、骨干教师培养选拔方法进行了改革，突出了教学能力的考评。根据新的选拔方法，顺利完成 1 093 名省级中小学学科带头人、骨干教师候选人培训、评选工作，并对任期届满的 1 000 多名省级中小学学科带头人、骨干教师进行了考评。

〔**规范中小学办学行为**〕 2007 年，山西省教育厅制订下发了《关于进一步加强中小学管理工作的若干意见》，继续加大对中小学校招生、高考补习班、收费、教学用书使用、师德、学生作息时间、安全等社会热点工作的管理力度；指导、督促各地和中小学校认真执行国家和省里有关规范基础教育管理的各项政策、措施；组织了全省规范中小学办学行为工作大检查；总结了先进地区和学校的工作经验；通报了一批不规范办学的典型事件。

〔**幼儿教育及特殊教育**〕 2007 年，山西全省共有幼儿园 4 477 所，比上年减少 106 所，在园幼儿（包括学前班）62.81 万人，比上年增加了 1.42 万人。其中，民办幼儿园 1 125 所，在园幼儿数为 16.46 万人。学前三年毛入园率为 50.72%。幼儿园园长和教师共 25 194 人，比上年减少 978 人。幼儿园校舍建筑总面积 268.52 万平方米，比去年增加 16.12 万平方米。特殊教育学校 43 所，在校生 8 735 人，专任教师 1 079 人。省教育厅继续积极推进“普及学前三年教育”工作，共有 70 个县通过“普三”县验收，53 个县通过复查；全面完成了省级示范幼儿园的第二轮复验工作，重新公布了 180 所省级示范园名单；继续指导全省各级各类幼儿园全面贯彻落实《幼儿园教育指导纲要》、全面推进幼儿园实施素质教育，提高幼儿教育水平和质量。

职业教育与成人教育

〔**综述**〕 2007 年，山西全省共有中等职业教育（包括普通中等技术学校、职业高中、技工学校和成人中专）学校 652 所，比上年增加53 所；在校学生 622 785 人，比上年增加 90 493 人；毕业生 165 615 人，比上年增加 36 574 人。普通中等技术学校有 88 所，其中民办学校 12 所，在校生 221 585 人，比上年减少 12 793 人；普通中等技术学校教职工有 11 057 人，其中专任教师 6 546 人，比上年增加 388 人，师生比为 1∶33.85；普通中等技术学校校舍建筑总面积为 238.46 万平方米，比上年减少 1.4 万平方米。职业高中 306 所，比上年增加 36 所；招生 101 372 人，比上年增加 18 971 人，增长 23.02%；在校生 240 369 人，比上年增加 53 065 人，增长 28.33%；毕业生 52 026 人，比上年增加 4 313 人，增长 9.04%。职业高中专任教师 12 127 人，比上年增加 1 385 人，专任教师学历合格率 67.46%，比上年提高了 3.71 个百分点。职业高中校舍建筑总面积为 224.33 万平方米，比上年增加 33.94 万平方米。成人中等专业学校 140 所，比上年增加 1 所；招生 18 306 人，比上年增加 10 203 人；在校生 26 030 人，比上年增加 9 367 人；毕业生 6 140 人，比上年增加 365 人；教职工 4 871 人，专任教师 3 050 人。

〔**中等职业教育**〕 2007 年 4 月，省教育厅召开年度职业教育会议，将本年的中职招生任务分解落实到各市。6月，召开了与经济发达地区的中等职业教育联合招生洽谈会，鼓励有条件的学校与省外学校开展联合办学、合作招生；会上与省外学校签订联合招生意向1万余人。教育厅进一步改革和完善中职招生办法，鼓励有条件的学校招收普通高中毕业生；招生工作取消各种限制，简化入学手续，实行多次补录。2007年圆满完成了教育部布置的中等职业学校招生任务，中职招生达到25万人。教育厅加强中等职业教育基础能力建设，有11个学校被教育部、财政部认定为2007年中央财政支持的实训基地。全省共有36个实训基地正在建设中，累计投入1.25亿元。山西加快重点学校建设，2007年全省共有国家级重点中等职业学校44所，省级重点中等职业学校106所；启动了集团化办学工作，结合山西经济社会实际，成立了山西金融职业教育集团、山西材料与信息职业教育集团、山西煤炭职业教育集团、山西冶金职业教育集团、山西电力职业教育集团、山西旅游职业教育集团、山西建筑职业教育集团、山西装备制造职业教育集团等首批8个职业教育集团。

〔**职业学校德育工作**〕 认真贯彻《中等职业学校德育大纲》，加强中等职业学校德育工作。组织全省中等职业学校师生参加全国的中等职业学校“文明风采”竞赛活动。太谷职业学校、华北机电学校、阳泉市职业中专三所学校被评为全国德育工作实验基地。

〔**农村教育综合改革**〕 2007年，山西继续实施科教兴县工程。太谷县、昔阳县、陵川县、吕梁市离石区、中阳县、太原市小店区、古交市、清徐县、永济市、乡宁县、灵丘县、朔州市朔城区、山阴县、原平市、盂县等15个县（市、区）被省政府表彰命名为“科教兴县先进单位”；中国陶行知研究会在山西召开了促进师范教育与农村教育改革研讨会，学习推广了阳曲县农村教育综合改革和忻州师范学院学生实习顶岗支教的经验。

〔**成人高等教育与民办教育**〕 2007年，山西加强成人函授教育管理，制定了《山西省教育厅关于高等学校函授教育辅导站管理暂行办法》。省教育厅对全省236个函授教育辅导站进行全面的评估考察，对评估不合格的函授站予以撤销或停止招生，限期整改；进一步规范民办学校办学行为，先后印发了《山西省民办学校招生广告（简章）备案办法》、《关于进一步促进民办教育发展的办法》、《山西省民办教育机构退费办法》、《山西省民办非学历高等教育机构设置办法（试行）》和《山西省民办学校风险保证金提取办法》。推动社区教育深入发展，10月，在太原市举行了2007年全民终身学习活动周。

高 等 教 育

〔**综述**〕 2007年，山西全省有普通高等学校59所，比上年增加3所，有成人高等学校16所，与上年持平；普通高等教育共招生167 551人，比上年的146 014 人增加 21 537 人，增长 14.75%；在校生 484 490 人，比上年的 446 428 人增加38 062人，增长8.53%；普通高校招生和在校生增长的比例连续两年下降，增长速度放慢，国家宏观控制招生规模的政策效果明显。2007年普通高校毕业生 132 101 人，比上年的 108 431 人增加23 670 人，增长 21.83%；毕业生人数增长的比例连续五年呈递增态势，就业压力持续增大。2007年，山西省的高等教育毛入学率达到24%。

2007年，全省普通高校有教职工 53 750 人，比上年增加 4 329 人，其中专任教师 33 356 人，比上年增加 3 644 人，具有高级职称的教师占专任教师总数的 33.15%，比上年的 34.68%下降了 1.53 个百分点；具有研究生及以上学历的教师占专任教师总数的 32.65%，比上年的 31.23%提高了 1.42 个百分点。普通高校占地面积 2 764.37 万平方米，比上年增加 331.8 万平方米；校舍建筑面积 1 496.58 万平方米，比上年增加 119.74 万平方米；生均校舍建筑面积 30.89 平方米，比上年增加 0.05 平方米；学生宿舍面积 352.17 万平方米，比上年增加 30.19 万平方米，生均学生宿舍面积 7.27 平方米，比上年增加 0.06 平方米。全省普通高校教学仪器设备资产值 299 862.46 万元，比上年增加 36 467.21 万元；生均教学仪器设备值 6 189 元，比上年增加 289 元。学校藏书 3 832.41 万册，比上年增加 504.3 万册；生均 79.1 册，比上年增加 4.55 册。由于招生规模的有效控制，普通高校教育经费投入的增加，使得高校的办学条件得到初步改善。

〔**研究生教育**〕 2007 年山西研究生教育继续稳步发展。全省共有培养研究生单位 11 个，其中，普通高校 8 个，科研机构 3 个；全省共计招收研究生 6 364 人（其中博士生 373 人、硕士生 5 991 人），比上年 5 638 人增加 726 人，增长 12.88%；在学研究生 16 604 人（其中博士生 1 334 人、硕士生 15 270 人），比上年 14 435 人增加 2 169 人，增长 15.03%；毕业生 4 075 人（其中博士生 203 人、硕士生 3 872 人），比上年 2 850 人增加 1 225 人，增长 42.98%。

〔**研究生创新计划**〕 积极推动研究生教育创新中心的建设和发展。2007 年，山西省安排专项资金资助创新中心，用于支持技术创新项目开发研究。9 月，太原理工大学和山西焦煤集团有限责任公司、大同煤矿集团有限责任公司、潞安矿业集团有限责任公司、晋城无烟煤矿业集团有限责任公司、阳泉煤业集团有限责任公司五大矿业集团共同成立“山西省煤矿工程研究生教育创新中心”，并与煤炭科学研究总院太原研究院、太原重型机械集团有限公司、太原重型机械集团煤机有限公司共同成立“山西省煤矿装备研究生教育创新中心”。建设山西省首批研究生教育改革研究课题 53 项，对“汾酒工程研究生教育创新中心的探索与实践”等 14 个重点课题一次性资助启动经费 10 万元。设立了研究生科技创新专利支持项目，资助研究生申请和推广专利。6 月，举办了山西福建博士研究生论坛，开展“绿色化工技术、土木工程新技术与防灾减灾、先进制造技术与新材料”和“晋闽文化”交流与合作。

〔**重点建设**〕 重点大学学科建设进展顺利。山西大学“科技哲学”、“光学”两个国家重点学科通过教育部重点学科评估；省财政投入 2 000 万元用于山西大学等 13 所高校的科学技术哲学等 62 个重点学科建设项目，以提高学科建设的竞争力；山西大学 3 个学科被批准成为国家重点培育学科；中北大学数学学科新增为省重点建设学科。

〔**高校科技创新**〕 科技创新平台建设取得新进展。山西医科大学细胞生理学实验室成为省部共建教育部重点实验室，中北大学“镁基材料深加工”、太原科技大学“重型机械”成为教育部工程技术研究中心。全省依托高校建设的省部级以上重点研究开发基地、科研中心、人文社科重点研究基地达到 62 个，其中国家重点实验室 1 个，教育部重点实验室、人文社科重点研究基地、工程研究中心 8 个，省部共建重点实验室 5 个，省重点实验室 9 个，省工程研究中心 29 个，省人文社科重点研究基地 10 个。遴选出高校创新团队 2 个，中青年拔尖创新人才 7 人，高校人文社会科学重点研究基地 4 个，青年学术带头人 21 人。高校 8 名教师入选教育部新世纪优秀人才支持计划。高校服务社会经济建设能力进一步增强，承担国家 863 项目 9 项，973 项目 1 项，国际合作项目 1 项，国防科技项目 43 项。全面启动高校科技产业改制工作，3 月召开了全省高等学校科技产业体制改革工作会议；山西大学、太原理工大学等高校成立了资产管理公司。

〔**高校教学工作**〕 2007 年，山西省教育厅继续完善教学质量监控体系，配合教育部对中北大学、山西中医学院的本科教学工作水平进行评估，并对山西机电职业技术学院等8所高职院校进行人才培养工作水平评估。山西工程职业技术学院入选国家示范高职院校建设行列。遴选出省级高校本科精品课程22门，高等职业教育精品课程22门，本科教学示范实验室14个、省级品牌专业23个，其中4门本科课程、5门高等职业教育课程获国家精品课程建设项目。山西大学的光与原子物理研究室被列为国家建设团队，山西大学的化学基础实验中心、太原理工大学的力学实验中心、中北大学的电子电工实验室被列为国家级实验教学示范中心。评选出山西省普通高等本科学校教学名师21人，其中，中北大学的王爱玲教授获第三届国家级教学名师奖。继续开展第二届高职高专“双师型”教学名师、优秀教师评选工作，共选出第二届高职高专“双师型”教学名师8名、优秀教师27名。

撰稿　侯文一　张湘滔

审稿　李东福

内蒙古自治区教育

概　　况

〔基本情况〕

2007年各级各类学校校数、教职工、专任教师情况

	学校数（所）	教职工数（人）	专任教师数（人）
一、高等教育			
（一）研究生培养机构（不计校数）	(9)		
1. 普通高校	(8)		
2. 科研机构	(1)		
（二）普通高等学校	37	31 653	19 483
1. 本科院校	10	19 465	11 724
2. 专科院校	27	12 188	7 759
其中：职业技术学院	25	10 731	6 882
3. 其他机构（点）（不计校数）			
其中：独立学院			
（三）成人高等学校	3	768	364
（四）民办的其他高等教育机构	6	138	73
二、中等教育	1 785	149 427	113 062
（一）高中阶段教育	656	146 895	46 656
1. 高中	343	123 655	29 912
普通高中	342	123 577	29 892
成人高中	1	78	20
2. 中等职业教育	313	23 240	16 744
普通中专	75	7 362	4 447
成人中专	65	2 707	1 866
职业高中	136	9 854	7 452
技工学校	37	3 317	2 979
其他机构（教学点）（不计校数）	(81)		
（二）初中阶段教育	1 129	2 532	66 406
1. 普通初中	1 040		64 599
2. 职业初中	47	2 397	1 729
3. 成人初中	42	135	78
三、初等教育	6 563	144 857	117 576
（一）普通小学	4 177	138 691	115 205
（二）成人小学	2 386	6 166	2 371

续表

	学校数（所）	教职工数（人）	专任教师数（人）
其中：扫盲班	1 891	5 474	1 940
四、工读学校	1		
五、特殊教育	27	918	720
六、学前教育	1 554	20 404	12 929

注：普通高中的教职工数中包含普通初中的教职工数。

2007 年各级各类学历教育学生情况

	毕业生数（人）	招生数（人）	在校生数（人）
一、高等教育			
（一）研究生	2 243	3 536	9 888
博　士	93	187	680
硕　士	2 150	3 349	9 208
（二）普通本专科	67 204	93 169	284 057
本　科	29 647	41 479	143 710
专　科	37 557	51 690	140 347
（三）成人本专科	27 713	22 344	67 216
本　科	14 331	13 765	39 292
专　科	13 382	8 579	27 924
（四）其他各类高等学历教育			
1. 在职人员攻读博士、硕士学位		1 213	4 190
2. 网络本专科生			
本　科			
专　科			
3. 学历文凭考试			
4. 其他	13		
二、中等教育	567 206	564 880	1 804 291
（一）高中阶段教育	240 357	313 383	858 219
1. 高中	170 412	185 799	562 386
普通高中	170 116	185 799	561 400
成人高中	296		986
2. 中等职业教育	69 945	127 584	295 833
普通中专	30 933	52 359	129 312
成人中专	5 273	5 337	6 783
职业高中	25 915	56 325	128 892
技工学校	7 824	13 563	30 846
（二）初中阶段教育	326 849	251 497	946 072
1. 普通初中	311 655	245 540	918 851
2. 职业初中	10 503	5 957	22 366
3. 成人初中	4 691		4 855
三、初等教育	344 671	260 093	1 686 339
（一）普通小学	251 506	260 093	1 584 593
（二）成人小学	93 165		101 746
其中：扫盲班	33 123		20 373
四、工读学校			
五、特殊教育	294	552	3 943
六、学前教育	161 773	196 360	290 382

注：特殊教育学生数中包括普通中小学随班就读的学生数。

2007 年各级各类非学历教育学生情况

	毕（结）业生数（人）	注册生数（人）
总　　计	771 780	711 378
一、高等教育	23 614	20 996
（一）研究生课程进修班		278
（二）自考助学班		735
（三）普通预科生		2 690
（四）进修及培训	23 614	17 293
其中：资格证书培训	6 520	7 069
岗位证书培训	7 300	2 852
二、中等教育	748 166	690 382
其中：资格证书培训	69 250	39 638
岗位证书培训	264 308	207 241
（一）中等职业教育	105 638	37 505
其中：资格证书培训	30 598	6 081
岗位证书培训	33 911	7 186
（二）职业技术培训机构	642 528	652 877
其中：资格证书培训	38 652	33 557
岗位证书培训	230 397	200 055

2007 年各级各类民办教育基本情况

	学校数（所）	毕业生数（人）	招生数（人）	在校生数（人）	教职工数（人）	专任教师数（人）	另有其他学生数（人）
一、民办高等教育							
（一）民办高校	5	222	3 323	5 219	575	240	
本科学生							
专科学生		222	3 323	5 219			
（二）独立学院（不计校数）							
本科学生							
专科学生							
（三）民办其他高等教育机构					138	73	3 471
二、民办中等教育							
（一）高中阶段教育	99	9 112	17 969	41 969	6 353	4 370	
1. 民办普通高中	60	8 254	8 244	26 169	5 029	3 588	
2. 民办中等职业教育	39	858	9 725	15 800	1 324	782	2 563
（二）初中阶段教育	67	10 180	8 596	31 062	47	21	
1. 民办普通初中	66	10 049	8 494	30 672			
2. 民办职业初中	1	131	102	390	47	21	
三、民办普通小学	73	6 731	6 177	43 261	2 795	2 093	
四、民办幼儿园	950	31 622	48 867	82 882	7 437	4 391	
另有：民办培训机构（不计校数）	(188)				1 429	850	35 665

注：1.“另有其他学生数”包括：学历文凭考试学生、自考助学班学生、预科生、进修及培训学生数；
2. 民办普通高中的教职工和专任教师数中包含民办普通初中的教职工和专任教师数；
3.“(　)”内数据为不计校数。

〔**加强教育法制建设**〕　2007年，《内蒙古自治区实施〈中华人民共和国国家通用语言文字法〉办法》经自治区十届人大常委会第二十八次会议审议通过并颁布实施。区教育厅提交了《内蒙古自治区民族教育条例》（草案）和修订《内蒙古自治区实施〈中华人民共和国义务教育法〉办法》的地方性法规立项报告书，自治区人大、政府已将其列入2008年立法调研项目；参与修改教育部、自治区政府交办的法律、法规（草案）20件；制定了“五五”普法规划，完成了“五五”普法法律知识学习考试工作；按照工作职责和分工，把教育系统法律法规、规章的行政执法工作落实到13个内设处室和教育招生考试中心；完成了全国人大委托自治区人大开展的贯彻落实《义务教育法》的执法检查工作。

〔**党风廉政建设和行风建设**〕　2007年，内蒙古自治区教育厅召开了全区教育纪检监察审计工作会议，研究部署了全年教育系统党风廉政建设工作。制定印发了《内蒙古自治区2007年规范教育收费进一步治理教育乱收费工作实施意见》、《内蒙古自治区高校工委、教育厅关于加强高等学校“三重一大”决策管理和监督的意见（试行）》等规范性文件，进一步健全完善了有关规章制度。深入开展治理教育乱收费工作，积极发挥治理教育乱收费联席会议牵头部门作用，协调有关部门组织召开会议，命名表彰了12个全区首批规范教育收费示范旗市，对2007年申报的23个旗县市进行了评估检查。认真调查处理教育收费投诉举报，组织开展了年度教育收费联合检查，对群众反映强烈的乱收费投诉进行了严肃处理。进一步加强高校党风廉政建设工作，与自治区监察厅共同对6所高校党风廉政建设工作情况进行了调研督查，并召开了部分高校党风廉政建设工作座谈会，总结交流了近年工作。加强对各类教育招生考试、阅卷、录取工作的监督检查，认真受理招生录取工作投诉举报，加大对“高考移民”的查处力度，对严重作弊事件进行严肃处理。认真开展教育内部审计工作，对包头医学院等两所学校基建工程、财务收支情况和直属事业单位主要领导离任经济责任进行了审计，配合教育部检查组对3所高校、2个盟市的教育内部审计工作进行了检查。认真贯彻落实中央纪委《关于严格禁止利用职务上的便利谋取不正当利益的若干规定》，组织开展了干部自查自纠工作，清理规范了厅机关及直属事业单位评比达标表彰活动和行政事业收费项目，进一步加强了厅机关党风廉政建设工作。

〔**资助政策体系进一步完善**〕　2007年，内蒙古教育厅落实国家新资助政策，国家、自治区、盟市、旗县四级新增资助经费2亿元，共有491人获得国家奖学金、7 588人获得国家励志奖学金、71 208人获得高校国家助学金、14.76万人获得中等职业学校国家助学金。自治区教育厅协调实现了国家开发银行内蒙古分行助学贷款项目覆盖所有公办普通高校的目标，共向17 549名学生发放助学贷款7 768万元；商业银行发放助学贷款3 295.7万元。生源地财政贴息助学贷款全部覆盖区内普通高校，共向10 197人发放贷款6 665万元。目前高等学校助学面达到了28%，职业教育助学面达到了97%，均高于全国平均水平。确保高校“绿色通道”畅通。对特困学生一律先办理入学手续，并为其免费提供学习、生活用品；与往年相比，手续更加便捷高效。据统计，去年秋季开学通过“绿色通道”入学人数为7 218人。

〔**教师队伍建设**〕　召开了自治区庆祝第23个教师节暨表彰大会，推荐评选出全国教育系统先进集体11个，全国模范教师、教育系统先进工作者48名，全国优秀教师和优秀工作者69名；评选出自治区优秀教师、优秀教育工作者200名。与晋绥儿女支持老区教育协会联合表彰了自治区原晋绥老区优秀教师40名。组织开展了自治区第三批中小学学科带头人及首批中等师范学校、教师进修学校学科带头人评选工作。

2007年，内蒙教育厅还对全区中小学教师队伍现状和2004年至2006年中小学校新任教师补充情况进行了调查统计。安排落实了自治区报考教育部直属师范院校生的相关工作。研究形成了自治区直属试点高等院校改革工作总结。组织开展了

2007年各级各类学校教师资格认定工作。部署了全区教育系统学习落实胡锦涛总书记在优秀教师座谈会上的重要讲话精神。召开了全区高中教师继续教育研讨暨集体备课会、全区教师进修学校建设经验交流会。

2007年，内蒙教育厅制定出台了《内蒙古自治区中小学教师培训工作“十一五”规划》和《内蒙古自治区农村牧区教师培训计划及其实施意见》。积极推进新一轮中小学教师全员培训工作，完成了7个学科420名自治区级骨干教师的培训，启动了高中教师部分学科的全员培训工作，组织开展了第6次2 675名基础教育新课程培训者的培训。2007年，内蒙教育厅还开展了中小学教师教育技术能力自治区级培训者培训，完成了“英特尔®未来教育”项目学科教师计算机培训和高级研修培训、教育部—微软（中国）“携手助学”信息技术培训，在9个项目旗县组织实施了“2007年暑期西部农村教师国家级远程全员培训”，在3个项目旗县组织实施了“教育部万名中小学班主任国家级远程培训”。在中职师资培训方面，区教育厅制定下发了《关于加强中等职业学校教师队伍建设的意见》，对中等职业学校教师的培养培训工作提出了明确要求，2007年共有268名专业课教师参加了中等职业学校国家级骨干教师培训，5名教师出国培训，组织开展了500名自治区级骨干教师培训。2007年，区教育厅加强了自治区民族学校教师和校长队伍建设，全年共免费培训蒙古语授课和朝鲜语授课中小学骨干教师975人，培训蒙古语授课新课程培训者300人，免费培训民族高级中学校长62人。通过组织或参与全区中小学校长培训班、中国联通西部农村中小学校长培训、联合国儿基会“爱生学校发展规划”省级县级培训、教育部高中初中小学校长培训等培训活动，内蒙2007全年共培训中小学校长近500人。组织开展了对15所旗县教师培训机构的督导评估，促进了旗县教师培训机构的基础建设。

〔**中小学校办学条件明显改善，高校新校区建设进展顺利**〕 全区30个旗县纳入二期“义教”工程和中西部地区“农村寄宿制学校建设”工程，71个旗县纳入二期“危改”工程，各类工程累计投入资金23.11亿元，共新建、改扩建校舍322.22万平方米。经国家三部委审核批复，2007年度全区农村牧区中小学现代远程教育工程建设资金总额为3 537万元，建设项目学校273所。争取到邵氏基金基础教育赠款项目6个，赠款490万港元。争取到台塑集团援建明德小学建设工程一期规划（2005—2008年）确认的我区项目学校65所，总投资14 160万元，其中台塑集团捐助资金5 025万元，地方配套资金9 135万元。高校进一步拓展了办学空间。内蒙古大学新校区建设全面展开，33万平方米校舍已开工建设，完成投资约3亿元。内蒙古师范大学新校区建设二期工程基本完成。内蒙古医学院新校区已投入使用。包头医学院、通辽职业学院新校区建设即将投入使用。内蒙古财经学院、科尔沁艺术职业学院新校区建设完成过半，部分项目已投入使用。内蒙古高职教育园区规划占地面积300万平方米、项目总投资约13亿元，一期工程将于2008年上半年完工。

〔**大中小学德育工作**〕 2007年，内蒙教育厅进一步加强和改进大中小学德育工作。在中小学校开展德育大课堂教育，组织有条件的学校通过网络收看国家优秀教师讲授德育课，逐步开展心理健康教育。印发《关于学习贯彻胡锦涛总书记给孟二冬教授女儿回信精神的通知》，号召广大教育工作者学习孟二冬同志的先进事迹和总书记的回信精神。与自治区党委宣传部联合下发了《关于贯彻落实党的十七大精神切实抓好大学生思想政治教育工作的通知》，邀请自治区党委十七大精神宣讲团为驻呼高校进行了十七大精神的宣讲报告。积极推行《高校思想政治理论课程新方案》，举办了全区高校思想政治理论课“毛泽东思想、邓小平理论和‘三个代表’重要思想概论”课和“中国近现代史纲要”课教师培训班，对200余名思想政治理论课教师进行了新课程体系的培训。举办了第三期哲学社会科学骨干教师培训班，140名骨干教师接受了培训。组织开展了大学生思想政治教育评估工作，评选出先进院校13所、良好学校17所、合格学校3所。

内蒙古农业大学经济管理学院2004级学生李

莹，在病危时强烈要求加入中国共产党，并立下遗嘱在病逝后捐献眼角膜。她的事迹感动了社会，区教育厅与自治区党委宣传部、团委、内蒙农业大学联合组成了李莹同学先进事迹报告团，深入宣传了李莹同学的感人事迹。

〔**语言文字规范化工作**〕 2007年，内蒙古制定实施了《内蒙古自治区汉语言文字工作“十一五”规划》，召开了2007年度全区语言文字工作暨首次全区高校语言文字工作会议。对赤峰市贯彻《国家通用语言文字法》的工作情况和城区语言文字的应用状况进行了评估验收。举办了自治区第一期少数民族学校汉语教师普通话水平培训班。完成了首批自治区级语言文字规范化示范校评估验收工作。精心组织开展了第十届全国推广普通话宣传周内蒙古系列活动。举办了第十二期自治区级普通话水平测试员资格考核培训班。普通话培训测试工作健康发展，共有五万余人接受了培训测试。

〔**教育对外合作与交流**〕 2007年，自治区教育厅全年共完成组团出访任务审核报批项目47项。接待了美国、古巴等4国和香港地区来访的教育代表团。积极发展与蒙古国的教育交流，完成了2007年全额资助蒙古国留学生招生工作，选拔了18名对外汉语志愿者教师赴蒙古国任教。公派出国留学工作取得新进展，选派了70名高中毕业生赴古巴学习医学和西班牙语、45名高校和中学教师赴国外公派留学，从内蒙大学和内蒙师大遴选了10名在读二年级本科生，作为插班生赴俄罗斯学习俄语。国家汉语国际推广工作得到进一步加强，国家汉语国际推广领导小组批准在自治区二连浩特市蒙古族学校等三所学校建立了“汉语国际推广中小学基地”。举办了对外汉语教师培训班，培训汉语教师候选人50名。对26个中外合作办学项目进行了全面检查。拓展聘请外教和接受留学生渠道，截至去年年底，全区各级各类学校共聘请外国专家150多人，内蒙高校在校外国学生已达1 570名。进一步加强了与北京市教委的对口支援与协作，组织召开了京蒙高校对口支援协作座谈会，确定了新一轮对口支援协作单位。

基础教育

〔**顺利通过国家“两基”达标验收**〕 内蒙古自治区自1993年开始实施“两基”工程以来，特别是“十五”以来，紧紧抓住国家实施各项重大教育工程的机遇，累计投入资金378亿元，使农村牧区中小学布局结构调整逐步优化，办学条件和规模效益明显提高。至2006年底，全区101个旗县市区全部通过自治区“两基”达标验收，比原定规划提前了四年。为了向自治区成立60周年献礼，2007年初自治区人民政府向国家教育督导团提出了“国检”申请。6月，国家教育督导团派出以广西壮族自治区人民政府副主席吴恒同志为组长的国家督导检查组，分成三个小组深入到自治区9个盟市的9个旗县，对全区“两基”工作进行了实地检查，教育部部长周济、副部长陈小娅亲临指导检查验收工作。国家督导检查组和两位部领导经过实地检查验收，对自治区的“两基”达标工作给予了高度评价。

〔**加强“两基”巩固提高工作**〕 实现“两基”目标后，自治区教育厅及时将基础教育工作的重点转移到巩固提高上来，在充分调研的基础上，代表自治区党委、政府草拟了《关于进一步加强基础教育工作的意见》。《意见》明确了今后一个时期自治区基础教育发展的指导思想、主要目标、主要任务和保障措施，是指导自治区基础教育事业发展的纲领性文件。2007年，教育厅指导部分实现“两基”

达标的旗县、盟市完成了“两基”巩固提高的自查、复查工作。乌兰浩特市等10个旗县市区的“两基”巩固提高工作取得了新的进展，具备了接受自治区督导复查的条件。

〔**义务教育全面纳入公共财政保障范围**〕 2007年春季，自治区本级财政安排专项资金1.25亿元，为农村牧区贫困家庭学生免费提供教科书，同时将贫困家庭寄宿生生活费由2006年的小学每生每年150元、初中每生每年210元分别提高到每生每年小学300元、初中450元，2007年底自治区政府决定将标准进一步提高到每生每年小学500元、初中750元。自2007年秋季开学起，对所有义务教育阶段蒙语授课寄宿生补助生活费，并将补助标准提高到小学每生每年1 080元，初中每生每年1 350元，同时对自治区所有义务教育阶段中小学生全部实行“两免”政策，覆盖全区259.7万义务教育阶段的中小学生。

〔**全面启动化解农村牧区义务教育债务工作**〕 自治区被国家列入了全国化解农村牧区义务教育“普九”债务试点省区之一，共锁定义务教育债务39亿元，确定2008年底前完成债务化解工作。自治区教育厅代拟并以自治区政府办公厅名义印发了《内蒙古自治区化解农村牧区义务教育债务实施方案》。自治区召开了化解农村牧区义务教育债务工作电视电话会议，对债务化解工作进行了全面部署。

〔**全面推进新一轮基础教育课程改革，逐步推进中考改革**〕 2007年，全区义务教育阶段学校全部推行了新课程标准，广泛建立了校本教研制度。中考改革在上年55个旗县区实验的基础上，2007年全区90%以上的旗县更新了考试内容，不少地方用等级制呈现考试成绩，增加了综合素质评价；普通高中招生多样化，把优质高中招生的部分指标划拨到了旗县和一般学校。

〔**在“普九”的基础上向两头延伸**〕 2007年，教育厅制定了《幼儿教育“十一五”规划》，2007年全区幼儿园园数1 554所，比上年增加50所，在园幼儿16.35万人，比上年增加1.05万人；学前班12.68万人，比上年增加0.86万人。适当控制普通高中招生规模，引导普通高中提高质量，形成特色。高中阶段毛入学率达到79.6%，向基本普及高中阶段教育迈出了可喜的步伐。

职业教育与成人教育

〔**大力发展职业教育**〕 2007年，自治区教育厅以自治区政府名义出台了《关于大力发展职业教育的意见》，明确了今后一个时期职业教育改革与发展的指导思想、目标任务、工作要求和保障措施。

2007年全区中职学校招生总规模达到12.54万人，比上年增加2.65万人，增长30%。职普比例达到40.3∶59.7，为实现高中阶段职普比例大体相当迈出了坚实的一步。全区中职学校开设了9个科类246个专业，基本上涵盖了本区各个行业和领域。年内有3所学校被评为国家级重点学校，26所学校被评为自治区级重点学校。坚持以就业为导向，大力推进校企合作，有10所学校被列为工学结合和半工半读试点，同时全面推广学生顶岗实习一年的经验和做法。组织开展了全区中职学校学生和教师的专业技能竞赛，组织教师参加了全国性的课件制作等基本功竞赛，组织开展了计算机、会计、英语等专业教改的研讨活动，组织编写了符合中职学生特点的《案例驱动教学——计算机基本技能操作》地方教材。职业技能鉴定工作进一步加强，全区中职学校毕业生取得职业资格证书的学生达到2.46万人，占毕业生总数的39%。毕业生就业率达到94%以上。管理体制改革和布局结构调整取得明显成效，校均规模由508人增加到840人，办学条件有所改善，办学效益明显提高。

〔**基础建设进一步加强**〕2007年，国家和自治区共安排全区中职重点学校和职教中心建设项目19个，投入资金3 900万元；国家级实训基地安排项目11个，落实资金1 940万元；自治区实训基地和精品专业共安排资金3 800多万元。经教育部、财政部批准，自治区高职高专院校4个实习实训基地被列为中央财政支持的实训基地建设项目，内蒙古建筑职业技术学院成为自治区第一所国家示范性高职高专院校建设单位。

〔**民办教育和成人教育工作取得新的进展**〕2007年，印发了《内蒙古自治区民办教育"十一五"期间发展意见》，明确了民办教育发展的主要目标和保障措施。评估审批了7所民办中等职业学校。农村牧区成人教育以推进"三教统筹"、农科教结合为载体，全年农牧民实用技术培训200万人次，承担农村牧区劳动力转移培训4.2万人，培训进城务工农牧民8 000多人。加强了民办高等职业教育和成人高等教育的管理，组织开展了专项检查，规范了办学行为，切实提高了办学质量。

高等教育

〔**教学改革进一步深化，教学质量明显提高**〕2007年，召开了全区高等教育工作会议，明确了"十一五"期间自治区高等教育改革发展的主要任务。组织开展了自治区高等学校首届教学名师评选表彰工作，内蒙农大的朝伦巴根教授获得全国第三届高等教育教学名师称号。积极组织申报国家级教学团队，内蒙古大学的数学教学团队被评为国家级教学团队。评出75门自治区级精品课程，其中5门课程被评为国家级精品课程。8所本科高校的16个基础实验教学中心被评为自治区级实验教学示范中心，其中内蒙古大学、内蒙古财经学院的2个实验教学中心获得国家级实验教学示范中心称号，实现了国家级"实验教学示范中心"零的突破。2007年自治区新增本科专业23个（待教育部备案批准），专科专业86个，自治区级品牌专业44个。2007年，教育厅推进大学外语教学改革，内蒙古师范大学被确定为教育部英语教学改革示范点建设项目，指导内蒙古医学院顺利通过教育部本科教学水平评估，协调指导内蒙古科技大学三校开展迎评准备工作，完成了对呼和浩特职业学院、兴安职业技术学院和包头轻工职业技术学院的人才培养工作水平评估。

〔**切实加强重点学科建设，积极推进学位与研究生教育工作**〕2007年，内蒙古自治区制定出台了《关于加强高校自治区重点学科建设的试行意见》和《自治区重点学科建设评估考核指标体系》。通过考核评审，原有40个重点学科被重新认定，新增一级学科自治区重点学科7个、二级学科自治区重点学科37个、自治区重点培育学科32个；此外，3个学科通过教育部考核并被重新确认为国家重点学科，4个学科被确定为国家重点（培育）学科。教育厅指导有关高校进行研究生培养机制和培养模式改革，开展校内外研究生创新基地建设，在能源、化工、材料、农业和新医药等学科领域与相关科研院所、企业联合建立了研究生培养和创新基地。2007年，内蒙古自治区新增MPA专业学位授权点1个。批准新增2所本科高校为学士学位授予单位，21个本科专业为学士学位授予专业。

〔**科技工作健康发展**〕 2007年，自治区高校获准国家“973计划”、“863计划”、国家科技支撑计划共10余个项目，国家自然科学基金项目95项，有2人获得教育部“新世纪优秀人才计划”资助，荣获国家科学技术进步二等奖1项，批准科研项目经费将近2亿元。设立了两个层次的18个重点科研项目和近200个一般项目，重点扶持中青年拔尖创新人才和优秀青年科技人才开展科研工作。经教育部批准，2个省部共建教育部重点实验室、1个教育部工程研究中心进行立项建设，有11个高校实验室被评为自治区重点实验室。审批设立了马克思主义中国化与民族发展研究中心等6个首批自治区高校人文社会科学重点研究基地。制定完善了自治区高校《关于进一步提高哲学社会科学研究质量的意见》、《重点实验室管理办法》、《人文社会科学重点研究基地管理办法》、《科学研究项目管理办法》、《哲学社会科学研究项目管理办法》。内蒙古大学图书馆被批准为教育部科技查新站，标志着自治区高校的图书馆文献信息服务水平跃上了一个新的台阶。接待“春晖计划”留学人员3批20余人来自治区高校开展学术交流和科研合作，并签订科研合作意向100余项。

〔**高校党建工作和稳定工作**〕 2007年，自治区教育厅召开全区高校党建工作会议，制定印发了《关于建设高等学校社会主义和谐校园的意见》。调研形成了贯彻落实保持共产党员先进性等四个长效机制文件精神的报告和驻呼直属高校党组织建设情况的报告。开展了全区民办高校党建工作调研。对内蒙古师范大学等5所自治区直属高校的党代会换届报告和纪委换届人选进行了批复，指导教育厅直属四所高职院校分别召开了第一次党员大会。落实维护高校稳定工作责任制，加大实施综合治理目标管理责任制和实绩考核的力度，召开了全区维护高校稳定工作电视电话会议，继续实行高校稳定形势分析会制度，加强校园安全及周边环境治理工作和高校保卫干部队伍建设。

〔**体育、卫生、艺术教育**〕 全面推广《国家学生体质健康标准》，深入开展“阳光体育运动”。对12个旗县的“33211工程”进行了评估验收。举办了全区大学生运动会并组队参加了全国大学生运动会，自治区代表团在全国大学生运动会上取得了1枚银牌、3枚铜牌，改写了自治区高校20年来在全国大学生运动会上无奖牌的历史。组队参加了“全国中小学生艺术展演”，获得了一等奖10个、二等奖17个、三等奖38个的好成绩。继续组织开展了各种体育、艺术活动，活跃了校园文化生活。组织内蒙古师范大学、包头师院艺术团开展了“高雅艺术进校园”活动，为培养大学生的艺术修养和审美情操起到了一定的导向作用。

〔**高校辅导员队伍建设**〕 组织召开了全区高校辅导员队伍建设工作暨学生工作经验交流会，制定下发了《关于进一步加强高等学校辅导员队伍建设的意见》、《2006—2010年自治区普通高等学校辅导员培训规划》、《全区普通高校“优秀辅导员”评选办法》，对全区高校辅导员队伍建设落实情况进行了全面检查，对全区高校322名专职辅导员进行了上岗培训。

〔**高校招生与毕业生就业工作**〕 实施高校招生“阳光工程”，积极调整招生政策和操作办法，进一步规范考务管理，加大信息公开力度，公开、公示、查询的内容由2006年的46项增加到60多项，维护了高考的公开、公平、公正。通过积极争取区外招生计划等措施，2007年高考录取率比计划增加了11个百分点，在很大程度上缓解了高考压力。进一步完善了高校毕业生充分就业的制度和政策体系，建立健全了就业指导和服务体系，2007年我区普通高校毕业生为68 501人，截至当年9月1日，平均就业率为72.49%，比2006年提高了1.21个百分点。

民 族 教 育

〔**加大工作指导力度**〕 在广泛调研的基础上，2007年，内蒙教育厅起草上报并以自治区人民政府名义出台了《关于进一步加强民族教育工作的意见》，研究制定并由自治区政府办公厅批转了《内蒙古自治区民族教育发展工程实施方案》和《内蒙古自治区蒙古语授课（加授蒙古语文）和朝鲜语授课考生高考科目及记分办法》，印发了《内蒙古自治区实施中国少数民族汉语水平等级考试办法》。

〔**争取资金支持和国家部属院校的招生计划**〕 2007年，内蒙全年共争取到少数民族教育中央专项补助资金240万元，争取到教育部投资的蒙古文版本教育资源建设经费400万元，争取到出版社捐赠的价值200万元的“人教教学资源网”电子黑板教学软件。从2007年起，自治区本级财政每年新增2 000万元民族教育专项补助经费。全年共争取国家部属高校为内蒙安排少数民族预科招生计划1 300人。落实八省区蒙古语授课协作培养本科招生计划306人。区内高校招收蒙古语授课学生的办学规模由上年的10 100人增加到11 510人。完成了“少数民族高层次骨干人才计划”招生任务。

〔**民族文字教材建设和蒙古语中小学教学课件开发**〕 全国蒙古文教材审查委员会共审查教材59种，全国大中专院校蒙古文教材审定委员会共审定出版教材48种、审查修订教材20种。2007年，内蒙教育厅组织编写上报的《蒙古文版本教育资源建设计划书》已获批准，已完成4个蒙古族幼儿教育教学课件和6册蒙古族高中汉语教学课件的开发制作并投入使用。为加强民族教育协作交流，与八省区配合，举办了八省区第二届“八骏杯”大中学生蒙古文文学作品大赛、第二届蒙古族幼儿园园长协作及学前教育研讨会、蒙古族中学校长协作会第20届年会和第三届蒙古语授课小学中青年教师创新课观摩活动。组织开展了首届全区民族中小学生《草原深处我的家》征文活动、第三届全区民族中学“学校杯”搏克比赛和第四届全区民族教育优秀科研成果评选活动，选派18名教师参加了教育部举办的“全日制民族中小学汉语课程标准”国家级培训班，为青海省海西蒙古族藏族自治州培训蒙古语授课初中、高中学科教师71人。有力地推动了内蒙民族教育留学研究工作。

撰稿 肖彦辉

审稿 李东升 袁广德

辽宁省教育

概　　况

〔基本情况〕

2007 年各级各类学校校数、教职工、专任教师情况

	学校数（所）	教职工数（人）	专任教师数（人）
一、高等教育			
（一）研究生培养机构（不计校数）	(47)		
1. 普通高校	(33)		
2. 科研机构	(14)		
（二）普通高等学校	79	87 215	50 344
1. 本科院校	40	64 301	36 041
2. 专科院校	39	16 776	10 027
其中：职业技术学院	31	12 392	7 440
3. 其他机构（点）（不计校数）	(31)	6 138	4 276
其中：独立学院	(23)	6 138	4 276
（三）成人高等学校	27	6 439	3 534
（四）民办的其他高等教育机构	112	1 793	742
二、中等教育	2 708	224 330	175 529
（一）高中阶段教育	972	224 330	73 138
1. 高中	451	177 683	41 172
普通高中	445	177 652	41 141
成人高中	6	31	31
2. 中等职业教育	521	46 647	31 966
普通中专	133	16 789	10 492
成人中专	1	568	373
职业高中	252	18 164	12 263
技工学校	135	10 826	8 669
其他机构（教学点）（不计校数）	(90)	300	169
（二）初中阶段教育	1 736		102 391
1. 普通初中	1 736		102 391
2. 职业初中			
3. 成人初中			
三、初等教育	7 680	176 941	153 708
（一）普通小学	7 670	176 926	153 693
（二）成人小学	10	15	15

续表

	学校数（所）	教职工数（人）	专任教师数（人）
其中：扫盲班			
四、工读学校	10	352	224
五、特殊教育	75	2 598	2 012
六、学前教育	7 229	52 539	31 217

注：普通高中的教职工数中包含普通初中的教职工数。

2007 年各级各类学历教育学生情况

	毕业生数（人）	招生数（人）	在校生数（人）
一、高等教育			
（一）研究生	15 655	23 104	67 305
博　士	1 898	2 526	10 786
硕　士	13 757	20 578	56 519
（二）普通本专科	169 576	224 273	777 758
本　科	95 693	143 255	526 720
专　科	73 883	81 018	251 038
（三）成人本专科	81 705	85 032	221 715
本　科	35 855	39 441	104 799
专　科	45 850	45 591	116 916
（四）其他各类高等学历教育			
1. 在职人员攻读博士、硕士学位		6 803	18 782
2. 网络本专科生	18 009	38 168	72 410
本　科	12 855	20 344	42 671
专　科	5 154	17 824	29 739
3. 学历文凭考试	1 621		1 003
4. 其他	3 531		
二、中等教育	884 297	922 975	2 780 235
（一）高中阶段教育	415 689	445 117	1 301 766
1. 高中	251 056	233 730	745 261
普通高中	249 165	233 730	742 391
成人高中	1 891		2 870
2. 中等职业教育	164 633	211 387	556 505
普通中专	67 809	67 808	202 506
成人中专	2 537	8 894	19 296
职业高中	60 167	88 520	227 583
技工学校	34 120	46 165	107 120
（二）初中阶段教育	468 608	477 858	1 478 469
1. 普通初中	468 608	477 858	1 478 469
2. 职业初中			
3. 成人初中			
三、初等教育	482 962	395 108	2 454 970
（一）普通小学	480 567	395 108	2 452 598
（二）成人小学	2 395		2 372
其中：扫盲班			
四、工读学校	494	677	1 956
五、特殊教育	799	986	8 742
六、学前教育	308 819	339 963	728 300

注：特殊教育学生数中包括普通中小学随班就读的学生数。

2007年各级各类非学历教育学生情况

	毕（结）业生数（人）	注册生数（人）
总　计	3 648 617	1 024 841
一、高等教育	101 026	35 409
（一）研究生课程进修班	2 120	2 696
（二）自考助学班	5 690	30 551
（三）普通预科生		390
（四）进修及培训	93 216	1 772
其中：资格证书培训	19 675	330
岗位证书培训	33 132	174
二、中等教育	3 547 591	989 432
其中：资格证书培训	71 234	41 613
岗位证书培训	88 767	47 190
（一）中等职业教育	218 915	155 229
其中：资格证书培训	52 520	22 897
岗位证书培训	72 078	30 906
（二）职业技术培训机构	3 328 676	834 203
其中：资格证书培训	18 714	18 716
岗位证书培训	16 689	16 284

2007年各级各类民办教育基本情况

	学校数（所）	毕业生数（人）	招生数（人）	在校生数（人）	教职工数（人）	专任教师数（人）	另有其他学生数（人）
一、民办高等教育							
（一）民办高校	10	8 584	11 078	31 713	2 945	1 976	
本科学生		2 353	1 530	4 009			
专科学生		6 231	9 548	27 704			
（二）独立学院（不计校数）	(23)	11 714	26 521	91 753	6 138	4 276	
本科学生		11 714	26 521	91 753			
专科学生							
（三）民办其他高等教育机构					1 793	742	31 554
二、民办中等教育							
（一）高中阶段教育	206	34 428	38 693	112 718	10 427	7 264	
1. 民办普通高中	101	23 981	23 999	75 339	5 764	4 658	
2. 民办中等职业教育	105	10 447	14 694	37 379	4 663	2 606	2 848
（二）初中阶段教育	39	9 988	14 527	43 687			
1. 民办普通初中	39	9 988	14 527	43 687			
2. 民办职业初中							
三、民办普通小学	36	3 968	2 729	20 362	1 547	1 390	
四、民办幼儿园	4 620	94 358	125 380	348 239	31 230	17 842	
另有：民办培训机构（不计校数）	(4 166)				32 981	20 097	823 618

注：1. “另有其他学生数”包括：学历文凭考试学生、自考助学班学生、预科生、进修及培训学生数；

2. 民办普通高中的教职工和专任教师数中包含民办普通初中的教职工和专任教师数；

3. “（　）”内数据为不计校数。

〔**深入学习贯彻党的十七大精神**〕 2007年，辽宁省教育厅在全省教育系统深入开展学习贯彻党的十七大精神系列活动。印发《中共辽宁省委高校工委、省教育厅关于全省教育战线学习贯彻党的十七大精神的通知》，全面部署全省教育战线学习贯彻十七大精神的各项工作，在全省高校师生中开展“我与十七大”主题征文活动，依托辽宁大学生在线联盟举办“党的十七大精神网上知识竞赛”，召开全省高校学习贯彻党的十七大精神座谈会，组织驻沈高校师生参加中央宣讲团高校师生专场报告会和专题座谈会。

〔**完善扶困助学体系**〕 2007年，辽宁省扶困助学制度体系进一步完善。(1)继续加大了扶困助学力度。对全省义务教育阶段学生推进“两免三补”政策（免学杂费、书费和补助困难学生生活费、住宿费、交通费）。2007年安排免除农村义务教育阶段学生学杂费资金3.94亿元，其中省本级投入资金1.62亿元，受益学生260万人；免费提供教科书资金1.17亿元，其中省本级投入资金3 829万元，受益学生46万人；补助寄宿生生活费资金2 843万元，受益学生8万人。充分保障农民工子女接受义务教育的权利，认真做好14.4万名农民工子女就学扶助工作。对每个圆了大学梦的宏志生，省、市政府给予5 000元以上的入学补贴。(2)建立中等职业学校国家助学金制度，资助所有全日制中等职业学校在校农村学生和城市家庭经济困难学生。2007年共发放中职国家助学金1.98亿元，资助学生26.3万人。(3)建立高等学校国家和政府奖助学金制度。国家奖学金奖励标准为每生每年8 000元，2007年共发放1 042万元，奖励1 303名优秀学生；省政府奖学金奖励标准为每生每年8 000元，2007年共发放1 200万元，奖励1 500名优秀学生。共发放国家励志奖学金3 574万元，奖励7 148名优秀学生。共发放国家助学金10 259万元，资助学生5.1万多人。(4)平抑高校食堂价格。2007年6月份起至年末，辽宁省给各高校和中职学校的特困学生发放伙食补贴，按在校学生5%，每人每天4元补助。省财政共核拨2 046万元，资助特困学生2.97万人。从9月至12月末又在原伙食补贴每天4元的基础上再给特困学生每人每天增加2元伙食补助，省财政增拨经费860万元。

〔**学校体育和艺术教育**〕 2007年，辽宁省积极开展“全国亿万学生阳光体育运动”，推进学校体育工作健康开展。省政府召开了全省学校体育工作会议，全面贯彻落实《中共中央国务院关于加强青少年体育增强青少年体质的意见》。省教育厅组织开展以评选“阳光体育证章”和“阳光体育奖章”为牵动、以“达标争优、强健体魄”为目标、以“阳光下运动，健康中成长”为主题的各种系列体育活动，在全省掀起了阳光体育运动热潮；贯彻落实《国家学生体质健康标准》，举办《国家学生体质健康标准》管理工作培训班；制定九年义务教育初中学生毕业升学体育与健康课程考试新的实施方案，全省学校体育运动队取得多项好成绩。2007年，辽宁省学校运动队共取得全国中学田径锦标赛女子乙组第一名、全国中学生篮球锦标赛第一名、全国中学生排球锦标赛第三名、第八届大学生运动会甲、乙组团体总成绩第七名，还获得第八届大学生运动会体育科学论文报告会“优秀组织奖”。

〔**教育国际交流与合作**〕 2007年，辽宁省教育厅成功举办了第二届中国·辽宁（沈阳）国际大学校长论坛，来自15个国家40余所大学的校长、学者参加，扩大了辽宁高等教育的国际影响。继续组织大学校领导赴牛津大学培训团、大学校领导赴美国密歇根大学培训等大型培训团组，通过在世界一流大学的系统培训，促进高校领导干部和专业骨干更新观念，开阔视野，提高素质。成功组织20所高校在俄罗斯伊尔库茨克、哈巴罗夫斯克、海参崴举办首次境外教育展。积极加强汉语国际推广工作，沈阳师范大学与黎巴嫩圣约瑟夫大学、辽宁师范大学与美国迈阿密大学、辽宁大学与俄罗斯伊尔库茨克国立大学，大连外国语学院与日本冈山商科大学、大连外国语学院与俄罗斯新西伯利亚国立技术大学合作建立了5所孔子学院。

〔**民办教育**〕 2007年，辽宁省教育厅认真学习宣传民办教育地方法规，组织召开了座谈会，积极协调有关部门及时研究和解决学习贯彻地方法规中遇到的问题，健全和完善民办教育的各项制度办法，受省委、省政府委托起草了《辽宁省委省人民政府关于加强和改进民办高等高校工作的意见》等相关文件，切实加强对民办高等教育的监督管理，根据《辽宁省高等学校招生章程、简章和广告审核备案管理办法》的要求，对辽宁省高等学校招生章程、简章和广告中涉及中外合作办学和民办教育的相关内容进行审核备案。

〔**学校安全教育与管理**〕 2007 年，辽宁省教育厅切实加强全省学校安全工作。一是召开全省学校安全和校园周边环境整治工作电视电话会议，对各级政府、各级教育行政部门、公安机关、卫生部门和各级各类学校提出明确要求。二是召开全省农村中小学校车管理工作现场会，认真总结并推广了铁岭、新民、桓仁等地校车管理的具体做法和先进经验，制定了多项优惠扶持和税费减免政策，对规范和加强全省农村中小学校车管理工作提出了具体意见和明确要求。三是不断加强全省学校安全管理机构和干部队伍建设。四是组织、开展了多次全省学校安全隐患大排查和自查自改专项行动。五是开展了全省中小学（幼儿园）和高等学校安全大检查。

〔**教育行风建设**〕 2007 年，省教育厅进一步规范教育收费，加强教育行风建设。一是全面部署治理任务，明确工作重点，认真规范城市中小学办学收费行为，严格执行公办高中招收择校生“三限”政策，巩固高校招生“阳光工程”成果，规范高校招生收费行为，加强监督检查，严肃查处教育乱收费案件。二是在国家七部委召开的全国规范城市义务教育收费工作交流会暨全国治理教育乱收费工作汇报会上介绍了辽宁省落实政府责任，加大义务教育投入，在治理城市义务教育阶段择校收费方面的做法和经验。三是继续坚持行之有效的措施，巩固治理工作成果。2007 年，辽宁全省共查处教育乱收费案件 112 件，有 71 人受到党纪政纪处分；查处在职教师乱补课 47 起，对 44 人给予党纪政纪处分。

〔**语言文字工作**〕 2007 年，辽宁省深入学习宣传和贯彻实施《国家通用语言文字法》和《辽宁省实施〈国家通用语言文字法〉规定》，依法推进城市语言文字评估和党政机关、新闻媒体、学校、公共服务四大重点领域语言文字规范化工作。省人大对丹东市落实法规情况进行了检查，营口、朝阳、盘锦、葫芦岛四市设置了语言文字工作机构，大连市的语言文字工作已经达到国家一类城市评估的合格标准。省教育厅在全省开展丰富多彩的推广普通话宣传周活动，组织开展全国推普周系列宣传品征集评选，积极进行国家级语言文字规范化示范校创建活动（辽宁师范大学、沈阳市艺术幼儿师范学校、大连市旅顺口区迎春小学等 12 所学校被命名为首批国家级语言文字规范化示范校），开展“中华经典诗文诵读活动”试点工作（沈阳、鞍山和省直的 14 所学校作为首批试点学校），举办中华经典诗文诵读活动师资培训班。

基础教育

〔**加强和改进中小学德育工作**〕 2007 年，辽宁省教育厅进一步加强和改进中小学德育工作，开展了“中小学弘扬和培育民族精神月”活动，统一组织全省中小学生收看迎接十七大形势教育课，发放国家统一制作的形势教育课光盘，组织班主任和少先队辅导员省级培训，评选 2007 年辽宁省普通中小学三好学生（优秀团员）、优秀学生干部、优秀团干部、三好班级和普通高中省级优秀学生，组织三个县（区）的班主任教师利用远程教育资源参加教育部举办的班主任网上培训。

〔**义务教育课程改革**〕 2007年，辽宁省以基础教育课程改革为核心，全面推进素质教育。省教育厅召开了全省普通高中课程改革样本校工作经验交流会，开展全省义务教育课程改革专项调研，开展中小学电脑制作竞赛、青少年科技创新大赛、“明天小小科学家”比赛、环保征文，以及首批科技教育示范校、青少年科技教育先进工作者评选等活动，起草《辽宁省中小学双语教学实验学校检查评估方案》，表彰双语教学实验优秀学校和优秀教师。

〔**增加农村中小学公用经费**〕 2007年开始，按照中央统一部署，辽宁省提高了农村中小学公用经费保障水平，所需经费由各级财政按照免学杂费资金的分担比例共同承担，并在各级财政转移支付中单列。提高后，辽宁农村小学每生公用经费增加了30元，农村初中增加50元。2007年，全省农村中小学生公用经费达到农村小学300元/生、农村初中420元/生、县镇小学320元/生、县镇初中460元/生。

〔**农村九年一贯制（寄宿制）学校建设和危房改造**〕 2007年，辽宁省教育厅加强了农村九年一贯制（寄宿制）学校的建设和管理。投入资金5.42亿元，其中省财政投入1.09亿元，建设农村九年一贯制学校100所；制发了《辽宁省九年一贯制（寄宿制）学校管理规程实施细则（试行）》；召开全省农村九年一贯制（寄宿制）学校管理工作会议；建立农村中小学校舍维修改造长效机制；会同省财政厅下发了《辽宁省农村中小学校舍维修改造“以奖代补”专项资金管理暂行办法》。2007年全省投入资金2.9亿元，改造D级危房28万平方米。

〔**农村现代远程教育**〕 2007年，省教育厅召开了全省农村中小学现代远程教育工程现场教学应用工作现场经验交流会，制定农村中小学现代远程教育工程评估验收标准，开展2006—2007年度工程验收工作，完成2 282所项目学校招标采购、安装调试工作。2007年，辽宁全省农村现代远程教育覆盖率达到了100%。

〔**中小学师资队伍建设**〕 2007年，省教育厅加强中小学教师培训工作，继续开展普通高中课程改革教师省级专项培训，开展22项中小学教师省级培训，开展农村中小学教师队伍现状调研，起草了《进一步加强我省农村中小学教师队伍建设工作的意见》，与东北师范大学共建“基础教育实验区”，组织开展全省优秀青年教师技能大赛，提高了中小学教师的能力和水平。

〔**学前教育、特殊教育、民族教育**〕 2007年，辽宁省教育厅召开全省学前教育工作会议，印发《辽宁省人民政府办公厅转发省教育厅等部门关于学前教育改革与发展意见的通知》等一系列文件，明确提出了不同地区学前教育事业发展的分类推进目标，把幼儿教师培训纳入教师教育工程之中，使幼儿教师及园长的培训更加规范化、专业化；与省残联联合制发《残疾人事业专项彩票公益金助学项目辽宁省实施方案》，召开辽宁省特殊教育学校劳动与职业教育经验交流会，推广丹东市特殊教育学校坚持基础教育与职业教育并举的方针，培养自食其力残而有为劳动者的经验，转发教育部《盲校、聋校和培智学校义务教育课程实验方案》，提出辽宁省特教学校实施的具体意见，完成标准化特教学校的评估验收工作；完成2007年少数民族高层次骨干人才培养报名资格确认工作，并与20名本科生和4名硕士研究生签订了国家定向培养计划少数民族高层次骨干人才攻读硕士（博士）研究生定向协议书，召开全省朝鲜族普通高中校长座谈会，召开全省少数民族双语教学研讨会。2007年，辽宁省的学前教育、特殊教育和少数民族教育工作均得到了进一步加强。

〔**普通高中教育**〕 2007年，省教育厅进一步加强普通高中管理工作。授予20所普通高中辽宁省示范性普通高中称号；对全省普通高中举办宏志班工作的情况进行了全面总结，对宏志生的基本信息进行了分类汇总；组织高中课程改革专家与主干课程的一线优秀教师送教下乡；加强普通高中教材教辅建设；适应普通高中课程改革的要求，研究制定2009年高考改革方案。

〔**教育督导工作**〕 2007年，省教育厅贯彻实施新《义务教育法》，配合省人大对新《义务教育法》的实施情况进行了执法检查，积极开展义务教育均衡发展评价研究，协助做好全国规范城市义务教育收费工作交流会的筹备工作，进一步加强农村九年一贯制（寄宿制）学校建设和管理，开展各市政府2006年教育经费等相关工作的督导考核，进一步推动新一轮普九“两类新三片”规划实施，对各市政府农村初中控缀保学工作目标完成情况进行专项督导检查，对全省普通高中艺术教育工作进行专项督导检查。

2007年，辽宁省的教育督导力度进一步加大，做了大量的工作，有力地促进了全省教育的发展。

职业教育与成人教育

〔**中等职业教育工作**〕 2007年，辽宁全省中等职业学校招生21万人，在校生达57万人；在校生比2002年增加了18.9万人；全省中等职业教育与普通高中的招生比例达到47.2∶53.8，基本达到了大体相当的要求。省教育厅主要进行了以下方面的工作：

继续推进职业教育实训基地建设；2007年建成20个省级职业教育实训基地，9个中等职业学校实训基地获得中央财政支持，进入国家级示范性实训基地建设计划项目库。

启动“县级职教中心质量提升工程”，进一步提高县级职教中心办学质量和办学效益。2007年全省共有12所县级职教中心申报国家级重点中等职业学校。

开展职业教育品牌专业建设工作。根据辽宁省支柱产业、主导行业、基础产业和特色经济的发展需要，调整专业结构，带动职业学校教育教学水平的提高，建成25个中等职业教育品牌专业。

加快实施“职业教育信息化建设工程”，编制出版了《辽宁省中等职业信息化建设标准》，全省已有22个信息化建设项目开始进入实施阶段。

实施“职业院校教师队伍建设工程”。省财政投入中等职业教育师资培训专项经费500万元。全年依托国家级和省级中等职业教育师资培训基地，开展了数控技术、汽车维修、焊接技术、机加技术、市场营销等12个专业的1 600名骨干教师的培训任务。有30名中等职业学校专业骨干教师获得在职攻读硕士学位的资格。

〔**就业培训和农村劳动力转移培训**〕 开展“普惠制”就业培训，为就业再就业服务。全面落实省委、省政府关于做好“普惠制”就业培训工作的指示精神，制订“普惠制”就业培训计划。全省职业院校完成10万人的培训任务。大力开展农村劳动力转移培训和进城农民工培训。实施国务院六部门“阳光工程”和“教育部农村劳动力转移培训计划”，充分发挥农村各类职业学校、成人文化技术学校以及各种农业技术推广培训机构的作用，形成以职教中心为龙头的县、乡、村三级培训网络，完成26万人次的培训任务。

高 等 教 育

〔**加强和改进高校党建工作**〕 2007年，辽宁省教育厅在加强和改进高校党建工作方面做了大量工作：(1) 省委常委会第十四次全会专门听取省委高校工委、省教育厅关于高校党建工作汇报，会议决定，省财政按照全省高校党员年人均100元的标准核定党支部工作和活动经费，款项一次性划归高校工委统筹安排，专款专用。(2) 积极探索在学生公寓、学生社区、学生社团和课题组、项目组中建立基层党组织，切实加强研究生党组织建设，继续开展"树当代党员大学生形象，展当代党员大学生风采"评比表彰活动。(3) 贯彻《党委领导下的校院长负责制》，印发了《辽宁高校党委领导下的校院长负责制实施细则》。(4) 落实《党政领导干部选拔任用工作条例》，对主管的11所学校的领导班子进行了年度考核和民主评议，配合组织部门，完成了协管高校的领导干部考核和班子调整工作。(5) 高度重视民办高校组织建设，不断探索民办高校党建工作新途径，制定了《关于民办高校校长选拔任用标准及选拔程序》、《辽宁民办高校党组织负责人选派和政府督导专员管理暂行办法》和《关于加强民办高校党建工作若干意见》。

〔**提高高等教育质量**〕 2007年，辽宁省本科和高职院校共遴选省级示范性专业80个，高职院校省级品牌专业30个，省级精品课程200门（其中，24门课程被评为国家级精品课程），评选省级教学名师50名（其中，国家级教学名师2名），评审出省级实验室教学示范中心25个。2007年，辽宁省有4个省级实验教学中心被教育部批准为国家级实验教学中心，其中有3个为地方院校，填补了辽宁省地方院校没有国家级示范中心的空白。

〔**高等职业教育工作**〕 2007年，辽宁省的高等职业教育工作主要是开展技能型人才培养实训基地建设，完善现有80个省级高等职业教育实训基地，新建10个省级高等职业教育实训基地；设立高等职业教育"双师素质"专业教师培训基地；加强教师培训工作，培训"双师"素质教师1 191名。

〔**重点学科建设**〕 (1) 辽宁省国家重点学科建设工作取得突出成就。在2007年8月结束的国家重点学科评估和增补工作中，辽宁省高校获批一级学科国家重点学科7个、二级学科国家重点学科56个。其中，省属高校新增国家重点学科8个，在江苏、北京、上海之后列全国第四位；省属高校国家重点学科总量已达18个跃居全国第二位。(2) 积极落实研究生教育创新计划。辽宁省实施研究生教育创新计划工作在全国居领先地位，2005年就举办了首届博士生学术论坛，2007年辽宁省承办了列入教育部研究生教育创新计划项目、由东北三省和内蒙古自治区合作举办的经济管理学科博士生学术论坛，是全国两个得到教育部资助的省份之一。2007年，省教育厅制定了《辽宁省研究生教育创新计划实施方案》，出台了《辽宁省教育厅博士生访学研究计划暂行管理办法》，已经开展国家重点学科博士生访学项目，建设了辽宁省研究生教育创新活动网站。优秀博士学位论文评选工作每年进行，共评选出辽宁省优秀博士学位论文100篇，有6篇被评为全国优秀博士学位论文。

〔**高校科技工作**〕 2007年，辽宁省继续实施高等学校"高层次创新人才计划"，着力打造高等学校科技领军人才阵营。2007年，省教育厅已经完成了"辽宁省高等学校攀登学者支持计划"的初选和复选工作，共计遴选了20名攀登学者；继续实施“高等学校创新团队和优秀人才支持计划”，2007年度共计遴选了43个省属高校的创新团队；对省内高校申报的173名优秀人才进行评审，共计遴选了优秀人才52人；继续实施“辽宁省高等学校优秀青年骨干教师培养计划”，遴选支持了1 000名左右高校青年骨干教师的重点培养。2007年，辽宁省高校科技创新体系基本形成，高等学校的自主创新和技术转移能力显著提升。

〔**优化高等教育结构，改善高校办学条件**〕2007年，辽宁省教育厅进一步优化高等教育结构，创新办学体制，促进高等教育办学体制多元化；省高等院校设置评议委员会评审通过建立辽宁地质工程职业学院；经省政府上报教育部批准同意，大连轻工业学院更名为大连工业大学，辽宁工学院更名为辽宁工业大学；全省高校基本建设预计完成投资15.2亿元，全年共完成各类教学用房建筑面积104万平方米，有力地改善了学校的办学条件。

〔**高校辅导员队伍建设和大学生思想政治工作**〕2007年，辽宁省教育厅进一步加强高校辅导员队伍建设，印发《省委组织部、省委宣传部、省委高校工委、省教育厅、省人事厅关于加强全省高等学校辅导员队伍建设的实施意见》，开展高校辅导员和思想政治理论课教师专业技术职务评审办法调研，开展高校新任辅导员岗前培训和辽西地区高校毕业年级辅导员的专题培训，指导辽宁大学建立教育部辅导员培训与研修基地，在全国会议上介绍辅导员培训与研修基地建设的经验，开展《教育部普通高等学校辅导员队伍建设规定》贯彻落实情况的专项督查，建设辽宁大学生在线联盟网站，评选表彰全省高校主题教育网站、大学生文明公寓和大学生示范社团、大学生思想政治教育精品活动和全省优秀特困大学生，表彰高校校园文化建设优秀成果，组织全国大学生先进事迹报告团在省内作巡回报告。

〔**高校毕业生就业工作**〕2007年，辽宁全省应届高校毕业生实现就业168 812人，总体年度就业率为90.2%，与去年相比基本持平。其中毕业研究生15 721人，实现就业14 722人，年度就业率为93.65%；本科毕业生（含双学位）96 499人，实现就业88 430人，年度就业率为91.64%；高职、专科毕业生74 937人，实现就业65 660人，年度就业率为87.62%。在全部已就业毕业生中，协议就业102 487人，占毕业生总人数的54.76%；劳动合同就业5 176人，占毕业生总人数的2.77%，升学14 946人，占毕业生总人数的7.99%；灵活就业46 203人，占毕业生总人数的24.69%。

〔**高校贷款置换工作**〕2007年，辽宁省教育厅探求政府主导下的高校融资途径，逐步加大利用政府主权债务支持高校发展的资金投入，并重点向内涵建设倾斜；积极争取国家开发银行省属高校贷款项目，将省属高校商业银行贷款63.83亿元置换为国家开发银行长期贷款；完成省属15所高校利用“日元贷款辽宁省人才培养项目”签署工作；加快世界银行“辽宁省职业技术教育项目”贷款申报工作。

撰稿　井一龙

审稿　李树森

大连市教育

〔基本情况〕

2007 年各级各类学校校数、教职工、专任教师情况

	学校数（所）	教职工数（人）	专任教师数（人）
一、高等教育	27	26 193	19 012
（一）研究生培养机构（不计校数）			3 958
1. 普通高校			3 826
2. 科研机构			132
（二）普通高等学校	21	25 023	14 396
1. 本科院校	12	19 169	12 525
2. 专科院校	9	5 854	1 871
其中：职业技术学院	7	1 338	1 421
3. 分校、大专班（点）（不计校数）			
（三）成人高等学校	6	1 170	658
（四）民办的其他高等教育机构			
1. 学历文凭考试机构			
2. 非学历文凭考试机构			
二、中等教育	391	31 772	25 218
（一）高中阶段教育	193	15 830	11 635
1. 高中	80	8 292	6 790
普通高中	80	8 292	6 790
成人高中			
2. 中等职业教育	113	7 538	4 845
普通中等专业学校	20	1 994	1 181
成人中等专业学校			
职业高中	48	3 220	2 084
技工学校	45	2 324	1 580
其他机构（教学点）（不计校数）			
（二）初中阶段教育	198	15 942	13 583
1. 普通初中	198	15 942	13 583
2. 职业初中			
3. 成人初中			
三、初等教育	862	20 754	17 606
（一）普通小学	862	20 754	17 606
（二）成人小学			
其中：扫盲班			
四、工读学校	1	40	18
五、特殊教育学校	11	399	312
六、幼儿园	1 480	11 297	6 506

注：成人高等学校校数、教职工数及专任教师数，均未含普通高等学校成人教育学院校数、教职工数及专任教师数。

2007年各级各类学历教育学生情况

	毕业生数（人）	招生数（人）	在校生数（人）
一、高等教育	87 067	134 598	377 715
（一）研究生	6 019	9 487	28 160
（二）普通本专科	42 081	61 735	219 982
（三）成人本专科	21 778	28 294	61 927
（四）其他各类高等学历教育	17 189	35 082	67 646
1. 在职人员攻读博士、硕士学位	2 141	3 060	8 321
2. 网络本专科生	11 056	32 022	59 325
3. 学历文凭考试	3 992		
二、中等教育	132 120	139 122	424 217
（一）高中阶段教育	74 681	72 378	222 711
1. 高中	41 150	33 500	112 169
普通高中	41 150	33 500	112 169
成人高中			
2. 中等职业教育	33 531	38 878	110 542
普通中专	8 274	9 336	27 531
成人中专	908	1 342	3 074
职业高中	11 408	13 505	37 525
技工学校	12 016	14 102	40 082
其他机构（教学点）（不计校数）	925	593	2 330
（二）初中阶段教育	57 439	66 744	201 506
1. 普通初中	57 439	66 744	201 506
2. 职业初中			
3. 成人初中			
三、初等教育	66 291	51 160	335 766
（一）普通小学	66 291	51 160	335 766
（二）成人小学			
其中：扫盲班			
四、工读学校	107	177	189
五、特殊教育学校	131	143	1 484
六、幼儿园	43 423	32 504	108 777

2007年各级各类非学历教育学生情况

	毕（结）业生数（人）	招生数（人）	在校生数（人）
一、高等教育	15 274	490	4 129
（一）研究生课程进修班	1 385		1 612
（二）自考助学班	61	490	672
（三）普通预科班			300
（四）证书教育			
（五）岗位培训			
（六）进修及培训	13 828		1 545
二、中等教育	225 499		232 818
（一）中等职业教育	11 645		9 540
（二）职业技术培训机构	213 854		223 278

2007 年各级民办教育基本情况

	学校数（所）	毕业生数（人）	招生数（人）	在校生数（人）	教职工数（人）	专任教师数（人）
一、民办高等教育	7	8 092	17 516	59 478	4 835	3 422
（一）普通高校	7	8 092	17 516	59 478	4 835	3 422
（二）成人高校						
（三）民办的其他高等教育机构						
二、民办中等教育机构	41	9 925	10 250	29 688	1 845	1 216
（一）高中阶段教育	37	8 975	9 505	26 834	1 621	1 030
其中：民办普通高中	20	6 487	5 589	18 969	901	686
民办中等职业教育	17	2 488	3 916	7 865	720	344
（二）初中阶段教育	4	950	745	2 854	224	186
其中：民办普通初中	4	950	745	2 854	224	186
民办职业初中						
三、民办普通小学	3	436	336	2 348	223	198
四、民办幼儿园	494	114 739	10 693	45 018	5 907	3 179

注：1. 民办普通高校学生数、教职工数含公办普通高校的民办二级学院（不计校数）的学生数、教职工数；
2. 民办普通高中校数，含完全中学 2 所；民办普通初中校数，含九年一贯制学校 2 所。

〔**综述**〕 2007 年，全市 3—5 岁学前三年幼儿入园率达 89.8%，比上年提高 4.7 个百分点。6—11 岁小学学龄人口净入学率为 99.7%，12—14 岁初中学龄人口净入学率为 99.8%。高中阶段学校招生 7.2 万人，在校生 22.2 万人，分别比上年减少 0.8 万人、1 万人。15—17 岁人口高中阶段毛入学率达 95%，比上年提高 2.5 个百分点。在连普通高等学校规模继续扩大。本专科在校生达 22 万人，比上年增加 1.9 万人，增长 9.2%；在学研究生达 2.8 万人，比上年增加 0.3 万人，增长 11.9%。全市 18—22 岁人口高等教育毛入学率达 45%，比上年提高 1 个百分点。

全市教育经费收入 54.3 亿元，比上年增加 9.3 亿元，增长 20.8%，其中国家财政性教育经费收入 44.5 亿元，增长 25.9%，相当于全市生产总值 3 131 亿元的 1.42%，比上年提高 0.05 个百分点。全市教育经费支出总数为 54.5 亿元，比上年增长 20.3%，其中国家财政性教育经费支出 44.7 亿元，比上年增长 26.6%。在国家财政性教育经费支出中，地方财政预算内教育经费支出 44.7 亿元，比上年增加 9.4 亿元，增长 26.6%，预算内教育经费支出占全市财政支出总数的 13%，比上年下降 0.2 个百分点。预算内教育经费支出的增幅，比全市财政支出增幅高 0.7 个百分点。预算内教育事业费支出 33.2 亿元中，人员经费 20.8 亿元，占预算内教育事业费支出的 62.7%，公用经费 12.4 亿元，占预算内教育事业费支出的 37.3%。

大连高等学校当年新增校舍建筑面积 35.5 万平方米，其中中央部属大连理工大学、大连海事大学共 9.7 万平方米，省属辽宁师范大学、大连工业大学等共有 11.5 万平方米，民办的东北大学大连艺术学院 14.3 万平方米。中等职业学校新增校舍建筑面积 2.1 万平方米，其中大连医科大学附属卫生学校 1.4 万平方米，旅顺口区职业中专 0.2 万平方米、瓦房店市职业中专 0.4 万平方米。市政府拨专款 1 127 万元，为涉农县市 22 所公办幼儿园改造危旧园舍 1.2 万平方米，新建园舍 3.5 万平方米。市内中小学、农村中学和乡镇中心小学全部实现计算机网络“校校通”。全市中小学计算机生机比达到 9∶1，其中普通高中为 7∶1，初中为8∶1，小学为 11∶1。

全市中小学校推行全员聘用制，完成了聘用合同的签订和鉴定工作。完善教师准入制度，公开招聘新教师，提高了“门槛”。专任教师的学历层次继续提高。全市小学教师专科毕业及以上学历的占

71.3%，初中教师本科毕业及以上学历的占62.1%，普通高中教师本科毕业及以上学历的占96.9%，分别比上年提高3.8个百分点、4.9个百分点、0.3个百分点。市政府投入1 000万元，设立教师教育专项资金，全面启动中小学教师教育技术能力培训。年内，完成了对市级骨干教师4 300人、“名教师”300人、高中新教师441人的培训；选派英语骨干教师68人赴国外培训；推荐中小学、幼儿园教师400人参加省骨干培训。还对中等职业教育教师827人进行“双师型”教师培训，组织专业骨干教师80人参加国家举办的专业培训。继续开展“以城带乡”支教活动，城区选派骨干教师30人到瓦房店市、普兰店市、庄河市、长海县农村支教一年，涉农县市选派城镇教师210人交流到农村学校任教。

从小学到大学的扶困助学体系进一步完善。11月，市政府出台《关于贯彻落实普通本科高校高等职业学校和中等职业学校家庭经济困难学生资助政策的通知》，并投入8 000多万元，对市属高校全日制本专科在校生落实国家奖学金、国家励志奖学金、高校国家助学金和国家贷款贴息规定，使市属高校5 000余人（约占在校生总数的20%）分别受到奖励、资助；对全市中等职业学校在校的一、二年级所有农村学生和城市困难家庭学生每生资助1 500元，受助学生达4.1万人（占中等职业学校一、二年级学生总数的50%以上），对特别优秀的学生给予每人3 000元奖励，受奖学生1 300人；继续设立市政府“寒窗基金”，资助当年考入大学的家庭特别困难的学生1 300多人，每生一次性资助2 000元。市政府成立助学工作领导小组，组织协调全市贯彻落实家庭经济困难学生资助政策。另外，本年完善农民工子女就学政策，共免除农民工子女借读费4 000多万元，各区市县为此负担的教师工资和公用经费达1.2亿元。

从进一步规范办学行为入手，以安全防范为重点，开展创建和谐校园活动。市教育局制定了和谐校园的创建规划、实施方案和创建标准，加大对学校食品卫生、防雷、防汛、抗击风暴潮、校车管理等方面的督查力度，确保了广大师生的安全。协同有关部门清理非法摊点，取缔黑网吧，校园周边环境得到改善。年内，中小学校达到市级创建标准的占10%以上。

〔**基础教育**〕 2007年，大连市农村义务教育经费保障机制进一步完善，教师工资、公用经费和校舍维修改造资金全部纳入县级财政预算。按省定标准安排公用经费1.2亿元，直接拨付学校，保证了教育教学正常运转。按市级统筹、县级负责的原则，全市安排资金6 000万元，用于农村中小学校舍维修改造。市、县两级财政筹措资金2 000多万元，重点支持农村中小学办学设施标准化建设，又有148所学校达到大连市办学设施标准，农村中小学办学设施达标率达到43.6%。随着212所农村中小学完成信息化建设任务，全市实现了现代远程教育工程全覆盖的目标。

城区以学校规范化管理为重点，通过6次督查，进一步推动了义务教育的均衡发展。继续推行教师交流制度，6个行政区和经济技术开发区以及瓦房店市城区，共交流教师1 129人，占符合交流条件教师数的15.9%，其中骨干教师342人，占交流教师总数的30.3%。年内，经辽宁省评估验收，西岗区、沙河口区和旅顺口区达到省定“高水平高质量普及九年义务教育”的标准，至此，全市6个行政区和经济技术开发区全部实现“双高普九”的要求，义务教育办学水平有新的提升。农村初中“控辍保学”工作取得显著成效，年辍学率降为0.49%，比上年下降1.1个百分点。

学校德育工作进一步加强。以爱国主义教育为核心，以“感受新变化迎接十七大”为主题，深入进行思想道德、社会主义荣辱观和民族精神教育。继续开展“廉政文化进校园”活动，编写了中小学《廉洁教育教学指南》和《大连市大中小学廉洁教育实践与探索》。甘井子区中小学生国防教育和农业教育中心等实践活动基地建成。全市评选出德育先进学校38所、优秀德育工作者38人、优秀班主任801人，召开了全市中小学德育工作经验交流会。

实施《大连市义务教育课程改革工作评估方案》，推动了课程改革向深层次发展；制发《大连市义务教育学生学习质量监测与评估方案》，并抽样检测了小学数学和科学学科、初中数学和历史学科的学习质量；出台《大连市中小学新课程网络教研与教师远程研修的指导意见》，依托优质网络资源，切实解决部分教师能力水平不适应课改的状况。稳步推进普通高中课程改革。组织教师参加了国家、省、市级学科教材培训；举办研修班，对校长及中层管理人员进行了新课程选课指导研修和学生综合素质评价专题培训。通过实地调查，形成了《大连市普通高中课程改革调研报告》。全面启动了高中课程改革专项督导评估。

实施《大连市中小学体育工作管理意见》及评估考核办法，广泛开展"阳光体育运动"，保证学生每天锻炼1小时。初中升学考试增加体育学科考试，引导学生课余时间主动进行体育锻炼；开展以提高学生耐力、力量、柔韧性、平衡性及肺活量等身体素质为目标的体育课堂教学和体育课外活动实验，科学提高学生体质。创设促进学生全员参与的学校运动会模式，成功举办了全市中小学阳光体育运动大会。出台《大连市初中小学艺术教育工作管理意见》及评估考核办法，推动了艺术教育水平的提高和校园文化活动的开展，年内以"畅想和谐乐章"和"以我亮丽青春，秀我中华文化"为主题，分别举办了大连市第七届中小学生文化艺术节和第三届普通高中校园文化艺术节。

〔**职业教育**〕 2007年，大连市中等职业学校在本地生源减少的情况下，招生数达3.8万人，在校生规模达到11万人，职业学校与普通高中招生数之比为5.4∶4.6，在校生数之比达到5∶5。毕业生安置率连续4年保持在94%以上。在校生千人以上的学校达34所，占中等职业学校总数的30.1%。国家级重点学校达13所，省级示范学校达24所，分别占中等职业学校总数的11.5%、21.2%。

落实《大连市人民政府关于大力发展职业教育的意见》，建立了全市职业教育工作联席会议制度，按有关政策、措施落实了相关部门的责任。实训基地建设工作继续加强。投入3 000万元，为7所大中专院校的模具专业建设实训基地；投入600万元，重点加强大连经济贸易学校等5个市级实训基地的建设。全年投入职业教育的经费已超过城市教育费附加的30%。年内，新建了商贸、烹饪、航运、护理、机械加工等6个职业教育实训基地。

教育教学改革进一步加强。实施《大连市中等职业教育实行工学结合、半工半读试点工作方案》，拉近了学校与企业、学生与岗位的距离。出台《大连市中等职业学校教学管理办法》，扩大了学分制和分层次教学试点范围，加大了"订单"式培养力度，进一步促进了产学研的结合，还在全市范围进行了优质课评选。

全市职业教育在快速发展的基础上，更侧重于内涵发展，以特色立足，以质量取胜。在全国中等职业学校师生技能大赛中，大连电子学校等8所学校、共44名选手在汽车运用与维修、电工电子技术、烹饪、计算机应用、服装设计、模特表演等6个项目比赛中，共获8枚金牌、15枚银牌、11枚铜牌，总成绩位列全国第六。获奖牌总数相当于东北三个省队的总和。

年内，市安排1 800万元专项资金，支持农村职业教育中心和乡镇职业学校建设。金州区职教中心和普兰店市职教中心通过国家级重点中等职业学校的评估验收。

9月，国务院总理温家宝在连视察期间，视察了大连市轻工业学校。对大连职业教育给予充分肯定。

〔**成人教育**〕 2007年，大连市成人高等教育发展迅速。毕业生比上年增加9 479人，增幅为77.1%；招生数增加6 226人，增幅为30%；在校生增加4 567人，增幅为8%。市教育局加强了成人高等教育的管理，规定未经批准设立的校外分校、校外办学点，以及在低层次学历教育学校举办的高层次学历教育者，一律不得招生。高等教育自学考试共开考16.8万科次，其中新考生近1.5万人；办理本、专科毕业证书3 992个。经自学考试取得高等教育学历的人数累计7.4万人，其中本科毕业生近1.4万人。成人中等教育学校只有1所——大连市农业广播电视学校，招生数、在校生数比上年分别增加304人、136人，增幅分别为29.3%、4.6%。成人高等学校在校生达6.2万人，比上年增加 0.5 万人，增长 8%。

成人职业技术培训工作稳步发展。市、县两级政府投入 300 万元，加强各涉农县市区乡镇职校建设和农村实用技术培训。年内，完成实用技术培训 30 万人次，农村劳动力转移培训 2.6 万人，实现转移就业近 2 万人。民办非学历教育机构年培训 21.4 万人。

社区教育进一步深化，年培训 60 万人。7 月，大连市社区教育协会成立。作为国家社区教育实验区的甘井子区创新培训和就业模式，形成了职业技术教育与成人教育的新特色。金州区被教育部确定为全国社区教育实验区。

〔**高等教育**〕 2007 年，大连市普通高等教育持续健康发展。与上年比，研究生招生增加 669 人，增长 7.6%，本专科生招生增加 2 262 人，增长 3.8%；在校研究生增加 3 000 人，增长 11.9%，在校本专科生增加 18 604 人，增长 9.2%。

中共大连市委、市政府重视在连普通高校的思想政治教育工作。4 月，市委高校工委召开学习方永刚先进事迹大会，特邀海军大连舰艇学院政治部主任孙景平做方永刚先进事迹报告。市委高校工作委员会下发通知，要求各高校开展向方永刚学习的活动。为了落实《中共大连市委大连市人民政府关于进一步加强和改进大学生思想政治教育的实施意见》，7 月，市委高校工委举办培训班，对在连高校和部分中专主管思想政治教育工作领导干部及骨干辅导员进行了培训。

市委、市政府积极支持在连普通高等学校的发展，关注并协调解决大连高校在改革与发展中存在的问题，定期跟踪掌握大连医科大学、大连外国语学院的新校区建设以及教育部、省、市共建大连理工大学、大连海事大学、大连民族学院的工作进展情况。10 月，旅顺大学园暨大连医科大学和大连外国语学院新校区投入使用。针对东北大学大连艺术学院新校区的选址等问题以及开发区高校燃气价格执行商用价格的问题，及时协调有关部门给予关注和解决。为了鼓励高校毕业生服务北部三市，市政府推出 10 项政策，包括：服务期间计算工龄，享受一定生活补贴、人身意外伤害及住院医疗保险，提供住宿条件，报考北部三市公务员享受优惠政策，在乡镇就业享受市政府的相关政策等。

经教育部批准，大连轻工业学院更名为大连工业大学；15 所高校新增 29 个本科专业。大连理工大学、大连海事大学、东北财经大学共 13 个国家级重点学科通过了教育部考核评估。

2007 年，大连大学基础物理实验中心被评为国家级实验教学示范中心建设单位，省重点实验室及省高校重点实验室、工程技术研究中心、人文社科重点研究基地共 8 个。正在进行的国家级科研项目有 50 余项。大连职业技术学院开设 10 类共 71 个专业，有 4 个实训中心，120 个实训教室，实训设备总值达 6 000 余万元。已与 400 余家企业建立了稳定的校企合作关系，形成了互惠互利、合作共赢的机制，企业冠名班级近百个。学院以课程和课程模块为核心，紧密结合企业生产（服务）过程，设计教学内容体系，增加生产性实训比重，提高了学生的实践能力和综合素质。获“双证书”的毕业生占 90%以上。

撰稿 汤启贤 武玉顺 李 赤 沙北虹

审稿 王允庆

吉林省教育

概　况

〔基本情况〕

2007年各级各类学校校数、教职工、专任教师情况

	学校数（所）	教职工数（人）	专任教师数（人）
一、高等教育			
（一）研究生培养机构（不计校数）	(19)		
1. 普通高校	(15)		
2. 科研机构	(4)		
（二）普通高等学校	44	58 531	31 667
1. 本科院校	25	45 016	23 353
2. 专科院校	19	7 710	4 629
其中：职业技术学院	14	5 633	3 275
3. 其他机构（点）（不计校数）	(11)	5 805	3 685
其中：独立学院	(11)	5 805	3 685
（三）成人高等学校	18	4 419	2 522
（四）民办的其他高等教育机构	17	752	404
二、中等教育	2 018	158 771	118 962
（一）高中阶段教育	728	157 143	49 907
1. 高中	291	123 597	26 756
普通高中	291	123 597	26 756
成人高中			
2. 中等职业教育	437	33 546	23 151
普通中专	53	7 354	4 608
成人中专	86	6 270	4 246
职业高中	171	10 772	7 129
技工学校	127	6 177	5 259
其他机构（教学点）（不计校数）	(79)	2 973	1 909
（二）初中阶段教育	1 290	1 628	69 055
1. 普通初中	1 263		67 708
2. 职业初中	27	1 628	1 347
3. 成人初中			
三、初等教育	7 048	156 923	131 683
（一）普通小学	6 736	156 555	131 475
（二）成人小学	312	368	208

续表

	学校数（所）	教职工数（人）	专任教师数（人）
其中：扫盲班	312	368	208
四、工读学校	4	111	80
五、特殊教育	47	1 745	1 278
六、学前教育	2 837	21 993	13 971

注：普通高中的教职工数中包含普通初中的教职工数。

2007年各级各类学历教育学生情况

	毕业生数（人）	招生数（人）	在校生数（人）
一、高等教育			
（一）研究生	14 030	14 452	40 647
博　士	1 871	2 291	8 155
硕　士	12 159	12 161	32 492
（二）普通本专科	108 700	141 031	470 188
本　科	71 500	94 134	350 828
专　科	37 200	46 897	119 360
（三）成人本专科	60 301	66 621	168 044
本　科	31 405	31 823	86 543
专　科	28 896	34 798	81 501
（四）其他各类高等学历教育			
1. 在职人员攻读博士、硕士学位		3 386	8 438
2. 网络本专科生	3 777	5 869	31 838
本　科	3 249	4 827	29 528
专　科	528	1 042	2 310
3. 学历文凭考试	175		
4. 其他			37
二、中等教育	598 402	584 594	1 755 159
（一）高中阶段教育	254 734	278 872	793 540
1. 高中	164 307	161 517	505 258
普通高中	164 307	161 517	505 258
成人高中			
2. 中等职业教育	90 427	117 355	288 282
普通中专	28 810	31 049	90 498
成人中专	5 127	5 614	11 160
职业高中	34 151	58 652	136 928
技工学校	22 339	22 040	49 696
（二）初中阶段教育	343 668	305 722	961 619
1. 普通初中	333 374	300 159	941 553
2. 职业初中	10 294	5 563	20 066
3. 成人初中			
三、初等教育	295 968	265 732	1 537 842
（一）普通小学	295 174	265 723	1 536 733
（二）成人小学	794		1 109
其中：扫盲班	794		1 109
四、工读学校		16	307
五、特殊教育	671	897	6 043
六、学前教育	155 515	218 942	311 320

注：特殊教育学生数中包括普通中小学随班就读的学生数。

2007 年各级各类非学历教育学生情况

	毕（结）业生数（人）	注册生数（人）
总　　计	945 867	1 015 646
一、高等教育	76 562	28 643
（一）研究生课程进修班	2 110	364
（二）自考助学班	4 894	10 535
（三）普通预科生		305
（四）进修及培训	69 558	17 439
其中：资格证书培训	17 266	1 811
岗位证书培训	23 111	7 179
二、中等教育	869 305	987 003
其中：资格证书培训	87 774	87 819
岗位证书培训	33 379	30 141
（一）中等职业教育	53 733	28 557
其中：资格证书培训	18 136	9 126
岗位证书培训	8 527	3 419
（二）职业技术培训机构	815 572	958 446
其中：资格证书培训	69 638	78 693
岗位证书培训	24 852	26 722

2007 年各级各类民办教育基本情况

	学校数（所）	毕业生数（人）	招生数（人）	在校生数（人）	教职工数（人）	专任教师数（人）	另有其他学生数（人）
一、民办高等教育							
（一）民办高校	4	1 726	3 551	10 270	1 635	893	28
本科学生		984	1 769	6 397			
专科学生		742	1 782	3 873			
（二）独立学院（不计校数）	(11)	8 866	21 985	74 812	5 805	3 685	441
本科学生		8 374	21 118	73 145			
专科学生		492	867	1 667			
（三）民办其他高等教育机构					752	404	7 272
二、民办中等教育							
（一）高中阶段教育	88	13 945	20 857	56 648	8 288	5 230	
1. 民办普通高中	35	10 755	8 752	31 394	6 242	4 022	
2. 民办中等职业教育	53	3 190	12 105	25 254	2 046	1 208	1 189
（二）初中阶段教育	32	10 752	15 435	41 200			
1. 民办普通初中	32	10 752	15 435	41 200			
2. 民办职业初中							
三、民办普通小学	19	4 682	4 767	24 788	1 876	1 411	
四、民办幼儿园	1 894	55 839	85 357	135 507	10 518	6 234	
另有：民办培训机构（不计校数）	(1 168)				7 741	4 967	205 168

注：1. “另有其他学生数”包括：学历文凭考试学生、自考助学班学生、预科生、进修及培训学生数；
2. 民办普通高中的教职工和专任教师数中包含民办普通初中的教职工和专任教师数；
3. “（　）”内数据为不计校数。

〔**加强农村中小学建设和对贫困生的资助**〕 从2007年春季学期开始，吉林省实施了农村义务教育经费保障机制改革，各县、市按用款进度直接拨付给所有学校。全面免除了农村（包括县镇、县级市和城区农村学校在内的）232万名中小学生的学杂费，按小学每生每学年280元、初中360元的标准补助农村中小学公用经费，完成45万平方米的校舍的维修改造任务。为做好这项工作，全省共落实了8.6亿元资金，其中用于免除学杂费6亿元、提高公用经费标准的补助1.52亿元，农村中小学校舍维修改造1.08亿元。同时，吉林省安排4 250万元资金为44万名家庭困难农村学生免费提供教科书。全省进一步完善贫困寄宿生生活费补助制度，共安排补助生活费资金1 450万元，8万名贫困寄宿生得到资助。

〔**加强对民办教育的管理**〕 为了进一步健全吉林省的民办教育管理机构、理顺民办教育管理体制，制定了民办教育机构设置标准，积极探索民办教育机构的运行机制及法人治理结构，建立健全各级各类民办教育督导、年检、评估制度。2007年，吉林省教育厅起草制定《吉林省加强民办教育规范管理促进民办教育健康持续发展若干规定》并对全省22所民办非学历高等教育机构进行专项检查和调研。为加大对民办高校的扶持力度，2007年，吉林华侨外国语学院被省政府确定为省重点高等学校，填补了吉林省重点高校中民办高等教育的空白。

〔**民族教育**〕 2007年，全省少数民族高考考生录取数20 093人，占全省录取人数的15.08%，超过少数民族人口占全省总人口9.03%的比例。省教育厅及高校面向东北三省和内蒙古自治区招收少数民族预科生470人；完成对等交换培养高等学校蒙古族学生的任务；培训西藏日喀则地区45名教育行政干部和学校骨干教师；举办新疆高中班，招收学生80人，新疆班学生总数达到240人。结合吉林省少数民族教育实际，省教育厅组织有关人员制定吉林省朝鲜族高中新课程方案，并做好朝鲜族、蒙古族高中民文教材编译出版工作；对朝鲜族、蒙古族高中朝鲜语文、蒙古语文、汉语文教师进行新教材、新课程培训；举办了省第六届民族中小学“三语”基本功竞赛；组织少数民族汉语等级水平考试，全省7 000余名朝鲜族高中生参加了考试。

〔**体育卫生美育**〕 2007年，吉林省教育厅会同省体育局和团省委联合举行了全省“学生阳光体育运动”启动仪式；顺利完成2007年吉林省高中学生运动会及体育优胜者选拔工作；为备战第八届全国大学生运动会，组织全省高校进行选拔和遴选工作；召开吉林省《阳光伙伴》、《音乐伙伴》第二季吉林赛区工作会议，全面启动全国少年集体体育竞赛活动吉林赛区比赛；开展全省学校饮食卫生安全和传染病防治工作专项大检查；举办吉林省第二届中小学生艺术展演，全省近50万中小学生参与了本次活动。

〔**表彰奖励**〕 2007年，吉林省教育厅授予98所中小学和22个高等学校二级机构“全省教育系统先进集体”荣誉称号；授予马军等55名教育工作者“全省教育系统先进工作者”荣誉称号，授予王朝晖等346名教师“全省优秀教师”荣誉称号。向国家人事部、教育部推荐表彰吉林省第二实验学校等11所中小学和3个高等学校二级机构为“全国教育系统先进集体”；向国家人事部、教育部推荐表彰邵永存等20人为“全国模范教师”、崔贞姬等2人为“全国教育系统先进工作者”；向国家教育部推荐表彰王玉清等49人为“全国优秀教师”、王彦增等6人为“全国优秀教育工作者”。启动新一批特级教师评选工作，评选出陈玉杰等153名教师为特级教师，并在教师节期间予以表彰。

〔**建立公开办事制度**〕 2007年，吉林省教育厅制定了《吉林省教育系统公用事业单位办事公开实施方案》，在全省各级各类学校、教育机构和招生、自考、普考、高校毕业生就业指导中心等公用事业单位中推进公开办事工作。制定印发《吉林省学校全面推行校务公开实施方案》和《关于在全省普通高等学校实行校务公开的规定》两个文件，就实行校务公开的指导思想，领导体制和监督机制，公开的原则、公开的内容、公开的形式、程序、措施、实施步骤、要求等做出了明确规定。下发《关于加强学校教职工代表大会制度建设的意见》和《关于开展高等学校教代会制度建设评估工作的通知》，进一步完善教代会制度，为实行校务公开工作奠定了基础。目前，全省教育系统全部建立了校务公开制度，校务公开工作实现了制度化、规范化、程序化、经常化和网络化，校务公开率达100%。各级各类学校都能坚持做到有组织、有计划、有布置、有重点、有实效，形成了比较完整的领导和监督运行机制，为推动校务公开提供了有力的组织保证。

〔**高校毕业生及就业情况**〕 2007年，吉林全省普通高校毕业生共计123 869人，其中，毕业研究生14 151人，本科毕业生72 524人，高职高专毕业生37 194人。毕业生总数比2006年增加了9 944人，增幅达8.72%。全省高校毕业生就业率达到85%，居全国中西部省份前列。2007年，省教育厅继续组织好“大学生志愿服务西部计划”和“三支一扶”计划，组织实施“万名毕业生就业促进工程”，建立“下得去，用得着，留得住”的长效机制。2007年吉林全省高校毕业生就业洽谈活动共召开大型洽谈会45场，其中，就业供需见面会41场，网络洽谈会3场，中小型校园招聘会共达1 700余场。洽谈月期间参加洽谈会活动的用人单位达8 000余家，其中省内用人单位占50%以上，共提供近15万个岗位需求，岗位供需比达1∶1.2。

〔**加强校园安全稳定工作**〕 2007年，吉林省教育厅制定《吉林省“安全文明进校园”创建工作实施意见》和《吉林省学校及周边秩序集中整治方案》，自2007年9月下旬至10月底，在全省范围内排查以整治农村治安混乱地区为重点的学校及周边治安秩序专项整治行动。严厉打击了针对师生的各类犯罪活动；查禁了政治性非法出版物和校园周边场所存在的“黄、赌、毒”等社会丑恶现象；取缔和清理了校园及周边非法经营的网吧、影吧、“三厅”及无证经营场所；规范了校门前的交通秩序，并对校内安全进行了全面检查。2007年9月以来，因副食品价格上涨导致部分高校食堂饭菜价格上涨，教育厅及时召开全省高校维护稳定工作会议并及时发放副食补贴，稳定高校学生情绪，全省高校未发生严重不稳定事件。深入贯彻落实教育部“六条措施”和公安部“八条措施”，加大治理校园周边环境的工作力度，全省各级各类学校保持稳定发展的良好势头。

〔**加强廉政建设**〕 为进一步加强廉政建设，2007年，吉林省教育厅制定下发《关于在全省教育系统开展治理商业贿赂自查自纠工作的实施意见》、全面部署治理商业贿赂自查自纠工作、组织高校共4 000人参加学习和培训并要求全省各高校副校级以上领导干部同省高校工委、教育厅签订承诺书。加大对高校内部基建工程、购置大额物资的审计监察力度。对全省39所高校建立完善和执行制度情况进行检查。努力推进高校廉洁文化进校园。2007年9月，省教育厅与省纪委监察厅联合举办吉林省高校廉洁文化进校园大型主题文艺晚会——《勤廉颂》，中央纪委副书记刘峰岩，教育部党组成员、中央纪委驻教育部纪检组长田淑兰，吉林省委副书记王儒林等省领导观看了晚会。

〔**规范教育收费**〕 2007年，吉林省教育厅组织了春季教育收费专项大检查。吉林各地共组成93个治理教育乱收费检查组，对全省2 000多所中小学校收费工作进行了检查和抽查。限令违规学校立即进行整改，并依据《中共吉林省纪委吉林省监察厅关于对中小学乱收费行为党纪政纪处分的暂行规定》对主要责任人进行责任追究。开展教育收费咨询宣传日活动，全省共动员39 527人，向群众发出宣传资料79.1万份，接受群众咨询12.8万人次，现场解决25 817件问题。深入开展学校联评活动，加强教育系统行风建设。省、市、县三级参加联评的学校共有2 143所，评议内容主要涉及学校规范办学、收费、师德师风及处理家长投诉等10项。2007年全省共组成155个检查组，对3 049所学校进行了检查、抽查，教育系统共立案查处56件，清退违规收费57.70万元，对110名责任人进行了处理，其中撤销校长职务3人。

〔进城务工人员子女入学〕 2007年，吉林省共有进城农民工子女83 321人，其中，小学51 719人，初中31 602人，全部进入城市中小学就读；入学率为100%。进城就读的农民工子女占城区在校中小学生总数的6.9%。入公办中小学校就读的80 734人，入民办中小学校就读的3 587人，分别占农民工子女入学总数的96.4%和3.6%，体现了以城市公办中小学为主渠道接收进城农民工子女入学的原则。

基础教育

〔贯彻新《义务教育法》〕 2007年，吉林省教育厅制定出台了《关于贯彻〈义务教育法〉，进一步规范义务教育办学行为的实施意见》，依法落实吉林省各级政府责任、建立义务教育保障机制、规范义务教育办学行为；成立《吉林省义务教育条例》修订工作小组；配合省人大对长春、延边、通化、白山4个市（州）贯彻《义务教育法》的情况进行专项检查；启动中小学办学标准化建设工程；在四平市召开了全省义务教育均衡发展现场研讨会。

〔建立和修改评估体系〕 2007年，吉林省教育厅建立了学生综合素质评估体系，强化素质教育的导向作用；按照新课改及深入推进素质教育的要求，全面修订吉林省中小学校评估指标体系、吉林省中小学校长评价指导意见、吉林省中小学教师评估指导意见、吉林省中小学校学生综合素质评价内容要点及参考标准等。

〔加强薄弱校建设〕 2007年，吉林省共落实农村中小学校舍维修改造1.08亿元，原计划完成30万平方米校舍的维修改造任务，在全省的共同努力下，实际完成了45万平方米，现已全部交付使用；加大对农村薄弱校的扶持力度，开展了新一轮300所普通中小学、39所示范高中、20所特殊教育学校各对接1所薄弱学校的工作，薄弱学校在教育教学管理、教育质量等方面均有提高。

〔中小学现代远程教育工程〕 2004年到2006年，吉林省已完成远程教育第三期工程，共投资18 635万元，建设项目学校6 220所，远程教育覆盖面达70%。2007年，吉林省又着手实施了第四期工程，国家投资1 705万元，省投资1 100万元，地方筹资2 500万元，涉及40个县（市）；工程完工后，全省农村中小学现代远程教育覆盖面将达到100%。完成国家、省级429所电教示范校对口支援农村中小学教学资源库建设。

〔师资培训和通用语言指导工作〕 2007年，吉林省教育厅制定了《吉林省普通高中新课程实验师资培训方案》；配合教育部完成1 382名教师的高中新课程国家级培训任务；协调东北师大等四个省级培训基地完成5 800名教师的通识培训和学科培训任务；组织13 000余名教师参加了高中新课程教材培训；完成对1 277名省骨干教师的培训任务；启动农村骨干教师及短缺和综合学科教师培训计划，深入实施“农村教师素质提高工程”，开展“送教下乡”活动，完成11个学科2 000余名和远程培训2 400余名教师的培训任务；举办农村小学英语、小学数学和中学语文骨干教师培训班；印发了《吉林省中小学班主任全员培训计划》，完成了300名骨干班主任培训对象的遴选工作。

印发《吉林省普通话培训测试工作评估指标体系》，2007年共完成测试29834人。印发了《吉林省第十届全国推广普通话宣传周活动方案》，在长春组织了以推广普通话宣传周为主题的广场文艺演出，各市州语委办组织中小学校在中心城市主要街路举行了内容丰富的宣传活动。成功举办了第十届吉林省高等学校学生语言文字基本功比赛。在去年两次预评的基础上，对长春市城市语言文字评估工作进行了督导检查并提出具体的改进意见。

〔**高中新课程实验**〕 2007年，吉林省教育厅召开了全省普通高中新课程实验工作启动大会并于2007年秋季开学在全省普通高中新高一开始新课程实验；确定了46所普通高中为新课程实验工作的样本校；对全省普通高中新课程实验实行全员培训；全面部署课改研究项目；新课程实验工作平稳顺利进行。

〔**"控辍"工作**〕 2007年，吉林省教育厅提高义务教育普及程度，将"控辍"工作作为农村教育工作的重中之重，纳入到全省教育年度工作目标管理责任书中，建立完善包保制度，层层落实责任。继续开展"无辍学生县、乡、校活动"。深化农村办学模式改革，在全省实施"绿色证书及初级职业资格教育"，使农村学生都能掌握1—2项就业技能，调动学生学习积极性，巩固"控辍"成果。

〔**德育工作**〕 2007年，吉林省教育厅以社会主义荣辱观为主题，进一步加强未成年人思想道德建设。组织全省30多万中小学生参加"奥妙杯"知荣明耻征文、书画、DV和故事大赛活动；开展中小学校园文化建设活动月；全面部署并实施全省中小学开展创建和谐校园活动，制定了《关于在全省中小学开展创建和谐校园的实施意见》和《吉林省中小学创建和谐校园工作检查评估指标体系》；在省教育电视台开办"亲子港湾"栏目，从2007年8月开始每晚20：09分开播，宣传科学的家教知识；完成长春市绿园区、四平市铁东区、白山市八道江区、辉南县和长白县5个新建青少年活动场所的立项审批工作，除长白县外，目前其他4项工程已基本完工，预计2008年将全部投入使用。

〔**邵氏基金教育赠款项目**〕 吉林省2007年开工建设的邵氏基金第20批教育赠款中小学项目共23个，赠款总额655万港元，含3所中学，8所完小，12所村小。其中命名逸夫楼项目11个，命名逸夫学校项目12所。总建筑面积34 973平方米，总投资3 053.8万元。目前，全部中小学项目已按期竣工并交付使用。

职业教育

〔**中职基础能力建设、招生和师资培训**〕 2007年，吉林省中职"百强校"建设扎实推进，省级以上重点校达到87所，规划建设的41个县职教中心，现已完成33所，其中仅2007年就有11所通过验收。为重点加强县级职教中心建设，省政府在农安县召开了全省县级职业教育中心建设工作现场会并印发了《吉林省人民政府关于进一步加强县级职业教育中心建设工作的意见》。2007年，吉林省继续实施职业院校实训基地建设计划，申报国家项目15个，现在国家支持和省支持项目总数已超过70个；继续加大中等职业学校招生工作力度，进一步扩大学校招生自主权，拓宽中职服务范围，扩大容量，做大存量，实行统一录取和注册式入学的招生方式，确保了全年招生任务的完成。中职在校生人数增加2.7万人，达到29万；专业门类进一步扩展，形成了13大类、148个专业。实施职业院校教师素质提高计划。安排落实国家级培训321人（国家支付培训经费），中等职业学校教师省级培训两批532人（省财政支付培训经费）。

〔资助中等职业教育贫困家庭学生〕 2007 年，国务院决定扩大实施中等职业学校国家助学制度，资助范围扩大到中职在校生的 90%，资助标准提高到 1 500 元/年、人。吉林省认真落实国务院的资助政策并积极引导和组织中等职业学校建立以学生参加生产实习为核心的助学机制以及学费减免制度，配合国家助学制度的实施，力争使更多困难家庭的中职学生得到资助、完成学业。

〔中等职业学校建设国债项目〕 2007 年，吉林省吉林机电工程学校等 6 所基础较好、特色明显、与地方经济建设结合紧密的中等职业学校得到国家重点扶持，6 个项目共新建、改造教学及实训用房近 24 400 平方米，总投资 3 184万元 。其中地方配套 284 万元，学校自筹 1 300 万元，国债资金 1 300 万元。项目完成后可新增加在校生近 7 000 人。

高等教育

〔高等学校布局结构调整和校舍建设〕 2007 年，吉林省吉林财税专科学校、吉林粮食专科学校和吉林商业专科学校正式合并升格为吉林工商学院；省教育厅对白城市教育资源进行整合，设立了白城职业技术学院；积极支持吉林艺术学院动画学院向民办普通高校过渡。按照全省高校建设的整体规划，2007 年，吉林省省属普通高校开工建设校舍建筑总面积 105 万平方米，其中新开工项目 75 万平方米，续建项目 30 万平方米。全部项目计划总投资 16.2 亿元。

〔高校评估〕 2007 年，吉林省教育厅组织吉林化工学院、长春中医药大学、长春工程学院、长春税务学院、吉林农业大学、通化师范学院和长春师范学院七所本科院校参加国家本科教学工作水平评估，所有参评院校均获得通过并评为优秀，实现了连续两年全优的好成绩；组织延边大学、吉林建筑工程学院和白城师范学院参加省预评工作；受教育部委托，组织并完成了对长春医学高等专科学校人才培养工作水平评估工作，长春医学高等专科学校获得人才培养工作水平评估结论优秀的好成绩。

〔特色专业、精品课和教学名师〕 2007 年，吉林省教育厅批准确立了延边大学中国少数民族语言文学（朝鲜语）等 35 所高校的 184 个专业点为“十一五”期间省级特色专业建设点，其中 94 个专业点被批准为国家“第一类特色专业建设点”、15 个专业点被批准为国家“第二类特色专业建设点”；组织并完成了省级精品课程评审和国家级精品课程的遴选推荐工作，确定省级精品课程 56 门，并从中择优推荐 30 门课程申报国家级精品课程；组织并完成了省教学名师评审和国家教学名师的遴选推荐工作，确定省教学名师 29 位，并从中择优推荐 6 位省教学名师申报国家教学名师。

〔重点学科和重点实验室建设〕 2007 年，吉林农业大学“作物栽培学与耕作学”学科成功入选国家重点学科，吉林省高校重点学科由原来的 23 个增加为 40 个。长春理工大学“地空激光通信技术实验室”和吉林师大“功能材料物理与化学实验室”被确定为教育部重点实验室，至此吉林省部级以上重点实验室由 4 个增加为 6 个。

〔示范性高职校建设〕 2007 年，吉林省教育厅推广了吉林省第一所国家示范性高等职业院校——长春汽车工业高等专科学校改革与建设的成功经验；组织吉林省省级首批示范性高等职业院校遴选建设工作和第二批国家级示范性高等职业院校遴选推荐工作，并计划从中确定5所左右省级项目院校，再从中择优推荐1所参评国家项目院校。

〔**研究生教育**〕 2007年，吉林省教育厅制定印发《吉林省研究生教育创新计划（2007—2010年）》，突出研究生创新能力培养，全面提高研究生培养质量。组织开展省优秀博士论文评选，共评选确定省级优秀博士论文30篇，从中择优推荐19篇论文参加全国评选。2007年10月，辽、吉、黑、内蒙古“三省一区”学位委员会联合承办了由国务院学位办和研究生教育司主办的全国博士生经济学、管理学学科学术论坛，为研究生，特别是博士研究生创新能力的培养以及研究生教育创新计划的深入实施积累了有益的经验。组织开展博士生质量调查分析，采取切实措施，将工作重心真正转移到重视质量、提高质量上来。

〔**高校科研**〕 2007年，吉林全省共遴选确定重点支持“十一五”科研规划项目226项，一批与我省经济社会发展和老工业基地振兴紧密联系的科研项目得到了重点资助和扶持。全省各高校共申请省部级以上科研立项705项，其中“973”计划项目5项；国家科技攻关项目8项；“863”计划32项；国家自然科学基金项目180项；获省、市级科研奖励480项。全省高校有28人入选“教育部新世纪优秀人才支持计划”，共获经费支持1 400万元。启动实施了以“高校工程研究中心”和“人文社科基地”为主要标志的高校科研创新平台建设工作。确定12个基地为省首批“高校工程研究中心”，12所研究机构为省高校“人文社科基地”。

〔**学士学位授权**〕 2007年，吉林省教育厅印发《关于开展吉林省普通高等学校学士学位授权专业审核工作的通知》，组织专家对全省20所全日制普通高校和11所独立学院的599个专业进行了全面审核。通过网评和实地考察，审核结论为A的专业为577个，占96.33%；审核结论为B的专业为22个，占3.67%。整改专业（审核结论为B或C）涉及到18所院校，占审核单位总数（31所）的58%。此次审核对加强包括学士学位在内的三级学位管理，提高本科教育教学质量，促进良好教风和学风的形成，保障受教育者的合法权益具有重要意义。

〔**高校领导班子建设**〕 2007年，省教育厅配合省委组织部对长春理工大学等10所高校的领导干部人选进行考察，调整高校领导干部16人；对32所省属高校领导班子进行年度考察；针对高校领导班子和领导干部队伍建设工作职能划转情况，进一步明确了相关工作程序和环节；完成了部分高校中层领导干部的选任监督工作；推进了高校领导干部和后备干部教育培训工作；选调22名高校领导干部到省委党校培训学习；选调13名高校后备干部参加省委党校培训和考察学习；选派8名领导干部和4名中层干部参加了国家教育行政学院2007年的教育培训；做好2007年高校后备干部及领导干部赴美培训班的组织和协调工作，共选调21名干部参加了培训，并争取到省委组织部10万元专项干部教育补助经费。

〔**大学生思想政治教育**〕 为加强高校思想政治理论课建设，2007年，吉林省教育厅举办全省高校思想政治理论课“中国近代史纲要”、“毛泽东思想、邓小平理论和‘三个代表’重要思想概论”课教师培训班；举办第一届吉林省高校思想政治理论课教学与学术研讨会；加强大学生心理健康教育工作，举办第三期全省高校大学生心理健康教育骨干教师培训班；加强辅导员队伍建设，推荐上报东北师范大学、吉林大学参加教育部高校辅导员培训和研修基地的评审，并接受教育部专家组对东北师范大学培训和研修基地的实地考察；组织省部分高校辅导员赴京参加教育部举办的全国高校辅导员骨干培训班。

〔**汉语国际推广和孔子学院建设**〕 2007年8月，吉林省教育厅成功举办第六届“汉语桥”世界大学生中文比赛，来自52个国家的104名选手参加比赛。24个国家的56位驻华使节以及中国前外交官联谊会的部分中国前驻外大使，全国人大常委会副委员长许嘉璐，国家汉语国际推广小组副组长、国务院原副秘书长陈进玉，前外交部长李肇星等领导亲临赛事。

经国家汉办批准成立“吉林省对外汉语教学培训中心”；积极推进孔子学院建设，吉林大学、延边大学、北华大学、长春理工大学四所高校分别与韩国及俄罗斯的高校合作建立了孔子学院五所；启动汉语国际推广中小学基地项目的工作。在长春外国语学校、长春市第一外国语中学和吉林市第一中学等学校进行了汉语国际推广中小学基地项目启动工作并已接待300名韩国中小学生来华进修汉语。

〔**留学进修**〕 2007年，吉林省公派留学、短期出访团组及来华留学生工作取得成效。省教育厅积极实施吉林省与国家留学基金委合作设立的《振兴吉林老工业基地急需人才海外培养合作项目》，选拔20人赴国外进修，争取到省和国家留学基金260万元。另外，其他各类国家公派出国留学项目共录取了32人，争取到国家留学基金416万元。按照中国和新加坡两国政府的教育交流协议，选拔19名初中毕业生获得新加坡政府中学奖学金。另外还有15名高中学生获得新加坡政府本科奖学金。

撰稿 熊 越

审稿 郑景国

黑龙江省教育

概　况

〔基本情况〕

2007年各级各类学校校数、教职工、专任教师情况

	学校数（所）	教职工数（人）	专任教师数（人）
一、高等教育			
（一）研究生培养机构（不计校数）	（25）		
1. 普通高校	（17）		
2. 科研机构	（8）		
（二）普通高等学校	68	72 316	39 792
1. 本科院校	25	50 715	26 958
2. 专科院校	43	18 051	10 609
其中：职业技术学院	38	15 968	9 223
3. 其他机构（点）（不计校数）	（9）	3 550	2 225
其中：独立学院	（9）	3 550	2 225
（三）成人高等学校	26	6 985	3 935
（四）民办的其他高等教育机构	39	2 112	1 182
二、中等教育	3 101	211 726	170 391
（一）高中阶段教育	1 018	210 203	65 177
1. 高中	507	173 779	38 068
普通高中	463	172 633	37 373
成人高中	44	1 146	695
2. 中等职业教育	511	36 424	27 109
普通中专	66	7 519	4 017
成人中专	133	6 158	4 339
职业高中	191	12 004	8 708
技工学校	121	10 457	9 844
其他机构（教学点）（不计校数）	（79）	286	201
（二）初中阶段教育	2 083	1 523	105 214
1. 普通初中	1 951		104 549
2. 职业初中	6	143	122
3. 成人初中	126	1 380	543
三、初等教育	10 049	183 756	160 219
（一）普通小学	8 738	181 778	158 918
（二）成人小学	1 311	1 978	1 301

续表

	学校数（所）	教职工数（人）	专任教师数（人）
其中：扫盲班	345	639	336
四、工读学校	1	25	19
五、特殊教育	71	2 281	1 801
六、学前教育	4 135	27 812	16 313

注：普通高中的教职工数中包含普通初中的教职工数。

2007 年各级各类学历教育学生情况

	毕业生数（人）	招生数（人）	在校生数（人）
一、高等教育			
（一）研究生	11 679	15 125	46 109
博　士	1 378	2 092	8 790
硕　士	10 301	13 033	37 319
（二）普通本专科	148 883	187 198	634 902
本　科	80 397	109 587	400 598
专　科	68 486	77 611	234 304
（三）成人本专科	59 891	62 936	162 732
本　科	28 619	30 882	80 463
专　科	31 272	32 054	82 269
（四）其他各类高等学历教育			
1. 在职人员攻读博士、硕士学位		3 570	10 892
2. 网络本专科生	4 341	10 513	22 116
本　科	2 186	4 707	12 909
专　科	2 155	5 806	9 207
3. 学历文凭考试			
4. 其他			
二、中等教育	835 873	764 491	2 501 973
（一）高中阶段教育	310 248	366 718	1 005 809
1. 高中	211 887	198 023	623 037
普通高中	193 767	198 023	607 254
成人高中	18 120		15 783
2. 中等职业教育	98 361	168 695	382 772
普通中专	19 317	40 903	105 562
成人中专	26 418	24 425	53 005
职业高中	30 851	56 571	136 129
技工学校	21 775	46 796	88 076
（二）初中阶段教育	525 625	397 773	1 496 164
1. 普通初中	476 082	397 407	1 462 655
2. 职业初中	1 229	366	1 472
3. 成人初中	48 314		32 037
三、初等教育	450 137	340 170	2 095 151
（一）普通小学	398 638	340 170	2 040 767
（二）成人小学	51 499		54 384
其中：扫盲班	5 608		2 787
四、工读学校	30	25	75
五、特殊教育	639	783	6 358
六、学前教育	341 987	303 979	426 913

注：特殊教育学生数中包括普通中小学随班就读的学生数。

2007 年各级各类非学历教育学生情况

	毕（结）业生数（人）	注册生数（人）
总　计	1 342 783	1 155 120
一、高等教育	35 538	21 375
（一）研究生课程进修班	214	51
（二）自考助学班	4 288	17 557
（三）普通预科生		149
（四）进修及培训	31 036	3 618
其中：资格证书培训	7 357	926
岗位证书培训	5 900	
二、中等教育	1 307 245	1 133 745
其中：资格证书培训	63 094	40 932
岗位证书培训	77 624	56 459
（一）中等职业教育	117 702	45 131
其中：资格证书培训	23 936	3 992
岗位证书培训	34 882	9 407
（二）职业技术培训机构	1 189 543	1 088 614
其中：资格证书培训	39 158	36 940
岗位证书培训	42 742	47 052

2007 年各级各类民办教育基本情况

	学校数（所）	毕业生数（人）	招生数（人）	在校生数（人）	教职工数（人）	专任教师数（人）	另有其他学生数（人）
一、民办高等教育							
（一）民办高校	7	5 917	9 425	25 931	2 766	1 670	
本科学生		939	2 375	8 064			
专科学生		4 978	7 050	17 867			
（二）独立学院（不计校数）	(9)	5 619	15 942	46 045	3 550	2 225	428
本科学生		2 350	13 117	34 837			
专科学生		3 269	2 825	11 208			
（三）民办其他高等教育机构					2 112	1 182	15 278
二、民办中等教育							
（一）高中阶段教育	153	25 012	37 432	89 595	12 675	9 388	
1. 民办普通高中	95	20 946	19 059	56 958	9 854	7 759	
2. 民办中等职业教育	58	4 066	18 373	32 637	2 821	1 629	5 865
（二）初中阶段教育	90	22 050	21 720	81 158			
1. 民办普通初中	90	22 050	21 720	81 158			
2. 民办职业初中							
三、民办普通小学	38	5 113	4 273	26 230	1 789	1 349	
四、民办幼儿园	3 452	93 963	131 204	198 206	16 105	9 410	
另有：民办培训机构（不计校数）	(1 397)				9 036	6 914	288 425

注：1. “另有其他学生数”包括：学历文凭考试学生、自考助学班学生、预科生、进修及培训学生数；

2. 民办普通高中的教职工和专任教师数中包含民办普通初中的教职工和专任教师数；

3. “（　）”内数据为不计校数。

〔**概况**〕 2007年，黑龙江省教育战线以邓小平理论和“三个代表”重要思想为指导，以科学发展观统领教育工作全局，全省教育顺利实现了年初制订的工作目标。9月，黑龙江全省顺利通过了“两基”国检，专家组和教育部给予高度评价；从2007年秋季开始在农村实现了完全的免费义务教育，进入了“双高普九”的新阶段；中等职业教育基础能力增强，培养方式进一步转变，完成了17万人的招生任务，总规模已近40万人；高中阶段毛入学率达到62.96%，比2006年提高近10个百分点；实施成人继续教育和再就业培训工程，全面开展订单式培养；高等教育质量工程成效突出，到2007年底，全省接受教育部评估的13所高校，专家组结论均为优秀；对全省41所高职高专院校的体育、卫生工作进行了全面评估，大力推动《学生体质健康标准》的全面实施；精品课程建设、教学团队建设有新进展，获国家级精品课15门，国家级教学团队2个；研究生培养创新基地建设稳步推进，研究生培养质量有所提高；教育国际交流与合作进一步扩大。持续强化民办教育管理措施，加大扶持力度，依法治理违规办学，民办教育在数量、质量和规模上都有新发展，以政府办学为主体、社会各界共同参与的多元办学格局正在形成，初步实现了民办教育事业的有序健康发展。目前，全省民办教育机构已经达到7 148所。

〔**依法治教，纠正行风**〕 2007年，黑龙江省推进教育“五五”普法工作，大力推进依法治教进程。贯彻实施《义务教育法》，启动了《黑龙江省实施义务教育法条例》的修订工作。省教育厅组织人员调研、修改论证《黑龙江省民办教育促进条例》(已经省人大审议通过施行)，修订《黑龙江省教育厅行政执法责任制实施方案》。启动第二批依法治校示范校创建活动，完善了法律顾问制度建设。省教育厅与省政府法制办联合组成检查组对地市教育行政执法情况进行了检查，同省财政厅等部门先后下发了《关于在农村义务教育经费保障机制改革中坚决制止学校乱收费的通知》等配套文件，进一步规范了农村学校财务管理。省有关厅局组成联合检查组，深入到13个地市、21个县区，对教育收费和农村义务教育经费保障机制改革工作进行检查，基本杜绝了“一边免费、一边乱收费”现象。省教育厅下发了《2007年全省治理教育乱收费工作实施意见》，继续严格执行公办高中招收择校生“三限”政策，实施高校招生“阳光工程”，继续深入开展创建规范教育收费示范县活动，对全省2006年度规范教育收费示范县(市、区)进行了表彰，加大新的《义务教育法》和《关于进一步做好中小学教育工作的意见》的贯彻力度，完成了全省133所义务教育阶段改制校的清理规范工作。

〔**义务教育课程改革**〕 2007年，黑龙江省义务教育课程改革稳步推进，加强了三级课程建设，全面普及初中地方课程。普通高中课程改革顺利启动，成立了普通高中课改领导小组，制定了《全省普通高中课程改革工作方案》，在全省开展了新课改实施状况大检查；各地、各学校实施高中新课改起步稳健、工作有序；2007年完成新课改通识培训21 000人、教师培训12 000人；组织近3 000人次参与了新课程各项制度的研制工作，设立了新课程制度研制的课题组，有效地保障了新课改的顺利实施。

〔**教育投入**〕 2007年，黑龙江省教育经费总投入218.6亿元，省直属高校和单位总投入60.48亿元，分别比2002年增加90.4亿元和37.38亿元。建立了中小学危房改造长效机制，落实中央和省危改专项资金1.52亿元。全面完成了两基攻坚“农村寄宿制学校建设工程”建设任务。启动了农村初中校舍建设工程，争取国家投入2亿元。继续争取台商捐资2 025万元，建设明德小学项目29个。圆满完成农村中小学现代远程教育三期工程，覆盖率达100%，受益学生193万人。对重点学科、重点专业建设、高校水平评估和“211”工程建设等项目安排专项资金约2.53亿元，比上年增加5 000万元。继续争取国家开发银行贷款，13所高校软贷款11.68亿元已经全部到位，15所高校申请开发银行硬贷款，获得批准11.7亿元。积极申请国外贷款，多渠道融资，缓解还贷高峰压力。

〔**师资队伍建设**〕 加强教师队伍建设，提高教师整体水平。2007 年，省教育厅下发了《黑龙江省关于进一步加强中小学师德建设的若干意见》，开展了师德先进评选活动，组织了全省师德事迹报告活动。以“三新一德”为重点，组织开展了高中教师课改培训、高中骨干教师培训、省级骨干教师培训、农村骨干教师培训、培训者培训、中小学班主任培训等共计 68 500 人次。研究实施岗位设置管理办法，加强“龙江学者计划”实施与管理。

〔**健全各级各类教育助学体系**〕 2007 年，黑龙江省继续建立健全各级各类教育助学体系，保证家庭困难学生不失学。“两免一补”义务教育助学体系进一步完善，为 277 万名农村学生（秋季开始）、21 万名城镇低保家庭学生免费提供了教科书；免除农村义务教育阶段学生的学杂费，落实了寄宿制贫困学生生活补助，下拨资助金额 6 930 万元，提高了寄宿生生活补贴标准，扩大了资助范围。到 2007 年秋季，全省农村全部实行了免费义务教育。建立了普通高中家庭贫困学生助学制度，每人每年 1 000 元，由省和市县按 3∶7 比例承担，2007 年资助人数占高中阶段在校生人数的 15%。落实了高校和中职学校助学政策，下达普通高校国家奖学金名额 1 097 人，国家励志奖学金名额 16 万人，下拨资金 4 000 万元；下达普通高校国家助学金名额 15 万人，下拨资金 1.2 亿元，资助面达到在校生的 30%；国家助学贷款累计发放 3.5 亿元，覆盖全省所有公办高校。下达中职学校助学金名额 20 万人，下拨国家助学金 1.5 亿元，资助面达到在校生一、二年级的 90%。

〔**建设和谐校园**〕 2007 年，以和谐校园建设为核心，黑龙江省加强了全省教育系统的安全稳定工作。进一步落实安全工作责任制，加强学校安全大检查及事故隐患整改力度，学生非正常死亡同比 2006 年下降 50%。加强校园网络文化建设和安全管理，加大网上正面宣传。积极开展“安全和谐校园”活动，组织高校积极参与大学生文明教育月活动和“知荣辱、树新风、促和谐”知识竞赛。

〔**对外交流与合作**〕 以俄罗斯“中国年”为契机，组织了“教育友好周”、东四省中小学俄语教师培训班、中俄青年教师音乐会、第七届中国东北地区与俄罗斯远东、西伯利亚地区大学校长论坛等系列活动，促进了中俄教育文化的交流。公派留学及智力引进工作顺利完成。具有聘请外国专家教师资格的单位已达 158 家，年聘请长期文教专家 200 多人，接待短期科技专家 600 人，来华留学生总数突破 6 000 人。成立了全省汉语国际推广教师培训中心，建立了 4 所汉语国际推广中小学基地，在海外共建立了 3 所孔子学院。

基础教育

〔**综述**〕 2007 年，黑龙江省基础教育工作以落实科学发展观为指导，按照建设和谐社会和社会主义新农村对基础教育的新要求，持之以恒地以农村教育为重中之重，分类指导，整体推进，促进了教育均衡发展。

截至 2007 年底，全省共有幼儿园 4 135 所；幼儿园和学前班共有幼儿 426 913 人、教职工 27 812 人，其中专任教师 16 313 人。小学 8 738 所，在校生 2 040 767 人；教职工 181 778 人，其中专任教师 158 918 人。普通中学 2 414 所，其中普通初中 1 951 所，普通高中 463 所；普通中学在校生 2 069 909 人，教职工 172 633 人，其中专任教师 141 922 人。普通初中在校生 1 462 655 人，专任教师 104 549 人。普通高中在校生 607 254

人，专任教师 37 373 人。全省共有特殊教育学校 71 所，其中盲聋哑学校 38 所，弱智学校 7 所；特殊教育在校生 6 358 人，教职工 2 281 人，其中专任教师 1 801 人。

〔**民族教育协作**〕 2007 年，黑龙江省政府拨专款，省教育厅与省教育学院联合举办了黑龙江省教育援藏日喀则地区校长和骨干教师培训班。西藏日喀则地区 45 名中小学校长和骨干教师在黑龙江省进行为期 105 天的培训与挂职锻炼，学习现代教育理论与义务教育课程改革先进经验，提高教育行政与依法治校能力，提升实施素质教育课程改革理念。培训期间，省教育学院整合本省相关领域和学科的全部研培力量，并聘请了国家级课改专家、省内著名学者领衔各培训专题，同时邀请一线名校长和骨干教师提供典型案例和指导实习。培训内容包括：现代教育理论、学科专业知识技能、现代教育技术、教育行政管理理论、学校常规管理理论等，同时融入课改的要求，把“课改理念、新型课堂、探究学习、资源开发、评价改革、校本教研”等热点难点问题，以专题的形式融入其中。

〔**中小学德育教育**〕 2007 年，黑龙江省教育厅认真落实教育部和黑龙江省关于和谐校园建设、创建安全文明校园的要求，从硬件、软件两方面着手，开展了安全和谐校园评选活动，评出省级安全和谐校园 126 个，其中有 6 所学校被推荐为和谐校园建设示范校；为了迎接 2008 年北京奥运会，黑龙江省在中小学认真开展奥林匹克教育，哈尔滨市兆麟小学等 10 所学校被评为国家级奥林匹克教育示范校；在中小学认真开展十七大精神宣传教育工作，组织观看“形势教育大课堂”光盘四讲，向中小学生宣传 16 大以来国家发展变化，提高了中小学生的爱国热情和民族自豪感，中小学生参看率达到 100%。

〔**高中学生全面实施综合素质评价**〕 2007 年，黑龙江省出台《黑龙江省普通高中学生综合素质评价方案（试行）》，全省高中生将告别单一以考试成绩评价的模式，代之以道德品质、公民素养、学习态度与能力、交流与合作能力、运动与健康、审美与表现六方面为指标进行综合评价。实施综合素质评价后，评价结果将在全省普通高中之间相互承认，各项评价结果均达到 C 级及以上方可高中毕业，其结果也将是高校招生录取时必须提供的考生信息之一。综合素质评价获得相应等级的应届高中毕业生，可依据黑龙江省高校招生考试相关规定享受录取照顾政策。评价程序一般可分为过程性评价、阶段性评价和总结性评价。其中，过程性评价一般采用观察、访谈、答辩、模拟实践、情景测验和纸笔测验、实际操作、亲自实践、现场测试、评价量表测量相结合的方法；阶段性评价是在学段或学期、学年结束时对学生发展目标实现程度作出的评价，是过程性评价的积累和总结；总结性评价是对学生高中阶段成长、发展状况的整体性反思和综合性总结。评价主要采取多元主体评价方式，即自我评价、同学评价、教师评价、家长评价和社区评价相结合。主要通过以一袋（学生“成长记录袋”）、两册（“班主任评价手册”和“科任教师评价手册”）、三表（家长评价表、总结性评价表和模块修习情况统计表）和学生电子档案为载体，通过灵活多样、行之有效的评价过程，达到促进学生全面而有个性发展的目的。

〔**普通高中通用技术课程师资配备与教学设备配置**〕 为了更好的贯彻《技术课程标准》，推进通用技术课程的有效实施。2007 年 4 月，黑龙江省教育厅特制定黑龙江省普通高中通用技术课程师资配备与教学设备配置标准，对师资配备、培养培训、管理及参考标准提出要求。其中要求为保障通用技术课程的实施，学校应建立以专职教师为骨干，专兼职教师相结合的稳定、合理的通用技术师资队伍，教师应从高校毕业生、本校教师兼任、校外教师兼职三个途径进行选聘；在师资培养培训方面，在课程实施中各地、校要帮助教师开展有关本课程的教学、课题研究以及组织参加有关教研活动，要充分利用网络资源，依托本省普通高校，根据需要有计划地培养通用技术课程师资；师资管理方面，各地、校应建立通用技术课程任职教师的考核与评价制度。此外，还对基本的教师备课环境、教学活动环境和学生技术实践环境进行规定。

职业教育与成人教育

〔综述〕 2007年，全省职成教育工作继续围绕为老工业基地振兴和农村劳动力转移服务两条主线，不断深化职业教育办学体制、运行机制和教育教学改革；实施紧缺技能型人才培养工程，扩大培养培训规模，保障技能人才培养数量；提高教学管理水平，保障技能人才培养质量；实施农村实用人才培养和农村劳动力转移、成人继续教育和再就业培训，示范性职业院校建设工程。

全省现有中等职业学校387所，在校学生294 696人，专任教师17 064人，兼任或聘请的校外教师1 844人。其中，普通中等专业学校63所，在校学生105 562人，专任教师4 017人，兼任或聘请的校外教师811人；职业高中191所，在校学生136 129人，专任教师8 708人，兼任或聘请的校外教师467人；成人中等专业学校133所，在校学生53 005人，专任教师4 339人，兼任或聘请的校外教师315人。技工学校119所，在校学生83 188人，专任教师7 050人。

〔努力扩大职业教育招生规模〕 为深入贯彻落实全国职业教育工作会议精神和教育部《关于做好2007年中等职业学校招生工作的通知》，经反复调研和论证，在充分吸取各有关单位的意见基础上，结合2006年中等职业教育招生规模、2007年初中毕业、初中后辍学人员的实际情况、普通高中和中职招生计划等数据，按照职普4∶6的大致计划比例要求，省教育厅制定2007年全省各市（地）、有关院校中等职业教育指导性招生计划；成立省、市（行署）两级高中阶段教育学校招生工作领导小组，统筹管理高中阶段教育招生工作；将学校招生数纳入对学校和市（地）职业教育评价评估的重要指标，引导学校和各级教育行政部门加强招生工作。同时，通过召开招生工作会议、新闻媒体宣传和学校深入农村初中工作等办法，扩大中等职业学校招生规模。加大《黑龙江省关于统筹管理高中阶段教育学校招生工作的意见》的落实力度，重点推进对接受职业教育人员的倾斜政策和职业院校招生对企业一线在岗职工放开，实行与企业对接的培养培训等模式，增强中职招生吸引力，2007年全省中等职业教育招生17万人，总规模已近40万人。

〔开展专业技能大赛〕 为提高中、高级实用人才培养培训的质量，结合教育部组织的职业学校学生专业技能比赛，2007年，省教育厅在全省范围内组织了学生技能大赛。4月组织初赛，在全省13个市（行署）和三个企业（大庆石油管理局、省农垦总局、省森工总局）进行初赛，共有364所中职学校和6所高职学院（中专部）的1 968名选手参加。5月，共有339名选手参加省级复赛，选出一等奖18名、二等奖28名、三等奖41名；团体一等奖2项，二等奖4项，三等奖6项，组织奖16项。6月，请来各行业专家、企业精英对选出的44名获奖选手进行指导培训，经过各行业专家综合评定，选出22名选手，赴渝参加全国大赛，并取得了三项一等奖，一项二等奖，三项三等奖的好成绩。

〔加强农村劳动力转移和初、高中毕业返乡人员培训〕 在已有123个农村劳动力转移教育培训基地的基础上，省教育厅2007年又依托市、县一些条件较好的乡（镇）成人文化技术学校或综合中学建立农村劳动力转移培训基地，全省现有160所中等职业学校、4 543所农村成人文化技术学校开展农村劳动力转移培训工作。2007年，全省实用技术培训139.99万人次；农村劳动力转移培训87.17万人。其中，引导性培训52.34万人，技能性培训29.85万人，转移后培训4.97万人；培训后就业47.26万人。

按照全省职教工作会议和2007年全省职成教育工作要点提出的“关于加强农村初中后返乡人员接受职业教育”的要求，通过实行制发文件，加强政策统筹，层层落实，实行目标管理；举办初二后分流班，建立综合中学，扩大招生，拓展职教规模，进行订单培训，与农村劳动力转移培训结合等办法，黑龙江初、高中后返乡人员2007年培训工作进展顺利。至2007年，全省初、高中毕业后返乡人员约25万人，参加职业技能培训的有20余万人，培训面达80%。

〔**加强中职学校基础能力、实训基地建设和学校评估工作**〕 2007年，黑龙江省教育厅与黑龙江省发展和改革委员会共同下发了《黑龙江省中等职业学校建设规划》，并组织杜尔伯特蒙古族自治县职教中心学校等6所中等职业学校，向国家发改委申报国家级重点建设项目，争取到1 500万元建设资金，加强学校基础能力建设。

在原有52所国家级重点中等职业学校基础上，根据《国家重点中等职业学校评估标准》，省教育厅2007年评估认定了绥芬河市职教中心等4所学校为国家级重点中等职业学校，并上报教育部复评认定。重新制定《黑龙江省中等职业学校省级重点学校评估标准》，并评估认定了克东县职教中心学校等10所省级重点学校。

2007年，省教育厅、省财政厅联合下发了《黑龙江省职业教育实训基地建设规划》，争取中央财政职业教育专项经费1 460万元，建设10个职业教育实训基地；利用省职业教育专项经费4 500万元，按照集中财力、重点投入、分期建设的原则，重点支持了齐齐哈尔市、佳木斯市、双鸭山市、哈尔滨市的41个职业教育实训基地建设，其中综合性实训基地1个，区域性实训基地3个，专业性实训基地37个，涉及6大类，15个专业；基地建设工作主要采取了三种模式：校企股份合作模式、基地建在企业模式和校内教学型模式。

〔**启动远程职业教育试点工作**〕 为实施《黑龙江省人民政府贯彻落实国务院关于大力发展职业教育决定的实施意见》中提出的远程职业教育工程，黑龙江省2007年在全省5个地（市）、16个县（市）开展了以农村初中后人员为重点的职业教育培养培训工作，据统计全省已有5 000人报名参加。远程职业教育工作的启动，为完成全省25万回乡初、高中毕业生培训任务开辟了一条重要渠道。同时，可以为新农村建设培训高素质新型农民，还可以解决城镇下岗就业和再就业人员的培训问题。通过远程职业教育的开展，已带动全省职业教育课程体系的全面改革，充分利用远程职业教育开展农村初、高中毕业生接受职业教育培训工作，为职业教育发展提供有益的探索。

〔**实施职业教育教师素质培训工程**〕 2007年，黑龙江开展了全省中职学校专业教师培训工作。全年依托六所高职学院（高校职业学院）建设六个教师培训基地，开设数控、汽修、机电一体化、机加、财会、计算机软件、计算机应用、计算机网络、餐饮服务、酒店管理、旅游、烹饪、养殖、种植等14个专业。2007年寒假，由6所基地承担，开设了12个专业，培训621人。2007年暑期，由5所基地承担，开设了10个专业，培训331人。两期共培训954人，培训后颁发了相应岗位职业资格证书和专业教师培训证书。在全省范围内选派30个专业的350名中等职业学校骨干专业教师参加了国家级培训，其中有三人被教育部选派赴德国参加培训；开展了第七批省级学科带头人评选活动，有144人被评为省级学科带头人。

高等教育

〔**综述**〕 2007年，黑龙江省共有普通高等学校68所，地市覆盖率100%。普通高等教育共招生19.57万人，比上年的18.35万人增加1.22万人，增长6.65%；在校生63.49万人，比上年的59.2万人增加4.29万人，增长7.24%。高等教育毛入学率达到26.5%。普通高校有教职工7.23万人，比上年增加0.41万人，其中专任教师3.98万人，比上年增加0.29万人；具有高级职称的教师占专任教师总数的43.27%，比上年减少了0.26%；具有硕士研究生及以上学历的教师占专任教师总数的37.3%，比上年提高了1.8%。

2007年，黑龙江省高等教育工作以提高教育质量、培养高素质人才为目的，以为黑龙江省经济建设和社会发展提供人力资源和智力支持为宗旨，深化教育教学改革、强化教学监管和质量评估、加强教师培养培训及教学设施建设、科学规划高等教育的专业建设，努力开创全省高等教育人才培养和科研工作新局面。

〔**加强学科建设**〕 在新一轮国家重点学科评估中，全省高校有14个一级学科、77个二级学科被评为国家级重点学科，其中省属高校2个一级学科、16个二级学科；重点学科总数在全国位次由第10位跃居到第7位。同时，为进一步加强高校学科建设，省教育厅2007年确立黑龙江大学生物化学与分子生物学等27个学科为“十一五”期间黑龙江省高校重点建设学科。为继续推进全省高校专业结构调整和建设工作，提高教育质量，省教育厅组织专家实地考核，评选出2006—2010年度增补省级重点本科专业点77个，建设周期为5年；遴选出国家第一类特色专业建设点70个（其中10个为省自筹建设资金）；评审、建设省级重点建设专业77个。评审、建设省级精品课80门，获国家级精品课15门，国家级教学团队2个。

〔**教学水平评估**〕 2007年，黑龙江省顺利完成了5所高校（哈尔滨工业大学、哈尔滨工程大学、东北林业大学、哈尔滨商业大学、哈尔滨体育学院）的本科高校教学工作水平评估，教育部专家组的评估结论均为优秀；完成了12所高职院校人才培养工作评估，其中8所院校获得了优秀结论；完成了全省57所民办高校的合格评估工作，确定其中6所学校为优秀，24所学校为合格，20所学校限期整改一年，3所学校终止办学，4所学校予以撤销；建立了80名评审专家数据库，举办了高等学校评估工作人员培训班，建立了高校评估工作程序和规章制度，为高校评估工作提供了科学的依据和指导。通过评估促进了黑龙江高校教育教学管理的改革与发展水平，树立教学工作的中心地位，规范了高校的办学行为。

〔**学生学籍管理**〕 2007年，省教育厅深入贯彻落实教育部《普通高校学生管理规定》，进一步完善高等教育学生学籍管理系统信息化平台，推进全省高等学校教学管理、学籍管理信息化建设，培训提高工作人员应用信息技术的素质，高质量的完成了高等教育毕业生电子注册任务；完成了普通高校18.6万名、成人高校6.4万名新生，普通高校14.8万名、成人高校6.5万名毕业生网上注册审核；较好地完成了全省高校学生学籍网上注册的检查工作。

〔**教育教学设施设备建设**〕 2007年，黑龙江省高等学校校舍建筑总面积达到1 998.9万平方米。图书馆藏书4 706.6万册。固定资产总值达到293.7亿元，其中教学仪器设备资产值为57.78亿元。2007 年，省教育厅进一步推进高校数字化图书馆建设和教学资源共享工作，评审建设省级实验教学中心 19 个、国家级实验教学中心 4 个。

〔**师资队伍建设**〕 2007 年，黑龙江顺利完成了全省高校新任教师岗前培训任务，全省 60 所高校的 2 000 余名新任教师接受了培训；实施了高校教师现代教育技术能力培训项目，培训高校教师 1 500 名，其中初级培训青年教师 1 000 名，中级培训骨干教师 500 名。完成了高校教师双语教学能力培训项目，23 所高校的 80 名教师参加了双语教学培训。顺利完成高校教师国内访问学者项目，针对东北老工业基地振兴建设的急需专业和省重点建设专业，选派出 40 名高校教师到国内重点高校做访问学者一年。开展了第三届高校教学名师奖的评选表彰工作，评选出省级教学名师奖教师 40 名，其中 3 名获国家级教学名师奖。实施了大学校长培训项目，首期培训普通高校校长 37 人、高等职业院校校长 35 人。新增研究生导师岗前培训制度，并对 2007 年度新增研究生导师进行了两次岗前培训。完成校本培训教师 1 万余名。高校教师各项培训工作取得了较好的效果，有效地促进了高校教师业务和师德素质的提高。

2007 年，省教育厅实施了教学团队建设项目质量工程，评选建设 30 个省级教学团队，2 个国家级教学团队；实施高校新世纪优秀人才培养计划、高校青年学术骨干支持计划和海外学人计划，海外学人科研资助计划批准立项 36 项。进一步加大了“龙江学者计划”项目对优秀人才的吸引和支持力度，制定了《黑龙江省高校科技创新团队建设实施办法》。

〔**科技创新**〕 黑龙江省普通高校近年来在国家自然科学奖、国家技术发明奖和省部级科技奖项中获奖成果丰硕。省教育厅明确高校科技发展定位，把大力增强科技自主创新能力作为战略基点，把提高服务能力作为重点，坚持为国家，尤其是以为全省老工业基地振兴和新农村建设服务为方向，加强领导和组织，加大投入和制定有力导向政策，使得高校科技工作稳步实施。2007 年，全省普通高校共批准科学技术研究项目 408 项，其中重点项目 2 项，面上项目 339 项，指导项目 67 项；共批准人文社会科学研究项目 262 项，其中重点项目 5 项，面上项目 174 项，指导项目 83 项；此外还有部分高职高专院校科学研究项目；省教育厅进一步加强高校科技创新体系建设，以重点实验室、校企研发中心、大学科技园、社科基地为重点，加强科学研究和科技研发、推广平台建设；制定并印发了《黑龙江省普通高等学校重点实验室“十一五”建设规划》和《黑龙江省普通高等学校重点实验室建设与管理办法》；对 37 个省高校重点实验室授牌并正式开放运行；新批准 7 个省高校重点实验室立项建设；完成了东北农业大学大豆生物学重点实验室和大庆石油学院提高油气采收率重点实验室的教育部验收工作。2007 年哈尔滨医科大学生物医药工程重点实验室和哈尔滨理工大学电介质工程重点实验室被教育部批准为省部共建教育部重点实验室。至 2007 年，黑龙江全省高校有国家级工程技术研究中心 4 个；省（部）级工程技术研究中心 19 个，其中教育部 8 个、中国船舶工业总公司 1 个（哈尔滨工程大学）、省科技厅 10 个；由省教育厅立项建设的校企共建工程技术研发中心 26 个。2007 年，教育厅与省科技厅共同出台了《黑龙江省大学科技园 2007 至 2010 年发展规划纲要》和《黑龙江省省级大学科技园认定和管理办法》，进一步明确指导方针、工作任务和政策措施，对全省大学科技园实行定期评估、动态管理，加强分类指导。2007 年，黑龙江启动高校人文社科重点研究基地建设项目。至 2007 年，全省高校有教育部人文社科重点研究基地 1 个、省级哲学社会科学研究基地 6 个、省高校人文社科重点研究基地 23 个。在省高校人文社科重点研究基地中启动重点项目 50 项，项目经费达到 222 万元。

〔**继续实施“村村大学生”计划**〕 2007 年，黑龙江省继续实施“村村大学生”计划，为新农村建设培养适用型人才。当年，“村村大学生”招生 2 937 人，毕业 3 867 人已回乡就业。“村村大学生”总计划招收 4 期 8 856 人，共选派 2 343 名志愿者，基本实现村村有大学生的目标。

〔**加强就业指导与服务**〕 2007年，黑龙江全力推进毕业生就业工作，积极鼓励毕业生参加“大学生志愿服务西部计划”，鼓励并引导毕业生到基层、到边远贫困地区建功立业。截至2007年9月1日，高校毕业生就业率为79.31%，较2006年提高了2.62个百分点，超过全国平均就业率(70.91%)近9个百分点。

〔**高校安全保卫和稳定**〕 2007年，省教育厅进一步加强全省高校的安全保卫工作，制定了《黑龙江省普通高等学校科技创安规划》，认真落实教育部、省教育厅维护高校稳定工作的会议精神，下发了《关于维护高校稳定工作的情况通报》，加强对高校中外合作办学项目教学工作的监管，加强对有问题民办高校教学条件和依法办学的监管，重点清查了部分高校违规设置校外成人教育办学点，下发了《关于切实做好高校学生食堂工作维护学校和谐稳定的紧急通知》，指导和督促各高校认真落实普通高校国家助学金工作、清除不稳定隐患，高等教育办学秩序得到进一步规范，确保了高校稳定。

撰稿　崔多立　赵　亮　袁向军　吕子燕

审稿　李君明　廉世民

上海市教育

概　况

〔基本情况〕

2007 年各级各类学校校数、教职工、专任教师情况

	学校数（所）	教职工数（人）	专任教师数（人）
一、高等教育			
（一）研究生培养机构（不计校数）	(53)		
1. 普通高校	(21)		
2. 科研机构	(32)		
（二）普通高等学校	60	71 838	35 480
1. 本科院校	31	62 264	30 019
2. 专科院校	29	8 617	4 936
其中：职业技术学院	24	7 081	4 144
3. 其他机构（点）（不计校数）	(5)	957	525
其中：独立学院	(5)	957	525
（三）成人高等学校	21	3 027	1 509
（四）民办的其他高等教育机构	246	4 312	1 366
二、中等教育	940	86 909	59 908
（一）高中阶段教育	461	86 829	26 495
1. 高中	319	71 333	18 023
普通高中	309	71 118	17 951
成人高中	10	215	72
2. 中等职业教育	142	15 496	8 472
普通中专	76	10 037	5 148
成人中专	35	804	383
职业高中	31	4 382	2 768

续表

	学校数（所）	教职工数（人）	专任教师数（人）
技工学校			
其他机构（教学点）（不计校数）	(7)	273	173
（二）初中阶段教育	479	80	33 413
1. 普通初中	477		33 362
2. 职业初中	1	56	34
3. 成人初中	1	24	17
三、初等教育	615	48 421	38 451
（一）普通小学	615	48 421	38 451
（二）成人小学			
其中：扫盲班			
四、工读学校	13	601	399
五、特殊教育	28	1 603	1 092
六、学前教育	1 058	31 944	20 203

注：普通高中的教职工数中包含普通初中的教职工数。

2007 年各级各类学历教育学生情况

	毕业生数（人）	招生数（人）	在校生数（人）
一、高等教育			
（一）研究生	23 926	30 610	91 763
博　士	4 484	5 761	21 866
硕　士	19 442	24 849	69 897
（二）普通本专科	118 512	144 577	484 873
本　科	60 485	87 021	314 578
专　科	58 027	57 556	170 295
（三）成人本专科	51 980	72 527	206 817
本　科	26 089	40 995	110 024
专　科	25 891	31 532	96 793
（四）其他各类高等学历教育			
1. 在职人员攻读博士、硕士学位		10 803	27 969
2. 网络本专科生	46 217	76 568	160 757
本　科	16 428	27 878	54 986
专　科	29 789	48 690	105 771
3. 学历文凭考试	2 494		1 878

续表

	毕业生数 （人）	招生数 （人）	在校生数 （人）
4. 其他	338		
二、中等教育	283 518	217 955	861 863
（一）高中阶段教育	173 391	112 168	434 312
1. 高中	115 262	61 505	245 309
普通高中	102 425	61 505	228 970
成人高中	12 837		16 339
2. 中等职业教育	58 129	50 663	189 003
普通中专	38 577	32 324	128 081
成人中专	4 481	3 103	9 342
职业高中	15 071	15 236	51 580
技工学校			
（二）初中阶段教育	110 127	105 787	427 551
1. 普通初中	109 842	105 668	427 037
2. 职业初中	124	119	353
3. 成人初中	161		161
三、初等教育	105 530	109 965	533 280
（一）普通小学	105 530	109 965	533 280
（二）成人小学			
其中：扫盲班			
四、工读学校	838	1 152	3 046
五、特殊教育	2 008	1 285	9 384
六、学前教育	96 120	112 432	313 194

注：特殊教育学生数中包括普通中小学随班就读的学生。

2007 年各级各类非学历教育学生情况

	毕（结）业生数 （人）	注册生数 （人）
总 计	2 512 954	2 376 973
一、高等教育	659 525	540 446
（一）研究生课程进修班	3 685	7 467
（二）自考助学班	10 667	42 210
（三）普通预科生		115
（四）进修及培训	645 173	490 654
其中：资格证书培训	102 768	93 229
岗位证书培训	173 595	120 075

续表

	毕（结）业生数（人）	注册生数（人）
二、中等教育	1 853 429	1 836 527
其中：资格证书培训	223 835	219 447
岗位证书培训	330 149	304 687
（一）中等职业教育	108 547	66 773
其中：资格证书培训	34 536	19 763
岗位证书培训	33 850	11 857
（二）职业技术培训机构	1 744 882	1 769 754
其中：资格证书培训	189 299	199 684
岗位证书培训	296 299	292 830

2007年各级各类民办教育基本情况

	学校数（所）	毕业生数（人）	招生数（人）	在校生数（人）	教职工数（人）	专任教师数（人）	另有其他学生数（人）
一、民办高等教育							
（一）民办高校	17	22 630	26 596	76 120	5 235	3 073	9 659
本科学生		1 480	3 488	9 487			
专科学生		21 150	23 108	66 633			
（二）独立学院（不计校数）	（5）		4 379	12 204	957	525	
本科学生			4 379	12 204			
专科学生							
（三）民办其他高等教育机构					4 312	1 366	299 382
二、民办中等教育							
（一）高中阶段教育	91	15 556	8 086	33 374	5 981	3 951	
1. 民办普通高中	82	13 990	6 866	29 504	5 704	3 785	
2. 民办中等职业教育	9	1 566	1 220	3 870	277	166	103
（二）初中阶段教育	42	14 295	15 637	61 552			
1. 民办普通初中	42	14 295	15 637	61 552			
2. 民办职业初中							
三、民办普通小学	24	6 309	7 635	35 180	2 120	1 746	
四、民办幼儿园	312	13 375	21 737	56 824	9 288	4 637	
另有：民办培训机构（不计校数）	（592）				9 666	3 012	1 091 963

注：1. “另有其他学生数”包括：学历文凭考试学生、自考助学班学生、预科生、进修及培训学生数；
2. 民办普通高中的教职工和专任教师数中包含民办普通初中的教职工和专任教师数；
3. “（ ）”内数据为不计校数。

〔**教育投入与支出**〕 2007年，上海市教育部门财政预算内教育经费拨款210.68亿元。其中，市级财政拨款41.81亿元，区县财政拨款168.87亿元。

全市小学生年生均支出11 877.03元（其中生均公用经费3 027.97元），比上年增加1 703.62元，增长16.75%；初中生生均支出14 145.64元（其中生均公用经费3 863.61元），比上年增加2 356.26元，增长19.99%；高中生生均支出17 310.74元（其中生均公用经费5 301.49元），比上年增加2 219.46元，增长14.71%；职校生生均支出12 359.78元（其中生均公用经费3 151.88元），比上年增加1 815.6元，增长17.22%。

2007年，上海市从城市附加宏观调控部分安排3亿元对崇明县、南汇区、金山区、奉贤区、松江区、青浦区发展农村教育给予补助；安排1.8亿元用于资助郊区农村和其他经济困难区发展义务教育；安排1 065万元用于人口导入区公建配套学校开办费补助，资助区县完成市政府实事工程配套学校和新建住宅小区配套建设中学5所、幼儿园8所；安排5 540万元用于内地西藏班、新疆班、回民中学专项补助和支援云南、西藏经费；安排1.2亿元用于中等职业技术实训基地重点项目建设；安排1亿元用于职业教育助学金、奖学金。

通过教育专用税费安排高校专项建设。例如，安排5 500万元用于上海教育发展十大行动计划，安排2 700万元用于本科教育建设项目，安排7 500万元用于高校新校区建设配套经费等，帮助高校解决一些急迫问题，改善高校的办学条件。

〔**在德育工作中实施“两纲”教育**〕 2007年，上海市教委在德育工作中实施《上海市学生民族精神教育指导纲要》和《上海市中小学生生命教育指导纲要》（简称“两纲”）。召开“两纲”阶段性总结交流工作会。召开“上海市中小学‘两纲’工作推进会”，制定《上海市中小学各学科教学进一步贯彻落实“两纲”的实施意见》，开展21门学科54个学段学科德育的分层研究，构建“两纲”课内体系。建立10个中小学生骨干教师德育实训基地，组织德育实训基地名师开展社会开放日活动。分学科推出100节左右落实“两纲”的示范课，深入60多所学校听课近百堂。召开“两纲”高级研修班总结交流会及“两纲”试点学校阶段成果汇报会。

〔**加强未成年人校外教育工作**〕 2007年，上海市教委统筹和利用各类社会公共资源，形成“菜单式”服务，推出以“阅读上海、体验成长”为主题的四大系列主题活动，形成爱国主义教育、民族文化教育、公民教育、科普教育、健康与生存训练、艺术课堂等六大活动品牌，增强学生的体验感悟，提高综合素质。拓展中小学生电子学籍卡功能，试点开发社会实践活动电子认证系统。推出“过年”主题文化活动，开展第四个“中小学弘扬和培育民族精神教育月”活动，举办以“感受新变化 迎接十七大”为主题的“美丽城市、阳光故事”中小学生社会实践成果汇报会。组织全市中小学生通过电视、光盘收看教育部规定的“形势教育课”，总计100余万人次。组织“百年树人”电影阳光行——“2007暑期优秀电影学生专场郊区巡映”及农民工子女专场巡映活动，以“快乐新年、快乐成长”为主题，组织外来民工子弟电影巡映活动。实施“和谐校园”、“温馨教室”建设工程，开展“温馨教室”网上大讨论，并将和谐校园、温馨教室建设指标纳入精神文明建设指标体系。

〔**加强中小学教师师德与育德能力培训**〕 2007年，上海市发布《关于上海市中小学教师师德与育德能力培训工作的实施意见》《关于提升上海市中小学教师人文素养的若干意见》《关于进一步加强上海市中小学班主任队伍建设的若干意见》等文件，明确教师师德与育德能力培训和班主任队伍建设的要求，将师德与育德能力培训纳入中小学教师培训整体规划中。构建职务培训、骨干教师培训、培训者培训三种类型横向贯通，市、区（县）、校上下联动的上海市中小学教师师德与育德能力培训体系。实施中小学教师人文素养提升工程，制作《上海市提升中小学教师人文素养资源目录》，组织“教师走进经典”活动，创建“中小学教师人文素养网”，为广大教师提供人文资源，搭建学习交流平台。

〔加强学生思想政治和心理健康等教育〕 2007年，上海市教委举办春、秋两季上海高校大学生形势与政策教育学习研讨班。开设“博雅讲堂”，提升大学生人文素养。大力推进心理健康教育，成立上海高校学生心理健康教育专家指导委员会，依托5个“区域示范中心”开展心理健康教育专题培训，推进学校心理咨询师培训，开展大学生心理健康教育与咨询中心督查评估。积极创新职业发展教育，在07级大学生中开展职业发展启始阶段教育。加强大学生生活园区思想政治教育与管理工作。加强对研究生和民办高校学生思想政治教育工作的分类指导，配合教育部举办全国研究生辅导员研修班，成立上海民办高校辅导员培训基地并开展首次民办高校辅导员岗前培训工作。

〔改革思想政治理论课〕 2007年，上海市实施思想政治理论课中央新课程方案，四门必修课顺利开设。市教委依托四门必修课的教学协作组，组织集体备课，制作PPT课件，帮助教师掌握教材精神；举办上海首届思想政治理论课教学论坛，集中展示教学成果，推动教学实践交流；组织上海高校思想政治理论课“精彩一课”征集评选活动，并选送优秀教师参评全国高校思想政治理论课“精彩一课”，4名教师入选全国“精彩一课”；通过委托课题等方式推动教师开展教学科研，下达教学研究课题近30项，为教学工作提供理论支撑。

〔加强对思政工作的研究〕 2007年，上海市开展《上海市中小学教师师德与育德能力培训体系研究》、《上海高校学生心理健康与发展研究报告》等课题研究。在第五次全国高校思想政治教育优秀论文、专著评选中，上海共获一等奖2项（其中专著一等奖、论文一等奖各1项）、二等奖4项、三等奖7项，获奖总数居全国第一。在教育部哲学社会科学课题（思政工作）招标工作中，上海高校共有9个申报课题中标，其中，教育部“辅导员骨干支持研究课题”5个、重大研究课题2个、一般课题2个。

〔加强教师支教工作〕 2007年，上海市落实特级校长到农村办学，改变薄弱学校的面貌，全年共有8位特级校长去受援农村学校任职或承担委托管理任务。共有149名城区教师赴农村支教，有189名农村中青年校长和教师到对口城区进行挂职锻炼和跟岗培训。探索实施对农村教师的培训指导。委托华东师范大学、上海师范大学、上海外国语大学承担农村教师培训课程开发工作。推进400所农村学校教师教育信息技术能力（中级）培训工作，完成120名培训者的培训。市教委配合市人事局完成市教育卫生系统赴云南省文山州、普洱市等地的对口智力交流工作。制订教师申诉工作有关程序和受理办法。

〔加强教育立法和监督工作〕 2007年，上海市教委制订了《上海市教育委员会行政执法责任制规定》。开展了《上海市实施〈中华人民共和国义务教育法〉办法》《上海市终身教育促进条例》《上海市民办教育促进条例》的地方立法准备工作。加强依法督政工作的力度，完善相关机制，确保区县政府履行法定教育责任落实到位。开展贯彻执行《义务教育法》教育经费保障机制为主的教育综合督政工作。对19个区县188所学校开展义务教育阶段学校招生入学工作专项督导。对卢湾区、崇明县等13个区县开展学校体育工作与提高学生体质健康专项督导调研。为加快转变政府职能，实现政事分离，成立“上海市教育督导事务中心”。坚持便民原则，开展政府信息公开工作，改版“上海教育”网站。规范教育收费工作。着重围绕复旦大学与上海交通大学自主招生改革试点、高水平运动员和体育特长生招生、专科层次高校招生等重点，加强工作现场参与、指导和对录取行为的监督。

〔加强民办教育管理工作〕 2007年，上海市教委成立民办高等教育课题研究小组。对民办高校建设情况进行年度检查。研究制定上海派驻民办高校督导专员方案，开展派驻民办高校督导专员试点工作，向5所参与试点的民办高校派驻督导专员。

开展民办教育立法调研，形成调研报告初稿和《上海市民办教育促进条例》初稿。督促全市30余所全日制普通高校对非学历教育办班进行全面清查。颁布《上海市教育委员会关于进一步加强本市高等学校成人高等教育和继续教育管理的通知》。在广泛调研的基础上，拟订《上海市民办非学历教育机构审批和管理暂行办法（试行）》和《上海市民办非学历教育机构设置标准（试行）》。建立民办非学历教育机构设置校外教学点的审核备案制度。规范社会办学机构的学校宣传和招生广告的备案与管理。开展民办中小学办学评估工作。制定民办中小学校财务管理办法等。

〔**加强教育国际（境内外）合作与交流**〕 2007年，上海市扩大招收外国留学生的教育和科研单位，全市能够接受外国留学生的单位达31家。做好部分中小学直接从境外招收外国学生工作，形成从中小学随班就读、可直接从境外招生编班就读、中学国际部到国际学校的多层次、多形式的外国学生就读体系。做好中外合作办学的受理审批工作，全年受理中外合作机构和项目设立申请24项。推进国外优质教育资源的引进工作。指导和推进浦东新区、上海理工大学与英国帝国理工学院的中外合作办学等工作。根据外籍人员子女就读需求，批准9所学校各增加一个教学点，缓解校舍紧张的状况。核发上海台商子女学校办学许可证，办学层次定为九年一贯制，并受理其开办高中部的申请。2007年，上海高校在校的港澳台及华侨学生1 713人，比上年增长3.3%，其中台湾学生784人，占总数的45.7%。上海各区县有港澳台学生7 838人，同比增长6.3%，其中台湾学生5 269人，占总数的67.2%。

〔**加强学校安全稳定工作**〕 2007年，上海市教委以《中华人民共和国未成年人保护法》的颁布和实施为契机，围绕上海市政府实事项目和市教委重点工作，完成各项工作计划和教育部中央综治办布置的专项任务，为大中小学校营造安全和谐的教育环境。完成校车规范管理的市政府实事项目，明确标准式规定、户籍式管理、市场化运作、分职能担责的制度，发布《校车规范管理若干意见》。完成农民工子女学校办学条件改善工作并为学生购买校方责任险。完成未成年犯和未成年劳动教养人员义务教育工作的协调落实任务。完成虹口区、闸北区、浦东新区3个区中小学、幼儿园安全风险勘查工作。完成教育部布置的中小学安全大检查和学校及周边环境专项整治行动。开展1 562所中小学和1 066所幼儿园的检查整治。

〔**开展多种形式体育活动**〕 2007年，上海市教委发布《关于进一步加强学校体育工作的指导意见》，落实全国学校体育工作会议和市学校体育工作会议精神，调整中小学校作息时间并增加学生体育活动课时，实行“三课、两操、两活动”。开展“与北京奥运同行”、“我运动，我健康，我快乐”等体育健身活动，组织开展以“人人有项目、班班有团队、校校有特色”为目标的上海市学生阳光体育大联赛等群众性体育竞赛活动，活动项目从上年的7个增加到11个。成立“上海市学生体质健康监测中心”，建立相应的监测报告制度。学生和教师对学校的体育场地和器材的满意度达到98.48%，学生平均睡眠时间增加22分钟。开展学生阳光体育大联赛，使50万学生掌握了至少2项日常锻炼运动技能。组团参加全国第八届大学生运动会，获得团体总分1 247分、金牌总数24枚，总分和金牌数均名列本届运动会第四名。参与2007年世界特殊奥林匹克运动会的部分组织工作。与教育部体育卫生与艺术教育司共同举办“2007青少年体质健康上海论坛”。发布《关于完善本市普通高等院校学生医疗保障制度的若干意见》，在原公费医疗覆盖37.5万公办高校大学生和研究生的基础上，将民办、系统行业办高校大学生、各类高校中的普通高职生、其他科研院所非在职研究生和第二军医大学部分无军籍本科生约55.41万人，全部纳入基本医疗保障范围，享受统一的医疗保障待遇。

〔**努力适用法律、行政和教育手段推动语言文字工作**〕 2007年，上海市教委加强学习宣传和贯彻实施语言文字法律法规、加强语言文字依法管理为主线，在全市形成协调有效的语言文字应用管理体制，关注社会语言生活的变化发展，综合运用法律、行政和教育手段，坚持主动性、开创性和坚韧性的统一，坚持实事求是、与时俱进，努力实践依法行政、深入开展调查研究、牢固树立服务意识，扎实推进全市语言文字工作的深入开展。依法开展社会语言文字应用监测，加强语言文字行政执法，开展语言文字工作评估。加强对区县贯彻落实《上海市实施〈中华人民共和国国家通用语言文字法〉办法》情况的检查督导。2007 年，上海市教委承办了国家语委语言文字依法管理工作现场会。

基础教育

〔**学前教育**〕 为适应不断扩大的入园高峰需求，上海市 2007 年加大了园舍建设力度，新建、改扩建幼儿园 152 所，新增园舍建筑面积 44.37 万平方米。加强城郊交流，开展城郊幼儿园对口交流活动，促进幼儿教育均衡发展。加强学前教育研究，促进学前教育内涵发展，完成国家哲学社会科学“十五”规划重点课题“0—3 岁婴幼儿早期发展与关心”的研究结题工作。

〔**解决基础教育中的民生问题**〕 2007 年，上海市贯彻落实《财政部、教育部关于调整完善农村义务教育经费保障机制改革有关政策的通知》中“向农村义务教育阶段学生免费提供教科书”等要求，制订并实施 2007 年秋季 10 个郊区义务教育阶段免除教科书费用方案。全年投入 4 563 万元，为 240 所农民工子女学校修建教室 3 653 间，新建、改造食堂 208 间，新建、改造厕所 602 间，配置图书 22 万余册。实施中小学生婴幼儿医保归并城镇居民医疗保障体系。实施教室灯光亮化工程，惠及中小学生 2.63 万人。开展百万青少年阳光体育运动，完善学生医疗保险制度，增强学生体质健康。加强特殊教育，推进医教结合，提高特教质量。继续开展特教学校课程改革，编写上海市辅读学校《生活》等学科指导纲要，编写《上海市聋高中课程方案》，并围绕课程实施组织特教教研员、特教学校教师等开展专题研讨和教学基本功系列比赛。

〔**加强郊区农村教育**〕 2007 年，上海市加大农村义务教育财政投入，远郊区县义务教育学生生均拨款超过全市平均拨款水平。投入资金 2.8 亿元，完成 448 所农村义务教育学校的信息化环境设施建设，提高农村义务教育学校信息化水平，超额完成农村 400 所中小学信息化建设的市政府实事项目。开展委托管理，加强优质教育资源辐射力度。组织城区优质教育资源对郊区农村 20 所义务教育阶段相对薄弱学校实行委托管理，加大城区优质教育资源向郊区农村辐射的力度。

〔**加强高中建设**〕 2007 年，上海市继续实行中考推优生制度，扩大自主招生计划，试行市实验性示范性高中名额分配办法。进一步优化高中阶段教育结构，强化普通高中和中等职业教育；加强全市招生计划和外省市招生计划的宏观统筹与调控。推进高中学业评价制度改革，为 2008 年建立上海市普通高中学业水平考试制度做好前期准备。完成市实验性示范性高中年检工作，编制《上海市实验性示范性高中 2006 年度检查报告》白皮书。命名上海市第六十中学等 11 所学校为上海市实验性示范性高中。开展 50 所市实验性示范性高中教育情况的调研工作。加强高中教育布局结构调整，推动中心城区优质高中教育资源通过多种形式向郊区农村教育辐射，鼓励优质高中学校加大对义务教育阶段学校的帮扶力度。

〔**加强中小学课程教材改革**〕 2007 年，上海市教委完成《小学一、二年级课程调整方案》，《方案》设置了小学入学初 2—4 周的学习准备期，调整语文、数学、英语学科课程内容与要求，调整入学时间，减轻小学低年级学生学业负担。完成二期课改首轮（2002—2007 年）试验的总结工作，编制了全市和各区县课改整体试验总结报告。颁发《关于进一步加强上海市中小学教材审查工作的若干意见》，严格审查要求，规范审查程序，提高教材审查质量。根据国家发改委和新闻出版总署有关要求，与相关部门协调做好中小学教材改版工作。做好四年级、八年级和高二年级推广实施二期课改新课程和使用新教材的工作，加强新教材课程资源和教学案例等建设。召开上海市推进中小学课程改革加强教学工作会议，颁发《上海市教育委员会关于深化中小学课程改革加强教学工作的若干意见》，加强校长课程领导力培养、加强教研队伍业务指导力、提高教师教学执行力，提高教学有效性。开展第二批科普教育基地课程资源开发工作推进会，完善运行机制。2007 年，全市有 16 个科普教育基地与 19 个区县结对开展中小学生利用科普教育基地课程资源进行科学探究学习活动。举办学生艺术活动，提高学生艺术素养。组织举办以“扬青春旋律　创和谐校园”为主题的上海市学生音乐节，开展“高雅艺术进校园”观摩欣赏活动以及合唱比赛专场、民乐比赛专场等八大类 29 个专项的竞赛和专题活动。完善中小学生综合素质评价体系和网络运行机制。完成初中毕业生综合素质评价工作。修订《上海市学生成长记录册》。加强中小学生学业质量监测研究工作，启动上海参与 PISA（国际学生评估）项目工作。

职业教育与成人教育

〔**组建职教集团**〕　根据国务院《关于大力发展职业教育的决定》中职业教育要“走规模化、集团化、连锁化办学的路子”的精神，以及《上海市人民政府关于大力发展职业教育的决定》《上海教育事业发展“十一五”规划纲要》的相关要求，上海市 2007 年制定并颁布《关于本市推进职业教育集团化办学工作的意见》，对组建 10 个领域职业教育集团的工作进行部署，并完成现代护理和交通物流等两个职业教育集团组建工作。

〔**职业教育课程教材改革**〕　2007 年，上海市教委推进课程教材改革各项工作，推动学校层面课程教材改革的具体实施。完成体育与保健学科的课程标准的编制；完成 12 个专业教学标准和 52 门新教材审定，审定通过的教材在网上推荐使用；完成第二批 30 门专业教学标准（初稿）的编制工作；委托远程教育职成教在线开发网络课程学习平台并正式运转，完成 25 门网络课程的编写和制作，已有 8 门课程上网供学生网上选修，全年共有 36 所学校 3 000 人次在线学习。推进创建课改特色实验学校工作，制定颁布《上海市中等职业教育课改特色实验学校遴选的指标体系》。

〔**开放实训中心建设**〕　2007 年，上海市按照区域和行业特点，基本完成开放实训中心的专业布点，建成一批既满足学历教育又面向行业、社区和社会，集培训和鉴定为一体的开放实训中心。至 2007 年底，全市共有 76 个开放实训中心建设项目通过专家的立项评审，涵盖了教育部颁布的 19 大类的专业目录，建筑面积 26.66 万平方米，可以提供 3 万个实习实训工位数。开放实训中心在地域分布上覆盖全市 19 个区县，体现“突出重点、满足需求、覆盖城乡、方便市民”的特点。据统计，2007 年开放实训中心面向社会开展各类培训 4.82 万人次，面向在校生培训 4.14 万人次；面向社会开展技能鉴定 4.14 万人次，面向在校生技能鉴定

1.62 万人次，其中有 2 249 人获得高级证书，1.05 万人获得中级技能鉴定证书。

〔**完善职教人才培养模式和机制**〕 2007 年，上海市在中等职业学校中推进工学结合、半工半读试点工作。制定颁布《关于上海市中等职业学校开展半工半读试点工作的意见》，确定中等职业学校为半工半读重点试点单位 15 个，其中 3 所学校被教育部认定为全国职业教育半工半读试点院校。市教委与市劳动社会保障部门共同推进高技能人才培养培训工作。设立以行业为主体的“高技能人才校企合作协调委员会”，并明确了“政府补贴、企业支付和院校承担”的多元经费渠道。校企合作力求实现“明确一个培养机制（定单式培养），取得两张证书（学历证书、职业资格证书），获得三方满意（政府、企业、家庭）”的目标。至 2007 年，上海市该项试点工作已有 2 批 23 所中等职业学校的 64 个专业（工种）立项，第一批立项的学校有 1 000 多名毕业生通过职业资格考核。

〔**开展学生职业技能比赛活动**〕 2007 年，上海市教委开展了上海市“星光计划”第二届学生职业技能比赛活动，全市共有 101 所学校，14 万人次参加预赛。近 9 000 人次参加 11 个大类专业的 45 个学生项目和 4 个教师项目的决赛，共有 1 752 人次获得各类奖项，其中教师项目获奖 28 人。有 1 818 名学生、24 名教师获得劳动保障部门和有关行业颁发的相关职业资格证书共 39 种，其中，87 名学生职业资格获得劳动保障部门的高一级认定。组队参加教育部在重庆举行的首届全国中等职业学校职业技能大赛，共获得一等奖 14 项、二等奖 12 项、三等奖 11 项。

〔**落实国家中职学生助学政策**〕 自 2007 年 9 月 1 日起，上海全市中等职业学校实施家庭经济困难学生资助政策体系。其中，国家助学金实行全体就读中职校学生助学政策，资助全日制普通中等职业学校所有在籍在沪就读的在校生。在此基础上，实行家庭经济贫困学生助学政策（不含综合高中），资助所有农村、海岛学生和城市低保家庭经济困难学生，平均资助标准为每生每年 3 100 元至 4 500 元。设立“上海市奖学金”和“专业奖励金”，前者用于奖励全日制中等职业学校在校生中特别优秀的学生，后者用于奖励当年报考本市社会经济发展急需、紧缺专业，并被通过“百校重点建设工程”评估验收合格的全日制中等职业学校录取的应届初中毕业生。2007 年下半年市区两级财政共投入经费 1.7 亿元，是上年的 4.3 倍，学生受益面扩大至 100%，共计 17.28 万人次。其中，外省市受益学生 15 056 人次，西部受益学生 2 816 人次。

〔**完成“郊区劳动力职业教育三年行动计划”**〕 2007 年，上海市教委完成上海郊区劳动力职业教育三年行动计划的市政府实事项目。103 所成人学校、8 所中等职业学校及 21 所社会培训机构共培训 66 953 人次，其中获得职业资格证书的人数为 26 455 人，占 39.51%；获得上岗、行业证书的人数为 9 709 人，占 14.5%；获得培训合格证书的人数为 29 685 人，占 44.33%；就业人数 26 417 人，就业率 63.97%。

〔**构建学习型社会**〕 2007 年，上海市教委贯彻《中共上海市委、上海市人民政府关于推进学习型社会建设的指导意见》精神，颁发《上海市教育委员会、上海市精神文明建设委员会办公室关于推进本市社区学院建设的指导意见》。青浦区和杨浦区被教育部确定为“第四批全国社区教育实验区”，上海市的全国社区教育实验区已达 10 个。推进社区教育实验项目工作，对基本完成实验目标的 68 个项目进行材料预审和集中评审，认定 12 个上海市社区教育优秀推荐实验项目和 27 个上海市社区教育推荐实验项目。组织各区县申报 2007 年社区教育实验项目，共设立上海市社区教育实验项目 127 个，其中招标（重点）项目 30 个，一般项目 97 个。召开社区教育实验项目现场推进会，对相关社区教育实验项目专题进行交流。开展形式多样的学习活动。会同全国成人教育协会举办“2007 全民终身学习活动周”，会同市文明办、市新闻出版局、市妇联、市社联、市作家协会和东方网，以“知识改变命运，学习造就人生”为主题，举办“上海市民诗歌创作比赛”、“上海家庭讲故事接龙比赛”、东方讲坛进书展等活动；举办“2007年上海老年教育艺术节戏剧汇演活动”等。

高 等 教 育

〔**加强高校建设与管理**〕 2007年，上海市教委编制《上海市高等学校设置“十一五”规划》，并上报教育部。完成教育部下达部属高校基本建设投资计划的汇总及教委系统基本建设固定资产投资计划等编报工作。与市政府发展与改革委员会沟通协调落实“十一五”前期项目建设计划。初步完成教育部下达的《普通高等学校建筑规划面积指标(92标准)》的修订工作。完成《上海市普通高等教育事业发展趋势预测》等研究分析报告。推进高校布局结构调整建设，重点抓好上海音乐学院校园扩建，上海海事大学、上海水产大学临港新校区和华东理工大学、上海应用技术学院奉贤新校区建设，以及松江大学园区资源共享区建设。推进上海电力学院、上海大学、上海体育学院等高校扩展建设项目。完成2007年上海国际田径黄金大奖赛上海松江大学园区改造项目工程。严格规范院校设置，完成华东政法学院更名为华东政法大学、上海海关高等专科学校升格更名为上海海关学院的申报设置工作。下发《上海市教育委员会关于2007年度申办高等职业学校、民办高等专科层次的学校升格为本科学校和普通高校试办独立学院有关事项的通知》。受理上海体育运动技术学校转型为上海体育职业学院等设置申请，申请已获市政府批准，并报教育部备案。

〔**高校招生及毕业生就业工作**〕 2007年，上海市教委制定普通高校2007年招生总体方案，普通高校春季招生、“专升本”招生、“插班生”招生、“三校生”招生以及成人高校招生方案，做好复旦大学、上海交通大学两校“深化高等学校自主选拔录取改革试验”和高职（高专）院校依法自主招生改革试点工作。完成2007年普通高等学校招生工作。对普通高校办学条件进行调研与分析，编制完成2008年普通高校招生计划。开展2007年全市高校毕业生就业和非上海牛源高校毕业生进沪就业工作。至年底，全市高校毕业生总体就业率97.25%。2007年，全市面向基层就业的大学毕业生数量约3.67万人，其中参加“三支一扶”计划424人，参加西部志愿者计划191人。批准大学生科技创业的项目237项，实际投资3 000多万元。推进大学生职业发展教育，建立18家大学生职业发展教育教学实训基地。开展“长三角”高校毕业生就业工作的区域合作。规范户籍申请受理和审核的工作程序和制度。至11月20日，非上海生源高校毕业生进沪就业总人数为5万余人。

〔**做好帮困助学工作**〕 2007年，上海市教委贯彻落实国家新资助政策，建立健全上海高校资助政策体系，创新高校助学工作新模式。开辟“绿色通道”，保障家庭经济困难学生顺利入学。全市家庭经济困难学生资助工作实现两个“全覆盖”，即学生群体全覆盖和家庭经济困难学生全覆盖，除公办高校外，所有民办高校和成人高校中招收的全日制普通高校计划的学生全部纳入资助政策体系，全年获得各类奖、助学金学生6.2万多人，约占在校生人数16.5%。

〔**努力提高高校教育教学质量**〕 2007年，上海市教委强化教学质量监控，指导和配合高校作好教学工作水平评估工作，对本年度7所被评高校开展评建工作检查。开展教育高地检查，审核2007年度高校新专业设置和调整，同意48个新申请专业进一步报请教育部核准。修改制定高等数学大纲，实施高等数学统一测试。开展全市医学院校1 162 名五年级学生临床医学技能测试。推动优质教学资源建设，完成第二、三批基础课程实验教学示范中心评选和公布工作，并新增一批国家级实验教学示范中心。至年底，全市高校共建有市级实验教学示范中心 38 个，国家级实验教学示范中心 13 个。组织第三届高校教学名师奖评选，评选出市级教学名师奖 50 人，获国家级教学名师奖 6 人。组织评选高校精品课程，评选出第五批市级高校精品课程 100 门，并推荐国家级精品课程 47 门。建设第三期市教委重点课程，开展上海市优秀教材评选活动，评出优秀教材 250 本。部署实施“教学质量与教学改革工程”，召开全市高校教学工作会议。召开全市高校部分学科的实验教学、精品课程、教育高地等各种类型的教学研讨会或现场交流会。实施大学生创新活动计划，启动 1 000 项大学生创新活动项目。筹建新一届考试委员会和考试命题组，研究修订计算机等级考试三级考试大纲，研究统一编写教材。推进上海“西南片”、“东北片”高校和松江大学园区教育教学资源共享工作。

〔**重点学科建设与科研工作**〕 2007 年，上海市教委构建高校学科体系，启动实施部属高校上海市第二期重点学科建设工作，共评选出75 个学科。启动实施上海市教育委员会第五期重点学科建设工作，58 个学科列入建设范围。组织上海市属高校申报国家重点学科工作，对全市高校开展原国家重点学科考核评估、国家重点学科增补，以及国家重点学科一级学科认定等专项工作。新增上海师范大学、上海音乐学院、上海戏剧学院、华东政法大学 4 所单位，新增国家重点学科（二、三级学科）41 个，另有 27 个学科入围国家重点（培育）学科。组织完成市属高校增补国家重点学科的申报工作以及市属高校《国家重点学科建设与发展规划》的制订工作。深化上海高校 E-研究院建设工作。召开 E-研究院首席研究员的专题工作会议，组织 E-研究院建设的节点考核。上海高校共有 12 个 E-研究院实施建设。推动繁荣哲学社会科学研究工作，实施上海市高校人文社会科学重点研究基地专项计划，上海大学中国社会转型与社会组织研究中心等 10 个基地被列为第一批上海市高校人文社会科学重点研究基地，并作为推荐教育部重点研究基地的培育基地。开展有上海特色的艺术类创新平台建设，试点设立“周小燕艺术工作室”。组织与管理“深化教育综合改革完善创新人才培养体系研究”、“2010 年上海教育现代化内涵指标体系研究”、“上海高校学科建设与结构调整的研究”等 3 个重大决策咨询研究项目。开展上海市第九届教育科学研究优秀成果评奖、第七届教育科研工作先进集体与先进个人评选工作。修订上海市教育科学研究项目管理办法。推进高校科技创新工作，启动实施上海市教育委员会科研创新计划，研究制定《上海市教育委员会科研创新项目管理办法》。开展曙光计划工作，2007 年新评选曙光学者 58 人，其中获得国家自然科学基金资助 80 人。组织地方高校进行 2007 年度教育部工程研究中心建设项目和省部共建教育部重点实验室建设项目申报工作，上海中医药大学“中药现代制剂技术”等 3 个工程中心被批准为 2007 年度教育部工程研究中心；“肝肾疾病病症”等 2 个实验室被批准列入 2007 年度省部共建教育部重点实验室；另有 6 个实验室分别被列为上海市高校工程研究中心和上海高校重点实验室。深化高校产学研工作，完成中国国际工业博览会中国高校展区的组织工作。推进市属高校校产改革改制与规范化建设工作，至年底，市属高校基本进入资产公司的组建阶段。

〔**研究生教育**〕 2007 年，上海市教委推进研究生创新能力培养工作，实施上海市研究生教育创新计划，支持、资助有关研究生培养单位实施研究生教育创新计划项目，设立研究生创新能力培养专项资金用于资助各单位开展研究生培养模式改革和创新能力培养。推进“上海研究生联合培养基地”建设工作。召开上海市产学研联合培养研究生推进会，组织第二批“上海研究生联合培养基地”的审批工作。加强研究生教育质量监督检查，推进研究生培养过程检查，重点检查培养过程管理、研究生创新能力培养、硕士点建设情况、博士点建设质量等方面。开展博士、硕士学位论文抽检“双盲”评议工作。完成全国优秀博士学位论文省级初选暨上海市研究生优秀成果（学位论文）评选工作，评选80篇博士学位论文、48篇硕士学位论文为上海市研究生优秀成果（学位论文），并推荐60篇论文参加2008年全国优秀博士学位论文评选。

〔**高职高专教育**〕 2007年，上海市教委推进高职院校内涵建设，参与国家级示范性高职高专院校建设工程，上海医药高等专科学校等3所高校成为“国家级示范性高职建设单位”。开展“校企合作培养高技能人才计划”，遴选10余所高校参加试点。召开上海市高职高专院校人才培养工作水平评估专家指导委员会会议。完成对上海新侨职业技术学院等8所高职院校的人才培养工作水平评估和上海城市管理职业技术学院等4所院校的复评工作。开展实训中心和教学高地建设。推进职业教育公共实训基地和民办高校第三期建设工作，共有29个实训基地建设项目和20所民办院校的24个建设项目通过立项。规范管理审批、备案工作，完成2007年度教育部试点高校申请在本市设立现代远程教育学习中心的审批工作，完成高职高专新专业、成人高等教育新专业备案工作。启动高职双师型教师和教学管理人员专业培训，开展上海市高职院校网上教学质量监控平台建设和上海市高职院校教学共享资源库（含高职教育各类专业试题库）建设工作，筹建上海市高职教育教学研究网络化系统。

撰稿 徐钦福 宣念蜀 沈勉荣

审稿 沈晓明

江苏省教育

概　况

〔基本情况〕

2007年各级各类学校校数、教职工、专任教师情况

	学校数（所）	教职工数（人）	专任教师数（人）
一、高等教育			
（一）研究生培养机构（不计校数）	(42)		
1. 普通高校	(28)		
2. 科研机构	(14)		
（二）普通高等学校	118	145 981	88 568
1. 本科院校	44	87 516	46 349
2. 专科院校	74	47 894	33 971
其中：职业技术学院	70	45 883	32 522
3. 其他机构（点）（不计校数）	(46)	10 571	8 248
其中：独立学院	(26)	8 943	7 028
（三）成人高等学校	16	10 454	7 023
（四）民办的其他高等教育机构	3	104	31
二、中等教育	3 899	418 612	344 802
（一）高中阶段教育	1 571	417 990	155 113
1. 高中	937	343 383	98 635
普通高中	781	342 348	97 884
成人高中	156	1 035	751
2. 中等职业教育	634	74 607	56 478
普通中专	153	24 336	17 742
成人中专	114	6 643	3 828
职业高中	218	23 407	18 349

续表

	学校数（所）	教职工数（人）	专任教师数（人）
技工学校	149	15 492	13 011
其他机构（教学点）（不计校数）	(398)	4 729	3 548
（二）初中阶段教育	2 328	622	189 689
1. 普通初中	2 255		189 396
2. 职业初中			
3. 成人初中	73	622	293
三、初等教育	5 858	286 916	258 707
（一）普通小学	5 668	286 319	258 317
（二）成人小学	190	597	390
其中：扫盲班	52	123	77
四、工读学校	3	96	71
五、特殊教育	107	3 541	2 720
六、学前教育	4 964	85 874	59 557

注：普通高中的教职工数中包含普通初中的教职工数。

2007年各级各类学历教育学生情况

	毕业生数（人）	招生数（人）	在校生数（人）
一、高等教育			
（一）研究生	23 989	33 563	96 546
博　士	3 450	4 854	17 892
硕　士	20 539	28 709	78 654
（二）普通本专科	309 593	409 503	1 472 317
本　科	145 749	217 571	782 871
专　科	163 844	191 932	689 446
（三）成人本专科	98 392	131 017	350 603
本　科	46 454	58 198	158 967
专　科	51 938	72 819	191 636
（四）其他各类高等学历教育			
1. 在职人员攻读博士、硕士学位		10 534	33 542
2. 网络本专科生	3 520	9 240	20 106
本　科	3 396	4 351	12 553
专　科	124	4 889	7 553

续表

	毕业生数（人）	招生数（人）	在校生数（人）
3. 学历文凭考试	714		
4. 其他	6		
二、中等教育	1 988 116	1 978 144	6 062 559
（一）高中阶段教育	849 790	1 031 528	3 076 912
1. 高中	494 782	508 836	1 551 658
普通高中	475 774	508 836	1 531 183
成人高中	19 008		20 475
2. 中等职业教育	355 008	522 692	1 525 254
普通中专	154 591	233 745	739 428
成人中专	18 265	28 826	65 608
职业高中	111 136	132 849	396 166
技工学校	71 016	127 272	324 052
（二）初中阶段教育	1 138 326	946 616	2 985 647
1. 普通初中	1 115 151	946 616	2 981 844
2. 职业初中			
3. 成人初中	23 175		3 803
三、初等教育	956 608	651 867	4 308 954
（一）普通小学	936 047	651 867	4 291 805
（二）成人小学	20 561		17 149
其中：扫盲班	6 640		6 210
四、工读学校	236	132	242
五、特殊教育	4 581	4 132	30 403
六、学前教育	576 191	700 881	1 687 894

注：特殊教育学生数中包括普通中小学随班就读的学生。

2007年各级各类非学历教育学生情况

	毕（结）业生数（人）	注册生数（人）
总计	6 388 983	5 061 912
一、高等教育	209 026	138 144
（一）研究生课程进修班	2 242	2 280
（二）自考助学班	9 676	63 273
（三）普通预科生		376
（四）进修及培训	197 108	72 215
其中：资格证书培训	57 925	15 363

续表

	毕（结）业生数（人）	注册生数（人）
岗位证书培训	55 424	26 118
二、中等教育	6 179 957	4 923 768
其中：资格证书培训	615 233	463 224
岗位证书培训	876 084	694 273
（一）中等职业教育	847 329	345 415
其中：资格证书培训	237 176	139 088
岗位证书培训	214 450	103 885
（二）职业技术培训机构	5 332 628	4 578 353
其中：资格证书培训	378 057	324 136
岗位证书培训	661 634	590 388

2007 年各级各类民办教育基本情况

	学校数（所）	毕业生数（人）	招生数（人）	在校生数（人）	教职工数（人）	专任教师数（人）	另有其他学生数（人）
一、民办高等教育							
（一）民办高校	21	24 895	65 005	181 199	9 153	6 098	1 531
本科学生		5 600	24 597	71 878			
专科学生		19 295	40 408	109 321			
（二）独立学院（不计校数）	(26)	9 285	51 586	169 868	8 943	7 028	17
本科学生		9 285	51 586	169 659			
专科学生				209			
（三）民办其他高等教育机构					104	31	454
二、民办中等教育							
（一）高中阶段教育	237	78 915	124 707	329 096	47 755	37 175	
1. 民办普通高中	175	61 543	83 001	228 470	43 642	34 642	
2. 民办中等职业教育	62	17 372	41 706	100 626	4 113	2 533	9 926
（二）初中阶段教育	259	144 586	171 579	513 360			
1. 民办普通初中	259	144 586	171 579	513 360			
2. 民办职业初中							
三、民办普通小学	150	42 385	40 028	241 364	13 453	11 015	
四、民办幼儿园	2 455	180 404	232 811	555 376	33 076	22 258	
另有：民办培训机构（不计校数）	(1 266)				11 476	7 010	750 233

注：1. “另有其他学生数”包括：学历文凭考试学生、自考助学班学生、预科生、进修及培训学生数；

2. 民办普通高中的教职工和专任教师数中包含民办普通初中的教职工和专任教师数；

3. “（ ）”内数据为不计校数。

基础教育

〔综述〕 全省共有小学 5 668 所，在校学生 429.18 万人，小学适龄儿童入学率为 99.55%。共有初中 2 255 所，在校学生 298.18 万人。小学毕业生升入初中的入学率为 101.13%，小学在校学生年巩固率为 100.83%，初中在校学生年巩固率为 98.55%。共有普通高中 781 所，在校学生总计 153.12 万人。共有幼儿园 4 964 所，在园幼儿 168.79 万人，学前三年入园率已达到 95%。共有省级示范性实验幼儿园 584 所，2007 年新评估认定省优质幼儿园 517 所。

〔素质教育〕 2007 年，江苏省教育厅在苏州召开了基础教育工作座谈会，提出以“333 工程”为抓手，全面推进素质教育：一要突出“三育”，即德育、体育、美育；二要抓好“三会”，即会学习、会劳动、会创造；三要落实“三定”，即落实课程计划的规定、学生在校时间和作业量的规定和考试评价的规定。评选表彰首批 17 个“江苏省全面实施素质教育先进县（市、区）”。全面实施高中课程改革，召开高中实验样本校会议，推动高中综合素质评价的有效实施。调整暑假时间安排，将普通高中暑假时间缩短两周。继续实施义务教育课程改革，调整义务教育课程设置实验方案，将体育与健康课程占到总课时的比例调整到 10.8%。制定英语、信息技术课程纲要。召开全省义务教育阶段学生学习质量测试分析反馈会，听取教育部全国中小学生学习质量分析与指导项目组专家关于江苏省 2006 年 12 月义务教育阶段学生学习质量抽测结果的通报。召开中小学百年名校发展研讨会，探讨现代社会中小学校持续发展的有效策略，努力构建以名校为引领的优质基础教育体系。

〔义务教育均衡发展〕 2007 年，江苏省提出城乡义务教育学校“六个一样”的要求，即校园环境一样美、教学设施一样全、公用经费一样多、教师素质一样好、管理水平一样高、人民群众一样满意；首次表彰 20 个“江苏省义务教育均衡发展先进县（市、区）”。下发《关于开展义务教育合格学校建设工作“回头看”的通知》，部署实施“回头看”工作。落实政府为主的经费管理机制，从 2007 年春季学期起，江苏省在全国率先实现了义务教育阶段学生全部免收学杂费，并将义务教育公用经费提高至小学每生每年 230 元、初中每生每年 350 元。省财政安排 1.2 亿元助学资金，对 80 万贫困学生实行“一免一补”（免课本费、适当补助生活费）。实施送优质资源下乡工程，精选 500 多名优秀教师和教学专家，投入 8 000 万元，制作了覆盖农村小学和初中 24 门学科的 2 000 课时教学光盘，免费赠送给 7 200 所农村中小学校，同时为 2 万个班级配送 34 吋彩电和 DVD。重视做好流动及留守儿童教育工作，江苏 2007 年在苏南、苏中接受义务教育的流动人口子女有 57.4 万人，其中在公办中小学就读的 44.9 万人，达 78%以上。省财政继续设立 1 500 万元进城务工农民子女义务教育专项经费，用于奖励和补助成绩突出的地区和学校。切实加强对农村留守儿童教育工作的领导，着力办好一批寄宿制学校，大力开展留守儿童的心理健康教育，促进留守儿童的健康成长。

〔高中教育〕 2007 年，江苏省顺利实现普及高中阶段教育目标，2007 年全省普通高中招生 50.88 万人，所有县（市、区）的初中毕业生升学率均已达到或超过 90%。省教育厅继续推动星级高中创建，2007 年新确认三星级高中 22 所、四星级高中 14 所，全省半数以上的普通高中已创建为三星级以上优质高中，超过 78%的学生在三星级以上高中就读。建立普通高中贫困学生的政府助学金制度，制订了《江苏省普通高中政府助学金管理办法》，省级财政新设立普通高中困难学生助学专项经费 7 000 万元，各级财政资助金总计 1.52 亿元。

〔**幼儿教育**〕 2007 年，江苏省教育厅规范幼儿园评估工作，停止原省级示范性实验幼儿园评估，启动“江苏省优质幼儿园”评估工作。全省有 532 所幼儿园申报参评省优质幼儿园，517 所被确认为省优质幼儿园。普及幼儿教育，全省学前三年普及率达到 95%。评选表彰了第二批 26 个省幼儿教育先进县（市、区）。

〔**未成年人思想道德建设**〕 2007 年，省教育厅召开全省中小学德育处长会议，交流各地在中小学德育工作中的成功经验和做法，部署基础教育系统未成年人思想道德建设“回头看”自查工作。弘扬和培育民族精神，组织开展“形势教育大课堂”活动，全省中小学生在 9 月 3 日上午 10 时至 11 时，统一从网络或电视上收看第一节形势教育课，之后连续安排 4 节形势课，向中小学生宣传党的十六大以来取得的伟大成就，对中小学生进行十七大精神和社会主义核心价值体系教育。积极开展心理健康教育，在苏州召开全省未成年人心理健康教育服务工作会议，成立江苏省中小学心理健康教育教师培训中心，开展“共沐七彩阳光、和谐从心开始”教育实践活动。举办首次全省中小学心理健康教育教师培训班，350 余名中小学心理健康教育教师参加了培训。积极开展留守儿童心理健康教育。评选表彰省文明学校，全省共有 301 所中小学、幼儿园申报参加省文明学校的评选，最终确定 298 所中小学、幼儿园为“江苏省文明学校”。加强青少年校外活动基地建设，全省绝大多数县（市）已建有一所青少年校外活动中心。

〔**特殊教育**〕 2007 年，省教育厅实施特殊教育合格学校建设工程，制订了《江苏省特殊教育合格学校建设基本标准》和《江苏省特殊教育合格学校建设方案》，召开全省特殊教育合格学校建设工作会议，明确各地全面完成特殊教育合格学校建设的目标和任务，与各有关县（市、区）签订了《江苏省特殊教育合格学校建设工程责任书》。举行全省特教学校课堂教学观摩及教学研究活动，分别在泰州和徐州举办了全省盲校、培智学校和聋哑学校课堂教学观摩及教学研究活动，350 名教师代表参加了教研活动，观摩课堂教学，听取专家讲座，交流教学经验和体会。

职业教育与成人教育

〔**综述**〕 2007 年，江苏全省共有中等职业学校 634 所（其中五年制高职校 31 所，中等专业学校 122 所，职业高中 218 所，技工学校 149 所，成人中专 114 所）；招生 52.26 万人（其中面向中西部地区招生 3 万人），占高中阶段教育招生总数的 50.67%；在校生 152.53 万人，占高中阶段教育在校生总数的 49.9%。中等职业学校招生和在校生规模继续保持与普通高中大体相当。

〔**职业学校基础能力建设**〕 2007 年，省教育厅推进高水平示范性职业学校建设，遴选 20 所创建学校，重点加强建设。推进实训基地建设，在重点专业领域遴选、建设 33 个装备水平较高、优质资源共享的省级、国家级实训基地，组织专家对 2006 年度国家和省支持建设的 49 个职业学校实训基地进行专项视导，认定 44 个实训基地为“江苏省职业教育实训基地”（其中 14 个实训基地为优秀等次），督促5所学校限期整改。

〔职教师资队伍建设〕 2007年，江苏省成功承办教育部全国中等职业教育师资工作会议和中德职教师资进修（P300）项目成果总结大会，教育部副部长吴启迪、副省长何权等领导出席会议。省教育厅继续加强全省职校教师和管理干部培训；全年组织660名职校教师参加了在54个国家级职教师资培训基地进行的国家级培训；组织1 200名教师参加了省级培训，其中300名教师参加境外培训、800名教师参加了专业带头人、基地负责人和骨干教师培训；组织2 800人参加了以新课程培训为主的“四新”培训；继续实施职业教育领军人才高级研修计划，组织首批70名培养对象的教学和培训。加强职业学校德育教师培训，委托省职业技术教育学会德育分会开展2007年德育骨干教师培训，72名教师参加了为期4个月的培训。

〔中等职业教育持续健康发展〕 2007年，省教育厅起草《关于推进中等职业教育持续健康发展的意见》，建立中等职业学校星级评估制度，制定《江苏省中等职业学校星级评估标准》，决定在全省中等职业学校开展星级评估，促进职业教育的健康持续发展。

〔专业建设和课程改革〕 2007年，江苏省教育厅印发《关于做好“十一五”期间职业学校示范专业建设的意见》和《江苏省职业教育示范专业建设标准》，并选择一批基础好、发展前景广阔的专业重点加以建设。2007年认定新一轮中职示范专业128个、五年制高职示范专业18个。印发《关于开展职业教育课程改革实验工作的通知》，按照“理论先导、点上实验、面上推广”的步骤，在全省遴选部分职业学校开展课程改革实验，首批确定60个专业实验点。组织专家对2007年示范专业建设和课程改革实验工作进行视导检查，调研全省职业学校示范专业建设、课程改革情况，并指导各地各校加强专业建设、深化课程改革、提升教学质量。

〔全省职业学校技能大赛和创新大赛〕 2007年，省教育厅与省有关部门联合举办了“首届江苏省职业教育创新大赛”、“2007’江苏省中等职业学校技能大赛”，均取得圆满成功。大赛惠及全省百万职业院校师生，展示了职业教育办学成果。创新大赛有680多件作品进入决赛，技能大赛有586名选手参加了省组织的决赛，其中44名优胜选手代表江苏省参加了“2007’全国中等职业教育技能大赛”，取得8金、17银、14铜的好成绩，奖牌总数位居全国第三。两项赛事促进了教育系统与外界的交流与合作，进一步密切了学校与行业企业的关系。技能大赛在全国首次与职业证书挂钩，有近600名师生取得高级工或技师等级证书。大赛的成功举办，充分展示了职业教育办学成果，激发了广大职校师生爱岗敬业和创业创新创优的精神，引导了广大职业院校加强专业建设和基地建设，加强实践技能训练，努力提高教育教学质量。

〔承办全国职业学校校园文化建设交流研讨会〕 2007年9月下旬，中国职业技术教育学会德育工作委员会校园文化建设研究会成立大会暨校园文化建设工作交流研讨会在江苏省南京高等职业技术学校召开，来自全国各地及江苏省职业学校的代表160余人参加了会议。会议由教育部职成教司主办、江苏省教育厅承办，研讨了职业学校校园文化研究的意义、目标和任务。

〔评选表彰职业学校“三创”优秀学生〕 在多年来评选表彰省“三好”学生的基础上，为进一步突出职业教育特质，彰显时代精神和新江苏精神，江苏省自2007年起每年在职业学校表彰一批省级“三创”（创新、创造、创优）优秀学生。2007年，省教育厅与共青团江苏省委联合表彰了598名职业学校省级“三创”优秀学生和优秀学生干部。

〔服务社会主义新农村建设〕 2007年，江苏省继续开展以“两后”毕业生为重点的农村劳动力转移培训，培训农村劳动力50万人，实现劳动力转移20万人；普及农村适用的短、平、快技术和农业先进实用技术，开展实用技术培训200万人次；鼓励和扶持农民投身创业实践，实现由“打工者”向“创业者”的转变，组织农民创业培训10万人。2007年，江苏省召开了长三角地区农村乡镇成人教育中心校长论坛，探索成人教育中心服务新农村、培养新农民的工作举措。评定50个省级乡镇成人教育中心校，建设25个省级农科教结合示范基地，召开全省职业教育与社会教育服务新农村建设现场推进会。推进会总结、交流了各地各校服务新农村建设经验，与会代表进一步提高了思想认识，明确了目标任务。

〔**深化社区教育实验**〕 2007年，江苏省继续创建国家级社区教育实验区，推荐上报南京市秦淮区等10家单位为国家级社区教育实验区。积极推广全省社区教育经验，组织全省各社区教育实验区（县、市、区）、街道（乡镇）、社区居委会（村）、社区培训学院、市民学校等单位撰稿，汇编《江苏省社区教育案例选》。承办以“和谐社会与社区教育”为主题的第五届长三角社区教育发展论坛。

〔**科学规划与规范管理成人高等教育**〕 2007年，江苏省召开全省成人高等教育工作会议，提出“十一五”及今后一段时期江苏成人高等教育改革发展的目标任务，出台《省教育厅关于加快成人高等教育改革与发展的意见》。启动成人高等教育特色专业与精品课程遴选与建设工作，首批遴选特色专业建设点36个和精品课程59门；加强成人高等教育的科学规划和规范管理，组织成人高教新增专业与校外教学点论证工作。

高等教育

〔**综述**〕 2007年，江苏省高等教育教学工作按照《江苏教育发展“十一五”规划》，以科学发展观为指导，以培养高素质创新型人才为目标，以加强高等教育质量内涵建设为重点，优化专业结构，加快优质教学资源共建共享，创新人才培养模式和管理制度，全面提升人才培养质量，进一步提升江苏高等教育质量内涵建设在全国的整体优势。

〔**评选省政府教学成果奖**〕 2007年，江苏省政府公布了江苏省高等教育教学成果奖励办法，确定教学成果奖为省政府奖项，并由每四年改为每两年评选一次。2007年共评出省级教学成果奖特等奖20项，一等奖60项，二等奖123项。这些成果集中体现了近年来江苏省高等教育教学改革的特色与成效。

〔**专业建设**〕 2007年，江苏省高校新增本科专业174个并加强了专业的规范管理，高职高专专业按照教育部的要求全部进行了备案；全省高校入选国家级特色专业建设点77个，名列全国第二，初步形成学科门类齐全、专业分布广泛的国家、省级和学校三级品牌特色专业体系，以此引导学校面向社会，错位发展，提升专业内涵，优化专业结构。

〔**课程与教材建设**〕 2007年，江苏省高校新增国家级精品课程55门，其中本科36门、高职高专16门、网络教育3门，国家精品课程累计达到155门，居全国第二；新增国家级双语教学示范课程9门，新增省级精品教材201部、省级立项建设精品教材203部，以立项建设与遴选评优的方式，整合全省高校专业优势与教材资源，统筹规划高水平教材建设体系。

〔**实践教学与实训基地建设**〕 2007年，江苏全省高校新增11个国家级实验教学示范中心，累计数量已达到19个，涵盖了12个学科类别；新增国家级高职实训基地6个，省级高职实训基地11个；首批54个省级示范中心建设点和20个省级高职实训基地通过验收并挂牌；通过实验教学示范中心与高职实训基地建设，整合优化实验实践教学内容、共享实验实践教学资源，进一步培养大学生创新能力与实践能力。

2007年，江苏省召开全省高等职业教育实训基地建设现场交流会，全省76所高职院校党委书记、院长，民办高校的董事长、部分行业企业代表200余人参加了会议，与会代表实地考察了6所高职院校和常州高职教育园区实训基地。交流会全面展示了校企合作建设实训基地的成效，进一步营造了全社会关心支持高职教育的浓厚氛围。

〔**教学团队建设**〕 2007年，江苏省教育厅通过建立高效的团队合作机制，系统推动教学内容、教学方法和人才培养模式的改革创新，推进教学工作老中青相结合，发挥传帮带作用。教育部于2007年启动高等学校国家级教学团队遴选与建设工作，江苏省高校共有10个教学团队入选。其中南京大学入选3个，入选数量在全国高校中名列第一；无锡职业技术学院数控技术专业教学团队是全国仅有的6个高职入选团队之一。

〔**省级示范高职院校建设**〕 2007年，江苏省启动了省级示范性高职院校建设工作，遴选并建设首批7所院校：徐州建筑职业技术学院、苏州工艺美术职业技术学院、南通纺织职业技术学院、淮安信息职业技术学院、南京化工职业技术学院、南通航运职业技术学院和江苏经贸职业技术学院；新增国家示范性高职院校建设单位3个：江苏农林职业技术学院、常州信息职业技术学院和苏州工业园区职业技术学院。至2007年，江苏国家示范性高职院校总计已达5个，位居全国第一。

〔**大学生实践创新能力培养**〕 2007年，江苏省启动实施大学生实践创新训练计划并覆盖所有本科院校与高职院校，2007年首批遴选建设1 009项。新增教育部高等学校人才培养模式创新实验区32个，位居全国第二。开展大学生毕业论文（设计）评优与抽检工作，提高毕业论文和毕业设计的质量，提升学生可持续发展潜力与高质量就业的竞争力。组织大学生实践创新能力大赛，激发大学生的创新潜能，提升大学生实践能力。

〔**软件人才培养**〕 2007年，江苏省教育厅在研究生、本科、高职、五年一贯制高职和中职等五个层次推进软件人才国际合作。其中本科层次与印度NIIT合作的学生数有3 187人；高职层次全省有41所高职院校参与美国OPPSystems合作，有6 183名学生正在接受培训；在五年制高职层次与印度NIIT的合作已累计培训学生9 700多人次。

〔**教育教学评估**〕 2007年，江苏省15所本科高等学校全部高水平地通过了教育部专家的评估。省教育厅完成31所高职高专院校人才培养水平评估工作。至此，江苏省第一轮高职高专院校人才培养水平评估工作已基本完成。

〔**组建教学指导委员会**〕 2007年，江苏省教育厅聘请来自行业、企业和高校的512位专家，组建了首批15个全省高校教学指导委员会，分别是大学生文化素质教育，经济学，法学，教育学，中国语言文学类，生物科学、化学、化工与制药类，力学与土建类，电子信息科学与电气信息类，机械、仪器仪表与能源动力类，农学，医学，管理学，软件人才培养，师范教育和体育教育。委员会将在密切高校与行业企业联系，推进专业建设、教学改革、产学研合作、招生就业、课程建设和师资培训等方面发挥重要作用。

〔**教学改革研究**〕 2007年，江苏省教育厅启动新一轮高等学校教学改革课题立项工作，开展高等教育教学改革重点课题攻关，共有7个课题列为省级教改重中之重课题，有50个课题列为省级教改重点课题，有243个课题列为省级教改课题，实现以理论研究指导教学改革的实践。省教育厅组织了2005年教学改革工程研究课题项目结题鉴定和研究成果的推广工作。

撰稿 张卫星
审稿 刘立军

浙江省教育

概 况

〔基本情况〕

2007年各级各类学校校数、教职工、专任教师情况

	学校数（所）	教职工数（人）	专任教师数（人）
一、高等教育			
（一）研究生培养机构（不计校数）	(20)		
1. 普通高校	(16)		
2. 科研机构	(4)		
（二）普通高等学校	73	73 704	45 622
1. 本科院校	28	40 643	22 907
2. 专科院校	45	22 143	14 553
其中：职业技术学院	41	20 328	13 426
3. 其他机构（点）（不计校数）	(26)	10 918	8 162
其中：独立学院	(20)	9 649	7 402
（三）成人高等学校	12	6 606	4 162
（四）民办的其他高等教育机构	28	2 312	912
二、中等教育	3 297	249 024	213 121
（一）高中阶段教育	1 382	248 683	98 839
1. 高中	838	202 216	60 460
普通高中	603	200 535	59 318
成人高中	235	1 681	1 142
2. 中等职业教育	544	46 467	38 379
普通中专	48	5 115	3 831
成人中专	70	2 598	1 712
职业高中	354	28 450	23 028

续表

	学校数（所）	教职工数（人）	专任教师数（人）
技工学校	72	6 348	6 558
其他机构（教学点）（不计校数）	(265)	3 956	3 250
（二）初中阶段教育	1 915	341	114 282
1. 普通初中	1 801		114 054
2. 职业初中			
3. 成人初中	114	341	228
三、初等教育	4 954	181 470	165 783
（一）普通小学	4 813	181 181	165 611
（二）成人小学	141	289	172
其中：扫盲班	70	92	59
四、工读学校	1	43	35
五、特殊教育	63	1 603	1 326
六、学前教育	10 411	115 965	73 164

注：普通高中的教职工数中包含普通初中的教职工数。

2007年各级各类学历教育学生情况

	毕业生数（人）	招生数（人）	在校生数（人）
一、高等教育			
（一）研究生	7 387	12 326	31 409
博　士	1 124	1 790	7 129
硕　士	6 263	10 536	24 280
（二）普通本专科	183 863	230 687	777 982
本　科	78 487	120 120	431 096
专　科	105 376	110 567	346 886
（三）成人本专科	83 666	111 789	309 242
本　科	38 070	34 843	109 294
专　科	45 596	76 946	199 948
（四）其他各类高等学历教育			
1. 在职人员攻读博士、硕士学位		3 835	10 526
2. 网络本专科生	4 364	15 851	40 145
本　科	4 363	15 331	38 926
专　科	1	520	1 219
3. 学历文凭考试	5 990		
4. 其他			

续表

	毕业生数（人）	招生数（人）	在校生数（人）
二、中等教育	1 221 096	1 165 937	3 544 234
（一）高中阶段教育	556 003	541 177	1 662 076
1. 高中	314 019	276 680	897 893
普通高中	293 508	276 680	870 763
成人高中	20 511		27 130
2. 中等职业教育	241 984	264 497	764 183
普通中专	37 937	31 792	103 485
成人中专	13 404	15 360	37 606
职业高中	167 703	182 022	527 797
技工学校	22 940	35 323	95 295
（二）初中阶段教育	665 093	624 760	1 882 158
1. 普通初中	536 363	624 760	1 794 725
2. 职业初中			
3. 成人初中	128 730		87 433
三、初等教育	644 973	548 452	3 371 281
（一）普通小学	628 052	548 452	3 354 576
（二）成人小学	16 921		16 705
其中：扫盲班	897		759
四、工读学校	50	67	118
五、特殊教育	1 567	1 612	12 993
六、学前教育	509 931	544 756	1 477 802

注：特殊教育学生数中包括普通中小学随班就读的学生。

2007年各级各类非学历教育学生情况

	毕（结）业生数（人）	注册生数（人）
总　计	4 961 135	4 343 657
一、高等教育	269 886	166 159
（一）研究生课程进修班	2 633	2 623
（二）自考助学班	2 573	37 544
（三）普通预科生		37
（四）进修及培训	264 680	125 955
其中：资格证书培训	60 511	33 961
岗位证书培训	50 388	19 241
二、中等教育	4 691 249	4 177 498

续表

	毕（结）业生数（人）	注册生数（人）
其中：资格证书培训	555 550	392 286
岗位证书培训	721 237	559 056
（一）中等职业教育	405 157	190 871
其中：资格证书培训	157 289	68 942
岗位证书培训	131 656	41 722
（二）职业技术培训机构	4 286 092	3 986 627
其中：资格证书培训	398 261	323 344
岗位证书培训	589 581	517 334

2007 年各级各类民办教育基本情况

	学校数（所）	毕业生数（人）	招生数（人）	在校生数（人）	教职工数（人）	专任教师数（人）	另有其他学生数（人）
一、民办高等教育							
（一）民办高校	11	17 572	29 199	79 910	5 243	3 732	16 644
本科学生		1 771	3 519	11 449			
专科学生		15 801	25 680	68 461			
（二）独立学院（不计校数）	（20）	25 792	43 328	160 180	9 649	7 402	
本科学生		25 131	42 119	154 907			
专科学生		661	1 209	5 273			
（三）民办其他高等教育机构					2 312	912	33 493
二、民办中等教育							
（一）高中阶段教育	328	99 213	96 762	297 618	34 485	25 488	
1. 民办普通高中	195	64 569	59 754	190 820	28 398	21 334	
2. 民办中等职业教育	133	34 644	37 008	106 798	6 087	4 154	22 578
（二）初中阶段教育	152	47 148	68 547	181 882			
1. 民办普通初中	152	47 148	68 547	181 882			
2. 民办职业初中							
三、民办普通小学	212	35 953	52 165	279 587	14 587	10 762	
四、民办幼儿园	8 181	303 128	328 025	917 416	74 737	46 038	
另有：民办培训机构（不计校数）	（1 147）				11 882	6 793	900 919

注：1. “另有其他学生数”包括：学历文凭考试学生、自考助学班学生、预科生、进修及培训学生数；
2. 民办普通高中的教职工和专任教师数中包含民办普通初中的教职工和专任教师数；
3. “（ ）”内数据为不计校数。

〔**全省教育局长会议**〕 2007年1月22日至23日，浙江省教育局长会议在杭州召开。会议的主题是：求科学和谐，促教育公平，办好让党放心、让人民满意的教育。会议确定2007年全省教育工作的目标是：着力于统筹发展，着力于内涵提升，着力于依法规范，进一步提高十五年教育普及水平，稳定中等职业教育招生比例，保持高等院校招生规模合理增长，积极促进各级各类教育继续保持又好又快的良好发展势头。会议回顾了2006年的主要工作，在认真分析形势和问题的基础上，确定了2007年的重点教育工作任务：基本完成农村中小学“四项工程”任务；加快实施职业教育“六项行动计划”；大力促进高等教育提高办学水平和教育质量；进一步深化教育教学改革；多形式建设和谐校园。浙江省委副书记夏宝龙出席会议并讲话。

〔**教育投入**〕 2007年，全省全口径教育经费投入总计741.09亿元，比上年增加84.67亿元，增长12.9%。其中，在浙中央部委各级各类学校教育经费投入35.23亿元，占4.75%；地方教育经费投入705.86亿元，占95.25%。

全省各级学校生均预算内教育事业费增长情况：普通高校7 413.99元，比上年增长3.63%；职业中学4 483.47元，比上年增长40.12%；普通高中4 561.95元，比上年增长21.21%；普通初中4 795.31元，比上年增长26.24%；普通小学3 734.35元，比上年增长27%。各级学校生均预算内公用经费增长情况：普通高校2 471.75元，比上年增长6.04%；职业中学1 234.61元，比上年增长57.58%；普通高中995.08元，比上年增长24.82%；普通初中920.22元，比上年增长43.29%；普通小学602.53元，比上年增长38.77%。

〔**科学和谐发展业绩考核**〕 2007年4月6日，浙江省教育厅下发了《关于对设区市教育局进行教育科学和谐发展业绩考核的通知》，考核指标包括省定重点工作任务的完成情况、义务教育均衡发展程度、城乡教育经费投入均衡程度、各类教育协调发展情况、素质教育推进情况和廉政建设、校园安全稳定情况等。经过考核，确定衢州市教育局、杭州市教育局、绍兴市教育局、宁波市教育局、湖州市教育局为2007年度浙江省教育科学和谐发展业绩考核优秀单位。

〔**校园安全稳定**〕 2007年2月2日，浙江省教育厅印发了《浙江省中小学幼儿园校园治安管理办法》、《浙江省中小学学生交通安全管理办法》、《浙江省寄宿制学校安全管理办法》、《浙江省预防中小学学生溺水事故管理办法》、《浙江省学校卫生工作管理办法》、《浙江省中小学校舍安全管理办法》6个学校安全工作制度，要求各地督促学校建立健全安全管理规章制度并严格按制度完善安全管理办法。省教育厅建立了每年两次的安全稳定形势分析会，6月14日，印发了《浙江省教育厅关于进一步加强成人高等教育管理的通知》，要求进一步规范成人高等教育办学行为，重点加强成人高等教育招生、教学、考试、学籍、学历证书发放、收费等环节的管理，并对校外函授（教学）站（点）实行备案、年检和公告制。

〔**“作风建设年”活动**〕 2007年1月，浙江省教育厅在全省教育系统组织开展了以“贴近师生、贴近实际、贴近基层，切实转变工作作风”为主题的作风建设年活动，在全省高校推动开展走近学生、亲近学生、关爱学生的活动，在高校校院（系）两级领导班子中布置开展了以“和谐团队、和谐校园、和谐发展”为主要内容的“树新形象、创新业绩”活动。通过广泛发动，全省教育系统紧紧围绕为基层和老百姓办实事，大兴学习之风，大兴调查研究之风，大兴办实事解民忧之风，大兴艰苦奋斗之风。各高校加强了学习，健全了制度，还实实在在地为师生解决了许多实际问题。“作风建设年”活动取得了良好的成效。

〔**高雅艺术进校园**〕 2007年，浙江省教育厅继续深入推进高雅艺术进校园活动。全年组织交响乐团演出44场，民族艺术剧团演出140场；开展学术讲座52场；邀请中央芭蕾舞团、中国京剧院等国家一级艺术院团来浙江演出8场，组织国家级艺术教育家讲学 9 场。12 月 30 日下午，教育部在杭州召开新闻发布会，通报了全国高雅艺术进校园活动的总体情况。

〔**教育对外开放**〕 2007 年，浙江在全国率先建立 5 个留学生教育基地，全年接纳学习参观的留学生 500 余人次。2007 年长期在浙江学习的留学生达到 6 200 多人，比上年增长 40%。汉语国际推广工作取得新进步，建立 4 个汉语国际推广基地，新建孔子学院 3 所，全省孔子学院达到 8 所。

基础教育

〔**综述**〕 2007 年，浙江省以创建新一轮教育强县为抓手，继续落实“以县为主”的基础教育管理体制；进一步巩固普及学前三年到高中段的 15 年教育，十五年教育的普及率达到 95.4%；加大力度继续实施农村中小学“家庭经济困难学生资助扩面工程”、“爱心营养餐工程”、“食宿改造工程”和“教师素质提升工程”；启动实施“书香校园”工程和第二轮教育对口支援工作；全面提升农村教育的办学条件和教学水平，逐步缩小区域、城乡、校际的教育差距。

2007 年，浙江省小学招生 54.85 万人，在校生 335.46 万人，初中招生 62.48 万人，在校生 179.47 万人；小学毕业生升学比例为 99.99%，初中入学率、巩固率分别为 99.91%和 99.96%；九年义务教育完成率为 97.4%，流动人口子女义务教育阶段入学率为 97.5%；小学、初中专任教师学历合格率分别达到 99.4%和 99%，分别比上年提高 0.2 个和 0.3 个百分点。按照“高中段学校向县城集中，初中向中心镇集中，中心小学向乡、镇所在地集中，新增教育资源向城镇集中”的原则要求，浙江省继续调整中小学布局结构，全年撤并小学 658 所、初中 47 所。其中农村小学减少 829 所，城市和县镇小学增加 171 所，农村初中减少 99 所，城市和县镇初中增加 52 所。继续实施“浙江省中小学万校标准化建设工程”，2007 年全省共有 1 294 所中小学被评为第四批九年制义务教育标准化学校，全省标准化学校比例提高到 49.2%。

〔**学前教育普及水平逐步提高**〕 2007 年，全省有幼儿园 10 411 所，其中省级示范性幼儿园 239 所；在园幼儿为 147.78 万人，比上年增加 8.87 万人。学前三年入园率为 91%，比上年提高 4 个百分点。有幼儿园教师共 8.27 万人，比上年增加 0.65 万人，幼儿教师学历合格率为 97.1%，比上年提高 0.7 个百分点。

〔**特殊教育备受关注**〕 2007 年全省特殊教育学校 63 所，招收残疾学生 1 612 人，在校生 1.30 万人，三残儿童少年入学率达到 98.5%。其中，在普通学校随班就读和在附设特教班就读的残疾儿童招生数和在校生数分别占特殊教育招生数和在校生总数的 50.5%和 48%。

〔**高中段教育办学质量稳步提高**〕 2007 年，浙江省高中段教育招生 54.59 万人，在校生为 162.33 万人，普通高中与中等职业教育招生比已连续 7 年基本保持在 1∶1 的水平；初中毕业生升入高中段的比例为 96.55%，比上年提高 2.53 个百分点；高中段教育毛入学率为 91%，比上年提高 0.8 个百分点；高中段教育巩固率 98.5%，比上年提高 0.1 个百分点。浙江省优质高中资源不断扩大。至 2007 年，浙江有省一级标准普通高中 132 所，二级标准高中 88 所，三级普通高中 80 所，分别比上年增加 17 所、27 所和 17 所；普通高中生均办学条件进一步改善，其中生均校舍建筑面积、生均教学仪器设备值分别为 22.2 平方米和 2 245 元，比上年增长 6.7%和 6.5%；普通高中师生比1：14.7，比上年下降0.6个百分点；专任教师学历合格率为96.8%，比上年提高1.19个百分点。

〔**全面启动义务教育经费保障机制改革**〕 2007年1月，浙江省人民政府印发了《关于实施义务教育经费保障机制改革的通知》，主要内容有：(1) 全部免除义务教育阶段学生学杂费；(2) 做好家庭经济困难学生资助工作；(3) 提高中小学公用经费保障水平；(4) 建立校舍维修改造长效机制；(5) 巩固完善教师工资保障机制。2月，省政府召开全省义务教育经费保障机制改革电视电话会议，全面启动义务教育经费保障机制改革。通过改革，全省小学、初中生均公用经费定额最低限额分别提高到每年230元和330元；全省按单位造价700元的建设标准和使用年限为30—50年的方法计算设立校舍维修改造基金；家庭经济困难学生的资助扩大到农村居民人均年收入2 000元、城镇居民人均可支配年收入4 000元以下家庭。

〔**书香校园工程**〕 为了让农村中小学生有书读、多读书、读好书，全面提高综合素质，进一步缩小城乡教育差距，浙江省决定自2007年起至2010年，在全省实施“农村中小学书香校园工程”，按全省农村中小学生每年生均5元的标准配备图书，所需经费全部由省级财政支付。9月，省教育厅、省财政厅联合印发了《浙江省农村中小学书香校园工程实施办法》，规定各市、县（市、区）按照农村中小学开展教学和课外活动需要，结合省教育厅每年编制的《农村中小学书香校园工程推荐图书目录》，提出学校年度配书计划；省教育装备中心按照《浙江省教育系统部门集中采购规程》等文件的规定组织集中采购活动，并在30天内把图书发送到乡中心以上学校，乡中心以下学校由乡中心学校负责图书流动管理。2007年，“书香校园”工程向全省2 800多所农村中小学配送了141.7万册图书，新华社以《浙江“书香校园工程”：琅琅书声遍农村》为题进行了报道。

〔**启动第二轮教育对口支援工程**〕 2007年8月，浙江省政府召开教育对口支援工作会议，并下发《关于开展第二轮教育对口支援工作的实施意见》，决定从2007年到2010年，由42个教育强市、县（市、区）与26个欠发达县（市、区）开展教育对口支援。到年底，所有支援地与受援地启动了支援活动，实际到位援助资金1 630万元。

〔**大力推进教师支教**〕 2007年，浙江省政府办公厅出台了《关于大力推进城镇教师支援农村教育工作实施意见》。《意见》规定除幼儿园、中等职业学校外，凡1970年1月1日以后出生的城镇中小学教师，在晋升高级教师职务、参评省级及以上优秀教师等荣誉称号时，须有在农村任教一年以上的经历，其中，晋升高级教师职务要求具有全职支教经历。2007年全省共有3 600余名中小学教师参加长期支教活动。

〔**提高农村教师待遇**〕 2007年7月，浙江省人事厅、财政厅、教育厅转发了《人事部、财政部、教育部关于印发高等学校中小学中等职业学校贯彻事业单位工作人员收入分配制度改革方案三个实施意见的通知》，并结合浙江实际，提出对在农村任教满20年的教师放宽职称评审条件。对在县镇以下工作的农村教师自2006年7月1日起上浮一级薪级工资，满8年后予以固定，固定后继续浮动；对到乡镇及以下中小学工作的大中专毕业生，实行直接转正定级，并高定一级薪级工资。

〔**推进实施素质教育**〕 2007年8月，浙江省教育厅出台《关于推进实施素质教育的意见》，从科学设置课程、完善招生录取、提高教师执教能力、全面落实减负责任等八个方面提出了推进实施素质教育的办法。《意见》强调各中小学要严格按照课程计划开齐规定课程，开足规定课时，学校不得早于8：00组织学生上课；强调要贯彻“健康第一”理念，保证每天一小时的体育锻炼时间；继续坚持义务教育阶段学校免试就近入学，试行重点高中招生名额按一定比例分配到初中的做法，三年内逐步将分配比例提高到重点高中招生数的50%以上；强化教学质量监测，重点掌握成绩在后20%

学生的分布情况，以此考核教学质量的均衡程度，引导学校确立“有教无类”的思想；加大监督检查力度，进一步健全中小学“减负”工作责任制和责任追究制，对于违反素质教育要求加重学生负担且情节严重、社会影响重大的，是重点中学和示范学校的要予以摘牌，是教育强县（市、区）的将建议省委、省政府取消其教育强县（市、区）称号。

〔**认真做好学校体育工作**〕 2007 年 3 月 27 日，距 2008 北京奥运会开幕 500 天，浙江省召开了学校体育工作会议，贯彻落实教育部和国家体育总局召开的全国学校体育工作会议精神。副省长盛昌黎出席会议并讲话，教育厅副厅长鲍学军作工作报告。会议提出要认真做好学校体育三项基础工作，即开齐开足体育课和体育活动课、全面实施《学生体质健康标准》和广泛开展学生阳光体育运动，紧紧抓住加强体育课程建设、抓好教师队伍建设和改善学生体育锻炼的场地设施三个重点环节。会议还要求强化和完善对学校体育工作的督导和考核，建立和落实学校体育工作的安全保障机制。同日，浙江省教育厅、省体育局、团省委及杭州市有关部门共同组织了浙江省暨杭州市学生阳光体育运动启动仪式及学校体育项目大型展示活动，拉开了全省学生阳光体育运动的序幕。

职业教育与成人教育

〔**综述**〕 2007 年，浙江省积极贯彻落实《国务院关于大力发展职业教育的决定》和全国职教工作会议精神，继续实施职业教育六项行动计划，中等职业教育快速发展。

全省中等职业教育（包括普通中专、成人中专、职业高中和技工学校）2007 年招生 26.92 万人，在校生达到 76.9 万人，其中五年制职业教育招生 1 万人。全省共评选出 37 个省级示范专业，37 个省级实训基地，5 个综合性公共实训基地。中职毕业生中获得职业技术证书的人数为 16.61 万人，比上年增加 0.25 万人，占毕业生总数的 75.8%，比上年提高 5.4 个百分点。

为适应产业结构调整的需要，2007 年，省教育厅积极调整中职教育专业结构，提高工科类专业招生比例；农林类、加工制造类等专业的招生比例也有很大提高，增长幅度达到 94.1% 和 17.8%。社会需求不旺的信息类、文科类等专业招生继续呈负增长，其中信息类下降 15.8%，文化体育类下降 8.3%。

〔**中职学校办学条件有所改善**〕 2007 年，浙江中等职业学校生均校舍建筑面积 14.7 平方米，比上年增加 1.1 平方米；生均图书 23.1 册，比上年增加 2.7 册；生均仪器设备值 2 597 元，比上年增加 347 元；基本完成职业教育“六项行动计划”，两年内投入资金 10.2 亿元，其中省级财政投入 4.2 亿元；119 所学校新建、改建和扩建，投入建设资金 30 亿元。投入 48.2 亿元支持 25 个县骨干职业学校建设项目。

〔**中职学校师资队伍建设得到加强**〕 2007 年，浙江中等职业教育专任教师 3.18 万人，与上年基本持平。师生比由上年的 1∶21.4 下降到 1∶21，下降 0.4 个百分点。专任教师学历合格率为 87.9%，比上年提高 3.4 个百分点。注重“双师型”教师的培养，双师型教师占专任教师和专业课教师的比例分别达 20.8% 和 49.3%，分别比上年提高 4.3 和 8.5 个百分点。

〔**加快成人教育转型**〕 2007 年，浙江充分发挥各级各类学校和自学考试、远程教育等优势，丰富教育组织形式，成人教育进社区、进乡村，向多元化方向发展，逐步向岗位培训、继续教育为主转变，成人教育有了很大的发展。2007 年全省成人本专科招生 11.18 万人，比上年增加 0.65 万人，增长 6.2%；在校生 30.91 万人，比上年增加 2.01 万人，增长 7%。成人学历教育以函授和业余为主，函授和业余学生占总数的 88.9%；学员年龄呈低龄化趋势，年龄在 30 岁以下的学生占 82.9%。远程教育本专科招生 1.59 万人（不含电大系统的远程教育），在校生 4.01 万人，分别比上年增加 0.16 万人和 1.09 万人。有 198.1 万人次参加各类学历教育和非学历教育证书的自学考试，52.1 万人次报考高等学历教育自学考试，全年本专科自考毕业生达 1.72 万余人。全省非学历高等教育机构 30 个，学历文凭考试在校生 0.92 万人。加强以职工转岗、农民转业为重点的职业培训。2007 年全省共扫除青壮年文盲 0.09 万人。

〔**实训基地建设**〕 2007 年，浙江全省新增 37 个省级实训基地、5 个公共实训基地、7 个国家级实训基地。至此，全省国家和省级中职实训基地达到 106 个。在此基础上，全省共建立 2 500 多个联系紧密的校外实习基地，一大批进入职业学校学习的学生成为校企合作“订单式培养”或“冠名班”的学生。

〔**实施爱心营养餐工程**〕 2007 年 5 月，浙江省教育厅、财政厅印发了《关于实施中等职业学校家庭经济困难学生爱心营养餐工程的通知》，对在中等职业学校就读的低保家庭子女、低收入家庭（低保以上、农村人均年收入 1 500 元以下，城镇居民人均可支配年收入 3 000 元以下）、福利机构监护的未成年人、革命烈士子女、五保供养的未成年人以及残疾学生提供每周 3 至 4 次的营养餐。全年共为 3.6 万名中职学生提供了营养餐，总计金额 725 万元。8 月，省政府根据国务院的统一部署，出台了《关于建立健全普通本科高校高等职业学校和中等职业学校家庭经济困难学生资助政策体系的通知》，国家助学、奖学金资助覆盖全部中等职业学校学生，每人每年可以获得至少 1 500 元的奖助学金。

〔**预备劳动力培训**〕 2007 年，浙江教育厅把应届和历届初、高中毕业生纳入农村预备劳动力培训范畴，逐县逐校督促落实培训计划；切实抓好招生、培训、考证、就业等重要环节；结合社会需求和培训意愿，筛选培训工种，调整培训内容，组织编写了 11 种《浙江省农民与农村预备劳动力职业技能培训系列教材》。全年全省实际参加农村预备劳动力培训的人数为 5.4 万人。

高等教育

〔**综述**〕 2007 年，浙江全省共有普通高等学校 77 所（含筹建），其中大学建制的高校 11 所、普通本科学院 17 所、普通高等专科学校 4 所、高职院校 45 所。浙江机电职业技术学院、金华职业技术学院、温州职业技术学院被增列为国家示范性高职院校建设项目，浙江国家示范性高职院校达 5 所。

2007 年，浙江省普通高等教育共招收普通本专科学生 23.07 万人，比上年增长 5.3%；在校生数 77.8 万人，比上年增长 8.1%。其中地方属普通高校本专科招生 24.39 万人，在校生 75.38 万人，分别比上年增长 5.4%和 8.5%。普通高考录取率为 72%，比上年提高 1 个百分点；高等教育毛入学率为 38%，比上年提高 2 个百分点。全省研究生招生 12 326 人，比上年增长 12.1%；在学研究生 31 409 人，比上年增长 15.8%。其中，博士生招生、在校生分别为 1 790 人、7 129 人，招生数、在校生数分别比上年增长 6.1%、6.8%。

地方属研究生培养机构（含高校、研究机构）招生6 202人，比上年增长21.1%；在学研究生15 059人，比上年增长32.6%。

〔**优化学科、层次结构，努力适应市场需求**〕浙江2007年全省普通本专科招生中，社会急需的工科类及与社会主义新农村建设密切相关的农学类专业招生分别比上年增长9.1%、52.5%，分别比全省招生增长比例高出3.8和47.2个百分点。而一些社会需求量少，就业相对比较困难的偏文科类专业招生增幅趋缓，有的已经出现负增长，如法学类下降2%，教育学下降11.5%，历史学下降23.6%。学科结构优化工作初见成效。

2007年，浙江省高校本专科比例逐步合理。全省普通本、专科招生比已达48.1∶51.9，高职（高专）招生总体增幅下降，2007年仅增长5.1%。高职教育着力加强以特色和质量为核心的基础能力建设，发展重心逐步从规模、外延发展转向以质量、效益为主的内涵建设上来。

〔**强化学科和科研建设**〕浙江2007年评选产生省级精品课程200门，其中本科100门，高职高专100门。有39门课程获得国家精品课程称号，其中本科课程17门，高职高专课程22门；获奖总数名列全国第四，其中高职高专名列全国第一。至此，浙江省已有国家级精品课程95门，其中本科55门，高职高专40门。全年共有58所高校299项成果获奖，其中一等奖50项，二等奖100项，三等奖149项。全省高校共有14个一级学科和23个二级学科被认定为国家重点学科。

〔**全省高等教育工作会议**〕2007年4月19日至20日，全省高等教育工作会议在杭州召开。浙江省委书记赵洪祝为会议作出重要批示，省委副书记、省长吕祖善出席会议并讲话。会议出台了《浙江省人民政府关于促进高等教育发展的若干意见》、《浙江省人民政府办公厅关于进一步加强民办高等学校管理的若干意见》。会议认为，经过多年努力，浙江高等教育实现了由精英教育向大众教育阶段的跨越式发展，在办学规模不断扩大的同时，高等教育的质量和水平有了较大提高。会议指出，当前和今后一个时期，是浙江高等教育加快改革和发展的战略机遇期，全省教育要坚持以科学发展观为统领，围绕提高教育质量，转变办学理念，突出工作重点，深化教育改革，优化资源配置，加强内部管理，推动高等教育由外延扩张为主向内涵提高为主转变。为落实会议精神，浙江计划2007—2010年间投入27.7亿元，其中省财政投入14.4亿元，全面实施《“十一五”期间全面提升高等教育办学质量和水平行动计划》。

〔**本科院校书记校长读书会**〕2007年暑期，浙江省教育厅组织本科院校书记校长读书会，专题研讨加强本科教学、提高教学质量工作。读书会采取听报告、自学、研讨相结合的方式进行，通过广泛交流，引导高校主要领导进一步深化对教学工作重要性的认识，引导高校将主要精力集中于内涵建设、教学工作上来；引导高校采取切实措施进一步落实教学工作的中心地位，进一步加强和促进教学工作。

〔**高校升格更名**〕2007年3月经教育部同意，浙江公安高等专科学校升格为浙江警察学院，杭州师范学院更名为杭州师范大学；浙江国际海运职业技术学院、浙江体育职业技术学院正式建校。经省政府同意，新筹建高职院校3所，分别是温州科技职业技术学院（筹）、浙江汽车职业技术学院（筹）、浙江横店影视职业学院（筹）。

〔**加强教学管理工作**〕2007年，浙江省进一步加强高校教学管理工作，制订了一批教学管理制度。出台《浙江省高等学校教学管理基本要求（试行）》，提出了规范教学管理的具体举措，明确教学管理干部的配备要求，并规定教学教务秘书的学历层次须达到本科及以上标准，学校总体上要按师生比1∶600～800配置专职教学、教务秘书。出台《浙江省高等学校教师教学工作业绩考核指导性意见（试行）》，要求各高校建立和健全教师教学工作业绩评价与激励机制，把教师承担教学工作业绩作为申报专业技术资格和聘任专业技术职务的必要条件。出台《浙江省高等学校教学质量监控指标体系》，规定将教学质量监测结果作为学校班子考核、财政绩效考核、教学质量监控的重要依据，建立健全高校教学质量的长效保障机制。出台《浙江省属高校教学质量考核财政拨款评价指标体系》和《浙江省普通本科高校工作实绩考核指标体系》，引导高校准确定位、办出特色，切实落实教学工作中心地位。

〔**学科、专业和学位点建设**〕 2007年，浙江省教育厅在高等教育学科建设中组织开展了20个“重中之重学科”中期考核评估工作，对建设2年来成效显著的4个学科进行表彰，对实绩不够理想的4个学科进行通报，并要求相关学校做好整改。12月份启动了“重中之重学科”和人文社会科学研究基地增列工作，新增100个省级重点建设本科专业，重点支持电子通信、新材料等10类紧缺专业。

经国务院学位办评估，浙江省高校现有25个国家重点学科全部通过确认。学位点建设方面也取得新突破，宁波大学新增为博士学位授予单位，全省博士学位授予单位达8家、硕士学位授予单位达16家；博士、硕士学位授权一级学科点分别达43个和85个，博士、硕士学位授权点分别达262个和750个。

〔**拔尖人才培养**〕 2007年，浙江省属高校工程院院士实现零的突破，省属浙江中医药大学李大鹏与教育部属浙江大学谭建荣、许庆瑞同年当选为中国工程院院士。全省省属和部属高校院士总数达到26人。高校中有3个团队获2007年度教育部“长江学者和创新团队发展计划”资助名单，30人入选教育部“新世纪优秀人才支持计划”，18人获省有突出贡献中青年专家称号。全省高校新增15名“新世纪百千万人才工程”国家级人选，63人获省“钱江人才计划”资助。2007年全省高校共获得16项国家科技成果奖，是近10年来获国家奖励最多的年份，其中5项为国家技术发明奖，占全国该奖项总数的10%。

〔**平行志愿**〕 2007年高校招生考试期间，浙江省首次设置平行志愿，按平行志愿投档录取，变“志愿优先”为“分数优先、遵循志愿”。由于同批次可以同时填报多个志愿，在缓解考生填报志愿心理压力、降低高分考生落榜率、减少高分考生高复现象、避免院校生源大小年情况、提高招生院校投档满足率等方面均发挥了积极的作用。平行志愿使招生程序设计更加公平合理，确保了“分数面前人人平等”，并有效降低了考生填报志愿风险，文理科一至四批平均录取率为92.1%，其中第一批第一志愿录取率在96%以上，充分体现了对考生利益的维护和尊重，社会和考生反映良好。

〔**建立首个高校产学研联盟工作站**〕 2007年9月，省教育厅在温岭市举办了科技成果洽谈会，组织浙江大学、浙江工业大学等15家省内高校的140多位专家与温岭市的600多家企业开展洽谈，达成100余项合作意向。浙江省教育厅与温岭市人民政府建设了首个高校产学研联盟工作站，作为高校为地方经济建设服务的纽带。

〔**继续开展教师互聘工作**〕 浙江省2007年在杭州市下沙高教园区全面推行教师互聘工作，共有116位教师在下沙十四所高校实现互聘。至此，下沙高校的教师互聘工作已进行了3个学期，受聘教师已达323人次，其中70%的师资是由本科院校输出，55%的师资是由高职院校输入。受聘教师70%具有副教授以上职称。优质教师的教学赢得学生的好评，学生评教的优良率为98.5%。

〔**首批高校校园文化品牌认定活动**〕 2007年，省教育厅组织开展了首批全省高校校园文化品牌认定活动，确定浙江师范大学“大学生电影节”等30个项目为全省高校校园文化品牌。在教育部组织的2007年全国高校校园文化建设优秀成果评选中，浙江省高校获特等奖1项，二等奖3项，三等奖1项，优秀奖5项，整体成绩在全国名列前茅。

〔**高校学生就业情况**〕 2007年全省高校毕业生就业率为92.47%，比2006年上升0.11个百分点；已就业毕业生近18万人，比2006年增加2万人。其中毕业研究生就业率为94.85%，比2006

年下降近0.62个百分点；本科生就业率为91.62%，比2006年下降近0.53个百分点；专科高职毕业生就业率为92.95%，比2006年上升0.74个百分点。在已就业的毕业生中，有12.6万毕业生在非公企业实现就业，占毕业生总数的65.3%；就业人数比2006年增加1.65万人，非公企业成为浙江省高校毕业生就业的主要渠道。全省有1.7万名毕业生通过灵活就业方式实现就业，占毕业生总数的8.85%。

撰稿　黄　亮
审稿　陈　峰

宁波市教育

〔基本情况〕

2007年各级各类学校校数、教职工、专任教师情况

	学校数（所）	教职工数（人）	专任教师数（人）
一、高等教育	15	10 651	7 079
（一）研究生培养机构（不计校数）			
1. 普通高校	1		
2. 科研机构			
（二）普通高等学校	13	9 999	6 634
1. 本科院校	5	5 927	3 853
2. 专科院校	8	4 072	2 781
其中：职业技术学院	6	3 138	2 270
3. 分校、大专班（点）（不计校数）			
（三）成人高等学校	2	652	445
（四）民办的其他高等教育机构			
1. 学历文凭考试机构			
2. 非学历文凭考试机构			
二、中等教育	482	32 110	26 640
（一）高中阶段教育	217	16 373	12 298
1. 高中	154	10 677	7 568
普通高中	87	10 190	7 291
成人高中	67	487	277
2. 中等职业教育	63	5 696	4 730
普通中等专业学校	9	1 313	1 074
成人中等专业学校	16	774	576
职业高中	38	3 285	2 791

续表

	学校数（所）	教职工数（人）	专任教师数（人）
技工学校			
其他机构（教学点）（不计校数）		324	289
（二）初中阶段教育	265	15 737	14 342
1. 普通初中	230	15 581	14 206
2. 职业初中			
3. 成人初中	35	156	136
三、初等教育	621	23 612	20 556
（一）普通小学	621	23 612	20 556
（二）成人小学			
其中：扫盲班			
四、工读学校			
五、特殊教育	7	214	153
六、学前教育	1 300	18 619	10 782

注：普通高中的教职工数包含普通初中数据；技工学校无分省数据。

2007 年各级各类学历教育学生情况

	毕业生数（人）	招生数（人）	在校生数（人）
一、高等教育	45 391	60 062	180 173
（一）研究生	225	659	1 502
（二）普通本专科	32 751	39 849	126 094
（三）成人本专科	12 415	19 554	52 577
（四）其他各类高等学历教育			
1. 在职人员攻读博士、硕士学位			
2. 网络本专科生			
3. 学历文凭考试			
二、中等教育	262 746	141 582	511 839
（一）高中阶段教育	66 236	61 994	194 587
1. 高中	37 570	34 340	110 209
普通高中	32 949	34 340	102 556
成人高中	4 621		7 653
2. 中等职业教育	28 666	27 654	84 378
普通中专	4 040	1 919	7 557
成人中专	463	52	1 074
职业高中	24 163	25 683	75 747

续表

	毕业生数（人）	招生数（人）	在校生数（人）
技工学校			
（二）初中阶段教育	196 510	79 588	317 252
1. 普通初中	70 311	79 588	232 880
2. 职业初中			
3. 成人初中	126 199		84 372
三、初等教育	83 227	74 348	471 510
（一）普通小学	83 227	74 348	471 510
（二）成人小学			
其中：扫盲班			
四、工读学校			
五、特殊教育	183	154	677
六、学前教育	64 612	59 575	198 530

2007 年各级各类非学历教育学生情况

	毕(结)业生数（人）	招生数（人）	在校生数（人）
一、高等教育	80 501	80 501	
（一）研究生课程进修班			
（二）自考助学班			
（三）普通预科生			
（四）证书教育			
（五）岗位培训			
（六）进修及培训	80 501	80 501	
二、中等教育	689 109	27 654	692 106
（一）中等职业教育	28 666	27 654	84 378
（二）职业技术培训机构	660 443		607 728

2007 年各级民办教育基本情况

	学校数（所）	毕业生数（人）	招生数（人）	在校生数（人）	教职工数（人）	专任教师数（人）
一、民办高等教育	2	8 479	8 256	30 328	2 136	1 534
（一）普通高校	2	8 479	8 256	30 328	2 136	1 534
（二）成人高校						
（三）民办的其他高等教育机构						
二、民办中等教育机构	69	16 657	21 932	60 660		
（一）高中阶段教育	38	9 406	9 799	28 847		
其中：民办普通高中	26	6 606	7 701	23 004		

续表

	学校数（所）	毕业生数（人）	招生数（人）	在校生数（人）	教职工数（人）	专任教师数（人）
民办中等职业教育	12	2 800	2 098	5 843	378	270
（二）初中阶段教育	31	7 251	12 133	31 813		
其中：民办普通初中	31	7 251	12 133	31 813		
民办职业初中						
三、民办普通小学	82	12 321	15 108	89 340	3 969	
四、民办幼儿园	1 099	45 218	40 955	142 411	12 514	7 232

注：民办普通高中的教职工数和专任教师数包含民办普通初中数据。

〔综述〕 2007年，宁波市共有各级各类学校2 425所（不含技工学校，下同），在校生136.2万人，教职工8.5万余名。九年义务教育入学率、巩固率分别为100%和99.9%；初中毕业生升入高中段学校的比例达97.42%，创历史新高；普通高校录取率81.77%，比全省高9.2个百分点。学前三年幼儿纯入园率97.6%，在小学一年级新生中，受过学前教育学生的比例从上年的93.6%提高到95.1%。有特殊教育学校7所，在校学生677人，另有在普通学校随班就读的特教学生578人。在甬全日制普通高校13所，学生12.6万人；成人高校2所，学生5.3万人；全日制在校研究生1 502人，较上年增长39.7%，宁波大学首次招收博士生3人；全市高等教育毛入学率达46%，较上年增长2个百分点。中等职业教育共招收新生32 363名，与普通高中招生数基本保持1∶1。全年成人教育培训180万余人次，选送302名优秀农民进高校进修。全市有民办中小学、幼儿园1 250所，学生29.2万人，占宁波全部中小学、幼儿园学生总数的23.7%，其中幼儿园占71.7%、小学占18.9%、初中占13.7%、普通高中占22.4%、中等职业学校占6.9%。宁波市全年教育经费总收入107.6亿元，其中财政性教育经费支出73.4亿元。2007年，市教育局被国家环保总局、教育部评为第四批全国“绿色学校”创建活动优秀组织单位。

加强学生思想道德教育，优化校园环境。表彰中小学德育工作先进集体、中小学生身边的榜样和市首批中小学模范班主任；建立中小学生违法犯罪预警机制，完善学校法制工作联席会议制度。命名106所市示范性文明学校；拟订市学校突发事件应急预案，加强安全教育；推进平安校园建设，全市平安校园创建率达95%以上；开展“百名名教师进社区”咨询活动、第二届“宣传宁波教育好新闻”评选活动。在甬高校把开展社会主义荣辱观和爱国主义教育纳入政治理论课和思想品德课内容；组织开展向方永刚同志学习等系列活动；加强学生社团建设，开展多种主题教育活动。

构建服务型教育体系，显现教育服务经济社会成效。加强对市首批5家职业教育应用型专业人才培养基地的管理，启动市第二批5家应用型专业人才培养基地建设；推进人才培养模式改革，产生了一批国家级、省级特色专业、精品课题、创新团队和示范性教学实验室；加强中职学生技能教育，举办第四届市职业教育师生技能（才艺）大赛。举办大学校长与企业家论坛；推进校企合作项目。提高企业职工培训补助标准，80家培训机构中标，中标培训工种111个，培训职工4万余名；乡镇农村成校以农科教结合项目技术培训和推广工作为切入点，4个项目被市农科教领导小组立项，惠及农民4 000余人，产生经济效益300余万元。

推进教育内涵发展，提升教育质量。宁波大学水产养殖、工程力学、通信与信息系统3个学科获得博士学位授予权；举办以提高教育质量为主题的第五次高校教学论坛；组织第五届市高校教学成果奖评选，产生60项获奖成果；加强高校市级专业、学科建设，评选产生20个重点建设学科、8个扶持建设学科，40个A类重点建设专业、4个B类重点建设专业。完善2007年对县（市）、区政府教育目标考核方案；深化中考评价制度改革，形成学生综合素质评价与招生相结合的机制；推行城区普通高中学生成长记录，对学生的评价由注重结果转向关注过程。搞好省级基础教育课程改革实验区工作，对全市8个义务教育课改实验区进行评估；建立普通高中教学质量追踪评价制度；举办普通高中教学工作年会和教育报告会。启动市青少年阳光体育运动；举办市大中学生田径运动会、大中小学生合唱节；开展健康促进学校创建活动，4所学校获世界卫生组织颁发的银牌、1所学校获铜牌；53所学校被评为市级“模范绿色学校”。

缩小城乡教育差距，提高学校办学水平。继续按照“高中段学校向县城集中、初中学校向中心镇集中、中心小学向乡镇所在地集中，每乡镇努力建好一所中心幼儿园”的要求，调整农村中小学布局；推进省九年义务教育学校标准化建设工程实施，全市75%的学校已达标。启动农村中小学食宿改造工程190个建设项目，总建筑面积27万平方米，投资2.5亿元，年内有90%以上的项目竣工使用。继续开展2万余名农村教师的全员培训，完成省《新课程学科教学评价》的培训和考试任务，考试合格率达99%以上。全市小学、初中教师学历合格率分别达到84.2%和79.4%，中职学校教师学历合格率提高到91.9%；继续开展各类骨干教师培训，完成第七届特级教师带徒工作，选送105位中小学英语教师赴澳大利亚培训；评选产生16名首批市中等职业学校优秀“双师型”教师；继续实施直接签约和考核签约方式相结合的教师公开招聘及教师资格认定制度；评选29名市级高校名师、40名培养对象，确立首批6名“甬江学者”特聘教授。新增省一级重点高中10所，新增省义务教育段示范性中小学59所。

推进依法治教，规范教育管理。市政府颁发《关于贯彻实施〈宁波市民办教育促进条例〉的若干规定》；启动《宁波市校企合作促进条例》的立法调研工作；完成《宁波市学校安全条例》立法质量评估报告；做好《浙江省实施〈国家通用语言文字法〉办法》的宣传工作。成立市教育局推行行政执法责任制工作领导小组，清理局行政规范性文件；完成行政事业单位资产清查工作，对直属学校（单位）实行固定资产动态系统管理；确定高校债务消化方案。新增“省级依法治校示范校”7所（累计达13所）。召开市教育系统党风廉政建设工作会议，与直属学校签订规范办学及收费行为目标管理书；加强教育内部审计，对慈湖中学等3校主要负责人进行任期经济审计。

加大教育开放力度，拓展对外交流与合作。召开部分中小学、幼儿园教育外事工作会议；审核高校、直属学校教师因公出访团队77批；审批来宁波任教的外籍教师320名。启动赴澳大利亚汉语志愿者项目；先后与澳大利亚新南威尔士州、新西兰怀特克里市、英国诺丁汉市、香港科技大学、香港理工大学等地（校）签署教育合作协议，推进教育交流与合作；举办第二届甬港教育合作论坛、宁波国际大学生节和宁波国际教育展。澳大利亚新南威尔士州、英国诺丁汉市、韩国顺天市教育代表团等28个团组对宁波市进行访问。

开展教育解难创优工作，推进民心工程。全面实施九年义务教育免杂费政策；对欠发达乡镇及3个片的低收入农户子女就读高中、高校进行补助，其中高中生免除学杂费，普通高校就读的学生每学年给予专科生补助3 500元、本科生5 000元，年内有1 848名学生受益，涉及经费约540万元；调整中职学校奖助学金制度，共5.6万余名学生受惠，涉及经费4 200余万元；年内62万余名义务教育段学生享受免收杂费政策，涉及经费1.3亿余元；近15万名中小学生享受“两免一补助”等政策，涉及资金近1.2亿元；4.5万余人次高校学生享受各类奖助学金和减免费，涉及经费5 487万余元；向贵州捐赠图书71万余册，与贵州结对学校160余所。

〔**基础教育**〕 2007年宁波市政府召开了全市第一次学前教育工作会议；在充分调研、论证的基础上，制发了《关于进一步加强和改进学前教育工作的若干意见》的文件，为解决学前教育的有“房”、有“钱”、有“人”、有“质”等问题奠定了基础。学前三年幼儿纯入园率从2006年的95%提高到97.6%，星级以上幼儿园的比例从45%提高到 53.9%，学前教育健康发展的平台已初步搭建。

义务教育进一步抓好均衡发展和规范管理。全市九年义务教育的入学率、巩固率分别达到 100%、99.96%；盲童、聋童、弱智儿童（即“三残”儿童）入学率达 98%以上。2007 年，宁波市教委认真贯彻落实全市外来务工人员服务与管理工作会议精神，进一步做好外来务工人员子女接受义务教育工作，出台了外来务工人员子女与当地适龄儿童少年共同成长行动计划。全市接收外来务工人员子女 21.4 万人，比 2006 年增加 2.1 万余人，其中在公办中小学就读 12.9 万人，比上年增加 1.2 万人；至 2007 年底，外来务工人员子女在宁波接受义务教育的人数已占全市义务教育段学生数的 30.4%。农村中小学的“四项工程”建设顺利进行，办学条件有了极大改善。全市义务教育段学校中新增省示范学校 61 所，使义务教育段学生享受优质教育资源的比例达到 75%以上。

普通高中教育进一步优化。2007 年，宁波市 7.5 万名初中毕业生升入高一级学校，初升高的比例上升至 97.42%，城区超过 98%。全市共有普高学生 102 553 人，80%的学生进入省级重点普通高中学校享受优质教育资源。高中教育质量稳步提高。全市有 4.4 万余名高中毕业生报名参加普通高校、高职院校招生考试，其中报考普通高校 37 822 人，普通高校实际录取 31 027 人，报名录取率达 82%，比全省平均水平高 9.2 个百分点；参加单考单招高职考生中有 2 300 余人被录取。

民族教育不断发展。2007 年，宁波市教委召开宁波市教育支援新疆工作领导小组会议，承办了浙江省第二届内地民族班（校）工作联席会议。602 名从新疆 14 个民族中选拔出来的优秀初中毕业生在宁波中学 15 个班级里就读。新疆班毕业生在高等学校招生考试中再创佳绩。

进一步完善省级基础教育实验指导机构，成立专家指导委员会，统筹基础教育课程改革。建立基础教育课程改革综合评价体系。坚持“积极稳妥，逐步推进”的课改原则，及时研究课改实验过程中出现的问题，确立 10 个课程改革研究课题，进行应用性研究。对 8 个省级义务教育课改实验区的工作进行阶段性评估。

进一步加强未成年人的科技（普）教育。2007 年，宁波市教委启动未成年人科技知识普及教育活动，开展青少年科普素养调查工作，编印《宁波市未成年人科学素养 100 问》、《宁波市中小学生科普读本》；举办市中学生科普知识电视大赛，宁波学生参加省组织的科技知识大赛、机器人比赛获得的奖项均名列全省前茅。效实中学成功承办了全国第二十八届中学生物理竞赛，宁波选手取得令人欣喜的成绩。

积极做好全市学校安全工作。2007 年，宁波市教委完善学校及周边环境安全情况报告反馈制度，积极探索实施实体化、网络化管理的办法，建立以师生及社区评估为主的评估机制，落实《宁波市中小学（幼儿园）校园安全应急预案》，健全市区校园保安人员和技防设施的配置，市教育局直属学校配备校园保安基本到位，培训专（兼）职安全干部 100 余名，对 11 个县（市）、区的学校安全工作进行了全面检查。继续开展创建“平安校园”的活动，全市中小学共有“平安校园”979 所，创建率达 98.3%，高标准完成了创建“平安校园”三年行动计划。学生的安全教育已列入相关课程内容，编印发放《宁波市学生安全常识读本》8 000 册；编印适合中小学生的安全教育图片 9 000 幅。积极开辟学校安全教育实践基地，学生的非正常死亡人数从 2006 年的 77 人下降到 67 人，学校的安全工作获得省、市人民政府表彰。

〔**职业教育**〕 2007 年，全市中等职业学校（含技工学校）招收新生 3.24 万人，中职教育与普通高中招生比继续持平。有省级以上重点职业中学 27 所，其中 13 所为国家级重点职业学校。职业学校共开设 20 大类 80 多个专业，基本覆盖全市一、二、三产业的全部行业。

贯彻落实全市职业教育工作会议精神。2007 年，宁波市教委制发了关于推进校企合作和组建职教集团的若干意见、《关于实行宁波市中等职业教育学校办学水平评估的通知》、《关于调整中等职业教育专业布局的意见》、《关于创建特色专业中等职业学校的实施意见》等 4 个配套文件，起草了《宁波市职业教育“十一五”发展规划》。由市教育局、市财政局、市劳动和社会保障局、市经委等宁波市职业教育联席会议成员单位组成的督查组对宁波城区以外的8个县（市）、区贯彻落实全市职业教育工作会议精神的情况进行了专项督查，推动全市职业教育工作进一步发展。城区省级以上重点中等职业学校试行“保送生”制度，吸引和鼓励优秀初中毕业生报考中等职业学校。成功举办首届职业教育宣传周活动，开展职成教育成果展、师生技能大赛、先进事迹巡回报告等10项活动。

职业教育经费投入不断增加。从2007年秋季起，宁波城区中等职业学校生均经费标准率先按高于普通高中标准的1.5倍安排；鄞州区在中等职业学校中实施免费教育，区财政每年投入4 000万元专项资金供1.5万名职高学生免费就读；在宁波城区、奉化市、象山县实施职教经费统筹政策以后，慈溪市自2007年始对辖区内各类企事业单位按职工工资总额的2.5%提取职业教育经费，其中1.5%由政府统筹。

教育教学改革稳步推进。2007年，《宁波市中等职业学校专业教学指导方案》正式出台，根据宁波主导产业发展现状和各职业学校原有专业设置情况，确定了农艺、机械、电子、建筑、计算机、财经等16个专业大类的专业教学指导。中等职业学校学分制试点工作有了明显进展，独立设置的中等职业学校基本启动学分制管理软件工作。成功举办以“走进新课堂，创新教学法”为主题的全市第四届中等职业学校课堂教学系列研讨活动。加强技能教育，评选产生了宁波市首批中等职业学校优秀“双师型”教师；举办了市第四届职业教育技能（才艺）大赛，404名教师和1 121名学生参加。

职业教育成果显著。2007年，宁波市建成国家级重点专业3个，省示范专业30个和市现代化专业30个；建成6个中央财政扶持的职业教育实习实训基地、6个浙江省先进制造业技能型人才培养培训示范基地和6个设施设备投入在1 000万元以上的市级职业教育实习实训示范基地，每个市级实习实训示范基地认定后由市、县两级安排500万元奖励经费，用于专业设备再投入。在教育部举办的2007年度全国中等职业教育技能大赛中，宁波作为计划单列市单独组队，取得了10枚金牌、18枚银牌和14枚铜牌的优异成绩，参赛选手获奖率高达93.2%。在浙江省第三届职业教育教学成果奖评选中，全市8项成果荣获一等奖，另有6项成果获得二等奖。宁海县职教中心被教育部认定为首批国家级中等职业教育德育工作实验基地学校。

〔**成人教育**〕 2007年，全市拥有各级各类成人学校1 963所。其中，省级成人学校123所，市级成人学校1所，县级成人教育中心学校（社区学院）11所，村级（社区）成校1 828所。非学历培训达180.36万人次，其中，企业职工岗位技能培训30.97万人，农业实用技术培训16.78万人次，农村劳动力转移培训12.72万人，农村预备劳动力培训0.46万人，市民及外来民工各类素质培训人数为119.43万人。成人中等学历教育招生人数为8 471人，成人大专以上学历教育招生人数为8 132人。

企业职工培训有新突破。2007年，宁波市适当提高了企业职工培训的补助标准，调整了部分培训工种，规范了招投标过程，有效地调动了培训机构和企业职工的积极性。当年参与投标的培训机构达102家，培训工种155个，经评标委员会评定，最后中标的培训机构有80家，中标培训工种111个。在培训机构按合同要求实施项目培训过程中，市教育局按职业教育联席会议成员单位职责要求，根据《加强职工培训提高劳动者素质实施细则》及签约合同，采取组织专家组对培训机构进行阶段性抽查、对培训者进行过程性抽查等方法，对各培训机构实施培训的情况进行监督把关。至年底，80家中标培训机构中，启动培训项目的有75家，完成培训人数3.6万人，下达补助经费1 740.28万元。

“终身学习宣传周”活动有新进展。宣传周期间，安排广场教育培训咨询服务，成人教育大型成果展，宁波市成人教育工作者论坛，“终身学习，促进和谐发展”学术报告会，社区教育讲座等系列活动。表彰了一批成人学校优秀校长和优秀培训项目。各县（市）、区也同步组织了相关活动。发放终身学习宣传资料6万多册（份），举办各类讲座300多场次，全市28万人次参与了宣传周各项活动。

社区教育有新发展。2007 年，宁波市海曙区、鄞州区被推荐为全国社区教育示范区。积极倡导建立“十分钟”学习圈、“1 000 米”学习圈模式，市民在家门口即可接受各种教育培训。全年市民参与社区教育活动 93 万人次。

〔**高等教育**〕 2007 年，宁波高等教育事业继续保持快速、健康、稳定发展。在甬高校达到 15 所，全日制普通高校在校生 12.6 万人，较上年增长 4.9%；全日制在校研究生 1 502 人，首次招收博士生 3 人；本科生 60 901 人，高职高专生 65 193 人，本专科比例为 48.3∶51.7；成人高等教育在校生 5.26 万人。高等教育毛入学率达到了 46%，比 2006 年增长 2 个百分点。全市高校固定资产总值 61.3 亿元，建筑面积 420.6 万平方米，教学仪器设备总值 13.12 亿元，图书资料 916.4 万册（不含电子图书）。宁波大学被增列为博士学位授予单位，工程力学、通信与信息系统和水产养殖等 3 个学科被列为博士学位授权学科并在当年招生，实现了宁波博士教育的历史性突破。

内涵建设成效显著。学科专业建设取得了新进展。开展新一轮市级重点学科、专业评审工作，市级重点学科达到 28 个、重点专业 44 个、重点实验室 13 个。国家、省级以上重点专业取得新突破。全市新增 4 个国家特色专业建设点、14 个省级重点专业；5 门国家级精品课程、25 门省级精品课程。师资队伍进一步得到加强。高校教师数量持续增长，高职称教师比例不断上升。在甬高校共有专任教师 7 079 人，比上年增加 163 人，其中具有正高级、副高级职称的 2 419 人，博士 611 人，硕士 2 166 人。名师工程、“甬江学者计划”深入推进，共评选产生了 29 位市级高校名师，40 位名师培养对象，确定了首批 6 名“甬江学者”特聘教授。宁波大学 1 个团队入选 2007 年教育部“长江学者和创新团队发展计划”。高校科研能力显著增强，2007 年承担科研项目 4 478 项，科研经费总数 19 810 万元，其中纵向项目 3 562 项，科研经费 8 483 万元，横向项目 916 项，科研经费 11 327 万元。“甬江学者计划”特聘教授楼森岳获教育部高等学校科学技术进步一等奖，高校教师获各类省级以上科研奖 36 项。

教学改革持续推进，人才培养质量不断提高。宁波市各高校在构建服务型教育体系中普遍进行了人才培养模式改革，初步建立了面向经济社会发展需要的、具有本校特色的人才培养模式。宁波大学建立了创新型人才培养体系，强调“把成才的选择权交给学生”，实施大学生创新创业训练计划，该计划被列为教育部人才培养模式创新试验区项目。浙江万里学院师生互动合作性学习模式充分尊重了学生的个性发展，开创了国内高校课堂教学组织形式改革的先河。鼓励高校积极开展大学生实习实训基地、创新基地等建设，开放实验室等教学科研设备，为学生成长成才创造条件。2007 年度高校大学生在各类竞赛评选中，获国际奖项 3 项、全国级 81 项、省级 474 项。高校普遍建立了“校内与校外、大型与小型、有形与无形相结合”的大学生就业市场体系，学生就业率稳中有升，连续多年保持在 90%以上，2007 年达 91.56%。

服务型高等教育体系建设全面展开。校企合作、校校合作开展人才培养、科学研究、技术开发的机制基本形成。产学研合作不断深入。通过人才培养基地、校内外实习实训基地等各类项目建设，高校校企合作人才培养工作得到有效推进，在甬高校均根据各自特点开展了校企合作特色班，教授博士下企业人数达 254 人，企业高级技术与管理人员被高校聘为中、高级职称兼职教师的人数达 672 人。高校参与企业科研开发热情高涨，2007 年在甬高校高新科研成果转化效益达 7.2 亿元。成功举办大学校长与企业家论坛，为进一步推进校企合作营造了良好的氛围。社会培训工作取得新进展。高校利用各自的学科专业优势，开展了面向社会、企业的多层次、多类型培训，全年共培训 8 万多人次，培训收入 5 600 多万元。

撰稿 胡审严 冯雪蔚 高祥祖 王大明 章敏杰 施金意

审稿 黄士力 鲁焕清

安徽省教育

概　况

〔基本情况〕

2007 年各级各类学校校数、教职工、专任教师情况

	学校数（所）	教职工数（人）	专任教师数（人）
一、高等教育			
（一）研究生培养机构（不计校数）	(18)		
1. 普通高校	(16)		
2. 科研机构	(2)		
（二）普通高等学校	89	62 277	40 743
1. 本科院校	30	38 660	24 086
2. 专科院校	59	21 549	14 980
其中：职业技术学院	54	19 724	13 609
3. 其他机构（点）（不计校数）	(14)	2 068	1 677
其中：独立学院	(10)	2 068	1 677
（三）成人高等学校	7	2 762	1 485
（四）民办的其他高等教育机构	8	1 041	530
二、中等教育	4 715	285 144	241 936
（一）高中阶段教育	1 431	284 709	86 578
1. 高中	779	246 653	59 529
普通高中	779	246 653	59 529
成人高中			
2. 中等职业教育	652	38 056	27 049
普通中专	99	10 254	6 457
成人中专	91	2 689	1 448
职业高中	369	18 308	14 044

续表

	学校数（所）	教职工数（人）	专任教师数（人）
技工学校	93	5 601	4 252
其他机构（教学点）（不计校数）	(194)	1 204	848
（二）初中阶段教育	3 284	435	155 358
1. 普通初中	3 264		154 959
2. 职业初中	10	426	392
3. 成人初中	10	9	7
三、初等教育	17 361	266 982	255 540
（一）普通小学	17 240	266 213	254 777
（二）成人小学	121	769	763
其中：扫盲班	77	769	763
四、工读学校	3	79	32
五、特殊教育	62	1 234	990
六、学前教育	3 049	28 458	19 220

注：普通高中的教职工数中包含普通初中的教职工数。

2007年各级各类学历教育学生情况

	毕业生数（人）	招生数（人）	在校生数（人）
一、高等教育			
（一）研究生	7 073	10 157	28 098
博　士	944	1 173	3 636
硕　士	6 129	8 984	24 462
（二）普通本专科	181 209	236 884	730 546
本　科	65 806	107 928	360 329
专　科	115 403	128 956	370 217
（三）成人本专科	43 827	57 010	148 404
本　科	15 685	26 394	59 737
专　科	28 142	30 616	88 667
（四）其他各类高等学历教育			
1. 在职人员攻读博士、硕士学位		2 763	8 658
2. 网络本专科生	126	2 500	4 033
本　科	108	436	1 435
专　科	18	2 064	2 598
3. 学历文凭考试			155
4. 其他			

续表

	毕业生数（人）	招生数（人）	在校生数（人）
二、中等教育	1 792 526	1 824 581	5 510 560
（一）高中阶段教育	645 560	829 694	2 287 396
1. 高中	396 525	455 108	1 351 541
普通高中	396 525	455 108	1 351 541
成人高中			
2. 中等职业教育	249 035	374 586	935 855
普通中专	62 521	102 808	265 202
成人中专	16 739	23 401	44 779
职业高中	140 260	210 022	538 833
技工学校	29 515	38 355	87 041
（二）初中阶段教育	1 146 966	994 887	3 223 164
1. 普通初中	1 144 171	993 605	3 217 399
2. 职业初中	2 388	1 282	5 356
3. 成人初中	407		409
三、初等教育	989 637	864 203	5 525 374
（一）普通小学	960 163	864 203	5 495 019
（二）成人小学	29 474		30 355
其中：扫盲班	8 054		8 905
四、工读学校	10	40	30
五、特殊教育	2 613	3 533	20 796
六、学前教育	382 591	518 661	782 087

注：特殊教育学生数中包括普通中小学随班就读的学生。

2007年各级各类非学历教育学生情况

	毕（结）业生数（人）	注册生数（人）
总　计	979 924	635 314
一、高等教育	119 529	39 840
（一）研究生课程进修班	592	768
（二）自考助学班	3 703	8 167
（三）普通预科生		200
（四）进修及培训	115 234	30 705
其中：资格证书培训	59 145	3 083
岗位证书培训	13 349	8 565
二、中等教育	860 395	595 474

续表

	毕（结）业生数（人）	注册生数（人）
其中：资格证书培训	99 553	53 307
岗位证书培训	89 344	46 888
（一）中等职业教育	221 262	92 575
其中：资格证书培训	74 020	29 037
岗位证书培训	65 973	23 978
（二）职业技术培训机构	639 133	502 899
其中：资格证书培训	25 533	24 270
岗位证书培训	23 371	22 910

2007年各级各类民办教育基本情况

	学校数（所）	毕业生数（人）	招生数（人）	在校生数（人）	教职工数（人）	专任教师数（人）	另有其他学生数（人）
一、民办高等教育							
（一）民办高校	13	10 567	23 229	51 398	4 572	2 841	
本科学生			1 616	3 155			
专科学生		10 567	21 613	48 243			
（二）独立学院（不计校数）	(10)		12 443	31 968	2 068	1 677	
本科学生			12 443	31 968			
专科学生							
（三）民办其他高等教育机构					1041	530	14 999
二、民办中等教育							
（一）高中阶段教育	286	52 634	112 696	274 056	32 075	22 537	
1. 民办普通高中	159	30 565	58 860	157 587	26 445	19 112	
2. 民办中等职业教育	127	22 069	53 836	116 469	5 630	3 425	6 072
（二）初中阶段教育	304	106 414	99 059	343 989			
1. 民办普通初中	304	106 414	99 059	343 989			
2. 民办职业初中							
三、民办普通小学	265	28 323	18 712	175 699	7 757	5 440	
四、民办幼儿园	2 004	83 592	135 378	253 469	16 699	10 351	
另有：民办培训机构（不计校数）	(185)				2 207	1 098	90 786

注：1. “另有其他学生数”包括：学历文凭考试学生、自考助学班学生、预科生、进修及培训学生数；

2. 民办普通高中的教职工和专任教师数中包含民办普通初中的教职工和专任教师数；

3. “（ ）”内数据为不计校数。

〔**年度教育工作方针**〕　安徽省2007年教育工作的指导思想是贯彻落实党的十六大和十六届三中、四中、五中、六中全会精神和省第八次党代会精神，以科学发展观统领全省教育事业改革和发展全局，认真实施《安徽省教育事业发展第十一个五年规划》，继续深化体制机制改革，办好让人民满意的教育，为构建和谐社会和安徽奋力崛起作出更大贡献。总体思路是大力推进教育公平公正，打造“教育公平建设年”。促进城乡教育均衡发展，促进区域内基础教育均衡发展，促进职业教育与普通教育均衡发展。落实五项任务，即扎实推进素质教育，巩固提高义务教育，大力发展职业教育，积极构建终身教育体系，稳步扩大高教规模并着力提升教育质量、综合竞争力与服务经济社会发展的能力。为群众办六件实事：一是全面免除义务教育阶段学杂费；二是为义务教育阶段贫困家庭学生免除书本费和为家庭贫困的住宿生补助生活费；三是完善职业教育和高等教育贫困生救助体系，确保不让一个学生因家庭经济困难而辍学；四是完善毕业生就业服务体系，实现中等职业教育毕业生充分就业和高等教育毕业生就业率稳步提高；五是建立农村“留守儿童”关爱和教育体系；六是充分利用教育的人才和科技优势，加快对长丰县的扶贫进程。抓好八大工程：农村远程教育工程，农村中小学危房改造工程，农村寄宿制初中建设工程，职教基础能力建设工程，高教质量保障工程，教师队伍建设工程，和谐校园建设工程，皖北教育崛起工程。

〔**教育投入与支出**〕　2007年安徽省教育经费收入共367.15亿元，比上年增加69.8亿元，增长23.48%；其中财政预算内拨款245亿元，占66.7%；各级政府征收用于教育的税费13.9亿元，占3.8%；校办产业、勤工俭学、社会服务收入中用于教育的经费0.18亿元，占0.05%；企业、社会团体、公民个人办学经费2.69亿元，占0.73%；社会捐助2.03亿元，占0.55%；事业收入92.2亿元，占25.1%。2007年全省全口径教育经费支出总额369.9亿元，比上年增加74.6亿元，增长25.5%。按隶属关系分，中央部委所属在皖院校教育经费支出21.7亿元，占5.88%；安徽地方各级各类学校经费支出348.68亿元，占94.12%。

2007年全省预算内教育经费支出占财政支出比例为19.64%，比上年增加了0.78个百分点。2007年度全省国家财政性教育经费支出242.5亿元，占当年国民生产总值的3.32%，较上年上升了0.45个百分点。教育经费“两个比例”均有增长。

2007年各级各类学校生均预算内教育经费及生均预算内公用经费均比上年有增长。普通高中为1 636.6元和186元，分别增长17.3%和84.5%；普通初中为1 804.9元和402.2元，分别增长49.74%和196.6%；小学为1 644.7元和296.7元，分别增长30.1%和189.8%；职业中学为1 668元和188.7元，分别增长39.1%和37.9%。

2007年教育基建情况。省属高校基建完成总投资30.26亿元（其中省统筹3 000万元，省、市财政专项安排12 480万元，中央专项补助1 791万元，学校自筹24.67亿元，其他3.84亿元）。当年施工面积288.4万平方米，竣工174.4万平方米。全省普通中学、职业中学、小学、中等职业学校校舍总面积比上年分别增加179.3万平方米、57.3万平方米、1.6万平方米和82.5万平方米。

〔**教师队伍建设**〕　2007年，安徽省高校教师队伍建设工作进展顺利。对13所一直没有核定机构编制的高校（4所中央划转高校和9所升格高校），组织开展了机构编制核定工作。印发了《安徽省特聘教授和讲席教授考核评估暂行办法》。与省人事厅联合印发了《关于进一步做好省属高等学校进人工作的若干意见》。组织开展了省级学术技术后备人选科研择优资助工作。选派近200名骨干教师到重点高校做访问学者。面向国内外招聘“皖江学者计划”首批特聘教授和讲席教授人选。指导高校对“‘十五’优秀人才计划”前二批入选人员落实培养措施。省教育厅直属高校共引进400多名具有博士学位的高层次人才。高校教师培训工作得到加强。组织高校300名教师参加进修班学习、4 800名教师进行了岗前培训。组织500名教师参加高职院校主干课程培训和“双师素质”培训。

2007年，按照“提高素质，加强农村，促进均衡，突出骨干”的工作思路，省教育厅采取措施大力加强中小学（含各类中等职业学校）教师队伍建设。印发了《关于推进义务教育教师资源均衡配置的意见》等文件。以“尊师重教，奠基未来”为主题，在全省组织开展了一系列庆祝第23个教师节及优秀教师表彰活动和师德教育活动。在全省中小学教师中全面开展了以提高教师课堂教学能力为核心内容的教学业务大练兵活动。启动实施了“5555”中小学骨干教师队伍建设工程，在全省中小学教师中通过业务竞赛评选50 000名县级教学能手、5 000名市级教坛新星、500名省第三届教坛新星和50名省级教育名师培养对象。制定了《安徽省教育管理干部“十一五”培训规划》，启动实施了“1515”中小学骨干校长培训工程，即在全省中小学校长队伍中选拔100名省级名校长、500名省级骨干校长、1 000名乡镇中心校校长和5 000名高中学校校长，通过开展专门培训，带动全省中小学校长队伍的整体发展。全面完成第二轮中小学教师继续教育工作，指导各地完成了集中培训和校本培训，以及9万余人的《新世纪教师素养》统考工作。指导开展了中小学教师远程继续教育试点工作。继续开展英特尔未来教育项目3 580名教师的培训工作。实施了5 000名教育部—微软携手助学农村学校教师培训项目工作。推动各地加大教师招聘力度，大力促进皖北部分市、县政府解决教师“有编难补”问题。积极协调推动新一轮教职工核编工作。启动了“十一五”期间中等职业学校骨干教师培训工作，选派骨干教师参加国家级培训。印发了《安徽省中等职业学校教师继续教育实施细则》，加强了中职骨干教师省级培训基地建设和中职学校教师继续教育工作。

〔**体育卫生艺术和国防教育**〕 2007年，省教育厅认真贯彻落实中共中央国务院《关于加强青少年体育增强青少年体质的意见》，学校体育工作进一步加强。以实施《国家学生体质健康标准》为抓手，推进各级各类学校体育课教学改革和体育科学研究，促进学生课外体育活动。通过开展“阳光体育奖章”活动、农村地区学校学生阳光体育运动展示和光盘评选活动、校园集体舞培训推广活动、中小学大课间体育活动等，形成全省青少年学生体育锻炼的热潮。高校高水平运动队建设初见成效，2007年，安徽省大学生运动员多次在全国比赛中获奖。省级体育特色学校和体育传统项目学校建设进一步加强，初步形成了安徽省优秀体育后备人才的培养体系。精心组织大型文体活动，促进学校文体活动的广泛开展。组团参加了全国第八届大学生运动会，安徽省代表团共获得2枚金牌、3枚铜牌、破一项全国大运会纪录，创安徽省历届最好成绩。以“阳光下成长”为主题，组织开展了历时一年的全省第二届中小学生艺术展演活动，促进了中小学艺术教育工作。继续组织了“高雅艺术进校园活动”，丰富了大学校园的文化生活，提高了大学生的艺术修养。先后举办了安徽省大中专学生健美操比赛、全省大学生足球联赛、篮球联赛、全省第三届学生定向越野比赛、省第四届高校“校长杯”乒乓球比赛，举办了全省体育传统项目学校田径、游泳、球类等多项体育竞赛活动。学校卫生工作得到进一步重视和加强，初步构建了学校卫生防疫和食品卫生安全工作长效机制。2007年学校食物中毒报告起数和发病人数较2006年大幅度下降，分别下降了80%和57%。

〔**国际交流合作**〕 2007年，安徽省积极拓宽与国（境）外教育机构和友好组织之间的合作领域，努力实现教育国际交流合作跨越式发展。2007年7月，安徽省教育厅、美国马里兰州友好省州教育委员会、美国科技教育协会合作在合肥等地举办了第二届海内外基础教育研讨会，培训乡村中小学校长和各学科教师五百余人。10月，智利在安徽大学设立了圣托马斯教育学院和拉美文化研究中心，在安徽国际商务职业学院设立了圣托马斯文化学院。和德国下萨克森州、美国马里兰州等八个友好省州在高等教育、基础教育、职业教育国际交流活动的渠道不断拓宽、交流形式日趋活跃，交流合作项目不断增加。应省教育厅的邀请，德国汉诺威应用科技大学霍恩教授担任了合肥学院的外籍副院长。12月18日，省教育厅、合肥市政府、合肥学院合作共建的安徽——德国中心正式挂牌，教育外事为安徽经济建设服务作用日益显现。积极鼓励支持各类院校教学、科研和管理人员参与国际交流，在校际间、学科专业间开展多种形式的国际合作交流活动，提高学校的办学水平和整体实力。

〔**教育纪检监察工作**〕 2007年，安徽省教育厅认真学习贯彻中央纪委七次全会精神，层层签订党风廉政建设责任书，开展期中检查，组织年度考核，实行责任追究，并将检查考核结果纳入单位绩效考核范围和干部考核、考察范畴。切实加强反腐倡廉宣传教育和警示教育，认真组织全省高校、直属中专学校和教育厅厅机关全面开展了“知荣明辱扬正气”主题演唱活动。按照省纪委要求，2007年6月，在全省教育系统各级领导干部中集中开展了作风教育月活动。认真组织开展廉政文化进校园活动、“教育诚信建设”活动，行风建设与师德师风建设深入推进。严格执行教育收费政策，大力规范各级各类学校办学行为。切实抓好治理商业贿赂专项工作，积极预防教育系统职务犯罪行为的发生。保持案件查处工作力度，强化惩治腐败治本措施，成功侦破了2007年砀山县、谯城区高考舞弊未遂案件，有关责任人员分别受到相应的党政纪处分。

基础教育

〔**综述**〕 2007年，全省基础教育入学率和普及水平进一步提高。“两基”工作继续巩固提高，小学学龄儿童入学率为99.81%，比上年提高0.09个百分点；小学毕业生升初中阶段比重为103.62%，比上年提高3.65个百分点；辍学率为0.06%，比上年降低0.05个百分点。全省初中适龄人口入学率为98.63%，比上年提高0.42个百分点；初中毕业生升高中阶段比重为69.02%，比上年提高3.36个百分点；辍学率1.11%，比上年降低0.7个百分点；全年扫除文盲约8 000人，青壮年文盲率继续控制在4%以内。高中阶段教育普及程度显著提高，毛入学率达到61.38%，比上年提高7.84个百分点。结合新农村建设和城镇化建设，以及学龄人口的结构性变化，中小学布局调整稳步推进。全省共有小学17 240所，比上年减少964所，在校生549.50万人，比上年减少8.79万人；初中（含普通初中、职业初中）3 274所，比上年减少37所，在校生322.28万人，比上年减少19.81万人；普通高中779所，比上年减少7所，招生45.51万人，比上年增加0.38万人。幼儿教育和特殊教育有所加强。全省幼儿园为3 049所，在园幼儿（含学前班儿童）78.21万人，比上年增加4.9万人。特殊教育学校62所，在校生达到2.08万人，比上年增加0.5万人。

〔**义务教育均衡发展**〕 2007年，安徽省义务教育的均衡发展逐步向更高层次推进。全省各地认真贯彻落实省政府《关于进一步推进义务教育均衡发展的意见》，制定了本地区义务教育均衡发展规划和三年内基本消除市、县城区内择校问题的进度表，并按照规划进度积极推进。省教育厅制定了新的义务教育阶段学校办学基本标准，取消了城乡差别规定；实事求是地推进农村中小学校布局调整，继续加强薄弱学校建设，农村中小学办学效益进一步提高。在巩固进城务工人员子女就学定点学校的基础上，继续改善就学保障状况。农村留守儿童关爱体系建设进一步加强，各地建立了留守未成年人档案，健全了动态监测机制，制定了有效的教育与管护措施。此外，通过开展皖北地区教育发展调研，提出了促进皖北地区基础教育改革发展的政策建议，并逐步加强对皖北地区的倾斜和支持。

〔**义务教育经费保障机制改革**〕 2007年，根据国家统一部署，安徽省委、省政府将城乡同步实施义务教育经费保障机制改革作为全省十二项民生工程之一予以强力推进。按照“明确各级责任、中央地方共担、加大财政投入、提高保障水平、分步组织实施”的原则，逐步将义务教育全面纳入公共财政保障范围，建立中央、省、市、县（区）分项目、按比例分担，其中属于地方分担的资金由“省拿大头”的义务教育经费保障机制。2007 年全省免学杂费、补助公用经费和校舍维修改造资金共支出 28.35 亿元，其中农村 24.65 亿元，城市 3.7 亿元。获益学生 900 多万人，135 万名学生获得了政府免费提供的教科书，29 万名家庭经济困难寄宿生获得生活补助费。

〔**农村中小学建设**〕 农村中小学危房改造工程是 2007 年安徽省委、省政府提出大力实施的另一项民生工程。省委、省政府提出，从 2007 年起，规划投入资金 18.1 亿元，通过实施 5 720 个改造项目，用 2 年时间，完成全省 304 万平方米 D 级危房改造任务，新建校舍面积 357 万平方米，确保全省农村中小学校舍安全。2007 年全省累计下达校舍维修改造资金 9.9 亿元，开工面积达 236.64 万平方米，占应开工面积的 90%，已有 2 670 个项目完工，改造 D 级危房 193.25 万平方米，和省政府年初下达的累计改造 D 级危房 158.7 万平方米的危改任务相比增幅 21.77%。深入推进农村初中校舍改造工程，2007 年投资 5 980 万元，计划建设项目 43 个，规划改造农村初中 407 所，主要新建学生生活用房和体育运动场地约 100 万平方米，配备必要的设施和器材。针对 2007 年夏季淮河流域和皖南山区的特大洪涝灾情，及时调整了危房改造工作重点和资金投向，受灾地区水毁校舍恢复重建和危房改造的进度明显加快，切实保证了全省中小学秋季正常开学。全面完成农村寄宿制学校建设工程，总投入 25 016.7 万元，其中中央专项资金 23 000 万元，配套资金 2 101.7 万元；建设面积 43.59 万平方米，设备购置 1 012.2 万元；新增学生 93 254 人，其中新增寄宿生 60 499 人。

〔**农村中小学现代远程教育工程**〕 2007 年，全省又有 39 个县（市、区）实施了“农村远程教育工程”，累计投入资金 1.53 亿元，建成项目学校 5 306 所。不断强化“农村远程教育工程”应用培训，组织力量深入项目市、县开展培训，提高了应用三种模式的能力和水平。顺利完成全省教育系统卫星地面接收设施转星调整和台站管理工作，转星调整站点总数达 12 048 个。

〔**新课程改革**〕 2007 年，安徽省在芜湖召开了义务教育阶段课改实验现场交流会。出台了《安徽省普通高中新课程选修Ⅰ模块开设指导意见》，认真研究拟订了与之相适应的《2009 年普通高校招生考试工作指导方案》和相配套的《安徽省普通高中学生学业水平测试方案》、《安徽省普通高中学生综合素质评价方案（试行）》。通过积极探索对学生进行综合素质评价的方法，使得单纯以分数评价学生成绩的做法逐步扭转，学生的创新精神和实践能力得到进一步培养。

〔**规范中小学办学行为**〕 2007 年，安徽省专门印发了《安徽省义务教育办学行为规范》，禁止各学校举办或参与举办向学生收费的各种补习班、竞赛班等；制止教师对学生集体有偿补课、随意增加课时、延长学生在校时间等加重学生课业负担的行为。继续加强农村中小学教学过程管理，提高农村中小学教育教学质量。切实加强中小学教材管理，严格实行中小学教科书限价招标办法，严禁强行统一征订和购买教辅材料。邀请新闻媒体共同对全省中小学办学行为进行了明察暗访，对发现的问题及时通报批评，对造成恶劣影响的督促市县和学校进行严肃处理。全省共组织 297 个检查组，对 37 所高校、388 所高中阶段学校、10 820 所义务教育阶段学校进行检查，查处违规收费 387.95 万元，清退违规收费、减轻群众负担 355.23 万元，查处乱收费案件 131 件，给予党政纪等处理 119 人。群众对乱收费的投诉，较 2006 年明显下降，有 13 个县市区教育收费实现零举报。

〔**幼儿及学前教育**〕 2007 年，安徽省坚持多渠道、多形式的方针，重视幼儿及学前教育事业发展。召开全省骨干幼儿园新课程培训研讨会，强化了对各地学习贯彻《幼儿园教育指导纲要（试行）》的指导，充分发挥示范幼儿园作用，加强城镇公办幼儿园建设，促进农村学前教育事业发展，着力提高全省学前三年幼儿入园率，鼓励并规范民办幼儿及学前教育，联合省财政厅、省物价局等部门，规范幼儿园收费项目，制定保育教育费标准，加强了幼儿园收费管理。

职业教育与成人教育

〔**综述**〕 2007年，安徽全省职业教育稳步发展。各级教育行政部门和中职学校狠抓招生工作，全省中职招生数40.37万人（含技工学校3.04万人、乡村医生中专学历教育2.2万人），高中阶段教育职普招生比例达4.7∶5.3。在抓好学历教育的同时，全省各类职业培训也得到快速发展。去年教育部门各类学校开展专业技术培训63.9万人，中等职业学校开展农村劳动力转移、就业和再就业等短期培训22.1万人。省委、省政府进一步重视和支持职业教育工作，将促进职业教育发展列为年度工作重点。《关于促进职业教育发展的若干政策意见》、《安徽省中等职业学校机构编制管理暂行办法》、《关于进一步加大职业教育投入的决定》、《关于加强县（区）职教中心建设的意见》等一系列政策相继出台。10月，省人大修订了《安徽省职业教育条例》，各地党委、政府对职业教育的认识和重视进一步提高，不少市把职业教育发展的有关指标列入对县（区）政府或教育部门考核内容。

〔**基础能力建设**〕 2007年，安徽省职业教育基础能力建设进一步加强。全省中等职业教育固定资产总值69.82亿元、教学仪器设备总值10.33亿元、占地面积2 741.87万平方米、建筑面积806.32万平方米、图书1 403.24万册，分别比上年增加10.04亿元、0.89亿元、3.16万平方米、83.55万平方米、24.41万册。中等职业教育国家级重点学校70所、省级示范学校32所、国家重点建设实训基地16个、省级“三重”建设学校290个。2007年，4所中职学校获得中央财政支持的实训基地建设项目，得到设备资金1 130万元；20所中职学校获得中央国债项目，获得资金5 100万元；3所中职学校通过国家级重点学校评估；4所中职学校获得锐捷网络合作项目，得到67.2万元的设备支持。57所中职学校获得省级“三重”建设项目，取得建设资金2 555万元。各市也加大投入，加强建设。合肥、芜湖、铜陵、淮南等市职教园区开始在建或规划，一批县（区）职教中心建设正在大力推进。

〔**教育教学改革**〕 2007年，安徽职业教育教学改革进一步深化。一是专业设置以就业为导向，突出技能培养。2007年在全国职业教育技能大赛上安徽省代表队获得3金、2银、14铜的成绩，位列金牌榜15位。二是积极探索教材改革，一批体现新工艺、新技术、专业针对性强的校本教材较好地适应了专业教育的需要。三是大力推进校企合作，深入改革办学模式。在37所中等职业学校开展工学结合、半工半读培养模式省级试点工作。四是走联合办学，集团化办学之路。合肥等中南部城市职业学校与阜阳等北部农村职业学校分别利用自身的生源优势和资源优势，以“1+2”、“1+1+1”等形式开展联合办学。五是职业学校校园文化更加突出企业文化、专业文化、技术文化。2007年全省中等职业学校毕业生就业情况调查结果显示，全省中等职业学校毕业生就业率高达96.29%。

〔**中职学生资助**〕 2007年秋季学期，安徽省中职学生有369 459人获得国家助学金，总资助面占应资助学生的90%，资助金额 27 710.7 万元。其中农村（含县镇）学生 361 965 人，城市家庭经济困难学生 7 494 人（资助面达 15.5%）。为指导各地、各中职学校国家助学金的发放管理工作，教育厅会同省财政厅下发《关于认真做好中等职业学校国家助学金发放管理工作的通知》。布置开展了全省中等职业学校学生分类统计工作，及时掌握了解全省中等职业学校学生数及生源状况等基本数据，为制定中等职业学校学生资助政策提供依据。强化资助机构建设，督促市、县（区）和省属中职学校建立学生资助管理机构，加强资助工作领导及资助政策宣传力度。

〔**成人高等教育与自学考试**〕 2007 年，安徽省成人高考人数达 10.3 万人，比上年增加 2 万余人，增长 25%，省内外成人高校录取新生 7.9 万人；举办社会自学考试 4 次，开考本专科专业 78 个，累计报考近 41 万人次，82 万科次，全年毕业人数 1.3 万人。进一步加强了成人高等教育管理，2007 年先后制定了《关于进一步加强高校成人高等教育函授站和远程教育校外学习中心管理的通知》、《关于加强普通高校成人高等教育管理规范办学行为的通知》、《关于印发安徽省成人高等教育函授站（教学点）设置与管理办法的通知》等文件，组织进行了对部分成人高等教育办学情况的督查和对全省成人高等教育函授点、校外学习中心年检及复查工作，基本化解了技能加学历这种办学模式可能存在的隐患，进一步规范成人高校办学行为，努力保持高校稳定。

高 等 教 育

〔**综述**〕 2007 年，安徽省高等教育“双百工程”取得实质性进展，办学层次明显提升。经教育部批准通过改制、升格成立了 3 所本科学校，1 所专科学校，经教育部备案，安徽省批准成立 4 所高职院校。目前，安徽省有高校 89 所，比上年增加 6 所。其中，本科高校 30 所，高职院校 59 所，另有本科独立学院 10 所。高等教育资源进一步扩大，层次结构更加合理。

2007 年，全省共招收研究生 10 157 人，在学研究生达 28 098 人，分别比上年增加 705 人和 3 029 人，增长 7.46%和 12.08%。全省普通高校共招收本专科学生 252 492 人，比上年增加 30 953 人，增长 13.97%，其中省属高校招生 244 003 人，比上年增加 30 776 人，增长 14.43%。全省普通高校在校生 730 546 人，比上年增加 66 862 人，增长 10.07%。

〔**高校质量工程建设**〕 进一步优化学科专业结构，提高高等学校教学质量，推动教学改革。2007 年，安徽省建立了高校人才培养与经济社会发展互动融合的新机制，印发了《关于进一步优化学科专业结构，提升高等学校本科教学质量的通知》，加强了工科及应用型学科建设；规划了高等教育本科教学质量保障体系的基本框架，加强了优质本科教学资源建设和共享；新增 3 个国家级重点学科、1 个国家重点（培育）学科；成功申报 9 个国家级实验教学示范中心、8 个国家级教学团队和 15 个特色专业；首次评审了省级规划教材，推动了教学内容、教学方法的改革；遴选了 169 门省级精品课程，8 门入选国家级精品课程，其中有 3 门高职课程，实现了高职国家级精品课程零的突破；安徽大学“211 工程”二期建设顺利通过国家验收；8 所高校顺利通过教育部本科教学工作水平评估；安徽水利水电职业技术学院、安徽职业技术学院高职院校跻身第二批国家示范高职院校建设行列；大力推动高职院校由规模数量发展向质量提高内涵提升转变，加强了高职高专教育专业建设管理，对专业结构进行调整，控制部分公共事业、文化教育、管理类专业招生，增加了经济社会发展急需的工科类、技术类特别是制造大类专业，适应工业强省对技能紧缺人才的需求；加强了实训基地建设，对11所国家职业教育实训基地加强了管理，安徽工贸职业技术学院等4所高职院校被评为第三批国家职业教育实训基地；以高职高专精品课程建设为重点，加强高职教育课程体系改革与教学内容改革，构建工学结合的课程框架；开展了第二批省级高职高专教改示范专业评选，评选了19个示范专业进行重点建设，积极发挥引领和示范带动作用。

〔**学位与研究生教育**〕2007年，安徽省创新研究生培养模式，促进校际合作、对口扶持和区域合作以及优质资源共享，改善研究生培养条件，加强研究生创新能力培养，努力提高研究生培养质量。首次在全省高校中遴选出一批产学研联合培养研究生示范基地予以重点建设，提高学位工作与研究生教育对安徽经济建设和社会发展的贡献度。引导高校加强学科建设，逐步建立适应国家和区域经济建设需要的重点学科建设体系。积极组织省属高校申报国家级重点学科，并聘请了国内同行专家对全省第二批省级重点学科建设情况进行网上评审和检查验收，省级重点学科建设成效显著。组织专家对近年来新增的博士、硕士学位授予单位的首届毕业研究生培养质量进行实地考核检查，并对全部学位论文质量进行抽检。配合教育部开展了高校学士学位授予情况和管理工作调查、在职人员攻读博士、硕士学位情况调查和博士质量调查工作。

〔**高校科研与科技开发工作**〕2007年，安徽省设立了高校省级重大项目计划，采取由省属高校与中央部委高校教师联合申报的方式开展合作研究，为省属高校冲击国家级项目培植了实力；2007年有20项合作申报的重大项目，立项10项。同时，强化高校科研组织协调和管理，整合科技资源，提高承接重大科技任务的能力。2007年全省高校承担国家和省部级重大科研项目1 500多项，争取科技总经费达到14.4亿元，比上年增长15%。高校争取国家自然科学基金取得较大突破，全省高校2007年获得国家自然科学基金296项，获得资助经费1.23亿元，分别比上年增长20%和43%。加强省级重点实验室和工程技术研究中心建设，通过采取高校与企业、行业合作共建的方式，再次立项建设了10个省级重点实验室、5个省级重点实验室培育基地、17个省级工程技术研究中心和3个省级工程技术研究中心培育基地。其中1个实验室被作为教育部重点实验室立项建设，2个工程技术研究中心被作为教育部工程研究中心立项建设。进一步加强以公共服务和科技资源共享为主要目标的公共服务平台建设。建设了高水平的计算机网络服务平台，安徽教育科研主干网络全部建成开通；建成了以科技成果信息、科技期刊信息、图书馆和博物馆为主体的数字化科研信息资源平台；整合全省高校科技资源，建成了开放的公共实验平台、大型科学仪器设备共享平台、科技成果转化平台等。继续推进产学研合作，加快科技成果转化。省教育厅组织全省高校，先后与宣城、安庆、巢湖等市政府联合举办了4次大规模的产学研合作活动，与省科技厅、蚌埠市人民政府联合举办了首届皖北地区产学研合作活动，累计签订产学研正式合作项目680多项，校企双方投入科技研发和成果转化经费近2.6亿元，取得了明显的经济和社会效益。制定了《安徽高校“十一五”科学和技术发展规划》、《安徽省教育厅关于加强高校科技工作增强科技创新能力的若干意见》、《安徽高校百名优秀科研创新人才支持计划》、《安徽高校省级工程技术研究中心建设与管理办法》等文件，对全省高校科技创新工作进行了全面部署。

〔**高校学籍学历管理**〕2007年，安徽省教育厅进一步完善了全省普通高等教育学籍学历管理政策，并加强对政策的宣传；对全省高校学籍学历管理人员进行培训，提高管理水平和服务水平；规范电子注册工作，高质量完成2007年学历证书电子注册和图像数据采集任务，指导全省普通高校、研究生教育单位做好18.6万名毕业生学历证书颁发工作；认真组织全省普通高校、研究生教育单位做好教育部网上新生学籍注册工作；指导全省高校建设本校学生学籍查询窗口，共有251 698名新生学籍在教育部进行了网上电子注册；及时排查化解独立学院学生学籍学历管理和学历证书颁发中的隐患，积极做好高校安全稳定工作。

〔**高校贫困学生资助工作**〕 2007年，安徽省教育厅建立健全普通本科高校、高等职业学校和中等职业学校家庭经济困难学生资助政策体系，认真贯彻落实国家和省有关高校贫困家庭学生资助政策，采取多种有效措施，切实做好各类专项奖（助）学金管理工作，奖、助学金发放面约22.4%，发放资金1.9亿元。2006—2007学年，全省39 263名学生获得贷款，共发放国家助学贷款20 165万元。生源地信用助学贷款开始实行，实施将"绿色通道"延伸到贫困新生家门口的政策，全省为10 779名贫困新生发放资助经费1 957.8万元，为14 663名高校学生开通了绿色通道，占报到新生7.9%。各类资助政策的实行，保证了高校贫困学生无一例因贫辍学。

〔**高校毕业生就业工作**〕 2007年，安徽省进一步完善毕业生就业市场服务体系，全面落实"就业服务年"各项举措，大力拓展省内外就业市场，大力引导和鼓励毕业生面向基层就业，就业指导和服务水平进一步加强，毕业生就业水平不断提高，到基层就业人数明显增加。截至12月底，全省普通高校毕业生平均就业率已超过90%，连续4年保持较高水平，受到教育部的充分肯定和表彰。毕业生离校继续保持文明、安全、有序、和谐的良好秩序。

〔**高校党建工作**〕 2007年，安徽省教育厅切实加强民办高校党建工作，会同省委组织部，制定印发了《关于加强民办高校党的建设工作的实施意见》和《安徽省向民办高校委派督导专员实施办法（试行）》，为全省13所民办高校选派了党组织负责人兼督导专员。指导全省高校进一步加强基层党组织和党员队伍建设，截至2007年6月，安徽省属本科院校共有学生党员50 470人，占在校生总数的12.1%，实现了第11次全省高校党建工作会议提出的到2007年本科院校达10%的大学生党员发展工作目标。

〔**高校安全稳定**〕 2007年，安徽省教育厅进一步加强和改进大学生思想政治教育工作，加强高校辅导员队伍建设，全面落实高校思想政治理论课新课程方案，加强高校校园文化建设，切实加强学校安全管理，努力营造构建和谐校园的良好环境。组织高校开展了安全知识教育和应急演练，严格执行学校突发公共安全事件报告制度，完善校园安全联防制度和督促检查制度，继续加大对学校及周边治安综合治理力度，多次组织开展了影响高校安全稳定因素的排查工作，多次召开学校安全稳定工作会议，妥善处置了因物价上涨引发的高校学生不稳定事件和多起因毕业证书发放、学校违规办学引发的高校不稳定事件，维护了高校的稳定。

撰稿　邵　明　崔裕超

审稿　张荣国

福建省教育

概　况

〔基本情况〕

2007 年各级各类学校校数、教职工、专任教师情况

	学校数（所）	教职工数（人）	专任教师数（人）
一、高等教育			
（一）研究生培养机构（不计校数）	(11)		
1. 普通高校	(9)		
2. 科研机构	(2)		
（二）普通高等学校	72	50 622	31 385
1. 本科院校	19	30 386	17 936
2. 专科院校	53	15 006	9 741
其中：职业技术学院	49	13 641	8 793
3. 其他机构（点）（不计校数）	(14)	5 230	3 708
其中：独立学院	(9)	3 916	2 781
（三）成人高等学校	9	3 106	1 768
（四）民办的其他高等教育机构	4	116	59
二、中等教育	2 494	202 689	173 190
（一）高中阶段教育	1 086	202 522	74 569
1. 高中	625	173 319	52 197
普通高中	616	173 281	52 169
成人高中	9	38	28
2. 中等职业教育	461	29 203	22 372
普通中专	365	23 997	17 985
成人中专			
职业高中			
技工学校	96	4 861	4 175
其他机构（教学点）（不计校数）	(38)	345	212
（二）初中阶段教育	1 408	167	98 621

续表

	学校数（所）	教职工数（人）	专任教师数（人）
1. 普通初中	1 368		98 467
2. 职业初中	1	22	18
3. 成人初中	39	145	136
三、初等教育	9 930	170 939	161 114
（一）普通小学	9 388	170 605	160 911
（二）成人小学	542	334	203
其中：扫盲班	204	126	78
四、工读学校			
五、特殊教育	65	1 638	1 415
六、学前教育	7 567	50 901	33 381

注：普通高中的教职工数中包含普通初中的教职工数。

2007年各级各类学历教育学生情况

	毕业生数（人）	招生数（人）	在校生数（人）
一、高等教育			
（一）研究生	5 725	8 741	25 580
博　士	582	983	3 718
硕　士	5 143	7 758	21 862
（二）普通本专科	114 073	161 481	509 482
本　科	47 672	81 208	278 032
专　科	66 401	80 273	231 450
（三）成人本专科	32 425	36 175	101 052
本　科	16 125	17 916	50 936
专　科	16 300	18 259	50 116
（四）其他各类高等学历教育			
1. 在职人员攻读博士、硕士学位		2 837	8 583
2. 网络本专科生	5 717	12 388	21 045
本　科	4 802	9 986	17 526
专　科	915	2 402	3 519
3. 学历文凭考试	3 830		53
4. 其他			
二、中等教育	958 190	1 013 846	2 926 174
（一）高中阶段教育	386 268	486 168	1 357 567
1. 高中	234 125	259 307	777 080
普通高中	233 965	259 307	776 819
成人高中	160		261
2. 中等职业教育	152 143	226 861	580 487
普通中专	121 872	168 258	451 959
成人中专	5 148	23 151	42 307
职业高中			

续表

	毕业生数（人）	招生数（人）	在校生数（人）
技工学校	25 123	35 452	86 221
（二）初中阶段教育	571 922	527 678	1 568 607
1. 普通初中	564 786	527 586	1 560 270
2. 职业初中	143	92	462
3. 成人初中	6 993		7 875
三、初等教育	546 554	419 269	2 593 073
（一）普通小学	535 109	419 269	2 582 910
（二）成人小学	11 445		10 163
其中：扫盲班	3 093		3 264
四、工读学校			
五、特殊教育	6 379	5 573	34 970
六、学前教育	368 774	428 141	919 255

注：特殊教育学生数中包括普通中小学随班就读的学生。

2007年各级各类非学历教育学生情况

	毕（结）业生数（人）	注册生数（人）
总计	1 873 362	1 765 804
一、高等教育	77 665	53 875
（一）研究生课程进修班	931	1 662
（二）自考助学班	6 045	31 950
（三）普通预科生		956
（四）进修及培训	70 689	19 307
其中：资格证书培训	20 392	6 148
岗位证书培训	36 303	1 332
二、中等教育	1 795 697	1 711 929
其中：资格证书培训	269 119	110 443
岗位证书培训	247 570	208 585
（一）中等职业教育	210 303	164 304
其中：资格证书培训	74 613	41 657
岗位证书培训	43 149	20 147
（二）职业技术培训机构	1 585 394	1 547 625
其中：资格证书培训	194 506	68 786
岗位证书培训	204 421	188 438

2007 年各级各类民办教育基本情况

	学校数（所）	毕业生数（人）	招生数（人）	在校生数（人）	教职工数（人）	专任教师数（人）	另有其他学生数（人）
一、民办高等教育							
（一）民办高校	23	11 646	25 307	67 687	6 329	3 958	14 049
本科学生		3 669	3 725	15 890			
专科学生		7 977	21 582	51 797			
（二）独立学院（不计校数）	(9)	4 964	16 608	50 235	3 916	2 781	1 636
本科学生		4 535	16 608	50 221			
专科学生		429		14			
（三）民办其他高等教育机构					116	59	1 412
二、民办中等教育							
（一）高中阶段教育	180	29 802	46 196	125 259	20 595	14 799	
1. 民办普通高中	108	20 655	25 150	76 225	17 148	12 665	
2. 民办中等职业教育	72	9 147	21 046	49 034	3 447	2 134	5 443
（二）初中阶段教育	97	38 570	55 542	149 487			
1. 民办普通初中	97	38 570	55 542	149 487			
2. 民办职业初中							
三、民办普通小学	140	16 549	18 220	101 011	5 510	4 184	
四、民办幼儿园	3 839	129 066	166 836	380 458	28 541	16 643	
另有：民办培训机构（不计校数）	(255)				3 505	1 507	146 671

注：1. “另有其他学生数”包括：学历文凭考试学生、自考助学班学生、预科生、进修及培训学生数；
2. 民办普通高中的教职工和专任教师数中包含民办普通初中的教职工和专任教师数；
3. “（ ）”内数据为不计校数。

〔教育部与省政府签订教育发展备忘录〕 2007 年 8 月 5 日，教育部与福建省人民政府在福州举行《关于共同促进海峡西岸经济区教育发展备忘录》签字仪式。教育部部长周济、福建省委书记卢展工、省长黄小晶，教育部副部长吴启迪等领导出席。《备忘录》议定，教育部将在继续重点共建厦门大学、加强福建省高校的科技创新工作、加强福州大学“211 工程”三期建设、加快福建省职业教育改革与建设、支持福建省培养紧缺人才以及促进闽台教育全面交流与合作等六个方面加大扶持力度，促进海峡西岸经济区教育发展。在教育部的支持下，一批国家重点扶持的教育发展项目得到落实。仅经费投入方面，2007 年国家补助福建省的教育资金达 11.39 亿元，比上年翻了一番以上。

〔教育部参与主办第五届中国·福建项目成果交流会〕 2007 年，福建省邀请教育部首次作为“第五届中国·福建项目成果交易会（6·18）”（以下简称 6·18）主办单位，省内外高校踊跃前来参加活动，共同搭建了高新技术成果与海峡西岸产业对接平台。参加本届“6·18”的省外高校包括清华大学、北京大学、复旦大学、浙江大学等 93 所，推出科技项目 1 200 多项，高校参展和对接项目数量上取得新的突破，所签约项目涵盖电子信息、软件、新能源、生物技术、食品加工等几十个领域。自第四届“6·18”活动以来，省内高校共签约 794 项，投资总额达 92.75 亿元；省外高校对接成果 664 项，投资总额达 92.67 亿元，省内外高校签约项目投资总额占全省的 18%，一批优秀科技成果转化为现实生产力，取得良好的经济和社会效益。

〔**落实教育惠民政策**〕 2007 年，福建省投入 16.07 亿元，实施教育惠民政策。这些政策包括以下内容。（1）实施农村义务教育经费保障机制改革，免除了 341 万名农村中小学生 6.78 亿元学杂费；省级以上财政安排资金 837.7 万元，将“两免一补”的范围从农村低保家庭扩大到全省所有在义务教育阶段学校就读的盲、聋哑、弱智三类残疾学生、市区和县城城区享受低保家庭的义务教育阶段公办学校学生，受惠学生 2.3 万人；秋季学期起下拨 1.76 亿元，为所有农村中小学生免费提供国家课程教科书；下拨 2.3 亿元，以营养餐的形式为全省 71 万农村寄宿制学生提供生活费补助。（2）省级以上财政投入资金 8 878 万元，将全省农村中小学生生均公用经费标准提高到小学每生每年 220 元，初中每生每年 305 元。（3）省级以上财政投入 3.9 亿元，继续实施 2007—2008 年度农村中小学危房改造任务，改造了 56 万平方米危房。（4）省级财政投入 3 000 万元支持农村寄宿制学校建设，推动各地新、扩建了 11.3 万平方米的农村中小学生活基础设施。

2007 年，福建省农村中小学现代远程教育工程建设任务全面完成，为 1.28 万所农村中小学、教学点配备了现代远程教育网络。

〔**完善家庭经济困难学生资助体系**〕 福建省 2007 年春季学期发放高校“政府奖学金”、“政府助学金”共 4 365 万元，受惠贫困学生 7.48 万人；发放中职学校政府助学金 2 350 万元，资助学生 6 万人；发放省属高校国家助学贷款 7 471 万元，获贷学生 1.48 万人。从秋季学期开始实施国家新资助政策体系，在高校设立国家奖学金、国家励志奖学金、国家助学金，资助面约占高校在校生的 20%；在中职学校设立国家助学金，对全省中职学校全日制一、二年级所有在校学生发放国家助学金。2007 年，福建省共筹措了 8.1 亿元专项资金资助家庭经济困难大学生和中职学生。

〔**出台台商子女在闽就读优惠政策**〕 为优化台商在闽投资软环境，2007 年，福建省重点开展了“台商子女在闽就读情况”专题调研，制定并下发了《关于进一步加强台商子女在闽就读服务工作若干意见》，在台商集中的福州、厦门、漳州、泉州等地各选择 3—5 所办学水平较高的小学、初中开设台生班；台生班采取由当地教育行政部门实行单独招生，统筹安排，入学后随班就读的方式。2007 年，福建各地还通过编制《台商子女入学指南》、设立咨询窗口、召开咨询会、开设网页、建立台商子女就读绿色通道等，切实为台商子女在闽就读提供通畅的服务。

〔**构筑闽台教育交流合作平台**〕 2007 年，福建省积极发挥“五缘”优势，加快构筑闽台教育交流与合作平台。全省教育系统 2007 年有 170 批、约 350 人次赴台进行访问、学术交流，并接待了 700 余名台湾学者来闽交流。省教育厅成功举办了“海峡两岸职业院校校长论坛”，有 15 对两岸院校签订了合作交流意向书，在海峡两岸产生了较大反响。2007 年，福建全省高校对台招生实现了新突破，8 所对台招生院校新招收了 223 名台湾学生，目前在福建省高校就读的台湾学生总数达到 764 人；厦门大学、福建农林大学等高校共派出 48 名在校生赴台湾大学等高校学习，赴台学生数为历年最多。2007 年，省教育厅成功举办了第二届海峡两岸中学生演讲大赛和第二届福建省高校港澳台学生普通话大赛，组织了两岸学生“采风游学及民族文化夏令营”和“中华文化之旅”等活动。

〔**提升教师队伍素质**〕 2007 年，福建省教育系统广泛开展了以“全面提高教育教学质量，办好人民满意的教育”为主题的“师德建设年”活动；建立师德网站，组织开展了向方永刚、杨仁崔、阮文发老师学习活动，促进师德建设与提高教师教书育人能力的有机结合；坚持以农村教师队伍建设为重点，扎实推进城镇教师对口支援农村教育工作，全省选派 5 000 名城镇教师到农村中小学或薄弱校支教；实施“农村教育硕士师资培养计划”；组织开展特级教师和学科教学带头人“送培下乡”；加大农村教师、中小学校长参加省级专项培训比例，

2007年培训农村教师和中小学校长1 300多名，农村小学、初中、高中教师学历达标率分别达到98.67%、97.56%和78.98%；深入实施名师名校长培养工程，评选了中小学中青年学科教学带头人188名；启动实施“新建本科高校新世纪优秀人才计划”，加快福建省高层次创新人才的培养和高校青年骨干教师培养。2007年教师节期间，福建共评选表彰了100个全省教育系统先进集体和798名省优秀教师、优秀教育工作者，并隆重召开了全省优秀教师代表座谈会，在全社会营造了浓厚的尊师重教的氛围。

〔**大力加强高校党的建设**〕 2007年，福建省教育厅组织教育系统党员干部认真学习党的十七大和省委八届三次全会精神，组建宣讲团深入高校宣讲党的十七大精神，推进党的十七大精神进教材、进课堂、进学生头脑。督促、指导高校开好以加强领导干部作风建设为主题的党员领导干部专题民主生活会，切实加强学校领导干部作风建设。开展了高校领导班子成员作风建设、高校人才队伍和和谐校园建设等重点课题的调研，形成了一批调研成果。加强在大学生中发展党员工作，高校大学生党员比例达到9.35%，比上年提高1.6个百分点。加强民办高校党建工作，向28所民办高校选派党组织负责人，推动民办高校设立党委，规范办学行为。

〔**提高思想政治工作实效**〕 2007年，福建省大力加强未成年人思想道德建设和大学生思想政治教育工作，组织开展2007年“中小学弘扬和培育民族精神月”活动，组织全省各地、各中小学开展延安精神进校园学习宣传活动，深入实施高校思想政治理论课新课程方案，建立思想政治理论课教师培训与研究基地。2007年，福建全省高校普遍成立心理健康教育咨询中心或辅导中心，有90%以上高校建立了校园网络，75%以上高校建立思想教育网站或网页，大部分高校按1∶200标准将辅导员配备到位。2007年，教育厅还组织大学生广泛开展了“走进海西、宣传海西、服务海西”（海西指海峡西岸）社会实践活动；组织3万名高校师生参加“海西春雨行动”，为新农村建设服务。

〔**加大教育系统党风廉政建设力度**〕 2007年，福建省教育厅认真落实党员领导干部诫勉谈话、函询、述职述廉和重大事项报告制度，开展了党风廉政教育月活动、商业贿赂专项治理工作，建立健全廉政建设报告与点评制度、高校领导干部离任审计制度，进一步加大源头预防和治理腐败力度，评选表彰“推行校务公开制度示范单位”100个，建立健全各级各类学校图书教材工作及资金管理制度，积极推进治理商业贿赂长效机制的建设，推进公共资源市场化配置改革，全省教育系统通过公开招投标节约资金3 747.28万元。

基础教育

〔**概况**〕 2007年，福建全省小学9 388所，比上年减少479所；招生41.93万人，增加0.69万人；在校生258.29万人，减少10.93万人；每万人口小学在校生725.94人；适龄儿童小学入学率99.93%；小学毕业生53.51万人，增加0.90万人；小学教职工17.06万人，其中专任教师16.09万人。全省普通中学1 984所，比上年减少36所。初中招生52.76万人，增加0.39万人；在校生156.03万人，减少9万人，每万人口初中在校生438.53人；毕业生56.48万人，减少3.75万人。高中招生25.93万人，减少1.48万人；在校生77.68万人，减少0.36万人；每万人口高中在校生218.32人；毕业生23.40万人，增加3.22万人。普通中学教职工17.33万人，其中专任教师15.06万人。全省特殊教育学校65所，比上年减少2所，在校生3.50万人，减少0.02万人；教职工 1 638 人，其中专任教师 1 415 人。全省幼儿园 7 567 所，比上年增加 17 所；在园幼儿 91.93 万人，增加 4.82 万人；3 至未满 7 周岁幼儿入园率 88.36%，每万人口在园幼儿 258.38 人，教职工 5.09 万人，其中专任教师 3.34 万人。

〔**“两基”巩固提高和“双高普九”**〕 2007 年，福建省义务教育事业取得了新进展，全省将义务教育的组织入学和控辍保学工作列为开学初检查及下乡调研的重点内容，严格执行通报制度和专项督查制度，依法强化政府行为，落实助学政策，努力提高农村义务教育普及水平。5 月，教育厅在全省范围开展了农村中小学控辍保学工作专题调研；9 月，又开展了中小学生组织入学和控辍工作专项督导检查，有力地促进了“控辍保学”工作的有效落实。2007 年，教育厅加强义务教育学生学籍的规范管理，先后修订下发了《福建省普通初级中学学籍管理办法》和《福建省小学学籍管理办法》，对义务教育阶段学生的学籍管理制度进行了规范和完善。“双高普九”（高质量、高水平普及九年义务教育）工作扎实推进。2007 年共有 8 个县（市、区）按计划接受了“双高普九”省级评估验收，全省实现“双高普九”县（市、区）累计已达到 46 个，占全省 87 个县（市、区）的 52.9%。

〔**推进义务教育均衡发展**〕 2007 年，省教育厅认真贯彻实施省政府办公厅批转的《关于进一步推进义务教育均衡发展的工作意见》，大力推进区域内义务教育的均衡发展。4 月，召开全省义务教育均衡发展暨教育督导工作会议，省领导在会上作了重要讲话，部分市、县（区）介绍了典型经验，各设区市代表进行了表态性发言。此次会议有力推动了全省义务教育均衡发展的工作进程。与此同时，省教育厅组织力量对义务教育办学标准进行了修订，制定出台了《福建省义务教育阶段学校校舍建设标准（试行）》《福建省初中、小学教育技术装备标准（试行）》等一系列文件，为推进义务教育学校标准化建设，实现“四有”目标提供了依据。2007 年，福建各地对推进义务教育均衡发展、促进教育公平形成广泛共识，福州、泉州、莆田、南平等市已相继召开了工作会议，对本区域内的义务教育均衡发展工作进行了具体部署，正在积极采取措施全面推进区域内义务教育均衡发展。

〔**农民工子女接受义务教育**〕 2007 年，福建省制定下发《关于进一步加强农民工子女义务教育工作的通知》，进一步完善了农民工子女义务教育工作的政策措施。省教育厅在晋江市召开农民工子女义务教育现场会，协助省农民工办成功举办了全省农民工工作研讨会，对有关人员进行了业务培训。福州、厦门等地采取有力措施，简化入学手续，让更多的农民工子女享受到了优惠政策。2007 年，全省义务教育阶段学校接收农民工子女人数比上年增加近 13 万人，达到 61.4 万人，其中初中 13.4 万人，小学 48 万人，占全省义务教育阶段在校生数的 14.8%。在公办学校就读的农民工子女为 52.9 万人，占农民工子女总数的 86.1%。进一步加强农村留守儿童教育工作。2007 年底，在全省农村义务教育阶段学校就读，父母双方或一方外出打工的农村留守儿童约 52.5 万名，占农村义务教育阶段在校生数的 19.1%左右，其中父母均外出打工的留守儿童人数达 21.5 万，占留守儿童总数的 41%。省教育厅在抓好《关于加强农村义务教育阶段“留守儿童”教育工作的意见》贯彻落实的同时，深入实施了“共享蓝天·共建和谐”关爱农村留守流动儿童联合行动。7 月，省教育厅与省妇联、团省委、省关工委联合下发《关于开展暑假关爱农村留守流动儿童工作的通知》，会同省妇联等部门在莆田召开了全省农村留守儿童工作现场会，总结交流工作经验，对农村留守儿童教育工作进行了再动员再部署。

〔**中小学现代远程教育工程建设**〕 按照教育部的统一部署，福建省加快了农村中小学远程教育工程的建设步伐，2007 年基本完成全省工程建设，工程项目已覆盖全省 74 个项目县，实现“三种模式”覆盖农村中小学，与此同时，抓好工程应用研究工作，坚持边建设、边研究、边应用的原则，应用效益初步显现。年初，教育厅印发了《关于开展农村中小学现代远程教育工程应用研究试点工作的通知》，暑期还组织了第二期省级骨干教师培训班，省级培训已覆盖全部74个项目县。全省义务教育的信息化水平进一步提高，继上年全省初中实现全部开设信息技术课后，完全小学的开课率也达到63.1%，比上年提高2.4个百分点；学校电脑装备数量进一步增加，初中生机比由上年的13.8∶1提高到13.3∶1，小学生机比由上年的18∶1提高到16.7∶1。

〔**课程改革**〕 进一步促进校本教研制度建设。2007年，福建省教育厅召开了全省校本教研工作研讨会，组织与会人员现场观摩了福州台江区中小学、幼儿园校本教研活动，广泛交流全省各地校本教研工作的经验，部署校本教研制度建设推进工作。深化基础教育课程改革，加强对教育教学质量监控和过程性的管理，提高义务教育教学的质量。2007年，福建省作为实验省份参加了教育部“建立国家中小学生学业质量分析与指导系统”项目的测试工作。2007年已对泉州、厦门市的所有县（市、区）及其他设区市的47个县（市、区）的部分中小学生进行了抽样测试。进一步深化中考中招改革。省教育厅组织人员到部分设区市开展中考中招制度改革专项调研，在龙岩市召开了全省中考中招改革会议，制定出台了《关于进一步推进初中毕业升学考试和高中招生制度改革工作的意见》。

扎实推进高中新课程的实施，省教育厅主要抓了以下几方面工作：一是加大新课程的行政推进力度，组织相关教育行政干部和教研员分赴全省各地对高中新课程实施情况进行调研，在福州召开全省普通高中新课程实验工作会议，总结、交流进展情况和基本经验，组织有关人员，对68所省级高中样本校进行阶段性检查评估。二是加强对教学领域的研究、指导和专业引领，组织全省专家和骨干教师编写了福建省高中新课程学科教学指导性文件——《福建省普通高中新课程教学要求》，加强高中学校以校为本教研制度建设。三是认真做好高中新课程学科骨干教师培训工作。四是继续办好“福建高中新课程”网站和实验工作简报。

〔**高中教育**〕 2007年，福建省按照教育部提出的普职协调发展、进一步扩大中等职业教育招生规模的要求，把做好普通高中布局调整，控制布点新建，整合资源配置，作为把握普通高中发展节奏、促进普职协调发展的重要内容来抓。2007年，福建省普职招生比调整为52.2∶47.8。2007年，福建省进一步规范普通高中招生工作，做好普通高中注册登记，加大对经济欠发达县高中的扶持力度，将2007年度省级安排的300万元普通高中发展专项资金，全部用于支持20个经济欠发达县的高中添置教学仪器设备。

福建省特别注重普通高中加强内涵建设，提高办学水准。一是继续加强达标高中建设，至年底，全省已有304所省级达标高中，占全省普通高中总校数的49.3%。省级达标高中招生数、在校生数分别达18.69万人和53.65万人，分别占全省普通高中招生总数、在校生总数的72%和69%，较好地满足了广大群众对优质高中教育的需求。二是加强普通高中学生学籍管理，印发了《福建省普通高中学生学籍管理办法（试行）》，已完成了学籍管理、教务管理、选课管理、综合素质评价等功能模块的开发工作，为实现全省高中学籍管理现代化、信息化奠定了基础。三是加强高中教育技术装备标准化建设，印发了《福建省普通高中教育技术装备标准》和《福建省普通高中教学仪器配备增补目录》，对实施高中新课程后的实验室、图书馆、信息技术和通用技术实践室、历史教室、地理教室、体育和艺术装备提出了新的配备标准，以适应新课程对教育技术提出的新要求。

〔**幼儿教育**〕 2007年，福建全省下达幼儿教育招生计划29.84万人，实际完成招生42.81万人；福建2007年幼儿入园率为85.5%。省教育厅2007年启动0—3岁儿童早期教育工作，召开0—3岁儿童早期教育专题研讨会，组织有关人员赴上海等地参观学习，提出了《福建省0—3岁儿童早期教养实验方案》，广泛征求意见并进行修改完善；规范民办幼儿园的管理，提升教育质量；转发教育部《关于加强民办学前教育机构管理工作的通知》，要求各地规范民办幼儿园管理行为。至年底，福建全省已核发民办幼儿园许可证1 439所，吊销、取缔不合格幼儿园488所。组织开展了幼儿园优秀自制玩教具展评活动，共评出福建省优秀自制教玩具48件；在全国举办的幼儿园优秀自制教玩具展评活动中，福建获一等奖2件，二等奖4件，三等奖9件。

〔**特殊教育**〕 2007年，福建全省下达三类残疾儿童招生计划5 081人，实际完成招生5 573人。在抓好三类残疾儿童“普九”巩固提高的基础上，教育厅部署各地积极开展残疾儿童少年的学前教育和高中阶段教育；各设区市在直属特教学校率先举办了学前教育班，在一些有条件的聋哑学校举办了中等职业教育班，扩大了残疾高中班招生规模，提高了残疾儿童少年高中阶段入学率。2007年，省教育厅与省残联联合开展残疾学生优秀文艺节目评选推荐活动，以此发现并培养残疾学生中的优秀艺术和体育人才；选送特教学校青年教师参加全国智障儿童的教学基本功大赛，福建省6名参赛选手获一等奖1名，二等奖2名，三等奖3名。

〔**中小学科技教育**〕 2007年，福建省教育厅加强了对中小学科技竞赛活动的管理，省教育厅与省科协联合制定并颁发了《福建省中小学生五项学科竞赛管理办法（试行）》，评选表彰中小学科技教育先进集体、先进工作者，调动学校和教师开展科技教育活动的积极性；省教育厅与省科技厅、省科协联合评选“福建省青少年科技教育突出贡献奖”，共表彰了15名中小学科技辅导员和科技教育工作者、5个科技教育先进单位。2007年，福建省中小学生参加国际和全国科技竞赛取得了较好的成绩，在第24届全国青少年信息学奥林匹克竞赛中夺得4块金牌、5块银牌和团体总分第一名；福州三中的杨沐同学在第19届国际信息学奥林匹克竞赛中发挥出色，夺得一枚金牌；在第22届全国青少年科技创新大赛中，福建省选手共获得一等奖4项、二等奖7项、三等奖5项，总成绩列全国第五名。

职业教育与成人教育

〔**概况**〕 2007年，福建全省中等职业学校364所，比上年减少39所；在校生数49.43万人，比上年增加7 555人；毕业生12.37万人，比上年减少1 124人。教职工2.43万人，其中专任教师1.82万人。职业技术培训学校注册学生人数达154.76万人，比上年增加5.5万人。

〔**中等职业教育规模扩大**〕 2007年，福建省教育厅把大力发展职业教育作为教育工作的重点，加大对职业教育的支持力度，出台了职业院校生均经费标准、中等职业学校编制标准等一系列政策；采取切实措施，努力拓宽生源，推动职业教育规模持续扩大。福建中等职业教育在连续六年扩招的基础上，2007年招生23.9万人，比上年增加0.2万人，完成教育部下达的中职招生计划；全省高中阶段职普招生比例为47.8∶52.2，基本实现职普招生比例大体相当的目标。2007年，教育厅实施“职业培训与促进就业工程”，指导中职学校充分发挥办学优势，开展形式多样的企业职工技能培训和再就业培训；实施“农村实用人才培训工程”，配合省农办等部门充分利用中职学校和乡镇成人文化技术学校的教育资源，开展农村劳动力转移培训及农村实用技术培训等各类技能培训，其中承担农村劳动力转移培训“阳光工程”任务4.6万人，占全省总任务的55%。

〔**中等职业学校专业结构调整和重点专业建设**〕 2007年，省教育厅从适应福建省走新型工业化、农业产业化道路，加快推进产业结构调整，促进产业结构优化升级的需要出发，调整中等职业教育专业结构，加强技能型紧缺人才培养。重点在数控技术应用等10个专业领域，部署国家级、省级重点中职学校建立一批省级技能型紧缺人才培养基地，有计划地扩大中、初级技能型紧缺人才培养规模。

中等职业学校信息技术类、加工制造类、商贸旅游类专业在校生，占全省中职学校在校生总数的55.95%，已初步形成与福建省所需的职业岗位相适应的职业教育专业体系。围绕福建省三大主导产业、传统优势产业、高新技术产业、现代服务业和现代农业发展对技能型人才的需要，教育厅2007年加强中等职业教育重点专业建设，评审认定了5个专业、21个专业点为第五批省级重点专业，使全省中职学校省级重点专业总数达59个、重点专业点总数达159个。

〔**教师培训和学校建设**〕 2007年，省教育厅实施“中等职业教育实训基地建设工程”，确定25所中职学校为首批省级示范性实训基地进行扶持建设，为学生的实践教学提供有力保障。会同省财政厅实施“中等职业学校教师素质提高工程”，选派中职学校270位专业骨干教师参加国家级培训，组织740名教师进行专业骨干教师省级培训，指导各设区市开展中职学校教师全员培训工作；专业教师到企业实践在多数中职学校已形成制度，中职学校专业教师中具有“双师”素质的比例达38%。会同省发改委、省劳动保障厅在全省启动县级职教中心建设工作。指导各设区市教育局和有条件的省属中职学校做好创建国家级示范性中职学校的规划。继续做好国家级、省级重点中职学校的评估认定和推荐申报工作，全省国家级重点中职学校达53所、省级重点中职学校达54所。

〔**中等职业教育改革**〕 2007年，福建省教育厅以就业为导向，推动中职学校与行业企业密切合作、共同发展。在已有福州建筑等8个职教集团，厦门电子信息等2个职业教育集团的基础上，指导省级行业型职教集团组建工作，推动各地加快组建区域行业职教集团。大力推行工学结合、校企合作、半工半读的人才培养模式改革，积极推广“订单式”培养。确定32所中等职业学校为首批省级半工半读试点学校，探索建立半工半读制度。全省有210所中职学校的21.36万名学生在1 705家企业进行多种形式的半工半读，开展半工半读的中职学校数是2006年的近5倍。部署“三段式”办学模式改革试点工作，要求各地和学校积极推进“学生一年级在一般校（县级职教中心）学习，二年级在重点中职学校学习，三年级在企业顶岗实习”的办学模式改革。

〔**中职学校学生实践能力和就业能力不断提高**〕 2007年，福建省重视中职教育实践教学和实训环节，加强学生实践能力和职业技能的培养。在中职学校全面推行学历证书和职业资格证书并重的“双证书”制度，有230所中职学校建立了校内职业技能鉴定站，获取“双证书”的中职毕业生占毕业生总数的77%。举办了全省中等职业学校电子电工、服务设计与制作、烹饪、计算机应用、汽车维修等五项技能竞赛。在2007年全国中等职业教育技能大赛中，福建省奖牌总数位居全国第11名。省教育厅印发了《福建省中等职业学校德育工作实施细则》，进一步加强中等职业学校德育工作。组织全省中等职业学校参加以“弘扬民族精神，树立职业理想”为主题的第四届全国中等职业学校“文明风采”竞赛活动，7个项目获得一等奖，并有9所中职学校获得“优秀组织奖”、“组织奖”。加强职业指导和就业服务，着力培养学生的就业创业能力，毕业生越来越受到各行各业的欢迎。全省中职毕业生就业率达到95.87%。

〔**终身教育工作扎实推进**〕 2007年，福建省终身教育工作制度和运行机制进一步完善，各设区市普遍成立了终身教育促进委员会及其办事机构，初步形成政府主导、有关部门协同配合、社会各界广泛参与的工作格局。学习型组织创建工作取得初步成效，组织评选出一批省创建学习型组织先进单位、学习型组织创建单位，推动省终身教育促进委员会有关成员单位开展“学习型家庭”创建活动、开发老年智力资源活动、“家庭网上行”等形式多样的活动。培育社区教育先进典型，开展社区教育实验工作，泉州市鲤城区被列为国家级社区教育实验区。组织全省各地开展以“推进终身教育服务海峡西岸经济区建设”为主题的“9·28活动日”系列活动。

〔**自学考试有新的发展**〕 2007年，福建全省高等教育自学考试朝着“发展自学考试，建立和谐考办”方向不断迈进。全省共开考 145 个专业，其中专科专业 74 个，本科专业 71 个；有 37 所高等院校担任主考学校，与 15 个厅局、行业合作开考 33 个专业。2007 年学历教育与非学历教育报考规模达 961 526 人，其中学历教育报考达 312 687 人，非学历教育报考达 648 839 人。学历教育中，本科报考 153 233 人（占 49%），专科报考 159 454 人（占 51%）；总报考 635 386 科次。高等教育自学考试学历教育和非学历教育总规模同比 2006 年增加 85 638 人，增长 9.78%。自学考试非学历教育报考人数较 2006 年增长 18.69%，成为福建省教育考试事业发展新的增长点和新亮点。此外，学历层次结构发生微妙变化，本科教育有所发展，专业设置向多样化、职业化方向发展，试点专业愈来愈受到社会的青睐。有许多应届高考落第生、中专生和高职高专生通过自考圆了大学梦，走上自学成才之路。

〔**扫盲工作**〕　继续开展杜绝新生文盲和扫盲后的巩固提高工作。年初，会同省统计部门就有关文盲的数据统计口径进行沟通和核实，并对部分设区市扫盲工作情况进行了调研。各地以扫除青壮年文盲和流动人口中的文盲为工作重点，把扫盲与学文化、学实用技术和思想道德教育、法制教育相结合，进一步做好扫盲教育工作，确保全省青壮年非文盲率保持在 98%以上。

高等教育

〔**概况**〕　2007 年，福建省共有普通高等学校 74 所，其中，本科院校 19 所，高职高专院校 55 所（其中，高等职业技术学院 51 所，高等专科学校 4 所）。在校研究生 2.56 万人，比上年增加 2 782 人，增长 12.2%；本专科在校生 50.95 万人，比上年增加 4.81 万人，增长 10.44%，本科在校生占本专科在校生比例为 54.57%；普通高校专任教师 3.14 万人，比上年增加 2 720 人，副教授以上教师占专任教师数的 34.6%。

〔**重点建设工作**〕　2007 年，福建省继续推进厦门大学“985 工程”和“211 工程”建设、福州大学“211 工程”建设与其他重点建设高校的重点项目建设。组织完成了增列国家重点学科申报、审核与推荐工作，2007 年新增了 5 个一级国家重点学科、8 个二级国家重点学科；至 2007 年，全省共有一级国家重点学科 5 个、二级国家重点学科 13 个。继续推进高等学校公共服务体系建设，组织开展了福建省高等学校图书馆专题特色数据库建设工作。

〔**高校教学工作**〕　2007 年，福建省教育厅实施福建省高等学校本科教学质量与教学改革工程，引导地方政府、学校和社会各方面力量把发展高等教育的积极性转到加强内涵建设上来。组织开展了精品课程评选工作，评选出省级精品课程 160 门（本科课程 100 门、高职高专课程 60 门），推荐参评国家级精品课程 27 门（本科课程 22 门、高职高专课程 5 门）。组织完成了高等教育教学团队评选工作，评选出省级教学团队 33 个，从中推荐参评国家级教学团队 6 个。组织完成了高校教学名师奖评选工作，评选出福建省第三届高校教学名师奖人选 30 名，从中推荐参评国家级教学名师 4 名。组织开展本科教育人才培养改革创新实验区的评选工作，评选出省级人才培养模式创新实验区 40 个，从中推荐参评国家级人才培养模式创新实验区 20 个。组织实施福建省大学生创新性实验计划项目，并评选大学生创新性实验计划项目 250 个。组织开展高校实验教学示范中心建设工作，评选出 20 个省级示范中心，其中 4 个被评为国家级实验教学示范中心。组织开展特色专业建设点评选工作，评选出省级一类特色专业建设点 17 个，从中推荐参评国家一类特色专业建设点 9 个。组织开展教学评估和检查，配合教育部完成了福建师范大学、福州大学本科教学工作水平评估工作；制订《福建省高职高专院校人才培养工作水平评估工作指南》，建立高职高专院校人才培养工作水平预评估机制；完成对泉州师范学院等14所高校19个新增普通专科专业和福州大学、福建师范大学等7所本科院校举办的10个软件人才培养基地的检查。

〔**高校专业结构调整**〕 2007年，福建省制订《适应海峡西岸经济区建设推进高校专业结构调整工作的若干意见》，积极推进专业结构优化工作；实施“海峡西岸经济区建设技能型紧缺人才培养计划”，优先为软件业、制造业、汽车业、电子通讯业、建筑业、物流业、护理业、旅游业、商贸业、现代农业等10个专业领域培养技能型紧缺人才；重点加强集成电路、海洋产业、LED等专业领域的人才培养，重点建设数控技术应用、模具设计与制造、汽车运用与维修、通信技术、制药工程、动漫游戏、外包服务等22个专业；组织完成了2007年度福建省高等学校专业设置评审工作，评议通过了福建农林大学文化产业管理等57个普通本科专业和福建交通职业技术学院汽车整形技术等104个普通专科专业；实施“一村一名大学生计划”，2007—2012年每年为基层农村培养农业技术类、林业技术类和农村管理类大学生2 000名。

〔**高职高专教育**〕 2007年，福建省教育厅组织开展福建省第二届高等职业教育精品专业评选工作，评选出福建信息职业技术学院通信技术等27个高等职业技术教育精品专业。组织完成了高职“专升本”选拔工作，福建师范大学等8所本科院校的软件工程、公共事业管理等28个专业录取“专升本”学生3 517人。组织开展高职实训基地建设，制订《福建省高职高专院校实训基地建设管理办法》和《福建省省级高等职业教育实训基地建设指南》，开展了高等职业教育实训基地评审工作，推荐出9个实训基地项目参评中央财政支持的高职实训基地项目。组织完成了2007年国家示范性高等职业院校的预审论证和推荐工作，漳州职业技术学院被确定为2007年国家示范性高等职业院校建设计划项目名单。启动了省级示范性高职院校建设项目。

〔**学位与研究生教育**〕 2007年，省教育厅组织实施“福建省研究生培养创新工程”，鼓励支持高等学校与科研院（所）和大中型企业、高新技术企业实行产学研结合，建立开放式的研究生培养制度，加快高层次应用型人才培养。组织完成了厦门理工学院、龙岩学院、三明学院3所本科高校增列学士学位授权单位及20个授权专业。完成了福州大学等11所高校49个增列学士学位授权专业的评审工作。评选福建省优秀博士学位论文32篇，推荐8篇论文参评全国优秀博士学位论文。与山西省联合举办“闽晋研究生学术论坛”，促进研究生教育学术交流活动。组织完成了在职人员攻读硕士学位全国考试、同等学力人员申请硕士学位外国语综合水平全国统一考试工作，组织完成了研究生课程班的审核备案工作和省管干部的学历学位审核工作。

〔**高校科技创新**〕 2007年，全省高校科研经费达7.4亿元，高校承担的国家级科研项目共有785项，占全省的80%以上。其中，国家“863”计划项目53项，国家自然科学基金项目486项，国家社会科学规划基金项目194项。组织实施“高等学校科技创新平台建设计划”和“新建本科高校创新平台建设计划”，依托高校建设了一批重点实验室、工程研究中心、人文社科重点研究基地和产学研研发基地，全省国家级、省部级创新平台80%以上集中在高校。组织实施“高层次创造性人才计划”和“新建本科高校新世纪优秀人才计划”，全省高校现有两院院士、国家突出贡献专家、国家级百千万人才工程人选分别占全省的79%、42.5%和69.6%。高校高层次科研项目和科技创新成果取得重大进展，获国家自然科学基金和国家社科基金项目的比例分别占全省总数的86.3%、88%；获2007年省科学技术奖一等奖6项，占全省60%；二等奖30项，占全省50.8%；获省第七届社会科学优秀成果奖248项，占全省的89.5%。

撰稿 肖 铮 许志勇 张学强 林 菁
审稿 鞠维强

厦门市教育

〔基本情况〕

2007年各级各类学校、教职工、专任教师情况

	学校数（所）	教职工数（人）	专任教师数（人）
一、高等教育	32	25 126	14 192
（一）研究生培养机构	16	12 563	7 111
1. 普通高校	15	12 563	7 081
2. 科研机构	1		30
（二）普通高等学校	15	12 563	7 081
1. 本科院校	5	9 863	5 389
2. 专科院校	10	2 700	1 692
其中：职业技术学院	10	2 700	1 692
3. 分校、大专班（点）（不计校数）			
（三）成人高等学校			
（四）民办的其他高等教育机构	1		
1. 学历文凭考试机构			
2. 非学历文凭考试机构	1		
二、中等教育	115	11 819	9 870
（一）高中阶段教育	60	11 819	4 576
1. 高中	33	10 082	3 358
普通高中	33	10 082	3 358
成人高中			
2. 中等职业教育	27	1 737	1 218
中等职业学校	27	1 672	1 170
技工学校			
其他机构（教学点）（不计校数）	7	65	48
（二）初中阶段教育	55		5 294
1. 普通初中	55		5294
2. 职业初中			
3. 成人初中			
三、初等教育	306	9 593	8 919
（一）普通小学	306	9 593	8 919
（二）成人小学			
其中：扫盲班			
四、工读学校			
五、特殊教育	3	136	119
六、学前教育	511	5 045	3 054

注：1. 普通高中包含普通初中的教职工数；

2. 学历文凭考试已取消；非学历文凭考试机构一所，但没有统计数据。

2007 年各级各类学历教育学生情况

	毕业生数（人）	招生数（人）	在校生数（人）
一、高等教育	26 870	42 128	129 134
（一）研究生	2 521	3 591	11 310
（二）普通本专科	15 843	30 634	94 235
（三）成人本专科	7 137	5 378	16 911
（四）其他各类高等学历教育	1 369	2 525	6 678
1. 在职人员攻读博士、硕士学位	624	1 225	4 470
2. 网络本专科生	745	1 300	2 208
3. 学历文凭考试			
二、中等教育	50 631	56 228	165 453
（一）高中阶段教育	23 353	30 120	87 234
1. 高中	13 118	15 209	45 984
普通高中	13 118	15 209	45 984
成人高中			
2. 中等职业教育	10 235	14 911	41 250
中等职业学校（机构）	9 104	12 564	35 962
技工学校	1 131	2 347	5 288
（二）初中阶段教育	27 278	26 108	78 219
1. 普通初中	27 278	26 108	78 219
2. 职业初中			
3. 成人初中			
三、初等教育	26 094	30 658	170 353
（一）普通小学	26 094	30 658	170 353
（二）成人小学			
其中：扫盲班			
四、工读学校			
五、特殊教育	65	58	531
六、学前教育	21 628	25 258	64 554

注：2007 年厦门市无成人中学、成人初中、成人小学的统计数据。

2007 年各级各类非学历教育学生情况

	毕（结）业学生数（人）	招生数（人）	在校学生数（人）
一、高等教育	8 389	9 032	24 199
（一）研究生课程进修班	553		1 258
（二）自考助学班	1 990	9 032	16 137
（三）普通预科生	0		140
（四）证书教育	583		
（五）岗位培训	265		
（六）进修及培训	4 998		6 664
二、中等教育	109 327		108 479
（一）中等职业教育	10 244		7 274
（二）职业技术培训机构	99 083		101 205

2007 年各级民办教育基本情况

	学校数（所）	毕业生数（人）	招生数（人）	在校学生数（人）	教职工数（人）	专任教师数（人）
一、民办高等教育	8	1 734	5 883	13 607	1 875	1 145
（一）普通高校	7	1 734	5 883	13 607	1 875	1 145
（二）成人高校	0					
（三）民办的其他高等教育机构	1					
二、民办中等教育机构	22	4 079	6 055	17 065	1 472	989
（一）高中阶段教育		2 015	2 495	7 808	361	518
其中：民办普通高中	3	481	667	1 913		301
民办中等职业教育	8	1 534	1 828	5 895	361	217
（二）初中阶段教育	22	2 064	3 560	9 257	1 111	471
其中：民办普通初中	22	2 064	3 560	9 257	1 111	471
民办职业初中						
三、民办普通小学	34	5 598	7 396	39 271	2 003	1 599
四、民办幼儿园	247	10 196	12 864	35 939	3 772	2 077

注：1. 中等职业教育非学历教育的学生数采用中等职业学校（机构）统计中培训学生数（无招生数指标），职业技术培训机构未统计招生数；

2. 由于民办普通高中均未设完全中学的高中部，教职工数初高中无法划分，因此，民办普通高中的教职工数全部计入民办普通初中。

〔综述〕 2007 年 10 月，中共厦门市委、厦门市人民政府制订了《关于破解“就学难”促进教育事业又好又快发展的若干意见》，市委办市府办转发了市教育局、市委组织部、市委编办、市发展改革委、市财政局、市人事局、市劳动和社会保障局等七部门的贯彻实施意见。2007 年，厦门市小学净入学率 99.93%，初中净入学率 99.56%，高中阶段毛入学率 103.72%，以户籍人口计算，每万人口普通高中在校生 282.40 人，每万人口中职在校生 232.42 人。

开展名师名校长培养工程，拟培养 100 名专家型名师，300 名学科带头人和 1 000 名骨干教师。2007 年，确认省级学科带头人 23 人，表彰首届杰出教师 30 人、首届优秀校长 10 人，每人重奖 2 万元并在三年中每月发放津贴 100 元。在中小学和幼儿园全面开展“教师岗位大练兵”、“师德建设年”

和“百名校长万名教师进社区进家庭”三项主题活动，开展教师三项基本技能竞赛、课堂教学创新大赛、班主任技能展示、特级教师示范课、师德论坛等活动，参与教师达1.7万人，共家访学生22.61万人，进社区4 701场次，新建特殊学生档案1.6万份，落实帮扶措施1.5万人。

加强对民办学校财务管理、财产审计和招生广告的监管，对办学年检进行严格审核，建立民办学校的预警和退出机制，依法对民办学校实行督导，定期评估民办学校的办学水平，对违规办学的民办学校进行处理。全年排查372家，取缔52家，责令限期整改108家。

深入创建“平安校园”，加强专项整治行动，建设教育系统网上应急指挥系统，使零报告制度真正得到落实。2007年，厦门市教育局荣获“厦门市平安建设先进单位”荣誉称号。

全市大中小学和幼儿园现有台生1 400多人。一年来，厦门一中与台湾建国中学，旅游职专与台湾明台高中，大嶝中学与金门金沙国中建立校际协作关系，使厦台校际协作学校达到11所。厦门实验小学师生代表团两次赴台交流，厦门双十中学师生代表团赴台湾与台中市双十国中联合进行两场艺术公演，引起很大轰动，马英九和萧万长赠送了花篮。举办首届海峡两岸百名中小学（职业学校）校长论坛，130名台湾中小学和职业学校的校长和祖国大陆近百名校长、专家、学者汇聚一堂，共同就基础教育和职业教育的课改与创新进行研讨，并商定第二届论坛于2008年10月在台湾举办。

〔**基础教育**〕 2007年，厦门市启动38个义务教育建设项目，竣工9个，完成投资2亿多元。协调和落实同安工业集中区等五大工业园区的学校规划，拟新建扩建学校项目23个，投资估算5.7亿元。

2007年春季学期起，对城镇义务教育阶段学生免除学杂费，受益学生扩大到20多万人，全年免除学杂费4 578万元。全市办理义务教育收费减免卡的进城务工农民子女7.12万人，其中在公办学校就学的4.31万人，全年共减免借读费4 745万元，减免学杂费1 287万元，补助民办学校等额减免学生学费1 412万元，共减轻农民工负担7 444万元。

继思明区、湖里区、集美区、海沧区之后，同安区和翔安区2007年相继通过福建省政府“高水平高质量普及九年义务教育”评估，厦门市成为福建省第一个全面实现“高水平高质量普及九年义务教育”的设区市。

基础教育课程改革实验经过6年的探索，确立课改课题210项，出台课改文件98项，已构建起“以教育行政部门为主导、以教研组织网络为骨干、以实验基地校（园）为依托、以政府社会家庭为支撑”的运作框架。2007年对高中新课程的实施进行实时监控和科学调研，及时修订、完善学籍管理和综合素质评价办法，创新质量监控模式，将水平性评价和发展性评价有机结合起来，促进课程实验的规范化和制度化建设。

2007年开展了社会主义核心价值体系融入教育全过程的课题研究，制定了小学、初中、高中和中职各阶段的社会主义核心价值体系教育目标与教育内容，并确定了15所实验学校。开展“阳光体育运动”，举办阳光伙伴电视体育竞赛、全市青少年航海模型竞赛、第17届中小学艺术节、第25届学校音乐周活动和全市中小学漫画比赛等。全市五门奥赛学科共获得3个全国一等奖和56个省一等奖。在第22届全国青少年科技创新大赛上取得3个一等奖、3个二等奖和1个三等奖。

〔**职业教育**〕 2007年，厦门市成立中央音乐学院鼓浪屿钢琴学校，首届招生33人；将厦门旅游职专、交通职专和商业学校整合为厦门工商旅游学校，并在集美文教区建设新校区，征地267亩，投资4.26亿元，是目前福建省规模最大的公办中专；将同安区育才职校、厦门市第二技校和同安卫校整合为同安职业技术学校，新校区征地12.2万平方米，投资1.2亿元；海沧区职业中专普高与职高分离，校园扩至5.3万平方米，投资4 700万元。继续落实城市教育费附加的30%用于职业教育的规定，市属公办职校生均综合定额按照不低于普通高中的标准拨付，达到每人6 000元，为历年最高。厦门市全年下拨中职学生助学金2 341万元，受益学生 1.6 万人。

〔**高等教育**〕 2007 年，厦门理工学院新校区完成投资 3.5 亿元，在校生达到 10 800 人；厦门城市职业学院完成投资 2.7 亿元，现有全日制在校生 3 000 多人，成人教育在校生 6 000 多人；民办厦门南洋职业学院、厦门东海职业学院获福建省政府批准正式建校。2007 年，厦门市教育局召开了首届厦门市高等职业教育教学改革研讨会、高校校企合作座谈会和首届厦门地区高校辅导员工作经验交流会，率先在福建省成立高校辅导员协会，发放厦门地区高校政工干部、辅导员、班主任工作补贴。厦门市政府全年共下达高校国家助学贷款 1 567 万元，发放各类奖学金 230 多万元，各类助学金 850 多万元；下发高校学生食堂专项补助 27 万多元，肉价补贴 21 万多元，受益学生 4.2 万人。

撰稿　郑朝南
审稿　陈江汉

江西省教育

概　　况

〔基本情况〕

2007 年各级各类学校校数、教职工、专任教师情况

	学校数（所）	教职工数（人）	专任教师数（人）
一、高等教育			
（一）研究生培养机构（不计校数）	(12)		
1. 普通高校	(12)		
2. 科研机构			
（二）普通高等学校	66	68 830	45 153
1. 本科院校	20	38 947	24 191
2. 专科院校	46	24 396	16 801
其中：职业技术学院	40	21 491	14 619
3. 其他机构（点）（不计校数）	(14)	5 487	4 161
其中：独立学院	(13)	5 223	3 989
（三）成人高等学校	11	2 649	1 607
（四）民办的其他高等教育机构	20	1 540	1 015
二、中等教育	3 357	217 467	188 451
（一）高中阶段教育	1 136	217 228	75 802
1. 高中	551	181 221	49 509
普通高中	549	181 218	49 507
成人高中	2	3	2
2. 中等职业教育	585	36 007	26 293
普通中专	66	7 535	4 944
成人中专	92	3 073	1 443
职业高中	347	18 309	13 427
技工学校	80	6 808	6 258
其他机构（教学点）（不计校数）	(96)	282	221
（二）初中阶段教育	2 221	239	112 649

续表

	学校数（所）	教职工数（人）	专任教师数（人）
1. 普通初中	2 099		112 461
2. 职业初中	1	40	40
3. 成人初中	121	199	148
三、初等教育	14 025	207 062	198 383
（一）普通小学	13 178	206 173	198 037
（二）成人小学	847	889	346
其中：扫盲班	273	200	76
四、工读学校	1	4	
五、特殊教育	61	750	639
六、学前教育	6 245	41 853	27 093

注：普通高中的教职工数中包含普通初中的教职工数。

2007年各级各类学历教育学生情况

	毕业生数（人）	招生数（人）	在校生数（人）
一、高等教育			
（一）研究生	3 251	4 686	13 688
博　士	113	145	510
硕　士	3 138	4 541	13 178
（二）普通本专科	218 965	227 782	781 686
本　科	61 203	87 817	318 729
专　科	157 762	139 965	462 957
（三）成人本专科	40 472	41 885	120 480
本　科	17 554	17 785	51 045
专　科	22 918	24 100	69 435
（四）其他各类高等学历教育			
1. 在职人员攻读博士、硕士学位		3 113	7 222
2. 网络本专科生			
本　科			
专　科			
3. 学历文凭考试	826		
4. 其他			
二、中等教育	1 102 345	1 119 676	3 298 259
（一）高中阶段教育	475 920	572 414	1 592 380
1. 高中	266 507	272 948	853 791
普通高中	266 478	272 948	853 766
成人高中	29		25
2. 中等职业教育	209 413	299 466	738 589
普通中专	74 384	93 027	234 038
成人中专	4 809	6 922	14 392
职业高中	95 898	142 427	358 831

续表

	毕业生数（人）	招生数（人）	在校生数（人）
技工学校	34 322	57 090	131 328
（二）初中阶段教育	626 425	547 262	1 705 879
1. 普通初中	620 158	546 928	1 697 941
2. 职业初中	394	334	815
3. 成人初中	5 873		7 123
三、初等教育	590 163	735 758	4 225 379
（一）普通小学	542 814	735 758	4 175 579
（二）成人小学	47 349		49 800
其中：扫盲班	3 577		3 488
四、工读学校			
五、特殊教育	1 695	2 967	19 732
六、学前教育	299 054	648 555	881 690

注：特殊教育学生数中包括普通中小学随班就读的学生。

2007 年各级各类非学历教育学生情况

	毕（结）业生数（人）	注册生数（人）
总　计	460 669	415 307
一、高等教育	45 380	73 897
（一）研究生课程进修班	85	147
（二）自考助学班	3 106	61 936
（三）普通预科生		394
（四）进修及培训	42 189	11 420
其中：资格证书培训	15 044	1 094
岗位证书培训	14 347	607
二、中等教育	415 289	341 410
其中：资格证书培训	57 268	24 924
岗位证书培训	113 685	85 384
（一）中等职业教育	136 070	85 280
其中：资格证书培训	46 440	15 993
岗位证书培训	47 625	21 965
（二）职业技术培训机构	279 219	256 130
其中：资格证书培训	10 828	8 931
岗位证书培训	66 060	63 419

2007年各级各类民办教育基本情况

	学校数（所）	毕业生数（人）	招生数（人）	在校生数（人）	教职工数（人）	专任教师数（人）	另有其他学生数（人）
一、民办高等教育							
（一）民办高校	10	56 395	29 411	119 836	11 871	7 681	39 758
本科学生			646	2 631			
专科学生		56 395	28 765	117 205			
（二）独立学院（不计校数）	(13)	12 285	22 263	78 434	5 223	3 989	569
本科学生		9 846	19 767	69 861			
专科学生		2 439	2 496	8 573			
（三）民办其他高等教育机构					1 540	1 015	12 757
二、民办中等教育							
（一）高中阶段教育	385	84 673	115 014	306 379	28 101	19 220	
1. 民办普通高中	183	37 489	44 367	127 525	18 576	12 909	
2. 民办中等职业教育	202	47 184	70 647	178 854	9 525	6 311	16 036
（二）初中阶段教育	134	44 268	35 802	114 951			
1. 民办普通初中	134	44 268	35 802	114 951			
2. 民办职业初中							
三、民办普通小学	72	12 040	9 811	70 060	5 116	3 421	
四、民办幼儿园	5 607	134 755	332 419	487 116	32 548	20 653	
另有：民办培训机构（不计校数）	(33)				175	130	10 747

注：1. “另有其他学生数”包括：学历文凭考试学生、自考助学班学生、预科生、进修及培训学生数；

2. 民办普通高中的教职工和专任教师数中包含民办普通初中的教职工和专任教师数；

3. “( )”内数据为不计校数。

〔**综述**〕 2007年，江西省教育战线以科学发展观统领全局，以“发展、公平、素质、和谐、管理”为主题，坚持教育优先发展、大力促进教育公平、全力推进素质教育、努力建设和谐校园、切实加强内部管理，各项工作取得突出成绩。“两基”工作通过国家验收，义务教育迈进了全面普及的历史新阶段；中职招生数首次超过普高招生数，职业教育发展实现了重要跨越；高等教育发展水平有了明显提升；教育经费投入突破250亿元，全省教育总体实力迈上了一个新的台阶。

〔**“两基”工作通过国家验收**〕 2007年7月31日，教育部下发了《关于对江西省实现“两基”进行全面督导检查的意见》，认定江西省实现了“两基”目标，这标志着江西省“两基”工作进入了新的历史阶段。2007年，江西全省小学适龄儿童入学率达到99.83%，初中适龄人口入学率达到97.04%，分别比上年提高0.19和1.54个百分点；学前教育和特殊教育也得到进一步发展。

〔**高中阶段教育实现重大突破**〕 2007年，江西省中等职业教育学校招生29.84万人，首次超过了普通高中招生数，与普通高中的招生比提高到52∶48，在校学生达到73.73万人，与普通高中在校生比例提高到46∶54，高中阶段教育步入协调发展轨道。江西省2007年整个高中阶段在校生达到159.11万人，毛入学率达到64%，比上年提高了2个百分点，继续高于全国平均水平。

〔**高等教育内涵建设初见成效**〕 2007年，南昌航空学院、东华理工学院和井冈山学院更名为大学并分别成为省部共建高校，使江西省省部共建高校达到4所。九江职业技术学院入选国家示范性高等职业院校建设计划项目，实现了江西省国家示范性高等职业院校建设计划零的突破。南昌大学食品科学与技术重点实验室成为江西省第一个国家重点实验室，景德镇国家日用及建筑陶瓷工程技术研究中心已通过国家验收。普通高校招收本专科学生22.78万人，在校学生78.17万人，其中民办高校在校学生近20万人，高等教育毛入学率达到了23%，首次与全国水平持平。产学研结合更加紧密，组建了6个产学研合作示范基地，一批服务于经济建设的重大项目取得突破。高校毕业生平均就业率为79.73%，已连续7年高于全国平均水平。

〔**素质教育**〕 2007年，江西高校全面实施思想政治课程新方案，建立了基本达到国家要求的专职辅导员队伍，成立了全省高校思想政治课网站建设领导和工作机构，建立了2个示范网站和13个网站优秀栏目。在中小学建立健全德育工作机制，丰富和拓宽德育工作渠道，突出形势政策教育和民族精神教育，开展生动活泼的道德实践活动，加强了校外活动场所建设和校园“阳光网”建设。义务教育课堂教学改革全面推进，小学和初中的起始年级实施了新课程，使用了新教材，在初中推行了学生综合素质评价并纳入中考改革范围，将重点高中统招计划的20%划出作为均衡招生分配到各初中学校，推动了学生学习能力、兴趣和特长素质的全面提升。建立了学校体育工作和学生体质健康评价体系，学校艺术教育取得了新的进步，学校卫生防疫和食品卫生安全措施进一步落实。

〔**教育总体实力显著提升**〕 2007年，江西全省教育经费总支出突破260亿元，这是继2002年突破100亿元、2004年突破150亿元、2006年突破200亿元后跃上的第四个新台阶。建立了各级政府分项目、按比例分担的义务教育经费保障机制，义务教育全面纳入了县级公共财政保障范围，80个县建立了教育核算中心，确保教育经费的到位和使用。顺利实施了农村中小学基础设施改造工程、农村学校寄宿制工程、农村初中校舍改造工程、新农村卫生新校园建设工程和农村中小学现代远程教育工程，改善了农村义务教育的办学条件。累计扶持建设了56个综合性职业教育实训基地、28所示范性职业学校和63所县级中等职业学校，全省中等职业学校办学条件得到了改善。全省高校已建成2个国家级重点学科、1个国家级重点实验室、2个国家级工程技术研究中心、3个国家级实验教学示范中心、1个国家大学科技园、1个国家级大学生文化素质教育基地、6个教育部重点实验室、2个中国航空科技重点实验室、4个教育部工程研究中心和35个江西省重点实验室和工程技术研究中心、65个省级实验教学示范中心，高等教育核心竞争力有了新的提升。

〔**开展“学习贯彻十七大精神 推动教育事业新发展”调研活动月**〕 2007年11月，江西省委教育工委、省教育厅组成了八个调研组开展“学习贯彻十七大精神推动教育事业新发展”调研活动月活动，调研分“教育优先发展”、“推进素质教育”、“基础教育发展”、“高等教育发展”、“职业教育发展”、“教师队伍建设”、“和谐校园建设”、“党的建设工作”等8个专题，分别由工委和教育厅领导带队，先后分赴33个县、116所学校进行深入调研，召开了不同类型的座谈会，广泛收集基层部门的意见和建议。调研活动得到省委、省政府的高度关注，也得到了基层教育部门和大中专院校的积极配合和大力支持，调研活动达到了预期的目的。通过调研，进一步认请了全省教育改革与发展所面临的形势，找出了影响教育发展的各种深层次的问题及原因，初步理清了进一步发展的思路和对策，为筹备2008年全省教育工作会议做好了准备。

〔**规范民办高校招生行为**〕 2007年，江西省委教育工委和省教育厅出台了14个规范民办高校招生行为的文件，建立健全江西省民办学校“招生简章和广告审查备案”、“报到通知书审查备案”、“招生信息公示”、“新生报到”、“退学退费”“学生信息库”、“学校招生信用记录”和“党组织发挥作用”等制度。省教育厅会同省公安厅、省监察厅出台了依法查处非法招生中介和招生诈骗行为的实施办法，先后向10所民办高校委派督导专员（党委书记）。督导专员（党委书记）与学校决策机构和行政班子相互配合，切实加强对招生工作的领导和监管，加强招生制度和招生队伍建设，并通过设立党员招生咨询服务台等措施，规范招生工作。省委教育工委和省教育厅还抽调72名干部组成督查工作组，派驻10所民办高校进行招生督查。

〔**教育“民生工程”**〕 2007年，江西省委、省政府把“济困助学，努力促进教育公平”作为“民生工程”的八项重点之一，社会各界和人民群众寄予了高度的关注和热切的期盼。在城乡义务教育阶段免除了570万名学生学杂费，为136万名家庭困难的学生免费提供教科书，为33.8万名贫困家庭寄宿生补助了生活费，并将补助标准由每生100元提高到每生300元。加强了各级各类教育助困体系建设，其中，安排资金5 828万元，按每生800元标准，资助7.28万名公办普通高中贫困家庭学生；按每生1 000元标准，资助了15 643名考入大学的家庭经济困难学生；资助中职学校家庭经济困难学生41.48万人；为30 917名大学生发放助学贷款，实现了“不让一个贫困家庭学生因贫而失学”的承诺。

〔**招生“阳光工程”**〕 2007年，省教育厅以民主评议工作为契机，采取措施大力整治招生不良环境，在高招、中招工作中全面实施“阳光工程”，推进招生工作办事公开；通过“江西教育网”、江西教育电视台、“江西中招会考网”等媒体，以及与师生家长见面会、招生政策咨询会等形式，公开招生政策，公开考生资格，公开招生计划、录取信息，公开咨询及申诉渠道，公开违规处理结果，使招生工作做到了公开、透明，有效保障了家长、考生的知情权、监督权，积极稳妥地推进了招生改革，得到了人民群众的好评。

〔**教师队伍建设**〕 2007年，江西省大力加强师德建设，深入学习胡锦涛总书记给孟二冬同志女儿回信精神，组织开展向符爱起同志学习活动，弘扬新时期人民教师的高尚师德。组织全省广大中小学教师开展“走进学生家庭、关爱学生成长”主题家访活动。组织召开“全省庆祝第23个教师节暨表彰大会”，隆重表彰了在全省教育工作岗位上作出了突出成绩的71个先进集体、187名优秀模范教师和先进工作者，授予151名同志特级教师称号。2007年，加强农村教师培训工作，实施“农村中小学骨干教师和农村初中正职校长省级培训计划”，培训农村中小学骨干教师、校长2 400余名。组织送教下乡活动，省教育厅组织专家32人次，赴全省26个县（市、区）送教，培训农村教师5 500余人。开展中小学教师远程培训，全省11.8万中小学教师上网参加培训。实施“定向培养农村中小学教师计划”，2007年录取定向生1 746人，生源质量明显提升。省编委办、省教育厅、省财政厅下发《关于进一步加强全省中小学教职工编制管理的通知》，实行中小学教职工编制动态管理，要求农村中小学实行教职工与学生比和教职工与教学点班额比相结合的编制配置方式，对中心小学以下的教学点，实行按班额配备编制，确保每个班有1.5名教师编制。出台优惠政策，鼓励广大中小学教师参与学历提高培训。2007年全省小学、初中、高中教师学历合格率分别达到98.33%、95.75%、79.78%，比2006年分别提高了0.29%、1.22%、3.64%。

基础教育

〔**落实了“两免一补”政策**〕 2007年，江西全省义务教育阶段公办中小学生全部免除了学杂费，近25%的义务教育阶段贫困家庭学生获得了政府免费提供的教科书，6%左右的义务教育阶段贫困家庭寄宿学生得到了生活费补助。全国“两会”期间，赣州市滨江二小全体师生致信温家宝总理，表达了对党和政府由衷的感激之情。3月15日下午，温总理收到信后，当即给滨江第二小学刘艳琼校长及全体师生亲笔回信：“你的信和转送的赣州市滨江第二小学全体师生的信，今天下午收到，非常高兴。明天人代会就要结束了，请你回校后转达我对全体老师和同学的深深谢意和衷心问候，祝学校越办越好，祝老师们为人师表，祝同学们茁壮成长。春天到了，鲜花开了。今年花儿红，明年花更好。”4月3日至9日，全国人大常委会《义务教育法》执法检查组在盛华仁副委员长的率领下，一行18人对我省《义务教育法》贯彻实施情况进行了执法检查，考察了9所中小学，召开了21次座谈会，充分肯定江西省在贯彻实施《义务教育法》方面所取得的成绩。

〔**推动普通高中新课程实验**〕 2007年6月，省教育厅开始准备普通高中进入新课程实验的有关工作。8月，省委教育工委第11次工委会议决定成立江西省普通高中新课程实验工作小组，负责协调普通高中新课程实验工作。10月，经省政府同意，省教育厅向教育部正式上报了《江西省2008年进入普通高中新课程实验的方案》。

〔**加强幼儿教育研究和教师培训**〕 2007年，江西全省注册的幼儿园共6 245所，在园幼儿88.17万人，比上年增长9.35%。为了规范民办幼儿教育，省教育厅联合省发改委、省财政厅等9个部门制定了《江西省民办幼儿园管理办法（试行）》，2007年11月3日，经省政府同意，省政府办公厅转发了该办法，在省内外引起了较大的反响。

2007年，省教育厅幼儿教育研究和教师培训工作进一步得到加强。继续举办全省幼教干部、幼儿园园长和骨干教师培训活动。开展了全省第三届幼儿教师教玩具制作竞赛活动，组织有关幼教专家深入安远县、临川区等地，圆满完成联合国儿童基金会IECD项目的最终监测验收工作。2007年8月，江西省学前教育网站成功运行，为全省幼儿教师提供了互动平台。

〔**特殊教育**〕 2007年，江西省有特殊教育学校61所，残疾儿童学前教育机构10个，还有4所特教学校开办了残疾人高中阶段教育。全省已初步构建起从残疾儿童学前教育、义务教育、高中阶段教育到高等教育的特殊教育体系，形成了“以随班就读为主体、以特教学校为骨干”的特殊教育发展格局。

〔**支援协作工作**〕 2007年，江西全面完成了教育部下达的高中西藏插班生和内地西藏初中班招生任务，协助教育部民族教育司在南昌召开了全国内地西藏班（校）校长会议。省教育厅及南昌市教育局对招收高中西藏插班生的南昌县莲塘一中、新建二中、进贤一中、安义一中进行走访，对进一步做好招收高中西藏插班生工作提出了意见和建议。

〔**德育工作**〕 2007年，江西省以迎接党的十七大和学习贯彻党的十七大精神为主线，在全省中小学开展一系列德育活动。9月6日，来自全省110名师生代表聚集南昌，参加了以“感受新变化、迎接十七大”为主题的“中小学弘扬和培育民族精神月”活动启动仪式。为加强中小学生行为规范教育、法制教育和环保教育，省教育厅2007年举办《中小学生守则》、《中学生日常行为规范》、《小学生日常行为规范》知识竞赛，并联合团省委首次评选了全省“十佳中学生”；开展了奥林匹克知识和奥林匹克精神的宣传教育活动和廉政文化进校园主题教育活动；组织全省中小学生参加以“争创环保卫士、建设生态江西”为主题的环保知识答题活动。

加强校园文化和德育工作队伍建设。江西省开展全省第四届中小学“德育示范学校”评选活动，评出95所德育工作示范性学校。制定了贯彻《教育部关于在全国中小学开展创建和谐校园的意见》的实施意见，加快了和谐校园创建步伐。评选表彰100名全省中小学优秀班主任，激励了先进，树立了榜样。12月6至7日，省委教育工委、省教育厅在南昌召开“全省中小学德育工作会议”，表彰了全省中小学德育示范学校、全省中小学优秀班主任、首届全省“十佳中学生”，交流了德育工作经验。

〔**学校安全工作**〕 2007年，江西省认真吸取九江市都昌县土塘中学2006年“11.18”事故的教训，根据省长吴新雄的批示，2007年8月省政府办公厅下发了《江西省人民政府办公厅转发省教育厅等部门关于解决中小学学生班额过大教师缺编问题意见的通知》，提出了消除中小学大班额的任务、步骤、措施。据2007年全省教育事业年报统计，小学一年级、初中一年级、高中一年级新生66人以上超大班数占该年级班级总数的比例分别是5.08%、17.53%、18.66%，与2006年的6.09%、20.56%、27.05%相比，分别下降了1.01个百分点、3.03个百分点、8.39个百分点，表明江西省中小学超大班额现象已开始得到控制。

围绕中小学安全和管理工作，省教育厅继续与各设区市教育局签订安全工作责任状，并就全年学校安全工作下发了一系列文件。省教育厅与省公安厅消防总队一起，开展学生消防知识竞赛。在党的十七大召开前夕，省委教育工委、省教育厅专门召开全省中小学幼儿园安全工作网络视频会议，对加强全省中小学安全工作特别是做好党的十七大召开期间的中小学安全工作提出了明确要求。通过采取一系列措施，有效地预防了中小学安全事故的发生，保持了全省中小学的安全稳定。

〔**基础教育工程建设**〕 2007年，江西省教育工作紧紧围绕办人民满意教育的宗旨，继续实施了一系列教育工程，主要有以下项目。一是“江西省农村中小学基础设施改造工程”，省、县财政共投入5亿元（省财政投入3亿元，县级财政配套2亿元），为农村学校共添置课桌椅330万单人套；添置讲台10万张；新建厕所3 726所；建设新饮水设施3 914个。二是“江西省农村中小学现代远程教育工程”至2007年基本结束，通过三年的工程建设，共安排项目学校14 411所，基本覆盖了全省的农村中小学，累计安排资金36 737.6万元，其中中央财政、省财政、市县两级政府投入各占1/3。三是大中专院校支援贫困县乡农村中小学第二期“结对帮扶工程”。全省近百所大中专院校为400余所贫困县乡农村中小学落实帮扶资金达950多万元。20所大中专院校和103位先进个人受到省委教育工委、省教育厅的表彰。四是新农村卫生新校园建设工程。通过建设沼气综合利用系统，改善农村学校的卫生和生活条件，保障广大师生的身体健康。中央安排江西省工程资金2 500万元，集中建设了300所学校。五是农村中小学校舍维修改造工程。2007年实际安排资金3.23亿元（其中中央1.53亿元），维修、改造中小学危房100万平方米。六是农村寄宿制学校建设工程。2007年，农村寄宿制学校建设工程416所项目学校全部竣工，完成投资2.26亿元，竣工校舍面积49.5万平方米，41.9万名农村中小学生和25.1万农村中小学寄宿学生搬进了新校舍和新宿舍。七是中小学教师继续教育工程。2007年继续实施“农村中小学骨干教师和初中正职校长省级培训计划”，对2 000名农村乡镇以下中小学骨干教师和800余名校长进行了免费培训。省教育厅组织中小学教育讲师团送教下乡，共培训农村教师5 500余人次。实施中小学班主任培训计划，完成省级培训2 500人。

职业教育与成人教育

〔**中等职业学校基础能力建设**〕 2007年，中央财政安排江西职业教育专项资金6 388万元，省财政安排7 200万元，用于江西省职业教育基础能力建设。到2007年，中央和省共安排专项资金1.487 5亿元，扶持建设了63所县级中等职业学校；安排专项资金0.663亿元，扶持建设了28所示范性中等职业学校；安排专项资金及配套资金1.957亿元，扶持建设了56个职业教育实训基地。此外，2007年省财政安排专项资金676万元，支持中等职业学校建设了29个精品专业。2007年，全省中等职业学校固定资产总值达45.5亿元，比2006年增加5.4亿元；校舍面积686.3万平方米，比2006年增加67.6万平方米；校园面积3 007.8万平方米，比2006年增加664.2万平方米。

〔**中等职业学校师资培养培训和教学改革工作**〕2007年，江西省大力实施中等职业学校教师素质提高计划，省教育厅在江西农业大学、江西科技师范学院、南昌大学、江西师范大学、江西财经大学、景德镇陶瓷学院、江西现代职业技术学院、江西交通职业技术学院、九江职业技术学院等9所高校建立了省级中等职业教育师资培训基地。省级财政安排专项资金550万元，培训中职专业教师2 050人。争取中央财政安排专项资金358万元，选派了340名中职教师参加国家级专业骨干教师培训，选派了6名教师赴国外进修。启动了江西省中等职业学校“特聘兼职教师”资助项目，中央财政安排120万元、省财政安排50万元，资助全省100个县（市、区）中等职业学校面向社会聘请113名专业技术人员、高技能人才兼职任教，缓解了农村职业学校专业教师紧缺的状况。启动了中等职业学校重点专业师资培养培训方案、课程和教材开发项目，江西省承担了工艺美术、美术设计和农副产品加工三个专业的国家项目开发工作，获得中央财政资助150万元。开展了首次江西省省级中等职业教育教学研究课题立项评审活动，评出了一般课题155项，重点课题26项，为提高中等职业学校教师教育教学水平搭建了研究平台。

〔**努力提高中等职业学校学生技能**〕2007年，省教育厅成功举办了第四届全省中等职业学校技能竞赛节活动。竞赛节活动历时一个月，分7个赛区，全省有779支代表队、2 218余名学生参加了27个专业项目的技能竞赛。省教育厅又组织参加了教育部主办的以“弘扬民族精神，树立职业理想”为主题的第四届全国中等职业学校“文明风采”竞赛活动，江西获得一等奖11个，二等奖30个，三等奖56个。组织参加了2007年全国中等职业学校技能大赛，江西获二等奖3个，三等奖13个。

〔**加强重点中等职业学校建设**〕2007年，江西省教育厅组织开展了国家级、省级重点和省示范中等职业学校评估认定工作。有6所学校被评为省级重点中等职业学校，10所学校被评为省示范中等职业学校。经教育部评审确认，有4所学校被评为国家级重点中等职业学校。经过新一轮评估认定，到2007年，江西共建立国家级重点中等职业学校36所，省级重点中等职业学校26所，省示范中等职业学校36所。2007年全省在校生规模达3 000人以上的中等职业学校已有30余所。

〔**成人继续教育工作稳步推进**〕2007年，江西省各级教育行政部门积极参与实施“农村劳动力转移培训工程”、“农村实用人才培训工程”和“成人继续教育和再就业培训工程”，主动会同农业、财政、劳动保障、科技、建设、民政、扶贫和科协等部门，开展农村劳动力转移培训、农民实用技术培训、城镇社区居民培训工作。中央安排专项资金5 750万元，省财政安排资金500万元，市、县配套1 000万元，继续推进农村劳动力转移培训“阳光工程”的实施，完成了培训25万人的年度任务。资溪县职业中学、华东科学技术学校获得教育部、团中央等13个部委联合授予的全国“千校百万”进城务工青年培训工作先进集体称号。省教育厅依托江西省农村致富技术函授大学，组织专家编写了95本农村实用技术教材，派专家深入县、乡举办培训班542期，培训64 934人次。到2007年，全省建立了南昌市西湖区、九江市浔阳区、赣州市章贡区三个国家级社区教育实验区，成立了西湖区社区教育培训学院，并广泛开展了各类培训活动。

〔**建立中职学生培养新模式**〕2007年，江西各级教育行政部门认真贯彻落实全省推进农村富余劳动力转移就业现场会议精神，积极建立职业学校与工业园区用工对接机制。全省347所职业高中已有230所学校与822家企业或单位建立合作关系，实行“订单式”培养，60余所普通中专与企业建立了校企合作关系。全省职业学校已逐步建立学生一年学基础、一年学技能、一年顶岗实习的人才培养新模式。

高等教育

〔**教学质量和教学评估**〕 2007年，江西财经大学、江西中医学院、赣南师范学院、宜春学院、赣南医学院通过了教育部的本科教学工作水平评估。江西师范大学、华东交通大学、江西理工大学、井冈山大学等四所高校通过了教育部英语专业评估。省教育厅对江西电力职业学院、江西环境工程职业学院、江西外语外贸职业学院、江西机电职业技术学院、江西陶瓷工艺美术职业学院、江西渝州科技职业学院、江西大宇职业技术学院、江西城市职业学院、江西先锋软件职业技术学院等九所高职进行了评估。达到了“以评促建”的目标。

〔**专业和精品课程建设**〕 全省高校新增了83个本科专业、138个高职高专专业。确定国家一类特色专业13个，二类特色专业2个（江西农大动物科学专业、江西师大公共事业管理专业）。江西财经大学等校的4门课程入选国家精品课程，使全省国家级精品课程达到11门。

〔**人才培养模式改革**〕 2007年，江西省教育厅组织高校教师申报教学改革研究课题，开展大众化背景下教学内容、教学方法、教学手段改革的研究。高校申报了2 050项课题，共批准1 000项课题立项。

南昌大学等6所高校开展教育部“大学英语教学改革试点”。指导高职院校围绕国家紧缺人才培养计划，加快紧缺人才培养的步伐，适应经济建设对人才的需求。组织了首届双语教学的研讨会，开展了优秀论文评选。

〔**教师队伍建设**〕 江西省高校4.3万名教师中硕士以上学位的教师达到39%。省教育厅2007年开展了第四届江西省高等学校教学名师奖评选，50名教师获得表彰。全省高校省级教学名师总数达230人。朱传喜和邓国良教授获第三届全国高校教学名师奖，使江西省国家级教学名师达到5名。

创新团队建设方面，江风益的团队入选教育部“创新团队”。3位教师入选教育部“新世纪优秀人才支持计划”。在第11批“江西省主要学科学术和技术带头人”评选中，高校7人入选，占全省64%；在首批江西省青年科学家评选中，高校13人入选，占全省的72%。

〔**创新创业教育**〕 2007年，江西省教育厅举办了高校首届创业教育研讨会；在全国“挑战杯”竞赛中，南昌大学获一等奖；在第二届大学生广告设计竞赛中，江西省高校的参赛作品数、获奖总数居全国第二。2008年，江西赛区获得“广告艺术竞赛”、“数学建模”颁发的两个“优秀组织奖”。

〔**科研平台和科技创新**〕 2007年，南昌大学食品科学与技术重点实验室被评定为国家级重点实验室，实现了江西省国家级重点实验室“零的突破”；新增省部级重点实验室、工程研究中心6个；南昌大学国家大学科技园获批成为国家专利技术交易中心、国家高新技术创业服务中心。新增国家级实验教学示范中心2个、重点实验室1个，省级实验教学示范中心27个。

科技经费创历史新高。全省高校科技经费达到6亿元，比2006年增长13%。2007年全省高校共获国家自然科技基金项目108项，经费2 087万元。

2007年，高校获全省自然科学奖15项、技术发明奖3项、科技进步奖23项，分别占全省总数的100%、75%、25%。

学科建设方面，南昌大学的食品科学、材料物理与化学继续作为国家重点学科立项建设；南昌大学材料加工工程、江西财大产业经济学成为国家重点（培育）学科。

〔**学位与研究生教育**〕 2007年，江西专业学位研究生培养单位有了新的突破。有4所高校新增了专业学位研究生培养权，其中江西财经大学新增了会计硕士专业学位，填补了省内专业学位种类的空白。

组织实施了首次“江西省研究生创新专项资金”项目。在各高校申报的基础上，组织专家评审了122个项目予以立项。

省财政继续投入专项经费550万元，重点建设55个省级示范性硕士点。高校也相应建立了校级示范性硕士点，作为省级示范性硕士点的后备与补充，进行重点建设。

组织实施了首次“江西省优秀博士学位论文培育计划”项目。在省内4所博士单位推荐的基础上，共遴选了8个项目进行立项。项目的实施，将为全省实现“全国百篇优秀博士学位论文零突破”打下一定基础。

组织实施了首次“江西省研究生数学建模竞赛”创新项目，目的在于提高研究生科研创新和动手能力。共有10所研究生培养单位的62支参赛队（186名选手）参加了竞赛。

〔**推动产学研结合**〕 为提高高校对经济建设和社会发展的贡献率，江西省教育厅与省经贸委整合高校资源，联合推动产学研结合，对19个“产学研基地”挂牌。

一批拥有自主知识产权的标志性成果实现了产业化。在省政府首批扶持的11项重大科技创新项目中，7项由高校获得。如具有国际领先水平的“发光二极管材料与器件”已进入产业化实施第二阶段。“猪重要经济性状功能基因的分离、克隆及应用研究”构建了完善的中国地方猪种资源基因库，改良了5省市的64个种猪群。“槐定碱抗癌新药”获准成为国家化学药品第一类抗癌新药。

参与社会主义新农村建设做出重大贡献。超额完成了乡村规划编制的任务，为新农村建设提供了强有力的智力支持。

撰稿 杜 侦 傅小军 熊庆任 汤泾洪 张桂儿 熊礼森

审稿 虞国庆 李小南 刘润保

山东省教育

概　况

〔基本情况〕

2007年各级各类学校校数、教职工、专任教师情况

	学校数（所）	教职工数（人）	专任教师数（人）
一、高等教育			
（一）研究生培养机构（不计校数）	(31)		
1. 普通高校	(26)		
2. 科研机构	(5)		
（二）普通高等学校	110	128 761	81 889
1. 本科院校	41	78 658	48 336
2. 专科院校	69	42 562	29 436
其中：职业技术学院	62	39 239	27 027
3. 其他机构（点）（不计校数）	(34)	7 541	4 117
其中：独立学院	(12)	4 497	2 907
（三）成人高等学校	23	12 627	7 537
（四）民办的其他高等教育机构	106	6 044	3 540
二、中等教育	5 050	566 012	448 793
（一）高中阶段教育	1 734	565 516	190 751
1. 高中	752	454 957	112 644
普通高中	750	454 940	112 627
成人高中	2	17	17
2. 中等职业教育	982	110 559	78 107
普通中专	135	20 985	13 223
成人中专	209	10 368	6 574
职业高中	438	47 489	34 461
技工学校	200	26 744	20 616
其他机构（教学点）（不计校数）	(153)	4 973	3 233
（二）初中阶段教育	3 316	496	258 042

续表

	学校数（所）	教职工数（人）	专任教师数（人）
1. 普通初中	3 289		257 628
2. 职业初中			
3. 成人初中	27	496	414
三、初等教育	14 064	420 353	386 641
（一）普通小学	14 064	420 353	386 641
（二）成人小学			
其中：扫盲班			
四、工读学校			
五、特殊教育	144	5 548	4 136
六、学前教育	14 914	98 834	69 647

注：普通高中的教职工数中包含普通初中的教职工数。

2007年各级各类学历教育学生情况

	毕业生数（人）	招生数（人）	在校生数（人）
一、高等教育			
（一）研究生	11 293	16 860	46 710
博　士	1 433	1 763	6 108
硕　士	9 860	15 097	40 602
（二）普通本专科	355 735	417 544	1 440 378
本　科	166 901	171 474	688 816
专　科	188 834	246 070	751 562
（三）成人本专科	97 584	106 857	297 085
本　科	44 065	48 369	134 109
专　科	53 519	58 488	162 976
（四）其他各类高等学历教育			
1. 在职人员攻读博士、硕士学位		6 521	14 170
2. 网络本专科生	8 947	18 870	54 952
本　科	5 437	9 117	28 922
专　科	3 510	9 753	26 030
3. 学历文凭考试	3 344		1 789
4. 其他			
二、中等教育	2 472 653	2 244 033	6 810 173
（一）高中阶段教育	1 150 900	1 189 907	3 435 445
1. 高中	646 531	570 774	1 834 911
普通高中	645 455	570 774	1 834 835
成人高中	1 076		76
2. 中等职业教育	504 369	619 133	1 600 534
普通中专	121 959	113 992	361 055
成人中专	47 055	62 106	129 585
职业高中	225 077	283 081	724 569

续表

	毕业生数（人）	招生数（人）	在校生数（人）
技工学校	110 278	159 954	385 325
（二）初中阶段教育	1 321 753	1 054 126	3 374 728
1. 普通初中	1 264 743	1 054 126	3 368 280
2. 职业初中			
3. 成人初中	57 010		6 448
三、初等教育	1 038 746	1 114 557	6 340 133
（一）普通小学	1 038 746	1 114 557	6 340 133
（二）成人小学			
其中：扫盲班			
四、工读学校			
五、特殊教育	2 412	3 083	20 108
六、学前教育	659 295	876 296	1 633 199

注：特殊教育学生数中包括普通中小学随班就读的学生。

2007 年各级各类非学历教育学生情况

	毕（结）业生数（人）	注册生数（人）
总　计	4 408 352	2 757 974
一、高等教育	227 072	66 084
（一）研究生课程进修班	1 497	2 013
（二）自考助学班	8 081	30 069
（三）普通预科生		60
（四）进修及培训	217 494	33 942
其中：资格证书培训	103 446	7 437
岗位证书培训	44 997	5 676
二、中等教育	4 181 280	2 691 890
其中：资格证书培训	281 312	233 293
岗位证书培训	414 561	311 306
（一）中等职业教育	332 574	104 455
其中：资格证书培训	70 466	37 065
岗位证书培训	81 298	23 146
（二）职业技术培训机构	3 848 706	2 587 435
其中：资格证书培训	210 846	196 228
岗位证书培训	333 263	288 160

2007年各级各类民办教育基本情况

	学校数（所）	毕业生数（人）	招生数（人）	在校生数（人）	教职工数（人）	专任教师数（人）	另有其他学生数（人）
一、民办高等教育							
（一）民办高校	24	55 495	64 636	197 247	19 291	12 672	12 849
本科学生		8 647	2 682	7 256			
专科学生		46 848	61 954	189 991			
（二）独立学院（不计校数）	(12)	3 411	18 523	54 195	4 497	2 907	
本科学生		1 604	12 141	37 783			
专科学生		1 807	6 382	16 412			
（三）民办其他高等教育机构					6 044	3 540	40 295
二、民办中等教育							
（一）高中阶段教育	349	129 898	146 727	385 511	41 503	29 988	
1. 民办普通高中	164	67 536	52 800	181 676	28 439	21 510	
2. 民办中等职业教育	185	62 362	93 927	203 835	13 064	8 478	13 325
（二）初中阶段教育	244	102 036	76 150	249 884			
1. 民办普通初中	244	102 036	76 150	249 884			
2. 民办职业初中							
三、民办普通小学	232	35 281	30 774	197 279	15 215	10 904	
四、民办幼儿园	4 547	133 478	214 255	422 225	31 790	20 961	
另有：民办培训机构（不计校数）	(1 146)				10 955	6 232	468 539

注：1."另有其他学生数"包括：学历文凭考试学生、自考助学班学生、预科生、进修及培训学生数；
2. 民办普通高中的教职工和专任教师数中包含民办普通初中的教职工和专任教师数；
3."（ ）"内数据为不计校数。

〔**教育发展的指导思想和总体思路**〕 2007年，山东省教育工作总的指导思想和总体目标是：以邓小平理论和"三个代表"重要思想为指导，进一步树立和落实科学发展观，按照构建社会主义和谐社会的要求，全面贯彻党的教育方针，切实推进素质教育，深化教育改革，坚持依法治教，促进教育公平，不断提高教育质量和办学效益。巩固提高基础教育，在全省初步建立起农村义务教育的保障体系，义务教育实施水平进一步提高，中西部地区农村小学、初中适龄人口和残疾儿童少年入学率分别保持在99%、98%和95%以上，初中三年巩固率保持在98%以上，初中毕业生升入高中段升学率达到80%左右；大力发展职业教育，职业教育基础能力全面增强，力争全省中等职业教育招生60万人，在校生达到150万人；积极推动高等教育工作重心向内涵发展的转移，高校的学科建设、学校建设、办学质量、科研水平和经营管理水平明显提升，普通高等教育在校生达到143万人，高等教育毛入学率达到22%；积极发展和规范成人教育，加快学习型社会建设和构建终身教育体系步伐。全力推动教育又好又快发展，办好让人民满意的教育，以优异成绩迎接党的十七大和省九次党代会的胜利召开。

〔**教育投入**〕 2007年，山东省采取发布教育经费执行情况通报、将教育投入情况纳入政府督导指标体系等有效措施，协调和敦促各级政府依法落实“三个增长”的政策，强化各级政府教育投入的责任。认真落实地方教育费附加政策，确保征收资金足额按时到位。全省城市教育费附加、地方教育费附加征收数年底分别突破40亿元和13亿元，均比上年有较大增长。积极争取投入，增加高校生均拨款定额。省属普通高校生均拨款定额在年初提高200元的基础上，下半年又提高200元，文、理、师农、体育、艺术类专业分别达到3 600、3 800、4 300、4 800、6 100 元。认真做好部门预决算，积极争取教育专项经费。加强教育收入的动态管理，保证教育资金落到实处，做到不平调、不挪用。深化办学投资体制多元化改革，努力形成政府投入、社会捐助、信贷支持的多元化教育投入体系。山东教育基金会正式挂牌成立，筹措资金4 800多万元，实施“三育”资助工程，社会反响良好。明德小学项目健康运行，争取台商捐资2 250 万元。

〔**教师队伍建设**〕 2007年，山东省教师教育改革取得明显进展。省教育厅采取措施推动中等师范学校布局结构调整，加快三级师范向二级师范的过渡。10个有中师学校的市根据实际情况制定了中师调整方案。研究制定《关于加强教师教育专业管理的意见》，进一步规范对教师教育专业设置的管理。进一步加强教师培训工作。启动了山东省中小学教师素质提高工程，实施了骨干教师省级培训和中小学班主任培训计划；利用教育部中小学教师新课程远程研修网，组织2万名中小学教师参加远程研修；依托省内8所师范类高等院校，对全省51个财政困难县农村小学的3 000名骨干教师进行省级培训；利用暑期和节假日组织开展了名师送教下乡活动，提高农村教师实施素质教育的能力。启动“山东省高校青年教师成长计划”，4年投入8 000万元，对全省高校中青年教师进行培训。根据山东省高校分布和师资情况，重新构建全省高校教师培训体系，依托高校建立了5个培训中心并改进了师资培训工作运行机制。举办了“齐鲁名师”工程建设人选高级研修班，组织第二批齐鲁名师建设工程人选出国培训。严格实施教师资格制度，把好教师入口关。2007年，全省共认定中等职业学校、中小学、幼儿园教师资格76 258人，高等学校教师资格12 402人。实施职业院校教师素质提高计划，加强“双师型”教师培养。开展成人教育管理队伍轮训，提高管理能力和服务水平。探讨加强研究生导师队伍建设与管理的政策和措施，组织优秀研究生导师编著《研究生教育大家谈》，交流经验，促进工作。省教育厅表彰了607名优秀教师、104名优秀教育工作者、40名教学名师、40名师德标兵、10名年度教育创新人物、40个师德建设先进单位和7个教育示范县（市、区），营造尊师重教的良好氛围。继续搞好高校“泰山学者”设岗、选聘工作。启动全省优秀“创新团队”评选。按照省委、省政府的统一部署和要求，积极稳妥地推进学校事业单位改革。推进高校全员聘用制，与省人事厅研究制定了山东省高等学校、中等职业学校和中小学工作人员收入分配改革实施办法，确定了学校的岗位设置结构比例指导标准。积极开展中小学教师编制情况调研。进一步完善教师职务评审办法，开发山东省教育系统职称评审系统，促进职务评审工作的制度化、科学化和信息化。

〔**教育督导与教育法制建设**〕 2007年，山东省教育厅科学制定评估指标体系，严格督导评估程序和方法，顺利完成对市级政府教育工作的综合督导评估，形成《关于2006年度教育工作综合督导评估情况的报告》，并积极推动将教育工作督导评估结果作为考核领导干部政绩的重要内容，对促进市、县（市、区）教育工作全面发展产生了巨大作用。积极开展了教育示范县创建工作，对5个县（市、区）进行了验收，全省示范县（市、区）总数已达30个。圆满完成了“两基”巩固提高的复查工作。确定2008年至2012年教育立法规划建议项目，明确立法重点。省教育厅配合省人大常委会组织进行全省《义务教育法》执法检查，有力地促进了《义务教育法》的学习宣传和贯彻落实。以实施“五五”普法规划为重点，推进法律进学校、进课堂。加强青少年法制教育，部署山东省首届中小学生法律知识竞赛，促进义务教育阶段《法治教育》课程的开设。深入组织调查研究，确定全省教育系统重点调研题目，组织全省教育形势、《国家通用语言文字法》执行情况、辍学少年犯罪、中小学生法制教育等专题调研，做好教育系统优秀调研成果评选工作，有两篇调研报告获省政府表彰。

〔**家庭经济困难学生资助政策**〕 2007年，山东省政府相继出台政策，对普通高校、中等职业学校、普通高中和城市义务教育阶段家庭经济困难学生实行资助。自秋季开学起在普通高中阶段设立政府助学金，按不低于在校生8%的比例，家庭经济困难学生平均每生每年补助1 000元，全年共安排政府助学金1.1亿元，资助学生13万名。在中等职业教育阶段设立国家助学金，资助家庭经济困难学生每生每年1 500元，政府资助2年，第三年实行工学结合、顶岗实习，学校按规定提取5%的事业费资助困难学生，全年共安排国家助学金5.8亿元，有78万名学生受益。在普通高等教育阶段，完善奖学金制度。国家奖学金每生每年8 000元，省政府奖学金每生每年6 000元，奖励优秀在校生；国家励志奖学金每生每年5 000元，奖励品学兼优的家庭经济困难学生，平均资助面为在校生的3%，并适当向国家最需要的农林水地矿油等专业学生倾斜。设立国家助学金，资助家庭经济困难学生每生每年2 000元，资助面为在校生的14%，受益学生20.5万人。

〔**国家助学贷款**〕 2007年，山东省完善了国家助学贷款政策。贷款学生在校期间贷款利息全部由财政补贴，毕业后本息全部自付，6年还清；对毕业生自愿到省内30个经济欠发达县艰苦行业工作5年以上的，其助学贷款由政府代为偿还。山东省积极创造条件，与国家开发银行签订了《高校国家助学贷款框架合作协议》、《高校国家助学贷款业务合作协议》，并在4所省属高校进行外省籍贫困生助学贷款试点，为693名外省籍贫困生发放助学贷款316.44万元。全省开办国家助学贷款的70所高校，已累计为14.8万名贫困家庭学生申请到助学贷款，合同金额12亿元，有12.27万名学生实际获得贷款7.76亿元，享受国家助学贷款的学生人数占在校生总数的10%。

〔**师范类毕业生就业工作**〕 2007年，山东省加强毕业生就业市场建设，组织了5场师范类毕业生供需见面会；搭建毕业生就业网络平台，首次实现网上办理就业手续，为毕业生和用人单位提供方便。推行师范类毕业生无障碍就业政策，认真做好家庭困难毕业生就业服务工作；加强就业指导，积极引导和鼓励毕业生面向基层就业，增强毕业生就业竞争力。截至9月1日，师范类高校毕业生总体就业率61.14%，比2006年同期上升1.22个百分点。

〔**教育行风建设**〕 2007年，山东省教育厅始终坚持把制度建设作为总抓手加快教育行风建设。研究制定山东省教育厅等七部门《关于2007年规范教育收费工作的实施意见》。组织春、秋两季收费检查，进一步规范学校收费。积极开展规范教育收费示范县创建活动。严肃查处各类违纪案件。搞好行风评议。树立了教育系统的良好形象。

〔**平安校园建设**〕 2007年，山东省教育厅加强安全教育工作，狠抓学校常规管理，深入普及安全知识，提高广大师生安全意识和自救自护能力。积极构建校园安全保障长效机制，组织实施学校安全工作大检查，有针对性地排查校舍安全隐患。组织开展学校应急演练，严格学校值班制度，切实提高学校预防和控制突发事件的能力。整顿和规范中小学校车营运秩序，出台了《山东省中小学幼儿园接送学生车辆管理办法》，使用校车统一标志，加强校车管理。积极应对副食品价格上涨，切实做好学校食堂工作，稳定饭菜价格，关心家庭贫困学生的生活，保持了全省学校的平安稳定。

〔**教育对外交流与合作**〕 以友好省州、友好城市等为工作重点，山东省先后与南非西开普省、英国苏格兰教育部等建立了实质性的教育合作关系，进一步拓宽了山东省教育对外交流与合作的渠道，提高了交流层次。山东教育交流与合作的重点项目进展顺利，成效显著。与美国康涅狄格州的实质性合作项目在2007年进一步深化和完善。2007年，山东省举办了海峡两岸大学生迎奥运普通话与国语文化交流活动，促进了海峡两岸同胞的友谊和教育文化交流。不断推进中外合作办学工作重心转移，加强对项目的合法性、规范性和风险性审核，注重项目规范和质量，切实将中外合作办学的立足点放在引进国外优质教育资源、提高学校办学水平上。与加拿大新不伦瑞克省教育厅签订协议共建新布伦瑞克省孔子学院、与加拿大埃德蒙顿市教育局签订协议合作建设埃德蒙顿孔子学院。汉语国际推广工作再上新台阶。圆满完成了国家汉办的汉语桥——美、韩中小学校长访华之旅及学生夏令营活动，促进了山东中小学与美国、韩国的交流与合作。2007年，山东教育对外交流管理与服务水平进一步提高，新审批41所学校具有接受外国留学生（外国学生）资格，申请设立外籍人员子女学校2所，为各类学校签发来华留学签证表近4 000份，来鲁外国学生总数达到1万人左右。

基础教育

〔**基础教育进一步巩固和提高**〕 2007年，山东省继续推进高水平、高质量“普九”教育，义务教育成果得到进一步巩固提高。小学、初中适龄人口的入学率分别达到99.93%和99.1%，小学五年巩固率和初中三年巩固率分别达到101.6%和98.3%。加快普及高中教育步伐，全省初中毕业生升入高中段（含技工学校）的比率已达83%以上。全面开展学前教育工作调研，组织评选“十佳”幼儿园和示范幼儿园，对全省学前教育机构进行统一登记注册，规范管理。积极筹措资金，促进民族教育工作。实施残疾儿童随班就读县级支持保障体系建设，不断提高特殊教育学校办学条件。

〔**义务教育经费保障机制**〕 2007年，山东省全部免除农村和城市义务教育学校学生杂费，并继续对农村家庭经济困难学生和城市低保家庭义务教育阶段学生免费提供教科书、补助寄宿生生活费。各级财政预算安排农村义务教育免杂费资金18.35亿元，免除城市义务教育学校学生杂费资金2.47亿元，免杂费政策覆盖全省义务教育阶段学校，受益学生889万人。对85万名困难家庭学生免费提供教科书，对12万名家庭困难寄宿生补助生活费，补助资金近1.46亿元。不断提高农村中小学公用经费保障水平，2007年经费总额达23.11亿元。“以县为主”的农村义务教育管理体制进一步完善，山东省有130多个县（市、区）实现了中小学“校财局管”，85个县统一了县域内教师工资标准。

〔**义务教育均衡发展**〕 2007年，山东省加大农村中小学危房改造力度，按期完成了D级危房改造任务。实施中小学危房改造工程7年来，全省共筹集资金50亿元，消除危房951万平方米，新建校舍864万平方米，改扩建校舍101万平方米，维修校舍297万平方米，校舍集中建设改造基本完成。在此基础上，适时转入校舍维修改造长效机制的建设，资金以地方筹措为主，省对各市给予奖励性补助。2007年省财政安排2.6亿元，市、县财政安排3.98亿元，中央奖励1.8亿元，合计8.4亿元，这是山东省历史上财政安排农村中小学危房改造资金最多的一年。继续实施改善中小学办学条件的“三项工程”：投资2.9亿元完成农村中小学课桌凳更新工程，更新课桌凳336万余套；农村中小学和特殊教育学校教学仪器设备配套工程较上年有了更大进展，已拨付各市工程资金12 047万元启动建设；农村中小学现代远程教育工程硬件建设基本完成。为加强现代教育技术装备，省财政另投入5 000万元用于农村中小学实验室建设更新工程。

〔**素质教育**〕 2007年，山东省认真规划，建立健全素质教育工作机制。出台了《省政府关于深入贯彻〈中华人民共和国义务教育法〉大力推进素质教育的意见》，成立了中小学素质教育工作领导小组，明确了推进中小学素质教育的重点工作及分工职责，提出了各项具体任务完成的时间表，加强对素质教育科研的指导和支持，编发工作简报宣传先进典型和经验。省教育厅起草了《山东省未成年人科学素质行动实施方案》和《山东省科学教育与培训基础工程实施方案》，由省全民科学素质行动领导小组印发；以“感受新变化，迎接十七大”为主题，通过形势教育课等方式，联合有关部门组织开展了2007年“中小学弘扬和培育民族精神月”活动。山东省不断加强和改进青少年校外活动场所建设和管理工作，进一步明确和完善了山东省青少年学生校外教育工作联席会议职能和工作规则，对“十五”期间校外教育工作进行系统总结，对表现突出的单位和个人进行了表彰。山东省进一步深化考试与评价制度改革，改变过去单纯以高考成绩为唯一标准选拔学生的做法，首次将普通高中学生综合素质评价结果纳入高校招生评价体系，作为高校招生录取的重要参考。

职业教育与成人教育

〔**职业教育规模扩大**〕 2007年，山东省职业教育“十、百、千”建设工程、基础能力建设学校项目建设、专业骨干教师和校长培训工程、30个经济欠发达县职教中心建设工程等全面实施。继续实施职业教育实训基地建设工程，评审确定了200个职业教育实训基地建设名单，上报中央财政支持20个，争取资金1 950万元。强化市级统筹，加强宏观调控，开展“初三分流”试点，协调高中段招生工作。2007年，全省中等职业学校（含技工学校）招生约60万人，创历史新高。

〔**校企合作**〕 2007年，山东省落实“校企合作”计划，面向市场，面向社会，以就业为导向，主动适应区域经济发展的需要，积极创新职业教育的办学模式，提高职业教育的质量。主要做法是：鼓励联合办学，促进教学与生产实践相结合；大力提倡“把学校建在车间，把车间建在学校”，积极开展“订单”培养；组建了山东省现代服务业职业教育集团，并积极推进发展省市两级职业教育集团；推广胶南“半工半读”职教模式，使学校与企业建立牢固稳定的协作关系，促进工学交替、半工半读。现在全省90%以上的职业学校与企业开展了合作，100所骨干示范性职业学校已在825家企业建立了实习基地，全省十大实训基地已与86家企业联合办学。职业学校学生就业率不断提高，许多学校与专业的毕业生供不应求。2007年，全省中等职业学校向社会输出技术工人和一线高素质劳动者约50万名。

〔**成人教育**〕 2007年，山东省积极发展多种形式、多种层次的成人教育，推进终身教育体系建设，扩大成人教育规模。全省成人中学29所，注册在校生0.7万人；全省举办成人高等教育的学校105所，其中独立设置的成人高等学校23所，成人高等教育在校生29.7万人，其中本科生13.4万人，专科生16.3万人。教学改革进一步深化，教学资源建设得到加强。研究制定了“山东省成人高等教育人才培养模式和教学内容体系改革与建设”项目方案，启动了成人高等教育品牌专业建设工作，确定了首批成人高等教育品牌专业建设点22个。严格执行成人教育机构年报年检制度，加强对函授站、网络教育校外学习中心以及各种非学历教育的办学机构的管理和监控，坚持招生广告审核备案，规范招生秩序和办学行为。进一步推动农村富余劳动力转移培训和农村实用技术人才培训。2007年，山东省完成农村富余劳动力转移培训400万人次。加强了社区教育工作，新增国家级社区教育实验区3个，全省总数已达到7个。

〔**民办教育**〕 2007年，山东省研究出台了《山东省人民政府关于加强民办教育规范管理引导民办教育健康发展的意见》，明确了促进民办教育的政府责任，对民办教育提出了一系列鼓励扶持政策，鼓励和支持社会力量采取独资、股份、合作等多种形式办学，促进民办教育事业发展。2007年，全省共有各级各类民办学校6 648所，在校生195万人，教职工12.9万人。2007年，山东省教育厅还出台《山东省教育厅关于加强民办教育管理的若干规定》并组织对各地民办教育情况进行了督察，启动民办学校校长核准工作，建立健全民办学校的党团组织，建立委派督导专员制度，规范民办学校招生工作，实施对民办学校办学水平的评估，组织听课检查，加强民办学校教学质量。

高 等 教 育

〔**教学质量保障**〕 2007年，山东省坚持科学规划、分类指导的原则，启动名校建设工程，引导高校科学确定办学定位，走特色办学的道路。适应经济和产业结构调整的需要，认真分析毕业生就业状况及发展趋势，做好人才需求论证和专业建设规划，调整高等学校学科专业结构，增强人才培养的适用性和针对性，增设和调整本科专业115个，专科专业240余个。大力推进以学分制为核心的人才培养模式改革，探索校际学分互认机制。顺利完成了2007年普通高等教育专升本的工作任务，营造有利于创新人才成长的良好环境。狠抓典型带动，实施以教学团队、教学名师、精品课程、品牌专业、特色专业和实验教学示范中心建设为主要内容的人才培养质量工程。2007年，全省评选高等学校省级教学团队50个，其中推荐国家级教学团队10个；评选省级教学名师46人，入选国家教学名师4人；评选省级精品课程150门，其中34门入选国家精品课程。确立了20个品牌专业、80个特色专业。评选30个省级实验教学示范中心，其中7个被确定为国家级实验教学示范中心立项建设项目。实施“高校骨干学科教学实验中心建设工程”，3年投入4亿元，支持23所高校100个骨干学科教学实验中心建设。淄博职业学院、山东商业职业技术学院入选“国家示范性高等职业院校建设计划”，全省列入该计划的高职院校已达4所。加强了中国高等教育文献保障体系（CALIS）山东省中心建设，为46所高校图书馆安装配置了“校园网外电子资源访问系统”和“随书光盘管理系统”，提高了文献图书资料的利用率。加强高校教学管理，积极配合教育部做好对聊城大学等14所院校的本科教学工作水平评估工作并组织专家对部分高校进行了听课检查，努力构建高等学校教学质量保障体系。认真贯彻落实教育部新生学籍电子注册管理办法，圆满完成了2007年普通高等教育新生学籍电子注册工作，共注册新生41万人。

〔**高校科技创新平台建设和科研工作**〕 山东农业大学《作物生物学》实验室被批准为国家重点实验室，填补了省属高校国家重点实验室的空白。新申报获批省部共建教育部重点实验室3个，教育部新世纪优秀人才计划9人。申报并获批教育部工程研究中心2个，省工程研究中心6个。科技创新机制不断完善，创新能力不断增强，创新成果不断增加，全省高校承担国家和省部级项目1 650余项，比上年增加10%；2007年，评审立项全省高校科研计划项目580个，优秀科研成果奖716项。全省高校获省第 21 届社科优秀成果奖 197 项，占全省获奖总数的 76%；山东教育系统全年获得省部级以上科技成果奖达 208 项，比上年增加 20%。加强“产学研”工作，组织了全省产学研洽谈会，省内外近百所高校参会，提供有推广价值的科技成果 1 200 多项，进一步提高了成果转化率。

〔**重点学科建设**〕 2007 年，山东省贯彻实施以重点学科建设为核心的高教强省行动计划，发布《山东省“十一五”重点学科建设管理办法》，组织与学科单位签订建设任务书，国家、省和单位三级重点学科建设体系基本形成。2007 年，教育部审核批准山东省高校一级国家重点学科 5 个，二级国家重点学科 24 个，按二级学科统计，全省国家重点学科已达 42 个，比“十五”末增长 110%，占全国的比例由 2%提高到 3.1%。8 所高校的 11 个学科被批准为国家重点（培育）学科，占全国的 5%。2007 年，全省用于重点学科建设的经费达 61 276 万元，其中国家投入 14 267 万元、省投入 4 405 万元、单位自筹 42 604 万元；全省重点学科建设科研项目立项 3 977 个，获得经费 116 720 万元，其中国家自然/社科基金项目 623 个、国务院各部、省政府及国防重大项目 658 个、国际组织资助或国际合作项目 65 个；全省重点学科建设取得的科研成果 12 745 项，获得重要科研奖励 200 项，其中国家科技进步奖 5 项，国家技术发明奖 2 项，教育部高等学校成果奖 5 项。

〔**高层次创新人才培养**〕 2007 年，山东省大力实施研究生教育创新计划，研究生创新能力进一步提高，优秀成果取得新突破。其主要做法如下。（1）遴选研究生教育创新项目 165 项，加强研究生创新能力的培养。（2）完善激励机制，进一步做好优秀学位论文和研究生优秀科技创新成果的评选奖励工作。2007 年，全省评出研究生优秀学位论文 619 篇、优秀科技创新成果 99 项，其中 3 篇博士学位论文被评为全国百篇优秀博士学位论文，4 篇被评为提名论文。（3）广泛开展研究生学术活动，组织举办了四期全省性的研究生学术论坛，营造有利于研究生学术创新的氛围。（4）适应社会需要，加快专业学位发展。2007 年新增专业学位点 5 个，总数已达 49 个。（5）新增学士学位授予专业 161 个。（6）探索科教一体化全面合作的路子，促成济南大学与省医学科学院教育资源和科研资源实行合并与优化重组，联合科研攻关、共同培养研究生。（7）建设信息管理系统，加强学位管理，保障学位授予质量。

〔**高等教育规模**〕 2007 年，山东有 1 所成人高校转为普通本科高校，1 所普通专科学校升格为普通本科高校，新设置高职学校 1 所。莱阳农学院更名为青岛农业大学。高等学校本科招生计划 15.79 万人，专科招生计划 25.5 万人，地方所属单位研究生招生计划 8 534 万人。高等教育毛入学率已达 22%。争取金融机构支持，帮助高校解决资金困难，缓解贷款压力。加强高校贷款管理，改善贷款结构，防范贷款风险。第二批列入省政策性贷款的 8 所学校通过专家论证。济南大学、聊城大学开展银团俱乐部贷款试点，解决中短期贷款置换为长期贷款问题。积极推进高校土地资产置换，驻济 9 所高校土地置换工作取得突破。严格控制基建规模，开展高校 2015 年建设规划编制和论证工作，指导高校科学规划建设。启动世界银行贷款职业技术教育与培训项目，争取到世行贷款 2 000 万美元。

撰稿 崔升平
审稿 陈光华

青岛市教育

〔基本情况〕

2007 年各级各类学校校数、教职工、专任教师情况

	学校数（所）	教职工数（人）	专任教师数（人）
一、高等教育			
（一）研究生培养机构（不计校数）			
1. 普通高校			
2. 科研机构			
（二）普通高等学校	18	24 572	15 673
1. 本科院校	10	18 600	11 430
2. 专科院校	8	5 972	4 243
其中：职业技术学院	8	5 972	4 243
3. 其他机构（点）（不计校数）			
其中：独立学院			
（三）成人高等学校	2	1 276	745
（四）民办的其他高等教育机构	56	3 855	2 023
二、中等教育			
（一）高中阶段教育			
1. 高中			
普通高中	67	11 167	9 153
成人高中			
2. 中等职业教育	102	12 196	8 590
普通中专	8	1 074	651
成人中专	21	877	622
职业高中	73	10 245	7 317
技工学校			
其他机构（教学点）（不计校数）	4		
（二）初中阶段教育			
1. 普通初中	244	24 916	20 483
2. 职业初中			
3. 成人初中			
三、初等教育			
（一）普通小学	980	35 055	32 556
（二）成人小学			
其中：扫盲班			
四、工读学校			
五、特殊教育	13	546	396
六、学前教育	2 241	13 662	10 007

注：普通高等学校中两所军事院校未作统计。

2007年各级各类学历教育学生情况

	毕业生数（人）	招生数（人）	在校生数（人）
一、高等教育	66 894	80 877	267 812
（一）研究生	3 242	5 749	14 104
博　士	303	457	1 725
硕　士	2 939	5 292	12 379
（二）普通本专科	63 652	75 128	253 708
本　科	32 247	38 773	146 479
专　科	31 405	36 355	107 229
（三）成人本专科			59 839
本　科			
专　科			
（四）其他各类高等学历教育			
1. 在职人员攻读博士、硕士学位			
2. 网络本专科生			
本　科			
专　科			
3. 学历文凭考试			
4. 其他			
二、中等教育			
（一）高中阶段教育			
1. 高中			
普通高中	48 634	38 331	125 381
成人高中			
2. 中等职业教育	56 037	66 881	173 320
普通中专	9 716	7 992	28 011
成人中专	4 724	7 379	15 153
职业高中	41 597	51 510	130 156
技工学校			
（二）初中阶段教育			
1. 普通初中	79 181	85 229	235 029
2. 职业初中			
3. 成人初中			
三、初等教育			
（一）普通小学	84 452	80 453	484 775
（二）成人小学			
其中：扫盲班			
四、工读学校			
五、特殊教育	297	287	1 643
六、学前教育	61 692	50 127	160 635

2007 年各级各类民办教育基本情况

	学校数（所）	毕业生数（人）	招生数（人）	在校生数（人）	教职工数（人）	专任教师数（人）	另有其他学生数（人）
一、民办高等教育							
（一）民办高校	6	15 662	30 883	25 660	1 674	1 521	
本科学生							
专科学生							
（二）独立学院（不计校数）							
本科学生							
专科学生							
（三）民办其他高等教育机构	56	10 021	112 240	69 321	3 855	2 023	
二、民办中等教育	68	21 158	29 448	62 685			
（一）高中阶段教育	55	18 625	24 196	53 876			
1. 民办普通高中	19	1 359	4 833	5 656			
2. 民办中等职业教育	36	17 266	19 363	48 220			
（二）初中阶段教育	13	2 533	5 252	8 809			
1. 民办普通初中	13	2 533	5 255	8 809			
2. 民办职业初中							
三、民办普通小学	11	760	2 930	7 002	630	580	
四、民办幼儿园							
另有：民办培训机构（不计校数）			293 600	152 080	10 300	5 988	

〔**综述**〕 2007 年，青岛市完成教育部专题研究课题《东部发达地区城乡义务教育均衡发展对策研究》和 2006 年青岛市“双百调研工程”（100 项研究报告和 100 项决策建议）政府资助课题《进一步加强社会主义新农村建设中农村教育问题的研究》的论证和结题工作。同时，研究课题《实施义务教育特色建设工程构建义务教育高水平发展机制对策研究》被列入 2007 年青岛市“双百调研工程”政府资助课题。加强城乡教师交流，印发了《青岛市教育局关于加强义务教育学校城乡教师交流工作的指导意见》，启动课堂教学效益年，建立了城乡教学活动交流教师和开放课堂教师库。青岛五市三区城乡交流教师 327 人。

加强教育法制建设。2007 年，青岛市教育局将 48 项行政执法职权分解落实到各处室和岗位，明确执法岗位的职权和责任，并将分解结果向社会公布。配合青岛市法制办做好教育类政府规章的清理工作。全面完成《青岛市义务教育条例》、《青岛市社会力量办学管理办法》、《青岛市城市中小学校校舍场地管理办法》三项地方法规的修订调研工作。

加强教育督导。2007 年 3 月初，青岛市教育局对各市（区）政府 2006 年度“教育投入增长、落实农村义务教育经费保障机制配套资金和县域义务教育均衡发展”的教育目标绩效进行了考核评估；9 月，对 15 所教育局属普通高中学校进行了以“发展性评价”为主要特征的办学水平综合督导评估和教育教学质量专项评估；10 月，对义务教育学校落实课程设置和学生 1 小时体育活动时间的情况进行了专项督导检查；11 月，对教育局属 14 所职业学校办学水平进行综合督导评估。

加强教育科学研究。2007 年，青岛市教育局对山东省教育科学“十一五”规划立项课题和青岛市教育科学“十一五”规划2006年立项的574项课题进行课题进展情况检查。继续实施青岛市中小学教师“十一五”阅读工程，以经典阅读引领教师专业化发展，作为三大课题群之一的“以经典阅读为支持的教师职后教育模式的研究”正式立项为全国教育科学“十一五”教育部规划课题。启动青岛市中小学教师教育科研工作站，21名特级教师、优秀专业技术拔尖人才、学科（科研）带头人首批入站访学。加强教育科研情报信息资料中心建设，创办内部交流刊物《教育情报》（双月刊）。由市教育局与山大欧玛信息产业有限公司共同开发的“基于教研室的网上阅卷及学业水平测试系统的研究与应用”项目顺利通过了省科技厅的技术成果鉴定。该项目处于全国领先地位。

加强干部和教师队伍建设。2007年，青岛市教育局制定《青岛市中小学教师素质提升行动计划》，对2008—2010三年内的教师培训工作进行了整体规划和设计。启动中小学班主任全员培训工作，建立了班主任“持证上岗”制度。深入推进农村骨干教师培训工程。全面启动新课程骨干教师远程研修工作和中等职业学校英语骨干教师素质提升计划。青岛市南区1名教师荣获山东省2007年度教师系列十大教育创新人物称号。首次评选青岛市特级教师48名，评选青年教师优秀专业人才527名。完成事业单位收入分配制度改革工作，全市中小学实行了全员聘用合同制。

加强教育经费管理。2007年，青岛市安排的教育专项资金为3.05亿元，比上年增加27%，再创历史新高。免除22.7万名义务教育阶段学生杂费，共计免除杂费6 205万元。为加强教育经费管理，建设了局属学校财务核算、十二区（市）会计集中核算、青岛市中小学财务三个监管平台；出台《青岛市中小学财务管理办法》。

教育基金募集和发放。青岛2007年共募集教育基金235万元，其中捐资和增值228万元，捐物7万元；投放资金和实物236万元。1月，资助市内四区约600名外来务工人员的困难家庭学生，每生资助200元。8月，“寒窗基金”资助全市被普通高校本科录取的困难家庭学生149人，每人资助3 000元，共发放资助金44.7万元。11月，资助市内四区义务教育学校的困难家庭学生3 500名，初中每生200元，小学每生100元，发放资助金约50万元。

加强民办教育。2007年，青岛市新批高等非学历学校1所、中等学历职业学校3所，批准1所民办初中学校增加了普通高中办学层次，对41所中等及以下非学历培训学校进行了验收转正。79所学校被停止办学，25所学校被限期整改，5所学校被停止招生，6所学校未参加办学年检及补检，自动停止办学。规范公办学校参与举办民办学校的办学行为，停办17所公办义务教育学校举办的民办培训学校。

〔**基础教育**〕 2007年，青岛市印发了《关于进一步加强青岛市规范化学校建设与管理工作的通知》，修订了《规范化学校建设标准》，拟提高学校整体办学水平，促进基础教育均衡协调发展。年内，共49所学校通过“市级规范化学校”验收。企业办学移交工作历时13年圆满完成，辖区内25所中央、省、市属企业办中小学完成了向当地政府移交工作。年内，青岛市城乡全部免除了义务教育阶段学生杂费，全市所有中小学校（含托幼园所）推行校方责任险。

学前教育管理。2007年，青岛市重新修订《幼儿教育发展评估手册》、出台《关于做好城区学前教育机构招生工作的通知》和《关于加强学前教育机构管理规范办园行为的通知》，进一步规范学前教育机构的办学行为。建立市教育局对示范幼儿园、各区（市）教体局对一类以下幼儿园的动态检查管理制度。组织验收新申报城区示范幼儿园13处、农村示范幼儿园41处，复查8处现有农村示范幼儿园。

义务教育。规范义务教育阶段学校办学行为，市教育局出台了《青岛市关于做好减轻义务教育阶段学生过重课业负担工作的通知》。新一轮全面加强初中建设和农村薄弱学校建设工程取得阶段性成效，青岛第四中学、青岛第二十四中学、青岛第三十一中学、青岛第四十四中学、青岛第五十一中学经过近两年的努力，发展态势良好，有效促进了区域教育的高平台均衡发展。对义务教育课程设置方案进行了调整，公布了青岛市《义务教育课程改革实验九年一贯制课程设置方案》，进一步落实三级课程管理，构建了具有青岛特点的基础教育课程体系。

改革普通高中招生办法。2007 年，在继续保留面向李沧区的指标生政策的基础上，青岛市在全市范围推广了将普通高中招生指标均衡分配到初中的招生制度，进一步发挥高中招生考试在推进初中学校均衡发展、减轻学生过重课业负担方面的作用。进一步完善高中录取方式，指导家长和学生理性选择学校，有效遏制学生外流。各市（区）部分优质高中学校普遍进行了提前自主招生的试点工作。进一步扩大局属高中学校自主招生录取的自主权，采用多种考查和录取方式，淡化纸笔考试，加强初中、高中学校的衔接，进一步发挥综合素质评价在推荐直升中的作用。

教学研究与基础教育课程改革。建立教研工作“3+2”工作制度，针对学校的薄弱学科，教研员实行学科包干制度，为提高教学质量和校本教研提供专业支持。围绕课堂教学，开展“十优百课千人行”和教学金点子评选活动，引导学校教师关注教学实际问题，加强教学反思，运用科学的方法开展教学研究。

开展多种形式的思想品德教育。2007 年，青岛市教育局深入开展“同迎奥帆赛，共建文明城”活动；开展“我做奥帆小主人”系列活动；以“奥运与我同行，科学伴我成长”为主题，开展迎奥运科普活动；举办“我们微笑，我们承诺”系列活动；在全市中小学中开展“文明修身工程”主题教育实践活动；组织参加北京奥林匹克教育示范学校论坛活动。制定《青岛市教育局 2007 年“中小学弘扬和培育民族精神月”活动方案》，通过形势教育课、爱国主义传统教育、奥林匹克教育、中华文化经典诵读活动、文明诚信教育等主题教育活动，培育和弘扬民族精神。与市档案局联合举办“城市、记忆、文明——中学生夏令营活动”。

体育、卫生、艺术工作。2007 年，青岛市为加强青少年体育增强青少年体质，对青少年大力普及奥运知识，深入开展帆船运动进校园活动：把普及奥运知识列入学校地方课程，编写了《青岛市中小学生奥运知识读本》；建立 100 个中小学生帆船运动俱乐部，举办了 2007“青岛——基尔帆船训练营”。在青岛奥帆中心举行了青岛市百万学生阳光体育运动启动仪式暨“千帆竞发 2008”青岛市青少年帆船运动与奥运同行仪式，青岛在全国率先被授予青少年帆船运动推广普及示范城市称号，第二批 32 所帆船特色学校揭牌亮相。2007 年，青岛市还被教育部确定为全国中考体育考试改革试点工作城市。

现代教育技术装备配备与教育信息网络建设。2007 年，青岛市开通了青岛市中小学教育技术装备网络管理系统，实现中小学教育技术装备网络化管理，该系统已全面覆盖青岛市中小学。全市已有 156 所中小学图书馆实现了网络化管理图书，教育局所属学校已完成图书馆网络化管理的建设。新建青岛市小学升初中联网报名系统。建立教育城域网网络入侵防御系统，加强网络流量管理与控制。

〔**职业教育与成人教育**〕 2007 年，青岛市在继续推进东、西海岸两大实训基地建设的同时，着力推动全市农村职业学校的布局调整。至 2007 年，胶州湾东海岸“职业教育制造业公共实训基地”主体工程已全部完工，内部装修和设备安装正在加紧进行，投资 1 200 余万元的数控和汽修车间已开始运行；西海岸黄海实训基地，已完成投资 1.5 亿元，全部投入使用。胶州市 2007 年将直属的三所职业学校合并，通过土地置换的方式新征土地 33 万平方米，拟投资 2.1 亿元建设一所建筑面积 15 万平方米、在校生 1 万人的示范性职业学校。胶南市按照“资源整合、集约布局、专业统筹、单位合署”的原则，对职业中专、电大、电子学校、技工学校、卫生进修学校 5 所公办职业学校进行跨行业、跨部门整合；在大学科教区新征土地 40 万平方米，计划投资 2.6 亿元，建设在校生规模达 1 万人、建筑面积 15 万平方米的胶南市职业教育中心。

2007 年，青岛教育局组队参加 2007 年全国中等职业教育技能大赛，6 人在机电一体化、服装设计、烹饪等 5 个项目中获一等奖，12 人在电子产品装配与调试、计算机多媒体制作等 9 个项目中获二等奖，9 人在计算机网络及应用等 4 个项目中获三等奖。

2007 年，青岛制定《青岛市利用职成教育资源开展转移农村劳动力培训及农村实用技术培训工作意见》，提出了开展转移农村劳动力培训工作的组织实施、基地建设和目标责任。经过对五市三区开展转移培训和实用技术培训情况进行考核，对全市乡镇成教中心进行了评估，对 12 所示范性成教中心给予了表彰和总额 130 万元的奖励。市北、城阳两区成为第四批国家级社区教育实验区。青岛市内四区及城阳区完善了“社区教育指导中心”，建立了社区教育工作机构。制定《青岛市学习型社区评估标准》，推出了一批区级学习型组织。

〔**高等教育**〕 截至 2007 年底，青岛地区共有学历高校 22 所，其中普通本科高校 8 所，独立学院 2 所，普通高职院校 8 所，成人高校 2 所，军事院校 2 所。

各高校共有全日制在校生 26.8 万人，比上年增加 1.2 万人。其中普通本专科生 25.4 万人，研究生 1.4 万人。共有专任教师 16 418 人，其中正高级职称 1 980 人，副高级职称 4 270 人，高级职称占专任教师总数的 38%。专任教师中共有两院院士 13 名，双聘院士 25 人，博士生导师 548 人，具有博士研究生学历的教师 2 483 人，具有硕士研究生学历的教师 6 920 人。

青岛高校现有博士后流动站 22 个，博士点 122 个，硕士点 556 个。共有国家级重点学科 15 个，省部级重点学科 77 个，省部级以上研究中心、重点实验室 112 个。各高校图书馆共有藏书 2 000 万册，比 2006 年新增 400 万册。青岛高校共占地面积 1 800 万平方米，建筑面积 866 万平方米，固定资产总值 125 亿元，其中教学仪器设备总值 22 亿元。

积极开展科学研究，青岛高校 2007 年共承担国家级科研课题 538 项，省部级科研课题 621 项，市级科研课题 342 项；科技成果经过鉴定达到国际领先水平 33 项，国际先进水平 88 项，国内领先的 37 项，国内先进的 48 项；获国家级科技进步奖 5 项，省部级科技进步奖 85 项。全年实现科技成果转让 168 项。

各高校更加重视国际交流与合作，2007 年，青岛市高校抓住机遇，主动应对教育国际化的挑战。据统计，2007 年各高校与数十个国家建立了合作关系，共有 303 名外籍教师在青岛高校任教，有 1 788 名外籍专家、学者来青岛进行学术交流，有 3 371 名外籍留学生在青岛高校留学。同时，青岛高校也有 1 066 人出国访问、讲学。

2007 年，青岛市高等职业教育呈现快速发展的良好局面，各高校大力实施办学模式改革的探索，注重学生实践能力的培养，在发展中形成了各自的办学特色；普通高职高专在校生 10.7 万人，为青岛经济社会发展培养了大批高级“蓝领”人才。民办高等教育由规模扩张逐步开始注重内涵和质量，全市 2007 年共有具有颁发学历资格的民办高校 5 所，独立二级学院 2 所；专科以上层次在校生 6.5 万人。

撰稿 翟广顺 王宪廷

审稿 徐剑波 王金生

河南省教育

概　况

〔基本情况〕

2007年各级各类学校校数、教职工、专任教师情况

	学校数（所）	教职工数（人）	专任教师数（人）
一、高等教育			
（一）研究生培养机构（不计校数）	(24)		
1. 普通高校	(15)		
2. 科研机构	(9)		
（二）普通高等学校	82	88 217	58 760
1. 本科院校	31	53 293	34 015
2. 专科院校	51	31 256	21 924
其中：职业技术学院	37	22 301	16 094
3. 其他机构（点）（不计校数）	(19)	3 668	2 821
其中：独立学院	(10)	3 668	2 821
（三）成人高等学校	21	8 511	5 513
（四）民办的其他高等教育机构	30	1 004	448
二、中等教育	7 266	525 816	445 221
（一）高中阶段教育	2 067	524 399	163 666
1. 高中	938	435 020	98 210
普通高中	920	434 657	97 911
成人高中	18	363	299
2. 中等职业教育	1 129	89 379	65 456
普通中专	155	22 469	13 916
成人中专	227	15 343	10 327
职业高中	550	36 080	27 468
技工学校	197	13 321	12 124
其他机构（教学点）（不计校数）	(166)	2 166	1 621
（二）初中阶段教育	5 199	1 417	281 555
1. 普通初中	4 944		280 912
2. 职业初中	2	90	83
3. 成人初中	253	1 327	560
三、初等教育	42 461	520 580	490 146
（一）普通小学	30 677	509 962	483 029
（二）成人小学	11 784	10 618	7 117

续表

	学校数（所）	教职工数（人）	专任教师数（人）
其中：扫盲班	5 782	4 980	3 245
四、工读学校	3	56	45
五、特殊教育	121	3 343	2 746
六、学前教育	4 859	69 363	45 006

注：普通高中的教职工数中包含普通初中的教职工数。

2007 年各级各类学历教育学生情况

	毕业生数（人）	招生数（人）	在校生数（人）
一、高等教育			
（一）研究生	5 429	7 957	21 667
博　士	183	273	838
硕　士	5 246	7 684	20 829
（二）普通本专科	267 225	336 481	1 095 195
本　科	97 164	144 131	507 006
专　科	170 061	192 350	588 189
（三）成人本专科	92 041	92 817	249 433
本　科	26 417	37 666	92 951
专　科	65 624	55 151	156 482
（四）其他各类高等学历教育			
1. 在职人员攻读博士、硕士学位		3 133	6 024
2. 网络本专科生	1 488	13 011	22 107
本　科	204	5 568	10 126
专　科	1 284	7 443	11 981
3. 学历文凭考试	1 114		65
4. 其他	1 249		3 496
二、中等教育	3 174 996	2 988 230	8 974 627
（一）高中阶段教育	1 103 852	1 378 772	3 723 509
1. 高中	660 416	705 706	2 136 711
普通高中	650 962	705 706	2 126 251
成人高中	9 454		10 460
2. 中等职业教育	443 436	673 066	1 586 798
普通中专	171 236	222 973	577 564
成人中专	46 788	62 644	120 195
职业高中	169 649	288 014	661 351
技工学校	55 763	99 435	227 688
（二）初中阶段教育	2 071 144	1 609 458	5 251 118
1. 普通初中	1 891 059	1 609 214	5 072 021
2. 职业初中	2 422	244	848
3. 成人初中	177 663		178 249
三、初等教育	2 093 371	1 832 213	10 667 774
（一）普通小学	1 601 925	1 832 213	10 187 055
（二）成人小学	491 446		480 719
其中：扫盲班	84 113		95 695
四、工读学校	61	82	298
五、特殊教育	2 035	3 043	21 706
六、学前教育	779 464	1 204 710	1 593 402

注：特殊教育学生数中包括普通中小学随班就读的学生。

2007年各级各类非学历教育学生情况

	毕（结）业生数（人）	注册生数（人）
总　计	5 573 819	4 787 847
一、高等教育	244 349	54 675
（一）研究生课程进修班	1 553	2 227
（二）自考助学班	5 497	23 170
（三）普通预科生		2 241
（四）进修及培训	237 299	27 037
其中：资格证书培训	179 875	16 606
岗位证书培训	18 293	3 474
二、中等教育	5 329 470	4 733 172
其中：资格证书培训	215 466	160 678
岗位证书培训	479 474	402 959
（一）中等职业教育	564 135	429 118
其中：资格证书培训	127 062	72 538
岗位证书培训	129 751	75 788
（二）职业技术培训机构	4 765 335	4 304 054
其中：资格证书培训	88 404	88 140
岗位证书培训	349 723	327 171

2007年各级各类民办教育基本情况

	学校数（所）	毕业生数（人）	招生数（人）	在校生数（人）	教职工数（人）	专任教师数（人）	另有其他学生数（人）
一、民办高等教育							
（一）民办高校	10	23 435	30 032	84 265	6 723	4 520	201
本科学生		2 833	3 295	14 167			
专科学生		20 602	26 737	70 098			
（二）独立学院（不计校数）	（10）	3 747	18 633	55 459	3 668	2 821	
本科学生		3 014	16 651	51 994			
专科学生		733	1 982	3 465			
（三）民办其他高等教育机构					1 004	448	24 484
二、民办中等教育							
（一）高中阶段教育	408	96 242	184 106	421 166	48 248	35 522	
1. 民办普通高中	192	54 512	79 678	217 939	36 879	28 027	
2. 民办中等职业教育	216	41 730	104 428	203 227	11 369	7 495	38 689
（二）初中阶段教育	515	128 924	134 089	396 475			
1. 民办普通初中	515	128 924	134 089	396 475			
2. 民办职业初中							
三、民办普通小学	807	71 958	78 402	473 757	28 530	20 864	
四、民办幼儿园	3 392	135 834	293 862	488 960	40 357	25 042	
另有：民办培训机构（不计校数）	（313）				3 045	2 743	160 815

注：1. “另有其他学生数”包括：学历文凭考试学生、自考助学班学生、预科生、进修及培训学生数；

2. 民办普通高中的教职工和专任教师数中包含民办普通初中的教职工和专任教师数；

3. “（ ）”内数据为不计校数。

〔**年度教育指导思想**〕 2007年，河南省以邓小平理论和“三个代表”重要思想为指导，认真贯彻落实党的十六届六中全会和中共河南省第八次党代会精神，以科学发展观统领教育工作全局，全面贯彻党的教育方针，深化改革，提高质量，促进公平，规范管理，狠抓落实，保持稳定，推动全省教育事业又好又快发展，努力办好让人民满意的教育，以优异成绩迎接党的十七大胜利召开。

〔**教育经费投入增长高于财政收入**〕 2007年河南省教育经费（包括国家财政性教育经费、民办学校中举办者投入、社会捐赠经费、事业收入和其他收入）总投入为549.4亿元，比上年增加131.5亿元，增长31.5%。其中，国家财政性教育经费投入（包括预算内教育经费、各级政府征收用于教育的税费、企业办学中的企业拨款、校办产业等用于教育的经费）为407.6亿元，比上年增加123.7亿元，增长43.6%，占全省教育经费总投入的74.2%。

2007年河南省各级政府预算内教育经费投入为386.4亿元，比上年的268.5亿元增长43.9%。2007年本省经常性财政收入比上年增长32.3%，预算内教育经费的增长高于同期经常性财政收入增长幅度近12个百分点。

〔**生均公用教育经费支出除高校外均有大幅增长**〕 河南省2007年小学预算内生均公用经费支出为317元/人，比上年增长86.5%，排全国第24位（去年第26位）。其中，农村小学预算内生均公用经费支出为319元/人，比上年增长85.5%。初中预算内生均公用经费支出为512元/人，比上年增长103.2%。其中，农村初中预算内生均公用经费支出为552元/人，比上年增长119%。普通高中预算内生均公用经费支出为399元/人，比上年增长7%。全省职业高中预算内生均公用经费支出为386元/人，比上年增长65%。普通高校预算内生均公用经费支出为1 003元/人，比上年下降46.5%。

〔**大力资助家庭经济困难学生**〕 河南省2007年筹备召开了全省家庭经济困难学生资助工作会议，下发了《河南省人民政府关于建立健全普通本科高校高等职业学校和中等职业学校家庭经济困难学生资助政策体系的实施意见》和8个配套文件，进一步健全了全省普通本科高校、高等职业学校和中等职业学校家庭经济困难学生资助政策体系。2007年秋季，全省用于资助的经费达9.34亿元，资助109万名高校和中职校学生，资助金额和资助人数居全国首位，覆盖到普通高校20%以上和中等职业学校90%以上学生。2007年，继续实行“两免一补”，全省共落实“两免一补”资金32.1亿元。其中，春季学期落实资金15.9亿元，对1 262万农村中小学生免收学杂费，对657万学生免费发放教科书，对70万贫困寄宿生补助生活费；秋季学期落实资金16.2亿元，对1 261万农村中小学生免收学杂费，对686万学生免费发放教科书，对77万贫困寄宿生补助生活费，河南省资助人数和投入资金量均居全国首位。

〔**加强学校体育工作**〕 2007年，河南省认真贯彻落实全国学校体育工作会议和中共中央《关于加强青少年体育增强青少年体质的意见》，启动并组织实施河南省千万学生阳光体育运动。牢固树立“健康第一”的指导思想，保证开足上好体育课，落实每日一小时体育锻炼时间。结合各级各类学校实际，教育厅制定下发了《学校体育工作十项规定》；修订了河南省中招体育考试方案。从2007年起，继续组织实施中招体育考试，并以30分记入中招考试总分。为提高中小学体育教师素质，下发《河南省中小学体育教师培训实施方案》，计划采取省、市、县三级培训的方式，经过三年的时间，对现有的中小学体育教师进行一次轮训。组团参加全国第八届大学生运动会，获得团体总分第12名。加强学生体质健康状况调研，制订了河南省实施《国家学生体质健康标准》行动计划。

〔**民办学校数和在校生数都有增长**〕 2007年，河南省成立了民办教育工作领导小组，设立了专门的民办教育工作办公室，切实加强对民办教育工作的领导。全省各级各类民办学校达5 156所，比上年增加219所；在校生总数达202.35万人，比上年增加26.5万人，增长15.16%。其中，民办普通高等教育规模快速扩大，在校生达22.24万人；在校生占普通高等教育在校生总数比例达17.48%，比上年提高2.8个百分点。

〔**教育对外合作与交流不断扩大**〕 2007年，河南省继续规范中外合作办学管理，审批中外合作办学项目和机构33个，审批了郑州大学等14所院校与国外院校合作举办的32个专科层次项目。河南省中外合作办学机构和项目达到180个，在校生超过5万人，其中与12所世界500强高校开展了合作办学。继续开展国家留学基金地方合作项目，选派国家公派出国留学人员136名。聘请外国文教专家700余人，来豫留学生规模超过1 600人。大力加强汉语国际推广工作，郑州大学与印度韦洛尔科技大学合作、河南大学与美国阿克伦大学合作先后举办海外孔子学院，海外孔子学院建设取得历史性突破。“汉语国际推广少林基地”和郑州市47中、洛阳一高和少林寺塔沟武术学校等3所汉语国际推广中小学基地顺利通过国家汉办审批。

〔**规范招生和收费行为**〕 2007年，河南省继续实行阳光收费，严格执行收费政策，全面清理、规范和公布各级各类学校的收费项目和标准。公办普通高中招收择校生严格执行“三限”政策，择校生比例不得超过本校当年招收高中学生计划数的30%。继续开展创建规范教育收费示范县和民主评议学校行风活动。教育厅会同省发改委、省财政厅核定并审批了河南省近30所高校新批准的中外合作办学、软件学院等收费项目和标准，进一步规范了高校收费行为。加强监督检查，严肃查处乱收费案件。据不完全统计，2007年，河南教育系统受到党政纪律处分118人，清退违规资金685万元，教育收费进一步规范。在各类招生工作中，严格执行招生政策，实施“阳光招生”，坚决制止违规招生，严厉打击非法招生，维护了招生的公平、公正。

基础教育

〔**综述**〕 2007年，河南全省小学净入学率达到99.94%，比上年提高0.08个百分点；毕业生升学率达到100%，比上年提高0.31个百分点；初中阶段净入学率达到98.79%，比上年提高0.44个百分点；初中毕业生升学率达到67.96%，其中升入普通高中的比率42.5%，分别比上年提高1.23和6.4个百分点；高中阶段毛入学率达到67.7%，比上年提高12.09个百分点。全省共扫除青壮年文盲8.41万人。2007年，全省实施农村义务教育经费保障新机制资金总额为43.9亿元，其中，中央补助22.9亿元，地方安排21亿元。进一步提高农村中小学公用经费标准。2007年，小学由每生每年20元提高到26元，初中由30元提高到39元，提高部分由省级财政负担。

〔**通过“两基”评估验收**〕 2007年12月，教育部副部长、总督学陈小娅带队、国家教育督导团顾问陶西平任组长的国家“两基”督导检查组对河南“两基”工作进行了评估验收。检查组听取了省政府“两基”工作情况汇报，实地考察了兰考、安阳、西峡、鲁山、罗山、舞阳、新安、温县8个县。检查组认为：河南省各县（市、区）“两基”工作在省级验收后，继续巩固提高“两基”的各项主要指标，基本符合国家标准，可以认定全省实现了“两基”目标。12月27日，教育部部长周济授予河南省实现“两基”目标纪念牌。

〔**努力促进义务教育均衡发展**〕 2007年，河南省召开了全省义务教育均衡发展现场会，下发了

《河南省人民政府关于进一步推进义务教育均衡发展的意见》，明确提出用5年时间基本实现县域内义务教育均衡发展的目标任务和一系列政策措施。研究制订《河南省义务教育阶段农村中小学办学条件基本标准》，为进一步改造城乡薄弱学校提供依据。在各地推荐的基础上，首批确定了44个县(市、区)，开展全省义务教育均衡发展示范县(市、区)创建活动，通过典型引路带动全省义务教育均衡发展。积极开展城镇教师支援农村教育活动，自活动开展以来，共组织城乡教师到农村学校任教5万余人次，有力地推动了农村义务教育发展。

〔**加强中小学师资队伍建设**〕 2007年，河南省在广大教师中开展以“新风育师德，正气促和谐”为主题的师德教育活动，组织师德报告团到各地巡回报告，在广大师生中引起了强烈反响。继续实施农村教师素质提高工程，组织开展农村青年教师岗位技能竞赛活动，认真组织教师教育网络联盟计划、教师教育技术能力建设计划、新课程教师培训计划、农村教育硕士师资培养计划和班主任培训等计划的实施，提高了农村教师队伍整体素质；全省小学专任教师学历合格率达到99.36%，初中专任教师学历合格率达99.91%，普通高中专任教师学历合格率为88.67%。

〔**改善和提高农村中小学校办学条件**〕 2007年，河南省农村中小学课桌凳更新配置列入2007年省委省政府向全省群众承诺的十大实事，全省共落实资金6亿元，完成项目学校2.46万所，更新配置课桌凳374万套，比原规划多配置5.3万套，全省748万名农村中小学生用上了崭新的课桌凳。全省筹措6.5亿元，计划改造危房84.2万平方米，建设校舍201.5万平方米。全省投入2.89亿元，继续实施“农村中小学现代远程教育工程”，建成了覆盖全省所有农村学校的现代远程教育网络，大力推进工程应用，使边远、贫困地区的农村孩子也能享受到优质教育资源。

〔**进城务工农民子女入学工作**〕 2007年，河南省认真落实以输入地政府为主、以全日制公办学校为主、免收借读费等政策措施，明确责任，完善服务，确保进城农民工同住子女顺利入学。2007年秋季全省义务教育阶段进城农民工适龄子女28.3万人，安排入学28.2万人，入学率为99.64%，其中入公办学校比例为85.2%。

职业教育

〔**综述**〕 2007年，河南省坚持“狠抓招生就业两个关键，积极深化体制改革，努力实现农村职教规模发展、城市学校质量提高两个突破”的工作思路，职业教育工作迈上新台阶。2007年，全省中等职业学校招生67万人，在校生达到159万人，达到历史最高水平，并保持了良好的增长势头。中等职业教育招生占高中阶段教育招生比例由2002年的41.6%提高到2007年的47.3%，基本实现了普通高中与中等职业教育招生规模大体相当的目标。积极参与组织实施“农村劳动力转移培训工程”和“农村实用人才培训工程”，全年完成各类职业技术培训800万人次。

〔**加强职业教育改革**〕 2007年，河南省通过实行招生工作目标责任制，改进招生办法，各职业学校采取提前招生、两季招生、注册入学、多次录取等灵活的招生办法，有效扩大了招生规模。在办学方向、培养模式上面向经济建设主战场，面向生产服务第一线，深入推进教育教学改革，实施“订单”教育，进一步提升职业教育适应和服务市场的能力。加强实践教学环节，优化专业课程结构，注重学生能力培养和技能锻炼，促进职业学校教学与岗位零距离对接，着力加强现代制造业、现代服务业紧缺的高素质高技能专门人才培养，培养适销对路人才。职业教育的培养模式更加灵活多样，职业特点更加突出，办学特色更加鲜明，充满发展活力。毕业生越来越受到各行各业的欢迎。中职毕业生就业率连续第五年达到95%以上。

〔**加强基础能力建设**〕 2007年，河南省争取县级职教中心、示范性学校建设、实习实训基地建设项目50个，申报建设资金2.3亿元。认真抓好中等职业学校师资培训工作，安排全省830名中职专业教师参加国家级培训；认定19个省级专业教师培训基地，安排2 000名中职专业教师参加省级培训；建立45个中职教师教育技术能力培训基地。申请中央财政200万元，资助全省中等职业学校紧缺专业特聘兼职教师工作。

〔**组建职教集团**〕 截至2007年底，河南全省组建了18个职教集团共吸纳成员单位651家，其中职业学校269所、行业协会73个、企业282个，科研机构22个。职教集团组建以来，共招收农村学生22.2万人，安置中等职业学校毕业生23.9万人，吸纳企业资金1.26亿元。职教集团的组建，推进了职业教育机制体制创新，促进了校际、校企资源共享、优势互补，促进了城乡联姻、省市县三级合作办学。

〔**创建第二批职业教育强县**〕 2007年，河南省在开展“职业教育强县”创建活动的基础上，联合七部门开展了第二批职业教育强县创建工作。对评估指标体系进行了修订完善，把“县域内应届初中毕业生一个不少地接受职业教育或培训”列入创建指标。评审认定了中牟、淇县等11个职业教育强县和5个职业教育强县创建活动先进单位。

〔**大力加强中职教师队伍建设**〕 2007年，河南省启动了以专业骨干教师岗位提高培训和现代教育技术培训为主要内容的中职教师素质提高计划，认定河南大学等64个专业骨干教师师资培养培训基地和现代教育技术培训基地，完成10 669人专业骨干教师和现代技术轮训任务，教师培训的规模和资金投入超过了“十五”期间的总和。在“221工程”目标框架的基础上，启动了以打造职教专家队伍为龙头的师资队伍建设计划，拟选拔培养认定一批以校长为主体的职教专家队伍，打造职教改革发展的领军团队；选拔培养认定一批专业带头人，打造专业建设的中坚力量；选拔培养认定一批骨干教师，建设一支“双师型”教师队伍，以此带动全省中职教育师资队伍整体素质和水平的提高。2007年，教育厅认定了河南职业教育教学专家27名、专业带头人127名，骨干教师589名。

高等教育

〔**综述**〕 2007年，河南全省普通高校招生35.47万人，较上年增长7%；全省普通高校在校生规模达109.27万人，比上年增加11.86万人，高等教育毛入学率达19.68%。博士、硕士研究生招生达7 957人，比上年增长7.9%。高等教育规模进一步扩大，结构更加合理。教职工队伍得到充实，师资水平不断提高。办学条件持续改善，办学资源稳步增加。

〔**加强高校党建工作**〕 2007年，河南省重视加强民办高校党建工作制度建设，推进民办高校党建规范化、制度化。高度重视高校领导班子思想政治建设，注重高校基层党组织建设，2007 年，指导河南科技大学等 7 所高校召开了党员代表大会。积极做好高校党员发展工作，高校党员队伍不断壮大，省属 45 所高校共有党员 137 636 名，其中学生党员 97 216 名，占在校大学生总数的 14.4%。学生党支部达 2 168 个，基本达到本科高校一年级有党员，高年级有学生党支部的目标。

〔**加强和改进大学生思想政治教育**〕 2007 年，河南省坚持“学校教育、育人为本，德智体美、德育为先”的理念，研究制定了一系列加强和改进大学生思想政治教育的政策措施，切实加强了思想政治理论课建设、校园文化阵地建设，积极开展形势与政策教育、网络思想政治教育、大学生心理健康教育和大学生社会实践活动，大力推动中国特色社会主义理论体系进课堂、进教材、进学生头脑工作，帮助大学生树立正确的世界观、人生观和价值观。坚持把德育和思想政治工作贯穿于教育教学全过程，形成了教书育人、管理育人、服务育人的德育和思想政治工作新格局。抓好思想政治工作队伍建设。重点抓了学校党政干部、辅导员班主任和哲学社会科学教师队伍建设，研究制定了辅导员队伍建设的具体政策措施。2007 年，全省高校辅导员与学生比为 1：198，达到国家规定的标准；具有硕士学位的辅导员比例达 30%，辅导员队伍素质有了很大提高。

〔**努力提高高校教学质量**〕 2007 年，河南省继续实施“高等学校教学质量与教学改革工程”。高校专业建设得到加强，紧密结合河南省经济建设和社会发展需求，新设置了 141 个本科专业和 176 个专科专业，评出 60 个省级高校特色专业。加强高校本科教学工作，推动高校教育教学改革，新增国家级实验教学示范中心 4 个，60 多所高校图书馆实现了资源共享。继续开展高校教学名师奖评选表彰，鼓励广大教师从事基础课教学。加强精品课程建设，评选出 76 门省级精品课程进行重点建设。启动实验教学示范中心建设，已建设 6 个国家级和 24 个省级实验教学示范中心。完成研究生招生近 8 000 人，第十一批学位点建设工作扎实推进。

2007 年，郑州大学“纤维复合建筑材料与结构”等 3 个教育部工程研究中心获准立项建设。河南农业大学作物学被确定为一级学科国家重点学科，实现了本省一级国家重点学科零的突破。商丘职业技术学院获得国家示范性高等职业院校建设立项单位。截至 2007 年底，河南省依托本省高校建有国家重点实验室培育基地 1 个，教育部重点实验室 4 个，省重点实验室 24 个，省高校重点学科开放实验室 25 个，国家工程（技术）研究中心 2 个，教育部工程研究中心 4 个，省工程（技术）研究中心 10 个，国家级示范性高等职业院校 3 个。

〔**加强高校教师队伍建设**〕 2007 年，河南省继续面向海内外引进省级特聘教授。新设置 33 个特聘教授岗位，全省高校特聘教授岗位达到 161 个，特聘教授上岗 72 人。制定《河南省高等学校特聘教授考核管理办法（试行）》，加强特聘教授管理工作。提高高校教师队伍整体素质，在全省高校遴选确定了 200 名 40 岁以下，具有副教授职务，工作在教学科研一线，政治素质高、业务水平强的青年骨干教师，采取以人为本，以项目为载体的方式进行重点培养。2007 年全省普通高校专任教师达到 5.85 万人，比上年增加 0.56 万人，专任教师中副高级以上职务的有 19 114 人，占总数的 32.65%，比上年提高 0.8 个百分点；专任教师中研究生及以上学历的有 21 236 人，占总数的 36.28%，比上年提高 2.91 个百分点。全省高校教师队伍数量明显增加，结构不断优化，素质显著提升，为提高高等教育质量提供了重要的人才保障。

〔**加大高校科技成果转化力度**〕 2007 年，河南省引导高校发挥人才和技术优势，主动面向经济社会发展主战场，紧紧围绕经济建设和社会发展中急需解决的重大理论和实践问题，积极开展科学技术研究，加大科技成果转化和推广力度，提高高校科技创新为地方经济建设和社会发展服务的贡献率。高校成为基础研究和应用研究的主力军，一批原创性科技成果得到应用和推广转化，高校社会服务能力显著提升。2007 年全省高校承担横向课题的数量达到 1 400 多项，经费近 5 亿元；与国内外企业签订技术转让合同 210 项，合同金额近 3 000 万元，实现转让收入 2 300 万元。

〔**加强高校基本建设管理**〕 2007 年，河南省稳步推进高校基建工作，全年完成校舍建筑面积 268 万平方米以上。批复同意 4 所学校对老校区部分土地进行置换，置换土地 3.43 万平方米。下发了《河南省教育厅关于进一步加强我省高校新校区建设管理工作的通知》，严格控制新开工项目，建设资金无保障的严禁开工建设。严格按照各高校校舍规模核定招生计划，已达到基本办学条件的高校原则上不再开工新项目。实行建设项目进度定期报告制度，跟踪各高校建设项目进展动态，发现问题及时协调解决。督促各高校进一步调整并完善各自的基本建设规划，有效地化解了建设风险。

〔**高校学生食堂补贴**〕 河南省 2007 年主副食价格上涨较快，影响到高等学校学生食堂的价格和学校稳定。根据中央和国务院指示精神，省教育厅积极应对，做好相关工作。要求各高等学校采取有效措施，进一步做好学生食堂工作，确保食堂饭菜价格的稳定。落实国家对学校食堂优惠政策，使学校在用电、用水、用气以及工商、税收方面能享受到优惠政策。积极向省政府反映高校学生食堂存在的困难，2007 年，全省大中专院校学生食堂补贴近 1 亿元，其中省财政安排 3 000 多万元。

〔**努力做好高校毕业生就业工作**〕 河南 2007 年全省高校毕业生 28.9 万人，较上年增长 32%，毕业生人数创历年最高。省教育厅继续引导和鼓励高校毕业生面向基层就业；进一步健全市场体系，召开综合类、师范类、水利水电类、高职高专类、民办高校类等毕业生就业双向选择洽谈活动；组织了三期就业指导人员培训班，加强就业指导课程和队伍建设，提高就业指导和服务水平；深化以就业和社会需求为导向的教育教学改革，提高教学质量，增强毕业生素质，促进毕业生顺利就业。截至 9 月 1 日，河南全省高校毕业生实现就业人数 229 078 人，毕业生就业率达到 79.03%，圆满完成了省政府年初确定的就业工作目标任务。

撰稿　韩　冰　张小茜

审稿　蒋笃运

湖北省教育

概　况

〔基本情况〕

2007 年各级各类学校校数、教职工、专任教师情况

	学校数（所）	教职工数（人）	专任教师数（人）
一、高等教育			
（一）研究生培养机构（不计校数）	(45)		
1. 普通高校	(22)		
2. 科研机构	(23)		
（二）普通高等学校	86	119 736	68 117
1. 本科院校	35	75 764	39 456
2. 专科院校	51	28 128	18 164
其中：职业技术学院	48	26 651	17 109
3. 其他机构（点）（不计校数）	(37)	15 844	10 497
其中：独立学院	(31)	15 046	9 900
（三）成人高等学校	15	4 574	2 908
（四）民办的其他高等教育机构	5	410	131
二、中等教育	3 921	331 992	277 290
（一）高中阶段教育	1 379	330 717	109 661
1. 高中	693	275 574	69 850
普通高中	668	275 150	69 500
成人高中	25	424	350
2. 中等职业教育	686	55 143	39 811
普通中专	286	27 515	18 292
成人中专	48	3 967	2 309
职业高中	144	9 765	7 626
技工学校	208	12 023	10 456
其他机构（教学点）（不计校数）	(54)	1 873	1 128
（二）初中阶段教育	2 542	1 275	167 629
1. 普通初中	2 440		166 540
2. 职业初中	26	961	873
3. 成人初中	76	314	216
三、初等教育	10 563	221 347	205 618
（一）普通小学	10 210	220 326	204 899
（二）成人小学	353	1 021	719

续表

	学校数（所）	教职工数（人）	专任教师数（人）
其中：扫盲班	209	420	333
四、工读学校	3	78	54
五、特殊教育	76	1 670	1 383
六、学前教育	2 572	37 366	22 254

注：普通高中的教职工数中包含普通初中的教职工数。

2007 年各级各类学历教育学生情况

	毕业生数（人）	招生数（人）	在校生数（人）
一、高等教育			
（一）研究生	25 709	28 998	77 579
博　士	3 310	4 536	17 328
硕　士	22 399	24 462	60 251
（二）普通本专科	276 005	325 803	1 163 686
本　科	123 563	157 779	614 087
专　科	152 442	168 024	549 599
（三）成人本专科	86 098	114 217	286 129
本　科	31 751	54 663	132 088
专　科	54 347	59 554	154 041
（四）其他各类高等学历教育			
1. 在职人员攻读博士、硕士学位		12 795	28 272
2. 网络本专科生	34 281	36 255	85 252
本　科	13 261	11 989	32 215
专　科	21 020	24 266	53 037
3. 学历文凭考试			
4. 其他			
二、中等教育	1 840 882	1 815 148	5 455 260
（一）高中阶段教育	788 354	942 491	2 546 913
1. 高中	478 289	439 793	1 358 189
普通高中	443 093	439 793	1 328 398
成人高中	35 196		29 791
2. 中等职业教育	310 065	502 698	1 188 724
普通中专	144 335	254 394	619 043
成人中专	11 901	29 995	64 518
职业高中	64 225	102 676	252 631
技工学校	89 604	115 633	252 532
（二）初中阶段教育	1 052 528	872 657	2 908 347
1. 普通初中	997 673	869 778	2 840 700
2. 职业初中	7 342	2 879	13 553
3. 成人初中	47 513		54 094
三、初等教育	852 890	610 762	3 727 241
（一）普通小学	832 908	610 762	3 703 434
（二）成人小学	19 982		23 807
其中：扫盲班	13 978		14 620
四、工读学校	252	339	237
五、特殊教育	1 286	1 988	13 972
六、学前教育	231 733	441 792	655 408

注：特殊教育学生数中包括普通中小学随班就读的学生。

2007 年各级各类非学历教育学生情况

	毕（结）业生数（人）	注册生数（人）
总　计	1 219 416	1 200 779
一、高等教育	114 012	104 939
（一）研究生课程进修班	3 610	3 924
（二）自考助学班	5 857	80 046
（三）普通预科生		955
（四）进修及培训	104 545	20 014
其中：资格证书培训	41 802	9 722
岗位证书培训	25 216	3 737
二、中等教育	1 105 404	1 095 840
其中：资格证书培训	153 630	152 949
岗位证书培训	278 134	252 971
（一）中等职业教育	432 303	409 819
其中：资格证书培训	66 916	52 504
岗位证书培训	139 443	121 439
（二）职业技术培训机构	673 101	686 021
其中：资格证书培训	86 714	100 445
岗位证书培训	138 691	131 532

2007 年各级各类民办教育基本情况

	学校数（所）	毕业生数（人）	招生数（人）	在校生数（人）	教职工数（人）	专任教师数（人）	另有其他学生数（人）
一、民办高等教育							
（一）民办高校	11	16 055	25 547	68 911	5 662	3 517	522
本科学生			1 510	3 955			
专科学生		16 055	24 037	64 956			
（二）独立学院（不计校数）	(31)	43 677	68 948	234 711	15 046	9 900	1 935
本科学生		23 526	40 291	151 408			
专科学生		20 151	28 657	83 303			
（三）民办其他高等教育机构					410	131	14 806
二、民办中等教育							
（一）高中阶段教育	265	50 872	94 205	227 282	23 076	15 522	
1. 民办普通高中	147	32 180	42 560	118 785	16 973	11 764	
2. 民办中等职业教育	118	18 692	51 645	108 497	6 103	3 758	11 340
（二）初中阶段教育	137	23 631	33 619	94 097	11	9	
1. 民办普通初中	136	23 590	33 603	94 019			
2. 民办职业初中	1	41	16	78	11	9	
三、民办普通小学	101	15 747	11 493	74 493	5 496	4 015	
四、民办幼儿园	1 707	63 815	128 848	225 949	19 748	10 988	
另有：民办培训机构（不计校数）	(187)				2 536	1 840	57 874

注：1. “另有其他学生数”包括：学历文凭考试学生、自考助学班学生、预科生、进修及培训学生数；

2. 民办普通高中的教职工和专任教师数中包含民办普通初中的教职工和专任教师数；

3. “（　）”内数据为不计校数。

〔**加强农村教师培养**〕 2007年，湖北省教师管理工作重心进一步向农村教师倾斜，继续将国家“农村义务教育阶段学校教师特设岗位计划”、“农村学校教育硕士师资培养计划”和“农村教师资助行动计划”结合起来，统筹实施，选派优秀大学本科毕业生到农村学校任教。2007年，湖北省在全国99所高校选拔2 462人，其中特岗生1 714人，到78个县（市）1 200多所学校从事教学工作。

2007年是湖北省实施“农村教师素质提高工程”的第三年，按照政府制定的“政府招标购买培训，受训者全免费接受培训，严格考核培训情况，根据绩效给予奖励”的原则，武汉大学、华中科技大学、华中师范大学、华中农业大学、湖北大学等14所在汉高等院校承担了农村乡镇中小学教师、校长培训任务。“工程”受益区域由2006年的69个县（市、区），扩大到2007年的84个县（市、区），覆盖了全省有农村学校的县（市、区），共培训20 252人。其中，教师18 269人，校长1 983人。

继续组织实施“城镇教师援助农村教育行动计划”，帮助农村学校提高师资水平。2007年，组织7个特级教师讲学团分别赴大悟县、洪湖市、团风县、黄梅县、通山县、阳新县、大冶市等7个农村县（市），并将巡回讲学活动服务重点放在有革命老区的乡镇。讲学团通过上示范课、说课评课、指导教学设计等方式完成了114学时的讲学指导任务。组织2007年度评选的23名湖北名师及所在学校与21个县（市、区）建立对口帮扶关系，进一步发挥了湖北名师、优秀教师的示范、指导作用，提高农村学校教师教育教学水平。

〔**修订完善“楚天学者计划”**〕 2007年，“楚天学者计划”由楚天学者、楚天学者讲坛和楚天学者成就奖组成；设置讲座教授、特聘教授（含讲座教授）和楚天学子三个层次，扩大了引进高层次人才的规模。2007年5月，“楚天学人网”开通。网站以计算机网络及信息技术为依托，以各高等学校的杰出学人为核心，建立了旨在推动湖北高等学校人才培养、信息交流与成果展示的电子平台。

省教育厅于5月中旬举办了首届楚天学者讲坛。12月15日，第二届楚天学者讲坛（化学方向）在武汉工程大学举行，化学工程与技术学科及其相近的资源、冶金、环境、材料、生物和石油等领域的楚天学者、教师、科研人员、研究生和本科生参加了讲坛，中国地质大学郑广、湖北大学李代芹、湖北工业大学汤亚杰等10名楚天学者以专题报告、座谈等形式进行了学术交流。

2007年，经湖北省“楚天学者计划”专家评审委员会审定，彭南生等32人为楚天学者，华中科技大学物理电子学等42个学科为设岗学科。

〔**实施师范生免费教育**〕 2007年，国家开始在教育部直属师范大学开展师范生免费教育试点工作，教育部5所直属师范大学共从湖北省招收免费师范生978人，其中男生346人，占35.38%；女生632人，占64.62%。华中师范大学在全国招收免费师范生2 200人，其中在湖北招收800人。8月2日，省人民政府办公厅转发了省教育厅、省财政厅、省人事厅、省编办《关于做好教育部直属师范大学师范生免费教育的实施意见》。11月，中央新闻采访团到湖北，对湖北免费师范生试点工作进行了专题报道。

〔**建立健全家庭经济困难学生资助体系**〕 2007年，湖北省委、省政府将“资助10万名家庭经济困难学生接受中等职业教育，为高校15万名贫困家庭学生提供助学贷款”列为向全省人民办的十件实事之一。

秋季开学，国家出台政策建立了以政府投入为主、“奖、贷、助、补、减”和“绿色通道”多位一体的资助体系。湖北省高校获得国家奖助学金资助人数达275 910人（含部属院校），中央财政和省级财政半年投入金额达3.5亿元。82万名中等职业学校经济困难学生获得5.6亿元国家助学金资助。全省共向582万名家庭经济困难中小学生提供了免费教科书，为65.98万名寄宿制贫困家庭学生补助生活费11 218万元。

全省高校共发放国家助学贷款6.5亿元，资助家庭经济困难学生13万人；签订生源地信用助学贷款合同近4亿元，发放1亿元，资助家庭经济困难学生2万人。2005年—2007年，财政部、教育部下达湖北省国家助学贷款“以奖代补”专项奖励资金达1.01亿元，位居全国首位。

在认真落实新资助体系各项政策的同时，湖北省积极发动社会各界参与家庭经济困难学生资助工作，共募集社会捐助资金达2 900万元，资助家庭经济困难学生5.8万人。

〔**全面推进农村义务教育经费保障机制改革**〕2007年春季开学，湖北省全面推行农村义务教育经费保障机制改革，建立分项目、按比例分担的农村义务教育经费保障新机制。

为了切实落实省级统筹责任，省政府决定，湖北省应由地方承担的免杂费资金，全部由省级财政承担。地方承担的公用经费和校舍维修改造资金，29个贫困县（市）全部由省级财政承担，其他县（市、区）按比例分担。2007年，全省落实改革资金24.88亿元。其中，中央承担16.98亿元，省级承担7.05亿元，市级承担1 077万元，县级承担7 467万元。全省地方承担的资金总量中省级占90%。省政府明确要求各县继续落实“农村税费改革转移支付资金用于农村义务教育的比例应不低于固定性转移支付的60%”、“非贫困县（市）财政按每生每年不低于15元的标准对农村中小学给予公用经费补助”。全省改革整体进展顺利，新机制运行平稳，惠及全省88个县（市、区）1.5万所农村中小学校，4 000多万农民群众、600多万名中小学生受益。

实施新机制后，为保证教师工资性收入保持一个合理的水平，全省在规范公务员津贴补贴的同时，对全省农村义务教育阶段的教师按照每人月均150元、年均1 800元的标准给予补助。全省2007年共发放农村义务教育教师绩效考核补贴7.35亿元。

加强监督检查，确保改革顺利实施。全省教育系统建立了“省包市（州）、市（州）包县、县包乡镇、干部包校”的“包保”工作机制，教育厅机关人手一份《新机制检查调研工作手册》，宣传政策，了解情况，指导工作。

〔**改善办学条件**〕 2007年，湖北省农村中小学寄宿制工程全面完工。2004年—2007年，全省农村中小学“寄宿制工程”建设共投入19 152.4万元。其中，中央资金18 800万元，地方配套352.4万元。工程覆盖全省51个县（市）385所项目学校。其中，小学165所、初级中学208所、“九年一贯制”学校9所、其他学校3所。新建校舍面积32.55万平方米，改扩建校舍面积4.72万平方米。其中，教学及辅助用房7.65万平方米，生活服务用房29.52万平方米，其他用房950平方米。中央批复的385个工程项目全部竣工，并交付使用。

农村中小学现代远程教育工程全面完工。全省于2005年底率先在全国实现农村中小学现代远程教育工程“校校通”。截至2007年秋季，工程规划已全面完工，总投入资金4亿元。配备教学光盘设备3 937万套、卫星教学收视系统11 477套、计算机教室和多媒体设备1 598套，覆盖全省所有农村中小学，600多万农村中小学生受益。湖北省现代远程教育工程已进入全面应用阶段，构建了“天地一体”的信息传输体系，搭建网上教学支持平台、网上教研平台、网上教师培训平台、学生信息管理平台，即使偏远的神农架林区师生也能同城市师生一起共享优质教育资源。

农村中小学校舍维修改造长效机制全面建立。2007年，各级财政共安排校舍维修改造资金4.31亿元。其中，中央1.41亿元，省级1.04亿元，市（县）1.86亿元。新建、改建校舍141.2万平方米，项目学校2 206所。学校危房维修改造已建立了长效机制，改造资金有了稳定可靠的来源，危房改造和校舍建设成为地方政府一项极其重要的经常性工作，农村中小学校长不用再到处“跑”项目了。

“新农村卫生新校园建设工程”试点工作实施。2007年，全省在部分县（市）开展以农村中小学“三改一建”（即改水、改厕、改食堂、建沼气池）为主要内容的“新农村卫生新校园建设工程”试点工作。试点范围涵盖全省17个市（州）19个县（市、区），项目学校164所，项目规划资金总投入2 321万元。其中，中央1 900万元、地方421万元。将建厕所蹲位5 096个、沼气池15 490立方米，新增食堂灶具1 251套，有143 959名学生（其中寄宿学生82 181人）受益。2 321万元专项资金6月全部到位，164个项目工程已全部启动，2/3项目完工。

积极争取教育捐赠项目。2007年，全省共争取教育捐赠项目资金2 500万元，用于55个项目建设。其中，吕志和项目6个，资金200万元；明德项目40个，资金1 800万元；邵氏项目9个，资金500万元。特殊教育补助资金160万元（其中，中央60万元、省财政100万元）。向日本驻华大使馆争取2个"利民·人的安全无偿援助"项目，资金171 243美元（折合人民币128.4万元），无偿援助湖北省宜城市实验小学教学楼和咸安区柏墩小学建设。

〔**举办"中俄高校高等教育交流会"**〕 2007年9月，湖北省人民政府在俄罗斯莫斯科举办"湖北日"活动，省教育厅组织武汉大学、华中科技大学、中国地质大学、华中师范大学、武汉理工大学、中南财经政法大学等11所高校参加"中俄高校高等教育交流会"。这是湖北高校近年来首次在俄罗斯举办教育交流活动。省高校与俄罗斯高校共签署14项重大合作与交流协议。

〔**对外汉语教学**〕 2007年，省教育厅积极推动对外汉语教学工作，协助高校参与海外孔子学院的建设，加强对外汉语教师队伍建设，积极选派教师出国从事对外汉语教学，利用各种形式不断扩大中华文化、楚文化在世界的影响。全省获得国家汉语国际推广领导小组办公室、孔子学院总部批准的孔子学院8所，获得国家汉办批准的汉语国际推广中学基地4个，正在积极筹备的海外孔子课堂12个。5月，湖北省选派35位对外汉语教学志愿者赴泰国，作为汉语言文化和湖北文化传播使者，在泰国进行为期一年的汉语教学工作，这是湖北省首次派出对外汉语教学志愿者赴海外工作。

〔**建立青少年学生每天一小时阳光体育运动的长效机制**〕 2007年，湖北省教育厅下发《湖北省中小学校每天一小时阳光体育运动实施方案》，统一规范了全省中小学校每天一小时阳光体育运动。从时间上统一要求寄宿制学校每天早上开展15～20分钟的早操活动。学校每天上午第二节课、第三节课之间安排25～30分钟的大课间操活动，下午第一节课和第二节课之间要做1次眼保健操。小学1～2年级每周4节体育课，小学3～6年级、初中每周3节体育课，高中每周2节体育课。各地统一将每天1小时阳光体育活动纳入到中小学校的作息时间统一执行，并纳入中小学校综合办学水平评估指标体系。

基础教育

〔**召开推进义务教育均衡发展座谈会**〕 2007年12月，湖北省教育厅在通山县以推广"校点一体，资源共享"办学模式改革为重点，召开全省推进义务教育均衡发展座谈会。会议根据湖北义务教育的实际，结合促进全省区域之间、城乡之间和学校之间义务教育均衡发展的要求，起草并讨论《关于推进全省义务教育均衡发展的若干意见》和《湖北省义务教育阶段学校办学条件基本标准》，提出义务教育均衡发展的指导思想和主要目标。会议肯定了通山县开展以"校点一体，资源共享"为主要内容的办学模式改革试点的经验。该试点工作针对教师资源短缺，且优质教师主要集中在完全小学，相当数量的初小和教学点无法正常开齐课程，不能开足课时的现状，按照就近原则，将初小、教学点与完全小学进行实质性合并，由原来几个独立的法人实体变成一个法人和几个教学单位，实行人、财、物统筹安排。通山县共有53所完全小学选派121名教师，深入到132所初小和教学点流动教学，承担1～6年级体育、音乐、美术、英语和信息技术等5个学科的教学任务。

〔**关注弱势群体教育**〕 2007年，省教育厅坚持以人为本，关注三类弱势群体教育，即残疾少年儿童教育、农村“留守孩子”教育和进城务工人员子女教育。1月—6月，开展农村“留守孩子”和进城务工人员子女入学调研；8月，结合省委政策研究室开展的农村问题调研，向省委领导反映“留守孩子”教育管理问题和学生上网问题；9月，结合部分在鄂全国人大代表对农村义务教育工作的检查，分别对残疾少年儿童教育，农村“留守孩子”教育和管理，以及进城务工人员子女教育情况进行督促检查。2007年，湖北进城务工人员子女接受义务教育人数34万人，其中在公办学校就读的占87%，接纳进城务工人员子女的公办学校占84%。

〔**普通高中招生阳光工程**〕 2007年，湖北全面实施普通高中招生“阳光工程”。全省17个市（州）教育局、59个县（市、区）、239所初、高中学校都已启用“湖北中考招生网”，利用“中考招生网”发布招生信息、在线解答学生和家长提出的疑问。据统计，2007年中考和高中招生期间，全省市、县和学校三级共发布中考招生信息1 222条，网上提问13 165条，共解答疑问2 507条。2007年“中考招生网”日最高点击量达到了348万次，比2006年高出67万次。6月至8月总点击量为4 228万次，比2006年高出645万次。

2007年，全省普通高中招生计划45.5万人，其中下达全省253所优质高中计划25万人，比2006年增加1万人。实际完成招生数为44.5万人，完成计划率为97.8%。

〔**中小学德育工作**〕 2007年，湖北省教育厅在全省中小学开展“弘扬中华优秀传统文化、构建和谐校园”的主题教育活动。深化校园文化建设观念，创新校园文化建设，创设和谐校园环境，践行“忠、孝、雅、诚”主题教育。

开展班主任工作案例评选，创新班主任工作观念，加强中小学班主任队伍建设。2007年，在全省中小学校开展征集、评选班主任工作优秀案例的活动，共收到班主任工作案例3 000多个。内容涉及班级管理、主题班会、校外教育活动、家长联系、社会实践指导、心理辅导、学生评价、优等生培养、问题生转化、特长培养、习惯养成、情感沟通、突发事件处理等多个方面。

利用湖北教育网台，为农村中小学师生提供优质并且免费的德育教育教学资源，“形势教育大课堂”先后播出“生活新变化”、“社会新气象”、“农村新面貌”等优质课程。同时，还在该网台播出“我是小学生”、“参加升旗仪式”、“说说我的家”等与德育课程配套的相关资源。

〔**湖北省实现“两基”**〕 2007年4月19日—27日，国家教育督导团对湖北省“两基”工作进行全面检查验收，保康县、丹江口市、巴东县、宜都市、公安县、京山县等6个县（市）接受国家检查。6月，国家教育督导团下发《关于对湖北省“两基”督导检查的意见》，认定：“湖北省各县（市、区）‘两基’工作在省级验收后，继续巩固和提高，全省‘两基’主要指标基本符合国家和省规定的标准。”8月24日，教育部发布《关于山西等八省区实现“两基”的公报》，认定湖北省实现“两基”目标。

〔**胡锦涛回信鼓励湖北宜昌残疾学生**〕 2007年11月27日，中共中央总书记胡锦涛专门给湖北宜昌特殊教育学校9岁的聋哑孩子刘丹阳回信。胡锦涛总书记在信中祝小丹阳“健康成长，幸福快乐”，还表示，“随着国家各项事业的发展，在社会各界的关爱帮助下，你们的生活会越来越好”。

刘丹阳是湖北省宜昌市特殊教育学校五年级的学生。党的十七大召开后，每天都收看大会盛况的小丹阳提笔给胡锦涛爷爷写了一封信。刘丹阳在信中向胡锦涛爷爷汇报：2003年他学会了画画，获了很多奖；2004年湖北省残联免费给双耳失聪的他配了价值1万多元的助听器；2005年国家实行对经济困难家庭学生的助学政策，免除他的学费；2006年奶奶增加退休金。2007年，小丹阳所在的宜昌特殊教育学校，要搬到一个很大的新校园，这意味着他不用去武汉择校，在家门口就能上很好的学校。喜爱画画的刘丹阳还画了一张名为《我们和胡爷爷在一起》的画，随信送给总书记。

职业教育与成人教育

〔**《湖北省实施〈中华人民共和国职业教育法〉办法》获得通过**〕 2007年9月29日，湖北省第十届人民代表大会常委会第二十九次会议表决通过《湖北省实施〈中华人民共和国职业教育法〉办法》（以下简称《办法》），《办法》主要特色如下。（1）理顺了管理体制。首先明确各级政府和教育、劳动等行政部门责任，明确了职业学校和培训机构依法享有的办学自主权；其次要求县以上政府建立职业教育工作部门联席会议制度；再次明确了各级各类职业教育学校和培训机构的审批程序和条件。（2）明确了发展重点。在培养层次上规定目前湖北省职业教育重点发展中等职业教育，积极发展高等职业教育。在培养对象上，重点是农村劳动力素质的提高，也对残疾人和退役士兵参加职业教育作了优惠政策规定，对企业职工培训作了硬性要求。在教学内容上，重点明确了职业教育要工学结合、校企结合，注重发展教学实习基地作用。（3）对职业教育教师来源、条件和培训作了硬性和引导性的规定，要求政府和有关部门建立教师培训基地，公布培训计划，对职业教育教师进行免费培训。（4）对职业教育经费保障和政策倾斜出台了很多规定，比如城市教育附加费用于职教比例不低于30%，农村贫困地区不低于50%。对学校基本建设免收部分配套费。（5）要求省政府出台职业教育目标考核责任制度、职业教育督导制度和职业教育质量评估考核体系，对职业教育督学、督政有了法律依据和可操作性的要求。

〔**积极扩大中等职业教育招生规模**〕 2007年，湖北省教育厅认真贯彻落实全省职业教育工作会议精神，积极协调有关部门，大力调整教育结构，加强高中阶段教育宏观调控与引导，促进中等职业教育继续快速发展。按照教育部要求，统筹普通高中和中等职业学校招生工作，调整了高中阶段学校招生工作领导小组，逐步将高中阶段学校招生工作由各级招办或组建中招办负责统一组织实施。

2007年，全省普通高中招生计划45万人，比中等职业学校招生计划少5 000人，并按照大体相当的原则下达了省内各地的普通高中招生计划。中等职业教育招生达到50.2万人（含技工学校11.5万人），比2006年增长9.2%，超过教育部下达的湖北省45.5万人招生任务。全省高中阶段毛入学率达到78%左右。

加大招生宣传。在湖北教育厅网站开设中等职业学校招生专题，编印《湖北招生考试》（中职招生专刊）20万册，免费赠送给各地应届初中毕业生。联合《楚天都市报》，举办“2007年湖北重点中等职业学校集中展示”活动。同时，加强招生检查督办，省教育厅领导带队对2006年度高中阶段招生普职不协调的市（州、县）进行专题调研，专门督办和检查。

8月3日，教育部在湖北召开了中部10省落实中等职业教育国家资助政策及2007年招生任务座谈会，教育部部长周济对湖北省加快发展中等职业教育的做法，尤其是资助中职贫困学生、调整高中阶段教育结构的做法与成效给予了高度肯定。

〔**职业技能竞赛**〕 2007年3月—11月，湖北省教育厅先后在全省举办了汽车维修、电工电子、计算机、烹饪、服装、财会、机械加工等职业技能竞赛。全省共有近200所中等职业学校近千名选手参加，其中有24所学校的67人获得了一等奖。

6月23日—28日，以“展示、交流、合作、发展”为主题的2007全国中等职业教育技能大赛在重庆市举行，湖北省共有44名教师和学生选手参加，共获得一等奖1个、二等奖8个、三等奖18个。其中，武汉市第二职业教育中心学生谭杨获得烹饪专业冷拼项目学生组一等奖，湖北省教育厅获得大赛组织奖。

〔**开展农村劳动力转移培训和农民实用技术培训工作**〕 按照湖北省委、省政府要求，省教育厅配合省委办公厅、省农办、省农业厅、省劳动和社会保障厅、省妇联、团省委等部门，认真做好农村劳动力转移培训工作和农民工相关工作，大力发展劳务经济，教育系统共完成农民实用技术培训300万人次，农村劳动力转移培训100万人次，还深入到大冶市，阳新县，武汉市新洲区、黄陂区等地调研农村劳动力转移培训与劳务经济工作。

高等教育

〔**实施“湖北省高等学校教学改革与质量提高工程”**〕 2007年，湖北省教育厅制定了《关于进一步加强普通高等学校教学工作的若干意见》和《关于实施湖北省高等学校教学改革与质量提高工程的意见》等文件，引导高等学校加强内涵建设，提高教育教学质量。(1) 精品课程建设。省教育厅评审确定武汉大学《宗教学概论》等152门课程为2007年度省级精品课程，53门课程被评为国家级精品课程（本科院校43门，高职高专院校6门，网络课程4门），年度本科国家级精品课程的数量居全国第二位。省属本科院校国家级精品课程建设取得新突破，武汉科技大学、武汉工程大学、湖北警官学院的4门课程被教育部评为国家级精品课程。(2) 本科品牌专业建设。评审确定武汉大学等26所高校的“生物科学”等63个专业为2007年本科品牌专业立项建设项目。对省属高校第一批18个本科品牌专业建设项目和部委院校立项建设的品牌专业开展评估验收。推荐湖北大学“旅游管理”等18个本科专业申报国家第一类特色专业建设点。(3) 高职高专院校教改试点专业建设。开展第四批高职高专院校专业教学改革试点工作，评审确定武汉职业技术学院等22所院校的“电子商务”等22个专业点为2007年度教改试点专业。召开全省高职高专院校第三、四批教改试点专业工作会议，对深入开展专业建设和教学改革工作作出安排。(4) 教学实验实训基地建设工作。开展本科实验教学示范中心建设工作，遴选确定华中科技大学“化学实验教学示范中心”等40个实验教学中心为第五批省级实验教学示范中心建设项目（其中省属高校21个），省级实验教学示范中心的建设类别由原来的11个扩大到22个。组织专家对13个省级实验教学示范中心立项建设项目开展了绩效评价和项目验收。在学校申报的基础上，评审确定武汉理工大学等29所高校的“物理实验教学示范中心”等54个实验教学示范中心为2007年省级实验教学示范中心。推荐11个实验教学示范中心申报国家级实验教学示范中心，其中有9个被教育部确定为国家级实验教学示范中心。省属高校武汉科技大学的机械实验教学示范中心和长江大学的电工电子实验教学示范中心被评为国家级实验教学示范中心。加强高职院校实训基地建设。继续在高等职业学校开展国家级实训基地建设项目申报推荐工作，7所高职院校的7个实训基地获得国家资助；制定《湖北省高等职业教育实训基地建设标准》，实施高等职业学校省级实训基地建设，评审确定25个省级实训基地建设项目。(5) 教学内容、课程体系及人才培养模式的改革。组织高等学校开展教学内容、课程体系及人才培养模式的改革与实践研究，评审确定武汉大学“新闻传播学科实验实践教学改革研究”等413项省级教学研究项目。18个人才培养模式改革被教育部、财政部批准为2007年度人才培养模式创新实验区建设项目。

〔**教学质量监督保障体系建设**〕 2007年，湖北省教育厅指导、协调湖北汽车工业学院等8所高校接受教育部本科教学工作水平评估。评估专家组对湖北省高校以评估为契机，加强教学投入，深化教学改革，强化教学管理所做的工作和取得的成效给予高度评价。省教育厅组织评估专家对仙桃职业学院等11所高职高专院校的人才培养工作水平评估，评估结果均为合格以上。高校教学巡视工作不断深入，2007年，100名教学巡视员共听课1 500多节，发放各类调查问卷1 800多份，召开学生座谈会150余次，访谈师生2 000多人次。通过深入高校巡视，既发现了当前高校教学工作中存在的问题和不足，同时也发现了许多具有推广价值的典型经验，提供了大量教学一线的信息，提出了合理化的意见和建议。

〔**省委召开第十五次全省高校党建会暨大学生思想政治教育工作现场经验交流会**〕 2007年4月28日，湖北省第十五次全省高校党建会暨大学生思想政治教育工作现场经验交流会在华中科技大学召开。会议强调，要贯彻落实第十五次全国高校党建工作会议精神，全面总结2006年全省高校党的建设和思想政治教育工作经验，分析研究当前全省高等教育面临的形势和任务，全面部署湖北省高校加强党的建设、构建和谐校园工作。省委常委、宣传部部长张昌尔，省委常委、组织部部长潘立刚出席会议并讲话，省委高校工委书记、省教育厅厅长路钢结合湖北高校实际，对如何加强党的建设，努力构建湖北和谐高校进行了具体的安排部署。各市(州)、直管市的党委负责人、组织部分管部长，普通本科高等学校的党委书记、校长，高职高专院校、独立学院的党委书记及省直有关部门负责人共210余人参加了会议。

〔**加强高校辅导员队伍建设**〕 2007年4月，湖北省教育厅制定了《关于加强湖北高校辅导员队伍建设的实施意见》和《湖北普通高校辅导员五年培训计划》等文件；依托武汉大学、华中科技大学、华中师范大学、中国地质大学（武汉）、湖北省青少年心理健康教育中心等省部级辅导员培训基地，开展了第6期政工干部研修班；开展了4期辅导员岗前培训班。通过各种措施，全省高校辅导员队伍建设工作取得了明显成效。(1) 配备比例有效降低。2007年，全省新聘辅导员963人，全省专职辅导员累计5 915人，专职辅导员与本专科生的配备比例降为1∶193，达到了教育部1∶200规定。(2) 人员结构显著优化。政治面貌上，全省专职辅导员队伍中中共党员和共青团员占93.71%；年龄结构上，30岁以下占63.63%；学历层次上，本科及以上占92.88%。(3) 长效机制日益完善。经过多年建设，从省里到各高校，辅导员队伍建设的各种长效机制日益完善，辅导员的选聘、培训、管理等工作都得到显著增强。(4) 先进典型不断涌现。据初步统计，在湖北高校辅导员队伍中，有187位成长为校级领导干部和有关方面的专家、学者。

〔**实施思想政治理论课课程设置新方案**〕 2007年是湖北实施思想政治理论课课程设置新方案的关键年。省委高校工委、省教育厅对全省高校思想政治理论课教学工作进行了全面部署和安排，召开全省高校思政课教学管理工作会议，以培训思政课教师为重点，全面实施思想政治理论课课程2007新方案，学校开课率达100%，学生到课率达95%，满意率达90%以上。同时，继续抓好对全省高校思想政治理论课的教育教学督导，组织开展全省高校思想政治理论课教师培训工作，举办了高校“思政课”骨干教师培训班。

〔**高校科技自主创新能力建设取得新进展**〕 2007年，湖北省教育厅会同省科技厅完善省重点实验室的管理机制，加大省重点实验室建设力度。2007年，立项建设高校省重点实验室8个，组织专家对高校建设期满3年的11个湖北省重点实验室进行了验收评估；立项建设省高校人文社科重点研究基地6个。省属高校科技自主创新能力取得突破性进展，新增省部共建教育部重点实验室 3 个，教育部工程研究中心 2 个，新增教育部“新世纪优秀人才支持计划”入选者 4 人。

加强导向，完善管理，完成了省教育厅科研项目资助计划和创新团队支持计划的申报评审工作；组织高校积极申报教育部重点科研计划项目和教育部新世纪优秀人才支持计划；加强结题管理，进一步完善科研项目和创新团队项目跟踪问效机制，办理结题 312 项，组织成果鉴定 11 项。

〔**开展“高校与市州科技合作行动”**〕 2007 年 6 月，湖北省教育厅在全省开展“高校与市州科技合作行动”，号召高校主动面向经济建设主战场，积极推进技术与资本融合、成果与需求对接、专家的科技创新同市场创新相结合，在建设以企业为主体、产学研结合的技术创新体系中发挥基础和支撑作用，实现高校科技优势与湖北发展战略需求的精确对接，探讨加强高校与市（州）科技合作的措施办法。“高校与市州科技合作行动”开展以来，各高校积极响应，校领导亲自带队到市（州）了解需求，寻求合作。9 月，省教育厅在高校开展“湖北高校科技开发区行”活动，组织高校到省内科技开发区进行调研洽谈，动员高校科技面向经济建设主战场，了解湖北科技需求，筛选重大合作项目。

省教育厅会同省经济委员会、省科技厅联合举办了第三届“中国·湖北省产学研合作项目洽谈会”。省内外 80 家高校和科研单位参展，600 多名专家教授参会，共签订技术合同项目 408 项，其中省内高校签约项目 315 项，占全部项目的 77%。

〔**做好高等教育学籍学历学位电子注册工作**〕 2007 年 11 月 30 日，湖北教育厅按期完成了湖北省普通高校新生学籍注册工作。注册本专科生 324 215 人；注册硕士、博士生 28 269 人，注册特殊类别办学形式 18 411 人。另外，还完成成人高等教育新生核对 124 886 人，网络教育 54 756 人。

做好高校毕业生学历电子注册工作。7 月，全省顺利完成了普通高等教育及自学考试各层次学历证书电子注册工作，总计审核注册 340 432 人。

12 月 1 日，湖北省普通高校 2006 级、2007 级各类新生学籍电子注册信息首次上网向社会公布。

湖北省学位证书自 2001 年起开始登记上网。2007 年上网的学位信息达 15.78 万条。全省累计上网的各类学位信息达 78.93 万条。其中，博士学位 1.01 万条、硕士学位 10.97 万条、学士学位 66.95 万条。

〔**抓好高校毕业生就业工作**〕 2007 年，湖北省共有高校毕业生 32 万人。其中，研究生毕业生 3 万人，本科毕业生 12.7 万人，高职高专毕业生 16.3 万人。截至 9 月 1 日，全省高校毕业生就业率为 78.72%。其中，研究生毕业生就业率 86.85%，本科毕业生就业率 82.61%，高职高专毕业生就业率 74.41%。

召开高校毕业生就业工作会议。2 月，省高校毕业生就业工作领导小组召开了湖北省高校毕业生就业工作会议，部署安排高校毕业生就业工作，表彰了 32 个全省高校毕业生就业工作先进单位。

引导高校毕业生自主创业。12 月 7 日，省教育厅在华中科技大学召开了湖北省首届大学生创业成果展示会，副省长郭生练、省政府副秘书长王永高、省教育厅厅长路钢参加会议并讲话，全省共有 35 所高校推荐了 127 名毕业生创业典型材料参展。展示会后，又组织到各相关高校开展巡展，宣传毕业生创业先进事迹，推动毕业生创业活动深入开展。

做好高校毕业生面向基层就业。2007 年，省教育厅积极配合省直有关部门和单位，继续实施各类引导和鼓励高校毕业生面向基层就业的专项计划。全省实施“三支一扶”计划，选拔高校毕业生 2 462 名到乡镇中学支教，214 名支医，126 名支农，103 名扶贫；选调 1 067 名应届毕业生到乡镇工作；实施“一村一名大学生计划”471 人；实施西部计划 420 人。据统计，全省有 111 166 名毕业生到基层就业。

撰稿 邓荣 邓辉 代云 邱月琴 黄勇

审稿 郑年春

湖南省教育

概　况

〔基本情况〕

2007年各级各类学校校数、教职工、专任教师情况

	学校数（所）	教职工数（人）	专任教师数（人）
一、高等教育			
（一）研究生培养机构（不计校数）	(17)		
1. 普通高校	(12)		
2. 科研机构	(5)		
（二）普通高等学校	99	90 417	54 751
1. 本科院校	27	50 699	27 759
2. 专科院校	72	35 116	23 392
其中：职业技术学院	62	30 557	20 314
3. 其他机构（点）（不计校数）	(16)	4 602	3 600
其中：独立学院	(15)	4 602	3 600
（三）成人高等学校	18	5 033	2 906
（四）民办的其他高等教育机构	29	1 526	863
二、中等教育	5 125	349 819	289 815
（一）高中阶段教育	1 633	349 765	111 720
1. 高中	785	294 363	73 625
普通高中	773	294 108	73 407
成人高中	12	255	218
2. 中等职业教育	848	55 402	38 095
普通中专	52	6 355	3 917
成人中专	123	6 226	3 717
职业高中	533	33 297	22 481
技工学校	140	8 669	7 467
其他机构（教学点）（不计校数）	(93)	855	513
（二）初中阶段教育	3 492	54	178 095
1. 普通初中	3 484		178 044
2. 职业初中	1	12	10
3. 成人初中	7	42	41
三、初等教育	14 677	264 623	249 994
（一）普通小学	14 677	264 623	249 994
（二）成人小学			

续表

	学校数（所）	教职工数（人）	专任教师数（人）
其中：扫盲班			
四、工读学校	1	42	38
五、特殊教育	51	1 314	1 007
六、学前教育	4 751	49 181	26 136

注：普通高中的教职工数中包含普通初中的教职工数。

2007 年各级各类学历教育学生情况

	毕业生数（人）	招生数（人）	在校生数（人）
一、高等教育			
（一）研究生	9 492	14 088	43 343
博　士	985	1 765	7 497
硕　士	8 507	12 323	35 846
（二）普通本专科	209 802	281 350	898 622
本　科	87 256	123 680	443 377
专　科	122 546	157 670	455 245
（三）成人本专科	86 742	87 868	223 520
本　科	21 161	28 325	70 865
专　科	65 581	59 543	152 655
（四）其他各类高等学历教育			
1. 在职人员攻读博士、硕士学位		5 487	17 272
2. 网络本专科生	6 605	13 696	33 595
本　科	6 354	6 020	19 184
专　科	251	7 676	14 411
3. 学历文凭考试	3 507		5 120
4. 其他	46		
二、中等教育	1 664 589	1 565 007	4 541 600
（一）高中阶段教育	712 308	831 348	2 302 218
1. 高中	413 523	438 131	1 313 176
普通高中	408 711	438 131	1 307 313
成人高中	4 812		5 863
2. 中等职业教育	298 785	393 217	989 042
普通中专	73 220	74 457	213 522
成人中专	30 513	34 398	76 088
职业高中	152 645	227 902	541 036
技工学校	42 407	56 460	158 396
（二）初中阶段教育	952 281	733 659	2 239 382
1. 普通初中	948 844	733 575	2 235 833
2. 职业初中	31	84	233
3. 成人初中	3 406		3 316
三、初等教育	712 920	862 812	4 448 430
（一）普通小学	712 920	862 812	4 448 430
（二）成人小学			
其中：扫盲班			
四、工读学校	28	45	116
五、特殊教育	1 538	2 317	13 188
六、学前教育	416 356	749 784	937 576

注：特殊教育学生数中包括普通中小学随班就读的学生。

2007年各级各类非学历教育学生情况

	毕（结）业生数（人）	注册生数（人）
总　计	616 103	393 243
一、高等教育	140 711	101 230
（一）研究生课程进修班	1 342	1 673
（二）自考助学班	22 132	85 507
（三）普通预科生		1 111
（四）进修及培训	117 237	12 939
其中：资格证书培训	31 042	6 629
岗位证书培训	15 897	2 508
二、中等教育	475 392	292 013
其中：资格证书培训	66 756	38 250
岗位证书培训	70 861	37 042
（一）中等职业教育	175 957	101 848
其中：资格证书培训	62 295	33 870
岗位证书培训	57 469	26 763
（二）职业技术培训机构	299 435	190 165
其中：资格证书培训	4 461	4 380
岗位证书培训	13 392	10 279

2007年各级各类民办教育基本情况

	学校数（所）	毕业生数（人）	招生数（人）	在校生数（人）	教职工数（人）	专任教师数（人）	另有其他学生数（人）
一、民办高等教育							
（一）民办高校	13	10 845	31 557	77 900	7 279	4 571	6 599
本科学生			5 201	9 928			
专科学生		10 845	26 356	67 972			
（二）独立学院（不计校数）	(15)	9 923	24 410	76 743	4 602	3 600	
本科学生		9 923	24 410	76 743			
专科学生							
（三）民办其他高等教育机构					1 526	863	15 050
二、民办中等教育							
（一）高中阶段教育	483	128 720	174 560	445 945	36 231	24 803	
1. 民办普通高中	164	49 242	52 431	162 320	20 541	15 105	
2. 民办中等职业教育	319	79 478	122 129	283 625	15 690	9 698	21 605
（二）初中阶段教育	149	70 789	59 491	183 644			
1. 民办普通初中	149	70 789	59 491	183 644			
2. 民办职业初中							
三、民办普通小学	120	16 551	18 509	100 682	6 996	4 681	
四、民办幼儿园	3 966	135 643	311 733	436 926	37 428	19 591	
另有：民办培训机构（不计校数）	(109)				1 324	841	38 388

注：1. “另有其他学生数”包括：学历文凭考试学生、自考助学班学生、预科生、进修及培训学生数；

2. 民办普通高中的教职工和专任教师数中包含民办普通初中的教职工和专任教师数；

3. “（ ）”内数据为不计校数。

〔**教育事业发展概述**〕 2007年，湖南全省教育系统认真落实省第九次党代会精神，深入贯彻科学发展观，以建设教育强省为契机，切实加大改革力度，强化发展措施，各项工作都取得了较好成绩。基础教育普及程度进一步提高，全省在园幼儿人数达93.76万人，比2006年增长5.65%；残疾儿童在校生达1.32万人，比上年增长48.2%；小学、初中适龄人口入学率分别为99.83%和99.41%，比2006年上升0.3和0.29个百分点；初中升高中阶段的比例为81.65%，比上年提高13.4个百分点，高中阶段毛入学率约为64%，比上年提高近10个百分点。职业教育持续发展，中职、高职招生分别达到33.7万人和16.5万人，分别比上年增长7%和10.5%。高等教育平稳发展，普通本、专科招生29.11万人，比上年增长9%；研究生教育招生1.4万多人，比上年增长6.24%。

〔**建设教育强省工作会议**〕 2007年8月30日，湖南省委、省政府在长沙召开全省建设教育强省工作会议。会议由省委副书记梅克保主持，省委书记、省人大常委会主任张春贤发表重要讲话；省委副书记、省长周强做工作报告，副省长郭开朗具体部署建设教育强省工作；省教育厅、省发改委、省财政厅结合实际作了发言，常德市、浏阳市和中南大学介绍了经验。会议出台了《湖南省建设教育强省"十一五"规划》，明确了今后一个时期湖南教育改革与发展的总体目标与主要任务，动员各级党委政府部门和社会各界认真落实加快推进湖南教育现代化的各项政策措施，为富民强省提供有力的人才和人力资源保证。省直有关厅局、全省各市州、县市区、各普通高校负责人出席了会议，教育部部长周济应邀到会并对湖南实现教育强省目标提出了指导性意见。

〔**省委省政府颁布《关于建设教育强省的决定》**〕 2007年8月24日，经广泛征求意见，省政府常务办公会、省委常委会讨论通过，《中共湖南省委湖南省人民政府关于建设教育强省的决定》正式颁布。《决定》明确了建设教育强省的重大意义，提出了建设教育强省的指导思想、总体目标和基本原则，确定了全面推进各级各类教育又好又快发展的各项政策措施。根据《决定》精神，全省拟筹措资金350亿元，重点实施义务教育均衡发展、职业教育基础能力建设、高等教育质量与创新和教师队伍整体素质提升等四个计划，力争用十年左右的时间基本形成完备的现代国民教育体系和终身教育体系，基本实现教育现代化，基本建成教育强省。即到2015年，全省学前三年教育毛入园率达到80%，有学习能力的残疾儿童少年义务教育入学率达到85%，义务教育完成率达到98%，高中阶段毛入学率达到90%，高等教育毛入学率达到40%；新增从业人员受教育年限达15年以上；形成完善的教育发展支撑体系；90%的义务教育学校达到合格学校标准，市州区域之间、城乡之间义务教育差距进一步缩小，弱势人群受教育状况根本好转；初步形成中南地区技能型人才培养基地，其本建成在中部地区乃至全国具有明显竞争优势的长株潭高校群；教育服务经济社会发展的能力显著增强。

〔**教师队伍建设**〕 2007年，湖南省教育厅继续实施农村小学教师定向培养专项计划，共择优招录2 096名优秀初中毕业生作为农村小学教师定向培养对象；加大农村薄弱学科教师培训力度，共选拔500名农村小学音乐、美术教师参加省级培训；开展中小学教师全员培训，组织2 500名中小学教师参加学历提高培训，6 000名中小学教师开展非学历远程培训，泸溪、保靖两县2 188名教师参加西部农村教师国家级远程培训；认真实施教育部、财政部中等职业学校教师素质提高计划2006—2007年度项目，组织510名中职骨干专业教师参加中等职业学校骨干教师国家级培训。切实加强高校教师队伍和创新人才队伍建设。先后完成第四批芙蓉学者15名特聘教授的聘任上岗工作；选拔确认了177名2007年度高校青年骨干教师，74名学科带头人；44名青年科技骨干入选2007年教育部"新世纪优秀人才培养计划"；选拔了教育部资助的国内访问学者37名、省教育厅资助的国内访问学者52人。依法做好教师资格认定工作，共组织17 360名非师范类毕业生参加中小学教师资格认定考试；受理104所高校申报高校教师资格人员

6 262人，共认定了 6 165 人。此外，教师节前后共评选了 147 名国家级优秀教师和优秀教育工作者，表彰了 16 名徐特立教育奖获得者和 300 名省优秀教师、省优秀教育工作者，充分调动了广大教师的工作积极性。

〔**体育卫生艺术教育**〕 2007 年，湖南省教育厅与省卫生厅联合组织对岳阳、常德等 8 市州高校和中小学的卫生防疫和食品卫生安全工作进行了检查；以启动青少年阳光体育运动为契机，配合中国教育电视台开展小学生阳光体育运动初赛等工作；组织全省广大师生开展了多种形式、丰富多彩的体育活动，特别是组织 149 名大学生参加全国第八届大学生运动会，共获得金牌 5 枚、银牌 7 枚、铜牌 4 枚，金牌总数名列全国第八位，总分位列全国第十，科学论文报告居全国第九位，取得了历届大学生运动会本省最好成绩；组织 100 余名中学生参加全国第二届中小学生艺术展演，夺得现场展演一等奖 3 个节目、二等奖 13 个节目，美术、摄影、书法、绘画作品获一等奖 10 个、二等奖 20 个，并荣获优秀组织奖；同时，高校高雅艺术进校园活动也取得如期效果，共安排 36 场演出，其中中央民族歌舞团 6 场，省交响乐团 10 场，省艺术职院 20 场。

〔**教育对外合作与交流**〕 2007 年，湖南省公派出国留学规模扩大，共录取 110 人，其中地方公派出国留学人员比去年增加 30 人，为全省高校培养高层次创新人才和合作科研提供了可靠通道；来湖南读书的国外留学生和港澳台学生人数大幅增长，10 所高校共招收 3 000 余人，其中攻读学位的留学生近千人；汉语国际推广工作取得突破性进展，先后落实了 3 所汉语国际推广中小学基地建设规划，在韩国、俄罗斯各建成一所孔子学院，并接待三批来自美国、加拿大、泰国的教育官员以及校长 157 人次来湖南访问；与港澳台地区的教育交流加快发展，先后接待 3 个香港教育代表团共 50 人来访，3 个澳门代表团共 32 人来湘，组织一个 10 人教育代表团去台湾交流，并派出 10 名高水平中小学教师到香港担任教学指导，受到港方好评。

〔**民办教育**〕 2007 年，湖南省以《湖南省实施〈民办教育促进法〉办法》正式实施为契机，着力优化民办教育发展环境，先后组织开展民办教育法律法规培训和宣传活动，安排专项发展资金共 1 000 多万元奖励与表彰民办教育先进单位和个人；按要求向全省 12 所民办普通高等学校委派了党委书记（政府督导专员），开展了民办学校年度办学情况检查；并从 2007 年起，每年对全省各市州开展一次民办教育管理工作的年度考评和奖励。到 2007 年底，全省共有民办学校 4 775 所，在校生人数达 133.61 万人，比上年增加 13.61 万人，增长 17.8%；另有各类培训学校约1 200 所，在校学生人数约 40 余万人。

〔**家庭经济困难学生资助**〕 2007 年，湖南省认真贯彻全国家庭经济困难学生资助工作会议精神，按照应保尽保的要求，积极做好国家奖学金、国家励志奖学金发放工作，认真落实国家助学金制度，并积极完善和落实国家助学贷款政策，规定高校必须从事业收入中足额提取 4%以上的经费用于资助家庭经济困难学生。2007 年全省共投入 11.7 亿元，资助中职和高校家庭经济困难学生 93.4 万人，保证了 23%的普通本科高校和高等职业学校学生、100%的中等职业学校全日制在校农村学生和城市家庭经济困难学生得到国家资助。

〔**招生考试工作**〕 2007 年，湖南省教育厅紧紧围绕“一切为考生着想，全力为学校服务”的主题，突出保障考生知情权、选择权、竞争权的主线，坚持在服务中加强管理，在管理中体现服务，加快了各类招生考试的整体推进和协调发展，招生考试满意度和公信度越来越高。全年共组织各类考试 40 余次，考生总规模首次突破 200 万大关，达 204 万人次，比上年增长 7.4%；录取各类新生近 41.5 万人，比上年增长 7.8%。特别是积极实施高考“阳光工程”，在参考人数比上年增加 42 260 人、增长 8.9%的情况下，严格遵循公平、公正、公开的原则，切实抓好保密、考试、阅卷等各个关键环节，共录取普通高校新生 277 020 人，录取率为 53.4%，与上年基本持平。

基础教育

〔**“两基”通过国家验收**〕 2007年，湖南省教育厅为做好“两基”迎国检工作，年初即组织7个督查组，对全省14个市州进行了专项督查，并启动了农村初中建设工程。4月18日—25日，由教育部总督学顾问张天保任组长的国家督导检查组对湖南省“两基”工作进行整体检查验收，先后听取了省政府常务副省长肖捷的专题汇报，重点抽查了湘西、常德、益阳、株洲、邵阳、郴州等市州及所辖保靖、临澧、安化、醴陵、邵东、桂东等6个县市区的“两基”工作。检查组认定湖南“两基”主要指标达到和超过国家标准。国家总督学、教育部副部长陈小娅评价湖南是“中部省份‘两基’验收以来，专家评价最高的省份”。8月27日，教育部正式发布湖南实现“两基”的公报。

〔**完成农村中小学现代远程教育工程**〕 湖南自2003年实施全省农村中小学现代远程教育工程以来，各地按照省委、省政府的统一部署，精心组织，加强协作，分批实施，稳步推进，仅2007年全省共投入1.31亿元，在10个市州、38个县市区及52所特殊学校建设站点4 069个。其中，教学光盘播放点878个、卫星教学收视点2 606个、计算机教室585个。到2007年底，全省累计投入7.34亿元，建设三种模式站点24 583个。其中，教学光盘播放点4 889个、卫星教学收视点16 676个、计算机教室3 018个，覆盖了100%的县市区和农村中小学。

〔**全面实施农村义务教育经费保障机制改革**〕 2007年，湖南省委、省政府将实施义务教育经费保障新机制列入2007年为人民办的8件实事之一。通过抓宣传、抓投入、抓预算管理、抓监督、抓调研等过硬措施，确保了农村义务教育阶段中小学生学杂费免除率100%，各级政府分担经费到位率100%目标的实现。共落实资金21.93亿元，免除625万名农村中小学生的学杂费，为175万名家庭经济困难学生免费提供了教科书。据统计，春、秋两学期分别有9 590名、6 353名辍学学生重返校园。

〔**两项督导评估考核**〕 2007年5月至7月，按照省政府部署，教育厅分两个阶段对全省14个市（州）的51个县（市、区）的政府教育工作及党政领导干部的教育实绩，进行了督导评估考核，共督促49个县（市、区）按要求追加教育经费4.5亿元，圆满完成了第二轮“两项督导评估考核”工作。经严格评定并报省政府批准，21个县（市、区）政府、42名县级党政主要领导干部在第二批“两项督导评估考核”中被评为优秀等次，1个县级人民政府被评为不合格等次。同时，对在首批“两项督导评估考核”中评为不合格等次的3个县人民政府组织进行复查，确认其主要问题已基本整改到位，复查评定为合格等次。评估考核工作进一步优化了教育发展环境，强化了县级政府及其主要领导干部的办学责任和教育工作职责，促进了教育投入的稳步增长和办学条件的不断改善。教育部专门编发简报，推介湖南“两项督导评估考核”的经验。

〔**全面启动高中课程改革**〕 2007年，湖南省教育厅根据教育部指导意见，先后成立领导机构，并出台《关于实施普通高中新课程实验工作的指导意见》和《湖南省普通高中课程方案（实验）》等文件，加强对新课改的组织领导与宏观指导，加强新课程省、市、县三级培训工作。仅4月和5月就组织2 250名市县两级教育行政干部、教研人员及骨干教师参加了省级培训并搭建专题网站，及时解决学校和教师在新课程实验中遇到的实际问题。办好《湖南课程改革实验通讯》，召开全省普通高中新课程实验工作会议和教学研讨会，统一协调实施课改进度。依托专家实施专业引领，聘请了近百位省内特级教师和中学高级教师，组建了湖南省普通高中新课程实验教学指导委员会，重点加强新课程实验的指导和监测，形成发现问题、研究问题、解决问题的工作机制，确保了全省各高中秋季开学顺利启动并深入实施课程改革。

〔**幼儿教育**〕 2007 年，湖南省教育厅召开全省农村幼教工作研讨会，深入研究农村学前教育发展问题及对策，并在长沙举办了第二期学前教育研修班。同时，进一步推动省级示范性幼儿园建设，上半年完成了 5 所幼儿园的省级示范性幼儿园评审与复查工作，通过 2 所。

〔**民族教育与教育援藏援疆工作**〕 2007 年，湖南省实施少数民族高层次骨干人才培养计划，争取到教育部将张家界市一县（桑植）两区（永定、武陵源）纳入 2008 年国家少数民族高层次骨干人才研究生招生范围，160 人被录取为少数民族定向研究生；加大民族预科教育，新增湘南学院为少数民族预科招生学校，8 所已有预科班的省属高校实际共招收少数民族预科生 1 510 人；加强民族地区教师队伍培养培训，首次启动民族贫困地区中学教师定向培养计划，择优录取普通高校师范本科定向生 173 人，为民族县市区及少数民族人口过半数县市区培养中学教师；继续选派 45 名民族地区中学校长到长沙等 9 市的中学进行为期一学期的挂职学习。目前，全省 17 个民族县市区基本消除中小学 D 级危房；小学、初中适龄人口入学率分别达 99.43%、97.74%，比上年提高 0.92、0.22 个百分点；辍学率分别控制在 0.21%、3.42%以内，初中辍学率较上年降低近 2 个百分点。在国家“两基”检查验收中，民族教育工作得到国家评估验收团的充分肯定。2007 年，省教育厅拟定了湖南省“十一五”期间教育援藏项目规划，并与西藏山南地区签订援助项目协议；完成为期两年的第六批援藏支教任务，7 名进藏教师于 7 月上旬载誉归来；岳阳市一中和望城县一中西藏班共 158 名应届高中生参加高考，上线考生 150 人，上线率 95%，其中录取本科院校 132 人；长沙市周南中学春秋两期招收新疆吐鲁番高中班新生 109 人。

职业教育与成人教育

〔**研究制订《职业教育基础能力建设计划实施方案》**〕 根据《中共湖南省委、湖南省人民政府关于建设教育强省的决定》精神，2007 年，湖南省教育厅研究制定了《湖南省职业教育基础能力建设计划实施方案》。职业教育基础能力建设计划是建设教育强省四项计划之一，由重点项目建设计划和教师素质提升计划构成，重点项目建设计划包括示范性学校、重点实习实训基地、示范性县级职教中心、精品专业、精品课程等建设项目，教师素质提升计划包括专业带头人培养、专业教师专业技能教学水平培训、职业院校教师学历提升等建设项目。实施方案明确了职业教育基础能力建设的思路、目标、主要政策措施和经费来源，该计划由省、市州、县市区、学校分级规划，分级实施。

〔**积极推进职业教育基础能力建设**〕 2007 年，湖南省教育厅进一步明确并全面启动了“十一五”职业教育基础能力重点建设项目。制订建设项目评估遴选办法，从1 273 个申报项目中遴选确认了 406 个省级重点建设项目入围 2007 年度项目，并从湖南省职业教育专项经费中划拨了2 675 万元支持相关项目建设；推荐湖南交通职业技术学院、永州职业技术学院申报国家示范性高职院校建设计划项目，两所院校均获教育部、财政部审定通过，成功跻身国家第二批42个国家示范性高职院校建设行列；开展了全省职业院校“十一五”重点建设专业大类建设规划工作，共有260所职业院校申报了411个重点建设专业大类建设规划，进一步明晰了职业院校的办学定位；组织了高职精品课程评选、推荐工作，有14门课程入围，占全国172门高职高专精品课程的8.1%，居全国前列；认真开展了人才培养工作水平评估，湖南艺术职业学院等10所高职学院通过了高职院校人才培养工作水平评估，使全省参加人才培养工作水平评估的高职学院达到36所，其中26所获优秀等级。

〔**职业教育模块式教学改革**〕 2007年在《高职教育模块化教学研究与实践》课题研究取得初步成果的基础上，湖南省教育厅选择长沙民政职业技术学院计算机网络技术专业、湖南交通职业技术学院汽车运用工程专业、湖南工业职业技术学院动漫画设计专业、湖南科技职业学院软件技术专业进行了模块式教学改革试点。2007年12月，省教育厅召开了市州教育局、高职院校负责人和省级示范性中职建设学校、省级示范性县级职教中心建设单位负责人参加的全省职业院校模块式教学观摩活动，总结、推介了四所院校模块式教学改革的经验。

〔**组织开展高职学院单独招生试点**〕 根据教育部工作部署及有关文件精神，2007年5月，首批列入“国家示范性高等职业院校建设计划”的长沙民政职业技术学院和湖南铁道职业技术学院进行了单独招生试点工作，共投放单独招生计划780人。其中，长沙民政职业技术学院480人，湖南铁道职业技术学院300人。先后有2 400人报名，1 462人参加考试，共录取448人。其中，长沙民政职业技术学院148人，湖南铁道职业技术学院300人。

〔**成立湖南省职业院校教育教学评估与咨询专家委员会**〕 为进一步完善全省职业教育评估机制，2007年5月，湖南省成立了第一届湖南省职业院校教育教学评估与咨询专家委员会。委员会专家由职业院校教育教学管理人员和教育行政管理人员、教研人员，以及行业企业的专家担任，由省教育厅聘任，每届任期三年，首届确定专家118名。评估与咨询专家委员会的职责是负责全省职业教育“十一五”省级重点建设项目评估和建设指导工作、高职学院人才培养工作水平评估工作、职业院校专业建设水平评估工作、国家项目的遴选评估工作等，指导市州中等职业学校评估工作，参与重大调研工作，提供政策咨询，受省教育厅委托承担各级各类教育教学人员培训工作并担任主讲专家，对学校管理、专业建设、课程建设和教师培训提供指导。

〔**举办高职院校教务处长和系部主任培训班**〕 为适应当前高等职业教育发展的需要，提高教学管理工作者的综合素质和岗位能力，从整体上提高高职院校教学管理水平和效率，8月17日至21日，湖南省教育厅、省高职教育教学管理研究会在郴州举办了为期5天的教务处长和系部主任培训班，来自全省60余所高职院校的110多位教务处长和系部主任参加了培训。省教育厅副厅长王键教授、浙江宁波职业技术学院戴士弘教授、河南华翼学院常务副院长俞克新教授、中南大学教务处长刘义伦教授应邀为培训班学员讲课，介绍了国内先进的高职教育理念、管理理念和课程改革模式。

〔**参加全国中等职业教育技能大赛**〕 2007年，教育部在重庆举办了全国中等职业教育烹饪、服装、电工电子、计算机和汽车运用与维修五项技能大赛。湖南省教育厅组织选拔17名教师和40名学生分别到长沙商贸旅游职业技术学院、湖南师范大学职业技术学院、湖南信息职业技术学院、湖南大众传媒职业技术学院、湖南交通职业技术学院进行了为期1个月的赛前集训。大赛中，湖南共获得一等奖7个、二等奖8个、三等奖12个、优秀奖10个，一等奖获得数、获奖总数和参赛选手获奖面均位居全国前列，达到了“展示、交流、提高”的目的。

〔**积极参加农村劳动力资源开发**〕　2007年，湖南共有220所职业院校成为第四批“阳光工程”培训基地，占全省培训基地总数的34.4%，承担农民工培训任务7.7万人次，占全省培训总量的33.5%。省教育厅配合有关单位对张家界市、湘西自治州、怀化市2006年实施阳光工程项目情况进行了抽查验收，及时总结了职业院校实施“阳光工程”的经验；与省建设厅、省安全生产监督管理局等部门合作，建立农民工管理和服务平台，鼓励支持有条件的职业院校增设安全生产相关专业，开展安全生产技能培训。

高等教育

〔**加强专业建设和管理**〕　2007年，湖南省教育厅加大了全省高校专业结构调整力度，共有23所普通本科学校增设71个本科专业，9所独立学院增设23个本科专业，11所专科学校增设25个专科专业，1所高校调整了1个本科专业修业年限；加强了重点专业和特色专业建设，在继续做好已立项省级重点专业建设的同时，积极参与教育部财政部特色专业建设点遴选和建设，全省共有8所普通高校的9个专业入选国家第一批特色专业建设点，15所高校的27个专业入选国家第二批特色专业建设点；认真开展了办学水平评估，组织专家对省属普通高校2003年新设置的本科专业和2005年新设置的专科专业进行了办学水平评估，共评估专业132个。其中，127个专业“合格”，5个专业“基本合格”，并对“基本合格”的专业限期整改，撤销已停止招生的6所普通高校的9个专业。同时，发布2007年度普通高校招生专业目录，审核各校招生简章及其相关招生宣传资料，逐校审核招生简章等材料中关于招生专业、毕业证书发放等相关内容。

〔**实施高等学校教学质量与教学改革工程**〕　2007年，湖南省教育厅组织各高等学校按照《教育部财政部关于实施高等学校本科教学质量与教学改革工程的意见》、《教育部关于进一步深化本科教学改革全面提高教学质量的若干意见》等文件要求，积极实施教学质量与教学改革工程：一是做好实施质量工程的宣传发动工作，组织高校领导参加教育部实施教学质量与教学改革工程视频会议，印发了《关于实施湖南省普通高等学校教学质量与教学改革工程的意见》，督促各校制定与落实质量工程实施方案。二是召开全省普通高等学校实践教学经验交流暨研讨会，对全省实践教学的有关工作进行了具体部署。三是积极参与国家质量工程项目的申报和建设。共有35门课程入选2007年国家精品课程，其中，本科21门，高职高专14门；有36个专业入选国家高等学校特色专业建设点；有6个教学团队入选国家级教学团队；6名教师评为全国高等学校教学名师；5个实验教学示范中心入选国家级实验教学示范中心建设单位。四是认真组织实施湖南省普通高等学校教学质量和教学改革工程项目。共评选省级精品课程80门、优秀实习基地41个，遴选立项高等教育教学改革项目191项；表彰第二届省级教学名师29名。

〔**参加全国大学生学科竞赛**〕　2007年，湖南全省有40所高等学校241个队参加了全国大学生电子设计竞赛，有21个队荣获全国奖，其中，一等奖8个队，二等奖12个队；国防科技大学学生李清江、肖志斌、银庆宏荣获本科组最高奖——索尼杯，湖南赛区荣获全国优秀组织奖。2007年，全省有40所高校404个队参加全国大学生数学建模竞赛，有43个队荣获全国奖，其中，甲组一等奖10个队、二等奖28个队，乙组一等奖3个队、二等奖 2 个队，湖南赛区荣获全国优秀组织奖；全省推荐 3 名选手参加全国 31 个省（自治区、直辖市）93 名选手参加的“CCTV 杯”全国英语演讲大赛，湖南大学学生王恋斯荣获一等奖，中南大学学生袁勇翔荣获三等奖，南华大学学生李晓寒获优胜奖。

〔**学位工作与研究生教育**〕 2007 年，湖南省教育厅积极探索研究生培养机制改革，在组织 9 所院校与 12 家企业共建首批 12 个“湖南省研究生培养创新基地”的基础上，启动了第二批 9 个“创新基地”建设，有效促进了校企合作双方优势互补、共同发展。仅首批“创新基地”就聘请了兼职导师 148 人，409 名师生进入基地进行教学科研，共同合作申报科研项目 86 个，累计合作科研经费达 4 600余万元。

〔**高校科技创新能力建设**〕 2007 年，湖南省进一步优化重点学科布局结构。在新一轮国家重点学科布局调整中，湖南省共有 13 个一级学科和 36 个二级学科入选，湖南省二级学科国家重点学科总数达到 79 个，比“十五”期间增长了 139.3%，其中省属高校增长了 160%。中南大学“高速铁路建造技术国家工程实验室”成为国家首批立项建设的 6 个国家工程实验室之一，填补了湖南省在国家工程实验室建设方面的空白。进一步增强科技攻关能力，全省高校新增国家杰出青年科学基金项目 5 项、国家自然科学基金项目 323 项、湖南省杰出青年科学基金项目 18 项，分别占全省立项总数的 100%、97%、90%；其中湖南大学钟志华院士主持的国家创新工程项目“中国高水平汽车自主创新能力建设”的资助金额高达 3 亿元。高校在关键技术领域解决国家和区域经济发展中的重大科技问题的能力不断增强，2007 年，全省高校共获得 10 项国家科技大奖，其中主持获得国家科技进步一等奖 1 项；获得湖南省科技进步奖 83 项，其中一等奖 12 项。此外，各高校进一步强化服务地方经济的意识，中南大学、湖南大学与岳阳市政府，湖南大学、中南林业科技大学与益阳市政府、湘潭大学与湘潭市政府、湖南农业大学与株洲市政府先后签署了全面合作协议。

〔**高校思想政治工作**〕 2007 年，湖南省教育厅深入实施高校思想政治理论新课方案，研究制订了本专科各门新课程教学指导方案，先后培训思想政治课教师 1 700 多人，开展了新课程优秀课件的征集活动，并组织专家深入 27 所高校开展了专项督查。扎实推进高校辅导员队伍建设，举办 10 期辅导员上岗培训班，共培训 1 200 人，辅导员人数增长 36%，其中研究生学历、本科学历人数比上年分别增加了 3 倍和 43%。狠抓大学生心理健康教育，进一步完善了大学生心理危机预警和干预机制。同时，加强高校精神文明与校园文化建设，学习贯彻党的十七大精神，深入推动大学生思想政治工作，受到政治局常委李长春同志的高度赞扬。

〔**高校毕业生就业**〕 2007 年，湖南省在普通高校毕业生总量增加到 233 381 人、比上年增长 8.4%的情况下，进一步强化就业指导与服务，加大首届独立学院毕业生和家庭贫困毕业生就业工作力度，推动省际毕业生就业协作，引导和鼓励高校毕业生面向基层就业、创业。截至 10 月 31 日，全省已就业 18 万人，就业率为 78%，比上年同期提高 3 个百分点。

撰稿 雷桂平 杨金洪 谢 民 刘洪秋
文麦秋 朱日红 颜胜利 邱 斌
张毅龙 张晓春 陈书国 颜慧琳
刘阳科 祁怀好 张大伟 彭四龙
余伟良 汪忠明 刘 婕 唐利斌
杨承玖 周芳友 贺星辉 金 彪
审稿 陈湘生

广东省教育

概　况

〔基本情况〕

2007 年各级各类学校校数、教职工、专任教师情况

	学校数（所）	教职工数（人）	专任教师数（人）
一、高等教育			
（一）研究生培养机构（不计校数）	(31)		
1. 普通高校	(23)		
2. 科研机构	(8)		
（二）普通高等学校	109	107 079	67 091
1. 本科院校	37	66 306	39 117
2. 专科院校	72	32 264	21 968
其中：职业技术学院	68	30 055	20 575
3. 其他机构（点）（不计校数）	(18)	8 509	6 006
其中：独立学院	(17)	8 509	6 006
（三）成人高等学校	19	9 226	5 382
（四）民办的其他高等教育机构	42	2 129	1 102
二、中等教育	5 162	468 481	398 475
（一）高中阶段教育	1 855	468 476	160 072
1. 高中	1 043	396 048	103 651
普通高中	1 019	395 636	103 445
成人高中	24	412	206
2. 中等职业教育	812	72 428	56 421
普通中专	357	35 487	23 973
成人中专	42	2 290	1 522
职业高中	196	12 258	9 859
技工学校	217	20 239	19 657
其他机构（教学点）（不计校数）	(103)	2 154	1 410
（二）初中阶段教育	3 307	5	238 403

续表

	学校数（所）	教职工数（人）	专任教师数（人）
1. 普通初中	3 297		238 399
2. 职业初中			
3. 成人初中	10	5	4
三、初等教育	19 986	474 668	414 470
（一）普通小学	19 891	474 573	414 470
（二）成人小学	95	95	
其中：扫盲班	95	95	
四、工读学校	2	88	47
五、特殊教育	67	2 116	1 615
六、学前教育	10 594	179 061	104 541

注：普通高中的教职工数中包含普通初中的教职工数。

2007 年各级各类学历教育学生情况

	毕业生数（人）	招生数（人）	在校生数（人）
一、高等教育			
（一）研究生	13 779	19 751	54 436
博　士	1 957	3 049	10 587
硕　士	11 822	16 702	43 849
（二）普通本专科	233 129	351 841	1 119 655
本　科	89 376	165 544	587 426
专　科	143 753	186 297	532 229
（三）成人本专科	110 337	140 543	424 232
本　科	44 238	46 315	147 265
专　科	66 099	94 228	276 967
（四）其他各类高等学历教育			
1. 在职人员攻读博士、硕士学位		6 591	20 147
2. 网络本专科生	14 692	19 797	49 527
本　科	11 400	10 118	30 110
专　科	3 292	9 679	19 417
3. 学历文凭考试	3 424		5 444
4. 其他			
二、中等教育	2 234 460	2 896 957	7 924 180
（一）高中阶段教育	799 930	1 153 819	3 094 577
1. 高中	483 423	606 934	1 728 849
普通高中	479 969	606 934	1 724 319
成人高中	3 454		4 530
2. 中等职业教育	316 507	546 885	1 365 728
普通中专	155 164	271 704	663 868

续表

	毕业生数（人）	招生数（人）	在校生数（人）
成人中专	14 877	17 394	47 065
职业高中	51 461	76 562	196 648
技工学校	95 005	181 225	458 147
（二）初中阶段教育	1 434 530	1 743 138	4 829 603
1. 普通初中	1 434 350	1 743 138	4 829 437
2. 职业初中			
3. 成人初中	180		166
三、初等教育	1 804 166	1 438 722	10 177 180
（一）普通小学	1 803 140	1 438 722	10 176 170
（二）成人小学	1 026		1 010
其中：扫盲班	1 026		1 010
四、工读学校	107	133	249
五、特殊教育	3 366	3 972	26 652
六、学前教育	1 033 175	1 178 836	2 226 430

注：特殊教育学生数中包括普通中小学随班就读的学生。

2007 年各级各类非学历教育学生情况

	毕（结）业生数（人）	注册生数（人）
总　计	3 202 266	2 911 927
一、高等教育	200 076	132 058
（一）研究生课程进修班	775	1 398
（二）自考助学班	8 269	40 529
（三）普通预科生		1 077
（四）进修及培训	191 032	89 054
其中：资格证书培训	50 206	26 389
岗位证书培训	33 325	14 145
二、中等教育	3 002 190	2 779 869
其中：资格证书培训	520 206	372 569
岗位证书培训	458 823	339 519
（一）中等职业教育	567 943	391 235
其中：资格证书培训	186 514	100 506
岗位证书培训	158 956	95 728
（二）职业技术培训机构	2 434 247	2 388 634
其中：资格证书培训	333 692	272 063
岗位证书培训	299 867	243 791

2007 年各级各类民办教育基本情况

	学校数（所）	毕业生数（人）	招生数（人）	在校生数（人）	教职工数（人）	专任教师数（人）	另有其他学生数（人）
一、民办高等教育							
（一）民办高校	29	24 893	64 194	146 187	11 724	7 737	146
本科学生			4 325	9 365			
专科学生		24 893	59 869	136 822			
（二）独立学院（不计校数）	(17)	9 970	46 452	123 213	8 509	6 006	88
本科学生		4 498	35 061	92 154			
专科学生		5 472	11 391	31 059			
（三）民办其他高等教育机构					2 129	1 102	31 129
二、民办中等教育							
（一）高中阶段教育	272	46 061	97 076	226 118	49 773	34 236	
1. 民办普通高中	117	19 833	30 400	81 867	40 620	28 914	
2. 民办中等职业教育	155	26 228	66 676	144 251	9 153	5 322	11 509
（二）初中阶段教育	595	100 499	180 527	454 033			
1. 民办普通初中	595	100 499	180 527	454 033			
2. 民办职业初中							
三、民办普通小学	871	165 613	241 428	1 306 854	74 883	53 427	
四、民办幼儿园	7 241	397 900	459 816	1 149 182	124 161	72 165	
另有：民办培训机构（不计校数）	(1 777)				24 831	12 061	1 601 828

注：1. “另有其他学生数”包括：学历文凭考试学生、自考助学班学生、预科生、进修及培训学生数；

2. 民办普通高中的教职工和专任教师数中包含民办普通初中的教职工和专任教师数；

3. “（ ）”内数据为不计校数。

〔**年度工作指导思想**〕 2007 年，广东省教育工作坚持以邓小平理论和“三个代表”重要思想为指导，以科学发展观为统领，围绕建设教育强省、实现教育现代化的总目标，认真实施免费义务教育，加快发展高中阶段教育，努力提高高等教育质量；大力加强干部、教师队伍建设，扎实推进素质教育，认真解决人民群众关心的教育问题，全省教育事业实现了又好又快发展。至 2007 年年底，全省全面实施农村免费义务教育，城镇免费义务教育迈开新步伐，县域内义务教育均衡发展水平得到明显提高；高中阶段教育毛入学率达到 65.4%；高等教育毛入学率提高到 25.6%，办学质量和效益进一步提高；一些教育难点热点问题逐步得到解决。

印发《中共广东省委 广东省人民政府关于加快普及高中阶段教育的决定》。为贯彻落实广东省第十次党代会关于普及高中阶段教育的重大决策，加快广东省高中阶段教育发展步伐，2007 年 9 月

30日，中共广东省委、广东省人民政府印发了《关于加快普及高中阶段教育的决定》。该决定坚持以邓小平理论和“三个代表”重要思想为指导，全面贯彻落实科学发展观，围绕发展与和谐两大主题，着力扩大办学规模，调整优化结构，创新体制机制，增强发展能力，加快普及广东省的高中阶段教育。

《决定》指出，到2011年，广东全省户籍人口高中阶段教育毛入学率达到85%以上，普及高中阶段教育，普通高中教育和中等职业技术教育（含技工学校）在校生规模大体相当，形成布局合理、结构优化、协调发展、充满生机与活力的高中阶段教育体系，珠江三角洲地区力争全面普及高中阶段教育，全省高中阶段教育的办学质量和水平显著提高。为此，广东省高中阶段教育发展要做好以下几点。

一、大力扩大普通高中教育办学规模。经济欠发达地区要注重合理配置高中阶段教育资源，调整结构，加快发展普通高中教育，积极扩建、改建、新建一批普通高中学校，改善办学条件，扩大办学规模。普通高中学校的布局要逐步向市、县（市、区）人民政府所在地和中心镇集中，提高办学效益。充分发挥现有省一级以上普通高中学校的示范、辐射作用，带动薄弱普通高中学校提高教育质量和管理水平。鼓励有条件的完全中学实行高、初中分离办学。

二、大力发展中等职业技术教育。把珠江三角洲地区建设成为广东省中等职业技术教育的重要基地，该地区在校生规模每年按15%的速度递增，经过2—3年的努力，实现每年招收经济欠发达地区10万名以上初中毕业生就读。在省内设立职业技术教育改革试验区，开展职业技术教育与经济社会发展对接的改革试验。

三、着力推进高中阶段教育体制机制创新。落实和完善政府统筹、分级管理、以县为主的高中阶段教育管理体制。形成以政府办学为主，公办学校与民办学校共同发展的格局。全面推进素质教育，努力创新高中阶段教育办学模式，实行“订单式培养”，推进工学结合、校企合作。

四、着力加强普及高中阶段教育保障能力建设。积极从外省引进高中阶段学校教师。建立健全高中阶段教育投入机制，完善政府统筹、分级管理、以县（市、区）为主的高中阶段教育投入体制。积极发动社会团体、行业组织、企事业单位和社会贤达、校友、港澳台同胞、海外侨胞对高中阶段学校捐资办学和助学。

出台《广东省高校毕业生到农村从教上岗退费实施办法（试行）》。为全面实施广东省教育现代化建设纲要（2004—2020年），建立和完善广东省农村教育师资保障机制，提高农村学校教师队伍的整体素质和水平。2007年，广东省出台了《广东省高校毕业生到农村从教上岗退费实施办法》，决定在全省实行高校毕业生到农村从教上岗退费政策。

一、自2008年起，在全省实行高校毕业生到农村从教上岗退费政策。享受上岗退费政策的对象包括：省内全日制普通高校应届及暂缓就业的本、专科毕业生（其中，外省生源毕业生须具有本科以上学历和学士以上学位），省外全日制普通高校应届及暂缓就业的广东生源本、专科毕业生。

二、适用高校毕业生到农村从教上岗退费政策的地域范围和学校类型包括：除广州、深圳、珠海、佛山、东莞、中山、江门7个市（不含恩平）以外的乡镇（不含县城所在镇）及乡镇以下的中小学校（以下简称农村学校）。

三、高校毕业生到农村从教上岗退费标准按每人每年6 000元计算，所需经费由省财政统一安排。对于在高校学习期间已享受国家助学贷款政策的学生，用以上退还的费用归还国家助学贷款本息。

四、符合享受上岗退费政策的高校毕业生按有关程序被录用为公办在编教师后，与县教育行政部门签订任教协议书并到农村学校任教；县教育行政部门会同财政部门将毕业生名单及有关材料上报市教育行政部门、财政部门审核；市教育行政部门会同财政部门审核通过后将毕业生名单上报省教育行政部门；省教育行政部门汇总全省毕业生的情况后报省财政部门，由省财政部门会同省教育行政部门按规定程序拨付资金。任教一年退一年费用，本科毕业生退费以四年为限，专科毕业生退费以三年为限。符合享受上岗退费政策的高校毕业生到农村民办学校从教，需凭与用人单位签订的聘用或劳动合同到县教育行政部门办理有关手续。

五、高校毕业生在农村学校从教的服务年限为五年。在五年服务期内，可在农村学校间流动，但不得从事教育行政管理工作，不得报考脱产本科生和研究生。按协议规定的五年服务期内或服务期满继续留在当地从教的，如符合广东省制定的其他鼓励高校毕业生到农村基层工作文件规定的条件，应同时享受有关的优惠政策。未按协议在农村从教的，停止退费，要退还以前年度已领取的补助金额并缴纳违约金。

印发《中共广东省委组织部、中共广东省委教育工委关于加强民办高校党建工作的实施意见》。中共广东省委组织部、中共广东省委教育工委联合制定印发了关于加强民办高校（含独立学院）党建工作的实施意见。《意见》主要强调了以下几点。

一、民办高校具备建立党组织条件的，必须及时建立党组织。民办高校党组织的隶属关系实行分类管理。民办高校党组织要发挥政治核心作用。

二、民办高校党组织负责人原则上兼任政府派驻学校的督导专员。

三、加强民办高校党员的发展和教育管理工作。积极而慎重地做好党员发展工作。加强党员教育、党员管理工作。

四、加强民办高校党务干部队伍建设。合理设置党务管理岗位，落实党务工作人员编制。加强对民办高校党务干部的选拔培养，建立党建工作目标责任制，认真落实民办高校党务干部的待遇。

五、加强和改进民办高校大学生思想政治教育。加强民办高校的思想政治理论学科和课程建设。坚持把中国特色社会主义理论体系和社会主义核心价值体系融入民办高校大学生思想政治教育的全过程。努力拓展民办高校大学生思想政治教育的有效途径。加强思想政治工作队伍建设。

六、维护民办高校安全稳定，努力建设和谐校园。建立健全维护民办高校安全稳定工作机制，加强民办高校安全稳定的基层基础工作，严格落实维护民办高校安全稳定责任追究制，积极推进和谐校园建设。

七、切实加强对民办高校党建工作的领导。坚持把民办高校党建工作摆上重要议事日程，保证开展党建活动的措施到位。大力推进民办高校党建工作创新。加强对民办高校党建工作的评估检查。

〔**教育投入与支出**〕 2007年，广东省级财政安排教育经费为113亿元，比上年增加33亿元，增长42.26%。省级财政新增教育经费主要向农村义务教育倾斜，省级财政基础教育经费比2006年增加37亿元，增长140%。2007年秋季学期，全省农村义务教育阶段963万名学生享受免杂费和免课本费政策。全省各级财政为此安排本学年补助资金为43.8亿元。其中，省财政安排补助31.96亿元，占73%，市、县（市、区）财政安排补助11.84亿元。2007年省财政安排19亿元补助资金，全部改造现有危房校舍。部委及省属28所已实行生均综合定额拨款的高校，财政安排的事业拨款为31亿元，比2006年的26.5亿元增加4.5亿元，增长了17%。

〔**语言文字工作**〕 围绕宣传贯彻《国家通用语言文字法》的工作，以党政机关、学校、新闻媒体和公共服务行业为重点，2007年，广东省开展了城市语言文字工作评估，推动全省语言文字规范化建设。

配合全国人大教科文卫委员会、教育部、国家语委开展宣传贯彻《国家通用语言文字法》情况调研。全省党政机关语言文字的规范意识不断增强、教育系统语言文字工作不断深入、新闻媒体语言文字的示范作用不断得到发挥、公共服务行业语言文字的规范化水平不断提高的具体表现，得到了调研组的高度评价。

积极开展城市语言文字工作评估和语言文字规范化示范校创建活动。5月，在广州召开城市语言文字工作评估现场会，全面启动二类城市语言文字工作。在完成深圳市一类城市语言文字评估的经验基础上，按国家语委的意见，组织广州市一类城市语言文字评估，并顺利通过国家语委的评估认定。

广东省成功举办第十届全国推广普通话宣传周活动。评选表彰了近十年来为广东省语言文字工作作出突出贡献的53个先进集体和91位先进个人。

配合教育部语言文字应用管理司在全省开展了推普周系列宣传品的征集评比活动，征集宣传语 119 条，其中广东电视台创作的公益广告“实现顺畅交流、构建和谐社会”入选全国推普周宣传品。围绕“构建和谐语言生活，弘扬中华优秀文化”主题，与惠州市联合启动了全省推普宣传周活动。

2007 年，广东省普通话水平测试工作稳步发展。测试数量稳定、测试质量保证、等级水平提高，全年报送的一级复审通过率达 92.5%，比去年提高 1.3%；三甲以上达标率 96.6%，比去年提高 0.7%。制度更加健全、措施更加有力、管理更加有序，印发了《广东省普通话水平测试工作资料汇编》。

〔扎实推进素质教育〕 2007 年，广东省加强和改进中小学德育工作和高校思想政治教育工作，贯彻落实中央 8 号文件精神，在全省推广中山市加强未成年人思想道德建设的工作经验；在全省中小学生中开展社会主义荣辱观教育活动，在全省大学生中开展“立志、修身、博学、报国”主题教育活动；组织实施高校思想政治理论课新课程方案，推进优质课程建设、教学改革和教学质量提高、名教师骨干教师培养、保障体系建设四项工程；强化思想政治理论课评估；加强高校辅导员、班主任队伍建设；推进大中小学学生廉洁教育；推进心理健康教育与法制教育，预防未成年学生违法犯罪。

加强体育、卫生、艺术和国防教育工作。成功承办和参加第八届全国大学生运动会，广东代表团获得团体总分第一、金牌总数第一、奖牌总数第一、科报会论文评选总分第一的好成绩，实现了“一流设施、一流组织、一流环境、一流服务、一流成绩”的预定目标。广泛开展“全国亿万学生阳光体育运动”。全面贯彻实施《学校艺术教育工作规程》，组织开展高雅艺术进校园活动。在全国第二届中小学艺术展演活动中，广东省艺术表演类和艺术作品类成绩均居全国第一。

〔加强学校安全管理〕 在全省各级各类学校、幼儿园深入开展安全隐患排查和治理工作。2007 年，广东省共排查安全隐患 6 595 处，落实整改 6 340 处，列入政治计划的重大隐患 64 条，制定应急预案 117 条，采取监控措施 52 条，全省学校和幼儿园没有发生特、重大安全事故和群体性事件。

〔加强政风行风与党风廉政建设〕 按照教育、制度、监督并重的工作格局，坚持标本兼治、综合治理、惩防并举、注重预防的方针，2007 年，广东省在全省教育系统努力构建惩防体系，落实党风廉政建设的各项任务：深入推进校园廉政文化建设和青少年廉洁教育工作；认真开展案件检查和治理商业贿赂专项工作；做好执法监察工作和效能监察工作；以治理教育乱收费为重点，认真开展纠风工作；继续大力开展创建教育收费规范县活动。

基础教育

〔巩固提高普及九年义务教育〕 2007 年，广东省继续改善农村义务教育办学条件。2007 年底前全面完成农村义务教育学校 552 万平方米 C、D 级危房改造；2007 年秋季起，全省城镇低保家庭子女全面实行免费义务教育，惠及 2.13 万城镇低保家庭；加大推进义务教育均衡发展力度，制定了《推进县域义务教育均衡发展的意见（征求意见稿）》，确定了德庆、新兴、龙门、阳东县及广州市越秀区作为省推进义务教育均衡发展的试点县；进一步规范义务教育学校办学行为，印发了《义务教育学校学生编班管理办法》、《广东省义务教育阶段学生学籍管理暂行办法》和《义务教育学校教学规范》。这些《办法》和《规范》明确了义务教育学校学生入学、编班原则和教学组织、教学管理、教研及教学制度、课程管理等工作。

〔**积极实施“扩容促优”工程，加快普通高中教育发展**〕 2007年，广东省制定了《关于调整普通高中学校布局，提高普通高中办学效益的意见》，指导、督促各地加快扩大普通高中办学规模，提高办学效益和办学水平，禁止公办普通高中招收往届生复读。

〔**学前教育发展有了明显进步**〕 2007年，广东省加强理论研究和指导，成立了第一届广东省幼儿教育专家指导委员会，作为广东省教育厅领导下的幼儿教育研究、指导机构，负责指导全省幼儿教育工作的理论研究、业务指导及幼儿园的咨询业务。进一步规范办园行为，按照“谁审批，谁管理，谁负责”的原则，加强幼儿教育机构审批和安全管理。加强幼儿教育政策研究，印发了《关于大力推进幼儿教育改革和发展的若干意见》。参与教育部—联合国儿基会2006—2010周期《儿童早期发展》(简称ECD)合作项目的研究。探索根据农村和社区的实际情况，推动幼儿教育快速发展的路子。

〔**加强民族教育、特殊教育和流动人口子女教育工作**〕 2007年，广东省按照“小学向中心小学转移，初中向县城或中心镇转移”的方向，积极推进民族地区义务教育学校布局调整。广东省民族教育工作得到了中央统战部、教育部及民族宗教事务委员会的充分肯定，并在全国内地西藏班办学暨教育援藏工作会上作了经验介绍。加快特殊教育学校建设，促进特殊教育发展，印发了《广东省残疾人教育工作“十一五”实施方案》，明确了特殊教育学校机构编制办法。加强流动人口子女教育，2007年，全省义务教育阶段流动人口学生244万人(其中外省户籍115万人，占流动学生47.1%)，占全省义务教育阶段学生总数的15.7%，比2006年增加了37.7万人，增长15.4%。

职业教育与成人教育

〔**中等职业教育规模再创新高**〕 2007年，广东省中等职业教育规模再创新高。全省招生规模达52万多人，比2006年净增4.3万人，增长8.3%。其中教育部门所属中职学校招生36.6万人，增加3.9万人，增长率为10.6%。2007年，全省中等职业教育在校生为133万人，比2006年增加14.9万人，增长11.2%，其中教育部门所属中等职业学校在校生90.8万人，增加9.96万人，增长率11%。

〔**中等职业教育战略性结构调整初见成效**〕 2007年，广东省推动珠江三角洲地区(含省属)学校招收东西两翼和山区初中毕业生约9万人，比上年的7.5万增加1.5万人。同时，积极推进珠江三角洲地区(含省属)学校与东西两翼和山区学校结对子联合招生、合作办学，共同培养，联合发展中等职业教育，采用“2+1”、“1+2”、“1.5+1.5”等形式办学规模达到1.5万人，比上年增加1万人。

〔**创新中等职业教育培养模式成效大**〕 2007年初，广东省政府在佛山市顺德区召开全省中等职业教育创新培养模式现场会，进一步推进中等职业教育办学模式改革，目前，全省共有178所中等职业学校实施工学结合、半工半读培养模式，招生规模超过3.5万人，比上年增加1万人，在校生规模达到6.5万人，为全省家庭经济困难中职学生解决学习、生活费用超过3亿元。

〔**基础能力建设得到进一步加强**〕 2007年，广东省已建成省级以上重点中等职业学校232所，承担教育部等六部委制造业和现代服务技能型紧缺人才培养培训任务的中等职业学校有32所，建立6个国家级职教师资培训基地和省级职教师资培训基地。全省共培训专业骨干教师2 000多人次，其中东西两翼、山区教师共1 500多人次。修订了省级以上重点中等职业学校的评估标准，制定了新的实施细则，对全省省级以上重点中等职业学校开展复评工作，2007年，拨专款6 000多万元，支持全省公共实训中心的建设，加强学生的技能训练。

〔**以技能为中心的职教改革进一步深化**〕 2007年，广东省职业教育继续坚持以就业为导向，积极推进以技能为核心的办学理念，校企合作、订单培养、与企业"零距离"的岗位技能改革逐步实施，项目教学法、一体化的教学改革推广使用。全省中等职业学校毕业生参加职业资格证书的考证率保持在98%以上。其中获得中级技能证书的达85%、高级技能证书的有5%。在2007年全国中等职业教育技能大赛中，广东省选手取得了15个一等奖、12个二等奖、11个三等奖，广东省代表团荣获大赛组织奖，取得了获奖人数、一等奖获奖人数全国第二的优异成绩。

广东省面向社会、面向市场，加快发展紧缺人才专业，中职毕业生深受企业和劳动力市场的欢迎，一次就业率连续3年保持96%以上，2007年就业率高达96.8%。全省中等职业学校22.15万名毕业生，其中18万名毕业生服务于第二、三产业，80%输送到珠江三角洲就业，支持了珠三角地区的经济发展。

〔**社区教育、成人教育培训规模不断扩大**〕 2007年，广东全省有400多所中等职业学校被当地农业部门定为农村劳动力转移培训基地（中心），利用业余时间共培训150万人次。各类培训机构（中心）3 600多个，共培训近500万人次。各培训点在统一要求统一规范的基础上统一了相应岗位资格考核，行业间各自认证混乱局面基本得到控制。

高等教育

〔**注重分类指导，引导高校加强教学基本建设**〕 按照高等教育"巩固、深化、提高、发展"的8字方针要求，2007年，广东省研究制订了《关于进一步提高广东省高等职业教育教学质量的意见》、《关于实施广东省职业技术教育综合改革推进计划的通知》和《关于深入贯彻落实教育部等本科教学质量工程和教学质量意见的通知》等教学工作指导性文件。继续加强高校教学工作定位，针对学校的办学层次与功能定位等组织开展教学管理工作。加强教学基本建设，深化教学改革。从专业设置管理入手，进一步规范普通本科教育、高职高专教育、成人教育和网络教育的专业设置规范管理，引导高校加强新增学科专业建设。全省高校普通本科教育专业点达1 700个，高职高专教育专业达3 000余个。

〔**组织实施本科教育教学质量和教学改革工程、省高职高专教育改革与实践工程**〕 2007年，广东省加强高职高专教育和高水平示范性院校建设，现有3所高职院校入选国家高职高专教育示范性院校建设项目计划，其中2007年新增1所。

加强专业、课程、实验室和教材等教学基本建设，构建国家、省、高校三级专业、课程、实验室和教材体系。在开展名牌专业建设工作基础上，加强示范专业和特色专业建设与培育。现有省高校名牌专业 157 个。2007 年度推荐 28 个项目参评国家级第一类特色专业建设点、42 个项目参评国家级第二类特色专业建设点。立项建设省级高职高专院校示范性专业 31 个，示范性建设专业 82 个。建设、评选省级高校精品课程 340 门，获批国家级精品课程 77 门。其中，评选 2007 年度省级精品课程 88 门、入选国家级精品课程公示项目 44 门，推荐 16 门课程参评国家级双语教学示范课程。

推进人才培养模式改革，促进教学资源共享，探索多样化人才培养途径。2007 年度有 2 所学校入选国家大学生创新实验计划项目单位；推荐 30 个项目参评 2007 年国家级人才培养模式创新实验区；立项建设省教改项目 70 项；参与国家技能型紧缺人才培养培训项目 8 个；推进广州大学城高校教学资源共建共享和课程互选、学分互认，已开出理论或实践课程 80 多门，供大学城及周边地区高校共享。

加强实践环节，提高学生实践能力，建设国家、省、高校三级实验教学示范中心体系。建设省级高职高专教育实训基地 24 个，其中获中央财政支持的实训基地 15 个；评选、建设省级高校实验教学示范中心 90 个，入选国家级 11 个，其中 2007 年入选 5 个。

加强教学名师和教师团队建设，提高教师队伍水平。评选省级高等学校教学名师 39 名，入选国家级教学名师 11 人，其中 2007 年入选 3 人；推荐 9 个教学团队参评 2007 年国家级教学团队项目。

〔**构建全省高等教育质量保障体系**〕 2007 年，广东省加强教学质量监督与保障，建立健全高等学校教学工作水平评估制度，促进形成高等教育教学质量评价、监督和保障的长效机制。继续做好新一轮广东省普通本科院校教学工作水平和第一轮高职高专院校人才培养工作水平评估工作，建立和完善高等学校教学和人才培养工作预评估制度（专家预审制度）和评估后定期回访制度以及新办院校教学工作检查制度。已有 20 所本科院校接受了教育部本科教学工作水平评估，21 所专科学校接受了高职高专院校人才培养工作水平评估。

〔**推进高校科研创新**〕 2007 年，广东省继续推进高校重点实验室建设，新增 2 个国家重点实验室和 3 个省部共建教育部重点实验室，新增 3 个教育部工程研究中心。目前共有 8 个教育部人文社科重点研究基地，2 个省部共建教育部人文社科重点研究基地。

广东省获取高层次项目的能力不断增强。其中获 2007 年国家自然科学基金面上项目 672 项、资助经费 17 606.5 万元。获国家自然科学基金重点项目 19 项，资助经费 3 155 万元。获国家自然科学基金委和广东省联合资助项目 29 项，资助经费 3 750 万元。获国家社科基金项目 69 个，经费 592.5 万元，分别占全省该项目总数和经费的 93.2%和 93.6%。获教育部科学技术研究重点项目 5 项、全国教育科学“十五”规划教育部课题 12 项、全国教育科学研究“十一五”规划课题 15 项。获教育部人文社会科学研究后期资助项目 2 项，经费 8 万元。获教育部重点研究基地课题 13 项，经费 141 万元。获广东省社科基金项目 131 个，经费 372 万元，分别占全省该项目总数和经费的 89.7%和 95.6%。其中有青年项目 36 个，经费资助 72 万元，全部由高校获得。获国家杰出青年科学基金资助 10 项，资助经费 2 000 万元。

科研成果奖励成绩显著。获教育部中国高校科学技术奖 19 项，占获奖总数的 6%，比 2006 年增长 50%，其中获一等奖 6 项，比 2006 年翻了一番。2007 年申请专利 1 160 件，比 2006 年增加 90 件，同比增长 8.41%。

〔**推进高校产学研结合和科技成果转化**〕 2007 年，广东省实施高校科技“走出去”战略，促进产学研结合，推动科技成果转化。组织 7 所高校参加第四届泛珠三角区域经贸合作洽谈会，签订科技合作项目 28 项，合作金额达 1 100 多万元。组织 9 所高校参加第九届中国国际高新技术成果交易会，签订科技合作合同（协议）55 项，合同（协议）金额达 5 400 多万元。参加广东省、教育部、科技部举办“广东省教育部产学研结合工作会议”，签订 9 项省部产学研战略联盟项目、9 项校市全面合作项目，3 项高校与专业镇对接项目、52 项产学研校企合作项目。

〔**实施研究生创新培养计划，提高研究生培养质量**〕 广东省目前实施的有研究生创新基地、研究生学术论坛、评选省优秀博士学位论文、研究生精品课程、学位点评估、南粤优秀研究生评选等广东省研究生教育创新计划。已成立了4个研究生创新基地，每个基地资助经费30万元。成立2个研究生学术论坛，每个资助经费2万元。加强研究生教育创新计划区域合作，印发了《广东省研究生教育创新计划区域合作方案》。

〔**认真做好考试招生、助学和高校毕业生就业指导工作**〕 2007年，广东省各级各类招生考试顺利进行。《广东省实施普通高中新课程改革的高考改革新方案》顺利实施，从考试结果和录取情况看，社会反应总体较好。2007年，全省普通高校实际录取新生35.5万人、成人高校录取19.3万人。硕士研究生录取16 564人，比2006年增长7.6%；博士研究生录取2 902人，比2006年增长3.3%。高等教育自学考试健康发展，报考人数和毕业生数在全国处于领先位置。各类非学历证书考试进展顺利，全年约130.4万人报考。

助学解困工作取得新突破。与国家开发银行合作取得显著效果，获贷率达100%，2007年有9.01万名学生申请到5.01亿元贷款，高校困难学生资助工作取得新突破。2007年秋季起，全省中职学校（不含技工学校）在校农村户籍和城市家庭经济困难学生有47.26万人享受每人每学年1 500元的国家助学金。

高校毕业生就业指导工作成绩突出。截至2008年1月，全省普通高校毕业生总体就业率为96.79%，略高于2006年；初次就业人数224 820人，比2006年同期增加27 119人。

撰稿 汤贞敏 梅 毅 张振超
审稿 罗伟其

深圳市教育

〔基本情况〕

2007年各级各类学校校数、教职工、专任教师情况

	学校数（所）	教职工数（人）	专任教师数（人）
一、高等教育	9	6 093	3 402
（一）研究生培养机构（不计校数）	(4)	671	281
1. 普通高校	4	671	281
2. 科研机构			
（二）普通高等学校	4	4 418	2 658
1. 本科院校	1	2 077	1 233
2. 专科院校	2	2 279	1 391
其中：职业技术学院	2	2 279	1 391
3. 分校、大专班（点）（不计校数）	(1)	62	34
（三）成人高等学校	1	635	263
（四）民办的其他高等教育机构	2	369	200
1. 学历文凭考试机构	2	369	200
2. 非学历文凭考试机构			

续表

	学校数（所）	教职工数（人）	专任教师数（人）
二、中等教育	292	25 493	19 459
（一）高中阶段教育	78	25 493	7 249
1. 高中	61	23 281	5 711
普通高中	59	23 191	5 636
成人高中	2	90	75
2. 中等职业教育	19	2 212	1 538
普通中等专业学校	3	228	161
成人中等专业学校	3	276	187
调整后中等职业学校	2	403	291
职业高中	5	804	612
技工学校	6	904	578
其他机构（教学点）（不计校数）			
（二）初中阶段教育	214		12 210
1. 普通初中	214		12 210
2. 职业初中			
3. 成人初中			
三、初等教育	347	33 985	27 209
（一）普通小学	347	33 985	27 209
（二）成人小学			
其中：扫盲班			
四、工读学校	1	48	16
五、特殊教育	1	268	150
六、学前教育	819	25 711	14 381

注：1. 普通高中的教职工数包含普通初中数据；

2. 技工学校无分省数据。

2007年各级各类学历教育学生情况

	毕业生数（人）	招生数（人）	在校生数（人）
一、高等教育	18 489	28 336	82 468
（一）研究生	2 462	2 699	7 476
（二）普通本专科	11 106	16 697	51 434
（三）成人本专科	4 921	8 940	23 558
（四）其他各类高等学历教育			
1. 在职人员攻读博士、硕士学位			
2. 网络本专科生			
3. 学历文凭考试			
二、中等教育	82 823	118 027	318 626
（一）高中阶段教育	32 367	44 109	116 233
1. 高中	23 699	30 786	79 398
普通高中	20 706	28 175	76 787
成人高中	2 993	2 611	2 611

续表

	毕业生数（人）	招生数（人）	在校生数（人）
2. 中等职业教育	8 668	13 323	36 835
普通中专	221	200	722
成人中专	2 109	2 442	9 589
调整后中等职业学校	1 790	2 348	6 557
职业高中	2 716	3 449	9 110
技工学校	1 832	4 884	10 857
（二）初中阶段教育	50 456	73 918	202 393
1. 普通初中	50 456	73 918	202 393
2. 职业初中			
3. 成人初中			
三、初等教育	84 734	98 106	575 160
（一）普通小学	84 734	98 106	575 160
（二）成人小学			
其中：扫盲班			
四、工读学校	27	53	99
五、特殊教育	50	106	880
六、学前教育	59 134	63 442	169 496

注：其他各类高等教育学生数未包含成人高校举办的学生数。

2007年各级民办教育基本情况

	学校数（所）	毕业生数（人）	招生数（人）	在校生数（人）	教职工数（人）	专任教师数（人）
一、民办高等教育	1	1 393	1 744	4 547	369	200
（一）普通高校	1	1 393	1 744	4 547	369	200
（二）成人高校						
（三）民办的其他高等教育机构						
二、民办中等教育机构	165	18 516	35 626	88 425	7 318	5 137
（一）高中阶段教育	24	4 308	8 987	21 151	7 318	5 137
其中：民办普通高中	20	3 209	5 721	15 166	6 933	4 876
民办中等职业教育	4	1 099	3 266	5 985	385	261
（二）初中阶段教育	141	14 208	26 639	67 274		
其中：民办普通初中	141	14 208	26 639	67 274		
民办职业初中						
三、民办普通小学	96	34 471	47 864	261 320	15 151	10 941
四、民办幼儿园	760	52 433	56 158	148 543	22 669	12 746

注：民办普通高中的教职工数和专任教师数包含民办普通初中数据。

〔**综述**〕 2007 年，深圳市有各级各类学校 1 471 所（其中：公办学校 449 所，占 30.52%，民办学校 1 022 所，占 69.62%），比上年增加 64 所，增长 4.5%；实际招生 308 070 人（其中：公办学校招 166 576 人，占 54.07%；民办学校招 141 494 人，占 45.93%），比上年增加 18 495 人，增长 6.4%；毕业生 245 257 人（其中：公办学校毕业 138 379 人，占 56.42%；民办学校毕业 106 878 人，占 43.58%），比上年增加 17 720 人，增长 7.8%；在校学生 1 146 729 人（其中：公办学校在校生 643 606 人，占 56.13%；民办学校在校生 503 123 人，占 43.87%），比上年增加 61 955 人，增长 5.7%；教职工 92 001 人，增长 9.8%，其中，专任教师 64 908 人，增长 10.5%。

高等教育。2007 年，深圳市有普通高等学校 9 所，分别是深圳大学、深圳职业技术学院、深圳信息技术学院、清华大学深圳研究生院、北京大学深圳研究生院、哈尔滨工业大学深圳研究生院、南开大学深圳金融工程学院、广东新安职业技术学院、暨南大学中旅学院。原广东建华职业技术学院已破产清算，他们均不单独计学校数。2007 年，深圳市普通高校共招生 19 396 人（研究生 2 699 人，本科 6 119 人，专科 10 578 人），比上年增长 8.26%；毕业生 13 568 人（研究生 2 462 人，本科 3 787 人，专科 7 319 人），比上年增长 9.3%；在校学生 58 910 人（研究生 7 476 人，本科 22 358 人，专科 29 076 人），比上年增长 15%；教职工 5 458 人，比上年增长 9.3%，其中，专任教师 3 139 人，比上年增长 8.1%。2007 年，深圳市有成人高等学校 1 所（深圳电视大学）；全市成人高校共（包括深圳大学成教学院，深圳职业技术学院、深圳信息职业技术学院、广东新安职业技术学院的函授部）招生 8 940 人，毕业生 4 921 人，在校学生 23 558 人；教职工（仅电视大学）635 人，其中，专任教师 263 人。

基础教育。2007 年，深圳市有小学 347 所（其中：公办 251 所，占 72.33%；民办 96 所，占 27.67%）；招生 98 106 人（其中：公办 50 242 人，占 51.21%；民办 47 864 人，占 48.79%），增长 2.9%；毕业生 84 734 人（其中：公办 50 263 人，占 59.32%；民办 34 471 人，占 40.68%），增长 3.9%；在校学生 575 160 人（其中：公办 313 840 人，占 54.57%；民办 261 320 人，占 45.43%），增长 1.8%。小学在校生中户籍生 155 481 人，占 27.03%；非深户籍生 419 679 人，占 72.97%。小学学龄儿童入学率和小学毕业生升学率继续保持 100%。教职工 33 985 人，增长 7%，其中专任教师 27 209 人，增长 8%。

全市普通初中 214 所（其中：公办 73 所，占 34.1%；民办 141 所，占 65.9%）；招生 73 918 人（其中：公办 47 279 人，占 64%；民办 26 639 人，占 36%），增长 7.8%；毕业生 50 456 人（其中：公办 36 248 人，占 71.8%；民办 14 208 人，占 28.2%），增长 6.3%；当年初中毕业生升学率为 78.4%；在校学生 202 393 人（其中：公办 135 119 人，占 66.8%；民办 67 274 人，占 33.2%），增长 8.7%。初中在校生中户籍生 94 966 人，占 46.9%；非深户籍生 107 427 人，占 53.1%；全市初中共有专任教师 12 210 人，比上年增长 12.5%。

全市普通高中 59 所（其中：公办 39 所，占 66.1%；民办 20 所，占 33.9%）；招生 28 175 人（其中：公办 22 454 人，占 79.7%；民办 5 721 人，占 20.3%），比上年增长 7.2%；毕业生 20 706 人（其中：公办 17 497 人，占 84.5%；民办 3 209 人，占 15.5%），比上年增长 11.5%；在校学生 76 787 人（其中：公办 61 621 人，占 80.2%；民办 15 166 人，占 19.8%），比上年增长 9.1%。高中在校生中户籍生 60 959 人，占 79.4%；非深户籍生 15 828 人，占 20.6%；全市高中有专任教师 5 636人，比上年增长 16.8%。

2007 年，深圳市有学前教育机构 819 所，比上年增加 61 所；招生（含学前班，下同）63 442 人，比上年增长 11.3%；离园幼儿 59 134 人，比上年增长 1.2%；在园幼儿 169 496 人，比上年增长 11.3%；教职工 25 711 人，比上年增长 11%，其中专任教师 14 381 人，比上年增长 12.2%。

职业与成人教育。2007 年，深圳市有中等职业学校 19 所（含技工学校 6 所），招生13 323 人，毕业生 8 668 人，在校学生 36 835 人；教职工

2 615 人，其中，专任教师 1 829 人。成人中学 2 所，注册学生 2 611 人，毕业生 2 993 人，在校学生 2 611 人；教职工 90 人，其中专任教师 75 人。

2007 年，深圳全市教育经费总投入 128.81 元，比上年增加 14.23 亿元，增长 12.42%。其中，预算内教育经费投入 86.93 亿元，比上年增加 12.34 亿元，增长 16.54%。增加的经费主要投入以下方面：（1）投入人员经费 6.6 亿元，用于 2007 年人员工资政策性调整；（2）投入资金 2.0 亿元，用于特区外 96 所原村办小学设备设施的配置和校舍改扩建；（3）投入 0.69 亿元，用于深圳实验学校原国际部转为公办等；（4）教育行政机关和党校的经费纳入了今年的统计范围，增加教育投入 3.1 亿元；（5）社会团体和公民个人办学经费比上年增加了 1.1 亿元；（6）相应地政策性增加全市公办学校人员经费和专项经费投入。

2007 年，深圳市财政一般预算收入 658.06 亿元，比上年增加 157.18 亿元，增长 31.38 %；全市财政教育经费投入 93.78 亿元，比上年增加 14.41 亿元，增长 18.16%；财政教育经费拨款增长低于财政一般预算收入增长（低了 13.22 个百分点）。2007 年，全市生均预算内教育事业费 11 141 元，比上年增加 1 431 元，增长 14.74 %；生均预算内公用经费 3 395 元，比上年增加 83 元，增长 2.51%。

2007 年，市教育局调研制定了《深圳市教育系统治理教育乱收费责任追究办法（试行）》等“五项管理规定”，从源头上防止腐败；专题调研“校中校”、“名校办民校”、“条子生”等问题，并提出了解决问题的初步意见；召开教育系统“三纪”专题教育报告会，邀请市领导谭国箱、李意珍同志作辅导报告，1 100 多名教育行政领导干部和校长（园长）参加。2007 年，深圳市“廉政文化进校园”活动创新举措，扎实推进，得到教育部和市领导高度评价；“阳光工程”实施工作进一步规范；党务公开、政务公开、校务公开全面推进，38 家单位“一把手”走进“民心桥”、“直通车”，通过热线电话解答、解决市民群众提出的问题；治理教育乱收费成果进一步巩固，罗湖区公办学校收费实现零投诉；全市教育系统政风行风评议，获得 96.9 分的“满意”结果，是全市各参评系统的最高得分。

2007 年，深圳市事业单位人事制度改革稳妥推进。市教育局年初举办 4 期人事制度改革培训班，下半年按照国家和省、市新的改革政策，制定事业单位体制机制改革新方案，各事业单位（学校）与在编在岗人员签订聘用合同，落实发放班主任津贴，初步建立岗位绩效工资制。2007 年，深圳市海外培训目标更加明确，全年共有 122 名教师分赴美国、英国参加为期 3 个月的海外培训；为加快发展继续教育，经深圳市机构编制委员会批复同意成立深圳市教育科学研究院，加挂深圳教师继续教育学院牌子。2007 年，中学教师岗位培训开设课程 97 门，教师职称评审实行结构评价、面试答辩、网上评审等多项改革，元平特校等两个单位被评为全国教育系统先进单位，9 名校长、教师被评为全国模范教师、优秀教育工作者，38 名校长、教师被评为南粤优秀教师、南粤优秀教育工作者。

〔**基础教育**〕 2007 年，深圳市教育局印发《关于深入贯彻落实全市推进义务教育均衡发展工作会议精神的通知》和《推进义务教育均衡发展重点工作实施方案》。6 月，召开全市义务教育均衡发展推进工作现场会，全市 210 所学校签订互助共建协议。继续刚性执行“1+5”文件，全市义务教育公民办学校共招收新生 17.2 万人，其中非深户籍生 11.7 万人，占新生总数的 68%。2007—2008 学年度全市义务教育阶段在校学生总数 77.8 万人，仅比上学年增长 3.5%，暂住人口子女就读管理进一步规范。为确保残疾学生顺利完成义务教育阶段的学业和高中教育，2007 年 9 月开始，全市对接受义务教育和高中阶段教育的深圳户籍残疾学生减免学杂费。为巩固和扩大义务教育均衡发展成果，继续深入推进学前教育改革，在市教育局组建了学前教育处，组织力量开展全市学前教育调研，为学前教育发展奠定体制、机制基础。普通高中学校建设步伐加快，2007 年全市新增 6 400 个高中学位，市第二高级中学和光明高级中学均于秋季按期招生，第五、六、七、八、九高中学校选址、用地等前期工作加紧进行。

2007年，深圳市中小学德育工作扎实有效。组织参加深圳市第四届“关爱行动”，有3个项目被评为“市民最满意活动项目”或“最具创意活动项目”。中小学心理咨询网站“心灵蓝天”增加家庭教育栏目，调整和增加网上咨询接待时间，访问量超过13万人次。2007年，深圳市第二届未成年人道德教育活动月、弘扬和培育民族精神月、中小学生命教育、中小学班主任培训、教育立法和普法工作、首批中小学依法治校示范校、安全文明校园创建和考评工作都收到良好效果。为宣传、执行新《义务教育法》，教育局从市直属学校入手，开展以消除重点班、超常班、课余补习班为重点的执法检查，进一步规范办学行为。体育、美育作为素质教育突破口进一步加强，组织开展全市青少年阳光体育运动，落实学生在校每天锻炼1小时；元平特校的学生参加第12届世界夏季特奥会夺得6金1银5铜；在全国第二届中小学生艺术展演活动中，深圳获得97个奖项，其中9个艺术表演类节目均获一等奖，充分展示深圳市中小学校素质教育成果和艺术教育水平。

特区外96所原村办小学改造是深圳市政府2007年着力办好的“十件民生实事”之一。市领导高度重视，市长宗衡亲自调度，副市长先后多次深入原村小等基层单位调研、办公、抓落实；市教育局，宝安、龙岗区教育局和光明新区的一把手亲自抓。至2007年10月底，96所原村办小学改造共完成4 910个项目配置工作，86所学校改造项目建议书通过审批，其中20所学校校舍改扩建已经动工。

2007年，深圳市教育局组织开展了学前教育机构基本情况普查、抽样调查及专题调查的大规模学前教育调研。先后派出93个调查小组213名工作人员对746个学前教育机构进行核查，对79个学前教育机构进行抽样调查，回收各类基本情况调查表905份，教职工问卷2 892份、家长问卷3 385份，分别召开教师代表、园长代表和教育局幼教管理人员座谈会，到工商物价、卫生、民政、统计信息等部门调查走访。形成《深圳市学前教育调研报告》，为制定全市学前教育有关政策奠定了良好基础。

2007年，深圳市教育局在调研基础上，着手制定深圳市《义务教育均衡发展督导方案》、《义务教育学校办学水平督导评估方案》、《民办中小学规范化建设督导评估方案》和《成人教育培训机构督导评估方案》，健全完善督导评估机制，指导和协调福田、罗湖两区高标准通过广东省教育强区复评。年内全市共有26所高中通过教学水平评估并被评为“优秀”等次、6所学校通过示范性高中初期督导验收、18所示范性高中通过省确认验收、47所中小学被评为2006年度办学效益获奖单位。

2007年，深圳市教育局组织起草《深圳市学校安全管理条例实施细则》，进一步完善学校安全管理协作机制；6月，成立以副市长闫小培为组长，市政府13个职能部门和6个区政府为成员单位的深圳市学校安全管理领导小组；将《公共安全课》列入中小学课程计划，每学期10课时，每学期开学第二周为安全教育周；实施“保护生命，平安出行”交通安全宣传教育工程，全市先后3次开展校车安全专项整治行动，对3 000多辆校车进行拉网式排查，3 135名驾驶员办理“校车驾驶人证”，3 024辆校车办理“校车许可证”，并实施统一车身色彩标志。2007年，市教育局联合市安监局先后举办3期中小学校安全主任培训班，全市430名学校安全主任参加培训并取得中小学注册安全主任培训证书。2007年，全市开展学校安全隐患排查整治专项行动，整治大小安全隐患1 500处；市教育局被评为2007年度深圳市政府部门安全管理突出贡献单位和2007年度深圳市预防道路交通事故先进单位。

2007年，深圳市的民办教育纳入全市教育发展总体规划，教育局制定实施了《深圳市申请设立民办中小学专家咨询委员会评议规则》、《深圳市民办中小学办学情况信息公告办法》和《深圳市民办学校教师聘用合同》范本，落实了民办中小学幼儿园财务公告制度，制定《深圳市民办学校设置标准》，认真做好民办学校年检工作，严格审查招生广告，加大对民办学校招生的指导和监管，控制招生规模。为满足在深外国人子女教育需求，深圳南山国际学校和深圳日本人学校已纳入全市国际学校“十一五”发展规划。

2007年，深圳市增加24所中小学校参加“粤港姊妹学校计划”，共有64所深圳中小学与香港中小学缔结“姊妹学校”，深港两地的师生频繁组织交流、互访活动，共同开展课外活动等，增强了香港师生对祖国大陆的认知感和归属感，促进了两地教育交流与合作。

〔**职业教育与成人教育**〕 2007年，市教育局结合教育实际，编制了《深圳市“十一五”中等职业学校规划建设方案》，颁发了《深圳市人民政府关于建立我市普通本科高校、高等职业学校和中等职业学校家庭经济困难学生资助政策体系的通知》。2007年，深圳市中等职业学校的特困家庭学生全部获减学杂费。2007年，市教育局制定了《深圳市民办职校、非学历教育机构设置标准》，进一步规范和完善成人教育管理；成立了市领导任主任的职业教育联席会议制度，进一步加大职业教育投入，推进职业学校基础能力建设。2007年，深圳中等职业学校办学规模进一步扩大，全市共招生1.34万人，比2006年增长6%，超额完成招收本地生源任务；职业学校实训基地逐步开放使用，数控、汽车制造等专业进一步拓展；中职学校师生参加全国中等职业教育技能大赛获奖多名。2007年，深圳市的成人教育以社区教育建设为轴心，重点提升成人文化技术学校功能，开展成人教育社会培训办学机构检查换证，规范办学秩序；2007年，全市除光明新区外，其他各区均被列入省级以上的社区教育实验区。全市22所成人文化技术学校2007年开设职业技能培训课程近100门，仅培训外来务工人员就达28万人次；10月下旬，教育局组织2007年深圳全民终身学习活动周，近500家教育培训机构参与活动，参加学习培训的市民达130万人次。

〔**高等教育**〕 2007年，深圳市户籍适龄人口全日制高等教育毛入学率超过45%，非全日制在校生超过6万人，在册自学考试学生55万。按照“四同步”（同步论证、同步上报、同步规划、同步建设）的要求，南方科技大学筹建工作正式启动，办学方案通过专家论证，基建工作开始运作。2007年，深圳市属高校改扩建工程和教学管理体制改革进一步推进：深圳大学完成教学管理制度规范工作，5月通过教育部本科教学水平评估；深圳职业技术学院按照“国家示范性高等职业院校”的要求，集中精力建设国家精品专业；深圳信息技术学院10月接受教育部和省教育厅“高职高专人才培养工作水平评估”，办学成果受到高度评价；大学城4院为进一步调整完善办学体制机制，作了大量调研、准备工作；世界大运会重要场地之一的大学城体育中心建设顺利推进。

撰稿 周仕清 郑 浩 邱卫思 傅晓霞

审稿 范志刚

广西壮族自治区教育

概　　况

〔基本情况〕

2007年各级各类学校校数、教职工、专任教师情况

	学校数（所）	教职工数（人）	专任教师数（人）
一、高等教育			
（一）研究生培养机构（不计校数）	(11)		
1. 普通高校	(11)		
2. 科研机构			
（二）普通高等学校	56	41 872	25 088
1. 本科院校	19	23 951	13 473
2. 专科院校	37	15 403	9 787
其中：职业技术学院	29	11 167	7 249
3. 其他机构（点）（不计校数）	(9)	2 518	1 828
其中：独立学院	(9)	2 518	1 828
（三）成人高等学校	7	2 722	1 722
（四）民办的其他高等教育机构	4	149	96
二、中等教育	3 226	229 282	182 523
（一）高中阶段教育	991	228 906	64 447
1. 高中	523	192 421	39 925
普通高中	522	192 345	39 865
成人高中	1	76	60
2. 中等职业教育	468	36 485	24 522
普通中专	403	31 784	20 114
成人中专			
职业高中			
技工学校	65	4 455	4 273
其他机构（教学点）（不计校数）	(9)	246	135
（二）初中阶段教育	2 235	376	118 076

续表

	学校数（所）	教职工数（人）	专任教师数（人）
1. 普通初中	2 142		117 840
2. 职业初中	5	80	60
3. 成人初中	88	296	176
三、初等教育	15 419	243 654	216 897
（一）普通小学	14 873	241 987	215 837
（二）成人小学	546	1 667	1 060
其中：扫盲班	327	907	599
四、工读学校	3	39	25
五、特殊教育	58	1 052	751
六、学前教育	4 049	36 873	21 643

注：普通高中的教职工数中包含普通初中的教职工数。

2007 年各级各类学历教育学生情况

	毕业生数（人）	招生数（人）	在校生数（人）
一、高等教育			
（一）研究生	3 589	5 469	15 133
博　士	61	136	438
硕　士	3 528	5 333	14 695
（二）普通本专科	103 165	147 907	434 347
本　科	31 871	58 441	190 812
专　科	71 294	89 466	243 535
（三）成人本专科	72 206	58 676	151 460
本　科	17 741	26 452	59 359
专　科	54 465	32 224	92 101
（四）其他各类高等学历教育			
1. 在职人员攻读博士、硕士学位		1 815	4 692
2. 网络本专科生			
本　科			
专　科			
3. 学历文凭考试			
4. 其他			
二、中等教育	1 111 295	1 306 761	3 621 175
（一）高中阶段教育	362 325	546 069	1 391 575
1. 高中	223 472	266 475	755 741
普通高中	223 144	266 475	754 690
成人高中	328		1 051
2. 中等职业教育	138 853	279 594	635 834
普通中专	114 406	230 615	527 665

续表

	毕业生数（人）	招生数（人）	在校生数（人）
成人中专	418	6 405	12 886
职业高中			
技工学校	24 029	42 574	95 283
（二）初中阶段教育	748 970	760 692	2 229 600
1. 普通初中	740 477	760 312	2 219 760
2. 职业初中	792	380	1 021
3. 成人初中	7 701		8 819
三、初等教育	802 509	756 202	4 545 588
（一）普通小学	779 536	756 202	4 524 838
（二）成人小学	22 973		20 750
其中：扫盲班	4 770		5 460
四、工读学校	4	20	24
五、特殊教育	1 186	2 046	13 767
六、学前教育	555 552	806 023	1 023 440

注：特殊教育学生数中包括普通中小学随班就读的学生。

2007 年各级各类非学历教育学生情况

	毕（结）业生数（人）	注册生数（人）
总　计	2 842 522	1 815 912
一、高等教育	81 918	36 222
（一）研究生课程进修班	488	1 389
（二）自考助学班	4 237	9 394
（三）普通预科生		1 144
（四）进修及培训	77 193	24 295
其中：资格证书培训	8 808	11 831
岗位证书培训	11 979	11 049
二、中等教育	2 760 604	1 779 690
其中：资格证书培训	223 132	174 990
岗位证书培训	130 049	108 462
（一）中等职业教育	181 432	124 484
其中：资格证书培训	79 154	48 007
岗位证书培训	44 922	35 393
（二）职业技术培训机构	2 579 172	1 655 206
其中：资格证书培训	143 978	126 983
岗位证书培训	85 127	73 069

2007年各级各类民办教育基本情况

	学校数（所）	毕业生数（人）	招生数（人）	在校生数（人）	教职工数（人）	专任教师数（人）	另有其他学生数（人）
一、民办高等教育							
（一）民办高校	9	2 034	13 945	28 930	2 564	1 623	223
本科学生							
专科学生		2 034	13 945	28 930			
（二）独立学院（不计校数）	(9)	76	12 287	33 740	2 518	1 828	
本科学生		76	12 287	33 740			
专科学生							
（三）民办其他高等教育机构					149	96	
二、民办中等教育							
（一）高中阶段教育	243	47 494	79 704	191 284	17 839	11 668	
1. 民办普通高中	112	20 419	22 982	65 042	10 621	7 444	
2. 民办中等职业教育	131	27 075	56 722	126 242	7 218	4 224	17 523
（二）初中阶段教育	162	32 284	31 014	90 066	22	9	
1. 民办普通初中	161	32 180	30 976	89 877			
2. 民办职业初中	1	104	38	189	22	9	
三、民办普通小学	217	16 998	17 371	106 609	6 239	4 564	
四、民办幼儿园	3 345	99 809	191 065	302 820	23 792	13 630	
另有：民办培训机构（不计校数）	(43)				463	305	22 150

注：1. “另有其他学生数”包括：学历文凭考试学生、自考助学班学生、预科生、进修及培训学生数；

2. 民办普通高中的教职工和专任教师数中包含民办普通初中的教职工和专任教师数；

3. “（ ）”内数据为不计校数。

〔**教育投入**〕 2007年，广西教育经费总收入276.27亿元，比上年增加62.48亿元，增长29.22%。国家财政性教育经费收入206.21亿元，比上年增加51.14亿元，增长32.98%。其中，预算内教育经费192.26亿元，比上年增加45.41亿元，增长30.29%。

2007年，广西教育经费总支出272.98亿元，比上年增加70.52亿元，增长34.83%。其中，事业性经费支出264.39亿元，比上年增加74.43亿元，增长39.18%。

〔**学校基本建设**〕 2007年，广西地方所属各级学校基本建设计划总投资44.5亿元，比2006年的38.46亿元，增加6.04亿元，增幅为15.71%。其中，中央专项安排投资5.63亿元，地方预算内投资11.17亿元，自筹基建投资及其他27.7亿元。计划总投资44.5亿元中，高等学校（含独立学院）为23.44亿元，占总投资计划的52.67%；中等职业学校（含技工学校）2.83亿元，占总投资计划的6.35%；基础教育（含职业中学、特殊教育学校及幼儿园等）为18.24亿元，占总投资计划的40.98%。

2007年，广西各级学校共完成投资42.18亿元，完成整个教育基建投资计划的94.65%，完成的投资主要用于征地255.9万平方米，建设校舍555.59万平方米，其中已竣工交付使用351.49万平方米。

〔**体育艺术与卫生教育**〕 2007年，广西举办了全区学校实施《国家学生体质健康标准》管理人员和骨干教师培训班，在各级各类学校全面实施《国家学生体质健康标准》。开展了全区中小学体育教师教学观摩课和优质课评比活动。广泛深入开展千万青少年学生"阳光体育"运动。因地制宜，把健美操、拉拉操、民族体育、校园集体舞等引进体育课堂教学和课外锻炼活动中，建立了学校竞技运动和群众健身活动协调发展的成功模式。广西高校和中学的拉拉队、拉拉操在国内外比赛中获得优异成绩。在2007年世界拉拉队锦标赛中，南宁市二十六中学获14岁以下女生组技巧拉拉队第五名；在2007年国际全明星中国赛区拉拉队比赛中，广西高校和中学代表队获得大学奖5项第一名，南宁市第二十六中学教师荣获年度冠军；在2007年全国大学生拉拉队电视大赛上，广西大学队和广西民族大学队分获总决赛第二名和二等奖；在2008北京奥运体育现场展示拉拉操表演队选拔赛上，广西大学队获复活赛第一名和入围赛第四名。

大力加强艺术教育。2007年，广西教育厅组织广西中学生艺术代表团参加了全国第二届中小学生艺术展演活动，获艺术表演节目全国一等奖8个、二等奖2个、三等奖6个，优秀组织奖22个及一大批艺术作品和艺术教育科学论文奖，总成绩在全国名列第四；持续开展普及高雅艺术活动，组织地方交响乐团到25所普通高校、高级中学进行巡演；举办第四届全区中小学音乐、美术录像课评选活动，选拔8节优质课参加第五届全国中小学音乐、美术课评选；组织全国高校艺术教育专家讲学团专家到9所高校开展讲学；启动了广西第二届大学生艺术展演活动。

大力开展学校卫生教育。2007年，广西教育厅在各级各类学校深入开展实施"城乡清洁工程"、创建"卫生学校"活动，促进了全区学校环境卫生、食品卫生安全、疾病防控工作的改进；召开了全区学校卫生工作会议并对各市、县（区）教育局分管局长、各市教育局卫生专职人员共120人进行了学校传染病预防控制、食品卫生与食堂卫生管理、突发公共卫生事件应急预案及报告等专题培训；继续在全区学校食堂推行食品卫生监督量化分级管理制度；积极开展学校预防艾滋病健康教育工作，顺利完成了联合国教科文组织学校预防艾滋病教育项目广西子项目，8所项目学校学生预防艾滋病知识知晓率由开展项目前的20%提高到90%；2007年，广西教育厅在预防艾滋病健康教育方面举办了许多培训班，开展了各种宣传活动并认真做好联合国儿基会学校、环境卫生与个人卫生教育项目工作；开展了项目县管理和技术人员培训、学校卫生厕所和洗手设施建造设计培训；在10所项目学校开展了水、环境卫生与个人卫生教育活动；完成了部分学校卫生厕所设备采购申报及建造工作；在全区中小学开展了口腔健康教育活动和营养宣传教育年活动。

〔**语言文字工作**〕 2007年，广西共完成普通话水平测试10万人（次）。全区有普通话培训测试站35个，普通话水平测试员1 988人。对4个市的语言文字工作进行了评估认定，全区14个市已有10个通过了评估认定。开展系列评优活动，授予62个单位"全区语言文字工作先进集体"和245人"全区语言文字工作先进个人"称号；6个单位被评为"全国语言文字工作先进集体"和17名同志被评为"全国语言文字先进工作者"；12所学校成为首批国家级语言文字规范化示范校。实施第二期"少数民族教师普通话和民族语言培训"项目，对5市105名教师进行了培训。

〔**国际交流与合作**〕 2007年，广西在越南、泰国、印尼成功举办广西教育展，并与泰国教育部高等教育委员会、泰国驻南宁领事办公室在南宁举办了泰国教育展、学术研讨会和泰国语演讲比赛等活动。广西教育系统选派自治区财政资助出国人员20名，国家留学基金委西部项目资助出国进修的中学英语教师20名。从2007年开始，自治区人民政府每年为20名老挝学生提供奖学金。广西高校2007年招收外国自费留学生1 778人，其中半年以上的长期生1 481人，短期生297人。为泰国教育部举办了4期汉语教师培训班，共培训泰国汉语教师100人。组织广西教育系统192批576人次赴国外进行访问考察。广西高校聘请长期外籍教师 108 人。共邀请了美国、英国、越南、泰国等国家 81 人来广西高校参观考察。

〔**民族教育**〕 2007 年，制定了《广西壮族自治区寄宿制民族班管理办法》并召开了全区寄宿制民族班招生管理工作会议。自治区人民政府办公厅转发了《自治区教育厅自治区民族事务委员会关于加快我区高等学校少数民族预科教育发展的实施办法》，通过改革民族预科招生工作的相关制度，使 2007 年的民族预科生入学报到率提高到 98.3%。继续做好壮文进校实验及壮汉双语教学工作，举办了小学生壮作文比赛，对全区壮文实验小学毕业生进行壮语文统一测试；编译出版了 26 种小学壮文教材。组织编写了《广西民族团结教育读本》系列教材 6 册，于 2007 年秋季供全区九年义务教育全日制 3～8 年级学生使用。完成少数民族高层次人才培养计划广西生源资格确认 850 人。

〔**家庭经济困难学生资助**〕 2007 年，广西有 41.18 万名贫困寄宿生享受补助生活费，全年各级财政共安排补助贫困寄宿生生活费资金 6 660.49 万元。国家助学金覆盖中等职业学校在校一、二年级所有农村户籍的学生和县镇非农户口的学生以及城市家庭经济困难学生，每生每年资助金额增至 1 500 元，资助总额达 2.7 亿元，受资助的学生达 36 万人，约占中等职业学校在校一、二年级学生总数的 90%。全区累计安排用于考入大学家庭经济困难学生入学路费和短期生活费补助的专项资金 3 376.1 万元。其中，自治区本级财政 1 000 万元，市级财政 988.5 万元，县级财政 1 387.6 万元；全区累计筹措家庭经济困难大学生社会捐助经费 8 889.94 万元，累计资助人数 35 599 人。高校国家奖、助学金的发放超过 1.5 亿元。全区国家助学贷款经办银行累计审批通过贷款 45 697 人，贷款合同金额 5.78 亿元，实际发放贷款 45 247 人。认真做好财政部、教育部下达的普通高校和中等职业学校家庭经济困难学生临时补助发放工作，共有 10.8 万名高校贫困生和 50 万名中等职业学校学生获得补助，补助总金额 844 万元。全区没有一名大学生因家庭经济困难而失学。

〔**反腐倡廉建设和教育内部审计**〕 2007 年，广西制定了规范教育收费和治理教育乱收费的实施意见，积极开展教育乱收费专项治理工作。查处教育乱收费案件 45 件，对 24 名有关责任人进行了处理，反映教育收费问题的信访举报件比去年同期下降 50.7%，31 个县（市、区）教育收费问题实现零举报。24 个县（市、区）通过创建规范教育收费示范县自治区考核评审。全区教育系统共受理信访举报 3 108 件，立案查处 207 件，结案 192 件。召开了中小学食堂收费管理现场会，制定了《关于加强中小学校食堂管理的意见》。制定了高校领导干部廉洁自律的规定。进一步拓宽审计领域，全年自治区教育厅和 20 所区属高校审计机构共完成审计调查 15 项；完成审计项目 4 420 项，比上年增加 103 项；审计总金额 23.12 亿元，纠正财务收支问题资金 525 万元，审减基本建设、修缮项目金额 9 865.5 万元。

基础教育

〔**积极解决进城务工子女和农村留守儿童上学问题**〕 2007 年秋季新学年全区中小学校共接收进城务工人员子女 21.6 万人，其中公办中小学校接收 16.2 万人，占接收人数的 75.04%；免借读费 14.77 万人，占接收人数的 68.35%。加大对贫困家庭农村留守儿童接受义务教育的资助力度，到

2007年，全区共妥善解决约97.3万“留守儿童”接受义务教育问题。其中，小学68.8万人，初中28.5万人。

〔**全面实现“两基”**〕 2007年是广西“两基”攻坚的决胜之年，全区“两基”工作形成了“党以重教为先，政以兴教为本，民以助教为荣，师以从教为乐”的良好氛围和“各级领导苦抓、各族人民苦干、教育战线苦战、社会各界苦帮”的攻坚局面；重点抓控辍保学、确保普及程度达标、“两基”复查督查、扫除剩余文盲、学校建设项目、“两基”档案建设、“两基”教育经费审计和整改等工作。6月11日至18日，国家教育督导团“两基”督导检查组对广西“两基”进行了评估验收。7月31日，教育部下文认定广西全面实现“两基”。广西在全国五个民族自治区中第一个通过国家“两基”评估验收。龙胜县荣获2007年度联合国教科文组织颁发给中国唯一的扫盲工作奖。

〔**加强农村学校建设努力减轻学生负担**〕 2007年，广西积极深化农村义务教育经费保障机制改革，中央、自治区及市、县等各级政府共投入补助资金21.3亿元。其中，农村义务教育阶段免学杂费资金10.11亿元，补助公用经费1.5亿元，免费教科书经费3.57亿元，补助贫困寄宿生生活费资金0.66亿元，农村中小学校舍维修改造长效机制资金5.46亿元。通过“两免一补”政策的实施，全区农村小学生年均减少教育费用支出141元，农村初中生年均减少支出257元，家庭经济困难的中小学生年均减少教科书支出107元，贫困寄宿生年均获得寄宿生生活补助159元。全年通过校舍维修改造长效机制项目建设，全区共建设教育单项工程1 465个，建设面积791 380平方米，预计2008年底前全面完工。开展了农村义务教育学校预算编制工作，全年共培训预算编制相关人员16 851人次，农村中小学预算编制工作在全区全面推开。

〔**全面启动农村初中改造等四项基础教育建设工程**〕 (1) 全面启动农村初中改造工程。工程总投入3亿元，全部为中央资金，覆盖全区25个县，建设273所农村初中。2007年投入建设资金3 802万元，建设39所初中，61个单项工程，建设面积58 682平方米，预计2008年底完工。(2) 大力推进大石山区五县基础设施建设大会战教育项目建设。计划投资7 889万元，建设项目学校103所，建设校舍面积148 639平方米。2007年计划建设的134个单项工程全部开工建设，预计将于2008年6月前全部竣工。(3) 全面启动2006年度“新农村卫生新校园建设工程”。总投资3 024万元，项目学校共194所，改建学校厕所、兴建沼气池及建设生活污水净化工程、进行食堂改灶，2007年底前全部竣工。(4) 全面启动自治区50周年大庆民族县高中扩建项目和职业学校建设。高中扩建项目计划投入资金4 160万元，计划在13个民族自治县13所学校建设各类教学用房52 000平方米；职业学校建设教育项目计划投入资金7 530万元，计划在12所职业教育学校建设校舍55 200平方米，购置设备1 726台。

〔**农村现代远程教育工程**〕 2007年广西农村中小学现代远程教育工程共投入资金9 016万元，在4个市23个县（市、区）共建设1 184个教学光盘播放点、2 093个卫星教学收视点和422间计算机教室。完成了对14个县的“普及实验教学”验收，使全区110个县（市、区）全部顺利通过了自治区级“普实”评估验收。

〔**义务教育课程改革**〕 2007年，广西组织35名自治区级A类教师和专家到20个县进行义务教育课程改革巡回辅导，通过教学示范课、优秀录像课及听课、评课活动组织现场教学，参加学习的中小学教师达12 000人。组织全区义务教育课程改革探究课教学比赛，全区中小学教师近20 000人参加学习观摩。组织全区义务教育课堂教学质量检查，共抽查14县28个乡镇84所学校。

〔**教师和校长培训工作**〕 2007年，广西为加强教师队伍建设和提高校长、班主任等管理者的水平，充分利用争取到的机会并举办了培训班。其中有“中小学班主任培训计划”，共培训市级培训者168人，自治区级骨干班主任600人并组织400名中小学骨干班主任参加国家级远程培训。执行《广西壮族自治区特级教师评选和管理办法》，组织200名特级教师培训。开展面向少数民族地区和贫困地区顶岗实习支教与师资培训试点工作，对被顶岗教师进行集中培训。实施“农村学校教育硕士师资培养计划”，选拔20名优秀应届本科毕业生到全区10多个国家扶贫开发工作重点县中学边任教边攻读农村学校教育硕士。实施第二期“广西21世纪园丁工程”，共遴选800名学员并开展培训工作。全面启动高中教师远程教育视频培训计划，推出“广西八桂教育大讲坛（高中）”活动。继续组织实施教师教育技术能力培训，全年共培训教师4 178人，组织近万名教师参加全国教师教育技术能力统一考试。

2007年，广西教育厅组织实施了多个国际教育合作项目，培训了校长、教师多人。这些合作项目有：中国—联合国儿童基金会“爱生学校的教师支持体系建设项目”、“爱生学校的学校管理项目”、“广西地方创新项目”，世界银行贷款/英国政府赠款“西部地区基础教育发展”项目和“两基攻坚师资培训项目”，英特尔未来教育教师培训项目，中外暑假英语教师培训项目，“中英基础教育项目”，学校发展计划试点工作和教育公平培训工作。另外，经过评估和考察，广西重新确定了第一批18个教师培养基地并与北京大学进行战略合作，共同建设广西区域性教师教育网络联盟门户网站和课程资源。

〔**进一步解决代课人员的问题**〕 2007年，自治区教育厅、人事厅、财政厅、编办联合制定了《关于进一步解决好代课人员问题的意见》，要求各地要把中小学教师空编率控制在5%以内，拿出岗位面向社会公开考录教师，代课人员和已被清退代课人员较多的县（市、区）面向代课人员招聘指标数不得低于招聘总计划数的50%；被清退代课人员可以不限次数参加中小学教师的招聘考试直至退休年龄，并享受在岗的代课人员同等待遇；要为被清退代课人员提供免费培训并帮助他们再就业。自治区劳动和社会保障厅、教育厅、财政厅联合下发了《关于进一步做好代课人员培训就业工作的意见》，要求各地加强职业技能培训，提高代课人员就业技能，采取多种形式，努力做好代课人员再就业工作。

〔**幼儿教育**〕 2007年，广西加大创建自治区示范幼儿园工作力度，确定12所幼儿园为自治区示范幼儿园，全区已通过验收的自治区示范幼儿园有57所。召开自治区示范幼儿园年度工作会议。组织全区“以园为本教研制度建设”与幼儿园课程改革培训，共培训幼教教研员及各项目基地幼儿园园长、教师约400人。

〔**特殊教育**〕 2007年，广西进一步加强特殊教育学校教师培训，分别举办盲、聋、弱智教师3个培训班，培训教师180人；举办特殊教育师资研习班，共有40多位教师参加。举办全区首届培智学校青年教师基本功大赛，分语文、数学2个学科进行说课、评课、教具设计与制作、教学课件制作比赛，12名教师获奖，百名特殊教育教师现场观摩学习。推进特殊教育学校标准化建设，通过评估验收确认南宁市盲聋哑学校、柳州市盲聋哑学校、桂林市培智学校为自治区特殊教育标准化学校。将特殊教育学生群体纳入“两免一补”范围，全年近1.4万名在校残疾儿童少年全部使用了免费教科书，3 000多名残疾儿童少年获得国家和自治区扶残助学项目资助。

职业教育与成人教育

〔**振兴职业教育“九大工程”进展良好，职业教育质量明显提高**〕 2007年，广西继续实施振兴职业教育“九大工程”，工程进度明显加快并取得很好成绩。例如：“百个职业教育实训基地建设工程”在2007年确立了30个自治区级立项建设项目，推荐14所中等职业学校申报中央财政支持的职业教育实训基地项目，评审推荐65所学校共107个专业为2007—2010年自治区级示范专业；“百县（区）职教中心建设工程”指导首批20个已立项的县级职教中心加快建设并确定22个第二批立项建设自治区级示范性县级职教中心；“万名职业院校教师素质提高工程”，2007年培训了1 878名专任教师和管理干部并组织制定中等职业学校“职业教育名师、专业名师”评选标准；“职业教育教学改革工程”组织制定了28个专业示范性教学方案和中等职业学校教学工作规范、中等职业学校教学水平评估指标体系并部署2007—2010年全区中等职业学校教学水平评估工作。其他几个工程进展也都很顺利。

由于教育质量提高，2007年，广西代表队在全国中等职业教育技能大赛中共获得一等奖2项、二等奖12项、三等奖14项，获奖率达62.2%，获奖总数名列全国36个代表队第9位。另外，为进一步提高教育质量，教育厅2007年还举办了中等职业学校语文、数学案例式教学方案设计比赛；广泛开展教务科长听课和评课活动、骨干学校示范课等教研活动；确定180个项目为年度中职学校教育教学改革立项项目；开展第四届中等职业教育教学改革成果评审奖励工作，共表彰奖励44个获奖项目。

〔**招生与就业**〕 2007年，广西中等职业学校（含技工学校）招生25.4万人，超额完成教育部下达的任务数24.5万人，高中阶段教育普职招生比例为1∶0.92。全区中职学校（不含技工学校）毕业生就业率达96.3%，对口就业率80%，通过“订单”培养的就业占50%，获取职业资格证书率达66%。

〔**职业教育攻坚动员大会**〕 2007年12月，广西壮族自治区党委、政府召开全区职业教育攻坚工作动员大会，决定从2008年起，用3年时间打一场职业教育攻坚战，并把职业教育攻坚列为政府为民办实事的重要内容之一。广西出台了《关于全面实施职业教育攻坚的决定》，明确提出：到2010年，全区就读中等职业学校的当年初中毕业生达45%以上，中等职业学校招生数量达32万人，在校生数量达89万人；全区高等职业学校在校生数量达33万人，占高等教育在校生数量的50%以上；全区职业院校年度培养技能型新生劳动力40万人以上；全区职业教育资助政策体系进一步完善，逐步实现困难群体子女免费接受中等职业教育；到2010年，中等职业学校毕业生初次就业率超过85%。自治区政府成立了领导小组，各市、县（市、区）相应成立领导小组和工作机构。明确市长、县（市、区）长是职业教育攻坚工作第一责任人，逐级签订目标任务责任书。2011年，广西将以市为单位对职业教育攻坚工作进行验收。

高 等 教 育

〔**高校党建工作**〕 2007年，广西广泛开展“校园先锋行”主题实践活动，召开了自治区直属高校“八桂先锋行”活动经验交流会并开展系列创建先进和评选表彰活动，党员参与面达90%以上。在全区高校开展了“塑师德、正师风、强师能、铸师魂”师德建设专题教育活动。加强高校干部队伍培训工作，举办了全区高校统战干部、共青团干部、大学生党的知识教育骨干教师、行政管理干部、纪检干部等5个专题培训班，培训干部366人。完成了21所高校领导班子及130多名班子成员的换届考察工作。向8所民办高校委派了党组织负责人（督导专员）。在区属高校继续实施“大学生党的基本知识教育工程”，实现了2007级大学新生党的基本知识教育普及率、入党积极分子培训率和预备党员培训率3个百分之百。广西大学、广西师范大学、广西医科大学等3所高校完成“双培”试点工作，为做好在高知识群体中发展党员和培养党组织负责人工作探索了新路子，积累了新经验。

〔**大学生思想政治教育**〕 2007年，广西深入推进高校思想政治教育主题网站建设，首次评选和表彰了15个思想政治教育主题网站“精品栏目”和5项“品牌活动”。举办了爱国主义教育基地走进高校、全国高校红色报刊行、首届广西高校DV大赛等大型活动，继续深入开展广西青年学生形势政策思想教育报告会活动。大力加强高校辅导员队伍建设，制定了《关于进一步加强全区高等学校辅导员、班主任队伍建设的意见》和《广西2007—2010年普通高校辅导员培训计划》；举办了3期自治区级辅导员岗前培训班和辅导员骨干培训班，培训辅导员339名；广西师范大学成为首批教育部全国高校辅导员培训研修基地。召开全区高校思想政治理论课教学管理工作会议，推进实施思想政治理论课新方案；开展新课程任课教师全员培训，为新学期的开课做好充分准备；启动广西高校思想政治理论课精品课程建设工作，开展了全区大学生思想政治理论课研究性学习优秀成果评选活动和“精彩一课”比赛活动，全面提高高校思想政治理论课教育教学质量。举办了3期高校哲学社会科学教学科研骨干研修班，培训学员200多名。加强大学生心理健康教育，开展了以“和谐身心、健康你我”为主题的2007年广西大学生心理健康教育宣传周活动，受到广大师生的欢迎；举办了心理咨询师职业资格培训班，提高高校心理健康教育教师的素质和水平；组织专家编写了《大学生心理健康教育读本》，推动全区高校开设心理健康教育课程。在全区高校开展校园文化优秀成果创建活动，4所高校的校园文化建设项目获得教育部的表彰，32所高校的39个项目获得了自治区级表彰。评选表彰了17项2005—2006年全区高校宣传思想政治工作创新成果。

〔**教学改革**〕 2007年，广西教育厅组织专家完成了对右江民族医学院、玉林师范学院本科教学评建工作的指导和区内初评，并协助教育部完成了正式评估；受教育部委托，完成了对南宁师范高等专科学校、桂林旅游高等专科学校、广西警官高等专科学校、河池职业学院人才培养工作水平的正式评估。在2006年开展试点工作的基础上，全面启动广西高校优质专业认定工作，共认定104个专业（本科专业31个，高职高专专业73个）为广西高等学校优质专业，使全区高校认定的自治区级优质专业达236个，确定60门课程为2007年度自治区级精品课程；有12门课程被评为国家精品课程，其中本科课程7门，高职高专课程5

]。出台了《自治区教育厅关于加强我区大学生实践能力、创新能力、就业能力和创业能力培育，全面提高我区高等教育质量的若干意见（试行）》。组织完成了2007年国家级和自治区级实验教学示范中心评选推荐工作。广西大学、桂林电子科技大学和桂林工学院的3个实验教学中心成为2007年国家级实验教学示范中心建设单位。广西大学成为首批获得“国家大学生创新型实验计划”建设单位称号的50所高校之一。组织开展了“十一五”期间第一批广西高校优秀教材立项建设工作，确定立项建设项目84项。确定南宁职业技术学院、柳州职业技术学院、广西职业技术学院、广西机电职业技术学院等4所院校为自治区级示范性高职院校。

〔**高等教育创新能力建设**〕 2007年，广西高校深入实施以校市（县、区）一对一科技帮扶、校企一对一科研合作、校行（部门）一对一科技培训为主要内容的“三对创新行动计划”，30多所高校组织开展“科技大篷车”活动300多场次。通过以上活动有4所高校与当地政府签订校县科技合作框架协议书，4所高校与10多家驻柳大中型企业开展重大科技合作项目32项，签订科技合作合同金额610多万元。2007年，广西高校共有62项成果获得广西科技进步奖，占全自治区获奖成果总数的41.6%，比2006年提高8.7个百分点，为历年中获奖成果比例最高的一年。投入资金200万元，继续实施研究生教育创新计划。其中资助博士研究生科研创新项目15项、硕士研究生科研创新项目304项、专项课题研究项目57项、研究生学术论坛11项、研究生联合培养基地4项、研究生教育创新计划网站1项。确定首批4个自治区级研究生教育创新人才联合培养基地。

〔**师资队伍建设**〕 2007年，广西评选出第二批广西高校人才小高地创新团队10个及“八桂学者”10名，投入600万元资助高校创新团队开展人才培养等各项工作。制定了《广西高等学校优秀人才资助计划实施办法》，计划“十一五”期间采取项目资助的办法，遴选资助高校优秀中青年学术技术带头人和教学科研骨干教师300名，确定2007年度资助人选60名。制定了《广西高等学校骨干教师培养计划实施办法》，计划用五年时间选拔250名左右优秀骨干教师到自治区外重点大学的重点学科领域、优势学科和专业进行为期一年的访学，并选送了首批60名访问学者。在深入调研的基础上，下发了《广西壮族自治区高等学校机构编制管理暂行规定》，对全区54所高校编制重新进行了核定。截至年底，全区高校校本部共有专任教师26 906人，占教职工总数的66.4%。其中普通高校有教授1 776人，副教授6 895人；具有研究生学历的教师10 747人，具有博士学位的专任教师1 545人。

〔**抗洪保考**〕 2007年高考期间，湘江河水涌进桂林市全州县三中考场，严重威胁考点的正常开考和考生的安全。自治区副主席吴恒、自治区教育厅厅长余益中亲自布置抗洪保考工作，桂林市领导和市教育局领导迅速到达考点现场，全州县启动2007年抗洪保考应急预案和多方联动反应机制。市、县各部门通力协作，果断开闸排洪，采用修路、架桥、调集车辆等措施引导师生安全转移，启用备用的新考点，紧急调试英语听力设备。在整个抗洪保考过程中，没有考生因洪水原因而缺考，没有一名考生因洪水原因而发生人身安全问题，考生情绪平稳，考试正常有序，试卷回收安全，抗洪保考取得了胜利。

〔**毕业生就业**〕 2007年，广西各高校贯彻实施《广西高校毕业生就业工作评估指标体系》，进一步健全“领导主抓、中心统筹、院系为主、全员参与”的毕业生就业工作体系，加大对就业工作的投入，全面落实院（系、部）目标管理责任制，建立就业工作的奖励机制，加强对毕业生的就业指导、就业服务和需求信息的收集工作，高校毕业生就业工作取得新突破。全区高校毕业生比2006年增加22 231人，增幅达26%。截至9月1日，总体就业率达90.29%，比去年同期提高3.44个百分点。就业工作出现了2个“首次”：全区高校毕业生平均就业率首次超过90%；高职高专毕业生就业率首次超过本科毕业生和毕业研究生，达到90.75%。到非国有企业单位就业的毕业生占就业毕业生的比例从2006年的58.6%上升到61.66%。到基层单位就业的毕业生人数占就业总人数的75.34%。

撰稿 吴国友 陈 川 赵益真

审稿 高 枫

海南省教育

概　况

〔基本情况〕

2007年各级各类学校校数、教职工、专任教师情况

	学校数（所）	教职工数（人）	专任教师数（人）
一、高等教育			
（一）研究生培养机构（不计校数）	(2)		
1. 普通高校	(2)		
2. 科研机构			
（二）普通高等学校	14	9 634	5 823
1. 本科院校	4	5 038	3 010
2. 专科院校	10	3 839	2 477
其中：职业技术学院	9	3 480	2 202
3. 其他机构（点）（不计校数）	(1)	757	336
其中：独立学院	(1)	757	336
（三）成人高等学校	1	102	67
（四）民办的其他高等教育机构			
二、中等教育	678	43 756	35 528
（一）高中阶段教育	208	43 713	12 370
1. 高中	110	38 046	8 343
普通高中	110	38 046	8 343
成人高中			
2. 中等职业教育	98	5 667	4 027
普通中专	23	2 055	1 074
成人中专	6	167	87
职业高中	55	2 085	1 516

续表

	学校数（所）	教职工数（人）	专任教师数（人）
技工学校	14	1 240	1 263
其他机构（教学点）（不计校数）	(10)	120	87
（二）初中阶段教育	470	43	23 158
1. 普通初中	466		23 155
2. 职业初中			
3. 成人初中	4	43	3
三、初等教育	3 358	58 636	52 614
（一）普通小学	2 915	57 880	52 345
（二）成人小学	443	756	269
其中：扫盲班	272	204	69
四、工读学校			
五、特殊教育	4	129	92
六、学前教育	809	10 120	5 652

注：普通高中的教职工数中包含普通初中的教职工数。

2007年各级各类学历教育学生情况

	毕业生数（人）	招生数（人）	在校生数（人）
一、高等教育			
（一）研究生	383	725	1 857
博　士	20	25	87
硕　士	363	700	1 770
（二）普通本专科	19 581	38 669	108 296
本　科	7 240	16 936	50 289
专　科	12 341	21 733	58 007
（三）成人本专科	7 193	8 499	23 754
本　科	2 001	2 638	8 360
专　科	5 192	5 861	15 394
（四）其他各类高等学历教育			
1. 在职人员攻读博士、硕士学位		424	1 077
2. 网络本专科生			
本　科			
专　科			
3. 学历文凭考试			
4. 其他			

续表

	毕业生数（人）	招生数（人）	在校生数（人）
二、中等教育	210 351	269 806	727 763
（一）高中阶段教育	58 665	102 001	252 688
1. 高中	38 193	49 790	146 411
普通高中	38 193	49 790	146 411
成人高中			
2. 中等职业教育	20 472	52 211	106 277
普通中专	12 579	19 456	54 614
成人中专	413	341	585
职业高中	3 650	22 431	30 629
技工学校	3 830	9 983	20 449
（二）初中阶段教育	151 686	167 805	475 075
1. 普通初中	151 156	167 805	474 705
2. 职业初中			
3. 成人初中	530		370
三、初等教育	179 856	126 451	985 664
（一）普通小学	176 553	126 451	983 387
（二）成人小学	3 303		2 277
其中：扫盲班	483		457
四、工读学校			
五、特殊教育	154	313	2 200
六、学前教育	56 227	82 039	129 952

注：特殊教育学生数中包括普通中小学随班就读的学生。

2007年各级各类非学历教育学生情况

	毕（结）业生数（人）	注册生数（人）
总　　计	248 163	151 470
一、高等教育	7 483	7 706
（一）研究生课程进修班	63	
（二）自考助学班		
（三）普通预科生		105
（四）进修及培训	7 420	7 601
其中：资格证书培训	4 609	5 705
岗位证书培训	1 375	1 896
二、中等教育	240 680	143 764

续表

	毕（结）业生数（人）	注册生数（人）
其中：资格证书培训	11 224	8 566
岗位证书培训	9 062	6 923
（一）中等职业教育	33 595	10 190
其中：资格证书培训	5 126	3 103
岗位证书培训	6 294	3 273
（二）职业技术培训机构	207 085	133 574
其中：资格证书培训	6 098	5 463
岗位证书培训	2 768	3 650

2007 年各级各类民办教育基本情况

	学校数（所）	毕业生数（人）	招生数（人）	在校生数（人）	教职工数（人）	专任教师数（人）	另有其他学生数（人）
一、民办高等教育							
（一）民办高校	4	3 700	7 600	20 270	1 702	983	7 601
本科学生							
专科学生		3 700	7 600	20 270			
（二）独立学院（不计校数）	(1)		4 282	7 867	757	336	
本科学生			3 882	7 111			
专科学生			400	756			
（三）民办其他高等教育机构							
二、民办中等教育							
（一）高中阶段教育	50	3 607	7 983	17 832	4 953	2 969	
1. 民办普通高中	24	2 156	3 537	9 635	4 253	2 613	
2. 民办中等职业教育	26	1 451	4 446	8 197	700	356	752
（二）初中阶段教育	90	10 120	11 313	31 407			
1. 民办普通初中	90	10 120	11 313	31 407			
2. 民办职业初中							
三、民办普通小学	98	13 558	10 459	81 341	5 969	3 847	
四、民办幼儿园	659	24 209	41 878	74 786	7 230	3 900	
另有：民办培训机构（不计校数）	(150)				662	379	39 198

注：1. “另有其他学生数”包括：学历文凭考试学生、自考助学班学生、预科生、进修及培训学生数；
2. 民办普通高中的教职工和专任教师数中包含民办普通初中的教职工和专任教师数；
3. “（　）”内数据为不计校数。

〔**教育投入与支出**〕　2007 年，全省教育经费总投入为 75.8 亿元，比上年增长 36.18%。全省国家财政性教育经费投入为 55 亿元，比上年增长 40.95%。预算内教育经费总投入为 48.63 亿元，比上年增长47.01%。单纯投入教育部门的预算内教育经费为42.86亿元，比上年增长30.17%，其中预算内教育事业费拨款为37.43亿元，比上年增长33.44%，基建拨款为2.65亿元，比上年下降27.64%。

2007年，全省教育经费总支出为74.26亿元，比上年增长26.67%。全省教育及其他部门办高等学校教育经费支出为15.08亿元，比上年增长50.5%；全省教育及其他部门办中等职业学校教育经费支出为8.04亿元，比上年增长132.37%；全省教育及其他部门办中学教育经费支出为19.02亿元，比上年增长2.9%；全省教育及其他部门办小学教育经费支出为20.48亿元，比上年增长25.8%。

〔**教育部领导抵琼调研**〕 2007年1月19日至21日，教育部部长周济先后到海口、文昌、琼海、陵水、三亚等地，深入海南大学、海口旅游职业学校、海南省商业学校、文昌中学、琼海市职业中专学校、长坡中学、长坡中心小学、尚智小学、嘉积中学、陵水英州初级中学、三亚市一中、三亚航空旅游职业学院调研。周济部长对海南省教育改革与发展所取得的成绩给予充分肯定，特别是对海南省率先实行免除义务教育阶段杂费、在中西部地区第一个消灭中小学D级危房等举措给予高度评价，并希望海南省能够克服存在的困难和问题，继续把教育工作抓实抓好。1月19日下午，省委书记卫留成，省委常委、组织部长、省教育工委书记方晓宇，副省长姜斯宪在海口市会见了周济部长。省委常委、三亚市委书记江泽林，副省长姜斯宪分别陪同周济部长调研。

〔**高考移民**〕 2007年，海南省继续执行《海南省普通高等学校招生报名考试条件规定》，采取严格审查考生报考资格、加强学籍管理等措施封堵高考移民。2007年高考移民为292人，比上年减少近1 300人，仅占报考总人数的0.69%，维护了全省考生的利益和社会稳定。

〔**中小学教师绩效工资**〕 国家公务员工资津贴调整后，海南省相应开展了教师工资套改。同时为了体现对教师的关心，省委、省政府决定，从2007年起用3年左右的时间，实现市县义务教育阶段学校教师年人均岗位绩效工资（相当于津贴）提高到3 600元。2007年提高到1 800元，2008年提高到3 000元，2009年提高到3 600元。

〔**各级各类学校师资学历及结构**〕 在海南省现有的93 100名各级各类学校专任教师中，小学专任教师52 345人，比上年增加710人；专任教师学历合格率为99.36%，比上年提高0.22个百分点；生师比为18.79∶1，比上年的20.28∶1有明显降低。初中专任教师为23 155人，比上年增加1 111人；专任教师学历合格率为97.53%，比上年提高了0.99%；生师比20.50∶1，比上年的21.56∶1有所降低。普通高中专任教师8 343人，比上年增加631人；生师比为17.55∶1，比上年的17.89∶1略有降低；专任教师学历合格率为86.22%，比上年提高0.26个百分点。中等职业教育专任教师3 367人；生师比29.95∶1，比上年的23.42∶1明显增高。高等学校专任教师5 890人；比上年增加566人，增长10.69%，普通高校在校生与专任教师比为21.61∶1。

〔**中小学教师培训**〕 2007年，海南省教育厅分别召开全省师资培训工作研讨会和全省师资培训工作会议。组织6个小组对全省中小学教师继续教育情况进行检查。召开全省中小学教师继续教育管理工作会议。继续推进校本培训工作，组织对第二批申报省级校本培训示范学校的62所中小学校进行评审，出台《海南省中小学校本培训示范学校管理规定（试行）》。组织现代教育技术能力农村中学教师培训者培训班等5类中小学教师培训者培训班，培训学员546名。组织教师继续教育全省统一考试、全省小学和幼儿园教师全员培训2006年必修课程培训统一考试以及2007年度中小学班主任培训统一考试。成立海南省特级教师工作委员会。组织开展新一轮（2008—2012年）省、市县级骨干教师推荐选拔工作。与微软（中国）有限公司签订“携手助学”项目信息技术师资培训执行协议书。

〔**教育移民（扶贫）试点**〕 2007 年，海南省昌江县针对该县王下乡教育设施落后、师资力量薄弱和学生上学条件十分艰苦的实际，在王下乡率先实施“教育移民”工程，即把全乡初中生迁至县城就读，以此拓展易地扶贫的内涵，逐步减少王下乡的人口，达到既从根本上解决贫困问题，又有效地保护环境的目的。其主要做法有：一是研究制定方案，确定搬迁规模。确定初中一、二、三年级共 271 名初中生迁至县城读书。同时将王下乡原九年一贯制学校改为只办小学的乡中心小学，扩大乡中心小学的办学规模。二是实行“三包”（包吃、包住、包入学），费用基本全免，保证学生进得来、留得住。三是完善管理机制，确保学生安心就读。建立行政领导联系学校和定期检查制度。成立王下乡寄宿生管理办公室，负责学生的日常管理工作。建立王下乡寄宿生医疗费报销制度，对移民学生的医疗费实报实销。四是与职业教育衔接，解决好学生的出路问题。确定了“贫困偏僻农村学生易地搬迁读书—职业教育—城镇就业”的思路，把发展职业教育作为教育移民的关键环节。建设昌江县职教中心，实行“四免一补”政策（免除学杂费、住宿费、信息费、课本费、补助学生生活费）和联合办学等措施，促进职业教育快速发展。本年度 56 名王下乡初三毕业生除就读普通高中的学生外，其余的学生由政府出资全部进入职业技术学校学习。

〔**顶岗支教与脱产培训**〕 2007 年，海南省教育厅认真做好第 2 期中小学教师脱岗培训及顶岗支教工作，从 11 个少数民族和贫困市县选派 252 名乡镇中学教师到海南师范大学接受为期 2 个月的脱产提高培训，同时派遣海南师范大学的 270 名优秀毕业生到相应学校顶岗支教实习 2 个月。当年还从上述 11 个市县选派 280 名农村中小学教师进入海南师范大学、琼州学院、琼台师专和省教育研究培训院接受为期 1 年的脱产提高培训学习。

〔**农村义务教育阶段学校教师特设岗位计划**〕 2007 年，海南省教育厅继续实施农村义务教育阶段学校教师特设岗位计划，将项目扩展到东方、五指山、保亭、琼中、白沙、陵水、乐东、临高、昌江、儋州等 10 个市县。原计划面向全国招聘 800 名大中专毕业生，实际聘用 595 人，其中本科学历 326 人，专科学历 269 人；到中学任教 441 人，到小学任教 154 人。

〔**教师职称评审与资格认定**〕 2007 年，海南省教育厅组织开展全省中小学中高级教师专业技术资格评审人员教育教学能力测试，有 4 000 多人参加。全年受理 4 800 多名各级各类教师的职称评审申报材料，4 178 人通过评审，其中正高资格 50 人，副高资格 867 人，中级资格 3 187 人，初级资格 74 人。受理审查认定 6 000 多名人员的教师资格并予以发证，其中高校教师 1 051 人，应届师范类毕业生 3 971 人，特设岗位教师 132 人，社会人员 900 多人。

〔**教师节评优表彰及慰问活动**〕 在全国第 23 个教师节来临之际，海南省教育厅组织开展全省教育系统评优表彰工作，有 129 位先进个人和 31 个先进集体分别受到教育部、人事部、全国妇联以及省教育厅、省人事劳动保障厅、省妇联的联合表彰。其中，海南中学等 9 个单位获得“全国教育系统先进集体”称号，潘华莉等 6 名教师获得“全国模范教师”称号，刘晓朝获得“全国教育系统先进教育工作者”称号，王秀丽等 3 名教师获得“全国教育系统巾帼建功标兵”称号，陈明等 19 名教师获得“全国优秀教师”称号，蒋培福等 2 名同志获得“全国优秀教育工作者”称号，陈吉灵等 9 名教师获得“全国德育和思想政治教育工作先进个人”荣誉。9 月 7 日，省委书记、省人大常委会主任卫留成在副省长、省教育工委书记姜斯宪等陪同下，前往新合并的海南大学看望、慰问教师。省委副书记、省长罗保铭到省华侨商业学校，给广大教职员工送去节日的问候。省政协主席钟文到琼中黎族苗族自治县，对琼中中学全体老师进行了慰问。9 月 8 日，省政府隆重举行庆祝“2007 年教师节暨教育系统先进集体和先进个人表彰大会”。在全省举办了全国模范教师、海南师范大学教师郭力华的先进事迹巡回报告会16场。

〔**上海市支援海南省基础教育师资培训计划**〕 2007年，海南省教育厅与上海市教委签订上海市支援海南省基础教育师资培训协议。海南省选派50名骨干教师赴上海市名校进行为期2个月的跟班培训，组织保亭中学、陵水中学、定安中学、屯昌中学、临高中学等5所学校的5名校长和10名骨干教师赴上海市名校跟班学习，同时安排上海市7名校长和8名骨干教师来琼中小学校挂职指导。

〔**教育收费管理**〕 2007年，海南省坚持治理教育乱收费联席会议制度，制定了《海南省2007年治理教育乱收费工作实施方案》。继续抓好改制学校清理整顿工作；继续巩固执行公办高中招收择校生的“三限”政策；加强中小学教辅材料的管理；严格规范高等学校收费行为；继续开展创建规范教育收费示范市县活动。联合省纠风办、省监察厅开展全省中小学行风民主评议活动，在海南广播电视台“政风行风热线”栏目“上线访谈”节目中，专门就教育收费、中招、高招等事宜进行政策宣讲、咨询、受理投诉，继续设立治理教育乱收费投诉电话，会同物价、纠风等有关部门开展收费专项检查。

〔**教育普法**〕 2007年，海南省教育厅组织检查各市县贯彻《海南省教育系统普法教育第五个五年规划》情况。推动全省各地学习、宣传和贯彻新《义务教育法》、《中小学幼儿园安全管理办法》等法律规章。抓好各中小学校青少年法制教育计划、教材、师资、课时“四落实”工作，利用青少年法制宣传周、法制宣传月、“12.4”全国法制宣传日等多形式开展校园法制教育。继续在中小学教师培训中渗透法制教育内容。组织教育厅机关干部学习教育法律法规。做好兼职法制副校长的选配和登记工作。

〔**教育督导**〕 2007年，海南省教育厅督促市县继续抓好“两基”巩固提高的年检工作，并组织对部分市县和省农垦“两基”巩固提高工作进行督查。认真部署和开展对县级政府教育工作的督导评估。从省政府办公厅、省教育厅、省人事劳动保障厅、省人大教科文卫工委等部门抽调人员组成省政府教育督导评估组，分别对琼海、儋州、万宁、东方、澄迈、临高、白沙、保亭、乐东等九个市县政府教育工作进行了督导评估。继续推动中小学办学水平督导评估工作，对原评估定级已到复评时间的海南华侨中学、海口市第一中学开展省一级学校复查评估。对三亚实验中学申报省级规范学校、农垦实验中学办学水平进行评估。开展对义务教育课程改革推广情况、农村义务教育经费保障改革政策落实等工作进行专项督导检查。

〔**体育、卫生与艺术教育**〕 2007年，海南省教育厅大力推行《学生体质健康标准》，深入开展中小学生每天锻炼一小时活动，举办各类全省大中学生运动会。加强学校常规卫生工作的组织管理和学校健康教育教学工作，积极贯彻实施《学校艺术教育工作规程》，组织开展全省高校高雅艺术进校园活动，进一步规范高等学校、高级中学学生军训工作，抓好国防教育工作。

〔**资助贫困学生就学**〕 2007年，海南省开通“绿色通道”，对所有贫困大学新生实行“先入学、后交费”的政策，保证贫困大学新生顺利入学。完善国家高校助学贷款机制，全省公办高校均与银行签定了银校合作协议，2007年全省高校申请贷款的学生共有9 690人，银行审批发放贷款7 635人，放款8 500.14万元。落实中等职业学校国家助学金政策，69 751名中职学生受资助。

〔**大中专毕业生就业**〕 据统计，2007年海南全省高校毕业生19 270人，中等职业学校毕业生11 685人，大中专毕业生初次就业率平均为84%。其中，高校为79.02%，中专学校为92.4%，完成了年初确定的目标任务。

〔**教育国际交流与合作**〕 海南省对外汉语国际推广中心项目和海南省对外汉语国际推广中小学基地项目获国家批准，完成了2007年对外汉语教师和志愿者的选派工作。成功接待俄罗斯中小学生冬令营代表团和日本、马来西亚、英国驻广州领事馆等有关组织来琼教育访问活动。全省组织了多批师生出国（境）进行教育交流考察，举办少数民族地区暑期英语教师培训班项目。

〔**教育信息化建设**〕 2007 年，海南省投入资金 2 204 万元，完成儋州、乐东、东方、五指山等 4 个市县农村中小学现代远程教育工程，使海南省农村中小学校远程教育工程覆盖率达到 100%。召开全省教育技术和实验教学工作现场会议，加强“三种模式”在教育教学中的应用。召开全省教育电子政务工作会议，集中力量搞好视频会议系统、电子政务系统的应用工作。逐步完善市县教育局网络中心的基本建设，扩宽接入带宽到 10M 光纤。配合省直有关部门做好省教育厅办公软件正版化工作。协调海南电信公司做好桂林洋高校区网络接入工作，安装调试网络中心存储系统设备。组织评审海南省校园网络设计建设资格推荐企业。完成省教育厅网络信息系统的信息安全等级定级工作。根据国家统一部署，完成教育系统转星调整工作。基本完成 23 所重点中学的城域网建设。

〔**勤工俭学**〕 2007 年，海南全省初、中等学校开展勤工俭学总产值达到 1.7 亿元，纯利润 6 500 万元，补充教育经费达 4 500 万元以上。全年接纳学生参加劳动实践达 200 万人次，救助贫困学生超过 0.9 万人次。在文昌、东方、乐东、屯昌、琼中等 5 个市县试点推行“三小工程”（即创建一个小基地、办好一个小食堂、建设一个小厕所）。全省 85%以上的学校开展了土地确权工作，已完成土地确权的中小学校达 60%。

〔**语言文字工作**〕 2007 年，海南省教育厅组织编写并出版发行《海南省普通话水平测试训练教程》。成立海南省普通话与文字应用培训测试中心，挂靠琼台师范高等专科学校开展工作，全年培训、测试 7 000 多人。在五指山市举办黎、苗族教师普通话培训班。组织开展全国第九届推普周各项活动。与有关部门联合开展第三届全国语文规范化知识大赛海南省赛区的竞赛活动。

〔**民办教育**〕 2007 年，海南省有各级各类民办学校 901 所，各类在校学生达 233 390 人，比上年增加 20 119 人。其中，民办幼儿园 659 所，在园儿童 74 786 人，比上年增加 979 人；民办普通小学 98 所，在校生 81 341 人，比上年减少 2 460 人；民办普通初中 90 所，在校生 31 407 人，比上年减少 1 617 人；民办普通高中 24 所，在校生 9 635 人，比上年减少 925 人；民办中等职业学校 26 所，在校生 8 197 人，比上年增加 3 556 人；民办高职院校 4 所，在校生 20 157 人；独立学院 1 所，在校生 7 867 人。

基础教育

〔**义务教育经费保障机制改革**〕 2007 年，海南省出台《海南省农村义务教育经费保障机制改革方案》、研究制定了各项配套政策文件、落实资金分担责任，中央、省、市县三级承担比例为 5∶4∶1。2007 年，全省投入资金 49 728.7 万元（中央财政负担 24 318.2 万元，省级财政负担 20 077.4 万元，市县负担 5 333 万元）。主要用于免除学生杂费、课本费；补助寄宿生生活费；校舍维修改造以及中小学教师工资发放等。其中，投入 2.79 亿元对义务教育阶段学生免收杂费（中央财政 16 021 万元，省级财政 9 998.8 万元，市县财政 1 852 万元），覆盖全省 2 991 所农村中小学校和 676 个教学点，135.5 万名学生受益；投入资金 1.14 亿元（春季 5 710.75 万元，秋季 5 721.42 万元）在全国率先对义务教育阶段公办学校学生全部免费提供教科书，受惠学生约124万人，占义务教育阶段学生总数的91.21%；投入资金2 734.6万元用于补助寄宿生生活费，受助学生83 156人，涵盖了全省义务教育阶段公办学校家庭经济困难寄宿学生及少数民族寄宿班学生。

〔**农村学校建设**〕 海南省“西部地区农村寄宿制学校建设工程”规划建设55所项目学校，总投资6 000万元。截至2007年9月，所有土建项目学校全部竣工，实际建筑面积87 589平方米，完成投资5 882万元。完成学生生活设施69.9万元，其中购置学生用床55万元，购置仪器设备17.1万元，购置图书10.4万元，购置课桌凳16.1万元。有47所项目学校通过审计。

根据国家的统一部署，海南省按照2亿元投资额，分4年在14个项目市县规划改扩建中学142所。新建校舍199 753平方米，其中新建学生宿舍128 855平方米、食堂56 734平方米、厕所11 494平方米、其他生活用房2 670平方米。改建体育场地124 211平方米。购置配套设施2 340万元。2007年投资3 009.1万元改扩建陵水、五指山、保亭、白沙、琼中等5个国家扶贫开发工作重点市县26所农村初中学校，项目总建筑面积为38 130平方米。

作为全国试点省份之一，海南省2007年安排300万元用于全省38所中小学文明新校园建设，加大校园沼气工程建设力度，创建生态循环校园。

〔**中小学德育**〕 2007年，海南省教育厅广泛开展爱国主义电影教育活动和“中小学弘扬和培育民族精神月”活动。加快青少年学生校外活动场所建设步伐，国家和省的青少年活动中心建设项目已覆盖16个市县。做好2006—2007年“海南省三好学生”和“海南省优秀学生干部”评选工作，本学年度共有649名学生被评为“海南省三好学生”，225名学生被评为“海南省优秀学生干部”。组织开展了中小学“新童谣”征集活动。积极开展科普教育，提高青少年科技创新意识，与省科协联合举办第十九届海南省青少年科技创新大赛，组队参加全国第二十二届青少年科技创新大赛，并赢得4个二等奖、4个三等奖、两个专项奖。与团省委、省少工委联合开展2007年度“和谐少年”、“十佳少先队员”、“十佳少先队（志愿）辅导员”和“星星火炬”奖章获奖者的评选工作。

〔**基础教育课程改革**〕 2007年，海南省实施基础教育课程改革实验工作，省教育厅指导中小学校加强围绕新课程的校本教研制度和其他制度的建设，深入开展网络教研。以课改为抓手，深化基础教育科研工作。深化各类招生和考试办法改革，完善基础教育课程改革有关评价制度。配合教育部考试中心做好为海南省高考单独命题工作，实现了课改后第一届高中毕业生高考平稳进行。所有高考科目全部实行网上评卷，海南省高考评卷方式和手段发生根本性转变。首次公布了高考有关数据信息，引导社会和学校科学合理使用考试结果。2007年中考成功实现原来课改区和非课改区的并轨，继续坚持推进等级制呈现，在招生录取的机制上更加完善。

〔**普通高中教育**〕 海南全省共有普通高中学校110所，比上年减少1所；招生49 790人，比上年减少4 345人，减少8.03%；在校生146 411人，比上年增加8 437人，增长6.11%。普通高中平均班额58.1人，比上年的57.59增加0.51人，大班额比例仍然偏高。发挥地方政府办学的积极性，鼓励采取财政全额投入或政府贴息贷款的方式新建或扩建学校，进一步改善高中学校的办学条件。以海南侨中、海口一中、三亚一中为代表的一批市县重点高中优质学位明显增加。积极引进社会力量，形成捐助优秀贫困高中学生的长效机制。继续办好海南中学、国兴中学民族特招班。引进美籍华人林汉克先生的捐助资金，在海南中学设立“宏志班”，培养家庭贫寒、品学兼优的高中学生。与中国建设银行合作，捐助贫困高中学生。

〔**幼儿教育**〕 海南全省共有幼儿园809所，比上年减少56所。在园（包括学前班）人数129 952人，比上年减少5 626人。学前教育毛入园率达到 44.43%，比上年提高了 1.3 个百分点。制定《清理整顿民办学前教育机构工作方案》，加强对各级各类学前教育机构的管理。召开全省“以园为本教研制度建设”项目管理者培训会议。加强海南省学前教育研究会工作。组织参加全国幼儿园优秀自制玩教具展评活动。组织骨干教师参加教育部—IBM“小小探索者”项目年会。组织省内幼教工作者参加第三届“宋庆龄幼儿教育奖”评选和颁奖活动。大力宣传优秀幼教工作者事迹，提高幼儿教师的社会地位。

〔**特殊教育**〕 2007 年海南省 4 所特殊教育学校招生 313 人，在校生 2 200 人，分别比上年增加 134 人和 552 人。在普通学校随班就读和附设特教班学习的残疾儿童和少年，招生和在校生人数分别占特殊教育招生和在校生总数的百分比为 26.83% 和 26.68%。省教育厅会同省残联开展对中国残联专项彩票公益助学项目的督查工作，确保资金专款专用。开展 2007 年助残日活动，发动中小学生节约一元零花钱，资助家庭困难的残疾儿童上学。研究制定了海南省特殊教育“十一五”发展规划。举办特殊教育教师培训班。

〔**中小学安全工作**〕 2007 年，海南省教育厅围绕“强化安全教育，共建和谐校园”主题开展丰富多彩安全教育活动。加大对各级教育行政部门和中小学校领导的培训，举办了四期中小学校长消防安全培训班，培训四百多人。印发了一系列有关安全工作的文件。与省公安厅联合开展校车专项整治工作，重点对校车安全性能及校车超员、超速、拼装以及用报废车上路等交通违法行为进行整治，进一步建立健全了校车和驾驶员安全管理制度，实行校车挂牌上路，加强校车驾驶员安全教育，确保行车安全。对全省中小学防雷安全工作作出具体部署。

〔**中招工作**〕 2007 年，海南省教育厅出台《关于 2007 年海南省中等学校招生工作的意见》、《2007 年海南省普通中小学招生工作意见》、《2007 年海南省中等学校招生实行体育考试的意见》等文件。继续完善中招工作网上管理系统，强化报名、填报志愿、评阅卷、录取等工作的网络化管理。2007 年全省初中毕业生 132 999 人，报名参加中考人数为 115 779 人，报考率 87%，共录取 5.1 万余名高一新生和 4.6 万余名中职新生。

〔**高中会考**〕 2007 年，海南省教育厅加强基础会考命题工作的领导，命题工作顺利。组织了 2008 届普通高中应届毕业生 44 546 人及 2007 届和往届生 4 189 人共 243 675 人次的普通高中基础会考。认真做好 7 科基础会考科目的成绩统计分析工作。进一步加强考籍管理，为 2010 届 5 万名学生建立起基础会考考籍，包括采集报名信息、摄像及报名资格审查等工作。

职业教育与成人教育

〔**职业教育工作会议**〕 2007 年 7 月 10 日，海南省政府召开全省职业教育工作会议。省委常委、常务副省长方晓宇主持会议，副省长姜斯宪作工作报告，省委副书记、省长罗保铭到会讲话。省教育厅、省发改厅、省财政厅、省人劳厅、省农业厅、省扶贫办等部门主要负责人在会上发言。姜斯宪副省长代表省政府分别与 10 个市县主要领导签订县级职教中心建设责任书。2007 年，海南省先后出台《海南省人民政府贯彻落实国务院关于大力发展职业教育决定的意见》、《海南省职业教育 2007—2010 年发展规划》、《县级职业教育中心建设实施方案》、《中等职业学校家庭经济困难学生资助实施方案》、《2007—2010 年中等职业学校教师素质提高计划》等文件，为加快海南省职业教育发展奠定了良好的基础。

2007 年，海南省加强了对职业教育的宣传。在 6 月份最后一周开展职业教育宣传周活动，组织宣传车辆 30 多部、宣传人员 70 多人、宣讲 20 多场、发放宣传材料 30 000 多份；在全省 18 个市县、700 多个乡镇和中学，宣传国家资助职业学校家庭经济困难学生的政策，中职招生学校、专业和计划；同时寻求新闻媒体的支持，光明日报、中国教育报、海南日报等媒体关于职业教育相关报道达 160 多篇（次）；举办“劳动创业”巡回演讲报告会，推选 12 位职校历届毕业生，到各职业学校巡回演讲 18 场，弘扬“三百六十行，行行出状元”的社会风尚，引导青年学生积极接受职业教育。

〔**中等职业学校基础能力建设**〕 2007 年，海南省政府安排 3 700 万元，市县政府配套 1 630 万元建设文昌、琼海、儋州、东方、昌江、保亭、琼中、乐东、澄迈和屯昌等 10 个市县职教中心，增建教室、学生宿舍和食堂 41 800 平方米，增加学位 9 000 个。省财政出资 3 700 万元购买位于桂林洋农场的新大洲股份有限公司 8.8 万平方米土地和 2.7 万平方米的物业用于省机电工程学校整体搬迁；投入 800 万元支持省商业学校扩建综合教学楼。三亚市投入 2.38 亿元建设三亚市中等职业技术学校。海口市划拨土地 18.3 万平方米、投入 7 000 万元，重新规划建设新的海口市旅游职业学校。另外，还加快了综合性共享型职业教育实训基地和专业性实训基地的建设步伐。

〔**深化职业教育教学改革**〕 2007 年，海南省积极推行“一年在农村职业学校学习，一年在城市职业学校学习，一年在企业顶岗实习”的“三段式”职教模式，促进市县职业学校与省级职业学校联合办学。2007 年，全省中职招生达到 46 855 人，超额完成教育部下达的 4.5 万人任务，招生数比上年增长 40.1%，中等职业教育规模持续扩大，与普通高中招生大体相当。学生实践能力培养得到进一步加强，在 2007 年全国中等职业教育技能大赛中，海南省代表团获 5 个二等奖，15 个三等奖和优秀组织奖。推行半工半读、工学结合、顶岗实习制度，解决学生实习操作训练和毕业生就业问题，2007 年海南省中职学校毕业生就业率达到了 95.2%。

〔**中等职业教育师资队伍建设**〕 2007 年，海南省通过内部调配、公开招聘的办法补充职业学校教师，满足中等职业教育发展需要。举办县级职教中心校长培训班和科任教师培训班，培训 420 名教师。安排省属职业学校 50 名教师参加专业骨干教师国家级培训、30 名教师到企业实践，从省属中专学校抽调 9 名中层干部到市县职业学校挂职锻炼，支持县级职教中心做好教学和管理工作。与天津工程师范学院进行省校合作，加大职业学校师资培养培训力度，取得良好效果。

〔**成人高校招生**〕 2007 年，海南全省成人高考报考人数实现了近年来的首次回升，有 18 289 人报名参加成人高校招生考试，比上年增加 1 668 人。其中，专科升本科 6 471 人，高中起点升本科 609 人，高中起点升专科 11 209 人。全省 2007 年计划招生数为 20 861 人，其中 64 所外省成人高校在琼招生计划为 17 913 人。实际录取新生 15 532 人，录取率 84.9%，完成招生计划的 86.7%。

〔**自学考试与社会考试**〕 海南省高等教育自学考试人数近年来首次攀升，报考人数达到 3.3 万人。省教育厅组织全国公共英语等级考试 4 次，共 3 000 多人次参加；组织全国计算机等级考试 2 次，1 800 多人次参加；组织了 2007 年硕士研究生入学全国统一考试、专升本考试、在职攻读硕士学位全国联考和同等学力人员申请硕士学位全国统一考试；组织 2 次全国中小学教师教育技术水平考试，1.6 万名中小学教师参加了考试。

高 等 教 育

〔**组建新海南大学**〕 为提升海南省高等教育整体实力，2007 年 3 月 2 日中共海南省委常委会作出将华南热带农业大学与中国热带农业科学院剥离后，与海南大学合并组建新海南大学的重大决策。省委、省政府成立了两校合并领导小组，省长罗保铭任组长，常务副省长方晓宇、副省长姜斯宪任副组长，省委、省政府有关部门主要负责人为成员。8 月，教育部批准两校合并组建新海南大学。两校合并工作办公室多次与农业部沟通，就中国热带农业科学院与华南热带农业大学的机构、人员及资产划分等达成共识。9 月，省政府和农业部正式签署华南热带农业大学与中国热带农业科学院机构人员资产划分协议。9 月上旬，第一批搬迁的原华南热带农业大学 1 584 名师生搬迁到新海南大学海口市海甸校区。省委书记卫留成和省委副书记、省长罗保铭分别到新海南大学调研及现场办公，对学校发展提出了明确要求并给予了有力支持。11 月省政府与教育部签署共建新海南大学的意见。

〔**高校党建工作**〕 2007 年，海南省教育厅配合省委对海南大学、华南热带农业大学领导班子考核工作，为两校合并做好前期准备工作。协助省委组织部做好海南广播电视大学、琼州学院、海南软件职业技术学院、海南外国语职业学院、琼台师范专科学校、海南经贸职业技术学院等学校领导班子的配备、考核工作。召开省第九次高校党建工作会议。会同省委组织部对民办高校党建工作进行调研。举办全省高校领导干部暑期理论研讨班。会同省委统战部召开全省高校统战工作会议，出台《关于进一步加强海南省高校统战工作的意见》。做好省第五次党代会教育工委系统的与会代表的选举和第五届省政协委员推荐提名工作。

〔**大学生思想政治教育**〕 2007 年，海南省教育厅举办了两期高校哲学社会科学骨干研修班，加强高校哲学社会科学教学科研骨干队伍的建设。分别举办“道德修养和法律基础”、“毛泽东思想、邓小平理论和‘三个代表’重要思想概论”和“中国近现代史纲要”以及“马克思主义基本原理概论”四门课全体任课教师的培训班。制订《海南省高等院校思想政治理论课建设评估方案》，出台《关于加强和改进高校大学生形势与政策教育的实施意见》，建立健全形势与政策课全省集体备课制度，举办了两期全省高校形势与政策课集体备课会。召开全省高校心理健康教育工作督导会，制订《关于进一步加强和改进大学生心理健康教育的意见》，进一步加强大学生心理健康教育。举办了两期高校辅导员轮训班，制定《关于对我省高校辅导员进行轮训和岗前培训的实施意见》，计划在 2008 年底前对高校现有辅导员进行一次轮训，逐步建立辅导员持证上岗制度。组织大中专学生以科技、文化、卫生“三下乡”为主旋律的暑期社会实践活动。

〔**实施高等教育质量工程**〕 2007 年，海南省教育厅开展省级精品课程评选工作，共评选国家级精品课程 3 门，省级精品课程 20 门。组织省级“教学名师”评选，共评出省级教学名师 10 人，海南大学教授谭兵被评为国家级“教学名师”，实现了海南省高校国家级教学名师零的突破。开展普通高校本科新专业评估，对海南大学、海南师范大学和海南医学院等高校当年有本科毕业生的 14 个本科专业进行了评估。对 2007—2008 学年高校新增本专科专业进行评审，批准新设本科专业 18 个、高职高专专业 47 个，成人教育本科专业 7 个。组织开展对海南软件职业技术学院人才培养工作水平评估和高职高专院校办学条件及教育质量检查。组织全省高校青年教师教学大赛。组织开展大学生各类知识、技能竞赛活动，培养学生创新精神和实践能力。举办高职高专实用英语口语大赛和“CCTV杯”大学生英语演讲比赛。首次组织队伍参加2007年全国大学生电子设计竞赛，获得2个全国二等奖。

〔**高校科研工作**〕 2007年，海南省教育厅评审确定178项科研课题为海南省2007年高校科研指导性项目，138项科研课题为资助项目。组织教育部科技/科研项目申报立项工作，其中申报教育部科学技术研究重点项目6个。推荐高校科研项目参评2007年度海南省科技进步奖，获一等奖3项、二等奖5项、三等奖4项。加强对项目研究的管理与监督，抓好2007年省教育厅高等学校科研和教育部科研共343个项目的启动和实施。做好2006年度省教育厅科研项目验收结题工作，经专家评审，省教育厅审核，海南大学《具有氨基酸结构壳聚糖衍生物的合成及生理活性研究》等83个项目通过结题验收。本年度海南省高校科研项目研究共发表学术论文217篇，撰写研究调查报告17篇，出版专著9本，编写教材8份，获得专利1项。

〔**学位与研究生教育**〕 2007年，海南省出台《海南省授予成人高等教育本科毕业生学士学位暂行管理办法》和《海南省学位委员会关于我省成人高等教育本科毕业生申请学士学位外国语水平要求的通知》等文件，对成人教育学生学士学位申请条件、程序等给予明确规定。出台《海南省教育厅关于实施研究生教育创新计划的意见》及《海南省研究生教育创新计划实施方案》，为2008—2010年海南省研究生教育创新计划的组织实施提出了明确的工作思路。省教育厅完成2007年同等学力人员申请硕士学位外国语和学科综合水平统一考试。

〔**高校实验室建设**〕 2007年，海南省加强高校实验教学示范中心建设，制定了《关于实验教学示范中心建设和评估标准》。评审确定海南职业技术学院省级实验教学示范中心建设点4个，校级建设点1个。推荐海南大学海洋生物等3个实验教学中心申报国家实验教学示范中心，其中海洋生物实验教学示范中心通过教育部初评答辩。向教育部推荐海南大学康耀红等20位专家作为全国高等学校实验教学示范中心评审专家库专家。

〔**桂林洋高校区建设**〕 该区现完成投资额8.79亿元，建成竣工交付使用教学楼及辅助教学楼21栋、学生公寓17栋、学生食堂2栋，共有建筑面积32.3万平方米；校内道路管网约8公里，完成校园绿化2.5万平方米；运动场2个，篮球排球场已满足教学和学生活动的需求。校区外基础设施及配套设施工程顺利竣工交付使用。第一批进驻的琼台师范高等专科学校、海南经贸职业技术学院目前已有12 000多名师生在高校区正常学习、生活、教学。第二批进驻的海南师范大学于2007年9月底破土动工兴建新校区。

〔**普通高校招生**〕 2007年，海南全省共有42 318名考生报名参加普通高等学校招生统一考试。其中，文史类考生14 407人，理工类考生25 840人，艺术类考生673人，体育类考生731人，对口招生类考生667人。考生人数比上年增加1 281人，增幅3%。全国有1 065所高校在海南省招生，计划招生36 734人，实际录取考生37 152人（其中本科17 406人，专科19 746人）。

撰稿　曾维陆

审稿　胡光辉

重庆市教育

概　况

〔基本情况〕

2007年各级各类学校校数、教职工、专任教师情况

	学校数（所）	教职工数（人）	专任教师数（人）
一、高等教育			
（一）研究生培养机构（不计校数）	(13)		
1. 普通高校	(11)		
2. 科研机构	(2)		
（二）普通高等学校	38	42 707	26 089
1. 本科院校	15	28 644	16 746
2. 专科院校	23	9 352	6 369
其中：职业技术学院	20	7 409	5 091
3. 其他机构（点）（不计校数）	(7)	4 711	2 974
其中：独立学院	(7)	4 711	2 974
（三）成人高等学校	8	3 556	2 146
（四）民办的其他高等教育机构	9	2 224	1 137
二、中等教育	1 694	141 081	117 397
（一）高中阶段教育	551	140 954	45 330
1. 高中	277	117 104	27 849
普通高中	262	117 053	27 822
成人高中	15	51	27
2. 中等职业教育	274	23 850	17 481
普通中专	28	3 173	2 036
成人中专	54	2 637	1 581
职业高中	112	9 928	7 431

续表

	学校数（所）	教职工数（人）	专任教师数（人）
技工学校	80	4 231	4 074
其他机构（教学点）（不计校数）	(119)	3 881	2 359
（二）初中阶段教育	1 143	127	72 067
1. 普通初中	1 099		71 985
2. 职业初中			
3. 成人初中	44	127	82
三、初等教育	9 046	132 797	120 455
（一）普通小学	7 990	131 335	119 831
（二）成人小学	1 056	1 462	624
其中：扫盲班	517	960	460
四、工读学校	6	98	61
五、特殊教育	43	785	652
六、学前教育	3 351	23 435	14 270

注：普通高中的教职工数中包含普通初中的教职工数。

2007 年各级各类学历教育学生情况

	毕业生数（人）	招生数（人）	在校生数（人）
一、高等教育			
（一）研究生	7 483	11 312	32 145
博　士	453	1 019	3 976
硕　士	7 030	10 293	28 169
（二）普通本专科	89 962	128 423	413 655
本　科	48 082	71 725	261 636
专　科	41 880	56 698	152 019
（三）成人本专科	41 312	47 268	127 986
本　科	15 514	15 317	48 243
专　科	25 798	31 951	79 743
（四）其他各类高等学历教育			
1. 在职人员攻读博士、硕士学位		2 900	8 966
2. 网络本专科生	14 469	35 092	63 070
本　科	9 953	21 656	42 118
专　科	4 516	13 436	20 952
3. 学历文凭考试			
4. 其他			

续表

	毕业生数（人）	招生数（人）	在校生数（人）
二、中等教育	733 529	851 381	2 335 387
（一）高中阶段教育	269 127	388 346	1 012 223
1. 高中	144 461	186 325	518 113
普通高中	144 197	186 325	517 666
成人高中	264		447
2. 中等职业教育	124 666	202 021	494 110
普通中专	30 573	39 900	106 960
成人中专	19 848	25 680	65 367
职业高中	49 512	93 336	217 476
技工学校	24 733	43 105	104 307
（二）初中阶段教育	464 402	463 035	1 323 164
1. 普通初中	382 694	463 035	1 316 698
2. 职业初中			
3. 成人初中	81 708		6 466
三、初等教育	488 035	348 940	2 412 653
（一）普通小学	462 753	348 940	2 384 527
（二）成人小学	25 282		28 126
其中：扫盲班	3 365		4 878
四、工读学校	123	121	208
五、特殊教育	1 971	1 884	11 773
六、学前教育	230 516	358 614	535 457

注：特殊教育学生数中包括普通中小学随班就读的学生。

2007年各级各类非学历教育学生情况

	毕（结）业生数（人）	注册生数（人）
总　计	2 079 364	1 976 322
一、高等教育	47 506	47 228
（一）研究生课程进修班	1 576	2 222
（二）自考助学班	7 439	32 447
（三）普通预科生		2 177
（四）进修及培训	38 491	10 382
其中：资格证书培训	13 342	6 434
岗位证书培训	4 528	905
二、中等教育	2 031 858	1 929 094

续表

	毕（结）业生数（人）	注册生数（人）
其中：资格证书培训	47 917	28 005
岗位证书培训	185 749	142 211
（一）中等职业教育	124 825	60 544
其中：资格证书培训	33 158	12 398
岗位证书培训	42 335	10 981
（二）职业技术培训机构	1 907 033	1 868 550
其中：资格证书培训	14 759	15 607
岗位证书培训	143 414	131 230

2007 年各级各类民办教育基本情况

	学校数（所）	毕业生数（人）	招生数（人）	在校生数（人）	教职工数（人）	专任教师数（人）	另有其他学生数（人）
一、民办高等教育							
（一）民办高校	6	7 241	7 012	18 222	2 069	1 516	
本科学生							
专科学生		7 241	7 012	18 222			
（二）独立学院（不计校数）	(7)	7 317	16 959	54 280	4 711	2 974	2 392
本科学生		4 562	10 541	37 335			
专科学生		2 755	6 418	16 945			
（三）民办其他高等教育机构					2 224	1 137	15 831
二、民办中等教育							
（一）高中阶段教育	58	26 139	37 817	94 081	9 466	6 422	
1. 民办普通高中	15	5 019	6 781	19 757	4 598	3 334	
2. 民办中等职业教育	43	21 120	31 036	74 324	4 868	3 088	6 992
（二）初中阶段教育	107	13 046	19 999	54 622			
1. 民办普通初中	107	13 046	19 999	54 622			
2. 民办职业初中							
三、民办普通小学	159	9 271	8 272	51 553	2 580	1 855	
四、民办幼儿园	2 113	56 223	115 880	187 306	14 654	8 273	
另有：民办培训机构（不计校数）	(172)				1 291	947	23 046

注：1. “另有其他学生数”包括：学历文凭考试学生、自考助学班学生、预科生、进修及培训学生数；
2. 民办普通高中的教职工和专任教师数中包含民办普通初中的教职工和专任教师数；
3. “（ ）”内数据为不计校数。

〔**工作思路**〕 2007 年，重庆市认真贯彻落实党的十七大精神和胡锦涛总书记关于重庆发展的“314”总体部署及重庆市第三次党代会精神，紧紧围绕建设西部地区教育高地和长江上游地区教育中心的奋斗目标，按照“坚持一个统领（科学发展观）、围绕两条主线（发展和公平）、把握三个维度（素质教育、和谐教育、满意教育）”的基本思路，推动全市教育事业持续协调健康发展。

〔十大工作亮点〕 2007 年，重庆市“两基”工作通过国检，圆满划上历史性句号；普及高中阶段教育取得新进展，在校生规模首次突破 100 万；高等教育发展持续推进，毛入学率上升到 23%；农村义务教育保障水平全面提高，促进了义务教育均衡发展；现代远程教育实现全覆盖，受益师生 350 万人；职业教育基础能力建设得到加强，多层次多规格的教育与培训覆盖城乡；彻底解决农村代课教师问题，为农村学校招聘公办教师 1 万多人；切实提高农村教师收入水平，农村中小学教师津贴补助增加一倍；就学资助政策体系进一步健全，资助各类学生 402 万人；科技创新能力不断增强，产学研结合取得明显成效。

〔开展教育发展战略研究〕 2007 年，市教委开展重庆市统筹城乡教育发展专题研究和“网上问计求策”活动，开展“一小时经济圈”、渝东北、渝东南教育发展调研，开展教育对重庆经济社会发展贡献的研究、教育公平研究和发挥直辖优势、提升重庆教育总体水平研究等，组织编纂了《重庆教育绿皮书——2007 年重庆教育发展报告》、《历史的跨越——直辖十年的重庆教育》。

〔争取成为统筹城乡教育综合改革试验区〕 2007 年，重庆市成立统筹城乡教育综合改革领导小组及其办公室，拟将统筹城乡教育综合改革作为全市教育工作的中心任务来抓。市教委在开展专题调研的基础上，初步形成《重庆市统筹城乡教育综合改革试验总体方案》。11 月 16 日，重庆市人民政府向教育部报送《关于申请将重庆设立为全国统筹城乡教育综合改革试验区的函》。

〔教育人事制度改革〕 2007 年，重庆市完成了重庆市教委机关公务员的岗位、薪级及绩效工资的改革，完成高校、直属单位、区县所有教职工及离退休人员的岗位、薪级工资套改工作。继续实施新任教师公开招聘制度和进一步规范市属高校和委直属事业单位新进人员招聘办法。2007 年，教育系统通过公开招聘共招录了 5 089 名中小学教师、800 余名高校教师。开展教师资格认定工作，共认定了 13 218 名高中及中职教师，其中直接认定了应届师范毕业生 9 892 名。改革教师高级职务评审委员会的组建办法，分类别制定和修改教师高级职务评审办法 11 个，形成一套比较科学的评价体系。

〔教育人才队伍建设〕 2007 年，重庆大学张兴国和西南政法大学田平安 2 人获全国第三届高等学校教学名师奖，重庆市国家级高校教学名师累计达 4 人。重庆大学刘庆、西南大学朱德全、周常勇、黄承志，西南政法大学孙长永、重庆交通大学陈洪凯、重庆工学院黄伟九等 7 人入选 2007 年“新世纪百千万人才工程国家级人选”。新增 23 人享受国务院政府特殊津贴，18 人获“重庆直辖十年建设功臣”称号，23 人获“重庆市有突出贡献的中青年专家”称号。继续实施重庆市高校骨干教师队伍建设“221 工程”、中小学骨干校长队伍建设“321 工程”、中小学骨干教师“122 工程”。2007 年，从国内外遴选巴渝学者特聘教授 7 名，评选命名第四批重庆市高校优秀中青年骨干教师 100 名，第四批重庆市中小学骨干校长 30 名。评选命名特级教师 101 人，命名重庆市名师 37 人，重庆市名师奖提名人选 12 人。继续实施农村义务教育阶段学校教师特设岗位计划，实施区县由 2006 年的 7 个扩大到 10 个，招聘特设岗位教师 1 153 人。重庆市在教育部召开的实施“特设岗位教师计划”经验交流会上作了经验发言，“加大三个统筹、创新三个机制、坚持五个统一”的做法得到了教育部及兄弟省市的充分肯定。2007 年 8 月至 9 月，市教委组织全市 38 个区县开展了在代课教师中招聘公办教师的工作，在 1 万余名代课教师中招聘公办教师 7 593 人；11 月至 12 月，组织全市 24 个区县开展了农村边远地区公办小学定向招聘教师工作，招聘教师 1 600 余名，进一步缓解了农村中小学教师紧缺的问题。

〔**教育干部队伍建设**〕 2007年，重庆市有6名领导干部从区县调整到市教委、西南政法大学、重庆邮电大学、重庆交通大学、重庆科技学院任职；市教委完成了重庆电子工程职业学院新的领导班子的组建以及市招办、6所市教委直属中学、2所市教委直属小学领导班子的调整充实工作；依托清华大学、上海师范大学、西南大学等干部培训基地，分三批对市教委机关处级干部进行了全员培训；举办第9期高校党委书记、校（院）长暑期读书班；举办了4期高校处级干部培训班；举办1期区县教育工委书记、教委主任培训班；建立了106人的高校后备干部信息库。

〔**教育法制建设**〕 2007年，《重庆市国家教育考试条例》、《重庆市职业教育条例》通过市人大常委会审议正式施行。《重庆市学校安全条例》、《重庆市民办教育促进条例》的立法调研和《重庆市实施义务教育条例》的修订工作顺利推进。市教委印发了《重庆市教委行政执法岗位责任制度》、《重庆市教育行政执法公示制度》、《重庆市教育行政执法举报投诉办法》、《重庆市教育行政处罚程序暂行规定》、《重庆市教育行政复议办法》和《重庆市教育行政许可实施办法》，并对本部门负责实施的15项行政许可事项在门户网站上进行公示；加强规范性文件审查备案工作，深入开展"法律进机关"活动。

〔**党风廉政建设**〕 2007年，重庆市教育系统认真贯彻执行党风廉政建设责任制，加强反腐倡廉宣传教育，开展党政负责人上党风廉政党课活动，利用发生在教育系统的商业贿赂案件开展警示教育，大力推进廉洁教育和廉政文化进校园工作，加强制度建设，加大监督力度，积极推进教育、制度、监督并重的惩治和预防腐败体系建设，取得了明显成效。2007年，共查办违纪违法案件22件，查结21件，给予党纪政纪处分24人，挽回经济损失97.95万元。

〔**师德师风建设**〕 2007年，重庆市教育系统深入学习贯彻胡锦涛总书记在全国优秀教师代表座谈会上的讲话精神，坚持以社会主义核心价值体系为导向，以"做人民满意的教师，办人民满意的教育"为宗旨，广泛开展"正师风、树师表、铸师魂"教育活动，积极倡导"爱岗敬业、关爱学生"，"刻苦钻研、严谨笃学"，"勇于创新、奋发进取"，"淡泊名利、志存高远"的职业精神。市教委印发了《重庆市中小学教师职业道德考核评价标准》，建立健全教育、制度、监督并举的师德师风建设体系，全面加强师德师风建设。教育系统涌现出"洪水关头勇救32名群众"的全国道德模范李明素、"几十年如一日背学生过河上学"的重庆市道德模范石元英等一批师德高尚、爱岗敬业、严谨治学、甘于奉献的优秀教师典型。2007年教师节，64名优秀教育工作者、14个先进集体获人事部、教育部表彰。101名特级教师、100名优秀教师、40名优秀教育工作者和10个尊师重教先进集体获重庆市委、市政府表彰奖励。

〔**"作风建设年"活动**〕 2007年，重庆成立了以市教委主要领导任组长的作风建设年活动领导小组及办公室，设立了机关效能督查室，制定了《会议管理办法》、《关于切实加强机关会风建设的通知》、《关于加强公文办理工作的通知》和《规范性文件审查备案实施意见》，建立健全了作风督查考评机制。围绕胡锦涛总书记倡导的树立"八个方面的良好风气"和增强"三个意识"的要求，市教委对作风建设的突出问题进行了深入查找和认真整改，共建立工作制度31项，优化办事流程15项，缩短办事时限2项，规范行政审批窗口服务措施6条，解决基层反映的热点难点问题35个。2007年，重庆市教委在全市"执政为民、服务发展"综合考评中排名明显上升，在全市"作风建设年"活动总结会上做了经验交流发言。

〔**师资培训**〕 2007年，重庆市教委与北京大学联合开展重庆市教育行政干部高级研修班；推选90名农村中小学校长参加第二期"中国移动西部农村中小学校长培训"；遴选100名中小学校长参加重庆市第四批百名中小学骨干校长高级研修培训；举办重庆市第五、六期"国家贫困地区义务教育工程”项目学校中小学校长培训班、中英合作项目重庆市第三期小学骨干校长培训班及中小学校长任职资格培训班；推荐44名高等学校青年骨干教师到国内知名高校、科研机构做访问学者；推荐14名优秀中青年人才参加国内培训；从三峡库区各类学校选派42名教师到重庆大学等高校、科研机构做“三峡之光”访问学者；选派2名教师参加中组部“西部之光”活动。

〔**体育卫生艺术教育**〕 2007年，重庆市教委规定体育考试以30分的总分计入学生中考总成绩。沙坪坝区、南岸区、江北区、荣昌县先后将学生健康体检纳入财政预算，江北区、荣昌县把免费向学生提供饮用奶作为政府民心工程予以推动。市教委印发《重庆市中小学生健康教育指导纲要》，规定每两周从体育课时中安排一学时用于健康教育课，巩固健康教育在学校卫生工作中的基础性地位。各级教育行政部门和学校加大对学校体育卫生艺术和国防教育教学场地、器材、设施的投入，建设了一批高规格、高标准、高水平的现代化的体育、艺术场馆和食堂。重庆市学校体育艺术竞赛成绩有新突破，在全国第五届中小学音乐美术课评选活动中获得一等奖2个。学校运动会、艺术节等活动逐步规范化、制度化，学生身心健康水平进一步提高。

〔**教育国际合作与交流**〕 2007年，重庆市教委在俄罗斯、菲律宾成功举办“重庆—沃罗涅日教育论坛”、“2007重庆—马尼拉国际教育展”。印发《重庆市政府外国留学生市长奖学金申请办法》、《重庆市政府外国留学生市长奖学金实施意见》，159名外国留学生获得市长奖学金。在渝的长、短期外国留学生数突破2 000人，其中学历生比例为68.9%（国家来华留学生学历生比例为33.72%），来华留学生规模扩大、层次提高。重庆市在美国、英国、俄罗斯、意大利、泰国、印尼等国家建立了4所孔子学院、1所孔子课堂、1所汉语教育学院、1所汉语教学中心，大力开展汉语国际推广工作；重庆市有5所中学成为国家首批中学汉语国际推广实习基地；派出对外汉语教师和志愿者112人；成功举办以“感知中国、相约重庆”为主题的汉语桥国际学生夏令营活动；美国、英国、泰国等203位知名大中小学校长应邀访渝。通过国家留学基金、外国政府奖学金和各类校际交流派出留学生人员1 213人。积极协调组织外籍教师培训偏远农村学校中小学英语教师250人次。实施“高等学校科技创新引智计划”，完成智力引进项目38个。新增外籍教师聘请资格学校10所，累计学校数达80所，长短期外籍教师2 052人，2007年有外籍教师1人获国家级友谊奖、6人获市级友谊奖。中外合作办学机构和项目达到16个。与海外友好城市开展教育合作与交流，新缔结友好学校9个、签署合作协议15项。

〔**民办教育**〕 2007年，全市各级各类民办学校达到2 473所，占全市学校总数的17.4%。其中，幼儿园2 113所，小学159所，初中107所，高中15所，中等职业教育学校43所（另有办学点69个），技工学校23所，独立设置高职学院6所，普通本科院校的独立学院7所；另有非学历高等教育机构9个。全市各级各类民办学校在校生总数49万人，占全市各类学生总数的8.25%。其中，幼儿园在园人数18.7万人，普通中小学在校生12.5万人，中等职业教育在校生10.5万人，普通本专科在校生7.2万人。为加强民办高校的管理，2007年7月，市教委下发了《关于民办高校招收非学历教育学生的通知》。制定了《重庆市民办学校审批办事指南》，建立和完善了市教委关于民办学校审批的办事程序。2007年7月，开展了全市改制学校整顿清理工作，进一步规范全市中小学的办学及收费行为。2007年10月，组织市属民办高校牵头筹备建立民办教育协会，切实搞好民办学校的行业自律。2007年7月6日至11日，在西南大学举办“重庆市首期民办教育管理干部培训班”，来自全市35个区县（自治县）教委（局）和22所民办高校（非学历高等教育机构）的管理干部共99人参加了培训学习。

〔**安全稳定工作**〕 2007年，重庆市教委开展创建“和谐校园、平安学校”活动，评选出49个安全稳定先进集体、176个安全文明校园、316名安全稳定先进个人和21个校方责任险试点工作先进单位。在全市高校和“一小时经济圈”内17个区县学校推行校方责任险，惠及学生200万人。贯彻《中小学公共安全教育指导纲要》，在全市中小学校开设每周0.5课时的公共安全教育课。分批对800余名校长进行安全教育培训。开展校园安全隐患排查和校园周边地区综合治理行动；在全市城镇所有学校建立了校园警务室，在部分城镇学校及周边建立治安岗亭、报警点，全市涉校涉生治安、刑事案件发案数较2006年分别下降64.3%和70%。开展校车安全专项整治工作，统一印发了校车“准运证”。开展交通安全宣传周活动，市教委机关开展消防演练和知识竞赛。开展“百名干部大下访”活动，有效化解各种矛盾；妥善处理群众来信来访，处置开县雷击、“10.2”等涉及全市教育系统公共安全的突发事件30余件。加强高校保卫队伍建设，提高保卫人员素质。有效控制高校学生食堂伙食涨价的问题，大力实施“阳光午餐”。在“创建平安区县、建设平安重庆”活动中，市教委被市委和市人民政府评为先进单位，教育系统安全稳定工作多次受到教育部和市委、市政府的表彰奖励。

〔**对口支援工作**〕 2007年，重庆市教委组织实施100所高职院校、城区重点中职校和重点中小学对口支援100所边远贫困地区农村学校和薄弱学校的“百校牵手”工程。先后组织近300名优秀中青年教师到边远贫困地区任教，30名名师、特级教师、研究员到边远贫困地区巡回讲学。组织教育专家、中小学骨干教师200余人次，深入20个贫困县的乡镇农村中小学，开展各种形式的教学互助研讨活动近1 000场次。

〔**语言文字工作**〕 2007年，重庆市开展二、三类区县城市语言文字达标评估工作，潼南县、铜梁县、万州区、江津区、垫江县等区县接受了评估；开展语言文字规范化示范校创建活动，2007年共评出市级示范校34所，申报并获国家认定的国家级示范校10所；开展语言文字规范化示范街创建活动，解放碑步行街成为第一条“重庆市语言文字规范化示范街”；举办了第十届推普宣传周开幕式，渝中区、西南政法大学等区县和高校在开幕式上举办了大型文艺演出、普通话演讲比赛、语言文字规范化知识讲座等多种形式的宣传活动；开展全市中小学生社会用字大检查“啄木鸟行动”，发动市民参与社会用字检查工作；启动“国家普通话水平智能测试系统”，重庆教育学院被批准为“重庆市普通话水平智能测试基地”。

基础教育

〔**综述**〕 2007年，重庆市基础教育取得新的历史性成就。一是“两基”工作顺利通过国家督导检查。二是幼儿教育和特殊教育进一步加强。三是普通高中教育办学水平进一步提高。四是着力推进义务教育均衡发展。五是义务教育经费保障水平进一步提高。六是深入推进义务教育新课程改革。七是德育工作实效性进一步增强。八是中小学招生考试改革力度进一步加大。九是中小学办学行为进一步规范。十是确保进城务工农民子女顺利入学。

〔**“两基”工作**〕 2006—2007学年，重庆市小学适龄儿童、初中阶段入学率分别为99.95%、98.35%，辍学率分别为0.07%和1.43%。15周岁人口初等教育完成率为99.47%，17岁人口初级中等教育完成率为95.11%。顺利通过国家“两基”工作督导检查，圆满完成“两基”攻坚目标任务，进入全面实现“两基”省（自治区、直辖市）行列，实现了历史性跨越。

〔**切实加强幼儿教育和特殊教育**〕 2007年，

重庆市的幼儿教育管理进一步规范，制定了《重庆市幼儿园一日活动行为细则（试行）》，规范了各级各类幼儿园保教工作秩序，切实提高幼儿教育质量。召开了全市农村幼儿教育现场会，明确了农村幼儿教育区县和镇乡两级共管的管理体制，严格执行幼儿园准入制度，统筹初中、小学、幼儿班的建设和布局调整，加快农村"小幼一体化"建设步伐。2007 年，重庆市学前三年幼儿入园率达到 66.32%，学前一年入园率达到 93.49%，"三残"儿童少年入学率达到 92%。

〔**普通高中教育水平进一步提高**〕 2007 年，重庆市普通高中教育规模进一步扩大。全市有普通高中 262 所，招生 18.63 万人，在校生 51.77 万人，提高了高中阶段教育普及率。加强了优质普通高中建设。制定了《重庆市重点中学管理办法》，新增市级重点中学 7 所，累计达到 80 所，全市重点中学在校生达到 26.5 万人，占普通高中在校生总数的 51%，进一步解决了人民群众对优质教育资源的需求。

〔**加强农村建设和资助工作，着力推进义务教育均衡发展**〕 2007 年，重庆市出台了《重庆市人民政府关于进一步推进义务教育均衡发展的意见》，召开了全市推进义务教育均衡发展工作会，对推进义务教育均衡发展进行了全面部署。2007 年，重点实施了六大工程：安排专项资金 2 034 万元，用于农村中小学校黑板更换和维护；安排专项资金 3 000 万元，用于农村中小学饮用水工程；安排专项经费 6 000 万元，用于"寄宿制学校建设工程"；安排专项经费 3 716 万元，用于"农村初中校舍改造工程"；安排专项经费 1 300 万元，用于"新农村卫生新校园建设工程"。另外，安排城市建设配套费 2.4 亿元和捐赠资金 2 250 万元，用于中小学校舍建设；划拨专项经费 1 700 万元，用于农村义务教育阶段学生免费观看爱国主义题材影片。全面完成农村中小学远程教育项目工程，累计建成项目实施学校 12 512 所、教学光盘播放点 4 822 个、卫星教学收视点 6 137 个、计算机网络教室 1 551 个，农村中小学覆盖率达到 100%，受益学生 350 万人。提高义务教育阶段家庭经济困难寄宿学生生活费补助标准并扩大补助范围，对 43.3 万名家庭经济困难女童实行"零学费"入学，出台了普通高中学校家庭经济困难学生资助办法。2007 年，市级安排专项经费 800 万元，资助 5 133 名经济困难家庭普通高中生；另获得教育基金会捐助资金 1 138.3 万元，资助 11 383 名家庭经济困难普通高中生。

〔**进一步提高义务教育经费保障水平**〕 2007 年，重庆市深化农村义务教育经费保障机制改革，进一步提高保障水平。全年落实农村义务教育保障经费 13.64 亿元，其中免杂费资金 8.1 亿元，免费提供教科书资金 2.27 亿元，惠及义务教育阶段学生 357.5 万人；将公用经费拨款标准在 2006 年基础上每生每年提高 10 元，同时实现了农村与县镇学校相同拨款标准，即农村小学和农村初中每生每年提高 30 元，以上两项资金共增加投入 8 702 万元。从 2007 年秋季起，重庆实现向农村义务教育学生免费提供教科书全覆盖。

〔**深入推进义务教育课程改革**〕 2007 年，重庆市教委深入推进义务教育新课程改革。到 2007 年秋季，全市 360 万中小学生使用了义务教育新课程标准实验教材。进一步加强中小学教材选用工作管理，精简中小学教学用书目录，严格控制教材选用的品种和数量。努力推进农村中小学义务教育新课程实施。着力推进校本教研，充分依托教育部"创建以校为本教研制度建设基地"项目，新确立 7 个市级"校本教研实验基地"。

〔**加强中小学生德育工作**〕 2007 年，重庆市以增强实效性为重点，进一步加强中小学生德育工作。一是班主任队伍建设进一步加强。开展了首次市级优秀班主任评选活动，共评选优秀班主任 100 名；举办了历时半年的重庆市第三届班主任基本功大赛，促进了班主任队伍素质的提高。二是校园文化建设活动蓬勃开展。制定了《重庆市中小学校园文化建设实施意见》，开展了"市民文明行动"、"直辖十年看家乡"、"激情奥运，阳光校园"等丰富多彩的大型主题校园文化教育活动。三是德育网络建设发展迅速。建成了“重庆德育网”，形成了学校、家庭、社会三位一体的德育工作信息网络，为城乡德育教研搭建了平台。四是德育课程建设形成特色。召开了德育现场经验交流会，开展了全市评选优秀德育课例活动，开展了“直辖十年看家乡”优质课大赛活动，进一步丰富了德育课程资源。五是“和谐育德”工程全面启动。制发了《重庆市“和谐育德”教育创新工程实施意见》，以校园文化建设为重点、课程德育为基础、队伍建设为抓手、德育活动为载体、德育网络建设为保障的“和谐育德”工程全面启动，城乡统筹、实效性强的德育工作新机制逐步形成。

〔**中招考试改革**〕　加大高中阶段招生工作的统筹力度，实现了普职教育实质性统筹，推动了普、职教育协调发展。加大中招考试内容改革力度，继续降低考试难度，缩小考试范围，调整学科分值，首次实行政治、历史学科开卷考试。开展了初中毕业生综合素质评价，并作为课改实验区学生毕业、升学和择优选送的重要依据。扩大了优质普通高中招生计划。增加市级重点中学高中统招计划 6 000 人，首次将市级重点中学统招计划按不低于 10％ 的比例均衡分配到学校所在区县的初中学校。继续将市直属重点中学 270 个统招计划指标投放到三峡库区 19 个区县，促进了教育公平。

〔**规范办学行为**〕　一是进一步加强中小学“减负”工作。下发了《关于切实减轻中小学生过重课业负担的通知》，建立了督察制度。中小学违规补课现象大为减少，学生到校、离校时间逐步规范，考试次数得到控制。二是深入治理教育乱收费。制发了《2007 年重庆市治理教育乱收费工作的实施意见》，进一步健全和完善了规范教育收费的长效机制。积极利用“阳光重庆”热线节目宣传政策，受理投诉。加大查处力度，全市共查处乱收费案件 221 件，清退违规收费 166.51 万元，处理责任人 80 人。人民群众对教育收费的满意度明显提高，对教育收费的举报投诉较 2006 年下降了 20.72％。三是大力规范民办学校办学行为。积极制定《重庆市民办高等学校管理规定》、《重庆市民办中等学校管理规定》，设立了民办高校设置评议机构和民办中等学校设置评议机构，建立了民办学校审批专家考察评议制度。开展了全市改制学校整顿清理工作，积极妥善地处置了 3 所民办学校严重违规办学的问题。

〔**确保农民工子女入学**〕　一是强化职责，把做好农民工子女入学作为贯彻落实《义务教育法》、加快城乡统筹发展、维护社会稳定的重要工作，并纳入教育系统年度目标考核项目。二是通过新闻媒体加强政策宣传，组织开展农民工子女就学大型现场咨询活动。三是坚持以“流入地为主、以公办学校为主”的原则，扩大接受农民工子女学校数量，简化入学手续，妥善安排农民工子女入学，对家庭经济困难的农民工子女提供多种形式的资助。2007 年，全市接收农民工子女的学校扩大到 332 所，接收农民工子女达 22.5 万人，比 2004 年增加学校 199 所、增加农民工子女 16.8 万人。结合农村中小学寄宿制工程建设，重庆切实加强了对农村留守儿童的关心和管理。

〔**教育督导**〕　以“两基”迎国检工作为中心，整合“督政”与“督学”资源，以落实区县政府教育工作责任为重点，深入开展督导检查。在重庆教育学院设立了重庆市督学培训中心，举办了 2007 年教育督导高级研修班，进一步提高了督导工作队伍素质。制发了《关于规范中等及中等以下学校检查评估工作意见》，建立了检查及评估申报、审定、公告和免检制度，减轻了基层迎检负担。

〔**扫盲工作**〕　以阵地建设、师资建设、课程建设为重点，加强扫盲和农村成人文化技术教育工作，青壮年人口非文盲率达 99.58％，脱盲人员巩固率达 99.52％，乡镇、行政村（居委会）扫盲验收合格率达 100％。

职业教育与成人教育

〔**发展目标**〕　2007年，重庆市重新修订了《重庆市“十一五”职业教育事业发展规划》和《重庆市“十一五”高中阶段教育事业发展规划》，进一步统筹职业教育规模、结构、质量、效益协调发展。实施内涵发展战略，深入推进职业教育教学改革，逐步推进职业教育体制、资源建设和质量评价的有机统一，基本实现了由规模扩张向内涵提升的战略转型。

〔**中职招生规模再创新高**〕　2007年，重庆市普职教育结构实现战略性调整。中职招生规模再创新高，达到20.4万人，实现高中阶段普职教育发展规模大体相当。一是完善了招生管理体制。2007年4月，市政府出台了《重庆市人民政府办公厅关于进一步加强中等职业教育招生工作的意见》，健全了市及区县中职招生机构。二是完善了招生工作机制，严格实施“定学校资格、定招生计划、定专业设置、定招生成本”的“四定”办法，强化招生过程管理。三是严格规范招生秩序。严肃查处了一批中职学校的买卖生源行为，追究了有关责任人的责任，并通过媒体对违规违纪的中职学校进行公开曝光；停止了53所职业学校中职招生资格，进一步规范了办学行为。

〔**中职学生资助实现了“全覆盖”**〕　2007年，全市中等职业学校学生资助实现了“全覆盖”。一是全面落实“普惠制”资助政策，对重庆户籍“五类学生”以外的所有学生和来自重庆市外农村户籍、县镇非农户口、城市家庭经济困难的学生，每生每学年资助生活费1 500元。二是继续实施重庆户籍中职“五类学生”（三峡库区移民、城镇低保人员和农村贫困家庭子女、退役士兵和国办福利机构适龄孤儿）资助政策，实行学费全额资助，每人每学年补助生活费、住宿费1 500～2 000元，每人每学年平均资助总额达到3 500元。2007年全市有近11万名“五类学生”得到了资助。

〔**深入推进中职教育改革创新**〕　2007年，重庆市职业教育改革创新取得新的成绩。一是成功搭建改革创新平台。提出在重庆建设全国统筹城乡职业教育改革试验区，促进城乡职业教育资源和要素的优势互补，推动城乡统筹内涵发展。二是探索职业教育体制改革。全面完成中澳（重庆）职教项目并推广项目成果，充分发挥行业企业优势，建成了卫生、移民等8个职业教育行业协调委员会。三是大力创新师资队伍管理模式，制定并实施《中等职业学校专业教师能力标准》。四是积极推进课程教学改革。开发了电子商务等17个专业能力标准与课程方案，编撰了70多本配套教学材料和25本能力建设培训资料，精品课程和优质教材网络平台逐步建立。五是深入推行“工学结合、半工半读”人才培养模式。重庆渝北职教中心等14所中职学校成为国家和重庆市首批“半工半读”试点学校。

〔**加强基础能力建设**〕　2007年，重庆市中等职业学校基础能力显著提高。一是优质学校建设步伐加快。新增大足职业教育中心、重庆轻工业学校、黔江民族职业教育中心、永川职业教育中心、重庆工交职业教育中心等五所国家级重点中职学校，新增云阳职业教育中心、重庆经贸中专学校、璧山职业教育中心、重庆对外经济贸易学校、重庆市政中专学校、铜梁电讯科技学校、重庆企业管理学校、丰都职业教育中心等八所市级重点中职学校。二是师资培训取得新进展。认真实施“中等职业学校紧缺专业特聘兼职教师资助计划”和“中等职业学校教师素质提高计划”。2007年，培训了

580 名专业骨干教师，聘请紧缺专业兼职教师 30 名。三是实习实训基地建设得到加强。2007 年，中央财政安排重庆市实习实训基地建设专项资金 2 170 万元，国家发改委安排重庆市中职基础能力建设专项资金 2 900 万元。连续两年共争取中央专项资金近 1 亿元，市政府安排资金 3 500 万元，使重庆市中职学校的基础条件得到有效改善。

〔**服务经济**〕 职业教育服务经济社会能力明显增强。通过实施技能型紧缺人才培训、就业与再就业培训、农村实用技术培训、农村劳动力转移培训、三峡库区移民技能培训等，把培训对象从在校学生扩大到往届初高中毕业生、城镇失业人员、农村富余劳动力，提高他们的就业能力、职业转换能力，使他们“转得出、立得住、干得好、逐步能致富”。2007 年，全市教育系统完成农村劳动力转移培训 17.6 万人次、农民实用技术培训 500 万人次、再就业人员培训 8 万人次、移民技能培训 15 万人次。

高等教育

〔**综述**〕 截至 2007 年底，重庆市有市属本科院校 13 所，本科专业（点）674 个。本科专业覆盖 11 个大类 191 种。有 44 所高等院校举办高等职业教育。其中，本科院校 13 所，独立设置的高职高专院校 23 所、独立学院 7 所、成人高等学校 1 所，高职专业数达 253 种 951 个（点），覆盖了全部 19 大专业门类。有各类成人高等教育机构 46 个，其中普通高等学校成人教育学院 37 所，独立设置的成人高校 9 所。

2007 年，在渝高校共招生 19 万人（其中中央部属高校招生 3.2 万人）。其中，研究生 1.13 万人、普通本专科 13.17 万人，成人本专科 4.73 万人。在校生规模超过 62 万人（其中中央部属高校在校生 11.33 万人），高等教育毛入学率超过 23%。

2007 年加快了高校专业结构调整，新增本科专业 41 个，高职高专教育新设置和调整专业 69 个（点）；并明确了成人高等教育设置或调整本专科专业申报程序，规范了成人高等教育设置或调整专业的备案工作。

〔**质量工程**〕 2007 年，重庆市教委大力实施教学“质量工程”。一是组织 5 所高校接受了教育部本科教学工作水平评估，完成了 3 所高职高专院校人才培养工作水平评估。二是制定颁发了《关于高等学校实施学分制的若干意见》等文件，在重庆大学等 4 所高校正式启动了学分制试点工作。三是确定重大教改项目 26 个、重点项目 120 个、一般项目 331 个，资助学校项目经费 101 万元。3 所高校英语教学改革成为国家示范点项目。积极推广中澳职教项目成果，在四所高校开展了 C-TAFE 模式试点工作。四是新增国家示范性高等职业院校立项建设单位 1 所，评选市级实验教学示范中心 12 个，国家级实验教学示范中心立项 3 个。五是评选市级特色专业建设点 41 个，8 个被批准为国家级第一类特色专业建设点。六是首次评选高校市级教学团体 38 个，推荐 4 个为国家级教学团队。七是评选市级精品课程 51 门，10 门课程被批准为国家级精品课程。八是组织参加了全国大学生电子设计竞赛（重庆赛区），获全国一等奖 2 个、二等奖 10 个；组织参加了“高教社杯”全国大学数学建模竞赛（重庆赛区），获全国一等奖 14 个、二等奖 35 个。

〔**研究生教育**〕 2007 年，重庆市教委完成了重庆科技学院新增列为学士学位授予单位的审核工作及 2007 年重庆市 68 个新增学士学位授予专业的审核工作。评选了 2007 年重庆市优秀博士学位论文31篇、优秀硕士学位论文91篇。举办了“重庆市（直辖）学位与研究生教育十年”庆典活动，总结了十年来重庆市学位与研究生教育工作经验。启动了“重庆市研究生教育创新计划”。联合四川、云南、贵州三省学位与研究生教育主管部门，成功申报并实施了教育部研究生教育创新计划项目。

〔**学科建设**〕 2007年，重庆市教委组织重庆的国家重点学科参加教育部的考核评估和国家重点学科的增补工作，在渝高校原有的按三级学科统计的17个国家重点学科全部通过考核评估，新增一级学科国家重点学科3个，二级学科国家重点学科9个，国家重点培育学科8个（二级学科），提前完成了重庆市“十一五”教育发展规划关于国家重点学科建设的目标任务。

制定了《重庆高校哲学社会科学教学科研骨干研修五年规划及2007年计划》，新增23个“重庆市人文社科重点研究基地”，启动第一批16个市级重点研究基地评估工作。2007年，重庆市高校获国家社科基金项目54项（占全市的93%）、总经费464.5万元（占全市的93%），获自然科学基金管理学部项目7项、教育部重大课题攻关项目1项、教育部重大委托课题2项。

〔**思想政治教育**〕 一是全面实施了思想政治理论课新课程方案，对600余名思想政治理论课任课教师进行了培训。二是切实加强辅导员队伍建设，共举办了辅导员培训班5期，培训辅导员1 000多名。三是深入开展思想政治课教学改革，开展“精彩一课”评选活动，评选出市级“精彩一课”3门，“中国近现代史纲要”课入选教育部思想政治理论课“精彩一课”。四是大力加强校园文化建设。获教育部高校校园文化建设优秀成果奖5项，第五次全国高校思想政治教育优秀奖7项。五是扎实推进网络文化建设和管理。组织召开了全国高校网络思想政治工作研讨会，启动了“重庆大学生在线”网站建设，被教育部确定为“网络舆情直极点”。

〔**科技工作**〕 一是成功承办了2007年全国高校科技工作会议和第一届全国高校科技创新论坛，浓厚了高校科技工作的氛围。二是新增“国家重点实验室”1个、教育部重点实验室3个。新增国家工程技术研究中心2个、教育部工程研究中心3个。首次开展了高校市级工程研究中心立项建设工作，批准立项建设18个。三是承担各级各类科研课题5 966项，其中属于“973计划”、“863计划”、国家科技攻关、国家自然科学基金等重大科技计划课题555项；筹措科研总经费10.14亿元；出版科技著作47部；发表学术论文13 741篇，被SCI、EI、ISTP收录论文2 312篇；获省部级以上科技奖107项；技术转让177项，合同金额8 270万元，当年技术收入6 053.6万元；获专利授权249项。四是产学研合作进一步深化。在渝高校与全市90%以上的重点工业企业建立了密切合作关系，校企联合承担了48.9%的市级科技攻关项目。依托高校建设科技成果转化中心5个。与市级有关部门共建了重庆市大型科学仪器资源共享平台，得到国务院有关领导的高度评价。校地合作深入推进，为农村培养培训各类人才2万余人，开展了技术攻关100余项，帮助农民增产增收15亿元。

〔**新生学籍电子注册工作**〕 建立并开通学籍管理信息查询平台。顺利完成2007届普通和成人高等教育10多万名毕业生的图像信息采集和学历证书电子注册工作。2007年是国家实施普通高校新生学籍电子注册工作的第一年，完成13万普通高校学生的电子注册工作，一次性通过率达到100%，顺利通过教育部的检查和验收。

〔**毕业生就业指导工作**〕 以强化服务和创新为重点，积极推进毕业生就业政策体系的完善，出台了“重庆市教师特色岗位计划”、“重庆市一村（社区）一名大学生计划”、高校毕业生自主创业以及特殊困难群体就业援助等新政策。创新毕业生就业市场建设思路，实行双选活动“小型化、专题化、经常化、信息化”。全市共举办双选活动35场，持续时间45天。2007年，全市高校毕业生9.9万人，总就业率为89.5%。

〔**校区建设**〕 全年竣工高校校舍170万平方

米，其中大学城校区 130 万平方米。新增大学城入住高校 2 所，累计达到 7 所，新入住师生 3 万人，累计达到 8 万人。进一步加强市属学校建设项目招投标管理与监督，建设项目招标率达到 100%，公开招标率达到 87.7%。

〔**成人高等教育**〕 2007 年，市教委对有关高校在渝设置的 29 个校外学习中心（点）进行了检查评估，完成了对高校在渝设置成人高等教育函授站（点）的检查、备案工作，加强了高等学校设置及调整成人高等教育本专科专业的管理。首次召开了全市成人高等非学历教育经验交流会。全市成人高等教育在规范管理中稳步发展，在校生达 12.8 万人。

〔**学生资助**〕 加大高校家庭经济困难学生资助力度。通过国家奖学金、国家励志奖学金、助学金方式，资助大学生 10 万人，资助金额共 1.1 亿元；重庆市地方高校从学费收入中提取 10%用于资助学生，资助金额 8 200 万元，资助学生 69 775 人；大力开展生源地信用助学贷款，1 万余名大学生签订生源地助学贷款合同，合同金额 2.05 亿元，已发放 5 669 万元；积极推进国家助学贷款，2.85 万人签订贷款合同，合同金额 39 743 万元，已发放 23 664 万元；3 万名大学生通过勤工俭学获得 3 300 万元；对 22.4 万名大中专学生实施物价上涨临时生活补助，补助金额共1 344 万元。

撰稿　代远红　郑靖波

审稿　彭智勇

四川省教育

概　况

〔基本情况〕

2007年各级各类学校校数、教职工、专任教师情况

	学校数（所）	教职工数（人）	专任教师数（人）
一、高等教育			
（一）研究生培养机构（不计校数）	(33)		
1. 普通高校	(20)		
2. 科研机构	(13)		
（二）普通高等学校	76	92 599	55 903
1. 本科院校	30	60 084	35 407
2. 专科院校	46	23 660	15 215
其中：职业技术学院	39	19 847	12 667
3. 其他机构（点）（不计校数）	(12)	8 855	5 281
其中：独立学院	(12)	8 855	5 281
（三）成人高等学校	27	7 266	4 366
（四）民办的其他高等教育机构	25	1 775	852
二、中等教育	5 932	371 939	311 750
（一）高中阶段教育	1 518	371 220	120 210
1. 高中	819	313 192	79 264
普通高中	806	312 861	79 055
成人高中	13	331	209
2. 中等职业教育	699	58 028	40 946
普通中专	268	23 344	14 124
成人中专	57	4 943	3 151
职业高中	262	19 113	14 979

续表

	学校数（所）	教职工数（人）	专任教师数（人）
技工学校	112	9 671	7 928
其他机构（教学点）（不计校数）	(335)	957	764
（二）初中阶段教育	4 414	719	191 540
1. 普通初中	4 287		190 912
2. 职业初中	16	404	347
3. 成人初中	111	315	281
三、初等教育	17 002	336 558	306 541
（一）普通小学	15 834	334 156	306 149
（二）成人小学	1 168	2 402	392
其中：扫盲班	610	1 034	240
四、工读学校	4	79	61
五、特殊教育	88	1 703	1 407
六、学前教育	8 580	64 727	39 337

注：普通高中的教职工数中包含普通初中的教职工数。

2007 年各级各类学历教育学生情况

	毕业生数（人）	招生数（人）	在校生数（人）
一、高等教育			
（一）研究生	14 812	20 381	60 965
博　士	1 623	2 493	10 698
硕　士	13 189	17 888	50 267
（二）普通本专科	228 028	278 185	918 438
本　科	108 826	142 404	512 785
专　科	119 202	135 781	405 653
（三）成人本专科	94 408	99 300	245 539
本　科	24 877	30 070	84 617
专　科	69 531	69 230	160 922
（四）其他各类高等学历教育			
1. 在职人员攻读博士、硕士学位		5 654	14 373
2. 网络本专科生	21 061	40 280	89 961
本　科	12 849	16 910	45 755
专　科	8 212	23 370	44 206
3. 学历文凭考试	60		
4. 其他	162		

续表

	毕业生数（人）	招生数（人）	在校生数（人）
二、中等教育	1 887 067	2 267 761	6 236 788
（一）高中阶段教育	719 240	1 001 492	2 550 677
1. 高中	454 169	498 716	1 434 399
普通高中	439 911	498 716	1 421 989
成人高中	14 258		12 410
2. 中等职业教育	265 071	502 776	1 116 278
普通中专	107 251	200 998	468 750
成人中专	32 471	37 896	100 674
职业高中	84 403	198 640	410 459
技工学校	40 946	65 242	136 395
（二）初中阶段教育	1 167 827	1 266 269	3 686 111
1. 普通初中	1 114 171	1 260 043	3 632 702
2. 职业初中	1 618	6 226	10 339
3. 成人初中	52 038		43 070
三、初等教育	1 402 264	1 083 015	7 055 588
（一）普通小学	1 247 914	1 083 015	6 965 306
（二）成人小学	154 350		90 282
其中：扫盲班	47 618		47 903
四、工读学校	186	256	293
五、特殊教育	4 565	6 169	39 900
六、学前教育	890 872	980 953	1 560 935

注：特殊教育学生数中包括普通中小学随班就读的学生。

2007年各级各类非学历教育学生情况

	毕（结）业生数（人）	注册生数（人）
总　　计	3 642 071	2 897 018
一、高等教育	191 088	53 902
（一）研究生课程进修班	5 064	2 178
（二）自考助学班	7 886	21 086
（三）普通预科生		1 873
（四）进修及培训	178 138	28 765
其中：资格证书培训	57 943	3 737
岗位证书培训	55 543	578
二、中等教育	3 450 983	2 843 116

续表

	毕（结）业生数（人）	注册生数（人）
其中：资格证书培训	193 858	268 937
岗位证书培训	287 062	189 626
（一）中等职业教育	470 247	157 583
其中：资格证书培训	97 499	55 266
岗位证书培训	55 556	30 930
（二）职业技术培训机构	2 980 736	2 685 533
其中：资格证书培训	96 359	213 671
岗位证书培训	231 506	158 696

2007 年各级各类民办教育基本情况

	学校数（所）	毕业生数（人）	招生数（人）	在校生数（人）	教职工数（人）	专任教师数（人）	另有其他学生数（人）
一、民办高等教育							
（一）民办高校	9	6 393	14 931	34 060	3 722	2 121	324
本科学生							
专科学生		6 393	14 931	34 060			
（二）独立学院（不计校数）	（12）	10 738	33 367	92 552	8 855	5 281	3
本科学生		5 500	24 134	68 412			
专科学生		5 238	9 233	24 140			
（三）民办其他高等教育机构					1 775	852	19 864
二、民办中等教育							
（一）高中阶段教育	316	89 925	179 615	402 412	32 839	21 733	
1. 民办普通高中	81	17 324	22 346	60 742	15 945	11 241	
2. 民办中等职业教育	235	72 601	157 269	341 670	16 894	10 492	55 304
（二）初中阶段教育	167	34 255	55 922	144 041	25	10	
1. 民办普通初中	166	34 212	55 776	143 729			
2. 民办职业初中	1	43	146	312	25	10	
三、民办普通小学	757	38 054	44 987	253 300	11 488	8 885	
四、民办幼儿园	7 030	311 684	379 667	663 132	43 348	24 651	
另有：民办培训机构（不计校数）	（797）				7 247	5 008	231 675

注：1. “另有其他学生数”包括：学历文凭考试学生、自考助学班学生、预科生、进修及培训学生数；

2. 民办普通高中的教职工和专任教师数中包含民办普通初中的教职工和专任教师数；

3. “（ ）”内数据为不计校数。

〔**年度工作方针**〕 2007 年，四川省教育的年度工作方针是：以科学发展观统领教育工作全局，认真学习、深入贯彻党的十七大精神，牢牢把握“坚持科学发展、构建和谐四川”这个主题，坚持教育优先、协调、均衡、健康发展，突出“素质教育、教育公平、队伍建设、安全稳定”四个方面，普及和巩固九年义务教育，大力发展职业教育，着力提高高等教育质量，努力办好让人民满意的教育。

〔**教育投入与支出**〕 2007 年，四川全省教育经费投入总额为 562.86 亿元，比上年增长 35.65%。其中，在川的中央属学校经费 62.47 亿元，增长 12.54%；地方属学校经费 500.39 亿元，增长 37.18%；全省教育财政预算内拨款 355.08 亿元，比上年增长 50.51%；多渠道投入的经费总额为 207.79 亿元，比上年增长 16.07%。

全省地方教育预算内生均教育事业费支出情况见下表：

项目 类别	生均教育事业费（元）	生均公用经费（元）
普通高校	3 209.96	1 402.17
普通中学	1 929.53	454.23
职业高中	2 018.50	330.19
小　　学	1 681.05	491.46

〔**学习贯彻党的十七大精神**〕 党的十七大召开后，四川全省各地积极行动，把学习贯彻十七大精神作为当前和今后一个时期的首要政治任务，迅速掀起教育系统学习贯彻十七大精神热潮。教育厅党组不仅组织召开党组会、党组中心组扩大学习会和高校书记校长学习班并邀请专家学者作辅导报告，还举办厅长、处长论坛，开展征文活动，深入学习十七大精神。各地充分应用校园网、展板橱窗、板报等阵地，开展十七大精神宣传活动。同时，把十七大精神作为学生思想政治教育和课堂教学的重要内容，依托学校党团组织，积极开展理论研究、十七大知识竞赛等活动，营造良好校园学习氛围。各地结合实际，提出了贯彻落实十七大精神的措施，进一步明确了推进义务教育均衡发展、促进教育公平的思路和举措。

〔**制定《教育事业发展“十一五”规划》**〕 四川省《教育事业发展“十一五”规划》（以下简称《规划》）提出了“十一五”时期四川全省教育发展的指导思想、发展思路和主要目标，进一步明确了教育事业发展的主要任务。“十一五”期间，全省教育事业发展的总体目标是：逐步建立现代国民教育体系和终身教育体系框架，形成以政府办学为主，社会力量积极参与办学的多元化办学格局，增强教育供给能力，实现省域教育竞争力稳步提升，人均受教育年限、人口整体素质及学生创新能力较大幅度提高，各级教育协调发展，教育的质量和效益显著提高，教育对经济社会的服务能力进一步增强，促进人口大省向人力资源强省、教育大省向教育强省转变。

《规划》的具体目标是：到 2010 年，四川全省“普九”人口覆盖率达到 100%，义务教育区域差异逐步缩小，均衡化发展水平进一步提高；稳定普通高中规模，加快中等职业教育发展，高中阶段教育毛入学率力争达到 80%；高等教育在校生总规模达到 160 万人，高等教育毛入学率与全国平均水平基本持平。

《规划》的战略重点：要确保“普及和巩固义务教育、加快发展职业教育、着力提高高等教育质量”三大重点，完成包括促进民办教育健康发展、构建终身教育体系在内的“五大任务”。

《规划》的对策和措施提出十个方面的主要工作：一是坚持以人为本，全面实施素质教育；二是大力加强教师队伍建设，提高教师队伍整体素质；三是加快教育信息化建设，积极推进教育现代化；四是积极推进体制和机制创新，不断深化教育领域的各项改革；五是切实增加教育投入，为教育事业发展提供经费保障；六是加强中外合作，进一步扩大教育对外开放；七是加大治理教育乱收费力度，建立健全贫困学生资助政策体系；八是提高依法治教水平，加快政府管理职能转变；九是切实加强领导班子建设和行风建设，进一步维护和树立教育系统的良好形象；十是加强对教育改革和发展的领导，营造全社会关心教育、支持教育的良好氛围。

〔**学生思想政治和德育工作**〕 2007 年，四川省教育厅深入贯彻中央 8 号文件和省委 9 号文件，进一步加强和改进中小学德育工作。制定了《未成年人思想道德建设实施方案》和《心理健康教育工作实施方案》，开展教师培训，在中小学开展心理健康教育试点；加强青少年学生校外教育活动场所的建设和管理，利用彩票公益金返还资金新建青少年校外活动场所；在中小学开展了以“感受新变化、迎接十七大”为主题的“弘扬和培育民族精神月”活动。

制定了《四川省普通高校思想政治理论课建设与评估指标体系（试行）》，将建设有中国特色社会主义核心价值体系贯穿教育全过程，推动马克思主义最新成果进教材、进课堂、进学生头脑。制定四川省高校哲学社会科学教学科研骨干研修五年规划，建立“四川省高校哲学社会科学教学科研骨干数据库”，集中培训 1 440 名政治理论专任教师。开展高校辅导员岗前培训和轮训，培训350 余名新上岗辅导员和 320 名督导员。组织高校开展公民道德建设第六个宣传教育月活动，开展高校校园文化建设优秀成果评选。继续推进大学生心理健康教育，启动两年一次的大学生思想状况滚动调查。

〔**高校党建工作**〕 2007 年，四川省教育厅召开了第十五次全省高校党建工作会议，表彰 8 个高校领导班子“四好”活动先进单位。制发了《关于社会主义和谐校园建设的意见》。加强民办高校党建工作，研究拟定了《关于民办高校党组织负责人委派任用及兼任政府派驻学校的督导专员的实施办法》。加强干部队伍建设，举办中青班等 6 期培训，培训高校干部 385 人次。

〔**教育资助行动**〕 2007 年，四川省委、省政府实施“十大惠民行动”，省教育厅负责组织实施其中的“教育资助行动”。共免除 1 002 万名农村义务教育阶段学生学杂费，为 331 万名学生免费提供教科书，为 94.3 万名寄宿制家庭贫困学生补助生活费；对民族地区义务教育阶段学生全部免费提供教科书，城市低保家庭义务教育阶段学生同步享受“两免一补”政策。

保障弱势群体接受教育的权利。以流入地政府为主、以公办学校为主解决进城务工农民工子女接受义务教育学生近 30 万人。加强对农村留守儿童教育管理，推动建立并完善有关部门和社会各界关爱“留守学生”的工作机制。大力推进特殊教育，在校残疾儿童比上年增加 7 000 多人，义务教育阶段在校残疾学生达到 3.45 万人。

继续实施《民族地区教育发展十年行动计划》，民族地区新增寄宿制学生 2.8 万人，并全部提供生活补助、配备免费卧具，实行寄宿制学校标准化管理，现代远程教育工程全面覆盖民族地区农村中小学校。认真贯彻温家宝总理对实施阿坝州大骨节病综合防治工作的批示，制定了《阿坝州大骨节病综合防治易地育人规划方案》，下拨资金 6 007 万元，完成 4 个重病区县 34 所学校扩容建设任务，11 个病区 2.64 万名学龄儿童进入寄宿制学校。

2007 年，四川省高校和中等职业学校贫困生资助政策体系基本建立。对所有就读中等职业学校的农村学生在 1～2 年级发放助学金；高等教育阶段建立起国家奖学金、国家励志奖学金、国家助学金、国家助学贷款、勤工俭学、学费减免等多种形式的资助政策体系。全省高校共有 5.22 万名学生获得国家助学贷款，发放金额 4.6 亿元；23 万人获国家奖学金、国家励志奖学金和国家助学金。

〔**教师队伍建设**〕 2007 年，四川省继续实施中小学教师素质能力建设“三大计划”：即“四川省中小学骨干教师成长计划”和“四川省农村教师专业发展计划”、“四川省中小学教师学历学位提升计划”。开展以师德教育和“新理念、新课程、新技术”为主要内容，以民族地区教师和农村教师为培训重点，以骨干教师为抓手，面向中小学教师的全员培训，促进了教师队伍整体素质的提升。组织完成 3 200 名省级骨干教师、1 600 名职业学校专业教师的培训工作。

加强民族地区和农村地区教师队伍建设。四川省制定了《民族地区中小学校长、教师培训标准（试行）》，印发了《2007—2009 年民族地区中小学校长、教师培训工作计划》。2007 年完成 6 740 名民族地区校长、教师省级培训任务并远程培训 5 000 名民族地区教师。组建省级骨干教师讲师团，分赴各市州送教培训农村教师 7 000 名。实施教育部中小学教师“教育技术能力建设计划”，培训教师7万余人，8 000余人参加了全国统一考试。利用农村远程教育项目、世界银行贷款/英国政府赠款项目等培训农村骨干教师6 000余人。以提高农村学校师资水平为重点，继续实施“农村义务教育阶段学校教师特设岗位计划”和“烛光计划”，招聘教师1 034人。建立区域内城镇教师支援农村教育和城镇学校教师定期到农村学校交流任教的制度。强化激励机制，创新教师管理和补充制度，促进优质教师资源向农村流动。2007年，省政府决定对纳入农村义务教育新机制范围的全省中小学教师每人每月补贴不低于150元，进一步调动了广大教师到农村从教的积极性。

高校教职工编制核定试点工作取得进展。完成10所高校编制核定工作，对三州“普九”攻坚的9县编制进行预核，新增中小学教职工编制3 339名。

2007年，四川省还加强对骨干教师、青年教师的培养培训，促进高层次人才和骨干教师队伍建设。2007年评选出45名全国模范教师、全国教育系统先进工作者，116名全国优秀教师和优秀教育工作者，23个全国教育系统先进集体；评选表彰了四川省优秀教师、优秀教育工作者500名，尊师重教先进集体29个、乡村优秀教师50名；51位教师当选学校教学名师，5名教授当选第三届国家级教学名师；评选出49个省级教学团队，8个高校成为国家教学团队候选单位；遴选推荐“国家新世纪百千万人才工程”人选39人，推荐“西部之光”项目人才10人，“四川省杰出创新人才”10人。

〔对外交流与合作〕 继续开展美国戈申项目、英国盖普项目、美中友好志愿者项目等交流合作项目工作，首次开展赴古巴公派留学项目，69名学生赴古巴留学。审批8个中外合作办学项目，积极推动汉语国际推广工作，建立汉语国际推广教师、志愿者人才库，440名教师、志愿者资料进入库存；组织编写及翻译了《走进中国》对外汉语教材1—2册。

基础教育

〔综述〕 到2007年底，四川全省181个县(市区)共有176个实现“两基”，“两基”人口覆盖率99.4%。小学学龄儿童入学率99.50%。其中，女童入学率99.52%。初中毕业生升学率85.67%，高中阶段教育毛入学率64.62%。全省小学专任教师学历合格率98.92%，比上年提高0.27个百分点，生师比为22.75∶1，较上年略有改善。普通初中专任教师学历合格率96.42%，生师比为19.03∶1，较上年略有上升。

〔农村义务教育经费保障机制改革〕 2007年，四川农村义务教育经费保障机制改革投入专项经费35亿多元，免收学杂费学生达1 002万人，占义务教育阶段学生总数的90%以上；免费提供教科书331万人，占义务教育阶段学生总数的31%；补助贫困住校生生活费94.3万人，占义务教育阶段住校生总数的37%，基本解决了四川农村适龄儿童上学难、上学贵的问题。

〔义务教育均衡发展〕 2007年7月，温家宝总理亲自作出批示，充分肯定李镇西同志及成都武侯实验中学开展的乡村平民教育实践。以此为契机，9月，四川省政府召开全省进一步推进城乡义务教育均衡发展现场会，大力推广成都等地经验，推进义务教育均衡发展。四川省委办公厅、省政府办公厅下发了《关于切实推进城乡义务教育均衡发展的意见》，提出用5年左右时间使县域内城（镇）乡教育差距明显缩小，城乡学校办学经费、办学条件、教师队伍和教育质量明显提高。将突出乡村学校、薄弱学校建设两个重点，抓住办学条件、师资队伍、教育质量、扶弱助学四个关键环节，加大统筹、投入、工作力度，均衡配置教育资源，促进教育资源向贫困、边远、民族地区和革命老区倾斜，向乡村、薄弱学校倾斜，向弱势群体倾斜。

进一步加快农村薄弱学校建设，2007 年，省教育厅编制完成了“中西部农村初中改造工程四川省总体规划和 2007 年度实施计划”；争取中央投入 4.5 亿元，重点支持贫困地区农村初中生活设施建设；启动实施了“新农村卫生新校园建设工程”试点工作，全省共投资 3 118 万元，为 225 所农村中小学新建厕所和沼气池，完成食堂改灶，解决农村中小学卫生条件差、相关生活设施简陋的问题，农村薄弱学校办学条件得到改善。

〔**留守学生教育管理**〕 2007 年，四川省将农村“留守学生”的教育管理工作纳入学校素质教育重要内容，建立完善农村“留守学生”情况登记、学校与监护人定期联系、教师与学生有效沟通交流以及“留守学生”寄宿制优先四项制度，充分发挥教育系统在留守儿童教育管理中的主渠道作用。全省各地加强留守儿童教育管理的主要做法：一是加大投入，积极推动留守儿童寄宿制学校建设；二是各地学校建立“留守学生”档案，全面掌握、及时跟踪“留守学生”基本情况和动态信息；三是落实学校与教帅的工作职责，积极探索建立班主任和科任老师教育管理“留守学生”工作制度，定期开展教师与学生谈心、结对子、“一帮一”等活动，通过“代理家长”、“临时家庭”等形式结对帮扶；四是充分发挥共青团、少先队等学生团队的作用，开展丰富多彩的班队活动、课外兴趣小组和同学之间的“一帮一”、“手拉手”互助交流活动，形成同学间互相尊重、互相理解、互相学习的良好风尚；五是针对“留守学生”开展心理健康、安全、法制知识的专门教育，加强思想道德教育和日常监督管理；六是定期或不定期与监护人沟通，及时交流“留守学生”在学习、生活、思想、情感方面的情况，设置“爱心电话”、“爱心邮箱”，帮助“留守学生”与外出务工家长建立沟通机制，弥补交流缺失和感情缺失，形成家校共管合力。

〔**普通高中教育**〕 2007 年，四川省对普通高中教育的发展做了以下工作：稳定普通高中规模，2007 年招生 50.5 万人。积极推进省级示范高中招生制度改革，出台《四川省示范性普通高中招生改革意见》，通过定向切块分配办法，将省级以上示范性普通高中部分招生计划均衡分配到服务区内的每所初中，缓解初中择校压力和校际间升学的过度竞争，促进区域内义务教育阶段学校均衡发展。2007 年各地完成示范性普通高中指标 10％切块分配到初中学校的目标任务。制定《四川省进一步规范普通高中招生行为的若干规定》，要求各地进一步规范普通高中招生行为，维护学校正常教育教学秩序，促进普通高中健康发展。

〔**幼儿教育**〕 2007 年，四川省评估验收 89 所省级示范性幼儿园，召开了“以园为本教研制度建设”项目工作现场会和四川省农村乡镇中心幼儿园现场工作会。2007 年，全省共有幼儿园 8 580 所，在园幼儿（包括学前班）156.09 万人，比上年减少 0.16 万人。3—5 岁幼儿毛入园率 62.69％，比上年增加 4.04 个百分点。

〔**素质教育**〕 2007 年，四川省出台了《四川省进一步推进中小学实施素质教育的十条意见》，要求教育行政部门和中小学进一步端正办学指导思想，转变教育观念，坚决纠正片面追求升学率的倾向；推进课程改革，提高课堂教育教学质量，完善与新课程相适应的教育教学条件；严格执行国家课程方案，开齐课程，不得随意增减科目课时；改革考试评价制度，积极推行初中毕业生学业考试与综合素质评价相结合的考试评价制度，进一步减轻学生课业负担；开展专项督导，加大宣传力度，督促引导学校全面实施素质教育。将体育作为素质教育的切入点和突破口，大力加强学校体育和艺术教育。召开了全省学校体育工作会，省教育厅会同有关部门制定了《关于加强学校体育工作、提高学生体质健康素质的实施办法》；组织全省学校积极参加“亿万青少年阳光体育运动”。组织参加全国中小学艺术展演活动和现场展示，获得良好成绩；开展了“音乐合伴”——少儿歌舞剧创作与展示竞赛活动及第三届中小学生艺术人才比赛活动；组织高雅艺术进校园活动，在19所学校演出。

〔**“两基”攻坚工作**〕 2007年，四川省继续实施民族地区教育发展十年行动计划，全年共落实资金4.9亿元，完成校舍建设项目252个。完成了阿坝、红原、壤塘、德格、新龙、白玉、金阳、昭觉、木里9个民族县的“普九”任务，民族地区整体实现“两基”，“两基”人口覆盖率达92.62%；全省“两基”人口覆盖率达到99.4%。从2001年开始实施《四川省民族地区教育发展十年行动计划》，累计已投入资金35.2亿元。四川省“两基”攻坚工作在2007年11月国务院召开的总结表彰大会上被授予西部地区“两基”攻坚成就奖。2007年争取中央财政新增寄宿制工程以奖代补资金7 000万元，加快寄宿制学校建设，新增寄宿制学生2.8万人，并配备了免费卧具，提供了生活补助。民族地区农村中小学现代远程教育工程共投入资金3 771.7万元，为民族地区3 005所农村学校（教学点）建立教学光盘播放点，增加计算机教室140个，民族地区农村中小学现代远程教育实现了全覆盖。

职业教育与成人教育

〔**综述**〕 2007年，四川省教育厅召开了职业教育改革发展经验现场会，积极推广德阳等地经验，明确提出要在扩大办学规模、激活办学主体、深化教学改革、完善资助体系、加强职业培训上实现新突破，推进全省职业教育又好又快发展。编制2007—2010年中职学校教师素质提高培训规划，拟定《规范中等职业学校办学的若干规定》和《民族地区职业教育2007—2010年发展意见》。

〔**中等职业教育**〕 2007年，四川省完成中职招生43.75万人（含技工校招生6.52万人），实现了中职与普高招生规模相当，使中等职业教育在校生增加到97.99万人，中等职业学校共计587所。评估推荐了6所学校报教育部认定国家级重点中职学校，对20所申报及复查省重点学校和40个申报省重点专业的创建工作进行了复评。全省已建成国家级重点中职学校54所、省级重点中职学校79所，建成国家级示范中职专业7个，省级重点专业点65个。

〔**实训基地建设**〕 2007年，四川省新建实训基地13个，新建19个县级职教中心。会同有关部门印发《职业教育实训基地检查验收标准》，启动项目检查验收工作。组织送培710名中职学校教师参加高级研修，遴选10个职教师资培训基地开设18个培训项目，1 062名教师参加培训，组织教师参加全国五项技能大赛，取得团体第六名。

〔**农村劳动力转移培训**〕 2007年，四川省积极开展农村劳动力转移培训工作。实施“温暖工程李兆基基金百万农民培训”项目，积极配合有关部门做好“温暖工程”7万农民的培训工作，中等职业教育学校完成农村劳动力转移培训318.5万人次。

〔**民办教育**〕 2007年，四川省教育厅配合省人大、省政府法制办开展《四川省民办教育促进条例》的立法调研工作。加强对民办学校的指导和管理，依法规范民办学校的办学行为，进一步健全、完善民办学校的审批、财务监督、督导等制度，重点开展了对民办高校、独立学院、民办非学历高等教育机构的章程及招生广告的审核备案工作，调研检查非学历高等教育机构招生办学、收费标准、培训内容等情况。

2007 年，全省共有民办普通高校 9 所，独立学院 12 所，在校生 12.58 万人；民办普通高中 81 所，在校生 6.07 万人；民办中等职业学校 235 所，在校生 34.17 万人；民办普通初中 166 所，在校生 14.37 万人；民办职业初中 1 所，在校生 312 人；民办普通小学 757 所，在校生 25.33 万人；民办幼儿园 7 030 所，在校生 66.31 万人。

高 等 教 育

〔**综述**〕 2007 年，四川省高校招生规模稳步增长。省教育厅编制完成了《高校设置“十一五”规划》，进一步明确全省院校设置的基本思路。顺利实施了普通高考自主命题工作，圆满完成普通本专科招生计划，全省高校共录取新生 29.76 万人，高等教育在学规模超过 131.49 万人。

〔**教学工作**〕 2007 年，四川省教育厅全面启动“质量工程”项目建设，制定了“高等教育教学改革与质量工程实施意见”，编写了 2006 年《四川省高校教学质量年度报告》和《四川高校教学工作特色报告》。新增省级精品课程 230 门，国家级精品课程 30 门；完成首批高职高专精品教材评审，立项建设精品教材 87 种；完成本科院校特色专业建设项目评审工作，建设省级特色专业 74 个，国家、省、校三级“质量工程”建设项目体系初步形成。

高校本科教学水平评估工作进展顺利。组织完成了对川北医学院、成都理工大学、绵阳师范学院等 11 所高校的本科教学工作水平省级预评估，并接受了教育部组织的正式评估。组织完成四川烹饪高等专科学校、成都电子机械高等专科学校等 11 所高职高专院校人才培养工作水平评估工作，受评高校教学工作水平明显提升。

〔**示范性高职院校建设**〕 2007 年，四川建筑职业技术学院、四川交通职业技术学院建成第二批国家级示范性高职院校，共获中央财政专项建设资金 5 600 万元。至此，四川全省已有 4 所院校成为国家级示范性高职高专院校，累计获得中央财政专项建设资金 1.31 亿元，示范性院校数在全国居第二位。

〔**成人高等教育**〕 2007 年，省教育厅规范成人高等教育办学秩序，制定下发了《高等学校成人高等教育函授站、校外教学点管理办法》、《成人高等教育函授站、校外教学点评估标准》，清理整顿成人高等教育校外教学站点，完成了校外教学站点自查、抽查、复评和重新登记备案工作。全省高校各类成教校外教学站点总量大幅缩减，教学管理明显加强，招生宣传趋于规范。

〔**学位与研究生教育**〕 2007 年，四川省实施四项研究生教育创新计划，开展新一轮国家重点学科申报和省级重点学科建设项目预评估工作，全省新增国家重点学科 40 个。全省高校现有一级学科国家重点学科 12 个，二级学科国家重点学科 78 个。开展新增学士学位授权单位、授权专业审核工作，成都学院、西昌学院成为学士学位授权单位，26 所高校的 154 个专业新增为学士学位授予专业。评选全省优秀博士学位论文 39 篇、优秀硕士学位论文 100 篇。

〔**科技工作**〕 2007 年，四川省加大高校产学研结合力度，采取多种措施促进高校科技成果向生产转化和推广应用，组织省属高校申报各类科技项目395项。新增教育部工程研究中心3个，省部共建教育部重点实验室2个、四川高校重点实验室10个。设立省属高等学校科技创新重大培育项目，2007年首先在自然科学领域试行，46个项目通过评审。高校获得省科技进步奖103项，11项成果获得2007年度国家级奖励（国家自然科学奖、国家发明奖、科技进步奖），占全省获国家级奖励总数的52.6%。加强人文社科重点研究基地建设，新建人文社科重点研究基地4个，与省社科联共建人文社科重点研究基地18个。

〔**毕业生就业工作**〕　2007年全省普通高校共有毕业生23.89万人。至年底，全省高校实现就业人数首次突破20万人，达到20.07万人，就业率84.02%（其中就业研究生1.31万人，就业率87.61%；本科生9.18万人，就业率84.26%；专科（高职）9.59万人，就业率83.33%），比去年净增就业人数4万多人，高出全国平均就业率10个百分点以上。

从2007年毕业生就业的单位性质、地域流向、就业方式等情况看，呈现出"两快一降三持续"的特点。即在省内就业的毕业生快速增长，达14.74万人，占就业人数的73.1%；到非公有制单位就业的毕业生快速增加，达11.63万人，占就业人数的57.84%，比上年增长10多个百分点；到机关事业单位、国有大中型企业、高校、科研单位、部队就业的毕业生比例已连续3年以每年3～5个百分点的速度下降，仅5.73万人，占就业人数的28.5%；面向基层就业的毕业生人数持续增加，达到7.73万人，占就业人数的38.5%；选择升学读书的毕业生持续增加，达到1.14万人；自主创业和灵活就业的毕业生持续增加，达到1.7万人。

〔**高校后勤工作**〕　2007年，四川省继续开展全省高校创建节电节水型高校活动，在创建节电节水型高校方面进行了积极的改革和探索。按照国务院、教育部和省委、省政府部署，为应对2007年粮油、蔬菜、肉类等食品价格上涨的情况，我省高校认真做好学生食堂工作。主要措施包括：学校免收学生食堂的水、电、气费；给予适度的经费补助；积极调整原材料采购工作流程，加强采购人员与食堂主任间价格信息的收集交流活动，控制采购成本；狠抓食堂加工环节、制作环节的管理，调整菜品结构，粗菜细作，增加菜的品种，合理搭配菜品式样，在保证低价菜品的比例和低价套餐供应的基础上，满足不同层次的消费需要；推行精细化管理和新技术，厉行节约，保障大学生生活，维护高校和谐稳定。

撰稿　何　浩　陈　玲

审稿　涂文涛

贵州省教育

概　　况

〔基本情况〕

2007年各级各类学校校数、教职工、专任教师情况

	学校数（所）	教职工数（人）	专任教师数（人）
一、高等教育			
（一）研究生培养机构（不计校数）	(8)		
1. 普通高校	(7)		
2. 科研机构	(1)		
（二）普通高等学校	37	26 290	16 964
1. 本科院校	14	16 218	9 850
2. 专科院校	23	7 944	5 318
其中：职业技术学院	18	5 856	3 999
3. 具他机构（点）（不计校数）	(8)	2 128	1 796
其中：独立学院	(8)	2 128	1 796
（三）成人高等学校	5	1 896	1 131
（四）民办的其他高等教育机构	3	38	6
二、中等教育	3 040	164 598	144 721
（一）高中阶段教育	788	162 871	41 245
1. 高中	486	145 487	29 243
普通高中	485	145 453	29 226
成人高中	1	34	17
2. 中等职业教育	302	17 384	12 002
普通中专	96	7 221	4 778
成人中专	19	1 599	1 064
职业高中	129	5 002	3 662

续表

	学校数（所）	教职工数（人）	专任教师数（人）
技工学校	58	2 901	2 048
其他机构（教学点）（不计校数）	（44）	661	450
（二）初中阶段教育	2 252	1 727	103 476
1. 普通初中	2 189		101 861
2. 职业初中	59	1 680	1 572
3. 成人初中	4	47	43
三、初等教育	22 617	233 428	199 963
（一）普通小学	13 645	202 413	191 991
（二）成人小学	8 972	31 015	7 972
其中：扫盲班	8 798	30 415	7 837
四、工读学校	4	104	75
五、特殊教育	40	774	627
六、学前教育	1 838	18 669	11 293

注：普通高中的教职工数中包含普通初中的教职工数。

2007年各级各类学历教育学生情况

	毕业生数（人）	招生数（人）	在校生数（人）
一、高等教育			
（一）研究生	2 080	3 017	8 366
博　士	55	90	262
硕　士	2 025	2 927	8 104
（二）普通本专科	61 743	75 493	241 692
本　科	28 065	39 544	135 829
专　科	33 678	35 949	105 863
（三）成人本专科	44 795	29 795	89 554
本　科	12 699	14 927	42 496
专　科	32 096	14 868	47 058
（四）其他各类高等学历教育			
1. 在职人员攻读博士、硕士学位		910	2 528
2. 网络本专科生			
本　科			
专　科			
3. 学历文凭考试			
4. 其他			

续表

	毕业生数（人）	招生数（人）	在校生数（人）
二、中等教育	881 768	1 107 722	2 961 951
（一）高中阶段教育	223 385	388 969	918 087
1. 高中	149 958	201 185	546 577
普通高中	149 254	201 185	545 873
成人高中	704		704
2. 中等职业教育	73 427	187 784	371 510
普通中专	36 924	85 067	197 703
成人中专	3 466	6 304	13 358
职业高中	21 637	74 722	122 322
技工学校	11 400	21 691	38 127
（二）初中阶段教育	658 383	718 753	2 043 864
1. 普通初中	645 490	709 794	2 014 110
2. 职业初中	12 097	8 959	28 331
3. 成人初中	796		1 423
三、初等教育	1 024 221	735 245	4 986 210
（一）普通小学	751 878	735 245	4 663 136
（二）成人小学	272 343		323 074
其中：扫盲班	255 146		303 903
四、工读学校	458	630	579
五、特殊教育	1 212	2 331	15 867
六、学前教育	366 027	616 014	732 590

注：特殊教育学生数中包括普通中小学随班就读的学生。

2007 年各级各类非学历教育学生情况

	毕（结）业生数（人）	注册生数（人）
总　计	3 443 223	3 646 784
一、高等教育	36 827	41 691
（一）研究生课程进修班	133	226
（二）自考助学班	419	3 989
（三）普通预科生		1 022
（四）进修及培训	36 275	36 454
其中：资格证书培训	7 595	7 630
岗位证书培训	5 864	5 864
二、中等教育	3 406 396	3 605 093

续表

	毕（结）业生数（人）	注册生数（人）
其中：资格证书培训	227 866	270 660
岗位证书培训	150 096	327 210
（一）中等职业教育	844 358	877 787
其中：资格证书培训	67 631	109 320
岗位证书培训	110 641	285 710
（二）职业技术培训机构	2 562 038	2 727 306
其中：资格证书培训	160 235	161 340
岗位证书培训	39 455	41 500

2007年各级各类民办教育基本情况

	学校数（所）	毕业生数（人）	招生数（人）	在校生数（人）	教职工数（人）	专任教师数（人）	另有其他学生数（人）
一、民办高等教育							
（一）民办高校	1	189	1 505	2 689	264	181	
本科学生							
专科学生		189	1 505	2 689			
（二）独立学院（不计校数）	(8)	5 418	10 984	34 675	2 128	1 796	
本科学生		5 418	10 984	34 675			
专科学生							
（三）民办其他高等教育机构					38	6	
二、民办中等教育							
（一）高中阶段教育	179	15 057	35 099	70 515	10 194	6 690	
1. 民办普通高中	123	10 294	12 886	35 890	8 321	5 594	
2. 民办中等职业教育	56	4 763	22 213	34 625	1 873	1 096	10 463
（二）初中阶段教育	242	22 893	31 901	84 798	7	5	
1. 民办普通初中	241	22 837	31 884	84 741			
2. 民办职业初中	1	56	17	57	7	5	
三、民办普通小学	384	22 778	34 298	185 477	7 548	6 300	
四、民办幼儿园	1 148	51 100	116 991	160 881	9 901	4 976	
另有：民办培训机构（不计校数）	(110)				1 482	793	48 276

注：1. “另有其他学生数”包括：学历文凭考试学生、自考助学班学生、预科生、进修及培训学生数；
2. 民办普通高中的教职工和专任教师数中包含民办普通初中的教职工和专任教师数；
3. “（ ）”内数据为不计校数。

〔**综述**〕 2007年，贵州省普通初中1 652所，比上年减少23所；在校生2 014 110人，比上年减少18 099人。职业初中59所，比上年减少6所；在校生28 331人，比上年减少5 342人。小学 13 645 所，比上年减少 431 所；教学点 4 550 个，比上年减少 95 个；在校生 4 663 136 人，比上年减少 80 644 人；小学适龄儿童入学率为 98.57%，比上年下降 0.05 个百分点。在园幼儿 732 590 人，比上年增加 7 983 人。工读学校 4 所，在校生 579 人，比上年增加 383 人。特殊教育学校 40 所（其中，盲聋学校 9 所，弱智儿童学校 6 所），在校生 15 867 人。

高中阶段教育。普通高中 485 所，比上年增加 3 所；在校生 545 873 人，比上年增加 14 974 人。中等职业学校 244 所，在校生 333 383 人。其中，普通中专学校 60 所（中等技术学校 46 所，中等师范学校 14 所），在校生 163 002 人；成人中等专业学校 19 所，在校生 13 293 人；职业高中学校 129 所，在校生 122 322 人；调整后中等职业学校（职教中心）36 所，在校生 34 766 人。

高等教育。研究生培养单位 8 个，招生 3 017 人，在校生 8 366 人（其中，博士生 262 人，硕士生 8 104 人），比上年增加 858 人。普通高等学校 36 所（其中，本科院校 14 所，专科院校 22 所），在校生 241 692 人（其中，本科 135 829 人，专科 105 863 人），比上年增加 20 146 人。成人高等教育在校生 89 554 人，其中，5 所成人高等学校（含教育学院 1 所）在校生 19 133 人（含教育学院 14 402 人），普通高等学校中招收的成人在校生 70 421 人。

〔**全省教育经费统计情况**〕 2007 年，贵州全省教育经费总收入 207.09 亿元，比上年的 155.11 亿元增长 33.51%。其中：(1) 国家财政性教育经费（包括各级财政对教育的拨款、城乡教育费附加、企业办学经费以及校办产业、勤工俭学和社会服务收入用于教育的经费）167.09 亿元，增长 40.59%；(2) 民办学校中举办者投入 0.88 亿元；(3) 社会捐赠办学经费 0.7 亿元，增长 8.3%；(4) 事业收入 33.05 亿元，增长 23.46%，其中学杂费收入 24.37 亿元，增长 35.01%；(5) 其他收入 5.37 亿元，增长 28.16%。

〔**教育事业基建投资**〕 计划投资情况。2007 年贵州省教育事业基本建设年度投资计划共安排 15.5 亿元，比 2006 年减少 3.77 亿元，下降 20%。其中，国家投资 12.49 亿元，比上年减少 0.97 亿元，降低 7%。投资按高等教育、中等职业教育、基础教育分类：高等教育共安排投资 3.89 亿元，比上年减少 2.26 亿元，下降 6%；中等职业教育共安排投资 1.19 亿元，比上年增加 0.6 亿元，增长 102%；基础教育共安排投资 10.42 亿元，比上年减少 4.11 亿元，下降 28%。

实际完成投资情况。2007 年底，实际完成投资 17.88 亿元，比上年减少 4.27 亿元，下降 19%。完成投资情况按高等教育、中等职业教育、基础教育分类：高等教育完成投资 7.7 亿元，比上年减少 0.87 亿元，降低 10%；中等职业教育完成投资 0.89 亿元，比上年增加 0.23 亿元，增长 34%；基础教育完成投资 9.28 亿元，比上年减少 3.66 亿元，下降 28%。

新增固定资产情况。2007 年全年新增固定资产共计 13.71 亿元。其中，高等教育 4.83 亿元，中等职业教育 0.34 亿元，基础教育 8.54 亿元。

房屋建设情况。2007 年贵州省教育事业房屋施工建筑面积 229.65 万平方米，比上年减少 112.4 万平方米，下降 33%，竣工房屋建筑面积 174.58 万平方米，比上年减少 88.8 万平方米，下降 34%。高等教育房屋施工建筑面积 81.08 万平方米，比上年增加 6.7 万平方米，增长 9%；竣工房屋建筑面积 41.4 万平方米，比上年减少 5.9 万平方米，下降 12%；中等职业教育房屋施工建筑面积 6.14 万平方米，比上年减少 4.3 万平方米，下降 41%，竣工房屋建筑面积 3.34 万平方米，比上年减少 3.3 万平方米，下降 50%；基础教育在建房屋建筑面积 141.24 万平方米，比上年减少 116 万平方米，下降 45%，竣工房屋建筑面积 129.84 万平方米，比上年减少 79.5 万平方米，下降 38%。

〔**全面完成资产清查**〕 2007 年在省教育厅安排部署下，省属各高校及厅属事业单位按时全面完成资产清查工作。截至到 2006 年 12 月 31 日，行政单位资产总额 0.45 亿元，其中固定资产账面余额0.18亿元，经清理后固定资产余额0.16亿元。省属高校及事业单位资产总额清查数为49.1亿元，其中固定资产账面原值24.16亿元，净值24.16亿元，经清理后固定资产余额24.57亿元。

〔**制定民办学校管理办法**〕　为了切实加强对民办教育的监管，贵州省教育厅2007年会同省委宣传部、省新闻出版局、省广电局等单位，研究制定并下发了《贵州省民办学校招生广告（简章）备案管理办法》。《办法》规定，各类媒体不得刊发未经教育审批机关备案的招生广告和简章；民办普通高校（含高职）、民办非学历高等教育机构、独立学院、中外合作办学发布的招生简章和广告均须到省教育厅备案；民办教育机构发布的招生简章和广告必须与备案内容一致，必须载明学校名称、办学地点、办学性质、招生类型、学历层次、学习年限、收费项目和标准、退费办法、招生人数、证书类别及其颁发办法等。

〔**贫困生资助工作**〕　中央和省采取各种措施帮助贫困生完成学业。对农村义务教育阶段学生实施"两免一补"：2007年春秋两季，免费教科书各资助193.2万名义务教育阶段农村贫困学生、免除全部631万余名农村义务教育阶段学生学杂费、补助51万名义务教育阶段农村贫困家庭寄宿学生生活费。免费教科书资金全部由中央财政提供。2007年中央下达我省免费教科书补助资金共37 177万元。免学杂费资金按照中央和地方8：2的分担比例，省应分担的部分由省财政全部承担。2007年中央下达了我省免学杂费补助资金42 770万元，省分担资金为10 600万元。寄宿生生活补助资金全部由省财政承担，全年10 200万元。

做好"深圳—贵州助学金"的资助工作，对2.25万名家庭贫困中学生提供生活补助，每人200元，共计450万元。

中国教育发展基金会加大了对贵州省贫困生的资助力度，2007年资助雷山1 000名、台江两县各1 025名贫困学生，每人400元生活补助，共81万元。接力完成原丛飞资助的147名贫困学生的资助任务，共计17.92万元。中国教育发展基金会联合中国移动通信公司资助三穗、榕江、从江县小学贫困学生700名，初中贫困学生450名，共1 150名，资助金额为55万元。

"中国福利彩票专项助学金"捐资助学活动，2007年资助了第八批和第九批贫困学生共220名。

基　础　教　育

〔**落实义务教育经费保障机制**〕　2007年，包括中央资助在内，贵州省落实农村义务教育经费保障新机制经费22.7亿元，全部免除631万名农村中小学生的杂费；投入1.8亿元，为386.51万人次家庭贫困中小学生提供中央免费教科书；省财政列出专项经费1.02亿元，为51万名农村贫困学生补助生活费。

〔**教育督导检查**〕　2007年，省教育厅制定《迎接国家"两基"督导检查工作方案》，成立省教育厅迎"国检"工作领导小组，明确有关处室迎"国检"工作职责，建立了厅领导定点联系指导各市（州、地）迎"国检"工作制度，举行全省迎"国检"业务培训，年底对全省30个县（市、区）进行了分阶段目标完成情况考核。桐梓、道真、兴仁、黄平、施秉、丹寨、麻江、独山、毕节、石阡、江口、西秀、贞丰、黔西、三都等15个县（市、区）通过省政府"两基"巩固提高复查和普及中小学实验教学评估验收，至此，全省已有58个县通过了省政府"两基"复查和"普实"验收。

省教育厅并对他们2004—2006三年来义务教育经费投入情况进行了审计。

〔**获西部地区“两基”攻坚成就奖**〕 2007年11月，教育部、国家发展和改革委员会、财政部决定向西部地区12个省、自治区、直辖市和新疆生产建设兵团颁发“推进西部地区‘两基’攻坚成就奖”，授予西部地区100个市、县“西部地区‘两基’攻坚先进地区”荣誉称号；授予西部地区50个单位“西部地区‘两基’攻坚先进单位”荣誉称号；授予满达等450名同志“西部地区‘两基’攻坚先进个人”荣誉称号。贵州省获“推进西部‘两基’攻坚成就奖”；遵义市等13个市（州、地）、县获“西部地区‘两基’攻坚先进地区”；安顺市教育局等6个单位获“西部地区‘两基’攻坚先进单位”；皮俊林等54名同志获“西部地区‘两基’攻坚先进个人”。

〔**颁布普通中小学办学条件标准**〕 为进一步合理配置教育资源，缩小区域之间、城乡之间和校际之间教育发展的差距，省教育厅、省政府教育督导室2007年颁布《贵州省“十一五”期间义务教育阶段学校办学条件标准（试行）》，实施标准化学校建设是贵州省为巩固和提高“两基”成果，推进高水平高质量普及九年义务教育和促进义务教育均衡发展的重要举措。办学条件标准包括学校布局、规模班额，学校用地及校舍建设，教学设施设备，师资水平，教育经费等方面的内容。

〔**农村学校建设工程**〕 2007年，随着纳入省委、省政府年度“十件实事”的“建设150个农村寄宿制初中”任务的完成，贵州省“农村寄宿制学校建设工程”规划目标圆满完成。从2004到2007年，贵州省共投入“寄宿制工程”中央专项资金9亿元，建成农村寄宿制初中1 044所，建设学生宿舍、食堂、教学用房203万平方米，购置学生用床42.5万张，课桌凳6.9万单人套；项目学校住校学生达57万人，住校率从27%提高到近50%。

按照国务院的部署，贵州省启动了“农村初中校舍改造工程”，该工程覆盖了贵州省2002年前实现“两基”的26个国家扶贫开发重点县及有扶贫开发任务的县和民族自治县，建设重点为农村初中学生生活设施。根据总体规划，2007—2010年，贵州省将投入中央专项资金4.2亿元，建设农村寄宿制初中288所，建设学生宿舍、食堂等生活设施74.98万平方米；至2010年，26个项目县的农村初中学生在校寄宿率将从2006年的42%提高至57.8%。

〔**“明德小学”建设**〕 2007年，贵州省在34个县投入3 205.1万元。其中，台塑集团赠款1 575万元，项目县配套1 630.1万元。建设明德小学35所。新建校舍5.2万平方米。2005年以来，贵州省已获台塑集团赠款4 975万元，共建设明德小学120所，新建校舍16.6万平方米。

〔**邵氏基金**〕 2007年，贵州省获得第21批邵氏基金赠款290万港元，实施项目学校4所。总计划建筑面积10 264平方米，总投资883万元。经过教育部专家评审，邵氏基金赠款第18批中小学项目贵州省有3个项目获奖，共获奖金4万元。其中一等奖1个，为遵义市红花岗区老城逸夫小学，获奖金2万元；二等奖2个，为黔南州都匀六中、黔东南州天柱县第三中学，各获奖金1万元。

〔**素质教育**〕 为促进中小学进一步端正办学思想，全面贯彻教育方针，改进政府及教育行政部门对中小学的评价方式，深入推进素质教育。2007年省教育厅制定下发《贵州省普通中小学实施素质教育评价方案（试行）》，并在部分中小学进行试点和对优秀试点学校进行了评比表彰。评价指标体系包括办学方向、学校管理、教育教学过程、教育教学质量等四个方面。

〔**弘扬和培育民族精神月活动**〕 2007年9月是全国第四个中小学弘扬和培育民族精神月，省委宣传部、省文明办、教育厅和团省委共同组织了贵州省“中小学弘扬和培育民族精神月”活动启动仪式。与此同时，全省各市（州、地）也同时举行分会场的启动仪式。刘鸿庥副省长参加主会场启动仪式并宣布启动仪式开始。

各级教育部门精心筹划，周密组织，举办了多种活动。由于贵州省2007年“中小学弘扬和培育民族精神月”活动既有声势，又取得实效，得到教育部的表彰。

〔**高中教育**〕 2007年，全省普通高中招生20.12万人，招生人数首次突破20万，在校生达54.59万人，招生人数和在校生人数分别比上年增加2 796人和14 974人。省教育厅对2006年申报省级示范高中的学校进行第二次评估，安顺市民族中学、铜仁地区民族中学、印江民族中学、毕节地区民族中学、金沙县一中、遵义市清华中学、凤冈中学、黔南州福泉中学等8所学校通过评估，被评为三类省级示范性普通高中。至2007年，全省省级示范性普通高中达到51所。

从2006年起，贵州省在30所学校进行普通高中课程改革实验试点。2007年，省教育厅制定了《贵州省深化普通高中课程改革试点工作方案》，决定从2008年秋季学期开始在试点学校高一年级的音乐、美术、体育、信息技术4个学科进行新课程实验。2010年按教育部要求全省整体进入普通高中课程改革实验。

另外，贵州为加强高中教育，2007年在贵州教育学院设立了“贵州省基础教育课程改革研究中心”；委托贵州师范大学中小学心理健康教师培训中心，举办了全省首期普通高中心理健康教育教师培训班；在10所高中学校建立成都军区国防生源基地，这些学校分别是贵阳二中、贵阳六中、遵义四中、安顺二中、都匀一中、黔东南州民族高中、铜仁一中、毕节一中、兴义一中、盘县二中。

〔**加强幼儿教育**〕 2007年，贵州省选送25件作品参加了11月在北京举办的全国幼儿园优秀自制玩教具展。通过展评有24件获奖。其中，一等奖4名、二等奖4名、三等奖6名，贵州省获组织奖。这次活动的开展，推动了幼儿园利用当地资源为孩子制作更经济、更实用、为孩子们喜爱的玩教具工作的开展，特别是让农村的孩子有了更多的优秀教育资源。

2007年，贵州省坚持“以政府办园为主导和示范，积极发展学前三年幼儿教育，大力发展乡（镇）农村中心幼儿园，开放社会力量办园，深入贯彻落实《幼儿园教育指导纲要（试行）》，努力提高教育质量。”的原则，加大对幼儿教育的投入，积极采取各种措施，推动了幼儿教育的发展，幼儿在园（班）人数已达到73万人。贵阳市实验幼儿园、贵阳市市级机关幼儿园、贵阳市白云区第一幼儿园通过省级示范幼儿园评估，获“贵州省省级示范幼儿园”的称号。至2007年，贵州省级示范幼儿园已达17所。

〔**普通中小学优秀班主任评选工作**〕 为全面贯彻党的教育方针，加强和改进未成年人思想道德建设和加强中小学班主任工作，引导和激励广大中小学校班主任兢兢业业、乐于奉献精神，在班主任工作这一特殊岗位上担负起班级工作的组织者、班集体建设的指导者、中小学生健康成长的引领者、沟通家长与学校的桥梁作用。2007年，贵州省开展了首次中小学优秀班主任的评选工作，共评出中小学优秀班主任300名。其中，小学120名、初中120名、高中60名。

〔**新一轮“贵州省中小学教师继续教育（2006—2010）”**〕 省教育厅组织检查组对全省9个市（州、地）、17个县（市、区）、35个乡（镇）、75所中小学开展新一轮中小学教师继续教育的情况进行检查调研。制发文件，组织全省中小学教师围绕“决战课堂，新教材大练兵”开展课堂教学技能训练系列活动。为推动此项工作深入有序地进行，在盘县召开9个市（州、地）、50多个县级教师培训机构参加的“县级教师培训机构建设与管理暨培训者培训会”；在兴义召开9个（州、地）、88个县教育局师训部门参加的“全省中小学教师课堂教育教学技能训练现场会”。

〔**中小学教师培训**〕 2007年，省教育厅设立中小学教师培训专款550万元。其中，单列250万元。启动面向全省贫困县农村教师的“农村骨干教师素质提升工程”。为保证培训成效，省教育厅制定方案，下拨专款，依托贵州教育学院、贵州教师教育学校等省级教师培训基地和11所县级教师培训机构省级示范单位，举办中小学各类骨干教师省级培训40余期，培训教师万余人次。此外，依托“中英项目”、“儿基会项目”、“英特尔未来教育项目”、“微软（中国）携手助学”等中外合作师训项目，培训中小学教师近万人次。

〔**确定“十一五”中小学省级骨干教师培训对象及首批中小学教育名师培训对象**〕 为加强省级中小学骨干教师队伍建设，制发《省教育厅关于做好选拔中小学省级骨干教师和教育名师培训对象工作的意见》，经全省各市（州、地）选拔推荐，并经省教育厅中小学教师继续教育领导小组审议，确定了“十一五”中小学省级骨干教师培训对象及首批中小学教育名师培训对象500余人。

〔**教师队伍建设**〕 为加强农村义务教育阶段学校教师队伍建设，逐步解决教师总量不足和结构不合理问题，2007年全省依托中央财政，继续实施“农村义务教育阶段学校教师特设岗位计划”。通过笔试、面试、体检、培训、签订聘任合同等程序，面向社会公开招聘录用了1 003名大学生到遵义等8个市（州、地）、24个县（市、区）的417所农村初中任教，一定程度上缓解了我省农村教师数量不足、质量不高问题。

为优化教师配置，促进城乡教育均衡发展，我省继续实施为期五年的“万名城镇教师支援农村学校计划”。2007年，省教育厅对全省各市（州、地）开展万名城镇教师支援农村学校工作的情况进行检查调研，并召开各市（州、地）教育局参加的支教工作座谈会，对各地开展城镇教师支援农村学校工作情况进行总结交流。全年9个市（州、地）共计选送2 431名城镇学校教师到农村乡镇初中和村小、教学点支教1年，超额完成了选送任务。

2007年，全省组织非师范专业申请人员进行“教育学”、“心理学”培训及考试，指导全省开展教师资格认定工作，全年共认定教师资格31 203人。

职业教育与成人教育

〔**综述**〕 截至2007年，贵州全省建成高等职业院校17所（其中民办1所），中等职业学校302所（其中民办56所），乡（村）农民文化学校上万所。各类职业院校在举办学历教育的同时积极开展各类型职业技能培训，建成了层次完善、专业门类齐全、初具规模的职业教育培训体系，职业教育走上快速发展的轨道。

2007年，全省中等职业教育办学规模取得新突破，全省中等职业学校完成招生18.6万人，在校生人数达到37.5万人，均创历史新高。高中阶段教育结构比例逐步趋于合理。职业院校基础能力建设得到了加强，通过“县级职教中心建设”、“职业院校实训基地建设”、“教师素质提高计划”等项目的实施，本年度中央和省级财政投入职业教育专项经费达到近亿元，各市（州、地）财政对职业教育的投入也达到8 000余万元。“十一五”期间，省级财政将投入专项经费3.3亿元，用于职业院校基础能力建设和推动职业教育改革和发展。截至2007年底，全省已建成32所国家级重点中等职业学校、44所省级重点中等职业学校（其中2007年新增国家级1所、省级3所），县级职教中心30余所。2007年建立了省级师资培训基地5所。贵州交通职业技术学院2007年进入了国家示范性高职院校建设行列。

〔**职业院校教育教学改革**〕 贵州省“以服务为

宗旨，以就业为导向”的职业教育办学思路深入人心，全省各级职业院校积极开展“工学结合”、“校企结合”、“订单培养”等办学模式改革，不断扩大半工半读、学分制试点。同时，紧紧围绕全省经济社会发展需要和市场就业需求设置专业和配置教学资源，加强“双师型”师资队伍建设，建立稳定有序、灵活的毕业生就业制度，广开就业渠道和网络。全省职业院校毕业生平均就业率稳步提升，2007年中职毕业生就业率达93.2%，高职毕业生就业率达85.7%。2007年，全省各级职业院校累计为社会输送各类型高、中级技能人才10.7万名，完成农村劳动力转移培训17.78万人，农民实用技术培训346.2万人次，为全省和“长三角”、“珠三角”等地区培养输送了大量高素质人力资源和合格劳动者。

〔**建立职业教育国家助学贷款体系**〕 2007年，贵州省家庭经济贫困学生能够顺利接受职业教育。通过实施国家助学贷款政策，95%以上的中职学生和20%的高职学生获得国家资助，职业院校积极开展“半工半读”、“工学结合”教学模式改革，学生通过到企业顶岗实习获得劳动报酬，有效地减轻家庭经济负担。

〔**成人高校招生工作**〕 2007年，全省报考总人数47 780人，比2006年增加5 198人，增幅为12.2%。成人高校招生总计划数为38 079人，比上年减少3 453人，减少8.3%。共录取39 839人，完成计划数的104.6%，超计划1 760人。在2006年贵阳市、六盘水市试点的基础上，全面实行网上报名工作，并取得了成功。加大评卷工作的管理力度，在贵州教育学院建立了“贵州省成人高考评卷基地”。

〔**自学考试工作**〕 2007年，全省高等教育自学考试共设置专业59个（本科35个，专科24个），比2006年增加7个专业，完成了103门课程397套试卷的命题、审校工作，分别在1月、4月、10月组织了3次考试，考生总数67 030人，共计报考161 391科次，完成了13万余份试卷的评阅任务。

全年共审核、办理毕业证书4 715人，其中专科1 749人，本科2 966人。审核办理了1 014人，1 122科次免考，组织完成了51个专业6 249人次的课程实验实践环节、毕业论文答辩考核和成绩发布工作。

积极探索和开展了高等教育自学考试与职业教育的衔接沟通工作，在贵州教育学院、贵州轻工职业技术学院、铜仁职业技术学院、贵州电子信息职业技术学院开展了与自考本科衔接工作。对近300门全国统考试卷质量进行定量分析评估。积极开展以“适应终身教育，满足多样化需求”为主题的高等教育自学考试宣传周活动，形成了良好的宣传氛围。2007年4月，我省高等教育自学考试考务考籍质量管理工作顺利通过教育部评审。

高等教育

〔**普通高校招生工作**〕 2007年，普通高校招生最低投档控制分数线为：第一批本科录取院校，理工类536分、文史类567分；第二批本科录取院校，理工类487分、文史类496分。全省报名人数为219 823人，比2006年增加16 955人，增长率为8.36%。其中，理工类123 706人，文史类69 450人，体育类8 559人，艺术类10 737人，中职单报高职7 371人。

2007年在贵州招生的院校共计1 059所，其中省外1 015所，省内44所（含8所独立院校），共录取 98 261 人，录取率为 44.7%，与 2006 年录取率 42.14 %相比，上升了 2.56 个百分点。其中，本科 54 719 人，专科 43 542 人；理工类 56 840 人，文史类 32 624 人，体育类 1 717 人，艺术类 4 812 人，中职单报高职 2 268 人。在录取的考生中，男生 54 289 人，女生 43 972 人；汉族考生 57 531 人，少数民族考生 40 730 人；应届生 53 693 人，往届生 44 568 人；城镇考生 41 379 人，农村考生 56 882 人；党员 326 人，团员 87 808 人。录取普通高中保送生 22 人，中师保送生 19 人，中职推优生 986 人，实际录取初中五年制高职（专科）1 700 人。全省中期选拔报名人数为 6 015 人，共录取考生 882 人，其中理科 429 人，文科 348 人，艺术 74 人，体育 31 人。

2007 年全省硕士研究生招生报名人数为 10 486 人，比 2006 年增加 627 人，增长率 6.36%。省内各研究生招生单位共录取硕士研究生 2 996 人，较 2006 年增加 170 人，增长率为 6.02%。博士生共录取 90 人，其中，贵州大学录取博士生 43 人、贵阳医学院录取博士生 9 人、中科院地化所录取博士生 38 人。

〔**普通高等学校毕业生就业情况**〕 2007 年贵州省 35 所普通高校（其中本科院校 14 所、高职高专 21 所）毕业生达 65 050 人。其中，本科 27 573 人，高职高专 35 464 人，研究生 2 013 人。截至 2007 年 9 月 1 日，全省毕业生就业人数 45 610 人，就业率为 70.12%。其中本科生就业率为 74.94%，专科生就业率为 66.86%，研究生就业率为 61.45%。

〔**大学生到基层就业工作**〕 继续贯彻落实中共中央办公厅、国务院办公厅《关于引导和鼓励高校毕业生面向基层就业的意见》精神。完成“基层选调生”350 名，“西部志愿者计划”1 260 名，“一村一名大学生计划”2 000 名，“三支一扶计划”1 000 名。

〔**确定省属重点大学**〕 2007 年，贵州省为优化高等教育结构，调整高等教育格局，重新遴选省属重点大学，实行重点建设和扶持，发挥重点大学的示范带动作用。

经省政府第 106 次省长办公会议研究，确定贵州大学、贵州师范大学、贵阳医学院为省级重点建设的高等院校，并且是首批研究生教育创新示范基地。贵州大学被确定为贵州省第一个国家大学生文化素质教育基地。

为了进一步贯彻落实省人民政府 2001 年第 121 期省长办公会议纪要精神，继续改善省属高等学校办学条件，贵州 2007 年继续实施省属高校发展贴息资金政策，下达省属高校贴息资金 1 500 万元，安排贴息贷款项目 21 个，计划建筑面积 54.34 万平方米，总投资 9.17 亿元，贴息金额 1 500 万元。

〔**本科教学**〕 2007 年，省教育厅指导对参加教育部专家组本科教学工作水平评估的高校加强建设，做好迎接评估的各项准备工作。积极帮助解决参评高校在迎评过程中遇到的困难和问题，经过努力，贵州财经学院在教育部专家组的本科教学工作水平评估中首次获得优秀等次，结束了省内高校参加教育部本科教学工作水平评估没有优秀的历史。

〔**顺利完成了贵州大学“十五”“211 工程”项目验收工作**〕 贵州大学作为“十五”末期进入国家“211 工程”建设行列的地方综合性大学，其第一期建设项目能否顺利通过验收，是关系到贵州大学今后发展的重要环节。2007 年，经过努力，贵州大学顺利通过教育部“十五”“211 工程”项目验收。

〔**国家助学工作**〕 2007 年，贵州省成功实现了全省普通高校国家助学贷款由商业银行发放改为国家政策性银行—国家开发银行贵州省分行发放的转行工作，彻底从政策层面解决了国家助学贷款发放难的问题；建立了以省教育厅为管理平台、以各高校为操作平台的国家助学贷款两级管理模式。全省普通高校获贷人数、放贷金额再创历史新高，共 33 619 人获贷 1.5 亿元。贵州省从开办国家助学贷款以来累计共发放贷款 5.85 亿元，共有 9.94 万人（15 万人次）受益。

2007 年，贵州省共有 32.72 万名家庭经济困难学生获国家助学金 2.64 亿元，其中普通高校共 61 976 人获助 6 197.6 万元，受资助面达高校在校生的 25%。首次对普通高校品学兼优的家庭经济困难学生进行国家励志奖学金资助，全省共有 7 846 名学生获助 1 961.5 万元。

2007 年，中央财政下达给贵州省普通高等学校国家奖学金 352.8 万元，用于资助普通高等学校中特别优秀的大学生。经过严格评审，全省普通高等学校共评选出国家奖学金获奖人选 441 人，每人奖励 8 000 元。获奖学生代表参加了国家召开的 2006—2007 学年度国家奖学金颁奖大会，教育部向所有获奖学生颁发了荣誉证书。

〔民办高校督导专员制度〕 为贯彻落实《国务院办公厅关于加强民办高校规范管理 引导民办高等教育健康发展的通知》精神，2007 年，贵州省制定了民办高校督导专员制度（试行)。规定凡依法批准设立的民办普通高等学校（含独立学院）均要实行民办高校督导专员制度。督导专员行使下列职责：一是监督学校贯彻执行有关法律、法规、政策的情况；二是指导学校党建工作和学生思想政治工作；三是监督、引导学校的办学方向、办学行为和办学质量；四是参加学校发展规划、人事安排、财产财务管理、基本建设、招生、收退费等重大事项的研究讨论；五是定期或不定期向委派机构报告学校办学情况，提出意见建议；六是党政有关部门规定的其他职责。

〔思想政治教育〕 2007 年 4 月，贵州省教育厅、省委教育工委制定并正式印发了《贵州省普通高等学校思想政治教育工作评估指标体系及标准(试行)》。“标准”从针对学校思想政治教育工作和针对思想政治教育工作者两个方面分两级指标 68 项量化标准制定了评估体系，具有很强的针对性和可操作性。省教育厅从 2008 年起将根据标准对全省普通高校大学生思想政治教育工作进行评估。

为了进一步加强和改进大学生思想政治教育工作，贵州省委教育工委、省教育厅决定从 2007 年秋季开始，在全省高校普遍开设“贵州省情”课。2007 年 1 月份招标启动了“贵州省情”课教材《贵州省情教程》编写工作，8 月底出版投入使用。8 月份在贵阳举办全省高校“贵州省情”课教师培训班，全省高校“贵州省情”课骨干教师 170 余人参加了培训。各高校高度重视“贵州省情”课开设，进行专题研究部署，纳入教学计划，积极安排教师授课，2007 年秋季普遍开设了这门新课程。

〔首次举行全省高校突发公共事件应急预案演练〕 为检验和完善高校应急预案，提高高校应急处置能力，锻炼和提高大学生防灾避险能力，2007 年 9 月 26 日，贵州省教育厅在贵州师范大学白云校区举办首次全省高校突发公共事件应急演练。贵州师范大学 4 000 多名新生参加了演练。演练内容包括安全知识教育、防暴疏散、学生公寓火灾疏散等。

〔国家全额资助和西部地区人才培养特别项目选派工作〕 国家公派出国留学选派工作从宣传，咨询，受理，材料整理，数据录入，初审，评选到录取，历时长达 9 个月。2007 年贵州省共录取国家全额资助留学人员 4 人，西部地区人才培养项目 45 人。录取人员中主要是教育系统的教学和科研骨干以及中层以上行政领导，也有部分非教育系统的科研和管理人员。

〔古巴政府单方奖学金项目顺利实施〕 2007 年，在省招生考试中心的积极配合下，教育厅圆满完成了贵州省首批古巴政府单方奖学金项目的遴选工作。全省共有 134 名高中生和 20 名在职人员申报该项目，最后 35 名高中生和 13 名在职人员被录取，于 10 月底赴古巴留学。

〔完成高等教育学历证书电子注册工作〕 2007 年，省教育厅共完成普通、成人高等教育毕业生学历证书电子注册 110 930 人，其中普通高等教育共 64 850 人，成人高等教育共 46 080 人。

〔普通高等学校新生学籍电子注册〕 截至

2007年12月底，贵州省83 724名普通本专科新生全部进行了新生学籍电子注册，切实做到了无一遗漏。其中：统一录取新生72 797人（本科生37 795人、专科生35 002人）；特殊类别新生10 927人（普通专升本877人，三二分段制2 995人，五年一贯制6 995人，第二学士学位59人，来华留学生1人）。上述新生的学籍信息均在教育部（中国高等教育学生信息网）、省（贵州教育网）、校（各普通高校校园）三级网上予以公布，供新生本人查询和核对。

民族教育

〔**综述**〕 2007年，全省有独立设置的民族本科院校2所、民族专科院校2所、民族高等职业技术院校3所、民族中等职业学校20所（含民族中等师范学校4所）、民族普通中学98所、职业初中4所、民族小学129所、民族幼儿园10所，各级各类民族学校共计268所，比2006年减少了16所。全省各级各类学校少数民族在校生共335.95万人，占全省学生总数的38.74％。全省少数民族教职工有15.49万人，占全省教职工总数37.64％；少数民族专任教师14.25万人，占全省专任教师总数的39.08％。在遵义医学院和黔南民族医学专科学校首次举办医学类少数民族班，为少数民族地区培养医学人才，招收了169名少数民族学生。编辑出版了黔中苗语和侗语两语种的民汉“双语”教材，免费发放给民族地区小学生使用。建立了全省少数民族“双语”教师数据库，完成全省少数民族“双语”教师认定工作，颁发“双语教师证”。2007年先后举办了第五届民族乡小学骨干校长培训班、民族教育管理干部培训班和“双语”教师培训班。完成民族教育政策文件的编印工作。配发民族团结教育教材给学校学生免费使用。

〔**继续实施培养少数民族高层次骨干人才计划**〕 该计划是教育部、财政部、国家发改委、国家民委、国家人事部五部委联合实施的人才培养计划，旨在为西部大开发培养高层次本土人才，为西部发展提供智力支持。2006年、2007年两年完成计划数居全国前列。与2007年163名拟录取该计划的非在职硕士、博士考生签订了《定向培养协议书》。完成2008年1 077名报考该计划硕士研究生和226名博士研究生报名资格审查工作。

〔**召开全省民族民间文化进校园现场会**〕 2007年11月27日，全省首次在黎平县召开民族民间文化进校园工作现场会。参加会议的代表有各市(州、地)、11个少数民族自治县、黔东南自治州所属各县教育局、民委负责同志、全省23个项目学校负责人等近200人。据了解，我省5年来已有431所学校不同程度地开展了民族民间文化教育活动，是全国启动此项工作较早的省份。此举对保护和传承非物质文化遗产，弘扬民族民间文化，加强少数民族学生的素质教育等，有着良好的推动作用，深受社会各界好评。

〔**正式出版发送苗、侗民汉双语教材**〕 由省教育厅组织相关民族语文专家编写，经省中小学教材委员会审定，苗（中部方言）、侗两语种民汉双语教材于2007年由贵州民族出版社正式出版发行，并印刷41 554册免费发放给民族地区小学生使用。该地方教材不仅是少数民族学生学习民汉双语的教学用书，而且是获取民族民间文化知识的良好读物。两语种双语教材的出版印发，结束了我省双语教学无正式出版教材的历史，使民汉双语教学步入规范化轨道。

〔**举办普通高校少数民族班**〕 针对少数民族聚

居区缺医少药，缺乏“留得住、用得上”的乡村医生的实际情况，省教育厅与省卫生厅委托遵义医学院、黔南民族医学高等专科学校从2007年开始承办招收少数民族班，制定切合农村实际的教学计划和学生培养及管理模式，分别培养少数民族医学本科生和医学专科生。实行“适当降分录取，定向培养”，2007年遵义医学院招收了69名，黔南医专招收了100名。省教育厅对两院校民族班办班给予一定的经费支持，解决就学学生的生活困难。举办医学类民族班是数届人大代表、政协委员代表人民群众提出的要求，为民族地区学生走上成才之路搭建了一座便利的桥梁。

〔**举办首届全省民族高中校长论坛**〕 由省教育厅和省民委联合主办，毕节民族高中承办的首届全省民族高中校长论坛于2007年11月27日在毕节举办。全省30余所民族高中校长首聚毕节，研究了义务教育和高等教育备受国家和社会关注，高中教育相对受到“忽视”的背景下，如何进行高中教育，走出办学“困境”。讨论了民族高中的办学特色和优势、原则和方向等问题。论坛邀请北京师范大学泉州附属中学陈俊辉校长作了题为《为了每个学生的发展》的报告。

撰稿 段志茹 邸姜滔 曹宝杰 常 青 史开来 熊 星 黄 燕 邹联克 吴作然 邓生井 周学文 罗忠勇 谢 旌 高 琦 程 蓓 周玉林 刘 华 黄克勇 张 华 蔡志坚 黄 琳 任世晟 王 睿 糜 丹 杨正芳 万 山 詹中志

审稿 赵延昌

云南省教育

概　　况

〔基本情况〕

2007 年各级各类学校校数、教职工、专任教师情况

	学校数（所）	教职工数（人）	专任教师数（人）
一、高等教育			
（一）研究生培养机构（不计校数）	(17)		
1. 普通高校	(11)		
2. 科研机构	(6)		
（二）普通高等学校	51	33 911	21 233
1. 本科院校	17	21 217	12 918
2. 专科院校	34	9 699	6 549
其中：职业技术学院	22	5 452	3 633
3. 其他机构（点）（不计校数）	(9)	2 995	1 766
其中：独立学院	(7)	2 977	1 764
（三）成人高等学校	2	1 842	898
（四）民办的其他高等教育机构			
二、中等教育	2 724	193 713	163 989
（一）高中阶段教育	895	193 231	57 244
1. 高中	465	164 588	36 788
普通高中	465	164 588	36 788
成人高中			
2. 中等职业教育	430	28 643	20 456
普通中专	93	10 120	6 300
成人中专	135	3 758	2 493
职业高中	171	10 889	8 466
技工学校	31	3 479	2 959
其他机构（教学点）（不计校数）	(73)	397	238
（二）初中阶段教育	1 829	482	106 745

续表

	学校数（所）	教职工数（人）	专任教师数（人）
1. 普通初中	1 816		106 323
2. 职业初中	11	470	414
3. 成人初中	2	12	8
三、初等教育	17 375	236 888	223 191
（一）普通小学	17 163	235 153	222 676
（二）成人小学	212	1 735	515
其中：扫盲班		1 338	370
四、工读学校	1	49	39
五、特殊教育	25	738	569
六、学前教育	2 760	33 826	21 251

注：普通高中的教职工数中包含普通初中的教职工数。

2007 年各级各类学历教育学生情况

	毕业生数（人）	招生数（人）	在校生数（人）
一、高等教育			
（一）研究生	4 255	6 549	18 358
博　士	207	405	1 507
硕　士	4 048	6 144	16 851
（二）普通本专科	73 039	93 550	311 111
本　科	33 377	51 611	184 474
专　科	39 662	41 939	126 637
（三）成人本专科	62 373	53 700	155 337
本　科	15 040	23 220	61 065
专　科	47 333	30 480	94 272
（四）其他各类高等学历教育			
1. 在职人员攻读博士、硕士学位		2 284	6 692
2. 网络本专科生			
本　科			
专　科			
3. 学历文凭考试			
4. 其他	1 023		2 012
二、中等教育	878 969	1 070 777	2 966 630
（一）高中阶段教育	260 431	383 475	1 008 473
1. 高中	153 311	203 315	576 448
普通高中	153 311	203 315	576 448
成人高中			
2. 中等职业教育	107 120	180 160	432 025
普通中专	50 701	69 158	186 287

续表

	毕业生数（人）	招生数（人）	在校生数（人）
成人中专	5 195	2 200	7 461
职业高中	37 244	81 258	178 501
技工学校	13 980	27 544	59 776
（二）初中阶段教育	618 538	687 302	1 958 157
1. 普通初中	608 837	682 622	1 941 244
2. 职业初中	7 957	4 680	16 558
3. 成人初中	1 744		355
三、初等教育	843 422	754 596	4 685 306
（一）普通小学	714 598	754 596	4 533 150
（二）成人小学	128 824		152 156
其中：扫盲班	74 548		85 886
四、工读学校	63	30	111
五、特殊教育	2 398	4 747	24 092
六、学前教育	485 405	678 640	863 121

注：特殊教育学生数中包括普通中小学随班就读的学生。

2007年各级各类非学历教育学生情况

	毕（结）业生数（人）	注册生数（人）
总　计	5 621 050	3 950 302
一、高等教育	51 696	26 649
（一）研究生课程进修班	626	1 829
（二）自考助学班		
（三）普通预科生		2 875
（四）进修及培训	51 070	21 945
其中：资格证书培训	13 783	15 026
岗位证书培训	11 650	6 059
二、中等教育	5 569 354	3 923 653
其中：资格证书培训	296 167	141 732
岗位证书培训	274 708	108 557
（一）中等职业教育	432 002	312 606
其中：资格证书培训	164 474	44 479
岗位证书培训	93 354	30 614
（二）职业技术培训机构	5 137 352	3 611 047
其中：资格证书培训	131 693	97 253
岗位证书培训	181 354	77 943

2007年各级各类民办教育基本情况

	学校数（所）	毕业生数（人）	招生数（人）	在校生数（人）	教职工数（人）	专任教师数（人）	另有其他学生数（人）
一、民办高等教育							
（一）民办高校	7	2 871	10 160	22 573	2 083	1 303	10 528
本科学生		469					
专科学生		2 402	10 160	22 573			
（二）独立学院（不计校数）	(7)	5 902	12 402	38 629	2 977	1 764	193
本科学生		4 515	12 402	38 629			
专科学生		1 387					
（三）民办其他高等教育机构							
二、民办中等教育							
（一）高中阶段教育	98	13 237	25 144	59 827	8 573	5 959	
1. 民办普通高中	60	6 180	9 322	27 166	6 371	4 596	
2. 民办中等职业教育	38	7 057	15 822	32 661	2 202	1 363	1 294
（二）初中阶段教育	83	9 754	13 824	39 699			
1. 民办普通初中	83	9 754	13 824	39 699			
2. 民办职业初中							
三、民办普通小学	138	10 168	19 514	95 130	4 918	3 849	
四、民办幼儿园	1 786	81 176	153 444	225 925	17 312	9 888	
另有：民办培训机构（不计校数）	(50)				0	0	17 827

注：1. “另有其他学生数”包括：学历文凭考试学生、自考助学班学生、预科生、进修及培训学生数；
2. 民办普通高中的教职工和专任教师数中包含民办普通初中的教职工和专任教师数；
3. “（ ）”内数据为不计校数。

〔**教育经费收入与支出**〕 2007年，云南全省地方教育经费总收入275.75亿元，比2006年增加44.65亿元，增长19.32%。其中：预算内教育经费收入208.82亿元，比2006年增加34.97亿元，增长20.12%；教育事业拨款177.7亿元，比2006年增加31.23亿元，增长21.32%；各级政府征收用于教育的税费9.26亿元，比2006年增加2.76亿元，增长42.46%；学杂费收入32.9亿元，比2006年增加10.82亿元，增长49%；社会捐赠办学经费2.42亿元，比上年增加0.38亿元，增长18.63%；民办学校中举办者投入1.8亿元；企业办学中企业拨款0.28亿元。

地方教育部门经费总收入250.25亿元，比2006年增加36.35亿元，增长16.99%，其中：教育事业拨款170.52亿元，比2006年增加1.25亿元，增长0.7%。

全省地方教育经费总支出275.75亿元，比2006年增加46.45亿元，增长20.26%，其中：预算内教育经费支出181.61亿元，比2006年增加30.69亿元，增长20.33%。

地方教育部门总支出251.06亿元，比2006年增加38.82亿元，增长18.29%，其中：预算内教育经费支出174.23亿元，比2006年增加27.33亿元，增长18.6%。

全省地方事业性教育经费支出（不含基建）268.41亿元。其中：个人部分支出182.69亿元，占总支出的68.06%（其中工资福利支出占50.38%，对个人和家庭的补助支出占17.68%）；

公用部分支出 85.72 亿元，占总支出的 31.94%(其中商品和服务支出占 17.92%，专项公用和项目支出占 14.02%)。

〔**教育经费“三个增长”执行情况**〕 预算内教育经费的增长情况：2007 年，云南全省地方预算内教育经费收入 208.82 亿元，比 2006 年增加 34.97 亿元，增长 20.12%；省财政经常性收入 515.7 亿元，比 2006 年增加 77.5 亿元，增长 17.7%。预算内教育经费增长比财政经常性收入增长高 2.42 个百分点。

生均预算内教育事业费增长情况：2007 年全省普通高校生均教育事业费 4 958.68 元，比上年增长 6.32%；职业高中生均教育事业费 2 853.86 元，比上年增长 43.71%；普通高中生均教育事业费 2 646.24 元，比上年增长 0.75%；初级中学生均教育事业费 2 209.16 元，比上年增长 25.48%；小学生均教育事业费 1 800.47 元，比上年增长 19.97%。各级各类教育生均事业费都有不同程度的增长。

生均预算内日常公用经费增长情况：2007 年云南省普通高校生均公用经费 1 707.95 元，比上年下降 13.63%；职业高中生均公用经费 359.15 元，比上年增长 17.02%；普通高中生均公用经费 294.52 元，比上年下降 36.08%；初级中学生均公用经费 307.88 元，比上年增长 10.27%；小学生均公用经费 217.85 元，比上年增长 17.38%。普通高校和普通高中生均公用经费有所下降，其他均有增长。

〔**“两个比例”的增长情况**〕 2007 年，云南全省国内生产总值 4 700 亿元，比上年增长 18%；国家财政性教育经费支出 219.11 亿元，比上年增长 19.63%，占全省国内生产总值的比例为 4.66%，比上年的 4.58%增长 0.08 个百分点。

2007 年，全省财政一般预算支出 1 134.7 亿元，比 2006 年增加 241.1 亿元，增长 26.98%。财政预算内教育经费支出 208.82 亿元，比 2006 年增加 34.97 亿元，增长 20.12%。预算内教育经费支出（含城市附加 8.68 亿元）217.5 亿元，占财政支出的比例为 19.17%，比 2006 年 20.16%下降 0.99 个百分点。

〔**高校和中职校经济困难学生资助情况**〕 2007 年秋季学期，云南省总投入 3.28 亿元资金，资助 39.25 万名高校和中等职业学校家庭经济困难学生。

2007 年下半年，高校投入 1.03 亿元，资助 9.3 万人，覆盖在校生的 29.77%。其中，国家奖学金每生每年 8 000 元，资助 573 人，金额为 458 万元；国家励志奖学金每生每年 5 000 元，资助 8 527 人，下半年奖励金额为 2 132 万元；一等国家助学金每生每年 2 500 元，资助 28 136 名学生，下半年奖励金额为 3 517 万元，二等每生每年 1 500 元，资助 56 000 名学生，下半年奖励金额为 4 200 万元。

中等职业学校下半年投入 2.25 亿元，资助 29.95 万人，云南省中等职业学校在国家助学金的基础上，省财政补充不足的资金，100%覆盖全日制一、二年级在校学生，标准为每生每年 1 500 元。

鉴于云南少数民族贫困学生比较多的实际情况，云南省政府在高校设立省政府奖学金和省政府励志奖学金。其中，高校省政府奖学金每年预算 600 万元，标准为每生每年 6 000 元；高校省政府励志奖学金每年预算 1 400 万元，标准为每生每年 4 000 元。

在中职设立省政府奖学金，每年预算 400 万元，标准为每生每年 4 000 元。

〔**职称评审工作**〕 2007 年，云南全省教育系统中专、中学、高校三个系列的教师高级职务评委会议，共评审通过中专高级讲师 238 人；中学高级教师 3 433 人；高校教授 191 人，副教授（含高级实验师）475 人并已报省人事厅审批。省教育厅评审了中专教师中级职称 20 人，推荐高级职称 43 人；中小学教师初级职称 18 人，中级职称 86 人，推荐高级职称 23 人；高职高专教师中级职称 100 人，推荐高级职称 86 人；图书资料系列初级职称 14 人，中级职称 32 人；社会科学研究系列中级职称 32 人。完成了 6 个厅局和学校共 35 人的教师中级职务任职资格审批。经审核，批准组建了16所学校（单位）的教师中级职务评审委员会（评委库）。继续推进教师职务评聘改革工作，提高及核定了大理学院、文山师专、昭通师专、云南师大世纪金源学校四所学校的专业技术职务结构比例。

本年度省教育厅共推荐“享受省政府特殊津贴”候选人选18名，批复4所高校中的14名高级专家延长退休年限。

〔云南教育基金会揭牌〕 2007年11月22日，“云南省中小学幼儿教师奖励基金会更名暨云南教育基金会揭牌大会”在昆明举行。省委、省人大、省政府、省政协及部分省级老领导出席了大会。在更名揭牌大会上，云南三鑫等七个集团、基金会、管委会、企业共捐资1 016万元和价值200万元的书籍。更名后的云南教育基金会将秉承优良传统，有效拓展募资渠道，在帮困助学、扶贫支教和教师奖励等方面迈上新台阶。

〔中小学布局结构调整〕 2007年，云南全省普通中学2 281所，比上年增加15所。其中，普通高中465所，比上年增加13所；普通初中1 816所，比上年增加2所，普通中学校均规模为1 104人。职业初中11所，比上年减少2所，校均规模为1 505人（含职业高中学校举办的职业初中班）。普通小学17 163所，比上年减少964所，其中，完全小学13 875所，比上年减少180所；教学点15 571个，比上年减少570个，教学点中一个教学点一个教师的10 117个，比上年减少1 200个，小学校均规模为264人。布局结构调整取得了明显成效。

〔各级各类教育毛入学率〕 2007年，云南省高等教育毛入学率达到14.61%，比2006年提高了0.61个百分点。各类高等教育在校生550 943人。其中，博士研究生1 507人，硕士研究生16 851人，普通本科184 474人，普通专科126 637人，成人本科61 065人，成人专科94 272人，其他形式的高等教育66 137人。

高中阶段教育毛入学率45.71%，比上年的39.34%增长6.37个百分点。高中阶段教育在校总人数994 199人，其中普通高中576 448人，普通中专186 287人，成人中专7 461人，职业高中178 501人，技工学校45 502人。

初中阶段教育毛入学率为99.63%，比上年的98.19%增加1.44个百分点。初中阶段教育在校生1 959 161人，其中普通初中1 941 244人，职业初中17 917人（含初中后“三加一”班）。

小学学龄儿童毛入学率为106.64%，比上年的105.71%提高0.93个百分点。小学在校学生4 533 150人。

基础教育

〔普九和扫盲“两基”工作评估验收〕 2007年，广南县、勐海县、贡山县、德钦县、维西县实现“两基”，使云南省实现“两基”的县（市、区）累计达到121个，人口覆盖率达到91.5%。新增文山州、西双版纳州和迪庆州全面实现“两基”，使云南省全面实现“两基”的州（市）达到12个。

〔加大农村义务教育经费保障机制改革力度〕 2007年共安排资金9.62亿元，提高寄宿贫困学生的生活费补助标准，补助学生201.4万人；共安排免费教科书资金38 270万元，享受免费教科书的人数从春季的261万，提高到秋季的602万人，同时建立部分科目免费教科书的循环使用制度；农村义务教育阶段中小学的生均公用经费，共安排资金

6.29亿元，惠及学生600万人。

〔**教育对口支援工作**〕 2007年1月，上海市政府、上海市教委赴滇慰问团，向澜沧民中、勐海三中两所学校共捐赠36万元人民币，用以改善办学条件。6月，云南省10所高校和7所中等职业技术学校的领导，组团赴上海进行教育对口交流合作专访与座谈，并签署“十一五”教育合作交流协议。8月，上海市第七批100名教师赴滇支教。全年云南省选送了3批90名中小学校长和督导管理干部赴上海学习培训、挂职锻炼。

〔**民汉双语教材审定工作**〕 在2007年9月召开的云南省民汉双语教材审定工作会议上，首次审定了3个民族5个文种的10本小学四年级语文民汉双语教材和14个民族18个语种的36本小学一年级数学民汉双语教材。迄今为止，云南省编译审定并出版203本新课改民汉双语教材，免费提供给民族贫困地区学生使用。

〔**双语教师培训成效显著**〕 2007年，云南省教育厅采取两种形式培训，分别是省级培训和委托丽江、大理、西双版纳、德宏进行州市级培训，对1 168名民族地区的教师进行了相关语种的双语教师培训。从2002年至2007年，云南省共培训14个民族，18个语种4 238人次，培训内容包括新的教育理念、新课改教材教法、新形势下教育改革与发展信息以及汉语拼音、普通话、民文民语等。每期培训都进行严格考核，颁发结业证书，极大地提高了双语教师教育教学水平。

〔**明德小学建设项目**〕 2007年台塑集团向云南省捐款2 700万元，捐赠项目60个。共建设明德小学51所，受益地区涉及6个州市的17个县，为26 159名适龄儿童改善了学习条件。省政府提供的配套资金675万元，明德小学所在州市县提供配套资金4 378.6万元，使配套资金比例达到1∶1.87。截至2007年，云南共建成124所明德小学。

〔**民族团结教育**〕 从2007年秋季学期起，云南省义务教育阶段小学五年级每名学生将获得由省政府免费提供的《云南省中小学民族团结教育》（小学版）教科书一册（套），使用期限1年，到期交回学校进行循环使用，实验期3年。

〔**玉溪市农村教师安居工程建设**〕 2007年，玉溪市决定，将农村教师安居工程建设列为“十件实事”之一。该工程计划用3年时间，投资近20亿元，规划占地1 100多亩，建设面积约130万平方米，统一在县城所在地建设框架结构和砖混结构、环境优美并拥有产权的10 000套教师住宅小区。解决农村教师住房难、农村教师进城难、孩子入学难、退休后无家可归等后顾之忧。9月，第一批2 008户教师于教师节喜迁新居。

〔**特岗教师招聘工作**〕 2007年，中央下达了专项资金1.42亿元，云南省共招聘特岗教师4 284名。所招聘的特岗教师分配到全省60个县的451所学校。其中，240所学校为初中，211所学校为小学。招聘的特岗教师中，有研究生3名，本科生2 569名，本科以上学历占60.04%；大专生有1 712人，占39.96%，全部是应届师范类大专毕业生。在初中岗位的共2 772个，占64.71%，其中本科以上的有2 572人，大专生200人；小学岗位1 512个，都是大专生。女毕业生有2 500名，占58.36%。

〔**普通高中教育**〕 2007年，云南全省一级高完中总数达到94所（其中，一级一等9所，一级二等17所，一级三等68所），比去年增加7所，一级高完中在校学生人数达23.7万人，占普通高中在校学生总数57.64万人的41%；普通高中校均规模达到1 240人，比2006年的1 207人增加33人；专任教师学历合格率达到91.21%，比上年提高了2.32个百分点；普通高中师生比15.7∶1，比2006年的16∶1减少0.3个百分点；民办普通高中学校数60所（其中，完中44所，高级中学16所）。

〔**农村中小学现代远程教育工程**〕 2007年，

云南省农村中小学现代远程教育工程共投入项目资金12 162万元（中央投入8 108万元，省财政投入3 243.2万元，州市县投入810.8万元），共建设农村初中计算机教室（模式三）467间，卫星教学收视点1 934个，光盘播放点6 875个。从2003年至2007年，全省农村中小学现代远程教育工程已全面完成，共投入建设资金53 594.5万元（中央资金35 729.3万元，省级资金8 576.75万元，州市县资金9 288.45万元），共建设模式一（光盘播放点）学校19 868所，模式二（卫星收视点）学校11 940所，模式三（计算机教室）1 902间。所有农村中小学校都按三种模式配备设备，覆盖率达100%，全省中小学校生机比达40∶1，普通初中学校开课率达75%以上。

职业教育与成人教育

〔**实行中等职业学校“特聘教师”制度**〕 2007年9月，云南省印发了《关于启动云南省中等职业学校“特聘教师”实施方案（试行）的通知》。基本内容是：2007年至2010年期间，每年设立云南省中等职业学校“特聘教师”岗位1 000个，由省级财政每年安排专款1 500万元，每个岗位每年按15 000元标准发放津贴。“特聘教师”不占学校编制，向社会公开聘请专业技术人员和能工巧匠到职业学校任教。年底共有1 130名教师上岗任教。

〔**采取重大措施发展中等职业教育**〕 2007年4月，云南省政府决定成立由秦光荣省长担任组长的云南省职业教育改革与发展领导小组，从2007年起，省级财政每年安排1亿元资金，用于增加中等职业教育专项资金，配合国家职业教育基础能力项目和实训基地项目建设；设立中等职业学校“特聘教师”专项经费；由省发展改革委每年安排3 000万元资金，作为中等职业学校建设贷款的贴息；在国家对全日制中职学校就读的农村学生给予一、二年级每生每年1 500元的助学金的基础上，省财政补充不足的资金，使全日制中职学校一、二年级的全部学生享受每生每年1 500元的助学金。2007年中等职业学校招生突破了18万人，在校生规模达43万人。

〔**社会力量办学**〕 2007年5月，云南省编委下发了《云南省机构编制委员会办公室关于省教育厅设立社会力量办学管理处的批复》，同意教育厅设立社会力量办学管理处。社会力量办学管理处的设立，将为云南省鼓励和规范社会力量兴办教育，引导民办教育快速发展，公办学校、民办学校相互促进、协调发展提供有力保障。

〔**农村成人教育**〕 2007年，云南农村成人教育把“服务新农村建设工程”列为发展职业教育的七大工程之一，在全省11 000多所乡、村两级成人文化技术学校，广泛开展科技培训和科技示范，把培植新兴产业，推广优良品种，开发特色产品，增加农民收入作为农村成人教育的工作重点。全年共培训农民513万人次，占农村劳动力总数的25%，年计划完成率为103%。全省累计建成各类农村成人文化技术学校11 321所。2007年，省教育厅评估验收省级农村成人教育示范学校5所，使省级示范学校达到185所，占乡镇农村成人教育学校总数的13%。有10所乡级成人文化技术学校获中国成人教育协会全国农村成人教育先进单位称号。

〔**成人高校招生工作**〕 2007年，云南省成人高校计划招生85 415人（其中省内67 706人，省外17 709人）。报考各类成人学校的考生总数为89 535人，比去年增加7 596人，增长率9.25%。报名人数与计划数之比分别为：专科升本科1.07∶

，高中起点升本科 1.69：1，高中起点升专科 .17：1。预计录取新生 65 665 人（不含成人中专 334 人），其中专科升本科录取 21 173 人，高中起点升本科录取 4 780 人，高中起点升专科录取 36 112 人。全年共组织了四次自学考试，144 434 人次报考，开考 61 个本（专）科专业、588 门课程。

〔**扩大职业高中招生规模**〕 2007 年，云南省高中阶段教育（含技工学校）招生规模继续扩大，共招收高中阶段教育学生 37.2 万人，其中，中等职业教育 16.86 万人，普通高中 20.33 万人，使全省初中毕业生升学率达到 60.23%，比上年提高 7.14 个百分点。中等职业教育招生规模比上年增加 2.4 万人，增长 18.63%。全省高中阶段在校生规模达到 99.42 万人，其中，中等职业教育 41.78 万人，普通高中 57.64 万人，高中阶段教育毛入学率达到 45.71%，比上年提高 6.37 个百分点。

高等教育

〔**呈贡高校新校区建设项目**〕 云南省的高等学校大多集中在昆明市老城区内，学校发展的突出问题是无拓展空间。自 1999 年扩招以来，高校用地不足的问题更加明显，已经成为制约云南省高等教育持续健康发展的“瓶颈”。2003 年 10 月，云南省委、省政府作出了将部分昆明市的高校整体搬迁至呈贡新城雨花片区的重大决策，计划投资约 100 亿元，用地约 1 133.33 公顷，规划云南师范大学、云南民族大学、云南中医学院、昆明理工大学、昆明医学院、云南医学高等专科学校、云南大学、云南艺术学院、云南广播电视大学、云南交通职业技术学院、昆明学院等 11 所高校在呈贡雨花片区建设新的主校区，形成一个以承载 15 万大学生和近万名教职工为主的 20 余万人的教育文化片区。2005 年 12 月，举行了呈贡新校区建设的奠基仪式。2007 年，省委、省政府把部分在昆高校呈贡新校区建设列为全省经济社会发展 20 个重大项目之一。2007 年 10 月，云南师范大学第一批 1 600名学生入住并开始了正常的教学活动，标志着高校呈贡新校区建设进入了全面推进的新阶段。

〔**高等教育质量工程**〕 2007 年是教育部、财政部决定实施“高等学校本科教育质量与教学改革工程”的第一年，云南省实施了以下高等教育质量工程：

组织第三批重点建设专业的申报和评审工作。51 所高校申报了 162 个专业点，共评选出省级重点建设专业 80 个。其中，本科专业 50 个，高职高专专业 30 个。至此，云南省高校省级重点建设专业数达到 135 个。在省级重点建设专业工作基础上，组织了国家一、二类特色专业推荐评审工作，共有 11 个一类、6 个二类特色专业点评为国家特色品牌专业点。共获得教育部、财政部 660 万元的经费资助。

组织了“精品课程”建设工作。37 所高校申报 127 门课程参评，共评审出“省级精品课程”60 门，并从中推荐 15 门申报“国家精品课程”（省财政资助 60 万元），其中 7 门课程被评为“国家精品课程”，使云南省“国家精品课程”达到 15 门。初步构建起国家、省、校三级“精品课程”建设梯队。此项工作共获教育部、财政部经费资助 150 万元。

国家将投入 25 亿元、分 3 年在全国建 100 所示范性高等职业院校。通过省级专家组的预审和推荐，并经教育部评审，云南交通职业技术学院被列为 2007 年度国家示范性高等职业院校 42 所立项建设单位之一。获教育部、财政部经费资助 2 500 万元，省交通厅经费资助 6 000 万元。

通过实施名师工程，2007 年云南省又有 2 名教师荣获国家级名师奖励。云南省高校已有戴永年院士等 4 名教授被评为国家级名师，还有省级名师 21 名。全省有享受国家、省级突出贡献津贴人员 217 人，博士生导师 273 人，教学科研带头人 120 名，特聘教授等 277 人为领军人物的一批教学科技创新团队。

2007 年，国家启动在全国建设 500 个人才培养创新试验区项目，引导高校办出特色。云南大学、云南农业大学、云南财经大学榜上有名。教育部、财政部对每个实验区资助经费 50 万元，云南省获得资助共计 150 万元。

国家将建设 500 个实验教学示范中心。2007 年，云南大学、云南农业大学各获得 1 个项目。至此，云南省已有 3 所高校 4 个国家实验教学示范中心。教育部、财政部给每个实验教学示范中心 50 万元的经费资助，云南省共获 200 万元。

〔**教育国际合作与交流**〕 2007 年，云南大学附中等 8 所中学成为全国首批汉语国际推广中学基地。由三所高校整合资源成立的“DHY 汉语培训中心”在柬埔寨皇家金边大学挂牌。2007 年在云南省就读的长、短期外国留学生达到 5 586 人，其中学历生 1 691 人。越、泰、柬、缅、老等 5 国的 72 名留学生获得云南省政府奖学金。2007 年，全省有 7 人获国家公派留学基金资助，84 人获西部地区人才培养特别项目资助，51 人获云南省地方公派留学基金资助。全年共派出访问学者 268 人，其中国家公派、西部地区人才培养特别项目派出 75 人，云南省地方公派 59 人，各高校校际交流项目派出 134 人。全年共派出交流学生 996 人，其中以“3＋1”等模式派出 566 人，短期学习、实习 430 人。

2007 年，云南省首次选派 42 名高中应届毕业生赴古巴学习西班牙语、教育学、旅游和临床医学本科专业；选派 25 名在职人员赴古巴 1 年学习西班牙语，古巴政府提供奖学金。

〔**省属院校教育合作**〕 2007 年，云南省省属院校合作人文社会科学研究项目的评审工作顺利完成，鉴定验收项目重点学科 6 个。省属院校教育合作项目经费预算 380 万元。2007 年，全省共有 52 名高校教师及科研人员攻读合作院校博士、硕士学位；选派进修教师/访问学者 71 名，资助金额 149 万元；合作召开国际国内学术会议 21 个，资助金额 74 万元；立项资助人文社会科学研究项目 11 项，资助金额 137 万元。

〔**科学研究基金评审立项情况**〕 2007 年，云南全省各高校共申报省级科学研究基金项目 1 817 项，审查合格 1 649 项，其中，重点项目 840 项、一般项目 671 项、研究生项目 138 项。经审议，立项项目总数 703 项，其中：由省教育厅资助项目 440 项，资助经费 326 万元；立项学校自筹经费项目 263 项，自筹经费 203.02 万元。在立项资助的项目中，重点项目 140 项、一般项目 268 项、研究生项目 32 项。

〔**普通高校招生考试工作**〕 2007 年，云南省高考报名人数为 204 818 人，比上年增加 23 444 人，增长率为 12.93%。其中：文科考生报名人数为 68 439 人，比上年增加 10 283 人，增长率为 17.68%；理科考生报名人数为 106 904 人，比上年增加 12 012 人，增长率为 12.66%；艺术类考生报名人数为 7 161 人，比上年增加 919 人，增长率为 14.72%；体育类考生报名人数为 4 375 人，比上年增加 331 人，增长率为 8.18%；“三校生”报名人数为 17 939 人，比上年减少 101 人，减少率为 0.56%。云南省 2007 年的招生计划总数为 100 677 人。其中，文科类招生计划 30 372 人，理工类招生计划 56 990 人，艺术类招生计划 5 481 人，体育类招生计划 1 897 人，“三校生”招生计划 5 937 人。

2007 年，共录取考生 101 353 人。其中本科层次录取 56 080 人，专科层次录取 45 273 人。600 分以上的考生除了个别自愿放弃者，其余全被录取。首次免费师范生计划招生 422 人，实际录取 447 人。

2007 年，增加了香港公开大学、香港演艺学院、香港树仁大学、珠海学院在云南省招生。港澳地区自主招生院校共录取云南省考生 166 名。

〔**研究生招生工作**〕 2007 年，全国报考云南省博士研究生人数为 1 048 人，比上年增加 184 人，增幅为 21.3%。国家下达云南省 2007 年博士研究生招生计划规模数为 401 人，实际录取 399 人，比 2006 年增录 25 人，增幅为 6.68%。全国报考云南省硕士研究生人数为 18 335 人，比 2006 年增加 2 010 人，增幅为 12.31%。国家下达云南省 2007 年硕士研究生招生计划规模数为 6 303 人，实际录取 6 337人，比 2006 年增录 447 人，增幅为 7.58%。录取云南籍博士、硕士研究生 2 474人，占录取总数的 39.25%。

〔**云南省高等院校设置“十一五”规划**〕 2007 年，云南省政府同意并批转全省实施《云南省高等院校设置“十一五”规划》。规划的主要任务是：规划新增 4～5 所本科院校，1～2 所独立学院（不计校数），7～8 所高职（高专）院校，普通高校总数达到 58 所左右。

撰稿 陈跃琼 张晓明 赵菱菱 杨红琼 谢 冰 李光洪 霍云云 李云芳 何兆春 徐忠祥 李建福 张伯康 卢 明 杨春城 杨 伟 徐惠珠 王 建 黄 强 张国华 叶 绿 王 源 杨丽宏 傅正强

审稿 李建福

西藏自治区教育

概　况

〔基本情况〕

2007年各级各类学校校数、教职工、专任教师情况

	学校数（所）	教职工数（人）	专任教师数（人）
一、高等教育			
（一）研究生培养机构（不计校数）	（3）		
1. 普通高校	（3）		
2. 科研机构			
（二）普通高等学校	6	2 888	1 755
1. 本科院校	3	1 835	1 102
2. 专科院校	3	613	407
其中：职业技术学院	1	288	190
3. 其他机构（点）（不计校数）	（6）	440	246
其中：独立学院			
（三）成人高等学校	1		
（四）民办的其他高等教育机构			
二、中等教育	126	11 588	10 542
（一）高中阶段教育	30	11 586	2 911
1. 高中	23	10 861	2 404
普通高中	23	10 861	2 404
成人高中			
2. 中等职业教育	7	725	507
普通中专	6	651	460
成人中专	1	60	34
职业高中			
技工学校			
其他机构（教学点）（不计校数）	（3）	14	13
（二）初中阶段教育	96	2	7 631

续表

	学校数（所）	教职工数（人）	专任教师数（人）
1. 普通初中	94		7 629
2. 职业初中	2	2	2
3. 成人初中			
三、初等教育	884	18 450	17 813
（一）普通小学	884	18 450	17 813
（二）成人小学			
其中：扫盲班			
四、工读学校			
五、特殊教育	1	33	28
六、学前教育	61	822	514

注：普通高中的教职工数中包含普通初中的教职工数。

2007 年各级各类学历教育学生情况

	毕业生数（人）	招生数（人）	在校生数（人）
一、高等教育			
（一）研究生	85	180	441
博　士	2	1	1
硕　士	83	179	440
（二）普通本专科	4 346	8 046	26 767
本　科	2 176	4 617	17 951
专　科	2 170	3 429	8 816
（三）成人本专科	1 213	1 977	5 782
本　科	654	1 329	3 116
专　科	559	648	2 666
（四）其他各类高等学历教育			
1. 在职人员攻读博士、硕士学位			
2. 网络本专科生	350	562	1 936
本　科	199	191	717
专　科	151	371	1 219
3. 学历文凭考试			
4. 其他			
二、中等教育	54 253	74 360	199 882
（一）高中阶段教育	14 529	22 961	63 173
1. 高中	12 332	16 307	44 215
普通高中	12 332	16 307	44 215
成人高中			
2. 中等职业教育	2 197	6 654	18 958
普通中专	2 116	6 535	18 604

续表

	毕业生数（人）	招生数（人）	在校生数（人）
成人中专	81	119	354
职业高中			
技工学校			
（二）初中阶段教育	39 724	51 399	136 709
1. 普通初中	39 463	50 707	135 995
2. 职业初中	261	692	714
3. 成人初中			
三、初等教育	52 238	51 890	320 589
（一）普通小学	52 238	51 890	320 589
（二）成人小学			
其中：扫盲班			
四、工读学校			
五、特殊教育	6	78	268
六、学前教育	3 737	5 672	11 110

注：特殊教育学生数中包括普通中小学随班就读的学生。

2007 年各级各类非学历教育学生情况

	毕（结）业生数（人）	注册生数（人）
总　计	6 222	3 981
一、高等教育	335	265
（一）研究生课程进修班		
（二）自考助学班		
（三）普通预科生		
（四）进修及培训	335	265
其中：资格证书培训		
岗位证书培训	70	
二、中等教育	5 887	3 716
其中：资格证书培训	1 211	1 305
岗位证书培训	3 737	1 037
（一）中等职业教育	5 887	3 716
其中：资格证书培训	1 211	1 305
岗位证书培训	3 737	1 037
（二）职业技术培训机构		
其中：资格证书培训		
岗位证书培训		

2007年各级各类民办教育基本情况

	学校数（所）	毕业生数（人）	招生数（人）	在校生数（人）	教职工数（人）	专任教师数（人）	另有其他学生数（人）
一、民办高等教育							
（一）民办高校							
本科学生							
专科学生							
（二）独立学院（不计校数）							
本科学生							
专科学生							
（三）民办其他高等教育机构							
二、民办中等教育							
（一）高中阶段教育	3	445	46	767	139	113	
1. 民办普通高中	3	445	46	767	139	113	
2. 民办中等职业教育							
（二）初中阶段教育	5	347	357	1 006			
1. 民办普通初中	5	347	357	1 006			
2. 民办职业初中							
三、民办普通小学	6	696	857	3 464	153	102	
四、民办幼儿园	13	1 150	1 247	2 713	206	95	
另有：民办培训机构（不计校数）							

注：1."另有其他学生数"包括：学历文凭考试学生、自考助学班学生、预科生、进修及培训学生数；

2. 民办普通高中的教职工和专任教师数中包含民办普通初中的教职工和专任教师数；

3."（ ）"内数据为不计校数。

〔**加大教育投入和学生资助**〕 2007年，西藏自治区政府高度重视教育工作，始终把教育放在优先发展的位置，不断加大财政投入，全区教育经费总投入约27.1亿元。其中，教育经费支出21亿元，基本建设支出49 365.5万元，其他如医疗保险、培训费用等支出11 723万元。为大力发展职业教育，自治区专门安排了1 933.4万元用于职业教育建设。其中，职业教育专项经费516万元，中央职业教育实训基地建设资金340万元，经费中的1 077.4万元用于6所中等职业技术学校和西藏高等职业技术学院设备购置。从2007年秋季开始，全面免除自治区城镇义务教育阶段学生（含进城务工、经商人员子女）学杂费，并免费提供教科书和作业本，财政补助资金756.4万元。从9月1日起，自治区再次提高全区中小学生"三包"经费标准，经费增至33 175.5万元，26.4万农牧民子女受惠。为贯彻落实《国务院关于建立健全普通本科高校高等职业学校和中等职业学校家庭困难学生资助政策体系的意见》精神，根据《西藏自治区人民政府关于贯彻落实国务院建立健全普通本科高校高等职业学校和中等职业学校家庭困难学生资助政策体系意见的实施意见》和财政部、教育部关于下达秋季学期国家奖（助）学金的通知要求，自治区共安排秋季学期国家奖（助）学金39.2万元、国家励志奖学金201万元、高校国家助学金577.4万元、中职国家助学金535.05万元，共有13 761名学生受益，资助面达到100%。

〔**采取各种措施保证招生考试工作顺利进行**〕 自治区党委、政府十分重视招生考试工作，制订了招生考试工作的实施意见、细则和紧急情况处理预案；按照“分级管理、逐级负责”的原则，逐级签订责任书、分解任务、落实责任、采取措施，切实抓好管理责任和责任追究制；加大招生考试政策的宣传力度，通过媒体、网络、电话咨询、宣传栏、简报等形式和途径，及时向广大考生和社会公布招生政策及各种考试信息；坚持“公开、公正、公平”的原则，提高招生考试的透明度；邀请自治区人大代表、政协委员、纪检人员和招生委员会成员到录取现场进行监督检查、指导工作，有力保证了各级各类考试做到严格、公正、规范。2007 年，全区各类考试总规模达 9 万人，比上年增加 2 万人，增幅超过 20%，各类招生共录取新生突破 4 万余人。

为确保普通高校招生考试工作的顺利进行，2007 年西藏普通高校招生考试实施“阳光招生”工程，采取以下措施。一是全面贯彻落实教育部关于“阳光工程”的各项要求，切实落实“六公开”、“六不准”的工作要求。二是通过招生网站和新闻媒体或其他方式公开西藏招生政策、学校招生章程、投档规则、各批次录取最低控制分数线、各院校录取最高分和最低分。三是通过招生网站和新闻媒体或其他方式公示各类加分考生名单。四是通过短信、声讯、咨询室等方式为考生提供查询服务。五是积极配合，主动接受纪检监察部门和社会各方面的监督。2007 年全区普通高考考生 15 138 人，比上年增长近千人，共录取新生 9 965 人，录取率为 66%，招生规模上了一个新台阶。

〔**加强教育督导工作**〕 2007 年 2 月 12 日，自治区在拉萨召开了全区教育督导工作会议，总结教育督导工作经验，安排部署了今后一段时期的教育督导工作；表彰了教育督导工作先进集体和先进个人；调整了自治区督导委员会组成人员；成立了第四届自治区督导委员会；聘任了第二届自治区督学；出台了《关于进一步加强教育督导工作的意见》。

2007 年是西藏自治区“两基”攻坚的关键一年，自治区全面部署了 2007 年教育督导评估工作。把“两基”攻坚工作的督导评估验收作为重点，贯彻“抓教育督导评估，促教育改革发展”的指导思想。遵循“‘督政’与‘督学’相结合，以‘督政’为主”；“‘督’与‘导’相结合，以‘导’为主”。“坚持客观、公正、公平”和“严格程序、完善环节、坚持标准、防止作假、确保质量”的原则，积极推进教育督导制度建设，完善教育督导评估验收工作环节。加强作风建设，严格工作与廉政纪律，深入实际开展工作，加大对“两基”攻坚工作的督导力度。2007 年，自治区全面完成了对江达县、贡觉县、八宿县、丁青县、索县、那曲县、尼玛县、申扎县、双湖县、措勤县、噶尔县、昂仁县、定日县、墨脱县的“普九”攻坚过程督导评估验收工作，确保了“两基”攻坚规划确定的任务全面完成。

〔**积极发展现代教育技术**〕 2007 年，西藏自治区积极稳妥实施现代远程教育工程项目，加快基础教育信息化建设。到 2007 年底，全区共建设 1 763 套光盘教学设备，983 套卫星收视设备。国家和自治区投资建设了 111 个计算机网络教室，508 所中小学实现了教育电视“班班通”。建设了 13 个教育资源点播系统，基本形成覆盖全区中小学的现代远程教育网络体系。教育资源建设得到加强，优质教育资源共享机制正在形成，信息技术在教学中的应用日益广泛和深入。教师的教育理念、教学观念、教学方法和师生互动方式已经发生了可喜的变化，教师的信息素养和教学创新能力正在逐步提高。

〔**全国内地西藏班办学和教育援藏工作会议**〕由中央统战部、教育部、西藏自治区政府联合召开的全国内地西藏班办学和教育援藏工作会议于 2007 年 1 月 26 日至 27 日在北京召开。中共中央政治局常委、全国政协主席贾庆林出席会议并发表重要讲话，教育部部长周济、西藏自治区政府主席向巴平措出席会议，中央统战部副部长斯塔主持会议。中央和国家机关有关部委负责人，有关省、自治区、直辖市分管教育工作的副书记、副省长、副主席、副市长以及有关部门共 200 余人参加了会议。

会议提出，要强化领导协调和组织指挥机制，健全以分管省长、市长为组长，由教育、统战、民族等相关部门领导为成员的内地西藏班办学和教育援藏工作领导协调机构；进一步完善内地办学和教育援藏工作的政策措施和管理制度，确保各项工作的实施有章可循；要实行工作年报制度，有关省、直辖市、高校和事业单位每年要上报内地办学和教育援藏工作实施的基本情况；要加强调查研究，广泛开展宣传，认真研究解决教育援藏工作出现的新情况、新问题，大力宣传和交流典型事迹、成绩、经验，努力营造良好的舆论氛围。

会议还印发了教育部、中央统战部、国家民委《关于进一步加强教育对口支援西藏工作的意见》，对加强和完善教育援藏工作作了具体部署。

〔**全国教育对口支援西藏工作部署会议**〕 2007年7月13日，教育部在拉萨召开了全国教育对口支援西藏工作部署会议。出席会议的有教育部部长周济，教育部副部长赵沁平，西藏自治区党委副书记、自治区主席向巴平措，自治区党委常委、自治区副主席吴英杰，中央统战部、国家民委、财政部等有关部委负责同志，承担教育对口支援西藏任务的北京市等内地18个省市教育厅（教委）负责同志。这次会议的主要任务是：贯彻全国内地西藏班办学和教育援藏工作会议精神以及教育部、中央统战部、国家民委《关于进一步加强教育对口支援西藏工作的意见》文件要求，对今后一个时期的教育援藏工作进行再动员、再部署、再落实。

大会还举行了教育对口支援西藏支援方和受援方《教育对口支援西藏项目协议书》的签字仪式。北京市等18个省、直辖市，西南交通大学等内地35所高校和12个教育部直属单位分别与西藏拉萨市等7个地市的教体委、西藏大学等6所高等学校和教材编译局等9个西藏教育厅直属单位签订了《教育对口支援西藏项目协议书》。

〔**教育部启动实施援助西藏中小学教师培训计划**〕 为支持和促进西藏自治区中小学教师培训，提高西藏中小学教师实施新课程改革的能力和水平，教育部启动了“教育部援助西藏中小学教师培训计划”。2007年7月13日，“培训计划”启动仪式在拉萨隆重举行。教育部部长周济出席会议并作了重要讲话，教育部副部长赵沁平、自治区副主席甲热·洛桑旦增，教育部有关司局和直属单位负责同志以及自治区1 000名中小学教师参加了启动仪式。

此次培训活动时间为7月13日至22日，采取“集中培训”和“光盘培训”相结合的方式，为西藏培训1 000名中小学骨干教师，光盘培训将覆盖全区2万多名中小学教师。采用案例培训、优秀教师示范课、专家评课、教学互动等方式，重点围绕基础教育新课程改革，结合一线教师在实施新课程中遇到的实际问题等开展培训。同时还安排了班主任工作、校园文化建设、学校管理等有针对性的培训内容。

基础教育

〔**加强幼儿教育**〕 2007年，西藏自治区制定完善了《西藏自治区幼儿教育发展“十一五”规划》，并多渠道筹措资金，组织实施县级幼儿园建设，努力改善幼儿教育的办学条件。2007年从地方预算内安排1 000万元用于支持20个县级幼儿园建设。同时，深入基层开展调研和指导，鼓励依托教学点和乡镇完小，积极发展农牧区学前一年教育；积极创造条件，发展城镇学前三年教育；开展幼儿园评估，推进幼儿教育事业健康发展。

〔**"两基"攻坚工作顺利进行**〕　2007年，自治区以"两基"攻坚为核心，以规范化建设、规范化管理为重点，努力提高义务教育普及程度和义务教育质量。推行以寄宿制为主的集中办学原则，到2007年底，列入改扩建和新建规划的93所初中全部交付使用，满足了"普九"基本需求；完成437所乡镇小学的改扩建项目，解决了近4万名小学生的教学和生活用房，基本满足18个"普六"县的需要。"普六"县由2003年的55个增加到74个，人口覆盖率由79.6%提高到100%；扫盲县由40个增加到70个，人口覆盖率由59.7%提高到95.6%；"普九"县由17个增加到63个，人口覆盖率由30.9%提高到90.2%。拉萨市和山南、林芝、昌都地区全面完成"两基"攻坚任务，基本扫除青壮年文盲。

〔**加强中小学校管理**〕　2007年，自治区教育厅深入基层，督促检查《西藏自治区中小学校管理规定》的落实情况，全面落实中小学校长负责制，建立健全行政管理、教学管理、教职工队伍管理、学生管理、财务管理、资产管理、后勤管理、安全管理、档案管理等学校内部管理制度。加强了督促检查与指导，进一步规范了中小学校管理行为，学校管理逐步规范，制度化、规范化管理逐步形成。召开了校长管理现场会、高中校长研讨会，通过交流平台，切实提高校长的管理水平和工作技能。

严格执行《自治区义务教育阶段学生学籍管理规定》，认真做好学生入学、转学、休学和借读等管理工作，定期报告学生人数和变化情况。落实控辍保学"四书"制度，进一步健全控辍保学双线目标责任制，确保适龄儿童少年接受九年义务教育。

〔**加强师资队伍建设**〕　2007年，为加快自治区教师队伍的成长，从整体上提高教师队伍的水平，自治区对教师培训工作采取了引进来、送出去、定岗位、定职责以及在职培训等有效措施，教师队伍发生了显著变化。坚持深化改革、调整结构、培养与引进并举的方针，遵循求实、创新、精干、高效的原则，逐步建立促进教师资源合理配置与开发利用和优秀人才成长的有效机制，建立了一支结构优化、素质良好、富有活力、师德优良的教师队伍。

实施中小学骨干教师"十、百、千"培养工程。2007年，通过考察和评选，评定自治区名校长15名，名教师93名，骨干教师555名。制定和落实教师培养计划，积极开展教师培训工作。制定《2007年中小学骨干教师培训方案》和《2007年中小学校长培训方案》，对自治区200名中小学教师和50名校长进行了培训。通过专题讲座、经典教学案例、实景观摩、专题讨论等形式，提高了教师在现代教育理论、教育政策与法规、教师发展与校本培训、新课程改革理论与实践、现代教育技术、教育教学研究、教育科研等方面的业务素质、从教能力和管理水平。实施"中国移动西部农村中小学校长培训项目"，培训中小学校长45名。公开招考中小学教师，鼓励年轻有为教师下基层任教，对1 199人进行了岗前培训，分配到日喀则、昌都、那曲、阿里等地区基层学校。继续开展教师引进工作，从区外院校共引进72名优秀人才充实到教师队伍，缓解了自治区教师队伍紧缺的状况。

〔**深化课程和教学改革**〕　2007年9月初，自治区新课程改革领导小组，开展了"送教下乡"活动，把新课程改革引向深入。以"校本培训"为中心，认真作好义务教育阶段学校实施新课程的指导工作，作好新课程、新课标教材编译、编写、审定与证订发行工作。扎实推进素质教育，深化教育教学改革，改进教学方法，切实提高学生的创新能力和实践动手能力。认真作好高中新课程改革的各项准备工作。上半年，召开了新课程改革经验交流会。总结了经验，探讨了不足，为今后开展新课程培训奠定了基础。

〔**建立义务教育保障体系**〕　2007年，自治区认真贯彻落实全国义务教育经费保障机制改革工作会议精神，严格执行对农牧区义务教育阶段学生免收学杂费，免费提供教科书和作业本。对农牧民子女实行"三包"和助学金制度，切实加强"三包"经费使用的监督管理，提高经费使用效益，努力办好住校生伙食。建立并完善了《农牧区中小学校舍维修改造专项资金使用管理办法》、《西藏自治区农牧区寄宿制学校管理规定》、《西藏农牧区中小学校舍维修改造长效机制实施方案》等一系列义务教育保障规定，促进西藏义务教育的均衡发展。2007年自治区在全区范围内对义务教育施行免费，并拨出专项资金1.3亿元完成了中小学仪器设备配备。

职业教育与成人教育

〔**加强职业教育管理**〕 2007年，西藏自治区坚持大力发展职业教育的方针，为办好西藏各级各类职业教育，加强了职业教育的宏观管理和政策措施。出台了《西藏自治区关于贯彻〈国务院大力发展职业教育的决定〉的实施意见》。为全面了解各地贯彻落实自治区人民政府《实施意见》情况，检查督促各地落实自治区提出的发展职业教育的大政方针，完成职业教育发展目标和任务，自治区教育厅职业教育工作检查调研组，于5月22日至7月1日深入七地（市）的50多所学校进行了检查调研。对自治区职业教育发展的现状、存在的问题进行了全面了解，掌握了第一手资料，研究了一些影响自治区职业教育发展的深层次的问题和矛盾，并对今后一段时期自治区职业教育工作提出了若干建设性建议。教育厅确定了2007年重点建设的11个县级职教中心，并起草了《西藏职业技术教育发展现状及若干政策建议》文件。大力推进教学管理制度改革，强化实践能力和职业技能的培养，加快推进职业学校学生职业资格认证工作。进一步更新观念，改革创新，坚持以服务为宗旨、以就业为导向，走灵活开放、特色鲜明、产教结合的办学路子。针对自治区经济和社会发展的实际，结合畜牧业、旅游服务业等主导产业以及青藏铁路建设对技能型人才的需求，加快建设畜牧兽医、计算机、电工电子、铁路运输、建筑、旅游等重点专业。同时，进行教学内容、教学方法和评价体系的改革，加强内部管理，全面提高教学质量。

〔**加强职业学校建设**〕 2007年，按照教育部、财政部的统一部署，自治区教育厅和财政厅共同组织实施了大力发展职业教育计划。以发展西藏职业技术学院为龙头，加强全区职业学校建设和县级职教中心建设，着力推进实训基地建设项目。到2007年底，全区职业学校完成基建项目总投资9 597.68万元，新建面积34 116.82平方米，完成实训基地建设项目投资740万元，完成实训基地职教购置项目投资677.4万元，极大地改善了自治区职业教育的办学条件，提高了职业教育的教学质量。2007年，全区各级各类职教在校生达29 068人；职业教育按照区域合理性原则、实用性原则、可持续发展原则、统筹规划原则，形成了以服务为宗旨、以就业为导向、以基地为依托、以助贫为保障，以地（市）为核心、以高职为龙头、以中职为骨干的职业教育体系，中等职业技术教育呈现出良好的发展态势。

〔**加强职教师资培训**〕 2007年，西藏自治区根据《国务院关于大力发展职业教育的决定》和《教育部财政部关于实施中等职业学校教师素质提高计划的意见》的精神和相关要求，为切实提高西藏职业教育教师队伍的整体素质，优化职业教育师资力量结构，完善西藏自治区中等职业学校骨干教师队伍建设，进一步推动西藏职业教育的发展进步，自治区制订了《西藏自治区实施“中等职业学校教师素质提高计划”整体规划和实施方案》，启动了中等职业技术学校教师素质提高计划，选派20名中职教师参加国家级培训。

〔**继续与德国开展职教合作项目**〕 西藏自治区与德国技术合作公司合作的“西藏农村基础设施和

职业培训”项目第一期于2006年2月结束。为了拓展职业教育合作领域，自治区2007年6月与德国方面召开了第二期项目计划会，项目第二期正式启动，已成功举办了木工、农机维修两期教师培训班，培训教师33人。教育厅与德国赛德尔基金会职业教育项目已经签订合作协议，双方合作的前期准备工作已经完成，并就三个方面达成正式合作协议。一是争取在西藏建设一个全区职业教育师资培训基地、数个县级职业教育中心。二是为西藏边远无电的乡村学校提供生活、教学用电，开展安装太阳能光电设备的项目。三是为西藏提供职业教育专业技术教师培训。项目合作协议已于2007年5月在山东省青岛市签字，各项工作正式开展。项目在日喀则地区职业技术学校的首批焊接、钳工设备安装已经完毕，第一期职教师资培训已经顺利结束。

高 等 教 育

〔西藏大学接受教育部教学水平评估〕 2007年，西藏大学接受了教育部高校本科教学水平评估。自治区高度重视此项评估工作，邀请了区外高校专家对西藏大学本科教学工作进行了预评估，形成了西藏大学迎评促建工作督查报告，对西藏大学迎评促建工作提出了建设性意见。至此，全区三所本科院校顺利完成教育部高校本科教学评估，对全区高校教学质量建设和学科建设起到了积极的促进作用。各院校以创优迎评为契机，深化高校内部管理，以一批重点学科、重点实验室为依托，加强高校创新平台、创新队伍建设，强化自主创新意识，提高创新能力和办学水平。

〔加强高校党建和大学生思想政治教育工作〕 为贯彻落实全国高校党建工作会议精神，2007年4月自治区召开了全区高校党建工作会议，就加强和改进高校党建工作作了部署，制定了新形势下加强高校党建工作的新举措，强化党对高校的领导和干部管理工作。坚持把学校德育工作放在一切工作的首位，深入持久地开展维护祖国统一、加强民族团结、反对分裂的教育；加强马克思主义“四观”（祖国观、民族观、宗教观、文化观）、“两论”（唯物论、无神论）教育；在大中专院校新生入学教育和高校“两课”教学中增加了“四观”教育内容；加强西藏历史知识的教育，使广大学生认清了达赖集团的真实面目，进一步激发了学生的爱国热情。

根据《中共中央 国务院关于进一步加强和改进大学生思想政治教育的意见》、《教育部关于加强高等学校辅导员、班主任队伍建设的意见》和《教育部普通高等学校辅导员队伍建设规定》及西藏自治区教育工作委员会《关于进一步加强高等学校辅导员队伍建设的意见》，各高校加强了辅导员队伍建设。按照“高进、严管、精育、优出”的方针，选聘高素质的合格人员担任高等学校辅导员工作，并建立严格的管理制度，为高等学校辅导员的发展创造了良好的条件。

〔努力提高高等学校教学质量〕 2007年，按照“稳定规模、调整结构、提高质量”的高等教育工作方针，自治区采取有力措施狠抓西藏高等教育的内涵建设。为促进高校的教学改革，启动了自治区高校教学成果奖的评选奖励工作，出台了有关评选奖励工作办法，这一措施大大激发了高校一线教师投身教学改革的积极性和主动性，在一定程度上促进了教学水平和人才培养质量的提高。加强高等学校学科发展与专业设置工作，不断推进高等学校专业设置与管理的科学化和民主化工作水平，成立了自治区学科发展与专业设置专家委员会。同时，根据教育部的有关要求，进行了高职高专类专业2008年拟招生专业的申报工作，教育部初审（非国管）目录内同意专业54个。推进自治区级精品课程建设工作，出台了《西藏自治区高等学校精品课程建设管理办法》，2007年评出自治区级精品课程15门，其中本科14门，专科1门。至此，全区共有自治区级精品课程30门。为贯彻落实教育部《关于加强本科教学工作提高教学质量的若干意见》精神，自治区下发了《关于印发〈西藏自治区高等学校教学名师评选办法〉的通知》，对长期从事学科教学，教育教学效果突出，具有一定科研能力的教师进行了表彰，共有14名教师被评为自治区首届高等院校教学名师。

〔**积极帮助高校做好对口援助工作**〕 2007年，教育部等国家三部委决定进一步加强教育对口支援西藏工作。新一轮对口援助工作将采取多校对一校，一校对一院的点对点的对口援助方式，重点就是加强高校的学科建设。结合西藏高校实际，区教育厅对各高校的受援工作进行了统一部署，并要求各高校要抓住机遇，实事求是地做好本校的发展定位，对本校的学科建设进行科学规划，借助援助高校的优质教育资源，大力加强学科建设，大幅度提升办学水平。教育厅对各高校的受援规划和项目安排进行了细致的审核，组织并顺利完成了援助双方的签字仪式。

撰稿　虞典墨

审稿　宋和平

陕西省教育

概　　况

〔基本情况〕

2007 年各级各类学校校数、教职工、专任教师情况

	学校数（所）	教职工数（人）	专任教师数（人）
一、高等教育			
（一）研究生培养机构（不计校数）	(51)		
1. 普通高校	(24)		
2. 科研机构	(27)		
（二）普通高等学校	76	90 306	50 741
1. 本科院校	37	64 753	35 925
2. 专科院校	39	21 433	12 107
其中：职业技术学院	37	20 231	11 432
3. 其他机构（点）（不计校数）	(20)	4 120	2 709
其中：独立学院	(12)	4 120	2 709
（三）成人高等学校	19	7 288	4 284
（四）民办的其他高等教育机构	18	1 276	540
二、中等教育	3 457	244 767	201 420
（一）高中阶段教育	1 351	244 082	84 362
1. 高中	660	195 802	49 842
普通高中	636	195 705	49 758
成人高中	24	97	84
2. 中等职业教育	691	48 280	34 520
普通中专	55	6 913	4 118
成人中专	76	3 806	2 305
职业高中	329	19 565	13 422
技工学校	231	16 296	13 605
其他机构（教学点）（不计校数）	(52)	1 700	1 070
（二）初中阶段教育	2 106	685	117 058

续表

	学校数（所）	教职工数（人）	专任教师数（人）
1. 普通初中	2 001		116 582
2. 职业初中			
3. 成人初中	105	685	476
三、初等教育	21 597	203 051	185 777
（一）普通小学	16 316	198 058	182 940
（二）成人小学	5 281	4 993	2 837
其中：扫盲班	4 378	4 398	2 597
四、工读学校	1	41	28
五、特殊教育	32	733	577
六、学前教育	2 448	29 916	19 019

注：普通高中的教职工数中包含普通初中的教职工数。

2007 年各级各类学历教育学生情况

	毕业生数（人）	招生数（人）	在校生数（人）
一、高等教育			
（一）研究生	16 986	22 855	70 722
博　士	1 755	2 693	13 181
硕　士	15 231	20 162	57 541
（二）普通本专科	195 450	237 454	776 516
本　科	90 359	121 964	446 043
专　科	105 091	115 490	330 473
（三）成人本专科	57 349	54 533	154 813
本　科	25 122	28 641	79 572
专　科	32 227	25 892	75 241
（四）其他各类高等学历教育			
1. 在职人员攻读博士、硕士学位		4 652	15 490
2. 网络本专科生	11 738	25 905	64 469
本　科	8 094	15 528	46 859
专　科	3 644	10 377	17 610
3. 学历文凭考试	14 483		641
4. 其他	432		1 150
二、中等教育	1 537 728	1 341 302	3 803 356
（一）高中阶段教育	555 920	690 860	1 749 494
1. 高　中	326 117	319 061	985 121
普通高中	313 222	319 061	963 316
成人高中	12 895		21 805
2. 中等职业教育	229 803	371 799	764 373
普通中专	37 764	57 431	154 082

续表

	毕业生数（人）	招生数（人）	在校生数（人）
成人中专	6 509	7 768	15 133
职业高中	115 247	197 827	381 899
技工学校	70 283	108 773	213 259
（二）初中阶段教育	981 808	650 442	2 053 862
1. 普通初中	703 443	650 442	2 037 632
2. 职业初中			
3. 成人初中	278 365		16 230
三、初等教育	789 052	454 346	3 182 963
（一）普通小学	652 625	454 346	3 055 266
（二）成人小学	136 427		127 697
其中：扫盲班	88 200		81 724
四、工读学校	17	43	115
五、特殊教育	1 367	1 388	8 968
六、学前教育	237 333	324 955	490 784

注：特殊教育学生数中包括普通中小学随班就读的学生。

2007年各级各类非学历教育学生情况

	毕（结）业生数（人）	注册生数（人）
总　　计	2 157 218	2 065 019
一、高等教育	131 588	104 074
（一）研究生课程进修班	483	1 290
（二）自考助学班	13 985	63 144
（三）普通预科生		259
（四）进修及培训	117 120	39 381
其中：资格证书培训	31 251	4 290
岗位证书培训	38 148	8 428
二、中等教育	2 025 630	1 960 945
其中：资格证书培训	107 555	80 655
岗位证书培训	151 442	147 896
（一）中等职业教育	356 952	152 103
其中：资格证书培训	62 779	36 170
岗位证书培训	41 148	20 796
（二）职业技术培训机构	1 668 678	1 808 842
其中：资格证书培训	44 776	44 485
岗位证书培训	110 294	127 100

2007年各级各类民办教育基本情况

	学校数（所）	毕业生数（人）	招生数（人）	在校生数（人）	教职工数（人）	专任教师数（人）	另有其他学生数（人）
一、民办高等教育							
（一）民办高校	17	28 058	49 192	132 517	14 305	7 210	40 912
本科学生		631	7 798	21 326			
专科学生		27 427	41 394	111 191			
（二）独立学院（不计校数）	(12)	513	17 175	46 654	4 120	2 709	
本科学生		513	17 175	46 654			
专科学生							
（三）民办其他高等教育机构					1 276	540	28 230
二、民办中等教育							
（一）高中阶段教育	275	56 782	97 106	207 794	22 522	15 198	
1. 民办普通高中	136	29 212	33 636	94 238	15 121	11 028	
2. 民办中等职业教育	139	27 570	63 470	113 556	7 401	4 170	16 081
（二）初中阶段教育	102	36 200	39 939	121 210			
1. 民办普通初中	102	36 200	39 939	121 210			
2. 民办职业初中							
三、民办普通小学	208	20 203	15 249	105 281	7 893	5 339	
四、民办幼儿园	1 843	64 860	125 980	216 447	18 145	11 013	
另有：民办培训机构（不计校数）	(793)				9 664	3 985	204 455

注：1. "另有其他学生数"包括：学历文凭考试学生、自考助学班学生、预科生、进修及培训学生数；
2. 民办普通高中的教职工和专任教师数中包含民办普通初中的教职工和专任教师数；
3. "( )"内数据为不计校数。

〔**年度工作方针**〕 陕西省2007年全省教育工作的指导思想是：以邓小平理论和"三个代表"重要思想为指导，以科学发展观统领教育工作全局，按照省委、省政府和教育部的统一部署，深化教育改革，加快教育发展，进一步加强素质教育，努力实现教育公平，推动各类教育全面协调可持续发展，努力办好让人民满意的教育。重点抓以下各项工作：深入学习贯彻党的十六大和十六届六中全会精神，进一步加强教育系统党建和行风建设工作；加快教育教学和评价制度改革，全面推进素质教育；坚持农村教育重中之重的地位，巩固和提高义务教育水平；全面推进职业教育基础能力建设，不断增强为经济社会发展服务的能力，实施好"人人技能工程"；大力推进高校自主创新，加强重点学科和高水平大学建设，不断深化高等教育教学改革，着力提高高等教育质量；深化改革，扩大开放，促进各级各类教育协调发展；积极推进人事制度改革，建设高素质的教师队伍；认真解决人民群众关心的教育热点难点问题，努力促进教育公平。

〔**进一步加强党风廉政建设**〕 2007年，陕西省教育系统党风廉政建设和反腐败工作取得新的进展。省教育厅召开了全省教育纪检监察工作会议，对全省教育系统加强党风廉政建设、全面落实党风廉政建设责任制工作进行了部署；制定下发《省委教育工委、省教育厅2007年党风廉政建设和反腐败工作目标管理责任分解表》，将反腐倡廉的工作任务分解，从委、厅领导到牵头部门、协办部门，将责任层层落实到人。加大了廉政文化进校园工作力度，在建立健全领导体制和工作机制的基础上，确定了西安理工大学、安康中学、户县蒋村镇中心小学三所学校为陕西廉政文化进校园试点学校。研讨如何把廉洁教育融入未成年人思想道德建设和大学生思想政治教育的全过程，以增强青少年学生廉洁意识和遵纪守法观念。

〔**教育地方立法取得新进展**〕 2007 年，陕西省制定了《陕西省实施〈国家通用语言文字法〉办法》（草案）。省教育厅成立了《陕西省义务教育法实施条例》（草案）起草领导小组并修改完成《草案》第二稿，上报省政府。开展“依法治校示范校”创建活动，通过评估审查，授予西安理工大学等 35 所大、中、小学校为 2006 年度省依法治校示范校。至此，全省已创建省级依法治校示范校 89 所。大力推进依法行政工作，举办了“省教育厅机关依法行政专题讲座”，由西北大学行政法学院院长、教授王周沪作了“依法行政专题讲座”。10 月，省教育厅聘请了长年法律顾问，并制订印发了《陕西省教育厅聘任法律顾问管理和法律事务办理暂行办法》。

〔**加强师资队伍建设**〕 2007 年，陕西大力强化中小学教师培训工作。制定并下发了《陕西省普通高中新课程师资培训方案》、《陕西省中小学实验教师培训方案》、《陕西省教育厅关于开展农村骨干教师研修培训工作的通知》系列文件，认真做好国家级和省级项目培训，带动全员培训。截至 11 月底，陕西完成中小学教师国家级培训高中新课程培训 924 人，英特尔未来教育项目 3 000 人，国家级万名班主任远程培训项目 300 名，暑期西部农村教师国家级远程培训和中小学教师教育技术能力培训等共 16 580 名。加强组织领导，加大资金投入力度，认真落实中小学教师学历学位提高计划。为维护社会稳定，开展了应届师范教育类毕业生教师资格认定工作，全年共认定中小学教师资格 3.34 万人。实施农村学校教师“特设岗位计划”和农村学校教育硕士师资培养计划，两年共为农村中小学招聘特设岗位教师 1 723 名、教育硕士 124 名。开展省级优秀教师、先进集体评选活动，并在教师节期间召开大会进行了表彰奖励。同时，通过《中国教育报》、《陕西日报》、陕西人民广播电台、《教师报》等新闻媒体，对全国模范教师、山阳中学高级教师仰孝升等先进典型的优秀事迹进行了广泛宣传，极大促进了全省师德建设工作。

〔**加强对民办教育机构的管理**〕 2007 年，陕西认真贯彻国家促进民办高等教育健康发展的有关政策，积极开展调查研究，维护民办学校的法人财产权，草拟了《陕西省民办高校法人财产管理办法》。不断规范民办高校的招生秩序，对民办高校招生工作的各个环节提出规范性要求，先后下发了《陕西省教育厅关于进一步严肃民办高等学校、民办非学历高等教育机构招生纪律的通知》等文件；先后停止了三所学校的招生，对近十所学校在招生过程中的违规行为进行了通报批评；建立了民办高校非学历教育学生登记备案制度，使得陕西民办高校的招生工作保持了良好的态势。实行年检制度，要求各级教育行政部门按照法定的审批和管理权限对所属的民办学校全面进行年检。按照有关法律、法规的要求，终止了五所办学规模小、办学条件差、内部管理不规范的教育机构的办学资格；将两所原由西安市教育局管理的民办高等教育机构上收到省管理，进一步理顺了民办学校的管理体制。制定了《关于加强民办学前教育机构管理工作的通知》，使民办学前教育机构的审批和管理工作得到进一步的规范。

基础教育

〔**陕西全省“两基”工作顺利通过国家验收**〕陕西省从1993年开始实施“两基”工作，经过各级党委、政府，社会各界和全省广大干部群众14年坚持不懈的努力，于2007年6月顺利通过国家“两基”督导检查验收组的评估验收，提前一年完成了攻坚任务，陕西“两基”的各项指标均达到国家要求。(1) 义务教育普及程度大幅提升。初中毛入学率由1993年的87.8%提高到2005年的111.3%，辍学率从1993年的10.1%下降到2005年的1.8%；小学辍学率也从1993年的3.2%下降到2005年的0.56%。(2) 义务教育质量稳步提高。初中毕业生升学率由1993年的47.7%上升到2005年的70%。初中教师学历合格率由1993年的52%上升到2005年的93.1%；小学教师学历合格率由1993年的84.1%上升到2005年的98.1%。(3) 义务教育阶段学校布局调整成效显著。小学校均学生由1993年的109人上升到2005年的164人，初中校均学生由1993年的463人上升到2005年的1 025人。(4) 义务教育经费投入大幅增加。14年中全省用于小学、初中、农技校办学条件改善和教师培训的资金达到203.7亿元，其中各级财政投入资金101亿元。(5) 义务教育基础设施不断完善。共新建义务教育校舍1 651万平方米，初中和中心小学以及部分农村小学校舍基本实现了砖混结构。全省共添置了34.8亿元的教学设施，基本配齐了完全小学和初中的各类实验室。

〔**普通高中一年级全面进入课程改革实验**〕2007年秋季，陕西全省普通高中一年级全面进入课程改革实验，陕西基础教育课程改革开始进入了新的阶段。(1) 认真制定出台了《陕西省普通高中新课程改革实施方案》。明确了普通高中新课程改革的指导思想、基本原则、目标任务、组织与领导、实施重点和保障措施。(2) 扎实做好培训工作。在2006年省级通识培训工作的基础上，2007年严格坚持“先培训、后上岗；不培训、不上岗”的原则，针对不同对象，分别组织实施了国家级和省、市级的培训者培训、骨干教师培训和全员培训；开办“三秦课改大讲堂”，邀请国内知名课改专家作报告。(3) 启动高中新课程实验评估工作。在实施了全省中考改革和普通高中课程改革调研工作的基础上，制定了《陕西省普通高中新课程实验工作评估方案》，并已发放有关部门和人员征求意见，开始启动了试点评估工作。

〔**深化义务教育改革**〕 2007年，陕西省加强了薄弱学科建设，根据课程改革的实施情况，把推进课改的重点放在中小学体音美、小学英语、小学科学、综合实践活动等薄弱学科建设方面；通过对全省义务教育阶段的薄弱学科的全面调研，形成了系列调研报告，制定了加强薄弱学科建设的意见；邀请省内外专家通过专题报告、研讨、互动交流等形式，对薄弱学科1 000多名骨干教师进行了培训，解决课程改革的难点问题。在上一年工作的基础上，年初下发了《关于开展2007年新课程百县行的通知》，组织了百县行省级专家研训班，根据各地活动开展的需求，派相关专家、优秀教师和教研员给予指导。不断深化中考、中招改革，制定了《2007年初中毕业生学业考试与高中招生制度改革的实施意见》、《课改实验区初中毕业生综合素质评价实施办法》和《陕西省2007年中考加试物理、化学、生物实验操作考核试点工作实施办法》等文件，对推动课改的深入实施产生了积极的作用；中考加试理化生实验操作考核工作进一步扩大到75个县区，共有40万名学生参加了考核；各市县相继出台了实施方案和落实细则。西安等地将优质高中招生指标的10%分配到薄弱初中，促进了初中教育的均衡发展；汉中、杨凌等地对中考成绩采取了等级呈现的办法，推进了中招改革。陕西2007年中考中招工作进行比较平稳，在社会上产生了良好的反响。

〔**加强中小学信息化建设**〕 到2007年，陕西省农村中小学现代远程教育工程软硬件设备及服务采购工作已圆满完成。工程建设总资金11 413万元，覆盖全省10个市85个县的3 254所农村中小学校，共计建设成模式一（光盘播放系统）747个，模式二（卫星教学收视点）2 026个，模式三（多媒体计算机网络教室）481个。省教育厅2007年狠抓了工程的应用，继续开展“远程教育应用年”活动，组织编写了涵盖中小学22门学科的《远程教育学科教学应用指导手册》，为远程教育资源教学应用工作提供了基础。同时广泛开展了培训工作，省级骨干培训11 529人，市级培训3 674人。陕西教育各级电教机构普遍建立了远程教育技术支持服务中心，按照“专、兼、聘”结合的办法，形成了省、市、县、校共3 200多人的技术服务队伍，常年走乡串校开展技术服务。扎实推进市县电教机构标准化建设工作，全省已有40%的市县电化教育馆（中心）达到了省级标准化建设要求。

〔**加强中小学实验教学普及工作**〕 2007年，陕西有10个县的中小学实验教学普及工作通过了省级验收。至此，全省“普实”县（区）达到81个，普及率达到75.7%，较上年增加9.4%。结合高中课程改革实际，省教育厅编制了《陕西省普通高中教育技术装备规范（试行）》、《陕西省普及中小学实验教学县（区）复查评估验收办法》和《陕西省中小学实验教学示范学校评估验收办法》，促进了实验教学工作的规范化。

职业教育与成人教育

〔**实施“人人技能工程”**〕 2007年，陕西省教育厅根据省长袁纯清关于“加快发展职业教育、实施‘人人技能工程’”的指示精神，制订并下发了《陕西省职业教育实施“人人技能工程”总体规划（2007—2010年）》（以下简称《总体规划》）和《陕西省职业教育“人人技能工程”2007年实施方案》。《总体规划》提出，今后四年，全省中等职业学校每年至少培养培训50万人。其中，中等职业教育年招生30万人以上，招收培训未升学初、高中毕业生20万人左右，四年累计培养培训200万人。教育系统2007年“人人技能工程”的工作任务是学历教育招生33万人，短期技能培训14万人。7月，教育厅召开了“人人技能工程”实施工作会议，印发了《关于做好全省教育系统“人人技能工程”实施工作的通知》，对工程实施任务进行了分解（教育系统短期培训13万人），并在全省确定了24个县（区）、50所职业院校作为“人人技能工程”实施工作重点县区和职业院校，进一步明确和强化了“工程”实施工作的各项政策措施。2007年“人人技能工程”共完成培训12万人，南郑县、白河县、商南县、神木县、韩城市、眉县、彬县等重点县（区）的培训规模都在1 000人以上。

〔**召开2007年度全省职成教工作会议**〕 2007年4月，陕西省召开了2007年度全省职成教工作会议，对2006年职成教工作进行了总结与回顾，安排部署了2007年职成教重点工作。2007年主要工作任务是：实现中职招生33万人；新建和完善15个县级职教中心，新建设10所省级以上重点职业学校、26 个职业教育实训基地、30 个省级示范专业点、100 所省级示范乡镇农民文化技术学校；“人人技能工程”短期培训 14 万人，培训骨干教师 1 000 人，农村劳动力转移培训和农村实用技术培训各 102.2 万人次；创建社区教育实验区 10 个。会上教育厅与各市签订了目标责任书，进一步落实了工作责任。截至 11 月 15 日，除个别地市外，大部分地市的工作都已提前完成。

〔**超额完成中职招生任务**〕 中等职业教育招生工作是近几年来陕西省职业教育的中心工作。为了完成 2007 年教育部下达的 33 万人的中职招生任务，陕西省教育厅采取了以下主要措施。(1) 多次与各市教育部门和有关厅局等进行沟通、协调和落实，将 33 万人的招生任务完全分解下达。(2) 安排了全省中职学校春季招生工作，共 31 所中职学校招收春季生 4 617 人。(3) 开展招收和培养未升学高中毕业生工作，动员省内中等职业学校和有关高等职业学校对未升学高中毕业生开展职业教育和培训，并继续采取注册入学和不限年龄、不限地域、不限应届生、不限学制等“四不限”以及考生自愿选择学校、自愿选择专业的“两自愿”政策措施。(4) 继续狠抓与东部地区职业学校的联合招生合作办学工作，4 月份印发了《关于下达 2007 年我省与东部地区中职学校联合招生合作办学招生生源安排的通知》，联合招生合作办学计划招生总数达到 15 683 人，其中东部对西部招生 11 823 人，城市对农村招生 3 860 人。(5) 5 月份召开 2007 年陕、苏、津 8 省市中等职业学校联合招生合作办学座谈会，共 111 所学校的 180 余人参加了会议，陕西省与东部学校达成合作办学意向 87 项，计划招生 5 750 多人。(6) 在职业学校招生工作开始前主动联系新闻媒体，对中等职业教育招生计划、“人人技能工程”、贫困生资助政策等进行集中宣传，以便广大群众和考生更多地了解职业教育。2007 年全省中职学校共招生 33.8 万人，超额完成了教育部下达的工作任务。

〔**继续实施“一网两工程”**〕 2007 年，陕西省继续提出实施“一网两工程”（农村职业教育和培训网络，“职业教育强县富民工程”和“职业教育促进农村劳动力转移工程”，培训“双百万”（农村劳动力转移培训 100 万人、农村实用技术培训 100 万人）的目标任务，并要求各地教育部门、职业学校和培训机构要把实施“一网两工程”与实施“人人技能工程”、“温暖工程”、“阳光工程”、“雨露计划”等工作合理安排、科学规划、统筹兼顾、分步实施。据此，各地、各学校按照《陕西省人民政府关于大力发展职业教育的决定》精神和《陕西省职成教育促进县域经济发展工作评估指标体系》的总体要求，结合本县（区）实施“一网两工程”的实际，不断加强以县级职教中心为主阵地，以乡镇成人文化技术学校为辐射点的培训网络建设，努力改善学校培训条件。安康、商洛等地大力开展实用技术培训和劳动力转移培训，尤其狠抓“订单”培养和劳动力就业工作，收效很大。2007 年全省实施“一网两工程”开展实用技术培训 110.3 万人次，劳动力转移培训 103.6 万人次，继 2004 年、2005 年、2006 年后，再次实现了“双百万”的培训目标。

〔**组建职业教育集团**〕 2007 年，陕西省以科学发展观为指导，以做大做强陕西职业教育、全面提升陕西职业教育综合实力和水平为目标，以省内具有重要社会影响，办学规模大、实力强、质量高的一批知名中等职业学校为龙头，联合有关职业院校、行业、企业（企业集团）组建若干职业教育集团，最大限度地发挥学校、行业、企业共同参与职业教育的积极性，进一步扩大办学规模，增强技能人才培养能力，打造陕西省职教品牌，推动陕西省职业教育实现又好又快发展。2007 年，由陕西省渭南工业学校牵头组建的陕西机电职教集团、由西北工业学校牵头组建的陕西化工职教集团、由陕西省电子工业学校牵头组建的陕西电子职教集团、由陕西省银行学校牵头组建的陕西现代服务职教集团、由陕西省经贸学校牵头组建的陕西经贸职业教育集团等 5 家职业教育集团的参与院校和企业都在 20 家以上。

高 等 教 育

〔**加强优质教学资源建设**〕 2007年，陕西省高等教育进一步加大了优质教学资源建设力度，促使高校更加注重内涵建设。（1）按照《高等学校教学名师评审指标体系》要求，对54所高校推荐的113名教学名师候选人的材料进行了认真评审，最终授予了53名教师“陕西普通高校教学名师”称号，至此，陕西省高校共有省级教学名师153人，其中国家级教学名师19人。（2）完成了高校省级精品课程评选工作。2007年共评出101门省级精品课程，其中20门课程（含网络教育、军队院校3门）被评为国家级精品课程。截至2007年，陕西省共有460门省级精品课程，其中83门课程被评为国家级精品课程。（3）开展了2007年高校省级教学团队评审工作。2007年共产生55个省级教学团队，其中9个团队参加教育部国家级教学团队评选，有7个团队通过了教育部专家组评审。（4）进行了2007年省级特色专业建设项目评审工作。通过评选产生了70个省级特色专业。（5）完成了两年一次的省级优秀教材评审工作。共产生了70本省级优秀教材，其中一等奖21个，二等奖49个。（6）为进一步加强对高校专业建设管理力度，提高专业设置的科学性，优化专业结构，制订出台了《关于做好我省普通高等学校专业结构调整和建设的若干意见》。（7）为了大力支持陕北能源化工基地建设，由省教育厅领导带队，组织专家赴陕北进行了实地调研，形成了《陕北能源化工基地建设人才需求状况调研报告》，结合本省高校实际情况，首批在西北大学等5所高校组建了能源化工人才培养基地。（8）采用会议评审与实地考察相结合的方式，共产生24个省级实验教学示范中心，进一步促进了高校加强教学实验硬件条件建设。同时择优推荐了其中11个参加教育部组织的国家级示范中心评选。（9）开展了省级人才培养模式创新试验区建设项目评审工作，首批共产生33个省级人才培养模式创新试验区，有力地带动了本科高校在人才培养模式方面的改革和发展。

〔**加强重点学科建设**〕 2007年，陕西省高校65个原国家重点学科全部通过国家考核评估，并有16个一级学科和45个二级学科新增为国家重点学科，13个二级学科新增为国家重点（培育）学科。在国务院学位委员会公布的第十次学位授权审批结果中，陕西省新增2个硕士学位授权单位、28个博士学位授权一级学科和132个博士点，新增硕士学位授权一级学科点131个、硕士点360个。至此，陕西省共有博士、硕士学位授权单位56个。2007年，陕西省有6篇论文入选全国优秀博士学位论文，累计获得全国优秀博士学位论文48篇，居全国第4位。到2007年，陕西高校共有长江学者特聘教授32名，讲座教授13名；共有50人进入省“三五人才”第一层次人选，224人进入第二层次人选。

〔**加强高校科研科技工作**〕 2007年，陕西省教育厅组织高校申报陕西省“13115”（在10个重大创新领域上支持30项重大科技专项，创建100个产学研相结合的工程技术研究中心，支持100个重大产业化项目，培育50个科技产业园区）科技创新工程重大科技创新项目，获批准立项24项。组织高校申报教育部哲学社会科学项目124项，教育部科学技术重点研究项目10项，教育部哲学社会科学重点后期资助项目6项。申报教育部新世纪优秀人才资助项目10项，获准3项。对高校申报的具有产业化前景的项目进行评审、答辩和实地考察。2007年有20所高校与西安、咸阳、宝鸡、杨凌等市区 100 多家企业进行了技术对接和项目合作。按照建设西部强省的要求研究制定了《陕西省教育厅 2007 年科学研究计划》专项项目 449 项，计划资助经费 718 万元。加强对升格和新建高校的科研指导工作。对西安航空技术高等专科学校、咸阳师范学院、西安医学院、陕西交通职业技术学院中的 1 000 多名教师及科研管理人员进行科研课题申报及管理工作培训。

〔**做好毕业生就业工作**〕 2007 年，陕西全省共派遣毕业生 218 839 名，比上年增加 42 324 名，增长了 23.98%。截至 9 月初统计，全省高校毕业生的总体就业率为 82.36%。陕西省为做好毕业生就业工作，采取了一系列措施。(1) 认真贯彻落实国务院办公厅《关于切实做好 2007 年普通高等学校毕业生就业工作的通知》、《陕西省人民政府关于切实做好普通高等学校毕业生就业工作的实施意见》两个文件精神，5 月底，召开专门会议，对 70 名成绩突出的普通高校毕业生基层就业先进个人进行了表彰。8 月中旬又召开全省高校毕业生就业工作会议，全面部署了高校毕业生就业工作。(2) 积极引导高校毕业生面向基层就业，落实高校毕业生面向基层就业的有关项目。一是继续做好“大学生志愿服务西部计划”，共招了 500 多名大学生到陕西省 27 个贫困县基层服务；二是实施了农村教师“特设岗位计划”，公开招聘 1 964 名毕业生到“两基”攻坚县学校任教；三是落实陕西省农村基层人才队伍振兴计划，招录 2 014 名毕业生到基层从医、从教；四是选调了 451 名毕业生到基层乡镇一级任职。(3) 对自主创业的毕业生完善了扶持政策，成立了自主创业小额贷款中心，出台了 30 余条优惠政策，鼓励和支持高校毕业生自主创业。2007 年陕西高校毕业生自主创业的人数达到 797 人。(4) 抓高校毕业生就业市场建设。主要是加强了就业市场的培育，使高校毕业生就业市场更加统一、规范、高效、有序。一是加大力度建设全省高校毕业生就业市场，同时积极促进建立毕业生就业市场、人才市场、劳动力市场三大市场贯通的运行机制。二是扶持各类区域性、行业性、高校间的协作市场，努力沟通高校、毕业生和用人单位之间的联系。三是积极组织高校毕业生就业招聘活动，通过内联外引组织了 30 多场分科类、滚动式就业招聘会；开展了高校毕业生就业服务周活动；省教育厅与江苏省昆山、苏州人事局等单位建立了长期人才供给关系，为毕业生提供了更多的就业机会。(5) 积极开展就业信息服务。5 月，开通了全省高校毕业生就业网，在网上登记的毕业生 1 万多人，每天点击率近 4 000 人次。各高校基本开通了就业网，使网络招聘成为高校毕业生求职择业的主渠道。(6) 认真解决就业工作中的薄弱环节。从 10 月 16 日至 11 月 8 日对 25 所独立学院和民办高校以及部分高职高专院校的就业工作进行检查指导，促使这些高校把毕业生就业工作作为学校改革发展的一项重要工作抓好。(7) 把家庭经济困难毕业生的就业作为一项重要工作来抓，积极为贫困生联系用人单位。对零就业的家庭，优先向学生提供公益性岗位。(8) 11 月中旬，举办了为期三天的全省高校毕业生就业指导教师培训会，有 150 多名指导教师参加，进一步加强了高校毕业生就业指导教师队伍建设。

〔**加强高等职业教育**〕 2007 年，陕西省全力推进示范性高职院校建设计划，西安航空职业技术学院申报 2007 年度“国家示范性高等职业院校建设计划”通过了教育部、财政部联合审核，被确定为 2007 年国家立项建设单位；杨凌职业技术学院进一步做好示范性高职院校的建设工作，完成了建设方案论证；杨凌职业技术学院和西安航空职业技术学院对确定的 19 个特色专业群、101 个优质专业核心课程和 113 种特色教材和课件进行了重点建设。为充分发挥示范院校的辐射带动作用，陕西启动了省级示范性高等职业院校建设计划。为配合国家高职教育实训基地建设计划，强化实践教学，提高本省高职高专院校学生职业能力素质，陕西启动了省级高职高专实训基地建设项目。为了切实加强本省高职高专教育专业建设，优化专业结构，深化教学改革，提高人才培养质量，陕西计划用 4～5 年时间，建设 120 个左右重点专业，整体提高全省高等职业教育质量。2007年陕西省在高职高专院校中评建了第一批20个重点专业。为了深入贯彻《国务院大力发展职业教育的决定》，全面掌握全省高等职业教育的发展现状，进一步提升其服务于区域经济社会发展的能力，教育厅开展了对高等职业教育情况的调研工作，并形成《陕西省高等职业教育情况调研报告》。

撰稿 魏天纬 刘伟宾
审稿 曹普选

甘肃省教育

概　　况

〔基本情况〕

2007 年各级各类学校校数、教职工、专任教师情况

	学校数（所）	教职工数（人）	专任教师数（人）
一、高等教育			
（一）研究生培养机构（不计校数）	(17)		
1. 普通高校	(9)		
2. 科研机构	(8)		
（二）普通高等学校	34	29 568	17 439
1. 本科院校	13	19 671	10 880
2. 专科院校	21	7 784	5 159
其中：职业技术学院	15	5 163	3 635
3. 其他机构（点）（不计校数）	(5)	2 113	1 400
其中：独立学院	(5)	2 113	1 400
（三）成人高等学校	10	1 406	949
（四）民办的其他高等教育机构	25	476	234
二、中等教育	2 570	145 359	126 286
（一）高中阶段教育	850	144 867	49 767
1. 高中	496	122 917	34 124
普通高中	493	122 762	33 979
成人高中	3	155	145
2. 中等职业教育	354	21 950	15 643
普通中专	121	11 047	7 392
成人中专	45	1 916	1 009
职业高中	121	4 806	3 959
技工学校	67	3 978	3 162
其他机构（教学点）（不计校数）	(32)	203	121
（二）初中阶段教育	1 720	492	76 519

续表

	学校数（所）	教职工数（人）	专任教师数（人）
1. 普通初中	1 637		76 215
2. 职业初中	5	9	7
3. 成人初中	78	483	297
三、初等教育	19 800	159 103	145 355
（一）普通小学	14 002	141 716	137 149
（二）成人小学	5 798	17 387	8 206
其中：扫盲班	5 088	14 420	5 946
四、工读学校			
五、特殊教育	17	463	345
六、学前教育	2 457	16 367	10 950

注：普通高中的教职工数中包含普通初中的教职工数。

2007 年各级各类学历教育学生情况

	毕业生数（人）	招生数（人）	在校生数（人）
一、高等教育			
（一）研究生	4 831	7 117	20 034
博　士	595	783	2 765
硕　士	4 236	6 334	17 269
（二）普通本专科	63 315	94 328	295 992
本　科	32 312	51 758	173 344
专　科	31 003	42 570	122 648
（三）成人本专科	30 551	32 396	87 428
本　科	12 016	15 862	39 630
专　科	18 535	16 534	47 798
（四）其他各类高等学历教育			
1. 在职人员攻读博士、硕士学位		1 303	3 790
2. 网络本专科生	1 623	3 527	5 565
本　科	1 531	2 725	4 561
专　科	92	802	1 004
3. 学历文凭考试	371		1 269
4. 其他	82		
二、中等教育	791 824	825 609	2 447 412
（一）高中阶段教育	250 221	351 840	933 663
1. 高　中	180 843	204 816	614 364
普通高中	179 335	204 816	613 906
成人高中	1 508		458
2. 中等职业教育	69 378	147 024	319 299
普通中专	39 815	67 178	166 720

续表

	毕业生数（人）	招生数（人）	在校生数（人）
成人中专	5 960	6 004	15 455
职业高中	16 107	50 359	89 638
技工学校	7 496	23 483	47 486
（二）初中阶段教育	541 603	473 769	1 513 749
1. 普通初中	449 213	473 759	1 422 734
2. 职业初中	20	10	45
3. 成人初中	92 370		90 970
三、初等教育	871 171	435 661	3 274 141
（一）普通小学	478 740	435 661	2 846 312
（二）成人小学	392 431		427 829
其中：扫盲班	227 731		264 469
四、工读学校			
五、特殊教育	1 089	1 614	11 606
六、学前教育	154 572	210 562	330 213

注：特殊教育学生数中包括普通中小学随班就读的学生。

2007 年各级各类非学历教育学生情况

	毕（结）业生数（人）	注册生数（人）
总　计	1 169 641	1 015 556
一、高等教育	96 702	40 637
（一）研究生课程进修班	374	258
（二）自考助学班	4 705	12 901
（三）普通预科生		1 476
（四）进修及培训	91 623	26 002
其中：资格证书培训	38 457	2 108
岗位证书培训	26 185	5 468
二、中等教育	1 072 939	974 919
其中：资格证书培训	63 171	46 411
岗位证书培训	127 822	51 643
（一）中等职业教育	148 856	73 929
其中：资格证书培训	29 044	15 957
岗位证书培训	56 394	18 542
（二）职业技术培训机构	924 083	900 990
其中：资格证书培训	34 127	30 454
岗位证书培训	71 428	33 101

2007年各级各类民办教育基本情况

	学校数（所）	毕业生数（人）	招生数（人）	在校生数（人）	教职工数（人）	专任教师数（人）	另有其他学生数（人）
一、民办高等教育							
（一）民办高校	1	846	2 117	5 181	296	229	
本科学生							
专科学生		846	2 117	5 181			
（二）独立学院（不计校数）	(5)	4 542	9 229	29 587	2 113	1 400	198
本科学生		1 885	8 148	23 211			
专科学生		2 657	1 081	6 376			
（三）民办其他高等教育机构					476	234	9 042
二、民办中等教育							
（一）高中阶段教育	84	10 671	18 444	44 184	3 515	2 515	
1. 民办普通高中	62	10 011	10 097	32 406	2 639	1 985	
2. 民办中等职业教育	22	660	8 347	11 778	876	530	2 093
（二）初中阶段教育	12	1 525	2 801	7 407			
1. 民办普通初中	12	1 525	2 801	7 407			
2. 民办职业初中							
三、民办普通小学	17	821	997	6 454	606	405	
四、民办幼儿园	905	29 244	49 260	88 428	5 450	3 302	
另有：民办培训机构（不计校数）	(420)				3 722	2 408	94 644

注：1.“另有其他学生数”包括：学历文凭考试学生、自考助学班学生、预科生、进修及培训学生数；
2. 民办普通高中的教职工和专任教师数中包含民办普通初中的教职工和专任教师数；
3.“( )”内数据为不计校数。

〔**年度工作思路**〕 2007年，甘肃省教育工作的总体思路是：以邓小平理论和“三个代表”重要思想为指导，全面落实科学发展观，全面贯彻党的教育方针，进一步推进素质教育，深化教育改革，提高教育质量，促进教育公平，努力办好人民满意的教育，促进全省教育事业再上新台阶。根据这一思路，重点抓好的工作是：(1) 全面落实科学发展观，推动教育事业持续协调健康发展。(2) 把社会主义核心价值体系融入国民教育全过程，全面推进素质教育。(3) 贯彻实施新的《义务教育法》，普及和巩固九年义务教育。(4) 认真实施省委、省政府《关于大力发展职业教育的意见》，加快发展城乡职业教育和培训网络。(5) 着力提高质量，进一步提升高等学校人才培养水平和自主创新能力。(6) 优化结构，促进民族地区教育协调发展。(7) 把教师队伍建设放在更加突出的战略地位，提高师资特别是农村师资水平。(8) 深入推进教育改革，进一步提高教育管理水平。(9) 认真解决人民群众关心的教育问题，努力创建和谐校园。

〔**学习宣传贯彻党的十七大精神**〕 党的十七大胜利闭幕后，省教育厅党组、高校工委及时召开会议，集中学习座谈十七大报告，并在认真分析甘肃省教育发展形势、深入研究西部教育发展现状的基础上，提出了“建设西部教育强省”的发展目标。同时，为机关广大党员干部配发了学习材料，举办了“学习贯彻党的十七大精神报告会”，特邀兰州大学党委书记、十七大代表陈德文教授作了专题辅导报告。下发了《关于在全省教育系统开展认真学习贯彻党的十七大精神活动的通知》，对全省教育系统学习宣传贯彻十七大精神作出具体安排。各地教育部门和各高校通过举办报告会、座谈会、学习会等形式认真开展学习活动，利用网络、校园媒体、板报、社团刊物、宣传橱窗等手段大力开展宣传工作，有效地将学习党的十七大精神与加强党建和思想政治工作、与当前的重点工作、与推动本地本部门事业发展等有机地结合起来。根据省委、省政府领导联系高校制度，邀请省委、省政府领导深入高校宣讲十七大精神，为广大师生做形势政策报告。省委书记陆浩、省长徐守盛等所有省委、省政府领导都在先后深入各自所联系的高校，为广大师生员工宣讲党的十七大精神，掀起了全省教育系统学习宣传贯彻十七大精神的高潮。

〔**民族教育**〕 2007 年，甘肃省民族地区“两基”工作顺利推进，夏河、康乐两个少数民族县如期实现了“两基”目标，使全省民族地区实现“两基”的县累计达到 14 个，人口覆盖率提高到 63.42%。省教育厅继续落实国家少数民族高层次骨干人才培养计划，全国重点院校共录取甘肃民族地区硕士、博士研究生 80 多名；协调完成了甘肃省与内蒙、新疆和青海的对等招生计划工作，双方高校共对等招收培养本科生 30 名；支持民族地区普通高中教育发展，西北师范大学附属中学等 8 所普通高中的少数民族高中班共招收少数民族学生 260 名；加强“双语”教学，积极开展教师培训，分别在甘南州和西北师范大学举办了民族中小学汉语文、藏语文教师培训班和东乡县小学汉语文教师培训班。

〔**学校体育艺术工作**〕 2007 年，省教育厅贯彻落实全国学校体育工作会议精神，与省体育局联合召开了全省学校体育工作会议，明确要求要把学校体育工作作为推进素质教育的着力点和突破口，切实抓紧抓好，努力推动素质教育不断向前发展。同时明确提出了今后学校体育工作的三个重点，即：开齐开足体育课、加强体育师资队伍建设和改善学校体育教学条件。各级各类学校认真贯彻落实会议精神，在开齐开足体育课的同时，不断深化教学改革，加强师资队伍建设，加大经费投入，改善体育教学条件，使学校体育工作得到了长足发展。组织参加了第八届全国大学生运动会，取得奖牌 2 金 2 银 1 铜，团体总分第 19 名的好成绩。积极开展高雅艺术进校园活动，中央芭蕾舞团、江苏昆剧院和兰州一中学生交响乐团在部分高校演出 18 场。

〔**教育国际交流与合作**〕 2007 年，甘肃省教育合作办学与校际交流工作取得了实质性进展，兰州理工大学、甘肃农业大学和兰州商学院分别与美国和法国的 7 所高校签署了合作办学协议，并已成功派出学生 58 名；庆阳二中与新西兰国立西方理工学院合作举办的“中新友好试验班”成功开班，共招收学生 100 多名。省教育厅继续做好留学生工作，全年共派出各类留学生 132 人。积极做好外国文教专家聘请工作，2007 年甘肃省又有 10 所学校和培训机构获得聘请外国文教专家资格，使甘肃省具备聘请外国文教专家的单位总数达到 107 家，在甘工作的外籍专家和语言教师达到 300 余人。积极开展汉语国际推广工作，汉语国际推广中心甘肃基地和国家汉语国际推广中学实习基地均已挂牌成立，近 30 名教师作为对外汉语教师志愿者被选派到苏丹、新加坡、津巴布韦和埃及等国工作。

〔**语言文字工作**〕 2007 年，甘肃省市州语言文字工作机构和队伍得到充实和加强，“政府牵头、部门协同、专家指导、齐抓共管”的语言文字工作格局基本形成。城市语言文字评估工作顺利推进，二类城市天水市、三类城市兰州市红古区和榆中县在全省二、三类城市中率先实现了“普通话初步普及、汉字的社会应用基本规范”的城市语言文字工作目标。《国家通用语言文字法》宣传教育掀起新的高潮，“雅言经典·中华诗文诵读比赛”活动得到全省各地和学校的积极响应，参加人数超过百万，344 名选手在全省总决赛中获奖，14 名中小学生优秀选手参加了中央电视台《子午书简》诵读节目。在全省组织的推广普通话系列宣传品征集评比活动中，有 66 件作品获一、二、三等奖和优秀奖，其中 3 件作品在全国评比中获奖。学校语言文字工作成效显著，启动了“少数民族汉语教师普通话培训工程”，首批为甘南州培训藏族汉语教师100名。语言文字规范化示范校创建活动步伐加快，全省评出市级示范校150所、省级示范校12所、国家级示范校12所。在国家语委开展的全国语言文字工作先进集体和先进工作者评选活动中，甘肃省有4个单位和13名个人获奖。

〔**教育执法与法制建设**〕 2007年，省教育厅对新《义务教育法》实施情况进行了专项检查，深入了解并及时解决各地在实施新《义务教育法》过程中遇到的困难和问题。贯彻落实“五五”普法规划，以新《义务教育法》为重点，对教育法律法规进行了广泛深入宣传，营造了良好的社会法制氛围。加强教育立法工作，组织省劳动保障厅对《甘肃省职业教育发展条例》进行了科学论证。继续深化行政审批制度改革，对依据地方性法规和省政府规章设定的行政许可项目和非行政许可审批项目进行了清理。

〔**教育工程项目建设**〕 2007年，甘肃省农村寄宿制学校建设工程任务全面超额完成。共建成项目学校566所，建筑面积114.94万平方米，占国家批复面积的104.34%；购置学生生活设施2 838万元，仪器设备826万元，购置图书144万册，购置课桌凳15.4万单人套。中英甘肃基础教育项目修订出版教师培训教材12门，培训中小学教师1.15万人。认真开展农村中小学危房改造工作，启动实施“中小学校舍安全工程”，下达2007年全省农村中小学校舍维修改造长效机制项目资金31 550万元，安排学校384所。认真实施农村初中校舍改造工程，完成了工程规划编制任务。2007—2010年中央将安排甘肃省国债资金4亿元，建设278所学校。2007年，教育部下达甘肃省第二十批邵逸夫赠款430万元，安排建设中小学12所，大部分项目学校已完成主体建筑。截至2007年，甘肃省已启动建设明德小学138所，修建校舍17万平方米，目前已建成并交付使用118所；国务院台办、教育部港澳台办和台湾捐款方分别对2004—2007年全国明德小学项目进行了评核，甘肃省连续3年均获得表彰奖励。其中张掖市民乐县兴盛明德小学和酒泉市肃州区屯庄堡明德小学先后获得最高奖项——“全人育人”奖；同时，2007年，甘肃省还获得项目整体推进和软件执行两个优秀奖。为此，国务院台办、教育部港澳台办和台湾捐款方在安排2008年项目时，奖励甘肃省10所项目学校，增加捐款450万元。

〔**教育审计**〕 2007年，甘肃省不断加大教育审计工作力度，在大力开展高校预算执行、基建投资、领导干部经济责任履行、预算内外财务收支等情况审计监督的同时，围绕教育改革与发展中心工作，对“两基”达标项目县教育经费到位情况和农村中小学校舍维修改造长效机制项目进行了监督检查和审计，促进了教育专项资金的管理和落实，维护了教育单位的合法利益。2007年，全省教育系统共完成审计和审计调查项目2 443项，审计资金总额40亿元，查出有问题资金10 085万元，提出合理化建议622条，促进增收节支3 281万元。教育审计工作的有效开展，为加强教育经费管理、促进制度建设、防范经济风险、提高资金使用效益发挥了积极作用。

〔**教育乱收费治理**〕 2007年，甘肃省组织召开了全省治理教育乱收费电视电话工作会议，下发了《2007年甘肃省规范教育收费治理教育乱收费实施意见》，对教育乱收费治理工作进行了安排部署。坚持开展教育收费检查，2007年，全省共组织各种形式的收费检查269次，检查学校9 687所；查出违规收费金额101.3万元，清退违规收费99.2万元；查处乱收费案件37个，给予党纪政纪处分和处理26人。积极开展创建规范教育收费示范县（市、区）工作，命名嘉峪关市、兰州市红古区、定西市陇西县、武威市天祝县、酒泉市阿克塞县、张掖市高台县、平凉市华亭县为“规范教育收费示范县（市、区）”。

基础教育

〔综述〕 截至2007年底，全省共有幼儿园(班) 2 457所，在园(班)幼儿33.02万人，比上年减少1.21万人；小学14 002所，在校生284.63万人，比上年减少13.81万人；普通初中1 637所，在校生142.27万人，比上年减少2.18万人；普通高中493所，在校生61.39万人，比上年增加1.04万人；特殊教育学校14所，在校生1.16万人，比上年增加2 479人。全省小学学龄儿童净入学率为98.94%，小学毕业生升普通初中的升学率为94.36%。

〔"两基"工作〕 2007年，甘肃省政府召开全省"两基"攻坚工作会议，及时对"两基"工作进行了安排部署。省教育厅召开了全省"两基"攻坚现场汇报会，动员开展"百日会战"；分片召开全省"两基"攻坚办主任会议，对陇南、定西、临夏、甘南等市(州)的"寄宿制工程"实施情况进行了专项检查。"两基"攻坚市县采取有力措施，改善办学条件，加强教师队伍建设，努力做好保学控辍工作，有力地推动了"两基"攻坚进程。岷县、康县、礼县、夏河、康乐等5个县按期实现了"两基"目标，使全省实现"两基"的县累计达到79个，人口覆盖率提高到95.2%，总体上实现了"基本普及九年义务教育、基本扫除青壮年文盲"的目标。甘肃省被教育部、国家发改委、财政部授予了"'两基'攻坚成就奖"的荣誉称号。

〔普通高中教育〕 2007年，甘肃省教育厅举办了"首届甘肃省示范性普通高中校长论坛"，提出了今后一个时期普通高中教育改革发展的基本思路和重点任务；筹备成立了"甘肃省教育学会高中教育专业委员会"，选举产生了第一届理事会和常务理事会；积极关注普通高中贫困生救助工作，启动了"建设未来—中国建设银行资助贫困高中生成长计划"，12所普通高中的800名学生得到资助。"成长计划"每年将资助甘肃省800名学习优秀、家庭贫困的普通高中学生，每人每年1 500元，6年共资助720万元。

〔幼儿教育和特殊教育〕 2007年，甘肃省积极推动幼儿教育健康发展，不断提高幼儿教育发展水平。根据《幼儿园教育指导纲要》和《甘肃省示范性幼儿园评估标准(试行)》，省教育厅开展了省级示范性幼儿园评估认定工作，命名兰州市城关区保育院等17所幼儿园为"甘肃省示范性幼儿园"，全省省级示范性幼儿园累计达到18所。定西市陇西县特教学校正式挂牌成立，全省14所特殊教育学校被全部纳入国家二期远程教育工程项目，项目对每校投资15万元，新建计算机教室、多媒体教室、光盘播放室等。这一项目的实施，使甘肃省特教学校的信息化建设水平迈入全国先进行列。特殊教育取得可喜成果，在2007年世界夏季特殊奥林匹克运动会上，兰州市城关区辅读学校的19名学生代表中国队参加了篮球、足球等6个项目的比赛，获得了9枚金牌、9枚银牌、6枚铜牌的骄人成绩，7名运动员被国家体育总局、中残联评为特奥优秀运动员。

〔中小学德育工作〕 2007年，甘肃省以各类主题宣传和综合实践活动为载体，大力推进中小学德育工作。省教育厅组织开展了以"快乐阅读、享受阅读"为主题的读书活动和第二十二届甘肃省青少年科技创新大赛等大型活动。充分利用"形势教育大课堂"，通过全省远程教育系统和发放光盘的方式，组织全省16 000多所学校、25万名教师和400多万名学生收看了"生活新变化"、"社会新气象”、“农村新面貌”和“科技新发展”、“国际新形势”、“未来新蓝图”等6节课程。积极开展生动、鲜活、具体的法制教育，帮助青少年强化法制意识，在兰州监狱建立了甘肃省青少年法制警示教育基地。

〔**基础教育课程改革**〕 2007年，甘肃省继续推进基础教育课程改革，积极开展新课程实验教材培训工作，共培训教师4 526人次。省教育厅对全省18个县、区义务教育课程教材进行了抽检调研，为今后甘肃省中小学教材建设和管理工作提供了基本依据。积极做好普通高中课程改革前期准备工作，提出了甘肃省推进普通高中课程改革实验工作的初步方案和实施意见。开展了全省中小学生学业质量分析监测工作，对47个县的606所学校中的36 977名中小学生和教师进行了质量分析测试和问卷调查。

〔**农村义务教育经费保障机制改革**〕 2007年，甘肃省研究制定了《甘肃省农村义务教育阶段中小学预算管理办法》。省教育厅配合省财政厅及时申请分解下达了免费教科书、免杂费、寄宿生生活费补助和补助公用经费资金共10.88亿元，使全省87个县（市、区）农村义务教育阶段学校得到了公用经费补助，401万名中小学生免除了杂费，262万名贫困家庭学生享受了免费教科书，53万名贫困寄宿生得到了生活补助；根据牧区寄宿生生活特点和省委、省政府工作要求，会同省财政厅制定了《甘肃省牧区寄宿生生活补助资金管理办法》，将牧区义务教育阶段中小学寄宿生生活补助费标准由每生每学年的239元提高到每生每学年360元。

〔**教师队伍建设**〕 2007年，甘肃省坚持“公开、平等、竞争、择优”的原则，进一步扩大教育部农村义务教育阶段学校教师特设岗位计划实施范围，最终选拔录取本专科毕业生1 459人，比2006年增加544人。根据省政府关于在全省范围内公开选拔5 000名普通高校毕业生到农村中小学任教的决定，省教育厅与省财政厅、省人事厅、省编办共同研究制定了《甘肃省2007年农村义务教育阶段学校教师特设岗位计划实施方案》等政策规定，全力推进此项工作。目前，各项工作已全部结束，选拔教师已基本到岗；认真落实“农村学校教育硕士师资培养计划”，2007年共录取农村教育硕士90名；积极开展教师继续教育和培训工作，近18万名中小学教师和校长基本完成了五年一轮的继续教育任务，2万多名中小学教师和校长参加了新教师岗位、校长任职等各类培训。通过教育培训，全省中小学教师素质有了明显提高。普通高中、初中、小学教师学历合格率分别达到77.43%、95.09%、97.65%，分别比上年提高4.73、1.11、0.31个百分点。

〔**教育督导**〕 2007年，甘肃省对24个县级人民政府教育工作进行了督导评估，全面完成了全省县级人民政府教育工作第一轮省级督导评估，有力地推动了教育优先发展战略的落实和教育事业健康快速发展；开展了义务教育监测试点工作，对有关重点工作进行了督导检查；大力开展学校督导工作，在部分县市区进行了督导新模式的推广，研究制定了小学、初中和普通高中督导评估方案。

〔**中小学幼儿园安全工作**〕 2007年，甘肃省制定下发了《关于认真做好2007年中小学幼儿园安全工作的意见》、《关于进一步加强学校消防安全工作的通知》和《关于深入实施交通安全宣传教育工程的通知》，对中小学幼儿园安全工作提出了具体要求。省教育厅不断建立和完善了安全工作机制和制度，进一步强化了“一把手”负责制，全面落实了安全责任追究制、信息上报制、事故报告制、大型活动校外活动审批制和安全预警机制以及应急处理机制；规范校车使用管理，启用了校车专用标志标识；坚持“安全第一、预防为主、综合治理”的方针，进一步强化安全教育；在第十二个“全国中小学生安全教育日”期间，全省中小学幼儿园紧紧围绕“强化安全管理、共建和谐校园”的主题，以提高中小学生自护、自救、防火能力为重点，通过宣传标语、举办安全知识教育讲座、观看安全教育片、组织疏散逃生演练等活动，广泛开展安全教育宣传，增强了广大师生的安全意识，提高了防范能力。

职 业 教 育

〔**综述**〕 2007年，甘肃省教育系统认真贯彻落实全省教育工作会议和甘肃省委、省政府《关于大力发展职业教育的意见》，进一步拓宽工作思路，不断推进教育教学改革，有力地推动了全省职业教育的健康快速发展。截至2007年底，全省共有各类中等职业学校344所，招生14.85万人，在校生达到30.55万人；分别比上年增长30.95%和17.87%，职普招生当年比例达到4∶6。其中，普通中专91所，招生47 696人，在校生115 144人；职业中学159所，招生71 913人，在校生126 238人；成人中专45所，招生4 075人；技工学校49所，招生23 483人，在校生50 437人。

〔**职业教育联合办学工作**〕 省教育厅积极引导中等职业学校开展与东部省市的联合招生与合作办学，采取不同形式，实现招生学校、招生对象和用工单位之间的最佳结合，取得了很大进展，联合招生、合作办学成为职业教育发展的亮点和新的增长点。继2006年甘肃省与天津市建立职业教育合作发展项目后，2007年又与山东省建立了职业教育合作发展项目，并先后举办了“甘肃—山东职业教育合作发展洽谈会”和“天津—甘肃职业教育合作发展洽谈会”，成效显著。2007年，甘肃省职业学校省内城乡联合招生和东西部联合招生总数达3万多人。

〔**重点学校建设**〕 按照《甘肃省重点中等职业学校评估认定办法（试行）》，甘肃省积极开展国家级、省部级重点中等职业学校评估认定工作。2007年，共认定平凉市庄浪县职教中心、天水市秦安县职教中心、玉门石油机械中专等3所学校为省级重点中等职业学校，使省级重点中等职业学校达45所；推荐甘肃理工中专等7所职业学校为国家级重点中等职业学校。

〔**职业教育基础能力建设**〕 2007年，中央财政和甘肃省级财政共投入6 330万元用于职业教育发展。其中：3 330万元用于电工电子与自动化、汽车维修、建筑技术、护理、数控技术、计算机与应用、机械加工等七个领域的29个专业实训基地建设；3 000万元用于10所中等职业学校教学楼、实验楼等基础办学条件的改善。同时，教育部、财政部组织专家对2005—2006年度中央财政支持的职业教育实训基地建设项目执行情况进行了专项检查。专家组对兰州资源环境职业技术学院的煤矿安全专业、兰州石化职业技术学院的数控技术专业和定西职业中等专业学校的计算机专业实训基地的建设运行情况，给予了充分肯定和高度评价。

〔**职教师资队伍建设**〕 依托西北师大、兰州城市学院、兰州石化职业技术学院等国家级、省级职教师资培训基地和“赛会”的培训资源，甘肃省积极开展以中等职业学校骨干教师为重点的专业教师培训和以职业学校校长为重点的管理人员培训。2007年，省级培训基地和“赛会”共培训专任教师560名，并审查推荐260名专任骨干教师参加国家级师资培训。通过培训，专任教师学历达标率和“双师型”教师比例均有一定程度提高。

〔**职业技能大赛**〕 2007年，甘肃省中等职业学校的40名教师、学生代表甘肃参加了全国中等职业技能大赛。比赛内容涉及服装设计与制作、汽车运用与维修、电工电子、计算机应用和烹饪等5个专业。在比赛中，甘肃选手共取得了8个团体（个人）三等奖和10个团体（个人）优秀奖的好成绩。

〔贫困生资助工作〕 2007年，省教育厅积极做好资助政策宣传工作，充分利用报纸、广播、电视、网络、宣传橱窗等新闻媒体对资助政策进行全方位宣传报道，各中等职业学校在印发招生简章和入学通知书时，都附带发放了资助政策和资助金申请程序等相关材料，使家长和学生全面了解这项“民心工程”。研究制定了《甘肃省中等职业学校国家助学金管理办法（试行）》，明确了资助范围、对象，资金额度，资助工作程序、发放形式和时间要求等。各中等职业学校制定了相应的管理办法，确保了资助工作顺利实施。2007年秋季学期，中央和省政府共安排资助金17 129.3万元，资助中等职业学校家庭经济困难学生228 391人，占一、二年级在校生的95%左右。

高等教育

〔综述〕 根据甘肃省高等教育毛入学率偏低和人民群众渴望接受优质高等教育资源的实际，在确保教育质量的前提下，甘肃省积极争取招生计划，稳步扩大高等教育规模。2007年，甘肃省34所高校共招生9.86万人，在校生达到29.60万人，分别比上年增加8 196人和32 301人，高等教育毛入学率达到18%。高层次人才培养规模进一步扩大。2007年，甘肃省普通高校共招收研究生6 752人，在校生达到18 841人，分别比上年增长424人和1 937人。

〔高校党建和思想政治工作〕 2007年，省教育厅与省委组织部联合召开了第十五次全省高校党建会，确定了在全省高校发展党的基层组织、建设和谐校园的目标和任务，表彰了全省高校思想政治工作先进集体、先进基层党组织和优秀思想政治工作者；不断加强和改进大学生思想政治教育工作，组织召开了大学生思想政治工作经验交流会，建立了省委、省政府领导联系高校制度，定期为大学生作形势政策报告，效果良好；高校思政工作人员培训机构逐步健全，教育部在西北师范大学建立了“全国高校辅导员培训和研修基地”；大力开展培训工作，不断提高思政工作人员素质；不断加强教学管理工作，对高校思想政治理论课教学工作进行了督导检查。

〔教学评估〕 2007年，甘肃省教育厅认真做好教学水平评估和教学管理工作。天水师范学院、西北民族大学、甘肃中医学院先后顺利通过了教育部本科教学水平评估；受教育部委托，组织专家对甘肃林业职业技术学院、酒泉职业技术学院和甘肃联合大学等三所高职高专院校进行了人才培养工作水平评估。教学评估工作的全面开展，对甘肃省高等教育质量的不断提高起到了强有力的推动作用。国家示范性高等职业院校建设工作取得了积极进展，甘肃林业职业技术学校进入“国家示范性高等职业院校建设计划”。

〔高等教育质量工程〕 2007年，甘肃省教育厅认真实施高等教育质量工程，继续加强高等学校精品课程、实验教学示范中心建设。至2007年，全省共建成省级精品课程60门，国家级精品课程4门；建成省级实验教学示范中心9个，其中5个被确定为国家级实验教学示范中心；评选出省级教学名师10名，高校青年教师成才奖35名。根据国务院《普通高等学校设置暂行条例》有关要求和甘肃省新建院校首届毕业生教育质量考核验收整体计划，省教育厅组织对陇东学院的首届毕业生教育质量进行了全面考核验收，对兰州资源环境职业技术学院、甘肃农业职业技术学院和甘肃畜牧工程职业技术学院等3所院校首届毕业生进行了基本理论和基本技能测试。

〔管理体制改革〕 2007年，甘肃幼儿师范学校并入兰州城市学院，甘肃钢铁职业技术学院获准成立，为引导规范民办高等教育发展，教育厅对36所民办非学历高等教育机构及有关民办学校的教学管理工作进行了检查，对发现的问题及时予以整改；召开了全省民办高校管理工作座谈会，总结甘肃省民办高校管理的有益经验和民办高校在招生、管理和教学等环节中存在的问题与不足，提出了进一步加强甘肃省民办高校规范发展的政策措施。

〔**高校学科专业建设**〕 2007年，甘肃省大力推进高校科技创新平台建设。兰州交通大学和兰州大学自动化工程有限公司共同组建的“国家绿色镀膜技术与装备工程技术研究中心”获批准建设，成为甘肃省依托高校建设的唯一的国家工程技术研究中心。同时，2007年甘肃省共新增教育部工程研究中心2个，教育部重点实验室1个。根据《甘肃省学士学位授予单位及学士学位授予专业审核办法(试行)》规定，增列陇东学院为学士学位授权单位，增列甘肃农业大学等7所学校的34个专业为学士学位授权专业。经国务院学位办审核，新增甘肃农业大学为兽医博士专业学位培养单位，兰州商学院为工商管理硕士（MBA）专业学位培养单位。在深入调研论证和广泛征求专家意见的基础上，教育厅研究制定了《关于加强独立学院学士学位授予工作的意见》。加强重点学科建设，兰州大学“固体力学”和“民族学”被确定为国家重点学科，西北师范大学“课程与教学论”和“中国古代文学”被确定为国家重点（培育）学科，甘肃农业大学“草业科学”国家重点学科通过了教育评估，并顺利进入下一轮建设。积极推进高等教育专业建设，2007年共新设普通高等教育和成人高等教育专科专业72个，向教育部申报增设本科专业65个，其中8个专业为第一类特色专业建设点。

〔**生源地信用助学贷款和贫困生资助工作**〕 根据财政部、教育部、国家开发银行《关于在部分地区开展生源地信用助学贷款试点的通知》要求，2007年8月，甘肃省正式启动了国家生源地信用助学贷款试点工作。截至2007年底，甘肃省国家助学贷款管理中心和国家开发银行甘肃省分行审核通过了2.63万名家庭困难学生的贷款申请，贷款金额3.99亿元，实际发放金额1.26亿元。同时，2007年秋季学期，甘肃省正式建立了普通本科高校和高等职业学校家庭经济困难学生国家奖、助学金制度。国家和省财政共下达奖、助学金8 647万元，共资助家庭经济困难学生72 987人。生源地信用助学贷款工作的全面开展和国家奖、助学金制度的建立实施，进一步完善了贫困家庭学生资助政策体系，扩大了家庭经济困难学生资助范围，有效解决了贫困家庭学生上学问题。

撰稿　焦鹏宁

审稿　白继忠

青海省教育

概　况

〔基本情况〕

2007年各级各类学校校数、教职工、专任教师情况

	学校数（所）	教职工数（人）	专任教师数（人）
一、高等教育			
（一）研究生培养机构（不计校数）	(5)		
1. 普通高校	(3)		
2. 科研机构	(2)		
（二）普通高等学校	11	6 127	3 156
1. 本科院校	3	4 857	2 358
2. 专科院校	8	1 116	689
其中：职业技术学院	6	1 116	689
3. 其他机构（点）（不计校数）	(1)	154	109
其中：独立学院	(1)	154	109
（三）成人高等学校	2	577	355
（四）民办的其他高等教育机构			
二、中等教育	555	27 379	24 423
（一）高中阶段教育	200	27 375	10 649
1. 高中	141	23 357	7 267
普通高中	141	23 357	7 267
成人高中			
2. 中等职业教育	59	4 018	3 382
普通中专	33	1 991	1 430
成人中专	4	186	140
职业高中	8	378	325

续表

	学校数（所）	教职工数（人）	专任教师数（人）
技工学校	14	1 449	1 476
其他机构（教学点）（不计校数）	(6)	14	11
（二）初中阶段教育	355	4	13 774
1. 普通初中	354		13 771
2. 职业初中	1	4	3
3. 成人初中			
三、初等教育	2 727	28 393	27 303
（一）普通小学	2 727	28 393	27 303
（二）成人小学			
其中：扫盲班			
四、工读学校			
五、特殊教育	9	144	117
六、学前教育	318	4 384	2 484

注：普通高中的教职工数中包含普通初中的教职工数。

2007 年各级各类学历教育学生情况

	毕业生数（人）	招生数（人）	在校生数（人）
一、高等教育			
（一）研究生	295	538	1 401
博　士	16	28	92
硕　士	279	510	1 309
（二）普通本专科	9 547	11 142	37 665
本　科	4 357	6 304	23 058
专　科	5 190	4 838	14 607
（三）成人本专科	5 936	4 745	11 903
本　科	2 609	2 899	7 275
专　科	3 327	1 846	4 628
（四）其他各类高等学历教育			
1. 在职人员攻读博士、硕士学位		417	467
2. 网络本专科生			
本　科			
专　科			
3. 学历文凭考试			
4. 其他			

续表

	毕业生数 （人）	招生数 （人）	在校生数 （人）
二、中等教育	113 577	149 565	395 701
（一）高中阶段教育	43 402	75 879	175 870
1. 高中	31 802	38 507	107 497
普通高中	31 802	38 507	107 497
成人高中			
2. 中等职业教育	11 600	37 372	68 373
普通中专	6 747	21 555	37 376
成人中专	789	3 533	7 651
职业高中	1 639	5 773	9 539
技工学校	2 425	6 511	13 807
（二）初中阶段教育	70 175	73 686	219 831
1. 普通初中	70 081	73 590	219 542
2. 职业初中	94	96	289
3. 成人初中			
三、初等教育	70 580	100 823	531 239
（一）普通小学	70 580	100 823	531 239
（二）成人小学			
其中：扫盲班			
四、工读学校			
五、特殊教育	222	327	2 696
六、学前教育	58 549	67 782	88 985

注：特殊教育学生数中包括普通中小学随班就读的学生。

2007 年各级各类非学历教育学生情况

	毕（结）业生数 （人）	注册生数 （人）
总　计	203 250	201 549
一、高等教育	8 039	2 350
（一）研究生课程进修班	21	
（二）自考助学班	276	1 329
（三）普通预科生		1 021
（四）进修及培训	7 742	
其中：资格证书培训	340	
岗位证书培训	2 624	
二、中等教育	195 211	199 199

续表

	毕（结）业生数（人）	注册生数（人）
其中：资格证书培训	17 975	14 332
岗位证书培训	9 910	5 389
（一）中等职业教育	21 734	8 773
其中：资格证书培训	6 644	2 890
岗位证书培训	4 829	330
（二）职业技术培训机构	173 477	190 426
其中：资格证书培训	11 331	11 442
岗位证书培训	5 081	5 059

2007年各级各类民办教育基本情况

	学校数（所）	毕业生数（人）	招生数（人）	在校生数（人）	教职工数（人）	专任教师数（人）	另有其他学生数（人）
一、民办高等教育							
（一）民办高校							
本科学生							
专科学生							
（二）独立学院（不计校数）	(1)		567	1 558	154	109	
本科学生			567	1 558			
专科学生							
（三）民办其他高等教育机构							
二、民办中等教育							
（一）高中阶段教育	7	306	1 038	1 918	294	173	
1. 民办普通高中	5	285	505	1 260	241	138	
2. 民办中等职业教育	2	21	533	658	53	35	
（二）初中阶段教育	4	199	247	925			
1. 民办普通初中	4	199	247	925			
2. 民办职业初中							
三、民办普通小学	7	355	900	5 198	265	188	
四、民办幼儿园	236	9 380	19 148	30 316	2 604	1 452	
另有：民办培训机构（不计校数）							

注：1. “另有其他学生数”包括：学历文凭考试学生、自考助学班学生、预科生、进修及培训学生数；

2. 民办普通高中的教职工和专任教师数中包含民办普通初中的教职工和专任教师数；

3. “（ ）”内数据为不计校数。

〔**年度工作思路**〕 2007年，青海省教育系统以邓小平理论和“三个代表”重要思想为指导，深入贯彻落实科学发展观，全面贯彻党的教育方针，加大攻坚力度，实现“两基”目标；加强职业教育能力建设，扩大中等职业教育规模；深化素质教育改革，提高育人水平，提高高等教育质量，增强高校自主创新自我发展能力；坚持教育的公益性，着力解决影响教育公平的突出问题，大力促进教育公平，推动全省教育事业持续协调健康发展。

〔**教育投入**〕 2007 年全省预算内教育经费拨款 39.48 亿元，比上年增长 22.61%，全省经常性财政收入 58.88 亿元，比上年增长 13.19%；全省预算内教育经费拨款增长比例高于全省财政经常性收入增长比例 9.42 个百分点。

〔**农村寄宿制学校建设工程**〕 2007 年，国家安排给青海省寄宿制学校建设工程奖励资金 5 600 万元，地方配套 100 万元，建设校舍 47 927 平方米，安排项目学校 60 所。截至 2007 年底，国家共安排给青海省的寄宿制学校建设工程资金达 5.06 亿元，建设校舍 49.9 万平方米，改扩建学校 357 所。“工程”的实施，使青海省民族地区寄宿制中小学办学条件得到明显改善：消除危房 9.82 万平方米；项目县寄宿制中小学校舍总面积达到 160.4 万平方米，小学和初中生均校舍面积分别达到 4.8 平方米和 8.5 平方米；项目学校教学仪器配齐率达到 85%；学生用床和课桌凳配齐率都达到 100%；小学生均图书达 15 册，初中生均图书达 20 册。

〔**农村初中校舍改造工程**〕 该工程计划总投资 35 074 万元，其中中央资金为 3.2 亿元。安排项目学校 186 所，修建校舍 30.46 万平方米，设备投资 3 503.8 万元，项目学校在校生由 9.7 万人增加到 12.8 万人，住宿生由 2.4 万人增加到 7.7 万人。2007 年，省政府成立了由副省长吉狄马加为组长，各有关厅局负责人组成的领导小组及办公室，制定下发了《青海省农村初中校舍改造工程管理办法》、《青海省农村初中校舍改造工程资金管理办法》、《青海省农村初中校舍改造工程设备采购管理办法》等管理制度。

〔**赠款项目建设**〕 2007 年度青海省接受邵逸夫赠款项目、台资企业捐赠项目、香港逸挥教育基金会捐赠项目、SOHO 中国有限公司等北京企业赠款项目、香港林大辉先生赠款项目等赠款资金共计 3 685万元，建设校舍面积 4 万多平方米，并购置了一批仪器设备和图书资料。

〔**教师队伍建设**〕 2007 年，青海省师德建设工作得到进一步加强。在教师资格认定、专业技术职务评聘工作中实行“师德一票否决”，并把师德建设作为评先选优的重要内容。省教育厅组织本省教师参加了全国教育系统先进集体、全国模范教师、全国教育系统先进工作者和全国优秀教师、全国教育系统先进工作者的评选工作。有 9 所学校（单位）被授予全国教育系统先进集体、6 人被授予全国模范教师称号、1 人被授予全国教育系统先进工作者称号、16 人被授予全国优秀教师称号、2 人被授予全国优秀教育工作者称号。其中，有 3 人同时被评为全国中小学优秀班主任、2 人被评为全国中小学优秀德育课教师、2 人被评为全国中小学德育先进工作者、1 人被评为全国高校优秀辅导员、1 人被评为全国高校优秀思想政治理论课教师、1 人被评为全国高校优秀思想政治教育工作者、4 人被评为巾帼建功标兵。

认真实施教师资格制度，严把教师“入口”关。2007 年，青海省共有 6 177 人取得教师资格。其中，高校教师 457 人、中等职业学校教师 42 人、中等职业学校实习指导教师 4 人、高级中学教师 1 838 人、初级中学教师 2 849 人、小学教师 759 人、幼儿园教师 231 人。全省小学、初中和高中教师学历合格率分别达到 98.7%、96.9%和 76.1%。

认真组织实施国家农村义务教育阶段学校教师特设岗位计划。在认真总结 2006 年“特岗计划”经验基础上，省教育厅 2007 年积极协调省财政厅、省人事厅、省编办制定了《青海省 2007 年农牧区义务教育阶段学校教师特设岗位计划实施方案》，并加强宣传引导，协调各地落实需求计划；全省 2007 年共聘用特设岗位教师 1 065 名，其中小学 331 名、初中 734 名。

〔**教育交流与合作**〕 经过推荐、选拔考试，青海 2007 年有 1 名长期在教学和科研一线的教师被选为公派出国访问学者。根据青海省与国家留学基金委签订的协议，青海制定了《2007 年青海省“西部地区人才培养特别项目”实施方案》，有 28 名石油天然气、能源交通、电力、畜牧、中藏药、高原生态植物种植保护、钾肥、铝产业等领域的专业技术人才和中学英语骨干教师确定为 2007 年西部项目出国人员。为了提高外语教学质量，2007 年全省教育系统共聘请外国文教专家 50 名；接受来华留学生 156 名，比 2006 年增加 28 名；邀请了 26 个团组 216 名外国友人及在校大学生来青开展短期文化交流活动。组织出访团组 37 个，84 人次。为了缓解青海省大中专院校毕业生的就业压力，日本国小岛企业集团与青海省政府达成协议，每年选送几十名应届大中专毕业生赴日本国小岛企业研修，研修一年后，再赴小岛企业在广东的企业工作，2007 年选送了 38 名学生赴小岛企业集团研修。

根据中国政府和古巴政府间签订的“古巴政府单方奖学金项目”的有关协议，2007 年古巴政府将招收留学生范围从 2006 年的 4 省区，扩大到 11 省区；所学专业也从西班牙语专业、医学专业及护理专业，增加了教育学和旅游学。2007 年，青海省按照教育部要求，从当年高考达到三本线以上学生中进行选拔，从报名的 200 多人中，最终确定 30 人为赴古巴留学人员。

〔**体育艺术国防教育**〕 2007 年，青海召开了全省学校体育工作会议，并组织举办了青海省“亿万学生阳光体育运动”启动仪式，组织举办了全省大、中、小学校“国家学生体质健康标准”教师培训班，积极组织参与第五届环青海湖国际公路自行车赛的各项工作，在全省教育系统和省属高校进行了奥运火炬手和护跑手的选拔工作，组队参加了在广州举办的全国第八届大学生运动会，获得女子甲组 5 000 米竞走第五名，女子篮球队获得体育道德风尚奖。

组团参加了全国第二届中小学生艺术展演活动，获得声乐一等奖；器乐、舞蹈二等奖；艺术作品、艺术教育论文等多项奖。经省教育厅推荐，青海师范大学被批准为“全国普通高等学校音乐学（教师教育）本科专业课程教学试点校”。

省教育厅制定下发了《青海省学生军训工作规程》，并同兰州军区学生军训办公室对全省大中学校学生军训工作进行了调研。组队参加了“2007 年全国大学生军用枪射击比赛”，取得了男子团体总分第二名、男子精度射击团体第二名、男子速度射击个人第七名的好成绩，青海师范大学荣获“体育道德风尚奖”。组织参加了由教育部、解放军三总部在西安举办的全国高校军事理论课教师讲课比赛，青海师范大学军事课教师获得三等奖。

〔**高校毕业生就业工作**〕 2007 年全省普通大中专毕业生 25 800 人。其中，高校毕业生 24 777 人（省属高校毕业生 10 156 人、省外高校青海生源毕业生 14 621 人）、中专生 1 023 人（省内院校 708 人、省外院校 315 人）。毕业生总数比去年增加了 3 000 多人，增幅为 13.7%。高校毕业生就业率为 78.5%。其中，研究生就业率为 63.5%，本科生就业率为 77.7%，专科（高职）就业率为 80%。比 2006 年增长了十个百分点，高校毕业生就业率基本保持稳定。

〔**高校和中等职业学校学生资助工作**〕 2007 年，青海建立健全资助体系，出台了《青海省人民政府关于建立健全普通本科高校高等职业学校和中等职业学校家庭经济困难学生资助政策体系的实施意见》，并制定下发了《青海省普通本科高校高等职业学校国家奖学金管理暂行办法》、《青海省普通本科高校高等职业学校国家励志奖学金管理暂行办法》、《青海省普通本科高校高等职业学校国家助学金管理暂行办法》、《关于认真做好高等学校家庭经济困难学生认定工作的指导意见》、《关于转发高等学校勤工助学管理办法的通知》和《青海省中等职业学校国家助学金管理暂行办法》等规章制度，加强了制度建设。

为全面贯彻落实好国发［2007］13 号文件精神，青海省加强对学生资助工作的领导和顺利开展学生资助工作，成立了青海省学生资助工作领导小组，并将青海省学生贷款管理中心更名为青海省学生资助管理办公室，各州（地、市）县人民政府也成立了学生资助工作领导小组。

为了让每一位贫困生了解国家对家庭经济困难学生的资助政策，省教育厅印制了3万份《普通高校和中等职校家庭经济困难学生资助政策问答》，发放到了全省每位高中毕业生手中。2007年，青海在高校共发放国家奖学金、国家励志奖学金和国家助学金4 964.53万元，资助137 825人（次）。

基础教育

〔**获“两基”攻坚成就奖**〕 2007年，青海省先后召开两次“两基”攻坚县政府主管领导、教育局长、督导室主任参加的工作会议。认真贯彻统筹规划、分类指导、积极进取的方针，抓住关键问题，坚持不懈攻关，克服了高海拔地区办学条件差、少数民族地区儿童少年入学难等困难，顺利实现了“两基”攻坚规划目标。2007年，青海有7个县实现“两基”目标，全省实现“两基”的县（市、区、行委）由2006年的30个增加到37个，人口覆盖率达到93.5%，青壮年非文盲率达到96%以上，学龄儿童入学率达到98.6%，初中毛入学率达到94.59%。2007年11月，在国家召开的西部地区“两基”总结表彰大会上，青海省被授予“两基”攻坚成就奖。

〔**农村义务教育经费全面纳入公共财政保障范围**〕 2007年，青海省全部免除了农村牧区义务教育阶段学生学杂费，全年安排资金6 570万元，其中中央4 754万元，地方1 816万元；从2007年秋季学期起，对全省农牧区义务教育阶段所有学生提供了免费教科书，享受免费教科书的学生达到66.3万人；经过努力，大幅度提高了青海省高海拔地区寄宿制学校学生的生活补助标准，小学从每生每年650元提高到1 050元、初中从每生每年700元提高到1 100元；依据财政部、教育部《关于调整完善农村义务教育经费保障机制改革有关政策的通知》精神，从2007年开始逐步提高公用经费标准，2007年全年安排补助公用经费资金4 996.6万元，其中依据《通知》新增1 953.5万元，受益的农牧区学生达到60.9万人；建立了农村牧区义务教育阶段校舍维修改造长效机制，2007年全省用于危房改造的资金为3 200万元，其中中央资金1 600万元，省级配套资金960万元，县级配套资金640万元，安排改造76所学校危房，改扩建校舍面积3.4万平方米，其中改造D级危房2.5万平方米；建立了教师工资保障机制，全面推行了中小学预算编制制度。

为加大经费保障机制的宣传，2007年，省教育厅制定下发了《关于进一步加强农村牧区义务教育经费保障机制改革宣传工作的方案》，积极与青海省电视台沟通协调，连续10天在青海卫视频道和省电视台其他频道播出由教育部、财政部制作的经费保障机制公益宣传片，扩大了宣传覆盖面。随着这些改革措施不断落实到位，青海省农村义务教育全面纳入了公共财政保障范围，为义务教育的持续均衡发展提供了有力的保证。

〔**中小学德育工作**〕 2007年，省教育厅继续在中小学开展弘扬民族精神月活动，全省各地中小学校在继续开展“庆七一”、“迎国庆”、“纪念五四”、“欢乐六一”等传统教育活动基础上，积极组织学生参加中小学读好书写心得活动及以“构建和谐社会”为主题的全省少儿书信大赛，并引起了较大的反响；继续开展学习先进、争当先进等德育实践活动，评选出中小学先进集体37个，三好学生309名，优秀学生干部119名；在全省中小学开展了“学习十七大，感受新变化”主题教育活动；继续加强师德教育并结合实际改进以往只是强调理论、忽略实践的现状，西宁市通过开展师德教育、学先进活动，推出了山村学校残疾教师马复兴的先进事迹，青海省委宣传部、省委教育工委发出向马复兴学习的通知，青海省委作出向马复兴同志学习的决定，省委教育工委、省教育厅授予马复兴“青海省优秀教师”称号；加强了青少年校外教育工作，通过加强检查和督促，四个青少年校外活动建设项目的主体已完工，2008年即可投入使用，格尔木、湟中县、互助县、大通县等少年活动中心活动有声有色，较好地满足了学生课余活动的需求。

〔**教学改革工作**〕 2007年，青海省教育厅下发了对全省义务教育阶段教学质量进行专项调研的通知，省教研室通过调查问卷、听课、抽查，分析了青海省教学工作的现状，形成了调研报告并有针对性地提出了措施；随着全省基础教育课改的深入，评价问题越来越成为制约课改深入的瓶颈，针对这一问题，制定了《初中毕业升学考试及高中招生制度改革指导意见》，突出强调了对学生综合素质的评价，使以往单纯用考试成绩评价学生的模式在一定程度上得到改进；为缓解初中升高中过程中的突出矛盾，在高中招生制度改革中，实行了特长招生、推荐优秀学生等多种方式的录取方式，特别是针对西宁市优质高中资源少、学生择校现象得不到有效控制的情况，采取了将重点高中30%的招生计划下达到各初中特别是薄弱学校的办法，这一措施的落实，调动了薄弱学校办学的积极性，使高中学校生源不均的现象有所改善，得到了广大初中学校及家长的赞同。

〔**学校安全工作**〕 2007年初，青海省召开了全省学校及周边治安综合治理工作成员单位会议和省中小学安全管理工作联席会议，对2007年学校及周边治安综合治理暨中小学安全工作做了安排部署。为进一步推进全省中小学“平安校园”建设工作，根据省委教育工委要求，省教育厅于8—9月份赴西宁、海东、海北、海南、海西等州（地、市），对各州（地、市）所属18个县及48所中小学开展“平安校园”创建工作进行了检查调研；截至2007年底，全省已有1 100多所中小学被命名为“平安校园”并挂牌，有力地促进了学校安全工作。根据《中央综治委学校及周边治安综合治理工作领导小组办公室关于开展学校及周边治安综合督导检查工作的通知》及教育部、公安部关于加强学校安全工作等相关文件要求，青海各地教育、公安、工商、文化、交通、卫生等相关部门进一步加大工作力度，开展校园周边环境专项整治、收缴校园内管制刀具、管理违规运行校车等专项活动，维护和净化了校园及周边环境，年内全省中小学校没有发生大的安全事故和恶性案件、学校平稳安定，教学秩序井然。

〔**语言文字工作**〕 根据教育部、国家语委、中宣部等部委联合下发的《关于开展第十届全国推广普通话宣传周活动的通知》，青海省语委对全省推广普通话宣传周工作进行了周密的安排；“推普周”期间，省语委成员单位、各地语言文字机构均组织了不同类型的宣传活动，各地中小学校结合校园文化建设活动，配合“推普周”开展了征文、朗诵等活动；省语委办编印了10 000册《语言文字法规文件选编》及宣传海报，发往各州地市供各地宣传使用；根据教育部《关于委托青海省教育厅、青海省民委举办2007年少数民族教师普通话、民族语言培训班的函》的要求，依托青海师大普通话测试站于7月25日—8月13日举办了少数民族双语教师普通话、民族语言培训班，共培训一线少数民族教师80人，参训学员汉语水平有了明显提高。

职 业 教 育

〔**中等职业教育招生工作**〕 2007年，青海省认真贯彻落实全国、全省职业教育工作会议精神，以服务为宗旨、以就业为导向，采取有力措施，加快职业教育的发展，全省职业教育呈现出良好的发展态势，办学活力不断增强。

2007年教育部下达给青海省的中等职业教育招生任务为3万人，青海省教育厅进一步加大宣传力度，引导人们树立正确的求学观念，同时加强宏观调控，采取有效措施，调整高中阶段教育的结构比例，努力扩大中等职业教育招生规模。下发了《青海省教育厅关于做好2007年全省中等职业学校招生工作的通知》，将3万人的招生任务分解下达给各州、地（市）及省属各中、高等职业院校。并要求各州、地教育行政部门高中阶段教育领导小组要按照普通高中与中等职业学校招生比例大体相当的要求和分解下达的招生任务，统筹规划，统一制定本地区高中阶段教育学校招生政策和措施。2007年，青海全省各中等职业学校已招生30 861人，完成了教育部下达给青海省3万人的招生任务，全省高中阶段教育职业教育与普通教育的招生比例由上年的36∶64提高到44.5∶55.5。

〔**基础能力建设**〕 2007年，中央和省级财政投入青海省职业教育专项资金4 000万元。其中，中等职业教育基础能力建设资金1 800万元，扩建了省工业职业技术学校、海南州职业技术学校、黄南州职业技术学校、门源县职业技术学校。2007年省级职业教育专项经费2 000万元、教育费附加200万元，用于2所高职、9所中职的基本建设。与此同时省教育厅与省财政厅联合编制了《青海省2007年职业教育实训基地建设方案》，中央财政投入专项资金490万元，建设青海省互助县职业技术学校物流管理、青海省水电职业技术学校汽车维修技术、西宁市第一职业技术学校计算机应用与软件技术的实训基地。省教育厅上报的“青海职业教育发展国外贷款项目”已列入国家2007年外国政府贷款备选项目计划，批准贷款科威特政府3 900万美元扩建8所职业院校，项目工作已全面启动。经多年重点建设，西宁市世纪职业技术学校、互助县职业技术学校被教育部审批为国家级重点中等职业学校。

〔**职业教育教师队伍建设**〕 2007年，省教育厅全面实施中等职业学校教师素质提高计划，印发了《关于中等职业学校教师提高计划2006—2007年度项目的报告》；制定了《2006—2010年中等职业学校骨干教师省级培训计划》；组织50名专业骨干教师参加了16个全国重点建设职业教育师资培训基地的电子技术应用、机械加工技术、焊接、计算机网络等18个专业的国家级骨干教师培训，55名职业学校中层管理干部参加了在华东师范大学举办的省级教务科长和实训科长培训班，30名职业学校校长参加了中国职业教育学会在太原举办的实训基地建设培训班，有86人参加了汽车运用与维修、焊接、旅游服务与管理和烹饪等11个专业的省级骨干教师培训。省教育厅与省人事厅、省国有资产监督管理委员会联合下发了《关于省内各类中等职业学校教师到企业实践的通知》，要求各中等职业学校专业课教师、实习指导教师每两年必须有两个月以上时间到企业或生产服务一线实践（320课时），并作为教师年度考核的主要内容，初步建立了中等职业学校教师到企业实践的制度。

〔**职业技能培训**〕 为顺利实施“三江源”生态保护工程，加大对农牧民子女的职业技能培训，使他们能转移到城镇就业。2007年，青海省政府从政府信用平台资金中投资 2 500 万元、西宁市政府投入 1 300 万，在西宁市世纪职业技术学校基础上建设了青海省三江源职业技术学校。青海省教育厅与省财政厅、省三江源办公室、西宁市政府联合下发了《关于青海省三江源职业技术学校办学的通知》，从 2007 年开始面向“三江源”地区每年培训农牧民子女 300 人，培养费主要由省财政承担；2007 年有 302 名农牧民子女入校进行职业技能培训。2007 年，青海省教育厅与农牧厅、财政厅、劳动和社会保障厅联合对 2006 年全省初高中毕业生职业技能培训工作进行了验收，制定了 2007 年招生政策，组织了 2007 年的招生工作；省财政划拨 1 800 万元农村劳动力转移培训专项资金，每生培养培训费 1 800 元，近 1 万名新生已进校学习。

〔**职业教育质量**〕 2007 年，省教育厅以就业为导向对职教学生全面实施素质教育，强化学生专业技能、综合职业能力的培养，促进学生全面发展；积极推行工学结合、校企合作的人才培养模式；加强对中等职业学校实习工作的指导与监督，对学校的实习等实践性教学环节提出了具体要求；组团参加了 2007 年全国中等职业教育技能大赛，7 名教师、25 名学生分别参加了汽车运用与维修、电工电子、烹饪、计算机和服装比赛。其中 2 名教师获教师组二等奖、3 名教师获教师组三等奖、6 名学生获学生组三等奖。青海中职毕业生质量不断提高，重点职校很多专业的学生供不应求，全省中职学生整体就业率保持在 96%以上，其中 70%以上的学生转移到省外就业。

高等教育

〔**综述**〕 2007 年，青海省高等教育结合省情，创造性落实教育部、财政部《关于实施高等学校本科教学质量与教学改革工程的意见》，坚持方向，稳定规模，把握节奏，突出重点，办出了特色。截至 2007 年底，全省高校在校生规模达到 5.14 万人，比 2002 年增长了一倍多。高等教育毛入学率达到 22.44%，接近全国平均水平。硕士学位授予点从 2002 年的 29 个增加到 66 个，尤其是新增了高原医学、藏医藏药两个博士点。

〔**实施六项工程**〕 根据教育部、财政部《关于实施高等学校本科教学质量与教学改革工程的意见》和教育部《关于进一步深化本科教学改革全面提高教学质量的若干意见》，2007 年，青海省教育厅认真实施了高等学校专业结构调整建设、重点学科和实验室及精品课程建设、人才培养模式改革、教学团队建设、教学评估和对口支援等 6 项工程。引导各高校牢固树立培养人才是根本、质量是生命线、教学是中心工作的办学理念，切实把工作重心转移到内涵建设上来，把重点放到提高大学生的实践能力和培养创新精神上来，把更大的精力和更多的财力投入到教学上来。

1. 专业结构调整建设工程。按照优势突出、特色鲜明、社会急需的原则，省教育厅在青海高校现有的 152 个本科专业和 71 个高职专业中，选择了高原医学、高原动植物学、马克思主义民族理论和民族政策及畜牧兽医、交通运输、建筑、高护等一批具备青海省地方和民族特色，社会需求量大的专业进行重点建设。同时，根据青海省经济社会发展要求，新增设了地质工程、藏医学专业、生物工程、生物科学、玉宝石鉴定与加工技术等一批与青海省经济社会发展密切相关的本专科专业。

2. 重点学科、重点实验室和精品课程建设工程。2007 年，省教育厅根据发展需要新立项了藏医藏药等 10 个省级重点学科、草地生态环境实验室等 10 个省级重点实验室、高等数学（藏汉双语）等 32 门省级精品课程、汉藏翻译等 32 门省级重点课程、草原保护等 19 个省级高职示范专业，牧草及饲料作物等14个省级高职实训基地；使青海省在建的省级重点学科由22个增加到32个、省级重点实验室由11个增加到21个、省级精品课程由10门增加到42门、省级重点课程由36门增加到68门、省级高职示范专业由10个增加到29个。青海民族学院的马克思主义民族理论与民族政策被评为国家级精品课程，至此，青海省的国家级精品课程由1门增加到2门。

3. 人才培养模式改革工程。2007年，省教育厅积极推进高校实验室教学内容、方法、手段、队伍、管理及实验教学模式的改革与创新，开展基于企业的大学生实践基地建设工作；至2007年，青海已建立大学生校外实践基地375个，进一步拓宽了大学生的校外实践渠道。推进高校实施大学生创新性实验计划，支持100多名大学生进行创新性实验。推进高校在教学内容、课程体系、实践环节等方面进行人才培养模式的综合改革，积极倡导启发式教学和研究性学习，探索教学理念、培养措施和管理机制的全方位创新。

4. 教学团队建设工程。2007年，省教育厅推进青海高校重点建设一批教学质量高、结构合理的教学团队，建立有效的团队合作机制，鼓励老中青相结合，发扬传、帮、带作用，加强对青年教师的培养与培训。截至2007年底，青海三所本科院校正在建设的教学团队已达24个。全省选派36名优秀中青年教师参加全国高校中青年骨干教师国内访问活动，积极争取省财政支持资助21名优秀青年教师在职攻读博士学位，49名在职攻读硕士学位，启动了全省高校教学名师奖评选工作，充分发挥省高校师资培训中心的作用，争取到青海省高校培训中心被列入第一批教育部高校教师网络培训省级分中心并获项目资金25万元，鼓励中青年教师积极参加教学竞赛活动。2007年，青海高校有2名优秀青年教师入选国家2007年度新世纪优秀人才支持计划，并获得支持资金100万元。

5. 教学评估工程。2007年，省教育厅推进各高校加强和改进教学评估工作，各高校结合各自实际，根据“以评促建，以评促改，以评促管，评建结合，重在建设”的方针，研究制定了校内分类指导、分类评估的办法和措施，建立起了校内教学质量监督和考核评价体系，强化教学管理，深化教学改革，提高教学质量。引导各高校合理定位，发挥优势办出水平、办出特色。组织完成了青海大学接受教育部教学水平评估、青海卫生职业技术学院人才培养水平省级评估工作，督促青海师范大学和青海民族学院落实第一轮本科教学合格评估整改措施，督促青海警官职业学院，青海建筑职业技术学院和青海交通职业技术学院认真落实人才培养水平合格评估整改措施。

6. 对口支援工程。2007年，省教育厅紧紧抓住中央实施西部大开发战略机遇，推动省内各高校与省外高校开展协作和对口支援工作。在认真落实与辽宁省各有关高校对口支援工作措施的同时，青海各高校2007年通过各种途径积极开拓新的协作和对口支援单位，目前，各高校与省外开展协作和对口支援的学校已达16所；青海师范大学与陕西师范大学签订了长期对口支援协议，两校对口支援工作已全面展开；青海大学积极做好与清华大学对口支援的同时，又与中国地质大学和西北农林科技大学签订了长期对口支援协议，各项工作正在顺利开展。

〔**学生及学籍管理工作**〕　2007年9月份，省教育厅邀请教育部学生司有关处室领导和专家对青海省从事学生和学籍管理工作人员进行了培训；完成了2007年普通高校9 737名本专科毕业生，4 812名成人本专科毕业生和240名研究生的审核和电子注册工作，完成了2007年度高校各类新生的入学注册工作；妥善解决了从2001年以来4 501名未进行电子注册的研究生、普通本专科毕业生、成人本专科毕业生和省电大5 908名开放教育本专科毕业生注册问题。

〔**研究生教育工作**〕　根据国务院学位委员会第23、24次会议精神，从青海省经济社会发展对高层次人才的需求出发，2007年，省教育厅编制了《青海省“十一五”学位与研究生教育发展规划》；认真实施研究生教育创新计划，印发了《实施研究生教育创新，提高研究生创新能力的意见》；为促进研究生教育创新，召开了现场经验交流会，对硕士生导师进行了培训，推动各研究生培养单位大胆创新培养模式，抓好研究生培养各个环节的工作，着力培养研究生创新能力，努力提高研究生培养质量；顺利完成了2007年同等学力人员申请硕士学位外语水平和学科综合水平考试，在职人员攻读硕士学位全国联考青海考区的考务工作，有694人参加了考试，是历年之最，省属高校220名在职教师参加了考试，也是历年之最；承办了全国2007年同等学力申请硕士学位统考工作会议和西北中南片第五届学位与研究生教育协作会议。

〔**科研工作**〕 根据2007年全国高校科研工作会议精神，省教育厅积极推动各高校在全力抓好教学工作的基础上，走产学研发展的路子，从各校实际出发，积极开展科研工作，为全省经济社会发展提供科技支持。各高校广大教师在搞好教学工作的同时，发挥各自优势，积极从事与青海省经济社会发展密切相关的科研活动。2007年，三所本科院校立项科研项目和课题301个，比2006年增加36个；获科研经费2 620万元，比2006年增加366万元。2007年青海高校获国家科技进步二等奖1项，省科技进步一等奖1项、二等奖5项；发表学术论文2 396篇，出版学术专著35部。

〔**申报项目工作**〕 2007年，青海畜牧兽医职业技术学院列入“国家100所示范高职院校”建设单位，获中央财政专项支持经费2 800万元。

民族教育

〔**综述**〕 2007年，青海省全面贯彻党的教育方针和民族政策，大力推进民族教育的改革与发展，在全力以赴推进“两基”攻坚，巩固提高“两基”成果的同时，将民族教育工作的重点适时转移到优化结构、大力提高办学质量和综合效益上。2007年，青海少数民族中小学生达到44.94万人，占全省中小学生总数的52.36%；全省共有民族中小学1 475所，占全省中小学校数的45.8%；在校学生29.6万人，占全省中小学在校生数的34.5%。其中，普通民族中学123所，在校生7.3万人（高中生1.6万人，初中生5.7万人）；民族小学1 352所，在校生22.3万人。少数民族小学生入学率97.8%，其中民族自治地方为98.7%，纯牧区为97.45%，青南三个州为98.19%；初中生入学率达到93.47%。

〔**少数民族汉语水平等级考试**〕 为了加强少数民族学生学好汉语文，提高学生汉语水平和表达能力，2007年，省教育厅在继续推行和规范少数民族汉语水平三级考试的同时，启动了少数民族汉语水平二级考试，并与全省中考有机衔接。首次参加考试的少数民族学生达4 041人，获得等级证书的有2 065人，合格率为51%；参加三级考试的少数民族学生有2 826人，获得等级证书的人，合格率为58%；参加四级考试的少数民族学生有570人，获得等级证书的有180人，合格率为32%。

〔**“双语”教学**〕 2007年，青海各地根据省教育厅双语教学指导意见，对“双语”教学模式进行了进一步调整和规范，使“双语”教学质量不断提高，初步实现了由规范模式向规模和效益的转变。与此同时，教育厅2007年加强民文教材建设工作，2007年秋季至2008年春季新编译民文教材51种476万字，其中发排26种221万字，保证了“课前到书，人手一册”的要求，为本省藏区和其他藏区“双语”教学的顺利实施提供了有力支持；完成了高校《藏族民间文学概论》、《语言学概论》、《藏文写作学》、《计算机C语言》等藏文教材的审查工作；在教育部支持下，完成了藏语教学资源开发建设方案编制和项目立项。

〔**异地办班工作**〕　青海2007年在浙江省金华市召开了青海省异地办班研讨暨招生工作会议。会议就近年来各办班学校在办班过程中取得的成功经验，存在的问题以及今后的设想进行了交流，浙江师大附中“青海学生异地办班”课题组就课题研究情况进行了介绍并得到了与会代表的高度认同，会议落实了2007年各办班学校招生计划，省内外共11所中学招收1 200名青海省高一新生。

〔**教育对口支援工作**〕　2007年，青海省进一步加强与辽宁省的教育对口支援工作。根据两省教育厅对口支援“十一五”规划，青海省2007年接收辽宁省48名支教人员来青支教，青海省选派了100名中小学骨干教师、20名职业学校教师、6名高校中层领导干部、10名州县教育局长赴辽宁培训和挂职锻炼。2007年，青海在培养少数民族高层次人才方面有新的突破，年内在辽宁省渤海大学办了青海民族预科班，首批招生100名并于2007年11月21日在辽宁省沈阳市召开了两省教育对口支援工作会议，总结了2007年度工作，安排部署了2008年工作任务。2007年，青海省教育厅与天津市教委就两省市教育合作交流进行了磋商，并签订了有关教育合作交流备忘录。

〔**青海藏区政策研究调研工作**〕　2007年，省教育厅配合完成国家发改委和中央统战部牵头的国家教育部青海藏区政策研究调研组对青海省海南、果洛、玉树等藏区的调研工作；搜集、整理有关民族教育等相关政策，提供民族中小学开展思想品德、民族团结教育以及民族教育与宗教相分离和充分发挥民族宗教人士在办教育过程中的作用等方面的基础材料；编制完成了《加快青海省藏区教育发展项目建议书》。

〔**民族教育改革综合实验工作**〕　为了将民族教育工作的重点适时转移到优化结构，大力提高办学质量和综合效益上来。2007年，青海省教育厅与黄南州教育局共同开展了小学汉语会话、藏文版信息技术教材应用、职业技术教育、汉语水平等级考试、民族文化进校园等主要内容的“民族教育综合改革实验研究”，使广大教师和学生积极参与到民族教育改革之中，收到了良好的效果。通过对教育实验全过程实施有效监控、评价，使学生在汉语学习和信息技术教育过程中建立了自信，体验了进步与成功，促进了学生综合运用能力的全面发展。同时，使教师获得教学反馈信息，对自己的教学活动进行反思和调整，促进教师不断提高教学水平。

〔**高层次人才培训计划**〕　为培养造就一批为民族地区发展乐于奉献、具有较高学术造诣和创新能力的少数民族高层次骨干人才。青海省从2006年开始实施了少数民族高层次人才培训计划：2006—2010年每年从省内本科院校中招收50名具有本科学历的在职教师、10名具有硕士学历（学位）的在职教师和100名应届本科毕业生、10名应届硕士毕业生（招收未就业的往届毕业生，招生的比例为应届毕业生的20%以下）以及全省科技、经济部门中分别招收50名具有本科学历、15名具有硕士学历（学位）的在职人员分别进入中央部委所属院校攻读硕士和博士学位。按照该计划，青海2007年招收了29名少数民族骨干人才攻读硕士和博士学位，其中有27名硕士研究生和2名博士研究生。

撰稿　丁生东　王振岭
审稿　王予波

宁夏回族自治区教育

概　　况

〔基本情况〕

2007 年各级各类学校校数、教职工、专任教师情况

	学校数（所）	教职工数（人）	专任教师数（人）
一、高等教育			
（一）研究生培养机构（不计校数）	(3)		
1. 普通高校	(3)		
2. 科研机构			
（二）普通高等学校	13	7 865	4 563
1. 本科院校	5	5 466	2 988
2. 专科院校	8	2 077	1 321
其中：职业技术学院	8	2 077	1 321
3. 其他机构（点）（不计校数）	(1)	322	254
其中：独立学院	(1)	322	254
（三）成人高等学校	1	110	63
（四）民办的其他高等教育机构			
二、中等教育	442	31 886	27 356
（一）高中阶段教育	148	31 749	10 992
1. 高中	97	27 308	7 688
普通高中	97	27 308	7 688
成人高中			
2. 中等职业教育	51	4 441	3 304
普通中专	12	1 297	762
成人中专	4	292	169
职业高中	19	1 097	892

续表

	学校数（所）	教职工数（人）	专任教师数（人）
技工学校	16	1 540	1 358
其他机构（教学点）（不计校数）	(26)	215	123
（二）初中阶段教育	294	137	16 364
1. 普通初中	294		16 243
2. 职业初中		137	121
3. 成人初中			
三、初等教育	4 070	36 573	34 574
（一）普通小学	2 276	33 763	33 007
（二）成人小学	1 794	2 810	1 567
其中：扫盲班	1 790	2 801	1 562
四、工读学校			
五、特殊教育	6	172	146
六、学前教育	228	4 744	3 104

注：普通高中的教职工数中包含普通初中的教职工数。

2007年各级各类学历教育学生情况

	毕业生数（人）	招生数（人）	在校生数（人）
一、高等教育			
（一）研究生	504	801	2 157
博　士	5	10	17
硕　士	499	791	2 140
（二）普通本专科	14 076	19 213	62 411
本　科	6 773	10 546	36 671
专　科	7 303	8 667	25 740
（三）成人本专科	12 122	7 258	27 133
本　科	2 194	3 024	8 533
专　科	9 928	4 234	18 600
（四）其他各类高等学历教育			
1. 在职人员攻读博士、硕士学位		87	337
2. 网络本专科生			
本　科			
专　科			
3. 学历文凭考试			
4. 其他			

续表

	毕业生数（人）	招生数（人）	在校生数（人）
二、中等教育	157 320	178 575	504 476
（一）高中阶段教育	64 115	85 324	216 292
1. 高中	42 520	47 002	135 569
普通高中	42 520	47 002	135 569
成人高中			
2. 中等职业教育	21 595	38 322	80 723
普通中专	9 909	15 054	36 030
成人中专	3 697	3 249	6 412
职业高中	4 858	13 147	24 696
技工学校	3 131	6 872	13 585
（二）初中阶段教育	93 205	93 251	288 184
1. 普通初中	92 051	91 534	283 505
2. 职业初中	1 154	1 717	4 679
3. 成人初中			
三、初等教育	163 760	107 474	726 283
（一）普通小学	96 452	107 474	700 737
（二）成人小学	67 308		25 546
其中：扫盲班	67 266		25 476
四、工读学校			
五、特殊教育	81	160	1 370
六、学前教育	55 200	76 545	106 034

注：特殊教育学生数中包括普通中小学随班就读的学生。

2007 年各级各类非学历教育学生情况

	毕（结）业生数（人）	注册生数（人）
总　　计	134 383	105 699
一、高等教育	27 835	19 400
（一）研究生课程进修班	120	200
（二）自考助学班		
（三）普通预科生		1 208
（四）进修及培训	27 715	17 992
其中：资格证书培训	6 201	5 401
岗位证书培训	12 167	11 720
二、中等教育	106 548	86 299

续表

	毕（结）业生数（人）	注册生数（人）
其中：资格证书培训	23 253	14 600
岗位证书培训	11 316	7 369
（一）中等职业教育	54 618	39 155
其中：资格证书培训	23 064	14 248
岗位证书培训	10 262	6 223
（二）职业技术培训机构	51 930	47 144
其中：资格证书培训	189	352
岗位证书培训	1 054	1 146

2007 年各级各类民办教育基本情况

	学校数（所）	毕业生数（人）	招生数（人）	在校生数（人）	教职工数（人）	专任教师数（人）	另有其他学生数（人）
一、民办高等教育							
（一）民办高校	2	1 839	2 819	7 185	766	491	7 403
本科学生			1 192	2 501			
专科学生		1 839	1 627	4 684			
（二）独立学院（不计校数）	(1)	617	1 181	4 063	322	254	
本科学生		617	1 181	4 063			
专科学生							
（三）民办其他高等教育机构							
二、民办中等教育							
（一）高中阶段教育	12	1 126	3 174	6 857	812	625	
1. 民办普通高中	11	1 092	2 696	5 534	812	625	
2. 民办中等职业教育	1	34	478	1 323			
（二）初中阶段教育	6	2 616	3 542	9 463			
1. 民办普通初中	6	2 616	3 542	9 463			
2. 民办职业初中							
三、民办普通小学	10	520	708	4 314	221	185	
四、民办幼儿园	137	9 471	13 232	23 578	2 218	1 361	
另有：民办培训机构（不计校数）	(29)				147	111	5 901

注：1. “另有其他学生数”包括：学历文凭考试学生、自考助学班学生、预科生、进修及培训学生数；
2. 民办普通高中的教职工和专任教师数中包含民办普通初中的教职工和专任教师数；
3. “（　）”内数据为不计校数。

〔**综述**〕　2007 年，宁夏回族自治区以县为单位提前一年实现了“两基”目标，义务教育成果进一步巩固提高。小学适龄儿童入学率达到 99.64%，小学毕业生升学率达到 98.31%，初中毕业生升学率达到 86%，高中阶段毛入学率达到 68.45%，中等职业教育招生增幅连续六年高于全国平均水平，高等教育毛入学率达到 21.45%，各级各类学校少数民族学生的比例达到 36.64%，普通高校招生录取少数民族学生比例已达到 33%。

教师队伍建设进一步加强，全区专任教师 6.61 万人全部实现持《教师资格证书》上岗。全区初中专任教师学历合格率为 98.48%，普通高中专任教师学历合格率为 93.15%，小学专任教师学历合格率为 99.05%，高校专任教师中具有硕士以上学历的达到 35.74%，初步形成了有利于建立教师终身学习的体系和制度。

积极争取中央支持，先后组织实施了二期国家贫困地区义务教育工程、中小学危房改造工程、中小学现代远程教育工程、世行贷款西部地区基础教育工程、农村寄宿制学校建设工程等教育重点工程。

〔**贯彻十七大精神**〕 2007 年，自治区教育厅认真贯彻落实中共中央和自治区党委《关于认真学习宣传贯彻十七大精神的通知》，组织教育系统广大干部和教职工认真学习，深入领会精神实质，指导教育工作；印发了《自治区党委教育工委、教育厅关于在全区高校开展和谐校园建设的意见》和《自治区教育厅关于在全区中小学开展创建和谐校园活动的通知》，在全区教育系统开展了和谐校园建设活动；持久地开展了社会主义核心价值体系教育系列活动，加强社会主义荣辱观教育。

〔**校舍建设及改造**〕 2007 年，宁夏教育厅启动了宁夏育才学校二期工程建设，并建设平罗中学、泾源三中、固原回中，新增普通高中招生 6 000 人；改造部分农村中小学宿舍、食堂等生活设施和 15 所企业移交学校的危旧校舍，改善 8 000 名学生就学条件。自治区正式启动“中西部农村初中校舍改造工程”，项目覆盖川区 13 个县（市、区）和南部山区 9 县（区），有 19 所农村初中学校改造工程开工建设。

〔**保障机制及资助体系**〕 2007 年，自治区实施农村义务教育经费保障机制，完善了家庭经济困难学生资助体系。2007 学年全区资助家庭经济困难学生共需资金 1 亿多元。按照西部地区中央与地方资金 8∶2 的分担比例，中央担负 8 000 多万元，自治区分担 2 000 多万元。2007 年秋季开学，第一批国家助学金已发放到学生手中。其中，自治区为高等学校安排资金 1 306 万元，受助学生 13 087 人；为中等职业学校安排助学资金 3 237 万元，受助学生 43 160 人。自治区继续实行家庭经济困难学生入学“绿色通道”，2007 年新生开学全区通过“绿色通道”入学的学生 2 049 人，比 2006 年提高了 63%。

此外，自治区教育厅积极争取中国教育发展基金会的支持，得到 1 200 多万元捐赠款。主要用于资助固原市四县一区农村义务教育阶段全部学生，育才中学、六盘山中学全体学生以及宁夏与江苏合作办学的三所高等职业学校中宁夏籍家庭经济困难的学生。2007 年 9 月，中国教育发展基金会还为自治区中小学校捐赠 570 万本防近视作业本，全区 53.7 万中小学生人均 10 册。从 2007 年起，中国教育发展基金会将连续六年对自治区普通高中家庭经济困难学生进行资助。

〔**特岗教师**〕 2007 年，宁夏招录了 1 000 名大学毕业生补充到山区农村学校任特岗教师。招录采取面向全国公开招聘的方式，按照“公开、公正、平等、竞争、择优”和“定县、定校、定岗”的原则，统一组织考试进行招聘。招录的 1 000 名特岗教师 2007 年已到岗，走上了 12 个县（区）的 260 所农村中小学的教学第一线。

〔**化解债务工作**〕 经自治区审计厅清理核实，截至 2005 年 7 月 31 日，宁夏自治区乡镇教育债务共计 1.72 亿元，其中山区九县（区）为 2 136 万元，川区为 15 158 万元。按照自治区党委、政府部署，教育厅会同财政厅研究制定了化解债务实施方案，确定了由自治区和县两级财政按比例分担的机制。区、县两级承担的债务比例是：国家级扶贫开发工作重点县（含红寺堡移民开发区）全部债务由自治区承担；其他市、县（区）为 0.4∶0.6

(即每化解 100 万元，自治区教育厅承担 40 万元，市县承担 60 万元)。从 2007—2009 年，自治区将把财政安排初中学校建设的专项资金 600 万元、自治区发改委安排的“3133”工程资金 400 万元用于化解乡镇教育债务。2007 年自治区需承担化解乡镇教育债务资金 4 612 万元。

〔**师资队伍建设**〕 2007 年教师节，自治区评选表彰了 100 名优秀教师和优秀教育工作者。以优秀教师代表冯志远为原型拍摄的电影《冯志远》在全国公开上演。实施中小学教师全员岗位培训，抓好骨干教师队伍建设，开展教育技术能力建设计划，推进城镇教师支援农村教育工作。2007 年，全区有 5 100 多名中小学教师得到专门培训，有七支队伍、2 405 名支教队员在宁南山区进行支教。教师队伍整体素质进一步提高。

〔**语言文字工作**〕 2007 年，自治区组织全区开展学习宣传贯彻《宁夏回族自治区实施〈中华人民共和国国家通用语言文字法〉办法》的活动；指导各市、县（区）认真做好城市语言文字工作的自评自建；以开展大中专院校学生的普通话培训测试为抓手，积极推进语言文字示范校建设。2007 年，在第 10 届全国推广普通话宣传周期间，宁夏大学、宁夏师范学院、银川一中、银川幼儿师范学校、实验小学、吴忠朝阳小学六所学校被国家语委认定为首批国家级语言文字规范化示范学校。宁夏大学被授予全国语言文字先进集体称号，刘喜林等三人被授予全国语言文字先进工作者称号。

基础教育

〔**思想道德教育**〕 2007 年，宁夏教育厅首次开展了全区中小学德育示范校的评估验收工作；根据《自治区教育厅关于在全区中小学开展德育示范校创建活动的通知》精神，切实加强学校德育工作；在宁夏各地广泛开展德育示范校创建活动的基础上，组织专家组于 2007 年 5 月 14 日至 25 日，对各市、县（区）申报的 57 所学校进行了评估验收；为了及时总结、推广中小学德育工作先进经验，树立德育工作的先进典型，拟确定对 40 所学校进行命名挂牌；组织部署第四个“中小学弘扬和培育民族精神教育月”活动，并结合此项活动，组织全区 1 万多名中小学生参观博物馆、科技馆等；组织中小学生收看了《形势教育大课堂》，进一步增强了广大中小学生的民族自豪感和民族自信心。

〔**青少年学生校外教育工作**〕 根据《自治区党委办公厅、人民政府办公厅关于进一步加强和改进未成年人校外活动场所建设和管理工作的实施意见》和《宁夏回族自治区“十一五”青少年校外活动场所工作规划》，自治区教育厅与自治区财政厅密切协作，利用国家彩票公益金在泾源县、盐池县新建 2 个青少年活动中心。按照国家青少年校外活动场所建设项目进行网络注册的有关要求，对有关县的青少年活动中心进行了“网络社区”的注册，搭建了青少年活动中心相互交流的平台。

〔**心理健康教育工作**〕 2007 年，宁夏教育厅积极贯彻教育部《中小学心理健康指导纲要》，指导并推动全区中小学普遍建立心理咨询室，对中小学生进行心理疏导和心理辅导。利用四月份第三个心理健康教育周和十月份心理健康教育月开展主题为“关注留守流动儿童的心理健康教育”活动，举办了“心理健康教育论坛”、“心理健康教育课观摩”、送课下乡等一系列教育活动，营造了良好的心理健康教育工作氛围。进一步扩大了心理健康实验示范学校的覆盖面，全区心理健康教育实验学校已达到43所。

〔**巩固提高“两基”成果**〕 2007年4月9日至17日，教育厅基教处配合自治区人大常委会义务教育法执法检查组对全区贯彻实施《义务教育法》的情况进行了执法检查。检查情况表明，自治区在贯彻落实《义务教育法》的过程中，不断落实政府的责任，加强对义务教育工作的领导，努力增加教育投入，全面落实农村义务教育经费保障机制，加强师资队伍建设，统筹教育资源，推进义务教育均衡发展，不断深化教育改革，全面推进素质教育。自治区义务教育已经进入由数量普及向全面提高质量、由外延式发展向内涵式发展的新阶段。

2007年，自治区人民政府批转了教育厅《义务教育均衡发展行动计划》，将全区义务教育均衡发展纳入各级政府重要议事日程。《计划》建议，对城市薄弱学校要按照城市学校布局调整规划，加大改造力度，并通过强弱联合、结对子、“捆绑式”一体化发展等，提高学校办学实力；对于农村学校要均衡配置教师资源，把提高师资水平作为提高办学质量的重点，努力使辖区内义务教育阶段学校之间在办学条件、生均经费、生源分布、师资水平和教育质量等方面基本均衡，逐步消除大班额现象，使城乡之间和学校之间的办学差距得到有效缩小。

〔**进城务工人员子女就学工作**〕 2007年，自治区全力解决进城务工人员子女就学问题。针对城市外来务工人员快速增加，城市学校接受其子女入学压力不断增大等问题，制定了《进一步做好进城务工就业农民子女义务教育工作的实施意见》，继续坚持“两个为主”，一是以流入地政府管理为主，负责农民工子女教育；二是以公办学校为主，接受农民工子女入学。截至2007年底自治区义务教育阶段学校共有外来务工人员子女达7万多人，仅银川市兴庆区公办学校接受外来务工子女达1.4万人。

〔**进一步规范义务教育办学行为**〕 为了努力办好人民满意的教育，自治区教育厅2007年制定了《贯彻落实义务教育法进一步规范义务教育办学行为的实施意见》。严格规范义务教育公办学校办学行为，依法规范公共教育资源，要求不得举办各种名目的重点学校、“重点班”、“尖子班”，也不得以举办各种“实验班”、“兴趣班”、“特长班”为名变相举办“重点班”、“尖子班”；依法规范依托公办学校举办的改制学校，2007年起各级教育行政部门不得审批新的公办改制学校，对现有的依靠公办学校所办的改制学校按照国家的要求进行全面清理，凡没有做到独立法人、独立经费核算和人事管理、独立校园校舍、独立进行教育教学并取得民办学校资格的，一律执行当地同类公办学校收费政策。对改制学校聘任的所依托公办学校的教师要限期脱离改制学校，并且不得再聘任所依托的公办学校教师任教，对于违犯规定的公办教师，要取消其公办教师身份。

〔**基础教育课程改革工作**〕 2007年，教育厅基教处下发了《关于进一步推进初中毕业与普通高中招生制度改革的通知》，实行自治区示范普通高中和县、市（区）优质普通高中招生名额的30%分配到初中学校制度。同时，在各市选一个县（市、区）进行中考成绩等级制呈现试点工作，淡化了分数效应，着力减轻了学生的课业负担。

为深化普通高中新课程实验，推进素质教育，发挥国家首批课改实验区的作用，教育厅2007年下发了《关于总结推广普通高中新课程实验阶段成果的通知》，各地、各校对新课程实验以来的工作进行了认真总结，形成了一批具有推广价值的阶段成果。教育厅基教处组织有关专家对上报的1 864件经验成果进行了严格评审，共评选出238项优秀成果汇集出版，并在此基础上评出一等奖37项、二等奖50项、三等奖60项。

〔**师资培训**〕 2007年，全区参加国家级、自治区级以及师资项目培训的中小学教师和教育管理人员达13 552人次，占全区中小学教师总数的21.8%。其中，选派参加国家级培训和国家西部农村中小学教师远程培训、全国中小学班主任培训的教师3 384人次；参加“英特尔未来教育核心课程项目”、微软“携手助学”信息技术专任教师初级、中级培训的教师达 8 100 人次；参加自治区级培训的中小学教师 2 068 人次。

2007 年，自治区教育厅师资处制定印发了《关于认真做好 2007 年全区中小学教师继续教育全员岗位培训考核工作的通知》，要求对全区中小学教师进行全员素质提高培训。教育厅 2007 年实施了中小学教师全员岗位培训工作，以自治区、市、县、校本四级培训机构为依托，坚持贴近教师、贴近岗位、贴近学科，积极整合全区教师教育资源，推进中小学学习型组织建设。开展了《校本教研的实施与推进》、《农村教师专业发展导引》、《做研究型教师》、《幼儿教师专业发展》、《让研究引领每一位教师的提升与发展》等主要课目的学习研讨和岗位实践。举办了自治区级 271 名教研员和骨干培训者的培训，全区 60 591 名中小学教师完成了年度全员岗位培训任务。

根据《宁夏回族自治区中小学骨干教师培养计划（2003—2007 年）实施方案》要求，全区遴选出的 1 157 名自治区级骨干教师，分三批，用三年时间进行全面系统性地培养培训。2007 年教育厅师资处在总结第一批自治区级骨干教师培训的基础上，研究制定了第二批自治区级 481 名骨干教师第二阶段中期学科研修、第三阶段结题答辩的培训方案。坚持标准高，管理严，考核要有真水平的原则，提高培训质量，使培训贴近骨干教师的实际需要，提高培训的针对性和实效性。自 6 月至 10 月按学科，分七期举办第二批自治区级骨干教师中期学科培训班。采取专题讲座、交流研讨、课堂设计、做课评课、专家引导、观摩第一批骨干教师授课，交流展示教学经验和科研成果等形式，提高骨干教师的教育教学实践能力，掌握有效的教育教学方法和手段，提高自我反思、自主发展能力，在实施素质教育中形成鲜明的教学风格，发挥示范引领作用。10—12 月按学科，分六期举办了第二批自治区级骨干教师第三阶段结题答辩培训班。要求参训教师完成确定的“三个一”的培训学习内容，即：参加一次有一定难度的综合水平测试，提交一篇有特色的教育教学论文，进行一次有一定质量的结题答辩。通过培训使骨干教师的教育教学能力和教育科研能力有了显著提高，为自治区中小学培养了一批在基础教育改革发展中发挥示范和引领作用的骨干人才。

根据教育部《全国中小学教师教育技术能力建设计划》的规定，自治区教育厅制定了《宁夏中小学教师教育技术能力建设计划实施意见（2006—2010 年）》；以教学应用为导向，以信息技术与学科教学有效整合为主要内容，以提升教师应用教育技术的能力和水平为宗旨，组织了全区中小学教师分初、中、高三个级别不低于 50 个学时的教育技术培训；2007 年 4 月举办自治区级主讲教师培训班，为全区各培训基地培训主讲教师 76 名；积极实施教育部师范司与英特尔公司合作开展的“英特尔未来教育”项目，全区有 4 040 名中小学教师、高校师范毕业生参加了项目免费培训；实施教育部—微软公司“携手助学”信息技术师资培训项目，全区 5 000 名中小学信息技术教师参加了基础培训，100 名骨干教师进行了中级培训，逐步实现普及教育信息技术向全面提升教育技术应用能力的转变。

拓宽中小学校长培训渠道，积极加强东西部中小学校长交流合作。2007 年在自治区党委组织部的支持下，石嘴山市选派了 22 名中小学校长赴上海进行一学期的挂职学习。教育厅与中国移动公司合作开展西部农村中小学校长培训项目，共培训了 80 名农村中小学校长；组织 50 名农村中小学校长参加了中国宋庆龄基金会“西部园丁培训计划”。全区先后选派了 21 名教育管理干部参加教育部举办的高级研修。

〔**幼儿教育**〕 2007 年初，自治区教育厅以联合国儿基会“儿童早期发展”项目（ECCD 项目）为抓手，推进农村学前教育健康发展。召开“ECCD”项目培训会，部署 2007 年工作，对彭阳县、盐池县、同心县三个项目县的工作进行检查指导，就农村学前教育的现状及今后发展进行了认真的分析和调研。

为深入贯彻《幼儿园教育指导纲要（试行）》，推广幼儿园教师在自制玩、教具及教育教学方面的科研成果，组织全区各幼儿园积极参加《全国幼儿园优秀自制玩教具展评活动》。教育厅组织专家对全区上报的195件作品进行了评选，评出一等奖23件，二等奖25件，三等奖44件，优秀组织奖10个。在报送全国参展的20件作品中，获全国一等奖2件，二等奖4件，三等奖8件。

为庆祝“六一”儿童节，自治区教育厅联合自治区妇联组织了“关爱流动儿童家长学校启动仪式和庆六一活动”，进一步发挥家长学校的作用，关爱流动儿童的健康成长。

2007年，自治区教育厅下发了《幼儿园园本教研建设工作方案》，进一步推进幼儿园园本教研工作。

〔**高中教育**〕 2007年，自治区继续稳定普通高中规模，努力提高普通高中质量。各级政府安排资金，加大对高中的投入，改善高中的办学条件，使高中的办学水平得到显著提高。区教育厅贯彻落实《自治区人民政府关于实施10项民生计划为民办30件实事的通知》精神，加快普及高中阶段教育步伐，进一步完善高中招生政策措施，在全区普通高中原招生计划的基础上扩招6 000人，进一步满足了人民群众对高中教育的需求。

〔**支教工作**〕 根据教育部《关于大力推进城镇教师支援农村教育工作的意见》精神，2007年，自治区制定下发了《自治区党委组织部、教育厅、财政厅、人事厅关于进一步推进城镇教师援助农村教育工作的实施意见》和《自治区党委组织部、教育厅、财政厅、人事厅、扶贫办关于从党政机关和企事业单位选派人员参加第三轮支援基层教育工作的意见》。自治区按照统筹规划、政策引导、因地制宜、城乡互动的原则，大力推进城镇教师、党政机关和企事业单位选派人员支援农村教育工作。初步建立了城乡教师交流互动、激励保障、评估督导等有效机制，完善了区内外支教人员管理配套措施。2007学年，自治区内外共有七个支教队伍，2 405名支教队员在宁南山区支教。同时，充分发挥城市优质教育资源的辐射带动作用，自治区21所普通示范性高中与农村学校建立了捆绑式长期稳定的“一帮一”支教机制，组织骨干教师、特级教师开展送教下乡、送课下乡活动。帮助农村学校提高教育教学质量和管理水平，实现支教由物质资源的帮扶向人力资源帮扶的转变。

〔**爱心资助工作**〕 2007年完成了宋庆龄“扶生基金会”资助中小学家庭贫困学生工作，共资助200名农村家庭贫困学生。协助广东嘉保莉公司完成了资助自治区贫困学生100名计划。完成“中国移动爱心图书馆”项目上报工作，共上报11所农村中小学为项目学校，进一步解决农村中小学生对图书资料的需求。

〔**联合办学工作**〕 2007年6月，宁夏大学附属中学同中国教育学会联合创办了“宁夏外国语实验学校”，并举办了挂牌仪式。同年，六盘山高级中学与人民大学附中联合办学，六盘山高级中学成为人大附中实验学校，并举行了揭牌仪式。

职业教育与成人教育

〔**东西部中等职业教育联合办学**〕 2007年，自治区职业成人教育工作与全区经济和社会发展实际相结合，紧紧围绕自治区产业结构调整，加快紧缺专业建设，培养技能型人才和高素质劳动者，促成了以宁夏与山东中等职业教育联合招生合作办学工作为牵引的东西部中等职业教育联合招生合作办学。3月，自治区与山东省达成了宁鲁中等职业教育联合招生合作办学协议。教育厅下发了关于做好宁鲁中等职业教育联合招生合作办学的通知，教育厅职成处到各市、县（区）和职业学校宣传、检查、督导，加大宁鲁中等职业教育联合招生合作办学工作的落实力度。到10月中旬，全区已输送1.3万名中等职业学校毕业生到东部经济发达地区实习就业。

12月，教育厅职成处组织自治区五市（银川市、石嘴山市、吴忠市、青铜峡市、固原市）教育局和部分县教育局的领导，先后对在山东烟台、威海、青岛、潍坊、聊城五市17所学校、6个工厂学习的宁夏籍学生进行了回访，与宁夏籍的2 000多名学生进行了座谈，了解学生在山东学校的学习、生活、受资助和实习情况，为宁夏学生安心在山东学习树立了信心。同时与山东教育部门就设立宁夏中职学生招生就业服务工作站、“双师型”教师培训、以及下一步宁鲁中职合作办学等工作达成了意向，进一步拓宽了东西部合作办学的范围。

〔**中职招生工作**〕 2007年，教育部向自治区下达中等职业学校的招生任务为3.7万人。针对自治区职业院校底子薄、基础设施差，部分职业学校办学规模偏小，人们普遍对职业教育的重要性认识不够等实际问题。自治区教育厅下发了《教育厅办公室关于做好2007年中等职业学校招生工作的通知》，6月5日、8月10日、10月10日先后三次召开了全区中等职业学校招生工作会议，布置安排2007年的中职招生工作。同时大力宣传国家中职资助政策，进一步营造了中职招生工作的氛围。采取中职招生周报制度，在招生阶段及时掌控招生动态，制定措施加大招生工作力度。截至10月中旬全区中职招生3.8人，超额完成了教育部下达的招生任务。全区连续五年中职招生以两位数增长，受到了教育部的表扬。

〔**职业学校基础设施建设工作**〕 2007年，自治区教育厅与自治区发改委、自治区财政厅密切配合，经过调研、考察、协商、申报，为宁夏育才职业学校、宁夏轻工业学校、宁夏固原农业学校的实训基地建设项目争取到了中央财政支持。同时，积极向自治区财政厅争取到120台公用待报废小汽车用于10所职业学校汽车维修专业教学。通过资金和设备的投入，有效改善了职业学校的办学条件，为职业教育基础能力建设奠定了良好的基础。

〔**职教师资培训工作**〕 2007年，自治区职业院校15个骨干专业的54名教师参加了国家级骨干教师培训，1名骨干校长、2名骨干教师参加了出国培训，国家支持经费60万元。教师水平的提高，有力促进了职业院校学生的操作技能增强。7月，教育部在重庆组织了全国中职学生技能大赛，自治区组织10名选手分别参加了计算机、烹饪、电子电工三个大类7个项目的比赛，取得了2个二等奖，5个三等奖的好成绩。

〔**规范民办教育**〕 2007年，教育厅做好民办教育机构的年检工作，进一步规范民办教育办学行为。2007年，取消了3所不符合办学条件的民办教育机构，限期整改了5所民办学校。

〔**中职毕业生资格审查和就业指导工作**〕 2007年，宁夏经过毕业生资格审核已取得毕业生资格的中职毕业生共1.6万余人。各职业学校就业指导办公室坚持对毕业生进行就业指导，教育毕业学生树立正确的择业观、就业观、创业观，鼓励学生大胆实践，勇于创业。据年底最新统计，全区已签定就业合同的毕业生达90%以上，一些职业学校和骨干专业毕业生签约率达100%，出现了供不应求的局面。

〔**全区职业教育现场观摩会**〕 2007年11月，教育厅在固原、银川两地成功地召开了全区职业教育现场观摩会。各市县（区）的党政主要负责人、教育局长、全区高职、中职学校负责人参加了会议，会议为推进全区职业教育跨越式发展理清了思路、明确了方向。

会议组织与会代表参观了固原农校、隆德职教中心、宁夏机电工程学校、宁夏财经职业技术学院、宁夏育才高级中学、宁夏幼儿师范学院，代表们通过相互交流、沟通、现场观摩会取得非常好的效果。

2007年，自治区教育厅职成处会同有关单位制定了职业教育跨越式发展配套文件，银川市、石嘴山市、吴忠市、青铜峡市、固原市完成了职业教育资源整合方案。

高等教育

〔**综述**〕 2007年，自治区高等教育以实施本科教学“质量工程”和国家示范性高职院校建设为契机，大力加强内涵建设，增强高校办学实力，提升全区高等教育的办学层次和水平。加强高等教育教学管理工作，在高等学校专业、学科、科研及科技创新方面搭建平台，积极争取国际交流与合作。2007年建立了自治区高等学校学科专业教学指导委员会及专家库、自治区高等学校学科建设和科研项目评审专家库、自治区高职院校人才培养工作评估委员会及专家库。

〔**提高高等教育的办学层次和水平**〕 2007年，宁夏全力推进宁夏大学进入“211工程”、宁夏医学院创建宁夏医科大学、宁夏职业技术学院申报全国百所示范性高职院校建设计划、北方民族大学、中国矿业大学银川学院正式挂牌，银川科技职业学院升本科院校等工作。就新增本科专业审批、学校评估、国家示范性高职院校建设等积极争取教育部的支持。实现了宁夏职业技术学院已经被确定为全国百所示范性高职学院建设院校，宁夏医学院3个学科门类的突破和本科专业的增加，北方民族大学正式成立评估及银川科技职业学院升本科院校评估获得通过。宁夏大学将于2008年进入“211工程”三期建设。

通过近五年的努力，继宁夏师范学院、宁夏理工学院升本建校和宁夏大学博士单位和博士点获准审批建立，宁夏自治区高等教育在人才培养的层次和结构上得到了很大的提升和改善。

〔**高等学校内涵建设工作**〕 2007年，为切实贯彻落实“质量工程”和国家示范性高职院校建设计划有关要求，教育厅与自治区财政厅联合下发了《自治区教育厅 财政厅关于实施“本科教学质量与教学改革工程”的若干意见》和《自治区教育厅 财政厅关于加快我区高等职业教育改革与发展的实施意见》，明确了“十一五”期间全区高等学校内涵建设的目标任务、实施项目和具体要求。

2007年遴选建设自治区精品课程27门，完成了三年建设100门自治区精品课程的目标任务；遴选建设“十一五”自治区重点建设学科29个；启动高校教学改革研究项目并立项25个；启动并评选自治区高等学校教学名师9名；启动实施7个自治区研究生创新计划项目，继续进行优秀硕士论文评审；批准立项自治区高等学校科学研究项目97个，配套资助教育部地方高校科研重点项目11个；继续加强对现有17个自治区级实验教学示范中心的建设；评审选派教育部“西部地区人才培养特别项目”出国人员40名；遴选古巴政府单方奖学金项目留学生60名等多个项目。各高等学校申报国家级和省部级各类项目66项。通过这些项目的实施、引领和示范，全区各高校均已开展了相关校级、区级和国家级项目的立项建设，全区形成了学校、自治区和国家三级建设体系，从根本上提升了宁夏自治区高等学校内涵建设的水平和质量。

截至2007年底，宁夏大学、宁夏医学院、北方民族大学已顺利通过教育部本科教学工作水平评估；宁夏职业技术学院等8所独立设置的高职学院已完成了教育部第一轮人才培育工作水平评估。

民 族 教 育

〔**回族学生比例增加**〕 2007年，自治区有独立设置的民族学校224所，其中回民小学174所，回民中学48所，少数民族预科学院1所，民族高校1所，已基本形成了从基础教育到高等教育较为完善的民族教育体系。各级各类学校中回族在校生49.2万人，占全区在校生总数的36.75%，比2001年提高了3.08个百分点，高于全区回族人口的自然比例。其中，回族小学生占全区小学生总数的43.45%，初中学生占32.63%，普通高中生占24.21%，区属高校本专科生占26.49%。2007年，全区普通高等学校招生回族考生的录取比例达到32.1%。民族教育的发展，为自治区的经济社会快速发展和南部山区的脱贫致富，提供了有力的人才支撑和知识贡献。

〔**自治区百所回民中小学标准化建设工程**〕 2007年，自治区继续做好第三期至第六期“百所回民中小学标准化建设工程”（简称“百标工程”）项目实施工作，为确保工程的顺利实施，教育厅民族教育处多次深入学校，了解检查“百标工程”项目工作的进展情况。同时就学校建设工作中面临的具体困难和突出问题，与当地政府及教育行政部门充分交换意见，帮助学校加以解决。

2007年，银川市第六中学等16所“百标工程”2007年度项目学校的校园建设规划和新建教学用房的分层布局图均经过“百标工程”办公室的认真审阅、指导和修改完善。

完成“百标工程”2006年度、2007年度项目学校设备采购工作。设备采购资金共计1 520万元为学校配备了理、化、生常规教学仪器及音、体、美器材，电教设备，实验室、阅览室专用设备，办公家具，图书等。设备在7月20日前全部到货，由宁夏教育厅条件装备和后勤保障中心进行质量检测后分发至各项目学校。

为全面评价“百标工程”项目学校工程建设工作成果，2007年10月，教育厅民族处会同自治区民委、发改委、财政厅有关处室，并组织自治区在学校管理、教育教学、办学条件等方面的有关专家对“百标工程”第四期至第六期的24所项目学校进行了评估验收。截至年底，已有76所学校顺利通过了“百标工程”领导小组的评估验收。

2007年1月和7月，教育厅民族处分两次在宁夏高师培训中心举办了全区“百标工程”项目学校校长、骨干教师及理化生、科学实验教师、电教管理人员培训班。全区17个项目市（县、区）项目学校校长、骨干及实验教师300人参加了培训。

培训内容突出“百标工程”、民族政策、民族教育、学校管理、基础教育的形势与任务、教育科研与教师专业化发展、素质教育、实验室建设与管理、教学仪器维修的基本知识等内容。授课教师们的授课内容贴近实际，信息量大，政策性强。

〔**民族预科培养基地建设工作**〕 2007年，为了进一步加快自治区民族预科教育发展，教育厅制定了《宁夏回族自治区普通高等学校少数民族预科教育学院管理细则》。根据宁夏民族预科教育学院实际，在“十五”建设发展的基础上，确定了《宁夏高校、宁夏大学民族预科教育学院“十一五”发展规划》。这两个文件对于加快宁夏高校民族预科教育的发展，加强民族团结，促进地方经济发展和社会进步具有十分重要的意义。

〔**少数民族高层次骨干人才培养**〕 2007年，教育厅组织实施了“少数民族高层次骨干人才培养计划”。根据教育部等五部委《关于大力培养少数民族高层次骨干人才的意见》、《培养少数民族高层次骨干人才计划的实施方案》的通知和《教育部办公厅关于下达2007年“少数民族高层次骨干人才”研究生招生计划的通知》、《教育部办公厅关于下达2008年“少数民族高层次骨干人才”研究生招生计划的通知》等文件精神，为使报名考生及时准确了解“少数民族高层次骨干人才计划”的有关内容，自治区通过多家媒体进行了宣传，使党和国家的利民政策家喻户晓、尽人皆知。2007年宁夏回族自治区培养计划119个，共受理325名符合条件考生的资格审查业务，其中在职人员63人，往届毕业生115人，应届毕业生147人；受理42名符合博士条件考生的资格审查业务。

撰稿　陈少娟

审稿　刘志扬

新疆维吾尔自治区教育

概　况

〔基本情况〕

2007年各级各类学校校数、教职工、专任教师情况

	学校数（所）	教职工数（人）	专任教师数（人）
一、高等教育			
（一）研究生培养机构（不计校数）	（12）		
1. 普通高校	（9）		
2. 科研机构	（3）		
（二）普通高等学校	32	26 490	15 096
1. 本科院校	11	17 168	9 283
2. 专科院校	21	8 775	5 428
其中：职业技术学院	16	7 081	4 575
3. 其他机构（点）（不计校数）	（5）	547	385
其中：独立学院	（5）	547	385
（三）成人高等学校	9	5 054	2 886
（四）民办的其他高等教育机构			
二、中等教育	2 078	149 677	125 261
（一）高中阶段教育	686	149 557	44 976
1. 高中	454	126 880	27 970
普通高中	454	126 880	27 970
成人高中			
2. 中等职业教育	232	22 677	17 006
普通中专	74	8 971	5 553
成人中专	22	2 258	1 910
职业高中	75	3 313	2 239

续表

	学校数（所）	教职工数（人）	专任教师数（人）
技工学校	61	8 057	7 248
其他机构（教学点）（不计校数）	(39)	78	56
（二）初中阶段教育	1 392	120	80 285
1. 普通初中	1 376		80 262
2. 职业初中			
3. 成人初中	16	120	23
三、初等教育	5 043	151 594	134 028
（一）普通小学	4 589	149 286	133 626
（二）成人小学	454	2 308	402
其中：扫盲班	397	1 176	275
四、工读学校			
五、特殊教育	9	385	298
六、学前教育	1 651	20 257	11 495

注：普通高中的教职工数中包含普通初中的教职工数。

2007 年各级各类学历教育学生情况

	毕业生数（人）	招生数（人）	在校生数（人）
一、高等教育			
（一）研究生	2 244	3 491	9 623
博　士	110	151	549
硕　士	2 134	3 340	9 074
（二）普通本专科	46 128	61 441	216 389
本　科	23 376	32 144	125 792
专　科	22 752	29 297	90 597
（三）成人本专科	32 127	19 573	63 816
本　科	14 209	7 043	27 318
专　科	17 918	12 530	36 498
（四）其他各类高等学历教育			
1. 在职人员攻读博士、硕士学位		890	1 613
2. 网络本专科生			
本　科			
专　科			
3. 学历文凭考试			
4. 其他			

续表

	毕业生数（人）	招生数（人）	在校生数（人）
二、中等教育	566 629	631 857	1 767 422
（一）高中阶段教育	174 592	268 226	647 488
1. 高中	127 129	146 449	413 452
普通高中	127 129	146 449	413 452
成人高中			
2. 中等职业教育	47 463	121 777	234 036
普通中专	25 735	65 290	141 162
成人中专	5 445	12 639	20 181
职业高中	5 943	19 201	31 741
技工学校	10 340	24 647	40 952
（二）初中阶段教育	392 037	363 631	1 119 934
1. 普通初中	388 365	363 631	1 115 640
2. 职业初中			
3. 成人初中	3 672		4 294
三、初等教育	405 295	340 108	2 123 114
（一）普通小学	361 921	340 108	2 058 884
（二）成人小学	43 374		64 230
其中：扫盲班	15 735		34 861
四、工读学校			
五、特殊教育	716	1 158	6 396
六、学前教育	135 349	258 884	362 084

注：特殊教育学生数中包括普通中小学随班就读的学生。

2007年各级各类非学历教育学生情况

	毕（结）业生数（人）	注册生数（人）
总　计	1 847 001	1 824 810
一、高等教育	155 133	8 916
（一）研究生课程进修班		
（二）自考助学班		
（三）普通预科生		825
（四）进修及培训	155 133	8 091
其中：资格证书培训	19 953	1 007
岗位证书培训	12 884	1 040
二、中等教育	1 691 868	1 815 894

续表

	毕（结）业生数（人）	注册生数（人）
其中：资格证书培训	44 374	22 057
岗位证书培训	104 900	79 591
（一）中等职业教育	147 957	40 895
其中：资格证书培训	34 730	11 498
岗位证书培训	39 978	13 909
（二）职业技术培训机构	1 543 911	1 774 999
其中：资格证书培训	9 644	10 559
岗位证书培训	64 922	65 682

2007年各级各类民办教育基本情况

	学校数（所）	毕业生数（人）	招生数（人）	在校生数（人）	教职工数（人）	专任教师数（人）	另有其他学生数（人）
一、民办高等教育							
（一）民办高校	3	137	2 059	4 940	767	561	
本科学生							
专科学生		137	2 059	4 940			
（二）独立学院（不计校数）	（5）	1 355	3 951	12 800	547	385	
本科学生		1 279	3 951	12 763			
专科学生		76		37			
（三）民办其他高等教育机构							
二、民办中等教育							
（一）高中阶段教育	46	4 883	11 261	25 611	3 874	2 427	
1. 民办普通高中	36	4 267	4 677	13 925	3 336	2 153	
2. 民办中等职业教育	10	616	6 584	11 686	538	274	1 172
（二）初中阶段教育	39	5 176	6 294	18 719			
1. 民办普通初中	39	5 176	6 294	18 719			
2. 民办职业初中							
三、民办普通小学	54	6 953	7 474	41 643	2 615	2 048	
四、民办幼儿园	749	30 802	56 013	96 282	8 331	4 574	
另有：民办培训机构（不计校数）	（4）				5	3	682

注：1.“另有其他学生数”包括：学历文凭考试学生、自考助学班学生、预科生、进修及培训学生数；

2. 民办普通高中的教职工和专任教师数中包含民办普通初中的教职工和专任教师数；

3.“（ ）”内数据为不计校数。

〔**新疆教育新成就**〕（1）2007年，新疆自治区教育专项投入超过历年：“两基”攻坚和巩固提高专项经费、“两基”欠债、学前“双语”教师待遇、特殊学校建设、企业退休教师安置等难点问题得到解决，国家和自治区对各类教育专项投入接近22亿元，远远超过历年。(2) 宏观指导力度进一步加大：自治区教育厅2007年重点对“两基”攻坚、“双语”教学、高等教育、职业教育、大学生思想政治教育、农村义务教育经费保障机制改革、教师队伍建设等工作开展专题调研，为自治区党委、人民政府决策教育工作提供了重要依据。(3) 制定了《扶持南疆教育事业发展规划》、《自治区中等职业学校教师素质提高计划》、《实施〈国务院富民兴边“十一五”规划〉的教育事业发展规划》、《自治区“十一五”普通高等学校院校设置规划》、《关于深入贯彻十七大精神落实国务院32号文件促进新疆教育事业又好又快发展的实施意见》等重要方案。(4) 党建、德育和思政工作扎实推进：自治区2007年成立了党建工作领导小组，在全区教育系统深入开展学习党的十七大精神宣传教育活动；完成了全自治区一万名中小学生德育骨干培训；全面启动了高校大学生思想政治教育专项督察和高校大学生思想政治理论课程改革。(5) 义务教育工作成效显著：2007年，国家、自治区和地县三级政府共投入8.11亿元为新疆实施农村义务教育经费保障机制，全区239万名学生被免除学杂费，88%的农村学生享受免费教科书，21万名学生接受生活费补助；改、扩建农村中小学251所，“西部农村初中改造工程”正式启动，新疆远程教育网试运行，全自治区中小学办学条件得到根本改善。基础教育课程改革深入实施，推行了普通高中招生考试改革，特殊教育和幼儿教育有了新进展，进一步加强了学校体育、卫生、艺术教育工作。(6) 新疆2007年，职教招生人数比2006年增长42.4%，中职学校共招生1 201万人（其中技工学校招生2.3万人），比2006年增长42.4%。(7) 高等教育质量不断提高：新疆艺术学校、新疆财经大学、伊犁师范学院和喀什师范学院通过教育部本科教学水平评估，自治区高校科研计划通过验收评估，克拉玛依职业技术学院成为国家示范性高职院校。

〔**实现“两基”攻坚目标**〕 2007年根据国家西部地区“两基”攻坚计划，自治区除塔什库尔干县因特殊原因需顺延外，其他11个县“两基”攻坚任务顺利完成。自治区人民政府教育督导团先后对12个县的“两基”工作进行了过程性督导和预检，自治区人大、政协、教育、人事、财政、审计等部门组成自治区人民政府“两基”评估验收团对11个县的“两基”工作进行了评估验收。至2007年，新疆自治区93个县（市、区）已有92个实现了“两基”目标，占自治区县（市、区）总数的98.92%，全自治区“普九”人口覆盖率占地方总人口的99.8%。全自治区接受扫盲的青壮年人数达177.5万人次，其中3.5万人脱盲，青壮年文盲率已控制在3%以内。

〔**获国家西部地区“两基”攻坚成就奖**〕 2007年11月28日，教育部、国家发展和改革委员会、财政部对西部地区“两基”攻坚先进地区、先进单位和先进个人进行了表彰。新疆维吾尔自治区获推进西部地区“两基”攻坚成就奖。新疆的和田地区、莎车县、库车县、乌恰县、巩留县、尼勒克县、托里县、阿勒泰市8个地县（市）获推进西部地区“两基”攻坚先进地区称号；喀什地区行署教育督导室、阿克苏地区行署教育督导室、和田地区教育局3个单位获推进西部地区“两基”攻坚先进单位称号；盛敦川、戴跃红等35人获推进西部地区“两基”攻坚先进个人称号。

〔**毕业生就业**〕 2007年，自治区为大中专技校毕业生提供专门的就业服务窗口，免费提供就业服务。其中，未就业和失业大中专毕业生被列入就业服务重点。对家庭生活困难和“零就业家庭”的未就业毕业生和失业毕业生登记并建立档案，提供“一对一”就业帮扶。

自治区为大中专毕业生就业开辟了新途径。2007年，自治区招聘3 402名大中专毕业生作为储备人才下派到13个地州市80个县市区乡镇工作。其中，教师2 018名，医疗卫生专业技术人员1 095名，农业技术推广人员63名，畜牧技术推广人员236名。为保证储备人才在基层工作满两年以上，经考核合格回到招聘单位，自治区做出硬性规定，县以上各类学校、医疗卫生机构和农机部门自然减员需补充人员，除国家政策性安置和高层次人才（副高以上职称）引进外，必须通过人才储备编制计划招聘。通过人才储备编制计划，一方面解决了基层人才短缺难题，另一方面为大中专毕业生提供了稳定的就业机会。

自治区党委、自治区人民政府专门下发了《关于做好2007年普通高校毕业生就业工作的意见》，提出优惠政策解决高校毕业生就业问题：全区招募400名高校毕业生到12个地州、61个县、58个镇、210个乡、场支教、支医、支农和扶贫；考试选拔了700名高校毕业生进入公务员队伍；实施村村有大学生工程，为农村建设提供人才；实施南疆四地州500名农村中小学“双语”教师免费特培生计划；在两个地州、6个县、15个单位建立了高校毕业生见习基地，483名高校毕业生到基地见习；各院校推行“双证书”（学历证书和职业资格证书），利用课余和假期举办技能培训、创业培训和强化少数民族大中专毕业生汉语言能力培训，提高毕业生就业和创业能力。

2007年，自治区高校毕业生就业率达到80%以上。毕业研究生2 188人，比2006年增加1 279人，增幅达58.48%。毕业研究生已就业1 830人，就业率为83.63%；师范类本专科毕业生13 654人，比2006年增加401人，增幅为2%；师范类本专科毕业生已就业11 448人，就业率83.84%，比2006年提高了3个百分点；到基层和非公有制单位就业的毕业生与去年同期相比，提高了30%。

〔贫困家庭学生资助工作〕 2007年，自治区共有329名普通本科高校、高等职业学校和中等职业学校家庭经济困难学生获得国家奖学金，资金总额263.2万元，其中中央资金263万元，自治区本级资金0.2万元；自治区享受高校国家励志奖学金的学生5 028人，其中农、林、水、地矿专业学生1 252人，涉煤专业学生71人，其它专业3 705人；资金额度1 257万元，其中中央资金1 006万元，自治区本级资金236.32万元，地县资金14.68万元；自治区高校享受国家助学金的学生50 937人，资金4 709万元，其中中央资金3 767万元，自治区本级896.48万元，地方45.52万元；219所中等职业学校的124 419名学生享受了国家助学金（包括技工学校），资金共9 331.455万元，其中中央资金7 465万元，自治区本级资金1 639.917万元，地县资金226.538万元；2007年，自治区奖助学金发放总额达到1.56亿元，惠及18.07万名学生。

2007年7月，财政部下达自治区261万元，对自治区普通本科高校、高等职业学校和中等职业学校家庭经济困难学生临时伙食补贴。8月，自治区党委财经领导小组召开会议，决定对全区高校学生给予伙食补贴，每人每月增加10元。全区普通高校学生伙食补贴共发放954.5万元；为中等职业学校贫困生伙食补助下拨资金196.44万元，178所职业院校的140 319名学生享受了伙食补助，保证了学校伙食平稳的价格水平。此外，自治区党委决定为“高层次‘双语’人才特培计划”安排专项经费。自治区财政设立专业助学金，本科4年每生每年补助学费3 000元，学生个人每年承担学费1 500元。实习支教（按10个月计算）每生补助3 500元（包括生活补贴、往返路费和保额为10万元的人身意外保险）。本科4年中，学生除享受自治区财政资助外，还与其他在校生一样，按条件享受家庭经济困难学生的各项资助。

基础教育

〔综述〕 2007年，全自治区普通高中454所，比2006年减少32所；在校学生413 452人，比2006年增加2.8%；专任教师27 970人，比2006年增加4.3%；教师学历合格率80.07%，比2006年增加2.78%。普通初中1 376所，比2006年减少29所；在校学生1 151 640人，比2006年减少4.7%；专任教师80 262人，比2006年增加0.1%；教师学历合格率97.24%，比2006年增加0.94%。小学4 589所，比2006年减少226所；在校学生2 058 884人，比2006年减少1.9%；专任教师133 626人，比2006年减少0.8%；教师学历合格率99.05%，比2006年增加0.25%。特殊教育学校9所，与2006年持平；在校学生6 396人，比2006年增加32.1%；专任教师298人，比2006年增加4.2%。幼儿园1 651所，比2006年增加272所；在园幼儿362 084人，比2006年增加3.2%；专任教师11 495人，比2006年增加5.3%；小学学龄儿童入学率99.28%，比2006年增加0.13%；初中阶段适龄少年入学率93.88%，比2006年增加1.56%；初中毕业升入高中阶段（不含技工学校）升学率62.71%，比2006年增加8.75%。截至2007年底，全区已有92个县、市、区普及了九年义务教育，"两基"人口覆盖率达到99.8%，两基"攻坚"目标基本实现。

〔乌鲁木齐实验小学推广"网上作业"〕 从2007年春季假期起，乌鲁木齐实验小学学生可利用网络交作业，不必等到开学就能看到教师和同学的点评，并随时向教师提出问题。他们还能在网上与教师和同学交流，减轻了学生假期作业的压力。用学生喜欢的方式做作业，丰富了学生的假期生活。实验小学共有36个班级、36个班级网站。每个班级都有自己的学生网管，每名学生又有自己的网页。教师每天早上第一项工作就是打开班级网站，看学生们的文章，给他们留言。"网上作业"的另一作用是引导学生正确和安全上网。通过"网上作业"和在线交流，学生们明白了电脑和网络不只是用来打游戏，更是个性和才华展示的舞台。

〔招生制度改革〕 2007年，自治区开始实行中考和普通高中招生制度"不唯分数"的改革。考生成绩以等级方式出现，普通高中招生录取以学生报考志愿和个人成绩等级为依据。成绩分四个等级。参加中考的学生成绩包括学科考试成绩、体育考试成绩和综合素质评定成绩。成绩的评价一律采用等级方式呈现。各地教育行政部门根据学生原始成绩，按照考生总数的一定比例，将学生个人成绩划为A、B、C、D四个等级。综合各因素录取。学校根据考生报考志愿和学科考试等级、综合素质评定等级、体育考试等级等因素，优先录取第一志愿考生；学科考试等级相同，优先录取综合素质评定等级高的考生；学科考试等级和综合素质评定等级相同，优先录取体育考试等级高的考生；学科考试等级、综合素质评定等级、体育考试等级都相同，根据考察科目等级、初中阶段平时学习成绩等级、学生成长记录、学生特长等因素录取。综合素质须A级。普通高中录取，综合素质评定中"道德品质、公民素养"均要达到A级。自治区示范性普通高中录取，学生综合素质评定中"学习能力、交流合作、运动与健康、审美与表现"均要求达到C等，并至少有两项达到B等；普通高中招收体育、艺术类特长生比例，控制在招生计划的5%以内。特长生各学科考试等级必须达到C等方能录取。2007年，自治区把示范性普通高中20%招生计划分配到"薄弱"初中，招收这些学校的学生进入示范性高中就读。这一政策的实施，进一步遏制了初中择校现象，促进义务教育均衡发展，保证了初中的生源质量。

〔**建立健全学生资助制度**〕 从2007年秋季学期起，自治区提高了农村（含县镇）义务教育阶段家庭经济困难寄宿生生活费补助标准，即小学生每生每年500元，初中生每生每年750元；向全区农村义务教育阶段学生免费提供教科书，所需资金由中央财政承担。从2007年秋季学期起，中央将杂费和公用经费合并统称公用经费，并提高了农村中小学（含县镇）公用经费标准，小学提高到每生150元，初中提高到每生250元（县镇小学每生180元、初中每生280元）。新疆自治区239万名农村义务教育阶段学生享受了这一政策，覆盖面达100%。

2007年，自治区落实资金7 585万元用于10所“民汉合校”高中基础设施建设。中央财政从彩票公益金中安排3亿元专款，用于资助中西部22个省、自治区、直辖市和新疆建设兵团县镇和农村普通高中家庭特困学生。新疆自治区共有5 847名农村（县镇）普通高中家庭经济困难学生受益，每生一次性补助1 000元，资助面占全区农村（县镇）普通高中学生总数的3.72%。

职业教育与成人教育

〔**综述**〕 2007年，自治区职业教育工作坚持以服务为宗旨、以就业为导向，调整发展结构，推进改革创新，促进规模、质量和效益的协调发展。截至2007年底，全区国家级和自治区级重点中等职业学校49所（重点技工学校12所），重点专业（点）及实训基地37个，建立了第一、二、三产业和石油化工四大职教园区及自治区八大主导产业为核心的公共技能人才培养培训实训基地。45个县级职教中心和48个中等职业学校被列入国家县级职教中心和示范性中等职业学校基础能力建设规划项目。建立了10个中等职业教育师资培训基地。中等职业学校专任教师9 758人，其中普通中专教师学历合格率81.7%。新疆每万人口中普通中专在校生68.86人；中等职业学校学生占高中阶段学生比例31.83%。建立了独山子、石河子、乌鲁木齐新市区、水磨沟区4个国家级和12个自治区级社区教育实验区，创建了独山子石化、新疆建工集团、乌鲁木齐铁路局3个国家级学习型企业典型，年培训居民和职工40万人次。2007年，全区各级各类培训机构培训各类人员191.88万人次，培训合格率90%以上，基本形成了覆盖全区的职业教育与职业培训体系。

〔**中职教育教学改革**〕 2007年，自治区继续实施“紧缺型技能人才培养工程”。将汽车运用与维修、电子电工、园林、畜牧兽医、推拿等五个专业列入全国示范性专业，共招生1 688人；将护理、医学检验、药剂、保安、物流确定为自治区级重点专业，共招生1 560人；10个专业毕业生就业率达100%。加大与内地省区职业学校联合招生合作办学规模，招生规模达2 900余人。

〔**初高中生选读“职教分流班”**〕 2007年，自治区9.6万名初高中学生选读“职教分流班”。“职教分流班”学生与其他学生一样享受义务教育各项优惠政策。初中“职教分流班”是在初中学生完成两年学业后，在自愿基础上报名参加。学校单独编班，调整文化课，进行为期一年的职业教育和农村实用技术培训，使学生毕业后“升学有基础，务农有技术，进城有本领。”普通高中的“职教分流班”也是从第三年开始组建。前两年以文化课教学为主，适当开设职业指导、职业道德及少量专业基础课，第三年开始指导部分具有专业特长生自主选择专业，进入“职教分流班”，接受一年的职业教育和实用技术培训。许多农村学生，特别是南疆贫困地区学生积极选择“职教分流班”。

高 等 教 育

〔**综述**〕 2007年，自治区坚持“巩固、深化、提高、发展”的方针，促进自治区高等教育规模、结构、质量、效益协调发展，努力形成特色鲜明、优势明显、结构科学、布局合理的高等教育体系，实现高等教育又好又快地发展。

全区有4所高校参加教育部本科教学水平评估，均取得优异成绩；评选出30门区级精品课程，其中新疆农业职业技术学院动物微生物被评为国家级精品课程，成为自治区第一门高职高专类国家精品课程；新疆医科大学张建龙教授被评为第三届国家级教学名师；新疆农业大学动物生产与疫病防制实验教学中心成为自治区高校第一家入选国家级教学实验中心建设单位；启动了“南疆四地州农村中小学‘双语’教师特培计划”和“少数民族语言高层次专门人才特培计划”。

2007年，自治区拥有3个国家重点学科，2个国家重点（培养）学科，25个自治区级重点学科。启动了“自治区重点产业紧缺专业人才建设计划”，确立了16个专业优先扶持发展。2007年新增本、专科专业45个。和田师范专科学校成为全国唯一进入“对口支援西部地区高等学校计划”的专科院校。

2007年，自治区开展高校科研计划立项93项，资助总额400万元。完成新疆大学绿洲生态教育部重点实验室、西部校园网新疆大学主节点建设等项目国家验收。加强新疆农业大学教育部棉花工程研究中心建设。

2007年，自治区所属本科院校均与内地支援院校续签了“十一五”对口支援协议，经教育部批准，西南大学与和田师范专科学校建立了全面对口支援关系。通过援疆学科建设计划和对口支援计划，输送300余名自治区内高校教师赴内地重点院校学习。

〔**少数民族高层次骨干人才培养计划**〕 为贯彻落实国家教育部、发展和改革委员会、国家民委、财政部、人事部五部委联合联合定的“少数民族高层次骨干人才培养计划”，自治区教育厅2007年开展了2008年骨干人才计划报名资质审查工作，共受理1 400名报考硕士研究生和近300名报考博士研究生申请；2007年骨干人才计划共录取190名新疆籍硕士研究生，比2006年增加了86人，数量位居实施计划省区前列。

〔**大学生赴基层实习支教**〕 2007年，自治区教育厅转发了《教育部关于大力推进实习支教工作的意见》，全面启动大学生赴基层学校实习支教计划。3月，石河子大学291名师范专业高年级学生和6名实习指导教师赴阿勒泰地区五县一市的52所基层中小学实习支教。从9月开始，新疆师范大学、石河子大学等招有师范生的院校，选派汉语言序列中文、数学、物理、化学、英语及小学教育文科方向和小学教育理科方向学生，每批1学期，重点到南疆喀什、和田、克州和阿克苏四地州基层学校实习支教。自治区人民政府设立专项资金，解决实习支教学生的路费、生活补贴和人身意外保险等费用。在两校试点基础上，自治区全面推行实习支教计划，全自治区11所高校的1 700余名学生赴南北疆地区基层中小学实习支教。

民族教育

〔**综述**〕 2007年自治区继续实施"少数民族高层次骨干人才培养计划"，少数民族高层次人才储备状况进一步好转。加强民文和特色教材建设，分配项目资助经费51万元，资助21套立项教材。下发了《自治区"高等教育地方特色和民文教材建设计划"资助专项经费使用管理暂行办法》，确定了专项经费"统一规划、单独核算、专款专用"管理原则，确保专项经费的合理使用。2007年，内地新疆高中班招收新生5 000人，较2006年增加了1 010人，其中少数民族学生占90%，农牧民子女录取比例达到63.64%，比2006年提高了近3个百分点。到2007年9月，内地新疆高中班办班城市已达28个，办班学校50所，在校生13 605人。

〔**"双语"教学**〕 截至2007年底，全自治区开办"双语"教学班8 453个（含学前班数），在校生达25.7万余人（含学前幼儿数）。已有18 342名少数民族教师具备"双语"教学能力，占少数民族教师总数的12.7%。全区少数民族学前"双语"教育发展迅速，自治区筹集7 038万元扶持七地州少数民族发展学前"双语"教育，各地筹措资金将乡镇小学撤并后的校舍和最好的农牧场所改建为学前"双语"幼儿园，使学前"双语"教育呈现出快速发展趋势，全自治区接受学前"双语"教育的少数民族幼儿达93 404人。自治区的部分地区中学的"双语"授课班已从数、理、化三科使用汉语教学，发展到除母语课外，其他学科均使用汉语授课；同时，民汉师生一起学习，一起工作，一起活动的"民汉合校"数量逐年增多。喀什、和田等偏远农牧区学生，在当地100多个实验点接受远程"双语"教育。"双语"教学提升了少数民族教育质量。

2007年，自治区集中力量重点建设以汉语教育为主的乡镇学前"双语"教育机构，力争使全区乡（镇）普遍设有1所以汉语教育为主的"民汉合园"示范性幼儿园，在具备师资等条件的村开办学前"双语"教学班。

〔**特培生和特岗教师**〕 2007年，自治区采取送教下乡、远程教育、校本培训等多种方式，扩大农村教师培训覆盖面，使农村教师足不出户就能共享各类优质培训资源。为促进农村中小学教师素质的提高，自治区实施了南疆四地州农村中小学"'双语'教师特培计划"，依托区内普通高校，通过"特招"、"特培"和"定向就业"相结合方式，由政府出资，为南疆的喀什、和田、柯州、阿克苏四地州的乡镇学校，免费定向培养中小学"双语"教师。2007年招收500名专科层次汉语言（含民考汉）考生，由新疆师范大学、伊犁师范学院、喀什师范学院、昌吉学院、新疆教育学院、和田师范专科学校6所高校承担培养任务。自治区设立南疆四地州农村中小学"双语"教师特培计划专项资金，全额承担"特培生"在校期间学费、住宿费和实习支教费用。"特培生"毕业后按协议规定在南疆四地州县以下乡镇中小学校工作5年以上。"特培生"在基层工作期间，工作关系由当地县（市）教育部门管理，户口保留在县城，享受当地优惠待遇。同时，自治区要求就业地州有关部门做好"特培生"接收工作，确保特培毕业生有编有岗。2007年，自治区继续实施"人才储备编制计划暨国家农村义务教育阶段学校特设岗位招聘计划"。安排2 018名额到自治区10个地州20个县（市）农村学校任教，招聘人员使用自治区"人才储备编制"定编在县、市中小学，到农村义务教育阶段特设岗位学校定岗工作至少3年。公开招聘农村中小学特岗教师935名，自治区人才储备编制教师1 083名，网上报名人数达2.7万余人，报名人数达到招考计划的13.4倍，比2006年增加了9 000余人。经过层层选拔，严格考核和集中职前强化培训，935名特岗教师已赴农村学校任教。

撰稿　程　彬
审稿　宋振亚

新疆生产建设兵团教育

概　况

〔基本情况〕

2007年各级各类学校校数、教职工、专任教师情况

学校类别	学校数（所）	教职工数（人）	专任教师数（人）
一、普通学校	720	43 621	34 010
1. 普通高校	4	4 119	2 406
其中：本科			
研究生			579
其中：博士生			
硕士生			
2. 中等职业学校	22	1 783	1 069
其中：中等技术学校	20	1 646	980
中等师范学校	1	111	73
职业高中	1	26	16
其他机构（教学点）	3		
3. 普通中学	262	17 893	14 212
其中：高中	72		4 253
初中	190		9 959
4. 小学	265	17 061	14 694
5. 幼儿园	167	2 765	1 629
二、成人学校	3	1 037	669
1. 成人高校	2	953	599
其中：普通高校成教院	2		
2. 成人中专学校	1	84	70
其中：教师进修学校			

2007 年各级各类学历教育学生情况

学校类别	毕业生数（人）	招生数（人）	在校生数（人）
一、普通学校	145 340	162 228	570 310
1. 普通高校	7 292	11 503	38 763
其中：本科	5 269	8 070	30 186
研究生	389	712	1 771
其中：博士生	20	29	85
硕士生	369	683	1 686
2. 中等职业学校	6 019	15 440	32 166
其中：中等技术学校	5 398	15 121	31 206
中等师范学校	53	147	232
职业高中	74	102	146
其他机构（教学点）	494	70	582
3. 普通中学	64 755	70 758	206 596
其中：高中	20 313	21 391	63 707
初中	44 442	49 367	142 889
4. 小学	47 683	38 263	252 568
5. 幼儿园	19 591	26 264	40 217
二、成人学校	4 715	5 176	13 597
1. 成人高校	4 415	3 253	11 484
其中：普通高校成教院	3 325	2 956	9 857
2. 成人中专学校	300	1 923	2 113
其中：教师进修学校			

〔综述〕 2007 年，新疆生产建设兵团教育工作以邓小平理论和“三个代表”重要思想为指导，贯彻落实胡锦涛总书记视察新疆和兵团时重要讲话精神，坚持服务兵团新型工业化、农业产业化和屯垦戍边新型团场建设，以办好职工群众满意的教育为宗旨，进一步加强素质教育，提高教育质量，深化教育改革，促进教育公平，推动兵团教育科学发展。

2007 年兵团高等教育机构博士生计划招生 29 人，实际录取 29 人；硕士生计划招生 537 人，实际录取 683 人。普通高校定向兵团招生计划 60 名，实际录取“定向生”60 名。“实践生”计划 40 名，实际录取 40 名。成人高考报名人数为 5 417 人。

〔中央代表团赠送新疆电教设备项目工程〕 该工程 2007 年 6 月开工至 12 月全部建设完成。中央代表团赠送新疆电教设备项目是党中央、国务院为祝贺新疆维吾尔自治区成立 50 周年赠送的慰问品，每套电教设备由卫星接收室、计算机网络教室、多媒体视听教室三部分构成，项目资金总额 1.01 亿元。国家给兵团安排项目资金总额为 2 450 万元，由自治区项目领导小组集中采购设备，统一分配给兵团 91 套电教设备，全部用于教育事业，装配到 14 个师及兵团直属中小学校。

〔继续实施第二轮“西部项目”〕 2007 年是兵团实施第二轮“西部项目”的第二年，共选派 33

名各类教师和科研人员出国进修访问学习。其中中学英语、高级行政管理项目派出 14 人，完成了年初计划。兵团自 2003 年实施“西部项目”以来，在教育部、国家留学基金委的大力支持下，已录取各类留学人员 125 人，大部分项目留学人员已学成回国，在各自工作岗位上发挥着重要的作用。

〔**接受邵逸夫捐款**〕 2007 年，邵逸夫先生向兵团教育事业捐赠 320 万港币，用于建设 3 个中学项目。自 1994 年至 2007 年，兵团共获邵氏教育捐赠项目 12 批，累计捐助金额达 6 460 万港元；安排项目 153 个，总投资 33 450 万元，新建改扩建校舍 343 962 平方米。

〔**治理教育乱收费**〕 2007 年，新疆兵团各级党政采取一系列措施，认真落实治理教育乱收费工作目标责任制，完善了收费管理制度和收费使用制度，每年春秋两季开学后对学校收费情况进行专项检查，重点对落实义务教育经费保障机制、公办高中招收择校生的“三限”政策、中小学教辅材料管理等方面进行检查。通过检查和加大宣传工作力度，学校收费行为进一步规范，群众投诉大幅度减少，教育乱收费治理工作取得明显成效。全年查处教育违规收费问题 2 个，涉及并清退违规收费金额 1.734 万元。

基础教育

〔**义务教育经费保障工作**〕 全面落实“两免一补”政策。2007 年，新疆兵团按照小学每生每年 70 元、初中每生每年 100 元的标准对团场所有义务教育阶段 37.9 万名学生（小学生 25.2 万人、初中生 12.7 万人）免除了学杂费，中央共下达专项资金 3 034 万元；按照小学 70 元每生每年、初中每生每年 140 元的标准对兵团 23 万名团场义务教育阶段贫困家庭学生（小学生 15 万名，初中生 8 万名）免费提供了教科书，同时免费提供地方教材，共补助资金 3 070 万元（其中，中央财政拨款 2 170 万元，兵团本级财务拨款 900 万元）；按照小学 600 元每生每年初中每生每年 900 元的标准对贫困寄宿学生 2.62 万人给予生活补助，补助资金 1 921 万元，全部由兵团本级财务承担；此外，2007 年兵团本级财务安排 300 万元，用于免除城市享受最低生活保障政策家庭的义务教育阶段学生学杂费和免费提供教科书，惠及学生 9 493 人。

完成了免费教科书退费工作。2007 年秋季，根据教育部、财政部《关于认真做好 2007 年秋季国家免费教科书退费工作的通知》精神，兵团 2008 年 1 月 20 日前完成了免费教科书的退费工作，涉及团场学生 74 070 人。其中小学 46 314 人，初中 27 756 人。

大幅提高团场义务教育阶段中小学校公用经费保障水平。2006 年，中央财政按照兵团预算内公用经费标准（小学 110 元/年，初中 190 元/年）对团场中小学公用经费给予了保障，2007 年，兵团本级财务在此基础上又按照兵团预算内生均公用经费标准拨付了团场中小学公用经费，大幅度提高了团场中小学公用经费。2007 年，兵团团场义务教育阶段学校公用经费总额达到 10 022 万元。其中，中央财政专项拨款 5 184 万，兵团本级财务拨款 4 838 万元。

建立了团场义务教育阶段学校校舍维修改造长效机制。2007 年，兵团团场普遍建立了中小学校舍定期排查、核查制度，兵团依据项目学校在校生人数、校舍生均面积、使用年限、单位造价等因素，安排当年校舍维修改造计划。2007 年进入“校舍维修改造新机制的项目学校”24 所（含 2006 年项目学校），新建改扩建校舍 53 900 平方米，消除危房 46 710 平方米，总投资 4 500 万元（含 2006 年中央、兵团投资）。其中，中央专项 2 000 万元，兵团本级财务安排 2 500 万元。

巩固和完善团场中小学教师工资保障机制。2007 年，兵团本级财务将团场教师住房公积金、医疗统筹、福利费、工会经费等全额纳入兵团本级财务的保障范围，并提高了团场教师工资的水平。

〔**团场寄宿制学校建设工程**〕 2007 年，新疆兵团“团场寄宿制学校建设工程”全面竣工并通过验收。该工程涉及 52 个团场 96 所学校的 190 个土建项目，总建设面积 32.22 万平方米，土建工程总投资 2.78 亿元，设备购置 0.22 亿元。至 2007 年，该工程实际完成 32.43 万平方米，所有批复的工程项目均按计划执行；设备购置由兵团统一招标并已全部配备到项目学校投入使用。

〔**团场初中校舍改造工程**〕 该工程由国家投入专项资金 2 亿元，2007 年至 2010 年实施，用于支持 80 个团场的 92 所项目学校（其中初级中学 54 所，九年一贯制学校 25 所）生活设施建设，提高寄宿率；工程总规划新建生活用房 19.93 万平方米。其中，学生宿舍 10.56 万平方米、食堂 7.66 万平方米、厕所 0.33 万平方米、其他生活用房 1.38 万平方米，另购置相应的床具、炊具等。2010 年项目建成后，兵团项目团场初中学生在校寄宿率达到 51.58%，新增寄宿生 2.16 万人；学生生活设施达到或接近《农村普通中小学建设标准》，消除“大通铺”和校外租房现象。2007 年共有 11 个团场进入该“工程”，共安排建设资金 2 575 万元，规划建设校舍 25 490 平方米。

〔**中小学水冲式厕所建设**〕 2007 年，新疆兵团党委为职工群众办“十件实事”的计划中，兵团教育局、发展改革委顺利完成。2007 年，兵团团场学校水冲式厕所建设项目计划 80 个，计划投资 1 690 万元。其中，兵团投资 640 万元，师团配套 1 050 万元，规划建设面积 17 504 平方米。至年底，所有项目均已开工，其中竣工 78 个，占计划的 97.5%；投资额 1 793 万元，占计划的 106%；建设面积 16 480 平方米，占计划的 94.2%。

〔**教师特设岗位计划**〕 根据《教育部关于做好 2007 年农村义务教育阶段学校教师特设岗位计划的通知》精神，2007 年，兵团教育局会同兵团有关部门制定了《关于加强兵团义务教育阶段学校特设岗位教师管理的意见》和《2007 年兵团义务教育阶段特设岗位计划实施方案》，确定兵团教研网为兵团特岗教师招聘网站，教育局根据各师对特岗教师的需求情况，将特岗计划落实到受授学校。招聘工作遵循“三公开”（公开、公平、公正）和“三定”（定团场、定学校、定岗位）的原则，2007 年共招聘 305 名特岗教师，分布在兵团 111 个团场的 115 所学校任教。

〔**中小学教师培训**〕 至 2007 年，根据兵团第二个五年管理周期中小学教师继续教育实施办法，新疆兵团累计培训中小学教师 3 343 人。2007 年，教育局组织各师教育局长、教研室主任、主管教师培训的人员、校长和 15 个学科的骨干教师共 650 人分三期参加新疆自治区和新疆兵团共同举办的高中课程改革培训班；组织 3 440 名高中教师参加了国家级高中新课程远程培训；按照教育部要求，启动了中小学班主任培训工程；组织 50 名中小学教师参加国家中小学教师教育技术能力首期培训；向教育部师范司争取到英特尔项目培训 2 600 人。

〔**中小学少数民族教师双语培训**〕 兵团对该培训 2007 年主要抓了以下工作：一是认真履行管理职责，对教学法、课程设置，教师配备，教学用书，教学效果进行测评。二是坚持每月出一期《双语培训》简报，以便相互交流各院校培训工作的经验。三是举办了汉语基本功大赛，展示各院校培训效果。四是组织了双语班学员的期末统一考试，并对考试结果进行分析、通报。五是召开了兵团中小学少数民族教师双语培训工作座谈会。六是出台了《兵团少数民族双语培训考核办法》、《兵团少数民族双语培训院校评估指标》、《兵团少数民族教师双语培训课程计划》、《关于加强教学管理、提高双语教学质量的意见》、《兵团双语教师培训学籍管理规定》等五个文件。七是组织开展了对双语培训院校的评估。八是加强对双语教师培训的结业考核并制定了考核办法。

职业教育与成人教育

〔**加强对职业教育的统筹管理**〕 2007年3月，为加强对兵团职业教育的统筹管理，新疆生产建设兵团成立了职业教育工作领导小组，兵团副司令员阿勒布斯拜·拉合木任组长，兵团党委常委、组织部部长吕刚、兵团副司令员于秀栋任副组长。领导小组办公室设在兵团教育局，与兵团就业和职业培训领导小组办公室合署办公。

〔**中职发展和学校建设**〕 2007年，兵团中职学校共完成招生1.74万人，比上年增长40.3%，首次超额完成教育部下达的1.68万招生任务，创历史最高水平，实现了中职招生连续4年增长比例超过两位数。

在规模扩大的同时努力提高教育质量。2007年，兵团重点中职学校和兵团级重点专业评估工作相继启动，石河子工程技术学校食品加工工艺专业、兵团工贸学校烹饪专业和建工师职业技术学校工业与民用建筑专业成为新增的兵团级重点专业点；农七师奎屯职业技术学校成为新增的兵团级重点中职学校。在已建成8个中央财政支持的职业教育实训基地的基础上，又新建了农一师阿拉尔职业技术学校电子电工自动化专业、农七师奎屯职业技术学校计算机应用与软件技术专业和农八师中等职业教育中心化工艺专业等3个实训基地。兵团工贸学校成为教育部确定的107所首批中等职业教育德育工作实验基地之一，并荣获教育部、人事部授予的全国教育系统先进集体称号。兵团工贸学校学生王晓平、石河子工程技术学校水利05班分别获得教育部、共青团中央授予的“全国优秀学生干部”和“全国先进班集体”荣誉称号。

〔**提高中等职业学校教师素质**〕 2007年1月，教育部、财政部正式开始启动中等职业学校专业骨干教师国家级培训。兵团30名中等职业学校专业教师分别赴山西大学、华中科技大学、湖北工业大学等12个全国重点建设职教师资基地参加了培训，8名教师因成绩优秀被所在培训基地评为优秀学员，2名学员获得赴德国进修的机会。同时，兵团本级财务安排了30万元专项资金，组织实施了2006—2007年中等职业学校专业骨干教师培训，共培训专业课和实训指导教师65名，选送2名校长参加教育部组织的中职学校骨干校长高级研修班。通过培训，中职学校专业教师的技能水平明显提高，双师型教师比例提高到32%以上。

在教育部、信息产业部、交通部、重庆市政府等单位联合举办的2007全国中等职业教育技能大赛中，由兵团32名师生组成的代表队在汽车运用与维修、电子电工技术、烹饪、计算机应用与软件技术4个专业比赛中，获得了一等奖1项、二等奖4项、三等奖10项，并取得团体组织奖的优异成绩。

〔**中职困难学生资助工作**〕 2007年，新疆兵团中职学校接受中央财政下拨国家助学金1 410万元，资助具有中等职业学校全日制正式学籍的在校一、二年级所有农村户籍的学生和县镇非农户口的学生以及城市家庭经济困难学生16 795人，主要资助学生的生活费开支，标准为每生每年1 500元。在国家助学金的基础上，兵团中职学校还通过设立学校奖学金和助学金，减免学费，组织学生到企业顶岗实习、勤工俭学等措施，使11 000人次获得资助。

〔**万名中专生计划**〕 2007年，新疆兵团农业局、人事局、财务局、教育局、劳动和社会保障局共同启动团场实用人才培养“万名中专生计划”，即依托农业广播电视学校，充分运用多种途径和手段，发挥现代远程教育网络的作用，从2007年至2015年每年为每个连队培养2名中专生。到2015年末，该项计划将为团场培养4万名具有中专学历的从事种植、养殖、加工等生产活动的种养能手、经营管理能人、能工巧匠和连队科技人员。

高等教育

〔**高校本科教学质量和教学改革工程**〕 2007年，新疆兵团石河子大学的《作物育种学》课程被教育部批准列为2007年国家级精品课程立项建设；作物学教学团队被教育部批准列为2007年国家级教学团队立项建设；石河子大学的《农学》专业和塔里木大学的《园艺》专业被批准列为国家2007年度第一批高等学校特色专业建设点立项建设；石河子大学的《农林经济管理》列为国家2007年度第二批高等学校特色专业建设点立项建设。2007年9月，塔里木大学顺利通过教育部本科教学水平评估。

〔**高校新增专业和精品课程审批**〕 2007年，经兵团高等学校专业设置评审委员会评审，教育部审核批准兵团高校新增学前教育、信息与计算科学、地理科学、英语、城市规划5个本科专业和图形图像制作、棉花检验加工与经营、农业机械应用技术、灌溉与排水技术4个专科专业。这些新增专业将于2008年正式招生。

6月，兵团首次启动精品课程评审和建设工作。经评审，兵团高校共有14门本专科课程列为兵团级精品课程。

〔**高校学生资助工作**〕 为切实解决普通本科高校、高等职业院校和中等职业学校家庭经济困难学生的就学问题，国家建立并实行了新的学生资助政策体系。为全面落实好国家资助政策，2007年，兵团成立了兵团家庭经济困难学生资助工作领导小组，出台了《新疆生产建设兵团关于建立健全普通本科高校高等职业学校和中等职业学校家庭经济困难学生资助政策体系工作的实施意见》，成立了兵团普通高校国家奖助学金评审领导小组和评审委员会。石河子大学、塔里木大学、兵团警官高等专科学校系中央所属部门学校，所有资助经费由中央财政全部承担。通过国家资助政策的实施，兵团高校享受国家奖学金人数达245人，资助金额达196万元；享受国家励志奖学金人数达853人，资助金额达426.5万元；享受国家助学金人数达8 861人，资助金额达1 772.2万元。

撰稿 尹若强

审稿 高继宏

香港特别行政区教育情况简介

2007年7月，香港特别行政区共有学校2 211所，其中中学528所，小学668所，幼儿园1 015所，特殊学校62所；共有教师64 116人，其中中学28 634人，小学23 695人，幼稚园10 384人，特殊教育学校1 403人；共有学生1 039 794人，其中中学480 775人，小学410 516人，幼儿教育140 783人，特殊教育7 720人。

另据香港特区政府教育局网站公布的数据显示，2006至2007财政年度，特区政府在教育方面的开支总额达到530.5亿港元，占政府所有开支的23.3%，占香港本地生产总值的3.5%。特区政府教育方面经常性开支为448.7亿元，其中22.9%用于小学，36.5%用于中学，28.3%用于大学，12.3%用于幼稚园、特殊教育、成人教育等。

香港特区政府2007年推动教育改革采取的新措施：

积极推行国民教育。2007年7月，国家主席胡锦涛在出席庆祝香港回归10周年系列活动时特别强调："青少年是香港的未来和希望，也是国家的未来和希望。我们要重视对青少年进行国民教育，加强香港和内地青少年的交流，使香港同胞爱国爱港的光荣传统薪火相传。"这一重要讲话在香港社会引起了强烈的反响，掀起了香港国民教育的新高潮。香港特区行政长官曾荫权在施政报告中表示：为了国家的发展、"一国两制"的发扬光大，特区政府会不遗余力推行国民教育，尤其要重视对青少年进行国民教育，使年轻一代都有爱国爱港的胸怀，有为国家、为民族争光和贡献力量的志气，并以身为中华人民共和国公民为荣。

推出学前教育学券计划。由2007—2008学年起，政府将以"学券"的形式为每位符合资格的学生提供全年最高1.3万元的资助，其中部分用于资助教师进修，在减轻家长的负担的同时，不断提高学前教育的质量。所有收费不超过2.4万元的本地非牟利幼稚园，都可以按收生人数获得资助。学券制实施第一年，全港838所幼稚园（749所非牟利幼稚园，89所符合资格的私立幼稚园）参与学券计划，10.4万名学生受惠，占全港幼稚园学生的85%。

积极建设亚太地区的高等教育枢纽：2007—2008年行政长官曾荫权的施政报告中，明确提出要将香港建设成为亚太地区内教育枢纽，并辅之以四项措施：一是将非本地本科生的学额比例提高至两成；二是设立10亿元政府奖学金，供8间教资会大学的本地生及非本地生申请；三是容许就读学位或以上的非本地大学生，无须取得入境处的批准便可在校园兼职或暑期做全职工作；四是在九龙及新界兴建两个联校宿舍，提供6 000个宿位。这一系列措施的出台，将吸引更多内地和区内其他国家和地区的学生来香港学习。

撰稿　宋　波　宋　磊　刘海峰

审稿　丁雨秋

澳门特别行政区教育情况简介

据澳门特区政府高等教育辅助办公室和教育暨青年局公布的统计资料显示，2007 年澳门高等教育机构没有变化，仍为 10 所。其中公立教育机构 4 所：澳门大学、澳门理工学院、澳门旅游学院，澳门保安部队高等学院；私立教育机构 6 所：澳门科技大学，亚洲（澳门）国际公开大学，澳门镜湖护理学院，澳门管理学院，澳门高等校际学院，中西创新学院；共开设了近 300 余个不同专业的博士、硕士、学士、高等专科学位及文凭课程。注册学生数为 25 907 人。其中，本地学生 12 182 人，外地学生 13 725 人。修读博士学位课程的 551 人，修读硕士学位课程的 7 773 人，修读学位后课程的 1 983 人，修读学士学位课程的 12 491 人，修读高等专科学位课程的 3 053 人，修读文凭课程的 56 人。教职员工为 2 938 人，其中教学人员 1 725 人（本地教师 809 人，外聘教师 916 人），非教学人员 1 183 人，研究人员 30 人。幼儿园、小学、中学、特殊教育学校等非高等教育机构 86 所，其中公立学校 13 所，私立学校 73 所，在校学生数为 88 176 人，由于人口出生率下降，较上一学年度下降了 4.4%，教师数为 4 578 人，较上一学年度增加了 2%。特区政府以“提升教育素质，促进全人发展”为根本目标，加紧落实《非高等教育制度纲要法》的有关规定，成立了教育发展基金，全面推行 15 年免费教育（从幼儿园、小学、初中到高中），资助范围和金额不断扩大和调升，实施新学制，并优先展开《私立学校教学人员制度框架》等法规的制定或修订工作。试行幼儿园第一年级小班教学，每班 25 人至 35 人，取得经验后，将逐步向上一年级推进。此外，特区政府还向不牟利的私立学校推出“优化班师比和师生比资助计划”，在幼儿教育阶段实行后，效果良好，已向小学教育阶段推行。

撰稿　张　栋

审稿　丁雨秋

文件选编

中共中央国务院关于加强青少年体育增强青少年体质的意见

（2007年5月7日）

增强青少年体质、促进青少年健康成长，是关系国家和民族未来的大事。以迎接2008年北京奥运会为契机，进一步加强青少年体育、增强青少年体质，对于全面落实科学发展观，深入贯彻党的教育方针，大力推进素质教育，培养中国特色社会主义事业的合格建设者和接班人，具有重要意义。为此，提出如下意见。

一、高度重视青少年体育工作

1. 广大青少年身心健康、体魄强健、意志坚强、充满活力，是一个民族旺盛生命力的体现，是社会文明进步的标志，是国家综合实力的重要方面。党中央、国务院历来高度重视青少年的健康成长。改革开放以来，我国青少年体育事业蓬勃发展，学校体育工作取得很大成绩，青少年营养水平和形态发育水平不断提高，极大地提升了全民健康素质。但是，必须清醒地看到，一方面由于片面追求升学率的影响，社会和学校存在重智育、轻体育的倾向，学生课业负担过重，休息和锻炼时间严重不足；另一方面由于体育设施和条件不足，学生体育课和体育活动难以保证。近期体质健康监测表明，青少年耐力、力量、速度等体能指标持续下降，视力不良率居高不下，城市超重和肥胖青少年的比例明显增加，部分农村青少年营养状况亟待改善。这些问题如不切实加以解决，将严重影响青少年的健康成长，乃至影响国家和民族的未来。

2. 青少年时期是身心健康和各项身体素质发展的关键时期。青少年的体质健康水平不仅关系个人健康成长和幸福生活，而且关系整个民族健康素质，关系我国人才培养的质量。体育锻炼和体育运动，是加强爱国主义和集体主义教育、磨炼坚强意志、培养良好品德的重要途径，是促进青少年全面发展的重要方式，对青少年思想品德、智力发育、审美素养的形成都有不可替代的重要作用。各地和各级各类学校必须全面贯彻党的教育方针，高度重视青少年体育工作，使广大青少年在增长知识、培养品德的同时，锻炼和发展身体的各项素质和能力，成长为中国特色社会主义事业的合格建设者和接班人。

3. 当前和今后一个时期，加强青少年体育工作的总体要求是：认真落实健康第一的指导思想，把增强学生体质作为学校教育的基本目标之一，建立健全学校体育工作机制，充分保证学校体育课和学生体育活动，广泛开展群众性青少年体育活动和竞赛，加强体育卫生设施和师资队伍建设，全面完善学校、社区、家庭相结合的青少年体育网络，培养青少年良好的体育锻炼习惯和健康的生活方式，形成青少年热爱体育、崇尚运动、健康向上的良好风气和全社会珍视健康、重视体育的浓厚氛围。通过5年左右的时间，使我国青少年普遍达到国家体质健康的基本要求，耐力、力量、速度等体能素质明显提高，营养不良、肥胖和近视的发生率明显下降。通过全党全社会的共同努力，坚持不懈地推动青少年体育运动的发展，不断是高青少年乃至全民族的健康素质。

二、认真落实加强青少年体育、增强青少年体质的各项措施

4. 全面实施《国家学生体质健康标准》，把健康素质作为评价学生全面健康发展的重要指标。加快建立符合素质教育要求的考试评价制度，发挥其对增强青少年体质的积极导向作用。全面组织实施初中毕业升学体育考试，并逐步加大体育成绩在学生综合素质评价和中考成绩中的分量；积极推行在高中阶段学校毕业学业考试中增加体育考试的做法。普遍推行《国家学生体质健康标准》测试报告书制度、公告制度和新生入学体质健康测试制度。认真贯彻《学校体育工作条例》，建立和完善学校体育工作规章制度。

5. 广泛开展“全国亿万学生阳光体育运动”。鼓励学生走向操场、走进大自然、走到阳光下，形成青少年体育锻炼的热潮。要根据学生的年龄、性别和体质状况，积极探索适应青少年特点的体育教学与活动形式，指导学生开展有计划、有目的、有规律的体育锻炼，努力改善学生的身体形态和机能，提高运动能力，达到体质健康标准。对达到合格等级的学生颁发“阳光体育证章”，优秀等级的颁发“阳光体育奖章”，增强学生参加体育锻炼的荣誉感和自觉性。

6. 切实减轻学生过重的课业负担。各级各类学校要进一步端正办学思想，加强素质教育，努力促进青少年学生生动活泼、积极主动地发展。中小学要切实纠正片面追求升学率的倾向，减轻学生过重的课业负担。深入推进基础教育课程改革，提高课堂教学的质量和效率，使学生有更多的时间参加体育锻炼。

7. 确保学生每天锻炼一小时。中小学要认真执行国家课程标准，保质保量上好体育课，其中小学1—2年级每周4课时，小学3—6年级和初中每周3课时，高中每周2课时；没有体育课的当天，学校必须在下午课后组织学生进行一小时集体体育锻炼并将其列入教学计划；全面实行大课间体育活动制度，每天上午统一安排25—30分钟的大课间体育活动，认真组织学生做好广播体操、开展集体体育活动；寄宿制学校要坚持每天出早操。高等学校要加强体育课程管理，把课外体育活动纳入学校日常教学计划，使每个学生每周至少参加三次课外体育锻炼。各级教育行政部门要提出每天锻炼一小时的具体要求并抓好落实。因地制宜地组织广大农村学生开展体育锻炼。有针对性地指导和支持残疾青少年的体育锻炼活动。要切实加强体育教师队伍建设，按照开设体育课和开展课外体育活动的需要，配齐配强体育教师。

8. 举办多层次多形式的学生体育运动会，积极开展竞技性和群众性体育活动。各级政府要定期组织综合性或专项性的学生体育运动会。学校每年要召开春、秋季运动会，因地制宜地经常开展以班级为单位的学生体育活动和竞赛，做到人人有体育项目、班班有体育活动、校校有体育特色。进一步办好体育传统项目学校和高等学校高水平运动队，充分发挥其对群众性体育的示范带动作用。完善高等学校和高中阶段学生军训制度，丰富军训内容，开展“少年军校”活动，发挥学生军训在增强体质、磨炼意志等方面的作用。注重发展学生的体育运动兴趣和特长，使每个学生都能掌握两项以上体育运动技能。

9. 帮助青少年掌握科学用眼知识和方法，降低青少年近视率。中小学教师和家长都要关注学生的用眼状况，坚持每天上下午组织学生做眼保健操，及时纠正不正确的阅读、写字姿势，控制近距离用眼时间。学校每学期要对学生视力状况进行两次监测。各级政府要进一步改善农村学校的办学条件，确保照明、课桌椅达到基本标准，改善学生用眼卫生条件。

10. 确保青少年休息睡眠时间，加强对卫生、保健、营养等方面的指导和保障。制定并落实科学规范的学生作息制度，保证小学生每天睡眠10小时，初中学生9小时，高中学生8小时。积极开展疾病预防、科学营养、卫生安全、禁毒控烟等青少年健康教育，并保证必要的健康教育时间。建立和完善学生健康体检制度，使青少年学生每年都能进行一次健康检查。建立和完善青少年营养干预机制，对城乡青少年及其家庭加强营养指导；通过财政资助、勤工俭学、社会捐助等方式提高农村寄宿制学校家庭经济困难学生伙食补贴标准，保证必要的营养需要。建立青少年营养状况监测机制，加强青少年食品卫生专项监督检查。根据新时期青少年青春期特征和成长过程中的心理特点，有针对性地加强心理健康教育，逐步建立健全青少年心理健康教育、指导和服务网络。

11. 加强学校体育设施建设。各级政府要认真落

实《公共文化体育设施条例》，统筹协调、因地制宜，加强学校体育设施特别是体育场地建设。城市和社区的建设规划要充分考虑青少年体育锻炼设施的需要，为他们提供基本的设施和条件。公共体育设施建设要与学校体育设施建设统筹考虑、综合利用。把“农民体育健身工程”与农村中小学体育设施建设结合起来，改善农村学校体育条件。公共体育场馆和运动设施应免费或优惠向周边学校和学生开放，学校体育场馆在课余和节假日应向学生开放。

12. 加强体育安全管理，指导青少年科学锻炼。学校要对体育教师进行安全知识和技能培训，对学生加强安全意识教育。加强体育场馆、设施的维护管理，确保安全运行。完善学校体育和青少年校外体育活动的安全管理制度，明确安全责任，完善安全措施。针对青少年的特点，加强对大型体育活动的管理，做好应急预案，防止发生群体性安全事件。所有学校都要建立校园意外伤害事件的应急管理机制。建立和完善青少年意外伤害保险制度，推行由政府购买意外伤害校方责任险的办法，具体实施细则由财政部、保监会、教育部研究制定。要加强体育科学研究，积极开发适应青少年特点的锻炼项目和健身方法，加强社会体育指导员队伍建设，为青少年体育锻炼提供科学指导。

三、加强领导，齐抓共管，形成全社会支持青少年体育工作的合力

13. 各级党委和政府要把加强青少年体育工作摆上重要议事日程，纳入经济社会发展规划。加大对体育事业尤其是中小学体育设施的投入，正确评价学校的教育质量，为学校实施素质教育、促进学生全面发展创造良好条件。建立在党委和政府领导下，教育、体育、卫生部门和共青团组织等共同参加的联席会议制度，统筹协调解决青少年体育工作中的重要问题。

14. 各级政府和教育部门要加强对学校体育的督导检查。建立对学校体育的专项督导制度，实行督导结果公告制度。健全学生体质健康监测制度，定期监测并公告学生体质健康状况。加大体育工作和学生体质健康状况在教育督导、评估指标体系中的权重，并作为评价地方和学校工作的重要依据。对成绩突出的地方、部门、学校和个人进行表彰奖励。对青少年体质健康水平持续下降的地区和学校，实行合格性评估和评优评先一票否决。

15. 制定国家学校体育卫生条件基本标准，加大执法监督力度。通过制定国家学校体育卫生条件基本标准，进一步明确国家对各级各类学校体育场地、器材设施、卫生条件和师资的基本要求。各级政府要认真贯彻执行义务教育法和学校体育卫生工作法律法规，并加强督促检查。对学校体育卫生基本条件不达标的，要限期整改。

16. 充分发挥共青团、少先队、妇联组织的优势和特色，开展多种形式的课外体育锻炼活动。青少年活动中心、少年宫、妇女儿童中心和其他校外教育机构要把开展青少年体育活动作为重要职能。积极倡导和鼓励创建青少年体育俱乐部和青少年户外体育活动营地。通过开展丰富多彩的校外体育活动和团、队活动，充实课外生活，努力把更多的青少年吸引到健康向上的体育活动中来。

17. 切实加强对学校卫生的监督与指导。学校卫生是国家公共卫生服务体系建设的重点。要把城乡中小学生作为城镇居民基本医疗保险试点和新型农村合作医疗的重点覆盖人群。各级疾病预防控制机构和相关卫生医疗机构要明确专人负责指导和协助学校的卫生工作，按照国家有关规定为行政区域内学校提供预防保健等公共卫生服务，定期对学校的食品卫生、饮用水、传染病防治等开展卫生监督、监测，依法进行免疫预防接种，所需费用纳入公共卫生经费支付范围。中小学要依据《学校卫生工作条例》规定，设立卫生室，配备校医或专（兼）职保健教师，在卫生部门指导下开展学校卫生工作。各级教育行政部门要会同卫生行政部门建立巡查制度，加强行政区域内的学校卫生管理。

18. 加强家庭和社区的青少年体育活动，形成学校、家庭和社区的合力。家庭教育对加强青少年体育、增强青少年体质起关键作用。要在广大家长中倡导健康第一的理念，树立正确的教育观、成才观，注重从小培养青少年良好的体育锻炼习惯、饮食卫生习惯和文明健康的生活方式，鼓励家长和孩子共同参加体育锻炼。学校、社区要和家庭加强沟通与合作，组织开展多种多样的青少年体育活动，促进家庭、社会形成科学正确的教育观念和方式。

19. 进一步完善加强青少年体育的政策保障措施。中央设立专项资金，实施“全国亿万学生阳光体

育运动”器材支持项目，帮助义务教育阶段中西部农村学校配备体育活动器材。在农村寄宿制学校建设工程、初中校舍改造工程和卫生新校园建设工程中，切实加大对学校食堂、饮用水设施、厕所、体育场地的改造力度。把义务教育阶段学生健康体检的费用纳入义务教育经费保障机制，其他学生由省级政府制定统一的费用标准和解决办法。学校要切实保证体育卫生工作的正常开展，所需经费从公用经费中提取和安排。

20. 努力营造重视青少年体育的舆论环境。大力宣传和普及科学的教育观、人才观、健康观，加大对群众性学生体育活动的宣传报道，形成鼓励青少年积极参加体育锻炼的社会氛围。要以迎接奥运会、举办奥运会为契机，开展丰富多彩的“迎奥运、讲文明、树新风”活动，使北京奥运会成为广大青少年积极参与、推动全民健身运动迈上新台阶的奥运会，让广大青少年以实际行动与奥运同行，充分展示新时期青少年健康向上的精神风貌。

国务院关于建立健全普通本科高校、高等职业学校和中等职业学校家庭经济困难学生资助政策体系的意见

（2007年5月13日）

为贯彻党的十六大和十六届三中、六中全会精神，切实解决家庭经济困难学生的就学问题，国务院决定，建立健全普通本科高校、高等职业学校和中等职业学校家庭经济困难学生资助政策体系（以下简称家庭经济困难学生资助政策体系）。现提出如下意见：

一、充分认识建立健全家庭经济困难学生资助政策体系的重大意义

党中央、国务院高度重视家庭经济困难学生的就学问题。近年来国家采取一系列措施，对农村义务教育阶段学生全部免除学杂费，并为家庭经济困难学生免费提供教科书、寄宿生补助生活费；对普通高等学校家庭经济困难学生设立国家助学奖学金，实施国家助学贷款政策；对中等职业学校家庭经济困难学生设立国家助学金等，取得了良好成效。

但是，我国家庭经济困难学生资助政策体系还不够完善，尤其是对普通本科高校、高等职业学校和中等职业学校家庭经济困难学生资助面偏窄、资助标准偏低的问题比较突出。建立健全家庭经济困难学生资助政策体系，使家庭经济困难学生能够上得起大学、接受职业教育，是实践“三个代表”重要思想、落实科学发展观、构建社会主义和谐社会的重要举措；是实施科教兴国和人才强国战略，优化教育结构，促进教育公平和社会公正的有效手段；是切实履行公共财政职能，推进基本公共服务均等化的必然要求。这是继全部免除农村义务教育阶段学生学杂费之后，促进教育公平的又一件大事，具有重大意义。

二、建立健全家庭经济困难学生资助政策体系的主要目标与基本原则

（一）建立健全家庭经济困难学生资助政策体系的主要目标是：按照《中共中央关于构建社会主义和谐社会若干重大问题的决定》的有关要求，加大财政投入，落实各项助学政策，扩大受助学生比例，提高资助水平，从制度上基本解决家庭经济困难学生的就学问题。同时，进一步优化教育结构，维护教育公平，促进教育持续健康发展。

（二）建立健全家庭经济困难学生资助政策体系实行“加大财政投入、经费合理分担、政策导向明确、多元混合资助、各方责任清晰”的基本原则。

1. 加大财政投入。按照建立公共财政体制的要求，大幅度增加财政投入，建立以政府为主导的家庭经济困难学生资助政策体系。

2. 经费合理分担。国家励志奖学金和国家助学金由中央与地方按比例分担。中央对中西部地区给予倾斜。

3. 政策导向明确。在努力使家庭经济困难学生公平享有受教育机会的同时，鼓励学生刻苦学习，接受职业教育，学习国家最需要的专业，到艰苦地区基层单位就业；鼓励学校面向经济欠发达地区扩大招生规模。

4. 多元混合资助。统筹政府、社会等不同资助渠道，对家庭经济困难学生采取奖、贷、助、补、减等多种方式进行资助。

5. 各方责任清晰。中央与地方、各相关部门及学校明确分工、各司其职、落实责任、完善制度，操作办法简便易行，并接受社会各界群众监督，确保各项政策措施顺利实施。

三、建立健全家庭经济困难学生资助政策体系的主要内容

（一）完善国家奖学金制度。中央继续设立国家奖学金，用于奖励普通本科高校和高等职业学校全日制本专科在校生中特别优秀的学生，每年奖励 5 万名，奖励标准为每生每年 8 000 元，所需资金由中央负担。

中央与地方共同设立国家励志奖学金，用于奖励资助普通本科高校和高等职业学校全日制本专科在校生中品学兼优的家庭经济困难学生，资助面平均约占全国高校在校生的 3%，资助标准为每生每年 5 000 元。国家励志奖学金适当向国家最需要的农林水地矿油核等专业的学生倾斜。

中央部门所属高校国家励志奖学金所需资金由中央负担。地方所属高校国家励志奖学金所需资金根据各地财力及生源状况由中央与地方按比例分担。其中，西部地区，不分生源，中央与地方分担比例为 8∶2；中部地区，生源为西部地区的，中央与地方分担比例为 8∶2，生源为其他地区的，中央与地方分担比例为 6∶4；东部地区，生源为西部地区和中部地区的，中央与地方分担比例分别为 8∶2 和 6∶4，生源为东部地区的，中央与地方分担比例根据财力及生源状况等因素分省确定。人口较少民族家庭经济困难学生资助资金全部由中央负担。鼓励各地加大资助力度，超出中央核定总额部分的国家励志奖学金所需资金由中央给予适当补助。省（区、市）以下分担比例由各地根据中央确定的原则自行确定。

（二）完善国家助学金制度。中央与地方共同设立国家助学金，用于资助普通本科高校、高等职业学校全日制本专科在校生中家庭经济困难学生和中等职业学校所有全日制在校农村学生及城市家庭经济困难学生。

普通本科高校和高等职业学校。国家助学金资助面平均约占全国普通本科高校和高等职业学校在校生总数的 20%。财政部、教育部根据生源情况、平均生活费用、院校类别等因素综合确定各省资助面。平均资助标准为每生每年 2 000 元，具体标准由各地根据实际情况在每生每年 1 000—3 000 元范围内确定，可以分为 2—3 档。

中等职业学校。国家助学金资助所有全日制在校农村学生和城市家庭经济困难学生。资助标准为每生每年 1 500 元，国家资助两年，第三年实行学生工学结合、顶岗实习。

国家助学金所需资金由中央与地方按照国家励志奖学金的资金分担办法共同承担。

有条件的地区可以试行运用教育券发放国家助学金的办法。

（三）进一步完善和落实国家助学贷款政策。大力开展生源地信用助学贷款。生源地信用助学贷款是国家助学贷款的重要组成部分，与国家助学贷款享有同等优惠政策。地方政府要高度重视，积极推动和鼓励金融机构开展相关工作。要进一步完善和落实现行国家助学贷款政策，制订与贷款风险和管理成本挂钩的国家助学贷款风险补偿金使用管理办法。相关金融机构要完善内部考核体系，采取更加积极有效措施，调动各级经办机构的积极性，确保应贷尽贷。

对普通本科高校和高等职业学校全日制本专科生，在校期间获得国家助学贷款、毕业后自愿到艰苦地区基层单位从事第一线工作且服务达到一定年限的，国家实行国家助学贷款代偿政策。

（四）从 2007 年起，对教育部直属师范大学新招收的师范生，实行免费教育。

（五）学校要按照国家有关规定从事业收入中足额提取一定比例的经费，用于学费减免、国家助学贷款风险补偿、勤工助学、校内无息借款、校内奖助学金和特殊困难补助等。

要进一步落实、完善鼓励捐资助学的相关优惠政策措施，充分发挥中国教育发展基金会等非营利组织的作用，积极引导和鼓励地方政府、企业和社会团体等面向各级各类学校设立奖学金、助学金。

普通高中以及普通高等学校全日制研究生的资助政策另行制定。

四、建立健全家庭经济困难学生资助政策体系的工作要求

普通本科高校、高等职业学校和中等职业学校家庭经济困难学生资助政策自2007年秋季开学起在全国实施。各地区、各有关部门和各学校要按照国务院的统一部署，周密安排，精心组织，扎扎实实地把这件惠及广大人民群众的大事抓好。

（一）加强组织领导。财政部、教育部等要密切配合，制订相关管理办法，指导、检查和督促地方开展工作。地方政府要建立相应的工作机制，在整合现有资源的基础上，建立健全学生资助管理机构，制订具体的管理办法，切实抓好落实。教育部门要将学校家庭经济困难学生资助工作情况纳入办学水平评估指标体系。各学校要把资助家庭经济困难学生作为工作重点，实行校长负责制，设立专门的助学管理机构，具体负责此项工作。

（二）确保资金落实。中央财政要足额安排、及时拨付应当负担的资金。省级人民政府要制订行政区域内具体的分担办法，完善省对下转移支付制度，确保行政区域内政府应当负担的资金落实到位。要切实加强助学资金管理，确保及时发放、专款专用。要加强监督检查，对于挤占挪用资金、弄虚作假套取资金等违法违规行为，要追究责任、严肃处理。

（三）规范收费管理。除国家另有规定外，今后五年各级各类学校的学费、住宿费标准不得高于2006年秋季相关标准。进一步严格收费立项、标准审批管理工作，规范学校收费行为，坚决制止乱收费。加大对服务性收费和代收费的监督力度，切实减轻学生及家长负担。绝不允许一边加大助学力度，一边擅自提高收费标准、擅自设立收费项目。要对教育收费实行严格的“收支两条线”管理，规范支出管理。

（四）加大宣传力度。各地区、各有关部门和各学校要通过多种形式开展宣传，使这项惠民政策家喻户晓、深入人心，使广大学生知晓受助的权利。

教育部　财政部关于加强农村义务教育经费保障机制改革督导工作的意见

（2006年9月19日）

为确保农村义务教育经费保障机制改革顺利实施，推动农村义务教育持续健康发展，根据新修订的《义务教育法》和《国务院关于深化农村义务教育经费保障机制改革的通知》（国发［2005］43号）要求，现就开展农村义务教育经费保障机制改革督导工作提出如下意见。

一、加强经费投入督导，推动政府分担责任落实到位

1. 对省级政府统筹落实农村义务教育经费保障机制情况进行督导检查。检查省级政府统筹落实省以下各级人民政府应承担的经费；检查省（区、市）内各级政府落实农村义务教育经费保障改革资金的具体分担办法；检查省以下各级政府按照省级政府确定的分担比例足额落实农村义务教育经费保障机制改革资金的情况。

2. 对农村义务教育经费安排情况进行督导检查。检查各级政府义务教育经费依法增长和新增教育经费主要用于农村的情况；检查以县为主管理农村义务教育经费情况；检查地方各级政府建立资金支付管理制度的情况，以及按规定及时足额支付经费的情况。

3. 对地方各级政府实施农村义务教育经费保障机制改革的工作情况进行督导检查。检查“两免一补”政策落实情况，特别是对贫困生界定、免费教科书的发放情况以及家庭经济困难寄宿生生活补助经费落实情况；学校公用经费安排情况；建立农村中小学校舍维修改造长效机制情况；及时足额发放教职工工资情况和政策规定的津贴补贴落实情况。

二、加强经费使用督导，促进学校资金管理规范有效

4. 对学校预算编制和执行情况进行督导检查。检查学校按规定科学合理编报预算的情况；按照预算及有关规定办理各项支出的情况；公用经费的管理和使用情况；财务管理制度的建立和执行情况；财务收支公开情况。

5. 对学校国有资产管理情况进行督导检查。检查学校国有资产管理制度建立和执行情况；房屋建筑物、仪器设备、文体器材、图书资料等的管理使用情况。

6. 对学校教师培训经费使用情况进行督导检查。检查学校按照师资培训计划和要求培训教师，提高教师素质和水平的情况。

三、加强改革效益督导，努力提高农村义务教育水平

7. 对农村义务教育均衡发展情况进行督导检查。检查合理配置教育资源，加强薄弱环节，缩小地区间、城乡间、学校间义务教育差距情况。

8. 对义务教育实施质量情况进行督导。检查义务教育普及水平特别是初中阶段入学率、巩固率、完成率情况；农村中小学教师队伍数量和质量特别是规范中小学教师编制管理，清理超编教职工与及时补充缺编教师情况；实施"农村义务教育教师特设岗位计划"工作情况。

9. 对学校收费情况进行督导检查。检查学校执行《教育部 国务院纠风办 监察部 国家发展改革委 财政部关于在农村义务教育经费保障机制改革中坚决制止学校乱收费的通知》（教财［2006］6号）情况，全面清理学校收费项目，全部取消各项行政事业性收费，严格限制和规范代收费，坚决杜绝乱收费情况。

四、加强组织领导，确保督导工作顺利实施

10. 开展教育督导工作是推进农村义务教育经费保障机制改革顺利实施的重要保证。教育督导工作要在当地人民政府的领导下，教育、财政等有关部门共同参与，教育督导机构具体组织实施。各级教育、财政部门要选派得力人员参与督导工作；保证督导经费和办公条件；指导下级教育、财政部门做好自查工作；根据督导意见，做好整改工作。

11. 农村义务教育经费保障机制改革的督导工作，是当前和今后一个时期教育督导的主要任务之一。各级教育督导机构要根据改革的实施步骤，制订督导工作方案，有计划、有步骤开展督导工作。督导检查要点面结合，既要全面了解整体工作的开展情况，又要选择有代表性的单位和学校，深入解剖，长期跟踪，及时发现改革过程中出现的新问题。要严格督导程序，改进工作方法，创新工作机制，努力提高督导的水平和质量。国家教育督导团将对各地农村义务教育经费保障机制改革实施情况进行专项督导检查。

12. 建立对农村义务教育经费保障机制改革督导工作的限期整改、结果公报和问责奖惩等制度。教育督导机构对被督导单位存在的问题要提出整改要求，限期整改。各地要将督导结果向社会公布，并作为考核领导干部政绩的重要内容和进行表彰奖励或进行责任追究的重要依据。国家教育督导团将对各地开展农村义务教育经费保障机制改革督导检查情况进行通报。

教育部　中央统战部　国家民委关于进一步加强教育对口支援西藏工作的意见

（2006年12月20日）

改革开放以来，在党中央、国务院的正确领导下，各有关省、直辖市认真贯彻党和国家关于大力加强教育援藏工作、促进西藏全面发展的有关精神和要求，把教育援藏作为一项政治任务认真加以落实，较好地完成了支援西藏发展教育事业、培养人才的各项任务，为加快西藏发展、增强民族团结、维护国家统一做出了重要贡献。但是，目前还存在着对教育援藏工作的认识程度不尽平衡、教育援藏的措施力度有待加强等突出问题，需要在今后的工作中认真加以完善和提高。为在新形势下进一步加强全国教育援藏工作，加快西藏全面建设小康社会步伐，共同把西藏建设成为文明、富裕、和谐的新西藏，对今后进一步做好教育援藏工作提出如下意见。

一、进一步提高认识，统一思想，高度重视教育援藏工作

西藏是我国重要的边疆民族地区，在维护国家统一、民族团结、保持边疆稳定方面具有十分重要的战略地位。由于历史、自然条件等方面的制约，西藏的经济社会发展在全国还处于较低的发展水平，属于我国范围较大的连片贫困地区。没有西藏的充分发展，就难以实现我国全面建设小康社会的宏伟目标，没有西藏的文明、富裕和团结稳定，就难以建成全国的和谐社会。加快西藏发展面临的困难表现在经济社会的诸多方面，但人才匮乏，教育发展滞后是主要因素之一。因此，在国家大力扶持西藏经济社会各项事业发展的同时，还迫切需要内地较发达地区伸出援助之手帮助西藏加快发展教育事业。承担教育援藏任务的各有关省（直辖市）、高等学校和单位要自觉地把对教育援藏工作的认识统一到党中央、国务院的要求上来，从全局和政治的高度充分重视教育援藏工作，积极发扬社会主义大协作精神，进一步加强和完善教育援藏的政策措施，加大工作和投入力度，努力完成教育援藏的各项任务，为把西藏建设成为维护民族团结和国家统一的坚强阵地做出应有的贡献。

二、教育援藏工作的指导思想和目标任务

（一）指导思想。以邓小平理论和“三个代表”重要思想为指导，全面落实科学发展观，全面贯彻党的教育方针和民族政策，大力推进西部大开发战略，认真实施“科技兴藏”和“人才强藏”基本方略，高度重视教育援藏工作在促进西藏政治稳定、经济发展、社会进步，增强民族团结、维护国家统一中的重要作用；坚持自力更生与国家扶持、内地大力支援相结合，加快西藏各级各类教育的快速、协调、健康发展，大力培养各类急需人才，不断增强西藏自力更生和可持续发展能力。

（二）教育援藏工作的目标任务。“十一五”期间，要进一步加大国家和内地对西藏教育的扶持和支援力度，使西藏九年义务教育阶段学校骨干教师和教育管理干部得到有效培训；普通高中、中等职业学校的办学条件得到明显改善，培养能力得到显著增强，高中教育阶段贫困学生得到有效资助；普通高等学校的教学、科研和管理水平得到显著提高，重点学科的建设取得明显进展；西藏建设需要的各类人才得到有效充实。通过努力，西藏教育的自我发展能力得到进一步增强。

三、加强和完善教育援藏工作的政策措施

（一）加强对西藏普通高中和中等职业教育的支援。采取“分片、分校负责，定点对口支援，包干落实对口任务”的办法，由北京、天津、河北、辽宁、吉林、黑龙江、上海、江苏、浙江、安徽、福建、山东、湖北、湖南、广东、重庆、四川、陕西等18个省（直辖市），对口支援西藏的拉萨、昌都、山南、日喀则、那曲、林芝、阿里等地（市）发展普通高中和中等职业教育，重点帮助西藏15所普通高中学校和7所中等职业学校（详见附件1），加强受援学校的基础设施改扩建和教学仪器设备更新补充、培训教师队伍等，使其整体办学条件和综合能力达到国家标准；设立专项经费，资助对口地区高中阶段家庭贫困学生完成学业。

（二）大力加强教师和教育行政管理干部的培训工作。承担对口教育援藏任务的省（直辖市）从2007年至2010年，每年为对口支援地（市）培训120名中小学骨干教师、60名教育行政管理骨干人员（详见附件2）。培训经费（包括培训费、交通费、食宿费和资料费等）由支援省（直辖市）统筹解决，培训方式与受援地（市）协商确定。根据受援地（市）的需要可选派教师和教育行政管理人员援藏。

（三）“十一五”期间，继续组织实施内地高等学校对口支援西藏高等学校的工作。采取内地多所高等学校对口支援西藏一所高等学校的方式，加大对西藏高等学校的支援力度。由内地35所高等学校分别对口支援西藏大学、西藏民族学院、西藏藏医学院、西藏警官高等专科学校、西藏拉萨师范高等专科学校和西藏职业技术学院（详见附件3）。承担支援任务的高等学校，重点帮助受援学校制订整体发展规划，加强院（系）的学科和教师队伍建设，帮助提高教学、科研和管理水平，援建实验室，加强资源库建设，使受援学校的综合办学和科研能力得到显著增强。

（四）大力加强为西藏培养各类建设人才的工作。2008年至2012年，中国人民大学等8所高等学校按原定招生考试和培养办法，继续承担培养西藏在职干部的任务，5年共计1980名（本科1550名，硕士研究生430名），其中汉族干部占总数的40%。研究生和成人专升本招生计划纳入国家招生计划。内地高等学校要逐步扩大面向西藏和内地西藏班的本科和研究生招生计划，多渠道为西藏培养人才。内地高等学校为西藏招收非西藏生源培养人才的工作，根据西藏对人才的需要组织实施；继续执行中央财政资助学费的优惠政策，进藏服务期为5年。

（五）加强教育部有关直属单位对西藏相关单位的对口支援。教育部直属的人民教育出版社、高等教育出版社、中国教育报刊社、中央教育科学研究所、教育部考试中心、中央电化教育馆、中央广播电视大学、中国教育电视台、学生体育协会联合秘书处、科技发展中心、学位与研究生教育发展中心等11个单位负责对口支援西藏教育厅所属的有关单位。

四、加强领导，明确责任

（一）教育部负责教育援藏工作的宏观指导和管理，制定有关政策措施，对教育援藏工作进行检查以及总结交流经验、表彰先进等。

（二）支援省（直辖市）人民政府要建立健全由省级人民政府主管领导牵头、相关部门负责人参加的教育援藏工作协调领导小组，具体负责落实本地区教育援藏工作的任务，制定相关配套政策措施，完成好对口支援项目。要把教育援藏工作所需经费列入地方财政预算予以落实。

有关省（直辖市）教育行政部门和高等学校负责组织实施教育援藏各项具体工作；有关省（直辖市）教育行政部门和高等学校的主要领导要亲自抓教育援藏工作。

（三）西藏自治区人民政府要配合教育部、有关省（直辖市）和高等学校做好教育受援工作，向教育部提出教育援藏项目建议并于每年11月底向教育部通报教育援藏项目的进展情况和下一年度实施的教育援藏项目情况；主动加强与支援省（直辖市）教育行政部门和高等学校的交流和联系，负责教育援藏项目的接受和具体实施；按照学用一致、优才优用的原则，协调西藏有关部门，负责内地高等学校援藏毕业生和西藏籍毕业生的就业工作；做好教育援藏干部的接收工作，并关心他们在藏的生活和工作；定期组织对教育援藏情况的考察和调研。

教育援藏工作是党中央、国务院发展西藏教育事业的一项重要决策，是加快西藏社会主义现代化建设步伐的重要措施。有关省（直辖市）和相关部门要把教育援藏工作作为一项政治任务，尽职尽责认真落实。

附件略

教育部　新闻出版总署关于印发《高等学校出版体制改革工作实施方案》的通知

（2007年1月25日）

根据《中共中央 国务院关于深化文化体制改革的若干意见》（中发［2005］14号）精神和全国文化体制改革工作会议的要求，教育部和新闻出版总署制定了《高等学校出版体制改革工作实施方案》（以下简称《实施方案》），并报经中宣部原则同意，现印发给你们。

请按《中共中央 国务院关于深化文化体制改革的若干意见》和《实施方案》的要求，认真制订所属高校出版单位的改革方案，精心组织实施，积极稳妥地推进改革试点工作。

请有关高校出版单位的主管、主办部门将制定的体制改革实施方案及有关进展情况及时报送教育部（社会科学司）。

高等学校出版体制改革工作实施方案

按照《中共中央 国务院关于深化文化体制改革的若干意见》（中发［2005］14号）精神，结合高校出版单位的发展实际，提出高校出版体制改革工作实施方案。

一、高校出版体制改革的原则

高校出版体制改革要全面贯彻中发［2005］14号文件精神，遵循社会主义精神文明建设的特点和规律，适应社会主义市场经济发展的要求，妥善处理文化的意识形态和产业属性的关系。坚持社会主义先进文化的前进方向，坚持为人民服务、为社会主义服务。坚持把社会效益放在首位，努力实现社会效益和经济效益的统一。

高校出版体制改革要有利于高等教育事业的发展，有利于促进高校学科建设和人才队伍的培养；有利于高校出版单位的发展，更好地坚持办社办刊宗旨，使其更具有活力和竞争力；有利于解放和发展生产力，调动出版单位人员的积极性和创造性。

高校出版体制改革要根据出版单位的实际情况区别对待、分类指导、试点先行、逐步推开，有组织、分步骤地组织实施。高校出版体制改革的总体方案由教育部和新闻出版总署共同制订，报中央文化体制改革领导小组办公室同意。

二、高校出版单位体制的类别

高校出版单位是指高等学校主办的出版社、学报、各类期刊和校报。鉴于高校出版单位为高校教学科研服务定位所具有的差异性，以及发展规模、发展水平的不均衡性等因素，高校出版单位体制模式分为两类：第一类企业。将能够出版多类别、多层次、多媒体教材，满足全民教育、社会教育需求，依靠市场配置资源，市场化程度较高、经营能力较强、有能力参与出版物市场竞争的出版社和面向市场、面向大众的科普类、教辅类、文摘类期刊转制为企业。第二类事业体制。将国防工业院校、民族院校等仅出版面向校内和特定行业所需出版物、基本上不依靠市场配置资源，不参与市场竞争的少数高校出版社，以及高校学报、学术性期刊和校报实行事业体制。

三、高校出版单位体制改革的任务

高校出版单位转制为企业的，要切实贯彻“创新体制、转换机制、面向市场、壮大实力”的方针。学校要按照现代企业制度的要求，建立和完善出版单位的法人治理结构，建设产权清晰、权责明确、管理科学的现代出版企业；要对出版单位进行清产核资，资产评估，产权登记，以及资产授权经营，确保国有资产的保值增值；要确认出版单位的出资人身份，明确出资人权利，建立资产经营责任制。出版单位要提高发展质量，增强竞争力；要实行企业财务、税收、社会保障和劳动人事制度；要建立适应市场需求、调控有力的经营管理模式；要切实做好劳动人事、社会保障的政策衔接，按照新人新办法、老人老办法的原则妥善处理转制中的人事问题。

高校出版单位保留事业体制的，要切实贯彻“增加投入、转换机制、增强活力、改善服务”的方针。学校对这类出版单位要加大扶持力度，对非经营性亏损要给予补贴。出版单位的盈利只能用于出版单位自身的发展。出版单位要根据国家有关规定，进一步明确自身的定位和经营范围；按照事业体制的新要求进行规范运行；积极推进人事、收入分配和社会保障制度改革；全面推行全员聘用制度和岗位目标责任制；做好社会保障的政策衔接，保障职工的合法权益；合理配置人才资源，促进各类人才有序流动；建立健全财务管理制度，加强经济核算，降低运营成本。

四、高校出版单位体制改革的步骤

第一步先行试点。确定高校出版单位试点的原则为：设在中央文化体制改革首批试点地区的高校出版单位；出版单位及其主办高校有纳入试点的要求；出版单位具备改革试点的基础与条件。

第一批转企试点的高校出版社有：清华大学出版社、外语教学与研究出版社、中国人民大学出版社、中央广播电视大学出版社、北京大学出版社、北京大学医学出版社、北京师范大学出版社、北京航空航天大学出版社、华东师范大学出版社、浙江大学出版社、东南大学出版社、大连理工大学出版社、广西师范大学出版社、中山大学出版社、上海财经大学出版社、武汉大学出版社、华中科技大学出版社和天津大学出版社（共18家）。

第一批转企试点的高校期刊或期刊社有：北京外国语大学《英语学习》、中山大学《家庭医生》、广西师范大学杂志社（共3家）。

第一批保留事业体制试点的高校出版社：东北林业大学出版社。

第二步总结经验，扩大试点。按照中央的部署，总结第一批试点经验，立足高校出版单位发展的实际，选择具备改革条件的出版社和部分期刊列入第二批改革试点单位。

第三步全面推开。待时机成熟后，将高校出版单位体制改革全面推开。

五、建立适应高校出版单位转企实际的管理体制和法人治理结构

高校是所属出版单位的主办单位，高校出版单位转制为企业后，学校仍履行主办单位的职责。

高校出版单位是全民所有制企业或国有独资公司，学校或学校资产经营有限公司作为出资人，其资产由学校资产管理委员会进行管理与监督。

学校要完善出版单位的法人治理结构。学校须将转制为企业的高校出版社与一般企业（包括高科技企业）区别对待，在工商登记时可保留原名称不变。学校要按照现代企业制度的要求，确立出版企业的资产授权经营关系，建立健全法人治理结构，根据高校出版单位的特点组成董事会和监事会。在出版单位仅是学校独资的情况下，学校不设股东会，由学校资产管理委员会行使股东会职权。学校可以授权董事会行使股东会的部分职权，决定出版单位的重大事项，董事会要保证出版单位正确的政治方向和办社宗旨，确保出版物内容与导向的正确和国有资产的保值增值。学校要坚持党管干部的原则，出版单位的主要负责人由学校组织部门考核后，董事会聘任。

六、高校出版单位体制改革的配套政策

高校出版单位列为转制试点后，可以享受《国务院办公厅关于印发文化体制改革试点中支持文化产业发展和经营性文化事业单位转制为企业的两个规定的通知》（国办发［2003］105号）中的有关优惠政策。此外，鉴于高校出版单位的特殊情况，还需逐步解决以下四个问题：

1. 关于高校出版单位缴纳企业所得税的问题。为能彻底解决高校出版单位税赋过重的问题，教育部和新闻出版总署将会同有关部门协商解决，降低企业所得税的税率。

2. 关于高校出版单位向学校上交利润的问题。学校作为出版单位的投资者，要根据出版单位发展的状况和需要，与出版单位确定合理的投资回报率。学校要指导出版社进行完全的成本核算。

3. 关于高校出版社转企中人员安置的问题。学校可采取高校科技产业的相关政策，按照“老人老办法、新人新办法”的原则，稳妥处理高校出版社的人事关系。出版单位转企后，要依照国家有关法律法规自主用人，原有属学校事业编制的人员退休后，由学校负责管理，与学校其他离退休职工享受同等待遇。

4. 关于出版资源配置的问题。新闻出版总署将根据发展的需要，对转制为企业的出版单位优先配置出版资源。

七、高校出版体制改革的组织领导

高校出版体制改革在教育部和新闻出版总署的领导下进行。教育部成立出版体制改革领导小组，领导高校出版单位的体制改革工作。高校出版单位的主管主办单位负责其体制改革的具体实施。教育部和新闻出版总署共同制订高校出版单位体制改革整体方案，报中央文化体制改革工作领导小组办公室同意后实施。各主管部门和主办单位按照整体方案确定的出版体制模式归类归位，提出改革的实施方案，报教育部出版体制改革领导小组和新闻出版总署出版发行改革领导小组审核后实施。列入改革试点的京外高校出版单位的体制改革工作应纳入属地出版体制改革的整体工作中。

国家发展改革委 教育部关于印发《中西部农村初中校舍改造工程总体方案》的通知

(2007年4月18日)

《国家发展改革委、教育部关于中西部农村初中校舍改造工程总体方案(送审稿)的请示》(发改社会[2006]2895号)已报经国务院批准同意。现将《中西部农村初中校舍改造工程总体方案》印发给你们,请遵照执行,并请结合实际认真研究,做好"工程"启动实施的相关准备工作。

中西部农村初中校舍改造工程总体方案

实施"中西部农村初中校舍改造工程"(以下简称"工程"),是进一步加强农村义务教育的重要举措。改善农村教育基础设施,对于缩小城乡、区域教育发展差距,推动公共教育协调发展,促进构建社会主义和谐社会具有重要意义。为了保证"工程"顺利实施,根据"十一五"规划《纲要》要求,提出如下意见:

一、总体目标和任务

(一)推动未纳入"两基"攻坚计划实施范围的中西部地区农村初中进行校舍改造,重点加强农村薄弱初中学生生活设施建设,改善食宿条件,提高农村初中巩固率和寄宿率。

(二)重点支持大约7 000所独立设置的农村初中学校新建或改造学生宿舍、食堂和厕所等生活设施,使项目学校寄宿学生生活设施达到或接近《农村普通中小学校建设标准》,基本消除"大通铺"和校外租房现象。

二、覆盖范围、资金安排和用向

(三)"工程"覆盖范围包括西部12个省(市、区)和新疆兵团、中部6省以及河北、海南、吉林、黑龙江等省的部分贫困地区。主要支持非"两基"攻坚县中的国家扶贫工作重点县、少数民族自治县、革命老区县和部分贫困人口集中分布县(以下简称四类县),适当兼顾少数其他困难地区。

(四)据统计,上述四类县在中西部地区大约有500个,现有独立设置的农村初中学校1.1万所,在校生1 009万人。按照国家《农村普通中小学校建设标准》核算,到2010年学生宿舍、食堂和厕所共缺额约2 700万平方米,匡算需要投资154亿元。上述建设任务由中央专项资金和地方政府投入共同建设完成,中央专项资金拟选择其中部分学校相对集中给予支持。

(五)"十一五"期间国家发展改革委计划安排100亿元,占匡算"工程"土建总投资需求的大约2/3,其余部分由地方政府负责落实。地方政府承担的配套投入,由省级政府专项安排。

(六)中央专项资金分配原则是:国家发展改革委和教育部依据国务院有关部门明确的相关政策及数据,确定四类县范围;根据各省的四类县数、现有农村初中学校数、2010年预计在校生数、现有学生宿舍、食堂和厕所面积缺额数、农村中小学建设标准、地区经济发展水平等情况,采取因素法测算分配中央专项资金分省控制额度。

国家发展改革委和教育部从100亿元中央专项资金中预留部分额度,在"工程"执行中后期,依据项目省政府配套资金落实情况和工程实施管理实效,对切实重视教育、努力增加投入的省考虑给予奖励性支持。

(七)"工程"建设资金由中央专项资金和省级政府配套投入共同组成。中央专项资金主要用于项目学校学生宿舍、食堂和厕所主体建筑的土建。省级配套资金主要用于项目学校部分土建、床具、炊具等设备购置及取暖、供水、围墙、勤工俭学场地等配套设施建设。

三、主要指导原则

为保证实现"工程"总体目标和任务，国家发展改革委和教育部在组织编制"工程"建设规划和推进项目实施过程中，将把握以下原则。

（八）坚持科学规划、合理布局。各省要指导项目县结合当地经济社会发展实际，充分考虑城镇化建设规划、人口增长和密度、学龄人口变化趋势、寄宿学生实际需求、教育资源布局、地理环境及水电等基础条件是否满足寄宿学校长远发展需要等因素，遴选确定项目学校。列入"工程"建设规划的项目学校必须符合当地中小学布局结构调整规划，布局规划中准备整合撤销或水电等条件不能满足寄宿制学校生活要求的农村初中不得列入项目规划。

（九）坚持整合资源、统筹安排。要以县为单位统筹考虑农村初中校舍建设问题，项目县必须整合县域内农村初中办学资源，对于校舍面积总量已达到或超过国家标准、但存在结构性短缺矛盾的县，鼓励进行办学资源整合，通过调整改造部分富余校舍，解决寄宿学生生活条件不足的问题。校舍面积总量能够满足实际需要的地区，中央专项资金原则上不支持新增校舍建设。

（十）加强薄弱学校、促进均衡发展。优先遴选支持设在乡镇的农村薄弱初中学校，通过专项建设推进其办学条件达到国家或省级规定要求，促进校际间办学条件基本均衡。反对集中财力打造"重点校"或"示范校"的倾向，不搞形象工程。

（十一）注重协调发展、鼓励资源节约。要与国家已经组织实施的农村中小学危房改造工程、"两基"攻坚寄宿制学校建设工程等专项建设计划相衔接，对已经在上述工程建设规划中布点建设了生活用房的农村初中学校，原则上不得重复安排；鼓励和支持有条件的地区，因地制宜推广沼气改厕、太阳能利用等资源综合利用方案，建设农村生态校园。

四、组织实施和管理

（十二）"工程"在国务院领导下，由国家发展改革委、教育部和中西部有关省（市、自治区）人民政府共同组织实施。

国家发展改革委会同教育部研究制订"工程"建设总体方案报国务院审批；教育部和国家发展改革委根据国务院审定的原则意见，制订编制"工程"建设规划的具体要求和指导意见，部署地方政府编制"工程"建设规划和分年度实施计划，并审定各省报送的建设规划。

省级政府根据国务院审定的总体建设方案和两部委关于编制工程规划的具体意见，进一步明确建设任务、落实配套资金、遴选项目学校、确定建设标准、编制建设规划，并按照两部委审定的建设规划，具体负责规划实施、监管和组织协调工作。

国家发展改革委按照基本建设程序和项目管理要求，分年度审批下达建设计划和投资。

项目县政府负责"工程"项目学校的建设和管理，具体承担工程建设、资金使用、施工质量、运行使用等方面责任。

（十三）为加强对"工程"的领导和管理，国家成立中西部农村初中校舍改造工程领导小组，负责研究决策工程实施中的重大问题；领导小组下设办公室，具体负责"工程"的实施、管理和监督检查，建立项目数据库进行统一管理。各项目省也要成立相应的组织机构，具体负责"工程"实施的日常管理工作。

（十四）教育部和国家发展改革委将研究制订"工程"管理的配套文件，进一步明确对规划执行、工程设计、资金使用、项目管理及代建制、监督检查和评估验收的相关制度要求。

"十一五"期间，加强农村义务教育是教育发展的重中之重任务，也是推进社会主义新农村建设的必然要求，地方各级政府、发展改革和教育部门要按照国务院的要求，精心组织，认真实施，确保实现"工程"规划目标。

教育部 新闻出版总署关于高校出版社体制改革试点工作的若干意见

（2007年6月1日）

根据《中共中央 国务院关于深化文化体制改革的若干意见》（中发［2005］14号）以及《新闻出版总署关于深化出版发行体制改革工作实施方案》（新出办［2006］616号）和《教育部 新闻出版总署关于印发〈高校出版体制改革工作实施方案〉的通知》（教社科［2007］5号）的精神，为进一步深化出版体制改革，加快推进高校出版社规范转制，促进教育事业和出版事业繁荣发展，对高校出版社的体制改革试点工作提出如下意见。

一、积极推进高校出版社的体制改革工作

1．高校出版社体制改革是全国出版体制改革工作的重要组成部分。各高等学校要增强改革的自觉性，坚定不移，积极稳妥，合法有序，务求实效地推进出版社的体制改革。要通过改革试点工作，逐步建立符合社会主义市场经济规律和社会主义精神文明建设要求的高校出版体制。要按照现代企业制度的要求，加快出版社的公司制改造，建立和完善符合教育规律、出版规律和市场规律的运行模式，解放和发展生产力。要充分发挥高等学校和所属出版社两方面的积极性，大胆探索，兼顾各方，稳步推进，以体制改革为契机，促进高校出版社的更大发展。

二、明确高等学校对转制出版社的职责

2．高等学校要切实履行主办单位职责。高校出版社转制为企业后，仍由所在高等学校主办。高等学校要认真履行主办单位的职责，加强对所属出版社的领导，保证其坚持正确的政治导向，坚持正确的办社方向，坚持为教学科研服务，为发展科技、经济、文化服务的办社宗旨；要指导所属出版社建立和完善各项制度，加强对出版物选题的管理和出版物内容的审核把关，并建立相应的问责制度。

3．高等学校要加强对所属出版社国有资产的监控和管理。学校或学校资产经营有限公司（以下简称资产公司）是高校出版社的出资人，要确保国有资产的保值增值。学校要明确资产管理委员会、资产公司和出版社经营班子各自的职责和权限，凡是涉及“三重一大”等经营管理中的重大问题，必须依照审批权限和程序，由资产管理委员会集体决策。

4．高等学校要高度重视所属出版社领导班子的建设。高校出版社的主要负责人仍应由学校组织部门根据干部考核、聘任的权限和程序，充分考虑高校出版社的特点和要求选定，按照企业聘任经营者的程序进行聘任。学校应选拔政治责任心强，思想素质高，熟悉出版工作，遵纪守法，善经营、会管理的人担任高校出版社的主要负责人，并保持相对稳定。学校应依照国家出版管理的有关规定、资产经营责任制的要求，合理制定对高校出版社主要负责人的任用、考核和激励办法，充分调动他们的积极性。

三、规范高校出版社的转制工作

5．进行清产核资。清产核资是高校出版社转制过程中重要的基础性工作，必须严格按照国家的有关规定，进行资产清查和评估、审计，防止国有资产流失。清产核资结果上报国家有关部门批准。

6．办理产权登记手续。清产核资结果批复后，按照国家国有资产产权登记的有关规定，到有关管理部门办理产权登记手续，以取得企业资产的产权登记证明文件。

7．依法组建独立法人的出版企业。高校出版社应以通过产权登记的国有资产作为企业法人资产，注册国有独资性质的有限责任公司，真正成为独立核算、自主经营、自负盈亏、照章纳税，能够独立承担民事责任的法人实体。

8．建立规范的法人治理结构。转制后的高校出

版社应按照现代企业制度的要求，建立规范的法人治理结构。高校出版社依法设立董事会和监事会，按照《公司法》行使其职权。

9. 建立适应企业运行的干部管理制度。高校出版社的董事会、监事会成员由学校选定，通过资产公司委派。高校出版社的主要负责人由学校组织部门向出版社董事会提出任职建议，由董事会聘任。其他高级管理人员由出版社主要负责人提名，通过相应的干部任前考核程序后，由董事会聘任。

10. 制定和完善企业的规章制度。高校出版社转企后，要按照现代企业的管理模式，制定公司《章程》；加强企业内部管理，建立和完善企业财务、税收、劳动人事、社会保障等一整套内部管理制度；对企业的投资、借贷、担保、大额资金调用等重大事项的决策权限和程序，要有明确的规定，以规避企业的经营风险。

四、妥善解决出版社转制中的相关问题

11. 做好人员安置工作。高校出版社员工是高校出版社的重要资源和财富，要处理好转企改制中人员的安置问题。高校出版社的事业编制人员，应按照“老人老办法，新人新办法”的原则，由各高等学校制订具体的实施办法，做好深入细致的思想政治工作，妥善解决人员安置问题。

12. 合理确定上交利润的比例，保证出资人的投资回报。高校出版社的出资人，有权依法获得投资收益。出资人应根据出版社的规模、效益以及企业长远发展所需的资金、积累等实际情况，确定合理的投资回报。

13. 高校出版社要继续为学科发展和学术繁荣做贡献。高等学校的学术、人才优势和社会影响力，是高校出版社稳定发展的基础和依托，高校出版社转制后，应当继续为学校的学科发展和学术繁荣做贡献。

五、制定和落实优惠政策

14. 落实税收优惠等政策。按照《国务院办公厅关于印发文化体制改革试点中支持文化产业发展和经营性文化事业单位转制为企业的两个规定的通知》（国办发［2003］105号）和《财政部 海关总署 国家税务总局关于文化体制改革中经营性文化事业单位转制后企业的若干政策问题的通知》等文件要求，试点单位享受相关的税收优惠等政策。

15. 优先配置出版资源。新闻出版总署对试点出版社，在配置书号、调整出版范围等方面给予支持；对其重大出版工程项目给予重点支持；`对其联合、重组、并购和跨地区经营等方面给予支持；对于成功实施转制的出版社，可以增加其在图书出版单位等级评估中的权重。

16. 考虑到高等学校的公益性以及高校出版社为教学科研服务的特点，新闻出版总署和教育部将会同有关部门进行协商，积极争取免除高校出版企业的所得税或适当降低所得税的税率。

共青团中央　教育部　人事部　全国少工委关于印发《少先队辅导员管理办法（试行）》的通知

（2007年6月11日）

少先队辅导员是少年儿童的亲密朋友和指导者，少先队的各项工作和任务都要依靠少先队辅导员具体实施。为深入贯彻落实共青团中央、教育部、人事部等中央八部委联合下发的《关于进一步加强少先队工作的意见》（中青联发［2005］22号）和第五次全国少代会精神，按照“全队抓基层，全队抓落实”的工作要求，提高少先队辅导员素质，进一步加强少先队辅导员队伍建设，推进少先队事业深入发展，共青团中央、教育部、人事部、全国少工委研究制订了《少先队辅导员管理办法（试行）》。这是加强少先队制度建设和队伍建设的重要文件。现将《少先队辅导员管理办法（试行)》印发给你们，请各地认真贯彻执行。

少先队辅导员管理办法（试行）

第一章 总 则

第一条 少先队辅导员是少先队员的亲密朋友和指导者，是我国未成年人思想道德建设队伍的重要组成部分，是实施素质教育的重要力量。为加强少先队辅导员队伍建设，规范辅导员的工作，根据《中国少年先锋队章程》以及团中央、教育部等部委关于加强少先队工作的政策、规定，制定本办法。

第二条 本办法适用于各级少先队总辅导员、少先队大队辅导员、少先队中队辅导员和少先队志愿辅导员。

第三条 各级少先队组织要认真贯彻本办法的要求，努力引导少先队辅导员做少先队员人生追求的引领者、实践体验的组织者、健康成长的服务者、合法权益的保护者和良好发展氛围的营造者。

第二章 辅导员的任职条件

第四条 辅导员应具备以下基本条件：

1. 忠诚党的教育事业，具有坚定的政治方向，能自觉实践邓小平理论和“三个代表”重要思想，树立和落实科学发展观。

2. 热爱少年儿童，热爱少先队工作，品行端正，作风正派，具有奉献精神，竭诚为少年儿童健康成长服务。

3. 掌握教育规律和当代少年儿童成长规律，引导少年儿童在实践体验中提高全面素质。

4. 综合素质比较全面，具有较强的组织协调能力、语言文字表达能力和一定的理论研究能力。

第五条 农村学校的大中队辅导员和乡（镇）总辅导员应具有中师以上（含中师）文化程度。城区中小学校的大中队辅导员和省（区、市）、市（地）、县（市、区）总辅导员应具有大专以上（含大专）文化程度。

第六条 大队辅导员和乡镇总辅导员应具有2年以上教育教学经验，省（区、市）、市（地）、县（市、区）总辅导员应具有3年以上的少先队工作经验。

第七条 少先队大队辅导员上岗前必须参加由县级以上（含县级）少工委组织的专业培训，并由县级以上（含县级）少工委颁发由全国少工委制定统一格式的《少先队辅导员培训合格证书》。

第三章 辅导员的配备与管理

第八条 省（区、市）、市（地）、县（市、区）、乡（镇）少工委应设少先队总辅导员。总辅导员应由长期从事少先队工作，具有丰富经验、较强组织协调能力和较高理论研究水平的人士担任。省级、市级总辅导员应设在同级团委，县（市、区）级总辅导员可设在同级团委，也可设在同级教育行政部门。省（区、市）、市（地）、县（市、区）总辅导员应按不低于同级团委或教育行政部门中层副职的标准配备。乡（镇）总辅导员由中心校少先队大队辅导员兼任。

第九条 大队辅导员由所在学校推荐、上级团委聘请、从事学校少先队工作的优秀教师担任。在配备与管理上应做到：

1. 有15个教学班以上的小学，初一、初二两个年级有8个教学班以上的中学，应配备一名少先队大队辅导员。中学的大队辅导员可由中学团委（总支）书记或团委副书记兼任。

2. 大队辅导员在已与学校明确了聘用关系的人员范围内，按照队章的规定聘请，三年一聘，聘请的第一年为试用期，试用期间考核如不合格则随时解聘，工作业绩突出者可续聘。学校对大队辅导员进行调整时，需征求上级团委意见，并做到随缺随补。团组织聘请辅导员应举行仪式，颁发聘书。

3. 大队辅导员按学校中层管理人员进行管理和使用，列席校务会议。从事少先队工作多年，且成绩特别突出者，可列入教育系统后备干部培养序列。

4. 符合《中学教师职务试行条例》或《小学教师职务试行条例》要求的大队辅导员可按有关规定评聘相应专业技术职务。

5. 大队辅导员每周兼课一般不超过6课时，从事少先队的工作时间每周不低于10课时。大队辅导员的工作量要折算成相应的教学工作量。大队辅导员节假日组织开展少先队活动，学校应给予适当调休。

第十条 初中和小学以班级为单位成立少先队中队，中队辅导员一般由班主任兼任，也可由其他课任教师兼任。聘请中队辅导员要举行仪式，颁发聘书。

第十一条 学校和社区少先队组织要至少聘请一

名志愿辅导员。少先队志愿辅导员应从各行各业的先进人物、优秀青年学生、志愿者和解放军指战员、武警官兵、公安民警以及老干部、老战士、老专家、老教师、老模范等社会各界热心少年儿童工作的人士中聘请。聘请志愿辅导员要举行仪式，颁发聘书。县（市、区）少工委要对志愿辅导员及时进行登记注册，并对他们进行培训。

第四章 辅导员的职责

第十二条 各级总辅导员的职责是：在同级少工委的领导下，参与团委、教育行政部门、少工委对本区域内少先队工作计划的研究、制订和重大活动的设计、实施；参与对基层辅导员的工作指导和业务培训；及时向上级少工委和有关部门反映基层辅导员在工作、学习、生活中遇到的实际问题，并参与会同有关部门协商解决。

第十三条 少先队大队辅导员的职责是：抓好学校少先队基础建设；组织开展少先队大队的各项活动；指导和协调中队辅导员工作；培训中队辅导员；关注队员的身心健康，反映他们的意见和成长中的需求，争取学校、家长、社会的支持和配合；维护少年儿童的合法权益，促进他们健康成长全面发展；协助学校行政管理工作；协助社区少工委工作。

第十四条 少先队中队辅导员的职责是：在大队辅导员的领导下，指导中队委员会制订计划、开展工作、组织活动；指导中队集体建设，帮助队员学会当家作主。

第十五条 少先队志愿辅导员的职责是：充分利用自身的优势和专长，辅导少年儿童开展丰富多彩的实践体验和文娱活动；维护少年儿童的合法权益；为学校和社区的少先队工作创造条件，提供支持。

第五章 对辅导员的培训

第十六条 各级少工委要把对辅导员的培训作为重要的工作任务，制订年度培训计划，利用寒暑假和节假日对辅导员进行培训，并为他们参加培训创造条件。

第十七条 辅导员培训以“实际、实用、实效”为宗旨，应着重做好上岗前的专业培训、在岗期间的业务培训和更新知识的专项培训等。

第十八条 辅导员培训内容主要包括政治理论、少先队业务、少先队重大工作项目等。辅导员培训大纲、计划、教材要由省级以上（含省级）少工委组织专家编写。

第十九条 辅导员培训按照分级培训、分类负责的原则实施，分为全国、省、市、县四个层次。全国和省级少工委的培训以总辅导员、骨干大队辅导员及专项培训为主，市（地）、县（市、区）两级培训要扩大到中队辅导员，县级少工委培训要以中队辅导员为主。

第二十条 各级少工委要努力创造条件为辅导员受训提供经费支持。要落实各级团费的10%用于少先队辅导员的培训的要求，同时积极争取财政和相关方面的支持。各中小学校应把辅导员的培训纳入教师继续教育体系。

第二十一条 新任或拟任辅导员的优秀教师，参加上岗培训的时间一般不少于3天。在岗的大中队辅导员、总辅导员每年累计参加各类培训（含以会代训）的时间一般不少于5天。培训结束要颁发相应的证书。

第六章 对辅导员的业绩考核

第二十二条 省（区、市）、市（地）、县（市、区）总辅导员由同级团委、教育行政部门、少工委负责考核。乡（镇）总辅导员、大队辅导员由县（市、区）少工委按照《少先队辅导员工作纲要（试行）》的要求进行考核。中队辅导员由学校少先队大队委员会和大队辅导员共同考核。

第二十三条 对各级总辅导员的考核可结合单位工作考评一年进行一次。对大、中队辅导员的考核每学期进行一次，并建立考核档案。

第二十四条 对大、中队辅导员的考核主要应包括以下环节：(1) 个人进行工作总结；(2) 在所在学校进行民主测评，广泛听取各方面意见；(3) 确定考核等次。考核分为优秀、称职、不称职三个等次。考核结果要作为辅导员聘请、评选先进的重要依据，考核不称职者应予解聘。

第二十五条 考核应坚持客观公正的原则。辅导员的考核结果应以书面形式通知本人，并报上级少工委备案。

第七章 对辅导员的奖励

第二十六条 对经正式聘请，工作有显著成绩或作出特殊贡献的各级总辅导员、大中队辅导员和志愿辅导员，由各级团委、少工委联合教育行政部门等共同表彰，并授予“十佳少先队辅导员”、“十佳少先队志愿辅导员”、“优秀少先队辅导员”的荣誉称号。

第二十七条 受到表彰的大中队优秀辅导员和乡（镇）优秀总辅导员应享受同级优秀教师的待遇。

第二十八条 辅导员在少先队工作中获得的各种奖励和研究成果，应与中小学教师在教学方面获得的奖励和研究成果同等对待，并记入本人档案，作为考核、聘用、职务和工资晋升的重要依据。

第二十九条 共青团组织表彰的先进工作者，教育行政部门表彰的优秀教师，少先队辅导员要占一定比例。

第八章 附 则

第三十条 本办法由共青团中央、全国少工委、教育部、人事部共同制定，本办法的解释权属发文部委。省级少工委可联合相关部门依据本办法制定具体的实施办法或细则。

第三十一条 本办法自发布之日起实施。

财政部 教育部关于印发《普通本科高校、高等职业学校国家奖学金管理暂行办法》的通知

（2007 年 6 月 26 日）

为激励普通本科高校、高等职业学校学生勤奋学习、努力进取，在德、智、体、美等方面得到全面发展，根据《国务院关于建立健全普通本科高校、高等职业学校和中等职业学校家庭经济困难学生资助政策体系的意见》（国发［2007］13 号）有关精神，财政部、教育部制定了《普通本科高校、高等职业学校国家奖学金管理暂行办法》。现印发给你们，请遵照执行。

普通本科高校、高等职业学校国家奖学金管理暂行办法

第一章 总 则

第一条 为激励普通本科高校、高等职业学校学生勤奋学习、努力进取，在德、智、体、美等方面得到全面发展，根据《国务院关于建立健全普通本科高校、高等职业学校和中等职业学校家庭经济困难学生资助政策体系的意见》（国发［2007］13 号），制定本办法。

第二条 本办法所称普通本科高校、高等职业学校是指根据国家有关规定批准设立、实施高等学历教育的全日制普通本科高等学校、高等职业学校和高等专科学校（以下简称高校）。

第三条 国家奖学金由中央政府出资设立，用于奖励高校全日制本专科（含高职、第二学士学位）学生（以下简称学生）中特别优秀的学生。

中央高校国家奖学金的名额由财政部商有关部门确定。地方高校国家奖学金的名额由各省（自治区、直辖市）根据财政部、教育部确定的总人数，以及高校数量、类别、办学层次、办学质量、在校本专科生人数等因素确定。在分配国家奖学金名额时，对办学水平较高的高校、以农林水地矿油核等国家需要的特殊学科专业为主的高校予以适当倾斜。

第二章 奖励标准与基本条件

第四条 国家奖学金的奖励标准为每人每年 8 000 元。

第五条 国家奖学金的基本申请条件：

1. 热爱社会主义祖国，拥护中国共产党的领导；

2. 遵守宪法和法律，遵守学校规章制度；

3. 诚实守信，道德品质优良；

4. 在校期间学习成绩优异，社会实践、创新能力、综合素质等方面特别突出。

第三章 名额分配与预算下达

第六条 全国学生资助管理中心根据财政部、教育部确定的当年国家奖学金的总人数，按照本办法第三条的规定，于每年5月底前，提出各省（自治区、直辖市）和中央部门所属高校国家奖学金名额分配建议方案，报财政部、教育部审批。

第七条 每年7月31日前，财政部、教育部将国家奖学金分配名额和预算下达中央主管部门和省级财政、教育部门。

每年9月1日前，中央主管部门和省及省以下财政、教育部门负责将国家奖学金名额和预算下达所属各高校。

第四章 评 审

第八条 国家奖学金每学年评审一次，实行等额评审，坚持公开、公平、公正、择优的原则。

第九条 获得国家奖学金的学生为高校在校生中二年级以上（含二年级）的学生。

同一学年内，获得国家奖学金的家庭经济困难学生可以同时申请并获得国家助学金，但不能同时获得国家励志奖学金。

第十条 高校要根据本办法的规定，制定具体评审办法，并报主管部门备案。

第十一条 高校学生资助管理机构具体负责组织评审工作，提出本校当年国家奖学金获奖学生建议名单，报学校领导集体研究审定后，在校内进行不少于5个工作日的公示。公示无异议后，每年10月31日前，中央高校将评审结果报中央主管部门，地方高校将评审结果逐级报至省级教育部门。中央主管部门和省级教育部门审核、汇总后，统一报教育部审批。教育部于每年11月15日前批复并公告。

第五章 奖学金发放、管理与监督

第十二条 高校于每年11月30日前将国家奖学金一次性发放给获奖学生，颁发国家统一印制的奖励证书，并记入学生学籍档案。

第十三条 各高校要切实加强管理，认真做好国家奖学金的评审和发放工作，确保国家奖学金用于奖励特别优秀的学生。

第十四条 各省（自治区、直辖市）、有关部门和高校必须严格执行国家相关财经法规和本办法的规定，对国家奖学金实行分账核算，专款专用，不得截留、挤占、挪用，同时应接受财政、审计、纪检监察、主管机关等部门的检查和监督。

第六章 附 则

第十五条 民办高校（含独立学院）国家奖学金管理办法由各省（自治区、直辖市）制定。各省（自治区、直辖市）在制定办法时，应综合考虑学校的办学质量、学费标准、招生录取分数、一次性就业率、学科专业设置等因素。

第十六条 本办法由财政部、教育部负责解释。各省（自治区、直辖市）要根据本办法制定实施细则，并报财政部、教育部备案。

第十七条 本办法自发布之日起施行。《财政部 教育部关于印发〈国家助学奖学金管理办法〉的通知》（财教［2005］75号）同时废止。

教育部 财政部关于印发《高等学校学生勤工助学管理办法》的通知

（2007年6月26日）

为规范管理高等学校学生勤工助学工作，促进勤工助学活动健康、有序开展，保障学生的合法权益，帮助家庭经济困难学生顺利完成学业，教育部、财政部联合制定了《高等学校学生勤工助学管理办法》，现印发给你们，请遵照执行。

高等学校学生勤工助学管理办法

第一章 总 则

第一条 为规范管理高等学校学生勤工助学工作，促进勤工助学活动健康、有序开展，保障学生的合法权益，培养学生自立自强精神，增强学生社会实践能力，帮助学生顺利完成学业，特制定本办法。

第二条 本办法所称高等学校是指根据国家有关规定批准设立、实施高等学历教育的全日制普通本科高等学校、高等职业学校和高等专科学校（以下简称学校）。

第三条 本办法所称学生是指学校招收的本专科（含高职、第二学士学位）学生和研究生。

第四条 本办法所称勤工助学活动是指学生在学校的组织下利用课余时间，通过劳动取得合法报酬，用于改善学习和生活条件的社会实践活动。勤工助学是学校学生资助工作的重要组成部分，是提高学生综合素质和资助家庭经济困难学生的有效途径。

第五条 勤工助学活动必须坚持“立足校园、服务社会”的宗旨，按照学有余力、自愿申请、信息公开、扶困优先、竞争上岗、遵纪守法的原则，由学校在不影响正常教学秩序和学生正常学习的前提下有组织地开展。

第六条 勤工助学活动由学校统一组织和管理。任何单位或个人未经学校学生资助管理机构同意，不得聘用在校学生打工。学生私自在校外打工的行为，不在本办法规定之列。

第二章 组织机构

第七条 学校学生资助工作领导小组全面领导勤工助学工作，负责协调学校的财务、人事、学工、教务、科研、后勤、团委等部门，配合学生资助管理机构开展相关工作。充分发挥学生会等学生社团组织在勤工助学工作中的作用，共同做好勤工助学工作。

第八条 学校学生资助管理机构下设专门的学生勤工助学管理服务组织，具体负责勤工助学的日常管理工作。

第三章 学校的职责

第九条 组织开展勤工助学活动是学校学生工作的一项重要内容。学校要加强领导，认真组织，积极鼓励校内有关职能部门充分发挥作用，在工作安排、人员配备、资金落实、办公场地、活动场所及助学岗位设置等方面给予大力支持，为学生勤工助学活动提供指导、服务和保障。

第十条 根据本办法的规定，结合学校实际情况，制订并不断完善本校学生勤工助学活动的实施办法。

第十一条 根据国家有关规定，筹措经费，设立勤工助学专项资金，并制订资金使用与管理办法。

第十二条 加强对勤工助学学生的思想政治教育，帮助他们树立正确的劳动观。对在勤工助学活动中表现突出的学生予以表彰和奖励。对违反勤工助学协议的学生，可按照协议停止其勤工助学活动。对在勤工助学活动中违反校纪校规的，按照学校管理规定进行教育和处理。

第四章 学生勤工助学管理服务组织的职责

第十三条 确定校内勤工助学岗位。协调校内各单位，引导和组织学生积极参加勤工助学活动，指导和监督学生的勤工助学活动。

第十四条 开发校外勤工助学资源。积极收集校外勤工助学信息，开拓校外勤工助学渠道，增加校外勤工助学岗位，并纳入学校管理。

第十五条 接受学生参加勤工助学活动的申请，安排学生勤工助学岗位，为学生和用人单位提供及时有效的服务。

第十六条 在学校学生资助管理机构的领导下，配合学校财务部门共同管理和使用学校勤工助学专项资金，制订校内勤工助学岗位的报酬标准，并负责酬金的发放和管理工作。

第十七条 组织学生开展必要的勤工助学岗前培训和安全教育，维护勤工助学学生的合法权益。

第十八条 安排勤工助学岗位，应优先考虑家庭经济困难的学生。

第十九条 不得组织学生参加有毒、有害和危险的生产作业以及超过学生身体承受能力、有碍学生健康的劳动。

第五章 校内勤工助学岗位的设置

第二十条 设岗原则：以工时定岗位。

（一）按每个家庭经济困难学生月平均上岗工时不低于20小时为标准，测算出学期内全校每月需要的勤工助学总工时数（20工时×家庭经济困难学生总数），统筹安排、设置校内勤工助学岗位。

（二）设置的岗位数量既要满足学生的工时需求，又要保证学生不因参加勤工助学而影响学习。学生参加勤工助学的时间原则上每周不超过8小时，每月不超过40小时。

第二十一条 岗位类型：勤工助学岗位分固定岗位和临时岗位。

（一）固定岗位是指持续一个学期以上的长期性岗位和寒暑假期间的连续性岗位；

（二）临时岗位是指不具有长期性，通过一次或几次勤工助学活动即完成任务的工作岗位；

（三）校内勤工助学岗位设置应以校内教学助理、科研助理、行政管理助理和后勤服务等为主；

（四）学校后勤部门应大幅度减少雇用临时工，调整出适合学生参与管理和服务的岗位，为学生提供更多的勤工助学机会。

第六章 校外勤工助学活动的管理

第二十二条 校外勤工助学活动必须由学校学生勤工助学管理服务组织统一管理，并注重与学生学业的有机结合。

第二十三条 校外用人单位聘用学生勤工助学，须向学校学生勤工助学管理服务组织提出申请，提供法人资格证书副本和相关的证明文件。经审核同意，学校学生勤工助学管理服务组织推荐适合用人单位工作要求的学生参加勤工助学活动。

第七章 勤工助学酬金标准及支付

第二十四条 校内固定岗位按月计酬。以每月40个工时的酬金原则上不低于当地政府或有关部门制定的最低工资标准或居民最低生活保障标准为计酬基准，可适当上下浮动。

第二十五条 校内临时岗位按小时计酬。每小时酬金可参照学校当地政府或有关部门规定的最低小时工资标准合理确定，原则上不低于每小时8元人民币。

第二十六条 校外勤工助学酬金标准不应低于学校当地政府或有关部门规定的最低工资标准，由用人单位、学校与学生协商确定，并写入聘用协议。

第二十七条 学生参与校内非营利性单位的勤工助学活动，其劳动报酬由学生勤工助学管理服务组织从勤工助学专项资金中支付；学生参与校内营利性单位或有专门经费项目的勤工助学活动，其劳动报酬原则上由用人单位支付或从项目经费中开支；学生参加校外勤工助学，其劳动报酬由校外用人单位按协议支付。

第八章 法律责任

第二十八条 学生在校内开展勤工助学活动的，学生勤工助学管理服务组织必须与学生签订具有法律效力的协议书。学生在校外开展勤工助学活动的，学生勤工助学管理服务组织必须经学校授权，代表学校与用人单位和学生三方签订具有法律效力的协议书。签订协议书并办理相关聘用手续后，学生方可开展勤工助学活动。

协议书必须明确学校、用人单位和学生等各方的权利和义务，开展勤工助学活动的学生如发生意外伤害事故的处理办法以及争议解决方法。

第二十九条 在勤工助学活动中，若出现协议纠纷或学生意外伤害事故，协议各方应按照签订的协议协商解决。如不能达成一致意见，按照有关法律法规规定的程序办理。

第九章 附 则

第三十条 本办法由教育部、财政部负责解释。

第三十一条 本办法自公布之日起施行。

教育部　财政部关于认真做好高等学校家庭经济困难学生认定工作的指导意见

（2007年6月26日）

为认真做好高等学校家庭经济困难学生认定工作，公平、公正、合理地分配资助资源，切实保证国家制定的各项高等学校资助政策和措施真正落实到家庭经济困难学生身上，现就高等学校家庭经济困难学生认定工作提出如下指导意见。

1. 本意见适用于根据国家有关规定批准设立、实施高等学历教育的全日制普通本科高等学校、高等职业学校和高等专科学校（以下简称高校）招收的本专科（含高职、第二学士学位）学生。

2. 本意见中家庭经济困难学生是指学生本人及其家庭所能筹集到的资金，难以支付其在校学习期间的学习和生活基本费用的学生。

3. 家庭经济困难学生认定工作坚持实事求是，确定合理标准，由学生本人提出申请，实行民主评议和学校评定相结合的原则。

4. 家庭经济困难学生认定工作必须严格工作制度，规范工作程序，做到公开、公平、公正。

（1）学校学生资助工作领导小组全面领导本校家庭经济困难学生的认定工作。学校学生资助管理机构具体负责组织和管理全校的认定工作。

（2）院（系）成立以分管家庭经济困难学生资助工作的院（系）领导为组长、院（系）学生辅导员、学生工作办公室主任等担任成员的认定工作组，负责认定的具体组织和审核工作。

（3）以年级（或专业）为单位，成立以学生辅导员任组长，班主任、学生代表担任成员的认定评议小组，负责认定的民主评议工作。认定评议小组成员中，学生代表人数视年级（或专业）人数合理配置，应具有广泛的代表性，一般不少于年级（或专业）总人数的10%。认定评议小组成立后，其成员名单应在本年级（或专业）范围内公示。

5. 合理确定家庭经济困难学生的认定标准。各省、自治区、直辖市教育、财政部门参照本行政区域内各地（市、州）的城市居民最低生活保障标准，确定各地（市、州）的家庭经济困难学生认定标准。认定标准可设置一般困难、困难和特殊困难等2—3档。

6. 家庭经济困难学生认定程序。家庭经济困难学生认定工作每学年进行一次。学校应制订严格的认定工作程序，学校学生资助管理机构、院（系）认定工作组、年级（或专业）认定评议小组，按照各自的职能分工，认真、负责地共同完成认定工作。

（1）学校应全面、认真部署每个学年的家庭经济困难学生认定工作。学校在向新生寄送录取通知书时，应同时寄送《高等学校学生及家庭情况调查表》（详见附件1）；在每学年结束之前，应向在校学生发送《高等学校学生及家庭情况调查表》。需要申请认定家庭经济困难的新生及在校学生要如实填写《高等学校学生及家庭情况调查表》，并持该表到家庭所在地乡、镇或街道民政部门加盖公章，以证明其家庭经济状况。已被所在学校认定为家庭经济困难的学生再次申请认定时，如家庭经济状况无显著变化，可只提交《高等学校家庭经济困难学生认定申请表》（详见附件2），不再提交《高等学校学生及家庭情况调查表》。

（2）每学年开学时，学校学生资助管理机构布置启动全校认定工作。认定评议小组组织学生填写《高等学校家庭经济困难学生认定申请表》，并负责收集《高等学校学生及家庭情况调查表》。

（3）认定评议小组根据学生提交的《高等学校家庭经济困难学生认定申请表》和《高等学校学生及家庭情况调查表》，以学生家庭人均收入对照学校所在地省级教育、财政部门确定的认定标准，并结合学生日常消费行为，以及影响其家庭经济状况的有关情况，认真进行评议，确定本年级（或专业）各档次的家庭经济困难学生资格，报院（系）认定工作组进行审核。

认定评议小组进行民主评议时应着重考虑孤残学生、烈士子女，以及家庭成员长期患重病、家庭遭遇自然灾害或突发事件等特殊情况的学生。

（4）院（系）认定工作组要认真审核认定评议小组申报的初步评议结果。如有异议，应在征得认定评议小组意见后予以更正。

（5）院（系）认定工作组审核通过后，要将家庭经济困难学生名单及档次，以适当方式、在适当范围内公示5个工作日。如师生有异议，可通过有效方式向本院（系）认定工作组提出质疑。认定工作组应在接到异议材料的3个工作日内予以答复。如对院（系）认定工作组的答复仍有异议，可通过有效方式向学校学生资助管理机构提请复议。学校学生资助管理机构应在接到复议提请的3个工作日内予以答复。如情况属实，应做出调整。

（6）学校学生资助管理机构负责汇总各院（系）审核通过的《高等学校家庭经济困难学生认定申请表》和《高等学校学生及家庭情况调查表》，报学校学生资助工作领导小组审批，并建立家庭经济困难学生信息档案。

7．学校和院（系）每学年应定期对全部家庭经济困难学生进行一次资格复查，并不定期地随机抽选一定比例的家庭经济困难学生，通过信件、电话、实地走访等方式进行核实。如发现弄虚作假现象，一经核实，取消资助资格，收回资助资金。情节严重的，学校应依据有关规定进行严肃处理。

学校应加强学生的诚信教育，教育学生如实提供家庭情况，及时告知家庭经济状况显著变化情况。如学生家庭经济状况发生显著变化，学校应及时做出调整。

8．各级教育、财政部门要加强对学校家庭经济困难学生认定工作的监督与指导。发现问题，坚决纠正。

9．各省、自治区、直辖市教育、财政部门和各高等学校应根据本意见，认真制订本地区、本学校家庭经济困难学生的具体认定办法。

成人高等学校招收的普通本专科（含高职）学生的家庭经济困难学生认定工作，参照本意见执行。

附件略

财政部　教育部关于印发《普通本科高校、高等职业学校国家励志奖学金管理暂行办法》的通知

（2007年6月27日）

为激励普通本科高校、高等职业学校家庭经济困难学生勤奋学习、努力进取，在德、智、体、美等方面得到全面发展，根据《国务院关于建立健全普通本科高校、高等职业学校和中等职业学校家庭经济困难学生资助政策体系的意见》（国发［2007］13号）有关精神，财政部、教育部制定了《普通本科高校、高等职业学校国家励志奖学金管理暂行办法》。现印发给你们，请遵照执行。

普通本科高校、高等职业学校国家励志奖学金管理暂行办法

第一章　总　则

第一条　为激励普通本科高校、高等职业学校家庭经济困难学生勤奋学习、努力进取，在德、智、体、美等方面得到全面发展，根据《国务院关于建立健全普通本科高校、高等职业学校和中等职业学校家

庭经济困难学生资助政策体系的意见》(国发［2007］13号)，制定本办法。

第二条 本办法所称普通本科高校、高等职业学校是指根据国家有关规定批准设立、实施高等学历教育的全日制普通本科高等学校、高等职业学校和高等专科学校（以下简称高校)。

第三条 国家励志奖学金用于奖励资助高校全日制本专科（含高职、第二学士学位）学生（以下简称学生）中品学兼优的家庭经济困难学生。

中央高校国家励志奖学金的奖励资助名额由财政部商有关部门确定。地方高校国家励志奖学金的奖励资助名额由各省、自治区、直辖市根据财政部、教育部确定的总人数，以及高校数量、类别、办学层次、办学质量、在校本专科生人数和生源结构等因素确定。在分配国家励志奖学金名额时，对办学水平较高的高校，以农林水地矿油核等国家需要的特殊学科专业为主的高校予以适当倾斜。

第四条 国家励志奖学金由中央和地方政府共同出资设立。中央部门所属高校国家励志奖学金所需资金由中央财政负担。地方所属高校国家励志奖学金所需资金根据各地财力及生源状况由中央与地方财政按比例分担。

国家鼓励各省、自治区、直辖市加大家庭经济困难学生资助力度，超出中央核定总额部分的国家励志奖学金所需资金由中央财政给予适当补助。

第二章 奖励标准与申请条件

第五条 国家励志奖学金的奖励标准为每人每年5 000元。

第六条 国家励志奖学金的基本申请条件：

1. 热爱社会主义祖国，拥护中国共产党的领导；
2. 遵守宪法和法律，遵守学校规章制度；
3. 诚实守信，道德品质优良；
4. 在校期间学习成绩优秀；
5. 家庭经济困难，生活俭朴。

第三章 名额分配与预算下达

第七条 每年5月底前，中央主管部门和各省、自治区、直辖市要根据本办法第三条的规定，提出所属高校国家励志奖学金名额分配建议方案，报财政部、教育部。

财政部、教育部委托全国学生资助管理中心对中央主管部门和各省、自治区、直辖市报送的国家励志奖学金名额分配建议方案进行审核。

第八条 每年7月31日前，财政部、教育部结合全国学生资助管理中心审核意见，将国家励志奖学金分配名额和预算下达中央主管部门和省级财政、教育部门。

第九条 每年9月1日前，中央主管部门和省以下财政、教育部门负责将国家励志奖学金名额和预算下达所属各高校。

第四章 申请与评审

第十条 国家励志奖学金实行等额评审，坚持公开、公平、公正、择优的原则。

第十一条 国家励志奖学金申请与评审工作由高校组织实施。高校要根据本办法的规定，制定具体评审办法，并报中央主管部门或省级教育行政部门备案。高校在开展国家励志奖学金评审工作中，要对农林水地矿油核等国家需要的特殊学科专业学生予以适当倾斜。

第十二条 国家励志奖学金按学年申请和评审。申请国家励志奖学金的学生为高校在校生中二年级以上（含二年级）的学生。

同一学年内，申请国家励志奖学金的学生可以同时申请并获得国家助学金，但不能同时获得国家奖学金。

试行免费教育的教育部直属师范院校师范类专业学生不再同时获得国家励志奖学金。

第十三条 每年9月30日前，学生根据本办法规定的国家励志奖学金的基本申请条件及其他有关规定，向学校提出申请，并递交《普通本科高校、高等职业学校国家励志奖学金申请表》(见附表)。

第十四条 高校学生资助管理机构负责组织评审，提出本校当年国家励志奖学金获奖学生建议名单，报学校领导集体研究通过后，在校内进行不少于5个工作日的公示。公示无异议后，每年10月31日前，中央高校评审结果报中央主管部门，地方高校评审结果逐级报至省级教育部门。中央主管部门和省级教育部门于11月15日前批复。

第五章 奖学金发放、管理与监督

第十五条 高校于每年11月30日前将国家励志

奖学金一次性发放给获奖学生，并记入学生的学籍档案。

第十六条 地方财政部门要按有关规定落实所负担的资金，及时拨付，加强管理。

第十七条 各高校要切实加强管理，认真做好国家励志奖学金的评审和发放工作，确保国家励志奖学金真正用于资助品学兼优的家庭经济困难学生。

第十八条 各省、自治区、直辖市、各有关部门和高校必须严格执行国家相关财经法规和本办法的规定，对国家励志奖学金实行分账核算，专款专用，不得截留、挤占、挪用，同时应接受财政、审计、纪检监察、主管机关等部门的检查和监督。

第六章 附 则

第十九条 高校要按照国家有关规定，从事业收入中足额提取4%—6%的经费用于资助家庭经济困难学生。中央高校提取的具体比例由财政部商中央主管部门确定，地方高校提取的具体比例由各省、自治区、直辖市确定。

第二十条 民办高校（含独立学院）按照国家有关规定规范办学、举办者按照本办法第十九条规定的比例从事业收入中足额提取经费用于资助家庭经济困难学生的，其招收的符合本办法规定申请条件的普通本专科（含高职、第二学士学位）学生，也可以申请国家励志奖学金。具体评审管理办法，由各省、自治区、直辖市研究制定。各省、自治区、直辖市在制定评审管理办法时，应综合考虑学校的办学质量、学费标准、招生录取分数、一次性就业率、学科专业设置等因素。

第二十一条 本办法由财政部、教育部负责解释。各省、自治区、直辖市要根据本办法制定实施细则，并报财政部、教育部备案。

第二十二条 本办法自公布之日起施行。

附件略

财政部 教育部关于印发《普通本科高校、高等职业学校国家助学金管理暂行办法》的通知

（2007年6月27日）

为体现党和政府对普通本科高校、高等职业学校家庭经济困难学生的关怀，帮助他们顺利完成学业，根据《国务院关于建立健全普通本科高校、高等职业学校和中等职业学校家庭经济困难学生资助政策体系的意见》（国发［2007］13号）有关精神，财政部、教育部制定了《普通本科高校、高等职业学校国家助学金管理暂行办法》。现印发给你们，请遵照执行。

普通本科高校、高等职业学校国家助学金管理暂行办法

第一章 总 则

第一条 为体现党和政府对普通本科高校、高等职业学校家庭经济困难学生的关怀，帮助他们顺利完成学业，根据《国务院关于建立健全普通本科高校、高等职业学校和中等职业学校家庭经济困难学生资助政策体系的意见》（国发［2007］13号），制定本办法。

第二条 本办法所称普通本科高校、高等职业学校是指根据国家有关规定批准设立、实施高等学历教育的全日制普通本科高等学校、高等职业学校和高等专科学校（以下简称高校）。

第三条 国家助学金用于资助高校全日制本专科（含高职、第二学士学位）在校生中的家庭经济困难学生。

中央高校国家助学金的资助名额由财政部商有关部门确定。地方高校国家助学金的资助名额由各省

（自治区、直辖市）根据财政部、教育部确定的总人数，以及高校数量、类别、办学层次、办学质量、在校本专科生人数和生源结构等因素确定。在分配国家助学金名额时，对民族院校、以农林水地矿油核等国家需要的特殊学科专业为主的高校予以适当倾斜。

第四条 国家助学金由中央和地方政府共同出资设立。中央部门所属高校国家助学金所需资金由中央财政负担。地方所属高校国家助学金所需资金根据各地财力及生源状况由中央与地方财政按比例分担。

国家鼓励各省（自治区、直辖市）加大家庭经济困难学生资助力度，超出中央核定总额部分的国家助学金所需资金由中央财政给予适当补助。

第二章 资助标准与申请条件

第五条 国家助学金主要资助家庭经济困难学生的生活费用开支。国家助学金的平均资助标准为每生每年 2 000 元，具体标准在每生每年 1 000—3 000 元范围内确定，可以分为 2—3 档。中央高校国家助学金分档及具体标准由财政部商有关部门确定，地方高校国家助学金分档及具体标准由各省（自治区、直辖市）确定。

第六条 国家助学金的基本申请条件：

1. 热爱社会主义祖国，拥护中国共产党的领导；
2. 遵守宪法和法律，遵守学校规章制度；
3. 诚实守信，道德品质优良；
4. 勤奋学习，积极上进；
5. 家庭经济困难，生活俭朴。

第三章 名额分配与预算下达

第七条 每年 5 月底前，中央主管部门和各省（自治区、直辖市）要根据国家确定的有关原则和本办法第三条、第五条的规定，提出所属高校国家助学金名额分配建议方案，报财政部、教育部。

财政部、教育部委托全国学生资助管理中心对中央主管部门和各省（自治区、直辖市）报送的国家助学金名额分配建议方案进行审核。

第八条 每年 7 月 31 日前，财政部、教育部结合全国学生资助管理中心审核意见，将国家助学金分配名额和预算下达中央主管部门和省级财政、教育部门。

第九条 每年 9 月 1 日前，中央主管部门和省以下财政、教育部门负责将国家助学金预算下达所属各高校。

第四章 申请与评审

第十条 国家助学金的评定工作坚持公开、公平、公正的原则。

第十一条 国家助学金申请与评审工作由高校组织实施。高校要根据本办法的规定，制定具体评审办法，并报中央主管部门或省级教育部门备案。高校在开展国家助学金评审工作中，要对农林水地矿油核等国家需要的特殊学科专业学生予以适当倾斜。

第十二条 国家助学金按学年申请和评审。

第十三条 每年 9 月 30 日前，学生根据本办法规定的国家助学金的基本申请条件及其他有关规定，向学校提出申请，并递交《普通本科高校、高等职业学校国家助学金申请表》（见附表）。

在同一学年内，申请并获得国家助学金的学生，可同时申请并获得国家奖学金或国家励志奖学金。

试行免费教育的教育部直属师范院校师范类专业学生，不再同时获得国家助学金。

第十四条 高校学生资助管理机构结合本校家庭经济困难学生等级认定情况，组织评审，提出享受国家助学金资助初步名单及资助档次，报学校领导集体研究通过后，于每年 11 月 15 日前，将本校当年国家助学金政策的落实情况按隶属关系报至中央主管部门或省级教育部门备案。

第五章 助学金发放、管理与监督

第十五条 高校应按月将国家助学金发放到受助学生手中。

第十六条 地方财政部门应按有关规定落实所负担的资金，及时拨付，加强管理。

第十七条 各高校应切实加强管理，认真做好国家助学金的评审和发放工作，确保国家助学金用于资助家庭经济困难的学生。

第十八条 各省（自治区、直辖市）、有关部门和高校必须严格执行国家相关财经法规和本办法的规定，对国家助学金实行分账核算，专款专用，不得截留、挤占、挪用，同时应接受财政、审计、纪检监察、主管机关等部门的检查和监督。

第六章 附 则

第十九条 高校要按照国家有关规定，从事业收入中足额提取4%—6%的经费用于资助家庭经济困难学生。中央高校提取的具体比例由财政部商中央主管部门确定，地方高校提取的具体比例由各省（自治区、直辖市）确定。

第二十条 民办高校（含独立学院）按照国家有关规定规范办学、举办者按照本办法第十九条规定的比例从事业收入中足额提取经费用于资助家庭经济困难学生的，其招收的符合本办法规定申请条件的普通本专科（含高职、第二学士学位）学生，也可以申请国家助学金，具体评审管理办法，由各省（自治区、直辖市）制定。各省（自治区、直辖市）在制定评审管理办法时，应综合考虑学校的学费标准、招生录取分数、一次性就业率、学科专业设置等因素。

第二十一条 本办法由财政部、教育部负责解释。各省（自治区、直辖市）要根据本办法制定实施细则，并报财政部、教育部备案。

第二十二条 本办法自发布之日起施行。《财政部教育部关于印发〈国家助学奖学金管理办法〉的通知》（财教［2005］75号）同时废止。

附件略

教育部 财政部关于印发《国家示范性高等职业院校建设计划管理暂行办法》的通知

（2007年7月4日）

为规范和加强国家示范性高等职业院校建设计划的项目管理，促进高等职业教育的改革与发展，根据《教育部 财政部关于实施国家示范性高等职业院校建设计划，加快高等职业教育改革与发展的意见》（教高［2006］14号），制定了《国家示范性高等职业院校建设计划管理暂行办法》，现印发给你们，请遵照执行。执行中如遇问题，请及时反馈教育部、财政部。

国家示范性高等职业院校建设计划管理暂行办法

第一章 总 则

第一条 为规范和加强国家示范性高等职业院校建设计划（以下简称建设计划）项目管理，保证建设计划顺利实施，根据《国务院关于大力发展职业教育的决定》（国发［2005］35号）、《教育部 财政部关于实施国家示范性高等职业院校建设计划，加快发展高等职业教育改革与发展的意见》（教高［2006］14号）和国家有关规章制度，制定本办法。

第二条 建设计划以提高高等职业院校办学质量为目标，以推进改革和实现优质资源共享为手段，支持办学定位准确、产学结合紧密、改革成绩突出的100所高等职业院校（以下简称项目院校）进一步加强内涵建设，发挥项目院校的示范作用，带动高等职业教育改革与发展，逐步形成结构合理、功能完善、质量优良的高等职业教育体系，更好地为经济建设和社会发展服务。

第三条 按照“地方为主、中央引导、突出重点、协调发展”的原则，建设计划实行中央、地方（包括项目院校举办方，下同）和项目院校分级管理的方式，以院校管理为基础，地方管理为主。

第四条 建设计划专项资金由中央、地方和项目院校共同承担，按照统一规划、专账核算、专款专用、结余留用的原则，实行项目管理。

第二章 管理职责

第五条 教育部、财政部负责规划和设计建设计划，制订实施方案，对项目建设过程中的重大问题进行决策。教育部、财政部共同成立建设计划领导小组，全面领导建设计划日常工作。建设计划领导小组下设办公室，负责建设计划的具体组织管理和日常事务，主要履行以下职责：

（一）负责统筹指导建设计划的相关工作；

（二）起草相关政策、绩效考核办法等；

（三）组织评审项目院校，审核项目院校建设方案和项目建设任务书；

（四）开展业务咨询和专题研究工作；

（五）建立信息采集与绩效监控系统，开展年度绩效考评工作；

（六）协调、指导项目院校的项目建设工作，组织验收建设成果。

第六条 省级教育和财政部门是项目实施的地方行政主管部门，主要履行以下职责：

（一）按照教育部、财政部要求，组织项目院校的申报、预审和推荐工作；

（二）负责指导、检查、监督本地区项目院校的建设进展情况，及时协调、解决建设过程中的问题；

（三）负责统筹落实项目院校的建设资金，对建设资金的使用进行监督，确保专项资金使用效益；

（四）向教育部、财政部报送本地区项目阶段进展报告和项目完成总结性报告。

第七条 项目院校举办方是项目院校的主管单位，主要履行以下职责：

（一）按照教育部、财政部要求，指导所属高职院校进行项目申请，确保落实相关政策和建设资金。

（二）负责指导、检查所属项目院校的建设进展情况，监督项目院校定期进行自查，及时协调、解决建设过程中的问题。

第八条 项目院校法人代表为项目建设主要责任人。项目院校应有专门机构具体负责本校项目建设的规划、实施、管理和检查等工作，主要履行以下职责：

（一）按照教育部、财政部及本办法的要求，编制、报送项目建设方案和项目任务书，并对申报材料的真实性负责。

（二）按照批复的项目建设方案和任务书确定的建设内容，组织实施项目建设，确保项目建设进度、建设投资和预期目标。

（三）统筹安排各渠道建设资金，按照有关财务制度及本办法规定，科学、合理使用建设资金，确保资金使用效益。

（四）每年2月底将上年度项目建设进展、年度资金使用等情况形成年度报告，上报省级教育、财政部门。

（五）接受教育、财政、审计、监察等部门对项目实施过程和结果进行监控、检查和审计。

第三章　申报评审与组织实施

第九条 申报评审工作按照教育部、财政部公布的年度建设计划执行，包括预审、论证、推荐、评审、公示和公布结果等六个环节。

（一）预审。省级教育、财政部门按照教育部、财政部年度建设计划项目申报通知，组织独立设置的高等职业院校进行申报，并根据预审标准，在院校举办方承诺支持的基础上，对各申报院校进行资格审查。

（二）论证。省级教育、财政部门组织有关专家，对通过资格审查的申报院校建设方案和项目预算进行论证，形成可行性研究报告。

（三）推荐。省级教育、财政部门对通过预审、论证的院校，填写《国家示范性高等职业院校建设项目推荐书》（以下简称《推荐书》），并按照年度项目推荐名额，确定推荐院校名单，上报教育部和财政部。

（四）评审。教育部、财政部联合组织专家，对推荐上报的职业院校进行评审。

（五）公示。年度评审工作结束后，教育部、财政部将对评审结果在相关媒体予以公示，公示期为7天。

（六）公布结果。公示期满后，教育部、财政部联合确定并公布年度立项建设院校名单，下达《国家示范性高等职业院校项目建设任务书》（以下简称《任务书》）。

第十条 财政部、教育部根据已批准项目院校的重点建设任务等因素，下达中央财政专项资金总预算控制数及年度预算控制数。省级教育、财政部门根据中央财政支持的重点专业项目表和预算控制数，组织项目院校及其举办方修订建设方案和项目预算，认真填写《任务书》，并制定相应的保障措施，切实统筹落实《推荐书》对项目院校所承诺的政策及资金支持责任。

第十一条 省级教育、财政部门组织专家对修订后的建设方案、项目预算和任务书进行充分论证，并将通过论证的建设方案和任务书报送教育部和财政部。教育部和财政部对新的建设方案和任务书审核批复后，正式启动项目建设工作。

第十二条 项目院校按照批复的建设方案和《任务书》，组织实施项目建设。建设方案一经审定，必须严格执行，项目建设过程中一般不得调整。如确需调整的，项目院校须报经省级教育、财政部门核准后，由省级教育、财政部门报教育部、财政部核定。

第四章 资金管理

第十三条 建设计划的资金包括中央财政专项资金、地方财政专项资金、项目院校举办方安排的专项资金和院校自筹专项资金（以下简称专项资金）。中央专项资金一次确定、三年到位，逐年考核，适时调整。

第十四条 财政部、教育部下达项目院校中央财政专项资金总预算及年度预算后，地方财政专项资金、项目院校举办方的专项资金应与中央专项资金同步足额拨付到项目院校，院校自筹专项资金也应按计划及时到位。

第十五条 项目院校应统筹安排使用不同渠道下达或筹集的专项资金，科学、合理编制本校建设项目的总预算及年度预算。项目预算是项目院校综合预算的组成部分，应纳入学校总体预算。

第十六条 中央专项资金主要用于支持项目院校改善教学实验实训条件、培养专业带头人和骨干教师、改革课程体系和建设共享型专业教学资源库等。地方专项资金主要用于满足项目院校教学实训基础设施基本建设、师资队伍、课程建设的需要等。

第十七条 专项资金支出主要包括：

（一）实验实训条件建设费：是指项目院校建设过程中购置、调试、改造、维护实验实训设备以及相关实训制度建设、规程设计发生的费用。中央专项资金用于购置中央财政重点支持专业的实验实训设备和相关实训制度建设、规程设计。中央专项资金用于实验实训设备购置部分的经费一般不超过中央专项资金总额的50%。

（二）课程建设费：是指项目院校按照工学结合人才培养模式改革要求，对学校重点建设专业和特色专业进行教学研究，调整课程体系和教学内容，改革教学方法和手段，开发相应教材和教学课件等发生的费用。

（三）师资队伍建设费：是指项目院校用于专业带头人、骨干教师及“双师型”教师的培养、聘用及引进教师、聘请专家所需经费。中央专项资金用于培养专业带头人和骨干教师，以及从行业、企业聘用有丰富一线实践经验的兼职教师。中央专项资金用于师资队伍建设部分的经费一般不超过中央专项资金总额的15%，其中1/3可用于聘用上述类型兼职教师。地方和项目院校必须安排一定经费用于师资队伍建设，其中用于聘用上述类型兼职教师的经费原则上不低于中央专项资金。

（四）共享型专业教学资源库建设费：是指中央专项资金用于支持基础性强、需求量大、覆盖面广、共享程度高的专业教学资源库开发以及项目公共管理平台建设费用。

教育部、财政部负责制订教学资源库建设规划，通过公开招标确定资源库建设单位，指导、监督资源库建设。

（五）其他费用：是指除上述费用支出外，其他与项目院校建设相关的“对口支援”等非基建类费用支出。

（六）基本建设费：是指与建设任务相关的基本建设支出，按照现行有关基本建设投资管理办法进行管理。

（七）项目管理费：是指建设计划领导小组办公室在实施项目建设中所必须开支的经费，主要用于建设计划领导小组办公室统一组织的项目论证、评审、考核、验收所需的会议费、差旅费、办公费、交通费、专家劳务费等。

项目管理费由建设计划领导小组办公室每年根据实际工作需要提出年度预算建议数，经财政部审定后在年度预算中安排。

第十八条 项目院校负责对建设项目的实施、资金投向及年度资金调度安排、固定资产购置等实行全过程管理，严格执行国家有关财经法律法规和本办法的规定，确保专项资金年度使用计划按期完成。专项资金当年结余，可结转下年继续使用，不得挪作他用。

第十九条 专项资金按财政国库管理制度的有关规定办理支付，纳入项目院校财务机构统一管理，并设置单独账簿进行核算，专款专用、专账管理。

第二十条 凡纳入政府采购的支出项目，必须按照《中华人民共和国政府采购法》的有关规定，经过招投标、集中采购等规范程序后方可列支。

第二十一条 项目院校应将项目收支情况按预算科目纳入年度单位决算统一编报。

第二十二条 凡使用财政性资金形成的资产，均为国有资产。项目院校应按照国家有关规定加强管理，合理使用，认真维护。

第二十三条 专项资金不得用于项目院校偿还贷款、支付利息、捐赠赞助、对外投资、抵偿罚款等与示范院校建设项目无关的其他支出。

第五章 监督检查与验收

第二十四条 建立部际联合监督检查、地方监管和项目院校自我监测的三级监控考核体系，对项目院校建设计划的实施实行事前充分论证、事中监控管理指导、事后效益监测评价的全过程监控和考核。

（一）建设计划领导小组办公室依据项目院校的项目建设方案和任务书，采集绩效考核信息，组织专家或委托中介机构对项目院校进行年度检查或考核。检查或考核的结果，作为调整年度项目预算安排的重要依据。

（二）省级教育、财政部门负责指导项目的实施，检查和监督项目院校的建设进展情况，及时解决建设过程中的问题。

（三）项目院校举办方负责领导项目的实施，切实履行各项资金及政策支持承诺，确保项目实施质量与进度。

（四）项目院校对项目建设日常工作进行管理和监督，建立资金管理责任制。

第二十五条 在检查中有下列行为之一的，建设计划领导小组可视其情节轻重给予警告、中止或取消项目等处理。

（一）编报虚假预算，套取国家财政资金；

（二）项目执行不力，未开展实质性的建设工作；

（三）擅自改变项目总体目标和主要建设内容；

（四）项目经费的使用不符合有关财务制度的规定；

（五）无违规行为，但无正当理由未完成项目总体目标延期两年未验收的；

（六）其他违反国家法律法规和本办法规定的行为。

第二十六条 项目完成后，项目院校应会同其举办方共同撰写项目总结报告，由省级教育、财政部门向教育部、财政部申请项目验收。项目总结报告的内容一般包括：项目建设基本情况，建设目标完成情况和成效，重点专业建设与人才培养模式改革成效，高等职业教育改革发展及其对区域经济社会发展的贡献度，示范与辐射成效，以及专项资金预算执行情况和使用效果，资金管理情况与存在问题等。教育部、财政部将对项目院校建设与完成情况进行检查与验收。

第二十七条 对于按项目总体目标和项目内容如期或提前完成、通过验收，成绩突出的项目院校，以及在项目组织和管理工作中表现出色的省级教育和财政部门、院校举办方，教育部、财政部将给予适当表彰。

第六章 附 则

第二十八条 本办法自发布之日起实行，各地应按照本办法的规定制订实施细则。各项目院校应会同其举办方按本办法的规定结合实际情况制订具体管理办法。

第二十九条 本办法由教育部、财政部负责解释和修订。

教育部　财政部关于印发《高等学校本科教学质量与教学改革工程项目管理暂行办法》的通知

（2007年7月13日）

现将《高等学校本科教学质量与教学改革工程项目管理暂行办法》印发你们，请遵照执行。执行中如遇问题，请及时反馈教育部、财政部。

高等学校本科教学质量与教学改革工程项目管理暂行办法

一、总则

第一条　为了加强“高等学校本科教学质量与教学改革工程”（以下简称“质量工程”）项目管理，确保项目建设取得实效，根据《教育部 财政部关于实施高等学校本科教学质量与教学改革工程的意见》（教高［2007］1号）和国家有关法律法规，制定本办法。

第二条　“质量工程”以提高高等学校本科教学质量为目标，以推进改革和实现优质资源共享为手段，按照“分类指导、鼓励特色、重在改革”的原则，加强内涵建设，提升我国高等教育的质量和整体实力。

第三条　“质量工程”包括专业结构调整与专业认证、课程教材建设与资源共享、实践教学与人才培养模式改革创新、教学团队和高水平教师队伍建设、教学评估与教学状态基本数据公布和对口支援西部地区高等学校六个方面建设内容。本办法所称“质量工程”项目为以上六个方面规划建设项目。

第四条　“质量工程”资金由中央财政专项安排。资金管理按财政部、教育部联合制定的《高等学校本科教学质量与教学改革工程专项资金管理暂行办法》执行。

二、管理职责

第五条　教育部、财政部共同成立“质量工程”领导小组，制订实施方案，对项目建设过程中的重大问题进行决策，全面领导“质量工程”工作。领导小组下设办公室（以下简称领导小组办公室），负责“质量工程”具体组织管理和日常事务，主要履行以下职责：

（一）负责统筹指导建设计划的相关工作；

（二）制订和发布“质量工程”项目指南；

（三）组织项目评审，提出立项方案；

（四）组织对项目的检查、验收和评价；

（五）编制“质量工程”年度进展报告，推广宣传项目建设成果。

第六条　各地教育行政部门和中央有关部门（单位）主要履行以下职责：

（一）负责指导、检查、监督本地区本部门“质量工程”项目建设进展情况，及时协调、解决建设过程中的问题；

（二）负责统筹落实项目院校的建设资金，对建设资金的使用进行绩效监督，确保专项资金使用效益；

（三）向教育部、财政部报送本地区本部门项目阶段进展报告和项目完成总结性报告。

第七条　“质量工程”项目承担学校或单位（以下简称项目单位）应有专门机构具体负责本单位项目建设的规划、实施、管理和检查等工作。项目单位主要履行以下职责：

（一）按照教育部、财政部及本办法的要求，编制、报送项目申报材料，并对其真实性负责。

（二）按照批复的项目建设内容，统筹规划，组织项目实施，确保项目建设进度、建设投资和预期目标。

（三）统筹安排各渠道建设资金，按照有关财务制度及本办法规定，科学、合理使用建设资金，确保资金使用效益。

（四）接受教育、财政、审计、监察等部门对项目实施过程和结果进行监控、检查和审计。

（五）每年12月底前，向领导小组办公室书面报告项目进展情况。

第八条 “质量工程”项目实行项目负责人负责制。项目负责人的职责是：

（一）依照项目的有关要求和规定，制订项目建设计划；

（二）组织项目建设工作，把握项目的总体水平和项目计划实施进度；

（三）按规定合理安排项目经费；

（四）自我评价项目建设效果；

（五）宣传、展示项目建设成果，推进项目建设成果应用。

第九条 “质量工程”项目建设内容、进度安排以及项目负责人不得随意调整。如确需调整的，项目单位须提交书面申请报领导小组办公室批准。

三、申报立项

第十条 “质量工程”项目分公共系统建设项目和学校建设项目两类。公共系统建设项目是指为高等学校服务的资源共享平台和管理平台的项目，一般由一个单位承担，或者由一个单位牵头、若干单位共同承担。学校建设项目指学校有较好的建设基础，自行完成建设任务、达到建设目标的项目。

第十一条 公共系统建设项目和学校建设项目的申报，依据年度“质量工程”项目指南，采用学校或单位直接申报的方式，适当考虑各地教育行政部门和中央有关部门（单位）的意见。具体项目申报立项程序如下：

（一）教育部高等教育司代领导小组办公室发布项目指南；

（二）高等学校或者单位根据项目指南的要求申报项目；

（三）教育部高等教育司代领导小组办公室受理项目申报工作，组织项目评审并提出立项建议方案；

（四）教育部、财政部审定立项建议方案，批准立项实施。

四、检查验收

第十二条 领导小组办公室根据项目建设计划对“质量工程”项目建设情况进行检查和验收。

第十三条 项目建设情况检查指在建设过程中进行不定期随机检查。检查的主要内容是：

（一）项目进展情况；

（二）资金的使用情况；

（三）项目建设中的主要问题和改进措施。

第十四条 有下列情形之一的，领导小组办公室将视其情节轻重给予警告、中止或撤消项目等处理。

（一）申报、建设材料弄虚作假、违背学术道德；

（二）项目执行不力，未开展实质性建设工作；

（三）未按要求上报项目有关情况，无故不接受有关部门对项目实施情况的检查、监督与审计；

（四）项目经费的使用不符合有关财经法规和制度的规定，或者有其他违反项目规定与管理办法的行为。

第十五条 项目建设周期根据各类项目要求确定，建设期满需要接受验收。验收采用项目单位报送项目建设总结报告，或进入项目单位实地验收两种形式进行。验收的主要内容是：

（一）建设目标和任务的实现情况；

（二）取得的标志性成果以及经验分析；

（三）项目管理情况；

（四）资金使用情况。

第十六条 验收结束后，由领导小组办公室出具验收结论性意见。对未达到验收要求的项目，取消其“质量工程”项目的资格并按有关规定严肃处理。

第十七条 领导小组办公室适时对“质量工程”项目进行整体评价。通过整体评价“质量工程”项目建设成果，总结经验，指导高等教育教学改革工作。

五、附 则

第十八条 本办法自发布之日起实施。本办法发布前已经启动实施的项目继续执行，项目管理按本办法执行。各地教育行政部门、中央有关部门（单位）和高等学校可根据本办法制定本地区、部门（单位）和学校的项目管理办法。各“质量工程”项目可根据本办法制定实施细则。

第十九条 本办法由教育部、财政部负责解释和修订。

教育部 财政部关于印发《国家公派出国留学研究生管理规定（试行）》的通知

（2007年7月16日）

为加快高层次人才培养，进一步规范国家公派出国留学研究生派出和管理工作，提高国家公派出国留学效益，现将《国家公派出国留学研究生管理规定（试行）》印发给你们，请遵照执行。

国家公派出国留学研究生管理规定（试行）

第一章 总 则

第一条 为实施国家科教兴国和人才强国战略，加快高层次人才培养，规范国家公派出国留学研究生（以下简称公派研究生）派出管理工作，提高国家公派出国留学效益，制定本规定。

第二条 本规定所称公派研究生是指按照国家留学基金资助方式选派到国外攻读硕士、博士学位的研究生，以及在国内攻读博士学位期间赴国外从事课题研究的联合培养博士研究生。

第三条 公派研究生选拔、派出和管理部门的职责是：

1. 国家留学基金管理委员会（以下简称留学基金委）在教育部领导下，按照国家公派出国留学方针政策，负责公派研究生的选拔和管理等工作。

2. 我驻外使（领）馆教育（文化）处（组）（以下简称使领馆）负责公派研究生在国外留学期间的管理工作。

3. 教育部留学服务中心、教育部出国留学人员上海集训部、广州留学人员服务管理中心等部门（以下简称留学服务机构）负责为公派研究生出国留学办理签证、购买出国机票等提供服务。

4. 公派研究生推选单位根据国家留学基金重点资助领域，结合本单位学科建设规划和人才培养计划，负责向留学基金委推荐品学兼优的人选，指导联系国外高水平学校，对公派研究生在国外留学期间的业务学习进行必要指导。

推选单位应对推选的公派研究生切实负起管理责任，与留学基金委和使领馆共同做好公派研究生管理工作。

第二章 选拔与派出

第四条 公派研究生选拔按照“个人申请，单位推荐，专家评审，择优录取”方式进行。具体办法另行制定。

第五条 留学基金委完成公派研究生选拔录取工作后应及时将录取文件与名单通知推选单位、留学服务机构和有关使领馆。

第六条 国家对公派研究生实行“签约派出，违约赔偿”的管理办法。公派研究生出国前应与留学基金委签订《资助出国留学协议书》（见附1，以下简称《协议书》）、交纳出国留学保证金。《协议书》须经公证生效。

经公证的《协议书》应交存推选单位一份备案。

第七条 公派研究生（在职人员除外）原则上应与推选单位签订意（定）向就业协议后派出。

第八条 出国前系在校学生的公派研究生出国留学，应及时办理学籍和离校等有关手续。推选单位应在国家规定的留学期限内保存档案和户籍。

在校生超过规定留学期限未归，其档案和户籍由推选单位按照有关规定办理。

第九条 出国前系应届毕业生的公派研究生出国留学，推选单位应在国家规定的留学期限内保存档案和户籍。

应届毕业生超过规定留学期限未归，推选单位可将其档案和户籍迁转回生源所在地。

第十条 推选单位应设置专门机构和人员，归口负责公派研究生管理工作，建立专门的公派研究生管理档案；对本单位公派研究生统一进行出国前的思想教育和培训，组织学习国家公派留学有关政策和管理规定，对办理出国手续进行指导和帮助；为公派研究生指定专门的指导教师或联系人。

指定教师或联系人应与公派研究生保持经常联系，对其专业学习进行指导，发现问题，及时解决。

第十一条 留学服务机构依据留学基金委提供的录取文件和公派研究生本人所持《国家留学基金资助出国留学资格证书》（见附2），代为验收公派研究生的《协议书》和查验“出国留学保证金交存证明”后，按有关规定办理出国手续，开具《国家公派留学人员报到证明》（见附3）等。

第十二条 留学服务机构为公派研究生办理出国手续后，应及时准确地将出国信息和有关材料报送我有关使领馆和留学基金委，保证国内外管理工作有效衔接。

第三章　国外管理与联系

第十三条 公派研究生应在抵达留学目的地10日内凭《国家留学基金资助出国留学资格证书》和《国家公派留学人员报到证明》向所属使领馆报到（本人到场或邮寄等适当方式），并按使领馆要求办理报到或网上注册等手续。

第十四条 公派研究生应与使领馆和推选单位保持经常联系，每学期末向使领馆和国内推选单位报送《国家公派出国留学人员学习/研修情况报告表》（见附4）。

第十五条 公派研究生在留学期间应自觉维护祖国荣誉，遵守我国和留学所在国法律，尊重当地人民的风俗习惯，与当地人民友好交往。

第十六条 使领馆应高度重视，积极关心公派研究生在外学习期间思想和学习情况，建立定期联系、随访制度，认真及时做好对公派研究生的经费发放工作。每学年向教育部、留学基金委报告公派研究生在外管理情况。

第十七条 推选单位应积极配合留学基金委和使领馆处理管理过程中出现的有关问题。对公派研究生留学期间申请延长留学期限、提前回国、从事博士后研究等问题，应及时向留学基金委提出明确意见，并采取有效措施确保本单位推选的公派研究生学有所成、回国服务。

第十八条 国家留学基金为公派研究生提供的奖学金中包含伙食费、住宿费、交通费、电话费、书籍资料费、医疗保险费、交际费、一次性安置费和零用费等。公派研究生抵达留学所在国后，应从留学所在国实际情况出发，并按照留学所在国政府或留学院校（研究机构）要求及时购买医疗保险。

第十九条 公派研究生应勤奋学习，提高效率，在规定留学期限内完成学业并按期回国服务。未经留学基金委批准同意，留学期间不得擅自改变留学身份、留学期限、留学国家和留学院校（研究机构）。

提前取得学位回国视为提前完成留学计划、按期回国。

公派研究生不得申请办理有关移民国家的豁免。

第二十条 公派研究生一般应在被录取留学院校（研究机构）完成学业。在规定的留学期限内确因学业或研究需要变更留学单位，应履行下列手续：

在所留学院校（研究机构）内部变更院系或专业，应出示推选单位和国外导师（合作者）的同意函，报使领馆备案；

变更留学院校（研究机构），应提前两个月向使领馆提出申请，出具推选单位意见函、原留学院校或导师（合作者）意见函和新接受留学院校或导师（合作者）的同意接受函，由使领馆报留学基金委审批。

留学单位的变更只限于在原留学所在国内。

经批准变更留学院校的公派研究生抵达新的留学院校后，应于10日内向现所属使领馆报到。原所属使领馆应将有关情况和材料及时转交（告）现所属使领馆，共同做好管理上的衔接工作。

第二十一条 公派研究生因故不能继续学习、确需提前回国者，应向使领馆提出申请，出具推选单位和国外留学院校或导师（合作者）意见以及相关证明，由使领馆报留学基金委审批。

公派研究生一经批准提前回国，当次国家公派留学资格即终止。

经留学基金委批准提前回国的公派研究生中，推选单位按照学校（籍）管理规定可以为其恢复国内学业（籍）者，由推选单位按规定办理复学手续；在职人员回原人事关系所在单位；应届毕业生按已有毕业学历自谋职业。

对未经批准擅自提前回国者，留学基金委根据有关规定处理。

第二十二条 公派研究生留学期间可利用留学所在国留学院校（研究机构）假期回国休假或收集资料。回国休假或收集资料应征得留学院校或导师（合作者）同意，报使领馆审批。

公派研究生在规定的留学期限内可以回国休假：留学期限在12个月至24个月（含）之间的，回国时间不超过1个月，奖学金照发；留学期限在24个月（不含）以上的，回国时间不超过2个月或每年一次不超过1个月，奖学金照发，回国旅费自理；回国时间超过以上次数和时间，自超出之日起停发奖学金。

在规定的留学期限内赴留学所在国以外国家休假或考察，费用自理，在同一年度内，公派研究生回国休假或赴留学所在国以外国家休假或考察只能选择一项，不能同时享受。赴留学所在国以外国家休假或考察，一次不超过15天的，奖学金照发；超过以上次数和时间的，自超出之日起停发奖学金。

第二十三条 公派研究生因病不能坚持学习中途休学回国，应征得留学院校导师（合作者）同意，办理或补办国外留学院校学籍保留手续，使领馆应及时将有关情况报留学基金委审批。

公派研究生因病中途休学回国一般以一学期为限；期满未康复可申请继续休学，累计不应超过一年（含）。在此期间经治疗康复，应向留学基金委提交国内医疗机构体检合格证明、推选单位意见和国外留学院校学籍保留及同意接收函等相关材料，留学基金委征求使领馆意见后决定其是否返回留学国继续完成学业；经治疗仍无法返回留学国进行正常学习者，按第二十一条作为提前回国办理。

公派研究生因病中途休学回国时间累计超过一年，国家公派留学资格自动取消。推选单位按照学校（籍）管理规定可以为其恢复国内学业（籍）者，由推选单位按学校（籍）管理规定办理复学手续；在职人员回原人事关系所在单位；应届毕业生按已有毕业学历自谋职业。

公派研究生因病中途休学回国期间，国外奖学金生活费停发；出国前系在职（校）人员者，因病中途休学回国期间的国内医疗费由推选单位按本单位规定负担；出国前系非在职（校）人员者，国内医疗费由个人负担。

第二十四条 公派研究生在留学期间参加国际学术会议或进行短期学术考察，应征得留学院校导师（合作者）同意并向使领馆报告。

参加国际学术会议或短期学术考察的费用自理。

第二十五条 公派研究生在规定留学期限内未能获得学位者，如因学业问题确需延长学习时间且留学院校导师证明可在延长时间内获得学位，由本人提前2个月向使领馆提交书面申请，出具留学院校导师和推选单位意见函，由使领馆根据其日常学习表现提出明确意见，报留学基金委审批。

经批准延长期限者应与留学基金委办理续签《协议书》等有关手续。

经批准延长期限内费用自理。

第二十六条 公派研究生在规定留学期限内虽经努力但仍无法获得学位者，使领馆应将其学习态度、日常表现和所在国留学院校实际情况报告留学基金委，经批准后开具有关证明，办理结（肄）业手续回国。

第二十七条 对于国家急需专业领域的、在国外获得博士学位的公派研究生，在留学所在国签证政策允许前提下，经推选单位同意、留学基金委批准并办理续签《协议书》手续，可继续从事不超过两年的博士后研究。

1. 公派研究生本人应提前2个月向使领馆提出申请，出具推选单位和国外留学院校或导师（合作者）意见函，由使领馆提出明确意见报留学基金委审批。

2. 留学基金委根据博士后研究课题与国家科学技术、经济发展结合情况进行审批，必要时组织专家进行评议和评审。博士后研究结束回国，应向留学基金委提交研究成果报告。

3. 从事博士后研究期间一切费用自理。

第二十八条 对纪律涣散、从事与学业无关的活动严重影响学习、留学院校和导师（合作者）反映其表现恶劣者，使领馆一经发现应给予批评教育；对仍不改正者，要及时报告留学基金委，留学基金委按照有关规定处理。

第二十九条 公派研究生学习期满回国，由使领馆按国家规定选定回国路线、提供国际旅费，乘坐中国民航班机回国；无中国民航班机，购买外国航班机票应以安全、经济为原则。

第三十条 公派研究生一经签约派出，其在外期间的国家公派留学身份不因经费资助来源或待遇变化而改变。如获其他奖学金，应经留学基金委同意并签订补充协议，且始终应遵守国家公派留学有关规定，履行按期回国服务等相关义务。

如自行放弃国家留学基金资助和国家公派留学身份、单方面终止协议，留学基金委按照有关规定处理。

第三十一条 公派研究生留学期间改变国籍，视为放弃国家公派留学身份，留学基金委按照有关规定处理。

第四章 回国与服务

第三十二条 公派研究生应按期回国，填写《国家公派出国留学人员回国报到提取保证金证明表》(见附5)，由推选单位在相应栏目中签署意见，尽快向留学基金委报到（京外人员可通过信函、传真或电子邮件方式报到），按要求递交书面材料。留学基金委审核上述材料后，通知有关金融机构将出国前交存的保证金返还公派研究生本人。

第三十三条 公派研究生（不含在职人员）学成回国，按照国家有关就业政策和规定以及与国内有关单位的定（意）向协议就业。

第三十四条 推选单位要把公派研究生的回国工作纳入本单位人才培养总体规划，对学成回国研究生的就业、创业等问题积极加以引导，为其回国工作和创业创造有利条件。

第三十五条 教育部留学服务中心应按照国家规定，为在国外取得学位回国、落实工作单位的公派研究生办理回国工作的相关手续，为其回国工作和创业提供必要的服务。

公派研究生出国前与推选单位签有回国定向就业协议的，推选单位应及时将该名单报教育部留学服务中心备案。

联合培养博士研究生回国后应回推选单位办理以上有关手续。

第三十六条 公派研究生按期回国后应在国内连续服务至少两年。

第五章 违约追偿

第三十七条 在留学期间擅自变更留学国别和留学身份、自行放弃国家留学基金资助和国家公派留学身份、单方面终止协议、未完成留学计划擅自提前回国、从事与学业无关活动严重影响学习、表现极为恶劣以及未按规定留学期限回国逾期3个月（不含）以上、未完成回国服务期等违反《协议书》约定的行为，构成全部违约。违约人员应赔偿全部留学基金资助费用并支付全部留学基金资助费用30%的违约金。

未按规定留学期限回国逾期3个月（含）以内的行为，构成部分违约。违约人员应赔偿全部留学基金资助费用20%的违约金。经使领馆批准，仍可提供回国机票。

因航班等特殊原因超出规定留学期限1个月（含）以内抵达国内的，不作违约处理。

第三十八条 出国前尚未还清国家助学贷款的留学人员，出国期间应按国家助学贷款有关规定偿还贷款，确有偿还困难的应办理相应延期手续；对逾期不归违约人员，应按《协议书》和国家助学贷款有关规定履行相关义务。

第三十九条 使领馆应及时将公派研究生违约情况和为其资助留学经费情况报告留学基金委，协助留学基金委做好违约追偿工作。

第四十条 推选单位应及时向留学基金委提供所掌握的本单位违约人员的有关情况和信息，协助留学基金委开展违约追偿工作。

第四十一条 对违反《协议书》约定的违约行为，留学基金委根据国家法律规定和《协议书》有关条款对违约人进行违约追偿。违约人本人或其保证人（即协议书丙方）应承担相应违约责任。

1. 如违约人员按《协议书》规定承担相应违约责任，如数予以经济赔偿，不再追究其法律责任。如违约人员未按《协议书》规定承担违约责任做出赔偿，则将要求其国内保证人承担经济责任。如违约人员及其保证人均不承担约定的经济赔偿责任，则将在国内通过法律途径解决。

2. 对违约事件，特别是对不按《协议书》约定履行经济赔偿责任者，除通过法律途径解决外，必要时还将采取其他辅助手段，如以留学基金委名义向国外有关方面通报违约事实；将违约名单予以公布等。

3. 违约人员完成经济赔偿后，即了结了与留学基金委所签《协议书》的义务，但国家公派留学人员的身份不变。协议了结情况由留学基金委通报使领馆、违约人员本人和推选单位。

第六章　评　估

第四十二条　教育部建立评估体系和激励机制，对公派研究生出国留学的总体效益和有关项目的实施情况进行评估，特别对各推选单位派出人员的质量、留学效果和按期回国等情况进行综合评估，并根据评估结果调整各推选单位的选派计划和选派规模，以保证国家留学基金的使用效益和国家人才培养目标的实现。

该评估也将作为对有关使领馆和留学服务机构留学管理与服务工作绩效评估的一部分，以促进留学管理工作的加强与提高。

第七章　附　则

第四十三条　本规定由教育部、财政部负责解释。

第四十四条　本规定自印发之日起施行。此前已印发的有关规定与本规定相抵触的，以本规定为准。

附件略

教育部 公安部 国家工商行政管理总局关于开展防止传销进校园工作的通知

（2007年7月31日）

按照国务院的统一部署，全国打击传销专项行动开展以来，各地区、各有关部门集中力量查处重点案件，建立健全工作格局和体制机制，广泛开展宣传教育，打击传销取得了阶段性成果。但是，由于种种原因，传销活动在一些地方仍顽固存在，有些传销组织打着职业介绍、招聘兼职等幌子，不择手段地利诱欺骗高校学生，学生上当受骗、误入传销的情况时有发生，严重损害了学生身心健康，不同程度地影响了高校的和谐稳定，引起了学生家长和全社会的关切。为加强宣传教育，严厉打击传销活动，教育部、公安部、国家工商行政管理总局决定联合开展防止传销进校园工作。现就有关工作通知如下。

一、明确防止传销进校园的基本要求，不断增强工作责任感和紧迫感

防止传销进校园，是依法打击传销的重要内容，是为高校学生健康成长创造良好社会环境的必然要求，具有十分重要的意义。要在高校广泛开展禁止传销宣传教育活动，使广大学生认清传销的违法犯罪性质、欺诈本质和严重危害，帮助学生提高识别能力、增强防范意识，自觉抵制传销；要严厉打击传销活动，及时解救受骗参与传销的学生。地方各级教育行政部门、公安机关、工商行政管理机关要深刻认识传销活动向高校渗透的现实危害性，以对党、对人民和对法律高度负责的态度，密切配合，协调联动，依据各自职责和有关法律、行政法规，一手抓宣传教育、一手抓严厉打击，切断传销组织向高校渗透的渠道，严防传销活动进入校园。

二、积极开展主题宣传教育活动，提高学生防范传销的意识和能力

精心设计和组织开展防止传销进校园主题宣传教育活动。地方各级教育行政部门和高校要充分发挥课堂教学的主导作用，把主题宣传教育活动同讲授《思想道德修养与法律基础》课程、加强形势与政策教育结合起来，采取专题讲座、形势报告等灵活多样的教学方式，帮助学生了解传销的危害、防范传销的基本知识及打击传销的政策与法律法规。要把防范传销作为新生入学教育、毕业生就业指导和离校教育的重要内容，组织开展有声有色、入心入脑的专题教育。要充分运用广播电视、校报校刊、校园网络等各种载体，通过召开座谈会、散发宣传资料、组织专题展览等多种形式，营造抵制传销的良好氛围。地方各级工商行政管理机关和公安机关要积极主动地参与和指导主题宣传教育活动。要以宣传《禁止传销条例》和《直销管理条例》为重点，把讲解专业知识、剖析典型案例、组织受骗人员现身说法等生动直观的教育方式结合起来，引导学生增强识别传销的能力，自觉做到知法、懂法、守法。要根据需要，定期选派执法人员深入高校开展专题讲座。

三、进一步加强高校校园安全管理和学生管理，防止传销向高校学生渗透

地方各级教育行政部门和高校要把防范传销进校园工作同安全文明校园建设工作、加强维护高校稳定工作结合起来，纳入学校安全责任制和安全管理工作制度，分解落实到人、落实到每项工作和每个环节。要加强对校内讲坛、论坛、讲座和报告会等的管理，加强校园安全巡逻，严禁任何传销组织及人员在校园内进行任何形式的宣传、蛊惑及诱骗活动。在日常工作中发现学生参与传销活动，要及时向公安机关、工商行政管理机关反映，配合做好调查处理工作。要充分发挥思想政治工作队伍的作用，组织辅导员班主任深入学生班级、宿舍，及时了解和掌握学生思想动态，一旦发现学生有参与传销的苗头，要及时教育阻止。要充分发挥党团组织在教育、团结和联系学生方面的优势，注重依托班级、社团等组织形式，引导学生自我教育、自我管理、自我服务，把抵御传销的客观要求内化为学生的自觉行动。要针对寒暑假以及学生开展社会实践、联系工作等重点时段，突出传销活动相对集中的重点地区，采取切实可行的措施方法，加强对外出实习学生、毕业班学生等重点学生群体的教育和管理。要做好受骗参加过传销活动学生的教育、安抚工作，消除不良影响和隐患。对极少数不服从教育管理，多次参加传销活动或在传销活动中起重要作用的学生，要按照学生管理规章制度，给予必要的纪律处分。

四、集中力量查处重点案件，严厉打击诱骗学生参加传销的行为

地方各级工商行政管理机关要根据群众的举报、投诉和教育行政部门以及高校提供的被传销组织控制的学生情况和受骗学生所了解的传销组织情况，认真排查线索，及时调查处理。要加强对人才市场招聘信息及网络招聘信息的监管，及时清理以招聘为名诱骗学生进行传销活动的信息，查处发布虚假广告的企业、组织和个人，封堵传销组织进行诱骗的渠道。要依法查处直销企业违规招募在校学生的行为。各级公安机关要结合重点地区、重点人群、特种行业、出租房屋管理，注意发现线索，全力做好案件侦破和缉捕犯罪嫌疑人的工作。要依法严厉打击以介绍工作、从事经营活动等名义欺骗在校学生参与传销、限制学生人身自由的传销组织。地方各级工商行政管理机关和公安机关要继续开展联合执法，加大对诱骗学生参与传销行为的打击力度，集中力量查处大案、要案，严惩组织者和骨干分子，摧毁传销网络。要会同教育行政部门和高校，坚持以教育为主，把做好受骗学生的解救工作放在防止传销进校园的突出位置，采取一切必要措施，尽早、尽快解救被传销组织控制的学生，确保学生的人身安全，积极预防和制止由此引发的不稳定事端。

五、切实加强组织领导，形成防止传销进校园的工作合力

地方各级教育行政部门、公安机关、工商行政管理机关要继续按照“全国统一领导，地方政府负责，部门指导协调，各方联合行动”的工作格局和“标本兼治，着力治本”的方针，加强协作配合。教育行政部门要加强对高校学生的教育和管理，协助工商行政管理机关和公安机关做好涉及传销高校学生的说服和劝返。工商行政管理机关要继续发挥在打击传销中的主力军作用，加强对防止传销进校园工作的组织、指导和协调。公安机关要加大对诱骗高校学生参加传销犯罪行为的打击力度，快侦快破重点案件。三部门要在地方党委政府的统一领导下，针对传销活动的新特点和突出问题，结合高校的工作实际，对防止传销进校园工作进行全面部署，逐级分解落实具体任务和工作目标，确保抓出成效。要认真研究解决工作中遇到的实际困难和问题，工作中的重要情况要及时报告上级主管部门。要会同有关部门，将防止传销进校园纳入学校及周边治安综合治理工作体系，挤压传销组织在校园周边的生存空间。要本着有利于打击传销活动、有利于维护学生切身利益的原则，会同新闻宣传单位做好相关宣传工作，营造良好的舆论环境。

地方各级教育行政部门、公安机关、工商行政管理机关要抓好本通知精神的贯彻落实。近期要联合对本地高校学生参与传销的情况进行一次彻底的排查，及时解救被传销组织控制的学生。对问题比较突出的地方和学校，要派出精干力量进行具体指导，督促落实各项工作措施。

请各省、自治区、直辖市教育行政部门、公安机关、工商行政管理机关于2007年9月30日前将有关工作落实的情况，联合报教育部、公安部、国家工商行政管理总局。

教育部 国家发展改革委 财政部 人事部 科技部 国资委关于进一步加强国家重点领域紧缺人才培养工作的意见

（2007年8月6日）

为贯彻落实《中共中央 国务院关于实施科技规划纲要增强自主创新能力的决定》（中发［2006］4号），紧密配合《国家中长期科学和技术发展规划纲要（2006—2020年）》的全面实施，切实加强国家重点领域紧缺人才培养工作，为我国到2020年进入创新型国家行列提供强有力的人才支撑，现就今后一段时期加强国家重点领域紧缺人才培养工作提出如下意见。

一、国家重点领域紧缺人才培养工作的总体要求和基本原则

1. 总体要求。国家重点领域紧缺人才培养工作要以邓小平理论和“三个代表”重要思想为指导，全面贯彻落实科学发展观，紧密结合国民经济和社会发展需求，充分发挥高等学校和企业等多方面的积极性；统筹协调招生、培养、就业、使用等各个环节，进一步加大支持力度，深化教学改革，提高培养质量，更好地为社会主义现代化建设服务。

2. 基本原则。国家重点领域紧缺人才培养工作要坚持统筹规划，加快学科专业结构调整，积极扩大培养规模，大力开展继续教育，切实解决国家重点领域的人才紧缺问题，着眼长远需要，研究建立和健全国家重点领域紧缺人才培养长效机制。

3. 根据《国家中长期科学和技术发展规划纲要（2006—2020年）》和《国民经济和社会发展第十一个五年规划纲要》的精神，当前要优先支持农业、林业、水利、气象、地质、矿业、石油天然气、核工业、软件、微电子、动漫、现代服务业等重点公益、基础研究和前沿技术领域以及新兴产业的紧缺人才培养。

二、加强国家重点领域紧缺人才培养工作的主要任务

4. 教育行政部门和高等学校要坚持以服务为宗旨，主动适应经济社会的发展需要，加大专业结构调整力度。根据相关产业和行业对专门人才的实际需求，在拓宽专业口径的基础上，在高年级灵活设置专业方向，努力扩大紧缺专业的人才培养规模，优化人才培养结构，为产业部门提供人才和智力支持。

5. 加快人才培养体制和机制的改革，积极推进产学研合作教育。鼓励高等学校与企业开展合作办学，联合建设重点领域学科和专业，按照企业对人才的要求实行“订单式”培养。聘请行业主管部门和企业共同参与制订人才培养目标、进行课程设置、开展教学质量评估。加大人才培养模式和教学管理制度的改革，工科在校学生要到企业去进行毕业实习和毕业设计，时间不少于6个月。建立“双师型”教师队伍，积极邀请企业专家兼课，派教师到企业学习。高等学校在开展高职高专、本科、研究生培养的同时，还可以通过转专业培养、工程硕士培养等多种形式加快培养紧缺人才。

6. 积极开展国际合作与交流，加大与国外高水平大学和跨国公司合作培养人才的力度，探索利用国外优质教育资源培养国家紧缺人才的有效途径。由国家留学基金支持，优先选派国家紧缺专业的学生到国外大学或企业学习。大力引进国家紧缺专业的海外高层次人才，提高国内师资队伍的整体水平。吸引国外优秀专家学者来华授课或共同开展研究。研究和借鉴国外先进的教学方法和手段，积极推进教学改革。

7. 全面贯彻党的教育方针，培养适应经济社会发展需要、满足国家重点领域建设需求的大批高素质人才。坚持育人为本，德育为先，深入实施素质教育，切实加强大学生的思想政治教育，把社会主义核心价值体系融入高等教育全过程，增强高校毕业生到艰苦行业工作的光荣感和使命感。

8. 充分发挥国家奖助学金、国家助学贷款的政策导向作用，引导和鼓励学生学习国家最需要的紧缺专业、毕业后主动到艰苦行业和基层单位就业。在分配国家奖助学金名额时，对于以农林水气地矿油核等国家需要的特殊学科专业为主的高等学校予以适当倾斜。高等学校在开展国家励志奖学金和国家助学金评审工作中，要对农林水气地矿油核等国家需要的特殊学科专业学生予以适当倾斜。普通高等学校全日制本专科生在校期间获得国家助学贷款、毕业后自愿到艰苦地区基层单位从事第一线工作且服务达到一定年限的，国家实行助学贷款代偿政策。

9. 加强国家重点领域学科和专业建设。加大重点领域学科和专业建设经费的投入，在“985工程”、“211工程”、“质量工程”、“国家优势学科创新平台建设项目”、“国家示范性高等职业院校建设计划”以及相关专项建设中，要向国家重点领域的学科和专业倾斜，给予重点支持，为紧缺人才培养提供坚实的基础。

三、行业主管部门和企业要积极参与国家重点领域紧缺人才培养工作

10. 行业主管部门要与教育部共同制订本行业国家重点领域紧缺人才培养方案，并纳入本行业的发展规划，给予专门支持。要推动所属行业企业建立规范有效的人才激励和使用机制，为紧缺人才的成长创造良好的环境，以吸引和稳定紧缺人才。要定期组织调查了解本行业国家重点领域人才需求状况，了解用人单位对毕业生的使用情况和评价意见。

11. 企业要积极参与国家重点领域紧缺人才培养工作。国家鼓励企业出资支持重点领域学科和专业建设、设立奖学金或助学金。对于企业或个人支持国家重点领域紧缺人才培养工作的各项经费，通过中国境内非营利的社会团体、国家机关进行捐赠的，按照《财政部 国家税务总局关于教育税收政策的通知》（财税［2004］39号）的规定，准予在企业所得税和个人所得税前全额扣除。国家鼓励企业积极接受高校学生实习，企业支付给在本企业实习学生的报酬，可以按照《国家税务总局关于印发〈企业支付实习生报酬税前扣除管理办法〉的通知》（国税发［2007］42号）的规定，在计算缴纳企业所得税时扣除。企业应为高校学生实习提供便利条件，选派有经验的技术人员指导。

12. 行业主管部门和企业要积极开展紧缺人才继续教育。行业主管部门要积极开展本行业国家重点领域的紧缺人才继续教育，参加继续教育的情况应作为考核评价和岗位聘用的重要依据。对承担继续教育任务的高等学校和社会培训机构给予必要支持。国家鼓励企业联合高等学校和社会培训机构开展国家重点领域紧缺人才的继续教育，企业按照国家规定提取的教育和培训经费，应安排一定比例用于支持相关领域紧缺人才的继续教育。

四、加强领导、形成合力，加大对国家重点领域紧缺人才培养的支持力度

13. 建立“国家重点领域紧缺人才培养工作部际联席会议”制度。部际联席会议由教育部、国家发展改革委、财政部、科技部、人事部、国资委等部门组成，协调国家重点领域紧缺人才培养相关工作，研究制定国家重点领域紧缺人才培养工作的扶持政策。

14. 建立国家重点领域紧缺人才供需信息发布平台。行业主管部门要组织本行业的企业，每年向信息发布平台提供本年度招聘紧缺人才和接受高校学生实习的信息，教育行政部门要组织高等学校每年向信息发布平台提供本校国家重点领域相关学科和专业情况、应届毕业生和派遣高校学生实习信息，由该信息发布平台向用人单位和高等学校双向发布。

15. 各地要大力支持国家重点领域紧缺人才培养工作。要根据本意见精神，及时制订本地区的具体措施和办法。切实加强对本地区高等学校培养国家重点领域紧缺人才的协调和领导，加大对国家重点领域学科和专业建设的支持力度，保证国家重点领域紧缺人才培养的质量。

教育部　公安部　国家安全监管总局关于加强农村中小学生幼儿上下学乘车安全工作的通知

（2007年8月24日）

近年来，部分农村地区出现许多“无牌、无证、无保险”的“三无黑校车”从事接送中小学生、幼儿（以下简称“学生”）上下学的非法运营活动，这些车辆存在大量安全隐患，是近期农村中小学幼儿园学生交通安全事故频发的主要原因，严重威胁着学生的人身安全。对此，国务院领导同志高度重视，并多次做出重要批示，要求各地政府和有关部门认真解决好这个问题。为进一步加大对农村地区各类“黑校车”的查处和打击力度，正确引导学生和家长抵制乘坐“黑校车”，切实保障学生上下学交通安全，现就有关工作通知如下。

一、依法做好农村学生上下学交通安全管理工作。各地教育、公安和安全监管部门要从落实“以人为本”的科学发展观和构建社会主义和谐社会的高度，切实提高认识，进一步增强责任感和使命感，认真贯彻落实《中华人民共和国道路交通安全法》和《中小学幼儿园安全管理办法》等法律法规文件，坚持“地方负责，属地管理”和“疏堵结合，防治并重”的工作方针，切实做到政府负责，部门协作，分工明确，制度健全，措施有力，逐步构建农村中小学幼儿园学生上下学交通安全管理工作的长效机制。

二、强化政府责任，增进部门合作。各地教育、公安和安全监管部门要积极争取地方政府进一步加大投入力度，努力构建“政府主导、市场运营、管理规范”的校车运营与管理机制，结合当地情况，积极研究出台扶持农村学生交通服务的政策和办法，总结和推广各地在校车管理方面好的做法与成功经验，切实为广大农村学生提供安全方便的上下学公共交通工具，从源头上消除安全隐患。同时，进一步建立和完善与交通、工商、税务等各部门间的合作机制，形成合力，进一步加大对“黑校车”的整治力度。

三、继续做好校车排查和检验工作。2007年秋季开学初，各地教育行政部门要会同公安机关交通管理部门对本行政区域内农村中小学幼儿园自有校车和租用于接送学生上下学的车辆及驾驶人、行驶时间、行驶路线等情况进行一次全面排查，必须见车见人，不留死角，并登记造册，逐步建立学生上下学乘坐车辆动态监管机制。各地教育行政部门要积极配合有关部门对中小学幼儿园自有校车和租用接送学生上下学的车辆进行安全检查，检查结果要记入校车档案，凡发现有安全隐患的，应立即整改，否则禁止运行。

四、深入开展道路交通安全宣传教育。2007年秋季开学后，各地教育行政部门要会同公安和安全监管部门，结合实施交通安全宣传教育工程和贯彻落实《中小学公共安全教育指导纲要》，对中小学幼儿园全体师生进行一次深入的交通安全教育。每所学校要采取宣传画、挂图、卡片、讲座等多种形式，深入开展一次道路交通安全教育，使学生逐步养成良好的交通安全行为习惯，尤其是要结合典型交通事故案例教育学生不乘坐“黑校车”，学校和家长不租用“黑校车”。

五、切实落实农村学生上下学交通安全管理责任。要进一步明确教育、公安和安全监管部门对农村中小学幼儿园校车的监管责任，中小学幼儿园要有专人负责校车安全管理工作，并逐步探索建立幼儿和低年级学生校车教师跟车值班制度，跟车值班教师要负责清点学生人数，保障学生上下车、过马路和行车过程中的安全，坚决杜绝因将学生遗忘在车内造成的恶性事故。中小学幼儿园购买或租用专门用于接送学生的机动车，必须检验合格，取得运营资质，集体接送学生的车辆统一由中小学幼儿园租用，不得租用外地机动车、个人机动车和拖拉机、三轮汽车、低速货车、拼装车、报废车接送学生；教育行政部门要会同有关部门加强对校车驾驶人的教育和资格审核，不得聘用不合格驾驶人；省级公安机关交通管理部门和教育行政部门要按照公安部、教育部印发的《关于实施国家标准〈机动车运行技术条件〉（GB7258—2004）第2号修改单的通知》（公交管［2007］162号）要求，研究制订接送学生专用校车的统一标识或标牌，由公安机关交通管理部门负责核发接送学生车辆标牌，教育行政部门会同公安机关交通管理部门组织喷涂接送学生专用校车标识；公安机关交通管理部门要加强路检路查，坚决查处不合格的车辆运载学生上下学，查处超载、超速和酒后开车等违法行为；安全监管部门要将学生上下学乘坐校车的安全纳入当地安全生产综合监管范围。

六、严厉打击农村地区非法运营接送学生的车辆。在2007年秋季开学后，各地教育行政部门、公安机关交通管理部门要配合交通部门，在当地政府的领导下，集中开展一次打击农村地区，特别是未经审批、非法举办的幼儿园租用非法运营接送学生的车辆的专项行动。各地教育行政部门和中小学幼儿园要加强对学生的日常管理，注意了解学生私自搭乘非法运营接送学生的车辆的情况，并在及时制止的同时，尽快通报公安机关交通管理部门和交通部门，共同打击非法运营接送学生的车辆，确保学生安全。

各地教育、公安和安全监管部门接到本通知后，务必将本通知传达到各级教育、公安和安全监管部门，以及每一所中小学幼儿园，抓紧贯彻落实本通知有关工作要求，并于9月30日前将工作开展情况报各有关部局。

民办高等学校办学管理若干规定

（2007年2月3日　教育部令第25号发布）

第一条　为规范实施专科以上高等学历教育的民办学校（以下简称民办高校）的办学行为，维护民办高校举办者和学校、教师、学生的合法权益，引导民办高校健康发展，根据民办教育促进法及其实施条例和国家有关规定，制定本规定。

第二条　民办高校及其举办者应当遵守法律、法规、规章和国家有关规定，贯彻国家的教育方针，坚持社会主义办学方向和教育公益性原则，保证教育质量。

第三条　教育行政部门应当将民办高等教育纳入教育事业发展规划。按照积极鼓励、大力支持、正确引导、依法管理的方针，引导民办高等教育健康发展。教育行政部门对民办高等教育事业做出突出贡献的集体和个人予以表彰奖励。

第四条　国务院教育行政部门负责全国民办教育统筹规划、综合协调和宏观管理工作。

省、自治区、直辖市人民政府教育行政部门（以下简称省级教育行政部门）主管本行政区域内的民办教育工作。对民办高校依法履行下列职责：

（一）办学许可证管理；

（二）民办高校招生简章和广告备案的审查；

（三）民办高校相关信息的发布；

（四）民办高校的年度检查；

（五）民办高校的表彰奖励；

（六）民办高校违法违规行为的查处；

（七）法律法规规定的其他职责。

第五条　民办高校的办学条件必须符合国家规定的设置标准和普通高等学校基本办学条件指标的要求。

民办高校设置本、专科专业，按照国家有关规定执行。

第六条　民办高校的举办者应当按照民办教育促进法及其实施条例的规定，按时、足额履行出资义务。

民办高校的借款、向学生收取的学费、接受的捐赠财产和国家的资助，不属于举办者的出资。

民办高校对举办者投入学校的资产、国有资产、受赠的财产、办学积累依法享有法人财产权，并分别登记建账。任何组织和个人不得截留、挪用或侵占民办高校的资产。

第七条 民办高校的资产必须于批准设立之日起一年内过户到学校名下。

本规定下发前资产未过户到学校名下的，自本规定下发之日起一年内完成过户工作。

资产未过户到学校名下前，举办者对学校债务承担连带责任。

第八条 民办高校符合举办者、学校名称、办学地址和办学层次变更条件的，按照民办教育促进法规定的程序，报审批机关批准。

民办高校应当按照办学许可证核定的学校名称、办学地点、办学类型、办学层次组织招生工作，开展教育教学活动。

民办高校不得在办学许可证核定的办学地点之外办学。不得设立分支机构。不得出租、出借办学许可证。

第九条 民办高校必须根据有关规定，建立健全党团组织。民办高校党组织应当发挥政治核心作用，民办高校团组织应当发挥团结教育学生的重要作用。

第十条 民办高校校长应当具备国家规定的任职条件，具有10年以上从事高等教育管理经历，年龄不超过70岁。校长报审批机关核准后，方可行使民办教育促进法及其实施条例规定的职权。

校长任期原则上为4年。报经审批机关同意后可以连任。

第十一条 未列入国务院教育行政部门当年公布的具有学历教育招生资格学校名单的民办高校，不得招收学历教育学生。

第十二条 民办高校招生简章和广告必须载明学校名称、办学地点、办学性质、招生类型、学历层次、学习年限、收费项目和标准、退费办法、招生人数、证书类别和颁发办法等。

民办高校应当依法将招生简章和广告报审批机关或其委托的机关备案。发布的招生简章和广告必须与备案的内容相一致。未经备案的招生简章和广告不得发布。

第十三条 民办高校招收学历教育学生的，必须严格执行国家下达的招生计划，按照国家招生规定和程序招收学生。对纳入国家计划、经省级招生部门统一录取的学生发放录取通知书。

第十四条 民办高校应当按照普通高等学校学生管理规定的要求完善学籍管理制度。纳入国家计划、经省级招生部门统一录取的学生入学后，学校招生部门按照国家规定对其进行复查，复查合格后予以电子注册并取得相应的学籍。

第十五条 民办高校自行招收的学生为非学历教育学生，学校对其发放学习通知书。学习通知书必须明确学习形式、学习年限、取得学习证书办法等。

民办高校对学习时间1年以上的非学历教育学生实行登记制度。已登记的学生名单及有关情况，必须于登记后7日内报省级教育行政部门备案。备案后的学生名单在校内予以公布。

第十六条 民办高校应当按照民办教育促进法及其实施条例的要求，配备教师，不断提高专职教师数量和比例。

民办高校应当依法聘任具有国家规定任教资格的教师，与教师签订聘任合同，明确双方的责任、权利、义务。保障教师的工资、福利待遇，按国家有关规定为教师办理社会保险和补充保险。

第十七条 民办高校应当加强教师的培养和培训，提高教师队伍整体素质。

第十八条 民办高校应当按照国家有关规定建立学生管理队伍。按不低于1：200的师生比配备辅导员，每个班级配备1名班主任。

第十九条 民办高校应当建立健全教学管理机构，加强教学管理队伍建设。改进教学方式方法，不断提高教育质量。

不得以任何形式将承担的教育教学任务转交其他组织和个人。

第二十条 民办高校应当建立教师、学生校内申诉渠道，依法妥善处理教师、学生提出的申诉。

第二十一条 民办高校依法设置会计机构，配备会计人员。会计人员必须取得会计业务资格证书。建立健全内部控制制度，严格执行国家统一的会计制度。

第二十二条 民办高校必须严格执行政府有关部门批准的收费项目和标准。收取的费用主要用于教育教学活动和改善办学条件。

第二十三条 民办高校应当在每学年结束时制作

财务会计报告，委托会计师事务所进行审计。必要时，省级教育行政部门可会同有关部门对民办高校进行财务审计。

第二十四条 民办高校的法定代表人为学校安全和稳定工作第一责任人。民办高校应当加强应急管理，建立健全安全稳定工作机制。推进学校安全保卫工作队伍建设，加强对学校教学、生活、活动设施的安全检查，落实各项安全防范措施，维护校园安全和教学秩序。

第二十五条 建立对民办高校的督导制度。省级教育部门按照国家有关规定向民办高校委派的督导专员应当拥护宪法确定的基本原则，具有从事高等教育管理工作经历，熟悉高等学校情况，具有较强的贯彻国家法律、法规和政策的能力，年龄不超过 70 岁。督导专员的级别、工资、日常工作经费等由委派机构商有关部门确定。

督导专员任期原则上为 4 年。因工作需要的，委派机构可根据具体情况适当延长其任期。

第二十六条 督导专员行使下列职权：

（一）监督学校贯彻执行有关法律、法规、政策的情况；

（二）监督、引导学校的办学方向、办学行为和办学质量；

（三）参加学校发展规划、人事安排、财产财务管理、基本建设、招生、收退费等重大事项的研究讨论；

（四）向委派机构报告学校办学情况，提出意见建议；

（五）有关党政部门规定的其他职责。

第二十七条 省级教育行政部门应当建立健全民办高校办学过程监控机制，及时向社会发布民办高校的有关信息。

第二十八条 省级教育行政部门按照国家规定对民办高校实行年度检查制度。年度检查工作于每年 12 月 31 日前完成。省级教育行政部门根据年度检查情况和国务院教育行政部门基本办学条件核查的结果，在办学许可证副本上加盖年度检查结论戳记。

年度检查时，民办高校应当向省级教育行政部门提交年度学校自查报告、财务审计报告和要求提供的其他材料。

第二十九条 省级教育行政部门对民办高校年度检查的主要内容：

（一）遵守法律、法规和政策的情况；

（二）党团组织建设、和谐校园建设、安全稳定工作的情况；

（三）按照章程开展活动的情况；

（四）内部管理机构设置及人员配备情况；

（五）办学许可证核定项目的变动情况；

（六）财务状况，收入支出情况或现金流动情况；

（七）法人财产权的落实情况；

（八）其他需要检查的情况。

第三十条 民办高校出现以下行为的，由省级教育行政部门责令改正；并可给予 1 至 3 万元的罚款、减少招生计划或者暂停招生的处罚。

（一）学校资产不按期过户的；

（二）办学条件不达标的；

（三）发布未经备案的招生简章和广告的；

（四）年度检查不合格的。

第三十一条 民办高校违反民办教育促进法及其实施条例以及其他法律法规规定的，由省级教育行政部门或者会同相关部门依法予以处罚。

第三十二条 省级教育行政部门应当配合相关主管部门对发布违法招生广告的广告主、广告经营者、广告发布者和非法办学机构、非法中介进行查处。

第三十三条 教育行政部门会同民政部门加强对民办高等教育领域行业协会的业务指导和监督管理。充分发挥行业协会在民办高等教育健康发展中提供服务、反映诉求、行业自律的作用。

第三十四条 教育行政部门配合新闻单位做好引导民办高等教育健康发展的舆论宣传工作，营造有利于民办高校健康发展的舆论环境。

第三十五条 教育行政部门及其工作人员滥用职权、玩忽职守，违反民办教育促进法及其实施条例规定的，依法予以处理。

第三十六条 本规定自 2007 年 2 月 10 日起施行。

教育部关于进一步加强中小学校校舍建设与管理工作的通知

（2006年11月14日）

为全面贯彻落实新修订的《义务教育法》，切实加强中小学校舍建设与管理工作，推动义务教育持续健康发展，特就有关问题通知如下。

一、加强指导，提高对建设标准重要性的认识

各级教育行政部门要进一步提高对中小学校校舍建设标准、建筑设计规范（《城市普通中小学校校舍建设标准》、《农村普通中小学校建设标准》、《特殊教育学校建设标准》和《中小学校建筑设计规范》、《特殊教育学校建筑设计规范》等）实施重要性的认识，加强对普通中小学校舍建设工作的指导。要充分认识到，中小学校建设标准的制定与实施，是适应普及和巩固九年义务教育、实施素质教育、提高教育质量、保障师生安全、推进义务教育均衡发展的需要；是加强学校建设的科学化、规范化管理，合理确定并正确掌握建设标准的需要；是不断提高中小学校的规划设计和建设水平，促进技术进步，提高投资效益的需要；是编制、评估和审批中小学校建设项目的可行性研究报告、校园规划设计和建设用地计划的重要依据，也是有关部门审查项目设计和监督检查工程项目全过程管理的重要规则。

因此，在中小学校新建、扩建、改建项目中，各地要严格执行中小学校建设标准和有关中小学校建筑设计规范，进一步提高标准的覆盖率和权威性。要遵照安全、适用、经济、美观的原则，结合本地经济条件、城乡规划和学校使用功能的要求来制定本地区校舍建设标准实施措施，确保校舍使用的安全，避免高标准、华而不实。

二、强化地方政府领导，完善中小学校舍建设机制

各地要认真学习贯彻落实新修订的《义务教育法》，进一步强化地方政府在基础教育发展中的主要责任。县级以上地方要根据本行政区域内居住的学龄人口的数量和分布状况及变化趋势等因素，按照国家有关规定，制定、调整学校设置规划。要根据城乡规划和中小学校布局规划预留教育控制用地，保证中小学校建设到位，满足地方基础教育发展的需要；要积极推进区域内义务教育均衡发展，逐步缩小学校之间办学条件的差距。各地有关部门应加强协作，紧密配合，依法维护学校周边秩序，保护学生、教师、学校的合法权益，为学校提供安全保障。要定期对学校校舍安全进行检查，对需要维修、改造的，及时予以维修、改造。

三、合理规划中小学校布局，科学选定校舍建设校址

各地要严格按照有关规定，合理规划中小学校布局。普通中小学校的设置要在保障适龄儿童少年在户籍所在地就近入学的前提下，按照城乡规划的要求、结合人口密度与人口分布，尤其是学龄人口数量及其变化趋势，以及交通、环境、地形地貌等因素综合考虑，合理布点。在所确定的学校服务半径内，中小学生不应跨越铁路干线、高速公路及车流量大、无立交设施的主干道上学。

在新建（迁建）中小学校选定校舍建设校址时，各级教育行政部门应组织专家对校址周边交通、能源（水源、电源等）、地质、环境等主要条件进行科学评测。中小学校的校址应选在交通方便、位置适中、地形开阔、空气新鲜、阳光充足、环境适宜、地势较高、排水通畅、场地干燥、地质条件较好、公用设施比较完善、远离污染源的平坦地段。应避开高层建筑的阴影区、山区及丘陵区的阴坡面，以及地震断裂带、山丘地区滑坡段、悬崖边及崖底、河湾及泥石流地区、水坝泄洪区等不安全地带。中小学校不应与集贸市场、公共娱乐场所、医院传染病房、公安看守所等不利于学生学习和身心健康，以及危及学生安全的场所毗邻。严禁架空高压输电线、高压电缆及通航河道穿越校区，以确保青少年学习、生活、活动的安全。

四、做好校园校舍规划，合理确定建设规模

各地要严格按照中小学校校舍建设标准中的有关规定，做好校园建设的规划工作。无论城市或农村，中小学校校园校舍的新建、扩建和改建都必须坚持先规划设计、经主管部门确认后方可进行建设的基本原则。校园规划设计应以安全、适用、经济、美观为原则，根据学校的特点、城乡规划的要求，合理利用地形、地貌，因地制宜地进行，并根据需要适当预留发展余地。在校园总平面设计上，宜按不同功能进行分区，合理布局。校园、校舍应整体性强，绿化、美化应结合建筑景观统一规划设计和建设，以形成优美的校园环境和人文景观。同时规划设计应结合需要与可能，正确处理好近期与远期结合的关系，并且有利于分期实施。

各地要严格依据中小学校校舍建设标准，合理确定普通中小学校建设规模，坚决杜绝大班额情况的出现。其中城市普通中小学校的建设规模必须根据批准的学校规模、城市建设规划的要求确定，城市小学、中学每班班额分别不超过45人和50人。农村中小学校的建设规模，应根据学制、学校规模、面积指标，并参照农村经济发展水平、城镇化推进程度和人口发展规划等合理确定，农村非完全小学、完全小学、初中每班班额分别不超过30人、45人和50人。

五、严格执行基本建设程序，确保校舍建设质量

百年大计，质量第一。学校校舍工程质量是一件关系到广大师生员工生命安全的大事，各级教育行政部门应切实加强对校园校舍建设和管理工作的领导，设置专门的基本建设管理机构，负责中小学校园校舍建设和管理工作。在中小学校校舍建设过程中，各地要严格执行基本建设程序，切实加强对建设工程质量的监督管理。各级教育行政部门及学校领导要以对党和人民高度负责的态度，把校舍建设工程质量摆在突出位置，认真落实领导责任制，层层抓落实，对玩忽职守、酿成严重后果的，要追究相应的行政和法律责任。在认真执行国家建设标准的同时，要贯彻落实《建筑法》和《建设工程质量管理条例》，按照国家规定的基本建设程序履行报批手续，从事勘察、设计、施工和工程监理的单位，必须具有相应的资质。要坚持先勘察、后设计、再施工的原则，严禁搞边勘察、边设计、边施工的“三边”工程。所有中小学校舍建设工程要严格实行招投标制、项目监理制、法人责任制和工程建设合同制，严格执行建设工程强制性标准。

六、加强制度建设，完善校舍建设与安全管理长效机制

中小学生的安全涉及亿万家庭的幸福，受到党和政府的高度重视，为全社会所关注。各地要以健全制度、落实责任为核心，切实加强学校校舍建设与安全管理工作。地方各级教育行政部门尤其是县级教育行政部门要增强校舍建设与安全管理工作的责任感，要特别加强对县镇中小学、乡中心学校、农村寄宿制学校的安全管理工作，切实负起责任。要在当地政府领导下，尽快建立、健全安全制度和应急机制，对学生进行安全教育，加强管理，及时消除隐患。要建立校舍建设与检查鉴定制度，制定并落实一般情况定期核查，隐患情况重点核查，异常情况随时核查的方式，及时掌握校舍安全动态，有计划、有步骤地逐个落实解决办法，确保校舍安全。

地方各级教育行政部门要根据本通知精神制订落实工作方案，提出具体工作要求，明确工作责任。我部将适时采取多种形式检查落实情况。

教育部关于全面提高高等职业教育教学质量的若干意见

（2006年11月16日）

在贯彻党的十六届六中全会精神、努力构建社会主义和谐社会的新形势下，为进一步落实《国务院关于大力发展职业教育的决定》精神，以科学发展观为指导，促进高等职业教育健康发展，现就全面提高高等职业教育教学质量提出如下意见。

一、深刻认识高等职业教育全面提高教学质量的重要性和紧迫性

近年来，我国高等职业教育蓬勃发展，为现代化建设培养了大量高素质技能型专门人才，对高等教育大众化作出了重要贡献；丰富了高等教育体系结构，形成了高等职业教育体系框架；顺应了人民群众接受高等教育的强烈需求。高等职业教育作为高等教育发展中的一个类型，肩负着培养面向生产、建设、服务和管理第一线需要的高技能人才的使命，在我国加快推进社会主义现代化建设进程中具有不可替代的作用。随着我国走新型工业化道路、建设社会主义新农村和创新型国家对高技能人才要求的不断提高，高等职业教育既面临着极好的发展机遇，也面临着严峻的挑战。

各级教育行政部门和高等职业院校要深刻认识全面提高教学质量是实施科教兴国战略的必然要求，也是高等职业教育自身发展的客观要求。要认真贯彻国务院关于提高高等教育质量的要求，适当控制高等职业院校招生增长幅度，相对稳定招生规模，切实把工作重点放在提高质量上。要全面贯彻党的教育方针，以服务为宗旨，以就业为导向，走产学结合发展道路，为社会主义现代化建设培养千百万高素质技能型专门人才，为全面建设小康社会、构建社会主义和谐社会作出应有的贡献。

二、加强素质教育，强化职业道德，明确培养目标

高等职业院校要坚持育人为本，德育为先，把立德树人作为根本任务。要以《中共中央 国务院关于进一步加强和改进大学生思想政治教育的意见》（中发［2004］16号）为指导，进一步加强思想政治教育，把社会主义核心价值体系融入到高等职业教育人才培养的全过程。要高度重视学生的职业道德教育和法制教育，重视培养学生的诚信品质、敬业精神和责任意识、遵纪守法意识，培养出一批高素质的技能性人才。要加强辅导员和班主任队伍建设，倡导选聘劳动模范、技术能手作为德育辅导员；加强高等职业院校党团组织建设，积极发展学生党团员。要针对高等职业院校学生的特点，培养学生的社会适应性，教育学生树立终身学习理念，提高学习能力，学会交流沟通和团队协作，提高学生的实践能力、创造能力、就业能力和创业能力，培养德智体美全面发展的社会主义建设者和接班人。

三、服务区域经济和社会发展，以就业为导向，加快专业改革与建设

针对区域经济发展的要求，灵活调整和设置专业，是高等职业教育的一个重要特色。各级教育行政部门要及时发布各专业人才培养规模变化、就业状况和供求情况，调控与优化专业结构布局。高等职业院校要及时跟踪市场需求的变化，主动适应区域、行业经济和社会发展的需要，根据学校的办学条件，有针对性地调整和设置专业。要根据市场需求与专业设置情况，建立以重点专业为龙头、相关专业为支撑的专业群，辐射服务面向的区域、行业、企业和农村，增强学生的就业能力。“十一五”期间，国家将选择一批基础条件好、特色鲜明、办学水平和就业率高的专业点进行重点建设，优先支持在工学结合等方面优势凸显以及培养高技能紧缺人才的专业点；鼓励地方和学校共同努力，形成国家、地方（省级）、学校三级重点专业建设体系，推动专业建设与发展。发挥行业企业和专业教学指导委员会的作用，加强专业教学标准建设。逐步构建专业认证体系，与劳动、人事及相关行业部门密切合作，使有条件的高等职业院校都建立职业技能鉴定机构，开展职业技能鉴定工作，推行“双证书”制度，强化学生职业能力的培养，使有职业资格证书专业的毕业生取得“双证书”的人数达到80%以上。

四、加大课程建设与改革的力度，增强学生的职业能力

课程建设与改革是提高教学质量的核心，也是教学改革的重点和难点。高等职业院校要积极与行业企业合作开发课程，根据技术领域和职业岗位（群）的任职要求，参照相关的职业资格标准，改革课程体系和教学内容。建立突出职业能力培养的课程标准，规范课程教学的基本要求，提高课程教学质量。“十一五”期间，国家将启动1 000门工学结合的精品课程建设，带动地方和学校加强课程建设。改革教学方法和手段，融“教、学、做”为一体，强化学生能力的培养。加强教材建设，重点建设好3 000种左右国家规划教材，与行业企业共同开发紧密结合生产实际的实训教材，并确保优质教材进课堂。重视优质教学资源和网络信息资源的利用，把现代信息技术作为提高教学质量的重要手段，不断推进教学资源的共建共享，提高优质教学资源的使用效率，扩大受益面。

五、大力推行工学结合，突出实践能力培养，改革人才培养模式

要积极推行与生产劳动和社会实践相结合的学习模式，把工学结合作为高等职业教育人才培养模式改革的重要切入点，带动专业调整与建设，引导课程设置、教学内容和教学方法改革。人才培养模式改革的重点是教学过程的实践性、开放性和职业性，实验、实训、实习是三个关键环节。要重视学生校内学习与实际工作的一致性，校内成绩考核与企业实践考核相结合，探索课堂与实习地点的一体化；积极推行订单培养，探索工学交替、任务驱动、项目导向、顶岗实习等有利于增强学生能力的教学模式；引导建立企业接收高等职业院校学生实习的制度，加强学生的生产实习和社会实践，高等职业院校要保证在校生至少有半年时间到企业等用人单位顶岗实习。工学结合的本质是教育通过企业与社会需求紧密结合，高等职业院校要按照企业需要开展企业员工的职业培训，与企业合作开展应用研究和技术开发，使企业在分享学校资源优势的同时，参与学校的改革与发展，使学校在校企合作中创新人才培养模式。

六、校企合作，加强实训、实习基地建设

加强实训、实习基地建设是高等职业院校改善办学条件、彰显办学特色、提高教学质量的重点。高等职业院校要按照教育规律和市场规则，本着建设主体多元化的原则，多渠道、多形式筹措资金；要紧密联系行业企业，厂校合作，不断改善实训、实习基地条件。要积极探索校内生产性实训基地建设的校企组合新模式，由学校提供场地和管理，企业提供设备、技术和师资支持，以企业为主组织实训；加强和推进校外顶岗实习力度，使校内生产性实训、校外顶岗实习比例逐步加大，提高学生的实际动手能力。要充分利用现代信息技术，开发虚拟工厂、虚拟车间、虚拟工艺、虚拟实验。“十一五”期间，国家将在重点专业领域选择市场需求大、机制灵活、效益突出的实训基地进行支持与建设，形成一批教育改革力度大、装备水平高、优质资源共享的高水平高等职业教育校内生产性实训基地。

七、注重教师队伍的“双师”结构，改革人事分配和管理制度，加强专兼结合的专业教学团队建设

高等职业院校教师队伍建设要适应人才培养模式改革的需要，按照开放性和职业性的内在要求，根据国家人事分配制度改革的总体部署，改革人事分配和管理制度。要增加专业教师中具有企业工作经历的教师比例，安排专业教师到企业顶岗实践，积累实际工作经历，提高实践教学能力。同时要大量聘请行业企业的专业人才和能工巧匠到学校担任兼职教师，逐步加大兼职教师的比例，逐步形成实践技能课程主要由具有相应高技能水平的兼职教师讲授的机制。重视教师的职业道德、工作学习经历和科技开发服务能力，引导教师为企业和社区服务。逐步建立“双师型”教师资格认证体系，研究制订高等职业院校教师任职标准和准入制度。重视中青年教师的培养和教师的继续教育，提高教师的综合素质与教学能力。“十一五”期间，国家将加强骨干教师与教学管理人员的培训，建设一批优秀教学团队、表彰一批在高职教育领域作出突出贡献的专业带头人和骨干教师，提高教师队伍整体水平。

八、加强教学评估，完善教学质量保障体系

高等职业院校要强化质量意识，尤其要加强质量管理体系建设，重视过程监控，吸收用人单位参与教学质量评价，逐步完善以学校为核心、教育行政部门引导、社会参与的教学质量保障体系。各地教育行政部门要完善五年一轮的高等职业院校人才培养工作水平评估体系，在评估过程中要将毕业生就业率与就业质量、“双证书”获取率与获取质量、职业素质养成、生产性实训基地建设、顶岗实习落实情况以及专兼结合专业教学团队建设等方面作为重要考核指标。

九、切实加强领导，规范管理，保证高等职业教育持续健康发展

国家将实施示范性高等职业院校建设计划，重点支持建设100所示范性院校，引领全国高等职业院校与经济社会发展紧密结合，强化办学特色，全面提高教学质量，推动高等职业教育持续健康发展。各地要加强对高等职业教育的统筹管理，加大经费投入，制定政策措施，引导高等职业院校主动服务社会，鼓励行业企业积极参与院校办学，促进高等职业院校整体办学水平的提升，逐步形成结构合理、功能完善、质量优良、特色鲜明的高等职业教育体系。重视高等职业教育理论研究和实践总结，加强对高等职业教育改革和发展成果的宣传，增强社会对高等职业教育的了解，提高社会认可度。要高度重视高等职业院校领导班子的能力建设，建立轮训制度，引导学校领导更新理念，拓宽视野，增强战略思维和科学决策能力，要把人才培养质量作为考核学校领导班子的重要指标。高等职业院校党政领导班子要树立科学的人才观和质量观，把学校的发展重心放到内涵建设、提高质量上来，确保教学工作的中心地位。要从严治教，规范管理，特别是规范办学行为，严格招生管理。建立健全各种规章制度，完善运行机制，维护稳定，保障高等职业教育持续健康发展。

教育部关于进一步深化本科教学改革全面提高教学质量的若干意见

（2007 年 2 月 17 日）

为贯彻落实党中央、国务院关于高等教育要全面贯彻科学发展观，切实把重点放在提高质量上的战略部署，现就今后一段时期进一步深化高等教育本科教学改革，全面提高教学质量的工作提出以下意见。

一、全面贯彻落实科学发展观，进一步加强对教学工作的领导和管理

1. 切实加强对教学工作的领导。人才培养是学校的根本任务，质量是学校的生命线，教学是学校的中心工作。教育行政部门和高等学校要高度重视教学工作，加大教学投入，强化教学管理，深化教学改革，采用各种措施确保教学工作的中心地位，把提高教学质量工作落到实处。要把教学质量作为考核学校党政一把手和领导班子的重要指标。要加强高等学校教学管理组织建设，完善由校长负责、教务处牵头、院系为基础、各职能部门协调配合的本科教学管理组织体系。

2. 按照把重点放在提高质量上的要求，进一步加强教学管理制度建设。正确处理规模、结构、质量和效益之间的关系，进一步加强和推动各项教学管理制度建设。通过制度建设，进一步树立全员育人思想和好的教风，规范教师与管理人员教书育人活动和岗位职责，充分调动广大教师和管理人员的积极性；进一步端正学风，调动广大学生的学习积极性和主动性，强化对课堂、实验、社会实践、毕业设计等教学各环节的管理，保证正常教学秩序和教学质量。

3. 进一步加大对教学工作的经费投入，切实保证教学工作所需的各项经费。要按照教育部《关于进一步加强高等学校本科教学工作的若干意见》（教高［2005］1 号）的有关规定，调整经费支出结构，加大对教学工作的经费投入，切实保证教学工作必需的各项经费。要进一步加强对实验实践、图书资料等教学基本条件的投入，加大对教学改革所需经费的支出力度。

4. 树立科学的质量观，促进学生德智体美全面发展。全面贯彻党的教育方针，坚持育人为本，德育为先，深入实施素质教育，培养适应经济社会发展需要的数以千万计的专门人才和一大批拔尖创新人才。高等学校要根据经济社会发展需要，科学定位，办出水平，办出特色。要切实加强大学生的思想政治教育，把社会主义核心价值体系融入大学教育全过程。要深化教育改革，提高教育质量，着力培养有理想、有道德、有文化、有纪律的大学生，要努力提高大学生的学习能力、创新能力、实践能力、交流能力和社会适应能力。

二、适应国家经济社会发展需要，加强专业结构调整

5. 以社会需求为导向，合理设置学科专业。要从国家经济社会发展对人才的实际需求出发，加大专业结构调整力度，优化人才培养结构。研究建立人才需求的监测预报制度，定期发布高等教育人才培养与经济社会需求状况，引导高等学校及时设置、调整专业和专业方向，密切与社会用人单位的联系，培养满足国家经济社会需要的各种专门人才。要根据国家对各专业建设的要求，在进一步拓宽专业口径的基础上，大力倡导在高年级灵活设置专业方向。要大力培育优势明显、特色鲜明的本科专业，加大建设力度，逐步形成专业品牌和特色。设置新的本科专业，要进行科学论证，严格履行必要程序，充分考虑职业岗位和人才需求，要有成熟的学科支撑，符合学校的办学目标和办学定位，拥有相配套的师资条件、教学条件和图书资料等，并投入必需的开办经费，加强对新设置专业的建设和管理。

6. 密切与产业和行业的联系，加强紧缺人才培养。高等学校要根据我国经济社会发展，尤其是相关产业和行业对专门人才的实际需求，加强紧缺人才培养工作。要加强与产业和行业的结合，充分发挥行业主管部门和企业的作用，加大紧缺人才培养力度，为产业部门提供人才和智力支持。各级教育行政部门要采取政策引导、信息发布、行政规范等多种措施，加强对特殊专业的宏观调控和管理，保护特殊专业、国防急需专业、面向艰苦地区和行业的专业，扶持和培育国家急需的新兴专业。

三、深化教育教学改革，全面加强大学生素质和能力培养

7. 深化教学内容改革，建立与经济社会发展相适应的课程体系。要坚持知识、能力和素质协调发展，继续深化人才培养模式、课程体系、教学内容和教学方法等方面的改革，实现从注重知识传授向更加重视能力和素质培养的转变。要根据经济社会发展和科技进步的需要，及时更新教学内容，将新知识、新理论和新技术充实到教学内容中，为学生提供符合时代需要的课程体系和教学内容。要大力推进教学方法的改革，提倡启发式教学，注重因材施教。要优化课程结构，构建以核心课程和选修课程相结合、有利于学科交叉与融合的课程体系。

8. 推进人才培养模式和机制改革，着力培养学生创新精神和创新能力。要采取各种措施，通过推进学分制、降低必修课比例、加大选修课比例、减少课堂讲授时数等，增加学生自主学习的时间和空间，拓宽学生知识面，增强学生学习兴趣，完善学生的知识结构，促进学生个性发展。创造条件，组织学生积极开展社会调查、社会实践活动，参与科学研究，进行创新性实验和实践，提升学生创新精神和创新能力。全面推广和广泛使用“国家精品课程”，积极鼓励高等学校之间的跨校选修课程机制，加强高等学校之间学分互认等，使学生享受更多的优质教学资源，并逐步实现教学资源共享机制稳定化、常规化。

9. 高度重视实践环节，提高学生实践能力。要大力加强实验、实习、实践和毕业设计（论文）等实践教学环节，特别要加强专业实习和毕业实习等重要环节。列入教学计划的各实践教学环节累计学分（学时），人文社会科学类专业一般不应少于总学分（学时）的15%，理工农医类专业一般不应少于总学分（学时）的25%。推进实验内容和实验模式改革和创新，培养学生的实践动手能力、分析问题和解决问题能力。要加强产学研密切合作，拓宽大学生校外实践渠道，与社会、行业以及企事业单位共同建设实习、实践教学基地。要采取各种有力措施，确保学生专业实习和毕业实习的时间和质量，推进教育教学与生产劳动和社会实践的紧密结合。

10. 进一步推进和实施大学英语教学改革。要全面推广大学英语教学改革成果，充分运用优质教学软件和教学资源，深化大学英语教学内容和教学方法改革，推动高校建立网络环境下的英语教学新模式，切实促进大学生英语综合应用能力，尤其是听说能力的提高。加强大学英语师资培训，造就一批大学英语教学改革的骨干教师。推进大学英语四、六级考试改革，研究建立四、六级网络考试系统。鼓励开展双语教学工作，有条件的高等学校要积极聘请国外学者和专家来华从事专业课程的双语教学工作，鼓励和支持留学回国人员用英语讲授专业课程，提高大学生的专业英语水平和能力。

11. 大力推进文化素质教育，营造良好的育人环境。要把人文教育和科学教育融入到人才培养的全过程，把德育、智育、体育、美育有机结合起来，落实到教育教学的各环节，通过文理交叉、学科融合，实现课程的有机结合，促进大学生综合素质的全面提高。寓教育于文化活动之中，积极支持高校学生组织开展丰富多彩、积极向上的学术、科技、体育、艺术和娱乐活动。要在师生中广泛开展践行社会主义荣辱观教育，把高等学校建成引领社会主义新风尚的精神家园。

12．加强人才培养的国际合作。要不断加大与国外高水平大学合作培养人才的力度，积极探索国内外共同培养高素质创新人才的有效途径。要积极引进国外大学优质的教学资源，研究和借鉴先进的教学方法和手段，为提高我国人才培养质量服务。要大力引进国外优秀专家学者来华授课或开展教学领域的交流和研究活动。要制订学分互认的政策，积极鼓励大学生到国外大学选修课程学分和学习交流，拓宽学生的国际视野。

四、加大教师队伍建设力度，发挥教师提高教学质量的重要作用

13．坚持教授上讲台，保证为学生提供高质量教学。教书育人是教师的天职，教学是教师的首要工作，教师是提高教学质量的根本保证。要把为本科生授课作为教授、副教授的基本要求。不承担本科教学任务者不得被聘为教授、副教授职务。被聘为教授、副教授后，如连续两年不为本科生授课，不得再聘任其教授、副教授职务。要发挥教授、副教授在教学改革中的主力军作用，积极鼓励教授、副教授投身教学改革，改进教学内容和教学方法，大力推进启发式教学，不断取得高水平教学改革成果。要重视兼职教师队伍建设，积极聘请国内外著名专家学者和高水平专业人才承担教学任务和开设讲座。

14．进一步建立和完善青年教师助教制度，不断提升青年教师的教育教学能力。要建立和完善青年教师助教制度，使青年教师通过为教授、副教授的主讲课程进行辅导，学习先进的教学方法，积累教学经验，提升教书育人水平。未被聘为副教授的青年教师，原则上不得作为基础课程和主要专业课程的主讲教师。要加大青年教师培养与培训的工作力度，支持青年教师到企事业单位进行产学研合作、参加国内外进修和学术会议、与其他高等学校教师交流经验等，提高青年教师的素质和水平。新聘任的青年教师要有一定时间从事辅导员、班主任工作，提高他们教书育人的责任感和使命感。

15．建设教学团队，培养可持续发展的教学队伍。教学是一项系统性很强的工作。要根据教学改革和教学任务需要，建设由教学水平高、学术造诣深的教授领衔，由教授、副教授、讲师、助教及教辅人员组成的教学团队。鼓励高等学校创建跨学科的教学团队。要通过创建教学团队，研究和改革教学内容，开发教学资源，开展启发式教学、讨论式教学和案例教学等教学方法改革，促进教学研讨、教学经验交流。要充分发挥教研室在开展教学讨论、交流教学经验、研究教学改革中的作用。

五、加强教学评估，建立保证提高教学质量的长效机制

16．进一步加强高等学校教学评估工作。教育部将根据国家对提高高等教育质量的新要求，继续开展并不断完善高等学校教学质量定期评估制度，把教学评估的结果作为衡量高等学校办学水平的重要指标，以评促建、以评促改、重在促进教学工作、重在提高教学质量。建立高等学校教学基本状态数据年度统计和公布制度，并作为教学工作评估的重要依据。积极开展专业评估和工程教育认证、医学教育认证等试点工作，逐步建立高等学校、政府和社会共同参与的中国高等教育质量保障体系。

17．进一步完善高等学校的内部质量监控和评价体系。各高等学校要进一步加强教学质量监控，建立用人单位、教师、学生共同参与的学校内部质量保障与评价机制，形成社会和企业对课程体系与教学内容的评价制度、课堂教学评估制度、实践教学评估制度、领导和教师听课制度、同行评议制度、学生定期反馈制度及教学督导制度等，加强对人才培养过程的管理。完善教师、院系、学校三级质量保障机制，逐步建立保证教学质量不断提高的长效机制。

六、加强教学基础建设，提高人才培养的能力和水平

18．加强教学实验室和校内实习基地的建设。要根据培养学生动手和实践能力需要，不断改善实验和实习教学条件，采用多种方法改造和更新实验设备，提高实验设备的共享程度和使用效率，为教学提供必要的实验和实习条件。要进一步加强科学研究和教学实验的结合，推进实验教学内容、方法、手段及人才培养模式的改革与创新。要加强实验和实习教师队伍建设，通过政策引导，吸引高水平教师从事实验和实习教学工作。

19．把信息技术作为提高教学质量的重要手段。信息技术正在改变高等教育的人才培养模式。高等学校要在教学活动中广泛采用信息技术，不断推进教学资源的共建共享，逐步实现教学及管理的网络化和数字化。要进一步培养和提高教师制作和使用多媒体课件、运用信息技术开展教学活动的能力，培养和提高本科生通过计算机和多媒体课件学习的能力，以及利用网络资源进行学习的能力。

20. 进一步加强教材建设。要采取有效措施鼓励教师编写国家规划教材和各种创新教材。积极参与"马克思主义理论研究与建设工程"，努力建设以马克思主义为指导的中国特色、中国风格、中国气派的哲学社会科学教材体系。要加强纸质教材、电子教材和网络教材的有机结合，实现教材建设的立体化和多样化。

各级教育行政部门和高等学校要根据本意见精神，及时制定本地区、本学校的具体措施和办法，加大教学投入，强化教学管理，深化教学改革，提高教学质量。

教育部关于进一步加强引进海外优秀留学人才工作的若干意见

（2007 年 3 月 2 日）

为贯彻落实《国家中长期科学和技术发展规划纲要（2006—2020 年）》，加快推进科教兴国战略和人才强国战略，加大海外优秀留学人才引进力度，促进我国技术创新和学科发展，建设适应社会全面协调可持续发展需要的高素质人才队伍，现就进一步加强高等学校、科研机构和留学人员创业园等国内用人单位（下称"国内用人单位"）引进海外优秀留学人才工作提出以下若干意见。

一、"海外优秀留学人才"的界定

"海外优秀留学人才"包括以下三个层次。

第一层次：着眼于吸引一批具有国际领先水平的学科带头人，形成一批优秀创新团队。

第二层次：着眼于吸引一大批学术基础扎实、具有突出的创新能力和发展潜力的优秀学术带头人，促进技术创新和学科发展。

第三层次：着眼于吸引大量青年骨干教师和科研骨干人员，带动教师队伍和科研队伍整体素质的提升。

二、编制海外优秀留学人才需求目录，建立和完善海外优秀留学人才信息库

我部根据教育发展、科技发展、产业发展、区域发展等对人才的实际需要，建立对海外留学人才需求预测和需求信息发布制度，全面掌握国内各类用人单位的人才需求信息，构建和完善国内用人单位对海外优秀留学人才的需求信息库，汇制国家和地方吸引留学人才的政策和措施信息库，为海外优秀留学人才回国工作提供方便、快捷、准确、及时的国内人才需求信息查询和咨询服务。

进一步加强和完善我驻外使（领）馆教育处（组）留学人员管理信息系统的建设，在此基础上建立有回国意向海外优秀留学人才信息库，加强我驻外使（领）馆教育处（组）对海外留学人员的管理和服务工作，了解、联系、推荐国内急需的学科带头人、学术带头人和学术骨干。

国内用人单位根据本单位学科发展的特点和规划，建立有针对性的人才引进计划，制定人才引进的措施和管理办法。

三、搭建海外优秀留学人才双向选择平台，为海外优秀留学人才回国工作和创业服务

我部通过多种渠道和形式发布国内引进海外留学人才需求信息和有回国意向海外优秀留学人员信息，搭建网上在线交流、洽谈等双向互动平台，推动国内用人单位与有回国意向海外优秀留学人员的对接。

1. 以我驻外使（领）馆教育处（组）、中国留学网、国家留学网、神州学人等机构为基础搭建专门的网络信息交流平台和远程视频面试洽谈系统，定期发布需求信息，为海外优秀留学人才和用人单位提供双向互动交流和招聘洽谈等服务。

2. 加强对留学人员各类学术团体和留学人员联

谊会的联系和指导，充分发挥留学人员团体的桥梁作用，通过留学人员团体发布海外优秀人才需求信息，为留学人员回国工作提供咨询和服务。

3. 我部每年5月、12月分别组织海外留学人员及国内用人单位参加北京科技博览会海外高层次人才招聘会和中国留学人员广州科技交流会海外高层次人才招聘会，进行面对面的对接和双向选择。

4. 有计划、有步骤地组织引进海外优秀留学人才洽谈工作团组，组织国内用人单位的人事负责人到留学人员集中的国家和地区进行人才洽谈工作。通过教育处（组）组织在外优秀留学人员与国内用人单位进行交流洽谈，鼓励和引导海外优秀留学人员回国到高等学校、科研机构等部门工作。

国内用人单位可在我部的指导下自主组团赴海外有针对性地进行海外优秀留学人才跟踪、洽谈，落实引进海外优秀留学人才工作。

四、充分利用国家科技、教育、人才资助项目，引导海外优秀人才回国创业

1. 实施“211工程”、“985工程”的高等学校和实施“百人计划”的科研机构应将吸引优秀留学人才回国工作作为工程建设的重要内容，规划专门经费支持和资助海外优秀留学人才回国工作或以多种形式为国服务。

2. 进一步加大“长江学者奖励计划”、“新世纪优秀人才支持计划”等项目对于优秀留学人才回国工作的支持和奖励力度。

3. 大力实施“高等学校学科创新引智计划”（“111计划”），采取团队引进、核心人才带动等多种方式引进海外优秀人才，促进学科发展与人才培养，推动高水平研究型大学建设。

4. 加大教育部“春晖计划”支持海外优秀留学人才短期回国服务的力度。鼓励海外优秀留学人才利用“春晖计划”资助短期回国服务，通过合作促成软着陆，最终实现部分优秀留学人才长期回国工作。

利用教育部“春晖计划”学术休假回国工作项目，鼓励关键领域和若干学科前沿的海外优秀留学人才利用学术休假时间回国在高校从事研究和讲学工作，为国内新兴学科、前沿学科的建设及创建世界一流大学服务。

5. 进一步加大“留学回国人员科研启动基金”的资助力度，扩大受资助人数，缩短“留学回国人员科研启动基金”的评审周期，为优秀留学人才回国后尽快启动科研工作创造条件，促进优秀留学人才在国内扎根和发展。

高等学校和科研机构等单位应设立相应的留学回国人员科研启动资助基金。

五、建立海外留学人才回国工作快速通道，切实解决海外优秀留学人才回国创业的后顾之忧

进一步完善驻外使（领）馆教育处（组）、教育部留学服务中心在留学回国人员证明、档案管理、留学学历学位认证、派遣落户等方面的服务职能，强化服务意识，提高服务效率。

我驻外教育处（组）要积极为国内用人单位提供信息支持和服务。当国内用人单位在对拟引进的人才需要协助联系和确认有关情况时，驻外教育处（组）应及时提供有关信息咨询。

我部协调有关部门为海外留学人员回国工作或为国服务提供出入境和在华长期居留便利，简化审批手续，提高服务质量。

积极推动海外留学人才回国后享有国民待遇具体措施的建立和实施，妥善解决他们回国后在住房、薪酬、户籍、医疗、社会保险、科研启动、投资创业、知识产权保护、子女入学、家属就业等关系优秀留学回国人才工作条件和切身利益方面的问题，创造有利于优秀留学人才回国工作或为国服务的工作环境和政策环境。

六、加强留学人员创业园、大学科技园、创业基地和服务机构建设，大力实施“春晖杯”中国留学人员创新创业大赛

建立留学人员创业园区、大学科技园创业服务公共信息网络平台，完善园区和基地的孵化器功能、项目管理功能，拓宽投融资渠道，为留学人员回国创业创造良好的孵化环境，吸引和凝聚一批掌握现代科技成果，拥有自主知识产权，同时具有现代化企业管理知识和市场运作能力的优秀留学人才与国内用人单位加强合作，走产学研相结合的道路，促进国外先进技术、管理经验与国内资源的有效结合，为国内用人单位的教学、科研和高新技术产业发展做出贡献。

我部和科技部定期举办“春晖杯”中国留学人员创新创业大赛活动，建立由海外优秀留学人才、留学人员创业园、大学科技园区、风险投资机构共同参与的创业平台。通过“春晖杯”中国留学人员创新创业大赛，充分调动海外优秀留学人员回国创业热情，鼓励海外留学人员积极申报创新创业项目，创造条件支持参赛者与大学科技园、留学人员创业园和企业进行项目对接，根据项目技术水平、投资前景、效益预测和产业化情况，组织留学人员创业园、大学科技园、风险投资机构和国内企业家对项目进行评审、洽谈和择优颁奖，推动留学人员回国创办高新技术企业。

教育部关于印发《普通高等学校新生学籍电子注册暂行办法》的通知

（2007年3月13日）

现将我部制定的《普通高等学校新生学籍电子注册暂行办法》印发给你们，该《办法》自2007级新生开始施行，请各省级教育行政部门速转发至本地区普通高等学校。

高等学校新生学籍电子注册是完善高等教育学历证书电子注册制度的一项重要工作，是加强高等学校招生行为监督，保障高等教育改革健康发展的需要。学籍电子注册与学历证书电子注册相衔接，经过学籍电子注册的学生获得的毕业证书才能进行学历证书电子注册。各省级教育行政部门、招生部门，各高等学校应当重视此项工作，按要求认真执行。

普通高等学校新生学籍电子注册暂行办法

第一条 为适应高等教育改革发展的需要，进一步规范普通高等学校（以下简称高等学校）办学行为，维护高等教育的公平、公正，保护学生的合法权益，依据《高等教育法》、《普通高等学校学生管理规定》，制定本办法。

第二条 实行高等学校新生学籍电子注册是政府运用现代信息技术手段，对高等学校招收的普通高等学历教育本专科新生学籍注册工作实施监督的管理方式。

第三条 各省、自治区、直辖市高等学校招生委员会办公室（以下简称省级招办）按照国家有关招生规定和核准并公布的年度招生计划对高等学校拟录取的考生予以核准备案并办理录取手续，每年9月1日之前将各高等学校在本地的招生录取数据信息报教育部。教育部对所报录取数据信息汇总审核后通过中国高等教育学生信息网分发至省级教育行政部门，供高等学校核对。

第四条 新生报到后，高等学校按国家招生规定和《普通高等学校学生管理规定》对其进行入学资格复查。复查包括在网上核对以下录取信息内容：

（一）考生号、姓名、性别、民族、出生日期、身份证号、入学年月；

（二）录取院校、专业，层次（本科、专科〈高职〉、预科），录取类型（统考、单招、保送等）。

复查合格取得学籍的，依据本办法及时进行学籍电子注册。

第五条 高等学校核对录取信息有误或网上没有录取信息的学生，应当及时与学生生源地省级招办复核。省级招办对高等学校要求复核的录取信息应当认真负责地办理，对确属工作原因漏报及需要更正的信息须及时补报教育部，并将复核结果及时反馈学校。

第六条 高等学校对录取信息内容不完整的进行补充；对放弃入学资格、取消入学资格、保留入学资格的学生，在录取信息中予以标注（按《关于启用学籍学历信息管理平台和做好2005年高校入学新生数据核对工作的通知》所附数据格式）。

第七条 高等学校对按预科录取的新生注册为预科，不得直接注册为本科或专科。经预科阶段学习达到转入本科或专科培养要求的，应当在转入当年将学生数据信息报所在地省级教育行政部门备案，并正式办理新生学籍电子注册。

第八条　高等学校举办普通专科生升入本科、五年一贯制、三二分段制、第二学士学位、港澳台侨、来华留学等各种办学形式的高等教育，必须严格按照国家相关规定招生，由学校所在地省级教育行政部门审核录取信息，于9月30日之前将审核结果反馈所在学校，并报教育部备案。

第九条　高等学校新生学籍电子注册工作应当在学生入学第一学期开学后3个月内完成，并将学籍电子注册数据和统计数据（统计表附后）以纸介质和电子版方式报所在地省级教育行政部门。

第十条　省级教育行政部门审核注册结果并反馈高等学校；报属地高等学校学籍电子注册数据、注册人数及未报到人数统计数据至教育部。

第十一条　高等学校和省级教育行政部门分别在各自网站公布已注册新生学籍信息供学生本人查询，并将网站名称、网址告学生。网上公布的新生学籍信息内容为学校名称、姓名、性别、专业、层次、入学年月。学生以本人姓名、考生号、身份证号码进入网站查询学籍注册情况。

第十二条　学生在校期间变更有关注册信息，属于姓名、身份证号等关键信息变更的，须由学生提供合法性证明材料，学校比照考生录取档案严格审核修改，报省级教育行政部门备案。

第十三条　教育部建立高等学校新生学籍电子注册数据信息档案库，对学生学籍信息、学历证书电子注册进行统筹管理。

第十四条　新生学籍电子注册结果是学生毕业时学历证书电子注册的重要审核依据。对高等学校未按国家有关规定招收的学生，不予学籍注册，省级教育行政部门不得上网公布，责令高等学校退回所招学生，并妥善处理，不得遗留隐患；情节严重的，报教育部备案，作为核定该校下一年度招生计划的参考因素。高等学校将违规录取的学生留校学习而出现的问题，其责任由高等学校及其相关负责人承担。

第十五条　各省级教育行政部门要对本地区招生、新生学籍电子注册工作进行统筹，并保证新生学籍电子注册工作及网络建设所需人员、经费的落实。

第十六条　各高等学校要严格按照本办法认真做好新生学籍电子注册工作；各省级教育行政部门要切实履行管理、检查和监督职能。对于因工作失误或弄虚作假而造成严重后果的，将严肃追究当事人和主要领导的责任。

第十七条　新生学籍电子注册制度从2007级新生开始实施，本办法由教育部负责解释。

（附件略）

教育部关于进一步规范中外合作办学秩序的通知

（2007年4月6日）

《中外合作办学条例》及其实施办法施行以来，我部相继发布了一系列规范性文件，对加强中外合作办学的管理工作发挥了重要作用。

但是，中外合作办学工作中仍存在一些突出问题，应当引起各地教育行政部门和各高校的高度重视。有些地方和学校不考虑学校的办学目标和运行能力，不仔细核查外方的资质和办学能力，偏重在办学成本相对低廉的商科、管理以及计算机和信息技术等学科（专业）低水平重复办学；有些学校未能悉心谋划合作办学的办学模式和教学安排，引进外国教育优质资源特别是引进外方核心专业课程以及外国教育机构教师授课的比例很低，难以保证办学质量；一些地方和学校背离中外合作办学的公益性原则，追逐经济利益；更有个别地区和学校缺乏依法办学和维护教育主权的意识违规办学，损害教师和学生的合法权益，甚至已经引发了群体性事件。

从近期对中外合作办学的实地调查了解和进行复核的情况看，一些机构和项目存在招生宣传不实、招生不规范问题。有些纳入国家高等教育学校招生计划的项目，存在违反政策直接降低批次录取的问题；有些实施外国教育机构学历、学位教育的项目，面临学生不能如期取得国外学历、学位或出国留学不能取得签证等问题；有些实施高等专科教育（高职）的项目，以可转入外国大学继续攻读学士甚至硕士学位课程招揽学生，而学生获得的外国学历学位证书认证问题难以解决；一些高校中外合作办学的收费行为尚需进一步规范；一些高校特别是某些重点高校举办国外大学预科教育性质的课程班，有意混淆了中外合作办学的政策界限；一些高校举办的中外合作办学存在办学论证不严，签署的合作协议不规范、不严谨，财务会计管理不符合相关法规的要求，甚至比较混乱的情况。还有一些院校对合作办学的中方主权重视不够，合作办学机构或合作办学项目的中方管理权不到位，淡化甚至削弱了应有的领导权和决策权。个别地方教育管理部门协调及监管职能不到位，执法不严情况也时有发生。

为进一步规范中外合作办学秩序，现就有关事项通知如下。

一、要切实增强维护高校稳定工作的责任感和紧迫感。保持高校稳定是构建社会主义和谐社会的必然要求，是高等教育事业持续协调健康发展的重要保障。开展中外合作办学要进一步增强政治敏锐性和政治责任感，坚持维护教育政策的严肃性、稳定性和连续性，坚持维护学生的合法权益，防止和排除各种各类因素诱发的学生群体事件对中外合作办学工作的消极影响，促进中外合作办学健康发展。

二、要坚定不移地坚持中外合作办学的公益性原则。有关高校中外合作办学要严格按照国家规定的收费项目和学校所在地省级人民政府批准的收费标准进行收费，并将收费项目和标准进行公示。要端正办学指导思想，抵制和纠正将中外合作办学当作学校创收手段的错误认识和做法。

三、要以引进优质教育资源为核心，牢牢把握好审批入口关。今后教育部审批实施本科以上高等学历教育的中外合作办学机构和项目，将以外国教育机构是否为外国知名的高等教育机构或知名学科专业及著名教授等作为主要依据；对于外国教育机构在国内已举办同类合作办学项目或拟办专业的合作办学项目在国内较为集中的，以及申报的收费标准明显偏离办学成本的，原则上不予批准。

四、要加强高等职业教育阶段中外合作办学的政策研究和发展规划，切实把高等职业教育改革与发展的重点放到加强内涵建设和提高教育质量上来。2008年底以前，原则上暂缓受理此类中外合作办学机构和项目的备案编号申请。请各地在此期间认真做好高等职业教育合作办学发展规划并报教育部，要从学科专业、国别选择、数量布局等方面精心筹划本地区职业教育的中外合作办学规划，指导学校切实加大引进外国优质教育资源的力度，借鉴外方在学科专业设置、课程体系改革、教学内容更新、人才培养模式创新等方面的有益经验，增强培养面向先进制造业、现代农业和现代服务业尤其是能源、矿产、环保及金融等高技能人才的能力。

五、要准确把握中外合作办学的政策界限。当前，一些高校特别是重点高校自行举办了所谓的外国大学预科班，有的纯属外语培训，外国大学不参与在中国境内的教学活动，双方通过签订所谓相互承认学分协议，允诺参加课程班学习的学生有机会转到外国大学继续学习，并在完成学业后在境外获得外国大学的学位证书。上述办学活动不属于中外合作办学，也无益于高校教学质量的提高。各高校应该把工作重点放在提高办学质量上，不宜实施此类教育活动，更不得以中外合作办学名义实施此类教育活动。

六、要按照依法治教和规范管理的精神，进一步加强中外合作办学全过程的监督管理。当前工作重点是招生简章及广告的规范管理和易引发矛盾的学历文凭颁发、学制等环节的监督，要以这两项工作为主开展一次排查，发现问题及时消化解决，对问题严重者要坚决稳妥地予以处理。要严格执行中外合作办学机构或项目的招生简章、招生广告应当及时报审批机关备案，中外合作办学机构或项目的办学报告应按规定时间向审批机关提交等规定。

七、我部将采取相关措施进一步加强对中外合作办学的行政监管，重点推进“两个平台”和“两个机制”建设。将依托教育涉外监管信息网开通中外合作办学监管工作信息平台；开发中外合作办学颁发证书认证工作平台；有选择地在部分省市按学科大类开展中外合作办学质量评估，建立中外合作办学质量评估机制；根据法规的要求强化办学单位和各级管理部门的责任，建立中外合作办学执法和处罚机制。为了加强政务公开和信息披露工作，我部将逐步向社会公布经批准的中外合作办学机构和项目名单等相关信息。

今年1月初，实施本科以上高等学历教育的部分中外合作办学机构和项目信息已通过教育部网站、教育部教育涉外监管信息网公布。

八、各地教育行政部门、各高校要根据本《通知》精神，提出和制定进一步规范中外合作办学秩序的工作方案，并对当前中外合作办学中的不规范行为进行集中清理整顿。要尽快对中外合作办学的情况进行一次摸底排查，全面掌握情况，发现问题，及时妥善整改。有关工作方案和清理整改情况请及时报我部。

我部将对各地、各高校落实《通知》情况进行督导检查，并将适时组织检查组对相关工作落实情况进行检查督导。

教育部关于进一步改进和加强国家教育考试工作的几点意见

（2007年4月30日）

国家教育考试规模大，社会关注程度高，涉及人民群众切身利益。党中央、国务院历来重视国家教育考试工作。近年来，各级教育行政部门、招生考试机构和高等学校在党委、政府和有关部门的积极支持配合下，狠抓安全保密和考试管理工作，使普通高等学校、成人高等学校招生全国统一考试、硕士研究生统一入学考试、高等教育自学考试等国家教育考试环境综合整治工作不断加强，国家教育考试工作总体情况良好，运行平稳。

但是，我们也必须清醒地认识到，考生规模的增加、管理环节的增多、社会诚信体系的不完善、信息技术的快速发展和普及等都大大增加了考试组织与管理工作的压力和复杂性；同时，干扰破坏国家教育考试的活动猖獗，组织化程度提高，作弊手段不断翻新，加之网络信息的快速传播，对国家教育考试的秩序和社会声誉造成了极大的损害。为严肃纪律，全面整治各种考试违规行为，维护国家教育考试的严肃性和权威性，现就进一步改进和加强国家教育考试工作提出几点意见：

一、提高认识，全面加强对国家教育考试工作的领导。各级教育行政部门、招生考试机构以及各级各类学校要进一步提高对国家教育考试重要性、严肃性的认识，把加强考试管理、防止和制止各种形式的违规行为作为执政为民、清除教育考试领域不正之风的大事来抓。各级教育行政部门一把手必须对各项国家教育考试的安全保密、考场管理负总责，领导、组织、部署、协调招生考试机构开展工作，严格执行各项考试政策规定，确保各项国家教育考试平稳进行。

二、突出重点，确保国家教育考试安全。国家教育考试的试卷清样、试卷（含外语听力磁带，以下简称试卷）安全是招生考试工作的第一要务，确保试卷安全万无一失是关系到考试能否正常举行和社会稳定的大事。各级教育行政部门、招生考试机构以及承担国家教育考试相关工作的各级各类学校，必须从构建和谐社会、维护稳定的大局出发，切实做好国家教育考试各环节的安全保密工作。试卷清样的递送，试卷印制、运送、保管以及答卷回收、运送、保管等各环节必须照章办事，要坚决杜绝任何失密、泄密事件的发生。

各级教育行政部门、招生考试机构要认真落实重大问题报告制度，建立健全突发事件处置应急工作预案。如遇有涉嫌国家教育考试试卷失密、泄密事件的发生，必须立即在第一时间报告我部和本省（区、市）招生委员会，并适时启动应急工作预案，采取有效措施，防止事态进一步扩大。各省级招生考试机构要指定负责人并指派专人对互联网上涉嫌国家教育考试试题泄密及涉嫌考试诈骗的有害信息进行监测，对本地区发现的有害信息要及时报告省级招生委员会，并配合公安机关予以处理和打击。

三、从严治考，维护国家教育考试良好的考风考纪。承担国家教育考试相关工作是各级各类学校为国家选拔、培养优秀人才的一项重要职责，学校应对考生加强诚信教育、考试纪律和法规教育。对使用手机、对讲机、“耳麦”等无线通信工具考场内外勾结进行作弊等考试严重违规行为，各级教育行政部门、招生考试机构应当严格按照《国家教育考试违规处理办法》（教育部令第18号）对违规者进行认定和处理，并记入国家教育考试诚信档案数据库。其中，对代替他人考试或参与考场内外勾结进行考试作弊的在校大学生，招生考试机构要及时通报其所在高等学校，由学校依据《普通高等学校学生管理办法》（教育部令第21号）等有关规定进行严肃处理，直至开除学籍，教育行政部门负责监督处理情况；如果违规考生系在职干部或国家工作人员，根据教育部门等七部委《关于全面加强教育考试环境综合整治工作的通知》（教学［2004］15号），由招生考试机构向其单位通报考试违规事实，有关部门根据情节对违规者给予党纪或政纪处分，直至开除公职；对考试工作人员因失职、失察造成考场大面积舞弊或评卷混乱等事故，甚至丧失职业道德、放纵或参与考试作弊的，根据情节对违规者给予党纪或政纪处分，并从招生考试队伍中予以清除，直至开除公职；对在国家教育考试中触犯刑律的，移送司法机关追究刑事责任。

高等学校要采取切实有效的措施，加强对校园网论坛的管理和监控，杜绝各种有害信息的传播；净化校园环境，严禁在校园内张贴有替考、出售考试作弊器材等内容的小广告，一经发现应及时消除，如系在校生张贴，一经查实，要依据有关规定给予纪律处分。

四、注重实效，强化对考试工作人员的培训工作。建立良好考风考纪的关键在于考试工作人员特别是监考员是否认真履行了职责。省级招生考试机构要依照相关规定，制作包括法纪教育、业务流程等内容的音像材料用于对考试工作人员的培训，地市或县区级招生考试机构要组织本地区考试工作人员进行考试模拟演练，使全体工作人员熟知规章制度的主要内容以及各种情况下的操作程序。未经培训考核合格不得上岗。各级招生考试机构要对考试工作人员建立严格的监督机制和奖惩措施，监考员的表现应及时上报相关教育行政部门。

五、加大力度，完善国家教育考试诚信管理体系。自2007年起，我部将逐步建立国家和省（区、市）两级国家教育考试诚信档案网络平台，将考生参加普通高等学校、成人高等学校招生全国统一考试、硕士研究生统一入学考试、高等教育自学考试中的违规行为，记入国家教育考试诚信档案数据库，供高等学校、招生单位和用人部门查询。我部考试中心网站开通国家教育考试诚信档案网络平台，提供国家教育考试诚信档案查询服务。省级招生考试机构负责建立省级国家教育考试诚信档案并提供相应的查询方式，同时将诚信档案的电子数据、文件报至我部考试中心。具体事项由我部考试中心另行安排。

六、统筹规划，规范国家教育考试标准化考点建设。考点建设是实施国家教育考试的重要环节，体现了考试管理的质量和水平。各级教育行政部门、招生考试机构必须抓住建立国家教育考试考务管理与服务平台的契机，在当地政府的支持下，投入必要的人力、物力和财力，切实加强标准化考点的建设。今后，凡承担国家教育考试考点的学校，应当逐步做到在有一支经培训合格的考试工作队伍、有符合规定的试卷保管室的同时，考场须有符合要求的电子监控以及可以阻断各种有害信息传递的技术设备。

七、严肃纪律，实行国家教育考试问责制度。按照《教育部关于实行高等学校招生工作责任制及责任追究暂行办法》的规定，凡因管理不善造成国家教育考试中出现严重违规事件的，将对该省级招生考试机构作出通报批评，同时责成省级教育行政部门追究有关教育行政部门、招生考试机构及考点有关负责人的责任。各级教育行政部门和纪检监察部门要对考试全过程进行监督、检查，同时要设立举报箱和举报电话并在考前公布，接受社会监督。

中共教育部党组关于加强普通高等学校基层党组织建设的意见

（2007年5月25日）

为进一步加强普通高等学校党的建设，强化基层，打牢基础，充分发挥普通高等学校基层党组织（以下简称高校基层党组织）的作用，根据《中国共产党普通高等学校基层组织工作条例》和中央关于建立保持共产党员先进性长效机制的有关文件精神，现就加强高校基层党组织建设提出如下意见。

一、充分认识新形势下加强高校基层党组织建设的重要性和紧迫性

1．党的基层组织是党的全部工作和战斗力的基础。在高校党委领导下的基层党组织，担负着党在高校直接联系群众、引导群众、组织群众、团结群众，把党的路线、方针、政策落实到基层的重要职责。加强高校基层党组织建设，是保证党对高等教育坚强领导的重要举措；是坚持社会主义办学方向，培养社会主义事业合格建设者与可靠接班人的必然要求；是维护高校稳定、构建和谐校园的根本保障；是加强高校党的先进性建设和保持共产党员先进性的现实需要。

2．长期以来，高校基层党组织贯彻落实党的基本路线和教育方针，在高校各项改革与事业发展中发挥了重要作用。基层党组织建设不断加强，各项工作取得了新的进展，形成了比较完备的组织体系和比较完善的工作制度，党员的教育、管理和监督工作得到加强，党员意识得到增强，组织发展工作更加规范，师德师风建设和大学生思想政治教育得到改进，党组织的战斗堡垒作用和党员的先锋模范作用得到发挥，有力促进了学校的改革发展与稳定。

3．随着我国经济体制深刻变革，社会结构深刻变动，利益格局深刻调整，思想观念深刻变化，高校基层党组织建设有待进一步加强。主要表现在：基层党组织的政治核心和战斗堡垒作用有待进一步加强，党员的先锋模范作用有待进一步强化，基层党组织的活动方式有待进一步创新和发展，组织生活的质量有待进一步提高等。对这些问题，必须采取切实措施加以解决。

二、加强高校基层党组织建设的总体要求、主要原则和目标任务

4．加强高校基层党组织建设的总体要求是：坚持以马克思列宁主义、毛泽东思想、邓小平理论和“三个代表”重要思想为指导，全面落实科学发展观，以凝聚人心、推动发展、促进和谐为目标，以改革和完善基层党组织的领导体制和工作机制为重点，以创新基层党组织活动方式，增强工作实效为抓手，着眼于解决好培养什么人、怎样培养人的根本问题，着眼于增强党的阶级基础和扩大党的群众基础，着眼于保持党的先进性，通过推进思想、组织、作风和制度建设，切实把高校的中心任务落实到基层各项工作中，为促进高等教育事业全面协调可持续发展提供坚强的保证。

5．加强高校基层党组织建设的主要原则是：(1) 坚持党要管党、从严治党的原则。始终把高校基层党组织建设工作摆在突出位置，明确责任，强化措施，整合力量，切实加强领导。(2) 坚持围绕中心、服务大局的原则。把高校基层党组织建设放到全面建设小康社会和构建社会主义和谐社会的大局，放到推进高校改革发展稳定的大局，放到培养德智体全面发展的社会主义建设者和接班人的大局，放到促进教育教学、加强科学研究、推进社会服务的大局中去谋划，围绕中心抓党建，抓好党建促中心，用中心工作的成效衡量和检验基层党组织建设的效果。(3) 坚持突出重点、整体推进的原则。从各高校的实际出发，全面推进高校党的思想、组织、作风和制度建设，提高党建工作水平。(4) 坚持与时俱进、开拓创新的原则。以改革的精神研究新情况、解决新问题、总结新经验，创新工作机制，拓展工作领域，改进工作方法，使高校基层党组织和党员队伍始终充满生机和活力。

6. 加强高校基层党组织建设的目标任务是：(1) 组织坚强有力。高校基层党组织健全，设置合理，各项制度配套落实，政治核心地位进一步增强，监督保证作用更加突出，战斗堡垒作用进一步发挥。(2) 党员作用突出。广大党员理想信念坚定，宗旨观念牢固，在学校改革发展稳定和教育、教学、科研、管理服务等工作中发挥先锋模范作用。(3) 工作得到促进。党的教育方针在基层进一步得到落实，广大党员和师生员工的积极性、创造性得到发挥，影响学校改革发展稳定的突出问题得到解决，学校各项事业取得新的进展。(4) 师生员工满意。高校基层党组织建设体现师生意愿，党组织战斗力、凝聚力得到师生认可，师生最关心、最直接、最现实的利益得到有效维护，党群干群关系和谐，办人民满意的高等教育的目标要求得到落实。

三、建立健全高校基层党组织的工作体制和运行机制

7. 院（系）党委（党总支）要充分发挥政治核心和保证监督作用，支持行政负责人独立负责地行使职权。建立健全党政联席会议制度，院（系）工作中的重要事项，要经过党政联席会议，按照民主集中制的原则集体研究决定。院（系）党政主要负责人会前要充分沟通酝酿，交换意见，根据议题内容分别主持会议。党政之间既要明确职责，又要协同合作；既要合理分工，又要形成合力；有效形成院（系）党政相互配合、协调运转的工作机制。班子成员及党政领导之间要开展经常性的谈心活动，加强沟通，互相理解，互相支持，努力营造一个团结奋斗、和谐向上的良好环境。

8. 党支部在院（系）党委（党总支）的直接领导下开展工作。要本着有利于党组织开展工作，有利于加强党员的教育、管理和监督，有利于不断扩大党的工作覆盖面的原则，主动适应高校办学体制、内部管理体制、组织结构和党员队伍构成的新变化，进一步改进和调整党支部的设置形式，尽可能与教学、科研、管理、服务等组织相对应。坚持把本科生“支部建在班上”，努力实现“低年级有党员、高年级有党支部”的工作格局。积极探索与专业方向、学科团队等相对应建立研究生党支部的新方式，实现党建工作与研究生学习、科研工作的有机结合。凡是具备建立党支部条件的行政、教学、科研单位，都要单独设置党支部，尽量减少跨单位、跨部门设置党支部。加大发展优秀人才入党的工作力度，积极吸收符合党员条件的大学生和青年教师特别是学科带头人和学术骨干入党，改善和优化党员队伍的结构，把各类优秀人才凝聚到党和国家的事业中来。

9. 改进和创新党支部的工作和活动方式。要针对高校党员知识分子密集、独立思考意识和学习能力比较强、获取信息的渠道比较广泛、思想比较活跃等特点，创新活动方式，增强活动效果，使党组织的活动既严肃认真又生动活泼，贴近党员的思想、学习和生活实际。教师党支部要紧紧围绕教学、科研和学科建设等业务工作，开展深入细致的思想政治工作，引导教师忠诚于党的教育事业，在教书育人和各项业务工作中做出成就；管理和后勤服务部门党支部要引导干部职工切实做到管理育人、服务育人；离退休教职工党支部要通过组织适合年龄特点的各种活动，引导离退休教职工关心和支持学校改革发展稳定，老有所学、老有所为；学生党支部要围绕促进学生思想政治素质、科学文化素质和身心健康素质协调发展，引导广大学生勤于学习、勇于创新、甘于奉献，努力成为理想远大、信念坚定的新一代，品德高尚、意志顽强的新一代，视野开阔、知识丰富的新一代，开拓进取、艰苦创业的新一代。

四、充分发挥高校基层党组织的作用

10. 高校基层党组织要立场坚定、旗帜鲜明地坚持社会主义办学方向，坚持马克思主义的指导地位，通过参与决策、宣传发动、组织实施和保证监督等工作环节，在实践中不断增强贯彻执行党的路线、方针、政策的自觉性和坚定性，在规范办学行为、保持学校稳定、办好让人民满意的高等教育上下功夫，把党组织的作用贯穿于教学、科研、管理和人才培养活动的全过程，有机渗透和融合到各项工作中。

11. 强化基层党组织教育管理党员的功能，促进广大党员充分发挥先锋模范作用。党员经常性教育是党的建设的一项基础性工作，要建立党员日常学习教育培训制度，把社会主义核心价值体系融入党员教育的全过程，推进学习型党支部建设。严格党的组织生活，坚持和完善党支部“三会一课”制度、民主评议

党员制度、民主生活会制度、党内谈心制度和党员思想汇报制度，把经常性的党内生活作为教育党员的主要手段。加强对外出、学习进修和因各种原因而未及时接转党组织关系的党员的管理。按照"谁聘用、谁负责"的原则，加强对临时聘用人员中党员的管理，做到党员管理的全覆盖。根据党章和有关规定，严肃处理不合格党员。要巩固先进性教育成果，不断增强广大党员的荣誉感和责任感，激发党员在本职岗位多做贡献，发挥先锋模范作用。

12. 扎实做好高校基层党组织联系和服务群众的工作。联系群众，服务群众，基层党组织的作用尤其重要。要始终保持同人民群众的血肉联系，把群众利益放在第一位，拓展党员联系群众的途径，丰富服务群众的内容，畅通群众意愿表达的渠道，努力构建党员联系群众和服务群众网络，努力解决群众工作生活中的实际问题，团结带领群众共同实现党提出的各项任务。推行党员服务群众承诺制，促使党员在服务群众中团结和凝聚群众。基层党员干部要深入群众，善于做深入细致的思想政治工作，理顺情绪，化解矛盾。坚持党组织、党员干部联系高层次人才和经济困难大学生制度，让他们切实感受党组织的关心和温暖，激发他们努力工作和认真学习的热情。

13. 推进党内民主建设，努力形成既有民主又有集中，既有纪律又有自由，既有统一意志又有个人心情舒畅的生动活泼的政治氛围，以党内和谐促进校园和谐。建立和完善党内情况通报制度、情况反映制度和重大决策征求意见制度，完善党员权利保障制度。逐步推进党务公开，建立健全党务公开的制度和形式，增加高校基层党组织工作的透明度，拓宽党员参与党内事务的渠道，落实和保障党员的知情权、参与权、选择权、监督权等民主权利。规范和完善高校基层党组织党员大会、党员代表大会和党内选举的制度。

五、切实加强对高等学校基层党组织建设的领导

14. 高校党委要在地方党委的统一领导下，切实履行加强基层党组织建设的职责，形成党委统一领导，有关职能部门各司其职、密切配合的基层党组织建设工作格局。要建立健全高校党委抓基层党建工作的责任制。高校党委书记是抓本单位基层党组织建设的第一责任人，分管领导是直接责任人，领导班子其他成员要根据工作分工抓好职责范围内的基层党组织建设工作。要把高校党委联系基层、深入基层、帮助基层解决问题作为改进和加强高校领导班子作风建设的重要内容，提高领导干部指导基层工作的水平。高校党委会（常委会）成员都要建立基层党组织工作联系点。要深入开展"争先创优"活动，适时评选表彰先进基层党组织、优秀共产党员和优秀党务工作者。

15. 加强基层党务干部队伍建设。注意把那些政治素质高、党性原则强、热爱党务工作、业务能力过硬的同志选配到基层党务工作岗位上来。要像关心教学科研骨干的成长那样关心基层党务工作者的成长，落实各项政策待遇。要建立健全基层党务工作者的激励机制，积极帮助解决他们思想、工作、生活中的实际问题。要充分利用党校、网络等载体，加大对基层党务工作者的培训力度，不断提高他们的思想政治素质和业务水平。

16. 加强对基层党组织建设工作的考核评估。建立和完善高校基层党组织建设评估制度，建立工作督促和责任追究制度，把基层党组织建设工作作为高校办学质量和水平评估考核的重要指标，纳入高等教育办学评估体系，加大督促检查力度。要通过评估，规范管理，健全激励制约机制，表彰先进，严格奖惩，努力形成一级抓一级、层层抓落实的良好局面。

17. 完善高校基层党组织建设的保障机制。高校要加大基层党组织建设工作的经费投入，确保各项工作顺利开展。党员缴纳的党费，除按规定上缴上级党组织之外，高校党委组织部门可适当返还给基层党组织开展活动。学校和院（系）要为基层党组织开展活动提供必要的场所与设备。要加强对党校、党员活动室、党员资料室、党员专题教育网站、实践基地等阵地的建设和投入，不断改善条件，优化手段。

18. 加强高校基层党组织建设的科学研究。要组织专家学者和党务政工干部，围绕基层党组织建设的理论和实践问题，积极开展有针对性的科学研究，为加强高校基层党组织建设提供理论支持和决策依据。要把高校基层党组织建设的重大问题研究列入哲学社会科学科研规划之中。高校党建工作研究会等学术研究机构和团体要加强自身建设，发挥科学研究、决策咨询、工作指导等方面的重要作用。

教育部关于进一步做好高等学校各类招生管理工作的通知

（2007 年 6 月 4 日）

2006 年 5 月《国务院办公厅关于加强和改进高等学校招生管理工作的通知》（国办发［2006］38 号）下发以来，绝大多数地区、部门和高校认真贯彻落实，严格执行国家下达的招生计划和招生政策，高校招生“阳光工程”深入实施，招生管理制度措施更加严格、规范，招生录取工作更加公正、透明，高校招生管理工作上了一个新台阶。但是，由于种种原因，个别地方和高校在招生管理工作中仍存在一些问题，有的还比较严重。如个别地方和高校仍超计划招生；少数民办高校、独立学院、中外合作办学项目或机构仍存在招生宣传不实和“体制外”招生问题，一些低层次学历教育学校仍挂靠高层次学历教育学校办学等。为更好地贯彻落实党中央、国务院关于提高高等教育质量的要求，办好让人民满意的高等教育，切实维护高校和社会的和谐和稳定，现就进一步做好高校各类招生管理工作，规范高校招生、办学行为提出如下意见。

一、各省级教育行政部门、有关部门（单位）教育司（局）和高校要站在全面贯彻落实科学发展观和构建社会主义和谐社会的高度，进一步统一思想，提高认识，增强贯彻落实党中央、国务院关于我国高等教育发展决策部署的自觉性，切实把工作重点放在提高办学质量上。要以高度的政治责任感和使命感，采取有力措施，加强高校各类招生的管理，坚决维护高校的和谐和稳定，确保高等教育事业稳步、和谐、健康发展。

二、严格执行国家下达的普通高校招生计划。2007 年全国普通高校招生规模安排 567 万人，是根据国务院第 135 次常务会关于高等教育事业发展的决策部署和全国教育事业“十一五”规划目标制订的，既是提高高等教育质量的必然要求，又考虑到普通高中毕业生进入高峰期的实际情况，各地、各有关部门和高校要进一步贯彻落实国办发［2006］38 号文件的精神和要求，严格执行国家下达的招生计划，严禁超计划招生、无计划招生。

各省级教育行政部门、有关部门（单位）教育司（局）要进一步严格规范各项招生计划安排。从 2007 年起，在下达普通高校招生计划同时，下达普通专升本、五年制高职（招收初中毕业生）和高校对口招收中职毕业生的招生计划。其中：普通专升本招生计划按不超过当年应届普通高职（专科）毕业生 5%的比例安排，并纳入当年普通本科招生计划总规模；五年制高职招生计划（招收初中毕业生）按不超过当年普通高职（专科）招生计划 5%的比例安排，三年后转入高职教育阶段时应纳入当年普通高职（专科）招生计划总规模；高校对口招收中职毕业生计划不超过当年应届中职毕业生 5%的比例安排，并纳入当年普通高校招生计划总规模。

三、严格审查普通高校招生资格。除经我部批准具有 2007 年普通高等学历教育招生资格的普通高校、独立学院和分校办学点外，任何学校和单位均不得招收普通高等学历教育学生，也不得挂靠具有招生资格的学校和单位招生。禁止低层次学历教育学校挂靠高层次学历教育学校招生。经我部审核确认，因办学条件达不到国家规定要求被亮黄牌的普通高校和独立学院，要严格限制其招生规模不得超过当年毕业生人数；被亮红牌的不得安排招生。各省级教育行政部门、有关部门（单位）教育司（局）在高等教育发展管理上要进一步坚持和强化以条件定发展的指导思想，对所属普通高校、独立学院基本办学条件和师资达不到国家规定要求的要坚决限招或停招。

四、全面深入实施高校招生阳光工程，规范招生秩序。严禁任何个人或中介机构组织、参与招生；严禁收取与录取挂钩的任何费用；严禁虚假招生宣传和违规录取考生；严防高校体制外乱招生；积极配合公安机关严打各种形式的招生欺诈行为。严格实行普通高校新生学籍电子注册制度，对游离于国家招生体制外、未经省级招办办理录取手续而擅自招收入校的各类学生，一律不予新生学籍电子注册。民办高校和独立学院的招生章程和广告必须经省级教育行政部门审核并备案后方可发布；学校法定代表人要对招生章程和广告的真实性负责。各省级教育行政部门要对行政区域内民办高校公布的招生章程和广告进行抽查，并对发现的问题及时查处。

五、进一步加强成人高等教育和继续教育招生、办学的管理。加强成人高等学历教育招生资格的审查和监管，除经我部批准具有2007年成人高等学历教育招生资格的学校外，任何学校和单位均不得招收成人高等学历教育学生，也不得挂靠具有招生资格的学校和单位招生。成人高等学历教育禁止以各种形式招收未通过成人高考的超前生、进修生，搞所谓“先上车后买票”。高校要切实加强对成人高等教育和继续教育校外办学站点的监管，严格审查合作单位的条件和资质，不得与非独立法人单位和个人合作举办校外办学站点，不得下放招生权、办学权。各类成人高等教育和继续教育校外办学站点（包括函授站、现代远程教育校外学习辅导中心、自学考试社会助学班等）须报所在地省级教育行政部门备案，未备案的不得安排招生。各省级教育行政部门要对行政区域内各类成人高等教育与继续教育校外办学站点招生、办学活动加强监管，并对发现的问题及时查处。

高校要明确所举办的成人高等学历教育（函授、夜大学、业余和成人脱产班）、网络本专科与高等教育自学考试社会助学班，高中起点高职（专科）、高中起点本科与专科起点本科，以及学历教育与非学历教育等办学属性，不得进行虚假宣传、模糊宣传。高校要进一步加强对所举办的各类成人高等教育和继续教育的统筹和管理。

普通高校举办的成人教育和继续教育要坚持以业余学习为主的办学形式，从严控制并尽快减少成人脱产班和自学考试社会助学脱产班等全日制办学形式。教育部直属高校从2007年起停止招收成人脱产班和自学考试社会助学脱产班。

六、规范并加强对中外合作办学招生秩序的管理。中外合作办学机构和项目，凡实施国内高等学历教育、颁发国内高校学历、学位证书的，其招生规模应纳入国家下达该校的高等学历教育招生计划统筹管理，招生录取工作应严格执行国家有关高校招生的法规和政策，与该校其他专业同批次录取；实施外国教育机构学历、学位教育的，其录取标准应不低于外国教育机构在所属国的录取标准。中外合作办学机构和项目，应严格按照国家规定的收费项目和学校所在地省级人民政府批准的收费标准进行收费，并将收费项目和标准进行公示。中外合作办学机构和项目的招生章程和广告必须报审批机关审核并备案后方可发布，未经审核备案的一律不得招生。各省级教育行政部门要对行政区域内中外合作办学机构和项目的招生章程和广告进行监督和检查，并对发现的问题及时查处。

七、各省级教育行政部门要加强对行政区域内高校和其他高等教育机构招生、办学活动的监管。各省级教育行政部门和高校招生办公室要对行政区域内高校和其他高等教育机构的招生资格进行严格审查，审查的重点是民办高校、独立学院、中外合作办学机构和项目、成人高等教育、网络教育招生章程、招生计划、招生专业和办学层次。凡未经我部批准的高校和其他高等教育机构安排招生的，或未按我部批准的办学层次和招生计划安排招生的，要立即纠正并妥善处理遗留问题。各省级教育行政部门要依法对行政区域内高校和其他高等教育机构违规招生和办学行为，特别是各种体制外招生、虚假招生宣传、欺诈招生等问题进行严厉查处。

进一步加强高校招生信息公开和社会舆论监督。各省级教育行政部门和高校招生办公室要将行政区域内高校和其他高等教育机构的招生资格、招生章程、招生计划、招生专业、办学层次、类型和形式以及毕业证书、学位证书等通过官方网站和广播、电视、报刊等途径向广大考生和社会各界公布。各高校也应将所举办的各类教育的准确信息上网公示。

八、从严治教，依法加大对普通高校招生和办学秩序宏观管理和调控的力度。我部将继续对基本教学设施和师资力量达不到国家规定要求的高校实行限制招生（黄牌）或暂停招生（红牌）制度，并通过官方网站和广播、电视、报刊等途径向社会公布。从2007年起，我部将对招生管理不善，办学秩序混乱，严重违规体制外招生和乱收费，内部管理薄弱，出现严重不稳定事件，以及本科教学评估不合格的学校，建立招生、办学秩序不良记录档案，视情节严重程度予以限制招生（黄牌）或暂停招生（红牌），并向社会公布。同时，对学科专业设置不合理、毕业生就业率低、学生助学贷款解决得不好的学校，也要从严控制和减少招生规模，限期整改，并以适当方式向社会公布。

我部将会同有关部门加强对全国高校和其他高等教育机构招生管理工作情况的督查。对普通高校招生计划执行情况不好、超计划招生问题突出，高校和其他高等教育机构招生管理不善、体制外招生和乱收费问题严重，办学秩序混乱、出现严重不稳定事件的地方，加大宏观调控力度，在研究生和普通高校招生计划安排、博硕士学位授权单位和授权点审批、高校设置审批和备案、中央专项资金安排以及其他国家教育项目评审、评优等方面予以必要的限制和调控。

请各省级教育行政部门、有关部门（单位）教育司（局）根据本《通知》精神，研究制定进一步做好高等学校各类招生管理工作的政策措施。各省级教育行政部门要对行政区域内高校和其他高等教育机构违规招生和办学行为进行集中清理整顿，有关部门（单位）教育司（局）也要对所属高校违规招生和办学行为进行集中清理整顿，及时发现问题，及时妥善整改，切实维护好高校和谐稳定的大局。

教育部关于加快研究型大学建设增强高等学校自主创新能力的若干意见

（2007 年 7 月 10 日）

《国家中长期科学和技术发展规划纲要（2006—2020 年）》（简称《规划纲要》）明确提出，“加快建设一批高水平大学，特别是一批世界知名的高水平研究型大学，是我国加速科技创新、建设国家创新体系的需要”，以科学研究见长的研究型大学是保持我国国际竞争力的重要战略资源。为贯彻落实《规划纲要》及其配套政策，加快研究型大学建设，增强高等学校自主创新能力，现提出如下意见。

一、研究型大学建设的总体要求

1. 研究型大学是国家创新体系的重要组成部分，加快建设一批研究型大学，对于加强人才培养与科学研究，提高高等教育质量，建设创新型国家具有重要意义。

2. 加快研究型大学建设，必须坚持以邓小平理论和“三个代表”重要思想为指导，全面贯彻落实科学发展观，以培养拔尖创新人才和提高原始性创新能力为中心，遵循高等教育和科学研究的发展规律，统筹规划，整合资源，突出重点，稳步推进。

3. 加强“211 工程”和“985 工程”建设，到 2020 年，努力形成一批拥有国家重点科学研究基地、具有承担国家重大科研任务能力和广泛国际合作基础的研究型大学，使其成为培养高素质创新型人才的中心、知识创新的源头和创新文化的重要发源地。

4. 研究型大学在我国经济建设、社会发展和国家安全的各领域具有不可替代的作用，应当发挥经济发展“加速器”、社会进步“推动机”和政府决策“思想库”的作用，为国家和地方发展的重大决策、战略规划提供高水平咨询和政策建议。

二、研究型大学的任务

5. 研究型大学是培养拔尖创新人才的基地。研究型大学要树立自己的人才培养理念，改变单一传授知识的教学模式，着力构建科研与教学相结合、“产学研”有效衔接的人才培养模式，结合科研实践、生产实践和社会实践培养学生探索未知的兴趣、独立思考的习惯和解决问题的能力。

6. 研究型大学是自主创新的国家队。研究型大学要充分发挥学术大师、创新团队和拔尖创新人才在引领学科发展、完成国家重大科技任务和国际科技合作与交流等方面的作用，在基础科学和前沿高技术领域超前部署，为解决经济社会可持续发展和国家安全的重大问题，提供技术手段和科学储备。

7. 研究型大学是培育和发展先进的创新文化的发源地。研究型大学要充分发展有利于创新人才成长和科技创新的大学文化，并逐步培育所在区域和社会的创新文化。

8. 研究型大学为社会提供强大有效的服务。研究型大学要开展多层次、多形式的决策咨询和科技服务，提高科技成果转化的层次和水平，为国家重大决策提供支持，为经济发展培育新的增长点。

9. 研究型大学要逐步建立现代大学制度。研究型大学要依法制订大学章程，定期公布学校运行的各种数据、指标。建立学校自律、社会监督、政府调控相结合的研究型大学管理方式。

三、加大投入、深化改革，优化研究型大学发展环境

10. 多方筹集资金，加大研究型大学的支持力度。国家逐步增加对研究型大学的教育、科研经费投入。鼓励社会捐赠，优化研究型大学办学经费结构。

11. 继续实施“211 工程”建设，以重点学科建设为核心，凝炼学科发展方向。鼓励研究型大学围绕国际科技发展前沿和国家需求，自主确定学科发展方向，加强学科间的交叉渗透和跨学科的合作与研究，繁荣发展哲学社会科学，全面提升人才培养质量、科技创新水平和社会服务能力。

12. 继续实施“985 工程”，统筹研究型大学基地建设。加大科学研究和学科发展的规划、组织力度，加强科技创新平台和哲学社会科学创新基地建设。以“985 工程”综合科技平台为基础，创新组织形式，加大协调力度，积极争取列入国家实验室、国家工程研究中心等基地建设序列。

13. 加强研究型大学学术队伍建设。加大“长江学者和创新团队发展计划”、“新世纪优秀人才支持计划”的支持力度，推进基层学术组织改革，重视青年教师的培养和使用。继续实施“高等学校学科创新引智计划”，提升学术队伍的科技创新能力和国际影响。积极探索教师岗位分类管理的方法与途径。

14. 加强创新人才培养工作。积极探索研究型大学本科教学模式改革，提高创新、创业人才培养质量。设立“博士培养基金”和“博士后创新基金”，提高博士研究生培养质量，壮大科学研究队伍。加强研究生院建设，进一步满足经济社会发展对高层次创新人才的需求。

15. 创新产学研组织模式，推动技术创新。鼓励研究型大学积极与企业合作，构建产业技术创新战略联盟，加强实验研究体系和工程化开发体系的衔接，建设一批具有竞争力和影响力的科技成果转化基地和技术转移中心，在若干具有全局性、战略性的重大工程课题中突破关键技术。

16. 加强研究型大学国际合作与交流。支持研究型大学聘请国际知名专家学者到校任职、合作研究。鼓励研究型大学更多接收留学生。支持研究型大学青年学者前往国际一流大学进行访问进修，选拔优秀学生到国际一流大学攻读博士学位。

17. 建设专业化管理队伍。校长对学校的学术声誉、人才培养质量负责，应将全部精力投入到学校管理中。引导学校各级管理人员努力钻研管理业务，加强业务培训力度，不断提高管理水平和绩效，建立一支适应研究型大学发展需要的专业化管理队伍。

四、加强领导，协同配合，促进研究型大学健康发展

18. 建立符合研究型大学特点的评估制度。组织专家对研究型大学进行绩效评估，重点是学校规划的完成情况和各项目标的执行情况，为政府支持研究型大学发展提供政策咨询。大幅度精简对研究型大学的其他各类检查、评估活动。

19. 各部门应充分发挥研究型大学在高等教育发展和建设创新型国家中的基础性、战略性、综合性作用，吸纳研究型大学的专家更多参与国家各类科技计划的决策咨询和实施。研究型大学所在地教育行政部门应切实采取措施，帮助学校解决发展中遇到的实际问题。

20. 营造有利于研究型大学健康发展的社会氛围。研究型大学的形成和发展需要很长的过程，必须注意发挥不同层次、不同类型大学在建设创新型国家中的作用，促进各类大学的共同发展，努力构建适应我国经济、社会发展的，充满活力、和谐发展的高等教育体系。

教育部关于进一步做好农村义务教育经费保障机制改革有关工作的通知

（2007年7月12日）

农村义务教育经费保障机制改革（以下简称新机制）实施以来，各地按照国务院要求，采取了一系列措施，保证了新机制的顺利实施。但随着改革工作的进一步推进，各地也陆续暴露出一些问题，如一些农村中小学校还存在不同程度的乱收费、农村中小学预算工作不够规范、补助寄宿生生活费政策（以下简称“一补”）落实情况不理想等，需要引起高度重视，认真研究解决。为确保改革各项政策不折不扣地落实，把好事办好，现将有关要求通知如下。

一、进一步严格规范农村义务教育阶段学校收费行为

（一）严格按照教育部、国务院纠风办、监察部、国家发展改革委、财政部五部门《关于在农村义务教育经费保障机制改革中坚决制止学校乱收费的通知》（教财［2006］6号）要求，进一步规范农村义务教育阶段学校收费行为。农村中小学校除按“一费制”标准收取教科书费（不含按规定享受免费教科书的学生）、作业本费和寄宿生住宿费外，严禁再向学生收取其他任何费用。代收的教科书费、作业本费必须据实结算，结余的费用要及时退还学生。严禁向不寄宿的学生收取住宿费。伙食费只能向自愿在学校就餐的学生按照成本收取，学校举办食堂严禁以营利为目的。

（二）严禁通过举办各类提高班、补习班、特长班、竞赛班等方式变相收费。加强学校收费管理，学校按规定向学生收取费用时，必须向每个学生开具合法收据，在收据上注明收费依据、项目及标准；严禁收费不开收据或对多个学生只开一张收据；收费项目、标准及收支情况要及时进行公示。

（三）加大对各类乱收费行为的查处力度。对乱收费行为，要严肃查处和纠正；对于情节严重、影响恶劣的，要追究直接当事人和有关负责人责任，并予以通报。

二、进一步细化农村中小学预算工作

（四）建立健全规章制度。积极协调和配合财政部门，结合本省（区、市）实际，尽快出台农村中小学预算工作的具体实施意见，就预算的编制、审核、批复和执行进一步明确有关要求；同时，要求和指导县市制定相应的实施细则，明确农村中小学预算工作的具体操作流程。

（五）完善和细化预算内容。预算收支要全、数据要实、安排要细。要将教师工资和当地政府规定教师应享受的津补贴、公用经费、校舍建设和维修改造、资助家庭经济困难学生等各项资金全部纳入学校预算，不得在预算外保留收支项目。

进一步细化公用经费支出预算，制订各项支出标准或定额，严格公用经费开支范围和方式。教师培训费要按照学校年度公用经费预算总额的5%进行安排；办公费、印刷费、水费、电费、取暖费等日常公用支出要严格实行定额或定量管理；仪器设备、房屋建筑物等大宗设备物资购建要按国家有关规定进行统一管理，实行政府采购。公用经费预算要更多地向提高教育教学质量方面倾斜。

指导学校根据校舍现状据实做好校舍建设和维修改造经费预算。要按照审核确定的项目及时制订当年实施计划，协调有关部门足额落实改造资金。学校校舍建设和维修改造要实行项目管理，按照建设进度及时拨付经费，按时完成当年预算，并确保工程质量。

（六）对于省（区、市）内预算工作开展不力的县市，要进行专门指导和督办。选择农村中小学预算编制工作做得好的县市，在省内总结推广其经验。2007年所有农村中小学校都必须编制预算；各省至

少要有1/3以上县市按照规范的“两上两下”程序完成农村中小学预算工作，预算批复文件要发到每一所学校。

（七）做好2008年预算编制准备工作。指导农村中小学校按照预算编制的基本要求，重点做好两方面工作：一是摸清家底，对学校现有资产、编制、实有人数和在校学生等基本情况进行全面清查，确定基本数据；二是测算收支，根据学校基本数据、新机制拨款标准和上一年度学校收入情况测算本年度学校各项收入，根据各项经费开支标准和学校事业发展计划测算学校人员开支、日常公用开支和重大专项开支等各项支出。

（八）进一步强化预算培训工作。充分利用暑期组织开展对县市教育行政人员和广大农村中小学校长的预算培训；2007年10月底以前，完成对所有农村中小学校长及相关财会人员的培训，使其熟悉、掌握预算编制的程序和方法。要将预算编制内容纳入对农村中小学校长的常规培训，将学校预算编制和执行情况作为对农村中小学校长年度考核的重要内容之一。

三、确保“一补”政策落实到位

（九）进一步摸清本省（区、市）各地区“一补”落实情况，包括发放人数、覆盖比例、发放标准等。根据摸底情况，结合当地实际，合理确定“一补”政策覆盖范围及标准，做到“应补尽补”，确保家庭经济困难寄宿生不因生活费问题辍学。

（十）积极协调财政部门，增加“一补”投入，足额落实经费预算并及时将补助发给学生。对于“一补”责任主要由县市承担的，省级要加强对县市工作的指导和检查，对于财力确实困难的，省级要加大支持力度。

（十一）进一步完善“一补”资金的发放和管理，确保公开、公平和公正。在确定补助对象时，要与当地扶贫开发工作相衔接，要召开有当地政府工作人员和学生、家长、教师、村民代表等相关人员参加的会议，确保享受“一补”的学生为困难学生。资金发放须经学生本人或其家长签字。享受“一补”的学生名单，要及时进行公示。

四、依法保障义务教育阶段教职工合理收入

（十二）高度重视教职工地方津补贴问题。在国家关于事业单位和中小学绩效工资分配政策出台及实施到位前，各地要按照“谁出台政策，谁负责”的原则，把当地出台的教职工应享受的地方津补贴项目纳入政府财政预算，纳入财政统一发放范围，保证教师合理收入。坚决禁止通过向学生收费、举债和挪用公用经费、“两免一补”专项经费等发放代课人员工资和教师地方津补贴。

（十三）在国家关于事业单位和中小学绩效工资分配政策出台后，各地教育行政部门要主动向当地党委和政府汇报，积极配合财政和人事等部门做好中小学教职工绩效工资总量核定工作，确保教职工应享受的津补贴项目纳入绩效工资核定范围，落实义务教育法规定的“教师平均工资水平应不低于当地公务员的平均水平”。

（十四）积极配合有关部门规范义务教育阶段学校教职工津补贴项目。教育行政部门和义务教育阶段学校不得自立名目发放教职工津补贴；对于实施新机制前已经发放的不合理津补贴项目，要坚决取消；对违反规定继续发放津补贴的行为，要严肃查处。

五、积极做好“普九”债务清理化解工作

（十五）按照国家有关规定，积极配合财政等部门，对“普九”债务进行认真清理和锁定，明确由政府承担，尽快研究提出优先化解“普九”债务的具体工作方案。把学校从债务中解脱出来，避免出现因债务纠纷造成“封校门”等影响学校正常教学秩序的现象发生。

（十六）按照义务教育法的要求，将农村义务教育全面纳入财政预算予以保障。禁止建设豪华型学校，大力提倡勤俭办学，反对铺张浪费，坚决制止产生新的债务。同时，要制订具体措施，严禁挪用新机制资金偿还债务。

六、加大监督检查工作力度

（十七）建立分片包干责任制。在教育系统内建立“省包市州、市州包县、县包乡镇和学校”的工作机制，将监督检查的责任分解到人，层层督办和落实。要定期或不定期地深入到县市和学校进行指导和检查，对举报多、问题多和困难大的县市，要给予更多的指导和关注。对于重大问题，要及时将有关情况向上级部门汇报。

（十八）按照《教育部 财政部关于在2007年秋季开学前后开展农村义务教育经费保障机制改革专项检查工作的通知》（教财函［2007］40号）要求，对本省（区、市）新机制工作落实情况进行全面检查。

检查须覆盖所有实施新机制的地区，做到不留死角。通过专项检查，全面、深入了解本省（区、市）新机制的实施情况，及时发现和解决改革过程中存在的问题，确保各项改革政策不折不扣地落实。对于因工作落实不到位，导致新机制不能顺利实施，产生不良社会反响和影响稳定的，要追究有关部门及相关责任人的责任。

（十九）探索建立长效的监督检查机制。按照《教育部 财政部关于加强农村义务教育经费保障机制改革督导工作的意见》（教督［2006］7号）要求，进一步加强对新机制的督导检查。积极协调监察和审计部门，强化对新机制的行政监察和专项审计工作，将新机制资金的落实、管理和使用情况作为行政监察和审计工作的重点。2007年下半年，审计署将组织开展新机制专项审计，各地要积极做好配合工作。各级教育内部审计机构也要把新机制作为“十一五”期间教育内部审计工作的重点。

七、把新机制的宣传工作做实、做到位

（二十）在2007年秋季开学前后，充分利用广播、电视、报刊、网络等媒介，通过刊播公益广告、接受媒体专访、召开新闻发布会等形式，进一步广泛深入宣传新机制的各项政策措施。凡是没有以省或县为单位发放政策宣传卡和公开信的，要在秋季开学前补发，确保每一名学生都收到宣传卡，每一个家庭都收到公开信。要学习国家计划生育政策的宣传方式，在乡村和街道公共场所设置固定的新机制宣传栏、悬挂宣传标语、组织开展政策宣讲，以通俗易懂的方式，使广大农民群众了解新机制的各项政策。

（二十一）要求所有农村义务教育学校在放假前和开学后，利用主题班会、国旗下的讲话、家长会、黑板报等形式，把新机制的主要政策准确地告知学生，并通过学生告知家长；将新机制的各项政策、“两免一补”情况等作为校务公开的重要内容，张榜公示。要求县级教育行政部门将学校应得经费、拨款标准、拨款时间、经费如何使用等内容印制成“应知应会卡”，免费发放到每个农村中小学校长手中。

（二十二）继续做好新机制实施后的跟踪宣传。积极组织和引导有关媒体，深入农村、学校，挖掘典型，进行形式多样、富有深度和特色的报道，积极宣传农村义务教育经费保障机制改革成效。要定期向当地党委、政府、人大、政协的各有关部门，汇报和沟通新机制实施情况，争取各有关方面的理解和支持。

各地一定要进一步提高认识，从讲政治和维护稳定的高度，认真把改革的各项工作做实、做细、做到位，以优异的成绩迎接党的十七大召开。

教育部关于印发《教育部科学技术研究项目管理办法（修订）》的通知

（2007年9月12日）

2003年印发的《教育部科学技术研究项目管理办法》，对项目规范管理起到了积极的促进作用。由于近两年国家在不断规范科技经费的使用，相继出台了相关政策和管理办法，为适应新形势下科技发展的需要，加强对我部科学技术研究项目的管理，保证项目水平，提高经费使用效益，我部对2003年印发的《教育部科学技术研究项目管理办法》作了修订，重点增加了财务管理和网络管理等内容。现将《教育部科学技术研究项目管理办法（修订）》印发给你们，请认真贯彻执行。

教育部科学技术研究项目管理办法（修订）

第一章　总　则

第一条　为贯彻落实国家中长期科学和技术发展

规划纲要，鼓励高校科技工作者加强基础研究、开展原始性创新与前沿探索，培养科研学术骨干，以促进高校科学技术水平与创新能力不断提高，带动学科建设和发展，提升高校的科技竞争力，加强科技研究项目的管理，保证科研经费的合理使用，特制定本办法。

第二条　教育部设立科学技术研究项目，资助高校在理工农医领域及与之相关的交叉领域开展的科学和技术研究。申报项目应符合国家科技发展的总体部署和规划，符合高校学科发展需求，并考虑高层次人才培养的需要。

第三条　教育部科学技术研究项目分为科学技术研究重点项目（以下简称重点项目）和科学技术研究重大项目（以下简称重大项目）两类。

第四条　教育部科学技术研究项目由教育部科学技术司具体负责组织与管理。

第二章　申请与立项

第五条　项目采取限额申报、专家评审、择优支持的基本原则。重点项目由申请者自主选题申报，重大项目须由申请者根据教育部发布的申请指南申报。

第六条　申报教育部科学技术研究项目需具备以下基本条件：

（一）项目选题应符合国家科技发展需求和经济建设需要，重点支持交叉学科和前沿学科探索研究。其中，重大项目应具有与国家相关重大科技计划衔接的明确前景。

（二）项目应以关键性科学问题为牵引，有创新的学术思想，合理可行的研究路线或技术方案，目标明确，重点突出，提交成果具有可考核性，鼓励多学科研究人员开展合作研究。

（三）重点项目申请者必须具有博士学位，年龄一般不超过40周岁，学风端正。重点支持35岁以下的青年研究人员主持项目研究。

（四）重大项目申请者必须具有高级职称，年龄一般不超过50周岁，且有年龄结构合理、学术思想活跃、科研业绩优秀的学术团队。项目负责人及参与人员应能保证足够时间用于项目研究工作。

（五）项目申请者具有较好的研究基础和基本的研究条件（实验室和基本设备等），能充分利用现有的研究基地和工作基础开展研究工作。

（六）项目申请者具有完成课题的良好信誉。

（七）项目申请者不得同时承担一项以上教育部科学技术研究项目。

第七条　在同等条件下，依托于国家或教育部科研基地（重点实验室、工程中心等）的申请予以优先支持。

第八条　教育部科学技术研究项目申报程序：

（一）重点项目于每年9月份申报；重大项目于每年4月份发布申请指南，5月份申报。

（二）教育部直属高校由各高校统一组织申报，地方及部门所属高校由学校上级主管部门统一组织申报。不受理个人申报。

（三）项目通过教育部科技管理平台实行网上申报。

（四）项目申请接受广大科技工作者的监督，申报截止后，申请者的基本信息将在教育部科技司网站上公示。如发现弄虚作假行为，即取消项目申请者的申报资格并予以通报。

第九条　教育部科学技术研究项目评审立项程序：

（一）教育部按照“公开、公平、公正”的原则，组织专家对申报项目进行评审。

（二）评审后确定的拟资助项目名单将在教育部科技司网站公示，公示期为10天。公示期满无异议的项目，重点项目即批准立项；重大项目须签订《教育部科学技术研究重大项目任务合同书》（简称《重大项目合同书》）后，方批准立项。

（三）教育部印发项目立项通知到相关高校（地方及部门），并以立项通知书形式通知获得资助的项目申请者。

第三章　实施与管理

第十条　教育部科学技术司负责教育部科学技术研究项目组织与宏观管理，主要职责是：

（一）编制重大项目申请指南，发布重大项目、重点项目的相关信息。

（二）对受理的项目申请信息及拟资助项目信息进行公示。

（三）组织专家进行评审。依据评审结果，按程序择优遴选资助项目。

（四）对资助项目正式批复立项，下达项目研究经费。

（五）对在研项目进行随机抽查和阶段评估检查，组织项目验收。

（六）其他需教育部决定的有关重大事宜。

第十一条 学校的主要职责：

（一）依据项目要求组织项目申报，审核申请材料，协助项目申请者通过教育部科技管理平台提交申请材料。

（二）督促项目负责人根据专家对重大项目评审意见修改、完善研究方案，填写《重大项目合同书》报送教育部审查。

（三）与教育部签订《重大项目合同书》。

（四）每年年底向学校上级主管部门报送执行项目的《教育部科学技术研究项目年度进展报告》（简称《年报》）和经费决算。

（五）根据承诺匹配经费，负责项目组织协调，监督、检查项目进展和经费使用情况。

（六）教育部直属高校受教育部委托负责组织项目结题和验收。

第十二条 地方及国务院各部委教育主管部门的主要职责：

（一）组织所属高校按照要求申报项目，审核申请材料，并通过教育部科技管理平台统一提交申请材料。

（二）每年年底向教育部报送所属高校执行项目的《年报》和经费决算。

（三）根据项目要求拨付配套经费。

（四）受教育部委托负责监督、检查项目进展和经费使用情况，组织项目结题和验收，并将相关材料通过教育部科技管理平台报送教育部。

第十三条 项目负责人的主要职责：

（一）编写项目申请书。

（二）按《重大项目合同书》或《重点项目申请书》规定开展项目研究。

（三）严格按照财务规定和项目预算使用研究经费。

（四）按要求报送执行项目的《年报》和经费决算。

（五）项目结束后，按要求完成结题报告及相关材料，需要验收的项目应做好验收准备工作，接受验收。

第十四条 项目执行期限原则为2年到3年。项目研究正式启动后，应于次年的1月20日前通过教育部科技管理平台提交执行项目的《年报》。

第十五条 项目执行过程中，一般不得中途更换项目负责人或调整《重大项目合同书》及《重点项目申请书》的内容。确有下列情况之一的，应按项目申报渠道提出项目变更申请，并附与变更要求相应的材料（变更原因、候选人简历、学术水平、研究能力的文字说明及完成项目的计划等）。

（一）因健康等原因不宜继续担任项目负责人的；

（二）因非自身原因或不可抗拒因素导致项目延期的；

（三）确需对计划目标、内容、进度或经费进行调整的。

第十六条 所有变更申请须按项目申报渠道通过教育部科技管理平台提交电子版材料，同时报送书面公函。

第十七条 项目执行过程中，有下列情况之一，导致项目难以进行的，应予中止或撤销：

（一）配套条件不落实的；

（二）项目负责人或主要技术骨干发生重大变故的；

（三）组织管理不力的。

中止或撤销的项目，承担高校应当对已做的工作、经费使用、已购置的设备仪器等情况作出书面报告，提出处理意见，按项目申报渠道报教育部批准后执行。

第四章 结题与验收

第十八条 项目负责人应在项目完成后的3个月内向所在学校科技管理部门提交结题验收申请报告，由所在学校科技管理部门核准后向学校上级主管部门提交结题验收申请报告。

（一）教育部委托地方及部门学校的科技主管部门负责所属学校的项目结题工作，直属高校科技管理部门负责本校的项目结题工作。

（二）重点项目资助经费在20万元以下的只需按要求填写结题报告；重大项目和资助经费在20万元（含20万元）以上的重点项目必须验收。验收需由承担学校科技管理部门按项目申报渠道通过教育部科技管理平台向教育部提出验收申请（项目基本信息，承担高校意见，建议验收时间、地点、验收报告等相关资料)，经教育部核准后方可执行。

（三）承担的重点项目以《重点项目申请书》为依据、重大项目以《重大项目合同书》为依据，对任务完成情况进行结题验收。项目负责人应为验收会议提供《重点项目申请书》或《重大项目合同书》原件、项目验收报告等完整资料。

（四）项目的验收由教育部或教育部委托相关单位学校主持，并由教育部聘请验收专家。重大项目验收专家组由不少于7名相关专家组成，其中项目承担学校专家不超过2名。重点项目验收专家组由不少于5名相关专家组成，其中项目承担学校专家不超过1名。

（五）项目验收通过后1周内，项目负责人应按项目申报渠道通过教育部科技管理平台提交参加验收会专家名单和专家验收意见，方认定项目的结题工作基本完成，项目执行情况将记录到承担学校和项目负责人的信誉档案。

第十九条　被验收项目存在下列情况之一者，不予通过验收：

（一）未完成《重大项目合同书》或《重点项目申请书》规定任务的；

（二）预期成果未能实现，成果已无科学或实用价值的；

（三）提供的验收文件、资料、数据不真实、不完整的；

（四）擅自修改《重大项目合同书》或《重点项目申请书》规定的研究目标、内容、技术路线。

第二十条　凡是项目未按期完成，或完成后未结题验收的，取消项目负责人再次申报教育部科学技术研究项目资格，并将视情况核减所在学校（地方及部门）申报教育部科学技术研究项目的数量，同时记录信誉档案。

第二十一条　鼓励创新，宽容失败。对某些探索性强的基础研究项目，因与预期不符难以继续开展研究的项目，可由项目负责人提交书面报告，做出课题总结，并阐明原因，由所在学校按项目申报渠道正式上报教育部。教育部根据实际情况采取专家考察或其他形式核实后，予以调整或中止。

第二十二条　项目的研究成果，包括专著、论文、软件、数据库、专利以及鉴定证书、成果报道等，应注明“教育部科学技术研究重点（重大）项目资助”[Supported by the Key(Keygrant) Project of Chinese Ministry of Education.(No……)]和项目编号，未标注的不予列入该项目成果范围。

第五章　项目经费与财务管理

第二十三条　教育部科学技术研究项目经费来源于科学事业经费。

第二十四条　教育部科学技术研究项目资助经费按年度拨至项目负责人所在学校，专款专用。

第二十五条　教育部科学技术研究项目资助经费由项目承担学校负责管理，经费管理和使用必须严格执行《教育部 财政部关于进一步加强高校科研经费管理的若干意见》以及国家有关财经和科研项目管理的法律法规及政策，任何部门和单位不得截留、挤占或挪用科研经费。

第二十六条　凡使用教育部科学技术研究项目经费购置的资产，均属国有资产，应纳入学校资产统一管理，合理使用，认真维护。

第二十七条　教育部科学技术研究项目资助经费不得用于缴纳各种罚款、还贷、捐赠赞助、对外投资等支出，也不得用于弥补与项目无关的日常公用经费开支以及国家规定不得列入的其他支出。

第二十八条　各高等学校要建立健全科研经费管理责任制，进一步明确学校科研、财务等部门及项目负责人在科研经费使用与管理中的职责和权限。学校科研部门负责科研项目管理，并配合财务部门做好经费管理有关工作；财务部门负责科研经费的财务管理和会计核算，指导和监督项目负责人在职权范围内的经济活动；项目负责人应严格按照项目管理办法和批复的预算使用经费，自觉接受有关部门的监督检查，并对科研经费使用的真实性、有效性承担经济与法律责任。

第二十九条　对违反国家财经及科研项目管理有关法律法规和政策规定，滥用科研经费的，将追究项目负责人和领导者的责任，同时我部将停拨项目经费并通报批评，情节严重的可撤销项目，并取消相关单位今后一年申请我部科研项目的资格。构成犯罪的，依法由国家司法机关追究刑事责任。

第三十条　对中止和撤销的项目，项目承担学校应及时清理账目，编制项目决算并按项目申报渠道上报教育部，同时将已拨经费的余额退还教育部，不得挪作它用。

第六章 附 则

第三十一条 本办法自2007年10月1日起执行。教育部2003年4月7日发布的《教育部科学技术研究项目管理办法》同时废止。

教育部关于加强民办学前教育机构管理工作的通知

（2007年9月20日）

2007年5月，湖北麻城“5·28”幼儿校车交通事故和安徽省肥东县“5·29”幼儿被遗忘在校车内导致死亡事故发生后，我部印发了《教育部办公厅关于近期连续发生两起幼儿伤亡事故的紧急通报》（教基厅［2007］7号），要求各地立即对本行政区域内所有幼儿园进行一次全面排查和集中清理整顿，切实加强监管，严格执行审批程序。近期，山东省济南市、广东省佛山市和东莞市又先后发生三起幼儿因被遗忘在校车内导致死亡的恶性事故，给幼儿家庭带来了无法弥补的损失，引起了社会的广泛关注。这三起严重事故均发生在民办幼儿园和托儿所，暴露出当前部分民办学前教育机构存在非法办园、审批不严、管理不规范、从业人员素质不高等问题。为进一步加强管理，确保广大学前儿童安全，使孩子们身心健康、茁壮成长，现就加强民办学前教育机构管理工作通知如下。

一、对现有民办学前教育机构进行全面清理整顿。各地教育行政部门要在当地政府领导下，会同有关部门，全面摸清本行政区域内所有民办幼儿园（招收3—6岁幼儿）、托儿所（招收3岁以下幼儿）基本情况，按照《民办教育促进法》及其实施条例和《幼儿园管理条例》的有关规定，区分不同情况，认真清理整顿经县级以上教育行政部门审批的各类民办学前教育机构的举办资格，重新核发办学许可证，定期复核审验。对不具备基本办园（所）条件、卫生条件不达标、存在明显安全隐患且未经许可的学前教育机构，要限期整改；整改仍不合格的，要坚决查禁停办，依法吊销办学许可证；对符合或接近当地基本办园（所）要求，但未取得办学许可证的，可按照《民办教育促进法》有关规定，限期补办办学许可证。

二、严格审批程序，明确监管责任。坚持实行地方负责，分级管理和有关部门分工负责的幼儿教育管理体制，各级教育行政部门要按照国家有关法律法规的规定，严格审批各类学前教育机构。要坚持“谁审批、谁管理、谁负责”的原则，凡经教育行政部门审批合格的学前教育机构，要实行教育部门的归口管理。县级教育行政部门要切实加强对学前教育机构的监督管理，明确管理机构和人员，建立日常监督检查制度。未经审批许可，任何单位和个人不得新设学前教育机构。凡由于审批把关不严，向不合格民办学前教育机构发放办学许可证，造成重大幼儿安全事故的，要严肃追究审批责任。

三、加强民办学前教育机构从业人员管理。各地教育行政部门要依据《教师资格条例》的有关规定，严格实行民办学前教育机构教职工资格准入制度，实行持证上岗，加强对民办学前教育机构教职工的日常管理与考核，淘汰不合格从业人员。各地要结合实际，认真开展对民办学前教育机构教职工的安全培训工作，切实提高民办学前教育机构从业人员的安全意识和安全管理水平，坚决避免因管理疏漏和其他不当人为因素引发幼儿伤亡事故。

四、加强对民办学前教育机构校车的安全管理。

各地要定期开展对民办学前教育机构校车的专项排查行动，严格检查校车车况和驾驶员资质，严禁租用拼装车、报废车和个人机动车接送幼儿，严禁聘用不合格驾驶人，严禁校车超载。使用校车的民办学前教育机构要建立教师跟车制度和收车验车制度，跟车教师负责在幼儿上下校车时清点核对人数，校车驾驶员负责在收车锁门前检查车内幼儿是否全部下车，严防将幼儿遗漏在车内。托儿所幼儿应由家长接送，并提请家长负责孩子道路交通安全。

五、加强领导，落实责任。各级教育行政部门要将学前教育纳入当地基础教育整体发展规划，加强对本行政区域内所有学前教育机构的管理、指导和服务。民办学前教育机构负责人是幼儿安全管理工作的第一责任人。民办学前教育机构必须把保护幼儿生命安全和促进幼儿健康成长放在一切工作的首位，用非常的细心、非常的呵护，确保学前儿童的生命安全。要建立健全各项管理制度，全面落实覆盖学前教育机构管理各个环节的安全防范措施。教育督导部门要进一步加强对民办学前教育机构的督导检查工作。

教育部办公厅　外交部办公厅关于驻外使领馆工作人员随任子女回国报考普通高等学校或插班学习有关事项的通知

（2006年11月27日）

按照《教育部办公厅 外交部办公厅关于解决驻外使领馆工作人员随任子女回国后入学问题的通知》（教基厅［2005］16号）精神，解决驻外使领馆工作人员在子女教育方面存在的困难，为驻外使领馆工作人员随任子女回国报考普通高等学校或回国内高等学校插班学习提供便利，现就有关具体事项通知如下。

一、关于回国参加普通高等学校招生全国统一考试办法

（一）驻外使领馆工作人员随任子女在国外就读中学且为应届高中毕业生均可回国参加普通高等学校招生全国统一考试，并在户口所在地省级高校招生办公室指定的地点办理报名手续，参加考试。

（二）回国参加普通高等学校招生全国统一考试的学生办理相关手续需携带以下材料：

1．驻外使领馆出具的《驻外使领馆工作人员随任子女回国证明》；

2．国外就读学校开具的证明：学习年限、学习成绩、在校情况等（需译成中文，加盖使领馆印章）；

3．学生本人常住户口登记卡及省级招办规定的相关材料。

（三）鉴于驻外使领馆工作的特殊性及国内外教育、教学等方面存在的差异，回国参加考试的高中毕业生，在与其他考生同等条件下，有关高等学校应在提档线上适当照顾录取。

二、关于回国内高等学校插班学习办法

（一）驻外使领馆工作人员随任子女在国外大学就读两年或两年以上，本着自愿原则，可回国内高等学校插班学习。

（二）学生根据本人在国外所学专业和学习成绩等情况，可向国内有关高等学校及学校所在地省级教育行政部门提出申请。

（三）办理回国插班学习手续需携带以下材料：

1．驻外使领馆出具的《驻外使领馆工作人员随任子女回国证明》；

2．国外高等学校开具的证明：学习年限、学习成绩、在校情况等（需译成中文，加盖使领馆印章）；

3．向国内高等学校提出的书面申请、学生本人常住户口登记卡及高等学校要求出具的有关材料。

（四）国内高等学校对学生进行考核，认为可在本校继续培养的，插入相应年级，并办理插班学习手续，报学校所在地省级教育行政部门备案。

（五）教育部高校学生司、省级教育行政部门提供有关政策咨询和必要协助。

本通知自发布之日起实行。

教育部办公厅关于启动实施全国中小学班主任培训计划的通知

（2006年8月31日）

为了贯彻落实《中共中央 国务院关于进一步加强和改进未成年人思想道德建设的若干意见》，提高中小学班主任队伍的整体素质和能力，根据《教育部关于进一步加强中小学班主任工作的意见》的要求，我部决定启动实施中小学班主任培训计划。

加强中小学班主任培训，对于提高班主任队伍整体素质和班主任工作水平，对于充分发挥中小学班主任在贯彻党的教育方针，全面推进素质教育，加强和改进未成年人思想道德建设等方面的骨干作用具有重要的战略意义。希望各级教育行政部门高度重视，加强领导，精心组织，扎实工作，确保全国中小学班主任培训计划的顺利实施。

请各省级教育行政部门根据本通知及《全国中小学班主任培训计划》（见附件）的要求，结合当地实际，研究制定具体实施方案，于2006年10月10日之前报送我部师范教育司。

联系人：唐京伟、赵月；电话：010－66096310；地址：北京市西单大木仓胡同35号；邮政编码：100816；传真：010－66096546；电子信箱：zhaoy@moe.edu.cn

全国中小学班主任培训计划

为了贯彻落实《中共中央 国务院关于进一步加强和改进未成年人思想道德建设的若干意见》，提高中小学班主任队伍的整体素质和能力，根据《教育部关于进一步加强中小学班主任工作的意见》的要求制定本计划。

一、宗旨和意义

中小学班主任是中小学教师队伍的重要组成部分，是班级工作的组织者、班集体建设的指导者、中小学生健康成长的引领者，是中小学思想道德教育的骨干，是沟通家长和社区的桥梁，是实施素质教育的重要力量。加强中小学班主任培训是新时期贯彻党的教育方针，加强和改进未成年人思想道德建设的迫切需要，是全面实施素质教育，全面提高教育质量的必然要求，是加强班主任队伍建设的重要举措。实施本计划旨在将中小学班主任培训纳入教师全员培训计划，建立中小学班主任培训制度，全面提高班主任履行工作职责的能力。实施全国中小学班主任培训计划，对于从整体上提高中小学班主任队伍的素质和班主任工作水平，促进基础教育的改革发展具有重要意义。

二、目标与任务

1. 从2006年12月起，建立中小学班主任岗位培训制度。今后凡担任中小学班主任的教师，在上岗前或上岗后半年时间内均需接受不少于30学时的专题培训。

2. 2006年12月底之前已担任班主任工作，但未参加过班主任专题培训的教师，需在近年内采取多种方式进行补修。

三、培训原则

1. 针对性原则

针对小学、初中和高中不同阶段学生身心发展规律，根据不同学段班级管理工作的特点和要求，研究设计培训内容。培训工作采取短期集中培训与在职校本培训相结合，远程培训与面授辅导相结合等灵活多样的方式进行。

2. 实效性原则

坚持理论联系实际，从班主任实际工作和班主任的实际需要出发，面向中小学班级管理和学生管理的实践，针对现实问题设计与安排培训内容，重视经验交流，突出案例教学。

3. 创新性原则

积极创新中小学班主任培训内容、方式、方法、手段和机制，针对中小学教师在职学习的特点，充分发挥现代远程教育手段的作用，不断提高班主任培训工作的效率和质量。

四、培训内容

根据中小学班主任工作的实际需要，培训内容主要包括：班主任工作基本规范、学生心理健康教育指导、班级活动设计与组织、班级管理、未成年人思想道德教育、相关教育政策法规等相关专题。

五、培训管理

凡中小学教师参加县级以上教育行政部门认可的班主任工作专题培训，且培训成绩合格，记入教师继续教育学分，纳入中小学教师继续教育学分管理档案。

六、培训组织

1. 教育部负责对全国中小学班主任培训工作进行宏观指导、协调和质量监控，组织班主任骨干培训者国家级培训，指导并依托全国教师网联相关网络平台开展中小学班主任远程培训。成立“全国中小学班主任培训工作专家指导委员会”，促进班主任培训课程资源建设。

2. 省级教育行政部门组织并委托有关教师培训机构依据教育部有关文件要求，结合本地实际研究制定具体实施计划，组织骨干班主任省级培训，指导督促本省市（地）、县、校开展班主任培训。

3. 各市（地）教育行政部门组织并委托有关教师培训机构，负责本区域内骨干班主任培训，指导县（区）、校开展班主任培训工作。

4. 县级教育行政部门要制订本区域中小学班主任培训规划，并委托有关教师培训机构组织实施本区域内中小学班主任全员培训工作，进行本区域中小学班主任培训工作管理，建立班主任培训学分登记档案。

5. 中小学校要制定本校班主任培训计划，积极组织本校班主任参加各层次的培训活动，组织班主任开展校本研修，进行班主任培训学分登记等。

七、培训经费

要坚持以各级政府财政投入为主，多渠道筹措中小学班主任培训经费。设立中小学班主任培训专项经费。不得向教师个人收取培训经费。

教育部办公厅关于学习宣传和贯彻落实《中小学幼儿园安全管理办法》的通知

（2006年9月11日）

2006年6月30日，教育部与公安部、司法部、建设部、交通部、文化部、卫生部、国家工商行政管理总局、国家质量监督检验检疫总局、新闻出版总署联合发布了《中小学幼儿园安全管理办法》（教育部令第23号，以下简称《办法》），并于2006年9月1日起施行。为做好《办法》的学习宣传和贯彻落实工作，现就有关问题通知如下。

一、全面领会和掌握《办法》精神和主要内容，进一步提高对中小学幼儿园安全管理工作的认识

《办法》的发布和施行，是教育部等十部委贯彻落实新修订的《义务教育法》，加强中小学幼儿园安全工作，健全各有关部门齐抓共管长效工作机制，依法加强安全管理的重要举措；对推进中小学幼儿园安全工作科学化、制度化、规范化，形成适应新形势的校园安全管理协作与运行机制，增进对突发事件的应急能力，都具有十分重要的意义。各地要从全面贯彻国家的教育方针和落实科学发展观的高度，从以人为本和维护人民群众的根本利益出发，充分认识学习宣传和贯彻落实《办法》的重要性，结合新修订的《义务教育法》，把对《办法》的学习宣传和贯彻落实提上议事日程，作为近期安全管理工作的重点内容。

二、加大宣传和培训力度，分期分批开展培训工作

各地教育行政部门和学校要积极与当地公安、司法等九个部门密切配合，结合本地实际情况，充分发挥电视、广播、报刊、互联网等新闻媒体作用，广泛深入地做好《办法》的宣传工作。要使社会各界，特别是教育行政管理人员、学校校长、幼儿园园长、教职工、家长和学生，都了解和掌握《办法》的基本内容。学校要利用板报、宣传栏、校园广播、校园电视台、校园网、班队会、专题讲座、家长会、家长学校以及向学生、家长印发宣传材料等形式，大力宣传《办法》的内容。通过宣传教育，使社会各方面人员都能明确在中小学幼儿园安全管理中自己的职责和责任，形成全社会学习、宣传和落实《办法》的良好氛围，形成社会各界共同关心、支持和参与中小学幼儿园安全工作的格局。

各地要把学习《办法》作为教育行政干部、校长、园长、教职工培训的重要内容。各级教育行政部门要加强对培训工作的领导，精心部署，周密安排，制订详细的培训计划，分期分批进行培训。

三、认真贯彻落实《办法》的规定和要求，努力把安全管理工作提高到一个新水平

各地教育行政部门和学校要全面学习《办法》，切实贯彻落实。要尽快根据《办法》，对本地、本校已出台的安全管理的制度、文件进行清理，对原有的应急预案进行检查、完善，健全安全管理工作的规章制度。要按照《办法》的要求，将安全管理职责分解细化，落实到部门、落实到人员、落实到学校日常工作中，纳入法制轨道。自即日起，各地应迅速组织学校按照《办法》的要求进行一次全面彻底的安全隐患清查，尤其要组织专人对龙卷风、暴雨、洪水、泥石流、台风等自然灾害多发地区的校舍进行清查和重新鉴定、加固等工作，消除存在的安全隐患。

各地教育行政部门要积极协调相关部门，充分发挥他们在维护中小学幼儿园安全工作中的重要作用，健全安全工作联席会议制度，及时研究解决工作中出现的新情况、新问题，确保学校的安全运转和师生安全。

四、进一步加强监督检查，落实责任追究制度

中小学幼儿园的安全管理工作事关社会稳定，事关亿万中小学幼儿园学生的生命安全，各地教育行政部门要严格按照《办法》的要求，加强对学校的指导检查，严格落实工作责任制和责任追究制，将安全管理工作作为考核教育行政部门和学校党政领导班子业绩的重要内容。同时对在安全工作中成绩显著的单位或个人，各地应给予表彰、奖励。

请各地将学习宣传和贯彻落实《办法》的有关情况及时报我部。

教育部办公厅关于2007年推进普通高中新课程实验工作的通知

（2007年1月5日）

根据基础教育课程改革的总体进程和工作部署，我部积极推进普通高中新课程实验工作，决定进一步扩大实验范围。2007年秋季，北京、湖南、黑龙江、吉林和陕西省将全面进行普通高中新课程实验，2010年以前高中新课程将在全国全面推开。

2007年进入新课程实验的省份要认真贯彻《教育部关于进一步加强普通高中新课程实验工作的指导意见》（教基［2005］6号），切实加强领导和宏观指导，结合实际研究制订本省（区、市）高中新课程实验方案，在经费投入、办学条件、制度建设、政策协调、师资培训、舆论宣传等方面做好准备并提供保障。要坚持教材选用政策，保证每个学科教材选用2种以上。要整合本省（区、市）专业力量，建立起咨询、研究和实践指导的专家队伍，为高中新课程的实验提供专业支持。要建立起以样本学校为龙头推进实验的工作机制，把学校作为新课程实验基地，在学校层面研究和解决问题，培植典型经验，带动面上实验工作的进展。要建立起以校为本的教研制度，激发广大教师参与课程实验和教学改革的积极性，引导教师通过自我反思、同伴互助、专家指导等方式，深入研究教学中的实际问题，不断提高教学质量，促进教师个人的专业成长。要注意学习和借鉴先期实验省份的有益经验，针对新课程实验可能遇到的困难和问题，组织力量开展专题研究，形成具有针对性和可行性的对策措施。

没进入高中新课程的省份做好高中新课程实施规划和各项前期准备工作，密切关注实验省（区、市）实验工作的进展情况和有关经验，为全面实施普通高中新课程创造有利条件。

教育部办公厅关于清理评比达标表彰活动的通知

（2007年2月6日）

为贯彻落实《国务院办公厅转发监察部等部门关于清理评比达标表彰活动意见的通知》（国办发［2006］102号，以下简称《通知》）和监察部等部门关于落实《国务院办公厅转发监察部等部门关于清理评比达标表彰活动意见的通知》的实施方案（以下简称《实施方案》），确保我部清理评比达标表彰活动工作（以下简称清理工作）顺利完成，现就有关事项及要求通知如下。

一、清理工作的指导思想

本次清理工作坚持以邓小平理论和“三个代表”重要思想为指导，全面落实科学发展观，坚持标本兼治、综合治理的方针，按照《通知》和《实施方案》确定的清理范围和原则，在本单位内全面清理、审核各种评比达标表彰活动。

二、清理工作的范围、原则和要求

清理工作范围，各司局、直属单位和社团举办的面向教育系统、基层和高校的各类评比达标表彰活动。清理工作按照“全面清理、逐级负责、严格审核、大幅减少、统一规范”的原则进行。总体要求是，凡可以撤销的项目，要坚决予以撤销；凡可以合并的项目，要一律予以合并；对推动工作有重要作用确需保留的项目，要说明具体理由。对于以下项目予以撤销：不符合国家法律、行政法规规定或不符合实际需要的项目；要求基层、高校、群众出钱出物或以各种名目收费的项目；以开展活动为由违反有关财经法规和制度滥发钱物的项目。

清理工作期间，各单位原则上不得举办新的评比达标表彰活动。

三、清理工作安排

请各单位按《通知》要求切实做好自检自查工作，认真填写《评比达标表彰活动自查登记表（拟保留项目）》（见《实施方案》的附件1）和《评比达标表彰活动自查登记表（拟撤销项目）》（见《实施方案》的附件2）以及《评比达标表彰活动自查统计表》（见《实施方案》的附件3），于2月28日前报办公厅秘书处。

联系电话：66097160，66096390。

联系人：章　慰　关　培

教育部办公厅关于不受理义务教育阶段学生参加英语等级考试的通知

（2007年4月28日）

近几年，一些地方中小学生特别是小学生参加全国英语等级考试（PETS）的人数有所增加，影响了学校正常的教学秩序，实际上加重了学生的课业负担，不利于素质教育的实施，也不符合英语等级考试的目标要求。为进一步加强管理，现将有关要求通知如下。

一、各地教育行政部门和学校要严格执行《义务教育法》关于义务教育阶段学校实行免试就近入学的规定，不得以各种形式的考试、考核、测试选拔学生，不得将各种竞赛成绩和全国英语等级考试等各种公共考试成绩作为招生依据。

二、各级教育考试单位要重申有关要求并进一步明确规定，全国英语等级考试不面向义务教育阶段学生，各地考点不得受理义务教育阶段学生集体或个人报名参加全国英语等级考试。要加强宣传解释和报名考试的督查工作，对违反规定接受义务教育阶段学生考试的，要及时予以纠正。

教育部办公厅关于印发《中小学学生学籍信息化管理基本信息规范》的通知

（2007年9月4日）

为规范中小学学生学籍管理，加快推进中小学学生学籍管理信息化工作，现将《中小学学生学籍信息化管理基本信息规范》印发给你们，请遵照执行。

《中小学学生学籍信息化管理基本信息规范》自印发之日起开始执行。

附件略

教育部办公厅关于印发《普通高等学校本科教学工作水平评估学校工作规范（试行）》和《普通高等学校本科教学工作水平评估专家组工作规范（试行）》的通知

（2007年9月27日）

为进一步规范普通高等学校本科教学评估工作，不断提高参评学校评建工作的实效和评估专家进校考察工作的质量，经广泛调研并多方征求意见，我部研究制定了《普通高等学校本科教学工作水平评估学校工作规范（试行）》和《普通高等学校本科教学工作水平评估专家组工作规范（试行）》，现印发给你们，请在评估工作中认真遵照执行，并将执行情况及时反馈给我部高等教育教学评估中心。

普通高等学校本科教学工作水平评估学校工作规范（试行）

为进一步推动高等学校高质量地做好本科教学工作水平评估工作（以下简称评估工作），确保评估工作健康持续发展，特制定本规范。

第一条 评估工作方针是以评促建、以评促改、以评促管、评建结合、重在建设。评估工作的主要目的是促进高等学校更好地落实教学工作中心地位，加强教学基本建设，深化教育教学改革，强化教学管理，建立健全高等教育质量保障体系，不断提高人才培养质量，办好让人民满意的高等教育。

第二条 评估工作包括学校自评自建、教育部专家组进校考察评估和学校整改提高三个阶段。学校要结合自身实际，统筹规划各个阶段的工作，把主要精力放在自评自建和整改提高上，制订相应的工作目标和工作方案，充分调动各职能部门和教学单位师生员工的积极性、主动性，以求真务实的态度和开拓创新的精神做好教育教学工作。

第三条 注重学校建设，提高工作实效。学校要正确处理评估过程与结果、内容与形式之间的关系，将工作重点放在学校的建设、改革和发展上。整个评估工作过程要始终保证正常的教学秩序，不能因评建工作随意占用师生员工的节假日和休息时间。

第四条 学校在自评自建的基础上撰写自评报告。自评报告是对学校教育教学工作的系统总结，是确定学校评估结论的主要依据，其主要内容应包括：学校概况、评建工作状况、办学成绩和特色、存在的问题及改进措施等。自评报告在反映学校教学工作成绩的同时，应客观、全面、有针对性地指出存在的问题，问题的查找应具体到二级指标或观测点。自评报告的支撑材料应具备原始性、真实性、准确性和层次性，力求精练，分量适度。学校在教育部专家组进校考察评估前一个月，将自评报告纸质版（一式20份）和电子版寄达教育部高等教育教学评估中心（以下简称评估中心），同时在本校网站主页上公布该报告。二级学院无需专为专家组提供自评报告。

第五条 坚持实事求是，开展诚信评估。教育部每年采集公布的学校教学基本状态数据和基本办学条件数据，是确定学校评估结论的重要依据之一，学校自评报告中引用的数据要与上报教育部的教学基本状态数据和基本办学条件数据相符，如有出入，须做出合理解释。学校只准备近一年的试卷和最近一届毕业生的毕业设计（论文）备查，不得修改、补做以往的试卷和毕业设计（论文）。若发现在评估材料中有弄虚作假者，以评估不合格处理。学校应追究相关人员的责任。

第六条 学校在教育部正式公布进校考察评估的专家组名单后，不得拜访专家组成员，具体工作的衔接，应通过专家组秘书协调；在专家考察评估结束后至高校本科教学工作评估专家委员会审议会结束前，不得拜访专家委员会成员；在此期间，也不得邀请专家组成员和专家委员会委员到学校访问、讲学、作辅导评估工作的报告等。

第七条 避免形式主义，杜绝铺张浪费。学校不为专家安排高规格的接站、送站和欢迎活动。专家组进校一律住校属招待所（宾馆），在校内就餐（安排1—2次到学生食堂就餐）。被评学校没有招待所（宾馆）的，可就近安排在三星级（含三星级）以下宾馆住宿。专家组进校考察过程中，不安排评估开幕式，并简化评估汇报会的程序；不邀请省部级和主管部门领导专门接见专家组以及出席评估汇报会；不得通过上级领导向专家组施加影响和压力；不举办任何形式的艺术节、文化节等大型活动，不为评估准备专场文艺演出；充分尊重专家组的工作安排，不安排宴请和与考察评估无关的活动，以保证专家组有充足的时间，集中精力客观公正地做好考察评估工作。

第八条 教育部设立评估专项经费，用于支付专家评审费和交通费。专家评审费和交通费均由专家组秘书按照教育部有关规定负责登记、造表和发放。学校不得向专家发放任何形式的补贴或赠送物品。

第九条 高度重视评估整改，巩固发展评建成果。在评估整改阶段，学校要认真研究专家组考察评估意见，制订切实可行的整改方案，在教育部专家组考察结束后一个月内，将整改方案纸质版（一式5份）和电子版寄达评估中心，同时在本校网站主页上公布。为期一年的评估整改结束后，学校须向评估中心提交评估整改工作报告。学校的整改情况将作为下一轮评估专家组进校考察评估的重要内容。学校应接受评估中心组织的评估整改抽查。

第十条 专家组进校考察评估结束后，学校可向评估中心反馈专家组工作情况，或对评估工作提出意见建议，邮箱：pggf@moe.edu.cn。教育部将委派观察员，检查本规范在各高校的执行情况，重点查处弄虚作假的违规行为和形式主义、铺张浪费的不良做法，促进评估工作持续健康发展。

第十一条 本规范自发布之日起实施。

普通高等学校本科教学工作水平评估专家组工作规范（试行）

为进一步规范普通高等学校本科教学工作水平评估专家组（以下简称专家组）的考察评估工作，确保评估工作的公平、公正、廉洁和高效，推动评估工作持续健康发展，特制定本规范。

第一条 专家组是受教育部委托，在特定时间内，进校从事本科教学工作水平评估的专家组织。其主要任务是按照教育部《普通高等学校本科教学工作水平评估方案（试行）》（以下简称《评估方案》），考察评估参评学校的本科教学工作，帮助学校总结办学经验，查找教学工作中存在的问题，提出进一步改进教学工作、提高教育教学质量的意见和建议，并向教育部提交对学校的考察评估意见和评估结论建议。专家组成员应本着对教育部、参评学校和专家声誉负责的态度，以严谨的工作作风开展教学评估工作。

第二条 评估专家由教育部聘任，专家组原则上由组长、副组长、成员和秘书组成。组长、副组长应从事过进校考察评估工作，有较丰富的评估经验；成员原则上是专家库内接受过培训的专家。组长主持专家组进校考察评估期间的全面工作，包括拟定专家组成员的分工，组织专家组的考察，主持专家组讨论，负责起草专家组评估意见，代表专家组向学校反馈考察评估意见等。副组长协助组长开展工作。专家组成员遵循分工合作的原则，完成各项考察评估任务。专家组秘书负责专家组与学校之间的联系和协调，协助专家做好工作安排，做好专家的有关服务工作；负责整理、汇总和上报有关考察评估材料。秘书不行使专家权利，亦不履行专家职责。

第三条 专家组成员应接受由教育部高等教育教学评估中心（以下简称评估中心）组织的培训，学习党的教育方针政策和高等教育教学评估理论，熟悉高等教育教学改革发展趋势，研究并掌握《评估方案》，了解工作纪律，不断提高自身思想政治素质和业务水平；在进校考察前要仔细审阅参评学校的自评报告等有关材料。

第四条 专家组进校后应在组长的领导下制订详细的工作计划。其工作内容主要包括：听取校长报告，审核教学工作基本状态数据，考察办学条件，查阅有关教学文件，走访有关部门，召开有关单位和人员座谈会，随堂听课，考察学生基本知识、基本理论和基本技能，抽查学生近一年的试卷和最近一届毕业生的毕业设计（论文），召开专家组评估意见反馈会等。专家组可根据不同类型学校的办学特点，创造性地开展考察评估工作，但应确保学校各项工作的正常进行，不给参评学校增加额外负担。

第五条 专家组应严格按照《评估方案》的标准及教育部有关文件精神，深入细致地开展工作。坚持原则，严格把关，实事求是、客观公正地提出对参评学校的考察评估意见与建议。

专家组在对各项指标的考察情况进行充分讨论和深入分析的基础上进行一次性投票。依据投票结果，确定评估结论建议，撰写评估考察意见。在专家发表意见时应充分发扬民主，确保专家投票的客观、公正。专家组的讨论情况和提出的评估结论建议，不得以任何方式向参评学校或其他人员泄漏。

第六条 考察评估报告应客观、准确地描述参评学校教学工作的实际情况、取得的成绩、办学经验和存在的问题。对其成绩和经验不夸大；对存在的问题不回避。特别是对存在的问题的描述须有确定性的列举，且有针对性地具体到观测点，对每个二级指标的评价，原则上都应写明成绩和不足。专家组考察评估意见在评估中心网站上公布，接受社会监督。

第七条 在教育部公布进校考察评估专家组名单后至专家组进校考察评估前，专家不得接受参评学校的拜访；有关评估工作安排，应通过专家组秘书进行协调；专家在此期间，不得到参评学校访问、讲学、作辅导评估工作的报告等；在考察评估专家名单公布前，已参加过参评学校评估诊断的专家，应主动提出回避，不参加教育部组织的正式评估。

第八条 专家组进校一律住校属招待所（宾馆），

在校内就餐（安排1—2次在学生食堂就餐），参评学校无招待所（宾馆）的，可就近住三星级（含三星级）以下标准的宾馆。专家应遵守“两不”、“两请辞”的规定（不接受参评学校宴请，不收受参评学校赠品；请辞上级领导接见，请辞参加学校举办的文艺演出等与考察评估无关的活动），以保证有充足的时间，集中精力做好评估工作。

第九条 教育部设立评估专项经费，用于支付专家评审费和交通费。专家评审费和交通费均由专家组秘书按照教育部有关规定负责登记、造表和发放。专家不得接受学校发放的任何形式的补贴和赠送的礼品。

第十条 专家组考察评估后，专家组组长应撰写工作小结，并根据有关要求对专家组成员的工作进行评价。评估专家对评估工作有意见和建议，请及时反馈至评估中心，邮箱：pggf@moe.edu.cn。参评学校有评价专家工作的权利。对于违纪的专家，一经查实将取消评估专家资格，情节严重者按国家有关规定处理。

第十一条 本规范自发布之日起实施。

教育部办公厅关于做好教育系统施行《中华人民共和国政府信息公开条例》准备工作的通知

（2007年10月25日）

《中华人民共和国政府信息公开条例》（以下简称《条例》）将于2008年5月1日起施行。为切实做好教育系统施行《条例》的各项准备工作，现将有关要求通知如下。

一、充分认识制定实施《条例》的重大意义。《条例》是推行政务公开实践经验的系统总结，是我国政务公开工作的基本法规。制定实施《条例》，是我国社会主义民主法制建设中的一件大事，是完善社会主义市场经济体制、全面建设小康社会、推进社会主义民主、完善社会主义法制的重要举措，是转变政府职能和执政理念、深化行政管理体制改革的重要内容，是从源头预防和治理腐败的有效措施。《条例》的实施，对于实现科学执政、民主执政、依法执政，形成行为规范、运转协调、公正透明、廉洁高效的行政管理体制，充分保障人民群众的知情权、参与权、表达权和监督权等具有重要的作用和意义；对于加强党的执政能力建设，建设中国特色社会主义民主政治，构建社会主义和谐社会，将产生积极而深远的影响。教育系统各单位要充分认识实施《条例》的重大意义，不断提高对信息公开重要性的认识，切实增强贯彻执行《条例》的责任感和自觉性，为《条例》实施奠定坚实的思想基础。

二、切实加强对贯彻实施《条例》的组织领导。按照《条例》规定，各级教育行政部门、各级各类学校、教育系统具有公共管理职能的直属事业单位都是信息公开的主体。各级教育行政部门要在各级政府的统一领导下开展信息公开工作。部直属单位要根据本单位的特点加强对信息公开工作的领导。学校信息公开是校务公开的重要组成部分，各级各类学校都要在认真总结校务公开工作经验的基础上，形成学校党组织统一领导、行政领导负责、校办组织协调、纪检监察机关监督检查和各个部门参与的信息公开领导体制和工作机制，并明确一位校领导具体分管信息公开工作，切实加强领导，落实责任，明确分工，确保各项工作顺利进行。

三、认真组织学习，有效开展对工作人员的教育培训。《条例》内容丰富，是做好信息公开工作的基本依据和准则，必须准确把握其精神实质和基本内容。要把学习《条例》作为今后一个时期的一项重点工作，领导带头，抓紧部署，明确学习任务，制订学习计划，丰富学习形式，加强对学习的督促检查，务求实效。教育培训的主要内容是，实行信息公开的重要意义、《条例》的基本内容、相关配套措施和工作规范。对从事信息公开工作人员的培训，还应包括信息清理、相关保密知识、编制信息公开指南和目录、处理信息公开申请、编制信息公开工作年度报告以及政策咨询等内容，全面提高有关人员做好信息公开工作的能力和水平。

四、抓紧编制或修订信息公开指南和公开目录，认真落实和制定相关配套措施。编制信息公开指南和公开目录，是做好信息公开工作的基础，是方便公众依法获取信息的关键，是实施《条例》最主要的准备工作。《条例》正式施行前，要抓紧编制或修订信息公开指南和公开目录。当前，要按照由近及远的原则，重点对近五年以来的信息，特别是涉及人民群众切身利益的信息进行全面清理。要依据保守国家秘密法和《条例》等有关法律法规的规定，科学界定公开和不能公开的信息，凡属于应当公开的必须按规定纳入公开目录。要在《条例》施行之前完成信息公开指南和公开目录的编制任务，并按时在网站和相关信息查阅场所公布。要充分发挥网站公开信息的平台作用，使网站成为信息公开的第一平台。各单位网站都要开设信息公开专栏，建立和畅通链接，并开设信息公开意见箱，及时听取公众对信息公开工作的意见和建议，以利改进工作。

五、尽快建立健全信息公开工作机制及制度规范。建立科学高效的信息公开工作机制和严格的制度规范，是确保信息公开工作依法、有序进行的基础和前提。根据《条例》要求和工作实际，抓紧建立信息主动公开工作机制，明确职责、程序、公开方式和时限要求。健全新闻发布制度，增强信息发布的主动性和权威性。要抓紧建立信息公开申请的受理机制，制定依申请公开信息的工作规程，明确申请的受理、审查、处理、答复等各个环节的具体要求，有效保障申请人的合法权益，维护信息公开工作秩序。要抓紧建立信息发布保密审查制度，在《条例》规定的基础上进一步明确有关保密审查的职责分工、审查程序和责任追究办法，切实发挥保密工作机构的作用，确保不发生泄密问题。

资料汇编

2007年全国十大教育新闻

1. 全国优秀教师走进中南海与总书记共商教育大计

8月31日，全国优秀教师代表座谈会在中南海怀仁堂举行。中共中央总书记胡锦涛与来自全国各地的100多位全国优秀教师代表共商教育发展大计。胡锦涛强调，全面实施科教兴国战略和人才强国战略，继续坚持好、落实好把教育摆在优先发展的战略地位的方针，大力倡导尊师重教，大力发展教育事业，大力提高全民族素质，为全面建设小康社会、加快推进社会主义现代化、实现中华民族伟大复兴提供强大的人才和人力资源保证。

2. 党的十七大提出优先发展教育，建设人力资源强国战略目标

10月15日，胡锦涛总书记在十七大报告中提出了加快推进以改善民生为重点的社会建设的六大任务，优先发展教育，建设人力资源强国位居首位。报告指出，教育是民族振兴的基石，教育公平是社会公平的重要基础。要全面贯彻党的教育方针，坚持育人为本、德育为先，实施素质教育，提高教育现代化水平，培养德智体美全面发展的社会主义建设者和接班人，办好人民满意的教育。

3. 师范生免费教育重回校园

5月9日，国务院总理温家宝主持召开国务院常务会议，通过《教育部直属师范大学师范生免费教育实施办法（试行）》，提出从2007年秋季起，在北京师范大学等6所部属师范大学实行师范生免费教育。免费师范生在校期间免除学费，免缴住宿费，并补助生活费，毕业后从事中小学教育工作十年以上。当年，6所部属师大共招收免费师范生1万余人。

4. 中国已在海外建立200余所孔子学院

4月9日，孔子学院总部揭牌仪式在京举行。孔子学院总部是全球孔子学院的最高管理机构，通过孔子学院为各国学习汉语和中国文化的人士提供支持和帮助。从2004年开始在海外设立孔子学院至今，我国已在全球60多个国家和地区建立了200多所孔子学院。

5. 亿万青少年参与阳光体育运动，同上形势教育课

5月7日，《中共中央国务院关于加强青少年体育增强青少年体质的意见》颁布，在全党全社会吹响了加强青少年体育工作的号角，这对于深入贯彻党的教育方针，大力推进素质教育，提高全民族健康素质具有重要而深远的意义。4月29日，“全国亿万青少年学生阳光体育运动”启动，以引导学生积极主动参与体育锻炼，提高体质健康水平。9月3日，全国40多万所中小学1亿多名学生以同上形势教育课方式启动“中小学弘扬和培育民族精神月”，这在中国教育史上还是第一次。

6. 中央投资百亿加强职业教育基础能力建设

5月18日，国务院批转《国家教育事业发展“十一五”规划纲要》，提出中央投入100亿元加强职业教育基础能力建设，提高职业教育人才培养质量。“十一五”期间，将继续实施职业教育实训基地建设计划，在重点专业领域建设2 000个专业门类齐全、装备水平较高、优质资源共享的实训基地。实施示范性高水平职业院校建设计划，重点建设1 000所示范性中等职业学校和100所示范性高等职业院校。

7. 国家每年500亿元资助家庭经济困难学生

9月1日，普通本科高校、高等职业学校和中等职业学校家庭经济困难学生资助政策全面实施。这是建国以来中央和地方财政安排助学经费数量最多、力度最大的一次。每年国家用于助学的财政投入、助学贷款和学校安排的助学经费将达500亿元。每年将有大约20%的大学生和90%的中职一、二年级学生获得国家资助。

8. 全国农村义务教育阶段学生全部免除学杂费

3月1日，春季开学，全国农村义务教育阶段1.5亿学生全部免除学杂费。这是中国教育史上的一件大事。近年来，国家致力于使所有农村孩子都能上学读书，2005年免除国家扶贫开发工作重点县农村义务教育阶段贫困家庭学生的书本费、杂费，并补助寄宿生生活费，2006年春季西部地区和中部试点地区农村义务教育阶段约5 200万学生免除了学杂费。

9. 西部地区“两基”攻坚目标如期实现

11月15日，国家西部地区“两基”攻坚领导小组会议宣布，西部地区“两基”攻坚目标如期完成。西部410个攻坚县中有368个县实现“两基”目标，西部地区“两基”人口覆盖率达到98%。这是中国教育发展史上又一历史性跨越。11月28日，国家决定投资100亿元，实施中西部农村初中校舍改造工程，重点解决未纳入“两基”攻坚计划实施范围的中西部地区农村初中校舍问题。

10. 建设高等教育强国成为教育发展新目标

12月23日，教育部直属高校工作咨询委员会第18次全体会议提出，要认真学习贯彻党的十七大精神，以提高质量为核心，加快从高等教育大国向高等教育强国迈进。“十一五”期间，中央财政将投入25亿元实施“高等学校本科教学质量与教学改革工程”。这是建国以来中央财政用于高等教育教学质量和人才培养方面的最大一笔专项投入。恢复高考30年来，我国大中专学校共培养3 600万学生，为社会主义现代化建设奠定了坚实的人才基础。

2007中国教育年度新闻人物

由中国教育报、中国教育电视台联合主办，教育科学出版社协办的2007中国教育年度新闻人物评选结果在京揭晓，并举行颁奖晚会。教育部党组书记、部长周济，教育部副部长李卫红等领导出席并为获奖者颁奖。

年度新闻人物名单：

- 方永刚　海军大连舰艇学院教授
- 张光斗　清华大学教授
- 阿木冬·吐鲁甫　新疆喀什地区叶城县依提木孔乡恰斯木克村小学教师
- 王　结　宁夏爱德残疾人职业技能培训学校校长
- 周主信　山东省庆云县教育局教研室原主任
- 于　丹　北京师范大学教授
- 李明素　重庆市沙坪坝区回龙坝镇中心小学退休教师
- 阮文发　福建省漳州市龙文区翁建中心小学教师
- 张　晓　甘肃省平凉市医学高等专科学校学生
- 高　明　北京大学光华管理学院学生

本次评选活动以“展现教育人生、共建和谐中国”为主题，立足教育，面向社会。活动组委会主任、中国教育报刊社党委书记、社长赵书生说，刚刚过去的2007年是极其不平凡的一年。在这一年，党的十七大胜利召开，党的十七大报告强调指出“优先发展教育，建设人力资源强国”，对教育事业改革与发展进行了新的全面部署，充分体现了以胡锦涛同志为总书记的党中央立足社会主义初级阶段基本国情和新的历史起点谋划教育发展的战略思路。在这一年，胡锦涛总书记在中南海接见全国优秀教师代表，并发表了重要讲话，深刻阐述了教育事业发展和教师队伍建设在实施科教兴国和人才强国战略、建设创新型国家中的重要性和战略意义，倡导全社会弘扬尊师重教的良好社会风尚，并对广大教师和教育工作者提出殷切希望。

此次评选活动旨在弘扬艰苦创业、开拓进取的时代精神，展示广大教育工作者和学生的时代风采，倡导尊师重教的良好社会风尚，树立教育在人民群众心目中的良好形象。

据活动组委会主任、中国教育电视台台长康宁介绍，2007 中国教育年度新闻人物评选活动候选人，均为本年度内被主流媒体广泛报道，并被社会广泛关注、产生重要社会影响的关心、支持、奉献教育事业，以及影响、推进教育事业改革、发展的人。这些候选人呈现出以下特点：热爱祖国、热爱人民，志存高远、明礼诚信、团结友善，具有坚定的理想信念，具有正确的世界观、人生观、价值观和荣辱观，以及良好的道德素质和个人品质；勤于学习、善于创造、勇于开拓，具有强烈的改革精神、创新能力和开拓精神；立足教育，心系社会，具有高度的社会责任感和使命感。

本次评选活动经过初选、公众投票评选和评委会评选 3 个阶段，在整个评选过程中，自始至终受到了社会的广泛参与和关注。在征选阶段，经过单位集体推荐、个人自荐和组委会筛选，组委会从 100 多名推选人中遴选出 50 名候选人；在候选人票选阶段，得到了广大读者、观众和网民的极大关注，在为期一个月的票选时间里，共有 132.7 万人次参与了本次票选，投票总数为 356.1 万票。组委会在汇总网络投票、短信投票和邮寄投票的基础上，按照候选人得票总数顺序确定了 20 名晋级人选，提交给评委会评审，由评委会最终确定 10 人当选 2007 中国教育年度新闻人物。

据悉，中国教育电视台将于 2 月 6 日（除夕）18：30 和 2 月 16 日 19：52 播出颁奖晚会实况。

原载《中国教育报》2008 年 2 月 1 日第 1 版　赵秀红　文

高校获 2007 年度国家技术发明奖项目（部分）

序号	获奖编号	项目名称	主要完成人	学校
1	F-202-2-01	刨切微薄竹生产技术与应用	李延军、杜春贵、刘志坤、林　海、林　勇、庄启程	浙江林学院
2	F-210-2-01	高温高压分布式光纤光栅传感技术	乔学光、贾振安、傅海威、王宏亮、赵大壮、刘颖刚	西安石油大学
3	F-211-2-01	新型无磷助洗剂 Al-δ 层状硅酸钠的研制与应用	董晋湘、李晋平、徐　红、杜志刚、张高勇	太原理工大学
4	F-211-2-02	木质素磺酸盐资源化高效利用的改性技术	邱学青、杨东杰、欧阳新平、楼宏铭、庞煜霞、陈焕钦	华南理工大学
5	F-212-2-02	纺织品数码喷印系统及其应用	陈　纯、金小团、杨　诚、葛晨文、李卫明、卜佳俊	浙江大学
6	F-213-2-01	生物磷酰化新技术制备高能磷酰化合物	应汉杰、欧阳平凯、赵谷林、吕　浩、韦　萍、万红贵	南京工业大学
7	F-213-2-03	环境友好型海洋防污涂料关键技术研究及其应用	于良民、徐焕志、李昌诚、张志明、姜晓辉、夏树伟	中国海洋大学
8	F-213-2-04	替代光气、氯化亚砜等有毒有害原料的绿色化学技术开发及推广应用	苏为科、夏建胜、李永曙、李　峰、梁现蕊、谢媛媛	浙江工业大学

续表

序号	获奖编号	项目名称	主要完成人	学校
9	F-213-2-05	对环境友好的超高效除草剂的创制和开发研究	李正名、王玲秀、王建国、赵卫光、寇俊杰、王素华	南开大学
10	F-213-2-07	材料防护新技术和化工相分离系统平衡研究及其在工业锅炉中的应用	魏　刚、熊蓉春、任志远、张文利、魏云鹏、乔　宁	北京化工大学
11	F-215-2-02	中高频声表面波关键材料及应用研究	潘　峰、刘　明、曾　飞、刘积学、李冬梅、秦廷辉	清华大学
12	F-215-2-03	提高C-Mn钢综合性能的微观组织控制与制造技术	刘相华、王国栋、杜林秀、吴　迪、许家彦、黎立璋	东北大学
13	F-216-2-01	基于能源节约型低能耗激光增强电弧高效焊接集成技术	刘黎明、刘顺华、宋　刚、王　来、张兆栋	大连理工大学
14	F-216-2-02	纳米级精密定位及微操作机器人关键技术	孙立宁、荣伟彬、曲东升、杜志江、陈立国、刘延杰	哈尔滨工业大学
15	F-217-2-01	基于行波原理的电力线路在线故障测距技术	徐丙垠、董新洲、李　京、陈　平、薛永端、葛耀中	山东理工大学
16	F-219-2-01	正交偏振激光器及基于其振荡特性的精密测量仪器	张书练、李　岩、金国藩、韩艳梅、郭继华	清华大学
17	F-220-2-02	数字视频时-空自适应处理关键技术及应用	郑南宁、葛晨阳、孙宏滨、薛建儒、赵季中、王　东	西安交通大学
18	F-220-2-03	流体输送管网的实时数据采集分析方法和高精度泄漏检测定位技术	张化光、冯　健、黎　明、宋崇辉、于锡纯、岳　恒	东北大学
19	F-221-2-01	溶液式带有全热回收的模块化空气处理装置及其系统	江　亿、李　震、陈晓阳、刘晓华、刘拴强、谢晓云	清华大学
20	F-223-2-01	车用柴油发动机新型电控系统及其应用	欧阳明高、李建秋、周　明、杨福源、钟玉伟、唐仁宏	清华大学
21	F-230-2-01	激光合成波长纳米位移测量方法及应用	陈本永、李达成、周砚江、张丽琼、罗剑波、孙政荣	浙江理工大学
22	F-231-2-01	水溶性、难降解有机污染物治理与资源化新技术	张全兴、李爱民、陈金龙、龙　超、潘丙才、赵　露	南京大学
23	F-231-2-02	乙醇型发酵生物制氢技术	任南琪、李建政、邢德峰、丁　杰、王宝贞、王爱杰	哈尔滨工业大学
24	F-235-2-01	治疗类风湿关节炎等疾病的抗体融合蛋白药物	郭亚军、王　皓、马　菁、胡　辉、侯　盛、谈　珉	中国人民解放军第二军医大学
25	F-235-2-02	系统化生物芯片和相关仪器设备的研制及应用	程　京、邢婉丽、黄国亮、高华方、王宪华、张　亮	清华大学
26	F-235-2-03	基于模糊随机建模的医学成像与图像分析新技术研究	陈武凡、冯前进、江贵平、冯衍秋、颜　刚、陈　明	南方医科大学
27	F-251-2-01	高速插秧机的机构创新、机理研究和产品研制	赵　匀、陈建能、俞高红、曾　联、李　革、武传宇	浙江理工大学

高校获 2007 年度国家自然科学奖项目（部分）

序号	编号	项目名称	主要完成人	学校
1	Z-101-2-01	离散型多相湍流和湍流燃烧的基础研究和数值模拟	周力行	清华大学
2	Z-101-2-02	关于对称与齐次空间的复几何	莫毅明	香港大学
3	Z-101-2-04	压电材料的断裂	张统一、高存法、赵明皞、董 平	香港科技大学
4	Z-102-2-01	功能准一维半导体纳米结构与物理研究	俞大鹏、冯孙齐、徐 军、薛增泉、奚中和	北京大学
5	Z-102-2-03	晶体生长机制与动力学若干问题的研究	王 牧、闵乃本	南京大学
6	Z-102-2-04	纳米硅-纳米氧化硅体系发光及其物理机制	秦国刚、冉广照、秦国毅、徐东升、张伯蕊	北京大学
7	Z-103-2-02	配合物控制合成与晶体工程方法基础研究	陈小明、童明良、张杰鹏、黄晓春、张献明	中山大学
8	Z-103-2-04	功能界面修饰与电化学分析方法研究	陈洪渊、徐静娟	南京大学
9	Z-104-2-03	中国西北季风边缘区晚第四纪气候与环境变化	陈发虎、李吉均、张虎才、方小敏、潘保田	兰州大学
10	Z-104-2-04	地球空间数据与空间分析的不确定性原理	史文中、童小华、朱长青、王新洲	香港理工大学
11	Z-104-2-05	华北及其邻区大陆地壳组成与壳幔交换动力学研究	高 山、金振民、章军峰、刘勇胜、张宏飞	中国地质大学（武汉）
12	Z-105-2-02	黏菌代表类群系统研究	李 玉、王 琦、陈双林、李惠中、刘淑艳	吉林农业大学
13	Z-105-2-03	新的 snoRNA 结构与功能研究	屈良鹄、周 惠、陈月琴	中山大学
14	Z-105-2-06	蓝藻异型胞分化及环式光合电子传递研究	赵进东、史运明、赵卫星、赵饮虹	北京大学
15	Z-106-2-01	Y 染色体多态性与东亚人群的起源、迁徙和遗传结构的研究	金 力、宿 兵、卢大儒、褚嘉祐、黄 薇	复旦大学
16	Z-106-2-03	恶性肿瘤细胞抗原提呈和生物调变机理研究	郭亚军	第二军医大学肿瘤研究所
17	Z-107-2-01	纳米冷阴极及其器件研制	许宁生、陈 军、邓少芝、李志兵、佘峻聪	中山大学
18	Z-107-2-02	基于认知与非欧氏框架的数据建模基础理论研究	徐宗本、梁 怡、张讲社、彭济根、马江洪	西安交通大学
19	Z-107-2-03	ZnO 基材料生长、P 型掺杂与室温电致发光研究	叶志镇、吴惠桢、吕建国、朱丽萍、黄靖云	浙江大学

续表

序号	编号	项目名称	主要完成人	学校
20	Z-108-2-01	Ca-P生物材料的骨诱导性及其机理研究	张兴栋、袁惠品、范红松、张聪、屈树新	四川大学
21	Z-108-2-02	有机荧光功能材料	田　禾、王巧纯、朱为宏	华东理工大学
22	Z-109-2-01	复杂约束条件气液两相与多相流及传热研究	郭烈锦、陈学俊、赵　亮、郝小红、何银年	西安交通大学
23	Z-109-2-02	破断岩体表面形貌与力学行为研究	谢和平、周宏伟、鞠　杨、王金安、高　峰	四川大学
24	Z-109-2-03	纳微尺度流体流动与传热传质的基础研究	郑　平、吴慧英	上海交通大学
25	Z-109-2-04	复杂非线性电力系统的稳定控制与智能优化理论与方法的研究	曹一家、叶旭东、韩祯祥、甘德强、江全元	浙江大学
26	Z-109-2-05	不同水动力条件下污染物输移过程及系统耦合模型研究	王　超、沈永明、李　凌、陆光华、王沛芳	河海大学

高校获2007年度国家科学技术进步奖项目

一等奖通用项目3项

序号	编号	项目名称	主要完成人	完成单位及名次(未注明则为独立完成单位)
1	J-215-1-01	铝资源高效利用与高性能铝材制备的理论与技术	钟　掘、肖亚庆、胡岳华、张新明、陈康华、陈启元、刘祥民、李小斌、崔建忠、聂祚仁、李　劼、冯其明、李旺兴、黄明辉、赵世庆	中南大学（1）、东北大学（3）、北京工业大学（4）
2	J-221-1-01	东海大桥（外海超长桥梁）工程关键技术与应用		同济大学（8）
3	J-230-1-01	量子化霍尔电阻基准	张钟华、贺　青、李正坤、刘　勇、陆大荣、迟宗涛、李小亭、韩　冰、王文新、周均铭	青岛大学（2）、河北大学（3）

二等奖通用项目114项

序号	编号	项目名称	主要完成人	完成单位及名次(未注明则为独立完成单位)
4	J-201-2-01	专用花生新品种创制技术研究与应用	禹山林、曹玉良、崔凤高、闵　平、徐晓东、曹　干、王晶珊、杨庆利、焦　坤、梁炫强	莱阳农学院（2）
5	J-202-2-01	杨树工业用材林高产新品种定向选育和推广	张绮纹、苏晓华、李金花、解荷锋、李占民、卢宝明、王福森、姜英淑、张玉洁、刘长敏	安徽农业大学（5）

续表

序号	编号	项目名称	主要完成人	完成单位及名次（未注明则为独立完成单位）
6	J-202-2-02	四个南方重要经济林树种良种选育和定向培育关键技术研究及推广	曹福亮、陈其兵、张燕平、周国模、邓荫伟、汪贵斌、孙　鹏、彭兴民、吴家胜、张　健	南京林业大学（1）、四川农业大学（2）、浙江林学院（4）、广西师范大学（5）
7	J-202-2-03	花卉新品种选育及商品化栽培关键技术研究与示范	张启翔、刘　燕、陈俊愉、潘会堂、杨玉勇、葛　红、赵梁军、陈瑞丹、王四清、罗　宁	北京林业大学（1）、中国农业大学（7）
8	J-202-2-04	朱鹮拯救与保护研究	路宝忠、丁长青、于晓平、王万云、刘冬平、卢西荣、翟天庆、席咏梅、张跃明、丁海华	陕西师范大学（6）、浙江大学（7）
9	J-202-2-05	长江中下游山丘区森林植被恢复与重建技术	张金池、杜天真、胡海波、虞木奎、郭晓敏、刘苑秋、俞元春、程　鹏、牛德奎、方炎明	南京林业大学（1）、江西农业大学（2）
10	J-203-2-02	猪链球菌病研究及防控技术	陆承平、何孔旺、范红结、姚火春、张苏华、华修国、孙建和、倪艳秀、刘佩红、王　建	南京农业大学（1）
11	J-203-2-06	绵羊育种新技术——中国美利奴肉用、超细毛、多胎肉用新品系的培育	刘守仁、王新华、石国庆、杨永林、王建华、李　辉、钟发刚、代江生、戴永林、李宝成	石河子大学（2）
12	J-210-2-01	基于3S集成技术的LD2000系列移动道路测量系统及其应用	李德仁、郭　晟、胡庆武、陈智勇、罗才安、李大军、袁剑峰、宋喜喜、朱国红、李宇琪	武汉大学（1）
13	J-210-2-04	中国近海高水垂比大位移钻井关键技术研究及应用	唐海雄、高德利、董星亮、魏宏安、罗东红、邓金根、张武辇、张新平、汪志明、陈　德	中国石油大学（北京）（2）
14	J-210-2-05	石油勘探开发过程中油层保护与改造新技术研究与应用	蒋官澄、曹钧合、马先平、李晓清、郭雄华、李师涛、纪朝凤、陈应淋、谭河清、张国荣	中国石油大学（华东）（1）
15	J-210-2-06	大牛地气田致密碎屑岩成藏理论与勘探开发实践	郝蜀民、陈召佑、李　良、尤欢增、董　宁、陈洪德、刘忠群、袁志祥、陈路原、郑锋辉	成都理工大学（3）
16	J-210-2-09	中国成矿体系与区域成矿评价	陈毓川、王登红、朱裕生、徐志刚、王世称、翟裕生、汤中立、裴荣富、沈保丰、肖克炎	中国地质大学（北京）（2）、长安大学（4）、吉林大学（6）
17	J-210-2-10	深海浅地层岩芯取样钻机系列及其勘探工艺	万步炎、钱鑫炎、刘敬彪、黄筱军、夏建新、王和平、周爱民、杨俊毅、高宇清、刘淑英	杭州电子科技大学（4）
18	J-211-2-02	聚合物基无机/有机纳米复合材料及其制品工业化技术	陈建峰、王国全、曾晓飞、邹海魁、俞兴尧、杨国增、沈志刚、刘芳兴、初广文、毋　伟	北京化工大学（1）
19	J-211-2-05	益生制剂及其增效技术研究与应用	金征宇、胥传来、计　成、江　波、杨瑞金、徐学明、马秋刚、李相前、崔　刚、谢正军	江南大学（1）、中国农业大学（2）
20	J-211-2-06	油料低温制油及蛋白深加工技术的研究与应用	黄凤洪、吴谋成、刘大川、张　麟、李文林、袁俊华、刘金波、顾强华、吴绪翔、李元良	华中农业大学（2）、武汉工业学院（3）
21	J-212-2-01	卫星结构用高性能三维编织复合材料构件的研制及其生产线的建设	李嘉禄、陈　利、吴晓青、焦亚男、张国利、陈光伟、李学明、万振凯、李晓久、王晓生	天津工业大学
22	J-212-2-02	大豆蛋白复合纤维纺织染整关键技术研究及产品开发	李金宝、唐人成、俞建勇、徐新荣、王华杰、方雪娟、程隆棣、姚世忠、邢建伟、赵建平	苏州大学（1）、东华大学（2）、西安工程大学（5）

续表

序号	编号	项目名称	主要完成人	完成单位及名次(未注明则为独立完成单位)
23	J-212-2-03	基于丝素反应特性调控原理的蚕丝高色牢度染色技术开发及产业化	邵建中、沈一峰、王柏忠、张青山、赵之毅、刘今强、林鹤鸣、王海平、杨爱琴、郑今欢	浙江理工大学(1)
24	J-212-2-04	高导湿涤纶纤维及制品关键技术集成开发	王华平、王启明、张连京、张玉梅、王 彪、杨崇倡、陈南梁、王朝生、许贻东、王 其	东华大学(1)
25	J-213-2-01	高活力α-乙酰乳酸脱羧酶的研制与应用	黄日波、蒙健宗、王青艳、卢福燊、周志强、李庆业、田 野、王国川、孔祥玉、李 丛	广西大学(1)
26	J-213-2-02	多喷嘴对置式水煤浆气化技术	于遵宏、王 信、张鸣林、于广锁、丁 辉、龚 欣、孙永奎、王辅臣、褚宏春、刘海峰	华东理工大学(2)
27	J-213-2-05	系列核苷生产新工艺	渠桂荣、杨西宁、董春红、蔡玉瑛、王秀强、何元庆、申艳红、郭海明、张文生、杨 林	河南师范大学(1)
28	J-213-2-06	炼油分离过程大型化关键技术系统集成与节能	李鑫钢、姜 斌、蒋荣兴、李和杰、张吕鸿、黄国强、刘家明、朱华兴、张迎恺、郑艳梅	天津大学(1)
29	J-214-2-03	生态型高与超高性能结构混凝土材料的研究与应用	孙 伟、缪昌文、翟建平、余红发、刘加平、张云升、周伟玲、陈惠苏、慕 儒、田 倩	东南大学(1)、南京大学(3)
30	J-215-2-01	薄板坯连铸连轧微合金化技术研究及低成本高性能微合金钢的开发	张若生、毛新平、康永林、刘清友、李烈军、徐志如、林振源、高吉祥、柴毅忠、孙新军	北京科技大学(4)
31	J-215-2-04	高性能真空开关铜铬触头材料设计、关键制造技术及其应用	丁秉钧、杨志懋、王亚平、宋晓平、徐 晖、孙占波、张 晖、张程煜、王文斌、李 刚	西安交通大学(1)
32	J-215-2-05	高性能钎具特钢生产技术与产品开发	谢建新、李明锁、赵长有、刘雅政、唐 山、吴春京、郑 军、刘雪峰、张新起、肖道存	北京科技大学(2)
33	J-215-2-07	转炉-CSP流程批量生产冷轧板技术集成与创新	施雄樑、刘 浏、苏世怀、徐金梧、张建平、汤曙光、任天宝、范鼎东、朱 涛、何宜柱	北京科技大学(3)、安徽工业大学(4)
34	J-215-2-08	高速铁路钢轨生产技术的集成创新和应用	李春龙、刘 浏、李保卫、陈建军、孟志泉、王秉毅、智建国、张晓光、刘建国、梁志刚	内蒙古科技大学(2)
35	J-216-2-01	材料成形过程模拟技术及其应用	李德群、陈立亮、柳玉起、周建新、周华民、李建军、张宜生、廖敦明、崔树标、刘瑞祥	华中科技大学
36	J-216-2-02	新型高性能捷联惯性测量装置关键技术研究及应用	房建成、郦吉臣、王 巍、李道京、刘百奇、赵慧洁、郭 雷、程 农、盛利民、盛 蔚	北京航空航天大学(1)
37	J-216-2-04	高速精密磨削加工关键技术与系列高档数控磨削装备	宓海青、陶剑波、袁巨龙、盛晓敏、王耀南、黄险峰、黄红武、彭克立、吴 耀、熊万里	湖南大学(1)
38	J-216-2-05	工业机器人作业系统的关键技术研究、开发与应用	丁 汉、陈建平、言勇华、朱向阳、朱利民、刘宝生、张建荣、熊振华、郑 觉、盛鑫军	上海交通大学(1)
39	J-216-2-06	数控高效制齿机床成套技术研发及产业化应用	廖绍华、李先广、金朝华、张明智、李智勇、曾令万、袁 滨、廖承渝、徐少华、舒义明	重庆大学(2)、重庆工学院(3)
40	J-216-2-07	自振空化射流技术与应用	李根生、孙宝江、沈忠厚、黄中伟、马家骥、汪志明、牛继磊、张德斌、徐依吉、周长山	中国石油大学(华东)(1)、中国石油大学(北京)(2)

续表

序号	编号	项目名称	主要完成人	完成单位及名次(未注明则为独立完成单位)
41	J-216-2-09	支持生产设备集成运行的网络化制造系统及支撑技术	刘　飞、王时龙、尹　超、鄢　萍、宋豫川、周　旭、刘　胜、王东亚、雷　琦、阎春平	重庆大学（1）、重庆邮电大学（3）
42	J-216-2-10	现代仪器制造柔性研发平台的创建及系列产品开发与应用	徐小力、张福学、苏　中、李福林、梁福平、吴国新、韩秋实、许宝杰、郝静如、黄　民	北京机械工业学院(1)、北京信息工程学院（3）
43	J-219-2-01	电子元器件绝缘粉末包封理论、关键技术及系列产品开发	陈景亮、姚学玲、刘东社、李盛涛、邢菊仙、李建英、高乃奎、赵志强、赵铁军、彭宗仁	西安交通大学（1）
44	J-219-2-05	空间微系统及纳型卫星	尤　政、任大海、张　兵、于世洁、陈金树、张高飞、贺启林、吴知非、魏　青	清华大学
45	J-219-2-06	WDM超长距离光传输设备(ZXWM-M900)	施社平、赵　勇、纪越峰、彭江得、顾畹仪、陈宇飞、夏　淼、陈明华、李青宁、王泰立	清华大学（2）、北京邮电大学（3）
46	J-219-2-08	聚合物电极材料及其在电容器中的应用	蒋亚东、徐建华、唐先忠、杨亚杰、王　涛、谢光忠、彭冬梅、李绍荣、赵义恒、吴志明	电子科技大学（1）
47	J-219-2-09	高精度高能大型工业CT无损检测系统研制及应用	王　珏、刘　荣、王东辉、高富强、刘丰林、程森林、戴正国、张洪伟、沈　宽、张　平	重庆大学（1）、中国人民解放军重庆通信学院（2）
48	J-220-2-01	中国下一代互联网示范工程CNGI示范网络核心网CNGI-CERNET2/6IX	吴建平、李　星、张　凌、汪为农、龚　俭、马　严、李芝棠、张　蓓、汪文勇、李　卫	清华大学（1）、北京大学（2）、上海交通大学（3）、西安交通大学（4）、东南大学（5）、华南理工大学（6）、东北大学（7）
49	J-220-2-02	高性能集群计算机与海量存储系统	郑纬民、舒继武、王鼎兴、汪东升、陈文光、杨广文、温冬婵、鞠大鹏、张悠慧、余宏亮	清华大学
50	J-220-2-03	大型高强度铝合金构件制备重大装备智能控制技术与应用	桂卫华、喻寿益、贺建军、李　迅、阳春华、周继能、王　华、谢永芳、王雅琳、周　璇	中南大学（1）
51	J-220-2-04	中国国家网格	钱德沛、徐志伟、谢向辉、肖　侬、杨广文、迟学斌、查　礼、陆忠华、奚自立、张永波	北京航空航天大学(1)、清华大学（5）、国防科学技术大学(6)
52	J-220-2-05	国产化智能温室及其环境控制系统等配套设施的研制	吴启迪、徐立鸿、束　昱、朱洪光、陈　杰、蔡意中、陈以一、吴军辉、许维胜、蔡龙俊	同济大学
53	J-220-2-06	数字化音视频控制技术研究及应用	郭宗明、董全武、管　雷、肖建国、邹　维、俞志勇、戴　霖、李春华、何海东、张行功	北京大学（1）
54	J-220-2-07	CRI2002企业铁路智能运输调度综合信息平台	韩江洪、魏　臻、陆　阳、程运安、陆建民、程　磊、陆长荣、诸葛战斌、蒋建国、陈焕明	合肥工业大学（1）
55	J-220-2-08	超大容积高端汽车灯具镀膜系列装备与工艺研发及产业化	范多旺、邓志杰、范多进、武　福、解武波、孔令刚、令晓明、魏宗寿、魏文军、牛宏侠	兰州交通大学（1）

续表

序号	编号	项目名称	主要完成人	完成单位及名次(未注明则为独立完成单位)
56	J-221-2-01	多高层建筑多维抗震分析与振动控制-理论及工程应用	李宏男、李云贵、滕　军、冼巧玲、霍林生、李　钢、李　兵、王苏岩、贾　影、孙　丽	大连理工大学(1)、哈尔滨工业大学深圳研究生院(3)、广州大学(4)、沈阳建筑大学(5)
57	J-221-2-02	柔性桥梁非线性设计和风致振动与控制的关键技术	陈政清、胡建华、杨　进、王修勇、高宗余、华旭刚、万田保、杨孟刚、何旭辉、廖建宏	湖南大学(1)、中南大学(4)、湖南科技大学(5)
58	J-221-2-05	地铁重叠隧道设计与施工关键技术研究	扈　森、李德才、刘建国、李　平、仇文革、朱　颖、潘明亮、陈湘生、王明年、罗世培	西南交通大学(4)
59	J-221-2-06	沙漠地区公路建设成套技术研究	陈晓光、罗俊宝、张生辉、刘　涛、王亚军、王登科、金昌宁、崔　琳、陈忠明、陈发明	长安大学(4)
60	J-221-2-08	重大工程结构的健康监测集成系统与应用	欧进萍、李　惠、段忠东、周　智、李宏伟、赵雪峰、何　林、田石柱、郭安薪、胡庆立	哈尔滨工业大学
61	J-221-2-09	岩体开挖力学效应及锚固工程质量检测新技术	张永兴、李建林、刘新荣、陈建功、王乐华、许　明、王桂林、阴　可、周小平、杨学堂	重庆大学(1)、三峡大学(2)
62	J-221-2-10	双层桥面无隔板预应力混凝土箱梁斜拉桥创新技术	秦顺全、徐恭义、初厚才、王振候、石建华、张　强、梅新咏、扈振衣、李　伟、林荣新	西南交通大学(4)、华中科技大学(5)
63	J-222-2-01	水利水电工程地质建模与分析关键技术及工程应用	钟登华、宋胜武、黄　河、李明超、张宗亮、张社荣、徐建强、刘东海、段文泉、洪　坤	天津大学(1)
64	J-222-2-05	紊流模拟技术及其在水利水电工程中的应用	戴会超、许唯临、吴玉林、刘之平、槐文信、高季章、苏祥林、王仁坤、吴伟章、吴一红	四川大学(2)、武汉大学(3)、清华大学(4)、河海大学(6)、三峡大学(7)
65	J-222-2-06	重大水工混凝土结构隐患病害检测与健康诊断研究	吴中如、顾冲时、方永浩、陈建生、郑东健、宋汉周、江　泉、汪在芹、苏怀智、郭海庆	河海大学
66	J-222-2-07	新疆水资源可持续利用及重点工程布局综合研究	邓铭江、王世江、董新光、马新忠、庞进武、赵　伟、章曙明、徐康宁、周金龙、周小兵	新疆农业大学(5)
67	J-223-2-01	城市交通智能诱导系统与关键技术	孙立军、陈　平、江绵康、唐定富、陈建阳、陈红洁、袁文平、杜豫川、杨和平、俞　寅	同济大学(2)
68	J-223-2-02	路基路面材料特性反演与快速检测维修整套技术	王复明、张　蓓、蔡迎春、钟燕辉、郭大进、梁新政、范跃武、马　健、王　辉、温胜强	郑州大学(1)
69	J-223-2-03	H425型民用直升机研制	栗万欣、修忠信、朱跃法、王　斌、曲景文、张继超、曲海波、马德权、王希豹、葛　健	南京航空航天大学(3)
70	J-223-2-04	汽车综合性能检测关键技术研究、系列产品开发及其产业化	马　建、赵祥模、王学志、杨立本、安毅生、高建国、马强骏、刘　均、樊海玮、刘　鹏	长安大学(1)
71	J-223-2-05	电子海图(航道图)技术及其应用系统的研究	赵德鹏、李源惠、赵丽宁、胡景峰、郝江凌、李邵喜、潘明阳、谷　伟、王德强、杨晓波	大连海事大学(1)
72	J-223-2-09	开孔消浪沉箱结构波浪力计算方法的研究及应用	李玉成、滕　斌、孙大鹏、陈雪峰、刘洪杰、孙　路、张宁川、刘　勇、姜俊杰、马宝联	大连理工大学
73	J-231-2-01	空气质量和污染源环境光学监测技术系统与应用	刘文清、刘建国、魏庆农、谢品华、张玉钧、陆亦怀、刘世胜、王锋平、陆　钒、宋炳超	安徽工业大学(2)

续表

序号	编号	项目名称	主要完成人	完成单位及名次(未注明则为独立完成单位)
74	J-231-2-02	新型有机膨润土及其在污染控制中的应用	朱利中、陈宝梁、雷乐成、沈学优、王春伟、李济吾、田森林、苏玉红、葛渊数	浙江大学（1）
75	J-231-2-03	含铁渣尘高效利用关键技术开发与工业应用	张一敏、刘惠中、陈铁军、夏金瑞、刘　涛、冀更新、彭文斌、孔建益、陈奎生、胡承凡	武汉科技大学（1）、武汉理工大学（3）
76	J-231-2-04	中国北方沙漠化过程及其防治	王　涛、郑晓静、赵哈林、董治宝、王乃昂、赵学勇、周又和、吴　薇、张铜会、薛　娴	兰州大学（2）
77	J-231-2-06	城市污水生物脱氮除磷技术与控制措施研究	张　波、毕学军、周增炎、武鹏崑、董　滨、华风山、傅　钢、刘长青、何群彪、张　峰	青岛理工大学（1）、同济大学（2）
78	J-231-2-08	石油焦化冷焦污水封闭分离成套技术与应用	汪华林、白志山、王建文、胡江青、张连忠、徐江华、戴宝华、薛　旭、侯天明、张立新	华东理工大学（1）
79	J-232-2-01	我国新一代多尺度气象数值预报系统	薛纪善、陈德辉、沈学顺、杨学胜、万齐林、端义宏、金之雁、胡江凯、胡江林、刘志权	中国人民解放军国防科学技术大学（7）
80	J-232-2-02	甚低频标准振动测试系统	庄灿涛、童汪练、何　闻、薛　兵、陈　阳、杨桂存、马玉林、崔瑞兰、刘明辉、娄文宇	浙江大学（2）
81	J-233-2-01	幽门螺杆菌关键致病因子CagA、VacA的生物学特性及其临床应用	李兆申、王吉耀、杜奕奇、陈世耀、项兆英、徐　灿、李淑德、张永顶、龚燕芳、许国铭	复旦大学附属中山医院（2）
82	J-233-2-02	感染微生态学建立及应用研究	李兰娟、俞云松、吴仲文、周志慧、盛吉芳、马伟杭、陈亚岗、王建国、陈春雷、萨晓婴	浙江大学
83	J-233-2-03	全国主要HIV毒株的基因变异和流行特征研究及数据库建立	邵一鸣、邢　辉、洪坤学、冯　毅、陈健平、尚　红、钟　平、张　伟、王　哲、秦光明	中国医科大学附属第一医院（2）
84	J-233-2-04	碘过量对甲状腺疾病影响的流行病学和实验研究	滕卫平、单忠艳、滕晓春、李晨阳、关海霞、李玉姝、滕　笛、崇　巍、杨　帆、黄　薇	中国医科大学附属第一医院（1）
85	J-233-2-05	慢性肾脏病防治的临床和基础研究	侯凡凡、张　训、梅长林、张国华、任　昊、黄颂敏、袁伟杰、梁　敏、谢　迪、刘尚喜	南方医科大学南方医院（1）、中国人民解放军第二军医大学第二附属医院（2）、四川大学华西医院（3）、中国医科大学附属第一医院（5）
86	J-233-2-06	遗传性出血病的基础研究和临床应用	王鸿利、王学锋、丁秋兰、王振义、王文斌、方　怡、蔡晓红、武文漫、傅启华、刘湘帆	上海交通大学医学院附属瑞金医院
87	J-233-2-07	慢性高原病诊断学及其防治措施的研究	吴天一、格日力、张鑫生、陈资全、张海明、贾乃镛、许存和、陈秋红、褚以德、靳国恩	青海大学（1）
88	J-233-2-08	脑出血后脑损伤机制的研究与临床治疗新策略的应用	张祥建、张苏明、贾保祥、王拥军、胡长林、刘怀军、王介明、张国华、贺　丹、李春岩	河北医科大学第二医院（1）、华中科技大学同济医学院附属同济医院（2）、首都医科大学附属北京朝阳医院（3）、首都医科大学附属北京天坛医院（4）、重庆医科大学附属第二医院（5）

续表

序号	编号	项目名称	主要完成人	完成单位及名次(未注明则为独立完成单位)
89	J-233-2-09	提高腹膜透析患者生存率的基础与临床应用研究	钱家麒、姚　强、林爱武、方　炜、戴慧莉、张伟明、严玉澄、庞慧华、林星辉、倪兆慧	上海交通大学医学院附属仁济医院
90	J-233-2-10	肠胃溃疡出血的创新非外科治疗法	沈祖尧、刘润皇、陈家亮、钟尚志、李玉棠、吴国伟、赵伟仁	香港中文大学
91	J-234-2-01	黄芪活性产物代谢调控的基因工程关键技术研究	胡之璧、王峥涛、杜　旻、吴晓俊、周吉燕、刘　涤、王子艳、赵淑娟、吴大正、黎万奎	上海中医药大学
92	J-234-2-02	辽东楤木的研究及应用	匡海学、肖洪彬、李　冀、王振月、田振坤、王秋红、穆　欣、佟立君、孙　晖、赵恒田	黑龙江中医药大学(1)
93	J-234-2-04	中医体质分类判定标准的研究及其应用	王　琦、朱燕波、王前飞、钱会南、王前奔、骆　斌、高京宏、夏仲元、董　静、李英帅	北京中医药大学
94	J-235-2-02	双氯芬酸类解热镇痛药生产新工艺关键技术研究与应用	陈芬儿、戴惠芳、李志江、苗　青	复旦大学(1)
95	J-235-2-06	临床前药物代谢动力学关键技术与研究体系	王广基、刘晓东、谢　林、郝海平、柳晓泉、陈西敬、孙建国、杨　劲、梁　艳、阿基业	中国药科大学
96	J-251-2-01	潜水泵理论与关键技术研究及推广应用	袁寿其、施卫东、关醒凡、刘厚林、王　洋、曹武陵、朱荣生、陆伟刚、袁建平、李　红	江苏大学(1)
97	J-251-2-02	棉铃虫区域性迁飞规律和监测预警技术的研究与应用	吴孔明、郭予元、戴小枫、屈西峰、程登发、姜玉英、张跃进、柏立新、封洪强、梁革梅	南京农业大学(6)
98	J-251-2-03	精准农业关键技术研究与示范	赵春江、汪懋华、王纪华、孟志军、刘　刚、王　秀、张　兵、张　漫、陈立平、刘良云	中国农业大学(2)
99	J-251-2-05	防治农作物土传病害系列药剂的研究与应用	宋宝安、王士奎、郭　荣、杨　松、相士晋、胡德禹、王　俊、曾　松、陈书勤、杨　阳	贵州大学(1)
100	J-251-2-07	工厂化农业(园艺)关键技术研究与示范	李天来、陈殿奎、申茂向、陈日远、余纪柱、马承伟、张志斌、张福墁、徐志豪、邹志荣	沈阳农业大学(1)、华南农业大学(3)、中国农业大学(6)
101	J-251-2-08	棉花化学控制栽培技术体系的建立与应用	李召虎、田晓莉、何钟佩、段留生、陈德华、王保民、王　旗、羿国香、王　炜、卢怀玉	中国农业大学(1)、扬州大学(3)
102	J-252-2-01	贫煤、贫瘦煤高炉喷吹技术开发与应用	刘仁生、任润厚、刘应书、金龙哲、孙文东、刘玉全、张志钰、范世民、刘　准、曹晨明	北京科技大学(2)
103	J-252-2-02	大型深凹露天矿安全高效开采关键技术研究	蔡美峰、郝树华、张文明、齐宝军、徐文立、果晓明、乔　兰、李长洪、李宝辉、纪洪广	北京科技大学(1)、清华大学(3)
104	J-252-2-03	隐患金属矿产资源安全开采与灾害控制技术研究	李夕兵、古德生、周科平、李发本、赵国彦、周子龙、苏家红、秦豫辉、马远传、段玉贤	中南大学(1)
105	J-252-2-04	高瓦斯矿井的特大型火区灭火抑爆技术研究及应用	章永久、王德明、张玉良、周福宝、税晓云、毛廷育、李　祥、徐成林、秦波涛、周建新	中国矿业大学(2)
106	J-252-2-06	破碎岩体渗流规律及其在煤矿突水防治中的应用研究	缪协兴、浦　海、王连国、刘卫群、徐金海、陈荣华、陈占清、刘树才、涂　敏、朱川曲	中国矿业大学(1)、湖南科技大学(2)
107	J-253-2-01	中国数字化人体数据集的建立	张绍祥、钟世镇、唐　雷、谭立文、原　林、邱明国、黄文华、李七渝、王兴海、刘正津	中国人民解放军第三军医大学(1)、南方医科大学(2)

续表

序号	编号	项目名称	主要完成人	完成单位及名次（未注明则为独立完成单位）
108	J-253-2-02	口腔颌面部肿瘤根治术后缺损的形态与功能重建	张志愿、邱蔚六、张陈平、孙　坚、郑家伟、竺涵光、张志勇、胡永杰、季　彤、徐立群	上海交通大学医学院附属第九人民医院
109	J-253-2-03	先天性肛门直肠畸形基础与临床研究	王维林、袁正伟、李　龙、白玉作、张志波、李　正、王练英、王常林、王　伟、贾慧敏	中国医科大学附属盛京医院
110	J-253-2-05	白内障发病的相关机制与防治研究	姚　克、申屠形超、叶　娟、徐　雯、徐志康、陈佩卿、吴仁毅、孙朝晖、王凯军、汤霞靖	浙江大学
111	J-253-2-06	Leber 遗传性视神经病研究	瞿　佳、管敏鑫、周翔天、童　绎、韦企平、胡咏武、孙艳红、赵福新、吕　帆、陈　洁	温州医学院（1）、福建医科大学附属第一医院（2）、北京中医药大学东方医院（3）
112	J-253-2-07	皮肤病遗传资源的收集与利用	张学军、杨　森、黄　薇、叶冬青、桂金萍、王培光、高　敏、周文明、崔　勇、肖风丽	安徽医科大学第一附属医院（1）
113	J-253-2-08	人工膝关节置换术的临床应用及相关基础研究	吕厚山、关振鹏、袁燕林、林剑浩、周殿阁、张　斌、寇伯龙、刘　帆、李　虎、冯传汉	北京大学人民医院
114	J-204-2-01	物理改变世界	郝柏林、冯　端、陆　埮、于　渌、章立源、吴家玮、赵凯华、姜淑华、罗辽复、张淑誉	南京大学、北京大学物理学院、香港科技大学、北京大学物理学院、内蒙古大学
115	J-204-2-04	《雷鸣之夜》	田　荣、张树义、张礼标、杨光伟、薛继军、张　力、张　跃、李　杰	华东师范大学
116	J-204-2-05	知名专家进社区谈医说病丛书	胡大一、纪立农、李光伟、张　曼、汪　晶、钟南山、蒋作君、祁国明、蔡　红、邱飞婵	北京大学人民医院
117	J-204-2-06	E时代N个为什么（12册）	陈芳烈、丁志红、尹怀勤、王直华、李　元、须　德、焦国力、黄元森、袁清林、谭　征	北京交通大学

2007年具有普通高等学历教育招生资格的高等学校名单

教育部按语：

为加强高等教育的宏观管理，引进社会监督机制，增强政府信息服务功能，确保普通高等学历教育必要的规格、质量和正常的办学秩序，现将2007年具有普通高等学历教育招生资格的高等学校、独立学院和分校办学点的名单（截止到2007年4月13日）予以公布。

本名单按学校所在地、办学类型、科类等排列，分为四部分，第一部分是普通本科院校（共742所）；第二部分是普通高职院校（共1109所）；第三部分是经国家批准设立的独立学院（共317所）；第四部分是经国家审定的分校办学点（共118个）。不含军事院校和港澳台高校。除本次公布的高等学校名单外，其他任何机构（包括经批准筹建的高等院校）均不具备普通高等学历教育的招生资格。对于违规招生的单位，其所招学生的学籍、发放的毕业证书国家均不予承认。请今年参加普通高等学校统一招生考试的考生在报名前注意查询本名单，以免失误。

在公布的普通高等学校和独立学院名单中，凡办学条件低于限制招生（黄牌）规定要求的学校，在其校名前以“*”号标注（共36所），表示2007年虽允许招生，但须严格控制招生规模，增加投入，充实办学条件。

从2008年起，对本科教学水平评估不合格，以及违规、违纪招生和办学的高校，也将按照暂停招生（红牌）或限制招生（黄牌）进行处理并予以公布。

一、普通本科院校（共742所）

北京市（59所）

北京大学
中国人民大学
清华大学
北京交通大学
北京科技大学
北京化工大学
北京邮电大学
中国农业大学
北京林业大学
北京中医药大学
北京师范大学
北京外国语大学
北京语言大学
中国传媒大学
中央财经大学
对外经济贸易大学
中国政法大学
华北电力大学
中国石油大学（北京）
中国地质大学（北京）
中国矿业大学（北京校区）
中央民族大学
中国人民公安大学
北京协和医学院
北京体育大学
北京航空航天大学
北京理工大学
北京工商大学
北京联合大学
北京工业大学
北方工业大学
首都医科大学
首都师范大学
首都经济贸易大学
国际关系学院
中央戏剧学院
中央美术学院
中央音乐学院
北京电子科技学院
外交学院
中国劳动关系学院
中国青年政治学院
中华女子学院
北京服装学院
北京机械工业学院
北京建筑工程学院
北京印刷学院
北京信息工程学院
北京石油化工学院
首钢工学院
北京农学院
首都体育学院
北京第二外国语学院
北京物资学院
中国音乐学院
中国戏曲学院
北京电影学院
北京舞蹈学院
北京城市学院

天津市（18所）

南开大学
天津大学
天津工业大学
天津科技大学
天津理工大学

天津医科大学
天津中医药大学
天津师范大学
天津财经大学
中国民航大学
天津商业大学
天津城市建设学院
天津农学院
天津工程师范学院
天津外国语学院
天津体育学院
天津音乐学院
天津美术学院

河北省（33所）

河北大学
河北工业大学
燕山大学
河北理工大学
河北科技大学
河北工程大学
河北农业大学
河北医科大学
河北师范大学
河北经贸大学
中国人民武装警察部队学院
中央司法警官学院
防灾科技学院
华北科技学院
石家庄铁道学院
石家庄经济学院
河北建筑工程学院
北华航天工业学院
华北煤炭医学院
承德医学院
邢台学院
廊坊师范学院
唐山师范学院
河北科技师范学院
河北金融学院
河北传媒学院
河北体育学院
邯郸学院
衡水学院
石家庄学院
唐山学院
保定学院
河北北方学院

山西省（17所）

山西大学
太原理工大学
中北大学
太原科技大学
山西农业大学
山西医科大学
山西师范大学
山西财经大学
山西大同大学
太原工业学院
山西中医学院
长治医学院
运城学院
太原师范学院
长治学院
晋中学院
忻州师范学院

内蒙古自治区（10所）

内蒙古大学
内蒙古科技大学
内蒙古民族大学
内蒙古工业大学
内蒙古农业大学
内蒙古师范大学
内蒙古医学院
赤峰学院
呼伦贝尔学院
内蒙古财经学院

辽宁省（40所）

大连理工大学

东北大学
大连海事大学
辽宁大学
大连大学
沈阳大学
沈阳理工大学
辽宁工程技术大学
沈阳工业大学
沈阳建筑大学
辽宁石油化工大学
大连交通大学
辽宁科技大学
沈阳农业大学
中国医科大学
大连医科大学
辽宁中医药大学
沈阳药科大学
辽宁师范大学
沈阳师范大学
渤海大学
东北财经大学
大连民族学院
中国刑事警察学院
沈阳化工学院
辽宁工业大学
大连工业大学
沈阳航空工业学院
辽宁科技学院
沈阳工程学院
大连水产学院
辽宁医学院
沈阳医学院
鞍山师范学院
大连外国语学院
沈阳体育学院
鲁迅美术学院
沈阳音乐学院
辽东学院
辽宁对外经贸学院

吉林省（25 所）

吉林大学
东北师范大学
延边大学
北华大学
长春大学
长春理工大学
长春工业大学
吉林农业大学
长春中医药大学
吉林师范大学
东北电力大学
吉林化工学院
吉林建筑工程学院
长春工程学院
吉林农业科技学院
吉林医药学院
长春师范学院
白城师范学院
通化师范学院
吉林工程技术师范学院
吉林华桥外国语学院
长春税务学院
吉林工商学院
吉林体育学院
吉林艺术学院

黑龙江省（25 所）

东北林业大学
哈尔滨工业大学
哈尔滨工程大学
黑龙江大学
佳木斯大学
齐齐哈尔大学
哈尔滨理工大学
东北农业大学
黑龙江八一农垦大学
哈尔滨医科大学
黑龙江中医药大学
哈尔滨师范大学
哈尔滨商业大学
大庆石油学院
黑龙江工程学院

黑龙江科技学院
哈尔滨学院
齐齐哈尔医学院
牡丹江医学院
大庆师范学院
牡丹江师范学院
哈尔滨体育学院
黑龙江东方学院
绥化学院
黑河学院

上海市（31所）

复旦大学
同济大学
上海交通大学
华东理工大学
东华大学
华东师范大学
上海外国语大学
上海财经大学
上海大学
上海理工大学
上海海事大学
上海工程技术大学
上海水产大学
上海中医药大学
上海师范大学
华东政法大学
上海海关学院
上海建桥学院
上海政法学院
上海电机学院
上海第二工业大学
上海应用技术学院
上海电力学院
上海对外贸易学院
上海金融学院
上海立信会计学院
上海体育学院
上海音乐学院
上海戏剧学院
上海商学院
上海杉达学院

江苏省（44所）

南京大学
东南大学
中国矿业大学
河海大学
江南大学
南京农业大学
中国药科大学
南京理工大学
南京航空航天大学
苏州大学
扬州大学
江苏大学
江苏科技大学
南京邮电大学
南京工业大学
南京林业大学
南京医科大学
南京中医药大学
南京师范大学
徐州师范大学
南京财经大学
南通大学
南京信息工程大学
西交利物浦大学
徐州工程学院
江苏工业学院
淮阴工学院
常州工学院
南京工程学院
金陵科技学院
淮海工学院
盐城工学院
徐州医学院
盐城师范学院
南京晓庄学院
淮阴师范学院
苏州科技学院

江苏技术师范学院
南京审计学院
江苏警官学院
南京体育学院
南京艺术学院
三江学院
常熟理工学院

浙江省（28所）

浙江大学
宁波大学
浙江工业大学
杭州电子科技大学
浙江理工大学
浙江中医药大学
浙江师范大学
杭州师范大学
浙江工商大学
嘉兴学院
中国计量学院
浙江科技学院
宁波工程学院
浙江海洋学院
浙江林学院
温州医学院
湖州师范学院
台州学院
绍兴文理学院
浙江传媒学院
浙江财经学院
浙江警察学院
中国美术学院
丽水学院
温州大学
浙江树人学院
浙江万里学院
宁波诺丁汉大学

安徽省（30所）

合肥工业大学
中国科学技术大学
安徽大学
安徽理工大学
安徽工业大学
安徽农业大学
安徽医科大学
安徽师范大学
安徽财经大学
安徽建筑工业学院
安徽工程科技学院
安徽中医学院
皖南医学院
蚌埠医学院
淮北煤炭师范学院
安庆师范学院
安徽科技学院
阜阳师范学院
淮南师范学院
合肥师范学院
宿州学院
皖西学院
巢湖学院
滁州学院
铜陵学院
池州学院
合肥学院
安徽新华学院
黄山学院
蚌埠学院

福建省（18所）

厦门大学
华侨大学
福建农林大学
集美大学
福州大学
仰恩大学
福建医科大学
福建师范大学
厦门理工学院
福建工程学院
福建中医学院

漳州师范学院
泉州师范学院
龙岩学院
三明学院
莆田学院
闽江学院
武夷学院

江西省（20所）

南昌大学
江西理工大学
东华理工大学
华东交通大学
南昌航空大学
江西农业大学
江西师范大学
江西财经大学
景德镇陶瓷学院
南昌工程学院
*南昌理工学院
江西中医学院
赣南医学院
上饶师范学院
赣南师范学院
江西科技师范学院
井冈山学院
宜春学院
九江学院
江西蓝天学院

山东省（42所）

山东大学
中国海洋大学
中国石油大学（华东）
济南大学
聊城大学
鲁东大学
青岛大学
烟台大学
山东科技大学
青岛科技大学
青岛理工大学
山东建筑大学
山东理工大学
山东农业大学
青岛农业大学
山东中医药大学
山东师范大学
曲阜师范大学
山东轻工业学院
潍坊学院
山东交通学院
潍坊医学院
泰山医学院
滨州医学院
济宁医学院
临沂师范学院
德州学院
山东经济学院
山东财政学院
山东工商学院
山东警察学院
山东政法学院
山东体育学院
山东艺术学院
山东工艺美术学院
青岛滨海学院
烟台南山学院
滨州学院
枣庄学院
菏泽学院
泰山学院
济宁学院

河南省（31所）

郑州大学
河南大学
河南科技大学
河南理工大学
河南工业大学
河南农业大学
河南师范大学

华北水利水电学院
郑州轻工业学院
安阳工学院
郑州航空工业管理学院
黄河科技学院
河南工程学院
平顶山工学院
中原工学院
南阳理工学院
洛阳理工学院
河南中医学院
新乡医学院
信阳师范学院
周口师范学院
安阳师范学院
南阳师范学院
洛阳师范学院
商丘师范学院
河南财经学院
河南科技学院
许昌学院
平顶山学院
新乡学院
黄淮学院

湖北省（35 所）

武汉大学
中南财经政法大学
华中科技大学
武汉理工大学
中国地质大学
华中农业大学
华中师范大学
中南民族大学
湖北大学
长江大学
江汉大学
三峡大学
武汉科技大学
湖北工业大学
武汉工程大学
武汉科技学院
武汉工业学院
湖北汽车工业学院
荆楚理工学院
湖北中医学院
郧阳医学院
湖北师范学院
黄冈师范学院
孝感学院
湖北第二师范学院
湖北经济学院
湖北警官学院
武汉体育学院
湖北美术学院
武汉音乐学院
湖北民族学院
襄樊学院
咸宁学院
黄石理工学院
武汉生物工程学院

湖南省（27 所）

中南大学
湖南大学
湘潭大学
吉首大学
湖南科技大学
长沙理工大学
南华大学
湖南工业大学
湖南农业大学
湖南中医药大学
湖南师范大学
长沙学院
湖南理工学院
湖南城市学院
湖南工程学院
湖南工学院
中南林业科技大学
长沙医学院
湘南学院

衡阳师范学院
湖南涉外经济学院
湖南商学院
湖南人文科技学院
湖南科技学院
怀化学院
湖南文理学院
邵阳学院

广东省（37 所）

中山大学
华南理工大学
暨南大学
汕头大学
深圳大学
五邑大学
广东工业大学
华南农业大学
广东海洋大学
广州中医药大学
南方医科大学
华南师范大学
广东外语外贸大学
广州大学
北京师范大学-香港浸会大学联合国际学院
肇庆学院
东莞理工学院
茂名学院
仲恺农业技术学院
广东医学院
广州医学院
广东药学院
韶关学院
湛江师范学院
惠州学院
嘉应学院
韩山师范学院
广东金融学院
广东商学院
广东警官学院
广州体育学院
广州美术学院
星海音乐学院
广东技术师范学院
广东培正学院
佛山科学技术学院
广东白云学院

广西壮族自治区（19 所）

广西大学
桂林电子科技大学
广西医科大学
广西师范大学
广西民族大学
桂林工学院
广西工学院
广西中医学院
桂林医学院
右江民族医学院
广西师范学院
玉林师范学院
河池学院
广西财经学院
广西艺术学院
贺州学院
百色学院
钦州学院
梧州学院

海南省（5 所）

海南大学
华南热带农业大学
海南师范大学
海南医学院
琼州学院

重庆市（15 所）

重庆大学
西南大学
重庆交通大学
重庆邮电大学
重庆医科大学

重庆师范大学
重庆工商大学
西南政法大学
重庆科技学院
重庆工学院
长江师范学院
四川外语学院
四川美术学院
重庆三峡学院
重庆文理学院

四川省（30所）

四川大学
西南交通大学
电子科技大学
西南财经大学
西南民族大学
成都理工大学
西华大学
西南科技大学
四川农业大学
成都中医药大学
四川师范大学
西华师范大学
中国民用航空飞行学院
西南石油大学
成都信息工程学院
四川理工学院
泸州医学院
川北医学院
成都医学院
内江师范学院
四川文理学院
乐山师范学院
四川警察学院
成都体育学院
四川音乐学院
攀枝花学院
宜宾学院
绵阳师范学院
西昌学院
成都学院

贵州省（14所）

贵州大学
贵州师范大学
贵阳医学院
遵义医学院
贵阳中医学院
毕节学院
遵义师范学院
黔南民族师范学院
贵州财经学院
贵州民族学院
安顺学院
凯里学院
贵阳学院
铜仁学院

云南省（17所）

云南大学
昆明理工大学
云南农业大学
云南师范大学
云南财经大学
云南民族大学
西南林学院
昆明医学院
云南中医学院
曲靖师范学院
玉溪师范学院
楚雄师范学院
红河学院
云南警官学院
云南艺术学院
大理学院
昆明学院

西藏自治区（3所）

西藏大学
西藏藏医学院
西藏民族学院

陕西省（37所）

西安交通大学
长安大学
西安电子科技大学
西北农林科技大学
陕西师范大学
西北工业大学
西北大学
延安大学
西安理工大学
西安建筑科技大学
西安科技大学
西安石油大学
西安工程大学
西安工业大学
西安外国语大学
陕西科技大学
西安邮电学院
陕西中医学院
西安医学院
宝鸡文理学院
咸阳师范学院
渭南师范学院
陕西理工学院
榆林学院
西安财经学院
西北政法大学
西安体育学院
西安美术学院
西安音乐学院
西安文理学院
西京学院
商洛学院
西安翻译学院
西安培华学院
安康学院
西安欧亚学院
西安外事学院

甘肃省（13所）

兰州大学
西北民族大学
兰州理工大学
兰州交通大学
甘肃农业大学
西北师范大学
甘肃中医学院
天水师范学院
陇东学院
兰州商学院
甘肃政法学院
兰州城市学院
河西学院

青海省（3所）

青海大学
青海师范大学
青海民族学院

宁夏回族自治区（5所）

宁夏大学
西北第二民族学院
宁夏理工学院
宁夏医学院
宁夏师范学院

新疆维吾尔自治区（11所）

新疆大学
石河子大学
新疆农业大学
塔里木大学
新疆医科大学
新疆师范大学
喀什师范学院
伊犁师范学院
新疆财经大学
新疆艺术学院
昌吉学院

二、高职（专科）院校（共1109所）

北京市（21所）

北京青年政治学院

北京科技经营管理学院
北京工业职业技术学院
北京电子科技职业学院
北京信息职业技术学院
北京戏曲艺术职业学院
北京京北职业技术学院
北京经贸职业学院
北京经济管理职业学院
北京劳动保障职业学院
北京政法职业学院
北京培黎职业学院
北京北大方正软件职业技术学院
北京农业职业学院
北京汇佳职业学院
北京交通职业技术学院
北京财贸职业学院
北京现代职业技术学院
北京科技职业学院
北京经济技术职业学院
北京吉利大学

天津市（26所）

天津职业大学
天津医学高等专科学校
天津滨海职业学院
天津渤海职业技术学院
天津公安警官职业学院
天津现代职业技术学院
天津工程职业技术学院
天津电子信息职业技术学院
天津机电职业技术学院
民办天狮职业技术学院
天津轻工职业技术学院
天津对外经济贸易职业学院
天津青年职业学院
天津中德职业技术学院
天津石油职业技术学院
天津冶金职业技术学院
天津城市职业学院
天津交通职业学院
天津工艺美术职业学院
天津艺术职业学院
天津开发区职业技术学院
天津工商职业技术学院
天津铁道职业技术学院
天津海运职业学院
天津生物工程职业技术学院
天津城市建设管理职业技术学院

河北省（52所）

沧州医学高等专科学校
承德石油高等专科学校
河北工程技术高等专科学校
*石家庄医学高等专科学校
邢台医学高等专科学校
承德民族师范高等专科学校
沧州师范专科学校
河北化工医药职业技术学院
河北工业职业技术学院
承德职业学院
沧州职业技术学院
石家庄铁路职业技术学院
张家口职业技术学院
邢台职业技术学院
河北能源职业技术学院
保定职业技术学院
石家庄职业技术学院
邯郸职业技术学院
河北机电职业技术学院
石家庄外经贸职业学院
河北司法警官职业学院
河北交通职业技术学院
承德旅游职业学院
河北建材职业技术学院
唐山科技职业技术学院
廊坊职业技术学院
保定电力职业技术学院
石家庄信息工程职业学院
石家庄邮电职业技术学院
石家庄东方美术职业学院
河北公安警察职业学院
保定虎振职业技术学院

石家庄联合技术职业学院
石家庄计算机职业学院
河北软件职业技术学院
石家庄外事职业学院
石家庄外语翻译职业学院
石家庄工商职业学院
唐山职业技术学院
石家庄外国语职业学院
秦皇岛职业技术学院
秦皇岛外国语职业学院
唐山工业职业技术学院
石家庄法商职业学院
河北省艺术职业学院
河北石油职业技术学院
河北通信职业技术学院
河北女子职业技术学院
渤海石油职业学院
石家庄科技信息职业学院
河北政法职业学院
衡水职业技术学院

山西省（41所）

太原电力高等专科学校
吕梁高等专科学校
运城幼儿师范高等专科学校
山西省财政税务专科学校
山西警官高等专科学校
太原大学
山西华澳商贸职业学院
山西生物应用职业技术学院
北岳职业技术学院
晋城职业技术学院
山西工程职业技术学院
山西建筑职业技术学院
山西兴华职业学院
山西同文外语职业学院
山西工商职业学院
山西交通职业技术学院
晋中职业技术学院
*山西运城农业职业技术学院
太原旅游职业学院
山西管理职业学院
山西旅游职业学院
潞安职业技术学院
*临汾职业技术学院
山西金融职业学院
山西体育职业学院
*山西警官职业学院
山西国际商务职业学院
山西机电职业技术学院
山西戏剧职业学院
山西财贸职业技术学院
山西信息职业技术学院
太原城市职业技术学院
阳泉职业技术学院
山西电力职业技术学院
忻州职业技术学院
山西林业职业技术学院
山西综合职业技术学院
山西水利职业技术学院
长治职业技术学院
山西艺术职业学院
山西煤炭职业技术学院

内蒙古自治区（27所）

集宁师范高等专科学校
内蒙古民族高等专科学校
内蒙古丰州职业学院
内蒙古建筑职业技术学院
包头职业技术学院
河套大学
包头钢铁职业技术学院
兴安职业技术学院
内蒙古警察职业学院
内蒙古体育职业学院
内蒙古北方职业技术学院
锡林郭勒职业学院
内蒙古交通职业技术学院
内蒙古财税职业学院
包头轻工职业技术学院
呼和浩特职业学院
科尔沁艺术职业学院

通辽职业学院
内蒙古电子信息职业技术学院
乌兰察布职业学院
乌海职业技术学院
内蒙古科技职业学院
赤峰职业技术学院
内蒙古机电职业技术学院
内蒙古经贸外语职业学院
内蒙古化工职业学院
内蒙古商贸职业学院

辽宁省（36所）

辽宁交通高等专科学校
抚顺师范高等专科学校
锦州师范高等专科学校
铁岭师范高等专科学校
朝阳师范高等专科学校
辽宁警官高等专科学校
阜新高等专科学校
渤海船舶职业学院
抚顺职业技术学院
大连职业技术学院
营口职业技术学院
辽宁农业职业技术学院
大连商务职业学院
盘锦职业技术学院
辽阳职业技术学院
辽宁经济职业技术学院
辽宁广告职业学院
锦州商务职业学院
沈阳职业技术学院
大连东软信息技术职业学院
大连艺术职业学院
辽宁机电职业技术学院
沈阳航空职业技术学院
辽宁信息职业技术学院
辽宁装备制造职业技术学院
辽宁石化职业技术学院
辽宁林业职业技术学院
铁岭农业职业技术学院
辽宁体育运动职业技术学院
辽宁美术职业学院
辽河石油职业技术学院
大连软件职业学院
大连翻译职业学院
辽宁商贸职业学院
大连枫叶职业技术学院
辽宁金融职业学院

吉林省（16所）

白城医学高等专科学校
长春汽车工业高等专科学校
长春医学高等专科学校
长春金融高等专科学校
吉林公安高等专科学校
*长春东方职业学院
辽源职业技术学院
吉林交通职业技术学院
吉林电子信息职业技术学院
长春职业技术学院
吉林司法警官职业学院
吉林农业工程职业技术学院
吉林工业职业技术学院
松原职业技术学院
长春信息技术职业学院
吉林铁道职业技术学院

黑龙江省（41所）

大庆医学高等专科学校
齐齐哈尔高等师范专科学校
*鹤岗师范高等专科学校
哈尔滨金融高等专科学校
黑龙江幼儿师范高等专科学校
黑龙江畜牧兽医职业学院
黑龙江农垦职业学院
黑龙江建筑职业技术学院
伊春职业学院
黑龙江林业职业技术学院
齐齐哈尔职业学院
大庆职业学院
牡丹江大学
鸡西大学

黑龙江农业工程职业学院
黑龙江司法警官职业学院
黑龙江农业职业技术学院
黑龙江生物科技职业学院
黑龙江民族职业学院
七台河职业学院
黑龙江工商职业技术学院
黑龙江信息技术职业学院
黑龙江北开职业技术学院
黑龙江农垦林业职业技术学院
哈尔滨华夏计算机职业技术学院
黑龙江公安警官职业学院
黑龙江农垦农业职业技术学院
哈尔滨铁道职业技术学院
黑龙江农业经济职业学院
黑龙江三江美术职业学院
黑龙江艺术职业学院
黑龙江商业职业学院
哈尔滨现代公共关系职业学院
大兴安岭职业学院
哈尔滨电力职业技术学院
哈尔滨职业技术学院
黑龙江旅游职业技术学院
黑龙江煤炭职业技术学院
黑龙江生态工程职业学院
黑龙江交通职业技术学院
哈尔滨应用职业技术学院

上海市（29所）

上海医疗器械高等专科学校
上海出版印刷高等专科学校
上海医药高等专科学校
上海旅游高等专科学校
上海公安高等专科学校
上海电影艺术职业学院
上海东海职业技术学院
上海新侨职业技术学院
上海工艺美术职业学院
上海震旦职业学院
上海城市管理职业技术学院
上海托普信息技术职业学院
上海农林职业技术学院
上海中侨职业技术学院
上海思博职业技术学院
上海民远职业技术学院
*上海欧华职业技术学院
上海邦德职业技术学院
上海中华职业技术学院
上海工会管理职业学院
上海建峰职业技术学院
上海电子信息职业技术学院
上海行健职业学院
上海济光职业技术学院
上海交通职业技术学院
上海工商外国语职业学院
上海海事职业技术学院
上海科学技术职业学院
上海立达职业技术学院

江苏省（72所）

南京森林公安高等专科学校
南京动力高等专科学校
连云港师范高等专科学校
泰州师范高等专科学校
镇江市高等专科学校
江苏畜牧兽医职业技术学院
连云港职业技术学院
南通纺织职业技术学院
南通航运职业技术学院
苏州工艺美术职业技术学院
南京工业职业技术学院
无锡商业职业技术学院
扬州市职业大学
徐州建筑职业技术学院
无锡职业技术学院
民办明达职业技术学院
南通职业大学
苏州职业大学
沙洲职业工学院
泰州职业技术学院
培尔职业技术学院
南通农业职业技术学院

无锡科技职业学院
九州职业技术学院
苏州托普信息职业技术学院
南京化工职业技术学院
南京铁道职业技术学院
江阴职业技术学院
紫琅职业技术学院
宿迁职业技术学院
金肯职业技术学院
建东职业技术学院
南京信息职业技术学院
江苏经贸职业技术学院
应天职业技术学院
硅湖职业技术学院
淮安信息职业技术学院
无锡南洋职业技术学院
钟山职业技术学院
南京交通职业技术学院
江南影视艺术职业学院
常州信息职业技术学院
常州纺织服装职业技术学院
江苏联合职业技术学院
炎黄职业技术学院
苏州农业职业技术学院
苏州工业园区职业技术学院
无锡工艺职业技术学院
江苏食品职业技术学院
徐州工业职业技术学院
常州机电职业技术学院
常州轻工职业技术学院
江苏信息职业技术学院
南京机电职业技术学院
南京特殊教育职业技术学院
江苏海事职业技术学院
江苏农林职业技术学院
无锡城市职业技术学院
扬州环境资源职业技术学院
健雄职业技术学院
江苏财经职业技术学院
金山职业技术学院
苏州工业职业技术学院
苏州港大思培科技职业学院
昆山登云科技职业学院
南京视觉艺术职业学院
盐城纺织职业技术学院
常州工程职业技术学院
江海职业技术学院
正德职业技术学院
苏州经贸职业技术学院
扬州工业职业技术学院

浙江省（40所）

公安海警高等专科学校
浙江水利水电专科学校
浙江医药高等专科学校
浙江医学高等专科学校
浙江交通职业技术学院
温州职业技术学院
宁波职业技术学院
金华职业技术学院
浙江国际海运职业技术学院
浙江长征职业技术学院
嘉兴南洋职业技术学院
浙江艺术职业学院
浙江经贸职业技术学院
浙江建设职业技术学院
浙江警官职业学院
浙江金融职业学院
浙江机电职业技术学院
浙江旅游职业学院
浙江工业职业技术学院
浙江广厦建设职业技术学院
绍兴越秀外国语职业学院
浙江商业职业技术学院
宁波城市职业技术学院
浙江经济职业技术学院
杭州职业技术学院
宁波大红鹰职业技术学院
浙江工商职业技术学院
浙江东方职业技术学院
台州职业技术学院
丽水职业技术学院

湖州职业技术学院
嘉兴职业技术学院
义乌工商职业技术学院
浙江纺织服装职业技术学院
杭州万向职业技术学院
衢州职业技术学院
绍兴托普信息职业技术学院
浙江育英职业技术学院
宁波天一职业技术学院
浙江工贸职业技术学院

安徽省（55所）

马鞍山师范高等专科学校
安徽中医药高等专科学校
安庆医药高等专科学校
安徽医学高等专科学校
亳州师范高等专科学校
民办三联职业技术学院
淮北职业技术学院
安徽商贸职业技术学院
淮南职业技术学院
安徽水利水电职业技术学院
芜湖职业技术学院
淮南联合大学
安徽警官职业学院
安徽职业技术学院
民办万博科技职业学院
铜陵职业技术学院
安徽城市管理职业学院
安徽工业职业技术学院
安徽工商职业学院
安徽邮电职业技术学院
宿州职业技术学院
六安职业技术学院
安徽艺术职业学院
合肥通用职业技术学院
安徽国防科技职业学院
安徽林业职业技术学院
*安徽新闻出版职业技术学院
民办安徽文达信息技术职业学院
安徽财贸职业学院
安徽电气工程职业技术学院
安庆职业技术学院
安徽公安职业学院
滁州职业技术学院
池州职业技术学院
民办安徽明星科技职业学院
安徽广播影视职业技术学院
芜湖信息技术职业学院
安徽工贸职业技术学院
安徽国际商务职业学院
安徽冶金科技职业学院
阜阳职业技术学院
安徽机电职业技术学院
安徽工业经济职业技术学院
安徽交通职业技术学院
安徽电子信息职业技术学院
民办合肥经济技术职业学院
安徽体育运动职业技术学院
安徽审计职业学院
民办合肥财经职业学院
阜阳科技职业学院
亳州职业技术学院
安徽中澳科技职业学院
巢湖职业技术学院
宣城职业技术学院
民办安徽外国语职业技术学院

福建省（46所）

泉州医学高等专科学校
厦门医学高等专科学校
宁德师范高等专科学校
福建商业高等专科学校
福建公安高等专科学校
泉州光电信息职业学院
厦门华夏职业学院
福州英华职业学院
泉州纺织服装职业学院
福建华南女子职业学院
黎明职业大学
福建交通职业技术学院
漳州职业技术学院

德化陶瓷职业技术学院
福州黎明职业技术学院
福州外语外贸职业技术学院
福州职业技术学院
泉州信息职业技术学院
厦门城市职业学院
福建警官职业学院
福建生物工程职业技术学院
福建艺术职业学院
福州海峡职业技术学院
福建体育职业技术学院
*宁德职业技术学院
厦门华天涉外职业技术学院
厦门软件职业技术学院
厦门演艺职业学院
闽北职业技术学院
厦门兴才职业技术学院
福州科技职业技术学院
泉州经贸职业技术学院
福建对外经济贸易职业技术学院
闽西职业技术学院
福州软件职业技术学院
泉州中营职业学院
泉州华光摄影艺术职业学院
三明职业技术学院
福建金融职业技术学院
湄洲湾职业技术学院
福建农业职业技术学院
厦门海洋职业技术学院
福建信息职业技术学院
福建水利电力职业技术学院
福建电力职业技术学院
福建林业职业技术学院

江西省（46所）

南昌师范高等专科学校
江西中医药高等专科学校
江西公安专科学校
新余高等专科学校
萍乡高等专科学校
景德镇高等专科学校
九江职业大学
江西工业职业技术学院
九江职业技术学院
江西生物科技职业学院
*江西服装职业技术学院
江西航空职业技术学院
*江西赣江职业技术学院
江西青年职业学院
江西工程职业学院
江西制造职业技术学院
江西先锋软件职业技术学院
江西外语外贸职业学院
江西科技职业学院
宜春职业技术学院
江西应用工程职业学院
抚州职业技术学院
江西建设职业技术学院
江西经济管理职业学院
江西渝州科技职业学院
江西艺术职业学院
*江西工业贸易职业技术学院
江西旅游商贸职业学院
江西交通职业技术学院
江西工业工程职业技术学院
江西信息应用职业技术学院
江西环境工程职业学院
上饶职业技术学院
江西机电职业技术学院
江西大宇职业技术学院
江西电力职业技术学院
*江西城市职业学院
江西现代职业技术学院
江西农业工程职业学院
赣西科技职业学院
江西财经职业学院
江西应用技术职业学院
鹰潭职业技术学院
江西护理职业技术学院
江西司法警官职业学院
江西陶瓷工艺美术职业技术学院

山东省（65所）

山东中医药高等专科学校
淄博师范高等专科学校
山东电力高等专科学校
山东医学高等专科学校
菏泽医学专科学校
民办山东万杰医学高等专科学校
山东畜牧兽医职业学院
曲阜远东职业技术学院
莱芜职业技术学院
青岛职业技术学院
聊城职业技术学院
山东劳动职业技术学院
日照职业技术学院
威海职业学院
山东商业职业技术学院
济宁职业技术学院
山东现代职业学院
淄博科技职业学院
青岛求实职业技术学院
山东协和职业技术学院
青岛黄海职业学院
山东外事翻译职业学院
山东华宇职业技术学院
潍坊科技职业学院
山东力明科技职业学院
东营职业学院
潍坊职业学院
烟台职业学院
山东科技职业学院
滨州职业学院
青岛恒星职业技术学院
山东城市建设职业学院
烟台汽车工程职业学院
山东司法警官职业学院
山东服装职业学院
泰山职业技术学院
山东交通职业学院
淄博职业学院
青岛港湾职业技术学院
山东工业职业学院
济南铁道职业技术学院
山东信息职业技术学院
山东圣翰财贸职业学院
山东化工职业学院
山东商务职业学院
济南工程职业技术学院
山东杏林科技职业学院
山东旅游职业学院
山东经贸职业学院
德州科技职业学院
山东水利职业学院
济南职业学院
潍坊工商职业学院
山东英才职业技术学院
山东大王职业学院
山东凯文科技职业学院
山东外国语职业学院
枣庄科技职业学院
青岛飞洋职业技术学院
山东药品食品职业学院
山东电子职业技术学院
山东丝绸纺织职业学院
山东外贸职业学院
山东铝业职业学院
青岛酒店管理职业技术学院

河南省（51所）

铁道警官高等专科学校
河南财政税务高等专科学校
河南工业贸易职业学院
河南工业职业技术学院
河南公安高等专科学校
河南机电高等专科学校
河南检察职业学院
河南交通职业技术学院
河南经贸职业学院
河南农业职业学院
河南商业高等专科学校
河南司法警官职业学院
河南职业技术学院

河南质量工程职业学院
* 鹤壁职业技术学院
黄河水利职业技术学院
济源职业技术学院
焦作大学
焦作师范高等专科学校
开封大学
漯河医学高等专科学校
漯河职业技术学院
南阳医学高等专科学校
平顶山工业职业技术学院
濮阳职业技术学院
三门峡职业技术学院
商丘科技职业学院
商丘医学高等专科学校
商丘职业技术学院
嵩山少林武术职业学院
信阳农业高等专科学校
信阳职业技术学院
许昌职业技术学院
永城职业学院
郑州电力高等专科学校
郑州电力职业技术学院
郑州电子信息职业技术学院
郑州工业安全职业学院
郑州华信职业技术学院
郑州交通职业学院
郑州经贸职业学院
郑州科技职业学院
郑州旅游职业学院
郑州牧业工程高等专科学校
郑州师范高等专科学校
郑州澍青医学高等专科学校
郑州铁路职业技术学院
郑州信息科技职业学院
郑州职业技术学院
中州大学
周口职业技术学院

湖北省（51所）

湖北中医药高等专科学校
郧阳师范高等专科学校
湖北财经高等专科学校
武汉工贸职业学院
武汉商业服务学院
恩施职业技术学院
武汉职业技术学院
黄冈职业技术学院
长江职业学院
十堰职业技术学院
湖北职业技术学院
襄樊职业技术学院
鄂州职业大学
沙市职业大学
武汉船舶职业技术学院
江汉艺术职业学院
湖北艺术职业学院
湖北开放职业学院
湖北国土资源职业学院
湖北水利水电职业技术学院
湖北生物科技职业学院
* 黄冈科技职业学院
咸宁职业技术学院
武汉科技职业学院
武汉工业职业技术学院
湖北生态工程职业技术学院
武汉警官职业学院
随州职业技术学院
武汉信息传播职业技术学院
武汉外语外事职业学院
湖北黄石机电职业技术学院
武汉电力职业技术学院
武汉民政职业学院
鄂东职业技术学院
武汉铁路职业技术学院
三峡电力职业学院
湖北财税职业学院
武汉航海职业技术学院
湖北三峡职业技术学院
武汉工程职业技术学院
湖北城市建设职业技术学院
湖北轻工职业技术学院

湖北交通职业技术学院
荆州职业技术学院
武汉软件职业学院
武汉语言文化职业学院
武汉商贸职业学院
长江工程职业技术学院
仙桃职业学院
武汉交通职业学院
武汉工交职业学院

湖南省（68所）

怀化医学高等专科学校
益阳医学高等专科学校
湖南中医药高等专科学校
邵阳医学高等专科学校
株洲师范高等专科学校
湖南省第一师范学校
湖南财经高等专科学校
湖南公安高等专科学校
长沙航空职业技术学院
湖南环境生物职业技术学院
永州职业技术学院
长沙民政职业技术学院
湖南铁道职业技术学院
湖南工业职业技术学院
湖南大众传媒职业技术学院
湖南信息职业技术学院
湖南冶金职业技术学院
湖南女子职业大学
湖南交通职业技术学院
湖南软件职业学院
常德职业技术学院
长沙电力职业技术学院
湖南水利水电职业技术学院
湖南现代物流职业技术学院
湖南交通工程职业技术学院
湖南铁路科技职业技术学院
湖南工艺美术职业学院
湖南九嶷职业技术学院
湖南民族职业学院
湖南科技经贸职业学院
湖南工程职业技术学院
湖南信息科学职业学院
衡阳财经工业职业技术学院
湖南石油化工职业技术学院
保险职业学院
湖南化工职业技术学院
潇湘职业学院
怀化职业技术学院
岳阳职业技术学院
湖南理工职业技术学院
湖南安全技术职业学院
长沙师范学校
湘西民族职业技术学院
益阳职业技术学院
湖南同德职业学院
湖南机电职业技术学院
湖南艺术职业学院
湖南电气职业技术学院
湖南外国语职业学院
株洲职业技术学院
长沙通信职业技术学院
湖南城建职业技术学院
湖南体育职业学院
长沙环境保护职业技术学院
湖南网络工程职业学院
*长沙职业技术学院
长沙商贸旅游职业技术学院
邵阳职业技术学院
湖南对外经济贸易职业学院
湖南司法警官职业学院
长沙南方职业学院
张家界航空工业职业技术学院
湖南生物与机电工程职业技术学院
湖南商务职业技术学院
湖南科技职业学院
湘潭职业技术学院
郴州职业技术学院
娄底职业技术学院

广东省（67所）

广州航海高等专科学校

肇庆医学高等专科学校
民办南华工商学院
私立华联学院
广州民航职业技术学院
广东化工制药职业技术学院
顺德职业技术学院
广东水利电力职业技术学院
佛山职业技术学院
番禺职业技术学院
广东交通职业技术学院
广东松山职业技术学院
广东农工商职业技术学院
广东轻工职业技术学院
潮汕职业技术学院
深圳职业技术学院
广东新安职业技术学院
*广州科技职业技术学院
广州工程技术职业学院
广州南洋理工职业学院
广州涉外经济职业技术学院
广州工商职业技术学院
东莞南博职业技术学院
肇庆工商职业技术学院
惠州经济职业技术学院
*珠海城市职业技术学院
广东邮电职业技术学院
肇庆科技职业技术学院
深圳信息职业技术学院
广东行政职业学院
广州华南商贸职业学院
广州铁路职业技术学院
广州体育职业技术学院
江门职业技术学院
揭阳职业技术学院
汕头职业技术学院
清远职业技术学院
广东亚视演艺职业学院
广东科贸职业学院
广东司法警官职业学院
广东工贸职业技术学院
广东文艺职业学院
茂名职业技术学院
中山职业技术学院
广州科技贸易职业学院
广州华立科技职业学院
广东纺织职业技术学院
中山火炬职业技术学院
广州现代信息工程职业技术学院
广东理工职业学院
广东科学技术职业学院
广东工程职业技术学院
广东省外语艺术职业学院
广州城市职业学院
罗定职业技术学院
广东建设职业技术学院
河源职业技术学院
广东体育职业技术学院
汕尾职业技术学院
广东岭南职业技术学院
广东女子职业技术学院
广东机电职业技术学院
广东财经职业学院
阳江职业技术学院
南海东软信息技术职业学院
珠海艺术职业学院
广州康大职业技术学院

广西壮族自治区（36所）

桂林航天工业高等专科学校
柳州医学高等专科学校
桂林师范高等专科学校
柳州师范高等专科学校
南宁师范高等专科学校
桂林旅游高等专科学校
广西警官高等专科学校
广西体育高等专科学校
邕江大学
广西机电职业技术学院
柳州职业技术学院
南宁职业技术学院
广西职业技术学院
广西英华国际职业学院

河池职业学院
北海宏源足球职业学院
北海职业学院
广西演艺职业学院
广西东方外语职业学院
广西电力职业技术学院
广西工业职业技术学院
北海艺术设计职业学院
广西农业职业技术学院
贵港职业学院
广西建设职业技术学院
柳州运输职业技术学院
广西水利电力职业技术学院
广西交通职业技术学院
桂林山水职业学院
广西工商职业技术学院
广西生态工程职业技术学院
广西经贸职业技术学院
广西城市职业学院
广西国际商务职业技术学院
百色职业学院
柳州城市职业学院

海南省（10所）

琼台师范高等专科学校
海南职业技术学院
海口经济职业技术学院
三亚卓达旅游职业学院
海南软件职业技术学院
海南经贸职业技术学院
海南政法职业学院
海南万和信息职业技术学院
三亚航空旅游职业学院
海南外国语职业学院

重庆市（21所）

重庆电力高等专科学校
重庆三峡医药高等专科学校
*重庆医药高等专科学校
重庆电子职业技术学院
重庆工业职业技术学院
重庆工程职业技术学院
重庆电子科技职业学院
重庆信息技术职业学院
重庆警官职业学院
重庆巴渝职业技术学院
重庆海联职业技术学院
重庆城市管理职业学院
重庆城市职业学院
重庆青年职业技术学院
重庆正大软件职业技术学院
重庆机电职业技术学院
重庆民生职业技术学院
重庆工商职业学院
重庆水利电力职业技术学院
重庆工贸职业技术学院
重庆三峡职业学院

四川省（44所）

成都纺织高等专科学校
四川烹饪高等专科学校
成都电子机械高等专科学校
四川中医药高等专科学校
阿坝师范高等专科学校
康定民族师范高等专科学校
民办四川天一学院
成都航空职业技术学院
四川托普信息技术职业学院
四川国际标榜职业学院
成都农业科技职业学院
四川电力职业技术学院
内江职业技术学院
四川华新现代职业学院
成都艺术职业学院
成都职业技术学院
四川职业技术学院
眉山职业技术学院
泸州职业技术学院
成都东软信息技术职业学院
宜宾职业技术学院
*雅安职业技术学院
四川管理职业学院

四川工程职业技术学院
四川工商职业技术学院
乐山职业技术学院
四川邮电职业技术学院
四川航天职业技术学院
四川化工职业技术学院
四川水利职业技术学院
南充职业技术学院
四川建筑职业技术学院
四川文化产业职业学院
四川科技职业学院
四川机电职业技术学院
达州职业技术学院
四川交通职业技术学院
四川文化传媒职业学院
四川司法警官职业学院
四川警安职业学院
四川信息职业技术学院
广安职业技术学院
四川商务职业学院
绵阳职业技术学院

贵州省（21 所）

黔南民族医学高等专科学校
遵义医药高等专科学校
六盘水师范高等专科学校
黔西南民族师范高等专科学校
贵州商业高等专科学校
贵州警官职业学院
贵州交通职业技术学院
贵州航天职业技术学院
贵州电子信息职业技术学院
贵州亚泰职业学院
*贵阳护理职业学院
黔西南民族职业技术学院
贵州轻工职业技术学院
贵州科技工程职业学院
贵州电力职业技术学院
铜仁职业技术学院
遵义职业技术学院
安顺职业技术学院
黔东南民族职业技术学院
*黔南民族职业技术学院
六盘水职业技术学院

云南省（33 所）

昆明冶金高等专科学校
云南医学高等专科学校
保山中医药高等专科学校
*曲靖医学高等专科学校
楚雄医药高等专科学校
昭通师范高等专科学校
文山师范高等专科学校
保山师范高等专科学校
思茅师范高等专科学校
临沧师范高等专科学校
德宏师范高等专科学校
丽江师范高等专科学校
云南林业职业技术学院
云南体育运动职业技术学院
云南爱因森软件职业学院
云南新兴职业学院
昆明工业职业技术学院
*云南经济管理职业学院
云南交通职业技术学院
*云南文化艺术职业学院
云南热带作物职业学院
云南农业职业技术学院
云南机电职业技术学院
云南北美职业学院
云南能源职业技术学院
西双版纳职业技术学院
昆明艺术职业学院
*玉溪农业职业技术学院
云南司法警官职业学院
云南国土资源职业学院
云南科技信息职业学院
昆明扬帆职业技术学院
云南国防工业职业技术学院

西藏自治区（3 所）

拉萨师范高等专科学校

西藏警官高等专科学校
*西藏职业技术学院

陕西省（39所）

西安电力高等专科学校
西安航空技术高等专科学校
陕西工业职业技术学院
杨凌职业技术学院
西安东方亚太职业技术学院
延安职业技术学院
汉中职业技术学院
商洛职业技术学院
西安职业技术学院
咸阳职业技术学院
陕西经济管理职业技术学院
西安铁路职业技术学院
陕西服装艺术职业学院
陕西邮电职业技术学院
西安思源职业学院
西安高新科技职业学院
西安三资职业学院
宝鸡职业技术学院
陕西航空职业技术学院
陕西电子信息职业技术学院
西安科技商贸职业学院
陕西国际商贸职业学院
陕西电子科技职业学院
陕西财经职业技术学院
陕西交通职业技术学院
陕西铁路工程职业技术学院
陕西能源职业技术学院
陕西职业技术学院
西安航空职业技术学院
西安汽车科技职业学院
陕西旅游烹饪职业学院
西安海棠职业学院
陕西纺织服装职业技术学院
陕西青年职业学院
铜川职业技术学院
陕西警官职业学院
安康职业技术学院
渭南职业技术学院
陕西国防工业职业技术学院

甘肃省（20所）

兰州工业高等专科学校
*张掖医学高等专科学校
平凉医学高等专科学校
合作民族师范高等专科学校
陇南师范高等专科学校
定西师范高等专科学校
甘肃联合大学
兰州石化职业技术学院
兰州外语职业学院
甘肃农业职业技术学院
甘肃畜牧工程职业技术学院
兰州资源环境职业技术学院
兰州职业技术学院
酒泉职业技术学院
甘肃警察职业学院
甘肃林业职业技术学院
甘肃交通职业技术学院
武威职业学院
甘肃建筑职业技术学院
甘肃工业职业技术学院

青海省（5所）

青海畜牧兽医职业技术学院
青海卫生职业技术学院
*青海建筑职业技术学院
青海警官职业学院
*青海交通职业技术学院

宁夏回族自治区（8所）

吴忠职业技术学院
宁夏职业技术学院
宁夏建设职业技术学院
宁夏经贸职业技术学院
宁夏司法警官职业学院
宁夏财经职业技术学院
宁夏工业职业学院
银川科技职业学院

新疆维吾尔自治区（20所）

新疆工业高等专科学校
新疆维吾尔医学专科学校
和田师范专科学校
新疆兵团警官高等专科学校
新疆警官高等专科学校
乌鲁木齐职业大学
新疆机电职业技术学院
新疆轻工职业技术学院
克拉玛依职业技术学院
新疆农业职业技术学院
新疆建设职业技术学院
伊犁职业技术学院
*新疆能源职业技术学院
昌吉职业技术学院
阿克苏职业技术学院
新疆天山职业技术学院
新疆石河子职业技术学院
新疆交通职业技术学院
新疆现代职业技术学院
巴音郭楞职业技术学院

三、独立学院（共317所）

北京市

首都师范大学科德学院
北京工商大学嘉华学院
北京邮电大学世纪学院
北京工业大学耿丹学院

天津市

天津外国语学院滨海外事学院
天津体育学院运动与文化艺术学院
天津商业大学宝德学院
天津医科大学临床医学院
南开大学滨海学院
天津师范大学津沽学院
天津理工大学中环信息学院
北京科技大学天津学院
天津大学仁爱学院
天津财经大学珠江学院

河北省

河北大学工商学院
河北理工大学轻工学院
河北科技大学理工学院
华北电力大学科技学院
河北工程大学科信学院
河北工业大学城市学院
燕山大学里仁学院
石家庄铁道学院四方学院
河北农业大学现代科技学院
河北医科大学临床学院
华北煤炭医学院冀唐学院
河北师范大学汇华学院
河北经贸大学经济管理学院
石家庄经济学院华信学院
中国地质大学长城学院
北京化工大学北方学院
北京中医药大学东方学院

山西省

太原理工大学现代科技学院
中北大学信息商务学院
太原科技大学华科学院
山西农业大学信息学院
山西医科大学晋祠学院
山西师范大学现代文理学院
山西大学商务学院
山西财经大学华商学院

辽宁省

渤海大学文理学院
沈阳大学科技工程学院
大连理工大学城市学院
沈阳工业大学工程学院
沈阳航空工业学院北方科技学院
沈阳理工大学应用技术学院
大连工业大学艺术与信息工程学院
大连交通大学信息工程学院
沈阳建筑大学城市建设学院

辽宁科技大学信息技术学院

辽宁石油化工大学顺华能源学院

沈阳化工学院科亚学院

东北大学东软信息学院

沈阳农业大学科学技术学院

中国医科大学临床医药学院

大连医科大学中山学院

辽宁医学院医疗学院

辽宁中医药大学杏林学院

沈阳医学院何氏视觉科学学院

辽宁师范大学海华学院

东北财经大学津桥商学院

东北大学大连艺术学院

沈阳师范大学渤海学院

吉林省

长春大学光华学院

长春大学旅游学院

东北师范大学人文学院

长春工业大学人文信息学院

长春理工大学光电信息学院

吉林建筑工程学院城建学院

吉林建筑工程学院建筑装饰学院

吉林农业大学发展学院

吉林师范大学博达学院

长春税务学院信息经济学院

吉林艺术学院动画学院

黑龙江省

哈尔滨师范大学恒星学院

哈尔滨商业大学德强商务学院

大庆石油学院华瑞学院

东北农业大学成栋学院

哈尔滨理工大学远东学院

黑龙江大学剑桥学院

哈尔滨商业大学广厦学院

哈尔滨工业大学华德应用技术学院

上海市

复旦大学太平洋金融学院

上海外国语大学贤达经济人文学院

复旦大学上海视觉艺术学院

上海师范大学天华学院

同济大学科学院

江苏省

东南大学成贤学院

江南大学太湖学院

南京大学金陵学院

中国矿业大学徐海学院

南京理工大学紫金学院

南京航空航天大学金城学院

南京理工大学泰州科技学院

南京师范大学泰州学院

中国传媒大学南广学院

南京医科大学康达学院

南京中医药大学翰林学院

南京信息工程大学滨江学院

苏州大学文正学院

苏州大学应用技术学院

苏州科技学院天平学院

江苏大学京江学院

扬州大学广陵学院

徐州师范大学科文学院

南京邮电大学通达学院

南京财经大学红山学院

江苏科技大学南徐学院

江苏工业学院怀德学院

南通大学杏林学院

南京工业大学浦江学院

南京师范大学中北学院

南京审计学院金审学院

浙江省

浙江师范大学行知学院

宁波大学科学技术学院

浙江大学城市学院

浙江大学宁波理工学院

浙江工业大学之江学院

杭州电子科技大学信息工程学院

浙江理工大学科技与艺术学院

中国计量学院现代科技学院

浙江海洋学院东海科学技术学院
浙江林学院天目学院
温州医学院仁济学院
浙江中医药大学滨江学院
杭州师范大学钱江学院
湖州师范学院求真学院
绍兴文理学院元培学院
温州大学瓯江学院
浙江工商大学杭州商学院
嘉兴学院南湖学院
浙江财经学院东方学院
温州大学城市学院

安徽省

安徽大学江淮学院
安徽农业大学经济技术学院
阜阳师范学院信息工程学院
安徽工程科技学院机电学院
安徽工业大学工商学院
安徽建筑工业学院城市建设学院
安徽医科大学临床医学院
安徽师范大学皖江学院
* 淮北煤炭师范学院信息学院
安徽财经大学商学院

福建省

厦门大学嘉庚学院
集美大学诚毅学院
福建师范大学协和学院
福建师范大学闽南科技学院
福建农林大学东方学院
福州大学阳光学院
* 华侨大学福建音乐学院
福州大学至诚学院
福建农林大学金山学院

江西省

南昌大学科学技术学院
南昌大学共青学院
江西师范大学科学技术学院
江西农业大学南昌商学院
江西财经大学现代经济管理学院
华东交通大学理工学院
江西理工大学应用科学学院
东华理工大学长江学院
南昌航空大学科技学院
景德镇陶瓷学院科技艺术学院
江西中医学院科技学院
赣南师范学院科技学院
江西科技师范学院理工学院

山东省

青岛理工大学琴岛学院
烟台大学文经学院
中国石油大学胜利学院
山东科技大学泰山科技学院
青岛农业大学海都学院
山东经济学院燕山学院
山东财政学院东方学院
中国海洋大学青岛学院
济南大学泉城学院
曲阜师范大学杏坛学院
聊城大学东昌学院
山东师范大学历山学院

河南省

河南大学民生学院
河南师范大学新联学院
新乡医学院三全学院
信阳师范学院华锐学院
河南科技学院新科学院
河南理工大学万方科技学院
中原工学院信息商务学院
安阳师范学院人文管理学院
河南农业大学华豫学院
河南财经学院成功学院

湖北省

武汉大学东湖分校
华中师范大学汉口分校
华中科技大学武昌分校
武汉科技大学中南分校

湖北大学知行学院
武汉科技大学城市学院
三峡大学科技学院
江汉大学文理学院
湖北工业大学工程技术学院
武汉工程大学邮电与信息工程学院
武汉科技学院外经贸学院
武汉工业学院工商学院
中南民族大学工商学院
长江大学工程技术学院
长江大学文理学院
湖北工业大学商贸学院
湖北汽车工业学院科技学院
郧阳医学院药护学院
湖北民族学院科技学院
湖北经济学院法商学院
武汉体育学院体育科技学院
湖北师范学院文理学院
襄樊学院理工学院
孝感学院新技术学院
华中科技大学文华学院
中南财经政法大学武汉学院
中国地质大学江城学院
武汉理工大学华夏学院
华中师范大学武汉传媒学院
华中农业大学楚天学院
武汉大学珞珈学院

湖南省

湘潭大学兴湘学院
湖南工业大学科技学院
湖南科技大学潇湘学院
南华大学船山学院
湖南商学院北津学院
湖南师范大学树达学院
湖南农业大学东方科技学院
中南林业科技大学涉外学院
湖南文理学院芙蓉学院
湖南理工学院南湖学院
衡阳师范学院南岳学院
湖南工程学院应用技术学院
湖南中医药大学湘杏学院
吉首大学张家界学院
长沙理工大学城南学院

广东省

北京师范大学珠海分校
电子科技大学中山学院
华南师范大学增城学院
广东工业大学华立学院
北京理工大学珠海学院
广州大学松田学院
吉林大学珠海学院
东莞理工学院城市学院
中山大学新华学院
中山大学南方学院
华南理工大学广州汽车学院
华南农业大学珠江学院
广东外语外贸大学南国商学院
广东商学院华商学院
广东海洋大学寸金学院
广东技术师范学院天河学院
广州大学华软软件学院

广西壮族自治区

广西大学行健文理学院
广西师范大学漓江学院
广西师范学院师园学院
广西工学院鹿山学院
桂林电子科技大学信息科技学院
桂林工学院博文管理学院
广西中医学院赛恩斯新医药学院
广西民族大学相思湖学院
北京航空航天大学北海学院

海南省

海南大学三亚学院

重庆市

重庆大学城市科技学院
西南大学育才学院
四川外语学院重庆南方翻译学院

重庆师范大学涉外商贸学院
重庆工商大学融智学院
重庆工商大学派斯学院
重庆邮电大学移通学院

四川省

电子科技大学成都学院
成都理工大学工程技术学院
成都理工大学广播影视学院
成都信息工程学院银杏酒店管理学院
四川师范大学文理学院
四川师范大学成都学院
四川外语学院成都学院
四川大学锦城学院
西南财经大学天府学院
四川大学锦江学院
四川音乐学院绵阳艺术学院
西南科技大学城市学院

贵州省

贵州大学科技学院
贵州大学明德学院
贵阳中医学院时珍学院
遵义医学院医学与科技学院
贵阳医学院神奇民族医药学院
贵州师范大学求是学院
贵州财经学院商务学院
贵州民族学院人文科技学院

云南省

云南大学滇池学院
云南大学旅游文化学院
昆明理工大学津桥学院
云南师范大学商学院
云南师范大学文理学院
昆明医学院海源学院
云南艺术学院文华学院

陕西省

西安交通大学城市学院
西北大学现代学院
西安建筑科技大学华清学院
西安财经学院行知学院
陕西科技大学镐京学院
西安工业大学北方信息工程学院
延安大学西安创新学院
西安电子科技大学长安学院
西北工业大学明德学院
长安大学兴华学院
西安理工大学高科学院
西安科技大学高新学院

甘肃省

西北师范大学知行学院
兰州商学院陇桥学院
兰州交通大学博文学院
兰州商学院长青学院
*兰州理工大学技术工程学院

青海省

青海大学昆仑学院

宁夏回族自治区

宁夏大学新华学院

新疆维吾尔自治区

*新疆大学科学技术学院
新疆农业大学科学技术学院
新疆财经大学商务学院
新疆医科大学厚博学院
新疆生产建设兵团
石河子大学科技学院

四、分校办学点（118 个）

北京市

北京科技大学延庆分校
北京市机械工业管理局职工大学

天津市

天津市工会管理干部学院

河北省

张家口教育学院
石家庄职工大学
中国环境管理干部学院
河北管理干部学院
河北青年管理干部学院
河北地质职工大学

山西省

山西煤炭管理干部学院
山西经济管理干部学院
山西青年管理干部学院
广播电影电视管理干部学院
山西职工医学院
山西政法管理干部学院
山西兵器工业职工大学
长治市教育学院

吉林省

吉林省教育学院

辽宁省

辽宁文化艺术职工大学
辽宁公安司法管理干部学院

黑龙江省

黑龙江省农垦管理干部学院
黑龙江省政法管理干部学院
鹤岗矿务局职工大学
哈尔滨市职工医学院
黑龙江省教育学院
佳木斯教育学院

江苏省

江苏教育学院
南京人口管理干部学院
徐州教育学院
扬州教育学院
江苏省青年管理干部学院
江苏省省级机关管理干部学院
江苏职工医科大学
南京金陵旅馆管理干部学院

浙江省

浙江工业大学浙西分校
浙江教育学院
宁波教育学院

安徽省

安徽经济管理干部学院
宿州教育学院

福建省

福建教育学院
漳州教育学院
福州教育学院
福建经济管理干部学院
福建财会管理干部学院
福建政法管理干部学院

江西省

江西医学院上饶分院
新余钢铁有限责任公司职工大学
南昌钢铁有限责任公司职工大学
江西教育学院
南昌教育学院
赣南教育学院
江西行政管理干部学院
江西经济管理干部学院
南昌市职工科技大学

山东省

青岛远洋船员学院
山东省贸易职工大学
山东省水利职工大学
新汶矿业集团公司职工大学
兖州矿区职工大学
山东省经济管理干部学院
山东省农业管理干部学院
山东省青年管理干部学院
山东省工会管理干部学院

山东教育学院

潍坊教育学院

烟台教育学院

山东省聊城教育学院

河南省

河南教育学院

开封教育学院

河南政法管理干部学院

河南卫生职工学院

河南省建筑职工大学

中国一拖集团有限公司拖拉机学院

平顶山教育学院

湖北省

丹江口工程管理局职工大学

湖北省经济管理干部学院

十堰教育学院

荆州教育学院

宜昌市教育学院

武汉冶金管理干部学院

湖南省

长沙职工大学

株洲市职工大学

湖南兵器工业职工大学

南方动力机械公司职工工学院

长沙教育学院

湘潭教育学院

广东省

广东教育学院

广西壮族自治区

广西经济管理干部学院

广西政法管理干部学院

广西卫生管理干部学院

广西教育学院

南宁地区教育学院

重庆市

重庆电力职工大学

重庆教育学院

四川省

中国工程物理研究院职工工学院

四川教育学院

四川经济管理干部学院

贵州省

贵州教育学院

甘肃省

酒泉钢铁公司职工大学

甘肃机械电子职工大学

白银有色金属公司职工大学

兰州教育学院

兰州航空工业职工大学

兰州铁路工程职工大学

陕西省

陕西工运学院

陕西航天职工大学

陕西电子工业职工大学

西安航空职工大学

西安飞机工业公司职工工学院

西安铁路工程职工大学

西安电力机械制造公司机电学院

陕西省建筑工程总公司职工大学

西安市职工大学

西安外贸职工大学

陕西教育学院

新疆维吾尔自治区

新疆职工大学

新疆教育学院

乌鲁木齐成人教育学院

2007年具有成人高等学历教育招生资格的成人高等学校名单

教育部按语：

为保证成人高等教育教学质量，维持正常的办学秩序，进一步完善社会监督机制，并向广大考生提供准确的报考信息，现将2007年具有高等学历教育招生资格的成人高等学校名单予以公布。这次向社会公布今年具有招生资格的共352所，凡办学条件低于国家规定要求的，均在其校名前以“*”标出，表示2007年虽可以继续招生，但已无条件扩大在校生规模，希望有关学校及其主管部门增加投入，尽快改善办学条件。

本名单按学校所在地排序，包括广播电视大学、职工（农民）高等学校、管理干部学院、教育（教师进修）学院及独立设置的函授学院。除本次公布的成人高等学校及具有函授、夜大学办学资格的普通高校之外，任何其他机构均不具备成人高等学历教育招生资格。请2007年报考成人高等学校的考生注意查阅本名单，以免失误。

注：中央广播电视大学经教育部批准面向全国举办专科和专科起点本科远程开放教育，不通过全国成人高考招收学生，不包括在此名单中。

北京市（22所）

国家检察官学院
国家法官学院
公安部管理干部学院
民航管理干部学院
北京市职工体育运动技术学院
首都联合职工大学
北京市建设职工大学
北京市房地产职工大学
北京市汽车工业总公司职工大学
北京市西城经济科学大学
北京市丰台区职工大学
北京广播电视大学
北京教育学院
北京市东城区职工业余大学
北京市总工会职工大学
北京市海淀区职工大学
北京市崇文区职工大学
北京宣武红旗业余大学
北京市石景山区业余大学
北京市朝阳区职工大学
北京市机械工业局职工大学
北京医药集团职工大学

天津市（15所）

天津市工会管理干部学院
天津市职工经济技术大学
天津市房地产局职工大学
天津市政法管理干部学院
天津市财贸管理干部学院
天津市广播电视大学
天津市管理干部学院
天津市渤海化工职工学院
天津市南开区职工大学
天津市红桥区职工大学
天津市建筑工程职工大学
天津市河东区职工大学
天津市河西区职工大学
天津市和平区新华职工大学
天津物资管理干部学院

河北省（10所）

河北地质职工大学

河北青年管理干部学院
河北管理干部学院
秦皇岛教育学院
石家庄职工大学
河北省广播电视大学
张家口教育学院
中国环境管理干部学院
邯郸市职工大学
河北省职工医学院

山西省（16所）

山西青年管理干部学院
山西省职工工艺美术学院
山西省吕梁市教育学院
山西省广播电视大学
长治市教育学院
山西煤炭管理干部学院
山西政法管理干部学院
阳泉市教育学院
山西煤炭职工联合大学
山西经济管理干部学院
太原钢铁（集团）有限公司职工钢铁学院
山西机电职工学院
太原化学工业集团有限公司职工大学
山西兵器工业职工大学
广播电影电视管理干部学院
山西职工医学院

内蒙古自治区（3所）

包头市职工大学
鄂尔多斯教育学院
内蒙古自治区广播电视大学

辽宁省（19所）

海军职工大学
辽宁公安司法管理干部学院
阜新矿务局职工大学
大连市广播电视大学
沈阳机械工业职工大学
辽宁文化艺术职工大学
阜新煤炭职工医学专科学校
辽宁财贸职工大学
辽宁广播电视大学
大连市教育学院
朝阳职工工学院
沈阳市广播电视大学
鞍山钢铁集团公司职工大学
抚顺石油化工公司职工大学
辽宁兵器工业职工大学
本溪钢铁公司职工工学院
大连工人大学
大连职工大学
抚顺矿务局职工工学院

吉林省（17所）

通化市职工大学
通化钢铁公司职工大学
吉林省经济管理干部学院
吉林广播电视大学
长春教育学院
吉林省教育学院
梨树农村成人高等专科学校
延边黎明农民大学
吉林职工医科大学
吉林省行政管理干部学院
吉林化学工业公司职工大学
延边职工大学
长春职工医科大学
长春市直属机关业余大学
长春市建筑职工业余大学
长春职工大学
长春广播电视大学

黑龙江省（23所）

黑龙江省社会科学院职工大学
哈尔滨市广播电视大学
黑龙江省农垦管理干部学院
黑龙江省商业职工大学
黑龙江省广播电视大学
佳木斯市教育学院
牡丹江市教育学院
黑龙江省绥化地区教育学院

黑龙江省教育学院
黑龙江省政法管理干部学院
黑龙江省经济管理干部学院
哈尔滨市职工医学院
黑龙江省职工体育运动技术学院
* 大庆石油化工总厂职工大学
黑龙江兵器工业职工大学
哈尔滨航空职工大学
鹤岗矿务局职工大学
黑龙江省科技职工大学
黑龙江省直属机关职工大学
齐齐哈尔市建设职工大学
齐齐哈尔市职工大学
佳木斯市联合职工大学
哈尔滨市职工大学

上海市（19 所）

海关管理干部学院
上海医药职工大学
上海市广播电视大学
上海职工医学院
上海职工体育运动技术学院
上海工商学院
上海市宝山区业余大学
上海纺织工业职工大学
上海青年管理干部学院
上海市经济管理干部学院
上海市黄浦区业余大学
上海科技管理干部学院
上海市卢湾区业余大学
上海市徐汇区业余大学
上海市长宁区业余大学
上海市静安区业余大学
上海市普陀区业余大学
上海市虹口区业余大学
上海市杨浦区业余大学

江苏省（16 所）

空军第一职工大学
扬州教育学院
徐州教育学院
江苏省青年管理干部学院
南京市广播电视大学
南京人口管理干部学院
江苏省广播电视大学
南京金陵旅馆管理干部学院
南通市工人业余大学
常州市职工大学
南京市职工大学
江苏职工医科大学
南京联合职工大学
江苏电力职工大学
江苏教育学院
江苏省省级机关管理干部学院

浙江省（11 所）

温州市工人业余大学
宁波市广播电视大学
浙江嘉兴教育学院
浙江经济管理职工大学
浙江省广播电视大学
金华教育学院
宁波教育学院
浙江教育学院
杭州成人科技大学
杭州市工人业余大学
浙江省省级机关职工业余大学

安徽省（6 所）

宿县地区教育学院
淮南市职工大学
合肥职工科技大学
合肥市职工大学
安徽经济管理干部学院
安徽省广播电视大学

福建省（8 所）

福州教育学院
厦门市广播电视大学
福建财会管理干部学院
福建省广播电视大学
福建经济管理干部学院

福建教育学院

福建省漳州业余大学

福建政法管理干部学院

江西省（10 所）

南昌市职工科技大学

江西教育学院

赣南教育学院

江西经济管理干部学院

南昌教育学院

南昌市业余大学

南昌钢铁有限责任公司职工大学

新余钢铁有限责任公司职工大学

江西行政管理干部学院

江西省广播电视大学

山东省（17 所）

山东省青年管理干部学院

山东省聊城教育学院

山东省广播电视大学

兖州矿区职工大学

山东财政职工大学

山东省工会管理干部学院

山东省贸易职工大学

青岛市广播电视大学

山东省经济管理干部学院

青岛远洋船员学院

潍坊教育学院

山东兵器工业职工大学

山东省水利职工大学

新汶矿务局职工大学

山东省农业管理干部学院

山东省教育学院

烟台教育学院

河南省（18 所）

洛阳有色金属职工大学

河南省安阳钢铁公司职工大学

磨料磨具工业职工大学

焦作职工医学院

河南政法管理干部学院

河南卫生职工学院

河南省广播电视大学

平顶山教育学院

开封教育学院

河南教育学院

驻马店教育学院

* 开封市职工业余大学

河南省建筑职工大学

洛阳市职工科学技术学院

第一拖拉机制造厂拖拉机学院

洛阳轴承厂职工大学

长城铝业公司职工工学院

郑州市职工业余大学

湖北省（9 所）

湖北省经济管理干部学院

宜昌市教育学院

武汉市广播电视大学

武汉冶金管理干部学院

湖北省广播电视大学

荆州教育学院

丹江口工程管理局职工大学

十堰教育学院

湖北省直属机关业余大学

湖南省（17 所）

衡阳工业职工大学

湘西民族教师进修学院

湖南省广播电视大学

湖南有色金属职工大学

湖南纺织职工大学

湖南金融技术职工大学

湖南经济管理干部学院

益阳教育学院

长沙工业职工大学

湖南兵器工业职工大学

长沙教育学院

衡阳有色冶金职工大学

株洲市职工大学

长沙职工大学

湖南工业科技职工大学

湘潭教育学院

南方动力机械公司职工工学院

广东省（13所）

广东新华教育学院

广东省广播电视大学

广东社会科学大学

广东青年管理干部学院

深圳市广播电视大学

广州市广播电视大学

广东教育学院

韶关市职工大学

汕头市业余大学

广东省国防工业职工大学

南海成人学院

湛江教育学院

广州金桥管理干部学院

广西壮族自治区（7所）

广西教育学院

广西壮族自治区卫生管理干部学院

南宁地区教育学院

广西壮族自治区广播电视大学

广西壮族自治区经济管理干部学院

桂林市职工大学

广西政法管理干部学院

海南省（1所）

海南省广播电视大学

重庆市（7所）

重庆职工会计专科学校

重庆城建职工学院

重庆市广播电视大学

重庆化工职工大学

重庆冶金成人学院

重庆电力职工大学

重庆教育学院

四川省（23所）

中国科学院成都分院职工大学

成都市职工大学

南充市职工大学

四川教育学院

四川省广播电视大学

四川经济管理干部学院

四川农业管理干部学院

广元职工医学院

四川省职工运动技术学院

四川省东方动力职工大学

成都电力职工大学

成都市广播电视大学

中国工程物理研究院职工工学院

成都发动机公司职工大学

四川核工业职工大学

四川科技职工大学

四川省化工职工大学

成都电子职工大学

国营涪江机器厂职工大学

成都冶金职工大学

第五冶金建设公司职工大学

成都工业职工大学

成都飞机工业公司职工工学院

贵州省（4所）

贵州教育学院

贵州航空工业职工大学

贵州广播电视大学

贵州机械工业职工大学

云南省（2所）

南方电力职工大学

云南广播电视大学

陕西省（17所）

西安市职工大学

西安市广播电视大学

陕西工运学院

陕西省广播电视大学

陕西省宝鸡教育学院

陕西教育学院

宝鸡市职工大学

陕西省建筑工程总公司职工大学
西安电力机械制造公司机电学院
陕西电子工业职工大学
陕西兵器工业职工大学
西安飞机工业公司职工工学院
西安航空职工大学
陕西航天职工大学
西北电业职工大学
西安铁路工程职工大学
西安外贸职工大学

甘肃省（10所）

甘肃省广播电视大学
兰州教育学院
兰州服装职工大学
白银有色金属公司职工大学
兰州铁路工程职工大学
甘肃机械电子职工大学
银光化学材料厂职工大学
甘肃核工业职工大学
金川有色金属公司职工大学
兰州航空工业职工大学

青海省（2所）

青海省联合职工大学
青海省广播电视大学

宁夏回族自治区（1所）

宁夏回族自治区广播电视大学

新疆维吾尔族自治区（9所）

和田地区教育学院
新疆生产建设兵团教育学院
喀什教育学院
乌鲁木齐成人教育学院
新疆教育学院
新疆维吾尔自治区广播电视大学
新疆生产建设兵团广播电视大学
新疆维吾尔自治区钢铁公司职工大学
阿克苏教育学院

2007年度第一批高等学校特色专业建设点名单

学校名称	专业名称	所属领域方向
北京大学	经济学	经济学类
北京大学	法学	法学
北京大学	西班牙语	外语非通用语种
北京大学	阿拉伯语	外语非通用语种
北京大学	非通用语种群（印地语、乌尔都语、孟加拉语、梵文、巴利文5个语种）	外语非通用语种
北京大学	非通用语种群（蒙古语、菲律宾语、泰国语、波斯语、西伯莱语等12个语种）	外语非通用语种
北京大学	地质学	地质学
北京大学	微电子学	集成电路
北京大学	核技术	核技术

续表

学校名称	专业名称	所属领域方向
北京大学	软件工程（设5个专业方向）	软件工程
北京大学	临床医学（与北京大学第一医院结合）	临床医学类
北京大学	临床医学（与北京大学人民医院结合）	临床医学类
北京大学	口腔医学	口腔医学类
中国人民大学	金融学	金融学国际化人才培养
中国人民大学	法学	法学
中国人民大学	中国革命史与中国共产党党史	马克思主义理论类
中国人民大学	新闻学	新闻传播类
中国人民大学	工商管理	工商管理类
清华大学	新闻学	新闻传播类
清华大学	艺术设计	动漫
清华大学	微电子学	集成电路
清华大学	核工程与核技术	核技术
清华大学	电子信息工程	通信工程
清华大学	计算机科学与技术	网络工程
清华大学	计算机科学与技术	信息安全
清华大学	计算机软件（设5个专业方向）	软件工程
清华大学	水利水电工程	水利工程
北京交通大学	通信工程	通信工程
北京交通大学	软件工程（设3个专业方向）	软件工程
北京交通大学	物流管理	物流管理
北京工业大学	信息安全	信息安全
北京工业大学	电子科学与技术	集成电路
北京工业大学	软件工程（设2个专业方向）	软件工程
北京航空航天大学	电子信息工程	集成电路
北京航空航天大学	通信工程	通信工程
北京航空航天大学	软件工程（设3个专业方向）	软件工程
北京理工大学	软件工程（设3个专业方向）	软件工程
北京科技大学	安全工程	煤矿与安全工程
北京邮电大学	信息安全	信息安全
北京邮电大学	通信工程	通信工程
中国石油大学（北京）	石油工程	石油天然气
中国石油大学（北京）	油气储运工程	石油天然气
中国地质大学（北京）	石油工程	石油天然气
中国农业大学	农业机械化及其自动化	农业工程类、林业工程类

续表

学校名称	专业名称	所属领域方向
中国农业大学	动物科学	动物生产类、水产类
中国农业大学	动物医学	动物医学类
北京林业大学	林学	森林资源类、草业科学类、环境生态类
北京林业大学	园林	森林资源类、草业科学类、环境生态类
北京林业大学	农林经济管理	农林经济管理类
首都医科大学	临床医学	临床医学类
首都医科大学	口腔医学	口腔医学类
北京中医药大学	中医学	中医学类
北京协和医学院	临床医学	临床医学类
北京师范大学	特殊教育	师范教育
北京师范大学	汉语言文学	师范教育
北京师范大学	数学与应用数学	师范教育
北京师范大学	物理学	师范教育
首都师范大学	小学教育	师范教育
首都师范大学	西班牙语	外语非通用语种
北京外国语大学	西班牙语	外语非通用语种
北京外国语大学	阿拉伯语	外语非通用语种
北京外国语大学	非通用语种群（波兰语、捷克语、罗马尼亚语、匈牙利语、保加利亚语等18个语种）	外语非通用语种
北京外国语大学	非通用语种群（僧加罗语、土耳其语、斯瓦西里语、豪萨语、西伯莱语等17个语种）	外语非通用语种
中国传媒大学	非通用语种群（尼泊尔语、泰米尔语、斯瓦西里语、孟加拉语4个语种）	外语非通用语种
中国传媒大学	广播电视新闻学	新闻传播类
中国传媒大学	动画	动漫
北京第二外国语学院	阿拉伯语	外语非通用语种
对外经济贸易大学	国际经济与贸易	国际经济与贸易国际化人才培养
对外经济贸易大学	法学	法学国际化人才培养
对外经济贸易大学	西班牙语	外语非通用语种
对外经济贸易大学	阿拉伯语	外语非通用语种
对外经济贸易大学	非通用语种群（越南语、朝鲜语、意大利语、葡萄牙语4个语种）	外语非通用语种
首都经济贸易大学	经济学	经济学类
中央财经大学	保险	金融学国际化人才培养
中央财经大学	统计学	经济学类

续表

学校名称	专业名称	所属领域方向
北京工商大学	物流管理	物流管理
中国人民公安大学	侦查学	法学
中央美术学院	动画	动漫
南开大学	金融学	经济学类
南开大学	工商管理	工商管理类
天津大学	电子信息工程	通信工程
天津大学	电子科学与技术	集成电路
天津大学	港口航道与海岸工程	水利工程
天津大学	工商管理	工商管理类
天津农学院	农学	植物生产类
天津医科大学	临床医学	临床医学类
天津师范大学	思想政治教育	师范教育
天津师范大学	新闻学	新闻传播类
天津工程师范学院	机械制造工艺教育	师范教育
天津外国语学院	朝鲜语	外语非通用语种
河北大学	新闻学	新闻传播类
河北理工大学	采矿工程	煤矿与安全工程
华北科技学院	安全工程	煤矿与安全工程
河北农业大学	园艺	植物生产类
河北师范大学	思想政治教育	师范教育
中北大学	安全工程	煤矿与安全工程
太原理工大学	安全工程	煤矿与安全工程
山西农业大学	园艺	植物生产类
山西师范大学	汉语言文学	师范教育
忻州师范学院	汉语言文学	师范教育
内蒙古农业大学	农业水利工程	农业工程类、林业工程类
内蒙古农业大学	动物医学	动物医学类
内蒙古师范大学	历史学	师范教育
大连理工大学	软件工程（设2个专业方向）	软件工程
大连理工大学	集成电路设计与集成系统	集成电路
大连理工大学	水利水电工程	水利工程
东北大学	安全工程	煤矿与安全工程
辽宁工程技术大学	矿物资源工程	煤矿与安全工程
辽宁工程技术大学	安全工程	煤矿与安全工程
沈阳航空工业学院	安全工程	煤矿与安全工程

续表

学校名称	专业名称	所属领域方向
沈阳农业大学	园艺	植物生产类
中国医科大学	临床医学	临床医学类
辽宁师范大学	计算机科学与技术	师范教育
大连外国语学院	朝鲜语	外语非通用语种
东北财经大学	会计学	会计学国际化人才培养
鲁迅美术学院	艺术设计（注：动漫方向）	动漫
吉林大学	法学	法学
吉林大学	朝鲜语	外语非通用语种
吉林大学	新闻学	新闻传播类
吉林大学	资源勘查工程	地质学
吉林大学	植物保护	植物生产类
吉林大学	临床医学	临床医学类
延边大学	朝鲜语	外语非通用语种
吉林农业大学	园艺	植物生产类
长春中医药大学	中医学	中医学类
东北师范大学	英语	师范教育
东北师范大学	历史学	师范教育
东北师范大学	数学与应用数学	师范教育
吉林师范大学	物理学	师范教育
北华大学	林学	森林资源类、草业科学类、环境生态类
长春师范学院	科学教育	师范教育
黑龙江大学	新闻学	新闻传播类
哈尔滨工业大学	广播电视编导（注：动漫方向）	动漫
哈尔滨工业大学	电子信息科学与技术	集成电路
哈尔滨工业大学	信息安全	信息安全
哈尔滨工业大学	通信工程	通信工程
哈尔滨工业大学	软件工程（设 3 个专业方向）	软件工程
黑龙江科技学院	采矿工程	煤矿与安全工程
大庆石油学院	石油工程	石油天然气
黑龙江八一农垦大学	农学	植物生产类
东北农业大学	农业机械化及其自动化	农业工程类、林业工程类
东北农业大学	农学	植物生产类
东北农业大学	动物医学	动物医学类
东北林业大学	木材科学与工程	农业工程类、林业工程类

续表

学校名称	专业名称	所属领域方向
哈尔滨医科大学	临床医学	临床医学类
黑龙江中医药大学	中医学	中医学类
哈尔滨师范大学	音乐学	师范教育
复旦大学	新闻学	新闻传播类
复旦大学	微电子学	集成电路
复旦大学	软件工程（设 3 个专业方向）	软件工程
复旦大学	临床医学	临床医学类
同济大学	动画	动漫
同济大学	软件工程（设 3 个专业方向）	软件工程
上海交通大学	微电子学	集成电路
上海交通大学	信息安全	信息安全
上海交通大学	信息工程	通信工程
上海交通大学	软件工程（设 3 个专业方向）	软件工程
上海交通大学	临床医学	临床医学类
上海交通大学	口腔医学	口腔医学类
上海海事大学	物流管理	物流管理
上海水产大学	海洋渔业科学与技术	动物生产类、水产类
上海中医药大学	中医学	中医学类
华东师范大学	汉语言文学	师范教育
华东师范大学	历史学	师范教育
华东师范大学	心理学	师范教育
华东师范大学	软件工程（设 2 个专业方向）	软件工程
上海师范大学	小学教育	师范教育
上海外国语大学	西班牙语	外语非通用语种
上海外国语大学	阿拉伯语	外语非通用语种
上海外国语大学	非通用语种群（意大利语、葡萄牙语、希腊语、荷兰语 4 个语种）	外语非通用语种
上海外国语大学	非通用语种群（朝鲜语、波斯语、泰国语、印尼语、西伯莱语、越南语 6 个语种）	外语非通用语种
上海财经大学	会计学	会计学国际化人才培养
南京大学	经济学	经济学类
南京大学	新闻学	新闻传播类
南京大学	地质学	地质学
南京大学	软件工程（设 3 个专业方向）	软件工程
南京大学	水文与水资源工程	水利工程
扬州大学	动物医学	动物医学类

续表

学校名称	专业名称	所属领域方向
东南大学	通信工程	通信工程
东南大学	电子科学与技术	集成电路
东南大学	软件工程（设2个专业方向）	软件工程
南京理工大学	安全工程	煤矿与安全工程
中国矿业大学	采矿工程	煤矿与安全工程
中国矿业大学	矿物加工工程	煤矿与安全工程
中国矿业大学	安全工程	煤矿与安全工程
南京工业大学	安全工程	煤矿与安全工程
南京邮电大学	信息安全	信息安全
南京邮电大学	通信工程	通信工程
河海大学	水利水电工程	水利工程
河海大学	水文与水资源工程	水利工程
河海大学	港口航道与海岸工程	水利工程
江南大学	动画	动漫
南京农业大学	农学	植物生产类
南京农业大学	动物医学	动物医学类
南京农业大学	农林经济管理	农林经济管理类
南京林业大学	园林	森林资源类、草业科学类、环境生态类
南京中医药大学	中医学	中医学类
南京师范大学	汉语言文学	师范教育
南京师范大学	新闻学	新闻传播类
徐州师范大学	汉语言文学	师范教育
解放军国际关系学院	非通用语种群（印地语、越南语、泰国语、缅甸语4个语种）	外语非通用语种
南京艺术学院	动画	动漫
浙江大学	新闻学	新闻传播类
浙江大学	电子信息工程	集成电路
浙江大学	软件工程（设3个专业方向）	软件工程
浙江大学	数字媒体技术	动漫
浙江大学	信息与通信工程	通信工程
浙江大学	农业资源与环境	森林资源类、草业科学类、环境生态类
浙江大学	动物科学	动物生产类、水产类
浙江大学	临床医学	临床医学类
浙江大学	农林经济管理	农林经济管理类
宁波大学	水产养殖学	动物生产类、水产类

续表

学校名称	专业名称	所属领域方向
杭州电子科技大学	信息安全	信息安全
浙江理工大学	动画	动漫
浙江林学院	园艺	植物生产类
浙江师范大学	学前教育	师范教育
中国美术学院	动画	动漫
中国科学技术大学	信息安全	信息安全
中国科学技术大学	软件工程（设 2 个专业方向）	软件工程
安徽理工大学	安全工程	煤矿与安全工程
安徽农业大学	茶学	植物生产类
安徽中医学院	中医学	中医学类
安徽师范大学	地理科学	师范教育
厦门大学	国际经济与贸易	国际经济与贸易国际化人才培养
厦门大学	广告学	新闻传播类
厦门大学	会计学	会计学国际化人才培养
福建农林大学	农林经济管理	农林经济管理类
福建师范大学	美术学	师范教育
江西农业大学	动物科学	动物生产类、水产类
江西师范大学	公共事业管理（教育管理方向）	师范教育
山东大学	朝鲜语	外语非通用语种
山东大学	信息安全	信息安全
山东大学	通信工程	通信工程
山东大学	软件工程（设 2 个专业方向）	软件工程
山东大学	集成电路设计与集成系统	集成电路
山东大学	临床医学	临床医学类
中国海洋大学	水产养殖学	动物生产类、水产类
青岛大学	朝鲜语	外语非通用语种
中国石油大学（华东）	石油工程	石油天然气
中国石油大学（华东）	安全工程	煤矿与安全工程
中国石油大学（华东）	油气储运工程	石油天然气
山东理工大学	农业机械化及其自动化	农业工程类、林业工程类
山东科技大学	采矿工程	煤矿与安全工程
山东科技大学	安全工程	煤矿与安全工程
山东农业大学	农学	植物生产类
山东农业大学	动物科学	动物生产类、水产类

续表

学校名称	专业名称	所属领域方向
青岛农业大学	植物保护	植物生产类
山东中医药大学	中医学	中医学类
山东师范大学	教育学	师范教育
曲阜师范大学	汉语言文学	师范教育
郑州大学	新闻学	新闻传播类
郑州大学	水利水电工程	水利工程
河南理工大学	采矿工程	煤矿与安全工程
河南理工大学	安全工程	煤矿与安全工程
河南农业大学	农学	植物生产类
河南师范大学	物理学	师范教育
解放军外国语学院	非通用语种群（普什图语、乌克兰语、哈萨克语、吉尔吉斯语、乌兹别克语等16个语种）	外语非通用语种
解放军外国语学院	非通用语种群（印地语、乌尔都语、尼泊尔语3个语种）	外语非通用语种
武汉大学	国际经济与贸易	国际经济与贸易国际化人才培养
武汉大学	法学	法学
武汉大学	新闻学	新闻传播类
武汉大学	信息安全	信息安全
武汉大学	通信工程	通信工程
武汉大学	软件工程（设2个专业方向）	软件工程
武汉大学	水利水电工程	水利工程
武汉大学	口腔医学	口腔医学类
华中科技大学	新闻学	新闻传播类
华中科技大学	信息安全	信息安全
华中科技大学	电子科学与技术	集成电路
华中科技大学	软件工程（设2个专业方向）	软件工程
华中科技大学	临床医学	临床医学类
中国地质大学（武汉）	地质学	地质学
中国地质大学（武汉）	煤及煤层气工程	煤矿与安全工程
中国地质大学（武汉）	安全工程	煤矿与安全工程
武汉理工大学	动画	动漫
华中农业大学	农学	植物生产类
华中农业大学	园艺	植物生产类
华中农业大学	动物科学	动物生产类、水产类
华中师范大学	英语	师范教育

续表

学校名称	专业名称	所属领域方向
华中师范大学	化学	师范教育
中南财经政法大学	法学	法学
湘潭大学	中国革命史与中国共产党党史	马克思主义理论类
湖南大学	新闻学	新闻传播类
中南大学	安全工程	煤矿与安全工程
中南大学	临床医学	临床医学类
湖南科技大学	采矿工程	煤矿与安全工程
湖南农业大学	农学	植物生产类
中南林业科技大学	森林资源保护与游憩	森林资源类、草业科学类、环境生态类
湖南中医药大学	中医学	中医学类
湖南师范大学	体育教育	师范教育
中山大学	微电子学	集成电路
中山大学	网络工程	网络工程
中山大学	临床医学	临床医学类
中山大学	工商管理	工商管理类
暨南大学	新闻学	新闻传播类
华南理工大学	网络工程	网络工程
华南理工大学	集成电路设计与集成系统	集成电路
华南农业大学	农业机械化及其自动化	农业工程类、林业工程类
华南农业大学	植物保护	植物生产类
华南农业大学	农林经济管理	农林经济管理类
广州中医药大学	中医学	中医学类
华南师范大学	教育技术学	师范教育
广东外语外贸大学	非通用语种群（越南语、朝鲜语、泰国语、印尼语 4 个语种）	外语非通用语种
广西大学	新闻学	新闻传播类
广西大学	矿物资源工程	煤矿与安全工程
广西大学	农学	植物生产类
广西师范大学	物理学	师范教育
广西民族大学	非通用语种群（越南语、泰国语、老挝语、柬埔寨语、缅甸语、印尼语 6 个语种）	外语非通用语种
海南大学	园艺	植物生产类
海南师范大学	生物科学	师范教育
西南大学	教育学	师范教育
西南大学	生物科学	师范教育

续表

学校名称	专业名称	所属领域方向
西南大学	植物保护	植物生产类
西南大学	蚕学	动物生产类、水产类
重庆大学	采矿工程	煤矿与安全工程
重庆大学	软件工程（设 2 个专业方向）	软件工程
重庆大学	市场营销	工商管理类
重庆师范大学	数学与应用数学	师范教育
四川美术学院	动画	动漫
四川大学	新闻学	新闻传播类
四川大学	动画	动漫
四川大学	信息安全	信息安全
四川大学	核工程与核技术	核技术
四川大学	水利水电工程	水利工程
四川大学	临床医学	临床医学类
四川大学	口腔医学	口腔医学类
电子科技大学	信息安全	信息安全
电子科技大学	通信工程	通信工程
电子科技大学	集成电路设计与集成系统	集成电路
西南石油大学	石油工程	石油天然气
成都理工大学	地球物理学	地质学
成都理工大学	资源勘查工程	石油天然气
四川农业大学	农学	植物生产类
四川农业大学	动物科学	动物生产类、水产类
四川师范大学	汉语言文学	师范教育
西南财经大学	金融学	金融学国际化人才培养
西南财经大学	财务管理	工商管理类
贵州大学	采矿工程	煤矿与安全工程
贵州大学	植物保护	植物生产类
贵州师范大学	数学与应用数学	师范教育
云南大学	新闻学	新闻传播类
云南大学	网络工程	网络工程
云南大学	旅游管理	工商管理类
云南农业大学	园艺	植物生产类
云南师范大学	旅游管理与服务教育	师范教育
云南民族大学	非通用语种群（越南语、泰国语、老挝语、柬埔寨语、缅甸语 5 个语种）	外语非通用语种

续表

学校名称	专业名称	所属领域方向
西藏大学	数学与应用数学	师范教育
西藏大学	农学	植物生产类
西北大学	资源勘查工程	石油天然气
西安交通大学	微电子学	集成电路
西安交通大学	核工程与核技术	核技术
西安交通大学	计算机科学与技术	网络工程
西北工业大学	微电子学	集成电路
西北工业大学	计算机科学与技术	网络工程
西北工业大学	软件工程（设3个专业方向）	软件工程
西北工业大学	信息对抗技术	信息安全
西安理工大学	水利水电工程	水利工程
西安电子科技大学	信息安全	信息安全
西安电子科技大学	通信工程	通信工程
西安电子科技大学	软件工程（设2个专业方向）	软件工程
西安电子科技大学	网络工程	网络工程
西安电子科技大学	集成电路设计与集成系统	集成电路
西安科技大学	采矿工程	煤矿与安全工程
西安科技大学	安全工程	煤矿与安全工程
陕西科技大学	动画	动漫
西北农林科技大学	农业水利工程	农业工程类、林业工程类
西北农林科技大学	农学	植物生产类
西北农林科技大学	水土保持与荒漠化防治	森林资源类、草业科学类、环境生态类
陕西师范大学	汉语言文学	师范教育
陕西师范大学	数学与应用数学	师范教育
兰州大学	核技术	核技术
兰州大学	草业科学	森林资源类、草业科学类、环境生态类
甘肃农业大学	草业科学	森林资源类、草业科学类、环境生态类
西北师范大学	英语	师范教育
青海师范大学	数学与应用数学	师范教育
宁夏大学	生物科学	师范教育
宁夏大学	农学	植物生产类
新疆大学	化学工程与工艺	石油天然气
石河子大学	农学	植物生产类
塔里木大学	园艺	植物生产类
新疆农业大学	草业科学	森林资源类、草业科学类、环境生态类
新疆师范大学	中国少数民族语言文学（维吾尔语）	师范教育

2007 年度第二批高等学校特色专业建设点名单

学校名称	专业名称
北京大学	哲学
北京大学	信息与计算科学
北京大学	化学
北京大学	生物科学
北京大学	药学
北京大学	智能科学与技术
北京大学	保险
北京大学	城市管理
中国人民大学	哲学
中国人民大学	经济学
中国人民大学	社会学
清华大学	化学
清华大学	自动化
清华大学	机械工程及自动化
清华大学	能源动力系统及自动化
清华大学	建筑学
清华大学	化学工程与工业生物工程
清华大学	数学与应用数学
清华大学	工程管理
北京交通大学	交通运输
北京交通大学	机械工程及自动化
北京交通大学	经济学
北京工业大学	机械工程及自动化
北京航空航天大学	飞行器设计与工程
北京航空航天大学	飞行器动力工程
北京航空航天大学	数学与应用数学
北京理工大学	安全工程
北京理工大学	地面武器机动工程
北京科技大学	材料科学与工程
北京科技大学	冶金工程
北京科技大学	计算机科学与技术
北京化工大学	化学工程与工艺
北京化工大学	高分子材料与工程
北京邮电大学	计算机科学与技术
北京邮电大学	电子商务
华北电力大学	热能与动力工程
华北电力大学	电气工程及其自动化
中国矿业大学（北京校区）	采矿工程

续表

学校名称	专业名称	学校名称	专业名称
中国矿业大学（北京校区）	矿物加工工程	中国传媒大学	播音与主持艺术
中国石油大学（北京）	化学工程与工艺	对外经济贸易大学	金融学
中国石油大学（北京）	地质工程	对外经济贸易大学	会计学
中国石油大学（北京）	市场营销	首都经济贸易大学	劳动与社会保障
中国地质大学（北京）	地质学	中国人民公安大学	治安学
中国地质大学（北京）	勘查技术与工程	中国政法大学	法学
中国农业大学	环境科学类	北京体育大学	运动训练
中国农业大学	化学	中央民族大学	民族学
中国农业大学	农业建筑环境与能源工程	中央民族大学	中国少数民族语言文学
北京林业大学	木材科学与工程	北京服装学院	艺术设计
北京林业大学	水土保持与荒漠化防治	北京印刷学院	印刷工程
首都医科大学	护理学	北京建筑工程学院	建筑学
北京中医药大学	中药学	北京石油化工学院	化学工程与工艺
北京中医药大学	公共事业管理	北京电子科技学院	信息安全
北京师范大学	历史学	北京第二外国语学院	日语
北京师范大学	生物科学与生物技术	中央财经大学	金融学
北京师范大学	心理学	中央财经大学	会计学
北京师范大学	天文学	中央财经大学	财政学
首都师范大学	数学与应用数学	外交学院	外交学
北京外国语大学	英语	国际关系学院	法学
北京外国语大学	德语	中央音乐学院	音乐表演
北京语言大学	对外汉语	中央美术学院	雕塑
中国传媒大学	新闻学	中央戏剧学院	表演

续表

学校名称	专业名称	学校名称	专业名称
北京舞蹈学院	舞蹈编导	天津财经大学	会计学
北京信息工程学院	电子信息工程	天津农学院	水产养殖学
中国青年政治学院	社会工作	天津中医药大学	中医学
中华女子学院	社会工作	天津工程师范学院	自动化
中国劳动关系学院	法学	天津外国语学院	日语
南开大学	中国语言文学类	天津体育学院	社会体育
南开大学	经济学	天津音乐学院	音乐学
南开大学	生物技术	河北大学	教育学
南开大学	软件工程	河北工业大学	机械设计制造及其自动化
南开大学	人力资源管理	河北理工大学	冶金工程
天津大学	化学工程与工艺	河北理工大学	金属材料工程
天津大学	建筑学	河北科技大学	金属材料工程
天津大学	测控技术与仪器	河北农业大学	林学
天津大学	工程管理	河北农业大学	园林
天津大学	电气工程及其自动化	河北医科大学	临床医学
天津大学	数学与应用数学	河北师范大学	生物科学
天津科技大学	食品科学与工程	河北经贸大学	会计学
天津工业大学	纺织工程	河北工程大学	资源勘查工程
中国民航大学	交通运输	石家庄铁道学院	土木工程
天津理工大学	计算机科学与技术	燕山大学	机械设计制造及其自动化
天津医科大学	药学	华北科技学院	采矿工程
天津师范大学	应用心理学	防灾科技学院	地球物理学
天津商业大学	旅游管理	华北煤炭医学院	临床医学

续表

学校名称	专业名称	学校名称	专业名称
石家庄经济学院	资源勘查工程	内蒙古医学院	中药学
河北金融学院	金融学	内蒙古财经学院	会计学
中央司法警官学院	监狱学	辽宁大学	经济学
中国人民武装警察部队学院	消防工程	大连大学	护理学
山西大学	物理学	大连理工大学	机械设计制造及其自动化
太原科技大学	材料成型及控制工程	大连理工大学	电子信息工程
中北大学	电子信息工程	大连理工大学	建筑学
太原理工大学	机械设计制造及其自动化	大连理工大学	土木工程
山西农业大学	动物医学	大连理工大学	信息与计算科学
山西医科大学	临床医学	大连理工大学	应用物理学
山西师范大学	生物科学	沈阳工业大学	电气工程及其自动化
山西财经大学	金融学	沈阳理工大学	探测制导与控制技术
长治医学院	临床医学	东北大学	冶金工程
山西中医学院	中医学	东北大学	自动化
忻州师范学院	数学与应用数学	东北大学	公共事业管理
内蒙古大学	数学与应用数学	东北大学	软件工程
内蒙古大学	生物科学	辽宁科技大学	冶金工程
内蒙古科技大学	冶金工程	辽宁工程技术大学	测绘工程
内蒙古科技大学	采矿工程	大连交通大学	机械工程及自动化
内蒙古工业大学	热能与动力工程	大连海事大学	航海技术
内蒙古农业大学	草业科学	大连海事大学	轮机工程
内蒙古师范大学	汉语言文学	大连工业大学	服装设计与工程
内蒙古医学院	蒙医学	沈阳建筑大学	建筑学

续表

学校名称	专业名称
辽宁工业大学	车辆工程
中国医科大学	医学影像学
大连医科大学	临床医学
沈阳药科大学	药学
辽宁师范大学	教育学
沈阳师范大学	旅游管理
东北财经大学	金融学
东北财经大学	工商管理
沈阳航空工业学院	飞行器动力工程
沈阳航空工业学院	飞行器制造工程
沈阳化工学院	化学工程与工艺
大连水产学院	水产养殖学
辽宁中医药大学	中医学
中国刑事警察学院	侦查学
大连民族学院	计算机科学与技术
大连民族学院	艺术设计
吉林大学	哲学
吉林大学	化学
吉林大学	车辆工程
吉林大学	放射医学
吉林大学	经济学
延边大学	中国少数民族语言文学（朝鲜语言文学）
延边大学	动物科学

学校名称	专业名称
长春大学	针灸推拿学
长春理工大学	光信息科学与技术
吉林农业大学	中药资源与开发
东北师范大学	生物科学
东北师范大学	地理科学
东北师范大学	汉语言文学
吉林建筑工程学院	给水排水工程
吉林化工学院	化学工程与工艺
长春工程学院	电气工程及其自动化
吉林农业科技学院	野生动物与自然保护区管理
吉林医药学院	临床医学
北华大学	临床医学
通化师范学院	历史学
吉林工程技术师范学院	机械设计制造及其自动化
长春师范学院	人文教育
白城师范学院	公共事业管理
吉林工商学院	食品科学与工程
吉林体育学院	运动训练
吉林艺术学院	音乐学
吉林艺术学院动画学院	动画
东北师范大学人文学院	城市管理
黑龙江大学	俄语
黑龙江大学	经济学

续表

学校名称	专业名称	学校名称	专业名称
齐齐哈尔大学	英语	牡丹江医学院	医学影像学
佳木斯大学	口腔医学	齐齐哈尔医学院	精神医学
哈尔滨工业大学	机械设计制造及其自动化	哈尔滨体育学院	体育教育
哈尔滨工业大学	飞行器设计与工程	复旦大学	汉语言文学
哈尔滨工业大学	飞行器动力工程	复旦大学	预防医学
哈尔滨工业大学	材料科学与工程	复旦大学	生物科学
哈尔滨工程大学	轮机工程	上海大学	金属材料工程
哈尔滨工程大学	船舶与海洋工程	同济大学	建筑学
哈尔滨工程大学	热能与动力工程	同济大学	城市规划
哈尔滨理工大学	电气工程及其自动化	同济大学	土木工程
哈尔滨理工大学	信息管理与信息系统	同济大学	环境工程
东北农业大学	生物技术	同济大学	车辆工程
东北农业大学	农业水利工程	上海交通大学	生物技术
东北林业大学	林学	上海交通大学	机械工程及自动化
哈尔滨医科大学	预防医学	上海交通大学	信息工程
哈尔滨医科大学	药学	上海交通大学	船舶与海洋工程
黑龙江中医药大学	中药学	上海交通大学	工业工程
黑龙江中医药大学	药物制剂	上海交通大学	医学检验
哈尔滨师范大学	美术学	华东理工大学	应用化学
哈尔滨商业大学	机械设计制造及其自动化	华东理工大学	过程装备与控制工程
黑龙江科技学院	矿物加工工程	华东理工大学	化学工程与工艺
大庆石油学院	资源勘查工程	华东理工大学	制药工程
大庆石油学院	自动化	上海理工大学	机械设计制造及其自动化

续表

学校名称	专业名称
上海海事大学	航海技术
东华大学	纺织工程
东华大学	服装设计与工程
上海工程技术大学	艺术设计
上海水产大学	食品科学与工程
华东师范大学	数学与应用数学
华东师范大学	地理科学
华东师范大学	对外汉语
上海师范大学	汉语言文学
上海外国语大学	法语
上海外国语大学	日语
上海财经大学	金融学
上海财经大学	财政学
上海海关学院	法学
上海电力学院	电气工程及其自动化
上海对外贸易学院	国际经济与贸易
上海体育学院	民族传统体育
上海音乐学院	音乐表演
上海戏剧学院	戏剧影视美术设计
南京大学	哲学
南京大学	汉语言文学
南京大学	数学与应用数学
苏州大学	汉语言文学

学校名称	专业名称
南通大学	临床医学
扬州大学	农学
东南大学	建筑学
东南大学	土木工程
东南大学	交通工程
东南大学	信息工程
东南大学	自动化
东南大学	机械工程及自动化
南京航空航天大学	飞行器设计与工程
南京理工大学	自动化
南京理工大学	武器系统与发射工程
江苏科技大学	船舶与海洋工程
中国矿业大学	地质工程
中国矿业大学	电气工程与自动化
南京工业大学	生物工程
南京邮电大学	电子科学与技术
河海大学	土木工程
河海大学	环境工程
江南大学	生物工程
江南大学	食品科学与工程
江苏大学	机械设计制造及其自动化
南京信息工程大学	大气科学
南京农业大学	植物保护

续表

学校名称	专业名称
南京林业大学	林产化工
南京医科大学	预防医学
南京中医药大学	中药学
中国药科大学	药学
南京师范大学	地理信息系统
徐州师范大学	历史学
南京财经大学	食品科学与工程
江苏工业学院	化学工程与工艺
苏州科技学院	城市规划
淮阴工学院	机械设计制造及其自动化
南京工程学院	自动化
淮海工学院	化学工程与工艺
徐州医学院	麻醉学
淮阴师范学院	物理学
盐城师范学院	数学与应用数学
南京审计学院	审计学
南京艺术学院	艺术设计
浙江大学	工业设计
浙江大学	过程装备与控制工程
浙江大学	生物医学工程
浙江大学	能源与环境系统工程
浙江大学	建筑学
浙江大学	环境科学
浙江大学	高分子材料与工程
宁波大学	机械设计制造及其自动化
杭州电子科技大学	电子信息工程
浙江工业大学	化学工程与工艺
浙江理工大学	纺织工程
浙江师范大学	教育技术学
杭州师范大学	音乐学
浙江工商大学	统计学
嘉兴学院	经济学
中国计量学院	测控技术与仪器
中国计量学院	光信息科学与技术
浙江海洋学院	船舶与海洋工程
温州医学院	临床医学
浙江中医药大学	中医学
浙江中医药大学	针灸推拿学
绍兴文理学院	汉语言文学
温州大学	化学
浙江财经学院	财政学
浙江财经学院	会计学
中国美术学院	绘画
安徽大学	法学
中国科学技术大学	数学类
中国科学技术大学	物理学

续表

学校名称	专业名称
中国科学技术大学	电子信息工程
合肥工业大学	信息管理与信息系统
合肥工业大学	车辆工程
安徽工业大学	冶金工程
安徽理工大学	土木工程
安徽农业大学	动物医学
安徽医科大学	预防医学
安徽师范大学	汉语言文学
安徽师范大学	生物科学
安徽财经大学	国际经济与贸易
安徽工程科技学院	机械设计制造及其自动化
安徽建筑工业学院	土木工程
蚌埠医学院	医学检验
安徽中医学院	中药学
阜阳师范学院	物理学
安庆师范学院	人文教育
淮北煤炭师范学院	化学
厦门大学	化学
厦门大学	生物科学
厦门大学	统计学
厦门大学	数学与应用数学
厦门大学	材料科学与工程
集美大学	轮机工程
华侨大学	中国语言文学类
福州大学	化学类
福州大学	机械设计制造及其自动化
福建农林大学	生物科学
福建农林大学	机械设计制造及其自动化
福建医科大学	护理学
福建师范大学	体育学类
福建师范大学	汉语言文学
福建师范大学	音乐学
南昌大学	材料成型及控制工程
华东交通大学	电气工程及其自动化
华东交通大学	土木工程
东华理工大学	资源勘查工程
南昌航空大学	金属材料工程
南昌航空大学	测控技术与仪器
江西理工大学	采矿工程
江西农业大学	农学
江西师范大学	汉语言文学
江西师范大学	化学
江西财经大学	金融学
景德镇陶瓷学院	无机非金属材料工程
江西中医学院	针灸推拿学
山东大学	历史学

续表

学校名称	专业名称	学校名称	专业名称
山东大学	生物技术	山东交通学院	交通运输
山东大学	电气工程及其自动化	潍坊医学院	临床医学
山东大学	药学	泰山医学院	医学影像学
山东大学	光信息科学与技术	滨州医学院	口腔医学
中国海洋大学	生物科学	鲁东大学	生物科学
中国海洋大学	海洋技术	山东经济学院	会计学
济南大学	材料科学与工程	山东财政学院	财政学
烟台大学	法学	山东工艺美术学院	艺术设计
青岛大学	自动化	郑州大学	法学
中国石油大学（华东）	资源勘查工程	郑州大学	化学工程与工艺
中国石油大学（华东）	机械设计制造及其自动化	郑州大学	化学
中国石油大学（华东）	化学工程与工艺	河南理工大学	测绘工程
青岛科技大学	化学工程与工艺	河南理工大学	地质工程
青岛理工大学	土木工程	河南工业大学	食品科学与工程
山东农业大学	园艺	河南科技大学	机械设计制造及其自动化
山东中医药大学	中药学	河南农业大学	动物医学
山东师范大学	生物科学	河南大学	经济学
曲阜师范大学	数学与应用数学	河南大学	英语
聊城大学	化学	河南大学	地理科学
山东科技大学	测绘工程	河南师范大学	生物科学
山东建筑大学	建筑学	郑州轻工业学院	工业设计
山东轻工业学院	轻化工程	中原工学院	纺织工程
山东理工大学	车辆工程	河南中医学院	中药学

续表

学校名称	专业名称
新乡医学院	临床医学
河南财经学院	金融学
武汉大学	历史学
武汉大学	物理学
武汉大学	遥感科学与技术
武汉大学	思想政治教育
武汉大学	法语
长江大学	资源勘查工程
湖北大学	旅游管理
三峡大学	电气工程及其自动化
三峡大学	水利水电工程
华中科技大学	机械设计制造及其自动化
华中科技大学	热能与动力工程
华中科技大学	电气工程及其自动化
华中科技大学	计算机科学与技术
华中科技大学	工程力学
华中科技大学	预防医学
中国地质大学（武汉）	资源勘查工程
武汉理工大学	通信工程
武汉理工大学	材料科学与工程
武汉理工大学	车辆工程
湖北工业大学	艺术设计
武汉科技大学	无机非金属材料工程

学校名称	专业名称
武汉科技大学	机械工程及自动化
华中农业大学	水产养殖学
华中农业大学	农林经济管理
华中师范大学	思想政治教育
华中师范大学	教育学
中南财经政法大学	经济学
中南财经政法大学	财政学
中南财经政法大学	行政管理
中南民族大学	应用化学
中南民族大学	民族学
武汉工程大学	化学工程与工艺
武汉科技学院	艺术设计
武汉工业学院	食品科学与工程
湖北汽车工业学院	车辆工程
湖北中医学院	中药学
郧阳医学院	麻醉学
湖北师范学院	汉语言文学
武汉体育学院	公共事业管理
湖北美术学院	绘画
武汉音乐学院	录音艺术
湖北民族学院	园艺
湘潭大学	法学
湘潭大学	信息与计算科学

续表

学校名称	专业名称
湘潭大学	英语
吉首大学	音乐学
南华大学	核工程与核技术
湖南大学	土木工程
湖南大学	车辆工程
湖南大学	工业设计
中南大学	矿物加工工程
中南大学	土木工程
中南大学	材料科学与工程
湖南科技大学	机械设计制造及其自动化
湖南科技大学	化学
长沙理工大学	土木工程
长沙理工大学	交通工程
湖南工业大学	印刷工程
湖南农业大学	植物保护
中南林业科技大学	工业设计
湖南中医药大学	中药学
湖南师范大学	英语
湖南师范大学	生物科学
湖南师范大学	教育学
中南林业科技大学	食品科学与工程
湖南理工学院	美术学
湖南理工学院	应用化学

学校名称	专业名称
湖南商学院	国际经济与贸易
湖南文理学院	地理科学
中山大学	汉语言文学
中山大学	数学与应用数学
中山大学	化学
中山大学	生物科学
中山大学	资源环境与城乡规划管理
中山大学	软件工程
暨南大学	电子信息工程
暨南大学	汉语言文学
汕头大学	艺术设计
汕头大学	工商管理
广州大学	建筑学
广州大学	土木工程
深圳大学	建筑学
深圳大学	电子信息工程
华南理工大学	机械工程及自动化
华南理工大学	轻化工程
华南理工大学	食品科学与工程
广东工业大学	机械设计制造及其自动化
广东工业大学	自动化
华南农业大学	生物技术
华南农业大学	动物科学

续表

学校名称	专业名称
华南农业大学	食品科学与工程
广东海洋大学	食品科学与工程
广州中医药大学	针灸推拿学
广州中医药大学	中药学
南方医科大学	生物医学工程
南方医科大学	临床医学
华南师范大学	数学与应用数学
华南师范大学	化学
华南师范大学	汉语言文学
广东外语外贸大学	英语
广东外语外贸大学	法语
广州医学院	临床医学
广东医学院	临床医学
广东医学院	医学检验
广东药学院	药学
广东商学院	市场营销
广州体育学院	体育教育
广州美术学院	艺术设计
广西大学	电气工程及其自动化
广西大学	林学
桂林电子科技大学	通信工程
广西医科大学	临床医学
广西师范大学	汉语言文学

学校名称	专业名称
广西民族大学	中国少数民族语言文学（壮语言文学）
广西工学院	机械工程及自动化
桂林工学院	资源勘查工程
桂林工学院	旅游管理
广西中医学院	中药学
桂林医学院	生物技术
广西师范学院	地理科学
广西艺术学院	绘画
海南大学	水产养殖学
海南大学	食品科学与工程
西南大学	数学与应用数学
西南大学	心理学
西南大学	园艺
西南大学	历史学
重庆大学	机械工程及自动化
重庆大学	电气工程及其自动化
重庆大学	建筑学
重庆邮电大学	通信工程
重庆医科大学	临床医学
重庆工商大学	市场营销
西南政法大学	法学
重庆交通大学	土木工程
重庆工学院	车辆工程

续表

学校名称	专业名称
四川外语学院	英语
四川美术学院	绘画
四川大学	汉语言文学
四川大学	数学与应用数学
四川大学	轻化工程
四川大学	法医学
电子科技大学	电子科学与技术
电子科技大学	电子信息工程
西南交通大学	交通运输
西南交通大学	车辆工程
西南交通大学	电气工程及其自动化
西华大学	机械设计制造及其自动化
西南科技大学	材料科学与工程
成都理工大学	勘查技术与工程
四川农业大学	动物医学
四川农业大学	林学
成都中医药大学	中药学
四川师范大学	数学与应用数学
四川师范大学	物理学
西华师范大学	汉语言文学
西华师范大学	生物科学
西南财经大学	经济学
西南财经大学	市场营销

学校名称	专业名称
西南民族大学	中国少数民族语言文学
西南石油大学	应用化学
西南石油大学	机械工程及自动化
成都信息工程学院	电子信息工程
四川理工学院	化学工程与工艺
中国民用航空飞行学院	飞行技术
川北医学院	医学影像学
泸州医学院	麻醉学
成都体育学院	中医学
贵州大学	林学
贵州大学	农林经济管理
贵州大学	材料科学与工程
贵阳医学院	临床医学
贵阳中医学院	中药学
遵义医学院	口腔医学
贵州师范大学	地理科学
贵州师范大学	生物科学
贵州财经学院	市场营销
贵州财经学院	农村区域发展
贵州民族学院	旅游管理
云南大学	环境科学
云南大学	化学
昆明理工大学	冶金工程

续表

学校名称	专业名称
昆明理工大学	建筑学
云南农业大学	生物技术
云南师范大学	数学与应用数学
云南财经大学	会计学
云南民族大学	中国少数民族语言文学
西南林学院	林学
昆明医学院	临床医学
云南中医学院	中药学
西藏藏医学院	藏医学
西北大学	经济学
西北大学	化学
西北大学	地质学
延安大学	中国革命史与中国共产党党史
西安交通大学	自动化
西安交通大学	飞行器设计与工程
西安交通大学	工程力学
西安交通大学	信息工程
西安交通大学	电子科学与技术
西北工业大学	探测制导与控制技术
西北工业大学	自动化
西北工业大学	通信工程
西安理工大学	热能与动力工程
西安理工大学	自动化

学校名称	专业名称
西安电子科技大学	电子信息工程
西安电子科技大学	微电子学
西安建筑科技大学	城市规划
西安建筑科技大学	环境工程
西安科技大学	测绘工程
长安大学	地质工程
长安大学	道路桥梁与渡河工程
长安大学	交通运输
长安大学	机械电子工程
陕西科技大学	轻化工程
陕西科技大学	无机非金属材料工程
西北农林科技大学	园艺
西北农林科技大学	植物保护
西北农林科技大学	农林经济管理
陕西师范大学	英语
陕西师范大学	物理学
陕西师范大学	化学
西安工业大学	测控技术与仪器
西安工程大学	纺织工程
西安外国语大学	英语
青海师范大学	中国少数民族语言文学（藏语言文学）
青海民族学院	药学
宁夏大学	草业科学

续表

学校名称	专业名称
宁夏大学	生物科学类
宁夏医学院	临床医学
西北第二民族学院	材料科学与工程
新疆大学	中国少数民族语言文学
新疆大学	资源勘查工程
石河子大学	农林经济管理
新疆农业大学	农学
新疆医科大学	预防医学
新疆师范大学	音乐学

西部地区“两基”攻坚先进表彰名单

推进西部地区“两基”攻坚成就奖名单(13个)

内蒙古自治区
广西壮族自治区
重庆市
四川省
贵州省
云南省
西藏自治区
陕西省
甘肃省
青海省
宁夏回族自治区
新疆维吾尔自治区
新疆生产建设兵团

西部地区“两基”攻坚先进地区名单(100个)

内蒙古自治区(7个)

克什克腾旗
库伦旗
阿荣旗
杭锦旗
科尔沁右翼中旗
多伦县
四子王旗

广西壮族自治区(12个)

南宁市
桂林市
柳州市
崇左市
百色市
来宾市
上思县
凌云县
靖西县
都安瑶族自治县
东兰县
蒙山县

重庆市(2个)

城口县
酉阳土家族苗族自治县

四川省(10个)

阿坝藏族羌族自治州
茂县
九寨沟县
金川县
道孚县
乡城县
得荣县
会东县
喜德县
甘洛县

贵州省(13个)

遵义市
铜仁地区
黔东南苗族侗族自治州

黔南布依族苗族自治州
习水县
水城县
道真仡佬族苗族自治县
紫云县
黔西县
石阡县
从江县
平塘县
普安县

云南省（9个）

怒江傈僳族自治州
红河哈尼族彝族自治州
文山壮族苗族自治州
西双版纳傣族自治州
巧家县
宁蒗彝族自治县
孟连傣族拉祜族佤族自治县
耿马傣族佤族自治县
德钦县

西藏自治区（10个）

拉萨市
山南地区
申扎县
类乌齐县
洛隆县
波密县
南木林县
吉隆县
岗巴县
措勤县

陕西省（6个）

延安市
延川县
宁强县
定边县
紫阳县
柞水县

甘肃省（6个）

张家川回族自治县
天祝藏族自治县
环县
陇南市武都区
永靖县
临潭县

青海省（5个）

果洛藏族自治州
化隆县
海晏县
玛多县
称多县

宁夏回族自治区（3个）

固原市
盐池县
海原县

新疆维吾尔自治区（8个）

和田地区
莎车县
库车县
托里县
阿勒泰市
乌恰县
巩留县
尼勒克县

新疆生产建设兵团（5个）

农三师
5团
84团
北塔山牧场
170团

湖北省恩施土家族苗族自治州（2个）

巴东县
鹤峰县

湖南省湘西土家族苗族自治州（2个）

湘西土家族苗族自治州
保靖县

西部地区“两基”攻坚先进单位名单（50个）

内蒙古自治区（4个）

呼伦贝尔市教育局
通辽市发展和改革委员会
赤峰市教育局
乌兰察布市教育局

广西壮族自治区（5个）

柳州市教育局
天等县教育局
富川瑶族自治县教育和科技局
隆安县教育局
凤山县江洲乡巴标村村民委员会

重庆市（3个）

巫溪县教育局

秀山土家族苗族自治县发展计划委员会
云阳县教育委员会

四川省（5个）

甘孜藏族自治州财政局
甘孜藏族自治州教育局
阿坝藏族羌族自治州教育局
凉山彝族自治州教育局
昭觉县普诗乡九年一贯制学校

贵州省（6个）

安顺市教育局
黔东南苗族侗族自治州发展和改革委员会
铜仁地区财政局
织金县教育局
盘县教育局
兴仁县教育局

云南省（4个）

普洱市教育局
红河哈尼族彝族自治州教育局
大关县发展和改革局
泸水县六库镇中学

西藏自治区（5个）

昌都地区教育局
山南地区财政局
定日县教育局
墨脱县背崩乡
尼玛县中学

陕西省（3个）

汉中市教育局
商洛市教育局
榆林市财政局

甘肃省（3个）

甘南藏族自治州教育局
康县教育局
临夏县教育局

青海省（3个）

海西蒙古族藏族自治州教育局
黄南藏族自治州教育局
贵南县教育局

宁夏回族自治区（2个）

固原市原州区教育局
同心县丁塘中学

新疆维吾尔自治区（3个）

阿克苏地区行署教育督导室
喀什地区行署教育督导室
和田地区教育局

新疆生产建设兵团（2个）

皮山农场学校
222团学校

湖北省恩施土家族苗族自治州（1个）

咸丰县教育局

湖南省湘西土家族苗族自治州（1个）

湘西土家族苗族自治州教育局

西部地区“两基”攻坚先进个人名单（450人）

内蒙古自治区（31人）

满 达　门胜利　胡广纪　于 洋
宫云林　赛 那　包斯琴（女）　刘 华
杨福柱　萨 仁（女）　郭志霞（女）　马砚春（女）
邓洪彬　包斯琴巴图　姚云峰　宝 民
骆秀燕（女）　傅晓林　宋 悦　姚 东
德力格尔　袁顺泉　吴来贵　李 雅（女）
哈 斯　吕 岩　徐光举　赵守杰
赵·额尔德尼　阿拉腾乌拉　倪安祥

广西壮族自治区（48人）

刘谋桂　李开林　施日全　梁 毅
孔德商　陈文儒　董 凌　伍天庆
彭义锋　秦邦元　周晓冬　袁广林
李玉春　杨景安　何炎明　张贵雄
韦悦珍　雷海良　彭远麟　梁多芳（女）
黎耀宏　杨建林　农善军　麦加龙
朱武林　黄振江　容传文　苏秀冬（女）
李祚标　易培根　黄建南　王文深
农 弘　覃玉林　崔 华（女）　王远香（女）
梁喜雄　黄瀚影　杨 斌　梁仁国
牙廷超　蒙 权　韦声光　韦荣杰
陆忠勇　谭万福　覃开宏　黄永瑞

重庆市（11人）

彭智勇　马千真（女）　赵明华　孙开祥
米绍林　邓巨波　李先斌　张泽洲
涂志刚　李方宇　高 胜

四川省（45人）

何绍勇　侯蓉华　蒲晓筠（女）　魏小平
罗建跃　李朝刚　向秋扎西　马布都
雍支建　宋红原　杨慧康　尔恩·木沙
何永驹　加 村　秦国康　欧和均
杨小莉（女）　肖志明　李贵国　张东升
马 艳（女）　胡昌明　何 元　张泉生

李成辉　蒲　瓦　葛永兰（女）　陈加全
二健夺杰　李为国　唐　波　尹洪德
尔吉赤杰　沙　科　黄建群（女）　熊正林
曲木史日　巫立华　巫阿琼（女）　刘作成
黄珉福　杨代平　杨汉林　李松青
罗绒罗布

贵州省（54 人）

皮俊林　韦奕松　周绍益　班珍江
李元虎　王猛舟　章剑平　宋铭正
邓俊波　邓维华　王海英（女）　陈光翔
肖成富　方德跃　王忠海　杜玉清
谢志军　杨文羽　王则淮　杨昌群（女）
张荣根　廖　锦　周　溱　邰秀军
陈家鹏　陈明光　陈守才　刘英兰（女）
罗振兴　韦绍凯　吴朝彪　谢再富
龙洪良　王礼德　韦臣祥　肖克龙
张雨新　娄　云　郭启光　郑远志
李应江　龙宪碧　石堂果　田景明
温顺友　张珍强　傅传耀　何　萍（女）
李海波　申　朴　王茂佳　徐思学
袁兴华　朱文顶

云南省（45 人）

周益群　赵德荣　杨嘉华　马　鹏
普安银　陈必贵　王　琼（女）　曹先和
谢良璞　娄方义　丁兴忠　普绍忠
龙志华　马景华　李光成　李　扬
赵利雁（女）　任　安　张金发　严朝文
李安强　石春云　朱德兴　罗　涛
白　洁　李洪文　熊新国　张绍良
张　培　杨寿春　张义增　杨俊义
刘庆祥　段建生　松海明　蜂泽华
刘正雄　鲁　茸　李祥生　茶文安
龙圣强　杨　军　鲁建梅（女）　陈永琴（女）
潘绍文

西藏自治区（50 人）

罗布次仁　卢明秀（女）　塔　杰　格　桑
罗　布　尼玛次仁　普　训　次仁平措
南木加　拉　顿　普　琼　普　布
占　堆　小尼玛扎西　扎西加措　达　瓦
扎西次仁　班　旦　边巴多吉　次　仁
索朗群培　塔尔吉　沙　扎　李全喜
丁　涛　吉　布　罗布仁青　仁青罗布
张善民　丹　勇　索朗江村　嘎　罗
嘎　松　丁增罗布　成列拥宗（女）　巴措（女）
泽仁俊美　央　加　洛珠加措　赵　合
孙金玲（女）　徐久峰　洛　桑　次　旺
张　勤　中楚成　刘咸春　张义泉
次仁央宗（女）　丹增尼玛

陕西省（30 人）

席建中　张连业　董文红　杨　宵
姚靖江　罗雪剑　邵向农　刘惠芳（女）
张雁毅　杨彦生　王世海　罗万红
冯振东　程明东　张国武　王昌水
杨文海　马治东　王　明　张忠厚
杜修章　霍凤莲（女）　王　彪　董锦鹏
冯继红（女）　杜科持　张　杰　吴年志
李周科　马文光

甘肃省（26 人）

顾克勇　赵海峰　余新立　宋秉武
李六儿　召玛杰　鲁盛林　汪自仁
魏应安　杨爱平　史启明　张兴善
李焕珍（女）　杨建荣　田晓琴（女）　卢继定
张文芹（女）　鲍清海　王建华　张心悟
马　彪　马永祥　杨阿班　祥　成
魏周荣（女）　杨国荣

青海省（25 人）

董　林　韩富龙　冶青祥　张国珍
杜文渊　严金海　李顺邦　杨昌加
卡木特尔　保力德　那　科　马光勇
才让东智　周洪波　才　玉（女）　春　武
尕才仁　角　巴　久　美　周　加
刘忠庆　石占果　叶庆华　冷　周
郭彦丽（女）

宁夏回族自治区（13 人）

张义康　王建平　崔永兴　刘占保
李志菊（女）　陈任新　陈建宁　李国英（女）
王汉宗　辛四辈　王天斌　丁艳玲（女）
石彦才

新疆维吾尔自治区（35 人）

盛敦川　戴跃红（女）　刘　星　胡世龙
阿布都沙拉木·沙德克　胡亚生　石宝忠　李　涛
李　彪　张文华　王国郎　纪凤玲（女）
马海虹（女）　王　忠　廉春喜　刘智勇（女）
塔依尔莫一丁　刘宝升　郭太军
阿里木江·瓦依提　孙云成　莫合塔尔·艾依提
张金枝（女）　王国禹　朱日照　尔肯·哈斯木
王少明　艾尔肯·玉素甫　孙卫东　何　军
侯建新　杨渭锋　方新民　王昌霖
希尔扎提·巴吾东

新疆生产建设兵团（23 人）

曲义勇　胡桂莲（女）　刘晓霖（女）　高疆林
李建国　刘新湘（女）　孙发基　李增鹏
苟玉玲（女）　宋向东　陈建军　宋守林

周　喜　林　玲（女）　扎马斯　姜耀祥
李保山　王开儒　钟履明　卢根昌
邢正梅（女）　黄　然　王　军

湖北省恩施土家族苗族自治州（7人）

谢　苹（女）　李建春　曾得仓　向学葵
杨长美　秦　斌　朱宗畴

湖南省湘西土家族苗族自治州（7人）

张永中　刘保国　麻老正　刘世强
田富荣　周启良　全　智

2007年教育大事记

1月5日　教育部印发陈至立国务委员、周济部长在教育部2007年度工作会议上的讲话及《教育部2007年工作要点》。

△　教育部副部长陈小娅在广东佛山主持召开国家督学和专家座谈会，专题研究东部地区基础教育发展问题。

△　教育部办公厅印发《关于2007年推进普通高中新课程实验工作的通知》。

1月6日　教育部副部长陈小娅出席落实农村中小学免费教科书工作会议并讲话。

1月7日　由教育部与北京师范大学共建的中国文字整理与规范研究中心挂牌仪式暨中心学术委员会成立大会在北京师范大学举行。

1月8日　国家建设高水平大学公派研究生项目签约仪式在京举行，教育部部长周济出席会议并讲话，教育部副部长吴启迪出席会议。

1月8日—9日　教育部直属高校工作咨询委员会第十七次全体会议在京举行，国务委员陈至立出席会议并发表题为"坚持用科学发展观统领高等教育工作全局 加强管理 提高质量 力出特色"的讲话。教育部部长周济主持会议并讲话。2月9日，教育部印发陈至立国务委员、周济部长在教育部直属高校工作咨询委员会第十七次全体会议上的讲话。

1月9日　教育部副部长陈小娅出席农村义务教育经费保障新机制改革座谈会并讲话。

1月10日　教育部印发《关于做好2007年普通高等学校招收保送生工作的通知》。

△　教育部副部长吴启迪出席第二届教育部学科发展与专业设置专家委员会成立大会并讲话。

1月11日　教育部部长周济会见美国加州大学董唐伟先生。

△　中宣部、教育部联合举办的全国高校思想政治理论课"中国近现代史纲要"课教师培训班在京举行，教育部部长周济出席开班式并讲话。

1月12日—13日　教育部副部长吴启迪陪同国务委员陈至立在天津考察工作。

1月14日　教育部副部长袁贵仁、吴启迪出席高等学校哲学社会科学重点教材编审委员会工作会议并分别讲话。

1月14日—16日　教育部副部长章新胜率团赴意大利都灵出席了国际大学生体育联合会执委会会议。此次会议投票选出了2011年世界夏季和冬季大学生运动会的举办城市。经过激烈竞争，最终中国广东省深圳市获得世界大学生夏季运动会举办权。

1月15日　教育部部长周济出席中国、塔吉克斯坦两国有关文件签字仪式，并签署《中华人民共和国教育部和塔吉克斯坦共和国教育部教育合作协议补充协议书》。

△　教育部副部长吴启迪会见加拿大国家研究理事会主席皮埃尔·库仑伯一行。双方共同签署《关于人才培养的谅解备忘录》。

1月17日　教育部部长周济出席高校思想政治理论课《毛泽东思想、邓小平理论和"三个代表"重要思想概论》教师培训班开班式并讲话。

△　2007年全国高等教育招生计划工作会议在浙江杭州召开。教育部副部长袁贵仁出席会议并讲话。

△　教育部公布2007年普通高校招收保送生办法。

1月18日—19日　教育部党组在海南召开2007年全国教育纪检监察工作会议，教育部党组书记、部长周济出席会议并讲话，教育部党组成员、中央纪委驻教育部纪检组组长田淑兰在会上做了工作报告。

1月19日　财政部、教育部印发《关于"十一五"期间进一步加强高等学校财务管理工作的若干意见》。

1月19日—21日　教育部部长周济在海南进行工作调研，了解海南高等教育、基础教育和职业教育发展状况，并主持召开座谈会听取各方面的意见。

1月21日 教育部副部长赵沁平出席浙江大学航空航天学院成立大会并讲话。

△ 教育部副部长吴启迪出席了教育部与西安市人民政府合作建设西安电子科技大学签字仪式，与西安市代市长陈宝根共同签署了协议并讲话。

1月22日 教育部副部长赵沁平出席了北京高校科技创新工作会议并讲话。

1月22日—24日 教育部副部长陈小娅赴河北省就农村义务教育经费保障机制改革实施情况进行调研。

1月22日—26日 应香港邵氏基金会邀请，教育部副部长袁贵仁率教育部代表团一行65人赴香港参加邵氏基金第20次向内地教育赠款仪式。此次代表团由2007年接受邵氏基金赠款的23个省（市、自治区）教委（教育厅）代表、20所高校负责人以及部分受益中小学校长等组成。在港期间，教育部副部长袁贵仁会见了香港教育统筹局局长李国章、访问了香港学术评审局，参观了香港大学、香港中文大学，并向树仁大学赠送了图书。

1月24日 中央组织部、教育部、科技部、人事部、中国科协印发《关于动员和组织广大科技工作者为建设创新型国家做出新贡献的若干意见》。

1月25日 全国进一步治理教育乱收费工作电视电话会议在北京召开。国务委员陈至立出席会议并讲话。教育部部长周济在会上做了发言。教育部党组成员、中央纪委驻教育部纪检组组长田淑兰、部长助理郑树山出席会议。

△ 教育部副部长吴启迪出席了“中等职业学校教师素质提高计划”和“高等学校本科教学质量与教学改革工程”新闻发布会并讲话。

1月26日 全国内地西藏班办学和教育援藏工作会议在京召开，中共中央政治局常委、全国政协主席贾庆林出席会议并发表重要讲话。他强调，要坚持以邓小平理论和“三个代表”重要思想为指导，牢固树立和落实科学发展观，全面贯彻党的民族政策和教育方针，大力实施“科教兴藏”和“人才强藏”战略，坚持西藏自力更生与国家扶持、内地支援相结合，推动西藏各级各类教育的快速、协调、健康发展，为促进西藏的繁荣发展和社会稳定提供强有力的保障。会议由全国政协副主席、中央统战部部长刘延东主持。周永康、徐才厚、热地出席了会议。会上，对内地西藏班办学和教育援藏工作做出突出成绩的先进集体和先进个人进行了表彰。教育部部长周济、西藏自治区主席向巴平措等在会上发言，教育部副部长赵沁平出席会议。

△ 教育部副部长陈小娅出席了中央教育科学研究所成立50周年庆祝大会并讲话。

1月28日 教育部副部长陈小娅出席纪念中国电化教育70周年座谈会暨2007年全国电化教育馆馆长会议并讲话。

1月28日—29日 第八届国家督学会议在京举行。教育部部长周济出席开幕式并讲话。教育部副部长、国家总督学陈小娅主持会议并作会议总结。

1月29日 中央社会治安综合治理委员会学校及周边治安综合治理工作领导小组在北京召开2007年第一次全体会议。教育部副部长李卫红通报了2006年全国学校及周边治安综合治理工作情况及2007年工作安排。

△ 科技部、中宣部、教育部等八部门印发《关于加强国家科普能力建设的若干意见》。

△ 教育部印发《关于公布第十三批基本普及义务教育、基本扫除青壮年文盲县（市、区）名单的决定》。

2月1日 国务委员陈至立出席中东部地区农村义务教育经费保障机制改革座谈汇报会并讲话，教育部部长周济、副部长陈小娅出席汇报会并分别讲话。

△ 教育部部长周济与法国国民教育、高教和科研部部长德罗比安在北京举行会谈，并签署《关于签订新的学位、文凭互认协议的意向书》、《中华人民共和国教育部和法国国民教育、高教和科研部关于中—法在针灸学教学方面的大学教育合作协议书》；出席《第二届中法教育合作混委会纪要》的签字仪式。

△ 教育部、国家发展改革委印发《关于下达2007年全国研究生招生计划的通知》。

△ 教育部办公厅发出《关于做好2007年中小学幼儿园安全工作的意见》。

△ 教育部办公厅发出《关于做好2007年教育审计工作的通知》。

2月3日 教育部部长周济签署中华人民共和国教育部第25号令，发布《民办高等学校办学管理若干规定》，自2007年2月10日起施行。

2月3日—4日 国务院总理温家宝在吉林省考察时指出，要把最优秀学生吸引到师范院校来。

2月5日 马克思主义理论研究和建设工程工作会议在北京召开，中共中央政治局常委李长春出席会议并作重要讲话。教育部部长周济在会上作了发言，教育部副部长袁贵仁、吴启迪、李卫红出席会议。

△ 中国与斯洛伐克两国有关文件签字仪式在京举行，教育部部长周济与斯洛伐克总理罗贝尔特·菲佐共同签署了《中华人民共和国教育部和斯洛伐克共和国教育部2007—2010年教育合作计划》。

△ 教育部副部长赵沁平出席了"2006中国教育年度新闻人物"颁奖晚会并颁奖。

2月6日 国务委员陈至立主持召开全民科学素质工作领导小组第二次会议并强调，要以"节约能源资源、保护生态环境、保障安全健康"为主题，把科技教育、传播和普及工作进一步落实到基层，不断提高全体公民的科学素质。

△ 教育部副部长吴启迪出席了教育学名词审定委员会成立大会暨第一次工作会议并讲话。

△ 教育部召开2007年度学校体育、卫生与健康、艺术教育和国防教育工作会议，教育部副部长陈小娅出席并讲话。

△ 教育部办公厅发出《关于清理评比达标表彰活动的通知》。

2月7日 教育部办公厅公布2006年认定的国家级重点中等职业学校名单。

2月9日 教育部举行2007年新春团拜会，为教育系统的广大干部职工送去新春的祝福。教育部部长周济出席团拜会并讲话。

2月10日—11日 教育部部长周济在河南调研和慰问教师时强调，要推进保障机制改革，抓好教师队伍建设。

2月12日 国家语委科研规划领导小组和国家语委语言文字规范（标准）审定委员会换届会在北京召开。教育部副部长、国家语委主任赵沁平出席会议并讲话。

2月13日 教育部副部长李卫红到河北省大厂回族自治县慰问中小学教师。

2月14日 国务委员陈至立看望了著名专家学者季羡林、张光斗先生，向他们致以节日祝贺，并向全国广大教育工作者祝贺新春佳节。

2月15日 教育部在京召开有关直属单位对口支援西藏教育厅有关直属单位协调会，部署教育对口援藏工作。教育部副部长赵沁平出席会议并讲话。

2月17日 教育部印发《关于进一步深化本科教学改革全面提高教学质量的若干意见》。

2月23日 由教育部主办、深圳市人民政府承办的全国第二届中小学生艺术展演活动在深圳大剧院开幕。

2月28日 教育部召开"高等学校本科教学质量与教学改革工程"启动视频会议。教育部部长周济强调，要扎实实施"质量工程"，全面提高高等教育质量，努力办好让人民满意的高等教育。教育部副部长吴启迪主持会议。

△ 教育部颁布《全国成人高等学校招生复习考试大纲》。

3月1日 教育部召开2007年全国普通高等学校招生工作电视电话会议。教育部党组书记、部长周济，教育部党组成员、中纪委驻教育部纪检组组长田淑兰在北京主会场出席会议并讲话。教育部副部长赵沁平主持会议。

3月2日 国务委员陈至立在河北省召开农村义务教育经费保障机制改革座谈会并强调，各级政府要进一步增强责任感和紧迫感，狠抓工作落实，加强督导检查，切实做好今年春季学期在全国农村全部免除义务教育学杂费工作。

△ 教育部召开加强民办高校规范管理引导民办高等教育健康发展座谈会。教育部副部长袁贵仁出席会议并讲话。

△ 教育部印发《关于进一步加强引进海外优秀留学人才工作的若干意见》。

3月6日 教育部部长周济、副部长李卫红出席国家教育行政学院新学期全院教职工大会。周济在会上强调，要以科学发展观统领"十一五"教育干训工作全局。

△ 2007年度语言文字工作会议在京举行。教育部副部长、国家语委主任赵沁平出席会议并讲话。

△ 教育部、总参谋部、总政治部联合印发《关于全国学生军训工作检查情况的通报》。

△ 文化部、公安部、教育部等14部门联合印发《关于进一步加强网吧及网络游戏管理的通知》。

△ 教育部印发《关于公布2006年度高等学校

专业设置备案或审批结果的通知》。

△ 教育部印发《关于做好国家教育考试考务管理与服务平台相关工作的通知》。

3月12日 教育部印发《关于推进高等农林教育服务社会主义新农村建设的若干意见》。

3月13日 教育部副部长吴启迪会见德国联邦议院对外文化教育政策委员会主席彼得高韦尔勒一行。

△ 教育部印发《普通高等学校新生学籍电子注册暂行办法》。

3月14日 教育部部长周济、副部长袁贵仁、赵沁平及财政部副部长张少春前往清华大学核能与新能源技术研究院进行工作调研。

3月15日—27日 教育部副部长吴启迪应巴西教育部、牙买加教育部与青年部、美国莱斯大学的邀请，率团先后访问上述三国。在巴期间，出席“中国—巴西大学校长论坛”及“21世纪中国教育展”开幕式，访问埃斯塔西奥—德萨大学，与巴西华人学者进行座谈；在牙期间，访问牙买加教育与青年部和西印度大学，并向西印度大学赠书；在美期间，出席“中国—莱斯大学领导高级研讨班”的有关活动，与当地华人学者进行了座谈。

3月18日 教育部印发《关于在全国中小学开展创建和谐校园的意见》。

3月20日—22日 中纪委驻教育部纪检组组长、教育部党组成员田淑兰赴上海，就教育系统行风建设工作进行调研。

3月20日—26日 教育部、人事部、劳动和社会保障部联合举办“2008年全国高校毕业生就业网络联盟春季联合招聘周”活动。

3月22日 教育部、总参谋部、总政治部印发《学生军事训练工作规定》。

3月24日—28日 章新胜副部长率中国教育代表团访问俄罗斯，与俄教育署长共同主持召开中俄教育合作分委会第七次会议。

3月26日 国家汉语国际推广领导小组办公室、中国人民大学联合举办的“世界汉学大会2007”在中国人民大学开幕，国务委员陈至立、教育部部长周济出席开幕式。

△ 由教育部、公安部、国家质检总局、国家安监总局等9个部门联合举办的第十二个全国中小学生安全教育日活动在京举行。教育部部长周济出席并讲话，教育部副部长陈小娅一并出席。

△ 建设部、中央文明办、教育部、全国总工会、共青团中央联合印发《关于在建筑工地创建农民工业余学校的通知》。

3月28日 2006年度长江学者特聘教授、讲座教授受聘仪式暨长江学者成就奖颁奖典礼在京举行，国务委员陈至立出席并讲话。教育部部长周济主持受聘仪式暨颁奖典礼，副部长赵沁平宣读了特聘教授、讲座教授和长江学者成就奖获奖者名单。

3月29日 中央统战部、教育部、劳动和社会保障部、农业部联合印发《关于实施“温暖工程李兆基基金百万农民培训”项目的通知》。

△ 教育部办公厅印发《教育部直属高校、事业单位国有资产使用和处置行为管理授权审批暂行办法》。

3月30日 教育部在京召开全国大中小学开展廉洁教育工作视频会议。教育部副部长、教育部廉洁教育和廉政文化建设工作领导小组组长李卫红出席会议并讲话。中纪委驻教育部纪检组组长、教育部廉洁教育和廉政文化建设工作领导小组副组长田淑兰主持会议并作总结讲话。会后，教育部印发了《关于在大中小学全面开展廉洁教育的意见》。

3月30日—31日 2007年度全国职业教育与成人教育工作会议在北京召开。教育部部长周济出席会议并讲话。教育部副部长吴启迪在闭幕式上做了讲话。

4月1日—11日 教育部副部长陈小娅陪同全国人大常委会副委员长盛华仁赴安徽、江西进行义务教育法执法检查。

4月1日—7日 教育部部长助理郭向远陪同全国人大常委会副委员长路甬祥赴广西进行义务教育法执法检查。

4月2日—8日 教育部部长助理杨周复陪同全国人大常委会副委员长成思危赴河南省进行义务教育法执法检查。

4月4日 教育部、国家体育总局发出《关于实施〈国家学生体质健康标准〉的通知》。

△ 教育部公布第八届全国大学生运动会组织委员会名单。教育部副部长陈小娅任执行主任。

4月6日 教育部印发《关于进一步规范中外合作办学秩序的通知》。

4月9日 孔子学院总部揭牌仪式在北京举行。

国务委员、国家汉语国际推广领导小组组长、孔子学院总部理事会主席陈至立为孔子学院总部揭牌并致辞，教育部部长周济主持仪式。教育部副部长章新胜、赵沁平出席。

4月10日 教育部副部长吴启迪出席与甲骨文公司合作备忘录签字仪式，并会见了甲骨文公司出席签字仪式的副总裁严旋先生。

4月13日 中宣部、教育部、总政治部联合在人民大会堂举行了方永刚同志先进事迹报告会。社会各界代表800余人参加了报告会，其中北京大学、清华大学、中国人民大学、北京航空航天大学等10所高校的师生代表共140余名。教育部副部长李卫红出席了报告会。

△ 由团中央、全国学联与中组部、中宣部、教育部、人事部、农业部共同组织的“青春的选择”——优秀大学生农村创业巡回报告团首场报告会在北京人民大会堂举行。中共中央政治局委员、全国人大常委会副委员长王兆国在报告会前接见了报告团全体成员，并与大家座谈。教育部副部长李卫红参加座谈会并听取了首场报告会。

△ 教育部发出紧急通报，要求各地教育行政部门和学校要切实加强中小学安全工作。

4月14日 教育部召开部分高校党委书记座谈会。教育部部长周济、副部长袁贵仁分别主持了座谈会。

△ 教育部部长周济会见出席第二届中、日、韩三国教育部司（局）长级磋商会议的参会司（局）长。

4月16日—22日 全国人大常委会副委员长许嘉璐率领全国人大常委会义务教育法执法检查组在陕西执法检查。

4月17日 教育部部长周济会见并宴请美国加州大学伯克利分校校长柏敬诺博士一行。

4月18日 教育部副部长赵沁平出席由教育部科技司和SUN公司联合召开的“2007年中国教育及科研计算机应用与网络研讨大会”，并在此前会见了SUN公司高层领导。

△ 国家发展改革委、教育部印发《中西部农村初中校舍改造工程总体方案》。

△ 教育部印发《关于做好2007年中等职业学校招生工作的通知》。

4月18日—24日 教育部举办2007年应届高校毕业生网上联合招聘活动。本次活动是教育部中国高校毕业生就业服务信息网（www.myjob.edu.cn）联合40余家其他社会大型人才网站、人才市场举办的面向2007届高校毕业生提供就业服务的公益性活动。

4月19日 教育部副部长吴启迪出席微软公司召开的亚洲政府领导论坛并发表了讲话。

4月20日 第四届中国高校人文社会科学研究优秀成果奖颁奖大会在北京人民大会堂举行，国务委员陈至立出席并讲话。教育部部长周济主持会议，教育部副部长李卫红宣读《教育部关于颁布第四届中国高校人文社会科学研究优秀成果奖的决定》。

4月21日 教育部社会科学委员会第三次工作会议在京召开。教育部部长周济出席会议并讲话，教育部副部长李卫红作了总结发言。会议宣布了教育部关于新增补40位社科委成员的决定和名单。

4月22日 教育部和新闻出版总署联合召开高校出版体制改革试点工作会议。教育部副部长李卫红出席会议并讲话。

△ 教育部公布《2007年限制招生（黄牌）普通高等学校和独立学院名单》。

4月23日 中共中央政治局召开会议，研究加强青少年体育工作和网络文化建设工作。中共中央总书记胡锦涛主持会议。

△ 国务院纠风办召开会议，对2007年全国纠风工作进行全面部署。国务委员华建敏发表了讲话，教育部副部长袁贵仁出席会议并讲话。

4月24日 中共中央政治局常委李长春视察孔子学院总部，教育部部长周济陪同考察。

4月25日 国务院召开2007年全国普通高等学校毕业生就业工作电视电话会议，强调要加强统筹协调，采取积极措施，大力促进高校毕业生充分就业，努力实现高校毕业生就业率基本稳定，就业人数进一步增长的目标。国务委员兼国务院秘书长华建敏主持会议，国务委员陈至立发表讲话，教育部部长周济在会上发言。

4月26日 国家语委2007年度全体委员会议在北京召开。教育部、民政部、人事部、国家工商总局、共青团中央等16个成员单位的委员、联络员以及教育部相关司局和事业单位的负责人出席了会议。教育部部长周济，教育部副部长、国家语委主任赵沁平出席会议并讲话。

△ 教育部办公厅印发《2007年国家教育统一考试网上评卷工作管理办法》。

4月27日 人事部、教育部决定授予海南师范大学生物系教师郭力华“全国模范教师”荣誉称号。

△ 教育部、国家体育总局、共青团中央印发《关于全面启动全国亿万学生阳光体育运动的通知》。

△ 教育部办公厅、国家中医药管理局办公室发出《关于中等中医类专业招生有关问题的通知》。

4月27日—29日 教育部副部长袁贵仁出席了第三届两岸经贸文化论坛并作关于大陆教育发展情况的主题报告。

4月28日 教育部部长周济出席了张光斗先生奉献祖国水利水电事业70周年暨95寿辰庆祝会并讲话。

△ 教育部党组成员、中纪委驻教育部纪检组组长田淑兰出席了全国治理商业贿赂工作座谈会并发言。

△ 教育部办公厅发出《关于不受理义务教育阶段学生参加英语等级考试的通知》。

4月29日 “全国亿万青少年学生阳光体育运动”全面启动。中共中央政治局常委李长春出席启动仪式。中共中央政治局委员、北京市委书记刘淇参加启动仪式。国务委员陈至立主持启动仪式。教育部部长周济、副部长陈小娅、李卫红、教育部党组成员、中纪委驻教育部纪检组组长田淑兰、部长助理郭向远出席了启动仪式。

4月30日 中华人民共和国政府和日本国政府在京举行西安外国语大学、湖南大学申请的日本对华文化无偿援助政府换文签字仪式。教育部副部长章新胜、日本驻华特命全权大使宫本雄二分别代表两国政府签字。

△ 教育部印发《关于进一步改进和加强国家教育考试工作的几点意见》。

△ 教育部办公厅发出《关于做好2007年普通高等学校招生全国统一考试安全保密和考务管理工作的通知》。

5月4日 中共中央政治局常委、国务院总理温家宝来到中国人民大学看望青年学生，与大家共度“五四”青年节，代表党中央、国务院向全国广大青年朋友表示亲切的慰问并致以节日的祝贺。

5月7日 中共中央、国务院印发《关于加强青少年体育增强青少年体质的意见》。

△ 人事部、教育部印发《关于高等学校、义务教育学校、中等职业学校等教育事业单位岗位设置管理的三个指导意见的通知》。

5月8日 教育部部长周济会见加拿大维多利亚大学校长 David Turpin 先生，并出席该校与国家留学基金委签字仪式。

5月8日—11日 教育部部长周济陪同全国人大常委会副委员长路甬祥到北京市进行义务教育法执法检查。

5月9日 国务院办公厅转发教育部等部门制订的《教育部直属师范大学师范生免费教育实施办法（试行）》。

△ 教育部印发《2007年高等学校招生全国统一考试考务工作规定》。

5月10日—11日 教育部副部长章新胜出席意大利政府和联合国教科文组织共同举办的“教育、科研与创新：可持续发展合作新伙伴”世界论坛，并作为特邀嘉宾做主旨发言。

5月11日 教育部办公厅发出《关于做好预防中小学生溺水事故工作的通知》。

5月13日 国务院印发《关于建立健全普通本科高校、高等职业学校和中等职业学校家庭经济困难学生资助政策体系的意见》。

5月14日 全国大学生先进事迹报告会首场报告在京举行。教育部部长周济接见了报告团成员，教育部副部长李卫红出席报告会并讲话。

△ 教育部副部长吴启迪赴延安，出席了中国浦东、井冈山、延安干部学院教育工作会议。

△ 教育部公布备案的15所高等职业学校名单。

5月14日—16日 教育部语言文字应用管理司和国家民委文化宣传司在昆明联合召开“少数民族教师语言培训工作研讨会”。

5月15日 教育部在京召开师范生免费教育实施工作会议，教育部部长周济出席会议并讲话，副部长陈小娅主持会议。

△ 教育部部长助理郭向远会见加拿大艾伯塔省高等教育与科技部部长 Doug Horner 先生并签署《关于相互承认高等和高中后教育的谅解备忘录》。

5月16日 全国家庭经济困难学生资助工作会议在京召开。国务委员陈至立出席会议并讲话，教育部部长周济到会作总结发言，教育部副部长袁贵仁、部长助理郭向远出席会议。

△ 教育部部长周济参加胡锦涛主席会见美国耶鲁大学百名师生代表团活动。

5 月 16 日—17 日 教育部副部长吴启迪陪同国务委员陈至立赴深圳，出席了第三届深圳国际文化博览会开幕式并考察了深圳职业教育学院。

5 月 17 日 中宣部、教育部举办的 2007 年高校思想政治理论课骨干教师第一期研修班在京开班。教育部部长周济主持了开班式。中宣部常务副部长吉炳轩到会进行了开班动员。

△ 教育部副部长赵沁平出席了中加合作“加强中国西部基础教育能力建设项目”第二次国家级论坛开幕式并致辞。

5 月 17 日—18 日 教育部副部长陈小娅赴江西进行“两基”国家督导检查。

5 月 18 日 纪念“五·二〇”学生运动 60 周年座谈会在北京举行，中央宣传思想工作领导小组副组长、国务委员陈至立出席并讲话。教育部部长周济出席座谈会。

△ 国务院批转教育部《国家教育事业发展“十一五”规划纲要》。

5 月 19 日—20 日 教育部部长周济出席同济大学建校 100 周年庆祝大会并致辞。

5 月 22 日 教育部副部长吴启迪在上海出席 IBM 公司举办的 2007 年亚太区基础教育创新峰会晚宴并致辞。

5 月 23 日 国务委员陈至立会见马来西亚教育部长希沙姆丁·敦·侯赛因一行，教育部部长周济也参加陪同会见。

△ 财政部办公厅、教育部办公厅发出《关于组织实施中等职业学校专业骨干教师培训工作的指导意见》。

5 月 24 日 教育部印发《关于确定首批中等职业教育德育工作实验基地学校的通知》。

5 月 25 日 国务院召开加强青少年体育增强青少年体质电视电话会议，国务委员陈至立出席会议并讲话。

△ 教育部党组发出《关于加强普通高等学校基层党组织建设的意见》。

5 月 27 日—28 日 教育部部长周济赴山东进行工作调研。期间，周济出席了教育部、山东省政府、国家海洋局、青岛市政府继续重点共建中国海洋大学签字仪式，代表教育部在协议上签字并致辞；出席了青岛海洋科学与技术国家实验室筹建工作汇报会；考察了胶南电子学校、青岛黄海职业学院、胶南高级职业学校、山东大学、济南市特殊教育中心、历城职业中专；就教育问题与省委书记李建国等交换了意见。

5 月 28 日 教育部部长周济出席中泰两国合作文件签字仪式，与泰国教育部长共同签署中泰两国学历学位互认协议。

△ 教育部副部长吴启迪出席了全国省级广播电视大学党委书记、校长会议并讲话。

△ 教育部等八部门联合发出《关于开展第十届全国推广普通话宣传周活动的通知》。

5 月 28 日—30 日 教育部党组成员、中央纪委驻教育部纪检组组长田淑兰赴四川检查高考准备工作。

5 月 28 日—31 日 教育部副部长赵沁平赴辽宁检查 2007 年普通高校招生全国统一考试工作，并对辽宁省高校毕业生就业工作和内地“西藏班”办学情况进行调研。其间，赵沁平先后听取了辽宁省教育厅、沈阳市政府、营口市政府负责同志的有关工作汇报，考察了沈阳市招生考试办公室、营口市高考指挥系统、营口市第二高级中学考场、营口市第四高级中学“西藏班”、辽宁省高校毕业生就业市场等，就有关工作分别同辽宁省委书记李克强、省长张文岳、副省长卢昕交换了意见。

5 月 30 日 教育部印发《关于学习、宣传和全面贯彻〈国家教育事业发展“十一五”规划纲要〉的通知》。

5 月 31 日 教育部副部长陈小娅出席并主持了“和谐中国 畅想奥运”——恒源祥万名青少年天安门文体活动。

△ 教育部副部长李卫红在浙江高校考察时强调，各高校要继续做好“平安校园”建设工作。

6 月 1 日 中共中央总书记、国家主席、中央军委主席胡锦涛到北京市大兴区庞各庄镇田园幼儿园和第二中心小学考察少年儿童工作，同孩子们一起欢度节日。胡锦涛代表中共中央，向全国广大少年儿童表示节日的祝贺，向全国广大少年儿童工作者表示崇高的敬意。中央办公厅主任王刚，国务委员陈至立等陪同考察。

△ 教育部部长周济出席了温家宝总理主持召开

的国家信息化领导小组会议。

△ 教育部副部长章新胜、吴启迪出席“爱的彩衣”——庆祝六一国际儿童节大型电视晚会。

△ 中共中央宣传部、教育部、共青团中央联合印发《关于学习胡锦涛总书记向中国青年群英会致信精神的通知》。

△ 教育部、新闻出版总署印发《关于高校出版社体制改革试点工作的若干意见》。

△ 教育部印发《关于切实落实中小学安全工作的通知》。

△ 教育部印发《关于应对猪肉价格上涨进一步做好高校学生食堂工作的紧急通知》。

6月3日 教育部副部长吴启迪出席全国高等学校教学研究会第二届理事大会暨教学改革研讨会开幕式并讲话。

6月3日—4日 教育部副部长李卫红出席了全国网络文化建设和管理工作会议。

6月4日 教育部举行第9次新闻发布会，教育部副部长袁贵仁介绍《国家教育事业发展“十一五”规划纲要》有关情况。

△ 教育部副部长章新胜主持中国——澳大利亚教育联合工作组第三次副部级磋商会议。

△ 教育部副部长陈小娅赴陕西省，出席了陕西省“两基”工作国家检查组向陕西省人民政府意见反馈会并讲话。

△ 教育部印发《关于学习贯彻〈中共中央国务院关于加强青少年体育增强青少年体质的意见〉的通知》。

△ 教育部发出《关于进一步做好高等学校各类招生管理工作的通知》。

6月5日 教育部召开座谈会学习贯彻《国家教育事业发展“十一五”规划纲要》。教育部党组书记、部长周济，党组副书记、副部长袁贵仁，党组成员、部长助理郭向远出席。

△ 共青团中央、中央社会综合治理委员会办公室、教育部等13部门联合印发了《关于表彰第五届全国杰出（优秀）进城务工青年、进城务工青年工作先进集体、进城务工青年良师益友及“千校百万”进城务工青年培训工作先进集体的决定》。

△ 教育部、公安部、劳动和社会保障部印发《关于实施中等职业学校保安服务业紧缺人才培养工程的通知》。

6月5日—6日 全国学生军事训练工作研讨会在北京召开。会议就如何贯彻落实最近颁发的《学生军事训练工作规定》，进一步加强学生军事训练工作的制度化、规范化建设等进行了研讨。

6月5日—7日 教育部副部长陈小娅赴重庆、四川，出席了国务院农村综合改革办公室召开的部分省份清理化解农村义务教育“普九”债务工作座谈会并讲话。

6月6日 教育部副部长赵沁平出席清华大学主办的长江学者信息科学学术论坛开幕式并致辞。

△ 教育部副部长吴启迪出席“后义务教育财政问题”高层研讨会并致辞。

6月7日 全国高考如期举行。教育部副部长赵沁平前往考试中心巡视高考工作。其间，赵沁平听取了考试中心负责同志的有关工作汇报，通过国家教育考试考务管理与服务平台与19个省（区、市）的负责同志进行了工作交流。

△ 教育部公布《2006年全国教育事业发展统计公报》。

△ 教育部印发《关于建立健全高中阶段教育学校招生工作机构的通知》。

6月8日 中共中央政治局常委李长春在河南大学调研时强调，要采取有效措施促进大学生健康成长。

△ 教育部部长助理郭向远赴深圳，出席了中组部组织召开的留学归国人员党员恢复组织生活工作座谈会。

△ 教育部部长助理杨周复赴黑龙江，出席了国防科工委、教育部、黑龙江省政府、海军共建哈尔滨工程大学协议签字仪式，并代表教育部在协议上签字。

6月8日—9日 教育部部长周济陪同陈至立国务委员赴辽宁考察。其间，到东北育才学校和沈阳市第158中学进行调研。

6月9日 教育部副部长章新胜赴沈阳出席2007沈阳世界文化与自然遗产博览会开幕式和高峰论坛并分别致辞。

△ 教育部副部长吴启迪出席全国工程教育专业认证专家委员会成立大会并讲话。

6月9日—11日 教育部、国务院纠风办在沈阳召开全国规范城市义务教育收费工作交流会暨全国治理教育乱收费工作汇报会。陈至立国务委员出席会议并作重要讲话，教育部部长周济和教育部党组成员、中纪委驻教育部纪检组组长田淑兰在会上分别作了讲话。7月11日，教育部、国务院纠风办印发《陈至立、周济、田淑兰同志在全国规范城市义务教育收费工作暨全国治理教育乱收费工作汇报会上的讲话》。

6月10日 教育部部长周济在辽宁出席了全国省会城市教育局长座谈会，考察了盘锦市推进义务教育均衡发展工作。

6月10日—11日 教育部副部长章新胜赴黑龙江，出席了哈尔滨2009年世界大学生冬季运动会吉祥物发布仪式。

6月11日 教育部、财政部在北京召开贯彻落实中等职业教育国家助学政策座谈会。教育部部长周济出席座谈会并讲话，教育部副部长吴启迪作总结讲话。

△ 教育部副部长陈小娅出席了在河北廊坊举行的师范生实习支教座谈会并讲话。

△ 共青团中央、教育部、人事部、全国少工委印发《少先队辅导员管理办法（试行）》。

6月12日 教育部部长周济会见阿尔及利亚高教科研部长拉希德·哈罗比一行，并签署了《中国教育部与阿尔及利亚职业教育与培训部关于在职业教育和培训领域开展合作的谅解备忘录》。

△ 教育部办公厅印发《关于进一步加强新时期教育信访工作的几点意见》。

6月13日—14日 教育部在兰州大学举办2007年直属高校纪委书记研讨班暨直属高校监察工作座谈会。教育部党组成员、中央纪委驻教育部纪检组长田淑兰出席开班仪式并作动员讲话。

6月14日 中共中央政治局常委、国务院总理温家宝在上海期间前往同济大学考察并看望师生。温家宝观看了大学生创新成果展览，电动汽车、污水净化装置、热水器节水技术、新农村人居环境建设规划等一系列科技创新成果深深吸引着温家宝总理，他高兴地鼓励学生们多搞创新、多出成果，对学校提出殷切希望并勉励师生“与民族、国家、人民同舟共济”。

△ 教育部副部长章新胜先后会见英国下议院教育技能委员会主席巴瑞·希尔曼一行和伊朗议会教育研究委员会主席阿里·阿巴斯波尔·德黑兰尼·法尔德一行。

△ 教育部副部长李卫红出席了2007年高校思想政治理论课骨干教师研修班结业式并讲话。

6月14日—15日 教育部部长周济陪同陈至立国务委员赴江西考察教育工作。陈至立在考察时强调，义务教育经费保障机制改革总体进展顺利、成绩显著，各地、各有关部门要再接再厉，针对新情况、新问题，进一步完善配套政策和措施，确保这项工作取得实效。

6月14—16日 教育部副部长吴启迪赴德国出席第14届全球妇女峰会。

6月15日—18日 教育部副部长陈小娅赴广西，参加了“两基”工作国家督导检查。其间，陈小娅出席了广西壮族自治区“两基”工作国家督导检查意见反馈会并讲话，考察了防城港市上思县那琴乡中心小学、那琴乡初中、叫安乡平江村小学，听取了防城港市政府和上思县政府“两基”攻坚工作汇报。

6月16日 教育部副部长赵沁平出席了南开大学与解放军总医院合作协议签字仪式并讲话。

△ 教育部副部长李卫红出席了2007年第二期高校思想政治理论课骨干教师研修班预备会并讲话。

6月16—22日 教育部副部长吴启迪率中国教育代表团一行4人访问了爱尔兰和英国。

6月17日 教育部部长周济为2007年第二期高校思想政治理论课骨干教师研修班学员作报告。

6月18日 教育部部长助理杨周复出席了大学生预防艾滋病宣传教育活动启动仪式并讲话。

△ 教育部印发《关于做好2007年全国普通高等学校招生录取工作的通知》。

6月18日—19日 国务委员陈至立赴安徽考察工作。其间，考察了芯硕半导体公司、安徽易能生物能源公司、中科院合肥物质科学研究院等离子体物理研究所等单位，出席了合肥市科技创新试点工作部际协调小组会议。教育部副部长赵沁平陪同考察。

6月19日 教育部副部长、总督学陈小娅率国家教育督导团检查组督导检查广西“两基”工作。

△ 教育部党组成员、中央纪委驻教育部纪检组长田淑兰前往北京科技大学、北京大学、中国农业大学考察奥运会比赛场馆建设情况。

6月20日 中国成人教育协会召开座谈会，纪念国务院批转《国家教委关于改革和发展成人教育的决定》颁布20周年。国务委员陈至立发表题为《充分发挥成人教育在全面建设小康社会中的重要作用》的讲话，教育部副部长李卫红作了书面讲话。

6月20日—26日 教育部、人事部、劳动和社会保障部联合举办“2007年全国高校毕业生就业网络联盟夏季联合招聘周”活动。

6月21日 教育部办公厅发出《关于进一步加强和改进高等学校本科专业备案和审批管理工作的通知》。

6月22日 教育部召开城镇教师支援农村教育工作座谈会，教育部部长周济出席座谈会并讲话。教育部副部长陈小娅主持了会议。

△ 教育部召开加强大学生思想政治教育座谈会，教育部副部长李卫红出席座谈会并讲话。

△ 教育部部长助理杨周复出席了第三届中国—澳大利亚职业教育论坛并讲话。

6月23日 教育部副部长章新胜率团赴新西兰出席第31届世界遗产委员会会议期间会见新西兰教育部副部长Karen Sewell女士。

△ 教育部副部长李卫红出席了武汉大学举办的“北京·珞珈论坛（2007）”并讲话。

6月26日 教育部部长周济出席“汉语桥—美国、韩国中小学校长访华之旅”欢迎仪式并致辞。

△ 财政部、教育部印发《高等学校学生勤工助学管理办法》。

△ 财政部、教育部印发《普通本科高校、高等职业学校国家奖学金管理暂行办法》。

△ 教育部、财政部印发《关于认真做好高等学校家庭经济困难学生认定工作的指导意见》。

6月27日 广东省、教育部和科技部在广州联合召开省部产学研结合工作会议，教育部部长周济出席会议并讲话。

△ 财政部、教育部印发《普通本科高校、高等职业学校国家励志奖学金管理暂行办法》。

△ 财政部、教育部印发《普通本科高校、高等职业学校国家助学金管理暂行办法》。

△ 财政部、教育部印发《中等职业学校学生实习管理办法》。

6月28日 全国人大常委会副委员长路甬祥在第十届全国人民代表大会常务委员会第二十八次会议上作《全国人大常委会执法检查组关于检查〈义务教育法〉实施情况的报告》。

△ 第五届全国职业教育现代技术装备展览会在重庆举行。教育部副部长吴启迪出席开幕式并致词。

6月29日 “第二届全国高校百佳网站网络评选”活动圆满结束。经各高校推荐和专家评选，北京大学红旗在线网站、清华大学水木清华BBS、上海交通大学学校主页在内的全国57所高校的95个网站分获“十佳思政类网站”、“十佳校园BBS”、“十佳高校主页”、“十佳高校新闻网”、“十佳共建网站”、“十佳校园服务网站”、“十佳学术类网站”、“十佳文娱类网站”、“十佳学生社团网站”、“十佳学生创意网站”等十类奖项。

△ 广东省产学研科技创新成果展览在广州正式开幕，教育部部长周济、副部长赵沁平出席开幕式。

△ 教育部副部长章新胜赴大连出席了中国海外学子辽宁（大连）创业周活动。

△ 全国中等职业教育技能大赛颁奖仪式在重庆举行。教育部副部长吴启迪出席颁奖仪式。

6月30日 教育部副部长李卫红出席了北京高校红色“1+1”工作会议暨大学生“村官”事迹报告会并讲话。

6月30日—7月4日 国务委员、北京奥组委第一副主席陈至立考察了北京高校奥运场馆建设工程，听取有关高校的汇报。她强调，各有关部门和高校要进一步认真学习贯彻胡锦涛总书记在考察奥运会工程建设时的重要讲话精神，高度重视奥运场馆建设的安全问题，加强领导，精心组织，严格管理，确保按时高质量地完成高校奥运场馆建设任务。

7月2日 教育部办公厅发出《关于公布2007年度普通高等教育精品教材书目的通知》。

7月3日 教育部部长周济、副部长陈小娅出席了在呼和浩特召开的内蒙古自治区“两基”工作国家督导检查意见反馈会议并分别讲话。之后，周济、陈小娅出席了呼和浩特市阳光体育运动展示会并考察了内蒙古经贸学校。

7月4日 由教育部、全国青联举办的香港青年实业家刘鸣炜先生向中国教育发展基金会和对外经济贸易大学捐款捐赠仪式在京举行。教育部部长周济出席捐赠仪式，并会见了刘鸣炜先生。

△ 教育部、财政部印发《国家示范性高等职业院校建设计划管理暂行办法》。

7月5日 教育部部长周济会见日本国驻华特命

全权大使宫本雄二一行。

△ 教育部国防教育办公室印发《关于开展青少年学生国防教育网络知识竞赛的通知》。

7月5日—6日 由中央统战部和教育部党组联合召开的全国高校统战工作会议在京召开。会前，中共中央政治局常委、全国政协主席贾庆林会见全国高校统战工作会议代表并作重要讲话。国务委员陈至立出席会议，全国政协副主席、中央统战部部长刘延东作主报告，教育部部长周济作总结讲话，教育部副部长李卫红一并出席。

7月5日—7日 教育部副部长袁贵仁、部长助理杨周复赴黑龙江出席了由教育部、财政部联合召开的当前教育发展若干重大问题研讨会。

7月6日—8日 教育部副部长吴启迪陪同国务委员陈至立赴宁夏考察教育、文化工作。

7月7日 中国教育发展战略学会终身教育工作委员会成立，教育部副部长赵沁平出席成立大会。

7月7日—8日 教育部直属高校岗位设置管理工作会议在北京召开。教育部部长周济出席会议并讲话，副部长李卫红主持会议并作总结讲话。

7月9日 亚太地区教师发展和管理研讨会在京开幕，教育部副部长陈小娅出席会议并致辞。

△ 教育部副部长赵沁平出席了“新世纪优秀人才支持计划”评审会开幕式。

7月9—13日 教育部副部长章新胜赴巴黎，主持召开联合国教科文组织执行局2007年第二次信息会、执行局提交第34届大会工作报告工作组会议和执行局副主席会议。

7月10日 教育部印发《关于加快研究型大学建设增强高等学校自主创新能力的若干意见》。

△ 教育部发出《关于认真做好2007年高等学校新生入学“绿色通道”和贯彻落实新资助政策有关工作的通知》。

7月11日 国务委员陈至立为《中小学校长》杂志创刊号题词：“建设中小学校长的精神家园，促进中小学校长队伍建设”。教育部部长周济也为该刊撰文致词：“努力建设高素质的中小学校长队伍”。

△ 教育部副部长李卫红出席了省部共建人文社科重点研究基地工作座谈会并讲话。

△ 教育部、财政部联合印发通知，要求各地对农村义务教育经费保障机制改革落实情况开展专项检查。

7月12日 中共中央政治局委员、全国人大常委会副委员长王兆国，国务委员陈至立，教育部副部长李卫红等出席了全国大中专学生志愿者暑期“三下乡”社会实践活动十周年座谈会暨2007年度出征仪式。

△ 教育部副部长袁贵仁、李卫红出席了欢送去西部地区、老工业基地和革命老区挂职锻炼干部座谈会。袁贵仁在会上讲话，李卫红主持了会议。

△ 教育部副部长吴启迪出席了中关村能源与安全科技园暨中国矿业大学留学人员创业园签字、揭牌仪式并讲话。

△ 教育部发出《关于进一步做好农村义务教育经费保障机制改革有关工作的通知》。

7月13日 全国教育对口支援西藏工作部署会议在拉萨举行，支援方和受援方签署《教育对口支援西藏项目协议书》，教育部启动实施“教育部援助西藏中小学教师培训计划”。教育部部长周济、副部长赵沁平等出席。

△ 北京国际教育博览会（2007）在京开幕，教育部副部长陈小娅出席开幕典礼。

△ 教育部、财政部印发《高等学校本科教学质量与教学改革工程项目管理暂行办法》。

7月14日—16日 教育部副部长、亚洲大学生体育联合会主席章新胜赴广东省深圳市主持召开了第五届亚洲大学生体育联合会代表大会。其间，章新胜出席了第二十六届世界大学生运动会组委会执行局揭牌仪式。

7月16日 教育部副部长吴启迪出席了“中国职工学习论坛”开幕式并讲话。

△ 教育部副部长陈小娅出席第八届全国大学生运动会科学论文报告会闭幕式并讲话。

△ 教育部、财政部印发《国家公派出国留学研究生管理规定（试行）》。

7月16日—26日 第八届大学生运动会在广东举行。中共中央政治局委员、广东省委书记张德江出席开幕式；国务委员陈至立宣布第八届全国大学生运动会开幕。第八届全国大学生运动会主席团主席、组委会主任、教育部部长周济致开幕词，教育部副部长章新胜、陈小娅以及世界大体联主席基里安一行、亚洲大体联官员等一同出席开幕式。本届大运会是历届全国大学生运动会中参赛人数最多、规模最大的一届。共有34个代表团约6 000名大学生运动员参加12个大项、225个小项的角逐。

7月17日 教育部副部长袁贵仁会见香港城市大学署理校长何炘基教授一行。

△ 教育部发出《关于进一步强化农村义务教育经费保障机制改革落实工作的通知》。

7月19日—22日 教育部副部长陈小娅到云南听取云南省“两基”攻坚领导小组工作汇报并进行实地考察。

7月22日 教育部部长周济出席了在清华大学举办的“生命前沿科学研讨会”并就中国教育的改革和发展形势作了专题报告。

7月23日 教育部部长周济、教育部党组成员、中央纪委驻教育部纪检组组长田淑兰赴山东，出席了教育部直属高校巡视专员集训研讨会。周济在会上讲话，田淑兰主持了会议。在山东期间，周济、田淑兰还考察了山东大学威海分校。

7月24日 中宣部、教育部、司法部、全国普及法律常识办公室印发《中小学法制教育指导纲要》。

7月25日 教育部部长周济会见奥地利前任教科部长、现任教科部长特别顾问盖勒一行。

△ 教育部举行教育系统第五批援藏干部欢送座谈会，教育部部长周济、教育部副部长李卫红出席欢送座谈会。

7月26日—29日 教育部副部长袁贵仁赴山东出席省级院系设置“十一五”规划专家评审会议。其间，袁贵仁考察了中国海洋大学、中国石油大学。

7月27日 教育部副部长赵沁平出席“海军蓝网工程远程教育平台”开通仪式。

7月28日 教育部落实中等职业教育国家助学政策及2007年招生任务西部片区座谈会在陕西省西安市召开。教育部部长周济出席并讲话，教育部副部长吴启迪主持座谈会。

7月30日 教育部、国家发展改革委联合召开中西部农村初中校舍改造工程视频会议。教育部部长周济、国家发展改革委副主任张茅出席会议并分别讲话。会议由教育部副部长陈小娅主持。

△ 教育部副部长章新胜会见并宴请美国教育部长高级顾问Robin Gilchrist女士一行。

△ 教育部召开普通高校本科教学评估专家组组长工作研讨会，教育部部长周济出席会议并讲话，教育部副部长吴启迪主持会议。

7月31日 “情牵2008年北京奥运”——第四届“我的祖国——京港澳学生交流营”在北京举行开营仪式，全国人大常委会副委员长许嘉璐，教育部副部长袁贵仁参加仪式并致词。

△ 教育部、公安部、国家工商行政管理总局发出《关于开展防止传销进校园工作的通知》。

△ 教育部党组作出《关于向林强、李明素、阿木冬·吐鲁甫同志学习的决定》。

7月31日—8月1日 联合国教科文组织和中国教育部合作在京举办亚太地区扫盲会议。国务委员陈至立、教育部部长周济出席会议并讲话。会前，陈至立分别会见印度尼西亚总统夫人阿妮·班邦·尤多约诺女士和蒙古国总统夫人奥·朝勒蒙女士，以及联合国教科文组织总干事松浦晃一郎。

8月1日 教育部部长周济、副部长章新胜在北京钓鱼台国宾馆分别会见十五国教育部部长及副部长。他们分别是：蒙古教育部部长额·恩赫图布辛、印度尼西亚教育部部长班邦·苏蒂约、柬埔寨教育部部长高平、缅甸教育部部长千迎、马来西亚教育部部长达图·斯里·希沙慕丁、密克罗尼西亚教育部副部长米顿·奈斯、汤加教育部部长特维塔·哈拉·帕雷法、萨摩亚教育部部长图马塔·阿拉帕蒂·图马塔、泰国教育部副部长瓦拉科恩·萨马寇斯、新加坡教育部部长颜金勇、南非议会教育委员会主席马亚图拉、老挝教育部副部长盛多昂·拉占塔文、朝鲜教育部副部长田克万、越南教育部副部长唐皇金每、东帝汶教育部副部长维克多·索阿瑞斯。

△ 中国—耶鲁大学领导暑期高级研讨班在西安开幕，教育部副部长吴启迪出席并讲话。

△ 教育部公布2007年“红”、“黄”牌成人高等学校名单。

8月2日—5日 教育部副部长陈小娅赴甘肃调研“两基”攻坚和新机制改革落实情况。

8月3日—4日 教育部落实中等职业教育国家资助政策及2007年招生任务中部片区座谈会在武汉召开。教育部部长周济出席会议并讲话，副部长吴启迪主持会议。

8月3日—9日 党中央、国务院邀请教师和教育专家代表赴北戴河休假。8月4日，教育部部长周济陪同中央领导同志会见了参加暑期休假活动的教师代表。

8月4日 教育部副部长赵沁平出席了全国青少年五好小公民主题教育活动十周年暨“知荣明耻树新风”图书征文活动表彰大会。

8月5日 教育部与福建省人民政府关于共同促进海峡西岸经济区教育发展备忘录及教育部与福建省人民政府、厦门市人民政府继续重点共建厦门大学协议的签字仪式在福建省福州市举行。教育部部长周济代表教育部签字并致辞，教育部副部长吴启迪宣读协议。

△ 在国际大体联第30次代表大会上，美国人基里安、中国教育部副部长章新胜连任国际大体联主席、副主席。

8月5日—7日 教育部部长周济在福建考察教育工作有关情况。

8月6日 教育部落实中等职业教育国家助学政策及2007年招生任务东部片区座谈会在福建省福州市召开。教育部部长周济出席会议并讲话，副部长吴启迪主持会议。

△ 教育部、国家发展改革委、财政部、人事部、科技部、国资委印发《关于进一步加强国家重点领域紧缺人才培养工作的意见》。

8月6日—12日 教育部副部长陈小娅赴新疆慰问“教育部援助新疆中小学教师培训计划”参训教师；考察了新疆师范大学、新疆教育学院、新疆电化教育馆以及12所农村中小学；出席了新疆自治区“两基”攻坚汇报会。

8月9日 教育部部长周济会见奥地利新任驻华大使Dr. Martin Sadjdik一行。

△ 2007年全国省部共建工作研讨会在新疆大学召开，教育部副部长吴启迪出席会议并讲话。

△ 教育部、共青团中央印发《关于表彰全国三好学生、优秀学生干部和先进班集体及其标兵的决定》。

8月9日—19日 第二十四届世界大学生运动会在曼谷举行。中国派出445人的代表团参加全部15个大项中13个项目的比赛。在本届大运会上，中国代表团共获得了33枚金牌，名列奖牌榜首位。

8月10日 教育部部长周济会见澳大利亚科工组织首席执行官Geoff Garrett一行。

△ 教育部、财政部发出《关于要求县级行政部门成立学生资助管理中心的紧急通知》。

8月11日—14日 教育部部长周济陪同国务委员陈至立赴云南考察农村义务教育经费保障机制改革情况。

8月14日 教育部部长周济为全国第九期高校辅导员班主任骨干培训班作报告。

8月15日 教育部启动实施“2007年暑期西部农村教师国家级远程培训计划”。教育部副部长陈小娅主持启动仪式，教育部部长周济发表讲话。

△ 教育部副部长袁贵仁、部长助理郭向远、杨周复出席了大学生医疗保障问题座谈会。袁贵仁作了讲话。

△ 教育部副部长吴启迪出席了医学学制改革高层小型座谈会。

8月16日 国务委员陈至立主持召开座谈会，要求做好师范生免费教育试点工作。

△ 教育部副部长李卫红出席了第九期高校辅导员班主任骨干培训班结业仪式并讲话。

8月17日—19日 教育部党组务虚会在国家教育行政学院召开。会议就当前我国教育事业改革和发展的重大问题进行研究讨论。教育部党组书记、部长周济主持会议，教育部党组全体成员、各司局和有关直属单位的主要负责同志参加了会议。

8月19日 教育部副部长陈小娅出席了全国少年儿童歌曲电视演唱大赛颁奖晚会。

8月20日 教育部副部长陈小娅出席农村义务教育经费保障机制改革蹲点调研工作（历时一年）总结会并讲话。

8月21日 教育部副部长吴启迪赴上海，出席了全国博士生论坛并讲话。

△ 教育部副部长陈小娅出席了北京市推进义务教育均衡发展工作会议并讲话。

8月22日 共青团中央、全国青联、全国学联、全国少工委在人民大会堂举行第四届中国青少年科技创新奖颁奖会。中共中央政治局委员、全国人大常委会副委员长王兆国，国务委员陈至立接见了全体获奖学生并为获奖学生颁奖。教育部副部长赵沁平出席了颁奖会。

△ 教育部做出《关于表彰第三届高等学校教学名师奖获奖教师的决定》。

8月22日—24日 教育部党组成员、中纪委驻教育部纪检组组长田淑兰赴湖南长沙，出席了“坚定走中国特色反腐倡廉道路”研讨会并在开幕式上讲话。

8月23日 国家职业教育改革试验区工作领导小组第二次会议在天津市召开。教育部部长周济和天津市市长戴相龙分别代表教育部和天津市政府签署会议纪要，就共建若干个“滨海新区技能型紧缺人才培养基地”、筹办全国职业院校职业技能大赛、天津率先完善就业准入制度等多项内容达成共识。教育部副部长吴启迪出席了会议。

△ 教育部办公厅发出《关于2007—2008学年度学校突发公共卫生事件防控工作第一次预警通知》。

8月24日 国务院学位委员会第二十四次会议在京召开，国务委员、国务院学位委员会主任委员陈至立出席会议并强调，要深入贯彻落实科学发展观，深化改革，优化结构，创新机制，提高质量，把我国研究生教育提高到一个新水平。国务院学位委员会副主任委员路甬祥、徐匡迪、陈奎元等出席会议。教育部部长周济、副部长吴启迪出席会议并讲话。

8月29日 教育部召开“加强高校管理，进一步治理商业贿赂”视频会议。教育部部长周济出席会议并作讲话。教育部党组成员、中央纪委驻教育部纪检组组长田淑兰对教育系统治理商业贿赂专项工作情况进行了通报。会议由教育部副部长吴启迪主持。教育部副部长赵沁平出席会议。

△ 财政部、教育部、国家开发银行在甘肃省会宁县举行生源地信用助学贷款试点地区签约启动仪式，教育部部长助理杨周复出席启动仪式并讲话。

△ 教育部办公厅、财政部办公厅印发《中等职业学校中等专业师资培养培训方案、课程和教材开发项目实施办法》。

8月30日 教育部部长周济赴湖南出席了湖南省建设教育强省工作会议并讲话。

△ 教育部发出紧急通知，要求新学期开展全国中小学安全大检查。

8月31日 中共中央总书记、国家主席、中央军委主席胡锦涛在中南海怀仁堂出席全国优秀教师代表座谈会，与来自全国各地的100多位全国优秀教师代表共商教育发展大计。胡锦涛强调，在新的时代条件下，我们必须坚持以邓小平理论和“三个代表”重要思想为指导，深入贯彻落实科学发展观，全面实施科教兴国战略和人才强国战略，继续坚持好、落实好把教育摆在优先发展的战略地位的方针，大力倡导尊师重教，大力发展教育事业，大力提高全民族素质，为全面建设小康社会、加快推进社会主义现代化、实现中华民族伟大复兴提供强大的人才和人力资源保证。中共中央政治局常委、国务院总理温家宝，中共中央政治局常委、国家副主席曾庆红，中共中央政治局常委李长春出席座谈会。座谈会由国务委员陈至立主持。王刚、路甬祥、华建敏、罗豪才以及中央有关部门负责人出席座谈会。

△ 教育部党组召开教育系统学习贯彻胡锦涛总书记重要讲话精神座谈会。教育部党组书记、部长周济出席座谈会并讲话。

9月1日 教育部副部长章新胜会见约旦公主Raiyah Bin Al Hussein一行。

9月1—8日 教育部部长周济陪同国务委员陈至立出访俄罗斯。

9月2日—4日 教育部和新闻出版总署在北京联合召开第六次全国高校出版社工作会议。教育部副部长李卫红出席会议并讲话。

9月3日 教育部副部长赵沁平出席教育部2007年信息化建设情况专项审计调查进点会并讲话。

△ 教育部副部长李卫红出席第十六期哲学社会科学教学科研骨干研修班预备会并讲话。

9月3日—6日 教育部副部长袁贵仁陪同中共中央政治局常委李长春到湖北考察工作。

9月4日 中共中央政治局常委、国务院总理温家宝前往北京四中考察工作并看望师生。中共中央政治局委员、北京市委书记刘淇，北京市市长王岐山陪同考察。

△ 教育部副部长章新胜前往北京大学，考察了亚太世界遗产研究与培训中心筹建工作。

△ 教育部副部长赵沁平出席了第十届全国推广普通话宣传周新闻发布会并讲话，启动国家普通话水平测试信息管理系统。

△ 教育部副部长吴启迪出席了中国高等教育与创新型人才培养专家论坛并讲话。之后，吴启迪陪同国务院副秘书长项兆伦前往北京师范大学进行工作调研。

△ 教育部副部长李卫红出席了“学习胡锦涛总

书记讲话精神 建设高素质辅导员队伍”座谈会并讲话。

△ 人事部、教育部印发《关于表彰全国教育系统先进集体和全国模范教师、全国教育系统先进工作者的决定》。

△ 教育部印发《关于表彰全国优秀教师和全国优秀教育工作者的决定》。

△ 教育部、中国气象局发出通知要求做好2007年秋季中小学和幼儿园气象灾害防御工作。

△ 教育部办公厅印发《中小学学生学籍信息化管理基本信息规范》的通知。

9月5日 中共中央政治局常委李长春在华中科技大学调研时强调，要认真学习贯彻胡锦涛总书记在全国优秀教师代表座谈会上的重要讲话精神，坚持以立德树人为根本，把育人为本、德育为先的思想贯彻到高校教育各方面工作中去，不断开创大学生思想政治教育工作新局面。

9月6日 中国教育发展基金会与大枫纸业集团股份有限公司在京举行新闻发布会，宣布“中国教育发展基金会—玛丽助学计划”正式启动。

9月6日—7日 中共中央政治局常委、国务院总理温家宝在在大连考察时指出，一定要把职业教育办好。

9月6日—8日 教育部副部长章新胜出席国务院副总理吴仪在厦门市召开的台商座谈会和2007年厦门经贸洽谈会相关活动，并到厦门大学调研考察。

9月7日 中共中央政治局常委、国务院总理温家宝在辽宁考察工作期间，专程来到大连市轻工业学校考察职业教育情况。温家宝先后参观了服装实训室、数控技术实训基地，并和学生们一起练习使用复合冲材模具。

△ 教育部副部长李卫红出席了第十届精神文明建设“五个一工程”表彰座谈会。

△ 为检查各地各高校贯彻落实《国务院关于切实落实政策保证市场供应维护副食品价格稳定的紧急通知》和《教育部关于应对副食品价格上涨进一步做好高等学校和中等职业学校学生食堂工作的紧急通知》精神，教育部派出工作组并采取系列措施检查督促高校做好学生食堂和校园稳定工作。

9月8日 教育部副部长章新胜出席北京师范大学实验中学建校九十周年校庆。

△ 教育部副部长赵沁平出席了北京语言大学“社会文化建设与当代大学的责任”学术论坛开幕式，并作了题为“大学需要文化，文化需要大学”的专题报告。

9月9日 中共中央政治局常委、国务院总理温家宝来到北京师范大学，看望刚刚入学的免费师范生并与学生和老师们进行座谈。国务委员陈至立，教育部部长周济及国务院有关部门负责同志陪同前往。

△ 庆祝第23个教师节暨全国教育系统先进集体和先进个人表彰大会在北京举行。国务委员陈至立出席大会并作重要讲话。她强调，要深入学习贯彻胡锦涛总书记8月31日在全国优秀教师代表座谈会上的重要讲话精神，大力弘扬尊师重教传统，切实加强教师队伍建设，努力办好让人民满意的教育。会上对全国教育系统先进集体与先进个人代表、第三届高等学校教师名师奖获奖代表进行了表彰。教育部部长周济以及中央和国家机关有关部门负责同志出席大会。

△ 第十届全国推广普通话宣传周活动开幕，“构建和谐语言生活，弘扬中华优秀文化”确定为第十届“推普周”的宣传主题。教育部副部长、国家语委主任赵沁平出席开幕式并讲话。

9月10日 中国联合国教科文组织全国委员会第25次全体会议在京召开。中国联合国教科文组织全国委员会主任、教育部副部长、联合国教科文组织执行局主席章新胜出席会议并讲话。

9月10日—15日 教育部党组成员、中央纪委驻教育部纪检组组长田淑兰赴吉林，出席了“全国部分省市教育行风民主评议工作座谈会”并讲话。

9月11日 教育部学风建设委员会召开第二次全体工作会议。教育部副部长李卫红出席会议并发表讲话。

9月11日—15日 教育部副部长吴启迪赴天津、上海进行工作调研。其间，出席了在天津举行的“国际职业技术教育论坛”，在上海召开的“2008年参评高校校领导培训班”及“首届杨浦发展国际论坛——知识经济时代的地区发展”并讲话。

9月12日 教育部部长周济出席了国务院新闻办举办的新闻发布会，就国家资助家庭经济困难学生等方面工作作了介绍并回答记者提问。

9月13日 教育部部长周济为高校哲学社会科学教学科研骨干研修班学员作报告。

△ 教育部和国家民委在新疆乌鲁木齐召开内地高校支援西藏新疆培养少数民族人才工作研讨会，教育部副部长李卫红出席研讨会并讲话。

△ 教育部举办的“励志青春——全国大学生先进事迹报告会”在新疆大学举行。教育部副部长李卫红出席报告会并讲话。

9月14日 教育部印发《关于开展节能减排学校行动的通知》。

9月14日—17日 教育部部长周济赴辽宁、山西考察工作。其间，周济出席了大连理工大学党委书记任免宣布大会并讲话，会见了山西省委书记张宝顺、代省长孟学农，考察了忻州师范学院、忻府区北义井乡安邑小学、五台县高洪口中学、大同大学，看望了来内地休假的香港知名人士邵逸夫。

9月15日 “中国教师发展论坛”在浙江省杭州市举行。全国人大常委会副委员长、民进中央主席许嘉璐出席论坛并勉励与会的师生，进了师范门，就是教育人，要努力传承五千年中华文化传统赋予的教师魂。全国政协副主席、民进中央第一副主席张怀西主持会议。教育部副部长陈小娅出席会议并讲话。

△ 以“构建和谐语言生活，弘扬中华优秀文化”为主题的第十届全国推广普通话宣传周在山东省曲阜市落下帷幕。教育部副部长、国家语委主任赵沁平出席了闭幕式。

△ 新疆维吾尔自治区第15次高校党建暨大学生思想政治教育工作会议在新疆乌鲁木齐召开。教育部副部长李卫红出席会议并讲话。

9月17日 教育部副部长章新胜会见美国威斯康星州州长代表团。

△ 教育部副部长赵沁平会见SUN公司副总裁兼亚太区主席Crawford W. Beveridge先生。

△教育部副部长吴启迪出席当代高等教育发展趋势与高校办学水平提升专题研讨会。

9月18日 全国道德模范评选揭晓，教育系统18名师生入选，占53名全国道德模范的34%。胡锦涛总书记会见了全国道德模范并发表重要讲话。9月19日，教育部党组发出通知，要求在全国教育系统开展向全国道德模范学习活动。

△ 教育部部长周济会见瑞典教育科研部部长Lars Lei Jonborg一行。

△ 教育部副部长赵沁平、吴启迪出席了全国汉语国际教育硕士专业学位教育指导委员会、翻译硕士专业学位教育指导委员会成立大会及试点院校工作会议。赵沁平主持会议，吴启迪在会上讲话。

△ 教育部副部长、国家总督学陈小娅率国家教育督导团督导检查组检查黑龙江省的“两基”工作。

△ 教育部印发《中小学学生学籍信息化管理基本信息规范》。

9月19日 国务委员陈至立在辽宁召开高校奖助学金及学生食堂工作座谈会并作重要讲话。辽宁省委书记李克强、省长张文岳，教育部部长周济，科技部副部长李学勇等有关负责同志参加了座谈会。

△ 教育部副部长吴启迪出席“中德论坛：高层次应用型人才培养”开幕式并致词。

△ 教育部副部长吴启迪会见并宴请美国中华医学基金会前任主席Schwarz先生。

△ 教育部、文化部、财政部共同举办的2007年高雅艺术进校园活动启动，教育部副部长陈小娅出席启动仪式并讲话。

△ 教育部副部长李卫红出席了马克思主义理论学科建设专题座谈会。

△ 教育部、国家安全监管总局发出通知，要求加强学校组织大型活动中的安全防事故工作。

9月20日 教育部印发《关于加强民办学前教育机构管理工作的通知》。

△ 教育部办公厅印发《关于下达2008年“少数民族高层次骨干人才”研究生招生计划的通知》。

9月20日—26日 教育部、人事部、劳动和社会保障部联合举办“2007年全国高校毕业生就业网络联盟秋季联合招聘周”活动。

9月21日 财政部、教育部印发《中等职业学校教师素质提高计划专项资金管理暂行办法的通知》。

9月21日—25日 教育部副部长赵沁平赴新疆维吾尔自治区进行工作调研。其间，赵沁平出席了新疆地区部分高校负责同志座谈会；考察了巴音郭楞蒙古自治州轮台县中学、博湖一中等学校。

9月23日 教育部专门组织成立了五个检查组，对全国部分省市中小学开展安全检查。

9月24日 由中国工程院和上海市政府共同主办的“新形势下工程教育的改革与发展”高层论坛在上海举行。教育部和中国工程院共同实施首批十所高校启动工程教育改革。全国政协副主席、中国工程院院长徐匡迪，教育部副部长吴启迪等到会并作报告。

△ 教育部部长周济会见南非教育部长G. N. M. Pandor一行。

△ 教育部、国家发展改革委印发《“十一五”期间中西部地区特殊教育学校建设规划（2008—2010年）的通知》。

9月24日—26日 教育部副部长陈小娅赴重庆参加“两基”国家督导检查。其间，陈小娅考察了重庆市渝中区人民路小学，出席了向重庆市政府意见反馈会。

9月25日 教育部部长周济陪同陈至立国务委员在中南海紫光阁会见由里斯特·迪亚斯·卡斯特罗博士率领的古巴教育代表团。

△ 教育部部长周济会见丹麦教育兼宗教事务大臣贝特尔·哈德一行。

△ 教育部副部长袁贵仁会见南非斯坦陵布什大学副校长Claasen教授一行。

△ 教育部直属事业单位岗位设置管理实施部署工作会议在京召开。教育部副部长李卫红在会上强调，要深入学习领会胡锦涛总书记“6·25”重要讲话和“8·31”重要讲话精神，全面落实科学发展观，深化事业单位人事制度改革，建立事业单位岗位设置管理制度，充分调动直属事业单位广大职工的积极性、主动性和创造性，促进教育事业持续健康协调发展。

9月26日 国家汉语国际推广领导小组第三次会议在北京举行。陈至立国务委员出席会议并讲话。教育部部长周济、副部长赵沁平出席了会议。

△ 教育部部长周济会见新西兰副总理兼高等教育部长Michael Cullen一行。

△ 由中国科协与美国科促会联合举办的中美科学家社会责任研讨会在北京举行。教育部副部长赵沁平出席了开幕式。

△ 教育部副部长吴启迪出席了2007年国家精品课程终审工作会议并讲话。

9月27日 第三届国家科学技术奖励委员会第二次会议在京召开，教育部副部长赵沁平出席会议。

△ 教育部本科教学评估工作暨高等教育质量保障体系建设研讨会在哈尔滨召开，教育部副部长吴启迪出席会议并讲话。其间，吴启迪考察了哈尔滨工程大学、哈尔滨商业大学德强学院、哈尔滨建筑职业技术学院。

△ 第二届联合国教科文组织孔子教育奖颁奖典礼在山东曲阜举行。教育部副部长李卫红出席典礼并致词。

△ 教育部办公厅印发《普通高等学校本科教学工作水平评估学校工作规范（试行）》和《普通高等学校本科教学工作水平评估专家组工作规范（试行）》的通知。

9月28日 教育部部长周济、教育部副部长袁贵仁会见新任香港教育局局长孙明扬一行。

△ 教育部副部长袁贵仁参加会见“港澳教育界国庆访京团”活动，并为访京团作报告。

△ 全国高校毕业生就业网络联盟理事会在京成立，并举行第一次理事会议。教育部副部长赵沁平出席会议并讲话。

9月29日 教育部副部长赵沁平出席中国、澳大利亚国际轻合金研究中心合作协议签字仪式。

△ 教育部在京召开高校辅导员培训和研修基地建设工作会议，公布了首批21个教育部高校辅导员培训和研修基地。教育部副部长李卫红出席会议并讲话。

10月6日 教育部部长周济前往清华大学进行工作调研。

10月7日 中国科学院资深院士、我国著名地质学家和地质教育家杨遵仪教授百岁华诞庆祝会在中国地质大学（北京）举行，教育部部长周济出席并致词。

10月8日 教育部、财政部在京联合召开“国家建设高水平大学公派研究生项目实施工作视频会议”。教育部部长周济出席会议并讲话，教育部副部长吴启迪主持会议。

△ 教育部召开落实中等职业教育国家助学政策及2007年招生任务工作视频会议。教育部部长周济在会上讲话，教育部副部长吴启迪主持会议。

10月8日—9日 教育部人文社会科学重点研究基地工作会议在京召开。教育部副部长袁贵仁出席会议并讲话，教育部副部长李卫红作总结讲话。

10月9日 全国人大教科文卫委员会第38次全体会议在京召开，教育部副部长袁贵仁、陈小娅出席会议并分别就有关问题进行汇报。

10月10日 教育部副部长赵沁平会见通用汽车

公司北美研发中心执行总监 Alan Taub 先生。

10月11日 第二十二期全国地市教育局长研修班开班，教育部副部长陈小娅与参与本期教育研修的92名教育局长进行座谈，听取了有关地市教育局长关于基础教育工作的意见和建议。

10月11日—14日 教育部副部长陈小娅赴宁夏，就"两基"攻坚、农村义务教育经费保障新机制实施情况和农村中小学现代远程教育工程等工作进行调研。其间，听取了宁夏自治区五个地市有关基础教育工作汇报，考察了宁夏的6所九年制学校。

10月12日 第十二届"全国十佳少先队员"、第八届"全国十佳少先队辅导员"、第七届"全国十佳少先队志愿辅导员"表彰会隆重举行。全国人大常委会副委员长许嘉璐为"全国十佳少先队员"颁发奖章和证书，并发表了讲话。教育部党组成员、部长助理杨周复，出席表彰会并为获奖代表颁奖。

△ 教育部副部长袁贵仁出席了邵氏基金会赠款（第二十一批）项目布置工作会议并讲话。

△ 全国农村教师特岗计划工作座谈会在银川召开，教育部副部长陈小娅出席座谈会并讲话。

10月13日 教育部部长周济会见美国中华医学基金会代表团。

△ 全国教育科学"十一五"规划2007年度课题评审会在京举行。教育部部长助理郭向远出席大会并讲话。

10月13日—14日 2007年全国成人高校招生统一考试举行，全国有292万名考生参加考试，人数比2006年增加了7万。

10月14日—23日 教育部副部长赵沁平率领中国教育代表团访问古巴、哥斯达黎加两国。在古期间，代表团受到古巴国务委员会副主席拉赫接见，与古巴政府部、高教部、教育部等部门进行会谈，签署《2008—2011年古中教育交流协议》；考察哈瓦那大学，代表国家汉办与哈瓦那大学签署《关于建设孔子学院的合作协议》。在哥期间，代表团访问哥斯达黎加教育部、哥斯达黎加大学，宣布向哥斯达黎加大学提供10个奖学金名额，代表国家汉语国际推广领导小组向哥斯达黎加大学赠送书籍。

10月15日 联合国教科文组织第34届大会在巴黎总部开幕。执行局主席、中国教育部副部长章新胜出席开幕式并讲话。

△ 教育部副部长陈小娅会见尼日利亚教育部副部长 Anthony Jerry Agada 一行。

10月15日—21日 中国共产党第十七次全国代表大会在北京举行。胡锦涛总书记在开幕式上作报告，强调要优先发展教育，建设人力资源强国。要全面贯彻党的教育方针，坚持育人为本、德育为先，实施素质教育，提高教育现代化水平，培养德智体美全面发展的社会主义建设者和接班人，办好人民满意的教育。十七大新闻中心16日举办首场记者招待会，教育部部长周济介绍中国教育发展情况，并回答记者提问。

10月17日 教育部副部长吴启迪会见德州仪器高级副总裁芮特先生并出席午宴。

△ 国家语委开展全国语言文字工作先进集体和全国语言文字先进工作者表彰活动。

△ 教育部语言文字应用管理司和国家民委宣传司联合在全国九个民族地区对少数民族教师进行普通话培训。

10月18日 教育部办公厅印发《全国工程教育专业认证试点办法》及《全国工程教育专业认证专家委员会章程（暂行）》。

△ 教育部办公厅印发《关于大学英语课程教学要求的通知》。

10月19日 教育部副部长吴启迪出席了"中国欧盟高等教育论坛亚洲链接"项目研讨会开幕式并作主旨发言。

△ 第八届中国教育国际论坛暨2007中国国际教育展在京开幕。教育部副部长吴启迪出席开幕式并致词。

10月21日 教育部部长周济会见西班牙科学大臣萨尔沃·索德罗，并分别代表两国政府签署《关于相互承认学历学位的协议》及《中西两国教育部关于开展教育合作的谅解备忘录》。

10月22日 教育部部长周济、副部长章新胜会见欧盟教育、培训、文化与青年委员费格尔一行，并签署《中欧教育合作联合声明》。

△ 教育部副部长吴启迪会见捷克参议院教育、科学、文化、人权和诉讼委员会主席卡雷尔·巴塔克一行。

△ 教育部副部长陈小娅会见联合国儿童基金会纽约总部教育司司长克里姆·莱特一行。

△ 教育部、财政部印发《国家示范性高等职业院校建设计划管理暂行办法》。

10月23日 教育部召开传达学习党的十七大精神大会。教育部部长周济、副部长袁贵仁、章新胜、吴启迪、陈小娅、李卫红、部党组成员田淑兰及部分在京老部长出席了会议。周济在会上传达党的十七大精神，并就学习宣传贯彻党的十七大精神做动员部署，袁贵仁就学习领会党的十七大精神作了辅导报告。

△ 中共中央宣传部、教育部、司法部、全国普及法律常识办公室印发《中小学法制教育指导纲要》。

10月24日 教育部党组召开教育系统学习贯彻党的十七大精神座谈会。教育部党组书记、部长周济在座谈时强调，教育战线要把学习好、宣传好、贯彻好党的十七大精神作为当前和今后一个时期的首要政治任务，要高举中国特色社会主义伟大旗帜，深入贯彻落实科学发展观，进一步推动教育优先发展，为办好人民满意的教育、建设人力资源强国而努力奋斗。座谈会由教育部副部长袁贵仁主持。日前，教育部党组发出通知，要求教育战线认真学习贯彻党的十七大精神。

10月25日 2007年国际远程教育论坛在北京举行，教育部副部长吴启迪在开幕式上致辞。这是迄今中国举办的规模最大、参会专家层次最高的国际远程教育学术活动。

10月25日—26日 国务委员陈至立前往湖北考察高等教育和职业教育情况。教育部部长周济、湖北省省长罗清泉及国务院有关部门负责同志陪同考察。

10月26日—28日 首届全国高校实验室工作论坛在清华大学召开，教育部副部长吴启迪出席会议并作报告。

10月27日 教育部部长周济陪同国务委员陈至立出席了在清华大学举行的纪念西南联合大学建校70周年座谈会。

10月28日 教育部部长周济赴江西出席了井冈山大学揭牌暨江西省人民政府、教育部共同重点支持井冈山大学建设签约仪式，并代表教育部在协议上签字。在江西期间，周济还考察了吉安市吉州区职业中专、吉安县永和中学、吉安县锦园小学。

△ 首届国际航空科学与技术发展高峰论坛在北京航空航天大学开幕。教育部副部长赵沁平出席开幕式并致词。

△ 教育部副部长吴启迪赴上海出席了第三届“大学计算机课程报告论坛”闭幕式并讲话。

10月29日 教育部部长周济在北京与应邀来华的英国创新、大学及技能事务大臣约翰·丹能出席“第三次中英教育部长级磋商会议”，分别代表两国签署《中华人民共和国教育部与大不列颠及北爱尔兰联合王国及其托管政府代表创新、大学及技能部关于全面加强教育合作与交流的联合声明》、《中华人民共和国教育部与大不列颠及北爱尔兰联合王国及其托管政府代表创新、大学及技能部关于高等教育战略合作谅解备忘录2007—2009》和《中华人民共和国教育部与大不列颠及北爱尔兰联合王国及其托管政府代表创新、大学及技能部关于英国/中国大学毕业实习合作项目的谅解备忘录》。

△ 教育部部长周济会见陈香梅女士。

△ 教育部副部长陈小娅会见哥伦比亚教育部副部长胡安娜·伊内斯·塔尔夫一行，并代表中华人民共和国教育部签署中哥《2007—2010年教育合作执行计划》。

10月29日—31日 教育部副部长李卫红率领中组部、中宣部、教育部联合调研组赴福建省进行高校党建工作调研。

10月29日—11月1日 教育部党组成员、中纪委驻教育部纪检组组长田淑兰赴安徽省进行工作调研。

10月31日 教育部部长周济陪同曾培炎副总理在人民大会堂会见了清华大学管理学院顾问委员会第八次会议境外委员。

11月1日 中国人民大学庆祝建校70周年。教育部部长周济、部长助理杨周复出席庆祝大会，周济在会上致辞。

△ 中国教育部与美国思科公司签署“与高等职业院校合作培养网络技术人才项目”备忘录，教育部副部长吴启迪与思科公司董事会主席兼首席执行官约翰·钱伯斯共同出席双方合作备忘录签署仪式。

△ 教育部与英特尔公司共同举办的“2007英特尔未来教育项目应用成果展示活动”颁奖典礼在北京举行。教育部副部长陈小娅出席颁奖典礼。

11月2日 “中国数学会第十次全国代表大会暨2007学术年会”在北京航空航天大学开幕。教育部副部长吴启迪出席开幕式并致词。

△ 教育部、国务院学位委员会印发《关于批准2007年全国优秀博士学位论文的决定》。

11月3日 中国产学研合作促进会成立大会暨高峰论坛在北京举行。全国人大常委会副委员长许嘉璐，国务委员陈至立，全国政协副主席李贵鲜、张怀西出席大会。陈至立在会上讲话。教育部部长周济参加了会议。

11月4日 教育部部长周济会见津巴布韦高教部长穆登盖一行。

△ 教育部副部长吴启迪赴上海出席了第三届全民终身学习活动周开幕式并讲话。

11月5日 教育部部长周济出席了中国工程院主办的工程与工程哲学研讨会并致辞。

△ 教育部副部长吴启迪赴陕西出席了第十四届中国杨凌农业高新科技成果博览会开幕式。

11月5日—8日 国务委员陈至立考察了湖北教育工作，教育部部长周济等陪同考察。

11月5日—13日 教育部副部长赵沁平赴上海、江苏、浙江考察工作。在上海期间，赵沁平出席了全国语言文字依法管理工作现场会开幕式并讲话，出席了2007上海大学生创业周开幕式，听取了上海市教委关于2007年上海市普通高校招生考试工作情况和2008年工作设想的汇报。在江苏期间，赵沁平出席了在南京大学举行的中国语言战略研究中心揭牌仪式，听取了江苏省教育厅和无锡市教育局关于中小学综合素质评价工作与高校招生工作有关情况的汇报。在浙江期间，赵沁平出席了在杭州举行的2007年度高等学校科学技术奖评审会的有关活动。赵沁平还分别在上海交通大学、南京大学作了题为“全面发挥研究性大学在建设创新性国家中的基础性作用”的报告，考察了上海交通大学、南京大学、江南大学、浙江工业大学等高校。

11月6日 由教育部、共青团中央、国家体育总局共同发起，全国亿万学生参加的“阳光体育与奥运同行冬季长跑活动”启动仪式在北京天安门广场举行。全国亿万学生阳光体育运动领导小组副组长、教育部副部长陈小娅出席活动并讲话。

△ 大型文献丛书《中国藏西夏文献》出版座谈会在北京召开，教育部副部长李卫红出席会议并讲话。

11月7日 教育部、国家体育总局、共青团中央印发《关于实施阳光体育奖章制度的通知》。

11月7日—9日 教育部副部长章新胜赴日本参加中日大学校长论坛。

11月8日 教育部副部长陈小娅会见新加坡教育部政务部部长颜金勇。

11月9日 中国语言战略研究中心揭牌仪式暨2007国家语言战略高峰论坛在南京大学举行。教育部副部长赵沁平、南京大学党委书记洪银兴为中心揭牌，并为中心学术委员会委员颁发证书。会议同时举办了2007国家语言战略高峰论坛和为期三天的语言战略研究讲习班。

△ 教育部组织的专门针对全国中小学班主任的大规模培训在北京师范大学启动，同时开班的“全国中小学骨干班主任国家级培训班”和“万名中小学班主任国家级远程培训项目”将直接为全国10 200名班主任带来优质的培训。教育部副部长陈小娅出席开班仪式并讲话。

△ 教育部副部长李卫红率中组部、中宣部和教育部联合调研组到福建福州、厦门等地调研高校党建工作。

△ 教育部副部长李卫红出席了北京电子科技学院60周年庆祝活动并讲话。

△ 教育部印发《关于做好2007年秋冬季中小学幼儿园安全工作的预警通知》。

11月10日 教育部部长周济会见也门高等教育与科学研究部长萨利赫·阿里·巴苏拉一行。

△ 上海财经大学庆祝建校90周年，教育部副部长吴启迪出席庆典大会并讲话。

△ 首届中国经济管理基础课程教学高层论坛在北京召开，教育部副部长李卫红出席论坛并讲话。

11月12日 教育部副部长吴启迪会见德国InWEnt（德国继续教育与发展协会）总裁Popp先生。

△ 在京高校召开“学习贯彻党的十七大精神，全面推进高校党的建设工作”座谈会，教育部副部长李卫红出席会议并讲话。

11月13日 由教育部、中国科协、香港周凯旋基金会共同举办的第七届“明天小小科学家”颁奖典礼在人民大会堂举行。中国科协书记处第一书记邓楠、教育部副部长章新胜、中国科协副主席韦钰等出席颁奖典礼并为获奖学生颁奖。

△ 教育部副部长章新胜陪同曾培炎副总理看望了大型飞机方案论证委员会全体专家并考察了北京航空航天大学。

△ 由教育部主办的“领略代表风采，追寻奉献足迹”十七大学习系列报告会首场报告在清华大学举行。教育部副部长李卫红出席报告会并讲话。

11月15日 国务委员陈至立主持召开国家西部地区“两基”攻坚领导小组会议。教育部部长周济、副部长陈小娅出席会议。

△ 教育部部长周济会见匈牙利文教部长希莱尔·伊什特万一行。

△ 第十届“挑战杯”飞利浦全国大学生课外学术科技作品竞赛决赛在南开大学开幕。教育部副部长李卫红等出席开幕式。竞赛由共青团中央、中国科协、教育部、全国学联和天津市人民政府共同举办，并首次邀请国外高校参赛。

△ 第三届王选新闻科学技术奖颁奖大会在福州召开，教育部、国家语委民族语言文字规范标准建设及信息化项目《基于ISO 10646的维、哈、柯、傣文电子出版系统研发》项目获得王选新闻科学技术一等奖。

11月15日—16日 全国教育科研战线“第三届中国教育科学论坛暨第七届全国教育科研研究所（院）长工作联席会议”在西安举行。教育部副部长陈小娅出席会议并讲话。

11月16日 教育部依法行政和政务公开领导小组召开会议，研究进一步做好教育部政务公开工作。教育部部长周济主持会议，副部长袁贵仁、章新胜、中央纪委驻教育部纪检组组长田淑兰及领导小组成员单位负责同志出席会议。

△ 教育部部长周济会见马来西亚高教部长拿督穆斯塔帕·穆罕默德一行。

△ 福建师范大学庆祝建校一百周年，教育部副部长吴启迪出席庆典大会并讲话。

△ 教育部、人事部、劳动保障部发出《关于积极做好2008年普通高等学校毕业生就业工作的通知》。

11月17日 欧美同学会·中国留学人员联谊会在京举行座谈会，纪念毛泽东“希望寄托在你们身上”重要讲话发表50周年。教育部部长周济出席大会并致辞。

△ 2007年全国普通高考命题工作总结会在广西南宁召开，教育部副部长赵沁平出席会议并讲话。

△ 由中宣部、教育部组织的2007年高校思想政治理论课骨干教师第五期研修班开班。教育部副部长李卫红出席开班仪式并讲话。

11月18日 教育部、公安部、国家工商行政管理总局在华南理工大学联合举行防止传销进校园宣传教育报告会。教育部副部长李卫红出席报告会并讲话。

11月19日 教育部部长周济为第五期高校思想政治理论课骨干教师研修班学员作报告。

△ 教育部副部长章新胜会见德国教研部国务秘书 Andreas Storm 一行。

△ 第二届中国中学校长大会在广州召开。教育部副部长陈小娅出席大会并讲话。

△ 教育部部长助理杨周复出席了“儿童早期发展高层论坛”开幕式。

11月20日 国务委员陈至立在中南海紫光阁会见出席“儿童早期发展高层论坛”的外方专家一行，教育部副部长章新胜参加会见。

△ 教育部等十部委联合召开2008年高校毕业生就业工作部际联席会议，教育部部长周济出席会议并讲话。

△ 全国青少年廉洁教育工作交流会在广东省佛山市举行。中央纪委副书记李玉赋，教育部副部长李卫红，中央纪委驻教育部纪检组组长田淑兰，广东省委常委、省纪委书记朱明国出席会议并讲话。

11月20日—26日 由教育部主办、国务院国有资产监督管理委员会支持的“全国大中型企业和2008年应届高校毕业生网上双选周活动”举办。

11月21日 教育部副部长袁贵仁、部长助理杨周复出席了国家奖学金评审领导小组会议。

11月22日 教育部副部长袁贵仁、教育部党组成员、中纪委驻教育部纪检组组长田淑兰前往北京大学、清华大学、中国农业大学、北京科技大学就高校奥运场馆建设情况进行实地考察。

△ 2007年高等学校本科教学质量论坛在江苏无锡举办，教育部副部长吴启迪出席。

△ 教育部印发《关于追授李莹同学“全国优秀大学生”荣誉称号的决定》。

△ 教育部办公厅印发《关于做好2008年普通

高等学校艺术类专业招生工作的通知》。

11月24日 “中国少数民族语言文字工作成就展暨民族语文国际学术研讨会”开幕式在中央民族大学隆重举行。教育部副部长赵沁平出席开幕式并致辞。

△ 教育部副部长吴启迪出席了中国成教协会成人培训机构工作委员会第一届会员代表大会暨全国首届成人教育培训机构高层论坛并讲话。

11月26日 教育部部长周济与法国驻华大使苏和共同签署了《中华人民共和国教育部与法国青年、国民教育和科研部高等教育学位和文凭互认行政协议》。

11月27日 教育部副部长陈小娅会见比利时自民党参院党团主席保罗·威尔为团长的比利时多党议员代表团。

△ 教育部、国家发展改革委、财政部印发《关于表彰西部地区“两基”攻坚先进地区、先进单位和先进个人的决定》。

△ 教育部副部长吴启迪出席了中国工程院“创新型工程科技人才培养研究”课题汇报会。

11月28日 国家西部地区“两基”攻坚总结表彰大会在北京召开。国务委员陈至立出席大会并强调，要认真学习贯彻党的十七大精神，深入贯彻落实科学发展观，全面总结基本普及九年义务教育、基本扫除青壮年文盲的攻坚经验，着力巩固攻坚成果，不断提高我国农村义务教育水平。教育部部长周济宣读了表彰决定，教育部副部长陈小娅作了“两基”攻坚工作总结。

△ “中西部农村初中校舍改造工程”责任书签署仪式在北京举行。国务委员陈至立出席仪式，教育部部长周济、国家发展改革委副主任张茅分别与中西部22个省（区、市）、新疆生产建设兵团负责人签署责任书，教育部副部长陈小娅主持仪式。

11月29日 国务委员陈至立在出席全国完善义务教育经费保障机制工作会议时强调，要认真学习贯彻党的十七大精神，完善农村义务教育经费保障机制，为农村义务教育持续健康发展奠定坚实基础。财政部部长谢旭人、教育部部长周济就完善义务教育经费保障机制工作做了说明和部署。

△ 教育部副部长章新胜陪同国务委员陈至立出席了在中央电视台举行的国际大学群英辩论会决赛及颁奖仪式。

11月30日 教育部基础教育质量监测中心揭牌仪式在北京师范大学举行。教育部部长周济为中心揭牌并致词。教育部副部长陈小娅主持了揭牌仪式。

△ 由教育部和22个全国性行业协会共同举办的第三届中国培训发展论坛在北京开幕，近2 000名来自全国各地行业企业及教育培训机构的代表参加会议，共同研讨我国教育培训事业的改革发展。教育部副部长吴启迪出席论坛并讲话。

△ 教育部副部长陈小娅作客中国政府网谈“两基”攻坚工作。

△ 教育部党组成员、中纪委驻教育部纪检组组长田淑兰出席了北京地区部分直属高校纪委书记座谈会并讲话。

△ 全国各省级教育行政部门和所有普通高校将各自在指定网站向学生提供学籍电子注册结果查询。

12月2日 中国职业技术教育学会第三次会员代表大会在京召开，教育部部长周济在大会上致辞，中国职业技术教育学会名誉会长何东昌、教育部副部长吴启迪、中国职业技术教育学会会长王明达等领导出席会议。

12月3日 “2007年青少年学生国防教育网络知识竞赛”颁奖仪式在北京举行。教育部副部长陈小娅出席颁奖活动并讲话。

12月3日—5日 教育部党组成员、中纪委驻教育部纪检组组长田淑兰赴上海、南京进行工作调研。在上海期间，田淑兰召开了“驻沪直属高校纪委书记座谈会”、“驻苏直属高校纪委书记座谈会”和“部分省教育厅纪检组长座谈会”，总结2007年教育纪检监察工作成效、经验及存在的不足，研究2008年工作思路及主要措施。在南京期间，田淑兰考察了南京大学犯罪预防与控制研究所。

12月4日 第四届全国中等职业学校“文明风采”竞赛颁奖大会在北京召开，教育部副部长吴启迪出席会议并讲话。

12月5日 教育部部长周济出席胡锦涛主席为马其顿总统茨尔文科夫斯基访华举行的欢迎仪式及正式会谈，并与马其顿共和国副总理杨库洛夫斯基共同签署了《中华人民共和国教育部和马其顿共和国教育和科学部教育合作协议》。

△ 2008年全国普通高校毕业生就业工作视频会议在北京举行。教育部部长周济出席会议并讲话。教育部副部长李卫红主持会议。

12月6日 中国首家广播孔子学院在中国国际广播电台正式成立，国务委员、孔子学院总部理事会主席陈至立出席成立仪式，并为广播孔子学院揭牌。教育部副部长章新胜陪同出席并讲话。

△ 教育部副部长吴启迪会见美国参数技术有限公司（PTC）高级副总裁 John D. Stuart，双方签署教育部与 PTC 合作谅解备忘录的签字仪式。

12月7日 教育部部长周济出席了中国人民解放军国防大学80周年校庆大会并致辞。

12月7日—9日 2007年驻外使领馆教育处工作会议在北京举行。教育部部长周济、副部长章新胜、李卫红出席会议并分别讲话。

12月8日 第二届中国青少年社会教育“银杏奖”表彰活动在京举行。中共中央政治局委员、全国人大常委会副委员长王兆国在会见第二届中国青少年社会教育“银杏奖”获奖者代表时强调，要认真贯彻党的教育方针，按照社会主义核心价值体系的要求，努力培养德智体美全面发展的社会主义合格建设者和接班人。教育部副部长陈小娅参加会见。

12月10日 教育部副部长赵沁平会见 SUN 公司亚太区首席运营官兼大中华区总裁 Lionel Lim 先生。

△ 教育部在京召开高校校园网络文化建设和管理研讨会。教育部副部长李卫红出席会议并讲话。

12月11日 由北京邮电大学发起并承办的首届高水平特色型大学发展论坛在京举行，教育部直属的22所具有突出办学特色的高水平大学应邀参会。教育部副部长赵沁平出席并讲话。

12月11日—12日 第二届孔子学院大会在京举行。国务委员陈至立出席大会并作了题为《共同办好孔子学院，搭建增进友谊和了解的桥梁》的主旨演讲。教育部部长周济在开幕式上作工作报告。

12月12日 孔子学院第一届理事会在京举行第一次全体会议，讨论通过了《孔子学院章程》，并对2008年孔子学院总部工作计划进行审议。国务委员、国家汉语国际推广领导小组组长、孔子学院总部理事会主席陈至立主持会议并向孔子学院总部第一届理事会理事颁授纪念牌。教育部部长周济出席会议。

△ 北京师范大学澳门中小学数学骨干教师培训班结业，教育部副部长袁贵仁出席了结业仪式并讲话。

12月13日 2008年国家公派出国留学选派工作会议在浙江杭州召开，会议公布了2008年国家留学基金资助出国留学选派计划。

12月13日—19日 为庆祝香港回归十周年，“华夏园丁大联欢——2007香江之旅“活动在香港举行，教育部副部长吴启迪出席活动开幕式。

12月14日 教育部部长周济、教育部副部长章新胜会见埃塞俄比亚教育部长辛塔耶胡一行。

12月16日 教育部、卫生部、国家中医药管理局在北京举行共建北京中医药大学协议签字仪式。教育部部长周济、卫生部副部长兼国家中医药管理局局长王国强在协议文本上签字并发表讲话。

12月17日 教育部副部长李卫红出席了第六期思想政治理论课骨干教师研修班开班仪式并讲话。

12月18日 首届“助学政策 助我成才”系列报道暨征文活动启动仪式在京举行，教育部部长助理杨周复出席启动仪式并讲话。

12月19日 2007年度教育部科学技术委员会全会在北京召开，会议揭晓2007年度“中国高等学校十大科技进展”评选结果。教育部副部长赵沁平出席会议并讲话。

12月20日 学习贯彻十七大精神与大学德育高层论坛暨首都大学生思想政治教育研究中心成立仪式在京举行。全国人大常委会副委员长许嘉璐、教育部副部长李卫红等出席。

△ 中国政府和日本国政府在京举行四川大学申请的日本对华文化无偿援助政府换文签字仪式。中国教育部副部长章新胜和日本驻华特命全权大使宫本雄二分别代表两国政府签字。

△ 教育部副部长吴启迪出席了全国工程教育专业认证专家委员会全体大会并讲话。

12月20日—26日 由教育部、人事部、劳动和社会保障部联合举办的“2007年全国高校毕业生就业网络联盟冬季联合招聘周”活动正式拉开帷幕。

12月21日 曾宪梓教育基金会第三期“优秀大学生资助奖励计划”2007年度颁奖大会在人民大会堂举行。教育部副部长袁贵仁等出席了颁奖会并为学生代表颁奖。

12月21日—22日 教育部在京召开直属高校工作咨询委员会第十八次全体会议。国务委员陈至立出席会议并讲话，教育部部长周济等部领导、教育部各司局负责人，部直属高校党委书记、校长等参加了会议。国务委员陈至立在讲话中强调，要认真学习贯彻党的十七大精神，以提高质量为核心，加快从高等教育大国向高等教育强国迈进。2008 年 1 月 17 日，教育部印发国务委员陈至立在教育部直属高校工作咨询委员会第十八次全体会议上的讲话。

12 月 23 日 教育部党组在京召开直属高校新任党委书记、校长党风廉政建设座谈会，从 2006 年 10 月以来直属高校新任、连任、转任的党委书记和校长共 40 人出席了会议。教育部党组书记、部长周济在会上作了重要讲话，部党组副书记、副部长袁贵仁，部党组成员、副部长吴启迪、李卫红出席会议。部党组成员、中央纪委驻教育部纪检组长田淑兰主持会议。

△ 国家留学基金管理委员会与有关高校合作开展"青年骨干教师出国研修项目（2008—2010）"签约仪式在京举行，93 所高校与国家留学基金委签署协议。教育部副部长章新胜出席签约仪式。

12 月 24 日 中共中央政治局常委、全国政协主席贾庆林在人民大会堂会见"香港青少年学生国情教育薪火相传访京团"全体成员。教育部副部长袁贵仁陪同会见。

△ 教育部与上海通用汽车校企合作项目签约仪式在北京举行，这标志着上海通用汽车"汽车运用与维修专业校企合作项目"正式启动。教育部副部长吴启迪出席。

12 月 24 日—25 日 中组部、中宣部、教育部党组联合召开的第十六次全国高等学校党的建设工作会议在北京举行。中共中央政治局常委、中央书记处书记习近平在会前会见了出席会议的代表并发表重要讲话。他强调，当前和今后一个时期高校党建工作的首要任务，是认真学习、深入贯彻、全面落实党的十七大精神，坚持以邓小平理论和"三个代表"重要思想为指导，深入贯彻落实科学发展观，以改革创新精神全面推进高校党的建设，为开创高等教育改革发展新局面提供坚强保证。中共中央政治局委员、中央书记处书记、中组部部长李源潮出席会议并讲话。陈至立国务委员主持了会议。教育部部长周济、副部长李卫红、教育部党组成员、中纪委驻教育部纪检组组长田淑兰出席会议。

12 月 25 日 全国清理化解农村义务教育"普九"债务试点工作电视电话会议召开，教育部部长周济出席并讲话。

△ 人民教育出版社将价值 115 万元的农村中小学现代远程教育教学光盘、设备资金和图书捐赠给部分贫困地区学校。教育部副部长陈小娅出席捐赠仪式并讲话。

12 月 26 日 中国教育学会与人民出版社共同在京举行了中国文联副主席、中国作协副主席、云南省人大常委会副主任丹增的教育新著《为了人人都享有的权利——教育改革与发展笔记》学术座谈会。教育部副部长陈小娅等出席座谈会。

12 月 26 日—27 日 教育部 2008 年度工作会议在北京举行。教育部部长周济出席会议并讲话。他强调，要认真学习和贯彻党的十七大精神，高举中国特色社会主义伟大旗帜，以邓小平理论和"三个代表"重要思想为指导，深入贯彻落实科学发展观，进一步统一思想，振奋精神，推进我国教育事业科学发展，为建设人力资源强国而奋斗。其间，举行了河南省实现"两基"目标授牌仪式。教育部部长周济主持授牌仪式，并向河南省人民政府授予实现"两基"目标纪念牌。至此，中部所有省份全部实现了"两基"目标。2008 年 1 月 4 日，教育部印发了周济部长在教育部 2008 年度工作会议上的讲话。

12 月 26 日—27 日 由中国高等教育学会、国家示范性高等职业院校建设工作协作委员会主办的"高等职业教育校企合作工学结合论坛暨国家示范性高等职业院校建设一周年成果展示会"在北京召开。教育部副部长吴启迪出席。

12 月 28 日 全国教育系统关心下一代工作先进集体、先进个人表彰会召开，教育部副部长袁贵仁出席表彰仪式并讲话。

△ 教育部、国家统计局、财政部发布《2006 年全国教育经费执行情况统计公告》。

12 月 30 日 由教育部、文化部、财政部主办的 2007 年高雅艺术进校园活动在浙江工业大学宣告闭幕。教育部副部长陈小娅出席闭幕仪式并讲话。

12 月 31 日 经国务院批准，从 2008 年 1 月 1 日起，中国中小学特级教师津贴标准由每人每月 80 元调整为每人每月 300 元，公办学校发放特级教师津贴所需经费全额纳入财政预算。

撰稿《中国教育年鉴》编辑部

前进中的中国教育事业

2007年教育部“中央广播电视大学人才培养模式改革和开放教育试点”项目总结性评估留念

2007年全国广播电视大学党委书记校长会议

中央广播电视大学

中央广播电视大学是教育部直属高等学校，是基于计算机网络、卫星电视网络，运用文字教材、音像教材、多媒体课件、网络课程等多种媒体，面向全国开展现代远程教育的开放大学。

中央电大和全国44所省级电大、956所地（市）级电大分校、1875个县级电大工作站、51665个教学班（点）组成了一个统筹规划、分级管理、分工协作的现代远程教育教学系统。

2007年，经教育部批复、备案，中央电大开放教育本科（专科起点，下同）、专科、教育部“一村一名大学生计划”共开设专业67个，其中开放教育本科（专科起点）专业18个、专科专业34个、教育部“一村一名大学生计划”专业15个。

2007年，经教育部批准，中央电大进行了机构调整，现设有文法学院、经济管理学院、工学院、教育学院、外语学院、农林医药学院等6个学科学院和直属学院、继续教育学院以及西藏学院、八一学院、总参学院、残疾人教育学院，专设中国电视师范学院、中国燎原广播电视学校、中央广播电视中等专业学校。

截止到2007年，中央电大开放教育在校生205万人，其中本科72.76万人，专科125.11万人，教育部“一村一名大学生计划”7.13万人。开放教育2007年度招生77.87万人，其中本科24.91万人，专科49.24万人，教育部“一村一名大学生计划”招生3.72万人。毕业生56.56万人，其中本科20.93万人（授予学士学位5709人），专科34.11万人，教育部“一村一名大学生计划”毕业学生1.52万人。

中央电大教职工总数439人，其中专任教师131人（教授、副教授87人）。图书馆藏书7.8万册，电子图书5.9万种。

中国教育电视台

中国教育报道

国视导航

教育人生

音乐伙伴

2007年以来，中国教育电视台宣传工作导向正确，质量提高，全面深入宣传贯彻中共十六届五中、六中全会和十七大精神，在做好“两会”等常规宣传工作的同时，突出特色和重点，舆论引导水平进一步提高。

2007年，中国教育电视台充分发挥面向教育战线和全会的重要宣传窗口，以及党和政府有关科教文卫方针、政策和各类信息发布平台的作用，做到贴近校园，贴近师生，贴近家庭，大力宣传党的教育方针政策和重大决策，大力宣传教育改革发展的巨大成绩，大力宣传优秀师生的高尚品德，在全社会营造了尊师重教的良好氛围。

2007年，中国教育电视台逐步创新节目内容和形式，强化节目管理，逐步提高《国视资讯》、《师说》等节目的质量和品牌影响力；推出大型纪录片：《春天里的七次聚会》、《我的太阳》、《重托》、《共建精神家园》、《社会主义核心价值体系纵横谈》；继续打造大型校园文艺晚会《青春万岁》，全年共举办12场；继续举全台之力做好“阳光伙伴”和“音乐伙伴”活动。经过一年来的努力，中国教育电视台节目得到社会的高度关注。仅在2007年，中国教育电视台摄制的《迁徙的人》获得四川金熊猫电视节大奖；《非常24小时》第二部获得“五个一工程”大奖；《我的太阳》获得北京电视艺术协会“春燕”奖；《先下后上》获共青团中央、国务院新闻办、中国联通联合主办的“绿色手机文化建设突出贡献奖”。

植根教育，弘扬文化

高等教育出版社（以下简称“高教社”）创立于1954年5月18日，是新中国成立后最早设立的，由教育部所属的，以出版全国高等教育、职业技术教育和成人教育教材为主的综合性大型出版社。

经过五十多年的发展，高教社已从单一教材出版单位，初步发展成以出版为主体，开展多种业务、拥有多种所有制形式下属单位，围绕教育资源开展相关业务的综合性集团。

截至目前，高教社各类图书和电子音像产品共获得包括国家图书奖、中国图书奖、国家科技进步奖、“五个一工程”奖在内的各类国家和省部级奖励近300项。销售码洋从2000年的8.3亿元增长到2007年的24.6亿元，销售册数从2000年的0.59亿册增长到2007年的1.3亿册。

近年来，高教社“百门精品教材建设计划”、“教学资源库与整体教学解决方案建设工程”等项目取得标志性成果，以《体验英语》、《大学化学》、《高等数学》、《大学语文》等为代表的一批立体化教材、教学资源库以及整体教学解决方案等产品进入课堂。《中国高等学校学术文摘》系列刊物成功取得国际刊号，与施普林格合作在海外正式出版发行。发行公司、印务公司、教育影视制作、软件技术开发等公司建设与发展势头良好，形成了围绕出版产业链拓展相关业务的新格局。

高教社针对海外市场，推出了15个语言版本的“体验汉语”系列教材。其中，《体验汉语》中小学系列教材泰国版，被泰国政府教育部指定为全国推广教材，目前在泰发行30多万册，全面进入泰国国民教育体系；《体验汉语·生活篇》德语版，已经成为德国发行量最大的短期汉语教材之一；“体验汉语交互式学习系统”已在泰国、日本、英国等国家开始试用，泰国政府一次性采购了20个单位的使用权，在全国中小学推广。

高教社还通过与美国加州校董会和英国SSAT（特色学校联合会）的中文特色学校Kingsford合作，为美国和英国中小学汉语教学提供了本地化的汉语教学整体解决方案；通过与英国外交部合作，开发《信心汉语》系列教程，已成为英国外交官培训的正式使用教材；通过与泰国教育部基教司合作，针对全泰国中小学国民教育体系，提供了全套汉语教育整体解决方案。

在版权引进与输出方面，2007年高教社版权引进品种达115种，合作方为20个国家和地区，引进版图书销售数为185万册，销售码洋为4308万元。版权输出方面，除对外汉语教材系列外，2007年版权输出品种达24种，销售金额为58万元 。2006年8月，高教社加入“中国图书对外推广计划”，正式成为该计划的成员单位，2007年上半年28种图书入选。

>>>2008

领潮流，竭诚服务

在教学仪器出口方面，出口额由2000年的85万美元猛增到2006年的1273万美元，出口31个国家、国际组织地区（主要为南美，中、东欧市场，中亚市场，古巴市场，非洲市场，俄罗斯市场）。2005年10月和11月，《亚教育论坛》和《中非教育部长论坛》期间，在中国教学仪器总公司组织的小型教学仪器展示会上，周济部长次亲自向与会代表和参会国部长介绍中国科教仪器的特点和优势。

在内部管理上，高教社全面实施ERP工程，实现出版产业链全程数字化管理，数字化、网络化出版取得重进展。逐步完善全面预算管理体系，以业务发展规划为龙头，以精细管理和细分业务单元为基础，实现预算行和完成情况与考核挂钩。三项制度改革效果明显，实行全员竞聘上岗，建立以岗位工资为主体的薪酬体系计和奖金分配与经营业绩挂钩的考核分配制度。企业文化蓬勃发展，制定并实施《高等教育出版社企业文化设纲要》，员工凝聚力日益增强，企业战斗力进一步提高。

五十年长足发展筑就耀眼的辉煌。在最新统计出的2007年全球出版业排名中，高教社位列第44位，第一家也是唯一进入全球排名前50位的中国出版机构。首届评出的出版政府奖中，高教社荣膺先出版单位称号。

中国教育报刊社

中国教育报刊社是中华人民共和国教育部直属的新闻出版机构，是教育
传国家教育方针、政策和传播教育新闻的窗口。报刊社编辑出版的《中国教育
(日报)、《人民教育》(半月刊)、《中国高等教育》(半月刊)、《神州学人》
刊)、《中国民族教育》(月刊)、《中国教师报》(周报)，其宗旨是全面、准确
时地宣传党和国家的教育政策及工作部署，传播教育改革与发展的信息和经
报道有关教育的热点问题，是了解中国教育状况的最权威媒体。服务读者，服
育事业，服务社会是中国教育报刊社永远的追求。

刊号：CN11-0035
(日报)邮发代号：1-10
全年定价：288.00元

电话总机：(010) 62257722
广告：(010) 62243718
发行：(010) 62244250
出版：(010) 62230422
邮政编码：100082
地址：北京市海淀区文慧园北路10号

采用国际流行开版　全国公开发行
每周一期　每期16版　4版彩印
每份定价2.2元　全年定价99元
国内统一刊号：CN11-0179　邮发代号：1

教师的精神归宿和生命家园

中国人民公安大学

忠诚　求实　勤奋　创新

校领导与学生亲切交流

团河校区西训练场

团河校区图书馆

中国人民公安大学是公安部直属的普通高等院校暨公安部高级警官学院，创办于1948年7月。现有木樨地、团河两个校区，占地面积87公顷，在校师生1万余人。建校60年来，学校始终坚持为公安工作服务、为公安队伍建设服务的宗旨和“政治建校、从严治校”的方针，先后为全国公安政法机关培养、输送了16万余名专门人才，被誉为“共和国警官的摇篮”。

学校坚持学历教育和在职培训相结合，建立并形成了包括博士研究生、硕士研究生、二学位生、本科生、留学生、成人高等教育与高级警官培训、公安业务培训、军队保卫干部培训、港澳警官培训、外警培训等多类型、多层次的公安教育培训体系。学科专业紧贴公安实践，设有法学一级学科博士后科研流动站，诉讼法学博士学位授权点，法学一级学科硕士学位授权点，刑法学、行政管理等17个二级学科硕士学位授权点（41个研究方向），法律硕士专业学位授权点。本科设有9个专业16个专业方向，专业和专业方向覆盖了公安主要业务工作。

学校坚持走“人才强校”之路，实施“名师工程”，培养和造就了一支“教员与教官相结合、专职与兼职相结合、素质优良、结构合理”的师资队伍。学校有专任教师近600人，具有高级职称270余人；中国工程院院士1人，享受国家和部级津贴专家49人；从全国高校和公安实战部门聘请兼职教授和教官163人。

学校坚持“科研兴校”战略，全面推动教学、科研与警务实践的紧密结合和良性互动。2005年以来，获国家级、省部级科研奖励8项，承担国家级、省部级课题310项。学校主办的《中国人民公安大学学报》社会科学版是全国公安系统惟一的中文核心期刊。首都社会安全研究基地设在该校。同时，学校不断扩大对外交往，先后与50多个国家和地区的警察机构建立了长期稳定的合作关系，在世界警察院校中具有广泛影响。

学校拥有功能齐全、设施完备的办学硬件，设有DNA鉴定、微量物证分析、毒物毒品分析、模拟现场勘查等实验室。警务实战训练街区、心理行为训练场、警务技能障碍训练场等设施完备。图书馆藏书108万册，是国内公安类藏书最齐全的图书馆。

在新的历史时期，有着优良传统的中国人民公安大学，将继续坚持以改革的思维、发展的眼光和创新的思路，不断深化教育、教学改革，努力提高教育、教学质量，为实现“将公安大学建设成为科教强警的生力军、公安教育训练的主阵地、国内知名高等学府、世界一流警察大学”的办学目标努力奋斗！

中欧航空工程师学院开学典礼

中国民航大学

中欧航空工程师学院

“中欧航空工程师学院”是由中国民航大学与法国航空航天大学校集团在中国共同创办的航空类“工程师学院”。2007年教育部批准设立，中欧航空工程师学院迎来首届学生。

中欧航空工程师学院的建立改变了传统的纯借鉴模式，转为双向互动、合作共赢；整合了中欧双方教育支撑和资源体系，由中法双方大学教授、欧洲航空企业专家共同承担基础教学、专业教学、实验实习等工作，将学生培养成为具有深厚数理基础，系统、广博专业知识和很强工程实践能力的民航高级工程技术和管理人才。同时学院还致力于学校整体的学科建设、教学科研和人才培养战略，为全面创新我国高级航空工程技术人才的培养模式奠定坚实基础。

建设中欧航空工程师学院是中国民航大学“十一五”期间的重点工程，国家民航局安排投入5950万元资金给予支持，法国民航局和欧洲航空企业也将提供近5000万元的财政支持。中欧航空工程师学院旨在系统引进法国航空工程师培养的优质教育资源，在航空工程的飞机结构与材料、航空推进系统、电子系统与机载设备三个专业，在航空安全和维护、飞行运行与维护，导航和地空通信的设计和运行等领域培养航空工程师，显著提升我国民用航空高级工程技术与管理人才的培养层次和水平，以满足日益增长的中国民航事业发展对高级航空工程与技术精英人才的迫切需求。

学院充分借鉴法国航空工程师教育培养模式与经验，学制6年，其中预科教育3年、工程师教育3年。学院发展规模为600人，年招生100人。学生毕业后可以获得由法国工程师学衔委员会授权颁发的工程师文凭以及我国的相应硕士研究生文凭和证书。

随着我国航空事业的高速发展，中国民航对高层次工程科技人才的需求与日俱增。设立中欧航空工程师学院，就是利用“一流的资源”、吸引“一流的生源”、打造中国民航“一流的人才”，这将有效缓解我国在航空安全运行、深度维修、老龄飞机科学合理延寿等领域的高层次工程技术人才短缺状况，进一步提升民航飞机维护水平和运行服务品质，为促进行业持续高速发展提供人才支撑。

全面引进法国工程师教育模式，借鉴、吸收、改造并创新中国的航空工程教育体系，是繁荣中国航空工程教育的必然要求。“中欧航空工程师学院”项目的成功建设，必然会催生出适应中法两国航空工程教育模式和谐共处、多元文化相生相长的精神理念。

法国教师授课

学生在工程技术训练中心

河北工程大学

团结奋进的领导班子

校召开第一届党代会，提出建设工程特色明显的北省强校的奋斗目标

全国群众登山健身活动中获高校组团体第一名

河北工程大学坐落在中国历史文化名城——河北省邯郸市，是一所以工为主，工、理、农、医、文、法、经、管等多学科交叉渗透，以建筑、水电等高等工程教育为鲜明特色的多科性教学科研型大学。

学校有学士、硕士两级人才培养体系。有各类全日制普通高等教育在校生23170人，设有21个硕士学位授权点，53个本科专业；有2个省级重点学科，5个省级重点发展学科，3个河北省省级实验教学示范中心，1个河北省重点实验室。学校同时为“工程硕士培养单位”和“同等学力人员申请硕士学位授权单位”。

学校拥有较强的教学和科研力量。有教职工2835人、专任教师1527名，其中教授224名、副教授465名；引进中国科学院院士1人、中国工程院院士1人，河北省有突出贡献的中青年专家2人、省管专家2人、省“三三三”人才工程6人、省高校百名优秀创新人才1人、省中青年骨干教师4人，享受国家政府特殊津贴教师10名。

学校具有良好的办学条件和教学环境。有四个校区，总占地面积为156公顷，校舍建筑面积83万平方米。学校图书馆为河北省高校甲级图书馆，馆藏纸质图书总量216.68万册、电子图书27.5万册，多媒体教室78个，语音室19个；体育场5个，体育训练馆2座；具有先进的校园网络系统、现代教育系统和远程教学系统；建有固定的校内外实习基地158个。

学校坚持以教学工作为中心，贯彻落实“质量工程”，努力培养善学善行的复合型应用人才。50多年来，为社会培养了4万余名各类人才。毕业生面向基层，艰苦创业，综合素质高，动手能力强，受到了用人单位的广泛称赞，为经济建设与社会发展做出了积极贡献。

立德立志
善学善行

长春汽车工业 **高等专科学校**

长春汽车工业高等专科学校是经教育部批准，由中国第一汽车集团公司出资承办的普通高等学校。2000年，伴随着企业转股的大潮，一汽集团公司将原有的几所职业院校整合，建立一汽教育培训中心，设在长春汽车工业高等专科学校（以下简称车高专），要求汽车高专承担起后备员工职业教育和企业在职员工培训的双重任务。

面对转型发展的新形势和新任务，汽车高专牢牢把握住“不能满足企业的人才培养需要，就没有我们存在的必要”的和理念和定位，把自身融入企业价值链，承担起为经济建设发展、企业技术进步以及劳动者素质提升服务的使命，开发具有职教育、职业培训、职业技能鉴定和技术支持等面向企业和社会的服务功能。

学校领导每年都坚持定期走访企业用户，参加信息发布会、汽车营销会等，全面掌握企业的第一需求，开创了校企融合办新模式。

企业实习

学校鼓励教师融入企业，激励教师利用课余、周末和假期入企业一线，跟踪前沿技术和先进管理，将一线的先进工艺和术融汇到教学过程中。学校做到了专业设置百分之百从企业需要发，课程体系建设百分之百从岗位素质要求出发，并在我国自主车工业与国外先进汽车工业对标的基础上，设计前瞻性的教学课内容。除此，学校借鉴国际上日本丰田、德国大众及欧盟的人员力提升方法，同时建立校内训练、厂内实习和企业实践的三个高能培养平台，采用两年在校一年下厂等工学交替的方法落实学生技能提升计划，培养出一大批具有较高专业技术知识水平和精操作技艺，能够解决企业技术难题的手脑结合型高技能人才。

学校招生已经覆盖全国30个省市，录取线超过本科，毕业生不应求，2000多家汽车企业和经销商与学校就业部门建立密切系，提前预定在校生。4万多名毕业生遍布全国各地，在各自的岗位上发挥着“职业种子”的作用。

为了盘活企业人力资源存量，学校为在岗、转岗和待岗员工分别提供年均1万多人次和8万多人次的培训服务，并承担了各司项目管理、人力资源、TPS生产方式、班组长培训等。

汽车高专组织教师小分队，深入一线帮助企业解决技术难题，完成技术攻关项目30多项，被企业授予“卓越员工团队”。训师承揽了集团公司所有技能大赛的赛前培训，一汽代表队在国家各项技能大赛中屡获大奖。借助企业资源，利用一汽闭路电开办了《培训时空》栏目，每天三次播放，深受员工欢迎。

倾力打造企业员工终身继续教育学习平台。学校针对企业需求的专业群建设，相继开设数十个本专科层次的专业。开创全国首个企业班组长企业现场管理专业大专班，217名班组长学成毕业，得到全国总工会、国家教育部考试中心、全国考委等致肯定。2007年启动了“第一汽车劳动模范人才培养工程”，30名获得国家、省（部）、市级劳动模范参加硕士研究生班学习。

经过八年的艰辛努力，学校打造了汽车人才教育培训品牌。汽车高专成为国家命名的紧缺型技能人才培训基地、师资培训示范基地、吉林省技能鉴定基地，2006年首批进入国家高职高专“211”示范建设工程，并获得中央财政支持。

文化节

吉林广播电视大学

吉林广播电视大学是吉林省第一所独立设置的省级现代远程教育高等学校，于1979年2月正式成立。学校实行省、市、县三级办学，教育功能覆盖全省，有8个市（州）分校、4个系统分校和34个县级分校（工作站）和2所直属学院。省校本部既是办学实体，又有对全省电大系统进行办学、教学指导和管理的职能，还承担着社会远程教育公共服务的功能和继续教育、岗位培训的任务。省校本部占地面积212833平方米，校舍建筑面积24000平方米，固定资产总值2327万元，电子图书23.77万册，图书期刊6.3万册。在职教职工174人，教师和专业技术人员110人，具有高级专业技术职称的47人。

建校29年来，学校坚持面向地方、面向基层、面向农村、面向边远和民族地区，多层次、多规格、多功能、多形式办学，为地方经济建设和社会发展培养了一大批“下得去、留得住、用得上”的应用型人才。已累计培养本、专科毕业生195700多人，中专毕业生5万多人，各种非学历教育结业生30多万人。截至2008年6月，全省电大共开办开放教育本科专业16个，专科专业25个，成人教育专科专业40个。各类学历教育在校生24069人，其中开放教育本、专科41个专业在校生共计18906人，成人教育在校生5163人。

吉林广播电视大学正以崭新的姿态去迎接现代远程教育美好的明天，为吉林省构建终身学习体系和实现吉林经济社会又快又好发展做出新的贡献。

多媒体教室

学员网上考试

学校领导班子

教师利用网络开展教学活动

黑龙江大学

黑龙江大学前身是1941年在延安成立的中国人民抗日军政大学第三分校俄
队。几经迭变，于1958年扩建、更名为黑龙江大学。经过几代人的辛勤耕耘，学
由外语类单科性学校发展成为学科门类齐全、师资力量雄厚、教学设施齐备、
学形式多样、教学质量优良、特色鲜明的省属重点综合性大学。

学习十七大精神

原校长衣俊卿教授被授予俄罗斯远东国立大学名誉博士学位

学校四位国家级教学名师（从左至右：张
骅、张奎良、刘敬圻、邓军）

学校由校本部、学府南校区、呼兰校区三部分组成，总占地面积190余万平方米，总建筑面积113万平方米。现有全日制在
生32000余名；教职工3200余名，其中专任教师近2000名，教师中有国家级教学名师4人。

学校设有博士后科研流动（工作）站5个，博士点15个，硕士点118个，本科专业74个。国家重点学科21个，2个学科群、1个
级学科、21个二级学科为省级重点学科，国家级特色专业10个，省级重点专业21个，国家级和省级精品课程分别为3门和26门、
学团队分别为1个和3个。近年来，学校获国家级和省级优秀教学成果奖分别为3项和120余项。

学校有1个国家教育部人文社会科学重点研究基地，10个省部级重点研究基地、重点实验室和工程中心，19个省高校重点
究基地、重点实验室和研发中心，1个省级大学科技园；主办《求是学刊》等9种公开发行学术刊物，并设有黑龙江大学出版社。

学校已与国外120余所大学进行了合作与交流，20多年来，共培养留学生7500余人，居黑龙江省高校之首。学校是俄罗斯
府在中国设立的3个俄语中心之一；与俄罗斯国立远东大学建立了联合研究生学院和海外孔子学院。学校先后被国家汉办确
为10所“支持周边国家汉语教学重点高校”之一、8所“国家汉语教师志愿者计划”培训基地之一。

2007—2008年，学校以“迎评创优”和重点学科建设为契机，在建设高水平教学研究型综合性大学的进程中取得了突出
绩，连续多次被评为黑龙江省“文明单位”和“模范单位”。

学校俄语语言文学研究中心、辞书研究所等编撰的部分词典

地址：哈尔滨市南岗区学府路74号
邮编：150080
电话：（0451）86608425
传真：（0451）86661259
网址：www.hlju.edu.cn

上海海洋大学 临港新校区

上海海洋大学

上海海洋大学是一所具有悠久历史和光荣传统的普通高等院校，前身是建于1912年的江苏省立水产学校。1952年成为国内第一所本科水产高校——上海产学院，1985年更名为上海水产大学，2008年经教育部批准更名为上海海洋大。

近一个世纪以来，上海海洋大学始终秉持着“勤朴忠实”的校训精神，走过了办、发展、壮大的不平凡历程，已经成为一所办学特色鲜明，教育体系完备，学门类众多，农、理、工、经、文、管等学科协调发展的多科性大学。

2007年，学校95周年校庆隆重举行，江泽民同志为学校95周年题词“培育海洋技人才，探究蓝色世界奥秘”，全国政协副主席、中国工程院院长徐匡迪等为校题词，上海市政协主席蒋以任等领导出席庆典，对学校发展提出了殷切希望。新区建设稳步推进，上海市委副书记、市长韩正等先后视察指导，对学校新校区设关心指导。学校内涵建设不断加强，教学质量不断提高，办学水平迈向了一个的台阶。

面向未来，上海海洋大学将充分发挥学科和专业优势，不断推进自主创新，主融入社会、服务社会，大力加强内涵建设，努力谱写蓝色革新篇章，再铸事业新辉，为国家、上海市的经济社会发展做出更大的贡献。

校长潘迎捷在95周年校庆上讲话

上海财经大学

校领导合影

图书馆

上海财经大学是一所中国历史最悠久的财经高等学府，是教育部属“211工程”重点高校。学校已成为一所以经济管理学科为主，经、管法、文、理协调发展的多科性大学，为国家经济社会发展输送了数以万的财经管理和相关专业人才。

上海财经大学拥有会计学、财政学、经济思想史3个国家重点学科金融学1个国家重点培育学科；财政部重点学科4个，上海市重点学科个；设有教育部人文社会科学重点研究基地——会计与财务研究院、家经济学基础人才培养基地和国家大学生文化素质教育基地等3个国级基地。上海财经大学是全国财经院校中最早获得博士学位授予权院之一，是首批设立社会学科（经济学）博士后流动站，首批工商管理硕（MBA）和会计专业硕士（MPAcc）培养试点院校之一。在历次教育本科教学工作水平评估中均获优秀评价。

学校建有会计与财务研究院、高等研究院、财经研究所、现代金研究中心等数十个研究机构，出版《财经研究》、《外国经济与管理》重要学术刊物。学校依托强大的学术优势，每年为国家、地方政府和大企业承担着大量课题研究，持续发布了具有重大影响力的年度《中国政发展报告》、《中国金融发展报告》和《中国区域经济发展报告》等为国家经济建设和社会服务做出了重大贡献。

中外合作本科教育项目学生赴英国学习

上海财经大学师资力量雄厚，全校专任教师971人，其中，教授183人，副教授329人。已集聚了一大批毕业于哈佛、剑桥、耶鲁等海外名校博士，担纲教学科研工作。

学校召开建校九十周年大会

学校已与世界银行经济发展学院、国际货币基金组织（IMF）、国际金融公司（IFC）和联合国计划开发署（UNDP）以及美、英、日、加拿大、澳大利亚等国家和香港、台湾地区的40余所知名大学建立了校际合作关系，部分互派交换或联合培养学生。与英国公认会计师学会（ACCA）、加拿大注册会计师公会（CGA）、美国人寿保险公司管理学会（LOMA）、英国保险学会（CII）、英国保险精算协会等国际权威专业机构合作，成为国际从业资格培训与考试中心。各层次留学生来自世界82个国家遍及五大洲1000余人。

今天，上海财经大学正站在新的历史起点上，秉持“面向社会，求真务实，百年树人，经世济国”的办学理念和“厚德博学，经济匡时”的校训精神，继续解放思想，深化改革，对接国家战略，融入社会需求，创新管理与发展方式，全面推进现代化、国际化、信息化建设，努力创建高水平、具有鲜明财经特色的多科性研究型大学。

中国矿业大学坐落在历史悠久的文化名城江苏徐州，是教育部直属的全国重点大学，国家“211工程”重点建设校。

中国矿业大学的前身是创办于1909年的焦作路矿学堂，是我国最早的由外资建立的近代矿业高等学府，我国著的教育家蔡元培、石油矿业专家孙越崎等曾分别担任焦作工学院的校董或名誉校董。近百年来，学校历经14次搬迁、次易名，曾历经焦作工学院、中国矿业学院、北京矿业学院、四川矿业学院等时期。1978年，学校搬迁江苏徐州，恢复国矿业学院校名，并于1988年更名为中国矿业大学。

校园占地面积294公顷（文昌校区104公顷，南湖校区190公顷），校舍建筑面积100余万平方米。学校现有20个院，各类在校学生45268人，在职教职工2954人，有6名中国工程院院士、2名首届全国百名高校教学名师奖获得者、1首届中国青年科学家奖获得者和1名“全国优秀博士后”获得者；拥有9个一级学科博士点、14个一级学科硕士点；4部重点学科、9个省重点学科、8个“长江学者奖励计划”特聘教授岗位、11个博士后科研流动站。学校建有2个国家点实验室、1个国家工程研究中心、1个国家级实验教学示范中心和1个国家大学科技园。改革开放以来，学校先后获家级教学成果奖13项（其中一等奖3项），国家级精品课程3门，国家特色专业建设点3个，有12篇博士论文入选全国篇优秀博士论文。“九五”以来，学校先后承担各类科研项目7189项，其中国家级科技项目638项，先后获得国家级学技术奖37项，专利授权446项，年科研经费4亿多元。学校先后与德、英、澳、美等国的50多所高校和科研机构建立交流合作关系，并成功举办了多次国际学术会议。

中国矿业大学“211工程”三期项目论证会

在学校召开的第五届国际采矿科学与技术讨论会

国家重点实验室评审会

中国矿业大学—国家大学科技园揭牌仪式

“973计划项目”实施启动仪式

中国矿业大学设计制造了我国第一台材料实验机和第一台飞机发动机，试制成功我国第一台刨煤机和首台采掘机器人，精选出国内最高品位的高炉石墨，试制成功重介质选煤和水力旋流器并建立了第一座干法选煤厂。

“十一五”期间，中国矿业大学秉承“服务行业科技进步，服务地方经济建设”的办学方针，恪守“学而优则用，学而优则创”的办学理念，力践“开拓创新、严谨治学”的校训，向着多科性、研究型高水平大学的目标阔步迈进，努力成为国家创新体系的重要节点，成为支撑和引领能源、矿业和区域经济发展不可替代的创新人才培养与科技创新基地。

博士学位授予仪式

学校主办的第六届中国大学生篮球联赛

蘇州大學

苏州大学坐落于素有“人间天堂”之称的古城苏州，是国家“211工程”重点建设高校和江苏省属重点综合性大学，前身为创建于1900年的东吴大学。目前，苏州大学已发展成为一所拥有哲学、经济学、法学、教育学、文学、历史学、理学、工学、农学、医学、管理学等十一大学科门类，具有相当规模，基础较为雄厚，办学效益显著，在国内外具有一定知名度的地方综合性大学。

独墅湖校区教学区（东部

苏州大学现有12个博士后流动站、6个一级学科博士学位授权点、80个博士学位授权点（含8个自设专业）、1个一级学科业学位博士点、204个硕士点（含8个自设专业）以及10个专业学位硕士点，101个本科专业，4个国家级重点学科、24个省部级点学科（含6个国家重点学科培育建设点），1个国家级重点实验室培育建设点、10个省部级重点实验室，3个省部级工程中心个国家基础科学人才培养基地，1个教育部人文社科重点研究基地，1个国家体育总局社会科学重点研究基地。拥有各类在校约5万人，其中在校各类研究生7470多人，本、专科生18951多人，成人学历教育10887人；教职工4111人，其中中国工程院院士3人教授、副教授1300多人。

苏州大学科研工作取得了累累硕果，先后获得包括国家自然科学奖、国家科技进步奖和国家发明奖在内的省部级以上研奖430多项。2007年度国家级科研项目达47项，科研经费总量超过1.49亿元，中国科学技术信息研究所最新公布的数据表明2007苏州大学论文SCI索引名列全国高校第33位，学校产学研结合步伐也不断加快，不少科研成果已广泛应用于社会生活的个领域，并取得了良好的经济效益和社会效益。

独墅湖校区教学区（西部）

苏州大学现有5个校区（不含两所独立学院），占地面积167公顷，建筑面积133.5万平米；学校图书资料丰富，图书馆馆藏图书400多万册,中外期刊2800余种；分析测试中心、装中心、计算机网络中心等设备先进；拥有为教学科研服务的苏州大学出版社。学校还辑出版人文、理科、工科、医学4种版本学报及《国外丝绸》等学术刊物与国内外高校、研机构交流。

苏州大学积极扩大开放，与日本、法国、韩国、新加坡、德国、美国、加拿大、澳大利等国家以及香港、台湾等地区的近100所高校建立了校际交流关系，每年接收外国留学生进修生1600余人来校学习汉语言文学和其他有关专业。

近年来，苏州大学注重依托江苏省、特别是苏南地区雄厚的经济实力和优越的人文地域条件，积极探索为经济建设和社会发展服务的有效途径，并以此作为学校鲜明的办特色和动力。目前，天堂学府——苏州大学正以前所未有的气魄与胆识，紧密围绕创建“内一流、国际知名的高水平大学”这一既定目标奋勇前进。

钟楼

独墅湖校区大门暨炳麟图书馆

理工大楼

南京农业大学是教育部直属高校，是国家“211”工程重点建设的大学。2007年，学校不仅以优异的成绩通过“十五”、“211工程”建设项目的验收，还顺利通过了教育部本科教学工作水平评估，为学校进一步发展奠定了更加坚实的基础。

2007年学校共招生6000多名，其中研究生1913名，本科生4050名。本科生就业率98.18%，向社会输送了大批优秀人才。

积极实施“本科教学质量与教学改革工程”。《动物生物化学》等5门课程被评为国家级精品课程，全校国家精品课程总数达到11门，居全国农林高校前列；新增国家重点学科5个，省部级重点学科7个；学校有一级国家重点学科4个，二级国家重点学科14个；2个博士后流动站、3个博士点。

科研项目与经费持续增长。2007年度获国家科技部、国家自然科学基金委等各类计划研究项目资助251个，获立项资助经费1.16亿元。获各类科技成果奖18项，其中国家奖1项，省部级一等奖4项。

充分发挥资源优势，积极探索服务社会新模式。继续实施“百名教授兴百村工程”，深入开展大篷车送科技下乡活动，推动建立了一大批专家工作站，在服务“三农”方面作出了突出贡献。

师资队伍建设成就突出。建设以博士为主体的师资队伍，2007年全校有40名教师入选省部级人才工程。

学校的发展定位是：以农业和生命科学为优势和特色，农、理、经、管、工、文、法多学科协调发展，国内一流、国际知名的高水平、研究型大学。

淮阴工学院

学院2007级新生军训汇报表演暨开学典礼

体育馆

校园景色

校园一角

淮阴工学院是一所以工科为主，工学、经济学、管理学、文学、农学、理学、法学等多学科协调发展的地方应用型省属本科院校，坐落于历史文化名城——江苏省淮安市。

学校建于1958年，时为淮阴工业专科学校。1990年，经省政府批准，原淮海交通职业专科学校与淮阴工业专科学校联合办学，成为淮阴工业专科学校交通分部。2000年3月，经教育部批准，淮阴工业专科学校、江苏省农垦职工大学、淮阴市机械工业职工大学合并组建淮阴工学院。在50年的高等教育办学历史中，学校共培养了3万多名毕业生。

建校以来，学校的办学条件显著改善，办学质量不断提高，形成了以工为主，经、管、文、理、农、法等多学科协调发展的办学格局。学校设有机械工程系、电子与信息工程系、计算机工程系、建筑工程系、交通工程系、外语系、人文与社会科学系、计算科学系、设计艺术系、生命科学与化学工程学院、经济管理学院、江淮学院、继续教育学院、体育教学部等14个系（院、部），38个本科专业。学校共有普通本科在校生14000余人，在编教职工1292人，专任教师834人，其中教授、副教授186人，博士、硕士443人；享受国务院政府特殊津贴5人，省学术带头人、省优秀青年骨干教师、省“333工程”培养对象23人。校园占地147公顷，校舍面积60余万平方米，教学科研设备值1.2亿元，固定资产总值10.3亿元。现有各类纸质图书120万册，电子图书87万册，各种纸质中外文期刊1616种。

学校在规模发展的同时，高度重视质量内涵建设。学校坚持规模、结构、质量、效益协调发展，牢固确立教学工作中心地位，加强教学建设，深化教学改革，提高教学质量。现有国家级特色专业建设点、省级重点建设学科、省级重点建设实验室、省级特色专业、省级特色专业建设点各1个，省级基础课实验教学示范中心2个，省级实验教学示范中心建设点1个，省级工程中心1个，市级工程中心8个。学校紧紧围绕地方经济社会发展开展科学研究，近三年来，共承担各类科研项目376项，其中国家、省、市级项目199项，获得省市科技进步奖17项，获准专利16项；发表论文1592篇，其中中文核心期刊711篇，被SCI、EI、ISTP收录48篇；出版专著、教材44部。《淮阴工学院学报》为江苏省一级期刊。

学校积极开展对外交流与合作。2000年以来，先后与美国、加拿大、澳大利亚、日本、印度、马来西亚、新西兰、新加坡等国家的高校建立了友好合作关系，与澳大利亚、印度、新加坡等国的高校和教育科研机构开展了实质性合作办学，有多名教师赴国外进修、访学，并长期有美国、加拿大、英国、澳大利亚等国专家学者来校讲学。通过广泛的交流与合作，促进了学校教学、科研工作的发展和学术水平的提高。

作为周恩来故乡的一所普通本科院校，学校将“用恩来精神办学、用恩来精神育人”作为办学理念的重要内容，将“为中华之崛起而读书”作为校训，以周恩来的伟大精神和崇高人格作为重要的教育资源，大力实施素质教育，推进学风建设，提高人才培养质量。学校牢固树立以服务地方经济社会发展为己任的办学理念，坚定不移地坚持产学研结合，高度重视学生创新精神和实践能力培养，建立以企业需求为导向的人才培养模式，不断创新科技服务模式，密切校企合作，主动服务地方，在推进地方经济社会发展中不断提升办学水平。

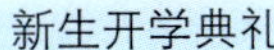
新生开学典礼

校园一角

中国传媒大学南广学院

中国传媒大学南广学院是中国传媒大学为拓展学校品牌优势，充分利用学校优质教育资源，满足家对高等信息传播人才日益增长的需求，经教育部批准设立的四年制、本科层次独立学院。学院位南京，2004年6月成立，占地54公顷。

学院依托中国传媒大学独具特色的教育资源和雄厚的师资力量，致力于为全国广播电视等信息播领域培养急需的应用型高级人才，成为具有鲜明特色的综合性、教学型、国际化的高等院校，成中国传媒界重要的应用型本科人才培养基地、媒体从业人员继续教育基地和学院派影视节目创研作基地。

学院有教职工668人，其中专任教师485人。中国传媒大学各相应学科每年遴选近百名骨干教师担主要专业课、专业基础课的教学。另从国内外业界、学界聘请了120多位教授、专家任兼职教师。

学院共设有语言传播系、新闻传播系、艺术传播系、广播电视系、动画系、媒介管理系、国际传播、信息技术系、艺术设计系、摄影系和语言文学系（基础部）11个系，开设32个本科专业（约60多个业方向），截至2008年8月，共有在校生近9000余人。

学院在全国各地、各级媒体等单位设立了65个教学实践基地；与15个国家签署了合作协议。

地址：江苏省南京市江宁科学园弘景大道3666号
邮编：211100
电话：(025)86179886，86179887，86179912，86179888(传真)
网址：www.cucn.edu.cn

立德 敬业 博学 竞先

浙江师范大学

浙江师范大学是一所以教师教育为特色，以教育学、文学、理学三大学科为主干的多科性省属重点大学，创建于1956年。52年办学历程中，已为社会培养各类人才18万余人，其中10万余人分布在教育战线，浙江省特级教师和一级重点中学校长有近一半毕业于浙师大。

学校占地面积187公顷，现有18个学院58个专业，5个一级学科、63个二级学科硕士点，全日制本专科在校生23300余人，研究生（含专业学位研究生）3400余人，各类成人高等学历教育学生近20000人；在职教职员工2400余人，专任教师1200余人，其中双聘两院院士4名，具有正高职称教师240余人，具有博士学位教师280余人，国家突出贡献专家1人，入选“国家新世纪百千万人才工程”1人、教育部“新世纪优秀人才支持计划”3人、教育部高校教学指导委员会2人，拥有省特聘教授2人、浙江省“新世纪151人才工程”第一、二层次入选者31人、省高校中青年学科带头人56人。学校教学基础设施先进，功能齐全，图书馆、资料室藏书186万余册、电子图书120万余种、中外文期刊16000余种；拥有实验室42个，其中省级重点实验室、省级实验教学示范中心5个。实验室总面积11.9万多平方米，教学、科研仪器设备总值达1.77亿元。

近年来，浙江师范大学认真贯彻落实科学发展观，坚持以学科建设为龙头，教学科研齐头并进，各项事业蒸蒸日上，现已拥有1个省级重中之重学科、4个人文社科类省级重点研究基地、1个国家体育总局体育文化研究基地，15个省级重点学科；2个国家级特色专业，8个省级重点专业，6个省级重点建设专业，并已初步形成“教育研究”、“儿童研究”、“非洲研究”三大特色品牌，在全国产生一定影响。2005年，学校在教育部本科教学工作水平评估中获得优秀。

浙江师范大学坚持开放办学，先后与美国、英国、澳大利亚等40余个国家的92所高等院校或教育机构建立了合作和交流关系。1997年取得招收长、短期来华留学生资格；2004年成为教育部“教育援外基地”，长期承担我国教育援非高层培训工作；2007年取得接受中国政府奖学金来华留学生资格，并先后在乌克兰、喀麦隆建立孔子学院。

充满生机和活力的浙江师范大学将秉承“砺学砺行、维实维新”的校训，朝着把学校建设成为综合性、高水平、特色鲜明的教学研究型大学的目标阔步迈进。

十七大代表、时任浙师大党委书记李
接受采访

学校在乌克兰建立该国首家孔子学院

浙江省第十二届大学生运动会在学校
举行

中国计量学院

中国计量学院始建于1978年，坐落于历史文化名城、旅游休闲胜地——杭州，是我国质量监督检验检疫行业惟一的本科院
。学校以工科为主，工、理、管、法、文、经、医（药）、哲等多学科协调发展，在计量、质量、检测、标准、检验检疫等方面具有
明的办学特色，拥有硕士学位授予权、外国留学生和港澳台学生招生权，是教育部本科教学工作水平评估优秀学校。

学校现设有18个二级学院（教学部）和1个独立学院（现代科技学院），拥有14个硕士点、42个本科专业，其中国家特色专业
、省级重点专业9个。学校面向全国招生，现有在校全日制本科生、研究生16000余人；专任教师近900人，其中具有硕士及以
学历教师占86%，博士学位教师占35%。

环宇楼雪景

校园一角

明德楼雪景

学校建有国家磁性材料及其制品质量监督检验中心、浙江省“重中之重”学科1个、浙江省重点学科4个、国家质检总局重点
设学科4个，浙江省重点实验室1个、浙江省试验基地1个，浙江省实验教学示范中心3个。近年来，学校承担了省部级以上科研
目280余项，其中国家、省自然科学基金80余项。

学校始终坚持“计量立校、标准立人、质量立业”的办学理念，形成了“培养具有牢固质量观念、明确标准意识和较强计量
力的高素质人才”的人才培养特色；不断深化教育教学改革，注重学生创新精神和实践能力的培养，提高人才培养质量。近三
，学校获得省级以上各类学科竞赛奖500余项，其中第十届“挑战杯”全国一等奖等国家奖16项，2007年学生以独立发明人身
获准发明专利和实用性专利51项。本科招生录取分数线和毕业生初次就业率连续6年位居浙江省高校前列。

杭州师范大学

庆祝建校100周年

杭州师范大学位于历史文化名城、浙江省省会杭州市，其前身可追溯建于1908年的浙江官立两级师范学堂。2008年5月，学校举行了建校100周庆典。杭州师范大学下设16个学院和2个基础教学部，一个独立学院，拥有个本科专业，39个硕士学位授权学科，同时拥有教育硕士学位授予权和经务院学位委员会办公室批准的中外合作培养教育领导学硕士项目。有6个级重点学科，1个国家特色专业，11个省级重点专业，1门国家级精品课程和门省级精品课程。有全日制在校生19644人，其中研究生812人，形成了研究教育、本科教育、成人学历教育、继续教育等多层次多类别的办学体系和公教育、民办教育、留学生教育、国际合作教育等多形式的办学格局。学校现教职员工2100人，其中高级职称教师700多人，占教学科研人数的64.8%，专教师中具有硕士、博士学位的比例为66.82%。学校有省部共建教育部重点验室，省级基础教学实验示范中心等一批重点实验室。全校30多个研究机承担了包括国家“863”计划、“十五”国家科技攻关计划重大项目、国家自科学基金和国家哲学社会科学基金在内的一大批研项目。学校出版《杭州师范大学学报》《杭州师大学报》《语文新圃》等报刊，其中《杭州师范大学报》是华东地区优秀期刊，入选“全国人文社会学学报核心期刊”，并连续三届荣获“全国百强社学报”称号。

学校领导班子

美丽的校园

安徽工业大学

李正邦院士在指导学生

对外合作与交流

校企合作

安徽工业大学创建于1958年，隶属于原冶金工业部，1998年划转安徽省，2000年经教育部批准更名。学校面向全国招生，是一所以工为主，工、经、管、文、理、法六大学科协调发展、特色鲜明的多科性大学。现为安徽省重点建设大学。

学校现有专任教师近761人，全日制普通本科生16000人，研究生761多人。学校占地面积187公顷，校舍建筑面积近58万平方米，教学科研设备总值0.9亿元，各类图书资料近200万册。学校设有15个教学单位，有国家工程研究中心1个、教育部工程研究中心1个，有安徽省重点学科、重点实验室、工程研究中心等15个。

学校坚持“注重质量、强化特色、提高水平、持续发展”的办学方针，以人才培养为根本，以教育部本科教学工作水平评估优秀成绩为新的起点，大力推进创新教育，大学生创新能力和实践能力不断增强。近三年来，学生在全国多项大赛中获奖20余项，申请专利超过500项，获准160多项。

学校大力推进“学科建设工程”，以地方经济社会发展和产业布局调整为导向，围绕冶金行业技术创新需求，坚持开放办学，坚持产学研结合，着力于学术创新团队、实验室平台等学科内涵建设，提高自主创新能力。与宝钢、马钢等特大型企业在人才培养、科研等方面开展了卓有成效的战略合作。2007年新增国家“973”、“863”计划及自然基金等项目30多项，承担地方政府和企业研发项目200多项，获国家科技进步奖2项，省部级科技进步奖10项。

学校不断深化国际合作与交流，与美、德等十多个国家和地区的高校开展博士、硕士研究生和本科生联合培养，互派教师、留学生，开展了一系列实质性的科研国际合作研究。

蚌埠医学院

蚌埠医学院创建于1958年，是安徽省省属普通高等医学本科院校和国家首具有学士和硕士学位授予权的单位。学校位于蚌埠市美丽的龙子湖畔，新老校区地67公顷，总建筑面积31.5万平方米。现有17个本（专）科专业，13个二级学科硕学位授权点和临床医学专业学位授予权，6个省级重点学科（专科），9所附属医院建设了一批国家级特色专业建设点和省级教改示范专业、实验教学示范中心、重建设课程、精品课程和重点实验室。

2008年学校迎来建校50周年华诞。五十年艰苦创业，沧桑砥砺；五十载锐意取，春华秋实。半个世纪的风雨历程中，全校师生医护员工弘扬“艰苦创业、严谨学、精诚为医、团结奉献”的蚌医精神，以强烈的使命感和高度的责任感，不断推学校改革和建设的大发展。建校至今，学校为国家培养了2万余名医学专业人才。届学子勤奋执著，勇于实践，在各自的岗位上建功立业，为社会的进步和发展做了积极贡献，为学校赢得了良好声誉。

潮平两岸阔，风正一帆悬。面对我国高等教育快速发展的良好态势，蚌埠医院正在描绘新的发展蓝图，全校师生员工将以五十年校庆为契机，展示成果、凝力量，团结一致、奋发进取，决心继续加强教学建设，规范各项管理，秉承“笃学精业、修德、厚生”校训，努力办社会满意、人民信赖的高等教育，为祖国的医药卫事业培养更多合格的高级专门人才。

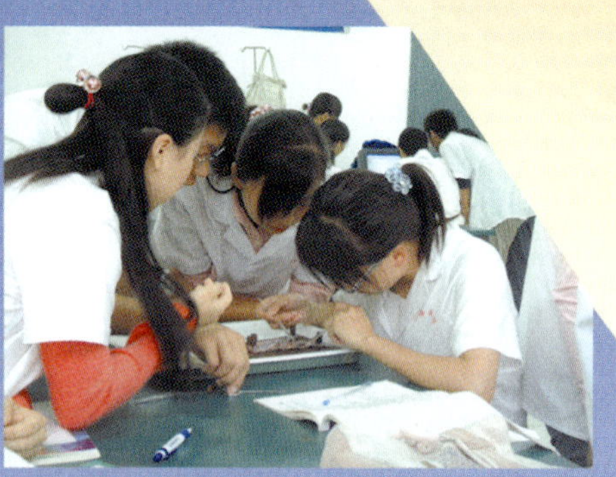

实验教学

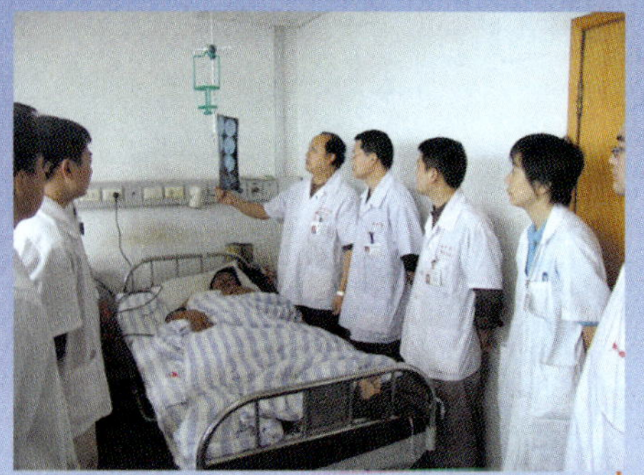

临床教学

赴汶川地震灾区医疗队凯旋

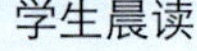

学生晨读

南昌航空大学

南昌航空大学是一所面向全国招生，以工科为主，工理文管经法教等学科协调发展的多科性大学，是江西省人民政府与国防科学技术工业委员会共建的具有鲜明航空、国防特色的高等学校。创建于1952年，是全国首批具有学士学位授予权单位。1985年开始培养硕士研究生，1990年获硕士学位授予权。

学校占地面积200余公顷，校舍建筑面积近90万平方米。现有全日制在校生1.9万人，其中全日制本科生1.5万人，研究生683人。拥有教学、科研设备2.3万台套，仪器设备总值1.48亿元。图书馆纸质藏书140.4万册，中外文期刊2567种，建立了国内外电子文献资料数据库19个。

学校现有专任教师1175人，其中教授157人、副教授203人；具有博士、硕士学位的教师占专任教师总数的68.4%；另有双职双聘中科院院士1人，中国工程院院士3人。建校以来，共培养各类毕业生5万多名。近年来，毕业生一次就业率达90%以上，有30%以上的毕业生服务于国防企事业单位和部队。

学校现有工学、理学、文学、管理学、经济学、法学、教育学等7大学科门类，设有材料科学与工程学院等21个学院；拥有材料成型及控制工程等44个本科专业；拥有5个一级学科硕士点和33个二级学科硕士点，并具有工程硕士、同等学历申请硕士学位授予权。同时，学校还与南京航空航天大学等四所高校及科研院所联合培养博士生。受中国人民解放军海军委托，学校为海军培养国防生，是海军依托培养国防生的14所院校中在校生规模最大的国防生培养基地。

学校坚持和发展工科优势学科及航空特色专业。现有测试计量技术及仪器等10个江西省重点学科，有轻合金科学与加工技术国防科技重点实验室、省部共建无损检测技术教育部重点实验室等8个省（部）级重点实验室（研究中心），有金属材料工程等3个国家级特色专业，有飞行器制造工程等14个省级品牌专业和国防科工委重点建设专业，学校还建有1个国家级实验教学示范中心和8个省级实验教学示范中心。

近年来，学校先后荣获航空工业先进单位、航空航天工业部先进单位、江西省文明单位、江西省基层党组织先进单位、江西省高校校风建设文明单位等荣誉称号。

部共建教育部“无损检技术”重点实验室

国家级实验教学示范中心——工程训练中心

全国航空航天模型锦标赛中得四项冠军的学校航模队

山东教育電視台

山东教育电视台于1995年3月1日建成开播，是原国家教委与山东省人民府联合开办的卫星电视教育专业台，主要承担为全国基础教育服务的任务2006年后，由山东省政府主办，山东省教育厅主管。十多年来，山东教育电视遵循“立足山东，服务全国；立足教育，服务社会”的原则，坚持“弘扬先进化，服务现代教育”的办台宗旨，解放思想，锐意改革，形成了鲜明的特色，业取得了长足发展。

山东教育电视台拥有两个卫星频道，一个是普通电视频道，另一个IPTV频道，分别通过中星6B和亚太6号卫星的两个转发器进行转发，节目信覆盖全国。全国收转、收录山东教育电视台节目的县级以上电视机构（有线视网络）500余家，固定电视用户已逾3700多万，加之众多中小学校及其他事业单位闭路网络的收转，电视信号覆盖人口近2亿。每天24小时播出。

山东教育电视台内设办公室、总编室、学校教育部、社会教育部、技部、电教部、广告部等部室，员工200多人。

山东教育电视台设备先进，制作力量雄厚。现拥有中、小型演播室3座大型电视转播车1台，前后期制作设备精良。2007年实现了数字化硬盘播出。目库现存有10000余小时的各类节目。

山东教育电视台始终坚持正确的舆论导向，弘扬主旋律，坚持专业办台特色立台，追求高品质，办出了一批具有教育特色、深受观众好评的节目（目），如《教育新闻》《教育咨询》《教育时话》《名家论坛》《纪录探索《留洋故事》《七彩虹》《快乐成长》《身边的科学》等。其中，近200集大科教节目《身边的科学》荣获2006年国家科技进步二等奖。

山东教育电视台努力搭建学习平台，为观众提供高品位的精神食粮，步打造成了一个教育特色鲜明、文化品位高雅、格调清新隽永的新知新锐教育卫视频道新形象。

山东语言文字工作委员会

山东省语言文字工作委员会成立于1991年。

以城市评估为重点，语言文字工作依法管理力度进一步增强。山东省城市语言字评估工作有序开展。各市通过开展城市语言文字工作评估，不断强化政府各部门监管职能，加大了对社会用语用字的引导、监督和管理力度。青岛市城阳区、崂山区，墨市、胶南市经过多年努力，顺利通过了二、三类城市评估达标，实现了“普通话初步及、汉字的社会应用基本规范”的语言文字工作目标。济南、滨州、莱芜三市各区和市单位的自评自查工作已基本完成，达标工作进入最后冲刺阶段。日照市积极落实《二城市语言文字工作评估实施方案》，对全市不规范用字进行清查整改，全市四大领域普通话水平测试基本完成。烟台、泰安两年前已启动城市语言文字评估工作，正在扎实实地开展迎评自查。淄博市、潍坊市分别于去年召开评估动员大会，出台评估配套件，全面启动了迎评工作。

第十届全国推广普通话闭幕式新闻通报会

以“推普周”和各项宣传活动为平台，全社会语言文字规范意识进一步提高。07年9月9日—9月15日是全国第十届推广普通话宣传周，山东省进一步创新推普宣传式，丰富宣传手段，扩大宣传领域。举办了经典诵读活动、海峡两岸大学生携手迎奥活动、英语双语大赛、语言文字规范化知识大赛等。各市纷纷开展了以“构建和谐语生活，弘扬中华优秀文化”为主题的大型宣传活动，举办了推普成就展板联展、普通知识讲座等活动，印发了推普倡议书，制作播出了推普公益广告，开辟了报刊推普专等。山东省开展的推普周系列活动，得到了国家教育部和省有关领导高度评价。

诵读表演

以发展素质教育为契机，学校语言文字工作深入广泛开展。山东省坚持“重在建，重在过程、重在实效”的原则，深入开展普通话示范校的创建工作。2007年，青岛、南、莱芜、滨州、潍坊、烟台、淄博、济宁、泰安、日照等市相继组织了省级、市级示范校创建活动，筛选出第二省级示范校名。教育部、国家语委授予鲁东大学、滨州职业学院等11所大、中、小学校“国家级语言文字规范化示范校”称号。在全国语言文工作会议上，山东省高等学校的语言文字工作经验作为典型向全国推广。

召开全省语言文字工作会议，制定语言文字工作“十一五”规划。2007年4月8日—10日，山东省语委和山东省文明办在济联合召开语言文字工作会议。会议重点就《山东省语言文字工作“十一五”规划》、《山东省普通话水平测试评分细则》、《山省语委语言文字应用科研项目管理暂行规定》等征求与会代表意见。这是2003年后省语委和省文明办联合召开的又一次重要议。

加强测试管理和学术研究，语言文字工作持续发展的基础进一步夯实。山东省从依法保障广大人民群众语言权利的高度，全力提供语言学习的条件和相关服务，加大了普通话培训测试管理的力度，加强测试研究，提高普通话培训测试的信度和效度。召开了山东省普通话水平测试研讨会，开展了山东省普通话水平测试学术论文评选活动，出台了《山东省普通话水平测试评分细则》等文件，编写出版了适应普通话水平测试实施纲要要求的新版教材，在青岛市、山东大学等测试机构进行了计算机辅助普通话测试智能评测系统试点。全年普通话测试量达360256人，比2006年增长28.6%。

即墨市三类城市语言文字工作评估

2007年，山东省语言文字工作成绩显著，得到了教育部、国家语委和省有关领导的充分肯定。有11个集体、33名个人获得了全国语言文字工作先进集体和先进工作者的荣誉称号，山东省语委办获得了全国语言文字先进集体称号。

山东艺术学院

山东艺术学院位于历史文化名城济南，始建于1958年，是一所综合性高等艺术学府。学院现有文东和长清两个校区，占地88公顷。现有全日制在校本专科生7710人，其中本科生6508人，另有研究生307人。

学院领导合影

学院设有音乐学院、美术学院、戏剧学院、音乐教育学院、设计学院、艺术文化学院、舞蹈学院、戏曲学院及成人教育学院、职业教育学院、国际艺术交流学院、国际创意设计学院、现代技术教育部、公共课教学部14个教学单位，有21个本科专业。学院有艺术学硕士学位一级学科授予权，8个硕士学位点，为全国首批“艺术硕士专业学位”（MFA）教育试点单位和同等学历在职人员申请硕士学位授予单位。目前，美术学、艺术学为省级重点学科，文化艺术管理学、文化产业研究为省文化艺术科学重点学科，音乐文化研究和文化产业研究分别为省级社会科学规划重点研究基地、省级人文社科研究基地，音乐学学科被省委、省政府批准为省“泰山学者”岗位。绘画、公共事业管理等专业被省教育厅评为品牌与特色专业。学院师资雄厚，现有专任教师538人，其中具有博士、硕士学位教师204人，具有正高级职称55人，享受国务院政府特殊津贴专家11人，全国优秀教师8人，省有突出贡献中青年专家、重点学科带头人12人。

“艺苑金秋”艺术节

学院有省级精品课程7门，国家级教学成果奖1项，省级教学成果奖6项。近四年，学院教师获得厅局级以上科研立项131项其中国家级、省部级项目30项；获得厅局级以上各类科研成果奖284项，其中，获“中国民间文艺山花奖·学术著作”1项，获国音乐金钟奖·理论评论奖”1项，获国家教育部高校人文社科成果奖1项，获山东省社会科学优秀成果奖7项，获山东省“文文艺评论奖”7项，获山东省软科学优秀成果奖1项，获省教育厅哲学社会科学优秀成果奖31项。2005年以来，学院师生在电视“飞天奖”评奖、全国民族管弦乐作品征集比赛、中国大学生校园歌手大赛、全国大学生创意设计作品展、全国文学作品征文赛等各类比赛、评奖中获厅局级以上奖励601项。建院以来，为国家和社会培养了近2万名合格艺术人才，一大批优秀毕业生在自的领域取得了突出成绩，为山东乃至全国的文化艺术事业做出了重要贡献。

学院先后同澳大利亚格利菲斯大学、韩国檀国大学、韩国又松大学、法国大沙隆国家音乐学院、美国圣塔莫尼克学院等外艺术院校及台湾艺术大学建立了友好校际交流合作关系。

空间信息技术国家测绘局重点实验室揭牌

国家级实验教学示范中心—学校工程训练中心

国家级实验教学示范中心—学校电工电子实验中心

河南理工大学

河南理工大学始建于1909年，前身焦作路矿学堂是我国第所矿业高等学府和河南省建立最早的高等学校，为国家经济会发展培养了大批高素质人才。特别是近几年来，学校抢抓遇，加快发展，办学规模、办学层次、办学水平实现了跨越发展，是河南省重点建设的骨干高校和教育部本科教学工评估优秀学校。

学校占地面积220公顷，建筑面积100万平方米；有教职工89人，其中专任教师1291人。设16个教学院（系）和成人教学院、高等职业学院暨应用技术学院、万方科技学院；建有个博士点、48个硕士点，61个本科专业，覆盖理、工、管、文、、经、教7大学科门类，在校生规模达32000人。建有国家级学团队、教育部长江学者创新团队、省部共建教育重点实验、教育部工程研究中心、国家测绘局重点实验室等10个省部创新平台和高水平教学、科研团队；建有国家一级安全培训心，2个国家级实验教学示范中心，4个国家级特色专业，1门国家级精品课程和7个省级重点学科，是一所办学特色鲜明，优势学科突出的多科性大学。毕业生基础扎实、动手能力强，就业率连年在95%以上。

学校着力开展科技创新，取得了一批高水平创新性成果。在国际上首创瓦斯地质学科，在矿井瓦斯灾害治理和煤层气资源开发利用领域内取得一系列独创性成果，拥有国家安全生产检测检验甲级资质；创建中国陆相痕迹化石组合及其沉积环境模式，奠定我国痕迹学研究在国际上的学术地位；最早在国内开展永磁直线电机垂直运输系统研究，创立分段式永磁直线同步电机设计理论和设计方法，并建成永磁直线电机驱动无绳提升试验系统。同时，在小型航空测量、井下防灭火、数字签名算法等方面的研究也达到了国内领先或国际先进水平。2007年全年科研经费达1.34亿元。

景

通向辉煌人生的
桥梁
每一位过来人
都对她
满怀深情

湖北招生考试杂志社成立于1998
是湖北省教育厅主管、湖北省教育考试院主办的国有全资专业
负责“湖北招生考试丛书”《湖北招生考试》《情感读本》等书刊的编辑、出版和发
湖北招生考试杂志社秉承“为考生服务，为招生考试工作服务
践行“求精、务实、敬业、创新
和“把责任扛在肩上、把发展放在首位、把自律记
围绕“办一流刊物，创一流品牌”目标，推行“一刊为主，多刊并进”发
宣传招生考试政策、解析招生考试规则、发布招生考
展示招生考试成果、研究招生考试理论、开展招生考试辅导，是业界著名品牌，具有全国性广

社长 总编辑：罗金远　刊社地址：武汉市武昌区紫阳路28号　邮编：430060　发行部电话：027-68880374　68883955　广告部电话：027-86786591

华中科技大学武昌分校

体育馆

中区广场

学生公寓

华中科技大学武昌分校系国家教育部2000年8月批准成立的全日制本科层次普通高校，由华中科技大学和武汉军威教育投集团合作兴办。其前身为华中科技大学军威学院，翌年3月更为现名。

学校坐落于培育近代国民革命先锋、素有“中国将帅摇篮”之称的黄埔军校武昌分校旧址。占地面积60公顷，建筑总面积48平米。现代教学与生活设施体系完善，计算机中心、语音中心、体育馆、钟楼、游泳池等楼群端宁恢弘，井然有致。每间教室、生公寓均配置多媒体、空调、宽带网、电话等设施，为师生提供便利、舒适的环境，及广阔自由的信息化空间。校园林秀花香、境幽雅，绿化率达58%。

人才培养体系璞玉琢就。在校生规模逾1.2万人。教师总数近900人，其中专任教师537人。具有高级以上职称教师380人，有硕士、博士学位教师500人。现设置有计算机、信息科学、自动化、城市建设、外语、经济管理、法学、新闻传播、艺术等9个，及实验教学基地，覆盖理学、工学、文学、管理学、法学、经济学等6个学科门类、16个二级学科门类，28个本科专业和9个专专业。建有数控、光信息、通信、网络、新闻传播和模拟法庭等46个基础和专业实验室，图书馆藏书量120万册。

学校坚持与时俱进的办学理念，努力探索“拓宽学科基础、突出专业特色、强化实践环节、培养创新能力”的特色办学，以加强基础，规范管理，提高质量，打造品牌”为目标，积极致力于培养“大众化、应用型”人才，初步形成“先成人后成才首重德”和“人才培养紧扣创新实践”等办学特色。

截至2008年6月，学校为国家和社会共输送1.8万名本专科毕业。每年毕业生一次性就业率达到90%以上。截至2007年底，被国家交部、建设部等省市机关录取为公务员325人。迄今共有500余人北京大学、清华大学、中国科技大学、复旦大学、武汉大学、华中技大学、中国传媒大学等国内高校录取攻读硕士研究生，35人被英伦敦帝国理工学院、日本名古屋大学等国外高校和香港理工大学录为硕士研究生。在全国数学建模竞赛、全国周培源大学生力学竞、全国大学生英语竞赛、中国机器人大赛、机械创新设计大赛等国、省级大赛中，共有160多人次屡获殊荣。其中，14人次获得国家级赛一等奖，18人次获省级竞赛一等奖。

新世纪赋予学校发展以浓烈而鲜明的创新色彩。砥砺8年，学校膺湖北“信用合格”、“美誉学校”和“综合实力百强”殊荣。

学校以创新精神努力探索大众化教育新模式，为构建和谐校园和谐社会，继续谱写教育新篇章。

模拟法庭

武汉科技大学 中南分校

武汉科技大学中南分校是经国家教育部批准，具有独立颁发学历文凭资格，以本科教育为主的普通高等学校。学校经过10年的超常规跨越式发展，已成为一所以工商为主，经、管、文、法、医、农多学科协调发展、享有良好社会声誉的知名高校。

学校地处武汉光谷东湖高新技术开发区，校园占地85公顷，建筑面积40余万平方米。现设置有商学院、信息工程学院、文法学院、外语学院、城市建设学院、生命科学学院、艺术学院、非专业素质教育学院、国际学院、自考学院等10个学院，成功素质教育研究所、经济研究所、语言与语言教育研究所、生物能源与材料研究所等研究机构，50个本（专）科专业，在校普通本（专）科学生13601人。学校十分重视师资队伍建设，已建立起一支总量适度、年龄结构合理、素质优良且具有强烈敬业精神的教师队伍。学校现有全职教师731人，其中教授、副教授223人，享受国务院津贴的专家11人，硕士学历、中级以上职称的教师占70%，全职教师占教师总人数的70%。学校图书馆有纸质藏书110余万册，电子图书40余万册，学校拥有完备的实验实训设施和基地。

经过多年探索与实践，学校不仅形成了独具特色的“一二三四”的办学模式：“一个特色”——成功素质教育的办学特色；“两个课堂”——专业素质教育课堂和非专业素质教育课堂；“三个阵地”——学校、家庭和社会；“四支队伍”——教师队伍、素质导师队伍、科研实验人员队伍、管人员队伍，还形成了独具特色的“一二三四”的成功素质教培养目标：学好“一门专业”；掌握英语和计算机“两项基技能”；夯实一笔字、一口话、一手文章“三项基本功”；培笃志、博学、崇实、拓新“四种基本品质”。

学校将塑造学生的成功素质作为人才培养的目标，将业素质教育与非专业素质教育放在同等重要的位置，按照念、方法、知识、品格、能力等成功素质五大体系，加强对生的培养。扎实的专业知识、动手能力和过硬的非专业素备受用人单位的青睐，毕业生就业率连续四年超过94%。

学校坚持解放思想，大胆创新，实现了超常发展。顺通过了教育部对独立学院办学条件和教学的专项检查验收荣获“湖北省高校大学生思想政治教育工作先进单位”、“北省民办非企业单位自律与诚信建设先进单位”、“社会安综合治理先进单位”等荣誉称号。学校管理规范，办学件和教育质量居于全国同类高校前列，学校《大学英语》被定为省级精品课程，实现了湖北独立学院省级精品课程零突破。

学校广泛开展国际交流与合作，已与境外数十所高校立起互信互惠的校际交流与合作关系，为学生拓展了宽广成功平台。

武汉软件工程职业学院
（武汉市广播电视大学）

武汉电大校区

武汉软件工程职业学院是由湖北省人民政府批准，武汉市人民政府主办的普通高等专科院校，和武汉市广播电视大学两块牌子、一套班子办学，同时承担着高职教育和电大成人教育的任务。

学校分三个校区办学。主校区位于湖北省武汉东湖高新开发区内，占地80公顷，总投资逾5亿元。学校设十系、三院、二部，共有教职工818人，其中教师478人，教师中拥有高级职称的206人，“双师”型教师212人，享受市政府专项津贴专家7人。截止2008年6月，共有在校高职生13631名，各类电大本科、专科、中专生逾30000名。

学校总体发展思路是：围绕“武汉·中国光谷”核心圈、武汉都市圈、“1+8”两型社会城市圈，服务武汉高新技术产业、先进制造业和现代服务业，重构课程体系、实训体系、保障体系，最终把学校建设成创新型、开放型、就业型高职学院和广播电视大学。

学校已向社会输送各类适应生产、建设、管理、服务一线的高素质技能型专门人才逾10万名，取得了良好的社会效益，赢得了社会好评。

学校2003年通过国家教育部评审，确定为全国35所示范性软件职业技学院建设单位，被教育部等六部委确定为“计算机应用与软件技术”和汽车运用与维修”技能型紧缺人才培养培训基地。2006年5月，武汉电大为全国44所省级电大之一，通过了中央电大开放教育试点评估。

校训“厚德尚能”

武漢工程大學

邮电与信息工程学院

2007年，武汉工程大学邮电与信息工程学院充分利用武汉工程大学的资源优势和独立学院灵活自主的运行机制，结合
实际，积极进取，勇于创新，扎实工作，不断探索新形势下独立学院的办学模式和运行机制，保持了学院稳定持续的发展。

学院制定了《武汉工程大学邮电与信息工程学院2007年—2010年发展规划》，提出了发展目标和应对措施，坚持用科
展观指导独立学院的建设，解放思想，更新观念，遵循“积极发展、规范管理、改革创新”的方针，把学院办好、办大、办强，
跨越式发展。

学院还建立、完善了行政管理、教学管理、学生管理、财务管理等相关规章制度，使学院日常管理有据可依，按章办事。2
年学院在全国23个省、市、区招生，在全院工作人员共同努力下，圆满完成了招生录取工作。全院实际报到新生总数2398人，
率101.6%。2007年全院学生总人数为8252人。

校园文化建设也取得新发展。2007年学院确立了“123456”的学生工作方针，形成团委、学生会、社团联合会“一体两翼”的学生工作格局。良好的校园文化氛围培养出了一大批优秀学生团体和个人，学院以培养与用人单位对人才应具备的知识、能力和素质要求完全相符合的应用型高级工程技术及经营管理人才为目标，坚持“创新+特色”的办学理念，注重学生健康人格的塑造和就业目标的实现，以培养合格人才为出发点；同时充分发挥学院拥有国家网络工程师技术水平考试认证中心等多种认证机构的优势，使学生毕业时不仅拥有毕业证和学位证等学历学位证书，而且拥有各种资格认证证书，具备突出的专业技能优势，提高其社会适应能力和竞争能力，使学生具有更广阔的就业前景和发展空间。

北津学院新校门

总平面

湖南商学院北津学院是2001年湖南省人民政府批准设立并经教育部确认的独立学院,由湖南商学院举办。

学院面积39公顷。学院新校区面积31公顷,总投资3.5亿元,学生容量8000人,全部按一流现代化标准建设。一、二期工程已竣工投入使用,三期工程将于2008年秋季后陆续竣工。新校区教学设备先进、环境优美、交通便利,已有4750名学生入住新校区就读。

学院现有教学仪器设备总值1907.97万元,生均3192元;多媒体教室座位6988座,每百人147.2座;语音教室326座;计算机968台,每百人15.4台;图书资料49.69万册,电子图书18万多册,生均图书79册。

学院开办专业以社会急需的专业为主,涵盖经济学、管理学、理学、法学、文学5大学科门类。设置了11个教学系,现有在校学生6278人。

学院有专任教师272人,外聘教师166人,任课教师中,副教授以上职称的教师达50%以上,研究生以上学历教师占78.31%,并常年聘请省内外著名专家教授前来讲学,以确保本科培养规格。

针对学生特点,学院采取了系列措施强化基础课程教学,注重素质拓展和技能训练,尊重学生个性发展,丰富校园文化,突出教育特色。教育教学质量不断提高,2005年以来学院学生在湖南省大学生英语演讲赛中,分别获个人二、三等奖、团体三等奖;在全国大学生英语演讲赛中,1人获特等奖,7人获一等奖;2008年湖南省举办首届应届毕业生创业大赛,1人获创业之星大奖(全省仅12名);已毕业学生3156人,有93人考上中国人民大学、湖南大学等重点大学硕士研究生,10人出国留学,2人为武警部队录用,毕业生一次性就业率均达95%以上;在读学生中有11人获国家奖学金,168人获国家励志奖学金,1216人获国家助学金。

北津学院是在我国高等教育改革与发展过程中应运而生的新型大学,学院的目标是建设发展为一所办学与地方经济社会发展需求紧密结合、运行机制优势充分发挥、现代大学管理制度健全完善、商科类应用型人才培养模式特色鲜明、在湖南省乃至全国具有影响力的独立学院。

学院地址:长沙市雷锋大道(11公里处)　　邮政编码:410219　　联系电话:0731- 8765888　　8765555

广州大学

广州大学是经教育部批准，于2000年由广州师范学院、华南建设学院（西院）、原广州大学和广州师范专科学校等高校合组建而成的综合性大学。

2007年，广州大学坚持以发展为第一要务，以“让学生享受更优质教育”为最高价值追求，发扬“跳起来摘桃子”的精神，教学、科研、管理、师资队伍和社会服务等方面均取得显著成绩。学校以优秀成绩通过了教育部本科教学工作水平评估，并以为契机建立了评建工作的长效机制，有效促进了教育教学质量的提高和高素质人才的培养。

广州大学目前设有学院25个，全日制在校研究生达到819人（其中博士生7人），本科生达到19682人，成人教育学生增加27389人。近年来，广州大学的人才培养质量不断提高，学生获得省级以上学科竞赛奖励达600多项，在第十届全国“挑战杯”赛中获特等奖1项，二等奖1项，三等奖4项。学校团委还被评为“全国五四红旗团委”。

广州大学坚持以学科建设为龙头，不断强化教学科研基本建设，学校有教育部重点实验室、省部共建国家重点实验室培基地，新增2个国家特色专业和2个省级人文社科研究基地，省级重点学科也由原来的3个增加到11个。广州大学还被批准为国大学英语教学改革示范点和全国大学生文化素质教育基地（联合）。

近年来，广州大学在科学研究方面取得显著成绩，实现了科研与学科建设工作的跨越式发展。现承担“973”子项目、国家出青年基金、国家自然科学基金项目、国家社会科学基金项目等国家级课题87项，省部级课题263项，其他纵向项目499项，实科研经费近9000万元，并获得国家科技进步二等奖1项，省部级奖20项，市厅局级奖55项，其他奖励39项。

在师资队伍建设方面，广州大学大力实施“人才强校”战略，坚持“以培养和引进为基础，以稳定为重点，以用好人才为标”的工作思路，人才队伍优势明显增强。现有教授202人，副教授648人，具有博士学位的教师有223人，其中院士2人，国家级突出贡献中青年专家3人，国家杰出青年基金获得者2人，国家高校教学名师1人，享受政府特殊津贴专家30人，省、市优秀专家人。

图书馆和校训塔

中法旅游学院开创人才培养新模式

五邑大学

2007届部分毕业生

五邑大学创建于1985年，是一所全日制本科综合性大学。学校位于广省著名侨乡江门市。

五邑大学占地约67公顷，建筑面积37万多平方米，设有管理学院、信学院、汉语言文学系、外国语言文学系、数学与物理系、化学与环境工程、机电工程系、土木建筑系、纺织工程系、政治教育与法律系、艺术与设系、体育部等12个院、系（部），有32个本科专业，涵盖文学、理学、工、经济学、管理学、法学等6大学科门类，并在工学、理学、管理学等学科有13个硕士学位授权点。现有各类在籍学生16000余人，其中全日制在研究生、本科生1万多人。学校是全国科教兴国示范基地、广东省中华文传承基地和广东省侨乡文化研究基地、国家三维CAD教育培训基地等，有4个省名牌专业，3个省实验教学示范中心，2个省重点扶持学科，1个重点人文社科研究基地。图书馆藏110多万册，电子图书30多万册，仪器设备总值7000万元。

学校有教职工678多人。在专任教师中，具有高级职称的教师占42%，中青年教学师中具有博士、硕士学位的占80%。学校每聘请多名外籍教师任教，一批国内外院士、著名学者为名誉教授和客坐教授。2007年，有1人被评为全国模范教师，4人被评为东省南粤优秀教师和优秀教育工作者。

2007年，五邑大学英语专业学生在全国英语专业四级统考通过率为97.85%，超过全国38个百分点；专业八级通过率为%，超过全国20个百分点。在第九届“挑战杯”广东大学生课外学术科技作品竞赛中，参赛的13项作品获奖11项。参加省电子计大赛、力学竞赛、智能汽车大赛等获得14个奖项。有4名学生被评为广东省三好学生和优秀学生干部标兵，2个班级被评为省进班集体。

五邑大学得到海外华侨、港澳同胞的热情关怀和鼎力支持，与港澳、欧美和亚太地区近30所大学和128个侨团建立了紧密的作关系。2007年，共有14个境外团体共438人来校交流、学习，与2所国外高校签订了合作交流协议。

五邑大学坚持“根植侨乡、追求卓越”的办学理念，遵循“内外合力，特色发展，面向地方，服务社会”的办学方针，以本科教为立校之本，以人才战略为强校之基，以创新精神为建校之魂，以服务地方为兴校之路，全面融入地方经济社会，全力提高学建设水平，全员培养高素质应用型人才，正在为建设成为在广东省同类院校中处于先进行列、在港澳和东南亚以及北美华人侨社会有广泛影响力的高水平教学型大学而努力。

广东商学院

广东商学院成立于1983年，是一所以经、管、法为主体，经、管、法、文、理、工多学科协调发展的省属重点建设院校。学校占地面积159公顷，校舍建筑面积38.75万平方米，图书馆藏书156万册，并建有广东省高校最先进的数字化图书馆和广东省高校数字化经济、管理、法学图书分中心。

现有17个二级教学院（系、部），45个本科专业（其中有7个省级名牌专业）。全日制在校生近18000人，其中硕士研究生近500人。专任教师近1000人，正高职称160多人、副高职称310多人。其中，有教育部学科发展与专业设置专家委员会委员1人，教育部高等学校教学指导委员会委员5人，广东省“千百十工程”培养对象67人。

拥有宪法学与行政法学等5个省级重点学科和重点扶持学科、16个硕士学位授权点，有法律硕士专业学位（JM）授予权和法学第二学士学位授予权。经济学、管理学、法学三大主体学科自2004年起连续四年进入全国高校学科百强行列。设有广东省惟一的电子商务类省级重点实验室，另有2个广东省高校系统重点实验室、1个广东省普通高校人文社科重点研究基地、1个广州市人文社科重点研究基地。经济与管理实验教学中心于2006年被评为国家级实验教学示范中心。

近三年来全院共获得各级各类科研项目421项，省部级以上项目86项；在核心期刊上发表学术论文1565篇；出版各类著作109部，其中有影响的学术专著55部；获得各级各类优秀科研成果政府奖励12项。

学校2007年接受教育部本科教学工作水平评估，被评为优秀学校。

学校将继续秉承“厚德、励学、笃行、拓新”的校训，牢固树立“人才立校、学术强校、服务兴校、特色优校”的办学理念，到2010年或稍长时间内建成高水平、有特色的教学型省属重点院校；到2020年或稍长一些时间基本实现向教学研究型大学的转变。

首届法律硕士开学典礼

本科教学工作水平评估意见反馈大会

经济与管理实验教学中心模拟实验室

湛江师范学院

体育教学训练馆

湛江师范学院是广东省省属本科师范院校，办学历史悠久，文化底蕴深厚，身可追溯到创办于1636年的“雷阳书院”。学校1904年开始设立师范科教，1978年更名为雷州师范专科学校，1991年升格为湛江师范学院，1998年开始收外国留学生，2000年成为全国第一所顺利通过教育部本科教学合格评估师范院校，2007年以优秀的成绩通过教育部本科教学工作水平评估。

学校办学条件优良，师资力量雄厚，校园环境优美，人文氛围浓厚，富有方海滨园林学府特色。校本部现有校园面积64万平方米，教学仪器设备固资产9440万元，图书馆藏书168万册；设有14个二级学院（部）、4个校外教点、68个本专科专业、17个重点学科和5个科研机构；有全日制普通在校生644人，继续教育生近15000人；有教职工1370人，其中专任教师822人，高级称教职工368人，硕士学位以上教职工536人。

学校坚持以教学为中心，以育人为根本宗旨，实施一体化全员育人，培养“好用、顶用、耐用”的复合型人才。本科毕业生最就业率为100%。近三年来，共有160多名学生在全国大学生英语知识竞赛、全国首届师范院校学生语言文字基本功大赛、吉利车公司全球征标大赛中获奖；2008年烹饪与营养教育专业50名师生被聘为北京奥运会的餐饮服务志愿者。近年来，学校获得国国际合唱节金奖和韩国奥林匹克合唱节银奖、澳大利亚国际龙舟赛冠军、全国高校校园文化建设成果二等奖、全国校园文汇演三项金奖、全国大学生沙盘模拟大赛一等奖、中国大学生沙滩排球锦标赛冠军等奖项，被授予“全国精神文明创建工作先单位”、“全国群众体育工作先进单位”、“教育部依法治校示范校”、“全国重质量守信誉公众满意学校”、“全国青年志愿者务先进集体”、 “教育部大学英语教学改革示范校”、“广东省文明单位”等荣誉称号。

当前，学校确立了“扎根粤西、贡献广东、国内创优、国际合作”的发展战略，进一步明确了“扎根粤西、服务广东、面向基教育、面向基层”的办学定位，凝练了“弘扬雷阳文化精神，扎根粤西，培育‘三用’复合型人才”的办学特色和“百年师范、人昌明”、“书院精神、高山仰止”的大学风格；全校上下同心同德，与时俱进，为建设教学型优质师范院校的发展目标而努力奋！

业生的风姿

校内一景

广东药学院

广东药学院近年来投入大量资金建设现代化、功能齐备的大学城校区、中山校区2个新校区，建设和改造赤岗校区、宝岗区2个老校区。到2007年，学校办学用地近200公顷，四校区功能区分、布局合理、协调发展。学校办学规模发展迅速，在校生18000多人。

更新教育观念，提高人才培养质量，办人民满意大学。学院坚持社会主义办学方向，突出以人为本，遵循教育规律，积极进教育思想观念的“四个根本转变”：从“教师为主体”向“以育人为本，以学生为主体，高度重视学生自主学习，充分尊重学生性发展”的转变；从“单纯传授知识”向“注重学生知识、能力、素质协调发展”，高度重视“学生创新意识和实践能力培养”的变；从“追求教育的统一性”向“统一性与多样性相结合”，高度重视“学生自我发展的不同需求，强调因材施教”的转变；从“统的质量观、人才观”向“符合时代需要的质量观，人才观”，高度重视创新型、复合型人才培养的转变。

实施“人才兴校”工程，师资队伍力量明显增强。2007年，学院加大人才外引内培力度，引进、补充各类人才152人，其中引正高职称14名，博士28名。同时，深入实施 “千百十工程”和学位提升工程，新增广东省高校“千百十工程”培养对象19名，新拥有高校教师资格200多人，30人申请攻读博士学位、33人申请攻读硕士学位。

学科建设再上新台阶。2007年，学院以“优势突出、特色鲜明、新兴交叉、社会急需”为原则，促进学科发展。进一步强化学的龙头地位，发挥预防医学的传统优势，积极发展医药相关学科，促进学科间的渗透融合，形成“以药为主，医药结合，多学协调发展”的办学格局。目前，学院办学涵盖5个学科门类，有硕士学位点8个。

推进科技创新，科技工作取得新进展。以科研促教学，推进“产学研”一体化。2007年，学院不断深化科技工作改革，积推动科技体制创新，健全和规范管理，加强产学研合作，增强服务社会的能力。学院先后与广州国际医药有限公司等企业建立4个产学研基地；与广州安健实业发展有限公司共同建立新药研发中心。2007年继续获得省部产学研科研项目1项，经费50万元签定横向科研合作项目20项。

全面推进素质教育，学生工作成效显著。创新实施“一二三六十”学生素质教育体系。即以“学生为本，德育为先，开拓创新全面育人”为理念，通过学生政工干部和学生干部2支队伍，发挥信息反馈、和谐安全维稳和应急处理3个系统的作用，推进观创新、课堂教学创新、载体创新、思路创新、方法创新、机制创新“六”个创新，全面打造党旗飘扬、修身立德、厚德载物、学海舟等十大工程，做好学生系统工作，形成了优良的学风，学生的综合素质明显提高。

2007年毕业人数共2226人，总体就业率为97.25%，其中本科就业率为98.65%，专科为95.15%，保持了高就业率。

学院召开“千百十工程培养对象工作会议

学院与广东嘉禾制药有限公司签约共建产学研基地

学院惠州疾控心实践教学基挂牌仪式现场

韶关学院

学位授予仪式

学校定期举办成长论坛

韶关学院是广东省人民政府主管的全日制普通本科院校，位于中国优秀旅游城市、北历史文化名城韶关市。学校前身是创办于1958年的韶关师范专科学校。1970年改名为关地区师范学校，1978年复办韶关师范专科学校。1989年韶关师范专科学校与市属韶关学合并为新的韶关大学。2000年3月经国家教育部批准，韶关大学与韶关教育学院合并立本科层次的韶关学院。2004年批准为学士学位授予单位，2006年顺利通过国家教育本科教学工作水平评估。

学校占地总面积167公顷，校舍建筑总面积48万平方米。教学科研仪器设备固定资产值9356万元。馆藏纸质图书141.61万册，中外文期刊6000种，电子图书29.2万册。学校有任教师近1000人，其中正高职称人员84人，副高职称人员374人，博士60人，硕士339人；一批外籍教师和兼职教授。学校现设有15个二级学院，2个教学部（中心），2个校外独法人二级学院。有47个本科专业，32个专科专业，涵盖了文学、理学、工学、经济学、管学、法学、教育学、农学、医学等9大学科门类，形成了以文、理、工、经、管为主体的多学综合发展格局。学校面向全国21个省区招生，现有全日制本、专科生16583人；函授和夜成教在校生10537人。学校有省级扶持学科1个，校级重点学科5个、重点扶持学科5个，有30多个科研机构。2000年以来，教师持或参与国家级科研项目17项，其中国家自然科学基金项目11项，国家社会科学基金项目5项，国家星火计划项目1项；主持省级科研项目71项，市厅级科研项目195项，与地方经济社会发展密切相关的横向课题54项。获得国家、省、市科技进步奖13项，中国家科技进步二等奖1项；中国发明专利博览会金奖2项，国家专利30项。主持国家级教改课题1项，广东省面向21世纪教学改工程项目14项，获得国家级、省级教学成果奖10项，出版专著、教材近300部。有7部教材入选普通高等教育“十一五”国家级划教材，《汽车构造与原理实训》被评为国家精品教材。学校出版《韶关学院学报》、《教育研究》、《师资培训与管理》，其中《韶关学院学报》获“第二届全国地方高校十佳学报”等称号。学校积极开展对外交流，与日本、澳大利亚、俄罗斯、乌克兰、英、韩国等国家的近10所大学建立了校际联系及友好合作关系，近两年开始为韩国等国培养留学生，并与华南理工大学、中南大、南昌大学等10余所高校联合培养硕士、博士研究生。学校还是韶关市中小学骨干教师和职业技术培训基地。

近年来，学校获得“全国精神文明建设工作先进单位”、“全国绿化模范单位”、“全国高校毕业生就业工作先进集体”、“全署期三下乡社会实践活动先进单位”、“全国‘五四’红旗团委创建单位”、“广东省文明单位”、“广东省高校毕业生就业工作先进集体”等荣誉称号，图书馆大楼荣获国家建筑最高奖“鲁班奖”，校园被评选为“韶城新十景”之一。

学校每年举办毕业生招聘会

学校的建设和发展得到了省市政府、社会各界和港澳热心人士的大力支持。2003年7月，中共中央政治局委员、国务院副总理、时任广东省委书记张德江来校视察时对学校寄予殷切希望，提出了“建设一流的校园，争创一流的质量，培养一流的人才”的重要指示。学校正以“三个一流”为目标，坚持以科学发展观统揽全局，解放思想，改革创新，抢抓高等教育发展新机遇，努力把学校建设成为特色突出、优势明显的高水平应用型地方大学。

韓山師範學院

西校门

东丽校区

东校区

韩山师范学院是一所办学历史悠久、文化积淀深厚的广东省属本师范院校，坐落于素有“海滨邹鲁”、“岭海名邦”美誉的国家历史文名城潮州市。

学院的前身可追溯到宋元祐五年（1090年）为纪念韩愈刺潮而建韩山书院，是我国第一批、广东省第一所专门培养师资的学校。1993 12月升格为本科师范院校，1998年获得学士学位授予权，2002年通过育部本科教学工作合格评估。

学院占地面积61.1万平方米，建筑面积23.4万平方米。图书馆面近2.8万平方米，藏书122.59万册，中外期刊2850种。校园网覆盖了整校园。

学院现有中文、数学与信息技术、物理与电子工程、化学、生物、语、政法、体育、音乐、美术、教育、旅游管理和思想政治理论课教学13个系（部）。设有28个本科专业，涵盖文学、历史学、法学、教育学理学、工学、管理学等7个学科门类和基础教育的所有学科。学院面向东、福建、江西、湖南、广西、云南、海南、山东、内蒙古等省（区）招生现有普通全日制在校生1.1万人，成人教育在校生近8千人。

学院现有教职工1096人，其中专任教师775人，具有高级专业技职称和具有博士、硕士学位的教师分别占专任教师的36.6%和45.8%。学院还聘任国际汉学大师饶宗颐先生、北京师范大学王梓坤院士等批顾问教授、客座教授和学科带头人。

学院毕业生深受用人单位欢迎，自2004年以来，毕业生年底就率连续达99%以上，稳居广东省本科院校前列，在社会上享有良好的誉。

学院计划至2010年，专业设置涵盖基础教育所有学科；力争取得士学位授予权，建立5～8个硕士点；全日制在校本科生规模达到1.2人，研究生100人，成人教育在校生1.2万人。

广东培正学院

外教与学生亲密的交谈

广东培正学院创办于1993年，1996年广东省人民政府批准成立，1998年3月教育正式备案；2005年3月，国家教育部正式批准升格为本科院校。是一所经国家批准立，招收国家任务生的非营利性的全日制民办普通高等学校。1999年被全国民办教委员会评为"全国民办高校先进单位"；2005年被广东省评为"广东省先进民办学"；2007年12月，被广东省社会科学院评为"广东省民办高校综合竞争力第二名"。院坚持以就业为导向，坚持"规范办学、诚信办学、特色办学、质量至上"的办学理，以素质教育和培养学生创新能力为核心；坚持因材施教和个性发展的教育原则；行完全学分制，突出英语教学，强化计算机技能训练，加强对外合作与交流，逐步现与国际高等教育接轨；培养具有创新精神和创业能力的复合型、应用型、外向型专门人才。

学院坐落在广州市花都区赤坭集益水库旁，校园用地113公顷。山清水秀，环境优美。经过14年的建设，校舍建筑面积近30平方米。拥有设备先进的各专业实验室。图书馆现有藏书96万多册（含电子图书20万册）。学院师资力量雄厚，已建立了一支专和兼职相结合、职称与学术水平较高、相对稳定的教师队伍。现有专职教师635人，具有高级职称的教师占30.6%；聘请了一客座教授；聘有外籍教师83名，英语外籍教师人数居全省高校之首。学院设有经济学系、市场学系、管理学系、会计学系、法学、外语系、计算机信息管理系、艺术设计系、人文与基础学科教学部、英语教育中心、体育教学部、双语教学管理中心等12个教单位；本、专科专业共59个（其中28个本科专业及专业方向，31个专科专业及专业方向）。2007年秋季，在校生12056人。随着育改革的深化，教育质量不断提高，毕业生深受社会欢迎，2006年12月，荣获"广东省民办高校就业竞争力十强"称号。2006年业生就业率达96.48%，2007年达97.54%，在全省高校中名列前茅。

丽的校园

廣東商學院華商學院

教学大楼

实验楼

华商国际会议中心

广东商学院华商学院属国家教育部批准设立的民办本科学历教育独立学院由广东商学院和广州市太阳城发展有限公司（简称太阳城集团）联合创办，地环境优美的广州增城市荔新公路旁，距增城市区5公里，离广州市中心48公里，通便利。

学院由太阳城集团全额投资。校园占地面积52公顷，图书馆面积3.05万平米，藏书14.26万册；有宽敞明亮的教学大楼、实验楼、国际会议中心、学生公寓教师公寓、学生饭堂；配备有一批现代化多媒体教室、实验室、语音室、电脑室教学设施，设有400米标准田径场、篮球场、网球场、排球场等体育活动场所。国美术家协会广东创作中心设在华商学院内，浓郁的艺术气息优化了高雅的校文化，学院有良好的学习和生活条件。

广东商学院是华商学院教学管理的坚强后盾，众多学术造诣高、富有教学管理经验的教师在华商学院任教。华商学院现有专兼职教师（含外籍教师）2人，其中教授8人，副教授58人，讲师86人，助教及教员159人。目前设有会计系、济系、企业管理系、旅游管理系、文学系、外语系、艺术系；有会计学、财务管理国际经济与贸易、国际商务、统计学、人力资源管理、行政管理、物流管理、市营销、旅游管理、新闻学、汉语言文学、英语、日语、广告学、艺术设计等16个科专业和文秘等11个专科专业，在校本、专科学生近5000人。太阳城集团实力厚，下属企业众多，是华商学院建设和发展强有力的保证。

广东商学院华商学院凭借太阳城集团雄厚资金支持，依托广东商学院的学与师资优势，以全新机制和模式运作，将努力建设成为广东一流的独立学院。

中央图书馆

地址：广州市增城荔城街华商路一号
邮政编码：511300
电话：(020)82666266　82666666
传真：(020)82666999
网址:huashangcollege.com
电邮:college@huashangcollege.com

广州城建职业学院

广州城建职业学院是一所经省政府批准，并报教育部备案的全日制普高校，学院以“修德、砺能、崇学、尚行”为校训，依托广州市建筑集团有公司、广州天马集团有限公司等大型企业及学院48年来建立起来的行业系，立足高等职业教育，发扬校企合作的优良传统，努力实现高素质、高能人才培养目标。

学院坐落于广州市从化，校园占地面积66公顷，山青水秀，风景如画。院现已投资达4亿元人民币，总建筑面积23万平方米。各种教学仪器设备产达2032万元，拥有图书55.7万册（其中电子图书20万册）。在校学生有)4人，教职员工达500人。

学院设有建筑工程系、机电工程系、电子信息工程系、艺术设计系、管工程系、经济贸易系、外语系等7个系共32个专业（方向），其中建筑装饰程技术专业被评为省级示范性建设专业、市级示范性专业。近三届的毕生就业率均达98%以上。

理想职业风帆，从广州城建职业学院升起！

学生公寓

校园一隅

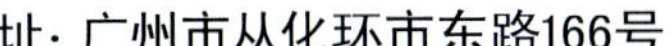

址：广州市从化环市东路166号

编：510925

址：www.gzcjc.cn

生热线：（020）87975777（传真）

（020）87975666　（020）87975162

邮：gdchengjian@126.com

首批国家示范性高职建设院校

广州番禺职业技术学院

广州番禺职业技术学院（原名番禺理工学院）1993年筹建，是全国首批、广州市属第一所公办全日制普通高等职业院校，2003年被广州市政府确定为市属高等职业教育龙头院校，2005年以“优秀”成绩通过教育部人才培养工作水平评估，2006年被教育部、财政部确定为“国家示范性高等职业院校建设计划”首批28所立项建设院校之一。

学院地处珠江三角洲腹地的广州市番禺区，占地146公顷，校舍建筑面积21.40万平方米，教学仪器设备总值5487余万元，图书馆面积11000平方米，藏书（含电子图书）126万册，中外期刊1500多种，建有59个校内专业实训室和192个校外实训基地，是国家计算机应用与软件技术专业领域技能型紧缺人才培养培训基地，中国玩具行业人才培训基地，广东省首批省级示范性软件学院建设学校，广州市模具专业技术人员继续教育基地，广州市中等职业学校教师培训基地。

学院设有软件学院、珠宝学院、工商管理系、财经系、旅游管理系、应用外语系、建筑与艺术设计系、机械与电子系、基础课部，开设专业42个。其中，玩具设计与制造、计算机网络技术、金融管理与实务、装潢艺术设计、酒店管理、珠宝首饰工艺及鉴定为“国家示范性高等职业院校建设计划”重点建设专业。目前，学院拥有8门国家级精品课程、12门省级精品课程、5门市级精品课程。近几年共有15项成果获得国家、省、市教学成果奖，其中，国家级教学成果二等奖1项，广东省教学成果一等奖2项，广州市教学成果特等奖1项。毕业生就业率长期居全省高校前列。

日本客人参观学生制作的玩具

广东省高职院校首位
国家教学名师——关俊良教授

招生面试

珠宝企业专家指导学生实训

学院主教学区

北京理工大学 珠海学院

北京理工大学珠海学院是经教育部批准的全日制普通高等学校，位于珠海特区，校园面积333公顷，坐落在珠海国家高新区凤凰山下，环境优美、景色怡人。京珠高速公路、广珠城际铁路和广东西部沿海高速公路从学校的东北两侧通过，交通便利。

珠海学院以北京理工大学作为办学主体，是北京理工大学办学理念和办学资源的延伸和扩展，是北京理工大学发展战略的组成部分。珠海学院以北京理工大学优势学科专业和优质的师资队伍为依托，传承校本部的教育理念和教学管理传统、治学严谨的校风和团结、勤奋、求实、创新精神，坚持“创新、跨越、特色、服务”的办学思路。学校在继承北京理工大学的品牌学科专业优势基础上，设置优势专业、特色专业及新兴专业，体现专业的应用性、创新性和复合性，形成专业特点和优势，为国家建设服务。

学校设有信息科学技术学院、计算机科学技术学院、机械与车辆工程学院、化工与材料学院、管理与经济学院、文法学院、外国语学院和设计与艺术学院8个专业学院26个本科专业，形成以工为主，工、管、文、经、法、艺术多学科协调发展的格局，在校生规模12000人。

2000年10月24日，珠海市人民政府与北京师范大学合作建设北京师范大学珠海校园协议书在京签署

2002年10月珠海分校首次开学典礼

北京师範大学
珠海分校

北京师范大学珠海分校（原北京师范大学珠海教育园区）是教育部批准设立、由北京师范大学和珠海市人民政府合作举办、按照独立学院的机制和模式运作、进行本科层次教育的全日制普通高等学校。

建设珠海分校是北师大实现21世纪新百年辉煌的重大战略举措。珠海分校在改革开放的前沿特区，坚持教育改革创新，坚持教育公益性原则，坚持教育国际化方向，大胆进行教学模式、管理方式、运行机制、国际合作以及产学研一体化等方面的改革尝试，努力把学校建设成为特色鲜明的综合性教改实验园区。

图书馆阅览室

国际化办学是珠海分校特色之一

毕业照

北师大珠海分校的发展目标是建设成为公益性、开放式、国际化、有特色的一流大学。

北师大珠海分校依法实行现代大学自治制度，推行教师为主体的民主管理、从严治校，采取弹性学习制度、开放式教学，培养具有宽厚人文科学素养、精通外语和工作能力的高端应用型人才。

按照教育部的规定，珠海分校的教学组织和管理由北京师范大学负责。北京师范大学高度重视珠海分校的教育质量和办学水平，派出经验丰富的管理干部，负责分校的行政和教育教学管理工作。

北京师范大学珠海分校依托母校的优质学科资源，着眼当代经济发展和社会需求，致力于培养具有宽厚人文、科学素养和学科专业知识的应用型专门人才。建校以来，生源遍及全国二十余个省、自治区、直辖市。至2007学年，本科在校生已达17000余人。

目前，学校设有文学院、教育学院、商学院、管理学院、信息技术与软件工程学院、不动产学院、特许经营学院、物流学院、法律与行政学院、国际传媒设计学院、艺术与传播学院、外国语学院、工程技术学院、国际金融学院以及应用数学系等十余所院系，开设38个专业以及若干国际合作课程。

青春校园、多彩生活

中山大學 新华学院

中山大学新华学院是经教育部批准设立的独立学院，是一所多科性的全日制普通高等学校。学院的教学组织和管理在中山大学的指导下进行。学院立足广东，面向全国，培养具有创新意识的应用型人才，主要服务于广东和泛珠三角地区经济社会发展。

学院于2005年5月9日成立，现有两个校区。一是广州天河校区，位于广州市天河区龙洞，占地面积26公顷，2005年开始招生；二是东莞校区，位于与广州市经济开发区一江之隔的东莞市麻涌镇，占地面积120公顷，正在建设中。2007年，广州天河校区招生650人，在校生2653人，按文、理、医、经、管、法六个学科类设有中国语言文学、外国语言文学、信息科学、医学、药学、经济与贸易、管理学、行政管理学、法律学等9个学系，共12个专业，有专兼职教师212人（其中专职教师112人，高级职称教师占68%，青年专职教师都具有硕士以上学位或讲师以上职称），学院管理严格、教育到位、学风端正、教学正常有序，学生首次参加全国大学英语四级考试通过率42.9%，325名优秀学生获得奖学金，医学系王秀岚副教授荣获广东省南粤优秀教师称号。

学院坚持科学发展观，两个校区共同建设，协调发展，力争把学院办成特色鲜明的应用型、开放性、多科性的大学。

行政楼与教学楼

有机化学实验室

顺德职业技术学院

顺德职业技术学院成立于1999年3月，是经国家教育部批准成立、广东省人民政府领导管理、省市共建、顺德政府投资兴建的地方高职院校。学院占地面积120.13公顷，总投资超过10亿元，建筑面积36万平方米，其中教室7万多平方米，实验及实训场所5万多平方米。拥有集教学、技术开发、培训、考证等功能于一体的校内实训基地18个，下设126个实验实训室，其中中央财政支持实训基地4个，省级重点实训基地6个，教学仪器设备总值9700多万元，校外实训基地206个。图书馆藏书103万册。初步建成了数字化校园。学院根据市场需求设专业，依托行业、支柱产业建专业，校企合作强专业，现设有机电工程、电子工程、计算机技术、医学、人文教育、艺术设计、外语、酒店及旅游管理等8个系、1个二级学院（经济管理学院）和思想政治理论课教学部，36个招生专业，全日制在校学生8347人，近三年学生平均就业率为98%以上。学生共获国家专利36项，全国高职高专“发明杯”创新大赛金、银、铜奖24项，省级以上技能大赛和文体比赛获奖160多项。学院现有国家级教学成果二等奖2项，全国首批高职高专教学改革试点专业2个，国家级精品课程8门；省级教学成果一等奖5项、二等奖1项；省级精品课程12门；省级示范性专业3个，省级示范性建设专业6个。先后获得“全国职业教育先进单位”、“广东省高技能人才培养先进单位”等荣誉称号。2005年，学院以优秀成绩通过高职高专人才培养工作水平评估。2008年7月，学院被教育部、财政部确定为重点培育的高等职业院校建设单位。学院力争在2010年前建成有国际影响、国内高水平、开放式、特色鲜明的高等职业技术院校。

企业家与学子“非常对话”

学生实训

廣西財經學院

学院领导班子

广西财经学院是2004年5月经国家教育部批准，由原广政高等专科学校与广西商业高等专科学校合并组建的经济管普通本科院校。学校位于广西南宁市，占地面积84公顷，校园葱茏，碧草如茵，环境优雅，景色秀丽。

截止2007年底，学校在职教职工1037人，其中专任教师人，专任教师中具有副高职称以上168人,具有研究生学历以教师354人。学校有各类学生25322人，其中本科生9221人，专5505人，留学生46人，成人教育10550人。设置了15个教学系部心）和21个党政管理机构。

学院设置本科专业25个，专科专业23个，其中，中外合学项目5个，覆盖经济学、管理学、文学、法学、理学、工学等学科门类。拥有4个自治区级重点建设学科，3个自治区级重设实验室（研究基地），3个广西高等学校优质专业（高职高专6门自治区级精品课程。设立有中国—东盟自由贸易区研究所部湾经济发展研究院等13个二级科研机构；2007年全校公表、交流论文1351篇，其中核心刊物论文269篇，共获得科研62项，其中，国家级项目3 项，省级项目21项，厅级项目38项。

学院积极开展人才培养模式改革，人才培养质量不断提毕业生受到社会欢迎。2004年以来，毕业生就业率稳定在90上。

学院新校区签约仪式

校内双选会

校园一角

海南师範大学

田家炳教育书院

海南师范大学坐落在美丽的热带海滨城市、国家历史文化名城——海口市，学校是海南省最早成立的公办大学，1949年秋创于拥有三百年历史的海南琼台书院内。1983年开办本科教育。2003年，学校被国务院学位委员会批准增列为硕士学位授予单位。2007年，学校在教育部本科教学工作水平评估中荣获“优秀”。

学校是海南省惟一的以教师教育为主的多科性省属师范大学，是科技部、教育部等四部委第二批命名的全国青少年科技教育基地，是国务院侨务办公室首批批准设立的华文教育基地，是教育部首批指定招收外国留学生院校，是国家汉办指定的海外汉语教师培训院校和国际汉语教师志愿者培训院校。学校设有17个学院，18个科研机构；有42个本科专业，拥有17个硕士学位授权学科专业；有生态学、有机化学、基础数学、中国现当代文学、马克思主义理论与思想政治教育等5个省级重点学科；有海南基础教育课程与教学研究基地、海南省邓小平理论和“三个代表”重要思想研究中心2个省级人文社会科学研究基地。

学校面向全国30个省(市、区)招生。现有各类学生20053人，其中硕士研究生180人，全日制本专科生11939人。毕业生素以基础厚、素质高、能力强而深受社会欢迎。海南省80%以上的中学教师，90%的中学校长、特级教师和教学骨干是海南师范大学毕业生。学校被誉为“琼岛名校、教师摇篮”。

学校现有师资700多人，教授、副教授共近400人，具有硕士以上学位的教师占师资总数的50.8%。有国家突出贡献专家1人，教育部优秀人才支持计划入选2人，全国模范教师2人，全国五一劳动奖章获得者1人，全国优秀教师1人，享受国务院特殊津贴专家9人，海南省有突出贡献优秀专家31人。

学校基础设施配套，教学科研条件较好。现有南校区、北校区、灵山校区、桂林洋校区四个校区，占地面积157.12万平方米。学校教学科研仪器设备总值8202.03万元，建有各类教学实验室26个，其中海南省重点实验室2个、省级实验教学示范中心4个，省级优秀实验室5个。学校有各类实习实训基地166个。学校图书馆馆藏图书182.3万册，是目前海南省规模最大、藏书总量最多、海南地方文献资料最丰富的图书情报中心。

近年来，学校确立了立足海南、面向全国、辐射东南亚的服务定位，充分发挥毗邻港澳，面向东南亚的人缘地缘优势，积极开展对外交流与合作，学术交流日趋频繁，国际影响不断增强。2007年，学校与印度尼西亚雅加达汉语教学中心共同建成了我国在印度尼西亚建立的第一所孔子学院。

在新的历史起点上，学校将继续坚持“人才强校、质量立校、学术兴校、特色树校”的治校方针，抓住机遇，深入推进教育教学改革，提高办学水平，积极为海南经济社会发展服务，努力办好人民满意的师范大学。

文化广场

实验大楼

海南医学院

海南医学院坐落于南国旅游名城海口市，是海南省惟一的一所高等医学院校，其前身为私立海南大学和私立海强医事技术学校。1993年经国家教委批准成立海南医学院。2005年被教育部高等教育评估中心评为本科教学水平“良好”。

学院现占地面积55公顷，分龙华和城西两个校区，并将在海口西海岸兴建占地33公顷的新校园。现有教职工（含附院）1887人，专任教师401人，其中高级职称360人，博士54人，硕士279人；享受国务院特殊津贴专家10人，突出贡献奖2人，省级优秀专家16人；现有在校生10067余人，留学生120余人。学院下设临床学院、高等职业教育学院、国际教育学院、中医学院等4院5系5部，17个本科专业，17个专科专业；现有省级重点学科4个，省级重点实验室2个，省级精品课程4门，省级重点课程3门；6个基础实验室、5个专业实验室，设立附属医院3家，病床总数2320张；临床教学（实习）医院20家，开放病床数6433张,另有教学基地9个。

党委书记李永春和院长焦解歌

海南医学院附属医院始建于1973年，如今已经成为一所设备先进、技术力量雄厚，具有巨大发展潜力的集医疗、教学、科研、预防、康复、社区卫生服务于一体的综合性三级甲等医院。全院占地10公顷，科室设置齐全，全院编制床位1008张，实际开放床位578张。现有28个临床科室，17个医技科室，4个省级重点学科。其中，医学生殖在全国处于领先水平。医院设备先进，在省内处于领先地位。目前拥有64排螺旋CT、1.5T磁共振仪、数字乳腺X线摄影机、核素扫描机等一批现代医疗设备，极大地提高了诊疗技术水平。

目前，海南医学院正抓住新一轮高等教育发展的历史性机遇，积极推进体制创新，在创新中加快发展，努力把学校建成具有鲜明海南特色的现代水准的医药大学！

焦解歌院长为毕业生颁发学位证

地　　址：海南省海口市龙华区学院路3号
邮　　编：571101　　电话：(0898)66893398
传　　真：(0898)66893761
网　　址：www.hainmc.edu.cn
电　　邮：hainmcpublic@hainmc.edu.cn

生态广场

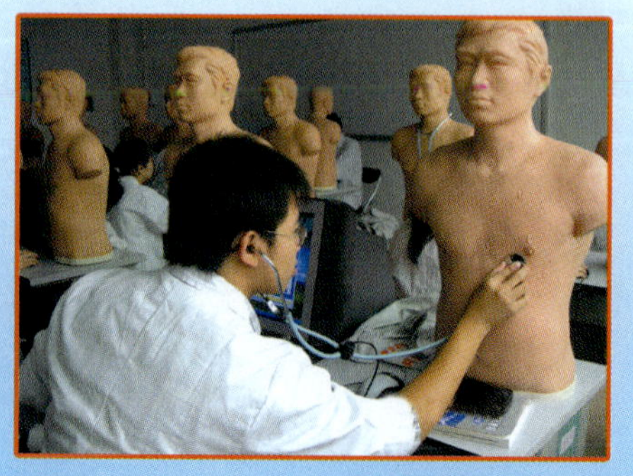

先进的临床技能培训中心

海南大学三亚学院

海南大学三亚学院以“让学生更好地走向社会”为使命，不断创新、持续进取，保持高速稳定的发展态势，到2008年9月，在生达12000人。2～3年内，学院200公顷热带风情园林式校园全部建设完成，办学规模将达到2万人。

学院既注重学生社会化过程的良性发展，又尊重学习的一般规律，通过课堂教育体系和多种实践平台，营造师生稳定、安、愉快学习的环境，促进学生“愉快学习、自主成长”，塑造学生阳光、积极向上的健康人格。

学院契合社会发展的需要，充分发挥海南优势资源，确定了“大旅游、大休闲、大文化”发展战略并汇聚国内著名学者和专，成立社会发展研究所、教育发展研究所、落笔洞文化研究所等，重点研究海南社会本土文化及中国在现代化进程中的走向，此确定学院未来发展战略。

董事长李书福在开学典礼上致词

开学典礼

学生活动，大小洞天写生

学院立足于现代大学特大混合型组织在不同发展阶段的特点，兼顾执行文化与讨论文化的均衡，有计划、分步骤地向以自管理、自我约束、自我激励和民主管理为目标的现代大学前进。

学院立足三亚，瞄准全球化市场对人才的需求，吸纳欧美等发达国家先进的办学理念、教育观念、教育方法、教材以及师，形成学院先进的育人理念；学院重视发掘中华本土文化优势，搭乘中国和平崛起的历史机遇，加强与国外文化交流；建校以先后有10多所国际著名院校主动前来洽谈合作办学事宜。2007年，学院成功举办中俄教育文化三亚论坛，获得俄罗斯文化部、国教育部的好评。

学院充分发挥体制优势和机制优势，以“合适的才是最好的”、轻相马、重赛马”、“团队之中人人是才”的人力资源配置原则，形了以落实三亚学院使命为统一宗旨的领导班子、教学团队与管理团。

学院紧抓高等教育大众化的契机和社会转型时期细分的市场对人才的需求，进行人才培养模式的革新，致力于把学生培养成具有新精神、学习能力和实践能力的应用型、实用性高级专门人才。

校园风光

校门

西南大学是国家教育部直属重点综合大学，国家“211工程”重点建设学校。校本部位于重庆市北碚区国家级风景名胜区缙云山下，风景秀丽的嘉陵江畔。学校是闻名遐迩的花园式学府、全国精神文明先进单位、全国绿化先进单位、教育部表彰的文明校园。

西南大学成立于2005年7月，由原西南师范大学、原西南农业大学合并组建而成。原两校毗邻而建，同根同源，发源于1906的川东师范学堂，几经发展演变，遂成今日西南大学。

伴随着中国现代高等教育和现代大学的发展，西南大学以其深厚底蕴迎来了新的发展机遇，高等教育改革使其焕发生机，重庆直辖十年巨变提供优良环境，强强合并升位促成了西南大学的完美蜕变，谱写新的时代华章。

西南大学学校学科门类齐全，综合性强，特色明显，涵盖了哲、经、法、文、史、教、理、工、农、医、管等11个学科门类。学校科研实力雄厚，建有国家大学科技园，拥有数十个国家级、省部级研究基地、重点实验室、研究中心等。近来年，承担国家、省部级科研项目和横向项目1500余项，总经费近2亿元；获省部级科技奖17项、省部级人文社科优秀成果奖80余项。家蚕基因芯片与表达图谱成果入选“2006年国内十大科技新闻”。学校始终把培养具有创新精神和实践能力的高素质人才作为办学宗旨，按照“注重人格塑造，突出综合培养，强化实践训练，服务社会民生”的人才培养理念，积极探索适应经济社会发展的人才培养模式，不断强化教学的中心地位。学校非常重视国际交流与合作。学校与美、英、加、法、德、日、澳、俄等近14个国家或地区的高校、科研机构进行学术交流和开展科研合作，与国外40多所大学及科研机构建立了长期友好合作关系。

杏坛育人、劝课农桑、学行天下、服务民生，是西南大学百年不变的追求。它秉承“含弘光大、继往开来”的校训，以人才培养为中心、学科建设为龙头、队伍建设为保障、科技创新为支撑，一心一意谋发展，聚精会神搞建设，全校上下齐心协力，顽强拼搏，朝着特色鲜明的高水平综合大学目标迈进！

百年追求

时代华章

校园一角

西南政法大学

西南政法大学的前身是1950年成立的西南人民革命学。1953年，以西南人民革命大学为基础，相继合并西地区五所院校的法律院（系）正式挂牌成立。1978年，校由国务院批准为全国重点大学，是当时司法部部属校中惟一的重点大学。1995年，经原国家教委批准，更为西南政法大学。2000年，由司法部直属划转重庆市人政府管理，实行中央与地方共建，以地方为主的管理式。

沙坪坝校区校门

图书馆夜景

经过50余年建设，学校已经发展成为以法学为主，多学科共同发展的多科性大学。学校占地面积133公顷，由沙坪坝校区和渝北校区两部分构成，现有教职工1400余人、各类全日制在校学生20000余人。设有11个学院，开设17个本科专业，拥有1个法学一级学科博士学位授权点、11个二级学科博士学位授权点和2个一级学科硕士学位授权点、28个二级学科硕士学位授权点，取得了2个国家级重点学科、1个省部级重点一级学科和4个省部级立项建设的重点学科，拥有1个法学博士后科研流动站和5个省部级人文社科重点研究基地。

建校以来，学校共为国家输送各类专门人才10多万人，是国高校中为国家培养法学专门人才最多的学校，被誉为新中政法界的“黄埔军校”和法学教育的师资培养基地。

当前，学校正处于“第三次创业”的发展时期，面临重大机和严峻挑战，全校师生员工将继续秉承“博学、笃行、厚德、法”的校训，为把西南政法大学建设成为一所以法学为主，法经济学、管理学、文学、哲学等多学科协调发展，优势突出、色鲜明的教学研究型高水平大学而努力奋斗！

音乐广场

动场

西南财经大学是教育部直属的国家重点大学，也是国家“211工程”重点建设大学。1952年成立，原名四川财经学院。198起由中国人民银行主管，1985年更名为西南财经大学，1995年进入国家“211工程”建设，2000年以独立建制划转教育部管理。

学校培育和弘扬“经世济民、孜孜以求”的西财精神，以经济学和管理学学科为主体，以金融学科为重点，多学科协调发是国家经济学、管理学高层次人才培养的重要基地，国家和西部地区金融、经济、管理科学研究的重要基地及西部财经学科际交流的中心。金融学、政治经济学、会计学和统计学为国家重点学科；建有国家经济学基础人才培养基地、国家大学生文化质教育基地、教育部人文社会科学重点研究基地——中国金融研究中心。改革开放以来，已取得科研成果18000余项，与20多国家和地区的60余所知名大学、企业等建立了合作关系。

学校管理规范，治学严谨，校园文化丰富。现有37个博士学位培养专业、67个硕士学位培养专业（含工商管理、会计、律、公共管理硕士等4个硕士专业学位），31个本科专业。有教职工1600余人，其中教师955人，有教授167人，副教授244人，博生导师139人，国家“教学名师”、“长江学者”等国家级、省部级专家学者近百名，以及一批海外留学归国博士、教授，还先后请了400余位国内外兼职教授和客座教授。目前，有全日制在校学生2.2万余人，其中普通全日制本科生1.6万人，硕士研究生5千人，博士研究生近千人。此外，还有一批国外留学生及港澳学生，以及成人教育学生万余人。建校以来共输送各类毕业生13万名。

学校拥有光华和柳林两个校区，占地面积153公顷，是“园林式院校”和“全国绿化模范单位”，建有西南最大的财经文献心，校园信息化建设居全国财经类院校先进水平，拥有现代化的教学、科研、体育运动和后勤生活服务设施。

在新时期，学校将坚持质量为本、内涵发展，全方位提升教学、科研及管理水平，不断推进建设特色鲜明的高水平大学的进程。

意气风发的学子

光华校区地址：四川省成都市青羊区光华村街55号
邮编：610074
柳林校区地址：四川省成都市温江区柳台大道555号
邮编：611130
网址：www.swufe.edu.cn

柳林校区学生宿舍

柳林校区孜知书院

成都医学院

成都医学院前身是第三军医大学成都军医学院，2004年8月学校整体移交四川省并现名。学校始建于1947年,历经半个多世纪的发展，现已成为一所集教学、科研、医疗一体的省属高等医学本科院校。学校现以本科教育为主，面向全国招生。

学校现有基础医学院、人文社会科学部、临床医学系、药学系、医学检验系、医学影系和护理学系等多个院（部、系），开设有临床医学、护理学、医学检验、药学、医学影学、应用心理学、药物制剂、生物技术、公共管理学等本科专业和多个专业方向，有各在校生6000余人。第一附属医院为三级甲等医院，设备先进，技术力量雄厚。

在60年的办学实践中，学校始终以党的教育方针为指导，坚持正确的办学方向，培养大批高素质应用型人才，形成了自己的办学特色和优势，取得了一大批教学、医疗和科成果。学校的办学条件不断改善，办学规模不断扩大，办学质量不断提高。

移交地方办学3年来，学校进入了快速发展的新时期。学校积极适应国家高等教育展的新形势，以科学发展观为指导，确立了“走创新之路，建特色强校”的办学思路，2020年把学校建成“省属一流、国内知名”高等院校的发展目标。在学校党委的坚强领和全校同志的共同努力下，以教学为中心的各项建设取得了显著进展。先后建成了一批件设施达国内一流水平的教学实验室。学校“四川应用心理学研究中心”被批准为四川哲学社会科学重点研究基地；基础医学实验教学示范中心被列为省级教学示范中心；家自然科学基金项目、省部级重点科研课题立项、省级精品课程建设等连年取得突；一大批优秀人才来校工作，教师队伍中有研究生学历的超过50%，专任教师和高级职人数比移交前翻了一番，学校被评为“四川省‘十五’教师队伍建设先进集体”。新增非管附属医院3所，第一附属医院被评为成都市“诚信示范医院”。学生英语和计算机考通过率居省属高校前列；毕业生质量受到社会好评，学校被评为“四川省高校就业工作进集体”。与国内多所大学联合建立了“研究生培养基地”。相继与国外著名大学建立密切的合作关系。为适应长远发展需要，经四川省人民政府批准，学校已在成都市新区征地73公顷建设新校区，新校区建成后，教学、科研、生活等条件将更加优越。

学校将继续坚持“走创新之路，建特色强校”的办学思路，走全面、协调和可持续发道路，努力把学校建设成为四川省和西部地区医学应用型人才培养的重要基地，基层疗卫生技术人才继续教育的重要基地，医药应用研究和技术开发的重要基地，为社会展和地区经济建设做出积极的贡献。

成都医学院附属宜宾医院成立

基础医学实验教学示范中心被列为省级教学示范中心

学校“四川应用心理学研究中心”被批准为四川省哲学社会科学重点研究基地

信心满怀的成医人

贵州大学

物理楼

中国文化书院

体育中心

贵州大学是贵州省惟一一所国家“211工程”重点建设大学，也是贵州省和教部共建的省部共建高校。学校前身是1902年创建的贵州大学堂，历经省立贵州大学国立贵州农工学院、国立贵州大学时期，新中国成立后定名为贵州大学。1951年11月毛泽东同志亲笔为贵州大学题写校名。2004年8月，贵州大学与贵州工业大学合并建为新的贵州大学。

学校占地面积280公顷，现有24个学院、112个本科专业、10个博士学位授权点133个硕士学位授权点和6个专业硕士授权点，拥有农药学国家级重点学科，24个级重点学科，现有各类在校生6万余人。学校现有中国工程院院士1人，专任教师26余人。拥有一批国家级和省部级的研究机构。与国内一大批高校、科研机构和大型企业和国外20余个国家或地区的40余所高校和科研机构建立了学术交流与合作系。

贵州大学紧跟时代发展步伐，以振兴中华、科教兴国、服务地方为己任，以兴育人为根本。学校的目标是：把贵州大学办成人民满意的大学，把贵州大学建设成贵州省乃至西部地区培养高层次人才和科学研究的重要基地，建设成为贵州省经社会发展的增长点，改革开放的新亮点，科技创新的重要支撑点。全体师生将以科发展观为指导，秉承百年传统，奋勇前进，再谱新章！

花溪北校

西北农林科技大学

西北农林科技大学是教育部直属全国重点大学，国家“211
程”重点建设高校。

学校创建于1934年，是一所具有悠久历史的高等学府。建校
余年来，学校始终坚持“民为国本，食为民天”，产学研紧密结
以推进旱区农业发展为己任，为我国农业及农业高等教育事
为发展作出了重要贡献。

学校地处杨凌国家农业高新技术产业示范区。现有教职工
39名，其中两院院士2名，教授258人、副教授372人，博士生导师
人，硕士生导师623人。全日制本专科生2万余名，研究生7100余
各类成人教育学生8000余人。学校现设19个学院（系）、水土
持研究所及体育部，有64个本科专业，涵盖农、理、工、经、管、
法、哲、史、医、教育11个学科门类。有7个国家级重点学科和2
国家重点（培育）学科，25个部省级重点学科。有1个国家重点
验室，15个部省级重点实验室，18个国家、部省级研究中心和工
技术研究中心，3个国家野外台（站）。拥有11个博士后流动站，
个博士学位授权一级学科、18个硕士学位授权一级学科。此外，
有工程硕士、农业推广硕士、兽医硕士、风景园林硕士等4个专
学位以及高校教师和中职教师在职攻读硕士学位的授权。

全校师生以科学发展观统揽全局，正在为实现建设“以产学
紧密结合为特色、国际知名的高水平研究型大学”的目标而努力
斗。

校党委书记张光强传达十七大精神

校长孙武学在学校农业科技推广示范试验站视察工作

西安科技大学历史悠久，底蕴深厚，办学历史可以追溯到1895年成立的北洋大学工学院采矿冶金科，1938年迁并于西北工学院矿冶系，1957年并入西安交通大学，1958年从西安交通大学分出成立西安矿业学院时，是原煤炭系统2所5年制本科院校之一，1999年更名为西安科技学院，2003年更名为西安科技大学。

收藏丰富的地质

学校分雁塔和临潼两个校区，现有17个学院、2个学部和1个独立学院。拥有安全技术及工程国家重点学科，10个省部级重点学科，3个全国高等学校特色专业建设点，5个省级名牌专业，3个省部级重点实验室，1个教育部工程研究中心，1个国家矿山应急救援技术研究中心。2004年，学校在教育部本科教学工作水平评估中荣膺优秀等级。现有1个博士后科研流动站，9个博士学科点，52个硕士学科点和49个本科专业，初步形成了以地矿及其相关学科为特色，工、理、文、管、法协调发展的办学格局，在校生规模超过2万人。

半个世纪以来，在教育部、原煤炭工业部、中共陕西省委、陕西省人民政府的领导下，几代西科人发扬“励志图存、自强不息”的“胡杨”精神，顽强拼搏，开拓进取，将人才培养、科学研究与服务社会紧密结合，为煤炭工业和区域经济、社会发展做出了重要贡献。

西安科技大学

主楼

宁夏大学

宁夏大学是宁夏回族自治区人民政府与教育部共建的地方综合性大学。学校
于1958年，1997年底，与宁夏工学院、银川师范高等专科学校（含宁夏教育学
合并；2002年2月，又与宁夏农学院合并，组建新的宁夏大学；2004年11月，教
与自治区人民政府决定共建宁夏大学。

近年来，特别是“十五”以来，学校在自治区党委、政府的正确领导下，在教育
部委和社会各界的大力支持下，坚持以内涵提升为主的发展思路，紧紧抓住
和省部共建等有利时机，认真落实自治区党委、政府作出的“重点建设宁夏大
的决策，快速、持续、协调发展，办学水平进一步提高，办学条件大大改善，生
量明显提高，社会影响不断扩大，在博士学位授权点、国家级教学名师奖、国
教学成果一等奖、国家科技进步二等奖、国家级精品课程、教育部重点实验
教育部工程研究中心、教育部人文社科重点研究基地等诸多方面实现了“零”
破。

学校校园占地面积153公顷，另有教学实验农场113公顷。校舍建筑面积58.1万
米。在校教职工2637人，其中专任教师1277人，专任教师中高级职称达48.1%，
以上学历达56.2%。学校面向全国27个省、市、自治区招生，现有全日制在校
432人，其中本科生15261人，研究生1306人。学校设有16个学院，1个公共教学
另有国际教育学院、民族预科教育学院、远程教育学院、继续教育学院、高等职
术学院。现有九大学科门类中的68个本科专业，3个博士学位授权点，49个硕
位授权点和4个专业硕士学位授权点，17个自治区级重点学科。有大学科技孵
1个，重点实验室、工程技术中心11个，学院级研究所（中心）38个，各类实验室
，其中天然气转化实验室为省部共建国家重点实验室培育基地，西部特色生物
保护与利用实验室为教育部重点实验室，葡萄与葡萄酒工程中心为教育部工程
中心，西北退化生态系统恢复与重建实验室为省部共建教育部重点实验室，西
研究中心为教育部高校人文社科重点研究基地。学校公开出版学术期刊4种，
类藏书129万册，固定资产8.85亿元。校园网覆盖全校，是中国教育与科研计算
宁夏地区主节点。

2007年9月，学校接受了教育部本科教学工作水平评估，获得优秀。2008年9
学校将迎来50周年华诞，全校上下将以此为契机，凝聚人心，鼓舞士气，总结
，提升内涵，为实现把学校逐步建设成为具有区域特色的较高水平的教学研究
学的奋斗目标而奋力前行。

2007年9月3日，自治区代主席王正伟在自治区政府特邀顾问刘仲等陪同下在宁夏大学调研

2007年9月24日，宁夏大学接受教育部本科教学工作水平评估

凌云广场

新疆大学

新疆大学是一所具有悠久历史和光荣革命传统的多民族重点综合性大学。其前身是1924年1月成立的新疆省俄文法政专门学校。

建国以来，新疆大学培养了10万余名各民族高级专门人才，为新疆的建设和发展事业提供了有力的人才和智力支持，做出了重要的贡献。作为国家“211工程”和区部共建大学，近年来，新疆大学在抓好优势学科建设的同时，大力推进文、理、工等多学科间的交叉、渗透和融合，加快新兴、边缘、交叉、应用学科的发展，构建多学科相互支撑的学科体系，形成特色鲜明、布局合理、规模适度、内涵发展、充满活力的学科群和一批在国内外有较大影响的高水平学科。承担国家和自治区多项重点科研项目，培养了一支充满活力、精进团结的高水平学术科研团队。同时，立足就业市场对人才的需求和高标准培养要求，学校积极创办适应区域经济和社会发展的专业。2007年，新疆大学荣获教育部本科教学工作水平评估优秀。

结合新疆实际，新疆大学制定了长远发展规划，力争到2024年（建校100周年）把新疆大学基本建设成为国内先进、中亚一流、国际知名的研究型大学。现在全校各族师生正在为实现这一目标而努力奋斗！

各级领导高度关心关注新疆大学的发展

多功能体育馆

塔里木大学

辉煌

塔里木大学于1958年在“三五九”旅进疆部队南疆干部队的基础上建立的，王震副主席生前一直兼任学校的名誉校长。五十年来，塔里木大学与胡杨相伴，在大漠中生存、发展和壮大，为自治区和兵团，特别是南疆的经济发展、政治稳定、民族团结、社会进步做出了重要贡献，在“稳疆兴疆、富民固边”中发挥了不可替代的作用，赢得了社会的广泛赞誉，彰显了“沙漠学府用胡杨精神育人，塔河明珠为兴疆固边服务”的鲜明办学特色。

塔里木大学（原名塔里木农垦大学）于1961年开始本科教育，1982年成为首批具有学士学位授予权的高等学校，2000年由农业部直属划转为中央与新疆生产建设兵团共建，兵团管理。2003年6月，经国务院学位委员会批准获得硕士学位授予权。2004年5月，经教育部批准，更名为塔里木大学。

学校校园面积171公顷，校舍建筑面积38万平方米，图书馆藏书84万册，另有电子图书17万种。学校现有10个学院、36个本科专业、6个硕士学位授权学科专业，4个兵团重点学科和“塔里木盆地生物资源保护利用”、“塔里木畜牧科技”2个兵团重点实验室，一个西域文化研究所，下设兵团南疆干部培训中心、新疆南疆科技创新基地。现有专任教师626人，教授、副教授178人，具有硕士、博士学位的教师319人，全日制在校学生12353人。

科研与教学相结合

自建校以来，学校已为国家培养毕业生2万多名，85%扎根新疆、植根南疆，绝大多数成为农业科技和管理的骨干。学校连续7年毕业生的就业率在自治区高校中名列前茅。“十五”以来，学校实现了跨越式发展，2007年9月,荣获教育部本科教学工作水平评估优秀等级。

“十五”以来，学校承担“973”计划前期研究专项、国家自然科学基金等各级科研项目279项，取得科研成果32项，在南疆特色果树、塔里木盆地生物资源、胡杨生态、长绒棉、西域文化等方面的研究形成了鲜明的特色。

校领导合影

学校加强与国内外高校、科研院所在科学研究、人才培养等多方面的合作和学术交流，特别是与武汉大学、华中农业大学、东北农业大学的对口支援取得实质性进展，并与北京理工大学、西北农林科技大学、中国农业科学院、台湾静宜大学、美国塔尔顿大学、英国皇家植物园等国内外20多所高等院校和科研院所签订了合作办学协议。

五十年经风沐雨，铸就辉煌。今年10月3日塔里木大学将迎来建校50周年华诞，激情燃烧的岁月留下的不仅是一份荣耀，更是一种责任。

学校秉承“以人为本、特色兴校”的办学理念，按照“做塔里木文章、创区域性优势、建综合性大学”的发展思路，努力把学校建成以环塔里木生物多样性和文化多样性研究为特色，多学科协调发展，区域优势明显的现代综合性大学。

纪念“一二·九运动”大合唱

昌吉学院坐落在中国西部新疆天山北坡经济带中心——美丽的昌吉市，距首府乌鲁木齐34公里，有乌奎高速、机场高速
昌高等级公路与之相连。她的前身是成立于1959年的昌吉师范学校，1985年升格为昌吉师范专科学校，2001年5月经国家教
批准升格为本科院校昌吉学院。

学院现有南、北两个校区，占地面积53公顷，各类建筑面积20万平方米。在昌吉市新区已规划127公顷校区，新校区用现
学理念进行规划设计，按照现代化、信息化、生态化、网络化和高起点、高标准、高水平、高质量的要求，建设自治区一流的高
园。一期建设已竣工投入使用。

学院现有教职工603人，其中专任教师384人，教授、副教授100多人。具有博士、硕士研究生学位的教师近200人。学院
聘有外籍教师任教，包括外国留学生在内的各类全日制在校生接近7000人。设有中文系、中语系、经济管理系、外语系、数学
物理系、化学工程系、计算机工程系、体育系、音乐系、美术系、初等教育学院、成人教育学院、社科部等14个教学院系部，
个本、专科专业，覆盖了6大学科门类，已初步形成专业设置比较合理，学科门类比较齐全，以教师教育为主，多学科共同发展
合性普通高校。

学院紧跟全国高等教育发展步伐，适应现代教育教学的需要，办学条件逐步改善。现有各类教学仪器、设备总值3500万元，图书馆藏书30余万册，中外文期刊2万余种，设有电子阅览室1个，拥有实验室25个、语音室11个、多媒体教室60多个、微机教学训练室4个、调频无线发射台2个、计算机房7个、教学用计算机1300多台、教学用钢琴60多架。学院网络中心与国际互联网连接，可直接进入国际信息高速公路；2个田径场和10多个篮、排、足球场等体育活动场所和室内体育馆；学院艺术楼设有琴房、排练厅、音乐厅、绘画室、艺术展厅等多功能教室。

四十多年来，学院培养了2万多名毕业生，他们专业基础扎实，素质全面，深受社会各界的欢迎，有些已经走上了领导岗位，同时涌现出了一大批全国和自治区优秀教师。承优良传统，载多年积淀，面对新的发展机遇和发展空间，学院确立了立足昌吉，面向新疆，以师范教育和汉语言教学为主，多学科发展，建设成为自治区和昌吉州培养经济建设和社会发展所需高级专门人才，具有地方特色综合性本专科院校的发展定位。今后，昌吉学院将进一步发挥自身办学优势和重点学科特色，把昌吉学院建成具有浓郁校园文化和大学精神的优美校园，使学院成为新疆高等教育界一道亮丽的风景线。

原新疆维吾尔自治区主席司
力瓦尔地来院视察工作

丰富多彩的校园文化活动

团结奋进的院领导班子